美国高中主流理科教材

科学发现者

第二版 2023修订版

物理

[美] 保罗·齐泽维茨 等 著

钱振华 徐在新 黄燕萍 沈珊雄 译

原理与问题

Physics

Principles and Problems

上册

浙江教育出版社·杭州

The McGraw-Hill Companies

connectED.mcgraw-hill.com

McGraw Hill Education

Send all inquiries to:
McGraw-Hill Education
STEM Learning Solutions Center
8787 Orion Place
Columbus, OH 43240-4027

ISBN: 978-0-07-659252-4
MHID: 0-07-659252-9
Printed in the United States of America.

11 12 13 14 15 DOW 20 19 18 17 16

STEM

McGraw-Hill is committed to providing instructional materials in Science, Technology, Engineering, and Mathematics (STEM) that give all students a solid foundation, one that prepares them for college and careers in the 21st century.

Authors

Paul W. Zitzewitz, lead author

is an emeritus professor of physics and of science education at the University of Michigan–Dearborn. He received his BA from Carleton College and his MA and PhD from Harvard University, all in physics. Dr. Zitzewitz taught physics to undergraduates at the University of Michigan-Dearborn for 36 years and, as an active experimenter in the field of atomic physics, published more than 50 research papers. He was named a Fellow of the American Physical Society for his contributions to physics and science education for high school and middle school teachers and students. He is now treasurer of the American Association of Physics Teachers and has been the president of the Michigan Section of the American Association of Physics Teachers and chair of the American Physical Society's Forum on Education.

David G. Haase

is an Alumni Distinguished Undergraduate Professor of Physics at North Carolina State University. He earned a BA in physics and mathematics at Rice University and an MA and a PhD in physics at Duke University, where he was a J.B. Duke Fellow. He has been an active researcher in experimental low-temperature and nuclear physics. He teaches undergraduate and graduate physics courses and has worked many years in K–12 teacher training. He was the founding director of The Science House at NC State, a science-math learning center that leads teacher training and student programs across North Carolina. He has co-authored over 100 papers in experimental physics and in science education. He is a Fellow of the American Physical Society. He received the Alexander Holladay Medal for Excellence, NC State University; was awarded the Pegram Medal for Physics Teaching Excellence; and was chosen 1990 Professor of the Year in the state of North Carolina by the Council for the Advancement and Support of Education (CASE).

Kathleen A. Harper

is an auxiliary faculty member in the Engineering Education Innovation Center at The Ohio State University. She received her MS in physics and BS in electrical engineering and applied physics from Case Western Reserve University and her PhD in physics from The Ohio State University. She has taught introductory physics, astronomy, and engineering courses to undergraduates for nearly 20 years and has been instrumental in offering Modeling Instruction workshops to in-service high school teachers, both in Ohio and nation-wide. Her research interests include the teaching and learning of problem-solving skills and the development of alternative problem formats. She is active in AAPT, both on the local and national levels, often presenting talks and workshops on teaching problem solving. Additionally, she is co-editor of a selection of articles available through AAPT's Compadre portal entitled, "Getting Started in Physics Education Research."

Teacher Advisory Board

The Teacher Advisory Board gave the editorial staff and design team feedback on the content and design of both the Student Edition and the Teacher Essentials. They were instrumental in providing valuable input toward the development of the 2013 edition of *Physics: Principles and Problems.* We thank these teachers for their hard work and creative suggestions.

Janet Adams
Physics Teacher
Mars Area High School
Mars, PA

Craig Dowler
Physics Teacher
West Genesee High School
Camillus, NY

Chris Foust, M.S.
Physics Teacher
Hermitage High School
Richmond, VA

Ryan Hall
Physics Teacher
Palatine High School
Palatine, IL

Stan Hutto
Physics Teacher
Alamo Heights High School
San Antonio, TX

Richard A. Lines, Jr.
Physics Teacher
Garland High School
Garland, TX

Nikki Malatin
Physics Teacher
West Caldwell High School
Lenoir, NC

Jennifer McDonnell
Coordinator of Math and Science
School District U-46
Elgin, IL

Jeremy Paschke
Physics Teacher
York High School
Elmhurst, IL

Don Pata
Physics Teacher
Grosse Pointe North High School
Grosse Pointe Woods, MI

Charles Payne
Physics Teacher
Northern High School
Durham, NC

Content Consultants

Content consultants each reviewed selected chapters of *Physics: Principles and Problems* for content accuracy and clarity.

Dr. Solomon Bililign, PhD
Professor of Physics
Director: NOAA-ISET Center
North Carolina A&T State University
Greensboro, NC

Ruth Howes
Professor Emerita of Physics and Astronomy
Ball State University
Muncie, IN

Dr. Keith H. Jackson
Professor and Chair of Department of Physics
Morgan State University
Baltimore, MD

Kathleen Johnston
Associate Professor of Physics
Louisiana Tech University
Ruston, LA

Dr. Monika Kress
Associate Professor
Department of Physics & Astronomy
San Jose State University
San Jose, CA

Jorge Lopez
Professor
University of Texas at El Paso
El Paso, TX

Dr. Ramon E. Lopez
Department of Physics
University of Texas at Arlington
Arlington, TX

Albert J. Osei
Professor of Physics
Oakwood University
Huntsville, AL

Charles Ruggiero
Visiting Assistant Professor
Allegheny College
Meadeville, PA

Toni Sauncy
Associate Professor of Physics
Angelo State University
San Angelo, TX

Sally Seidel
Professor of Physics
University of New Mexico
Albuquerque, NM

Contributing Writers

Additional science writers added feature content, teacher materials, assessment, and laboratory investigations.

Molly Wetterschneider
Austin, TX

Steve Whitt
Columbus, OH

Safety Consultant

The safety consultant reviewed labs and lab materials for safety and implementation.

Kenneth Russell Roy, PhD
Director of Science and Safety
Glastonbury Public Schools
Glastonbury, CT

Teacher Reviewers

Each teacher reviewed selected chapters of *Physics: Principles and Problems* and provided feedback and suggestions regarding the effectiveness of the instruction.

Joseph S. Bonanno
Physics Teacher
Red Creek Central School
Red Creek, NY

Beverly Trina Cannon
Physics Teacher
Highland Park High School
Dallas TX

Katharine Chole
Physics Teacher
Villa Duchesne School
St. Louis, MO

Cheryl Rawlins Cowley
Lead Physics Teacher
Sherman High School
Sherman, TX

B. Wayne Davis
Physics Teacher (retired)
Henrico County Public Schools
Richmond, VA

Nina Morley Daye
Physics Teacher
Orange High School
Hillsborough, NC

David Eberst
Physics Teacher
Bishop Watterson High School
Columbus, OH

Terry Elmer
Physics Teacher
Red Creek Central School
Red Creek, NY

Michael Fetsko
Physics Teacher
Mills E. Godwin High School
Henrico, VA

Chris Foust, M.S.
Physics Teacher
Hermitage High School
Richmond, VA

Elaine Gwinn
Physics Teacher
Shenandoah High School
Middletown, IN

Janie Head
Physics Teacher
Foster High School
Richmond, TX

Stan Hutto
Physics Teacher
Alamo Heights High School
San Antonio, TX

Emily James
Physics Teacher
Brewster Academy
Wolfeboro, NH

Dr. Christopher D. Jones
School of Applied and Engineering Physics
Cornell University
Ithaca, NY

Dr. Mike Papadimitriou
Headmaster
Academy for Science and Health Professions
Conroe, TX

Julia Quaintance
Physics Teacher
Morgan Local High School
McConnelsville, OH

Stephen Rea
University of Michigan, Dearborn
Plymouth, MI

Patricia Rollison
Physics Teacher
St. Gertrude High School
Richmond, VA

Patrick Slattery
Physics Teacher
South Elgin High School
South Elgin, IL

James Stankevitz
Physics Teacher
Wheaton Warrenville South High School
Wheaton, IL

Jason Sterlace
Physics Teacher
J.R. Tucker High School
Henrico, VA

Christopher White
Physics Teacher
Seneca High School
Seneca, SC

Michael Young, MS
ACT, Inc.
Iowa City, IA

Tom Young
Physics Teacher
Whitehouse High School
Whitehouse, TX

译前言

美国麦格劳-希尔(McGraw-Hill)教育出版公司出版的高中物理教材《物理　原理与问题》,我们第一次翻译出版是在2008年。该书出版后很受欢迎,每年都要重印。2016年浙江教育出版社决定翻译该书的新版本,现在大家看到的这套新书,是按该书2013年的版本译出的。

新译出的第二版,在整体上保持原版教材的风格,重视内容的基础性与时代性,注意学生心理的呈现方式,强调探究性学习。与上一版相比,新版教材在以下几个方面修改变化较大,值得注意。

第一,在概念引入、理论推导、定理证明、实验验证等方面更加清晰严密。如功的定义、物体系统概念的阐述等不少方面做了改写。全书在文字方面的整理、改写有近一半篇幅。新版在文字表达上更加注意逻辑严密、科学规范、概念确切、解读通畅。

第二,近十年正是互联网应用高速发展的年代,为适应网络应用的发展,新版教材已把全部实验内容移到网上,书本上只列出实验名称及网址。实验上网的优点是形象化,并可提供更多的同类实验让学生选择,而且学生有更多自主学习的时间。我们对网上实验也作了完整的翻译,为适应我国读者的需要,教材中每章各选一个"起步实验"、一个"迷你实验"和一个"物理实验",其余实验则放在网上供读者阅读。

第三,全书结构安排与上一版基本不变,但内容安排更为合理,许多章节的段落均有调整。如上一版在牛顿第二、第三定律之间插入了力的合成,新版则将其移到加速度与力之前。各章习题在保持原有大部分题目的基础上,又增加了不少新题,题目顺序也作了较大幅度的调整,还有各章的复习指南,归纳得更加紧凑合理,文字更加简约。

第四,全书各章中许多原有的阅读栏目作了较大幅度的调整,新版每章后重新撰写了一个"物理学前沿"或"生活中的物理学"等新科技小品,包括新材料、人工智能等内容,有些原有的内容则不再编入,以适应近十年科学技术的新发展。

新版的译者,还增加了黄燕萍副教授。第1章至第3章,第14章至第19

章由黄燕萍、沈珊雄翻译;第4章至第8章,第20章至第26章由徐在新翻译;第9章至第13章,第27章至第30章由钱振华翻译。指导手册由钱振华、徐在新、黄燕萍翻译。原书中一些明显的错误,我们在译文中已作了纠正。限于水平,译文中还一定存在一些不当之处,恳请读者指正。

译者于华东师范大学

总目录

目 录

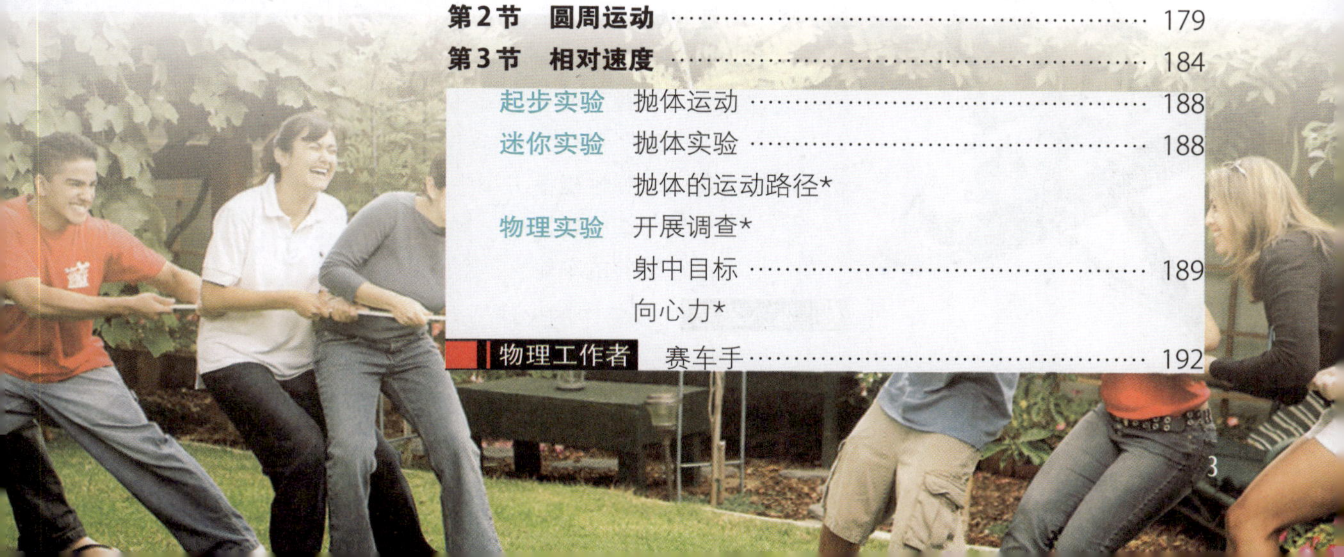

能 量

波与光

电与磁

近代物理

第1章

物理学工具箱

大概念 物理学家用科学方法研究能量和物质。

内容提要

起步实验

质量和下落的物体

物体下落时，它的质量影响其下落的速度吗？

第1节 科学方法

主要概念

科学研究不会都以相同的步骤进行，但是会用相似的方法。

核心问题

- 科学方法的特点是什么?
- 为什么科学家使用模型?
- 科学理论与科学定律之间有什么区别?
- 什么是科学的局限?

术语回顾

对照 对实验中得到的各种结果，用所参考的标准进行比较

关键术语

物理学
科学方法
假设
模型
科学理论
科学定律

物理在你身边

如果我们仍然认为地球是平的，或者我们还没有抽水马桶、没有电，想一想我们的世界会是什么样。科学帮助我们了解自然界和改善我们的生活。

什么是物理学

科学不只是学校里的一门课程，它是研究自然界的方法。科学起源于拉丁文*scientia*，意思是“知识”。它是对自然界各种事件作出解释的一种探究过程。**物理学(physics)**是科学的一个分支，研究与物理世界有关的问题：能量、物质，以及它们之间的相互关系。

当你看到物理学这个词时，你的脑海里可能会出现一块黑板，上面写满了数学公式：$E=mc^2$，$I=\frac{U}{R}$，$x=\frac{1}{2}at^2+v_0t+x_0$。也许你想到的是穿着白大褂正在做实验的科学家，或是居里夫人(M. Curie)和爱因斯坦(A. Einstein)等名人的肖像。你也可能想到了建立在物理学基础上的许多现代技术成果，如气象卫星、手提电脑或激光发射器等。物理学家研究电子和火箭的运动、声波和电路中的能量、质子和宇宙的结构。学习物理学的目的就是帮助你更好地理解物理世界。

学习了物理学之后，你就可以从事许多不同的职业。有些人会成为大专院校、工矿企业或研究所的科学家；有些人会就职于与物理学相关的领域，如工程学、计算机科学、教育学、医学或天文学等，如**图1–1**所示；还有一部分人则可运用所学的物理学解决问题的技能，去从事财经、建筑等与物理学完全不相关的职业。最近50年，物理学的研究已经衍生出许多新的科技，包括卫星通信和用来探测疾病的高速微波扫描。

图1–1 与物理学相关的职业。

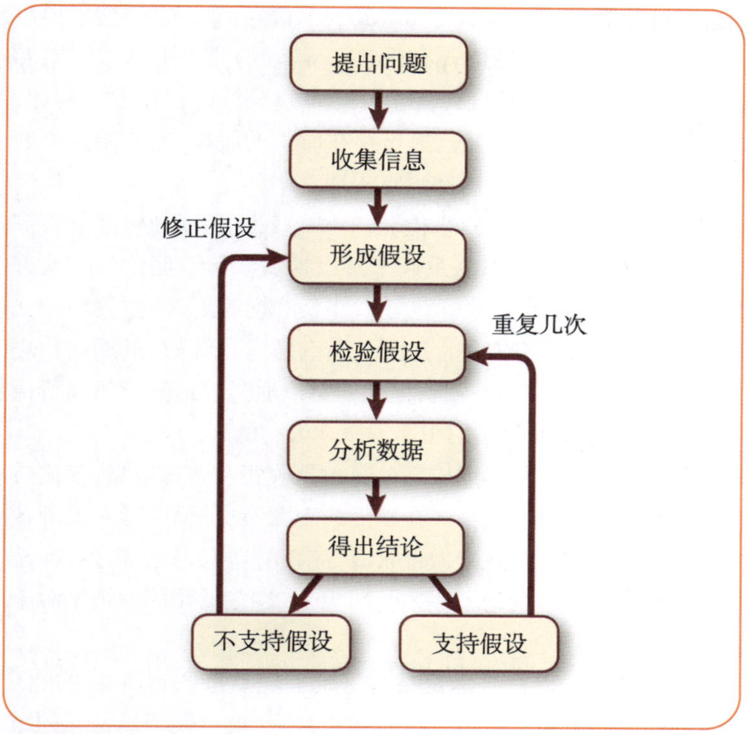

图 1–2 用科学方法解决问题的一般步骤。

科学方法

尽管物理学家并不总是按照既定的步骤做研究，但也总有相似的研究过程。这种研究过程称为**科学方法（scientific methods）**。**图 1–2** 是用科学方法解决问题的一般步骤。在面对某个具体的研究项目时，科学家也会增加一些新的步骤或重复或跳过图中的某些步骤。

提出问题 当你开始做研究时，你要首先知道自己在研究什么。在观察自然界发生的事件时，你会想到它为什么会发生，它又是如何发生的。这些“为什么”或“如何”就是“问题”。

科学家曾经提出问题，物体为什么会落到地球上，为什么会有白天和黑夜之分，电是如何产生的。当一项研究结束，引出新问题时，科学家就会经常提出这个新问题。例如，一旦科学家理解为什么会有白天和黑夜，他们就想知道地球为什么会转动。

在研究某些问题时，科学家还可能提出其他相关的问题。例如，在 20 世纪 40 年代，史潘赛（P. Spencer）正在研究大规模生产应用在雷达系统中磁控管的办法。当他站在一个正在发射微波的磁控管前面时，他发现自己口袋里的糖果融化了。于是，如何用磁控管烹调食品的问题就被提出来了。

研究并收集信息 在开始一项研究前，要调查清楚该研究中有哪些内容是已知的。通过观察和分析从可靠来源得到的解释，可精确调整你所研究的问题，并形成假设。

形成并检验假设 用你知道和观察到的信息，对一个问题作出可能的解释，这就是**假设（hypothesis）**。科学的假设可通过实验和观察进行检验。在检验前，科学家有时候要等待新技术。例如，在2300多年前，科学家就已提出存在原子的假设，而检验这个假设的技术却在很长时间内都没有出现。

有些假设可以用观察来检验，有些假设则需要通过建立模型并将其与现实生活情景联系起来加以检验。检验假设的一般方法是实验，从而证实一件事对另一件事的影响。有时，我们无法做实验，此时研究在本质上就成了理论描述。例如，早期的物理学家不可能在太空中做实验，但他们可以通过收集和分析有价值的观测数据，帮助我们了解很多发生在太空的事。

迷你实验

测量弹簧伸长量

弹簧悬挂的物体质量增加时，弹簧的长度如何变化？

分析数据 研究的重要组成部分还包括收集和整理数据，使之成为容易看懂的表格和图象。在以后各个章节中，你会学习处理数据的方法。当你在观察并做记录时，应该将所有现象、数据，甚至是你意想不到的数据记录下来。历史上，许多重要的发现来源于意想不到的数据。

科学推理建立在科学观察的基础上。要考虑到所有可能的科学解释。如果不把数据按逻辑组织起来，就可能得出错误的结论。当一个科学家在交流和分享他的数据时，其他科学家们也会检验这些数据，如何分析和比较这些数据也要参考别人的工作。正如**图1–3**中的物理学家一样，科学家们通过会议和报告来分享和讨论他们的科学发现。

得出结论 在分析数据的基础上，下一步要决定这些数据是否支持之前所作出的假设。如果该假设被认为有效而被普遍接受，那么任何时候做的实验结果应该是相同的。如果实验结果不支持该假设，就应该重新思考假设。要么原假设需要修正，要么实验过程需要改进。

图1–3 与其他科学家们分享数据和结果是科学研究的一个重要环节。图中的物理学家正在国际学术会议上作报告。

同行评审　科学结果在发表之前，需要经过同一领域的科学家评审。同行评审是指同一领域的科学家通过研究来评价同行工作的过程和结果。每位科学家都有义务去评审其他科学家的工作。

客观　科学研究应该严谨认真，减少偏差。当科学家的期望影响分析的结果和得出的结论时，偏差就产生了。这样会使科学家去采用某一个试验的结果，而不是其他试验的结果。如果在推广检验的产品时，只宣传它的优点，而不指出其缺点，偏差也会产生。科学家要尽可能多做试验，保证每次观察都有准确的记录，就有可能减少偏差。

模　型

科学家们有时候不能亲身经历所试验的每件事物。例如，他们所观察的物体太大或太小，所观察的过程持续时间太长而不能全部看到，所研究的材料太危险。在这些情况下，科学家就需要使用模型。**模型(model)**是一种代表，表示一个想法、事件、结构或物体，可以帮助人们更好地理解某些情况。

历史上的模型　模型已经在整个科学发展史中得到应用。早在20世纪初期，英国物理学家汤姆孙创立了原子模型，他认为原子是一个球体，正电荷均匀分布在整个球内，电子镶嵌其中。几年以后，物理学家卢瑟福在新研究的基础上创立了电子围绕原子核旋转的原子模型。在20世纪20年代，科学家们发现，原子核不是一个实体球，而是由质子和中子组成的。原子现在的模型是由质子和中子组成的原子核，周围被“电子云”围绕着。**图1-4**给出了这三个模型的示意图。由于原子很小，科学家们用原子模型代表他们目前对原子的理解。

图1-4　科学家们在不同时期提出的原子模型。
推断　为什么原子模型在发生变化？

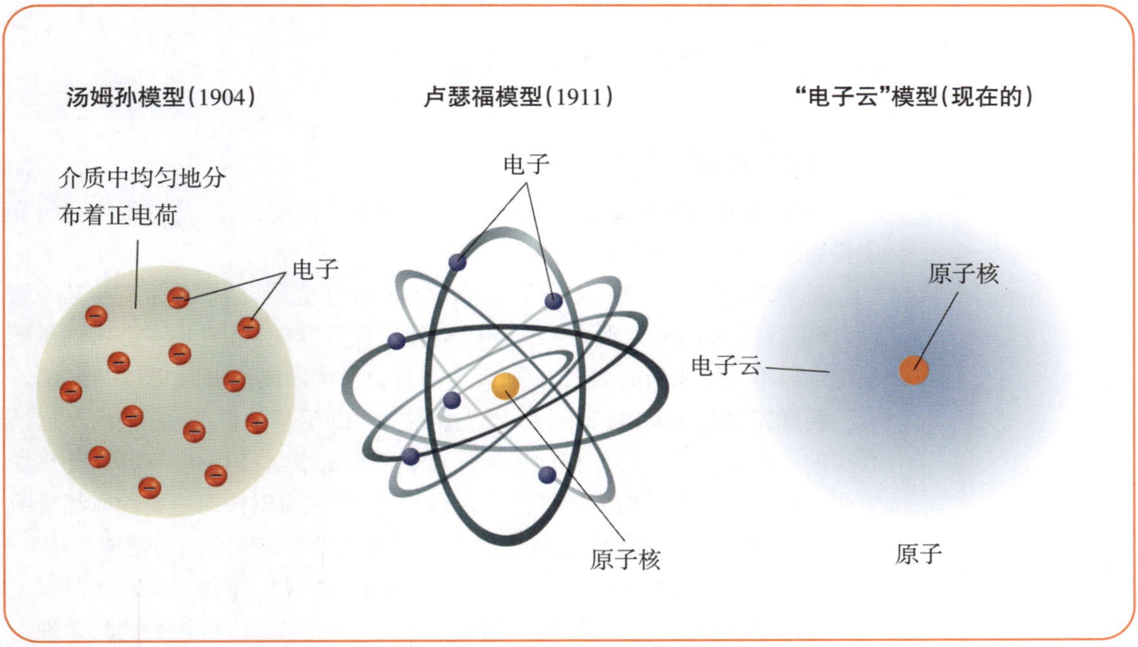

图1–5 对跑道上的飞机进行计算机模拟。如果飞行员正在一架飞机上面，他前面的屏幕上的图像模拟他要看到的内容。
明确你教室周围的模型。

高科技模型 科学模型并不是你总能触摸到的东西，其中有一类模型是计算机模拟。计算机模拟是指用计算机测试一个过程或程序，收集数据。设计计算机软件去模拟研究的过程，例如，宇航员是不可能观察到我们的太阳系是如何形成的，但只要设计出这个形成过程的模型，就可以用计算机检验。

如**图1–5**所示，计算机模拟可以使飞行员在飞机没有离开地面的情况下，练习飞行的各个过程。此外，计算机还可以模拟飞行员可能会面对的挑战，如恶劣的天气条件或飞行中潜在的威胁。

☑ **阅读检测** **明确**用计算机模拟的两个优点。

科学理论和科学定律

科学理论（scientific theory）是对事物或事件的解释，它是以观察和研究中得到的知识为基础的。

科学理论不是猜测。如果科学家重复一项研究，其结果总是支持某一假设，该假设就可以称为理论。一种科学理论有数据支持，但并不意味该科学理论永远不变。当新的数据出现，就会对理论做推敲或修正，如**图1–6**所示。

科学定律（scientific law）是对自然界发生的事情的说明，它好像永远是真实的。科学定律告诉你在什么条件下发生什么事情，但不会解释为什么发生或如何发生。万有引力定律是一个科学定律，它指出任何一个物体都会吸引另一个物体。到目前为止，还没有一个实验可以否定万有引力定律。

可以用理论解释一个定律，但理论不能变为定律。例如，我们已经提出许多理论解释万有引力定律是如何起作用的。即便如此，可接受的科学理论少之又少，定律也是一样。

古希腊哲学家亚里士多德提出，物体下落是为了寻找它们的自然位置。物体质量越大，下落越快。

↓ 修正

伽利略证明了物体下落的速度取决于下落时间的长短，而与其本身的质量无关。

↓ 修正

牛顿提出，物体之所以会下落，是因为它和地球之间存在引力。牛顿还认为，任何两个有质量的物体间都存在引力。

↓ 修正

爱因斯坦指出两个物体间存在引力的原因是它们的质量使周围的空间发生了弯曲。

图 1–6 如果实验提供关于某个理论的新观点和新证据，该理论就被修正。描述下落物体运动规律的理论，根据新的证据，经历了多次修订。

科学的局限

科学可以帮助你解释世界上许多事情，但科学不能解释或解决全部的事情。尽管科学家的工作是猜测，但是也必须保证他们的猜测能得到检验和证实。

关于意见、价值或情绪等问题，不是科学问题，因为不能检验它们。例如，有些人能发现某个特别的艺术品很美丽，而其他人则不以为然。有人认为比萨饼味道鲜美，而别人却不这么想。也有人认为蓝色最好看，而别人却说绿色好看。你可以做一个调查，收集有关此类问题的意见，一定可以看到每个人的意见都不一样。

第1节 复 习

1. **主要概念** 用科学的方法总结你做研究时采取的步骤。
2. **定义**假设，并给出三种识别假设的方法。
3. **描述**为什么科学家避免偏见是重要的。
4. **解释**为什么科学家要建立模型。举一些本节中没有提到的科学模型。
5. **解释**为什么有些理论不能变成科学定律。
6. **分析** 你的朋友正在做一项调查，询问你们学校学生中午在食堂吃什么。她发现被调查的学生中90%喜欢比萨饼。她就得出结论：这表明每一个人都喜欢比萨饼。你对她的结论有什么看法？
7. **批判性思维** 如今公认的自由落体加速度值约为9.8 m/s^2，而你用单摆实验获得的重力加速度的值是9.4 m/s^2。那么，是否应该抛弃前者而接受你所得到的新的数值呢？说明你的理由。

第2节 数学和物理学

物理在你身边

如果你向空中抛出一个网球，你能确定它上升的高度和在空中的时间吗？你能从照片中确定跳伞运动员的速率吗？物理学家用数学来解决运动、力、能量、物质等问题。

主要概念

用数学表示物理学的概念。

核心问题

- 物理学家为什么用米制？
- 如何用量纲分析评估答案？
- 什么是有效数字？

术语回顾

SI 国际单位制——目前世界上普遍采用的标准度量衡单位系统，它是在米制基础上发展起来的单位制，采用十进制进位

关键术语

量纲分析

有效数字

物理学中的数学

物理学家常常使用数学语言。物理学家在研究问题时，为了对所观察到的事物或现象作出解释，总是会先建立数学模型，然后作出预测。方程是表示测量值之间关系的一种方法。物理学家根据以前的理论设计实验，由实验的结果证明先前的预测是否正确。例如，你可以预测如果扔下一枚硬币，它就会往下掉，但是，它撞击地面的速度有多大呢？对于在下落过程中物体的速度是如何变化的和哪些因素会影响它下落的速度等问题，如果用不同的模型进行分析，就会得出不同的答案。为此，你需要具体测量一个物体是怎样下落的，以及下落的速度与哪些因素有关，由此得到一组由数据组成的实验结果。将这些数据与利用不同模型所作出的预测进行比较，就能检验各个模型，帮助你找出最好的那个，或者启发你去开发新的模型。

SI单位制

科学家有了新的发现后，就要将他的研究成果与其他科学家进行交流。在科学交流过程中，必须使用合适的度量单位，这对科学交流非常重要。目前，世界上大多数的国家都以改版后的米制作为度量单位。**表1-1**所示的是国际单位制，又称SI单位制，它一共包含了7个基本量。其他的单位称为导出单位，是由基本单位组合起来得到的。速率可用米每秒(m/s)来量度。导出单位常常被赋予特别的名称。例如，电荷可用安培秒(A·s)来量度，它又被称为库仑(C)。

这些基本量最初是用直接量度的结果来定义的。度量制由国际科学协会负责定义和管理。SI制则由坐落在法国塞夫勒的国际度量衡标准局负责管理。

表1-1 SI基本单位

基本量	基本单位	符号
长度	米	m
质量	千克	kg
时间	秒	s
热力学温度	开尔文	K
物质的量	摩尔	mol
电流	安培	A
发光强度	坎德拉	cd

该局与马里兰州葛底斯堡的美国标准技术协会(NIST)共同保存着长度、时间和质量的标准,即制作与校正米尺、时钟和秤的标准。**图1-7**所示为国际千克原器。

在你学了数学之后,就能很轻松地将米换算成千米,把英尺换算成英里。米制单位的一个突出特点就是非常容易进行单位间的转换,你只要乘以或除以10的适当幂次就可以了。SI制一般用词头来代表各个带幂次的单位,如**表1-2**所示。在日常生活中,你会经常遇到这些词头,例如毫克、纳秒和厘米。

表1-2　SI单位所用的词头

词头	符号	因数	科学记数法	举例
飞	f	0.000 000 000 000 001	10^{-15}	飞秒(fs)
皮	p	0.000 000 000 001	10^{-12}	皮米(pm)
纳	n	0.000 000 001	10^{-9}	纳米(nm)
微	μ	0.000 001	10^{-6}	微克(μg)
毫	m	0.001	10^{-3}	毫安(mA)
厘	c	0.01	10^{-2}	厘米(cm)
分	d	0.1	10^{-1}	分升(dL)
千	k	1 000	10^{3}	千米(km)
兆	M	1 000 000	10^{6}	兆克(Mg)
吉	G	1 000 000 000	10^{9}	吉米(Gm)
太	T	1 000 000 000 000	10^{12}	太赫(THz)

☑ **阅读检测**　**明确**用来表示计算机内存2 000 000 000字节的词头。

量纲分析

对单位做合理的分析,常常可用来检查答案是否正确。在解决物理问题时,通常需要选用某个公式的变式,或者连续使用几个公式。经过这一过程,最后的结果很容易发生错误。为了检查结果的正确性,一个方便的办法就是检查结果的单位是否合理。例如,如果你要求的是速度,而你的答案却是用s/m或m/s^2等单位来量度的,那么你就知道答案出现了错误。这种把单位作为代数量,与其他物理量一样进行运算分析的方法,称为**量纲分析(dimensional analysis)**。当然,单位合理并不能保证结果一定正确,但单位不对,结果一定是错误的。量纲分析也可用于检查单位之间的换算因子是否正确。换算因子是一个等于1的乘数。

图1-7　国际千克原器,作为1千克质量的标准,是铂铱合金。它被保存在真空内,从而质量几乎不会损失。科学家们正在用硅制成的圆球,重新定义1千克的标准。

描述为什么有测量标准很重要?

例如，因为1 kg＝1 000 g，你可构建下列换算因子：

$$1=\frac{1\ \text{kg}}{1\ 000\ \text{g}} \qquad 1=\frac{1\ 000\ \text{g}}{1\ \text{kg}}$$

选择一个换算因子，可以简化单位，以确保最后运算结果单位的正确。例如，把1.34 kg的铁矿石换算成以g为单位的量，你可以按以下方式进行：

$$1.34\ \cancel{\text{kg}}\times\frac{1\ 000\ \text{g}}{1\ \cancel{\text{kg}}}=1\ 340\ \text{g}$$

有时候，你也许需要做一系列的换算。例如，要把43 km/h换算成以m/s为单位的量，你可以这样做：

$$\frac{43\ \cancel{\text{km}}}{1\ \cancel{\text{h}}}\times\frac{1\ 000\ \text{m}}{1\ \cancel{\text{km}}}\times\frac{1\ \cancel{\text{h}}}{60\ \cancel{\text{min}}}\times\frac{1\ \cancel{\text{min}}}{60\ \text{s}}=12\ \text{m/s}$$

图1–8 学生测量笔的长度为138.1 mm。
推断 为什么测量值的最后一位数字是估测值？

有效数字

当你用刻度尺测量一支笔的长度时，发现笔的尾端正好超过138 mm，如**图1–8**所示。你估计笔的长度比138 mm大0.1 mm，所以记录为138.1 mm。这一测量值包含四位有用的数字：前三位数字是精确的，最后一位是你估计得出的。测量值中的有用数字称为**有效数字（significant figures）**。任何测量值的最后一位数字都是估测值，而测量值中的所有非零数字都是有效的。

所有的零都是有效数字吗 不是的。例如，对于测量值0.086 0 m而言，前面两个零只起到定位小数点的作用，不是有效数字；最后一个零是估计数字，是有效的。而测量值172 000 m可以有3、4、5或6位有效数字。为了避免模棱两可的情况出现，就需要使用科学记数法来表示它：$1.720\ 0\times10^5$ m。这样就可以很清楚地表明，它有5位有效数字。

用有效数字进行运算 当你做完任何数学运算时，千万要记住，计算所得的结果不会比最小精度值更精确。

当对测量值进行加减运算时，首先应完成计算，然后对答案进行四舍五入，以对应测量值中的最小精度值。例如，3.86 m＋2.4 m＝6.3 m，因为测量值的最小精度值为1 m的十分之一。

当对测量值进行乘除运算时，在完成计算之后，应把答案四舍五入到和测量值的最小精度值相同的有效数字位数。例如，$\frac{409.2\ \text{km}}{11.4\ \text{L}}=$ 35.9 km/L，因为测量值的最小精度值含有3位有效数字。有些计算器会显示几个附加数字，而另一些则会在小数点后不同的位置进行四舍五入。在记录答案时，要注意记下正确位数的数字。

解　题

接下来，你可以尝试去解决实际问题。大多数的实际问题是复杂的，要求解就需要有方法。本书中包含的许多例题都可用三个步骤来求解。阅读例题1，按照解题步骤，用距离和时间计算汽车的平均速度。

例题 1

用距离和时间求速度 一辆汽车4.5 h行驶434 km，问该汽车的平均速度是多少？

1 分析概括问题

汽车的速度是未知量。汽车行驶的距离和时间是已知量。用速度、距离和时间之间的关系，求出汽车的速度。

已知	未知
距离＝434 km	速度＝？ km/h
时间＝4.5 h	

2 求解未知量

距离＝速度×时间 ◀列方程。

$$速度=\frac{距离}{时间}$$ ◀求解速度方程。

$$速度=\frac{434\ \text{km}}{4.5\ \text{h}}$$ ◀把距离＝434 km，时间＝4.5 h代入。

速度＝96.4 km/h ◀计算并写出单位。

3 验证答案

为了检查答案是否正确，用它来计算汽车行驶过的距离。

距离＝速度×时间＝96.4 km/h×4.5 h＝434 km

计算出的距离与问题中给出的距离一致，表示平均速度是正确的。

问题

1. 仔细阅读问题。
2. 确定你理解题目在问什么？

分析概括问题

1. 再读一次问题。
2. 根据题目中给的条件，列出已知量。如果需要，可以从图象、表或数字中收集信息。
3. 列出未知量。
4. 确认你是否需要作一次概述来帮助解决问题。
5. 计划一下你求解答案的步骤。

求解未知量

1. 如果是用数学方法求解，写出方程并把未知数分离出来。
2. 把已知量代入方程。
3. 解方程。
4. 继续求解，直到解决问题。

验证答案

1. 重读问题，看答案是否合理？
2. 检查数学计算，看单位和有效数字是否正确？

第2节 复 习

8. **主要概念** 为什么物理学中有的概念要用数学公式来进行描述？
9. **SI单位** 科学中用SI单位制的优点有哪些？
10. **量纲分析** 750兆赫是多少千赫？
11. **量纲分析** 1闰年有多少秒？
12. **有效数字** 求解下列问题，要求有效数字的位数要准确。
    a. 10.8 g－8.264 g
    b. 4.75 m－0.146 8 m
    c. 139 cm×2.3 cm
    d. $\frac{13.78\ \text{g}}{11.3\ \text{mL}}$
    e. 6.201 cm＋7.4 cm＋0.68 cm＋12.0 cm
    f. 1.6 km＋1.62 m＋1 200 cm
13. **解题** 重写方程$F=Bqv$，用F、q、B来表示v。
14. **批判性思维** 用题中给出的数值和公式：距离＝速度×时间，你可算出汽车的速度为290 km/h。这个答案合理吗？为什么合理或者不合理？在什么条件下这个答案是合理的？

第3节 测 量

物理在你身边

你常用许多器材去做实验测量。用钟测量时间，用尺测量长度，用速度计测量速度。你还用过其他的测量器材吗？

主要概念

科学家要仔细做测量，以便重复实验，并比较结果。

核心问题

- 为什么发表的测量结果经常是不确定的？
- 精确度和准确性的区别是什么？
- 测量时，常见错误是什么？

术语回顾

视差 从不同角度观察一个物体时，它的位置有明显的移动

关键术语

测量
精确度
准确性

什么是测量

当你去医院体检时，需要做许多项目的检查：身高、体重、血压、心跳。有时候，你还要检查视力，甚至还要抽血，检查血细胞或者胆固醇的含量是否正常等。测量把观察的结果数量化了：一个人的血压不是"相当好"，而是110/60，在正常范围的低端。

测量（measurement）就是未知量与某一标准的比较。例如，你要测量做实验用的小车的质量，未知量是小车的质量，测量的标准单位为g，它是由你使用的天平来定义的。又如，在第1节的"迷你实验"里，弹簧长度是未知量，而cm则是长度的标准单位。

比较结果

在第1节中你已经知道，科学家们总是会将自己的研究成果公开发表，以供其他的科学家分享。在研究成果没有被彻底认可之前，其他的科学家会重复这些实验，看看能否得到相同的结果，或寻找可能存在的错误。不过，最早发表的结论总是会有一定的误差，即存在一个不确定的范围。当然，如果新的测量值处在这个范围内，那么就可以证明原来的测量结果是正确的。

例如，考古学家常用放射性碳测年法来测定一些洞穴壁画，如**图1-9**中所示的拉斯科壁画和肖凡壁画的年代。考古学家用这种方法测得的最终结果，通常是一个带有不确定值的年代范围。肖凡壁画测量小组给出的三个年代，分别为30 940±610年、30 790±600年、30 230±530年。虽然这三个数据并不相同，但不确定值范围非常接近，因此可以说三个结果都是可重复的、正确的。

图1-9 法国拉斯科洞穴中的画作。科学家推断它们完成于17 000年前。

假设三名学生用长度完全相同的弹簧做了许多次第1节中的“迷你实验”。学生1在弹簧上挂了2个垫圈，重复地进行测量，发现弹簧的长度范围在14.4～14.8 cm之间，且平均值为14.6 cm，如**图1-10**所示。这个结果可以表示为(14.6±0.2) cm。同样地，学生2测得的弹簧长度的范围为(14.8±0.3) cm，而学生3测出的弹簧长度范围为(14.0±0.1) cm。

那么，是否可以说这三组测量结果是一致的呢？你能否重复实验得到学生1的实验结果呢？可以看出，学生1和2都得到了14.5～14.8 cm之间这一结果，他们俩的结果是重叠的。但是这一测量结果和学生3得到的数据没有重叠，也就是不一致的。

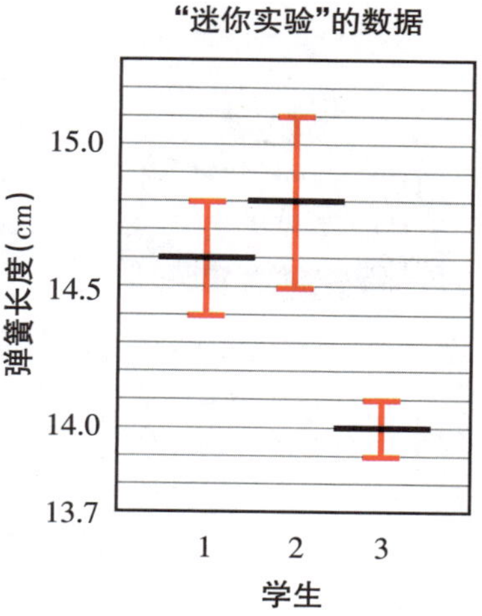

图1-10 三名学生做了多次测量。红色线条说明每次测量的不确定性。

解释 这些测量都一致吗？是否可以重复学生3的测量结果？为什么可以或者不可以？

精确度与准确性

精确度和准确性都是测量值的特性，如**图1-11**所示。以上三名学生的测量，其精确度和准确性又如何呢？测量的准确程度称为**精确度(precision)**。在上述例子中，学生3的测量是最精确的，误差在±0.1 cm以内。学生1和学生2的测量欠精确，因为他们得到的数据都有较大的不确定范围(学生1：±0.2 cm，学生2：±0.3 cm)。

精确度取决于测量的仪器和技术。一般来说，测量仪器的刻度盘分度越精细，所得到的测量结果的精确度就越高。测量值的精确度是仪器的最小分度的二分之一。例如，假设量筒的分度为1 mL。你用这个仪器进行测量时，结果可精确到0.5 mL。但是如果烧杯的最小分度为50 mL，与用量筒得到的测量值相比，它精确到何等程度呢？

答案中的有效数字显示了测量的精确度。若测量值为67.000 g，说明它精确到千分之一克。回忆一下第2节中用不同精确度的实验值进行运算的法则。如果把1.2 mL的酸加到盛有2.4×10^2 mL水的烧杯里，你不能说得到了2.412×10^2 mL的液体，因为水的体积并没有测量到接近十分之一毫升，而是接近10 mL。

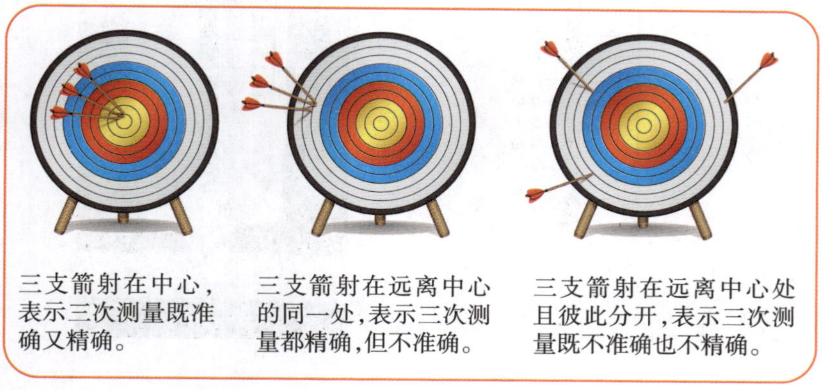

图1-11 每个标靶中心的黄色区域代表测量中被认可的数值。三支箭表示科学家在实验中得到的测量结果。

图1–12 测量前，要对仪器进行调零，以检测准确性。
推断 这台仪器准确吗？为什么？

准确性(accuracy)描述了测量值与真实值的相似程度，后者是由权威的实验者测出的已为公众所接受的值，如**图1–11**所示。如果前面三名学生所测量的弹簧长度的真实值为14.8 cm，那么学生2就最准确，而学生3最不准确。是什么原因导致了人们得到了不准确的实验结果？你又该如何检验实验的准确性呢？

有一个可以检验仪器的准确性的方法，称为二点校准法。第一，仪器读零时，看一下它是否位于零点，如**图1–12**所示。第二，测量一个被公认的标准物时，看它是否给出正确的读数。对于一些至关重要的测量仪器，如放射治疗仪，使用前必须进行常规的准确性检验。

阅读检测 **对比与比较**精确度和准确性。

先进的测量技术

为了保证测量结果的精确度和准确性，必须正确使用仪器。测量时，必须特别仔细，这样得到的结果才能达到仪器所能提供的精确度。在读数时，由于视线角度的不同，经常会导致误差的产生。如**图1–13**所示，在读数时，视线必须水平，垂直正对着刻度线。如果不是这样，如**图1–13**所示，那么读出的数值就不准了。读数与真实值之间的差异是由视差引起的。你从不同的角度观察同一个物体，它的位置会有明显的移动，这就是视差。你可以做一下视差实验：把一支笔放在尺上，眼睛正对着笔尖，读出刻度值。然后把头歪向一边，再读出刻度值。你会发现，两次的读数结果是有差别的。

正确的读数方法　　有视差的读数方法

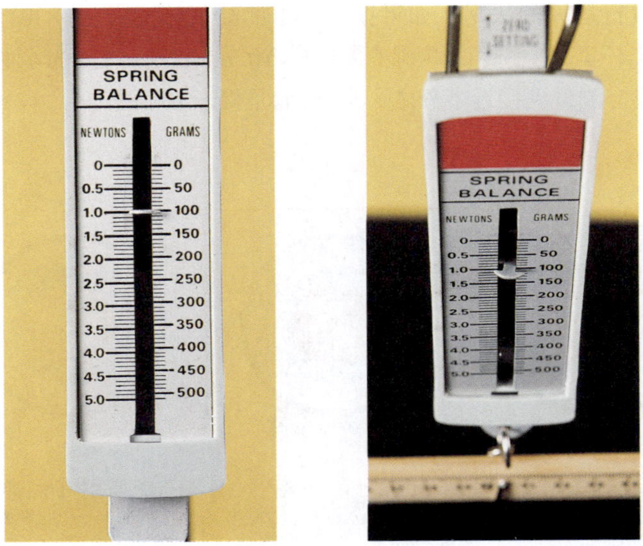

图1–13 读数时，弹簧测力计竖直放置(左图)要比倾斜放置(右图)读出的数值更准确。
明确 右图中，由于视差，测量值变化了多少？

GPS 全球定位系统，又称GPS，是一种具有较高准确性和精确度的测量技术。GPS由24颗带发射器的轨道卫星和地球上的无数接收器组成。卫星发出由高度准确的原子钟测量得到的时间信号。接收器利用至少4颗卫星传来的信息，得出目的地的纬度、经度和海拔。(接收器上的时钟没有卫星上的准确。)

不同的地面接收器的精确度各不相同。汽车上的接收器也许可以告诉你几米内的位置情况，而地球物理学家所用的接收器，如**图1-14**所示，则可以测量地壳内毫米级的移动。

GPS是由美国国防部研发的，它装有专门为检验爱因斯坦的相对论和引力理论而研制的原子钟。如今，GPS系统已经成为民用设备。它的信号免费向全世界提供，并广泛应用于陆海空导航、地图的绘制和勘测、远程通信和卫星网络，以及地震和地质构造研究等各个领域。

图1-14 为了记录和分析大陆板块的运动，科学家正在安装具有较高精度的GPS接收器。

物理实验

质量和体积

质量和体积有什么关系？

第3节 复 习

15. **主要概念** 你找到一把千分尺(一种测量时可精确到0.001 mm的工具)，可它已经严重变形了。它的精确度可与一把新的、高质量的米尺相比吗？它的准确性呢？

16. **准确性** 有些木尺的零刻度并不在其顶端，而是设置在距离顶端几毫米处。这样做是如何提高木尺测量的准确性的？

17. **视差** 视差对你测量结果的精确度有影响吗？请解释。

18. **不确定度** 你的朋友告诉你，他的身高为182 cm。用你自己的话，解释他的话语中所暗示的高度范围。

19. **精确度** 有一个盒子，长18.1 cm，宽19.2 cm，高20.3 cm。
    - a. 它的体积是多少？
    - b. 长度测量值的精确度如何？体积的精确度呢？
    - c. 12个这样的盒子叠起来有多高？
    - d. 该盒子的高度测量值的精确度如何？12个盒子叠在一起时，高度的精确度又是如何？

20. **批判性思维** 你的朋友在一个报告中说，沿着0.25 km的跑道跑一圈，他所花费的平均时间为65.414 s。他说，这是用一只精确度为0.1 s的钟，测量了跑7圈所用的时间才得到的数值。你认为他的这个结论可信吗？请解释一下。

第4节 作数据图

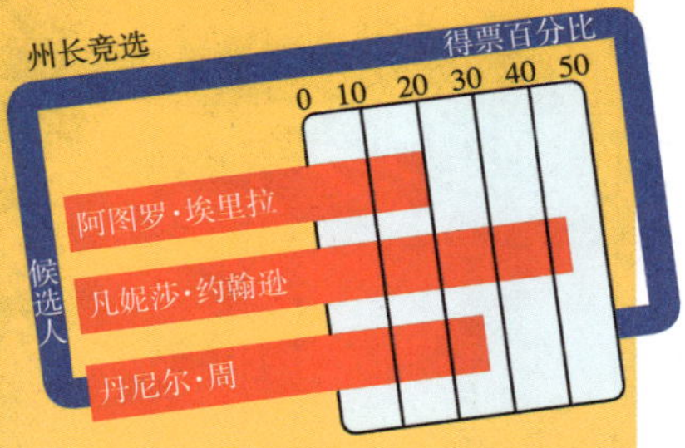

主要概念

使用图象，可以更容易对一系列的变量进行解释、判别趋势和找出它们之间的联系。

核心问题

- 从图象中可以学到什么？
- 图象中的一般关系是什么？
- 科学家如何做预测？

术语回顾

斜率 图象中垂直改变量与水平改变量的比值

关键术语

自变量
因变量
最佳拟合线
线性关系
二次方关系
反比关系

物理在你身边

选举结果常用图象来表示，用柱状图和圆饼图表示收到的各位候选人的得票数或他们得票的百分比。也可以用其他图象表示人口或资源的变化情况。

识别变量

在你做实验时，有一点非常重要：每次操作只改变一个因素！例如，**表1–3**给出的是测出的弹簧长度及对应的悬挂物的质量。在这一实验中，你改变的仅仅是悬挂物的质量。如果你将不同质量的物体挂在了不同型号的弹簧上，那么你就无法知道两组数据之间的差异，究竟有多少是由于悬挂物质量的不同引起的，又有多少是由于弹簧的差异引起的。

自变量和因变量 变量是指一切会对实验的整体进程产生影响的因素。在实验中被改变或被操纵的因素叫作**自变量（independent variable）**。本实验中的悬挂物的质量就是自变量。随着自变量的变化而发生相应改变的因素叫作**因变量（dependent variable）**。本实验中，弹簧的长度取决于悬挂物的质量，因此弹簧的长度就是因变量。科学家做某个实验的目的，也许就是为了知道放射性是如何随着时间而改变的，或者磁铁间的距离是如何决定磁场强度的。

最佳拟合法 图象可以显示出因变量是如何随着自变量的变化而变化的。**图1–15**对应**表1–3**中的数据。画一条蓝色的直线，使其尽可能地接近各个数据点，这条线即为**最佳拟合线（line of best fit）**。最佳拟合线比图上的任何一个数据点更适合作为进行预测的模型。**图1–15**将就该如何绘制线性图和最佳拟合线，给予你详细的指导。

从一连串的数据中，快速看出图象的特点是很难的。**图1–15**显示，当悬挂在弹簧上的物体的质量增大时，弹簧的长度也随之增加。

表1–3 悬挂不同质量的物体时弹簧的长度

悬挂在弹簧下的物体的质量（g）	弹簧长度（cm）
0	13.7
5	14.1
10	14.5
15	14.9
20	15.3
25	15.7
30	16.0
35	16.4

■ **绘制图象**

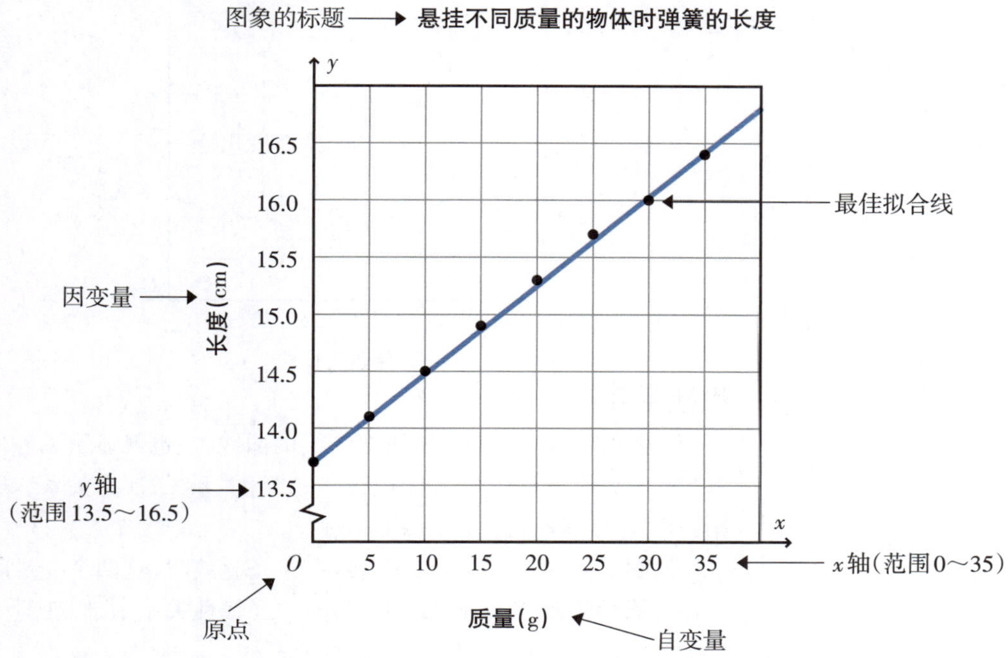

1. 区分数据中的自变量和因变量。在这个例子中,自变量是质量(g),因变量是长度(cm)。将自变量画在横轴(*x*轴)上,因变量画在纵轴(*y*轴)上。

2. 确定自变量的变化范围,范围是0～35。

3. 决定原点(0,0)是不是一个有效的数据点。

4. 尽可能地将各个数据点在图表中分散开来,使图纸上的每一分格代表一个合适的单位,通常将其设置为2、5、10的倍数。

5. 标出横轴上的数字及物理量。注意物理量要包括单位,如质量(g)。

6. 操作因变量时,重复步骤2～5。

7. 在图上画出各个数据点。

8. 画出最佳拟合直线或光滑曲线,让其通过尽可能多的数据点。有时候这种方法称为目视法。不要用一连串的直线线段连接各个数据点。你所认为的最佳拟合线也许和别人的不同。有一套被许多作图器所采用的标准程序,称为最小二乘法,它可以作出唯一的最佳拟合线,但这已超出了本书要求的范围。

9. 给图象列一个标题,以便清楚地说明该图所表示的内容。

图1–15 按照上述步骤,将数据表中的数据绘制成图象。

图1-16 在线性关系中，因变量随自变量线性变化。在本实验中，自变量是质量，因变量是长度。**描述**当质量减小时，弹簧长度发生什么变化？

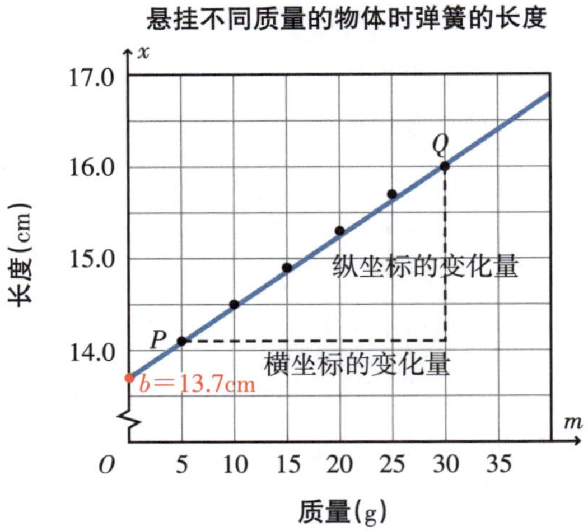

线性关系

分散的数据点可以连成许多不同的曲线，这也就显示了各种不同的关系。三种最常见的关系——线性关系、二次方关系和反比关系，你可能已经在数学课上学过了。

如**图1-15**所示，当最佳拟合线是一条直线时，这两个变量间存在着**线性关系(linear relationship)**。在线性关系中，因变量随自变量呈线性变化，可以用下列方程来表示。

两个变量间的线性关系 $y=kx+b$

如**图1-16**所示，根据图线上的点，求出图线在y轴上的截距b和斜率k。所用的这些点可能是数据点，也可能不是。斜率是竖直变化量与水平变化量的比值。为了求出斜率，需要在图线上选取相隔较远的两个点，如P和Q。竖直变化量，也称纵坐标的变化量Δy，即P和Q两点在竖直方向上的距离差。水平变化量，也称横坐标的变化量Δx，即P和Q两点的水平量值之差。

斜率

一条直线的斜率等于纵坐标的变化量除以横坐标的变化量，或竖直变化量除以水平变化量。

$$k=\frac{\text{纵坐标的变化量}}{\text{横坐标的变化量}}=\frac{\Delta y}{\Delta x}$$

在**图1-16**中：$k=\dfrac{16.0\ \text{cm}-14.1\ \text{cm}}{30\ \text{g}-5\ \text{g}}=0.08\ \text{cm/g}$

若x变大且y变小，则$\dfrac{\Delta y}{\Delta x}$为负值，这表示该图线从左向右向下倾斜。直线在$y$轴上的截距($b$)，即直线与$y$轴交点的值，也就是$x=0$时$y$的值。在本例中，$b=13.7$ cm。也就是说，当弹簧上不悬挂物体时，弹簧的长度为13.7 cm。当$b=0$时，$y=kx$，也就是说y与x成正比。在物理学中，直线的斜率和y轴上的截距有一定的物理意义。

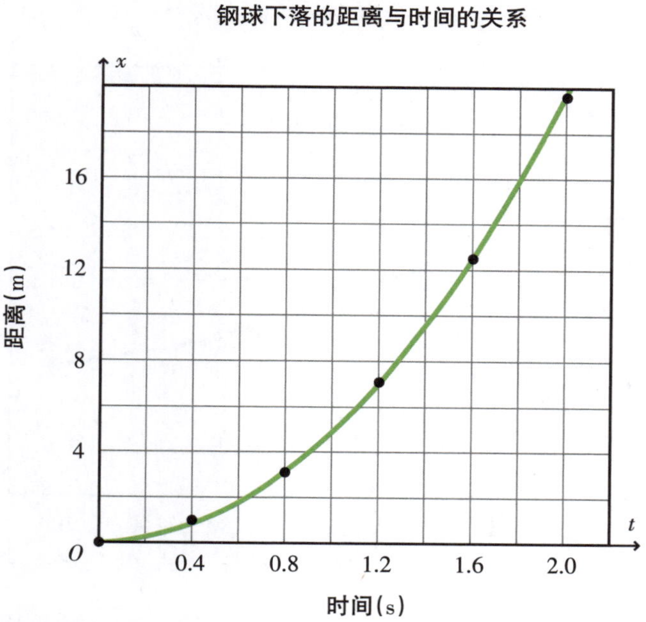

图 1–17 图线是一个非线性关系的例子，显示了两个变量之间为二次方(或抛物线)关系。

非线性关系

如**图 1–17** 所示为一个铜球下落的距离与时间之间的关系图线。注意这条图线并不是直线，即说明这两个变量间的关系是非线性的。科学中的非线性关系有许多种，其中最常见的两种为二次方关系和反比关系。

二次方关系　**图 1–17** 中的图线为二次方关系，可用下列方程来表示。若一个变量取决于另一个变量的平方，这两个变量就是**二次方关系(quadratic relationship)**。

两个变量间的二次方关系　$y=ax^2+bx+c$

这个方程中的常数 a、b、c 可以很容易地用计算机程序或作图器求出。**图 1–17** 所示的图线的方程为 $d=5t^2$。

☑ **阅读检测**　**解释**在二次方关系中两个变量如何变化的。

物理挑战题

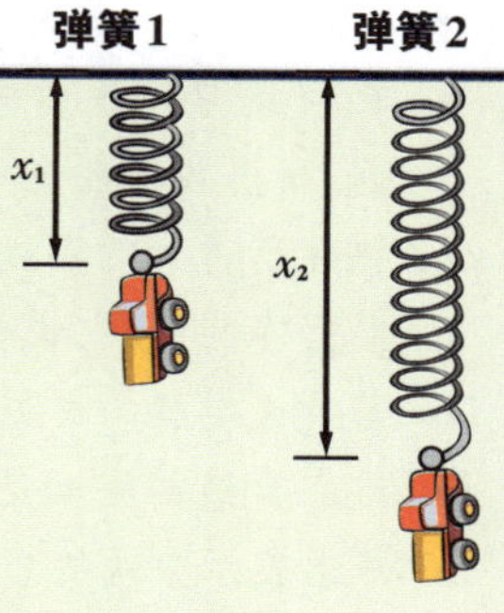

弹簧 1 上悬挂着某个物体时，弹簧的伸长量(伸长的距离)为 x_1。若把这个物体从弹簧 1 上取下，挂到弹簧 2 上，则弹簧 2 的伸长量为 x_2。已知 $x_2>x_1$。

1. 在同一坐标系中，作出可以显示物体的质量与两根弹簧伸长量的关系的两条图线。
2. 图线是否经过原点？请解释经过或者不经过原点的原因。
3. 哪一条直线的斜率更大？
4. 当悬挂物的质量为某一值时，$x_2=1.6x_1$。如果 $x_2=5.3$ cm，那么 x_1 为多大？

图 1–18 图中显示速度和行驶时间是反比关系。**描述**当速度增加时，行驶时间会如何变化？

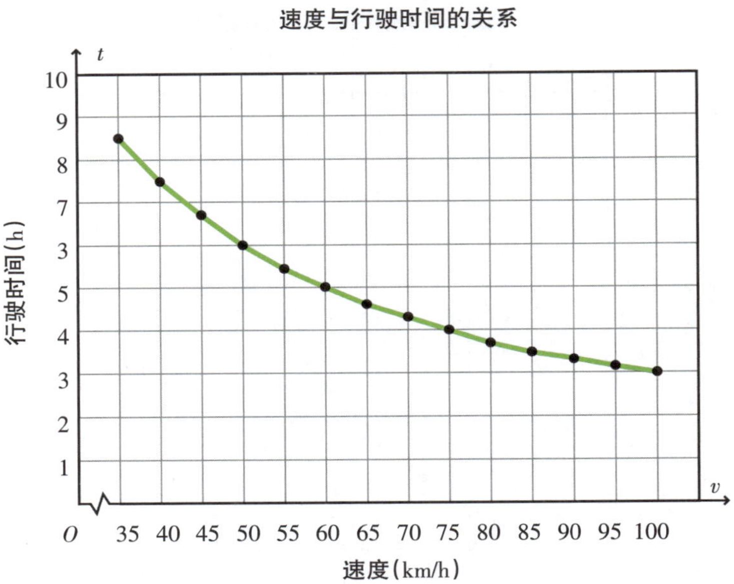

反比关系 **图 1–18**所示图线显示了汽车行驶 300 km 所用的时间与汽车速度增加的关系。这是一种**反比关系(inverse relationship)**，可用下列方程表示。当一个变量与另一个变量的倒数成正比时，这两个变量就是反比关系。反比关系的图线为双曲线。

两个变量之间的反比关系 $y=\frac{a}{x}$

以上所述的三种关系是简单关系的范例。在物理学科的学习中，你很有可能需要去推导这些关系。当然，你还会用到许多其他的数学模型。比如说，用于描述循环现象的正弦模型，用于研究放射性的指数增长和衰减的模型等。即使是很复杂的现象，都可以通过结合不同的数学模型来描述。

☑ **阅读检测** **解释**在反比关系中两个变量是如何变化的。

练一练

21. **表 1–4** 给出了一些特定体积的纯金块的质量。

a. 在质量与体积的关系图象上，根据表中给出的数据，画出各个数据点，并作出这些点的最佳拟合线。

b. 描述所得到的图线。

c. 根据你的图线，说出纯金块的质量与体积之间存在着什么类型的关系。

d. 这条直线的斜率是多少？注意写出正确的单位。

e. 写出表示金块的质量和体积关系的函数。

f. 用一个词阐述直线斜率的意义。

表 1–4 纯金块的质量

体积(cm^3)	质量(g)
1.0	19.4
2.0	38.6
3.0	58.1
4.0	77.4
5.0	96.5

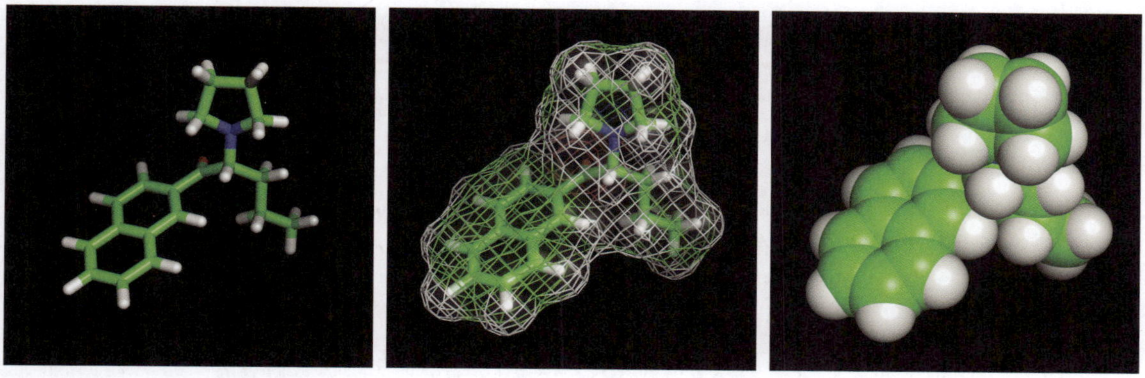

图1–19 为了创造真实的动画片，电脑动画制作者利用真实世界的数学模型，创造了一个令人信服的虚拟世界。图示为电脑制作的一种新型药物的分子模型。

预　测

当科学家找到了如本节所示的一些图线中所表达的各种关系时，他们就可以利用它们来作出预测。例如，**图1–16**中所示的线性图象的方程可表示为：

$$y=(0.08\ \text{cm/g})x+13.7\ \text{cm}$$

不论是用公式表示的，还是从图线推测出来的，关系式都可以被用来预测还未直接测得的值。想一想：如果**表1–3**中的弹簧挂上质量为49 g的物体，弹簧将伸长多少？

$$y=0.08\ \text{cm/g}\times 49\ \text{g}+13.7\ \text{cm}$$
$$=18\ \text{cm}$$

有一点很重要：你必须确定你可将已有的数据外推到多远。例如，在上个问题中，90 g不在所测量的范围内，弹簧也许还没拉伸到那么长就已经失去弹性了。

物理学家用模型来准确地预测出系统的动向：是什么样的环境导致了太阳耀斑(太阳表面的物质发生剧烈爆炸)的形成？如何调整座钟的钟摆使其能保持准确的时间？磁场将会如何影响医疗仪器的工作？其实，各行各业的人们都在通过各种方式运用模型。**图1–19**就是一个例子。在本书之后的学习中，你可以借助本章学到的物理学工具，解答所遇到的物理问题或建立各种物理模型。

第4节　复　习

22. 主要概念　将下列数据用图象表示。其中时间为自变量。

时间(s)	0	5	10	15	20	23	30	35
速度(m/s)	12	10	8	6	4	2	2	2

23. 图释　在总质量和体积的关系图线上，如果y轴的截距不等于零，那表示什么含义？

24. 预测　根据**图1–16**所示的关系，确定使弹簧的长度为15 cm所需物体的质量。

25. 预测　根据**图1–18**所示的关系，预测当速度为110 km/h时，行驶的时间为多长。

26. 批判性思维　根据**图1–16**中的图象，如果图象中的直线更平缓(斜率更小)，那么弹簧将有什么不同？请你用自己的话解释一下。

起步实验

质量和下落的物体

实验步骤

1. 用透明胶带把4枚硬币粘成一卷。
2. 把这卷硬币放在你的手上，并在它的旁边再放一枚硬币。
3. 这两样东西哪一个更重些？
4. 让它们同时下落，观察它们的运动情况。
5. 用米尺量出2 m的高度。让它们从2 m高度处下落10次，用秒表记录它们各自下落的时间，并把数据记录下来。

分析

6. 计算它们各自下落的时间的平均值。

7. 对于质量和下落的物体之间的关系，你可以得出什么结论？

8. **批判性思维** 设计一个实验，确定影响物体下落速度的其他因素。

迷你实验

测量弹簧伸长量

实验步骤

1. 准备5个相同的垫圈和一根弹簧。当弹簧下方悬挂着一个垫圈时，可以测出它的伸长量。
2. 用米尺测量当弹簧上不挂垫圈和挂1、2、3个垫圈时弹簧的长度。
3. 作图表示弹簧长度与垫圈质量之间的关系。
4. 预测挂4个和5个垫圈时弹簧的长度。
5. 检验你的预测是否正确。

分析

6. 描述你得到的弹簧长度与垫圈质量的关系图线的形状是怎样的。你如何用这条图线来预测挂4个和5个垫圈时弹簧的长度？

物理实验

实验器材

游标卡尺
天平
实心金属块
实心木块
实心金属圆柱体
实心木圆柱体
实心金属球
实心木球

质量和体积

如果你具有观察的技能，会使用测量设备，能够用有效数字进行计算，你就可以研究物理学的常数。常数是一种已经被科学地决定的性质，它在给定的条件下保持不变。例如，如果你做了许多研究，观察到水在0℃时总会结冰，你就可以得出结论，水的冰点是常数。你可以用这个事实，扩展你的科学研究，去发现更多关于水的事件或关于结冰的物理过程。

在本实验中，你将研究密度。密度是物质的内在性质。它是单位体积的质量。物理学家用密度研究浮力现象。工程师用密度判断他们设计的船是漂浮还是下沉。

你将测量用同一种材料制作的不同物体的质量。你用这些测量数据计算物体的体积。你要把你的数据做成图表，确定你所用的材料的密度是否是常数。

目标

- **测量**几个物体的大小和质量，用SI单位来表示。
- **画出**一个物体的质量和体积的关系图。
- **解释**在没有测量物体的大小时，如何确定物体的体积。

实验步骤

1. 准备用相同木料做的木块、木圆柱体和木球各一个。
2. 把木料的类型记录在数据表1中。
3. 用天平测量每个物体的质量，精确到克，并把数据记录在数据表1中。
4. 用游标卡尺测量木块的长度、宽度和高度，精确到毫米，分别测量4次，并把数据记录在数据表1中。
5. 用游标卡尺测量木圆柱体的直径和高度，精确到毫米，分别测量4次，并把数据记录在数据表1中。
6. 用游标卡尺测量木球的直径，精确到毫米，测量4次，并把数据记录在数据表1中。
7. 准备用相同金属做的金属块、金属圆柱体和金属球各一个。
8. 把金属的类型记录在数据表2中。
9. 对金属物体重复做实验步骤3～6，并把数据记录在数据表2中。

数据与观察

数据表1				
木料的类型________________				
木块	质量(kg)	长度(cm)	宽度(cm)	高度(cm)
木圆柱体	质量(kg)	直径(cm)	高度(cm)	
木球	质量(kg)	直径(cm)		

数据表2				
金属的类型________________				
金属块	质量(kg)	长度(cm)	宽度(cm)	高度(cm)
金属圆柱体	质量(kg)	直径(cm)	高度(cm)	
金属球	质量(kg)	直径(cm)		

分析与结论

1. 对每个物体,计算它们测量数据的平均值,并把数据记录在数据表3中。

数据表3			
物体	平均值(cm)		
木块	长度	宽度	高度
木圆柱体	直径	高度	
木球	直径		
金属块	长度	宽度	高度
金属圆柱体	直径	高度	
金属球	直径		

2. 用数据表3中的平均值，计算每个物体的体积，结果以m^3为单位，把数据记录在数据表4中。

数据表4			
形状	体积公式	木制物体体积 $V(m^3)$	金属物体体积 $V(m^3)$
长方体	$V=lwh$		
圆柱体	$V=\pi\left(\frac{d}{2}\right)^2h$		
球体	$V=\frac{4}{3}\pi\left(\frac{d}{2}\right)^3$		

3. 在图中标出上述质量和体积的数据，并把所有木制物体和金属物体的数据分别标在两张图上，x轴代表物体的体积，y轴代表物体的质量。

4. 分析下面两幅图。是否有一种图线可以适用每种材料？如果有，该图线是什么？在质量和体积之间，是否存在一种关系？请解释。

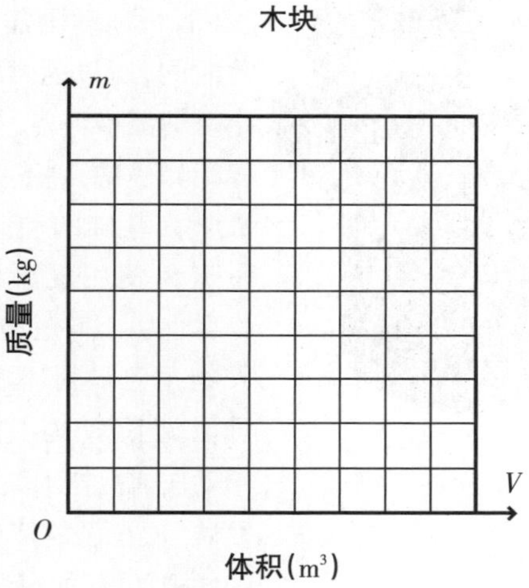

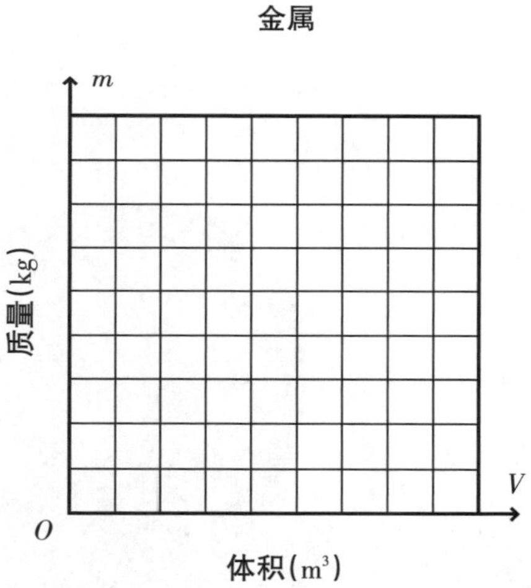

5. 用图中的数据画出一条直线。每条直线的斜率的值是什么？斜率代表什么？斜率的单位是什么？

6. 分析图中所画的直线。是否所有的点都在直线上或接近直线？你的数据表明存在一个常数吗？有些数据点位于直线外，可能的原因是什么？

拓展与应用

1. 对你的图中的每一条线，写出一个方程，并记下单位。方程中的常数是什么名称？

2. 假设你有一个已知材料做成的形状不规则的物体。由于该物体的形状不规则，不可能通过测量和计算，确定它的体积。你如何确定该物体的体积呢？

三维动画

如果有人问你，哪些职业与物理学有关，你可能不会马上想到动画设计师这个职业。由于计算机技术的飞速发展，传统的二维、手绘动画已经被现在的电脑三维动画逐渐取代了。现在，动画设计师知道运动、光的相互作用等物理学知识很重要，因为设计动画时，他们需要创建精确的物理模型。

建模 最初，三维模型是手工雕刻或直接在电脑上设计的。内部控制点通过较少的外部控制点连接到一个较大的网格，这称为笼子，如**图1**所示。动画设计师运用将笼子与动画变量连接起来的线性几何方程，可以在不需要移动每个控制点的情况下产生复杂、精确的运动。

计算机功率 渲染（用软件由模型生成图像的过程）这些方程需要消耗相当大的计算机功率。例如，全球照明所需的渲染方程——对周围环境的反射光线的模拟——通常涉及1 000万个点，每个点都有自己的方程，而每帧动画需要0.04 s的播放时间，所以通常需要大约6个小时的渲染。

栩栩如生的人物 过去，倡导以数学为基础的动画设计者会尽量避免使用复杂的角色，如人物，因为与非人物的角色相比，人物角色显得不够逼真。在这种情况下，动画工作室更喜欢运用动作捕捉技术。经过十多年的发展，现在已能产生越来越复杂的虚拟环境，如海洋，以及更引人注目的“纯动画”的人物角色。

图1 构成角色网格的众多三角形上的每个点都与相应的几何方程有关。

进一步探索 >>>

研究 动作捕捉技术要去除动画中的艺术成分，这也引起了一些争论。比较一下以数学建模为基础制作的动画和用动作捕捉技术制作的动画之间的优点和缺点。

第1章 复习指南

大概念 物理学家用科学方法研究能量和物质。

关键术语

- 物理学
- 科学方法
- 假设
- 模型
- 科学理论
- 科学定律

第1节 科学方法

主要概念 科学研究不会都以相同的步骤进行，但是会用相似的方法。

- 科学方法包括观察和回答自然界的问题。
- 若所观察的物体太大或太小，所观察的过程太长而不能全部看到，所研究的材料太危险，科学家就需要使用模型。
- 科学理论是对事物或事件的解释，它是以观察和研究中得到的知识为基础的。科学定律是对自然界发生的事情的说明，它好像永远是真实的。
- 科学不能解释或解决所有的事情。关于意见或价值观的问题就无法检验。

关键术语

- 量纲分析
- 有效数字

第2节 数学和物理学

主要概念 用数学表示物理学的概念。

- 使用米制让全世界的科学家交流起来更容易。
- 量纲可以用来检查运算结果是否正确。
- 有效数字是测量中有效的数字。

关键术语

- 测量
- 精确度
- 准确性

第3节 测 量

主要概念 科学家要仔细做测量，以便重复实验，并比较结果。

- 测量有不确定性，在不确定的范围内进行新的测量只是在证实以前的测量而已。
- 精确度是测量一个量时的准确程度。准确性是测量值与真实值的相似程度。
- 读数时视角不对是测量发生错误的一个普遍原因。眼睛与测量工具的刻度呈某个角度时，测量结果就会不准确。

关键术语

- 自变量
- 因变量
- 最佳拟合线
- 线性关系
- 二次方关系
- 反比关系

第4节 作数据图

主要概念 使用图象，可以更容易对一系列的变量进行解释、判别趋势和找出它们之间的联系。

- 图象显示出变量间的关系。这在数据表中不能立刻看出来，而画出图象就容易观察出来。
- 图象显示的一般关系包括线性关系、二次方关系和反比关系。在线性关系中，因变量随自变量呈线性变化。在二次方关系中，一个变量随另一个变量的平方变化。在反比关系中，一个变量随另一个变量的倒数变化。
- 科学家用模型和变量间的关系做预测。

第1节 科学方法

理解概念

27. 描述一种科学方法。

28. 解释为什么科学家会用下列的各种模型。
    a. 太阳系的物理模型。
    b. 飞机空气动力学的计算机模型。
    c. 两个物体之间引力的数学模型。

第2节 数学和物理学

理解概念

29. 为什么数学对科学非常重要?

30. SI制是什么单位制?

31. 导出单位与基本单位有什么联系?

32. 假设你的实验同伴将一次测量结果记录为100 g。
    a. 为什么很难说出这次测量的有效数字的位数?
    b. 如何才能把这个值的有效数字清楚地表示出来?

33. 说出下列各量的单位名称。
    a. $\frac{1}{100}$ m
    b. $\frac{1}{1\,000}$ m
    c. 1 000 m

34. 要以min为单位表示1.8 h,应该乘以什么转换因子?

35. 求解下列各题。注意答案要有正确的有效数字位数。
    a. 4.667×10^4 g$+3.02\times10^5$ g
    b. $(1.70\times10^2$ J$)\div(5.922\times10^{-4}$ cm$^3)$

解决问题

36. 把下列测量值的单位换成m。
    a. 42.3 cm
    b. 6.2 pm
    c. 21 km
    d. 0.023 mm
    e. 214 μm
    f. 57 nm

37. 计算下列各题。
    a. 5.80×10^9 s$+3.20\times10^8$ s
    b. 4.87×10^{-6} m-1.93×10^{-6} m
    c. 3.14×10^{-5} kg$+9.36\times10^{-5}$ kg
    d. 8.12×10^7 g-6.20×10^6 g

38. **排序** 把下列各数按有效数字的位数从多到少排序:1.234,0.13,0.250,7.603,0.08,并说明理由。

39. 说出下列测量值的有效数字的位数。
    a. 0.000 03 m　　b. 64.01 fm
    c. 80.001 m　　d. 6×10^8 kg
    e. 4.07×10^{16} m

40. 计算下列各题。
    a. 16.2 m+5.008 m+13.48 m
    b. 5.006 m+12.007 7 m+8.008 4 m
    c. 78.05 cm^2$-$32.046 cm^2
    d. 15.07 kg$-$12.0 kg

41. 计算下列各题
    a. 6.2×10^{18} m$\times4.7\times10^{-10}$ m
    b. 5.6×10^{-7} m$\div(2.8\times10^{-12}$ s$)$
    c. 8.1×10^{-4} km$\times1.6\times10^{-3}$ km
    d. 6.5×10^5 kg$\div(3.4\times10^3$ m$^3)$

42. **重力** 重力的大小为$G=mg$,其中$g=$9.8 N/kg。
    a. 质量为41.63 kg的物体受到的重力为多大?
    b. 若物体受到的重力大小为632 N,该物体的质量是多少?

43. **量纲分析** 已知压强的单位为Pa,1 Pa=1 kg/(m·s^2)。下述表达式得到的压力的单位正确吗?

$$\frac{0.55\text{ kg}\times2.1\text{ m/s}}{9.8\text{ m/s}^2}$$

第3节 测　量

理解概念

44. 测量的精确度是由什么决定的?

45. 测量时,最后一位数字和其他数字有什么不同含义?

解决问题

46. 已知一个空水罐的质量为3.64 kg，当它充水到某一位置时质量为51.8 kg。罐内水的质量为多少？

47. 一个房间长16.40 m，宽4.5 m，高3.26 m。该房间的容积是多少？

48. 一块四边形土地各边的长度分别为132.68 m、48.3 m、132.736 m和48.37 m。该土地的周长是多少？

49. 如**图1-20**所示为一台电子秤，此秤测量值的精确度是多少？

图1-20

50. 如**图1-21**所示为一个电流表的表盘，请尽可能精确地读出图示的量值。

图1-21

51. 估计你身边一个门框的高度，然后测量一下。你的估计值的准确性和精确度分别为多少？你的测量值的精确度又是多少？为什么这两个精确度是不一样的？

52. 温度 温度在12 h内从24℃降到10℃。

a. 求出平均每小时温度的变化量。

b. 如果温度变化的趋势继续下去，预测再过2 h后的温度。

c. 你能准确预测24 h后的温度吗？解释一下为什么能或为什么不能。

第4节 作数据图

理解概念

53. 如何求出一条直线的斜率？

54. 驾驶员在行驶时，汽车在他看到红灯到踩下刹车之间的这段时间内行驶的距离称为反应距离。对某一特定的驾驶员和机动车来说，反应距离与汽车速度之间存在线性关系。

a. 对于反应距离与速度关系的图线，其斜率是正的还是负的？

b. 心烦意乱的驾驶员比心神正常的驾驶员的反应时间要来得长。在这两类人的反应距离与速度关系的图线中，心烦意乱者的斜率相对正常人来说是大还是小？请说明理由。

55. 在一次实验中，你不断改变气球中气体的温度，然后测量相应的气球体积。请确定哪个是自变量，哪个是因变量。

56. 如**图1-22**所示的是什么类型的关系？写出这种类型的图线关系的一般方程。

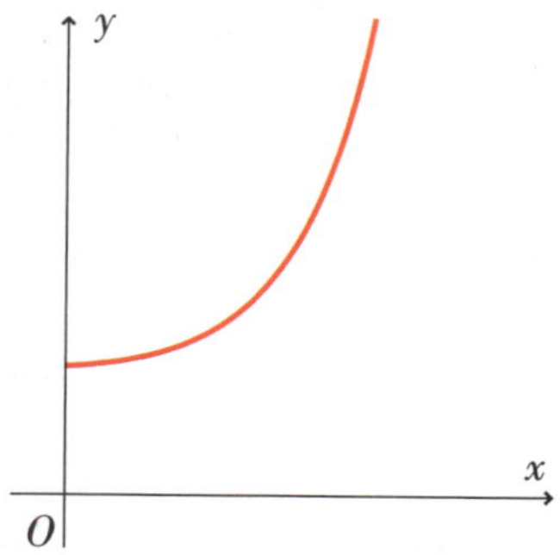

图1-22

57. 已知方程$F=\frac{mv^2}{R}$，下列各个物理量之间存在什么关系？

a. F和R

b. F和m

c. F和v

解决问题

58. 如**图1–23**所示为三种物体的质量与体积的关系图线。已知物体体积的范围为0~60 cm^3。

a. 如果各种物体的体积均为30 cm^3，其质量分别为多少？

b. 如果每种物体的质量均为100 g，它们的体积分别为多少？

c. 用一两句话描述该图中直线斜率的意义。

d. 解释每一条图线在y轴上的截距的意义。

三种物体的质量与体积的关系

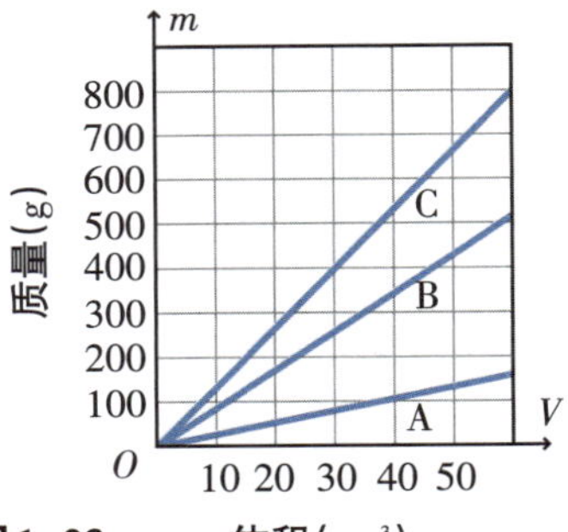

图1–23

59. 假设把一个物块放在几乎没有摩擦的光滑水平桌面上，然后对该物块施加各种水平力，并测出它在各种力的作用下5 s内运动的距离。实验结果记录在**表1–5**中。

表1–5 在各种力的作用下经过的距离

力(N)	距离(cm)
5.0	24
10.0	49
15.0	75
20.0	99
25.0	120
30.0	145

a. 用表中给出的数据作图，并利用这些数据点作出最佳拟合曲线。

b. 描述最后得到的曲线。

c. 利用图象，写出表示距离和力之间关系的方程。

d. 方程中的常数是什么？求出它的单位。

e. 如果有一个大小为22.0 N的力作用在该物体上，预测物体在5 s内运动的距离。

60. 假设改变了上一题的实验步骤。在保持力不变的条件下，改变物块的质量。接着，测出物块移动的时间和距离，并计算出各个质量的物块的加速度。实验结果记录在**表1–6**中。

表1–6 不同质量的物块的加速度

质量(kg)	加速度(m/s^2)
1.0	12.0
2.0	5.9
3.0	4.1
4.0	3.0
5.0	2.5
6.0	2.0

a. 用表中给出的数据作图，并利用这些数据点作出最佳拟合曲线。

b. 描述最后得到的曲线。

c. 利用图象中的数据，写出表示加速度和物块质量之间关系的方程。

d. 求出方程中常数的单位。

e. 预测质量为8.0 kg的物块的加速度。

61. 某同学在一次实验中，用同样的方法分别测量了体积为10.0 cm^3和20.0 cm^3的酒精的质量。测得的数据记录在**表1–7**中。

表1–7 特定体积的酒精的质量

体积(cm^3)	质量(g)
10.0	7.9
20.0	15.8
30.0	23.7
40.0	31.6
50.0	39.6

a. 用表中给出的数据作图，并利用这些数据点作出最佳拟合曲线。

b. 描述最后得到的曲线。

c. 利用图象，写出表示酒精体积与质量之间关系的方程。

d. 求出图线斜率的单位。你给这个量起一个什么名字？

e. 体积为32.5 cm^3的酒精的质量是多少？

的光速大小为$(2.999\pm0.006)\times10^{8}$ m/s。

a. 哪一位的测量结果更精确？

b. 哪一位的测量结果更准确？(光速的大小可从本书的后面章节中找到。)

应用概念

62. 科学方法是一连串有着清晰定义的步骤的组合吗？说明理由。

63. 解释科学理论与科学定律之间的不同点。

64. 在屋顶上把一个小球向上抛出，如**图1–24**所示的是小球前1.5 s的高度变化情况。当$t=0$时，小球的高度为多少？预测当$t=2$ s和$t=5$ s时小球的高度。

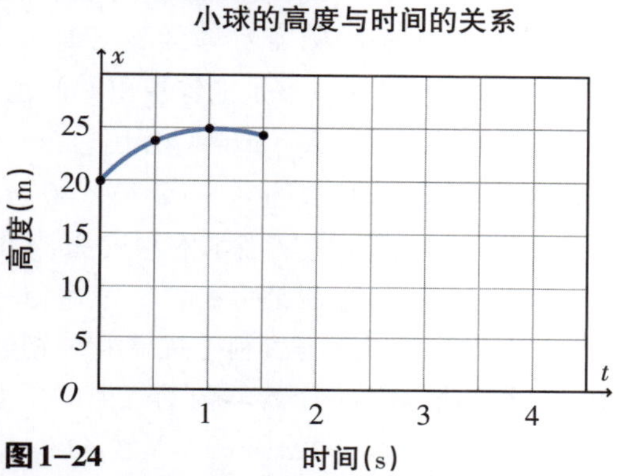

图1–24

65. **密度** 物质的密度等于单位体积该物质的质量。

a. 用SI制写出密度的单位。

b. 密度单位是基本单位还是导出单位？

66. 你该分别用哪个SI制单位测量下列各量。

a. 手的宽度

b. 书本封面的厚度

c. 教室的高度

d. 从你家到教室的距离

67. **大小** 做一张表格，记录物体的大小。长度从小于1 mm开始，一直到数千米为止。内容可包括细胞的大小、光在1 s内前进的距离、房间的高度等。

68. **时间** 做一张表格，记录时间间隔。内容可以包括心跳间隔、举办奥运会的时间间隔、人的平均寿命等。表中要包含几个很短或很长的时间间隔的例子。

69. **光速** 两位科学家测量光速。一位的测量结果是$(3.001\pm0.001)\times10^{8}$ m/s；另一位测出的光速大小为$(2.999\pm0.006)\times10^{8}$ m/s。

70. 你分别测量一张书桌的长、宽、高，所得到的测量值分别为132 cm、83 cm和76 cm。三个测量值的和是291 cm，积是8.3×10^{5} cm^3。解释和与积中的有效数字是如何确定的。

71. **钱** 假设你在星期一收到$15.00，每天午餐花去$2.50。如果你将一星期中每天结束时还剩下的钱的数目绘制成一条图线，那么这条图线的斜率是正数、零还是负数？为什么？

72. 将一串数据绘制成图象后，你发现y轴上的值与相应的每一个自变量的值是一致的。那么该直线的斜率是多少？为什么？写出它的函数关系式。

73. **驾驶** 刹车距离与汽车速度的关系图线是一段抛物线。已知其关系方程为$d=av^2+bv\pm c$。距离(d)以m为单位，速度(v)的单位是m/s。那么，该如何求出a、b和c的单位？它们分别是什么单位？

74. 如**图1–25**所示的叶子有多长？测量结果的估计值又是多少？

图1–25

75. 解释假设与科学理论有什么不同。

76. 给出一个科学定律的例子。

77. 有一种假设(不正确的)认为，重的物体比轻的物体下落得快。是什么原因使得古希腊人没有对这种假设产生怀疑？

提示：你对哪个物体下落得快产生过疑问吗？

78. 某个量筒的最小刻度是mL，用这个量筒进行测量的精确度是多少？

79. **编写问题** 用生活中的物体编写一道物理题，**图1-26**是求解过程的一部分。

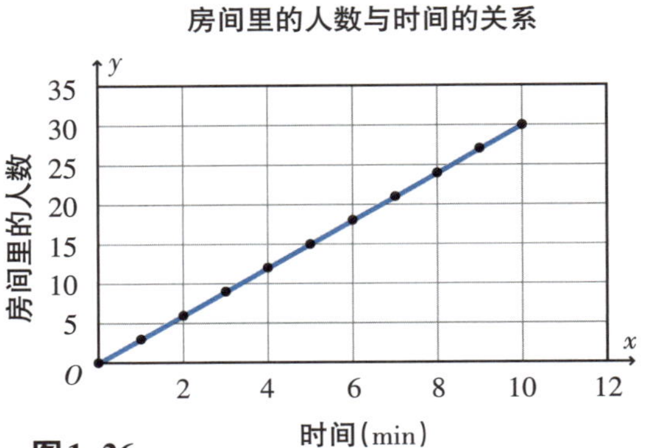

图1-26

复习提高

80. 把下列数据按精确度由大到小的次序排列：0.0034 m，45.6 m，1 234 m。

81. 如**图1-27**所示为喷气式飞机的发动机。如果该发动机的直径为80 m，请解释这个值为什么不合理。合理的值应该为多少？

图1-27

82. 你在操作编码时发现下列转换因子：1.23长码=23.0中码，74.5中码=645短码。那么一个长码等于多少个短码？

83. 一个柱体的测量值为：长2.347 m，宽3.452 cm，高2.31 mm，质量为1 659 g。求该柱体的体积为多少立方米，密度为多少克每立方米。

84. 一滴水含有1.7×10^{21}个分子。如果水的蒸发速度为每秒一百万个分子，那么一滴水完全蒸发需要多少年？

85. 将一块质量为17.6 g的金属放入盛有10.0 cm^3水的量筒内。如果水面升高到12.20 cm^3，那么金属的密度为多少？

批判性思维

86. **应用概念** 俗话说，傻瓜提出的问题比聪明人能回答的还多。而科学领域出现的情况却常常是，智者应该是能够提出好问题，而不是回答问题的人。请解释原因。

87. **应用概念** 把水注入一个长1.40 m、宽0.600 m的容器中。当水的深度为34.0 cm时，水的质量近似是多少？答案保留一位有效数字。(从参考资料中找出水的密度。)

88. **分析与结论** 一个容器内的气体的压强为101 kPa，体积为324 cm^3，质量为4.00 g。如果将压强增加到404 kPa，那么气体的密度是多少？(气体的压强与体积成反比。)

89. **大概念** **设计实验** 向上抛球，最多能将球抛到多高？可能影响本题答案的变量有哪些？

90. **补充问题** 把下列问题补充完整，并使问题的答案有3位有效数字。题目是："用相同质量的醋和酒精擦耳朵是一种保护游泳者耳朵的常用方法。你取出45.62 mL醋……"

科技写作

91. 研究和描述物理学史中的一个课题。解释关于此课题的观念是如何随着时间而不断演变的。注意论述中要包括各个科学家的贡献，并从科学思维以及外界环境等方面评估这些贡献所产生的影响。

92. 解释对时间测量的精确度的不断改进，是如何使得对物体下落的预测更为准确的。

第1章 标准化测试

选择题

1. 在同一古墓中出土了两个木制长矛手柄，两个实验室都用放射性碳对它们进行年代测量。甲实验室说第一个手柄的年代为(2 250±40)年，乙实验室说第二个手柄的年代为(2 215±50)年。下列叙述正确的是(　　)

A. 甲实验室的读数比乙实验室的更准确

B. 甲实验室的读数没有乙实验室的准确

C. 甲实验室的读数比乙实验室的更精确

D. 甲实验室的读数没有乙实验室的精确

2. 下列各量中，等于86.2 cm的是(　　)

A. 8.62 m　　**B.** 0.862 mm

C. 8.62×10^{-4} km　　**D.** 862 dm

3. 贾利需要解答一个有关时间、距离和速度的题目，但他忘了公式。题目给出的条件中有单位m/s和km，要求的是一个以s为单位的测量值。那么要能得到这个答案，贾利需要做的是(　　)

A. 用m/s乘以km，然后乘以1 000

B. 用m/s除以km，然后乘以1 000

C. 用m/s除以km，然后除以1 000

D. 用m/s乘以km，然后除以1 000

4. 下图中直线的斜率是(　　)

A. 0.25 m/s^2　　**B.** 0.4 m/s^2

C. 2.5 m/s^2　　**D.** 4.0 m/s^2

速度时间的关系

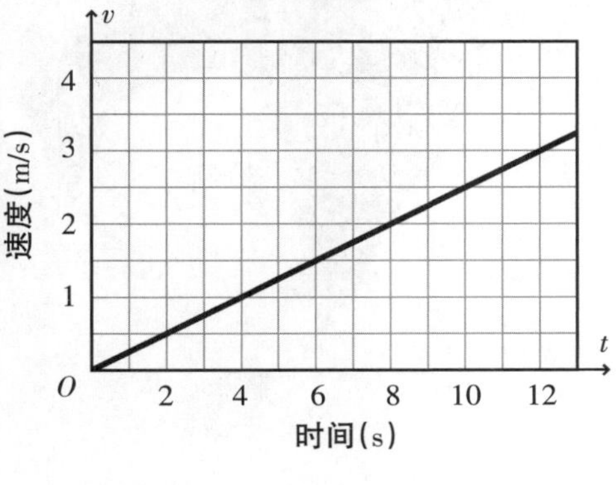

5. 下列公式与$\rho=\frac{m}{V}$等价的是(　　)

A. $V=\frac{m}{\rho}$　　**B.** $V=\rho m$

C. $V=\frac{m\rho}{V}$　　**D.** $V=\frac{\rho}{m}$

6. 下列是计算机模拟的例子的是(　　)

A. 假设　　**B.** 模型

C. 科学定律　　**D.** 科学理论

拓展题

7. 已知力的单位为N，质量的单位为g。如果有一个力作用在一个物体上，请你以m/s^2为单位，计算加速度的大小。($1\ N=1\ kg\cdot m/s^2$)

a. 重写方程$F=ma$，用m和F表示a。

b. 为了把g转换成kg，需要乘以哪个转换因子？

c. 一个2.7 N的力，作用在质量为350 g的物体上。写出需要用到的方程和转换因子，以便求出加速度。

8. 写出利用下图所示数据点得到的最佳拟合曲线的方程。

距离与时间的关系

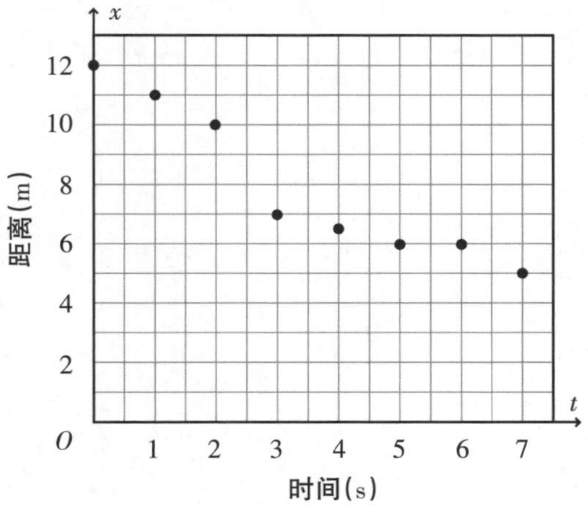

考点提示

测试题号	1	2	3	4	5	6	7	8
对应小节	3	2	2	4	2	1	2	4

第2章

运动的描述

大概念 你可以用位移和速度来描述物体的运动。

内容提要

起步实验

玩具车比赛

物体的速率是由哪些因素决定的?

第1节 运动的描绘

主要概念

你可以用运动图来表示物体的位置随时间的变化情况。

核心问题

- 运动图是如何来描述运动的?
- 你怎样用质点模型来表示运动物体?

术语回顾

模型 表示一个思想、事件、结构或物体,以帮助人们更好地理解

关键术语

运动图

质点模型

物理在你身边

看一看这张对鸟的运动作多次曝光拍摄的照片。物理学家可以根据这些照片估算鸟的位置和速度的变化。

各种形式的运动

你已经学习了一些科学方法,这些方法对你学习物理学是非常有帮助的。从本章开始,你要用这些工具来分析物体的运动。在以后的章节中,你还将用文字、示意图、图表、图象和数学公式等工具来分析各种类型的运动。通过这些分析,你可以判断物体运动得多快、多远以及向哪方面运动,是在加速还是减速,是静止还是做匀速运动。

位置变化 当听到运动这个词时,你的脑海中会出现什么画面?一辆开动的汽车?游乐园里的旋转木马?棒球的一个本垒打飞出圈外?在你的周围,到处都充满了运动——疾驶的火车、飞驰的溜冰者、微风、流云……物体的运动方式是各种各样的,例如,在球道上滑行的保龄球的直线运动、汽车转弯时的曲线运动、风筝掉落时的螺旋运动以及水流入水槽落水口的旋转运动。在所有这些运动中,一个共同的特点是,运动物体的位置一直都在变化着,如**图2–1**所示的地铁。

上面所说的各种运动类型中,有的较为简单,有的则比较复杂。在研究一个新的领域时,一般来说,你可以先从看起来最简单的那种情况入手,尽可能地将它研究透彻,再逐渐把复杂的因素加进去。因此,对于运动的研究,你可以从研究直线运动开始。

图2–1 照片中的列车显得模糊不清,因为拍摄时,列车位置在改变。如果列车静止,**描述**照片会有什么不同?

沿直线的运动 物体可以沿着不同的路径运动，直线运动是指物体的运动路线沿着一条直线。要描述物体的直线运动，我们可以使用向前和向后、向上和向下、向北和向南等词。反过来，用这样的词描述的各种运动，都是直线运动。

假设你现在正在家里读这本书。在你开始读时，你看了一眼你的宠物仓鼠，发现它正坐在笼子的一角。过了一会儿，你又看时，它已坐在对角的饲料盘边上了。据此你可以推想，在你两次观察的这一时间间隔里，仓鼠从一处运动到了另一处。那么为了观察或描述仓鼠的运动，你需要哪些物理量作参考呢？

对物体运动的描述，就是描述位置和时间。在描述物体的运动时，你需要回答物体何时处于何地这一类问题。接下来，你可以考虑使用一些有用的工具，用以判断物体处在某一特定位置时的时间，或在某一时间所处的位置。

☑ **阅读检测** 为了描述物体做直线运动，**明确**你必须已知的两个条件。

运动图

先来分析下列一个做直线运动的例子：一位跑步者沿着一条直线慢跑。为了描述该跑步者的运动情况，一种办法就是用一连串的图片，显示跑步者在不同时刻的位置。为了获取这样的图片，可以对跑步者进行连续的照相。每张照片显示出跑步者所处直线上的位置，距离出发点越来越远。

一连串的照片 假设你用相机对准某个方向，跑步者正好在相机的视野内。然后你在不移动相机的情况下，每隔相等的时间间隔对跑步者照相，获得一连串的照片。**图2-2**的一组照片显示了跑步者的运动情况。请注意，在每幅照片中，跑步者都处在不同的位置，而背景中各个物体的位置却都没有变化。这就表示，相对于相机和地面而言，只有跑步者在运动。

☑ **阅读检测** 如果在相等的时间间隔内对运动的物体拍照，**判断**物体两相邻位置之间的间隔是否一定是相等的。请解释。

图2-2 你可以看出，慢跑者是在运动的，因为相对于树和地面而言，他的位置在变化。

图2-3 把图2-2中的照片叠起来，组成跑步者的运动图。跑步者下方的一连串黑点对应运动图中的质点模型。

跑步者的速度不变时，**解释**如何用质点模型来表示。

组合照片 假设把**图2-2**中的四张照片按时间先后一张张叠起来，就可以得到如**图2-3**所示的图像。从图像中可以看到，跑步者的像不止一个，而背景中树和其他不动的物体却只有一个像。这种可以显示运动物体在相同时间间隔所处的各个位置的图像，称为**运动图(motion diagram)**。

质点模型

如果忽略跑步者手臂和腿的运动，而只关心他的运动轨迹，就能更方便地观察跑步者的运动情况。事实上，你可以忽视跑步者的实际大小，而把他想象成一个非常非常小的物体，即把注意力集中在他身体中心的某一个点即可。在**质点模型(particle model)**中，你把所关注的物体看作一个点。在物理学的研究中，运用质点模型是非常普遍的。

在使用质点模型时，物体的大小必须比物体运动的距离小得多。这样，物体的内部运动，如跑步者手臂的挥动或腿的运动，在质点模型中才可被忽略。在频闪照相得到的运动图上，你可以先认定跑步者身上的一个中心点，如他腰部某一点，然后在不同的时刻，在这个位置上画一个点。**图2-3**下方有四个黑点，它们即表示跑步者运动的质点模型。在下一节中，你将学习如何建立和使用运动图，并用它来说明物体可以运动到多远，以及物体运动到那么远需要花费多少时间。

物理实验

运动图

一辆快速行驶的玩具车和一辆缓慢行驶的玩具车的运动图有什么不同？

第1节 复 习

1. **主要概念** 如何用运动图描述物体的运动？
2. **骑车者的运动图** 一个人沿笔直的道路匀速骑自行车，画出其对应的质点模型运动图。
3. **汽车的运动图** 如**图2-4**所示为一辆汽车行驶到有“STOP(停车)”标记的车站这一过程的运动图，画出其对应的质点模型运动图。应该选择车上的哪一点来代表汽车？

图2-4

4. **鸟的运动图** 如**图2-5**所示的是一只小鸟的运动图，画出其对应的质点模型运动图。应该选择小鸟身上的哪一点来代表小鸟？

图2-5

5. **批判性思维** 两位运动员在赛跑。当第一位运动员跨过终点线时，另一位离终点线还有$\frac{1}{4}$的路程。画出这两位运动员对应的质点模型运动图。

第2节 何处与何时

物理在你身边

你是否为寻找方向而使用过电子地图？这些有用的设备可以显示出你要去的地方的距离和方向。许多电子地图甚至显示你到不同地方需要的时间。为了到一个地方去，你必须找到一条路，你需要有明确的方向才能到达目的地。

主要概念

坐标系有助于你描述物体的运动。

核心问题

- 什么是坐标系？
- 坐标系中表示物体位置的正负号是什么意思？
- 如何测量时间间隔？
- 什么是位移？
- 运动图是如何解决有关物体的位置和位移的问题的？

术语回顾

维度 在一个给定方向的扩展，一维指直线，三维指高度、宽度和长度

关键术语

坐标系
原点
位置
距离
大小
矢量
标量
时间间隔
位移
合矢量

坐标系

你能否利用运动图来测量物体运动的距离和时间？如果在拍摄跑步者的照片前，你在跑步者前进路径的地面上放置一个长的卷尺，那么你就能知道跑步者的每一个像处于何处了。数码相机屏幕上的秒表可以显示时间。但是，卷尺的零点应该放在哪里？你又应该在什么时候按下秒表呢？

位置和距离 明确一个系统是很有用的，在这个系统里你已经选择把卷尺的零点放在什么位置，以及何时开始按秒表。**坐标系（coordinate system）**给出了所研究的变量的零点位置，以及变量增加量的方向。坐标系中所有变量的值都为零的点称为**原点（origin）**。在跑步者这个例子中，卷尺的零点即代表原点，它可以放置在大树左边6 m处。因为跑步者沿直线运动，所以卷尺应该沿着直线放置。这条直线就是坐标系中的横轴。

如**图2-6**所示，在图的底部，你可以从原点开始，画一个带有箭头的线段到跑步者所在的点，这样就可在运动图上清楚地找出跑步者在某一时刻与原点的距离。有向线段表示跑步者相对于原点所在的**位置（position）**的距离和方向。一般来说，**距离（distance）**是物体运动路径的整个长度，即使物体向不同方向运动。因为**图2-6**中的运动是向一个方向进行的，所以线段的长度就代表了物体运动的距离。

■ 运动图

图2-6 简化的运动图用圆点表示运动的物体，用箭头表示物体所在的位置的变化方向。

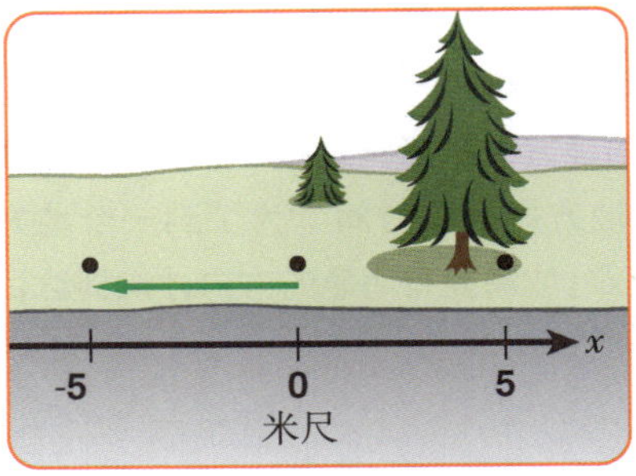

图 2–7 若选择原点向右为正方向，则绿色箭头表示负的位置 −5 m。

推断 若选择原点向左为正方向，则绿色箭头表示的是什么位置？

负的位置 位置是否有可能为负值呢？假设在刚才所选定的坐标系中，这次将大树左边 4 m 处作为原点，x 轴向右为正方向，那么，在大树的左边距离大树 9 m 的那个位置，即原点左边 5 m 处，就是一个负值点，如**图 2–7** 所示。

矢量和标量

物理学中许多量都有**大小(magnitude)**和方向。既有大小又有方向的量称为**矢量(vector)**，它可用带有箭头的线段表示。线段的长度表示矢量的大小，箭头的方向表示矢量的方向。有大小而无方向的量称为**标量(scalar)**，如距离、时间或温度等。在本书中，用黑体表示的物理量是矢量，用一般字体表示的物理量为标量。

时间间隔是标量 在分析跑步者的运动时，你也许想知道她从树下跑到路灯处花了多长时间。要得到这个答案，只要知道这两个位置的秒表读数差即可。**图 2–8** 显示出这两个秒表的读数。两个时刻的差值称为**时间间隔(time interval)**。

时间间隔一般用符号 Δt 表示，这里 Δ 是希腊字母，用来代表一个量的改变量。用 t_i 代表开始的时刻，此时跑步者在大树处。用 t_f 代表结束的时刻，此时跑步者在路灯处。时间间隔的数学定义如下：

时间间隔

时间间隔等于末时刻减去初时刻。

$$\Delta t = t_f - t_i$$

虽然 t_i 和 t_f 分别代表开始和结束的时刻，但它们可以是你选择的任何时间间隔的初始时刻和最后时刻。比如在跑步者的例子中，跑步者从树下跑到路灯处所用的时间间隔为 $t_f - t_i = 5.0\ \text{s} - 1.0\ \text{s} = 4.0\ \text{s}$。你也可以描述跑步者从原点跑到路灯处所用的时间间隔，即 $t_f - t_i = 5.0\ \text{s} - 0.0\ \text{s} = 5.0\ \text{s}$。时间间隔没有方向，所以是标量。跑步者的位置呢？它也是标量吗？

图 2–8 你可以用图中的钟，计算跑步者从一个位置运动到另一个位置的时间间隔(Δt)。

位置和位移都是矢量 为了说明一个位置是在坐标系原点的左边还是右边，要用负号或正号来表示。这就要求位置是矢量，因为位置有方向，在左边或在右边。

图2-9显示出跑步者相对树和路灯的位置。你可以画两条带箭头的线段，分别是从原点到跑步者在树下的位置或跑步者在路灯下的位置。这两个箭头都有大小和方向。在日常用语中，位置是指一个地方，但在物理学中，位置的定义更精确。位置是一个矢量，它的尾端在坐标系的原点，它的箭头端就是物体所处的这个地方。

你可以用符号 $\boldsymbol{x}$ 来表示位置矢量。在**图2-9**中，$\boldsymbol{x}_i$ 表示树的位置，$\boldsymbol{x}_f$ 表示路灯的位置。$\Delta\boldsymbol{x}$ 表示从树到路灯位置的改变量。在物理学中，经常要描述和分析位置的改变，所以就把位置的改变量称为**位移（displacement）**。因为位移有方向，所以它是矢量。

☑ **阅读检测** **比较**做直线运动的物体的距离和位移。

跑步者从树下跑到路灯处，她的位移是多少？如**图2-9**所示，这个位移是向右20 m。同时要注意，从树到路灯的位移（$\Delta\boldsymbol{x}$），等于路灯所在的位置（$\boldsymbol{x}_f$）减去树所在的位置（$\boldsymbol{x}_i$）。位移等于末位置减去初位置，这一条是普遍正确的。

位移

位移等于末位置减去初位置。

$$\Delta\boldsymbol{x}=\boldsymbol{x}_f-\boldsymbol{x}_i$$

要记住，初位置和末位置是你选择的任何位置间隔的开始点和结束点。虽然位置是矢量，但是有时候不用黑体来表示它的大小，而用正号或负号来表示方向。

☑ **阅读检测** **描述**位移箭头的方向和长度的意义。

迷你实验

矢量模型*①

如何用建筑玩具模拟矢量加法？

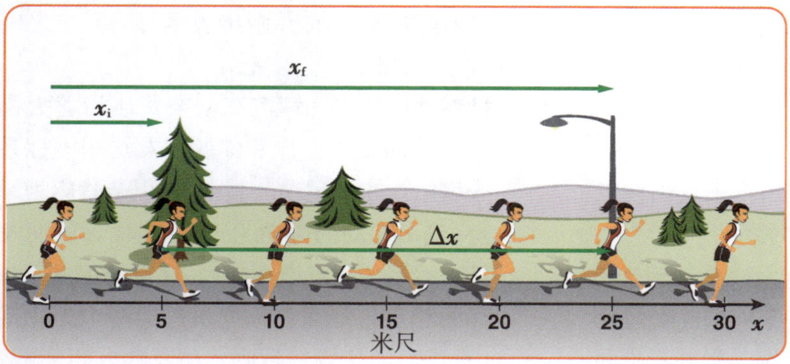

图2-9 矢量 $\boldsymbol{x}_i$ 和 $\boldsymbol{x}_f$ 表示位置。矢量 $\Delta\boldsymbol{x}$ 表示从 $\boldsymbol{x}_i$ 到 $\boldsymbol{x}_f$ 的位移。

描述从路灯到树的位移。

①本书中标有*的实验可关注微信公众号“青云端”回复“实验”获取。

矢量加法和减法 你已经学习了物理学中许多不同类型的矢量，包括速度、加速度和动量。你也经常会需要找出两个矢量的和或差。**合矢量(resultant)**代表两个矢量的和。**图2-10**显示如何计算一维的矢量加法和减法。在后面的章节中，你将要学习如何计算二维矢量的加法和减法。

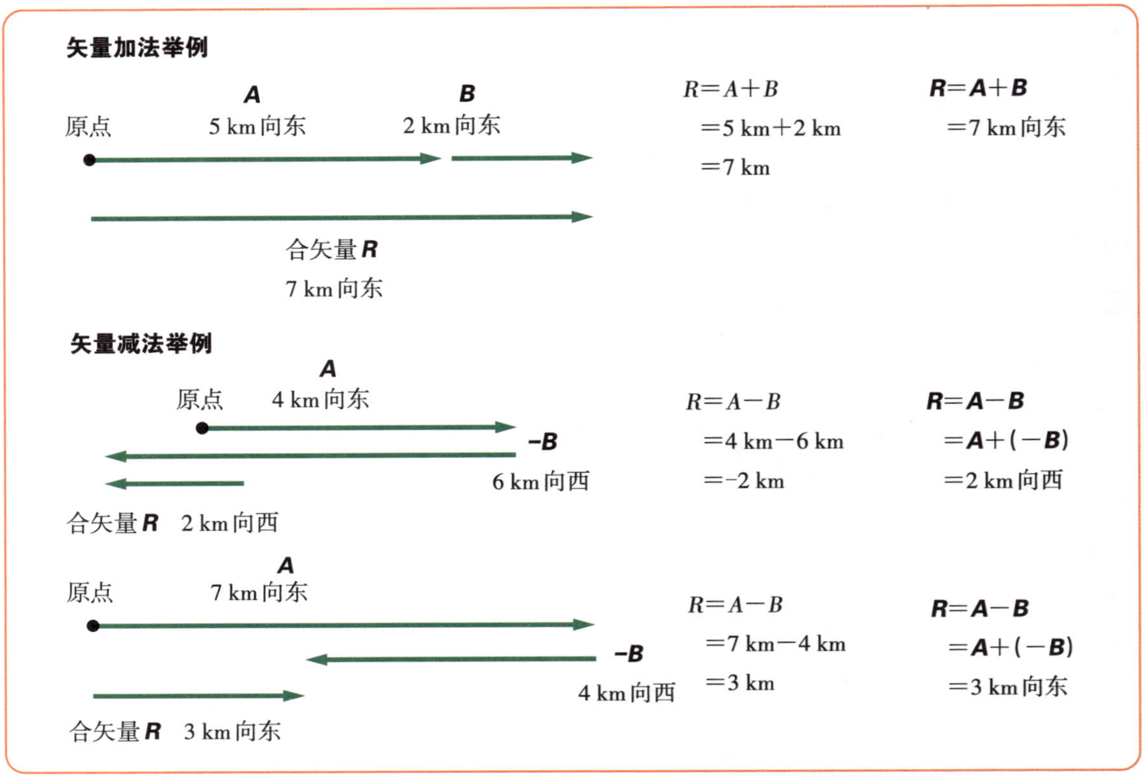

图2-10 用图表或方程去组合矢量。
有一个向北12 m的矢量和一个向北8 m的矢量，**分析**它们的和是多少？

第2节 复 习

6. **主要概念** 明确你可以用坐标系来描述一个女孩在长方形游泳池里游泳的过程。

7. **位移** 下列给出的是一辆汽车在高速公路上行驶的运动图。起点和终点已经给出。

   起点 • • • • • • • 终点

   复制这幅运动图，并画出表示汽车从出发点到第三个时间间隔末的位移矢量。

8. **位置** 两名学生在一幅运动图上，为运动的物体在$t=2$ s时的位置加一个矢量。经过比较，他们发现，两张画中的位置矢量并不指向同一个方向。请解释原因。

9. **位移** 下面给出的是一个男孩上学的运动图。

   家 • • • • • • • • • • 学校

   复制这幅运动图，并画出表示每一对点之间的位移矢量。

10. **批判性思维** 一辆汽车从杂货店沿着大街笔直驶向邮局。你和你的朋友均用坐标系来表示汽车的运动。其中，你以杂货店为原点，汽车运动的方向为正方向；而你的朋友把坐标系的原点设在邮局，规定的正方向与你的相反。那么在你们所选的两个坐标系中，汽车的位置一致吗？位移呢？距离呢？汽车行驶的时间间隔呢？请给出解释。

第3节 位置—时间图象

物理在你身边

许多图象都显示了某些量随时间的变化情况。例如，用图象表示汽油价格在几个月或几年中的变化情况。类似的，位置—时间图象可以表示划船者在不同时刻的位置变化。划船者可以用图象来分析他们的表现。

主要概念

你可以用位置—时间图象来确定某一时刻物体的位置。

核心问题

- 位置—时间图象提供了什么信息?
- 你如何用位置—时间图象说明物体的位置或位移?
- 用不同方法等效表示物体运动的目的是什么?

术语回顾

交点　线与线相交的点

关键术语

位置—时间图象

瞬时位置

求出位置

在分析复杂的运动时，运用各种不同的方式来描述物体的运动是很有用的。运动图中包含了物体在各个时刻的位置。表格和图象也包含了这个信息。回顾**图2-8**和**图2-9**中的运动图，利用这些图，你可以整理出跑步者在各个时刻所处的位置，如**表2-1**所示。

作数据图　以横轴表示时间，纵轴表示位置，把**表2-1**中的数据画成**位置—时间图象(position-time graph)**。如**图2-11**所示的就是跑步者的位置—时间图象。作图的步骤如下：首先，在坐标系中将跑步者的位置和时间数据用点描画出来。然后，画一条最拟合各个数据点的直线。

估算时间和位置　注意，这条直线不是跑步者运动时的路径图线——该图线是倾斜的，而跑步者行经的路线是水平的。也就是说，这条连接各数据点的图线表示的是跑步者在对应的时刻上最有可能出现的位置。有了这条线，你就能预测运动物体在任何时刻所处的位置或运动到某一位置所需的时间。例如，虽然没有测量跑步者到达离出发点12.0 m处的时间，或者跑步者在t=4.5 s时所在的位置，但利用这条图线就可以对比进行估算。下一页的例题将告诉你该如何进行估算。

表2-1　位置与时间的关系

时间(s)	位置(m)
0.0	0.0
1.0	5.0
2.0	10.0
3.0	15.0
4.0	20.0
5.0	25.0

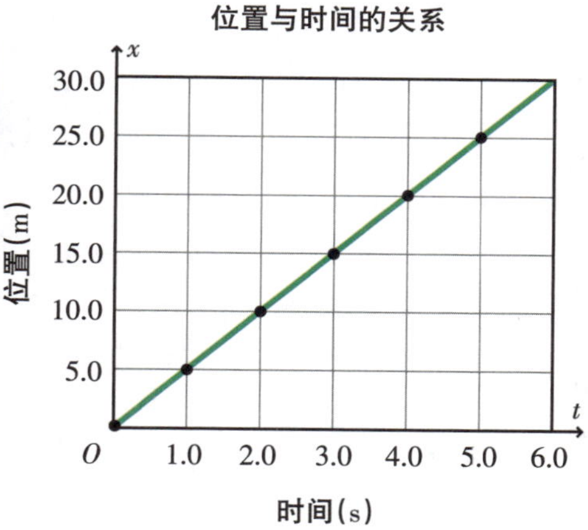

图2-11　你可以根据表中的位置和时间画出跑步者的位置—时间图象。在描出各个数据点后，作最佳拟合线。该图线显示了一段时间里跑步者的位置。

解释为什么物体是沿着水平直线运动，而它的图线是斜的?

例题 1

分析位置—时间图象 跑步者的运动情况如**图2–11**所示。跑步者何时到达距离出发点12.0 m处？在t=4.5 s时，跑步者位于何处？

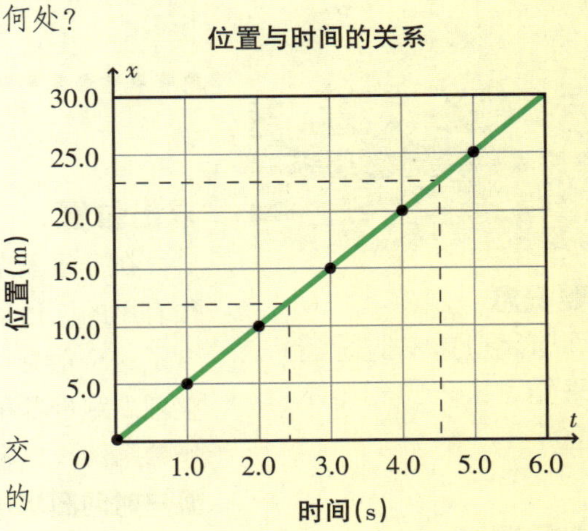

1 分析问题

重述问题

问题1：在什么时间跑步者的位置(x)的大小等于12.0 m？

问题2：在t=4.5 s时，跑步者的位置在哪里？

2 求解未知量

问题1

观察图象，找出最佳拟合线与12.0 m处水平线的交点。过此交点画垂线，找出它与时间轴相交的点的值。此即是t值，大小为2.4 s。

问题2

找出图线与4.5 s处(4.5 s在4.0 s和5.0 s的中间位置)竖直线的交点。然后作水平线，找出其与位置轴的交点。x值近似为22.5 m。

练一练

*第11～13题请参考**图2–12**。*

11. **图2–12**中的图象表示一辆汽车在笔直的高速公路上行驶。用文字描述汽车的运动。

12. 作出与该图象对应的质点模型运动图。

13. 回答下列有关汽车运动的问题。假定原点向东为正x方向，原点向西为负x方向。

a. 汽车于何时到达原点东面25.0 m处？

b. t=1.0 s时，汽车位于何处？

c. 从t=1.0 s到t=3.0 s，汽车的位移是多少？

14. **图2–13**中的图象描述的是两位行人的运动，他们正沿着笔直的人行道行走。用文字描述这两位行人的运动。假定原点向东为正方向。

15. **挑战题** 阿里离开学校的餐厅，要去距离餐厅100.0 m处的音乐教室上课。正在上物理课的学生注意到他每隔2.0 s前进2.6 m。于是他们以2.0 s为时间间隔，记录他在各时间的位置，并作出了图象。根据图象，求出阿里何时处于下列位置：

a. 距离餐厅25.0 m处。

b. 距离音乐教室25.0 m处。

c. 作出阿里的运动图象。

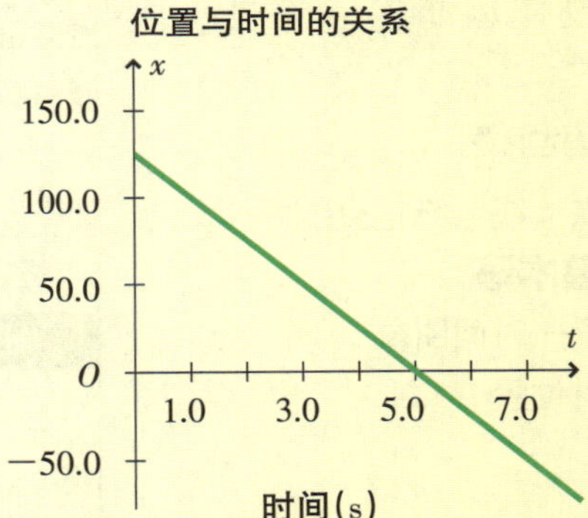

图2–12

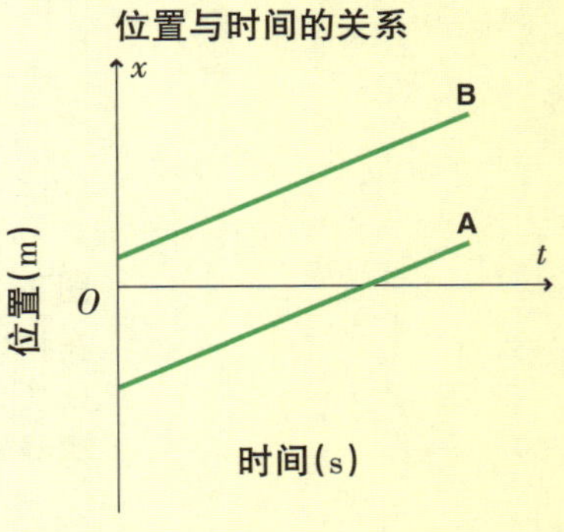

图2–13

表2-1 位置与时间的关系

时间(s)	位置(m)
0.0	0.0
1.0	5.0
2.0	10.0
3.0	15.0
4.0	20.0
5.0	25.0

运动图

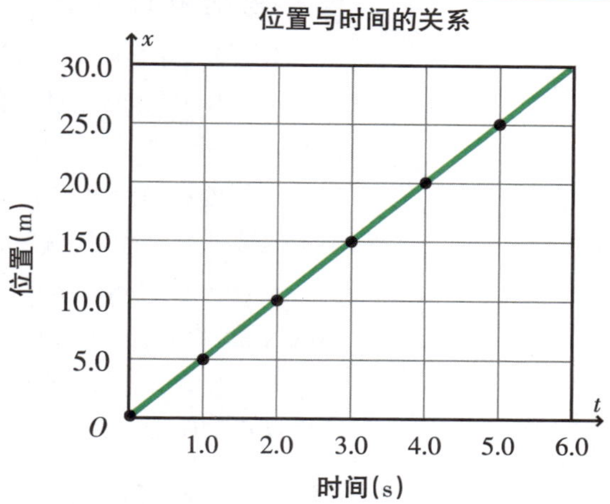

图2-14 你可以用数据表、运动图和图象描述跑步者的运动。

明确用表格的好处比图象多。

瞬时位置 跑步者在任何一个位置上会待多长的时间？你知道每一个位置都与相应的时间联系在一起，但这个时间持续多长呢？你可以说是“一瞬间”，但一瞬间又是多久呢？如果一瞬间为某一有限的量值，那么跑步者在该时间段内就待在那个位置而不会做任何移动。但事实上，一瞬间不可能是一个有限的时间间隔。一瞬间持续零秒。一般用符号 x 表示跑步者的**瞬时位置(instantaneous position)**——一个特殊瞬间的位置。瞬时位置通常简称为位置。

☑ **阅读检测** **解释**跑步者的瞬时位置是什么意思？

等效表示法 如**图2-14**所示，描述运动的方法有很多种：文字、图象(或图示)、运动图、数据表以及位置—时间图象等。所有这些表示法都包含着有关跑步者运动的相同信息。根据你所要求的物体运动的信息不同，可以选择不同的表示法。接下来，你将通过一些练习，学习如何使用这些等效的表示法，并体会求解不同的问题时，用哪一种方法最有用。

物理挑战题

位置—时间图象 娜塔娜、奥里伏和费尔都爱好体育运动，他们常常沿着河边的小道锻炼。某天，娜塔娜以40.25 km/h的速度骑着自行车，奥里伏以16.0 km/h的速度向南跑步，而费尔以6.5 km/h的速度向南步行。已知娜塔娜在正午时分从瀑布开始骑车向北前行，而奥里伏和费尔于上午11:30从瀑布北边20.0 km处的小码头一起出发。

1. 作出他们每个人的位置—时间图象。
2. 何时这三位体育爱好者的距离间隔最小？
3. 上述的距离间隔的长度为多少？

多个物体在同一幅位置—时间图象上

例题2所示的为两位跑步者的位置—时间图象。注意，$t=0$时，跑步者A在跑步者B的前面，但两人的运动是不同的。其中一位跑步者在何时何地超过另一位呢？首先，你需要用物理学术语对此情景进行重新叙述：两个跑步者何时所处的位置相同？此时，他们的位置是多少？要解答这个问题，只要确定位置—时间图象上两个跑步者的图线在哪里相交即可。

位置—时间图象上两条线的交点可以告诉你何时这两个跑步者位于相同的位置，但是这是否意味着他们将会相遇？不一定。例如，如果这两个跑步者是在不同跑道上跑步的运动员，那么他们就不会相遇，即使他们两个距离出发点的距离一样。

☑ **阅读检测** **解释**在位置—时间图象上，两条图线的交点的意义。

从位置—时间图象上，你是否还可以了解到别的内容？注意，在例题2中，图象中的两条图线有不同的斜率。你是否知道位置—时间图象中的一条直线的斜率代表什么意思？在下一节中，你将通过位置—时间图象上的图线的斜率来求物体的速度。当你学习了加速运动，你将画出其他的运动图，用以解释图线下方的面积含义。在以后的学习中，你将继续提高创建和解释不同类型的运动图象的技能。

例题2

解释图象 右边的图象描述了两个跑步者的运动，他们沿着一条笔直的道路跑步。他们的运动图线分别标记为A和B。跑步者B在何时何地超过跑步者A？

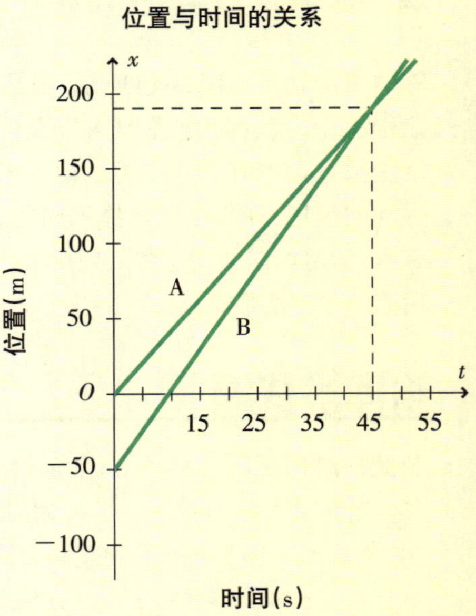

1 分析问题

重述问题

问题1：在何时，跑步者A和跑步者B处于相同的位置？

问题2：此时，跑步者A和跑步者B处于什么位置？

2 求出未知量

问题1

观察图线，找出代表跑步者A、跑步者B的两条图线的交点。这两条图线相交于45 s处。

问题2

观察图线，确定两条图线的交点位置。该位置距离原点约190 m。

在离开原点大约190 m处，跑步者B超过了跑步者A，这时A离开原点已有45 s。

练一练

第16～19题请参考上一页例题2的图。

16. 在$t=0$ s时，跑步者A在哪里？

17. 在$t=48.0$ s时，哪一位跑步者领先？

18. 当跑步者A位于0.0 m处时，跑步者B在哪里？

19. 在$t=20.0$ s时，跑步者A和B相隔多远？

20. 挑战题 裘妮亚出去散步。过了一会儿，她的朋友海淑也去散步了。她们的运动情况如**图2-15**的位置—时间图象所示。

a. 当海淑开始散步时，裘妮亚已散步了多长时间？

b. 海淑能追上裘妮亚吗？为什么？

c. 在$t=0.2$ h时，裘妮亚在哪里？

d. 在何时，海淑距离出发点5.0 km？

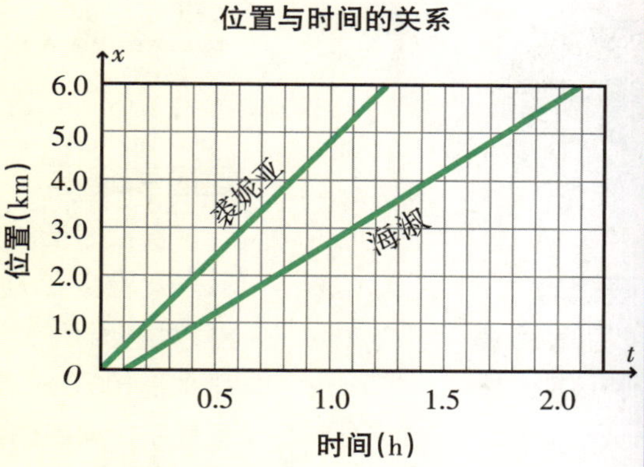

图2-15

第3节 复 习

21. 主要概念 一名婴儿在厨房的地上爬行，如**图2-16**所示的是他的质点模型运动图，画出位置—时间图象来表示他的运动情况。已知相邻两个点之间的时间间隔为1 s。

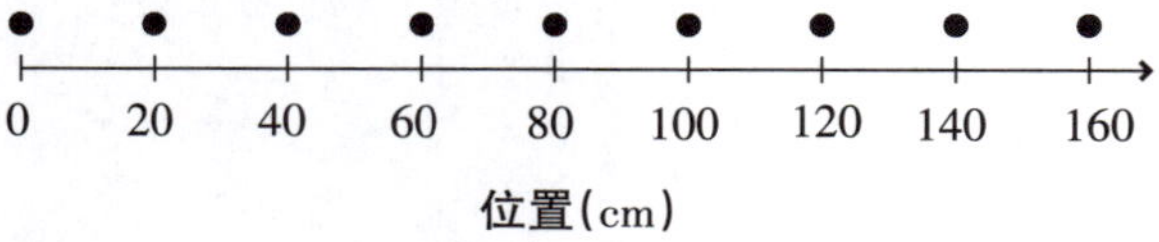

图2-16

*第22～25题请参考**图2-17**。*

22. 质点模型 一个曲棍球在池塘冰面上滑行，如**图2-17**所示为它的位置—时间图象，根据该图建立质点模型运动图。

23. 时间 利用曲棍球的位置—时间图象，求出它何时离开原点10.0 m外。

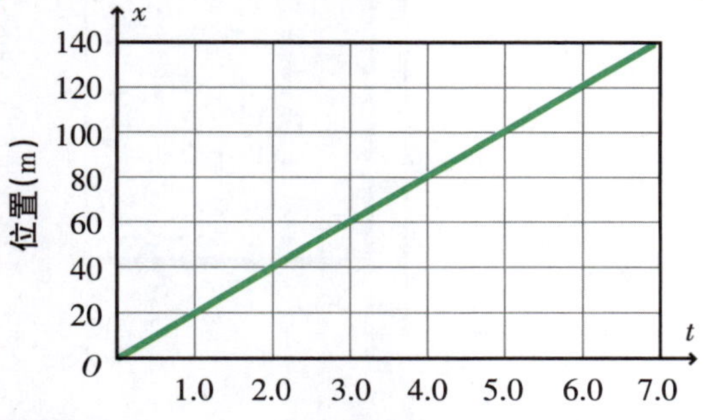

图2-17

24. 距离 如**图2-17**所示，利用曲棍球的位置—时间图象，求出它在0.0～5.0 s之间运动了多远的距离？

25. 时间间隔 利用曲棍球的位置—时间图象，求出它在离原点40～80 m这段距离中运动的时间。

26. 批判性思维 如**图2-18**所示为质点模型图和位置—时间图象。这两者描述的是同一个运动吗？你是如何判定的？不要把质点模型中的位置坐标系与位置—时间图象的横轴相混淆。已知质点模型的两相邻时间的间隔为2 s。

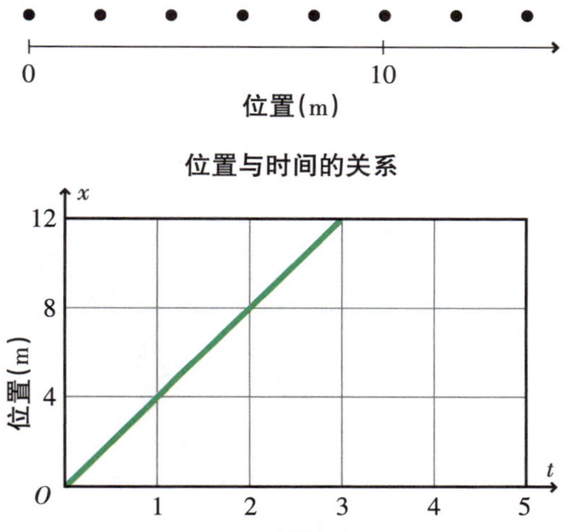

图2-18

第4节 有多快

物理在你身边

蜗牛的运动比猎豹慢很多。你只要观察它们在一段时间内行进多远，就可知道。例如，猎豹在一秒内可以跑30 m，而在相同的时间内，蜗牛可能只移动1 cm。

主要概念

物体的速度表示它的位置变化的快慢。

核心问题

- 什么是速度？
- 速率与速度有什么不同？
- 你如何根据物体的位置—时间图象求它的平均速度？
- 你如何用图示的、物理的和数学的模型来描述运动？

术语回顾

绝对值 只考虑一个数的大小，而不考虑它的正负号

关键术语

平均速度

平均速率

瞬时速度

速度和速率

假设你把两位跑步者的运动记录在一张运动图上，如**图2–19**所示。女跑步者的位置变化比男跑步者的快。在一个固定的时间间隔内，女跑步者的位移Δx比较大，因为她跑得更快些。假设两位跑步者都要跑100.0 m，则女跑步者所用的时间间隔Δt比男跑步者的要小。

位置—时间图线的斜率 **图2–19**是跑步者的位置—时间图象，比较表示女、男两位跑步者的图线。女跑步者的图线的斜率比较大，斜率大表示在每一个时间间隔内的位置变化更大。在前面讲过，为了求出斜率，首先要在直线上选取两个点。其次，将第二个点的纵坐标（在本例中是x）减去第一个点的纵坐标，得到纵坐标的变化量。然后，把第二个点的横坐标（在本例中是t）减去第一个点的横坐标，得到横坐标的变化量。将纵坐标的变化量除以横坐标的变化量，即得到斜率。

图2–19 女跑步者的图线斜率比较大，表示她跑得更快。

分析 如图所示，在3 s的时间内，女跑步者比男跑步者多跑了多少米？

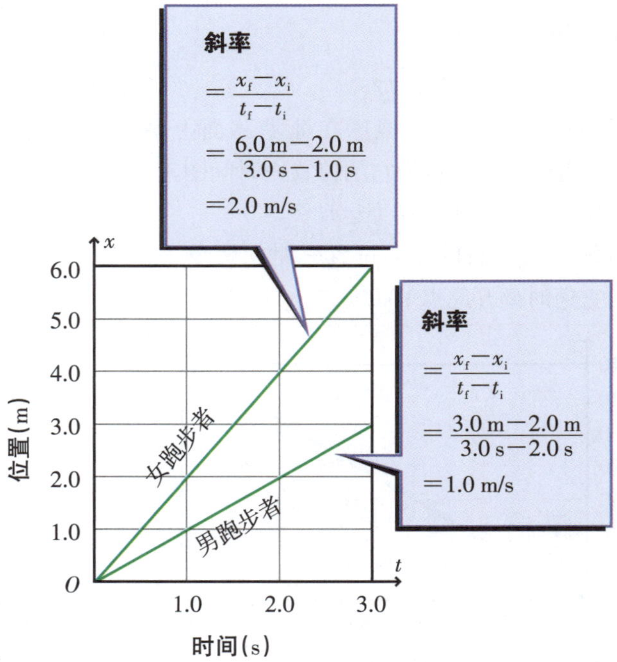

平均速度 注意，从**图2-19**可以看出，跑得较快的跑步者图线的斜率的数值比较大，即斜率较大表示速率较快。同时要注意，斜率的单位是m/s。看看斜率是怎样计算出来的，你会发现斜率为位置的变化量除以发生这个变化所用的时间间隔，即 $\frac{x_f-x_i}{t_f-t_i}$，或 $\frac{\Delta x}{\Delta t}$。在 Δt 一定时，Δx 较大，斜率较大；在 Δx 一定时，Δt 较大，斜率较小。这与上面所解释的女、男跑步者的运动情况是一致的。**平均速度（average velocity）**是由位置变化量与发生这些变化所用的时间间隔的比值表示的。如果物体做匀速运动，它的速率不变，因此平均速度就是位置—时间图线的斜率。

平均速度

平均速度为位置变化量除以发生这些变化量所用的时间间隔。

$$\bar{v} \equiv \frac{\Delta x}{\Delta t} = \frac{x_f - x_i}{t_f - t_i}$$

符号“≡”意为公式的左边由右边定义。

解释斜率 如**图2-20**所示，位置—时间图线的斜率是 −5.0 m/s。这就说明了图线的斜率既表示了速度的大小，又表明了速度的方向。将两点间的升值除以宽值，得到斜率，你可以发现物体的平均速度是 −5.0 m/s。物体从一个正的位置出发，向着原点运动。4 s后，它通过原点，并继续以5.0 m/s的速率向负方向运动。

☑ **阅读检测** 当位置—时间图线的斜率向上或向下、在 x 轴上方或下方时，**解释**其意义。

平均速率 斜率的绝对值就是物体的**平均速率（average speed）**，即5.0 m/s，它是用通过的距离除以对应的时间间隔。对于匀速运动，平均速率是物体位置—时间图线的斜率的绝对值。物体的平均速率（$\bar{v}$）加上其运动方向，即物体的平均速度（$\bar{\boldsymbol{v}}$）。要记住，如果物体向负方向运动，它的位置的改变量就是负的，也就是说，物体的位移和速度两者总是同方向的。

物理实验

平均速度*

你可以通过测量距离和时间求出平均速度吗？

测量速度*

如何用运动检测器测量速度？

图2-20 位置—时间图线斜率向下，表明该物体向负方向运动。

分析 如果物体运动的速率与图中相同，但是向正方向运动，那么图象看起来怎么样？

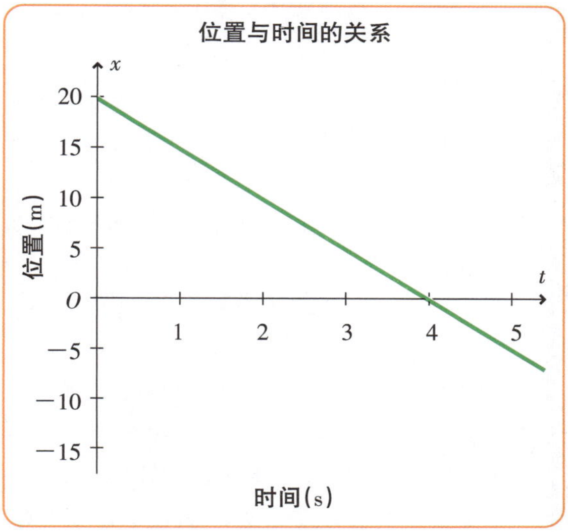

例题3

平均速度 一名学生在光滑且无人的人行道上玩滑板，右图描述了他做直线运动的情况。他的平均速度和平均速率分别为多少？

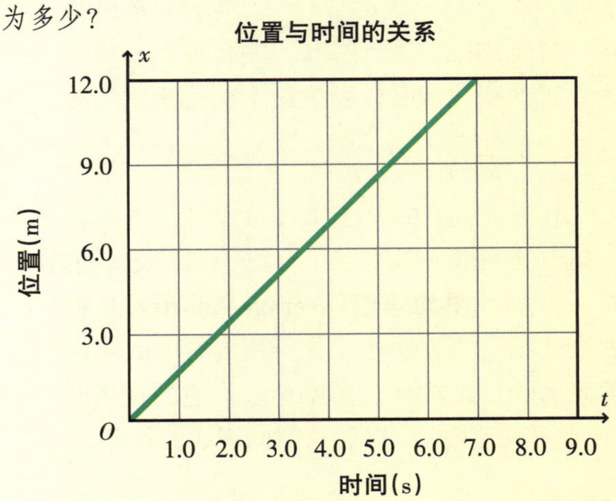

1 分析概括问题

确定图象的坐标系。

未知量

$\bar{\mathbf{v}}$=？ $\bar{v}$=？

2 求解未知量

用直线上的两点求出平均速度。

$$\bar{\mathbf{v}}=\frac{\Delta x}{\Delta t}$$

$$=\frac{x_f-x_i}{t_f-t_i}$$

$$=\frac{12.0\ \mathrm{m}-0.0\ \mathrm{m}}{7.0\ \mathrm{s}-0.0\ \mathrm{s}}$$ ◀将 $x_2=12.0$ m，$x_1=0.0$ m，$t_2=7.0$ s，$t_1=0.0$ s代入。

$\bar{\mathbf{v}}=1.7$ m/s，方向为正方向

平均速率（$\bar{v}$）是平均速度的绝对值，即1.7 m/s。

3 验证答案

- **单位是否正确？** 速度和速率的单位都是m/s。
- **符号是否有意义？** 速度为正号，与坐标系规定的正方向一致。速率与方向无关。

练一练

27. 一艘巡航艇在安静的水域中缓慢航行，如**图2-21**所示的图象描述了它的运动情况。规定向南为正方向（沿竖直轴）。

a. 巡航艇的平均速率是多少？

b. 巡航艇的平均速度是多少？

28. 用文字描述前一题中巡航艇的运动情况。

29. 物体在2.3 s时间内，从距离原点6.5 cm运动到距离原点3.7 cm，求它的平均速度。

30. 如**图2-22**所示的图象表示的是一辆自行车的运动情况。

a. 自行车的平均速率是多少？

b. 自行车的平均速度是多少？

31. 用文字描述前一题中自行车的运动情况。

32. **挑战题** 马歇尔牵着宠物狗散步。小狗保持0.55 m/s的均匀步伐，从家门口走到距离19.8 m外的最近的停车标志前。画出运动图和位置—时间图象，描述小狗的运动情况。

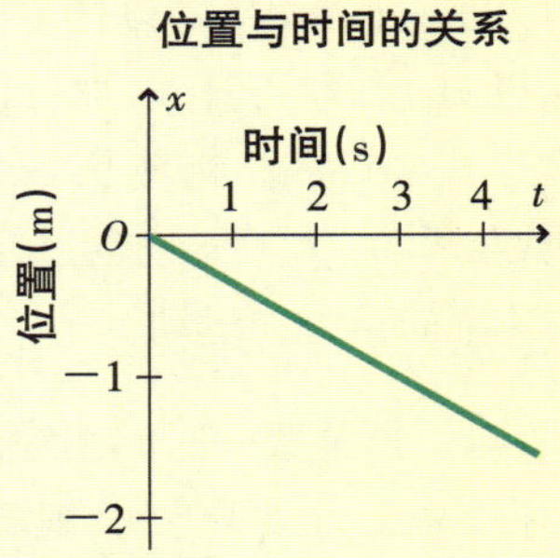

图2-21

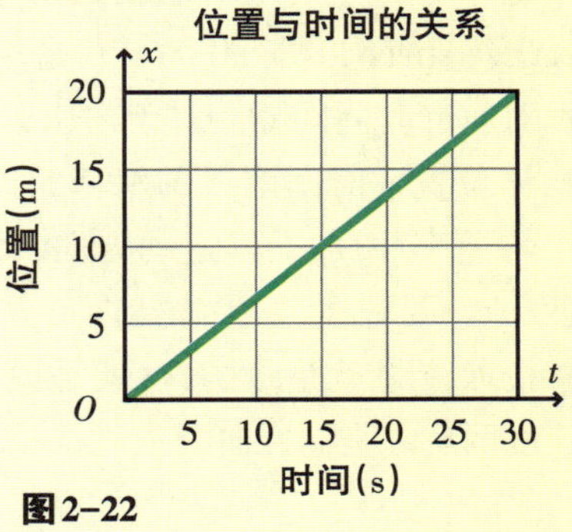

图2-22

瞬时速度 为什么$\frac{\Delta x}{\Delta t}$这个量被称为平均速度，而不是速度？运动图表示的是运动物体在一段时间间隔开始和结束时的位置。它并没有指明在该段时间间隔内发生的事——物体的速度可能不变，可能增大或减小，物体也可能静止甚至于改变运动方向。从运动图中可以确定每一段时间间隔的平均速度，但不能确定物体在任何特定瞬间的速率和运动方向。物体在某一特定瞬间的速率和方向称为**瞬时速度（instantaneous velocity）**。在本书中速度一词指的都是瞬时速度，用符号v表示。

☑ **阅读检测** **解释**平均速度与速度的区别。

运动图上的平均速度 当一个物体在两点之间运动时，它的平均速度与位移的方向相同。这两个量的大小是成正比的，即在给定的时间间隔内，如果位移越大，那么平均速度也越大。运动图指出了平均速度的方向和大小。

假设有两辆车以不同的速率在路上行驶。用一架摄像机以每秒一帧的速率记录汽车的运动。如果两辆车上都安装着油漆刷，且每一秒内有半秒时间刷子会自动下降并在地面上画红线，那么行驶较快的车在地上画的线较长。在运动图上画出的表示速度的矢量，就像油漆刷在汽车下方的地上画的线一样。本书中运动图上的速度矢量一般用红色表示。如**图2-23**所示的运动图，表示两辆车的速度矢量，其中一辆车向右运动，另一辆则向左行驶。

☑ **阅读检测** **明确**速度矢量的长度的含义。

运动方程

通常情况下，用公式解决问题比用图象更为有效。当你画出一条直线后，你就可以找到一个公式来表示它。再看一下**图2-20**上以$-5.0\ \mathrm{m/s}$的速度做匀速运动的物体的图象。在前面讲过，任何直线都可用函数式$y=kx+b$表示，其中y是标绘在竖直轴上的量值，k是该直线的斜率，x是标绘在水平轴上的量值，b是该直线在y轴上的截距。

在**图2-20**所示的图象中，标绘在竖直轴上的量值为位置，用x表示。直线的斜率为$-5.0\ \mathrm{m/s}$，即物体的平均速度（$\bar{v}$）。标绘在水平轴上的量值为时间（t）。从图中可得，y轴上的截距是$20.0\ \mathrm{m}$。这个$20.0\ \mathrm{m}$表示了什么？从图中可以看出，$t=0.0\ \mathrm{s}$时，物体位于$20.0\ \mathrm{m}$的位置。这称为物体的初始位置，用x_i表示。

生活中的物理学

短跑世界纪录 男子100 m短跑的世界纪录为9秒58，由博尔特于2009年创造；女子100 m短跑的世界纪录为10秒49，由乔依娜于1988年创造。

迷你实验

速度矢量

如何用速度矢量表示一根绳上的物体的运动？

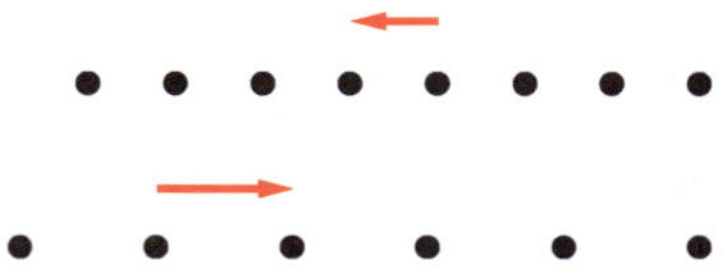

图2-23 速度矢量的长度与速度的大小成正比。

数学 与物理学的链接

直线与图象 直线的点斜式方程所用的符号与位置—时间图象中运动变量所用的符号。

一般变量	特殊的运动变量	图2-20中的值
y	$\boldsymbol{x}$	
k	$\bar{\boldsymbol{v}}$	-5.0m/s
x	t	
b	$\boldsymbol{x}_i$	20.0m

左边的表格总结了直线公式中的一般变量是如何转化为用来描述运动的特殊变量的，并给出了平均速度和初始位置的数值。如**图2-20**所示的图象，图中直线的数学方程为：

$$y=(-5.0\ \text{m/s})x+20.0\ \text{m}$$

你可以用位置x和时间t重新列方程：

$$\boldsymbol{x}=(-5.0\ \text{m/s})t+20.0\ \text{m}$$

在数学上用y和x，在物理学上用x和t，这样也许会引起混淆。但这样做是因为物理学中有许多类型的图象，如位置—时间图象、速度—时间图象和力—位置图象。对于位置—时间图象，数学方程$y=kx+b$可重新写成下列形式：

位置

物体的位置等于平均速度乘以时间加上其初始位置。

$$\boldsymbol{x}=\bar{\boldsymbol{v}}t+\boldsymbol{x}_i$$

这个方程是表示物体运动的另一种方法。注意，x-t图象是一条直线。

例题4

位置 如图所示，一个摩托车驾驶员沿着一条笔直的道路向东行驶。在经过B点后，他以平均速度12 m/s继续向东行驶，3.0 s后到达C点。问C点在什么位置？

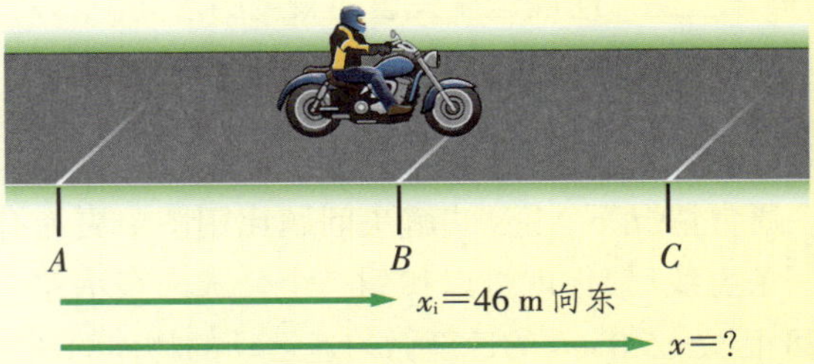

1 分析问题

选择坐标系，原点为A。

已知量	未知量
$\bar{\boldsymbol{v}}=12$ m/s 向东	$\boldsymbol{x}=?$
$\boldsymbol{x}_i=46$ m 向东	
$t=3.0$ s	

2 求解未知量

$x=\bar{v}t+x_i$ ◀将变量的大小代入计算。

$=12\ \text{m/s}\times3.0\ \text{s}+46\ \text{m}$ ◀将$\bar{v}=12$ m/s，$t=3.0$ s和$x_i=46$ m代入。

$=82\ \text{m}$

$\boldsymbol{x}=82$ m 向东

3 验证答案

- **单位是否正确？** 位置的单位是米。
- **方向是否有意义？** 摩托车驾驶员在整个时间段内都是向东行驶的。

练一练

*第33～36题请参考***图2-24**。

33. 右图是一艘船以42 km/h的速度匀速向东行驶的路径。问当船到达*C*点时，船在距离原点*A*的什么位置？假设船从*B*点到*C*点用了1.5 h。

34. 另一艘船同时从*B*点出发，但它以平均速度58 km/h向东行驶。问1.5 h后，该船在距离*A*点的什么位置？

35. 如果船从*B*点出发，它以平均速度35 km/h向西行驶，1.2 h后到达*D*点，问该船在什么位置？

36. 挑战题 假设有两艘船同时从*B*点出发向西航行。一艘船以平均速度35 km/h行驶2.2 h，另一艘船以平均速度26 km/h行驶2.5 h。问它们各自最后在什么位置？

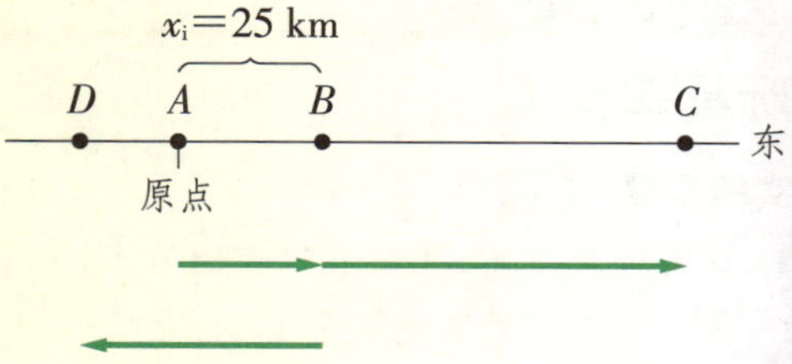

图2-24

第4节 复 习

37. 主要概念 物体的速度与它的位置有什么关系？

*第38～40题请参考***图2-25**。

38. 排序 根据位置—时间图象，将物体的平均速率由大到小排列。对平均速率相等的情况要特别说明。

39. 比较平均速度 描述图象中物体A和B的平均速度的区别。描述图象中物体C和D的平均速度的区别。

40. 排序 根据位置—时间图象，将物体的初始位置从最大正位置到最大负位置进行排序。对初始位置相同的情况要特别说明。如果按初始位置与原点的距离大小进行排序，结果会有什么不同？

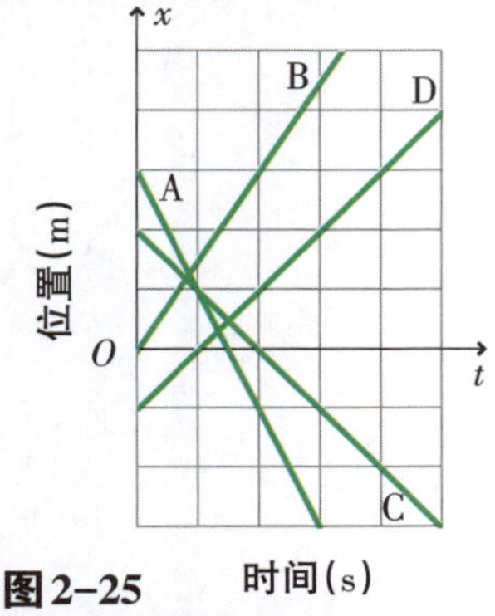

图2-25

41. 平均速率和平均速度 解释对于做匀速直线运动的物体，它的平均速率与平均速度有什么关系？

42. 位置 如**图2-26**所示，两辆汽车沿着一条笔直的道路行驶。它们在*B*点相遇，并继续向相反方向行驶。红色的汽车以32 km/h的速度匀速向东行驶，从*B*点到*C*点需要0.25 h。蓝色的汽车以48 km/h的速度匀速向西行驶，从*B*点到*D*点需要0.25 h。问它们各自距离*B*点多远？它们各自在距离原点*A*的什么位置？

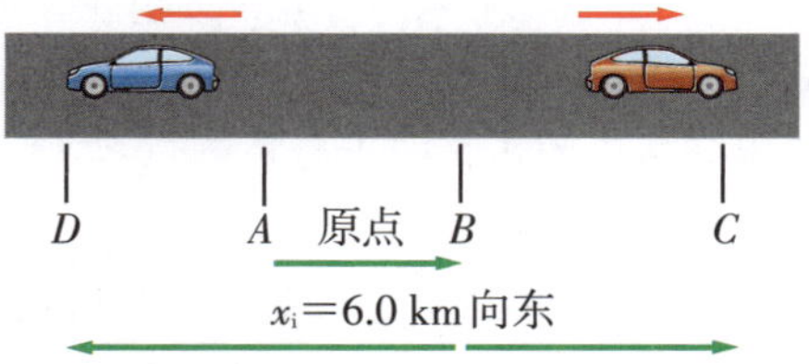

图2-26

43. 位置 一辆汽车以平均速率85 km/h沿着一条笔直的高速公路向北行驶。行驶2.0 km后，汽车经过一个加油站，并继续沿着此高速公路行驶。问汽车经过加油站后，再行驶0.25 h，此时它在距离出发点的什么位置？

44. 批判性思维 求解物理问题时，为什么要在解方程前先创建图形模型和物理模型？

起步实验

玩具车比赛

实验步骤

1. 取两辆玩具车，其中一辆为回力车，另一辆为带发条的小车。把两车放在实验室的桌面上，或者是老师建议的其他平面上。
2. 确定比赛的起跑线。
3. 在同一起跑线上同时释放两辆小车。注意，对于带发条的小车，在释放前要上足发条；对于回力小车，要事先将小车贴着桌面往后拉。
4. 仔细观察两车的运动，看哪一辆车跑得更快。
5. 重复步骤1～3，但这次要收集数据，以支持你得出的关于哪一辆车跑得更快的结论。

分析

6. 为了证明哪一辆车跑得更快，你收集了哪些数据？
7. 你还可以收集什么数据，以支持你的结论？
8. **批判性思维** 写出平均速率的数学定义式。

迷你实验

速度矢量

实验步骤

1. 用1 m长的绳系住带有钩子的物体。
2. 一只手拉住绳，让物体竖直悬挂着。
3. 小心地把物体拉向一边，然后释放。
4. 观察几个来回摆动中物体的运动、速度以及方向。
5. 停止物体的摆动。
6. 画出一张图，示出下列各点的瞬时速度矢量：摆动的最高点，最高点和最低点之间的中点，摆动的最低点，最低点和最高点之间的中点，以及回到摆动的最高点。

分析

7. 何处物体的速率最大？
8. 何处物体的速率最小？
9. 解释如何利用你的矢量图求出物体的平均速率。

物理实验

实验器材

摄像机
两辆带发条的玩具车
米尺
泡沫板

运动图

在这次活动中，你要创建两辆玩具车的运动图。运动图要包含一连串的图象，显示运动物体在相等时间间隔内的位置。运动图有助于描述物体的运动情况。一个物体是在加速、减速还是做匀速运动，从运动图中一眼就可以分辨出来。

问题

一辆速度较大的玩具车与一辆速度较小的玩具车，它们的运动图有何不同？

目标

- **测量**运动物体的位置，并用SI制单位表示。
- **理解**运动物体的空间关系。
- **确定**速度较大的物体和速度较小的物体的运动情况。

实验步骤

1. 在实验室的桌面或老师指定的平面上，画一条起始线。
2. 把两辆玩具车放在起始线上，同时释放。释放前要保证上足发条。
3. 观察这两辆车的运动，判断哪一辆车的速度较大。
4. 把速度较小的小车重新放在起始线上。

5. 把米尺放置在平行于玩具车运动的路径上。

6. 让同小组里的另一位成员用摄像机准备拍摄。

7. 在起始线释放速度较小的小车。释放前要保证上足发条。

8. 用摄像机记录速度较小的玩具车平行于米尺的运动。

9. 用播放器一幅一幅地播放录像，每0.1 s(放3幅像)按一次暂停键，持续0.5 s。

10. 根据录像上的米尺读数，确定每一个时刻玩具车的位置，并记录在数据表上。

11. 对速度较大的玩具车重复步骤4～10。

12. 用一块泡沫板，搭成近似30°的斜坡。

13. 把米尺放在斜坡上，使其与玩具车运动的路径平行。

14. 把速度较小的玩具车放在斜坡的顶端，重复步骤6～10。

数据表1

时间(s)	速度较小的玩具车的位置(cm)
0.0	
0.1	
0.2	
0.3	
0.4	
0.5	

数据表2

时间(s)	速度较大的玩具车的位置(cm)
0.0	
0.1	
0.2	
0.3	
0.4	
0.5	

数据表3

时间(s)	速度较小的玩具车在斜坡上的位置(cm)
0.0	
0.1	
0.2	
0.3	
0.4	
0.5	

分析

1. 根据你收集到的有关速度较小的玩具车的数据,画出运动图。

2. 根据你收集到的有关速度较大的玩具车的数据,画出运动图。

3. 根据你收集到的有关速度较小的玩具车从斜坡滚下过程中的数据,画出运动图。

结论与应用

速度较大的玩具车的运动图与速度较小的玩具车的有何不同?

进一步探索

1. 画出一辆做匀速运动的小车的运动图。

2. 在一辆做匀速运动的小车的运动图上,点与点之间的距离有什么关系?

3. 一辆车刚出发时运动很快,后来开始慢下来。画出这辆车的运动图。

4. 上一题中,车慢下来时运动图上点与点之间的距离,会发生什么变化?

5. 一辆车刚出发时运动很慢,后来开始快起来。画出这辆车的运动图。

6. 上一题中,车快起来时运动图上点与点之间的距离,会发生什么变化?

生活中的物理学

为了避免与前车相撞,某车驾驶员突然紧急刹车。如果该车装有防抱死刹车系统,它会在每1 s内不停地自动抱紧和放松刹车。那么,路面上车胎胎面痕迹会是什么样的?按照你对胎面痕迹的理解作出示意图。

你了解时间吗

你是否想过时间是什么？假设你度过了1 h，那你的朋友也度过了1 h吗？你肯定认为这句话是对的，但其实不是。时间流逝的速度取决于你如何看待时间。

速率与时间 想一想，上面最后一句话似乎是错的。例如，你告诉朋友1 h后在商场见面，你们都认为这1 h对你们来说是一样的。这是因为你和你的朋友都走得很慢。在两个人走得都很慢的情况下，你度过了1 h，你朋友差不多也是1 h。但是，如果你比你朋友走得快，那么时间对你们来说就有差别了。

有多快 为了了解时间差，你要走得比你朋友快很多很多。因为根据爱因斯坦的相对论，速度越快，时间越慢。如果你以100 000 km/s的速度运动，你朋友度过1 h，你只度过57 min。如果你以200 000 km/s的速度运动，你朋友度过1 h，你只度过45 min。如**图1**所示，当你朋友花1 h时间时，你因为走得比你朋友越来越快而度过的时间的变化情况。

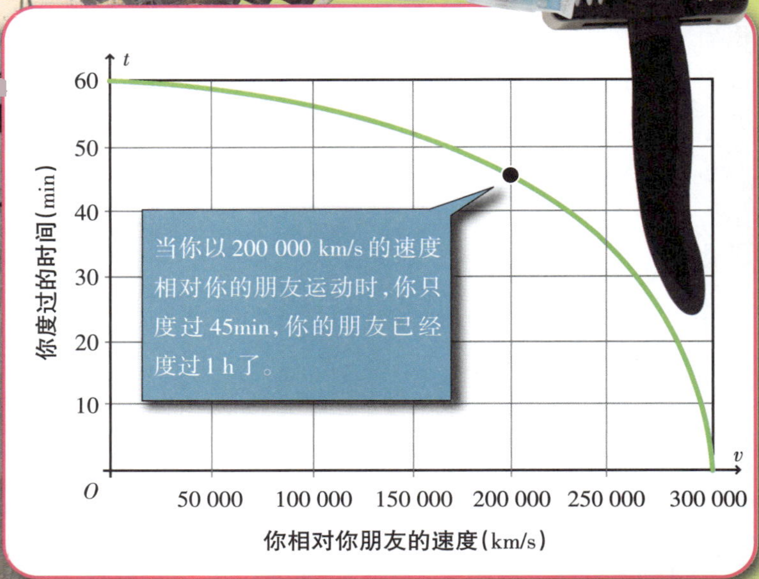

图1 如图所示，当你的朋友度过1 h时，你度过的时间的变化情况。

生活中的应用 所有这些看起来也许毫无意义。毕竟，即使最快的宇宙飞船，飞行速度也小于100 km/s。但时间差概念确实有着重要的应用，你用过**图2**所示的GPS接收器吗？一个GPS卫星，其飞行速度为4 km/s，这个速度造成的时间差，就足以影响GPS接收器的准确性了。时间差虽然很小，大约1天10 μs。但是，如果工程师在一个月之内不去修正它，这个时间差就会导致GPS产生足够的误差而无法使用。

图2 如果全球定位系统(GPS)的设计者不理解时间的相对性，这个GPS接收器将变得不准确。

进一步探索 >>>

研究 重力也影响时间。研究重力如何影响地球和GPS卫星上的时间。

第2章 复习指南

大概念 你可以用位移和速度描述物体的运动。

关键术语

- 运动图
- 质点模型

第1节 运动的描绘

主要概念 你可以用运动图来表示物体的位置随时间的变化情况。

- 运动图描述了物体在连续的相等时间间隔里的位置情况。
- 在质点模型运动图中，一段时间里，物体的位置被一连串的点代替。点与点之间的距离大小表示物体运动的快慢。

关键术语

- 坐标系
- 原点
- 位置
- 距离
- 大小
- 矢量
- 标量
- 时间间隔
- 位移
- 合矢量

第2节 何处与何时

主要概念 坐标系有助于你描述物体的运动。

- 坐标系给出你所研究的变量的零点位置，以及变量的值增加的方向。
- 一个从坐标系原点画到物体的矢量，指出了物体在该坐标系中的位置。在坐标系中所选的方向正或负，决定了物体的位置在该坐标系中的正或负。
- 时间间隔是两个时刻的差值。

$$\Delta t = t_f - t_i$$

- 位移是位置的改变，它既有大小又有方向。

$$\Delta \boldsymbol{x} = \boldsymbol{x}_f - \boldsymbol{x}_i$$

- 在运动图中，位移矢量的长度表示物体运动了多远。箭头指向位移的方向，从$\boldsymbol{x}_i$指向$\boldsymbol{x}_f$。

关键术语

- 位置—时间图象
- 瞬时位置

第3节 位置—时间图象

主要概念 你可以用位置—时间图象来确定某一时刻物体的位置。

- 位置—时间图象提供物体运动的信息，也可表明两个物体于何时在何处相遇。
- 位置—时间图象上的图线描述物体在任意时刻的位置。
- 运动可用文字、运动图、数据表和图象进行描述。

关键术语

- 平均速度
- 平均速率
- 瞬时速度

第4节 有多快

主要概念 物体的速度是指它的位置变化的快慢。

- 物体的速度表示物体运动有多快和向什么方向运动。
- 速率是指速度的大小。
- 物体的位置—时间图线的斜率，即物体运动的平均速度。

$$\bar{\boldsymbol{v}} = \frac{\Delta \boldsymbol{x}}{\Delta t} = \frac{\boldsymbol{x}_f - \boldsymbol{x}_i}{t_f - t_i}$$

- 你可以用图画和物理模型描述物体的运动。从起始位置开始，物体的平均速度$\bar{\boldsymbol{v}}$、位置$\boldsymbol{x}$、时间t和其初始位置$\boldsymbol{x}_i$，这几个量可以通过一个简单的公式联系起来。

$$\boldsymbol{x} = \bar{\boldsymbol{v}}t + \boldsymbol{x}_i$$

第1节 运动的描绘

理解概念

45. 画运动图的目的是什么?
46. 求解运动问题时,在什么情况下,才能把物体当作质点来考虑?

第2节 何处与何时

理解概念

47. 下面各量都可以用来描述场所或场所的改变:位置、距离、位移。请简述它们之间的差异。
48. 你如何用钟求出时间间隔?

第3节 位置—时间图象

理解概念

49. **短道速滑** 如何用位置—时间图象判定两位短道速滑者中,是否有谁超越另一位?他又是在何时完成了超越?

第4节 有多快

理解概念

50. **大概念** 哪个方程描述了运动物体的平均速度与位移的关系?
51. **走路和跑步** 有两名同学同时从你家大门口出发,其中一人走路,另一人跑步。已知他们均保持各自的速度朝同一方向运动。请分别画出他们运动的位置—时间图象。
52. 测量位置—时间图线的斜率的目的是什么?
53. 如果已知物体从一点运动到另一点所花的时间,以及该物体在这两个点位置,你能推断出它的瞬时速度吗?平均速度呢?请解释。

解决问题

54. 你以 4.0 m/s 的速度骑着自行车运动了 5.0 s。这段时间内你前进了多远?
55. **天文学** 太阳发出的光大约在8.3 min后到达地球。已知光速为3.00×10^{8} m/s,地球离太阳有多远?
56. **补充问题** 请补充问题,以便可以用平均速率概念求解该问题。问题是:"蝴蝶从一朵花飞了15 m到达另一朵花……"
57. 诺拉每星期都要慢跑好几次,而且很清楚每次跑步所花的时间。有一天她忘了戴手表,她想,是否有什么办法,可使她仍旧具有时间观念。当经过某一银行时,她想起银行离她家4.3 km。她知道以前锻炼时,她的一贯步速为4.0 m/s。那么诺拉到达该银行时,已跑了多长时间?
58. **驾车** 你和你的朋友同时从你家出发,各自驾车去50.0 km外的某处。已知你的车速为90.0 km/h,而你朋友的车速为95.0 km/h。你朋友会在目的地等你多长时间?

应用概念

59. **排序** 如**图2-27**所示的位置—时间图象显示了四头奶牛的运动,它们从牧场往回走向牲口棚。请将它们的平均速度从慢到快排序。

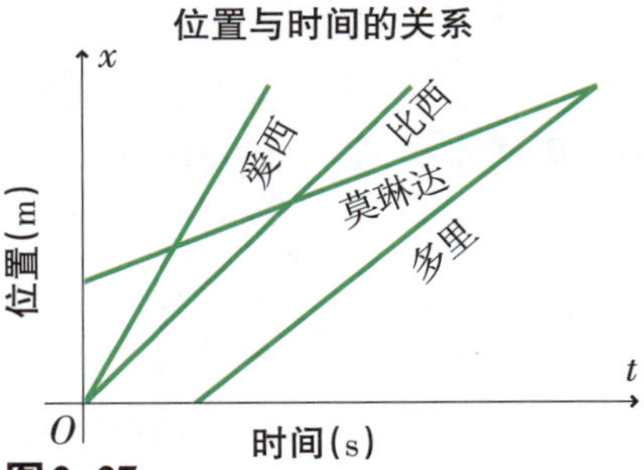

图2-27

60. 如**图2-28**所示为一只兔子的位置—时间图象,它正被一条狗追赶。如果兔子的速度加倍,这条图线会有什么不同?如果兔子向相反方向运动,这条图线会有什么不同?

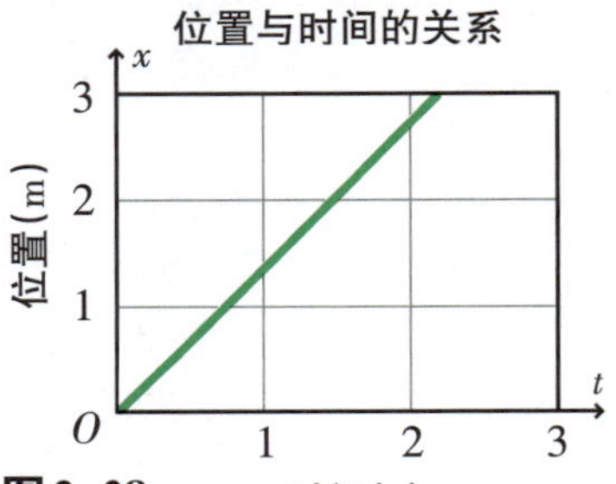

图2-28

61. 计算下列各值，并解释为什么它们每一个都不具备描述速度概念必需的性质：$\Delta x+\Delta t$，$\Delta x-\Delta t$，$\Delta x\times\Delta t$，$\frac{\Delta t}{\Delta x}$。

62. **足球** 关于足球的哪些运动，可将足球看作质点？

63. 如**图2-29**所示为两位跑步者的位置—时间图象。
   a. 描述跑步者A在y轴截距处相对于B的位置。
   b. 哪一位跑步者的速度更大一些？
   c. 在P点发生了什么情况？之后呢？

位置与时间的关系

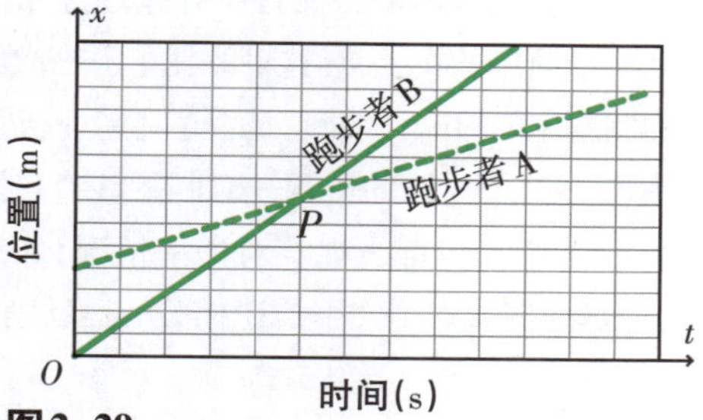

图2-29

复习提高

64. **骑自行车** 一个人沿着一条笔直的路以5.0 m/s的速度骑自行车匀速向西运动。在t=0.0 s时，骑车人距离A点西边250m处。
   a. 画一幅位置—时间图象，表示骑车人每隔10.0 s离开A点的位置，画到60.0 s为止。
   b. 在60.0 s时，骑车人处于距离A点的什么位置？
   c. 在60.0 s时，从出发点开始的位移是多少？

65. 如**图2-30**所示是一只小鸡穿马路的质点模型图。画出对应的位置—时间图象，并写出方程，描述小鸡的运动。

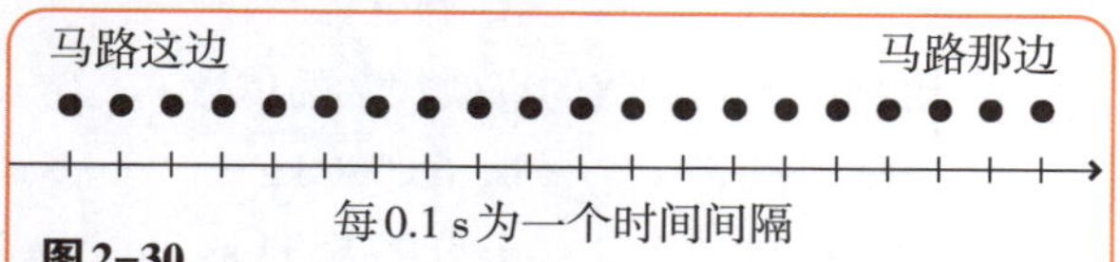

图2-30

66. 如**图2-31**所示为乔紫和海科在当地河流里划小船的位置—时间图象。
   a. 何时乔紫和海科位于同一个地方？
   b. 乔紫在超越海科前，已经在河上划了多长时间？
   c. 该河流的哪一位置水流可能比较湍急？

位置与时间的关系

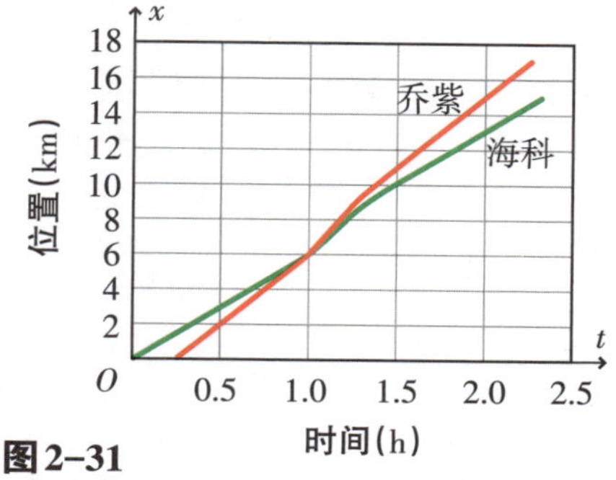

图2-31

67. **驾车** 当秒表读数为零时，A、B两车同时离开学校。已知A以75 km/h的速度匀速行驶，B的速度则保持为85 km/h。
   a. 画出位置—时间图象，表示这两辆车在3 h内的运动情况。当秒表的读数为2.0 h时，这两辆车分别离学校多远？计算出距离，并在你的图上表示出来。
   b. 两车都经过离学校120 km远的加油站。它们分别是在何时经过加油站的？计算出这个时间，并在你的图上表示出来。

68. 两辆车要去距离学校50 km的海边，画出它们的位置—时间图象。已知A车在正午从一家商店出发，该店到海边比从学校出发要近10 km，A车的速度为40 km/h。B车在下午12:30从学校出发，以100 km/h的速度行驶。它们分别于何时到达海边？

69. 两车沿一条直路行驶。当秒表读数t=0.00 h时，A车在x_A=48.0 km处，速度保持为36.0 km/h。之后，当秒表读数t=0.50 h时，B车在x_B=0.00 km处，并以48.0 km/h的速度匀速行驶。在回答下列问题前，先用作图法建立位置—时间图象，然后写出位置x_A、x_B与秒表时间t的函数式。
   a. 当B车超过A车时，秒表的读数是多少？
   b. B车在什么位置超越A车？
   c. 从A车的出发点开始计时，需要多少时间两车才会相遇？

70. 如**图2-32**所示为位置—时间图象，它显示了吉姆在一条直路上的跑动情况。原点在走道的一端。

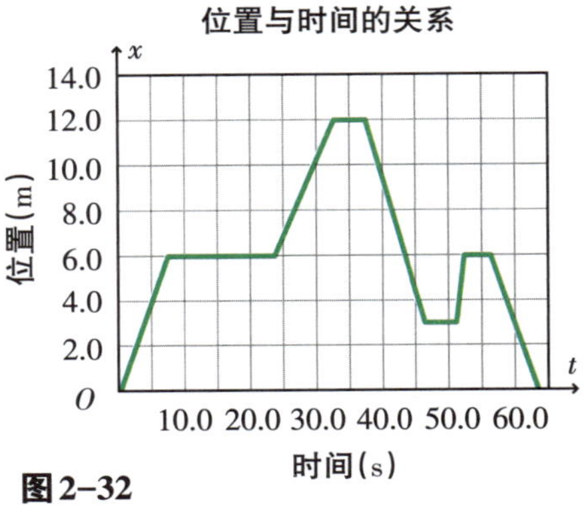

图2-32

a. **编写问题** 写一个故事，描述吉姆在路上跑动情况，注意要与图象显示的运动对应。

b. 吉姆在何时距离原点6.0 m处？

c. 从吉姆开始运动到处于距离原点12.0 m的位置，他花了多少时间？

d. 吉姆在37.0～46.0 s之间的平均速度是多少？

批判性思维

71. **使用计算器** 上物理课的学生们两两相隔25 m站在公路的一侧，各自用秒表测量某辆汽车经过他们时的时间。**表2-2**所示为他们测量得出的数据。

表2-2 位置与时间的关系

时间(s)	位置(m)
0.0	0.0
1.3	25.0
2.7	50.0
3.6	75.0
5.1	100.0
5.9	125.0
7.0	150.0
8.6	175.0
10.3	200.0

用作图工具对位置—时间图象上的数据点进行拟合，画出这条拟合线。注意保证你的设置无误，且全部数据都被拟合。求出这条图线的斜率，并计算该汽车的速率。

72. **应用概念** 你要进行一次驾车旅行。根据计划，你的平均速率需要为90.0 km/h。在前一半路途中，你的平均速率为48 km/h。那么在后一半旅途中，你需要多大的平均速率才能完成你的旅行目标？这样做合理吗？注意，速度与一半的路程有关，而不是与一半的时间有关。

73. **设计实验** 每当一辆红色摩托车驶过你朋友家门口时，他父亲就很恼怒。他认为，法定的车速最快为40 km/h，而该摩托车超速了。设计一个简单的实验，在这辆摩托车下一次经过你朋友家门口时，判断它是否正在超速行驶。

74. **图释** 一个物体的位置—时间图线有可能为水平线吗？竖直线呢？对任一情况，如果你认为有可能，请用文字描述相关的运动情况。

科技写作

75. 物理学家已经证实了光速为3.00×10^8 m/s。他们是如何得到这个数据的？阅读几篇关于确定光速的实验的文章。描述为了得到更准确的结果，这些实验进行了怎样的改进。

76. 有些动物有着很好的耐力，而另一些动物则有着很强的爆发力。从参考资料上各找出两个例子，并描述这些特性对该动物有什么帮助。

日积月累

77. 将下列时间测量值用s表示。

a. 58 ns　　b. 0.046 Gs

c. 9 270 ms　　d. 12.3 ks

78. 说出下列测量值的有效数字的位数。

a. 3 218 kg　　b. 60.080 kg

c. 801 kg　　d. 0.000 534 kg

79. 克丽丝用计算器计算得到了下列结果。用正确的有效数字重写各个结果。

a. 5.32 mm＋2.1 mm＝7.420 000 0 mm

b. 13.597 mm×3.65 mm＝49.629 05 m^2

c. 83.2 kg－12.804 kg＝70.396 000 0 kg

第2章 标准化测试

选择题

1. 用质点模型作出一架以 850 km/h 的速度匀速飞行的飞机的运动图。下列叙述正确的是(　　)

A. 开始时各点靠近，当飞机远离机场时各点分开

B. 开始时各点分开，当飞机远离机场时各点靠近

C. 各点呈现间隔均匀地分布

D. 开始时各点靠近，之后分开，当飞机远离机场时，各点再次靠近

2. 下列关于矢量的叙述中，正确的是(　　)

A. 矢量的长度应该与它的大小成比例

B. 要正确地求解所有的物理问题，必须使用矢量

C. 矢量是一个量，只有大小没有方向

D. 物理学中的所有的量都是矢量

3. 下图是一位骑自行车者的运动情况的简化图象(忽略加速或减速的运动情况)。此人达到最大速度时位于(　　)

A. 区间Ⅰ　　**B.** 区间Ⅲ

C. D点　　**D.** B点

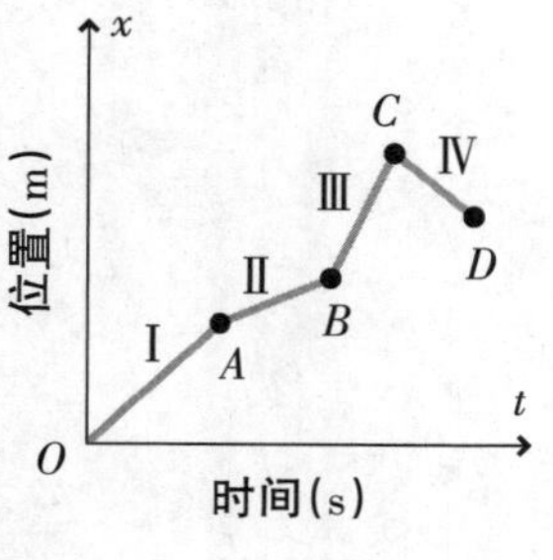

4. 一列火车沿着一条笔直的铁轨向东行驶，8.0 s 内，它的位移是 192 m，则火车的平均速度是(　　)

A. 12 m/s 向东　　**B.** 24 m/s 向东

C. 48 m/s 向东　　**D.** 96 m/s 向东

5. 一只松鼠以均匀的速度在 1.5 min 内从 8 m 高的树上跳到地面。在树根旁停留 2.3 min。突然，一声巨响，松鼠立即在 0.01 min 内逃回树枝上它出发时的位置。下列图象中，能够准确描述松鼠相对树根的运动情况的是(　　)

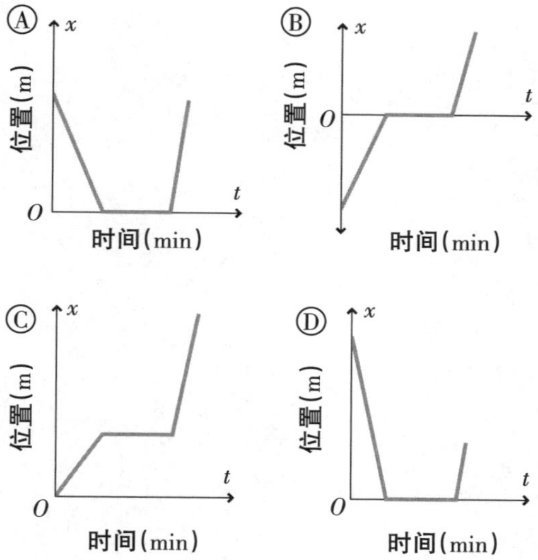

拓展题

6. 一只老鼠沿着一条笔直的路运动。如果它以 12.8 cm/s 的速度向北运动 3.10 s，求老鼠此时距离出发点的位置。

考点提示

测试题号	1	2	3	4	5	6
对应小节	1	2	3	4	4	4

第3章

加速运动

大概念 加速度是指物体速度的变化率。

内容提要

起步实验

绘制运动图

匀速运动的图象和加速运动的图象有什么区别?

第1节 加速度

主要概念

物体的速度改变时意味着物体有加速度——也就是说，物体的速率增大、减小或物体的运动方向在改变。

核心问题

- 什么是加速度？
- 加速度与速度有什么不同？
- 从速度—时间图象中，你能得到什么信息？

术语回顾

矢量 一个既有大小又有方向的量

关键术语

加速度
速度—时间图象
平均加速度
瞬时加速度

物理在你身边

当飞机起飞时，它的速率从在跑道上的5 m/s，加速到在空中的近300 m/s。如果你已经在飞机上，当飞机加速飞行时，你会感觉座椅的靠背在向前推你。

非匀速运动图象

物体做匀速直线运动时的速度不变，但物体不可能总是在这种状态下运动的。通常都是非匀速运动，即物体的速度在变化。在本章，你将学习非匀速直线运动，如滚下山的球、急刹车的汽车、自由下落的物体等。在后面的章节中，你将分析不限于直线运动的非匀速运动，包括沿着圆周的运动，以及抛体（如棒球）的运动等。

描述非匀速运动 你一定可以感受到匀速运动和非匀速运动的不同之处。匀速运动给你的感觉是平滑的。闭上眼睛，你会感到自己似乎并不在运动。相反地，当你沿着一条曲线运动，或在滑行轨道上往下疾冲时，你就会有被推或拉的感觉。

你该如何描述**图3–1**中那个人的运动呢？在第一幅图中，人没有运动，但是在其他图中，人的位置以不同的方式在改变。运动图包含的什么信息可以用来帮助你区分这些运动的差异？注意看图中相邻各位置间的距离。在第一幅图中，仅仅只有一个人的像，所以可以断定她是静止的。在第二幅图中，像与像之间的距离相同，因为跑步者的运动是匀速的，即她运动的速度不变。在其余两幅图中，相邻各位置间的距离不断改变。如果跑步者在做加速运动，那么两两位置间的距离越来越大；如果跑步者的速度越来越小，那么两两位置间的距离越来越小。

运动图

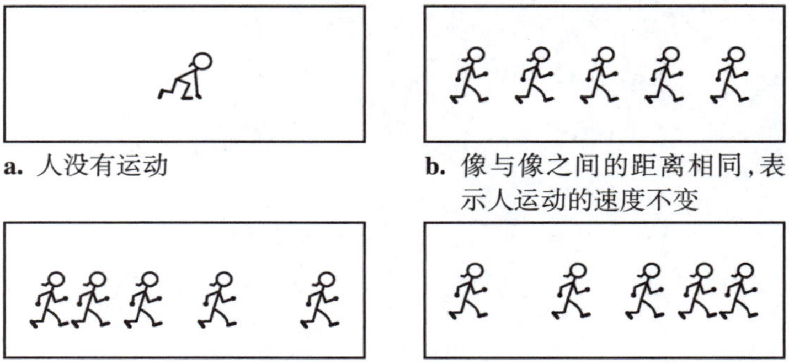

a. 人没有运动

b. 像与像之间的距离相同，表示人运动的速度不变

c. 人在加速

d. 人在减速

图3–1 跑步者在相等的时间间隔里运动的距离表明了她运动的类型。

质点模型图 对于一个运动速度发生改变的物体，其运动图的质点模型又是怎样的呢？**图 3–2** 中，在跑步者加速和减速的运动图的下方，即是她们的质点模型运动图。在这种形式的运动图中，速度变化有两个主要标记，即点与点之间的距离变化和速度矢量长度的差异。如果物体做加速运动，那么每一个随后的速度矢量都会变长，并且点与点之间的距离在增加。如果物体的运动慢了下来，那么每一个矢量都比它之前那一个更短，并且点与点之间的距离在减少。这两种运动图都形象地描述了物体的速度发生了怎样的变化。

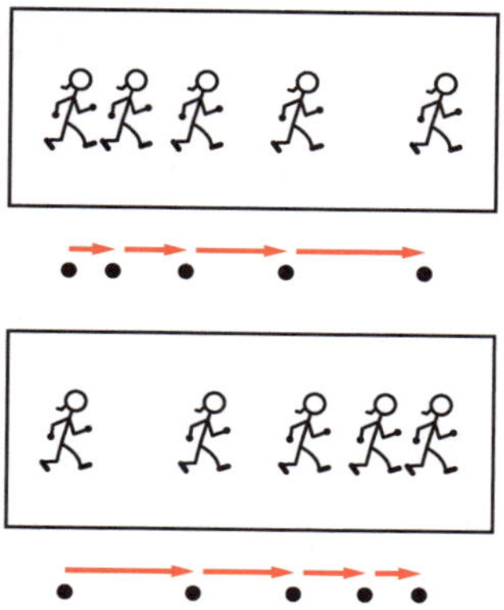

图 3–2 运动图上速度矢量长度的变化表示跑步者是在加速还是减速。

☑阅读检测 **分析**运动图上速度矢量长度的增大或减小表示什么意思？

在运动图上表现加速度 如果在运动图上描述物体运动的全部情况，就应该包含物体速度变化率的信息。物体速度的变化率称为物体的**加速度（acceleration）**。在运动图上画出加速度矢量，就可表示速度的变化率。

图 3–3 表示一个速度正在增加的物体的质点模型运动图。注意，图中红色速度矢量的长度从左到右越来越长。图中也描述了如何用图象来画出加速度矢量。加速度矢量表示速度正在增大，它在图中用紫色表示。

如果图中物体的加速度是不变的，通过将相邻两个速度矢量相减，然后用这个差值除以时间间隔，你可以得到加速度矢量的长度和方向。也就是说，先选定速度的变化量，$\Delta \boldsymbol{v}=\boldsymbol{v}_f-\boldsymbol{v}_i=\boldsymbol{v}_f+(-\boldsymbol{v}_i)$，$\boldsymbol{v}_i$ 和 $\boldsymbol{v}_f$ 分别为所选时间间隔的起点和终点的速度，接着用 $\Delta \boldsymbol{v}$ 除以时间间隔 Δt。**图 3–3** 中相邻点之间的时间间隔为 1 s。从末速度矢量的起点到负初速度矢量的终点画出加速度矢量。

画出加速度矢量

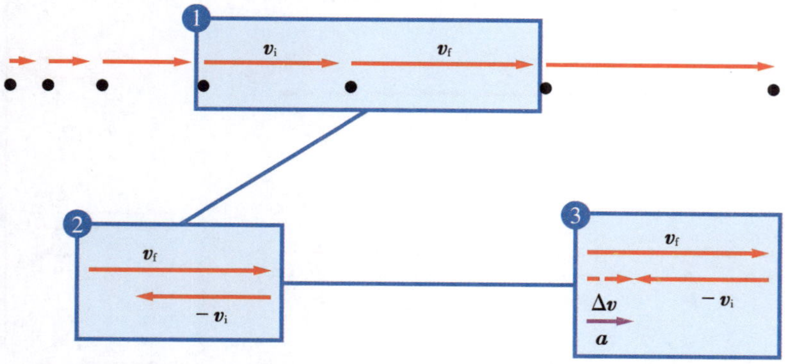

先画出 $\boldsymbol{v}_f$，在它下面画 $-\boldsymbol{v}_i$，$-\boldsymbol{v}_i$ 的起点与 $\boldsymbol{v}_f$ 的终点对齐。

接着，从 $\boldsymbol{v}_f$ 的起点到 $-\boldsymbol{v}_i$ 的终点画出 $\Delta \boldsymbol{v}$。加速度矢量 $\boldsymbol{a}$ 就是用 $\Delta \boldsymbol{v}$ 除以时间间隔。

图 3–3 加速度不变时，质点模型图上的加速度矢量等于两个速度矢量的差值除以时间间隔，即 $\boldsymbol{a}=\frac{\Delta \boldsymbol{v}}{\Delta t}$。

分析 对于两个连续的、大小和方向都相同的速度矢量，你能画出它们的加速度矢量吗？说明你的理由。

颜色惯例

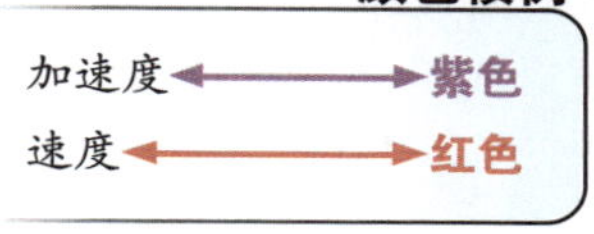

加速度方向

考虑**图 3-4** 所示的四种情况，图中物体由于速率变化而在做变速运动。第一幅运动图显示汽车在正方向做加速运动；第二幅图显示汽车在正方向做减速运动；第三幅是汽车在反方向做加速运动；第四幅是汽车在反方向做减速运动。图中显示了上述每一幅图中第二个时间间隔的速度矢量，以及对应的加速度矢量。其中 $\Delta t=1\ \text{s}$。

在第一和第三种情况中，速度和加速度矢量的方向均相同，汽车处于加速状态；在另外两种情况中，加速度矢量与速度矢量的方向相反，汽车处于减速状态。换句话说，当汽车的加速度与速度同方向时，汽车的速率增大；当它们处于相反方向时，汽车的速率减小。

要判断物体是加速还是减速，就需要知道物体的速度和加速度这两者的方向。当加速度矢量指向正方向时，物体有正加速度。当加速度矢量指向负方向时，物体有负加速度。要特别注意加速度的符号并不能说明物体的速度是增大还是减小。

☑阅读检测 如果物体的速度矢量和加速度矢量方向相反，**描述**它的运动情况。

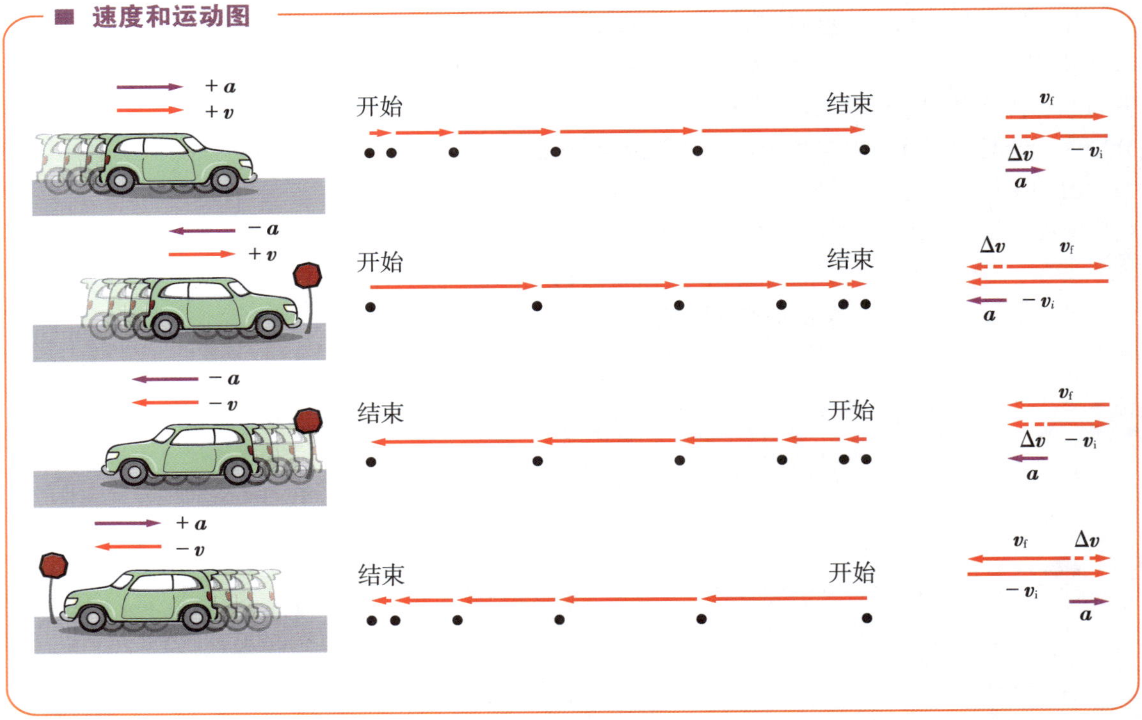

图 3-4 为了确定物体是在做加速还是减速运动，你需要知道速度矢量和加速度矢量的方向。

速度—时间图象

表示位置与时间关系的图象对学习运动学是非常有帮助的,同样有用的还有物体的速度与时间的关系图。在**速度—时间图象(velocity-time graph)**或v-t图象中,竖直轴为速度,水平轴为时间。

斜率 如**图3-5**所示为汽车的速度—时间图象,汽车从静止出发,沿着一条笔直的道路加速前进。这里规定汽车的运动方向为正方向。注意这条图线是一条直线,即表示汽车速度的变化率是恒定的。这个变化率可以通过计算速度—时间图线的斜率得到。

从图上可知,图线的斜率是5.00(m/s)/s,一般写成5.00 m/s²。考虑4.00 s和5.00 s之间的时间间隔。在4.00 s时,汽车以20.0 m/s的速度向正方向运动;在5.00 s时,汽车以25.0 m/s的速度沿同一方向运动。所以说,汽车的速度在1.00 s内增加了5.00 m/s。当物体的速度以恒定的变化率变化时,称物体做匀加速运动。

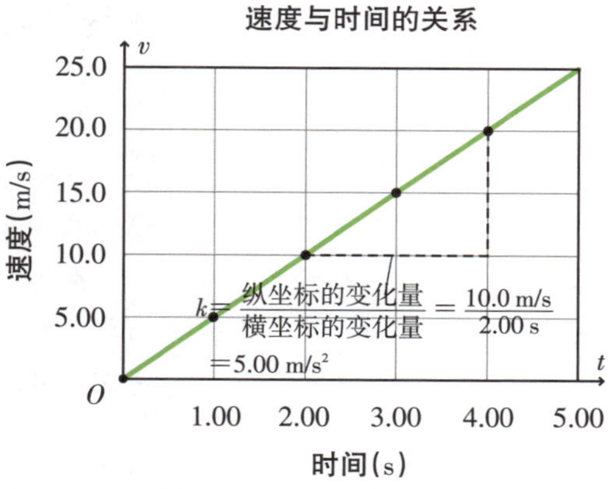

图3-5 通过计算速度—时间图线的斜率,你可以确定加速度。斜率等于图线上任意两点间的纵坐标的变化量除以横坐标的变化量。

读懂速度—时间图象 如**图3-6**所示为5位跑步者的运动情况。假定向东为正方向。因为图线A和E的斜率为零,所以加速度为零。它们均表示物体做的是匀速运动,其中A的运动向东,E的运动向西。图线B表示物体以正速度向东运动,其斜率显示了其加速度为正且保持不变。从图线B也可以推导出物体的速率是增加的,因为它的速度和加速度均为正。图线C的斜率是负的。从图线C可以看出,物体以正速度开始运动,然后速度一直减小直到停止,这意味着加速度与速度是反方向的。跑步者在图线C和B的交点时刻的速度相等,但图中并没有给出任何关于跑步者位置的信息。

图线D描绘的运动,开始时方向向西,速度减慢下来,到某一瞬间速度为零,然后开始向东做加速运动。图线D的斜率是正的。由于前半段速度和加速度处于相反的方向,速率减小;在图线与时间轴相交的时刻,其速率为零;随后速度和加速度处于相同方向,速率逐渐增大。

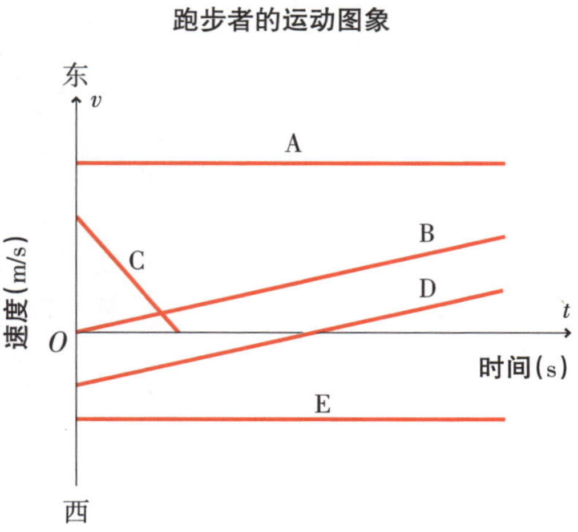

图3-6 因为图象中选择向东为正方向,所以如果图线在水平轴上方,那么速度为正的;如果图线在水平轴下方,那么速度为负的。图线斜向上则加速度为正,图线斜向下则加速度为负。图线水平表示速度不变即加速度为0。

☑ **阅读检测** **描述**在速度—时间图象上,图线与x轴交点的意义。

平均加速度和瞬时加速度

如果你在驾驶汽车，当你稍微加速，或加速度很大，你会有什么不同的感受吗？有加速度时，大多数运动的物体的速度一直在变化。如果你要描述物体的加速度，比较方便的是去描述一定时间间隔内的速度的变化，而不是描述速度的连续变化。

在可测量的时间间隔内，将物体的速度改变量除以时间间隔，可得到物体的**平均加速度（average acceleration）**。平均加速度测量单位用米每秒方（m/s^2）。汽车有时候加速很快，有时候加速很慢。平均速度只与开始点和结束点的位移有关，平均加速度也一样，它只与某一段时间间隔的初速度和末速度有关。**图3–7**表示加速度在变化的运动图象，对于图中某一段时间间隔的平均加速度，其求解方法与**图3–5**中求解恒定加速度的方法一样。但是，要注意，因为**图3–7**中图线是曲线，所以平均加速度与你所选择的时间间隔有关。

在某一时刻的加速度称为**瞬时加速度（instantaneous acceleration）**。在速度—时间图象上，只要在任意时间点上作切线，即可获得物体在那一刻的瞬时加速度。本书讨论的大多数问题中，都假定加速度不变。即在某一段时间间隔内，加速度都相同，平均加速度和瞬时加速度相等。

迷你实验

钢球赛跑

斜坡的高度影响小球在斜坡上的运动吗？

物理实验

抛球运动*

一个向上运动的球的图象是怎样的？

阅读检测 **比较**瞬时加速度与平均加速度有何不同？

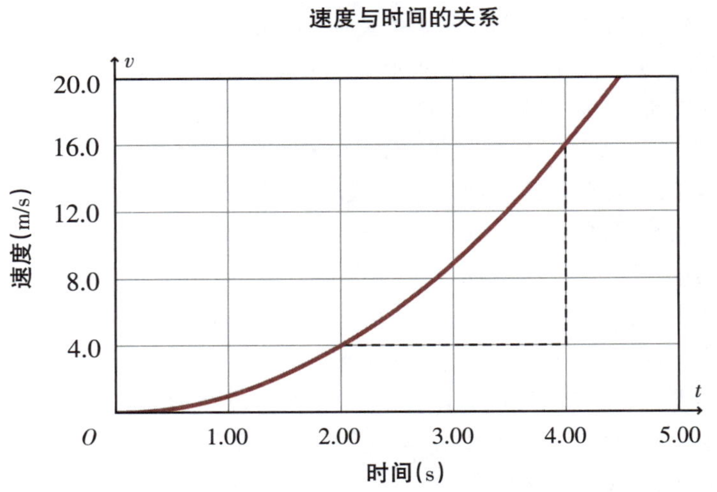

图3–7 速度—时间图象上的曲线表示加速度是变化的。任两点之间割线的斜率表示你所选择的时间间隔内的平均加速度。
计算 在0.00 s到2.00 s之间的平均加速度是多少？

计算加速度

如何用数学符号来描述加速度？物体的加速度是速度—时间图线任一点切线的斜率，而速度—时间图线的斜率等于 $\frac{\Delta \boldsymbol{v}}{\Delta t}$。

平均加速度

平均加速度等于速度的变化量除以发生这些变化所需要的时间。

$$\bar{\boldsymbol{a}} \equiv \frac{\Delta \boldsymbol{v}}{\Delta t}=\frac{\boldsymbol{v}_f-\boldsymbol{v}_i}{t_f-t_i}$$

假定你在体育馆内进行往返跑。你先以4.0 m/s的速度向墙的方向跑去，10.0 s后又以4.0 m/s的速度跑着离开墙。假定面向墙为正方向，那么你的平均加速度是多少？

$$\bar{\boldsymbol{a}} \equiv \frac{\Delta \boldsymbol{v}}{\Delta t}=\frac{\boldsymbol{v}_f-\boldsymbol{v}_i}{t_f-t_i}$$

$$=\frac{-4.0\ \text{m/s}-4.0\ \text{m/s}}{10.0\ \text{s}}=-0.80\ \text{m/s}^2$$

例题 1

速度与加速度 如何描述图象所示的短跑运动员的速度和加速度？

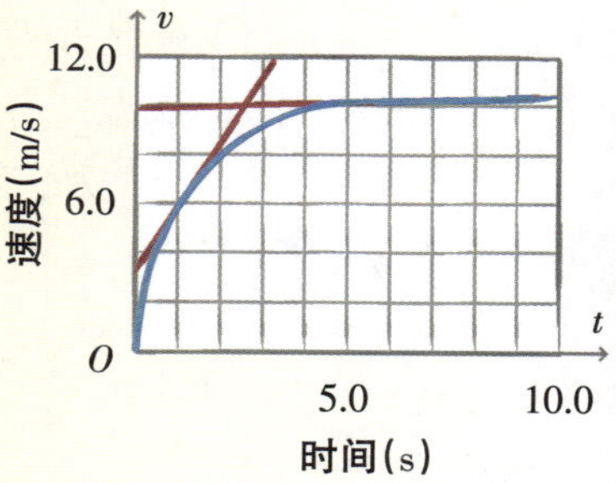

1 分析概括问题

由图象可知，运动员的速度大小从零开始，在最初几秒增加得很快，而在达到大约10.0 m/s后，速度就差不多保持不变了。

已知	未知
v=变量	a=?

2 求解未知量

在t=1.0 s和t=5.0 s处作曲线的切线。

求解1.0 s时的加速度大小：

$$a=\frac{\text{纵坐标的变化量}}{\text{横坐标的变化量}}$$

◀图线在1.0 s处的切线斜率等于该时刻的加速度。

$$=\frac{10.0\ \text{m/s}-6.0\ \text{m/s}}{2.4\ \text{s}-1.00\ \text{s}}=2.9\ \text{m/s}^2$$

求解5.0 s时的加速度大小：

$$a=\frac{\text{纵坐标的变化量}}{\text{横坐标的变化量}}$$

◀图线在5.0 s处的切线斜率等于该时刻的加速度。

$$=\frac{10.3\ \text{m/s}-10.0\ \text{m/s}}{10.0\ \text{s}-0.00\ \text{s}}=0.030\ \text{m/s}^2$$

由于加速度的大小从1.0 s时的2.9 m/s^{2}变到5.0 s时的0.030 m/s^2，故加速度不是一个常数。

由于两个值都为正值，因此加速度在所选方向上为正。

3 验证答案

单位是否正确？ 加速度是用m/s^{2}来量度的。

练一练

1. 斯蒂芬在集市行走，**图3-8**所示是他的v-t图象。请画出对应的运动图，并标出速度矢量。
2. **图3-9**是玩具火车的v-t图象。据此回答下列问题。
   a. 何时火车的速率为常数？
   b. 在哪一段时间间隔，火车的加速度为正值？
   c. 火车的加速度何时为最大负值？
3. 根据**图3-9**，求出下列时间间隔内火车的平均加速度。
   a. 0.00 s到5.0 s　b. 15.0 s到20.0 s　c. 0.0 s到40.0 s
4. **挑战题**　作出表示下列运动的v-t图：一架电梯在三层楼商场的底楼从静止开始启动。它先以0.5 m/s^{2}的加速度加速向上运行了2.0 s，继而保持1.0 m/s的速度向上运行12.0 s，然后以0.25 m/s^{2}的加速度向下运行了4.0 s，最后到达了第三层的楼面。

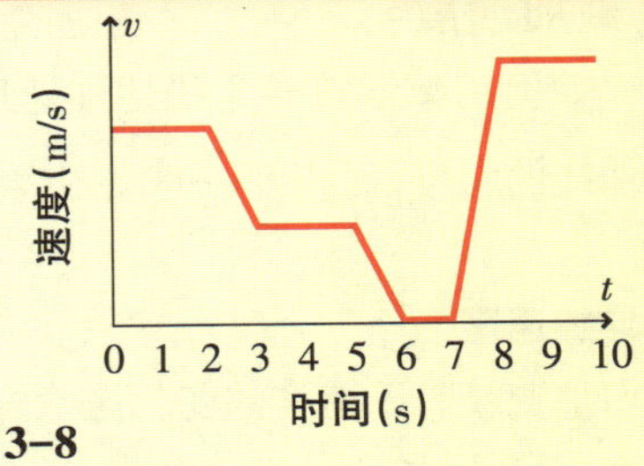

图3-8

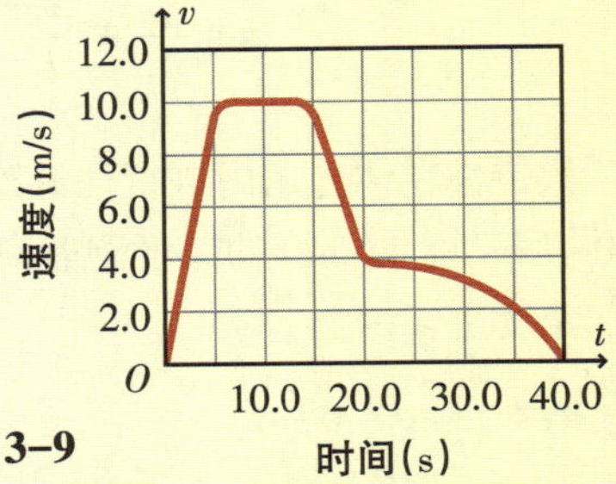

图3-9

例题2

加速度　一个小球沿斜面向上运动，请描述这个球的运动情况。已知小球的初速度为2.50 m/s，前5.00 s时间内速度逐渐减小，在某一时刻速度为零，然后又滚下。设跑道向上的方向为正方向，运动开始处为原点。那么当小球滚上跑道时，加速度的方向怎样？大小又是多少？

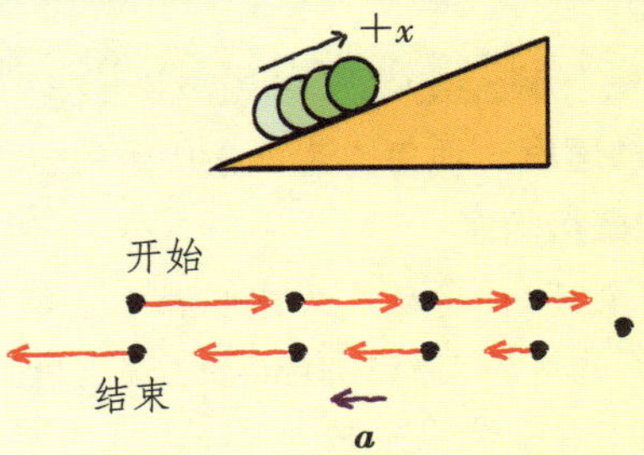

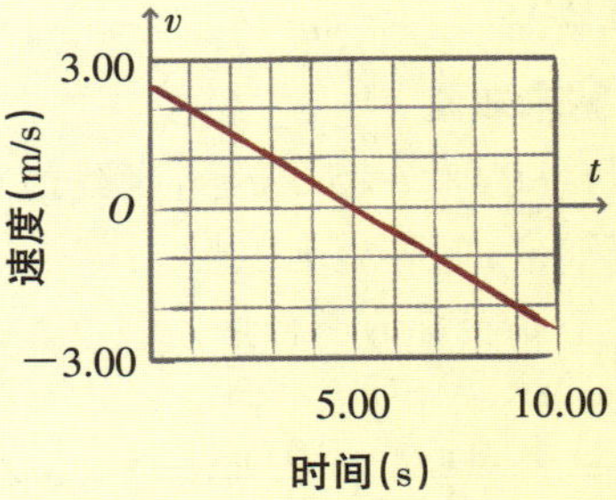

1 分析概括问题

- 概述情景。
- 在运动图上画出坐标系。

已知	未知
$v_i = +2.50$ m/s	$a = ?$
在$t = 5.00$ s时，$v_f = 0.00$ m/s	

2 求解未知量

从图线的斜率求出小球的加速度。

求出速度的变化量和发生这一变化所需的时间。

$$\Delta v = v_f - v_i = 0.00\text{ m/s} - 2.50\text{ m/s} = -2.50\text{ m/s}$$

◀将$t_f = 5.00$ s时，$v_f = 0.00$ m/s；$t_i = 0.00$ s时，$v_i = +2.50$ m/s代入。

$$\Delta t = t_f - t_i = 5.00\text{ s} - 0.00\text{ s} = 5.00\text{ s}$$

◀将$t_f = 5.00$ s，$t_i = 0.00$ s代入。

求出加速度

$$\bar{a} \equiv \frac{\Delta v}{\Delta t} = \frac{-2.50\text{ m/s}}{5.00\text{ s}}$$

◀将$\Delta v = -2.50$ m/s，$\Delta t = 5.00$ s代入。

$= -0.500$ m/s^2，或0.500 m/s^{2}方向沿斜面向下

3 验证答案

- **单位是否正确？** 加速度是用m/s^{2}量度的。
- **方向是否有意义？** 当球的速度减小时，加速度方向与速度方向相反。

练一练

5. 一辆赛车的速度在4.0 s时间内由4.0 m/s增大到36 m/s，它的平均加速度是多少？
6. 前一题中的赛车在随后3.0 s内速度从36 m/s减小到15 m/s。在这段时间内它的平均加速度是多少？
7. 一辆公共汽车以25 m/s的速度行驶，驾驶员踩刹车使车子于3.0 s内在车站停下。
   a. 该公共汽车刹车时的平均加速度是多少？
   b. 如果该公共汽车在行驶了2倍远后才停下，那么其加速度为多少？这个加速度比在**a**中的大还是小？
8. 汽车以3.0 m/s的速度冲向山坡时，驾驶员踩下油门。2.5 s后汽车以4.5 m/s的速度上山。设上山方向为正方向，汽车的平均加速度是多少？
9. 罗西以3.5 m/s的速度向东跑向车站，他看了一下表，发现离公共汽车到站还有充足的时间。于是，他在10.0 s内把速度减小到0.75 m/s。在这10.0 s内他的平均加速度是多少？
10. **挑战题**　如果大陆漂移速率出其不意地在一年时间内从1.0 cm/y变到0.5 cm/y，那么其平均加速度是多少？

速率不变时的加速度

再思考一下你在体育馆内进行跑步冲刺。注意你跑向墙的速率与你离开它的速率相等，都是4.0 m/s。你怎么可能加速呢？

速率不变时也有加速度。在你跑向墙和跑回来的整个过程中，平均加速度是$-0.80\ \mathrm{m/s^2}$。负号表示加速度的方向是离开墙的，因为你选择向着墙的方向为正方向。当运动方向改变时，速度从正变到负。速度的变化产生了加速度。因而，加速度也与运动方向的变化联系在了一起。

阅读检测　当物体运动的速率不变时，**解释**它怎么可能加速呢？

第1节　复　习

11. **主要概念**　物体加速有哪三种方法？
12. **位置—时间图象和速度—时间图象**　两位运动员保持7.5 m/s的速度向东跑。**图3–10**是两位运动员在$t=0$时的位置。
    a. 他们的位置—时间图象有什么差异？
    b. 他们的速度—时间图象有什么差异？

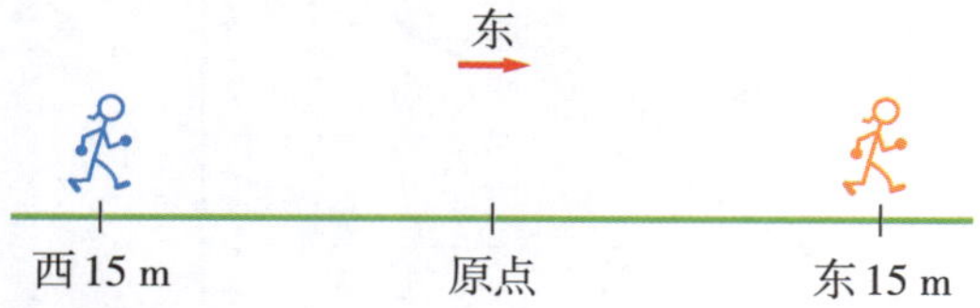

图3–10

13. **速度—时间图象**　一辆汽车以25 m/s的速度向东行驶了100 s后，又以25 m/s的速度向西行驶了100 s。画出该汽车的运动图。
14. **平均速度和平均加速度**　船工先以2 m/s的速度逆流划行，然后以4 m/s的速度顺流划行，其调头时间为8 s。
    a. 8 s内，小船的平均速度是多少？
    b. 8 s内，小船的平均加速度是多少？
15. **批判性思维**　一辆车以32 km/h的速度超速行驶。当它超越另一辆速度较慢的车时，警察做了记录。当警察让这辆车停下时，该车的驾驶员提出抗议，他说开车比较慢的那个驾驶员也应该受罚。他认为这两辆车从照片看来几乎处于同一位置，那它们就一定是以相同的速率行驶着。他的判断正确吗？请分别用示意图和运动图予以解释。

第2节 匀加速运动

物理在你身边

假设一辆汽车正沿着一条公路行驶，驾驶员突然看到有一棵倒下的树，堵住了前面的路。驾驶员能及时地停车吗？这就要看汽车实际的刹车性能怎么样，刹车时的加速度是多少。

主要概念

对于一个做匀加速运动的物体，可用图象和方程来描述它的位置、速度、加速度和时间之间的关系。

核心问题

- 做匀加速度运动的物体的位置—时间图象和速度—时间图象是什么样的？
- 如何根据物体的速度—时间图象确定物体的位移？
- 位置、速度、加速度和时间之间有什么关系？

术语回顾

位移 既有大小又有方向的位置的变化，它等于末位置减去初位置

做匀加速运动的物体的位置

如果一个物体做匀加速运动，那么它的速度变化率保持不变。它的位置又是如何改变的呢？如**图3-11**所示的图线为一辆加速度保持不变的汽车在不同时刻的位置。该图线显示出汽车的运动不是均匀的，也就是说，在图中相等的时间间隔内，汽车的位移越来越大。因此，随着时间的推移，切线的斜率越来越大。对于一个做匀加速运动的物体，它的位置—时间图象是抛物线。

根据**图3-11**位置—时间图线的斜率画出下一页**图3-12**左图的速度—时间图象。对于一个做匀加速运动的物体，它的速度—时间图象是一条直线。

根据速度—时间图象不能作出唯一的位置—时间图象，这是因为前者不包含物体位置的任何信息，而只包含物体的位移信息。回忆一个做匀速运动的物体，速度等于位移除以时间间隔，所以位移等于速度和时间间隔的乘积。在**图3-12**的右图中，v_f是所作图线距离水平轴的高度，Δt是阴影三角形的宽度。该三角形的面积为$\frac{1}{2}v_f\Delta t$，或Δx。所以，v-t图线下方的面积等于物体的位移。

阅读检测 **明确**做匀加速运动的物体的位置—时间图象的形状是什么样的？

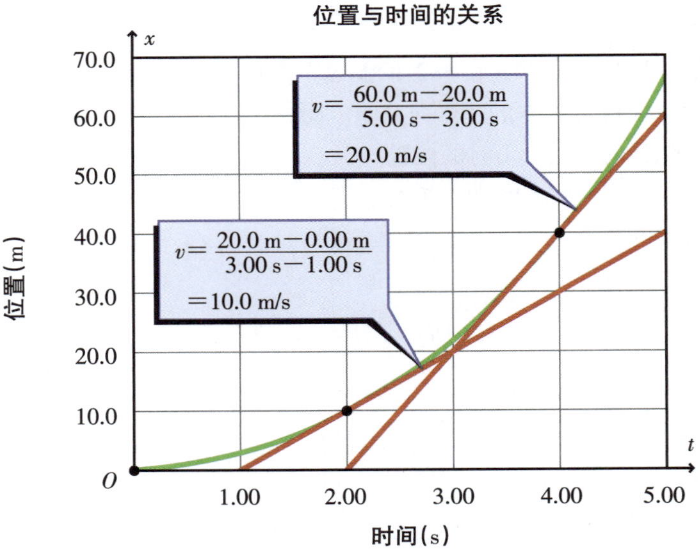

图3-11 做匀加速运动的物体的位置—时间图线的斜率随时间的变化情况。

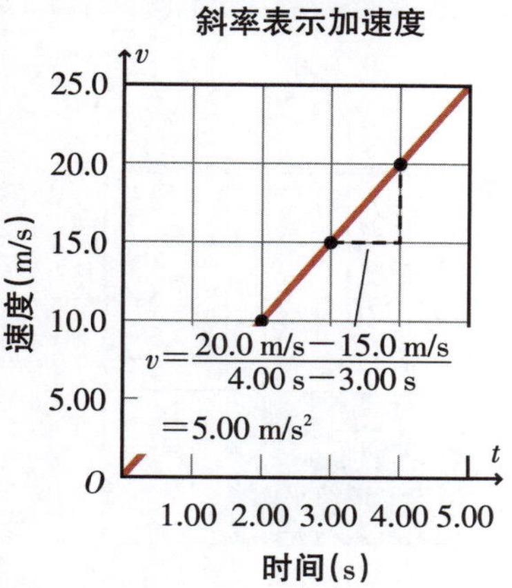

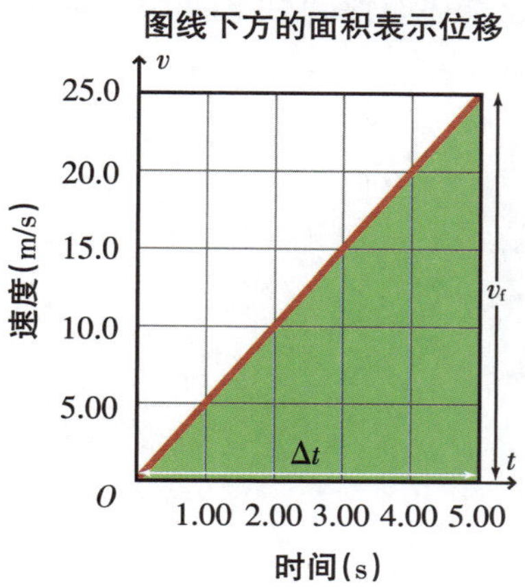

图 3–12 根据**图 3–11** 中位置—时间图线的斜率画出的速度—时间图象。在左图中，纵坐标的变化量除以横坐标的变化量表示加速度。在右图中，图线下方的面积表示位移的大小。

计算 在左图中，$t=2.00\ \text{s}$ 到 $t=5.00\ \text{s}$ 内，速度—时间图象的斜率是多少?

做匀加速运动的物体的速度

你已经知道，如果运动物体的初始位置和平均速度已给定，那么通过将平均速度的公式进行代数转换，就可以求出一段时间后物体的新的位置。同样地，只要运动物体的初始速度和平均加速度已给定，对平均加速度的定义式进行类似的操作，就能求出一段时间后物体的速度大小。

如果已知物体在某一时间段的平均加速度，就可以求出在该段时间内速度的变化量。平均加速度的定义式($\bar{a}\equiv\dfrac{\Delta v}{\Delta t}$)可以改写为下式：

$$\Delta v=\bar{a}\Delta t,\ v_f-v_i=\bar{a}\Delta t$$

用平均加速度表示末速度的公式可以表示为下述形式：

用平均加速度表示末速度

末速度等于初速度加上平均加速度和时间间隔的乘积

$$v_f=v_i+\bar{a}\Delta t$$

如果加速度为常数，那么平均加速度($\bar{a}$)与瞬时加速度 a 的数值相同。将这个公式进行转换，就可以求出做匀加速运动的物体在何时会有某一给定的速度。若速度和产生该速度的时间给定，则此公式也可以用来计算物体的初速度。

物理实验

测量加速度*

用图象可以表示手推车运动的哪些量?

练一练

16. 一个高尔夫球滚向山上的一个小洞。假定向着小洞的方向为正方向。

a. 如果该高尔夫球开始时的速度为 2.0 m/s，且以 $0.50\ \text{m/s}^2$ 的加速度逐渐变慢，那么 2.0 s 后该球的速度是多少?

b. 如果继续以这个加速度前进，那么 6.0 s 后高尔夫球的速度是多少?

c. 用文字和运动图描述该高尔夫球的运动。

17. 一辆公共汽车以 30.0 km/h 的速度向东行驶，从某一时刻起以 $1.5\ \text{m/s}^2$ 的恒定加速度开始加速，那么 6.8 s 后它的速度是多少?

18. 如果一辆汽车从静止开始以 $5.5\ \text{m/s}^2$ 的变化率加速向北行驶，经过多长时间后，它的速度可以达到向北 28 m/s?

19. **挑战题** 一辆汽车的行驶速度以 $2.1\ \text{m/s}^2$ 的变化率从 22 m/s 减小到 3.0 m/s。该车需要多少秒才能达到 3.0 m/s 的速度?

例题3

根据速度—时间图象求位移 下面的v–t图象表示一架飞机的运动。求飞机在$\Delta t=1.0$ s和$\Delta t=2.0$ s时的位移。取向前为正方向。

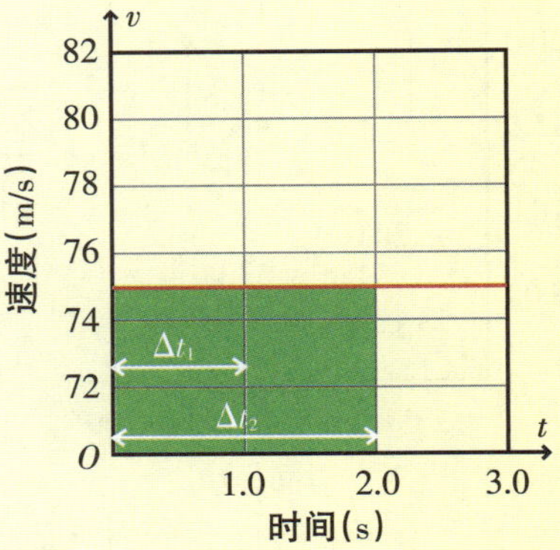

1 分析概括问题

- 位移等于所求时间间隔内v–t图线下方的面积。
- 时间间隔从$t=0.0$ s开始。

已知	未知
$v=+75$ m/s	$\Delta \boldsymbol{x}=?$
$\Delta t_1=1.0$ s	
$\Delta t_2=2.0$ s	

2 求解未知量

用位移、速度和时间间隔之间的关系式求$\Delta t_1=1.0$ s内的$\Delta \boldsymbol{x}_1$。

$$\Delta \boldsymbol{x}_1=\boldsymbol{v}\Delta t_1$$
$$=(+75\text{ m/s})\times 1.0\text{ s}=+75\text{ m}$$ ◀将$v=+75$ m/s，$\Delta t_1=1.0$ s代入。

用相同的关系式求$\Delta t_2=2.0$ s内的$\Delta \boldsymbol{x}_2$。

$$\Delta \boldsymbol{x}_2=\boldsymbol{v}\Delta t_2$$
$$=(+75\text{ m/s})\times 2.0\text{ s}=+150\text{ m}$$ ◀将$v=+75$ m/s，$\Delta t_2=2.0$ s代入。

3 验证答案

- **单位是否正确？** 位移是用m度量的。
- **符号是否有意义？** 正号与图象所示是一致的。
- **数值是否合理？** 一架飞机每秒通过100 m左右的距离是合理的。

练一练

20. **图3–13**中的图象描述两个骑自行车的人的运动情况，他们是安东尼(A)和布莱恩(B)。他们从静止出发，向北匀加速行驶。从图象可知，他们各自的总位移是多少？

提示：利用三角形面积公式：面积$=\dfrac{1}{2}\times$底$\times$高。

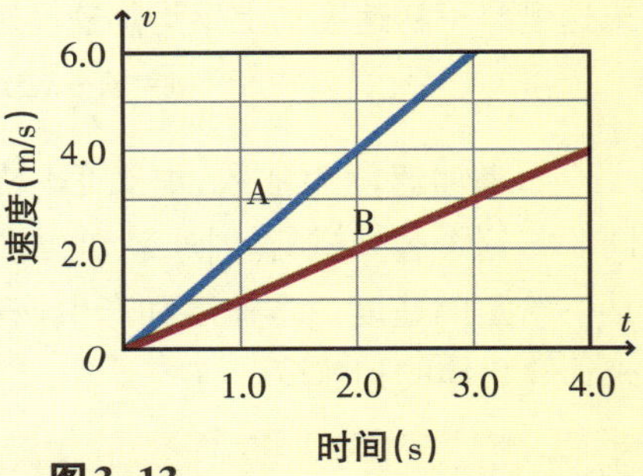

图3–13

21. **图3–14**中的图象描述的是卡洛斯(C)和黛安娜(D)向南沿着一条笔直的路运动的情况。从图象可知，在4.0 s内，他们各自的总位移是多少？

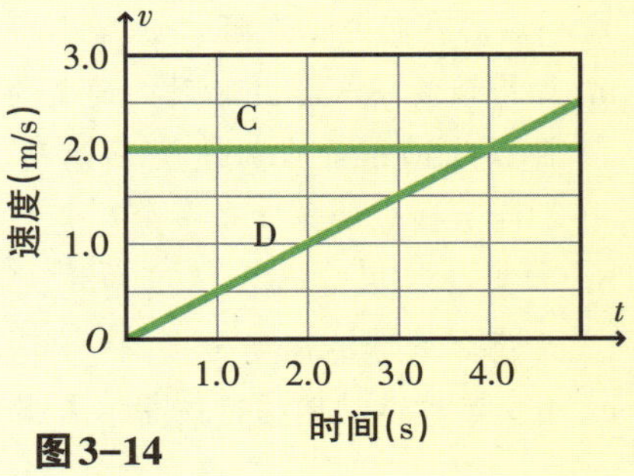

图3–14

22. **挑战题** 一辆汽车在一条笔直的高速公路上匀加速行驶，在12 s内，速度从0 m/s增加到向西25 m/s。

a. 画出汽车运动的v–t图象。

b. 用v–t图象求汽车12 s内的位移。

c. 另一辆汽车也在同一条高速公路上行驶，它与第一辆车在相同的时间里行驶相同的距离，但是它的速度是不变的。画出该车运动的v–t图象。

d. 请说明你是如何知道后一辆车的速度的。

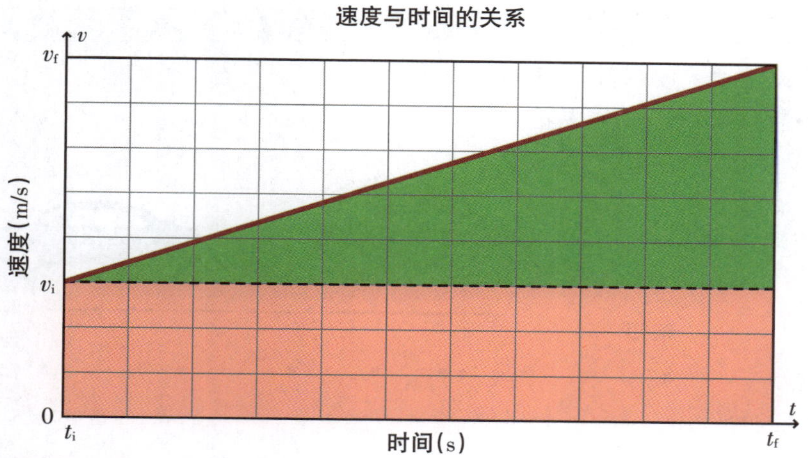

图3–15 对于匀加速度运动，如果初速度不为0，速度—时间图象图线下方的面积是矩形面积和三角形面积之和。

初速度不为0的运动 **图3–15**中的图象描述一个物体以初速度$\boldsymbol{v}_i$做匀加速直线运动。为了求出位移，你可以把图线下方的面积分成矩形和三角形，它们的总面积是：

$$\Delta \boldsymbol{x}=\Delta \boldsymbol{x}_{矩形}+\Delta \boldsymbol{x}_{三角形}=\boldsymbol{v}_i\Delta t+\frac{1}{2}\Delta \boldsymbol{v}\Delta t$$

用$\boldsymbol{a}\Delta t$代入方程中的速度变化量$\Delta \boldsymbol{v}$，得到

$$\Delta \boldsymbol{x}=\Delta \boldsymbol{x}_{矩形}+\Delta \boldsymbol{x}_{三角形}=\boldsymbol{v}_i\Delta t+\frac{1}{2}\boldsymbol{a}(\Delta t)^2$$

若已知物体的初始位置或末位置，上述公式可重写为：

$$\boldsymbol{x}_f-\boldsymbol{x}_i=\boldsymbol{v}_i\Delta t+\frac{1}{2}\boldsymbol{a}(\Delta t)^2\text{或}\boldsymbol{x}_f=\boldsymbol{x}_i+\boldsymbol{v}_i\Delta t+\frac{1}{2}\boldsymbol{a}(\Delta t)^2$$

如果物体运动的初始时间$t_i=0$，公式转化为下述形式：

做匀加速度运动的物体的位置

一个物体的末位置等于下述三部分的和：初始位置，初速度与时间的乘积，以及加速度与时间平方的乘积的一半。

$$\boldsymbol{x}_f=\boldsymbol{x}_i+\boldsymbol{v}_i t_f+\frac{1}{2}\boldsymbol{a}t_f^2$$

生活中的物理学

直线加速赛 选手都想方设法在比赛中获得最大的速度。美国直线加速改装协会（U. S. National Hot Rod Association）的最快纪录是402 m用时3.771 s。纪录的最高速率是145.3 m/s（324.98 mph）。

另一种表达式

在实际中，经常需要把位置、速度和加速度这几个数据联系在一起，而不关乎时间。转化公式$\boldsymbol{v}_f=\boldsymbol{v}_i+\boldsymbol{a}t_f$，得到$t_f=\dfrac{\boldsymbol{v}_f-\boldsymbol{v}_i}{\boldsymbol{a}}$

再把t_f代入$\boldsymbol{x}_f=\boldsymbol{x}_i+\boldsymbol{v}_i t_f+\frac{1}{2}\boldsymbol{a}t_f^2$，得到：

$$\boldsymbol{x}_f=\boldsymbol{x}_i+\boldsymbol{v}_i\frac{\boldsymbol{v}_f-\boldsymbol{v}_i}{\boldsymbol{a}}+\frac{1}{2}\boldsymbol{a}\left(\frac{\boldsymbol{v}_f-\boldsymbol{v}_i}{\boldsymbol{a}}\right)^2$$

由此方程中可以解出任何位置$\boldsymbol{x}_f$的速度$\boldsymbol{v}_f$。

做匀加速直线运动物体的速度

末速度的平方为以下两项之和：初速度的平方，加速度与起始时间后的位移的乘积的2倍。

$$\boldsymbol{v}_f^2=\boldsymbol{v}_i^2+2\boldsymbol{a}(\boldsymbol{x}_f-\boldsymbol{x}_i)$$

例题4

位移 一辆汽车从静止出发，在信号灯变绿时，以3.5 m/s^2的加速度做加速运动。要使它的速度达到25 m/s，需要花多少时间？

1 分析概括问题

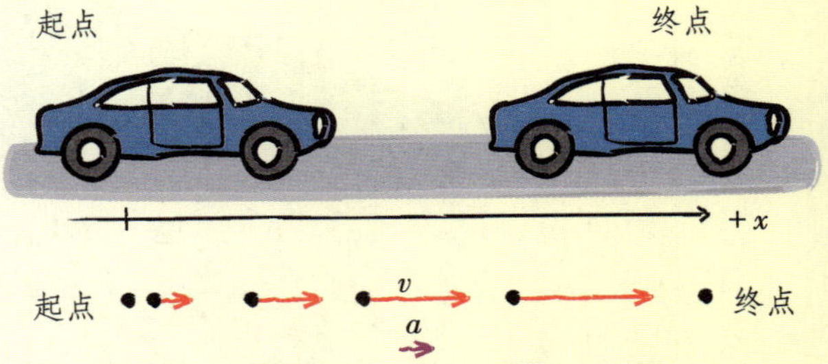

- 概述情景。
- 建立坐标轴，取向右为正方向。
- 画运动图。

已知		未知
$x_i=0.00$ m	$v_f=+25$ m/s	$x_f=?$
$v_i=0.00$ m/s	$\bar{a}=a=+3.5\ m/s^2$	

2 求解未知量

用速度、加速度和位移之间的关系式求x_f。

$$v_f^2=v_i^2+2a(x_f-x_i)$$

$$x_f=x_i+\frac{v_f^2-v_i^2}{2a}$$

◀将$x_i=0.00$ m，$v_f=+25$ m/s，$v_i=0.00$ m/s，$a=+3.5\ m/s^2$代入。

$$=0.00\ m+\frac{(+25\ m/s)^2-(0.00\ m/s)^2}{2\times(+3.5\ m/s^2)}=+89\ m$$

3 验证答案

- **单位是否正确？** 位置是用m度量的。
- **符号是否有意义？** 正号与示意图及物理模型中显示的都一致。
- **数值是否合理？** 位移与足球场的长度差不多，因为25 m/s（约55 mph）的速度比较大，所以答案是合理的。

练一练

23. 一位滑板运动员以1.75 m/s的速度滑上一个斜坡，然后以$-0.20\ m/s^2$的加速度做匀减速运动。她从开始慢下来到开始从斜坡顶往回滑之间，花了多少时间？

24. 一辆赛车在笔直的跑道上以44 m/s的速度向前行驶，之后它做匀减速运动，在11 s后速度减小为22 m/s。那么在这段时间内，赛车行驶了多少距离？

25. 一辆汽车的速度以相同的变化率从15 m/s加速到25 m/s。已知在这期间它行驶了125 m的距离，这个过程用了多少时间？

26. 某人骑自行车做匀加速运动，在4.5 s内速度达到向北7.5 m/s。若在这段时间中，自行车的位移为向北19 m，它的初速度是多少？

27. 挑战题 **图3–16**中的汽车以加速度0.22 m/s^2向西加速行驶。如果汽车在18.4 s时间内行驶了350 m，那么汽车在x_i点的速度（v_i）是多少？

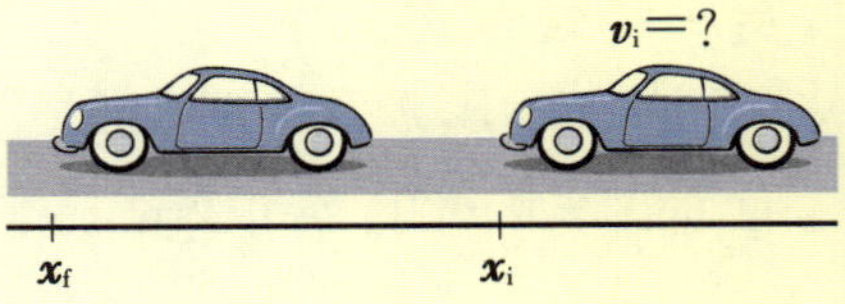

图3–16

例题5

分段运动 你驾驶着一辆汽车，正以25 m/s的速度沿着一条笔直的公路匀速前进。突然，你看到一个小孩向马路中央奔来。对你来说，从作出反应到刹车需要0.45 s。结果，汽车以与运动方向相反的8.5 m/s²的加速度慢了下来，直到静止。汽车在静止前行驶的总位移是多少？

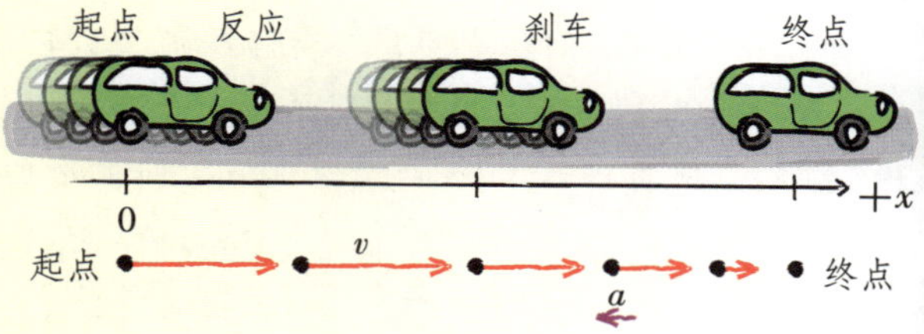

1 分析概括问题

- 概述情景。
- 选择坐标系，使汽车的运动处于正方向。
- 画运动图，标记$\boldsymbol{v}$和$\boldsymbol{a}$、起点、反应、刹车、终点。

已知	未知
$v_{反应}=+25\ \text{m/s}$	$x_{反应}=?$
$t_{反应}=0.45\ \text{s}$	$x_{刹车}=?$
$a_{刹车}=-8.5\ \text{m/s}^2$	$x_{总}=?$
$v_{i,刹车}=+25\ \text{m/s}$	
$v_{f,刹车}=0.00\ \text{m/s}$	

2 求解未知量

作出反应时：

用位移、速度和时间间隔之间的关系式求汽车以匀速行驶的位移。

$$x_{反应}=v_{反应}t_{反应}$$

$$x_{反应}=(+25\ \text{m/s})\times 0.45\ \text{s}=+11\ \text{m}$$

◀将$v_{反应}=+25\ \text{m/s}$，$t_{反应}=0.45\ \text{s}$代入。

刹车时：

用速度、加速度和位移之间的关系式求汽车刹车后行驶的位移。

$$v_{f,刹车}{}^2=v_{i,刹车}{}^2+2a_{刹车}x_{刹车}$$

求$x_{刹车}$。

$$x_{刹车}=\frac{v_{f,刹车}{}^2-v_{i,刹车}{}^2}{2a_{刹车}}$$

◀将$v_{f,刹车}=0.00\ \text{m/s}$，$v_{i,刹车}=+25\ \text{m/s}$，$a_{刹车}=-8.5\ \text{m/s}^2$代入。

$$=\frac{(0.00\ \text{m/s})^2-(+25\ \text{m/s})^2}{2\times(-8.5\ \text{m/s}^2)}$$

$$=+37\ \text{m}$$

行驶的总位移为反应位移与刹车位移之和。

求$x_{总}$。

$$x_{总}=x_{反应}+x_{刹车}$$

$$=(+11\ \text{m})+(+37\ \text{m})$$

$$=+48\ \text{m}$$

◀将$x_{反应}=+11\ \text{m}$，$x_{刹车}=+37\ \text{m}$代入。

3 验证答案

- **单位是否正确？** 位置是用m度量的。
- **符号是否有意义？** $x_{反应}$和$x_{刹车}$两者都是正号，它们应该为正。
- **数值是否合理？** 加速度很大，刹车距离应该很小。

练一练

28. 一辆初速度为向东24.5 m/s的汽车有向西4.2 m/s²的加速度，当汽车的速度为向东18.3 m/s时，求汽车行驶的位移为多少？

29. 如**图3–17**所示，某人沿着一条小路跑步。从*A*点到*B*点，他以向前4.5 m/s的速度跑了15 min。从*B*点到*C*点，他沿着山坡跑步。他以0.050 m/s²的加速度做匀减速运动，直到在*C*点静止，其间共花了90.0 s的时间。他一共跑了多少距离？

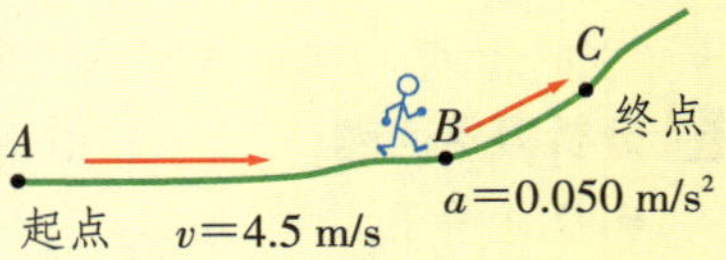

图3–17

30. 你从山顶骑自行车出发，以2.00 m/s²的恒定加速度滑下山坡。当到达坡底时，自行车的速度为18.0 m/s。你维持这个速度继续前进了1.00 min。你离开山顶后共前进了多少距离？

31. 苏妮在为5 000 m赛跑进行训练。在开始阶段，她保持4.3 m/s的速度跑了19 min。然后，她开始做匀加速运动，直到在19.4 s后冲过终点线。她在最后阶段的加速度为多少？

32. 挑战题 石卡兹在学习骑一辆没有链条轮的自行车。他的父亲用0.50 m/s²的匀加速度推他前进了6.0 s后，石卡兹以3.0 m/s的速度继续骑了6.0 s，这才倒了下来。整个过程中，他的位移是多少？为了解这道题，可以先作出他运动的速度—时间图象，然后计算图线下方的面积。

第2节 复 习

33. 主要概念 如果告诉你一个物体的初速度、末速度和恒定的加速度，要求物体的位移，你将用哪一个数学关系式？

34. 加速度 一位女士以23 m/s的速率驾驶着一辆汽车向西行驶在一条笔直的公路上，她看见马路前方有一头鹿。于是她立即紧急刹车，此时她距离鹿有210 m。如果鹿不移动，车就会正好在撞倒它之前停住，该车的刹车提供的加速度是多少？

35. 距离 如**图3–18**所示，一架飞机从静止开始以3.00 m/s²的加速度滑行了30.0 s后起飞。

a. 飞机的位移Δx是多少？

b. 飞机起飞时的速度是多少？

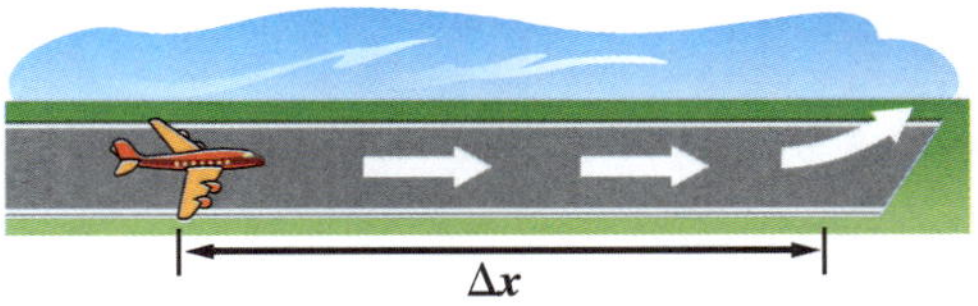

图3–18

36. 距离 一位短道溜冰者突然发力，在4.5 s内将速度从0.0 m/s增加到5.0 m/s，然后继续以此速率滑行了4.5 s。该溜冰者滑行的总距离是多少？

37. 末速度 一架飞机从静止开始以5.0 m/s²的加速度向北滑行了5.0×10² m。求它的末速度。

38. 末速度 一架飞机从静止开始以5.0 m/s²的加速度向南滑行了14 s。求它的末速度。

39. 图示 一位短跑运动员以均匀的速度走到起跑线上，准备开始比赛。当听到发令枪响起时，她快速地加速到某一速度，然后保持这一速度直到跨越终点线。然后她慢了下来，用了比比赛开始阶段加速时更多的时间向前走着。画出表示她运动的速度—时间图象和位置—时间图象。两幅图使用相同的时间标度，一个在上，一个在下，并在位置—时间图象上指明起跑线和终点线的位置。

40. 批判性思维 描述你是如何计算汽车的加速度的。说明你使用的测量工具及测量过程。

第3节 自由落体运动

物理在你身边

在降落伞张开前，跳伞者们有时候会手拉手，形成一个圆圈，降落到地面。如果他们的质量各不相同，将会发生什么？他们会以相同的速率降落吗？

主要概念

自由下落的物体的加速度只与它受到的重力有关

核心问题

- 什么是自由落体加速度？
- 物体在自由下落时是如何运动的？

术语回顾

原点 坐标系上的一个点，它的两个变量的值都为0

关键术语

自由落体运动

自由落体加速度

伽利略的发现

一张纸或者一本物理书，哪一个物体下落时的加速度更大？如果你一只手拿着一张纸，另一只手拿着物理书，然后同时释放，书会先到达地面。质量大的物体下落时的加速度更大吗？先把纸平铺在书上，再让它们一起下落。空气对纸没有阻力时，纸和书就下落得一样快。像纸这样的轻物体与空气分子碰撞时，受到的影响比书要大。

为了理解下落物体，首先要考虑空气对运动没有影响的情况。我们知道，重力是地球与下落物体之间的吸引力。当物体运动时只考虑重力的作用，它就做**自由落体运动（free fall）**。

大约在400年前，伽利略发现，如果忽略空气的影响，不管物体是由什么材料制成的，有多重，所有的物体下落时都有相同的加速度。**自由落体加速度（free-fall acceleration）**是物体只在地球重力的影响下的加速度。**图3-19**描绘的是1971年在月球上做的自由落体实验，宇航员证明了伽利略的结论。

接近地球表面的自由落体加速度是9.8 m/s²，方向向下（大约等于22 mph/s，方向向下）。想一想上面提到的跳伞者们，他们每一秒都在下降，下落的速度每秒增加9.8 m/s。在分析自由落体时，要根据你所选定的坐标系，决定这个加速度是正还是负。如果你的坐标系规定竖直向上为正方向，那么自由落体加速度就是负的；如果规定竖直向下为正方向，那么自由落体加速度就是正的。

图3-19 1971年，宇航员大卫斯科特在月球表面上的相同高度处同时丢下锤子和羽毛。锤子比较重，但是锤子和羽毛同时落到月球表面，因为月球表面物体受重力，没有空气阻力。

自由落体加速度

伽利略的发现解释了为什么跳伞者们可以在半空中组成一个圆圈。尽管他们的质量不同，但是他们降落时都有相同的加速度。为了理解自由下落时的加速度，观察**图3-20**中一个球下落时的频闪照片。各影像之间的时间间隔为0.06 s。从图中可以看出，相邻影像间的距离在不断增加，所以速率是增加的。如果选向上为正方向，那么速度就变成越来越大的负值。

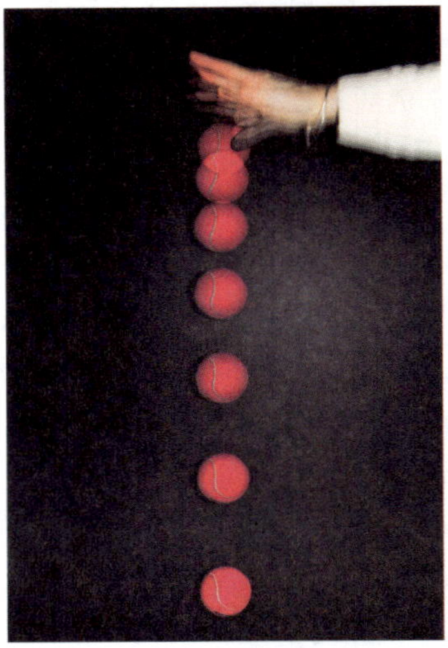

图3-20 做自由落体运动时，小球的速率每秒增加9.8 m/s。

上抛球 如果现在不是向下扔球，而是向上抛一个球，那么这张照片还适用吗？假设你向上抛球，速率是20.0 m/s。如果你选择向上为正方向，那么该球从照片底部以正速度开始运动，加速度为$\boldsymbol{a}=-9.8\ \mathrm{m/s^2}$。由于初速度与加速度的方向相反，因此小球的速率逐渐减小。如果你把照片倒过来看，那么也就与自由下落频闪照片一致了。

上升和下降 1 s后，小球的速度减去9.8 m/s，即为10.2 m/s。2 s后，速度变为0.4 m/s，小球还在向上运动。再过1 s后又会怎样？球速再减去9.8 m/s，等于−9.4 m/s，小球开始向下运动。4 s后，小球的速度为−19.2 m/s，这意味着它下落得更快。

速度—时间图象 如**图3-21**所示为小球向上运动和下落的速度—时间图象。直线向下倾斜并不意味着速率一直在减小。小球上升时速率减小、下降时速率增大。大约在2s时，速度平稳地从正变为负。当球下落时，它沿负方向运动且速率在增大。图示是v-t图象在该时间点的放大。在接近2.04 s的一瞬间，球速为零。

迷你实验

自由落体运动*

你如何通过一个下落物体的运动估算自由落体加速度的值？

图3-21 速度—时间图象描述的是小球上升和下降时速率的变化情况。右图是小球处于轨迹顶点时，它的速度变化的放大图。

分析 如果选向下为正方向，那么图象会是什么样？

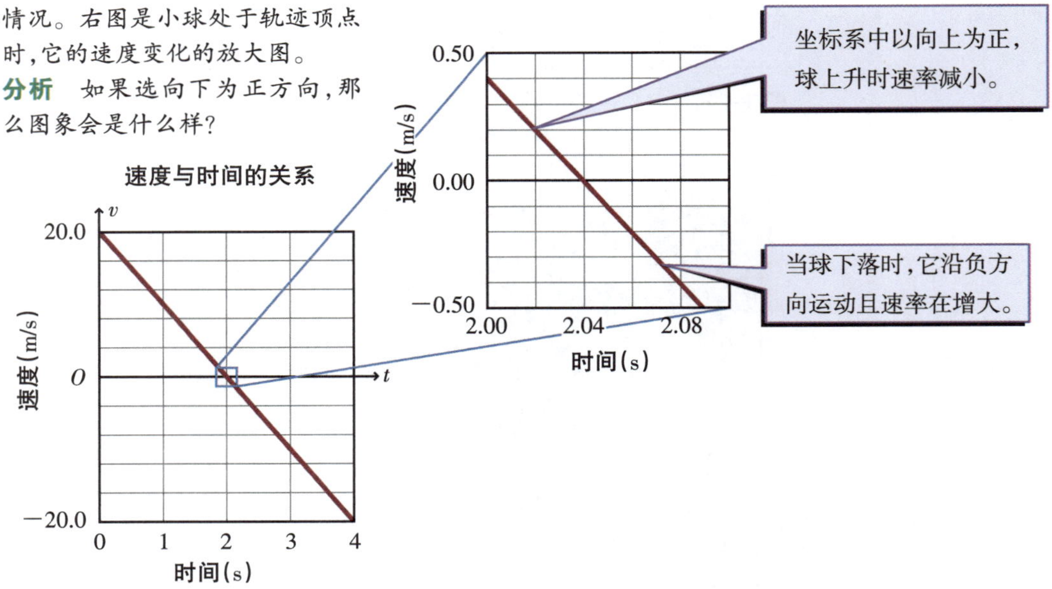

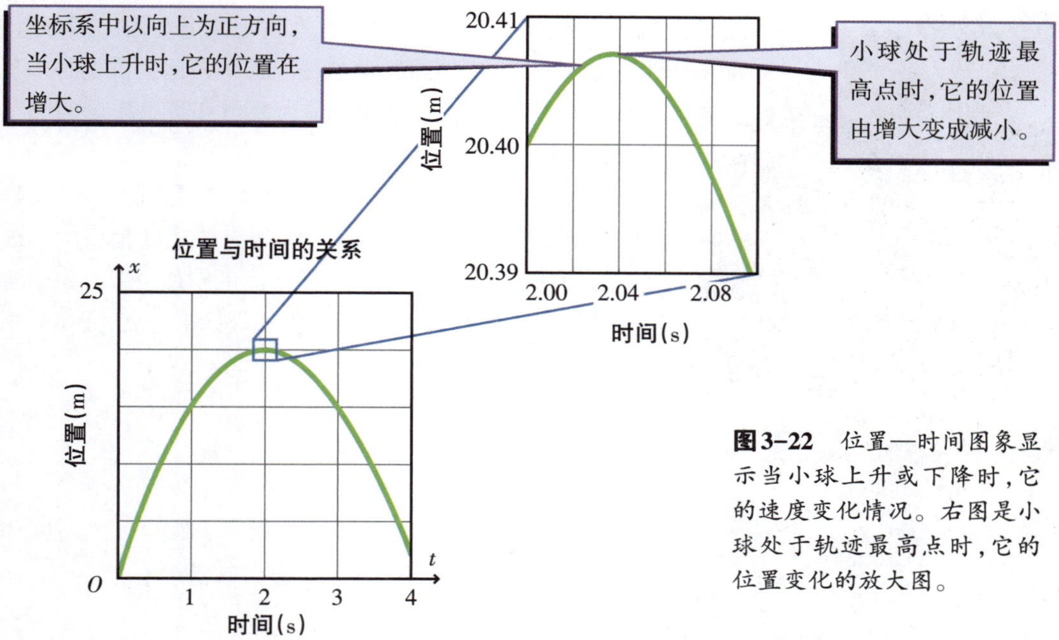

图3–22 位置—时间图象显示当小球上升或下降时，它的速度变化情况。右图是小球处于轨迹最高点时，它的位置变化的放大图。

位置—时间图象 观察**图3–22**中的位置—时间图象，它表示球上升或下降时的高度变化情况。如果物体以恒定的加速度运动，它的位置—时间图象是一条抛物线。因为球是先上升再下降，所以它的图线是一条开口向下的抛物线。图线的形状随着时间的变化而变化。但这并不是说球的运动路径是一条抛物线。右上方的特写图显示出，大约在2.04 s时小球到达它的最高点。

最高点 比较**图3–21**和**图3–22**的特写图。球在到达它的最高点前，它的速度沿着负方向且在减小。当小球到达最高点的瞬间，小球的速度为0。在小球到达最高点后，它的速度沿着负方向且绝对值在增大。

加速度 在**图3–21**中，速度—时间图象上直线的斜率是常数$-9.8\ m/s^2$。这表示在球上升和下降的整个过程内，球的自由落体加速度都是$9.8\ m/s^2$，方向向下。

也许看起来小球在轨迹的顶点的加速度为0，但是事实并非如此。在上升的顶点，小球的速度是0 m/s。如果加速度也是零，小球的速度将不会变化，一直保持0 m/s。小球不会获得任何向下的速度，而是一直悬停在上升顶点处的空中。你看到过这种情况吗？在地球上，抛向空中的物体最终都会往下落，所以物体在上升到顶点的加速度一定不是零。因为物体肯定会掉下来，所以加速度的方向一定是向下的。

物理实验

自由落体加速度

你如何用物体运动的数据去计算自由落体加速度？

☑ **阅读检测** **分析** 如果你竖直向上抛出一个小球，那么当小球到达最高点时，它的速度和加速度是多少？

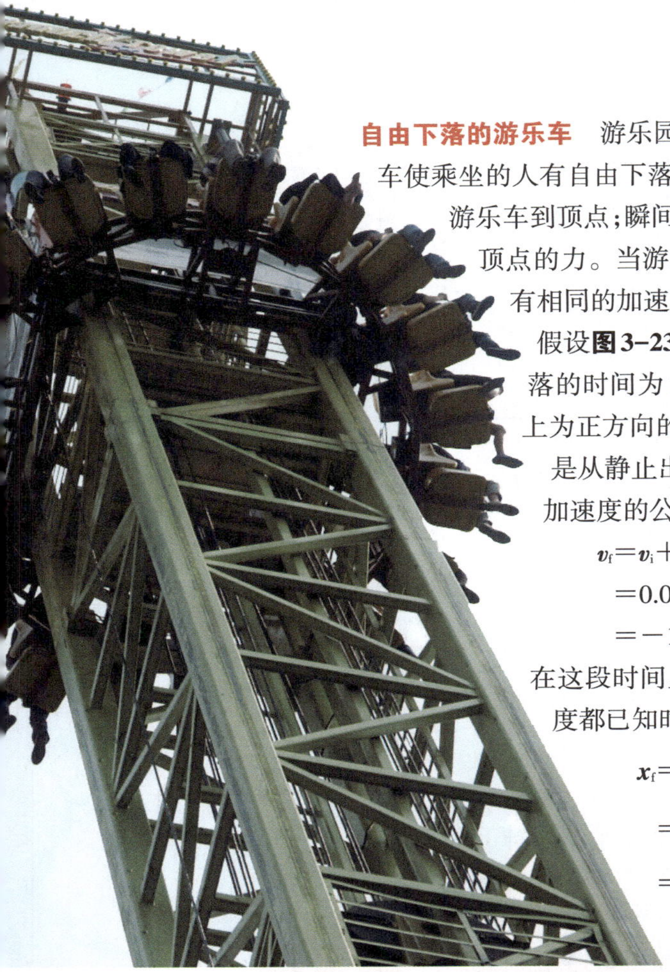

自由下落的游乐车 游乐园利用自由落体的原理设计了各种游乐车，这些游乐车使乘坐的人有自由下落的感觉。这类游乐车的运动通常由三部分组成：乘游乐车到顶点；瞬间的悬挂停留；突然往下掉。马达提供把游乐车驶到顶点的力。当游乐车自由下落时，最大质量和最小质量的乘车人具有相同的加速度。

假设**图3-23**所示的自由下落的游乐车从顶点静止出发，自由下落的时间为1.5 s，则它在下落后1.5 s末的速度是多少？选择向上为正方向的坐标系，原点选在游乐车的初始位置。由于游乐车是从静止出发的，$\boldsymbol{v}_i=0.0\ \text{m/s}$。为了计算末速度，需要利用带有加速度的公式。

$$\begin{aligned}\boldsymbol{v}_f&=\boldsymbol{v}_i+\bar{\boldsymbol{a}}t_f\\&=0.0\ \text{m/s}+(-9.8\ \text{m/s}^2)\times1.5\ \text{s}\\&=-15\ \text{m/s}\end{aligned}$$

在这段时间里，游乐车上的人将下落多少距离？当时间和加速度都已知时，这个距离可以由位移公式求得。

$$\begin{aligned}\boldsymbol{x}_f&=\boldsymbol{x}_i+\boldsymbol{v}_it_f+\frac{1}{2}\bar{\boldsymbol{a}}t_f^2\\&=0.0\ \text{m}+0.0\ \text{m/s}\times1.5\ \text{s}+\frac{1}{2}\times(-9.8\ \text{m/s}^2)\times(1.5\ \text{s})^2\\&=-11\ \text{m}\end{aligned}$$

图3-23 游乐车上的人体验自由落体加速度的感觉。

练一练

41. 建筑工人不小心从脚手架上掉下一砖块。
a. 砖块在4.0 s后的速度是多少？
b. 在该段时间内砖块下落了多少距离？

42. 假设在上题中，你选择向下为正方向的坐标系。
a. 砖块在4.0 s后的速度是多少？
b. 在该段时间内砖块下落了多少距离？

43. 一名学生在高出过道3.5 m的窗口掉落一只小球。小球落在过道上的速度为多大？

44. 把一只网球以22.5 m/s的初速度竖直向上抛出，又在离地面同样的距离处接住它。
a. 网球可以上升到多高？
b. 网球在空中停留了多长时间？
提示：网球上升和下落的时间是相等的。

45. 你想通过抛一枚硬币来决定是先做物理作业还是先做英语作业。硬币被竖直向上抛出。
a. 硬币到达最高点时，它的速度和加速度是多少？
b. 如果硬币到达的最高点是在你抛出点之上0.25 m处，它的初始速率是多少？
c. 如果你在和抛出点相同的高度接住它，那么它在空中总共停留了多少时间？

46. **挑战题** 篮球运动员在离地面上1.5 m处接住了球。她把球扔向地面，球弹跳了几次。球在第一次弹起时，只回到0.75 m处，在第二次弹起时，只回到0.25 m处。
a. 假设选择向下为正方向。对于球的前两次弹跳，速度—时间图象是什么样的？
b. 对于球的前两次弹跳，位置—时间图象是什么样的？

自由落体运动中的变量

当宇航员大卫斯科特在月球表面做自由落体实验时，锤子和羽毛不是以9.8 m/s²的加速度下落的。9.8 m/s²是在地球表面的自由落体加速度。月球上的自由落体加速度约为1.6 m/s²，大概是地球上的$\frac{1}{6}$。

当你学习力和运动时，你会知道影响自由落体加速度大小的因数。其中一个因素是物体的质量，如地球或月球，它们的质量与自由落体加速度的大小有关。在地球或月球表面，自由落体加速度大小不一样，原因就是月球质量比较小。

自由落体加速度的大小也与下落物体的位置有关。从**图3–24**中地球周围画的圆圈可以看出，自由落体加速度的大小随着离开地球的距离增大而变小。但有一点是很重要的，在地球上的不同地方，自由落体加速度的变化是很小的。例如，在纽约自由落体加速度是9.81 m/s²。在丹佛尽管海拔高了约1 600 m，它也只是9.79 m/s²。在本书中，计算所用的自由落体加速度大小采用9.8 m/s²。

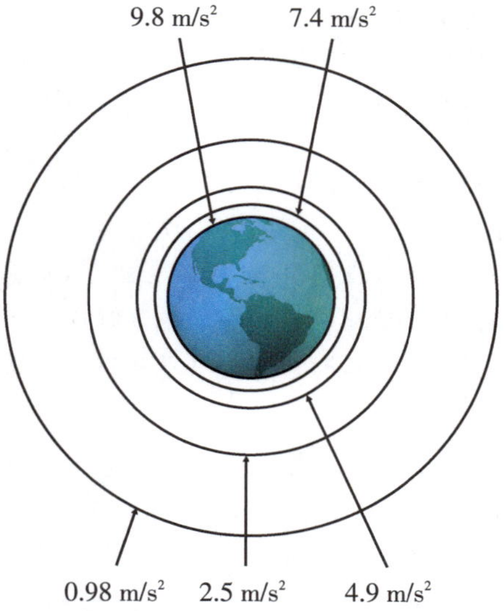

图3–24 距离地球越远，自由落体加速度越小。

分析 按照图示，在距离地球表面的高度等于地球的半径时，自由落体加速度是多少？

第3节 复 习

47. 主要概念 假定你一手拿书，另一手上有一张平铺的纸。你把它们都丢下，它们就掉落到地面。请解释为什么下落的书可近似自由落体运动的好例子，而纸却不能？

48. 末速度 如**图3–25**所示，你的姐姐从二楼窗口无初速度地把你家的钥匙抛给你。当你接住钥匙时，它的速度是多少？

图3–25

49. 自由下落滑车 假设游乐园里的游乐车从静止开始做自由落体运动。2.3 s时，游乐车的速度是多少？2.3 s内，游乐车里的人下落多少距离？

50. 最大高度和飞行时间 火星上的重力加速度大约是地球上的$\frac{1}{3}$。假设你在火星上向上抛出一个小球，速度与在地球上抛出时一样。

a. 小球的最大高度是在地球上抛出时的最大高度的几倍？

b. 小球的飞行时间是地球上的几倍？

51. 速度和加速度 假设你竖直向空中抛出一个小球。描述它的速度和加速度的变化情况。

52. 批判性思维 一个球被竖直向上抛出。它一直向上运动，直到某一位置才往下掉。已知它在最高点的瞬时速度为零。球在最高点时有加速度吗？设计一个实验证实或证伪你的回答。

起步实验

绘制运动图

实验步骤

1. 用夹子把一个电火花计时器固定在实验桌的后边缘上。
2. 剪下一段约50 cm长的计时带，把它装入计时器后，粘在1号车上。
3. 将机动车的号码标记在计时带上。启动计时器并释放机动车。
4. 在实验桌的后边两个桌腿下垫上砖块，使实验桌的一端抬高8～10 cm。***注意：实验桌必须保持平稳状态。***
5. 把2号车放在计时器的一边，重复步骤2～4。在小车掉下桌面前停住它。
6. 组织和记录数据　将计时器记录的第一个黑点记为零。测量之后的10个点和零点间的距离，并将这些数据记录下来。
7. 绘制显示总距离与时间间隔之间关系的图象。把两辆车的数据画在同一张图上，在每条图线旁标上号码。

分析

8. 哪一辆车做的是匀速运动？哪一辆车做的是加速运动？解释你是如何通过观察计时带作出以上判断的。

9. **批判性思维**　描述你绘制的每一条图线的形状。图线的形状与所观察的运动类型有什么关系？

迷你实验

钢球赛跑

实验步骤

1. 找一个U型导轨，或将两根米尺黏合在一起，做成一个斜面。
2. 测量距离斜面顶点40 cm的位置，并在此做一个记号；在80 cm处再做一个记号。
3. 预测两个钢球从斜面滚下时，它们将逐渐靠近，还是越来越分开。
4. 在斜面顶点释放一个钢球，同时在40 cm记号处释放另一个钢球。记录你的观察结果。
5. 接下来，在斜面顶点释放一个钢球。当它滚到40 cm记号处时，再在斜面顶点释放另一个钢球。

分析

6. 根据钢球的速度，解释你的观察结果。

7. 两个钢球滚下斜面时，它们的速度相同吗？请解释。

8. 两个钢球的加速度相同吗？请解释。

9. 解释步骤4和步骤5中的情况的不同之处。

物理实验

实验器材

- **避开下落物体。穿封闭式的鞋子。**

电火花计时器
计时纸带
质量为1 kg的物体
C型夹子
一叠报纸
透明胶带

自由落体加速度

在地球上各个不同的地方，自由落体加速度有微小的不同，这是因为自由落体加速度会随着和地球中心距离的不同而发生变化，同时还会受到地质情况的影响。除此以外，由于地球的转动，自由落体加速度还会随着纬度而改变。

对于匀加速运动而言，位移为 $x_f - x_i = v_i(t_f - t_i) + \frac{1}{2}a(t_f - t_i)^2$。如果 $x_i = 0$，$t_i = 0$，则 $x_f = v_i t_f + \frac{1}{2}at_f^2$。将方程两边除以 t_f，可得 $\frac{x_f}{t_f} = v_i + \frac{1}{2}at_f$。$\frac{x_f}{t_f}$ 对 t_f 的图线的斜率为 $\frac{1}{2}a$，初速度 v_i 由 y 轴截距决定。在实验活动中，你将电火花计时器收集自由落体的数据，并用这些数据来确定自由落体加速度的大小。

问题

不同地方的自由落体加速度是如何变化的?

目标

- **测量**自由落体的数据。
- **绘制和运用**速度与时间的关系图象。
- **对比与比较**不同地理位置的自由落体加速度。

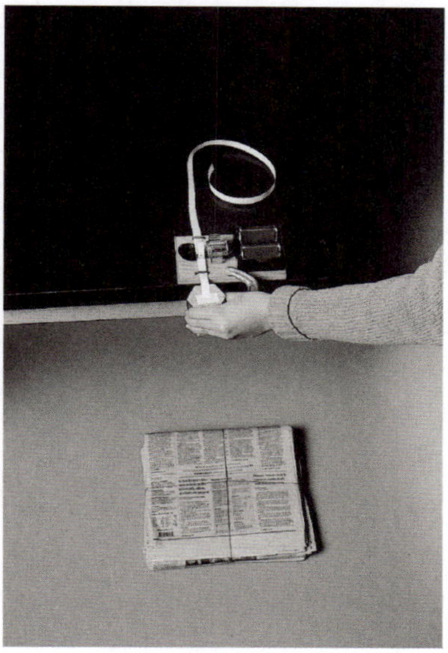

实验步骤

1. 用C型夹子把电火花计时器安装在实验桌的边缘。
2. 如果电火花计时器需要校准，可按照老师的指导或所附的说明书进行操作。确定计时器的周期，并将数据记录在你的数据表里。
3. 将一叠报纸放在计时器下方的地板上，以免物体落下时打坏地板。
4. 剪下70 cm长的一段计时纸带，装进电火花计时器中。
5. 用一小段透明胶带把计时纸带粘在质量为1 kg的物体上。把物体放在电火花计时器旁，刚好在桌子边缘外，即在报纸上方。
6. 开动电火花计时器并释放物体。
7. 检查计时器纸带，确定纸带上有点子，且点子的序列没有中断。如果计时纸带有缺陷，用另一条纸带重复步骤4～6。
8. 让你们组的每一位同学都做这个实验，并收集各人的数据。
9. 在接近纸带的开始端，选择离计时器开始打点处几厘米的一个点，记为0。把该点后面的点标记为1，2，3，4，5……直到物体不再做自由落体运动。如果打点停止，或点与点之间的距离开始变小，那么物体就不再是自由下落。
10. 测量每一个标注号码的点到零点的距离，用最接近的毫米数表示，并把结果记录在数据表中。根据计时器的周期，算出与每个测量距离对应的时间，记录在数据表中。

数据表			
时间周期			
序号	**距离**(cm)	**时间**(s)	**速率**(cm/s)
1			
2			
3			
4			
5			
6			
7			
8			

分析

1. 计算速率，记录在数据表中。
2. 画出速率与时间的关系图象。根据你所得到的数据，作出最佳拟合直线。

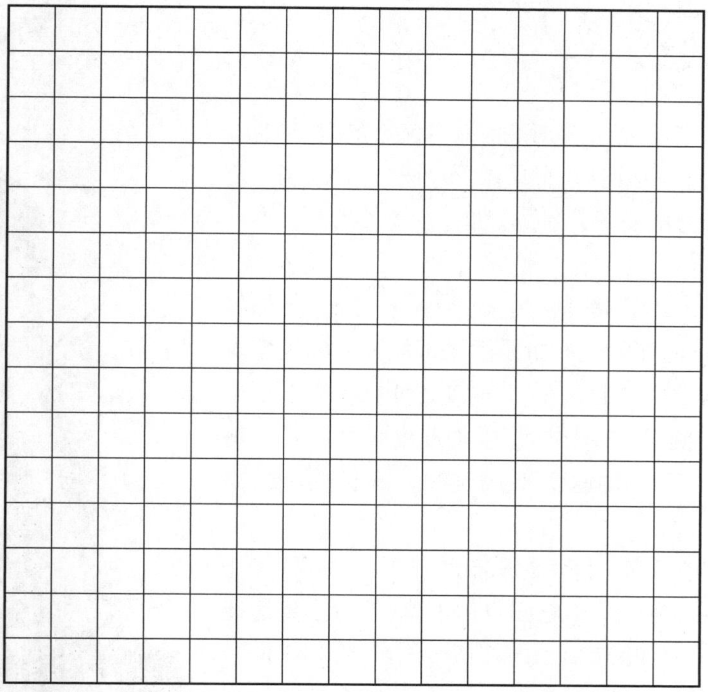

3. 计算该直线的斜率。并把结果换算成以m/s^2为单位的值。

结论与应用

1. 回忆一下，当图线的斜率等于$\frac{1}{2}a$时，自由落体加速度等于多少？

2. 把你的实验结果与之前学过的书本上的自由落体加速度进行比较，求出相对误差。

$$相对误差=\frac{标准值-实验值}{标准值}\times 100\ \%$$

3. 当你开始测量距离和时间时，物体的速度是多少？

进一步探索

从离计时纸带开始端几厘米处开始测量，与从第一点开始测量相比，有什么优点？

生活中的物理学

为什么做自由落体运动的游乐车的设计者，要把出口轨道设计成向地面逐渐弯曲的形状？为什么还要有一段伸展的直轨道？

游乐车

当你从100 m的高度突然下落时，你的胃就会感觉很不舒服。当你认为快要撞到地面时，车却缓缓地停了，游乐场的装置会让你缓慢而安全地停下来，你的朋友呼喊：“我们再来一次吧！”

这都是因为加速度 不管是降落塔上的100 m俯冲，还是旋转木马慢慢地上升和下降，这些游乐活动都能让人感到惊险刺激的原因都是基于同一个原理，即速度的变化。游乐车正是利用了速度和方向发生变化而产生加速度设计的。在斜坡、环道、弯道等处产生的加速度，使得坐过山车十分刺激，如**图1**所示。

自由落体加速度与游乐车 许多游乐车还利用自由落体加速度使游客感到惊险刺激。降落塔先自由下落，然后在到达地面前，慢慢地停下来。如**图2**所示的摇摆游乐车，看起来像一个巨大的钟摆。当它摆动到最高点并向下运动时，游客们会感到胃部不适。当过山车在斜坡的顶部时，车里的游客也有类似的感受。

图2 游客坐在类似海盗船的游乐车里，它像摆钟的摆锤一样来回摆动。

图1 当过山车通过弯道时，游客会加速。加速度是人通过环道时紧张刺激的部分原因。

进一步探索

研究 在网络上查找设计游乐车的原理。自己设计游乐车，向同学们展示你的设计，并说明在游乐车运动的过程中，哪些地方游客会加速。

复习指南

大概念 加速度是指物体速度的变化率。

关键术语

- 加速度
- 速度—时间图象
- 平均加速度
- 瞬时加速度

第1节 加速度

主要概念 物体的速度改变时，意味着物体有加速度——也就是说，物体的速率增大、减小或物体的运动方向在改变。

- 加速度是物体的速度变化率。
- 速度和加速度不是一回事。物体做匀速运动时，加速度为0。当加速度和速度同方向时，物体做加速运动；当两者反方向时，物体做减速运动。
- 你可以用速度—时间图象来求解物体的速度和加速度。速度—时间图象中割线的斜率等于物体的平均加速度。

$$\bar{a} \equiv \frac{\Delta \boldsymbol{v}}{\Delta t} = \frac{\boldsymbol{v}_f - \boldsymbol{v}_i}{t_f - t_i}$$

第2节 匀加速运动

主要概念 对于一个做匀加速运动的物体，可用图象和方程来描述它的位置、速度、加速度和时间之间的关系。

- 如果物体做匀加速运动，它的位置－时间图线是一条抛物线，它的速度－时间图线是一条直线。
- 物体的速度－时间图线下方的面积等于物体的位移。
- 在匀加速运动中，位置、速度、加速度和时间存在下述关系：

$$\boldsymbol{v}_f = \boldsymbol{v}_i + \bar{\boldsymbol{a}}\Delta t$$

$$\boldsymbol{x}_f = \boldsymbol{x}_i + \boldsymbol{v}_i t_f + \frac{1}{2}\bar{\boldsymbol{a}} t_f^2$$

$$v_f^2 = v_i^2 + 2\bar{a}(x_f - x_i)$$

关键术语

- 自由落体运动
- 自由落体加速度

第3节 自由落体运动

主要概念 自由下落的物体的加速度只与它受到的重力有关。

- 在地球上，自由落体加速度大约是9.8 m/s^2，方向向下。公式中自由落体加速度的符号取决于坐标系的选择。
- 当物体自由下落时，物体只受到重力的作用。匀加速直线运动的方程可以用来求解有关自由落体的问题。

第1节 加速度

理解概念

53. **大概念** 速度和加速度有什么联系?

54. 为下列的情景各举一个例子。
   a. 一个物体的速度正在减小,但加速度为正值。
   b. 一个物体的加速度为负,它却正在加速。
   c. 一个物体的速率不变,但是有加速度

55. 如**图3-26**所示的是一辆在测试轨道上行驶的汽车的速度—时间图象。请描述其速度随时间的变化情况。

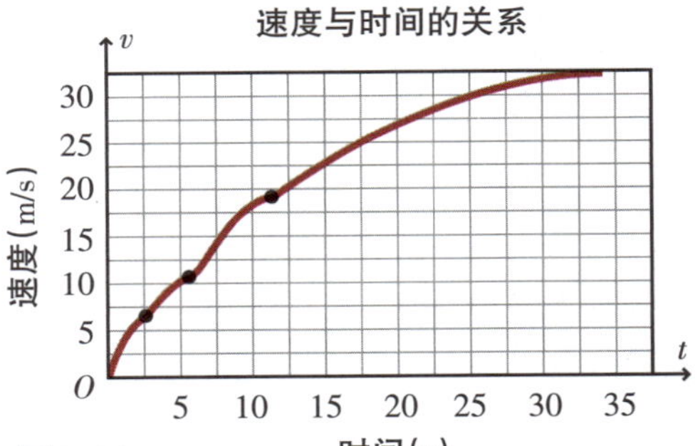

图3-26

56. 如果一个物体沿着一条笔直的道路运动,它的速度—时间图象是一条平行于水平轴的直线。那么该物体的加速度怎样?

解决问题

57. **排序** 把下列物体按照加速度的大小从小到大的顺序进行排序,并说明理由。
   A. 一个下落的橡果在1.0 s内速度从0.50 m/s增大到10.3 m/s。
   B. 一辆汽车在1.0 s内速度从20 m/s减小到0。
   C. 一条蜈蚣在0.50 s内速度从0.40 cm/s增大到2.0 cm/s。
   D. 一个高尔夫球被击打后,在0.40 s内它的速度从0增大到4.3 m/s。
   E. 一个跑步者在8.3 s内速度从2.0 m/s减小到1.0 m/s。

58. **补充问题** 把问题补充完整,并用下列概念进行求解:“爱吉拉正在玩篮球,……”
   a. 加速度
   b. 速率

59. 如**图3-27**所示,该图象是描述一个物体沿着一条笔直的道路向东运动的情况。求出运动物体在下列时间的加速度:
   a. 在最初5.0 min内
   b. 在5.0 min到10.0 min之间
   c. 在10.0 min到15.0 min之间
   d. 在20.0 min到25.0 min之间

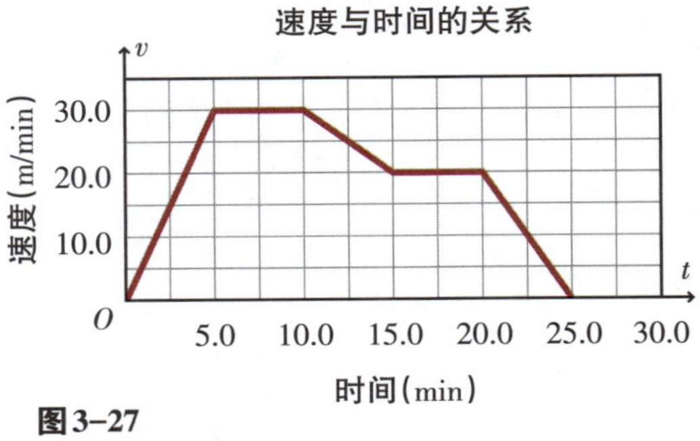

图3-27

60. 根据**表3-1**中所示数据,作出速度—时间图象,并回答下列问题:
   a. 在哪段时间间隔内,物体做加速运动?在哪段时间间隔内,物体的速度减小了?
   b. 物体在何时倒转方向?
   c. 物体在0.0~2.0 s内的平均加速度,与在7.0~12.0 s内的平均加速度相比,有何不同?

表3-1 速度与时间的关系

时间(s)	速度(m/s)
0.0	4.00
1.00	8.00
2.00	12.0
3.00	14.0
4.00	16.0
5.00	16.0
6.00	14.0
7.00	12.0
8.00	8.00
9.00	4.00
10.0	0.00
11.0	−4.00
12.0	−8.00

61. 质子的初速度为2.35×10^{5} m/s，在电场中以-1.10×10^{12} m/s²的加速度运动了1.50×10^{-7} s。求质子的末速度。

62. **排序** 玛科想买一辆起动加速度尽可能大些的二手运动车。已知A车可以在4.0 s内从0 m/s加速到17.9 m/s；B车可以在3.5 s内从0 m/s加速到22.4 m/s；C车可以在6.0 s内从0 m/s加速到26.8 m/s。将这三辆车以加速度从大到小的顺序排列。若加速度有相同的，要指出来。

第2节 匀加速运动

理解概念

63. 速度—时间图线下方的面积代表什么物理量？

64. **编写问题** 用生活中的物体编写一道物理题，**图3–28**是求解过程的一部分。

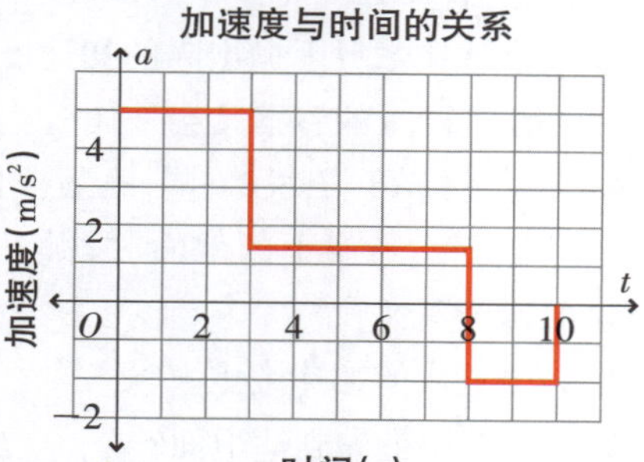

图3–28

解决问题

65. 一辆汽车以12 m/s的速度和-1.6 m/s²的匀加速度向山上行驶。

a. 6.0 s后它的位移是多少？

b. 9.0 s后它的位移是多少？

66. **飞机** 一架飞机的速度在12 s内均匀地从66 m/s增大到88 m/s。求飞机在这期间的位移。

67. **赛车** 一辆赛车以与运动方向相反的恒定加速度11 m/s²行驶而慢下来。

a. 如果该车现在的速度为55 m/s，那么在它静止前还要跑多少米？

b. 如果赛车的速度为a中的2倍，它还要跑多少米才能停下？

68. 根据**图3–29**，求出在下列时间间隔内物体位移的大小。答案保留为最接近的整数。

a. 5.0～10.0 min

b. 10.0～15.0 min

c. 25.0～30.0 min

d. 0.0～25.0 min

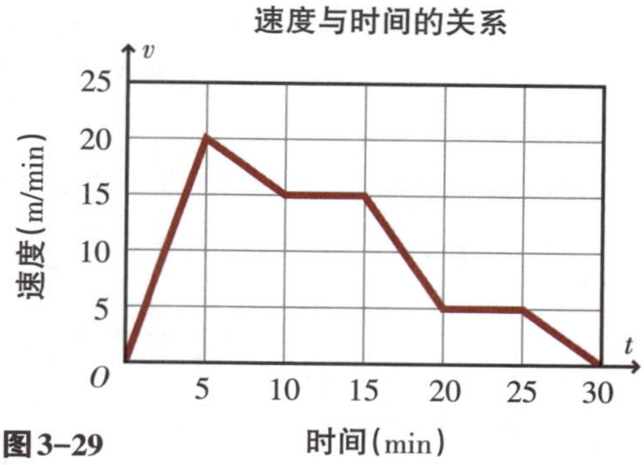

图3–29

第3节 自由落体运动

理解概念

69. 请解释为什么大小和形状相似的铝球和钢球从同一高度下落时，会同时到达地面。

70. 说出几个可以忽略空气阻力作用和不能忽略空气阻力作用的落体的例子。

解决问题

71. 假设宇航员在离月球表面上方1.2 m处掉下一枚羽毛。如果月球上的自由落体加速度为1.62 m/s²，方向竖直向下，羽毛要花多少时间才会掉到月球表面？

72. 一石块从静止开始自由下落8.0 s。

a. 计算石块在8.0 s后的速度。

b. 石块在这段时间的位移是多少？

73. 一个包裹从一架徘徊的直升机上下落，它在2.0 s后的速度是多少？这时，它已下降多少距离？忽略空气阻力。

74. 你以2.0 m/s的速率从窗外向下抛出一个小球。当它掉到距离窗下2.5 m的过道时，速度是多少？

75. 如果在上题中你是向上抛出小球的，那么当它掉到过道时，速度是多少？

76. 沙包　你把沙包抛向空中，2.2 s后在抛出的地方又接住它。

a. 沙包所能到达的最大高度是多少？

b. 它的初速度又是多少？

应用概念

77. 槌球　一个槌球被木槌打出后速度渐渐减慢直到停止。该槌球的速度和加速度的符号相同吗？

78. 分别说明你应该如何走，才能符合**图3–30**所示的两条位置—时间图线。

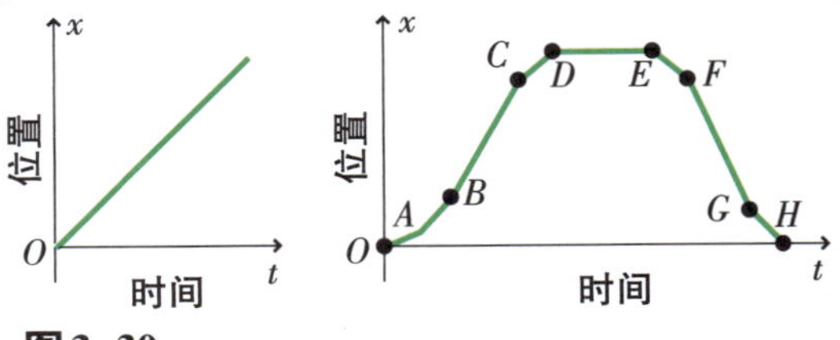

图3–30

79. 如果你拿到一张罗列了某物体在各时间的速度的表格，你如何判断该物体的加速度是不是恒定的？

80. 回看**图3–26**中的图线。图线上有3个点，那是驾驶员的换挡处。描述第一个换挡处汽车速度和加速度的变化情况。在该挡变化前后，加速度是变大还是变小了？对你的回答作出解释。

81. 将一个物体向上抛出，在它到达最高点前经历了7.0 s时间。第二个物体从静止下落，花了7.0 s到达地面。比较这两个物体在这段时间间隔中的位移。

82. 分别作出**图3–31**所示图象所对应的速度—时间图象。

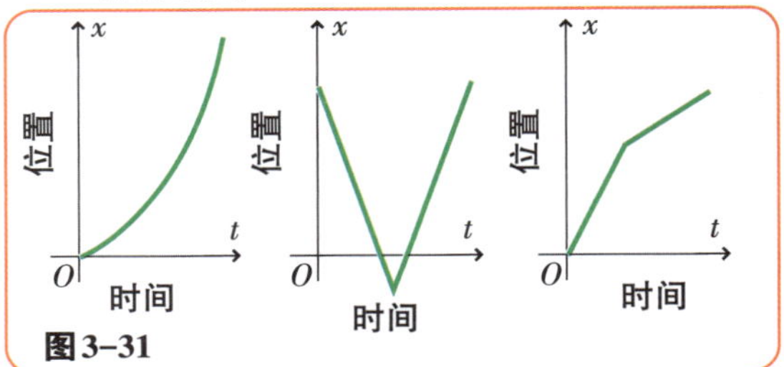

图3–31

83. 月球　月球上自由落体加速度的值大约是地球上的$\frac{1}{6}$。

a. 假设从宇航员手中掉下的一个小球撞击月球表面。小球到达月球表面的速率与从同样高度掉到地球表面的速率相比，是较大、相同，还是较小？

b. 小球掉落到月面的时间与掉落到地面相比，是更长、更短，还是相同？

84. 木星　木星上物体的自由落体加速度为地球上的3倍。如果用同样的初速度分别在地球和木星表面竖直上抛一个小球，忽略木星大气阻力的影响，并假定重力是唯一作用于小球的力。

a. 小球在木星上达到的最大高度与在地球上相比，有什么不同？

b. 如果小球在木星上抛出时的初速度增大了3倍，那么**a**的答案又会是什么？

85. 石块A从悬崖上落下，石块B在同一位置被上抛。

a. 当它们到达悬崖下的地面时，哪一个石块的速度更大？

b. 哪一个石块的加速度更大？

c. 哪一个石块最先到达地面？

复习提高

86. 假设一架远离任何星球和行星的太空飞行器在10.0 s时间内，速度均匀地从65.0 m/s增大到162 m/s。这段时间内，它飞行了多少距离？

87. 如**图3–32**所示是一个水平运动球的频闪照片。要估计其运动的加速度，你需要照片提供哪些信息？同时你还需要做哪些测量？

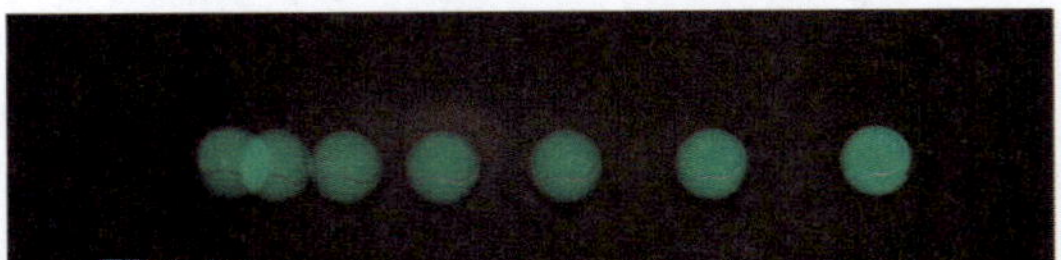
图3–32

88. 自行车　一辆自行车在4.0 s内从0.0 m/s加速到4.0 m/s，在这段过程中它行驶的距离是多少？

89. 一只气象气球在离地面恒定的高度飘动时，释放了一个工具包。

a. 如果工具包掉到地面时的速度为 −73.5 m/s，那么它下落了多少距离？

b. 它下落的时间是多久？

90. 一个钢球在斜面上滚下，**表3-2**给出了它在各个时间运动的总距离。

a. 画出钢球运动的位置—时间图象。设置坐标轴时，在x轴上每10 m作5个分度，在t轴上每1 s作5个分度。

b. 计算钢球到2.2 s末滚过的距离。

表3-2　位置与时间的关系

时间(s)	位置(m)
0.0	0.0
1.0	2.0
2.0	8.0
3.0	18.0
4.0	32.0
5.0	50.0

91. 工程师正在研制新型大炮，使它们有朝一日可像发射子弹一样发射卫星。这种大炮可给某个物体3.5 km/s的速度，而这只需让它移动2.0 cm。

a. 该大炮给物体的加速度是多少？

b. 这个加速度是在什么时间间隔内发生的？

92. **安全屏障**　如**图3-33**所示，高速公路的工程师会建造软隔离带，使汽车撞到它们后能够安全地慢下来。假设一辆汽车以110 km/h的速度撞击隔离带，隔离带使汽车以32 m/s^{2}的加速度减速。那么汽车在停止运动前，沿着隔离带运动的距离是多少？

图3-33

93. **垒球**　垒球投手以44 m/s的速率投出一个快球。投手在投掷垒球的过程中使垒球沿着近似直线的路径前进了3.5 m，在这个过程中垒球的加速度恒定。计算加速度的大小，并把这个加速度与自由落体加速度加以比较。

94. **雪橇**　快速发动的雪橇可用于测试人们对加速度的反应情况。从静止开始雪橇的速率可在1.80 s内达到444 m/s，并可在2.15 s后停止运动。

a. 计算雪橇开始时的加速度，并将其大小与自由落体加速度9.8 m/s^{2}作比较。

b. 求雪橇在减速时的加速度，并将其大小与自由落体加速度作比较。

95. 一辆汽车在8.0 s的时间周期内的前进速度变化情况如**表3-3**所示。

a. 作出汽车的速度—时间图象。

b. 求汽车在头2.0 s内的位移。

c. 在前4.0 s内汽车的位移是多少？

d. 在整个8.0 s内汽车发生了多少位移？

e. 求在t=0.0～4.0 s间图线的斜率。这个斜率代表什么？

f. 求在t=5.0～7.0 s间图线的斜率。这个斜率说明了什么？

表3-3　速度与时间的关系

时间(s)	速度(m/s)
0.0	0.0
1.0	4.0
2.0	8.0
3.0	12.0
4.0	16.0
5.0	20.0
6.0	20.0
7.0	20.0
8.0	20.0

96. 一辆货车在红灯前停住。绿灯亮时，货车以2.5 m/s^{2}的加速度开始前进。就在这时，一辆轿车以15 m/s的恒定速度超过货车。货车在何时何地才能赶上轿车？

97. 武术 乔治在进行武术练习时用拳头击打木板，这个过程的位置—时间图象和速度—时间图象如**图3–34**所示。

a. 用速度—时间图象描述乔治的拳头在前10 ms的运动情况。

b. 估计速度—时间图线的斜率，以确定拳头突然停止时的加速度。

c. 把这个加速度写成自由落体加速度g=9.8 m/s²的倍数。

d. 求速度—时间图线下方的面积，以确定拳头在前6 ms内的位移。

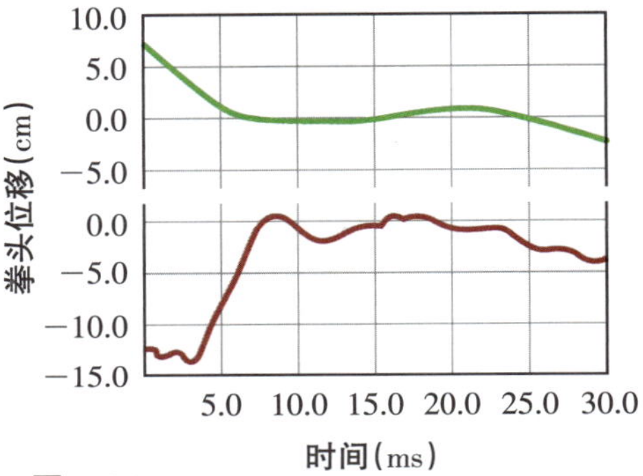

图3–34

批判性思维

98. 探测器 设计一个探测实验，测量一个做加速运动的物体的位置与时间的关系。注意要采用相等的时间间隔，这样你便可以得出速度与时间的关系以及速度与位置的关系。测量做匀加速运动的物体的一个简便的方法是在桌边的滑轮上悬挂一个物体。推荐的器材包括：运动探测器、实验小车、绳子、滑轮、C型夹子和几个物体。将不同的物体悬挂在滑轮上，绘制对应的位置—时间图象和速度—时间图象。思考一下，物体的不同是如何影响你的图线的。

99. 分析和结论 一辆汽车的速率从50 km/h增大到60 km/h；一辆自行车在相同的时间里从0 km/h加速到10 km/h。哪一辆车的平均加速度更大？请解释。

100. 分析与结论 一辆以36.0 m/s的速度行驶的特快列车不小心转入侧线，进入当地的列车轨道。特快列车的司机很快发现有一辆当地的列车在前方1.00×10^2 m处的同一轨道上，当地列车的司机却不知道这个情况。特快列车司机紧急刹车，使列车以3.00 m/s²的恒定加速度减速行驶。如果当地列车的速率为11.0 m/s，特快列车能及时停下吗？两列车会发生碰撞吗？为了解决这个问题，把特快司机首次看到当地列车时特快列车的位置作为原点。其次，要记住当地列车在前方1.00×10^2 m处。分别计算在12.0 s末（特快列车的加速度为−3.00 m/s²，从36 m/s到0 m/s需要12 s才能将列车停住）两辆列车离开原点的距离。

a. 通过计算，你能否推断出是否会发生撞车？

b. 为了检查**a**中的计算结果，证实你的结论，把特快列车司机首次看到当地列车时特快列车的位置作为原点，计算之后的每一秒末两辆列车的位置，并把结果记录在你所设计好的一张数据表中。把这些位置标在同一张图上，分别画出两条线。把你的图象和你对**a**的回答比较一下。

科技写作

101. 研究并阐述伽利略对物理学的贡献。

102. 研究一个人能够无眩晕地忍受的最大加速度。讨论这种最大加速度是如何影响三种常见的娱乐设备或者交通工具的设计的。

日积月累

103. 求解下列各题。用科学记数法表示你的答案。

a. 6.2×10^{-4} m+5.7×10^{-3} m

b. 8.7×10^{8} km−3.4×10^{7} km

c. (9.21×10^{-5} cm)×(1.83×10^{8} cm)

d. (2.63×10^{-6} m)÷(4.08×10^{6} s)

104. 下述方程描述了一个物体的运动情况：x=(35.0 m/s)t−5.0 m。首先，请作出对应的位置—时间图象和运动图。然后，写一个可用此方程求解的物理问题。

第3章 标准化测试

选择题

用下列信息回答第1、2题。

一只小球保持2.0 m/s²的加速度滚下山。已知小球从静止出发，在到达山底前，滚了4.0 s。

1. 小球在这段时间内运动了(　　)

A. 8.0 m　　**B.** 12 m

C. 16 m　　**D.** 20 m

2. 小球在山底的速率是(　　)

A. 2.0 m/s　　**B.** 8.0 m/s

C. 12 m/s　　**D.** 16 m/s

3. 驾驶员开车进入高速公路中限速为110 km/h的路段后，立刻开始加速，在500 m后汽车的速率达到110 km/h。如果汽车原来的速率是80 km/h，那么汽车向前的加速度是(　　)

A. 0.44 m/s²　　**B.** 0.60 m/s²

C. 8.4 m/s²　　**D.** 9.8 m/s²

4. 花盆从高出地面85 m的阳台上落下。它落到地面上所经历的时间为(　　)

A. 4.2 s　　**B.** 8.3 s

C. 8.7 s　　**D.** 17 s

5. 一位攀岩者的鞋踩松了一块岩石。她的伙伴在悬崖底部，看到岩石在3.20 s后落到地上。由此可知当时攀岩者攀登的高度是(　　)

A. 15.0 m　　**B.** 31.0 m

C. 50.0 m　　**D.** 1.00×10^2 m

6. 一辆以91.0 km/h的速率行驶的汽车急于避让前方30.0 m处的餐馆。如果驾驶员猛踩刹车，可使汽车获得−6.40 m/s²的加速度。那么直到停止运动，汽车前进了(　　)

A. 14.0 m　　**B.** 29.0 m

C. 50.0 m　　**D.** 100.0 m

7. 用公式 $v_f^2=v_i^2+2ax$ 求加速度时，下列运算正确的是(　　)

A. $\dfrac{v_f^2-v_i^2}{x}$　　**B.** $\dfrac{v_f^2+v_i^2}{2x}$

C. $\dfrac{(v_f+v_i)^2}{2x}$　　**D.** $\dfrac{v_f^2-v_i^2}{2x}$

8. 下图显示了农用货车的运动情况。货车的总位移是(假定北方为正方向)(　　)

A. 150 m向南　　**B.** 125 m向北

C. 300 m向北　　**D.** 600 m向南

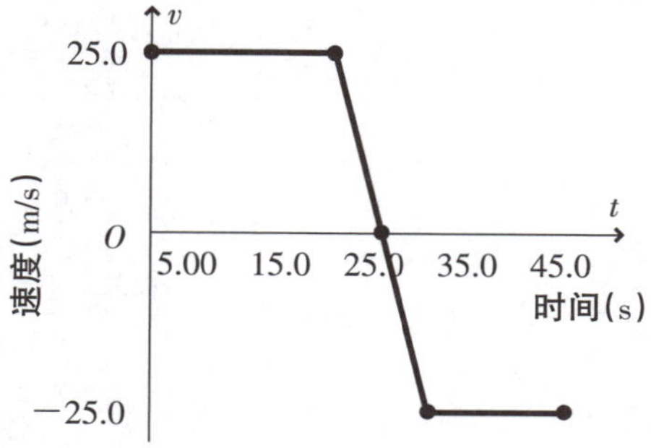

9. 要计算具有变加速度的物体的瞬时加速度，下列方法正确的是(　　)

A. 计算位置－时间图线上切线的斜率

B. 计算位置－时间图线下方的面积

C. 计算速度－时间图线下方的面积

D. 计算速度－时间图线上切线的斜率

拓展题

10. 根据下列数据作图，然后计算出图象上12.0 s末的加速度和位移。

时间(s)	速度(m/s)
0.00	8.10
6.00	36.9
9.00	51.3
12.00	65.7

考点提示

测试题号	1	2	3	4	5	6	7	8	9	10
对应小节	2	2	2	3	3	2	2	2	1	2

第4章

一维力

大概念 净力引起运动状态的变化。

内容提要

起步实验

相反方向的力

当两个或两个以上的力作用在一个物体上时，将发生什么情况？

第1节 力和运动

物理在你身边

为了使滑板在水平地面上运动，你必须一只脚踏在滑板上，另一只脚用力蹬地。但是如果滑板是在斜坡上，重力会使得滑板和你一起向下滑行。这两种情况都是非平衡力改变了滑板的运动。

主要概念

力是一种推或拉的作用。

核心问题

- 什么是力?
- 力和加速度有什么关系?
- 当净力为零时，怎样使物体的运动发生改变?

术语回顾

加速度 物体速度的变化率

关键术语

力
系统
受力分析图
净力
牛顿第二定律
牛顿第一定律
惯性
平衡状态

力

有一本书静止在桌面上，为了使它运动起来，你需要推它或者拉它。在物理学中，推或拉的作用就称为**力(force)**。如果你使劲地推或拉一个物体，就说明你对该物体施加了更大的力。施加在物体上的力的方向也很重要——如果你向右推这本静止在桌面上的书，它就开始向右移动；如果你向左推这本书，它就开始向左移动。因为力既有大小，又有方向，所以力是一个矢量。符号$\boldsymbol{F}$是矢量符号，它表示了力的大小和方向，而F仅仅表示大小。力的大小是用牛(N)量度的。

非平衡力改变物体的运动 我们记得，运动图描述了一个物体在相同时间间隔所处的位置。例如，**图4-1**中书的运动图显示了两点间的距离在增加，这意味着该书的速率在增加。在$t=0$时，它是静止的，但2 s后，它的运动速率是1.5 m/s。速率的改变意味着有加速度，那产生加速度的原因是什么呢？在你推这本书之前，它是静止的，所以产生这个加速度的原因正是你的手所施加的力。实际上，所有的加速度都是施加在物体上的非平衡力作用的结果。那么，力和加速度之间有什么关系呢？学了本节后，你就能回答这个问题了，并能利用运动定律求解许多不同类型的问题。

☑ **阅读检测** **明确**各种加速度产生的原因。

图4-1 手对书本施加了一个力，导致该书本在这个非平衡力的方向上产生了加速度。

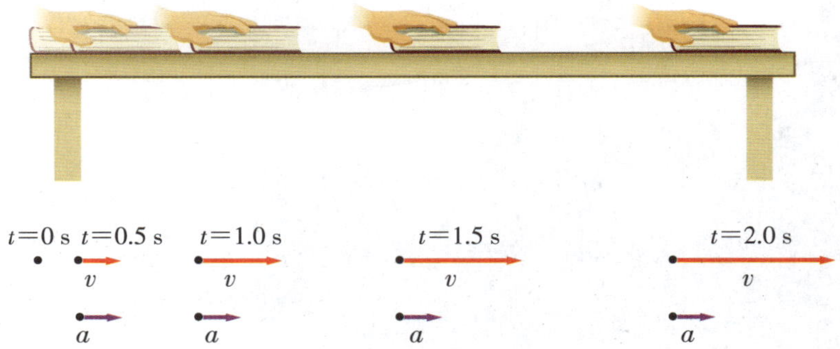

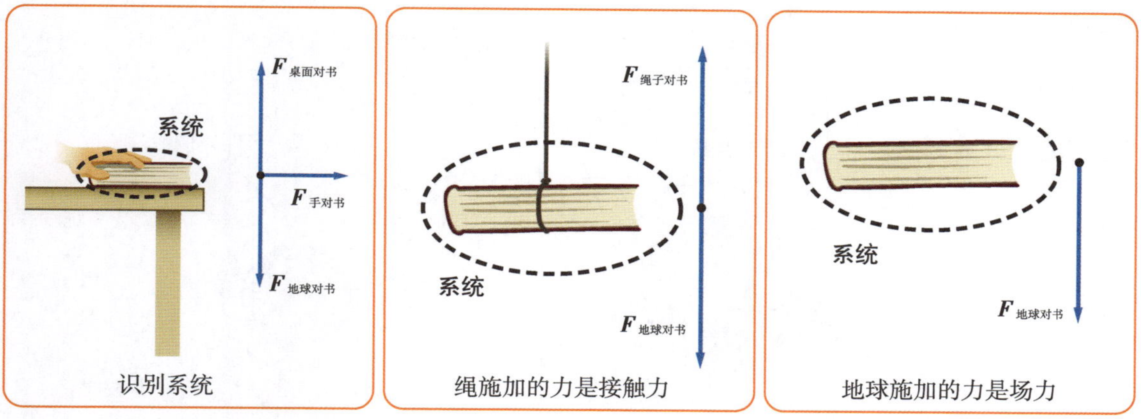

图4–2 在各种情况中，书都被视为一个系统。
将第一幅图中的力**分为**接触力和场力。

系统和外界 当要知道一个力怎样影响物体的运动时，首先要确定所研究的对象是什么，这个对象叫作**系统（system）**。系统周围与该系统有相互作用的一切事物称为外界。在**图4–2**中，书是系统，你的手、地球、绳子和桌子是外界部分，它们通过推或拉而与这本书发生相互作用。

接触力 再考虑一下能使这本书运动的不同方法。你可以直接用手推它或拉它；或者用一根细绳将它缚住，然后拉这根细绳。这些都是接触力的例子。如果外界的一个客体与系统接触，并因此对它施加一个力，这个力就是接触力。如果你现在正好捧着这本物理书，那么你的手就在对它施加接触力。如果你将书放在桌面上，那么你就不再对它施加力的作用。不过，由于桌面和书本有了接触，因此现在桌面对书本施加了力。

场力 还有其他的方法可以改变这本书的运动，比如说让它掉落。从第3章中知道，书本落向地面时将做加速运动，这种加速运动是地球作用于书本的重力所致。无论书本是否与地面有实际接触，这个力都是存在的。重力就是一种场力。场力是非接触力。你还能想到其他类型的场力吗？如果你曾经用两块磁体做过实验，那么你一定知道它们也是没有接触就有力的作用。你将在本书的后面几章深入研究磁场力以及其他类似的力。现在你需要考虑的场力仅仅是重力。

施力物体 力是物体间相互作用的结果，因此每一个力都有一个特定的，并且可以确认的施力物体。你能说出产生每一个力的施力物体以及该力所施加的系统吗？例如，当你在推书本时，你的手（施力物体）对书本（系统）施加了一个力。如果没有施力物体和系统，力不会存在。那么对于重力呢？施力物体就是对书本产生场力的地球。对于如何确定一个力的施力物体以及该力所施加的系统，**图4–2**中对力进行标注，就是一个很好的方法。

图4-3 图中手里的球和用绳子悬挂的球都是物理模型，旁边是它们对应的受力分析图。

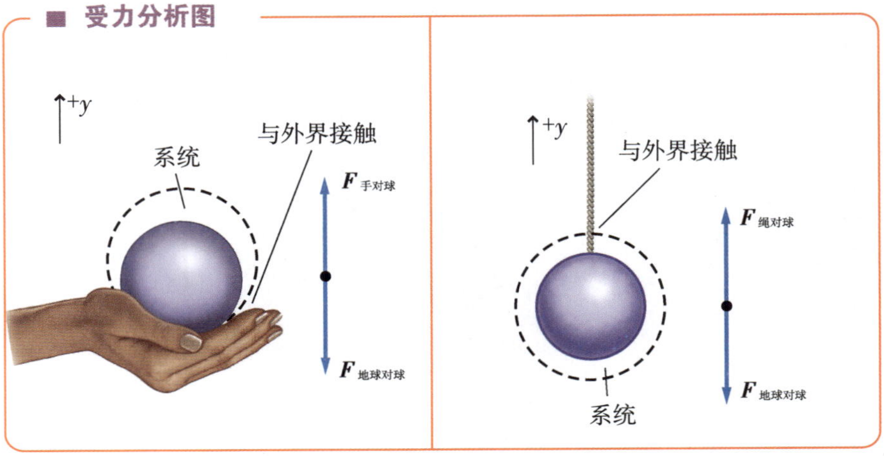

受力分析图 就像在求解运动问题时，用示意图和运动图可以帮助理解运动情况一样，在分析力对于运动的影响时，你也可以采用类似的方法。第一步是要简化情景，如**图4-3**所示。圈出所要研究的系统，确认该系统与外界相接触的每一处位置——在这些位置上都有施力物体施加一个接触力，然后找出任何作用于该系统的场力，这样便得到了力的示意图。

受力分析图(free-body diagram)是用物理语言来描述作用于一个系统上的力。以下是作出受力分析图的步骤：

- 根据物理情景的草图分别画出受力分析图。
- 利用质点模型，用一个点表示物体。
- 用带有箭头的线段分别表示作用于物体的各个力，箭头的指向表示力的方向。力的箭头应背离质点，即使是推力也是如此。
- 使线段的长度与力的大小成正比。在作图时，你通常不会知道所有力的实际大小，这时要尽量作出最精确的估计。
- 标注每一个力。用带有下标的符号F正确地标注每一个力，以明确施力物体与受力物体。
- 选择一个正方向，并在图上标明。

应用受力分析图和运动图 加速度是非平衡力作用的结果，所以如果运动图上显示出一个物体有加速度，那么在该物体的受力分析图上，应当有一个与加速度方向相同的非平衡力。

☑ **阅读检测** **比较**物体加速度的方向与施加在该物体上的非平衡力的方向。

合　力

如果你和你的一位朋友同时以100 N的力推一张桌子，会发生什么情况？当你们一起沿相同的方向推动桌子时，桌子获得的加速度是你们其中一个人用100 N的力推它时的2倍。如果你们如**图4-4**所示那样用大小相等的力从相反方向推这张桌子，那么就没有非平衡力作用在桌子上，所以它就没有加速度，保持静止。

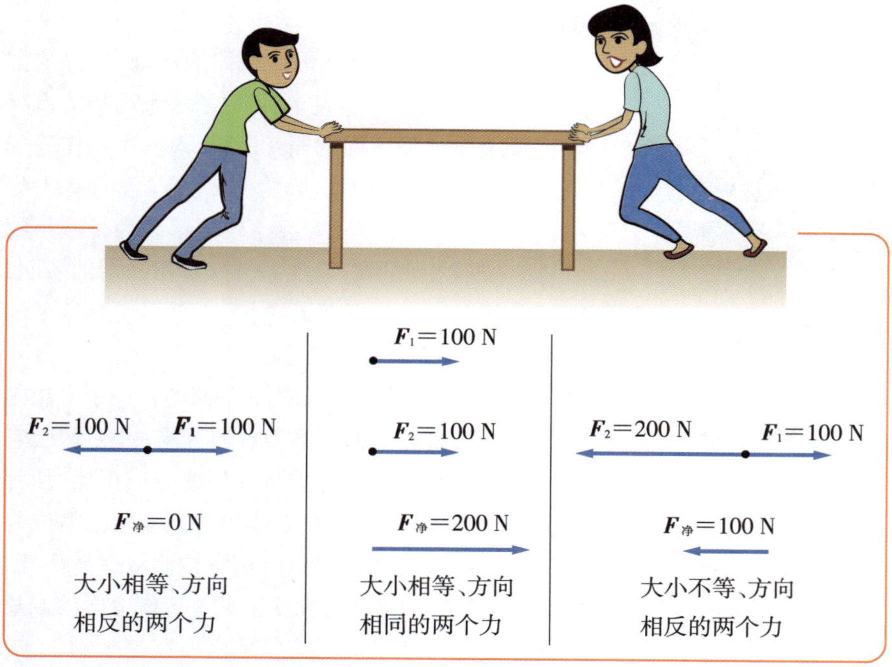

图4–4 作用于桌子上的净力是作用在这张桌子上的所有的力的矢量和。这里只考虑水平方向的力。

净力 **图4–4**的下面部分是上述两种情况的受力分析图。**图4–4**中还显示了第三种情况的受力分析图，在这种情况中，你的朋友用的力是你的2倍，且方向与你的相反。在每一幅受力分析图的下面，是表示两个力的总体效果的一个矢量。当两个力的方向相同时，它们可以用一个长度等于它们各自长度之和的矢量来表示，而当两个力的方向相反时，合矢量的长度是这两个矢量长度之差。你可以用**净力(net force)**来表示作用于一个物体的所有力的矢量和。

你也可以用数学知识来进行分析。你用了100 N的力沿正方向推动桌子。在第一种情况中，你的朋友所用的力为−100 N，两者相加，得出的总的力为0 N，即意味着加速度为零。在第二种情况中，你朋友所用的力为100 N，所以总的力为200 N，方向沿着正方向，因此桌子沿着正方向做加速运动。在第三种情况中，你朋友用了−200 N的力，所以总的力为−100 N，桌子将沿着负方向做加速运动。

练一练

在下列各题中，指出哪个是系统，并作出相应的运动图和受力分析图。标出所有的力以及施力物体，指明加速度和净力的方向。用适当的长度表示各个矢量。除非另有说明，忽略空气阻力。

1. 跳伞运动员在空中匀速下降。(空气对运动员施加了一个方向向上的力)

2. 你手掌中握着一只垒球，并向上抛，但球尚未脱离你的手掌。

3. 垒球脱离你的手掌后上升，速度减小。

4. 垒球到达最高点后下落，速度增加。

5. **挑战题** 你用手接住这只垒球，使它静止。

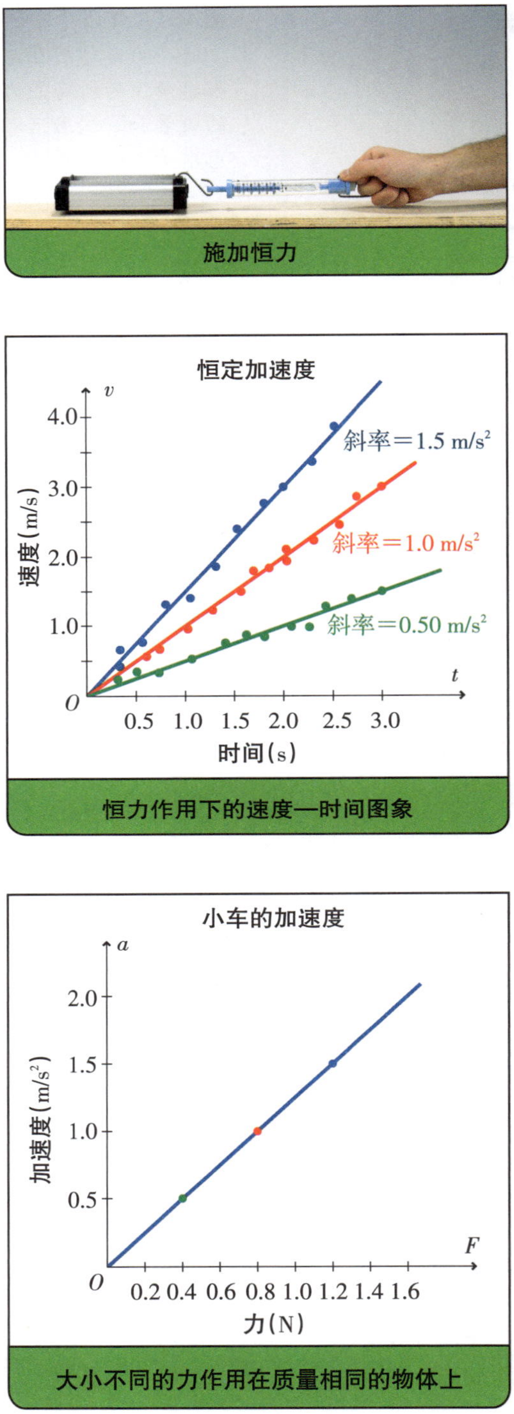

图 4–5 弹簧测力计对小车施以恒定的非平衡力。用大小不同的力重复实验，得到不同斜率的速度—时间图象。

加速度和力

为了探究力是怎样影响物体的运动，最好的方法就是做一系列的实验。我们先从一种简单的情况入手，如**图 4–5** 最上面的照片所示，对一个物体施加了一个水平方向的力。因为水平方向没有重力作用，所以这个方向的分析会比较简单。为了减小物体与接触面之间的摩擦，实验要在非常光滑的表面，例如在抛光较好的桌面上进行，并采用装有轮子的物体，且保证轮子转动灵活。

施加恒力 怎样施加恒定的非平衡力？一种方法是使用弹簧测力计。弹簧测力计里面有一根弹簧，它的伸长量（或压缩量）与它所受到的力成正比，从弹簧测力计的刻度盘上可以读出力的数值，单位是 N。如果你拉住弹簧测力计，使它的读数保持不变，那么你所施加的力就是恒力。**图 4–5** 最上面的照片就是弹簧测力计以恒定的非平衡力在拉一辆小车，小车受到的阻力很小。

如果你做了这个实验，测量某些时刻该小车的速度，你就能作出如**图 4–5** 中间那幅图所示的绿色图线，它显示了在恒力作用下物体的速度—时间图象。速度—时间图象中图线的斜率恒定，表明小车的速度随时间均匀增加。速度的变化率恒定意味着加速度也是恒定的。小车的加速度恒定，这是因为弹簧测力计对小车施加了恒定的非平衡力。

那么，加速度与力之间到底存在什么关系？用较大的力重复这个实验，然后以更大的力再次重复这个实验。对于每一个力，画出如**图 4–5** 中间那幅图所示的红色和绿色图线，这些图线的斜率就是小车的加速度。计算出每条图线的斜率，并结合对应的力，作出如**图 4–5** 最下面那幅图所示的加速度—力图象。

加速度—力的图象表明，力和加速度呈线性关系。因为这种关系是线性的，你就可用直线方程表示：

$$y=kx+b$$

其中，y 轴的截距为零，所以上述线性方程可简化为 $y=kx$。式中变量 y 为加速度，变量 x 为力，所以加速度等于直线的斜率乘以所施加的净力。

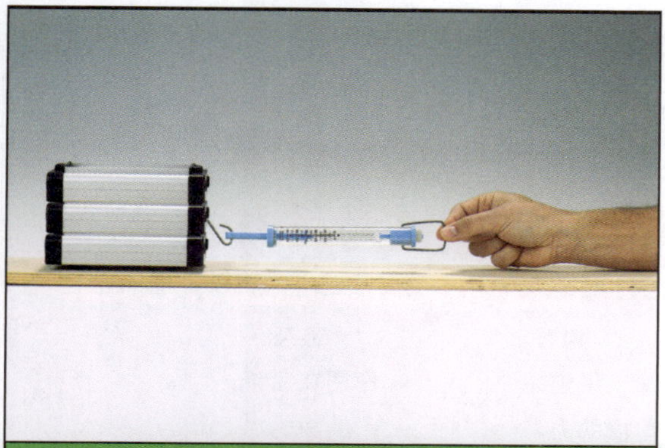

改变系统的质量

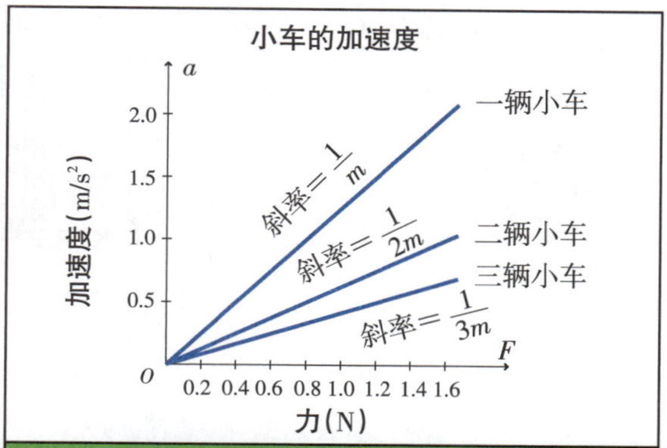

同样的力作用在不同质量的物体上

图4–6 物体的加速度随着物体的质量变化而变化。
当同样施加1 N的力时，**比较**一辆小车和两辆小车的加速度。

解释斜率 力—加速度图线的斜率有什么物理意义呢？它是否描绘了做加速运动的物体的某些性质？为此，换一个物体来看看。将一辆完全相同的小车放置在第一辆小车上，这时弹簧测力计便要拉动两辆小车。然后再加上第三辆小车，如**图4–6**左图所示。**图4–6**右图中分别显示了在一辆小车、两辆小车、三辆小车的情况下，力与加速度之间的关系。

从图中可以看出，在上述三种情况下，若施加的力大小相同，则两辆小车运动的加速度是一辆小车的$\frac{1}{2}$，三辆小车运动的加速度是一辆小车的$\frac{1}{3}$。这表明，当小车的数目增加时，加速度减小。换句话说，为了产生同样的加速度，就需要更大的力。**图4–6**中直线的斜率取决于小车的数量，那就是说，斜率取决于被拉小车的总质量。实际上，斜率是质量的倒数($k=\frac{1}{m}$)。由此，由数学方程$y=kx$便可得到物理方程$a=\frac{F_{净}}{m}$。

方程$a=\frac{F_{净}}{m}$中包含了哪些信息？它告诉你，作用在物体上的净力会引起该物体的运动状态发生变化——力会使物体产生加速度。它告诉你，对于同一个物体，如果对它施加的力加倍，物体运动的加速度也会加倍。它还告诉你，如果对几个不同的物体施加同样的力，质量最大的物体加速度最小，而质量最小的物体加速度最大。

☑ **阅读检测** 为了使物体的加速度减小一半，**确定**需施加怎样的力？

力是用N来量度的。因为$F_{净}=ma$，1 N就是单位质量乘以单位加速度，所以1 N=1 kg· m/s²。为了得到1 N的力的大小概念，想象一下你手里拿着一个中等大小的苹果，你会感到苹果对你的手有一个向下的力，这个力大约就是1 N。**表4–1**给出了某些常见的力的数值。

表4–1 常见的力

描述	F(N)
一枚硬币的重力（镍币）	0.05
0.45kg糖的重力	4.5
质量为70kg的人的重力	686
使一辆轿车加速行驶的力	3 000
火箭发动机的动力	5 000 000

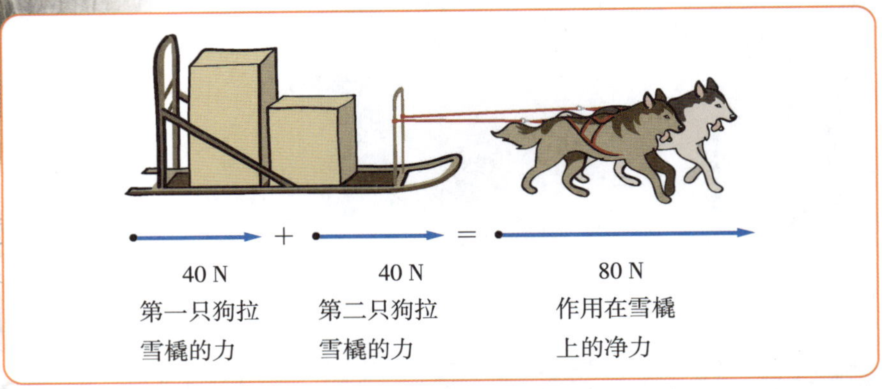

图4–7 作用于一个物体上的净力等于作用在该物体上的所有力的矢量和。

牛顿第二定律

如**图4–7**所示，两只狗正在拉一架雪橇，每只狗的拉力为40 N。通过小车和弹簧测力计的实验，你已经知道雪橇做加速运动是由于受到非平衡力作用。如果用一只对雪橇可以施加80 N的力的更大、更强壮的狗，来代替两只各自对雪橇可以施加40 N的力的狗，那么雪橇的加速度会有变化吗？在考虑力和加速度的问题时，重要的是找出作用于一个系统上的所有的力之和，称为净力。

牛顿第二定律（Newton's second law）可表述为：一个物体的加速度与其受到的净力成正比，与其质量成反比。这个定律是通过观察力对物体的运动有怎样影响而得到的，可用如下公式表示为：

牛顿第二定律

一个物体的加速度等于作用在该物体上的所有力之和除以该物体的质量

$$a=\frac{F_{净}}{m}$$

利用牛顿第二定律求解问题 正确应用牛顿第二定律最重要的一个步骤是确定作用在物体上的净力。常常有多个力作用在物体上，所以你必须将所有的力矢量相加，以确定净力。画出受力分析图，标出作用在系统上的每一个力的方向和相对大小。然后将这些力矢量相加，求出净力。再次，利用牛顿第二定律计算出加速度。最后，如果需要的话，运用运动学知识求出物体的速度和位置。

练一练

6. 水平方向上有两个力作用在一条小船上，其大小分别为225 N和165 N。如果这两个力的方向一致，求它们对小船的净力。

7. 如果上题中作用在小船上的两个力方向相反，那么这条小船在水平方向受到的净力为多大？指出净力的方向。

8. 挑战题 三条慌乱的雪橇犬拉着一架雪橇试图通过阿拉斯加雪带。阿露西亚用35 N的力向东拉，塞瓦德用42 N的力也向东拉，而大个子科迪克则用53 N的力向西拉。作用在雪橇上的净力为多大？

例题1

争枕头　阿诺基拿着一个质量为0.30 kg的枕头。莎拉很喜欢它，想从阿诺基手中把它抢走。如果莎拉用大小为10.0 N的水平力拉它，而阿诺基对它所施加的水平方向上的力为11.0 N，那么这个枕头在水平方向上的加速度为多大？

1 分析概括问题

- 概述情景。
- 将这只枕头作为系统，并取阿诺基的拉力的方向为正方向。
- 画出受力分析图，并标出各个力。

已知	未知
$m=0.30\ kg$	$a=?$
$F_{阿诺基对枕头}=11.0\ N$	
$F_{莎拉对枕头}=10.0\ N$	

2 求解未知量

$F_{净}=F_{阿诺基对枕头}+(-F_{莎拉对枕头})$

利用牛顿第二定律。

$$a=\frac{F_{净}}{m}=\frac{F_{阿诺基对枕头}+(-F_{莎拉对枕头})}{m}$$

$$=\frac{11.0\ N-10.0\ N}{0.30\ kg}$$

◀将$F_{阿诺基对枕头}=11.0\ N$，$F_{莎拉对枕头}=10.0\ N$，$m=0.30\ kg$代入。

$$=3.3\ m/s^2$$

$\boldsymbol{a}=3.3\ m/s^2$，方向指向阿诺基。

3 验证答案

- **单位是否正确？** m/s^2是加速度的正确单位。
- **符号是否有意义？** 加速度指向阿诺基，因为指向阿诺基的拉力比指向莎拉的拉力大。
- **数值是否合理？** 对于1 N的净力和0.3 kg的质量来说，上述加速度的值是合理的。

练一练

9. 弹簧测力计对小车施加一个2.7 N的净力，如果小车的质量是0.64 kg，那么该小车的加速度是多少？

10. 卡玛莉亚正在学习溜冰。她要她的妈妈拉她，使她产生0.8 m/s^2的加速度。假定卡玛莉亚的质量是27.2 kg，那么她妈妈需要用多大的力来拉她？（忽略冰面与卡玛莉亚的溜冰鞋之间的阻力。）

11. **挑战题**　两个水平方向的力作用于一个大箱子上。第一个力是317 N，方向向右。第二个力是173 N，方向向左。

a. 对于作用于箱子上的水平方向的力，作出受力分析图。

b. 作用于箱子上的净力多大？

c. 箱子开始时是静止的。5 s后它的速度是6.5 m/s，方向向右。这个箱子的质量是多少？

牛顿第一定律

当一个物体所受到的净力为零时，该物体将会如何运动？牛顿第二定律指出，如果$F_{净}=0$，那么加速度也等于零。如果加速度等于零，那么速度就不改变。因此，一个静止的物体如果没有受到净力的作用，它将静止不动。那么，对于一个运动的物体，例如一只在水平面上滚动的球，情况会是怎样？这只球会连续滚动多长距离？也许你会说，这取决于水平面的情况。事实确是如此。如果小球是在阻力很大的厚毛毯上滚动，那么它很快就会停下来。如果小球是在如保龄球道那样坚硬而光滑、阻力很小的轨道上滚动，那么它就能滚动很长时间，并且速度不会发生太大的变化。伽利略在做了很多次此类实验之后，得出结论：如果他可以使物体在运动中不受任何力的作用，那么水平方向的运动永远不会停止。伽利略最早认识到，将实验结果外推到理想化的状况，便可以得到运动的普遍性原理。

如果没有受到净力的作用，运动的物体将继续运动，而静止的物体则保持静止。牛顿肯定了这一点，并用简单的表述拓展了伽利略的结论。“当且仅当没有净力作用在物体上时，静止的物体仍旧保持静止，运动的物体将继续做匀速直线运动。”这个结论称为**牛顿第一定律（Newton’s first law）**。

惯性 牛顿第一定律也称为惯性定律，**惯性（inertia）**是物体的一种阻止其速度发生改变的倾向。**图4–8**中的汽车和红木块可用来演示惯性定律。在左图中，汽车和红木块一起朝右运动。在右图中，地上的木箱对汽车施加一个力，使它突然停下，但是车顶上的红木块并没有受到这个木箱所施加的力，因此它将继续向右运动，速度保持不变。

惯性是一种力吗？不是。力是两个物体之间相互作用的结果，它不是单个物体的特性，所以惯性不是一种力。应当注意，因为速度包括大小和方向，所以无论是改变物体运动速度的大小还是方向，都需要净力的作用。如果净力为零，根据牛顿第一定律，物体运动的速率和方向保持不变。

图4–8 汽车和木块以相同的速度接近木箱，碰撞后，木块以原来的水平速度继续运动。

图4–9　如果物体的速度不变，该物体便处于平衡状态。在图示的两种情况中，速度都不变，所以它们受到的净力一定都为零。

平衡状态　根据牛顿第一定律，净力会使物体的速度发生改变。如果一个物体上没有净力的作用，这个物体便处于**平衡状态（equilibrium）**。如果物体以恒定的速度运动，就说该物体处在平衡状态。注意，静止本质上是匀速运动状态的一种特殊情况（$v=0$）。牛顿第一定律表明，净力会破坏平衡状态。因此，如果没有净力作用在物体上，那么该物体运动速度的大小和方向都不会改变，它便处于平衡状态。**图4–9**表明，从净力作用的角度来看，坐在一张椅子上与跳伞运动员以恒定的速度降落，这两种情况之间没有什么区别，所以净力都是零。

在分析力和运动时要特别注意，世界上充满了阻碍物体运动的力，通常称为摩擦力。牛顿的理想的、没有摩擦力的世界是很难得到的。在分析某个情景时，如果发现你得到的结论与你已有的经验不同，那就要问问自己，这是不是因为摩擦力存在的缘故。例如，你推动桌面上的一本教科书，松手后，它会很快停下来。这时你或许首先会想，在这个情形里，牛顿第一定律是否不再成立，因为没有明显的力作用在这本书上，但它的速度却改变了。然而，实际情况是，在这本书和桌面之间有摩擦力，摩擦力的方向与书的运动方向相反。

第1节　复　习

12. 主要概念　将下列名词按a、b、c归类：质量、惯性、手的推力、摩擦力、空气阻力、弹力、重力、加速度。

a. 接触力

b. 场力

c. 不是力

13. 受力分析图　你的手以越来越大的速率向上提起一包糖，画出这包糖的受力分析图。特别要指明系统，标出所有的力以及它们的施力物体，并用带有箭头、长度正确的线段表示这些力。

14. 受力分析图　用一根粗绳提起一只水桶，其速率逐渐减小。试画出这只水桶的受力分析图。特别要指明系统，标出所有的力以及它们的施力物体，并用带有箭头、长度正确的线段来表示这些力。

15. 批判性思维　一个1 N的水平方向的力作用在一木块上，测出它的加速度。当同样的水平方向的力作用在第二块木块上时，发现它的加速度是第一块的3倍。这两块木块质量的大小关系如何？

第2节 重力和流体阻力

主要概念

牛顿第二定律可用来解释下落物体的运动。

核心问题

- 物体的重力和它的质量有什么关系？
- 实际的重力和视重有什么关系？
- 空气对下落的物体有什么作用？

术语回顾

黏性 流体阻碍自身流动的性质

关键术语

重力

重力场

视重

失重

流体阻力

收尾速度

物理在你身边

如果你曾经坐过过山车，那么当你通过最高点时，你可能会有失重的感觉。但是，实际上无论过山车是在高处还是在底部，你所受到的重力都是相同的。那么，为什么你会有失重的感觉呢？

重　力

根据牛顿第二定律，**图4-10**中的小球有加速度表明该球一定受到非平衡力的作用。作用于该球的唯一的力就是地球所施加的引力，物体的**重力(weight)**就是该物体所受到的这个引力。重力是一种场力，它的大小与物体的质量成正比。一个物体的重力可用公式表示为$F_g=mg$，其中m为物体的质量，g称为**重力场(gravitational field)**，它是一个矢量，并把物体的质量和物体在给定位置处的重力联系起来。在地球表面附近，g的大小为9.8 N/kg，方向指向地球中心。也就是说，在地球表面附近，质量为1 kg的物体受到的力重为9.8 N。

秤重　如**图4-10**中右边的图所示，你站在磅秤上时，磅秤就会对你施加一个方向向上的力。由于你没有加速度，必然没有净力作用于你，因此，磅秤向上推你的力$F_{磅秤对人}$与拉你向下的重力F_g在数值上必然相等，或者说，磅秤内部的弹簧所提供的向上的弹力使得作用于你的净力为零。磅秤的读数取决于弹簧被你所压缩的程度，所以用磅秤测量的结果也受到地球表面重力场的影响。如果你处在另一个g不同的星球上，磅秤要对你施加不同的力，以使你保持平衡状态，因此磅秤上的读数也就不同。因为重力是一种力，所以表示重力的基本单位是N。

图4-10　地球施加于物体上的重力等于该物体的质量乘以重力场强度($F_g=mg$)。
当你站立在一台磅秤上并处于平衡状态时，**明确**作用于你身体上的力。

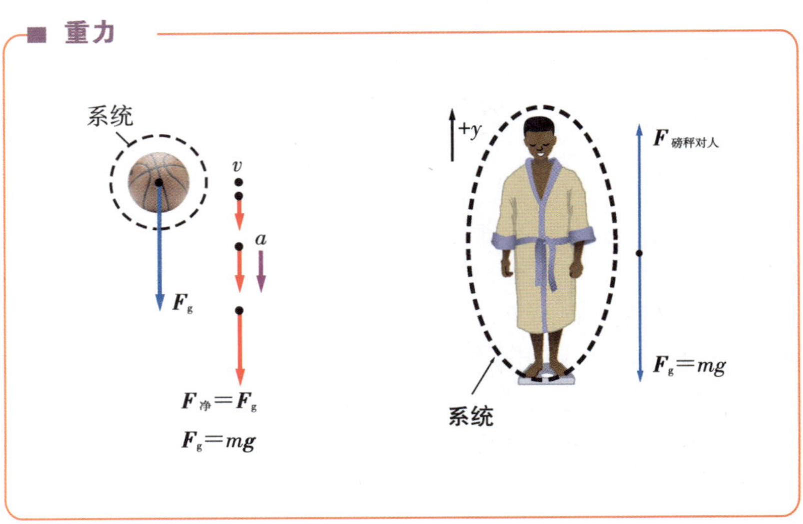

例题2

比较重力 柯朗两只手里各托着一个铜质圆柱体，圆柱体A的质量为100.0 g，圆柱体B的质量为300.0 g。为了保持圆柱体静止，它的两只手各需施加多大的向上的力？如果他让这两个圆柱体落下，它们的加速度多大？(忽略空气阻力)

1 分析概括问题

- 概述情景。
- 将两个圆柱体分别视为两个系统，并取向上为正方向。
- 画出受力分析图，并标出各个力。

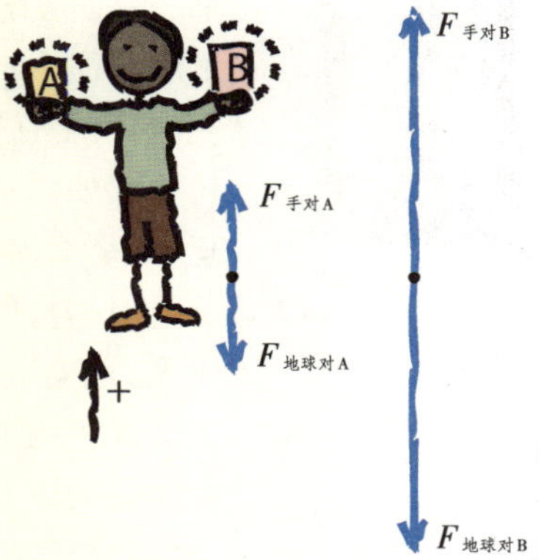

已知		未知	
$m_A=0.100\ 0\ \text{kg}$	$g=-9.8\ \text{N/kg}$	$F_{手对A}=?$	$a_A=?$
$m_B=0.300\ 0\ \text{kg}$		$F_{手对B}=?$	$a_B=?$

2 求解未知量

对于圆柱体A:

$F_{净A}=F_{手对A}+F_{地球对A}$

$0=F_{手对A}+F_{地球对A}$

$F_{手对A}=-F_{地球对A}$

$F_{手对A}=-m_A g$

$=-0.100\ 0\ \text{kg}\times(-9.8\ \text{N/kg})$

$=0.98\ \text{N}$，方向向上

对于圆柱体B:

$F_{净B}=F_{手对B}+F_{地球对B}$

$0=F_{手对B}+F_{地球对B}$

$F_{手对B}=-F_{地球对B}$

$F_{手对B}=-m_B g$

$=-0.300\ 0\ \text{kg}\times(-9.8\ \text{N/kg})$

$=2.9\ \text{N}$，方向向上

圆柱体下落时，作用在每个圆柱体上的力只有重力。

利用牛顿第二定律，

$$a_A=\frac{F_{净A}}{m_A}\qquad a_B=\frac{F_{净B}}{m_B}$$

$$a_A=\frac{m_A g}{m_A}=g\qquad a_B=\frac{m_B g}{m_B}=g$$

◀将 $F_{净A}=m_A g$ 和 $F_{净B}=m_B g$ 代入。

$$=-9.8\ \text{m/s}^2\qquad =-9.8\ \text{m/s}^2$$

◀将 $g=-9.8\ \text{N/kg}=-9.8\ \text{m/s}^2$ 代入。

3 验证答案

- **单位是否正确？** N是力正确的单位，m/s^2是加速度正确的单位。
- **符号是否有意义？** 圆柱体下落时的方向向下，是负方向，且其速度越来越大，所以加速度应当为负。
- **数值是否合理？** 质量为1 kg或更小些的物体的重力大约是1～5 N。两个圆柱体下落时的加速度都等于重力加速度。

练一练

16. 将一只西瓜放在磅秤上。如果西瓜的质量是4.0 kg，那么磅秤的读数是多大？

17. 将一台质量为22.50 kg的电视机放在磅秤上，如果读数为235.2 N，那么该处的重力加速度是多少？

18. 从地面上提起一只质量为0.50 kg的天竺鼠，至少要用多大的力？描述一下它被提起的过程中的运动情况。

19. 挑战题 食品袋最大能承受230 N的力而不破裂，那么能否以7.0 m/s^2的加速度从收银台上将一只装有15 kg食品的袋子提起来？

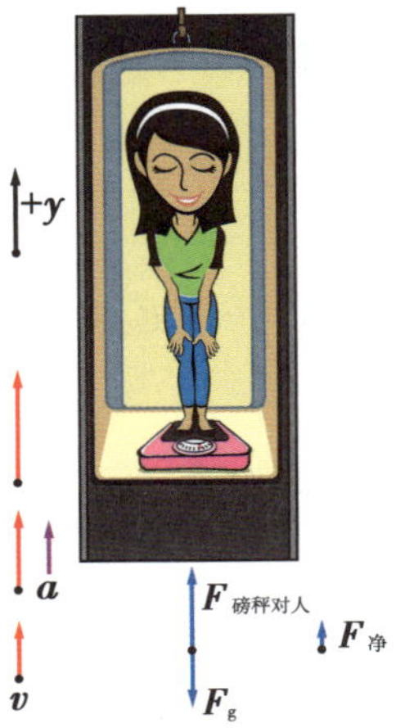

图4-11 如果你在向上做加速运动，那么净力的方向一定向上。磅秤施加向上方向的力必须大于你的重力。

视重 什么是重力？由于重力定义为$F_g=mg$，所以当g改变时，F_g也会随之改变。在地球表面附近，g近似为常量，因此当一个物体在地球表面附近运动时，它的重力不会发生明显的变化。如果在竖直方向上你只受到磅秤对你产生的向上的力，那么磅秤的读数就是你的重力。但是，如果你的一只脚踏在磅秤上，而另一只脚踏在地板上，那么这时磅秤的读数会是多少呢？如果一位朋友将你的肩膀往下压，或者将你的两肘向上抬，磅秤的读数又会怎样变化？在这些情况中，由于有其他力作用于你，因此磅秤的读数就不等于你受到的重力。

假如你站在电梯里的一台磅秤上，情况又会怎样？如果你不是在做加速运动，那么磅秤的读数就是你的重力。可是，如果这部电梯正在加速上升，那么此时磅秤的读数会是多少呢？**图4-11**示意了这种情况。你是所要考察的系统，取向上方向为正方向。因为系统加速度的方向向上，所以净力一定向上。磅秤向上方向的力必须大于你的向下方向的重力。因此，磅秤的读数会大于你的重力。

如果你是站在一部加速向上的电梯里，你就会觉得自己更重了些，因为电梯地板对你的双脚的支持力要比平时大。另一方面，如果电梯加速度的方向向下，你就会觉得自己轻些，磅秤的读数也会比正常情况小。磅秤所施加的这个力是视重的一个例子。物体的**视重（apparent weight）**是该物体受到的支持力。

阅读检测 你站在电梯里的一台磅秤上，电梯从静止加速上升，达到某一恒定速度，然后减速直至停下来。**描述**在这个运动过程中，磅秤读数的变化情况。

设想一下：如果吊挂电梯的缆索突然断裂，此时电梯里磅秤的读数会是多少？由于磅秤和你一起做自由落体运动，加速度$a=g$。根据这个公式你可以得出，磅秤的读数为零，因此你的视重也为零，即此刻你没有受到重力的作用。不过，**失重（weightlessness）**并不意味着物体的重力真的为零，而是指没有接触力向上推这个物体，因此该物体的视重为零。类似地，当飞船自由下落时，宇航员也会经历这样的失重状态。在以后的章节中，你将会比较详细地学习重力和失重。

物理实验

电梯里的力

乘电梯时，你的视重如何变化？

迷你实验

质量和重力*

质量和重力有什么关系？

解题 策略

力和运动

求解有关力和运动的问题时，可以采用如下方法。

1. 仔细审题，作出受力示意图。
2. 圈出系统，选取一个坐标系。
3. 确定哪些量是已知量，哪些量是未知量。
4. 通过画出运动图建立物理模型，指出加速度方向。
5. 作出受力分析图，标出作用在该物体上的所有的力。
6. 利用牛顿定律确定加速度和净力之间的联系。
7. 重新整理方程，求出未知量。
8. 将带有单位的已知量代入方程，并求解。
9. 验证你的结果，看看它们是否合理。

例题3

实重与视重 假设你的质量为75.0 kg，且你正站在放置于电梯里的磅秤上。电梯从静止开始，以2.00 m/s² 的加速度向上运行了2.00 s后，再以恒定的速率运动。在电梯加速上升的过程中，这台磅秤的读数究竟是大于、等于，还是小于电梯静止时的读数？

1 分析概括问题

- 概述情景。
- 选择一个坐标系，取向上方向为正方向。
- 作出运动图，标出 $\boldsymbol{v}$ 和 $\boldsymbol{a}$。
- 作出受力分析图。净力的方向与加速度的方向相同，所以向上方向的力大于向下方向的力。

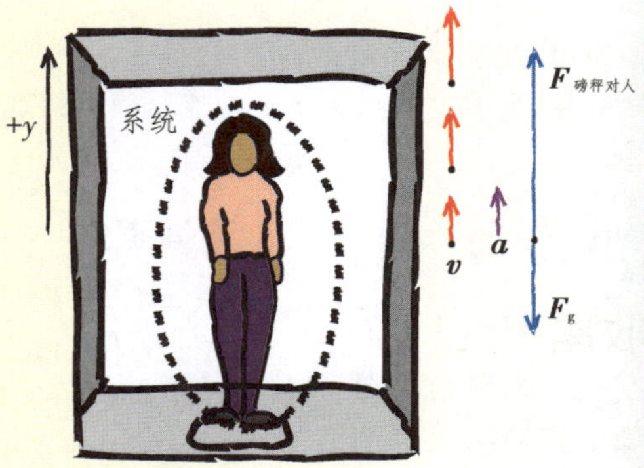

已知	未知
$m=75.0\ \text{kg}$	$F_{磅秤}=?$
$a=2.00\ \text{m/s}^2$	
$t=2.00\ \text{s}$	
$g=9.8\ \text{N/kg}$	

2 求解未知量

$F_{净}=ma$

$F_{净}=F_{磅秤}+(-F_g)$ ◀F_g为负值，这是因为按照所规定的坐标系，它的方向为负。

求解$F_{磅秤}$。

$F_{磅秤}=F_{净}+F_g$

电梯静止时：

$F_{磅秤}=F_{净}+F_g$ ◀电梯没有加速度，因此将$F_{净}=0.00\ \text{N}$代入。

$=Fg$ ◀将$F_{净}=0.00\ \text{N}$代入。

$=mg$ ◀将$F_g=mg$代入。

$=75.0\ \text{kg}\times 9.8\ \text{N/kg}$ ◀将$m=75.0\ \text{kg}$，$g=9.8\ \text{N/kg}$代入。

$=735\ \text{N}$

电梯向上加速运行时：

$F_{磅秤}=F_{净}+F_g$

$=ma+mg$ ◀将$F_{净}=ma$，$F_g=mg$代入。

$=75.0\ \text{kg}\times 2.00\ \text{m/s}^2+75.0\ \text{kg}\times 9.8\ \text{N/kg}$ ◀将$m=75.0\ \text{kg}$，$a=2.00\ \text{m/s}^2$，$g=9.8\ \text{N/kg}$代入。

$=885\ \text{N}$

电梯向上加速运行时磅秤的读数（885 N）大于静止时的读数（735 N）。

3 验证答案

- **单位是否正确？** kg·m/s²是力的单位，即N。
- **符号是否有意义？** 正号与坐标系上显示的一致。
- **数值是否合理？** 电梯加速上升时的$F_{磅秤}=885\ \text{N}$，大于静止时的值735 N，增加了150 N，大约是静止时体重的20%，而上升时的加速度大约是重力加速度的20%，所以结果是合理的。

练一练

20. 地面上的一台磅秤显示你的体重为585 N。

a. 你的质量是多少？

b. 在月球上这台磅秤显示你的体重是多少？（月球上$g=1.60\ m/s^2$）

21. 挑战题 用例题3的结果回答关于放在电梯里的磅秤的问题。在下列情况中，磅秤对人体上的支持力分别是多大？

a. 电梯以恒定的速率向上运动。

b. 电梯以$2.00\ m/s^2$的加速度向下做减速运动。

c. 电梯以$2.00\ m/s^2$的加速度向下做加速运动。

d. 电梯向下做匀速运动。

e. 电梯向下做减速运动直至静止的过程中，人所受到的净力是什么方向？

物理实验

收尾速度*

空气阻力对自由落体的运动有怎样的影响？

迷你实验

降落伞

收尾速度与降落伞的质量有什么关系？

流体阻力

一个物体周围的空气也会对该物体施加力的作用。空气所施加的大气压力实际上非常巨大，但是在大多数情况下，作用在物体各个面上的力是平衡的，因此总体来说它们对物体的运动不会产生影响。你是否能够想到什么生活经验，帮助你证明这种空气施加的力是确实存在的？试一试，伸直你的手臂，并用你的手拎起一张纸，然后用力吹它。此时，你将会看到，这张纸会动起来。这表明空气对这张纸施加了一个净力。

到目前为止，你忽略了这种空气对在其中运动的物体所施加的力。实际上，当物体在诸如空气和水那样的流体中运动时，流体会对该物体产生一个与它的运动方向相反的流体阻力。**流体阻力（drag force）**就是流体施加在其中运动物体上的力。这种力取决于物体的运动速度、物体的特性以及流体的性质。例如，当物体的速度增加时，流体阻力的数值也增加。不仅物体的大小和形状对流体阻力有影响，流体的性质，如它的黏滞性和温度，对流体阻力也会产生影响。

物理挑战题

一只质量为415 kg的装有食物和水的箱子从高度为300 m处的一架飞机上落下。先考虑忽略空气阻力的情况，然后考虑比较实际的情况，包括由于降落伞所产生的阻力。

1. 如果忽略空气阻力，该箱子下落300 m直到地面，需要多少时间？

2. 同样忽略空气阻力，当这只箱子刚接触到地面时的速率多大？

3. 如果这只箱子挂在一个降落伞下面，并通过设计降落伞产生一个阻力，使箱子下落的速度保持6 m/s不变。那么当箱子以6 m/s的速度下落时，这个阻力的大小是多少？

收尾速度 如图4–12所示，使一只乒乓球自由落下。开始时，乒乓球的速度非常小，因此空气阻力也很小。此时，向下的重力比向上的空气阻力大得多，所以乒乓球存在向下方向的加速度。随着乒乓球的速度不断增加，空气阻力也增大。空气阻力很快便与重力相等，此时没有净力作用在乒乓球上，因此也就没有加速度。当空气阻力等于重力时物体所达到的恒定速度叫作**收尾速度（terminal velocity）**。

表面积较大而质量较小的物体下落时，空气阻力对物体的运动有很大的影响，因此这类物体会很快达到收尾速度。而质量较大、密度较大的物体受到的空气阻力影响较小。例如，乒乓球在空气中的收尾速度是9 m/s，篮球的收尾速度是20 m/s，而棒球的收尾速度是42 m/s。比赛时滑雪运动员通过减小空气阻力来增加他们的收尾速度。因此，他们将身体保持成流线型，穿着平滑的衣服，戴着流线型的帽子。

高空跳伞者则通过改变其身体的方向和形状来增大或减小他们的收尾速度。当他们向水平方向张开双臂，就如同张着翅膀的鹰的样子下落时，他们的最小收尾速度大约是60 m/s。当降落伞展开时，跳伞运动员就变成了一个体积很大的物体的一部分，此时空气阻力也会变得很大，而收尾速度大约是5 m/s。

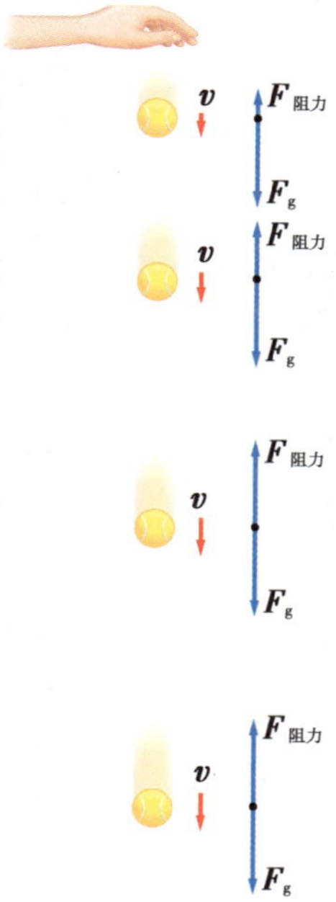

图4–12 作用在物体上的空气阻力将随着物体运动速度的增加而增加。当空气阻力等于物体的重力时，该物体便处于平衡状态，因此物体的速度就不再变化。

第2节 复习

22. 主要概念 如图4–13所示的高空跳伞运动员匀速下落。当他打开降落伞后，他是否会做加速运动？如果是，加速度沿什么方向？请用牛顿运动定律解释你的回答。

图4–13

23. 月球的重力 比较在地球上与月球上托住一块质量为10.0 kg的石块所需的力。已知月球上的重力加速度为1.6 m/s²。

24. 电梯的运动 你搭乘电梯时，手里拿着一支弹簧测力计，其下面挂有一个质量为1 kg的物体。当时，你盯住弹簧测力计，发现它的读数是9.3 N。此时电梯做什么运动？

25. 视重 你乘着高速电梯升到高楼顶层，然后再乘下来。在此过程中，什么时候你的视重与实重相等？什么时候你的视重小于或大于你的实重？作出受力分析图，并对你的回答作出解释。

26. 加速度 质量为65.0 kg的特克尔站在溜冰场的冰上。他的朋友用9.0 N的力推他时，他的加速度为多大？忽略一切阻力

27. 批判性思维 你在一家肉食品仓库打工，你的工作是将货物装上卡车，运送到杂货店。已知每辆卡车的最大载重量是10 000 N。在搬上卡车前，你要将每箱肉食品沿着一条阻力很小的滚动皮带推到一台磅秤上称重。一天晚上，在你称了一只1 000 N的货物箱后，这台磅秤坏了。请想出一种利用牛顿运动定律估计出余下箱子的大致质量的方法。

第3节 牛顿第三定律

主要概念

力总是成对产生的。

核心问题

- 什么是牛顿第三定律?
- 什么是正压力?

术语回顾

对称性 与分界线的另一边的部分相对应,这里主要指作用力与反作用力之间的对称性

关键术语

相互作用力

牛顿第三定律

张力

正压力

物理在你身边

如果你坐在带滑轮的椅子上推墙壁,那么你将在地板上做加速运动。产生这种加速度的非平衡力是怎么来的呢?牛顿第三定律有助于回答这个问题。

相互作用力

图4–14表明相互作用力总是成对产生的。孩子对狗有一个拉力,狗对孩子也就有一个拉力。力总是成对出现的。如果将孩子(A)作为一个系统,狗(B)作为另一个系统,那么,分别作用于这两个系统的力是怎样的?**图4–14**显示了这两个系统的受力分析图,你可以看到每一个系统都对另一个系统施加了力。这两个力$F_{A对B}$和$F_{B对A}$是这两个系统之间的相互作用力。注意下标的对称性——A对B,B对A。

$F_{A对B}$和$F_{B对A}$是一对**相互作用力(interaction pair)**,一对相互作用力是两个力,它们的方向相反,大小相等,且作用在不同的物体上。有时也称它们为一对作用力与反作用力。这可能会使人认为它们互为因果,然而事实并不是这样。例如,孩子拉狗的拉力并不是导致产生狗拉孩子的拉力的原因。一对相互作用力同时存在,同时消失。

☑ **阅读检测** 你用向左15 N的力推一棵树,**预测**你受到的力的大小和方向。

牛顿第三定律的定义 在**图4–14**中,孩子对狗的拉力和狗对孩子的拉力的大小相等,方向相反。这就是**牛顿第三定律(Newton's third law)**的一个例子。该定律表明,所有的力都是成对出现的,这种成对出现的两个力作用在不同的物体上,它们的大小相等而方向相反。

图4–14 狗对孩子的拉力和孩子对狗的拉力是一对相互作用力。

牛顿第三定律

A对B的作用力与B对A的作用力大小相等、方向相反。

$$F_{\text{A对B}} = -F_{\text{B对A}}$$

牛顿第三定律的应用 考虑你手里拿着一本书的情况。分别画出你和这本书的受力分析图。这里是否存在成对相互作用力？在辨认成对的相互作用力时，要记住它们总是作用在两个不同的物体上，且总是具有上页中说的对称性下标。在现在的情况中，存在着$F_{\text{书对手}}$和$F_{\text{手对书}}$这一对相互作用力。

如**图4-15**所示，足球与桌面和地球有相互作用。首先，分析作用在足球这个系统上的力。桌面对足球施加了一个方向向上的支持力，而地球对足球施加了一个方向向下的重力。虽然这两个力方向相反，但由于它们是作用在同一物体上，因此并不是一对相互作用力。然后，仅仅考虑足球和桌子这两个物体。在桌面对足球施加了一个向上的力的同时，足球对桌面也施加了一个向下的压力，这是一对相互作用力。

我们还要注意，足球受到重力。如果足球受到了地球所施加的力，那么地球也必然受到了足球所施加的力。也就是说，它们是一对相互作用力。

$$F_{\text{地球对足球}} = -F_{\text{足球对地球}}$$

作用于地球的力使地球产生加速度。但是加速度与地球的质量成反比。因为与通常所讨论的物体的质量相比，地球的质量非常大，所以地球的加速度非常小，完全可以忽略。因此，可将地球看作外界的部分，而没有必要将它作为第二个系统来处理。请根据如下解题策略讨论成对相互作用力的问题。

阅读检测 物体由于和地球相互作用而产生加速度，**解释**与这个加速度相比，为什么地球的加速度通常非常小？

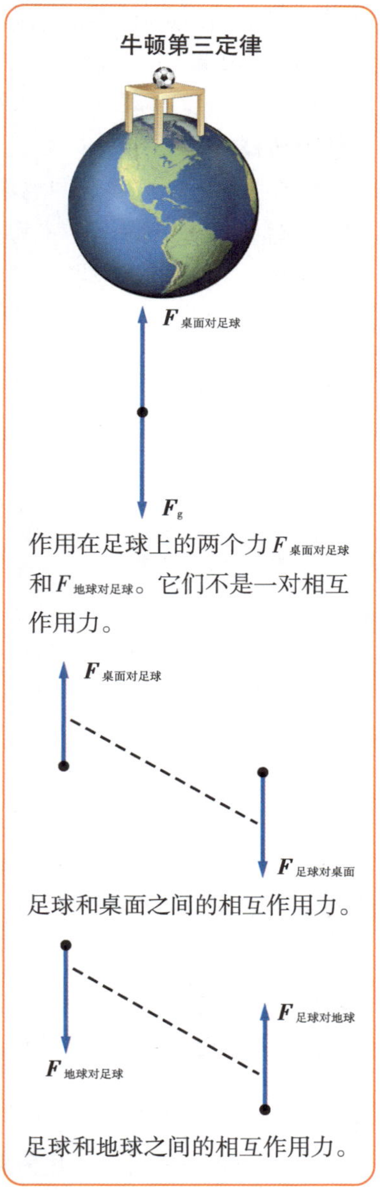

作用在足球上的两个力$F_{\text{桌面对足球}}$和$F_{\text{地球对足球}}$。它们不是一对相互作用力。

足球和桌面之间的相互作用力。

足球和地球之间的相互作用力。

图4-15 静止在桌面上的球受到的两个力分别属于两对不同的相互作用力。

解题 策略

利用以下步骤求解两个不同系统中的物体间存在的相互作用力的问题。

1. 区分出系统与外界中的系统。
2. 作出各个系统的示意图，建立坐标系。
3. 建立物理模型，包括作出每个系统的受力分析图。
4. 用虚线将每对相互作用力连起来。
5. 利用牛顿第二定律建立每个系统的净力和加速度的关系，并计算出结果。
6. 利用牛顿第三定律写出每对相互作用力的等式，确定每个力的方向。
7. 求出问题的解，验证单位、符号以及数值的合理性。

例题4

地球的加速度 垒球的质量为0.18 kg，这只垒球作用于地球的引力为多大？由此产生的地球的加速度为多大？已知地球的质量是6.0×10^{24} kg。

1 分析概括问题

- 作出两个系统，即垒球和地球的受力分析图。
- 用虚线将成对相互作用力连接起来。

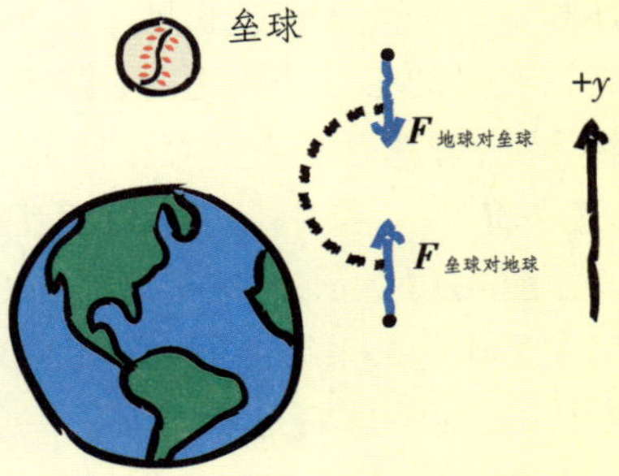

已知

$m_{垒球}=0.18$ kg　　$g=9.8$ N/kg

$m_{地球}=6.0\times10^{24}$ kg

未知

$F_{地球对垒球}=?$

$a_{地球}=?$

2 求解未知量

利用牛顿第二定律求出垒球的重力。

$$F_{地球对垒球}=-m_{垒球}g$$

$$=0.18\text{ kg}\times(-9.8\text{ N/kg})=-1.8\text{ N}$$

◀将$m_{垒球}=0.18$ kg，$g=-9.8$ N/kg代入。

用牛顿第三定律求出$F_{垒球对地球}$。

$$F_{垒球对地球}=-F_{地球对垒球}$$

$$=-(-1.8\text{ N})=+1.8\text{ N}$$

◀将$F_{地球对垒球}=-1.8$ N代入。

利用牛顿第二定律求出$a_{地球}$。

$$a_{地球}=\frac{F_{净}}{m_{地球}}$$

$$=\frac{1.8\text{ N}}{6.0\times10^{24}\text{ kg}}$$

◀将$F_{净}=1.8$ N，$m_{地球}=6.0\times10^{24}$ kg代入。

$=2.9\times10^{-25}$ m/s²，方向指向垒球

3 验证答案

- **单位是否正确？** 力的单位是N，加速度的单位是m/s²。
- **符号是否有意义？** 力和加速度应当都是正的。
- **数值是否合理？** 因为地球的质量很大，所以加速度应该非常小。

练一练

28. 用手举起一只相对轻些的保龄球，使它向上做加速运动。有哪些力作用在保龄球上？球对外界施加了哪些力的作用？这些力又是分别作用在什么物体上？

29. 一块砖从脚手架上掉下。请分别指出有哪些力作用在该砖块上，该砖块对哪些其他物体施加了什么力，这些力的受力物体分别是什么。（忽略空气阻力）

30. 如**图4-16**所示，一只箱子稳稳地放置在行李车上。请作出图中两个物体的受力分析图，并指出哪些力是这两个物体间的成对相互作用力。

图4-16

31. 挑战题 将一只球向上抛出。在球离开手之后，作出该球在向上运动时的受力分析图，并回答：有哪些力作用在球上？该球对外界施加了哪些力的作用？这些力又是分别作用在什么物体上的？假设空气阻力可以忽略不计。

张　力

简单地说，**张力（tension）**就是指线或绳子对物体所施加的力。为了方便起见，本书中假定线或绳子都没有质量。如**图4–17**所示，这根绳子的中部快要断裂。如果绳子断裂，吊桶就会掉下来。因此在绳子断裂之前，一定存在使这根绳子保持为一个整体的力。将这根绳子的上面部分对下面部分的力表示为$F_{上对下}$。根据牛顿第三定律可知，这个力一定是一对相互作用力中的一个力。这对力中的另一个力就是绳子的下面部分对上面部分的力，表示为$F_{下对上}$。这两个力大小相等，但方向相反，这也显示在**图4–17**中。

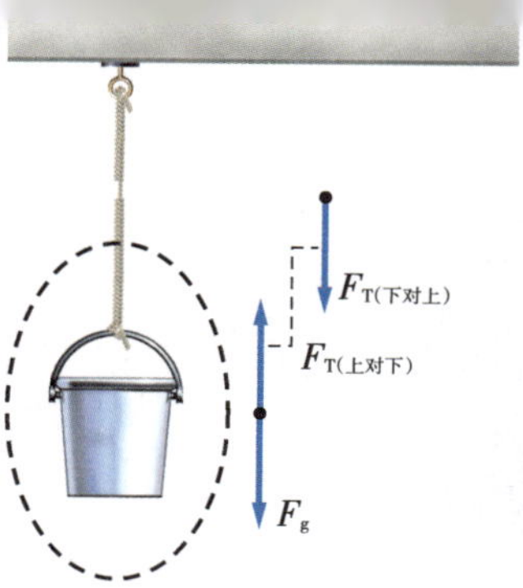

图4–17　绳子的张力等于悬挂在它下面的所有物体的重力。

还可以用另一种方式来思考这种情况。绳子断裂前，吊桶处于平衡状态，这意味着它的向下方向的重力必然与绳子中向上方向的张力大小相等，方向相反。同样，如果你考虑的是吊桶上方绳子上的某点处，它也处于平衡状态。因此，该点下面绳子的向下的张力必然等于该点上面绳子的向上的张力。你可以沿着这根绳子上移，考虑绳子上的每一点处，你会看到，张力就是在两个方向上的大小相等的拉力。因此，绳子中的张力就等于悬挂在它下面的所有物体的重力。

在如**图4–18**所示的拔河游戏中也涉及张力的知识。如果左边的A队施加了一个大小为500 N的拉力，而绳子不动，那么右边的B队所用的拉力必然也为500 N。在这种情况下，绳子中的张力多大？如果每一队都用500 N的力来拉，张力是1 000 N吗？为了得到答案，可以将这根绳子分成两半来考虑，左端不动，净力为零，因此，$F_{A对绳}=F_{右对左}=500$ N。同样，$F_{B对绳}=F_{左对右}=500$ N。两个张力$F_{右对左}$和$F_{左对右}$是一对相互作用力，所以它们的大小相等、方向相反。因此，绳子中的张力也就等于每个队所用的拉力500 N。为了证实这一点，你可以在绳子的中点处将它割断，在两断头处系一只弹簧测力计。弹簧测力计的读数是500 N。

图4–18　绳子不动，所以绳子中的张力就等于每个队所用的拉力。

例题5

提桶问题 用一根绳子提一只质量为50.0 kg的桶。假定当绳子的张力等于或小于525 N时，这根绳子不会断裂。已知开始时这只桶是静止的，被提至3.0 m时它的运动速度是3.0 m/s。如果加速度恒定不变，那么这根绳子是否有断裂的危险？

1 分析概括问题

- 作出示意图，确认作用在系统上的力。
- 建立一个坐标系，规定坐标轴的正方向向上。
- 作出包含$\boldsymbol{v}$和$\boldsymbol{a}$的运动图。
- 作出受力分析图，标出每个力。

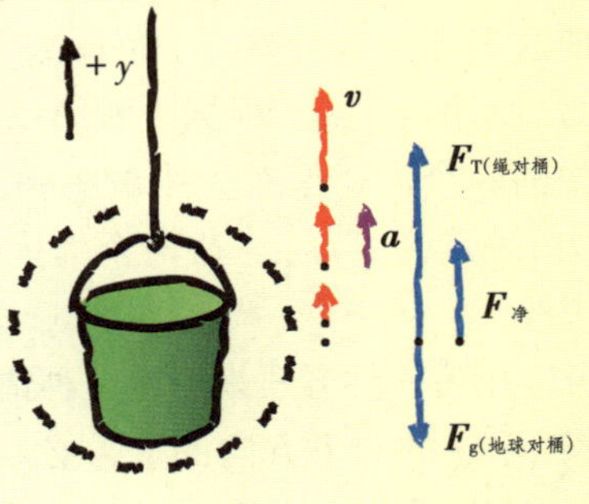

系统

已知		未知
$m=50.0\ \text{kg}$，	$v_f=3.0\ \text{m/s}$	$F_T=?$
$v_i=0.0\ \text{m/s}$	$d=3.0\ \text{m}$	

2 求解未知量

根据坐标系可以看出，$F_{净}$是将绳子向上拉的力F_T与向下拉的重力$-F_g$之和。

$$F_{净}=F_T+(-F_g)$$

$$F_T=F_{净}+F_g=ma+mg$$ ◀将$F_{净}=ma$，$F_g=mg$代入。

已知v_i、v_f和d。

$$v_f^2=v_i^2+2ad$$

$$a=\frac{v_f^2-v_i^2}{2d}=\frac{v_f^2}{2d}$$ ◀将$v_i=0.0\ \text{m/s}^2$代入

$$F_T=ma+mg$$

$$=m\left(\frac{v_f^2}{2d}\right)+mg$$ ◀将$a=\frac{v_f^2}{2d}$代入。

$$=50.0\ \text{kg}\times\frac{(3.0\ \text{m/s})^2}{2\times3.0\ \text{m}}+50.0\ \text{kg}\times9.8\ \text{N/kg}$$ ◀将$m=50.0\ \text{kg}$，$v_f=3.0\ \text{m/s}$，$d=3.0\ \text{m}$，$g=9.8\ \text{N/kg}$代入。

$$=565\ \text{N}$$

因为张力超过525 N，所以这根绳子有断裂的危险。

3 验证答案

- **单位是否正确？** 根据量纲分析，$1\ \text{kg}\cdot\text{m/s}^2=1\ \text{N}$。
- **符号是否有意义？** 向上方向的力应当为正值。
- **数值是否合理？** 数值略大于这只桶的重力$F_g=mg=50.0\ \text{kg}\times9.8\ \text{N/kg}=490\ \text{N}$。

练一练

32. 迪艾柯与米卡正尝试给迪艾柯的车换上一只新的轮胎，但是他们在拔卸旧轮胎时遇到了麻烦。当米卡用23 N的力、迪艾柯用31 N的力向同一个方向一起拔时，他们刚刚勉强使轮胎微微移动。这只轮胎与轮子间的力有多大？

33. 挑战题 你正在帮忙修理屋顶。你的任务是将修理工具装在一只桶里，然后让工人用吊车将这只桶吊上屋顶。已知绳子所能承受的最大张力不超过450 N。如果你在这只桶内装满了工具，使它的质量达到了42 kg，那么当工人将它拉上屋顶时，它的最大加速度可达到多大？

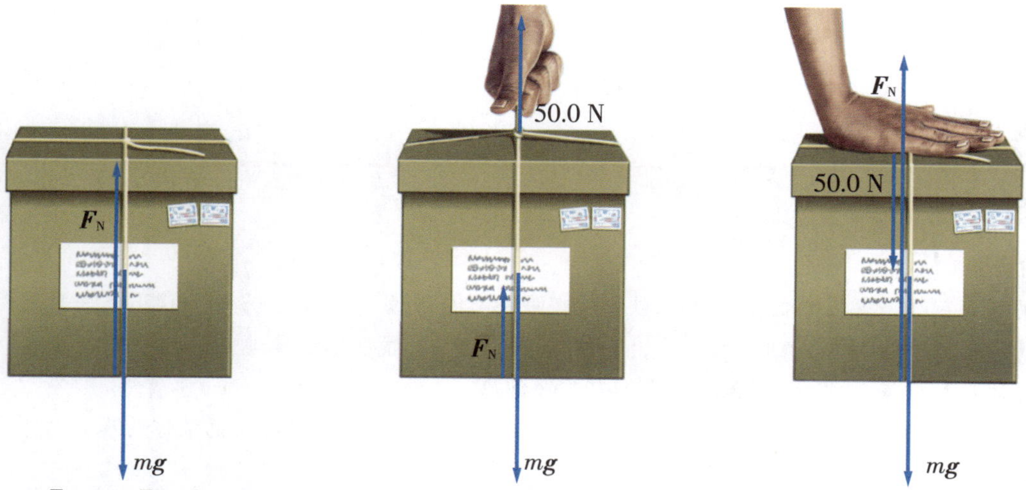

图4-19 正压力并不总是等于物体的重力。

正压力

只要两个物体存在相互挤压，它们彼此间就存在相互作用力。例如，对于放置在桌面上的一只盒子来说，它除了受到一个由地球的万有引力引起的向下的力之外，还受到一个桌面施加于它的向上的力。这个力必然存在，否则盒子无法处于平衡状态。**正压力（normal force）**就是由一个物体的表面施加于另一个物体的垂直方向的接触力。

正压力总是垂直于两个物体间的接触面，那么是否它总是等于物体的重力呢？**图4-19**显示了同样重的盒子的三种情况。如**图4-19**中间那幅图所示，如果用一根绳子系住盒子，然后将它稍稍提起，但不足以使它运动，这时的情况会是怎样？当你利用牛顿第二定律对这只盒子进行分析时，你就会看到，$F_N+F_{绳对盒子}-F_g=ma=0$ N，重新整理后便有 $F_N=F_g-F_{绳对盒子}$。

在这种情况下，桌面对盒子的正压力小于盒子的重力 F_g。同样的，如**图4-19**右边那幅图所示，如果你向下压桌面上的这只盒子，那么盒子受到的正压力将大于盒子的重力。当你学习有关摩擦力的问题时，正确求解正压力是非常重要的。

物理实验

牛顿第三定律*

列车的两节车厢之间的相互作用力是什么？

第3节 复 习

34. **主要概念** 如**图4-20**所示，你的手里拿着一只球，并使它停留在半空中不动。指出作用在这个球上的每一个力，以及与它成对的相互作用力。

图4-20

35. **力** 想象一下上题中的球向下做加速运动。是否有哪个力，或者与它成对的相互作用力发生了改变？请画出球体受力分析图，并指出其中与每个力相对应的反作用力。

36. **张力** 用一根质量可以忽略的绳子将一木块悬挂在天花板上，然后用另一根质量可以忽略的绳子把第二块木块悬挂在第一块木块的下方。如果这两块木块的质量都是5.0 kg，那么两根绳子中的张力分别是多少？

37. **张力** 上题中，如果下面的那块木块的质量是3.0 kg，而上面绳子的张力是63.0 N，请计算下面绳子的张力以及上面木块的质量。

38. **批判性思维** 用一块幕布隔开了拔河比赛的两个队，使他们互相看不到对方。如果一个队将他们那端的绳子系在了一棵树上，而另一队用500 N的力使劲拉绳子，那么绳子的张力是多少？请加以说明。

起步实验

相反方向的力

实验步骤

1. 用一条粗绳沿着书本的中央扎一圈。再取两条细线，分别从书的上方中点和正下方系住粗绳。
2. 请一位同学拿起上方细线的一头，使书本悬挂在空中，然后你缓慢地使劲拉下方的细线。记录你的观察结果。***注意：不要让掉下的书本砸到脚。***
3. 用另一根细线替换断线，重复步骤2，但这次拉细线的速度尽可能快。记录你的观察结果。

分析

4. 步骤2中哪根细线被拉断了？这是为什么？

5. 步骤3中又是哪根细线被拉断了？这又是为什么？

6. **批判性思维** 画出实验情景的示意图。用带箭头的线段表示作用在这本书上的力。

迷你实验

降落伞

实验步骤

1. 设计一个实验，利用秒表和米尺测量一个自由下落的物体达到收尾速度时，所通过的距离。其中要考虑怎样知道下落的物体已达到恒定的收尾速度，以及怎样精确测量该速度。
2. 测量一张咖啡滤纸的收尾速度，然后测量几张叠在一起的咖啡滤纸的收尾速度。

分析

3. 每种情况下的收尾速度多大？收尾速度与质量有关吗？

物理实验

实验器材

- **在电梯口附近做实验时要小心。**
- **不要妨碍电梯的正常运行。**
- **不要让悬挂在弹簧测力计上的物件掉落，以免砸到别人的脚。**

电梯
磅秤
弹簧测力计
物块

电梯里的力

你是否搭乘过高速电梯？你觉得坐这种电梯舒服吗？当你乘坐快速向上或自由下落的游乐车时，又有怎样的感觉？你不觉得有什么力作用于你吗？你可以通过做以下实验来解答这些问题。在本实验中，你将用磅秤来研究你在做竖直运动时所受到的和重力有关的力。许多磅秤在测量重力时所用的单位不是N，因此在实验中，你需要将家用磅秤测得的重力转化为SI制单位。

问题

在竖直方向上，相对于地面运动的物体受到哪些一维力的作用？

目标

- **测量**列出在竖直方向上运动的物体所受到的作用力。
- **对比与比较**区分实重与视重。
- **分析与结论**交流并比较电梯加速度的数值。

实验步骤

1. 将一物块牢固地挂在弹簧测力计的钩子上，并将该物块的重力记录在数据表中。
2. 使物块先向上做加速运动，然后向上做匀速运动，最后再慢下来。将磅秤上测得的力的最大值、匀速运动时力的大小，以及磅秤上的最小读数记录下来。
3. 在征得老师的同意后，从一楼进入电梯。在进入电梯前，先在磅秤上测量你的体重，并将结果记录在数据表中。
4. 在电梯里放置一台磅秤。站在磅秤上，看一下电梯静止时你的体重。选择电梯将要抵达的最高层。电梯一经启动而向上做加速运动时，将磅秤上的最大读数记录在数据表中。
5. 当电梯的速度不变时，将磅秤上的读数记录在数据表中。
6. 当电梯开始减速时，读出磅秤上的最小读数，并将它记录在数据表中。

数据表	
物块的重力(步骤1)	
最大读数(步骤2)	
速度恒定时的读数(步骤2)	
最小读数(步骤2)	
你的体重(步骤3)	
最大读数(步骤4)	
速度恒定时的读数(步骤5)	
最小读数(步骤6)	

分析

1. 在步骤2中，为什么当物块向上做加速运动时，它的重力会显示出有所增加？写出能够概括这个原因的数学公式。

2. 步骤3中，在电梯快要静止前做减速运动时，为什么物块的重力显示会有所减小？写出能够概括这个原因的数学公式。

3. 大多数磅秤所显示的读数单位为磅量(lbm)。将你在步骤4中得到的读数由磅量转化为千克。(1 kg=2.21 lbm)(注意：如果你的磅秤是用千克量度的，可跳过这一步)

4. 有些磅秤所显示的读数单位为磅力(lbf)。将你在步骤4～6中得到的所有读数转化为牛顿。(1 N=0.225 lbf)

5. 用如下公式计算你的电梯之旅开始时电梯的加速度：
$F_{磅秤}=ma+mg$。

6. 实验结束时电梯的加速度是多少？

结论与应用

设计一个实验，测量游乐场中乘坐的快速下落或快速上升之类游乐车的加速度。

进一步探索

怎样用一台磅秤同时测量磅量（lbm）和磅力（lbf）？

生活中的物理学

作用在高空表演的喷气式飞机飞行员身上的力一般是用 g 量度的。在一次疾速上升的飞行中，飞行员受到 $6g$ 的支持力表示什么意思？

超音速跳伞

1960年8月19日，乔·基丁格坐在一个悬挂在氦气球下面的吊舱内，上升了31.3 km到达平流层……然后，他走出吊舱，在自由下落4 min 36 s、其速度达到274 m/s后才打开降落伞，并在11 min后安全落地。

一小步 基丁格描述了他刚走出吊舱时感受到的惊心动魄的一幕。他感到自己悬浮在空中，出现这种感觉的原因是因为他看不到任何参照物，无法估计他的速度。事实上，他正在以任何人从未经历过的极快的速度下落。他的这一跳创造了一系列的纪录，包括自由落体运动的最大速度、自由落体运动的最长距离和跳伞的最大高度。基丁格的这一跳为载人航天计划打下基础，这也说明了人类携带适当的装备是能够忍受如此高度时的极端条件的。

收尾速度 当向上的空气阻力等于向下的重力时，跳伞者便达到了收尾速度。收尾速度取决于跳伞者所处位置空气的温度和密度。通常跳伞的高度大约为3 500 m，跳伞者最大速度大约为90 m/s。由于高海拔的空气密度很低，跳伞者可以在更高的地方起跳，所以其速度可达300 m/s，甚至更大。

超过声速 基丁格自由下落的最大速度是274 m/s，几乎接近声速。声音在空气中的传播速度不是恒定的，而与空气的温度有关。在海平面，空气温度大约为15℃，此处的声速为340 m/s。如**图1**所示，在空气密度低、温度也很低的高空中，声音传播得较慢。打破基丁格的纪录、在自由落体运动中超过声速是这些跳伞者的目标之一。

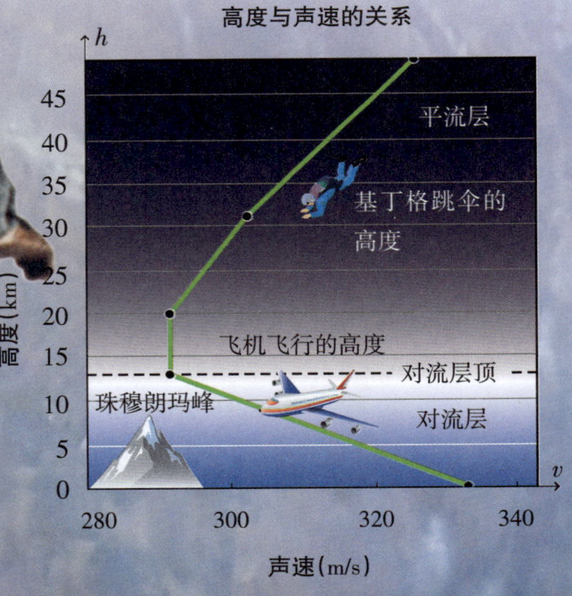

图1 声速随空气的温度和密度的变化而变化。试图在自由落体运动中超过声速的高空跳伞运动员穿着类似于宇航员的衣服。

进一步探索 >>>

研究 基丁格参与了艾克塞西奥(Excelsior)和曼海(Manhigh)计划。由于在艾克塞西奥计划中出现的技术问题，这个计划特别令人感兴趣。

复习指南

大概念 净力引起运动状态的变化。

关键术语
- 力
- 系统
- 受力分析图
- 净力
- 牛顿第二定律
- 牛顿第一定律
- 惯性
- 平衡状态

第1节 力和运动

主要概念 力是一种推或拉的作用。

- 力是一种推或拉的作用。力既有大小,又有方向。力可以分为接触力和场力。
- 牛顿第二定律可表述为,一个系统的加速度等于作用在该系统上的净力除以它的质量。

$$a=\frac{F_{净}}{m}$$

- 牛顿第一定律可表述为:当且仅当作用在物体上的净力为零时,静止的物体仍旧保持静止,运动的物体将继续做匀速直线运动。一个物体如果没有受到净力的作用时,该物体便处于平衡状态。

关键术语
- 重力
- 重力场
- 视重
- 失重
- 流体阻力
- 收尾速度

第2节 重力和流体阻力

主要概念 牛顿第二定律可用来解释下落物体的运动。

- 物体的重力F_g取决于该物体的质量以及该物体所在处的重力场。

$$F_g=mg$$

- 物体的视重就是它所受到的支持力。如果一个物体没有视重,那么该物体便处于完全失重状态。
- 当下落物体受到的空气阻力等于它的重力时,该物体便达到一个恒定速度。这个恒定速度称为收尾速度。收尾速度取决于物体的重力、大小、形状以及流体的性质。

关键术语
- 相互作用力
- 牛顿第三定律
- 张力
- 正压力

第3节 牛顿第三定律

主要概念 力总是成对产生的。

- 牛顿第三定律表述为,一对相互作用的两个力的大小相等、方向相反,且作用在不同的物体上。在一对相互作用力中,$F_{A对B}$并不会引起$F_{B对A}$。这两个力同时出现,同时消失。

$$F_{A对B}=-F_{B对A}$$

- 正压力是由于两个物体相互接触而产生的一种支持力,它总是垂直于两个物体间的接触面。

第4章 测 评

第1节 力和运动

理解概念

39. **大概念** 你踢了一下足球，足球在场地里滚动，然后慢下来直至静止。你要你的弟弟解释此足球的运动情况。他说："你的脚上的力传给了足球，使它运动。当这个力耗尽，它就停了下来。"牛顿是否同意这种解释？如果不同意，那么如何用牛顿定律来描述。

40. **骑自行车** 想象一下，你正在骑一辆单速自行车。与保持匀速运动时相比，为了使它开始运动，你必须用更大的力蹬脚踏板。这是为什么？

解决问题

41. 质量为1.0 kg的小球在做匀速运动的过程中所受到的净力是多少？

42. **滑冰** 约希和艾弗正在滑冰。假设约希用5.0 N的力推艾弗，而艾弗的质量是40.0 kg。那么，艾弗的加速度是多少？不考虑摩擦力

43. 质量为2 300 kg的汽车在接近停车线时以3.0 m/s^2的加速度开始减速前进。求引起汽车速度减小的净力的大小。

44. **折断叉骨** 感恩节后，凯文和盖迈拉着火鸡的叉骨许愿。假定凯文用0.17 N的力抓住叉骨用力拉，这个力大于盖迈从相反方向拉叉骨所用的力。已知火鸡叉骨的质量为13 g，那么叉骨的初始加速度为多大？

第2节 重力和流体阻力

理解概念

45. 假定一个物体的加速度等于零，这是否意味着该物体没有受到力的作用？举一个每天都能看到的例子支持你的回答。

46. **篮球** 篮球运动员运球时，球会落到地板上再弹起。使球弹起需要力的作用吗？为什么？如果需要力，那么施力物体是什么？

47. 一辆手推车受到一个方向向右的水平净力的作用。乔恩说，这手推车一定向右运动。但乔安娜不同意这个说法，她认为手推车这时可能向右运动，也可能向左运动。这两种说法是否都正确？如果都正确，请描述一下这辆手推车的速度和加速度情况，并作出解释。

48. 高空跳伞运动员打开降落伞之前，他的下落速度可能比打开降落伞之后的收尾速度大。
    a. 请描述打开降落伞时他的速度将发生的变化情况。
    b. 描述高空跳伞运动员从降落伞打开到快落地时的速度变化情况。

49. 有三个物体：一个铅球，一只充满空气的气球，以及一只篮球。将它们从高层建筑的顶上同时落下。
    a. 将这些物体按照它们达到收尾速度的先后排列。
    b. 将这些物体按照它们到达地面的先后排列。
    c. 在a和b的结果之间有什么关系？

解决问题

50. 你的体重是多少牛？说明你是怎样知道的。

51. 如**图4-21**所示，一架救援直升机利用绞车和救生圈将两人提起。
    a. 这台绞车可产生2 000 N的力，它能提起的最大质量是多少？
    b. 如果这台绞车所施加的力为1 200 N，救援者和落水者的加速度多大？画出他们的受力分析图。
    c. 根据b中的加速度，将他们拉上直升机机舱需要多长时间？假定他们的初始速度为零。

图4-21

52. 一台磅秤放在一部电梯里，有一位质量为53 kg的人站在上面。在下列情况中，磅秤施于这个人的支持力为多大？

a. 电梯匀速上升。

b. 电梯以2 m/s^2的加速度向上减速运行。

c. 电梯以2 m/s^2的加速度向下加速运行。

d. 电梯匀速下降。

e. 电梯以恒定的加速度2.5 m/s^2向下做匀减速运动直至静止。

53. **天文学** 水星表面的重力加速度是地球的0.38。

a. 质量为6.0 kg的物块在水星上受到的重力多大？

b. 如果冥王星表面的重力加速度是水星的0.08，那么质量为7.0 kg的物块在冥王星上受到的重力多大？

54. 一位质量为65 kg的跳水运动员从10.0 m高台上跳下。假设空气阻力可以忽略不计。

a. 求跳水运动员到达水面时的速度。

b. 这位跳水运动员跳下后最多能到达水面下2.0 m处。求他所受到的水的阻力。

第3节 牛顿第三定律

理解概念

55. 一石块从桥上下落。在此过程中，由于地球的引力，它向下做加速运动。根据牛顿第三定律可知，该石块也在吸引地球，然而却看不到地球做加速运动。这是为什么？请给出你的解释。

56. 说明为什么一条无质量的绳子中各处的张力都是一样的。

57. 如**图4-22**所示，拉蒙正在推一张床。作出这张床的受力分析图，指出所有作用于这张床的力，并列出这张床作用于其他物体的所有的力。

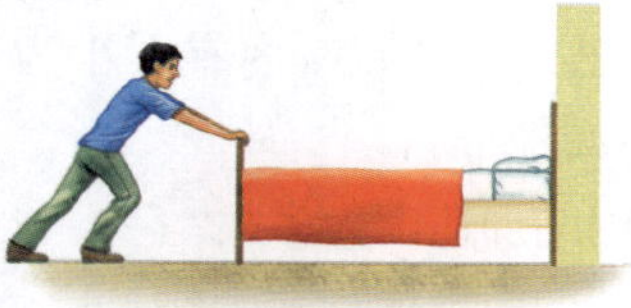

图4-22

58. **棒球** 击球手挥动他的球棒击打一只棒球。作出接触时刻棒球与球棒的受力分析图，并标出这两张图共有的每一对相互作用力。

59. **排序** **图4-23**显示了一木块的三种不同情况。按照木块（或弹簧）与地面之间正压力的大小，将它们从大到小进行排列，并说明理由。

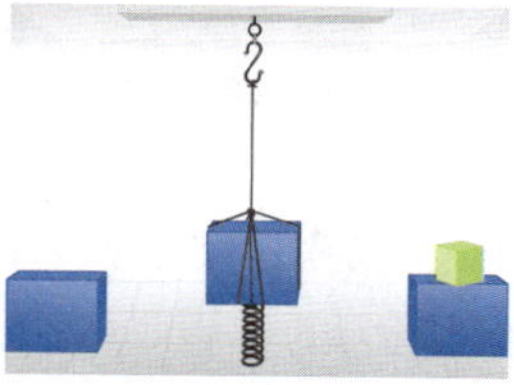

图4-23

解决问题

60. 一块质量为6.0 kg的木块A放置在另一块置于水平桌面上的质量为7.0 kg的木块B上。

a. 木块B施加于木块A的力为多大？方向怎样？

b. 木块A施加于木块B的力为多大？方向怎样？

61. **下雨** 有一质量为2.45 mg的雨滴落向地面。当它正在下落时，它对地球施加的力为多大？

62. 雄狮和短跑选手都能达到大约10.0 m/s^2的起跑加速度。假设一头狮子的质量为170 kg，而一位短跑选手的质量为75 kg。那么在赛跑出发时，这两者对地面施加的力的差为多大？（计算时要考虑向前的力和正压力）

63. 一架质量为4 500 kg的直升机以2.0 m/s^2的加速度上升。空气施加给螺旋桨的升力为多大？

64. 三块木块叠放在一起。已知最上方的木块的质量为4.6 kg，中间那块木块的质量为1.2 kg，而最下方的木块的质量为3.7 kg。计算这些木块间的正压力。

应用概念

65. **追尾伤害** 如果你坐在一辆汽车里，而该汽车从后面受到其他车的撞击，你的颈部可能受到严重伤害，这称为追尾伤害。

a. 用牛顿定律解释为什么会导致这种伤害。

b. 说明头枕是如何减小追尾伤害的。

66. 当你查看**图 4–24** 中的产品标签，想知道盒子里装有多少东西时，它告诉了你的是所装东西的质量、所受的重力，还是两者均有？你要怎样改写这张标签，才能在月球上正确表示该盒子中的货物量？

图 4–24

67. 从高层建筑物顶上落下两只球，其中一只球充满空气，另一只充满水，它们下落时都受到空气阻力的作用。那么，哪只球先达到收尾速度？这两只球是否同时落到地面？

68. 常说 1 kg=2.2 lb，这意味着什么？该通过什么方式进行这种比较？

69. 将一只球竖直抛向空中。假设空气阻力可以忽略不计。
   a. 作出该球运动过程中三个时间的受力分析图：上升过程中、最高点处、下落过程中。明确指出作用在球上的力，以及这些力的施力物体。
   b. 在运动的最高点处，该球的速度是多少？
   c. 在这一点上，该球的加速度是多少？

70. 当球员接队友的传球时，他的双手不是静止不动的，而是向着球的方向移动来接球的。利用加速度的概念和牛顿第二定律解释这位球员为什么要这样做？

复习提高

71. 一辆赛车在 5.023 s 内跑完了 402.3 m。如果这辆车的加速度保持不变，那么它的加速度与末速度分别为多大？

72. **空间站** 普拉狄希在地球上重 588 N，然而在空间站中她没有视重。如果此时她在竖直方向用 3.0 m/s² 的加速度推一堵墙，求此时墙对她所施加的力。

73. **喷气式飞机** 一架重 2.75×10^6 N 的喷气式飞机正准备起飞。如果喷气式发动机产生了大小为 6.35×10^6 N 的向前的恒定牵引力，为了达到它的最小起飞速率 285 km/h，跑道至少要多长？

74. **短程加速赛车** 一辆质量为 873 kg 的改装型高速赛车，如果由静止开始加速，在 0.59 s 内其速率达到 26.3 m/s。
   a. 求出该赛车的平均加速度。
   b. 这段时间内该赛车受到的净力平均为多大？
   c. 如果赛车手的质量为 68 kg，那么他的座椅施加给他的水平力有多大？

75. 如果上题中的那辆赛车在 4.936 s 内跑完了 402.3 m，并以 126.6 m/s 的速度冲过终点线，那么加速度恒定不变的假设还成立吗？为了确定加速度是否保持不变，你需要什么信息？

76. 如**图 4–25** 所示，一名质量为 65 kg 的男孩和一名质量为 45 kg 的女孩在没有摩擦力的冰面上用一根无质量的绳子做拔河游戏。假设女孩朝男孩方向运动的加速度是 3.0 m/s²，求男孩朝女孩方向运动的加速度大小。

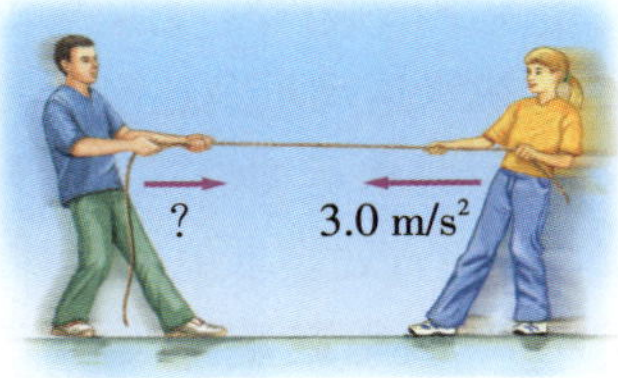

图 4–25

77. **棒球** 当一只棒球被接住时，它的速率会在大约 0.005 0 s 内从 30.0 m/s 减小到 0.0 m/s。
   a. 这只棒球的加速度是多少？
   b. 作用在这只棒球上的力的大小和方向怎样？
   c. 作用在接球手的力的大小和方向又是怎样？

78. 一辆汽车在 6.0 s 内，其速度从 0 均匀地增大到 24 m/s。如果这辆车的质量为 2.0×10^3 kg，那么这辆车受到的牵引力为多大？

79. **气垫曲棍球** 气垫曲棍球台利用台面上数千只细孔喷出空气的办法来支撑轻小的曲棍球。这种办法使曲棍球在气垫上各处受到的阻力非常小。已知某只曲棍球的质量为 0.25 kg，在 9.0 s 内有大小为 12.0 N 的力在持续地推它。
   a. 球的加速度为多大？
   b. 球的末速度为多大？

80. 气象球　如**图4-26**所示，质量为8.0 kg的仪器设备悬挂在一只气象气球下。气球升空后，它对仪器设备施加了一个98 N的向上的力。

a. 气球和仪器设备的加速度是多少？

b. 气球加速运动10 s后，仪器设备被释放。此时仪器设备的速度如何？

c. 仪器设备被释放后，受到的净力为多大？

d. 何时仪器设备的速度方向开始向下？

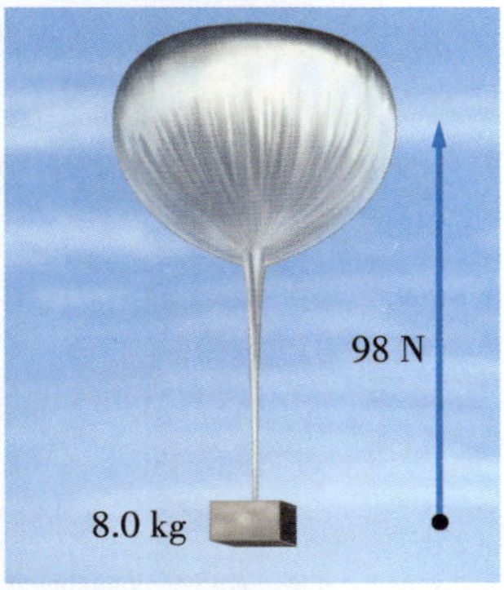

图4-26

81. 一木块放置在无摩擦力的平面上，当4.5 N的水平力作用在此木块上时，它产生了2.5 m/s^2的加速度。假定第二块质量为4.0 kg的木块放置在第一块木块上，同样的力作用在这一组合体上，该组合体的加速度为多大？假定第二块木块不会在第一块木块上发生相对滑动。

82. 如**图4-27**所示，质量分别为4.3 kg和5.4 kg的木块A和B，在无摩擦力的表面上被大小为22.5 N的水平力推动，力作用在木块A上。

a. 这两块木块的加速度分别为多大？

b. 木块A作用在木块B上的力为多大？

c. 木块B作用在木块A上的力为多大？

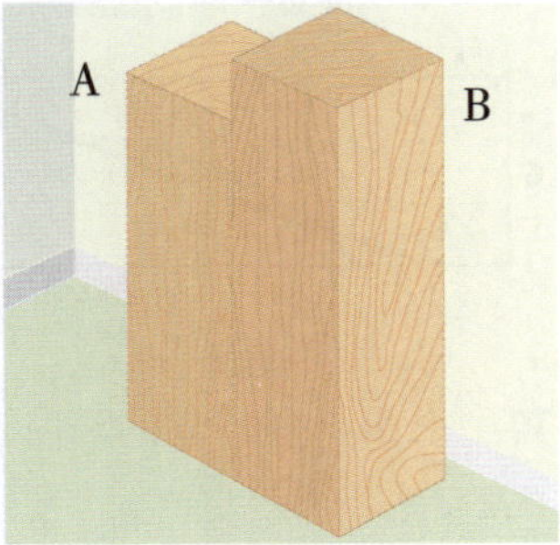

图4-27

83. 一位学生站在一台磅秤上，该磅秤被置于停留在一幢建筑物的第64层的电梯里。此刻磅秤上的读数为836 N。

a. 若电梯向上运动时磅秤上的读数为936 N，求电梯的加速度。

b. 电梯即将到达74层时，磅秤上的读数降到782 N。此时电梯的加速度是多少？

c. 用a和b的结果，说明电梯是在启动时还是在停下来时，其速度的改变花费的时间更长。

84. 如**图4-28**所示，将两块质量分别为5.0 kg和3.0 kg的木块用无质量的绳系在一起，绳子绕过一只质量不计、阻力不计的滑轮。放开这两块木块，使它们运动。

a. 求绳子中的张力。

b. 求木块的加速度。

提示：你需要求解两个联立方程。

图4-28

批判性思维

85. 编写问题　用生活中的物体编写一道物理题，在它的解答中会出现下列表达式：

$$F=23\ kg\times1.8\ m/s^2。$$

86. 建立模型　将一块质量为2.0 kg的物块A和一块质量为3.0 kg的物块B用一根绕过无摩擦滑轮的轻质细绳相连。滑轮仅仅改变细绳的施力方向。悬挂的物块能自由地运动。为这两块物块建立坐标系，对A取向上为正方向，对B取向下为正方向。

a. 作出质点模型。

b. 作出运动图和受力分析图。

c. 质量较小的物块的加速度是多少？

87. 运用模型 假定上题中物块的质量分别为1.00 kg和4.00 kg,求质量较大的物块的加速度大小。

88. 观察与推断 如**图4–29**所示,在无摩擦力的平面上用一个水平力拉着细绳连接的三块木块。

a. 每块一木块的加速度为多大?

b. 每根细绳中的张力是多少?

提示:分别画出各木块的受力分析图。

图4–29

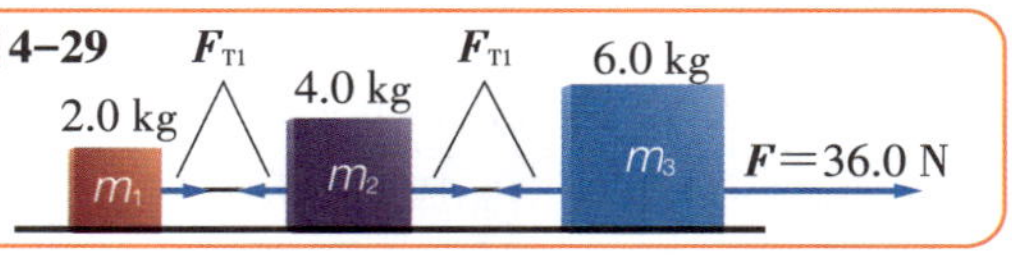

89. 判别 以本章的例题作为范例,求解如下问题:用两根竖直的绳子将一质量为3.46 kg的木块系在天花板上,每根绳子中的张力为多大?

90. 批判性思维 你作为一位科学顾问,参与了一项新的有关星际探索的科幻电视系列节目的工作。在节目的第三个单元中,女英雄蒙格罗芙将作为首位宇航员,乘坐一架新的宇宙飞船在太阳系中旅行。在旅途中,她需要携带一台检测仪,用来测量她所到之处的重力,以确定她的飞船是确实到达了她计划要去的星球。为了测量重力,编剧想让她用磅秤之类的东西来做实验。你现在要做的是,设计一个很快就能完成的实验,使蒙格罗芙能够借助磅秤之类的工具,确定她已经到达的究竟是太阳系中的哪颗星球。描述这个实验,并写出她希望要去的金星(g=8.9 N/kg)上应该得到的实验数据,以及她实际到达的水星(g=3.7 N/kg)上的实验结果。

91. 应用概念 打开实验室,利用运动检测器和计算器(或计算机程序)得到自由落体在相等的时间间隔内所通过的距离的图线,并作出速度随时间变化的图线。比较这两条图线。利用你的速度图线,确定加速度的大小,看看它是否等于g。

92. 补充问题 将问题补充完整,并用选项中的定律来求解:“工人将一只装有橘子的重10 kg的箱子从卡车上卸下放到地面上,然后用力推这只箱子……”

a. 牛顿第二定律 **b.** 牛顿第三定律

科技写作

93. 讨论牛顿对物理学的贡献,并写出一页摘要。你认为他的三个运动定律是他一生中最伟大的成就吗?请说明原因。

94. 对牛顿第一定律作出评论、分析和判别。你能证明这个定律吗?注意不要忘记阻力的作用。

95. 物理学家将世界上所有的力分成四种基本类型:万有引力、电磁力、强相互作用力、弱相互作用力。查资料说说它们是在什么情况下被发现的。

日积月累

96. 全国滑雪比赛 你的朋友汤姆正在为参加全国滑雪比赛进行紧张的训练,你和其他几个朋友自告奋勇在训练沿线上为他提供食物和水。这天寒风刺骨,除非必要没人愿意长时间待在室外。塔鲁的家是你的前面一站,他在早上8:25打电话告诉你,汤姆刚刚经过他的家,并计划以8.0 km/h的平均速率继续滑行。如果塔鲁的家与你家相距5.2 km,那么你预计汤姆会在什么时候经过你家?

97. 图4–30是两辆小汽车在道路上行驶时的位置—时间图线。

a. 什么时候一辆车超过另一辆车?

b. 在7 s时,哪辆车开得更快?

c. 在哪一时刻,这两辆车的速度相同?

d. 在哪段时间间隔内,B车速度总是在增大?

e. 在哪段时间间隔内,B车速度总是在减小?

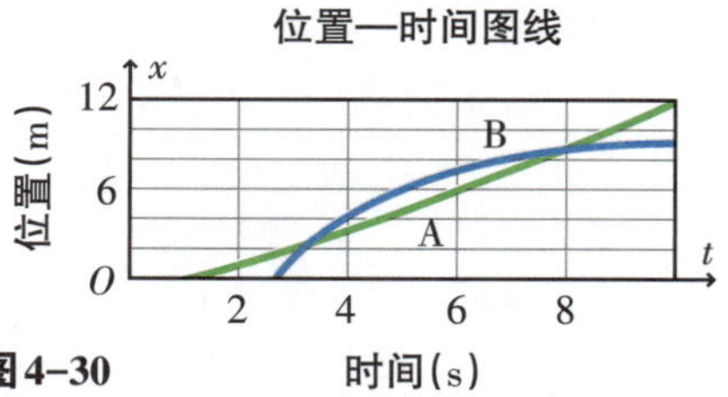

图4–30

98. 从**图4–30**中求出下列时刻的瞬时速度:

a. B车在2 s时

b. B车在9 s时

c. A车在2 s时

选择题

1. 下图所示的这辆汽车的加速度是(　　)

A. $0.20\ m/s^2$　　**B.** $0.40\ m/s^2$

C. $1.0\ m/s^2$　　**D.** $2.5\ m/s^2$

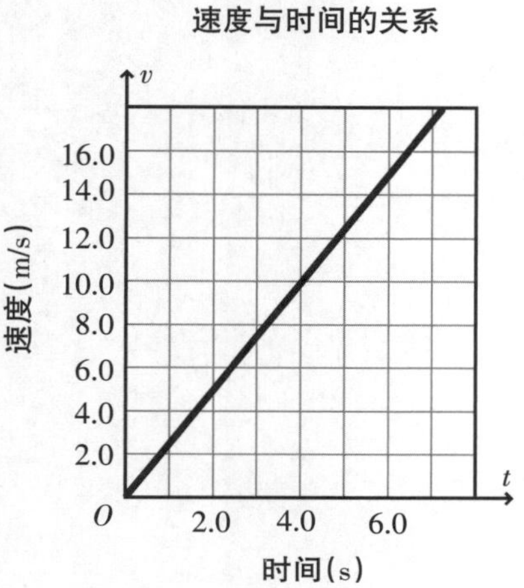

2. 短跑运动员从静止状态开始起跑,其加速度为$2.5\ m/s^2$,则在4.0 s内跑过的距离为(　　)

A. 13 m　　**B.** 20 m

C. 80 m　　**D.** 90m

3. 摩托车从静止开始以$3\ m/s^2$的恒定加速度行驶,那么10 s后它的速度为(　　)

A. 10 m/s　　**B.** 30 m/s

C. 90 m/s　　**D.** 100 m/s

4. 如果作用在物体上的净力加倍,该物体的加速度将(　　)

A. 减小一半　　**B.** 不变

C. 加倍　　**D.** 为原来的值乘以4

5. 已知月球上的重力加速度是$1.6\ m/s^2$,一台质量为225 kg的太空探测器在月球上重(　　)

A. 139 N　　**B.** 360 N

C. 1.35×10^3 N　　**D.** 2.21×10^3 N

6. 一位体重为73 kg的女人站在电梯里的一台磅秤上,磅秤的读数是810 N。这台电梯的加速度的大小和方向是(　　)

A. $0.23\ m/s^2$,向上　　**B.** $1.3\ m/s^2$,向上

C. $6.5\ m/s^2$,向下　　**D.** $11\ m/s^2$,向下

7. 一名质量为45 kg的小孩坐在一架质量为3.2 kg的秋千上,悬挂在树枝上的绳子的张力为(　　)

A. 310 N　　**B.** 4.4×10^2 N

C. 4.5×10^2 N　　**D.** 4.7×10^2 N

8. 上题中的树枝垂了下来,小孩的双脚搁到了地上。如果绳子中的张力减小为220 N,那么施于小孩双脚上的正压力是(　　)

A. 2.2×10^2 N　　**B.** 2.5×10^2 N

C. 4.3×10^2 N　　**D.** 6.9×10^2 N

9. 如下图所示,作用在一台质量为16 kg的手推车上的力是(　　)

A. 4 N　　**B.** 8 N

C. 16 N　　**D.** 32 N

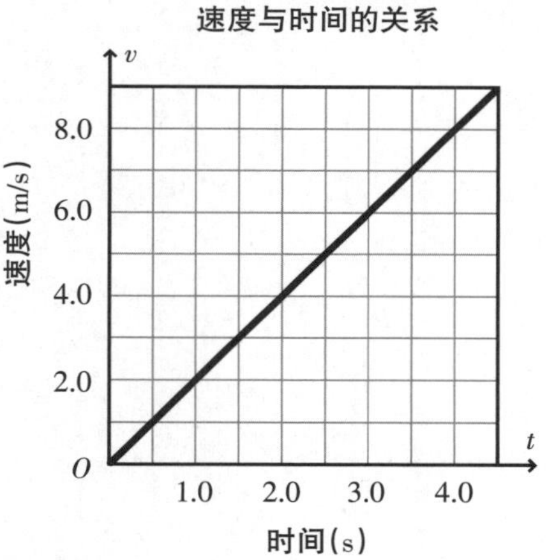

拓展题

10. 作出坐在电梯内磅秤上的一只小狗的受力分析图。用文字和公式描述下列情况中这只小狗的视重:电梯向上做加速运动;电梯匀速向下运动;电梯做自由落体运动。

考点提示

测试题号	1	2	3	4	5	6	7	8	9	10
对应小节	1	1	1	1	2	2	3	3	1	2

第5章

二维力

大概念 二维力可以用矢量合成和矢量分解来进行描述。

内容提要

起步实验

矢量相加

怎样将两个大小为2 N的力矢量相加，使其和为2 N？

第1节 矢 量

物理在你身边

对你来说，用你的手指抓住离地面数百米高的岩石或许不是一件开心的事，但世界上每年有几百万人在享受着攀岩这项体育运动。在攀岩的过程中，攀岩者需要施加许多不同方向的力，从而来克服将他往下拉的重力。

主要概念

所有矢量都可分解为x分量和y分量。

核心问题

- 矢量怎样用图象法相加?
- 一个矢量的分量是什么?
- 矢量怎样用代数法相加?

术语回顾

矢量 既有大小又有方向的量

关键术语

分量

矢量分解

二维矢量

想一想，攀岩者如何才能保证自己不会掉下来？攀岩者通常有几个支撑点，即他同时受到几个力的作用。他紧紧抓住岩石的缝隙，岩石把他拉住。绳子也把他固定在岩石上，所以他受到两个接触力的作用。同时，重力在将他往下拉，因此，攀岩者总共受到三个力的作用。

分析后可以发现，攀岩者所受到的这些作用力，与你在上一章中所学的不同，它们不再是简单的水平方向或竖直方向的推力或拉力。在上一章中我们知道，如果只是水平方向或竖直方向的力，那只要选择一个适当的坐标系，即可方便地进行分析。但是如果研究的力不只是一维力的时候，我们又该如何建立坐标系、计算净力呢？也就是说，当两个力之间的夹角不是直角时，我们该如何计算？

再说矢量 现在先来复习一下一维情况下的力矢量。如**图5-1**所示，你和你的朋友一起推一张桌子。假设你们每人各向右施加40 N的力，那么合力就是向右80 N，这也是你所期望的。但是你是怎样知道这些力矢量之和的呢？在之前沿着同一直线的矢量相加的讨论中，你已经知道合矢量就是连接第一个矢量的尾端与第二个矢量顶端的一个矢量。对于不在同一直线上的两个矢量，这个方法也适用吗？

图5-1 两个力之和是80 N，方向向右。

二维矢量相加 即使矢量不在同一直线上，合矢量仍然是连接第一个矢量的尾端与第二个矢量顶端的一个矢量。你可以用量角器和直尺画出这两个力的角度和长度，再量出合矢量的大小和方向。**图5-2**显示了如何利用图象法进行二维矢量相加。注意，移动矢量$\boldsymbol{B}$时，其长度和方向都保持不变。

阅读检测 **描述**用一个量角器和一把直尺，利用图象法进行矢量相加的过程。

矢量相互垂直 你也可以运用三角函数知识来确定合矢量的长度和方向。如果要相加的两个矢量的夹角是直角时，如**图5-2**中的矢量$\boldsymbol{A}$指向正东，矢量$\boldsymbol{B}$指向正北，那么你就可以利用勾股定理求出合矢量的数值R。

$$R^2=A^2+B^2$$

矢量不相互垂直 如果两个矢量间的夹角不是90°，如**图5-3**所示，那么可应用正弦定理或余弦定理求得合矢量。当你已知两个矢量的夹角，以及仅仅一个矢量的大小时，最好用正弦定理。当两个矢量都已知，并已知这两个矢量的夹角时，余弦定理特别有用。

正弦定理

$$\frac{R}{\sin\theta}=\frac{A}{\sin a}=\frac{B}{\sin b}$$

余弦定理

$$R^2=A^2+B^2-2AB\cos\theta$$

当对其中有一个角$\theta=90°$的三角形应用余弦定理时，将发生怎样的情况呢？注意余弦定理的前面三项是与勾股定理相同的，而余弦定理中的最后一项$-2AB\cos\theta$等于0，因为若$\theta=0$，则$\cos 90°=0$。

$$R^2=A^2+B^2-2AB\cos 90°$$

$$R^2=A^2+B^2-2AB\times 0$$

$$R^2=A^2+B^2$$

如果$\theta=90°$，那么这个三角形就是直角三角形，因此余弦定理就化简为勾股定理。

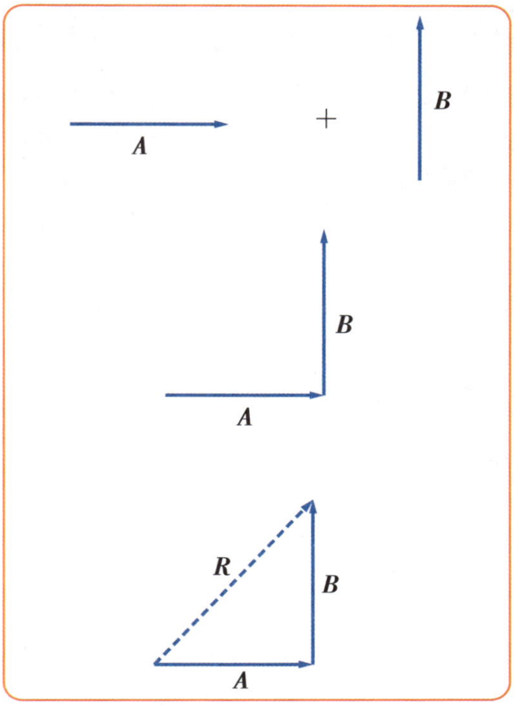

图5-2 二维矢量相加与一维矢量相加可用同样的方法：先将两个矢量首尾相连，然后将第一个矢量的尾端和第二个矢量的顶端相连，就得到了合矢量。

图5-3 如果两个矢量的夹角不是直角，那就不能应用勾股定理，而要用余弦定理或正弦定理。

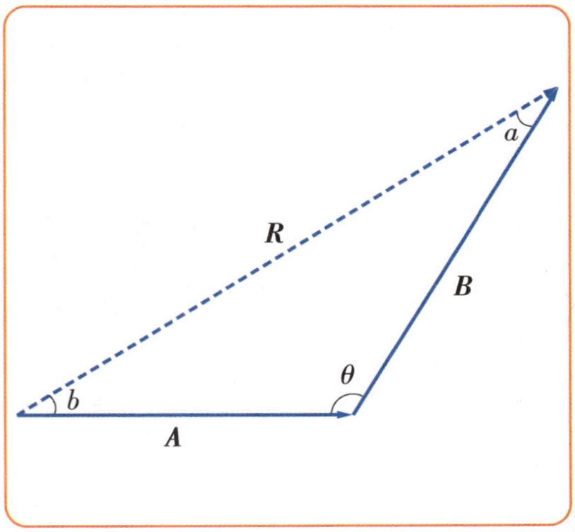

例题 1

求两个矢量之和　已知一个位移是 25 km，另一个位移是 15 km。当它们之间的夹角分别为 90°和 135°时，求出它们的和。

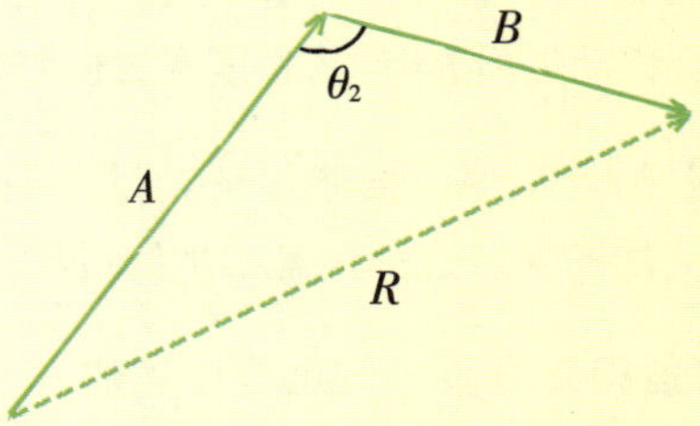

1 分析概括问题

- 分别画出两个位移矢量 A、B 以及它们之间的夹角。

	已知	未知
$A=25\ \text{km}$	$\theta=90°$ 或 $\theta_2=135°$	$R=?$
$B=15\ \text{km}$		

2 求解未知量

当位移的夹角为 90°时，用勾股定理求出合矢量的值。

$$R^2=A^2+B^2$$

$$R=\sqrt{A^2+B^2}$$

$$=\sqrt{(25\ \text{km})^2+(15\ \text{km})^2}$$　◀将 $A=25\ \text{km}$，$B=15\ \text{km}$ 代入。

$$=29\ \text{km}$$

当位移的夹角不等于 90°时，用余弦定理求合矢量的值。

$$R^2=A^2+B^2-2AB\cos\theta_2$$

$$R=\sqrt{A^2+B^2-2AB\cos\theta_2}$$　◀将 $A=25\ \text{km}$，$B=15\ \text{km}$，$\theta_2=135°$ 代入。

$$=\sqrt{(25\ \text{km})^2+(15\ \text{km})^2-2\times25\ \text{km}\times15\ \text{km}\times\cos135°}$$

$$=37\ \text{km}$$

3 验证答案

- **单位是否正确？** 长度都是用 km 量度的。
- **符号是否有意义？** 它们之和都是正的。
- **数值是否合理？** 从图上可以看出，合矢量的值要比每个分矢量的值大一些。

练一练

1. 一辆汽车先朝正西方向行驶了 125.0 km，然后朝正南方向行驶了 65.0 km。它的总位移为多大？分别用图象法与代数法求解这个问题，并相互验算。
2. 两位顾客从超市门口走到他们的汽车停放处。他们先沿着一条汽车通道走了 250.0 m，然后拐过 90°向右再走了 60 m。那么，从超市门口到这位顾客汽车停放处的位移为多大？分别用图象法与代数法求解这个问题，并相互验算。
3. 一位徒步旅行者在一个方向上走了 4.5 km 后，朝右转过 45°再走了 6.4 km。她的位移为多大？
4. 一只蚂蚁在人行道上爬行。它先朝南爬行了 5.0 cm，然后转向西南方向又爬行了 4.0 cm。这只蚂蚁爬行的位移为多大？

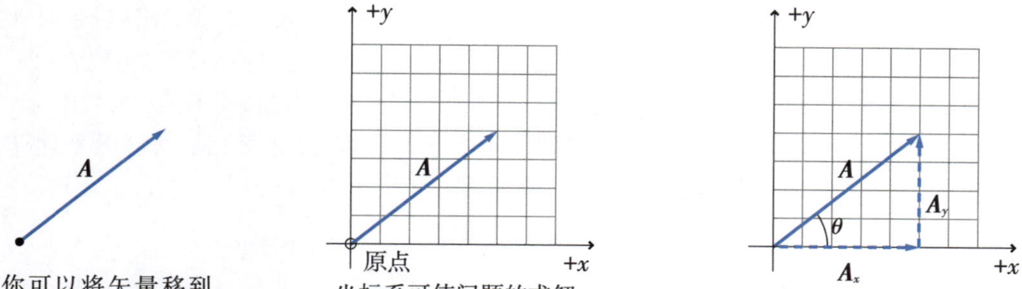

你可以将矢量移到任一坐标系中，只要该矢量的方向和大小保持不变。

坐标系可使问题的求解较容易些。

如果把一个矢量的分矢量相加，那么它们的结果就是原来的矢量。

图5–4 矢量$\boldsymbol{A}$放在一个坐标系中，它的方向是由它与正x轴正方向绕逆时针方向旋转的夹角表示的。

描述一个y分量为0的矢量。

矢量的分量

图5–4中左边的那幅图所显示的矢量的方向是什么？该矢量并非指向上或者指向右，而是指向这两个方向之间。为了得到它的确切方向，我们需要选择一个坐标系，如**图5–4**中间的那幅图所示。在建立坐标系时，先选择原点，然后从原点出发分别向上和向右画一线段（两线相互垂直），称为坐标轴；在线段的端点处画上表示方向的箭头，再在两坐标轴上划分刻度，这样坐标系就建好了。还可从横轴按刻度向上画线，按同样的方法从纵轴上向右画线，这样就画成了一个个的方格。通常，我们将横轴称为x轴，纵轴称为y轴，两轴相交于原点。

在实际运用时，x轴和y轴的方向是可以随意选择的，关键是看能否方便于问题的求解。例如，如果你要处理的运动局限于地面上，那么，通常取x轴指向东，y轴指向北。如果研究的是物体在山坡上的运动，那么取平行于斜面的运动方向为正x轴。

分矢量 有了坐标系，你就能用一种非常有用的方法描述矢量。如**图5–4**中右边的那幅图所示，矢量$\boldsymbol{A}$可用正x轴上5个单位、正y轴上4个单位来表示，或用如图所示的分别记为$\boldsymbol{A}_x$和$\boldsymbol{A}_y$的两个矢量来表示。注意，$\boldsymbol{A}_x$平行于x轴，$\boldsymbol{A}_y$平行于y轴。进一步分析你还可以看到，将$\boldsymbol{A}_x$和$\boldsymbol{A}_y$相加，它们的合矢量就是原来的矢量$\boldsymbol{A}$。通常，一个矢量可以分解为两个**分量（component）**，最常用的分解法是一个平行于x轴，另一个平行于y轴。以后你将看到，这样的分解法有很多好处。因此，请记住下面的矢量公式：

$$\boldsymbol{A}=\boldsymbol{A}_x+\boldsymbol{A}_y$$

这种将一个矢量分解成几个分量的方法称为**矢量分解（vector resolution）**。请注意，原来的矢量是一个直角三角形的斜边，这意味着原矢量的值总是大于或等于各个分矢量的值。

坐标系中矢量的方向 在二维力的问题中，你要仔细选择坐标系，因为任何矢量的方向都可以用与坐标系相关的量来表征。我们用x轴逆时针方向转到该矢量的角度来确定矢量的方向。在**图5-5**中，角度θ就表示了矢量$\boldsymbol{A}$的方向。所有的代数运算都是对矢量的分量，而不是对矢量本身。

除了利用图象法测量分矢量的长度外，还可用三角函数来计算分量。利用三角函数计算分量可用如下公式：

$$\cos\theta=\frac{\text{邻边}}{\text{斜边}}=\frac{A_x}{A}\text{；因此，}A_x=A\cos\theta$$

$$\sin\theta=\frac{\text{对边}}{\text{斜边}}=\frac{A_y}{A}\text{；因此，}A_y=A\sin\theta$$

如**图5-5**上面部分所示，当矢量与x轴的夹角大于90°时，一个或多个分量的符号为负。

阅读检测 **解释**怎样测量一个矢量的方向。

■ 坐标系

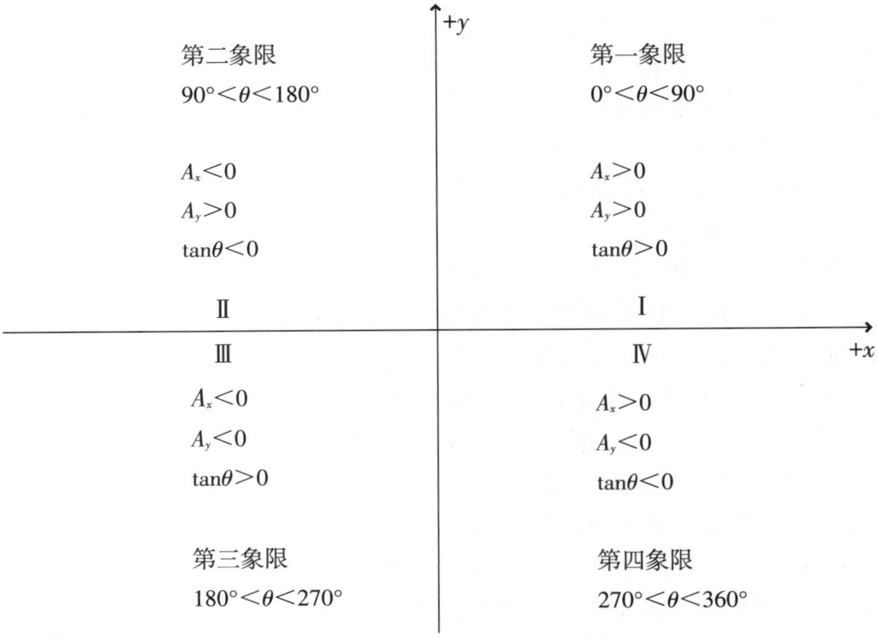

图5-5 坐标平面被分为四个象限。一个矢量的分量是正的还是负的，取决于它在哪一个象限。

一个角度为280°的矢量的分量**分别**是正的还是负的？该矢量在第几象限？

例：

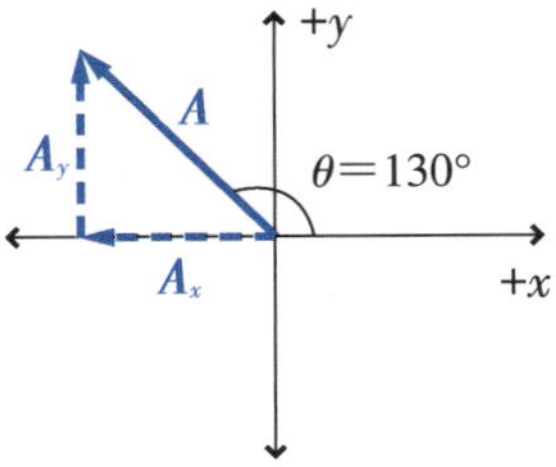

- $\boldsymbol{A}$在第二象限
- 预想$A_x<0$

$A_x=A\cos\theta=5.0\ \text{N}\times\cos130°=-3.2\ \text{N}$

- 预想$A_y>0$

$A_y=A\sin\theta=5.0\ \text{N}\times\sin130°=-3.8\ \text{N}$

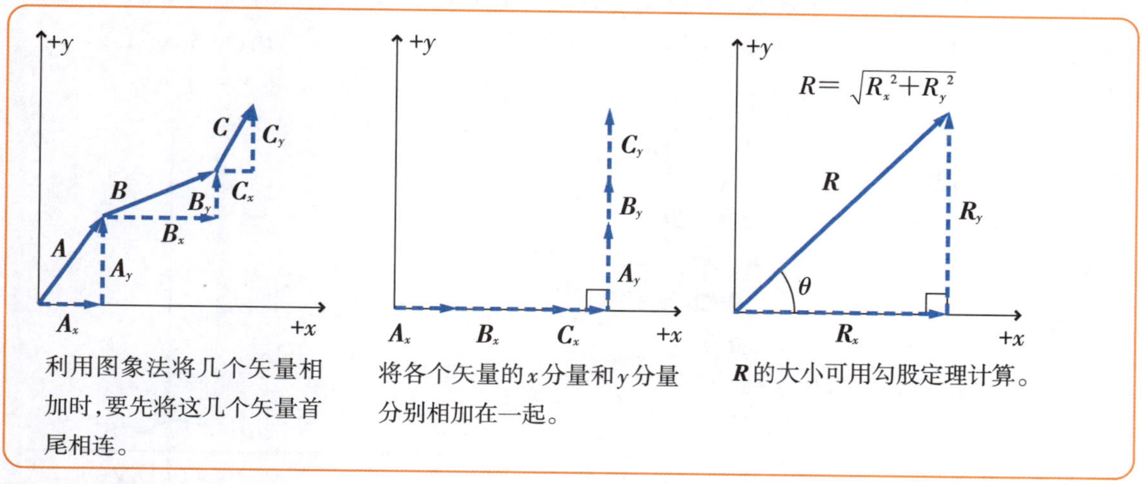

图5-6 A、B和C的矢量和就是R_x和R_y的矢量和。

矢量的代数加法

你可能会觉得奇怪，为什么要将一个矢量分解为几个分量呢？**图5-6**显示，如何将一个矢量分解为几个分量，这样做通常会使矢量的数学运算变得方便。例如，若要求两个或多个矢量（**A**、**B**、**C**等）的和，可先将每一个矢量分解成它的x分量和y分量。x分量相加得到合矢量的x分量：

$$\boldsymbol{R}_x=\boldsymbol{A}_x+\boldsymbol{B}_x+\boldsymbol{C}_x$$

同样，各个y分量相加得到合矢量的y分量：

$$\boldsymbol{R}_y=\boldsymbol{A}_y+\boldsymbol{B}_y+\boldsymbol{C}_y$$

因为$\boldsymbol{R}_x$与$\boldsymbol{R}_y$互成直角(90°)，合矢量的值可利用勾股定理得到：

$$R^2=R_x^2+R_y^2$$

合矢量的方向则可运用下面给出的矢量与x轴夹角的正切公式求得：

$$\theta=\arctan\left(\frac{R_y}{R_x}\right)$$

你可用计算器上的反正切键(arctan)求得该角度。注意，当$\tan\theta>0$时，大多数计算器给出的角度在0°～90°之间；而$\tan\theta<0$时，角度将会处于−90°～0°之间。

解题 策略

矢量相加

求解需要进行矢量相加或相减的问题时，可参照以下步骤。

1. 选择一个坐标系。
2. 利用$A_x=A\cos\theta$和$A_y=A\sin\theta$，将矢量分解为它们的x分量和y分量，其中θ是从正x轴按逆时针方向量度的。
3. 在x轴方向上相加或相减分矢量。
4. 在y轴方向上相加或相减分矢量。
5. 用勾股定理求出合矢量的值：$R=\sqrt{R_x^2+R_y^2}$。
6. 用$\theta=\arctan\left(\frac{R_y}{R_x}\right)$求出合矢量的角度。

例题2

找出你的回家路径 你正在徒步旅行。你的营地在你现在位置的西偏北40.0°，距离为15.0 km。但是你的面前只有一条朝北方向的穿过树林的小路。如果在进入开阔地之前你先沿着这条路走了5.0 km，那么为了回到营地，你还要沿什么方向走多远？

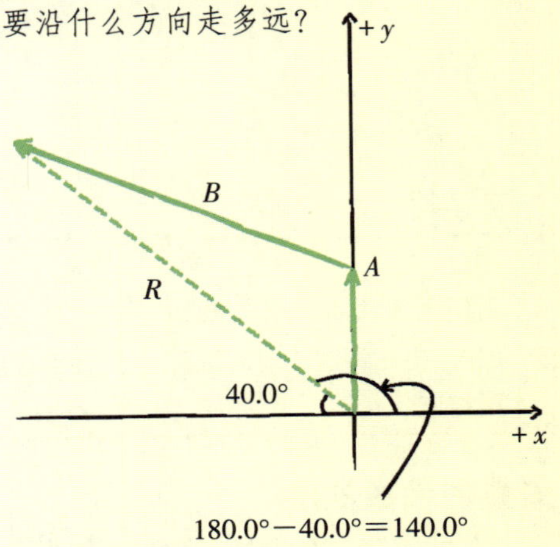

1 分析概括问题

画出从出发地到你的营地的合矢量**R**。

画出已知矢量**A**及未知矢量**B**。

已知	未知
A=5.0 km，正北方向	**B**=?
R=15.0 km，西偏北40.0°方向	
$\theta=140.0°$	

2 求解未知量

求**R**的分量。

$R_x=R\cos\theta$

$=15.0\ \text{km}\times\cos140.0°=-11.5\ \text{km}$ ◀将$R=15.0$ km，$\theta=140.0°$代入。

$R_y=R\sin\theta$

$=15.0\ \text{km}\times\sin140.0°=9.64\ \text{km}$ ◀将$R=15.0$ km，$\theta=140.0°$代入。

因为**A**是正北方向，$\boldsymbol{A}_x=0.0$ km，$\boldsymbol{A}_y=5.0$ km。

利用**R**和**A**的分量计算**B**的分量。

$B_x=R_x-A_x$

$=-11.5\ \text{km}-0.0\ \text{km}$ ◀将$R_x=-11.5$ km，$A_x=0.0$ km代入。

$=-11.5\ \text{km}$ ◀负号意味着该分量指向西。

$B_y=R_y-A_y$

$=9.64\ \text{km}-5.0\ \text{km}$ ◀将$R_y=9.64$ km，$A_y=5.0$ km代入。

$=4.6\ \text{km}$ ◀分量指向北。

利用矢量**B**的分量计算矢量**B**的值。

$B=\sqrt{B_x^2+B_y^2}$

$=\sqrt{(-11.5\ \text{km})^2+(4.6\ \text{km})^2}=12.4\ \text{km}$ ◀将$B_x=-11.5$ km，$B_y=4.6$ km代入。

将矢量**B**的初始端移至坐标系的原点，作出分量B_x和B_y。**B**在第二象限。利用正切求矢量**B**的方向。

$\theta=\arctan\left(\frac{B_y}{B_x}\right)$

$=\arctan\left(\frac{4.6\ \text{km}}{-11.5\ \text{km}}\right)$ ◀将$B_y=4.6$ km，$B_x=-11.5$ km代入。

$=-22°$或者$158°$ ◀在Ⅱ和Ⅳ象限中角度的正切都是负值，所以可能存在两种答案。

既然B的方向是在第二象限158°上，或西偏北22°。因此，**B**=12.4 km，方向为西偏北22°。

3 验证答案

- **单位是否正确？** 千米和度都是正确的度量单位。
- **符号是否有意义？** 与图象所示的结果相符合。
- **数值是否合理？** **B**的长度应当比R_x长一些，因为**A**和**B**之间的夹角大于90°。

练一练

用代数法求解第5～10题。你也可以选择其中几题，再用图象法求解，以验证你的答案。

5. 苏德海往北偏西60°方向行走了0.40 km后，又朝正西方向走了0.50 km。他的位移是多少？

6. 你先从家向北行走8.0 km，然后朝东走，直到你相对于你家的位移为10.0 km。那么你向东走了多远？

7. 在x轴向东指向为正的坐标系中，一个矢量的角度在什么范围内，它的x分量是正值？在什么范围内，它的x分量是负值？

8. 矢量会比它的一个分量小吗？会等于它的一个分量吗？请说明。

9. 如**图5–7**所示，儿童秋千用两根绳子悬挂在一根树枝上。如果每根绳子的张力是2.28 N，求秋千上这两根绳子的拉力之和(包括大小和方向)。

图5–7

10. 挑战题 雅芙和克里塞打算在她们的树屋中过夜，于是她们想用两根绳子将装有枕头和毯子的总质量为3.20 kg的一只纸箱拉上去。这两个女孩站在不同的树枝上，如**图5–8**所示，图中标明了拉力的角度和大小。求作用在该纸箱上的净力的x分量和y分量。*提示：作出受力分析图，以免遗漏了某个力。*

图5–8

第1节 复习

11. 主要概念 求**图5–9**中矢量$\boldsymbol{M}$的分量。

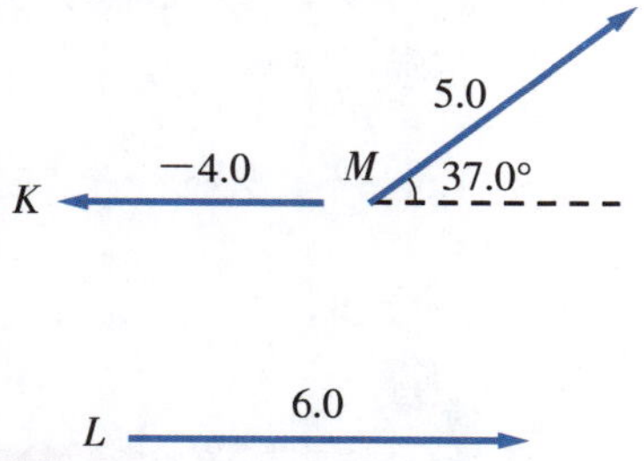

图5–9

12. 矢量的分量 求**图5–9**中矢量$\boldsymbol{K}$与矢量$\boldsymbol{L}$的分量。

13. 矢量和 求**图5–9**中三个矢量之和。

14. 矢量差 求**图5–9**中矢量$\boldsymbol{K}$与矢量$\boldsymbol{L}$之差。

15. 交换律 数学家认为，矢量的加法是可以交换次序的，因为矢量的次序在相加时并不重要。

a. 对于**图5–9**中的矢量，利用图象法证明$\boldsymbol{M}+\boldsymbol{L}=\boldsymbol{L}+\boldsymbol{M}$。

b. 通常的算术运算(加、减、乘、除)可以交换次序吗？哪些运算的次序是不可以交换的？给出一个算术运算的例子来支持你的结论。

16. 距离和位移 你行走的距离与位移的值相等吗？给出一个例子支持你的结论。

17. 批判性思维 移动一只盒子，使它通过两段数值不相等的位移。那么它们分别取怎样的方向时，其合位移为零？假定这只盒子通过三段不相等的位移，它们的合位移可能为零吗？用图示证明你的结论。

第2节 摩擦力

物理在你身边

想象一下，当你不穿运动鞋而只穿着袜子打篮球时，你就会在篮球场上滑来滑去。当你在场地上跑来跑去时，鞋子有助于提供必需的力，以迅速改变跑动方向。

主要概念

摩擦力是两个接触面之间的一种力。

核心问题

- 什么是摩擦力？
- 动摩擦力与静摩擦力有什么区别？

术语回顾

力　对物体推或拉的作用

关键术语

动摩擦力
静摩擦力
动摩擦因数
静摩擦因数

动摩擦力和静摩擦力

在桌面上推一本书，当你停止推它时，可以发现书本会很快停下来。这是因为，在书本运动时，桌面对书本产生的摩擦力使后者有了一个与其运动方向相反的加速度。到目前为止，你在求解运动问题时都忽略了摩擦力的影响，但事实上摩擦力却无处不在。

摩擦力的类型　摩擦力有两种类型。在桌面上推一本书，这本书就会受到一种与其运动方向相反的摩擦力，这种力称为**动摩擦力（kinetic friction）**。动摩擦力是在两个表面相互接触发生相对运动时而产生的一个表面施加在另一个表面上的力。

为了理解另一种摩擦力，不妨想象一下你试图推动一张放在地板上的长沙发的情形，如**图5-10**左边那幅图所示。你用一个小的力推，但长沙发却纹丝不动。根据牛顿定律，作用在长沙发上的净力一定为零。也就是说，必定存在第二个水平力作用在这张长沙发上，这个力与你的推力方向相反、大小相等。这个力就称为**静摩擦力（static friction）**，它是当两个表面有相对运动趋势，但没有相对运动时，其中的一个表面施加在另一个表面上的力。你需要用更大的力来推。

如果这张长沙发仍然不动，那就说明静摩擦力一定也越来越大，这是因为静摩擦力总是随试图使物体运动的力的增大而增加的。最后，如果你不断增加推力，那么到某一时候长沙发将开始移动，如图10右边的那幅图所示。显然，静摩擦力不会无限增大，它是有最大值的。一旦你的推力大于这个最大的静摩擦力，沙发便开始移动，此时动摩擦力就替代静摩擦力对这张长沙发的运动起阻碍作用了。

图5-10　与外力相对应的静摩擦力的大小存在一个最大值。当超过这个最大值时，物体便开始运动。
当长沙发开始运动时，**明确**作用于它的摩擦力的类型。

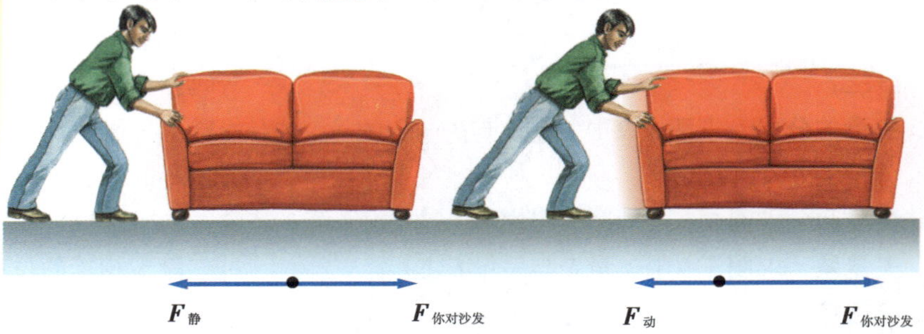

静摩擦力增加至最大值，以平衡外力

当外力超过最大静摩擦力时，沙发便开始移动

摩擦力公式 哪些因素会影响摩擦力的大小呢？第一个因素就是接触面的材料。例如，你的鞋子与水泥地面之间的摩擦力要比你的袜子与光滑的地面之间的更大。你也许会认为，摩擦力还可能与接触面的面积以及相对运动的速度有关。但是实验表明，这是不正确的。两个物体之间的正压力才是影响摩擦力的第二个因素。一个物体对另一个物体的压力越大，摩擦力就越大。

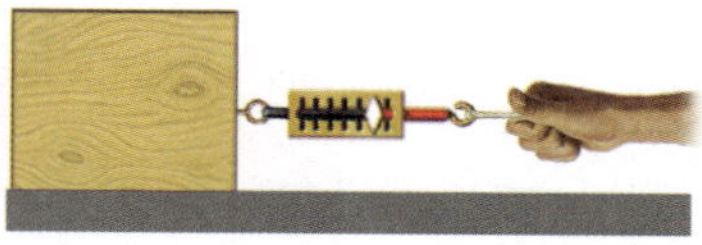

图 5-11 弹簧测力计对木块施加一个恒力

☑ **阅读检测** **明确**影响摩擦力的两个因素。

动摩擦力 如果你沿一水平面以恒定的速度拉一木块。既然木块没有加速度，那么，按照牛顿定律，摩擦力将与你对木块的拉力大小相等、方向相反。据此，你就可以测量出摩擦力的大小。具体方法如下：如**图 5-11** 所示，用弹簧测力计钩住一块质量已知的木块，沿桌面以恒定的速度往前拉，弹簧测力计所显示的读数就是你所施加的力，这个力也就是摩擦力的大小。你还可以在这块木块上逐渐叠加木块，以不断增加其正压力，然后重复上述实验。**表 5-1** 显示了这个实验的结果。

物理实验

肇事逃逸的驾驶员*

怎样通过检查发生了车祸的汽车轮胎上留下的痕迹，来确定其车速？

在坐标系上描出这些数据点，再将各点连接起来，便可得到一张如**图 5-12** 所示的图线。从图中可以看出，动摩擦力与正压力之间存在正比关系；不同直线对应于不同平面上拉动木块的情况。由图还可以知道，对应于砂纸面上的直线比光滑桌面上的直线更为陡峭。你可以期望，与光滑桌面相比，在砂纸面上你需要用更大的力来拉动木块。由此可以推知，直线的斜率必然与摩擦力的大小有关。动摩擦力和正压力图线中的直线的斜率称为**动摩擦因数（coefficient of kinetic friction）**，用符号 μ_k 表示。它与摩擦力和正压力的关系如下所示：

动摩擦力

动摩擦力等于动摩擦因数与正压力的乘积。

$$F_{f,动}=\mu_k F_N$$

表 5-1 动摩擦力与正压力的关系(砂纸)

木块个数	正压力(N)	动摩擦力(N)
1	0.98	0.53
2	1.96	0.95
3	2.94	1.4
4	3.92	1.8
5	4.90	2.3
6	5.88	3.1
7	6.86	3.3
8	7.84	4.0

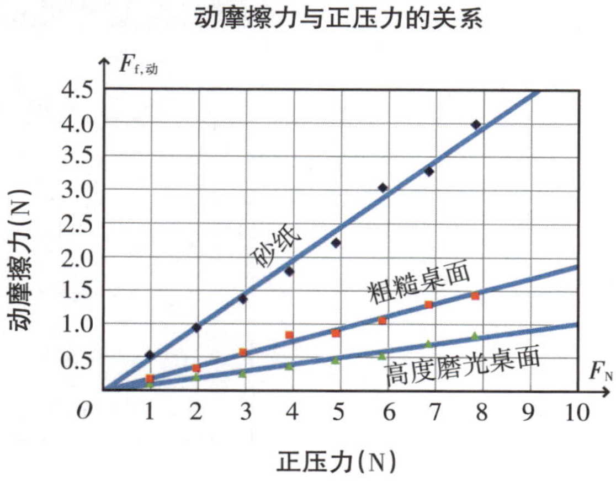

图 5-12 沿不同表面滑动木块的动摩擦力与正压力关系的图线显示出，这两个力之间呈线性关系。直线的斜率就是 μ_k。**比较**图中三种表面的动摩擦因素。

生活中的物理学

摩擦力产生的原因 所有表面，即使是看起来很光滑的表面，从微观上看都是粗糙的。如果你通过扫描隧道显微镜看放大的石墨晶体照片，那么在原子层次上晶体表面的不规则性就会暴露无遗。当两个表面接触时，每个表面上的突出点就会碰到并暂时黏合在一起。这就是静摩擦力和动摩擦力的起因。这个过程的详细情形目前还并不清楚，因而它仍然是物理学和工程学上的一个研究课题。

静摩擦力 最大静摩擦力和正压力之间的关系与动摩擦力的情况类似。你是否记得，静摩擦力的作用是对试图使物体从静止开始运动的力作出的响应。如果没有力作用在物体上，静摩擦力便等于零。如果试图使物体运动的力不断增大，静摩擦力也会不断增大，直至达到一个最大值。当这个最大值的静摩擦力被克服时，物体便开始运动。

静摩擦力

静摩擦力小于或等于静摩擦因数与正压力的乘积。

$$F_{f,静} \leq \mu_s F_N$$

在最大静摩擦力的公式中，μ_s是两个物体接触面之间的**静摩擦因数（coefficient of static friction）**，而$\mu_s F_N$是物体能开始运动所必须克服的静摩擦力。如**图5-10**所示的推沙发的例子中，最大静摩擦力在长沙发开始运动的瞬间被你推沙发所用的力抵消了。

注意，动摩擦力和最大静摩擦力的公式中仅包含力的大小。摩擦力（F_f）和正压力（F_N）总是互相垂直的。

测量摩擦因数 **表5-2**给出了不同表面之间的摩擦因数。这些摩擦因素都是估算的。测量摩擦因数非常容易受到表面条件的影响。诸如灰尘或从实验者手上带来的油污等杂质，都将明显影响测量结果。另外必须指出的是，**表5-2**的结果都是针对干燥的表面而言的（除了涂有润滑油的钢板）。潮湿表面和干燥表面的性质有很大不同。摩擦力和正压力间的线性关系并不适用于潮湿的表面或用油处理过的表面。本书的问题中均假定是干燥的表面，并且动摩擦力与正压力之间呈线性关系。

物理实验

摩擦因数

如何测量静摩擦因数和动摩擦因数？

表5-2 典型接触面的摩擦因数

接触面	静摩擦因数（μ_s）	动摩擦因数（μ_k）
铸铁对铸铁	1.1	0.15
玻璃对玻璃	0.94	0.4
皮革对橡木	0.61	0.52
不粘涂料对钢	0.04	0.04
橡木对橡木	0.62	0.48
钢对钢（干）	0.78	0.42
钢对钢（有润滑油）	0.15	0.08

例题3

摩擦力被抵消 若要在木地板上以1.0 m/s的恒定速率推动一只质量为25.0 kg的木箱，木箱与地板间的动摩擦因数为0.2，你最少需要对木箱施加多大的力？

1 分析概括问题

- 作出力，并建立一个坐标系。
- 作出运动图，标出常量v及$a=0$。
- 作出受力分析图。

已知		未知
$m=25.0\ \text{kg}$	$v=1.0\ \text{m/s}$	$F_p=?$
$a=0.0\ \text{m/s}^2$	$\mu_k=0.20$	

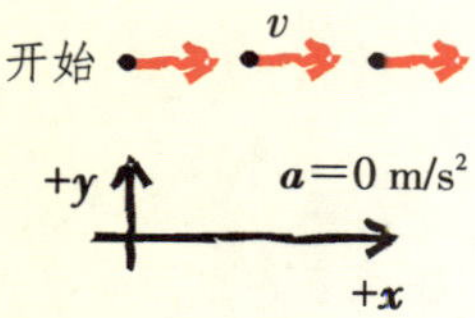

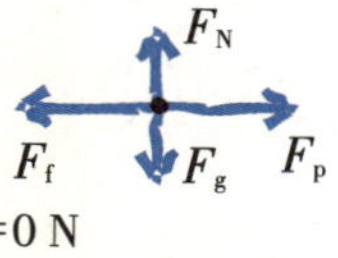

2 求解未知量

正压力在y轴方向，在此方向上箱子没有加速度。

$F_N=-F_g$

$=-mg$ ◀将$F_g=mg$代入。

$=-25.0\ \text{kg}\times(-9.8\ \text{N/kg})$ ◀将$m=25.0\ \text{kg}$，$g=-9.8\ \text{N/kg}$代入。

$=+245\ \text{N}$

推力在x轴方向上；v是常量，因此箱子没有加速度。

$F_p=\mu_k F_N$

$=0.20\times 245\ \text{N}$ ◀将$\mu_k=0.20$，$F_N=245\ \text{N}$代入。

$=49\ \text{N}$

$F_p=49\ \text{N}$，方向向右

3 验证答案

- **单位是否正确？** 力是用N量度的。
- **符号是否有意义？** 正号与示意图中显示的一致。
- **数值是否合理？** 推力是这只箱子重力的$\frac{1}{5}$，这与动摩擦因数$\mu_k=0.2=\frac{1}{5}$相符合。

练一练

18. 格温用36 N的水平力拉着一架52 N的雪橇，沿着水泥人行道匀速行进。人行道与金属雪橇之间的动摩擦因数是多少？忽略空气阻力的作用。

19. 艾米先生要将一只装满书的箱子从他的办公室拖到他的汽车处。已知箱子和书共重134 N。如果路面与箱子间的静摩擦因数是0.55，那么为了拉动这只箱子，艾米先生需要用多大的水平拉力？

20. 托马斯坐在光滑木质地板上的一张小地毯上，地毯和光滑木质地板之间的动摩擦因数只有0.12。如果托马斯的体重为650 N，那么要使这张小地毯和托马斯以恒定的速度滑过地板，需要多大的水平拉力？

21. **挑战题** 你想要将房间里的一张质量为105 kg的沙发移动一下位置。为了使它开始动起来，你需要用403 N的力。这张沙发与地毯间的静摩擦因数是多少？

例题4

外力大于摩擦力 如果在例题3中，你施加于箱子上的力加倍。

a. 箱子因此所产生的加速度是多少？

b. 在3 s内，你将这只箱子推过多少距离？

1 分析概括问题

- 作出运动图，标出v和a。
- 作出作用力F_p为2倍的受力分析图。

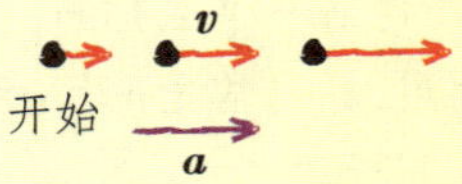

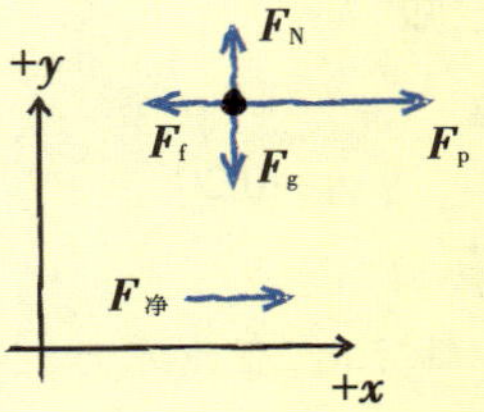

已知		未知
$m=25.0\ \text{kg}$	$\mu_k=0.20$	$a=?$
$v=1.0\ \text{m/s}$	$F_p=2\times49\ \text{N}=98\ \text{N}$	
$t=3.0\ \text{s}$		

2 求解未知量

a. 正压力在y轴方向，在此方向上箱子没有加速度。

$$F_N=-F_g$$
$$=-mg$$

在x轴方向上的力没有抵消，所以有加速度。

$$F_{净}=F_p-F_f$$
$$ma=F_p-F_f$$ ◀将$F_{净}=ma$代入。
$$a=\frac{F_p-F_f}{m}$$

求出F_f，并将它代入a的公式。

$$F_f=\mu_kF_N$$
$$=\mu_kmg$$ ◀将$F_N=mg$代入。
$$a=\frac{F_p-\mu_kmg}{m}$$ ◀将$F_f=\mu_kmg$代入。
$$=\frac{98\ \text{N}-0.20\times25.0\ \text{kg}\times9.8\ \text{N/kg}}{25.0\ \text{kg}}$$ ◀将$F_p=98\ \text{N}$，$\mu_k=0.20$，$m=25.0\ \text{kg}$，$g=9.8\ \text{N/kg}$代入。
$$=2.0\ \text{m/s}^2$$

b. 利用距离、时间和恒定加速度之间的关系。

$$x_f=x_i+v_it_f+\frac{1}{2}at_f^2$$
$$x_f=v_it+\frac{1}{2}at_f^2$$ ◀将$x_i=0\ \text{m}$代入。
$$=1.0\ \text{m/s}\times3.0\ \text{s}+\frac{1}{2}\times2.0\ \text{m/s}^2\times(3.0\ \text{s})^2$$ ◀将$v_i=1\ \text{m/s}$，$t=3.0\ \text{s}$，$a=2.0\ \text{m/s}$代入。
$$=12\ \text{m}$$

3 验证答案

- **单位是否正确？** a是用m/s^2量度的，x_f是用m量度的。
- **符号是否有意义？** 在所取坐标系中，符号应该是正的。
- **数值是否合理？** 12 m大约是两辆卡车的长度，在3 s内将箱子推过这段距离是合理的。

练一练

22. 一块质量为1.4 kg的木块在一粗糙平面上滑动，并以1.25 m/s²的加速度慢了下来。木块与平面之间的动摩擦因数是多少？

23. 你要移动起居室里一只质量为41 kg的书橱。当你用65 N的力推它时，这只书橱就会获得大小为0.12 m/s²的加速度。求书橱与地毯间的动摩擦因数。

24. 考虑例题4中推箱子的力。它要作用多久才能使箱子的速度增加到2.0 m/s？

25. 克明正在以23 m/s的速度驾驶着一辆汽车，他突然看到一根树枝横躺在前方道路上。他猛踩刹车，此时这根树枝离他60.0 m。如果已被制动的轮胎与地面间的动摩擦因数是0.41，这辆汽车会在撞上树枝前停下吗？已知汽车的质量是2 400 kg。

26. **挑战题** 伊莎贝尔推动了一只用来玩木盘游戏的木质圆盘，使它在如**图5-13**所示的标志线处的速度达到6.5 m/s，然后释放该圆盘。如果木盘与混凝土地面之间的动摩擦因数是0.31，那么这只木盘在它停下以前能走多远？能否击中平台上的10点处？

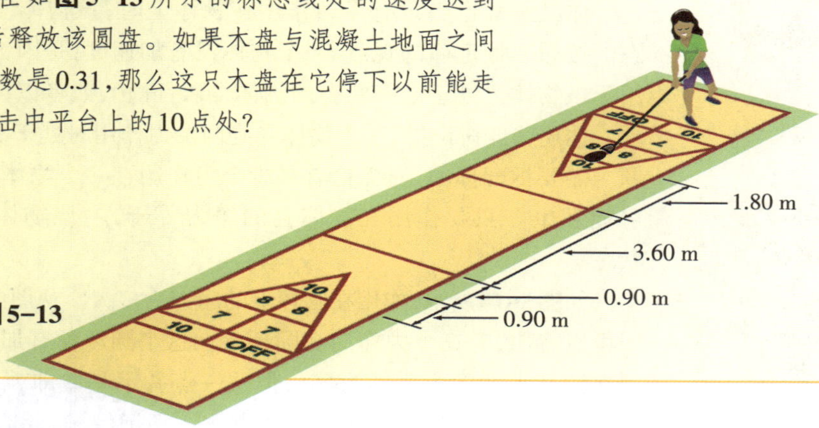

图5-13

第2节 复 习

27. **主要概念** 比较静摩擦力和动摩擦力。这两种类型的摩擦力有何相似之处？有什么不同？

28. **摩擦力** 在一次晚会上，有一个质量看上去大约为25 kg的小男孩，他在跳舞地板上奔跑了一段距离后突然跪下并用双膝滑动直到停下。如果男孩的裤子与地板间的动摩擦因数是0.15，当他滑动时，作用于他的摩擦力为多大？

29. **速度** 黛娜和她的朋友玩牌，此时轮到她发牌。已知一张牌的质量是2.3 g，发出的牌在桌面上停下前滑过了0.35 m。如果牌和桌面间的动摩擦因数是0.24，这张牌在离开黛娜的手时的速度多大？

30. **力** 一张质量为40.0 kg的餐桌和地面间的静摩擦因数是0.43。在使它保持静止的前提下，可对它施加的最大水平力是多少？

31. **加速度** 你在食堂里用20 N的水平力推一张质量为13 kg的桌子，但它并没有移动。然后，你加大力，以25 N的水平力推它，这时它以0.26 m/s²的加速度做匀加速运动。你能否判断出桌子与地面间的静摩擦因数和动摩擦因数？

32. **批判性思维** 莱切尔准备搬到新公寓，他将一只食品柜放在他的箱式小货车后面。当这辆货车向前加速时，什么力使食品柜做加速运动？在什么情况下食品柜会滑动？向什么方向滑动？

第3节 二维力

物理在你身边

一位女工人正在一条钢丝绳上向左滑动。钢丝绳上的张力提供了向上方向的力，以平衡人体的重力。如果钢丝绳上的张力变大，那么钢丝绳与水平方向的夹角将如何变化？

主要概念

一个物体如果在 x 方向上和 y 方向上的净力都等于零，那么该物体便处于平衡状态。

核心问题

- 怎样求出使物体处于平衡状态所施加的力？
- 对于沿斜面运动的物体，怎样对力矢量进行分解？

术语回顾

平衡状态 物体所受到的净力为零时所处的一种状态

关键术语

平衡力

再说平衡

我们已经讨论过有关二维空间的力的一些问题。例如，当两个面之间有摩擦力作用时，你必须既要考虑平行于表面的摩擦力，又要考虑垂直于表面的正压力。不过，之前你所要考虑的只是局限于沿着某个水平面的运动。现在，你将要分析作用于物体上的力不是互成直角的情况。

你已经知道当没有净力作用在物体上时，该物体便处于平衡状态。按照牛顿定律的观点，一个物体没有加速度，是因为没有净力作用于该物体。处于平衡状态的物体，或者静止，或者以恒定的速度运动。你还曾经讨论过，一个物体受到两个力作用时处于平衡状态的问题。需要提醒你的是，无论有多少个力作用在一个物体上，平衡都有可能发生。只要作用在物体上的净力等于零，该物体便处于平衡状态。

如**图5-14**所示，作用在圆环上的净力为多大？从图中的受力分析图可以看出，有三个力作用在圆环上。这个圆环没有加速度，所以作用在圆环上的净力必然为零。但这一点并不是立即就能看出来的。为了找出净力，必须把所有的力加起来。请记住，矢量是可以移动的，关键是不改变它的方向（角度）和长度。下页**图5-15**表示了力矢量相加求出净力的过程。

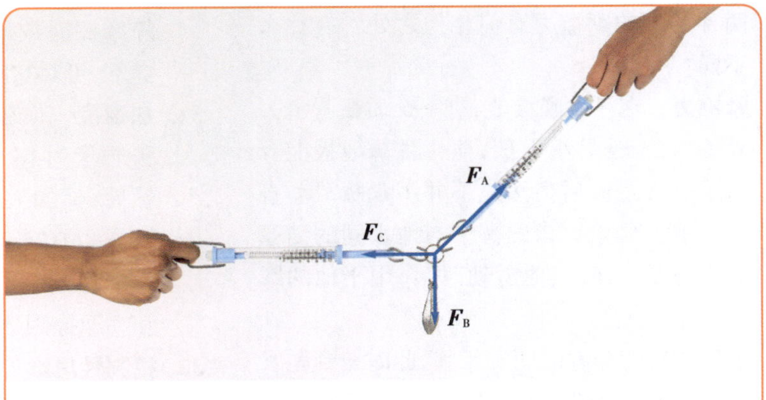

图5-14 图中的圆环没有加速度，所以作用在圆环上的净力必然为零。
比较向上拉力的竖直分量和挂在圆环上的物体的重力。

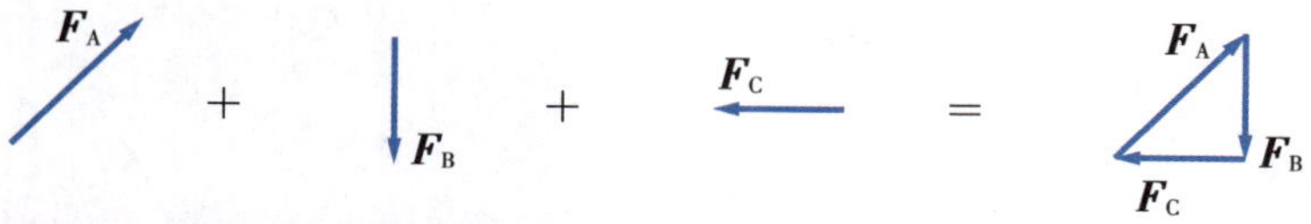

图 5-15 作用于圆环上的力之和为零，即净力为零。

平衡力 **图 5-15** 表示了作用在圆环上的三个力 F_A、F_B 和 F_C 的合成情况。你可以看到，这三个矢量组成了一个封闭的三角形，所以它们的和 $F_A+F_B+F_C$ 为零。现在假定有一种情况，有两个力施加在一个物体上，且它们的和不等于零，如**图 5-16** 中的受力分析图所示。那么，怎样才能找到第三个力，使得它与原来的两个力加在一起时的合力为零，从而使物体处于平衡状态呢？要找到这个力，首先应该求出已经施加在物体上的那两个力之和。这种与两个独立的力加在一起的效果相同的单个力就是合力。为了使物体处于平衡状态，你必须施加第三个力，我们称之为**平衡力（equilibrant）**，它与合力大小相等、方向相反。如**图 5-15** 所示，力 F_C 就是 F_A+F_B 的平衡力。在已知两个力的情况下寻找平衡力的步骤如**图 5-16** 所示。注意，这个方法对于任何数目的力都是成立的。

迷你实验

平衡力

你怎样找出两个力的平衡力？

☑ **阅读检测** **明确**平衡力和合力矢量之间的关系。

图 5-16 平衡力是一种为了使某个物体处于平衡状态的力。

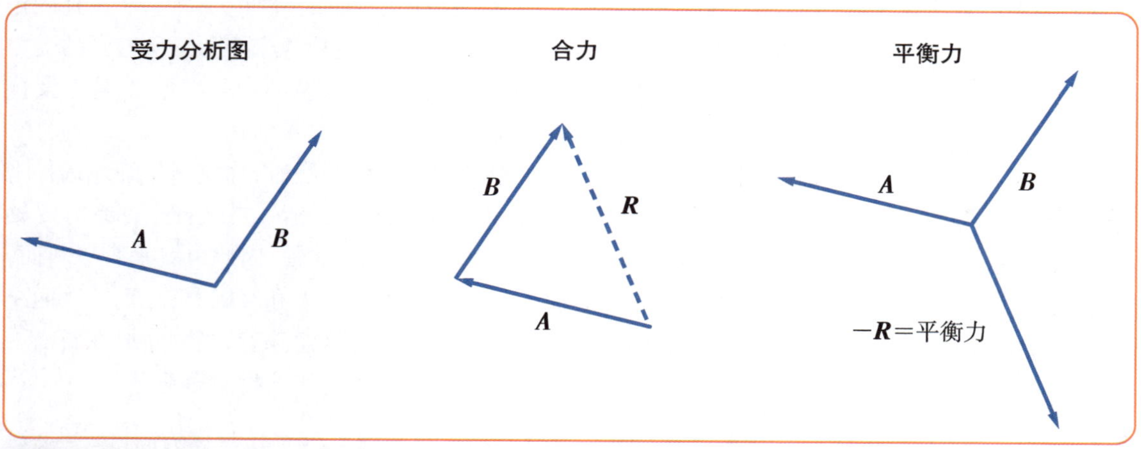

物理挑战题

找出显示在图中的下列这些力的平衡力。

F_1 的大小是 61.0 N，方向是东偏北 17.0°

F_2 的大小是 38.0 N，方向是东偏北 64.0°

F_3 的大小是 54.0 N，方向是北偏西 8.0°

F_4 的大小是 93.0 N，方向是北偏西 53.0°

F_5 的大小是 65.0 N，方向是西偏南 21.0°

F_6 的大小是 102.0 N，方向是南偏西 15.0°

F_7 的大小是 26.0 N，方向为正南

F_8 的大小是 77.0 N，方向是南偏东 22.0°

F_9 的大小是 51.0 N，方向是南偏东 33.0°

F_{10} 的大小是 82.0 N，方向是东偏南 5.0°

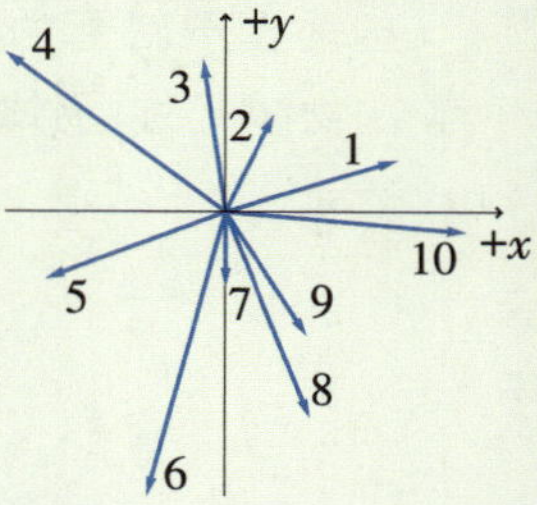

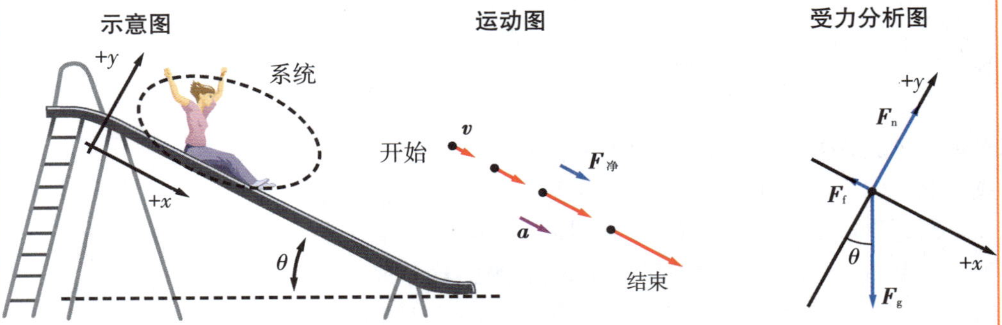

图5-17 女孩的重力使她沿斜面加速下滑。当斜面与水平面的夹角增加时，**描述**女孩的重力沿斜面方向的分力的变化情况。

迷你实验

斜面上的力*

斜面的倾角怎样改变作用在斜面上的物体的力?

物理实验

从斜坡上滑下*

斜坡怎样影响物体运动的加速度?

斜面上的摩擦力*

什么时候物体将会从斜面上滑下?

垂直于斜面的力*

当垂直于斜面的力作用在物体上时，物体会怎样运动?

斜　面

前面我们研究的都是仅仅局限于水平方向或竖直方向的运动。当你遇到如**图5-17**所示的那样，女孩从滑梯上滑下的情况，你又该怎样利用牛顿定律来求出作用于女孩的净力呢?

首先，你需要分析作用于系统的各种力，在这里，女孩就是这个系统。女孩受到的力有：方向竖直向下的重力；垂直于滑梯的正压力；方向平行于滑梯的阻碍女孩运动的摩擦力。所得到的受力分析图如**图5-17**右面的那幅图所示。从图中可以看出，这个女孩的加速度方向沿着滑梯向下。

选择坐标系　在研究沿斜面运动的问题时，你应当仔细地选择坐标系。由于女孩的加速度平行于斜面，所以在选择坐标系时，x轴应选取平行于斜面方向。y轴垂直于x轴，因此也就垂直于斜面。采用这样的坐标系后，两个力，即正压力和摩擦力，分别在这两个坐标轴的方向上。但重力却不是。这意味着，当物体放在斜面上时，物体与斜面间的正压力一般并不等于该物体的重力。

☑ **阅读检测**　**解释**为什么你要将平行于斜面的方向选取为x轴方向?

因为需要将牛顿定律分别应用于x方向和y方向，而重力并不指向这两个方向中的任一个方向，因此，在这两个方向上对力求和时，必须先将重力分解为x分量和y分量。分解的方法在例题5和例题6中作了介绍。

例题5

重力在斜面上的分力 一只重562 N的纸板箱静止在与地面成30.0°倾角的斜面上，求这个重力平行于斜面和垂直于斜面方向的分力。

1 分析概括问题

- 建立坐标系，x轴正方向指向上坡方向。
- 作出受力分析图，标出F_g，它的分量F_{gx}和F_{gy}，以及角度θ。

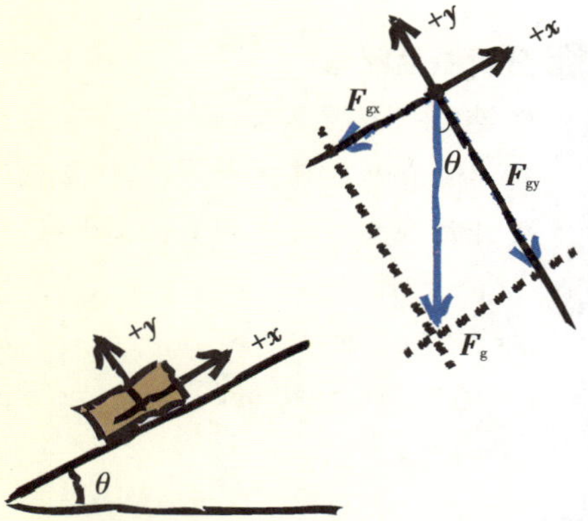

已知：	未知：
$F_g=562\ \text{N}$	$F_{gx}=?$
$\theta=30.0°$	$F_{gy}=?$

2 求解未知量

F_{gx}和F_{gy}的方向与正轴的方向相反，因此它们的值为负。

$$F_{gx}=-F_g\sin\theta$$
$$=-562\ \text{N}\times\sin 30.0°$$
$$=-281\ \text{N}$$

◀将$F_g=562\ \text{N}$，$\theta=30.0°$代入。

$$F_{gy}=-F_g\cos\theta$$
$$=-562\ \text{N}\times\cos 30.0°$$
$$=-487\ \text{N}$$

◀将$F_g=562\ \text{N}$，$\theta=30.0°$代入。

3 验证答案

- **单位是否正确？** 力是用N量度的。
- **符号是否有意义？** 这些分力的方向与坐标轴的正方向相反。
- **数值是否合理？** 两个数值都小于F_g。

练一练

33. 一只蚂蚁以恒定的速率爬上一座与竖直方向夹角为30°的蚁冢。作出这只蚂蚁的受力分析图。

34. 瑞安和贝卡将一张折叠桌从日光下搬开。桌子上有一杯质量为0.44 kg的柠檬汁。贝卡先提起桌子一端，这时桌面与水平面有一个15.0°的倾角。求此时杯子的重力在平行于桌面方向和垂直于桌面方向的分力。

35. 质量为43.0 kg的费南多从他祖父家楼梯的扶手上滑下。如果楼梯扶手与水平面夹角是35.0°，那么在费南多与楼梯扶手间的正压力是多大？

36. 挑战题 如**图5-18**所示，一只箱子放在一斜面上。该斜面与竖直方向夹角多大时，才能使箱子重力平行于斜面的分力等于垂直于斜面的分力的一半？

图5-18

例题6

玩滑梯 质量为45 kg的伊齐柯从滑梯上滑下。已知滑梯倾角为27°，动摩擦因数为0.23。那么伊齐柯从静止开始，1.0 s后的速度为多大？

1 分析概括问题

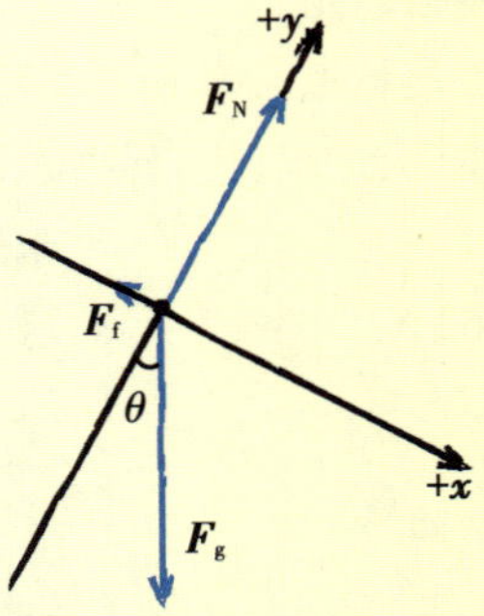

- 建立一个坐标系。
- 当女孩从滑梯上滑下时，作出她的受力分析图。
- 作用在女孩身上的力有正压力、动摩擦力和女孩的重力。

已知	未知
$m=45\ \text{kg}$ $\theta=27°$	$a=?$
$\mu_k=0.23$ $v_i=0.0\ \text{m/s}$	$v_f=?$
$t=1.0\ \text{s}$	

2 求解未知量

在y轴方向：

$F_{净y}=ma_y$ ◀在y轴方向没有加速度，所以$a_y=0.0\ \text{m/s}^2$。

$=0.0\ \text{N}$

求解F_N。

$F_N-F_{gy}=F_{净y}$ ◀F_{gy}为负，根据坐标系的规定，该矢量在负方向。

$F_N=F_{gy}$ ◀将$F_{净y}=0.0\ \text{N}$代入，并重新整理式子。

$=mg\cos\theta$ ◀将$F_{gy}=mg\cos\theta$代入。

在x轴方向：

求解a。

$F_{净x}=F_{gx}-F_f$ ◀F_f为负，根据坐标系的规定，该矢量在负方向。

$ma_x=mg\sin\theta-\mu_kF_N$ ◀将$F_{净x}=ma_x$，$F_{gx}=mg\sin\theta$，$F_f=\mu_kF_N$代入。

$ma=mg\sin\theta-\mu_kmg\cos\theta$ ◀将$a=a_x$(因为加速度是在x轴方向)，$F_N=mg\cos\theta$代入。

$a=g(\sin\theta-\mu_k\cos\theta)$

$=9.8\ \text{m/s}^2\times(\sin27°-0.23\times\cos27°)$ ◀将$g=9.8\ \text{m/s}^2$，$\theta=27°$，$\mu_k=0.23$代入。

$=2.4\ \text{m/s}^2$

因为v_i、a和t都已知，用下式求出v_f。

$v_f=v_i+at$

$=0.0\ \text{m/s}+2.4\ \text{m/s}^2\times1.0\ \text{s}$ ◀将$v_i=0.0\ \text{m/s}$，$a=2.4\ \text{m/s}^2$，$t=1.0\ \text{s}$代入。

$=2.4\ \text{m/s}$

3 验证答案

- **单位是否正确？** 根据量纲分析，v_f是用m/s量度的，a是用m/s^2量度的。
- **符号是否有意义？** 因为v_f和a都指向$+x$轴方向，所以正负号是正确的。
- **数值是否合理？** 速度与人跑步的速度相当，对于有这个大小的倾角和动摩擦因数的滑梯来说，是合理的。

练一练

37. 考虑例题5中那只放在斜面上的纸板箱，计算其加速度的大小。4 s后这只纸板箱的速度为多大？

38. 乔治想用不同于例题6中伊齐柯那样的方式从滑梯上滑下。开始时要别人推他一下，然后他以恒定的速率滑下。那么乔治的裤子与滑梯间的动摩擦因数是多少？

39. 史塔西的质量是45 kg，她从相对于水平面的倾角为45°的滑梯上滑下。若史塔西的短裤与滑梯间的动摩擦因数为0.25，她的加速度为多大？

40. **挑战题** 如**图5–19**所示，将两本物理书叠在一起。然后，将下面的那本书翘起，直到上面的那本书刚刚开始滑动。做五次实验，所得到的翘起的角度记录在**表5–3**中。

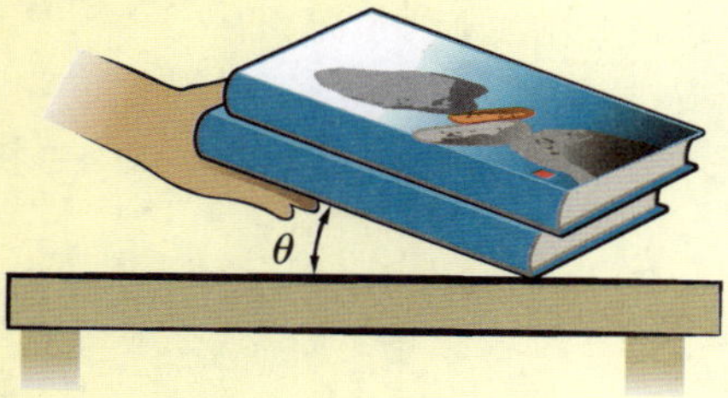

图5–19

表5–3 实验次数和翘起的角度

实验次数	θ
1	21°
2	17°
3	21°
4	18°
5	19°

a. 五次实验中所测得的角度θ的平均值为多少？

b. 这两本书的封面之间的最大静摩擦因数是多少？θ取a中得到的平均值。

c. 如果测得上面的本书下滑时的加速度为1.3 m/s²，那么这两本书之间的动摩擦因数多大？假定θ为a中得到的平均值。

第3节 复 习

41. **主要概念** 一位质量为63 kg的滑水运动员拉住一根倾角为14.0°的绳子，绳子中的张力为512 N。已知滑水运动员和绳子之间的动摩擦因数是0.27，这位滑水运动员加速度的大小和方向是怎样的？

42. **力** 将汽车拉出泥坑的一种办法，是将一根结实的粗绳的一头系在汽车上，另一头系在一棵树干上，然后在绳子的中点处沿着垂直于绳子的方向拉绳。画出受力分析图，并说明为什么此时即使作用于绳子的力较小，也会有较大的力作用于汽车。

43. **质量** 一块很大的记分板用10根牢固的缆绳系在体育馆的天花板上。其中六根缆绳与竖直方向夹角为8.0°，另四根的夹角为10.0°。如果每根缆绳的张力是1 300 N，那么这块记分板的质量是多少？

44. **矢量和** 当三个矢量首尾相接形成一个三角形时，它们的和是什么？如果这些矢量代表作用在一个物体上的力，这对于该物体又意味着什么？描述一下在这三个力的共同作用下，物体的运动情况。

45. **平衡状态** 用两种长度的绳子挂一幅画。如果力太大，绳子将会断裂。你应当按**图5–20**中的哪幅图来挂这幅画？请说明理由。

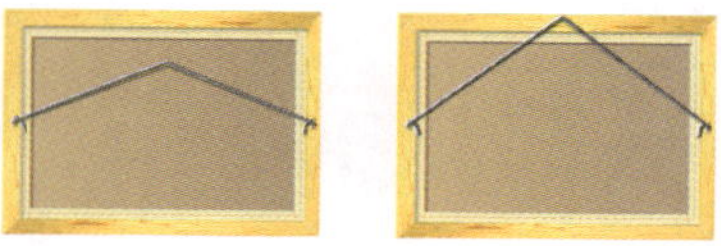

图5–20

46. **批判性思维** 是否总存在一个摩擦因数的值，能使孩子以恒定的速度滑上斜坡？说明为什么有，或者为什么没有。假设没有其他力作用于这个孩子。

起步实验

矢量相加

实验步骤

1. 用一支弹簧测力计测量并记录质量为200 g的物块所受到的重力。
2. 取另一支弹簧测力计，将一根35 cm长的细线的两头分别系在两支弹簧测力计下面的挂钩上。
3. 将一根15 cm长的细线的一头缚在200 g的物块上，将细线的另一头绕过35 cm长的细线，再缚住200 g的物块的一头。***注意：不要使物块掉落。***
4. 对称地拿住两支弹簧测力计，使它们之间的连线成120°的夹角。移动挂有物块的那根细线，使两支弹簧测力计的读数相同。记录此时弹簧测力计的读数。
5. 慢慢地拉这根35 cm长的细线，使它越来越趋于水平。描述你所观察到的情况。

分析

6. 这两支弹簧测力计测得的两个力之和是否等于悬挂的物体的重力？还是大于或是小于这个重力？

7. **批判性思维**　在一张纸上画出一个等边三角形，其中一边在竖直方向。如果该三角形的两条边均为2.0 N，求出第三条边的大小。2 N+2 N=2 N，这种情况有可能吗？

迷你实验

平衡力

实验步骤

1. 在三只量程为5 N的弹簧测力计上分别标记A、B、C。
2. 将一根1 m长的细绳对称地挂在弹簧测力计A的钩子上，然后将这根细绳的两端分别系在弹簧测力计B和C的钩子上。
3. 当弹簧测力计B和C分开并拉紧，但读数相同时，预测弹簧测力计A的读数。
4. 将弹簧测力计B和C分开，使细绳之间的夹角为45°，记录此时三支弹簧测力计的读数。

分析

5. 讨论一下，为什么弹簧测力计A的读数比弹簧测力计B和C的读数之和小。

6. 当系着弹簧测力计B和C的细绳都竖直时，弹簧测力计A的读数是多少？

物理实验

实验器材

滑轮
细绳(长1 m)
C型夹子
量程为0～5 N的弹簧测力计
标尺
木块
木板

摩擦因数

静摩擦力和动摩擦力是存在于相互接触的两个表面之间的力。静摩擦力是物体开始运动时所必须克服的力，而动摩擦力则发生在两个彼此做相对运动的物体之间。动摩擦力$F_{f,\text{动}}$可表示为$F_{f,\text{动}}=\mu_k F_N$，其中μ_k为动摩擦因数，而F_N为作用于物体上的正压力。最大静摩擦力$F_{f,\text{最大静}}$可表示为$F_{f,\text{最大静}}=\mu_s F_N$，其中$\mu_s$为静摩擦因数，而$F_N$为作用于物体上的正压力。想要物体开始运动，必须克服最大静摩擦力$\mu_s F_N$的作用。如果你用一个恒力沿水平方向匀速拉一个物体，那么阻碍该物体运动的摩擦力与所施加的力F_p大小相等、方向相反。因此，$F_p=F_f$。当物体在水平面上运动时，正压力与物体的重力大小相等、方向相反，而你施加的外力则是在水平方向上的。

问题

对于在水平面上运动的物体，怎样确定静摩擦因数和动摩擦因数？

目标

- **测量**作用于一个开始运动或已经在运动的物体上的正压力和摩擦力。
- **运用数据**计算μ_s和μ_k。
- **对比与比较**μ_s和μ_k的值。
- **分析**动摩擦力的结果。
- **估计**斜面上的物体开始滑动时的角度。

实验步骤

1. 检查你的弹簧测力计，观察竖直拿起时它的读数是否为零。如果不为零，在老师的指导下将它调零。
2. 用C型夹子将滑轮固定在桌子的边缘。
3. 将绳子与弹簧测力计和木块相连。
4. 测量木块或其他小物件的重力，将数据作为正压力 记录在数据表1、2和3中。

5. 将绳子从弹簧测力计上松开，穿过滑轮，然后再连接到弹簧测力计上。
6. 根据绳子的长度，将木块尽量移至木板面上离滑轮最远处。
7. 竖直拿住弹簧测力计，使木块、滑轮以及弹簧测力计之间成直角。缓慢拉起弹簧测力计，测量使木块开始运动时所必需的力的大小。将这个静摩擦力记录在数据表1中。
8. 重复步骤6和7，再做两次实验。
9. 重复步骤6和7，但要在木块开始移动后用足够大的力拉它，使它保持恒定的速率在水平的木板面上运动。将这个动摩擦力记录在数据表2中。
10. 重复步骤9，再做两次实验。
11. 将木块放在木板的一端，然后慢慢地将这端抬起，使木板表面成为一个斜面。轻敲木板，使木块能克服静摩擦力而运动。如果木块不动，重新将木块放在斜面的上端并重复上述步骤。
    继续增大斜面与水平方向的夹角θ，并轻敲木板直到木块能匀速从斜面上滑下。将角度θ记录在数据表4中。

实验材料表	
物块材料	
表面材料	

数据表1				
F_N(N)	静摩擦力F_s(N)			
	实验1	实验2	实验3	平均值

数据表2				
F_N(N)	动摩擦力F_f(N)			
	实验1	实验2	实验3	平均值

数据表3				
F_N(N)	F_s(N)	F_f(N)	μ_s	μ_k

数据表4	
θ	$\tan\theta$

分析

1. 求出三次实验中得到的静摩擦力的平均值F_s,并将结果记录在数据表1中的最后一列以及数据表3中。
2. 求出三次实验中得到的动摩擦力的平均值F_f,并将结果记录在数据表2中的最后一列以及数据表3中。
3. 用数据表3中的数据计算静摩擦因数μ_s,将这个值记录在数据表3中。
4. 用数据表3中的数据计算动摩擦因数μ_k,将这个值记录在数据表3中。
5. 计算数据表4中的$\tan\theta$。

结论与应用

1. 检查你的μ_s和μ_k的数值。说明你的结果是否合理。

2. 画出放置在角度为θ的斜面上的物体的受力分析图。确认你的受力分析中包括了摩擦力。

3. 从图上,假定θ是斜面上的木块刚开始滑动时的角度,则$\tan\theta$表示的是什么?

4. 比较$\tan\theta$(由实验得到)、μ_s和μ_k的数值。

进一步探索

在其他具有不同特性的材料制成的平面上重复上述实验。

生活中的物理学

如果你从斜坡上滑下,并想要确定你的滑板与斜坡之间的动摩擦因数,你要怎样才能做到这一点?说明怎样才能得到这个问题的答案。

建筑师

建筑师通过深入研究力学，来确保楼房和其他建筑物能稳稳地矗立在地面上。

平衡力 物体有加速度，是因为有外力作用于物体的缘故。但是，一个静止的物体并不意味着没有受到力的作用。物体之所以会静止，是因为作用在物体上的力刚好相互抵消而已。

例如，当你静坐在座椅上时，重力把你向下拉，与此同时，座椅对你的支持力会把你向上推，这两个力相互抵消，没有净力作用于你，所以你没有加速度而静止不动。在设计大楼、桥梁或其他建筑物时，建筑师都要确保建筑物受到的重力恰好和其他力相互抵消。

悬臂梁 你有过站在如**图1**所示的观景台上瞭望过吗？观景台下面没有任何支撑的物体，那么观景台为什么不会掉下去呢？实际上，观景台类似于悬臂梁，悬臂梁的两端固定在建筑物中，它受到的重力与该建筑物对它的作用力相抵消。

图1 游客正从芝加哥的威利斯大厦的观景台向外瞭望。

进一步探索 >>>

研究弧形拱门中的力是怎样分布的？如位于密苏里州圣路易斯市的拱门。用贴纸显示出拱门内部各处的力的情况。

第5章 复习指南

大概念 二维力可以用矢量合成和矢量分解来进行描述。

关键术语
- 分量
- 矢量分解

第1节 矢 量

主要概念 所有矢量都可分解为x分量和y分量。

- 在图象法中，矢量相加可通过以下方法实现：将第二个矢量的尾端与第一个矢量的顶端相连，以此类推，那么从第一个矢量的尾端指向最后一个矢量顶端的矢量就是合矢量。
- 一个矢量的分量是该矢量在坐标轴上的投影。几个矢量的合矢量可通过分别把它们的x分量和y分量相加得到。

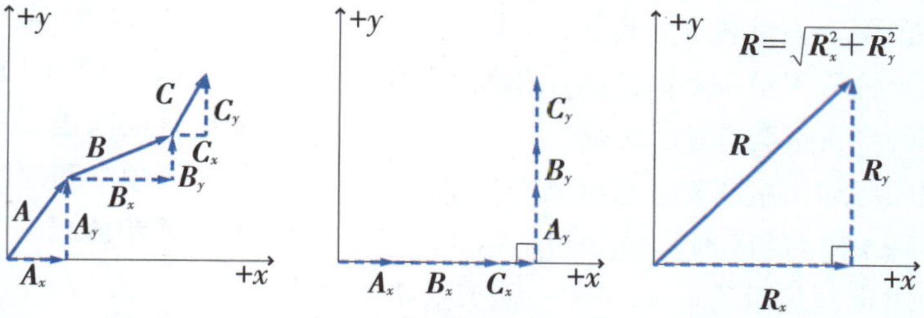

- 若两个矢量互成直角，可用勾股定理求出它们的合矢量的大小。余弦定理和正弦定理可用来求任意两个矢量的合矢量。

关键术语
- 动摩擦力
- 静摩擦力
- 动摩擦因数
- 静摩擦因数

第2节 摩擦力

主要概念 摩擦力是两个接触面之间的一种力。

- 摩擦力是两个面接触时产生的，且与接触面平行。
- 动摩擦力等于动摩擦因数与正压力的乘积；静摩擦力小于或等于静摩擦因数与正压力的乘积。

$$F_{f,动}=\mu_k F_N$$

$$F_{s,静}\leq\mu_s F_N$$

关键术语
- 平衡力

第3节 二维力

主要概念 一个物体如果在x方向上和y方向上的净力都等于零，那么该物体便处于受力平衡状态。

- 平衡力是一个这样的力，该力与其他所有作用在物体上的力的矢量和大小相等、方向相反。
- 当物体沿斜面向下运动时，它所受到的摩擦力平行于斜面，但方向向上。斜面上物体的重力有一个平行于斜面方向的分力，该分力能使物体沿斜面向下做加速运动。

第1节 矢 量

理解概念

47. **主要概念** 怎样利用图象法将两个矢量相加?

48. 利用图象法将一个矢量与另一个矢量相加时,有下列步骤:移动矢量、转动矢量、改变矢量的长度,其中哪些是正确的?

49. 用自己的话清楚地说出两个或多个矢量的合矢量的定义。不必解释怎样求合矢量,只要说明合矢量表示的是什么。

50. 两个位移矢量按不同的次序相加,这对于它们的合矢量会有什么影响?

51. 说明你如何用图象法求解两个矢量的差。

52. 解释**A**和*A*的区别。

53. 勾股定理表示为$c^2=a^2+b^2$。如果这个关系用于矢量加法,那么其中的a、b、c分别代表什么?

54. 应用坐标系时,矢量相对于坐标轴的角度或方向是怎样确定的?

解决问题

55. **汽车** 汽车向正东方向行驶65 km后,又向正西方向行驶了45 km。它的总位移为多少?

56. 找出**图5-21**中下列矢量的水平分量和竖直分量。假设向上和向右为正方向。
   a. ***E***
   b. ***F***
   c. ***A***

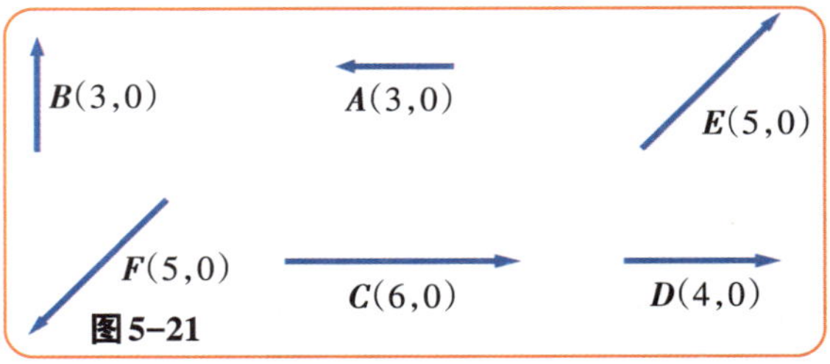

图5-21

57. 用图象法找出**图5-21**中下列成对矢量之和。
   a. ***D***和***A***　　b. ***C***和***D***
   c. ***C***和***A***　　d. ***E***和***F***

58. 用图象法找出**图5-21**中下列矢量之和。
   a. ***A***、***C***和***D***
   b. ***A***、***B***和***E***
   c. ***B***、***D***和***F***

59. **排序** 按照净力的大小从小到大对下列的力进行排序,并说明理由。
   A. 20 N(向上)+10 N(向下)
   B. 20 N(向上)+10 N(向左)
   C. 20 N(向上)+10 N(向上)
   D. 20 N(向上)+10 N(水平向下20°)
   E. 20 N(向上)

60. 你向南走了30 m,然后向东走30 m。分别用图象法和代数法计算合位移的大小和方向。

61. **徒步旅行** 一位徒步旅行者的行程包括三段:路程*A*长8.0 km,沿东偏北60°方向;路程*B*长7.0 km,沿正东方向;路程*C*长4.0 km,沿自东按逆时针转过315°的方向。
   a. 按照*A*、*B*、*C*的次序,用图象法求出这位徒步旅行者的位移。
   b. 按照*C*、*B*、*A*的次序,用图象法求出这位徒步旅行者的位移。
   c. 对于上述合位移,你能得出什么结论?

62. 求作用在**图5-22**中这只环上的净力。

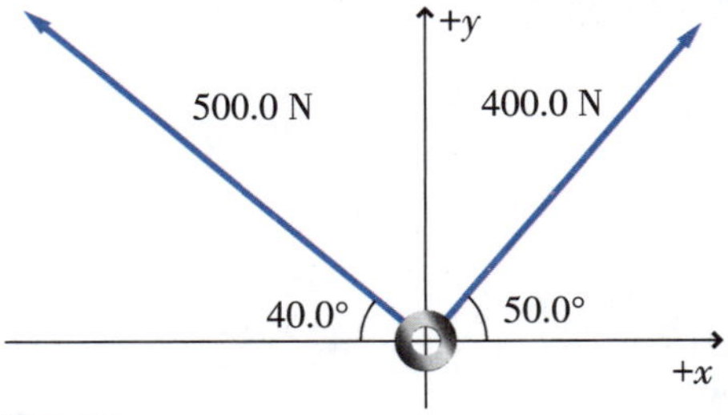

图5-22

63. **宇宙探索** 正在降落到火星上的飞行器有一个垂直指向火星表面的速度5.5 m/s,以及一个水平速度3.5 m/s。
   a. 飞行器沿着它下降路线的速率是多少?
   b. 下降路线与竖直方向的夹角为多大?
   c. 如果此时该飞行器在230 m高度处,它到达火星表面还需多少时间?

64. 求作用在**图5-23**中这只环上的净力。

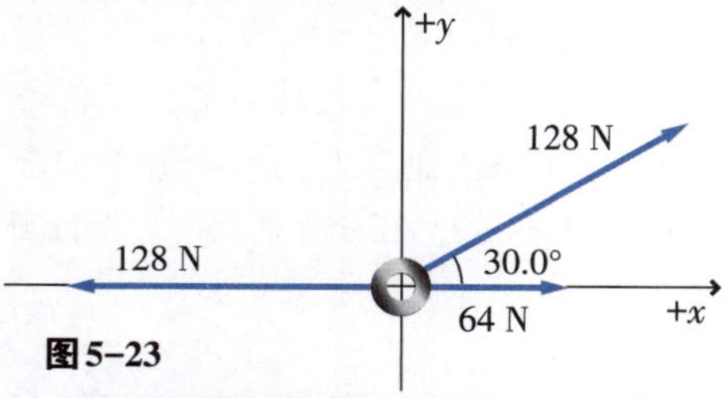

图5-23

65. 海洋中的一条船 海洋中的一条船预期两天内抵达正南方500.0 km处的港口。但是一场大风暴将它从原地吹到正东方向100.0 km处。这条船离开它的目的地多远？为了抵达目的地，必须选取怎样的航向？

66. 导航 阿尔弗莱多离开他的营地，手里拿着一个指南针。他先向东走了4 km，然后向南走了6 km，向东走3 km，向北走5 km，向西走10 km，向北走8 km，最后再向南走3 km。两天后他打算回去。画一张图，计算阿尔弗莱多现在离开他的营地多远？他应当怎样回到营地？

第2节 摩擦力

理解概念

67. 摩擦因数大于1.0是什么意思？怎样测量摩擦因数的大小？

68. 汽车 用宽胎而不是窄胎，会使汽车的轮胎与路面间的摩擦力增加吗？运用本章介绍的有关摩擦力的知识对此作出说明。

解决问题

69. 用30.0 N的水平力使一只质量为12.0 kg的木板箱在地板上匀速滑动。木板箱和地板间的动摩擦因数是多少？

70. 用710 N的力从水平方向推一只质量为225 kg的木板箱。如果摩擦因数是0.20，计算木板箱的加速度。

71. 用40.0 N的力使质量为5.0 kg的木块以6.0 m/s^2的加速度在水平面上运动。

a. 如果没有摩擦力，那么木块的加速度为多大？

b. 动摩擦力为多大？

c. 动摩擦因数是多少？

72. 移动家具 你家买来一只新冰箱。送货员刚刚离开，而你觉得这只冰箱的位置不是很好，于是你打算将它移动几厘米。如果冰箱的质量是180 kg，冰箱底部与地板间的动摩擦因数是0.13，静摩擦因数是0.21。那么，你必须用多大的力水平推这只冰箱，才能使它开始移动？

73. 红灯停下 你正驾驶一辆质量为2 500.0 kg的汽车以14.0 m/s的速率在一条平直的道路上匀速行驶。当你快到一个十字路口时，信号灯变成了红灯。于是你立即刹车。车子的轮子被制动，轮胎开始滑行，并在25.0 m后到达斑马线前停下。轮胎与这条路面间的动摩擦因数是多少？

第3节 二维力

理解概念

74. 描述适合于分析竖直上抛之类运动的坐标系。

75. 如果所建立的坐标系的正x轴沿水平面上方30°的方向，那么x轴和y轴的夹角应该是多少？正y轴的方向又是什么？

76. 要研究山坡上的运动问题，应该建立怎样的坐标系？

77. 如果你的书正处在平衡状态，对作用在此书上的力，你能说些什么？

78. 一个处于平衡状态的物体有可能在运动吗？请举例说明。

79. 对位于倾斜桌面上的一本书的运动进行分析。

a. 描述一下用于分析这类运动的最适当的坐标系。

b. 该书重力的分量与桌面的角度有怎样的关系？

80. 当桌面与水平面的夹角增大时，描述桌面上的一本书的重力平行于桌面的分量以及该书所受到的摩擦力的变化情况。

a. 哪些力是增大的？

b. 哪些力是减小的？

解决问题

81. 一个处于平衡状态的物体受到三个力作用。一个大小为33.0 N的力作用在与x轴成90°角的方向上，另一个大小为44.0 N的力作用在与x轴成60°角的方向上。这两个角都是从正x轴按逆时针方向量度的。那么第三个力的大小和方向分别是什么？

82. 如**图5-24**所示，有5个力作用在一个物体上：(1)60.0 N的力在90.0°方向；(2)40.0 N的力在0.0°方向；(3)80.0 N的力在270.0°方向；(4)40.0 N的力在180.0°方向；(5)50.0 N的力在60.0°方向。能使该物体获得平衡的第六个力的大小和方向分别是什么？

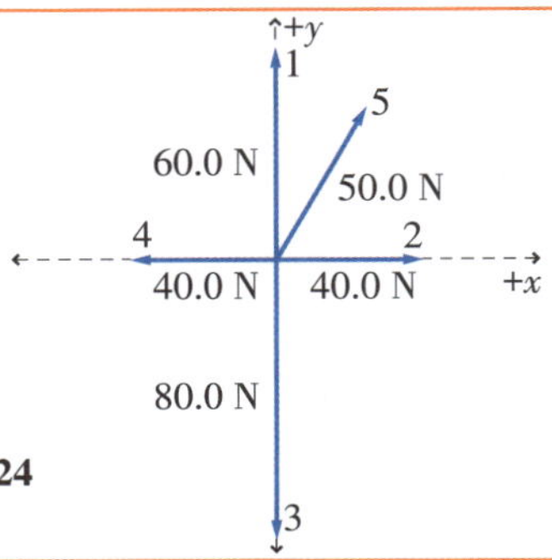

图5-24

83. 做广告　乔伊想挂起一块重7.50×10^{2} N的招牌。如**图5-25**所示，他将缆绳A系在百货店墙上，成30.0°角；缆绳B系在毗邻的建筑物上，呈水平方向。求缆绳B中的张力。

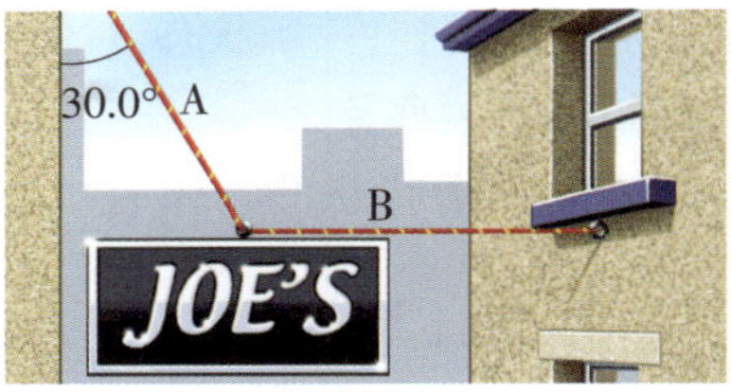

图5-25

84. 街灯重150 N，用两根互成120°角的拉线吊起。两根拉线中的张力相等。

a. 每根拉线中的张力为多大？

b. 如果拉线之间的夹角减小为90°，此时每根拉线中的张力又是多大？

85. 一只重215 N的箱子放在与水平方向成35.0°角的斜面上。求箱子的重力平行于斜面的分量。

86. 假设你是一名工业设计师，现在你需要为汽车配件制造厂的流水线设计一条传送带，使经过第一道工序处理后的某配件传送到斜上方的第二道工序处。已知要使配件与传送带不发生相对运动，传送带的倾角最大为32°。

a. 这个角度取决于哪个或哪几个因素？

b. 找出一般情况下配件与传送带间的静摩擦因数。

87. 如**图5-26**所示，用一根细线通过一只无摩擦、无质量的滑轮，把静止在斜面上和悬挂在斜面边缘高处的两块木块连接起来。悬挂木块的质量是16.0 kg，斜面上的木块的质量是8.0 kg。已知木块与斜面间的动摩擦因数是0.23。这两木块从静止释放。

a. 木块的加速度为多大？

b. 连接两木块的细线的张力为多大？

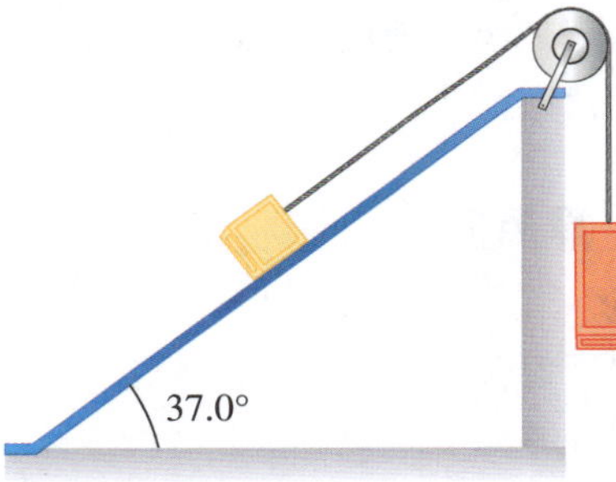

图5-26

88. 如**图5-27**所示，用力F推动一块质量为M的木块，使它前面的那块质量较小的木块不至于落下。较大木块与它下面的表面之间没有摩擦力。已知两木块间的静摩擦因数是μ_s。尝试用M、m、μ_s以及g来表示F的大小。

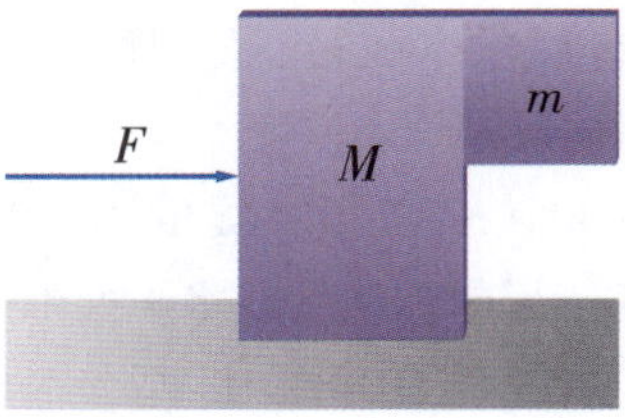

图5-27

应用概念

89. 若设定长1 cm的矢量表示5 km的位移。那么按这样的标度画出的3 cm的矢量，表示多少千米的位移？

90. 设定15 mm长的矢量表示30 m/s的速度。为了表示20 m/s的速度，你应当画多长的矢量？

91. 大小为3 m和4 m的两个位移相加后，合位移的值最大可能是多少？最小可能是多少？作出示意图以说明你的回答。

92. 两个矢量的夹角从0°增加到180°时，它们的合矢量将怎样改变？

93. A 和 B 是一个直角三角形的两条边，$\tan\theta = \frac{A}{B}$。

a. 如果$\tan\theta > 1.0$，三角形的哪条边长些？

b. 如果$\tan\theta < 1.0$，三角形的哪条边长些？

c. 如果$\tan\theta = 1.0$，这意味着什么？

94. **驾车旅游** 汽车的行驶速度为50 km/h，方向东偏北60°。选取一个坐标系，取正x轴指向东，正y轴指向北。那么，速度矢量的哪个分量会更长些？是x分量还是y分量？

95. 在什么条件下，可用勾股定理而不必用余弦定理求合矢量的值？

96. 在小车开上山坡的问题中，选取了正x轴平行于斜坡的坐标系。如果该问题中还包含一块石头掉落在汽车上的情况，画出这个问题的示意图，并指出该石块速度矢量的分量。

97. **马拉车** 传说有一匹马知道牛顿定律。当主人要它拉车时，它拒绝了。它说，如果我向前拉这辆车，按照牛顿第三定律，将存在一个方向朝后、大小相等的力，因此，这将是平衡力；再按照牛顿第二定律，这辆车就不会做加速运动了。你同意这匹马的说法吗？

98. **网球** 为拉紧两根柱子间的球网，一个相对容易的办法是，用足够的力尽量拉住球网的一头，使它张紧。但是你需要一部绞车来完成最后一步，以便使球网的上边几乎水平。为什么要这样做？

99. 斜面上的一本书的重力可以分解为两个分矢量，其中一个平行于斜面，另一个垂直于斜面。

a. 斜面的倾角为多少时，这两个分量相等？

b. 斜面的倾角为多少时，平行分量等于零？

100. **电视塔** 电视台发射塔用自塔顶到地面的加固缆绳使它竖直。缆绳与水平面的夹角为67°。沿着缆绳的力可分解成垂直于地面和平行于地面的两个分量。哪个分量更大些？

复习提高

101. 如**图5–28**所示，一个弹簧测力计受到三根绳子的拉力。这个弹簧测力计所受到净力的读数是多少？

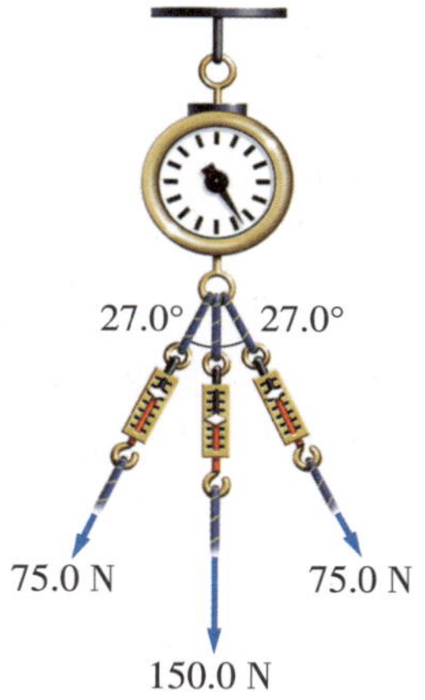

图5–28

102. **神话** 希西弗斯是希腊神话里的一个人物，他在地狱中被罚将巨石推上陡峭的山坡。当他到达山顶时，巨石会重新滑到山下，于是他不得不重推。虽然大多数神话改写本里说，他采用的是滚动方式将巨石搬到山上，但这里假定希西弗斯用的是滑动的方式。

a. 如果巨石与山路间的动摩擦因数是0.40，巨石的质量是20.0 kg，山路倾角恒为30°。希西弗斯为了以恒定的速率将巨石移到山上，他必须对巨石施加多大的力？

b. 如果希西弗斯以0.25 m/s的速度，花费了8.0 h才将巨石推到山顶，那么神话里这座山的高度是多少？

103. 美化环境 一棵要搬移的大树被工人竖立着放置在一辆平板拖车上。如果树的根部在拖车上滑动，这棵大树就会倒下，这是很危险的。设树的根部与拖车间的静摩擦因数是0.50，且这辆卡车以55 km/h的速度行驶。

a. 卡车需在信号灯前停下，为使这棵树不会朝前滑动并倒在卡车上，卡车的最大加速度是多少？

b. 如果这辆卡车按a中的计算所得到的最大加速度做匀减速运动，它在停下前所行驶的最短距离是多少？

批判性思维

104. 运用模型 以本章的例题作为范本，编出一道包括以下内容的例题：分析概括问题，求解未知量（包括完整的步骤），以及验证答案。求解的问题如下：质量为975 kg的汽车以25 m/s的速度行驶时，驾驶员踩下了刹车，如果动摩擦因数为0.65，那么这辆汽车从此刻到最后停下所经过的最短距离是多少？假定路面作用于轮胎的摩擦力恒定，且轮胎不松动。

105. 分析与结论 玛丽、杜克和卡柯在本地的游乐场看到一架引人注目的巨型滑梯，它其实就是一个又长又高的斜面。游乐场中的游客爬过一条长长的楼梯抵达倾角为27°的斜面的顶部，并得到一只粗帆布袋。然后他们坐在帆布袋上，从70 m长的斜面上滑下。就在这三个朋友走过这架滑梯时，一名质量为135 kg的男子和一个质量为20 kg的男孩正在滑梯顶上准备滑下。玛丽说道："我想知道这名男子滑下的时间会比男孩少多少？"杜克说："我想这个男孩滑下的时间会少些。""你们两人都错了。"卡柯说，"他们将同时到达底部。"

a. 作出适当的分析，以确定谁的说法正确。

b. 如果男子和男孩不是用同样的时间滑到底部，试计算他们两者的下滑时间相差几秒。

106. 补充问题 将问题补充完整，以便可以用二维矢量加法来求解："当杰夫发现他最爱的篮球卡片在他的床底下时，他正在打扫房间……"

107. 编写问题 用生活中的物体编写一道物理题，**图5–29**是求解过程的一部分。

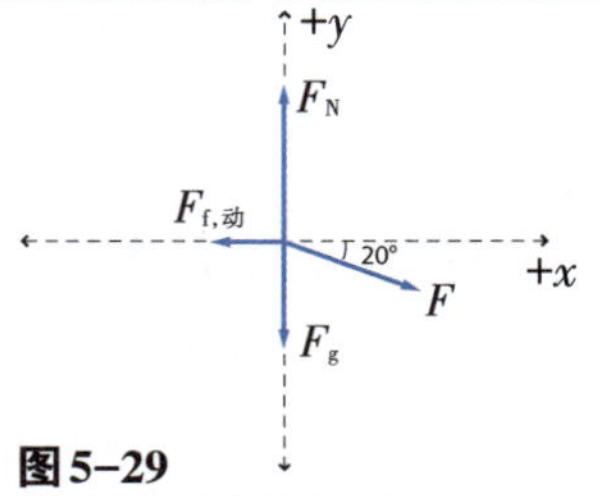

图5–29

科技写作

108. 考察在工业领域使用的减少机器各部件之间摩擦力的技术措施。列举2～3个实例，并从物理学的角度对此作出解释。

109. 奥林匹克运动 近些年来，许多奥林匹克体育运动，诸如短跑、游泳、滑雪以及冰上速滑等都已经通过改进设备，以减小摩擦力和空气或水的阻力。研究一种用于这些类型体育项目的设备在过去几年里的改进情况。说明物理学对这些改进技术产生了怎样的影响。

日积月累

110. 完成下列加减乘除运算，给出具有正确有效位数的答案。

a. 85.26 g＋4.7 g

b. 1.07 km＋0.608 km

c. 186.4 kg－57.83 kg

d. 1.26 kg×9.8 N/kg

e. 10 m÷4.5 s

111. 你骑着一辆自行车。已知你在1.5 h内的平均速度是10 km/h，在之后的30 min内的平均速度是15 km/h。那么你在2 h内的平均速度是多少？

112. 用45 N的力向上提一只质量为2.0 kg的公文包，这只公文包的加速度为多大？

第5章 标准化测试

选择题

1. 与两个或几个力之和相等的那个力称为(　　)

A. 平衡力　　**B.** 正压力

C. 合力　　**D.** 张力

2. 在一次冬季集市上，一些学生决定建造一架质量为30.0 kg的安置在雪橇上的木质拉车。如果两名质量为90.0 kg的旅客坐在里面，要使车动起来，拉车人需要施加的力为(已知车子与雪地间的静摩擦因数是0.15)(　　)

A. 1.8×10^2 N　　**B.** 3.1×10^2 N

C. 2.1×10^3 N　　**D.** 1.4×10^4 N

3. 为了使一只质量为50.0 kg的纸板箱动起来，最少需要280 N的力。纸板箱与地板间的最大静摩擦因数是(　　)

A. 0.18　　**B.** 0.57

C. 1.8　　**D.** 5.6

4. 两部拖拉机拉着一根质量为1.00×10^3 kg的原木。如果两台拖拉机的链条之间的角度为18.0°，每台拖拉机的拉力是8×10^2 N，它们对原木能施加的力为(　　)

A. 250 N　　**B.** 7.90×10^2 N

C. 1.58×10^3 N　　**D.** 9.80×10^3 N

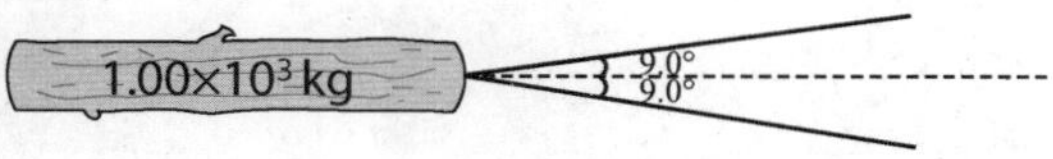

5. 飞行员想使飞机以800.0 km/h的速度向正东方向飞行。如果当时吹着西南风，风速为80.0 km/h，那么这架飞机相对于地面的速度是(　　)

A. 804 km/h，东偏北5.7°

B. 858 km/h，东偏北3.8°

C. 859 km/h，东偏北4.0°

D. 880 km/h，东偏北45°

6. 一个大小为95.3 N的力施加在与水平面夹角为57.1°的方向上。它的y方向的分量为(　　)

A. 51.8 N　　**B.** 80.0 N

C. 114 N　　**D.** 175 N

7. 如下图所示，绳子在与水平面成34°角的方向上对盒子施加了一个大小为18 N的力。这个力的水平分量是(　　)

A. 10 N　　**B.** 15 N

C. 21.7 N　　**D.** 32 N

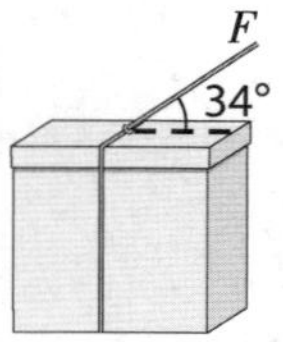

8. 苏凯骑着她的自行车刚转过弯时，突然看到前方42 m处有一棵倒下的树挡住了她的去路。如果她的自行车轮胎与这条砾石路面之间的摩擦因数是0.36，她骑车的速度是50.0 km/h，那么在停下前，她的自行车至少要前进(已知苏凯和自行车的质量总共为95 kg)(　　)

A. 3.0 m　　**B.** 4.5 m

C. 6.8 m　　**D.** 9.8 m

拓展题

9. 一个人从他停车点正北方向310 m处出发，朝西以10 km/h的速度匀速行走了2.7 min。当他停下时，他离他的汽车多远？

10. 基弗斯很讨厌他质量为41.2 kg的儿子老是从楼梯扶手上滑下来，所以他决定在扶手面上涂一层黏胶，使静摩擦因数增加到0.72。如果楼梯扶手与水平面的夹角是52.4°，孩子受到的静摩擦力为多大？

考点提示

测试题号	1	2	3	4	5	6	7	8	9	10
对应小节	3	2	2	1	1	1	1	2	1	3

第6章 二维运动

大概念 运用矢量和牛顿运动定律描述抛体运动和圆周运动。

内容提要

起步实验

抛体运动

抛体，如被抛出的小球，它的轨迹是怎样的？

第1节 抛体运动

主要概念

抛体的水平运动和竖直运动是相互独立的。

核心问题

- 抛体的水平运动和竖直运动有什么关系?
- 抛体的高度、在空中运动的时间、初速度和水平方向通过的距离之间有什么关系?

术语回顾

运动图 显示运动物体在相同时间间隔所处的各个位置的图象

关键术语

抛体

轨迹

物理在你身边

垒球被击出或足球被踢出后,它们在空中沿着弧线运动。这些被抛出的物体称为抛体。英文中抛体(*projectile*)这个词来源于拉丁语前缀(*pro-*),意为“向前”,以及拉丁语词根(*ject*),意为“扔出去”。

抛体的轨迹

跳起的青蛙、被扔出的雪球和射出的箭,都是沿着一条类似的路径前进的。这条路径是一条曲线:先往上运动一段距离,到达最高点后便逐渐转向,再向下运动一段距离到达地面。这种曲线称为抛物线。投射到空中的物体称为**抛体(projectile)**。你可以先作出抛体的受力分析图,再验证这些力。如果忽略空气阻力,在空中运动的抛体只受到重力的作用。正是由于重力,才使得抛体的飞行路径最终会弯曲向下而到达地面。运动的物体在空中经过的路径称为**轨迹(trajectory)**。如果知道抛体的初速度,你就可以计算出它的运动轨迹。本章中,你将学习两种类型的抛体运动。**图6-1**中上面的图显示水沿水平方向流出的情况,而下面的图显示水沿着某一角度向上流出的情况。在这两种情况中,都是重力使水的路径沿着一条抛物线向下弯曲。

图6-1 沿水平方向抛出的抛体会立即向下弯曲,而沿着某一角度向上抛出的抛体,先是上升,然后下落。抛体的运动轨迹总是向下弯曲的。

二维运动的独立性

设想有两位垒球运动员正在相互间来回传球进行赛前热身。这个球在空中有怎样的路径呢？因为球是一个抛体，所以它将做抛物线运动。但是，如果你站在不同的位置上观察，结果是否一样呢？答案是否定的。如果你站在其中一位运动员的背后观察，你看到的垒球的运动轨迹将只是向上和向下运动，犹如竖直上抛物体在空中的运动一样。如果你从飘浮在运动场上空的一只热气球上观察这个垒球，那么，你看到这个球在做匀速运动，从一位运动员运动到另一位运动员，就像冰球滑过冰面那样。事实上，抛体运动正是这两种运动的组合。

为什么抛体的运动会是如此呢？让我们以垒球为例来说明。如果忽略空气阻力，出手后的垒球除了受到重力作用外，没有任何其他的力作用在球上。因此，垒球的运动只与重力有关，而重力作用的结果是使球产生向下的加速度。

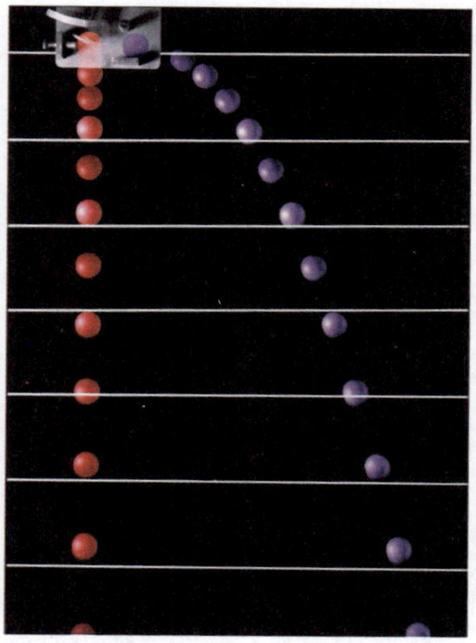

图 6–2 两球同时从静止落下，其中右边的球有一个水平初速度。它们下落时的竖直方向运动情况完全相同。

明确 两球下落 1 s 后，它们的竖直方向的速度为多大？

比较运动图 如**图 6–2** 所示是通过频闪照相机拍摄的两个垒球运动轨迹的示意图，其中红色小球自由落下，而另一个紫色小球则有 2.0 m/s 的水平初速度。分析一下，这两条路径有何相似之处？先从竖直方向观察，你会发现，相邻水平线之间的距离相等。每一次拍摄时，两个垒球的高度都是一样的。这说明，两球在竖直方向上的变化情况是一样的，也就是说，在下落过程中，两球速度的变化是相同的。仔细观察还可以发现，随着球的下落，每两次频闪之间，球与球之间的距离是不断增大的。这表明，两球在重力作用下都在做向下的加速运动。

请注意，被抛小球向下的运动，与是否有水平方向的初速度没有任何关系。物体沿水平方向抛出时，只有在水平方向有初速度，而在竖直方向没有初速度。因此，物体在竖直方向的运动与自由落体的运动情况完全相同。就像红色小球一样，紫色小球只有因重力而产生的重力加速度，向下的速度将有规律地增大。

阅读检测 **解释**为什么自由下落的物体与同时沿水平方向抛出的物体的竖直方向的速度相同。

迷你实验

抛体实验

抛体的质量是否会影响它的运动？

抛体的运动路径*

抛体的水平方向运动和竖直方向运动有什么联系吗？

■ 二维矢量

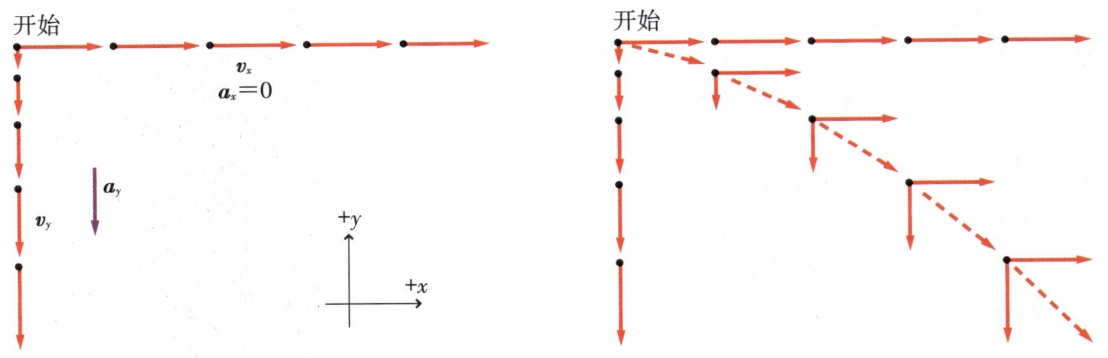

图6-3 可将一个水平抛出的物体的运动速度分解为x分量和y分量。抛体的合速度矢量与抛物线相切。

判断a_y的大小是多少？

物理实验

开展调查*

物理学是怎样分析抛体运动的？

射中目标

哪些因素影响抛体运动？

水平抛出的物体

想象一下，有一个人站在悬崖边缘，沿水平方向踢出一块小石块。与所有的水平抛出的物体一样，该小石块只有一个水平方向的初速度，而没有竖直方向的初速度。那么，该小石块将会怎样从悬崖上落下？

分运动图 抛体在水平方向的运动并不影响它在竖直方向的运动。因此，比较容易的做法是，分别来分析它在水平方向和竖直方向的运动。**图6-3**中的左图显示了平抛物体分别在x方向和y方向的运动图。

水平方向的运动 注意，左图表明，在水平方向上每一个速度矢量的长度是相同的，因此平抛物体的水平速度不变。小石块在水平方向没有加速度。水平方向速度恒定是我们所预料到的，因为小石块被踢出后，在水平方向上没有受到任何力。（实际上，小石块在水平方向上的速率由于空气的阻力而有一些减小，但是请记住，在本章中，空气阻力是被忽略的）

☑ **阅读检测** **解释**为什么抛体在水平方向的运动速度是恒定的？

竖直方向的运动 现在来看看左图中的竖直方向的速度矢量。每一个速度矢量与上一个相比，其长度都长一些，这表明其速度是增加的，且加速度的方向向下。这也是我们预料到的，因为小石块在竖直方向受到重力。

抛物线轨迹 当我们单独地处理一个物体运动的x分量和y分量时，每个分运动的路径都是直线。**图6-3**中右边的图显示了实际的抛物线轨迹。每一时刻的水平分速度和竖直分速度相加，便得到该时刻的合速度。可以看到，水平方向的匀速运动和竖直方向的匀加速运动合成后，便形成了具有抛物线形状的轨迹。

解题 策略

二维运动

在求解抛体问题时，可用如下的解题策略。

1. 用矢量画运动图，标出抛体的初位置和末位置。若抛体是以某一角度抛出，要标出它的最大高度和角度。
2. 分别考虑竖直方向的运动和水平方向的运动。列出已知量和未知量。
3. 对于抛体的水平方向运动，加速度$a_x=0.0\ m/s^2$。若抛体是以某一角度抛出，其抛出时竖直方向的初速度与达到最大高度后下落到同一高度时速度的竖直分速度相同，但方向相反，即$v_{yi}=-v_{yf}$。
4. 对于抛体的竖直方向运动，$a_y=-9.8\ m/s^2$（如果选择向上为正方向）。若抛体是以某一角度抛出，在最高点处其竖直方向的速度为零，即$v_{y,\max}=0$。
5. 分别在水平方向和竖直方向写出能使你求解未知量的运动方程。记住，抛体在水平方向和竖直方向上的运动时间相同。只要求出了其中一个运动的时间，也就知道了另一维中运动的时间。
6. 这些运动方程可应用于抛体运动的任何一段轨迹。你可以选择任意的起始点和终止点代入到方程中。

运动方程

水平方向（速度恒定）

$\boldsymbol{x}_f=\boldsymbol{v}t_f+\boldsymbol{x}_i$

竖直方向（加速度恒定）

$\boldsymbol{v}_f=\boldsymbol{v}_i+\boldsymbol{a}t_f$

$\boldsymbol{x}_f=\boldsymbol{x}_i+\boldsymbol{v}_it_f+\frac{1}{2}\boldsymbol{a}t_f^2$

$v_f^2=v_i^2+2a(x_f-x_i)$

例题 1

一只正在滑动的盘子 你正在准备早餐，将盘子从台面上滑过。不幸的是，一只盘子滑得太快，以至于它滑出了台面。如果台面高1.05 m，盘子滑出台面时的速度为0.74 m/s。那么该盘子在空中的运动时间是多少？它落地时离开台面边缘的距离是多少？

1 分析概括问题

作出水平方向和竖直方向的运动图。选择坐标系，其原点取在盘子从台面边缘的滑出点处，正x轴方向取盘子的水平速度方向，正y轴方向取竖直向上方向。

已知		未知
$x_i=y_i=0\ m$	$a_x=0\ m/s^2$	$t=?$
$v_{xi}=0.75\ m/s$	$a_y=-9.8\ m/s^2$	$x_f=?$
$v_{yi}=0\ m/s$	$y_f=-1.05\ m$	

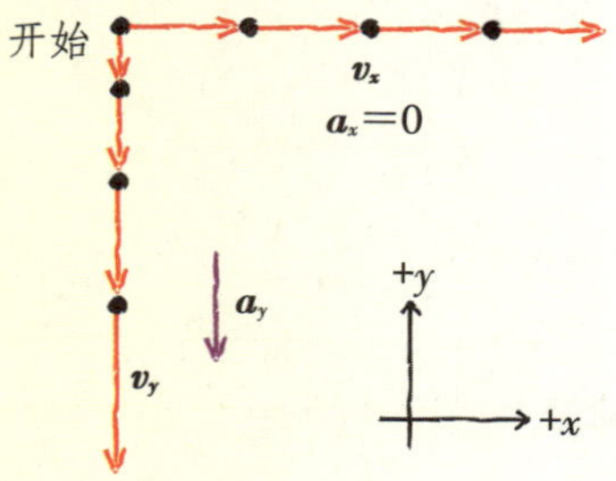

2 求解未知量

应用y轴方向的运动方程，求出运动时间。

$$y_f=y_i+\frac{1}{2}a_yt^2$$

$$t=\sqrt{\frac{2(y_f-y_i)}{a_y}}$$ ◀整理方程求时间。

$$=\sqrt{\frac{2\times(-1.05\ m-0\ m)}{-9.8\ m/s^2}}=0.46\ s$$ ◀将$y_f=-1.05\ m$，$y_i=0\ m$，$a_y=-9.8\ m/s^2$代入。

应用x轴方向的运动方程，求盘子落地点。

$\boldsymbol{x}_f=\boldsymbol{v}_xt=0.74\ m/s\times0.46\ s=0.34\ m$，方向向右

3 验证答案

- **单位是否正确？** 时间单位是s，距离单位是m。
- **符号是否有意义？** 飞行时间和水平距离的结果都是正的，这与坐标的选取一致。
- **数值是否合理？** 物体下落1 m大约需要0.5 s，在这段时间，盘子水平位移大约是0.5 s×0.74 m/s。

练一练

1. 在高度为78.4 m的崖顶上，在水平方向以5.0 m/s的速率扔出一石块。
   a. 该石块落到崖底需要多少时间？
   b. 该石块的落地点距离崖底多远？
   c. 石块落地的瞬间，它的速度的水平分量和竖直分量分别是多少？
2. 露西和她的朋友在一个装配木质长颈鹿玩具的车间工作。在装配线终端，玩具鹿水平地通过传送带边缘，然后落入下面的一只箱子里。如果箱子位于传送带水平面以下0.6 m、离开传送带0.4 m的地方，那么玩具鹿离开传送带时的水平速度必须为多大？
3. **挑战题** 你要去看望一位小学里的同学，他现在住在一个小镇上。当地有一家很有名的冷饮店，店里的厨师总是将他配好的冰激凌圣代从柜台上以2.0 m/s的恒定速率滑到服务员手中（为此，柜台保持得非常光洁）。如果服务员是在离开柜台边缘7.0 cm处接住圣代的，柜台距离服务员接住圣代那点的竖直高度是多少？

图6-4 以某一角度向上抛出的物体的抛物线路径是先向上，然后向下。向上和向下运动的变化清楚地显示在速度的竖直分量的矢量图中。

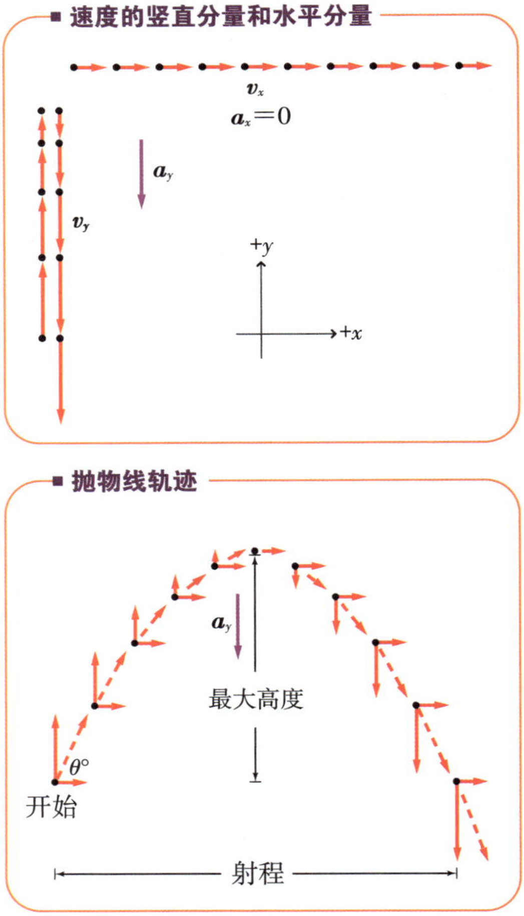

以某一角度抛出的物体

当物体以某一角度向上抛出时，物体的初速度就既有竖直分量，又有水平分量。此时，物体就会像做竖直向上运动的物体那样，先上升，同时速度减小，当到达最高点后，便开始下落，同时速度不断增加。

分运动图 **图6-4**上面的图显示了以一定角度向上抛出的物体在竖直方向和水平方向速度的变化情况。请注意，图中所选择的坐标系中，x轴在水平方向，y轴在竖直方向。由图可以发现，物体的运动速度具有对称性，即在竖直方向上的任一点，物体向上运动时的速度与向下运动时的速度大小相等，但方向相反。在求解问题时，可利用这种对称性来确定未知量。

抛物线轨迹 **图6-4**下面的图定义了两个与轨迹有关的量。一个是最大高度，它是抛体竖直速度为零、只有水平速度时的高度。另一个量是射程R，它是抛体经过的水平距离。图中没有显示抛体在空中的飞行时间。对橄榄球场上的悬空球，它在空中的飞行时间也称为“滞空时间”。

阅读检测 在抛体轨迹的哪一点处，它的竖直方向速度为零？

例题 2

球的飞行 从水平面上方66°的方向上以4.5 m/s的速度抛出一只球。球的初始位置和飞行结束时的位置离地面的高度相同。该球离发射点水平面的最大高度和飞行时间分别是多少？

1 分析概括问题

- 建立坐标系，将球的初始位置取为原点。
- 标出这只球在开始时、最高点时以及飞行结束时的位置。显示出$\boldsymbol{F}_{净}$的方向。
- 画出运动图，显示出$\boldsymbol{v}$、$\boldsymbol{a}$。

已知			未知
$y_i=0.0\ \text{m}$	$\theta_i=66°$	$v_{y,\max}=0.0\ \text{m/s}$	$y_{\max}=?$
$v_i=4.5\ \text{m/s}$	$a_y=-9.8\ \text{m/s}^2$		$t=?$

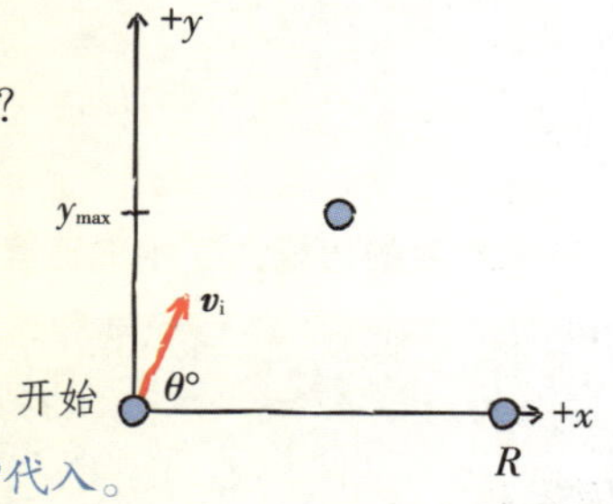

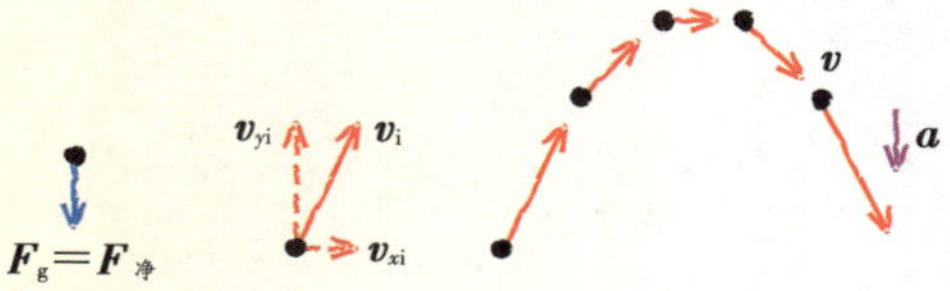

2 求解未知量

求初速度v_i的y分量。

$$v_{yi}=v_i\sin\theta_i$$
$$=4.5\ \text{m/s}\times\sin 66°=4.1\ \text{m/s}$$

◀将$v_i=4.5\ \text{m/s}$，$\theta_i=66°$代入。

利用对称性求出v_f的y分量。

$$v_{yf}=-v_{yi}=-4.1\ \text{m/s}$$

求最大高度。

$$v_{y,\max}{}^2=v_{yi}{}^2+2a_y(y_{\max}-y_i)$$
$$(0.0\ \text{m/s})^2=v_{yi}{}^2+2a_y(y_{\max}-0.0\ \text{m})$$
$$y_{\max}=-\frac{v_{yi}{}^2}{2a_y}$$
$$=-\frac{(4.1\ \text{m/s})^2}{2\times(-9.8\ \text{m/s}^2)}=0.86\ \text{m}$$

◀将$v_{yi}=4.1\ \text{m/s}$，$a_y=-9.8\ \text{m/s}^2$代入。

计算球回到发射点高度所需的时间。

$$v_{yf}=v_{yi}+a_yt$$
$$t=\frac{v_{yf}-v_{yi}}{a_y}$$
$$=\frac{-4.1\ \text{m/s}-4.1\ \text{m/s}}{-9.8\ \text{m/s}^2}=0.84\ \text{s}$$

◀将$v_{yf}=-4.1\ \text{m/s}$，$v_{yi}=4.1\ \text{m/s}$，$a_y=-9.8\ \text{m/s}^2$代入。

3 验证答案

- 数值是否合理？物体上升不到1 m，在空中飞行的时间小于1 s是合理的。

练一练

4. 一位运动员以27.0 m/s的速度，在与地面成30.0°角的方向上踢出一只橄榄球，如**图6–5**所示。假定忽略空气阻力，求以下各物理量。

a. 球的飞行时间。 **b.** 球的最大高度。

c. 球飞行的水平距离。

5. 如果上题中的这位运动员以同样的速率踢球，但球的初速度与水平面的夹角增大到60.0°，那么该球的飞行时间、飞行的水平距离以及最大高度分别是多少？

6. 挑战题 在50.0 m高的悬崖上以7.0 m/s的初速度沿水平面上方53.0°角的方向扔出一石块。求该石块落到地面时的速度。

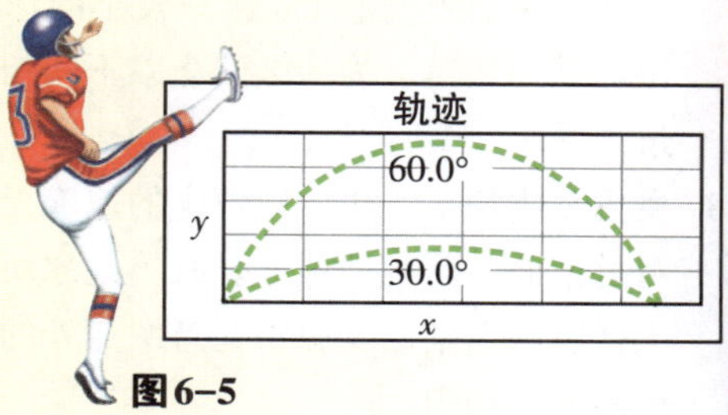

图6–5

图6–6 空气产生的力可以增大或减小物体的速度。

空气没有影响

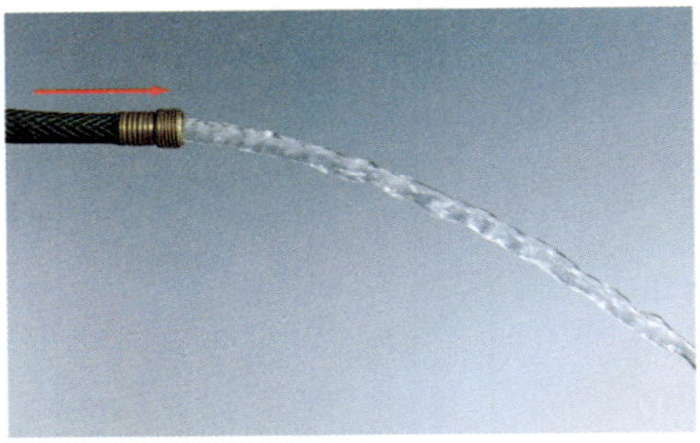

空气产生的力增大了水的速度

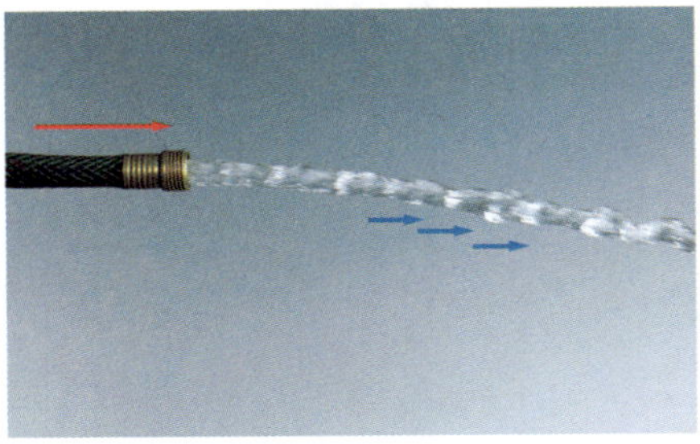

空气产生的力减小了水的速度

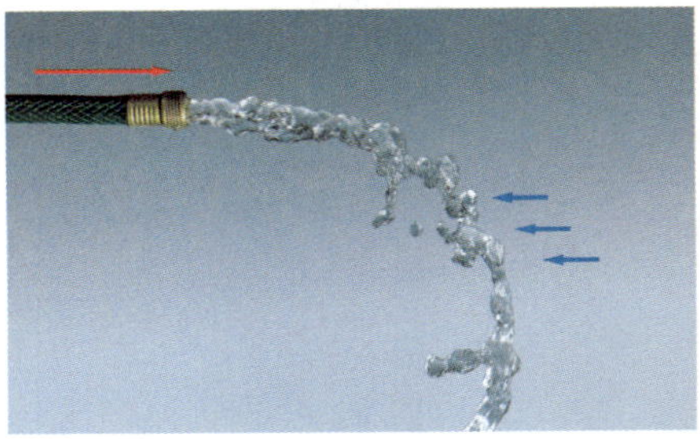

空气产生的力

在本章中，到目前为止，空气产生的力的作用都被忽略了。但是只要想一想，风筝为什么在空中不会掉下来，或者跳伞运动员为什么能够借助降落伞安全地降落到地面，那么你就会认识到，空气产生的力会明显地改变物体的运动。

如果有风，会怎么样？流动的空气能改变抛体的运动。让我们来看看**图6–6**所示的三种情况。在上面的照片中，水从软管中喷出，几乎不受空气的影响。在中间的照片里，风吹来的方向与水喷出时初速度的方向相同，水的路径改变了，因为它在运动方向上受到了力的作用。水的水平方向的速率增大，从而也就使它所通过的水平方向的距离有所增加。在下面的照片中，风的方向改变了。因为空气所施加的力与水的运动方向相反，所以水通过的水平距离将会减少。

如果风的方向相对于物体的运动方向有一个角度又会怎样？风速的水平分量只是影响该物体的水平方向的运动，而风速的竖直分量只是影响该物体的竖直方向的运动。例如，一个强烈的上升气流可能会减小水下落的速率。

图6–6中的情况是能够发生的，因为空气的运动足以明显改变水的运动。但是，即使没有风，空气不动，对一些运动物体也会产生明显的作用。例如，一张纸水平下落时，因为空气阻力的作用，其速度很慢。空气阻力将随着物体面积的增大而增大。

第1节 复 习

7. **主要概念** 从同样的高度沿水平方向以不同的速率投出两个棒球。速率较大的球可在击打区内越过本垒板，但速率较小的球则低于击球员的膝盖。为什么球会以不同的高度通过击球手？

8. **受力分析图** 一块冰以恒定的速度无摩擦地滑过桌面并落到地板上。画出此冰块在桌面上任意两点处以及空中任意两点处的受力分析图和运动图。

9. **抛体运动** 从比地面高出28 m的窗户抛出一个台球，其初速度是15.0 m/s，方向沿水平面向下20.0°。在这个球击中地面时，它所通过的水平距离是多少？

10. **抛体运动** 如**图6–7**所示，以11.0 m/s的初速度投出一个垒球。该球的最大高度是多少？

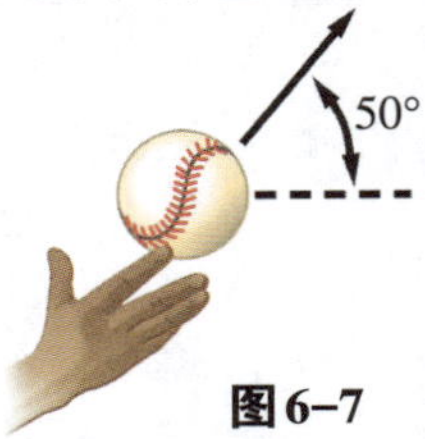

图6–7

11. **批判性思维** 假设以同样的初速度和方向在地球上和月球上分别抛出一个物体，已知月球上的重力加速度是地球上的$\frac{1}{6}$。那么它们的竖直速度、飞行时间、最大高度以及水平距离有什么不同？

第2节 圆周运动

物理在你身边

许多游乐场都有旋转类娱乐设备。当这些娱乐设备转动时，座椅或者支撑臂产生的力使游客做圆周运动。

主要概念

做圆周运动的物体受到一个指向圆心的非平衡力的作用，所以具有指向圆心的加速度。

核心问题

- 为什么以恒定速率做圆周运动的物体在做加速运动？
- 向心加速度与物体的速率和圆周半径有什么关系？

术语回顾

平均速度 物体所通过的位移与通过这段位移所用的时间之比；物体的位置—时间图线的斜率

关键术语

匀速圆周运动
向心加速度
向心力

圆周运动的描述

现在来讨论物体以恒定的速率在圆周上运动的情况。系在绳子一端的石块的旋转运动，以及旋转木马的运动，都称为圆周运动。想一想，这些物体在做加速运动吗？你首先可能会想，它们没有加速度，因为它们的速率没有改变。但是请记住，加速度不但取决于速率的变化，而且与速度方向的变化也有联系。因此，做圆周运动的物体，虽然运动的速率不变，但由于运动方向一直在发生改变，所以这些物体必然在做加速运动。

物体或质点以恒定的速率绕着一个半径固定的圆周的运动，称为**匀速圆周运动(uniform circular motion)**。做匀速圆周运动时，物体相对于圆心的位置是由位置矢量$\boldsymbol{r}$决定的。**图6–8**的左图显示了两个位置矢量，时间间隔开始时的$\boldsymbol{r}_1$和结束时的$\boldsymbol{r}_2$。当物体绕圆周运动时，其位置矢量的长度并不改变，但方向会变。该图还显示了这两个时刻物体的瞬时速度矢量。注意，每一个速度矢量都是与圆周相切的，即与该点处的位置矢量相垂直。

为了求得物体的速度，需要先找出它在某一时间间隔内的位移。你已经知道，物体的平均速度定义为$\frac{\Delta x}{\Delta t}$，因此对于做圆周运动的物体来说，$\bar{\boldsymbol{v}}=\frac{\Delta \boldsymbol{r}}{\Delta t}$。**图6–8**右边的图表明，在某一时间间隔内，物体从$\boldsymbol{r}_1$到$\boldsymbol{r}_2$的位移为$\Delta\boldsymbol{r}$。在这段时间间隔内，速度与位移的方向相同，而大小却不一样，因为速度等于位移$\Delta\boldsymbol{r}$除以时间Δt。

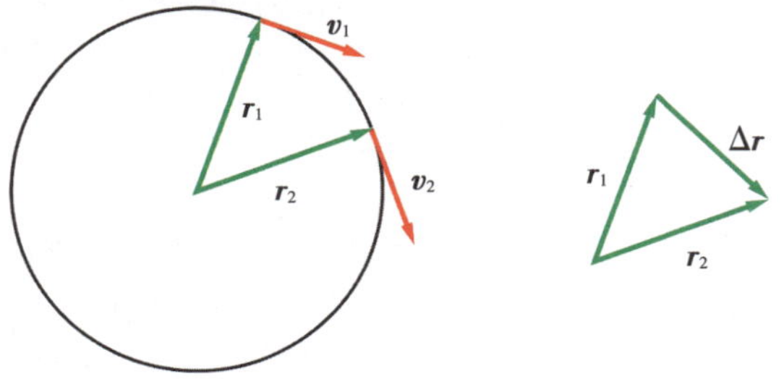

图6–8 做圆周运动物体的速度与圆周相切，其方向与位移方向相同。
分析 从上面的图中，你是怎样看出物体做圆周运动的速率是恒定的？

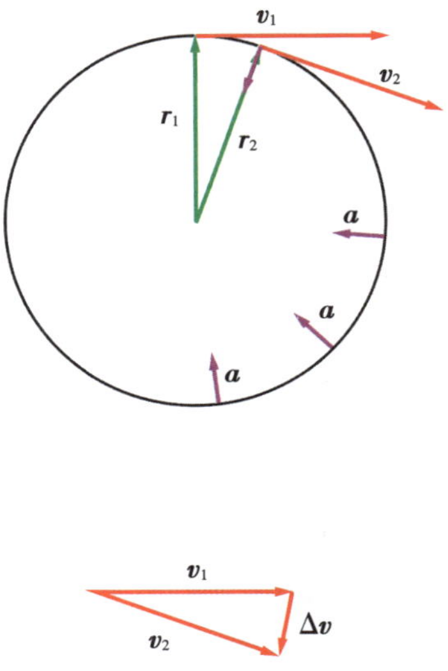

图 6-9 做匀速圆周运动的物体的加速度等于速度的变化除以时间间隔。向心加速度的方向总是指向圆心。

向心加速度

你已经知道，做匀速圆周运动的物体的速度矢量与圆周相切，那么，物体加速度的方向又如何呢？**图 6-9** 显示了在某一时间间隔开始和结束时的速度矢量 $\boldsymbol{v}_1$ 和 $\boldsymbol{v}_2$。通过矢量减法可得到这两个矢量之差 $\Delta\boldsymbol{v}$，如图中下面的图所示。这段时间间隔内的平均加速度$\left(\bar{\boldsymbol{a}}=\dfrac{\Delta \boldsymbol{v}}{\Delta t}\right)$的方向与 $\Delta\boldsymbol{v}$ 的方向相同。当 Δt 非常小时，$\Delta\boldsymbol{v}$ 也非常小，因此物体的加速度 $\boldsymbol{a}$ 将指向圆心。

用同样的方法研究物体在圆周上不同位置处的加速度，都可得到相同的结论。当物体做匀速圆周运动时，加速度矢量的方向不断发生改变，但总是指向圆心。正因为如此，做匀速圆周运动的物体的加速度被称为**向心加速度（centripetal acceleration）**。

向心加速度的大小 怎样确定物体向心加速度的大小？看看**图 6-9** 上面图中的速度矢量的起始点。注意，由这些点的位置矢量与圆心构成的三角形，与**图 6-9** 下面图中的速度矢量构成的三角形相同。$\boldsymbol{r}_1$ 和 $\boldsymbol{r}_2$ 与 $\boldsymbol{v}_1$ 和 $\boldsymbol{v}_2$ 之间的夹角相等，因此这两组矢量差所形成的三角形是相似三角形，它们对应边的长度之比相等。因此有 $\dfrac{\Delta r}{r}=\dfrac{\Delta v}{v}$。将该式的两边均除以 Δt，等式仍然成立。

$$\frac{\Delta r}{r\Delta t}=\frac{\Delta v}{v\Delta t}$$

由于 $v=\dfrac{\Delta r}{\Delta t}$ 且 $a=\dfrac{\Delta v}{\Delta t}$，所以将上式记为

$$\frac{1}{r}\times\frac{\Delta r}{\Delta t}=\frac{1}{v}\times\frac{\Delta v}{\Delta t}$$

将 $v=\dfrac{\Delta r}{\Delta t}$ 代入上式左边，将 $a=\dfrac{\Delta v}{\Delta t}$ 代入上式右边，便得到下式：

$$\frac{v}{r}=\frac{a}{v}$$

从该方程解出加速度，并用符号 a_c 表示向心加速度。

向心加速度

向心加速度总是指向圆心，它在数值上等于速度的平方除以运动半径。

$$a_c=\frac{v^2}{r}$$

周期 描述圆周运动物体速率的一种办法是测量它的周期 T，即物体运动一周所需的时间。在这段时间内，物体经过的距离等于此圆的周长 $2\pi r$。因此，该物体的速率可表示为 $v=\dfrac{2\pi r}{T}$，将此式代入向心加速度的公式，便得到下式：

$$a_c=\frac{\left(\dfrac{2\pi r}{T}\right)^2}{r}=\frac{4\pi^2 r}{T^2}$$

图 6-10 当链球运动员快速转动链球时，链条中的张力使链球有一个指向手心的加速度。

预测 运动员松开手后，链球的加速度和速度将发生怎样的变化？忽略空气阻力。

向心力 做圆周运动的物体的加速度方向总是沿着该物体所受净力的方向，因此必然存在一个指向圆心的净力。这个净力可以有各种各样的起因。对于绕太阳转动的地球来说，这个净力就是太阳对地球的引力。如**图 6-10** 所示，当链球运动员快速转动链球时，这个力则是系住球的链条中的张力。当物体做圆周运动时，指向圆心的净力称为**向心力(centripetal force)**。为了精确分析向心加速度的情况，你必须先判定产生这个加速度的力的起因，然后按照如下方法在加速度方向上应用牛顿第二定律。

圆周运动中应用牛顿第二定律

作用在做圆周运动物体上的净向心力等于该物体的质量乘以向心加速度。

$$F_{净}=ma_{C}$$

加速度的方向 你已经看到，在求解圆周运动问题时，由于加速度的方向总是指向圆心，因此，可以选定加速度的方向为坐标系的一条轴的方向。不过，一般不用x和y，而是用c来标记坐标轴。坐标系的另一根轴则沿着速度方向，与圆周相切，用t来标记。你可以在这些方向上应用牛顿第二定律，就像你在前面求解“二维问题”时所做的那样。记住，向心力是指向圆心方向的净力，它是能指明起因，且方向指向圆心的所有实际存在的力之和。

如**图 6-10** 所示，当链球运动员松开链条后，链球将向什么方向飞出？由于链条失去了接触力，就没有力使链球朝圆心方向产生加速度，因此，链球只能沿着它的速度方向，即圆周的切线方向飞出。请记住，如果你找不到某个力的施力物体，就说明这个力并不存在。

物理实验

向心力*

是什么原因让一个物体绕着你做圆周运动？

例题3

匀速圆周运动 将一个质量为13 g的橡皮塞系在一根长0.93 m的绳子上。若该橡皮塞在一个水平圆周上旋转，且已知它转动一周需要1.18 s。求绳子施加在橡皮塞上的张力。

1 分析概括问题

- 画出橡皮塞转动时的受力分析图。
- 画出橡皮塞的运动半径和运动方向。
- 建立一个坐标系，并将两条坐标轴标记为t和c。a_C和F_T的方向与c轴平行。

已知		未知
$m=13\ g$	$T=1.18\ s$	$F_T=?$
$r=0.93\ m$		

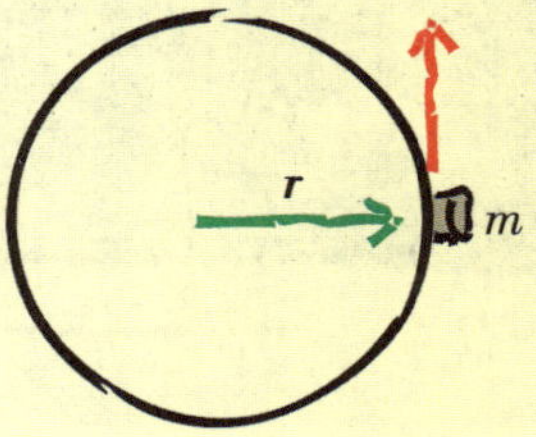

2 求解未知量

求向心加速度。

$$a_c=\frac{4\pi^2 r}{T^2}$$

$$=\frac{4\pi^2\times 0.93\ m}{(1.18\ s)^2}=26\ m/s^2$$ ◀将$r=0.93\ m$，$T=1.18\ s$代入。

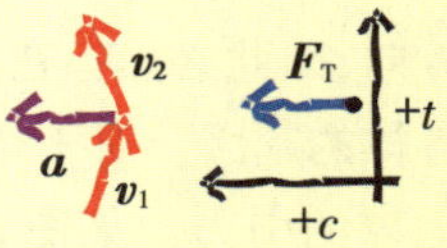

应用牛顿第二定律求绳子中的张力。

$$F_T=ma_c$$

$$=0.013\ kg\times 26\ m/s^2=0.34\ N$$ ◀将$m=0.013\ kg$，$a_c=26\ m/s^2$代入。

3 验证答案

- **单位是否正确？** 量纲分析证实，a_c是用m/s^2量度的，F_T是用N量度的。
- **符号是否有意义？** 所有结果都应当是正值。
- **数值是否合理？** 张力差不多是橡皮塞重力的3倍，因此加速度是重力加速度的3倍，这对于如此轻的物体来说是合理的。

练一练

12. 一位跑步者以8.8 m/s的速率跑过一半径为25 m的弯道。这位跑步者的向心加速度多大？对跑步者施加这个向心力的物体是什么？

13. 一架飞机以201 m/s的速率转弯。为了使向心加速度不超过$5.0\ m/s^2$，圆轨道的半径至少要多少千米？

14. 如**图6-11**所示，一名旋转木马的工作人员的质量为45 kg，她所在的平台处离旋转中心约为6.3 m。如果平台旋转时她的速率$v_{工人}$是4.1 m/s，摩擦力F_f至少为多大，才能使她不跌下平台？

15. 将一个质量为16 g的球系在一根长1.84 m绳子上，球在水平圆周上转动，每转一周需要1.09 s。绳子中的张力的大小是多少？

图6-11

16. 挑战题 一辆赛车以22 m/s的速率在平坦的赛道上驶过一半径为55 m的弯道。求车在转弯时的向心加速度。要使车转过弯道时不会打滑，轮胎与地面之间的静摩擦因数至少要多大？

并不存在的力

如果汽车向左急转弯，那么坐在车里的乘客就会向右倾斜。为什么会出现这样的情况？是否存在一个力将乘客往右拉呢？再考虑一个类似的情况。如果你乘坐的汽车突然停下，你就会向前冲，安全带被拉紧。同样，此时是否也有一个向前的力作用于你呢？答案是否定的，因为按照牛顿第一定律，如果没有受到净力的作用，你仍将沿着原来的方向继续运动。正是安全带对你施加了一个力，使你的运动停了下来。

看一下如**图6-12**所示的俯视图，它显示了一辆正在向左转弯的汽车的运动情况。如果乘客没有受到车门所施加的、沿加速度方向的力的作用，他就会继续向前运动。当汽车拐弯时，汽车和乘客都在做圆周运动，并且乘客有向心加速度，向心加速度总是指向圆心。根本没有外力作用于乘客身上。

但是，这种感受让你觉得似乎有一个力在把你向外推。所谓离心力（或向外方向的力）是虚构的，实际上并不存在。你之所以有被推的感觉，只是因为你相对于周围有加速度。因为没有施力物体，所以这个力是不存在的。

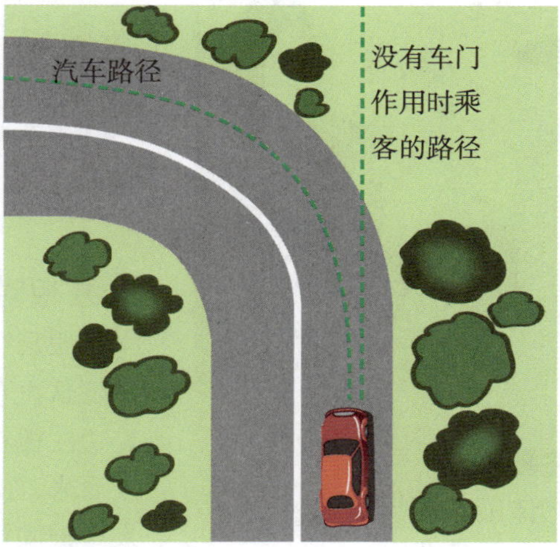

图6-12 当汽车拐弯时，乘客感觉受到一个虚构的，向外的离心力的作用。实际上，作用在乘客身上的这个力是向心力，它指向圆心，是由乘客坐的椅子施加的。

第2节 复 习

17. 主要概念 你将一只球系在一根绳子上，并在你的头顶上方以恒定的速率挥动它，使球做匀速圆周运动。此时该球的加速度在什么方向？是什么力产生这个加速度？

18. 匀速圆周运动 洗衣机的转桶作用于衣服上的力朝着哪个方向？又是什么物体施加了这个力？

19. 向心加速度 报纸上的一篇文章说，转弯时驾驶员必须小心地平衡向心力和离心力，以免出现打滑。写一封信到编辑部指出这篇文章中的错误。

20. 受力分析图 你坐在一辆汽车的后座上，汽车向右转弯。用运动图和受力分析图回答下列问题。

a. 你的加速度的方向是什么？

b. 作用于你的净力的方向是什么？

c. 什么物体施加了这个力？

21. 向心加速度 将一个物体系在一根长1.8 m绳子的一端，使其在水平面上做圆周运动。已知它转动一周需要2.2 s，那么该物体的向心加速度多大？

22. 向心力 将质量为40.0 g的石块系在一根长0.60 m的绳子的一头，使其在水平面上做圆周运动。已知石块的转动速率是2.2 m/s，那么这根绳子的张力是多少？

23. 游乐场转盘 游客站在游乐场转盘里面离圆心大约4.0 m的地方，背靠着转盘的侧壁。然后转盘开始旋转，周期为1.7 s。此时，该游客的向心加速度和速度多大？

24. 向心力 保龄球的质量为7.3 kg。如果你要使它做半径为0.75 m、速率为2.5 m/s的圆周运动，你必须对它施加多大的力？

25. 批判性思维 地球无时无刻在转动，你也总是不停地在做匀速圆周运动。是什么物体提供了这种使你做加速运动的力？如果你站在磅秤上，那么这种运动又是怎样影响你的视重的？

第3节 相对速度

物理在你身边

你是否注意到，与你站在同一个自动扶梯上的人似乎并没有移动，而相反方向的人似乎移动得非常快？实际上，这些人相对于地面来说都有相同的速度，而相对于你来说，他们的速度却完全不同。

主要概念

物体的速度与所选择的参考系有关。

核心问题

- 什么是相对速度？
- 怎样求出一个物体在不同参考系中的速度？

术语回顾

合矢量 由两个其他矢量之和得到的矢量

关键术语

参考系

一维相对运动

假定在一辆以8 m/s的速度沿正方向行驶的校车里，你以1 m/s的速度从汽车后部向汽车的前端走去。如果此时你的一位朋友正站在路边注视着这辆汽车以及你在这辆汽车里的运动情况，那么在你的朋友看来，你运动得有多快呢？汽车行驶的速度是8 m/s，意味着你的朋友根据固定在路面的坐标系测得这辆汽车的速度是8 m/s。即使坐在车上不动，你相对于路面的速度也是8 m/s，但这种情况下你相对于汽车的速度为零。你的速度怎么会不同呢？

不同参考系 在上面的例子中，是根据不同的坐标系来观察你的运动。为观察物体的运动，所选定的作为参照的物体或坐标系称为**参考系(reference frame)**。你以1 m/s的速度向汽车前端行走，这里你的这个速度是以汽车作为参考系测量得到的。这与以路面为参考系时，测量得到的速度不同。上述问题可重新表述如下：给出汽车相对于路面的速度，以及你相对于汽车的速度，那么你相对于路面的速度是多少？

这个问题中的有关矢量显示在**图6-13**中。如果取向右方向为正，那么你相对于路面的速度是9 m/s，它是8 m/s与1 m/s之和。现在再假定，你以同样的速率向汽车的后端走去，此时你相对于路面的速度又是多少？**图6-13**中右边的图表明，因为两个速度方向相反，因此合速度是7 m/s，它是8 m/s与1 m/s之差。你可以看出，当两个速度在同一直线上时，可以用简单的相加或相减来确定相对速度。

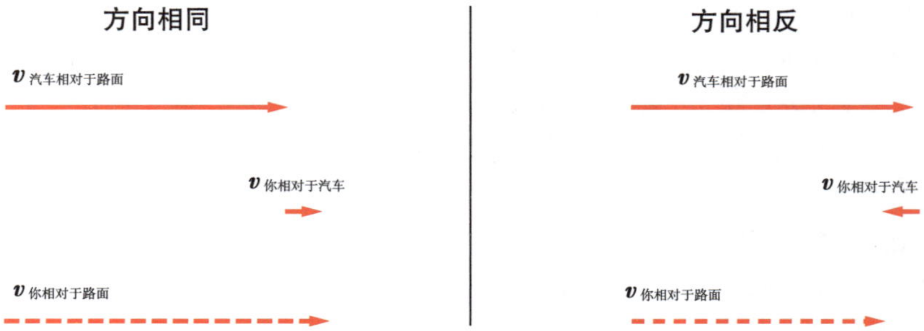

图6-13 当物体在一个运动参考系中运动时，若两个运动的方向相同，则将两个速度相加；若两个运动的方向相反，则将两个速度相减。

复习 速度矢量的长度表示什么？

物理挑战题

绳子上的张力 菲利普甩着一根绳子,使质量为 m 的石块在他头顶上方一水平面上做圆周运动。已知石块离地面的高度是 h,圆周运动的半径是 r,绳子的张力是 T。突然,绳子断裂,石块落到地面。从绳子断裂直至石块碰到地面,石块飞行的水平距离是 x。请写出用 T、r、m 以及 h 表示 x 的数学表达式。如果菲利普以0.5 m/s的速度相对于地面行走,这个表达式会改变吗?

速度的合成 现在来考虑**图6-13**中的相对速度的一般计算方法,即能否找到一种数学规则,可以用来计算在运动参考系中运动物体的相对速度?对于你在汽车中运动的情况,你可将汽车相对于路面的速度表示为 $\boldsymbol{v}_{b/r}$,你相对于汽车的速度表示为 $\boldsymbol{v}_{y/b}$,而你相对于路面的速度则表示为 $\boldsymbol{v}_{y/r}$。为了求得你相对于路面的速度,可以将你相对于汽车的速度和汽车相对于路面的速度进行矢量相加。在数学上这可以表示为 $\boldsymbol{v}_{y/b}+\boldsymbol{v}_{b/r}=\boldsymbol{v}_{y/r}$。下面给出这种公式的一般形式:

相对速度

物体a相对于物体c的速度等于物体a相对于物体b的速度与物体b相对于物体c的速度之和。

$$\boldsymbol{v}_{a/b}+\boldsymbol{v}_{b/c}=\boldsymbol{v}_{a/c}$$

二维相对运动

上述用于计算相对速度的方法也适用于二维运动。类似于一维问题的讨论,你先要作出描述运动的矢量图,然后再用数学方法求解问题。

矢量图 **图6-14**显示了画出二维相对运动的矢量图的方法。两个速度矢量首尾相连。我们常常取地面参考系来观察物体的运动,它被看作是静止的。图中,第一个矢量表示第二个参考系,即运动参考系相对于地面的速度;第二个矢量表示在运动参考系中物体的速度。合矢量表示物体相对于地面参考系的速度。

☑ 阅读检测 **判断** 一辆正在行驶的汽车能否作为参考系?

下面是一架飞机相对运动的例子。飞机驾驶员要抵达目的地,不能仅仅简单地依靠罗盘的指向来驾驶他们的飞机。他们需要考虑由速度计给出的这架飞机相对于空气的速率以及飞行方向,他们还需要考虑飞行高度上的风相对于地面的速度。将这两个速度相加,便可以得到这架飞机相对于地面的速度。驾驶员只有根据这个合矢量才能确定飞机相对于地面的速率和方向。流水中航行的船舶也存在类似情况。

图6-14 将两个速度矢量首尾相连,求解二维运动的相对速度矢量。下标o/g表示物体相对于地面,o/m表示物体相对于运动参考系,m/g表示运动参考系相对于地面。

分析 如果认为地面参考系是运动的,那么合矢量会变化吗?

相对于地面运动的参考系

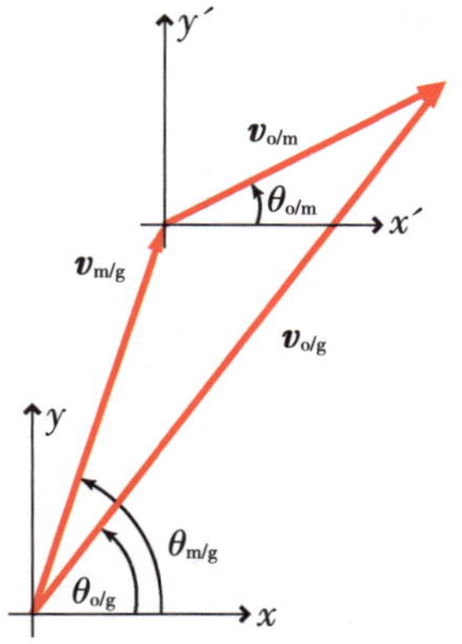

地面参考系

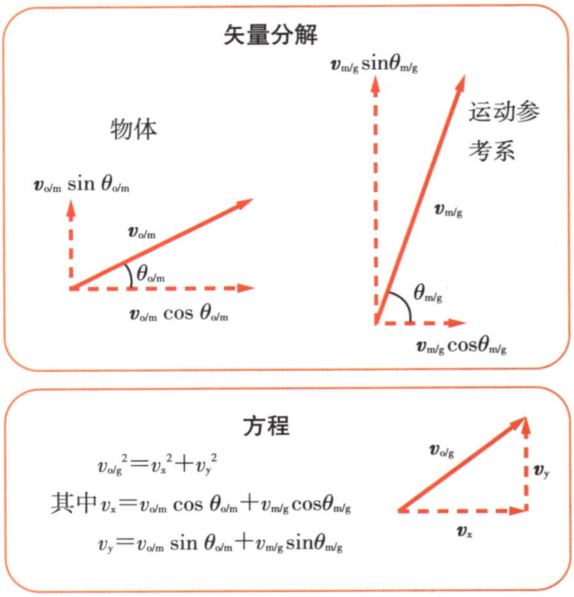

图6–15 为了求出运动的参考系中物体的速度，要将矢量分解为x分量和y分量。

合速度 你可以利用**图6–15**中的方程求解二维相对运动的问题。运动参考系相对于地面的速度表示为$\boldsymbol{v}_{m/g}$，运动参考系中物体的速度表示为$\boldsymbol{v}_{o/m}$。下面的相对速度方程给出了物体相对于地面的速度：$\boldsymbol{v}_{m/g}=\boldsymbol{v}_{o/m}+\boldsymbol{v}_{m/g}$。

为了求出物体相对于地面速度的大小($\boldsymbol{v}_{m/g}$)，先要求出物体相对于运动参考系的速度矢量和运动参考系相对于地面的速度矢量的x分量和y分量，然后应用勾股定理。**图6–15**中给出了一般方程，但是在许多问题里，因为速度是沿着坐标轴的，所以方程可以简化。你还可以通过矢量图和三角关系求出物体相对于地面的速度的夹角，如下面的例题所示。

☑**阅读检测** **解释**怎样利用矢量来描述二维相对运动？

例题4

玻璃弹子的相对速度 安娜和桑德拉坐在一条正以4.0 m/s的速度向东行驶的小船上。若桑德拉将一个玻璃弹子以0.75 m/s的速度向北直线通过甲板滚向安娜处，这个玻璃弹子相对于水面的速度为多少？

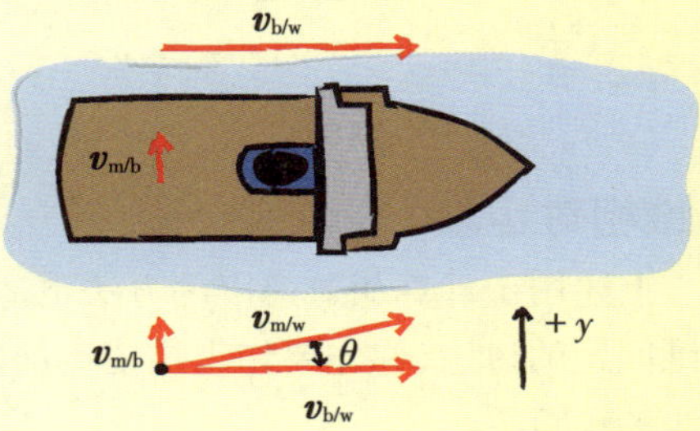

1 分析概括问题

- 建立坐标系。
- 画出速度矢量，表示船相对于水的速度和玻璃弹子相对于船的速度。

	已知	未知
$v_{b/w}=4.0\text{ m/s}$	$v_{m/w}=0.75\text{ m/s}$	$v_{m/w}=?$

2 求解未知量

由于两个矢量互成直角，因此可利用勾股定理求解。

$$v_{m/w}^2=v_{b/w}^2+v_{m/b}^2$$

$$v_{m/w}=\sqrt{v_{b/w}^2+v_{m/b}^2}$$

$$=\sqrt{(4.0\text{ m/s})^2+(0.75\text{ m/s})^2}=4.1\text{ m/s}$$

◀将$v_{b/w}=4.0\text{ m/s}$，$v_{m/b}=0.75\text{ m/s}$代入。

求玻璃弹子运动的角度，$\theta=\arctan\left(\frac{v_{m/b}}{v_{b/w}}\right)=\arctan\left(\frac{0.75\text{ m/s}}{4.0\text{ m/s}}\right)=11°$，东偏北。

玻璃弹子运动速度的大小是4.1 m/s，方向是东偏北11°。

3 验证答案

- **单位是否正确？** 量纲分析证实，速度的单位是m/s。
- **符号是否有意义？** 所有结果都应当是正值。
- **数值是否合理？** 合速度与问题中给出的速度有相同的数量级，且比两个分速度中较大的那个大一些。

练一练

26. 你坐在一辆公共汽车上，汽车以2.0 m/s的速度缓慢地通过一繁忙路段。你急匆匆地以4.0 m/s的相对于汽车的速度朝车的前端走去。此时你相对于街道的速率是多少？

27. 拉斐以0.75 m/s的速率拉着一辆玩具马车经过邻居家。若马车上的一只毛毛虫以2.0 cm/s的速率朝马车后边爬去，这只毛毛虫相对于路面的速率是多少？

28. 一艘小船以2.5 m/s的相对于河水的速率向上游划去。站在岸边的人看到该船以0.5 m/s的速率相对于河岸运动。河水的速率是多少？水流和船航行的方向是同向的还是反向的？

29. 一艘小船以3.8 m/s的速率向东行驶，一人在船上以1.3m/s的速度向南横穿过小船。

a. 此人相对于河水的速率是多少？

b. 此人相对于地面的运动方向如何？

30. 一架飞机以150 km/h的相对于空气的速度向正北方向飞行。如果此时刮起西风，风速相对于地面为75 km/h，那么飞机相对于地面的速率是多少？

31. **挑战题** **图6-16**中的飞机相对于空气的飞行速度为200.0 km/h。在下列条件下，这架飞机相对于地面的速度多大？

a. 风速50.0 km/h，顺风

b. 风速50.0 km/h，逆风

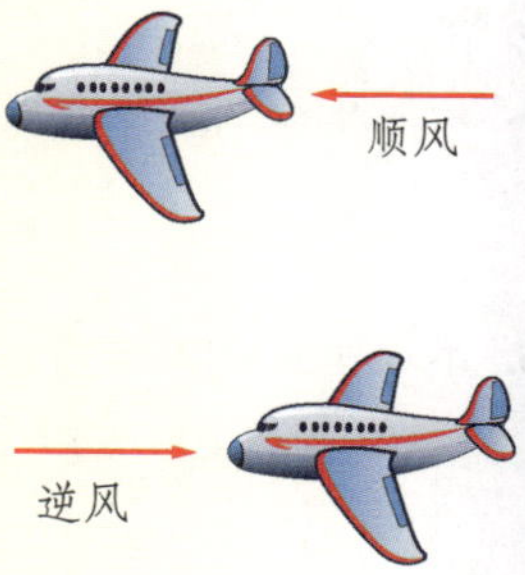

图6-16

第3节 复 习

32. **主要概念** 一架飞机以285 km/h的速率相对于空气向西飞行。此时东风吹起，风速相对于地面是25 km/h，那么飞机相对于地面的速率和方向怎样？

33. **相对速度** 一艘渔船在河流中前行，它相对于静水的最大速率为3 m/s。若河水的流速是2 m/s，那么该船可以达到的相对于河岸的最大速率是多少？最小速率呢？指出当渔船相对于岸的速率是最大和最小时，该渔船相对于水流的方向。

34. **船的相对速度** 一艘汽艇以13 m/s的相对于河水的速度朝正西方向行驶，此时河水正以5.0 m/s的速率朝正北方向流。那么汽艇相对于河岸的速度(包括大小和方向)怎样？

35. **划船** 你在一条水向东流的河中划船。根据物理学知识，你将船头朝北偏西53°的方向，从而使这条船相对于河岸以6.0 m/s的速度朝正北方向行驶。

a. 水流速度为多大？

b. 船相对于水的速率为多大？

36. **船上行走** 一艘小船以3.8 m/s的速率向东行驶，马丁在该船上以0.62 m/s的速率向北横穿过甲板。那么，马丁相对于河水行走的速度是多少？

37. **相对速度** 一架飞机以175 km/h的速率相对于空气朝正南方向飞行。如果此时吹起了西风，风速相对于地面为85 km/h，那么飞机相对于地面的速率和方向怎样？

38. **飞机的相对速度** 一架飞机以235 km/h的速率相对于空气朝正北方向飞行。此时西南风吹起，风速相对于地面为65 km/h。求飞机相对于地面的速率和方向。

39. **批判性思维** 如**图6-17**所示，你正驾驶着一条船穿过一条水流很急的河流，以抵达出发点正对面的码头。说明你将以多大的相对于水的船速分量来驾驭该船。

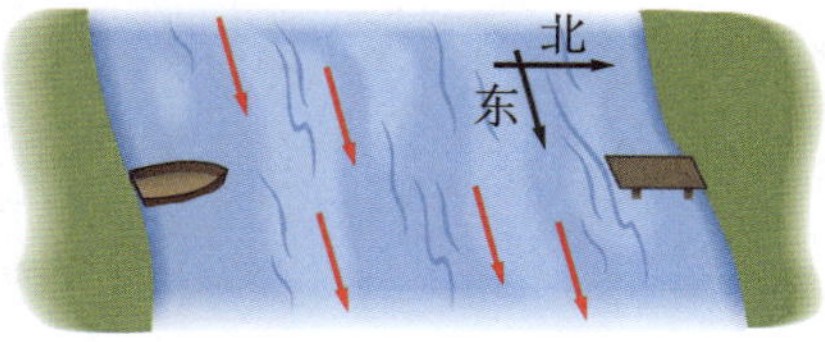

图6-17

起步实验

抛体运动

实验步骤

1. 在画有网格的背景上，从水平方向以某一速度将小球抛出。
2. 在一张作图纸上，每隔0.1 s(3格)依次描出小球的位置。
3. 画出两幅运动图：一幅是小球在水平方向的运动情况，一幅是小球在竖直方向的运动情况。

分析

4. 小球在竖直方向的运动速度是怎样随时间发生变化的？是增大、减小还是保持不变？

5. 小球在水平方向的运动速度又是怎样随时间改变的？是增大、减小还是保持不变？

6. **批判性思维** 描述沿水平方向抛出的物体的运动情况。

迷你实验

抛体实验

实验步骤

1. 取两个小球，其大小不一定一样，但其中一个球的质量是另一个球的2倍。
2. 预测当你使它们滚过桌面并滚离桌边时，哪个球先落到地面。
3. 预测哪个球的落地点离桌子更远。
4. 解释你的预测。
5. 通过下列实验检验你的预测：将这两只球放置在桌面上离桌边10 cm处，再用一把米尺靠向这两只球，然后用力同时推它们，以便使它们以相同的初速度离开桌面。

分析

6. 球的质量是否会影响它的运动？请解释。

7. 推断质量是否会出现在抛体运动的公式中。

物理实验

实验器材

吹气管
塑料制品
橡皮筋
纸弹夹
纸
胶带
木块
钉子数枚
榔头
PVC 管
锯子
剪刀
衣架
细钢丝
钢丝钳

射中目标

在这个活动里，你要分析影响抛体运动的几个因素，并利用你对这些因素的理解预测抛体的运动路径。最后，你要设计一个抛体发射器，射击已知距离处的一个目标。

问题

哪些因素会影响抛体的运动路径?

目标

- **建立模型**并列出影响抛体运动的因素。
- **运用模型**预测抛体将落在何处。

实验步骤

1. 充分发挥你的想象力，列出凡是你可以想到的可能影响抛体路径的各种因素。
2. 设计你的抛体发射器，确定你的发射器将要射出的抛体是什么。
3. 考虑到你所设计的发射器，确定看起来对抛体的飞行路径影响最大的两个因素。

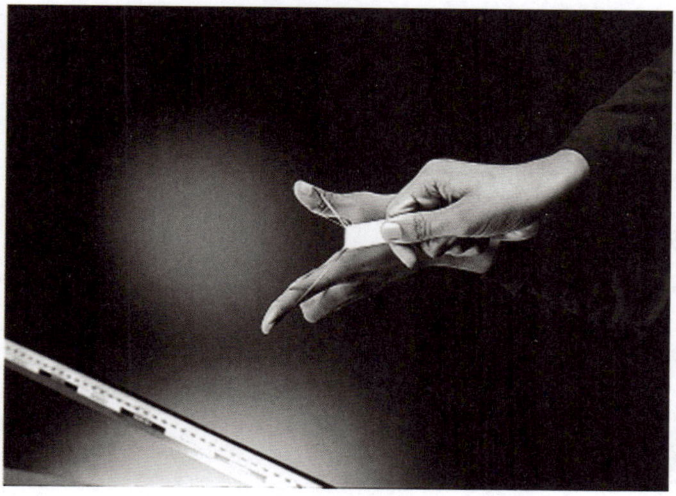

4. 检查你的发射器的设计；与老师讨论一下你所选取的两个因素是否正确；如果有必要，在进一步实验之前修改你的装置。
5. 想一个方案，用来确定这两个因素对抛体的路径将会产生怎样的影响。
6. 在收集数据前，你的老师是否同意了你的方案？

数据表1

抛射角度(°)	抛体的飞行距离(cm)

数据表2

橡皮筋的拉伸长度(cm)	抛体的飞行距离(cm)

分析

1. 作出数据图，以帮助你预测怎样用你的发射器击中目标。

2. 你所测量的每个变量与抛体的飞行距离有怎样的关系？

结论与应用

1. 影响抛体路径的主要因素有哪些?

2. 为了击中老师规定的目标物,对需要满足的条件作出预测。

3. 如果你已经有了一个完善的实验方案,但是你第一次试验时仍然打不到目标,那么这是否说明物理学定律存在不确定性?请给出你的解释。

4. 对准目标射出你的抛体。如果没有击中,做必要的调整,然后再试。

进一步探索

1. 如果这个实验是在室外做的,你的数据可能会有怎样的变化?是否可能存在另外一些影响抛体运动的因素?

2. 如果将目标物提升到发射器高度的上方,你的实验结果可能会有怎样的不同?

3. 如果将发射器提升到目标物高度的上方,你的实验可能会有怎样的不同?

生活中的物理学

1. 当一名射手准备射门时,他是否会因为将球踢得太高而导致失败?请说明。

2. 如果你想将棒球尽可能打得远一些,击球的最佳角度应该是多少?

赛车手

赛车手的工作不仅仅是踩油门，让赛车沿着弯曲的赛道行驶那样简单。驾驶一辆车速达 320 km/h 的赛车是一件非常难的事，它要求赛车手有耐力、体力和快速应变能力，尤其是车辆转弯时。

1 热 赛车手要戴头盔防止头部被撞击，穿上全身防护服避免被火烧，并要戴手套以便握紧方向盘。尽管方向盘不是太热，但赛车车厢里的温度不会比撒哈拉沙漠的温度低。

2 力 在倾斜的赛道上，赛车的发动机会产生大于 40 000 N 的力，以使车速能达到 290 km/h。

3 阻力 在笔直的赛道上，赛车的速度可达到最大。路面对轮胎的摩擦力使它向前运动，而空气阻力则使它向后运动。

5 转弯 当车轮改变方向时，路面将对轮胎施加一个力，从而使赛车改变方向。轮胎与赛道之间的摩擦力使车子紧贴路面拐弯。摩擦力越大，驾驶员可使赛车拐弯得更快。

4 紧密接触 赛车受到向下的重力，在赛道与轮胎的接触面之间产生摩擦力。车子周围的空气也会对赛车产生向下的力，于是增加了接触面上的正压力，从而增加了接触面的摩擦力。

进一步探索 >>>

研究 比较至少两种不同类型的汽车赛事，例如直线加速赛和纳斯卡(NASCAR)大奖赛。由于汽车的类型不同、赛道的结构不同、比赛的规则不同，比赛时对汽车要采用不同的控制方法。

复习指南

大概念 运用矢量和牛顿定律描述抛体运动和圆周运动。

关键术语
- 抛体
- 轨迹

第1节 抛体运动

主要概念 抛体的水平运动和竖直运动是相互独立的。

- 抛体的竖直运动和水平运动是相互独立的。不存在空气阻力时，抛体的水平运动分量的速度恒定，不存在加速度；抛体的竖直运动分量有恒定的加速度。
- 抛体所经过的曲线路径称为轨迹，是抛物线。抛体的飞行高度、初速度及水平距离之间的关系由运动方程确定。抛体回到与抛出点同一高度时，其水平距离取决于重力加速度，以及初始速度的水平分量和竖直分量。

关键术语
- 匀速圆周运动
- 向心加速度
- 向心力

第2节 圆周运动

主要概念 做圆周运动的物体受到一个指向圆心的非平衡力的作用，所以具有指向圆心的加速度。

- 做匀速圆周运动的物体具有指向圆心的加速度，因为它的速度方向在不断地均匀变化。
- 指向圆心的加速度称为向心加速度，它与物体速率的平方成正比，与圆的半径成反比：

$$a_c = \frac{v^2}{r}$$

- 为了产生向心加速度，必须在指向圆心的方向上施加一个净力：

$$\boldsymbol{F}_{净} = m\boldsymbol{a}_C$$

关键术语
- 参考系

第3节 相对速度

主要概念 物体的速度与所选择的参考系有关。

- 为观察物体的运动，所选定的参照物体或坐标系称为参考系。相对速度是指所观察的物体相对于参考系的速度。
- 矢量加法可以用来求解在运动参考系中物体的运动问题。

第1节 抛体运动

理解概念

40. 一些学生认为，使抛体开始运动的力，如将一只足球踢出去的力，会始终作用于它。这种观点是否正确？请说明赞成或反对的理由。

41. 考虑如**图6-18**所示的大炮炮弹的轨迹。
    a. 何处竖直速度分量最大？
    b. 何处水平速度分量最大？
    c. 何处竖直速度分量最小？
    d. 何处加速度数值最小？

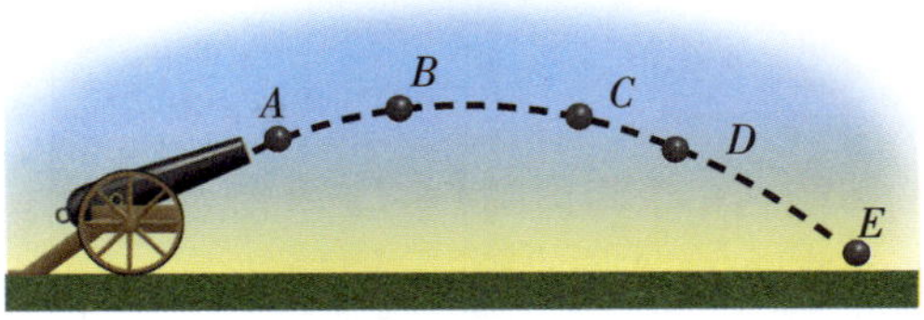

图6-18

42. **轨迹** 说明力的作用怎样使得水平抛出的物体与向上以某一角度抛出的物体的运动轨迹不同的。

43. **编写问题** 用生活中的物体编写一道物理题，在它的解答中会出现下列表达式。*提示：这两个表达式用于同一个物体。*

    $x=1.5\ \text{m/s}\times t$　　$8.0\ \text{m}=\frac{1}{2}\times 9.8\ \text{m/s}^2\times t^2$

44. 一架飞机在某一高度上匀速飞行，此时从飞机上掉下一只很重的纸板箱。忽略空气阻力的作用，当纸板箱落地时，这架飞机相对于它的位置在何处？画出地面上的观察者所看到的这只纸板箱的运动路径。

解决问题

45. 假设你不小心以8 m/s的水平速度将车钥匙抛入了64 m深的悬崖。你的钥匙会落在离崖底多远处呢？

46. 飞镖游戏者以12.4 m/s的速度沿水平方向投出一支飞镖。飞镖击中一块木板，该木板低于飞镖投出点0.32 m。投镖者与木板之间相距多远？

47. 如**图6-19**所示，一辆玩具车跑出了高度为1.225 m的桌子边缘，落在离桌角0.400 m的地面上。
    a. 玩具车下落花了多长时间？
    b. 它离开桌面时的速度是多少？

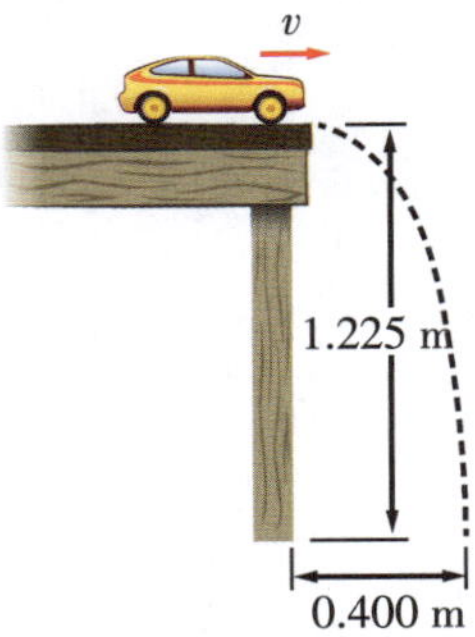

图6-19

48. **跳水** 你冲出跳水高台跃入水中。已知你的奔跑速度是2.8 m/s，经过2.6 s落到水面。跳台多高？跳台边缘与你的落水点相距多远？假设你的初速度是水平的，忽略空气阻力。

49. **射箭** 一支箭从水平面上方30°角的方向射出。已知它的速度是49 m/s，且击中了目标。
    a. 这支箭达到的最大高度是多少？
    b. 若目标与该箭射出时的高度相同，箭飞行了多少距离？

50. **大概念** 一个棒球以45°角击出，恰好被98 m远处的一位外场防守队员在与击球点同样的高度上接住。求棒球离开球棒时的速度。忽略空气阻力。

51. **海上救援** 一架飞机在海洋上空以125 km/h的速度飞行了1 001 m后，为下面失事船幸存者投下一只装满救援物资的箱子。
    a. 飞机应在经过失事船正上方前多少秒投下箱子？
    b. 空投点飞机的位置与幸存者之间的水平距离是多少？

52. **跳水** 跳水者在阿开普尔科高61 m的悬崖上跳水。跳水者的水平速度必须为多大，才能在进入水中时距离悬崖至少23 m？

53. **跳投** 一位篮球运动员试图在半场跳投，篮球出手时与篮筐同高。假定篮球投出的角度为51.0°，与篮筐的距离为14.0 m，该球出手时的速率需多大？

54. 如**图6-20**所示，两个棒球均以25 m/s的速率被击出。分别画出每个棒球的$y-t$和$x-t$的关系曲线。

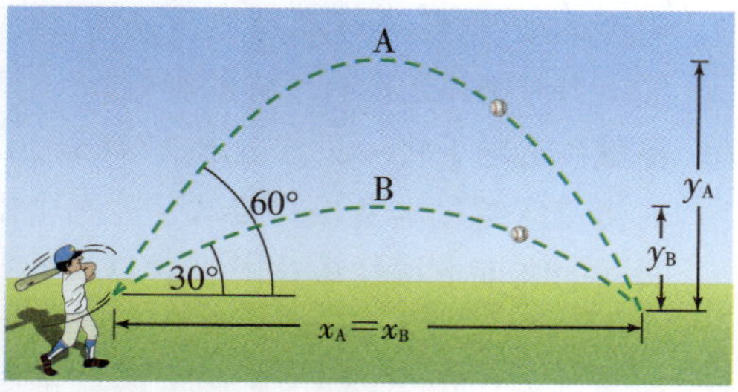

图6-20

第2节 圆周运动

理解概念

55. 你能以下面的加速度绕着曲线行走吗？请说明原因。
  a. 零加速度。
  b. 恒定加速度。

56. 要使物体做匀速圆周运动，作用在物体上的净力与它的运动速率有怎样的关系？

57. 你用头在水平面中急速转动一个溜溜球。
  a. 你必须在什么方向对该球施加作用力？
  b. 施力物体是什么？
  c. 如果让绳子松开，那么这个球将沿什么方向飞出？答题时要用到牛顿定律。

解决问题

58. **汽车比赛** 一辆质量为615 kg的赛车在14.3 s内绕一半径为50.0 m的圆形赛道匀速跑完一圈。
  a. 车的加速度为多大？
  b. 赛道施加于轮胎的力为多大时，才能产生这样的加速度？

59. **排序** 按照向心加速度的值从小到大顺序对下列物体进行排序，并说明理由。
  A. 一质量为0.5 kg的石块，以2.0 m/s的速率做半径为0.6 m的圆周运动。
  B. 一质量为0.5 kg的石块，以3.0 m/s的速率做半径为1.2 m的圆周运动。
  C. 一质量为0.6 kg的石块，以2.4 m/s的速率做半径为0.8 m的圆周运动。
  D. 一质量为0.75 kg的石块，以3.0 m/s的速率做半径为1.2 m的圆周运动。
  E. 一质量为0.75 kg的石块，以2.4 m/s的速率做半径为0.6 m的圆周运动。

60. **投掷链球** 一位运动员在水平圆周上转动一只离转轴1.8 m、质量为7.00 kg的链球，如**图6-21**所示。如果链球在1.0 s内转一周，那么它的向心加速度为多大？链条中的张力又为多大？

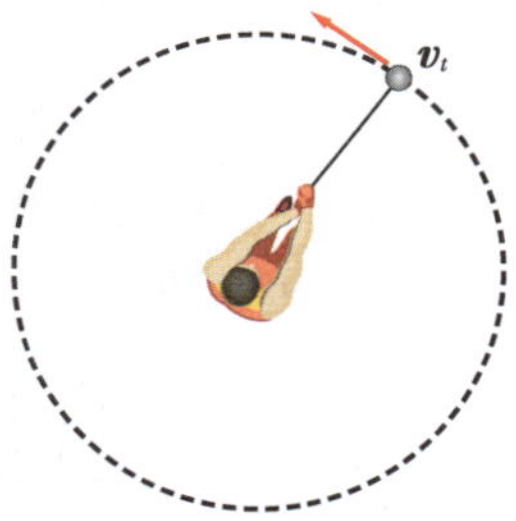

图6-21

61. 一根长15.3 cm的木杆绕着通过其一端的轴旋转，已知这根木杆另一端的转动速率为2 010 m/s。
  a. 木杆另一端的向心加速度为多大？
  b. 如果你将一个质量为10 g的物体系在木杆的另一端，那么木杆需要施加多大的力，才能将该物体拉住？

62. 在一次狂欢节上，小丑骑着一辆摩托车冲下斜道，并在一个竖直的环道上打圈。如果环道的半径为18 m，在环道的顶端，骑车者获得的最小速率为多大才能使骑车者不会从轨道上掉下来？*提示：在最小速率下，在环道的顶端，环道对摩托车没有力的作用。*

63. 一位质量为75 kg的飞行员驾驶着一架飞机做如**图6-22**所示的环线飞行。当飞机在环线顶端完全倒挂的瞬间，飞行员自由地倒坐在座位上，对安全带没有任何力的作用。若此时时速表的读数为120 m/s，那么飞行环线的半径是多少？

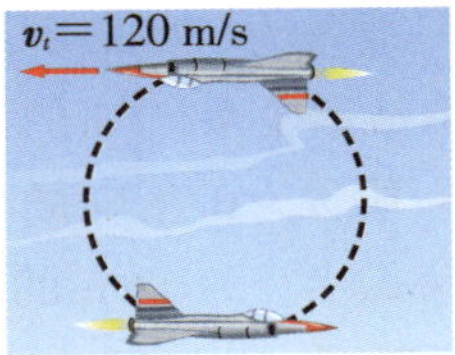

图6-22

第3节 相对速度

理解概念

64. 当你驾驶汽车行驶在高速公路上时，为什么看到从对面驶来的汽车的速度常常要比限速值高？

解决问题

65. 奥丁娜和拉托雅坐在河边，准备进行一场比赛。奥丁娜顺流沿着河岸奔到1.5 km远处的码头，然后再折返跑回。拉托雅也要抵达这个码头并返回，但是她将在河中划一条船。已知河水的流速是2.0 m/s，如果奥丁娜奔跑的速率与拉托雅在静水中划船的速率相等，都是4.0 m/s，那么谁将赢得这场比赛？假定不计她们的折返时间。

66. **横渡河流** 如**图6-23**所示，你计划沿着垂直于河岸的方向划船。已知河水的流速为3.0 m/s，你的船相对于河水的速度是4.0 m/s。
   a. 你的船相对于河岸的速度怎样？
   b. 你的船平行于河岸的速度分量是多少？垂直于河岸的速度分量又是多少？

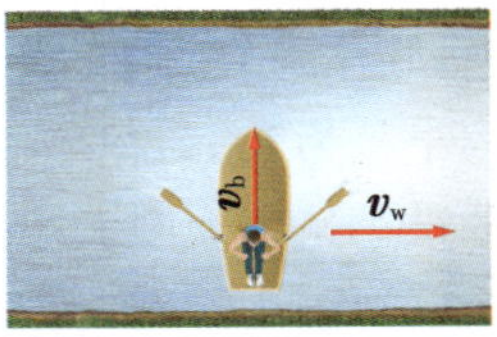

图6-23

67. **空中飞行** 你驾驶一架小型飞机，需在3.0 h内飞抵正南方向距离450 km处的一座机场。已知有50.0 km/h的西风吹来。为了按时抵达目的地，你应当怎样调整飞机的飞行方向和飞行速率？

68. **补充问题** 把问题补充完整，以便用相对运动的概念来求解："汉娜站在一条宽度为55 m，水流速度为0.7 m/s的河的西岸……"

应用概念

69. **抛体运动** 说明为什么抛体的水平运动是匀速运动，而竖直运动是加速运动，以及空气阻力对抛体运动有怎样的影响。

70. **棒球** 击球手将一只球击出，该球以20 m/s的初速度越过本垒板。接球手在与击出点同样的高度上接住该球。求这只球到达接球手手套的速度。忽略空气阻力的作用。

71. **快球** 在棒球运动中，快球大约经0.5 s抵达垒板。假定这是从水平方向投出的球，试比较该球在第一个0.25 s内下降的距离与第二个0.25 s内下降的距离。

72. 你在水平方向先投出一石块。然后投第二块，此时你用的力更大，因此它的速率更大。
   a. 这对于石块落到地面的时间长短有怎样的影响？忽略空气阻力的作用。
   b. 速度的增加对于石块离开你手的位置与落地点之间的距离有怎样的影响？

73. **野外生物学** 一位动物学家站在悬崖上，用麻醉枪瞄准远处吊在树枝上的一只猴子，且猴子在枪的射程内。枪管呈水平方向。就在动物学家扣动扳机时，猴子松开了双臂掉了下来。麻醉针能否击中这只猴子？忽略空气阻力。

74. **橄榄球** 一名四分卫在45°角以24 m/s的速度将橄榄球掷出。如果球在3 s后到达最高点，并在与掷出时的同样高度上被接住，则它在空中的时间有多长？忽略空气阻力。

75. **田径运动** 你正致力于提高你的跳远成绩，并相信本章的信息对此有所帮助。你每次跳起的高度有差别吗？这对你跳出的距离有什么影响？

76. 行驶在高速公路上 在高速公路上超过一辆沿同一方向行驶的汽车的时间要比与一辆迎面驶来的汽车交会的时间长些。请对此现象作出解释。

77. 设想你坐在一辆汽车里，竖直向上抛出一只小球。

a. 如果这辆汽车正在做匀速运动，该球将落在你的手前、手后还是手中？

b. 如果这辆汽车以恒定的速率绕着曲线行驶，该球将落在什么地方？

78. 你在头顶上方的一个水平面上，快速旋转一个溜溜球。然后你又拿出另一个质量加倍的溜溜球，仍像刚才一样旋转，且保持绳子的长度、周期与之前一样。那么和前次相比，绳子中的张力有什么不同？

79. 赛车比赛 赛道转弯处的路面经常做成倾斜的，以使赛车能高速绕过弯道。画出赛车在倾斜弯道上的受力分析图，在运动图中指出加速度的方向。

a. 在加速度方向上，施力物体是什么？

b. 没有摩擦力时，这种力还存在吗？

复习提高

80. 早期对地球自转观念持怀疑态度的古希腊哲学家认为，地球的快速自转会将赤道上的人甩到空中。已知地球的半径大约是 6.38×10^3 km。通过求解以下问题，证明这种观念是错误的。

a. 求一位质量为97 kg的人在赤道上的速率。

b. 求此人在赤道上做加速运动所需的力的大小。

c. 求此人的体重。

d. 求地球对此人的正压力，即他的视重。

81. 发射导弹 飞机相对于地面的飞行速率是375 m/s。如果飞机向前发射一枚导弹，导弹相对于飞机的速率是782 m/s，那么这枚导弹相对于地面的速率为多大？

82. 火箭 太空中的一枚火箭相对于某个观察者的速率是1.25 km/s。此时火箭上的发动机被点燃，灼热的气体从火箭的尾部喷出，喷出气体相对于火箭的速率是2.75 km/s。喷出气体相对于观察者的速率是多少？

83. 长 0.50 m 的绳子一头系着一个质量为1.13 kg的小球，并使其在竖直方向做速率为2.4 m/s的匀速圆周运动。当小球运动到底端时，这根绳子中的张力为多大？

84. 开始时相距500.0 m的两只狗彼此相向奔跑，每只狗的速率恒为2.5 m/s。一只蜻蜓以3.0 m/s的恒定速率从一只狗的鼻子上飞到另一只狗的鼻子上，然后瞬间返回，飞回到第一只狗处。这样继续来回飞，直到这两只狗彼此相遇。这段时间内蜻蜓飞行的距离是多少？

85. 倾斜路面 道路的弯曲段通常要向内侧倾斜些，以免汽车滑出路面。如果对某段半径为36.0 m的弯道，公告的限制速度是15.7 m/s，那么这段路面的倾角应该多大时，才能使汽车即使在路面与轮胎间没有摩擦力的情况下也能在这段弯道上行驶？如果限制速度增大到20.1 m/s，路面的倾角应为多大？

86. 如**图6-24**所示，系在一根长0.80 m绳子上的一只质量为1.45 kg的球在水平圆周上匀速转动。

a. 绳子中的张力多大？

b. 球的速率多大？

图6-24

87. 一个棒球沿着与外场手的连线方向击出，已知球的初速度是22.0 m/s，在水平面上方的角度是35.0°。当该球击出时，这位外场手立即开始以2.5 m/s的恒定速度奔跑，且刚好接到了这个球。假定接球高度与球被击出时的高度相同，求击球员与外场手开始时的距离。*提示：存在两种可能的答案。*

88. 钻石小偷 作为技术顾问，你服务于当地一家漫画制作公司。在一段情节中，两名罪犯——希弗与卡夫，偷了一些钻石。当警察开始追捕时，偷到钻石的卡夫奔上一幢60.0 m高的建筑物屋顶企图逃跑。与此同时，希弗奔到离这幢建筑物20 m处的一只简易热气球旁，解开绳子，气球开始匀速上升。当气球开始升空时，卡夫将钻石袋以7.3 m/s的速率水平抛出。为了使希弗轻易地接住袋子，气球的上升的速率需要多大？

批判性思维

89. 应用计算机和计算器 棒球员击出一只裤腰带高度（1.0 m）的快球直冲左场线。击出的球的初速度是42.0 m/s，与水平方向成的角度是26°。已知左场墙高14 m，离击球点96.0 m。写出球的高度y与击球点距离x的函数关系式。用计算机或图形计算器描出该球的路径。根据这条路径，找出当球抵达左墙时距离地面的高度。

a. 这一击是不是本垒打？

b. 该球可能被击出左墙的最小速率是多少？

c. 如果该球的初速度是42.0 m/s，它能越过左墙的角度范围是多少？

90. 分析 爱因斯坦指出，你学习的速度相加法则并不适用于接近光速运动的物体。例如，以速度v_A运动的火箭以相对于火箭的速度v_B释放出一枚导弹，则这枚导弹相对于静止观察者的速度是$v=\dfrac{v_A+v_B}{1+\dfrac{v_Av_B}{c^2}}$，其中$c$即光速$3\times10^8$ m/s。这个公式对于低速运动的物体来说，能给出正确的结果。假定以11 km/s的速度运动的火箭向前方射出一束激光。静止的观察者发现这束激光的速率为多大？假定火箭的运动速率是光速的一半（$\dfrac{c}{2}$），向前射出的导弹相对于火箭的速率也是$\dfrac{c}{2}$，那么这枚导弹相对于静止观察者的运动速率将是多大？

91. 分析与结论 系在轻绳上的一只球在竖直圆周上转动。分析并描述这个系统的运动情况。注意一定要考虑重力和张力的影响。这个系统是否在做匀速圆周运动？解释你的答案。

科技写作

92. 过山车 大多数过山车竖直的环形滑道并不具有圆环形状。研究为什么如此设计？用物理学原理解释过山车工程师的这种设计思想。

93. 许多游乐场设施利用向心加速度来使游客感觉到刺激。选择除过山车以外的两种包含圆周运动的游乐设施，说明它们是怎样利用圆周运动引起游客的刺激感觉的。

日积月累

94. 正确使用有效数字，计算下列乘法或除法。

a. $(5\times10^8\ \text{m})\times(4.2\times10^7\ \text{m})$

b. $(1.67\times10^{-2}\ \text{km})\times(8.5\times10^{-6}\ \text{km})$

c. $\dfrac{2.6\times10^4\ \text{kg}}{9.4\times10^3\ \text{m}^3}$

d. $\dfrac{6.3\times10^{-1}\ \text{m}}{3.8\times10^2\ \text{s}}$

95. 根据**表6–1**中的数据，作出位置—时间图象。求0.0～5.0 s时间间隔内的平均速度。

表6–1 位置与时间的关系

时钟读数t(s)	位置x(m)
0.0	30
1.0	30
2.0	35
3.0	45
4.0	60
5.0	70

96. 卡洛斯和他的哥哥里卡多在逛食品超市。质量为17.0 kg的卡洛斯喜欢吊在手推车的前面让里卡多来推他，尽管他们俩都知道这样做并不安全。里卡多推着这辆质量为12.4 kg的车子，他弟弟吊在上面，他们的加速度是0.20 m/s²。

a. 里卡多的推力为多大？

b. 这辆车施加给卡洛斯的力为多大？

第6章 标准化测试

选择题

1. 身高1.60 m的一位姑娘在与水平面成41.0°角的方向上以9.40 m/s的初速度掷出一只橄榄球。当橄榄球到达与掷出时同样高度上的位置时，该球与这位姑娘的水平距离是(　　)

   A. 4.55 m　　**B.** 5.90 m

   C. 8.90 m　　**D.** 10.5 m

2. 一只蜻蜓停在旋转木马上距离中心2.8 m处。如果蜻蜓的切向速度是0.89 m/s，那么这只蜻蜓的向心加速度为(　　)

   A. 0.11 m/s^2　　**B.** 0.28 m/s^2

   C. 0.32 m/s^2　　**D.** 2.2 m/s^2

3. 质量是0.82 kg的物体系在一根长2.0 m的质量不计的绳子的一头，在水平圆周上转动，它受到的向心力是4.0 N。它的切向速度为(　　)

   A. 2.8 m/s　　**B.** 3.1 m/s

   C. 4.9 m/s　　**D.** 9.8 m/s

4. 质量是1 000 kg的汽车以20 m/s的速度驶入一条半径为80.0 m的弯道。要使这辆车不会打滑，由摩擦力提供的向心力应是(　　)

   A. 5.0 N　　**B.** 2.5×10^2 N

   C. 5.0×10^3 N　　**D.** 1.0×10^3 N

5. 河边道路上的一位步行者看到一划船队向他驶来。相对于地面来说，步行者的行走速率是10 km/h，方向向西，船的行驶速率是20 km/h，方向向东。步行者与船的接近速率为(　　)

   A. 10 km/h　　**B.** 30 km/h

   C. 20 km/h　　**D.** 40 km/h

6. 用弹弓在与水平面成78°的方向上以18 m/s的初速度射出一只苹果，该苹果能达到的最大高度是(　　)

   A. 0.70 m　　**B.** 16 m

   C. 32 m　　**D.** 33 m

7. 在一只橘子落下的同时，从同一高度的一支枪膛中射出一颗子弹。下列说法正确的是(　　)

   A. 橘子重些，所以橘子的重力加速度较大

   B. 子弹运动非常快，所以重力对子弹的作用比对橘子的小

   C. 它们的速度相同

   D. 这两个物体将同时落到地面

拓展题

8. 如图所示，一只圆环边的高台上有一门杂技团的大炮，从大炮里水平射出一枚由一支色彩斑斓的羽毛导引的炮弹，速率是25 m/s。如果高台位于这个直径为80 m的圆环上方52 m处，那么表演者是否需要调整这架大炮的位置，以便炮弹可以落在环内而不是通过它？请说明理由。

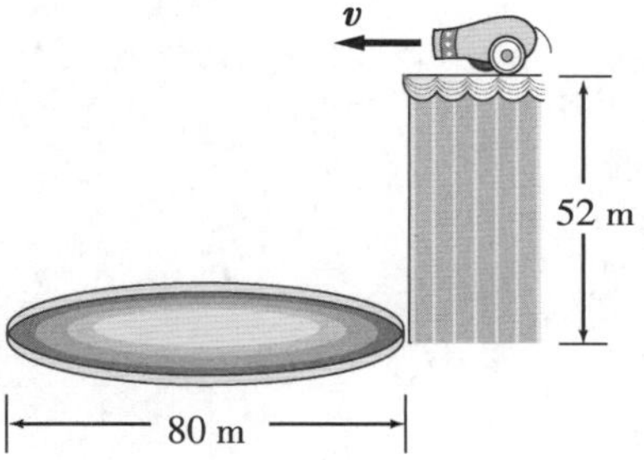

9. 神话中，一位勇士在他头部上方的水平面上转动着一根质量为5.6 kg的棍棒，这根棍棒在一条长86 cm、质量不计的链条的一端。若棍棒转动一周需时1.8 s，求这条链条中的张力。

考点提示

测试题号	1	2	3	4	5	6	7	8	9
对应小节	1	2	2	2	3	1	1	1	2

第7章

万有引力

大概念 万有引力是有质量的物体之间的相互吸引力。

内容提要

起步实验

作图描述水星的运动轨迹

怎样根据水星运行的角度和距离来画出它的轨道？

第1节 行星运动与万有引力

主要概念

两个物体间的万有引力大小与它们质量的乘积成正比，与它们之间距离的平方成反比。

核心问题

- 行星的轨道半径与它的周期有什么关系？
- 什么是牛顿万有引力定律，它与开普勒定律有什么关系？
- 为什么卡文迪许的研究是重要的？

术语回顾

牛顿第三定律 任何力总是成对出现的，这种成对的两个力分别作用在不同的物体上，且大小相等、方向相反

关键术语

开普勒第一定律
开普勒第二定律
开普勒第三定律
万有引力
万有引力定律

物理在你身边

我们的太阳系包括太阳、地球和其他七大行星、矮行星，以及星际间的尘埃和气体等。那么，是什么把它们维持在一起的？

早期的观察

在古时候，人们一直以为太阳、月亮、行星以及一切星体都是围绕着地球转动的。但是，波兰天文学家哥白尼(N.Copernicus)通过对行星和星体的精确观察后发现，这种以地球为中心的观点并不准确。

在他去世后的1543年，哥白尼生前多年研究的成果终于出版。在书中，哥白尼提出并详细描述了地球和其他行星绕太阳转动的假设，它使得人们更容易理解行星的运动。他的假设有助于解释诸如水星、金星等带内行星总是出现在太阳附近的现象。哥白尼的观点加深了我们对行星运动的理解。但是，他错误地认为行星的运行轨道是圆。这个假设与人们的观测不相符合，所以为了使他的假设更准确，修改它是很有必要的。

哥白尼去世后不久，第谷·布拉赫(T.Brahe)诞生了。1560年8月21日，年仅14岁的这个丹麦男孩在看到了一次日食后，便立志要从事与天文学相关的工作。

通过研究，第谷意识到目前的时间表并不能精确地预测天文学事件。他认为需要从一个位置进行长时间的测量。他在丹麦的赫芬岛上建立了早期的研究所。那时望远镜尚未发明，为了测量，第谷在他自己的工作室里自行设计和建造了一些巨大的天文仪器，如**图7–1**所示。第谷的测量被公认为是当时最精确的。

图7–1 第谷用于测量行星位置的仪器。

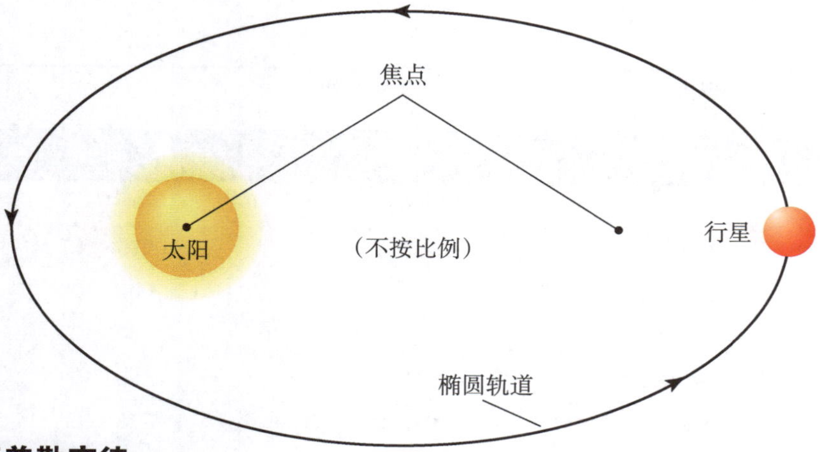

图7–2 行星的运行轨道是椭圆，太阳位于它的一个焦点上。

开普勒定律

1600年，当第谷移居布拉格时，一位29岁的德国人——开普勒(J.Kepler)成了他的助手。开普勒分析第谷的观测数据。1601年，第谷去世后，开普勒继续研究了第谷的这些数据，并用几何学和数学知识来解释这些行星的运动。通过七年对第谷的关于火星数据的仔细研究，开普勒发现了能概括所有行星和卫星运动的定律，无论它们是自然界的还是人造的。这里，是以行星为例来说明这些定律的。

开普勒第一定律(Kepler's first law)指出，行星的运行轨道是椭圆，太阳位于它的一个焦点上。如**图7–2**所示，一个椭圆有两个焦点，图中的椭圆有些夸大。实际上，地球的运行轨道非常接近于圆。你很难看出它不是一个圆。

开普勒发现，当行星接近太阳时，它们运动得较快；远离太阳时，它们运动得较慢。因此，如**图7–3**所示，**开普勒第二定律(Kepler's second law)**可以表述为：从太阳到行星之间的一条连线在相等的时间里扫过相等的面积。

☑ **阅读检测** **比较**在**图7–3**中行星从点1到点2和点6到点7时所经过的距离。在哪段距离，行星运动得较快?

周期就是轨道上的物体运行一周所需的时间。开普勒还发现，行星的运行周期与它们离开太阳的平均距离之间存在一定的数学关系。

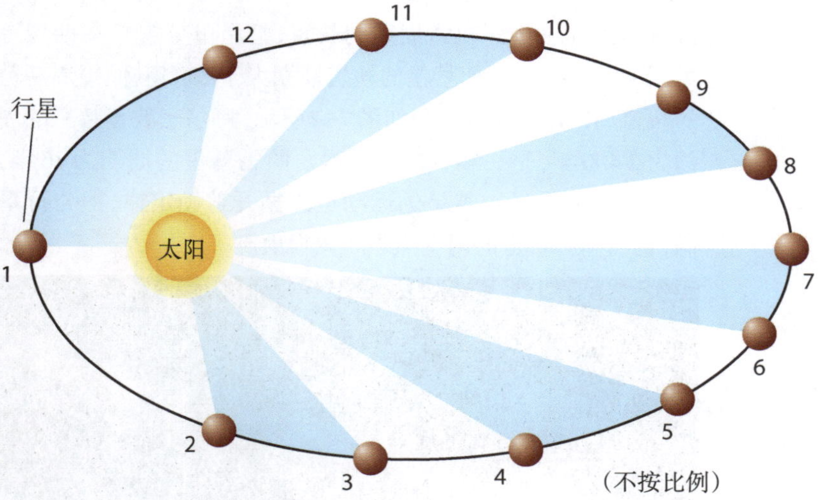

图7–3 开普勒发现，从太阳到行星之间的连线在相等的时间里扫过相等的面积。
解释为什么在相等时间里扫过的图形有不同形状。

表7-1 行星数据

名称	平均半径	质量(kg)	与太阳的平均距离(m)
太阳	6.96×10^{8}	1.99×10^{30}	—
水星	2.44×10^{6}	3.30×10^{23}	5.79×10^{10}
金星	6.05×10^{6}	4.87×10^{24}	1.08×10^{11}
地球	6.38×10^{6}	5.97×10^{24}	1.50×10^{11}
火星	3.40×10^{6}	6.42×10^{23}	2.28×10^{11}
木星	7.15×10^{7}	1.90×10^{27}	7.78×10^{11}
土星	6.03×10^{7}	5.69×10^{26}	1.43×10^{12}
天王星	2.56×10^{7}	8.68×10^{25}	2.87×10^{12}
海王星	2.48×10^{7}	1.02×10^{26}	4.50×10^{12}

开普勒第三定律(Kepler's third law)指出,任意两颗行星绕太阳转动周期之比的平方等于它们的轨道半长轴之比的立方。因此,如果两颗行星的周期分别为T_A和T_B,它们与太阳的平均距离为r_A和r_B,开普勒第三定律可表述如下:

开普勒第三定律

行星A与行星B的公转周期之比的平方等于行星A与行星B的轨道的半长轴之比的立方。

$$\left(\frac{T_A}{T_B}\right)^2=\left(\frac{r_A}{r_B}\right)^3$$

物理实验

建立行星和卫星的轨道模型

太阳系中行星和卫星的轨道是什么形状?

注意,前两个定律是独立应用于各颗行星、月球以及卫星而言。但第三定律则将一个天体周围的几个物体的运动联系了起来。例如,它可以用来比较如**表7-1**所示的多颗行星与太阳的距离与它们绕太阳运动的周期。它也可以用来比较绕地球运行的月球和人造卫星的距离和周期。

彗星的周期 按照轨道周期的长短,彗星可分为长周期彗星和短周期彗星。长周期彗星的轨道周期大于200年,而短周期彗星的轨道周期小于200年。如**图7-4**所示,海尔—波普彗星的周期约为2 400年,是一颗长周期彗星。哈雷彗星的周期为76年,是一颗短周期彗星。彗星的运动也遵循开普勒定律,但与行星不同,它的椭圆轨道的两个焦点距离很大。

图7-4 海尔—波普彗星是一颗长周期彗星,其周期为2 400年。在这张拍摄于1997年的照片中,海尔—波普彗星清晰可见。

例题1

木卫四与木星的距离 伽利略用木星的直径作为量度单位，测量了木星卫星的轨道。他发现，最接近木星的木卫一的周期是1.8 d，它距离木星中心4.2个木星直径单位。已知木卫四的周期是16.7 d，请运用伽利略所采用的单位，预测木卫四与木星的距离。

1 分析概括问题

- 作出木卫一和木卫四的轨道简图。
- 标出半径。

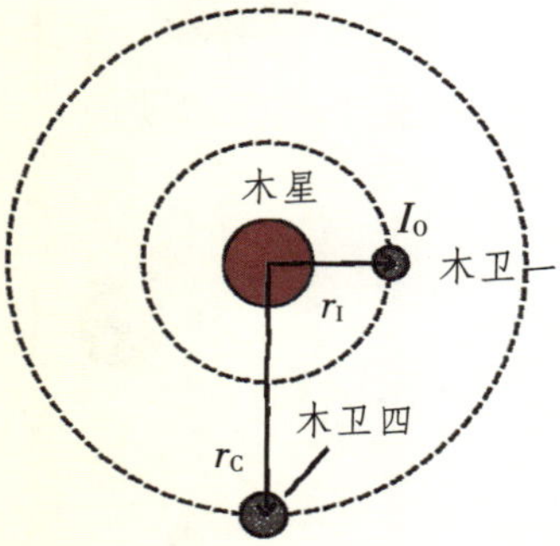

已知	**未知**
$T_C=16.7$ d	$r_C=?$
$T_I=1.8$ d	
$r_I=4.2$ 单位	

2 求解未知量

由开普勒第三定律解出r_C。

$$\left(\frac{T_C}{T_I}\right)^2=\left(\frac{r_C}{r_I}\right)^3$$

$$r_C^3=r_I^3\left(\frac{T_C}{T_I}\right)^2$$

$$r_C=\sqrt[3]{r_I^3\left(\frac{T_C}{T_I}\right)^2}=\sqrt[3]{(4.2\text{单位})^3\times\left(\frac{16.7\ \text{d}}{1.8\ \text{d}}\right)^2}$$

◀将$r_I=4.2$单位，$T_C=16.7$ d，$T_I=1.8$ d代入。

$$=\sqrt[3]{6.4\times10^3\text{单位}^3}=19\text{单位}$$

3 验证答案

- **单位是否正确？** r_C应当用伽利略的单位，与r_I的单位相同。
- **数值是否合理？** 周期大了，所以半径也应当大些。

练一练

1. 如果木卫三的运行周期是32 d，那么它的轨道半径是多少木星直径单位？利用例题1所给信息进行计算。
2. 一颗小行星绕太阳运转，它的平均轨道半径是地球半径的2倍。这颗小行星的周期是多少地球年？
3. 金星绕太阳运转的周期是225地球天。求它与太阳之间的距离和地球与太阳之间的距离之比。
4. 天王星绕太阳一周需84地球年。求它与太阳之间的距离和地球与太阳之间的距离之比。
5. 从**表7-1**可以看出，火星与太阳的平均距离是地球的1.52倍。求火星绕太阳做轨道运动的周期，用地球天表示。
6. 月球的周期是27.3 d，它到地球中心的平均距离为3.90×10^5 km。
   a. 用开普勒定律计算距离地球中心6.70×10^3 km处的一颗人造卫星的周期。
   b. 这颗卫星距离地面多远？
7. **挑战题** 利用上题中月球的转动周期和半径的数据，计算一颗周期精确等于一天的人造卫星与地球中心的平均距离。

牛顿万有引力定律

1666年，牛顿开始了他对行星运动的研究。传说苹果的落地使牛顿联想到导致苹果落地的力是否可能一直延伸到月亮，甚至更远的地方。牛顿发现，太阳作用在行星上的力F_g在数值上与行星中心到太阳中心距离r的平方成反比。也就是说，F_g与$\frac{1}{r^2}$成正比，力F_g作用在两个物体中心的连线上，如**图7-5**所示。

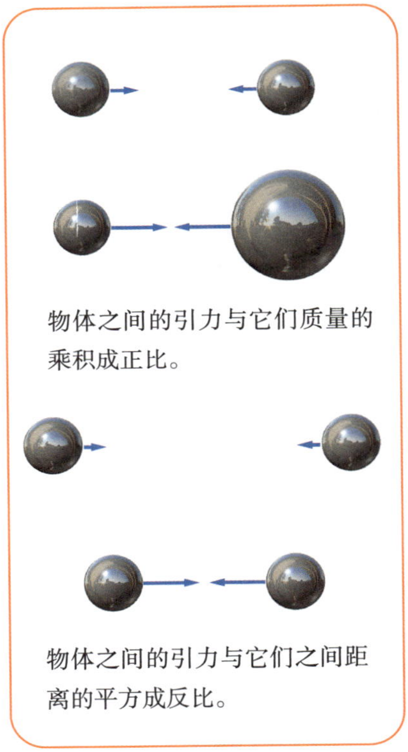

图7-5 质量和距离影响物体之间的引力的大小。

牛顿发现，苹果与月亮的加速度都符合$\frac{1}{r^2}$的关系。按照他的第三定律，地球施加于苹果的力与苹果施加于地球的力完全相等。即使这两个力完全相等，你也可以很容易地看出力对苹果的影响，因为苹果的质量比地球小得多。两个物体之间的吸引力必须正比于这两个物体的质量。这种吸引力就是众所周知的**万有引力(gravitational force)**。

牛顿坚信，无论在宇宙何处，任何两个物体之间都将存在着这种吸引力，所以他将他的定律称为**万有引力定律(law of universal gravitation)**。这个定律可表述为，两个物体彼此间的吸引力与它们质量的乘积成正比，与它们之间距离的平方成反比。可用下述公式表示：

万有引力定律

万有引力等于引力常量、物体1的质量与物体2的质量三者的乘积，再除以这两个物体中心之间距离的平方。

$$F_g = G\frac{m_1 m_2}{r^2}$$

按照牛顿方程，F与m_1和m_2成正比。因此，如果太阳附近的行星的质量加倍，则吸引力也将加倍。利用这种数学与物理特征的联系，可检查一个变量的改变将如何影响另一个变量。**图7-6**显示了这种平方反比定律。G是万有引力常量，我们将在后面的内容中讨论它。

图7-6 平方反比关系曲线。

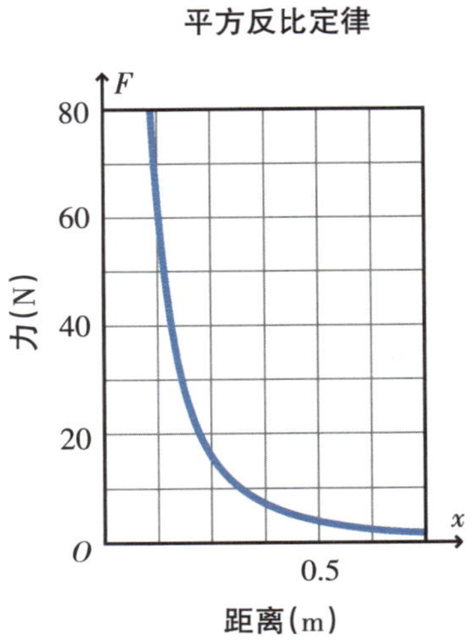

数学 与物理学的链接

正比和反比关系 牛顿万有引力定律既有正比关系，又有反比关系。

$F_g \propto m_1 m_2$		$F_g \propto \frac{1}{r^2}$	
改变	结果	改变	结果
$2m_1m_2$	$2F_g$	$2r$	$\frac{1}{4}F_g$
$3m_1m_2$	$3F_g$	$3r$	$\frac{1}{9}F_g$
$2m_13m_2$	$6F_g$	$\frac{1}{2}r$	$4F_g$
$\frac{1}{2}m_1m_2$	$\frac{1}{2}F_g$	$\frac{1}{3}r$	$9F_g$

万有引力和开普勒第三定律

牛顿认为，他的万有引力定律可应用于行星绕太阳的运动。这与开普勒第三定律相一致，由此证明了牛顿定律与当时最精确的观测结果相符合。

如**图7-7**所示，考虑一颗绕太阳做轨道运动的行星。牛顿第二运动定律$F_{净}=ma$可表示为$F=m_pa_c$，其中F是万有引力，m_p是行星的质量，a_c是行星的向心加速度。为简单起见，假定轨道为圆。在第6章匀速圆周运动的学习中你已经知道，对于圆轨道，$a_c=\frac{4\pi^2r}{T^2}$，这意味着$F=m_pa_c$现在可表示为$F=\frac{m_p4\pi^2r}{T^2}$。此式中，T是行星绕行太阳一周所需的时间。如果让该式的右边等于万有引力定律公式的右边，就会得到如下结果：

$$\frac{Gm_sm_p}{r^2}=\frac{m_p4\pi^2r}{T^2}$$

$$T^2=\frac{4\pi^2}{Gm_s}\times r^3$$

$$T=\sqrt{\frac{4\pi^2r^3}{Gm_s}}$$

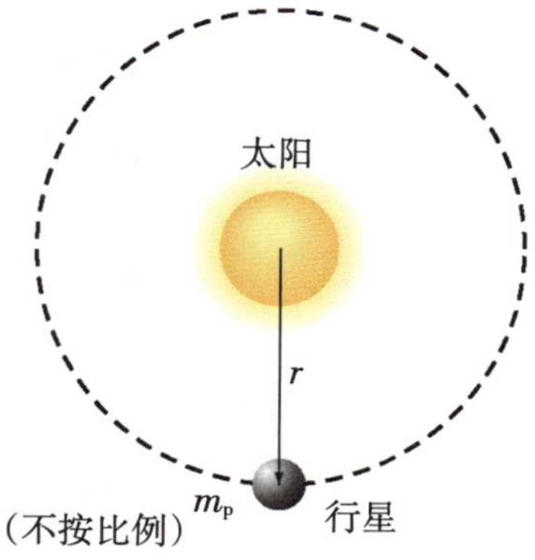

图7-7 质量为m_p、轨道半径为r的一颗行星绕质量为m_s的太阳做轨道运动。

绕太阳做轨道运动的行星的周期可表示如下：

行星绕太阳做轨道运动的周期

绕太阳做轨道运动的行星的周期等于2π乘以轨道半径的立方与万有引力常量和太阳质量乘积比值的平方根。

$$T=2\pi\sqrt{\frac{r^3}{Gm_s}}$$

将此式两边平方，便得到关于行星运动的开普勒第三定律：周期的平方与轨道半径的立方成正比。其中，因子$\frac{4\pi^2}{Gm_s}$与太阳的质量和万有引力常量有关。牛顿发现，这样的推论也适用于椭圆轨道。

物理挑战题

天文学家已经发现了绕仙女座厄普西仑星做轨道运动的三颗行星。行星B的平均轨道半径是0.059 5 AU，周期是4.617 1 d。行星C的平均轨道半径是0.832 AU，周期是241.533 d。行星D的平均轨道半径是2.53 AU，周期是1 278.1 d。[计量距离的天文单位(AU)即地球与太阳的平均距离。地球与太阳的距离为1 AU]

1. 这些行星是否遵循开普勒第三定律？

2. 求仙女座厄普西仑星的质量，用太阳质量作为单位。

提示：在同样单位(AU和d)下，比较这些行星与地球的$\frac{r^3}{T^2}$。

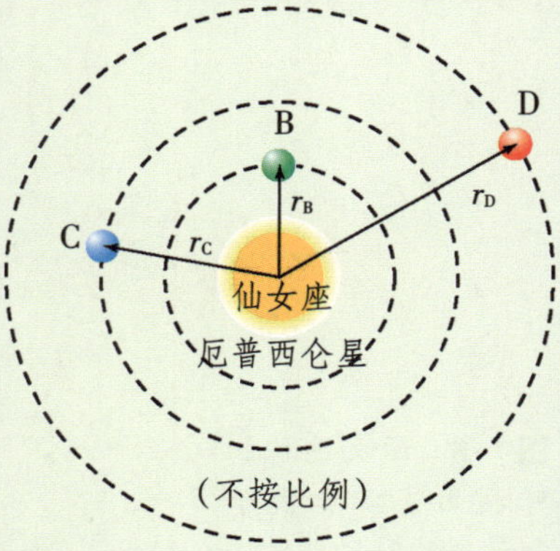

测量万有引力常量

常量G为多大？正如你已经知道的，地球上两个物体之间的引力非常小。即使在两个大质量的保龄球之间，这种极其微小的吸引力也很难被检测到。实际上，在牛顿的工作100多年后，科学家才发明了具有足够灵敏度的仪器，用来测量万有引力的大小。

卡文迪许实验 1798年，英国科学家卡文迪许(H. Cavendish)利用类似于如**图7–8**所示的仪器测量了两个物体间的引力。这种仪器有一根水平杆，杆的两端各安装一只小铅球。用一根细金属线在这根杆的中点处将杆悬挂起来，使它可以自由转动。因为这根杆是用细金属线悬挂的，所以杆和球对于水平力非常灵敏。

为了测量G的大小，卡文迪许在这两只小铅球附近分别固定安置一只大铅球，如**图7–8**所示。大、小铅球间的吸引力引起杆的转动。当扭转金属线所需的力等于这些铅球间的万有引力时，杆就停止转动。通过测量杆转过的角度，就能计算出两个物体间的万有引力。

阅读检测 **解释**在卡文迪许实验中，为什么杆和球对于水平力要非常灵敏。

这根杆转过的角度则是利用从镜面反射的光束来测得的。卡文迪许测量了球的质量以及两球心间的距离，然后将这些力、质量、距离代入牛顿万有引力定律公式，由此得到了G的实验值：若m_1和m_2的单位是kg，r的单位是m，F的单位是N，则$G=6.67\times10^{-11}\ \mathrm{N\cdot m^2/kg^2}$。

卡文迪许扭秤

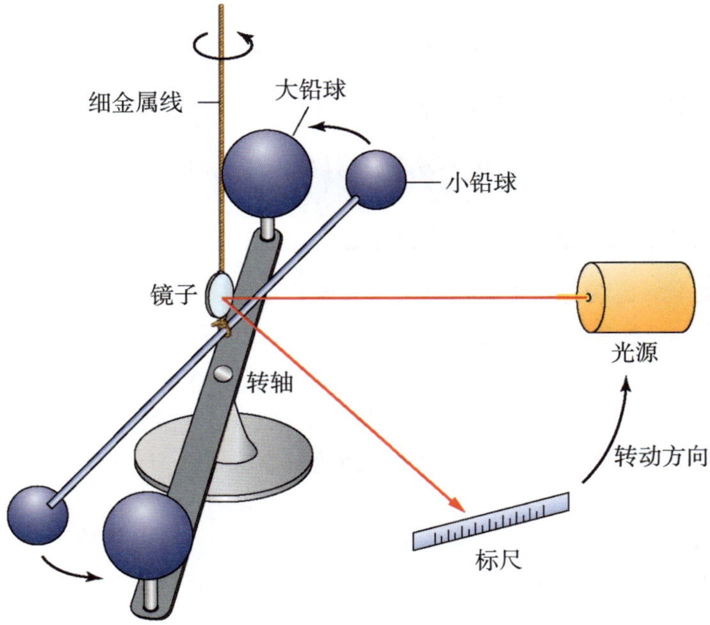

图7–8 卡文迪许扭秤利用光源和镜子测量球的移动。

G的重要性 卡文迪许实验常常被称为“称量地球”的实验，因为通过这个实验可以确定地球的质量。只要G值已知，不仅可以测量地球的质量，而且太阳的质量也能确定。此外，任何两个物体间的引力都能利用牛顿万有引力定律公式计算。例如，质量为7.26 kg，球心间距为0.30 m的两个保龄球之间的万有引力F_g可计算如下：

$$F_g=\frac{6.67\times10^{-11}\ \mathrm{N\cdot m^2/kg^2}\times7.26\ \mathrm{kg}\times7.26\ \mathrm{kg}}{(0.30\ \mathrm{m})^2}=3.9\times10^{-8}\mathrm{N}$$

你知道，在地球表面上一个质量为m的物体的重力是地球对它的万有引力的量度：$F_g=mg$。如果用m_E表示地球的质量，用r_E表示地球的半径，则有：

$$F_g=\frac{Gm_Em}{r_E^2}=mg,\ 因此,\ g=\frac{Gm_E}{r_E^2}$$

重新整理此式，解出m_E：

$$m_E=\frac{gr_E^2}{G}$$

利用$g=9.8\ \mathrm{N/kg}$，$r_E=6.38\times10^6\ \mathrm{m}$，以及$G=6.67\times10^{-11}\ \mathrm{N\cdot m^2/kg^2}$，便可得到如下关于地球质量的结果：

$$m_E=\frac{9.8\ \mathrm{N/kg}\times(6.38\times10^6\ \mathrm{m})^2}{6.67\times10^{-11}\ \mathrm{N\cdot m^2/kg^2}}=5.98\times10^{24}\ \mathrm{kg}$$

只要比较地球的质量与保龄球的质量，你就会明白为什么日常所见的物体之间的万有引力不易被观察到。卡文迪许实验确定了G的值，这不仅证实了牛顿的关于万有引力存在于任何两个物体之间的预言，并且还可用来计算地球的质量（**图7–9**）。

图7–9 卡文迪许实验可用来计算地球的质量。

第1节 复 习

8. 主要概念 两个质量均为15 kg、相距35 m的球之间的万有引力有多大？此力与一个球的重力之比是多大？

9. 海王星的轨道周期 海王星绕太阳运行的轨道半径在**图7–10**中给出，海王星的大气层由诸如甲烷等气体组成。如果太阳的质量是1.99×10^{30} kg，试计算海王星轨道运动的周期。

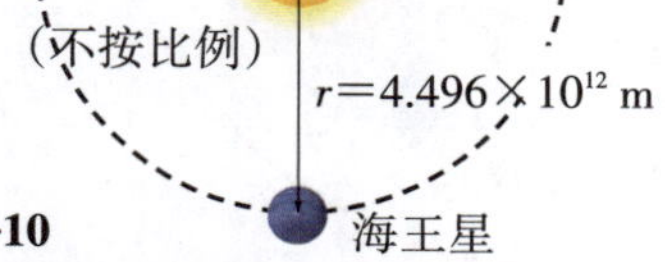

图7–10

10. 重力加速度 若地球开始收缩，但它质量保持不变，则地球表面g值将发生怎样的变化？

11. 万有引力常量 卡文迪许用铅球进行实验。假定他用质量相同的铜球代替铅球，那么他得到的G值相同吗？请说明。

12. 定律或定理 开普勒的三条结论以及牛顿的万有引力方程都称为“定律”。它们曾经是理论吗？它们以后会变成理论吗？

13. 批判性思维 在月球上捡起一块石块所用的力比地球上要小。

a. 月球上较小的重力对于从水平方向抛出的石块的路径有怎样的影响？

b. 如果月球上的投掷者不小心使石块落下，且正好砸在了他的脚趾上，那么由此引起的伤害比地球上更重还是更轻？请说明理由。

第2节 万有引力定律的应用

主要概念

所有物体的周围都存在能影响其他物体运动的引力场。

核心问题

- 怎样描述轨道运动?
- 引力质量与惯性质量有什么相同点,有什么不同点?
- 怎样解释引力?爱因斯坦是怎样解释引力的?

术语回顾

向心加速度 做匀速圆周运动的物体所具有的始终指向圆心的加速度

关键术语

惯性质量

引力质量

物理在你身边

你是否用过某种设备来确定你的位置或制定你将要去的地方的路线图?这种设备是从哪里得到信息的?全球定位系统(Globel Positioning System)包括了许多绕地球运动的人造卫星。GPS卫星提供了地面上或地面附近各个地方准确的位置数据。

行星和卫星的轨道

天王星是1781年发现的。1830年,人们发现牛顿的万有引力定律不能正确预测天王星的运行轨道。两位天文学家提出假设认为,天王星不仅受到太阳,而且还受到另一颗尚未发现的星球的吸引。1845年,他们计算了这颗星球的轨道。一年后,柏林天文台的天文学家发现了这颗现在被称为海王星的星体。那么,像海王星和天王星这样的星体是怎样绕太阳做轨道运动的呢?

牛顿用类似于**图7-11**所示的示意图,说明了关于发射人造卫星的一个设想。一门大炮架在高山顶上,以某一速率在水平方向射出一颗炮弹。作为抛体,炮弹的运动既有竖直分量又有水平分量。与地球上的所有抛体一样,它的运动轨迹为抛物线,并最终会落到地面上。

如果增大炮弹的水平速率,它将运动得更远,但依然会落到地面上。如果使用一门威力极大的大炮,那么炮弹将以和地球表面同样的曲率落向地球。也就是说,轨迹的曲率始终与地球的曲率一致,这样炮弹就永远不会离弯曲的地球表面更近或更远些。因此,它将在某个轨道上围绕地球不停地运动。

图7-11 牛顿猜想平行于地面发射的抛体,只要它的速率足够大,它就会以和地球表面同样的曲率落向地球。
明确这个例子中没有考虑的因素是什么?

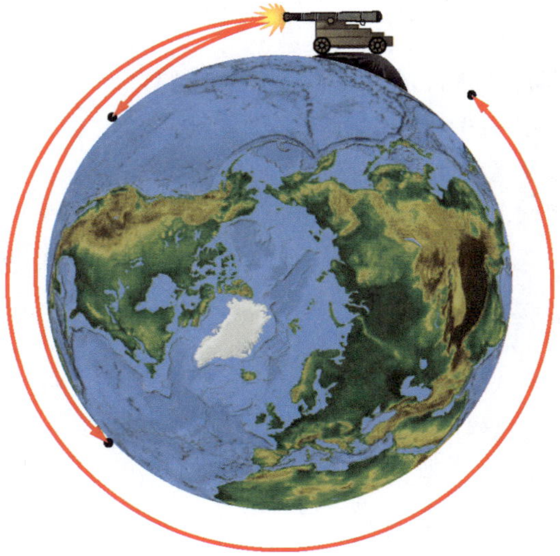

牛顿的这个设想忽略了空气阻力的影响。为了使炮弹不受到空气阻力的作用，这门大炮必须安置在离地面150 km以上的高山之巅（世界最高的山峰珠穆朗玛峰的高度也不过8.84 km）。从距离地面150 km的高山上发出的炮弹所遇到的空气阻力确实很小，可以看作为零，因为这一高度可看作没有大气。因此，无论什么物体，都能在这个高度或以上绕地球做轨道运动。

人造卫星的速度 人造卫星常常在地面上空同样的高度上做轨道运动。由于它的运动是匀速圆周运动，因此向心加速度为$a_c=\frac{v^2}{r}$。根据牛顿第二定律，$F_{净}=ma_c$，得到$F_{净}=\frac{mv^2}{r}$。如果地球的质量为m_E，那么将这个表达式与牛顿万有引力定律联合，就能得到下述方程：

$$\frac{Gm_Em}{r^2}=\frac{mv^2}{r}$$

解出卫星绕地球圆轨道运动的速率v，结果如下：

人造卫星绕地球做轨道运动的速率

人造卫星绕地球做轨道运动的速率，等于万有引力常量乘以地球的质量，除以轨道半径，再求其平方根。

$$v=\sqrt{\frac{Gm_E}{r}}$$

人造卫星的轨道周期 人造卫星绕地球的轨道运动类似于行星绕太阳的轨道运动。回忆一下，行星绕太阳做轨道运动的周期可用下式表示：

$$T=2\pi\sqrt{\frac{r^3}{Gm_S}}$$

因此，人造卫星绕地球做轨道运动的周期可用下式给出：

人造卫星绕地球做轨道运动的周期

绕地球做轨道运动的人造卫星的周期，等于2π乘以轨道半径的立方与万有引力常量及地球质量乘积的比值的平方根。

$$T=2\pi\sqrt{\frac{r^3}{Gm_E}}$$

人造卫星的速率和周期公式可应用于任何一个做轨道运动的物体，只需将中心物体的质量代替公式中的m_E即可，r是运动物体与中心物体的中心之间的距离。速率v、周期T与人造卫星的质量无关。

☑ **阅读检测** **描述**人造卫星的质量是怎样影响它的速率和周期的。

生活中的物理学

地球同步轨道 GOES气象卫星在35 785 km的高空上绕地球做轨道运动，每天运动一周。这种人造卫星的轨道速率与地球的自转速率一致，因此在地球上的观察者看来，这种卫星始终静止在上空某一点处。这样，地球上的卫星接收天线只需直接指向天空中同步轨道卫星所在位置。

例题2

轨道速率和周期 假定人造卫星的轨道在地面上空225 km处。已知地球的质量是5.97×10^{24} kg，地球的半径是6.38×10^{6} km，则人造卫星的轨道速率和周期分别是多少？

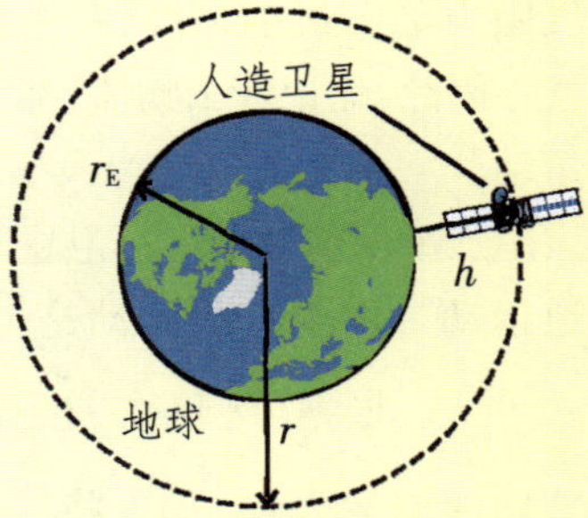

1 分析概括问题

作出显示卫星轨道高度的示意图。

已知		未知
$h=2.25\times10^{5}$ m	$m_E=5.97\times10^{24}$ kg	$v=?$
$r_E=6.38\times10^{6}$ m	$G=6.67\times10^{-11}$ N·m²/kg²	$T=?$

2 求解未知量

将卫星轨道的高度与地球半径相加，得到卫星的轨道半径。

$$r=h+r_E$$

$$=2.25\times10^{5}\text{m}+6.38\times10^{6}\text{ m}=6.60\times10^{6}\text{ m}$$

◀将$h=2.25\times10^{5}$ m，$r_E=6.38\times10^{6}$ m代入。

求出速率。

$$v=\sqrt{\frac{Gm_E}{r}}$$

◀将$G=6.67\times10^{-11}\ \text{N·m}^2/\text{kg}^2$，$m_E=5.97\times10^{24}$ kg，$r=6.60\times10^{6}$ m代入。

$$=\sqrt{\frac{6.67\times10^{-11}\text{N·m}^2/\text{kg}^2\times5.97\times10^{24}\text{kg}}{6.60\times10^{6}\text{m}}}=7.77\times10^{3}\text{m/s}$$

求出周期。

$$T=2\pi\sqrt{\frac{r_3}{Gm_E}}$$

◀将$r=6.60\times10^{6}$m，$G=6.67\times10^{-11}\ \text{N·m}^2/\text{kg}^2$，$m_E=5.97\times10^{24}$ kg代入。

$$=2\pi\sqrt{\frac{(6.60\times10^{6}\text{ m})^3}{6.67\times10^{-11}\text{ N·m}^2/\text{kg}^2\times5.97\times10^{24}\text{ kg}}}=5.34\times10^{3}\text{ s}$$

这大约等于89 min或1.5 h。

3 验证答案

- **单位是否正确？** 速率的单位是m/s，周期的单位是s。

练一练

在下列问题中，假定所有轨道都是圆的。

14. 假定例题2中人造卫星的轨道半径比原来增加了24 km。
  a. 它的运动速率将是多少？
  b. 与原来的速率相比是快了还是慢了？
  c. 为什么你认为是这样的？

15. 已知天王星有27颗卫星。其中一颗卫星米兰达的轨道半径为1.29×10^{8} m。天王星的质量为8.68×10^{25} kg。求米拉达的轨道速率和它的运动周期是多少地球天？

16. 利用牛顿关于卫星运动的理想实验，求解如下问题。
  a. 计算从大炮射出的人造卫星的速率，该卫星的轨道要在地面上空150 km处。
  b. 这颗卫星完成一周回到大炮处，需要多少时间？

17. **挑战题** 利用**表7-1**中关于水星的数据求解下列问题。
  a. 轨道在水星表面上空260 km处的卫星的速率。
  b. 该卫星的运行周期。

▶ **与地球科学的联系** 如**图7–12**所示的“大地卫星7”是一种人造卫星，它能提供地球大陆表面的图像。大地的卫星照片已广泛应用于制作地图、研究土地利用、监视资源及地球的整体变迁等。大地卫星7系统为研究者在小尺度上监视诸如全球森林采伐等问题提供了可能。像大地卫星7这样的卫星，必须有很大的速度才能成功地进入轨道，为此科学家采用了巨大的多级推进火箭。任何物体的加速度都遵循牛顿第二运动定律，$F_{净}=ma$。为了使质量更大的卫星进入轨道，必须提供更大的推力。因此，卫星的质量将受到发射火箭负载能力的限制。

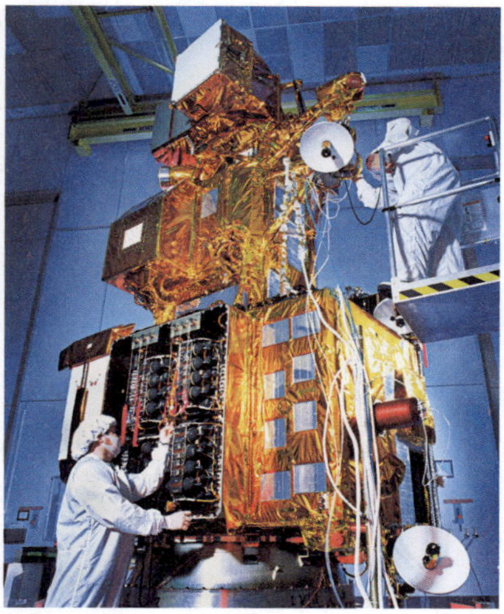

图7–12 “大地卫星7”每天能提供532张地球的照片。

重力加速度

利用万有引力定律以及牛顿第二运动定律，可以求出由地球引力产生的加速度的大小。对于一个质量为m的自由落体，有：

$$F=\frac{Gm_{E}m}{r^{2}}=ma，所以a=\frac{Gm_{E}}{r^{2}}$$

在地球表面，$a=g$，$r=r_{E}$，可得：

$$g=\frac{Gm_{E}}{r_{E}^{2}}，因此，m_{E}=\frac{gr_{E}^{2}}{G}$$

你可以看出，对于自由落体，有$a=\frac{Gm_{E}}{r^{2}}$。代入上面m_{E}的表达式，可得：

$$a=\frac{G\frac{gr_{E}^{2}}{G}}{r^{2}}=g\left(\frac{r_{E}}{r}\right)^{2}$$

在地球表面，$r=r_{E}$，因此$a=g$。但是，离地心越远，r越大，由地球引力产生的加速度将按平方反比的关系减小。那么，当你离地球的中心越来越远时，你的体重将发生怎样的变化？

重力和失重 你可能见过如**图7–13**所示的照片，宇航员在宇宙飞船中处在所谓“0 g”或“没有重力”的环境之中。宇宙飞船在地面上空大约400 km的轨道上飞行。在这个高度上，$g=8.7$ N/kg，这仅比地面上的g值小了一点。因此，地球的万有引力在宇宙飞船里并不等于零。实际上，正是这个万有引力才导致宇宙飞船绕地球做轨道运动。那么，为什么宇航员会显示出没有受到重力的作用呢？

图7–13 绕地球做轨道运动的航天员正在做自由落体运动，因为航天飞机和飞机里的所有东西都在朝着地球做加速运动。也就是说，他们脚下的地板正在下落。

回忆在某些情况下，例如你站立的地板或坐着的椅子对你施加接触力时，你感受到的重力的情况。如果你、椅子以及地板等一起向地球做加速运动，那时便没有支持力作用于你，你的视重等于零，即处于失重状态。类似地，当宇宙飞船以及其中所有物品都在绕地球运行时，宇航员也处于这种失重状态中。

迷你实验

失重的水

自由下落时，失重会有什么影响？

自由下落时的重力*

物体自由下落时，其质量如何变化？

图7–14 地球的引力场可用指向地球中心的矢量来表示。g的大小随着与地球中心的距离的增加而按平方反比的规律减小。

解释为什么g的值不可能为零。

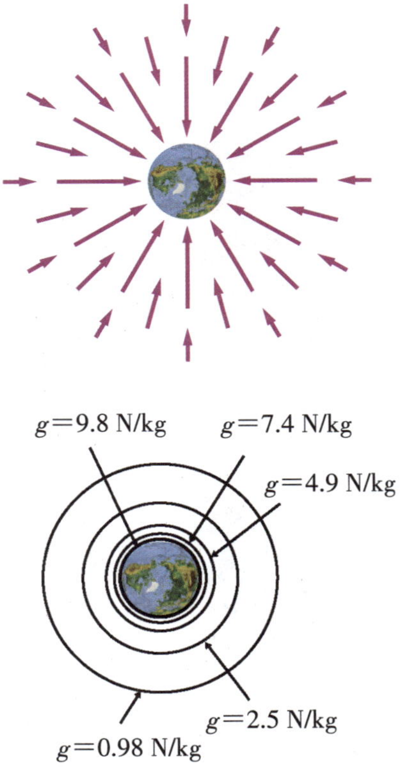

引力场

回忆一下我们学过的有关运动的知识，可以发现许多常见的力都是接触力。只要两个物体相互挤压，它们之间就会存在摩擦力；例如，当你站在地板上或坐在椅子上时，它们就对你有支持力。但是引力的情况却不同，它可作用于正在从树上掉下的苹果以及做轨道运动的月球这样的物体。换句话说，引力作用发生在并不接触或并不紧靠在一起的两个物体之间。牛顿曾经对这个现象感到很困惑。他觉得奇怪：太阳怎么会对远离它几亿千米的地球施以力的作用呢？

场的概念 19世纪，为了回答在研究磁现象时所产生的困惑，法拉第建立了场的概念，用以解释磁体吸引铁制物品的现象。其后，场的概念又被应用于万有引力中。

任何有质量的物体周围都存在引力场，引力场产生一个力，这个力与物体的质量成正比、与离开物体中心距离的平方成反比。在场中的另一个物体会由于它本身的质量与该点处的引力场$\boldsymbol{g}$发生相互作用而受到力。$\boldsymbol{g}$和引力的方向指向产生场的物体的中心。引力场强度可以表示如下：

引力场

引力场强度等于万有引力常量乘以物体的质量，除以离开物体中心距离的平方。

$$\boldsymbol{g}=\frac{GM}{r^2}$$

假定引力场由太阳产生，那么质量为m的行星就会受到一个力的作用，这个力与它的质量以及该点处引力场的值有关，即$\boldsymbol{F}_g=m\boldsymbol{g}$，方向指向太阳。这个力是由于该处的引力场与行星的相互作用引起的，而非来自几百万千米远处太阳的作用。要得到几个物体共同产生的引力场的强弱，你应当计算每个物体产生的引力场，然后求它们的矢量和。

引力场可以通过在场中放置一个质量m很小的物体，然后量度它所受到的力$\boldsymbol{F}_g$的办法进行测量。引力场的强度可用下式计算：$\boldsymbol{g}=\frac{\boldsymbol{F}_g}{m}$。它的单位是N/kg。

在地球表面，引力场的强度是9.8 N/kg，方向指向地球中心。这个场也可用长度为g的矢量表示，矢量的方向指向产生场的物体的中心。你可以用图象来表示地球的引力场：在地球周围画出许多指向地心的矢量，如**图7–14**所示。场的强度与离开地球中心距离的平方成反比。引力场还与地球的质量有关，但是与场中受力物体的质量无关。

两类质量

我们已经讨论过质量的概念，它定义为力随加速度变化的图线的斜率。也就是说，质量等于一个物体所受到的净力与它的加速度之比。这种质量涉及物体的惯性，所以称为惯性质量。它可用下式表示：

惯性质量

惯性质量等于施于物体的净力除以该物体的加速度。

$$m_{惯性}=\frac{F_{净}}{a}$$

惯性质量 在地板上推一只空的纸板箱比推一只装满书本的纸板箱要容易得多。装满书本的纸板箱的惯性质量要比空的纸板箱大得多。物体的**惯性质量(inertial mass)**量度了物体对各种力的抵抗作用(即惯性的大小)。物体的惯性质量可以通过如下方法测量:对该物体施加一个力，然后测量该物体的加速度。物体的惯性质量越大，力对它的影响越小，它在力的作用下所产生的加速度越小。

引力质量 牛顿万有引力定律$F=\frac{Gm_1m_2}{r^2}$中也包含了质量，但这是不同类型的质量。牛顿万有引力定律中的质量用于确定两个物体间引力的大小，故称为**引力质量(gravitational mass)**。它可用简单的天平进行测量，如**图7–15**所示。只要测出另一个质量为m、相距r的物体对该物体产生的引力，你就可以按照下式确定该物体的引力质量：

引力质量

物体的引力质量等于两物体距离的平方乘以万有引力，再除以万有引力常量与另一个物体质量的乘积。

$$m_g=\frac{r^2F_g}{Gm}$$

这两类质量有何区别？假定在你的车里有一只西瓜。如果你的汽车正在向前加速行驶，那么这只西瓜将会相对于汽车向后滚去。这是由于它的惯性质量阻碍产生加速运动的结果。现在假定你的汽车以恒定速率向山坡上行驶，这只西瓜同样会向后滚动，但此时它的运动是由于它的引力质量所致。西瓜被地球向下吸引。

牛顿认为惯性质量和引力质量在数值上是相等的，这个假设称为等效原理。迄今为止所有的实验结果都支持这个假设。大多数时候，我们指的是一个物体的质量。爱因斯坦对这个等效原理产生了极大的兴趣，并将它作为他的广义相对论的基本假设之一。

物理实验

怎样测量质量*

惯性天平是怎样测量物体的惯性质量的?

惯性质量和引力质量*

你如何确定惯性质量和引力质量之间的关系?

图7–15 一架简单的天平就能确定物体的引力质量。

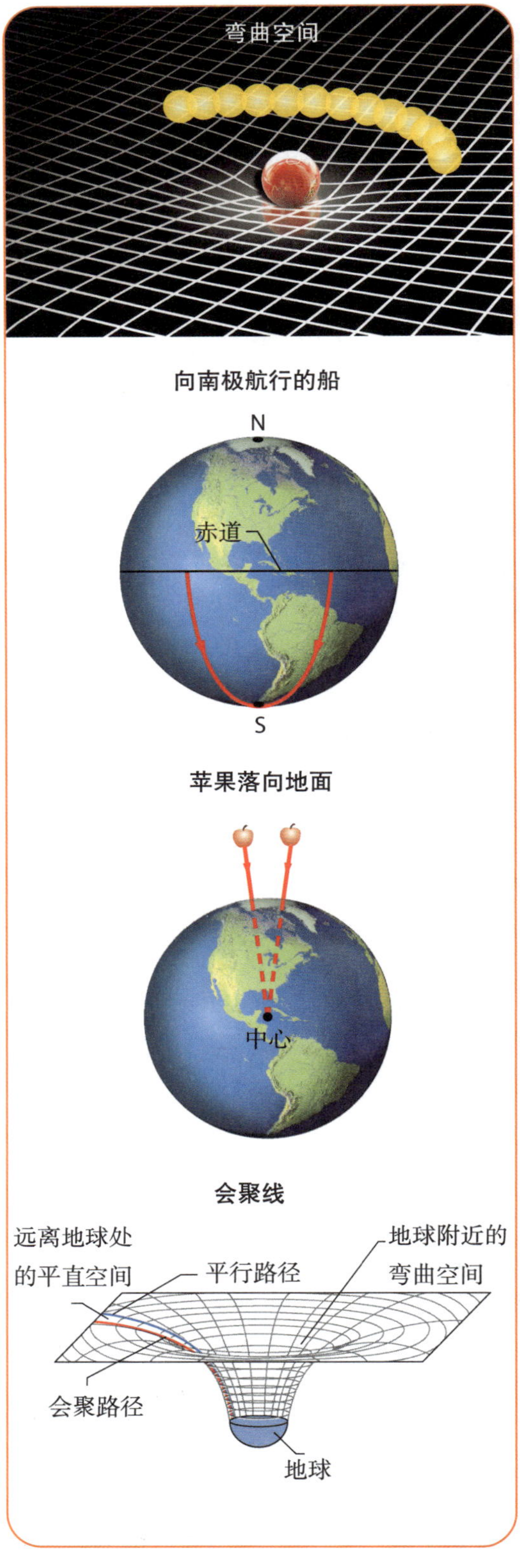

图 7–16　无法直接看到空间的弯曲，类比可帮助你理解这个难懂的概念。

爱因斯坦的引力理论

牛顿万有引力定律可以用来计算存在于两个物体间由于质量引起的引力大小。但是令他困惑的是，两个相隔数百万千米的物体怎么会对彼此产生力的作用。爱因斯坦则认为，引力不是一种力，而是空间本身的一种效应。按照爱因斯坦的观点，物体质量改变了周围的空间，使空间弯曲，而其他物体则循着这种弯曲空间做加速运动。

弯曲空间　为了形象地说明物体的质量是怎样影响空间的，可将空间比作一张巨大的二维橡皮膜，如**图 7–16** 中上面的图所示。图中大红球表示一个大质量物体，它在膜上形成了一个凹陷。一个黄色小球在膜上滚动，模拟在空间中物体的运动。当黄球滚到接近凹陷区时，它将被加速。类似地，地球和太阳的彼此吸引也是因为它们把空间扭曲了的结果。

向南极航行的船　下面是另一个例子，也有助于你理解弯曲空间。如果你从高空观察自赤道向南极航行的两条船。在赤道时，两船相隔 4 000 km，但当抵达南极时，它们的距离减小到可能仅仅只有 1 km 了。对于这两条船上的船员来说，他们的航行路线均是直线。但是由于地球表面是弯曲的，正如**图 7–16** 中上面第二幅图所示，从远离地球表面的地方可以看到，它们的航线是曲线。

苹果落向地面　我们来看另一个运动。两个苹果落向地面，开始时，它们的路径几乎是平行的，如**图 7–16** 中第三幅图所示。当接近地球时，它们被拉向地球中心，会聚于一个点了。

会聚线　上述路径的会聚是因为地球附近空间的弯曲，如**图 7–16** 中最下面的图所示。远离如行星和恒星之类大质量物体所在处的空间是平直的，因此，平行线将保持平行。但随着接近大质量物体，它们将开始会聚。在平直空间，平行线将保持平行。在弯曲空间，平行线要会聚。

爱因斯坦的这一理论称为广义相对论。该理论对大质量物体间的相互影响作了许多预测。迄今为止的实验表明，爱因斯坦理论给出的结论是正确的。

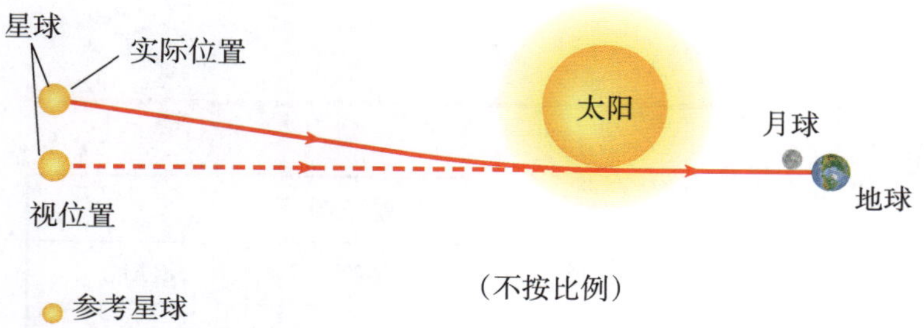

图 7–17 在空间中，质量大的物体附近的光是弯曲的，因而改变了它的光源的视位置。

描述这与你之前学习的光的现象有什么矛盾的地方。

光线偏折 爱因斯坦理论预言，光通过大质量物体时也会发生偏折或弯曲。**图 7–17** 显示了光通过大质量物体周围的扭曲空间时发生偏折的情况。天文学家发现，1919 年发生日全食时，从遥远恒星发出的光经过太阳发生的偏折量符合爱因斯坦的预言。

广义相对论的另一个结论也是关于大质量物体对光的影响。如果一个物体的质量与密度都足够大，那么自它发出的光将完全返回到这个物体，任何光都无法从该物体逸出。这样的物体称为黑洞。天文学家已经从某些恒星附近的效应中发现了这类星体。从物质被拉进黑洞时所产生的辐射也可以用来检测黑洞的存在。

虽然爱因斯坦理论对于引力效应提供了非常精确的预言，但是这个理论仍不完美。它还不能解释质量的起源，或者质量为什么会使空间发生扭曲。物理学家正在做进一步的研究，以便更深入地解释引力，以及质量的起源。

第2节 复 习

18. 主要概念 已知月球离地球 3.9×10^5 km，地球离太阳 1.496×10^8 km。地球和太阳的质量分别是 5.97×10^{24} kg 和 1.99×10^{30} kg。满月时，太阳、地球和月亮在一条直线上，如**图 7–18** 所示。

a. 求地球和太阳在月球中心处产生的引力场强度之比。

b. 太阳和地球在月球中心处的净引力场强度为多大？

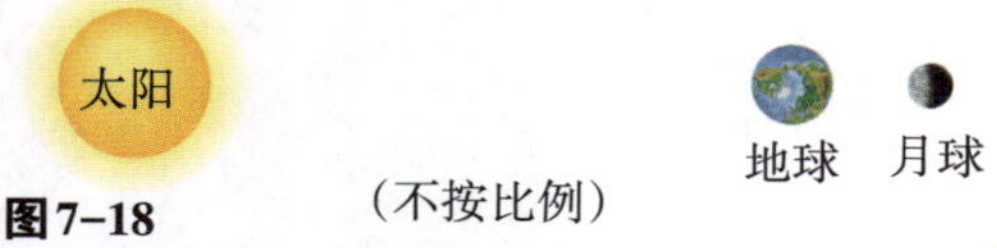

图 7–18

19. 失重 在轨道上飞行的宇宙飞船中的椅子处于失重状态。如果你赤着脚站在这艘飞船上，你敢用你的脚趾去踢椅子吗？请解释。

20. 引力场 月球的质量是 7.3×10^{22} kg，它的半径是 1 738 km。月球表面引力场的强度为多大？

21. 轨道周期和速率 两颗卫星绕地球做圆周运动。一条轨道在地面上空 150 km 处，另一条在 160 km 处。

a. 哪颗卫星有较长的轨道周期？

b. 哪颗卫星有较大的速率？

22. 理论和定律 为什么把爱因斯坦对引力的描述称为“理论”，而把牛顿的描述称为“定律”。

23. 宇航员 在某一点处，质量为 80.0 kg 的宇航员受到的重力减小了 25%，那么该点处的重力加速度为多大？

24. 人造卫星的质量 苏联于 1957 年将第一颗人造卫星发射到绕地球运行的轨道上时，美国总统艾森豪威尔要求他的科学顾问计算这颗卫星的质量。他们能否进行这个计算？请解释。

25. 批判性思维 在地球上将一颗人造卫星发射到它的圆轨道上，向东发射是否比向西更容易一些？请解释。

起步实验

作图描述水星的运动轨迹

实验步骤

1. 采用标度10 cm=1 AU,利用数据表中的数据画出水星的轨道。注意,一个天文单位AU等于地球与太阳之间的距离。(1 AU=1.5×10^8 km)
2. 将用AU量度的距离,换算成用cm表示的长度。
3. 取一张纸,在上面取一点作为中心,通过该中心画一根水平零线和一根竖直零线。
4. 将量角器放在水平零线上,量角器的中心与所取的中心点重合。量出右表中的各个角度,标出记号。
5. 用直尺画出自中心点到各个角度的放射线。在相应角度的放射线上标出用cm表示的距离。注意,在画某些角度时,你需要将量角器放置在竖直零线上。
6. 标出所有数据点,画出它们之间的连线。

分析

7. 描述水星轨道的形状。画出一条通过太阳的直线表示轨道的长轴,作为主轴。

水星轨道

θ(°)	d(AU)
4	0.35
61	0.31
122	0.32
172	0.38
209	0.43
239	0.46
266	0.47
295	0.44
330	0.40
350	0.37

8. **批判性思维** 将水星的轨道与哈勒—波普彗星的轨道作比较,它们有什么不同?

迷你实验

失重的水

实验步骤

1. 本实验最好在室外进行。用铅笔在一只塑料杯或纸杯上刺两个小孔,一个在底部,一个在侧面。用手指堵住这两个小孔,让你的同伴往杯子里注入$\frac{2}{3}$容积的有颜色的水。
2. 预测杯子落下时将会发生的情况。
3. 检验你的预测:让杯子落下,并进行近距离观察。

分析

4. 描述你的观察结果。
5. 解释你的实验结果。

物理实验

实验器材

- **图钉比较尖锐，小心刺伤皮肤。**

一块硬纸板
白纸和黑纸
两枚图钉
米尺
削尖的铅笔或圆珠笔
透明胶带
细线(25 cm)

建立行星和卫星的轨道模型

在这个实验中，你将分析一种模型，它将显示开普勒第一和第二运动定律是怎样应用于行星和卫星的轨道的。开普勒第一定律说，行星的轨道是椭圆，太阳居于其中的一个焦点上。开普勒第二定律说，从太阳到行星的假想连线在相等的时间里扫过相等的面积。

椭圆轨道的形状由偏心率e确定，它为两个焦点的距离与主轴长度之比。当行星在主轴上和太阳的距离最远时，就说它位于远日点。当行星在主轴上和太阳的距离最近时，就说它位于近日点。

问题

太阳系中行星和卫星的轨道的形状是怎样的？

目标

- **建立**行星和卫星的轨道模型。
- **收集和组织**绕太阳做轨道运动的行星的远日点和近日点的数据。
- **总结**开普勒第一定律和第二定律。

实验步骤

1. 将一张白纸覆在一块硬板纸上，四角用透明胶带粘牢。
2. 通过白纸中心横向画一条直线，表示主轴。

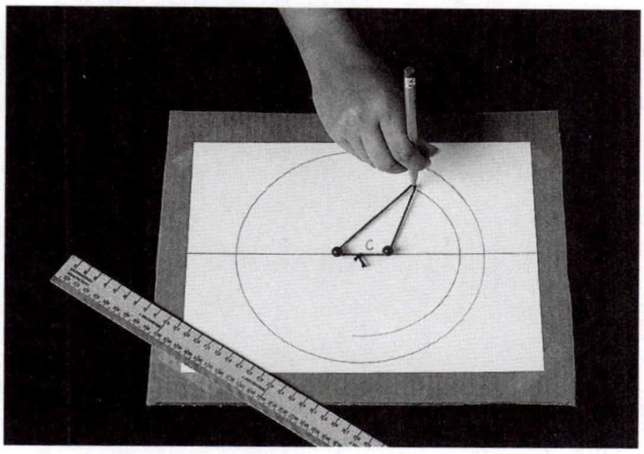

3. 在直线的中心处标字母C。

4. 将细线拉成一个圈，拉紧时它的长度为10 cm。对于数据表中列出的各个星体，利用下式计算两个焦点间的距离d。

$$d=\frac{2e(10.0\ \text{cm})}{e+1}$$

5. 在C处按一枚图钉，将线圈套在图钉上。在线的另一端系一支铅笔并拉紧，再绕中心移动铅笔，画出一个圆。

6. 另取一枚图钉按在主轴上距离C点$\frac{d}{2}$处。

7. 另取第二枚图钉按在C的另一边$\frac{d}{2}$处。这两枚图钉表示两个焦点。其中一个焦点即表示太阳的位置。

8. 将线圈套在两枚图钉上，用铅笔顶着这个线圈，绕图钉转动一圈，画出一个椭圆。

9. 用同一张纸，对于表中列出的各个星体，重复步骤6～8。

10. 画出各条轨道后，标出每条轨道的名称和偏心率。

数据表

物体	偏心率e	d(cm)	测出的A值(cm)	测出的P值(cm)	实验得到的e值	误差百分比(%)
圆轨道	0					
地球	0.017					
冥王星	0.25					
彗星	0.70					

分析

1. 测量其中一个焦点与轨道上离主轴最远点之间的距离，得出远日点A。将数据记录在数据表中。

2. 测量其中一个焦点与轨道上离主轴最近点之间的距离，得出近日点P。将数据记录在数据表中。

3. 利用下式计算各个物体偏心率的实验值，并将结果记录在数据表中。

$$e=\frac{A-P}{A+P}$$

4. 比较实验得到的偏心率与已知偏心率，算出各个数据的误差百分比。将结果记录在数据表中。

5. 为什么$e=0$时的轨道是一个圆？

6. 与圆轨道相比，地球的轨道是怎样的？

7. 哪些轨道的偏心率大一些？

结论与应用

1. 你所画的轨道模型是否符合开普勒第一定律？请解释。

2. 开普勒研究了火星轨道的数据($e=0.093$)，并断定这个行星绕太阳的运行轨道是椭圆。如果开普勒在火星上研究地球的轨道，他会得到什么结论？

3. 行星在哪个点时运动得最快，是在远日点还是在近日点？为什么？

4. 开普勒第二定律可以用来确定冥王星在远日点和近日点的速度比$\left(\frac{v_A}{v_P}\right)$。为了确定这个比值，首先要计算冥王星轨道运动时扫过的面积。这个面积近似等于三角形面积：面积＝冥王星到太阳的距离×运行速度×时间。在固定的时间间隔，例如在30天内，轨道在远日点和近日点处扫过的面积相等，这个关系可写为

$$\frac{1}{2}Pv_Pt=\frac{1}{2}Av_At$$

那么冥王星的$\frac{v_P}{v_A}$的值是多少？

5. 冥王星的轨道速度最小值为3.7 km/s，v_P和v_A的值为多大？

进一步探索

1. 在近似情况下，你验证了开普勒第二定律。现在，请设计一个实验，精确地验证开普勒第二定律。

2. 设计一个实验，证明开普勒第三定律的正确性。

生活中的物理学

绕地球运行的通信卫星或气象卫星遵循开普勒定律吗？收集数据以验证你的回答。

黑洞

对于黑洞，你可能会感到很好奇。黑洞究竟是什么？它来自哪里？

星球爆炸 当一颗巨大恒量的燃料耗尽时，将会发生什么？此时它的温度会降低，从而无法阻止自身重力导致的坍缩，最后引起"超新星爆炸"。超新星爆炸时的亮度常常比整个星云还要亮。如果余下的星球质量足够大（超过太阳质量的3倍），那么它就会变成一个奇怪的物体——黑洞。

从地球逃逸 设想你站在地球表面，竖直向上抛出一个小球。当小球上升时，重力将会使小球向上的速度逐渐减小，当它向上的速度减为零时，它就开始下落。如**图1**所示。当然，这是由于你的臂力有限。如果你用足够大的速度（11 000 m/s）向上抛这个球，它将不再落回地面，而会彻底从地球上逃逸出去。这个速度就是地球的"逃逸速度"。

从黑洞逃逸 黑洞是一个密度很大、质量也很大的物体，它的逃逸速度很大很大，以致任何物体，甚至光都无法逃逸。**图2**显示了一个星球被黑洞吞噬的情景。经过黑洞附近的任何东西都将永远消失。

黑洞是一个真的洞吗 不！它们是太空中极度致密的物体。

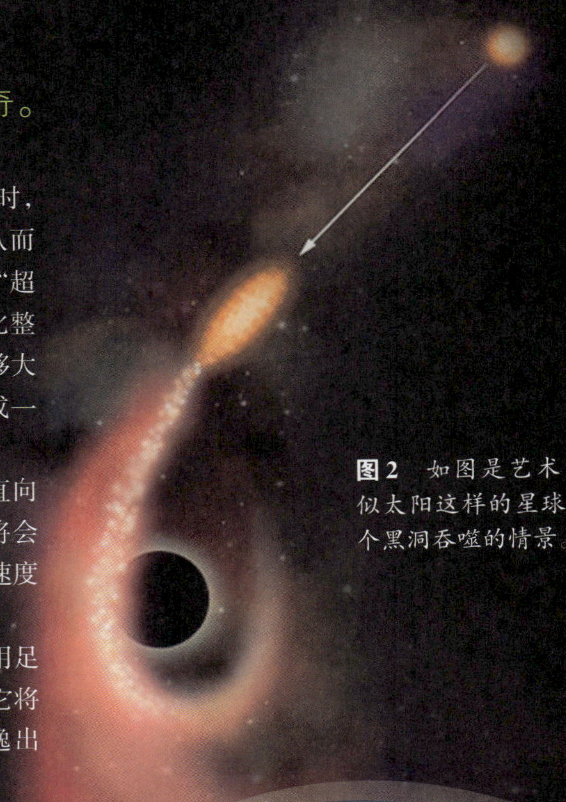

图2 如图是艺术家描绘的类似太阳这样的星球被附近的一个黑洞吞噬的情景。

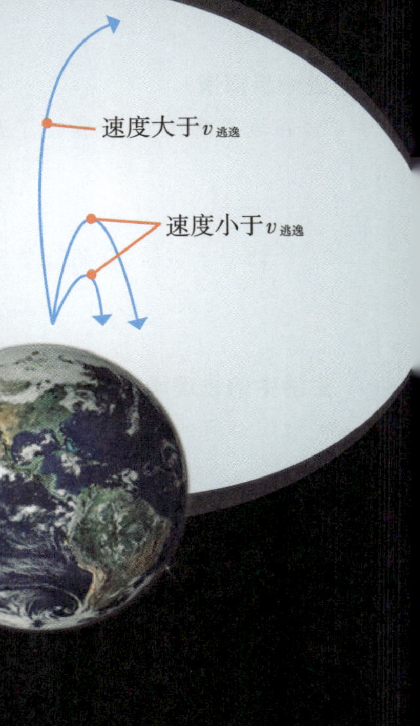

图1 星球的逃逸速度取决于该星球的质量和半径。

进一步探索 >>>

研究 光在真空中的速度不会变慢。那么，黑洞是怎样阻止光逃逸的呢？为此，探讨一下关于"引力红移"的问题，并撰写一篇论文。

第7章 复习指南

大概念 万有引力是一种场力，它作用于有质量的物体之间。

关键术语
- 开普勒第一定律
- 开普勒第二定律
- 开普勒第三定律
- 万有引力
- 万有引力定律

第1节 行星运动与万有引力

主要概念 两个物体间的万有引力大小与它们质量的乘积成正比，与它们之间距离的平方成反比。

- 开普勒第一定律表述为，行星是在椭圆轨道上运动的，太阳位于椭圆的一个焦点上。开普勒第二定律表述为，从太阳到行星之间的一条连线在相等的时间里扫过相等的面积。开普勒第三定律表述为，任意两个行星周期之比的平方等于它们和太阳的距离之比的立方。

$$\left(\frac{T_A}{T_B}\right)^2=\left(\frac{r_A}{r_B}\right)^3$$

- 利用牛顿万有引力定律，可以将开普勒第三定律表述为行星的半径、周期与太阳质量之间的关系。牛顿万有引力定律表述为，任何两个物体间的万有引力，与它们质量的乘积成正比，与它们中心之间距离的平方成反比。万有引力是一种吸引力，其方向沿着两物体中心之间的连线。

$$F=\frac{Gm_1m_2}{r^2}$$

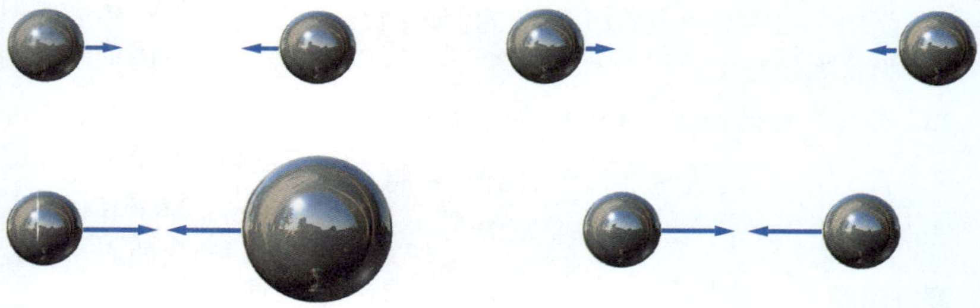

- 卡文迪许实验测量了G的值，证实了牛顿关于两个物体之间存在引力的预言，且可用来计算地球的质量。

关键术语
- 惯性质量
- 引力质量

第2节 万有引力定律的应用

主要概念 所有物体的周围都存在能影响其他物体运动的引力场。

- 卫星在圆轨道上的运动可用它的速率和周期来描述。轨道上的物体的速率和周期可以用牛顿第二定律来求解。
- 引力质量与惯性质量本质上是两种不同的概念，但是一个物体的引力质量与惯性质量在数值上是相等的。
- 所有物体的周围都存在引力场，所有在引力场中的物体都会受到该引力场所施加的力的作用。爱因斯坦的广义相对论将引力看作是空间本身的一种属性。

第1节 行星运动与万有引力

理解概念

26. **补充问题** 把问题补充完整，并用开普勒第三定律求解：“假定太阳系中发现了一颗新的行星，其轨道在木星与土星之间……”
27. 1609年，伽利略用他制作的望远镜观察木星，发现了木星的四颗卫星，其中的一颗称为木卫一。用开普勒第一定律说明木卫一绕着木星的运动情况。
28. 地球北半球的轨道运动在夏天要比冬天慢一些。那么北半球在什么时候更靠近太阳？夏天还是冬天？
29. 每单位时间内地球绕太阳扫过的面积与火星绕太阳扫过的面积相等吗？请解释。
30. 为什么牛顿认为一定有力作用在月球上？
31. 卡文迪许是如何证明两个小物体之间也存在引力的？
32. 当两个物体间的距离加倍时，它们之间的引力将如何变化？
33. 根据牛顿的观点，对于开普勒第三定律而言，当太阳的质量加倍时，比值 $\frac{T^2}{r^3}$ 将怎样改变？

解决问题

34. 木星至太阳的距离是地球的5.2倍。以地球年为单位，求出木星的轨道周期。
35. 冥王星与太阳的平均距离为 5.87×10^{12} m，它的轨道周期是多少年？
36. 用**表7-1**中的数据，计算太阳对木星的引力。
37. 两个相距1.00 m的电子间的引力大小为 5.54×10^{-71} N。求电子的质量。
38. 有两个质量均为6.8 kg的保龄球。将它们放在一起时，两者的中心相距21.8 cm。它们彼此间的万有引力为多大？
39. 如**图7-19**所示为一台类似于卡文迪许扭秤的设备。已知大铅球的质量是5.9 kg，小球的质量是0.047 kg，两者的中心相距0.055 m。求它们之间的万有引力。

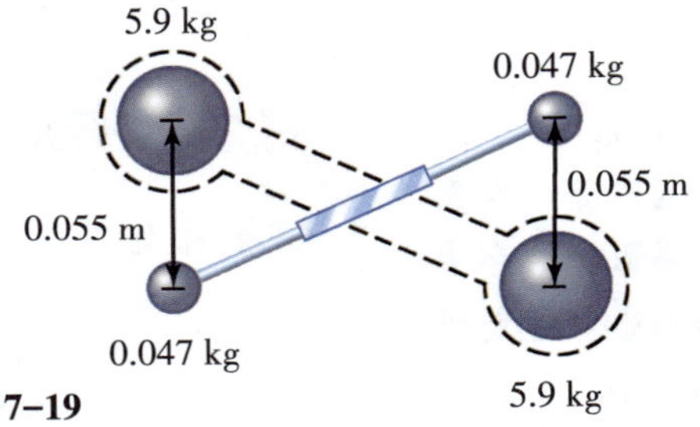

图7-19

40. 假定你的质量是50.0 kg。已知地球的质量是 5.97×10^{24} kg，半径是 6.38×10^{6} m。
    a. 你和地球之间的万有引力为多大？
    b. 你的重力为多大？
41. 一个质量为1.0 kg的物体在地球表面的重力为9.8 N。地球的半径约为 6.4×10^{6} m。
    a. 计算地球的质量。
    b. 计算地球的平均密度。
42. 汤姆的质量是70 kg，萨莉的质量是50 kg。他们站在舞池中，彼此相距20 m。萨莉抬头看着汤姆时，她感到有一种吸引力。如果这种吸引力是万有引力，求它的值。假定汤姆和萨莉都可视为质点。
43. **大概念** 如**图7-20**所示，两球的中心相距2.0 m。已知其中一球的质量为8.0 kg，另一球的质量为6.0 kg。它们之间的万有引力为多大？

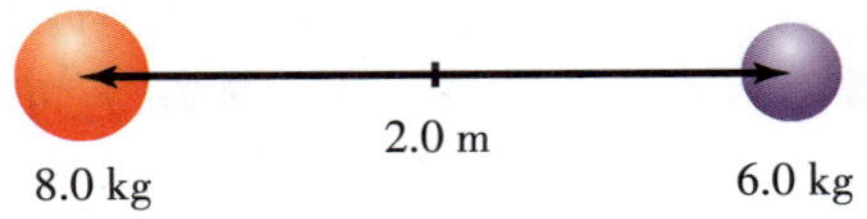

图7-20

44. 星球HD102272有两颗行星。行星A的周期为127.5 d，平均轨道半径为0.615 AU。行星B的周期为520 d，平均轨道半径为1.57 AU。该星球的质量多大？以太阳质量为单位。
45. 如果小行星D与太阳的距离是地球与太阳距离的8.0倍，则它绕太阳一周需要多少年？

46. 月球中心距离地球中心 3.9×10^5 km，距离太阳中心 1.5×10^8 km。如果月球的质量为 7.3×10^{22} kg，试求地球和太阳作用于月球的万有引力之比。

47. 排序 根据附录中表格里行星的数据，按照下列两个行星之间的引力从小到大排序，并说明理由。

A. 水星和金星相距 5.0×10^7 km时

B. 木星和土星相距 6.6×10^8 km时

C. 木星和地球相距 6.3×10^8 km时

D. 水星和地球相距 9.2×10^7 km时

E. 木星和水星相距 7.2×10^8 km时

48. 两球的球心相距2.6 m，两球间的万有引力为 2.75×10^{-12} N。若其中一球的质量是另一球的2倍，则每个球的质量是多少？

49. 玩具船 在地面上的一块光滑的玻璃板上拉动一只质量为10.0 kg的木质玩具船，需要用力40 N。在木星上同样的一块玻璃板上拉动这只同样的玩具船需要用多大的力？

50. 土星的一颗卫星——土卫一的轨道半径是 1.87×10^8 m，轨道周期大约是23.0 h。运用牛顿万有引力定律以及开普勒第三定律，计算土星的质量。

51. 哈雷彗星 每隔76年，在地球上就能看到哈雷彗星的踪影。用天文单位(AU)表示哈雷彗星离开太阳的平均距离。(地球到太阳的平均距离定义为1.00 AU)

52. 如果用 m^2 作为面积单位，则行星或卫星扫过面积的速率用 m^2/s 量度。

a. 地球在它绕太阳的轨道上扫过面积的速率是多少？

b. 月球在它绕地球的轨道上扫过面积的速率是多少？已知地球与月球的平均距离是 3.9×10^8 m，月球的周期是27.33 d。

53. 月球的轨道半径是 3.9×10^8 m。如果月球的轨道半径加倍，试利用牛顿万有引力定律、开普勒第三定律计算它的周期。

第2节 万有引力定律的应用

理解概念

54. 为什么地球卫星不会掉下来？

55. 一颗卫星绕地球运行，它的速率取决于下列哪个量？

a. 卫星的质量。

b. 卫星与地球之间的距离。

c. 地球的质量。

56. 什么力使轨道上的卫星产生向心加速度？

57. 在宇宙飞行中，宇航员常常用地球表面的重力来量度力。对宇航员来说，$5g$ 的力意味着什么？

58. 牛顿认为，引力是直接作用在地球与月球之间的。爱因斯坦对于两个物体间引力的观点与牛顿的有何不同？

59. 证明 g 的单位是N/kg，也可以是 m/s^2。

60. 若地球的质量加倍而大小保持不变，那么 g 值将如何变化？

解决问题

61. 卫星 一颗地球同步卫星始终保持在地球上方的某一点处，如**图7-21**所示。假定该同步卫星的轨道半径是 4.23×10^7 m。

a. 计算它的轨道速率。

b. 计算它的周期。

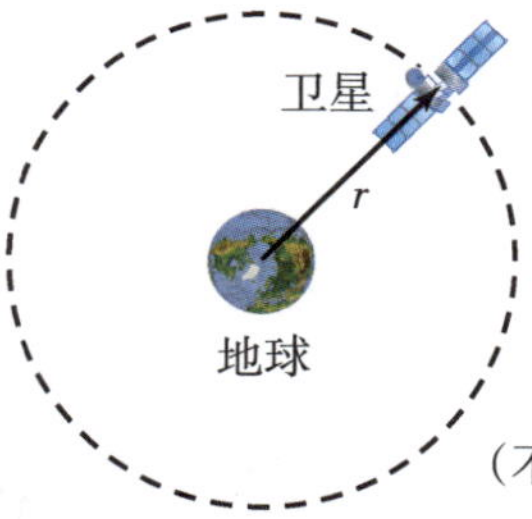

(不按比例)

图7-21

62. 小行星 谷神星(Ceres)是一颗小行星，它的质量是 7×10^{20} kg，半径是500 km。

a. 谷神星表面的 g 值为多大？

b. 一位质量为90 kg的宇航员在谷神星上受到的重力为多大？

63. 月球的质量是7.34×10^{22} kg，它距离地球3.9×10^{8} m。已知地球的质量是5.97×10^{24} kg。

a. 计算地球与月球间的万有引力。

b. 求地球在月球处的引力场强度。

64. **编写问题** 用生活中的物体编写一道物理题，在它的解答中会出现下列表达式：

$$8.3\times10^{3}\ \text{m/s} = \sqrt{\frac{6.67\times10^{-11}\ \text{N}\cdot\text{m}^2/\text{kg}^2\times5.97\times10^{24}\ \text{kg}}{r}}$$

65. 地球的半径约为6.38×10^{3} km。一艘重7.20×10^{3} N的飞船从地球上飞出。在它离地球表面下列距离时，它的重力为多少？

a. 6.38×10^{3} km

b. 1.28×10^{4} km

c. 2.55×10^{4} km

66. **火箭** 当一枚火箭受到的重力只有它在地球表面上受到的重力的一半时，它飞到了多少高度？

67. 两颗质量相等的卫星在轨道上相距30.0 m，它们间的万有引力为2.0×10^{-7} N。

a. 它们的质量为多大？

b. 它们由万有引力产生的初始加速度为多大？

68. 如**图7-22**所示，有两个彼此靠近的悬挂着的大球，它们的中心相距4.0 m。已知一个球重9.8×10^{2} N，另一个球重1.96×10^{2} N。它们之间的万有引力为多大？

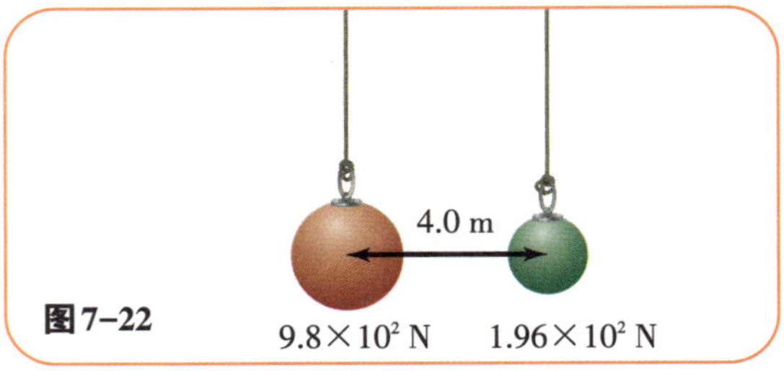

图7-22

69. 假定地球和月球中心相距3.9×10^{8} m，它们之间的万有引力大约是1.9×10^{20} N。月球的质量大约为多大？

70. 在月球表面，一位质量为91.0 kg的物理教师仅重145.6 N。求月球表面引力场的强度。

71. 电子的质量是9.1×10^{-31} kg，质子的质量是1.7×10^{-27} kg。在氢原子中，电子和质子大约相距5.9×10^{-11} m。氢原子中电子和质子间的万有引力为多大？

72. 有两个质量均为8.0 kg的球状物体，彼此相距5.0 m。

a. 这两个物体间的万有引力为多大？

b. 当它们之间的距离再增大50 m时，两者间的万有引力又是多大？

73. 如果你在地球表面上重637 N，那么在火星上，你受到的重力为多大？已知火星的质量是6.42×10^{23} kg，半径是3.40×10^{6} m。

74. 在下列情况下计算重力加速度g的值。

a. 地球的质量是实际值的3倍，但它的半径保持不变。

b. 地球的半径是实际值的3倍，但它的质量保持不变。

c. 地球的质量和半径都加倍。

应用概念

75. **加速度** 在接近地球表面，作用在一个物体上的万有引力与该物体的质量成正比。如**图7-23**所示为一只足球和一只网球的自由下落情况。为什么足球没有比网球下落得更快些？

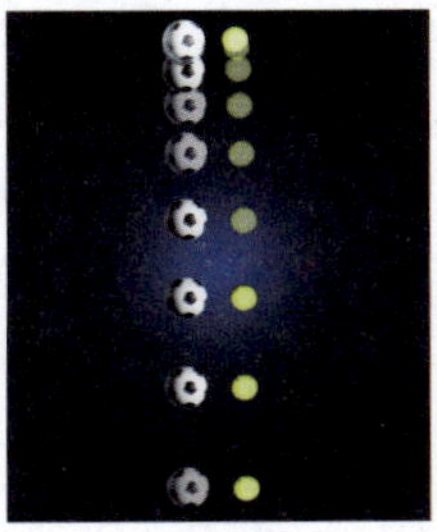

图7-23

76. 利用牛顿的万有引力定律和开普勒第三定律计算木星的质量，你还需要哪些信息？

77. 直到冥王星的一颗卫星被发现，人们才知道冥王星的质量。这是为什么？

78. 一颗卫星与地球表面的距离等于地球的半径。它所在处的重力加速度与地球表面的相比，哪个更大一些？

79. 若地球的质量加倍而大小保持不变，则G值将如何变化？

80. 如果位于地球引力场中的物体的质量加倍，那么地球引力场施加在该物体上的力将怎样变化？

81. 在**图7-24**中，哪一个轨道是可能的行星轨道？

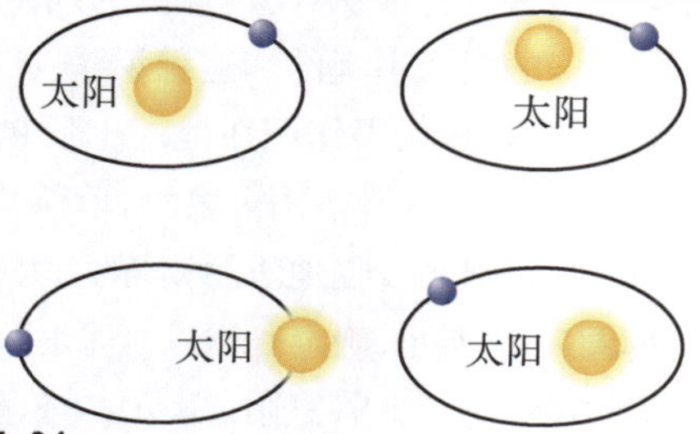

图7-24

82. 月球和地球因为引力作用而相互吸引。那么质量较大的地球吸引月球的力是否比月球吸引地球的力更大一些？请解释。

83. 如**图7-25**所示为一颗绕地球做轨道运动的人造卫星。对涉及轨道运动卫星的速率和它与地球中心距离的公式$v=\sqrt{\frac{Gm_E}{r}}$作出解释。轨道半径越大，卫星的速度越大吗？

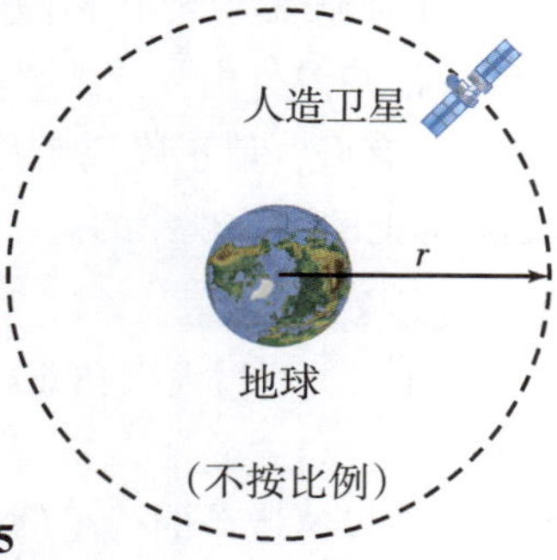

图7-25

84. **宇宙飞船** 若宇宙飞船进入较高的轨道，它的周期将发生怎样的改变？

85. 木星的质量大约是地球的300倍，半径大约是地球的10倍。估算木星表面g的大小。

86. 火星的质量大约是地球的$\frac{1}{9}$。卫星M和E分别以相同的轨道半径绕火星和地球运动，如**图7-26**所示。哪个卫星的周期更短？

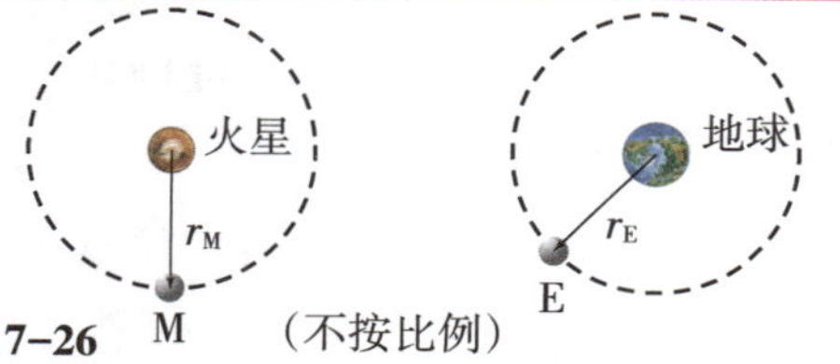

图7-26

87. **体重** 假定你昨天的质量是50 kg，今天早晨你站立在磅秤上时，却发现你的体重增加了。你所在的位置没有变化。

 a. 你的质量是否发生了变化？

 b. 你受到的重力与质量的比值是否发生了变化？

88. 作为一名宇航员，你的宇宙飞船正在轨道上运行。此时，你该怎样向地球“空投”一个物品？

89. **气象卫星** 你每天从电视里看到的气象云图来自于地球同步卫星的拍摄。已知地球同步卫星位于地球赤道上空35 700 km处。说明为什么它每天都能精确地处在同一位置。若靠近地球一些，情况将如何？离开一些呢？*提示：作出示意图。*

复习提高

90. 利用**表7-1**中关于地球的信息、牛顿万有引力定律以及开普勒第三定律，计算太阳的质量。

91. 月球的质量是7.3×10^{22} kg，它的半径是1 738 km。如果在牛顿的理想实验中，在月球的高山上水平发射炮弹。

 a. 想要这枚炮弹不落回月球表面，炮弹发射时的速度应为多大？

 b. 这枚炮弹飞回到大炮处需要多长时间？

92. **汽车比赛** 假定在火星上建立了一个基地，并考虑在那里举办一场汽车比赛。现在需要建造一条平坦的圆环形赛道。如果汽车的速率可达到12 m/s，那么这条摩擦因数为0.50的赛道的最小半径应是多少？

93. **阿波罗11号** 1969年7月19日，绕月球转动的“阿波罗11号”飞船调整到111 km平均轨道上。

已知月球半径是1 738 km，质量是7.3×10^{22} kg。

a. “阿波罗11号”飞船绕月球做轨道运动一周需要多少时间？

b. “阿波罗11号”飞船绕月球做轨道运动的速度为多大？

94. 已知月球绕地球做轨道运行的周期是一个月。假定地球的质量加倍，回答下列问题。

a. 月球周期将是多少？以“月”为单位表示结果。

b. 如果一颗卫星的轨道周期是一个月，则该卫星定位在何处？

c. 这对于地球上的一年时间将会有怎样的影响？

95. 人造卫星 如**图7–27**所示为一颗在轨道上运行的卫星，它的轨道半径是月球轨道半径的一半。求这颗卫星的周期，用月球的周期作单位。

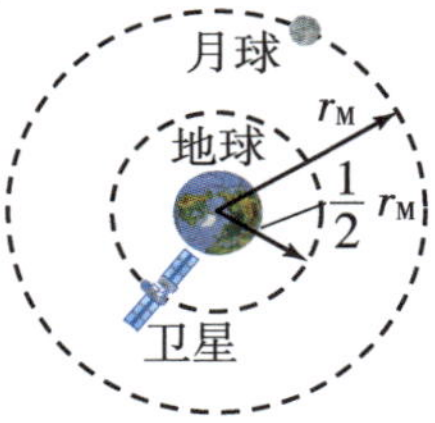

图7–27 （不按比例）

96. 假设有一颗和地球具有相等质量和大小的行星。它自转的速度为多大时，才能使赤道上的物体处于失重状态？用min表示这颗行星的转动周期。

批判性思维

97. 绘制和运用图象 利用牛顿万有引力定律建立一个函数关系。其中用x表示物体到地球中心的距离，用y表示物体的重力加速度。用计算机作出这个函数的图象。已知x的范围为6 400～6 600 km，y的范围为9～10 m/s^2。函数表达式应具有$y=c\frac{1}{x^2}$的形式。由图象找出下列各x值处的y值：在海平面上空6 400 km处；在珠穆朗玛峰上，6 410 km处；在一般的卫星轨道上，6 500 km处；在更高的卫星轨道上，6 600 km处。

98. 假定太阳消失了——它的质量耗尽了。此时，如果万有引力是一种超距作用，则地球所受到的引力作用便立即消失。但是，如果这种作用是一种场力，或者是爱因斯坦的弯曲时空所致，太阳消失的信息将按光的速度传播。该信息从太阳传到地球需要多长时间？

99. 分析与结论 有人认为，地球上的潮汐现象是由月球的引力引起的。这种说法对吗？

a. 确定月球和太阳作用在地球上质量为m的水上的力。答案用m表示，单位是N。

b. 太阳和月球，哪个对地球上水体的引力更大？

c. 如**图7–28**所示，确定月球对地球正面与背面水的引力差。答案用m表示，单位是N。

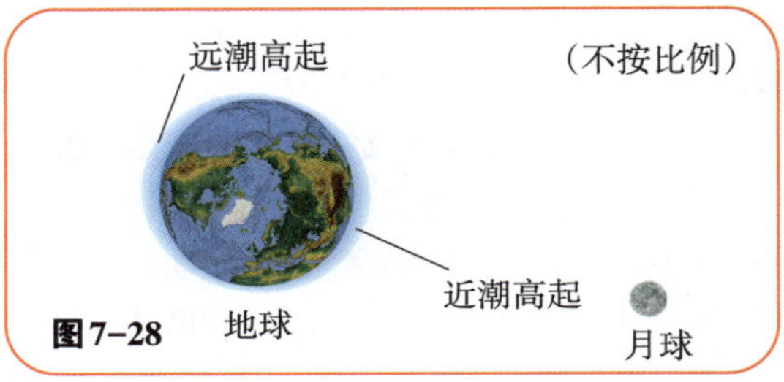

图7–28

d. 确定太阳对地球的正面与背面的水的引力差。

e. 哪个天体对地球两个面的引力差更大？

f. 为什么说“潮汐是由月球的引力造成的”这种说法有误？请正确说明月球是怎样引起地球上的潮汐现象的。

科技写作

100. 研究并描述人类测量太阳和地球之间距离的发展史。

101. 展示绕其他星球运动的行星的发现过程。天文学家使用了哪些方法？他们是怎样进行测量的？他们怎样利用了开普勒第三定律？

日积月累

102. 飞机 一架喷气式飞机于下午2:20从匹兹堡起飞，于同一天下午3:15在华盛顿特区着陆。如果这架飞机飞行时的平均速率是441.0 km/h，这两个城市之间的距离是多少？

第7章 标准化测试

选择题

1. 两颗卫星绕着一颗行星做圆轨道运动。已知其中一颗卫星的轨道半径是8.0×10^6 m，转动周期是1.0×10^6 s；而另一颗卫星的轨道半径是2.0×10^7 m，它的转动周期是(　　)

A. 5.0×10^5 s　　**B.** 2.5×10^6 s

C. 4.0×10^6 s　　**D.** 1.3×10^7 s

2. 下图显示了一颗人造卫星绕着一颗小行星做轨道运动。已知这颗卫星的轨道半径是6.7×10^4 km，速率是2.0×10^5 m/s。这颗行星的质量为($G=6.67\times10^{-11}$ N·m²/kg²)(　　)

A. 2.5×10^{18} kg　　**B.** 4.0×10^{20} kg

C. 2.5×10^{23} kg　　**D.** 4.0×10^{28} kg

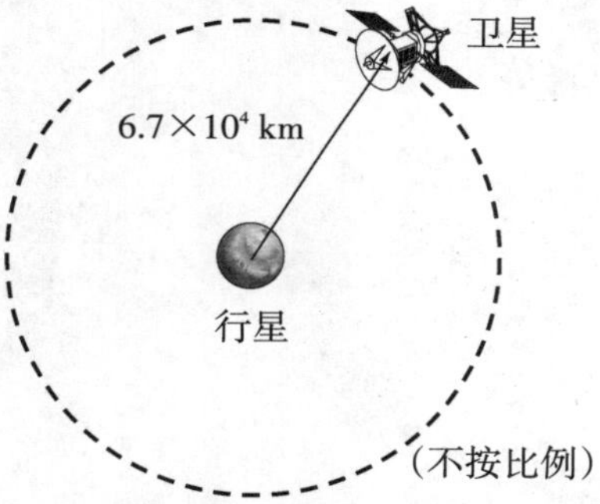

3. 两颗卫星绕着同一颗行星做轨道运动。已知卫星A的质量是1.5×10^2 kg，卫星B的质量是4.5×10^3 kg，这颗行星的质量是6.6×10^{24} kg，且这两颗卫星的轨道半径均为6.8×10^6 m。这两颗卫星轨道运动的周期之差是(　　)

A. 0　　**B.** 1.5×10^2 s

C. 2.2×10^2 s　　**D.** 3.0×10^2 s

4. 一颗卫星绕行星的转动速率是9.0×10^3 m/s，该卫星与行星中心的距离是5.4×10^6 m。该卫星的轨道周期是(　　)

A. $1.2\pi\times10^2$ s　　**B.** $6.0\pi\times10^2$ s

C. $1.2\pi\times10^3$ s　　**D.** $1.2\pi\times10^9$ s

5. 绕行星做轨道运动的卫星不仅受到行星的引力，同时还受到太阳的引力。下图显示了日食时的情况，此时行星、卫星和太阳是在一条直线上。若卫星的质量为3.9×10^{21} kg，行星的质量为2.4×10^{26} kg，太阳的质量为1.99×10^{30} kg；卫星与行星中心的距离为6.0×10^8 m，卫星与太阳的距离为1.5×10^{11} m。在日食发生时，卫星受到行星的万有引力与受到太阳的万有引力之比是(　　)

A. 0.5　　**B.** 2.5

C. 5.0　　**D.** 7.5

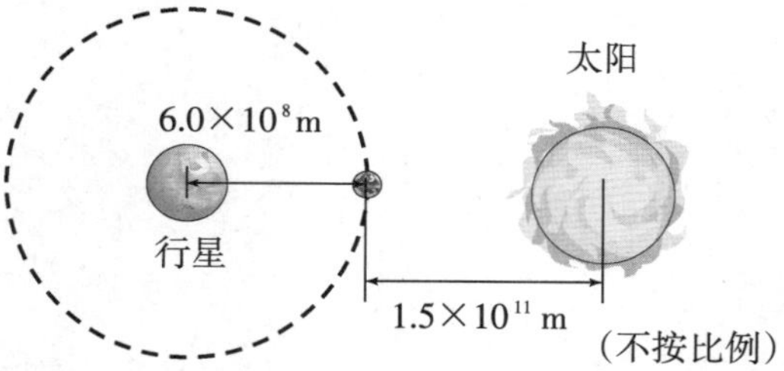

拓展题

6. 两颗卫星绕着一颗行星做轨道运动。已知卫星S_1绕行星做轨道运动的周期是20 d，与行星中心的距离是2×10^5 km；卫星S_2绕行星做轨道运动的周期是160 d。S_2与行星中心的距离是多少？

考点提示

测试题号	1	2	3	4	5	6
对应小节	1	2	2	2	2	1

第8章
转　动

大概念 物体受到力矩作用时，它的角速度将发生改变。

内容提要

起步实验

滚动的物体

不同物体在滚动时有什么差异?

第1节 转动的描述

主要概念

描述物体转动的物理量有角位移、角速度、角加速度。

核心问题

- 什么是角位移?
- 什么是角速度?
- 什么是角加速度? 它与角速度有怎样的关系?

术语回顾

位移 位置的改变,包括大小和方向;它等于末位置矢量减去初位置矢量

关键术语

弧度
角位移
角速度
角加速度

物理在你身边

许多汽车装有转速表,以便显示发动机的转速。转速是指物体单位时间所转过的圈数,常用的单位为转每分。驾驶员为什么需要知道这一信息?

角位移

你肯定看到过很多转动的物体。那么,你是否知道怎样来测量物体的转动呢? 找一个圆形的物体,如一张DVD盘。在DVD盘的边缘标记出一点,以供观察该点的运动轨迹。逆时针方向转动DVD盘,在DVD盘转动过程中,观察标记点位置的变化情况。当标记点回到初始位置时,DVD盘正好转了一圈。

转动的量度 那么,该怎样描述转动时转过的百分比呢? 可以用几种不同的方法来测量,其中用度和弧度的方法最常见。1°是一圈的 $\frac{1}{360}$,它是量角器上常用的刻度。但是在物理和数学中,则常用弧度来描述,弧度和圆周的长度与半径的比值有关。旋转一圈后,边缘上的一点所经过的距离等于2π乘以转动的半径。因此**弧度(radian)**定义为一周的 $\frac{1}{2\pi}$。换句话说,一周就等于2π rad。这里,弧度用符号"rad"表示。

转动的角度常用希腊字母θ来表示。**图8-1**显示了用弧度表示的几个常用的角度。注意,这里将逆时针转动定义为正,顺时针转动定义为负。一个物体转动时其角度的改变称为**角位移(angular displacement)**。

图8-1 一圈的一部分可用度或弧度来量度。图中显示了用弧度表示的几个常用的角度。角度都是从$\theta=0$开始,按逆时针方向测量的。

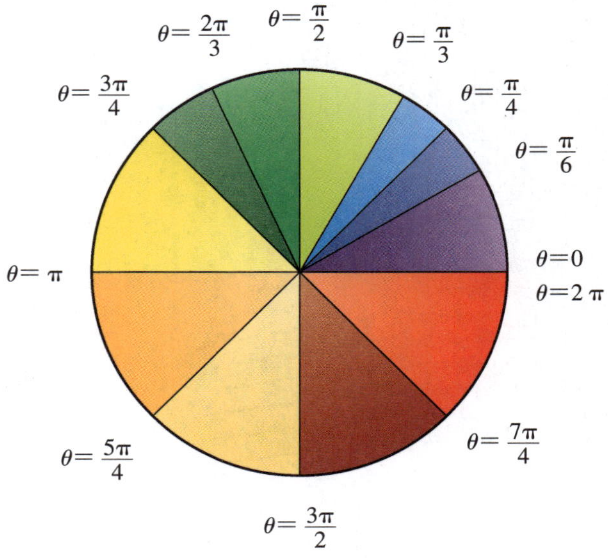

■ 测量距离

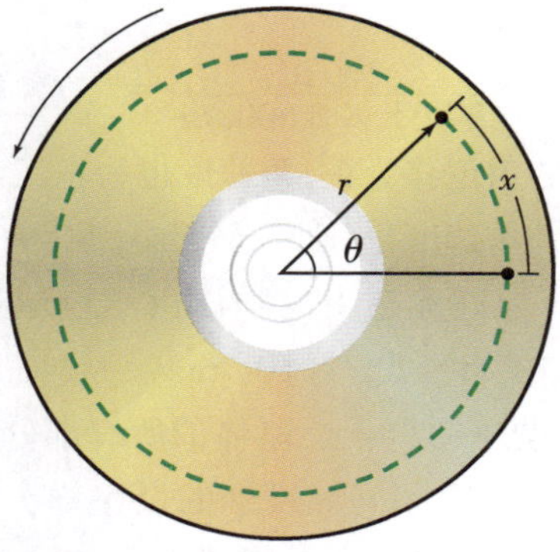

图8–2 当DVD盘绕它的中心逆时针转动时，图中的虚线表示盘上某点的运动路径，该点与转动中心的距离为r，转动的距离为x。
解释r、x和θ的含义。

地球的转动 你已经知道，地球每24 h自转一圈，即2π rad；12 h则转过π rad。那么，地球在6 h转过的角度是多少呢？因为6 h是一天的$\frac{1}{4}$，因此在这期间地球转过的角度为$\frac{\pi}{2}$ rad。如果从北极看，地球转动的角度是正的；那么从南极看，它是正的还是负的呢？

阅读检测 **明确**地球在48 h里转过的角度。

测量距离 转动物体上的点的运动有多快呢？你已经知道，物体边缘上的一点在一周内通过的距离为2π乘以半径。一般来说，与中心距离为r的一点转过θ角度时，其运动的距离由下式给出：$x=r\theta$，如**图8–2**所示。如果r的单位为m，你可能会想它与θ rad相乘得到的x的单位应当是m·rad。但实际上并非如此。由于弧度是x和r之比，所以它是无量纲的数，因此x的单位应当是m。

角速度

DVD盘转得有多快？怎样确定其转动速率？我们知道速度等于位移除以发生这个位移所需的时间。类似地，一个物体的**角速度(angular velocity)**等于角位移除以发生这个角位移所需要的时间。因此，一个物体的角速度由下式给出，其中角速度用希腊字母ω表示：

物体的角速度
角速度等于角位移除以发生这个角位移所需要的时间。

$$\omega=\frac{\Delta\theta}{\Delta t}$$

回忆一下，如果某一时间间隔内速度不断变化，那么，此段时间间隔内的平均速度并不等于其中任一时刻的瞬时速度。类似地，用上述方法计算的角速度实际上是时间间隔Δt内的平均角速度。瞬时角速度等于角位移随时间变化的图线的斜率。

阅读检测 用你自己的语言**定义**角速度。

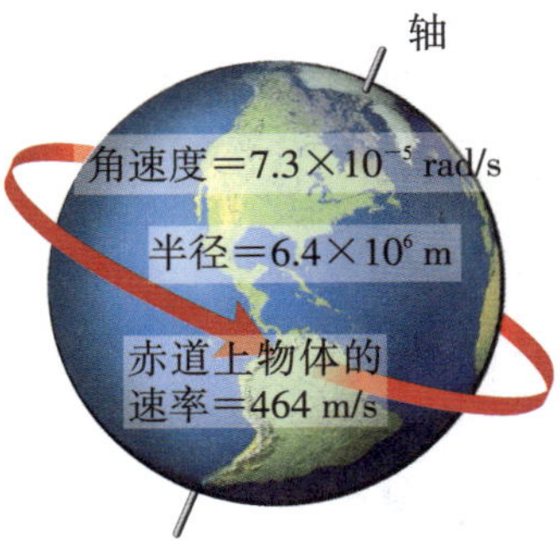

图8-3 地球是一个转动的刚体，其所有部分有相同的角速度。

地球的角速度 角速度一般用rad/s来量度。地球自转的角速度可用下式计算：

$$\omega_E = \frac{2\pi\ \text{rad}}{24.0\ \text{h} \times 3\ 600\ \text{s/h}} = 7.27 \times 10^{-5}\ \text{rad/s}$$

沿逆时针转动的角位移为正，角速度也为正。

如果物体的角速度是ω，则与转轴距离为r的一点的线速度可用式表示：$v=r\omega$。地球赤道上的物体由于地球自转而具有的速率是$v=r\omega=6.38\times10^6\ \text{m}\times7.27\times10^{-5}\ \text{rad/s}=464\ \text{m/s}$。地球是刚体转动的一个例子，如**图8-3**所示。刚体的所有部分都是按同样的角速度转动的。虽然地球上不同纬度上的点在每次转动中转过的距离不同，但所有的点转过的角度却相同。而太阳不是刚体，太阳的不同部分转动的角速度并不相同。本章中讨论的大多数物体都是刚体。

角加速度

如果角速度发生改变，会发生什么情况呢？例如，一辆汽车的速度在15 s内从0.0 m/s增加到25 m/s，则在同样的时间内，直径为0.64 m的车轮的角速度从0.0 rad/s变化到78 rad/s。由此可以看出，车轮做的是角加速运动。**角加速度(angular acceleration)**定义为角速度的改变量除以发生这种改变所需要的时间。角加速度α可用下式表示，其单位是rad/s^2。

物体的角加速度

角加速度等于角速度的改变量除以发生这种改变所需要的时间。

$$\alpha = \frac{\Delta\omega}{\Delta t}$$

如果角速度的改变是正的，则角加速度也是正的。用这种方法定义的角加速度是时间间隔Δt内的平均角加速度。找出瞬时角加速度的一个办法是，计算角速度随时间变化的函数图线的斜率。与物体转轴距离为r的一点的线加速度和角加速度的关系由下式给出：$a=r\alpha$。**表8-1**列出了线量与角量之间的关系，这些关系我们之前已经讨论过。

☑ **阅读检测** **比较**转动物体的角速度和角加速度。

表8-1 线量与角量

物理量	线量	角量	关系
位移	x(m)	θ(rad)	$x=r\theta$
速度	v(m/s)	ω(rad/s)	$v=r\omega$
加速度	a(m/s^2)	α(rad/s^2)	$a=r\alpha$

练一练

1. 1.00 h内，钟的下列指针的角位移分别是多少？用三位有效数字给出答案。
   a. 秒针
   b. 分针
   c. 时针
2. 在婴儿床的上方有一个转动的玩具，每分钟绕逆时针方向转动一圈。
   a. 在3 min内，它的角位移是多少？
   b. 玩具的角速度是多少弧度/分钟？
   c. 如果玩具停止转动，它的角加速度是正还是负？请解释。
3. 如果一辆货车的线加速度是1.85 m/s^2，而车轮的角加速度是5.23 rad/s^2。这辆货车车轮的直径是多少？
4. 上题中的货车拖了一辆拖车，拖车车轮的直径是48 cm。
   a. 比较拖车与货车的线加速度大小。
   b. 比较拖车与货车车轮的角加速度大小。
5. **挑战题** 将某汽车的轮胎换成了直径较大的轮胎。换轮胎后，对于同样的速率和距离的行程来说，车轮的角速度和转动的圈数有何改变？

角频率 一个转动物体(如车轮)在一定时间内可能会转许多圈。物体在1 s内转过的圈数称为转动频率，常用字母f表示。由于$f=\frac{\omega}{2\pi}$，因此ω也常被称为角频率。

转动物体的一个例子就是计算机中的硬盘。启动计算机时，就会听到这种硬盘转动的声音。硬盘转动的频率是用它每分钟转动的圈数(RPM)来量度的。廉价的硬盘转速为4 800、5 400，以及7 200 RPM。较昂贵的硬盘转速达10 000或15 000 RPM。硬盘的转速越快，它访问或存储信息也就越快。

第1节 复 习

6. **主要概念** 月球绕它的轴转动一周需时27.3 d。已知月球的半径为1.74×10^6 m。
   a. 月球转动的周期是多少秒？
   b. 月球转动的角频率是多少弧度/秒？
   c. 月球赤道上的石块由于月球的转动而具有的线速率是多少？
   d. 比较这个速率与地球赤道上的人由于地球自转而具有的速率。
7. **角位移** 一部电影持续放映了2 h。在这段时间内，时钟的下列指针的角位移分别是多少？
   a. 时针
   b. 分针
   c. 秒针
8. **角加速度** 洗衣机转动时，其滚筒的转速为635 r/min。如果将洗衣机的盖子打开，电动机就会停下。若滚筒转速减慢至停下需时8.0 s，则滚筒的角加速度是多少？
9. **角位移** 如**图8-4**所示，钟面上分针各部分的角位移相同吗？它们运动的线距离相同吗？请解释。

图8-4

10. **批判性思维** CD盘的螺旋线轨迹从离中心2.7 cm处开始到5.5 cm处结束。已知盘片驱动时轨迹的线速度恒为1.4 m/s，求以下各量。
    a. 轨迹开始时盘片的角速度(分别用rad/s和r/min表示)。
    b. 轨迹终止时盘片的角速度。
    c. 盘片的角加速度。假定这张盘片工作76 min。

第2节 转动动力学

主要概念

力矩改变物体的角速度。

核心问题

- 什么是力矩？
- 物体的转动与它的转动惯量有怎样的关系？
- 力矩、转动惯量，以及转动的牛顿第二定律有怎样的关系？

术语回顾

数量 物理量大小的量度

关键术语

力臂
力矩
转动惯量
转动的牛顿第二定律

物理在你身边

你是否注意到洗衣机的转动？当它开始脱水时，起初转得较慢，但很快它的角速度就会增加，使衣服紧贴滚筒壁，衣服中的水流向滚筒壁，并从滚筒壁上的小孔流出。

力和角速度

怎样使物体转动起来？换句话说，怎样改变物体的角速度？玩具陀螺用手转一下，就会很容易地转动起来。如果用线将它绕上几圈，然后用力拉，它会转得很快。线对陀螺的力施加在陀螺的外圈上，与陀螺中心到线离开陀螺表面上那一点的连线相垂直。

你已经知道，力能改变质点的速度。在上述玩具陀螺的情况中，你所施加的力以一种非常特别的方式改变了具有有限大小和形状的物体的角速度。

现在再来考虑一下怎样把门打开。显然，你必须对门施加一个力。那么，你该怎样施力才能使开门最容易呢？为了用最小的力达到最佳效果，你施加的力要尽可能远离转轴，如**图8–5**所示。在这种情况下，转轴是一根通过铰链的竖直线。门把手靠近门的外侧。你在远离铰链的门把手处垂直于门的方向施力。由此可知，力的大小、作用点与转动轴之间的距离以及力的方向决定了门的角速度的变化。

图8–5 开门时，门绕着它的铰链自由转动。力施加在离铰链最远处，且与门成直角。

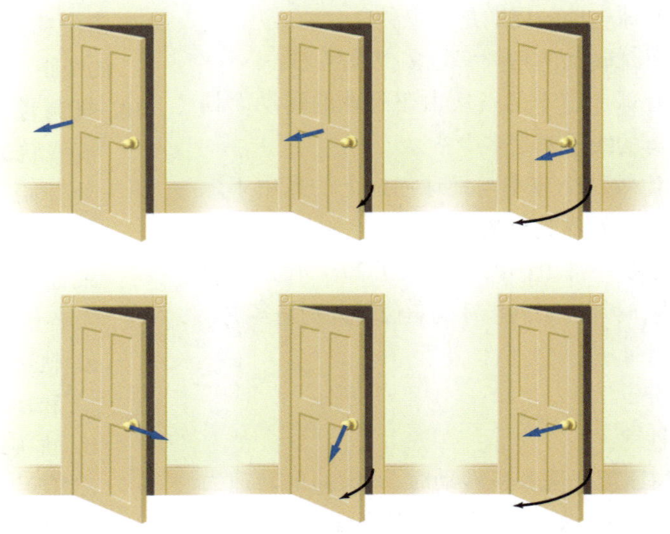

■ 力臂的长度

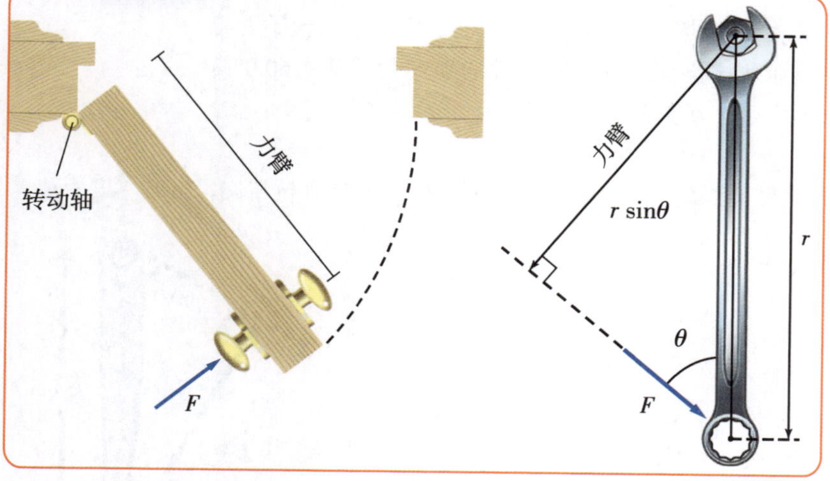

图 8-6 力臂是转动轴到力的作用线的垂直距离。对于门来说，力臂是沿着门的宽度，从铰链到施力点的距离。对于扳手来说，当力与转动半径之间的夹角θ不等于90°时，力臂等于rsinθ。

解释为什么公式rsinθ可用来计算力臂的长度？

力臂 对于给定的力，角速度的变化取决于**力臂(arm)**，即从转动轴到力的作用线的垂直距离。如果力的方向垂直于转动半径，就像前面玩具陀螺的情况那样，则力臂就等于施力点与转轴的距离r。在开门的情况中，力臂就是从铰链到施力点的距离，如**图 8-6** 中左边的图所示。如果施加的力并不与转动半径垂直，那么力臂就会减小，就必须要用数学来求力臂的长度。

为了求出力臂的大小，可延长力的作用线，直到它与从转动中心画出的线成直角为止，如**图 8-6** 中右边的图所示。交点与转动轴之间的距离就是力臂。利用三角函数，力臂L可用下式计算：$L=r\sin\theta$。其中r是从转动轴到施力点的距离，θ是力与转动轴到施力点半径之间的夹角。

☑ **阅读检测** **解释**公式$L=r\sin\theta$中的每个变量代表什么？

力矩 **力矩(torque)**是描述力和力臂使物体产生转动效果的物理量。力矩在数值上等于力和力臂的乘积。因为力的单位是N，距离的单位是m，所以力矩的单位是N·m。力矩用希腊字母τ表示，其公式可表示如下：

力矩

力矩等于力F和力臂$r\sin\theta$的乘积。

$$\tau=Fr\sin\theta$$

☑ **阅读检测** **解释**在力矩公式中的每一个量——τ、F、r、θ——代表什么？

例题 1

力臂 要旋紧汽车发动机上的一只螺栓，需要 35 N·m 的力矩。你找出了一把 25 cm 长的扳手，将它的一端扣住螺栓，在另一端用一个与扳手的手柄成 60.0° 角的力将它用力往下扳。此时的力臂为多大？你所施加的力至少为多大？

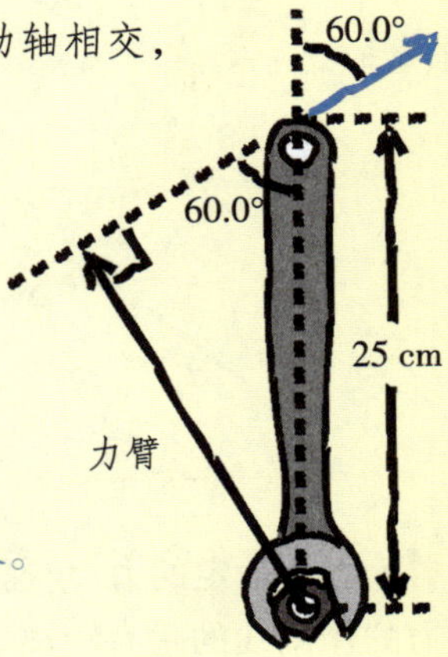

1 分析概括问题

- 作出示意图。向相反方向延长力的矢量，直到作出的垂线能与转动轴相交，以找出力臂。

已知	未知
$r=0.25\ \text{m}$ $\tau=35\ \text{N·m}$	$L=?$
$\theta=60.0°$	$F=?$

2 求解未知量

求力臂的长度。

$L=r\sin\theta$

$=0.25\ \text{m}\times\sin 60.0°=0.22\ \text{m}$ ◀将 $r=0.25\ \text{m}$，$\theta=60.0°$ 代入。

求力。

$\tau=Fr\sin\theta$

$F=\dfrac{\tau}{r\sin\theta}$

$=\dfrac{35\ \text{N·m}}{0.25\ \text{m}\times\sin 60.0°}=1.6\times10^{2}\ \text{N}$ ◀将 $\tau=35\ \text{N·m}$，$r=0.25\ \text{m}$，$\theta=60.0°$ 代入。

3 验证答案

- **单位是否正确？** 力是用 N 量度的。
- **符号是否有意义？** 只要计算顺时针转动扳手时所需要的力的大小即可。

练一练

11. 考虑例题 1 中的扳手。如果作用在扳手端处的力垂直于扳手，那么需要施加多大的力？

12. 如果需要力矩 55.0 N·m 来转动螺栓，你能够使出的最大的力是 135 N，则力臂的长度至少需要多少？

13. 你有一把长度为 0.234 m 的扳手。在一次工作中，需要的力矩是 32.4 N·m，而你能施出的力为 232 N。

a. 为了完成这个工作，你所施加的力与手柄的夹角最小应为多大？

b. 你的一位朋友能施加的力为 275 N，那么他施加的力与手柄的夹角最小应为多大？

14. 如**图 8-7** 所示，你站立在自行车的踏脚板上。如果你的质量是 65 kg，踏脚板与水平方向的夹角是 35°，踏脚板与链条轮圈中心的距离是 18 cm，则你施加的力矩为多大？

15. 挑战题 如果上一题中的踏脚板位于水平位置，则你施加的力的力矩为多大？当踏脚板位于竖直位置时，情况又怎样呢？

图 8-7

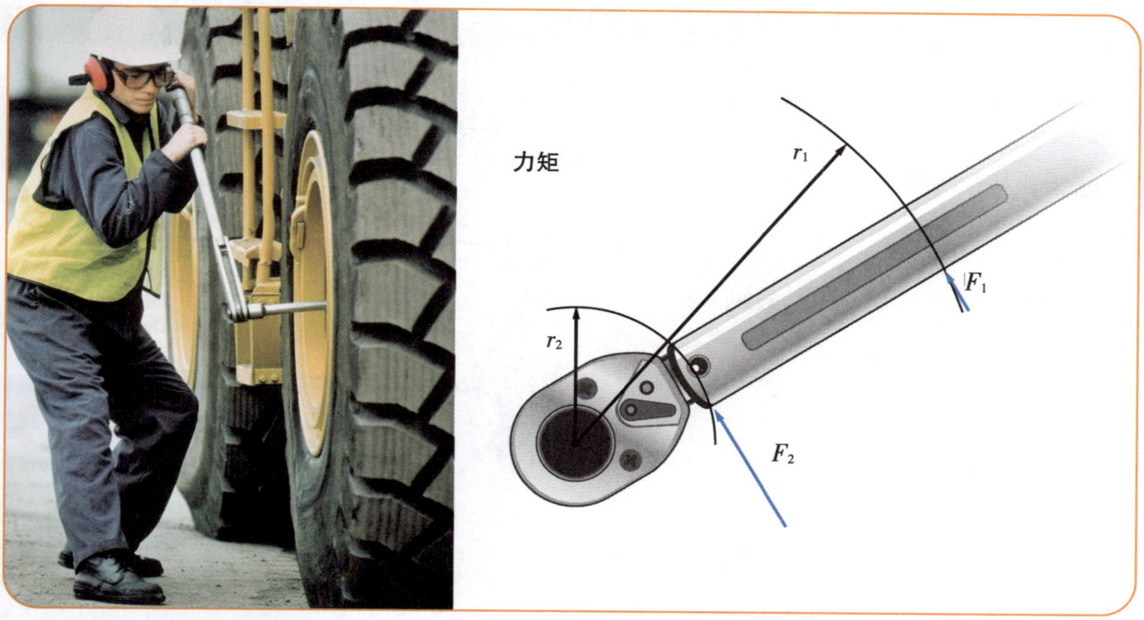

图8–8 工人使用了长柄扳手，此时他只需施加较小的力就能旋紧或旋松螺母。这种扳手有较长的力臂，因此只需在远离转轴（螺母中心）处施加较小的力。

物理实验

杠杆的作用*

你能否使用简单的杠杆打开一扇上了锁的笨重的大门？

力　矩*

你能测量产生力矩的力吗？

找出净力矩

图8–8显示了一个增加力矩来方便工作的实际应用的例子。下面再来看另一个例子。取两支铅笔、几枚硬币以及一些透明胶纸。将两枚相同的硬币粘贴在一支铅笔的两端，然后将它平衡地安置在另一支铅笔上，如**图8–9**所示。两枚硬币对铅笔各产生一个力矩，它等于硬币的重力F_g乘以从平衡点到硬币中心的距离r：

$$\tau = rF_g$$

这两个力矩的大小相等、方向相反，因此净力矩为零：

$$\tau_1 - \tau_2 = 0$$

或

$$r_1F_{g1} - r_2F_{g2} = 0$$

怎样使铅笔转动起来呢？你可以在其中一枚硬币的上面再加一枚硬币，从而使两个力不相等。你也可以将平衡点移向铅笔的一端或另一端，因而使两个力臂不相等。

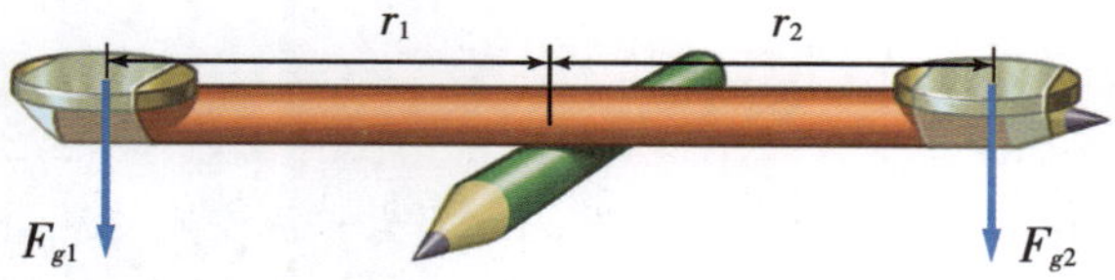

图8–9 当铅笔处于平衡状态时，由第一枚硬币施加的力矩$F_{g1}r_1$与由第二枚硬币施加的力矩$F_{g2}r_2$大小相等，但方向相反。

例题 2

力矩平衡 质量为 56 kg 的卡丽安和质量为 43 kg 的艾萨分别坐在一块长 1.75 m 的跷跷板的两端。要想使跷跷板平衡，支点应选在何处？假定跷跷板的质量不计。

1 分析概括问题

- 作出示意图。
- 画出并标记矢量。

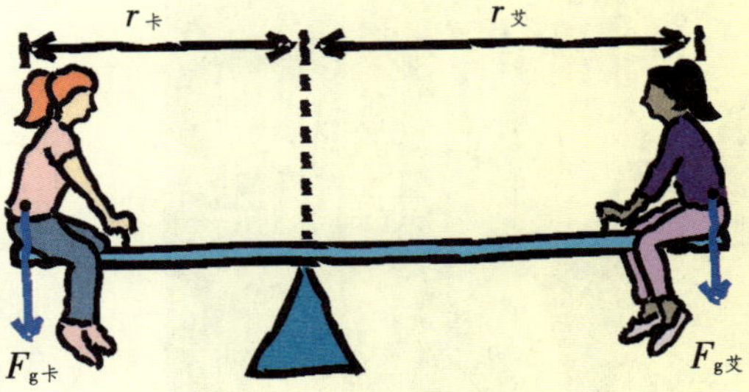

已知	未知
$m_{卡}=56\ \text{kg}$	$r_{卡}=?$
$m_{艾}=43\ \text{kg}$	$r_{艾}=?$
$r_{卡}+r_{艾}=1.75\ \text{m}$	

2 求解未知量

求两个力。

卡丽安：

$F_{g卡}=m_{卡}g$

$=56\ \text{kg}\times9.8\ \text{N/kg}=5.5\times10^2\ \text{N}$ ◀将 $m_{卡}=56\ \text{kg}$，$g=9.8\ \text{N/kg}$ 代入。

艾萨：

$F_{g艾}=m_{艾}g$

$=4.3\ \text{kg}\times9.8\ \text{N/kg}=4.2\times10^2\ \text{N}$ ◀将 $m_{艾}=43\ \text{kg}$，$g=9.8\ \text{N/kg}$ 代入。

根据跷跷板的长度，分别确定卡丽安和艾萨到枢轴的距离。

$r_{卡}=1.75\ \text{m}-r_{艾}$

当跷跷板不转动时，力矩之和等于零。

$$F_{g卡}r_{卡}=F_{g艾}r_{艾}$$

$$F_{g卡}r_{卡}-F_{g艾}r_{艾}=0.0\ \text{N·m}$$

$F_{g卡}(1.75\ \text{m}-r_{艾})-F_{g艾}r_{艾}=0.0\ \text{N·m}$ ◀将 $r_{卡}=1.75\ \text{m}-r_{艾}$ 代入。

解出 $r_{艾}$。

$$F_{g卡}\times1.75\ \text{m}-F_{g卡}r_{艾}-F_{g艾}r_{艾}=0.0\ \text{N·m}$$

$$F_{g卡}r_{艾}+F_{g艾}r_{艾}=F_{g卡}\times1.75\ \text{m}$$

$$(F_{g卡}+F_{g艾})r_{艾}=F_{g卡}\times1.75\ \text{m}$$

$$r_{艾}=\frac{F_{g卡}\times1.75\ \text{m}}{F_{g卡}+F_{g艾}}$$

$$=\frac{5.5\times10^2\ \text{N}\times1.75\ \text{m}}{5.5\times10^2\ \text{N}+4.2\times10^2\ \text{N}}$$ ◀将 $F_{g卡}=5.5\times10^2\ \text{N}$，$F_{g艾}=4.2\times10^2\ \text{N}$ 代入。

$=0.99\ \text{m}$

3 验证答案

- **单位是否正确？** 距离是用 m 量度的。
- **符号是否有意义？** 距离是正值。
- **数值是否合理？** 艾萨离中心 1 m，卡丽安离中心大约是 0.75 m。因为卡丽安比艾萨重，所以正如所预料的那样，卡丽安一边的力臂应该短些，而艾萨离枢轴则应远一些。

练一练

16. 阿萧克的质量是43 kg，坐在距离跷跷板中心1.8 m处；史蒂夫的质量是52 kg。若想要保持跷跷板平衡，史蒂夫应坐在距离跷跷板中心多远处？

17. 自行车链条飞轮的半径是7.70 cm。如果链条在顺时针方向对飞轮施加了35.0 N的力，为了使飞轮不转动，需要施加多大的力矩？

18. 如**图8-10**所示，将两篮静止的水果用绳子挂在轮轴上，篮子A的质量为多大？

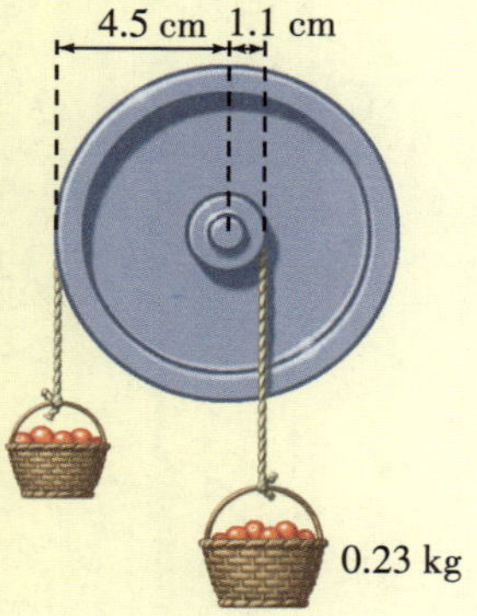

图8-10

19. 在第18题中，假定较大轮轴的半径增加到6.00 cm，此时篮子A的质量为多大？

20. **挑战题** 质量为65.0 kg的骑车人立在踏脚板上。长0.170 m的曲柄与竖直方向的夹角为45.0°，如**图8-11**所示。曲轴与半径为9.70 cm的一只链条齿轮连在一起。为了使齿轮不动，链条需要施加怎样的力？

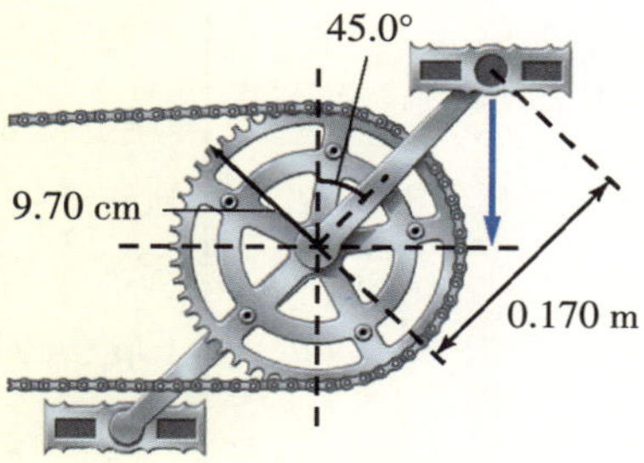

图8-11

转动惯量

如果你对质点施加一个力，其产生的加速度的大小与它的质量成反比。那么，对一定大小的物体施加一个力矩时，它将怎样转动呢？为了得到第一手资料，再次来考虑前面那个用铅笔、硬币以及透明胶带做的实验。首先，将硬币粘贴在铅笔的两端。然后，用你的拇指和食指拿住铅笔，使它来回摆动。特别注意你的拇指和食指所施的力，这个力产生的力矩可以改变铅笔和硬币的角速度。

现在移动硬币，使它们仅仅分开1～2 cm。再像前面那样摆动铅笔。你注意到现在铅笔很容易转动了吗？此时所需要的力矩要比之前小得多。所以，质量的大小并不是决定改变角速度需要多大力矩的唯一因素，质量的分布也是必须考虑的因素之一。

描述物体转动惯性大小的物理量称为**转动惯量（moment of inertia）**，用符号I表示，它的单位是质量的单位与距离平方的单位的乘积。对于与转动轴的距离是r的质点来说，它的转动惯量由下式给出：

质点的转动惯量

质点的转动惯量等于该质点的质量与它到转动轴距离的平方的乘积。

$$I=mr^2$$

迷你实验

平衡力矩

你能找到一根杆的平衡点吗？

表8–2　各种物体的转动惯量

物体	轴的位置	图示	转动惯量
半径为r的圆环	通过中心直径		mr^2
半径为r的均匀实心圆柱体	通过中心	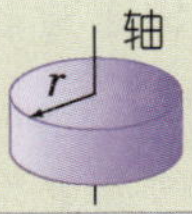	$\frac{1}{2}mr^2$
半径为r的均匀球体	通过中心		$\frac{2}{5}mr^2$
长度为l的均匀杆	通过中心	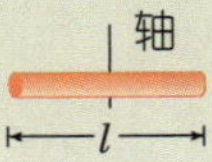	$\frac{1}{12}ml^2$
长度为l的均匀杆	通过尾端	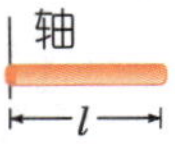	$\frac{1}{3}ml^2$
长l、宽w的长方形薄板	通过中心	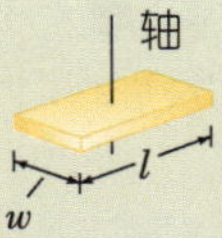	$\frac{1}{12}m(l^2+w^2)$

图8–12　书的转动惯量取决于转动轴。上图中书的转动惯量比下图中的大，因为上图中书本的质量离开转动轴的平均距离比较长。**明确**哪种情况下，书本的转动需要更大的力矩，并解释原因。

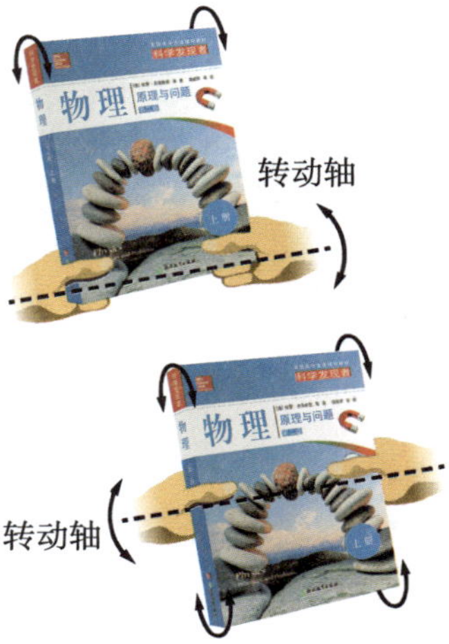

转动惯量与质量　正如你所看到的，一般物体，如铅笔和硬币的转动惯量取决于物体的质量离开转动轴的距离。例如，自行车的车轮，它的质量几乎都分布在它的边缘和轮胎上。它的转动惯量近似等于mr^2，其中r是车轮的半径。但是对于大多数物体而言，质量分布在轴附近，所以转动惯量将小于mr^2。例如，如**表8–2**中所示，对于半径为r的实心圆柱体，$I=\frac{1}{2}mr^2$；而对于实心球体，$I=\frac{2}{5}mr^2$。

☑ **阅读检测**　**写出**圆环的转动惯量的公式。

转动惯量与转轴　转动惯量还取决于转动轴的位置和方向，如**图8–12**所示。为了得到感性认识，请拿出一本书，使它处在直立位置，然后用你的双手拿住书的底部。试着在向着你和离开你的方向摆动这本书，感受一下所需要的力矩。然后，再用你的双手拿住书的中部，感受摆动书本时所需要的力矩。你会发现，当你拿住书的中部摆动时需要的力矩较小，因为在这种情况下书本的质量离开转动轴的平均距离要短许多。

例题3

转动惯量 接力棒的简化模型就是一根细杆，两端各有一个球。接力棒的长度是0.66 m，两端物体的质量均为0.30 kg。当这根接力棒绕两个球之间的中点转动时，它的转动惯量为多大？当它绕棒的一端转动时，它的转动惯量又是多少？此时的转动惯量会比前一种情况下的大些吗？忽略杆的质量。

1 分析概括问题

- 作出示意图，标出接力棒的两根不同的转轴，以及从转动轴到两端物体的距离。

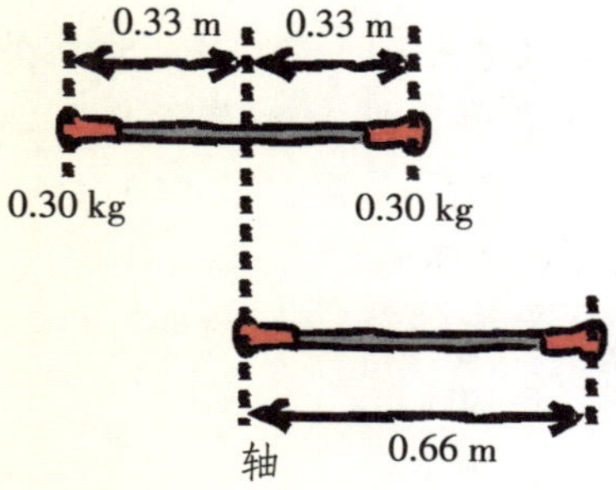

已知	未知
$m=0.30\ \text{kg}$	$I=?$
$l=0.66\ \text{m}$	

2 求解未知量

计算每个物体的转动惯量。

绕杆的中心转动时，

$$r=\frac{1}{2}l$$

$$=\frac{1}{2}\times 0.66\ \text{m}$$ ◀将$l=0.66$ m代入。

$$=0.33\ \text{m}$$

$$I_1=mr^2$$

$$=0.30\ \text{kg}\times(0.33\ \text{m})^2$$ ◀将$m=0.30$ kg，$r=0.33$ m代入。

$$=0.033\ \text{kg}\cdot\text{m}^2$$

求接力棒的转动惯量。

$$I=2I_1$$

$$=2\times 0.033\ \text{kg}\cdot\text{m}^2$$ ◀将$I_1=0.033\ \text{kg}\cdot\text{m}^2$代入。

$$=0.066\ \text{kg}\cdot\text{m}^2$$

绕杆的一端转动时：

$$I=mr^2$$

$$=0.30\ \text{kg}\times(0.66\ \text{m})^2$$ ◀将$m=0.30$ kg，$r=0.66$ m代入。

$$=0.13\ \text{kg}\cdot\text{m}^2$$

求接力棒的转动惯量。

$$I=I_1$$

$$=0.13\ \text{kg}\cdot\text{m}^2$$

当接力棒绕它的一端转动时，它的转动惯量较大。

3 验证答案

- **单位是否正确？** 转动惯量是用$\text{kg}\cdot\text{m}^2$量度的。
- **数值是否合理？** 质量和距离都比较小，所以转动惯量也较小。当距离增大1倍时，转动惯量增大4倍。但对于接力棒绕杆的一端转动时的转动惯量来说，这时只有一端的质量具有这种距离加倍效应。

练一练

21. 两个质量相等的小孩分别坐在跷跷板两侧距离中心0.3 m处。假定他们的质量远大于跷跷板的质量，则当他们分别坐在跷跷板两侧距离中心0.6 m处时，转动惯量将增加多少？忽略跷跷板的转动惯量。

22. 假定两个球的直径和质量都相等，但其中一个是实心球，而另一个是质量全部分布在它表面的空心球。这两个球的转动惯量相等吗？如果不相等，哪一个更大一些？

23. 利用**表8-2**中的公式计算下列物体的转动惯量。这些物体的半径都是2.0 m，质量都是1.0 kg。

a. 细圆环

b. 均匀实心圆柱体

c. 均匀实心球体

24. 挑战题 如**图8-13**所示，在一根质量很小的杆上有三个质量很大的球。考虑这个系统的转动惯量。首先考虑该系统绕A球转动，然后考虑绕C球转动。

a. 这两种情况下，系统的转动惯量相等还是不相等？请说明。如果转动惯量不相等，哪种情况会更大些？

b. 若每只球的质量是0.10 kg，A球与C球之间的距离是0.20 m，求下列情况的转动惯量：系统绕A球转动；系统绕C球转动。

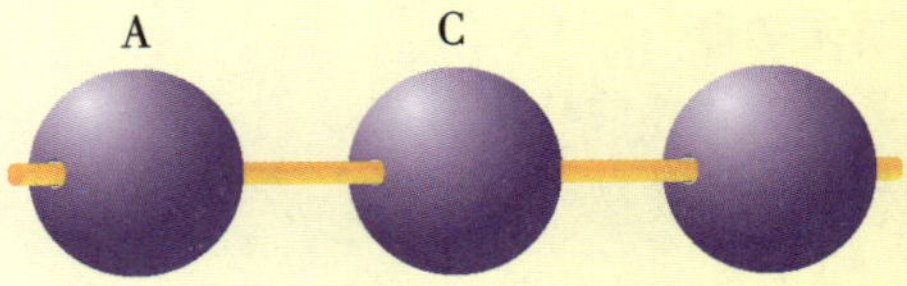

图8-13

转动的牛顿第二定律

对于线性运动，牛顿第二定律可表示为$a=\frac{F_{净}}{m}$。如果要将此式改写为表示转动的方程，那么加速度要用角加速度α代替，力要用净力矩$\tau_{净}$代替，而质量则要用转动惯量I代替。因此，关于**转动的牛顿第二定律（Newton's second law for rotational motion）**可以表述为：角加速度与净力矩成正比，与转动惯量成反比。该定律可用以下方程表示：

转动的牛顿第二定律

一个物体的角加速度等于作用在物体上的净力矩除以转动惯量。

$$\alpha=\frac{\tau_{净}}{I}$$

如果施加于物体的力矩的方向与物体角速度的方向相同，则该物体的角速度将增加；如果力矩的方向与角速度的方向相反，则该物体的角速度将减小。

物理挑战题

转动惯量 按照图中所示的轴，将各个系统的转动惯量从小到大排序。每个球的质量相等，每两个小球之间的间距相等。假定杆的质量忽略不计。

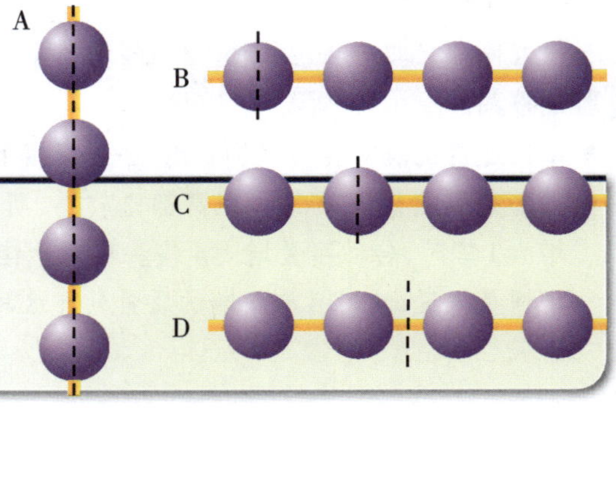

例题4

力矩 有一个钢质车轮可绕一个静止的中心轴自由转动，它的质量为15 kg，直径是0.44 m。开始时它是静止的。现在要使它在15 s内转速达到8.0 r/s。

a. 对车轮需要施加多大的力矩？

b. 如果要通过盘绕在这只车轮外圈上的皮带施加力矩，那么你必须对皮带施加多大的力？

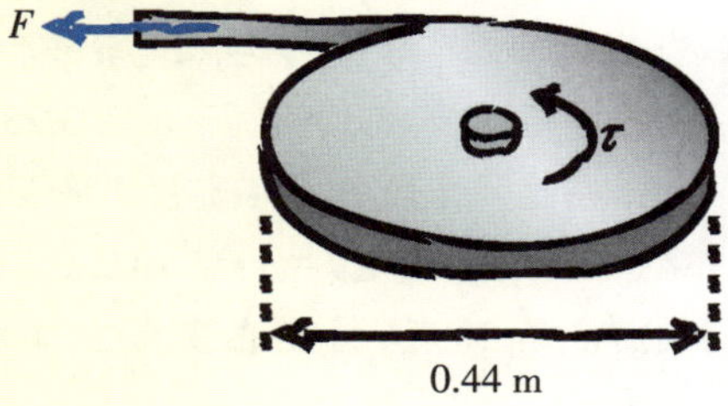

1 分析概括问题

- 作出示意图，力矩必须施加在逆时针方向；所施加的力的方向如图所示。

已知	未知
$m=15\ \text{kg}$	$\alpha=?$
$r=\frac{1}{2}\times 0.44\ \text{m}=0.22\ \text{m}$	$I=?$
$\omega_i=0.0\ \text{rad/s}$	$\tau=?$
$\omega_f=2\pi\times 8.0\ \text{r/s}$	$F=?$
$t=15\ \text{s}$	

2 求解未知量

a. 求角加速度。

$$\alpha=\frac{\Delta\omega}{\Delta t}$$

$$=\frac{2\pi\times 8.0\ \text{r/s}-0.0\ \text{rad/s}}{15\ \text{s}}=3.4\ \text{rad/s}^2$$

◀将$\omega_f=2\pi\times 8.0\ \text{r/s}$，$\omega_i=0.0\ \text{rad/s}$代入。

求转动惯量。

$$I=\frac{1}{2}mr^2$$

$$=\frac{1}{2}\times 15\ \text{kg}\times(0.22\ \text{m})^2=0.36\ \text{kg}\cdot\text{m}^2$$

◀将$m=15\ \text{kg}$，$r=0.22\ \text{m}$代入。

求力矩。

$$\tau=I\alpha$$

$$=0.36\ \text{kg}\cdot\text{m}^2\times 3.4\ \text{rad/s}^2$$

$$=1.2\ \text{kg}\cdot\text{m}^2/\text{s}^2=1.2\ \text{N}\cdot\text{m}$$

◀将$I=0.36\ \text{kg}\cdot\text{m}^2$，$\alpha=3.4\ \text{rad/s}^2$代入。

b. 求力。

$$\tau=Fr$$

$$F=\frac{\tau}{r}$$

$$=\frac{1.2\ \text{N}\cdot\text{m}}{0.22\ \text{m}}=5.5\ \text{N}$$

◀将$\tau=1.2\ \text{N}\cdot\text{m}$，$r=0.22\ \text{m}$代入。

3 验证答案

- **单位是否正确？** 力矩是用N·m量度的，力是用N量度的。
- **数值是否合理？** 尽管车轮的质量较大，但是由于它的线速度很小，所以使它转动并不难。

25. 考虑例题4中的车轮。如果施加在皮带上的力增大2倍，那么车轮在15 s后的转动角频率将是多大？

26. 当4.5 N的力作用于一只实心车轮并产生了一定的力矩时，车轮的角加速度为3.25 rad/s²。如果将这只车轮的所有质量都移至它的边缘，它的转动惯量$I=mr^2$。那么，为了得到同样的角速度，需要在皮带上施加多大的力？

27. 你可以通过拉动齿轮上的链条或者盘绕在轮胎上的绳子，使修理台上的自行车产生加速度。已知车轮的半径是0.38 m，而齿轮的半径是0.14 m。如果当你对链条施加15 N的力时，可以得到所需要的加速度，那么你需要对绳子施加多大的力，才能得到同样的加速度？

28. 假设上题中的自行车用了较小的齿轮，它的半径只有0.11 m。这个车轮能够通过拉动齿轮上的链条或者盘绕在轮胎上的绳子产生加速度。如果当你对链条施加15 N的力时，得到了所需要的加速度，那么若要得到相同的加速度，你需要对绳子施加多大的力？

29. 一根链条盘绕在一只滑轮上，用16.0 N的力拉它。已知滑轮的半径是0.20 m，转速在5.0 s中从0.0增加到17.0 r/min。这只滑轮的转动惯量是多少？

30. 挑战题 一只大圆盘与另一只小圆盘安装在同一根轴上。已知大圆盘的转动惯量为0.26 kg·m²，小圆盘的直径是0.180 m，质量是2.5 kg。一根皮带盘绕在小圆盘上，如**图8–14**所示。要使该系统获得2.57 rad/s²的角加速度，需要多大的力？

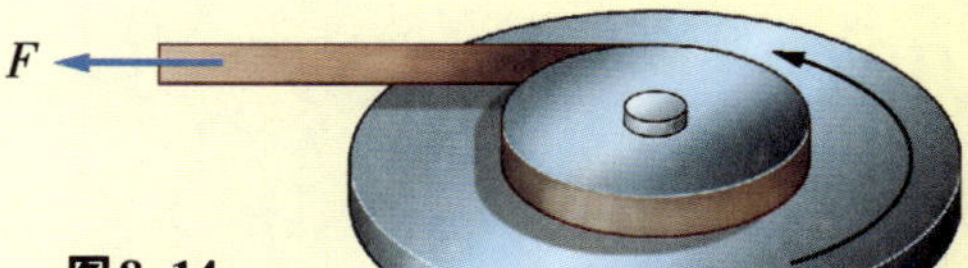

图8–14

第2节 复　习

31. 主要概念 维杰什的面前有一扇旋转门。请说明维杰什要怎样推这扇门，才能以最小的力将门推开。

32. 力臂 你沿直角方向打开一扇门。你的朋友在同一个地方推门，但他是沿着与垂直方向成55°角的方向来推。如果你和你的朋友对门施加了相同的力矩，那么你们施加的力分别是多少？

33. 如**图8–15**所示，有一个实心圆盘，质量为5.2 kg，直径为0.55 m。开始时它是静止的，现在要使它在35 s内转速达到12 r/min。

a. 需对它施加多大的力矩？

b. 如果有一条尼龙带盘绕在该圆盘的边缘，那么你要对这条尼龙带施加多大的力？

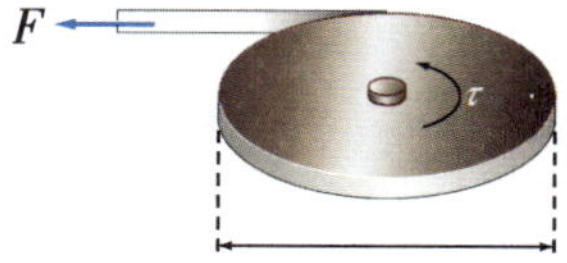

图8–15

34. 净力矩 两个人拉着盘绕在一只大车轮边缘上的绳子。已知车轮的质量为12 kg，直径是2.4 m。其中一个人以43 N的力沿着顺时针方向拉它，而另一人以67 N的力沿着逆时针方向拉它。那么，作用在这只车轮上的净力矩是多少？

35. 转动惯量 参考**表8–2**，将下列物体按转动惯量从小到大排序：一个球、一只质量几乎都分布在边缘处的车轮、一只实心盘。这些物体都有相等的质量和半径。说明使用有最小转动惯量的物体有什么优点。

36. 转动中的牛顿第二定律 一根绳子绕在一只滑轮上，用13.0 N的力拉它。已知滑轮的半径是0.150 m，转速在4.50 s中从0.0增大到14.0 r/min。这只滑轮的转动惯量是多少？

37. 批判性思维 一个球在摩擦力极小的斜面上将会无滚动地滑下。如果斜面是粗糙的，该球将会滚动。用受力分析图解释原因。

平 衡

主要概念

当一个物体处于静态平衡时，它所受到的净力和净力矩都为零。

核心问题

- 什么是质心？
- 质心的位置对于物体的稳定性有怎样的影响？
- 什么是平衡条件？
- 转动参考系中的表现力是怎样引起的？

术语回顾

力矩 力引起的转动效果的量度，在数值上等于力和力臂的乘积

关键术语

质心

离心力

科里奥利力

物理在你身边

体操运动员在完成体操动作时，通过移动他的身体来控制动作。此时，他增加转动惯量以便于保持平衡；在其他时候，他要减小转动惯量以便于快速地改变位置。

质 心

为什么有些机动车在发生车祸时比其他的车更容易翻身？是什么因素引起翻车？对于要设计安全的机动车的工程师来说，这个问题的答案是很重要的。在本节中，你将学习引起物体侧翻的一些因素。

物体是怎样绕着它的质心转动的？如果是一只扳手，你可以让它绕着手柄或钳口转动。转动时，扳手上是否会存在某些点始终沿着直线运动？**图8-16**显示了扳手的运动路径。你可以看到，其中有一个点的路径是一条直线，扳手的位置似乎可用这一点来代替。物体的**质心**(**center of mass**)即为物体上的一点，该点的运动路径与将该物体看作一个质点时的运动路径相同。

质心的确定 怎样确定一个物体的质心？先在物体的任何一点上将它悬挂起来。当物体摆动停止后，其质心就在从悬挂点画出的竖直线上。画出这条直线。然后再从物体的另一点将该物体悬挂起来。质心必然也在这一点的正下方。画出第二根直线。这两根线的交点就是质心。扳手以及其他可自由转动的物体都可绕着通过它们质心的轴转动。那么人体的质心又是在什么地方呢？

☑ **阅读检测** **解释**质心的定义。

图8-16 扳手质心(图中用白色的点表示)的路径是一条直线。

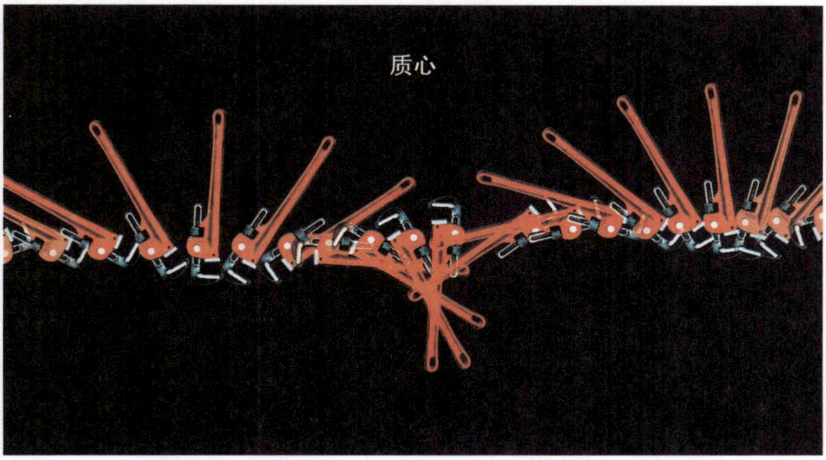

图 8-17　芭蕾舞演员头部的升高比质心的升高少一些。因此其头部和身躯有近乎水平的路径，从而呈现出飘浮的感觉。

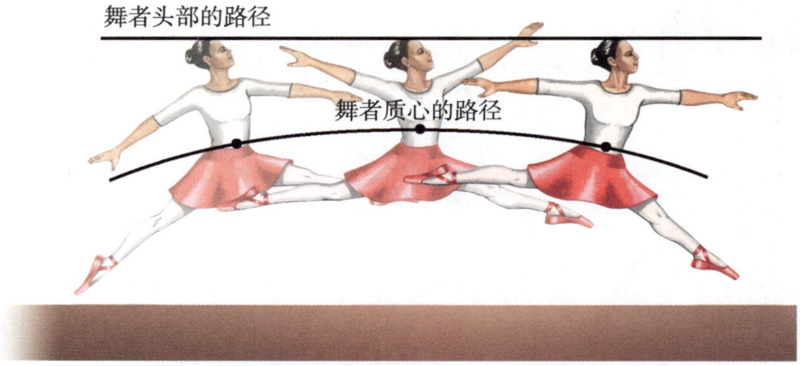

生活中的物理学

背越式跳高　在跳高运动中，有一项称为背越式跳高的技术，它能使跳高运动员在达到最高位置时跃过横杆。这是因为当运动员背朝横杆跃过时，运动员的质心比横杆低。

人体的质心　人倒立时，其质心在人体前后中部，肚脐下面几厘米处。女性的质心比男性的离肚脐更下面些，这表明女性的平衡性要比男性好些。人体有柔韧性，因此质心并不固定。如果你高举双手，那么你的质心就会升高 6～10 cm。例如，芭蕾舞演员在跳跃时，可通过改变她们的质心而呈现出飘在空中的感觉。如**图 8-17** 所示，舞者在空中时，通过提升她的双臂和双腿，从而使她的质心上升。质心的路径是抛物线，所以舞者的头部可在相当长的时间内几乎保持在一条直线上。

质心与稳定性

机动车在发生事故时，是保持稳定还是翻车，这与哪些因素有关？为了解答这个问题，请先观察翻转箱子的情况。翻转一只高而窄的箱子要比翻转一只低而宽的箱子更容易一些。这是为什么呢？如**图 8-18** 所示，要翻转一只箱子，你必须沿着一个角来转动它。你在箱子的顶部用一个力 $\boldsymbol{F}$ 推箱子，就会产生一个力矩 τ_F。此时，作用在质心上的重力 $\boldsymbol{F}_g$ 则产生一个相反方向的力矩 τ_w。当质心位于支撑点的正上方时，τ_w 等于零。唯一的力矩就是你施加的力矩。但是当箱子进一步转动时，其质心不再位于支撑点的正上方，此时两个力矩作用在同一方向，箱子于是被快速地翻转。

图 8-18　弯曲的带箭头的线段显示了力矩的方向，通过施加力产生的力矩使箱子翻转。

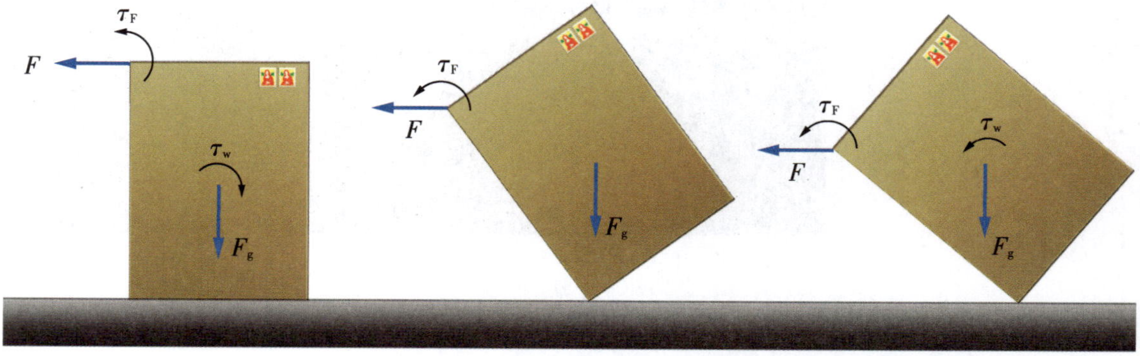

稳定性 如果一个物体只在有较大的外力作用下才会发生翻转，那么就可以说它是稳定的。如**图8–18**所示，只要箱子的重力力矩τ_w沿着使箱子保持直立的方向，箱子即是稳定的。当箱子通过质心的垂线位于它的底面上时，就是这种情况。要使箱子翻转，你必须绕着轴转动它的质心，直到通过质心的垂线不再位于箱子的底面上。也就是说，你必须提高它的质心位置。因此，底面较宽的物体更为稳定。例如，当公共汽车启动、停止或者摇晃时，为了避免跌倒，你最好分开双脚站立。

那么，机动车会翻倒又是因为什么原因呢？**图8–19**显示了两辆车翻倒时的情况。注意，质心较高的那辆车不必有太大的倾斜，其质心的垂线就会落到底面之外；或者说，它不必像另一辆车那样，必须将质心升高较大距离才能翻倒。因此，物体的质心愈低，稳定性愈强。

当你用双脚平直站立时，你是稳定的。但是当你踮起脚尖，你的质心就会向脚趾上方移动，你就会变得很不稳定。因此，虽然小个子的力气敌不过大个子，但是他可以利用力矩来保护自己。同样，在柔道、相扑以及其他一些运动中，运动员可以利用力矩，尽力使对手的质心离开双脚基面而处于不稳定状态。

总之，如果物体的质心落在它的底面之外，它便不再稳定，即使没有外力矩的作用也会翻倒；如果质心位于物体的底面之上，它便是稳定的；如果物体的底面很窄，而质心又较高，那么，虽然该物体可以是稳定的，但是只要小小的力就会使它翻倒。

☑ 阅读检测 **描述**何时物体是最稳定的。

迷你实验

旋转陀螺*

一个旋转物体的质心在哪？

物理实验

平动平衡与转动平衡

你能使一个支架所受到的力矩为零，从而使它不转动吗？

平衡条件

如果你的笔是静止的，那么，该怎样才能使它保持静止状态？你可以握住它，或者将它放在桌子或其他平面上。此时，这支笔需要有一个方向向上的力，以平衡向下方向的重力。同时，你还需要握住这支笔，使它不发生转动。如果物体的速度和角速度都是零，或者是一个常量，那么就可以说此物体处于静平衡状态。一般而言，要使一个物体处在静平衡状态，它必须满足两个条件：首先，它必须处于平动平衡状态，也就是说，没有净力施加在该物体上。其次，它必须处于转动平衡状态，也就是说，施加在该物体上的净力矩必须等于零。

图8–19 大型车的质心位置比小型车高。由于质心较高，较小的侧倾就会使汽车的质心移至底面之外，导致翻车。

例题5

静平衡 将一架质量为5.8 kg、长为1.80 m的梯子，静止地安放在两只锯木架上。锯木架A离梯子一端的距离是0.60 m，锯木架B离梯子另一端的距离是0.15 m。每只锯木架施加在梯子上的力为多大？

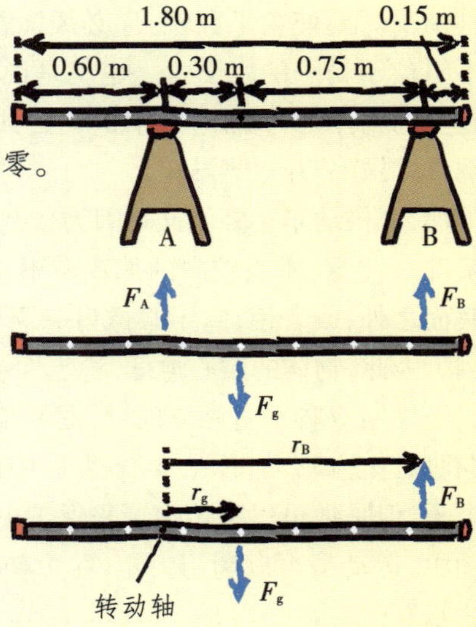

1 分析概括问题

- 作出示意图。
- 将F_A对梯子的作用点处选作转动轴，因此F_A的力矩为零。

已知	未知
$m=5.8\ \text{kg}$	$F_A=?$
$l=1.80\ \text{m}$	$F_B=?$
$l_A=0.60\ \text{m}$	
$l_B=0.15\ \text{m}$	

2 求解未知量

梯子的密度均匀，因此其质心在中点处。

净力是所有作用在梯子上的力之和。

梯子处于平动平衡状态，所以它没有受到净力的作用。

$F_{净}=F_A+F_B+(-F_g)$

$0.0\ \text{N}=F_A+F_B-F_g$ ◀梯子处于平动平衡状态，所以它没有受到净力的作用。

求F_A。

$F_A=F_g-F_B$

求F_g和F_B的力矩。

$\tau_g=-r_gF_g$ ◀τ_g是顺时针方向。

$\tau_B=+r_BF_B$ ◀τ_B是逆时针方向。

净力矩是作用在物体上的所有力矩之和。

$\tau_{净}=\tau_B+\tau_g$

$0.0\ \text{N·m}=\tau_B+\tau_g$ ◀梯子处于转动平衡状态，所以$\tau_{净}=0.0\ \text{N·m}$。

$\tau_B=-\tau_g$

$\tau_BF_B=r_gF_g$ ◀将$\tau_B=\tau_BF_B$，$\tau_g=r_gF_g$代入。

求F_B。

$$F_B=\frac{r_gF_g}{r_B}$$

$$=\frac{r_gmg}{r_B}$$ ◀将$F_g=mg$代入。

利用表达式$F_A=F_g-F_B$，并代入F_B和F_g的表达式。

$F_A=F_g-F_B$

$$=F_g-\frac{r_gmg}{r_B}$$ ◀将$F_B=\frac{r_gmg}{r_B}$代入。

$$=mg-\frac{r_gmg}{r_B}$$ ◀将$F_g=mg$代入。

$$=mg\left(1-\frac{r_g}{r_B}\right)$$

求 r_g。

$$r_g=\frac{l}{2}-l_A$$
$$=0.90\ \text{m}-0.60\ \text{m}=0.30\ \text{m}$$

◀梯子的密度恒定，因此其重心在中点处。

◀将 $\frac{l}{2}=0.90\ \text{m}$，$l_A=0.60\ \text{m}$ 代入。

求 r_B。

$$r_B=(0.90\ \text{m}-l_B)+(0.90\ \text{m}-l_A)$$
$$=(0.90\ \text{m}-0.15\ \text{m})+(0.90\ \text{m}-0.60\ \text{m})$$
$$=0.75\ \text{m}+0.30\ \text{m}=1.05\ \text{m}$$

◀将 $l_B=0.15\ \text{m}$，$l_A=0.60\ \text{m}$ 代入。

计算 F_B。

$$F_B=\frac{r_g mg}{r_B}$$
$$=\frac{0.30\ \text{m}\times 5.8\ \text{kg}\times 9.8\ \text{N/kg}}{1.05\ \text{m}}=16\ \text{N}$$

◀将 $r_g=0.30\ \text{m}$，$m=5.8\ \text{kg}$，$g=9.8\ \text{N/kg}$，$r_B=1.05\ \text{m}$ 代入。

计算 F_A。

$$F_A=mg\left(1-\frac{r_g}{r_B}\right)$$
$$=5.8\ \text{kg}\times 9.8\ \text{N/kg}\times\left(1-\frac{0.30\ \text{m}}{1.05\ \text{m}}\right)$$
$$=41\ \text{N}$$

◀将 $r_g=0.30\ \text{m}$，$m=5.8\ \text{kg}$，$g=9.8\ \text{N/kg}$，$r_B=1.05\ \text{m}$ 代入。

3 验证答案

- **单位是否正确？** 力是用N量度的。
- **符号是否有意义？** 两个力的方向都向上。
- **数值是否合理？** 两个力加起来等于梯子的重力，且靠近质心的锯木架所施的力较大，这是正确的。

练一练

38. 如果例题5中梯子的质量是11.4 kg，那么这两只锯木架所施加的力分别为多大？

39. 一架质量为7.3 kg的梯子长1.92 m，静止地安放在两只锯木架上，如**图8–20**所示。锯木架A在左边，离梯子的一端0.30 m；锯木架B在右边，离梯子的另一端0.45 m。选择转动轴在梯子的质心处。

a. 作用在梯子上的力矩是多少？

b. 写出转动平衡方程。

c. 求解用 F_g 表示 F_A 的方程。

d. 将锯木架A向梯子的质心处移动时，这两只锯木架施加的力会发生怎样的改变？

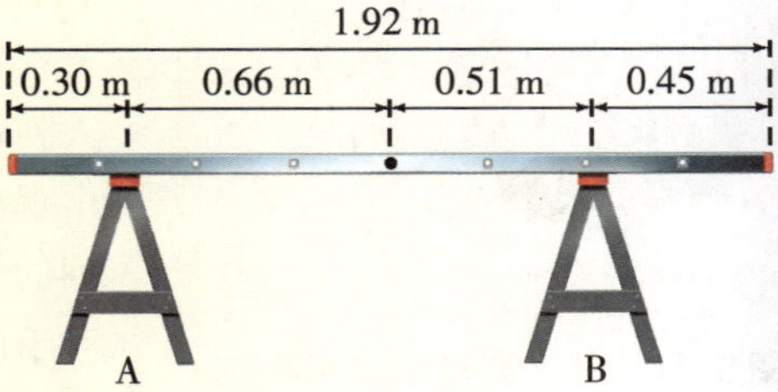

图8–20

40. 一块长度是4.5 m、质量是24 kg的长木板有两个支撑点。其中一个支撑点正好在木板的质心处，而另一个则是位于木板的一端。这两个支撑点所施加的力分别为多大？

41. 挑战题 一位质量为85 kg的跳水运动员走向跳板的一端。已知跳板长3.5 m，质量为14 kg，它的支撑点位于质心和另一端处。这两个支撑点处的力分别为多大？

转动参考系

当你坐在一个快速转动的旋转木马上时，你会感到有一股强大的力将你向外推去。此时，对于旋转木马地板上的一块卵石而言，它会向外做加速运动，但在这个方向上它却并没有受到水平力的作用。卵石做的并不是直线运动。换句话说，牛顿定律现在并不适用。这是因为转动的参考系是非惯性参考系，而牛顿定律只能应用于惯性参考系，或者说非加速参考系中。

由于地球在不停地转动，因此研究转动参考系中的运动也是非常重要的。虽然地球的转动效应在教室里或者在实验室里很微小，但是它对大气的运动影响很大，因此对气候和天气的影响是非常明显的。

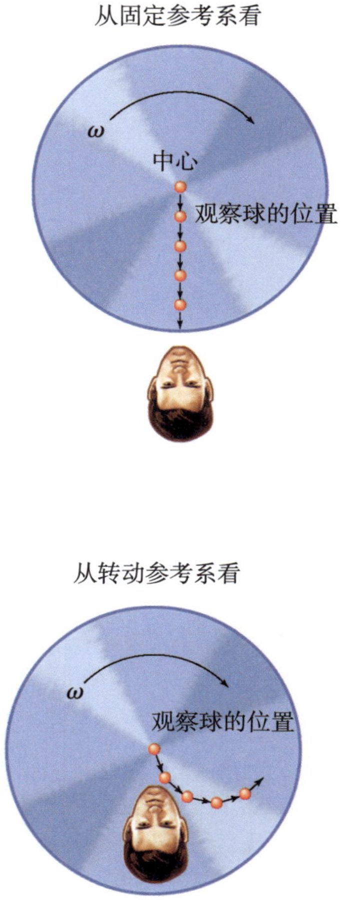

图8-21 科里奥利力并不是实际存在的力，它仅存在于转动参考系中。

离心力

将弹簧的一端系在转动平台的中心处。把一个物体放置在平台上，并将它系在这根弹簧的另一端。当平台转动时，平台上的观察者看到这个物体将弹簧拉长了。这位观察者可能会认为，有一个力正朝着平台向外的方向拉这个物体。这个表观力看起来在拉这个物体，而不是实体在向外推这个物体，这些只能从转动参考系看到，这种力称为**离心力（centrifugal force）**。它并不是实际存在的力，因为并没有实体在向外推这个物体。

当平台转动时，地面上的观察者看到的情况却不同。他看到的是，该物体在做圆周运动，物体的加速度因为弹簧的力而指向中心。正如你知道的那样，这个加速度就是向心加速度，它由下式给出：$a_c = \frac{v^2}{r}$。此式还可用角速度表示为$a_c = \omega^2 r$。向心加速度与物体离开转动轴的距离及角速度的平方成正比。因此，如果转动频率增大1倍，则加速度增大4倍。

科里奥利力

转动的第二种效应如**图8-21**所示。假定立在转盘中央的人朝转盘边缘扔一只球，不考虑该球下落的竖直运动，只考虑两个观察者看到的该球的水平运动情况。站在转盘外的观察者看到的是，该球以恒定速率沿一条直线向盘子的边缘运动。但是对于站在转盘上与该转盘一起转动的另一位观察者来说，他看到的则是该球以恒定速率沿一条曲线运动。此时似乎有一种作用力使该球偏转，这些只能在转动参考系中看到，这种力称为**科里奥利力（Coriolis force）**。与离心力类似，科里奥利力实际也不存在。因为你在转动参考系中看到了水平运动的偏转，所以它仅仅只是看上去存在而已。

地球转动产生的科里奥利力 假定从赤道上某点处向正北方向的目标发射一枚炮弹，那么，这个向正北方向运动的抛体由于地球的转动也会具有向东方向的速度分量。记住，此时地球实际上还在运动抛体的下方转动着。

在赤道上这种向东方向的速度要比其他任何纬度上来得大。因此，当抛体向北运动时，它也要向东运动，而且向东运动的速率比它下面的地球纬度处的转速更快些。其结果是，这个抛体将落在目标位的东面，如**图8-22**所示。

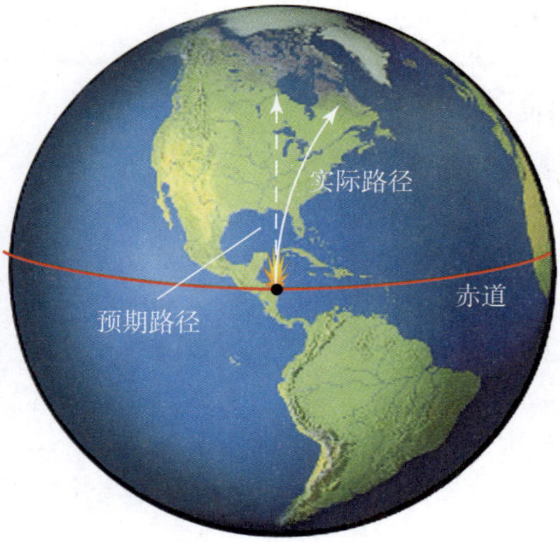

图8-22 地球上的观察者看到了科里奥利力，因为向正北方向扔出的抛体偏向预期目标的右边。

☑ **阅读检测** **描述**你将怎样才能对准一个受到地球转动影响的抛体。

空中的观察者可以看到地球的转动，而地球上的观察者则认为，抛体没有击中目标是因为受到了科里奥利力的作用。注意，对于向赤道运动的物体来说，这种视力的方向朝西。一个抛体向正南方向抛出时，它将落在目标位的西面。

▶ **与地球科学的联系** 风环绕高压区或低压区的运动方向取决于科里奥利力。风的方向从高压区到低压区。由于北半球的科里奥利力，从南方吹来的风向着低压区的东面运动，而从北方吹来的风则向着低压区的西面运动。因此，在北半球，风将按逆时针方向环绕低压区转动；而在南半球，风则是按顺时针方向环绕低压区转动。这也是为什么热带气旋，或者称为飓风，在北半球按逆时针方向旋转，而在南半球则按顺时针方向旋转。

第3节 复 习

42. 主要概念 对于下面的每一个条件，给出一个实例。
- **a.** 只满足转动平衡，不满足平动平衡。
- **b.** 只满足平动平衡，不满足转动平衡。

43. 质心 物体的质心可能不在物体上吗？请说明。

44. 物体的稳定性 为什么将车身提高了的改装车的稳定性比正常高度的同类车要差些？

45. 质心 一卷胶带的质心在何处？

46. 质心位置 描述怎样寻找书的质心。

47. 转动参考系 一枚硬币安放在正在转动的一台老式唱片机的转台上。在最高转速下，这枚硬币开始向外滑动。是什么力作用在这枚硬币上？

48. 批判性思维 你已经学了关于地球自转对风的影响。请预言在北半球和南半球，海洋中表层洋流的流动方向。

起步实验

滚动的物体

实验步骤

1. 取以下物品：一把米尺、一块塑料板、一个球、一只装有食品的罐头以及一只空罐头。***注意：金属罐的边缘比较锋利，使用时要小心。***
2. 用塑料板搭成20°倾角的斜面。
3. 将米尺水平横放在这块塑料板斜面上方，并握住它。
4. 按序将球、食品罐以及空罐放在米尺上。
5. 抽去尺子，同时释放三种物品。
6. 由于重力的作用，每一物品都沿着斜面加速滚下。观察这些物品抵达斜面底部的先后次序。
7. 重复步骤2～6两次。

分析

8. 按照加速度从大到小的顺序排列这些物品。

9. **批判性思维** 这些物体的哪些特性会影响它们的滚动情况？列出的这些特性中哪些是类似的，哪些是不同的。

迷你实验

平衡力矩

实验步骤

1. 在可绕转轴转动的平衡杆一侧的中点处，放置一个质量为100 g的物块。
2. 预测为了使杆保持平衡，需将一个质量为200 g的物块放置在哪里。验证你的预测。
3. 用一个质量为50 g的物块，重复步骤2。
4. 将质量为50 g的物块和质量为100 g的物块放置同一边时，为了使杆保持平衡，需将质量为200 g的物块放置在哪里。

分析

5. 证明当杆保持平衡时，作用在系统上的净力和净力矩均为零。

物理实验

实验器材

- **小心别让物体掉落。**

米尺
两只量程为 5 N 的弹簧测力计
两只铁架台
两只布莱特夹
500 g 钩码
200 g 钩码

平动平衡与转动平衡

为了维修大型建筑物，需要在外墙上搭建脚手架。要使工人能平稳地站在脚手架上，脚手架必须处于平动平衡和转动平衡状态。因此，如果有两个或多个力作用在脚手架上，那么其中任何一个力都能产生围绕任一端的转动。质量均匀分布的脚手架看起来好像是所有的质量都集中在它的中心处。平动平衡时，脚手架没有加速度。也就是说，此时它受到向上的力与向下的力大小相等。

为了达到转动平衡，从某个转轴量度的所有顺时针力矩之和必须等于所有逆时针力矩之和。因此，净力矩必须为零。在本实验中，你将用两根绳子悬挂的米尺和弹簧测力计模拟脚手架，并测量作用在脚手架上的力。

问题

当平行力作用在物体上时，需要满足什么条件才能使它保持平衡？

目标

- **收集和组织**作用在脚手架上的力的数据。
- **描述**顺时针和逆时针力矩。
- **对比与比较**平动平衡和转动平衡。

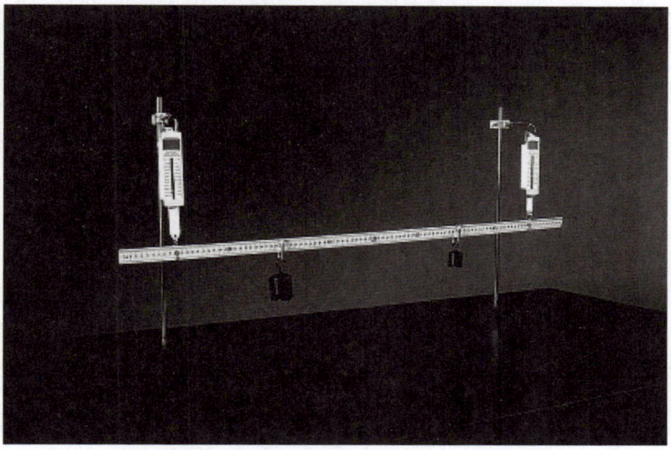

实验步骤

1. 本实验中,取左边弹簧测力计钩子处为支点。因此,所有力臂都将从该点起量度。
2. 将两只铁架台相隔80 cm放置。
3. 将布莱特夹安装在每只铁架台上。
4. 使用前检验弹簧测力计的读数是否为零。如果弹簧测力计需要调整,请老师帮助你。
5. 将两只弹簧测力计分别挂在支架上的布莱特夹上。
6. 将米尺挂在两只弹簧测力计的钩子上,其中一只钩子挂在10 cm刻度处,而另一只挂在90 cm刻度处。
7. 读出每只弹簧测力计的读数,并将读数记录在数据表1中。
8. 将一只500 g的钩码挂在30 cm刻度处,该点应离开左侧弹簧测力计20 cm。
9. 读出每只弹簧测力计的读数,并将读数记录在数据表1中。
10. 将一只200 g的钩码挂在70 cm刻度处,该点应离开左侧弹簧测力计60 cm。
11. 读出每只弹簧测力计的读数,并将读数记录在数据表1中。

数据表1

添加的物体	离左侧弹簧测力计的距离(m)	左侧弹簧测力计的读数(N)	右侧弹簧测力计的读数(N)
米尺	0.40		
500 g 钩码	0.20		
200 g 钩码	0.60		

数据表2

添加的物体	τ_c	τ_{cc}	力臂(m)	力(N)
米尺				
500 g钩码				
200 g钩码				
右侧弹簧测力计				

数据表3		
添加的物体	τ_c(N·m)	τ_{cc}(N·m)
米尺		
500 g钩码		
200 g钩码		
右侧弹簧测力计		
$\sum\tau$		

分析

1. 测出米尺的质量。
2. 测出每个物体受到的力或者重力的大小，将结果记录在数据表2中。读出右侧弹簧测力计的读数，将结果记录在数据表2中。
3. 取左侧弹簧测力计钩住米尺的那点作为支点。确定各点处引起脚手架顺时针和逆时针转动的力，并将结果记录在数据表2中。
4. 把每个力对应支点的力臂长度记录在数据表2中。
5. 将力和力臂相乘，计算每个物体的力矩。将结果记录在数据表3中。

结论与应用

1. 该系统是否处在平动平衡状态？你是怎么知道的？

2. 画出系统的受力分析图。标出所有的力。

3. 比较并对照顺时针力矩之和 $\Sigma\tau_c$ 与逆时针力矩 $\Sigma\tau_{cc}$ 之和。

4. $\Sigma\tau_c$ 与 $\Sigma\tau_{cc}$ 之间相差的百分比为多大？

进一步探索

征得老师同意后，选择一个点，增加砝码的质量，重复以上实验并记录你的数据。

生活中的物理学

调查你所在的地区对于脚手架的安装、使用以及拆除的安全性要求。

高速离心机

物理学在离心机这类设备中非常有用。

实验室的离心机主要用途之一就是分离血液的成分以便进行分析。一些实验室还用它将样品中的DNA和蛋白质分离开来。

离心机是通过一边是样品，另一边是样品或空瓶来保持平衡。和洗衣机一样，离心机如果失去平衡，会马上发生故障。

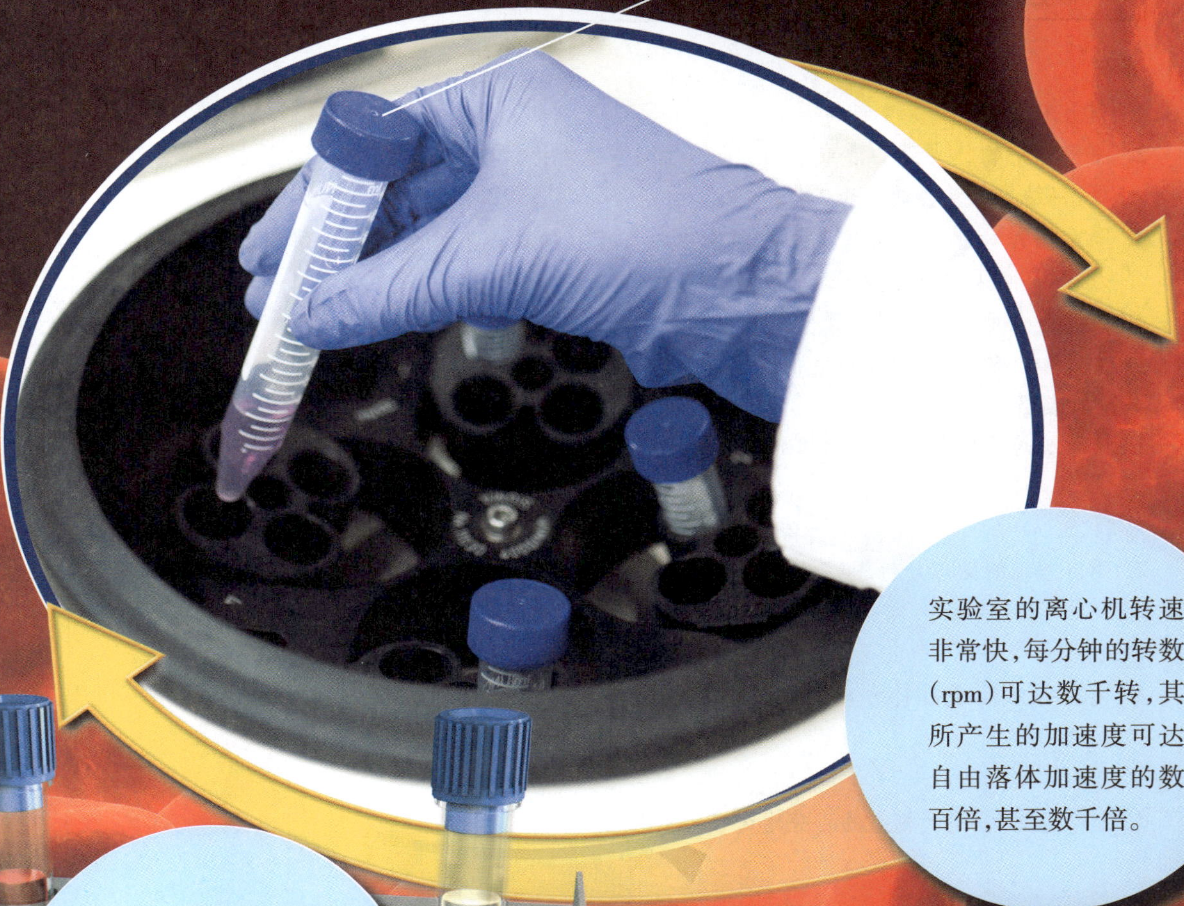

实验室的离心机转速非常快，每分钟的转数(rpm)可达数千转，其所产生的加速度可达自由落体加速度的数百倍，甚至数千倍。

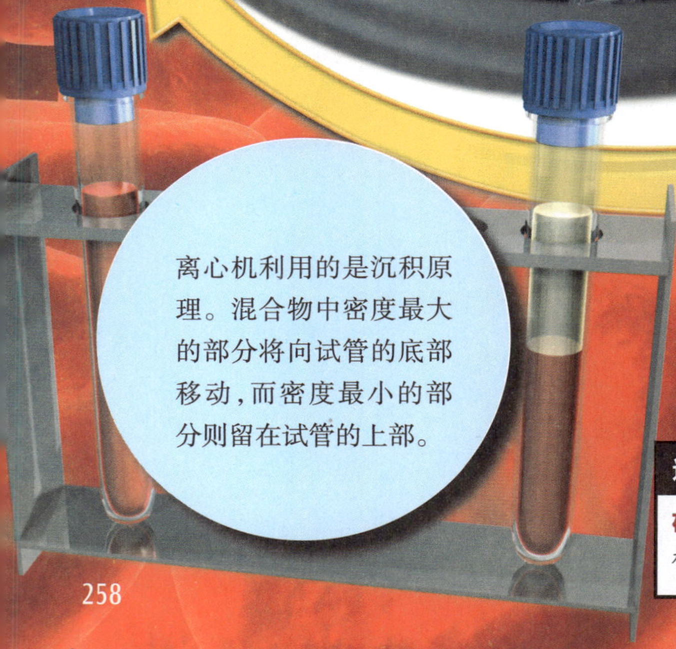

离心机利用的是沉积原理。混合物中密度最大的部分将向试管的底部移动，而密度最小的部分则留在试管的上部。

进一步探索 >>>

研究 采访一位大学病理学实验室的教师，学习怎样利用离心机来分离样品，以便进行分析。

第8章 复习指南

大概念 物体受到力矩作用时，它的角速度将发生改变。

关键术语
- 弧度
- 角位移
- 角速度
- 角加速度

第1节 转动的描述

主要概念 描述物体转动的物理量有角位移、角速度、角加速度。

- 角位移是物体转动的角度θ的改变量，通常用度或弧度量度。
- 角速度等于角位移除以发生这个角位移所需要的时间。角速度用希腊字母ω表示，且由下式给出：

$$\omega=\frac{\Delta\theta}{\Delta t}$$

- 角加速度等于角速度的改变量除以发生这种改变所需要的时间。

$$\alpha=\frac{\Delta\omega}{\Delta t}$$

关键术语
- 力臂
- 力矩
- 转动惯量
- 转动的牛顿第二定律

第2节 转动动力学

主要概念 力矩改变物体的角速度。

- 力矩是描述力和力臂使物体产生转动效果的物理量。力矩用希腊字母τ表示，且由下式给出：

$$\tau=Fr\sin\theta$$

- 转动惯量是描述物体阻碍其转动速度改变的物理量。转动惯量用符号I表示。对于与转动轴的距离是r的质点来说，它的转动惯量由下式给出：

$$I=mr^2$$

- 转动的牛顿第二定律可以表述为，角加速度与净力矩成正比，与转动惯量成反比：

$$\alpha=\frac{\tau_{净}}{I}$$

关键术语
- 质心
- 离心力
- 科里奥利力

第3节 平衡

主要概念 当一个物体处于静态平衡时，它所受到的净力和净力矩都为零。

- 物体的质心是物体上的一点，该点的运动路径与将该物体看作一个质点时的运动路径相同。
- 如果物体的质心是在它的底面之上，则该物体就是稳定的，不会翻倒。
- 如果一个物体没有受到净力的作用，同时净力矩也为零，则该物体处于平衡状态。
- 离心力和科里奥利力是两种表观力，实际上都不存在，只有在转动参考系中分析物体的运动时，才似乎显示出这些力。

第1节 转动的描述

理解概念

49. **大概念** 若自行车车轮的转速恒为25 r/min，它的角速度是在减小、增大还是保持恒定不变？

50. 若一只玩具的转速恒为5 r/min，它的角加速度是正的、负的还是等于零？

51. 地球各个部分的转动速率是否相同？请说明。

52. 单轮脚踏车的车轮以14 r/min的恒定速率转动。车轮上各点的加速度是向里、向外、切向，还是为零？

解决问题

53. 如**图8-23**所示，在一个试验台上，自行车的车轮绕轴转动，它边缘上的一点移动了0.210 m。已知车轮的半径为0.350 m，那么这只车轮转过了多少角度(用弧度表示)？

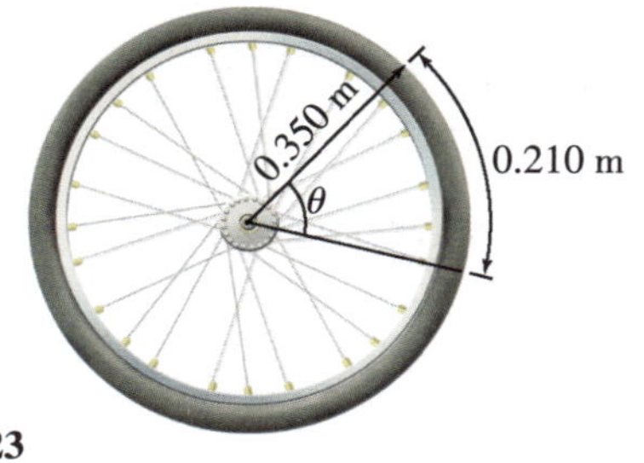

图8-23

54. 卡车轮胎外圈的半径是45 cm。当卡车以23 m/s的速度行驶时，这只轮胎的角速度是多少？

55. 如**图8-24**所示，方向盘转过128°。已知方向盘的半径是22 cm，在它边缘上的一点运动了多少距离？

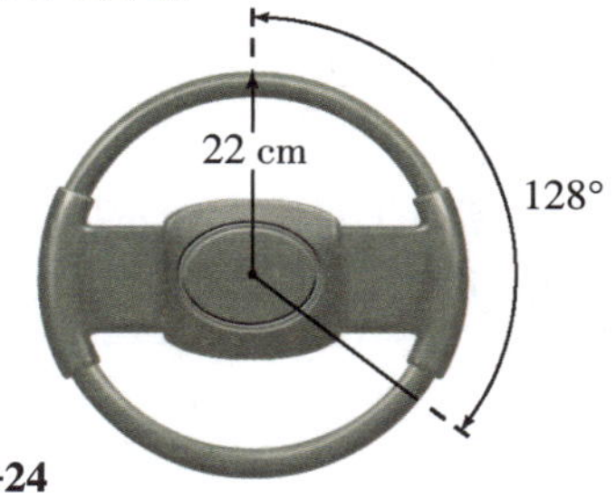

图8-24

56. **螺旋桨** 螺旋桨的转速是1 880 r/min。
    a. 它的角速度是多少？
    b. 该螺旋桨在2.50 s内的角位移是多少？

57. 若上题中螺旋桨的转速在4.00 s内从475 r/min减小到187 r/min，那么它的角加速度是多少？

58. 如**图8-25**所示，已知汽车轮胎的转速为2.50 r/s。离轮胎中心7.00 cm处的一点的速度是多少？

图8-25

59. **洗衣机** 洗衣机的两种转速分别是328 r/min和542 r/min。已知洗衣桶的直径是0.43 m。
    a. 快转与慢转时，向心加速度之比是多少？记住，$a_c=\frac{v^2}{r}$，$v=r\omega$。
    b. 快转与慢转时，在洗衣桶内表面上的物体的线速度之比是多少？
    c. 洗衣机的最大向心加速度是多少个g？

60. 实验室中的超级离心机在离转轴2.50 cm处能产生0.35×10^6 g的向心加速度。该离心机的转速每分钟需要多少转？

第2节 转动动力学

理解概念

61. 想象一本书的某些可能的转动情况。分别绕三个轴转动时，其转动惯量是否相同？请说明。

62. 汽车修理手册规定了拧紧发动机螺栓所需的力矩。为什么不是力？

63. **排序** 对**图8-26**中作用在5扇门上的力矩从小到大进行排序。所有力的大小相等。

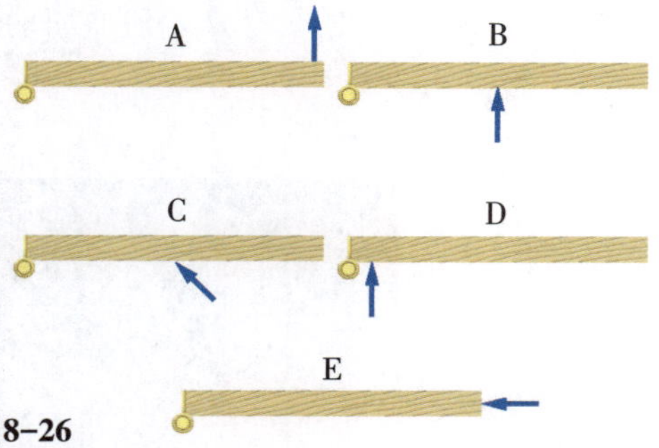

图8-26

解决问题

64. **扳手** 要将一只螺帽拧紧，需要8.0 N·m的力矩。如果你有一把长度为0.35 m的扳手，那么你至少需要施加多大的力，才能得到这个力矩？

65. 如**图8-27**所示，如果用15 N的力垂直施加于一把长度为25 cm的扳手，这个力会在螺帽上产生多大的力矩？

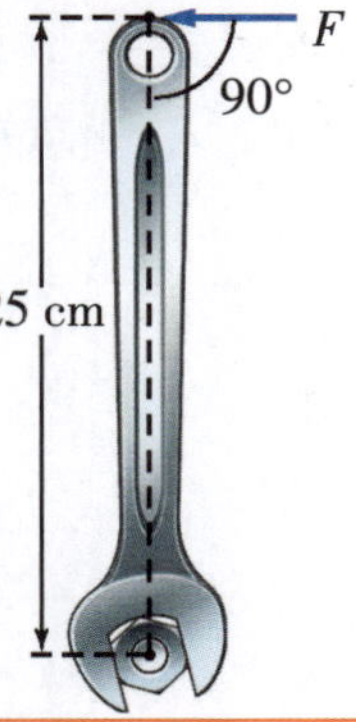

图8-27

66. 已知自行车车轮的半径是38 cm。若车轮边缘受到0.35 N的力的作用，车轮会产生2.67 rad/s^{2}的角加速度。求车轮的转动惯量。

67. **玩具罗盘** 玩具罗盘由直径为8.0 mm的杆和质量为0.012 5 kg、直径为3.5 cm的圆盘组成。杆的转动惯量可忽略不计。通过拉动一根盘绕在杆上的绳子使罗盘转动，拉动的速度在0.50 s内从0增大到3.0 m/s。

a. 罗盘最后的角速度是多少？

b. 施加在绳子上的力为多大？

68. 一个玩具由两个小球构成，每个球的质量是0.45 kg，安装在一根长0.46 m的轻质细杆上，如**图8-28**所示。求该玩具对于杆的中心的转动惯量。

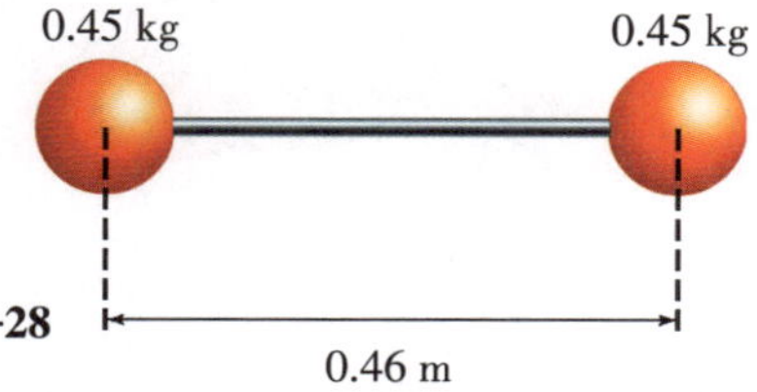

图8-28

第3节 平衡

理解概念

69. 要保持汽车车轮的平衡，可以将它固定在立轴上，然后添加质量，使它成水平状态。为什么说这相当于将质心调整到车轮的中心位置？

70. 一位特技驾驶员试图让一辆巨型卡车只用两个车轮行驶。此时卡车的质心在何处？

71. 假定你先正常站立，然后踮起脚尖达到平衡。如果你将脚尖紧靠墙壁站立，那么你就无法保持平衡。请说明原因。

72. 为什么体操运动员在跳跃过程中，当她将双手高举到头顶上方时，会让人感觉她飘浮在空中？

73. 为什么一辆大直径车轮的汽车比小直径车轮的汽车更容易翻倒？

解决问题

74. 阿美德提起了一块质量为12.5 kg、长为4.00 m的木板的一头。此时，朱迪过来帮忙。

a. 至少要用多大的力，朱迪才能将这块木板抬到水平位置？这时她应当将力施加在木板的什么地方？

b. 为了将这块木板抬到水平位置，朱迪最多只能使出多大的力？这时她应当将力施加在木板的什么地方？

75. 说明书上介绍，汽车质量的53%分布在前轮轮胎上，47%分布在后轮轮胎上，且前后轮轴相距2.46 m。该车的质心在什么地方？

76. 如**图8-29**所示，两个人分别提起一块质量为4.25 kg、长为1.75 m的木板的两端。一只质量为6.00 kg的纸盒放在木板上离木板的一端0.50 m。两人所用的力分别为多大？

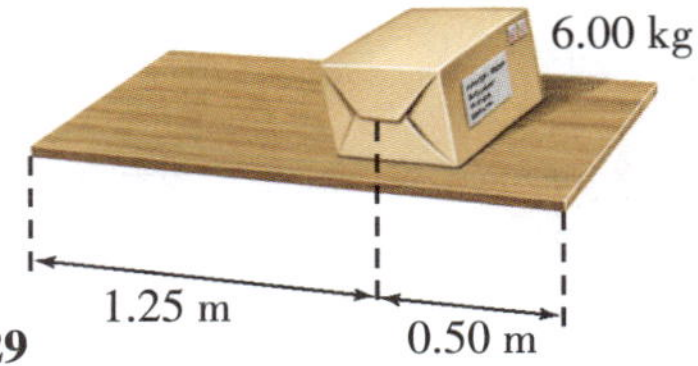

图8-29

应用概念

77. 两个齿轮紧密接触并正在转动。已知其中一个齿轮比另一个大一些，如**图8-30**所示。比较它们的角速度，以及两个接触轮齿的线速度。

图8-30

78. 怎样用实验方法测出物体的转动惯量？

79. 自行车车轮 三辆自行车车轮的质量相同，但有以下三种不同的分布形式：大部分质量分布在边缘；均匀分布；大部分质量分布在车轮的中心处。如果对它们施加相等的力矩，哪辆车的角加速度最大？哪辆车的角加速度最小？

80. 保龄球 当保龄球离开手时，它并不发生转动。但是在它通过球道大约一半长度后，就会开始旋转。那么，它的转动速率是怎样增大的？之后它为什么又不再继续增大了呢？

81. 轮胎漏气 假定你的汽车轮胎漏气了。你从工具箱中找出一只扳手，想将双头螺栓上的螺帽拧下。但你发现你的力气不够大。此时，你的朋友向你建议了几种方法，以产生足够的力矩将螺帽拧开。请你陈述其中的三种方法。

82. 在确定作用在静平衡状态物体上的净力矩时，为什么你可以忽略作用于转轴上的力？

83. 走钢丝 如**图8-31**所示，走钢丝的人手里常常拿着一根长杆，长杆下垂的两端低于杆的中心。这样的长杆是如何增加钢丝上的人的稳定性的？*提示：从质心和转动惯量这两个方面考虑。*

图8-31

84. 旋转木马 当你坐在旋转木马上时，你要将一串钥匙扔给一位站在地面上的朋友。为了使你的朋友接住这串钥匙，你应该在木马转到你朋友站立的位置之前还是之后的瞬间抛出这串钥匙？请解释。

85. 在求解静平衡问题时，为什么转动轴常常取在某个点上，在该点上物体受到一个或多个力的作用？

86. 排序 对**图8-32**中的物体按照转动惯量从小到大进行排序。所有物体的半径R相同，均匀分布在阴影部分的总质量M也相同。请说明理由。

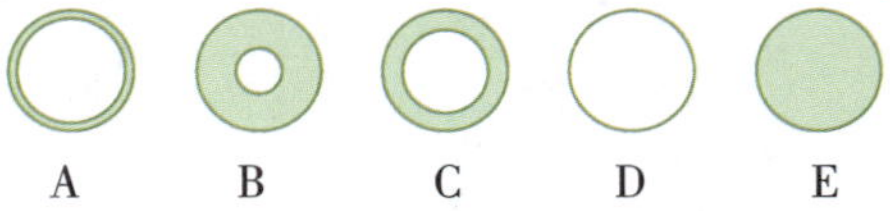

图8-32

复习提高

87. 丹和阿奇特在两侧从水平方向顶住一扇质量为m，长度为l的木门。突然，丹放开了他所在的那一侧。

a. 在丹刚刚放开时，这扇门的角加速度为多大？

b. 在随后的过程中，这扇门的角加速度恒定吗？请解释。

88. 硬盘 计算机硬盘的转速是7 200 rpm（每分钟转动圈数）。如果驱动装置的设计使该硬盘在1.5 s内从静止达到所规定的转速，则它的角加速度为多大？

89. 堆土包 如**图8-33**所示，将重175 N的沙包堆在长为2.43 m的一块木板上，沙包距离木板的一头为0.50 m。两人分别在两端抬起这块木板。忽略木板的重力，每个人需要施加多大的力，才能将木板抬起？

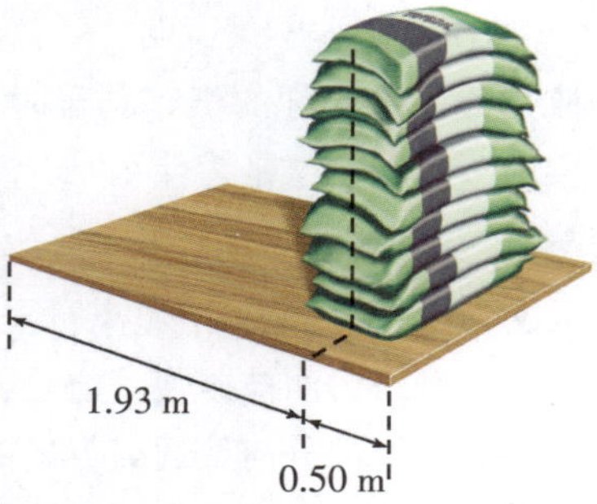

图8-33

90. 已知一根钢梁长6.50 m，重325 N。它被放置在两个相距为3.00 m的支架上，钢梁两端伸出这两个支架的距离相等。重575 N的苏基站在钢梁的中心，然后向一端走去。在钢梁没有翻倒的情况下，她能走到离钢梁的一端多远处？

91. 若表的秒针长12 mm，则它尖端的速度为多大？

92. 如**图8-34**所示，直径为50 m的一段圆柱体静止在一个平面上。将一条绳子盘绕在该圆柱体上，并用力拉绳子。圆柱体滚动而没有发生滑动。

a. 当以恒定的速率将绳子拉过2.50 m后，圆柱体的质心移动了多少距离？

b. 如果在1.25 s内将绳子拉过2.50 m的距离，圆柱体的质心移动得多快？

c. 圆柱体的角速度为多大？

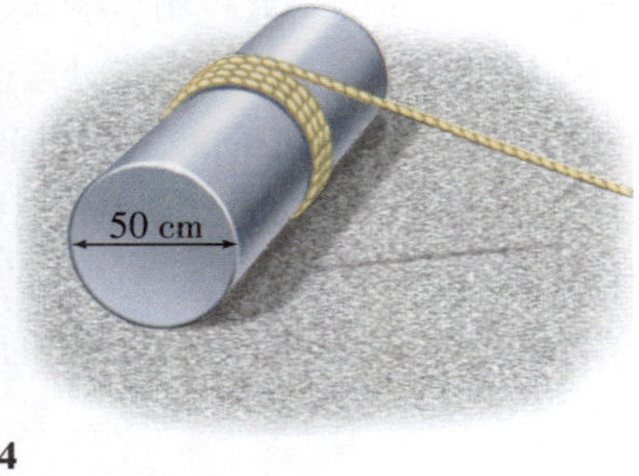

图8-34

93. 篮球 一个篮球滚过球场。标准篮球的直径是24.1 cm，质量是0.60 kg，转动惯量是5.8×10^{-3} kg·m^2。已知这只篮球的初始速度是2.5 m/s。

a. 该球的初始角速度为多大？

b. 若该球滚过12 m，则它滚了几圈？

c. 该球的总角位移是多少？

94. 在上题中，篮球滚过12 m后停了下来。

a. 在滚动过程中，篮球的加速度恒定吗？它的角加速度是多少？

b. 当滚动的速率减慢时，篮球受到的力矩为多大？

95. 时速表 大多数汽车中的时速表测量的是汽车行驶时的角速度，然后再将其转化为速率。增加轮胎的直径对时速表的读数有怎样的影响？

96. 用一根绳子将一只箱子在地板上拖动。已知绳子离地面的高度为h，摩擦因数是0.35，箱子高0.50 m，宽0.25 m。求刚好使这只箱子翻倒的力。

97. 木料 你买了一块长度是2.44 m，横截面为10 cm×10 cm的木料。你的朋友也买了同样大小的一块木料，但将它锯成了两段，每段长1.22 m，如**图8-35**所示。你们均将自己的木料扛在肩上。

a. 谁较容易将木料提到肩上？为什么？

b. 你和你的朋友都用你们的手对木料施加力矩，以防止它来回摆动。谁更容易些？为什么？

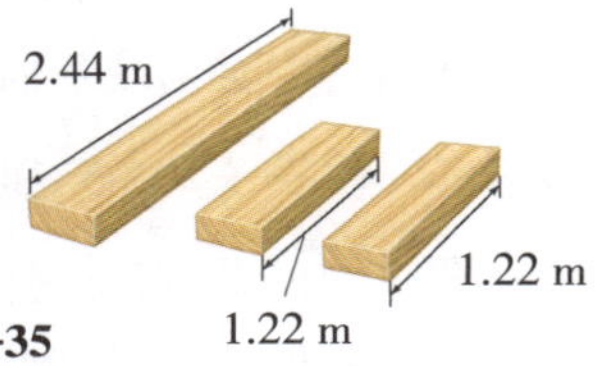

图8-35

98. 冲浪板 哈里斯和保尔提着一块长2.43 m，重143 N的冲浪板。已知保尔用57 N的力提着冲浪板的一头。

a. 哈里斯需要施加多大的力？

b. 哈里斯应当提着冲浪板的哪一处？

批判性思维

99. 分析与结论 一面旗帜挂在一根可绕枢轴转动的水平杆上，如**图8–36**所示。已知杆长2.10 m，重175 N；旗帜重105 N，悬挂在离枢轴或转动轴1.80 m处。拉住这根杆的缆索中的张力为多大？

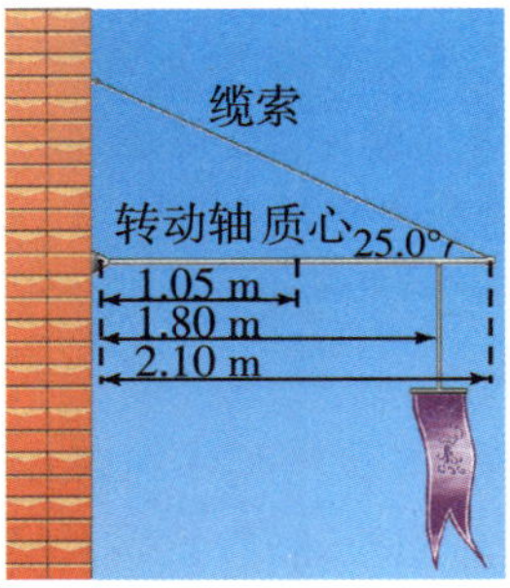

图8–36

100. 分析与结论 如**图8–37**显示了一根有枢轴的灯杆。已知灯杆重27 N，灯重64 N。

a. 各个力所产生的力矩分别是多少？

b. 求拉住灯杆的绳子中的张力。

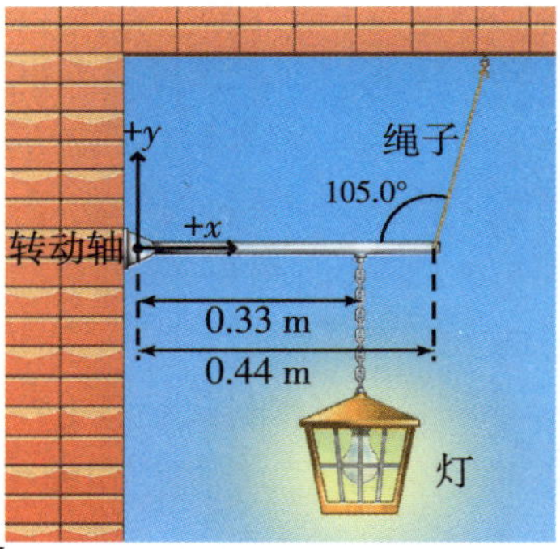

图8–37

101. 编写问题 用生活中的物体编写一道物理题，在它的解答中会出现下列表达式：

$$\Delta\theta = 20\ \text{rad/s} \times 4\ \text{s} - \frac{1}{2} \times 3.5\ \text{rad/s}^2 \times (4\ \text{s})^2$$

102. 补充问题 把问题补充完整，以便可利用力矩概念求解："一位画家携带一架长3.0 m，重12 kg的梯子……"

103. 应用概念 考察绕轴转动的车轮边缘上的一点。

a. 在什么条件下，向心加速度为零？

b. 在什么条件下，切向(线)加速度为零？

c. 是否有可能切向加速度不为零而向心加速度为零？请说明。

d. 是否有可能向心加速度不为零而切向加速度为零？请说明。

104. 应用概念 当你的汽车刹车时，车的前端会向下倾斜。这是为什么？

科技写作

105. 天文学家知道，如果卫星离行星太近，它将会由于潮汐力而被撕裂。这是因为卫星上最接近行星部分与最远离行星部分的引力之差大于使卫星组合在一起的力。研究罗赫极限，并求在罗赫极限下月球绕地球做轨道运动时所可能取的最近距离。

106. 评价一辆汽车发动机的优劣的一个因素为它所产生的力矩的大小。研究并解释为什么力矩是衡量发动机好坏的一个重要指标。

日积月累

107. 一根无质量的绳子的两头分别系着质量是2.0 kg和3.0 kg的两块木块，绳子中部绕过一只悬挂着的无质量、无阻力的滑轮。将木块自静止释放。求下列各量。

a. 绳子的张力。

b. 木块的加速度。

108. 艾利克坐在跷跷板上。在相对于竖直方向怎样的角度时，他的重力平行于板面的分量等于垂直分量的$\frac{1}{3}$？

109. 飞机驾驶员要在2.75 h内飞抵正北方向、相距325 km的一处机场。风从西边吹来，风速是30.0 km/h。为了按时抵达目的地，应取怎样的飞行方向和飞行速率？

110. 一位质量是60.0 kg的速滑运动员，以18.0 m/s的速度进入一条半径为20.0 m的弯道。要顺利通过弯道，冰鞋与冰面间的摩擦力需多大？

选择题

1. 如下图所示，两只盒子放在一块长度为3.0 m的木板两端，木板中间用支架支撑。已知左边盒子的质量m_1=25 kg，右边盒子的质量m_2=15 kg。为了使整个系统在水平方向平衡，支架的安装处离木板左端的距离为(　　)

A. 0.38 m　　**B.** 0.60 m

C. 1.1 m　　**D.** 1.9 m

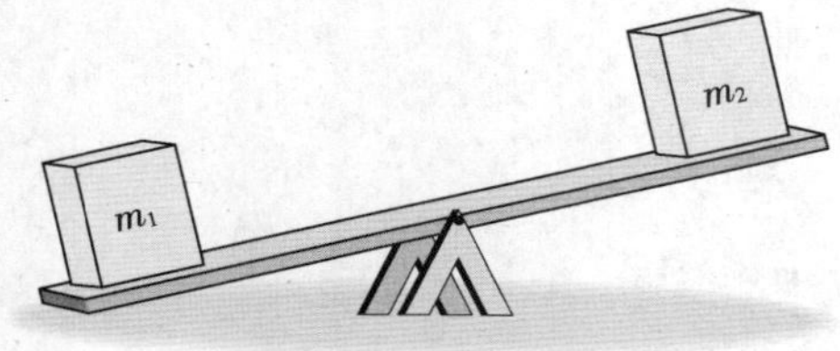

2. 将60 N的力施加在一根长1.0 m的杆的一端，杆的另一端系在与这根杆相垂直的转轴上。你可以往下压这根杆，使它转动。如果力的方向与杆的垂直方向成30°角，作用在杆上的力矩为(sin 30°=0.5，cos 30°=0.87，tan 30°=0.58)(　　)

A. 30 N·m　　**B.** 52 N·m

C. 60 N·m　　**D.** 69 N·m

3. 一个孩子想用扳手松开自行车上的一只螺帽。已知松开这只螺帽最少需要10 N·m的力矩，而这孩子在90°角的方向上所能使出的最大力为50 N。那么，要将这只螺帽松开，所用扳手的手柄长至少为(　　)

A. 0.1 m　　**B.** 0.15 m

C. 0.2 m　　**D.** 0.25 m

4. 一辆汽车行驶了420 m。已知每只车胎的直径是42 cm。在这段距离内，每只轮胎转了(　　)

A. $\frac{5.0\times10^1}{\pi}$圈　　**B.** $\frac{1.0\times10^2}{\pi}$圈

C. $\frac{1.5\times10^2}{\pi}$圈　　**D.** $\frac{1.0\times10^3}{\pi}$圈

5. 质量为5.0 kg的一个细圆环绕着通过它中心的竖直轴转动。将25 N的力沿切向施加在圆环上。若圆环的半径是2.0 m，它的角加速度为(　　)

A. 1.3 rad/s²　　**B.** 2.5 rad/s²

C. 5.0 rad/s²　　**D.** 6.3 rad/s²

6. 农用拖拉机上的两只轮胎的直径是1.5 m。如果农民以3.0 m/s的线速度驾驶着这辆拖拉机，每只车轮的角速度为(　　)

A. 2.0 rad/s　　**B.** 2.3 rad/s

C. 4.0 rad/s　　**D.** 4.5 rad/s

拓展题

7. 如图所示，你想要用一把长25 cm的扳手拧松汽车车轮上的一只螺帽。如果你在扳手柄端沿30°的方向上施加了2.0×10^2 N的力，扳手上产生的力矩为多大？(sin 30°=0.5，cos 30°=0.87)

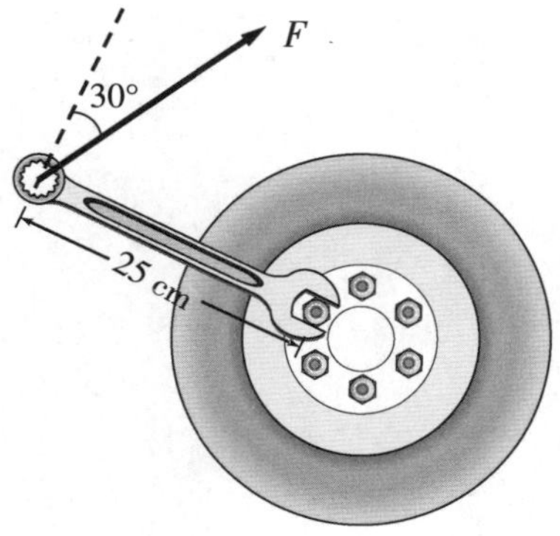

考点提示

测试题号	1	2	3	4	5	6	7
对应小节	2	2	2	1	1	1	2

第9章
动量与动量守恒

大概念 如果作用在一个封闭系统上的净力为零，那么这个系统的总动量守恒。

内容提要

起步实验

物体的碰撞

哪些因素决定碰撞后物体的速率与方向？

CHN

第1节 冲量与动量

物理在你身边

曲棍球运动员戴头盔和衬垫以保护自己免受飞球的伤害。球虽不大(约 145 g),但运动员可以用力投掷这些球,使其速度超过 40 m/s。为什么高速飞行的球如此危险呢?

主要概念

一个物体的动量等于它的质量乘以它的速度。

核心问题

- 什么是冲量?
- 什么是动量?
- 什么是角动量?

术语回顾

角速度 物体的角位移除以发生这个位移所需要的时间

关键术语

冲量
动量
动量定理
角动量
角动量定理

动量定理

当看到棒球运动员打出一个本垒打时,你肯定会兴奋不已。你会看到,投手把棒球使劲掷向接球手,击球员转身挥棒击球。碰撞之前,球向球棒运动;碰撞时,球被反向运动的球棒所击打;碰撞之后,球高速离开球棒,而球棒则以较慢的速度继续按原来的路径运动。

根据牛顿第二运动定律,球棒施加在球上的力改变了球的速度。这个作用力并不是一个恒力,其随时间变化的情况如**图 9–1** 所示。由图可知,在球与球棒刚接触时,球被挤压,这个力开始增大。当力的大小增加到比球的重量大 10 000 倍而达到最大值后,球恢复原状离开球棒,力则迅速减小到零。整个过程发生的时间非常短,大约只有 3.0 ms。那么,该如何来计算棒球的速度变化呢?

冲量 牛顿第二运动定律可以改写为速度增量除以所需的时间的增量,就有下述等式:

$$\boldsymbol{F}=m\boldsymbol{a}=m\left(\frac{\Delta\boldsymbol{v}}{\Delta t}\right)$$

等式两边乘以时间间隔 Δt,得到如下形式:

$$\boldsymbol{F}\Delta t=m\Delta\boldsymbol{v}=m(\boldsymbol{v}_{\mathrm{f}}-\boldsymbol{v}_{\mathrm{i}})$$

等式左边 $\boldsymbol{F}\Delta t$ 就是冲量。**冲量(impulse)**是作用在物体上的力的平均值与所经历的时间间隔的乘积。冲量的单位是牛顿·秒。对于一个随时间变化的力来说,其冲量的大小可以根据**图 9–1** 所示的力一时间图线下方的面积来确定。

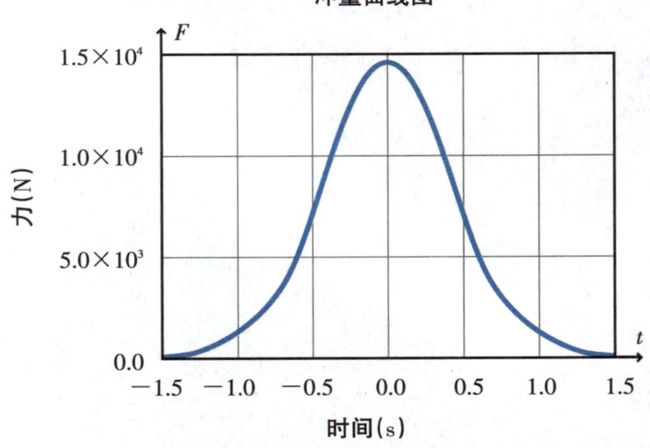

图 9–1 在碰撞期间,作用在棒球上的力先增大后减小。

动量 等式的右边$m\Delta \boldsymbol{v}$与速度的改变量有关，即有$m\Delta \boldsymbol{v}=m\boldsymbol{v}_f-m\boldsymbol{v}_i$。物体的质量$m$与其速度$\boldsymbol{v}$的乘积叫作物体的**动量（momentum）**。动量的单位为kg·m/s。一个物体的动量也称为线动量，可用下式表示：

动量

一个物体的动量等于它的质量乘以它的速度。

$$\boldsymbol{p}=m\boldsymbol{v}$$

现在，你可以把冲量改写为$\boldsymbol{F}\Delta t=m\Delta \boldsymbol{v}=m\boldsymbol{v}_f-m\boldsymbol{v}_i=\boldsymbol{p}_f-\boldsymbol{p}_i$。于是，作用在物体上的冲量等于这个物体的动量的改变量，这称为**动量定理（impulse-momentum theorem）**。动量定理可表示为下述方程：

动量定理

作用在物体上的冲量等于这个物体的末动量与初动量之差。

$$\boldsymbol{F}\Delta t=\boldsymbol{p}_f-\boldsymbol{p}_i$$

如果作用在一个物体上的力是一个恒力，那么冲量便是力与作用时间的乘积。如果力不断变化，那么冲量就用力的平均值与作用时间相乘得出，或者定义为在作用时间间隔内，力—时间图线下方部分的面积。

因为速度是矢量，所以动量也是矢量。同样的，由于力是矢量，因此冲量也是矢量。当任何矢量用数量来表示时，要确保用来表示方向的符号是一致的。

动量定理的应用 根据动量定理，来自球棒的冲量改变了棒球的动量。你可以利用**图9-1**中力－时间图线下方的面积算出，冲量大小近似为15 N·s，方向沿着力的方向。因此，棒球的动量改变量为15 kg·m/s。因为1 N·s等于1 kg·m/s，所以棒球获得的动量为15 kg·m/s，方向为作用于球上的力的方向。

假如击球手击打质量为0.145 kg的棒球，使棒球具有－47 m/s的速度，这里假定正方向为指向投手的方向。这时棒球的动量$\boldsymbol{p}_i=0.145\ \text{kg}\times(-47\ \text{m/s})=-6.8\ \text{kg·m/s}$。

碰撞后，棒球的动量可以通过动量定理解出，其末动量$\boldsymbol{p}_f=\boldsymbol{p}_i+\boldsymbol{F}\Delta t$。

$$\boldsymbol{p}_f=\boldsymbol{p}_i+\boldsymbol{F}\Delta t=-6.8\ \text{kg·m/s}+15\ \text{kg·m/s}=+8.2\ \text{kg·m/s}$$

由于$\boldsymbol{p}_f=m\boldsymbol{v}_f$，可解得：

$$\boldsymbol{v}_f=\frac{\boldsymbol{p}_f}{m}=\frac{+8.2\ \text{kg·m/s}}{+0.145\ \text{kg}}=+57\ \text{m/s}$$

如果击打棒球的方向正确，那么57 m/s的速度是非常大的，足以把棒球打出场边的栅栏去。

物理实验

非弹性碰撞

在碰撞期间，一个物体的动量发生了什么变化?

例题 1

平均力　一辆质量为 2 200 kg 的汽车正在以 94 km/h(26 m/s)的速度行驶。如果驾驶员逐渐制动，汽车会在21 s内停下；如果驾驶员紧急制动，可在3.8 s内使车停下；如果汽车撞到坚固的墙上，则会在0.22 s内停下。求作用在汽车上的冲量和以上各种情况中使汽车停下的平均作用力的大小。

1 分析概括问题

- 概述系统。
- 建立坐标轴，选择汽车的速度方向为正方向。
- 画出表示动量和冲量的矢量图。

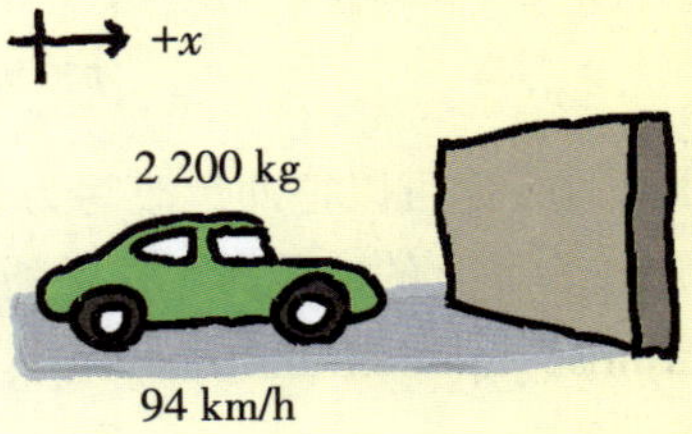

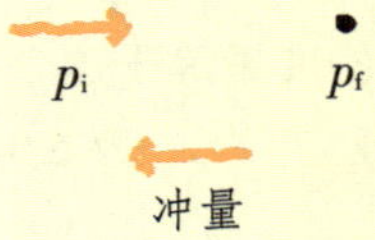

已知		未知
$m=2\,200$ kg	$\Delta t_{逐渐制动}=21$ s	$F\Delta t=?$
$v_i=+26$ m/s	$\Delta t_{紧急制动}=3.8$ s	$F_{逐渐制动}=?$
$v_f=+0.0$ m/s	$\Delta t_{撞墙}=0.22$ s	$F_{紧急制动}=?$
		$F_{撞墙}=?$

2 求解未知量

确定初动量p_i。

$$p_i=mv_i$$
$$=2\,200\ \text{kg}\times 26\ \text{m/s}$$
◀将$m=2\,200$ kg，$v_i=+26$ m/s代入。
$$=+5.7\times 10^4\ \text{kg·m/s}$$

确定末动量p_f。

$$p_f=mv_f$$
$$=2\,200\ \text{kg}\times 0.0\ \text{m/s}$$
◀将$m=2\,200$kg，$v_f=+0.0$ m/s代入。
$$=+0.0\ \text{kg·m/s}$$

利用动量定理，求出冲量和使汽车停下所需要的力。

$$F\Delta t=p_f-p_i$$
$$F\Delta t=0.0\ \text{kg·m/s}-5.7\times 10^4\ \text{kg·m/s}$$
$$=-5.7\times 10^4\ \text{kg·m/s}$$
◀将$p_f=0.0$ kg·m/s，$p_i=5.7\times 10^4$ kg·m/s代入。
$$F=\frac{-5.7\times 10^4\ \text{kg·m/s}}{\Delta t}$$
$$F_{逐渐制动}=\frac{-5.7\times 10^4\ \text{kg·m/s}}{21\ \text{s}}=-2.7\times 10^3\ \text{N}$$
◀将$\Delta t_{逐渐制动}=21$ s代入。
$$F_{紧急制动}=\frac{-5.7\times 10^4\ \text{kg·m/s}}{3.8\ \text{s}}=-1.5\times 10^4\ \text{N}$$
◀将$\Delta t_{紧急制动}=3.8$ s代入。
$$F_{撞墙}=\frac{-5.7\times 10^4\ \text{kg·m/s}}{0.22\ \text{s}}=-2.6\times 10^5\ \text{N}$$
◀将$\Delta t_{撞墙}=0.22$ s代入。

3 验证答案

- **单位是否正确？** 冲量是用kg·m/s量度的，力是用N量度的。
- **符号是否有意义？** 力的方向与汽车速度的方向相反，为负。
- **数值是否合理？** 将汽车停下需要几千或几十万牛的力，这是合理的。对于以上三种制动情形，冲量是相同的，然而制动时间以大于10倍的因子而缩短，所以力以大于10倍的因子而增加。

练一练

1. 小汽车的质量为725 kg，以115 km/h速度向东运动。画出运动汽车的示意图。
   a. 求汽车动量的大小及方向，并在示意图上用一根带有箭头的线段表示这一动量。
   b. 若另一辆汽车的质量为2 175 kg，动量与小汽车相同，则它的速度是多少？
2. 若上一题中的小汽车驾驶员在2.0 s时间内紧急刹车，汽车因此而受到的使它速度减小的平均力为5.0×10^3 N。
   a. 在此过程中，汽车的动量改变了多少？(即求作用在汽车上的冲量的大小与方向)
   b. 作出刹车“之前”与“之后”的示意图，并求出汽车当时的动量及速度。
3. 一个质量为7.0 kg的物体以2.0 m/s的速度运动时，先后分别受到两个沿着它的运动方向的冲量的作用。这两个冲量如**图9-2**所示。试求出物体在受到每一个冲量作用后的速度大小和方向。
4. 驾驶员踩下油门，使一辆质量为240.0 kg的雪地车的速率在60.0 s内由6.00 m/s增大到28.0 m/s。
   a. 作出示意图，并标出雪地车的初末状态。
   b. 该车的动量改变了多少？作用在它上面的冲量又是多少？
   c. 施加在该车上的力的平均值为多少？
5. **挑战题** 假定第1题中，有一位质量为60 kg的人坐在小汽车中，小汽车撞到坚固的墙上。在碰撞前后，这个人的速度均与汽车的速度相等，而速度的改变所用的时间为0.20 s。请画出示意图。
   a. 此人所受的力的平均值为多少？
   b. 一些人认为，当汽车突然刹车时，如果将双手抵在仪表盘上，可以止住突然向前倾倒的身体。假设有一个物体的重力等于你刚才算出的力的大小，请求出它的质量。你能否举起这个物体呢？你是否强壮到足以用你的双臂止住你前倾的身体？

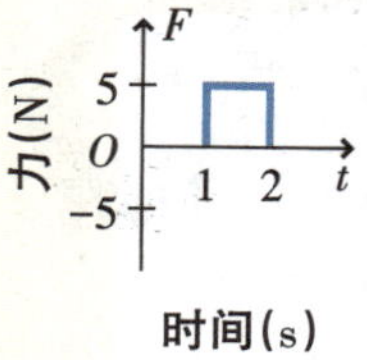

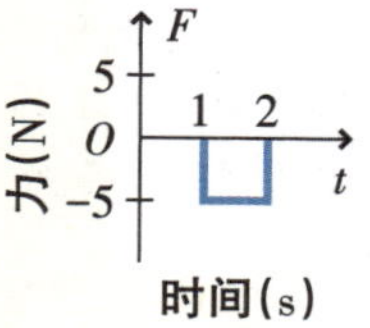

图9-2

利用动量定理解救生命 动量定理表明，一个大的冲量必然引起一个大的动量变化。这个大的冲量可以是在较短时间内作用一个较大的作用力，或者是用一个较小的作用力作用较长的时间。在汽车事故中，乘客受到一个大的冲量，但是造成乘客受伤的是力。

当汽车因碰撞而突然停下时，驾驶员将发生什么情况？因碰撞而突然产生的一个冲量。使驾驶员的动量变为零。根据动量方程$F\Delta t=p_f-p_i$，由于末动量p_f为零，且不论汽车是否装有气囊，初动量p_i都是相同的，因此汽车碰撞过程足以产生的冲量$F\Delta t$的大小是一个常量。如**图9-3**所示，如果汽车内安装有气囊，则弹出的气囊可以通过增加力的作用时间而达到减小作用力的目的。同时，气囊也可以使驾驶员受到力的作用面积的增大，从而降低驾驶员受伤的程度。

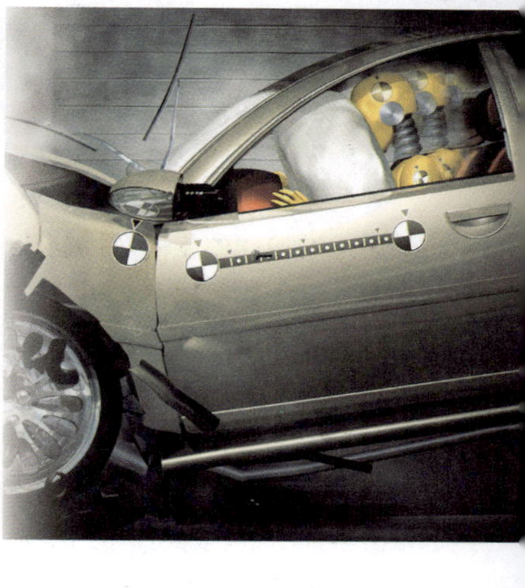

图9-3 气囊可以减小伤害，因为它使作用于乘客身上的力减小，并且使乘客受到力的作用面积增大。

图 9-4　球的线动量等于其质量与速度的乘积。当球沿着球道滚动时，球的角动量是其转动惯量与角速度的乘积。

角动量

如果一个物体的动量是线动量，那么动量定理是有用的。但是，你若是描述的是像**图 9-4** 中那样旋转的保龄球角度变动的动量，那又该如何呢？回顾你学过的转动的知识，只要存在力矩，一个转动物体的角速度就会发生改变。这是在转动中运用牛顿定律的结论，对于等式$\tau=\frac{I\Delta\omega}{\Delta t}$，也可以像牛顿第二运动定律一样，将其变形为$\tau\Delta t=I\Delta\omega$。

上述方程的左边$\tau\Delta t$是转动物体的冲量矩，亦称角冲量，右边则可以改写为$I\Delta\omega=I\omega_f-I\omega_i$。转动物体的转动惯量和角速度的乘积叫作它的**角动量(angular momentum)**，用符号L表示。物体的角动量定义如下：

角动量

一个物体的角动量等于该物体的转动惯量与它的角速度的乘积。

$$L=I\omega$$

角动量的单位是kg·m²/s。就像受到冲量作用后，物体的线动量会发生改变一样，当物体受到一个冲量矩的作用后，其角动量也会改变。作用在物体上的冲量矩等于该物体角动量的改变量，这叫作**角动量定理(angular impulse - angular momentum theorem)**，可用下式表示：

角动量定理

作用在物体上的冲量矩等于该物体的末角动量减去它的初角动量。

$$\tau\Delta t=L_f-L_i$$

如果没有力作用在物体上，它的线动量是一个常量；如果没有力矩作用在物体上，则它的角动量也是一个常量。但是，这两种情况又有一点区别。由于物体的质量是不会改变的，因此如果它的动量是常量，那么它的速度也是常量。然而对于角动量而言，如果物体的形状发生变化，那么角速度就不能保持为常量了。这是因为转动惯量取决于物体的质量，以及质量相对于转动轴的分布情况。因此，即使没有力矩作用在物体上，它的角速度还是可以变化的。

▶ **与天文学的联系**　天文学家早就发现许多沿着轨道相互环绕的两颗星，它们被称作双星系统。由于引力的方向分别指向对方，所以作用于双星系统的力矩等于零。因此，双星系统的角动量是恒定的。但有时两颗星是如此接近，以致强大的引力把从一颗星上撕扯下来的物质沉积到另一颗星上，这些物质的移动改变了双星系统的转动惯量。结果，即使角动量不变，系统的角速度仍将改变。

生活中的物理学

乒乓球运动　乒乓球运动员通过增加球的旋转以控制球的飞行。球员以某一角度击打乒乓球以使球拍对球施加一个冲量来改变球的动量，并又施加一个角冲量使球旋转。由于与空气的相互作用导致旋转的球快速下降，这使对手回球更加困难。

图 9–5 在跳水前，运动员的质心是在她脚的前面。在跳水期间她的质心路径形成一条抛物线，她通过运动双臂和双脚来改变自身的转动惯量。

分析 运动员如何伸展她的双臂以改变运动过程？

颜色惯例

力 ⟷ 蓝色

跳入游泳池 请仔细观察**图 9–5** 所示的跳水运动员。她是如何开始转动她的身体的？事实上，在起跳时，她把自己的质心移到双足之前，然后利用跳板给双足一个向上的推力，由此得到一个作用在她身上的外力矩。这个力矩作用的时间为 Δt，它增加了跳水运动员的角动量。

在入水之前，跳水运动员可以依靠不断改变转动惯量来改变她的角速度。她可以用双手抱紧膝盖而进入一种卷曲的姿态，通过把质心稍稍移近转轴来减小转动惯量，并增大她的角速度。当临近水面时，她可以挺直肢体，以此增大转动惯量并减小角速度，使自己能竖直地进入水中。

☑ **阅读检测** **解释**为什么让身体处于卷曲状态，可以增加跳水运动员的角速度？

图 9–6 当滑冰运动员踩压冰面时，冰面就对运动员施加一个力矩。

滑冰 花样滑冰运动员也用类似方法在冰面上自转。为了能够单足旋转，滑冰运动员用另一只冰鞋的一部分踩压冰面，由此得到一个外力矩。如**图 9–6** 所示，若她以某一方向对冰面施加力的作用，则冰面会给她一个方向相反的力。如果这个力不是作用在支点上，且不指向支点方向，那么它将产生一个力矩。对于一个给定的力，当它的方向与力臂垂直时，所得到的力矩最大。

滑冰运动员还可通过改变她的转动惯量来控制角速度的大小。伸展双臂与单腿可以使旋转变慢，而向转动轴收拢双臂就可以加快旋转速度。若要停止旋转，必须施加另一个力矩，滑冰运动员用另一只冰鞋以某种方式对冰面施加一个足够大的力，从而形成这一力矩。

例题2

角冲量及角动量的变化 在比赛要结束时，滑冰者绕一个点以2.5转每秒的转速旋转。假定她的转动惯量是0.5 kg·m²，那么她的角动量是多少？在要停止旋转时，滑冰者先降低速度，然后用脚尖在冰面上滑行3.0 s使自己停下来。那么，作用在滑冰者身上角冲量的大小和符号是什么？冰面作用于滑冰者的平均力矩是多少？

1 分析概括问题

- 概述系统。
- 画出转动轴和角冲量的方向。

已知	未知
$\omega_i = 2.5 \times 2\pi$ rad/s	$L_i = ?$
$\omega_f = 0$ rad/s	角冲量$= ?$
$I = 0.50\ \mathrm{kg \cdot m^2}$	$\tau_{平均} = ?$
$\Delta t = 3.0$ s	
$L_f = 0.0\ \mathrm{kg \cdot m^2/s}$	

2 求解未知量

确定初角动量。

$L_i = I\omega_i$ ◀将$I=0.50\ \mathrm{kg \cdot m^2}$和$\omega_i = 2.5\times 2\pi$ rad/s代入。

$= 0.50\ \mathrm{kg \cdot m^2} \times 2.5 \times 2\pi$ rad/s ◀从圈数转换到弧度。

$= 7.9\ \mathrm{kg \cdot m^2/s}$ ◀弧度是一个无量纲单位，已经被约掉。

确定冰面作用于滑冰者的角冲量。

角冲量$= \tau_{avg}\Delta t = L_f - L_i$ 角冲量等于角动量的改变量。

$= 0.0\ \mathrm{kg \cdot m^2/s} - 7.9\ \mathrm{kg \cdot m^2/s}$ ◀用$L_f = 0.0\ \mathrm{kg \cdot m^2/s}$，$L_i = 7.9\ \mathrm{kg \cdot m^2/s}$代入。

$= -7.9\ \mathrm{kg \cdot m^2/s}$

确定冰作用于滑冰者的平均力矩。

根据角冲量，你可以重新列式求出平均力矩。

$\tau_{平均} = \dfrac{L_f - L_i}{\Delta t}$ ◀求平均力矩。

$= \dfrac{0.0\ \mathrm{kg \cdot m^2/s} - 7.9\ \mathrm{kg \cdot m^2/s}}{3.0\ \mathrm{s}}$ ◀将$L_f = 0.0\mathrm{kg \cdot m^2/s}$，$L_i = 7.9\ \mathrm{kg \cdot m^2/s}$和$\Delta t = 3.0$ s代入。

$= -2.6\ \mathrm{N \cdot m}$ ◀$\mathrm{kg \cdot m^2/s^2}$等于N·m.

3 验证答案

- **单位是否正确？** 正确，$\mathrm{kg \cdot m^2/s^2}$等于N·m。
- **符号是否有意义？** 角冲量和力矩都是负的，表示角动量在减小。
- **数值是否合理？** 合理，力矩的值很小，但力矩和时间的乘积等于角动量的值。

练一练

6. 如**图9–7**所示，车间中的一个直径为0.25 m的圆锯片以5.0×10^3 rpm的转速旋转。关闭电源后，圆锯片经过几秒钟就停止转动。圆锯片的转动惯量是8.0×10^{-3} kg·m²，转轴间的摩擦力的力矩为2.3×10^{-1} N·m，摩擦力使锯片的转动变慢。那么，经过多少秒圆锯片会停止转动？

图9–7

7. 棒球投手可用132 km/h的速度投出一个弧线球，球以6.0×10^2 rpm的转速旋转。球的角速度是多少？投手的投掷动作持续时间约为0.15 s，球的转动惯量是8.0×10^{-5} kg·m²。投手作用于球的平均力矩是多少？

8. 保龄球投手将球放到球道，球没有滚动而是在滑动。慢慢地，球道表面的摩擦力使得球滚动起来，使球最终具有7.00×10^1 rad/s的角速度。球的转动惯量为0.0350 kg·m²，并且球沿球道运动了2.40 s。那么，球道表面作用于保龄球的角冲量和平均力矩是多少？

9. 一位女士为修理自行车前部轮轴，把自行车夹紧倒放在修理工作台上。她用手给前轮一个力，使车轮以5.0 r/s转动。车轮的转动角速度是多少？如果车轮的转动惯量是0.060 kg·m²，那么这位女士作用于车轮的角冲量是多少？

第1节 复　习

10. **主要概念**　一辆停着的卡车与一滴下落的雨滴相比，哪一个的动量更大？请解释。

11. **动量**　一辆汽车朝南行驶，另一辆车以相同的速率朝北行驶。两车的动量有区别吗？画出动量的矢量图来支持你的结论。

12. **冲量和动量**　当你从高处跳下时，在双足着地前你会让两个膝盖弯曲起来。利用你在本章中学的知识解释为什么你要这样做。

13. **冲量和动量**　在水平方向以26.0 m/s的速度抛出一个质量为0.174 kg的垒球，在被球棒击打后，该球以38.0 m/s的速度朝相反方向运动。

    a. 画出矢量图，以显示在被球棒击打前后球的动量情况。

    b. 说出球的动量改变量的大小与方向。

    c. 说出球棒传递的冲量的大小与方向。

    d. 如果球棒和垒球的接触时间是0.80 ms，球棒施于球的平均力是多少？

14. **动量**　在运球时，无论是落向地面还是从地面弹起，篮球的速率均相同。那么，当它撞击地面时，其动量改变量等于零吗？如果不是，在这种情况下，动量的方向改变了吗？画出显示撞击地面前后篮球的动量情况的矢量图。

图9–8

15. **角动量**　如**图9–8**所示，一名滑冰运动员正在伸展手臂进行旋转。当他收回手臂并高举到头顶上时，他发现自己转得比之前更快了。有力矩作用在这名滑冰运动员的身上吗？如果没有，他的角速度又是怎么增大的？

16. **批判性思维**　一名射手在射箭时，一些箭从靶子上弹出，另一些则刺入靶子。假定所有箭的质量和速度都是相同的，哪些箭对靶子产生的冲量较大？*提示：画出两种情况的示意图，显示在击中靶前后箭的动量情况。*

第2节 动量守恒

物理在你身边

台球比赛开始前，通常是把台球排列成一个三角形。球员用主球击打这堆台球，使得它们向四面八方散开。在击打这堆台球之前，主球的运动将如何影响这些台球被击打后的运动？

主要概念

在一个封闭、孤立系统中，线动量和角动量是守恒的。

核心问题

- 牛顿第三定律与动量守恒有什么关系？
- 在什么条件下动量守恒？
- 动量守恒定律和角动量守恒定律是如何来解释物体的运动？

术语回顾

动量 物体的质量与其速度的乘积

关键术语

封闭系统

孤立系统

动量守恒定律

角动量守恒定律

两个质点的碰撞

在本章第1节中，你学习了在力的作用下，棒球在某个时间间隔内的动量改变情况。在讨论牛顿第三运动定律时，你了解了力是两个物体之间的相互作用。球棒对球施加作用力的同时，必定有一个球对球棒施加大小相等而方向相反的力。那么，球棒的动量也会改变吗？

当击球手击打棒球时，球棒、手、手臂以及击球手所站立的地面，所有这些物体都是相互作用的。因此，不能将球棒作为一个孤立的物体来考虑。为了和复杂的系统作对比，可先考虑如**图9–9**所示的简单系统——两个球的碰撞情况。

力和冲量 在两个球发生冲撞期间，每个球都在很短时间内向对方施加了一个力。尽管每个球的尺寸与速度均不相同，但是根据牛顿第三运动定律可知，它们之间的相互作用力却是大小相等而方向相反的。这两个力可用下式表示：$\boldsymbol{F}_{\text{红对蓝}}=-\boldsymbol{F}_{\text{蓝对红}}$。

那么又该如何来比较两球施于对方的冲量呢？由于两球之间相互施加力的作用时间间隔相同，因此，两球相互作用的冲量的大小必然相等而方向相反：$(\boldsymbol{F}\Delta t)_{\text{红对蓝}}=-(\boldsymbol{F}\Delta t)_{\text{蓝对红}}$。

我们注意到，在已经得出的结论中都没有提到球的质量。即使球具有不同的尺寸，以及相互靠近时速度不同，甚至它们的质量也不相同，但是它们相互作用的力和冲量的大小都是相等的而方向相反。

图9–9 两个球有不同的大小、质量和速度，但是如果它们发生碰撞，那么它们彼此之间相互作用的力与冲量是大小相等而方向相反的。

动量 如**图9-9**所示，女孩和男孩手中的两个球彼此相向滚动发生碰撞，这两个球的动量如何变化？它们的动量变化如**图9-10**所示。

对于球C：$\boldsymbol{p}_{\mathrm{Cf}}-\boldsymbol{p}_{\mathrm{Ci}}=\boldsymbol{F}_{\mathrm{D对C}}\Delta t$；

对于球D：$\boldsymbol{p}_{\mathrm{Df}}-\boldsymbol{p}_{\mathrm{Di}}=\boldsymbol{F}_{\mathrm{C对D}}\Delta t$。

根据动量定理，动量的改变量等于冲量。由于冲量的大小相等但方向相反，我们可得到下式：

$$\boldsymbol{p}_{\mathrm{Cf}}-\boldsymbol{p}_{\mathrm{Ci}}=-(\boldsymbol{p}_{\mathrm{Df}}-\boldsymbol{p}_{\mathrm{Di}})$$

$$\boldsymbol{p}_{\mathrm{Cf}}+\boldsymbol{p}_{\mathrm{Df}}=\boldsymbol{p}_{\mathrm{Ci}}+\boldsymbol{p}_{\mathrm{Di}}。$$

以上方程表明，**图9-10**中碰撞前后两个球的动量之和是相同的。这就是说，球D所获得的动量等于球C所失去的动量。对于两个球构成的系统而言，这意味着系统的总动量保持不变，即对于系统来说，动量是守恒的。

封闭、孤立系统的动量

由两个球构成的系统的动量在什么条件下会守恒呢？首要条件就是系统内的球没有增加或减少。像这种质量既没有增大也没有减小的系统称为**封闭系统(closed system)**。

保持系统动量守恒的第二个条件就是涉及的所有力均为内力，即不存在系统外部的物体施加的作用力。当没有净力作用在封闭系统上时，这个系统就称为**孤立系统(isolated system)**。不过，在地球上，没有任何一个系统可以称为是绝对孤立的，因为一个系统与它的周围环境之间或多或少总会存在着一些相互作用。通常，这些相互作用非常小，你在分析系统中的物理问题时，可以对它们忽略不计。

一个系统可以包括许多物体，在碰撞时这些物体既可以黏合在一起，也可以相互分离。在这样的条件下，任何一个封闭孤立系统的动量是不会改变的，这就叫作**动量守恒定律(law of conservation of momentum)**。有了这一定律，即使你并不了解系统内物体相互作用的具体细节，你也能把物体在相互作用之前、之后的状况联系起来。

阅读检测 **解释**一个封闭系统与一个孤立系统的区别。

图9-10 当两个质量和速度都不同的球碰撞时，每个球的动量都发生改变。如果是孤立系统，那么碰撞前后的动量之和是相等的。

分析 你如何从图中得出两个球施加于对方的冲量大小相等？

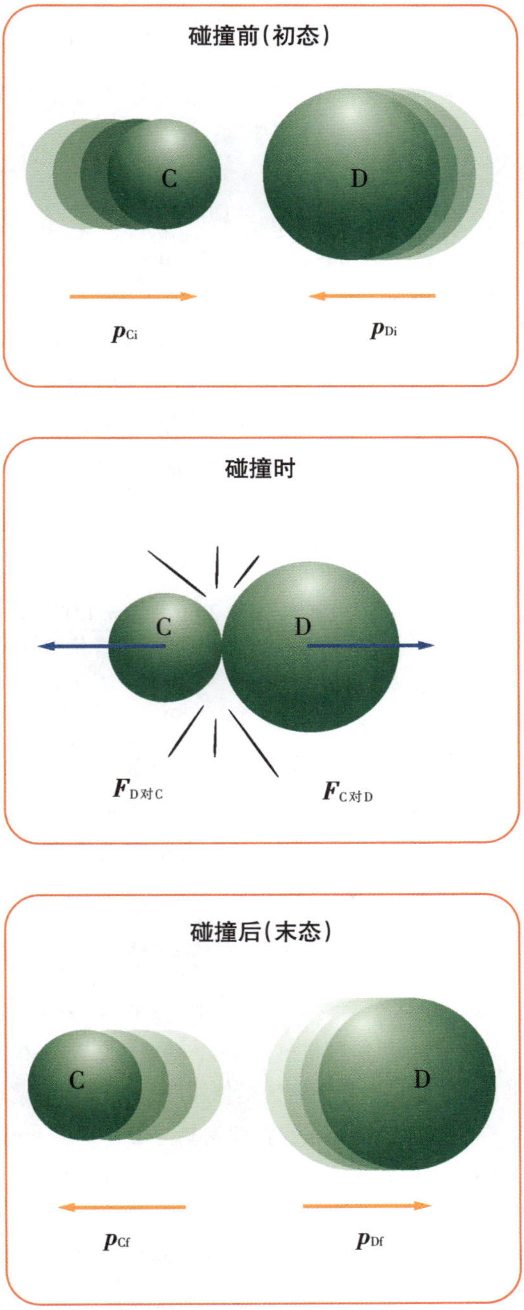

例题3

速率 冰面上，一辆质量为1 875 kg的汽车，以23 m/s的速度尾随在另一辆质量为1 025 kg、以17 m/s的速度沿同方向行驶的小汽车之后。突然，两车撞在了一起。在碰撞后的这一刻，两车一起行驶的速度有多大？

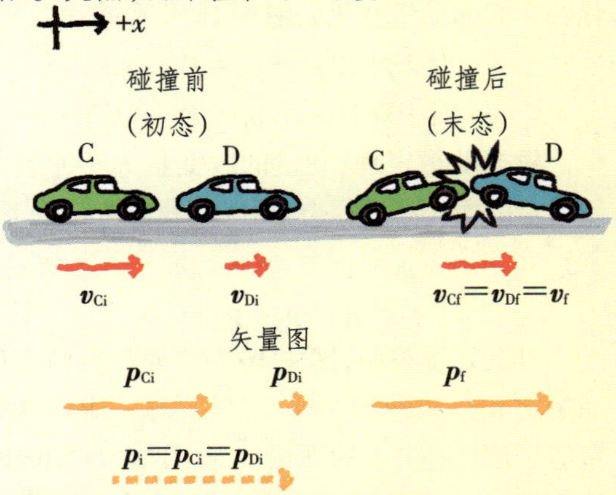

1 分析概括问题

- 确定系统。
- 建立坐标系。
- 作出示意图，标明碰撞前及碰撞后的情形。
- 作出动量的矢量图。

已知		未知
$m_C=1\ 875\ \text{kg}$	$m_D=1\ 025\ \text{kg}$	$\boldsymbol{v}_f=?$
$\boldsymbol{v}_{Ci}=+23\ \text{m/s}$	$\boldsymbol{v}_{Di}=+17\ \text{m/s}$	

2 求解未知量

将两辆车作为一个系统。由于冰面作用于两车上的净力接近于零，所以动量守恒。

$\boldsymbol{p}_i=\boldsymbol{p}_f \qquad \boldsymbol{p}_{Ci}+\boldsymbol{p}_{Di}=\boldsymbol{p}_{Cf}+\boldsymbol{p}_{Df} \qquad m_C\boldsymbol{v}_{Ci}+m_D\boldsymbol{v}_{Di}=m_C\boldsymbol{v}_{Cf}+m_D\boldsymbol{v}_{Df}$

由于两车撞在一起，因此碰撞后它们的速度相等，以$\boldsymbol{v}_f$表示。

$\boldsymbol{v}_{Cf}=\boldsymbol{v}_{Df}=\boldsymbol{v}_f \qquad m_C\boldsymbol{v}_{Ci}+m_D\boldsymbol{v}_{Di}=(m_C+m_D)\boldsymbol{v}_f$

求$\boldsymbol{v}_f$。

$$\boldsymbol{v}_f=\frac{m_Cv_{Ci}+m_Dv_{Di}}{m_C+m_D}$$

$$=\frac{1\ 875\ \text{kg}\times(+23\ \text{m/s})+1\ 025\ \text{kg}\times(+17\ \text{m/s})}{1\ 875\ \text{kg}+1\ 025\ \text{kg}}$$

◀将$m_C=1\ 875\ \text{kg}$，$v_C=+23\text{m/s}$，$m_D=1\ 025\ \text{kg}$，$v_{Di}=+17\text{m/s}$代入。

$$=+21\text{m/s}$$

3 验证答案

- **单位是否正确？** 速度用m/s量度。
- **符号是否有意义？** 由于$\boldsymbol{v}_i$和$\boldsymbol{v}_f$都在正方向上，因此$\boldsymbol{v}_f$应当为正。
- **数值是否合理？** $\boldsymbol{v}_f$的大小在两辆汽车的初速率的大小之间，而且接近比较大的那一辆车的速率，所以这是合理的。

练一练

17. 两辆质量均为3.0×10^5 kg的卡车碰撞在一起。已知碰撞前，其中一辆车以2.2 m/s的速度行驶，而另一辆则是停在路边。碰撞后两辆车的末速度是多少？把两辆车看作一个系统。

18. 一颗质量为35.0 g的子弹，打在一块质量为5.0 kg的原本静止的木板上，嵌入木板后与木板一起以8.6 m/s的速度飞离。子弹原来的飞行速率为多大？把子弹和木板看作一个系统。

19. 一颗质量为35.0 g的子弹，以475 m/s的速率打在一个质量为2.5 kg、静止在冰上的面粉袋上。在穿过面粉袋后，子弹以275 m/s的速度穿出。当子弹穿出时，面粉袋的速度为多大？

20. 上题中的这一颗子弹，若击中了一颗静止的质量为2.5 kg的钢球，碰撞后子弹以5.0 m/s的速率弹回。当子弹弹回时，钢球运动的速度为多大？

21. 挑战题 一个质量为0.50 kg、速度为6.0 m/s的小球，迎面撞上了另一个质量为1.00 kg、以12.0 m/s的速度反向运动的小球。在发生碰撞后，质量为0.50 kg的小球以14 m/s的速度弹回。求此时另一个小球的速率和方向。

图9–11 长发女孩C对短发女孩D施加一个力，使短发女孩D向右运动。短发女孩D的一个反作用力施加于长发女孩C，使其后退，长发女孩C相对于球的位置表明这两个力的大小是相等的。

推测 从她们的运动情况来看，你能得出长发女孩C的质量比短发女孩D的质量大得多吗？

反 冲

在定义一个系统时，必须要非常谨慎。当球棒对球施加作用力后，棒球的动量发生了改变，因此，棒球并不是一个孤立系统。另一方面，孤立系统中的两个碰撞球的总动量是保持不变的，因为所有的力均只发生在系统内部的物体之间。

如**图9–11**所示，两名滑冰者站在一条直线上，你能求出她们的最终速度吗？假如她们是在一个光滑场地上滑行，且没有受到外力的作用。开始时，她们都是静止的，一个站在另一个的后面。

穿着溜冰鞋的长发女孩C推了同样在滑冰的短发女孩D一下，然后两个孩子沿相反方向运动了起来，这个情形其实和一次爆炸非常类似。由于推力是一个内力，你可以利用动量守恒定律来求两个滑冰孩子的相对速度。在推动之前，系统的总动量为零，因此在推动之后，总动量必定还是零。

之前　之后

$$\boldsymbol{p}_{Ci}+\boldsymbol{p}_{Di}=\boldsymbol{p}_{Cf}+\boldsymbol{p}_{Df}$$

$$0=\boldsymbol{p}_{Cf}+\boldsymbol{p}_{Df}$$

$$\boldsymbol{p}_{Cf}=-\boldsymbol{p}_{Df}$$

$$m_C\boldsymbol{v}_{Cf}=-m_D\boldsymbol{v}_{Df}$$

选择向左为坐标系的正方向。在推动发生之后，两名滑冰者的动量大小相等而方向相反。滑冰者C的向后运动是一个反冲的例子。思考一下，两名滑冰者的速度是否也是大小相等而方向相反呢？对于滑冰者C的速度，以上最后一个方程可以改写如下：

$$\boldsymbol{v}_{Cf}=\frac{-m_D}{m_C}\boldsymbol{v}_{Df}$$

滑冰者的速度取决于她们的相对质量。若女孩C的质量为40.0 kg，而女孩D的质量为35.0 kg，那么她们的速度之比就是40.0∶35.0，即1.14。同时你还知道，质量较小的滑冰者的速度较大。此外，便再没有关于滑冰者C推动滑冰者D的更多信息了，因此你无法求出每一名滑冰者的速度。

物理实验

小车的碰撞*

当两辆小车发生碰撞时，它们的动量发生了什么变化？

迷你实验

弹跳高度

一个球的质量和速度如何影响它的动量的？

太空中的推力

在太空中，火箭是如何改变运行速度的呢？事实上，火箭的引擎燃料仓中装有燃料和氧气。当两种物质发生化学反应后，产生的高热气体从喷口处高速排出。如果将火箭与燃料看作一个系统，那么它就是一个封闭系统。由于排出气体的力是内力，系统又是一个孤立系统，因此根据动量守恒定律和牛顿第三运动定律，火箭在太空中可以做加速运动。

一种新型的太空推进器，利用运动的离子使飞船获得反冲力而运动。离子推进器利用电场或磁场来加速离子。当离子沿一个方向射出时，由于动量守恒，飞船将沿相反方向运动。离子发动机产生的力还不到1 N，但是它可以持续运行很长时间，从而使飞船的速度发生明显的变化。

例题 4

速率 一名静止在太空中的航天员点燃手中的喷火枪，手枪喷出35 g速度为875 m/s的炽热气体。已知航天员及喷火枪的总质量为84 kg，求在点燃喷火枪后航天员运动的速度大小及方向。

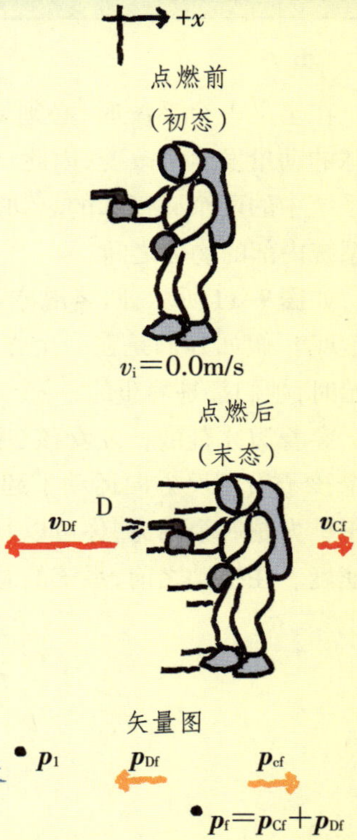

1 分析概括问题

- 确定系统。
- 建立坐标轴。
- 概述点燃前和点燃后的条件。
- 作出动量的矢量图。

已知		未知
$m_C=84\ \text{kg}$	$v_{Ci}=v_{Di}=+0.0\ \text{m/s}$	$v_{Cf}=?$
$m_D=0.035\ \text{kg}$	$v_{Df}=-875\ \text{m/s}$	

2 求解未知量

系统由航天员、喷火枪和气体组成。

$p_i=p_{Ci}+p_{Di}=0.0\ \text{kg}\cdot\text{m/s}$ ◀喷火枪点火前，系统是静止的，因此系统的初动量为零。

利用动量守恒定律求出p_{Cf}。

$$p_i=p_f$$

$$0.0\ \text{kg}\cdot\text{m/s}=p_{Cf}+p_{Df}$$ ◀喷火枪喷出的气体的动量与航天员的动量的大小相等，方向相反。

$$p_{Cf}=-p_{Df}$$

求航天员的末速度v_{Cf}。

$$m_Cv_{Cf}=-m_Dv_{Df}$$

$$v_{Cf}=\frac{-m_Dv_{Df}}{m_C}$$

$$=\frac{-0.035\ \text{kg}\times(-875\ \text{m/s})}{84\ \text{kg}}=+0.36\ \text{m/s}$$ ◀将$m_D=0.035\ \text{kg}$，$v_{Df}=-875\ \text{m/s}$，$m_C=84\ \text{kg}$代入。

3 验证答案

- **单位是否正确？** 速度是用m/s量度的。
- **符号是否有意义？** 航天员的速度的方向与喷火枪喷出气体的方向相反。
- **数值是否合理？** 航天员的质量比喷出气体的质量大得多，所以他的速度比喷出气体的速度小得多。

练一练

22. 将质量为4.00 kg的模型火箭点火升空，50 g燃烧的燃气以625 m/s的速度从喷口喷出。求燃气喷出后火箭的速度。*提示：空气阻力等外力忽略不计。*

23. 一根绳子把两辆质量分别为1.5 kg和4.5 kg的手推车系在一起。点燃绳子，位于两辆车之间的压缩弹簧使它们分离开来。已知分开时，质量为1.5 kg的手推车以27 cm/s的速度向左运动，那么此时另一辆车的运动速度为多少？

24. 挑战题 卡门与朱迪沿码头边划着他们的小船。到达码头后，他们下船，但没有把小船固定，小船还可以自由移动。质量为80 kg的卡门以4.0 m/s的速度离开小船，走上码头。他的运动引起了小船的移动。若朱迪与小船的总质量为115 kg，则卡门离开时，小船的速度的大小与方向如何？

二维碰撞

到目前为止，你所遇到的都是一维动量。对于所有没有外力作用的封闭系统而言，动量守恒定律均适用，而与这些质点在它们相互作用前后的运动方向无关。然而，对于二维或三维运动，情况又是怎样的呢？如**图9-12**显示出台球C击打静止的台球D后的结果。若将两个台球视为一个系统，运动球的原有动量为$\boldsymbol{p}_{Ci}$，而静止球的动量为零，因此碰撞前系统的动量就等于$\boldsymbol{p}_{Ci}$。

碰撞后，两个球都在运动，因此都具有动量。如果忽略球与桌面产生的摩擦力，系统便是孤立封闭的，动量守恒定律仍然成立，系统初动量等于系统末动量的矢量和，即$\boldsymbol{p}_{Ci}=\boldsymbol{p}_{Cf}+\boldsymbol{p}_{Df}$。

以上关于碰撞前后的动量等式意味着，在碰撞前后，矢量的各分量之和必须相等。如果把x轴定义为沿初始动量的方向，则初始动量的y方向分量等于零：

$$p_{Cf,y}+p_{Df,y}=0$$

两球动量的y方向分量的大小相等而方向相反，因此正负号相反；两球碰撞前后动量的水平方向分量之和相等：

$$p_{Ci}=p_{Cf,x}+p_{Df,x}$$

迷你实验

动　量*

你怎样用动量守恒定律来求碰撞后的物体的速度？

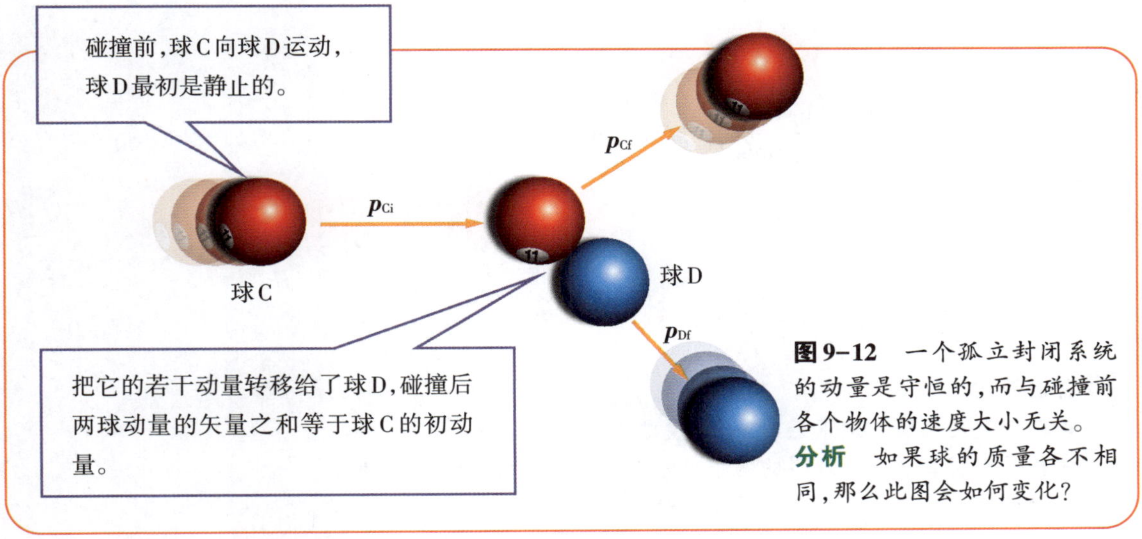

图9-12 一个孤立封闭系统的动量是守恒的，而与碰撞前各个物体的速度大小无关。
分析 如果球的质量各不相同，那么此图会如何变化？

例题5

速率　一辆质量为1 325 kg的汽车C以27.0 m/s的速度向北行驶，另一辆质量为2 165 kg的汽车D以11.0 m/s的速度向东行驶。若两车发生了碰撞，且黏合在了一起，求碰撞后它们的速率及运动方向。

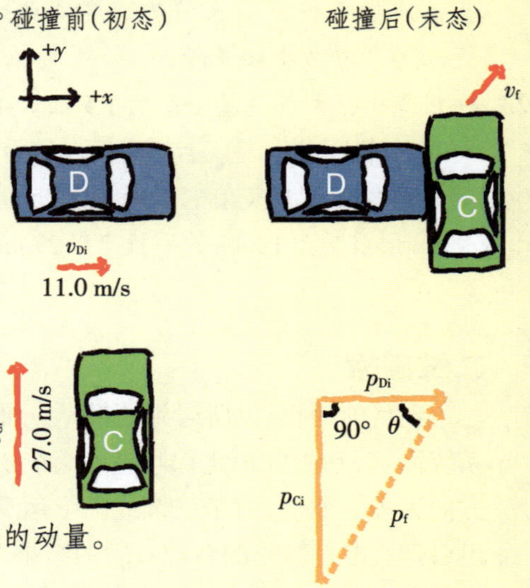

1 分析概括问题

- 确定系统。
- 概述“碰撞前”及“碰撞后”的情形。
- 建立x轴向东、y轴向北的坐标系。
- 作出动量的矢量图。

已知	未知
$m_C=1\ 325$ kg	$v_f=?$
$m_D=2\ 165$ kg	$\theta=?$
$v_{Ci,y}=27.0$ m/s	
$v_{Di,x}=11.0$ m/s	

2 求解未知量

把两辆车看作一个系统。确定两车的初始动量以及系统的动量。

$p_{Ci}=m_Cv_{Ci,y}$

$=1\ 325\ \text{kg}\times27.0\ \text{m/s}=3.58\times10^4\ \text{kg·m/s}$（向北）　◀将$m_C=1\ 325$ kg，$v_{Ci,y}=27.0$ m/s代入。

$p_{Di}=m_Dv_{Di,x}$

$=2\ 165\ \text{kg}\times11.0\ \text{m/s}=2.38\times10^4\ \text{kg·m/s}$（向东）　◀将$m_D=2\ 165$ kg，$v_{Di,x}=11.0$ m/s代入。

利用动量守恒定律求解p_f。

$p_{f,x}=p_{i,x}=2.38\times10^4\ \text{kg·m/s}$　◀将$p_{i,x}=p_{Di}=2.38\times10^4$ kg·m/s代入。

$p_{f,y}=p_{i,y}=3.58\times10^4\ \text{kg·m/s}$　◀将$p_{i,y}=p_{Ci}=3.58\times10^4$ kg·m/s代入。

根据矢量图，建立有关$p_{f,x}$和$p_{f,y}$的方程。

$$p_f=\sqrt{(p_{f,x})^2+(p_{f,y})^2}$$

$$=\sqrt{(2.38\times10^4\ \text{kg·m/s})^2+(3.58\times10^4\ \text{kg·m/s})^2}$$

◀将$p_{f,x}=2.38\times10^4$ kg·m/s，$p_{f,y}=3.58\times10^4$ kg·m/s代入。

$$=4.30\times10^4\ \text{kg·m/s}$$

求出θ。

$$\theta=\arctan\left(\frac{p_{f,y}}{p_{f,x}}\right)$$

$$=\arctan\left(\frac{3.58\times10^4\ \text{kg·m/s}}{2.38\times10^4\ \text{kg·m/s}}\right)=56.4°$$

◀将$p_{f,y}=3.58\times10^4$ kg·m/s，$p_{f,x}=2.38\times10^4$ kg·m/s代入。

求出速率。

$$v_f=\frac{p_f}{m_C+m_D}$$

$$=\frac{4.30\times10^4\ \text{kg·m/s}}{1\ 325\ \text{kg}+2\ 165\ \text{kg}}=12.3\ \text{m/s}$$

◀将$p_f=4.30\times10^4$ kg·m/s，$m_C=1\ 325$ kg，$m_D=2\ 165$ kg代入。

3 验证答案

- **单位是否正确？** 速度是用m/s量度的。
- **符号是否有意义？** 求得的两个分量都为正，并沿着合适的角度。
- **数值是否合理？** 两辆汽车粘在一起，所以v_f必定小于v_{Ci}。

练一练

25. 一辆质量为925 kg的汽车以20.1 m/s的速度向北行驶，在途中与另一辆质量为1 865 kg、以13.4 m/s的速度向西行驶的汽车发生碰撞，撞击后两车粘在了一起。碰撞后它们运动速度的大小与方向分别是什么？把两辆汽车看作一个系统。

26. 一辆质量为1 383 kg的汽车以11.2 m/s的速度向南行驶，在途中与另一辆质量为1 732 kg、以31.3 m/s的速度向东行驶的汽车发生碰撞，撞击后两车粘在了一起。在撞击后的瞬间，它们以多快的速度沿什么方向运动？把两辆汽车看作一个系统。

27. 一辆质量为1 345 kg的汽车以15.7 m/s的速度向东行驶，途中与另一辆质量为1 923 kg向北运动的汽车相撞。之后，它们碰在了一起，并以14.5 m/s的速度沿$\theta=63.5°$方向运动。向北行驶的那辆汽车碰撞前的速率是否超过了20.1 m/s？

28. **挑战题** 一个质量为0.17 kg的静止的台球，被一运动速度为4.0 m/s的同样的台球碰击。碰撞后，原先运动的台球朝着与它原来方向向左成60°角的方向运动，而原先静止的那个台球则朝着与运动球原来方向向右成30°角的方向运动。求碰撞后各个球的速度。

角动量守恒

正如线动量那样，角动量也可以守恒。**角动量守恒定律(law of conservation of angular momentum)**表述为，若一个物体不受外力矩的作用，则它的角动量就不会发生改变。这可以用下式表示：

角动量守恒定律

一个物体的初角动量等于它的末角动量。

$$L_i=L_f$$

如**图9–13**所示，滑冰者的旋转运动也可以说明角动量守恒。当他收缩双臂时，他的旋转速度开始变快。由于没有受到外力矩的作用，他的角动量是不变的，即$L=I\omega$为一常量。因此，滑冰者角速度的增大必定是由于他的转动惯量的减小。为此，滑冰者会收缩双臂而紧贴身体，这样他将有更多的质量靠近旋转轴，即减小了旋转半径，因此他的转动惯量也随之减小。你可以利用角动量守恒定律，计算出角速度的变化情况。

$$L_i=L_f$$

$$\text{所以，}I_i\omega_i=I_f\omega_f$$

$$\frac{\omega_f}{\omega_i}=\frac{I_i}{I_f}$$

图9–13 当滑冰者把双臂收入自己的怀中时，他的转动惯量减小。由于角动量守恒，他的角速度增大。

图9-14 如果你旋转一个倾斜的陀螺，地球的引力会对它施加一个力矩的作用，使它的顶端上部发生进动。

判断为什么陀螺只有当它倾斜时，其顶端才会发生进动？

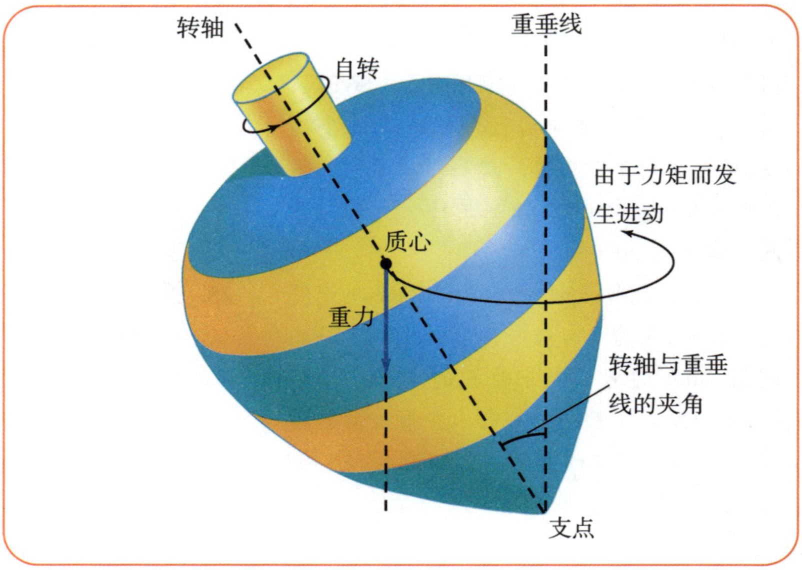

陀螺与陀螺仪

由于角动量守恒，因此一个自转物体的转动方向只有在受到力矩作用时才会改变。如果你像孩子一样玩陀螺，那么你可以用手拧转轴或通过抽拉环绕在陀螺转轴上的细绳，使陀螺旋转起来。当陀螺垂直时，重力的作用线通过支点，所以它不受力矩的作用，因此转动轴的方向不变。若陀螺有一定的倾斜，如**图9-14**所示，则存在一个使它向下旋转的力矩。此时，陀螺的上端部分将不仅仅只是倾斜，而是绕垂直轴慢慢地旋转(进动)。

地球的转动是另一个自转物体进动的例子。地球并不是一个完全的球形。因为它在赤道部分是凸出的，所以太阳会对地球施加一个力矩的作用，这便造成了地球的进动。大约每隔26 000年，地球的转轴进动一周。

物理实验

旋转的车轮*

什么能使你旋转起来?

☑ **阅读检测** **分析** 为什么地球在自转的时候发生进动?

物理挑战题

你的朋友驾驶了一辆质量为1 265 kg的汽车，沿着栎树街向正北方向行驶。此时，另一辆质量为925 kg的小型车正沿枫树街向西行驶。在交叉口处，两车撞在了一起，并沿西北方向42°角滑行了23.1 m。已知这两条街的限速均为22 m/s。假设在碰撞时，动量是守恒的；而在刹车时，汽车的加速度保持恒定。设轮胎与路面之间的动摩擦因数为0.65。

1. 你的朋友要求索赔，因为她没有超速而另一位驾驶员超速了。那么你知道你的朋友在碰撞前行驶的速度为多大吗?
2. 另一辆小型车在碰撞前的运动速度多大? 你能在法庭上支持你朋友的诉讼吗?

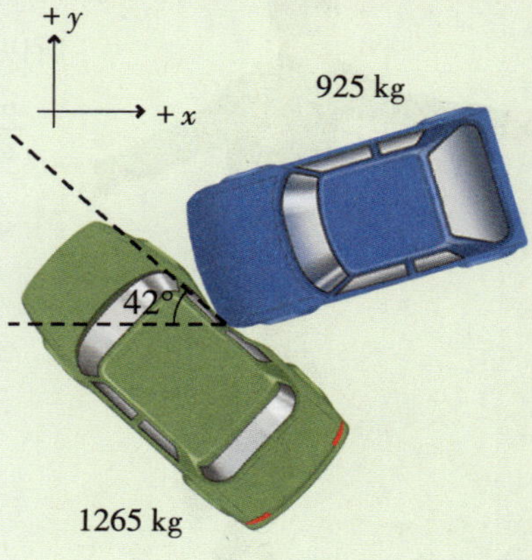

如**图9-15**所示，陀螺仪是一个绕轴高速自转的飞轮或转盘，且它的自转轴又能自由地绕一个或两个其他轴发生转动。转盘的大角动量的方向只有在受到一个适当力矩的作用下才会改变；若没有这样一个力矩，自转轴的方向是不变的。

图9-15 陀螺仪是用来维持一个固定的方向的。因为陀螺仪即使在运动时，其自转轴也不会改变它定位的方向。

陀螺仪广泛应用于飞机、潜艇和宇宙飞船，它被用来作为方向的参照。巨型陀螺仪则应用在巡航的船舰上观察方向的变化，它可以减小船只在狂浪中的颠簸。与磁罗盘仪不同，即使不在水平面上，陀螺罗盘仪也能保持它的方向。

四分卫经常运用陀螺效应，以确保橄榄球前进的正确路线。在他掷球时，总是要先将球旋转起来。若他使球沿着前进方向为轴发生自转，那么球就会保持这个方向前进，从而可以减小空气阻力的作用。这样，球就会掷得远，而方向又正确。假如自转方向稍有偏离，球就会晃动；假如球不自转，它就会头尾翻滚起来。

一个塑料圆盘的飞行也是靠自转而保持稳定的。一个自转良好的塑料转盘可以在空气中飞行好多米远而不发生摇摆晃动。由于一个溜溜球的转动非常快，使得它可以保持在一个平面内旋转，因此你可以用它做一些特技表演。

第2节 复 习

29. 主要概念 一个塑料圆盘的外围既厚又重。这样设计，除了可以使它比较容易被抓住以外，还会怎样影响塑料圆盘的转动特性呢？

30. 速率 一辆小车重24.5 N，在长为1 m、倾角为30°的斜面上被静止释放，如**图9-16**所示。小车沿斜面滚下后，与另一重36.8 N的小车相碰撞。

a. 把两辆小车看作一个系统。计算第一辆小车在斜面底部时的速率。

b. 如果两车撞在一起，那么它们将以多大的初速度向前运动？

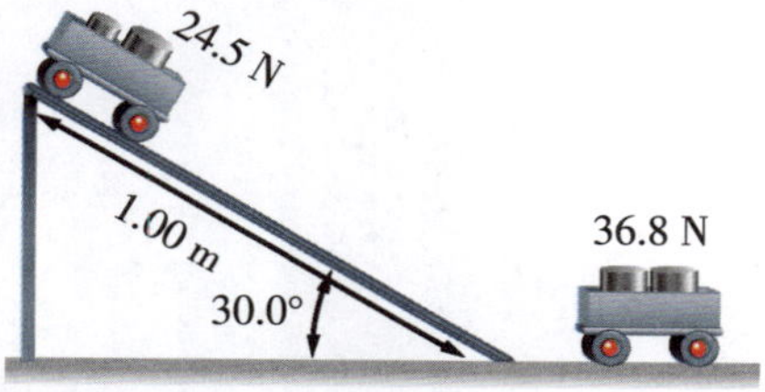

图9-16

31. 动量守恒 网球发球时，当球被击打后，网球运动员的球拍会继续向前运动。在这个碰撞中，动量守恒吗？请解释并弄清楚你所定义的系统。

32. 动量 一名撑竿跳运动员以一定的水平动量跑向起跳点。使这个运动员越过横杆的竖直动量是从哪里来的？

33. 初动量 在足球比赛中，为了争一个头球，两名运动员从相对方向跑来并发生了碰撞。他们在半空中停留了一下，然后落到地面上。描述他们的初始动量。

34. 批判性思维 假如你站在滑板上接住了一个重球，那么你就会向后移动；而如果你站在地面上，当接住同样的球时，你可能就不会发生移动。

a. 说明每种情况你所定义的系统。

b. 利用动量守恒定律解释以上两种情景。

起步实验

物体的碰撞

实验步骤

1. 在平滑桌面上，将一个实心球与一个空心塑料球相向滚动。
2. 观察碰撞后两球的运动方向。
3. 重复这个实验，这一次使实心木球保持静止，让空心塑料球向木球方向运动。
4. 观察碰撞后两球的运动方向。
5. 再次重复这个实验，这次让空心塑料球保持静止，而让实心木球朝空心塑料球方向运动。
6. 观察碰撞后两球的运动方向。

分析

7. 哪些因素影响碰撞后两球的运动快慢？哪些因素决定了碰撞后两球的运动方向？

8. **批判性思维** 哪些因素可使实心木球与空心塑料球在碰撞后的运动方向相反？

迷你实验

弹跳高度

实验步骤

1. 在桌面上15 cm处落下一个体积较大的皮球。
2. 使用米尺测量并记录皮球弹跳的高度。
3. 用一个体积较小的皮球，重复步骤1～2。
4. 将小皮球放在大皮球的上方，并使两球相互接触。
5. 在同样高度释放这两个皮球，使它们一起下落。
6. 测量并记录这两球的弹跳高度。

分析

7. 描述自由下落的每个皮球的弹跳高度。

8. 对比与比较步骤6和步骤2、3所得的弹跳高度。

9. 解释你的观察结果。

物理实验

实验器材

米尺
4个实验用的小车，这些车在碰撞时可粘连或锁定在一起。
摄像机

非弹性碰撞

在这个实验中，你要用一辆运动的小车去碰撞另一辆静止的小车，使碰撞后两车粘连在一起。你需要测量两车的质量及碰撞前后的速度。然后计算两车碰撞前后的动量。

问题

非弹性碰撞是如何影响系统的动量的？

目标

- **描述**在碰撞过程中动量是如何转移的。
- **计算**所涉及的动量。
- **解释**来自碰撞的数据。
- **总结**支持动量守恒定律的证据。

实验步骤

1. 测量每辆小车的质量，并在数据表中记录这些值。
2. 确定你的摄像机拍摄时的帧速率。
3. 沿着桌子放一把米尺。将小车1放在米尺的一端，而将小车2放在米尺50 cm的刻度处。

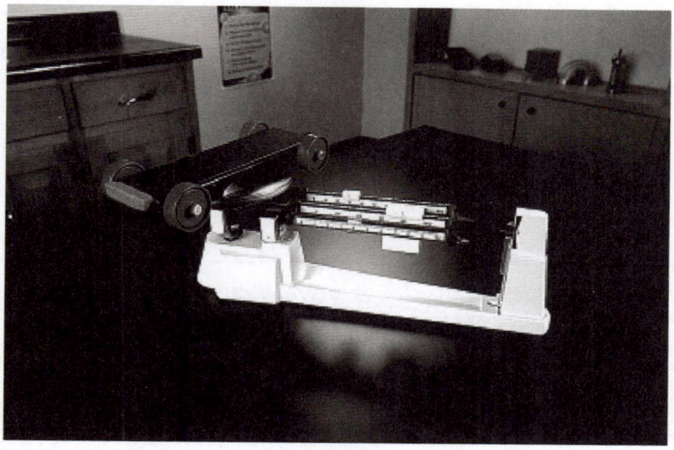

4. 开始拍摄。推动小车1，使其与小车2碰撞。
5. 逐帧观看视频。确定小车1在碰撞之前的0.1 s间隔内行进的距离，以及小车1和小车2作为一个系统在碰撞后的0.1 s内行驶的距离。在数据表中记录这些值。
6. 将小车1和小车3堆叠在一起，然后将小车1和小车3作为一个系统，去碰撞最初静止的小车2。重复以上步骤3～5。
7. 将小车2和小车3堆叠在一起，然后将小车1撞击最初静止的小车2和小车3构成的系统。重复以上步骤3～5。
8. 将小车1和小车3堆叠在一起、小车2和小车4堆叠在一起，然后将小车1和小车3构成的系统撞击最初静止的小车2和小车4构成的系统。重复以上步骤3～5。

数据表

小车	质量(kg)
1	
2	
3	
4	

碰撞前运动的时间(s)	碰撞前前进的距离(m)	初速度(cm/s)	碰撞前小车的质量(g)	初始动量(g·cm/s)
0.1				
0.1				
0.1				
0.1				

碰撞后运动的时间(s)	碰撞后前进的距离(m)	末速度(cm/s)	碰撞后小车的质量(g)	末动量(g·cm/s)
0.1				
0.1				
0.1				
0.1				

分析

1. 计算每辆小车系统的初速度及末速度。在数据表中记录你的答案。

2. 计算每辆小车系统的初动量及末动量。在数据表中记录你的答案。

3. 作出图象,显示各部分录像中末动量与初动量之间的关系。

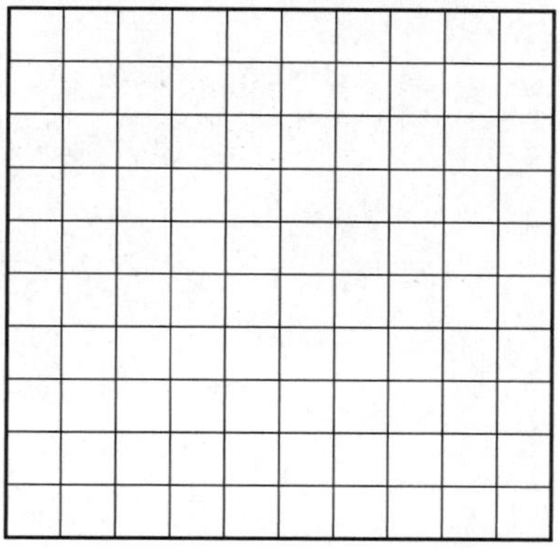

结论与应用

1. 在非弹性碰撞中,小车系统的初动量与末动量之间的关系是什么?

2. 理论上,你的图线的斜率应该是多少?

3. 由于仪器的精密度,摩擦及其他因素的影响,初始数据和最终数据可能并不相同。初始动量一般会比最终动量大一些还是小一些?为什么?请解释。

进一步探索

1. 描述哪组速度与动量的数据,看起来好像两辆小车没有粘连在一起,而是彼此反弹分离?

2. 设计一个实验,测试在碰撞期间摩擦对小车系统的影响。预测在这个实验后,你所得的图线斜率将如何改变。然后完成你的实验。

生活中的物理学

1. 在橄榄球比赛中,假定一名后卫与一名静止在原地的四分卫相撞,他们两人缠在了一起,如果动量是守恒的,那么这名后卫与四分卫构成的系统的速度将发生怎样的变化?

2. 如果一辆汽车撞到前面另一辆静止的汽车上,且两车连在了一起。那么第一辆汽车与第二辆汽车的速度分别发生什么变化?

天空中的火球

想象一下，相当于一个小城市大小的小行星撞向地球，它的动量一定会引起地球上的物体运动。

1 科学家们认为，这样的碰撞发生在6500万年前，并导致了恐龙的灭绝。这次碰撞还在墨西哥的希克苏鲁伯地区留下了一个陨石坑。

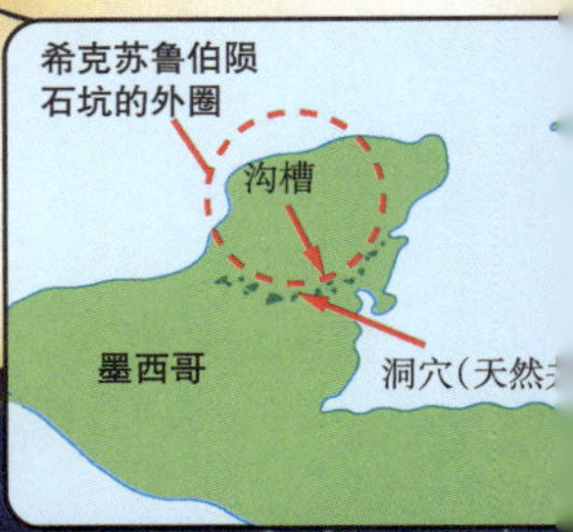

2 天文学家正在跟踪超过1000个直径大于1 km的近地天体(NEOs)，这些天体会对它周围的物体造成毁灭。不过到目前为止，还没有人预测它们会与地球相撞。

3 一个巨大的小行星与地球发生碰撞后，将会产生许多碎片，这些碎片可能会让天空连续几个月变得灰暗。小行星猛烈碰撞产生的冲量还可能引起海啸，掀起巨大的海浪，从而淹没海岸线周边的整个地区。

4 科学家们应该监测这些有威胁的近地天体(NEO)，世界各国领导人希望能找到一种方法，通过发射航天器发现这些天体，并改变它们的飞行路线。

5 一些人担心那些危险的近地天体(NEO)的动量太大以至于人们无法利用技术去明显地改变它们的运动轨迹。科学家们希望早期的监测可以给人们足够长的时间去做好准备，从而应对因碰撞而产生的自然灾害。

进一步探索

研究 找出更多形成月亮的过程中发生的碰撞，发生这样的碰撞有一些什么迹象？

第9章 复习指南

大概念 如果作用在一个封闭系统上的净力为零，那么这个系统的总动量守恒。

关键术语

- 冲量
- 动量
- 动量定理
- 角动量
- 角动量定理

第1节 冲量与动量

主要概念 一个物体的动量等于它的质量乘以它的速度。

- 作用于一个物体上的冲量等于施加在该物体上的净力的平均值与力的作用时间间隔的乘积：

$$\text{冲量}=F\Delta t$$

- 一个物体的动量等于它的质量与其速度的乘积。动量是一个矢量。

$$p=mv$$

- 当在做有关动量的习题时，首先要明确系统中要研究的物体，然后说明事件发生前后这些物体的动量。作用于一个物体上的冲量等于物体动量的改变量：

$$F\Delta t=p_f-p_i$$

- 一个做转动的物体的角动量是它的转动惯量与角速度的乘积：

$$L=I\omega$$

- 角动量定理表述为，作用在一个物体上的冲量矩等于物体角动量的改变量：

$$\tau\Delta t=L_f-L_i$$

关键术语

- 封闭系统
- 孤立系统
- 动量守恒定律
- 角动量守恒定律

第2节 动量守恒

主要概念 在一个封闭、孤立系统中，线动量和角动量是守恒的。

- 根据牛顿第三运动定律与动量守恒定律可知，碰撞物体之间的作用力大小相等而方向相反。
- 在一个封闭的孤立系统内，动量是守恒的：

$$p_f=p_i$$

- 动量守恒定律涉及碰撞前后物体的动量。可以利用矢量分析求解二维的动量守恒问题。角动量守恒定律表述为，若没有外力矩作用于一个系统上，则该系统的角动量守恒：

$$L_f=L_i$$

由于角动量守恒，一个自转物体的转动方向只有在有力矩作用的情况下才会发生改变。

第9章 测 评

第1节 冲量与动量

理解概念

35. 一颗子弹与一辆卡车可能具有相同的动量吗？请解释。

36. 在一场棒球比赛中，一名棒球投手掷出一个曲线球给接球手。假定在飞行中球的速率没有发生改变。

a. 哪一名运动员施加在球上的冲量较大？

b. 哪一名运动员施加在球上的力较大？

37. 牛顿第二运动定律表明，如果某系统没有受到净力的作用，该系统不可能具有加速度。那么此时，动量可能发生变化吗？

38. 为什么汽车要装上在碰撞时耐冲击的保险杠？

39. 花样滑冰运动员正在做自转动作。

a. 如何才能使他的角动量发生改变？

b. 若保持角动量不变，如何才能改变他的角速度？

解决问题

40. 高尔夫 罗歇尔用272 N的力击打一个质量为0.058 kg的高尔夫球，使球获得了62.0 m/s的速度。罗歇尔的球杆与球接触的时间有多长？

41. 一个质量为0.145 kg的棒球以42 m/s的速度投出。击球手击中此球，使它以58 m/s的速度水平地飞向投手。

a. 求出此球的动量改变量。

b. 若球与球棒的接触时间为4.6×10^{-4} s，则接触期间的平均力为多大？

42. 一个质量为0.150 kg的球以12 m/s的速度沿正方向运动时，受到如**图9-17**所示的冲量作用。在4.0 s时，球的速率是多少？

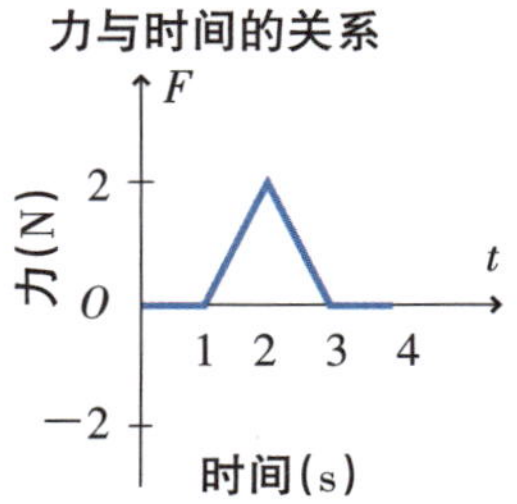

图9-17

43 保龄球 一个186 N的力作用在质量为7.3 kg的保龄球上0.40 s。保龄球的动量改变了多少？它的速度又改变了多少？

44. 冰球 一个冰球的质量为0.115 kg，以37 m/s速度击打在球门柱上后，以25 m/s的速度反向弹回，如**图9-18**所示。

a. 作用在冰球上的冲量是多大？

b. 如果碰撞时间为5.0×10^{-4} s，那么作用在冰球上的平均力是多少？

图9-18

45 一辆质量为5 500 kg的运输卡车在恒力的作用下，在15.0 s内由4.2 m/s加速到7.8 m/s。

a. 它的动量改变了多少？

b. 这个作用力为多大？

46. 在警察局的一次实弹测试中，警官瑞斯将一颗质量为6.0 g的子弹以350 m/s的速度射入一容器内，子弹在1.8 ms后停止前进。使子弹停止运动的力的平均值为多少？

47. 排球 一个质量为0.24 kg的排球以3.8 m/s的速度飞向迪娜；迪娜击打排球，球以2.4 m/s的速度飞出。如果她的手与球相互作用的时间为0.025 s，她所用的平均力为多大？

48. 碰撞前，一个质量为25 kg的物体以12 m/s的速度运动。若碰撞后它的速度如下所示，请分别求出作用在物体上的冲量。

a. +8.0 m/s　　**b.** −8.0 m/s

49. 棒球 一个质量为0.145 kg的棒球在以35 m/s的速度运动中被接球手接住。

a. 求出球的动量的改变量。

b. 如果戴手套的接球手在固定位置上将球接住，使球停下所用的时间为0.050 s，那么作用在球上的平均力有多大？

c. 如果换一种情况，接球手的手向后运动，因此使球停下用了0.500 s的时间，那么手套作用在球上的平均力又有多大？

50. 排序 把下列物体按照动量从小到大排序，并说明理由。

物体A：质量2.5 kg，速度1.0 m/s向东

物体B：质量3.0 kg，速度0.90 m/s向西

物体C：质量3.0 kg，速度1.2 m/s向西

物体D：质量4.0 kg，速度0.50 m/s向北

物体E：质量4.0 kg，速度0.90 m/s向东

51. 曲棍球 一名曲棍球运动员击球射门。已知他对球施加的恒力大小为30.0 N，作用时间为0.16 s。求他对球的冲量大小。

52. 滑板运动 你弟弟的质量为35.6 kg，他有一个质量为1.3 kg的滑板。若他以9.50 m/s的速度玩滑板，那么他及滑板的总动量为多少？

53. 一个质量为0.115 kg的曲棍球静止在地面上。一名运动员击球射门。已知他对球施加的恒力为30.0 N，作用时间为0.16 s。曲棍球飞向球门的速度为多大？

54. 氮分子的质量为4.7×10^{-26} kg，以550 m/s的速度运动。在撞到容器壁后，它又以相同的速率反向弹回。

a. 氮分子传递给容器壁的冲量是多少？

b. 如果分子每秒碰撞1.5×10^{23}次，那么作用在容器壁上的平均力为多大？

55. 火箭 小型火箭可以用来对卫星的速度做微小的调节。已知某种这样的火箭具有35 N的推力。如果将它的引擎点燃，可以使质量为72 000 kg的飞船的速度改变63 cm/s，那么火箭应喷射多长时间？

56 一架动物救助飞机以36.0 m/s的速度向正东方向飞行，并从60.0 m的高度投下一包干草，如**图9-19**所示。如果这包干草的重力为175 N，那么这个包在与地面碰撞之前一瞬间的动量是多少？请求出它的大小与方向。

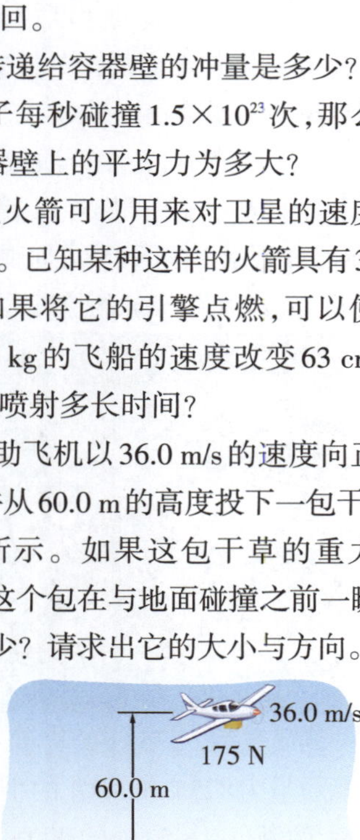

图9-19

57. 意外事故 一辆以10.0 m/s的速度行驶的汽车意外撞到障碍物，在0.050 s时间内停下。有一个质量为20.0 kg的小孩坐在车内，假定小孩速度的改变情况（包括所用的时间）与汽车是相同的。

a. 小孩所受到的冲量是多少？

b. 作用在小孩身上的平均力有多大？

c. 若某物体的重力等于**b**中的平均力，该物体的质量近似为多少？

d. 你能用手臂举起上述**c**中的这个物体吗？

e. 为什么专家建议坐在汽车内的孩子应当使用安全座椅，而不应该抱在你的膝上？

58 编写问题 用生活中的物体编写一道物理题，在它的解答中会出现下列表达式：

$$F=\frac{1.3\ \text{kg}\times(0.20\ \text{m/s}-0.0\ \text{m/s})}{0.55\ \text{s}}$$

第2节 动量守恒

59. “孤立系统”的意义是什么？

60. 在太空航行的宇宙飞船通过点燃火箭来加速。在太空中没有任何物质可以反推气体的情况下，这些从火箭引擎中喷出的炽热气体是如何改变飞船速度的？

61. 当台球的主球横越球桌与静止的8号球碰撞后，主球静止，那么8号球的速度应当为多少？已知两球的质量相等。

62. 大概念 考虑一个球落向地球。

a 为什么球的动量不守恒？

b 在包含下落球的哪个系统中动量是守恒的？

63. 一个篮球下落撞向地板。已知碰撞前其动量的方向向下，在与地板碰撞后的动量则为向上方向。

a. 为什么篮球的动量是不守恒的，即使它与地板的碰撞是完全弹性碰撞？

b. 在什么系统中动量是守恒的？

64. 只有在外力的作用下，系统的动量才会改变。那么，为什么汽车刹车这种内力能使汽车停下？请解释。

65. 游乐场中通常有做圆周运动的旋转木马。对于骑木马的孩子而言，怎样才能改变正在旋转的木马的角动量呢？

66. 补充问题 把问题补充完整，以便可利用动量守恒求解：“阿曼多（Armando），质量6.0 kg，在一个滑冰场……”

解决问题

67. 一颗质量为12.0 g的橡皮子弹，以150 m/s的速度打在一质量为8.5 kg、静止于无摩擦地面的混凝土砖块上后，以-1.0×10^2 m/s的速度沿相反方向被弹回，如**图9-20**所示。碰撞后混凝土砖块的移动速度多大？

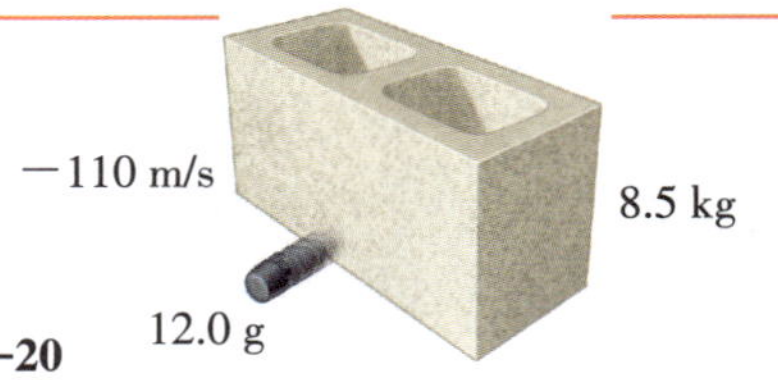

图9-20

68. 橄榄球 一名质量为95 kg的橄榄球后卫在以8.2 m/s的速度奔跑时，在半空中与另一名质量为128 kg、和他反向奔跑的防守方阻截球员撞在一起，结果他们两个人都停了下来。

a. 确定以上两名球员在碰撞前后的情况，并作出示意图。

b. 那个后卫球员在碰撞前的动量是多少？

c. 他的动量改变了多少？

d. 那名防守方的阻截球员的动量改变了多少？

e. 阻截球员原来的动量是多少？

f. 那个阻截球员原来运动的速度为多少？

69. 玻璃弹子C的质量为5.0 g，以20.0 cm/s的速率运动。突然，另一颗质量为10.0 g、以10.0 cm/s的速度沿同一方向运动的玻璃弹子D与它发生了碰撞。碰撞后，弹子C以8.0 cm/s速度继续沿相同方向运动。

a. 画出位置草图，确定系统，搞清楚两颗弹子在碰撞前后的情况，并设定坐标系。

b. 分别求出碰撞前两颗弹子的动量。

c. 求出碰撞后弹子C的动量。

d. 求出碰撞后弹子D的动量。

e. 碰撞后弹子D的速率是多少？

70. 两辆玩具小车被挤压在一起，它们之间的弹簧装置被压缩。将两车释放后，其中一辆质量为5.0 kg的小车以0.12 m/s的速度沿某一方向离去，另一辆质量为2.0 kg的小车沿相反方向离去。第二辆小车离去的速度为多少？

71. 一颗质量为50.0 g子弹以647 m/s的水平速度，从质量为4.65 kg、以2.0 m/s的速度沿相同方向运动的弹射器中射出。求射出子弹后弹射器的运动速度。

72. 滑板运动 已知质量为42.00 kg的科菲正踩在一质量为2.00 kg的滑板上，以1.20 m/s的速度滑行。突然，科菲跳离滑板，而滑板立即停止在滑道上。科菲是沿着什么方向以多大的速度跳离滑板的？

73. 直线滑冰 狄哥与凯希面对面并成一直线滑冰，然后用手相互推离。已知狄哥的质量为90.0 kg，而凯希的质量为60.0 kg。

a. 画出示意图，确定推动前后的情景并设定坐标轴。

b. 求出当两名滑冰者的手分开时，他们的速度之比。

c. 哪一名滑冰者的速度较大？

d. 哪一名滑冰者所用的推力更大？

74. 台球 质量为0.16 kg的主球以4.0 m/s的速度滚动前进，打在相同质量的静止的8号球上。如果主球沿原路径向上45°方向弹出，而8号球沿水平向下45°方向弹出，如**图9-21**所示。碰撞后两个球的速度分别为多大？

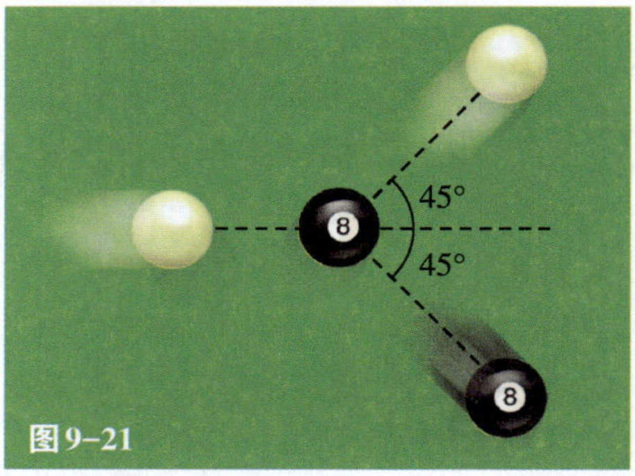

图9-21

75. 一辆质量为2 575 kg的货车，在行驶中撞到一辆质量为825 kg的静止的小轿车的后部。之后，两辆车以8.5 m/s的速度一起运动。假定道路的摩擦可忽略，试求货车的初速度的大小。

76. 一个质量为0.200 kg的塑料球在以0.30 m/s的速度运动时，与另一个质量为0.100 kg、速度为0.10 m/s且沿同一直线运动的塑料球发生了碰撞。碰撞后两个球均继续沿相同的原方向运动。已知碰撞后第一个球的速度为0.26 m/s，那么此时第二个球的速度是多少？

应用概念

77. 运用物理观念而不是数学公式，解释冲量的概念。

78. 一个原来静止的物体受到如**图9–22**所示的冲量。试描述物体分别受到冲量A、B及C之后的运动情况。

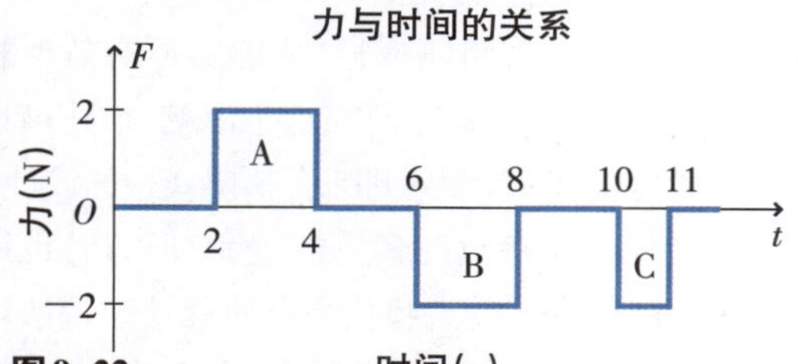

图9–22

79. 较小的力可以比较大的力获得更大的冲量吗？请说明理由。

80. 棒球 你正坐着观看棒球比赛，突然一个界外球朝你飞来。你准备用手接住这个球。为了保证安全，你的手是迎着球静止不动，还是顺着球的运动方向移动？为什么？

81. 若一颗质量为0.11 g的子弹，离开手枪时的速度为323 m/s；而另一颗类似的子弹则以396 m/s的速度离开步枪。试解释两颗子弹的出口速度不同的原因。假定膨胀气体作用于两颗子弹上的力的大小相同。

82. 在太空中行走时，连接航天员与飞船间的绳索断了，航天员只能利用气体喷枪返回飞船。试运用动量定理及图表解释这一方法。

83. 网球 一个网球从墙上弹回时，它的动量的方向反向了。运用动量守恒定律来说明这一情况，确定系统并作图来加以说明。

84. 两辆看上去一样的卡车在结冰的道路上相撞。其中一辆车原本静止。相撞后，两车粘在一起并以比原来运动卡车的一半速度大一点的速度继续前行。你能否推断两辆卡车的载重量如何？

85. 子弹 两颗质量相同的子弹以相同的速率射向放在光滑冰场上的木块。其中一颗橡胶制的子弹从木块上反弹了回来，而另一颗铝制的子弹则打入木块并留在其中。哪种情况下木块运动得较快？说明理由。

复习提高

86. 已知6.00 N的恒力作用在一个质量为3.00 kg的物体上的时间为10.0 s。该物体的动量与速度分别改变了多少？

87. 一辆质量为625 kg的小汽车在大小不变的外力的作用下，在68.0 s内速度从10.0 m/s变为44.0 m/s。

a. 小汽车的动量改变了多少？

b. 这个外力的大小是多少？

88. 体操运动 如**图9–23**所示，体操运动员正在练习一个常规动作。首先，她用手握住高杠，用力摇摆她的身体，倒立于高杠上，又环绕高杠旋转。然后，她用双手抱住双膝，以这个姿势离开高杠。最后，她直立向上用双足落地。

a. 在体操运动员常规动作的第二步与最后这两步中，分别环绕什么轴自转？

b. 将她三个姿势的转动惯量由大到小排序。

c. 将她三个姿势的角速度由大到小排序。

图9–23

89. **赛车** 一辆质量为845 kg的赛车在赛道上从静止加速到100.0 km/h，总共用了0.90 s。
   a. 赛车的动量改变了多少？
   b. 作用在赛车上的平均力为多大？
   c. 是什么物体施加了这个力？
90. **冰球** 一个质量为0.115 kg的冰球以35.0 m/s的速度在冰面上滑行时，碰到了一件质量为0.365 kg的上衣，这件上衣是球迷扔在冰上的。若冰球与上衣一起滑动，请求出它们的速度。
91. 一位质量为50 kg的妇女坐在一辆质量为10 kg的小车上，以5.0 m/s的速度向东运动。突然，这位妇女从小车的前端跳下，并以相对地面7.0 m/s的速度向东方向落到地面上。
   a. 作出这位妇女跳车前后情景的示意图，并为这两种情形选取恰当的坐标轴。
   b. 求出妇女跳车后小车的速度。
92. 一名质量为60.0 kg的男舞蹈演员跳跃了0.32 m的高度。
   a. 他到达地面时的动量是多少？
   b. 这名舞蹈演员停下时需要多少冲量？
   c. 当这名舞蹈演员下落时，他的双膝弯曲，因此使他停下的时间延长为0.050 s。求作用在该舞蹈演员身上的平均力。
   d. 比较停下时的力与他本身的体重的大小。

批判性思维

93. **分析与结论** 两球碰撞时的情况如**图9-24**所示，此图以比例尺度画出。已知两球均从左边飞入，碰撞后弹跳离去。质量为0.600 kg的球在图的下方，另一个球的质量为0.400 kg。利用矢量图，判断在这一碰撞中动量是否守恒，并说明在碰撞前后系统的动量有什么不同。

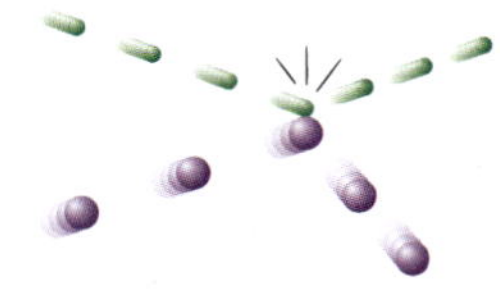

图9-24

94. **分析与结论** 一名学生拿一个带有竖直转轴的自行车车轮，坐在一张能无摩擦转动的椅子上，用手使车轮自转。你觉得这名学生会与椅子一起发生转动吗？假如转动，那么方向怎样？请解释。
95. **应用概念** 一名质量为92 kg的橄榄球进攻后卫以5.0 m/s的速度奔跑，试图横穿过球门线径直猛扑直接持球触地得分。正当他到达球门线时，与两名质量均为75 kg的中后卫在半空中迎面相遇。已知这两名中后卫与进攻后卫的运动方向相反，其中一名的速度为2.0 m/s，另一名的速度为4.0 m/s。他们三人撞成一团。
   a. 画出示意图。确定碰撞前后的运动状态。
   b. 在碰撞后，这三名橄榄球员的速度是多少？
   c. 这个进攻后卫持球触地得分了吗？

科技写作

96. 该如何设计公路隔离栏，才能够更有效地救助行车人的生命？研究这个课题，描述该如何利用冲量及动量定理来分析隔离栏的设计。
97. 气囊虽然能够救许多人的生命，但有时也可能会造成乘客的人身伤亡。研究这个说法以及汽车制造商对这个陈述的回应。判断这个问题是否和冲量、动量或其他论点有关。

日积月累

98. 用一根0.60 m长的绳子吊住一个质量为0.72 kg的小球，使小球以3.3 m/s的速率在竖直平面内做匀速圆周运动。当球运动到顶端时，绳子中的张力为多大？
99. 你希望将一颗卫星发射升空，并要求它保持在地球表面上空的同一点上。这样的卫星的运动周期必须严格地为一天。求出这颗卫星的轨道半径。*提示：月球也是绕地球做圆周运动的，并且月球与卫星的运动均符合开普勒第三定律。已知月球离地球的距离为3.9×10^8 m，而其公转周期为27.33天。*
100. 一段绳子被卷在一个直径为0.60 m的鼓轮上。为了将绳子拉出5.00 m，工人们开启了输出力恒定为40.0 N的机器，总共花了2.00 s时间。求在2.00 s时的α，ω及I。

选择题

1. 当一颗比太阳更大的恒星接近死亡时,它开始塌缩但继续旋转。下列选项中,能正确描述塌缩恒星的转动惯量I、角动量L及角速度ω的情况的是(　　)

A. I增大,L保持不变,ω减小

B. I减小,L保持不变,ω增大

C. I增大,L增大,ω增大

D. I增大,L增大,ω保持不变

2. 一名质量为40.0 kg的滑雪运动员以2.0 m/s的速度,朝着静止在冰面上的一个质量为10.0 kg的雪橇滑去。当这名运动员到达雪橇处并抓住了它后,他与雪橇沿着原来的滑行方向继续滑行。此时滑雪运动员与雪橇的共同速度是(　　)

A. 0.4 m/s　　**B.** 0.8 m/s

C. 1.6 m/s　　**D.** 3.2 m/s

3. 一名骑自行车的人利用刹车使车轮的运动变慢。在5.0 s时间内,每个轮子的角动量从7.0 kg·m²/s减小为3.5 kg·m²/s。作用于每个轮子上的角冲量为(　　)

A. $-0.7\ \text{kg·m}^2/\text{s}$　　**B.** $-1.4\ \text{kg·m}^2/\text{s}$

C. $-2.1\ \text{kg·m}^2/\text{s}$　　**D.** $-3.5\ \text{kg·m}^2/\text{s}$

4. 一名质量为45.0 kg的滑冰者静止站在冰面上,他的朋友将一个质量为5.0 kg的球抛给他。接住球后,滑冰者与球以0.5 m/s的速度向后越过冰面。在滑冰者接住这个球的瞬间,球的速率为(　　)

A. 2.5 m/s　　**B.** 3.0 m/s

C. 4.0 m/s　　**D.** 5.0 m/s

5. 一名质量为50.0 kg的运动员以3.00 m/s的速率奔跑,而一辆质量为3.00×10^3 kg的卡车的速率仅为1.00 m/s。那么,两者的动量相差(　　)

A. 1 275 kg·m/s　　**B.** 2 550 kg·m/s

C. 2 850 kg·m/s　　**D.** 2 950 kg·m/s

6. 当大齿轮的转动方向如图所示时,小齿轮以相同的线速度沿相反方向转动。大齿轮的半径是小齿轮的2倍,质量则是小齿轮的4倍。大齿轮的角动量是(　　)

A. $-2L_{小}$　　**B.** $-4L_{小}$

C. $-8L_{小}$　　**D.** $-16L_{小}$

提示:圆盘的转动惯量为$\frac{1}{2}mr^2$,其中m是圆盘的质量,r是圆盘的半径。

7. 若用16 N的力击打石块,这个力产生的0.8 kg·m/s的冲量使石块以4.0 m/s的速度飞离地面。石块的质量是(　　)

A. 0.2 kg　　**B.** 0.8 kg

C. 1.6 kg　　**D.** 4.0 kg

8. 一个质量为82 kg的冰球守门员,静止站在球门前。当他抓住了一个质量为0.105 kg、速度为46 m/s的冰球时,他在冰上滑行的速度是(　　)

A. 0.059 m/s　　**B.** 0.56 m/s

C. 1.2 m/s　　**D.** 5.3 m/s

拓展题

9. 一块质量为12.0 kg的石块落到地面。假设石块不反弹,若石块与地面碰撞瞬间的速度为20.0 m/s,则作用在石块上的冲量是多少?

考点提示

测试题号	1	2	3	4	5	6	7	8	9
对应小节	2	2	1	2	1	1	1	2	1

第10章

功、能量和机械

大概念 对一个系统做功改变了这个系统的能量。

内容提要

起步实验

探究影响自由落体能量的因素

影响流星陨石坑大小的因素是什么？

第1节 功与能量

物理在你身边

为保持健康而进行的运动，有时候我们称之为锻炼身体，而与职业相关的活动则称之为工作。那么科学家又是如何来定义功(*work*)这个物理量的呢？

主要概念

功是能量转移的量度，一个力作用在物体上，通过一段位移时就做了功。

核心问题

- 什么是功？
- 什么是能量？
- 功与能量有什么关系？
- 什么是功率？它和功与能量有什么关系？

术语回顾

动量守恒定律 任何一个封闭孤立系统的动量是不变的

关键术语

功
焦耳
能量
功能原理
动能
平动动能
功率
瓦特

功

设想两辆汽车迎头相撞后，立即停下。它们的动量是守恒的。然而在碰撞之前，汽车是运动的，碰撞之后却变为静止了。因此，力对每辆汽车发生作用的结果必定导致某些其他量的改变。

考虑对某一物体施加一个力，并使这个物体移动一段距离的情况，如**图10-1**中所示书包的运动。因为存在净力的作用，所以这个物体会加速运动，加速度$a=\frac{F}{m}$，因此它的速度将会增大。回想一下你学过的运动学中关于加速度、速度和距离的关系，可以用方程$v_f^2=v_i^2+2ad$表示。这个方程可以改写为$2ad=v_f^2-v_i^2$。如果你用$\frac{F}{m}$取代a，那么你就可以得到$2\frac{F}{m}d=v_f^2-v_i^2$。然后将方程两边乘以$\frac{m}{2}$，你就可以得到$Fd=\frac{1}{2}mv_f^2-\frac{1}{2}mv_i^2$。

这个公式的左边描述的是由外部世界对系统的一个作用。你已经知道，系统可以是一个物体，或相关的物体组合，而除此之外的任一件东西都是外部世界。一个力F作用在接触系统的一个点上，并发生了移动。当施加的这个力通过了一段位移，那么这个力就对系统做了**功(work)**，用符号W表示。

功的国际单位制(SI)单位是**焦耳(joule)**，用符号J表示。1 J等于1 N·m。做1 J的功就是当1 N的力作用在一个系统上，通过了1m的位移。一个苹果重约1 N，你大约用1 N的力可以使苹果匀速上升。因此，当你以恒定速度将它向上举高1 m的过程中，你对它做了1 J的功。

图10-1 物体在力的作用下通过一段位移时，这个力就做了功。
明确力对物体做功的另一个例子。

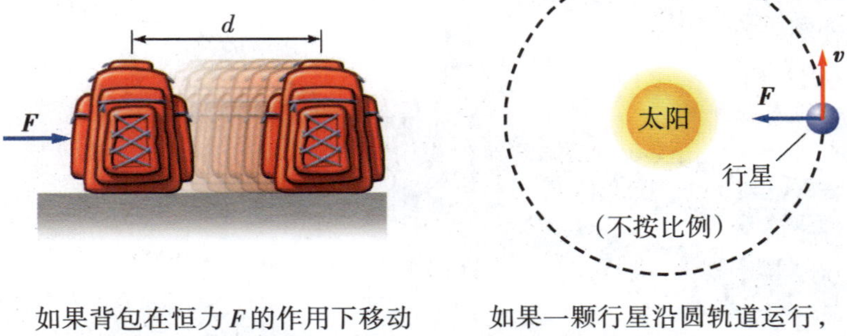

如果背包在恒力F的作用下移动了一段距离d，就认为恒力F对背包做了功W。

如果一颗行星沿圆轨道运行，万有引力始终垂直于运动方向，所以它不做功。

恒力做的功 在上述书包的例子中，F是一个恒力，施力的方向即为物体的移动方向。那么功W就是这个力和系统位移的乘积，即$W=Fd$。

如果施加的力垂直于物体的运动方向，那么会发生什么情况呢？例如，在圆形轨道上运行的行星，所受的力始终垂直于它的运动方向，如**图 10–1**所示。回想一下，你已经学过的牛顿运动定律，垂直作用的力不会改变运动物体（系统）的速度，仅改变它的运动方向。由于行星的速度不变，上述公式的右边$\frac{1}{2}mv_f^2-\frac{1}{2}mv_i^2=0$，因此这个力的做功等于零。

沿某一角度施加一个恒力 如果以某一角度施加力，这个力所做的功为多大呢？例如，如**图 10–2**所示的人在推汽车时做了多少功？你知道，任何力都可用它的几个分力来取代。如果运用如**图 10–2**所示的坐标系进行分析，则作用在人的手臂方向上的大小为 125 N 的力F有两个分力。

水平分力的大小F_x跟力F的大小成余弦函数关系：$\cos 25.0°=\frac{F_x}{F}$，由此可求得

$$F_x=F\cos 25.0°=125\ \text{N}\times\cos 25.0°=113\ \text{N}$$

运用相同的方法，可得力F的竖直分量

$$F_y=-125\ \text{N}\times\sin 25.0°=-52.8\ \text{N}$$

这里的负号表示力的方向是向下的。因为位移在x方向上，所以只有x分量做功，y分量不做功。当你用一个与物体的运动方向成一定角度的力作用在物体上时，你所做的功等于你所施加的力在位移方向上的分力乘以物体移动的距离。从矢量图中可以看出，作用在位移方向上的分力的大小等于力的大小乘以力跟位移之间的夹角的余弦：$F_x=F\cos\theta$，因而力所做的功可用下述公式表示：

功

功等于力、位移及力与位移方向间的夹角的余弦值这三者的乘积。

$$W=Fd\cos\theta$$

☑ **阅读检测** 当你对物体施加一个大小为3 N，与运动方向成45°的力，物体位移为1 m时，**确定**你所做的功。

注意到上述方程也可以适用于恒力沿位移方向，以及恒力垂直于位移方向的情形。在书包这个例子中，$\theta=0°$时$\cos\theta=1$，因此，$W=Fd\times1=Fd$，这同我们之前所说的一样。在行星沿轨道运行的例子中，$\theta=90°$时$\cos 90°=0$，因此，$W=Fd\times0=0$，这与我们前面的结论也是一致的。

图 10–2 由于汽车的位移是沿水平方向的，所以人施加在汽车上的力只有水平方向的分力做功。

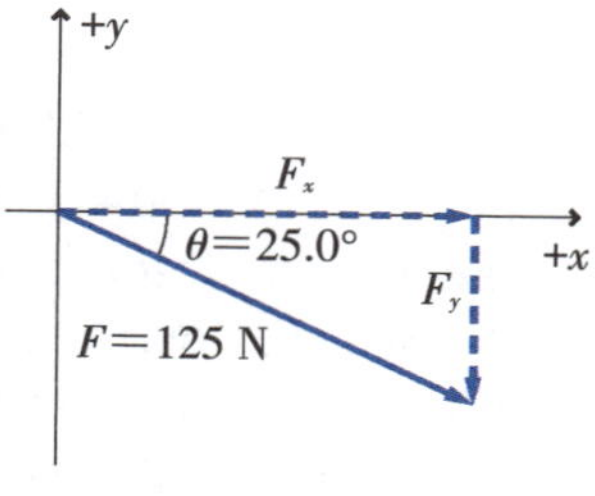

多个力做的功　如**图10-3**所示，假设你沿着无摩擦的地面推动一只箱子，而你的朋友试图阻止你移动它。那么有哪些力作用在箱子上？你施加的力是向右的，而你的朋友施加的力是向左的。地球施加的重力是向下的，而地面又施了一个向上的法向力。这些力对箱子做了多少功？

当几个力同时作用在一个系统上时，应当计算每一个力所做的功，然后把这些结果加起来，求出总功。对于**图10-3**中的箱子，向上与向下的力（重力与法向力）是垂直（$\theta=90°$）于运动方向的，所以不做功。由于这些力的$\theta=90°$，使$\cos\theta=0$，因此，$W=0$。

你所施加的力$F_{你对箱子}$是沿位移方向的，所以你做的功是：

$$W=F_{你对箱子}d$$

你的朋友所施加的力$F_{你的朋友对箱子}$是沿位移的相反方向（$\theta=180°$）。由于$\cos 180°=-1$，所以你的朋友做的是负功：

$$W=-F_{你的朋友对箱子}d$$

你和你的朋友对箱子做的总功是：

$$W=F_{你对箱子}d-F_{你的朋友对箱子}d$$

迷你实验

沿某一角度施加的力*

力的方向是怎样影响对物体所做的功？

☑ **阅读检测**　**解释**为什么你对箱子做正功，而你的朋友对箱子做负功。

在功的计算中，对于每一段距离应当分别考虑对应的作用力，这一点是非常重要的。例如，假设你向前推动箱子1 m，用力3 N，然而你又向后拉箱子1 m，回到起始点的位置，同样用了3 N。你可能认为你没有做功，因为，总的位移是零。

如果你施加的力是恒定的，那么上述结论是正确的，但是你的力改变了方向。在第一阶段，你的推力是沿着箱子的运动方向，你做了3 J的功。在第二阶段，你所施加的力是沿着箱子返回的方向。你的拉力与箱子的运动方向也是相同的，你又对箱子做了3 J的功。因此，你一共对箱子做了6 J的功。

☑ **阅读检测**　**描述**你对系统做功的另一种设想，并解释你对系统做了多少功。

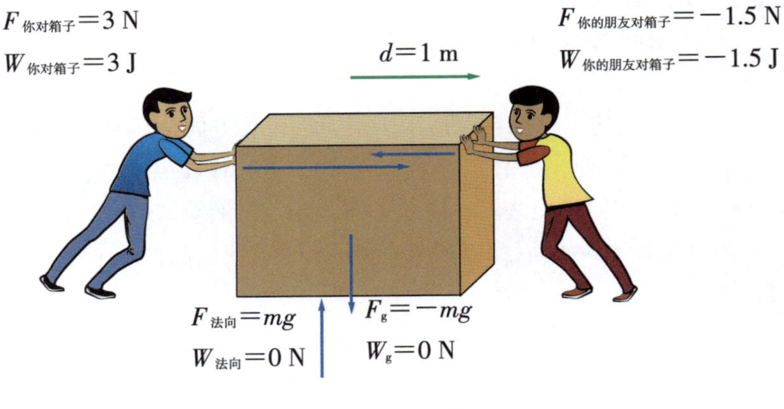

图10-3　多个力对系统做的总功，等于每一个施力物体对系统所施加的力做的功的总和。如果你的朋友施加的力比你的力更大，**描述**你们对箱子所做的总功。注意要考虑位移的方向。

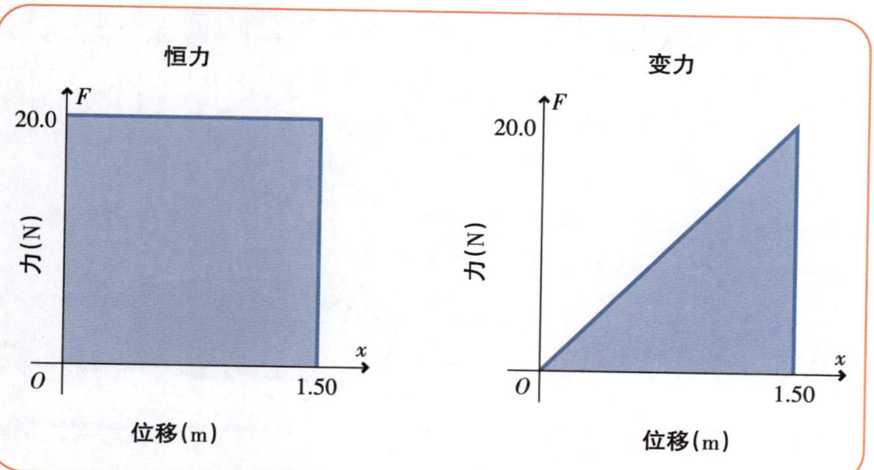

图 10-4 力一位移图线下方的面积等于功的大小。

变力做的功 利用力与位移的关系图,你也可以计算力所做的功。这一图解方法可以用来求解有关变力的问题。**图 10-4** 左图所示的是一个 20.0 N 的恒力使物体运动 1.50 m 时的情况。这个过程所做的功可以通过下式得出:$W=Fd=20.0\ \mathrm{N}\times1.50\ \mathrm{m}=30.0\ \mathrm{J}$。图中图线下方的阴影面积等于 $20.0\ \mathrm{N}\times1.50\ \mathrm{m}$,即 30.0 J。力在某段位移上对物体所做的功,等于对应的力—位移图线下方的面积。

即使力是变力,上述结论仍是正确的。**图 10-4** 右图所示为弹簧所施加的力。该力从 0.0 匀速地增加到了 20.0 N,这期间弹簧被压缩了 1.50 m。由压缩弹簧所施加的力做的功的大小就等于图线下方的三角形面积 $=\frac{1}{2}\times$底$\times$高,即 $W=\frac{1}{2}\times20.0\ \mathrm{N}\times1.50\ \mathrm{m}=15.0\ \mathrm{J}$。当你求解有关功的问题时,可以用以下的解题策略。

解题 策略

功

当你在求解有关功的问题时,可以运用以下策略。

1. 确定并作出系统示意图,并标出对系统做功的力。
2. 建立坐标系。画出系统的位移矢量和每一个对系统做功的力矢量。
3. 找出每个力和位移之间的夹角 θ。
4. 运用 $W=Fd\cos\theta$ 计算每个力所做的功。
5. 计算所做出的净功。

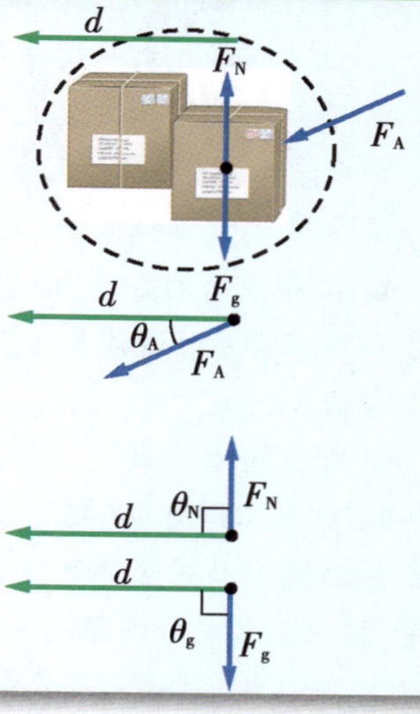

例题 1

功 一个质量为 105 g 的冰球滑过冰面，运动员对球在 0.150 m 距离内施以 4.50 N 的恒力。这名运动员对冰球做了多少功？假设冰面上的摩擦可以忽略不计。

1 分析概括问题

- 确定系统及对系统做功的力。
- 画出显示初始条件的情景图。
- 建立 $+x$ 向右的坐标系。
- 画矢量图。

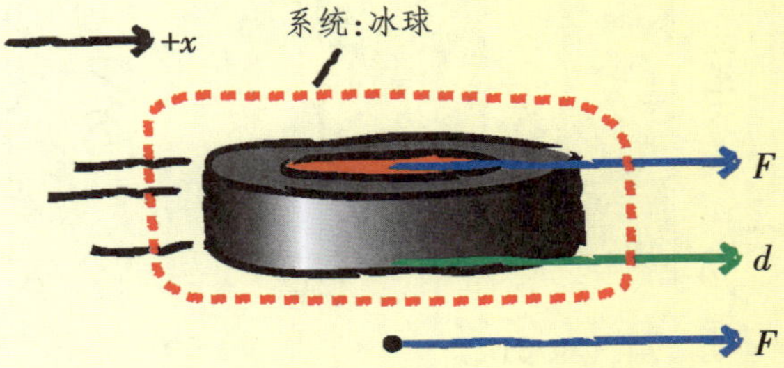

运动员对冰球做功

已知		未知
$m=105\ \text{g}$	$d=0.150\ \text{m}$	$W=?$
$F=4.50\ \text{N}$	$\theta=0°$	

2 求解未知量

利用功的定义。

$W=Fd\cos\theta$

$=4.50\ \text{N}\times0.150\ \text{m}\times1$ ◀将 $F=4.50\ \text{N}$，$d=0.150\ \text{m}$ 代入，$\cos0°=1$。

$=0.675\ \text{N}\cdot\text{m}$

$=0.675\ \text{J}$ ◀$1\ \text{J}=1\ \text{N}\cdot\text{m}$

3 验证答案

- **单位是否正确？** 功是以 J 为单位的。
- **符号是否有意义？** 运动员（外界）对冰球（系统）做功，所以功的符号应该是正的。

练一练

1. 参看例题 1，求解下列问题。
   a. 如果冰球运动员施加在冰球上的力加倍（9.00 N），冰球与球杆接触时滑行的距离不变，那么运动员对冰球做的功将如何改变？
   b. 如果这名运动员所施加的力为 9.00 N，冰球与球杆接触时滑行的距离为 0.075 m，那么运动员对冰球做了多少功？
2. 两名学生协作，用大小为 825 N 的力推汽车，使汽车前进了 35 m。
   a. 他们对汽车做的功是多少？
   b. 如果所用的力增加 1 倍，而汽车前进的距离相同，那么他们做的功又是多少？
3. 一位攀岩者背着质量为 7.5 kg 的背包，花了 30.0 min 登上一峭壁，此时攀岩者与起始点相距 8.2 m。
   a. 攀岩者对背包做了多少功？
   b. 如果攀岩者重 645 N，那么她对自己和背包总共做了多少功？
4. **挑战题** 玛丽索尔用 12 N 的力推一只质量为 3.0 kg 的箱子，在地板上通过了 12 m 的距离，然后她又把箱子提升到离地 1 m 高的架子上，那么她对箱子做了多少功？

例题2

力与位移成一角度 一船员在岸边拉着绳索,使小船沿着码头前进了30.0 m的距离,已知拉绳与水平面成25.0°角。如果船员施加于拉绳上的力为255 N,那么他对小船做了多少功?

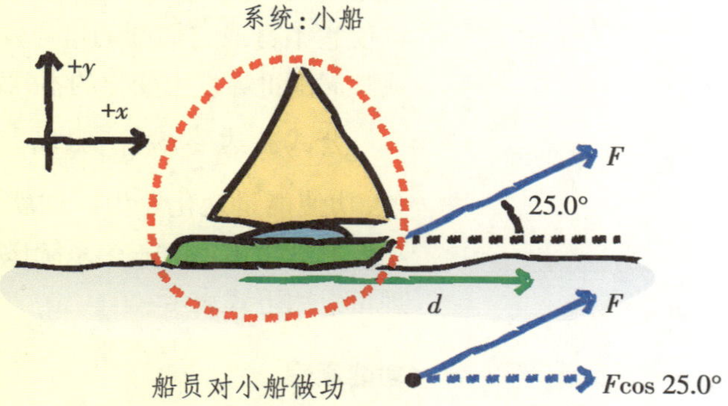

1 分析概括问题

- 确定系统及对系统做功的力。
- 建立坐标轴。
- 作出表示小船初始条件的示意图。
- 画出矢量图,表明位移、力以及力在位移方向上的分量。

已知	未知
$F=255\ \text{N}$ $\theta=25.0°$	$W=?$
$d=30.0\ \text{m}$	

2 求解未知量

利用功的定义。

$W=Fd\cos\theta$

$=255\ \text{N}\times30.0\ \text{m}\times\cos25.0°=6.93\times10^{3}\ \text{J}$ ◀将$F=255\ \text{N}$,$d=30.0\ \text{m}$,$\theta=25.0°$代入。

3 验证答案

- **单位是否正确?** 功是以J来量度的。
- **符号是否有意义?** 船员对小船做了功,所以以正的数值表示功是正确的。

练一练

5. 如果在例题2中,船员所用的拉力不变,且通过的距离相同,但拉力与水平方向的夹角为50.0°,他所做的功为多大?

6. 两个人用绳子将某一重物提升了15 m。已知他们所用的绳子与竖直方向的夹角均为15°,且施加的力均为225 N,他们做了多少功?

7. 一位飞机乘客携带了一个215 N的手提箱登上阶梯。已知箱子的竖直位移为4.2 m,水平位移为4.6 m。

a. 乘客对手提箱做多少功?

b. 若这位乘客携带同一手提箱,从同一阶梯上走下来,这位乘客又对手提箱做了多少功?

8. 用绳子拉着一个金属盒子在地板上移过了15.0 m。已知绳子与地板成46.0°角,且作用在绳上的力为628 N。绳子上的拉力做了多少功?

9. 挑战题 某人推着一辆质量为13 kg的自行车走上陡坡。如**图10–5**所示,已知陡坡的倾斜度为25°,长度为275 m,此人所用的推力为25 N,方向平行于路面。

a. 此人对自行车做的功是多少?

b. 重力对自行车做的功是多少?

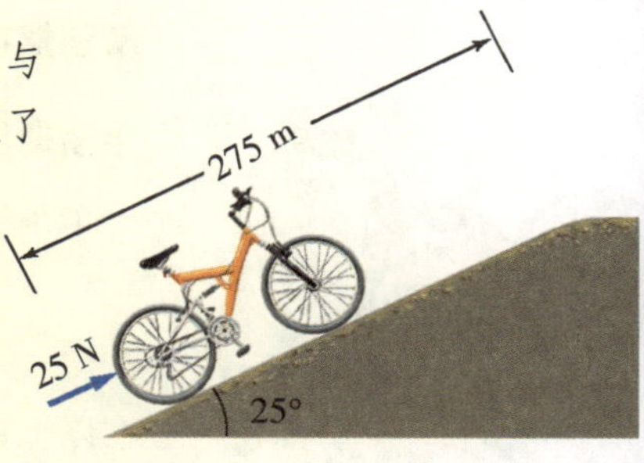

图10–5

能　量

再看公式 $W=\frac{1}{2}mv_f^2-\frac{1}{2}mv_i^2$，其中 $\frac{1}{2}mv^2$ 描述了系统的什么特性呢？一个笨重的、快速行驶的车辆可能会损坏它周围的物体，而一个高速击出的棒球可以在空中升得很高。也就是说，物体的这种特性可以使它本身或它周围的世界发生一个变化。物体具有的这种使本身或其周围世界发生变化的本领叫作**能量(energy)**，用符号 E 表示。

公式右边 $\frac{1}{2}mv_f^2-\frac{1}{2}mv_i^2$ 表示某种类型能量的改变量。这就是说，功使能量变化发生。这就是**功能原理(work - energy theorem)**，功能原理指出当对一个系统做了功，就会改变该系统的能量。功能原理可以用下式表示：

功能原理

对一个系统所做的功等于系统能量的改变量。

$$W=\Delta E$$

由于功的单位是焦耳，所以能量的单位也是焦耳。事实上，这一单位源自于19世纪物理学家焦耳(J. Joule)所建立的做功与能量变化之间的关系式。记住1焦耳等于1 N·m，而1 N等于1 kg·m/s²。所以1 J等于1 kg·m²/s²，这与 $\frac{1}{2}mv^2$ 有相同的单位。

通过做功，能量可以在外界与系统之间转移。能量转移的方向可能沿两条路线。如果是外界对系统做功，那么功 W 是正的，系统的能量便增加；如果系统对外界做功，那么功 W 是负的，系统的能量便减少。总之，功是能量的转移，其发生在物体在力的作用下通过一段位移时。

动能的改变量　到目前为止，我们讨论的能量都与系统的运动有关。例如，**图10-6**中运动员对他们的雪橇车做功，从而让它在比赛开始时启动。我们把与运动相关的能量称为**动能(kinetic energy)**，用符号 E_k 表示。

图10-6　当运动员推动雪橇车时，他们就对雪橇车做了功，结果就改变了雪橇车的动能。

在这个例子中，我们知道物体的位置在变化，它的能量 $\frac{1}{2}mv^2$ 是由于运动而产生的。这种由于运动发生位置变化而产生的能量叫作**平动动能(translational kinetic energy)**，并可用下列公式表示：

平动动能

一个系统的平动动能等于该系统的质量与它的速度平方的乘积的 $\frac{1}{2}$。

$$E_{k平动}=\frac{1}{2}mv^2$$

在以上雪橇车的情形中，功改变了物体的平动动能。然而还有许多其他形式的能量，功也可以引起这些能量的变化。例如，除了平动动能以外，还有势能和热能等，这将在以后的章节中讨论。

功　率

假如你有一堆书，把它们从地板上搬到书架上。你可以一次举起这一整堆的书，也可以每次只拿一本书。怎样比较这两种情形做的功的总量呢？由于在这两种情形中，施加的总的力与位移是相同的，所以做的功是相等的，然而所需的时间是不同的。我们知道，功使能量发生变化。因此，能量变化的速率就是**功率(power)**。功率等于能量的改变量除以变化所需要的时间。

功率

功率等于能量的改变量除以变化所需要的时间。

$$P=\frac{\Delta E}{t}$$

功使能量发生变化，所以功率等于功除以做功消耗的时间。

$$P=\frac{W}{t}$$

思考一下如**图 10–7** 所示的两辆铲车，左边铲车用了 5 s 提升重物，而右边的铲车用了 10 s 提升重物。这说明左边的铲车比右边的铲车效率更高。即使它们做的功相同，但是左边的铲车所用时间更短，因此它的功率更大。

功率的单位是瓦特(W)。1 **瓦特(watt)**是指在 1 s 内转移 1 J 的能量。瓦特是很小的单位。例如，一杯水大约重 2 N，如果你以恒定的速度把它举高 0.5 m 到你的嘴边，你就做了 1 J 的功；如果你所用的时间为 1 s，那么你的功率就是 1 W。因为瓦特如此之小，所以通常功率以千瓦(kW)为单位，1 kW＝1 000 W。

物理实验

登楼梯和功率

登楼梯时，你的最大功率是多少？

图 10–7　左边铲车比右边铲车的功率更大，它提升重物的速率更快。

例题3

功率 一台电动机以大小为 1.20×10^4 N的向上的力，在15.0 s内将一部电梯升高了9.00 m。电动机的功率是多少千瓦？

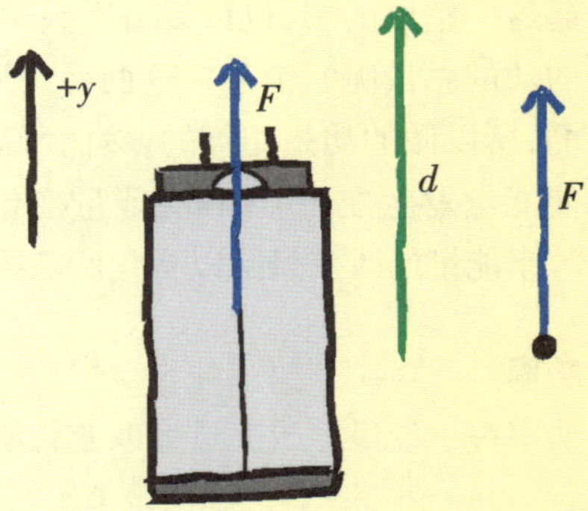

1 分析概括问题

- 作出表示电梯初始条件的示意图。
- 建立向上为正方向的坐标系。
- 作出力和位移的矢量图。

已知	未知
$d=9.00$ m　$t=15.0$ s	$P=?$
$F=1.20\times10^4$ N	

2 求解未知量

利用功率的定义。

$$P=\frac{W}{t}$$

$$=\frac{Fd}{t}$$ ◀将 $W=Fd$ 代入。

$$=\frac{1.20\times10^4\ \text{N}\times9.00\ \text{m}}{15.0\ \text{s}}=7.20\ \text{kW}$$ ◀将 $F=1.20\times10^4$ N，$d=9.00$ m，$t=15.0$ s代入。

3 验证答案

- **单位是否正确？** 功率是以J/s量度的。
- **符号是否有意义？** 正号与力向上的方向一致。

练一练

10. 一只系在电动机缆绳上的重575 N的箱子，被竖直向上提升了20.0 m的距离。若已知此工作是在10.0 s内匀速完成的，电动机的输出功率是多少？

11. 你推着手推车，以恒定的速度在25.0 s内走过60.0 m的距离。已知你所用的水平力的大小为145 N。

a. 你的功率是多少？

b. 如果你以2倍的速度推车，那么功率又是多大？

12. 一台水泵每分钟从110 m的深度提取35 L的水，它的功率是多大？(1 L水的质量是1.00 kg)

13. 功率为65 kW的电动机在35 s内把载重电梯升高了17.5 m。电动机施加的力为多大？

14. 挑战题 如**图10-8**所示，一辆安装在卡车上的绞车，铭牌上注明它的牵引力为 6.8×10^3 N，功率为0.30 kW。这辆载重卡车和绞车要将一个物体拖拉15 m，需要花多长的时间？

图10-8

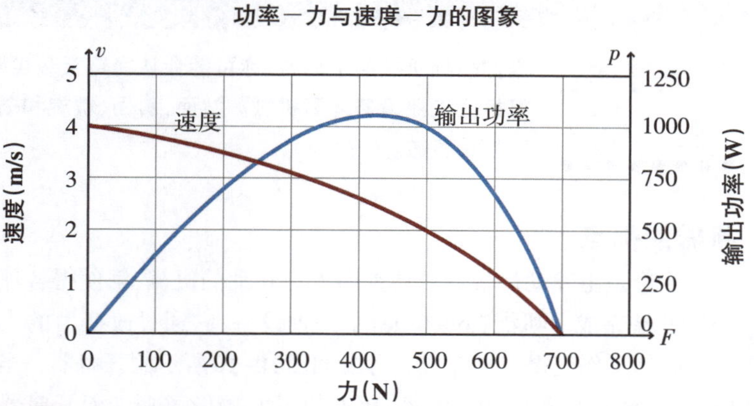

图 10–9 在骑变速自行车时，输出功率取决于你施加的力和车的速率。

生活中的物理学

法国之旅 一位自行车爱好者骑着自行车去法国旅行。在旅途中，他每天在超过 6 h 的时间里，以 8.94 m/s 的速度骑行。已知骑车人的输出功率约为 1 kW，其中的 $\frac{1}{4}$ 消耗在骑自行车上，用以抵消空气、齿轮和轮胎的阻力作用，而其余的 $\frac{3}{4}$ 则以热能的形式散发到了空气中。

功率和速率 你可能已经注意到，在例题3中，当力和位移是同方向时，$P=\frac{Fd}{t}$。由于 $\frac{d}{t}$ 即为速度，因此功率也能用 $P=Fv$ 来进行计算。

当你在骑变速自行车时，如果想让你的身体释放出最大的功率，应该如何选择正确的齿轮组呢？根据公式 $P=Fv$ 可知，当力等于零或速度等于零时，都没有功率输出。而肌肉施加的力不可能无限大，运动的速度也不可能过快，故而适度的力和适度的速率的组合将产生最大的功率。如**图 10–9** 所示，当力约为400 N、速度约为2.6 m/s时，输出的最大功率超过1 000 W。

所有发动机——不仅是人类——都有一个极限。通常在设计简单机械时，都会让它的发动机所能提供的力和速度与工作的需求相匹配，以满足工作需要。在下一节中，你将学到更多有关简单机械的知识。

第1节 复 习

15. 主要概念 如果做功使物体的动能增大1倍，那么它的速度也增大1倍吗？如果不是，那么速度改变了多少倍？

16. 功 麦列米用一个 80 N 的水平力把质量为 20 kg 的物体沿地板推了 10 m，计算麦列米做的功。

17. 功 假如你正在推一辆抛锚的汽车。在汽车发动起来时，要维持汽车运行的力会越来越小。在开始 15 m 内，你的力从 210.0 N 均匀减小到 40.0 N。那么，你对汽车做了多少功？画出力－位移图象表示这段时间你所做的功。

18. 功 一名搬运工人要把一只质量为 185 kg 的电冰箱通过斜面推进货运车。已知斜面长 10.0 m，倾角为 11.0°。若不计摩擦，搬运工人为此做了多少功？

19. 功 质量为 0.180 kg 的球下落了 2.5 m。在此过程中，重力对球做了多少功？

20. 功和功率 要将一本书举到书架上，你所做的功以及做功的功率均取决于你举得有多快，这种说法对吗？说明理由。

21. 功率 一台电梯在 12.5 s 内把质量为 1.1×10^3 kg 的物体提升了 40.0 m。电梯发动机的功率为多大？

22. 质量 铲车把一只箱子提高了 1.2 m。已知在此过程中，它对箱子做了 7.0 kJ 的功，求箱子的质量。

23. 功 你与你的朋友都抬着相同的箱子，要从大楼的第一层走到位于第二层走廊尽头的房间。你抬着箱子，首先从楼梯上到二楼，然后通过走廊到达房间；你的朋友先抬着箱子走到走廊的尽头，然后通过另一条楼梯上到第二层。谁做的功较多？

24. 批判性思维 如果有三个人同时对系统施力，说明如何求出系统能量的改变量。

物理在你身边 当你想到机械这个词时，你可能会认为真空吸尘器、计算机或工业设备才算机械。然而，斜面、螺旋和撬棒这些都是机械。

主要概念

机械可以通过改变力的大小或方向而使工作变得容易完成。

核心问题

- 什么是机械？它是如何使工作变得容易完成？
- 机械效益、动力和阻力有什么关系？
- 什么是机械的理想机械效益？
- 机械效率的含义是什么？

术语回顾

功 力作用于物体，使物体通过一段位移

关键术语

机械
动力
阻力
机械效益
理想机械效益
机械效率
复杂机械

机械的优点

无论是由发动机带动的还是由人力开动的机械，都使得各项工作变得容易完成。**机械（machine）**是一种设备，它通过改变力的大小或方向而使工作变得容易完成。考虑如**图10-10**所示的开瓶器。当你使用开瓶器时，你需要抬高手柄，因此对开瓶器做了功。而开瓶器撬起瓶盖，就对盖子做了功。你所做的功叫作输入功 W_i，开瓶器所做的功叫作输出功 W_o。

回忆一下：功的力学意义是能量的转移。你对机械（如开瓶器）输入了功，也就是你把能量转移给了开瓶器；继而开瓶器对瓶盖做功，也就是把能量转移到瓶盖。开瓶器并不是能量的来源，因此瓶盖不可能接收到比你转移给开瓶器更多的能量。所以，输出功永远不可能大于输入功。机械仅仅是帮助你将能量转移到了瓶盖。

机械效益 人施加于机械的力叫作**动力（effort force）**，机械施加的力叫作**阻力（resistance force）**。如**图10-10**所示，动力 F_e 是人施加在开瓶器上的向上的力，而阻力 F_r 是开瓶器对瓶盖施加的向上的力。阻力与动力的比值 $\frac{F_r}{F_e}$ 叫作该机械的**机械效益（mechanical advantage）**，用 MA 表示。

机械效益

机械效益等于阻力除以动力。

$$MA=\frac{F_r}{F_e}$$

图10-10 开瓶器使开瓶变得容易，但并没有减小开瓶所需做的功。

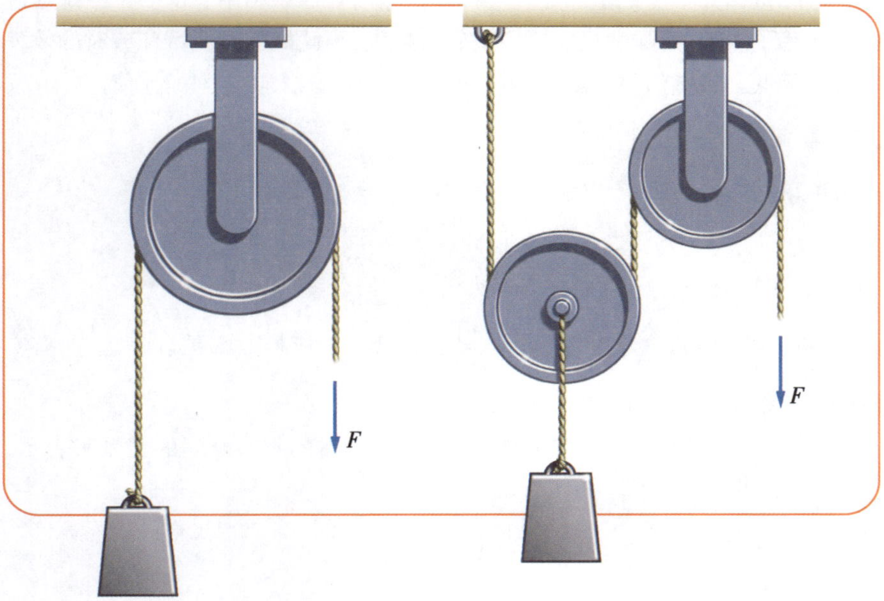

图 10-11 一个定滑轮的机械效益等于1，但它很有用，因为它能改变力的方向。带一个动滑轮的滑轮系统的机械效益大于1，使得应用到物体上的力比原来所施加的力要大。

如**图10-11**左边所示的定滑轮，其动力F_e和阻力F_r是相等的，所以机械效益MA必然等于1。那么这种机械的优点是什么呢？利用定滑轮虽然不能减小动力，但它能改变动力的方向。另外还有一些机械，例如如**图10-10**所示的开瓶器和如**图10-11**右边所示的滑轮系统，其机械效益均大于1。使用这类机械时，机械会放大人们所施加的力。

阅读检测 **计算** 某机械的机械效益等于3，若输入的力为2 N，则该机械输出的力为多少？

理想机械效益 机械能够增大力，但它不能增大能量。因此，理想的机械能转移全部的能量，即输出功等于输入功：$W_o=W_i$。输入功是动力与动力作用下的位移的乘积：$W_i=F_ed_e$。输出功是阻力与阻力作用下的位移的乘积：$W_o=F_rd_r$。将这两个表达式代入$W_o=W_i$，则可得到$F_rd_r=F_ed_e$。这个等式可以改写为$\frac{F_r}{F_e}=\frac{d_e}{d_r}$。

考虑到机械效益由$MA=\frac{F_r}{F_e}$表示，因此，对于理想机械而言，**理想机械效益（ideal mechanical advantage）**IMA等于动力的位移除以阻力的位移。它可用下式表示：

理想机械效益

理想机械效益等于动力的位移除以阻力的位移。

$$IMA=\frac{d_e}{d_r}$$

要注意，在计算理想机械效益时，你需要测量的是移动的距离；而在计算实际机械效益时，你需要测量的则是所施加的力。

物理实验

用滑轮组提升重物*

滑轮组的不同组合方式是怎样影响其理想机械效益的。

效率 实际机械并不能把全部输入功都作为输出功加以利用。从一个系统通过热或声转移了能量，意味着机械输出功必有损失，因此机械在执行任务时的效率必然有所降低。**机械效率(efficiency)**即为输出功与输入功之间的比值。

机械效率

机械效率(用%表示)等于将输出功除以输入功的值，再乘以100%。

$$\eta=\frac{W_0}{W_i}\times 100\%$$

理想机械的输出功和输入功相等，即$\frac{W_0}{W_i}=1$，故它的机械效率是100%。所有实际机械的效率均小于100%。

机械效率也可以用实际机械的效益和理想机械的效益之间的关系来表示。机械效率$\eta=\frac{W_0}{W_i}$可改写成下式：

$$\eta=\frac{W_0}{W_i}=\frac{F_r d_r}{F_e d_e}$$

由于$MA=\frac{F_r}{F_e}$，而$IMA=\frac{d_e}{d_r}$，所以效率还可以用下式表示：

机械效率

机械效率(用%表示)等于将机械效益除以理想机械效益的值，再乘以100%。

$$\eta=\frac{MA}{IMA}\times 100\%$$

机械的设计取决于它的理想机械效益。效益高的机械的机械效益几乎等于理想机械效益，而效率低的机械的机械效益相对于理想机械效益而言非常小。要克服同样的阻力，低效率的机械比高效率的机械施加的力更大。

阅读检测 若某机械的机械效率为50%、机械效益 *MA* 为3，则**确定**它的理想机械效益 *IMA* 是多少？

物理挑战题

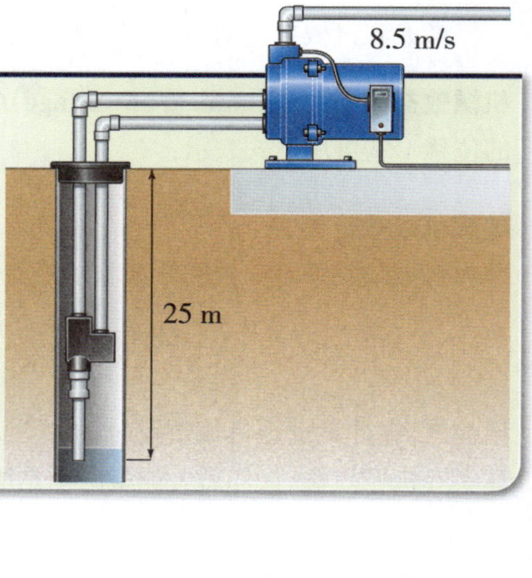

一台电动水泵从25 m深的井里以0.25 m³/s的速率抽水。已知水离开水泵时的速率为8.5 m/s。

1. 把水提升到地面所需要的功率至少为多少？

2. 有多少功率是用于增加水泵所抽水的动能的？

3. 如果水泵的效率是80%，则输送给水泵的功率为多大？

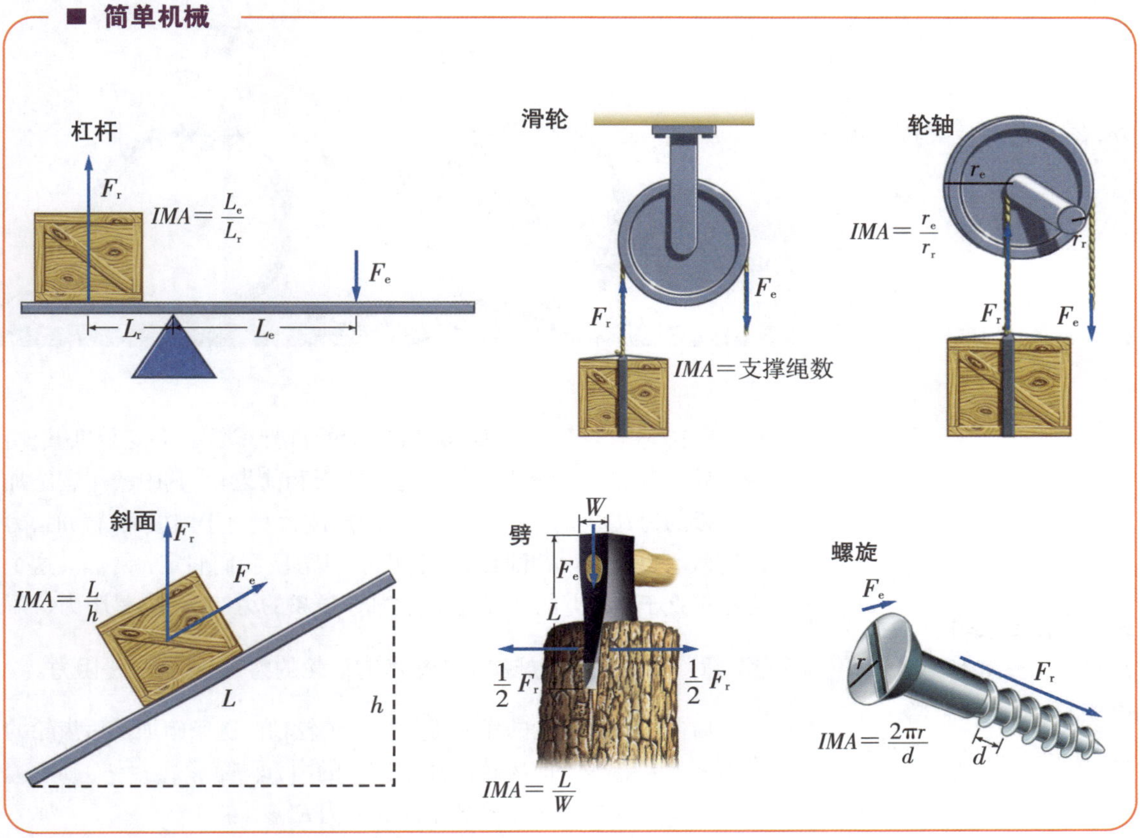

复杂机械

对大多数机械而言，不管它们如何复杂，都是由六种简单机械中的一种或多种组合而成的。如**图10–12**所示，这六种简单机械分别是：杠杆、滑轮、轮轴、斜面、劈和螺旋。

如**图10–12**所示的全部机械的理想机械效益*IMA*都是动力的位移与阻力的位移之比。对于杠杆和轮轴这些机械而言，这个比值也可用动力臂与阻力臂之比来计算。轮轴的常见样式就是如**图10–13**所示的方向盘。它的*IMA*是轮和轴的半径之比。

由两个或多个简单机械构成的机械，如果其各部分之间的联结方式是一个机械的阻力成为第二个机械的动力，那么这类机械就叫作**复杂机械(compound machine)**。剪刀(劈和杠杆)和独轮手推车(杠杆和轮轴)都是复杂机械。

☑ **阅读检测** **比较**和对比简单机械和复杂机械。

图10–12 每一种简单机械都是通过改变力的方向或大小，使工作变得容易完成。请注意，每一种机械的*IMA*都与机械的性质有关。例如，杠杆的*IMA*等于动力臂L_e的长度除以阻力臂L_r的长度。与此类似，劈的*IMA*等于其长度*L*除以其宽度*W*。
明确每一种简单机械在日常生活中的示例。

图10–13 方向盘是轮轴的一个例子，其*IMA*等于轮的半径除以轴的半径，即$\frac{r_e}{r_r}$。

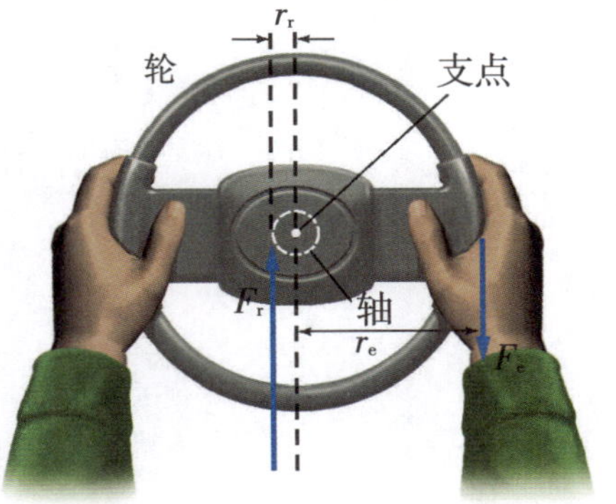

图 10–14 自行车是一种复杂机械。骑车者对踏板施加一个力，踏板对链条施加一个力，链条又对后齿轮施加一个力。

迷你实验

轮子和轮轴

自行车的齿轮结构使你旅行的距离倍增。那么，你知道它是如何处理力的吗？

机械效益与自行车 如**图 10–14**所示的自行车是一个复杂机械，由两个轮子和轮轴系统组成。首先是踏板和前齿轮，其中骑车者施加于踏板的力 $F_{骑车者对踏板}$是动力。当你所施的力垂直于踏板柄(臂)时，力最有效。也就是说，此时的力矩最大。因此，我们假定$F_{骑车者对踏板}$这个力是垂直于踏板臂的，而前齿轮施加于链条的力 $F_{前齿轮对链条}$是阻力。

阅读检测 **明确**施加于踏板和前齿轮的力，是动力还是阻力。

后齿轮和后车轮的作用犹如另一个轮轴。链条施加于后齿轮的动力 $F_{链条对后齿轮}$等于前齿轮施加于链条的力，即 $F_{前齿轮对链条}=F_{链条对后齿轮}$。这里的阻力就是后车轮施加于地面的力 $F_{后轮对路面}$。

复杂机械的机械效益 MA 是组成它的各简单机械的 MA 的乘积，因此，自行车的机械效益可用下式表示：

$$MA=MA_{踏板齿轮}\times MA_{后轮}$$

$$MA_{总}=\left(\frac{F_{前齿轮对链条}}{F_{骑车者对踏板}}\right)\times\left(\frac{F_{后轮对路面}}{F_{链条对后齿轮}}\right)$$

$$=\frac{F_{后轮对路面}}{F_{骑车者对踏板}}$$

因为 $F_{前齿轮对链条}=F_{链条对后齿轮}$，所以可以把它们从以上公式中删去。

同样，自行车的理想机械效益 $IMA=IMA_{踏板齿轮}\times IMA_{后轮}$。每一个轮轴的 IMA 是轮的半径与轴的半径之比。

对于踏板齿轮系统，$IMA=\frac{踏板的半径}{前齿轮的半径}$

对于后轮系统，$IMA=\frac{后齿轮的半径}{车轮的半径}$

然后，对于自行车，

$$IMA=\left(\frac{踏板的半径}{前齿轮的半径}\right)\times\left(\frac{后齿轮的半径}{车轮的半径}\right)$$

$$=\left(\frac{后齿轮的半径}{前齿轮的半径}\right)\times\left(\frac{踏板的半径}{车轮的半径}\right)$$

阅读检测 **解释**自行车 MA 与 IMA 的单位是什么？

例题4

机械效益 你查看了你的自行车的后轮，发现它的半径是35.6 cm，而其中齿轮的半径是4.00 cm。当链条施加了155 N的拉力时，车轮的边缘上某点移动了14.0 cm。已知自行车该部分的机械效率是95.0%。

a. 轮和齿轮系统的*IMA*是多少？

b. 轮和齿轮系统的*MA*是多少？

c. 阻力为多大？

d. 当车轮边缘上某点移动了14.0 cm时，链条移动了多远？

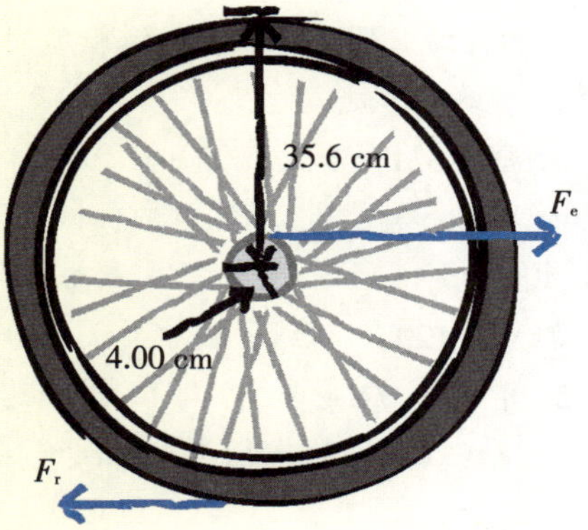

1 分析概括问题

- 画出轮轴的示意图。
- 画出力的矢量图。

已知		未知	
$r_e=4.00\ \text{cm}$	$\eta=95.0\%$	$IMA=?$	$F_r=?$
$r_r=35.6\ \text{cm}$	$d_r=14.0\ \text{cm}$	$MA=?$	$d_e=?$
$F_e=155\ \text{N}$			

2 求解未知量

a. 求解*IMA*。

$$IMA=\frac{r_e}{r_r}$$ ◀轮轴机械的*IMA*等于两个半径之比。

$$=\frac{4.00\ \text{cm}}{35.6\ \text{cm}}=0.112$$ ◀将$r_e=4.00\ \text{cm}$，$r_r=35.6\ \text{cm}$代入。

b. 求解*MA*。

$$\eta=\frac{MA}{IMA}\times 100\%$$

$$MA=\frac{\eta}{100\%}\times IMA$$

$$=\frac{95.0}{100}\times 0.112=0.106$$ ◀将$\eta=95.0\%$，$IMA=0.112$代入。

c. 求解阻力的大小。

$$MA=\frac{F_e}{F_r}$$

$$F_r=MA\times F_e$$

$$=0.106\times 155\ \text{N}=16.4\ \text{N}$$ ◀将$MA=0.106$，$F_e=155\ \text{N}$代入。

d. 求解距离。

$$IMA=\frac{d_e}{d_r}$$

$$d_e=IMA\times d_r$$

$$=0.112\times 14.0\ \text{cm}=1.57\ \text{cm}$$ ◀将$IMA=0.112$，$d_r=14.0\ \text{cm}$代入。

3 验证答案

- **单位是否正确？** 力是以N量度的，而距离是以cm量度的。
- **数值是否合理？** 自行车的理想机械效益是很低的，因为要用较大的动力F_e才能得到较大的距离d_r。实际机械效益*MA*总是比理想机械效益*IMA*小。因为*MA*比较低，所以阻力F_r也比较小。由于轴移动一小段距离导致轮子滚过一大段距离，因此链条移动的距离d_e应该很小。

练一练

25. 如果自行车齿轮的半径是例题4中的一倍，那么当施加链条的力以及车轮边缘某点移动的距离保持不变时，哪些量发生了变化？变化了多大？

26. 使用一把大锤，将劈打入木柴，以劈开木柴。已知当劈打进木柴0.20 m时，木柴裂开的距离为5.0 cm。在此过程中，施加在柴上的力为1.7×10^{4} N，而大锤施加的力为1.1×10^{4} N。

a. 劈的*IMA*是多大？

b. 劈的*MA*是多大？

c. 作为一种机械，计算劈的机械效率。

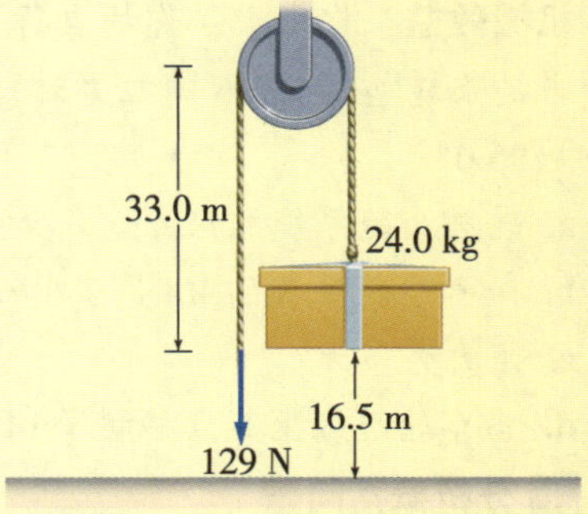

图10–15

27. 如**图10–15**所示，一名工人利用滑轮，把质量为24.0 kg的纸盒升高了16.5 m。已知他施加的力为129 N，而绳子被拉下了33.0 m。

a. 滑轮的*MA*是多少？　**b.** 滑轮的机械效率是多少？

28. 一绞盘的曲柄的半径为45 cm，绳索绕在半径为7.5 cm的滚筒上。曲柄转动一圈带动滚筒转一圈。

a. 这个系统的理想机械效益是多少？

b. 如果因为存在摩擦，该机械的机械效率只有75%，那么你需要施加多大的力到曲柄的手柄上，才能使绳上产生750 N的力？

29. 挑战题　你对杠杆施加了225 N的力，使得重1.25×10^{3} N的石块升高了13 cm。如果杠杆的效率是88.7%，你需要将你这一端的杠杆压下多少距离？

变速自行车　通过调整齿轮半径比来使自行车换挡，而得到所需的*IMA*。在骑变速自行车时，骑车者通过选择不同的齿轮尺寸来改变机械系统的*IMA*。**图10–16**显示了带有5个不同大小齿轮的后齿轮。当要加速或登山时，骑车者需要增大*IMA*来增大轮子施加于路面的力。

要增大*IMA*，则需要使后齿轮的半径比前齿轮的半径大。在这种情况下，即使骑车者所施加的力大小不变，轮子对路面的作用力也会比原先增大。而在轮子转动一圈的过程中，骑车者踩踏板的圈数将随之增多。

图10–16　骑行者通过换挡来改变自行车的*IMA*。

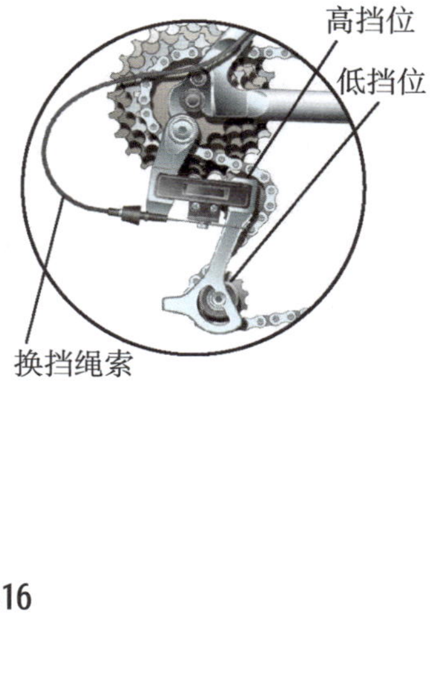

反过来，在平坦的道路上快速骑自行车所需要的作用力较小。这时候，骑车者要挑选的是小的后齿轮和大的前齿轮的滑轮组合，使*IMA*较小。这样，当骑车者所施加的力相同时，由于轮子施加于路面的力较小，骑车者几乎不用怎么踩踏板，车轮就可以以正常速度转动了。

汽车也是用同样的方式传递功的。要使小汽车从静止开始加速，需要有大的作用力，通过传动，汽车的*IMA*开始增大。然而在高速行驶的情况下，因为需要的力较小，所以传动的*IMA*减小。此时尽管时速表显示出很高的速度，但转速表指示出发动机仍是以低角速率运行的。

☑ **阅读检测**　**解释**为什么你的汽车需要多个齿轮。

人体的行走机械

▶ 与生物学的联系 描述所有的运动的力和功的原理，同样可以用来解释人体肢体的运动。简单机械中的杠杆，给予人类行走、奔跑和各种运动的能力。人类肢体的杠杆系统是非常复杂的。然而，每一个系统都有以下四个基本部分：

1. 一根坚硬的棒（骨头）
2. 一个力量的来源（肌肉的收缩）
3. 一个支点或枢轴（两根骨头间可活动的关节）
4. 一种阻力（被举起或移动物体的重力或肢体的重力）

如**图10-17**所示为人体腿部杠杆系统的各个部门。肢体的杠杆系统不是很有效，它的机械效益比较低。这就是为什么行走或慢跑都需要能量（消耗热量），并导致人的体重减轻的原因。

当人类行走时，臀部相当于一个支点，它以足为中心做圆弧运动。肢体质心的移动相当于阻力绕着支点沿同样的圆弧运动。这个圆弧的半径长度就是由腿骨构成的杠杆的长度。在竞走比赛中，运动员们通过摆动他们的臀部来增大圆弧的半径，以提高行走的速度。

身材高大的人的杠杆系统的机械效益比身材短小的人要小。尽管高大的人通常走得比矮小的人快，但高大的人必须用较大的力才能使由腿骨构成的较长的杠杆运动起来。那么，在竞走比赛中，高大的运动员应该怎么做呢？又有哪些因素会影响高大运动员的成绩呢？你知道，竞走比赛的路程一般是20 km或50 km。因为自身杠杆系统的低效率和竞赛的长距离，所以身材高大的运动员很少有耐力取得胜利。

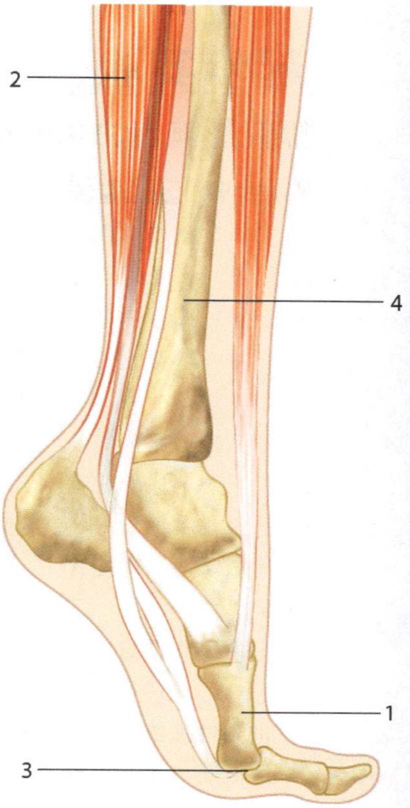

图10-17 人体的腿和脚相当于一个复杂机械。

第2节 复 习

30. 主要概念 把下列工具按杠杆、轮轴、斜面、和劈分类。描述它们是如何改变力，使任务变得容易完成。

a. 螺丝刀 **b.** 钳子

c. 凿子 **d.** 拔钉器

31. *IMA* 一名工人正在测试一套多滑轮系统，以估计他所能吊起的最重物体。已知他所能施加的向下方向的最大的力等于他的重力875 N。当这名工人把绳子拉下1.5 m时，物体升高0.25 m。他最多能吊起多重的物体？

32. 复杂机械 一台绞盘机的曲柄装在45 cm的横臂上，曲柄通过一系列齿轮转动半径为7.5 cm的滚筒。已知当绞盘机曲柄转动3圈时，滚筒转动1圈。这台复杂机械的*IMA*是多少？

33. 效率 假定你要提高一个简单机械的机械效率，那么*MA*和*IMA*要增大、减小还是保持不变？

34. 批判性思维 通过将链条变换到相匹配的后齿轮，可以改变变速自行车的机械效益。

a. 外出时，你需要使自行车加速前进，因此你向自行车施加了一个尽可能大的力。那么你应该选择一个大的还是小的后齿轮？

b. 当你达到了你的旅行速率时，你希望尽可能少花时间来转动踏板，那么你应该选大的还是小的齿轮？

c. 许多自行车还可以让你选择前齿轮的尺寸。如果在爬坡时，你需要更大的力来使自行车加速，那么此时你应该将链条调到较大的还是较小的前齿轮上？

起步实验

探究影响自由落体能量的因素

实验步骤

1. 在馅饼盘或烤盘的底部放入约2 cm高的细沙。***注意：清理溢出在外的沙子。***
2. 取不同质量的各种金属球或玻璃弹子。
3. 合作完成。一个人用手竖直地拿起米尺，使米尺一端正好与沙子表面接触；另一个人在某一高度将一个球释放，并记录下这个高度。
4. 小心地从沙中移走这个球，注意不要破坏球所撞出的弹坑。测量这个坑的深度以及沙子从坑里被抛出的距离。
5. 记下这个球的质量。
6. 抹平盘中的沙子，重复步骤3～5，从不同高度释放大小不同的球。合适的做法应当是，不同大小的球从同一高度落下，而同样的球则从不同的高度落下。

分析

7. 比较你所得到的不同坑的数据。这些数据是否存在一定的规律？具体说明。

8. **批判性思维**　当球落进沙里时，球对沙子做了功。能量可以定义为一个物体对它本身或周围物体做功的本领。将你在这一实验中得到的规律与球的能量联系起来。想一想，怎样才能增加一个球的能量？

迷你实验

轮子和轮轴

实验步骤

1. 在一根坚固的支撑杆上安装一套轮轴系统。
2. 在轴上顺时针方向绕一根1 m长的绳。
3. 将另一根1 m长的绳逆时针方向绕在直径较大的轮子上。
4. 在大轮上绳子的末端悬挂一块质量为500 g的物体。***注意：提防这块重物落下。穿封闭式的鞋子。***
5. 把轴上的绳子往下拉，使物体升高约10 cm。

分析

6. 关于你手中绳子上的力，你发现了些什么？

7. 提升物体时，你的手需要移动一定距离。关于这一点，你发现了什么规律？试用两条绳子所做的功来解释你的结论。

物理实验

实验器材

- **注意：避免穿着过于宽松的衣服。**

米尺(或卷尺)
秒表
磅秤

登楼梯和功率

你能估计你登楼梯时的功率吗？登楼梯需要能量。当你的身体向上移动一段距离时，你就做了功。功率是量度做功快慢的物理量。在这次活动中，你要尽可能地发挥出自己的最大功率，你要迅速移动登上楼梯。

问题

在登楼梯时，为了加大你的功率，你能做些什么？

目标

- **预测**影响功率的各个因素。
- **计算**你登楼梯的功率。
- **定义**可操作性的功率。
- **解释**力、距离、功、时间和功率等的数据。
- **绘制和运用图象**：功—时间图象，功率—力图象，功率—时间图象。

实验步骤

1. 用磅秤测量并记录你们组里每个人的质量。如果该磅秤的计量单位不是千克，那么把每人重量的磅数转换成千克数。已知2.2 1bS=1 kg。
2. 测量你要登的一段楼梯的竖直距离，并把结果记录在数据表中。
3. 让你们小组中的每一个人都以他们所能发挥的最大安全功率登上这段楼梯。
4. 用秒表测量出每人完成这一任务所花费的时间，把数据记录到数据表中。

数据表					
质量(kg)	重力(N)	距离(m)	功(J)	时间(s)	功率(W)

分析

1. 计算出每个人的重力,并记录在数据表中。

2. 计算每个人所做的功,并记录在数据表中。

3. 计算你们组的每个成员登楼的功率,并记录在数据表中。

4. 根据你计算得出的数据,画出功—时间图象,并作最佳拟合直线。

5. 绘制功率—功的图象,并作出最佳拟合直线。

6. 绘制功率—时间的图象,并作出最佳拟合直线。

结论与应用

1. 你认为你们小组各个成员的功率都相同吗?为什么?

2. 哪一张(些)图显示出两个变量之间有明确的关系?

3. 说明为什么存在这种关系。

4. 写出功率的定义。

进一步探索

1. 举出三件你能做的、使你登楼时的功率增大的事情。

2. 为什么登楼最快的人不一定就是功率最大的人?

3. 为什么在你小组中质量最大的人,不一定就是功率最大的人?

4. 把你的数据与班上其他小组得到的数据进行对比与比较。

生活中的物理学

1. 研究一种额定功率等于或小于你登楼时的功率的家用电器。
2. 假定你们地区的一家电力公司的收费标准为0.06美元/kW·h。如果你登楼的功率也按同样的标准收费,那么你登楼1 h将赚得多少钱?

3. 如果让你为地方健身俱乐部设计一种登楼健身器,你需要收集些什么信息?你决定要设计一台有计算运动者功率功能的登楼健身机。为了让健身者知道自己的运动功率,你的健身器将收集些什么信息?

穿戴假肢跑步

假肢 在过去，如果人失去了双腿膝盖以下部位，那就意味着永远不能再走路了，更不用说跑步了。然而，用现代假肢——一种采用弯曲的碳纤维叶片制作的人工腿——这样的假肢使截肢者可以参加世界级的跑步比赛！

能量 双腿健全的跑步者在脚接触地面后抬起时，会利用他的大腿、膝盖、小腿和脚踝来吸收能量，如**图1**所示。用假肢的跑步者，在叶片接触地面时，叶片被压缩，把能量储存在叶片中。叶片像弹簧一样，把储存的能量转化为跑步者的动能，使得跑步者向前迈进，如**图2**所示。

穿戴假肢跑步对跑步者而言是否更容易些呢 许多运动员认为，通过对假肢进行设计可以使穿戴者达到他们的最佳状态，在某些方面甚至超过双腿健全的跑步者。科学家们测试假肢，以确定它们的性能，并与天生的腿和脚进行对比。

然而，上述这类假肢也有一些缺陷。在起跑时，穿戴假肢的跑步者比双腿健全的跑步者会损失一些时间，较慢进入加速阶段。此外有证据表明，穿戴假肢的跑步者在发力时需要降低跑步速度，这样反而处于劣势。

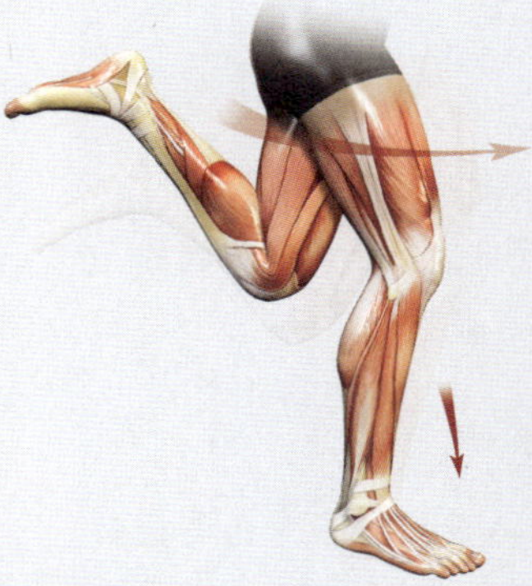

图1 天生的腿比起那些假肢来说，其能量转换的效率较低。

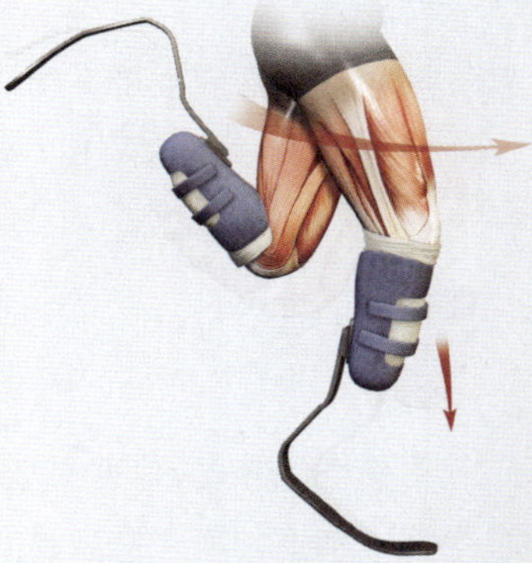

图2 当假肢接触地面时，叶片被压缩，把撞击产生的能量储存起来。

进一步探索 >>>

研究 围绕体育赛事中，一些参赛者穿戴假肢比赛引起的争议，写一篇文章，内容是如何使双腿健全的跑步者与单腿或双腿截肢的跑步者进行公平的跑步比赛。

第10章 复习指南

大概念 对一个系统做功改变了这个系统的能量。

关键术语

- 功
- 焦耳
- 能量
- 功能原理
- 动能
- 平动动能
- 功率
- 瓦特

第1节 功与能量

主要概念 功是能量转移的量度，一个力作用在物体上，通过一段位移时就做了功。

- 力作用于物体，使物体移动了一段距离，这个力就做了功。功是作用于系统的力与系统沿力的方向移动的距离的乘积，或是力在系统所通过的距离上的分力与距离的乘积。

$$W=Fd\cos\theta$$

一个力所做的功可以通过计算力—位移图线下方的面积来确定。

- 能量是系统产生的改变自身或周边物体的一种能力。一个运动的物体具有动能。位置在变化的物体具有平动动能。

$$E_{k平动}=\frac{1}{2}mv^2$$

- 对一个系统做的功等于该系统能量的改变量。这就是功能原理。

$$W=\Delta E$$

- 功率是能量被转移的速率，其描述了做功的快慢。

$$P=\frac{\Delta E}{t}=\frac{W}{t}$$

关键术语

- 机械
- 动力
- 阻力
- 机械效益
- 理想机械效益
- 机械效率
- 复杂机械

第2节 机械

主要概念 机械可以通过改变力的大小或方向而使工作变得容易完成。

- 无论是由发动机发动的还是由人力开动的机械，都无法改变做功的总量，但通过改变做功的力的大小或方向，可以使得工作更容易完成。
- 机械效益MA是阻力与动力的比值。

$$MA=\frac{F_r}{F_e}$$

- 理想机械效益是动力位移与负载位移距离的比值。

$$IMA=\frac{d_e}{d_r}$$

- 机械效率是输出功与输入功的比值。

$$\eta=\frac{W_0}{W_i}\times100\%$$

机械效率可以由实际机械效益和理想机械效益得到。在所有机械中，MA总小于IMA，而且η总是小于100%。

$$\eta=\frac{MA}{IMA}\times100\%$$

第1节 功与能量

理解概念

35. 功的度量单位是什么？

36. 一颗卫星环绕地球沿圆轨道旋转，那么地球的重力对卫星做功吗？请解释。

37. 一个物体在无摩擦的平面上匀速滑行，有哪些力作用在这个物体上？每个力对物体做的功是多少？

38. 定义“功”和“功率”。

39. 如何用千克、米、秒的组合单位来表示瓦特？

解决问题

40. 一幢房子的三楼比街面高8 m。要将一台质量为150 kg的烤箱搬到三楼，你需要做多少功？

41. 哈罗克做了176 J的功，让自己匀速升高了0.300 m。哈罗克的质量是多少？

42. **拔河** 在一场拔河比赛中，A队做了2.20×10^{5} J的功，把B队拉过8.00 m。A队施加的力为多大？

43. 要使汽车保持恒定的行驶速率，需要一个551 N的力来平衡空气阻力。那么，汽车从哥伦布开到相距161 km的辛辛那提，一共克服空气阻力做了多少功？

44. **骑自行车** 一名骑车人施加了15.0 N的力，使得自行车在30.0 s内前进了251 m。这名骑车人的功率为多大？

45. 一名图书馆管理员把质量为2.2 kg的书从地板上提起1.25 m，然后将书搬到相距8.0 m的书库，并把书放到高出地面0.35 m的书架上。这个过程中，他对书做了多少功？

46. 你用300.0 N的力推一块质量为145 kg的物体，使它水平前进了30.0 m，总耗时3.00 s。
    a. 计算你对物体做的功。
    b. 计算你的功率。

47. **手推车** 你以大小为38.0 N、与水平方向成42.0°角的力拉一辆手推车的车柄。如果你拉着手推车，运动了157 m，那么你做了多少功？

48. **割草机** 为了割草，谢妮用66.0 N的力沿着水平方向推着割草机走了1.2 km。割草机受到的力是否都对它做了功？谢妮对割草机做了多少功？

49. 如果通过拉动细绳，使质量为17.0 kg的板箱移动20.0 m，需要做功1 210 J，且已知所用拉力为75.0 N，则绳子与拉板箱的夹角为多少？

50. **草地拖拉机** 如**图10-18**所示，一台质量为120 kg的草地拖拉机，在2.5 s内开上倾角为21°的斜坡，并前进了12.0 m。请计算拖拉机的功率。

图10-18

51. 在倾角为30.0°的斜坡上，你以平行于斜坡的大小为225 N的力向上滑动一只纸板箱。此时纸板箱以恒定的速率滑动。已知动摩擦因数是0.28，那么当纸板箱升高的竖直距离为1.15 m时，你对它做了多少功？

52. 一台4.2×10^{3} N的钢琴被匀速地拉上长度为3.5 m的光滑支架。已知支架与水平面的夹角是30.0°。计算把钢琴拉上支架所做的功。

53. **雪橇** 狄古用225 N的力，通过绳索将一个质量为4.5 kg的雪橇拉过雪地。已知绳索与水平面的夹角为35.0°，如**图10-19**所示。如果雪橇移动了65.3 m，狄古做了多少功？

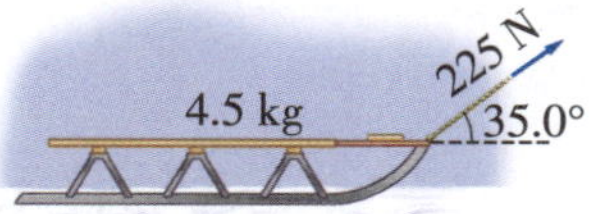

图10-19

54. **自动楼梯** 邵兰的质量是52 kg，她在香港海洋公园里搭乘自动扶梯。这是世界上最长的自动扶梯之一，有227 m长，平均倾斜度为31°。
    a. 自动扶梯对邵兰做了多少功？
    b. 如果邵兰的质量是65kg，那么自动扶梯又对她做了多少功？

55. **碾草机**　你要将碾草机推过草坪。已知你施加在碾草机手柄上的力的大小为115 N，与水平方向呈22.5°角。如果在90.0 s内你的功率均为64.6 W，那么碾草机被推过的距离是多少？

56. **船用发动机**　一艘以发动机发动的小船以15 m/s的恒定速度穿过水面。已知发动机必须施加6.0 kN的力来克服河水的阻力，发动机的功率是多大？

57. 马利克鲁斯把一个质量为60.0 kg的纸板箱推上2.0 m长的斜坡，并把它安放在高出地面1.0 m的平台上，如**图10-20**所示。已知要使纸板箱以恒定的速度推上斜坡，需要一个平行于斜坡的400.0 N的推力。

a. 马利克鲁斯在把纸板箱推上斜坡的过程中，做了多少功？

b. 如果把纸板箱直接从地面提到平台上，需要做多少功？

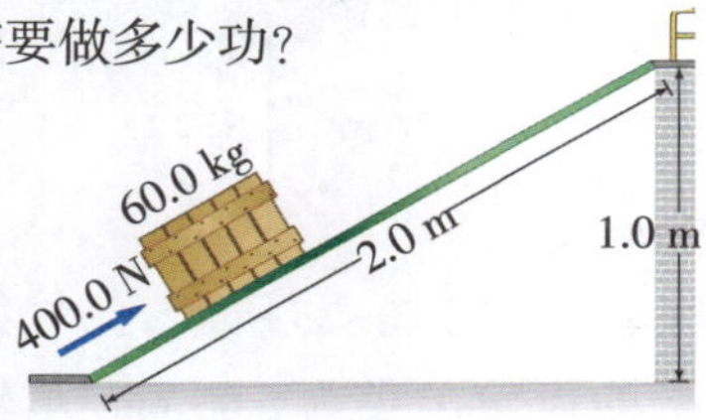

图10-20

58. 一名工人将重为93 N的纸板箱推上斜面。已知这名工人的推力平行于水平地面，如**图10-21**所示。

a. 若这名工人施加的推力为85 N，他做了多少功？

b. 重力做了多少功？（注意：你要用正负号表示功）

c. 已知摩擦因数$\mu=0.20$，摩擦力做了多少功？（注意：你要用正负号表示功）

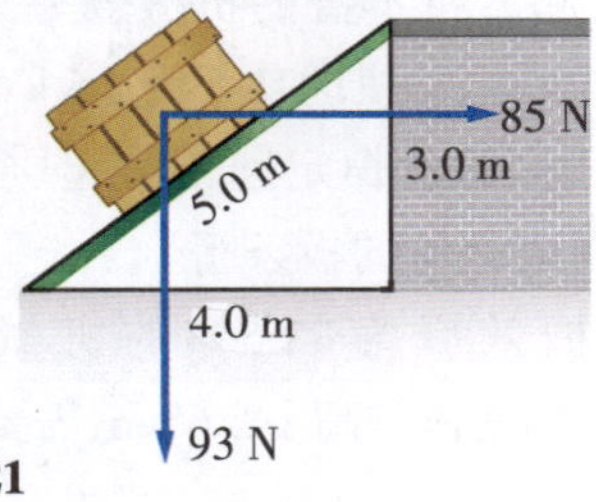

图10-21

59. 如**图10-22**所示为拉伸弹簧需要的力的大小与弹簧拉伸的长度的关系图线。

a. 计算出图线的斜率k，并证明$F=kd$。这里的$k=25$ N/m。

b. 通过计算在0.00～0.20 m区间内图线下方的面积，求出把弹簧由0.00 m拉长到0.20 m所做的总功。

c. 证明b部分的答案也能够用公式$W=\frac{1}{2}kd^2$计算得出。其中，W是功，$k=25$ N/m（是图线的斜率），而d是弹簧伸长的距离（0.20 m）。

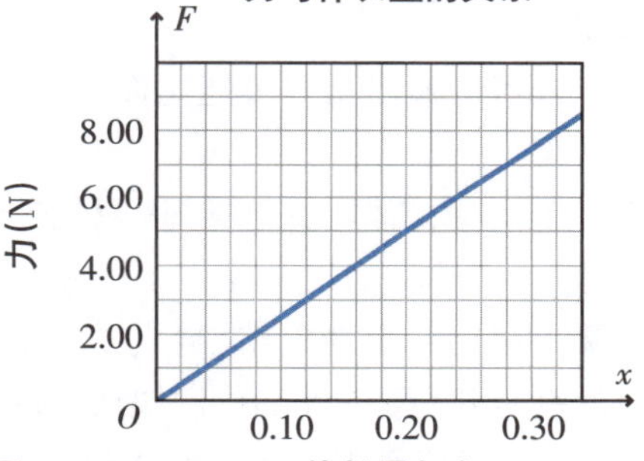

图10-22

60. 利用**图10-22**求出把这个弹簧从0.12 m拉长到0.28 m所需要做的功。

61. 在**图10-23**中画出力与被拉物体的位移的关系图线。

a. 计算将物体拉动7.0 m时，力所做的功。

b. 如果做功的时间为2.0 s，计算功率的大小。

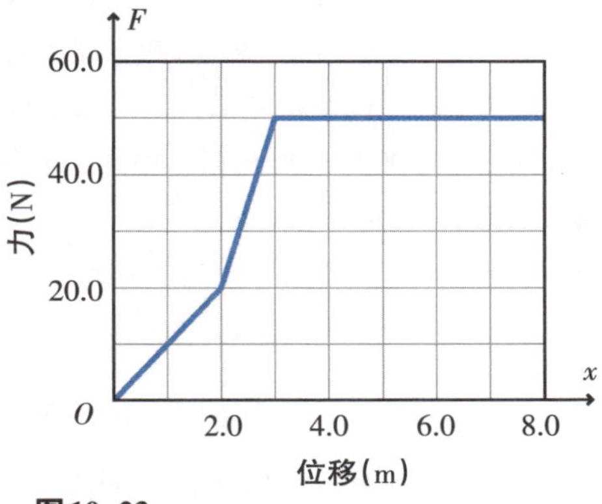

图10-23

62. **油泵** 一台油泵在35.0 s内把0.550 m^3的油传送到高出管道入口25 m的平台上的大木桶中。已知油的密度是0.820 g/cm^3。

a. 计算油泵做的功。

b. 计算油泵的功率。

63. **传送带** 一条传送带长12.0 m，倾斜度为30.0°，它被用来将成捆的报纸从邮寄房传送到货物库再装载到搬运的货车上去。已知每份报纸的质量是1.0 kg，而每捆有25份报纸。如果传送带每分钟可以传送15捆报纸，试确定它的功率。

第2节 机 械

理解概念

64. 一个机械的输出功有可能比你输入给它的功多吗？

65. 说明自行车的踏脚板是怎样的一种简单机械。

解决问题

66. **钢琴** 利用一个滑轮组，旦克希将1 200 N重的钢琴升高了5.00 m。已知在此过程中，他拉动的绳索向下移动了20.0 m。

a. 如果滑轮组是理想机械，那么旦克希施加的动力有多大？

b. 如果实际的动力是340 N，则其中用于平衡摩擦力的力为多大？

c. 输出功是多少？

d. 输入功是多少？

e. 机械效益是多少？

67. 一名学生在杠杆上施加了250 N的力，使杠杆的一端下压了1.6 m的距离，由此升高了另一端质量为150 kg的纸板箱的位置。如果杠杆的机械效率是90.0%，纸板箱被提升了多高？

68. **编写问题** 用生活中的物体编写一道物理题，在它的解答中会出现下列表达式：

$$12.5\text{N}\times d=\frac{1}{2}\times 6.0\text{kg}\times(1.10\text{m/s})^2-\frac{1}{2}\times 6.0\text{kg}\times(0.05\text{m/s})^2$$

69. 一个滑轮系统把1 345 N的重物提升了0.975 m。已知在此过程中，保罗将绳索拉下3.90 m，所施加的作用力为375 N。

a. 系统的理想机械效益是多少？

b. 系统的机械效益是多少？

c. 系统的机械效率为多大？

70. 在一个滑轮系统的绳子上施加大小为1.4 N的力，使绳子拉过40.0 cm的距离，由此把质量为0.50 kg的物体提升了10.0 cm。计算下列各项内容。

a. *MA* b. *IMA* c. 机械效率

71. 如**图10–24**所示，一段坡道长18 m，高4.5 m。

a. 如果忽略摩擦，要将一个质量为25 kg的箱子以恒定的速率滑到坡道顶端，需要施加一个平行于坡道的力，这个力为多大？

b. 坡道的*IMA*为多大？

c. 如果实际施加的平行于坡道的力为75 N，坡道的*MA*和效率分别是多少？

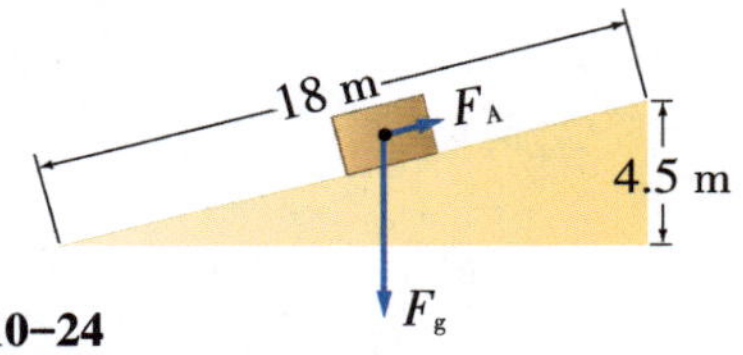

图10–24

72. **自行车** 如**图10–25**所示，已知露沙的自行车的齿轮半径为5.00 cm，车轮半径为38.6 cm。如果轮胎转动一圈，用到的链条的长度是多少？

图10–25

73. 已知一部起重机的电动机的机械效率为88%，起重机本身的机械效率为42%。如果供应给电动机的功率为5.5 kW，求起重机可以用多大的恒定速率吊起质量为410 kg的装机器部件的板条箱。

74. 用机械效率为72.5%的机械将质量为215 kg的物体举高了5.65 m，需要做多少功？

75. **补充问题** 补充下列问题，以便可利用功率来求解："奥利尔在整理家具，需要移动一个质量为50 kg的沙发……"

76. 把杠杆加装到滑轮系统，构成一台复杂机械。假设组成复杂机械的杠杆的*IMA*为3.0，而滑轮系统的*IMA*为2.0。
   a. 证明这台复杂机械的*IMA*为6.0。
   b. 如果复杂机械的机械效率是60.0%，那么要举起540 N的箱子，作用到杠杆上的动力需要多大？
   c. 如果你将施力的杠杆的那一端下压了12 cm，那么箱子被举高了多少？

应用概念

77. 背着420 N的背包攀登200 m的高山，或者背着210 N的背包攀登400 m的高山，哪种情形需要做的功更多些？为什么？

78. **举起来** 你缓慢地把一箱书从地上举起来并放到桌子上。地球的重力施加给箱子一个大小为mg、方向向下的力，而你对箱子施加了一个大小为mg、方向向上的力。这两个力大小相等而方向相反。看起来你似乎并没有做功，但是你知道你做了功。说明你做了多少功。

79. 你在课后有一个工作，需要把一箱新的复印纸搬上楼，然后把复印好的一箱纸搬到楼下。已知复印纸的质量不变。你的物理教师说，以一整天看来，你是不做功的，所以你应该没有报酬。从什么意义上说物理教师是正确的？怎样的付款协议可以确保你能够获取恰当的报酬？

80. 你将一箱复印纸搬下楼后，沿着15 m的长廊行走。此时你在做功吗？请解释。

81. **爬楼梯** 两个质量相同的人走上同一楼梯，第一个人上楼用时25 s，而第二个人用了35 s。
   a. 哪个人做的功多些？解释你的回答。
   b. 哪个人的功率大些？解释你的回答。

82. 说明功率可以用下式表示：$P=Fv\cos\theta$。

83. 怎样才能提高机械的理想机械效益？

84 **大概念** **轨道** 试解释为什么绕太阳做轨道运行的行星的运动并不违反动能定理。

85. **羊角锤** 羊角锤是一种用来把钉子从木板中拔出来的工具。那么，当你的手握在柄的什么地方，钉子卡在爪钩的什么位置上时，你花的力气最小？

86. **劈** 在理想机械效益不变的情况下，你如何去提高劈的机械效益。

复习提高

87. **斜坡** 依斯拉准备利用3.0 m长或4.0 m长的无摩擦的斜坡，将一架钢琴放到2.0 m高的平台上去。如果她想做最少的功，那么她应该选用哪一种斜坡？

88. 勃鲁脱斯是一位一流的举重选手，他把质量为240 kg的重物举高了2.35 m。
   a. 勃鲁脱斯举起重物的过程中做了多少功？
   b. 勃鲁脱斯在头顶上方托住重物，需要做多少功？
   c. 把重物放回地上时，勃鲁脱斯做了多少功？
   d. 如果他脱手使得重物落回到了地面，勃鲁脱斯做了功吗？

89. **手推车和斜坡** 搬运工人利用手推车将冰箱通过斜坡运进房内。已知冰箱的质量是115 kg，斜坡长2.10 m，高度为0.850 m，搬运工人施加在手推车上的力为496 N。手推车和斜坡构成一种机械。
   a. 搬运工人做了多少功？
   b. 这种机械对冰箱做了多少功？
   c. 这种机械的机械效率是多少？

90. 沙莉以恒定的速率拖动一个木箱，使其在地板上通过了25.0 m的距离。在此过程中，她做了11.4 kJ的功。已知绳子与水平面成48.0°角。
   a. 绳子施加于木箱上的力为多大？
   b. 作用在木箱上的摩擦力为多大？
   c. 通过地面时，木箱与地面间的摩擦力做了多少功？

91. 一台电动绞盘车将875 N的纸板箱以0.25 m/s的速度拉上斜面。已知纸板箱与斜面间的动摩擦因数为0.45。

a. 绞盘车的功率是多少？

b. 如果绞盘车的机械效率为85%，那么需要输入给绞盘车的电功率为多大？

批判性思维

92. 应用概念 质量为75 kg的一位短跑运动员在8.50 s内猛冲过50.0 m的距离。假定短跑运动员在全程比赛中的加速度保持不变。

a. 短跑运动员越过50 m的平均功率是多少？

b. 短跑运动员的最大功率是多少？

93. 应用概念 上题中的短跑运动员仍旧在相同的8.5 s的时间内疾奔50.0 m。然而这一次，运动员是在第1 s内加速，在其余路程中则做匀速奔跑。

a. 计算这名短跑运动员在第1 s内的平均功率。

b. 短跑运动员现在的最大功率是多少？

94 分析与推论 你在一家小店工作，你经常需要把箱子搬到高出地面12 m的贮藏阁楼中。某天，你必须尽可能快地把30箱总质量为150 kg的箱子搬上阁楼，所以你考虑不能一次只搬一箱。但如果你每次搬得太多，你会走得很慢，不时要休息；而如果你每一次只搬一箱，那么大量的体能将用于提升你自己的肢体。在一段时间里你的功率与你所搬物体的质量间的关系如**图10–26**所示。这一功率曲线的例子不但适用于人，同样也适用于机械。求出在所需时间最少的情况下，你每次搬运的箱子数目。完成这项工作，你将花多长时间？忽略你返回楼下所需的时间和搬起、放下每个箱子的时间。

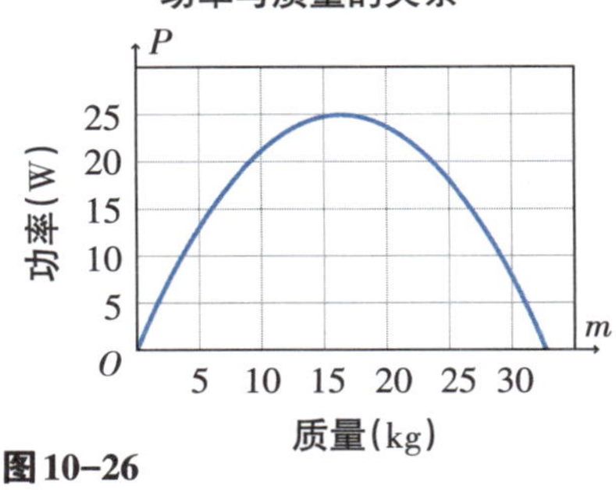

图10–26

95. 排序 如**图10–27**所示，一个质量为20 kg的男孩对长凳有力的作用。按照下列图中男孩对长凳做的功从小到大排序，并说明理由。

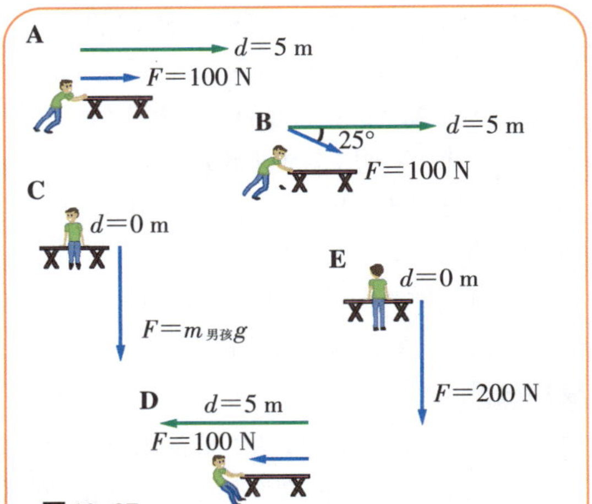

图10–27

科技写作

96. 跟自行车一样，汽车也是一种复杂机械。求出汽车的动力传动系统的各组成部分(发动机、变速装置、方向盘和轮胎等)的机械效率。探究提高其中每一部分机械效率的可能性。

97. 力、功、功率和能量等术语，通常的意义与日常生活中的应用是相同的。请从广告、媒体出版物、广播和电视里获取实例，说明其中所使用的术语与物理学中的不同含义。

日积月累

98. 你正在帮助你的祖母种植一些花木，杂草和泥巴已经装满了一垃圾桶。现在你要将垃圾桶搬过园子，但垃圾桶非常重，你只能推它，而不能举起它。已知垃圾桶的质量是24 kg，桶底与沾满泥巴的草坪间的动摩擦因数为0.27，静摩擦因数为0.35。你要用多大的水平力才能推动它，使它刚好开始运动？

99. 棒球 如果一个球队的主力投手以40.3 m/s的水平速度掷出一个快球，并且球行进了18.4 m，那么这个球在越过本垒时下落了多少距离？

选择题

1. 一个重4 N的足球静止在场地上。一名运动员在0.1 m的距离内施加了5 N的力在足球上，使得球向前滚动了10 m。运动员给足球的动能是(　　)

A. 0.5 J　　B. 0.9 J

C. 9 J　　D. 50 J

2. 要用由两个定滑轮和两个动滑轮组成的一个滑轮系统匀速吊起一个300 N的重物。如果所需的动力为100 N，这个系统的机械效益是(　　)

A. $\frac{1}{3}$　　B. $\frac{3}{4}$

C. 3　　D. 6

3. 由一个斜坡和一个滑轮构成的复杂机械，可以用于提升较重的箱子。已知利用此系统将质量为100 kg的箱子拖上斜坡时，其机械效率是50%，而其中滑轮的机械效率是90%，这个复杂机械的总效率是(　　)

A. 40%　　B. 45%

C. 50%　　D. 70%

4. 将20.0 N的木块系在绳子的一端，而绳子环绕在一滑轮系统上。如果你把绳子另一端拉下了2.00 m，则滑轮系统可以把木块提升0.40 m。滑轮系统的理想机械效益是(　　)

A. 2.5　　B. 4.0

C. 5.0　　D. 10.0

5. 两人抱着完全相同的重40.0 N的箱子走上斜坡。已知斜坡长2.00 m，一端与1.00 m高的站台相接。其中一人在2.00 s内走上斜坡，而另一人用了4.00 s。这两人作用于带箱子上斜坡的功率相差(　　)

A. 5.00 W　　B. 10.0 W

C. 20.0 W　　D. 40.0 W

6. 质量为50.0 kg的溜冰者在忽略摩擦的冰面滑行。当他接近一个朋友时，他和他的朋友都伸出了手。此时，他的朋友对他施加了一个与其运动相反方向的力，所以溜冰者的速率从2.0 m/s减慢到1.0 m/s。溜冰者的动能变化了(　　)

A. −25 J　　B. −75 J

C. −100 J　　D. −150 J

7. 把图中的箱子推上斜坡，需要100 N的作用力。如果斜坡的高度为3.0 m，则要对箱子做功(　　)

(sin30°＝0.50，cos30°＝0.87，tan30°＝0.58)

A. 150 J　　B. 260 J

C. 450 J　　D. 600 J

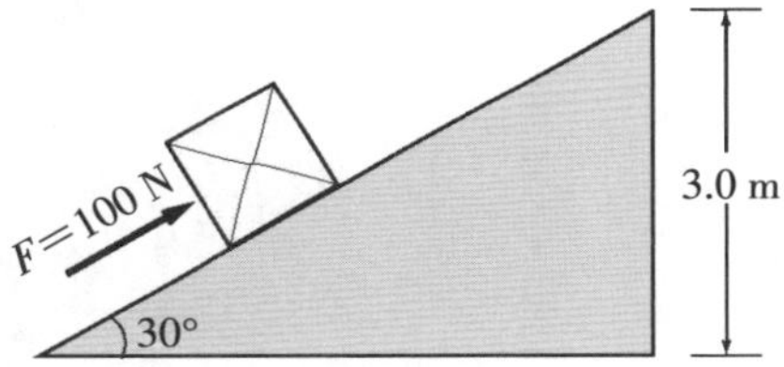

拓展题

8. 如下图所示，你将200.0 N的力作用在绳子上，沿水平面拉动一个箱子，绳子与水平面成45°角。计算在10.0 s内使箱子移动5.0 m，你需要对箱子做的功以及功率。

(cos45°＝sin45°＝0.7)

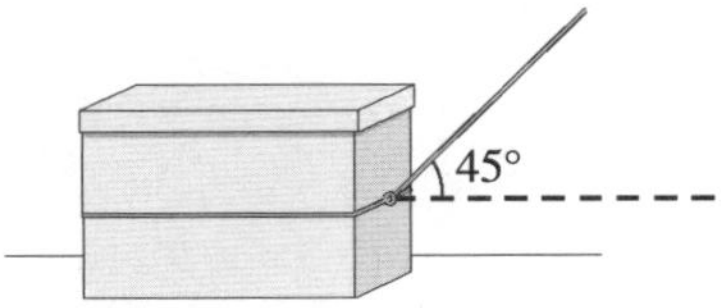

考点提示

测试题号	1	2	3	4	5	6	7	8
对应小节	1	2	2	2	1	1	1	1

图书在版编目（ＣＩＰ）数据

科学发现者. 物理 第二版 2023修订版 上册 / (美) 保罗·齐泽维茨 (Paul W. Zitzewitz) 等著 ; 钱振华等译. -- 杭州 : 浙江教育出版社, 2023.8（2025.6重印）
ISBN 978-7-5722-6272-2

Ⅰ. ①科… Ⅱ. ①保… ②钱… Ⅲ. ①中学物理课－高中－教学参考资料 Ⅳ. ①G634

中国国家版本馆CIP数据核字(2023)第157513号

美国高中主流理科教材

科学发现者

第二版 2023修订版

物理

[美] 保罗 · 齐泽维茨 等 著

钱振华 徐在新 黄燕萍 沈珊雄 译

原理与问题

Physics

Principles and Problems

中册

浙江教育出版社 · 杭州

目录

波与光

电与磁

第11章

能量与能量守恒

大概念 在一个孤立的封闭系统内，能量可以改变形式，但总能量保持恒定。

内容提要

起步实验

对正在弹跳的篮球能量的分析

哪些因素决定一个篮球弹起的高度？

第1节 能量的多种形式

物理在你身边

水有多种形态，冰或水蒸气。与此类似，能量也有不同的形式，如运动物体的能量、物体间相互作用的能量等。

主要概念

动能是物体由于运动而具有的能量，势能是由于两个或两个以上的物体之间的相互作用而储存的能量。

核心问题

- 系统的运动与它的动能有什么关系?
- 什么是重力势能?
- 什么是弹性势能?
- 质量和能量有什么关系?

术语回顾

系统 由一个物体或多个彼此相互作用的物体所组成，并能与外部世界相互作用

关键术语

转动动能
势能
重力势能
参考面
弹性势能
热能

功能原理的一个模型

在日常交流时，人们常在各种场合使用“能量”一词。某些水果和燕麦卷被称为能量的来源；在体育运动中，运动员必须消耗能量；为你家庭提供电力、天然气或制热燃料的公司则被称为能源公司；等等。

科学家和工程师对“能量”这个术语的使用比其他人要精确得多。回想一下，功能原理指出做功会引起系统能量的改变。这也就是说，做功可以使能量在系统和它的环境之间发生转移。系统是一个物体或者所要研究的多个物体。对一个系统做功后，该系统的能量便增加；反之，如果系统对外做功，该系统的能量就会减少。

能量模式的转换 在某种意义上，能量就像冰激凌——可以有不同的种类，可以是香草的、巧克力的或者蜜桃味的。虽然口味不同，但它们全都是冰激凌，而且用途也相同。然而，与冰激凌不同的是，能量可以发生变化。一个物体系统可以具有各种形式的能量。在本章中，你将学习能量是如何从一种形式转变为另一种形式的，以及如何去追踪这些变化。

能量遵循的规律跟你的储蓄账户所遵循的规律非常相似。如**图11-1**所示的柱形图，可以用来表示钱或能量的多少。只有当你赚钱或花钱时，你拥有的钱数才会发生变化。同样地，能量可以被储存起来，也可以使用它。在以上任何一种情况下，都会影响系统的运动情况。

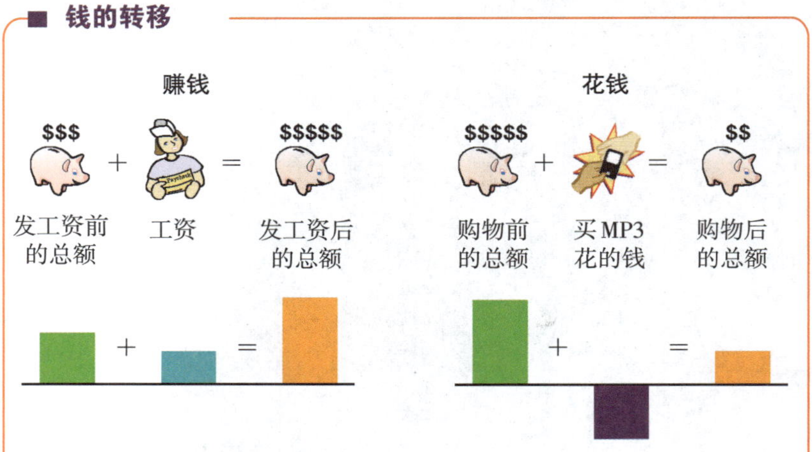

图11-1 能量类似于一个储蓄账户，其总量可以增加或减少。

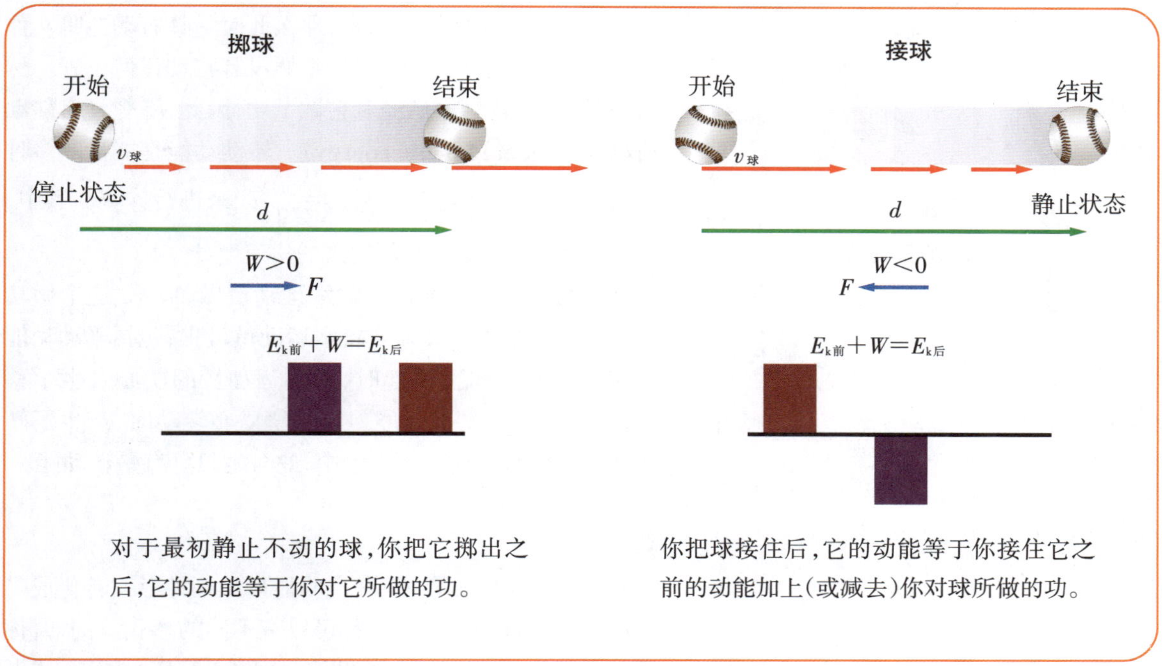

图 11–2 当你对球做功，你就改变了它的能量。

明确 通过做功所引起的，能量改变的两种不同结果。

掷球 能量的得失也可以通过掷球和接球来说明。回想一下，当你对物体施加了一个恒力F，并使物体沿力的方向通过距离d时，你所做的功可以用$W=Fd$来表示。因为力和运动是同方向的，所以这个功为正，而物体增加的能量就等于功的值。假设物体是一个球，而你用力去掷这个球，那么你用力的结果就是球获得了动能。这个过程显示在**图 11–2** 的左边。你仍旧可以用柱形图来表示这个过程，这一次柱形的高度表示以 J 为单位的功或能量的值。做功以后球的动能等于初动能加上你对球所做的功。

接球 当你接球时，发生的过程是类似的。球被接住之前，球是运动的，因此它具有动能。在接球时，你对球施加了一个与其运动方向相反的力。因而，你对它做了负功，使它停止运动。现在，球不动了，也就没有了动能。这个过程以及表示这个过程的柱形图显示在**图 11–2** 的右边。动能总是正的，所以球的初动能为正值。而你对球做的是负功，因此其末动能为零。也就是说，球静止后的动能等于初动能与你对球所做的(负)功之和。

动 能

回想一下，由于物体的位置变化而产生的平动动能，这可用方程$E_{k平动}=\frac{1}{2}mv^2$表示，其中m是该物体的质量，v是它的速度。由此可知，物体的动能与它的质量成正比。因此，一个质量为 7.26 kg 的铅球掷入空中时所具有的动能，比以同样速率运动的质量为 0.148 kg 的篮球所具有的动能要大得多，因为铅球的质量比较大。同时，物体的动能与它的速率的平方也成正比。因此，当汽车以 20 m/s 的速度行驶时，它的动能是它以 10 m/s 的速度行驶时的 4 倍。

图11–3 跳板对跳水运动员做了功，这个功增加了跳水运动员的动能。

转动动能 动能也可能由于转动而产生。设想一下，如果你使一个玩具陀螺旋转起来，那么此时它具有动能吗？你可以说它没有平动动能，因为陀螺没有移动任何位置。然而，使陀螺旋转时你已经对它做了功，因此，陀螺具有**转动动能（rotational kinetic energy）**。转动动能是能量的多种形式之一，可以通过公式$E_{k转动}=\frac{1}{2}I\omega^2$来进行计算。其中，$I$是物体的转动惯量，$\omega$是物体的角速度。

在**图11–3**中，跳板对跳水运动员做了功。这个做功的过程就是把能量转移给跳水运动员过程，包括平动动能和转动动能。向上跳起时，跳水运动员的质心发生了移动，因此产生了平动动能。当她绕质心转动时，产生了转动动能。跳水运动员窜入水中，此时她只具有平动动能。

势　能

前面讨论的钞票模型，说明能量从一种形式转化成另一种形式。钱和能量两者都可以有不同的形式。例如，你可以有一张5美元的纸币，或者20个25美分的硬币，或者500个1分币。在所有这些情形里，你都拥有5美元钱。同样，能量可以是动能、储存的能量或者其他的形式。

以储存的能量为例，想象山上的一堆石块。这些石块曾经由于经历了一系列的地质演变，对抗重力的作用而被抬到现在的高度上。因此，包含地球和石块的系统已经储存了能量。这些由于系统中的物体相互作用而储存的能量，叫作**势能（potential energy）**。

并不是所有势能都是由于重力而产生的。一个小小的内装弹簧的玩具——比如说玩偶匣——也会储存能量，但这些能量被储存在一个压缩的弹簧里，而与重力无关。你能想象出系统具有势能的其他形式吗？

练一练

1. 一名质量为52.0 kg的溜冰者以2.5 m/s的速度往前滑动。直到她静止时，她通过的位移为24.0 m。求出她的初动能，以及当她静止时，她有多少动能由于受到冰面的摩擦力转化成其他形式能量？若溜冰者要将她的滑行速度再次上升到2.5 m/s，她需要做多少功？
2. 有一辆质量为875.0 kg的轻便小汽车。当它经过另一辆汽车时，其速度由22.0 m/s提高到44.0 m/s。它的初动能和末动能分别是多少？为使汽车的速率按上述要求增加，要对它做多少功？
3. 质量为7.85×10^{11} kg的彗星以25.0 km/s的速率击中地球。彗星的初动能是多少？将地球使彗星停止运动所做的功与已经爆炸过的最大核武器所释放的能量4.2×10^{15} J进行比较，哪个更大些？
4. **挑战题** 一个质量为2 kg的车轮在地面上滚动，线速度为15 m/s。求它的平动动能与转动动能。（*提示：$I=mr^2$*）

重力势能

看一下如**图11-4**所示的抛橘子的杂耍游戏。如果你将一个橘子看作系统，那么有多个外力作用在它上面。小丑的手施加在橘子上的力对橘子做了功，给了它一个初动能。而在离开小丑的手以后，橘子只受到了重力的作用，假设空气阻力忽略不计。当橘子的高度发生变化时，重力对橘子做了多少功？

由重力做的功 用h表示从小丑的手开始测量的橘子的高度。在上升途中，橘子的位移是向上的，但是作用在橘子上的重力F_g是向下的，所以重力做的是负功：$W_g=-mgh$。在返回的途中，力和位移方向相同，所以此时重力做的是正功：$W_g=mgh$。也就是说，当橘子向上运动时，重力做负功，使橘子的速率减小为0；在下落过程中，重力做正功，使得橘子的速率增大，因此动能也增大。当橘子回到它最初的高度位置时，它重新获得最初具有的全部动能，正如本页底部的能量柱形图所示。可以看出，在$\frac{1}{2}h$处，橘子的重力势能和动能相等。

阅读检测 **描述**橘子从小丑手中升起时，重力所做的功。

我们知道，根据牛顿的万有引力定律，任何两个物体之间存在万有引力。物体在运动时，它们之间的万有引力会对物体做功。通常，我们关注的是物体与地球之间的重力势能。因此，我们把物体和地球作为一个系统。如果物体离开地球运动，那么由于物体和地球间的万有引力，使得能量被储存在系统里，这个被储存的能量叫作**重力势能（gravitational potential energy）**，用符号E_p表示。重力势能为零的位置叫作**参考面（reference level）**，它被用来确定物体的高度。在抛橘子这个游戏中，参考面就是小丑的手所在的位置。

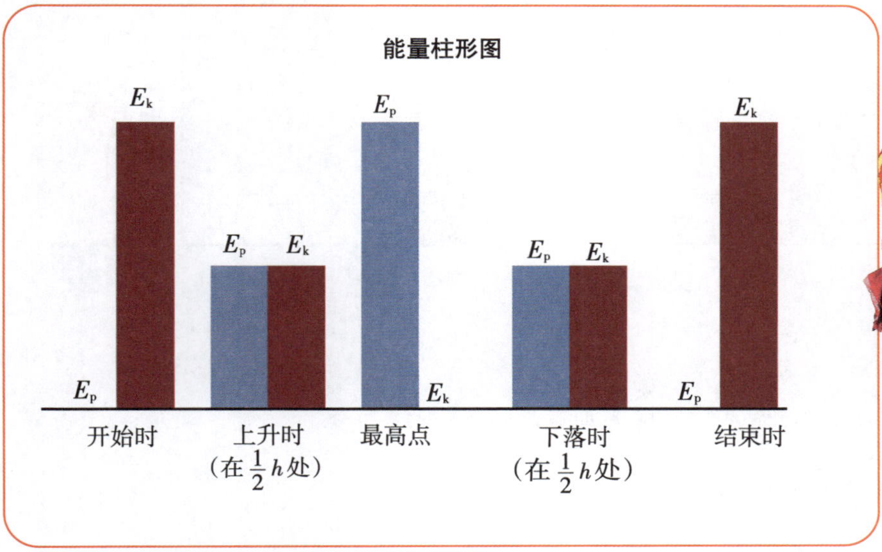

图11-4 当橘子上升时，它的动能转化为橘子与地球所组成的系统的势能。当橘子下落时，势能又转化为动能。在此过程中，地球也得到或失去少量的动能。本页底部的能量柱形图，描述了橘子在运动过程中的能量变化情况。

计算重力势能 对于一个质量为m的物体，它相对于参考面上升到高度h时的重力势能，可以用下式表示：

重力势能

一个物体的重力势能等于它的质量、重力加速度以及其离开参考面的距离的乘积

$$E_p=mgh$$

在重力势能的公式中，g为重力加速度，重力势能与动能一样，以J为单位。

能量的转化 再考虑一个由小丑手中的一个橘子加上地球构成的系统的能量。在这个系统中，能量以两种形式存在——动能和重力势能。如**图11-5**左边所示，当橘子开始运动时，能量全部以动能形式呈现。在上升途中，橘子的速度慢了下来，此时能量逐步由动能转变为势能。当橘子飞到最高点时，速度为零，此时全部能量均为重力势能形式。

在橘子回落过程中，势能又变回到动能。在全部时间里，动能和势能的总和是恒定的，因为没有任何外力对系统做功。

参考面 到目前为止，我们已经设定小丑的手所在的平面为参考面。也就是说，橘子的高度从小丑的手开始测量。因此，在小丑的手所在处，$h=0$ m，$E_p=0$ J。你可以将任何高度设为参考面，只要它可以方便你的求解。

现在，假定以橘子上升的最高点处为参考面。在这一点上，$h=0$ m，$E_p=0$ J，如**图11-5**右边所示。系统的重力势能在橘子上抛处是负值，在最高点为零，而在橘子下落的终点又是负值。由于参考面不同，如**图11-5**左边所示的系统与如**图11-5**右边所示的系统的总能量是不同的。然而，在这两种情况中，在橘子运动的全部时间里，系统的总能量是恒定的。

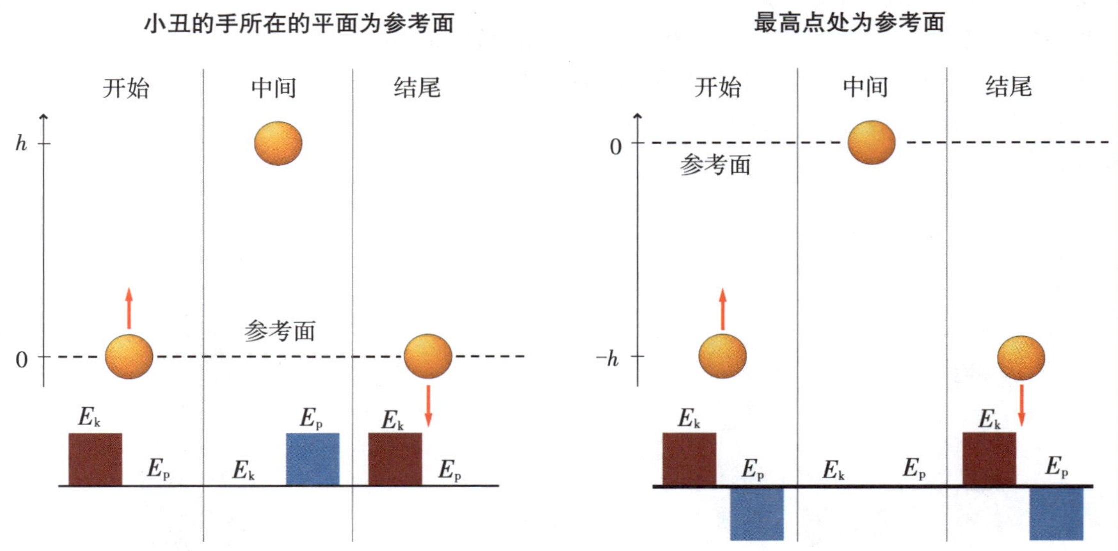

图11-5 系统的重力势能与你所选择的参考面有关，而系统的重力势能的变化量与参考面无关。

分析 你还可以选择哪里为参考面？

例题 1

重力势能 你从贮藏架上拿起一个质量为 7.30 kg 的保龄球，并把它举高到肩部。已知贮藏架离地 0.61 m 高，而你的肩部高出地板 1.12 m。

a. 当保龄球在你的肩部时，它相对于地板的重力势能是多少？

b. 当保龄球在你的肩部时，它相对于贮藏架的重力势能是多少？

c. 在你把保龄球从贮藏架提到肩部时，保龄球的重力做了多少功？

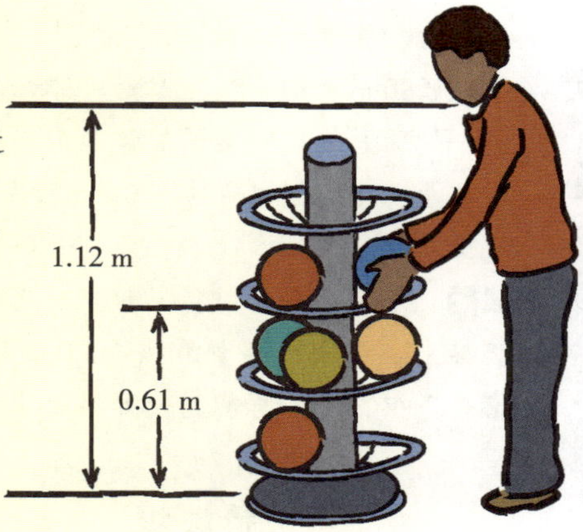

1 分析概括问题

- 概述情景。
- 选择参考面。
- 以地板为参考面，画一幅重力势能的柱形图。

已知		未知
$m=7.30\ \text{kg}$	$g=9.80\ \text{N/kg}$	$E_{\text{p肩部相对于地板}}=?$
$h_r=0.61\ \text{m}$（贮藏架相对于地板）		$E_{\text{p肩部相对于贮藏架}}=?$
$h_s=1.12\ \text{m}$（肩部相对于地板）		$W=?$

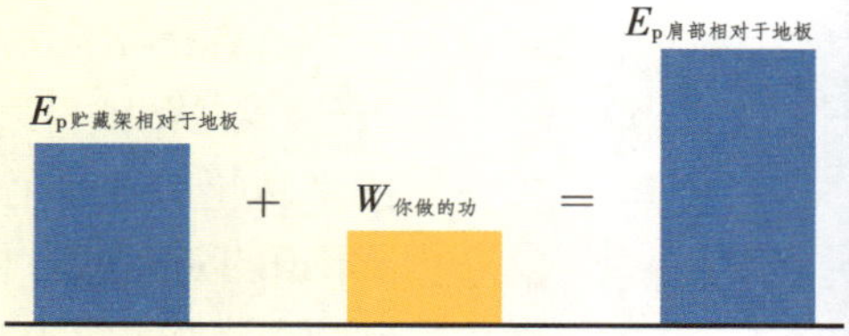

2 求解未知量

a. 设地板为参考面。

求解在肩部水平平面上保龄球的势能。

$E_{\text{p肩部相对于地板}}=mgh_s=7.30\ \text{kg}\times9.80\ \text{N/kg}\times1.12\ \text{m}=80.1\ \text{J}$ ◀将 $m=7.30\ \text{kg}$，$g=9.80\ \text{N/kg}$，$h_s=1.12\ \text{m}$ 代入。

b. 设定贮藏架的高度为参考面。

求解你的肩部相对于贮藏架的高度。

$h=h_s-h_r$

求解保龄球相对于贮藏架的势能。

$E_{\text{p肩部相对于贮藏架}}=mgh=mg(h_s-h_r)$ ◀将 $h=h_s-h_r$ 代入。

$=7.30\ \text{kg}\times9.80\ \text{N/kg}\times(1.12\ \text{m}-0.61\ \text{m})$ ◀将 $m=7.30\ \text{kg}$，$g=9.80\ \text{N/kg}$，$h_s=1.12\ \text{m}$，$h_r=0.61\ \text{m}$ 代入。

$=36.5\ \text{J}$ ◀这就等于你做的功。

c. 重力做的功等于保龄球的重力乘以它被举起的高度。

$W=Fd=-mgh$ ◀因为重力与保龄球的运动方向相反，因此功是负的。

$=-mg(h_s-h_r)$

$=-7.30\ \text{kg}\times9.80\ \text{N/kg}\times(1.12\ \text{m}-0.61\ \text{m})$ ◀将 $m=7.30\ \text{kg}$，$g=9.80\ \text{N/kg}$，$h_s=1.12\ \text{m}$，$h_r=0.61\ \text{m}$ 代入。

$=-36.5\ \text{J}$

3 验证答案

- **单位是否正确？** 势能和功都是用 J 来量度的。
- **数值是否合理？** 根据保龄球与参考面之间的距离大小判断，它相对于地板的势能应该比相对于贮藏架的势能更大些。

练一练

5. 在例题1中，当保龄球在地板上时，它相对于贮藏架的势能是多少？
6. 你把质量为20.0 kg的沙袋缓慢地从汽车的行李箱中取出，放到低于行李箱1.20 m的马路上。在这个过程中，你做了多少功？
7. 男孩从0.80 m高的书桌上拿起一本质量为2.2 kg的书，放到2.10 m高的书架上。此时书—地球系统相对桌子的势能是多少？
8. 一块质量为1.8 kg的砖块从6.7 m高的烟囱落到地面，砖块—地球系统的势能变化了多少？
9. **挑战题** 一名仓库保管员从地上捡起一个质量为10.1 kg的盒子，把它放到1.1 m高的长桌上。盒子沿桌面滑动了5.0 m后，又掉回了地面。盒子—地球系统能量的改变量是多少？盒子总能量是如何变化的？(忽略摩擦的作用)

弹性势能

如**图11–6**所示，拉动弓上的弦时，你对弓做了功，能量就储存在弓弦上。因此，系统的能量增加了。把弓、箭和地球看作一个系统，当弦和箭释放时，能量转化为动能的形式。在拉弦过程中储存的能量叫作**弹性势能(elastic potential energy)**，它通常被储存在形状被改变的物体中。例如弹簧、橡皮筋和蹦床这些系统中，常常具有弹性势能。

阅读检测 **定义**弹性势能。

当你使系统中的一个弹性物体发生弯曲时，弹性物体也就贮存了弹性势能。最早时，人们用不容易弯曲的金属棒或竹竿进行撑竿跳高。因此，运动员在棒上做的功非常小，金属棒或竹竿不能储存很多势能。自从采用了有弹性的玻璃纤维杆后，撑竿跳高的世界纪录有了很大的提高。

图11–6 如图左边所示，在弦被释放之前，弓箭手—弓箭系统的弹性势能最大。如图右边所示，当弦被释放后，弹性势能完全转变为箭的动能。

撑竿跳运动员带着一根弹性杆奔跑并把杆的一端竖直插进地上的凹穴中。如**图11–7**所示，当运动员弯曲这根杆时，他的部分动能转换成了弹性势能。当杆伸直时，弹性势能转换成了重力势能和动能，这正是撑竿跳运动员升高到离地6 m高度时具有的能量。与僵硬的金属杆或竹竿不同，玻璃纤维杆具有强大的储存弹性势能的能力。因此，撑竿跳运动员可以越过那些放置得更高的横杆。

图11–7 撑竿跳运动员把弹性势能贮存在撑杆一跑道系统内。当他起跳时，弹性势能转变为动能和重力势能。

质　量

爱因斯坦认为，还有另外一种形式的势能，其与物体的质量成正比。他说，质量的真实本性就是能量。这种能量E_0叫作静能，可以由下述这个公式表示：

静能

一个物体的静能等于它的质量乘以光速的平方。

$$E_0=mc^2$$

根据这个著名的公式，质量也是一种形式的能量，它可以转化成其他形式的能量。因为光速非常快（3×10^8 m/s），所以即使质量非常小，它表示的能量也很大。例如，1 g的质量就等于9×10^{13} J的能量。只有当能量很大时，质能等效性才体现出来，如核爆炸期间和粒子物理的实验中。

其他形式的能量

想一想你每天遇到的能量形式和来源。汽油提供能量驱动你的汽车；你吃食物以获取能量；发电厂利用风、水、化石燃料和原子核的能量，把它们转化为电能。

化学能和核能　回想一下，当化石燃料燃烧时，释放出化学能。类似的过程发生在你消化食物的时候。你的身体所需的能量来自你食物中的化学键所贮存的能量。原子核内部的结合力也贮存着能量，这种能量叫作核能，而当原子核的结构发生改变时，核能就被释放，在以后的章节中，我们将学习更多关于核能的知识。

图 11–8 在日常生活中,你会遇到许多形式的能量,如化学能、核能、热能和电能等。

热能、电能和辐射能 热能是另一种形式的能量,它与温度有关。**热能(thermal energy)**是一个物体内部粒子的动能与势能的总和。当你为了温暖手而将双手相互搓动时,你就把动能转化为了热能。热能也可以转移出去。例如,**图 11–8** 中的炉子将热能转移给了平底锅。

如**图 11–8** 所示,发电厂将各种形式的能量转化为电能,这是与带电粒子有关的能量。电能可以通过导线传输到你的家里,如**图 11–8** 所示。用电器将此电能转化为其他形式的能量,如在灯泡中的辐射能或风扇叶片转动时的动能。辐射能是通过电磁波传输的能量。在以后的章节中,你将会学到更多有关这些能量的知识。

第1节 复 习

10. 主要概念 你该怎样应用功能原理,描述把保龄球由贮藏架举到你的肩部所发生的能量变化?

11. 弹性势能 你有一个装有弹簧的跳跃玩具,它通过压缩弹簧来跳跃。玩具会竖直向上跳起。画出柱形图,描述在下列时刻能量所表现的形式。假定系统包括弹簧玩具和地球。

a. 玩具被向下按,因而压缩弹簧。

b. 弹簧伸长,玩具跳起。

c. 玩具到达上升的最高点。

12. 势能 从位于地球表面的大炮中发射一枚质量为25.0 kg的炮弹。将地球表面作为参考面。

a. 当炮弹位于425 m高空时,系统的重力势能是多少?

b. 当它落到225 m的高度时,其势能的改变量又是多大?

13. 势能 质量为90.0 kg的攀岩者攀登了45.0 m,到达了采石场的顶部,然后又往下爬了85.0 m,到达采石场的底部。将出发时的高度看作参考面。确定在采石场顶部和底部时,系统(攀岩者和地球)的势能,并画出表示这两种情景的柱形图。

14. 转动动能 假设有一群小孩推动着一台旋转木马,使它的转动速率变为之前的2倍。它的角动量和转动动能发生了怎样的变化?

15. 批判性思维 克尔用一根空气软管对放置于无摩擦的气垫桌上的冰球施加了一个水平恒力。他将软管一直瞄准着冰球,使得冰球在一定距离内的移动过程中所受到的力保持不变。

a. 说明在此期间功与能发生了什么情形,并画出柱形图。

b. 假设克尔改用了另一个冰球,其质量为第一个冰球的一半。保持其他条件不变,动能和功与第一个情景中的有什么不同?

c. 说明在 **a**、**b** 两种情景中,冲量和动量发生了什么情况。

第2节 能量守恒

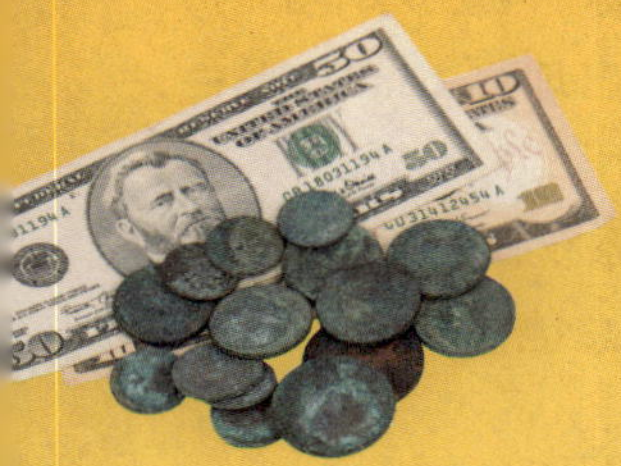

物理在你身边

如果你在数钱，发现少了3元钱，你绝不会认为这钱是凭空消失了。你会去寻找它。正如钱不会消失在空气中一样，能量也不会消失。

主要概念

在一个孤立的封闭系统内发生碰撞，总能量是守恒的，但动能可能不守恒。

核心问题

- 在什么条件下能量是守恒的？
- 什么是机械能？在什么情况下机械能是守恒的？
- 在碰撞中，动量和动能是否守恒的条件是什么？

术语回顾

封闭系统　一个没有得到或失去能量的系统

关键术语

能量守恒定律
机械能
弹性碰撞
非弹性碰撞

能量守恒定律

科学家们只要观察到系统正在丢失能量，他们就会去寻找能量可能会转换成的新的形式。因为只要系统是封闭孤立的，那么它的总能量就是守恒的。

能量守恒定律（law of conservation of energy）认为，在一个封闭的孤立系统里，能量既不能被创造，也不能被消灭。也就是说，能量是守恒的。在这些条件下，能量可以从一种形式转化为另一种形式，但系统中能量的总量保持不变。

机械能　在很多情况下，你关注来自运动和物体之间相互作用的能量。系统中物体的动能和势能的总和叫系统的**机械能（mechanical energy）**，用符号E表示。动能包括系统中物体的平动动能和转动动能。势能包括系统的重力势能和弹性势能。在任何一个系统中，机械能可以用下式表示：

系统的机械能

系统的机械能等于系统中物体的动能与势能的总和

$$E=E_k+E_p$$

想象一个10.0 N的小球与地球组成的系统，如**图11-9**所示。在这种情况下，系统的机械能是20 J。

图11-9　一个正在下落中的保龄球，其机械能是守恒的。

预测　假设球开始时有一个向上的速度，那么它的能量图是什么样的呢？

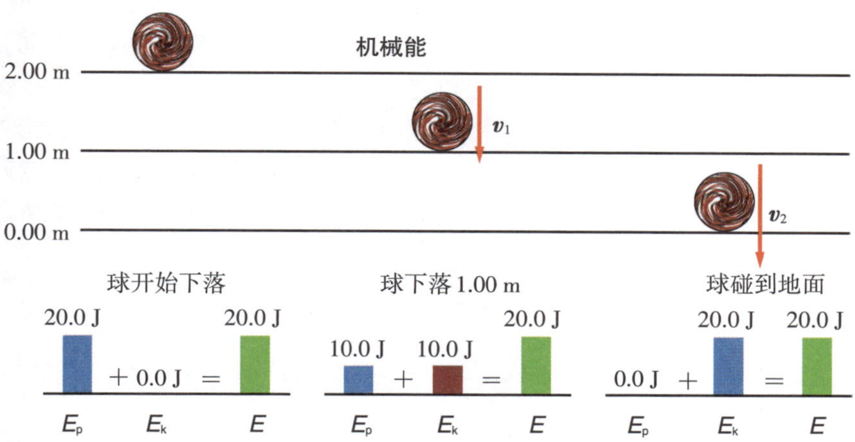

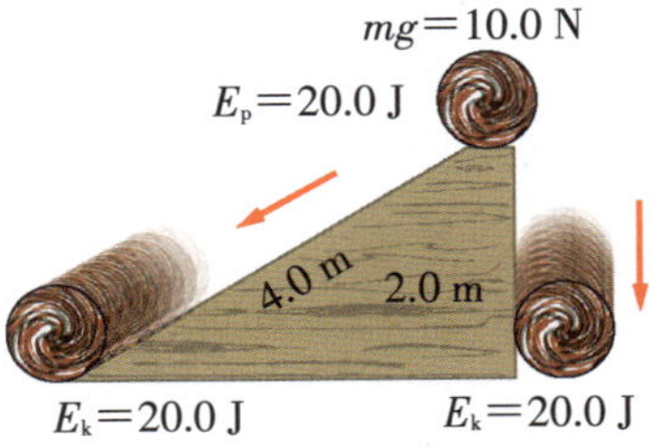

图 11-10 如果忽略摩擦力对小球做的功，那么不论通过哪一条路径，小球最后的动能都等于其开始时的重力势能。

机械能守恒 假设在高于地面2.00 m处释放小球。当小球下落时，它的重力势能就转化为动能了。当它位于高出地面1 m处：$E_p=mgh=10.0\ \text{N}\times1.00\ \text{m}=10.0\ \text{J}$。那么，当小球位于1.00 m高度时，它的动能又是多少呢？你知道，由于没有外力对系统做功，小球与地球组成的系统是封闭而孤立的。因此系统的总能量保持为常量20.0 J。

$$E=E_k+E_p$$

$$E_k=E-E_p$$

$$E_k=20.0\ \text{J}-10.0\ \text{J}=10.0\ \text{J}$$

当小球到达地面时，它的势能为零，而它的动能是20.0 J。描述机械能守恒的方程也可写成以下形式：

机械能的守恒

当机械能守恒时，事件发生前的动能与势能之和等于事件发生以后的动能及势能的总和。

$$E_{ki}+E_{pi}=E_{kf}+E_{pf}$$

如果小球不是掉落下来，而是滚下斜坡的，如**图11-10**所示，那么又将发生什么现象？如果摩擦力不做功，则意味着没有外力作用于系统，因此系统仍然是封闭孤立的。这样，小球移动的竖直距离仍然是2.00 m，它失去的势能是20.0 J，也就是说，它获得了20.0 J的动能。只要没有摩擦力做功，小球通过的路径如何并不重要。但是，小球在斜面上运动时，动能分解为平动动能（这是向前运动的能量）和转动动能（这是滚动的能量）。这里涉及机械能守恒的三种情况，如下页的**图11-11**所示。

机械能和其他形式的能量守恒 一个摆动的单摆最终会停下，一个弹跳的球最终也会停下，过山车滑过的斜坡高度越来越低……这些系统的机械能到底去了哪里？你知道，任何穿过空气运动的物体都会受到空气阻力的作用。而对于过山车，其轮子和轨道之间还存在着摩擦力的作用。这些力都将把机械能转化为其他形式的能量。

当小球从一个平面反弹时，球先被压缩，大部分动能转化为弹性势能，然后反弹时有一部分的弹性势能转化为动能。在单摆和过山车的例子中，系统原有的某些机械能转化成了系统内部物体的其他形式的能量，或传递为系统外部的能量。我们会感觉到小球的温度升高（热能），还会听到小球弹跳的声音（声能）。

迷你实验

能量交换

一个球被向上抛出时，它的能量是如何转化的？

单　摆*

一个摆动的单摆遇到障碍物时，它的机械能是怎样变化的？

阅读检测 如**图11-10**所示，如果摩擦力把系统的一些能量转化出去，**分析**小球最后的动能有什么不同？

图11-11 在设计过山车、滑雪斜坡以及挂钟的钟摆时，机械能守恒是一个重要的考虑因素。

过山车 在第一处斜坡的顶部，过山车近似处于静止状态，系统的总机械能就是过山车在该点的重力势能。假如其他几个斜坡轨道比第一斜坡要高一些，那么过山车将无法滑过这些较高的斜坡，因为要滑过这些斜坡所需要的能量比系统的总机械能还要大。

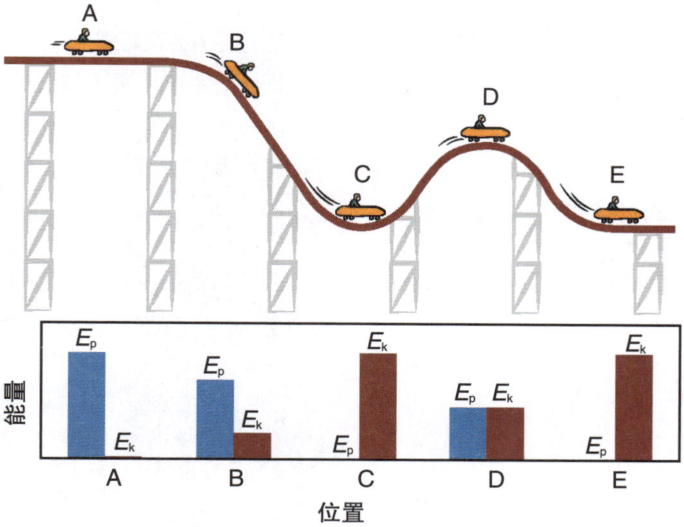

滑雪 当你静止地站在斜坡顶部，准备要滑下陡峭的斜坡。此时，你的总机械能就是你的重力势能。一旦你开始下滑，你的重力势能就开始转化成动能。在滑下斜坡的过程中，越来越多的势能转化成了动能，因此你的速度也不断增大。

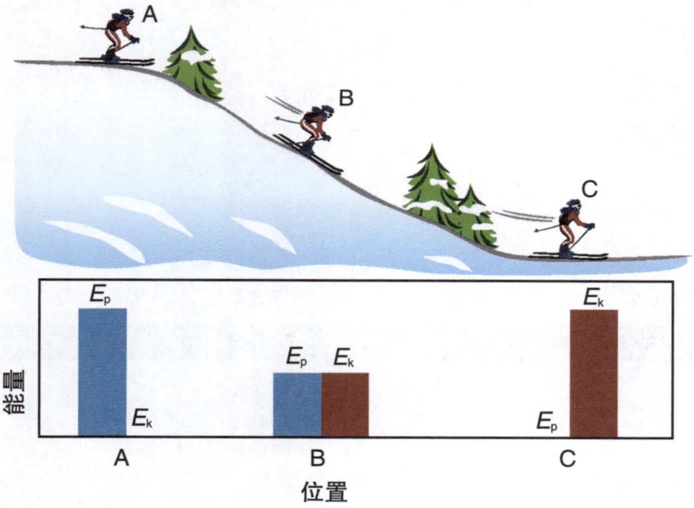

单摆 一个简单摇动的单摆也可以证明能量守恒。将单摆和地球看作一个系统，通常选择单摆静止时摆锤所处的最低点的高度作为参考面。如果一个外力把摆锤拉到某一高度，则这个力做了功，给了系统一个机械能。在释放摆锤的这一瞬间，摆的全部能量都以势能的形式呈现；但当摆锤向下摆动的过程中，势能渐渐转换成了动能。当摆锤位于最低点时，它的重力势能为零，而动能等于系统的总机械能。

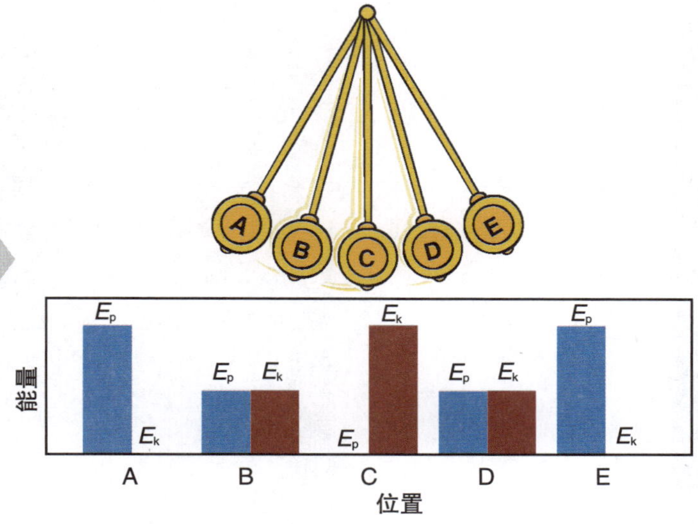

解题 策略

能量守恒

当求解有关能量守恒的题目时，可以运用以下策略。

1. 仔细地定义系统，确保它是一个封闭系统。在该封闭系统内，不存在物体的进入或者离开。
2. 确定系统中能量的形式。确定哪些形式是系统机械能的一部分。
3. 确定系统最初和最终的状态。
4. 它是一个孤立系统吗？
   a. 如果没有外力对系统发生作用，则该系统是孤立的，而且系统的总能量是一个常量。

   $E_i = E_f$

   b. 如果有外力作用，那么系统最后的能量等于初始的能量与对系统所做的功的总和，注意对系统所做的功可以是负的。

   $E_i + W = E_f$
5. 对于一个孤立系统，首先确定系统最初和最终的能量类型。如果能量形式只是势能和动能，那么机械能是守恒的。

   $E_{ki} + E_{pi} = E_{kf} + E_{pf}$

   选择一个参考面以确定势能的大小。如图所示，画出柱形图，表明系统最初和最终的能量。

能量柱形图

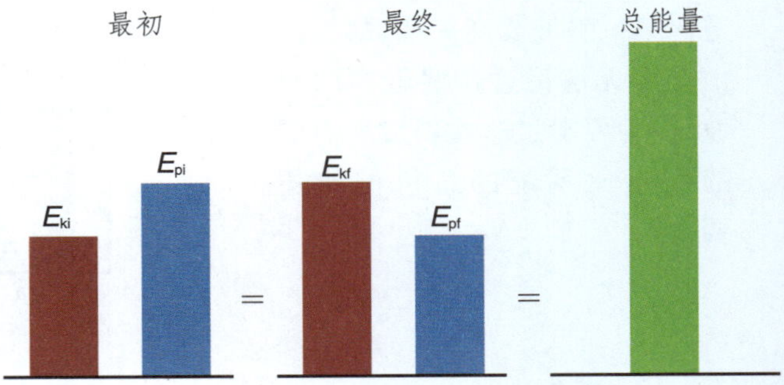

例题2

机械能守恒 在暴风雨期间，一根质量为22.0 kg、高出地面13.3 m的大树枝下落到离地6.0 m的屋顶上。

a. 求出落到屋顶上时树枝的动能，假定空气对树枝不做功。

b. 落到屋顶时树枝的速率是多少？

1 分析概括问题

- 概述最初和最终的状态。
- 选择参考面。
- 画出能量柱形图。

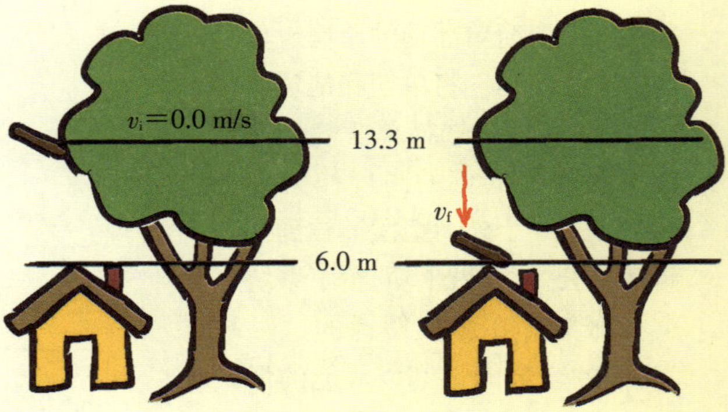

已知

$m=22.0$ kg	$g=9.8$ N/kg
$h_{树枝}=13.3$ m	$v_i=0.0$ m/s
$h_{屋顶}=6.0$ m	$E_{ki}=0.0$ J

未知

$E_{pi}=?$	$E_{kf}=?$
$E_{pf}=?$	$v_f=?$

2 求解未知量

a. 选定屋顶的高度作为参考面。

求解树枝相对于屋顶的初始高度。

$h = h_{树枝} - h_{屋顶} = 13.3\ \text{m} - 6.0\ \text{m} = 7.3\ \text{m}$ ◀将 $h_{树枝} = 13.3\ \text{m}, h_{屋顶} = 6.0\ \text{m}$ 代入。

求解树枝—地球系统的初势能。

$E_{pi} = mgh$

$= 22.0\ \text{kg} \times 9.8\ \text{N/kg} \times 7.3\ \text{m} = 1.6 \times 10^3\ \text{J}$ ◀将 $m = 22.0\ \text{kg}, g = 9.8\ \text{N/kg}, h = 7.3\ \text{m}$ 代入。

确定系统的初动能。

$E_{ki} = 0.0\ \text{J}$ 树枝最初是静止的。

确定系统的最终势能。

$E_{pf} = 0.0\ \text{J}$ 因为在屋顶，$h = 0.0\ \text{m}$。

利用能量守恒定律求解 E_{kf}。

$E_{kf} + E_{pf} = E_{ki} + E_{pi}$

$E_{kf} = E_{ki} + E_{pi} - E_{pf}$

$= 0.0\ \text{J} + 1.6 \times 10^3\ \text{J} - 0.0\ \text{J} = 1.6 \times 10^3\ \text{J}$ ◀将 $E_{ki} = 0.0\ \text{J}, E_{pi} = 1.6 \times 10^3\ \text{J}, E_{pf} = 0.0\ \text{J}$ 代入。

b. 求解树枝的速率。

$E_{kf} = \frac{1}{2} m v_f^2$

$v_f = \sqrt{\frac{2E_{kf}}{m}} = \sqrt{\frac{2 \times 1.6 \times 10^3\ \text{J}}{22.0\ \text{kg}}} = 12\ \text{m/s}$ ◀将 $E_{kf} = 1.6 \times 10^3\ \text{J}, m = 22.0\ \text{kg}$ 代入。

3 验证答案

- **单位是否正确？** 速度是以 m/s 量度的，能量是以 $1\ \text{kg·m}^2/\text{s}^2 = 1\ \text{J}$ 量度的。
- **符号是否有意义？** E_k 和速度的大小始终是正的。

练一练

16. 骑车者以 8.5 m/s 的速度靠近一座小山，已知自行车和骑车者的总质量为 85.0 kg。选择一个合适的系统，找出系统最初的动能。骑车者顺地势滑行上山，假定不考虑摩擦，自行车将在什么高度停下？

17. 假设在第 16 题中骑车人在上山过程中一直没有停下，那么在哪个系统中能量是守恒的？自行车又是从什么形态的能量中获得机械能的？

18. 滑雪者从 45.0 m 高的山顶由静止开始，在滑下倾角为 30° 的山坡进入山谷后，又继续滑上另一座高度为 40.0 m 的小山。已知两座山的高度都是从山谷底部量起的。假定摩擦以及滑雪竿的影响可以忽略不计。

a. 滑雪者在山谷的底部滑行得多快？

b. 滑雪者在后一个山顶的速度又是多少？

c. 山坡的倾角影响你的答案吗？

19. 在一种腹部先着水的跳水比赛中，获胜者即是击水时的水花最大的运动员。水花的大小不仅取决于运动员的技巧，同时也取决于运动员所具有的动能。假设这一场比赛的运动员都是从 3.00 m 高的平台起跳的，其中一位质量为 136 kg 的运动员简单地走出平台，而另一位质量为 100 kg 的运动员则由平台向上跳起。那么第二位运动员要弄出一个较大的水花，至少要跳得多高？

20. 挑战题 一台弹球机的弹簧所施加的平均力为 2 N，使 0.08 kg 的弹球射出 5 cm。球有平动和转动两种动能。如果球是一个均匀的球体 $\left(I = \frac{5}{2} mr^2\right)$，那么当球离开弹簧后，它的线速度为多少？（假设桌面是水平的）

图11–12 汽车发生猛烈碰撞时，其动能减小。
解释能量发生了什么变化？

碰撞的分析

两个物体之间的碰撞是物理学研究的最常见的事例之一，无论这两个物体是如**图11–12**所示的汽车、曲棍球运动员还是基本粒子。因为在碰撞期间，碰撞的细节可能十分复杂，所以最好的方法就是找出恰好在碰撞前后的物体的运动情况。那么，你应该选择哪个守恒定律来分析碰撞的系统呢？如果这个系统是孤立的，那么动量和能量都是守恒的。然而，系统的势能或内能可以减少、保持不变或增大，因此你无法预测动能是否守恒。下页中的**图11–13**画了四种不同类型的碰撞。注意在每一种情形下动能的计算。除了情形1，其他情形的动能均有变化。

在情形1中，碰撞前后的动量表示如下：

$$p_i = p_{Ai} + p_{Bi} = 1.00\ \text{kg} \times 1.00\ \text{m/s} + 1.00\ \text{kg} \times 0.00\ \text{m/s} = 1.00\ \text{kg·m/s}$$

$$p_f = p_{Af} + p_{Bf} = 1.00\ \text{kg} \times 0.00\ \text{m/s} + 1.00\ \text{kg} \times 1.00\ \text{m/s} = 1.00\ \text{kg·m/s}$$

因而在情形1中，动量是守恒的。

阅读检测 **计算**在**图11–13**中其他情形的初动量与末动量，并证明每种情形下动量是守恒的。

物理实验

能量守恒
当球从斜坡上滚下，它的能量守恒吗？

能量守恒吗*
摩擦力是怎样影响系统能量的？

弹性和非弹性碰撞 接下来，考虑在每一种情形中系统的动能。对于情形1，碰撞前和碰撞后系统的动能。这类动能没有变化的碰撞叫作**弹性碰撞（elastic collision）**。像钢、玻璃或硬塑料等制成的坚硬的、有弹性的物体间的碰撞通常都是近似的弹性碰撞。

在情形2和情形3中，碰撞后系统的动能减少了，它的一部分转换成了热能。这类在碰撞后动能减少的碰撞叫作**非弹性碰撞（inelastic collision）**。像用陶土等软的、有黏性的材料制成的物体就以这种方式发生碰撞。在情形2中，物体碰撞后就黏在一起了。这类在碰撞后就粘在一起的碰撞称为完全非弹性碰撞。

在情形4中，碰撞后系统的动能增加了。如果系统的能量是守恒的，那么一定有其他形式的能量减少，也许是压缩的弹簧在碰撞期间释放的势能，使系统的动能增加。这类碰撞称为超弹性或爆发性碰撞。

这四类碰撞中的动能可以用柱形图表示，如**图11–13**所示。尽管碰撞前后的动能可以计算出来，但我们并不总是能得到有关其他形式能源的详细信息。在汽车相撞的过程中，动能转变为热能和声能，但这些能量很难被测量。我们只能推测有多少的动能转变成这些能量。

图 11-13 在一个封闭的孤立系统中，物体碰撞时，动量是守恒的。动能是否守恒取决于碰撞是弹性、非弹性还是超弹性碰撞。

情形 1：弹性碰撞

$E_{kf} = E_{ki}$

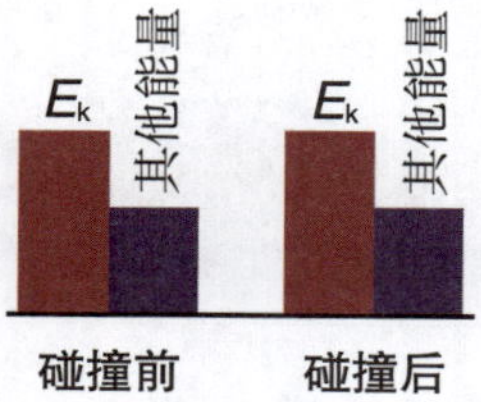

碰撞前 **碰撞后**

$v_{Ai} = 1.00\ \text{m/s}$ $v_{Bi} = 0.00\ \text{m/s}$ $v_{Af} = 0.00\ \text{m/s}$ $v_{Bf} = 1.00\ \text{m/s}$

$$E_{ki} = E_{kAi} + E_{kBi} = \frac{1}{2} \times 1.00\ \text{kg} \times (1.00\ \text{m/s})^2 + \frac{1}{2} \times 1.00\ \text{kg} \times (0.00\ \text{m/s})^2 = 0.50\ \text{J}$$

$$E_{ki} = E_{kAi} + E_{kBi} = \frac{1}{2} \times 1.00\ \text{kg} \times (0.00\ \text{m/s})^2 + \frac{1}{2} \times 1.00\ \text{kg} \times (1.00\ \text{m/s})^2 = 0.50\ \text{J}$$

情形 2：完全非弹性碰撞

$E_{kf} < E_{ki}$

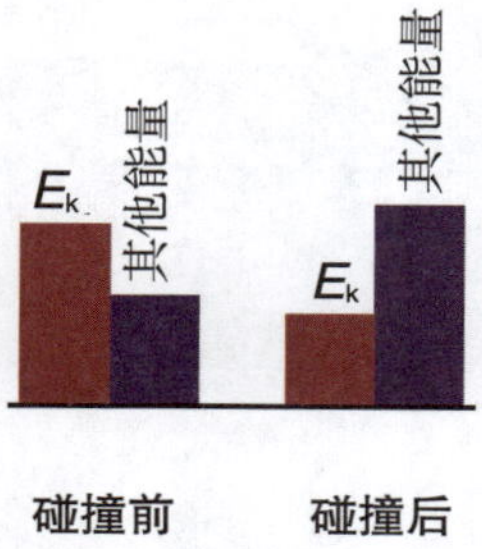

碰撞前 **碰撞后**

$v_{Ai} = 1.00\ \text{m/s}$ $v_{Bi} = 0.00\ \text{m/s}$ $v_{Af} = v_{Bf} = 0.50\ \text{m/s}$

$$E_{ki} = E_{kAi} + E_{kBi} = \frac{1}{2} \times 1.00\ \text{kg} \times (1.00\ \text{m/s})^2 + \frac{1}{2} \times 1.00\ \text{kg} \times (0.00\ \text{m/s})^2 = 0.50\ \text{J}$$

$$E_{kf} = E_{kAf} + E_{kBf} = \frac{1}{2} \times 1.00\ \text{kg} \times (0.50\ \text{m/s})^2 + \frac{1}{2} \times 1.00\ \text{kg} \times (0.50\ \text{m/s})^2 = 0.25\ \text{J}$$

情形 3：非弹性碰撞

$E_{kf} < E_{ki}$

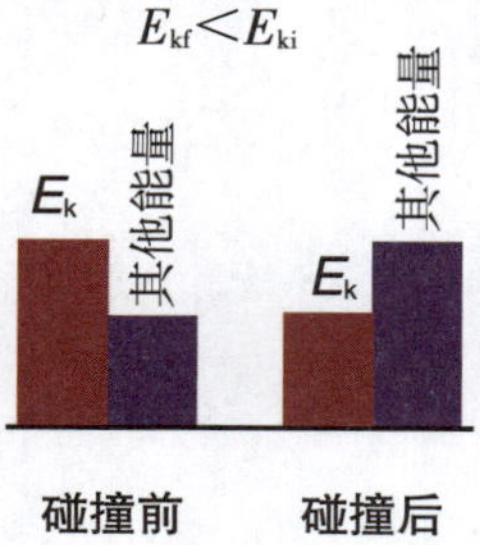

碰撞前 **碰撞后**

$v_{Ai} = 1.00\ \text{m/s}$ $v_{Bi} = 0.00\ \text{m/s}$ $v_{Af} = 0.25\ \text{m/s}$ $v_{Bf} = 0.75\ \text{m/s}$

$$E_{ki} = E_{kAi} + E_{kBi} = \frac{1}{2} \times 1.00\ \text{kg} \times (1.00\ \text{m/s})^2 + \frac{1}{2} \times 1.00\ \text{kg} \times (0.00\ \text{m/s})^2 = 0.50\ \text{J}$$

$$E_{kf} = E_{kAf} + E_{kBf} = \frac{1}{2} \times 1.00\ \text{kg} \times (0.25\ \text{m/s})^2 + \frac{1}{2} \times 1.00\ \text{kg} \times (0.75\ \text{m/s})^2 = 0.31\ \text{J}$$

情形 4：超弹性碰撞

$E_{kf} > E_{ki}$

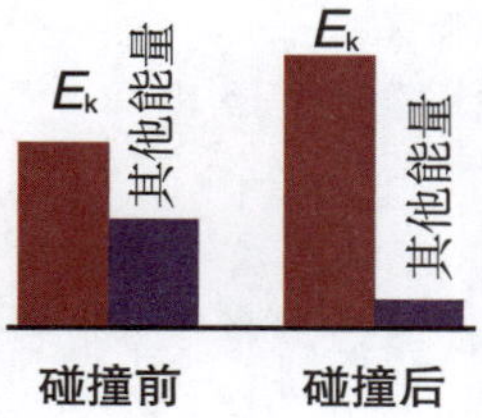

碰撞前 **碰撞后**

$v_{Ai} = 1.00\ \text{m/s}$ $v_{Bi} = 0.00\ \text{m/s}$ $v_{Af} = -0.20\ \text{m/s}$ $v_{Bf} = 1.20\ \text{m/s}$

$$E_{ki} = E_{kAi} + E_{kBi} = \frac{1}{2} \times 1.00\ \text{kg} \times (1.00\ \text{m/s})^2 + \frac{1}{2} \times 1.00\ \text{kg} \times (0.00\ \text{m/s})^2 = 0.50\ \text{J}$$

$$E_{kf} = E_{kAf} + E_{kBf} = \frac{1}{2} \times 1.00\ \text{kg} \times (-0.20\ \text{m/s})^2 + \frac{1}{2} \times 1.00\ \text{kg} \times (1.20\ \text{m/s})^2 = 0.74\ \text{J}$$

例题3

非弹性碰撞 发生在一段平滑道路上的一次交通事故中，一辆质量为1 150 kg、以15.00 m/s的速度行驶的小汽车，猛冲进质量为1 575 kg、以5.00 m/s的速度同方向行驶的汽车的尾部。

a. 如果失事汽车粘连在了一起，那么它们最终的速度是多少？

b. 在碰撞过程中损失了多少动能？

碰撞前(最初)

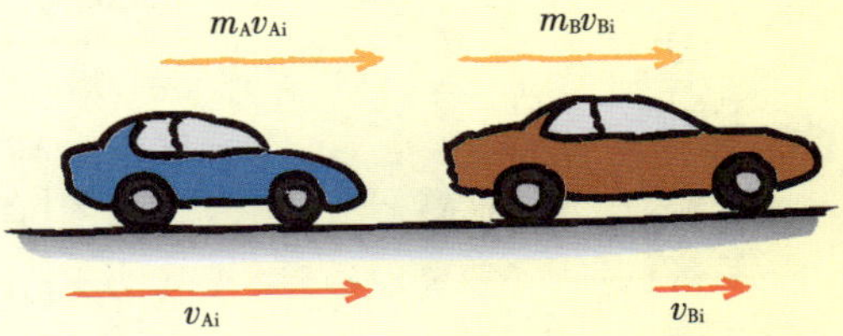

碰撞后(最终)

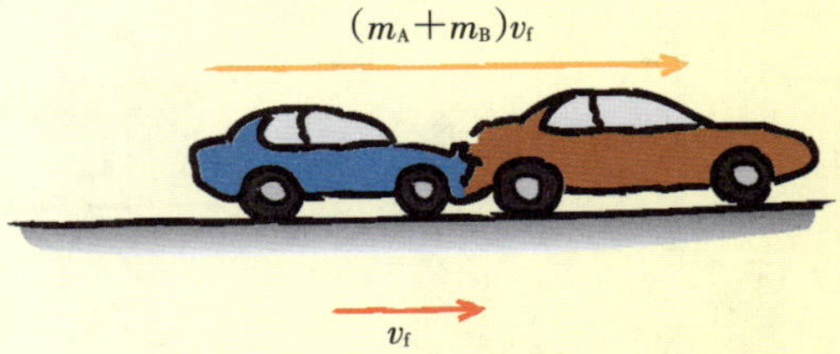

1 分析概括问题

- 概述初始和最终的条件。
- 画出动量示意图。

已知	未知
$m_A=1\ 150$ kg	
$m_B=1\ 575$ kg	$v_f=?$
$v_{Ai}=15.0$ m/s	$\Delta E_k=E_{kf}-E_{ki}=?$
$v_{Bi}=5.0$ m/s	
$v_{Af}=v_{Bf}=v_f$	

2 求解未知量

a. 用动量守恒定律求出末速度。

$p_{Ai}+p_{Bi}=p_{Af}+p_{Bf}$

$m_A v_{Ai}+m_B v_{Bi}=(m_A+m_B)v_f$

$v_f=\dfrac{m_A v_{Ai}+m_B v_{Bi}}{m_A+m_B}$

$=\dfrac{1\ 150\text{ kg}\times 15.0\text{ m/s}+1\ 575\text{ kg}\times 5.0\text{ m/s}}{1\ 150\text{ kg}+1\ 575\text{ kg}}$ ◀将$m_A=1\ 150$ kg，$v_{Ai}=15.0$m/s，$m_B=1\ 575$ kg，$v_{Bi}=5.0$ m/s代入。

$=9.2$ m/s，在碰撞前的运动方向。

b. 为了确定系统动能的改变量，需要先求出E_{kf}和E_{ki}。

$E_{kf}=\dfrac{1}{2}mv_f^2=\dfrac{1}{2}(m_A+m_B)v_f^2$ ◀将$m=m_A+m_B$代入。

$=\dfrac{1}{2}\times(1\ 150\text{ kg}+1\ 575\text{ kg})\times(9.2\text{ m/s})^2$ ◀将$m_A=1\ 150$ kg，$m_B=1\ 575$ kg，$v_f=9.2$ m/s代入。

$=1.2\times10^5$ J

$E_{ki}=E_{kAi}+E_{kBi}$

$=\dfrac{1}{2}m_A v_{Ai}^2+\dfrac{1}{2}m_B v_B^2$ ◀将$E_{kAi}=\dfrac{1}{2}m_A v_{Ai}^2$，$E_{kBi}=\dfrac{1}{2}m_B v_B^2$代入。

$=\dfrac{1}{2}\times1\ 150\text{ kg}\times(15.0\text{ m/s})^2+\dfrac{1}{2}\times1\ 575\text{ kg}\times(5.0\text{ m/s})^2$ ◀将$m_A=1\ 150$ kg，$m_B=1\ 575$ kg，$v_{Ai}=15.0$ m/s，$v_{Bi}=5.0$ m/s代入。

$=1.5\times10^5$ J

解出系统动能的改变量。

$\Delta E_k=E_{kf}-E_{ki}$

$=1.2\times10^5\text{ J}-1.5\times10^5\text{ J}=-3\times10^4$ J ◀将$E_{kf}=1.2\times10^6$ J，$E_{ki}=1.5\times10^6$ J代入。

3 验证答案

- **单位是否正确？** 速度是用m/s量度的，能量是用J量度的。
- **符号是否有意义？** 动能的变化是负的，意味着动能减少了，在非弹性碰撞中动能减少是符合预期的。

练一练

21. 发射一颗质量为8.00 g的子弹，使其水平地射入一块放置在气桌上的质量为9.00 kg的木块中，并且嵌在了木块里。碰撞以后，木块和子弹一起，以10.0 cm/s的速率沿着无摩擦的桌面滑行。子弹的初速率是多少？

22. 一名质量为91.0 kg的冰球运动员以5.50 m/s的速度在冰面上滑行，另一名质量与他相同的冰球运动员以8.1 m/s的速度跟他同方向运动，并从背后撞到了他。然后他们一起滑了出去。

a. 碰撞前系统总机械能和总动量分别是多少？

b. 碰撞后两名冰球运动员的共同速度是多少？

c. 碰撞中系统的动能损失了多少？

23. 挑战题 质量为0.73 kg的磁性靶子悬挂在一根绳子上。水平发射的一支质量为0.025 kg的磁性飞镖，迎面撞击在靶上，飞镖与靶一起像单摆一样振动。在停止振动以前，它们最多摆到高出初始平面12.0 cm处。

a. 概述情景并选择系统。

b. 判断在每一部分什么是守恒的，并解释你的结论。

c. 飞镖的初速度是多少？

物理挑战题

一颗质量为m的子弹以v_1的速率运动，在穿过一块静止的木块后，子弹的速率变为了v_2。碰撞后，质量为m_B的木块也开始了运动。

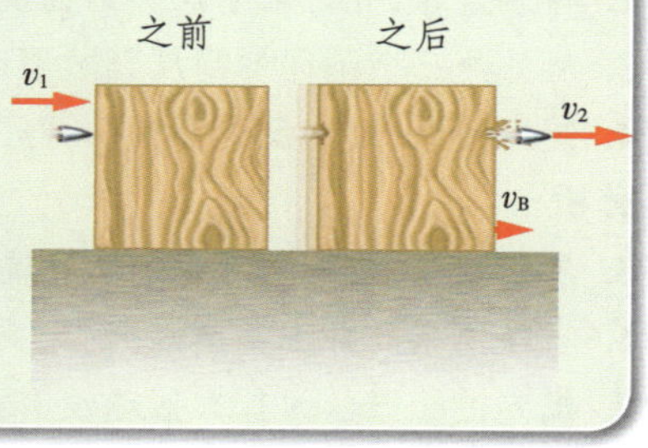

1. 木块末速率v_B为多大？

2. 子弹的机械能改变了多少？

3. 在木块内部克服摩擦损失了多少能量？

第2节 复 习

24. 主要概念 一个儿童在蹦床上跳跃。画出能量柱形图，显示在下列情景中能量的呈现形式。

a. 儿童处在最高点。 **b.** 儿童处在最低点。

25. 封闭系统 地球是一个封闭的孤立系统吗？请解释。

26. 动能 假设一个大的橡皮球和一个小的橡皮球在半空中迎面相撞然后各自弹回。你认为在这个过程中，动能守恒吗？如果不守恒，能量将会发生什么变化？

27. 动能 打乒乓球时，总是用一块硬橡胶或木制的球拍去击打一个很轻而硬的球。打网球时，则是用网格状的球拍去击打一个很软的球。解释为什么这两套设备这样设计。你能够说出体育运动中的其他球与球拍吗？它们的设计又是怎样的？

28. 势能 一个橡皮球从8.0 m的高度跌到硬的混凝土地板上，它撞击地板并反复弹跳，已知每次撞击地板就会使它的总能量损失$\frac{1}{5}$。在它跳回到只有大约4 m的高度之前，它跳跃了多少次？

29. 能量 如**图11-14**所示，一名质量为36.0 kg的儿童从2.5 m高的滑梯上滑下。若到达滑梯的底部时，她的速度为3.0 m/s。在她下滑的过程中，由于摩擦一共损失了多少能量？

图11-14

30. 批判性思维 一个球下落了20 m。当它下落到一半距离（即10 m）时，它的一半能量是势能、一半能量是动能。当它下落到它下落所花费的总时间的一半时，它的势能是大于、小于还是恰好等于它总能量的一半？

起步实验

对正在弹跳的篮球能量的分析

实验步骤

1. 贴墙放置一把米尺。选择一个篮球下落的起始高度，并把这个高度记录在数据表中。

数据表

实验次数	下落高度	反弹高度
1		
2		
3		
4		

2. 释放篮球，并记录它反弹的高度。
3. 从另外三个不同的高度释放篮球，重复步骤1～2。
4. 使用图纸，画出反弹高度(y)与下落高度(x)的关系图。作出最佳拟合直线。

分析

5. 利用图线，找出篮球从10.0 m高处下落时的反弹高度。
6. 当球被举高并准备释放时，它具有能量。影响这个能量的因素是什么？
7. **批判性思维** 为什么篮球没有弹回到它开始下落时的高度？

迷你实验

能量交换

实验步骤

1. 选择几个不同大小的钢球并测定它们的质量。
2. 准备一辆装载弹簧的实验室手推车，并使弹簧竖直放置，且底端固定。
3. 将一个小球放在弹簧的顶上，并用力向下压，直至小球接触到手推车位置。
4. 快速释放小球，使弹簧将它向上射出。***注意：当发射时，要保证小球的上方没有任何障碍物。***
5. 多次重复这个过程，并测出小球上升的平均高度。
6. 预测其他大小的钢球将会升得多高，并做好记录。
7. 对每个球重复步骤3～5。

分析

8. 按到达的高度将小球分类，由此你能得出什么结论？
9. 你的预测有多准确？

物理实验

实验器材

- 槽轨(两段)
- 电子天平
- 大理石球或钢球
- 米尺
- 秒表
- 图形计算器
- 木块

能量守恒

关于能量守恒的例子随处可见。比如说,石块从某一已知高度往下落。假如开始时,石块处于静止状态,那么在正要下落的瞬间,它与地球组成的系统只具有势能。当它落下时,系统的势能减小,但系统的动能增加了。如果摩擦力可以忽略,那么系统势能与动能之总和保持恒定。当石块刚要接触地面时,系统所有的重力势能就转变成了动能。在本实验中,你将落体作为一个模型,计算落体接触碰地面时的速度。

问题

如何用一个系统的势能到动能的转换来演示能量守恒?

目标

- 利用模型,**计算**落体接触地面时的速率。
- **解释数据**,找出落体的势能与动能的关系。

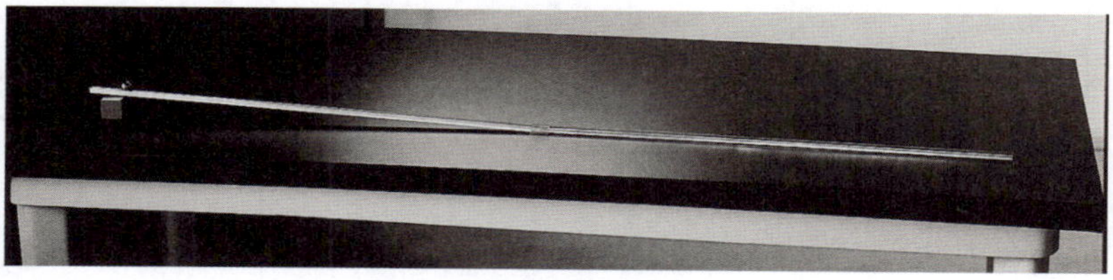

图1

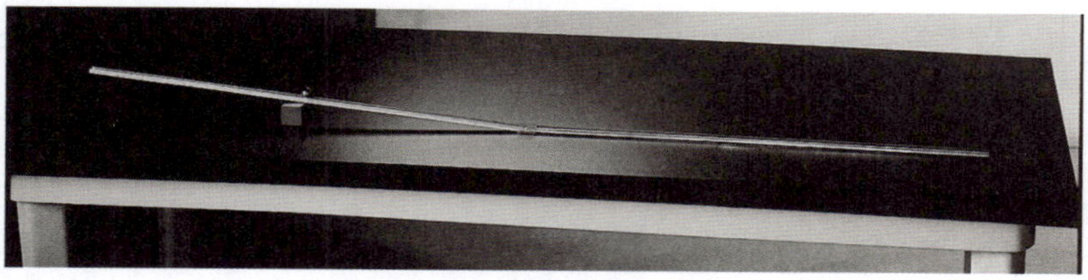

图2

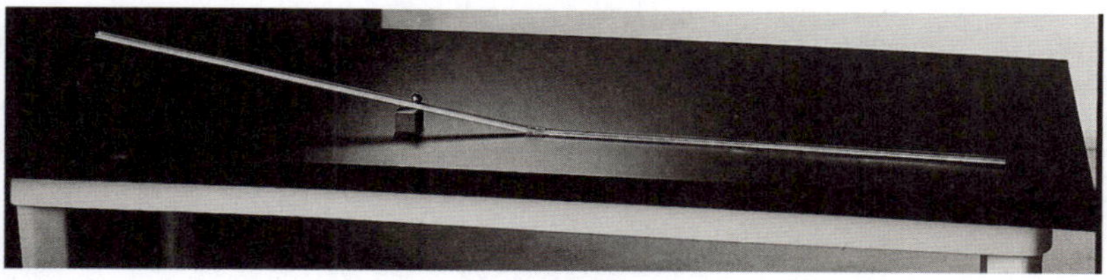

图3

实验步骤

1. 将两段槽轨连接在一起，如**图1**所示。抬起一段槽轨的一端大约5 cm，并在它下面垫一木块。确保装置的稳固性，使小球得以平滑地滚过两段槽轨的连接处。
2. 将槽轨水平部分的长度记入数据表。把一个小球放在木块支撑点的正上方的槽轨上，然后释放这个小球。当小球到达槽轨的水平段时，启动秒表；当小球到达槽轨水平段的终点时，停下秒表。把小球通过以上这段距离所花费的时间记入数据表。
3. 将支撑木块移动到倾斜槽轨的中部下方，如**图2**所示。把小球放在支撑木块上方的槽轨上。释放小球并测量小球滚过槽轨水平部分所用的时间，并把这个时间记入数据表。注意，虽然这次的斜坡更为陡峭，但小球被释放的高度与步骤2相同。
4. 计算在步骤2及步骤3中小球在水平槽轨上的速率。再将支撑木块移动到倾斜槽轨长度三分之一处的下方，如**图3**所示。
5. 预测小球通过水平部分槽轨的时间。记下这个时间，并用实验进行检验。
6. 把支撑木块放在倾斜槽轨的中点(**图2**)。在槽轨倾斜部分上测出一点，这点位于水平槽轨之上1.0 cm。确认一下，测量的这一点是在水平槽轨之上1.0 cm，而不是在桌子之上1.0 cm。
7. 从这一点释放小球，并测出小球通过槽轨的水平部分所用的时间，把它记录在数据表中。
8. 用直尺测出一点，这一点在水平槽轨之上2.0 cm。从这一点释放小球，并测出小球通过槽轨的水平部分所用的时间，把它记录在数据表中。
9. 重复步骤8，对应的点相距水平槽轨分别为3.0 cm、4.0 cm、5.0 cm、6.0 cm、7.0 cm及8.0 cm。记录这些小球通过槽轨水平部分所用的时间。

数据表

释放高度(m)	距离(m)	时间(s)	速度(m/s)
0.05			
0.05			
0.05			
0.01			
0.02			
0.03			

分析

1. 在步骤2～6中，改变斜面的倾斜度对于在槽轨水平部分上小球的速率有什么影响？

2. 利用你的图线计算器，求出图线的幂律回归。记下这个函数式，并在其一侧记为“$y=$”，作出这个图线的草图。

3. 根据步骤9得出的在8.0 cm这点释放小球的数据，求出小球被释放之前，小球与地球组成的系统的势能。利用电子秤称出小球的质量。注意，高度必须用m、质量必须用kg作为单位。

4. 根据步骤9得出的在8.0 cm这点释放小球的速率数据，算出小球在水平槽轨上的平动动能。记住，速率必须用m/s、质量必须用kg作为单位。

结论与应用

1. 开始设定$E_{pi}=E_{kf}$。根据高度x，解出速度y。

2. 如何把上一问题中得到的式子与用幂律回归法得到的式子联系起来？

3. 假定你要在某个高度释放小球，你希望小球滚到水平槽轨上时的速度是从2 cm高处释放时的2倍。利用幂律回归得出的式子，计算你所需要的高度。

4. 说明这个实验是如何仅仅模拟了一个下落小球并求出它刚接触到地面时的动能的。

5. 比较小球在释放之前小球与地球组成的系统的势能（步骤8）与在水平槽轨上的动能（步骤9）。说明为什么它们是相同的，或为什么它们是不同的。

6. 这个实验论证了能量的守恒吗？试说明理由。

进一步探索

在这个实验中，产生误差的潜在原因是什么？如何才能减小误差？

生活中的物理学

过山车是如何通过势能向动能的转换来论证能量守恒的？

替代能源

你是否熟悉能源危机和替代能源这些术语？当能源的成本上升太快，或能源资源的供给下降得太低时，就会发生能源危机。科学家和工程师们正在寻找方法生产替代能源，这些能源既丰富，成本又低，而且是绿色能源。这些能源还有一个共同点——那就是它们可以产生动力驱动涡轮旋转，使发电机工作，而发电机可以把机械能转换成电能。

风能

风使风力涡轮机的叶片旋转，从而驱动与发电机相连的转轴来发电。一群风力发电机组成了风力发电场。

水能

在水电站，水冲击涡轮，驱动发电机运转。这些水电站发电的效率很高，产生的污染也很少。

地热能

地热电站利用地球内部高温产生的蒸汽来驱动涡轮发电。此外，温泉水和地源热泵可以用于供热。

生物质能

几个世纪以来，人们燃烧木材来得到光和热。木材是一种生物质能，因为它是一种有机材料。现在，木材、垃圾、废品、垃圾填埋气体和酒精燃料都被燃烧用来作为生物质能或产生其他能量的来源。

太阳能

光伏电池是一种利用太阳辐射能来撞击电子使其脱离原子束缚的一种元件。电子在电路中定向流动形成电流。太阳能电池板利用光伏电池，将阳光直接转化为电能。

核能

两种核反应——裂变和聚变，会产生大量的热能，这些能量可用来加热水和产生蒸汽驱动涡轮机。核电站的核心是核裂变把铀原子核分解为两个或几个较小的原子核；而正在研究的核聚变，是把较小的原子核结合成较大的原子核。

进一步探索

课堂讨论 当决定采用何种形式的能源时，许多因素必须综合考虑。通过集体讨论列出一些重要的因素，如成本、可行性和效率等。研究各种替代能源的利弊，然后对未来可能采用的能源展开讨论。

第11章 复习指南

大概念 在一个孤立的封闭系统内，能量可以改变形式，但总能量保持恒定。

关键术语

- 转动动能
- 势能
- 重力势能
- 参考面
- 弹性势能
- 热能

第1节 能量的多种形式

主要概念 动能是物体由于运动而具有的能量，势能是由于两个或两个以上的物体之间的相互作用而储存的能量。

- 一个物体的平动动能与它的质量及速度的平方成正比，而一个物体的转动动能与它的转动惯量及角速度的平方成正比。
- 一个物体的重力势能取决于物体的重力以及它与参考面的距离。参考面是重力势能定义为零的位置($h=0$)。

$$E_p=mgh$$

- 弹性势能是由于物体被拉伸、压缩或弯曲而储存在物体中的能量。
- 爱因斯坦认为质量自身就是一种能量形式，即势能，这个能量称为静能。

$$E_0=mc^2$$

关键术语

- 能量守恒定律
- 机械能
- 弹性碰撞
- 非弹性碰撞

第2节 能量守恒

主要概念 在一个孤立的封闭系统内发生碰撞，总能量是守恒的，但动能可能不守恒。

- 一个孤立的封闭系统的总能量是一个恒量。这个系统中的能量的形式可以发生改变，但总量保持不变。因此，能量是守恒的。
- 动能与势能之和叫作机械能。

$$E=E_k+E_p$$

在一个孤立的封闭系统中，当动能和势能是能量的唯一形式时，机械能守恒。即事件发生前后的机械能是相同的。

$$E_{ki}+E_{pi}=E_{kf}+E_{pf}$$

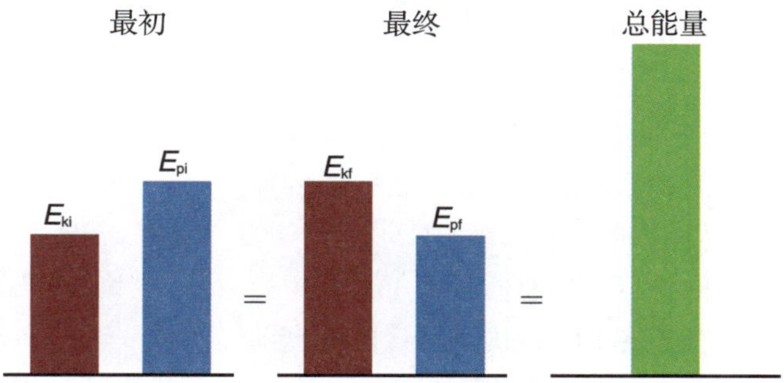

- 如果外力为零，那么在碰撞中动量是守恒的。碰撞后，系统机械能是不变还是减小，这取决于碰撞是弹性碰撞还是非弹性碰撞。碰撞前的动能与碰撞后的动能相等，这种碰撞形式叫作弹性碰撞。碰撞后的动能小于碰撞前的动能，这种碰撞形式叫作非弹性碰撞。

第1节 能量的多种形式

理解概念

除非有所标注，一般假定空气阻力是可以忽略的。

31. 解释功与能量的改变之间的关系。

32. 说明能量的改变与作用力之间是怎样的关系。

33. 玩具中被上紧的发条具有什么形式的能量？正在运动的玩具有什么形式的能量？当玩具停止运动时，能量发生了什么变化？

34. 一只小球从建筑物的顶层落下。你选择建筑物的顶层作为参考面，而你的朋友将参考面选在了建筑物的底层。说明在下列情况中，利用这两种参考面求解，所得的能量是相同还是不同。

a. 小球-地球系统的势能。

b. 下落后系统的势能的改变量。

c. 在任意一点小球的动能。

35. 一个棒球的动能有时可能为负吗？

36. 一个棒球的重力势能可能有时为负的吗？尝试不用公式加以说明。

37. 如果一名短跑选手的速度增加到原来的3倍，那么他动能增加的倍乘因子是多少？

38. 一名选手在撑竿跳时，其能量发生了怎样的转变？

39. 当不易弯曲的木杆被易弯曲的玻璃纤维杆取代时，撑竿跳运动发生了极大的改变。说明这是为什么。

解决问题

除非有所标注，一般假定空气阻力是可以忽略的。

40. 一辆质量为1 600 kg的汽车以12.5 m/s的速率行驶，它的动能是多少？

41. 沙文和他的自行车的总质量为45.0 kg。当他骑着自行车在10 min内以恒定的速度前行了1.80 km时，他和自行车的动能是多少？

42. 托尼的质量为45 kg，他以10.0 m/s的速率向前运动。

a. 求托尼的动能。

b. 若托尼的速率变为5.0 m/s，他的动能是多少？

c. 问题a与问题b的动能之比是多少？说明这个比例与速率变化有什么关系。

43. 一辆赛车的质量为1 525 kg。当它以108 km/h的速率行驶时，它的动能是多少？

44. 卡地亚和恩格拉的质量均为45 kg，并且他们一起以10.0 m/s的速率运动。

a. 他们的总动能是多少？

b. 他们的总质量与卡地亚的质量之比为多少？

c. 他们的总动能与卡地亚的动能之比为多少？说明这个比例与他们的质量有什么关系。

45. 列车 在20世纪50年代，有一列质量为2.50×10^4 kg的试验列车，在喷气发动机产生的5.00×10^5 N的冲力的作用下，快速通过了一段509 m的水平轨道。

a. 求喷气发动机对列车所做的功。

b. 求动能的改变量。

c. 求列车最后的动能。假设列车是从静止开始运动的。

d. 求列车最后的速率。摩擦力忽略不计。

46. 汽车刹车 一辆14 700 N重的汽车以25 m/s的速率行驶。突然，驾驶员踩下刹车，直到汽车停止运动。已知轮胎与路面之间的平均制动力为7 100 N，刹车后汽车能滑行多远？

47. 一辆质量为15.0 kg的货车以7.50 m/s的速度进入一段水平过道。此时，一个大小为10.0的恒力作用在货车上，使它的速度变为3.20 m/s。

a. 货车的动能改变了多少？

b. 这个恒力对货车做了多少功？

c. 在这个力的作用下，货车运动了多远距离？

48. 迪安娜的质量为60.0 kg，她在一体育馆的绳上攀登了3.5 m距离后，迪安娜与地球这一系统，从她的攀登中得到了多少能量？

49. 一只质量为6.4 kg的保龄球被提起放到2.1 m的贮藏架上。计算这个球与地球系统所增加的势能。

50. 梅莱重505 N。她走下楼梯到达距她的起始处之下5.50 m的水平面时，梅莱-地球系统的势能改变了多少？

51. 举重 一个举重者把一个质量为180 kg的杠铃举到1.95 m高，杠铃的势能增加了多少？

52. 在一装有能量演示器的科学博物馆内，一个发动机拉着一根绳子，使一木块升高1.00 m。演示器显示，发动机所做的功为1.00 J。这个木块的质量是多少？

53. 安得卫举起一本重12.0 N的物理书，将它从高出地板75 cm的桌子上移到高出地板2.15 m的架子上。系统的势能改变了多少？

54. 网球 一个职业网球运动员发球，如果球的质量为0.060 kg，与球拍上的网面接触的时间为0.030 s，如**图11–15**所示，那么当球离开球拍时，其动能为多少？假定开始时球拍处于静止状态。

图11–15

55. 潘姆背着一个火箭包，站在无摩擦的冰面上。已知他的质量为45 kg。火箭包施加给潘姆一个恒力，使他在前进22.0 m后速率达到62.0 m/s。

a. 潘姆的末动能是多少？

b. 这个力为多大？

56. 碰撞 一辆质量为2.00×10^3 kg的汽车的速率为12.0 m/s。突然，它撞到了一棵树，树不动而汽车停了下来，如**图11–16**所示。

a. 求汽车的动能的改变量。

b. 求当汽车前部撞进树时所做的总功。

c. 求汽车前部凹进50.0 cm时力的大小。

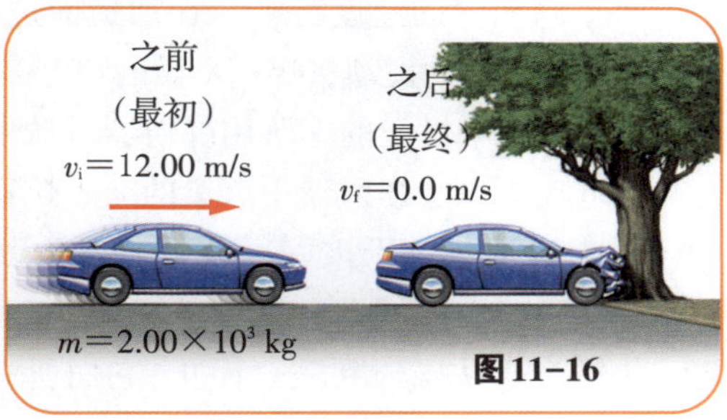

图11–16

第2节 能量守恒

理解概念

除非有所标注，一般假定空气阻力是可以忽略的。

57. 你将一个黏土球扔到了冰球场的冰面上，破碎的黏土球和冰球棍粘在了一起，并以很慢的速度向前运动。

a. 在这次碰撞中，动量守恒吗？说明理由。

b. 动能守恒吗？说明理由。

58. 对于下列过程，画出能量柱形图。

a. 一个立方体冰块，初始时静止，沿无摩擦的斜面下滑。

b. 一个立方体冰块，初始时运动，沿无摩擦的斜面向上滑动并即刻停下。

59. 大概念 关于过山车的运动，描述其动能与势能的转换情况。

60. 描述一个正在弹跳的橡胶球是如何失去其动能与弹性势能的，并描述它的运动情况。

解决问题

除非有所标注，一般假定摩擦力和空气阻力是可以忽略的。

61. 一个质量为10.0 kg的试验火箭竖直发射升空。已知火箭发动机燃烧完所有的燃料时，可以得到1 960 J的动能，由此火箭增加的高度为多少？

62. 用一个大小为410 N的恒力抬升一重力为32 N的石块。石块在这个向上的力的作用下通过了2.0 m的距离，然后被释放。从释放点起，石块还能上升多少高度？

63. 你将一袋重98 N的谷物吊起送到库房内，已知库房位于谷物电梯所在地面之上50.0 m处。

a. 你做了多少功？

b. 这袋谷物到达库房后，它的势能增加了多少？

c. 用绳来提升这袋谷物，当正好到达库房时绳子断了。在刚刚碰到地面之前，谷物的动能是多少？

64. 质量为2.0 kg的石块最初静止。石块下落，石块与地球系统的势能减少了470 J。当石块下落时，系统得到了多少动能？

65. 一块石头位于100 m高的峭壁的边缘，如**图11-17**所示。

a. 相对峭壁基底，石块的势能为多少？

b. 石块从峭壁上落下，当它刚要碰到地面之前的动能是多少？

c. 当石块碰到地面时，它的速率为多大？

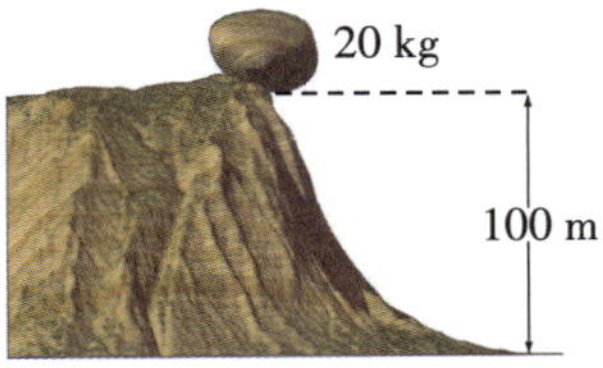

图11-17

66. 射箭 一名射箭者把一根质量为0.30 kg的箭放到弓弦上。然后，他用了一个平均为201 N的力去拉弦，使其向后移动了0.5m。

a. 假定所有的能量都在箭上，那么箭以多大的速率离开弓？

b. 如果将箭竖直向上发射，那么它上升的高度为多少？

67. 火车车厢 一节火车车厢的质量为5.0×10^5 kg。它与另一节质量相同、静止的火车车厢相碰撞，碰撞之后两车厢锁住并连接在一起，并以4.0 m/s的速度移动，如**图11-18**所示。

a. 若碰撞之前，第一节车厢以8.0 m/s的速度运动，它的动量是多少？

b. 碰撞之后，两节车厢的总动量是多少？

c. 碰撞前及碰撞后，两节车厢的动能分别是多少？

d. 对于动能的变化，请你作出解释。

图11-18

68. 滑梯 洛莱娜的质量为28 kg。已知滑梯的高度为4.8 m，洛莱娜滑到底部时的速度为3.2 m/s。在下滑过程中，多少机械能由于摩擦转变为其他形式的能量？

69. 从什么高度下落时，一辆家用轿车所具有的动能，与它以1.00×10^2 km/h的速度行驶时的动能相同？

70. 补充问题 把问题补充完整，以便可利用以下规律来求解："一个卡通人物抱着一个质量为50 kg的铁砧在悬崖的边缘……"

a. 机械能守恒。

b. 牛顿第二定律。

71. 凯莉重420 N。她坐在游乐场的秋千上，这个秋千挂在距离地面0.40 m处。她的妈妈向后推着秋千，直到秋千到达地面之上1.00 m时为止。

a. 当秋千通过最低位置时，凯莉运动得有多快？

b. 若凯莉通过最低点时的速率为2.0 m/s，摩擦对秋千做了多少功？

72. 郝开姆从2.0 m高处竖直掷下一个质量为10.0 g的小球。已知小球碰到地板时的速度为7.5 m/s，它的初速度是多少？

73. 一个重635 N的人登上5.0 m高的楼梯，将此人和地球作为一个系统。

a. 画出此人开始登楼梯前及停在楼梯顶部时的系统能量柱形图。机械能发生改变了吗？如果发生了改变，改变了多少？

b. 这个能量从何而来？

应用概念

74. 一辆汽车正在高速行驶，驾驶员突然踩下刹车使汽车停下。假定系统包括汽车但不包括道路。试用动能定理对以下情况作出说明。

a. 汽车的轮子不起刹车作用。

b. 刹车闸和汽车的车轮起到刹车作用。

75. 有一辆小型轿车与一辆带着拖车的卡车，两车以相同的速度行驶。在加速前进时，轿车与卡车的发动机哪一个做的功更多？

76. 弹射器 中世纪的军队用弹射器对城堡发动进攻。一些弹射器用绑紧的绳子拉紧弹射器的臂。对于被弹射到城堡的石块而言，它包含了什么形式的能量？

77. 两辆汽车从碰撞到完全停止，它们所有的动能到哪儿去了？

78. 溜冰　两个质量不等的溜冰者以相同的速率沿同一方向运动。如果冰面对每个溜冰者施加的摩擦力相同，试比较他们停下时的位移。

79. 你摆动一个质量为55 g的物体，使它在一根长为0.75 m的绳的末端，环绕你的头在接近水平的圆周上做匀速运动，如**图11–19**所示。

a. 在旋转一周的过程中，绳子上的张力对这个物体做了多少功？

b. 对于问题a，你的回答是否符合功能原理？说明理由。

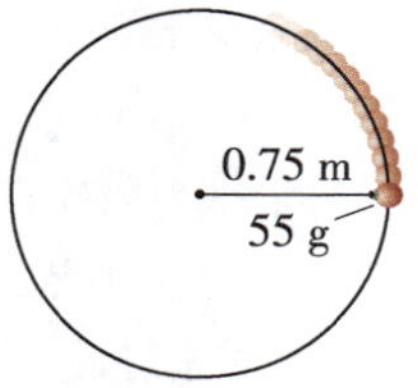

图11–19

80. 过山车　你受雇去改进一个过山车，使它变得更为刺激。雇主希望它在第一个斜坡底部的速率比原先增加1倍。那么第一个斜坡的高度必须有多高？

81. 从山顶以相同的速率掷出两个完全相同的小球。其中一个竖直向上抛出，另一个的方向竖直向下。当这两个小球碰到地面时，比较一下它们的动能与速率。

82. 给出一个特例来说明以下过程。

a. 对系统做功，于是动能增加，同时势能保持不变。

b. 在不对系统做功的条件下，势能被改变为动能。

c. 对系统做功，增加势能，同时动能保持不变。

d. 系统做功，使得动能减少，但势能保持不变。

复习提高

83. 假设一头黑猩猩拉着藤条在丛林中荡来荡去。如果它是从一棵高13 m的树上出发，拉着一根藤条往下荡，且开始时藤条与竖直方向成45°角，那么黑猩猩到达地面时的速度为多大？

84. 一辆质量为0.80 kg的小车，沿着高0.32 m的无摩擦斜坡滑下。到了斜坡底部后，小车继续在平地上滑行，此时它受到一个2.0 N的摩擦力的作用。在小车停下之前，它能在平地上滑行多远？

85. 一名女特技替身演员，她能从一楼逃脱，安全地下落到一个由海绵填满的1 m深的箱子中。在她的下一部电影里，导演要求她从五楼跳下，这次必须准备多深的海绵箱？

86. 橄榄球　一名质量为110 kg的中后卫与一名质量为150 kg的防守边锋发生了正面碰撞。碰撞之后，他们完全停了下来。碰撞之前，哪一名运动员的动量较大？哪一名运动员的动能较大？

87. 质量分别为2.0 kg与1.0 kg的两辆实验室小车，通过一个压缩弹簧连接在一起，两小车以2.1 m/s的速度沿某一方向运动。突然，弹簧被释放，使得两小车分离开来。当2 kg的小车停下时，1 kg的小车还在向前运动。弹簧原来施加给小车的能量为多大？

88. 一名质量为55 kg的科学家在丛林考察。她用绳子把自己系住，并将绳子的另一端绕在一棵树上。突然，她看到一头狮子正要攻击一头幼小的羚羊。于是，她从12.0 m高的地方快速荡下，一把抓住质量为21.0 kg的羚羊，然后荡回到另一根树干上，脱离了狮子的攻击。他们荡回的高度是多少？

89. 如**图11–20**所示，一质量为0.80 kg的小车，从竖直高度为0.50 m、与水平面夹角为30°的斜面上往下滑动，小车出发处与斜面底部之间的距离为 $\frac{0.50\ \text{m}}{\sin 30°}=1.0\ \text{m}$。已知斜面对小车的摩擦力为5.0 N，小车能下滑到斜面底部吗？

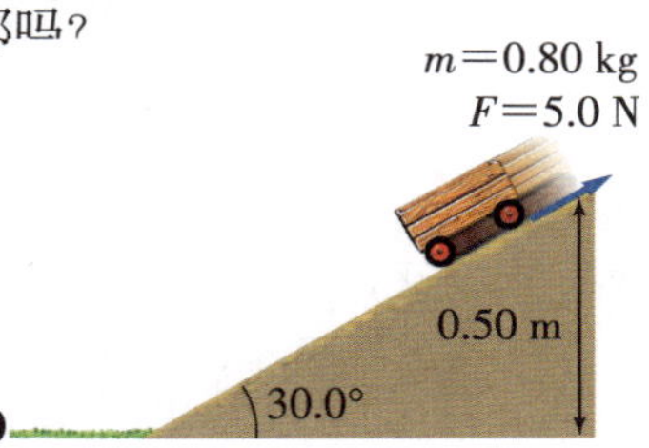

图11–20

批判性思维

90. 应用概念 一只质量为0.046 kg的高尔夫球静止在发球区，它被有效质量为0.220 kg、速度为44 m/s的球杆击中。假定碰撞是弹性的，求当球离开发球区时的速度。

91. 应用概念 一只苍蝇撞上了开动着的货运卡车的挡风玻璃。这是一个碰撞的例子，在这个例子中，其中的一个物体的质量比另一个物体大许多倍。还有另一个例子——两只台球发生的碰撞——也就是两个质量相同的物体的碰撞。那么，在这些碰撞中，能量是如何转移的呢？现在，请你考虑一个弹性碰撞，其中质量为m_1的台球的速度为v_1，而质量为m_2的台球静止不动。

a. 如果$m_1=m_2$，初始能量的几分之几转移给了m_2？

b. 如果$m_1 \gg m_2$，初始能量的几分之几转移给了m_2？

c. 在核反应堆中，中子必须通过与一些原子的碰撞使它的速度慢下来（中子差不多与质子是一样大的）。那么，可以选择碳、氢和铁等原子来达到这一目的吗？

92. 编写问题 用生活中的物体编写一道物理题，在它的解答中会出现如**图 11-21**所示的能量柱形图：

图 11-21

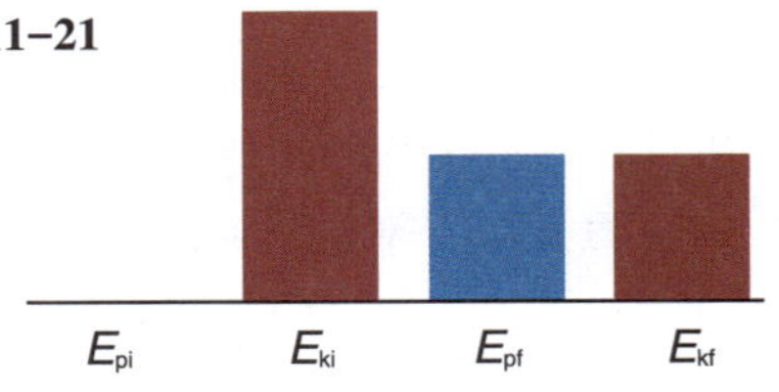

93. 编写问题 用生活中的物体编写一道物理题，在它的解答中会出现下列表达式：

$$\frac{1}{2}\times 6.0\ \text{kg}\times v^2=6.0\ \text{kg}\times 9.8\ \text{N/kg}\times 0.92\ \text{m}$$

94. 分析与结论 在完全弹性碰撞中，动量与机械能都是守恒的。已知有两个质量分别为m_A及m_B的小球，它们彼此相向运动，速率分别为v_A及v_B。列出适当的方程，求碰撞后两球的速率。

95. 排序 5个陶罐从相同高度的屋顶下落或抛出，具体要求如下所示。按照它们落地时的速率从小到大排序，并说明理由。

A. 1 kg，从静止下落。

B. 1 kg，以$v_i=2$ m/s向下抛出

C. 1 kg，以$v_i=2$ m/s向上抛出

D. 1 kg，以$v_i=2$ m/s水平抛出

E. 2 kg，从静止下落

96. 分析与结论 一个质量为25 g的小球，以初始速率v_1射向一个悬挂在1.25 m长细线上质量为125 g的静止小球。两个球完全弹性碰撞，结果使原先静止的小球的悬线摆开到与竖直方向成37.0°的角。v_1为多大？

科技写作

97. 地球上的几乎所有能量都来自太阳。那么，太阳能以什么形式来到我们的中间，给予我们生活的能力并运转我们的世界呢？研究太阳能的转变方式，探究它是如何成为一种我们可以利用的形式的。太阳能被我们利用之后，它又跑到哪里去了呢？试解释。

98. 所有形式的能量可以分为两种类型：动能或者势能。那么，你该如何描述核能、电能、化学能、生物能、太阳能及光能呢？为什么？关于这些能量形式中的每一种，研究一下哪些物体是运动的，以及能量是如何贮存在这些物体中的？

日积月累

99. 一颗卫星位于半径1.0×10^7 m，周期9.9×10^3 s的圆轨道上。据此计算地球的质量。*提示：重力是作用在这样一个卫星上的净力。科学家已经用这种方法测出了地球的实际质量。*

选择题

1. 你从地板上举起一个质量为4.5 kg的箱子，并把它放到离地面高1.5 m的架子上。在举起这个箱子时，你消耗的能量为(　　)

A. 9.0 J　　**B.** 49 J

C. 11 J　　**D.** 66J

2. 一名骑车者的速率从4.0 m/s增加到6.0 m/s。已知此人与自行车的总质量为55 kg，那么在提升速度时，骑车者做的功为(　　)

A. 11 J　　**B.** 28 J

C. 55 J　　**D.** 550 J

3. 一本质量为2.5 kg的书，将其从离地面1.2 m的架子移到了离地面12.6 m的另一个架子上，这本书的势能改变了(　　)

A. 1.4 J　　**B.** 25 J

C. 3.5 J　　**D.** 34 J

4. 如图所示，一个球在一平面内自由摆动。已知该球的质量为4.0 kg。忽略摩擦，当球向前及向后摆动时，其最大速度是(　　)

A. 0.14 m/s　　**B.** 21 m/s

C. 7.0 m/s　　**D.** 49 m/s

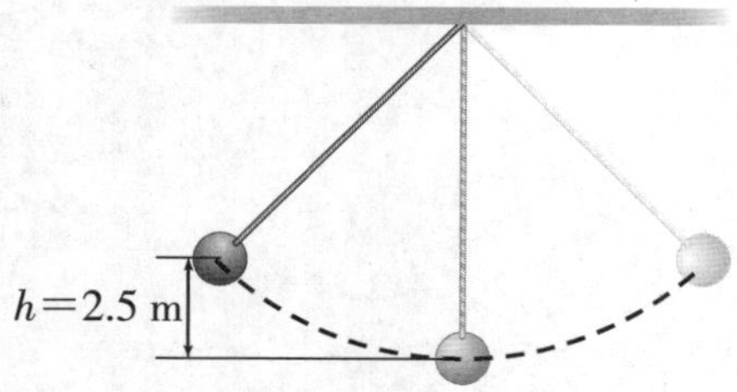

5. 一个质量为m的冰球以速率v_1沿冰面滚动。当它碰到了墙壁后，以反方向弹回。已知冰球碰撞墙后的能量是碰撞前的一半。忽略摩擦，碰撞后冰球的速度为(　　)

A. $\frac{1}{2}v_1$　　**B.** $\sqrt{2}\,v_1$

C. $\frac{\sqrt{2}}{2}v_1$　　**D.** $2v_1$

6. 如图所示，小球位于一弯曲轨道的顶端，其速度为零。释放小球，使它从轨道的顶端滚到轨道在地面的水平部分。忽略摩擦。若小球刚刚到达地面的瞬时速率为14 m/s，轨道的顶端到地面的高度是(　　)

A. 7 m　　**B.** 14 m

C. 10 m　　**D.** 20 m

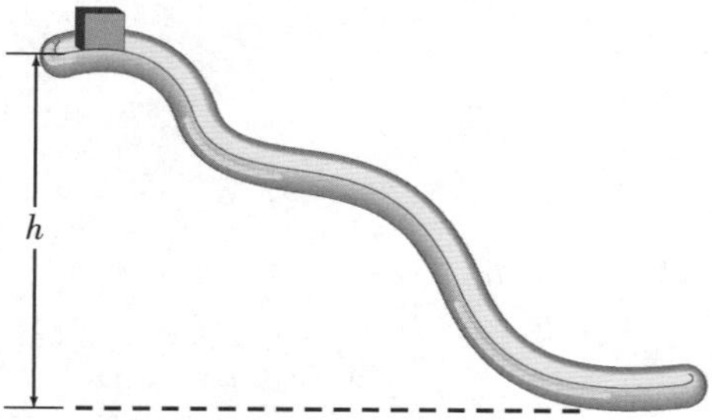

7. 你在距离坚硬平地1.0 m高处掉落一个质量为6.0×10^{-2} kg的小球。已知小球碰到地面时失去了0.14 J的能量，然后又向上弹回。小球刚刚弹离地面时的动能为(　　)

A. 0.20 J　　**B.** 0.59 J

C. 0.45 J　　**D.** 0.73 J

拓展题

8. 将一只箱子放在一个由压缩弹簧支撑的平台上。已知箱子的质量为1.0 kg。当弹簧被释放时，给予箱子4.9 J的能量，使其向上弹起。在落下之前，箱子能到达平台之上的最大高度是多少?

9. 一名质量为90 kg的冰球运动员以5.0 m/s的速率移动，与另一名质量为110 kg、以3.0 m/s向相反方向运动的冰球运动员相撞。碰撞后，他们一起以1.0 m/s的速率离开。求由于碰撞他们所减少的动能。

考点提示

测试题号	1	2	3	4	5	6	7	8	9
对应小节	1	1	1	2	2	2	2	2	2

第12章
热　能

大概念 热能是与粒子的运动有关的一种能量，这种能量可以被转移或转化。

内容提要

起步实验

热传递

热能是怎样在你的手与一杯水之间传递的?

第1节 温度、热量和热能

主要概念

热量是热能的转移，它自发地从高温物体转移到低温物体。

核心问题

- 温度与热能是怎样的关系？
- 热平衡与温度是怎样的关系？
- 热能是如何转移的？
- 什么是比热容？

术语回顾

热能 组成物体的粒子的动能与势能的总和

关键术语

热传导
热平衡
热量
对流
辐射
比热容

物理在你身边

在寒冷的日子里，你曾经在室外看到过气球吗？它可能会缩小，但是你如果把它拿进温暖的房间里，那么它将恢复到正常的大小。为什么温度会影响到气球的大小呢？

热 能

在前面的章节中，你已经学习了物体是如何碰撞并交换动能的。任何物质都是由微观粒子组成的。对于气体来说，许多气体分子具有平动动能和转动动能；而由于内部的结合力和彼此的相互作用，这些分子还可以具有势能。气体分子在相互碰撞以及与容器壁发生碰撞的过程中彼此交换能量。由于气体中存在着大量可自由运动的分子，也就是说它们彼此之间会发生无数次的碰撞，从而使得分子的能量分布完全是随机的。

因此，为了方便起见，这里仅仅讨论分子的总能量和每个分子的平均能量。分子的总能量叫作热能，而每个分子的平均动能与气体的温度有关。我们将利用分子的动理论来描述粒子的随机运动与材料的特性之间的关系。

高温物体和低温物体 为什么会发热？如果你往气球中充入氦气，在氦原子之间不断互相撞击的同时，气球中的无数个氦原子还不停地与气球的橡皮内壁发生碰撞——弹回来，再撞上去，这使得气球的橡皮表面往外膨胀。氦原子的平均动能决定气球的大小和温度，如**图12–1**所示。

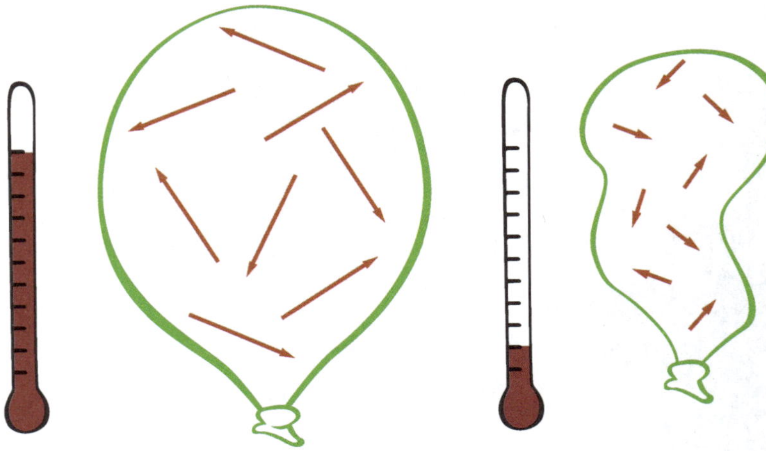

图12–1 物体的温度取决于构成它的分子的平均动能。高温物体分子的平均动能比低温物体分子的平均动能更大些。

如果把气球放到阳光下，那么来自太阳的能量加快了每个氦原子的运动速率，使得它们更频繁地在气球的橡皮内壁上来回弹射。原子与气球壁的每一次碰撞都会产生一个作用在气球上的较大的力，使得橡皮表面向外扩张，因而气球便膨胀了。反之，如果你将气球放进冰箱的冷冻室里，过一段时间拿出来后，你会发现它的体积稍微地缩小了一些。这是一定的，因为分子的运动变慢了。冷冻已经除去了它们的部分热能。

固体内的热能 固体内的原子或分子也具有动能，但是它们不能像气体中的原子那样自由运动。为了形象地说明固体的内部结构，你可以先画许多原子，然后把它们通过弹簧彼此连接起来。因为有了弹簧，所以这些原子被控制起来，不能自由移动，但它们可以前后跳动，一些原子可能比另一些跳动得更多一些。每一个原子有一定的动能和势能。如果某种固体含有N个原子，那么这个固体的总热能等于每个原子的平均动能及势能的总和的N倍。

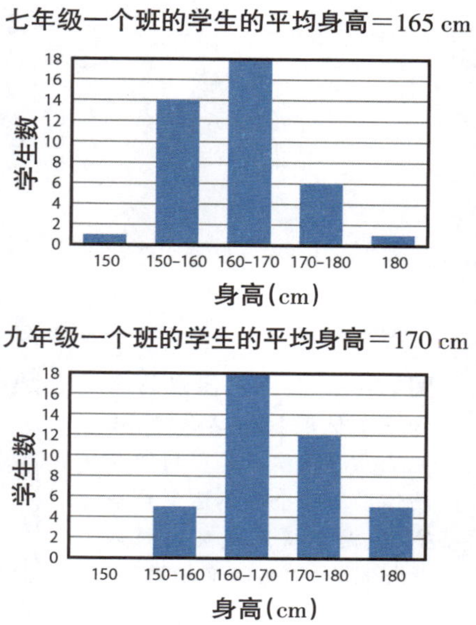

图12-2 七年级学生的平均身高低于九年级学生的平均身高。类似地，高温物体里分子的平均动能大于低温物体里分子的平均动能。

热能和温度

你刚才已经看到，平均来说，高温物体中的分子比低温物体中的分子具有更多的动能。但这并不意味着一个物体里的全部分子都具有完全相同的能量；实际上，同一物体中不同分子的能量差异是很大的。只不过相对于低温物体而言，高温物体中的分子的平均能量更高一些。

要理解这点，想象七年级一个班的学生和九年级一个班的学生的身高。如**图12-2**所示，显然，班内学生的身高各不相同，但你可以计算出每个班级学生的平均身高。九年级一个班的学生的平均身高通常要比七年级一个班的学生的平均身高大一些，即使七年级的某些学生可能长得比九年级的某些学生还高。

温度仅取决于物体内部分子的平均动能，而与物体内的原子数目无关。例如，考虑**图12-3**中的两个松糕。它们的温度相同，但是大松糕的分子数是小松糕的分子数的10倍，故大松糕的热能也是小松糕的10倍。物体的热能取决于它的温度和组成它的分子数。

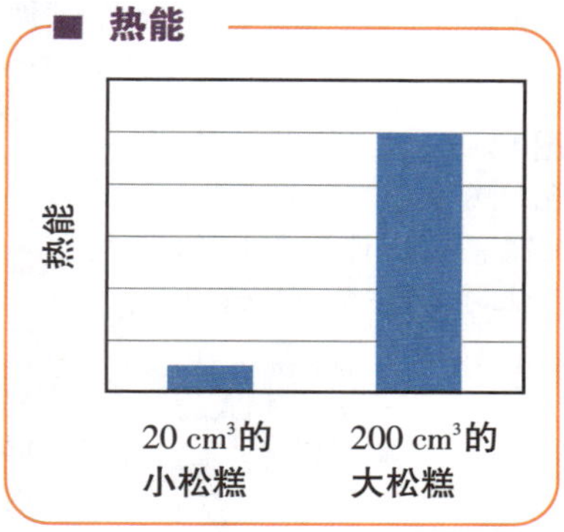

图12-3 两个温度相同的松糕有不同的热能。

■ **达到热平衡**

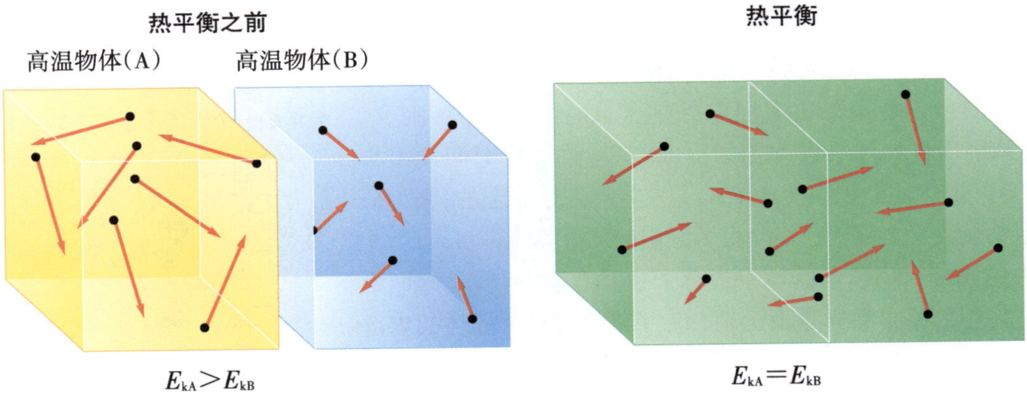

图 12-4 当一个高温物体和一个低温物体接触时，热能从高温物体净转移到低温物体。当两个物体达到热平衡时，两者得到或失去的热量相同，它们的温度相等。

热平衡和温度计

想一想，你是如何测量自己的体温的呢？你通常会将一支体温计插到你的嘴里，几分钟后将它取出，读取读数。测量体温的微观过程，涉及体温计中的分子与你身体中的分子之间的碰撞和能量转移。你身体的温度比体温计高，意味着相对于体温计中的分子，你身体里的分子的平均动能更大。

当冰冷的体温计接触到你温暖的皮肤时，你皮肤里的分子就会与体温计中的分子发生碰撞。能量从你的皮肤转移到了体温计的分子中。**热传导（thermal conduction）**就是分子碰撞时转移热能的过程。由此，体温计分子的热能增大，使得体温计的温度升高，而与此同时，你皮肤中的分子的热能则相应减少一些。

热平衡 体温计的分子也会把能量转移给你皮肤中的分子。当体温计中的分子获得了更多能量的时候，它们开始把部分能量返回给你身体里的分子。某一时刻，体温计与你的身体之间转移能量的速率变成一样了，并且你的身体和体温计处于相同的温度，则在这一时刻，你的身体与体温计达到了热平衡。在**热平衡（thermal equilibrium）**时，两个物体间能量流动的速率相同，且这两个物体的温度也相同。如**图 12-4** 所示为达到热平衡的两个物体。

☑ **阅读检测** **明确**两个物体处于热平衡的状态和非热平衡的状态的情况。

图 12-5 液晶温度计的颜色随着温度改变而改变。当液晶温度计放在你的额头上时，**概述**发生的情况。

温度计 温度计的工作取决于物体的某个物理量随温度变化的特性。许多家用温度计内装有带颜色的酒精，在受热时酒精膨胀，并在狭窄的管子里上升。温度计的温度越高，酒精膨胀得越多，它在管子中上升得也越高。又如，在如**图 12-5** 所示的液晶温度计中，装有一系列不同种类的晶体。每一种晶体分子会在某一个特定的温度重新排列，使颜色发生变化，以此来指示温度。而医学温度计和监控汽车发动机的温度计则是通过微小的热敏电子线路来进行快速的温度测量的。

温度的极限 你可以说火是热的，而冰是冷的。但是，生活中物体的温度只是现在宇宙中很大的温度范围中的一小部分，如**图12–6**所示。温度看起来好像没有上限——在太阳的内部，温度至少可以达到1.5×10^{7} ℃。超新星内核的温度甚至更高。另一方面，液化气体的温度可以很低。例如，液化氦的温度为－269℃，甚至利用有特殊性质的固体、氦的同位素、原子和激光等，可以达到更低的温度。

然而，温度却有下限。通常，物体遇冷就会收缩。如果一种理想气体——例如气球中的氦气——被冷却，它就会发生收缩；当温度降到－273.15 ℃时，它所占的体积将会缩小为氦原子的总体积。在这个温度，气体中可以被迁徙的热能已经全部被移走了。因此，不可能有比－273.15 ℃更低的温度。这个温度称为绝对零度。

☑ **阅读检测** **解释**为什么绝对零度是可能的最低温度。

图12–6 宇宙中的温度范围从绝对零度到10^{10} K，甚至更高。

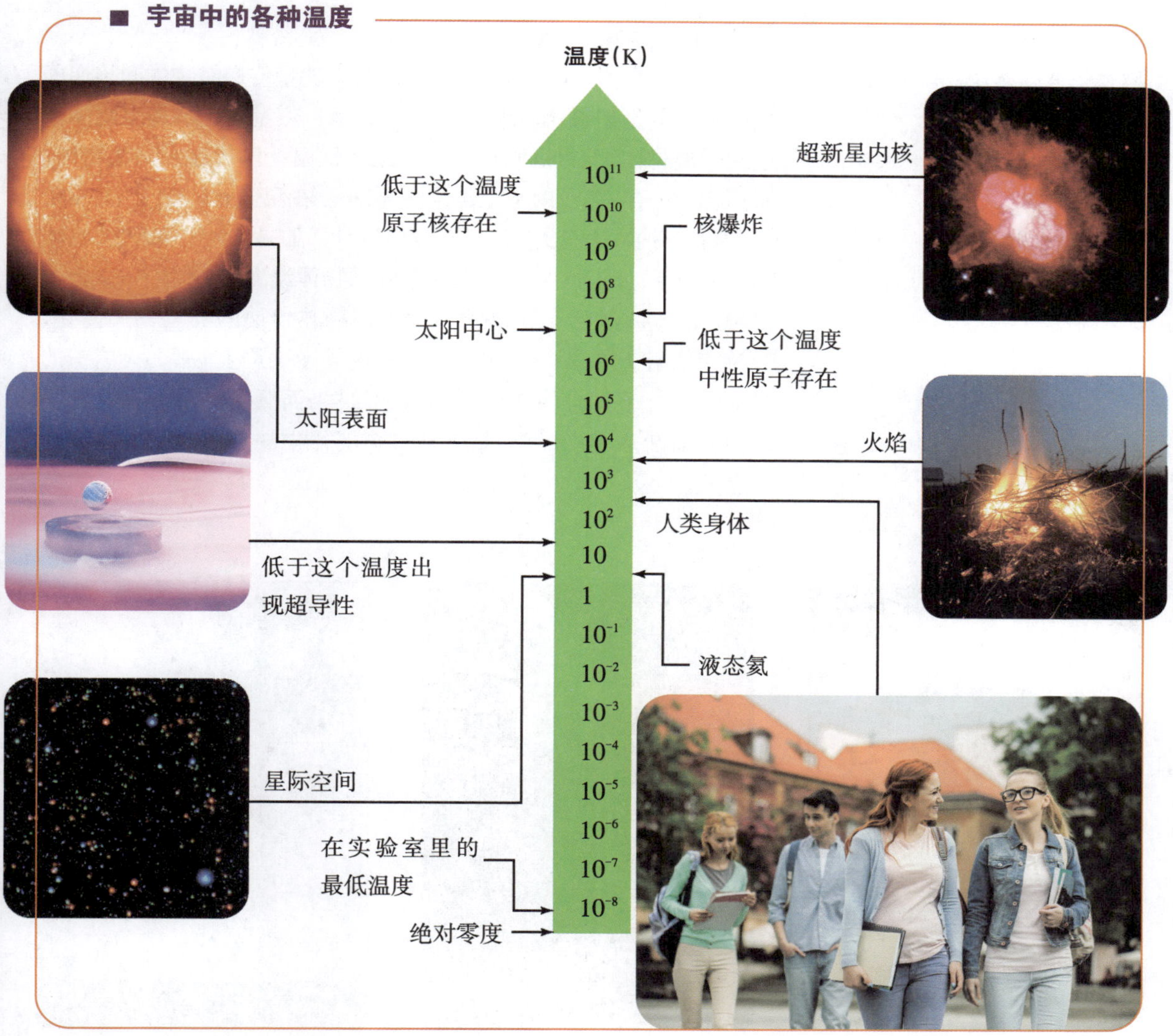

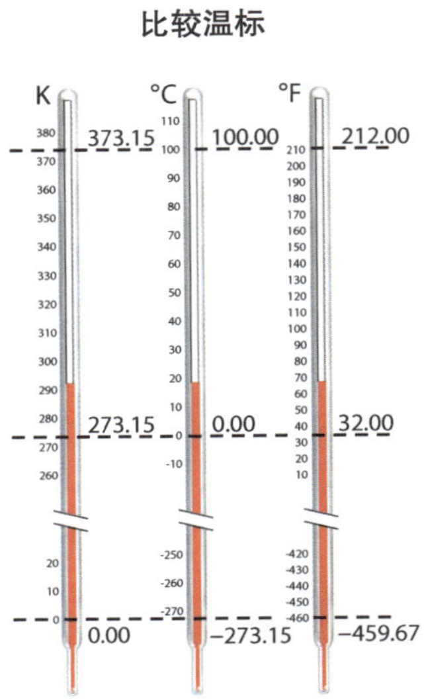

图 12–7 科学家应用开尔文温标和摄氏温标。在美国，天气预报和烹饪通常用华氏温标。

温标 在美国，气象局用华氏温标预报气温；而科学家用摄氏和开尔文温标。摄氏温标是基于水的性质，是在1741年由瑞士物理学家摄尔修斯（A. Celsius）发明的。在这种标度中，规定纯水的冰点为0 ℃，纯水在一个标准大气压下的沸点为100 ℃。摄氏温标被广泛地用于温度的测量。

开尔文温标 在摄氏温标里，温度可以是负值。因为温度表示物体内分子的平均动能，负的温度意味着一个分子可能有负的动能。这使人们感觉到要用另一种温标，使它的零度对应分子动能也是零。开尔文温标就是这么规定的，零刻度对应绝对零度。在开尔文温标中，水的冰点（0 ℃）大约是273 K，而在一个标准大气压下，水的沸点大约为373 K。这个温标里的每一小格叫作1开尔文（即1 K），它的大小等于1 ℃。因此，$T_C+273=T_K$。**图 12–7** 比较了华氏、摄氏和开尔文温标。

热量和热能的转移

当两个物体彼此接触时，它们间会有能量传递。物体间传递能量的多少就是**热量（heat）**，用符号Q表示。热量总是从高温物体传递到低温物体，而永远不可能自动地从低温物体传递到高温物体。与功和能一样，热量的单位也是焦耳（J）。在温度计的例子中，由于分子间的碰撞，热能从皮肤转移到温度计。如果Q为正值，说明物体吸收了热量；如果Q为负值，表示热量从物体流出。

传导、对流和辐射 **图 12–8** 显示了三种热传递的类型——传导、对流和辐射。如果你把金属棒的一端放在火焰上，那么火焰中的热的气体分子就会将热量传递给金属棒，而棒的另一端在短时间内也会渐渐热起来，因为热是通过金属棒中的分子之间的碰撞而导热的。

图 12–8 热能可以通过传导、对流和辐射三种方式转移。**明确**经常发生传导、对流和辐射的几种情形。

你是否看到过水壶里的水将要沸腾时的情形？壶底的水通过传导被加热了，并上升到了水壶的顶部，而顶部较冷的水下沉到了底部。热量在上升的热水和下降的冷水之间流动。在液体或气体里由于温差引起的流体运动叫作**对流（convection）**。大气的对流会引起湍流，而大范围的大气对流会导致雷暴雨的产生。导致海水大规模流动的洋流也是对流引发的。

与前两种方式不同，热传递的第三种方式并不依赖于物质的存在。通过**辐射（radiation）**，太阳从超过150 000 000 km的地方温暖着地球。辐射是通过电磁波传递能量的一种方式。电磁波携带着能量，从火热的太阳穿过真空，到达比太阳冷得多的地球。

物理实验

太阳能收集器*

太阳能收集器怎样有效地收集来自太阳的辐射能？

比热容

不同的物体吸热的本领各不相同。在炎热的夏日里，太阳照耀着海水以及海滩上的沙子。然而，当海水依然相当冷的时候，海滩上的沙子却已变得十分热了。当热量流进一个物体时，物体的热能和温度均会增加。其中，温度的升高值取决于物体的质量大小和组成物体的材料。

比热容（specific heat）是指使单位质量的物质升高1个单位的温度所需的能量值。比热容用符号 c 表示，它在SI制中的单位是J/(kg·K)。

☑ **阅读检测**　**定义**比热容。

如**表12-1**所示为一些常见物质的比热容。例如，要使1 kg的铝的温度上升1 K，必须使它吸收897 J的能量，因此，铝的比热容是897J/(kg·K)。材料的比热容不同，它的用处也不同。像用来制造在**图12-9**中的平底锅的金属，具有低的比热容和良好的导热性能。注意，液体水的比热容比其他物质都要高。冰和水蒸气也有相对高的比热容。这些具有高比热容的物质对我们的气候和身体都有显著的影响。

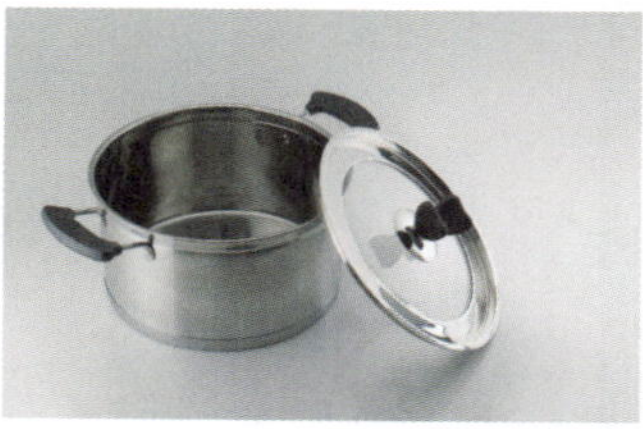

图12-9　这个平底锅是用不锈钢制成，有铜底和塑料手柄。

解释怎样根据材料的比热容来选择它们？

表12-1　常见物质的比热容

材料	比热容[J/(kg·K)]	材料	比热容[J/(kg·K)]
铝	897	铅	130
黄铜	376	甲醇	2450
碳	710	银	235
铜	385	水蒸气	2020
玻璃	840	水	4180
冰	2060	锌	388
铁	450		

物理实验

加热与冷却

怎样持续供热来影响水温？

测量热量 当一个物体被加热时，它的温度可以改变。温度的改变量ΔT取决于热量Q、物体的质量和它的比热容。你可以应用下述公式计算改变一个物体的温度所需要的热量Q：

热量

热量等于物体的质量、比热容以及末温度与初温度之差三者的乘积。

$$Q=mc\Delta T=mc(T_f-T_i)$$

例如，当10.0 kg水的温度从80 K升高到85 K，所吸收的热量$Q=10.0\ \text{kg}\times 4\ 180\ \text{J/(kg·K)}\times(85\ \text{K}-80\ \text{K})=2.1\times10^5\ \text{J}$。请记住，开尔文温度的间隔和摄氏温度的间隔是一样的，因此，开尔文温度或摄氏温度都可以用来计算温度差ΔT。

例题 1

热传递 将一个质量为5.10 kg的生铁平底煎锅放在炉灶上，从295 K加热到373 K。在这一过程中，有多少热量转移到锅里去了？

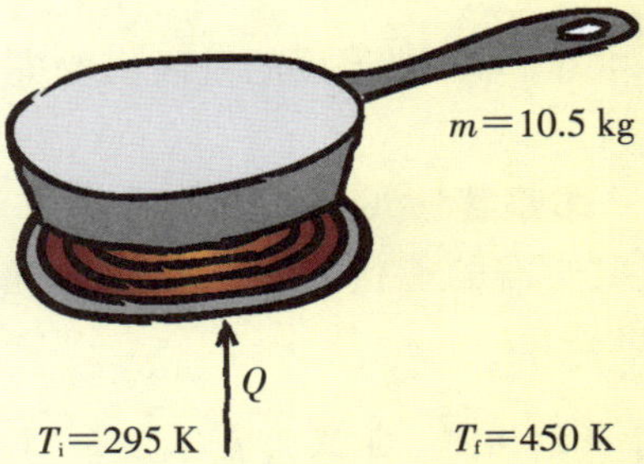

1 分析概括问题

概述从炉灶顶端到平底锅的热量流动情况。

已知		未知
$m=5.10\ \text{kg}$	$c=450\ \text{J/(kg·K)}$	$Q=?$
$T_i=295\ \text{K}$	$T_f=373\ \text{K}$	

2 求解未知量

$$Q=mc(T_f-T_i)$$
$$=5.10\ \text{kg}\times450\ \text{J/(kg·K)}\times(373\ \text{K}-295\ \text{K})$$
$$=1.8\times10^5\ \text{J}$$

◀ 将$m=5.10\ \text{kg}$，$c=450\ \text{J/(kg·K)}$，$T_f=373\ \text{K}$，$T_i=295\ \text{K}$代入。

3 验证答案

- **单位是否正确？** 热量是以J为单位的。
- **符号是否有意义？** 温度升高，所以Q是一个正值。

练一练

1. 当你打开热水龙头洗盘子时，水管就会发热。当温度由20.0 ℃上升到80.0 ℃时，有多少热量被质量为2.3 kg的铜水管吸收了？
2. 电力公司按千瓦时(kW·h)为单位收取电费。已知$1\ \text{kW·h}=3.6\times10^6\ \text{J}$。假如每千瓦时的费用为＄0.15，那么，电热水器将75 kg的水从15 ℃加热到43 ℃，需要缴纳的电费为多少？
3. **挑战题** 汽车发动机的冷却系统内装了20.0 L的水(1 L水的质量为1 kg)。
   a. 如果发动机运转放出的热量达到836.0 kJ，水的温度变化了多少？
   b. 冬天，汽车的冷却系统里装的是甲醇。已知甲醇的密度是$0.80\ \text{g/cm}^3$。如果甲醇吸收了836.0 kJ的热量，它的温度将升高多少？
   c. 水和甲醇相比，哪一个更适合作为冷却剂？请说明理由。

测量比热容

如**图12-10**所示为一个简单的量热计，它是用来测量热能变化的装置。经过精密的隔热处理，从量热计内转移到外界的热量非常少。将一个质量已知的物质加热到很高的温度T_A后，放入量热计中。量热计中还装有已知温度T_B及质量的冷水。热能从该物质转移到冷水中，直到它们达到一个平衡温度T_f。通过测量这三个温度，就可以计算出该物质的比热容。

能量守恒 量热器的工作原理是包含水和待测量的物质的孤立、封闭系统的能量守恒。能量既不进入，也不流出系统，但是能够从系统中的一部分转移到另一部分。因此，如果待测量的物质的热能改变量是ΔE_A，而水的热能改变量是ΔE_B，那么它们必定满足下述方程：$\Delta E_A+\Delta E_B=0$。这个方程可以改写为：

$$\Delta E_A=-\Delta E_B$$

也就是说，如果冷水的热能增加了，那么与此同时，待测量的物质的热能必定减少。热能增加的冷水，其温度随之上升，而对于热能减少的待测量的物质而言，它的温度则有所下降。

在一个孤立的封闭系统里，因为没有做功，所以热能的改变量等于所传递的热量，其热能的改变量可以用下述方程表示：

$$\Delta E=Q=mc\Delta T=mc(T_f-T_i)$$

与方程$\Delta E_A=-\Delta E_B$结合得到：

$$m_Ac_A(T_f-T_A)=-m_Bc_B(T_f-T_B)$$

因为这两个物体处于热平衡状态，所以它们的最终温度是相等的。用下列方程可以求出未知的比热容c_A：

$$c_A=\frac{-m_Bc_B\Delta T_B}{m_A\Delta T_A}$$

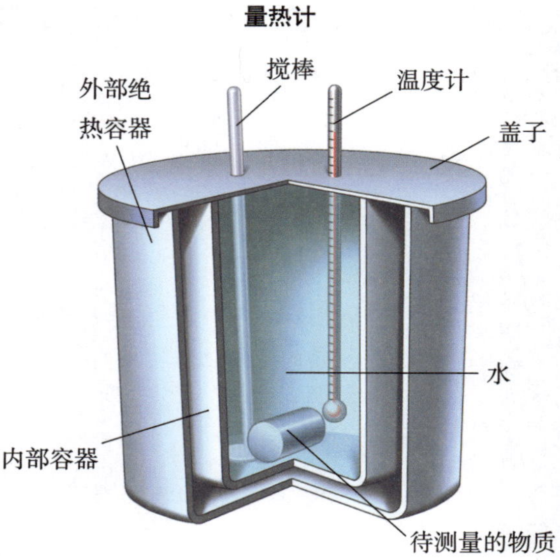

图12-10 在一个简单的量热计里，热的待测量的物质和已知体积的冷水被放在一个绝热系统中，并且允许它们达到热平衡。一个理想的量热计有良好的隔热性，既不向外界放出也不吸收热能。更精准的量热器用于测量化学反应和各种食物的能量含量。

物理实验

有多少卡路里*

如何利用量热计去测量转移的能量？

例题2

量热计中转移的热量 一个量热计中盛有0.50 kg15 ℃的水。若将一块质量为0.10 kg的62 ℃的未知物质放入水中，系统最终的温度是16 ℃。这个未知物质是什么？

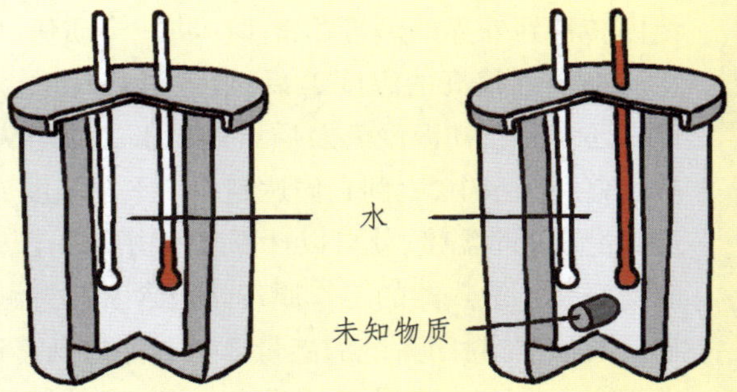

1 分析概括问题

- 用符号A表示未知物质，符号B表示水。
- 概述从热的未知物质向冷的水中热量的转移情况。

已知		未知
$m_A=0.10$ kg	$c_B=4\,180$ J/(kg·K)	$c_A=?$
$T_A=62$ ℃	$T_B=15$ ℃	
$m_B=0.50$ kg	$T_f=16$ ℃	

2 求解未知量

用下述公式确定最终的温度。注意负号

$$c_A=\frac{-m_Bc_B\Delta T_B}{m_A\Delta T_A}$$

$$=\frac{-0.50\ \text{kg}\times 4\,180\ \text{J/(kg·K)}\times(16\ ℃-15\ ℃)}{0.10\ \text{kg}\times(16\ ℃-62\ ℃)}$$

$$=450\ \text{J/(kg·K)}$$

◀将$m_A=0.10$ kg，$T_A=62$ ℃，$m_B=0.50$ kg，$c_B=4\,180$ J/(kg·K)，$T_B=15$ ℃，$T_f=16$ ℃代入。

按照**表12–1**，这个未知物质的比热容与铁相同。

3 验证答案

- **单位是否正确？** 比热容的单位是J/(kg·K)。
- **数值是否合理？** 这个答案与**表12–1**中列举的金属的比热容数值范围一致。

练一练

4. 将一个质量为1.00×10^2 g、温度为100.0 ℃的铝块，放入1.00×10^2 g 10.0 ℃的水中，最终混合物的温度是26.0 ℃。求铝的比热容。
5. 将三个质量均为1.00×10^2 g、温度均为100.0 ℃的金属块，放入1.00×10^2 g 35.0 ℃的水中，一段时间后水的最终温度是45.0 ℃。求金属块的比热容。
6. 将2.00×10^2 g 80.0 ℃的水与2.00×10^2 g10.0 ℃中的水混合。假定没有热量向外界流失，混合后水的最终温度是多少？
7. 将一块质量为1.50×10^2 g、温度为70.0 ℃的玻璃放入装有1.00×10^2 g 16.0 ℃水的量热计中，水的平衡温度是多少？
8. **挑战题** 将4.00×10^2 g 15.0 ℃的水与4.00×10^2 g 85.0 ℃的水混合。在系统达到热平衡后，再加入4.00×10^2 g 15.0 ℃的甲醇。假定没有热量向外界流失，混合后溶液的最终温度是多少？

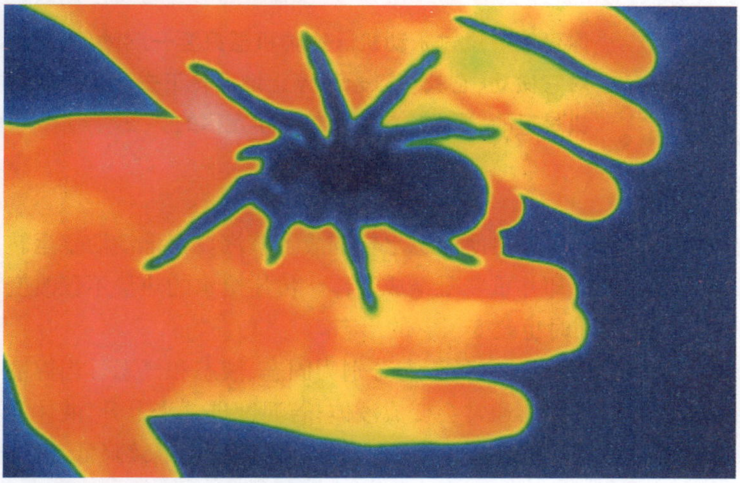

图12-11 冷血动物的体温取决于周围的环境，而恒温动物可以自我控制体温。在这张热成像图片中，蜘蛛和周围空气的温度相同，但人手的温度明显要比周围空气高。

动物和热能

▶**与生物学的联系** 根据动物如何控制它们的体温，可以把动物分为两类。大多数是冷血动物，如**图12-11**所示的蜘蛛。它们的体温取决于周围的环境。一个冷血动物通过它们的行为来调节热量的流动，如躲藏在岩石下以保持凉爽或者晒太阳来取暖。

另一类是热血动物，也称恒温动物，它们可以自我控制体温。也就是说，不管外界环境的温度如何，恒温动物的体温总保持恒定。例如，人类属于恒温动物，人的体温一般保持在37 ℃左右。恒温动物通过大脑引起的身体反应，如发抖和出汗，来调节体温的上升或下降。

第1节 复 习

9. 主要概念 赤脚站在浴室的瓷砖地板上，即使浴室里很暖和，你也会觉得很冷。这说明瓷砖地板的温度比浴室的其他地方低吗？

10. 温度 请进行下列的温度转换。

a. 5 ℃=________K

b. 34 K=________℃

c. 212 ℃=________K

d. 316 K=________℃

11. 单位 热量Q和比热容c的单位相同吗？请解释。

12. 能量的类型 描述一个正在弹跳的篮球的机械能和热能。

13. 热能 一碗热水的热能有可能等于一碗冷水的热能吗？为什么？

14. 冷却 在餐盘中，烤土豆总是比其他食品冷却得更慢一些。这是为什么？

15. 热量和食物 烤整个土豆比烤切成片的土豆更费时。这是为什么？

16. 烹饪 炉灶上的平底锅是由金属制成的，如铜、铁、铝。为什么要用这些材料？

17. 比热容 如果你拿塑料勺子从一杯热可可中舀出一勺放进嘴里，你一般不会觉得特别烫。可是，如果你把热可可直接喝进嘴里，那么你很容易将舌头烫伤。这是为什么？

18. 批判性思维 在炉灶上加热一壶水。当正要开始沸腾之前，水的表面可能会产生一些雾。这时发生了什么现象？

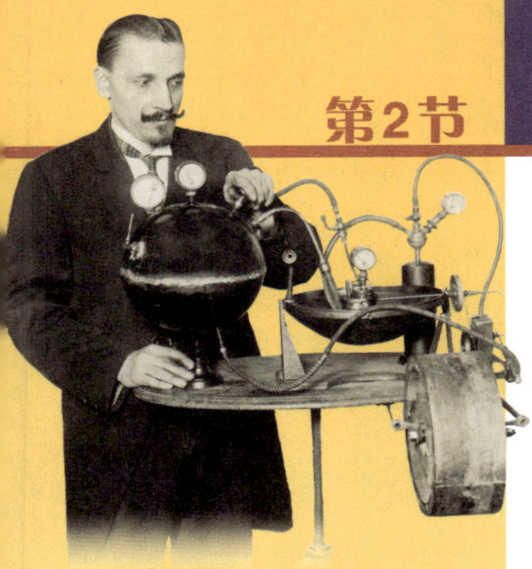

第2节 物态变化和热力学

物理在你身边

你可能听说过永动机。这种机器只要一启动，不用再对它做功，它就可以永不停止地运转下去。如果永动机是真的，那么这是违反热力学定律的。

主要概念

当热能转移时，能量是守恒的，而宇宙的总熵将增加。

核心问题

- 熔化热和汽化热与物态的变化有什么关系？
- 什么是热力学第一定律？
- 发动机、热泵和冰箱如何证明热力学第一定律？
- 什么是热力学第二定律？

术语回顾

焦耳(J) 功和能的SI单位；1 N的力作用在一个物体上，使物体在力的方向上通过的位移为1 m时，所做的功就是1 J

关键术语

熔化热
汽化热
热力学第一定律
热机
热力学第二定律
熵

物态的变化

在蒸汽机中，利用加热使液态水转变成了蒸汽。在推动活塞运转发动机后，蒸汽被冷却并重新凝结成液体。传递给水的热量不仅改变了液态水的温度，同时也改变了它的形态。

地球上物质最常见的三种形态分别为固态、液态和气态。当温度升高到一定程度时，固体通常会变成液体；若温度进一步上升，液体又会变成气体。当温度降低时，气体会变成液体；若温度继续降低，液体将变回到固体。为什么会发生这种变化呢？回想一下，当物质的热能改变时，其内部分子的运动及温度也会随之改变。

如**图12-12**所示为晶体物态变化的图象。加热1.0 kg 243 K的冰，直到它的温度达到373 K(变为水蒸气)为止。在*A*点和*B*点之间，冰被加热到273 K。在这之间的某些点，冰吸收的热能使得分子的运动速度非常大，以至于分子挣脱了将其连接在固定位置上的力。虽然这些分子仍然彼此接触，但它们可以更自由地运动。最后，它们成了可以相对滑动的自由分子。

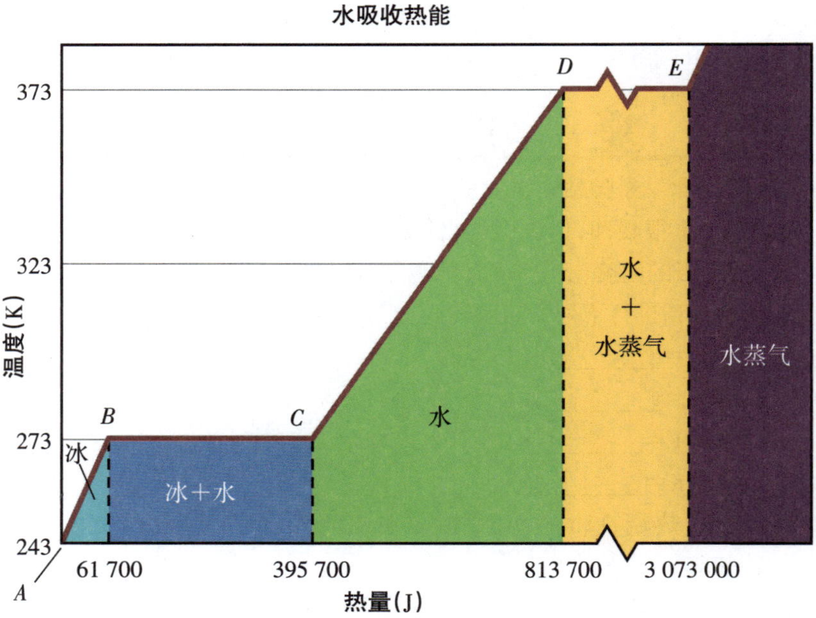

图12-12 物体吸收热能，它的温度升高或者状态发生变化。注意，*D*点和*E*点间标尺是不连续的。

熔点 在该温度时，水从固态变成液态，就像**图 12-13**所示的雪人融化了。晶体物质从固态转变成液态时的临界温度就是该物质的熔点。当物质熔化时，它吸收的热能让分子发生移动、转动和振动，而这在固体中是不可能的。这些运动可能会增加新形式的动能和势能。但是，物质吸收的热能不会改变它的温度。如**图 12-12**所示，在 *B* 点和 *C* 点之间，晶体继续吸热，吸收的热能全部被用来熔化冰，*B*、*C* 两点间的温度保持 273 K 不变。

图 12-13 热能从热空气转移到雪人，使雪人融化。

沸点 一旦固体全部熔化后，吸收的热能全部被用来加速分子的运动，使得液体的温度不断升高。这一过程发生在**图 12-12** 中的 *C* 点和 D 点之间。若温度进一步升高，液体里的某些分子将会获得充足的能量，以至它们可以冲破来自其他分子的束缚而自由运动。

也就是说，到达了某一特定温度——人们通常称它为沸点——之后，物质吸收的能量会导致物质经历又一次的物态变化。这一次，吸收的全部热能都被用来将物质从液态转变成气态。和熔化过程一样，在整个汽化过程中，液体的温度也不会升高。在**图 12-12** 中，这个转化过程发生在 *D* 点和 *E* 点之间。当液体全部转化为气体之后，物质吸收的热能就会用来加速分子的运动，使得物质的温度进一步升高。在 E 点后，水蒸气将会被加热到超过 373 K。

熔化热和汽化热 熔化 1 kg 某种物质所需要的能量值叫**熔化热 (heat of fusion)**，用 H_f 表示。例如，冰的熔化热是 3.34×10^5 J/kg。因此，如果 1 kg 冰在它的熔点 273 K 时吸收了 3.34×10^5 J 的热能，那么它将转化为同温度的 1 kg 的水。这个附加能量只会引起物态的变化，而不会使温度发生改变。**图 12-12** 中从 *B* 点到 *C* 点的水平距离即表示熔化热。

使 1 kg 液体汽化所需要的热能叫**汽化热 (heat of vaporization)**，用 H_v 表示。水的汽化热为 2.26×10^6 J/kg。在**图 12-12** 中，从 *D* 点到 E 点的距离表示汽化热。每种物质都有其特定的汽化热。如**表 12-2** 所示为某些熔化热 H_f 和汽化热 H_v 的值。

迷你实验

熔 化

加热如何影响水的温度及其状态？

表 12-2 常见物质的熔化热和汽化热

材料	熔化热 H_f (J/kg)	熔化热 H_v (J/kg)
铜	2.05×10^5	5.07×10^6
汞(水银)	1.15×10^4	2.72×10^5
金	6.30×10^4	1.64×10^6
甲醇	1.09×10^5	8.78×10^5
铁	2.66×10^5	6.29×10^6
银	1.04×10^5	2.36×10^6
铅	2.04×10^4	8.64×10^5
水(冰)	3.34×10^5	2.26×10^6

图 12–14 一种测量能量的吸收方法，是利用一种材料从恒定热源补充能量，并测量温度随时间的变化。这种温度随时间变化的图线，叫作加热曲线。这张图是用一冷水烧杯放在加热平板上，由此产生的加热曲线绘制成的图表。

解释为什么热能必须以恒定速率来补充，以用这张图表来计算水的比热容。

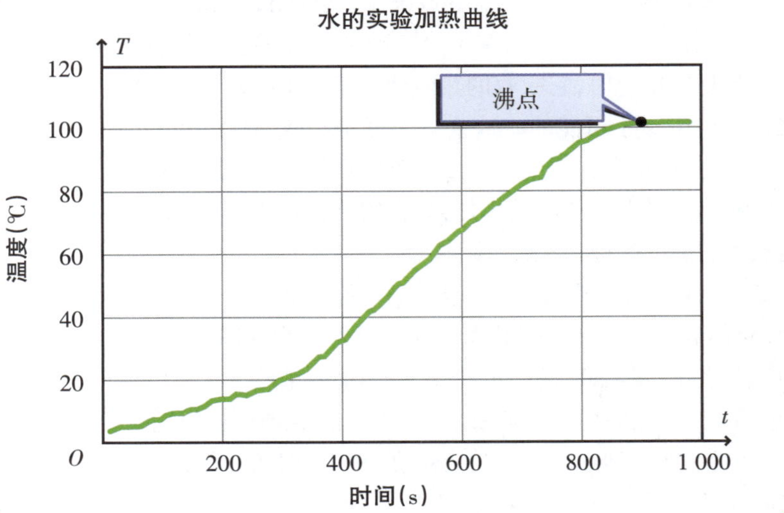

能量与物态变化 如**图 12–14** 所示，在 300 s 到 800 s 之间，图线的斜率一定。由于加热的速率恒定，所以这一斜率表示水的比热容倒数。在**图 12–12** 中，A 点到 B 点的斜率表示冰的比热容倒数。而 E 点以上直线的斜率表示水蒸气的比热容倒数。你可以看到，有关水的那条直线的斜率比冰和水蒸气的小。这是因为水的比热容比冰和水蒸气的比热容都大一些。熔化质量为 m 的固体所需要的热量 Q 由下述公式给出：

物理实验

熔化热*

你如何测量冰的熔化热?

熔化一个固体所需要的热量

熔化一个固体所需要的热量等于固体的质量乘以固体的熔化热。

$$Q=mH_f$$

类似地，质量为 m 的液体汽化所需要的热量由下述公式给出：

液体汽化所需要的热量

液体汽化所需要的热量等于液体的质量乘以液体的汽化热。

$$Q=mH_v$$

当液体凝结时，为了转变成固体，它必须转移出 $Q=-mH_f$ 的热量。这里的负号表示热量是从物质转移到外界的。同样地，当水蒸气转化成液体时，必须转移 $Q=-mH_v$ 的热量。

当冰熔化或水蒸发时，会吸收大量的热量。每一天你用大量的热量把冰熔化或水蒸发。皮肤每蒸发 1 g 汗液就带走约 2.3 kJ 的热量。这是许多恒温动物用来调节它们体温的冷却过程。同样地，熔化 24 g 冰块要吸收 8 kJ 的热量，这足以冷却一杯 30 ℃的水。

例题3

热量 假定你正在山上野营。你想熔化1.50 kg、0.0 ℃的雪，并把它加热到70.0 ℃来冲饮热可可。这将需要多少热量？

1 分析概括问题

- 概述热量和水的液态、固态之间的关系。
- 概述当水的温度增加时所传递的热量。

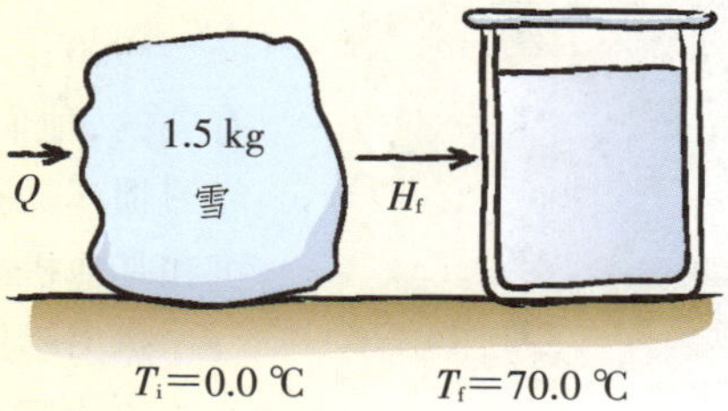

已知		未知
$m=1.50$ kg	$H_f=3.34\times10^5$ J/kg	$Q_{熔化冰}=?$
$T_i=0.0$ ℃	$T_f=70.0$ ℃	$Q_{加热水}=?$
$c=4\ 180$ J/(kg·K)		$Q_{总}=?$

2 求解未知量

求解熔化冰所需的热量。

$Q_{熔化冰}=mH_f$

$=1.50\ \text{kg}\times3.34\times10^5\ \text{J/kg}=5.01\times10^5\ \text{J}=5.01\times10^2\ \text{kJ}$ ◀将$m=1.50$ kg，$H_f=3.34\times10^5$ J/kg代入。

计算温度的改变量。

$\Delta T=T_f-T_i=70.0\ ℃-0.0\ ℃=70.0\ ℃$ ◀将$T_f=70.0$ ℃，$T_i=0.0$ ℃代入。

计算升高水的温度所需的热量。

$Q_{加热水}=mc\Delta T$

$=1.50\ \text{kg}\times4\ 180\ \text{J/(kg·K)}\times70.0\ ℃$ ◀将$m=1.50$ kg，$c=4\ 180$ J/(kg·K)，$\Delta T=70.0$ ℃代入。

$=4.39\times10^5\ \text{J}=4.39\times10^2\ \text{kJ}$

计算总的热量。

$Q_{总}=Q_{熔化冰}+Q_{加热水}$

$=5.01\times10^2\ \text{kJ}+4.39\times10^2\ \text{kJ}=9.40\times10^2\ \text{kJ}$ ◀将$Q_{熔化冰}=5.01\times10^2$ kJ，$Q_{加热水}=4.39\times10^2$ kJ代入。

3 验证答案

- **单位是否正确？** 能量的单位是J。
- **符号是否有意义？** 当物质吸热时，Q是正的。
- **数值是否合理？** 熔化冰所需的热量比把水温升高到70.0 ℃所需的热量大，这说明克服把分子约束成固态的力所消耗的能量比升高水的温度所耗能量更多。

练一练

19. 把1.00×10^2 g −20 ℃的冰变成0.0 ℃的水，需要吸收多少热量？

20. 把2.00×10^2 g 60 ℃的水加热成140.0 ℃的水蒸气，需要吸收多少热量？

21. 用**图12-15**中曲线来计算水的熔化热和汽化热，以J/kg为单位。

22. 钢厂的工人想把100 kg 25℃的铁熔化(熔点＝1 538 ℃)，需要吸收多少热量？

23. 挑战题 把3.00×10^2 g −30 ℃的冰变成130.0 ℃的水蒸气，需要吸收多少热量？

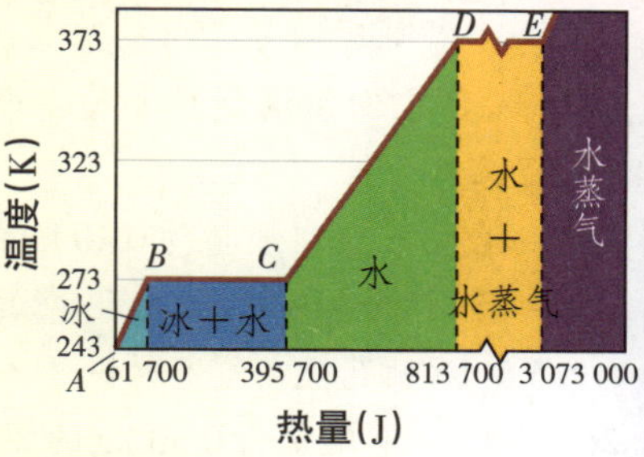

图12-15

图 12-16 蒸汽机把热能转变为有用的机械能。

热力学第一定律

第一台蒸汽机是在18世纪发明的，然后就被用于火车和工厂。如**图12-16**所示的蒸汽机，它把热能转化为机械能。蒸汽机的发明对当时的工业革命是一项重大贡献，并且对研究热与功之间的关系有很大的推动作用。一般将如何把热能转换成其他形式能量的研究称为热力学。

1900年之前，科学家们没有认识到热力学是与物体中粒子的运动有关的，他们认为热力学是力学的一门独立分支。现在，工程师们已经习惯运用热力学知识去制造高性能的冰箱、汽车发动机、航空发动机和其他机械。

热力学第一定律对于热力学的发展主要是，阐明了什么是热能以及它将去哪里。正如你所知道的，你可以把一杯水放在热的电炉上通过搅拌，使水的温度上升。也就是说，可以通过加热或做功来增加水的热能。如果考虑水是一个系统，系统对于你做的功就等于你对系统做功的负值。

热力学第一定律（first law of thermodynamics）可表述为，物体热能的改变量ΔU等于物体吸收的热量Q减去物体对外做的功W。注意，ΔU、Q和W都是以能量的单位J为单位的。

热力学第一定律

物体热能的改变量等于物体吸收的热量减去物体对外做的功。

$$\Delta U = Q - W$$

迷你实验

能量转换*

功与热能有什么关系？

热力学也研究物质热学性质的变化。实际上，热力学第一定律仅仅是能量守恒定律的另一种阐述，它表明能量既不能创生也不能消灭，但是可以转化为其他形式。

你身边还有很多系统热能改变的例子。比如，当你用手动气泵（打气筒）给自行车胎打气时，空气和打气筒都变热了，这是因为在活塞的运动过程中，机械能转变成了气体的热能。同样地，其他形式的能量，如光能、声能和电能也可以转化成热能。例如，在烤箱里烤面包时，烤箱将电能转变成了热能。你可以从你的日常生活中想到更多的例子。

练一练

24. 一个气球吸收了75 J的热量。气球膨胀起来，但它的温度保持不变。气球膨胀时做了多少功？

25. 一台钻孔机在质量为0.40 kg的铝块上打了一个小洞。若热量使铝块的温度升高了5.0 ℃，钻孔机在打洞时做了多少功？

26. 你把一袋质量为0.50 kg的铅块从1.5 m的高度处掷下。重复投掷多少次后，铅块的温度可以升高1.0 ℃？

27. 你正在搅拌一杯茶水。如果你每拿匙子在杯中搅一圈，所做的功大约为0.050 J。那么，若要使质量为0.15 kg的茶水的温度上升2.0 ℃，你需要搅多少圈？

28. 挑战题 一个膨胀阀对100 g的水做功，这个系统是孤立的，而且全部的功用于使90 ℃的水转变成110 ℃的水蒸气。那么膨胀阀对水做了多少功？

热机 当你的双手相互摩擦时，你会感觉到双手渐渐暖了起来，这是机械能转变成热能的结果。机械能可以很容易地转变成热能，但若要将热能转变成机械能就要困难得多了。**热机(heat engine)**是一种能够持续地将热能转变成机械能的装置。热机需要一个能够提供热能的高温热源；一个叫作水池的低温大容器，可以用来释放热能；并通过某种方式将热能转化为功。**图12-17**显示了高温热源的热能一部分用来做功，一部分被转移到水池里。

热机能量转换图

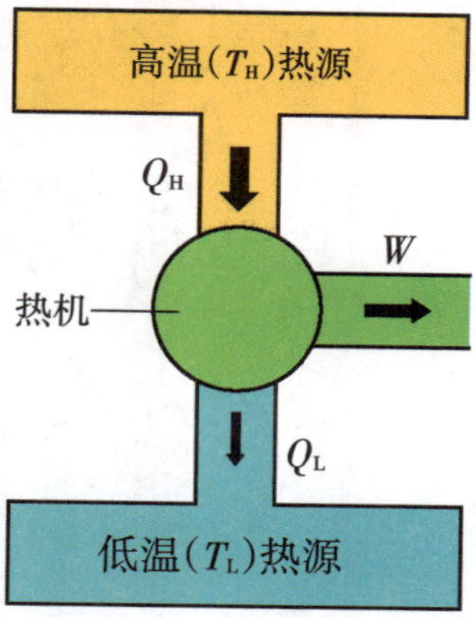

图12-17 热机把热能转化成机械能和废热。该图显示了能量的转移和转换过程。

内燃机 如**图12-18**所示的汽车内燃发动机则是热机的一个典型例子。在这个发动机里，将空气和汽油雾气的混合物点燃，使汽油燃烧，就会产生高温高压的燃气推动活塞做功，由此将热能转化成了机械能。为了连续不断地获得机械能，发动机必须回到它的起始状态。因此，需要将废气排出，重新注入新鲜空气，而活塞则重新转回到汽缸的顶端。以上这一流程每分钟重复多次，由汽油燃烧产生的热能转化成了机械能，推动汽车运动。

废热 然而事实上，汽车发动机里由汽油燃烧产生的热能，并不能全部都转化成机械能。当汽车发动机运作时，排放的废气和发动机的零部件都会变热。而废气接触到外部空气时，它的热量就会被传递出去，使得外部空气的温度升高。除此之外，热量还会由发动机传递到散热器，导致穿过散热器的外部空气的温度升高。从汽车发动机传递出去的全部能量Q_L叫作废热，它是没有被转化为功的热量。当发动机连续工作时，发动机的内能没有改变，即$\Delta U=0=Q-W$。由于进入发动机的净热量$Q=Q_H-Q_L$，因此，发动机做的功$W=Q_H-Q_L$。所有的热机都会产生废热，能够把全部能量转换成机械能的热机并不存在。

图12-18 内燃机是热机的一种，常用在汽车上面。

■ **内燃机**

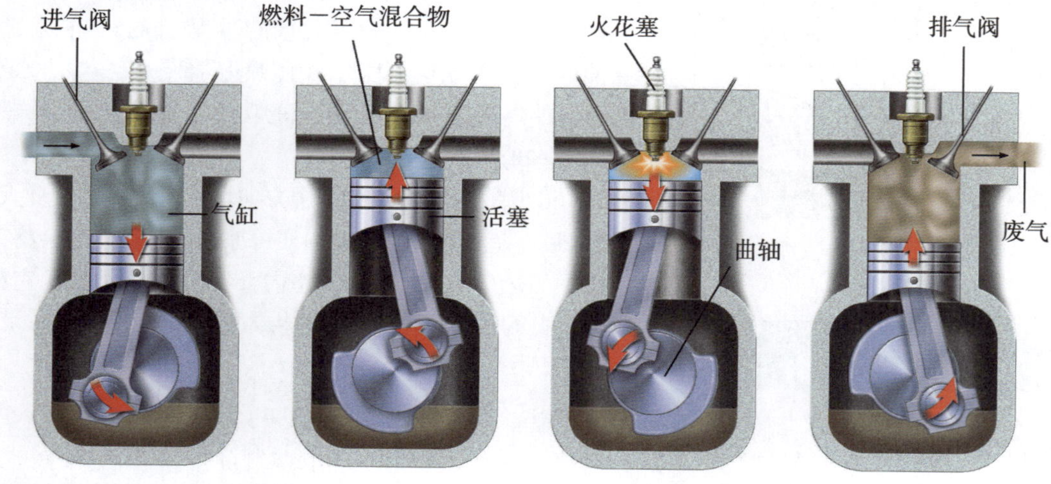

当活塞向下移动时，冷空气进入气缸。

活塞压缩气体。

火花塞点燃汽油产生高温高压的燃气，把活塞向下推动。

活塞向上运动，废气从气缸排出。

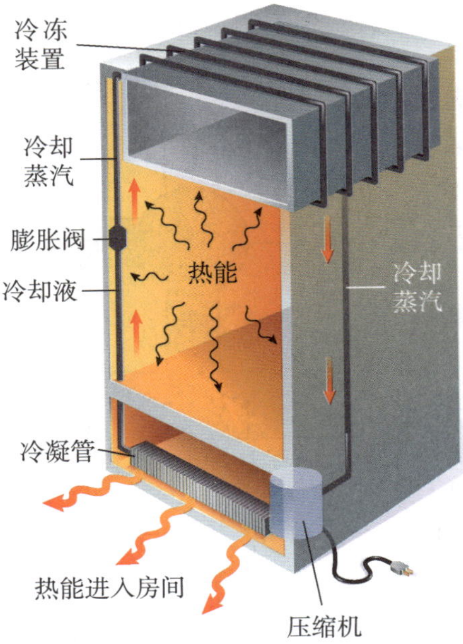

图12–19 冷却液被注入膨胀阀里，然后它从周围吸收热能，变成气体。当气体从冰箱内部吸收热能时，气体温度升高。压缩机对该气体做功，使气体温度降低，变成液体。接着再开始重复这样的循环。

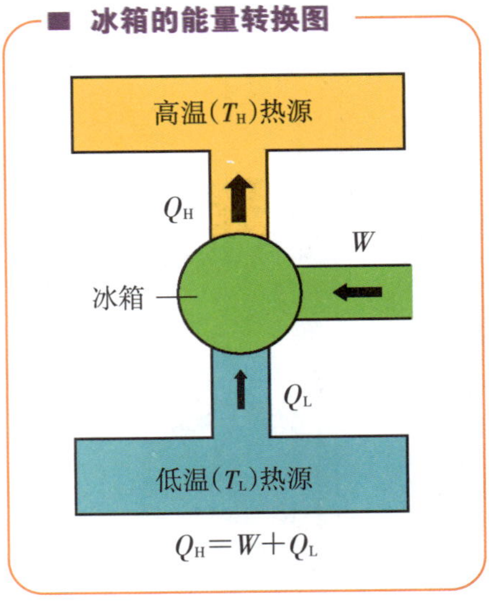

图12–20 当对冰箱做功时，热能从低温处转移到高温处。

效率 工程师以及汽车推销员通常所说的汽车发动机的热机效率，指的是当燃料燃烧释放的总热量Q_H时，产生的有用功W。一台发动机的实际效率为$\frac{W}{Q_H}$。如果发动机能够把输入的热量全部转变为功，那么它的效率就等于100%。但是，由于废热的存在，即使最有效的发动机，其最大效率也低于100%。

阅读检测 **推断** 做相同的功，一台效率高的发动机与一台效率低的发动机相比，消耗的燃料更多还是更少？

事实上，大多数热机的效率明显低于100%。例如，效率最高的汽车用的汽油发动机的效率低于40%。一般典型的汽车用的汽油发动机的效率接近20%。

一台热的汽车发动机把大量的热能传递给了周围低温物体，那么，有没有一种装置能够把热能从低温物体传递给高温物体呢？

冰箱 一般情况下，热量总是从高温物体转移到低温物体。然而，通过外界对系统做功，低温物体也能将热量转移到高温物体中。如**图12–19**所示的冰箱就是利用做功实现这种转移的一个典型例子。电能使冰箱的马达运转，马达对气体做功，压缩气体。

气体(由冷冻液蒸发而成)从冰箱内部吸收热量后，离开压缩机，在穿过装在冰箱外边的冷凝管时，被冷却成液体。于是，热量被传送到房间里的空气中。而冷凝管中的冷冻液则重新流至冰箱内部，蒸发并从周围吸收热量。之后，气体又被送回到压缩机，并重复之前的过程。从整体看来，气体热能的改变量为零。因此，按照热力学第一定律，从冰箱中转移出的热量加上电动机所做的功的总值等于放出的热量，如**图12–20**所示。

空调 空调是一种能够朝两个方向运作的制冷器。夏天，空调将热量从室内排出，使室内变得凉快；冬天，它又会将室外空气中的热量传送进温暖的室内。不论是哪种情况，它都是利用机械能做功将热量从低温物体传送到高温物体的。

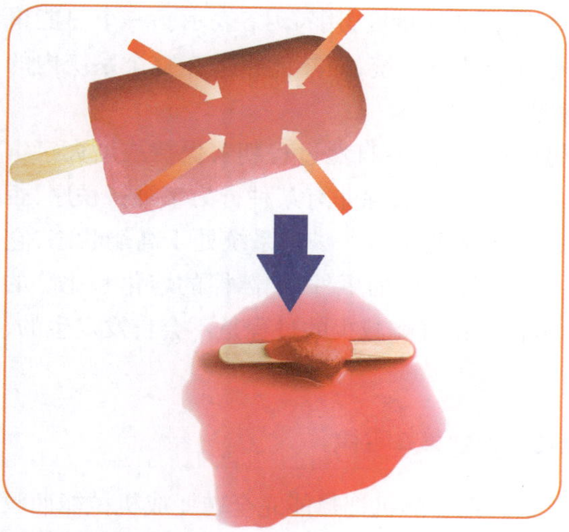

热力学第二定律

在日常生活中，对于许多自发地或自然而然地朝某一方向发展的事件，我们早已习以为常。然而，若某一事件自发地逆向发展，就会使我们感到震惊不已。举例来说，加热金属汤勺的一端，不久整个汤勺就均匀地变热了，对此你或许一点都不会感到惊讶。然而，如果放在桌上的汤勺突然自己变成一端红热，而另一端冰冷时，你的反应会怎样呢？这个想象中的逆向过程，并没有违反热力学第一定律——汤勺的热能保持不变。有一些过程，虽然符合热力学第一定律，但是人们从未发现它们自发发生。因而，对这些典型的热学事件需作出进一步的探索，以便对能量守恒有更多了解。

图12–21 根据热力学第二定律，热能总是向外扩散。红色箭头表示热能的流向。热能总是自发地从高温物体转移到低温物体。

能量扩散 看一看**图12–21**中正在熔化的冰棒和正在冷却的比萨。热力学第一定律并没有规定热量不能从冷的冰棒转移到空气，或从空气转移到热的比萨。然而，由于热力学第二定律，这种现象没有发生。当高温物体与低温物体接触时，高温物体里的热能有很多转移的机会。一部分热能转移到低温物体使其温度升高，与此同时高温物体的温度降低。**热力学第二定律（second law of thermodynamics）**指出，无论何时，能量只要有散开的机会，它总是要扩散出去的。

思考一下正在冷却的比萨。比萨里面的分子比空气里的分子有更大的平均动能。一部分比萨热能转移到空气里。结果，比萨的温度下降，而空气的温度稍有上升。当比萨和空气达到相同温度时，比萨和空气中分子的平均动能相同。也就是说，能量散布到所有分子间了。同样地，如果你把冰棒放在柜台上，空气中的热能就会被转移到冰棒上，冰棒温度升高并熔化，而空气的温度会下降一点。

熵　**熵(entropy)**是系统无序程度的量度，用符号S表示。一个热能聚集在一处的系统被认为是一个低熵系统，而热能扩散在整个系统内的系统被认为是一个高熵系统。

热力学第二定律的另一种表述是：自然过程朝着保持或增大宇宙中的熵的总量的方向行进。这就是说，除非有某种行为来维持秩序，否则所有的物体都将变得越来越杂乱无序。一旦系统处于高熵状态，它不可能自发回到低熵状态。自发发生的事件，如冰棒的熔化和比萨的冷却，是系统的熵增加的事件。系统熵减少的过程是不会自发发生的，一定要有外力来做功。

☑ **阅读检测**　用熵来**表述**热力学第二定律。

熵和热机　熵和热机有什么关系？热机把热能完全转变成机械能而没有废热产生，能量将仍是守恒的，而且是遵循热力学第一定律的。然而，由于发动机要散热，废热总是要产生的。19世纪，法国工程师卡诺研究了发动机把热能转变成机械能的能力。他在研究了大量事实后发现，即使是理想发动机也会产生一些废热。卡诺的结论是使得熵整个概念发展的第一个正式分析。

熵的变化量　与能量一样，熵是系统的一个性质。如果一个系统吸收了热量，它的熵就会增加；反之，如果一个系统放出了热量，熵就会减少。系统对外界做功，而没有任何热能的转移，则系统的熵就不会改变。对于一个可逆过程，熵的变化量ΔS可以用下述公式表示。式中，熵的单位为J/K，而温度保持不变，单位为K。

熵的变化量

对于一个可逆过程，一个系统的熵的变化量等于系统吸收的热量除以物体的开尔文温度。

$$\Delta S=\frac{Q}{T}$$

物理挑战题

熵　具有一些有趣的性质。计算下列情况中熵的变化量，说明这些熵的变化哪里不同，原因是什么。对于温度变化小的情况，你可以使用原来的温度来求熵的变化量。

1. 1 kg的水从273 K加热到274 K。
2. 1 kg的水从353 K加热到354 K。
3. 1 kg的铅从273 K加热到274 K。
4. 1 kg的冰在273 K完全融化。

熵和能源危机 热力学第二定律和熵的增加也给通常所说的能源危机赋予了新的意义。能源危机针对的是持续利用不可再生的化石燃料资源(如天然气和石油)的问题。当你利用天然气等能源为你的房间取暖时,你并没有用足天然气的全部能量。例如,当你驾驶汽车时,如**图12-22**所示,当天然气燃烧时,气体分子的内部化学能转变成为动能使汽车运动,而热能也使发动机的温度升高。甚至摩擦力又把汽车的动能转化成了热能,这些能量不是损失了就是消耗了。

然而在这个过程中,熵却已经增大了。天然气的化学结构是相当有序的。你已经学过,当物体的温度升高时,物体中分子的平均动能就会增大。相比之下,暖空气的运动是十分无序的。从数学上说,重建最初化学秩序的可能性,即发生这种事件的概率几乎等于零。根据这种分析,熵通常被用来量度有用能量的不可利用性。室内的暖空气的能量是无法做机械功的,也不能像最初的天然气分子那样把热量转移给其他物体。因此,有用能量的缺失实际上就等于熵的增加。

图12-22 燃烧汽油消耗了自然资源,使熵增加了,但能量并没有充分耗尽,而这些能量不再是有用的形态了。

第2节 复 习

29. 主要概念 描述由热机转化和转移的能量,并解释为什么热机的运行会使熵增加。

30. 汽化热 旧式的供暖系统把水蒸气送到每个房间的散热器里,水蒸气在散热器中被凝结成液态水。请分析这一过程,并说明它是如何使房间变热的。

31. 熔化热 把50.0 g−20 ℃的冰变成10.0 ℃的水,需要多少热能?

32. 汽化热 把1.0 kg的金属水银从10.0 ℃加热到它的沸点(357 ℃)并使它全部汽化,需要多少热能?水银的比热$c=140$ J/(kg·℃)而汽化热$H_V=3.06\times10^5$ J/kg。

33. 机械能和热能 一人拿着一把质量为2 kg的锤子,以5.0 m/s的速率敲一块靠在450 kg岩石上的质量为3.0 kg的铅块。当测量温度时,他发现铅块的温度升高了5.0 ℃。试解释这是如何发生的。

34. 机械能和热能 焦耳仔细测量了一条瀑布顶部与底部的水温。为什么他认为这两者存在差别?

35. 机械能和热能 如**图12-23**所示,一条瀑布的落差为125.0 m。如果水的势能全部转化成了热能,试计算瀑布顶部和底部的水的温差。

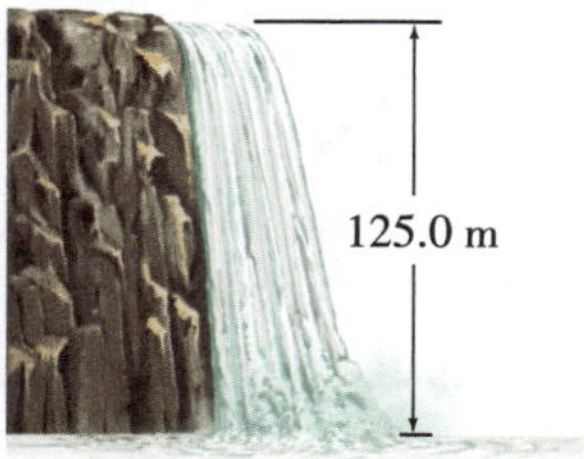

图12-23

36. 熵 为什么天然气供热会导致熵的增加?

37. 批判性思维 许多游乐园和动物园都装有喷射水雾的装置,水雾很快就蒸发了。请解释这个过程会使周围空气的温度降低的原因。

起步实验

热传递

实验步骤

1. 将150 mL的水倒入一只250 mL的烧杯中。
2. 把温度计插入烧杯中的水里，记录水的初始温度。注意，温度计的玻璃泡不能接触到烧杯的底部或烧杯的侧壁。
3. 移走温度计。双手成杯状握住装水的烧杯2 min。
4. 请你的同伴将温度计插入烧杯，记录水的最终温度。同样地，温度计的玻璃泡不能接触烧杯的底部或烧杯壁。

分析

5. 计算水温的变化量。如果往杯子里倒入更多的水，水温会怎样变化？
6. **批判性思维** 说明是什么引起了水温的改变。

迷你实验

熔　化

实验步骤

1. 给两个泡沫杯加上标签A和B。
2. 往每个杯中倒入75 mL室温的水。用抹布抹去溅出的液体。
3. 往A杯里加冰块，往B杯里加冰水，直至两杯的水位高度相等。
4. 每隔1 min用温度计测量一次各杯中水的温度，直到冰全部熔化为止。
5. 把温度记录在数据表中，并作图表示。

时间间隔										
杯	1 min	2 min	3 min	4 min	5 min	6 min	7 min	8 min	9 min	10 min
A										
B										

分析

6. 两杯水的最终温度相同吗？为什么？

物理实验

实验器材

- 使用电炉时必须非常小心，避免烧伤皮肤。

电炉（或实验用煤气灯）
250 mL的耐热玻璃烧杯
50～200 g水
两只温度计（非水银温度计）
秒表（或其他计时器）

加热与冷却

将一个装水的烧杯放在电炉上，并接通电炉的电源，此时就会发生热量的传递。首先，热量从电炉转移到了烧杯上，然后通过传导作用传递给烧杯底部的水。随后，由于对流，热量又随热水从烧杯的底部传到顶部。一旦热源被移走或关掉，水就会向四周辐射热能，直到水温与室温相同为止。水被加热的快慢程度，取决于吸收的热量、水的质量以及水的比热容等因素。

问题

热能的恒定供应对水的温度有怎样的影响？

目标

- **测量**温度与质量，并用SI制表示。
- **绘制和运用图象**，描述加热和冷却水时水温的变化情况。
- **说明**这两种变化的相似点和不同点。

实验步骤

1. 把电炉调到最高火力档，或按照老师的指示进行操作。让电炉预加热几分钟。
2. 测量空烧杯的质量。
3. 将150 mL的水倒入烧杯中，测量水与烧杯的总质量。
4. 计算并记录烧杯中水的质量。

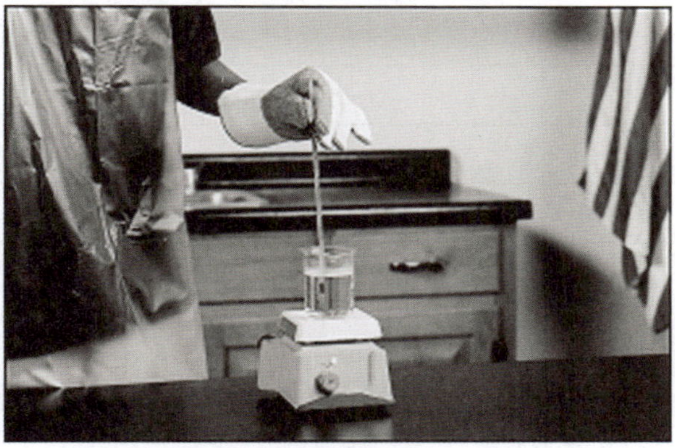

5. 创建一张数据和观察记录表。
6. 记录水和教室内空气的初始温度。注意，温度计的玻璃泡不能碰到烧杯的底部和侧壁，也不能与桌子及你的手接触。
7. 将烧杯放在电炉上，每隔1 min记录一次温度，持续5 min。
8. 关闭电热板。
9. 小心地把烧杯从电炉上移开，并在随后的10 min内每隔1 min记录一次温度。
10. 在10 min末，记录下室温。
11. 结束时，按照老师的指令冷却设备并处理水。

数据表	
水的质量	
空气的初始温度	
空气的最终温度	
空气温度的变化	

加热		冷却	
时间(min)	温度(℃)	时间(min)	温度(℃)

分析

1. 计算空气温度的变化，确定空气的温度是否可能是一个随机变量。
2. 制作出一幅显示温度（竖直轴）与时间（水平轴）关系的散点图。如果可能，利用计算机或图形计算器来构建图线。
3. 当水被加热升温时，计算水温变化了多少？

4. 当热源被移开时,计算水温下降了多少?

5. 利用温度的改变量除以水加热升温的总时间,计算温度上升的平均速率。

6. 利用温度的改变量除以撤去热源后水降温的总时间,计算温度下降的平均速率。

结论与应用

1. 当使用热源时,水温的变化是多少?

2. 一旦撤走热源,水温的变化是多少?

3. 若再持续10 min之后,水温将发生什么变化?它将永远持续冷却下去吗?

4. 水看起来是否加热或冷却得越来越快?为什么你会这么认为?提示:通过你计算得出的斜率对此进行检验。

5. 假设一下,一旦水开始冷却,水中的热能到哪里去了?证实你的假设。

进一步探索

1. 当放在水的顶部和烧杯的底部时,温度计的读数相同吗?说明理由。

2. 当你的烧杯中的含水量为50 mL或者250 mL时,猜测它们的温度将会发生怎样的变化。

3. 假定你将烧杯隔离起来。烧杯加热或冷却的性能将会受到怎样的影响?

生活中的物理学

1. 假定你用植物油取代水注入烧杯中。如果你采取与之前完全相同的实验步骤来完成这个实验,那么这次温度的变化情况将会如何?

2. 如果你将温度与室温相同的汤放在微波炉里加热3 min,那么取出后再经过3 min,这碗汤能冷却回室温吗?解释你的答案。

行人动力学

你曾经是露天音乐会或大型体育赛事中的一员吗？在拥挤的人群中，力能推动你前进，也能迅速改变你移动的方向。你可能会感到自己无助地沿着任意方向在移动。踩踏事件导致每年有成千上万的人死亡，尤其是在体育场馆等地。为了防止此类事故的发生，体育场馆的管理人员、公共安全官员和建筑师正在与物理学家一起研究，探讨人群是如何移动的。只有理解了人群的行为是怎样的，才可以改善建筑设计和保证人群的安全。

人如同粒子 物理学家注意到，通常人群就像一个多粒子系统。当人群的密度较低时，人群可以自由地移动，他们的运动类似于气体的行为。当人群是中等或高密度时，人群类似于液体。此外，当人群通过狭窄的出口时，他们的行为就像沙子、食盐之类的颗粒物体所表现的那样。人群聚集在出口处，像颗粒物体通过开口处一样，形成一个有拱形特征的结构。通过应用描述均质气体中的粒子运动的方程，物理学家发现，他们能够描述和预测人群的运动。

社会力 然而，物理学家考虑到在现实生活中，行人之间会互相影响，而这与牛顿运动定律无关。它主要与人们的内在动机有关，这就是社会力。尽管人的行为通常是不可预测的，但是人都会遵守一定的行为规范。例如，个人对私人空间的欲望，这就像一种排斥力。行人也试图以与人群相同的速度移动，从而形成一个条状的通道，包括社会力在内的制约可以大大提高一个行人模型的有效性。

未来的应用 目前，德国的研究人员使用大型会议现场观众的数据，开发了一个疏散助手。这种计算机化的行人模型可以帮助球场管理者设计高效、安全的疏散路线。

进一步探索

批判性思维 研究你们学校的疏散计划，提出改进意见。

复习指南

大概念 热能是与粒子的运动有关的一种能量，这种能量可以被转移或转化。

关键术语
- 热传导
- 热平衡
- 热量
- 对流
- 辐射
- 比热容

第1节 温度、热量和热能

主要概念 热量是热能的转移，它自发地从高温物体转移到低温物体。

- 热能是物体内部分子的动能与势能的总和。物体的温度是它内部分子平均动能的量度。
- 当两个物体处于热平衡时，两个物体之间不存在热能的转移并且它们的温度相同。温度计就是利用与周围物体达到热平衡而进行温度的测量。当一个物体的温度是绝对零度时，它内部分子的平均动能为零，并且不能转移热能。
- 热量是被转移的热能。热能会自发地从高温物体转移到低温物体。热能可以通过以下三个过程转移：传导、对流和辐射。
- 物质的比热容不同，所吸收的热量也不同。比热容是1 kg的物质温度升高1 K所需要吸收的热量值。

$$Q=mc\Delta T=mc(T_f-T_i)$$

量热计是一个用来测量热能改变量的封闭系统。利用量热计测量的量可以计算出物质的比热容。

关键术语
- 熔化热
- 汽化热
- 热力学第一定律
- 热能
- 热力学第二定律
- 熵

第2节 物态变化和热力学

主要概念 当热能转移时，能量是守恒的，而宇宙的总熵将增加。

- 在物态变化期间，有热能的转移，但物质的温度不变。熔化热是处于熔点的1 kg晶体物质从固态变为液态所需要吸收的热量：

$$Q=mH_f$$

- 汽化热是处于沸点的1 kg物质从液态变为气态所需要吸收的热量：

$$Q=mH_v$$

- 热力学第一定律指出物体热能的改变量等于物体吸收的总热量减去物体所做的功：

$$\Delta U=Q-W$$

- 热机持续地把热能转化成机械能。空调和冰箱均是利用机械能将热能从低温处传递到高温处的。
- 热力学第二定律认为，无论何时，只要一有机会能量就会扩散出去。熵是系统无序程度的量度。热力学第二定律表明，自然过程朝着保持或增大宇宙中的熵的总量的方向行进。一个物体的熵的改变量等于物体吸收的热量除以物体的温度。

第1节 温度、热量和热能

理解概念

38. **大概念** 说明小球的机械能、热能以及它的温度之间的区别。

39. 对于真空而言，你能够指定它的温度吗？说明理由。

40. 液体中的所有分子或原子都具有相同的运动速率吗？

41. 你的肢体是良好的测温器吗？在一个寒冷的冬天，你的手会感觉到金属球形门把比木门要冷得多。说明为什么会发生这一现象。

42. 当热量从高温物体转移到低温物体时，两个物体的温度变化量相同吗？

解决问题

43. 把50.0 g的水从4.5 ℃升温到83.0 ℃，需要多少热量？

44. **咖啡杯** 一个质量为4.00×10^2 g的玻璃咖啡杯最初放在温度为20.0 ℃的室内，如**图12－24**所示。之后，将它投入80.0 ℃的洗碗水中。当杯子与洗碗水的温度相同时，它吸收了多少热量？假定洗碗水的质量足够大，以致它的温度不会有显著的变化。

图12–24

45. 将1.00×10^2 g 100.0 ℃的钨放入2.00×10^2 g 20.0 ℃的水中。若混合物在21.2 ℃达到热平衡，计算钨的比热容。

46. 将6.00×10^2 g 90.0 ℃的水与4.00×10^2 g 22.0 ℃的水混合，假定没有热量损失。混合后水的最终温度是多少？

47. 有一块质量为5.00×10^2 g的金属。当它的温度从20.0 ℃升到30.0 ℃时，吸收了5 016 J的热能。计算该金属的比热容。

48. 以100 km/h的速度行驶的小轿车的动能为2.9×10^5 J。为了对加热水所需要的能量值有一个感性的认识，求出多少体积的水（以L为单位）从20.0 ℃的室温加热到沸腾（100.0 ℃）需要吸收2.9×10^5 J的能量。

49. **汽车发动机** 一台质量为2.50×10^2 kg的铁质汽车发动机用水作为冷却剂。假定发动机关闭时，它的温度为35.0 ℃，而空气的温度为10.0 ℃。在发动机和装在它里面的水冷却到空气温度时，它们放出了4.40×10^6 J的热量。冷却发动机所消耗的水的质量是多少？

50. **水加热棒** 用一根功率为3.0×10^2 W的浸入式电加热棒加热一杯水，如**图12－25**所示。已知玻璃杯的质量为3.0×10^2 g，里面装有250 g 15 ℃的水。假定在整个加热过程中，杯子与水的温度始终保持一致，且没有热量流失到空气里，那么把水加热到沸点需要多长时间？

图12–25

51. **排序** 下列材料都分别放进相同的容器，容器中装有等量的、室温下的甲醇。按照材料转移给甲醇的热能从小到大排序，并说明理由。

A. 50 g 30 ℃的铝

B. 60 g 40 ℃的铝

C. 50 g 30 ℃的玻璃

D. 50 g 30 ℃的银

E. 50 g 30 ℃的锌

52. 将一块10.0 kg 71.0 ℃的锌放入一定量的水中。已知放入锌之前水的质量为20.0 kg，温度是10.0 ℃。锌和水的最终温度是多少？

第2节 物态变化和热力学

理解概念

53. 你能否使一个物体吸热但不升高它的温度？说明理由。

54. 当蜡凝结时，它是吸收还是放出能量？

55. 与放在干燥空气中的水壶相比，盖着一块潮湿帆布的水壶里的水更凉些。请解释原因。

56. 室内正在运转的空调的盘形管内的制冷剂发生的是哪一个过程？是蒸发还是凝固？说明理由。

解决问题

57. 很多年以前，一个家用冷藏箱每天需要消耗质量约为20.0 kg的冰块。已知将冰块送入冷藏箱时，其温度为0.0 ℃。当它融化时，这块冰吸收了多少热量？

58. 40.0 g的三氯甲烷（氯仿）在61.6 ℃时从气体凝结为同温度的液体，并释放9 870 J的热量。三氯甲烷的汽化热是多少？

59. 以23 m/s的速度行驶着的质量为750 kg的汽车突然刹车停下。若刹车制动器中含有的用来吸收能量的铁大约为15 kg，那么刹车制动器的温度升高了多少？

60. 10.0 g −20.0 ℃的冰要升华为120.0 ℃的水蒸气，需要吸收多少热量？

61. 以275 m/s的速度运动着的一颗质量为4.2 g的铅弹在撞上一块钢板后停了下来。如果碰撞中铅弹的全部动能都转化成了自身的热能，且没有热量的损失，那么它的温度改变了多少？

62. 软饮料 一种澳大利亚生产的软饮料贴有“低热量可乐”的标签，且标签上标明“100 mL产生1.7 kJ的热量”。这罐可乐有375 mL。凯特拉喝了这罐饮料后，想通过爬楼梯的方式来消耗此次摄入的热量。如果凯特拉的质量是65.0 kg，那么为了达到目标，他需要爬多高的楼梯？

应用概念

63. 烹饪 萨勒利用一锅沸水煮面。要使面煮得更快些，应该使水强烈地沸腾还是温和地沸腾？

64. 冰块能使哪种液体冷却得更快？水还是甲醇？说明理由。

65. 将质量相同的铝片和铅片加热到同一温度后，分别放到一块冰上。哪种金属片周围的冰熔化更多些？为什么？

66. 为什么容易蒸发的液体，例如丙酮和甲醇，会使皮肤感觉比较凉爽？

67. 当严寒即将来临时，为了预防果实结冰，果树栽种者会用水喷洒他们的树木。请解释这是为什么。

68. 两块铅的温度相同，A块的质量是B块的2倍。将它们扔进温度相同的两只一模一样的盛水水杯里。热平衡后，两杯水的最终温度相同吗？解释原因。

69. 窗 美国的建筑设计师通常把住宅的大多数窗设计在北面。这对住宅的取暖和制冷产生怎样的影响？

复习提高

70. 当发动机燃烧足以产生5 300 J/s功率的汽油时，发动机的实际功率为1 800 J/s。这台发动机的效率是多少？它每秒钟排放的废热又是多少？

71. 冲压机 在工厂里，一台金属印模机每次冲压一片金属，要做2 100 J的功。假定这个功全部变为金属的热能。每片金属在冲压后就会落入一个装有32.0 kg水的水桶里冷却。当一片金属片浸入桶中后，水温会升高多少？

72. 补充问题 将问题补充完整，以便可利用下列概念来求解“一杯水温度为35 ℃……”

a. 比热容　**b.** 熵

73. 质量为1 500 kg、以25 m/s的速度行驶的汽车在刹车停止运动后,汽车的全部能量都积聚到了制动器里。假定制动器由质量大约为45 kg的铝制成。求制动器温度的改变量。

74. 冰茶 为了制作冰茶,你先要用热水冲泡茶叶,然后再往里面添加冰块。如果你冲泡好的1 L茶水的最初温度为90 ℃,要将它冷却到0 ℃,最少需要加多少冰?先将茶冷却到室温后再加冰的做法是不是更恰当?为什么?

75. 将一块100.0 ℃的铜与一块20.0 ℃的铝接触,如**图12-26**所示。已知两块金属的最终温度为60.0 ℃,求铜块和铝块的质量比。

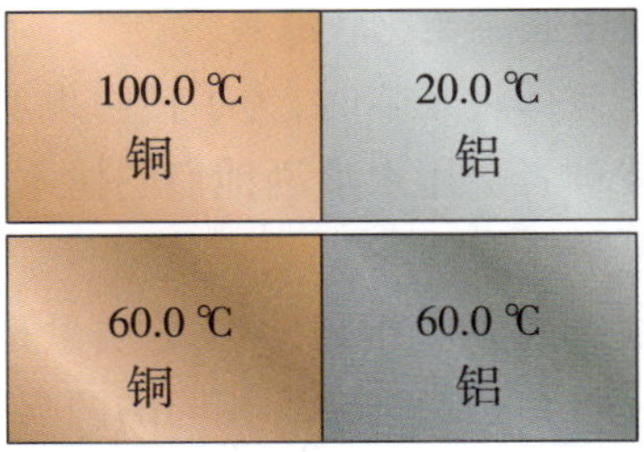

图12-26

76. 一块质量为0.35 kg的铜在地板上滑行,撞上从反方向以同样速度滑来的完全相同的另一块铜。碰撞后两块铜都停了下来,且温度均升高了0.20 ℃。假定所有动能都转化成热能。碰撞前它们的速度是多少?

77. 质量为2.2 kg的冰块在粗糙的地板上滑行,已知它的初速度为2.5 m/s,而末速度为0.50 m/s。由于摩擦力做功,冰块融化了多少?

批判性思维

78. 分析和结论 化学家使用量热计测量化学反应产生的热量。一位化学家将某种有能量的物质的1.0×10^{22}个分子溶入一个装有0.50 kg水的量热计中。这些分子在水中分散开来,并把它们的结合能释放到水中,于是水温升高了2.3 ℃。该物质每个分子的结合能是多少?

79. 编写问题 用生活中的物体编写一道物理题,在它的解答中会出现下列表达式:

$$75\ \text{J/K}=\frac{m\times4\,180\ \text{J/(kg·K)}\times(260\ \text{K}-250\ \text{K})}{250\ \text{K}}$$

80. 分析与结论 某热机从温度为$T_H=545$ K的高温热源吸收了50.0 J的热量,并排出40.0 J的热量到温度为$T_C=325$ K的低温热源中去。在此过程中,它从一个热源向另一个热源转移了熵。

a. 热机的运作是如何使两个热源的熵的总量发生改变的?

b. 如果低温热源的温度$T_C=205$ K,那么两个热源的熵的总量将会发生什么变化?

81. 分析和结论 在进行比赛时,篮球运动员的新陈代谢的功率会比平时增加多达30.0 W。运动员必须每小时蒸发多少汗水来消耗这个额外的热能?

82. 应用概念 地球上的几乎全部能量均来自太阳,太阳表面的温度接近10^4 K。如果太阳的表面温度变为10^3 K,这会对我们的世界产生怎样的影响?

科技写作

83. 我们对热量和能量之间关系的理解,是受了汤普森以及焦耳的影响。两人根据他们所做的实验的结果得出了各自的看法。请调查他们都做了哪些实验,并对以焦耳而不是汤普森作为能量单位的这一做法是否公正作出评价。

84. 水具有非常大的比热容以及比较高的熔化热和汽化热。如果水的热力学性质与其他物质(例如甲醇)一样,那么我们的世界将会有怎样的不同?

日积月累

85. 将一根绳子缠绕在一个半径为0.250 m、转动惯量为2.25 kg·m²的鼓上。绳子的另一端连着一个质量为4.00 kg的木块。求木块的线加速度、鼓的角加速度、绳索的张力F_T和木块下落5.00 m后鼓的角速度。

选择题

根据需要选用下列信息。

$c_{冰}=2\ 060\ J/(kg\cdot K)$

$c_{水}=4\ 180\ J/(kg\cdot K)$

$c_{水蒸气}=2\ 020\ J/(kg\cdot K)$

$H_{f水}=3.34\times10^5\ J/kg$

$H_{v水}=2.26\times10^6\ J/kg$

1. 下列温度转换中，错误的是(　　)

A. -273 ℃$=0$ K　**B.** 273 ℃$=546$ K

C. 298 K$=571$ ℃　**D.** 88 K$=-185$ ℃

2. 熵的单位是(　　)

A. J/K　**B.** K/J

C. J　**D.** kJ

3. 下列关于两物体间热平衡的表述中，错误的是(　　)

A. 物体间继续发生能量的交换

B. 物体间净流入的能量为零

C. 两物体处在相同的温度

D. 有净流动能量从一个物体到另一个物体

4. 把363 mL的水从24 ℃加热到38 ℃需要的热量为(　　)

A. 21 kJ　**B.** 36 kJ

C. 121 kJ　**D.** 820 kJ

5. 当下图中烧杯里81 g 0.0 ℃的冰熔化并加热到10 ℃时，它从环境中吸收的热量为(　　)

A. 0.34 kJ　**B.** 27 kJ

C. 30 kJ　**D.** 190 kJ

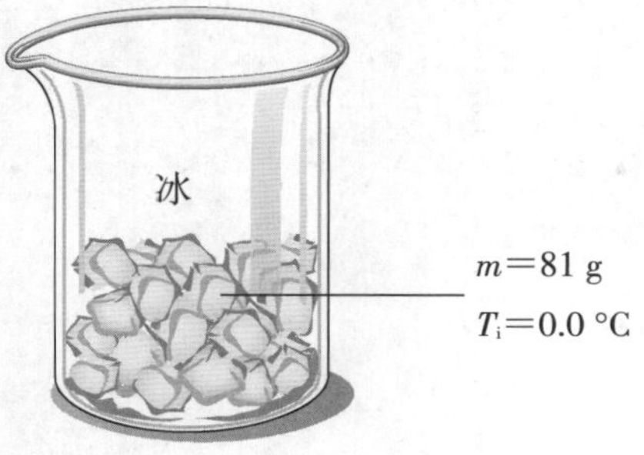

6. 把87 g14 K的冰加热成140 ℃的水蒸气，需要的热量为(　　)

A. 45 kJ　**B.** 58 kJ

C. 315 kJ　**D.** 280 kJ

7. 假设每搅动一次，你就会对杯子里的咖啡做0.050 J的功。若咖啡的温度为65 ℃，体积为125 mL，当你搅动85次时，它的熵增大了(　　)

A. 0.013 J/K　**B.** 0.050 J

C. 0.095 J/K　**D.** 4.2 J

8. 在热机里总会有某些废热产生，其原因是(　　)

A. 每一阶段熵都会减少

B. 发动机的效率不如内燃机

C. 每一阶段熵都会增加

D. 能量正在用尽

9. 下列关于熵和能量的说法中，正确的是(　　)

A. 当结冰时，冰释放能量、熵增加

B. 当结冰时，冰释放能量、熵减少

C. 当结冰时，冰吸收能量、熵增加

D. 当结冰时，冰吸收能量、熵减少

拓展题

10. 使454 g 0.00 ℃的冰熔化和使454 g 100 ℃的水汽化，需要的热量有什么不同？这个差量与把454 g水从0.00 ℃直接加热到100 ℃需要的热量相比，更大还是更小？

考点提示

测试题号	1	2	3	4	5	6	7	8	9	10
对应小节	1	2	1	1	2	2	2	2	2	2

第13章

物　态

大概念 物质的性质由它的热能及其内部分子之间的力决定。

内容提要

第1节　流体的性质
第2节　液体内部的力
第3节　静止与运动的流体
第4节　固　体

起步实验

测量浮力

物体的密度怎样影响它的浮沉情况的？

第1节 流体的性质

主要概念

流体会流动，没有确定的形状，它包括液体、气体和等离子体。

核心问题

- 什么是流体？
- 气体的压力、体积和温度之间有什么关系？
- 什么是理想气体定律？
- 什么是等离子体？

术语回顾

线性关系 一种因变量随自变量呈线性变化的关系

关键术语

流体
压强
帕斯卡
气体组合定律
理想气体定律
热膨胀
等离子体

物理在你身边

通常你可能并不注意，大气中的气体对你的身体有力的作用。如果你处于高层建筑的电梯中、山顶上或者正在高空飞行的飞机里，你的耳朵可能会感到胀痛。这是为了帮助你平衡耳朵内、外的压强差。

液体和气体

人们的日常生活中，水和空气可能是两种最常见的物质了。我们在喝水、洗澡甚至每一次呼吸时，都会实实在在地感受到水和空气的作用。根据日常经验，你可能并不会觉得水和空气有什么共同点。然而，如果你仔细研究它们，你将会发现它们确实具有一些共同的性质。比如说，水和空气都是流动的，不像固体那样有一定的形状。气体和液体是物质的两种形态，处于这两种物质形态中的原子与分子的运动具有很大的自由度。在本章你将学习有关的一些原理，并用这些原理解释液体和气体是如何随温度与压强的变化而变化的，液压系统是如何使力成倍地增加，以及庞大的金属海轮为什么能漂浮在海面上等。

流体 研究如**图13-1**所示的冰块，这些冰块具有一定的质量和形状，且这些都与湖泊盆地的形状和大小无关。但是，如果冰块融化后，将会发生什么现象呢？可以发现，虽然质量保持不变，但是融化的冰块——水的形状却发生了改变。由于水会流动，它的形状变得与盆地的一样了，并且形成了一个确定的平整的上表面。当水蒸发时，水变为水蒸气。这些水蒸气四处流动，没有确定的表面。液体和气体都是流体。**流体(fluids)**是能够流动且没有一定形状的物质。

图13-1 在湖泊里的冰块，它们是固体，有一定的形状。然而，水是流体，它的形状与湖泊盆地的形状一样。
明确什么流体充满了水面上的空间？

压　强

当讨论流体(或固体)时,通常会想到压强和力。你可能听过水压与气压这些词,并且感觉到压强与力是相互关联的。但是,压强与力是有区别的。**压强(pressure)**是作用于物体表面的力的垂直分量除以表面积所得的商。换句话说,压强是作用在单位面积上的压力。因此,任何受到压强作用的物体都会引起物质的变化并做功。如**图13-2**所示,宇航员与月球登陆舱都对月球表面产生了压强。

压强

压强等于力的垂直分量除以受力表面积。

$$p=\frac{F}{S}$$

压强是一个标量。在SI单位制中压强的单位是**帕斯卡(Pascal)**,符号为Pa,1 Pa=1 N/m²。由于帕斯卡非常小,1 Pa大约等于1美元硬币对桌面的压强,因此通常使用的压强单位是千帕(1 kPa=1 000 Pa)。**表13-1**所示显示了在各种不同情况下,压强是如何变化的。

表13-1　一些有代表性的压强

地点	压强(kPa)
地球中心	4×10^{8}
最深的海沟	1.1×10^{5}
标准大气压	1.01325×10^{2}
血压	1.6×10^{1}
珠穆朗玛峰顶	3×10^{1}
真空	1×10^{-10}

固体、液体和压强　设想你站在结冰的湖面上。你的双足施加在冰面上的力集中在你的两只鞋底上,它们对冰产生了压强。冰是由振动的水分子所组成的固体,而将水分子固定在一定位置上的力对你的双足施加了一个方向向上的力,其大小就等于你的重力。如果冰融化了,那么大多数水分子之间的结合程度就会有所减弱。虽然水分子将继续振动并保持彼此靠近,但是它们会发生相对滑动,你甚至可以使它的表面破裂。这时,运动的水分子仍旧会对你施加力的作用。

气体和压强　气体所施加的压强可以用气体的分子动理论来解释。分子动理论解释了理想气体的一些性质。在理想气体模型中,粒子本身被视为是不占有空间的,并且彼此间是没有相互作用的。虽然在真实情况中,气体分子占据了一定的空间,且各分子间具有相互的引力作用,不过在大多数情况下,理想气体与实际气体的性质还是比较接近的。

图13-2　宇航员与月球登陆舱都对月球表面产生了压强。
计算　如果月球舱的质量约为1 200 kg,并且以直径均为91 cm的四个缓冲器座作为支撑,那么它施加在月球表面上的压强是多少?你如何估计宇航员所产生的压强?

根据分子动理论，气体分子都在做无规则的高速运动，并且相互间不断地进行弹性碰撞。当一个气体分子撞到容器表面后，它会被反弹回来，于是它的动量发生了改变。众多分子碰撞所施加的冲量，使得气体在容器表面上产生了压强。

大气压强 在地球表面的海平面上，每平方厘米大气层所施加的力接近于10 N，这大约等于一个质量为1 kg的物体的重力。作用在你身上的地球的大气压力与你体内产生的向外的力能够很好地平衡，关于这一点你可能很少注意到。而只有处于高层建筑的电梯中或正在高空飞行的飞机里，你的耳朵才会感到胀痛，你才会感觉到气压的变化。通常每平方厘米的大气压力约为10 N，即压强为1.0×10^5 N/m²或100 kPa。在太阳系的其他行星上也存在大气，然而在这些行星上大气所产生的压强的变化范围很大。例如，金星表面上的大气压强约为地球表面上的92倍。

例题1

计算压强 一个小孩重364 N，坐在重41 N的三条腿的凳子上。已知凳腿与地面接触的总面积为19.3 cm²。

a. 该小孩与凳子施加在地面上的平均压强为多少？

b. 当小孩翘起凳子，使凳子只有两条腿与地板接触时，压强将如何改变？

1 分析概括问题

- 作出小孩与凳子的示意图，标出它们对地面施加的总力。
- 列出变量，包括小孩与凳子施加在地面上的力，以及a与b中提到的面积。

已知		未知
$F_{g小孩}=364$ N	$S_A=19.3$ cm²	$p_A=?$
$F_{g凳子}=41$ N	$S_B=\frac{2}{3}\times19.3$ cm²	$p_B=?$
$F_{g总}=F_{g小孩}+F_{g凳子}$	$=12.9$ cm²	
$=364$ N$+41$ N		
$=405$ N		

2 求解未知量

求出各个压强。

$$p=\frac{F}{S}$$

a. $p_A=\frac{405\ \text{N}}{19.3\ \text{cm}^2}\times\frac{(100\ \text{cm})^2}{(1\ \text{m})^2}$

$=2.10\times10^2$ kPa

◀将$F=F_{g总}=405$ N，$S=S_A=19.3$ cm²代入。

b. $p_B=\frac{405\ \text{N}}{12.9\ \text{cm}^2}\times\frac{(100\ \text{cm})^2}{(1\ \text{m})^2}$

$=3.14\times10^2$ kPa

◀将$F=F_{g总}=405$ N，$S=S_B=12.9$ cm²代入。

3 验证答案

- 单位是否正确？压强单位应该为Pa，而1 N/m²=1 Pa。

练一练

1. 地球海平面上的大气压强约为1.0×10^5 Pa。在海平面高度上，有一张长152 cm、宽76 cm的桌子。空气作用在这张桌子表面上的压力为多大？
2. 一辆汽车的轮胎与地面接触的矩形表面为12 cm×18 cm。若汽车的质量为925 kg，当它的四个轮子静止时，汽车施加于地面的压强为多大？
3. **挑战题** 在工业建筑物中，大型设备必须安放于钢铁制成的宽大板块上，以使设备的重力分散在较大的面积上。如果工程师计划安装一台质量为454 kg的设备，而地面所能承载的压强大约为5.0×10^4 Pa，那么需要用多大面积的钢板来支撑它？

气体定律

设想在保持容器内的气体温度恒定的情况下，如果气体的体积减小，那么气体的压强将如何变化？气体分子与容器壁的碰撞次数增加，那么气体的压强将增大。同样地，如果体积增大，那么碰撞就会减少，压强也随之减小。这个反比关系被17世纪的化学家、物理学家罗伯特·波意耳(R. Boyle)所发现。因为两个成反比关系的变量的乘积是一个恒量，所以玻意耳定律可以表示为：$pV=$恒量，或$p_1V_1=p_2V_2$。由于在研究此类问题时，压强或体积等变量会不断变化，因此你可以采用上面气体公式所示的下标法，使过程中的各个变量贯穿始终。如**图13-3**所示，对于背着自携式水下呼吸器进行的潜水运动而言，气体的压强与体积之间的关系非常重要。

大约在玻意耳定律发现100年之后，查理(J. Charles)提出了气体的体积与温度的第二个关系式。查理在冷却气体时发现，每当气体降低1 ℃，它的体积就会收缩到原来的$\frac{1}{273}$。也就是说，在压强保持不变时，温度与体积两者的变化呈线性关系。在当时的条件下，查理无法将气体冷却至像如今实验室得到的那样极端的低温。为了得出极低温度下的可能情况，他把在已知温度下得到的数据用图象表示出来，然后将图线延长或外推到这些温度。结果他发现，假如温度下降到−273 ℃，那么气体体积将变为零。如今，人们将气体体积为零时的温度叫作绝对零度，即开尔文温标的零度。

以上实验表明，在压强恒定的情况下，一定量气体的体积与它的开尔文温度(绝对温度)成正比，这一结论被称为查理定律。查理定律可以表示为：$\frac{V}{T}=$常量，或$\frac{V_1}{T_1}=\frac{V_2}{T_2}$。

气体组合定律 综合玻意耳定律与查理定律，就可以得到一定量理想气体的压强、温度与体积之间的关系，即**气体组合定律(combined gas law)**。

气体组合定律

对于一定量的理想气体，压强乘以体积再除以开尔文温度得到的值为一个恒量。

$$\frac{p_1V_1}{T_1}=\frac{p_2V_2}{T_2}=\text{恒量}$$

图13-3 潜水员背上的氧气瓶中的气体处于高压状态。为了使潜水员吸入的气体的压强与水的压强相当，需要用调节器将氧气的压强降低。在这幅照片中，你可以看到许多从调节器里冒出的气泡。

图13-4 气体组合定律表明了一定量的理想气体的压强、温度和体积之间的关系。玻意耳定律和查理定律都是在一定的条件下根据气体组合定律推导出来的。

解释 如果保持体积不变，那么将发生什么现象？

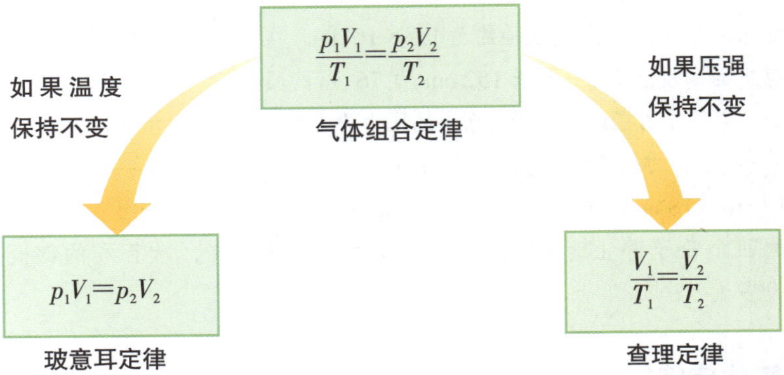

如**图13-4**所示，气体组合定律在温度恒定的条件下就可以简化为玻意耳定律，而在压强恒定的条件下则简化为查理定律。

理想气体定律 气体组合定律中的恒量取决于什么？假定一理想气体的体积和温度都保持不变，而粒子数N增加了，那么压强会发生什么变化呢？分子与容器的碰撞次数就会增加，从而使压强增大。而减少一些分子，就会使碰撞次数减少，压强就会相应减小。由此可以得出，气体组合定律方程中的恒量与分子数N成正比：

$$\frac{pV}{T}=kN$$

这一常数k称为玻尔兹曼常量，它的大小为1.38×10^{-23} pa·m³/K。由于分子数N非常大，因此科学家通常用一个以摩尔(mol)为单位的数来代替N。就像平时你会用“打”这个词代替“12个”一样，1 mol（在方程中用n表示）可以用来代表6.022×10^{23}个分子。人们把这个数叫作阿伏伽德罗常量，以纪念意大利著名科学家阿伏伽德罗(A. Avogadro)。

迷你实验

压　强

当你一只脚站立时，你对地面的压强是多少？

阿伏伽德罗常量的大小等于一个质量与摩尔质量相同的物质的分子数。你可以利用这个关系将质量与摩尔数n进行转换。用摩尔代替分子数，因而改变玻尔兹曼常量。这一新的常数用字母R表示，它的值为8.31 Pa·m³/(mol·k)。对上式进行重新整理后，我们可以用最熟悉的形式写出理想气体定律了。**理想气体定律(ideal gas law)**表述为：对于理想气体而言，压强与体积的乘积等于其摩尔数、常数R以及开尔文温度三者的乘积。

理想气体定律

对于理想气体而言，压强与体积的乘积等于其摩尔数、常数R以及开尔文温度三者的乘积。

$$pV=nRT$$

注意，当涉及R值时，体积的单位为m³，温度的单位为K，而压强用Pa表示。事实上，除了在高压或低温条件下，理想气体定律可以很好地预测一般气体的行为。

例题 2

气体定律 在 101.3 kPa 的大气压强下，20.0 L 氩气的温度为 273 K。当温度下降到 120 K 时，压强增大到 145 kPa。

a. 氩气的体积变为多少？

b. 求氩气中氩原子的摩尔数。

c. 求氩气的质量。已知氩的摩尔质量 $M=39.9\ g/mol$。

$T_1=273\ K$　$p_1=101.3\ kPa$　$V_1=20.0\ L$

$T_2=120\ K$　$p_2=145\ kPa$　$V_2=?$

1 分析概括问题

- 作出示意图。标明在温度与压强改变前后容器中氩气的情况。
- 列出已知量及未知量。

已知	未知
$V_1=20.0\ L$	$V_2=?$
$p_1=101.3\ kPa$	$n_{氩}=?$
$T_1=273\ K$	$m_{氩}=?$
$p_2=145\ kPa$	
$T_2=120\ K$	
$R=8.31\ Pa\cdot m^3/(mol\cdot K)$	
$M_{氩}=39.9\ g/mol$	

2 求解未知量

a. 利用气体组合定律求出 V_2。

$$\frac{p_1V_1}{T_1}=\frac{p_2V_2}{T_2}$$

$$V_2=\frac{p_1V_1T_2}{p_2T_1}$$

◀将 $p_1=101.3\ kPa$，$p_2=145\ kPa$，$V_1=20.0\ L$，$T_1=273\ K$，$T_2=120\ K$ 代入。

$$=\frac{101.3\ kPa\times 20.0\ L\times 120\ K}{145\ kPa\times 273\ K}=6.1\ L$$

b. 利用理想气体定律解出 n。

$$pV=nRT$$

$$n=\frac{pV}{RT}$$

$$=\frac{101.3\times 10^3\ Pa\times 0.020\ 0\ m^3}{8.31\ Pa\cdot m^3/mol\cdot K\times 273\ K}$$

$$=0.893\ mol$$

◀将 $p=101.3\times 10^3\ Pa$，$V=0.020\ 0\ m^3$，$R=8.31\ Pa\cdot m^3/mol\cdot K$，$T=273\ K$ 代入。

c. 利用摩尔质量，将氩气的摩尔数转换为氩气的质量。

$$m=Mn$$

$$m_{氩}=39.9\ g/mol\times 0.893\ mol=35.6\ g$$

◀将 $M_{氩}=39.9\ g/mol$，$n=0.893\ mol$ 代入。

3 验证答案

- **单位是否正确？** 体积 V_2 是用 L 量度的，而质量的单位为 g。
- **数值是否合理？** 体积的改变与压强增加、温度下降是相容的。氩的质量的计算结果是合理的。

练一练

4. 有一罐压强为 15.5×10^6 Pa、温度为 293 K、体积为 0.020 m^3 的氦气。现用它来给玩具气球充气。当气球的压强为 1.00 个大气压强、温度为 323 K 时，气球的体积为多大？

5. 在上题中，氦气的质量是多少？已知氦气的摩尔质量为 4.00 g/mol。

6. 一个铁罐内装有 200.0 L、0.0 ℃的氢气，罐内压强保持为 156 kPa。当温度上升为 95 ℃、体积减小为 175 L 时，氢气的压强变为多少？

7. **挑战题** 由多种成分组成的空气（主要是氧气和氮气）的平均摩尔质量约为 29 g/mol。在标准大气压及 20.00 ℃时，1 kg 空气的体积为多大？

热膨胀

在学习气体组合定律前，你其实已经知道了气体会随着温度的升高而发生膨胀。**热膨胀（thermal expansion）**是所有形态物质的性质，当物质吸热时，它会膨胀且密度减小。热膨胀的应用随处可见，比如说室内空气的循环。

气流的对流 如**图 13–5** 所示，当房间中靠近暖气片的空气受热后，暖空气因为密度减小而上升。由于重力的作用，靠近天花板处的密度较大的低温空气就会向下运动。暖气片就会对冷空气加热，然后空气继续循环。这种室内空气的循环叫作对流。同样地，正在炉子上加热（并没有沸腾）的水壶中也会发生对流。此时，水壶底部的水由于变热而上升，水壶上部密度较大、温度较低的水就会下沉到壶底，在那里被加热后，又持续不断地被来自顶部的冷水流推升上去。

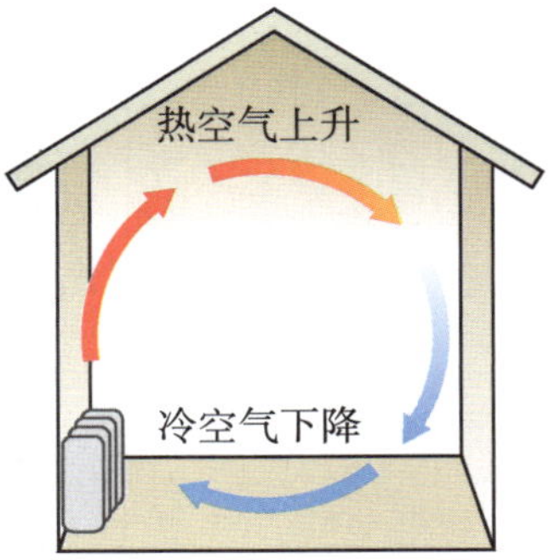

图 13–5 当温度高、密度小的空气上升而温度低、密度大的空气下降时，就形成了对流。

大多数流体都会发生热膨胀。虽然并不存在一个可以概括所有液体的模型，但是一般可以将液体看作是被完全磨碎的固体。两个、三个或更多的分子团会一起运动，就好像微小的固体碎片一样。当液体被加热时，分子的运动使得这些分子团如同被敲碎的固体中的分子一样发生膨胀。分子团之间的空间增大，结果导致整个液体膨胀起来。在温度的改变量相同的情况下，液体的膨胀比固体大得多，但比气体要小。

阅读检测 **解释**热膨胀在形成对流中的作用。

为什么冰会漂浮在水面上 物质受热会发生膨胀，由此你可能推断，冰的密度要比水大，它应该沉入水下。但事实上，当水从 0 ℃加热到 4 ℃时，它不但不会膨胀，反而因为水分子之间的作用力增大，冰的晶体结构崩溃，水的体积会缩小。由于水分子之间的作用力很大，而构成冰的晶体的结构又非常开放，因此，即使冰融化了，微小的冰晶体仍旧会保留下来。这些遗留下来的晶体将继续融化，使水的体积不断减小，直到温度上升到 4 ℃。一旦水的温度达到 4 ℃以上时，由于水分子的运动变得剧烈，水的体积就会开始增大。实际的结果就是在 4 ℃时水的密度最大，因此冰会漂浮在水面上。这一事实对于人类的生活与环境是非常重要的。如果冰下沉，那么每到冬天，湖水就会从底部开始结冰。这样的话，即使到了夏天，许多湖中的冰也不能完全融化了。

图 13–6 霓虹灯广告牌的彩色发光效应是由玻璃管中的发光等离子体引起的。

等离子体

当你对一个固体加热时，它会熔化为液体，继而又汽化为气体。如果你继续升高它的温度，那么将会发生什么呢？此时，分子间的碰撞变得非常激烈，足以使电子摆脱原子核的束缚而离开原子，于是留下了带正电的离子。带负电的电子与带正电的离子的这种类似于气体的状态称为**等离子体(plasma)**状态。等离子体可以看作是物质的另一种液体状态。

你也许会觉得等离子体并不常见，然而在宇宙中，大多数物质都是等离子体。恒星的主要成分就是处于极端高温的等离子体。恒星和星系之间的大量物质也是由没有电子且能量很大的氢组成的，这些氢便处于等离子态。气体与等离子体的不同主要在于等离子体可以导电，而气体却不能。闪光的雷电也处于等离子体状态。还有在如**图 13–6**所示广告牌中的霓虹灯管中，你们学校的荧光灯管中都包含了等离子体。

第1节 复 习

8. **主要概念** 比较和对比液体、气体和等离子体。
9. **压强和力** 两个盒子分别用细绳悬挂在半空中，其中一个的规格为 20 cm×20 cm×20 cm，另一个为 20 cm×20 cm×40 cm。
   a. 比较大气作用在两个盒子外部的压强。
   b. 比较大气作用在两个盒子上总的力的大小。
10. **气象** 气象学上使用的气象气球是用弹性布制成的，因此气球内部的气体可以自由地膨胀。将一个充有 $25.0\ m^3$ 氦气的气象气球从海平面放飞。当气球上升到 2 100 m 高度时，已知该处压强为 0.82×10^5 Pa，那么气球内气体的体积为多大？假定温度保持不变。
11. **密度和温度** 0 ℃的水被加热到 4 ℃后，它的密度将如何改变？加热到 8 ℃时呢？
12. **气体压缩机** 在某一内燃机内，$0.002\ 1\ m^3$ 的空气在 1 个大气压和 303 K 的温度下被迅速地压缩后，压强变为 20.1×10^5 (2.01×10^6)Pa，体积变为 $0.000\ 3\ m^3$。压缩气体的最终温度是多少？
13. **标准的摩尔体积** 在 1 个标准大气压和 273 K 的温度时，1.00 mol 气体的体积是多少？
14. **冰箱中的空气** 体积为 $0.635\ m^3$、温度为 2.00 ℃的冰箱内，有多少摩尔的空气？若空气的平均摩尔质量为 29 g/mol，那么冰箱内空气的质量为多少？
15. **批判性思维** 与组成二氧化碳的分子相比，组成氦气的分子非常小。如果有 2.0 L 的二氧化碳气体与 2.0 L 的氦气，假定它们都处于相同的温度及压强下，那么你知道它们所含分子数的关系如何吗？

第2节 液体内部的力

物理在你身边

在运动期间或者炎热的天气里，你的身体会因流汗而凉爽起来。当汗水从皮肤表面蒸发时，具有能量比平均动能更高的分子从汗水中逃离，而剩余分子的平均动能减少，导致温度降低。

主要概念

同种物质的分子之间存在内聚力，而不同物质的分子之间存在附着力。

核心问题

- 什么是表面张力？
- 什么是毛细现象？
- 云是如何形成的？

术语回顾

净力 作用在物体上的所有力的矢量和

关键术语

内聚力

附着力

内聚力

如**图13-7**所示为一只正在池塘的水面上行走的水蝇。由于表面张力，这种质量比较小的昆虫可以做到这一点，而液体表面的张力有把表面积收缩到最小的趋势。表面张力是液体分子之间存在内聚力的外在表现。**内聚力（cohesive forces）**是物质内部分子间彼此相互吸引的力。观察如**图13-7**所示的液面以下的部分，所有液体分子，甚至包括容器壁上的分子，它们在各个方向上都受到了相邻分子的吸引力。所以，液面以下的分子没有受到净力的作用。而位于液面的分子则受到了向下与向侧面的吸引力，但没有向上的力。这样就产生了一个向下的净力，它作用在液体的顶层上，并使得液体表层略微压缩。这个表层的作用就像一层绷紧而又有弹性的橡皮膜，或是一张强度足以支撑轻小物体（如水蝇）重力的薄膜。

在一辆刚清洗并且打过蜡的车上，你可能会看到许多球状的水滴。为什么这些水滴会形成球状呢？这是因为液体内部的分子会对表面施加拉力，使表面的分子尽可能进入液体内部，这就导致了液体的表面小得不能再小。而对于体积一定的物体而言，球体的表面积最小。液体的表面张力越大，它的表面就越不容易被破坏。例如，水银就比水具有更加强大的内聚力。因此，即使把水银放在光滑的表面上，它也会形成球滴状。另一方面，将酒精以及乙醚这种内聚力比较小的液体放在光滑表面上时，它们会立刻平摊开来，根本不会凝聚成滴。

图13-7 水蝇之所以可以在水面上“行走”，是因为位于水的表面的分子受到内部分子的净吸引力作用而产生了表面张力。水面下，液体内部的分子在各个方向受到的吸引力相等。

黏滞性 在非理想流体中,流体分子之间的内聚力以及碰撞引起的内部摩擦导致了流体的流动减慢以及机械能的消耗。人们一般用黏滞性来量度这种流体内部的摩擦。比如,水的黏滞性较小,但汽车润滑油的黏滞性却非常大。因此,润滑油会缓慢地流遍整个发动机,使得金属部件之间的摩擦变小。熔岩,即从地球表面的喷口或火山流出的熔融的岩层,也是一种非常黏稠的流体。熔岩有许多类型,根据成分及温度的不同,它们的黏滞性也各不相同。

附着力

与内聚力类似,**附着力(adhesive force)**是不同物质的分子之间的吸引力。如**图13–8**所示,当玻璃管插入盛水的烧杯中时,烧杯表面的水会沿着玻璃管的外部周围攀升。这是因为玻璃分子与水分子之间的附着力比水分子之间的内聚力要大。与此相反,玻璃分子与水银分子之间的附着力比水银分子之间的内聚力来得小,因此,如果烧杯中盛的是水银液体,那么它不但不会沿管壁周围攀升,相反,这些力还会使水银液面凹陷,如**图13–8**所示。

如果将一根直径很小的空心玻璃管放入水中,水就会从这根玻璃管的中间上升。水之所以会上升,是因为玻璃与水分子之间的附着力比水分子之间的内聚力要大。水将一直上升,直到上升的水的重力和玻璃与水分子之间的附着力平衡为止。假如增大玻璃管的半径,那么玻璃管中水的体积与重力将按比例增大,这比管子的表面积的增加要快得多。因此,管子越细,水升得越高。这种现象叫作毛细现象。同样,正是由于毛细现象,熔化的蜡会沿着蜡烛的烛芯上升,水会通过泥土缝隙上升,进入植物的根部。

蒸发与冷凝

在炎热而干燥的日子里,为什么地面上的水洼不见了?在第12章中你学过,液体中的分子永不停息地做无规则运动。如果快速运动的分子能够冲破液体表层,那么它就会从液体中逃逸出来。然而,由于在液体表面上存在一个向下的内聚力,因此只有最活跃的分子才能发生这种情况。这种分子的逃逸叫作蒸发。

生活中的物理学

植物 在植物组织中,内聚力和附着力共同作用在水分子上,产生一定大小的张力。当水分子从树叶的细胞上蒸发时,该张力就会将相邻的、更远处的水分子拉动到树叶中来。内聚力将分散的水滴聚集在一起,并可将水拉到有整棵树这么高,在某些情况下,水可送到高达115 m。

图13–8 由于附着力,水会沿着玻璃管的外壁攀升。但是在水银中,由于水银原子之间的吸引力比水银与玻璃之间的附着力要强得多,水银会在管子旁边凹下。

图13-9 在温暖而湿润的水面上方，水蒸气会逐渐上升，直到到达某一高度，然后形成云。

蒸发冷却 蒸发具有致冷的效应。在大热天，如果你的身体出汗了，由于汗水的蒸发，你会感觉凉爽起来。同样地，如果水洼中的部分水蒸发了，那么剩下的水的温度就会降低。你知道这是什么原因吗？其实道理很简单——当高于平均动能的分子从水中逃逸时，剩余分子的平均动能就会因此降低。你在上一章中已经学过，分子平均动能的下降意味着温度的下降。你可以感受一下这个冷却效应——倒出少量酒精，擦拭你的手心。由于酒精分子的内聚力很弱，因此酒精很容易蒸发。当酒精分子逃逸时，冷却效应就显而易见了。这种能快速蒸发的液体叫作挥发性液体。

有一个问题你可能会疑惑不解：在相同的温度下，为什么潮湿的日子比干燥的日子感觉会热一些？你知道，在潮湿的日子里，空气中含有的水蒸气的数量较多。由于空气中的水分子已经很多了，因此从皮肤上蒸发出水分子的可能性就会减小。而蒸发是让身体降温的主要途径，所以在潮湿的日子里，人的体温不能有效地降低，由此使你会感到闷热。

物理实验

蒸发致冷

你怎样推断出内聚力与蒸发快慢之间的关系？

☑ **阅读检测** **解释**为什么蒸发有冷却效应？

凝结 由于蒸发而进入空气中的液体分子，如果其动能或温度降低，那么它们也可转变回液态，这个过程称为凝结。试一试，把一个冷的玻璃杯拿到湿热的地方，看看会发生什么现象。你会发现，玻璃杯外不久就会沾满已凝结的小水珠。这是因为玻璃杯周围做无规则运动的水分子不停地撞击冷的玻璃表面，如果它们失去了很多的能量，那么附着力就会变得很大，足以阻止它们发生逃逸，结果就形成水珠留在了玻璃杯表面。

如**图13-9**所示，水面上方的空气中包含着水蒸气，也就是气态的水。如果温度下降，水蒸气就会凝结在周围空气中极小的尘埃上，从而生成直径只有0.01 mm的小水滴。许多这类小水滴聚集在一起，就形成了雾。也就是说，近地面的湿润的空气遇冷就会形成雾。当你打开一瓶含有二氧化碳的饮料时，雾也会短暂地发生。这是由于压强突然变小，使得容器中气体的温度下降，因此气体中的水蒸气就会凝结起来。

第2节 复 习

16. 主要概念 英语中有“胶带”(adhesive tape)与“齐心协力”(working as a cohesive group)等短语。这些短语中的adhesive(附着)与cohesive(内聚)的物理学意义是什么？

17. 表面张力 有一个密度比水大的回形针。你要怎么做才能使它漂浮在水面上？请解释。

18. 悬浮 你能否说明上题中的回形针在什么情况下才会不悬浮于水面上？

19. 附着力与内聚力 利用术语“附着力”及“内聚力”，说明为什么酒精能紧密地依附在玻璃管的表面，而水银却做不到这一点。

20. 蒸发与冷却 在过去，当小孩发高烧时，医生可能会建议家长用带酒精的棉花轻轻地擦拭孩子的身体。这是为什么？

21. 批判性思维 某一天，天气闷热又潮湿。贝思坐在露台上，手里拿着一杯冷水。贝思的妹妹发现姐姐手里的杯子的表面覆盖着一层水。她对贝思说：“杯子肯定漏了，你看杯子外面都是水！”请提出一个实验方案，以帮助贝思向妹妹证明杯子表面的水是从何而来的。

第3节 静止与运动的流体

主要概念

液压升降机、漂浮的物体和汽化器都是依靠流体产生的力而起作用。

核心问题

- 什么是帕斯卡原理？
- 怎样应用阿基米德原理解释浮力？
- 在气流中，伯努利原理起什么作用？

术语回顾

压强 作用在物体表面上的力的垂直分量除以表面积

关键术语

帕斯卡原理
浮力
阿基米德原理
伯努利原理
流线

物理在你身边

一个2.5 g的硬币会沉入一杯水中，但是载有乘客的独木舟能够漂浮在河流或湖泊中。为什么较重的物体是漂浮的，而较轻的物体是下沉的？如果独木舟装满水，又会发生什么现象？

静止的流体

如果你曾潜入游泳池或大湖的底下，你会感受到作用在你耳朵上的压强。你可能已经注意到，这个压强并不取决于你的头是正立的，还是倾斜的。但是，当你潜得越深，压强就会越大。

帕斯卡原理 法国物理学家帕斯卡(B. Pascal)注意到，流体中压强的大小取决于流体的深度，而与盛放流体的容器的形状无关。他还发现，在封闭的流体中，作用于任意点上的压强的改变会无衰减地传遍整个流体，这一事实被称为**帕斯卡原理(Pascal's principle)**。每次你挤牙膏时，你其实就在运用帕斯卡原理。你的手指施加在牙膏外壳底部的压强会通过牙膏传递，压迫牙膏从顶端流出。同样地，如果你挤压一个气球的一端，那么气球的另一端就会膨胀起来。

在很多机械中，经常运用帕斯卡原理，利用流体来增大输出力。如**图13-10**所示，在一个常见的液压系统中，流体被密封在两个连通的空腔里。每个空腔中有一个可自由移动的活塞，这两个活塞的横截面积各不相同。若力F_1作用于横截面积为S_1的第一个活塞上，那么作用在流体上的压强p_1可以由以下公式得出：$p_1=\frac{F_1}{S_1}$。这一公式是利用压强的定义——压强等于单位面积上受到的正压力。根据流体作用在面积为S_2的第二个活塞上的力，同样压强p_2可求得：$p_2=\frac{F_2}{S_2}$。

图13-10 由小活塞(活塞1)上的力F_1所施加的压强，通过流体传递到大活塞(活塞2)上，使大活塞上的力F_2加倍。

推断 如果F_1增大，F_2如何改变？说明原因。

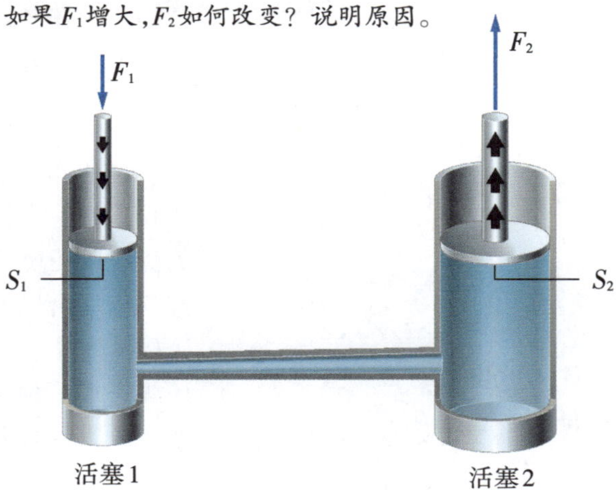

练一练

22. 牙科医生的椅子就是液压升降系统的一个例子。若椅子重1 600 N，安装在横截面积为1 400 cm^2的一个活塞上，那么要使椅子升起，只需在横截面积为72 cm^2的小活塞上施加多大的力？

23. 为了抬升小汽车，你在液压升降机的面积为0.015 m^2的活塞上施加了55 N的力。若面积为2.4 m^2的活塞顶在汽车的正下方，那么汽车的重力为多大？

24. **挑战题** 液压系统的作用就像杠杆或跷跷板，它的目的是放大作用力。若一个重400 N的小孩站在液压系统的一个活塞上，以平衡站在另一个活塞上的重1100 N的成年人。这两个活塞的面积之比为多少？

根据帕斯卡原理，压强可以大小不变地传遍整个流体，所以压强p_2在数值上与p_1相等。利用$F_1S_1=F_2S_2$，就可确定施加在第二个活塞上的力，从而解出F_2。这个力可用以下公式表示：

液压升降机的作用力

第二个活塞所施加的力等于第一个活塞上的力乘上第二个活塞的面积与第一个活塞的面积之比。

$$F_2=F_1\frac{S_2}{S_1}$$

游泳时受到的压强

在游泳时，若你潜入了深水区，你会感觉到水的压强在增大。这个压强实际上是由你上方的水的重力引起的。当你潜入更深处时，就会有更多的水处于你的上方，那么压强就会更大。水的压强等于水柱的重力F_g除以它的横截面积S。虽然重力只作用在向下的方向上，但流体传播的压强却朝着所有的方向——向上及向四周各个方向。你可以利用以下公式求出水的压强：$p=\frac{F_g}{S}$。

由于水柱的重力$F_g=mg$，其中质量m等于水的密度ρ乘以它的体积V，即$m=\rho V$；而水的体积等于水柱的底面积乘以它的高度，即$V=Sh$。于是，有$F_g=\rho Shg$。在水的压强公式中，用ρShg代替F_g，得到$p=\frac{F_g}{S}=\frac{\rho Shg}{S}$。消去分子与分母中的$S$，即可得到水柱作用在一个浸没在水中的物体上的压强的简化公式：

作用在物体上的水的压强

水柱作用在物体上的压强等于水的密度、水柱的高度以及重力加速度这三者的乘积。

$$p=\rho hg$$

这个公式适用于所有的流体，而不仅仅是水。流体作用在一个物体上的压强取决于流体的密度、物体的深度以及重力加速度g。如**图13-11**所示，潜水器已经探测了世界上最深的海沟，它们所经受的压强超过了标准大气压的1 000倍。

▶ **与生物学的联系** 科学家得用潜水器研究深海的生态系统。1977年，载人潜水器“阿尔文”(ALVIN)号在太平洋底巡航时，发现了第一个热液喷口。当高温的水从海底裂缝中流出时，就形成了热液喷口。

物理实验

受到压力*

什么原因导致带着水下呼吸器的潜水员的耳朵受伤？

图13-11 潜水器能够承受水所施加的压力。

因为这些喷口位于海洋表面以下几千米的地方，这里的液体压强超过了标准大气压的100倍。尽管热液喷口处的压强很大且没有阳光，但是这里仍然有一些生物存在，如生活在这里的巨型管状蠕虫庇护在细菌组织中。硫细菌利用排水口的甲烷等产生糖，而这些糖提供了整个生态系统的能量。其他生活在热液喷口的生物有鱼、蚌、虾、蛤蜊、章鱼等。目前，深潜器已经被常用来研究在大西洋、印度洋和北冰洋的热液喷口。

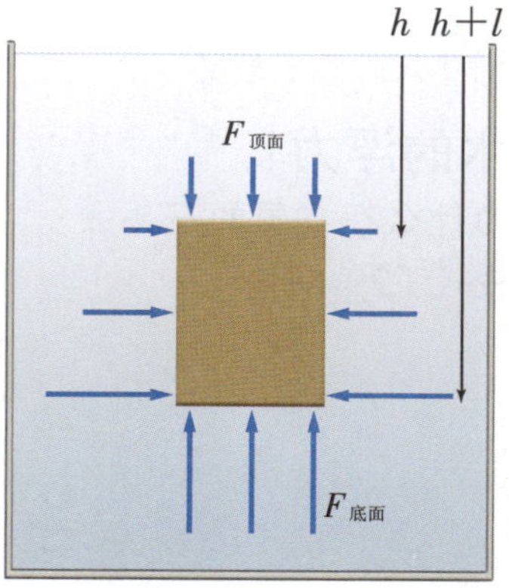

图13-12 一个物体浸没在流体中时，流体作用于它的底部的向上的力大于顶部的向下的力。这个向上的净力称为浮力。

浮力 在你游泳时，作用于你身体上的向上的力是怎么产生的？由于压强会随着液体深度的增加而增大，因此它会产生一个向上的升力，这个力称为**浮力（buoyant force）**。通过比较作用在物体上的浮力与重力的大小，你就可以判断物体将会下沉还是上浮。

假定一个盒子浸没在水中。这个盒子高l，上下底面积均为S，那么它的体积就是$V=lS$。水的压强作用在盒子各面上的力如**图13-12**所示。那么，盒子是下沉还是浮起呢？正如你知道的，作用在盒子上的压强取决于它的深度h。要确定盒子是否能在水中浮起，你需要比较盒子顶面与底面所受压力的大小，即比较以下两个等式：

$$F_{顶面}=p_{顶面}S=\rho hgS$$

$$F_{底面}=p_{底面}S=\rho(l+h)gS$$

在盒子四周的竖直面上，由于受到的各个方向的作用力都是相等的，因此水平方向不存在净力。而作用在下底面上的力大于作用在顶面上的力，所以竖直方向存在一个向上的净力，浮力可以由此确定：

$$\begin{aligned}F_{浮力}&=F_{底面}-F_{顶面}\\&=\rho(l+h)gS-\rho hgS\\&=\rho lg\,S=\rho Vg\end{aligned}$$

以上等式表明，盒子受到的向上的净力与盒子的体积成正比。这个体积等于被盒子替代的流体的体积，或是盒子排开的流体的体积。因此，浮力的大小ρVg就等于物体所排开的流体的重力。

浮力

物体所受的浮力等于物体排开的流体的重力，即浸没物体的流体密度、物体的体积及重力加速度三者的乘积。

$$F_{浮力}=\rho_{流体}Vg$$

阿基米德原理 以上这个关系式是公元前3世纪希腊科学家阿基米德发现的，被称为**阿基米德原理（Archimedes' principle）**。它可以表述为，一个浸没在流体中的物体受到一个向上的力，这个力等于被物体排开的流体的重力。注意，这个力与物体本身的重力无关，而是等于物体排开的流体的重力。

物理实验

水的浮力*

为什么在水里的石头会变轻了?

下沉还是上浮 如果要知道一个物体是下沉还是上浮,那么你可以先列出作用在物体上的所有的力。浮力把物体推向水面,而重力把物体拉向水底。浮力与物体的重力之差决定了物体是下沉还是上浮。

假定把三个物体浸没在一个放满水的水池中($\rho_{水}=1.00\times10^3\ kg/m^3$),每个物体的体积均为400 cm^3 。其中第一个物体是质量为3.60 kg的铁块,第二个物体是质量为0.40 kg、装有苏打水的铝制易拉罐,第三个物体是质量为0.36 kg的冰块。那么,这三个物体分别将如何运动呢?如**图13–13**所示,由于它们排开的水的重力相同,因此它们受到的向上的力是相等的。这个浮力可以由下式算出:

$$F_{浮力}=\rho_{水}Vg$$
$$=1.00\times10^3\ kg/m^3\times4.00\times10^{-4}\ m^3\times9.80\ N/kg$$
$$=3.9\ N$$

图13–13 必须计算出物体所受的合力,才能确定它是下沉还是上浮。
描述下列情况下物体的浮沉情况。

■ 浮力

下沉 铁块重35 N,大于浮力,也就是说有一个向下的净力作用于它,因此它将沉到水底。这个向下的净力比它的实际重力要小。所有在液体中的物体,即使沉入水底,都有一个比它们在空气中的重力要小的净力。

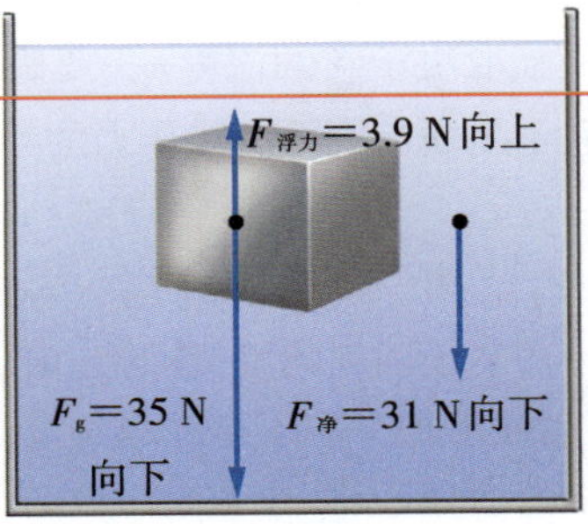

悬浮 装有苏打水的易拉罐重3.9 N,这与它所排开水的重力相同。因此,没有净力作用在易拉罐上,它可以被放置在水中的任何位置上。物体的这种状态叫作悬浮。

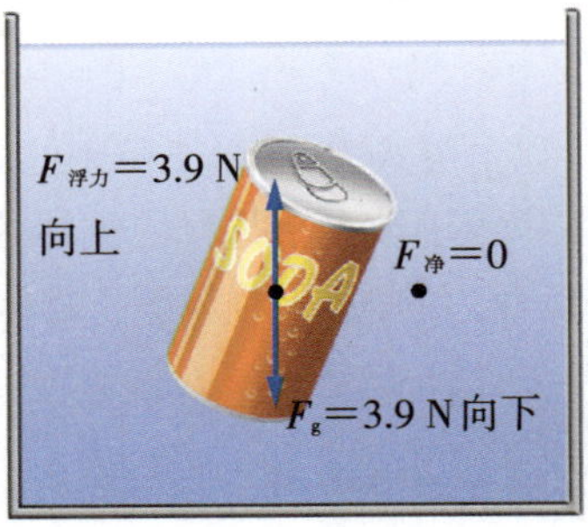

上浮 冰块重3.5 N,小于浮力,因此存在一个向上的净力,使冰块上浮。如果物体的密度小于浸没它的流体的密度,物体就会浮起来。

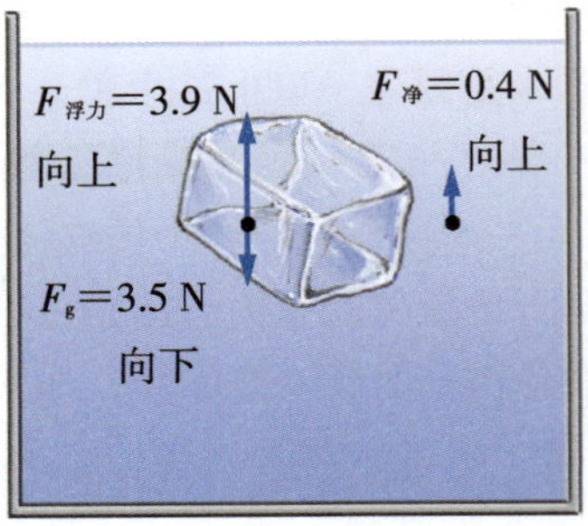

注:力的矢量没有按比例来画。

例题3

阿基米德原理 将体积为$1.00\times10^{-3}\ m^3$的花岗岩砖块浸没在水中，已知花岗岩的密度为$2.70\times10^3\ kg/m^3$。

a. 作用在砖块上的浮力为多大？

b. 砖块受到的净力是多少？

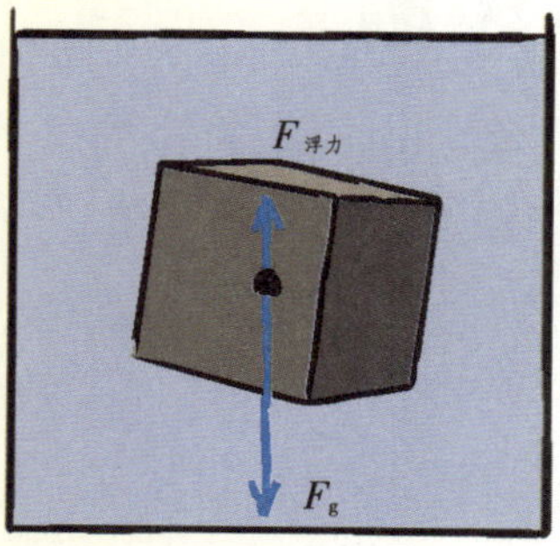

1 分析概括问题

- 作出浸没在水中的花岗岩砖块的示意图。
- 标出作用在花岗岩砖块上的向上的浮力与向下的重力。

已知	未知
$V=1.00\times10^{-3}\ m^3$	$F_{浮力}=?$
$\rho_{花岗岩}=2.70\times10^3\ kg/m^3$	$F_{净}=?$
$\rho_{水}=1.00\times10^3\ kg/m^3$	

2 求解未知量

a. 计算作用在花岗岩砖块上的浮力。

$F_{浮力}=\rho_{水}Vg$

$=1.00\times10^3\ kg/m^3\times1.00\times10^{-3}\ m^3\times9.8\ N/kg$

$=9.80\ N$

◀将$\rho_{水}=1.00\times10^3\ kg/m^3$，$V=1.00\times10^{-3}\ m^3$，$g=9.8\ N/kg$代入。

b. 计算花岗岩砖块的重力，并由此计算出它的净力。

$F_g=mg=\rho_{花岗岩}Vg$

$=2.70\times10^3\ kg/m^3\times1.00\times10^{-3}\ m^3\times9.8\ N/kg$

$=26.5\ N$

◀将$\rho_{花岗岩}=2.70\times10^3\ kg/m^3$，$V=1.00\times10^{-3}\ m^3$，$g=9.8\ N/kg$代入。

$F_{净}=F_g-F_{浮力}$

$=26.5\ N-9.80\ N=16.7\ N$

◀将$F_g=26.5\ N$，$F_{浮力}=9.8\ N$代入。

3 验证答案

- **单位是否正确？** 净力和重力都是以N为单位的，与预期的一致。
- **数值是否合理？** 浮力大约是花岗岩砖块重力的三分之一，这是一个合理的答案，因为水的密度大约是花岗岩的密度的三分之一。

练一练

25. 普通砖块的密度大约为水的1.8倍。一块$0.20\ m^3$的砖块在水下受到的净力是多少？

26. 有一个女孩漂浮在淡水湖里，只有头露出水面。已知她重610 N，那么她浸没在水中的体积是多少？

27. 将一只重为1 250 N的照相机浸没在水中，挂住它的金属线中的张力为多大？已知照相机的体积为$16.5\times10^{-3}\ m^3$。

28. 泡沫塑料的密度约为水的0.10倍。现有一块规格为1.0 m×1.0 m×0.1 m的泡沫板，在它上面叠放砖块。要使泡沫板刚好浸没并漂浮在水中，并使上面的砖块保持干燥状态，那么砖块最多能有多重？

29. **挑战题** 为了使独木舟漂浮起来，通常会在它的下方垫上泡沫塑料块。现有一条重480 N的独木舟，要使它浮在水面上，至少需要多少体积的泡沫塑料块？

船舶 为什么用钢制造的轮船也能浮在水面上？你可以用铝箔制成的一个小船对比进行证明。你会发现，小船很容易就漂浮起来；当你把回形针当作货物加入小船后，它就会在水中漂浮得更低一些。如果你把铝箔团成一个紧密的小球，由于它的密度很大，小球会沉没水底。因此，如果船体是中空的而且足够大，那么只要轮船的平均密度小于水的密度，船就会浮起。你可能已经注意到，满载货物航行的船要比空载的船在水中下沉得更多。被团成一个球的小船的密度比水的密度大，所以就下沉了。

物理实验

第一位实证派科学家*

阿基米德是第一位实证派科学家吗？

潜水艇与鱼类等的活动同样可以用阿基米德原理予以解释。潜水艇有效地运用了阿基米德原理——当水从多个不同的腔室中泵入或泵出时，潜水艇的平均密度发生了改变，因此它就能上升或下沉。鱼儿的游动也遵循阿基米德原理。鱼类有一个洄游用的气囊。鱼可以膨胀或收缩它的气囊，就像你可以吹胀你的面颊一样。为了向上游动，鱼儿会使它的气囊膨胀，从而排开更多的水，使浮力增大；相反，当鱼要向下游动时，只要缩小它气囊的体积即可。

伯努利原理

研究如**图13–14**所示软管的水流。图的上半部分，水从软管不受限制地畅通流出。图的下半部分，由于人的拇指压在管口上面而使出口变窄了。注意，图的上半部分和下半部分水流的速度不同，下半部分水流的速度大于上半部分水流的速度。但是你从图中无法看出水的压强在减小。这种揭示流体速度与流体因运动而产生的压强之间的关系的原理，称为**伯努利原理（Bernoulli's principle）**，它是以瑞士科学家伯努利（D. Bernoulli）的名字命名的。伯努利原理指出，随着流体速度的增大，流体产生的压强会减小。这个原理是能量守恒定律在流体中的一种表述。

图13–14 在水流出来时，你可以通过缩小软管的出水口来证明伯努利原理。随着水流速度的增加，它产生的压强随之减小。

另一个例子就是小溪中水的流速会发生变化。你可能也曾看到，当小溪中的水流经河床的狭窄处时，水的流速就会增大。也就是说，由于水的总的流量始终不变，因此如果喷水管的喷嘴或河道的河床发生了改变，水的流速也必定会随之改变。除了河流与喷水管之外，人体的血液循环系统中的血压在某种程度上也与伯努利原理有关。伯努利原理也可以解释烟是怎样从烟囱中飘出来的。

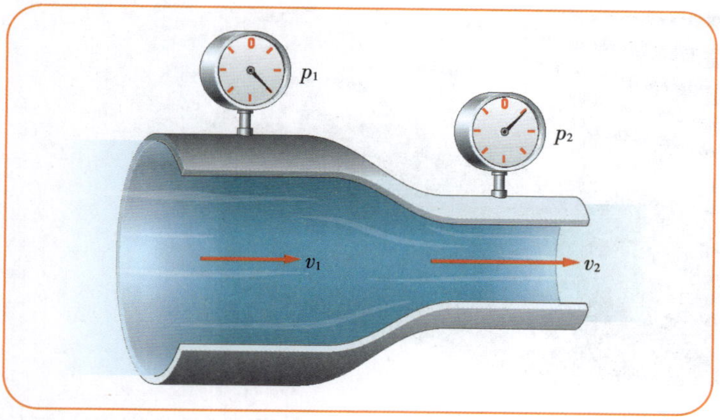

图 13–15 管道里流动的流体也证明了伯努利原理。当流体的流速增大（v_2 大于 v_1）时，它的压强减小（p_2 小于 p_1）。

假设有一根完全充满平稳流动的理想流体的水平管道。如果有一定量的流体从管道的一端进入，那么就会有等量的流体从它的另一端流出。想一想，假如这根管道的后半部分变窄了，如**图 13–15** 所示，情况又会怎样？为了保证一定时间内通过狭窄段处的流体的流量相同，流体的速度必须增大。而当流体速度增大时，它的动能也会随之增大，这意味着有一个功作用在了快速流动的流体上。这个功等于将一定量的流体推入管道所做的功与将它们推出管道所做的功之差。它与作用在流体上的力成正比，或者可以说取决于压强。若功为正，那么流速较低的入口段的压强必将大于流速较高的出口端的压强。

☑ **阅读检测** 根据伯努利原理，**描述**流体的压强与速度之间的关系。

伯努利原理的应用 伯努利原理有非常广泛的应用，如喷漆器和与花园软管连接的喷雾器。喷雾器可把化肥或农药喷洒到草坪和花园中，它的软管末端的喷头有一根像吸管那样的管子插入喷雾器的化学溶液中。喷雾器上的开关允许水高速流过软管，在管中产生一个低压区。然后，使溶液被吸上来，通过管子与水混合并向外喷出。

把空气和汽油混合起来的发动机的汽化器，也是伯努利原理的一个常见的应用。汽化器有一段突然变窄的管道，如**图 13–16** 所示。汽油供给部分的压强与管道较宽处的压强相等。当气流经过与汽油供给部分相连的狭窄管道处时，由于压强突然变小，因此汽油就会被推压进气流之中。通过控制管道中的气流的大小，就可以改变混合气体中的汽油含量。虽然如今新型汽车更多地采用了汽油注入器而非汽化器，但是，在老式汽车和以小型发动机为动力的机器（如割草机）中，汽化器还是常用的。

图 13–16 在汽化器中，狭窄的管道部分的低压使得汽油进入气流中。

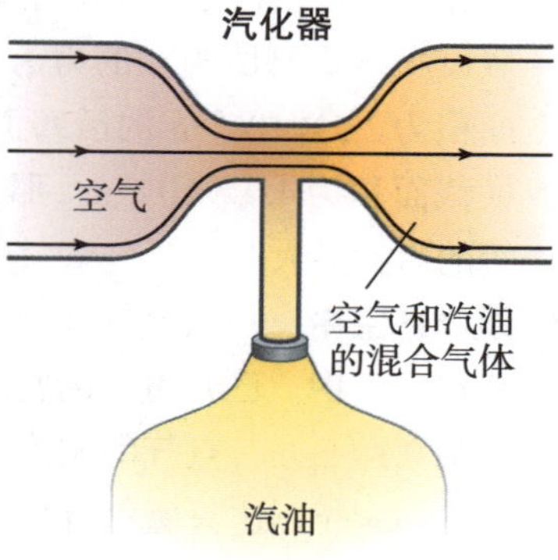

图 13–17 在风洞中做试验的汽车上方显示出圆滑的空气流线。

流线 汽车和飞机制造商花费了大量的时间与金钱，用风洞测试它们最新的设计成果，以保证这些新产品在有空气阻力的情况下能取得最大的效率。流体环绕物体的流动可以用**流线(streamline)**来表示，如**图 13–17** 所示。经过物体周围的流线气流越圆滑，物体运动所需的能量就越小。

流线最适合用图解的方式来作简要的说明。在平稳流动的流体中加入少量的食用色素，若在其中形成并保持有细长而清晰的彩色线条，这样的气流就称为是流线型的。注意，如果气流比较狭窄，那么流线就会彼此靠拢。密集的流线表示速度较大，因此压强就会相对较小。如果流线打旋并变得散乱，这样的气流就称为湍流。伯努利原理不适用于湍流。

第3节 复 习

30. **主要概念** 易拉罐的容积均为 354 mL，并排开相同体积的水。那么，下沉的与浮起的易拉罐之间究竟有什么不同？*提示：可能一个罐里装的是正规苏打水，一个罐里是日常饮用苏打水。*

31. **压强的传递** 有一个玩具火箭，若小孩在橡皮圆筒上跺脚，就会使发射管中的气压增大，从而让泡沫塑料制成的火箭升到空中。假设小孩跺脚所施加的力为 150 N，作用在面积为 2.5×10^{-3} m^2的活塞上，而发射管的横截面积为 4.0×10^{-4} m^2，那么传递到发射管的力为多大？

32. **飘浮在空中** 一只氦气球飘浮在半空中。已知氦气的密度为 0.18 kg/m^3，空气的密度为 1.3 kg/m^3。这只氦气球的体积至少为多大，才能提升起如**图 13–18** 所示的铅块？

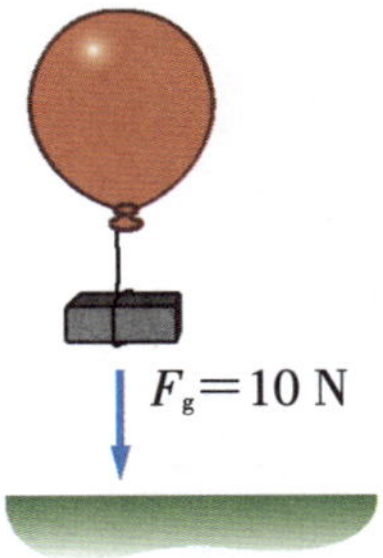

图 13–18

33. **浮力与密度** 一只软木制成的鱼漂漂在水面上，它有十分之一的体积位于水面下方。制作鱼漂的软木的密度为多大？

34. **压强和力** 将一辆重 2.3×10^4 N 的汽车放在液压升降机的面积为 0.15 m^2的活塞上。
   a. 作用在这个活塞上的压强是多少？
   b. 要抬起这辆汽车，必须在这个装置的另一个面积为 0.008 2 m^2的活塞上施加一个多大的力？

35. 将下列物品放入鱼缸时，每一组中哪个物体排开的水更多？
   a. 1.0 kg 的铝块或 1.0 kg 的铅块。
   b. 10 cm^3的铝块或 10 cm^3的铅块。

36. **批判性思维** 当龙卷风越过房子的一边时，有时房子会从内向外破裂毁坏。如何用伯努利原理解释这一现象？怎样才能减少门或窗向外破裂的危险？

第4节 固 体

主要概念
固体受热通常会膨胀。

核心问题

- 固体的性质与固体的结构有什么关系?
- 为什么温度变化时,固体会膨胀和收缩?
- 为什么热膨胀很重要?

术语回顾

内聚力 同种物质内部分子之间的吸引力

关键术语

晶格
非晶体
线胀系数
体胀系数

物理在你身边

如果一个玻璃瓶的金属盖打不开,把它放在温水中,会比较容易把它打开。这是因为,加热时,金属盖的膨胀程度超过了玻璃瓶。如果盖子和罐子都是由相同的材料制成的,那又将会发生什么呢?

固态物体

固体和液体有哪些不同?固体是坚硬的,可以被切成好几块,它们的外形可以保持不变,你可以推动它们。而液体是流动的,并且不能保持它们的形状。如果你用手指去推水,你的手指就会进入水中。在某些条件下,固体与液体并不是那么容易区分的。例如,当玻璃瓶被加热到熔融状态时,它从固态变为液态的过程是渐进的,因此很难判断它处于哪一种物态。

当液体的温度降低时,分子的平均动能就会减小。随着分子速度的减小,运动变慢,内聚力的效果变得更为明显。此时,对于某些固体而言,它们的分子会被冷冻成一种称为**晶格(crystal lattice)**的固定花样,如**图13–19**所示。虽然内聚力使分子保持在一定的位置上,但是晶体中的分子并没有完全停止运动;相反,它们环绕着固定位置不停地来回振动。在另外一些物质,比如黄油与玻璃中,分子并不会形成一种固定的晶体花样。这类没有规则的晶体结构,但有确定的体积和形状的物质,称为**非晶体(amorphous solid)**。

压强与凝固 在液体变为固体的过程中,其内部的分子将会更加紧密地彼此粘连,从而使得固体的内部结构比液体来得更加紧密。然而,水是一个例外,因为水在4 ℃时的密度最高。类似地,对于大多数液体而言,当其表面压强增大时,它的凝固点就会升高。但是,当水凝固时,它反而会发生膨胀,增加的压力使得分子相互靠近,水就很难进一步凝固起来。因此,增大压强,反而会使水的凝固点有微小的下降。

图13–19 当水的温度降低时,它由液体变成固体,它的分子被冷冻成一种称为晶格的固定花样。

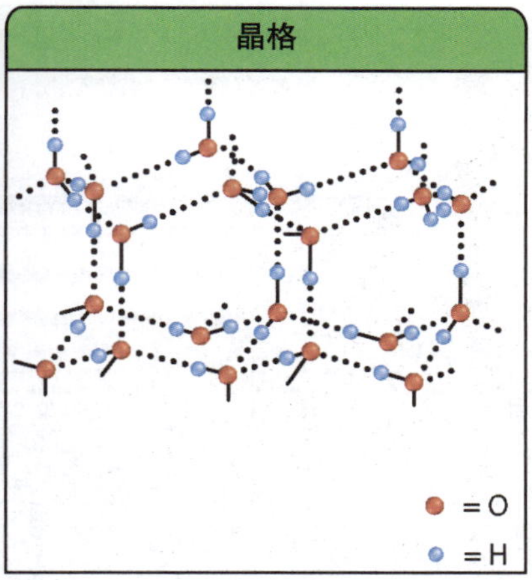

根据前面的知识，你可能会认为，在滑冰时，正是由于滑冰者的冰刀的压力，使得水的凝固点下降，从而在冰与冰刀之间产生一层很薄的液态水。最新的测量表明，其实是冰刀与冰之间的摩擦所产生的热能融化了冰，从而生成一层水。这一解释可以用以下小实验来证明：测量一下分散的冰屑的温度，你会发现它们要比冰块本身更热一些。同样的融化过程也发生在滑雪的时候。

固体的弹性　当外力作用在固体上时，可以使它发生扭曲，改变外形。而当外力移去时，固体可以恢复它原有的形状，固体的这种性质叫作弹性。如果形变太大，那么物体将无法恢复它的原貌，这是因为形变超过了它的弹性限度。弹性是物质的一种性质，物体的弹性取决于支撑物质分子的力。而延展性与可锻性是由物质的结构与弹性决定的两个性质。黄金可以打成薄片，因此它具有可锻性。铜可以拉拽成多股的细线，所以铜是一种可延展的金属。

固体的热膨胀

对于工程师来说，在建造由钢筋混凝土制成的公路桥梁时，一般都要设计一些称为膨胀接口的小缝隙，为炎热的夏季留出部分膨胀的空间。如**图 13-20** 所示为膨胀接口。物体受热时，它们只会膨胀一点点，但对于 100 m 长的桥梁来说，这个“一点点”可能就有几厘米了。如果没有膨胀接口，那么桥梁将会发生变形甚至会部分地损坏。有些材料，比如烹饪或实验用的耐热玻璃，它们的热膨胀性就非常小；而由陶瓷材料制成的大型望远镜的反射镜基本上不会发生热膨胀。

为了理解固体热膨胀的原因，你可以把固体看作是由弹簧连接的分子的集合，这些弹簧代表分子间的吸引力。当分子靠近时，弹簧会推开分子以使它们分离。当固体被加热时，分子的动能增加，因此它们的振动加快，分子之间彼此离得越来越远，它们之间的吸引力也不断减弱。也就是说，当分子的振动由于温度的上升而变得更加激烈时，分子的平均间距加大，导致固体膨胀。

图 13-20　建造桥梁、道路和火车轨道时，都会留有膨胀接口。
推断　如果这条路没有膨胀接口，在炎热的夏季会发生什么现象？

如**图13−21**所示，固体长度的改变与温度的变化成正比。当温度升高20 ℃时，固体膨胀的长度将是温度升高10 ℃时的2倍。膨胀还与长度有关。在温度变化相同的情况下，一根2 m长的铁棒的膨胀程度是1 m长的铁棒的2倍。因此，若已知固体在温度为T_1时的长度L_1，那么当温度为T_2时，固体长度L_2可由下式求出，其中α为线胀系数。**线胀系数（coefficient of linear expansion）**等于长度的改变量除以原长与温度的改变量的乘积：

$$L_2=L_1+\alpha L_1(T_2-T_1)$$

利用简单的代数运算，你可以解出α。

$$L_2-L_1=\alpha L_1(T_2-T_1)$$

$$\Delta L=\alpha L_1\Delta T$$

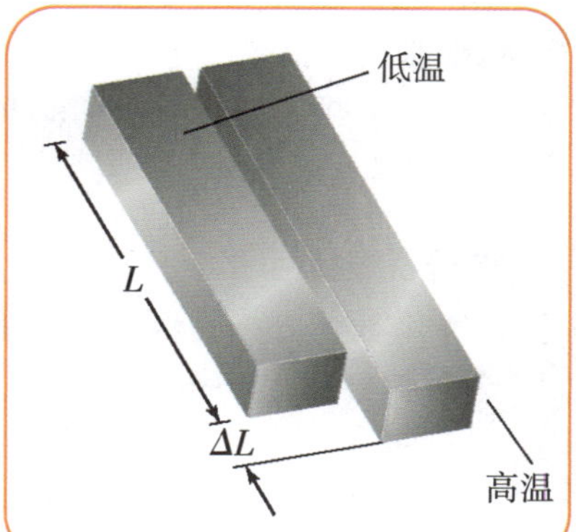

图13−21 材料长度的改变量与原长及温度的改变量均成正比。

线胀系数

线胀系数等于长度的改变量除以原长与温度的改变量的乘积。

$$\alpha=\frac{\Delta L}{L_1\Delta T}$$

线胀系数的单位为1/℃或$℃^{-1}$。**体胀系数（coefficient of volume expansion）**等于体积的改变量除以原体积和温度的改变量的乘积。体胀系数β约为线胀系数的3倍。

体胀系数

体胀系数等于体积的改变量除以原体积与温度的改变量的乘积。

$$\beta=\frac{\Delta V}{V_1\Delta T}$$

同样，体胀系数β的单位也是1/℃或$℃^{-1}$。如**表13−2**所示为各种常见材料的两种热膨胀系数。

表13−2 20℃时的热膨胀系数

材料	线胀系数α($℃^{-1}$)	体胀系数β($℃^{-1}$)
固体		
铝	23×10^{-6}	69×10^{-6}
玻璃(软)	9×10^{-6}	27×10^{-6}
玻璃(耐热)	3×10^{-6}	9×10^{-6}
混凝土	12×10^{-6}	36×10^{-6}
铜	17×10^{-6}	51×10^{-6}
液体		
甲醇		1200×10^{-6}
汽油		950×10^{-6}
水		210×10^{-6}

例题4

线膨胀 已知室温为21 ℃，一根放于室内的金属棒长1.60 m。若将它放到炉子中加热至84 ℃，测得其伸长了1.7 mm。求这种材料的线胀系数。

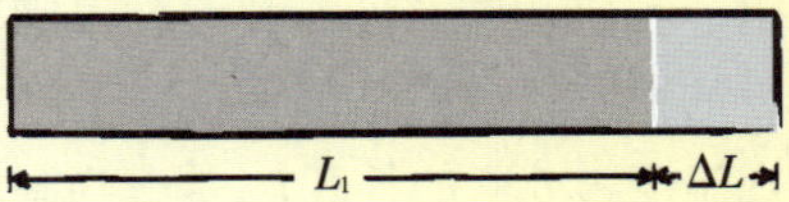

1 分析概括问题

- 作出金属棒的示意图，它在84 ℃时比在21 ℃时伸长了1.7 mm。
- 标出金属棒的原长L_1及长度的改变量ΔL。

已知	未知
$L_1=1.60\ \text{m}$	$\alpha=?$
$\Delta L=1.7\times10^{-3}\ \text{m}$	
$T_1=21\ ℃$	
$T_2=84\ ℃$	

2 求解未知量

利用已知的长度、长度的改变量以及温度的改变量，求出线胀系数。

$$\alpha=\frac{\Delta L}{L_1\Delta T}$$

$$=\frac{1.7\times10^{-3}\ \text{m}}{1.60\ \text{m}\times(84\ ℃-21\ ℃)}$$ ◀将$\Delta L=1.7\times10^{-3}\ \text{m}$，$L_1=1.60\ \text{m}$，$\Delta T=T_2-T_1=84\ ℃-21\ ℃$代入。

$$=1.7\times10^{-5}\ ℃^{-1}$$

3 验证答案

- **单位是否正确？** 单位应该表示为$℃^{-1}$。
- **数值是否合理？** 所得的值接近于铜的线胀系数的公认值。

练一练

37. 有一块铝制墙板。若它在−28℃的严寒冬日长为3.66 m，那么到了如**图13-22**所示的炎热夏天，它将伸长多少？

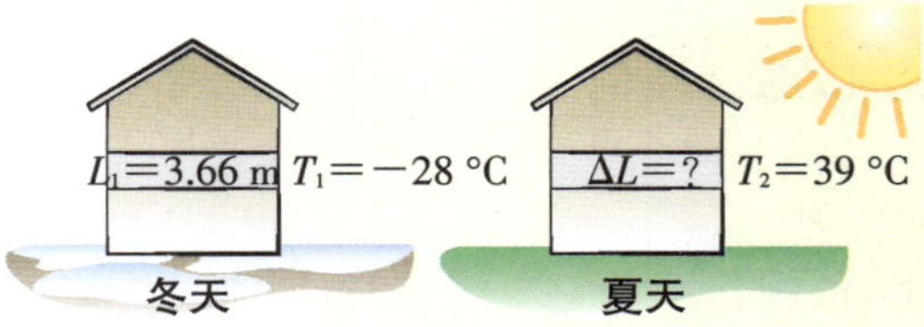

图13-22

38. 已知有一根钢条，它在22 ℃时长11.5 cm。在它被加热到接近它的熔点1 221 ℃时，它的长度是多少？

39. 在室温下，一只400 mL的玻璃酒杯中装满了4.4 ℃的冷水。当水温上升到30 ℃时，水将从杯中溢出多少？

40. 在休斯敦有一辆装有45 725 L汽油的油罐车，已知当地气温为28.0 ℃。当这辆车开到明尼阿波利斯交货时，当地气温为−12.0 ℃。

a. 该车交货时有多少汽油？

b. 汽油发生了什么状况？

41. 在钢板上钻出一个直径为0.85 cm的洞，在30.0 ℃时，该洞正好可以容纳一个相同直径的铝杆。若将它们冷却到0.0 ℃，此时钢板与铝杆之间的间隙有多大？

42. **挑战题** 有一把毫米刻度的钢尺，在30.0 ℃时它的标度完全正确。若将它放到−30.0 ℃的地方，它的误差为多大（用百分比表示）？

物理挑战题

你需要做一根1.00 m长的棒，要求它随温度膨胀的程度与一根1.00 m长的铜棒相同。如图所示，你的棒必须由铁棒与铝棒对接而成。这两段棒每一段各需要多长？

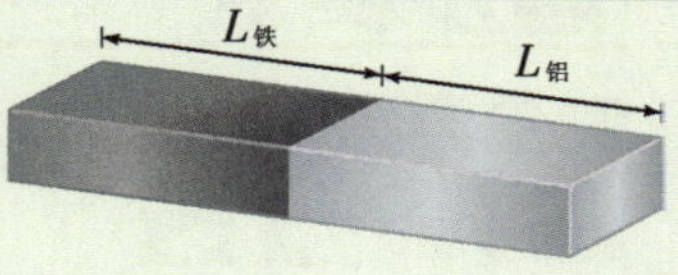

热膨胀的应用 工程师在设计结构时，是要考虑材料的热膨胀性能的。你已经知道混凝土公路和桥梁都有膨胀接口。在炎热的天气混凝土膨胀时，人行道混凝土板之间的缝隙也有助于保持人行道不弯曲拱起。不同材料的热膨胀率各不相同，如**表13-2**所示。工程师在设计结构时，必须考虑到这一点。钢筋常常用来强化混凝土，因此钢筋和混凝土必须有相同的膨胀系数，不然这种构件在炎热的夏天将会破损爆裂。同样，牙科医生补牙时所用的填充材料也必须与牙齿的珐琅质具有相同的膨胀与收缩率。

各种不同的膨胀率有着各式各样的应用。例如，工程师利用膨胀率的差异这一有利条件，制造出了一种称为双金属片的装置，这种装置被应用于温度的自动调节器中。一个双金属片由两片不同的金属熔接或铆接在一起组成。通常，一片是黄铜而另一片是铁。加热时，黄铜比铁膨胀得更多，因此，如果加热黄铜与铁组成的双金属片，铜片会比铁片伸得更长一些。于是，双金属片就会发生弯曲，且铜片包在曲面的外侧。相反地，若双金属片受冷，它就向相反方向弯曲，此时铜片就会包在曲面的内侧了。

在家用温度自动控制器中，安装有双金属片。随着室内温度的降低，弯曲的金属伸向电接触器；当室温低于温度控制器所设定的温度时，双金属片的弯曲程度非常大，足以接通电接触器的开关，促使加热器工作。而随着室内变暖，双金属片又会反向弯曲；当室温达到温度控制器的设定温度时，电路被断开，加热器的开关被切断。

迷你实验

跳　线*

对双金属盘加热会改变它的形状吗？

第4节 复　习

43. 主要概念 在一个炎热的夏日，你要把一扇铝制保安门安装到混凝土门框内。如果你希望在寒冷的冬天这扇门也能保持很好的密闭性，那么现在应该把门很紧密地安装在门框内还是留出一些额外的空隙？

44. 固体的种类 蜡烛和冰的结构有什么不同？

45. 热膨胀 你能否将铜片加热到使它的长度加倍？

46. 物态 **表13-2**是否提供了一种方法，可以帮助你区分液体和固体？

47. 固体与液体 固体可以定义为能但是很难被弯曲的一种材料。请解释这一性质与固体内部原子的约束力有何联系，以及为什么液体没有这一性质。

48. 批判性思维 如**图13-23**所示的铁环，是将一个完整的铁环切割掉一小块后构成的。如果加热这个铁环，那么这个缺口将变宽还是变窄？请说明理由。

图13-23

起步实验

测量浮力

实验步骤

1. 准备一个小玻璃瓶(带盖或密封帽)与一个500 mL带刻度的量筒。用橡皮筋系住玻璃瓶,再将其挂在弹簧测力计上。
2. 用弹簧测力计称出密封玻璃瓶受到的重力,然后,将密封玻璃瓶放入量筒内,测出其漂浮在水面上时排开水的体积。记录这两个数据,并抹去溅出的液体。
3. 把一个镍币放入玻璃瓶中,然后盖上玻璃瓶的盖子。重复步骤2,记录玻璃瓶和镍币的总重,以及玻璃瓶排开的水的体积。同时记录此时玻璃瓶是浮起还是下沉。
4. 重复步骤2和3,每次多加一个镍币,直到玻璃瓶不再漂浮为止。当玻璃瓶沉没时,用弹簧测力计称出玻璃瓶的视重。注意,在称量悬挂在水下的玻璃瓶时,不能让它与量筒壁接触。

分析

5. 利用你记录的数据,计算出每次实验中玻璃瓶与镍币构成的系统的密度,以及系统排开的水的质量。密度与浮力之间显示出了怎样的关系?

6. **批判性思维** 玻璃瓶与镍币构成的系统的质量与系统排开的水的质量之间显示出怎样的关系?这个关系式与系统是否漂浮有关吗?

迷你实验

压　强

实验步骤

1. 请你的同伴在地上勾画出你的脚形,然后估算出这个轮廓的面积,单位用m^2。
2. 利用磅秤称出你的质量。确定你的重力,单位用N。
3. 当用单脚站立时,计算你对地面施加的压强。
4. 对比与比较你对地面施加的压强以及其他物体对地面施加的压强。例如,你可以先测量一块砖的重力,然后计算以不同的表面作为接触面时它对地面施加的压强。

分析

5. 高跟鞋会对一个人施加在地面上的压强产生怎样的影响?

物理实验

实验器材

- **在做实验之前，请先查验酒精的 MSDS（化学品安全技术说明书）。**
- **在本次实验中所用的化学药品都是易燃和有毒的，不能吸入这些化学药品的蒸汽，不能有明火接近这些化学药品，要在具有良好的通风设备的房间内或通风柜内进行实验。**
- **防止化学药品与你的皮肤或衣服相接触。如果发生意外事故或泄漏，应立即报告你的老师。**

甲醇
乙醇
异丙醇
胶带(2条)
温度计(非水银温度计)
滤纸(3张，2.5 cm×2.5 cm)
小橡皮筋

蒸发致冷

如果你不断地往你的皮肤上洒抹少量酒精，你就会感觉到皮肤上有阵阵凉意。你已经知道，这种凉意是由酒精的蒸发所致。在本次实验中，你将测试不同种类的醇的蒸发速率。醇是一种含有羟基(—OH)官能团的物质，羟基连接着一个碳或一条碳链。根据你对蒸发致冷的观察，你可以推导出你所测试的各种醇的内聚力的相对强度。

问题

如何比较不同的醇的蒸发速率？

目标

- **收集和组织数据**，了解各种醇的蒸发情况。
- **对比与比较**各种醇的蒸发速率。
- **分析**一些醇的蒸发比另一些快的原因。
- **推断**内聚力和蒸发速率两者之间的关系。

实验步骤

1. 用一张正方形的滤纸将温度计包起来，再用小橡皮筋扎牢。为此，你可以先将橡皮筋卷在温度计上，然后用滤纸裹住温度计，再把橡皮筋卷到滤纸上。滤纸应当紧靠温度计的头部位置。

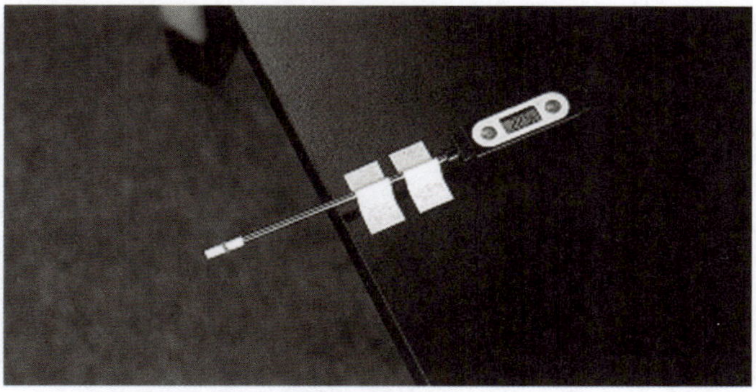

2. 取一小杯甲醇，把头部包裹有滤纸的温度计放在装有甲醇的容器中。注意不要让容器倾翻，将温度计在容器中浸1 min。
3. 1 min之后，读取温度计上的示数并将之记录在数据表中的T_1下方。这是甲醇的初始温度。
4. 把温度计从甲醇中取出，放到桌面的边上，让温度计的顶端伸出桌子边缘约5 cm，再用胶带把温度计固定在该处。
5. 4 min之后，观察并将此时温度计的示数记录在数据表中的T_2下方。
6. 卷起温度计上的橡皮筋，并在老师的指导下处理掉滤纸。
7. 将液体换为乙醇，重复步骤1～6，并把你的结果记入数据表中。
8. 将液体换为异丙醇，重复步骤1～6，并把你的结果记入数据表中。

数据表

液体	T_2(℃)	T_1(℃)	ΔT(℃)
甲醇			
乙醇			
异丙醇			

分析

1. 在你的实验中，温度计显示的示数是升高还是降低？原因是什么？

2. 对于上述三种醇，分别求出它们的初温度与末温度之差(T_2-T_1)，即计算出ΔT。

3. 利用甲醇的化学式(CH_3OH、乙醇的化学式(C_2H_5OH)和异丙醇的化学式(C_3H_7OH)，确定各种醇的摩尔质量。你可能需要参考元素周期表来确定摩尔质量。

4. 你如何通过每一次实验的ΔT得知各种醇的蒸发速率？

5. 为什么滤纸的温度可以用温度计得到的温度来代替？

结论与应用

1. 如何根据你所研究的各种醇的蒸发速率，确定哪一种醇的内聚力最大？

2. 哪一种醇的内聚力最小？

3. 对于醇的温度改变量ΔT与摩尔质量之间的关系，你能否找出什么规律？

4. 假设一下，在实验室内，电扇吹风能改变室内空气的温度吗？你发现ΔT改变了吗？请说明原因

进一步探索

利用你的实验数据，预测异丁醇的ΔT的大小，已知它的化学式为C_4H_9OH。

生活中的物理学

自2001年起，美国国家气象局开始使用新的寒风指数。老的气象图所用的数据来自20世纪40年代在南极洲所做的水的结冰实验。这个寒风指数与蒸发致冷有何关系？为什么这一指标在寒冷的冬天非常重要？新的气象图又是如何进一步改善老的气象图的？

弧线球

在1998年世界杯决赛之前的一场比赛中，巴西足球运动员卡洛斯(R. Carlos)踢出的弧线球绕过至少一米宽的人墙，然后快速地钻入球网内，让众多球迷和球员惊讶不已。在这些观众中，只有本身是物理学家的，才能比较容易地解释这奇怪的轨迹。

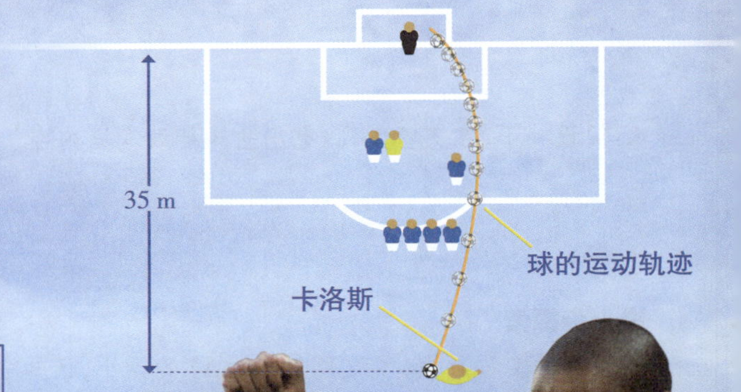

图1 一个旋转的足球在空中运动的鸟瞰图。

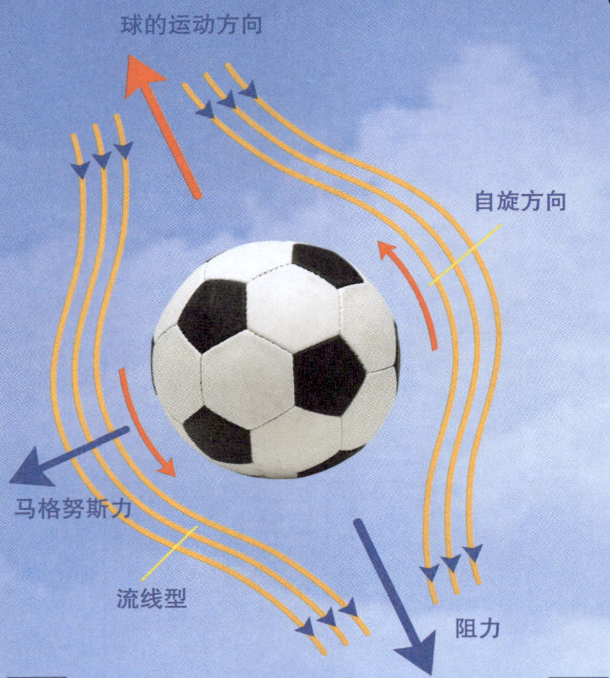

图2 一个旋转足球的弯曲路径呈快速变小的螺旋上升形状，其中球的旋转使路径保持稳定。

像卡洛斯一样踢弧线球 **图1**所示的是卡洛斯踢出的足球的运动轨迹。球在运动过程中，不仅受到空气对球的阻力，还受到马格努斯力。马格努斯力是在1852年由马格努斯(G. Magnus)提出的。他试图解释飞行的炮弹和子弹为什么会偏向一边。马格努斯力也同样会作用在旋转的足球上。

在**图2**中，我们可以看到，球左边的气流是与球的旋转方向相同的，因此球左边的空气流动速度较快，空气的压强也较小，从而作用在球左边的力也较小。然而，球的右边气流与球的旋转方向是相反的，所以作用在球右边的力较大。由于受到这种不平衡力的作用，球向左拐弯了。一个旋转较强的慢速向前运动的球，比同样旋转而高速向前运动的球，会受到一个更大的偏向一边的力，即马格努斯力的作用。当球在它的轨迹末端的速度越来越小时，这种弯曲更加明显。因为卡洛斯已有很多次踢“香蕉球”的经验，所以他知道球会精确地沿着弯道飞向球门。

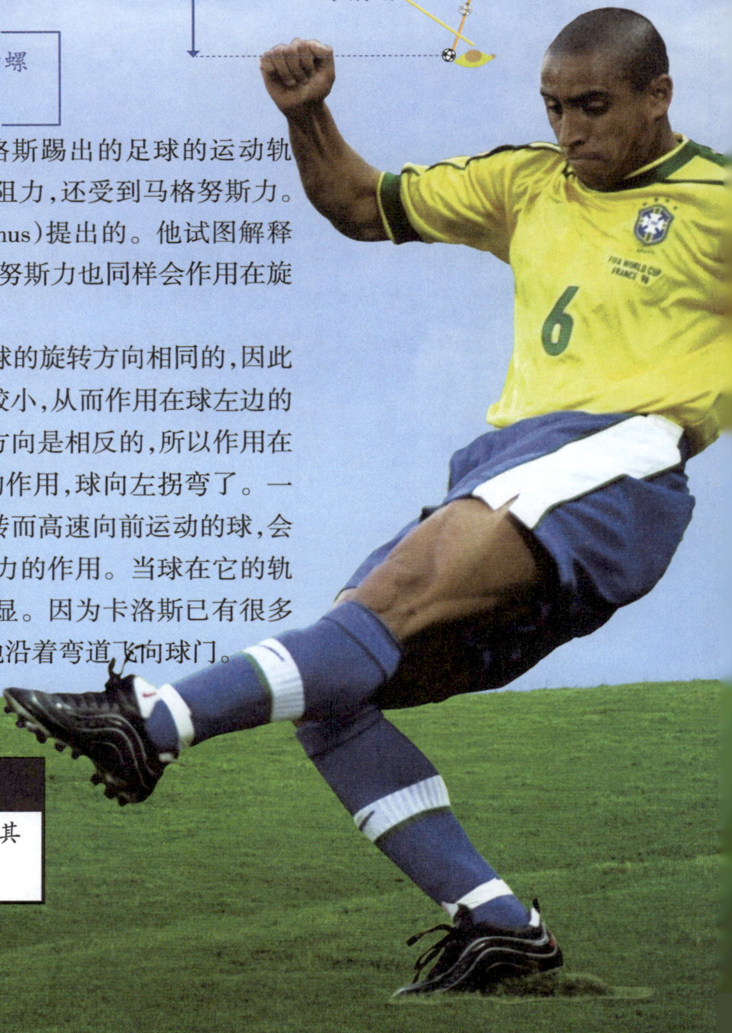

进一步探索 >>>

研究不同的抛体，如棒球、冰球和飞碟，设计其飞行路线，如何将上述知识应用在比赛中。

第13章 复习指南

大概念 物质的性质由它的热能及其内部分子之间的力决定。

关键术语
- 流体
- 压强
- 帕斯卡
- 气体组合定律
- 理想气体定律
- 热膨胀
- 等离子体

第1节 流体的性质

主要概念 流体会流动，没有确定的形状，它包括液体、气体和等离子体。

- 液态物质会流动，且没有固定的形状。
- 气体组合定律表明了气体的体积、温度及压强之间的关系。

$$\frac{p_1V_1}{T_1}=\frac{p_2V_2}{T_2}$$

- 理想气体定理表明了压强、体积、温度和气体的摩尔数之间的关系。
- 等离子体是带负电的电子和带正电的离子组成的一种类似气体的物质。

关键术语
- 内聚力
- 附着力

第2节 液体内部的力

主要概念 同种物质的分子之间存在内聚力，而不同物质的分子之间存在附着力。

- 表面张力是液体表面所具有的，使表面积收缩到最小的一种趋势。表面张力是由相邻分子间的吸引力引起的。
- 当液体与管壁之间的附着力大于液体分子间的内聚力时，就会产生毛细现象，使液体在细管子中上升。
- 当大气中的水蒸气遇冷，并在周围尘埃粒子上凝结成液滴时，就形成了云。

关键术语
- 帕斯卡原理
- 浮力
- 阿基米德原理
- 伯努利原理
- 流线

第3节 静止与运动的流体

主要概念 液压升降机、漂浮的物体和汽化器都是依靠流体产生的力而起作用。

- 帕斯卡原理表明外界压强的改变将会无衰减地传遍整个流体。
- 根据阿基米德原理，浮力等于物体所排开流体的重力。
- 伯努利原理表明，随着流体速度的增加，流体产生的压强就会减小。

关键术语
- 晶格
- 非晶体
- 线胀系数
- 体胀系数

第4节 固 体

主要概念 固体受热通常会膨胀。

- 晶体具有规则的分子排列，而非晶体内部分子的排列则是无规则的。延展性和可锻性取决于物质的结构类型。
- 当固体的温度改变时，它的内部粒子动能相应地改变。在它内部粒子的振动改变时，温度升高时固体膨胀，温度降低时固体收缩。
- 在设计结构时，必须考虑不同材料的膨胀率。

第1节 流体的性质

理解概念

49. 力和压强有什么不同?

50. 一个密闭的容器中装有一种气体,而另一个相同大小的容器中装有一种液体。以上气体与液体的体积是限定的,那么它们有什么不同呢?

51. 气体与等离子体有何相似之处?它们又有什么不同?

52. 太阳是由等离子体组成的。这种等离子体与地球上的等离子体有何不同?

解决问题

53. 教科书 一本质量为0.85 kg、大小为24.0 cm×20.0 cm的物理书,静止放在桌面上。

a. 书作用在桌面上的压力为多大?

b. 书作用在桌面上的压强为多大?

54. 排序 将下列选项按照压强从小到大排序,并说明理由。

A. 在0.35 m^2平面上施20 N的力。

B. 在0.65 m^2平面上施20 N的力。

C. 在0.05 m^2平面上施50 N的力。

D. 在0.35 m^2平面上施50 N的力。

E. 在0.55 m^2平面上施60 N的力。

55. 如**图13–24**所示,有一个由气缸组成的定压温度计,内有可以自由移动的活塞。装在气缸内的气体的总量与压强保持不变。当温度升高或降低时,活塞在气缸内上升或下落。已知0 ℃时活塞的高度为20 cm,100 ℃时它的高度为多少?

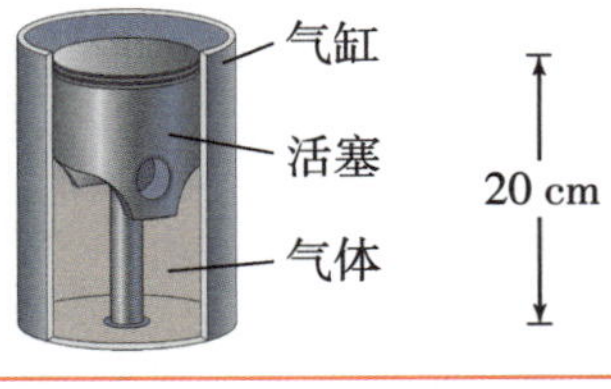

图13–24

56. 软饮料 苏打水是由二氧化碳(CO_2)溶解在液体中制成的饮料。在1个大气压和300.0 K的温度时,总共有大约8.0 L的二氧化碳气体可以溶解在2 L装的苏打水中。已知CO_2的摩尔质量是44 g/mol。

a. 在2 L的瓶中有多少摩尔的二氧化碳?已知1 L=0.001 m^3。

b. 在2 L装的苏打水中,有多少质量的二氧化碳?

57. 有一个面积为0.015 m^2的活塞,位于体积为0.23 m^3的气缸中,气缸内的气体总量保持不变。已知气缸内气体的初始压强为1.5×10^5 Pa。现在将一个质量为150 kg的物体放在活塞上,活塞向下移到一个新的位置,如**图13–25**所示。如果温度保持不变,那么气缸内的气体体积为多少?

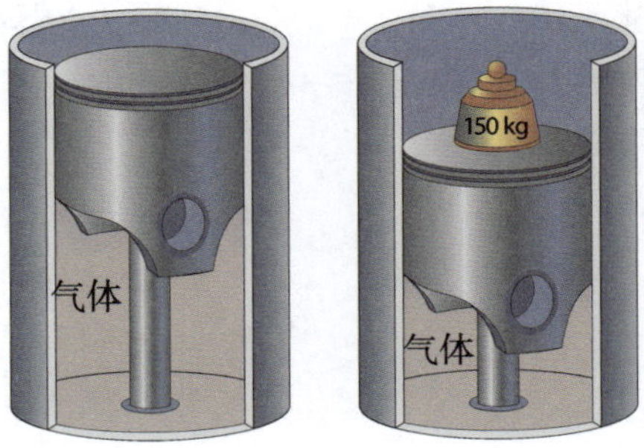

图13–25

58. 汽车 某种汽车轮胎所用的规格气压为30.0 psi(psi为磅/平方英寸,1磅/平方英寸$=6.90\times10^3$ Pa)。"规格气压"指的是实际压强与大气压强之差。因此,轮胎内的实际压强为1.01×10^5 Pa+30.0 psi×6.90×10^3 Pa/psi=3.08×10^5 Pa。在汽车开动时,轮胎的温度升高,体积及压强随之增大。假定充满气体的汽车轮胎在温度为280 K时,体积为0.55 m^3,压强为30.0 psi。当汽车开动时,轮胎的温度升高到310 K,轮胎的体积增大为0.58 m^3。

a. 此时轮胎内的压强是多少?

b. 新的规格气压为多大?

第2节 液体内部的力

理解概念

59. 湖泊 在春季,湖中的冰融化了,这对湖面上方空气的温度有什么影响?

60. **徒步旅行** 徒步旅行者所用的水壶通常是用帆布袋包裹着。如果你把帆布袋弄湿了，那么水壶中的水将会变冷。请说明理由。

第3节 静止与运动的流体

理解概念

61. 如**图13-26**所示，通过这几根连通管，你可以得出有关液体施加的压强的什么结论？

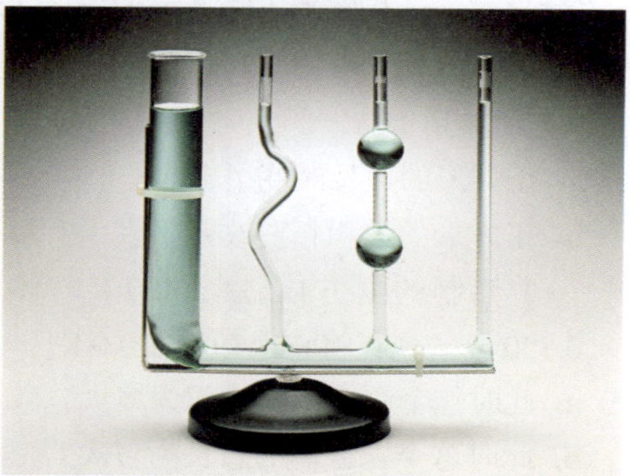

图13-26

62. 根据帕斯卡原理，如果增大容器底部的压强，那么容器顶部的压强将会发生什么变化？

63. 一个小池塘的水面以下1 m处的水的压强，与一个大湖的水面以下相同深度处的压强相比，哪个更大些？

64. 在轨道上运行的宇宙飞船内部有一个瓶子，阿基米德原理是否适用于处于这个瓶子内的物体？

65. 小河里的水通过软管流到喷嘴处。当水加速喷出时，水的压强发生了什么变化？

解决问题

66. **水库** 一个水库堤坝后部的水的深度为17 m。计算在下列位置处，水的压强为多大：
   a. 堤坝的底部。
   b. 离堤坝顶部4 m处。

67. 在竖直放置的试管中装入了2.5 cm的油($\rho=0.81\ g/cm^3$)和6.5 cm的水。两种液体施加给试管底部的压强为多大？

68. **古董** 将一只黄色金属鸟雕像悬挂在弹簧测力计上。在空气中时，弹簧测力计的示数为11.81 N；当雕像完全浸没在水中时，弹簧测力计的示数为11.19 N。
   a. 求雕像的体积。
   b. 这个雕像更像是纯金($\rho=19.3\times10^3\ kg/m^3$)制成的，还是铝($\rho$铝$=2.7\times10^3\ kg/m^3$)镀金制成的？

69. 在一次生态实验中，你往一个水族箱中注入了半箱水，然后把它放在一个磅秤上，磅秤的示数为195 N。
   a. 将一块重8 N的石块扔到水族箱中，如果石块沉没在箱底，那么这时磅秤的示数是多少？
   b. 把石块从水族箱中捞起，并调整箱中水的总量，使磅秤的示数再次为195 N。此时，若将一条重2 N的鱼放入水族箱中，磅秤的示数又会是多少？

70. **海洋学** 如**图13-27**所示，在进行海洋学的研究时，会用到一个很大的浮筒，它是由一个空心的圆柱形铁罐制成的。铁罐高2.1 m，圆柱底面直径为0.33 m。浮筒的一头必须浮出水面，在其上方装有一个无线电转播器，已知浮筒与仪器的总质量约为120 kg。假定浮筒的质量是均匀分布的。当浮筒浮起时，它露在水面之上的高度约为多少？

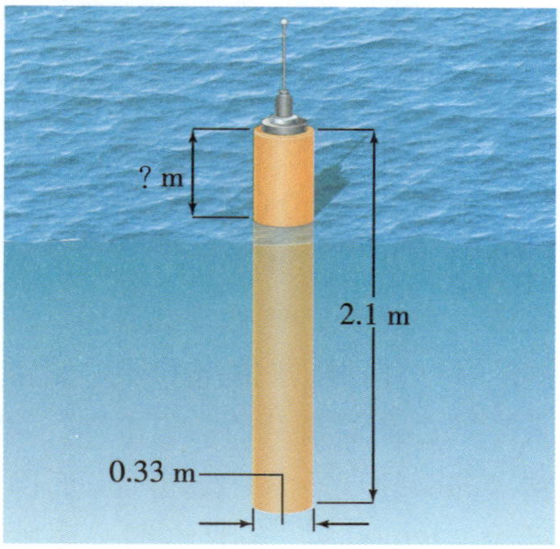

图13-27

71. 一只重26.0 N的小球漂浮在水中。它受到的浮力为多大?

72. 石块在空气中重45 N,它的体积为2.1×10^{-3} m^3。这一石块浸没在水中时受到的净力为多大?

73. 一只充有1.00 m^3氦气的气球可飘浮在空气中,那么它的重力最大为多少?假定空气的密度为1.20 kg/m^3,氦气的密度为0.177 kg/m^3,气球的质量可忽略。

74. 已知一块石头在空气中重54 N,当它浸没在密度为水的2倍的液体中时,受到的净力为46 N。那么它浸没在水中时,受到的净力为多大?

第4节 固 体

理解概念

75. 在晶体物质内部的原子的排列与非晶体内部的有什么不同?

76. 物质的线胀系数与长度所用的单位有关吗?请解释。

解决问题

77. 有一根材质未知的金属棒,已知它在45 ℃时长0.975 m,在23 ℃时长0.972 m。这一金属的线胀系数是多少?

78. **桥梁** 已知8月份某地白天的温度一般为30 ℃,而到了1月份,晚上只有−10 ℃。对于建造在该地的一座长300 m的钢桥而言,相比1月份的夜晚,8月份的白天这座钢桥会伸长多少米?

79. 有一根长2.00 m的铜管。当它的温度从23 ℃升高到978 ℃时,它的长度改变了多少?

80. 有一块体积为1.0 m^3的混凝土。若它的温度升高45 ℃,它的体积将会改变多少?

81. 建桥工人在施工时,通常会选用比铆洞大一些的铆钉,使得它们的连接更为紧密。在放入铆洞之前,需要先将铆钉冷却。假定工人钻出的洞的直径为1.223 0 cm,而铆钉的直径为1.225 0 cm。若要将铆钉装进20.0 ℃的铆洞中,铆钉必须冷却到多少温度?

82. 一个圆柱形钢罐的直径为2.000 m、高为5.000 m,里面装满了甲醇,它的温度为10.0 ℃。若温度升高到40.0 ℃,在假定钢罐与甲醇都会发生膨胀的情况下,有多少甲醇会从罐中流出?

83. 将一个铝球从11 ℃加热到580 ℃。若11 ℃时它的体积为1.78 cm^3,那么在580 ℃时,球的体积增加了多少?

84. 从12 ℃加热到984 ℃之后,铜球的体积变成了2.56 cm^3。铜球在12 ℃时的体积是多少?

85. 将一块边长为0.330 0 m的正方形铁板从0 ℃加热到95 ℃。

    a. 正方形的边长改变了多少?

    b. 正方形的面积相对改变了多少?

86. 一个铝制的立方体,在350.0 K时体积为0.350 m^3。现在将它冷却到270.0 K。

    a. 此时这个立方体的体积为多大?

    b. 此时这个立方体的边长为多大?

87. **工业** 机械师为一个特殊的冷藏系统建造了一个矩形的机械部件,这个部件用两片矩形钢条和两片矩形铝条构成。在温度为293 K时,该部件是正方形的;但是在170 K时,它的形状发生了扭曲,如**图13–28**所示。在这个部件的四条边中,哪两条是钢条,哪两条是铝条?

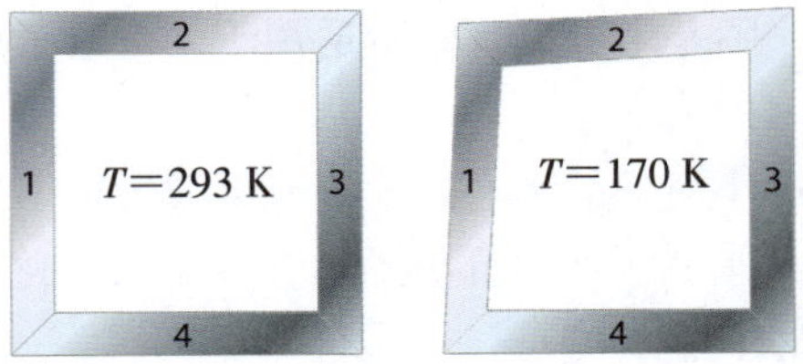

图13–28

应用概念

88. 有一个矩形盒子,以它最大的一个表面作为底面,将它静止放在桌子上。现在把盒子转过来,使它的底面变为最小的那个表面。盒子对桌面的压强是增大、减小还是保持不变?

89. 证明:1 Pa=1 $kg/(m\cdot s^2)$。

90. 货运船 有两艘完全相同的货运船，一艘没有装载任何货物，另一艘装满乒乓球。相比第一艘船，第二艘船将在水中下沉得更深一些还是更浅一些？说明理由。

91. 一个盛水容器底部的压强与10.0 cm深的水银烧杯底部的压强相同。已知水银的密度是水的13.55倍，那么此盛水容器中的水有多深？

92. 如**图 13-29** 所示为放在光滑平面上的水银滴、水滴、酒精滴和丙酮滴。从这张图上你能否判断出这些液体的内聚力有什么不同？

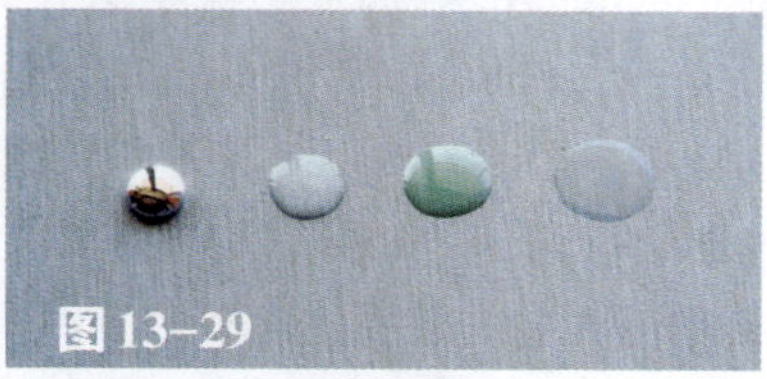

图 13-29

93. 在相同温度下，酒精比水蒸发得更快。根据这一事实，你能对这两种液体中的分子的性质作出何种判断？

94. 将如下密度的五种物体放在水箱中：

a. 0.85 g/cm³ **b.** 0.95 g/cm³

c. 1.05 g/cm³ **d.** 1.15 g/cm³

e. 1.25 g/cm³

已知水的密度为1.00 g/cm³。如**图 13-30** 所示为这些物体在水箱中的6个可能的位置。请为以上五种物体选择一个合适的位置。注意，并不是所有位置都必须选到。

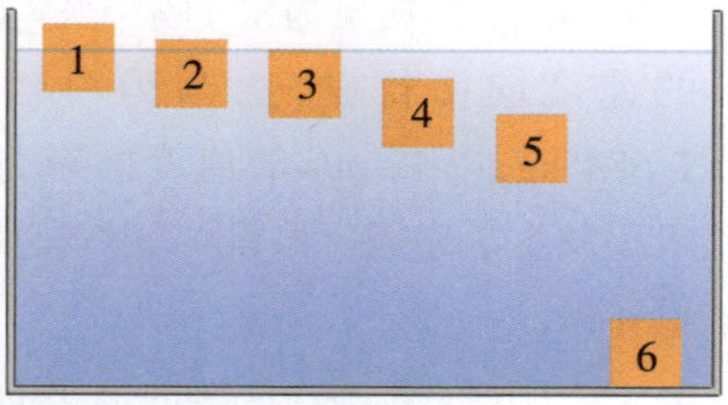

图 13-30

95. 在两根完全相同的细长管子中加热相同体积的水，已知管子A是用软玻璃制成的，而管子B是用耐热玻璃制成的。当温度升高时，管子B中的水平面比管子A的水平面升得更高。请给出一个可能的解释。

96. 铂丝可以很容易地密封接在玻璃管中，而铜丝却不能。请解释原因。

复习提高

97. 在65 m深处，潜水艇船身所受的压强为多大？

98. 自带呼吸器的潜水 一个自带呼吸器的潜水者在水下5.0 m深处游泳，呼出一个$4.2\times10^{-6}\ m^3$的气泡。这个气泡在刚刚到达水面时的体积为多大？

99. 编写问题 用生活中的物体编写一道物理题，在它的解答中会出现下列表达式：

$$T_1=\frac{61.2\ kPa\times28.0\ L\times273\ K}{77.0\ kPa\times25.0\ L}$$

100. 大概念 一根铝棒漂浮在一碗水银中。当温度升高时，铝棒是漂浮得更高一些，还是沉得更深一些呢？

101. 将100 mL的水注入800.0 mL的软玻璃烧杯中，温度为15 ℃。当烧杯与水被加热到50 ℃时，烧杯中的水面是上升还是下降了？

102. 汽车保养 一种用来提升待修理的汽车的水力千斤顶，称为3 *t*千斤顶。这种千斤顶的大活塞直径为22 mm，小活塞直径为6.3 mm。设3 *t*的力等于3.0×10^4 N。

a. 在小活塞上需要施加多大的力，才能举起3 *t*重力？

b. 大多数千斤顶都是利用杠杆来减小需要施加在小活塞上的力的。若阻力臂为3.0 cm，那么一个理想杠杆的动力臂必须多长时，才能使作用力减小为100.0 N？

103. 气球膨胀 一个热气球内的气体的体积是固定的。当气体被加热时，气体膨胀并在开口处推出一些气体，结果导致气球中的气体质量减小。在乘客数量一定的条件下，相比在海拔为3 m的弗吉尼亚的海平面上方，在海拔为2 400 m的科罗拉多的伏依尔上方升起气球时，气球中的气体要更热一些，这是为什么？

批判性思维

104. 补充问题 把下列问题补充完整，以便可利用浮力和牛顿第二定律来求解："一块金属的体积为2.4 cm^3，质量为0.56 kg……"

105. 分析与结论 根据油脂组织比肌肉组织密度低这一现象，科学家发明了一种测量身体脂肪百分率的方法。你知道该如何利用磅秤及游泳池来估测人体的平均密度吗？医生需要做哪些测量与记录，来求出人体脂肪的平均百分率？

106. 分析与结论 如**图13-31**所示，要使塑料泡沫球完全浸没，需要一个700 N的向下的力。已知塑料泡沫的密度为95 kg/m^3。

a. 若泡沫球放开后将会自由漂浮在水面上，那么此时泡沫球有多少部分浸没在水中？

b. 泡沫球在空气中受到的重力为多大？

c. 泡沫球的体积为多大？

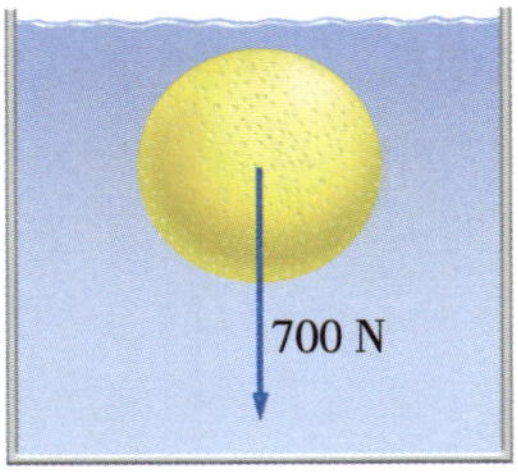

图13-31

107. 应用概念 在宠物商店买了热带鱼后，商家一般都会将鱼放在装有水的塑料袋里，方便你将它带回家。如果你将装有一条鱼且没有打开的塑料袋直接放入家里的养鱼缸中，那么如**图13-32**所示的各种情况中，哪种最有可能发生？说明理由。

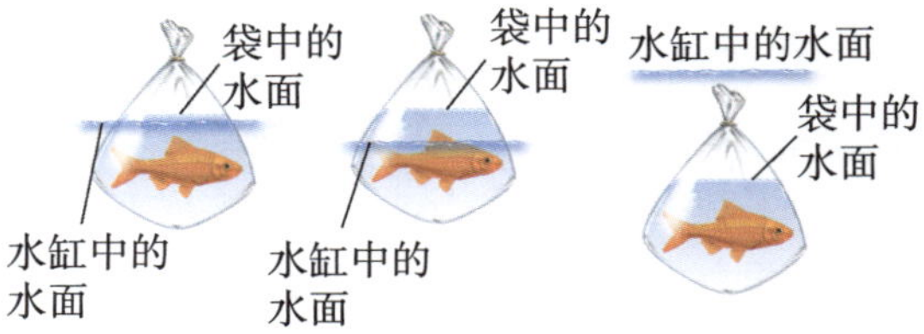

图13-32

科技写作

108. 一些固体材料在冷却时反而会膨胀，最常见的例子就是在0 ℃到4 ℃之间的水。然而橡胶带在冷却时，沿长度方向也会发生膨胀。研究这种膨胀是什么原因引起的。

109. 研究盖·吕萨克(J. L. Gay-Lussac)对气体定律的贡献。他对水的化学式的发现做出了什么贡献？

日积月累

110. 在一条线的两端挂上两块木块，然后将其通过一个无摩擦、质量不计的滑轮。其中一块木块静止在斜面上，另一块越过斜面顶部边缘悬挂，如**图13-33**所示。已知悬挂着的木块的质量为3.0 kg，而静止在斜面上的木块的质量为2.0 kg，木块与斜面之间的动摩擦因数为0.19。假设木块从静止开始释放。

a. 木块的加速度为多大？

b. 连接木块的线中的张力为多大？

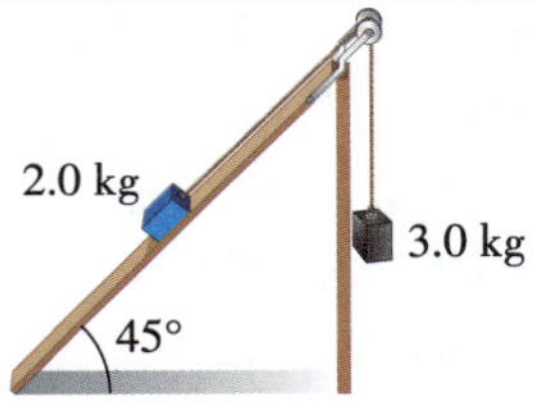

图13-33

111. 一辆小汽车的质量为875 kg。当它以15 m/s的速度向南行驶时，与另一辆质量为1 584 kg、以12 m/s的速度向东行驶的大卡车发生了碰撞。假设两辆汽车碰撞时动量守恒。

a. 作出示意图，确定坐标轴，并标出碰撞前后的情况。

b. 求碰撞发生瞬间小汽车的速度的大小与方向，注意动量是一个矢量。

c. 小汽车沿地面滑行并停下。已知它在滑行时的动摩擦因数为0.55，并假定加速度保持不变。在碰撞之后，小汽车滑行了多远？

选择题

1. 将体积为10.0 L的气体装在一个可膨胀的圆筒内。现将压强变为之前的3倍，温度升高80.0%（采用开尔文温标），那么此时气体的体积为（　　）

   A. 2.70 L　　**B.** 6.00 L

   C. 16.7 L　　**D.** 54.0 L

2. 在标准大气压101.3 KPa的情况下，氮气的体积为0.080 m^3。若现有3.6 mol的氮气，那么此时的温度为（　　）

   A. 0.27 K　　**B.** 270 K

   C. 0.27 ℃　　**D.** 270 ℃

3. 如下图所示，一名操作员用200.0 N的力作用在液压升降机的第一个活塞上，这个活塞的面积为5.4 m^2。作用在这台液压升降机流体上的压强为（　　）

   A. 3.7×10^1 Pa　　**B.** 2.0×10^3 Pa

   C. 3.7×10^3 Pa　　**D.** 3.7×10^5 Pa

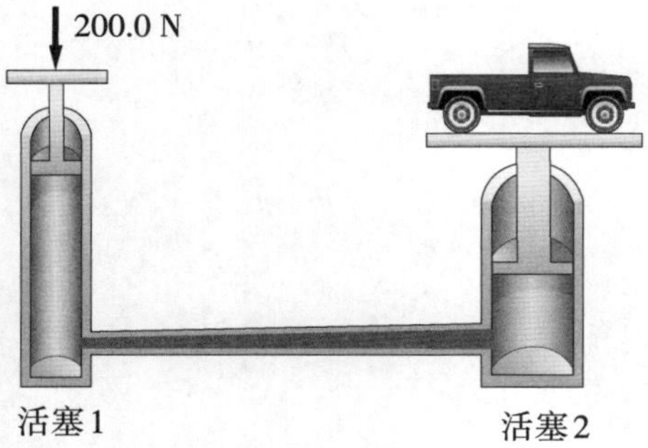

4. 如果在上题抬升的示意图中，第二活塞上的作用力为41 000 N，那么第二活塞的面积为（　　）

   A. 0.004 9 m^2　　**B.** 0.026 m^2

   C. 0.11 m^2　　**D.** 11 m^2

5. 产自哥斯达黎加的可可树木材的密度为1.10 g/cm^3。若用可可木制成的小雕像浸没在水中时，它排开的水的体积是786 mL。那么它受到的合力为（　　）

   A. 0.770 N　　**B.** 0.865 N

   C. 7.70 N　　**D.** 8.47 N

6. 一个质量为17 kg的物体浸没在水中时，排开水的体积为85 L。它受到的浮力为（　　）

   A. 1.7×10^2 N　　**B.** 8.3×10^2 N

   C. 1.7×10^5 N　　**D.** 8.3×10^5 N

7. 在下列各项中，不包含等离子体物质的是（　　）

   A. 氖灯　　**B.** 恒星

   C. 闪电　　**D.** 白炽灯

8. 假定你用打孔器在一片薄的铝箔上打圆孔。如果你对铝箔加热，那么孔的尺寸将会（　　）

   A. 缩小　　**B.** 增大

   C. 先缩小，再增大　　**D.** 先增大，再缩小

拓展题

9. 一个气球在标准大气压101.3 kPa的情况下，含有空气的体积为125 mL。若将气球固定于游泳池水面下1.27 m处，如下图所示，这个气球的体积变为多少？

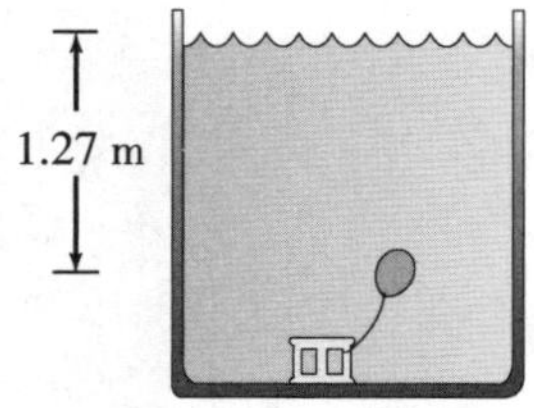

考点提示

测试题号	1	2	3	4	5	6	7	8	9
对应小节	1	1	3	3	3	3	1	4	3

第14章

振动与波

大概念 波和简谐运动都是周期运动。

内容提要

起步实验

在螺旋弹簧中传播的波

在一根弹簧上，你能做出什么类型的波？

第1节 周期运动

物理在你身边 你可能看过这样的动画片，动画片里的人用一个怀表来催眠，怀表有节奏地来回摆动，就像挂钟里的摆锤。怀表和摆锤都在做周期运动。

主要概念

周期运动是指在某个周期里做规则的循环往复的运动。

核心问题

- 什么是简谐运动?
- 弹簧中储存了多少能量?
- 影响单摆周期的因素有哪些?

术语回顾

重力加速度(g) 由地球引力产生的，大小等于单位质量的物体受到的力；在地球表面，g为9.8 N/kg，方向指向地球的中心

关键术语

周期运动
周期
振幅
简谐运动
胡克定律
单摆
共振

弹簧上的物块

挂在弹簧上的物块的上下振动类似于单摆的运动，它是循环重复的，每次振动的路程都是相同的，并且上下振动一次所用的时间也相同。另一些常见的例子有吉他的弦的振动、树在风中的摆动。这些运动都有一个共同的特点，即都呈现规则的循环重复，称之为**周期运动(periodic motion)**。

如果从力的角度分析上述这些运动，你可以发现，在物体的运动过程中，都有一个没有受到力的位置。在这个位置上，物体处于平衡状态。当将物体从这个平衡位置稍稍拉开时，物体就会受到一个力的作用，这个力会把物体拉向平衡位置。**周期(period)**是物体完成一个完整循环运动所需的时间，**振幅(amplitude)**则是物体离开平衡位置的最大距离。

简谐运动 如**图14-1**所示，弹簧产生的力与弹簧伸长的距离成正比。如果你下拉物体，然后释放，物体将在平衡位置附近上下振动。任何系统，如果使物体恢复到平衡位置的力与物体的位移成正比，这样的运动称为**简谐运动(simple harmonic motion)**。

阅读检测 **指出**简谐运动需要满足的条件。

■ **弹簧上的物块**

图14-1 弹簧对物体施加的力与物体的位移成正比。
确定重力为0.5 mg的物体的位移。

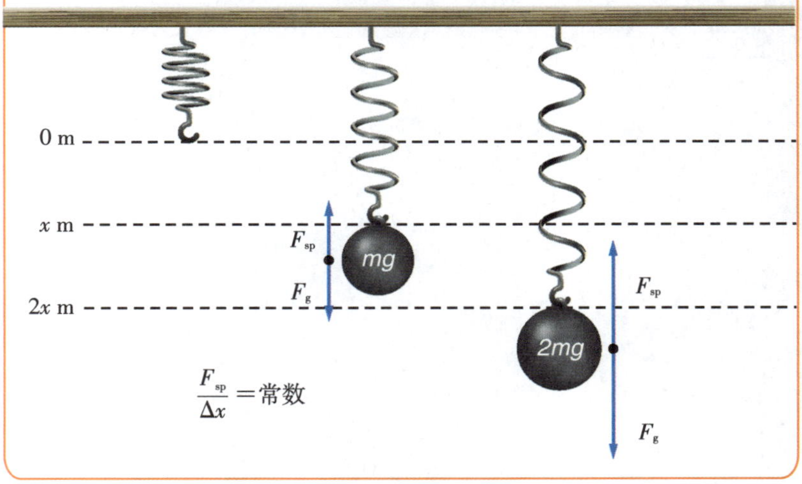

■ **胡克定律**

表 14-1　弹簧产生的力与弹簧的伸长量的关系

伸长量(m)	弹簧产生的力(N)
0.0	0.0
0.030	1.9
0.060	3.7
0.090	6.3
0.12	7.8

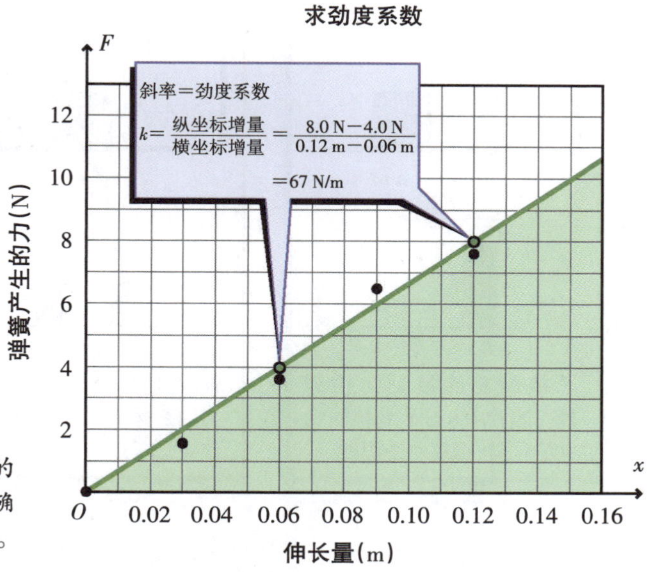

图 14-2　弹簧的劲度系数由弹簧产生的力与弹簧的伸长量的关系图线的斜率确定。图线下方的面积等于弹簧中的势能。

胡克定律

表 14-1 所示为弹簧产生的力与弹簧的伸长量的测量数据。**图 14-2** 是用测量数据画出的关系图。图中显示的线性关系表明，弹簧产生的力与弹簧的伸长量成正比，这与**胡克定律(Hooke's law)**相一致。

胡克定律

弹簧产生的力等于劲度系数乘以弹簧从平衡位置被拉长或被压缩的距离。

$$F=-kx$$

在上述方程中，k 为劲度系数，与弹簧的弹性及其他性质有关；x 是弹簧从平衡位置伸长的距离。注意 k 是弹簧产生的力与弹簧的伸长量的关系图线的斜率。斜率越陡，k 值越大，说明弹簧越不容易被拉伸。弹簧的劲度系数与斜率的单位相同，都为牛顿每米(N/m)。

胡克定律中的负号表示力的方向与弹簧伸长或压缩的方向相反。作用在物体上的弹力总是指向平衡位置。

☑ **阅读检测**　**解释**胡克定律中的负号的含义。

胡克定律与实际的弹簧　不是所有的弹簧都遵循胡克定律，如橡皮筋。人们把遵循胡克定律的弹簧称为弹性弹簧。即使是弹性弹簧，也只是在某一段距离内遵循胡克定律。如果一根弹簧拉伸得太长，发生了变形使得弹力与位移不成正比。我们就说该弹簧超出了弹性范围。

势能　当你拉一根弹簧时，你就把能量传递给了弹簧，弹簧有了弹性势能。力所做的功等于力与位移关系图中的曲线下方的面积。怎么计算拉伸弹簧所做的功呢？如**图 14-2** 所示，曲线下方的面积表示拉伸弹簧所做的功，这些功就等于储存在弹簧里的弹性势能。要计算储存在弹簧里的弹性势能，就是计算图中三角形的面积，也就是三角形底边 x 的一半与三角形高的乘积。根据胡克定律，三角形的高就是力的大小，即 kx。

弹簧中的势能

弹簧中的势能等于弹簧的劲度系数与位移平方乘积的一半。

$$E_{sp}=\frac{1}{2}kx^2$$

如下页**图 14-3** 所示，在弹簧的整个水平方向简谐运动的过程中，弹簧的弹性势能转换为动能，然后动能又转换为势能。

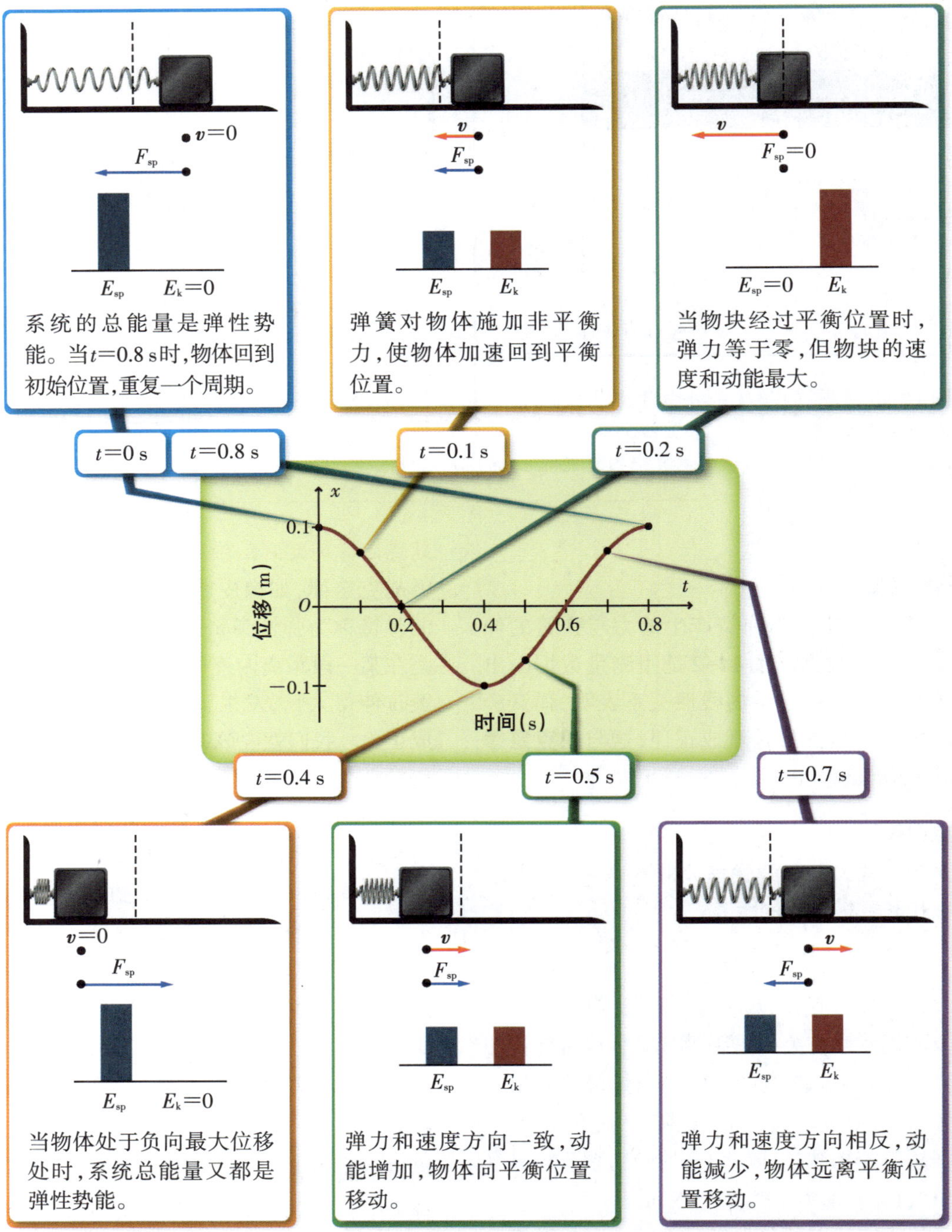

图 14-3 系统的总机械能在振动中保持不变。

明确物块与弹簧在什么位置时，系统的弹性势能最大？

例题 1

劲度系数和弹簧的能量 将一袋重为 56 N 的土豆挂在弹簧的一端时，弹簧伸长 18 cm。

a. 求弹簧的劲度系数。

b. 此时弹簧储存了多少弹性势能？

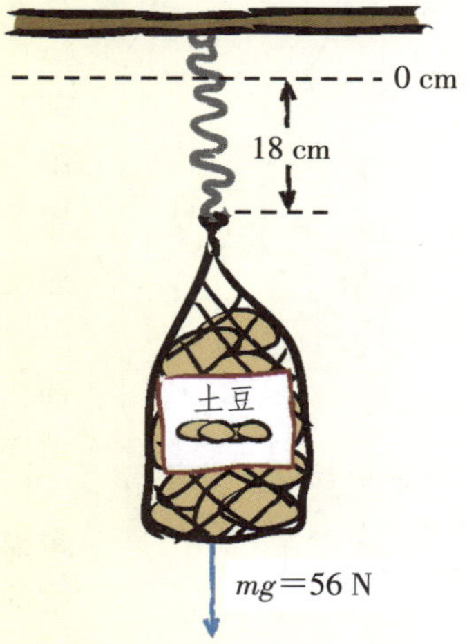

1 分析概括问题

- 作出示意图。
- 标出弹簧的伸长量和平衡位置。

已知	未知
$x=18$ cm	$k=?$
$F=-56$ N	$E_{sp}=?$

2 求解未知量

a. 利用公式 $F=-kx$，解出 k。

$$k=-\frac{F}{x}$$

$$=-\frac{-56\ \text{N}}{0.18\ \text{m}}=310\ \text{N/m}$$

◀将 $F=-56$ N，$x=0.18$ cm 代入。这个力是负的，因为它与 x 的方向相反。

b. $E_{sp}=\frac{1}{2}kx^2$

$$=\frac{1}{2}\times 310\ \text{N/m}\times(0.18\ \text{m})^2=5.0\ \text{J}$$

◀将 $k=310$ N/m，$x=0.18$ m 代入。

3 验证答案

- **单位是否正确？** N/m 是劲度系数的正确单位。$\text{N/m}\cdot\text{m}^2=\text{N}\cdot\text{m}=\text{J}$，为能量的正确单位。
- **数值是否合理？** 弹力的平均大小是取 0 和 56 N 的平均值，为 28 N。这个力做的功 $W=Fx=28\ \text{N}\times0.18\ \text{m}=5.0\ \text{J}$。

练一练

1. 当弹簧的一端悬挂一个重为 24 N 的物体时，弹簧伸长了 12 cm。求这根弹簧的劲度系数。
2. 如果将劲度系数为 144 N/m 的弹簧压缩 16.5 cm，弹簧的弹性势能为多少？
3. 将一个重 18 N 的木块悬挂在劲度系数为 56 N/m 的弹簧的一端时，可将其拉长多少？
4. **挑战题** 假设弹簧的劲度系数为 256 N/m。为了使这根弹簧具有 48 J 的弹性势能，应该把它拉长多少？

物理挑战题

一辆质量为 m 的汽车停在离地面高为 h 的山顶，无摩擦地向下滚动，撞向位于山脚下的防撞护栏。已知防撞护栏中安装一个劲度系数为 k 的弹簧，这是为了当车撞上防撞护栏时，车的损坏程度最小。

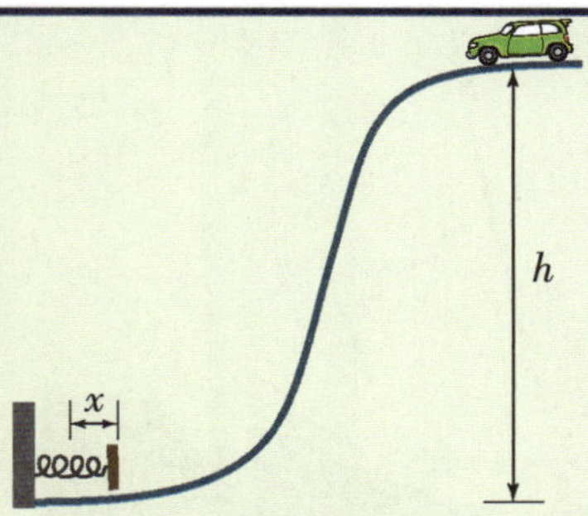

1. 用已知量 m，h，k 和 g，计算汽车撞上弹簧时，弹簧的最大压缩量 x。
2. 如果汽车从一个高度是原来 2 倍的山上滚下撞上弹簧，那么弹簧的压缩量增加了多少？
3. 在汽车停止后，会发生什么情况？

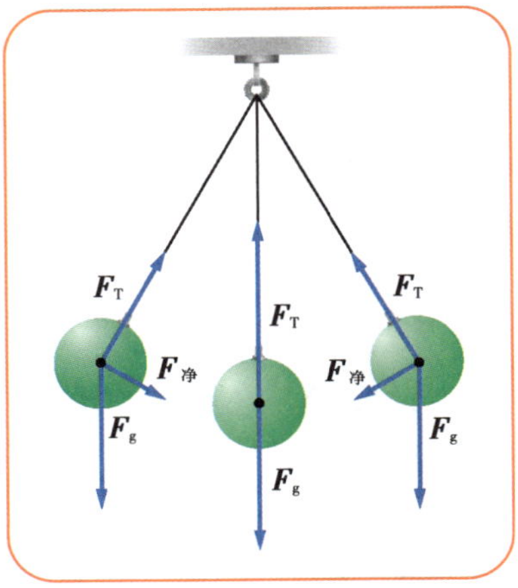

图 14–4 单摆的运动是一种简谐运动，因为系统的回复力与摆锤离开平衡位置的位移成正比。

单　摆

将一个称为摆锤的块状物体悬挂在细绳子或长度为l的轻质杆上，这样就组成了一个**单摆(pendulum)**。把摆锤稍稍拉向一边后释放，摆锤就会来回摆动，如**图 14–4** 所示。作用在摆锤上的力共有两个：绳或杆产生的张力F_T以及重力F_g。在摆锤的运动过程中，重力在摆锤轨迹切线方向的分力是回复力。图中的左、右位置上的回复力最大，速度为零。在中间平衡位置上，回复力为零，速度最大。

在摆锤为小角度(小于10°)时，回复力与位移成正比，类似于前面讨论的挂在弹簧上的物体的运动，单摆的运动是简谐运动。单摆的周期由下述公式给出：

单摆的周期

摆的周期等于2π乘以摆长除以重力加速度的平方根。

$$T=2\pi\sqrt{\frac{l}{g}}$$

需要指出的是，周期只与摆长和重力加速度有关，而与摆锤的质量或摆动的振幅无关。这种单摆有一个重要应用，即用来测量重力加速度g。在地球上的不同地方，g稍有差异。

阅读检测　描述单摆的周期与摆锤质量之间的关系。

物理实验

单摆的振动

怎样用单摆演示波的性质？

共　振

为了使操场上的秋千越荡越高，你会在秋千摇摆到同一点时，用力蹬它以使它加速，或者请朋友在适当的时候不停地推它。在这两种情况下，你每次只要用较小的力，就可使秋千荡得很高。这种按规律的时间间隔且用较小的力重复作用于振动或振荡物体时，振动的振幅增加的现象，称为**共振(resonance)**。施力的时间间隔等于振动的周期。共振的实例很多，你熟悉的例子包括摇摆汽车使之从雪地中挣脱出来，以及在蹦床或跳水板上有节奏地跳跃等。

共振是振动的一种特殊形式。用较小的力在特定的时间作用于运动物体，就能引起物体产生越来越大的位移。由共振引起的大振幅振荡能产生有益或有害的结果。乐器中的共振用于放大声音，钟表中的共振增加时间的精确度。

如**图 14–5** 所示的是一个共振引起的大灾难的事例，风产生的力最终摧毁了塔科马海峡大桥的整体结构。风产生的力增加了使大桥振荡的能量，振荡的幅度越来越大，最后使大桥坍塌，沉入水底。设计师和工程师在设计和建造桥梁的时候，必须确保共振不会损坏桥梁的结构。

图 14–5 塔科马海峡大桥周围的大风引起这座桥摆动，而一旦摆动，桥结构的内力与风力产生复杂的相互作用，最终导致这座桥的坍塌。

例题2

用单摆求g值 一个单摆的摆长为36.9 cm，周期为1.22 s。单摆所在处的重力加速度是多少？

1 分析概括问题

- 作出示意图。
- 标出单摆的长度。

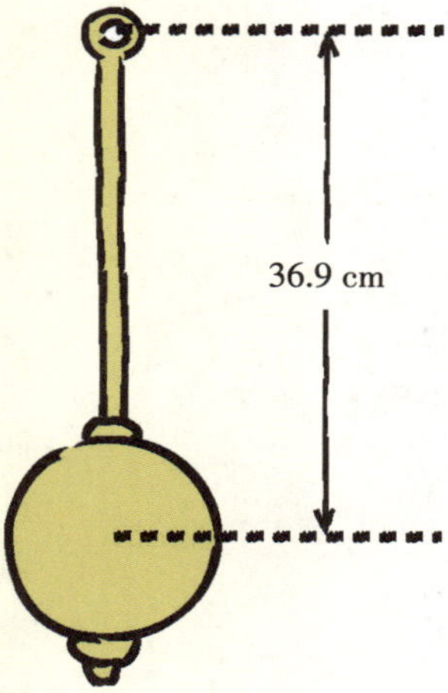

已知	未知
$l=36.9\ \text{cm}$	$g=?$
$T=1.22\ \text{s}$	

2 求解未知量

$$T=2\pi\sqrt{\frac{l}{g}}$$

◀求解g。

$$g=\frac{(2\pi)^2 l}{T^2}$$

$$=\frac{4\pi^2\times 0.369\ \text{m}}{(1.22\ \text{s})^2}=9.78\ \text{N/kg}$$

◀将$l=0.369\ \text{m}$，$T=1.22\ \text{s}$代入。

3 验证答案

- **单位是否正确？** N/kg是重力加速度的正确单位。
- **数值是否合理？** g的计算值十分接近g的标准值9.80 N/kg。这个单摆可能处在高海拔区。

练一练

5. 有一个长1.0 m的单摆，它在地球上的周期是多少？
6. 已知在月球上$g=1.6\ \text{N/kg}$。要做一个单摆，使它在月球上的振动周期为2.0 s，那么摆长应该为多少？
7. **挑战题** 在一个g值未知的行星上，有一个长0.75 m的单摆。如果它的周期为1.8 s，求该行星上的g值。

第1节 复 习

8. **主要概念** 请解释为什么单摆是一种简谐运动。
9. **弹簧的能量** 如图14–6所示，同一根弹簧的伸长量不同，那么它储存的能量有什么不同？

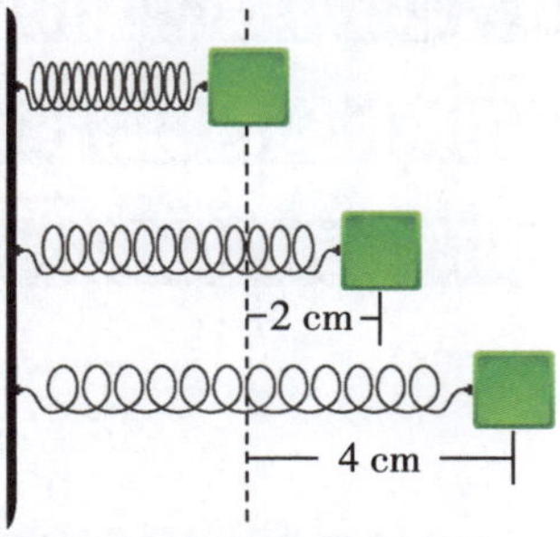

图14–6

10. **胡克定律** 两根弹簧看上去差不多，但它们的劲度系数各不相同。你如何判断哪根弹簧的劲度系数更大？
11. **胡克定律** 将橡皮筋的一端悬挂在钩子上，另一端挂上不同的重物。作出悬挂物体的重力与橡皮筋伸长量的关系图。根据图线，你能得出橡皮筋遵循胡克定律这一结论吗？
12. **单摆** 如果一个单摆的周期加倍，那么它的长度必须如何改变？如果周期减半，长度又将如何变化呢？
13. **共振** 如果汽车的一个轮子失去平衡，那么当汽车达到某一特定速率时，就会强烈摇晃起来，而以其他速率行驶时则不会发生这种情况。试解释其中的原因。
14. **批判性思维** 匀速圆周运动与简谐运动相比，有何相似之处？又有什么不同？

第2节 # 波的性质

主要概念

波传递能量而不转移物质。

核心问题

- 什么是波?
- 怎样比较横波和纵波?
- 波速、波长和频率有什么关系?

术语回顾

周期 在任何周期运动中,物体重复一个完整的运动所需要的时间

关键术语

波
波脉冲
横波
周期波
纵波
表面波
波谷
波峰
波长
频率

物理在你身边

想象一下,如果你把球抛给一位同伴,那么球就会携带着能量向你的同伴的方向运动。再想象一下,如果你和你的同伴各自拿住绳子的一端,你在自己的这一端快速摇动绳子。虽然绳子还是留在你的手里,即没有物质的转移,但绳子却通过你产生的波输送了能量,到达了你的同伴处。

机械波

波(wave)是一种通过介质或空间输送能量的扰动,波不转移物质。你已经学过,粒子的运动都遵循牛顿运动定律和能量守恒定律,而波的运动同样遵循这些定律。水波、声波和绳子或弹簧上传播的波都是机械波。机械波在传播时,需要某种介质,如水、空气、绳子或弹簧等。

横波 **波脉冲(wave pulse)**是通过介质行进的单个隆起或扰动。如**图14-7**左侧所示,绳子在竖直方向扰动,而脉冲却在水平方向行进。以这种形式运动的波称为**横波(transverse wave)**。在图中你还可以发现,横波质点的振动方向与波的运动方向垂直。当波以相同的速率上下运动时,就产生**周期波(period wave)**。

纵波 利用一根弹簧,你可以以不同方式产生波脉冲。如果你把一根长弹簧的一小段挤压在一起,然后突然释放,那么紧密的圈脉冲就会向相反的两个方向运动而散开,如**图14-7**右侧所示。这种波称为**纵波(longitudinal wave)**,其扰动方向与波的运动方向相同或平行。声波就是一种纵波,在波的传递中空气分子被压缩和释放。

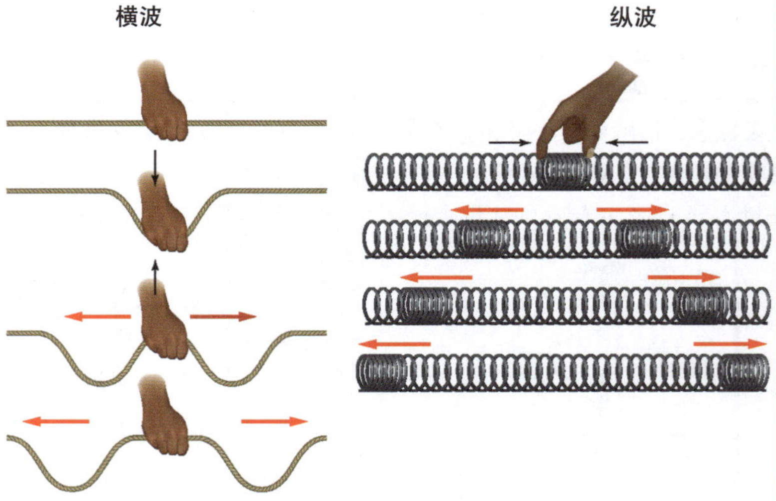

图14-7 通过快速抖动绳子,可在左右两个方向送出横波。通过挤压和释放弹簧,可在左右两个方向送出纵波。
解释横波和纵波究竟有什么区别。

图 14-8 水上的表面波在平行和垂直波的运动的两个方向上运动。当表面波运动到海岸时，波的圆周运动被打破，表面波消失在海滩上。

表面波 在湖泊或海洋深处传播的波是纵波；而在水面上，粒子可在平行和垂直波的运动的两个方向上运动，如**图 14-8** 所示。这两种波都是**表面波(surface wave)**。粒子在水面做圆周运动，在圆形轨迹的顶部和底部时，粒子运动方向与波的传播方向平行，这时类似于纵波；而在圆形轨迹的左边和右边时，粒子做上下运动，运动方向与波的传播方向垂直，这时又类似于横波。

波的性质

许多不同类型的波有一组相同的波的性质。有些波的性质与波的产生有关，还有一些与传播波的介质有关。

振幅 轻轻抖动绳子产生的脉冲，与强烈抖动绳子产生的脉冲，两者有什么差异？这个差异就是波的振幅不同，就像是池塘中的波纹与海洋中的巨浪之间的差异一样。你已经知道，波的振幅是波离开静止位置或平衡位置的最大位移。如**图 14-9** 所示即为振幅不同的两列类似的波。因为振幅是距离，所以它始终是正的。当学习声波时，你会学习怎样测量纵波的振幅。

波的能量 波的振幅大小与波产生时的情况有关，而与波速无关。要产生一列振幅较大的波，需要做更多的功。例如，强风产生的水波比微风更大。较大振幅的波可以输送更多的能量。小的波能把沙粒推到岸上，而巨大的波则能推移一棵大树或把树连根拔起。

对于以相同速率运动的波而言，它们所具有的能量与波的振幅的平方成正比。换句话说，如果波的振幅增加 1 倍，那么每秒传送的能量就会增加 4 倍。

☑ **阅读检测** 如果波的振幅增加 3 倍，**预测**波每秒传送的能量增加了多少。

生活中的物理学

海啸 2011 年 3 月 11 日，约 10 米高的洪水冲向日本东海岸，这就是海啸。海啸是波长为 100 多千米、波速为 500～1000 km/h 的一系列海浪。

图 14-9 波的振幅是平衡位置到波的最高点或到最低点的距离。

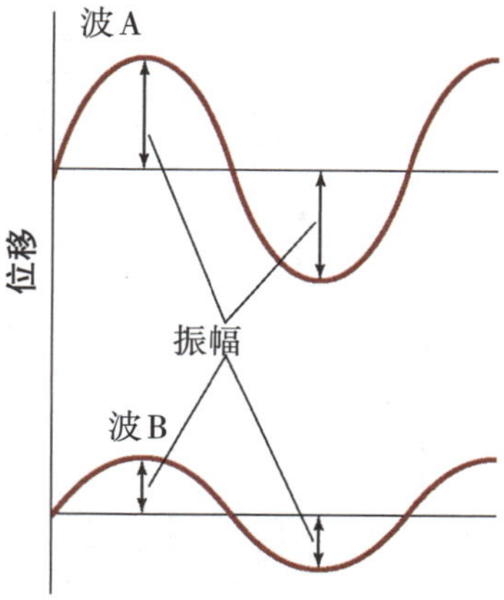

■ 机械波

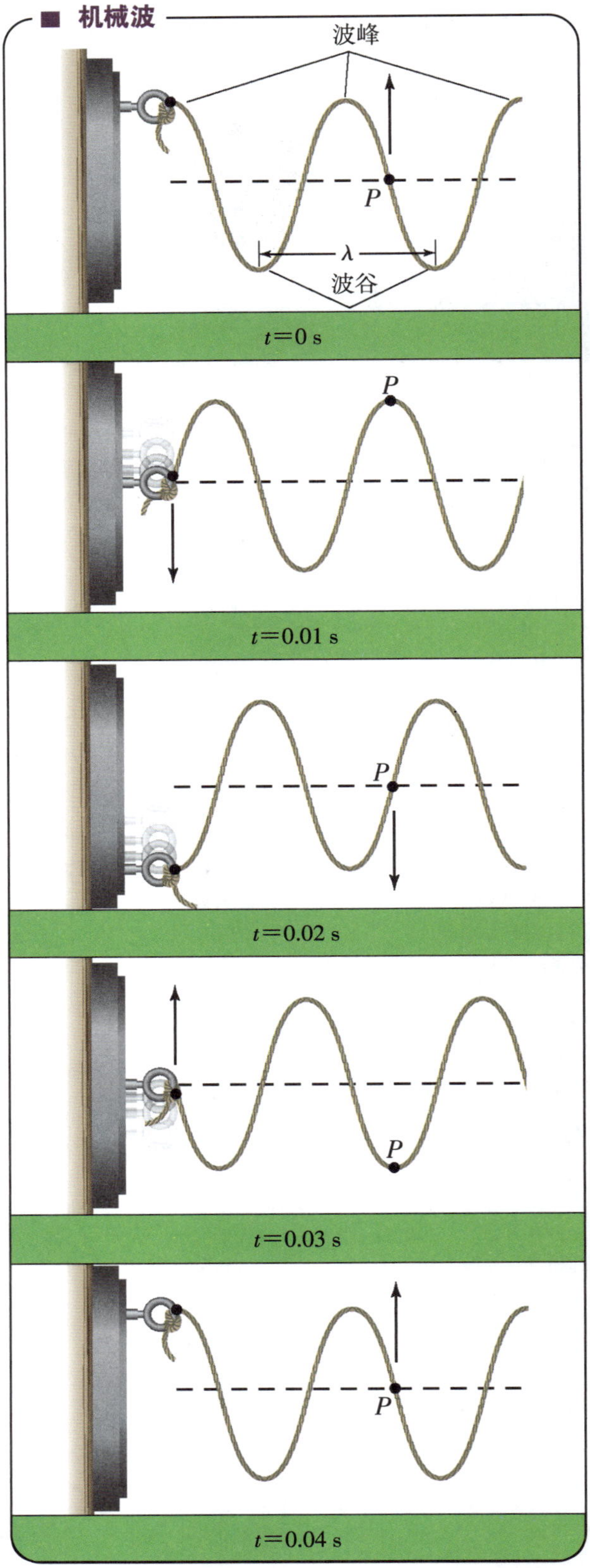

图 14–10 机械振荡器使绳子的左端上下运动，其周期为0.04 s。

波长 如果不是集中观察波上的一点，而是想象对整列波拍一张快照，那么你就能获得某一瞬间的一列完整的波。如**图 14–10**所示，完整波上的每一个最低点，称为**波谷（trough）**；而每一个最高点则称为**波峰（crest）**；波形重复的点之间的距离，称为**波长（wavelength）**。相邻的两个波峰之间的距离就是波长。同样，相邻的两个波谷之间的距离也是一个波长。波长通常用希腊字母λ表示。

波速 波运动的快慢称为波速。你可以通过求汽车的行驶速率的方法来求得脉冲的波速。首先，测量波峰的位移Δd，然后将它除以时间间隔Δt，那么波速为

$$v=\frac{\Delta d}{\Delta t}$$

对于大多数机械波而言，不论横波还是纵波，除了水中的表面波之外，其波速都与波的振幅、频率和波长无关。波速只与波运动所通过的介质有关。

☑ **阅读检测** **总结**如何改变波的振幅、频率和波长来影响波的速度？

相位 波上任意两点之间若相隔一个或多个整数波长时，这两点称为同相。如果说介质中的两个质点同相，那就是指它们离平衡点的位移相同，其速度也相同。如果说介质中的两个质点具有相反的位移和速度，那就是指它们的相位差是180°。例如波峰和波谷的相位差就为180°。一列波上任意两个质点之间的相位差，在0°～360°之间变化。

周期和频率 虽然可以用波速和振幅来描述脉冲和周期波，但是，对于周期波而言，科学家一般用周期T和频率f来描述它。你已经知道，简谐振子（如单摆）的周期是振子运动一周所需的时间。而这个振子通常就是周期波的波源。波的周期等于波源的周期。在**图 14–10**中，周期T为0.04 s，即波源完成一个循环所需的时间。绳子上的一点P也需要相同的时间才能回到其起始相位。

计算频率　波的**频率(frequency)** f是波每秒内完成振荡的次数。频率的单位为赫兹(Hz)。1 Hz是指每秒振荡一次。波的频率和周期存在以下关系：

波的频率

波的频率等于周期的倒数。

$$f=\frac{1}{T}$$

波的周期和频率只与波源有关，而与波速和介质无关。

计算波长　波长可以通过直接测量相邻的波峰或者波谷的距离得到，也可根据波源振子的频率和波速计算得出。你知道，在一个周期的时间间隔内，波移动一个波长，所以，波的波长就是波速乘以周期，即$\lambda=vT$。由于频率通常比周期更容易测量，因此，你可以利用下述公式来计算波长：

波长

波的波长等于波速除以频率。

$$\lambda=\frac{v}{f}$$

绘制波的图形　如果你对弹簧上的横波照相，得到的图片可能是如**图14-11**所示中的某一个。把这张照片放在方格图纸上，可以显示出更多关于波的信息，如**图14-11**左侧所示。测量照片上波峰到波峰或者波谷到波谷的距离，就可以得到波长。如果你记录的是单个质点的运动情况，如**图14-10**中的P点，你就可以绘制出P点运动的位移—时间图线，如**图14-11**右侧所示。从图象的时间轴上，你可以得知波的周期。

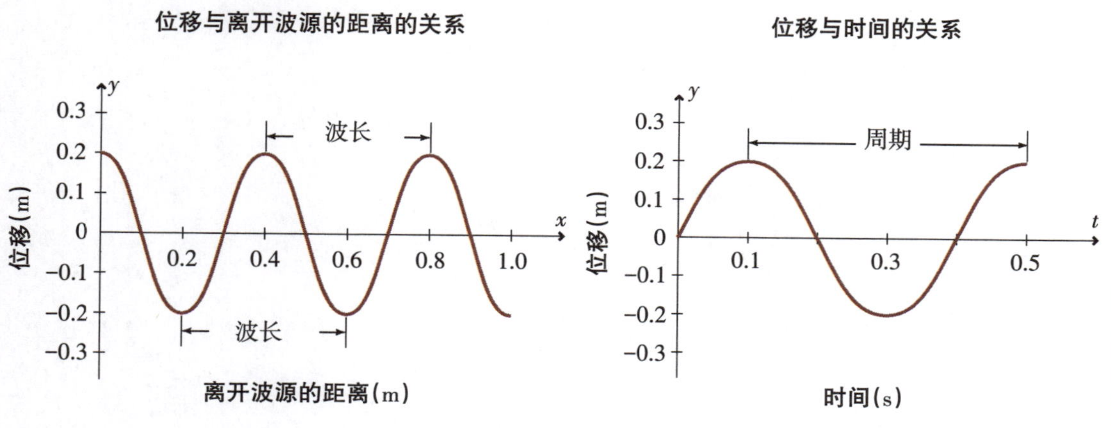

图14-11　以不同的物理量作为横坐标画出波形图。根据位移—时间关系图，**确定**波的周期。

例题3

波的特征 某列声波的频率为192 Hz，它在0.271 s内行进了91.4 m。

a. 该波的波速是多少？

b. 该波的波长是多少？

c. 该波的周期是多少？

d. 如果频率变成442 Hz，新的波的波长和周期分别是多少？

1 分析概括问题

- 作出波的图象。
- 标出速度矢量。

已知	未知
$f=192\ \text{Hz}$	$v=?$
$\Delta d=91.4\ \text{m}$	$\lambda=?$
$\Delta t=0.271\ \text{s}$	$T=?$
$f'=442\ \text{Hz}$	$\lambda'=?\ \ T'=?$

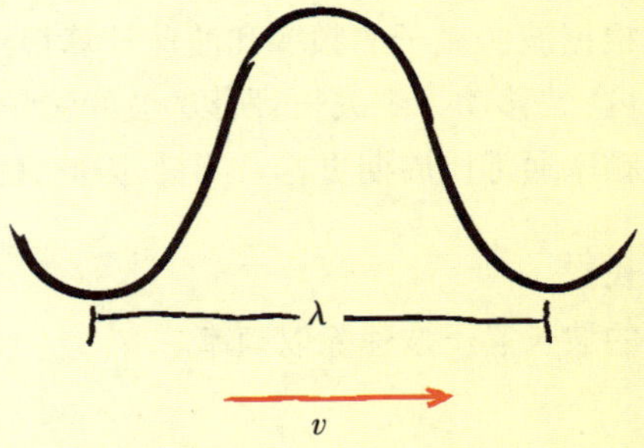

2 求解未知量

a. 求解v。

$$v=\frac{\Delta d}{\Delta t}=\frac{91.4\ \text{m}}{0.271\ \text{s}}=337\ \text{m/s}$$

◀将$\Delta d=91.4\ \text{m}$，$\Delta t=0.271\ \text{s}$代入。

b. 求解λ。

$$\lambda=\frac{v}{f}=\frac{337\ \text{m/s}}{192\ \text{Hz}}=1.76\ \text{m}$$

◀将$v=337\ \text{m/s}$，$f=192\ \text{Hz}$代入。

c. 求解T。

$$T=\frac{1}{f}=\frac{1}{192\ \text{Hz}}=0.005\ 21\ \text{s}$$

◀将$f=192\ \text{Hz}$代入。

d. $$\lambda'=\frac{v}{f'}=\frac{337\ \text{m/s}}{442\ \text{Hz}}=0.762\ \text{m}$$

◀将$v=337\ \text{m/s}$，$f'=442\ \text{Hz}$代入。

$$T'=\frac{1}{f'}=\frac{1}{442\ \text{Hz}}=0.002\ 26\ \text{s}$$

◀将$f'=442\ \text{Hz}$代入。

3 验证答案

- **单位是否正确？** Hz的单位为s^{-1}，所以$1\ (\text{m/s})/\text{Hz}=1\ \text{m/s}\cdot\text{s}=1\ \text{m}$是正确的。
- **数值是否合理？** 典型的声波的波速约为340 m/s，故337 m/s是合理的。声波的频率和周期也是合理的，因为442 Hz接近钢琴上的A调的频率440 Hz。

练一练

15. 当一台报时器发出声波1.50 s后，离开报时器515 m远处接收到声波。

a. 该声波在空气中的速率是多少？

b. 若此声波的频率为436 Hz，它的周期是多少？

c. 该声波的波长是多少？

16. 如果你想增加绳子中的波的波长，你应该用更高还是更低的频率摇摆绳子？

17. 一列周期波的频率为3.50 Hz，波长为0.700 m，它的速率是多少？

18. 如果你想将绳子中波的波长增加50%，那么你应该怎样改变波的频率？

19. 一根弦中的横波的波速为15.0 m/s。如果波源产生的振动频率为6.00 Hz，它的波长是多少？

20. 在一个水罐里，每0.100 s产生5个脉冲。如果表面波的波长为1.20 cm，该波的波速是多少？

21. 频率为20.0 Hz的周期性纵波沿着弹簧行进。如果相邻压缩区之间的距离为0.600 m，该波的波速是多少？

22. 若要把波的周期增加一倍，应该怎样改变波的频率？

23. 若要把波的周期减少一半，应该怎样改变波的波长？

24. 若要把波速增加为原来的1.5倍，而波的频率保持不变，应该怎样改变波的波长？

25. **挑战题** 如**图14-12**所示，一名旅行者对着远处的山崖喊叫，在2.75 s后听到回声。

a. 旅行者的喊叫声在空气中的传播速率是多少？

b. 如果该声波的波长为0.750 m，它的频率是多少？

c. 该声波的周期是多少？

图14-12

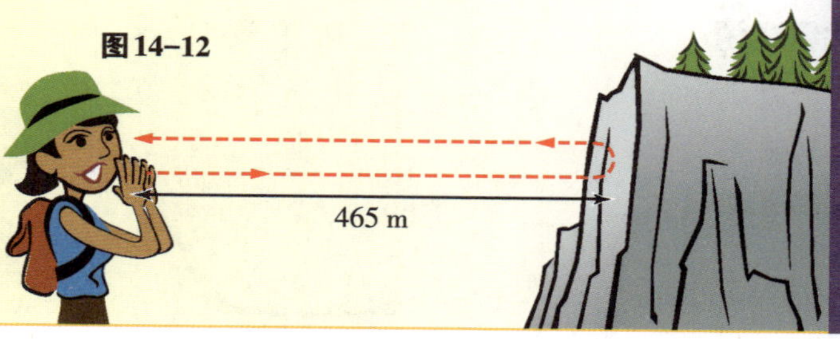

第2节 复 习

26. 主要概念 横波能输送能量，但不转移物质。假如要求你和你的同伴来演示波的这种特征，你们会如何做呢？

27. 波的特征 你不断地抖动绳子，使绳子上产生横波。如果不改变你的手抖动的幅度，只是加大抖动的速率，那么波的振幅、波长、频率、周期和速度分别会发生什么变化？

28. 纵波 描述纵波。什么类型的介质能传播纵波？

29. 不同介质中的波速 如果你拉住弹簧的一端，脉冲在瞬间就能到达另一端吗？如果你拉的是一根绳子，情况又会怎样？当你敲击金属杆的一端时，又会发生什么情况？对比和比较脉冲通过这三种物质时的情况。

30. 批判性思维 雨滴落到池塘里时，只产生小振幅的波；而游泳者跳入池塘时，会产生大振幅的波。那么，暴风雨中的强降雨会不会产生较大的波呢？

第3节 波的行为

主要概念

波能与其他波产生干涉。

核心问题

- 波在介质的交界面上是怎样反射和折射的?
- 叠加原理是怎样应用到波的干涉现象中的?

术语回顾

张力 绳子或弹簧施加的力

关键术语

入射波
反射波
叠加原理
干涉
节点
波腹
驻波
波前
射线
法线
反射定律
折射

物理在你身边

如果把小石子投入宁静的水池中，你会看到生成的水波向各个方向扩散开去。但是如果投入两个小石子，会发生什么现象呢？由小石子引起的水波会怎样相互作用呢？

界面上的波

你在上一节中已经学过，机械波的传播速率与传播波的介质的性质有关，而与波的振幅和频率无关。也就是说，对于水波而言，水的深度影响波速；对于空气中的声波而言，温度影响波速；而对于弹簧上的波而言，波速与弹簧的张力和单位长度的质量有关。

当波从一种介质进入另一种介质，如头尾相接的两根粗细、密度都不同的弹簧时，会发生什么情况？如**图14－13**所示为一列波从大弹簧进入小弹簧时的情形。经界面进入另一种介质的波称为**入射波（incident wave）**。当波从大弹簧出来进入小弹簧后，波的种类没有改变，但波速却发生了变化。由图中可以发现，在两根弹簧中，波形都是保持向上的，即波的种类没有改变。

当入射波进入小弹簧时，也有部分波被反射回大弹簧。这种反射回的波称为**反射波（reflected wave）**。反射波的方向究竟是向上还是向下，取决于两根弹簧的性质。例如，如果小弹簧更为稠密和刚硬，则波在小弹簧中的波速较大，反射波就会反向传播。

■ 界面上的波

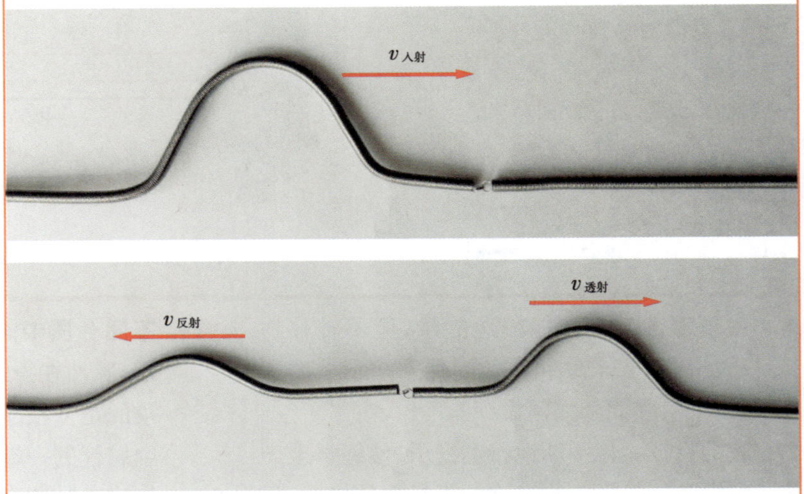

图14－13 当波传播到两根弹簧的分界面时，形成了透射波和反射波。

比较入射波和反射波的能量大小。

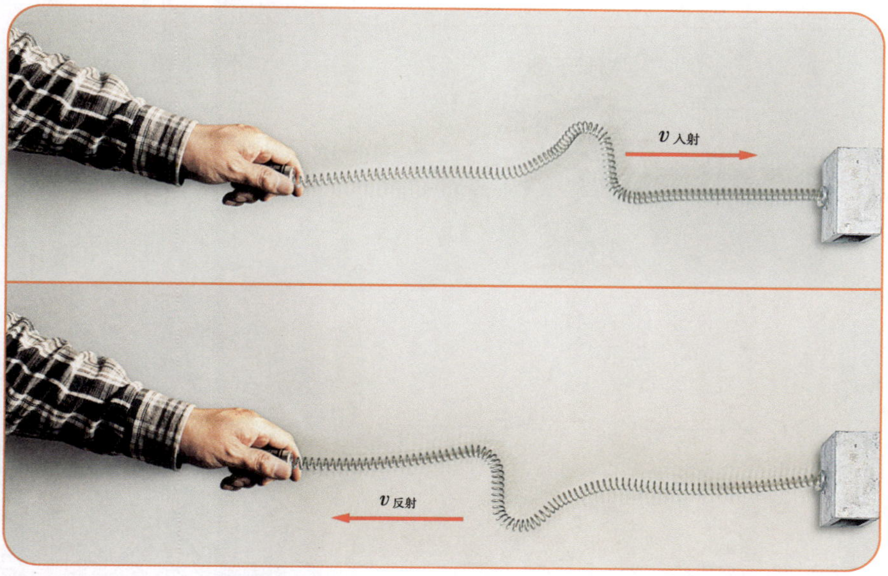

图 14–14 波在传播时碰到刚性界面，反射波的传播方向就会反转。需要注意的是，波的振幅不会受到刚性界面的影响而发生变化。

迷你实验

波的反射

反射波的波速会发生变化吗？

刚性界面 当波在传播时碰到刚性界面，波就会被反射回去，如**图 14–14**所示。在这里，墙是波想要通过的新介质的界面。在这个实验中你还可以发现，被墙弹回的反射波的振幅与入射波的振幅几乎完全相同。换句话说，波的能量几乎都被反射回来，只有非常少的能量进入墙中。还要注意的是，反射波的传播方向也反转了。

波的叠加

假设一列沿着弹簧行进的波，与一列被反射回来的波相遇，如**图 14–15**所示。这时，就有两列波同时存在于介质的同一点上，且每一列波都会独立地对介质产生影响。研究发现，由两列或多列波引起的介质的位移，等于所有单列波引起的位移的代数和。这一规律称为**叠加原理（principle of superposition）**。换句话说，两列或多列波可以结合起来，形成一列新波。如果两列波向相反的方向运动，那么它们既可以抵消，也可形成更小或更大振幅的新波。两列或多列波的叠加，叫作**干涉（interference）**。

■ **波的干涉**

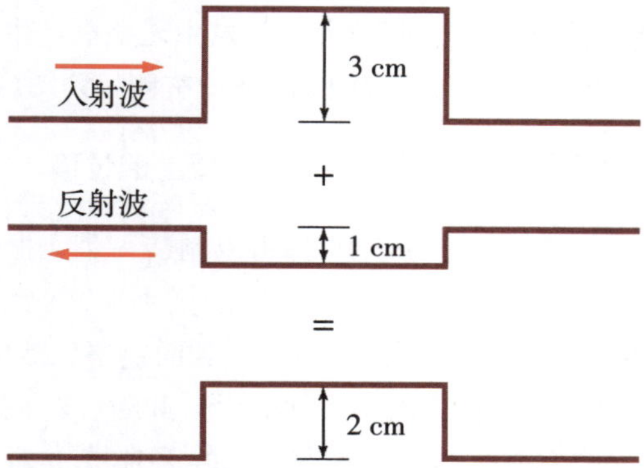

图 14–15 波在叠加时振幅进行代数相加。

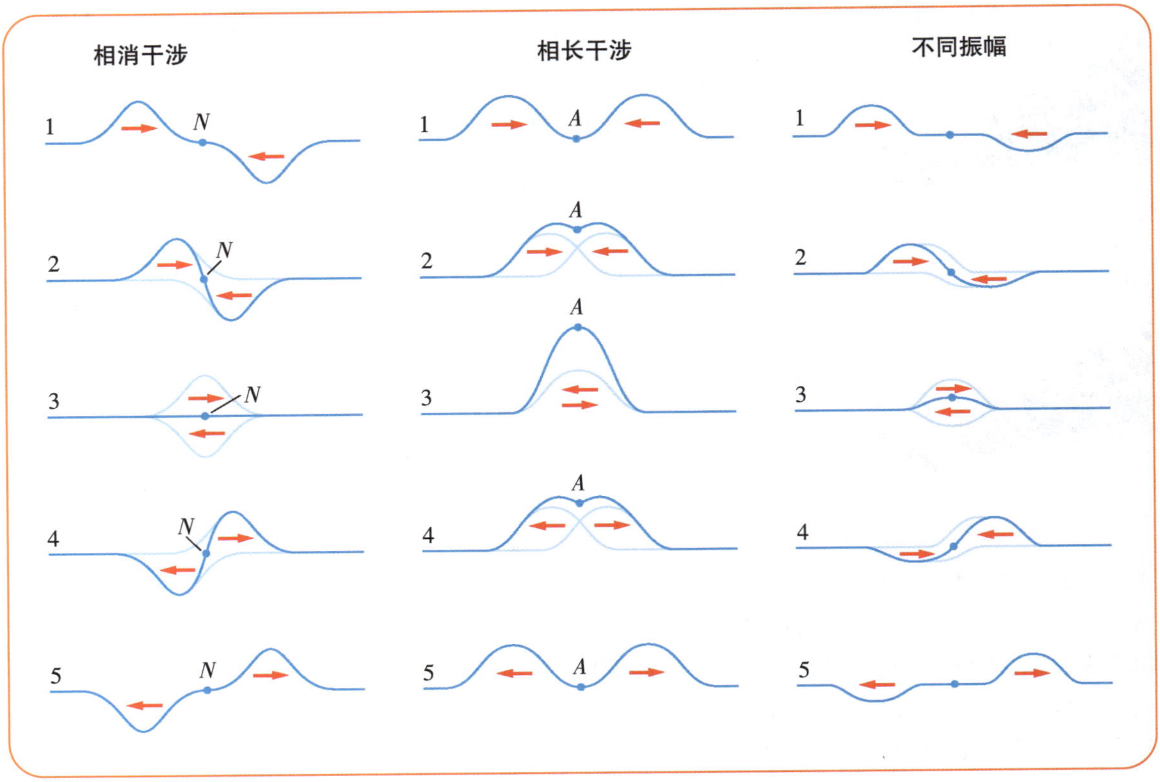

图 14-16 当波的振幅进行代数相加时，产生的波与原来的单列波完全不同。

物理实验

干涉和衍射*

波与波之间是怎么相互作用的？

迷你实验

波的相互作用*

当沿不同方向传播的波相遇时，会发生什么现象？

波的干涉 波的干涉既可以是相长干涉，也可以是相消干涉。如**图 14-16** 左侧一列图所示，当振幅相同而方向相反的两列波相遇时，重叠区的每一点上介质的位移都将变小，发生的是相消干涉，这是由振幅相同但反向的波叠加引起的。由于振幅相同而方向相反的两列波在同一位置上相遇，因此位移变为零，这个位置就是图中的 *N* 点，称为**节点（node）**。经过节点后，两列波将继续运动，并恢复为它们各自原有的形状。

当两列波的位移在同一方向上时，就会发生相长干涉，干涉产生的新波的振幅比原来的每列波的振幅都要大。由**图 14-16** 中间一列可见，两列波相遇时，*A* 点处有最大位移，这个 *A* 点即为**波腹（antinode）**。此后，两列波彼此分开后继续前进，同样恢复为原来的形状和大小。如果两列波的振幅不相等，则两者相遇时，发生重叠而产生的新波的振幅就是两列波振幅的代数和，正如**图 14-16** 中右侧一列图所示。

☑ **阅读检测** **比较**介质中节点和波腹位置上的位移。

两个反射波 利用波叠加的知识，你可以制造一个大振幅的波。把绳子或弹簧的一端系在一个固定点，如门的把手上，然后开始振动另一端。波从你的手出发，沿绳子或弹簧传播到固定端后被反射回来，反射波仍沿绳子或弹簧传播，又回到了你的手。此时，波再次被反射，并改变方向传播。可以发现，波第二次离开你的手时，其位移的方向与第一次离开你的手时是相同的。

驻波 如果要增大你制造的波的振幅，你该怎么做呢？你可以调整你手的运动，使振动周期等于波从你的手到门把手来回一次所需的时间。这样，你每次抖动绳子产生的波的位移，将加在反射波的位移上。其结果就是使得整段绳子上的振动将比你手的运动更大。这利用的是相长干涉的原理。实际上，机械共振的特征就是振幅加大。

在上述共振中，节点在绳子的两个端点上，一个波腹在中间，如**图14-17**第一幅图所示。由图还可以看出，这列波好像是静止不动的，因此它被称为**驻波(standing wave)**。需要指出的是，驻波是两列反向运动的波发生干涉的结果。如果你将振动频率加倍，就可在绳子上多产生一个节点和一个波腹，这就好像在两段绳子上振动一样。如果进一步增大频率，那么就会产生更多的节点和波腹，如**图14-17**第二和第三幅图所示。

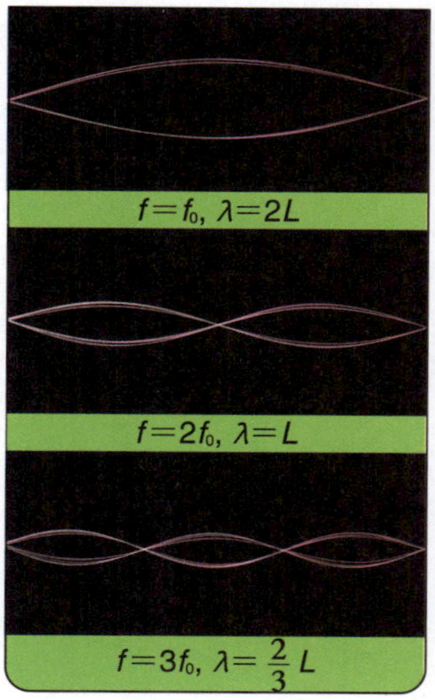

图14-17 在某一频率时，干涉产生驻波。

如果频率是最低频率的4倍，**预测**对应的波的波长大小。

二维波

前面你学习了绳子或弹簧上的波在传播过程中，如果碰到刚性界面就会被反弹回来，而且在返回过程中，发射波由于发生了相消干涉而导致振幅变为零的情况。由分析可知，这种波只在一个方向上运动，属于一维波。前面曾经提到，水面上的波进行的是二维运动，属于二维波。以后你还将知道，声波和电磁波进行的是三维运动，属于三维波。那怎么描述二维波呢？

绘制二维波 如果把小石子抛入宁静的水池中，你会看到生成的水波以圆形的波峰和波谷向各个方向扩散开去。你可以画出一个个同心圆来代表波峰，从而描述这些波。如果你以恒定的频率把手指插进水面，也可以看到一连串以你手指为圆心的同心圆，它们被称为**波前(wave front)**。波前是表示二维波波峰的线，它可以用来描述任何形式的波，包括圆形波和直线波。如**图14-18**所示为水中的圆形波，图中的圆代表这些水波的波前。

不管形状如何，二维波总是沿着与波前垂直的方向行进的。在垂直波前处画一条线，称为**射线(ray)**，它可以代表波前的行进方向。因此，无论什么时候你想要显示波行进的方向，只要画一条射线代替波前就可以了。如**图14-18**所示的红色箭头就是射线，表示水波行进的方向。画波前的一个好处是，按大小比例绘制的波前可以显示出二维波的波长。**图14-18**中，相邻的圆之间的距离等于波长。

图14-18 从振源发出的圆形波。

☑ **阅读检测** **推断**波前与射线之间的关系。

二维波的产生 利用一个称为波纹箱的工具，可以显示二维波的性质。如**图14–19**左上图所示，波纹箱里有一薄层水，振动箱中的板，产生恒定频率的前行的水波。波纹箱的上方有一盏灯，在灯光的照射下，波纹箱的下方就会产生波的影子，于是就能显示出波峰的位置。如**图14–19**右上图所示为在波纹箱行进的水波。波的运动方向可用射线图显示。为了看得清晰，这里以波的一部分为例进行研究。

二维波的反射 如**图14–19**下面两幅图所示，当水波碰到刚性的屏障时即被反射。入射波向右运动，反射波向下运动。向右的箭头代表入射波的射线，向下的箭头代表的则是反射波。屏障的方向也可用一条直线表示，它与屏障垂直，称为**法线（normal）**。入射线与法线之间的夹角称为入射角，法线与反射线之间的夹角称为反射角。入射线与反射线的关系遵循**反射定律（law of reflection）**，即反射角等于入射角。反射定律可以应用在许多不同类型的波中，而不仅仅是波纹箱中的波。

☑ **阅读检测** **解释**怎样测量入射角和反射角。

图14–19 波纹箱产生均匀的波有利于显示波的性质。

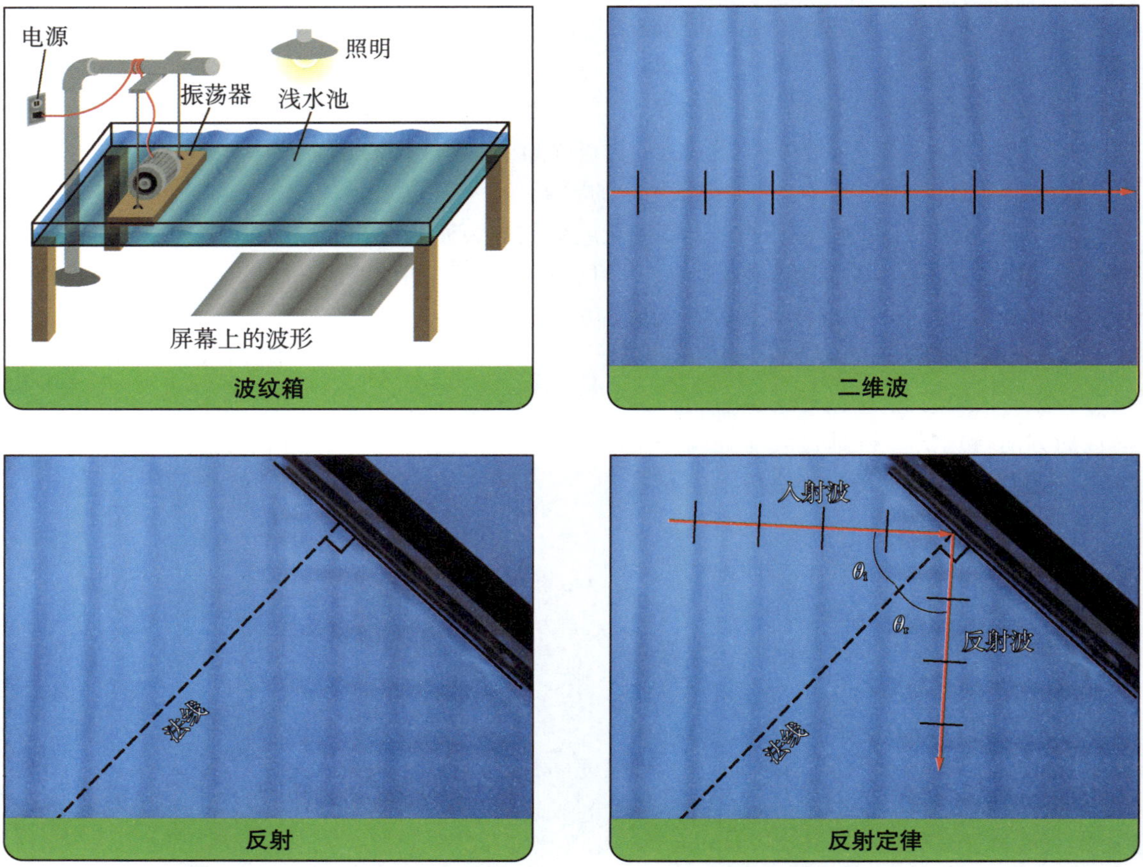

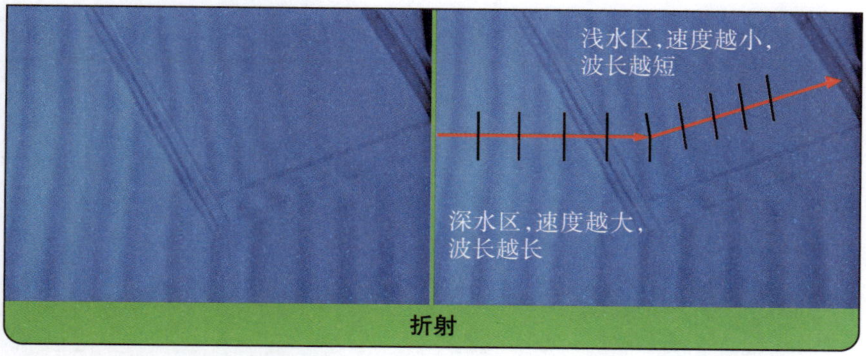

图 14-20 当波纹箱的波进入浅水区，它的传播方向发生改变。
描述进入浅水区的波的传播方向随波长怎么变化的。

二维波的折射 还可以用波纹箱的模型来研究波的性质，如探索波是如何从一种介质进入另一种介质的。如**图 14-20** 所示为一块放在波纹箱里的玻璃板。玻璃板上有薄薄的一层水，但水层要比波纹箱内的水更薄，这两层水相当于两种不同的介质。当波从深水区运动到浅水区时，波速减小，波的方向也发生了变化。

由于浅水区的波是由深水区的波传播过来的，因此波的频率没有改变。根据$\lambda = \frac{v}{f}$，波速减小意味着波长变短。波在两种不同介质的交界面上发生的传播方向的变化称为**折射(refraction)**。如**图 14-20** 所示为发生折射后波的波前和射线。一部分波将折射通过玻璃板，而另一部分波将反射回来。

物理实验

反射和折射*

物体质量增加时，弹簧的长度如何变化?

☑ **阅读检测** 如果折射波的波速只有入射波的一半，**预测**该波的波长。

许多其他类型的波也会发生反射和折射。回声就是由于声音在传播过程中被坚硬表面反射引起的，大商场的四壁和远处的峭壁都能引发回声。折射是形成彩虹的一大原因。当太阳光照射到雨过天晴后的空气中的水滴时，由于白光的各种色光发生了不同程度的折射，形成彩虹。声波和光波的性质将在后续章节中详细讨论。

第3节 复 习

31. 主要概念 当波通过两种介质的交界面而进入新的介质时，下列波的性质：频率、振幅、波长、速度、方向，哪一个保持不变?

32. 波的叠加 设计两列波，使得这两列波干涉产生的波的振幅比它们原来的波都大。

33. 波的折射 观察**图 14-20**。当波通过一种介质进入另一种介质时，它的方向是如何改变的？当二维波通过两种介质的界面时，方向可以不发生改变吗？解释原因。

34. 驻波 在两端固定的弦所形成的驻波中，节点数与波腹数之间存在什么关系?

35. 批判性思维 现在我们通过另一种方法来理解波的反射：用一张纸盖住**图 14-16** 左边一列中各幅图的右侧，并使纸的边缘位于节点 N。将视线集中到暗蓝色的合成波上。它看起来就像一列从交界面反射回来的波。那么这个交界面是一堵坚固的墙，还是开放式的界面？对于**图 14-16** 中间一列而言，情况又是如何呢?

起步实验

在螺旋弹簧中传播的波

实验步骤

1. 将一根螺旋弹簧拉到一定长度，注意不要拉得过长。接着，请一名同伴拉住弹簧的一端不动，你自己一手固定住弹簧的另一端，另一手将一部分弹簧捋到你这一端，然后将这部分弹簧放开，这样你就可以看到一段脉冲。观察这段脉冲的运动，直到它到达你同伴的那一端为止。把你的观察记录下来。

2. 将捋到你这一端的弹簧的范围扩大，形成一个更大的脉冲，然后重复步骤1。记录你的观察结果。

3. 压缩弹簧，然后按同样的方式产生一个不同的脉冲，观察并记录其运动情况。

4. 弯曲弹簧的一端，然后产生第三种脉冲。观察并记录其运动情况。

分析

5. 当脉冲在弹簧中传播时，发生了什么现象？当脉冲撞击弹簧另一端时又发生了什么？步骤1的脉冲与步骤2的相比，有什么不同？

6. **批判性思维** 由这个实验，你认为哪些性质可以控制脉冲在弹簧中的运动？

迷你实验

波的反射

实验步骤

1. 给水箱中倒入一半的水。***注意：立刻抹去溅出的水。***

2. 把一个橡皮浸入水箱一端的水中。

3. 用秒表测量波和反射波通过的距离为水箱长度的两倍或四倍时，需要的时间。

分析

4. 解释你的数据是否表明波速保持不变。

物理实验

实验器材

细线(1.5 m)
3个坠子
纸夹
圆环支架
秒表

单摆的振动

单摆是研究波的性质的简单模型。在本实验中,你要先设计单摆的实验方案,然后进行实验操作,以检验波的振幅、周期和频率,并用单摆的周期和长度测量本地的重力加速度。

问题

如何用单摆演示波的性质?

目标

- **确定**影响单摆的周期的变量。
- **研究**单摆的频率、周期和振幅。
- 根据单摆的周期和长度**计算**本地的重力加速度g。

实验步骤

1. 设计制作一个单摆,如用圆环支架、带纸夹的细线和系在纸夹上的坠子做成的单摆。注意在进行实验前,你的设计应先通过老师的审查。

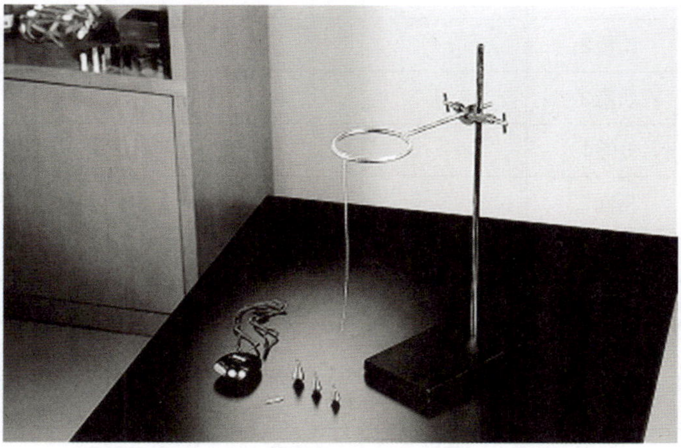

2. 在本次实验中，摆长为细线的长度与一半的坠子长度之和，摆的振幅为摆锤离开平衡点的最大距离，摆的频率是每秒摆来回的次数，摆的周期为摆来回一周的时间。在收集周期数据时，可以先记录摆经过10次循环的总时间，再算出周期，单位为s。计算频率时，可先数下10 s内发生的循环次数，再把它转换成你需要的1/s。
3. 设计一个操作方案，在保持摆锤质量和振幅不变的情况下，通过改变摆长，测定单摆的频率和周期。把结果记录在数据表中。选择几种不同的长度做实验，并收集相应的数据。
4. 设计一个操作方案，在保持摆长和振幅不变的情况下，通过改变摆锤的质量，测定单摆的频率和周期。把结果记录在数据表中。重复做几次实验，并收集相应的数据。
5. 设计一个操作方案，在保持摆线长度和摆锤质量不变的情况下，通过改变摆的振幅，测定单摆的频率和周期。把结果记录在数据表中。重复做几次实验，并收集相应的数据。
6. 设计一个操作方案，利用单摆的周期公式 $T=2\pi\sqrt{\frac{l}{g}}$，计算重力加速度 g。其中，T 为周期，l 为摆长。注意，必须重复几次实验，收集多组数据，再取平均值。

数据表

本数据表的格式可用于步骤2～5

	实验1	实验2	实验3	平均值	周期(s)	频率(1/s)
长度1						
长度2						
长度3						
质量1						
质量2						
质量3						
振幅1						
振幅2						
振幅3						

数据表2

本数据表的格式可用于步骤6中求 g 值

	实验1	实验2	实验3	平均值	周期(s)	摆长(m)
长度1						
长度2						
长度3						

分析

1. 总结单摆的振幅和周期之间的关系。

2. 总结单摆的质量和周期之间的关系。

3. 单摆的周期和长度之间存在什么关系?

4. 利用步骤5的数据表,求出g值的大小。

5. 实验得到的g值和公认的g值(g=9.8 N/kg)之间的误差百分率是多少?实验得到的g值和公认的g值之间存在一定的差异,是哪些因素导致了这些差异呢?

结论与应用

1. 推断是什么变量影响了单摆的周期?

2. 在测量单摆的频率和周期时,为什么要做三次或更多次的实验?

3. 比较单摆的运动与波的运动的相似之处。

4. 在什么位置单摆的动能最大?

5. 在什么位置单摆的势能最大?

进一步探索

假定你有一个摆线非常长的摆。利用这个摆来研究周期大于一天的运动,你估计可以得到什么样的观察结果?

生活中的物理学

有很多类型的钟都是用摆来驱动的。如果要将你在本实验中设计的摆作为一个计时仪器,根据你的观察结果,你认为它还存在哪些设计上的问题?

抗震建筑

日本经常发生大地震，2011年3月的东京大地震就是其中之一。因此，在日本，工程师设计和建造的摩天大楼的抗震性一定要强，这样即使发生大地震，大楼也只会受到轻微的损坏。73层的横滨地标大厦就是这样一座大楼。

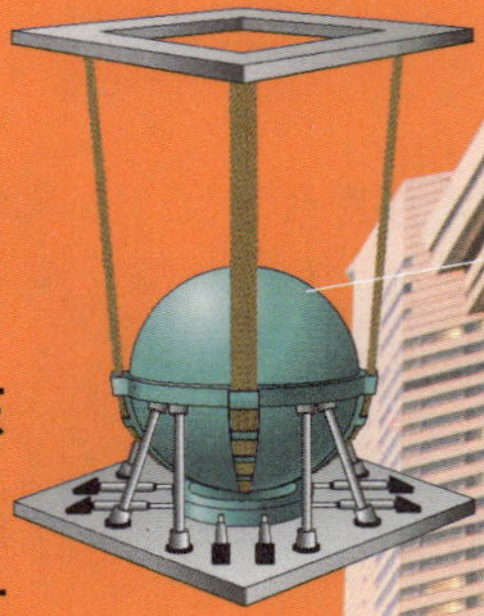

1 由计算机控制的带有170 t物块的单摆放置在横滨地标大厦的第71层。这个单摆系统可以吸收地震波引起的振荡，使地震期间大楼摇晃幅度减少40%。

2 双管结构是横滨地标大厦的主体结构。外管沿着该建筑的外墙，而内管围绕该建筑的核心。这种结构可以吸收由地震波产生的外来振荡。

3 横滨地标大厦有一个很宽大的底部，与其他类似高度的大楼比较，它的底部质量更大。这种结构能使地震发生时，底部振动的幅度最小。

进一步探索 >>>

研究日本其他的抗震建筑。哪一种技术和设计在2011年3月的东京大地震中，对减少地震造成的损失最有效？

复习指南

大概念 波和简谐运动都是周期运动。

关键术语

- 周期运动
- 周期
- 振幅
- 简谐运动
- 胡克定律
- 单摆
- 共振

第1节 周期运动

主要概念 周期运动是指在某个周期里做规则的循环往复的运动。

- 如果作用于物体的回复力与物体离开平衡位置的位移成正比，这种运动称为简谐运动。
- 对于遵循胡克定律的弹簧，其储存的弹性势能可由下述公式求出：

$$E_{sp}=\frac{1}{2}kx^2$$

- 单摆的周期取决于单摆的长度和单摆所在处的重力加速度，其周期可用下述公式求得：

$$T=2\pi\sqrt{\frac{l}{g}}$$

关键术语

- 波
- 波脉冲
- 横波
- 周期波
- 纵波
- 表面波
- 波谷
- 波峰
- 波长
- 频率

第2节 波的性质

主要概念 波传递能量而不转移物质。

- 波是一种扰动，它只传递能量，而不转移物质。
- 横波在传播过程中，介质的位移与波运动的方向垂直。纵波在传播过程中，位移的方向与波运动的方向平行。
- 连续波的波速等于波的频率乘以波的波长：

$$v=f\lambda$$

关键术语

- 入射波
- 反射波
- 叠加原理
- 干涉
- 节点
- 波腹
- 驻波
- 波前
- 射线
- 法线
- 反射定律
- 折射

第3节 波的行为

主要概念 波能与其他波产生干涉。

- 二维波从边界反射时，反射角等于入射角。在两种不同介质的交界面上，波的传播方向发生改变的现象称为折射。
- 两列或多列波同时通过介质时，会发生干涉现象。叠加原理指出，两列或多列波导致的介质的位移，是所有单列波的位移的代数和。

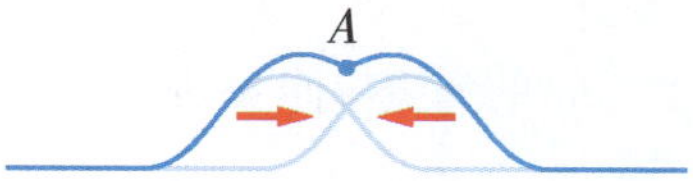

第1节 周期运动

理解概念

36. 大概念 什么是周期运动？举出三个周期运动的例子。

37. 频率和周期有什么不同？它们之间存在什么关系？

38. 什么是简谐运动？举一例说明。

39. 如果一根弹簧遵循胡克定律，那么它应具有怎样的性质？

40. 如何根据力与位移的关系图象，求出一根弹簧的劲度系数？

41. 如何根据力与位移的关系图象，求出一根弹簧的势能？

42. 单摆的周期与摆锤的质量有关吗？与摆长呢？它取决于哪些因素？

43. 发生共振必须满足的条件是什么？

解决问题

44. 将三个重3.2 N的苹果悬挂在弹簧的一端，弹簧伸长了0.12 m，如**图14-21**所示。计算弹簧的劲度系数。

图14-21

45. 汽车震动 一辆汽车的每根弹簧的劲度系数均为25 000 N/m。如果汽车重12 000 N，每根弹簧支撑汽车总重力的四分之一，那么每根弹簧被压缩了多少？

46. 将一根劲度系数为27 N/m的弹簧拉伸16 cm，它因此储存了多少势能？

47. 火箭发射器 玩具火箭发射器中有一根弹簧，劲度系数为35 N/m。如果要储存1.5 J的能量，弹簧需要压缩多少？

48. 弹簧的弹力与长度的关系图线如**图14-22**所示。

a. 该弹簧的劲度系数是多少？

b. 如果将这根弹簧拉伸0.50 m，那么此弹簧中储存了多少能量？

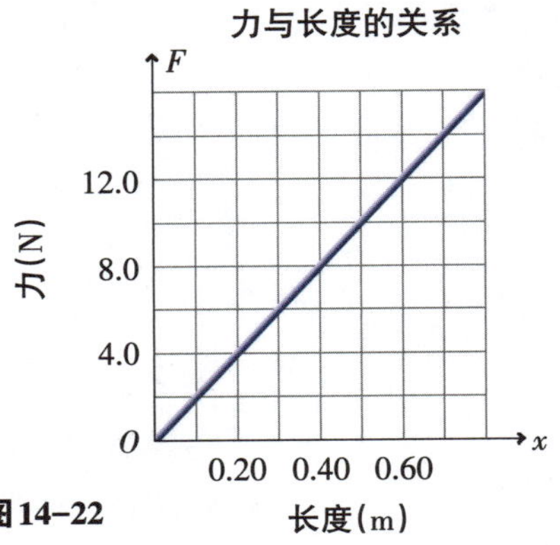

图14-22

49. 如果单摆在月球上的周期为2.3 s，它的摆线必须多长？已知月球上$g=1.6$ N/kg。

50. 排序 将下列单摆按照周期从小到大排序，并说明理由。

A. 单摆长10 cm，物块质量为0.25 kg

B. 单摆长10 cm，物块质量为0.35 kg

C. 单摆长20 cm，物块质量为0.25 kg

D. 单摆长20 cm，物块质量为0.35 kg

第2节 波的性质

理解概念

51. 解释抛球时的能量转移与机械波传播时的能量转移有什么不同之处。

52. 横波、纵波和表面波，三者有何不同？

53. 如果把波传入一根固定长度的弹簧。

a. 在弹簧中传播的波的速率会改变吗？请解释。

b. 在弹簧中传播的波的频率会改变吗？请解释。

54. 波长是指什么？

55. 假设你沿一条绳子传入一个脉冲，那么，就绳子上某一点的位置，试比较脉冲到达前和到达时的不同。

56. 波脉冲和周期波有何不同？

57. 描述波的频率和波速的不同点。

58. 假设你抖动绳子的一端，产生一列横波。试比较你手抖动的频率与波的频率之间的关系。

59. 在一列波上的点，何时同相？何时不同相？各举一例加以说明。

60. 描述波的振幅与它携带的能量之间的关系。

解决问题

61. **建筑物的运动** 芝加哥的希尔斯塔楼在微风中会以大约0.12 Hz的频率来回摇摆。求它的振动周期。

62. **海洋波** 一种海洋波的波长为12.0 m。若它每隔3.0 s通过某一固定位置，求它的波速。

63. 一个浅盆子里的水的波长为6.0 cm。水上下运动，以每秒振荡4.8次的频率通过某一点。

 a. 水波的波速是多少？

 b. 水波的周期是多少？

64. 湖泊中的水波在1.8 s内行进了3.4 m，振荡周期为1.1 s。

 a. 水波的波速是多少？

 b. 波长是多少？

65. **声呐** 频率为1.00×10^6 Hz的声呐波，在水中的波长为1.50 mm。

 a. 该波在水中的波速是多少？

 b. 该波在水中的周期是多少？

66. 已知水中的声速为1 498 m/s。在船上发射一列声呐波，直接射向水面下的一点。若船员在1.80 s后检测到反射波，求水深。

67. 已知声波的波长为0.60 m，速率为330 m/s。

 a. 声波的频率是多少？

 b. 在0.50 s内可以发射多少列完全的波？

 c. 在0.50 s后，波前离开声源有多远？

68. 潘玻和安费莱多在游泳后登上湖中的木筏休息。他们估计，湖面上每一列表面波的相邻的波谷与波峰之间相距为3.0 m，且经过计数，他们发现在20.0 s内通过木筏的波峰有12个。试计算波的运动速率。

69. **地震** 由于地震产生的横波的速率为8.9 km/s，纵波的速率为5.1 km/s。根据地震仪的记录，横波比纵波早68 s达到。地震中心距地震仪多远？

第3节 波的行为

理解概念

70. 如**图14–23**所示，当波通过细绳和粗绳之间的交界面时，波长和波速改变了，但频率不变。解释为什么频率是一个恒量。

图14–23

71. 从坚固墙壁反射回来的弹簧脉冲，与入射脉冲有什么不同？

72. 描述在驻波节点上介质中粒子的运动情况。

73. **驻波** 在桌面上平放一块金属板，将其中心固定，再在上面撒一层糖。用小提琴弓沿金属板的边缘敲击，使金属板振动，结果金属板上面的糖开始在某些区域内集合，而在另一些区域内分散。用驻波的术语描述这些区域。

74. 如果一根弦上有四段在振动，此时，你可以去触摸弦上的某些点而不会干扰弦的振动。请解释原因。这种点有几个？

75. 波前以一个角度从一种介质进入第二种介质，并以不同的速率行进。描述波前的两种变化。什么是不变的？

解决问题

76. 如**图14–24**所示为两个波脉冲相互靠近时的情况。已知两列波的中心位于虚线上，故这两个脉冲实际上已经重合在一起了。图中给出的三种情况，请分别描述每一种情形的结果。

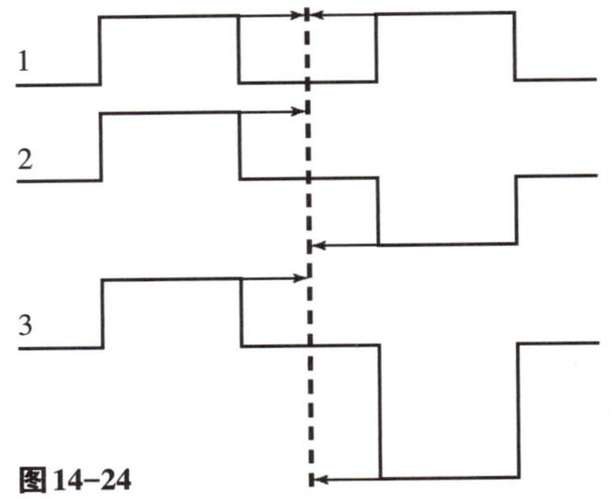

图 14–24

77. 吉他 吉他弦上的波速为 265 m/s，弦长为 63 cm。你在弦的中点拨弄，拉起来又放下，由此产生的脉冲在两个方向上运动，并在弦的端点发生反射。

a. 脉冲运动到弦端点再返回到中心，需要多长时间？

b. 当脉冲反转时，弦的上一半或下一半是静止的吗？

c. 如果你在离弦的一端 15 cm 处拨弦，两个脉冲在何处相遇？

78. 在 4 根弹簧上形成的驻波如**图 14–25** 所示。这些弹簧单位长度的质量和承受的张力都相同。弹簧的长度 L 已知，请按照振荡频率从大到小进行排序。

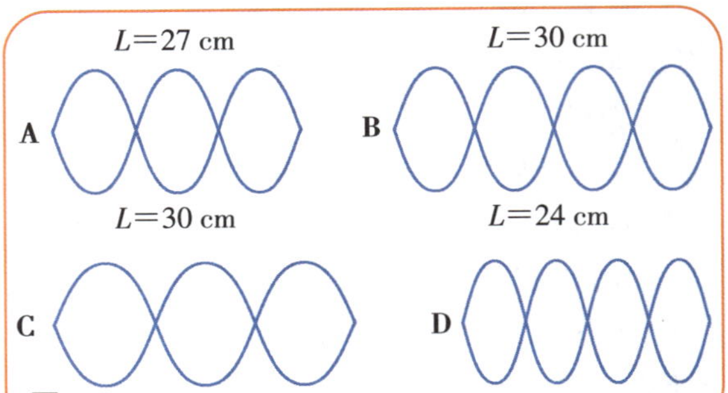

图 14–25

应用概念

79. 一个球在弹簧的顶端上下弹跳。请描述弹簧在一个周期内发生的能量变化。总机械能是否改变？

80. 在轨道空间站中可以使用摆钟吗？请解释。

81. 假设你手中拿着一根长 1 m 的金属棒。用锤子敲击金属棒的一端，先在平行长度方向敲，然后再在与长度成直角的方向敲。试描述两种情况下产生的波。

82. 假设你不停地把手指插入充满水的水槽中，产生圆形波。当你手指的运动加快时，产生的波的波长发生了什么变化？

83. 当频率增大时，波的周期会发生什么变化？

84. 当频率增大时，波长会发生什么变化？

85. 假设你正在拉伸弹簧以产生一个单脉冲。如果要使脉冲的振幅加倍，需要多少能量？

86. 只要以某一特定的频率摇晃一只浅盘锅，就可以使锅内的水发出来回的溅水声。请解释原因。

复习提高

87. 长度为 1.4 m 的单摆，它的周期是多少？

88. 无线电波 调幅(AM)广播发射的无线电信号的电波的频率在 550～1 600 kHz 之间，并以 3.0×10^8 m/s 的速率传播。

a. 这些信号的波长在什么范围内？

b. 调频(FM)广播发射的无线电波的频率在 88～108 MHz 之间，并以相同的速率传播。FM 的波长在什么范围内？

89. 水波从平衡位置运动到波峰需要 0.18 s 时间。

a. 这一段时间内水波运动的距离相当于多少个波长？

b. 水波的周期是多少？

c. 水波的频率是多少？

90. 当弹簧上悬挂着一个质量为 225 g 的物体时，弹簧被拉长了 9.4 cm。往下拉这个物体，使弹簧再伸长 8.0 cm 后，将物体释放。求弹簧的劲度系数和物体的最大速率。

91. 假设你正漂浮在海面上。虽然水波正平稳地向着海滩运动，但你却并不向海滩靠近。

a. 当你浮在水面上时，你受到的波属于什么类型？

b. 解释为什么波的能量没有把你推向岸边。

c. 在15 s内，你发现有10列波通过你，波的周期是多少？

d. 波的频率是多少？

e. 你估计波峰之间相隔3 m远。波速是多少？

f. 在回到海滩后，你知道波正以1.8 m/s的速率运动。波的实际波长是多少？

92. **蹦极爱好者** 一名蹦极爱好者绑着一条长540 m的蹦极绳从热空气气球上跳下。当他落到最低处时，绳子被拉长到1 710 m。如果他的质量为68 kg，蹦极绳的劲度系数是多少？

93. 有一个由弹簧制成的机械秤，把物体挂在秤钩上时弹簧被压缩。不幸的是秤的刻度已完全磨损。已知当悬挂一个500.0 g的物体时，弹簧会压缩2.0 cm。

a. 弹簧的劲度系数是多少？

b. 当悬挂一条鱼时，弹簧压缩了4.5 cm。这条鱼的质量是多少？

94. **秋千** 夏天的西弗吉尼亚州新河上，有几名青少年将绳子挂在桥下荡秋千，来回荡几次后跳入河中。

a. 潘姆用的是10.0 m长的绳子，他需要多少时间才能从最低点摆到最高点。

b. 迈克的质量比潘姆大20 kg，他的秋千与潘姆的相比，周期有何不同？

c. 在摆的哪一点上，动能最大？

d. 在摆的哪一点上，势能最大？

e. 在摆的哪一点上，动能最小？

f. 在摆的哪一点上，势能最小？

95. **汽车弹簧** 当你把质量为45 kg的物体放到小货车上时，货车上的两根弹簧又压缩了1.0 cm。

a. 弹簧的劲度系数是多少？

b. 加了负荷后，每根汽车弹簧多储存了多少势能？

96. **阿波罗飞船** 你是否注意到，游乐场里的飞船看起来变得越来越大了。阿波罗飞船系在某一点上，它像摆一样左右摇摆。你记得小时候的飞船从一处摆到另一处再回来，1 min内刚好可以循环8次。现在你发现1 min它只摆动了6次。请回答下列问题，答案保留两位有效数字。

a. 飞船原来摆动的周期是多少？

b. 现在的周期是多少？

c. 现在的频率是多少？

d. 现在飞船上支撑飞船的吊臂比原先长了多少？

e. 如果游乐场老板要将飞船的周期加倍，那么摆的长度必须增加百分之几？

97. 如**图14–26**所示，两个波脉冲的中心位于虚线上，故这两个脉冲实际上已经重合。图中给出四种情况，请描述每一种情况的结果。

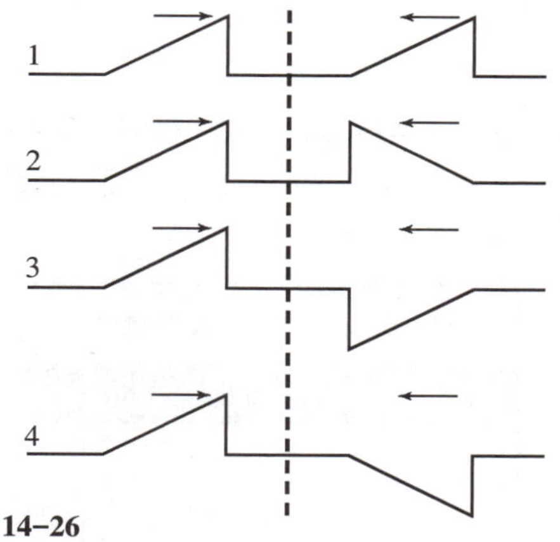

图14–26

98. **钟** 有一只祖传的挂钟，它运转的速率由摆动的单摆控制。

a. 如果你发现该钟每天都会比标准时间慢，你应该如何调节摆长使它走得准确呢？

b. 旧钟的摆长通常为15.0 cm。要使其周期减少0.040 0 s，摆长应该调整到多少长度？

c. 另一个钟的摆长为77.5 cm，经过一天会比标准时间慢5.00 min。为了使它走得准确，摆长应该如何变化？

99. 弦上的波速不仅与弦被绷紧的程度有关，同时还取决于弦的单位长度质量。如果弦中张力为F_T，弦的单位长度质量为μ，速度v可由下述公式确定：

$$v=\sqrt{\frac{F_T}{\mu}}$$

现有一根长为5.30 m的弦，质量为15.0 g。为了使弦中125 Hz的波的波长为120.0 cm，弦的张力应该为多大？

批判性思维

100. **编写问题** 用生活中的物体编写一道物理题，在它的解答中会出现下列表达式：

$$1.65\ \text{kg}\times 9.8\ \text{N/kg}=k\times 0.15\ \text{m}$$

101. **补充问题** 把问题补充完整，以便可利用以下概念来求解：一个物体竖直悬挂在一根劲度系数为200 N/m的弹簧上……

a. 能量守恒

b. 牛顿第二定律

c. 频率

102. **绘制和运用图象** 在一根弹簧下悬挂几个重物，测量弹簧的伸长量，得到的数据如**表14–2**所示。

表14–2 弹簧上所挂的重物

力F(N)	伸长量x(m)
2.5	0.12
5.0	0.26
7.5	0.35
10.0	0.50
12.5	0.60
15.0	0.71

a. 作出加在弹簧上的力与弹簧长度的关系图象。把力画在y轴上。

b. 根据图线，求出弹簧的劲度系数。

c. 根据图线，求出弹簧伸长0.50 m时储存的弹性势能。

103. **分析与结论** 一根弹簧需要20 N的力才能伸长0.5 m。

a. 弹簧的劲度系数是多少？

b. 弹簧中储存的能量是多少？

c. 拉伸弹簧所做的功为什么不等于力乘以距离，即10 J？

104. **应用概念** 砂砾路上常常会出现垂直路面的等间隔的脊埂，如**图14–27**所示。这称为洗衣板效应。大多数的汽车的行驶速率大体相同，连接轮子和汽车的弹簧以大体相同的频率振动。如果路面上的脊埂相隔1.5 m，汽车以大约5 m/s的速度行驶，那么弹簧振动的频率是多少？

图14–27

科技写作

105. **研究** 惠更斯的有关波的著作以及他和牛顿对光的本性的争论。比较他们关于诸如反射和折射的解释。你认为谁的模型能更好地解释这些现象？为什么？

日积月累

106. 一辆质量为1 400 kg的高速赛车，可在9.8 s内行驶402 m的路程。已知该车的末速率为112 m/s。

a. 汽车的动能是多少？

b. 发动机所做的功的最小值是多少？为什么你不能计算所做的总功？

c. 汽车的平均加速度是多少？

107. 蒸汽机在1 s内要汽化多少水，才具有1 kW的功率？假定蒸汽机的效率为20%。

第14章 标准化测试

选择题

1. 弹簧伸长247 mm时，势能为8.67 J。它的劲度系数是(　　)

A. 70.2 N/m　　**B.** 71.1 N/m

C. 142 N/m　　**D.** 284 N/m

2. 若弹簧的劲度系数为275 N/m，要使它伸长14.3 cm，需要的作用力为(　　)

A. 2.81 N　　**B.** 19.2 N

C. 39.3 N　　**D.** 3.93×10^{30} N

3. 如图所示为弹簧下面悬挂一个物体时，弹簧被拉长的情况。据图可知弹簧的劲度系数是(　　)

A. 0.25 N/m　　**B.** 0.35 N/m

C. 26 N/m　　**D.** 3.5×10^{2} N/m

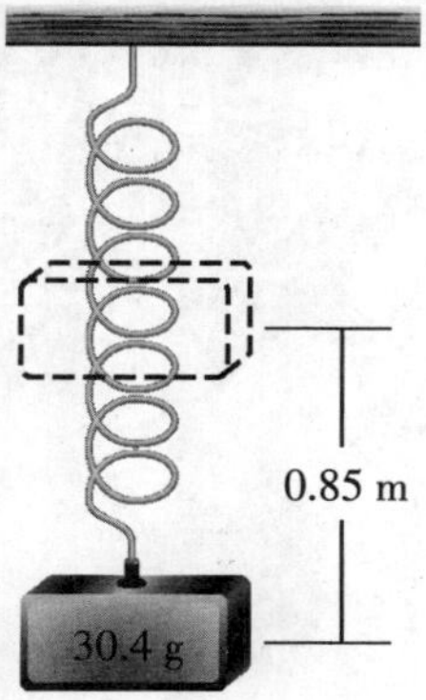

4. 门上安装有劲度系数为350 N/m的弹簧。现要将门打开，且拉门的速度恒定。要将85.0 cm长的弹簧再伸长5.0 cm，需要做的功为(　　)

A. 110 N·m　　**B.** 130 J

C. 220 N·m　　**D.** 1.1×10^{3} J

5. 周期为4.89 s的单摆的摆长为(　　)

A. 5.94 m　　**B.** 11.9 m

C. 24.0 m　　**D.** 37.3 m

6. 周期为3 s的波的频率是(　　)

A. 0.3 Hz　　**B.** $\frac{3}{\pi}$ Hz

C. $\frac{\pi}{3}$ Hz　　**D.** 3 Hz

7. 根据单摆的周期求出摆的长度，下列推导公式中正确的是(　　)

A. $l=\frac{4\pi^2 g}{T^2}$　　**B.** $l=\frac{gT}{4\pi^2}$

C. $l=\frac{T^2 g}{(2\pi)^2}$　　**D.** $l=\frac{Tg}{2\pi}$

8. 下表中，描述驻波的是(　　)

	波	方向	介质
A	同一的	相同	相同
B	不同的	相反	不同
C	同一的	相反	相同
D	不同的	相同	不同

9. 一列波从一种介质传播到另一种介质时，传播方向会改变的波是(　　)

A. 干涉波　　**B.** 稀疏波

C. 反射波　　**D.** 折射波

10. 一列波长为1.2 m的波行进了11.2 m时碰到一障碍物而返回，这个过程花去了4 s时间。波的频率是(　　)

A. 0.2 Hz　　**B.** 2 Hz

C. 5 Hz　　**D.** 9 Hz

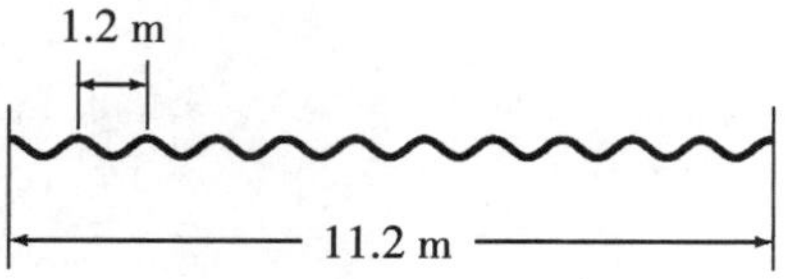

拓展题

11. 对方程$kx=mg$进行量纲分析，推导出k的单位。

考点提示

测试题号	1	2	3	4	5	6	7	8	9	10	11
对应小节	1	1	1	1	1	2	1	3	3	2	1

第15章

声

大概念 声波是空气压强的变化，人耳可以听到许多不同频率的声波。

内容提要

起步实验

玻璃杯发声实验

你如何能使玻璃杯发出不同的音调？

OHIO
STATE
UNIVERSITY
BAND

第1节 声音的性质和探测

主要概念

我们对声音的感知与声波的物理性质有关。

核心问题

- 声音的什么性质与其他波的性质相同?
- 声波的物理性质与我们对声音的感知是如何联系在一起的?
- 什么是多普勒效应?
- 多普勒效应的应用有哪些?

术语回顾

波 一种通过介质或空间的带有能量的扰动,波传递能量但不转移物质

关键术语

声波
音调
响度
声级
分贝
多普勒效应

物理在你身边

你可能已经注意到,对于同一辆卡车,当它向你驶来或者离你远去时,你听到的声音音调是不同的。这种现象在1845年被首次提出,称为多普勒效应。荷兰科学家巴洛特(C.Buys Ballot)在载有小号演奏者的火车经过时,发现了声音音调的这种变化。

声 波

声音是许多生命体生存的重要部分之一。对于人类而言,尖锐的声音会使你提高对周围环境的警惕,而优美的音乐则可以使你感到舒适和放松。在日常生活中,你已经熟悉了声音的各种特性,包括音量、音调和音色等。你可以直觉地通过声音的特性对你所听到的声音进行分类,比如有些声音体现了演讲的特征,而另一些声音一听就知道是乐队的表演。在本章中,你将学习有关声波的各种物理原理。你可以利用你所知道的波的知识去描述声音的性质和作用。

压强变化 当你哼着歌曲或正在讲话时,把你的手指放在喉咙上,你能感觉到振动吗?你是否曾经将手放到过正在发声的音箱上?如**图15-1**所示的正在振动的铃可以表示你的声带、音箱或其他任意声源。当铃来回运动时,就会撞击空气分子。若铃向前运动,就会使得空气分子也向前运动,即空气分子以比铃更大的速率从铃中弹开;而当铃向后运动时,空气分子也会从铃中弹开,只不过这次它的速率相对较小罢了。

图15-1 在铃被击打前,其周围的空气处于平压区(上图)。一旦铃被击打,振动的边缘就会产生高压区和低压区(下图)。为简单起见,图中只显示了声波朝着一个方向的运动情况。实际上,从铃中发出的声波是向四面八方传播开去的。

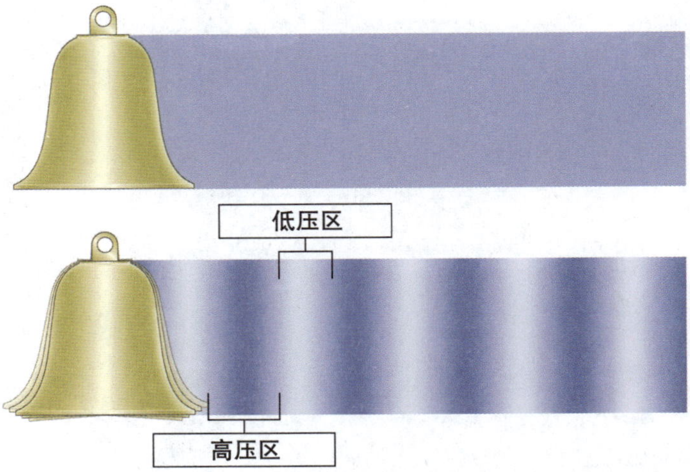

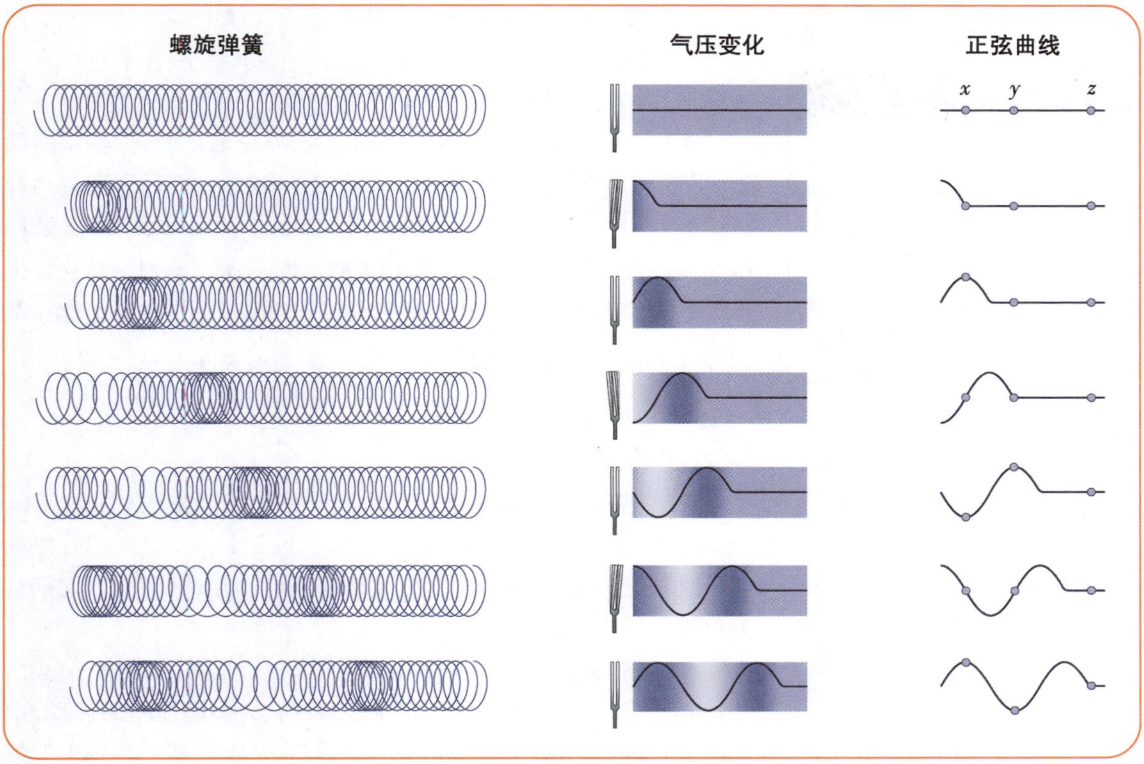

图 15-2 螺旋弹簧中声波的浓密和稀疏模型。当声波通过大气传播时，气压会升高或降低。可以用正弦曲线作为大气压变化的模型。注意，图中的 x、y 和 z 的位置显示的是波的向前运动，而不是质点的运动。

由于速度的变化，铃向前运动时，会使得某一区域的气压稍高于平均气压，如**图 15-1** 所示。铃向后运动时，则会形成一个稍低于平均气压的低压区。空气分子之间的碰撞使这种压强的变化向各个方向延展开去。如果你将视线集中在某一点上，你会发现气压值的升高和降低情况，与单摆的运动惊人的一致。压强的变化就是以这种方式通过物质进行传递的。

声音的描述 通过物质传递的压强变化就是**声波(sound wave)**。由于在大气压下，振源会发生规律的变化(即振动)，故声波是通过空气传播的。空气分子的碰撞，将气压的变化从声源渐渐传递开去。如**图 15-2** 所示为气压相对平均气压的变化情况。波的频率指的是每秒气压的振动次数，波长则是指相邻高压区或低压区之间的距离。因为空气分子的运动与波的运动方向平行，所以声波是纵波。

与其他任何波一样，声音的传播速度取决于它通过的介质。在空气中，声音的传播速度与温度有关。温度每升高 1 ℃，声速大约会增加 0.6 m/s。当室温为 20 ℃时，海平面上声音通过空气的传播速度为 343 m/s。本书中，都遵循这个规定，除非另有说明。

阅读检测 若温度是 25 ℃，**估算**海平面上声音通过空气传播的速度大小。

物理实验

声音通过空气传播*

声音在空气中传播的速度是多少？

表 15-1　各种介质中的声速	
介质	m/s
空气(0°)	331
空气(20°)	343
氦(0°)	965
水(25°)	1497
海水(25°)	1535
铜(20°)	4760
铁(20°)	4994

一般情况下，固体和液体中的声速比气体中的声速更大。如**表 15-1**所示为声波在各种介质中的传播速度。声音不能在真空中传播，因为那里没有空气分子的碰撞。

声波具有所有波的共性。例如，它会从坚硬的物体（如房间的墙）上反射回来。反射回来的声波称为回声。根据回声回到声源所用的时间，可以求出声源到反射体之间的距离。蝙蝠、部分照相机以及声呐船都是利用这个原理来测算距离的。两列声波会发生干涉，引起死点，在死点处你听不到任何声音。还有，根据你在第14章学到的，波的频率、波长与波速的关系可表示为：$\lambda=\frac{v}{f}$。

压力波的探测

声音探测器可以将声音的能量——振动的空气分子的动能——转化为另一种能量形式。麦克风是一种常见的声音探测器，它可以把声波转化为电能。麦克风中有一个薄圆片，当它接收到声波后，就会发生振动，产生电信号。

人耳　如**图 15-3**所示，人耳也是一个声音探测器，它接收压力波，并将其转换成电脉冲。进入外耳道的声波会引起鼓膜的振动，中耳的三骨将这些振动送入耳蜗中的流体内。当螺旋形耳蜗中的细毛探测到振动流体的频率后，就会刺激神经细胞，后者把脉冲送入大脑，产生听觉。

人耳不但可以探测到很广的频率范围和很大的振幅范围内的声波，而且还可以区分许多不同性质的声音。由于耳朵的结构非常复杂，因此要了解它，需要将很多的物理学和生物学知识结合起来。大脑对声音的解释过程就更为复杂了，至今还没有人能完全搞清楚。

■ 人耳

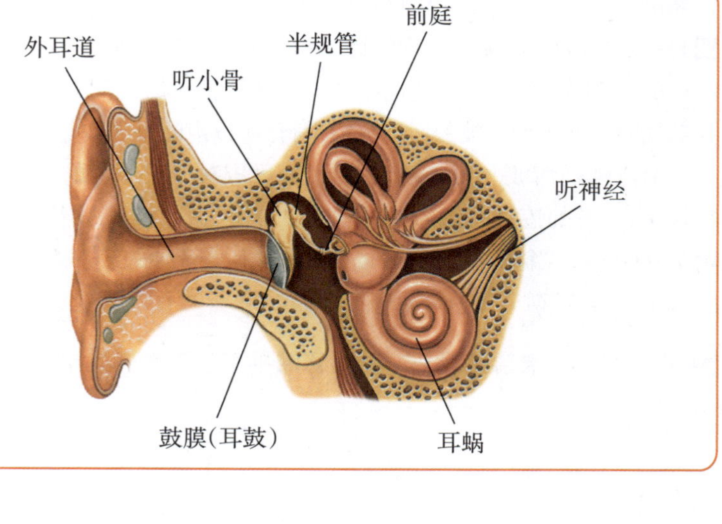

图 15-3　人耳是一个复杂的感觉器官，它把外部环境中声音的振动转化为神经脉冲，然后送入大脑进行解释。当声波进入外耳道时引起耳鼓振动，并使中耳的三骨——听小骨、半规管和前庭也发生振动。振动传递到内耳，把神经脉冲送入大脑。

感知声音

人类感知声音部分取决于声波的物理性质，比如声波的频率和振幅。

音调 梅森(M.Mersenne)和伽利略首先提出，我们听到的音调与声音的振动频率有关。**音调(pitch)**是声音的高或低，可以用音阶来命名。例如中央C调，它的频率为262 Hz 。钢琴上最高的音调的频率为4 186 Hz。人耳并不是对所有频率都具有相同的灵敏度的。大多数人都无法听到低于20 Hz和高于16 000 Hz的声音。许多动物，如狗、猫、大象和蝙蝠，都能够听到人类听不到的频率。

响度 频率与波长是声波的两个重要的物理量，而声波还有另一个物理量，它就是振幅。振幅是沿着波的方向的压强变化的量度。对人类而言，声音由耳朵探测，由大脑进行解释。而人类的听觉可以感知到的声音，它的**响度(loudness)**主要由压力波的振幅决定。

人耳对声波的压强变化，即对波的振幅的变化，是极其灵敏的。回忆前面的知识，1 atm＝1.01×10^5 Pa。耳朵可探测到小于大气压十亿分之一(约为2×10^{-5} Pa)的压力波的振幅。而当压强的变化接近20 Pa或更大时，人们就会觉得很难受了。切记，耳朵只能探测一定频率的压强变化。当驾驶汽车翻山越岭时，你的耳朵感受到的压强变化可能为好几千帕，好在这种变化并不在听觉频率内发生。

由于人类能探测的压强变化的范围很大，因此人们利用**声级(sound level)**这一对数标度对振幅进行度量。声级的单位为**分贝(decibel)**(dB)，它取决于某一给定声波的压强变化与能听到的最小声音的压强变化(2×10^{-5} Pa)的比值。能听到的最小声音的振幅的声级为0 dB。比这大10倍的压强振幅的声级为20 dB。再大10倍的压强振幅的声级为40 dB。当声级增加10 dB，即响度大约是原来的2倍时，大多数人是可以觉察到这个变化的。如**图15-4**所示为各种声音的声级。除了压强的变化，声波的功率和强度也可用dB来描述。

迷你实验

声音的特性

决定声音的物理因素是什么？

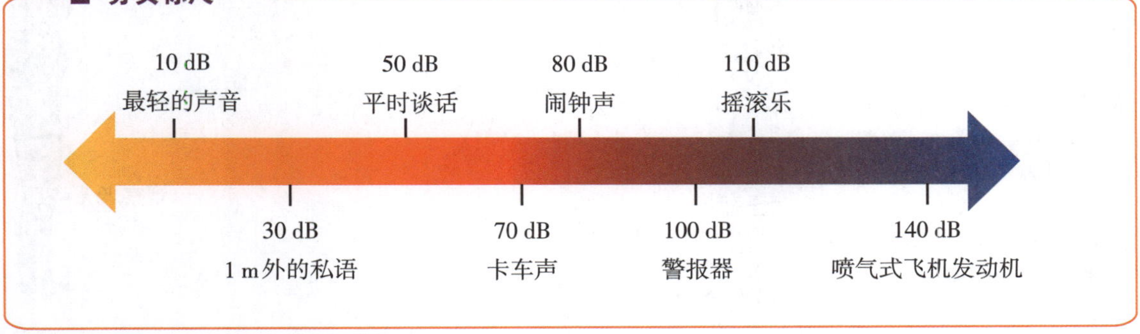

图15-4 分贝标尺显示了几种常见声音的声级。
推断 闹钟声比卡车声大多少倍？

图 15-5 持续暴露在高音环境中，会引起严重的听觉损伤。许多行业的工作人员，如建筑工人，在作业时必须佩戴耳朵保护器。

当遭受噪声或非常剧烈的音乐，特别是高频率的声音时，人耳的灵敏度会丧失。一个人暴露在剧烈的声音中越久，其听力受到的影响就越大。短期失聪的人可在数小时后恢复听力，而长时间经受这种声音所受到的影响可能会持续几天甚至几个星期。长期处于100 dB或更大声级中的人耳可能会受到永久性的伤害。许多摇滚音乐家遭受了严重的听力损伤，有些人的听力甚至损伤了40%。收音机和CD播放机等通过立体声耳机播放的高响度音乐，也可能对听觉造成伤害。在某些情况下，听者并没有意识到声级真正有多高。普通的棉花耳塞只能减少大约为10 dB的声级。好一点的耳塞可减少的声级一般为25 dB。如**图 15-5**所示的特殊设计的耳套和耳塞可减少的声级达到45 dB。

多普勒效应

你是否注意到，救护车、消防车或警车加速驶过你身边时，警报器的音调总是在不断发生改变。当车向你驶来的时候，音调会升高；而当车离你远去时，音调又会降低。这种由于声源运动、探测器运动或者它们两者都运动产生的声音频率的变化，称为**多普勒效应（Doppler effect）**。如**图 15-6**所示，声源S正以速度v_s向右运动，它发射的波以声源为圆心向外传播。当声源向作为探测器的观察者A运动时，很多波纷纷涌入声源和观察者之间的空间，波长被缩短成λ_A。因为声速不变，所以每秒有更多的波峰进入耳朵，这意味着被探测到的声波的频率增加。当波源离开作为探测器的观察者B运动时，波长看似伸长了λ_B，因此被探测到的声波的频率降低了。

当探测器运动而声源不动时，也会发生多普勒效应。当探测器向静止的声源靠近时，每秒到达探测器的波峰的数目增加，被探测到的声波的频率增加；而当探测器离开声源时，每秒到达探测器的波峰也随之减少，被探测到的声波的频率降低。

物理实验

分　贝

你如何测量声级？

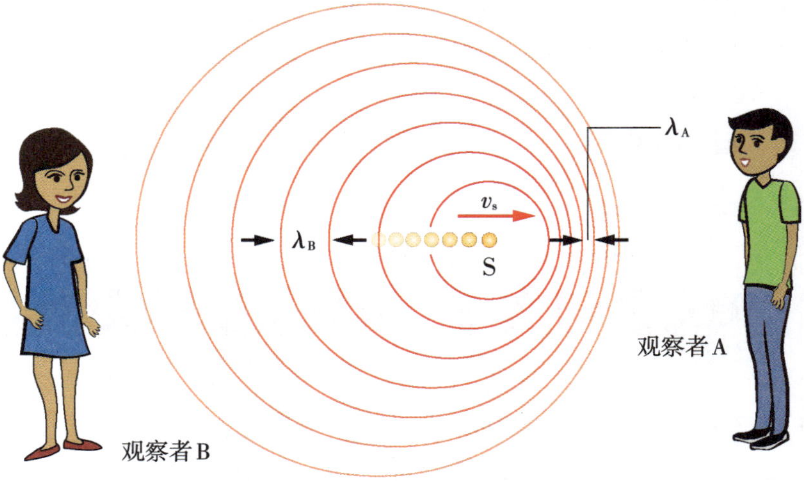

图 15-6 声源向着观察者运动时，波长缩短成λ_A；声源离开观察者运动时，波长为λ_B。

描述 对每一个观察者来说，探测到的声音频率的相对差值是什么？

无论是对运动的声源还是对运动的观察者而言，观察者听到的频率都可由下述公式计算得出：

多普勒效应

探测器测到的频率等于探测器与波的相对速度除以声源与波的相对速度，再乘以波的频率。

$$f_d = f_s \frac{v - v_d}{v - v_s}$$

在多普勒效应方程中，v是声波的速度，v_s是声源的速度，v_d是探测器的速度，f_s是声源所发射的声波的频率，f_d是探测器接收到的频率。当声源在运动或观察者在运动或两者都在运动时，上述方程均适用。

定义坐标系 用上述方程求解问题时，一定要先定义坐标系，并规定从声源到探测器的方向为正方向。声波是从声源向探测器运动的，因此它的速度总是正的。你可以先画出示意图，再看一看 $\frac{v - v_d}{v - v_s}$ 这一项的结果是否如多普勒效应所预言的那样。要注意，声源向探测器的运动（方向为正，分母比声源静止时小）以及探测器向声源的运动（方向为负，分子比探测器静止时大），探测到的频率f_d增大。相反，声源离开探测器的运动以及探测器离开声源的运动，探测到的频率f_d减小。通过下表，观察当声源或观察者静止时，多普勒效应方程是如何简化的。

数学 与物理学的链接

简化方程 在复杂的方程中，如果有一个变量为零，那么方程可以简化成更简洁的形式。

探测器静止，声源运动，$v_d=0$	声源静止，探测器运动，$v_s=0$
$f_d=f_s\left(\frac{v-v_d}{v-v_s}\right)$ $=f_s\left(\frac{v}{v-v_s}\right)$ $=f_s\left(\frac{\frac{v}{v}}{\frac{v}{v}-\frac{v_s}{v}}\right)$ $=f_s\left(\frac{1}{1-\frac{v_s}{v}}\right)$	$f_d=f_s\left(\frac{v-v_d}{v-v_s}\right)$ $=f_s\left(\frac{v-v_d}{v}\right)$ $=f_s\left(\frac{\frac{v}{v}-\frac{v_d}{v}}{\frac{v}{v}}\right)$ $=f_s\left(\frac{1-\frac{v_d}{v}}{1}\right)$ $=f_s\left(1-\frac{v_d}{v}\right)$

例题1

多普勒效应 一个吉他选手在敞篷车上演奏中央C调，发出的声音的频率为524 Hz。如果这辆车正以24.6 m/s的速度向你驶来，当时的温度为20 ℃，你听到的喇叭声的频率是多少？

1 分析概括问题

- 作出示意图。
- 建立坐标系。规定从声源到探测器的方向为正方向。
- 标出声源和探测器的速度。

已知	未知
$v=+343\ \text{m/s}$	$f_d=?$
$v_s=+24.6\ \text{m/s}$	
$v_d=0\ \text{m/s}$	
$f_s=524\ \text{Hz}$	

2 求解未知量

利用公式$f_d=f_s\dfrac{v-v_d}{v-v_s}$，其中$v_s=0$ m/s。

$$f_d=f_s\left(\frac{1}{1-\frac{v_s}{v}}\right)$$

$$=\frac{1}{1-\frac{24.6\ \text{m/s}}{343\ \text{m/s}}}\times 524\ \text{Hz}=564\ \text{Hz}$$

◀将$v=+343$ m/s，$v_s=+24.6$ m/s，$f_s=524$ Hz代入。

3 验证答案

- **单位是否正确？** 频率是用Hz量度的。
- **数值是否合理？** 声源朝着你运动，因此频率应该是增大的。

练一练

1. 重做例题1，但将条件改为敞篷车离开你运动。这种情况下你听到的声音的频率是多少？
2. 如**图15-7**所示，你在一辆汽车中，汽车以25.0 m/s的速度向一只安装着警报器的标杆方向驶去。如果警报器发声的频率为365 Hz，那么你听到的频率是多少？已知声速为343 m/s。

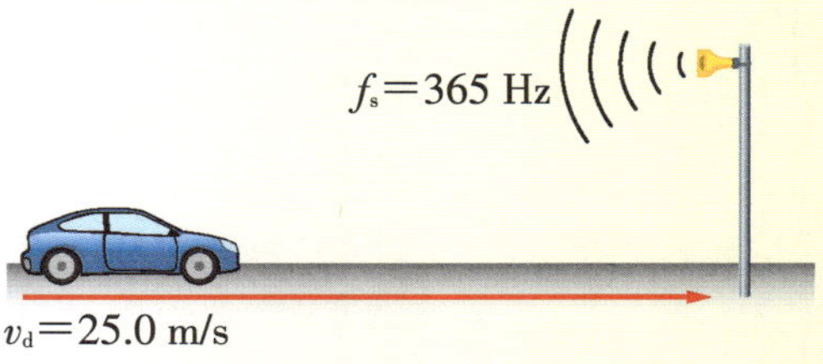

图15-7

3. 你在一辆以24.6 m/s的速度行驶的汽车中。有一辆具有相同速度的汽车正向你驶来，它的喇叭发出频率为475 Hz的声音。你听到的这个喇叭声的频率是多少？已知声速为343 m/s。
4. 一艘发射出3.50 MHz的超声波的潜艇以9.52 m/s的速度向另一艘静止的潜艇靠拢。那艘静止的潜艇探测到的超声波的频率多少？已知水中的声速为1 482 m/s。
5. **挑战题** 有一乐器正在演奏频率为262 Hz的中央C调。如果要将音调提升到高C调(277 Hz)，乐器必须以多快的速度运动？已知声速为343 m/s。

图 15-8 蝙蝠利用多普勒效应可以探测和捕捉到飞行的昆虫。当蝙蝠快要赶上飞蛾时，反射回来的声波的频率增加。

多普勒效应的应用 所有的波的运动，包括机械波和电磁波，都会发生多普勒效应。多普勒效应有很多的实际应用。例如，雷达探测器就是根据多普勒效应来测量飞机和汽车的速度的。天文工作者在观测遥远的星球时，也是利用多普勒效应，通过观察到的光来计算星球的运行速度并估计它与地球的距离。医生利用多普勒超声仪，可以探测胎儿的心率。

▶ **与生物学的联系** 蝙蝠利用多普勒效应可以探测和捕捉到飞行的昆虫。当昆虫飞得比蝙蝠快时，反射回来的声波的频率会比较低；而当蝙蝠快要赶上昆虫时，如**图 15-8** 所示，反射回来的频率就很高了。蝙蝠不仅需要用声波来进行导航以及定位猎物，还要能在有其他蝙蝠出现的时候对声波进行辨别。也就是说，当有许多其他声音频率干扰的情况下，它们必须能鉴别出哪个信号是自己发出或反射回来的。科学家还在不断研究蝙蝠及它们利用声波的奇妙能力。

第1节 复 习

6. 主要概念 要改变声音的音调，必须使声波的哪个物理量发生变化？要改变响度呢？

7. 作图 当声波的压强发生变化时，耳鼓膜就会振动。作出频率分别为 1.0 kHz 和 2.0 kHz 时耳鼓膜振动的位移—时间图象，分别作两个周期。

8. 介质的影响 声音的有些物理量会受到介质的影响，也有些完全与介质无关。各举出两种。

9. 分贝标度 一般情况下，摇滚乐（110 dB）的声波压强振幅比正常谈话（50 dB）的声波压强振幅高多少？

10. 早期的探测 在 19 世纪时，人们经常会把耳朵贴在铁路轨道上，以了解是否正有火车驶来。这样做的理由是什么？

11. 蝙蝠 蝙蝠会发射高频率的声音短脉冲，并探测回声。

a. 如果大昆虫和小昆虫与蝙蝠的距离相同，用什么方法可以分辨回声到底是来自大昆虫还是小昆虫的？

b. 朝蝙蝠飞来的昆虫与飞离蝙蝠的昆虫相比，两者的回声有何不同？

12. 批判性思维 在路边使用雷达探测器的警察，能不能在汽车驶过的瞬间判定汽车的速率？请说明原因。

第2节 音乐的物理学原理

物理在你身边

想一想你看过或者听过的乐器，如小提琴、长笛、鼓等。你认为一个乐器的大小、形状和材料，会影响它发出的声音音色吗？

主要概念

音乐是由振动物体产生的复杂的声波组成的。

核心问题

- 什么是声音的起源？
- 空气柱共鸣的特征是什么？
- 弦线共鸣的特征是什么？
- 为什么乐器的音质会有不同？
- 拍是如何产生的？

术语回顾

频率 波单位时间完成的全振动的次数，用Hz来量度

关键术语

闭管共鸣器
开管共鸣器
基音
泛音
不谐和音
谐和音
拍

声 源

19世纪中叶，德国物理学家亥姆霍兹(H. Helmholtz)对乐器发出的声音及人类发出的声音进行了研究。到了20世纪，科学家和工程师们开发出了很多电子设备，这些电子设备可以对声音作细致的研究。而随着电子乐器及录音设备的诞生，我们可以随时随地听到美妙的音乐。

声音是由物体的振动产生的。物体的振动使得空气分子发生运动，从而引起了空气中压强的振荡。扬声器上有一个锥面，当电流通过时，它会发生振动。锥形表面产生的声波进入你的耳中，于是你听到了音乐。锣、钹、鼓等乐器都是振动表面作为声源的例子。

人类的声带是由喉管内的两片薄膜组成的，声带的振动产生了声音。当肺部的空气通过喉管冲出体内时，就会触发声带振动。声带的振动频率是由声带上的肌肉的张力控制的。如果张力越大，声带振动越快，就会产生高音调；而如果张力越小，声带振动越慢，就会产生低音调。

在演奏小号或大号等铜管乐器时，演奏者的嘴唇产生振动，如**图15-9**所示。在单簧管和萨克斯等木管乐器中，有一个木制薄片，即簧片。当空气吹过它时，它就会振动起来，如**图15-9**所示。而吹奏长笛和管风琴时，空气通过管的开口端，于是乐器中的空气柱就会发生振动。

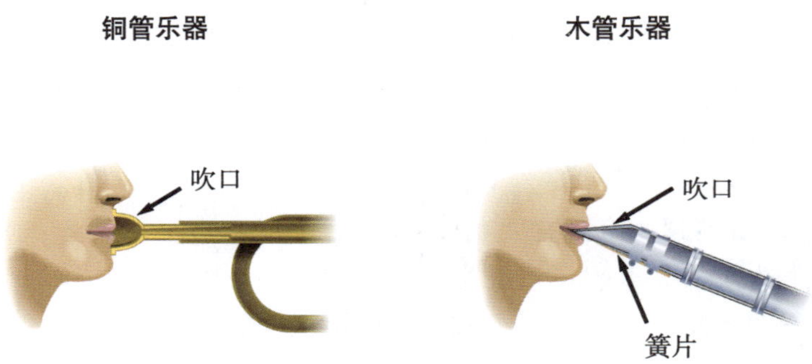

图15-9 乐器产生的声音部分取决于吹口的形状。

在弹奏一些弦乐器，如钢琴、吉他和小提琴等时，发生振动的是弦。钢琴的弦是被击打的，吉他的弦是被弹拨的，而小提琴的弦则是由于弓的来回摩擦而引起振动的。通常情况下，弦都是与一起振动的发声板连在一起的。发声板的振动引起了空气中的压强振荡，于是声音就传到了人们的耳中。为了将声音放大，电吉他利用了一些电子器件来探测及放大吉他的弦的振动。

空气柱中的共鸣

如果你吹过铜管乐器或木管乐器，你一定知道，仅靠嘴唇或簧片的振动是不能产生任何特殊音调的声音的。要产生美妙的音乐，你还需要有一根长管。吹奏时，长管内的空气会发生振动，且振动的频率与嘴唇或簧片的振动频率相同，即发生共鸣。通过不停地在相同的固有频率上施加一个微小的外力，共鸣可以增大振动的振幅。空气柱的长度决定了产生共鸣的空气的振动频率。对许多乐器，诸如长笛、萨克斯和长号等而言，要使发出的音调发生变化，只要改变振动空气柱的长度即可。吹口只是起到将不同的频率混合起来的作用；而共鸣空气柱作用于某一频率的振动时，可以使单个音符放大，从而把噪声变成乐音。

如**图15–10**所示，空管上方的音叉会使空气柱发生共鸣。将管子放入水中，并使其底端位于水面以下。一端与空气隔绝的共鸣管称为**闭管共鸣器(closed–pipe resonator)**。改变水面以上的管子的长度，就可以调节管中空气柱的长度。这时，如果用橡皮槌敲击音叉，并将管子在水中上下移动，以改变空气柱的长度，就会出现声音交替变强和变弱的现象。当空气柱与音叉发生共鸣时，声音最大。共鸣的空气柱强化了音叉的声音。

物理实验

声　速*

你如何确定声速？

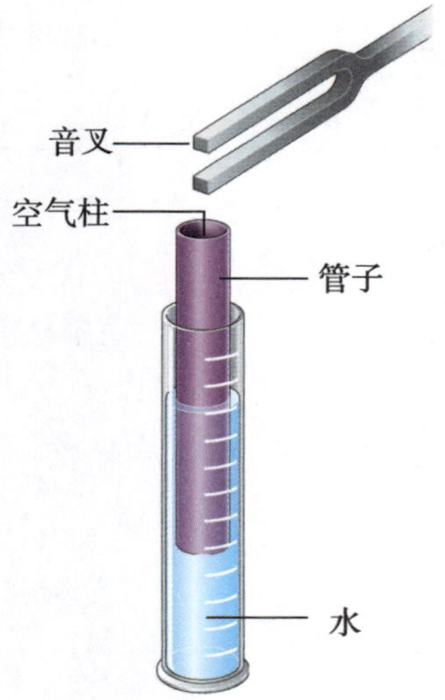

图15–10　管子的上下移动，使得空气柱的长度发生改变，从而改变了声音。

压强驻波 共鸣是如何产生的呢？你知道，振动的音叉产生声波，这种波以高低压强交替变化的形式沿着空气柱运动。当波到达水面时，又被反射回音叉，如**图15-11**所示。如果被反射回来的高压波到达音叉时，音叉又产生了另一个高压波，那么刚发射的高压波和反射回来的高压波相遇，彼此重合加强，这样就会产生驻波，发生共鸣。

开管共鸣器(open - pipe resonator)是一种两端开口的共鸣管，它也能与声源产生共鸣。这时，声波不是由封闭端，而是由开口端反射，且反射波的压强会发生倒转。例如，当一个高压波撞击开口端时，被反射回来的将会是低压波，如**图15-11**所示。

共鸣长度 如**图15-12**所示，管中的驻波可用正弦波表示。正弦波既能描述空气压强，又能描述空气分子的位移。你可以看到，驻波具有波节和波腹。波节是两个相同的波脉冲相遇时的驻点，两个波脉冲在该点具有相同的位置。波腹是两个波脉冲相遇时位移最大的位置。在压强图中，波节处是平均大气压强区，而波腹处的压强在最大值和最小值之间来回振荡。在位移图中，波腹是高位移区，波节是低位移区。无论是压强图还是位移图，相邻两个波腹(或两个波节)之间的间距均为半个波长。

☑ **阅读检测** **解释**位移图象中波节和波腹之间的区别。

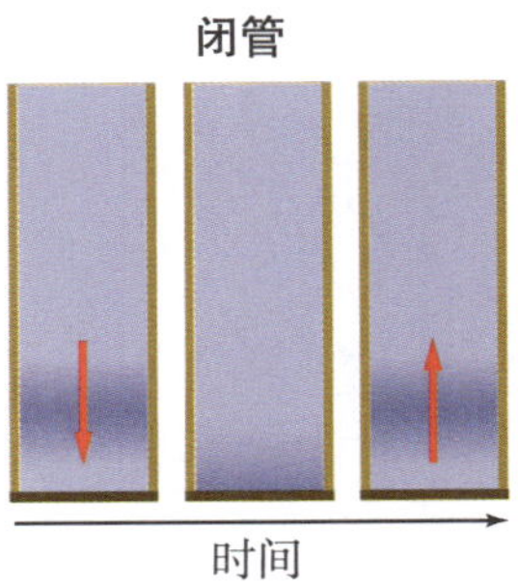

闭管：高压波经反射后仍为高压波。

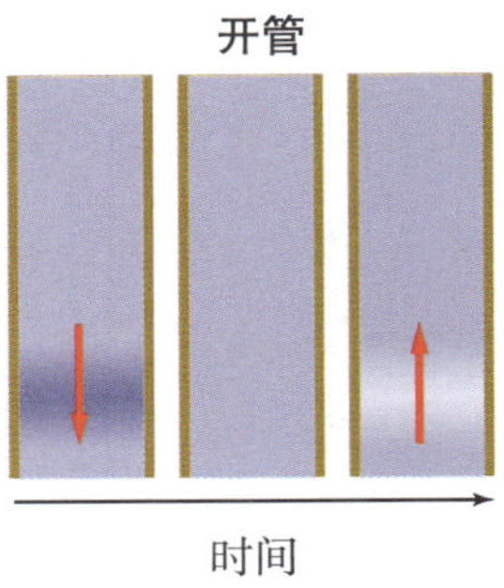

开管：高压波经反射后变为低压波。

图15-11 在闭管中，声波在闭管端反射，高压波经反射后仍为高压波。在开管中，声波在开管端反射，高压波经反射后成为低压波。

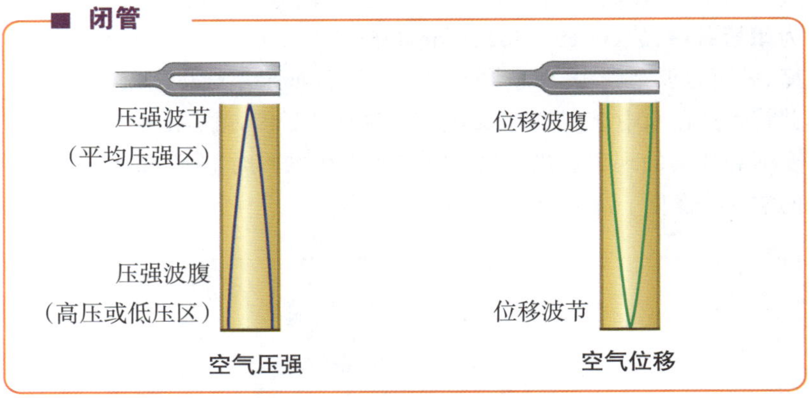

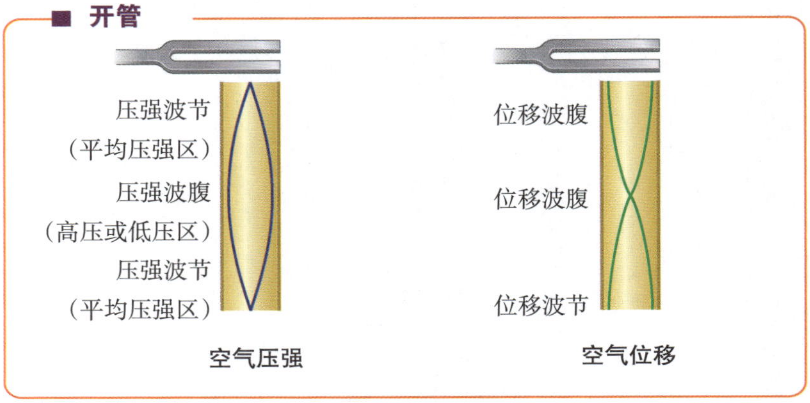

图15-12 管中的驻波可以用正弦波表示。**明确**在气压图中，哪些是平均大气压区？

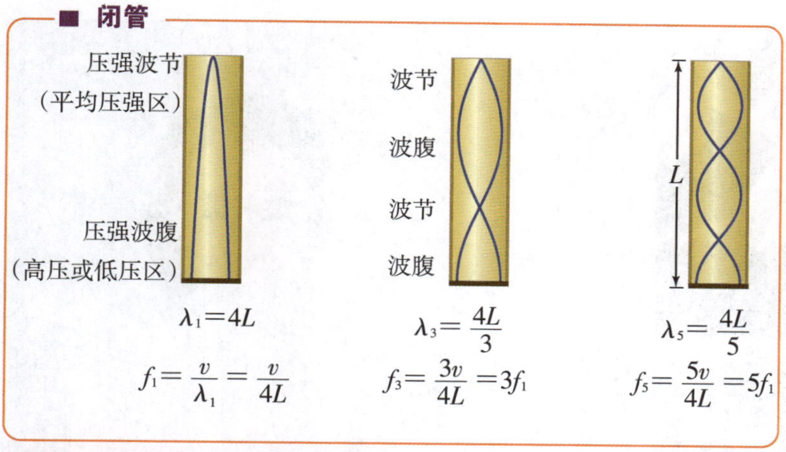

图 15-13 当闭管的长度为四分之一波长的奇数倍时，发生共鸣。

闭管中的共鸣频率 能够使波腹位于封闭端、波节位于开口端的最短的空气柱的长度为四分之一个波长，如**图 15-13** 所示。随着频率的增加，共鸣长度以半波长为基数倍增。因此，当空气柱的长度为 $\frac{\lambda}{4}$、$\frac{3\lambda}{4}$、$\frac{5\lambda}{4}$、$\frac{7\lambda}{4}$等时，都会与音叉发生共鸣。

实际上，第一个共鸣长度要比四分之一个波长稍长些。这是因为压强不是正好在管子的开口端精确地降为零的，波节一般位于开口端外大约0.4倍管的直径处。而其余的共鸣长度则严格按照半波长的间距递增。通过测量各共鸣长度的间距，可以求出声音在空气中的速度，这将在例题2中作详细的讨论。

开管中的共鸣频率 能够使开管两端都是波节的最短的空气柱的长度为二分之一个波长，如**图 15-14** 所示。随着频率的增加，共鸣长度以半波长为基数倍增。因此，当空气柱的长度为 $\frac{\lambda}{2}$、λ、$\frac{3\lambda}{2}$、2λ等时，都会与音叉发生共鸣。

如果开管共鸣器和闭管共鸣器的长度相同，那么开管共鸣器的共鸣声的波长为闭管的 $\frac{1}{2}$。因此，开管共鸣器的频率是闭管共鸣器的2倍。但无论是开管还是闭管，相邻共鸣长度的差均为半个波长。

生活中的物理学

听觉和频率 人类能听到的声音的频率范围为20～20 000 Hz。但人类的耳道就像一个闭管共鸣器，对于在 2 000～5 000 Hz 之间的频率，耳朵的灵敏度会有所增加。狗的听觉频率范围高达45 000 Hz，而猫的听觉频率范围则高达100 000 Hz。

物理实验

测量声速*

你如何用开管共鸣器测量声速？

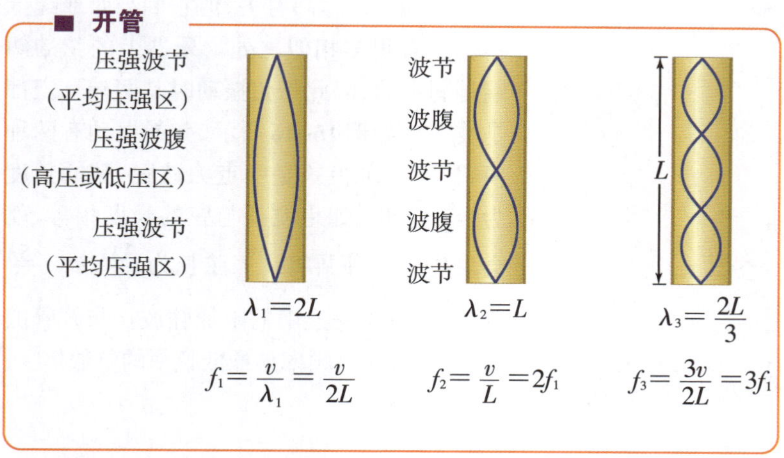

图 15-14 当开管的长度为四分之一波长的偶数倍时，发生共鸣。

解释 开管共鸣器和闭管共鸣器的长度有什么区别？

图15–15　长笛是开管共鸣器，木琴的管子和贝壳是闭管共鸣器。

听到共鸣　乐器利用共鸣来增加特殊音调的响度。开管共鸣器包括长笛，如**图15–15**所示。单簧管和各种木琴的管子属于闭管共鸣器。如果你对着长长的隧道大声叫喊，你听到的回声就是由隧道共鸣器产生的。如**图15–15**所示的贝壳则是一个闭管共鸣器。

图15–16　弦的长度为半个波长的整数倍时，弦与驻波发生共鸣。

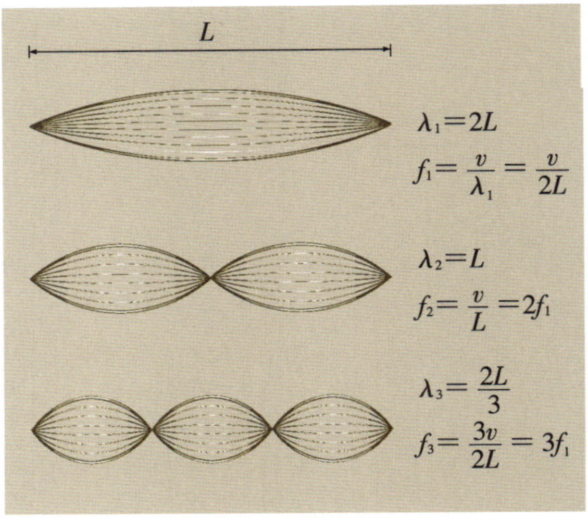

弦的共鸣

虽然从形式上看来，振动弦的波是变化的，且这种变化与产生这些波的方式（如弹拨、弓拉或敲击等）有关，但它们与弦或绳上的驻波有很多相似之处。乐器上的弦的两端是固定的，因此当弦振动时其两端一定都是波节。如**图15–16**所示，弦的振动有两种模式：第一种模式是中点为波腹，弦的长度为半个波长；如果波长与弦的长度相等，就会发生第二种共鸣。当弦长为$\frac{3\lambda}{2}$、2λ、$\frac{5\lambda}{2}$等时，会发生一连串的附加驻波。与开管的情况一样，共鸣频率是最低频率的整数倍。

波速与介质有关。弦上的波速与弦的张力及单位长度的质量有关。因此，在演奏弦乐器时，可以通过改变弦的张力来调节曲调。弦绷得越紧，波在弦上运动得越快，驻波的频率也就越高。

因为弦的横截面积非常小，振动时只能使很少的空气运动。所以一般需要将弦与发声板连接起来，以便把振动传递给空气，产生更强的声波。与弦不同，发声板不会在任何单个频率上发生共鸣，它的作用只是将弦的振动传递给空气，所以需要在乐器产生的所有频率上发生振动。因为弦、发声板以及空气之间有着非常复杂的相互作用，所以弦乐器的设计和制造都是非常复杂的，许多人将其称为艺术的科学。

迷你实验

优美的声音*

你如何确定一个乐器是开管共鸣器还是闭管共鸣器？

☑ **阅读检测** **描述**弦的张力与波在弦上运动的速率之间的关系。

音 质

由于音叉的振动就像简谐振子那样，产生如**图15–17**上图所示的简单正弦波，因此它发出的声音柔软却乏味。人类的声音和乐器所发出的声波则要复杂得多，如**图15–17**下图所示。这两类波可以有相同的频率，或者说相同的音调，但两者发出的声音却是完全不同的。根据叠加原理，许多频率的波叠加在一起会产生复杂波。复杂波的形状和参与叠加的波的相对振幅有关。用音乐术语来说，这两类波之间的不同在于音品、音色或音质的不同。

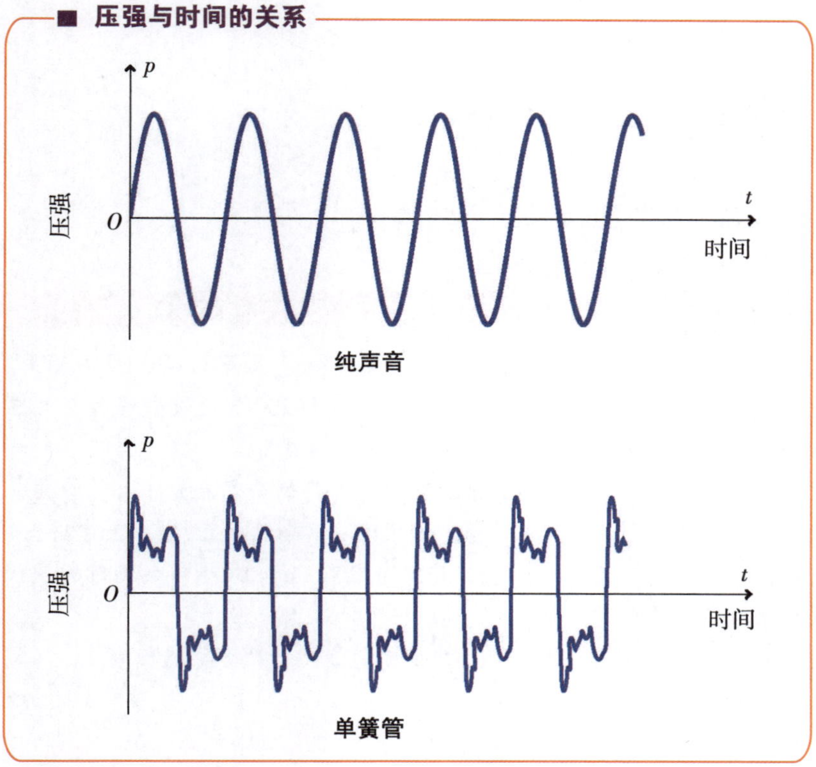

图15–17 由一个音叉产生的纯声音可以用一个简单的正弦波来表示，而由一个单簧管产生的复杂声音可以用图中下半部分来表示。

例题2

根据共鸣求声速 有一个频率为392 Hz的音叉以及一根闭管共鸣管，当空气柱长为21.0 cm和65.3 cm时，听到的声音最大。这时的声速是多少？这时的温度比标准室温20 ℃更低还是更高？解释你的答案。

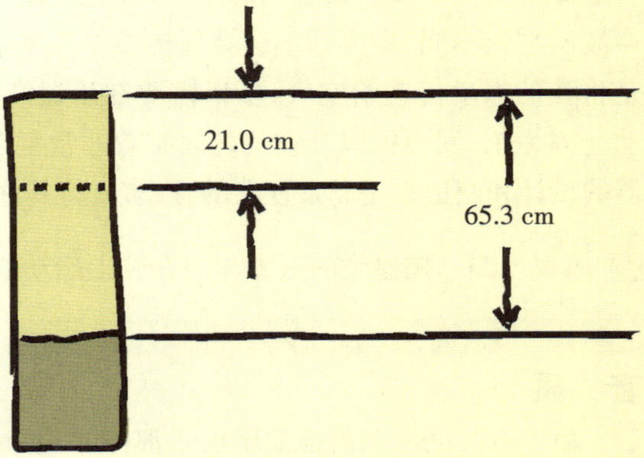

1 分析概括问题

- 作出闭管共鸣管的示意图。
- 标出共鸣的长度。

已知	未知
$f=392$ Hz	$v=?$
$L_A=21.0$ cm	
$L_B=65.3$ cm	

2 求解未知量

利用闭管的长度与波长的关系式求解波长。

$$L_B-L_A=\frac{1}{2}\lambda$$

$\lambda=2(L_B-L_A)$ ◀重列方程，写出λ的表达式

$=2\times(0.653\text{ m}-0.210\text{ m})$ ◀将$L_B=0.653$ m，$L_A=0.210$ m代入

$=0.886$ m

利用$\lambda=\frac{v}{f}$求解。

$v=f\lambda$ ◀重列方程，写出v的表达式

$=392\text{ Hz}\times0.886\text{ m}$ ◀将$f=392$ Hz，$\lambda=0.886$ m代入

$=347$ m/s

求得的声速比20℃时的声速略大，表明温度略高于20℃。

3 验证答案

- **单位是否正确？** $1\text{ Hz}\cdot\text{m}=1\text{ s}^{-1}\cdot\text{m}=1\text{ m/s}$。答案的单位是正确的。
- **数值是否合理？** 速度比20℃时的声速343 m/s略大一些。

练一练

13. 利用一个440 Hz的音叉与一根共鸣管来计算氦气中的声速。如果两次共鸣时空气柱的长度之差为110 cm，氦气中的声速是多少？

14. 有一个频率未知的音叉。某学生利用27 ℃的空气柱做实验，测得两次共鸣时空气柱的长度之差为20.2 cm。音叉的频率是多少？可以利用例题2中求出的27 ℃时的声速求解。

15. 闭管的上方有一个频率为440 Hz的音叉。若空气的温度为20 ℃，两次共鸣时空气柱的长度之差为多少？

16. 挑战题 可以将喇叭想象为一个开管共鸣器。如果将一只喇叭拉直，它有2.65 m长。

a. 若声速为343 m/s，求喇叭共鸣时的最低频率（不计端点校正）。

b. 求此喇叭之后的两个共鸣频率。

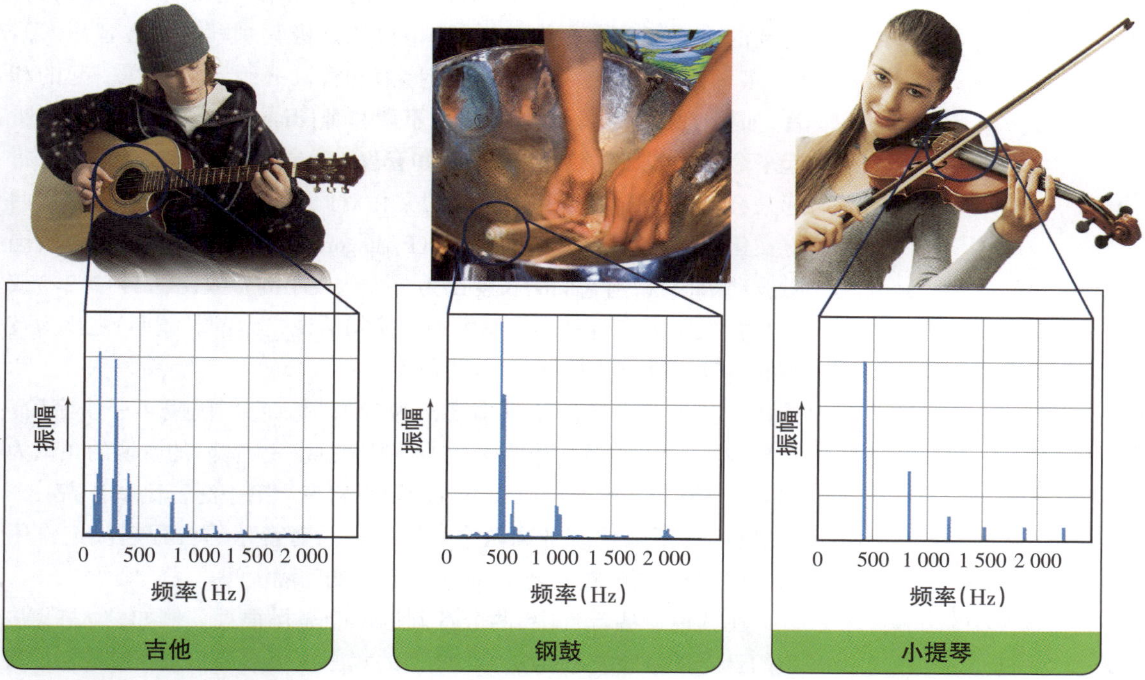

图 15-18 吉他、钢鼓和小提琴的特征声谱。由于各种乐器的音色各不相同，因此每种声谱也各不相同。

声谱：基音和泛音 如**图 15-17**所示的复杂声波为单簧管发出的。为什么单簧管会产生这样的声波？你知道，单簧管中的空气柱的作用如同闭管共鸣器。回顾**图 15-13**中闭管的三个共鸣频率。对于长度为L的单簧管而言，其最低共鸣频率$f_1=\frac{v}{4L}$。这个最低频率称为**基音(fundamental)**，而闭管在$3f_1$、$5f_1$等频率处也会产生共鸣。这些等于基音的奇数倍的较高频率称为**泛音(harmonics)**。就是这些泛音的叠加，使得单簧管的音色与众不同。

而双簧管等另一些乐器的作用类似开管共鸣器。它们的基音(即第一泛音)为$f_1=\frac{v}{2L}$，后面的泛音的规律为$2f_1$、$3f_1$、$4f_1$等。这些泛音的不同组合和不同振幅，使得每种乐器具有各自独特的音色。波的振幅与频率的关系图象称为声谱图。三种乐器的声谱图如**图 15-18**所示。

物理挑战题

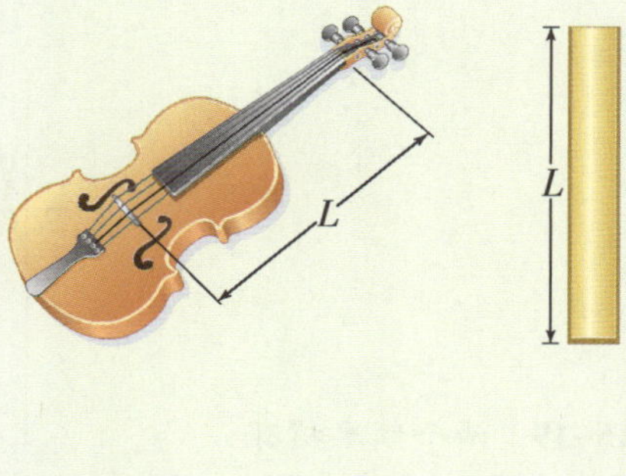

1. 质量为m、长度为L的小提琴弦，当受到大小为F_T的张力时发出的基音的频率，与长度为L的闭管的频率相同。张力F_T为多大？答案用m、L和空气中的声速v表示。已知弦上的波速方程为$v_s=\sqrt{\frac{F_T}{\mu}}$，其中$F_T$是弦受到的张力，$\mu$是弦的单位长度质量。
2. 一根弦的质量为1.0 g，长度为40.0 cm，演奏发出的音调与同长度的闭管的音调相同。该弦受到的张力为多大？

谐和音与不谐和音 当同时有两种不同音调的声音混合在一起时，你听到的声音可能是令人愉悦的，也可能是极其刺耳的。在音乐术语中，多种音调混合在一起的声音称为和音。一组音调合在一起的和音，如果让人觉得厌烦，就称它为**不谐和音（dissonance）**。如果和音听起来令人愉悦，那么就称之为**谐和音（consonance）**。什么样的声音听起来会让人感觉悦耳呢？不同的文化对此有不同的定义。大多数西方文化接受古希腊的毕达哥拉斯（Pythagoras）对"悦耳"一词的定义：同时拨动两根弦，当它们的长度比为一个比较小的整数比，如1∶2、2∶3或3∶4时，发出的声音是令人愉悦的。换句话说，当音调（频率）之比为较小的整数比时，它们的和音为谐和音。

音程 如果两个音调的频率之比为1∶2，那么它们间隔了一个音阶。例如，若一个音调的频率为440 Hz，则比它高一个音阶的音调的频率为880 Hz。基音和泛音可以通过音阶联系起来。第一泛音比基音高一个音阶，第二泛音比基音高两个音阶……。对音乐的音程起决定作用的，是两个音调的频率之比，而不是它们的间隔大小。

在其他一些音程中，两个音调也可能靠得很近。例如，"大三度"中的音符的频率之比为4∶5。典型的大三度由C调和E调组成。C调的频率为262 Hz，故E调的频率为 $\frac{5}{4}\times 262\text{ Hz}=327\text{ Hz}$。同理，"纯四度"（由C调和F调组成）中的音符的频率之比为3∶4；"纯五度"（由C调和G调组成）中的音符的频率之比为2∶3。两个以上的音调也能组合在一起，成为谐和音。由"do""mi""sol"三个音调组成的主和音，到今天至少已有2 500年的历史。它们被称为是最美的三音和音，其频率之比为4∶5∶6。

拍

你已经知道，谐和音是由频率之比决定的。当这个比例接近于1∶1时，两个频率就变得非常接近。如**图15–19**所示为两个几乎完全干涉的频率产生的高声级和低声级。这种波振幅的振荡称为**拍（beat）**。拍的频率为两列波的频率之差：$f_{拍}=|f_A-f_B|$。当这个差值小于7 Hz时，耳朵听到的是响度的脉动。因此，乐器要经常调音，使频率调整到没有拍为止。

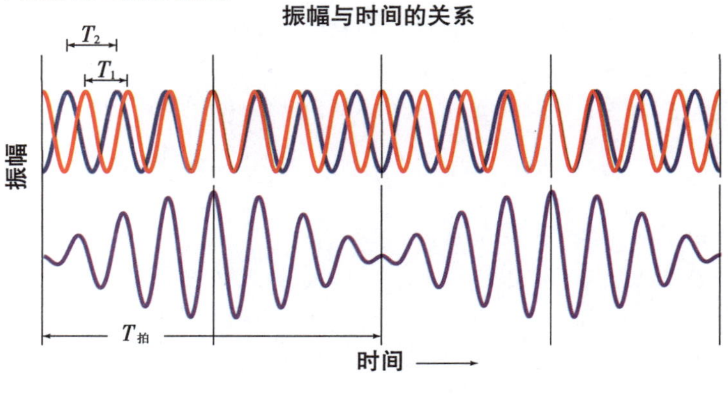

图15–19 两个频率稍有不同声波的叠加，产生拍。

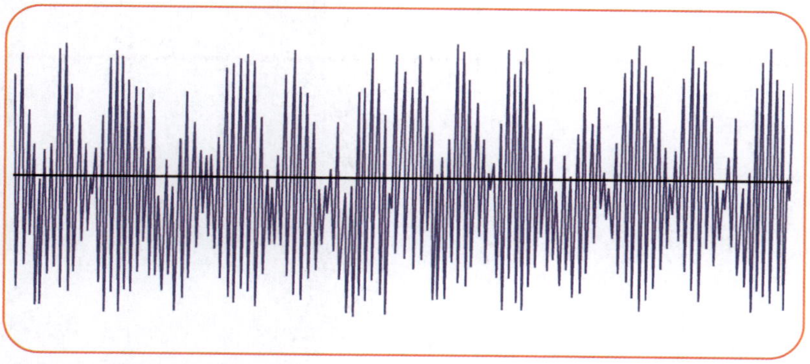

图 15–20 噪声由很多频率的声音组成，这些频率都有相同的振幅。

声音的复制和噪声

当你听现场乐队演奏或学校的乐队练习时，你听到的音乐都是人或乐器直接发出的。大多数情况下，音乐都是被电子系统录制下来后再重新播放的。要使复制的声音更真实，系统必须平等地对待所有的频率。一套好的立体声系统，能使20～20 000 Hz之间的所有频率的振幅都保持在同样的3 dB误差之内。

另一方面，由于电话系统只需要输送谈话的信息，因此它的频率保持在300～3 000 Hz之间足矣。缩小频率的范围有助于降低噪声。噪声的波形如**图 15–20**所示，其中的许多频率都呈现出几乎相同的振幅。虽然大多数人都认为噪声是有害的，但也有人认为噪声有使人镇静的功能。

☑ **阅读检测** **描述**噪声波。

第2节 复　习

17. 主要概念 下列声音是由什么物体振动产生的？
- **a.** 人的声音
- **b.** 单簧管
- **c.** 大号
- **d.** 小提琴

18. 空气柱共鸣 为什么大号的管子做得比小号的长？

19. 开管的共鸣 开管的长度与声音的波长有怎样的关系时，才能产生最强的共鸣？

20. 弦的共鸣 一把小提琴发出升F调，其频率为370 Hz。此音调依次产生的三个泛音的频率分别为多少？

21. 闭管的共鸣 一架管风琴的闭管长2.40 m。
- **a.** 该闭管发出的音调的频率是多少？
- **b.** 如果有第二个闭管同时演奏时，你会听到1.40 Hz的拍。第二个闭管有多少长？

22. 音色 为什么使用不同的乐器，即使演奏同一个音，声音听起来也会有所不同？

23. 拍 某一个音叉与一个频率为392 Hz的音叉每秒会产生3个拍。第一个音叉的频率是多少？

24. 批判性思维 用橡胶槌敲击音叉。然后把音叉的手柄压在书桌、大门、公文柜或其他物体上。此时你听到了什么？为什么？

起步实验

玻璃杯发声实验

实验步骤

1. 选择一个薄边的高脚玻璃杯。
2. 小心检查玻璃杯的薄边缘。如果有尖锐的刺角,就告诉老师。每次选择玻璃杯时,重复这项检查。
3. 把玻璃杯放在桌子上。用一只手按住玻璃杯的底座。润湿另一只手的手指,慢慢顺着玻璃杯口边沿摩擦。***注意:玻璃是易碎物品,操作时要小心。***
4. 记录你的观察。增大或减小你的摩擦速率,看看发生了什么变化。
5. 选择一个更大或更小一些的高脚玻璃杯,重复步骤2～4。
6. 选择一个平脚玻璃杯,重复步骤2～4。

分析

7. 总结你的观察结果。对于高脚杯和平脚杯而言,哪一种玻璃杯发出的音调更高?哪些因素影响了音调的高低?

8. 提出一种方法,使同一个玻璃杯发出不同的音调。检验你提出的方法是否可行。

9. **批判性思维** 建议进一步研究那些能产生高音调的玻璃杯有什么特殊的性质。

迷你实验

声音的特性

实验步骤

1. 收集1美分、5美分、10美分和25美分的硬币各一枚。
2. 两个学生一起做实验,其中一个学生把这些硬币一起扔到地面。
3. 另一个学生要在眼睛闭上时,试图分辨出是哪一个硬币。

分析

4. 比较可能影响硬币发出的声音频率的物理因数,如几何形状,材料和大小等。

物理实验

实验器材

带耳机的便携式收音机或CD播放器
音乐CD
胶带
声级表
白色修正液
坐标纸

分　贝

人耳能听到的声音强度的范围是比较广的。声音在疼痛阈值下的强度比最微弱的可检测的声音强度大1×10^{12}倍。但是人耳在疼痛阈值比勉强听得见的音调大1×10^{12}倍时，并不察觉到声音。人耳听到的响度（或音量），并不正比于声波的强度。一种声音强度为另一声音强度10倍时，人耳感觉的响度（或音量）是大2倍。

人耳对声压的感觉与对声音强度的感觉不同，声波产生的压强不容易测量。一个更常用的测量相对强度的声强级的单位是分贝 dB。

$$\beta=(10\text{dB})\log\frac{I}{I_0}$$

其中I为声强级β时的声波强度，I_0为接近人耳听觉最低极限的标准参考强度，对应于0 dB声级。疼痛阈值的声音对应于120 dB声级。

数据表1是强度比和它们的声级对应量dB。注意，当强度比增加一倍，声级只增加3 dB。如果声音的强度比乘以10，声级增加10 dB，但如果强度比乘以100，声级增加20 dB。

数据表1

$\frac{I}{I_0}$	dB
2	3
3	5
5	7
10	10
20	13
32	15
100	20
1000	30

数据表2

声级（dB）	每天暴露时间（h）
90	8
92	6
95	4
97	3
100	2
102	1.5
105	1
110	0.5

延长暴露在强响度下的时间，可毁坏你的听觉；暴露时间越长，毁坏程度越大。法律规定，工人不能连续暴露在高于90dB的声级下一天8 h。数据表2比较了声级和一天连续暴露时间的限制值，以避免听觉的永久损伤。

在本实验中，你将用如图所示的声级计，测量收音机或CD播放器的声级。

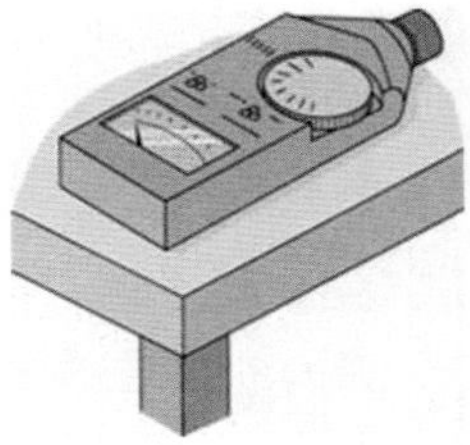

目标

- **测量**收音机或CD播放器的声级。
- **确定**声级与音量设置之间的关系。
- **理解**声级会毁坏听觉。
- **分析**各种情况下的声级。

实验步骤

1. 检查收音机或CD播放器的音量控制的数字设置。如果没有数字设置，用白色修正液在控制标度盘上，从最后没有声音位置开始作8～10个相等间隔的记号。
2. 把收音机调到一个正在播放音乐的电台，或选择一张CD片，插入CD播放器。
3. 确定自己会使用声级计和读数。如果不会，向老师请教。
4. 用胶带把耳机粘在声级计上，把话筒对准耳机。
5. 开启收音机或CD播放器和声级计，对音量控制的每一增量，测量声级。在数据表3上记录声级。对其他收音机或CD播放器重复这些步骤。在数据表3里，记录这些数据作为附加实验。
6. 把音量控制调到低档。从声级计上去除耳机并戴在你的头上。演奏你喜欢的音乐，调节音量使其达到你喜欢的音量高低。把这音量设置记录在数据表4。估计某天你听这种音量的音乐，有几个小时，并记录在数据表4。

数据与观察

数据表3

设置	声级(dB)			设置	声级(dB)		
	实验1	实验2	实验3		实验1	实验2	实验3
0				6			
1				7			
2				8			
3				9			
4				10			
5							

数据表4

倾听音乐的音量设置	
在所要的音量设置下，估计持续时间	

分析与结论

1. 对声级(y轴)与音量设置(x轴)作图。在所测的声级和对应的音量设置之间,是否有任何可认知的关系?对你的回答给出理由。

2. 用你的图决定哪一个声级对应你倾听音乐的音量设置。

3. 参考数据表2确定你在所要的声级听音乐的最多时间。这个时间是多少?

4. 你的收音机或CD播放器能毁坏你的听觉吗?对你的回答给出理由。

拓展与应用

1. 杰克的听力测试表明,他需要20 dB声级探测频率为2000 Hz的声音。卡罗丽需要40 dB的声级探测相同频率的声音。如果标准的测试声级是15 dB,杰克和卡罗丽需要探测的声音强度比标准值大多少?

2. 在1 m处的摇滚乐的声级是110 dB,而1 m处的正常会话是60 dB,求出它们的比值,写出你的计算过程。

3. 在空旷的地方,声音强度与声源距离平方成反比,$I \sim \frac{1}{r^2}$。预测在一个封闭房间内,声级会怎样。解释你的回答。

4. 一名学生在考虑她的房间里装新的立体声系统,她认为需要一台800 W功率放大器,用以在她倾听位置的喇叭产生声音功率80.0 W。她问你这样做,是不是一个好的选择。为了帮助这名学生,你必须找到:(1)离开喇叭距离$r=2.25$ m处的这套系统发出的声音的可能强度;(2)对应的声级。用方程

$$I=\frac{P}{4\pi r^2}$$

其中P是以瓦为单位的功率,I是以每平方米瓦测量的强度,$I_0=10^{-12}$ W/m^2。说明你的计算。这对于学生来说是聪明选择吗?假如该学生买这样的放大器,她应该怎么做才可以避免听力毁坏?解释你的回答。

5. 问题4中的学生假如有一个喇叭,可在离开1 m处产生100 dB声音,她在这个喇叭旁放置一个同样的喇叭,问离开这对喇叭1 m处,新的声级是什么?

剧场声学

如**图1**所示为希腊埃皮达鲁斯的一座剧场，它有55排弧形石灰石长凳，可容纳14 000名观众。自公元前4世纪建造以来，声学家们都被这个剧场的一个神秘现象所吸引：没有话筒，演员怎样让最后一排的观众听见他的声音呢？

这一切都在座位上 一些人推测，该剧场的声音比其他剧场传播得更远，是因为当地的风。另一些人推测希腊人使用了特殊的面具，它帮助演员发声。许多人甚至怀疑剧场倾斜的长凳与神秘的声学现象有关。

现代研究 原来确实是座位起到了主要作用。研究发现，座位的形状、布置和材料都有利于传播声音。剧场中的座位吸收观众的说话声音和风声等背景噪声，同时前排座位反射演员的声音到后排。这种组合减弱不必要的噪声，突出了演员的声音，这就意味着即使在一个"便宜"的座位上，你也能欣赏演出。

图1 因为剧场特殊的设计，演员没有使用麦克风，即使在剧场最后一排的观众，也能听到舞台上演员的声音。

进一步探索 >>>

研究 家庭影院声学系统并制作一张海报，解释为了使用户最大限度得到享受，应该如何摆放音箱。

第15章

复习指南

大概念 声波是空气压强的变化，人耳可以听到许多不同频率的声波。

关键术语
- 声波
- 音调
- 响度
- 声级
- 分贝
- 多普勒效应

第1节 声音的性质和探测

主要概念 我们对声音的感知与声波的物理性质有关。

- 声波是纵波，是通过物质传递的压强变化。声波具有频率、波长、速度和振幅等特征量，会发生反射及干涉现象。
- 声波探测器把声波携带的能量转化成另一种能量形式。人耳就是一种高效而灵敏的声波探测器。人们听到的音调即声波的频率。耳朵和大脑所感受到的声音的响度，主要取决于声音的振幅。声波的压强振幅可用声级量度。

分贝标尺

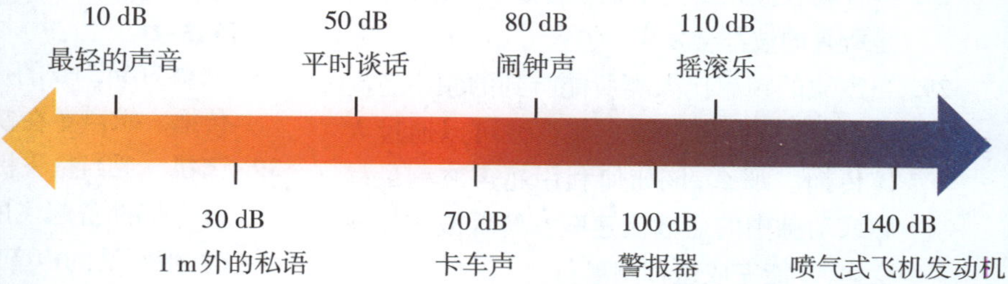

- 多普勒效应是由声源的运动或探测器的运动引起的声波频率的改变。
- 多普勒效应用于雷达探测器、医用超声仪和天体测量。蝙蝠也利用多普勒效应探测和捕捉飞行的昆虫。

关键术语
- 闭管共鸣器
- 开管共鸣器
- 基音
- 泛音
- 不谐和音
- 谐和音
- 拍

第2节 音乐的物理学原理

主要概念 音乐是由振动物体产生的复杂的声波组成的。

- 声音是介质中的振动物体产生的。
- 空气柱可以与声源共鸣，这样就增加了共鸣频率声音的响度。
- 当闭管共鸣时，它的长度为 $\frac{\lambda}{4}$、$\frac{3\lambda}{4}$、$\frac{5\lambda}{4}$ 等。它的共鸣频率是基音的奇数倍。当开管共鸣时，它的长度为 $\frac{\lambda}{2}$、$\frac{2\lambda}{2}$、$\frac{3\lambda}{2}$ 等。它的共鸣频率是基音的整数倍。
- 绷紧的弦的两个端点都是节点，它在共鸣时的长度为 $\frac{\lambda}{2}$、$\frac{2\lambda}{2}$、$\frac{3\lambda}{2}$ 等，与开管相同。弦的共鸣频率也是基音的整数倍。
- 乐器产生的复杂波的频率和强度决定了该乐器的特征音色。
- 可以用共鸣来描述基音的频率以及泛音。
- 音阶上的音符之间在频率上只相差很小的整数比。一个音阶的频率比为1:2。
- 当两列频率几乎完全相同的波发生干涉时，会产生拍。

第1节 声音的性质和探测

理解概念

25. 声波的物理特性是什么？

26. 进行百米赛跑时，终点线上的裁判并不是从听到枪声时，而是以看到起跑枪的烟雾那一刻按下秒表的。请解释这是为什么。如果裁判不小心从听到枪声那一刻开始计时，那么最后的结果与运动员实际的跑步成绩有什么不同？

27. **大概念** 说出声音的两种感觉类型，以及它们分别对应的声波的物理特性。

28. 多普勒效应只发生于某些特定类型的波，还是所有的波都会发生？

29. 当声波的频率比人类所能听到的频率还高时，就称它为超声波。超声波可以通过人体传播。那么，该如何利用超声波测量静脉或动脉中的血液流速呢？解释波该如何变化，才能完成这种测量。

解决问题

30. 远处的大炮正在开火，你在看到闪光5.0 s后听到爆炸声。你离大炮有多远？

31. 如果你对着峡谷大声叫喊，并在3.0 s后听到了回声，峡谷有多宽？

32. 频率为4 700 Hz的声波，沿着一根钢柱传播。如果两个高压(或压缩)区之间的距离是1.1 m，波速是多少？

33. **蝙蝠** 蝙蝠发出的声音的波长为3.5 mm。在空气中，这个声音的频率是多少？

34. 频率为261.6 Hz的声音通过25℃的水，求声波在水中的波长。表面波可忽略不计。

35. 如果波长为3.30 m的声波在淡水中的频率为4.40×10^2 Hz，淡水中的声速是多少？

36. 一辆消防车以35 m/s的速度行驶，它的前面有一辆以15 m/s的速度沿同方向行驶的汽车。如果消防车发出327 Hz的警报声，前面汽车的驾驶员听到的声音的频率是多少？

37. **照相** 如**图15-21**所示，某些照相机通过发出一个声波，然后测量这个声波的回声回到照相机所需的时间的方法，来确定物体的距离。如果目标物距离照相机3.0 m远，那么声波需要花多少时间才会回到该照相机？

图15-21

38. 频率为442 Hz的声音通过一根25 ℃的铁柱传播。求声音在铁柱中的波长。

39. **飞机** 亚当是飞机场的一名地勤人员，他正在一架准备起飞的喷气飞机附近工作。此时，他经受的声音的声级为150 dB。
    a. 如果亚当戴着的护耳套可将声级降低到典型的摇滚乐的水平，那么具体可降低多少分贝？
    b. 如果亚当戴护耳套后听到一些类似微弱的私语，那么不戴护耳套的人听到的会是什么？

40. **音乐** 有一个摇滚乐队，他们演奏的音乐的声级为80 dB。下列其他摇滚乐队演奏的声级，比这个乐队的声音压强大多少倍？
    a. 100 dB
    b. 120 dB

41. 以4.0 Hz的频率摇晃一个螺旋弹簧玩具，产生波长为0.50 m的驻波。求波传播的速度。

42. **声速** 在一个气温为30 ℃的夏天，一名棒球爱好者坐在离本垒板152 m远处的露天看台上。
    a. 30 ℃时，空气中的声速为多少？
    b. 该球迷在看到球撞击球棒后，要过多少时间才能听到撞击声？

43. 某天的气温为15 ℃，一个人站在距离峭壁为d的地方拍手，如**图15-22**所示。若回声在2.0 s后返回，那么此人距离峭壁有多远？

图15-22(不按比例)

44. **医学成像** 频率为4.25 MHz的超声波可用于对人体成像。如果声速在人体内与在盐水里一样，都是1.50 km/s，那么4.25 MHz的超声波在人体内的波长是多少？

45. **声呐** 巡视海底情况的船舶把声呐直接从海面送入海水中。如**图15-23**所示，在声呐发出后的1.74 s，船舶接收到从海底的淤泥层返回的第一个反射波，2.36 s后接收到从淤泥下的基岩层返回的第二个反射波。已知海水的温度为25 ℃，淤泥中的声速是1 875 m/s。
   a. 海水有多深？
   b. 淤泥有多厚？

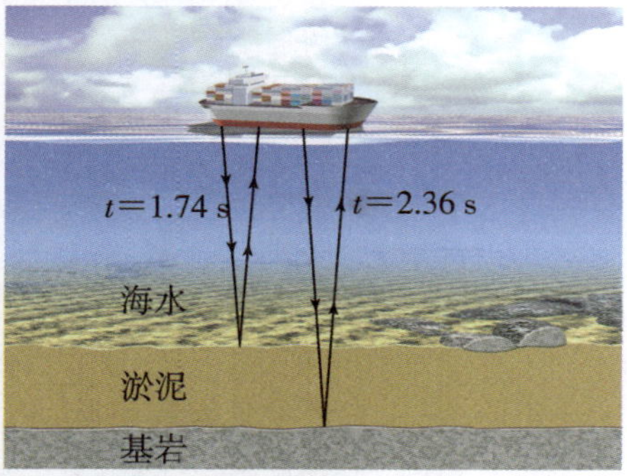

图15-23(不按比例)

46. 若某次谈话的声级为60 dB，压强的变化为多少？

47. 一辆列车以31.0 m/s的速度向着声波探测器的方向行驶，并发出305 Hz的鸣笛声。下列列车探测到的鸣笛声的频率为多少？
   a. 一辆不动的列车。
   b. 一辆以21.0 m/s的速度向着第一辆列车行驶的列车。

48. 上题中的列车正渐渐远离探测器运动。现在下列各列车探测到的鸣笛声的频率又是什么？
   a. 一辆不动的列车。
   b. 一辆以21.0 m/s的速度离开第一辆列车行驶的列车。

第2节 音乐的物理学原理

理解概念

49. 要产生及传播声音，什么因素是必不可少的？

50. **唱歌** 一位歌剧演员所唱的某个音调，竟然震碎了一块玻璃，这是为什么？

51. **行军** 在行军途中，当士兵靠近桥梁时，指挥员就会发出慢步走的命令，于是士兵们就以散乱的步伐通过桥梁。请解释为什么要这样做。

52. **乐器** 为什么大多数乐器发出的声音听起来与音叉发出的声音不同？

53. **乐器** 如果小号和单簧管的音调和响度都相同，那么你能通过什么性质来区别它们演奏的音调？

54. **长号** 如**图15-24**所示为长号的伸缩管。作为一种共鸣管，请解释长号的声音音调是如何发生变化的。

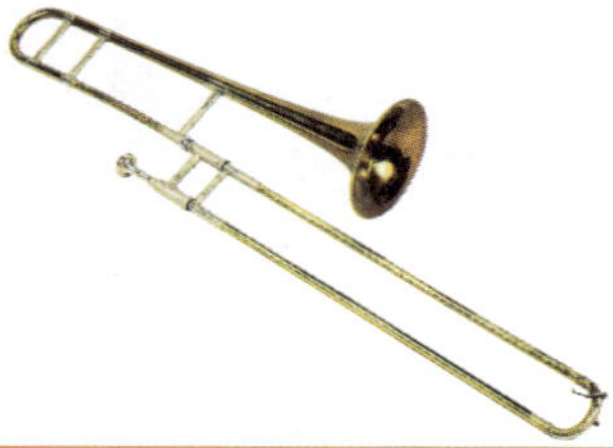

图15-24

解决问题

55. 一个音叉的振动频率为445 Hz。当敲击第二个音叉时，产生了频率为3 Hz的拍。第二个音叉的两个可能的频率分别是多少？

56. 一根竖直的管子里充满了水，它的底部有一个塞子。在管口振动音叉，同时缓缓地将管内的水放出。当管内的水面下降了 17 cm 时，听到第一次共鸣；当水面距离管顶为 49 cm 时，又听到第二次共鸣。音叉的振动频率是多少？

57. **人类的听觉** 通向耳鼓的外耳道类似于一根 3.0 m 长的闭管。找出它的最低共鸣频率的近似值（忽略管子端口的复杂情况）。

58. 有一根 1.2 m 长的铝杆，你从中点拿着它，然后用小槌敲击它的一端，它就会像一根开管那样振荡起来。由于压强的波腹相当于分子运动的波节，因此铝杆的中心即为压强波腹。已知铝中的声速为 6 420 m/s，该杆的最低振荡频率是多少？

59. **排序** 把下列音调按照波长从小到大进行排序，并说明理由。

A. 35 Hz　　**B.** 50 Hz

C. 83 Hz　　**D.** 100 Hz

E. 140 Hz

60. **单簧管** 一根单簧管发出 370 Hz 音调的音符。但单簧管的作用类似于闭管。单簧管产生的最低三个泛音的频率分别是多少？

61. **弦乐器** 一根吉他的弦，长为 65.0 cm，调音到产生最低频率 196 Hz。

a. 在这根弦上的波速是多少？

b. 对这根弦来说，紧跟着的两个较高的共鸣频率分别是多少？

62. **乐器** 一根管风琴的最低频率为 16.4 Hz。

a. 在这个频率上会发生共鸣的最短风琴开管的管长是多少？

b. 如果这样一个风琴管被封闭了，那么其频率变为多少？

63. **乐器** 两个乐器在共同演奏 A 调（440.0 Hz）时，产生了频率为 2.5 Hz 的拍。假定其中的一个乐器演奏的音调是正确的，那么第二个乐器演奏的音调的频率是多少？

64. **乐器** 第一根风琴开管长 836 mm。若第二根开管的音调比第一根高三度，那么它的长度是多少？

65. 如**图 15–25** 所示为一根长 0.85 m 的可伸缩的波纹塑料管。若当它摇晃时产生的音调为这种长度的开管所具有的最低音调，那么它的频率是多少？

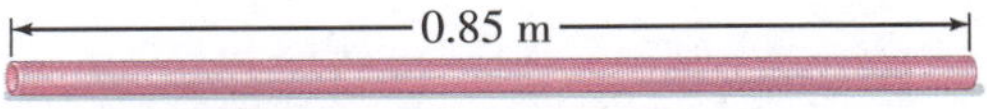

图 15–25

66. 上题中的管子，如果摇晃的速度加快，则会产生更高的音调。新的频率是多少？

67. 在正常谈话时，压强波的振幅为 0.020 Pa。

a. 如果鼓膜的面积为 0.52 cm^2，鼓膜上受到的力为多大？

b. 中耳三骨的机械效益为 1.5。如果上述 a 中的力无损耗地传递给中耳三骨，后者将会对卵圆窗施加多大的力？已知卵圆窗是连在中耳三骨一端的膜。

c. 若卵圆窗的面积为 0.026 cm^2，它传递给耳蜗内液体的压强增量是多少？

68. 如**图 15–26** 所示为一个音乐盒，它由一组钢指组成，钢指的一端都是被固定住的，另一端由转动鼓上的轴钉弹拨。若某只钢指长 2.4 cm，演奏出的音调的频率为 1 760 Hz，该钢指上的波速是多少？

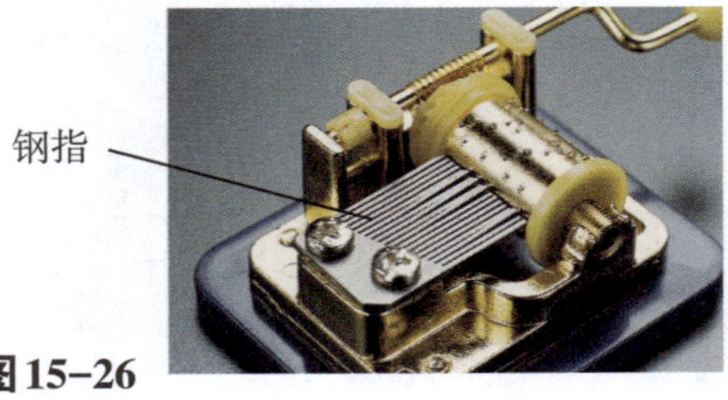

图 15–26

应用概念

69. 空气的温度每升高 1 ℃，声速大约增加 0.6 m/s。对于一个给定的声音，当温度增加时，下列各项分别发生了什么变化？

a. 频率

b. 波长

70. 40 dB的声音的压强变化跟听觉极限相比，是大了100倍还是40倍？

71. 估计 为了估计你和闪电发生处之间的距离（以km为单位），记录闪电与雷鸣的间隔时间（以s为单位），并将它除以3。解释这样做的原因。

72. 电影 在一部科幻电影中，有一飞行器发生了爆炸。附近飞船里的成员立刻听到并看到了爆炸。如果你被聘为评论员，你注意到有哪两个物理错误需要改正？

73. 红移 天文学家观察到，来自遥远星体的光比来自较近星体的光看起来更红。如**图15-27**所示为可见光谱。仔细观察此图，解释为什么天文学家得出的结论是遥远星体正在离开地球运动。

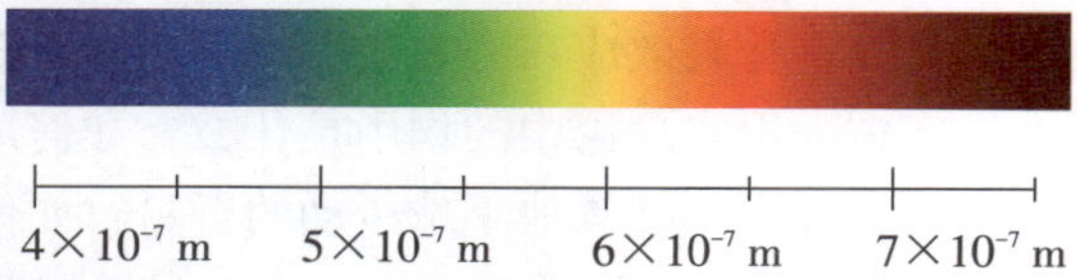

图15-27

74. 编写问题 用生活中的物体编写一道物理题，在它的解答中会出现下列表达式：

$$440\ \text{Hz}=\frac{442\ \text{Hz}\times(343\ \text{m/s}-v_d)}{343\ \text{m/s}}$$

75. 如果声音的音调升高，下列各项分别会发生什么变化？

a. 频率

b. 波长

c. 波速

d. 波的振幅

76. 温度变化 声速会随着温度的升高而增大。当空气的温度上升时，闭管的音调是增高还是降低？假定管子的长度不变。

77. 游行乐队 两个长笛手正在调音。如果指挥听到拍的频率增加了，那么这两个长笛的频率是更接近了，还是离得更远了？

78. 乐器 一架被布盖住的管风琴正演奏着某一音调。如果把布掀开，使管子成为一个开管，那么这个音调会升高还是降低？

79. 弦乐器 在如**图15-28**所示的竖琴中，长弦产生低音，短弦产生高音；而在如**图15-28**所示的吉他中，弦的长度都是同样的。那么，它们如何能产生不同的音调呢？

图15-28

复习提高

80. 补充问题 把问题补充完整，以便可利用多普勒效应来求解："一辆汽车的喇叭发出频率为500 Hz的音调……"

81. 如果你把一块石头丢进122.5 m深的枯井中，如**图15-29**所示。在你丢落石块后间隔多长时间，你才会听到石块撞击井底的声音？

图15-29

82. 在北美洲，有记录以来的室外的最高温度为57 ℃，最低为−62 ℃。在这两种温度下的声速分别是多少？

83. 一艘船发出的声呐的频率为22.5 kHz。已知海水中的声速为1 533 m/s。船上接收到的从一头以4.15 m/s的速度游离船的鲸鱼反射回来的频率是多少？假定船静止不动。

84. 1845年，荷兰科学家巴洛特(C. Buys Ballot)验证了多普勒效应。他请一位小号手在一辆由火车头牵引的平板车上吹出440 Hz的A调；同时，另一位静止不动的小号手吹出相同的音调。此时，巴洛特每秒听到了3.0个拍。求火车的行驶速度。

85. 你如果试图重复上一题中巴洛特的实验，但使第一个小号位于快速运动的汽车里。你不必听拍的多少，只要让汽车开得足够快，使运动的小号比静止的小号的音调高三度。

a. 汽车需要开得多快？

b. 你可以尝试这个实验吗？请解释原因。

86. **吉他的弦** 弦上的波速满足方程$v=\sqrt{\frac{F_T}{\mu}}$，其中F_T是弦中的张力，μ为单位长度的弦的质量。若吉他的弦的质量为3.2 g，长度为65 cm。要产生基音为147 Hz的音符，弦中的张力必须是多少？

批判性思维

87. 已知频率的一组音叉所产生的声波的波长如**表15–2**所示。

a. 作出波长与频率(因变量)的关系图象。图线显示出的关系属于哪种类型？

b. 作出波长与频率倒数$\frac{1}{f}$的关系图象。这是何种图线？根据图象求声速。

表15–2 音叉

频率(Hz)	波长(m)
262	1.31
294	1.17
330	1.04
349	0.98
392	0.87
440	0.78

88. 假定汽车静止不动时发出的喇叭声的频率为300 Hz。应该怎样画频率与时间的关系图线，才能显示出汽车先向你靠近，后来又离开你？

89. **分析与结论** 如果你站在距离高尔夫球洞200 m的球场边上，此时另一组高尔夫球员正在打始发杆。你该如何应用秒表估计声速？你估计的声速会比实际的更大或更小吗？

90. **应用概念** 宇航员发现，太阳左边某点射来的光波，比右边某点的光波的频率更高一些。这些测量使你对太阳运动的了解有哪些启发？

91. **设计实验** 设计一个实验，用以检验弦上的波速公式。说明你要做哪些测量，如何进行这些测量，以及如何用它们检验波速公式。

科技写作

92. 研究某些乐器，如小提琴或小号的构造。除了弦的长度或管子的长度，你还必须考虑哪些因素？质优的乐器与便宜的乐器有什么差别？如何检验它们的音质？

93. 研究多普勒效应在天文学上的应用。它在宇宙大爆炸理论中的作用是什么？如何用它来探测围绕其他星球运动的行星？如何用它来研究银河系的运动？

日积月累

94. 开始时，质量为1.0 kg的球A以3.0 m/s的速度向西滚动，质量为2.0 kg的球B静止不动。当球A与球B碰撞后，球A以2.0 m/s的速度向南运动。

a. 画出示意图，标明碰撞前后的速度和动量。

b. 计算球B在碰撞后的动量和速度。

95. 克丽丝把一桶重10 N的牛奶沿着水平过道搬到3.5 m外的厨房。在此过程中，她做了多少功？

96. 一名电影特技演员从5楼(高22 m)跳到1楼地面的垫子上。由于垫子使她得到了缓冲，因此她获得了不大于3.0 m/s²的负加速度。

a. 已知这位演员重480 N，那么大垫子吸收了多少能量？

b. 大垫子作用在她身上的力为多大？

第15章 标准化测试

选择题

1. 声音从声源传到你的耳朵的途径是(　　)

A. 通过空气压强的变化

B. 通过绳或弦上的振动

C. 通过电磁波

D. 通过红外波

2. 朴鲁正在听他在游泳池里安装的扬声器中播放出来的经典音乐。当频率为330 Hz的音符传到他的耳中时,他正在水下。已知声音在水中的传播速度为1 493 m/s,到达朴鲁耳中的声音的波长为(　　)

A. 2.19 nm　　**B.** 4.88×10^{-5} m

C. 2.19×10^{-1} m　　**D.** 4.52 m

3. 喇叭声在空气中的速率为351 m/s。如果它的频率为294 Hz,那么声波的波长为(　　)

A. 9.93×10^{-4} m　　**B.** 0.849 m

C. 1.19 m　　**D.** 1.05×10^{5} m

4. 如果汽车正以60 km/h的速度向静止的观察者驶来,且汽车喇叭发出的声音的频率为512 Hz。已知声音在空气中的传播速率为343 m/s,观察者听到的声音的频率是(　　)

A. 488 Hz　　**B.** 512 Hz

C. 538 Hz　　**D.** 600 Hz

5. 在下图中,一辆汽车正以72 km/h的速率驶离静止不动的警铃。如果警铃正以657 Hz的频率呼啸着,已知声速为343 m/s,驾驶员听到的声音的频率是(　　)

A. 543 Hz　　**B.** 620 Hz

C. 647 Hz　　**D.** 698 Hz

6. 丽芭正在用钢琴演奏两支曲调,她在5.0 s内听到了20个拍。她肯定其中一支曲调的频率为262 Hz,那么第二支曲调的频率可能为(　　)

A. 242 Hz或282 Hz

B. 258 Hz或266 Hz

C. 260 Hz或264 Hz

D. 270 Hz或278 Hz

7. 下列各对乐器中,在每一个整数倍最低频率处会有共鸣频率的是(　　)

A. 一根夹紧的弦和一根闭管

B. 一根夹紧的弦和一根开管

C. 一根开管和一根闭管

D. 一根开管和一根管乐器

拓展题

8. 下图所示为一根闭管空气柱的第一共鸣长度。如果声音的频率为488 Hz,声速是多少?

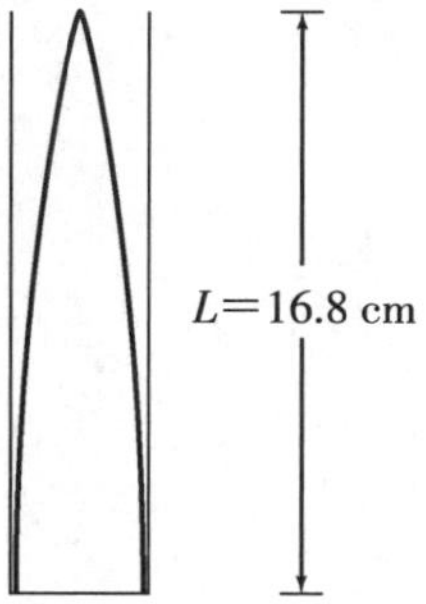

考点提示

测试题号	1	2	3	4	5	6	7	8
对应小节	1	1	1	1	1	2	2	2

第16章

光学基础

大概念 光具有波动性，人的眼睛可以看到光。

内容提要

起步实验

研究光在空气中的传播路径

我们可以预测光在空气中的传播路径吗？用简单的常用物品寻找答案。

第1节　照　明

物理在你身边

太阳光不能到达海底。然而，许多深海鱼是生物性发光的，也就是它们自己会发光。如琵琶鱼，它的头上有一个类似钓鱼竿上的灯，用来吸引猎物。

主要概念

光沿直线传播，遇到障碍物时，就会改变方向。

核心问题

- 什么是光的光线模型？
- 照明与距离有什么关系？
- 如何确定光速？

术语回顾

精确度　测量值的特性，描述一个测量值的确切程度

关键术语

光的光线模型
光源
不透明
半透明
透明
光通量
照度

光的传播路径

你的身体如何接受信息？许多人认为用五种感官，首要的是视觉和听觉，因为光和声音提供了大量与周围世界有关的信息。比较而言，光所能提供的信息可能要比声音更多。人的眼睛能够探知物体的大小、位置、亮度和颜色等各方面的细微变化。人眼通常还能区分影子与实物、物体的反射与物体本身。在本节中，你将学习光是从哪里来的，它又是如何照亮我们周围的世界的。

直线　当一束光通过窗户射入室内时，由于室内空气中存在尘埃，因此你可以看见光的传播，它的传播路径就是一条直线。如果你用身体遮挡住太阳光，那么，你可以看到你的影子，这是光沿直线传播的结果。**图16-1**描绘了光沿直线传播。

你可能还有这样的体验——无论在什么时候，当你注视着一个物体并向它走去时，你最喜欢走的就是直线。凡此种种，都说明了光是沿直线传播的这一事实。科学家正是在了解了光是如何传播的基础上，发展了光的物理模型，从而对光的本质有了科学的认识。

☑ **阅读检测**　**描述**你在日常生活中遇到光沿直线传播的情况。

图16-1　光沿直线传播在许多情况中都是很明显的。

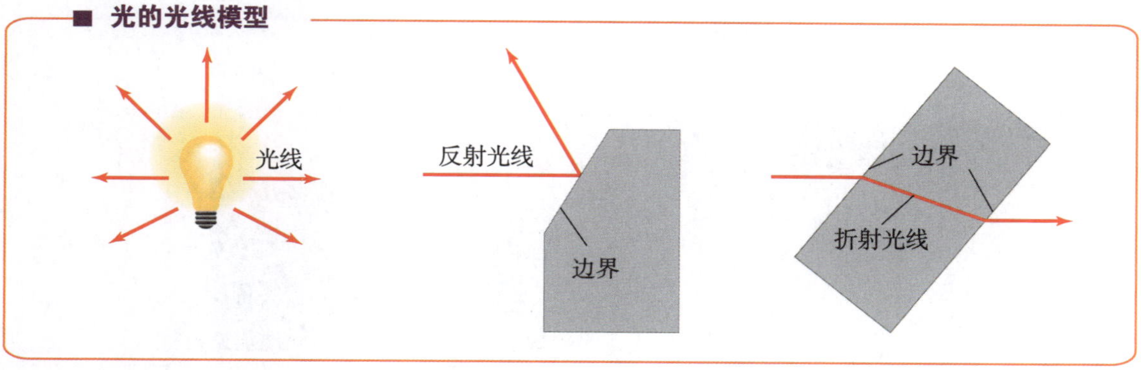

图 16-2 用光线模型演示光沿直线传播。光线被物体反射或折射后，改变传播方向。无论是反射还是折射，光仍沿直线传播。

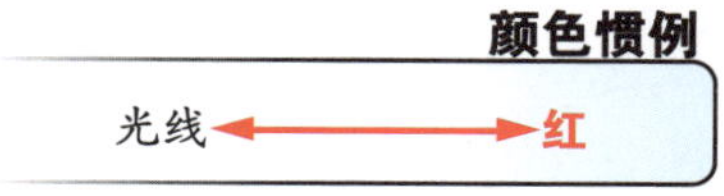

光的光线模型

想象一下，在一间空的、黑暗的房间内，房间中心有一个小灯泡是亮的，你在房间的各个地方都能看到这个灯泡。这意味着，该灯泡一定向四面八方发光，而你似乎可以看到无数支箭从灯泡射向各个方向。每一支箭代表一条光线，它沿直线传播，直到遇到障碍物的边界，如**图 16-2** 所示。

光线遇到边界后仍沿直线运动，但它的传播方向发生了改变。在**光的光线模型（ray model of light）**中，光用以直线行进的光线表示。在传播过程中，如果遇到障碍物，光的传播方向会发生改变，这种对光与物质相互作用的研究称为几何光学。

光源 你知道日光与月光有什么不同吗？它们之间最明显的不同就是日光要比月光亮得多。事实上，它们的本质区别在于：太阳产生和发射它自己的光，而月球依靠反射太阳光才能被人们看见。我们看见的任何物体都是其中的一种。像太阳这种发射自己产生的光的物体，称为**光源（luminous source）**，而那些依靠反射光才能被人们看见的物体，称为受照光源。

光源包括自然光源，如火焰、萤火虫和人造器件。人造器件有电视屏幕、计算机显示器、激光器和细小的发光二极管等。在**图 16-3** 中，光源是日光灯，这是用电能产生的光。当从灯泡中发出的光被室内其他物体反射时，这些物体都是受照光源。如果房间内没有光，就不可能看到任何物体。

图 16-3 由于有反射光，我们才能看到房间内的物体。

辨认 如果房间内没有光源，你还能看到什么物体？

图16-4 光线透过透明和半透明的蜡烛台。在不透明的蜡烛台中几乎看不到蜡烛，是因为光线被吸收了。

光和物质 物体可以吸收、反射或透过光线。那些能反射和吸收光线，但不能透过光线的物体是**不透明(opaque)**介质。许多常见的物体，如书本、人们和背包，都是不透明介质。还有一些介质，它们能透过和反射光线，但人们无法通过介质清楚地看到被其遮挡的物体，因此它们被称为**半透明(translucent)**介质。**图16-4**中的磨砂玻璃杯就是半透明介质。而像空气和玻璃这样的介质，光线可以完全地透过它，因此它是**透明(transparent)**介质。**图16-4**所示的物体包括不透明、半透明和透明介质。需要指出的是，透明介质既能透射光，也能反射一部分光。例如，你之所以能看到透明蜡烛台的玻璃，就是因为玻璃会反射光。

这三种类型的物体都能吸收一些光。许多因素都会影响物体能吸收多少光，但是不透明物体通常比半透明物体或透明物体吸收更多的光。

阅读检测 **解释**为什么通过玻璃鱼缸既能看到鱼，也能看到鱼缸的玻璃。

光　量

如果有手电筒通过房间照到你，什么因素决定你身上光的亮度？有三个因素决定亮度：手电筒产生的光量，灯泡与你眼睛的距离，以及向你眼睛照射的光线所取的角度。本节将讨论前两个因素。

图16-5 光通量是光源发光的速率。

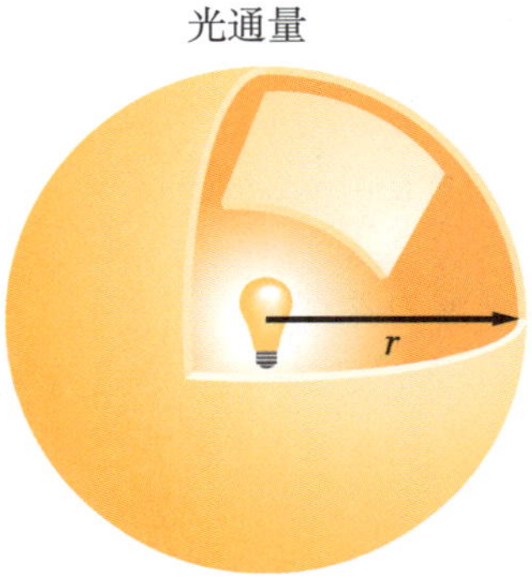

光通量 根据光的光线模型，较亮的光源比不太亮的光源产生更多的光线。再想象一下，一个灯泡向四面八方发光。你如何捕捉到它发出的所有的光呢？你需要构建一个表面，完全包围该灯泡，如**图16-5**所示。光源发射光能的速率称为**光通量(luminous flux)**，用符号P表示。光通量的单位为流明(lm)。在给定的单位时间内，照射到表面的光只与光源的光通量有关。

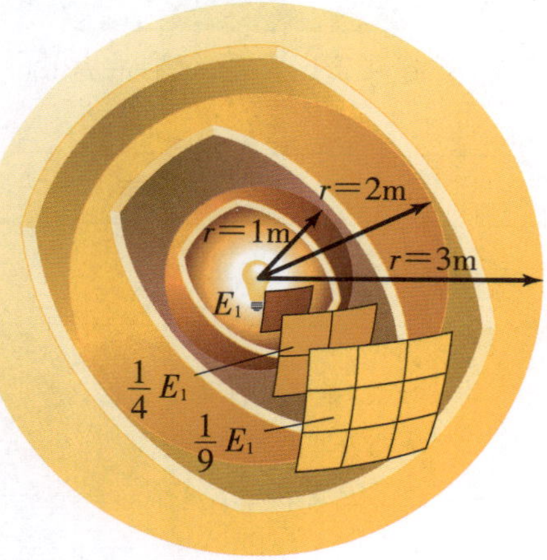

图16-6 照度E是照射到表面的光线数量。离开光源的距离r越大，E就越小。E与r的平方成反比。

照度 在理解了光源发出的光的总量后，你就可以测定光源提供给物体(如一本书)的照射量了。光源对物体表面的照射，或者说光射到物体表面的速率，称为光的**照度(illuminance)**，用符号E表示。照度的单位为勒克斯(lx)，它的大小等于流明每平方米(lm/m²)。在本章，为了简化问题，我们假定所有光源都是点光源。

现在来分析**图16-6**所示的装置，光源的光通量为1 750 lm(一个标准的26 W节能灯)。假设有一个半径为1 m的球，在球心放一只灯泡，在球的内表面上照度有多少？因为灯泡所有的光通量都照到表面上，所以光通量要除以球的表面积$4\pi r^2$。球的表面积为$4\pi\times(1.00\ \text{m})^2=4\pi\ \text{m}^2$，所以照度为$\frac{1\,750\ \text{lm}}{4\pi\ \text{m}^2}=139\ \text{lx}$。也就是说，在离灯泡1.00 m远处，每平方米上有139 lm。

平方反比关系 如果包围灯泡的球的面积很大，情况又将如何呢？假定球的半径是2.00 m，光通量总数仍为1 750 lm，因为光通量总数只与灯泡有关，而球的面积为$4\pi\times(2.00\ \text{m})^2=16.0\pi\ \text{m}^2$，这比半径为1.00 m的球的内表面积大了4倍，如**图16-6**所示。这样，半径为2.00 m的球内的照度为$\frac{1\,750\ \text{lm}}{16.0\pi\ \text{m}^2}=34.8\ \text{lx}$，即每平方米的光通量为34.8 lm。

对于具有同样光通量的光源，半径为2.00 m的球的内表面上的照度是半径为1.00 m的球的四分之一。用同样的方法进行计算后可知，半径为3.00 m的球内的照度只有半径为1.00 m球的$\left(\frac{1}{3}\right)^2$，即$\frac{1}{9}$。如**图16-6**所示，点光源产生的照度与$\frac{1}{r^2}$成正比，即照度与光源跟被照物体的距离成平方反比关系。当点光源发出的光线以直线的形式向四面八方散开时，照到单位面积上的有效光线数，以离开点光源的距离的平方的规律递减。

物理实验

测量紫外线*

各种材料阻挡紫外线的效果如何？

数学 与物理学的链接

正比与反比 光源所提供的照度，既存在正比关系，又存在反比关系。

数学	物理学
$y=\frac{x}{az^2}$	$E=\frac{P}{4\pi r^2}$
如果z是常数，那么y与x成正比。 • 当x增大时，y增大。 • 当x减小时，y减小。	如果r是常数，E与P成正比。 • 当P增大时，E增大。 • 当P减小时，E减小。
如果x是常数，那么y与z^2成反比。 • 当z^2增大时，y减小。 • 当z^2减小时，y增大。	如果P是常数，E与r^2成反比。 • 当r^2增加时，E减小。 • 当r^2减小时，E增大。

物理实验

发光强度和距离*

发光强度和距离有怎样的关系？

发光强度 在某些光源上，你还会发现坎德拉(cd)的标识。坎德拉不是光通量的量度，而是发光强度的单位。点光源的发光强度是指落在半径为1 m的球内1 m^2面积上的光通量。换句话说就是，发光强度为光通量除以4π。一个光通量为1 750 lm的灯泡，它的发光强度是$\frac{1\ 750\ \text{lm}}{4\pi}=139\ \text{cd}$。

如**图16-7**所示，灯泡离开屏幕的距离为蜡烛离开屏幕的距离的2倍。如果屏幕的一边受到的灯泡的照度和另一边受到的蜡烛的照度相同，那么灯泡的发光强度必定是蜡烛的发光强度的4倍。如果**图16-7**中的两个光源有相同的发光强度，$2r$处的光源就只提供$\frac{1}{4}$的照度给屏幕。这也与我们得到的平方反比关系一致。

☑ **阅读检测** **描述**发光强度是什么的量度，以及它与照度有什么关系。

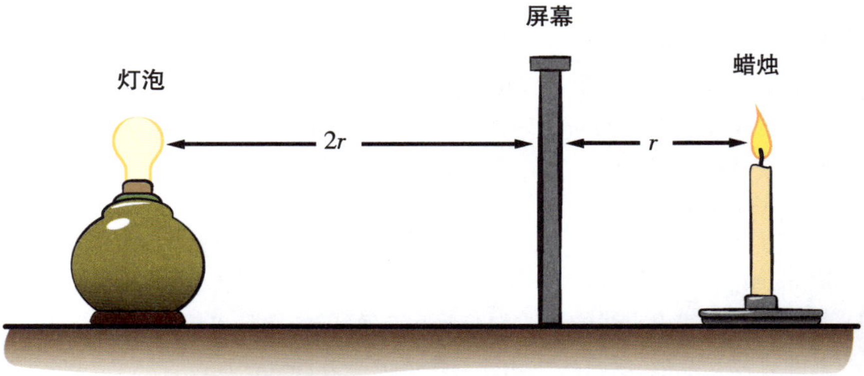

图16-7 灯泡和蜡烛在屏幕上的照度相同，但灯泡的发光强度是蜡烛的发光强度的4倍。

表面的照度

再考虑之前的一个情景，手电筒通过房间照到你。如果该灯泡的发光强度比较小，光就不会很亮。为了增加亮度，可以换用一个更亮的灯泡，以增加光通量；或者你可以移动一下，使你的眼睛更靠近光源，减小光源与你眼睛的距离。为了计算被照物体的照度，你可以把光源简化为点光源；这样，你就可以根据照度与距离之间的平方反比关系进行计算。在该情况下，以及我们在本书所处理的所有情况中，点光源的照度可以由下述方程表示：

点光源的照度

在点光源的照射下，物体上的照度等于光源的光通量除以球的表面积。物体离开光源的距离即为球的半径。

$$E=\frac{P}{4\pi r^2}$$

不过需要提醒的是，光源的光通量是像球体一样向各个方向散开的，故实际上只有一部分光通量能够有效地照到书桌上。因此，只有当光源发出的光垂直照射物体表面时，上述方程才是有效的。一般来说，如果光源足够小，或离开被照物体足够远时，你都可以将其看作点光源，此时就可以使用这个方程。对于长长的荧光灯，或离开被照物体表面很近的白炽灯，就不能通过上述方程求出准确的照度了。

设计照明系统的工程师必须懂得如何利用光。如果要求均匀照明，没有暗区，最简单的方法就是在照明区域内均匀地布置标准灯，就像教室里的灯光那样。然而事实上，这样设置的光源并不能产生真正均匀的光。为此，工程师需要设计特殊的光源，并控制光的传播，以在更大的范围内形成均匀的照明。考虑到安全，这对于汽车车头灯非常重要，如**图16-8**所示。工程师在设计车头灯时必须考虑这些因素。

图16-8 如果没有把汽车车头灯设置成正确的角度来充分照亮路面，路面就有暗区。

生活中的
物理学

灯光的设计 设计师为了保证学生书桌上的照度科学合理，必须考虑灯光的光通量以及灯到桌面的距离。除此以外，光源的效率也是一个必须考虑的重要的经济因素。

例题1

桌面的照度 假设你使用的是一只光通量为1 750 lm的灯，且灯在书桌上方2.50 m处发光。你的桌面的照度是多少？

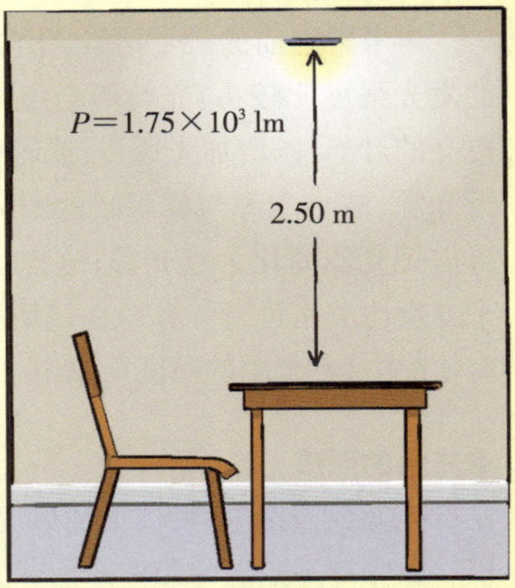

1 分析概括问题

- 假定灯泡是点光源。
- 作图显示书桌和灯泡的位置，标出P和r。

已知	未知
$P=1.75\times10^3$ lm	$E=?$
$r=2.50$ m	

2 求解未知量

假设灯泡发出的光垂直照射桌面，这样就可以应用点光源的照度公式来求解。

$$E=\frac{P}{4\pi r^2}$$

$$=\frac{1.75\times10^3\ \text{lm}}{4\pi\times(2.50\ \text{m})^2}=22.3\ \text{lm/m}^2=22.3\ \text{lx}$$

◀将$P=1.75\times10^3$ lm，$r=2.50$ m代入。

3 验证答案

- **单位是否正确？** 照度的单位是$\text{lm/m}^2=\text{lx}$，答案与此一致。
- **符号是否有意义？** 所有的量都是正的，符合实际。
- **数值是否合理？** 对于一个1 800 lm的灯，2 m距离处的照度为20 lx。

练一练

1. 把位于书面上方30 cm处的灯移到书面上方90 cm处，试比较灯移动前后书面上的照度。
2. 有一只灯，光通量为2 275 lm，请你画出它在0.50 m到5.0 m之间产生的照度的示意图。
3. 将一只发光强度为64 cd的点光源悬挂在一幅画的上方3.0 m处。该画上的照度为多少？
4. 如**图16–9**所示，在两盏灯之间放置一个屏幕，使得屏幕两边的照度相等。已知第一盏灯的光通量为1 445 lm，距离屏幕2.5 m；第二盏灯的光通量为2 375 lm，那么第二盏灯离开屏幕有多远？
5. 一只150 W的白炽灯，光通量为2 775 lm。在此灯下3.0 m处的表面上的照度是多少？
6. 美国法律规定，公立学校学生课桌表面的最低照度为160 lx，而建筑设计要求教室里的灯应该挂在书桌上方2.0 m处。那么安装在教室里的灯的光通量最小不能低于多少？
7. **挑战题** 你们当地的图书馆计划重建计算机实验室。承包商已经买好据说有1 750 lm的日光灯。根据要求，键盘表面上的照度为175 lx。假定每一个键盘上方都配置有一盏灯，那么若是键盘表面上要达到所要求的照度，灯应该安装在键盘表面上方多高处？如果承包商也已经买好灯具的固定安装架，可把灯安装在键盘表面上方1.5 m处，那么这样能达到所要求的照度吗？如果达不到，照度比要求的高了还是低了？如果日光灯的光通量可以调整，那么变化多少才可以达到所要求的照度？

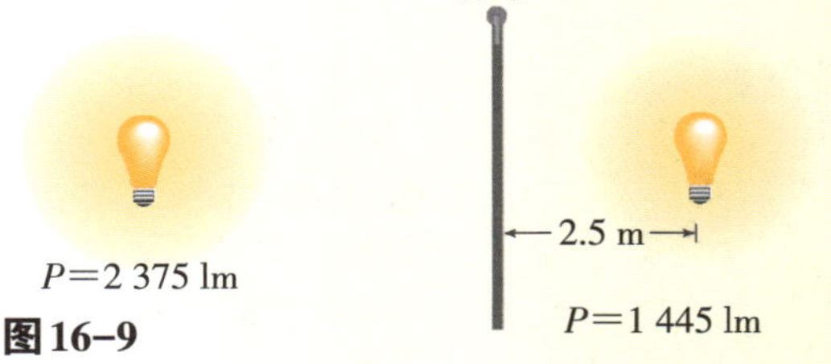

图16–9

光　速

光是以有限速率传播，这样的争论已经存在2 400多年了。到17世纪，几个科学家做了实验，支持光以有限速率传播这一观点，但是光的这个速率比声速大得多。

实际上，测量光速在17世纪不是一件容易的事。根据学过的运动学知识，如果能测量光传播的距离和时间，就可以计算出光速。但是，光通过地球上两个物体间的距离所花的时间，远比人类的反应时间短很多。17世纪的科学家如何解决这个问题呢？

从木卫一来的启示　丹麦天文学家罗迈(O.Roemer)第一个成功测量了光在两点间运行所需要的时间。在1668～1674年期间，他对木星的一颗卫星，即木卫一，做了70次测量，最终测得它的轨道周期为1.8天。如**图16–10**所示，罗迈还记录了木卫一从木星的影子中浮现的时间。当时，罗迈正致力于计算地球上各地的经度，以改善当时的地图。在这一研究过程中，他又把光速的测量作为自己研究工作的一部分。

经过无数次的测量，罗迈终于成功地预测了木卫一在木星影子中从消失到出现之间的蚀的时间。他把他的预言与实际测得的时间相比较，发现在地球背向木星运动时，木卫一的轨道周期平均增加13 s；而在地球向着木星运动时，则减少13 s。罗迈相信，木星的卫星就像月球一样，应该处于规则的轨道运动。因此，他感到困惑：为什么自己测得的木卫一的轨道周期会有所不同？他认为，这个系统内还有另一个变量，即地球相对木星的运动和位置。

迷你实验

光　速

你如何测量光速？

阅读检测　**解释**为什么罗迈要计算木卫一的轨道周期。

木卫一的蚀

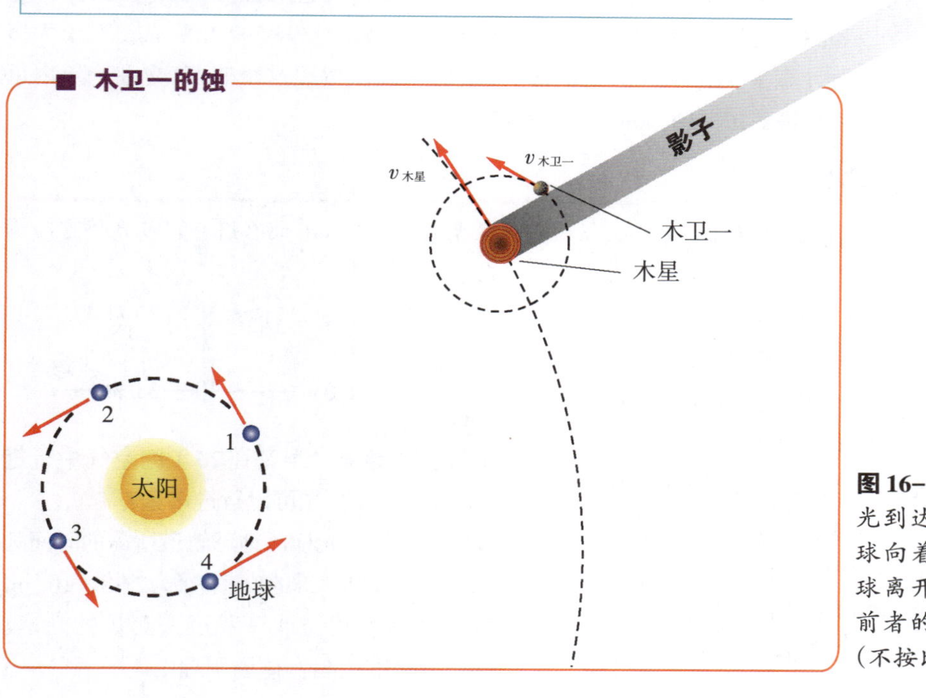

图16–10　木卫一反射的光到达地球的时间，随地球向着木星运动、还是地球离开木星运动而不同，前者的时间比后者的少。（不按比例）

图 16–11　木卫一是木星的一个行星，它是太阳系中火山活动最活跃的星球。黑色斑点都是活火山。

光速的测量　经过长年的研究，罗迈最终找到了其中的原因：当地球背向木星运动时，从木卫一每次出现时发出的光，要经过较长的距离才到达地球，因为卫星与地球的距离增加了。类似地，当地球靠近木星运动时，木卫一与地球的距离减少了。罗迈指出，在185.2个地球日的时间内，地球从位置1运动到位置3，如**图 16–10**所示，其间木卫一经历蚀的次数为185.2日×$\frac{1\text{次木卫一蚀}}{1.8\text{日}}$=103次木卫一蚀。于是，他算出光经过地球轨道直径所需的时间为103蚀×13 s/蚀=1.3×10^3 s，即22 min。由于太空非常辽阔，罗迈要测量光在太空中运行所花的时间，是比较容易的。如果限制在地球上测量光速，就比较困难了。如**图 16–11**所示的木卫一，距离地球有9.3×10^{11} m。

你知道，地球的轨道直径为2.9×10^{11} m，因此罗迈给出的22 min内的光速为$\frac{2.9\times10^{11}\text{ m}}{22\text{ min}\times60\text{ s/min}}=2.2\times10^8$ m/s。今天已知的光速值约为3.0×10^8 m/s，由此求得的光通过地球轨道所花的时间为16.5 min，而不是22 min。虽然两者还有不小的差距，但罗迈确实成功地证明了光是以有限速率传播的。

迈克耳孙的测量　自从罗迈之后，不少科学家都进行了光速的测量研究，其中最著名的是美国物理学家迈克耳孙(A.A. Michelson)所做的测量。从1880年到20世纪20年代，迈克耳孙发明了可在地球进行的测量光速的技术。

1926年，他在加利福尼亚州两座仅仅相隔35 km的山峰间，借助一组可以转动的平面镜，成功地测量了光来回一次所需的时间，并最终测得了光速。他求得的光速值为$(2.997\,996\pm0.000\,04)\times10^8$ m/s。由于在光速测定方面取得的巨大成功，迈克耳孙成了第一位获得诺贝尔奖的美国人。

真空中的光速是一个非常重要的物理量，它用符号c表示。国际计量和测量委员会测量并定义了真空中的光速为$c=299\,792\,458$ m/s。对于大多数计算来说，$c=3.00\times10^8$ m/s已足够精确。按照这个速率，光在一年内可以行进9.46×10^{12} km。这个距离称为光年。

第1节　复　习

8. **主要概念**　你观察到光沿直线传播，有什么证据吗？

9. **受照光源的性质的应用**　为什么你要选择半透明的材料作为窗帘，选择不透明的材料呢？

10. **照度**　一个灯泡提供的照度，比2倍距离处两个相同的灯泡提供的照度更多吗？请解释。

11. **光源的距离**　假设一个灯泡从1.0 m远处照射你的书桌时，只提供它应有的照度的一半。它在多远处才能提供完整的照度呢？

12. **发光强度**　两盏灯与屏幕的距离如**图 16–12**所示，它们在屏幕上的照度相同。如果灯A的发光强度为75 cd，那么灯B的发光强度应为多少？

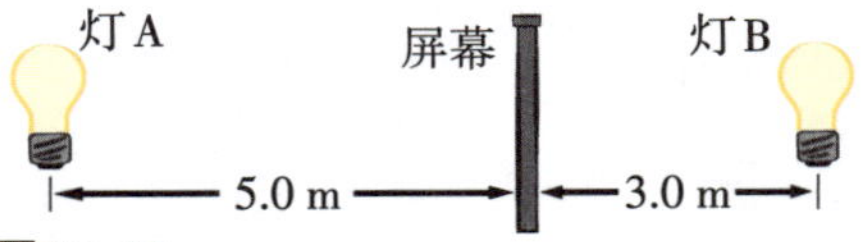

图 16–12

13. **光行进的距离**　声音在20 ℃的空气中行进1 cm的时间内，光可以行进多远？

14. **批判性思维**　光横渡地球轨道所需的时间为16.5 min。如果地球的轨道直径为2.98×10^{11} m，请用这两个数据计算罗迈法测量的光速。这一方法准确吗？请说明理由。

第2节 光的波动性

物理在你身边

请仔细看一下你的影子，可以看到影子的边缘是不清晰的，这是因为光是一种波，当它遇到你的身体时发生了弯折现象。

主要概念

像所有的波一样，光在物体周围发生衍射，它的波长、频率会发生多普勒移动。

核心问题

- 如何用衍射实验来演示光的波动性？
- 光色组合和颜料混合后有什么结果？
- 偏振现象和多普勒效应是如何发生的？

术语回顾

波长 波形重复的点之间的最短距离，如波峰到波峰或波谷到波谷

关键术语

衍射
原色
合成色
互补色
原色颜料
合成色颜料
偏振
马吕斯定律

衍射和光的波动模型

当你站在乐队排练房的角落里，由于声音可以曲折前进，所以你可以听到音乐。但是，你看不到里面的乐队成员，因为从他们身上反射的光不能到达你的眼睛。光是一点也不弯折吗，还是光没有像声音弯折那么多？

1665年，意大利科学家格里马迪（F.M.Grimaldi）观察到，影子的边缘并不是完全尖锐圆润的。在一次实验中，他把一束狭窄的光束导入暗室，并将一根棒放在光行进的途中，结果在光照射到的白色表面上投下了棒的影子。如果光是以直线传播的，那么，光通过棒的边缘后，投下的影子应该与棒等宽。但格里马迪发现，实际得到的棒的影子比棒要宽。他还发现，影子的边界还呈现出了各种颜色。经过分析，格里马迪认为这是因为光发生了**衍射（diffraction）**，即光在遇到障碍物时发生了弯折现象。

惠更斯原理 1678年，荷兰科学家惠更斯（C.Huygens）提出了光的波动模型，用以解释衍射现象，这引起了科学界的争论。按照惠更斯的观点，光的波前上的各个点都可以看成是一个新的更小的波源。这些子波向各个方向传播，且彼此同步。因此对于平面波而言，在任意一条直线上，光的平面波前都是由无数个点波源组成的。当波前通过边缘时，会被边缘切割，但由各点产生的各个圆形子波将会继续繁衍并传播开去，使原有的波前弯折，如**图16-13**所示。这个波动模型解释了格里马迪观察到的衍射。

惠更斯原理

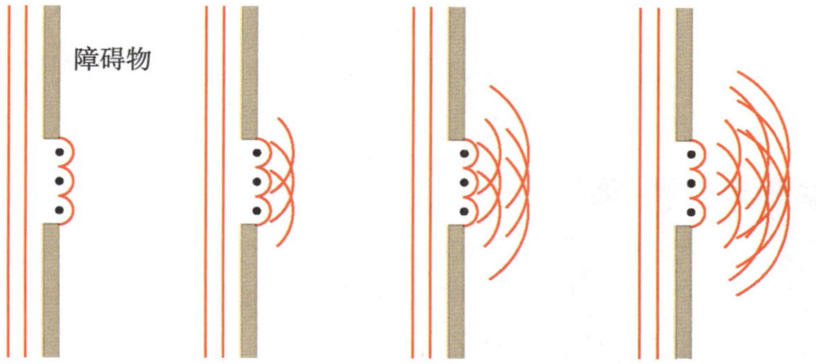

图16-13 惠更斯的子波结合在一起，形成了直线波前。在障碍物的一个边缘区，子波以圆形方式传播开去。

图 16-14 白光通过三棱镜后，分解成彩色的光谱。不同色光的波长也不相同。

物理实验

完整光谱的显示*

如何通过从交通事故现场的碎玻璃上得到的光谱，确认嫌疑车辆？

颜 色

1666年，牛顿将一束太阳光通过玻璃棱镜，由此发现了很多不同的色光，如**图 16-14** 所示。牛顿把这种按次序排列的色光称为光谱。然后，他又运用光的粒子模型对此作了解释。牛顿认为，光粒子与玻璃中的某些不均匀因素相互作用，产生了光谱。

为了检验这个假设，牛顿把从一块棱镜中得到的光谱，引到了第二块棱镜上。他推论认为，如果光谱是由玻璃中的不均匀因素引起的，那么第二块棱镜将使得色谱进一步扩展；否则，光谱经过第二块棱镜时，色谱将会逆转，即各种色光将重新组合而形成白光。经过多次实验，牛顿得出结论认为，白光是由彩色光组成的，玻璃的性质（并非不均匀性）使得白光分解成了各种色光。

不同的波长 光的波动模型能够解释牛顿观察到的现象吗？如果光是波，就一定有波长和频率。格里马迪、惠更斯、牛顿和其他科学家都认为，光的颜色与波长有关。如**图 16-14** 所示为波长范围在400～700 nm的可见光。波长最长的是红光，最短的是紫光。

如**图 16-14** 所示，当白光从空气中经过空气与玻璃的交界面，再回到空气中时，由于光的波动性，每一种不同的色光会以不同的角度发生弯折。波长越短的光，弯折程度越大。正是由于不同色光的弯折程度不同，导致白光分解成了各种色光并形成了光谱。

图 16-15 红光、绿光和蓝光是原色，两两组合可产生黄光、青光和品红光。屏幕上这三种颜色重叠在一起，显示出白光。

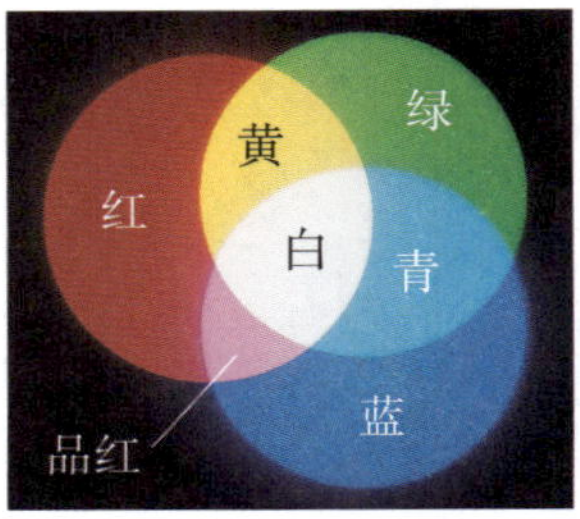

合成法获得颜色 几种色光能以不同的方式形成白光。例如，当把红、绿和蓝三种色光按适当的比例一起投射到一个白屏幕上时，屏幕上这三种颜色的重叠区，将显示为白色，如**图 16-15** 所示。这被称为合成法，现在已应用于电视机屏幕上。也就是说，把这三种颜色——红、绿和蓝，组合起来就是你们所看到的各种颜色。

当它们以一定的比例混合时，荧屏上就会呈现出白光。因此，红、绿和蓝都称为**原色(primary color)**。三原色两两混合，可以形成另外三种颜色，如**图16-15**所示。红光和绿光混合产生黄光；蓝光和绿光混合产生青光；红光和蓝光混合产生品红光。黄、青、品红因为都是由两种原色结合产生的，故被称为**合成色(secondary color)**。要注意，这里与你们在艺术课上学的原色和合成色稍有差异；为此，我们简单地解释一下。

如**图16-15**所示，黄光可由红光和绿光合成。如果把黄光和蓝光以适当的比例一起投射到白屏幕上，屏幕将呈现白色。如果两种色光混合后能形成白光，这样的两种色光称为**互补色(complementary colors)**。黄光和蓝光混合后能产生白光，两者即为互补色。同理，青和红为互补色，绿和品红也是互补色。在洗涤液里加入蓝色试剂，可漂白发黄的衣物。

减色法获得颜色 在本章第1节你已经学过，物体既能反射光，也能透射光。事实上，物体还能吸收光。一个物体，由于其自然属性，或经人工染色，或表面上涂有颜料，都会显示出颜色来。但是，物体所呈现的颜色还与照射该物体的光的波长以及该物体吸收和反射的光的波长有关。当物体本身存在或人为掺入了染料，或在物体表面涂上颜料时，物体就会呈现出各种色彩。

染料 你可能熟悉染料，那是用来对布料染色的。染料可以从植物或昆虫中提取。例如，从黑色的桑葚树的浆果中可提取紫色染料，橘黄色的藏花是黄色染料的来源，从一种称为胭脂红的昆虫中可提取红色染料。染料是一种能吸收特定波长的光的物质。当不同波长的光遇到染料时，其中一些特定波长的光将被吸收，其余的光则能通过它或被它反射回去。通过或反射的这些光所呈现的色彩，就是你看到的物体所呈现的颜色。例如，红衬衫之所以看上去是红的，就是因为衬衫上的染料把红光反射到你的眼睛里的缘故。如**图16-16**所示显示了白光照在红色物体上，物体上的染料分子吸收蓝光和绿光，反射红光的情形。如果只用蓝光照射红色物体，由于几乎没有光被反射，因此，物体看起来差不多是黑色的。

颜料 染料与颜料存在一些区别。颜料通常是由粉末状的无机矿物构成的，而染料一般是从植物或昆虫中提取或人工合成的有机物。例如，赤铁矿构成红色颜料，蓝铜矿构成蓝色颜料。你可以在显微镜下观察到颜料粒子。只吸收白光中的一种原色光而反射另两种原色光的颜料，称为**原色颜料(primary pigment)**。黄色颜料吸收蓝光，反射红光和绿光，因此，它属于原色颜料。另外两种原色颜料是青色颜料和品红色颜料。

图16-16 我们看到的不透明物体的颜色，由物体反射的光的波长确定。

白光照射下的骰子

蓝光照射下的骰子

红光照射下的骰子

☑ 阅读检测 **区分**减色法和合成法获得的颜色的差别。

图 16-17 品红、青和黄都是原色颜料。它们两两混合可产生红、绿和蓝三种合成色颜料。

吸收两种原色光而反射另一种的颜料，称为**合成色颜料（secondary pigment）**。合成色颜料包括红色颜料（吸收绿光和蓝光）、绿色颜料（吸收红光和蓝光）以及蓝色颜料（吸收红光和绿光）。请注意，原色颜料的颜色都是合成色；同样，合成色颜料的颜色都是原色。

如**图 16-17**所示为原色颜料和合成色颜料。由图可知，黄色吸收蓝光，青色吸收红光，两者混合后变成绿色。如果黄色颜料与合成色颜料蓝混合，则蓝色吸收绿光和红光，所有三原色光都被吸收，生成黑色。因此，黄与蓝是互补色颜料。同样的，青与红、品红与绿，也都是互补色颜料。

▶ **与化学的联系** 彩色印刷机用黄色、品红色和青色颜料作油墨，在纸上印出色彩斑斓的文字和图像。印刷机中使用的颜料通常是加工得非常精细的化合物，如氧化钛（白色）、氧化铬（绿色）和硫化镉（黄色）等。这些颜料混合后形成一种悬浮液，不是溶液，其中各个成分的化学结构不会改变，它们各自吸收和反射的光的波长也保持不变。

▶ **与生物学的联系** 现在，你应该能理解在本章开头的照片中所看到的颜色了。山坡上的植物看上去都是绿色的，这是因为植物中含有叶绿素。植物中含有两种叶绿素，其中一种能吸收红光，而另一种吸收蓝光，但两者都会反射绿光。植物将吸收的红光和蓝光的能量用于光合作用，所有的绿色植物都是通过光合作用制造有机物的。

迷你实验

颜色与温度*

颜色与温度有什么关系？

反射光的偏振*

如何观察反射光发生的偏振现象？

图 16-18 绿色叶子含有叶绿素，它们反射大部分的绿光，使树叶呈绿色。
解释 为什么树叶有各种深浅不同的绿色？

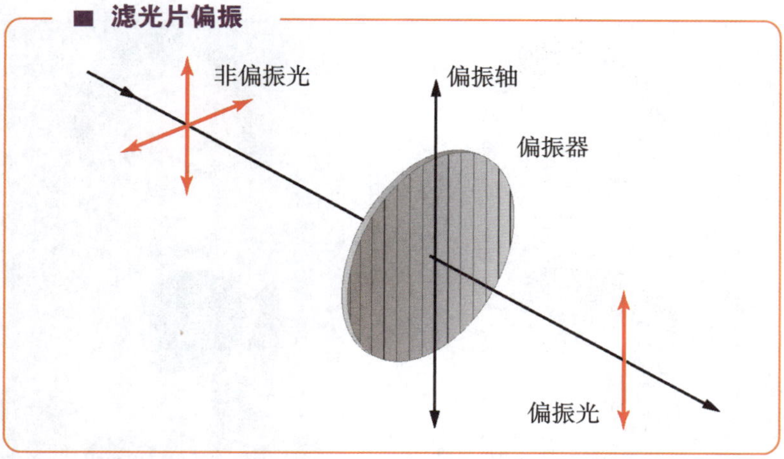

图16–19 非偏振光的光线在与光传播方向垂直的各个方向上振动。偏振介质阻止了与它的偏振轴不平行的光通过。

物理实验

光的偏振

什么类型的光源和受照光源产生偏振光?

减弱反射光*

偏振滤光片如何减弱反射光?

光的偏振

你是否曾经透过偏振太阳镜观察道路上的反射光?如果你戴着这种太阳镜,并不断转动镜片,你会发现道路先是变暗,然后变亮,又再变暗。而当你透过这副眼镜看灯光时,无论镜片怎样转动,光线的明暗也不会有太明显的改变。为什么会有这样的差别?原来,普通的灯光不是偏振光,而来自道路的光属于反射光,这种光已变成了偏振光。光经过单个振荡平面后传播方向发生变化的现象称为**偏振（polarization）**。

回想一下,光是横波,像一根绳子上的波,振动介质是绳子。对于光波,振动介质是电场。当电场向各个方向振动时,光是非偏振光。你能不能把光过滤一下,使光通过滤波器后,成为偏振光呢?

滤光片偏振 **图16–19**中的偏振器上的直线代表偏振轴。凡是电场的振动方向与该直线平行的,这部分电场的光就可以通过偏振器。如果电场的振动方向与偏振器上的直线相垂直,这部分电场的光就被吸收。如果一束非偏振光束射入偏振器,只有方向与偏振轴同方向的那部分光波才能通过。从整体看来,有一半光通过了偏振介质,故光强减小一半。

▶ **与化学的联系** 偏振介质是一种含有某种长分子的材料,在这种材料中,电子在长分子周围振荡或来回运动。当光经过长分子时,电子吸收了与电子同方向运动的光波。这个过程只允许在某一方向振动的光波通过,而在另一方向振动的光波就会被吸收。偏振介质中垂直于长分子的方向称为偏振轴。只有平行于偏振轴振动的光波才能通过偏振介质。

反射偏振 当你借助偏振滤光片观察由玻璃反射的光时,如果转动滤光片,你就会看到光先发亮又渐渐变暗。这种反射来的光是沿玻璃平面振动的偏振光。偏振的反射光造成光的闪耀,而偏振太阳镜减弱路面反射来的光的闪耀。摄影师在照相机透镜上加装偏振滤光片,用以阻挡部分反射光,如**图16–20**所示。

图16–20 窗平面上的反光是偏振光。摄影师用偏振滤光片减弱反射光。

图 16–21 两块偏振片的偏振轴互相平行时，允许方向相同的光通过；偏振轴的夹角为45°时，部分光可以通过；偏振轴互相垂直时，通过第一块偏振片的光，不能通过第二块偏振片。

马吕斯定律 假设你先用一块偏振滤光片产生偏振光，再把第二块偏振滤光片放在偏振光传播的路径上，结果会发生什么现象？如果第二块滤光片的偏振轴与第一块的平行，则偏振光可以通过；如果第二块滤光片的偏振轴与第一块的垂直，那么就不会有光通过，如**图 16–21**所示。

如果由第一块偏振滤光片产生的光的光强为I_1，第二块偏振滤光片产生的光的光强为I_2，那么你如何控制I_2？I_2只与I_1和两块滤光片的偏振轴之间的夹角θ有关。如果θ为0，I_2等于I_1。如果θ为90°，所有的光都被阻止通过，于是I_2为0。也就是说，光强与θ的余弦有关，实际上，是与余弦的平方有关。用于解释通过第二块滤光片后光强减弱的定律，称为**马吕斯定律（Malus's law）**。

马吕斯定律

光经过第二块滤光片后的光强等于经过第一块滤光片后的光强乘以两块滤光片偏振轴之间夹角的余弦的平方。

$$I_2=I_1\cos^2\theta$$

物理挑战题

两块偏振滤光片的偏振轴互相垂直。把一台检偏器放在两者之间，使它的偏振轴与任何一块偏振片都不平行，如右图所示。

1. 在未插入检偏器时，没有光通过偏振片，插入检偏器后，看到有光通过偏振片。为什么会出现这样的现象？
2. 假设检偏器的偏振轴与偏振片1的偏振轴的夹角为θ。试推导一个公式，以求出通过偏振片2的光强与通过偏振片1的光强之比。

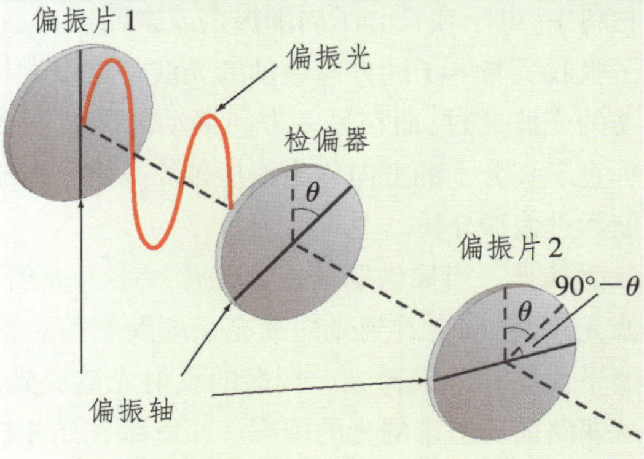

光的速率、波长和频率

在前面你已经学过，波源决定波的频率f，而介质和频率共同决定波长λ。由于光具有波动性，因此，你可以用与描述波相同的数学方法来描述光。对于在真空中传播的频率已知的光而言，波长是光速c的函数，可写成$\lambda_0=\frac{c}{f}$。20世纪60年代发明的激光技术，为我们提供了测量光速的崭新方法。通过利用激光和原子钟提供的时间标准，人们现在已经可以精确地测定光的频率了。不过，对于光的波长，其测量的精确度还有待提高。

在真空中，所有的光都是以速度c传播，尽管波长是不同的。因为$\lambda_0=\frac{c}{f}$，只要真空中光波的频率被测得，也就可以确定波长了。

相对运动和光 如果光源正着向你运动，或你正向着光源运动，会发生什么现象？在前面你已学过，如果声源背着或向着观察者运动，那么观察者听到的声音的频率会发生变化。光也一样。不过，需要指出的是，当你考虑声源和观察者的运动速度时，你实际考虑的是两者分别相对于传播声音的介质的运动速度。光的情况并非如此。

多普勒效应 由于光波不是粒子发生机械振动产生的，因此，与声波不同，光的多普勒效应仅仅涉及光源和观察者两者的相对速度。光源速度与观察者速度两者的差异的大小，称为相对速率。不妨回忆一下，影响多普勒效应的唯一因素是沿着振源和观察者之间轴线的速度分量，如**图16-22**所示。

为了研究光的多普勒效应，可以先考虑比光速小很多($v\ll c$)的轴向相对速率，这样就可使问题得到简化。借助这种简化，你可以推导出计算观察者所看到的光频率$f_{观察者}$的方程，如下页所示。

图16-22 多普勒效应描述了当观察者和光源彼此相向或相对运动时，光的频率变化情况。

■ **多普勒效应**

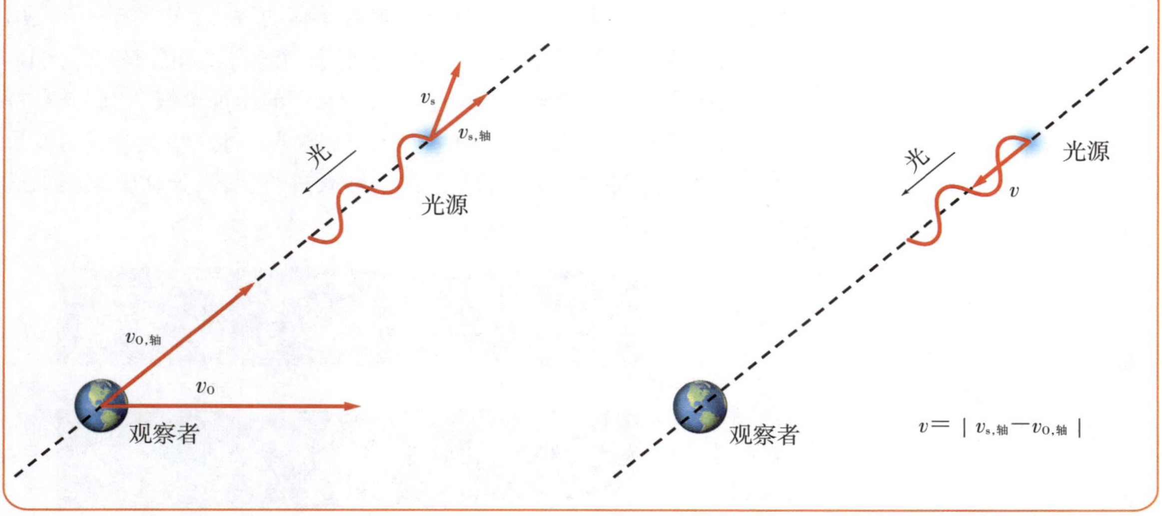

观察到的光的频率

观察到的来自光源的光的频率，等于光源发射光的实际频率，乘以1加上或减去光源与观察者轴线上的相对速率与光速的商。如果光源与观察者彼此相向运动，则取加号；如果反向运动，则取减号。

$$f_{观察者}=f\left(1\pm\frac{v}{c}\right)$$

应用 由于光的多普勒效应的研究大多限于天文学邻域，因此，光的多普勒效应方程一般用波长而不是频率来表示。对于关系式$\lambda=\frac{c}{f}$，根据$v\ll c$化简，就得到下述公式。它可以用来计算多普勒移动$\Delta\lambda$，即观察的光的波长与实际的光的波长之差。

多普勒移动

观察到的光的波长与光源发出的光的实际波长之差，等于实际光的波长，乘以光源与观察者的相对速率与光速的商。如果光源与观察者彼此反向运动，则该量值为正；如果相向运动，则该量值为负。

$$(\lambda_{观察者}-\lambda)=\Delta\lambda=\pm\frac{v}{c}\lambda$$

当光源离开观察者运动时，波长的改变量取正值。此时，观察到的光的波长比光源发出的光的实际波长要长。与正常情况相比，光看起来更靠近光谱的红色末端。我们就说光发生了红移。而当光源靠近观察者运动时，波长的改变量取负值。此时，观察到的光的波长比光源发出的光的实际波长要短。光发生了蓝移。

由于光速保持不变，当波长红移时，观察到的频率因与波长之间的反比关系而减小了。相反，当波长蓝移时，观察到的频率就会增大。

▶ 与天文学的联系 天文学家通过测定光的多普勒移动，就能判断星系等各种天体相对地球的运动情况。在实际测量多普勒移动时，天文学家一般使用分光仪观察来自星系中某些星体发来的一些特殊光谱线，如**图16-23**所示。这些特殊的光谱线是发射光谱的星体中的某种元素的特征谱线，它们具有特殊的波长。利用分光仪，就能找到这些特殊的光谱线。将这些光谱线的波长与在实验室中得到的同一种元素的光谱线的波长进行比较，天文学家能知道那些离开或者靠近地球的星体的速度。

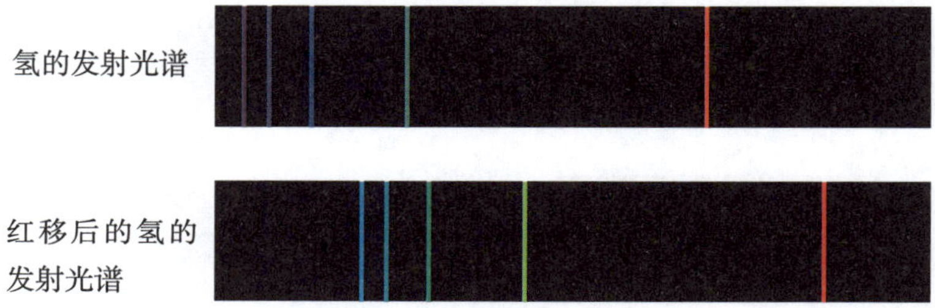

图16-23 与实验室里的氢光谱相比，下面的氢光谱发生了红移，这说明光源正离开地球。

练一练

15. 氧的一条光谱线的波长为513 nm，它的频率是多少？

16. 某星系以6.55×10^6 m/s的速率离开地球运动，该星系中氢原子发射频率为6.16×10^{14} Hz的光。对于地球上的天文学家来说，观察到的该氢原子的光的频率是多少？

17. 某星系以6.55×10^6 m/s的速率离开地球运动，该星系中氢原子发射波长为4.86×10^{-7} m的光。对于地球上的天文学家来说，观察到的该氢原子的光的波长是多少？

18. **挑战题** 一位天文学家在观察某星系的光谱时，发现有一条波长为525 nm的氧原子的谱线，当时实验室测得的该谱线的值是513 nm。试计算该星系相对地球的运动速率是多少，并指出该星系是正在靠近地球还是离开地球运动。说明你的理由。

1929年，哈勃(E.Hubble)提出了宇宙正在膨胀的观点。这是他在分析了许多星系的发射光谱后得出的结论。通过观察他发现，有几种常见元素的光谱线的波长都比预期的要长，即这些谱线都向着光谱的红端移动。无论是天空中的哪一个领域，星系都给地球送来红移光谱。你认为是什么原因使光谱线都发生了红移？哈勃因此得出的结论是，所有的星系都在离开地球运动，宇宙正在膨胀。此后，也有另外的研究支持他的结论。星系在运动时，有时会发生碰撞与合并。碰撞的结果与星系的大小和速度有关。

你已知道，用简单的光线模型可以解释光的一些特征。但是，光的还有一些特征却需要用光的波动模型才能解释。你可以用这两种模型来研究光是如何与平面镜和透镜发生作用的。也有一些光学现象，只能用光的波动模型才能解释。

第2节 复 习

19. **主要概念** 用多普勒效应描述当光发生红移或蓝移时，物体的相对运动情况。

20. **光的合成** 哪种色光与蓝光混合后能得到白光？

21. **光与颜料的相互作用** 在下列各种光的分别照射下，黄色的香蕉将呈现什么颜色？
   a. 白光
   b. 绿光和红光
   c. 蓝光

22. 什么是合成色颜料的颜色？为什么它们会让物体显示出这些颜色？

23. **颜料的组合** 哪些原色颜料混合后生成红色？解释如何用颜料的减色法获得红色。

24. **偏振** 设计一个可行的实验方案，用来判断商店里的太阳镜是不是偏振镜。

25. **偏振太阳镜** 用图16-24判断偏振太阳镜的偏振轴的方向，太阳镜用来减弱路面上反射来的光。那么，该方向是竖直的还是水平的？请解释。

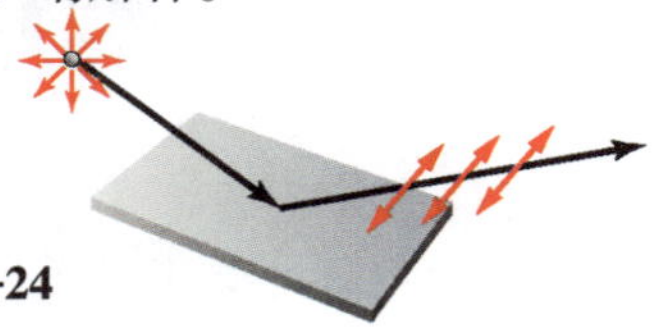

图16-24

26. 红光在空气和水中的传播速率比在真空中小，但红光进入水后它的频率并没有改变。那么，红光的波长改变了吗？如果波长改变了，那么它是如何改变的？

27. **批判性思维** 天文学家已经断定，银河系正在向靠近它的邻居——仙女座的方向运动。请解释他们是如何得出这个判断的。你能想出一个可能的理由，说明为什么银河系正在靠近仙女座运动吗？

起步实验

研究光在空气中的传播路径

实验步骤

1. 用打孔机在一张索引卡片的中央打一个小孔。
2. 将卡片竖直插在黏土上,注意卡片的长边要与桌面平行。
3. 请一位同伴拿一盏灯,点亮灯泡照射卡片,使光线穿过小孔。***注意:时间久了灯泡会发烫。***
4. 将平面镜置于卡片的对面,使通过小孔射来的光照在平面镜上。关掉实验室的所有光源,使实验室变暗。
5. 将平面镜旋转一个角度,使其能把光线发射到卡片背面。***注意:切勿把光反射到别人的眼中。***
6. 把你的观察结果记录下来。

分析

7. 描述你在卡片上看到的反射光线的像。

8. 描述光线传播的路径。

9. **批判性思维** 你能看到在空气中传播的光线吗?试说明能或不能的理由。

迷你实验

光 速

警告:盘子和融化的棉花糖温度比较高。不要吃实验室里的任何物品。

实验步骤

1. 在微波炉背后或内部找出制造商的标签,在你的数据表上记录微波炉的频率。
2. 用蜡纸盖在盘子上。在该盘子上倒下一层小棉花糖。确保棉花糖均匀铺开,布满盘子。
3. 盘子在微波炉中转动45 s。你会看到,棉花糖膨胀起来,高高低低不同。高点处是辐射最强处,是过热点。
4. 用微波炉手套把盘子从微波炉取出,让它冷却下来。
5. 用米尺测量某个高点中心与另一个高点中心的距离。

分析

6. 用成对的高点确定波长。两个高点之间的距离是半个波长,$d=\frac{\lambda}{2}$。
7. 根据微波的波长和频率,计算出微波的速率。
8. 把微波的速率与光速的公认值作比较。

物理实验

实验器材

- 在强光下，直接观察的时间要尽可能少。本次实验中不必使用激光。
- 不能长时间用偏振滤光片观察太阳，更不能直接用肉眼观察太阳。
- 光源会变热，使用时务必小心，以免灼伤皮肤。

两块偏振滤光片
白炽灯光源
荧光灯光源
几张白纸和黑纸
液晶计算器
塑料量角器
平面镜

光的偏振

具有某一特殊振动类型的光波称为偏振光。利用偏振滤光片，可以检验一个光源是不是偏振光源。有些介质影响透射光的偏振性。这种介质被称为旋光介质。在本次实验中，你要研究有关偏振光的各种概念。

问题

什么类型的光源和受照光源会产生偏振光？

目标

- 用各种光源和偏振滤光片做**实验**。
- **描述**你的实验结果。
- **理解**偏振滤光片在生活中的可能用途。

实验步骤

1. 取一块偏振滤光片，透过它观察白炽灯。转动滤光片后再进行同样的观察。把你的观察结果记录在数据表内。

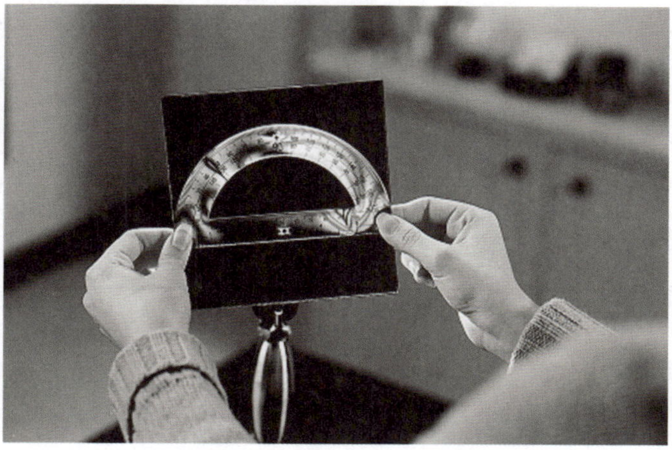

2. 取一块偏振滤光片，透过它观察白炽灯。转动滤光片后再进行同样的观察。把你的观察结果记录在数据表内。
3. 取一块偏振滤光片，以约45°角观察平面镜表面反射的光。转动滤光片后重复观察。把你的观察结果记录在数据表内。
4. 取一块偏振滤光片，以约45°角观察白纸反射的光。转动滤光片后重复观察。把你的观察结果记录在数据表内。
5. 取一块偏振滤光片，以约45°角观察黑纸反射的光。转动滤光片后重复观察。把你的观察结果记录在数据表内。
6. 取一块偏振滤光片，透过它观察开启的液晶显示器。转动滤光片后重复观察。把你的观察记录在数据表内。
7. 把一块偏振滤光片放在另一块偏振滤光片上。通过这组滤光片观察白炽灯光源。将一块滤光片固定不动，把另一块转动一整圈，重复观察。把你的观察结果记录在数据表内。
8. 在两块偏振滤光片之间放入一把塑料量角器，再用此来观察白炽灯光源。将一块滤光片固定不动，把另一块转动一整圈，重复观察。再按照步骤7操作，直到无光射出。把你的观察结果记录在数据表内。

数据表

光源	观察
1	
2	
3	
4	
5	
6	
7	
8	

分析

1. 白炽灯产生偏振光吗？你是如何知道的？

2. 荧光灯产生偏振光吗？你是如何知道的？

3. 平面镜表面反射产生偏振光吗？你是如何知道的？

4. 如何用偏振光的术语，把白纸反射光与黑纸反射光作比较？它们为什么有所不同？

5. 液晶显示器反射出来的光是偏振光吗？你是如何知道的？

结论与应用

1. 利用两块偏振滤光片，如何放置才可阻挡从各个方向射来的光？

2. 在将偏振片组合后所有光都不能通过的情况下，为什么放在两块偏振滤光片之间的塑料量角器却可以被看到？

3. 除了通过偏振滤光片，什么情况下可产生偏振光？

进一步探索

1. 在一个阳光灿烂的日子，用一块偏振滤光片观察离太阳不同远处的偏振的蓝色天空。***注意：切忌用肉眼直接观察太阳。***你观察的是偏振光的什么特性？

2. 从云反射的光是偏振光吗？做一个实验证实你的结论。

生活中的物理学

1. 为什么许多太阳镜是用偏振透镜做成的？

2. 驾驶汽车时，为什么戴偏振太阳镜要比戴有色太阳镜好？

3D电影

你看过3D电影吗？放映电影时，虽然画面是被投射到平面屏幕上，但是看到的影像却是三维的。画面中的物体似乎跳出了屏幕，而画面中的背景看起来在远处。3D电影让你有一种错觉，我该如何识别远近物体的差异呢？

闭上一只眼睛，看着远处的物体。再竖起你的大拇指，挡住你的视线。大拇指不要动，让眼睛闭上、睁开，再闭上、睁开。你看到什么了？

两只眼睛，一个像 人类有双通道视觉，我们的大脑，会把每只眼睛看到的分开的像组合起来。对于离你很近的物体，两只眼睛看到的像之间的差异比较明显，而离你远的物体，则几乎相同。这就是为什么离你很近的拇指，在你眼睛睁开和闭上时，好像在运动；而被你拇指挡住的远处的物体还在原来的地方。这个简单的概念，在150年以前就出现了，这是3D电影的技术基础。

偏振滤光片 电影制作者用并排的两个照相机来拍摄某个场景，把拍摄的两卷胶片，通过两个不同的偏振滤光片，投影在同一个屏幕上，就可以获得与双通道视觉相同的效果。

偏振滤光片可使通过它的光波在某一特定的方向振动。一副3D眼镜有两块偏振方向彼此垂直的偏振滤光片。如**图1**所示，每一块偏振滤光片阻挡一个方向的光振动，于是每只眼睛看到不同的像。

图1 偏振滤光片使得每只眼睛看到的像不同，从而产生3D效果。

进一步探索

研究 有些电视机和手持设备不需要戴眼镜就可以产生3D效果。研究这里面包含的先进技术。画一张图表或写一篇文章，比较这种3D技术与传统的技术。

第16章 复习指南

大概念 光具有波动性，人的眼睛可以看到光。

关键术语

- 光的光线模型
- 光源
- 不透明
- 半透明
- 透明
- 光通量
- 照度

第1节 照 明

主要概念 光沿直线传播，遇到障碍物时，就会改变方向。

- 光用以直线行进的光线表示，传播过程中，如果遇到障碍物，光的传播方向会发生改变。光通过介质时，按照光被反射、传送或吸收的量，把介质分为透明、半透明或不透明三种类型。
- 光源的光通量即发射光的速率，单位为流明(lm)。照度为每单位面积的光通量，用勒克斯(lx)或每平方米流明(lm/m^2)量度。对于点光源而言，照度与距离为平方反比关系，而与光通量成正比：

$$E=\frac{P}{4\pi r^2}$$

- 早期光速的测量包括测量光从木卫一到地球所需要的时间。迈克耳孙的测量，采用基于地面的技术，包括两座山峰之间的距离和一组可以转动的平面镜。光在真空中的速率保持不变，即$c=3.00\times10^8$ m/s。

关键术语

- 衍射
- 原色
- 合成色
- 互补色
- 原色颜料
- 合成色颜料
- 偏振
- 马吕斯定律

第2节 光的波动性

主要概念 像所有的波一样，光在物体周围发生衍射，它的波长、频率会发生多普勒移动。

- 在光的波动模型中，波前上各个点可看成子波的波源。当光波通过一个边缘时，波前被切割，每一个新的子波产生新的圆形波。
- 可见光的波长在400～700 nm之间。白光是各个具有不同波长的色光谱的合成。将原色光红、蓝和绿合成，形成白光。将两种原色光合成，形成黄、青和品红三种合成色光。

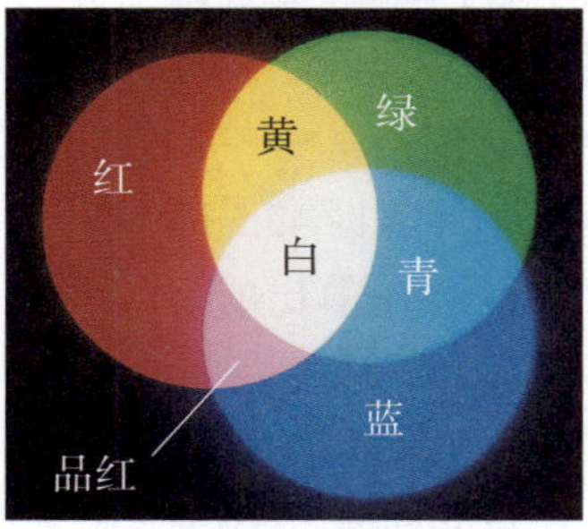

青、品红和黄等原色颜料可两两结合产生红、蓝和绿等合成色颜料。

- 偏振光是由波组成，这些波的电场以某一特定的模式振荡，且通常在同一平面内振荡。可以用偏振滤光片或通过反射使光成为偏振光。通过真空传播的光波可用频率、波长和光速等术语表征。光波的多普勒效应发生的条件是观察者和光源有相对运动。

第16章 测 评

第1节 照 明

理解概念

28. 测量光有什么有用的应用?
29. 区别光源和受照光源。
30. 仔细观察一个普通的磨砂白炽灯泡。它是光源还是受照光源?
31. 解释你如何能看到普通的不发光的教学用品?
32. 说明透明、半透明和不透明物体之间的区别。
33. 光源下某表面的照度与什么成正比?又与什么成反比?
34. 关于光的传播,罗迈首先测量的是什么?

解决问题

35. 求出在一个405 lm的灯下面4.0 m处的照度。
36. 光从月球到地球要花去1.28 s时间。月球与地球之间的距离是多少?
37. 一只调光灯泡有三种电功率,分别为50 W、100 W和150 W,对应的光通量分别为665 lm、1 620 lm和2 285 lm。该灯泡放在一张纸上方80 cm处。如果纸上至少需要175 lx的照度,那么最小应使用灯泡的哪挡功率?
38. **地球的速率** 罗迈发现,木卫一在绕木星的运动轨道上,相继消失的两次时间平均会增加13 s。
    a. 光在这13 s内能通过多远的距离?
    b. 木卫一在轨道上运行一周需时42.5 h。根据地球在42.5 h内通过**a**中算出的距离,求地球的速率,以km/s为单位。
    c. 检查一下,看**b**的答案是否合理。计算地球的轨道速率,已知其轨道半径为1.5×10^{8} km,轨道周期为1.0年。
39. 一位学生要把灯泡的光通量与一盏1 750 lm的灯的光通量作比较。已知两盏灯对一张纸的照度相等,且1 750 lm的灯距离纸1.25 m,灯泡离开纸1.08 m。灯泡的光通量是多少?
40. **编写问题** 用生活中的物体编写一道物理题,在它的解答中会出现下列表达式:
$$95\ \text{lx}=\frac{1\,100\ \text{lm}}{4\pi r^{2}}。$$
41. 假设你要测量光速。你在远处山上放一面镜子,向它发出照相机闪光,然后测量闪光经镜子反射回来的时间,如**图16-25**所示。如果没有仪器帮助,一个人能探测的时间间隔约为0.10 s。那么镜子必须放在多远处?将你得出的这个距离与一些已知的距离作比较。

图16-25

第2节 光的波动性

理解概念

42. 为什么日常生活中,你对声波衍射比对光波衍射更为熟悉?
43. **大概念** 什么色光的波长最短?
44. **排序** 把下列色光按照频率从小到大进行排序:蓝、绿、红、紫、黄,并说明理由。
45. 可见光的波长从最短到最长的范围是什么?
46. **排序** 把下列色光按照它们在一张纸的边缘发生衍射时,弯折从大到小进行排序:蓝、绿、红、紫、黄,并说明理由。*提示:波长越长,衍射越明显。*
47. 白光由哪些色光组成?
48. 纵波有偏振现象吗?请解释。
49. 如果有一条来自遥远的星系的绿色谱线。在地球上的观察者看来,它的波长是向红移,还是向蓝移?请解释。

解决问题

50. 把红光的波长 700 nm 转换为以 m 作单位的值。

51. 银河运动 如果某一星系的波长为 486 nm 的氢光谱线经过红移，变成了 491 nm，该星系正以多大的速度相对地球运动？

52. 假设你面对正东方看日出。太阳光在湖面反射，如**图16–26**所示。反射光是偏振光吗？如果是偏振光，在什么方向偏振？

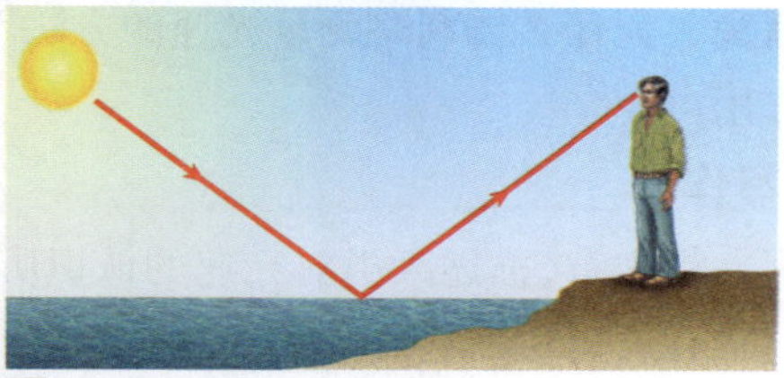

图16–26

53. 银河系运动 从远处星系射来的光中，已知波长为 434 nm 的氢谱线红移了 6.50%。该星系正以多大的速度离开地球运动？

54. 补充问题 把问题补充完整，以便可利用光速来求解："一个激光器产生波长为 655 nm 的光……"

55. 请举例说明，一个逐渐远离地球的星系发射的光的波长有一个不合理的多普勒移动。为什么它是不合理的？

应用概念

56. 点光源离开屏幕 A 为 2.0 m，离开屏幕 B 为 4.0 m，如**图16–27**所示。如何比较屏幕 B 与屏幕 A 的照度？

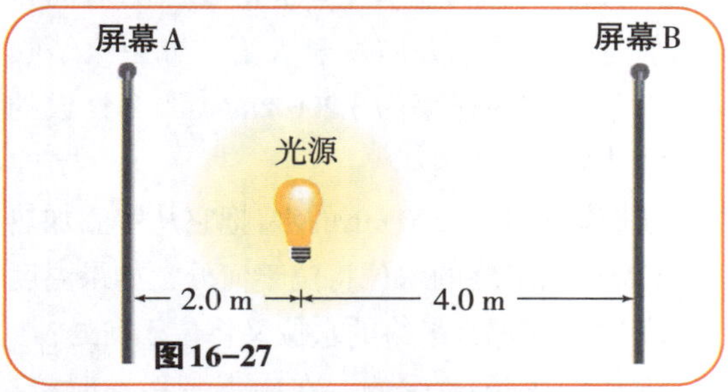

图16–27

57. 为什么双筒望远镜和照相机的内部都是黑色的？

58. 阅读灯 你有一盏小小的阅读灯，它离开书的页面大约 35 cm。你决定把这个距离扩大1倍。

a. 书上的照度是否相同？

b. 如果照度不同，那是变高还是变低了？变化了多少呢？

59. 眼睛的灵敏度 眼睛对黄绿色光最灵敏，对红光和蓝光的灵敏度则小 10%。据此，你认为消防车和救护车应该用什么颜色？为什么？

60. 路灯的颜色 一些高压钠蒸气灯的效率非常高。它们发出的是偏红的黄光。如果将这些灯作为小区的路灯。那么这个小区可以将暗蓝色的车作为警车吗？为什么？

*第62～63题，请参考**图16–28**。*

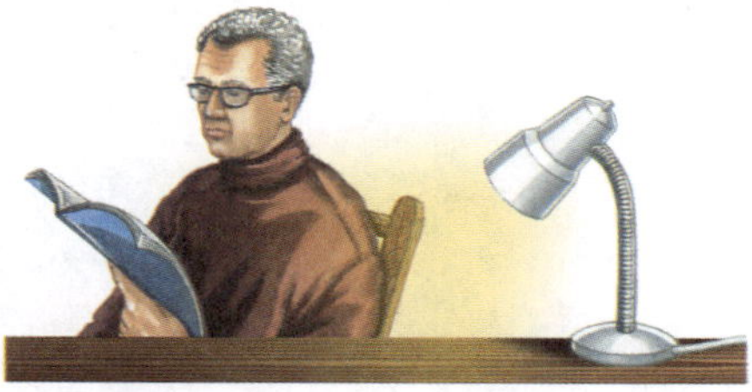

图16–28

61. 如果将灯离开书面更远放置，书上的照度将发生什么变化？

62. 如果将灯离开书面更远放置，灯的发光强度将发生什么变化？

63. 偏振光照片 摄影师常常在照相机镜头外罩一块偏振滤光片，以便使天空的云看得更清楚。这样，云还是白的，但天空却看上去暗了些。请利用偏振光的知识对此作出解释。

64. 苹果是红色的，因为它反射红光，吸收蓝光和绿光。

a. 为什么红色玻璃在反射光中看上去是红的？

b. 为什么当你把红色玻璃放在灯泡与你眼睛之间时，红色玻璃使白色灯泡看上去是红的？

c. 这时蓝光和绿光发生了什么情况？

65. 如果你有黄、青、品红等颜料，你该如何做，可将它们调成蓝色？请说明你这么做的理由。

66. 将红色和绿色塑料膜分别包裹在两盏闪光灯的外面，然后一起对着白色的墙照射。你会在两束灯光的交叠处看到什么颜色？

67. 现在把红色和绿色两张塑料膜叠放在上题中的一盏闪光灯上，把光束照在白色墙上。这次你看到的是什么颜色？请解释。

68. **交通规则**　假设你是一名交通警察，你拦住了一名驾驶员，因为他闯了红灯。再假定那位驾驶员给你画了一张图（**图16–29**），分辩说因为多普勒效应，交通灯看上去是绿的，所以他开了过去。请你尝试用多普勒移动方程向驾驶员解释，要使红光（$\lambda=645$ nm）显示为绿光（$\lambda=545$ nm），汽车速度必须达到何等快的程度。

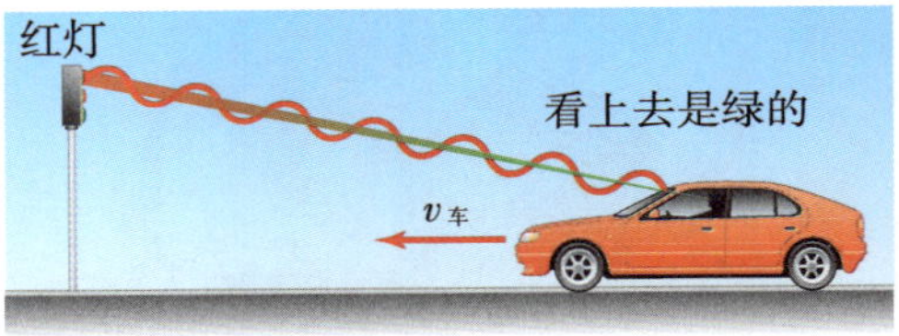

图16–29

复习提高

69. **路灯的照度**　某处的路灯具有两个相同的灯泡，位于在地面上方3.3 m处。如果该社区为节省电能，摘去了一个灯泡，那么路灯应转移到离地面多高处，才能使地面的照度与原来相同？

70. 音乐上的八度即是频率的加倍。请将人类听觉范围内的八度的数，与视觉范围内的八度的数作比较。*提示：钢琴上有七个以上的八度。*

71. **雷声和闪电**　解释为什么在1.6 km远处发生的闪电，要在5 s后才会听到雷声？

72. **太阳旋转**　太阳绕轴旋转，它的一面靠近地球运动，另一面离开地球运动。太阳大约每25天转一周，而它的直径为1.4×10^9 m。若太阳上的氢从太阳两边发射频率为6.16×10^{14} Hz的光，那么在离开地球一边观察到的氢的波长是多少？在靠近地球一边的是多少？

批判性思维

73. **绘制和运用图象**　一个110 cd的光源离屏幕1.0 m。求屏幕上的照度，以及距离每增加1 m后的照度（一直增加到7.0 m为止）。将这些数据用图表示。
   a. 图线的形状是什么？
   b. 图线所示的照度与距离之间的关系是什么？

74. **研究**　为什么伽利略测量光速的方法不起作用？

科技写作

75. 写一篇文章，描述人类对光速的认识历史。包括有意义的科学家以及他所做的贡献。

76. 查找有关SI制单位坎德拉（cd）的资料，然后用你自己的话解释用于设置1 cd值的标准。

日积月累

77. 将一个质量为2.0 kg的物体系于长1.5 m的绳上，然后使它在竖直面上做速率为12 m/s的匀速圆周运动。
   a. 当物体位于圆周底部时，绳中的张力为多大？
   b. 当物体位于圆周顶端时，绳中的张力为多大？

78. 质量为7.600×10^3 kg的太空探测器以125 m/s的速度在太空运行。控制中心认为有必要作30.0°的航程修正，于是指令探测器向目前运动的垂直方向发射火箭。如果火箭喷出的气体的速率为3.200 km/s，那么释放的气体的质量是多少？

79. 玻璃烧杯中有250 mL的水，把它从室温加热到65 ℃，最终的水位将位于何处？如果温度降到5 ℃，那么最终的水位又将位于何处？

80. 吉他的弦长60.0 cm。在中点弹拨它时，它会发出频率为440 Hz的音调。弦上的波速是多少？

第16章 标准化测试

选择题

1. 1987年，天文学家在邻近的星系中发现了一颗超新星。天文学家认为该星系距离地球 1.66×10^{21} m。这颗超新星爆炸发生于被观察到之前(　　)

   A. 5.53×10^{3}年　　B. 1.75×10^{5}年

   C. 5.53×10^{12}年　　D. 1.74×10^{20}年

2. 某个星系正以 5.8×10^{6} m/s 的速度离地球远去。观察者发现它发出的光的频率为 5.6×10^{14} Hz，由此可知光的发射频率为(　　)

   A. 1.1×10^{13} Hz　　B. 5.5×10^{14} Hz

   C. 5.7×10^{14} Hz　　D. 6.2×10^{14} Hz

3. 一个60.0 W灯泡在3.0 m处的照度为9.35 lx。该灯泡的总光通量是(　　)

   A. 8.3×10^{22} lm　　B. 7.4×10^{21} lm

   C. 1.2×10^{2} lm　　D. 1.1×10^{3} lm

4. 从太阳发出的光需要花8.0 min到达地球。地球离开太阳的距离是(　　)

   A. 2.4×10^{9} m　　B. 1.4×10^{10} m

   C. 1.4×10^{8} km　　D. 2.4×10^{9} km

5. “光的减色法”这一术语的意思是(　　)

   A. 绿光、红光和蓝光相加产生白光

   B. 电视机中用电子激发磷光体产生颜色

   C. 颜料中因减去某种颜色而发生改变，如绿色除去黄色产生蓝色

   D. 物体之所以会显示颜色，是因为材料吸收了特殊波长的光，而反射其余的光

6. 波长为404 nm的光，在真空中的频率是(　　)

   A. 2.48×10^{23} Hz　　B. 7.43×10^{5} Hz

   C. 2.48×10^{6} Hz　　D. 7.43×10^{14} Hz

7. 下列色光组合中，不正确的是(　　)

   A. 红光加绿光产生黄光

   B. 红光加黄光产生品红光

   C. 蓝光加绿光产生青光

   D. 蓝光加黄光产生白光

8. 太阳光直射到地球上产生的照度为 1×10^{5} lx。若舞台上的灯在某一方向上的光强为 5×10^{6} cd，一位观众要感受到太阳光的照度，那么他必须离舞台(　　)

   A. 1.4×10^{-1} m　　B. 7 m

   C. 10 m　　D. 5×10^{1} m

拓展题

9. 已知某个天体含有一种元素，它会发射波长为525 nm的光。地球上观察到的该元素的谱线波长为473 nm。该天体正在靠近还是离开地球运动？其速率又是多少？

10. 光强为 I_0 的非偏振光入射到偏振滤光片上，出射光又射入第二块偏振滤光片，如图所示。从第二块偏振滤光片出射的光的光强是多少？

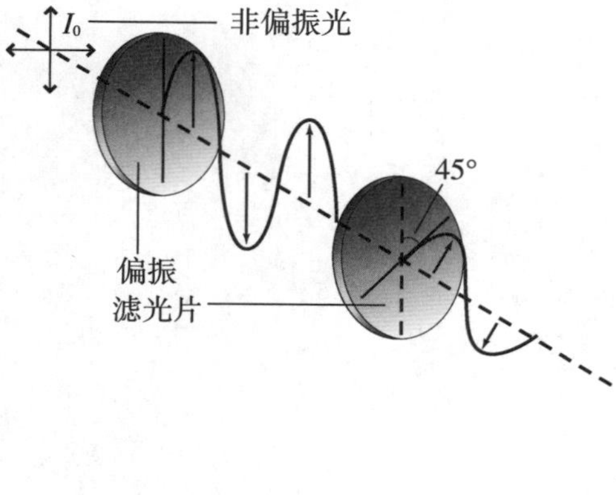

考点提示

测试题号	1	2	3	4	5	6	7	8	9	10
对应小节	2	2	1	1	2	2	2	1	2	2

第17章

反射和面镜

大概念 所有表面都反射光，但是光滑的表面能产生像。

内容提要

起步实验

屏幕上的像

在什么条件下，面镜在屏幕上产生清晰的像？

第1节 平面镜

主要概念

光线的反射角等于入射角。

核心问题

- 什么是反射定律?
- 镜面反射和漫反射有什么区别?
- 如何确定平面镜所成像的位置?

术语回顾

法线 垂直障碍物或镜面的一条直线

关键术语

镜面反射
漫反射
平面镜
物
像
虚像

物理在你身边

说起反射,你可能会想到镜子。镜子通常是玻璃,背面有薄薄的一层铝。你也可以从窗子、平静的水面和发亮的金属里看到你自己。

反射像

毋庸置疑,自从人类诞生以来,人们就能通过宁静的湖水或池塘看到自己的脸。但是,并不是每次看着水体的表面,都能观察到清晰的像的,如**图17-1**所示。有时候,大风吹过,引起阵阵漪涟;船舶驶过,产生滔滔波浪。这些因外力导致的水体表面的扰动,都会妨碍光线在水面上形成清晰可见的反射像。

大约在4 000年前,埃及人发现反射需要光滑的表面,于是他们用磨光的金属镜子来观看自己的像。16世纪威尼斯的工匠们,在平的玻璃板背面镀上一层金属,做成了镜子。但是,直到1857年,法国科学家傅科(J.Foucault)发明了在玻璃上镀银的方法制得镜子后,人们才获得了清晰而边缘明锐的反射像。

现代的镜子已经做得非常精致。今天,我们不仅仅用镜子来观看自己的像,这些镜子还是激光器、望远镜和其他精密光学系统的关键零部件。现在的镜子都是在高度抛光的玻璃上镀上铝或银制成的。但是,无论是在池塘的光滑表面、16世纪的镜子,还是在激光器内的微型镜,光的反射都要遵循相同的基本物理学原理。

图17-1 池塘或湖泊水面上的扰动产生受干扰的反射像。

反射定律

在了解镜子之前，你一定要理解一般的反射。当光照射到一本书上时，会发生什么情况？如果你拿书本挡住射来的光线，你会发现没有光能透过书本。回忆一下，这种无法让光线透过的物体称为障碍物。当光线照射到障碍物上时，部分光线被吸收，部分被反射回去。被吸收的光转变成热能而散逸，而反射光的性质取决于表面的类型和光入射表面的角度。

想象一下打篮球时的情形。你传出一个反弹球，如果从球场的正上方观察，你会发现这个球是沿着直线反弹到另一名球员手中的。在前面你学过，在二维介质中运动的波遇到屏障时，会发生反射，且反射角等于入射角。光波同样遵循这种二维反射关系。

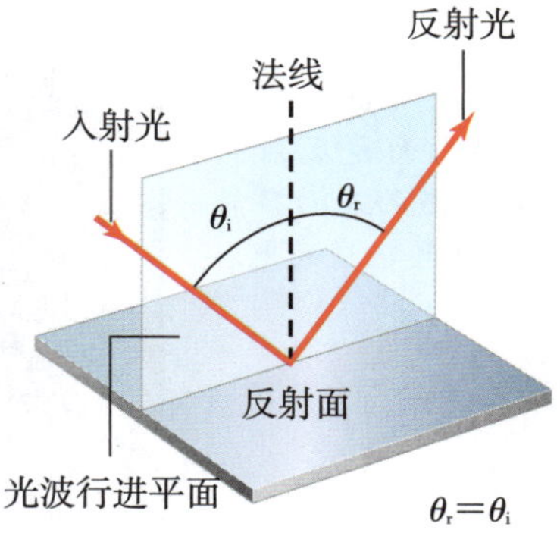

图 17–2 反射角与入射角在同一平面上，且彼此相等。

光的反射情况与水波或篮球运动的情况相同。如**图 17–2**所示为光入射到反射面时的情况。其中虚线表示法线，它与反射面垂直并交反射面于入射点。从图中可以看出，反射光线、入射光线以及垂直反射面的法线位于同一平面内。虽然光是在三维空间传播的，但光的反射却是平面的（二维的）。平面关系和角度关系一起构成了反射定律：

颜色惯例

光线 ⟷ 红

反射定律

当光发生反射时，反射角等于入射角。

$$\theta_r=\theta_i$$

波动模型 可以用光的波动模型来解释反射定律。如**图 17–3**所示为光的波前靠近反射面时的情形。波前垂直于光线。当波前上的每一点到达反射面时，反射角都与前一点的反射角相同。由于所有的点都有相同的速率，因此它们在相同的时间内经过的总距离相同。于是波前作为一个整体，以等于入射角的角度离开反射面。注意，由于光的波长不会影响反射过程，因此无论是红光、绿光还是蓝光，全都遵循这个定律。

图 17–3 波前上所有的点都以相同的角度反射。反射角等于入射角。

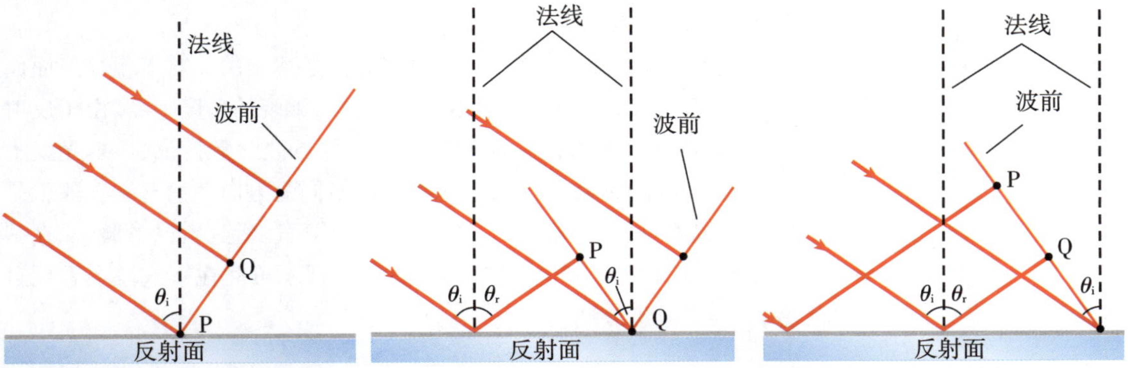

波前上的点P首先到达反射面。

当光线从反射表面反射时，反射的波前形成。

波前上所有的点以同样的角度反射。

图 17-4 灯泡的像被光滑的平面镜反射到桌面上，纸的表面只能反射一小块区域的光。

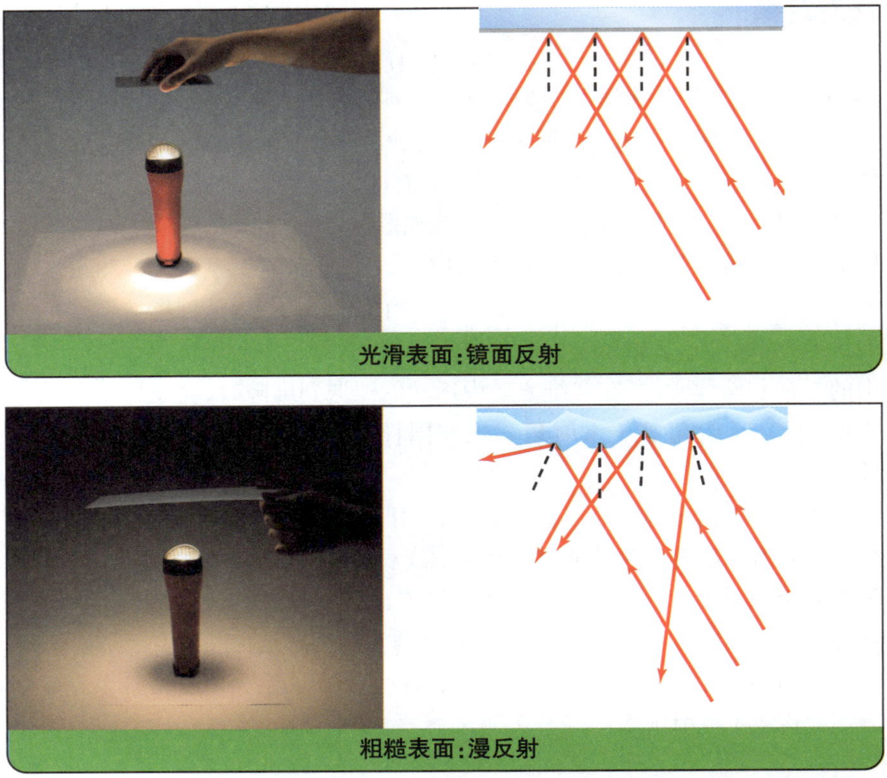

光滑表面 现在来考虑如**图 17-4** 上图所示的光线，所有的光线彼此平行地从表面反射。这种情况只有在反射面的粗糙程度不超过光的波长尺度时才可能发生。这样的反射面叫作光滑表面。像镜子这样的光滑表面所引起的反射，叫作**镜面反射（specular reflection）**。此时如果入射光线平行，反射光线也平行。

粗糙表面 光射向一张纸时，会发生什么情况？纸看起来似乎是光滑的表面，但是相对于光的波长尺度而言却有可能是粗糙的。光会被反射吗？你能演示这种反射吗？如**图 17-4** 下图所示为光线在一张纸上的反射情况。反射前，所有的光线都是彼此平行的，而在反射后它们却不再平行。这种光在粗糙表面上发生的反射叫作**漫反射（diffuse reflection）**。漫反射可以使你从不同角度都能阅读本页的内容。

无论是光滑表面还是粗糙表面，反射定律都是适用的。对于粗糙表面而言，各条光线的反射角，仍旧与入射角相等。但从微观的角度上看，由于反射面凹凸不平，因此各条光线所对应的法线之间并不彼此平行，故反射光线不可能是平行的。在这种情况下，反射光线会向不同的方向散射开去。这就是为什么在发生镜面反射的情况下，如在镜子中，你可以看到自己的脸，而在一堵墙或一张纸上，无论有多少光被反射出去，你都不可能在纸或墙上看到自己的影像，只能看到纸或墙。

例题1

改变入射角 一条光线以52.0°的入射角射向平面镜。围绕入射点将平面镜顺时针旋转35.0°，同时保持镜面与入射光线和反射光线构成的平面垂直。那么反射光线转过了多少度？

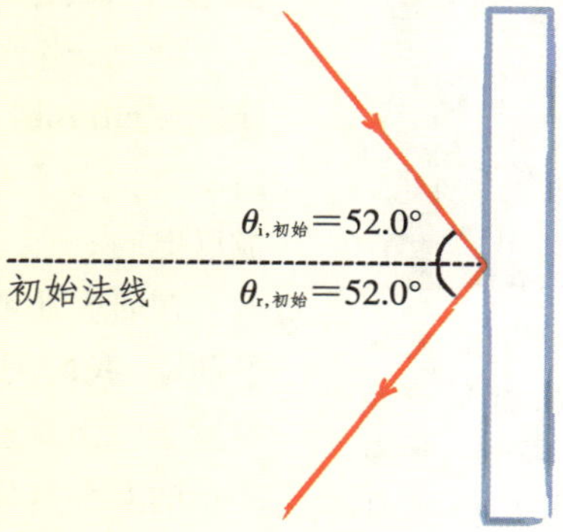

1 分析概括问题

- 作出镜子旋转前的示意图。
- 作出镜子旋转一定角度后的示意图。
- 作出反射光线的第三个示意图。

已知	未知
$\theta_{i,初始}=52.0°$	$\Delta\theta_r=?$
$\Delta\theta_{镜子}=35.0°$	

2 求解未知量

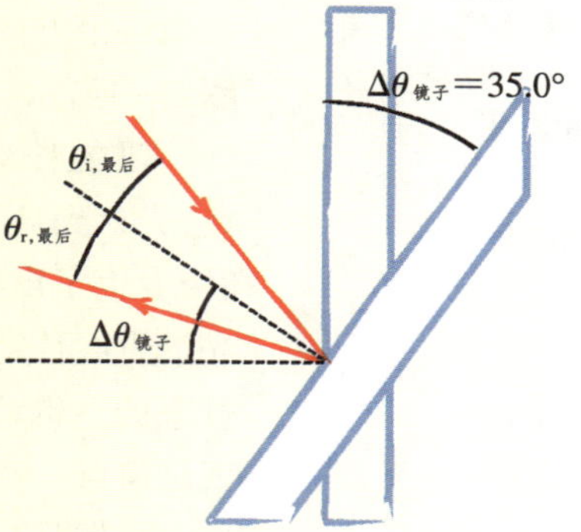

因为平面镜是沿顺时针方向转动的，所以入射角减小。

$\theta_{i,最后}=\theta_{i,初始}-\Delta\theta_{镜子}$

$=52.0°-35.0°$ ◀将$\theta_{i,初始}=52.0°$，$\Delta\theta_{镜子}=35.0°$代入。

$=17.0°$沿着新的法线顺时针旋转

利用反射定律确定反射角。

$\theta_{r,最后}=\theta_{i,最后}$

$=17.0°$沿着新的法线顺时针旋转 ◀将$\theta_{i,最后}=17.0°$代入。

根据你作出的两幅示意图，求出反射光线转过的角度。

$\Delta\theta_r=\theta_{r,初始}+\Delta\theta_{镜子}-\theta_{r,最后}=52.0°+35.0°-17.0°$

$=70.0°$顺时针旋转

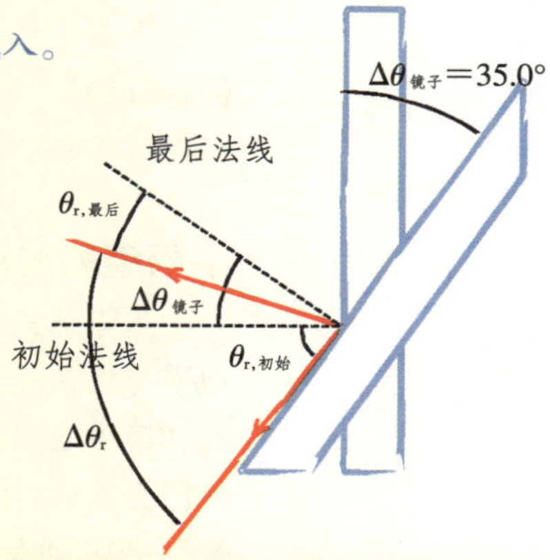

3 验证答案

- **数值是否合理？** 通过将第三幅示意图与第一幅示意图进行比较可以看出，镜子顺时针旋转后，光线与法线的夹角减小了。因此，反射光线也沿着顺时针转动，转动角度是平面镜旋转角度的两倍。

练一练

1. 光在毛玻璃上的反射为漫反射。如果你往毛玻璃上泼水，那么就会变成镜面反射。请解释原因。
2. 如果光的反射角为35°，那么入射角是多少？
3. 如果光的入射角为42°，回答下列问题。
   a. 反射角是多少？
   b. 入射光线与镜子的夹角是多少？
   c. 入射光线与反射光线的夹角是多少？
4. 激光器发出的光以38°的入射角射向平面镜。移动激光器的位置，使入射角增加13°，求新的反射角。
5. 将两块平面镜互相垂直放置。已知入射光线与其中一块平面镜的法线成30°角，当反射光线投射到第二块平面镜时，第二次反射的反射角为多大？
6. **挑战题** 你要用两个平面镜设计一个后向反射镜，使激光束偏转180°，逆向返回。那么，两个平面镜之间的角度是多少？

图 17-5 灯泡的光从女孩身上反射到平面镜，这是漫反射。平面镜反射的光进入女孩的眼睛，使她能看见自己的像。平面镜的反射是镜面反射。
描述 该女孩是如何成为受照光源的？

物和平面镜成像

早上，当你照镜子时，你会在平面镜里看到你的反射像。**平面镜（plane mirror）**是一个光滑平整的表面，照射在这个表面上的光会发生镜面反射。为了更好地理解平面镜的反射，首先必须了解光源以及它是如何被反射的。

在研究照明时，“物”这个术语是相对于光源而言的。现在，为了描述平面镜，我们同样需要赋予这个术语更丰富的物理内涵。**物（object）**指的是发生镜面反射的光线之源。物可以是如灯泡这样的光源，也可以是如图所示的女孩这样的受照光源。你在本章中遇到的大多数物都是光源，它们能向各个方向发出光线。镜子表面能反射这些光线，所以像是可见的，如**图 17-5**所示。

现在来考虑如**图 17-6**所示的小鸟上的一个点（鸟冠）。鸟冠是一个物点，光射到鸟冠上时，会发生漫反射。从鸟冠而来的部分光线入射到镜面时，发生了反射，且部分反射光射入了站在镜子前方的女孩的眼睛。由于光沿直线传播，因此在这个女孩看来，光是沿着图中所示的虚线的路径射过来的。也就是说，射入女孩眼睛的光似乎来自镜子后面的一点，这个点就是像点。就像光线从物体发散出来一样，它们也从像发散出来。

我们只讨论了鸟身上的一个点，实际上，如**图 17-6**所示的女孩看到了小鸟身上许多点射来的光。反射光产生的像点的组合，形成了小鸟的**像（image）**。由发散光线形成的一类像，称为**虚像（virtual image）**，它总是与物对立地位于镜子的两边。平面镜产生的实物的像总是虚像。

平面镜所成的像的性质

当你照镜子时，会发现你的像位于镜子的后面，且像离开镜子的距离似乎与你在镜子前的距离相等。如何检验这一点呢？方法很简单：只要在你和镜子之间放一把尺，看一下你的像位于尺的什么位置即可。从镜子中你还会发现，你的像是正立的，其大小与你本人一致。这就是为什么有“镜像”一说的原因。如果你走近镜子，或离开镜子运动，你的像也会靠近或远离镜子运动。

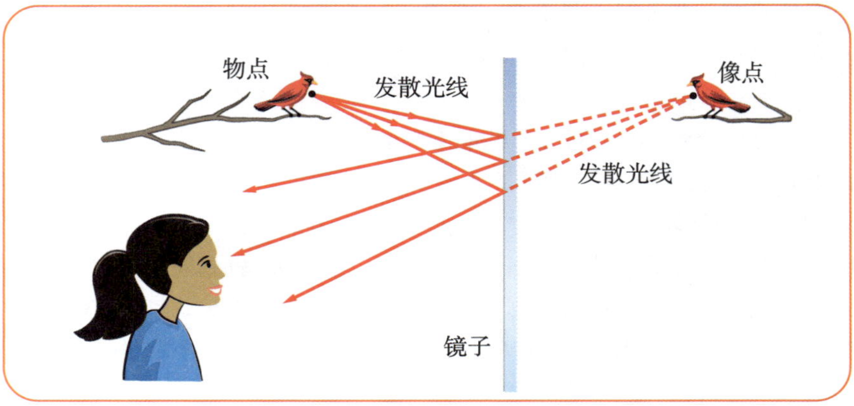

图 17-6 鸟反射的光线向许多方向发散，而只有一些向着镜子的光线在图中表示出来。像的位置是物体上的一点发射的光线的交点。

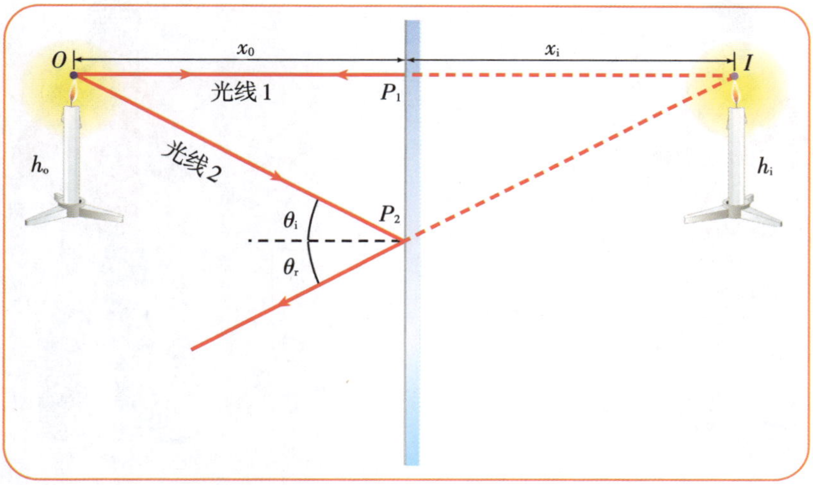

图 17–7 （如图所示的两条）光线从物上的一点出发，射向镜子后被反射而进入眼睛。用虚线画的视线将两条反射光线反向延长，它们在镜子后面的某一点处相交。物的像就位于视线的交点。
解释为什么 $x_i=-x_0$。

像的位置和高度 如**图 17–7** 所示的几何模型，可以用来说明为什么 x_i、x_0 这两个距离是相同的。蜡烛的顶点 O 发出的两条光线，分别射到了平面镜上的 P_1 和 P_2 两点，并按照反射定律反射回来。将两条反射光线反向延长，它们在镜面后边的点 I 相交，此点即为点 O 的像。由于光线 1 的入射角为 0°，因此其反射光线与入射光线重合，即与镜面成 90°。光线 2 的反射角与入射角相等，因此反射光线与镜面的夹角，与光线 2 与镜面的夹角相等。

从这个几何模型中可以看出，OP_1 和 IP_1 是全等三角形 OP_1P_2 和 IP_1P_2 的两条对应边。物相对于镜面的位置 x_0，等于 OP_1 的长度；而像相对于镜面的位置 x_i，等于 IP_1 的长度。按照虚像的位置为负这一约定，可以得出下述结论：

平面镜所成的像的位置
平面镜所成的像的位置等于物的位置的负值，负号表示这个像在平面镜后面，即为虚像。

$$x_i=-x_0$$

你可以通过作光路图的方法来确定像的大小。例如，**图 17–7** 中的蜡烛的底部发出的两条光线，它们的反射光线的反向延长线的相交即为蜡烛的像的底部。利用反射定律及全等三角形的知识，可得到有关物高 h_0 及像高 h_i 的关系：

平面镜所成的像的高度
平面镜所成的像的高度

$$h_i=h_0$$

物理实验

平面镜成像
你能测量平面镜所成的像的位置吗?

镜面反射*
你如何确定光线入射到如玻璃或镜子这样的反射面的传播路径?

迷你实验

虚像的位置
你能用照相机对虚像聚焦吗?

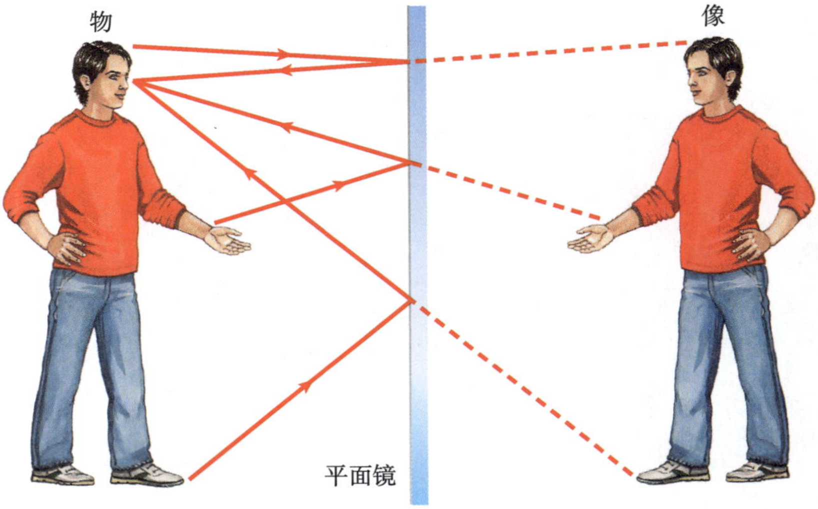

图 17–8 平面镜所成的像，其大小与物的大小相同，像在镜后的距离与物在镜子前的距离相同。但是，你和你的像面对的方向相反。

像的取向 平面镜产生的像的取向与物的取向相同。如果你站立在镜子前，那么平面镜里的像也是站着的。如果你正在倒立，那么像也会一样。但是你和像之间还是有一些差异的。平面镜使前后方向发生了颠倒，即你与你的像面对面。

沿着**图 17–8** 中的视线看过去，平面镜成的像在镜子后面，男孩好像与他自己面对面。男孩伸出左手，他的像伸出右手。从男孩的角度看，伸出去的手在他的左边。这是为什么？实际上，平面镜并没有真正地颠倒左右。如**图 17–8** 所示的镜子只是使男孩的像与男孩本身面对的方向，即前后方向发生了颠倒而已。

再考虑**图 17–1** 照片中的山脉的像。在照片中，山脉在水中的像是上下颠倒的，而实际上它只是前后反向。作为镜子的湖面是水平的，而不是竖直的。正是由于你观察的角度问题，使得像看上去上下颠倒了。如果把**图 17–8** 顺时针旋转 90°，你会发现，现在男孩脸朝下，而他的像却是脸朝上，正好与男孩相反，这就与山脉的像相吻合。所以，唯一发生改变的，只是你的视角而已。

第1节 复 习

7. **主要概念** 光以 80° 的入射角射向平整光滑的反射面。反射光线与镜面的夹角是多少？

8. **像的性质** 如**图 17–9** 所示，一只狗站在平面镜前看着自己的像。分别求出像的位置、高度和形式。

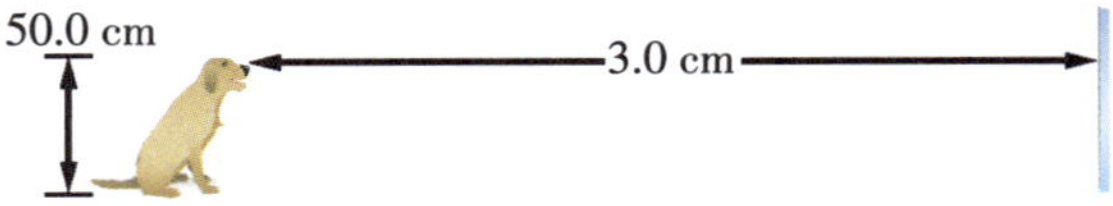

图 17–9

9. **反射定律** 解释如何在漫反射中应用反射定律。

10. **反射面** 将下列各物体分为镜面反射表面或漫反射表面两类：纸、抛光的金属、窗玻璃、粗金属、塑料牛奶罐、光滑的水表面、毛玻璃。

11. **光路图** 一辆汽车跟在另一辆汽车的后面，行驶在一条直路上。前面那辆车的后窗向水平面倾斜 45°。作出光路图，标出太阳的位置，以及太阳光是如何通过前面那辆车的后窗，反射到后面那辆车的驾驶员的眼中的。

12. **批判性思维** 由于漫反射，你可以从任何角度看到物。请说明理由。

第2节 曲面镜

物理在你身边 如果你观察过你在金属汤匙里的反射像，就会发现在汤匙的内表面是倒立的像，而在汤匙的外表面是正立的像。为什么呢？

主要概念

曲面镜可以成实像和虚像，所成的像可以放大或缩小。

核心问题

- 球面凹面镜的性质和应用是什么？
- 如何用光路图确定曲面镜所成的像？
- 如何使用凸面镜和平面镜的组合？
- 如何计算曲面镜所成的像的性质？

术语回顾

光线 用以表示一个波的行进方向的一条线，并与波前垂直

关键术语

凹面镜
主轴
焦点
焦距
实像
球面像差
凸面镜
放大率

曲面镜的性质

金属汤匙是一块曲面镜，它的一面向内弯曲，另一面向外弯曲。把汤匙靠近或者远离你的脸，观察汤匙两边所形成的像，你会发现，你的像看起来在变大或者变小，甚至是倒立的。曲面镜的性质和形成的像，与曲面镜的形状及物的位置有关。

凹面镜 发亮汤匙盛载食品的内表面是一块凹面镜。如**图17-10**所示就是一块**凹面镜（concave mirror）**，它的反射面即是它对着观察者的那一个内凹面。在舞台聚光灯和汽车车头灯中，凹面镜放在灯泡后面。凹面镜可以使聚光灯发出的光，在某一点上聚焦。那么，影响凹面镜性质的是什么呢？

凹面镜反射光的方式与其弯曲程度有关。如**图17-10**所示是球面凹面镜的光路图，包括为理解凹面镜成像的一些重要的点和距离。球面凹面镜就像是一个有内反射表面的空心球的一部分，它具有与半径为r的球相同的几何中心C。对于球面凹面镜，距离r也称为曲率半径。通过线段CM的直线称为主轴。**主轴（principle axis）**是一条垂直平分面镜的直线。平行于主轴的入射光线被反射后，与主轴相交于C点和M点的中间点。

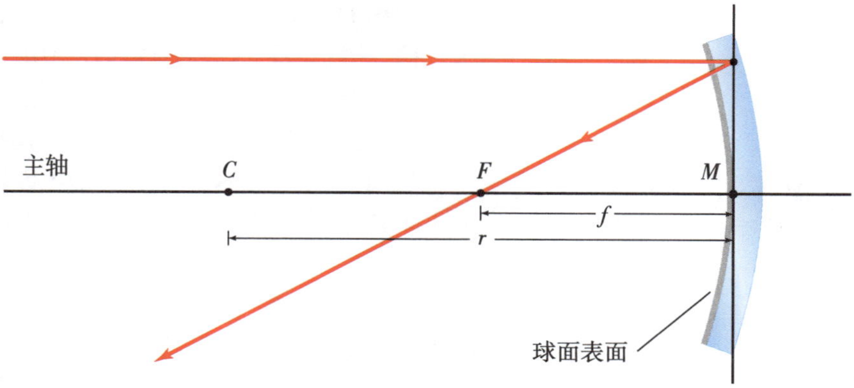

图17-10 对于凹面镜，从M到焦点F的距离是从M到C的距离的一半。平行于主轴的入射光线，反射后会聚于焦点。

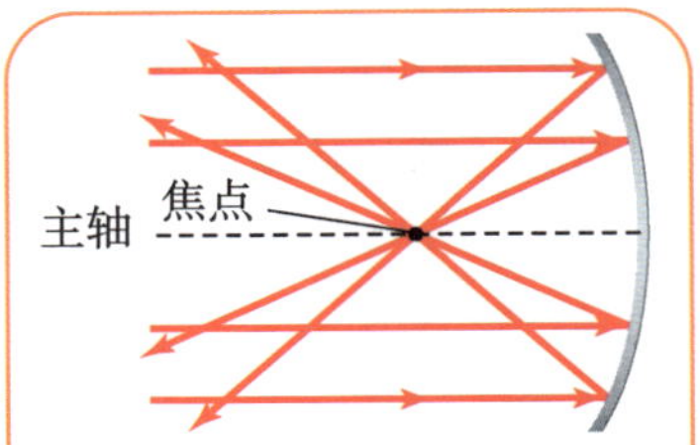

平行于主轴的光线被凹面镜反射后，会聚于焦点。

灯泡放在凹面镜的焦点。手电筒的光束中，被反射的平行光线很亮。

图 17–11 从焦点射向凹面镜的光线，经镜面反射后成为平行光。

焦点 在本节大多数的图中，可以看到一个点，标着 F。点 F 是什么呢？为了找出答案，考虑用凹面镜反射太阳光，然后观察发生的情况。太阳离我们很远，因此可以把从太阳传来的光线看作平行光线。如果将凹面镜的主轴指向太阳，那么所有被它反射的光线都会通过一点。此点可以通过以下方法确定：将一张纸片先靠近镜面，然后慢慢离开镜面，直至光线在纸片上聚焦成最小最亮的太阳光斑为止。这个光斑所在的位置称为凹面镜的**焦点（focal point）**，它是所有平行于主轴的光线被反射后会聚的点。这就是点F。

如**图 17 – 11** 上半部分所示，平行于主轴的光线反射后交于主轴的焦点 F。F 是 M 和 C 的连线的中点。沿着主轴方向，焦点与镜面之间的距离，称为**焦距（focal length）**，用 f 表示，$f=\frac{r}{2}$。凹面镜的焦距为正值，因为该点是会聚光线的点。

如果你把一个光源放在凹面镜的焦点上，从该凹面镜反射的所有光线都彼此平行，成为平行光束。如**图 17–11** 下半部分所示为手电筒表现出的这种效果。

凹面镜的光路图

你已经学过如何沿平面镜反射光的路径画光路图了，也已经看过如**图 17–10** 和**图 17–11** 中所示的凹面镜的光线。现在要学习如何用光路图，找出凹面镜产生的像的位置、高度和取向。

如**图 17–12** 所示，反射光线会聚于点 I，该点就是像的位置。光线会聚形成**实像（real image）**，这个像比物大，而且是倒立的。如**图 17–12** 所示，调整自己的位置，让形成像的光线进入你的眼睛，你就会看到物的像飘浮在空中。你一定要面向某个方向，以便使从像射来的光线进入你的眼睛。你看不到位于你身后的像。如果在这个像点放一块电影屏幕，像便显示在屏幕上，如**图 17–12** 所示。当然，你是不可能把虚像投射到屏幕上的，因为虚像不是由光线会聚形成的。

图 17–12 光路图用来确定曲面镜所成的像的位置。

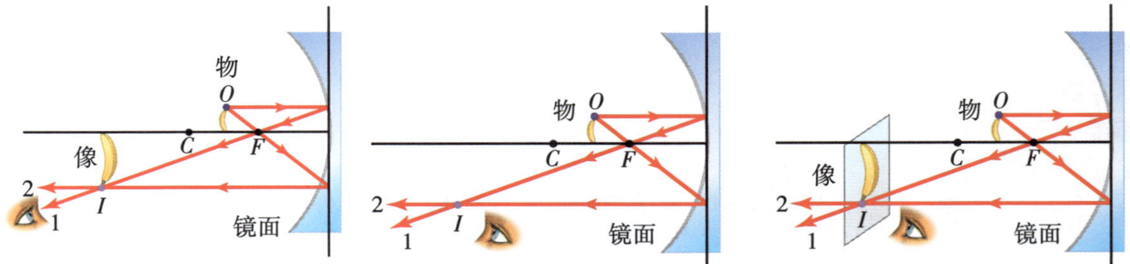

眼睛所处的位置正好让形成实像的光线进入眼睛，从而看到像。

从物射来的光线无法进入眼睛，所以眼睛看不到像。

眼睛可以看到投射到白色不透明屏幕上的像。

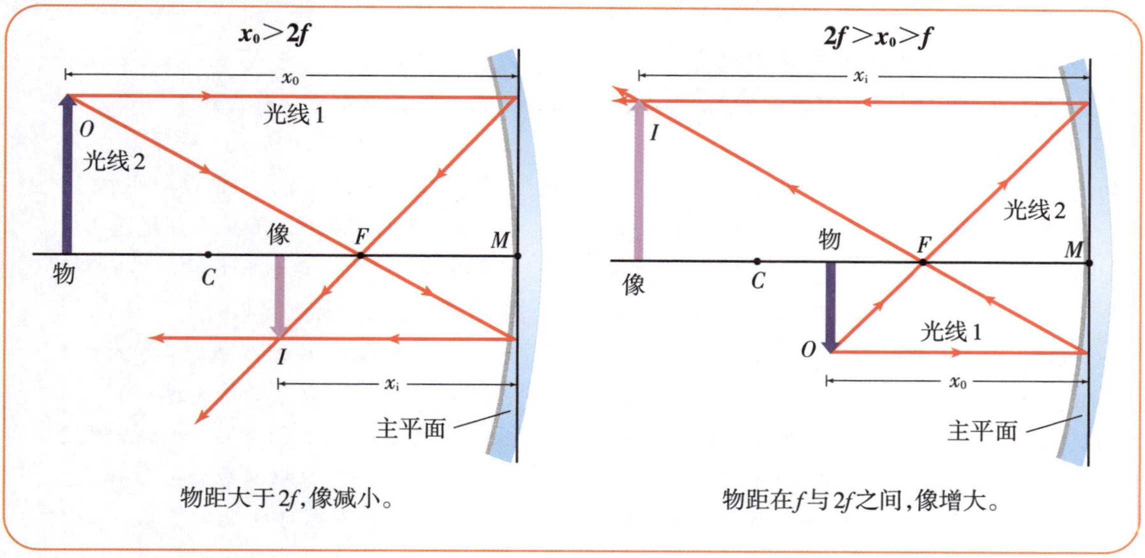

图17–13 像的类型与物距有关。图示的两种情况中,都形成倒立的实像。f为焦距,是从M到F的距离。

画图表示像上的其他点是如何形成的?

颜色惯例

物——紫色

像——淡紫

凹面镜所成的实像

为了方便你理解曲面镜的成像原理,这里用一个一维的简单物,如**图17–13**中的箭头作为范例。如果物距d_0是焦距f的2倍,物的位置超过曲率中心C,那么球面凹面镜就会产生倒立缩小的实像。如果物位于曲率中心与焦点F之间,如**图17–13**中右图所示,像也是倒立的实像,但比物要大。光路图可以让你看到,凹面镜产生的像是放大还是缩小的,由物体的位置和焦点的关系决定。

▶ **与天文学的联系** 如何使凹面镜产生正立的实像呢?1663年,苏格兰天文学家格利高里(J.Gregory)发明了格利高里望远镜(如**图17–14**所示),很好地解决了这个问题。格利高里望远镜由大小两块凹面镜组成。小凹面镜位于大凹面镜的焦距以外。当来自远处物体的平行光线入射到大凹面镜上后,在焦点上形成像。这个像又成为小凹面镜的物,而由小凹面镜反射的光线会形成与实物取向一致的实像。

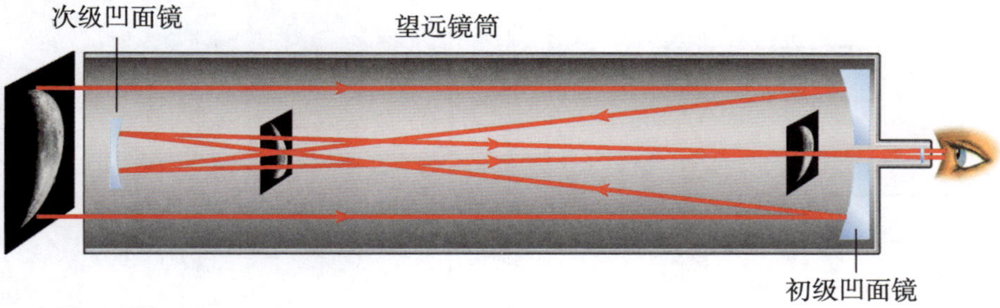

图17–14 格利高里望远镜产生正立的实像。

解题策略

作光路图确定球面镜所成像的位置

通过下列步骤求解球面镜成像的问题，参看图17-13和图17-16。

1. 在图纸或方格纸上，从左到右画一条水平线作为球面镜的主轴，并使主轴上下各空6行。
2. 按下列说明在主轴上画出物，并标出*C*点和*F*点。
   a. 如果面镜为凹面镜，且物在镜外*C*点之外，那么把镜面画在页面的右边，物画在页面的左边，最后把*C*和*F*画在主轴上。
   b. 如果面镜为凹面镜，且物在镜外*C*点和*F*点之间，那么把镜面画在页面的右边，把*C*点画在纸的中间，*F*点画在镜面和*C*点的中间，最后把物画在主轴上。
   c. 对于其他任何情况，把镜面画在页面中心，把物或*F*点（无论哪一个离镜面更远）画在页面的左边，最后把其余的点画在主轴上。
3. 在镜面所在位置画一条线表示镜面，这条线占据12行的空间。这是主平面。
4. 把物画成箭头，在顶端标记*O*。对于凹面镜，在*C*点之内的物，高度不要超过3行。其他情况下，物应该占据6行。物的高度的标度与主轴的标度可以是不一样的。
5. 画一条平行于主轴的光线，作为光线1。它经主平面反射，反射光线通过*F*点。
6. 画一条通过焦点*F*的光线，作为光线2。它经主平面反射，反射光线与主轴平行。
7. 如果光线1和光线2的反射光线彼此发散，则从镜后作视线的虚线延长线。
8. 将光线1和光线2的反射光线或其反向延长线的交点标记为*I*，此即为像所在位置。从主轴作垂线到*I*点，并标出箭头，此即为物所成的像。

凹面镜所成的实像的缺陷 在作光路图时，你是以代表面镜的垂线为主平面画出反射光线的，而实际上，光线是由镜面本身反射的，如**图17-15**所示。从图中可以看出，只有在主轴附近的平行光线（即傍轴光线）反射后才会通过焦点；其他光线则会聚于更接近镜面的某个点上。这种效应称为**球面像差（spherical aberration）**，产生原因是光线没有会聚于焦点，这会使像看起来模糊不清。

如**图17-15**所示，抛物线形状的面镜不存在球面像差。由于制造大型的完全抛物线形面镜的成本很高，因此许多使用球面镜的新型望远镜，一般通过使用特殊设计的较小的次级凹面镜或透镜的方法来矫正球面像差。当球面镜的直径与它的曲率半径之比减小时，球面像差也会减小。

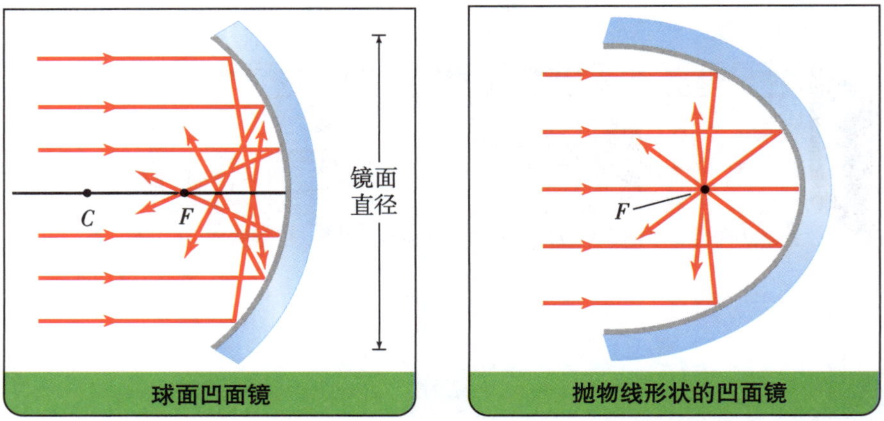

图17-15 球面凹面镜会产生球面像差，抛物线形状的凹面镜则不会产生。

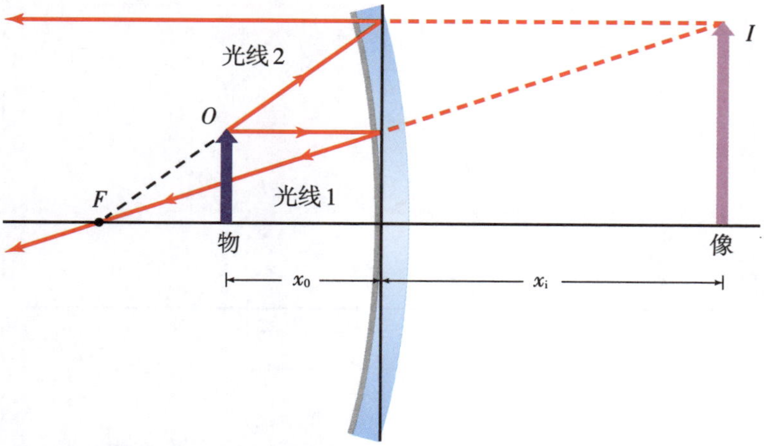

图 17–16 如果积木位于凹面镜的焦点与镜面之间，那么它所成的像位于镜面后方，且为放大正立的虚像。**思考**在镜面中出现其他像的原因。

凹面镜所成的虚像

你已经看到，物越靠近凹面镜的焦点，像就会离开镜面越远。如果物位于焦点上，那么所有反射光线都将彼此平行，永不相交，也就是说像位于无穷远处，所以不能被看到。如果移动物，使它越过焦点而更接近镜面，情况又会如何呢？

把你的脸靠近凹面镜，你看到了什么？你会发现，你的脸的像正立于镜子后方。从**图 17–16** 所示的光路图中可以看出，当物位于焦点与镜面之间时，凹面镜产生虚像。

现在，还是画两条光线，确定物上一点所成的像。与之前一样，从物的顶点处画光线 1 平行于主轴，它的反射光线通过焦点。从同一点再画光线 2 到镜面，光线 2 的方向由焦点与物点的连线决定。光线 2 被反射后，其反射光线与主轴平行。注意**图 17–16**，由于光线 1 和光线 2 离开镜面后是发散的，故不可能产生实像。然而，反射光线的反向延长线在镜面后方相交，这表示形成虚像。你可以看到，这是一个正立、放大的虚像。

物理实验

凹面镜成像*

在什么条件下，凹面镜可以产生实像和虚像？

☑ **阅读检测** **解释**你如何确定像是不是虚像的？

物理挑战题

一块凹面镜的焦距为 f，物高为 h_0，位于镜面前 x_0 处。

1. 画出光路图，标出焦距。如果像离开镜面的距离是物离开镜面距离的 2 倍，从图上求出物距。用厘米作为距离单位，标出像、物和焦点的位置。
2. 画出光路图。如果像离开镜面的距离是焦距的 2 倍，从图上求出物距。用厘米为距离单位，标出像、物和焦点位置。
3. 要没有像形成，物应该放在何处？

图 17–17　凸面镜总是形成缩小、正立的虚像。

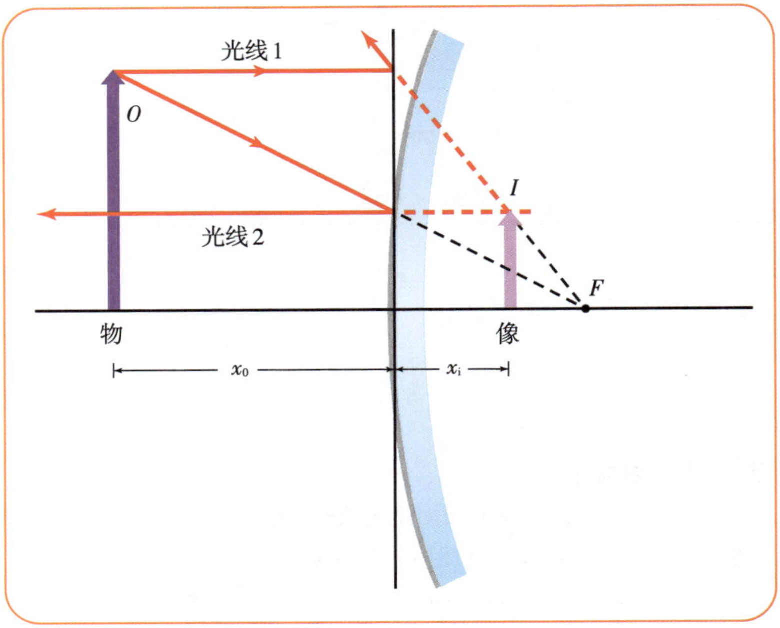

迷你实验

寻找焦点*

你如何能观察到曲面镜的焦点？

凸面镜

在本章开始时你已知道，发亮的汤匙的内表面就像一个凹面镜一样。如果你把汤匙转一个面，你会发现它的外表面则像一个**凸面镜（convex mirror）**，其曲线边缘背离观察者。商店里的安全镜和汽车上的许多侧视镜，都是凸面镜。当你对着它看时，你看到了什么？你会看到你自己缩小、正立的像。

从**图 17–17** 中你可以看出凸面镜的性质。从凸面镜反射的光线总是发散的，所以它总是形成虚像。点 F 和点 C 位于镜面后方。

图 17–17 中的光路图显示了球面凸面镜是如何成像的。尽管光线有无数条，但记住你只需分析两条即可。平行于主轴的光线 1 射向镜面后，沿着从点 F 到镜面入射点的直线方向反射回来。而射向镜面后方的 F 点方向的光线 2，遇到镜面后则沿平行于主轴的方向射回。两条反射光线是发散的，它们的反向延长线相交于镜面后方，形成像点。单块凸面镜产生缩小、正立的虚像。

视野　由于凸面镜形成的像比物更小，因此人们很少使用它。但是，它也有一些实际使用价值。由于像变小了，凸面镜使观察者看到的面积变大了，即视野扩大了。也就是说，在很大的角度范围内可以看到像，因此视野很宽广。

图 17–18 凸面镜中的像比物体小，这样就扩大了视野。**解释**为什么“镜内的物体比实际的更近”这一警告很有用。

如**图 17–18**所示，凸面镜扩大了视野，在汽车中作为乘客一侧的后视镜用。虽然凸面镜扩大了视野，但是减小了物体的大小，使得物体看起来比实际位置远得多。因此，在汽车中乘客一侧的后视镜经常会有警告说，物体比实际的更近。

计算像的位置

通过球面镜模型，你可以推导出简单的球面镜公式。首先，在傍轴光线近似的前提下，即通过靠近且平行主轴的光线来作出物的像。然后，运用反射定律，推导出面镜公式，将面镜的焦距f、物距x_0和像距x_i联系起来。

面镜公式

球面镜的焦距的倒数等于像距的倒数和物距的倒数之和。

$$\frac{1}{f}=\frac{1}{x_i}+\frac{1}{x_0}$$

负值 当形成虚像时，像距x_i是负值，表示虚像位于面镜后面。虚像是由视线相交形成的。对于凹面镜，当物体在凹面镜和焦点之间时，才形成虚像。凹面镜的焦点在面镜前面，焦距为正值；而对于凸面镜，焦点总在面镜后面，焦距为负值。

用此公式解题时，要记住这只是近似正确的。由于该公式是在傍轴光线近似的情况下推导出来的，故并没有考虑球面像差。实际上，向镜面射去的光是发散的，并不是所有的光线都接近或平行于主轴；当球面镜的直径相对它的曲率半径较小而使球面像差减小时，公式预言的像的性质就更为精确了。

生活中的物理学

“哈勃”的困惑 1990 年，美国国家航天航空局(NASA)把哈勃太空望远镜送入绕地球的轨道。希望它能提供在没有大气干扰下的清晰图像。然而不久后科学家就发现，哈勃太空望远镜具有球面像差。1993 年，一个叫作“哥斯达”的矫正光学系统被安装在哈勃太空望远镜上，终于得到了清晰的像。20 多年来，哈勃太空望远镜提供了非常漂亮的世界图像，使科学家们做出了关于宇宙的重要发现。

放大率 球面镜的另一个性质为**放大率(magnification)**,用符号m来表示,它是指像高与物高的比值。通过相似三角形的几何关系,可用像距和物距来求出放大率:

放大率

球面镜对物的放大率,定义为像高除以物高,等于像距的负值除以物距。

$$m \equiv \frac{h_i}{h_0} = -\frac{x_i}{x_0}$$

根据放大率的符号可知,像是正立还是倒立的。对于虚像,x_i是负的,那么m是正的。注意,虚像总是正立的,所以高度也总是正的。

对于实像,像距为正值。公式中的负号使得放大率为负值,这意味着像相对物是倒立的。当求高度时,负值也说明像是倒立的。如果物在C点之外,那么实像放大率的绝对值小于1,也就是说像比物小。如果物位于C点和F点之间,那么实像放大率的绝对值大于1,即像比物大。

数学 与物理学的链接

加减分数 使用面镜公式时,首先要把包含所求量的分式移到公式的左边,把其他分式移到右边。然后通过分式的加法,求出答案。

数学	物理学
$\frac{1}{x}=\frac{1}{y}+\frac{1}{z}$	$\frac{1}{f}=\frac{1}{x_i}+\frac{1}{x_0}$
$\frac{1}{y}=\frac{1}{x}-\frac{1}{z}$	$\frac{1}{x_i}=\frac{1}{f}-\frac{1}{x_0}$
$\frac{1}{y}=\left(\frac{1}{x}\right)\left(\frac{z}{z}\right)-\left(\frac{1}{z}\right)\left(\frac{x}{x}\right)$	$\frac{1}{x_i}=\left(\frac{1}{f}\right)\left(\frac{x_0}{x_0}\right)-\left(\frac{1}{x_0}\right)\left(\frac{f}{f}\right)$
$\frac{1}{y}=\frac{z-x}{xz}$	$\frac{1}{x_i}=\frac{x_0-f}{fx_0}$
$y=\frac{xz}{z-x}$	$x_i=\frac{fx_0}{x_0-f}$

通过上表所示的方法,可推导出下列像距、物距和焦距的计算公式:

$$x_i=\frac{fx_0}{x_0-f} \qquad x_0=\frac{fx_i}{x_i-f} \qquad f=\frac{x_i x_0}{x_i+x_0}$$

例题 2

凹面镜成实像 一块凹面镜的曲率半径为 20.0 cm，高 2.0 cm 的物位于镜面前 30.0 cm 处，像距和像高分别为多少？

1 分析概括问题

- 作出凹面镜和物的图示。
- 画出两条主要光线，确定像距。

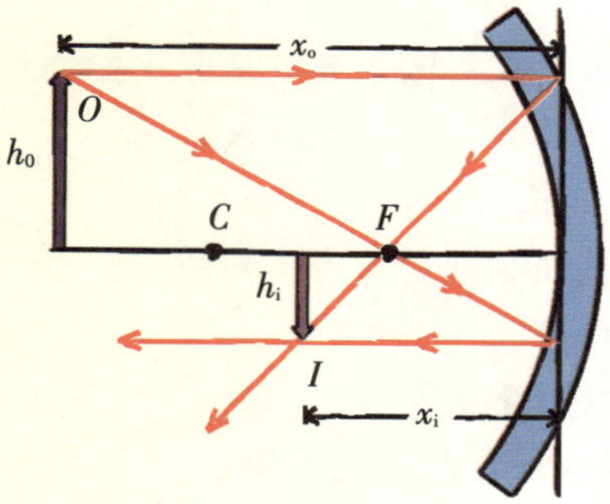

已知	未知
$h_0=2.0$ cm	$x_i=?$
$x_0=30.0$ cm	$h_i=?$
$r=20.0$ cm	

2 求解未知量

焦距为曲率半径的一半。

$$f=\frac{r}{2}=\frac{20.0\text{ cm}}{2}=10.0\text{ cm}$$

◀将 $r=20.0$ cm 代入。

根据面镜公式，求出像距。

$$\frac{1}{f}=\frac{1}{x_i}+\frac{1}{x_0}$$

$$x_i=\frac{fx_0}{x_0-f}=\frac{10.0\text{ cm}\times30.0\text{ cm}}{30.0\text{ cm}-10.0\text{ cm}}=15.0\text{ cm}$$（在镜前，为实像）

◀将 $f=10.0$ cm，$x_0=30.0$ cm 代入。

根据放大率公式，求出像高。

$$m\equiv\frac{h_i}{h_0}=\frac{-x_i}{x_0}$$

$$h_i=\frac{-x_ih_0}{x_0}=\frac{-15.0\text{ cm}\times2.0\text{ cm}}{30.0\text{ cm}}=-1.0\text{ cm}$$（倒立，像比物小）

◀将 $x_i=15.0$ cm，$h_0=2.0$ cm，$x_0=30.0$ cm 代入。

3 验证答案

- **单位是否正确？** 位置都以 cm 为单位的。
- **符号是否有意义？** 像距为正，像高为负，都与图中所示一致。

练一练

13. 通过比例作图的方法，求解例题 2。

14. 物位于凹面镜前 36.0 cm 处，凹面镜的焦距为 16.0 cm。求像距。

15. 一个高 3.0 cm 的物，位于半径为 16.0 cm 的凹面镜前 20.0 cm 处。求像距和像高。

16. 凹面镜的焦距为 7.0 cm。一个高 2.4 cm 的物放在镜面前 16.0 cm 处。求像高。

17. 挑战题 物与焦距为 10.0 cm 的凹面镜离得很近。若像高 3.0 cm，倒立，且离镜面 16.0 cm。物距和物高分别为多少？

例题3

安全镜中的像 仓库的凸面安全镜的焦距为0.50 m。一辆高2.0 m的铲车距离镜面5.0 m远，它在安全镜中所成的像的像距和像高分别是多少？

1 分析概括问题

- 作出凸面镜和物的图示。
- 画出两条主光线，确定像在图中的位置。

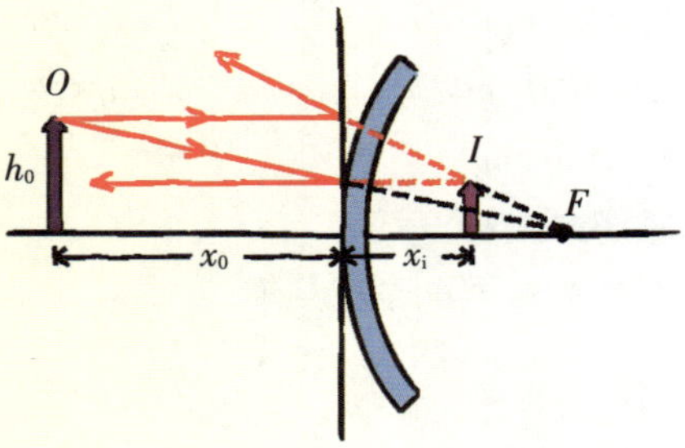

已知	未知
$h_o=2.0$ cm	$x_i=?$
$x_o=5.0$ cm	$h_i=?$
$f=-0.50$ cm	

2 求解未知量

利用面镜公式，求出像距。

$$\frac{1}{f}=\frac{1}{x_i}+\frac{1}{x_o}$$

$$x_i=\frac{fx_o}{x_o-f}$$

$$=\frac{-0.50\text{ m}\times 5.0\text{ m}}{5.0\text{ m}-(-0.50\text{ m})}=-0.45\text{ m}\text{（镜面后虚像）}$$

◀将$f=-0.50$ cm，$x_o=5.0$ cm代入。

利用放大率公式，求出像高。

$$m\equiv\frac{h_i}{h_o}=\frac{-x_i}{x_o}$$

$$h_i=\frac{-x_ih_o}{x_o}$$

$$=\frac{-(-0.45\text{ m})\times 2.0\text{ m}}{5.0\text{ m}}=0.18\text{ m}\text{（缩小、正立的像）}$$

◀将$x_i=-0.45$ m，$h_o=2.0$ m，$x_o=5.0$ m代入。

3 验证答案

- **单位是否正确？** 所有距离都是以m为单位的。
- **符号是否有意义？** 负的像距表示像为虚像；高度为正值，表示像是正立的。这些都与图示一致。

练一练

18. 物位于凸面镜前20.0 cm处，已知凸面镜的焦距为−15.0 cm。分别用面镜公式和作图法求像距。

19. 凸面镜的焦距为−13.0 cm。一只直径为6.0 cm的灯泡放在凸面镜前60.0 cm处。灯泡的像距和像的直径分别是多少？

20. 将一个直径为7.6 cm的球放在凸面镜前22.0 cm处，凸面镜的曲率半径为60.0 cm。球的像距和直径分别是多少？

21. 一名高1.8 m的女孩，站在商店的安全镜前2.4 m处，镜子中她的像高为0.36 m。

a. 像距是多少？ **b.** 镜子的焦距是多少？

22. 挑战题 如果要求一块凸面镜产生的像，大小为物的$\frac{3}{4}$，像位于镜面后24 cm处。

a. 物距是多少？ **b.** 凸面镜的焦距应该为多大？

表17–1　单块面镜的性质

面镜类型	f	x_0	x_i	m	像
平面镜	不适用	$x_0>0$	$\lvert x_i \rvert = x_0$(负值)	相同大小	虚像
凹面镜	+	$x_0>r$	$r>x_i>f$	缩小、倒立	实像
		$r>x_0>f$	$x_i>r$	放大、倒立	实像
		$f>x_0>0$	$\lvert x_i \rvert > x_0$(负值)	放大	虚像
凸面镜	−	$x_0>0$	$\lvert f \rvert > \lvert x_i \rvert > 0$(负值)	缩小	虚像

面镜的比较

各种类型的面镜有什么区别呢？如**表17–1**所示为当物位于面镜的主轴上时，各种面镜的性质的比较。虚像总是位于镜面的后方，也就是说像距为负值。放大率在0到1之间时，像比物小。负放大率指的是像相对于物来说是倒立的。

注意，单块平面镜和凸面镜只能产生虚像，而凹面镜在物离开焦距很远时产生实像，在物位于焦距很近时产生虚像。平面镜给出的只是简单的反射，像与物对称；而凸面镜提供缩小的像，可以扩大视野。当物位于焦距内时，凹面镜等于一个放大镜。

在物位于焦距和曲率半径之间时，凹面镜产生放大、倒立的像。在物位于曲率半径以外时，凹面镜产生缩小、倒立的像。

第2节　复　习

23. 主要概念　如果已知凹面镜的焦距，你应该把物放在何处，才能得到放大、正立的像？这样的像是实像还是虚像？

24. 放大率　已知凹面镜的焦距为9.0 cm，物放在镜面前20.0 cm处。像的放大率是多少？

25. 物距　已知物位于焦距为12.0 cm的凹面镜前方，产生的实像距离镜面22.3 cm。求物距。

26. 像距和像高　将一个高3.0 cm的物放在凹面镜前22.0 cm处，已知凹面镜的焦距为12.0 cm。用作图法求出像距和像高，并用面镜公式和放大率公式验证你的答案。

27. 光路图　一个高4.0 cm的物位于凸面镜前14.0 cm处，凸面镜的焦距为−12.0 cm。按比例画光路图，显示出像距和像高，再用面镜公式和放大率公式验证你的答案。

28. 曲率半径　将一个高6.0 cm的物放在凸面镜前16.4 cm处。如果像高2.8 cm，面镜的曲率半径是多少？

29. 焦距　用凸面镜成像。如果像的大小为物的 $\frac{2}{3}$，且位于镜面后12 cm，该镜面的焦距是多少？

30. 批判性思维　要减小一个面镜的球面像差，应该增大还是减小面镜的高度与曲率半径之比？请解释。

起步实验

屏幕上的像

实验步骤

1. 从老师那里领取索引卡、平面镜、凹面镜、凸面镜和手电筒。
2. 关闭教室内所有的灯,然后站到窗边。
3. 一手拿着索引卡,一手拿着平面镜。
4. 调整平面镜的位置,将窗外射进来的阳光反射到索引卡上。***注意:切勿直视太阳,或直接看镜子里的太阳的反射像。***缓慢移动索引卡,使它先靠近镜子,然后渐渐离开镜子。使索引卡上的窗外物体的像尽可能变得清晰。
5. 如果你得到的是一个清晰的像,那就是实像。如果你在索引卡上只看到模糊的光,那就说明没有实像产生。记录你的观察结果。
6. 用凹面镜和凸面镜重复步骤3～5。
7. 拿出手电筒,对每一块镜子重复步骤4,观察索引卡上的反射像。

分析

8. 哪一面(些)镜子产生的像为实像?

9. 对于你观察到的像,你发现了哪些规律?把像的大小、颜色和其他性质与原有的物体作比较。

10. **批判性思维** 在你观察手电筒成像的基础上,解释实像是如何形成的。

迷你实验

虚像的位置

实验步骤

1. 取得一架带聚光圈的照相机,聚焦光圈带有刻度。
2. 站在镜子前1.0 m处,用照相机对准镜子边缘聚焦。检查聚光圈的示数是否为1.0 m。
3. 用照相机对准你的像聚焦,以此测量像的位置。读出聚焦光圈的示数。

分析

4. 描述像在镜子后面多远处。

5. 镜子后面没有实物,因此这只是一个虚像。解释为什么照相机可以对虚像聚焦?

物理实验

实验器材

- 大头针和图钉都很锋利，实验时小心。

夹持器
软木板
两个3叉支架
米尺
两块PVC塑料T型管
橡皮筋
3个大头针
支撑杆
小薄平面镜
4个图钉
彩色塑料板
两张白纸
小木块

平面镜成像

当反射表面非常光滑时，可引起镜面反射。在光线从表面反射的地方，反射角等于入射角，$\theta_r=\theta_i$。有一条假想的线垂直于光线反射点的表面，称为法线，入射角和反射角都从法线量起。当光束照射到光滑表面时，整个光束的入射角都相同，所以整个光束以相同的角度反射。镜面反射使你在平面镜里看到你的反射像，这是一个在镜后的你自己的镜面像。

在本次实验里，你将研究平面镜形成的像的位置。用光的光线模型，你可以作出光路图，求出平面镜形成的虚像。你也可以用部分反射表面，实际地求出虚像的位置和它的一些性质。

目标

- **描述**不同平面反射表面产生的像。
- **比较**物体与它在平面反射表面产生的像。
- **写出**平面反射表面产生的像的一系列性质。

实验步骤

A. 像点位置

1. 用图钉把纸钉在软木板上。用尺画出一条与纸张宽度相同的线*M*。
2. 用橡皮筋把一小木块系在镀银平面镜背后。把木块和平面镜放在纸上，使镜面沿着线*M*，如**图1**所示。把平面镜的中心定在纸上。确保平面镜垂直立于纸上。

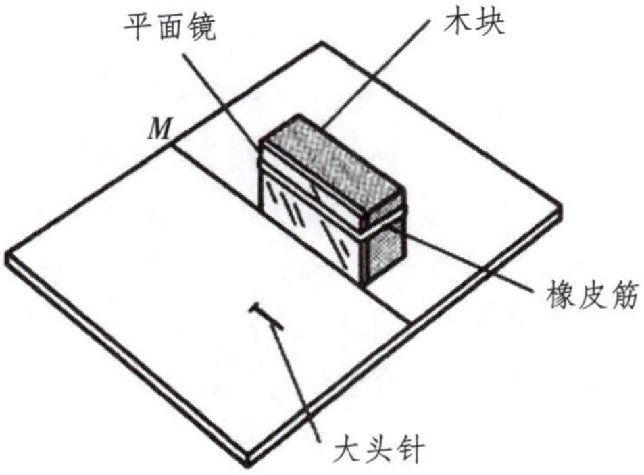

图1

3. 用铅笔在纸上平面镜前大约4 cm处画一个点，记为O。这是物体的位置。在纸上该点插入一个大头针，让它进入软木板，使它竖直立着。

4. 把直尺放在大头针左边大约5 cm处。沿着直尺边缘看镜子里大头针的像，如**图2**所示。当把直尺边缘与大头针像连成一条直线，画出从镜面到直尺的线段，不要一直画到镜子边，标记为线K。

5. 向左边移动直尺3到4 cm。把直尺边缘对准镜中大头针的像，画一条沿直尺边缘而向镜子的直线，不要一直画到镜子边，标记为线L。

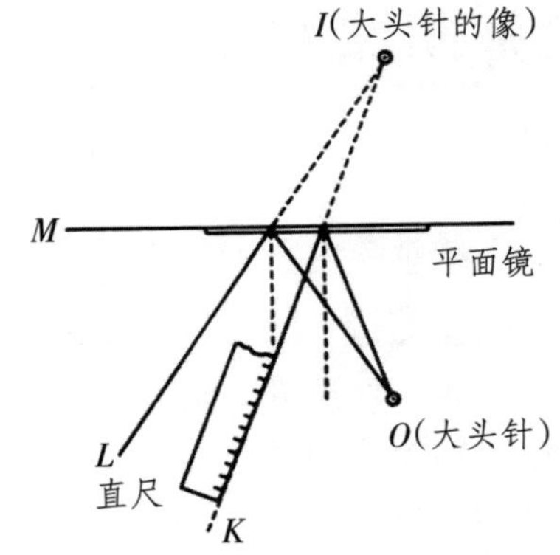

图2

6. 去除纸上的大头针、木块和镜子。

7. 把线K和线L延长到线M。再把线K和线L超过线M的地方用虚线延长，直至在点I相交，这就是像点位置，如图所示。

8. 光线L和光线K在镜面上反射后，应该交于物点O。从点O沿实线测量到线M上交点的距离，并从点I沿虚线测量到线M上交点的距离。把这些距离记录在“数据与观察”一节中的第一部分。

B. 像的形成

1. 用一张干净的纸重复步骤A1。

2. 在垂直位置，用1个支撑杆，1或2个安装在杆上的3叉支架，把一块彩色塑料板支撑住。把软木板连同纸，放在彩色塑料板下面，使前表面沿着线M，如**图3**所示。

3. 把塑料T型管放在塑料板前，开口端在T型管顶端，相应的指向和远离塑料板。T型管底部开口端应该指向左或右。用一支铅笔，画出T型管的轮廓，T型管每一个开口边缘的中心画一点。把最接近塑料板的点编号为O_1。对最远的点编号为O_2。T型管底部开口处的点编号为O_3。在每个点上插入一个大头针，把纸订入软木板，所以有三个大头针竖立着。

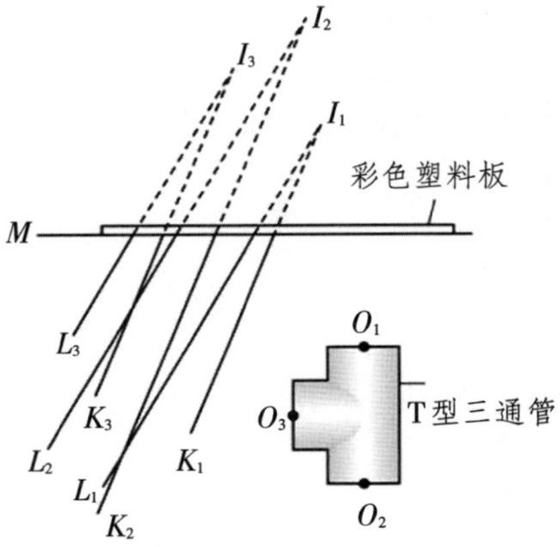

图3

4. 从纸上拿掉T型管。对这三个大头针，用它们在塑料板的反射完成步骤A4和A5。对连接大头针O_1的两条线，用K_1和L_1表示。对连接大头针O_2的两条线，用K_2和L_2表示。对连接大头针O_3的两条线，用K_3和L_3表示。

5. 把塑料T型管放回到纸上它的原来位置。去除这三个大头针。当通过塑料板看T型管的像时，在塑料板后面放上第二个同样的T型管，使得在第一个T型管的像上，叠加了第一个T型管的像。也可反方向通过塑料板看。把你的观察记录在数据和观察一节的B部分。

6. 用一支铅笔把第二个T型管的轮廓画在纸上。再在纸上把T型管和塑料板拿掉。

7. 对步骤A7完成线集$\{K_1, L_1\}$，$\{K_2, L_2\}$，和$\{K_3, L_3\}$。相应的对交叉点作编号I_1，I_2，和I_3。

8. 对点集$\{O_1, I_1\}$，$\{O_2, I_2\}$，和$\{O_3, I_3\}$，完成步骤A8。把物点和像点的距离记录在数据和观察一节的B部分。

数据与观察

A部分

*O*离开镜面的距离:____________　　*I*离开镜面的距离:____________

B部分

通过塑料板从两个方向观察:

____

____

____

O_1离开平面镜距离:____________　　I_1离开平面镜距离:____________

O_2离开平面镜距离:____________　　I_2离开平面镜距离:____________

O_3离开平面镜距离:____________　　I_3离开平面镜距离:____________

分析与结论

1. 描述用镀银镜子产生的像和用塑料板产生的像。比较这两种像。

2. 把物点离开反射表面的距离与他们的像点的距离作比较。

3. 把第二个T型管的轮廓和像点,与第一个T型管的轮廓和物点作比较。

4. 把像点I_1、I_2和I_3的取向与物点O_1、O_2和O_3的取向作比较。

5. 用你在本实验中的观察,描述一个平面反射表面产生的像的性质。

拓展与应用

演示两次反射产生的像。把两个镀银平面镜排列起来,边与边成90°角。在一张2英寸×3英寸(1英寸 = 2.54 cm)的索引卡片上端写出你的名字,放置卡片,使卡片底边对着左边的镜子。你的名字现在看起来是倒立的。从45°方向看右边的镜子。观察你的名字在右边镜子里的像,记录取向。最后,观察左边镜子在右边镜子里的像,记录你的名字的取向。你名字的第二个像与标准平面镜像相比,有什么不同?

寻找系外行星

长期以来，科学家一直在探索太阳系内除地球外的星球是否有生命。但是，这好比对着体育场的灯光，试图辨认出体育场里的一只小蚊子的形状，是很困难的。

天文学家在寻找太阳系以外的行星，即系外行星时，也有同样的困难。

很难发现

原因之一就是，这些系外行星离我们太遥远。离太阳系最近的恒星大约相距4.3光年。如果系外行星像地球一样，那么它的大小也只有它绕太阳运动的轨道直径的百分之一。系外行星反射的光相对暗淡，即使用强大的工具也很难探测到。

探测系外行星　天文学家发现系外行星的方法之一是，监测恒星发出的光的亮度。当系外行星在恒星前面掠过时，恒星发出的光看起来会变暗淡一些。用光度计测量光的亮度变化，然后绘制在一张图中，如**图1**所示。

开普勒太空望远镜　美国国家航空航天局（NASA）的开普勒太空望远镜用测光仪扫描银河系，以寻找系外行星。测光仪所用的主镜是球面镜，需要做球面像差的校正。

宜居带　开普勒太空望远镜的主要任务是寻找处在恒星宜居带内的行星。**图2**所示是我们太阳系的宜居带。有液态水的系外行星更像是在恒星周围的“甜蜜点”。或许它就是一个行星，像地球一样，有可能成为生命的家园。

恒星发出的光的亮度变化曲线

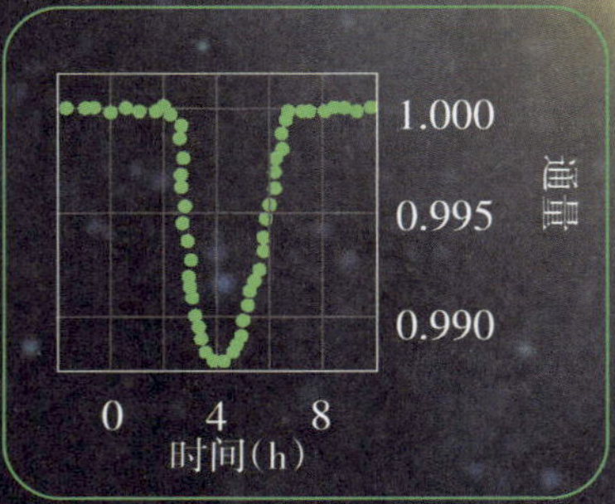

来源：NASA

图1　图线表示恒星发出的光的亮度。当行星在恒星前掠过时，星光变得暗淡。

图2　宜居带内存在液态水。

太阳系宜居带

来源：NASA

图像不按比例

进一步探索

研究　访问美国国家航空航天局（NASA）的开普勒太空望远镜的网站，研究最近发现的系外行星。总结它们的特点以及有机体在这些行星上生存下来的特征。

第17章 复习指南

大概念 所有表面都反射光，但是光滑的表面能产生像。

关键术语

- 镜面反射
- 漫反射
- 平面镜
- 物
- 像
- 虚像

第1节 平面镜

主要概念 光线的反射角等于入射角。

- 按照反射定律，反射角等于入射角。

$$\theta_r=\theta_i$$

- 反射定律对光滑表面和粗糙表面都适用。粗糙表面上各点法线的方向各不相同，使得平行光线入射后的反射光线不再平行。粗糙表面产生漫反射。光滑表面上各点法线的方向都相同，使得平行光线入射后的反射光线仍然平行。光滑表面产生镜面反射。镜面反射的结果，是在平面镜后方形成像。
- 平面镜成的像总是虚像。像与物等大、同向，且离开镜面的距离也与物相同：

$$x_i=-x_o \quad h_i=h_o$$

关键术语

- 凹面镜
- 主轴
- 焦点
- 焦距
- 实像
- 球面像差
- 凸面镜
- 放大率

第2节 曲面镜

主要概念 曲面镜可以成实像和虚像，所成的像可以放大或缩小。

- 球面凹面镜就像是空心球的一部分，它具有与空心球相同的几何中心C和曲率半径r。平行于主轴的光线射入球面凹面镜，反射后会聚于一点，该点称为焦点。球面凹面镜用于手电筒、聚光灯和望远镜。
- 要确定球面镜所成的像的位置，可以从物上某一点画两条到镜面的光线，它们的两条反射光线的交点即为物点的像。当物距大于焦距时，凹面镜产生倒立的实像。当物距小于焦距时，凹面镜产生正立的虚像。凸面镜总是产生正立、缩小的虚像。
- 由于凸面镜形成缩小的像，因此使得像看起来更远，造成视野的扩大，这对后视镜和安全镜很有用。面镜可以组合使用，以产生任意大小、取向和位置的像。望远镜是最常见的面镜组合的应用。
- 面镜公式给出了像距、物距和面镜焦距之间的关系：

$$\frac{1}{f}=\frac{1}{x_i}+\frac{1}{x_o}$$

面镜所成的像的放大率由像和物的位置及高度决定：

$$m\equiv\frac{h_i}{h_o}=\frac{-x_i}{x_o}$$

第1节 平面镜

理解概念

31. 镜面反射与漫反射有何不同？

32. “表面的法线”是什么意思？

33. 平面镜产生的像位于何处？

34. 描述平面镜的性质。

35. 一位学生认为，极灵敏的照相底片能够记录虚像。于是，他把照相底片放在可能产生虚像的位置上。它会成功吗？请解释原因。

36. 你如何向别人证明某个像是一个实像？

37. 在平面镜里看你的像，是二维的（像一张照片）还是三维的？你怎么知道？

解决问题

38. 若一条光线以与平面镜成36°的角度射向平面镜。入射光线与反射光线的夹角是多少？

39. 若一条光线以38°的入射角射向平面镜。它的反射角为多大？

40. 两块平面镜互成直角靠在一起，如**图17-19**所示。一条光线以30°的入射角射向其中一块平面镜。

a. 当光被另一块平面镜反射时，反射角是多少？

b. **图17-19**所示是倒转器。它是一种把入射光线按相反方向反射回去的仪器。请画出光路图，并画出反射光线以证明该平面镜系统的作用与倒转器一样。

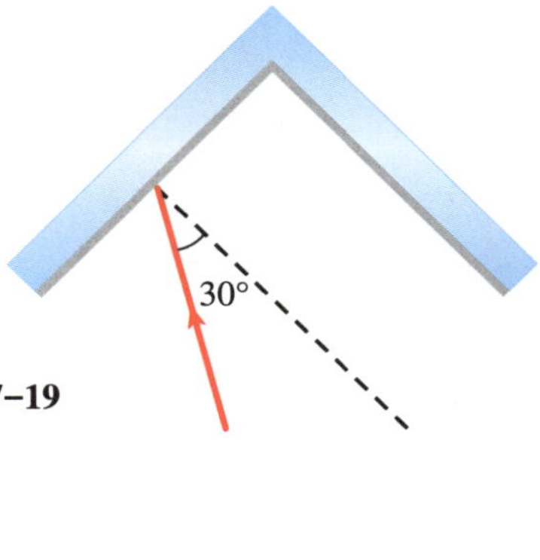

图17-19

41. 已知一条光线以53°的入射角射向平面镜。它的反射角为多大？入射光线与反射光线的夹角为多大？

42. 如果你要从平面镜中从头到脚看到你自己的完整的像，平面镜必须至少要有你身高的一半高。画出光路图，显示这块平面镜的成像过程。

43. 你有一块小平面镜，想把它挂在墙上。如果你要看到你的膝盖的像，应该把它挂在墙上何处？

44. **镜中的照片** 佩妮想对平面镜中的像拍照，如**图17-20**所示。如果照相机位于平面镜前1.2 m，照相机的镜头应该对哪个位置聚焦？

图17-20

45. 光线以60°的入射角射向一块平面镜。如果平面镜顺时针转动18°，如**图17-21**所示。求反射光线与镜面的夹角。

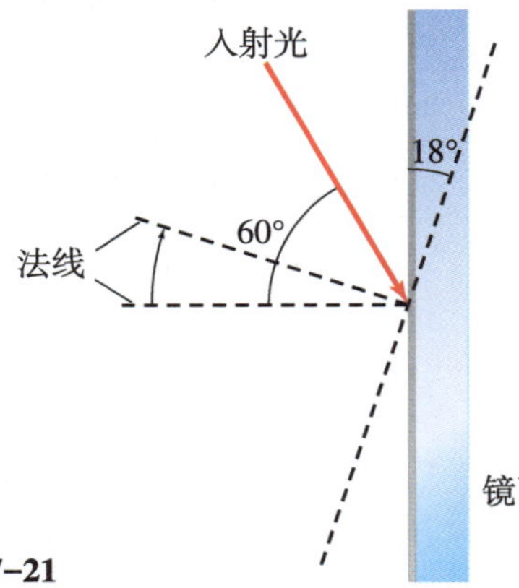

图17-21

46. 将两块平面镜靠在一起，使它们之间的夹角为45°。当光线以30°的入射角射向其中一块平面镜后，又从第二块平面镜上反射出来。计算光线从第二块平面镜反射时的反射角。

第2节 曲面镜

理解概念

47. 凹面镜产生虚像时，物的位置在哪里？

48. 凹面镜具有什么缺点？这是什么原因造成的？

49. 焦点、物距和像距之间有什么联系？

50. 凹面镜的曲率半径与焦距之间有什么关系？

51. 如果你知道一个曲面镜的物距和像距，你该如何判断该面镜的放大率？

52. 为什么把凸面镜常常被用作后视镜？

53. 为什么凸面镜是不可能产生实像的？

解决问题

54. **游乐房** 在一间游乐房中，男孩站在凸面镜前，看到他的像高0.60m。如果凸面镜的放大率为$\frac{1}{3}$。男孩的身高是多少？

55. 凹面镜的焦距为15.0 cm，物离镜面30.0 cm，物高1.8 cm。用面镜公式求出像距与像高。

56. 若凹面镜的焦距为10.0 cm。它的曲率半径是多少？

57. **后视镜** 已知凸面镜的焦距为26.0m，汽车离凸面镜10.0 m远。汽车的像显示在镜面后多远处？

58. **恒星的像** 科学家用凹面镜将来自恒星的光聚集了起来。如果凹面镜的曲率半径为150 cm，恒星的像离镜面有多远？

59. 已知物体位于凸面镜前18 cm处，产生的虚像离镜面9 cm。像的放大率是多少？

60. 描述如**图17–22**所示的物体产生的像。它是实像还是虚像？是倒立的还是正立的？比物大还是小？

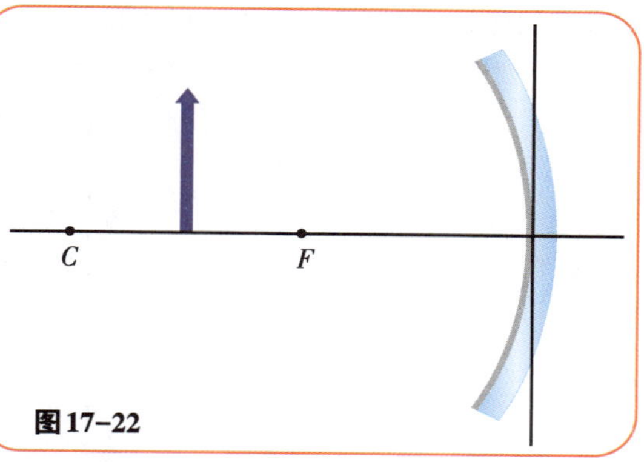

图17–22

61. **编写问题** 用生活中的物体编写一道物理题，在它的解答中会出现下列表达式：

$$\frac{1}{0.40\ \text{m}}=\frac{1}{0.75\ \text{m}}+\frac{1}{x_0}。$$

62. **排序** 下列选项是各种面镜产生的物高与像高，把它们按照放大率从大到小进行排序，并说明理由。

 A. 物1.0 cm，像0.5 cm

 B. 物2.0 cm，像0.5 cm

 C. 物2.0 cm，像1,0 cm

 D. 物5.0 cm，像7.0 cm

 E. 物3.0 cm，像2.0 cm

63. **牙镜** 牙医用半径为40 mm的小镜子检查病人的牙齿。如果这是一块凹面镜，使用时距离病牙16 mm，那么像的放大率是多少？

64. 有一个高24 mm的物体，放在镜面前12.0 cm处。太阳光照射在凹面镜上时，在镜面前4.0 cm处形成像。画出光路图，显示出像距。用面镜公式计算像距。像有多高？

65. 一个高3.0 cm的物体，放在距离凹面镜22.4 cm处。如果凹面镜的曲率半径为34.0 cm，像距和像高分别为多少？

66. 安放在草坪基石上的发亮的小球就像一块凸面镜。这种小球的直径为40.0 cm。树上的小鸟高12 cm，距离小球1.5 m。小鸟的像在何处？像高是多少？

67. 求如**图17–23**所示的物的像高和像距。

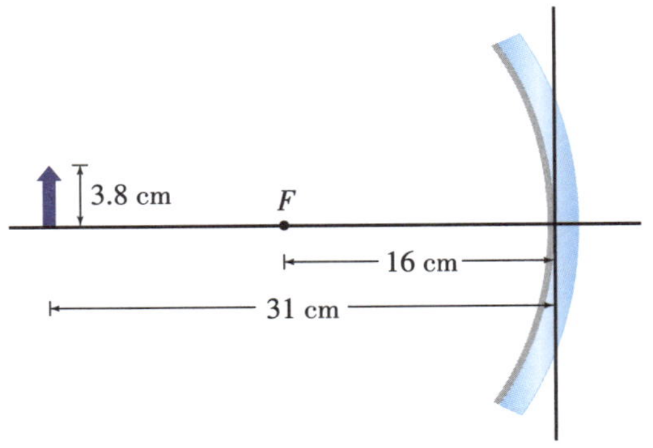

图17–23

68. **珠宝商的镜子** 珠宝商为了检查一块直径为3.0 cm的表，把它放在凹面镜8.0 cm处。已知凹面镜的焦距为12.0 cm。表的像显示在何处？像的直径是多少？

应用概念

69. **大概念** 干燥的路面比潮湿的路面具有更多的漫反射体。如**图17–24**所示，请解释为什么对于驾驶员来说，湿路比干路显得更为黑暗。

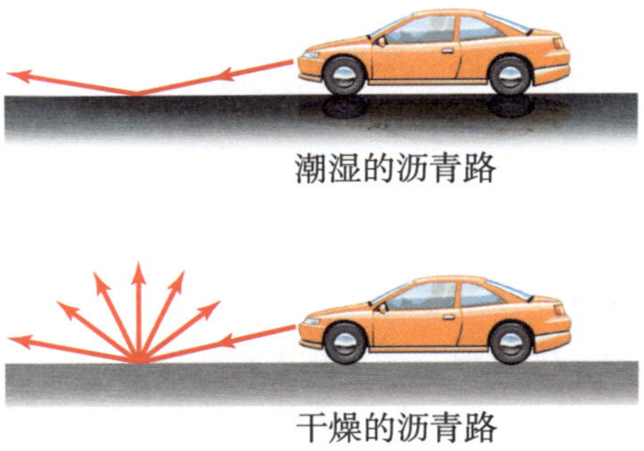

图17–24

70. **书页** 为什么宁可选择粗糙的纸张作为书本的页面，而不要平滑有光泽的纸张？

71. 当物位于凹面镜的曲率中心时，产生的像位于何处？描述像的物理性质。

72. 当物位于凹面镜的曲率中心以外时，产生的像位于何处？描述像的物理性质。

73. **望远镜** 如果你要买一架具有大凹面镜的望远镜，以得到高质量的像。你应该选择球面镜还是抛物面镜？请解释。

74. 如何使一块球面镜（凹面镜或凸面镜）形成一个实像？列出一切可能的情况。

75. **后视镜** 汽车的外用后视镜上常常会标有警告："镜内的物体比实际的更近。"这些后视镜是由哪种类型的面镜制成的？它们有什么优点？

76. 如**图17–25**所示为用单块凸面镜看到的像。描述这个像的性质。

图17–25

复习提高

77. **补充问题** 把问题补充完整，要使最后的像是虚像："把物放在距离面镜32 cm处，……"

78. 物体位于凹面镜前4.4 cm处，凹面镜的半径为24.0 cm。利用面镜公式求像距。

79. 光以28°的入射角射向平面镜。如果移动光源，使入射角增加34°，新的反射角是多少？

80. 凹面镜的曲率半径为26.0 cm，物高2.4 cm，位于镜前30.0 cm处。像位于何处？像高是多少？

81. 如果凸面镜产生的像是物的一半大小，且位于镜面后36 cm处。凸面镜的焦距是多少？

82. 当物体位于凹面镜前20.0 cm时，放大率为+3.2。该凹面镜的曲率半径是多少？

83. 一个球位于某球面镜前22 cm处，形成虚像。如果用平面镜代替球面镜，那么像向镜面靠近12 cm。第一次所用的是哪种球面镜？

84. 魔术技巧 魔术家用焦距为8.0 m的凹面镜，把一个高3.0 m、位于镜面前18.0 m处的隐藏物显现为实像，让观众都可以看到。用作图法求出像高和像距。

85. 在纸上重画**图17–26**。作出光路图，确定像距和像高。

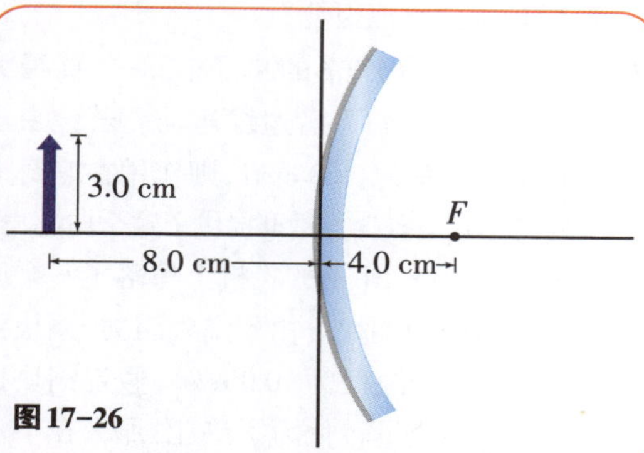

图17–26

86. 一个高4.0 cm的物体，放在凸面镜前12.0 cm处。如果像高为2.0 cm，像距为26.0m，求焦距。用作图法解答此题，然后用面镜公式和放大率公式验证你的答案。

87. 监视镜 便利店用监视镜观察商店的通道情况。已知某监视镜的曲率半径为3.8 m。

a. 站在监视镜前6.5 m的顾客，她的像距是多少？

b. 若顾客身高1.7 m，她的像高是多少？

88. 检验镜 生产线检验员需要一块检验镜，当将它放在机器零件前14.0 mm处时，产生的像的放大率为7.5。

a. 检验镜属于哪种类型的面镜？

b. 它的曲率半径是多少？

89. 身高1.6 m的女孩站在凸面镜前3.2 m处时，她的像高0.28 m。凸面镜的焦距是多少？

90. 在纸上重画**图17–27**。当物体从位置1移到位置2时，画出光路图，显示像的改变情况。

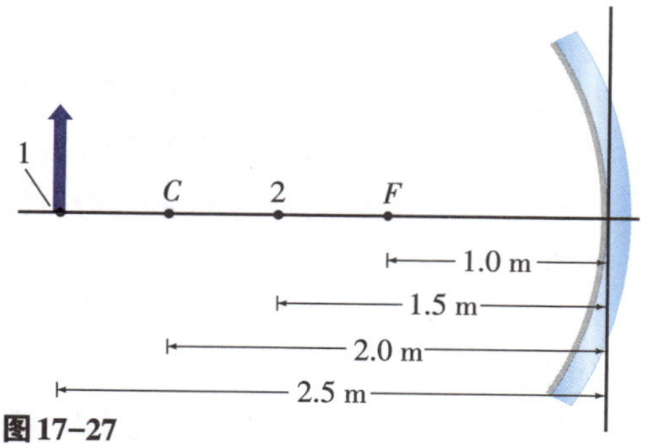

图17–27

批判性思维

91. 分析与结论 如**图17–28**所示的物体位于凹面镜前22 cm处。凹面镜的焦距是多少？

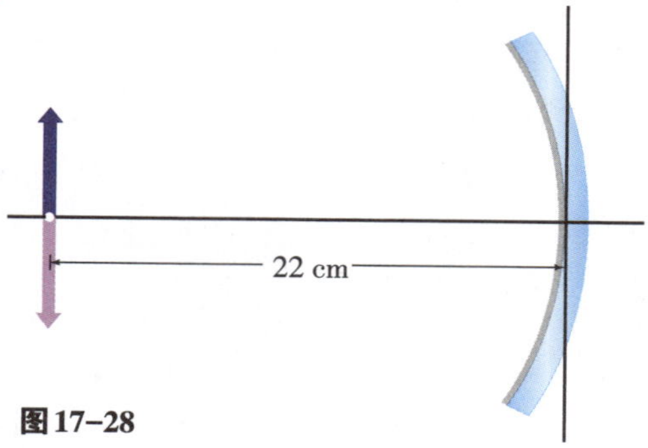

图17–28

92. 应用概念 如**图17–29**所示的球缓慢地向右边的凹面镜方向滚动。描述在球的滚动过程中，像的大小是如何变化的。

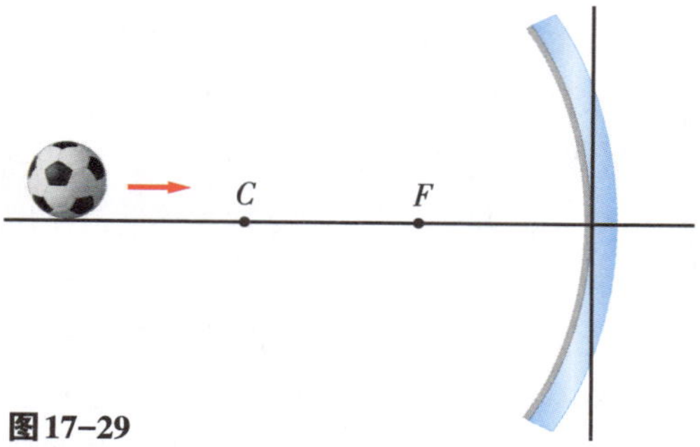

图17–29

93. **分析与结论** 在如**图17-14**所示的格利高里望远镜中，较大的凹面镜的曲率半径为r、焦距为f，较小的面镜位于x（$f<x<r$）处。为什么次级面镜是凹面的？

94. 汤匙的外表面和内表面都是球面形，且会发生反射。如果你把汤匙放在距离你3 cm的前方，当你对着汤匙盛载食品的内表面看自己的脸时，你的像在汤匙后面9 cm处。如果你把汤匙翻转过来再看时，那么你的像位于何处？

95. 如**图17-30**所示，卡塞格伦望远镜初级面镜所成的像是次级凹面镜的物。初级凹面镜的焦距为1.0 m，而次级凸面镜的焦距为−0.50 m。次级凸面镜位于距离初级凹面镜焦点0.25 m处。

a. 物的位置和像的位置是什么？

b. 凸面镜的放大率是多少？它产生的像是倒立的吗？

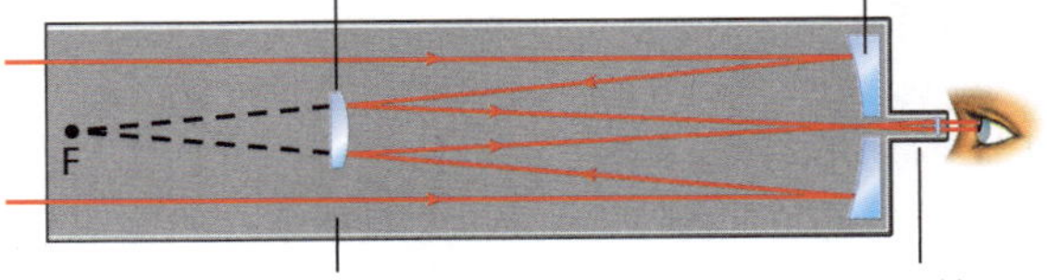

图17-30

96. **分析与结论** 卡塞格伦是一些望远镜中使用的光学系统，如**图17－30**所示。这种望远镜将次级凸面镜放在初级面镜与其焦点之间。单块凹面镜只产生虚像。解释在这个望远镜中的凹面镜是如何形成实像，并把它投射到CCD探测器上的。

科技写作

97. 研究一种方法，用于对反射式望远镜所用的镜面进行碾磨、抛光和检验。你可以描述业余天文爱好者制作望远镜的方法，或者国家实验室中某一相关项目所采用的方法。写一页纸的报告，描述具体的方法，并在班上与大家交流。

98. 具有金属涂层的面镜可以将光线反射回去。研究并归纳以下几个方面的内容：

a. 不同类型的涂层及其优缺点。

b. 铝的精密光学抛光已达到使面镜非常光滑的程度。因此在制作面镜时，再也不需要玻璃了？

日积月累

99. 一个小孩在学校的过道上奔跑时，在新打蜡的地板上打滑了。若他在打滑前的奔跑速度为4.7 m/s，滑动了6.2 m后停了下来。求打蜡地板的摩擦因数。

100. 一只质量为1.0 g的虫子在一个直径为17.2 cm倒置的飞盘边缘运动。若该虫子的运动速率为0.63 cm/s，则作用在它身上的向心力是多少？是谁提供了这个向心力？

101. 从离地1.0×10^3 m的飞机上掉落了一个质量为1.0 g的铜块。由于空气阻力，铜块到达地面时的速度为70.0 m/s。假定铜块损失的一半能量转化为了热能，那么在下落过程中，铜块的温度升高了多少？

102. 某个人坐在有封口的塑料坐垫上。如果你用麦管向袋子内吹空气，有可能把这个人提升起来。假设坐在垫子上的人与垫子的接触面的横截面积为0.25 m^2，人重600 N，麦管的横截面积为2×10^{-5} m^2。那么你必须用多大的力吹麦管，才能把这个人提起来？

103. 一个长2.0 m的单摆在月球表面上振动周期是多少？已知月球质量为7.34×10^{22} kg，半径为1.74×10^6 m。该单摆在地球上的振动周期又是多少？

104. **风琴管** 风琴制造者要设计一架适用于小空间的管风琴。

a. 他应该使用开管还是闭管？请解释。

b. 用开管或用闭管制造出来的风琴的声音都一样吗？请解释。

第17章 标准化测试

选择题

1. 如果凹面镜产生缩小的像，那么像的位置在(　　)

A. 凹面镜的焦点处

B. 镜面与焦点之间

C. 焦点与曲率中心之间

D. 曲率中心之外

2. 已知凹面镜的焦距为16.0 cm，产生的像离镜面38.6 cm。物离镜面(　　)

A. 2.4 cm　　**B.** 11.3 cm

C. 22.6 cm　　**D.** 27.3 cm

3. 已知凸面镜产生的像的大小为物的 $\frac{3}{4}$，且位于镜面后8.4 cm处。凸面镜的焦距是(　　)

A. -34 cm　　**B.** -11 cm

C. -6.3 cm　　**D.** -4.8 cm

4. 已知凹面镜产生一个高8.5 cm、位于镜面前34.5 cm的倒立的像。如果该凹面镜的焦距为24.0 cm，那么物高为(　　)

A. 2.3 cm　　**B.** 3.5 cm

C. 14 cm　　**D.** 19 cm

5. 一个杯子离开凹面镜17 cm，像在镜面前34 cm处。杯子的像的放大率和取向分别为(　　)

A. 0.5，倒立　　**B.** 0.5，正立

C. 2.0，倒立　　**D.** 2.0，正立

6. 已知物位于凹面镜前30 cm处，凹面镜的放大率为+3.2。凹面镜的焦距是(　　)

A. 23 cm　　**B.** 32 cm

C. 44 cm　　**D.** 46 cm

7. 已知物位于凹面镜前21 cm处，凹面镜的焦距为14 cm。由此可知像距为(　　)

A. 242 cm　　**B.** 28.4 cm

C. 8.4 cm　　**D.** 42 cm

8. 一条光线以23°的入射角射向平面镜。反射光线与镜面的夹角为(　　)

A. 23°　　**B.** 46°

C. 67°　　**D.** 134°

9. 下图中，光线没有正好聚焦于焦点。这种情况发生于(　　)

A. 所有的球面镜

B. 所有的抛物面镜

C. 有缺损的球面镜

D. 有缺损的抛物面镜

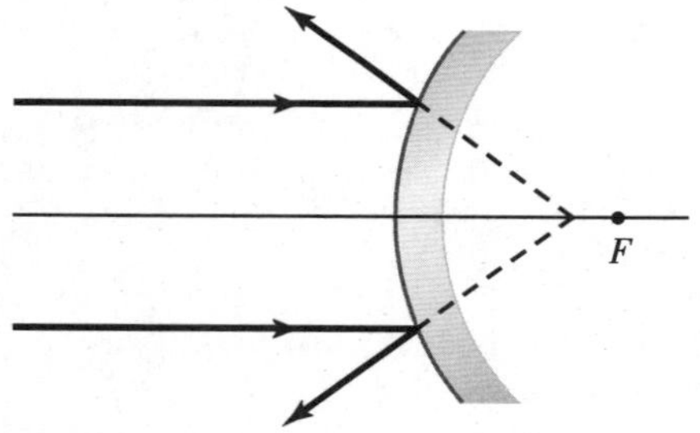

拓展题

10. 已知物高5.0 cm，位于凸面镜前20.0 cm处，凸面镜的焦距为-14.0 cm。按比例画出光路图，显示出像高。

考点提示

测试题号	1	2	3	4	5	6	7	8	9	10
对应小节	2	2	2	2	2	2	2	1	2	2

第18章

折射和透镜

大概念 透镜使光发生折射，并形成了像。

内容提要

起步实验

观察不同液体中的吸管的形状

为什么放在水里的吸管看起来似乎被折断了

第1节 光的折射

主要概念

光通过两种介质间的交界面时，它弯折的程度与两种介质的折射率以及光的入射角有关。

核心问题

- 什么是斯涅耳折射定律？
- 折射率是什么意思？
- 全反射是如何发生的？
- 折射如何引起一些光学现象？

术语回顾

折射 波在两个不同介质间的交界面上传播方向发生变化

关键术语

折射率

临界角

全反射

色散

物理在你身边

你看到过雨后天空中的彩虹吗？彩虹是光与介质相互作用而产生的。要想看到彩虹需要满足什么条件？你是否经历过离彩虹非常近，以至可以触摸到它？

光和交界面

光通过窗户时，会发生什么？当光通过透明或半透明的介质时，有些光在介质表面被反射，有些光则穿过了介质。回想一下，当光通过两种介质间的交界面时，它发生了弯折。

你也许已经熟悉这种现象了。那么，你是否向下看过游泳池的水，并发现水看起来变浅了吗？你是否从侧面观察在清澈的苏打水中的麦管，并发现它看起来断裂了？之所以会产生这些现象，都是因为光在通过两种介质间的交界面时，发生了弯折。光从一种介质到另一种介质，发生弯折的现象，称为折射。

折射 观察**图18-1**中的光线。三根相同的入射光线从空气射向三种不同的介质：水、玻璃和金刚石。光射向介质表面的角度相同。你们注意到通过介质间的光线了吗？光线在通过交界面时，发生了弯折。

你注意到这三种介质间有什么差异吗？光线从空气到金刚石的弯折程度，比它从空气到水或者从空气到玻璃更大。这种现象与光线通过的介质的性质有关。

图18-1中的光线都是以相同的角度从空气进入另一种介质。想一想，光通过介质间的交界面时的角度与折射有什么关系？

图18-1 光通过交界面时发生折射，它弯折的程度与介质的性质有关。（角度不按比例）。

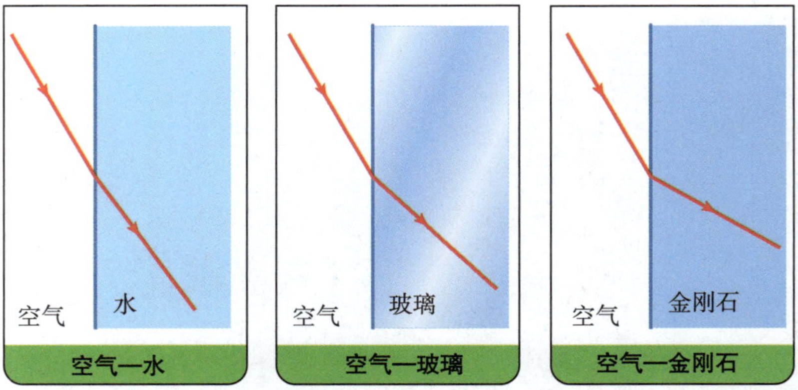

■ 斯涅耳折射定律

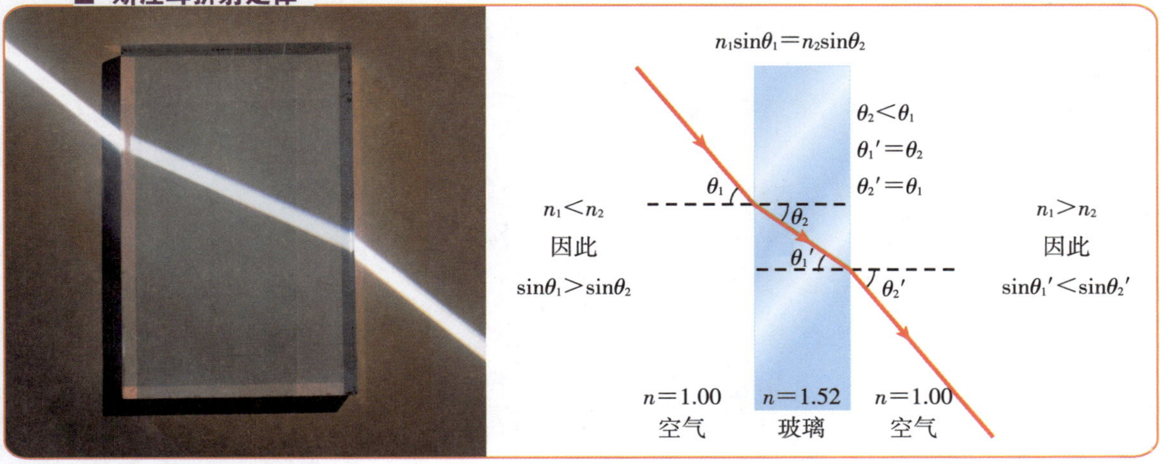

图 18-2 光从空气进入玻璃时，向法线方弯折；从玻璃进入空气时，向偏离法线方弯折。

斯涅耳折射定律

笛卡尔(R.Descartes)和斯涅耳(W.Snell)在17世纪最先研究折射，他们把一束光照射到透明介质，就像如**图 18-2**所示的玻璃。他们测量了两个角度，即入射角和折射角。入射角θ_1是指入射光线与法线的夹角，折射角θ_2是指折射光线与法线的夹角。

折射率 斯涅耳发现，当光通过空气进入透明物质时，入射角和折射角两者的正弦之间有关系。**折射率(index of refraction)**，用符号n表示，决定了光通过两个介质间的交界面时的折射角。它的大小与介质的性质有关。部分物质的折射率如**表 18-1**所示。

斯涅耳把其他介质结合起来做实验，他发现了折射定律，当光通过任意两种物质的交界面时，这一关系式都成立。

斯涅耳折射定律

第一种介质的折射率与入射角正弦的乘积，等于第二种介质的折射率与入射角正弦的乘积。

$$n_1\sin\theta_1=n_2\sin\theta_2$$

图 18-2和**表 18-1**显示了如何应用斯涅耳定律研究光通过具有平行表面的玻璃砖(如窗玻璃)时的折射情况。当光进入玻璃和离开玻璃时，共发生了两次折射。光从空气进入玻璃，这是从折射率较小(1.00)的物质进入折射率较大的物质(1.52)，光线偏向法线。

光从玻璃进入空气，这是从折射率较大(1.52)的物质进入折射率较小(1.00)的物质，光线偏离法线。n值的相对大小决定了光是偏向法线还是偏离法线。请注意，光线离开玻璃时的方向，它与光线射入玻璃时的方向是相同的，即$\theta_1=\theta_2'$。这是因为交界面在相同两种介质之间。

表 18-1 黄光(真空中波长为589 nm)的折射率

介质	n
真空	1.00
空气	1.000 3*
水	1.33
乙醇	1.36
冕牌玻璃	1.52
石英	1.54
含铅玻璃	1.62
金刚石	2.42

*在空气中的值包括4位有效数字，以区别在真空中的值。解题时用1.00。

例题 1

折射角 一条光线以30.0°的入射角射向冕牌玻璃。求折射角。

1 分析概括问题

- 作出表示空气与冕牌玻璃的边界的示意图。
- 作出光路图，并标出θ_1，θ_2，n_1和n_2。

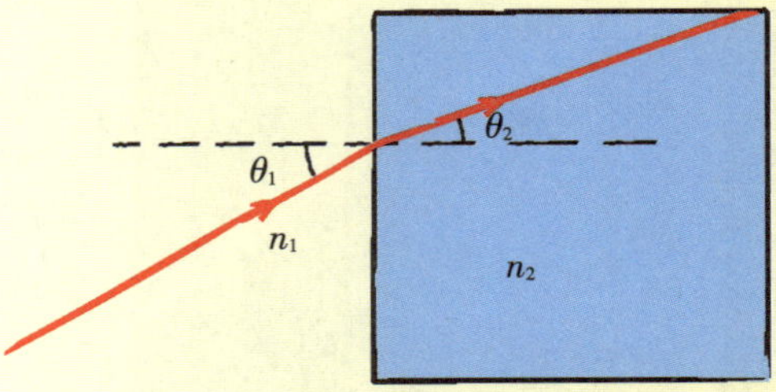

已知	未知
$\theta_1=30.0°$	$\theta_2=?$
$n_1=1.00$	
$n_2=1.52$	

2 求解未知量

利用斯涅耳定律求出折射角的正弦值。

$n_1 \sin \theta_1=n_2 \sin \theta_2$

$\sin \theta_2=\frac{n_1}{n_2}\times \sin \theta_1$

$\theta_2=\arcsin\left(\frac{n_1}{n_2}\times \sin \theta_1\right)$

$=\arcsin\left(\frac{1.00}{1.52}\times \sin 30.0°\right)$ ◀将$n_1=1.00$，$n_2=1.52$，$\theta_1=30.0°$代入。

$=19.2°$

3 验证答案

- **数值是否合理？** 折射率n_2大于n_1，故折射角θ_2一定小于入射角θ_1。

练一练

1. 空气中的一束激光以37.0°的入射角射向乙醇，求折射角。

2. 光从空气进入水中。已知折射光线与法线成30.0°，求入射角。

3. 一条光线以45.0°的入射角射向钻石的一个切割面，求折射角。

4. 某材料淹没在水中。已知一条光线以31°的入射角射向该材料后，其折射角为27°。该材料的折射率是多少？

5. 挑战题 光从空气进入另一种介质。入射角为45.0°，折射角为27.7°。该介质是什么？

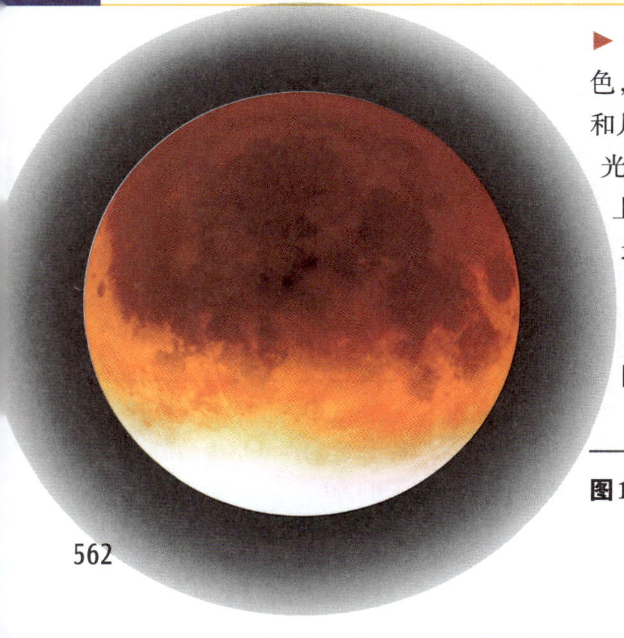

▶ **与天文学的联系** 月食时，月球之所以看起来为红色，原因就是折射，如**图18–3**所示。当地球横亘在太阳和月球之间时，就会发生月食。你也许会认为，既然没有光透过地球，那么此时月球应该是全黑的。然而事实上，光在通过地球大气时会发生折射，使得部分光绕过地球射向月球。地球大气散射了大部分的蓝光和绿光，故照射到月球的差不多全是红光。而月球对各种色光的反射程度大体相同，因此，它就会把红光反射回地球，所以月球看起来似乎是红色的。

图18–3 由于折射，月食时月球看起来是红色的。

折射率的意义

折射率说明光进入一个介质时的弯折程度，但它还有其他的意义吗？把光看成波，可在光通过介质传播和介质的折射率之间获得有趣的联系。在斯涅耳公布他的研究成果后，光的波动模型得到了很好的发展。科学家认为光通过介质时要与原子发生相互作用，导致光在介质中的运动比在真空中更慢一些。

我们知道，光通过真空时，满足波动关系式$\lambda_0=\frac{c}{f}$。对于任何介质，这个公式都可以改写成$\lambda=\frac{v}{f}$，其中v是光在介质中的速率，λ是光的波长。光的频率f在光通过交界面时是不变的，换句话说，光到达交界面时每秒的振荡数，与光离开交界面并通过介质时每秒的振荡数相同。由于f保持不变，根据$\lambda=\frac{v}{f}$，当光通过边界时速度减小，所以波长也减小。又因为光在介质中的速率比在真空中的小，因此光在介质中的波长比在真空中的短。

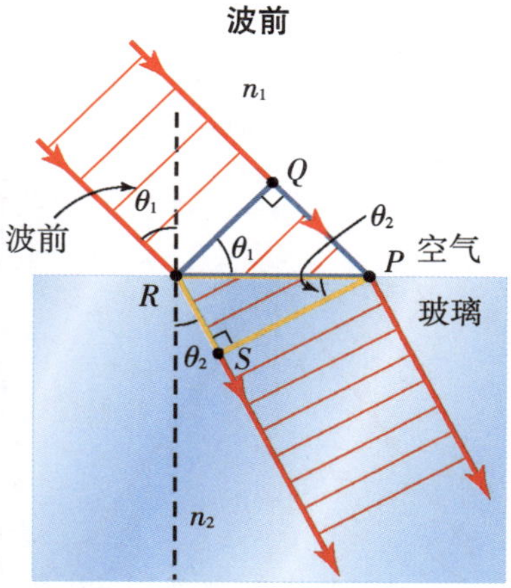

图 18–4 每个波前以一定的角度通过边界从空气进入玻璃。部分波前运动变慢，使光线发生了弯折。由于波运动变慢了，而频率保持不变，根据$\lambda=vf$，波长一定会减小。

推断 哪种介质的折射率较高？

波动模型 波长的这种变化会发生什么情况呢？如**图 18－4**所示，光束由一连串平行的直线波前组成，每个波前都是波峰，与波束的方向垂直。光束以入射角θ_1射向交界面。由于三角形PQR中，$\angle PQR$是直角，$\angle QRP$等于θ_1，因此$\sin\theta_1$等于$\overline{PQ}$除以$\overline{PR}$：

$$\sin\theta_1=\frac{\overline{PQ}}{\overline{PR}}$$

折射角θ_2也可以用类似方法通过三角形PSR得到：

$$\sin\theta_2=\frac{\overline{RS}}{\overline{PR}}$$

两式相除，可以得到：

$$\frac{\sin\theta_2}{\sin\theta_1}=\frac{\overline{RS}}{\overline{PQ}}$$

在**图 18–4**中，P与Q之间的距离等于介质1中的光波波长的3倍，即$\overline{PQ}=3\lambda_1$。类似地，$\overline{RS}=3\lambda_2$。把这两个值代入上式，得到：

$$\sin\theta_2\sin\theta_1=\cdots=\lambda_2\lambda_1$$

$$\frac{\sin\theta_2}{\sin\theta_1}=\frac{3\lambda_2}{3\lambda_1}=\frac{\lambda_2}{\lambda_1}$$

将$\lambda=\frac{v}{f}$代入，约去公因子f，可得到：

$$\frac{\sin\theta_2}{\sin\theta_1}=\frac{v_2}{v_1}$$

物理实验

光如何发生偏折*

介质的折射率是常数吗？

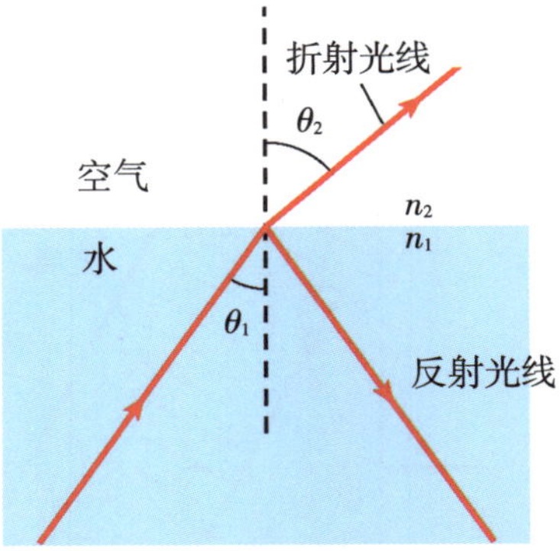

入射角小于临界角，光部分折射、部分反射。

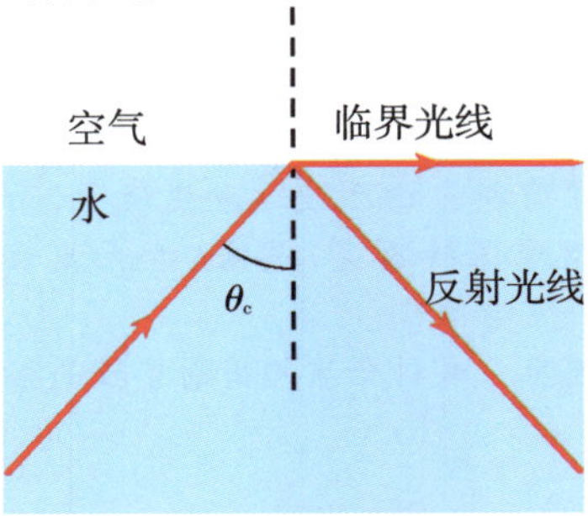

沿着介质边界的折射光线，形成临界角。

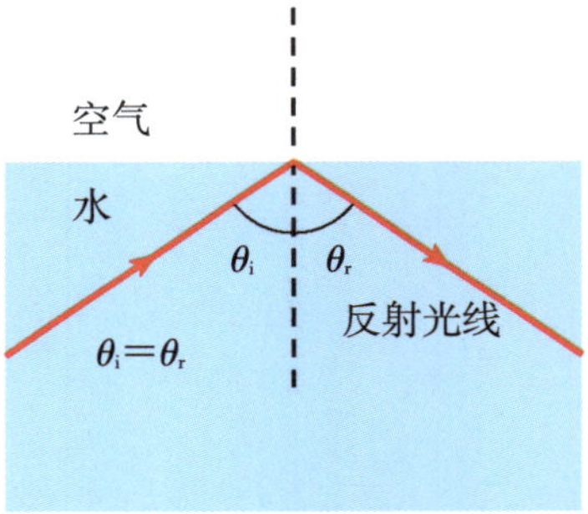

入射角大于临界角形成全反射，这也遵循反射定律。

图 18–5 光通过介质时，发生折射和反射。

因此，斯涅耳定律可以改写成折射角和入射角的正弦值之比：

$$\frac{\sin\theta_2}{\sin\theta_1}=\frac{n_1}{n_2}$$

通过等式变换，由前两个方程可以推导出以下等式：

$$\frac{n_1}{n_2}=\frac{v_2}{v_1}$$

在真空中，$n=1$，$v=c$。如果光经过的两种介质中，有一种介质为真空，那么通过上式可以得出介质的折射率与光速之间的关系式：

折射率

介质的折射率等于真空中的光速除以介质中的光速。

$$n=\frac{c}{v}$$

利用这个折射率的定义式，可以求出光在介质中的波长。在折射率为 n 的介质中，光速为 $v=\frac{c}{n}$。而真空中的光的波长为 $\lambda_0=\frac{c}{f}$。由此可以求出频率 $f=\frac{c}{\lambda_0}$。将这个值和 $v=\frac{c}{n}$ 一起代入 $\lambda=\frac{v}{f}$ 中，便可以得出：

$$\lambda=\frac{\frac{c}{n}}{\frac{c}{\lambda_0}}=\frac{\lambda_0}{n}$$

即光在任何介质中的波长都小于它在真空中的波长。

☑ **阅读检测** **描述**介质的折射率与光在介质中的速率的关系。

全反射

回忆一下，当光照射透明边界时，有些光透射过去，有些光被反射。如**图 18–5** 所示，当光进入折射率较小的介质中时，折射角总是大于入射角。这会导致一个有趣的现象：如果入射角不断增大，那么折射角也会相应增大。当入射角增大到某个确定值 θ_c 时，折射光线将沿着两种介质的交界面行进。这个入射角称为**临界角**（**critical angle**）。

如果光从折射率较高的介质射向折射率较低的介质时，若入射角大于临界角，那么，所有的光都将反射回折射率较高的介质中，这就是**全反射**（**total internal reflection**），如**图 18–5** 的最后一幅图所示。将 $\theta_1=\theta_c$，$\theta_2=90.0°$ 代入斯涅耳定律，即可得出任何边界的临界角公式：

$$\sin\theta_c=\frac{n_2}{n_1}$$

全反射可以引发一些奇妙的现象。设想你在安静的水池内，从水下往上观察水面。你会看到你周围的物体的倒立的反射像，或者水池底部的像。这时候，水面就像一面镜子一样，把像反射回水中。

海市蜃楼

在炎热的夏天，你有时会看到如**图 18－6**所示的海市蜃楼现象：你驾车在公路上行驶时，突然好像看到前方水洼内有一辆迎面驶来的汽车的反射像；但当你靠近它时，水洼却无影无踪了。海市蜃楼是太阳对路面加热的结果。光速以及气体介质的折射率会随着温度的改变而发生些许变化。酷热的路面使得路面上方空气的温度升高，形成热空气层，造成射向路面的光线渐渐向上弯折。于是，光看起来就像来自水洼的反射一样。

图 18-6 显示了海市蜃楼是如何发生的。远处物体上的光向路面射来；随着空气温度的升高，空气的折射率减小，但温度的变化是缓慢的。回想一下，光的波前由惠更斯子波组成。在海市蜃楼的情形中，靠近地面的惠更斯子波比较高处的运动得更快，因此波前渐渐向上传播。

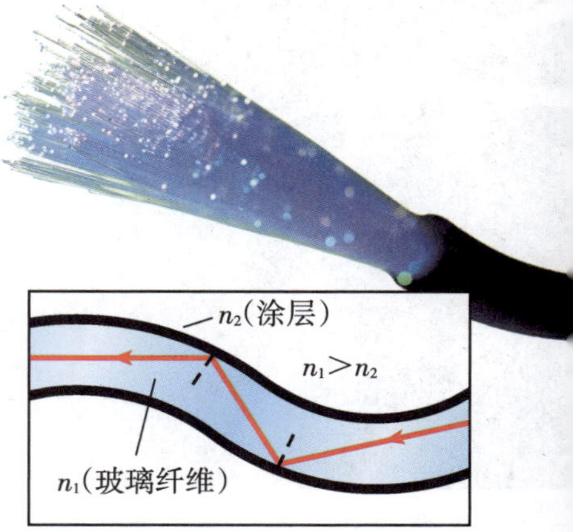

生活中的物理学

光导纤维 光导纤维是全反射的一个重要的应用。在透明的光导纤维内行进的光，总是以大于临界角的入射角射向光导纤维的内表面。因此，全部的光都会被反射回去，而不会通过界面透射出去。与其他通信方式相比，光导纤维中的光脉冲可以携带更多的信息和传输更远的距离。光导纤维外表面的材料称为涂层。

■ 海市蜃楼

图 18-6 当道路路面的空气比它上方的空气温度更高时，从路上汽车反射的光被向上折射。

应用 光在靠近路面的空气中传播速度大，还是在卡车顶部的空气中传播速度大？

图 18-7 由于折射率随着光的波长而变化，所以光通过棱镜后发生色散。

光的色散

你也许已经看过如**图 18-7**所示的白光通过玻璃三棱镜而发生的现象。如果你仔细观察通过三棱镜后的光，你会发现紫光比红光弯折得更多。这是因为紫光通过玻璃的速率比红光的要小。而且，紫光的频率比红光的高，两者与玻璃原子的相互作用程度也不一样。这就导致玻璃对紫光的折射率比对红光的大。这种白光分解成色谱的现象，称为**色散(dispersion)**。

光在介质中的传播速率取决于光与组成该介质的原子之间的相互作用。在同一液体或固体介质中，光的波长不同，光速和折射率也会不同。此外，光速以及气体介质的折射率会随着温度的改变发生些许变化，这是因为温度对原子级别的粒子的能量有影响。

虹 棱镜不是色散光的唯一工具。大气中的水滴也可以使太阳光发生色散，形成光谱，这就是虹。射入水滴的太阳光被折射后，由于每种色光的波长不同，所以折射角也稍有不同，因此就会发生色散，如**图 18-8**所示。在水滴的后表面，有些光发生了内反射，在射出水滴时又再一次被折射和色散开去。

每个水滴都能产生完整的光谱，但如果观察者位于太阳和雨滴之间，就只能从每个水滴中看到某些波长的光。这些波长由太阳、水滴及观察者三者之间的相对位置决定，如**图 18-8**所示。

迷你实验

人造虹*

形成虹需要什么条件?

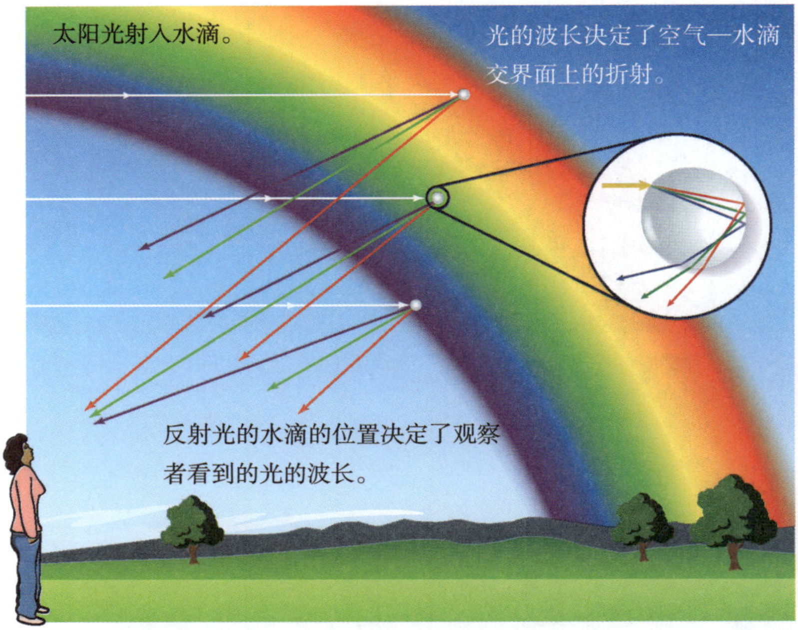

图 18-8 水滴使太阳光发生色散，形成虹。天空中有许多水滴，所以可以呈现出完整的光谱。

思考 这种情况是否可能：虹离我们足够近，且可以摸到。

图18–9 从雨滴的反射中，你可以看到第二级虹。

第二级虹 有时候，你会看到相对暗淡的第二级虹，如**图18–9**所示。第二级虹在第一级虹之外，相对更为模糊，且颜色的次序与一级虹相反。它是由于水滴的二次光线反射形成的。

更稀少的是第三级虹，位于第二级虹之外。它比第二级虹更为模糊。想一想，发生第三级虹时，光在水滴里共反射了几次？虹的颜色次序又是怎样的？

第1节 复 习

6. **主要概念** 当光从水进入某种液体时，光线会向法线方向弯折；但光从冕牌玻璃进入同样的液体时，光线却偏离法线弯折。由此，你可以得出有关该液体的折射率的什么结论？
7. **折射率** 光线以30.0°的入射角射入某材料中，折射角为20.0°，如**图18–10**所示。该材料的折射率是多少？

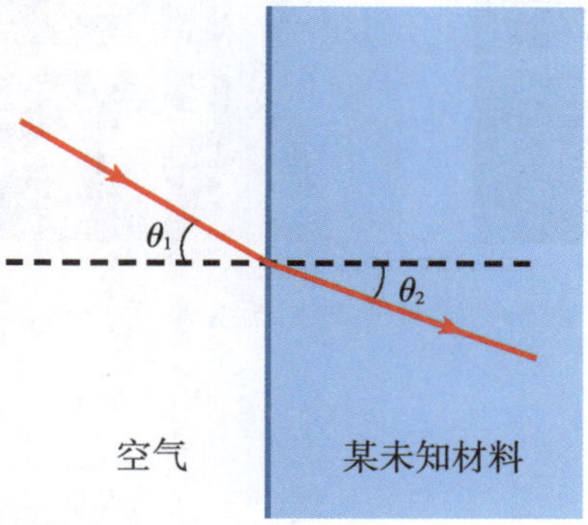

图18–10

8. **折射角** 光从水进入折射率$n=1.50$的聚乙烯中。如果入射角为57.5°，折射角是多少？
9. **光速** 氯仿($n=1.51$)中的光速是多少？
10. **临界角** 光从玻璃进入水时，是否存在临界角？从水进入玻璃呢？解释你的答案。
11. **全反射** 如果你要用石英和冕牌玻璃制作光导纤维，你会用其中哪一个作为涂层？为什么？
12. **日落** 为什么太阳已经落山，而你却在地平线上看到了太阳的像？
13. **光速** 折射率是否可以小于1？这个结论对介质中的光速有什么启示？
14. **批判性思维** 在多雨的傍晚，你朝哪个方向可以看到虹？解释原因。

第2节 凸透镜和凹透镜

物理在你身边

你也许听过，可以用一个放大镜来点火，放大镜能把所有的光聚焦于一点。那么，你是否能用任意一种透镜来点火，或者透镜要具有某种性质才行？

主要概念

透镜可以用于放大或缩小像。

核心问题

- 单块凸透镜和凹透镜是如何形成实像和虚像的？
- 如何用光路图和公式对透镜形成的像进行定位和描述？
- 如何减少色差？

术语回顾

透明 介质的一种性质，该介质可以透射光和反射一部分光，并可以通过它看到物体

关键术语

透镜
凸透镜
凹透镜
薄透镜公式
色差
消色差透镜

透镜的类型

在自然界中，虹和红色的月食等美丽的景色都是由于光的折射形成的。同样，折射在人类社会中也有很多重要的应用。1303年，法国物理学家戈登(B.Gordon)提出，透镜可用于矫正视力。大约在1610年，伽利略用两块透镜制造了一架望远镜，并用它发现了木星。自伽利略时代以来，透镜已在许多仪器中得到了应用，如显微镜和照相机等。

透镜(len)是一片透明的材料，如玻璃或塑料等。它通常用来聚焦光，形成像。透镜有两个表面，一面可能是曲面，另一面则可能是平面。如**图18-11**中左图所示的透镜为**凸透镜(convex lens)**，它的中心比边缘厚。当周围介质的折射率比透镜的折射率小时，它使平行光线折射后交于一点，该点为焦点。所以，凸透镜也称作会聚透镜。

如**图18-11**中右图所示的透镜称为**凹透镜(concave lens)**，它的中心比边缘薄。当周围介质的折射率比透镜的折射率小时，它使平行光线发散。所以，凹透镜也称作发散透镜。

光通过透镜时，在透镜的两个表面都会发生折射。根据斯涅耳折射定律和几何学原理，可预测光通过透镜的路径。为了便于研究，你可以将问题作一些简化：假设所有的折射都发生在通过透镜中心的平面(即主平面)上。这称为薄透镜模型，在本章节中你学到的有关透镜的知识都是应用这个薄透镜模型得到的。

凸透镜　　凹透镜

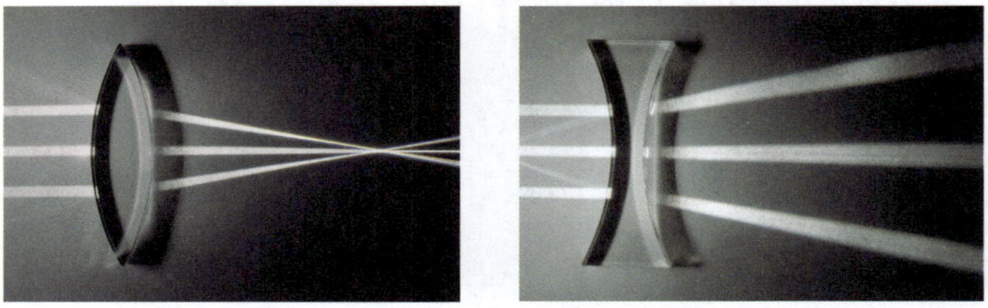

图18-11 凸透镜使平行于主轴的光线通过它后会聚于一点，而通过凹透镜不会会聚。

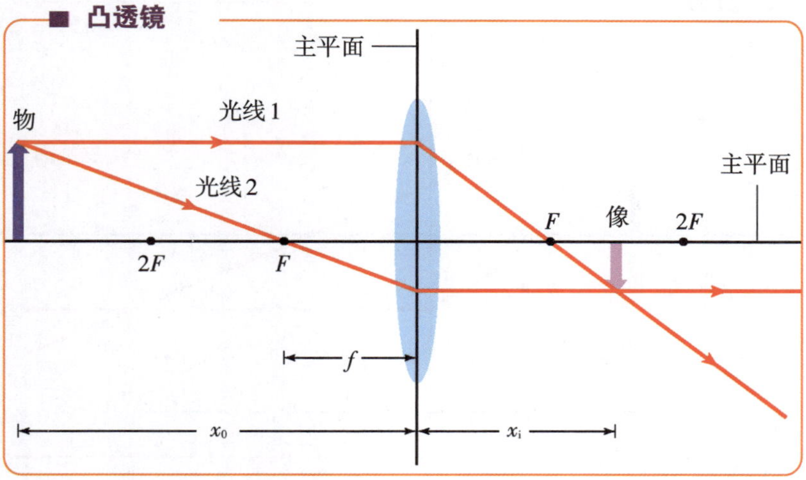

图 18–12 物放在透镜的2倍焦距以外，产生倒立缩小的实像。

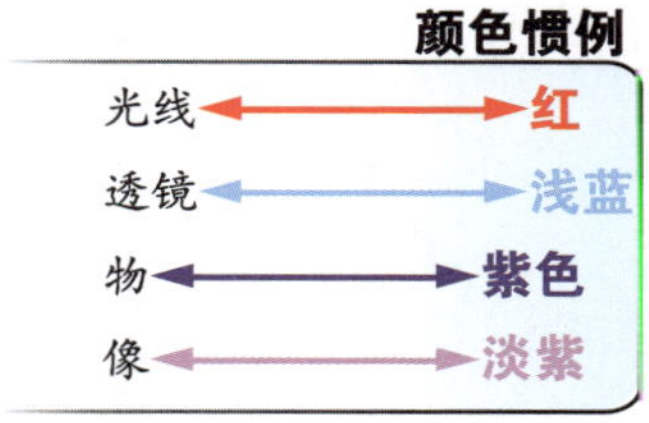

凸透镜

如果你知道物的位置和透镜的类型，就可以求出像的位置。光路图是一种有用的代表性工具。你只要在光路图上画出一些重要的光线，就可以知道透镜是如何影响通过它的光的。其实只要画两条光线，就可确定像的位置。然后根据经验，你会知道哪些光线容易画，且比其他光线更有用。在**图 18–12** 中，从物体顶点发出的光线1平行于主轴，经过凸透镜折射后，通过透镜另一侧的焦点 F。在该图中，物距大于焦距 f，光线2也是从物体顶点发出的光线，且通过与物同一侧的透镜焦点。

根据物体位于凸透镜前不同的位置，画出光路图。在这种图中，x_0 是物在透镜前的距离，x_i 是像离开透镜的距离。在本章的所有光路图中，所用的都是薄透镜模型。在这种模型中，光线都在透镜的中心折射，而不是在空气与透镜表面的交界面上折射。

$x_0 \geqslant 2f$ 如**图 18–12** 所示为从远离凸透镜的物体作的光路图。要确定像的位置，只需要画两条光线。光线1平行于主轴，折射后通过透镜另一边的焦点。光线2通过左边的焦点后到达透镜，折射后与主轴平行。这两条光线在焦点F后的某一点相交，此即为像的位置。选择物上其他的点，按同样的方法画出光线，也能在各对应点会聚，形成完整的像。注意，这是一个倒立缩小的实像。

如果物位于离开镜面2倍焦距的 $2F$ 点，光路图也类似。但像是实像，位于透镜另一边的 $2F$ 点，也不再缩小。由对称性可知，像与物具有相同的大小。由此可以得出结论，如果物位于离开镜面2倍焦距外，像就比物小。

迷你实验

透镜遮盖效应

把透镜的一部分遮盖住会对成的像有什么影响？

图 18-13 物放在凸透镜2倍焦距和1倍焦距之间，产生倒立放大的实像。

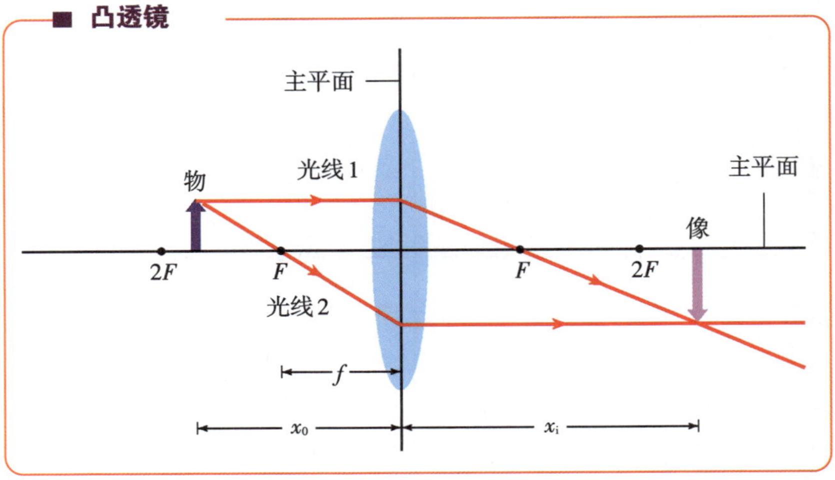

$2f > x_0 > f$ 如果物在 F 和 $2F$ 之间，你可以用**图 18-13** 确定该物体像的位置。这与物在2倍焦距以外的光路图相似，只不过像与物正好对换，当然光线的方向也是相反的。像也是倒立的实像，但是像是放大的。

当物体正好位于凸透镜的焦点上时，就无法做出光路图。折射光线平行于主轴，导致无法成像。

物理实验

凸透镜成像*

凸透镜成像有什么特点?

凸透镜及其焦距

凸透镜的焦距随像距而变化吗?

$f > x_0 > 0$ 如**图 18-14** 所示为凸透镜的成像原理。物位于焦点与镜面之间，光线1如往常一样平行主轴入射镜面，折射后通过焦点 F。光线2沿着顶点与物一侧的F点的连线方向向透镜入射，其折射光线与主轴平行。由于从物发出的光经过凸透镜的折射后是发散的，故不可能形成实像。

对于观察者来说，这些发散光线好像是从与物同一侧的某一点上发出的。因此这个像是虚像。反向延长这两条折射光线，它们的交点即虚像所在位置，它与物在镜面的同一侧，放大且正立。要注意，虽然实际上像是由通过透镜的光所形成的，但作图时光线不一定要通过透镜本身。

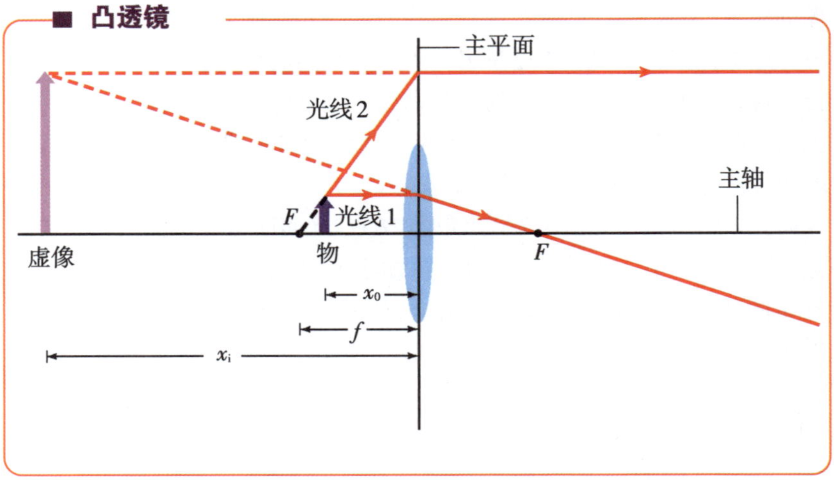

图 18-14 物位于凸透镜与其焦点之间时，产生放大的虚像。
根据像在凸透镜的哪一侧，把像按照虚像或实像进行**分类**。

■ 凹透镜

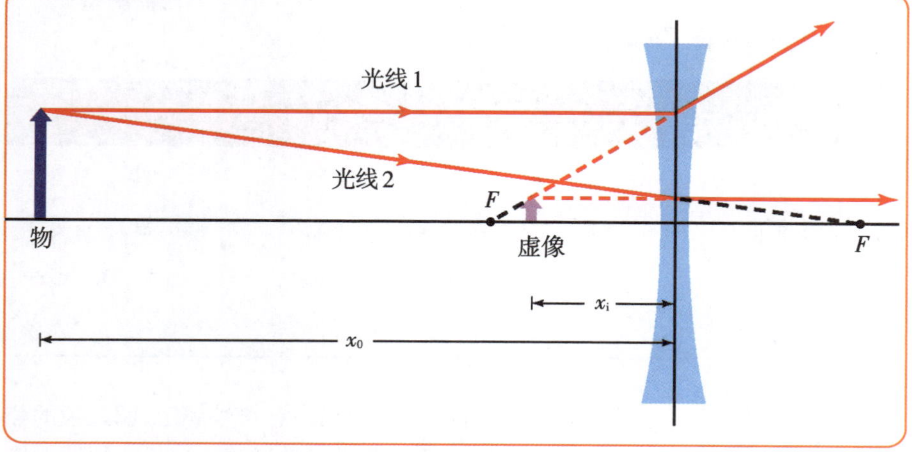

图 18－15 无论物离凹透镜多远，都产生缩小的虚像。

凹透镜

凹透镜使光线发散。如**图 18－15**所示为凹透镜产生虚像的情形。光线 1 平行主轴到达凹透镜后发生折射，其折射光线的反向延长线通过与物同侧的焦点，该焦点与入射光线位于同一侧。光线 2 沿着凹透镜另一侧焦点的方向射向凹透镜，其折射光线与主轴平行。

由于光线 1、2 的折射光线是发散的，因此它们的反向延长线相交于物的同一侧，形成正立缩小的虚像，无论物离凹透镜多远都是这样的结果。凹透镜的焦距是负值。

☑ **阅读检测** **描述**为什么凹透镜总是形成虚像？

迷你实验

水透镜*

水的曲表面怎样才像一个透镜？

透镜公式

透镜有各种形状，而在本书中，我们只考虑薄透镜，该透镜的表面的曲率与球形相同。根据球面薄透镜模型，人们总结了一系列用于求解球面镜的公式。对于透镜来说，虚像总是与物位于透镜的同一侧，这意味着像距是负值。要注意，凹透镜只形成虚像，而凸透镜既可以形成实像，也可以形成虚像。

薄透镜公式 **薄透镜公式（thin lens equation）**将球面薄透镜的焦距与物距和像距联系了起来：

薄透镜公式

球面透镜的焦距的倒数等于像距倒数与物距倒数之和。

$$\frac{1}{f}=\frac{1}{x_i}+\frac{1}{x_0}$$

表18-2　单块球面透镜系统的性质

透镜类型	f	x_0	x_i	m	像
凸透镜	+	$x_0>2f$	$2f>x_i>f$	缩小、倒立	实像
		$2f>x_0>f$	$x_i>2f$	放大、倒立	实像
		$f>x_0>0$	$\|x_i\|>x_0$(负值)	放大	虚像
凹透镜	−	$x_0>0$	$\|f\|>\|x_i\|>0$(负值)	缩小	虚像

在应用薄透镜公式求解凹透镜问题时，必须注意符号规定，凹透镜的焦距与凸透镜的焦距不一样。这是因为凹透镜是发散透镜。如果一块凹透镜的焦点在透镜前24 cm，你要用$f=-24$ cm代入薄透镜公式。凹透镜的所有的像都是虚像。因此，如果给你的像距是20 cm，你应该用$x_i=-20$ cm，而物距总是正值。

放大率　放大率是指测量球面薄透镜成的像比物大多少或小多少。球面镜的放大率公式也可用于球面薄透镜。它被用来确定球面薄透镜产生的像的高度和取向：

放大率

球面透镜对物的放大率，等于像高除以物高，或像距的负值除以物距。

$$m\equiv\frac{h_i}{h_0}=\frac{-x_i}{x_0}$$

放大率给出像相对于物的大小和取向的信息。当放大率的绝对值在0~1之间时，像比物小。放大率绝对值大于1表示像大于物。负的放大率表示像相对物是倒立的。

透镜公式的应用　在应用薄透镜公式求解问题时，必须注意正确的符号规定。如**表18-2**所示为物被放置于透镜主轴的不同位置上时各种情况的比较，其中包括单块凸透镜和单块凹透镜所产生的像距、放大率和像的类型。对于凸透镜，物相对焦点的位置会影响像的类型。

请注意这个表与有关面镜的表的相似性。与面镜一样，从透镜主平面到焦点的距离为焦距f。焦距与透镜的形状和透镜材料的折射率有关。焦距、像距和像高可以是负值。

例题2

凸透镜所成的像 把物放在一个焦距为8.0 cm的凸透镜前32.0 cm处。

a. 像在何处？

b. 如果物高为3.0 cm，像高多少？

c. 像的取向如何？

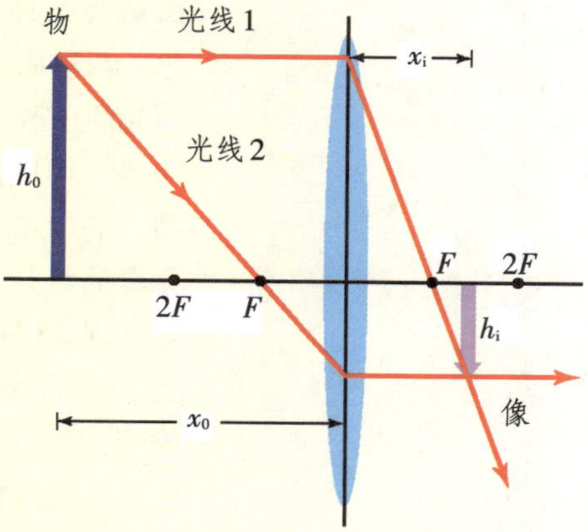

1 分析概括问题

- 作出示意图，画出物和透镜的图示。
- 作出两条主要光线。

已知	未知
$x_0=32.0$ cm	$x_i=?$
$h_0=3.0$ cm	$h_i=?$
$f=8.0$ cm	

2 求解未知量

a. 利用薄透镜公式求出x_i。

$$\frac{1}{f}=\frac{1}{x_i}+\frac{1}{x_0}$$

$$x_i=\frac{fx_0}{x_0-f}$$

$$=\frac{8.0\ \text{cm}\times 32.0\ \text{cm}}{32.0\ \text{cm}-8.0\ \text{cm}}$$

◀将$f=8.0$ cm，$x_0=32.0$ cm代入。

$=11$ cm（不与物在同一侧，离开镜面11 cm）

b. 利用放大率公式求出像高。

$$m\equiv\frac{h_i}{h_0}=\frac{-x_i}{x_0}$$

$$h_i=-\frac{x_ih_0}{x_0}$$

$$=\frac{-11\ \text{cm}\times 3.0\ \text{cm}}{32.0\ \text{cm}}=-1.0\ \text{cm}\text{（高1.0 cm）}$$

◀将$x_i=11$ cm，$h_0=3.0$ cm，$x_0=32.0$ cm代入。

c. 上面b中，负号表示像是倒立的。

3 验证答案

- **单位是否正确？** 所有数值都是以cm作单位的。
- **符号是否有意义？** 像距是正的（实像），像高为负的（倒立），这对凸透镜都是有意义的。

练一练

15. 一个高2.25 cm的物，放在焦距为5.5 cm的凸透镜左边8.5 cm处。求像距和像高。

16. 物靠近凸透镜，产生1.8 cm高的实像，像离透镜10.4 cm且倒立。如果透镜的焦距为6.8 cm，物距和物高分别为多少？

17. 物位于焦距为25 mm的凸透镜的左边，像与物等大。像距和物距分别为多少？

18. 高2.0 cm的物位于凸透镜前25 cm处，凸透镜的焦距为5.0 cm。计算像距和像高。

19. 物位于凸透镜的左边30 cm处，已知凸透镜的焦距为10 cm。按比例作出光路图，求出像距。

20. **挑战题** 用一个焦距为30 cm的放大镜观看1 cm高的物。用作图法求出像的位置和大小。已知放大镜距离物10 cm。

图 18–16 照相机透镜的球差使图像边缘变得模糊。

球面透镜的缺陷

迄今为止，你们已学习了透镜的一些知识，知道透镜在特定的位置可以形成完美的像。实际上，与球面镜一样，球面透镜也具有内在的缺陷，这种缺陷会影响像的聚焦和颜色。与球面设计相关的球差是球面透镜和球面镜都存在的，而光的色散引起的色差却是球面透镜独有的。

球差 作球面透镜光路图时所用的模型，只是一种近似模型。平行光线通过透镜边缘后会聚的点，与通过透镜中心后会聚的点并不相同。这种不能把所有平行光线会聚于单个点的现象，称为球差。如**图 18–16** 所示的就是这种现象。事实上，为了解决这个问题，大多数透镜都在形状上作了些许改变，但是图中所示的这种球面透镜已经可以满足我们的要求了。在高精密仪器中，常有多块透镜，比如五块或更多，以用于形成明锐清晰的像。

色差 透镜还有面镜没有的第二个缺陷。像三棱镜这样的透镜，对不同波长的光的折射角稍有不同，如**图 18–17** 所示。因此通过透镜的光线，特别是近边缘的光会稍稍散开。这种效应称为**色差（chromatic aberration）**。这样，在用透镜看物时，会看到物的边缘被彩色环绕。

使用单块透镜时总会出现色差。若将一块凸透镜与另一块用不同折射率材料制成的凹透镜组合在一起使用，可在很大程度上消除这个缺陷。这种两块或更多块透镜组合的系统称为**消色差透镜（achromatic lens）**，如**图 18–17** 所示。图中的两块透镜都存在光的色散，但凸透镜产生的色散，差不多全被凹透镜产生的色散抵消掉了。当选择了一定折射率的凸透镜时，组合透镜仍对光具有会聚作用。

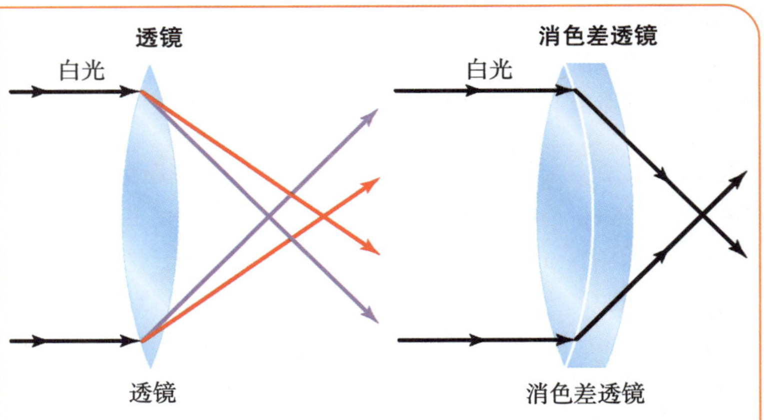

图 18–17 左边照片所示的单个透镜显示出的彩虹条纹，称为色差。消色差透镜消除色差。
解释为什么折射率对消色差透镜很重要。

第2节 复 习

21. **主要概念** 放大镜一般被用于生成放大的像，但它有时候也可以生成缩小的像。请解释原因。

22. **透镜的类型** 如**图18–18**所示为四种不同薄透镜的截面。

a. 哪些透镜是凸透镜（或会聚透镜）？

b. 哪些透镜是凹透镜（或发散透镜）？

图18–18

23. **像距和像高** 如**图18–19**所示，用作图法确定像距和像高。用透镜公式和放大率公式证明你的答案。

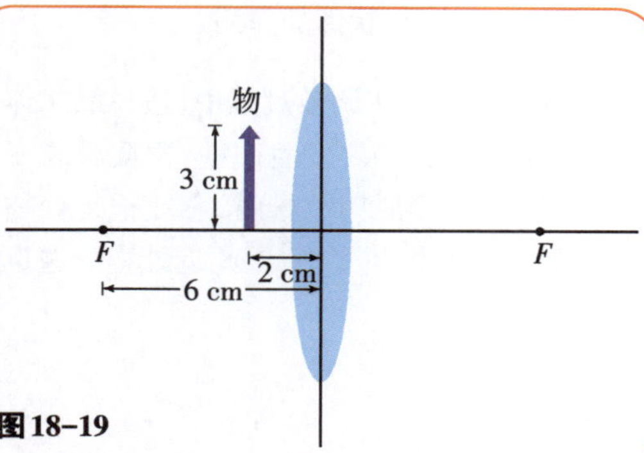

图18–19

24. **像距和像高** 一个物体放在焦距为1.0 cm的凸透镜前1.5 cm处。用薄透镜公式求出像离开透镜的距离。如果物高为2.0 m，那么像高为多少？是实像还是虚像？像是倒立还是正立的？

25. 发散透镜和会聚透镜是什么意思？它们各自是什么类型的透镜？

26. 在本章的计算中，把透镜都近似看成薄透镜，这意味着什么？为什么要这样？

27. **色差** 所有的单块透镜都存在色差。但为什么你在使用显微镜时看不到这种效应？请解释原因。

28. **像的类型** 如**图18–20**所示，用作图法确定物1和物2的像是缩小的还是放大的，倒立的还是正立的，实像还是虚像。

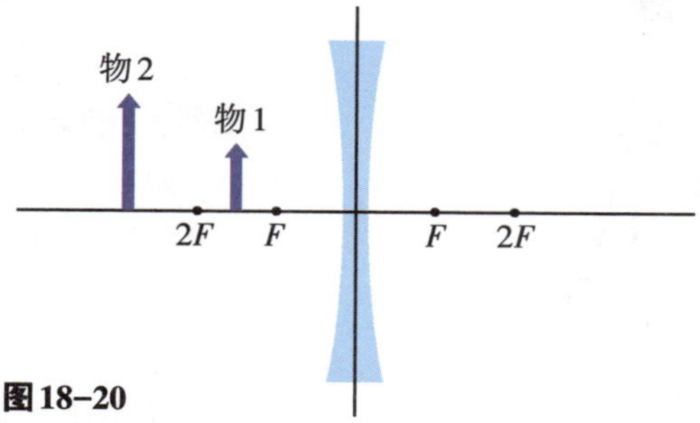

图18–20

29. **像距和像高** 一个高6.0 cm的物，位于焦距为4.0 cm的凸透镜前5.0 cm处。用作图法确定像距和像高。用薄透镜公式和放大率公式证明你的答案。

30. **会聚透镜** 用焦距为5.0 cm的会聚透镜观察一个高6.5 cm的盐瓶。

a. 如果该盐瓶放在透镜前6.0 cm处，它的像与透镜的距离是多少？是虚像还是实像？

b. 放大率为多少？像比物小还是大？

c. 如果把该盐瓶移动到透镜前4 cm处，它的像与透镜的距离是多少？放大率为多少？像比物小还是大？

31. **色差** 你通过凸透镜把白光照射到屏幕上，然后调节屏幕与透镜之间的距离，对红光聚焦。如果现在你要改对蓝光聚焦，你应该把屏幕向哪一个方向移动？

32. **批判性思维** 用两块钟表玻璃组合成空气透镜，放入水箱内。如**图18–21**所示，画出这块透镜在平行光入射时的作用。

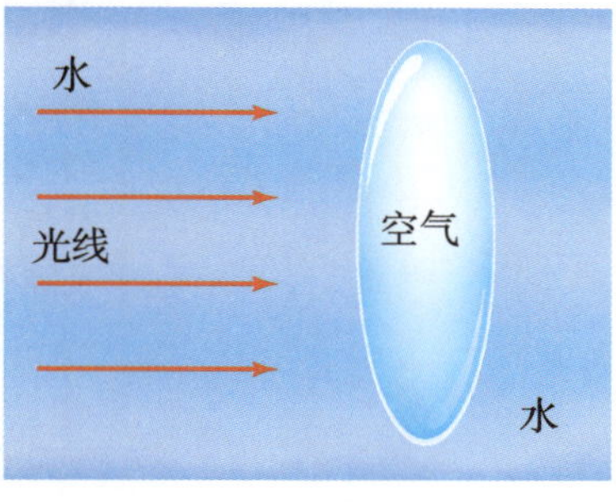

图18–21

第3节 透镜的应用

物理在你身边

海员们使用的小望远镜——小型的手持望远镜，用以观察远处的物体。小望远镜和许多其他望远镜一样，都要用透镜放大远处物体的像。

主要概念

人们用透镜观察眼睛无法看到的物体。

核心问题

- 眼睛如何聚集光而形成像的？
- 什么是近视和远视，眼镜是如何改正这些缺陷的？
- 在一些普通的光学仪器中，光学系统的特点是什么？

术语回顾

折射率 介质的折射率等于光在真空中的速率与在该介质中的速率之比

关键术语

近视

远视

眼睛中的透镜

现在几乎所有的光学仪器中，都用到了你已经学过的透镜对光的折射性质。眼睛是典型的光学器件。如**图18–22**所示，眼睛是充满液体的近乎球形的容器。物发出或反射的光通过眼角膜进入眼睛，透过晶状体后，聚焦在眼睛后部的视网膜上。视网膜上有专门的细胞，它们能感受光，并把像的信息沿着视神经输送到大脑中。

▶**与生物学的联系** 你可能会认为，是晶状体把光聚焦在视网膜上的，这大概是由于晶状体这个名字的缘故。事实上，进入眼睛的光主要是由角膜聚焦的，因为空气－角膜交界面两侧介质的折射率差最大，而晶状体只起到精细调节的作用，它使你能够清楚地看到不论远近的物。

☑ **阅读检测** **描述**你眼睛中的角膜和晶状体的作用。

晶状体使用的过程称为调节过程。在调节过程中，通过晶状体周围肌肉的收紧或放松，晶状体的形状会随之发生改变，由此就改变了眼睛的焦距。对于健康的眼睛来说，当肌肉放松时，它能把远处物的像聚焦在视网膜上；肌肉收紧时，由于焦距变短，因此近处物的像也能聚焦在视网膜上了。

■ **眼睛**

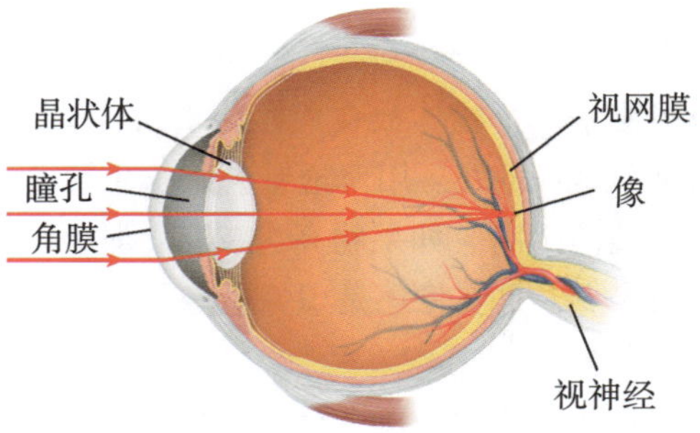

图18–22 眼睛的角膜和晶状体把你所看到的物体反射来的光，折射到视网膜上。

总结为什么大部分折射发生在角膜的交界面上，而不是在晶状体的交界面上。

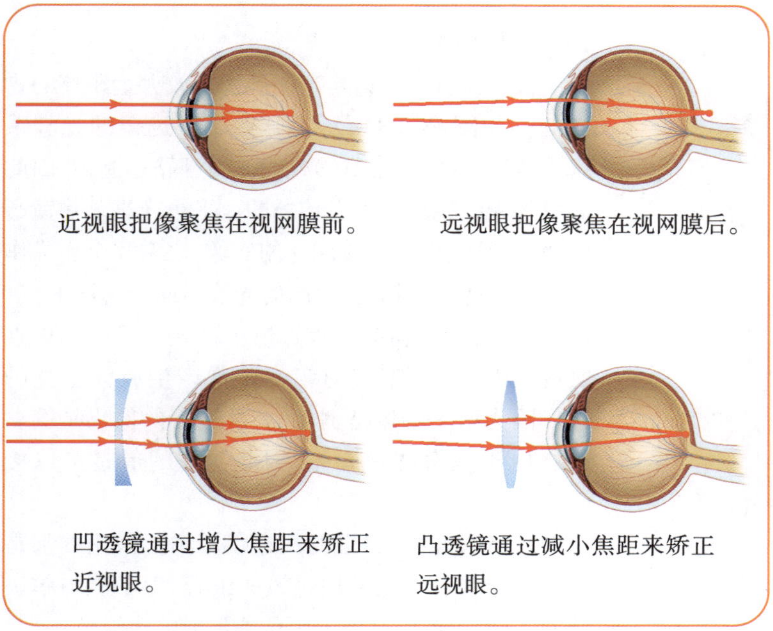

图 18–23 对近视患者来说，远处物体模糊了；而对远视患者来说，近处物体模糊了。

解释如何制作双焦点透镜？

近视 许多人的眼睛不能在视网膜上形成清晰的像，而是成像于视网膜前或视网膜后。如果通过外加一副眼镜来调节焦距，就能把像移回到视网膜上。如**图 18–23**所示为**近视(nearsightedness)**的情况：由于眼睛的焦距太短，光无法聚焦在视网膜上，因此像形成于视网膜之前。如**图 18–23**所示，通过凹透镜把光发散，增加像离开晶状体的距离，这样就可把像成在视网膜上了。

远视 如**图 18–23**所示为**远视(farsightedness)**的情况：由于眼睛的焦距太长，因此像形成于视网膜之后。此外，人过45岁后，由于晶状体变硬，肌肉不能很好地收缩，从而使近物聚焦在视网膜后的情况，也属于远视。为了克服这种缺陷，可以佩戴一副凸透镜，这样就能产生一个较物远的虚像，如**图 18–23**所示。该虚像成了晶状体的物，它的像成在视网膜上，于是就可以矫正远视。

生活中的物理学

隐形眼镜 隐形眼镜与普通框架眼镜的效果相同。小而薄的凹透镜直接位于角膜前。角膜与透镜之间有一层很薄的液体，它使透镜保持在适当位置上。大部分折射发生在空气—透镜表面之间，因为这部分的折射率差最大。

物理挑战题

光进入眼睛时，首先遇到空气—角膜交界面。如果光以30.0°的入射角射向这个交界面，已知角膜的折射率大约为1.4。

1. 用斯涅耳定律计算折射角。
2. 如果此人正在水下游泳，折射角又是多大？
3. 折射角在空气中大还是在水中大？这是否意味着水下的物显得比在空气中的更近或更远？
4. 如果你要让水中的折射角与空气中的相同，那么入射角应该是多少？

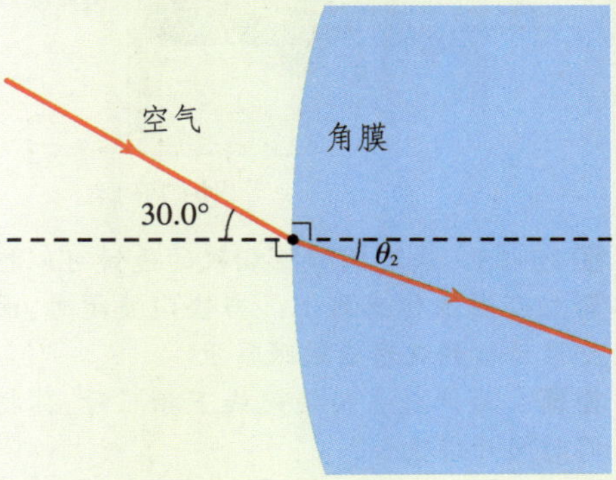

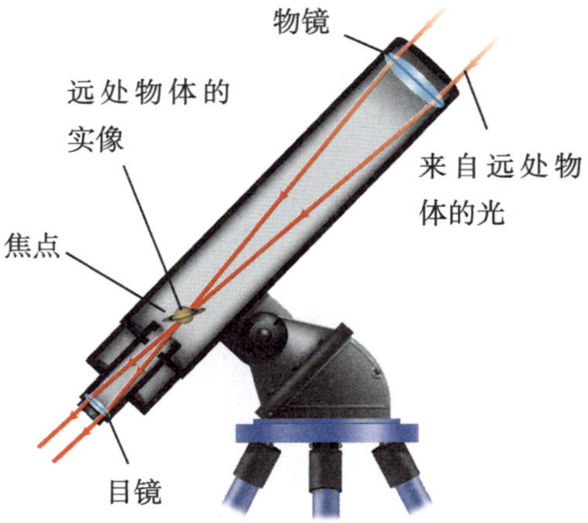

图18-24 折射望远镜的物镜和目镜收集来自远处物体的光。

评价 为什么观察天文物体时，倒立的像是可以接受的？

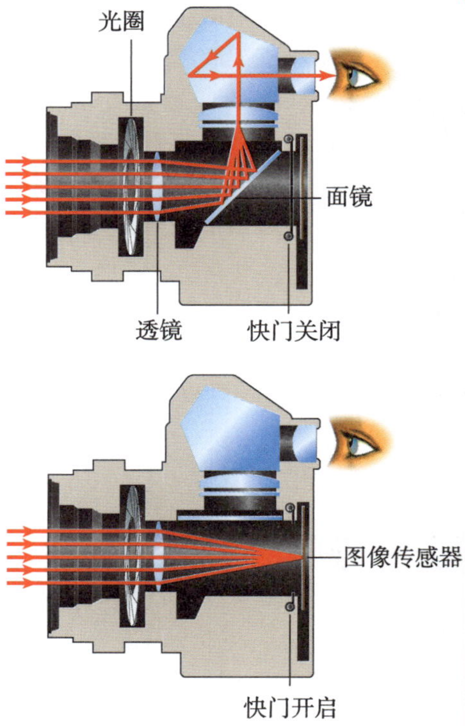

图18-25 通过调节照相机的透镜可以把像聚焦到图像传感器上。当快门关闭时，面镜把像传输到观察者的眼睛里。

推断 为什么在暗淡光线下拍照时，你把快门时间开得较长？

折射望远镜

天文折射望远镜是利用透镜来放大远距离的物体的。如**图18-24**所示为开普勒望远镜的光学系统。从星球和其他天体来的光，由于路途遥远，因此可以将光线视为是平行传播的。平行光进入物镜凸透镜，在其焦点聚焦成倒立的实像，之后这个实像作为目镜凸透镜的物，其发出的光线射向凸透镜中。

注意，由于物镜的焦点位于目镜和目镜的焦点之间，因此目镜就会对第一个像产生放大正立的像。因为第一个像是倒立的，故最后的像仍是倒立的。由于观察物是天体，因此倒立的像是可以接受的。

在望远镜中，目镜的凸透镜基本上采用的都是消色差透镜。它是多块透镜的组合，但功能与单块透镜一样，可消除在像上因色差形成的边缘色。

☑ **阅读检测** **解释**折射望远镜的工作原理。

照相机

如**图18-25**所示为单镜头反光照相机的光学系统。光进入照相机时，先通过消色差透镜，它就跟单块凸透镜一样，使得物在反射镜上形成一个倒立的像。这个像被反射镜向上反射到棱镜上。棱镜转变了光的传播方向，使像进入取景器，成为可以观察的像。

当正式拍照时，打开快门，也就是提高反射镜的位置，如**图18-25**所示。这样，像就不会向上投射到棱镜上去，而是直接到达传感器上了。

图像传感器通常是一个电荷耦合器件（CCD），能捕获一个与投影在其上的图像相对应的二维图像。由于电荷与光强成正比，所以CCD的光敏区可以收集图像信息。然后，CCD就处理这些电荷并把信息转移到存储设备中。

显微镜

显微镜一般用于观察微小的物体。跟望远镜一样，显微镜具有物镜凸透镜和目镜凸透镜。显微镜可以把物体的像放大几百倍。

显微镜的透镜具有相对小的焦距。如**图18–26**所示为复式显微镜的光学系统。

当用复式显微镜观察样品时，物离物镜的距离，在焦距和2倍焦距之间，由此产生放大倒立的像。与望远镜的情况相同，这个像成为目镜的物，位于目镜与目镜的焦点之间，产生观察者看到的正立放大的虚像。

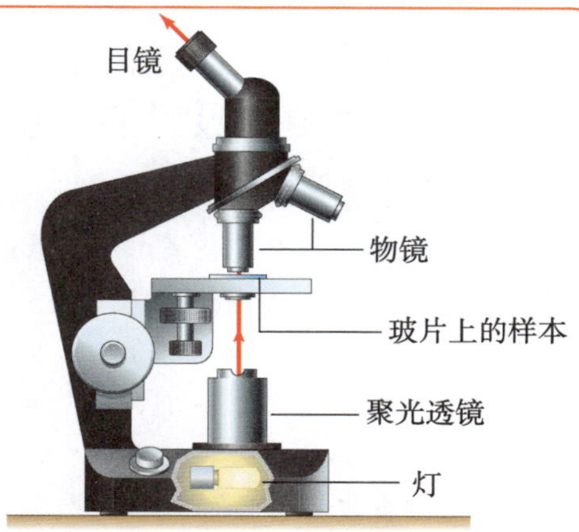

图18–26 复式显微镜中的物镜和目镜，产生放大倒立的像。

双筒望远镜

你用过双筒望远镜观看体育比赛或观察鸟类吗？像望远镜一样，双筒望远镜对远处物体产生放大的像。不过双筒望远镜产生的是三维视觉。如**图18–27**所示为一个典型的双筒望远镜，它的每一边都像一个小望远镜。

当光进入物镜凸透镜后，像倒立；再通过第二块棱镜，由于全反射，像再次倒转，所以观察者看到的是正立的像。棱镜延长了光行进的路程，引导光进入双筒望远镜的目镜。

正如你的两只眼睛彼此分开，使得你产生三维的景象一样，棱镜使两块物镜分开更大的距离，改善了远物的三维视觉。

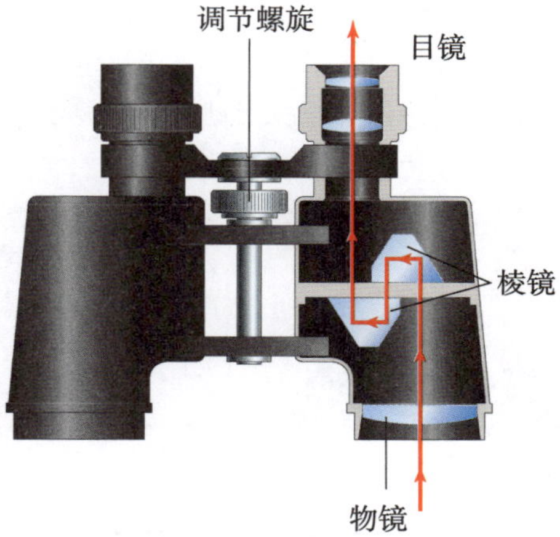

图18–27 双筒望远镜的两个并列的折射望远镜。

第3节 复 习

33. **主要概念** 在凸透镜和凹透镜中，哪一种适合近视患者使用？哪一种适合远视患者使用？如**图18–28**所示，请解释。

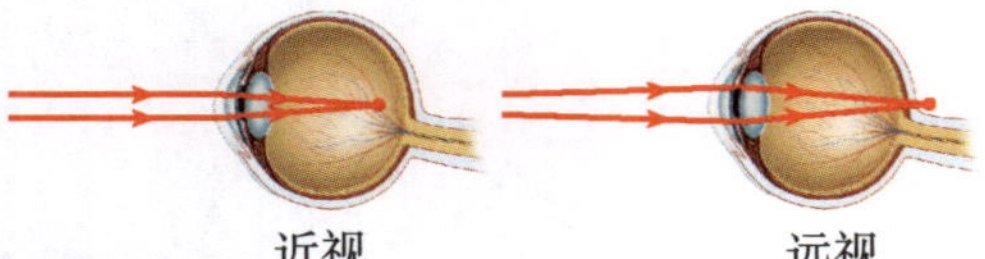

图18–28

34. **折射** 为什么说角膜是眼睛中的主要聚焦元件？

35. **照相机** 假设你的照相机正对着一个2 m外的人聚焦。现在你要对一棵更远的树聚焦，你应该移动镜头，使它更接近底片还是远离底片？

36. **批判性思维** 当你使用显微镜的最高放大倍数时，像显得比使用较低放大倍数时暗些。造成这个现象的可能原因是什么？怎样做才能得到较亮的像？

起步实验

观察不同液体中的吸管的形状

实验步骤

1. 在一个400 mL的烧杯中注满水。***注意:立即擦干溢出水。***
2. 在第二个400 mL的烧杯中充入半杯玉米糖浆,再用水将它灌满(缓慢灌水以免两种液体混合在一起)。
3. 在第三个400 mL的烧杯中充入半杯水,再用食用油将它灌满(缓慢灌油以免两种液体混合在一起)。
4. 在每一个烧杯中轻轻插入一根吸管,让吸管靠在杯口。
5. 缓慢转动烧杯,从烧杯侧面观察吸管。
6. 制作一个数据表,并将看到的每种溶液中吸管的情况记录在表中。

分析

7. 哪些容器中的吸管看起来似乎被折断了? 它们的断裂情况是否都相同? 哪段吸管看起来没有断裂? 请解释原因。

8. **批判性思维** 根据上述实验现象,提出一个假设,说明在什么情况下固体看起来是断裂的,又是在什么情况下看起来没有断裂。注意假设中需要包含断裂的程度。

迷你实验

透镜遮盖效应

实验步骤

1. 将一块凸透镜嵌入黏土球内,放在桌面上。***注意:透镜的边缘尖锐,操作时要小心。***
2. 在透镜的两侧,一边放一盏小灯,另一边放一块屏幕。在屏幕上形成灯泡的清晰的像。***注意:灯泡会变热,小心别灼伤皮肤。***

分析

3. 预测当用手遮盖住透镜的上一半时,像会发生什么变化。

4. 观察透镜的遮盖程度对像产生的影响。

5. 确定遮盖透镜是否只引起凸透镜形成的部分实像。

6. 研究要形成完整的像,至少要求透镜的几分之几没有被遮盖住?

物理实验

实验器材

- 把电灯接入或拔出电源插座时，确保电灯处于关闭状态。
- 处理电灯时要小心。它们会发热而灼伤皮肤。
- 透镜有尖锐的边缘，使用时要小心。

25 W的白炽灯泡。
灯座
已知焦距的薄凸透镜
米尺
透镜支架
索引卡片

凸透镜及其焦距

薄透镜公式指出，焦距的倒数等于像距倒数与物距倒数之和。

问题

薄凸透镜的像距与物距、焦距之间有什么关系？

目标

■ **绘制和运用图象**，描述薄凸透镜的像距与物距之间的关系。
■ **运用模型**，证明焦距是一个常量，它与像距无关。

实验步骤

1. 把米尺放在实验桌上，使其侧向直立，让米尺有标记的那一边朝向你。

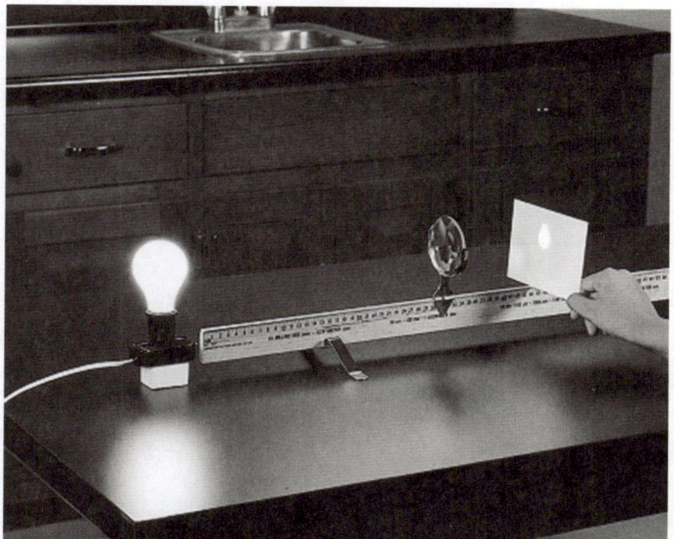

2. 把凸透镜放在透镜支架上，并将其置于米尺上10～40 cm之间(距离根据所用透镜的焦距而变)。
3. 点亮灯泡，把灯泡放在靠近米尺处，使灯泡中心正好位于米尺的0 cm刻度处。

4. 手持索引卡片，使透镜位于灯与索引卡片之间。

5. 前后移动卡片，以便获得一个尽可能清晰的灯泡的倒立像。

6. 记录灯泡与透镜的距离x_0，以及像与透镜的距离x_i。

7. 将透镜移至米尺的另一位置，离0 cm刻度处大于一个焦距。重复步骤5和6。

8. 重复步骤7三次。

数据表

实验	x_0(cm)	x_i(cm)
1		
2		
3		
4		
5		

计算表

实验	$\frac{1}{x_0}$ (cm^{-1})	$\frac{1}{x_i}$ (cm^{-1})	$\frac{1}{x_0}+\frac{1}{x_i}$ (cm^{-1})	f (cm)
1				
2				
3				
4				
5				

分析

1. 作一个点阵图，像距位于垂直轴，物距位于水平轴。可能的话，用计算机作图。

2. 计算$\frac{1}{x_0}$与$\frac{1}{x_i}$的值，并记录在计算表中。

3. 计算$\frac{1}{x_0}$与$\frac{1}{x_i}$的和，并记录在计算表中。计算这个和值的倒数，作为f值记入计算表格。

结论与应用

1. 观察点阵图，描述x_0和x_i之间的关系。

2. 从你老师处查出透镜的实际焦距。你计算的f值的准确性如何？

3. 对你5次实验的焦距的计算值进行比较，你的结果相似吗？

4. 为什么你会认为，你被告知不要把透镜放在靠近一个焦距长度处？

进一步探索

1. 哪一个测量更准确，是x_0还是x_1？你这样想的理由是什么？

2. 你可以怎样做，使两者的测量更准确？

生活中的物理学

假如你用照相机拍照时，要先拍远处的景色，再拍1 m内的物。那么透镜与底片之间的距离应如何改变？

深入思考

引力透镜

这里发生了什么？这幅图像实际上是由一前一后两个星系发出的光形成的，它被称作爱因斯坦环。

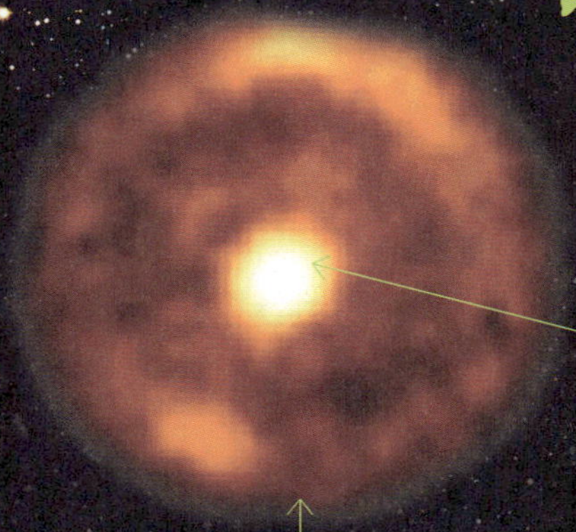

这个中心亮斑是近处星系发出的光。

这个外环是远处星系发出的。但是为什么远处星系发出的光，位于近处星系发出的光的后面？答案只能是爱因斯坦的空间弯曲的预言。这一现象称为爱因斯坦环。

远处物体发出的光在靠近巨大的物体时，如这里的星系，光会发生弯曲。在某一时刻，光线会聚，就好像近处的物体如同引力透镜一样，使远处光源的像变亮。

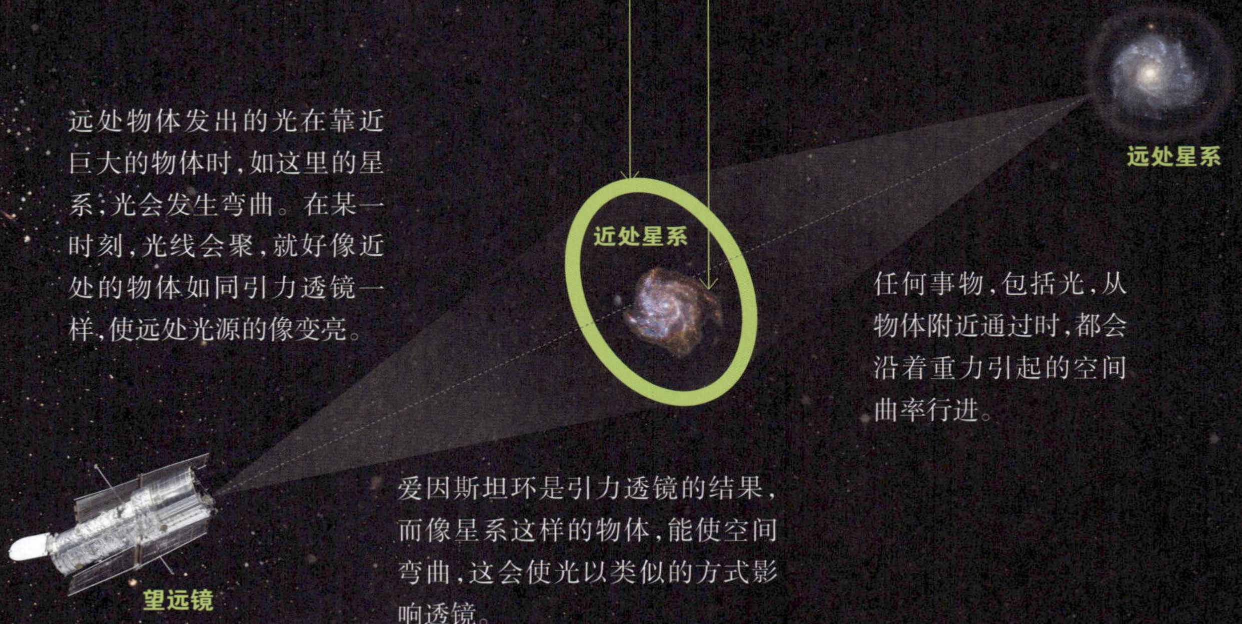

任何事物，包括光，从物体附近通过时，都会沿着重力引起的空间曲率行进。

爱因斯坦环是引力透镜的结果，而像星系这样的物体，能使空间弯曲，这会使光以类似的方式影响透镜。

进一步探索 >>>

研究 引力透镜是广义相对论的一个预言。研究该理论的其他预言。如何检验这些预言呢？

复习指南

大概念 透镜使光发生折射，并形成了像。

关键术语
- 折射率
- 临界角
- 全反射
- 色散

第1节 光的折射

主要概念 光通过两种介质间的交界面时，它弯折的程度与两种介质的折射率以及光的入射角有关。

- 光通过交界面从折射率n_1的介质进入折射率n_2的介质时，光发生折射，可以用斯涅耳折射定律描述：

$$n_1\sin\theta_1 = n_2\sin\theta_2$$

- 介质中的光速比真空中的光速小。真空中的光速c与任一介质中的光速v之比为该介质的折射率n。
- 当通过一种介质的光进入折射率较小的介质时，如果入射角超过临界角θ_C，光将因全反射而被反射回原介质中。临界角由介质的折射率决定。
- 诸如海市蜃楼和虹等光学现象都是折射的结果。海市蜃楼是因为温度对n的影响，而虹是因为白光发生色散。

关键术语
- 透镜
- 凸透镜
- 凹透镜
- 薄透镜公式
- 色差
- 消色差透镜

第2节 凸透镜和凹透镜

主要概念 透镜可以用于放大或缩小像。

- 当物距大于焦距时，单块凸透镜成实像，由光线会聚形成。当物位于透镜与焦点之间时，单块凸透镜成虚像，由发散光线的反向延长线形成。单块凹透镜总是成虚像，由发散光线的反向延长线形成。
- 画光路图时用两条光线就可以确定透镜形成的像的位置、放大率和取向。薄透镜公式将透镜的焦距f、物距x_0和像距x_i联系在了一起：

$$\frac{1}{f} = \frac{1}{x_i} + \frac{1}{x_0}$$

透镜成像的放大率m与面镜成像放大率的计算公式相同。
- 所有单个透镜都存在色差。把不同折射率的透镜组合起来使用，可以减弱色差。

关键术语
- 近视
- 远视

第3节 透镜的应用

主要概念 人们用透镜观察眼睛无法看到的物体。

- 空气与角膜的折射率不同，是使光在眼中会聚的主要原因。
- 近视是不能把远物清晰地聚焦在视网膜上。凹透镜可以纠正近视。远视是不能把近物清晰地聚焦在视网膜上。凸透镜可以纠正远视。
- 通过使用组合透镜，可以得到较小和较远物体的清晰像。

第1节 光的折射

理解概念

37. 光线以非0°角度通过空气进入玻璃。入射角与折射角的比值是多少？

38. 光线以非0°角度离开玻璃进入空气。入射角与折射角的比值是多少？

39. 对折射而言，临界角是什么？

40. 排序 如**图18-29**所示，一条光线从空气射入几种介质。把介质按照折射率从大到小进行排序，并说明理由。

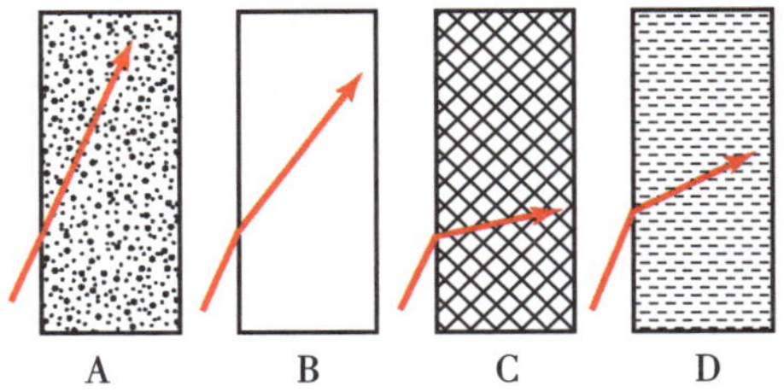

图18-29

41. 虽然来自太阳的光通过地球大气层时发生了折射，但并没有分散成光谱。这个事实对于不同色光通过空气时的速率有什么启示？

42. 解释月球在月食时呈现红色的原因。

解决问题

43. 参考**表18-1**。根据金刚石的折射率计算金刚石中的光速。

44. 光从含铅玻璃进入乙醇时，折射角为25.0°。入射角是多少？

45. 参考**表18-1**。求光从金刚石射入空气时的临界角。

46. 一束光射向充满水的鱼缸的平整玻璃侧面。已知入射角为40.0°，玻璃的折射率n=1.50。

a. 光束是以什么角度进入玻璃的？

b. 光束是以什么角度进入水中的？

47. 光通过空气进入液体，如**图18-30**所示。若光的入射角为30.0°，折射角为22.0°。用斯涅耳定律计算液体的折射率。把计算的折射率与**表18-1**中的值进行比较，这可能是什么液体？

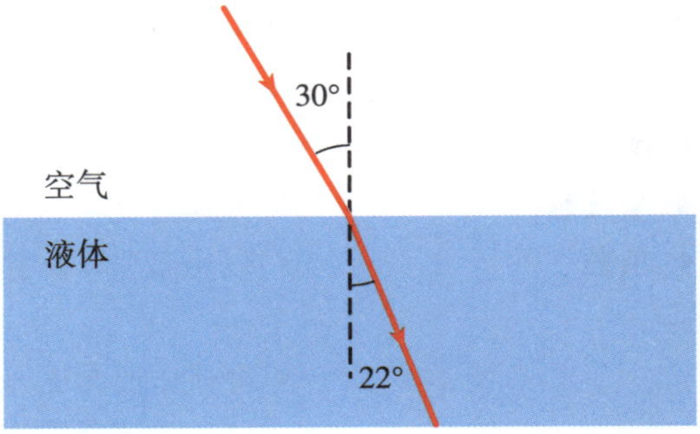

图18-30

48. 养鱼水箱 用折射率n=1.500的厚塑料板做水箱的箱壁。若从水中一条鱼反射来的光线射向箱壁时，其入射角为35.0°，那么光将以什么角度进入空气？

49. 游泳池灯光 已知光源位于注满水的游泳池的池水表面下2.0 m处，离池边1.5 m，如**图18-31**所示。到达池边的光线以什么角度离开水面？以这一角度沿光线看，池底显得比实际的更深，还是更浅？

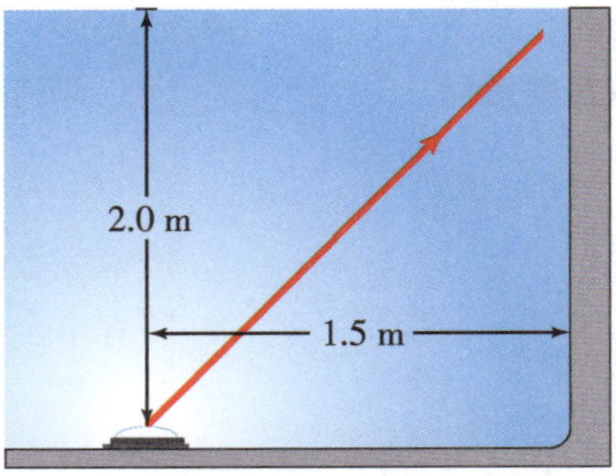

图18-31(不按比例)

50. 冕牌玻璃对紫光的折射率为1.53，对红光的折射率为1.51。在冕牌玻璃中，紫光和红光的光速分别是多少？

51. 有一种特殊的玻璃，光从该玻璃射入空气时的临界角为41.0°。如果把这种玻璃浸没在水中，此时光从玻璃射入水中的临界角是多少？

52. 金刚石对波长为656 nm的红光的折射率为2.410，对波长为434 nm的蓝光的折射率为2.450。假设白光以30.0°的入射角射向金刚石，求红光与蓝光的折射角。

53. 光以55.0°的入射角从水中射向空气，折射角是多少？

54. 如**图18-32**所示，光射向一个折射率$n=1.5$的玻璃三棱镜，三棱镜的三个内角均为60°。

a. 利用斯涅耳折射定律求θ_2。

b. 利用几何学知识求θ_1'。

c. 求θ_2'。

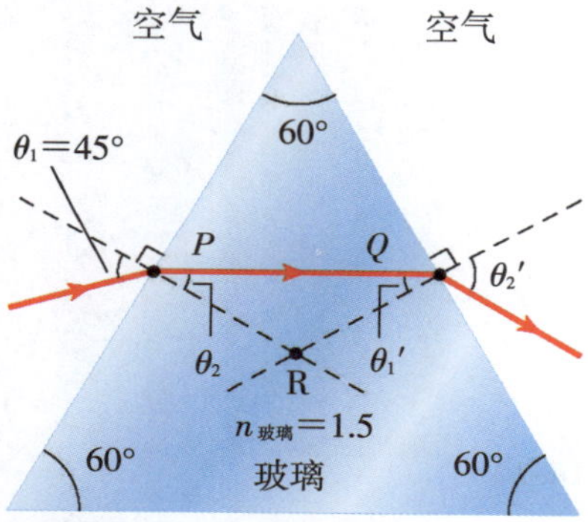

图18-32

55. 已知塑料内的光速为1.90×10^8 m/s。当光以22.0°的入射角射向塑料时，折射角是多少？

56. 光进入冕牌玻璃的情况如**图18-33**所示。画出光路图，显示光在玻璃内的传播路径。

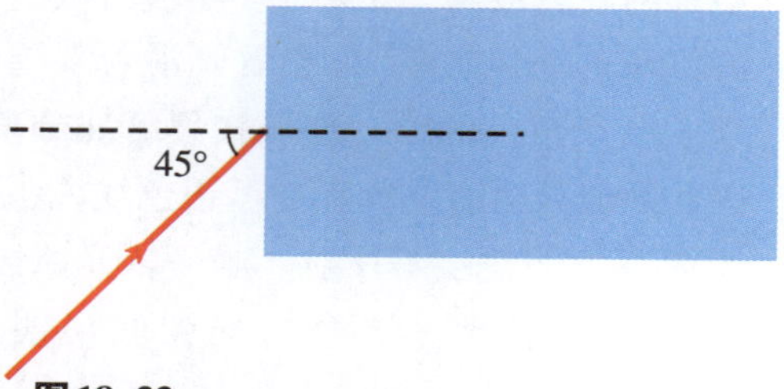

图18-33

第2节　凸透镜和凹透镜

理解概念

57. 凸透镜与凹透镜的形状有什么不同？

58. 除了透镜的表面曲率，还有什么因素会对透镜焦点的位置产生影响？

59. 解释为什么精密光学仪器一般都使用消色差透镜。

60. 描述当物位于凸透镜2倍焦距外某处时，产生的像的像距和物理性质。

61. 为了把图像从电影放映机投射到屏幕上，应该把电影胶片放在会聚透镜的F点和$2F$点之间。这样会产生一个倒立的像。为什么你在屏幕上看到的画面又是正立的呢？

解决问题

62. 已知凸透镜的焦距为17 cm，蜡烛放在透镜前34 cm处。用作图法求像距。

63. 已知会聚透镜的焦距为25.6 cm，把一个杯子放在透镜前72.5 cm处。像离透镜多远？

64. 如果要使一块凸透镜产生的像的大小为物体的0.75倍，且物体离透镜24 cm，那么透镜的焦距应该是多少？

65. 一个高2.4 cm的蛋糕，放在焦距为6.0 cm的凸透镜前14.0 cm处。

a. 作光路图，确定像的位置、大小和取向。

b. 运用数学方法求解。

66. 若将一瓶高3.0 cm的指甲油放在会聚透镜前15.0 cm处，产生的实像离透镜10 cm。

a. 透镜的焦距是多少？

b. 如果用2倍焦距的透镜代替原来的透镜，那么此时成的像的位置、大小和取向分别是什么？

67. 一块发散透镜的焦距为15.0 cm，物体放在透镜附近，在离镜面5.0 cm处形成高为2.0 cm的像。

a. 物距和物高分别为多少？

b. 如果用同样焦距的会聚透镜代替发散透镜，像距、像高和像的取向分别是什么？形成的是虚像还是实像？

68. **编写问题**　用生活中的物体编写一道物理题，在它的解答中会出现下列表达式：

$$\frac{1}{0.06\ \text{m}}+\frac{1}{x_i}=\frac{1}{0.04\ \text{m}}。$$

第3节 透镜的应用

理解概念

69. **大概念** 描述眼睛的聚光原理。

70. 在什么条件下，眼睛的焦距太短，以至不能把光聚焦在视网膜上？

71. 折射望远镜中的物镜产生什么类型的像？你是怎么知道的？

72. 双筒望远镜中的三棱镜增加了物与透镜之间的距离。这样做的目的是什么？

73. 照相机中反光镜的作用是什么？

解决问题

74. **照相机镜头** 照相机透镜的功效一般用焦距描述。50.0 mm镜头的焦距为50.0 mm。
   a. 用镜头为50.0 mm的照相机聚焦3.0 m远处的物体时，像距是多少？
   b. 用一个1 000.0 mm的镜头聚焦125 m远处的物体时，像距是多少？

75. **眼镜** 患有远视的女孩为了看清25 cm远处的书，需要像离开她的眼睛45 cm。她所戴的眼镜的透镜焦距是多少？

76. **照相机** 使用镜头焦距为35 mm的照相机拍摄远物。实像离透镜多远？请解释。

77. **复印机** 一台复印机中的凸透镜的焦距为25.0 cm。待复印的信件放在距离透镜40.0 cm处。
   a. 复印纸离开透镜多远？
   b. 复印件为多大？

78. **显微镜** 载有洋葱细胞的玻片放在离显微镜物镜12 mm处，已知物镜的焦距为10.0 mm。
   a. 产生的像离透镜多远？
   b. 像的放大率是多少？
   c. 形成的像位于目镜透镜下方10.0 mm处。如果目镜的焦距为20.0 m，最后成像在何处？
   d. 这个复合系统的最终放大率是多少？

79. **望远镜** 在玩具折射望远镜中，焦距为20.0 cm的会聚物镜距离会聚目镜25.0 cm，目镜的焦距为4.05 cm。用此望远镜观看距离物镜425 cm外的高10.0 cm的物体。
   a. 物镜形成的像的取向如何？像距和像高分别是多少？这个像是实像还是虚像？
   b. 物镜的像成为目镜的物。当观察者往望远镜里观看时，像距、像高和像的取向分别是什么？形成的像是实像还是虚像？
   c. 该望远镜的放大率是多少？

应用概念

80. 如**图18-34**所示的物质A和B，哪一个的折射率较大？请解释。

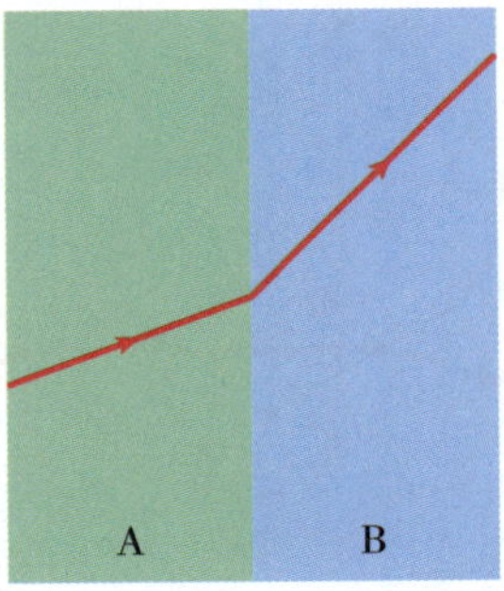

图18-34

81. 折射率增大时，光速是如何改变的？

82. **传说中的海市蜃楼** 传说红种人艾里克在海市蜃楼中看到了一个神秘的岛屿。于是他从冰岛出发，经过了很久的航行，终于发现了这个格陵兰岛。请描述海市蜃楼是如何发生的。

83. **破碎的防风玻璃** 如果你不小心打破了你的汽车的防风玻璃，你会看到沿着裂缝出现了一条银色的线。玻璃在裂缝处分离，因此裂缝处会有空气存在。银色线说明了光在裂缝处发生了反射。画一幅光路图，对此作出解释。这个情况到底说明了什么？

84. **虹** 为什么身处北半球的你从来没有看到过南边天空中出现虹？如果你在南半球，你希望看到虹，那么你应朝哪个方向看？

85. 蓝光通过三棱镜后的弯折程度比红光的更大。请解释原因。

86. 折射率增大时，临界角的大小是如何改变的？

87. 光通过透镜时会有色差，但从面镜反射时却没有色差。这是为什么？

88. 空气与水，空气与玻璃，哪一对介质的临界角更小？

89. 假定重画**图18-13**，所用透镜的焦距相同但直径较大。解释为什么像距保持不变。所成的像会在某一方面受到影响吗？

90. 游泳者用放大镜观察游泳池底的一个微小物体。她发现放大镜不能很好地将物体放大。解释为什么此时放大镜的功能与在空气中时不一样。

91. 在强烈的阳光下，你的瞳孔会比在昏暗光线下小。解释眼睛在强烈光线下能更好聚焦的原因。

92. **双筒望远镜** 双筒望远镜中的物镜产生正立的实像。对目镜而言，该实像的位置在哪里？

复习提高

93. 一个高3.0 cm的物体放在会聚透镜前20 cm处，形成的实像距离透镜10 cm。透镜的焦距是多少？

94. 光通过冕牌玻璃到另一个介质时，发现临界角为45.0°。该介质的折射率是多少？

95. 三氧化锑的折射率为2.35。在该介质中的光速是多少？

96. **天文学** 如果太阳与地球之间充满了水，而不是真空，那么光从太阳到达地球要多花多少时间？已知太阳与地球的距离为1.5×10^{8} km。

97. **银行出纳窗** 用厚25 mm、折射率$n=1.5$的塑料平板作为银行的出纳窗。当光以45°角射向塑料板上的某点时，它也会以45°角在不同的点的位置离开。如果没有塑料平板，那么光的入射点与反射点的位置相同。利用光路图，求出这两个不同点之间的距离。

98. 从斯涅耳折射定律的一般形式$n_1\sin\theta_1=n_2\sin\theta_2$中，推导出$n=\frac{\sin\theta_1}{\sin\theta_2}$。请说明这需要有什么假定和限制。

99. 如果一块玻璃方砖的折射率为1.5。那么你的视线无法从它的一个侧面透过另一个邻近的侧面。此时，这一侧面就跟一面镜子一样。如**图18-35**所示为临近侧面不能作为面镜的极端情况。用几何知识和临界角证明，当玻璃的折射率$n_{玻璃}=1.5$时，这种光线结构是不可能实现的。

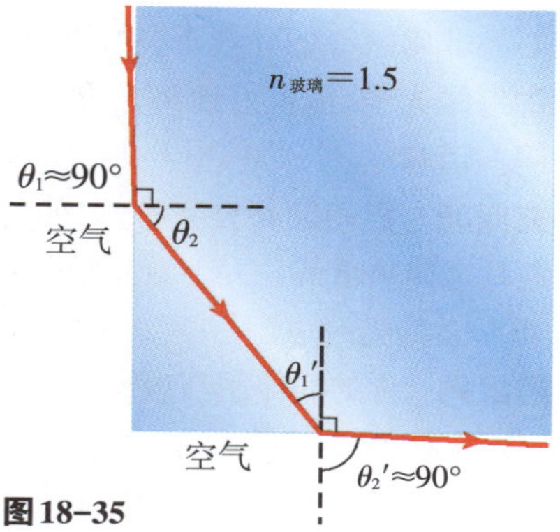

图18-35

100. **视在深度** 阳光从水缸底面朝四面八方反射出去，如**图18-36**所示为从缸底某一点散乱反射出来的许多光线中射向水面的两条。图中的红色虚线为其中一条折射光线的反向延长线，它与另一条垂直射向水面的光线相交。计算折射光线射出水面的方向。如果你向水缸里看，缸底显示出来的深度是多少？将实际深度除以视在深度，然后将所得的值与折射率进行比较。

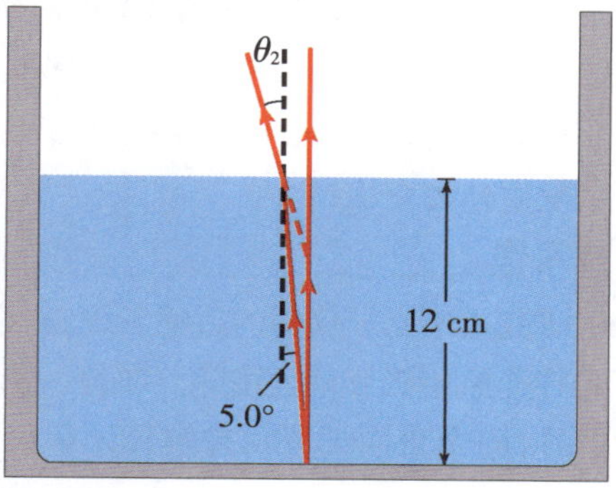

图18-36

101. 如果你能看清一本距离你眼睛晶状体35.0 cm的书，那么你眼睛晶状体的焦距是多少？已知晶状体与视网膜的距离为19 mm。

批判性思维

102. **辨认空间关系** 白光通过空气(n=1.000 3)以45°角射入玻璃板。已知此玻璃对蓝光(λ=435.8 nm)的折射率n=1.770 8，对红光(λ=643.8 nm)的折射率n=1.727 3。红光和蓝光的色散角分别是多少？

103. **对比与比较** 求出冰(n=1.31)的临界角。在非常寒冷的环境下，由冰或玻璃制成的纤维光缆，能更好地将光维持在光缆内吗？请解释。

104. **补充问题** 把问题补充完整，以便可以用斯涅耳定律来求解：“一个激光器产生波长为453 nm的光……”

105. **分辨因果** 你的同伴用凸透镜形成了一个像，像距x_i=25 cm，像高h_i=4.0 cm。为了检验这个结果，你用焦距为−15 cm的凹透镜重新进行实验。你把凹透镜放在凸透镜与原像之间，离开像的距离为10 cm。使你大吃一惊的是，你看到墙上有一个放大的实像。据说凸透镜的像现在成为凹透镜的物，但因为在凹透镜的另一面，故成了虚物。用这些提示，求出新像的位置和像高，并预言凹透镜是否改变了原像的取向。

106. **操作性定义** 通常你会看到，从幻灯片或投影机射出的白光斑点的边缘有多彩的条纹出现。命名和描述引起这些效应的作用。

107. 用一块透镜把物体的像投射到屏幕上。假设你把这块透镜的一半遮盖住，那么像会发生什么变化？

科技写作

108. 研究用于光学仪器的透镜系统，如投影仪、特殊照相机或望远镜等。准备一系列的图片，向全班同学展示并解释光学仪器是如何成像的。

109. 眼睛中晶状体的周围肌肉的收缩或放松，使得眼睛可以对近物或远物聚焦。不同物种的这一调节过程是各不相同的。研究不同动物的这种功能，并准备一篇报告，向全班同学讲述不同眼睛的构造是如何完成这一精细聚焦工作的。

日积月累

110. 如**图18-37**所示，如果你把一袋2.0 kg的铅弹从1.5 m高度处丢下，假定一半势能转化为铅弹的热能，另一半成为地板的热能。你必须把这个袋子丢几次，才能使铅弹的温度升高10℃？

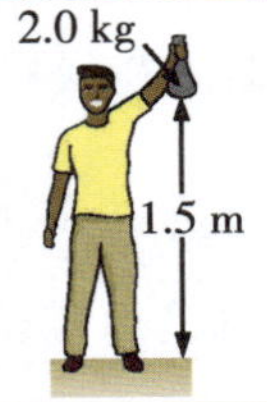

图18-37

111. 汽车在十字路口靠近一位行人时鸣喇叭。当汽车刹车让行人通过时，这位行人听到了什么？

112. 假设你可以站在太阳表面称自己的体重，你还可以测量太阳可见光谱在你手上产生的照度。再则，想象你飞离太阳表面到达一个新的位置，此时你离开太阳中心的距离为原来的1 000倍。
   a. 与之前相比，你在新位置上所受的太阳重力有何变化？
   b. 与之前相比，你在新位置上所受的太阳照度有何变化？(简单起见，假定太阳是点光源)
   c. 比较距离对重力与对照度的作用。

113. **美人镜** 正在试用化妆品的顾客的鼻子高3.00 cm，她站在凹面镜前6.00 cm处，凹面镜的焦距为14.0 cm。用下列方法求顾客鼻子的像距和像高。
   a. 通过按比例作光路图求解。
   b. 利用面镜公式和放大率公式求解。

第18章 标准化测试

选择题

1. 手电筒光束以46°的入射角射向黑暗中的游泳池。已知水的折射率为1.33，光束在水中的折射角是(　　)

A. 18°　　**B.** 30°

C. 33°　　**D.** 44°

2. 金刚石中光速为1.24×10^8 m/s。金刚石的折射率是(　　)

A. 0.042 2　　**B.** 0.413

C. 1.24　　**D.** 2.42

3. 下列现象，不包含在虹的形成过程中的是(　　)

A. 衍射　　**B.** 色散

C. 反射　　**D.** 折射

4. 如图所示，凯密正在给乔奇拍照。已知凯密所用的照相机中的凸透镜的焦距为0.047 0 m。乔奇的像距是(　　)

A. 1.86 cm　　**B.** 4.70 cm

C. 4.82 cm　　**D.** 20.7 cm

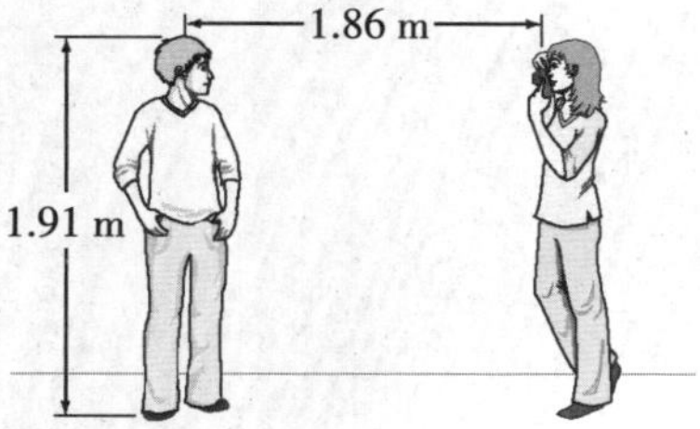

5. 物在照相机前4.15 m处，像距为5.0 cm。此时的放大率为(　　)

A. −0.83　　**B.** −0.012

C. 0.83　　**D.** 1.22

6. 下列内容，不包含在海市蜃楼的形成过程中的是(　　)

A. 近地面空气加热

B. 惠更斯子波

C. 反射

D. 折射

7. 如下图所示的情形中，像距为(　　)

A. −6.00 cm　　**B.** −1.20 cm

C. 0.167 cm　　**D.** 0.833 cm

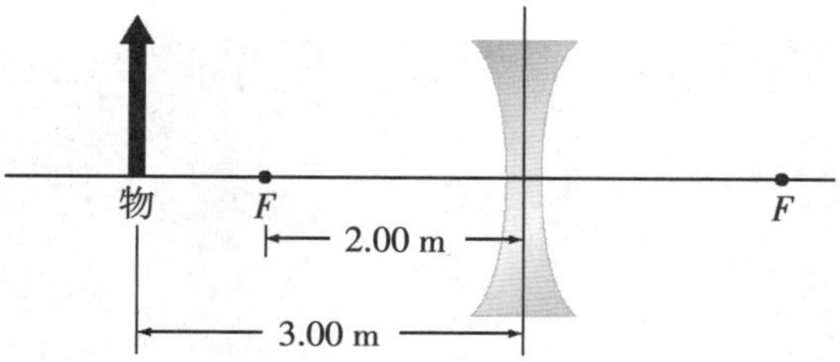

8. 光从玻璃($n=1.52$)进入水($n=1.33$)时，全反射的临界角为(　　)

A. 29.0°　　**B.** 41.2°

C. 48.8°　　**D.** 61.0°

9. 当凸透镜被遮盖住一半时，形成的像会(　　)

A. 一半消失

B. 暗淡

C. 模糊

D. 倒转

拓展题

10. 金刚石—空气交界面上全反射的临界角为24.4°。如果光以20.0°角射向该交界面，空气中的折射角是多少？

11. 物离透镜6.98 cm，形成的像位于同一边但离透镜2.95 cm。确定产生此像的透镜的类型，并解释你是怎么知道的。

考点提示

测试题号	1	2	3	4	5	6	7	8	9	10	11
对应小节	1	1	1	3	2	1	2	1	2	1	2

第19章

干涉和衍射

大概念 光波能发生衍射和干涉。

内容提要

起步实验

光的图像

不同颜色的光和白光从光盘上反射时，你在屏幕上观察到的光的图像是什么？

第1节 干 涉

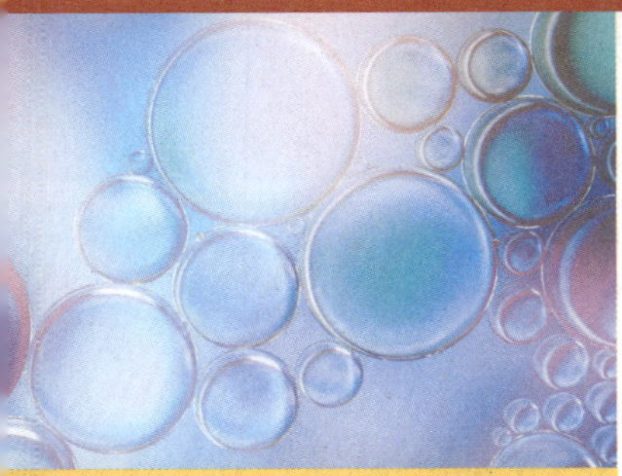

主要概念

光通过狭缝或从薄膜反射时,发生干涉。

核心问题

- 光经过两个缝如何产生干涉图样?
- 如何用干涉图样去求出光的波长?
- 如何把模型技术用到薄膜干涉上?

术语回顾

干涉 两个或更多个波叠加的结果

关键术语

非相干光
相干光
干涉条纹
单色光
薄膜干涉

物理在你身边 你看到过肥皂泡或肥皂水呈现出的彩色条纹吗?这是由于薄膜干涉而引起的。光如何与物质相互作用产生这些现象的呢?

非相干光和相干光

正如你们所知道的,光具有波的性质。光在通过边缘时会发生衍射。你们在研究面镜和透镜时,学习了如何用光的波动模型解释光的反射和折射现象。那么,为什么科学家会认为光具有波的性质呢?这是因为科学家发现,光能发生干涉,而干涉是波叠加的结果。

非相干光 当你在观察一个被白色光源(例如不远处的白炽灯泡)照亮的物体时,你看到的光为**非相干光(incoherent light)**,这种光的波前是不同位相的。在倾盆大雨时,平静的水面上出现的涟漪,就是波的非相干性效应的结果。这种波没有任何有规则波形。但是,由于光波的频率非常高,因此你无法看到非相干光起伏的波浪;相反,当来自非相干光源的光照射到物体上时,你看到的只是非相干光重叠后产生的均匀的白光。

相干光 由相同波长、且彼此同位相的波组成的光是**相干光(coherent light)**。相干光组成的规则波前由一个点光源产生,如**图19-1**所示。规则波前也可以由同位相的多个点光源产生。激光器产生的光就是这类相干光。

图19-1 起伏的、不规则的波动模型(非相干光)。规则的波动模型(相干光)。

相干光的干涉

在1801年到1803年，如**图19-2**所示的英国物理学家托马斯·杨(T.Young)进行了许多研究，证明了光具有波动性。在关键性的研究中，他让小光源的光通过两条狭缝，产生了干涉图样。

托马斯·杨从极小的光源区域中选择光，让它通过一个很窄的单缝，使它成为相干光。把相干光射向屏障上两条很窄的狭缝，从狭缝出来的光在观察屏上叠加，结果产生了明暗交替的图样，这被称为**干涉条纹(interference fringes)**。杨氏认为，这些明暗光条纹一定是从屏障的两条狭缝中出来的光波，发生了相长干涉和相消干涉的结果。

只有一种波长的光是**单色光(monochromatic light)**。在双缝干涉实验中使用的就是单色光，这种光在发生相长干涉时，屏幕上会产生特定颜色的中心亮条纹，左右两边则按几乎相等的间隔，出现接近等宽的其他亮条纹，如**图19-3**左边两幅图所示。你们也可从图中看到，离中心条纹较远的亮条纹，强度逐渐减弱。亮条纹之间是暗区，它是相消干涉的结果。相长干涉条纹和相消干涉条纹的位置与光的波长有关。

如果用白光做双缝实验，那么发生干涉后产生的是多色光谱，如**图19-3**中的右边那幅图所示。在可见光谱中的各种色光在屏幕上重叠。所有色光的波长都会发生相长干涉，因此中心条纹是白色的。同时，相长干涉的其他条纹的位置与波长有关，每种颜色的条纹都在不同的位置，最后就形成多色光谱。

图19-2 托马斯·杨(1773—1829)在许多不同的研究领域做出了贡献。除了建立光的波动理论，他还在辨认埃及象形文字方面有所建树。

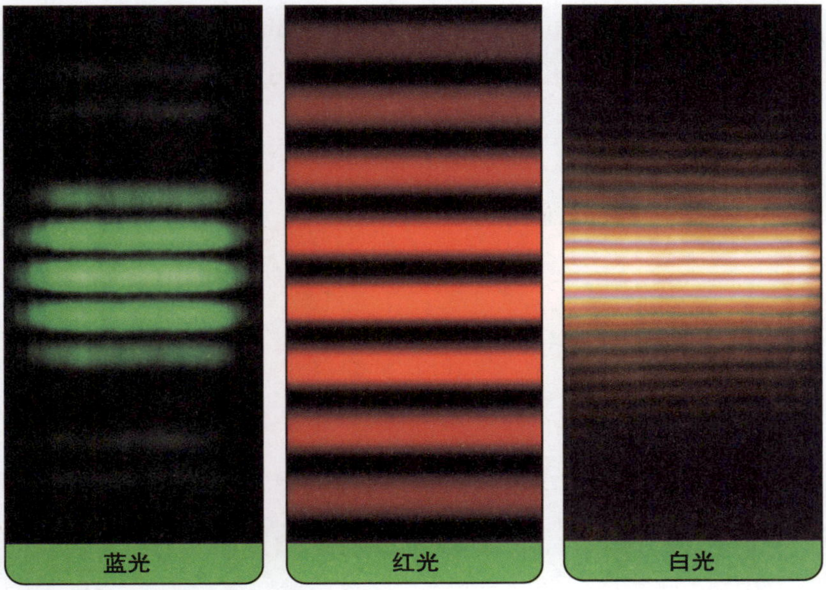

图19-3 双缝干涉图样的中心亮带，以及两边的暗带和亮带。

物理实验

全息照相*

相干光干涉与全息照相有什么关系？

图 19-4 光通过狭缝后产生近圆柱面波前。

思考 为什么狭缝宽度是光的波长的几十倍到几百倍?

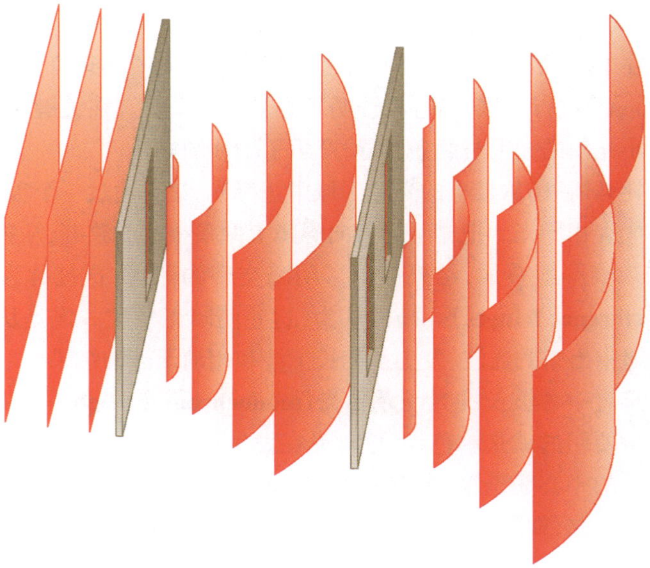

相干光的产生 单色光源的光产生相干光。把一个有狭缝的光学屏障放在单色光源前。由于狭缝很窄,因此只有光的相干部分才能通过,并发生衍射,产生近圆柱面的衍射波前,如**图 19-4** 所示。第二个屏障有两个很窄的狭缝。圆柱体是对称的,故到达第二个屏障上的双缝的波前的位相相同。然后,双缝又产生了相干的近圆柱面波前,并发生干涉,如**图 19-4** 所示。依据相位关系,两列波可以发生相长干涉或相消干涉,如**图 19-5** 所示。当光波传播到屏幕上时,产生相长干涉,就形成亮条纹;如果产生相消干涉,就形成暗条纹。

图 19-5 相干波产生相长干涉和相消干涉

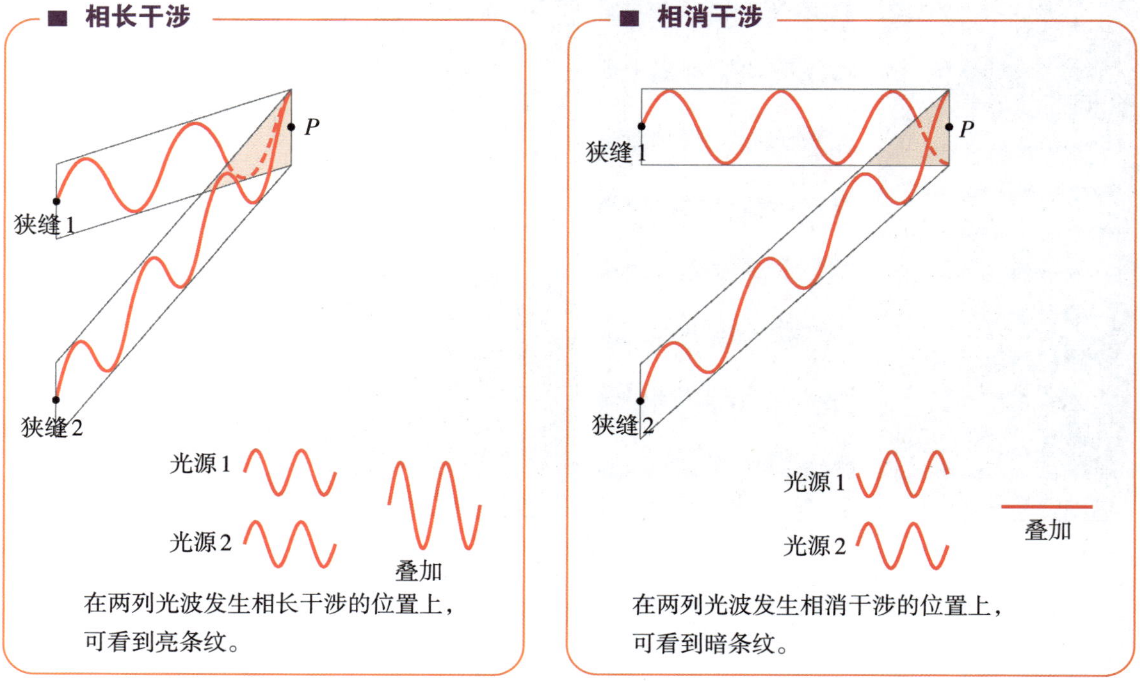

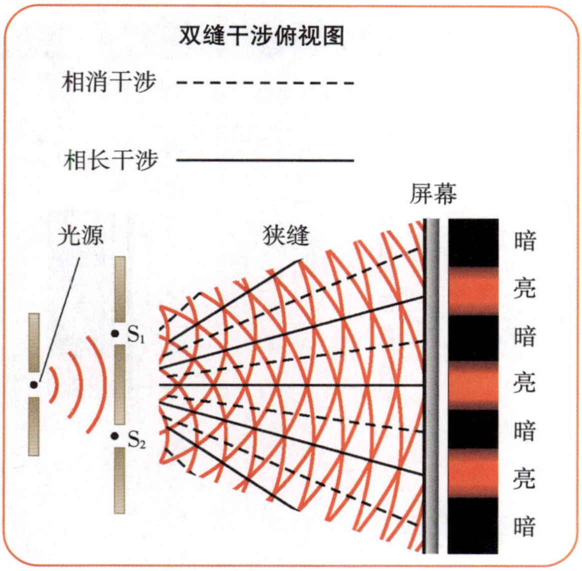

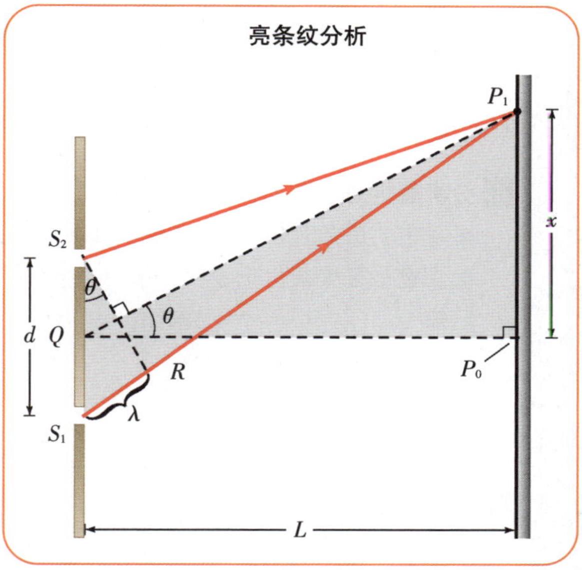

测量光的波长 如**图19–6**所示为双缝干涉实验的俯视图。波前的相长干涉和相消干涉形成亮条纹和暗条纹。从**图19–6**中可以看到，从两条狭缝发出的光波到达P_0点时，前进了相同的距离，相位相同，因此在屏幕上发生相长干涉，产生中心亮条纹。点P_1位于中心条纹附近，线段P_1S_1比线段P_1S_2长一个波长λ，因此这两列光波也是同相位的，它们由于干涉产生了如图所示的第一级亮条纹。

图19–6 双缝干涉可用来确定光的波长。由于L比d大很多，θ很小，波长的方程是在简化条件下得到的。

图中有两个阴影三角形。较大的一个是直角三角形，$\tan\theta=\frac{x}{L}$。较小的三角形RS_1S_2中，线段S_1R为两条光波的路程差，它等于一个波长。为了方便求解，这里采取了两个简化措施：

1. 如果L比d大得多，那么线段S_1P_1和线段S_2P_1接近平行，同时与线段QP_1平行，三角形RS_1S_2近似为直角三角形，故$\sin\theta\approx\frac{\lambda}{d}$。

2. 如果θ很小，$\sin\theta=\tan\theta$。

在上述简化条件下，将$\tan\theta=\frac{x}{L}$，$\sin\theta=\frac{\lambda}{d}$以及$\sin\theta=\tan\theta$结合起来，得到方程$\frac{x}{L}=\frac{\lambda}{d}$。由此可解出$\lambda$：

双缝实验中的波长

双缝实验测得的光的波长，等于屏幕上中心亮条纹与第一级亮条纹之间的距离，乘以双缝的间距，再除以双缝与屏幕之间的距离。

$$\lambda=\frac{xd}{L}$$

双缝相长干涉可在中心亮条纹两边的x_m处发生。在小角度的情况下，x_m可由方程$m\lambda=\frac{x_m d}{L}$计算得出，其中$m=0,1,2,\cdots$。当$m=0$时为中心亮条纹，$m=1$时为第一级亮条纹，依次类推。

物理实验

什么是波长*

双缝干涉图样怎样与衍射和波长联系起来？

双缝干涉

如何用光的双缝干涉图样测量光的波长？

例题1

光的波长 通过双缝实验测量红光的波长。已知双缝的间距为0.019 0 mm。屏幕设置在0.600 m远处，第一级亮条纹与中心亮条纹的距离为21.1 mm。求红光的波长。

1 分析概括问题

- 作出实验示意图，标出双缝和屏幕。
- 在适当位置画出干涉图样中的亮条纹。

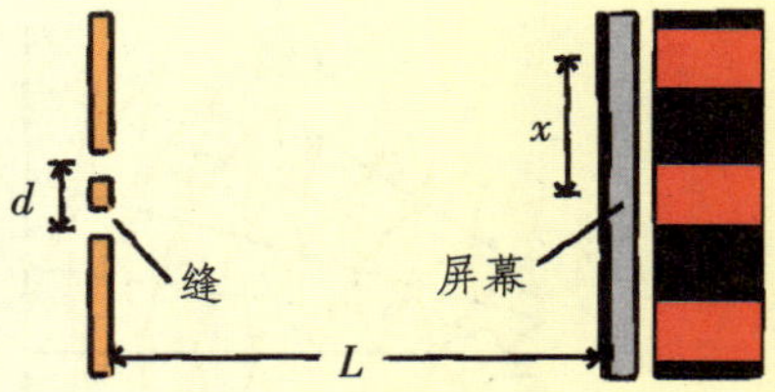

已知	未知
$d=1.90\times10^{-5}$ m	$\lambda=?$
$x=2.11\times10^{-2}$ m	
$L=0.600$ m	

2 求解未知量

$$\lambda=\frac{xd}{L}$$

$$=\frac{2.11\times10^{-2}\ \text{m}\times1.90\times10^{-5}\ \text{m}}{0.600\ \text{m}}$$

◀将$x=2.11\times10^{-2}$ m，$d=1.90\times10^{-5}$ m，$L=0.600$ m代入。

$$=6.68\times10^{-7}\ \text{m}=668\ \text{nm}$$

3 验证答案

- **答案是否正确？** 答案的单位为长度单位，对于波长而言是正确的。
- **数值是否合理？** 红光波长接近700 nm，蓝光波长接近400 nm，因此答案中的红光波长是合理的。

练一练

1. 用紫光照射相距1.90×10^{-5} m的双缝。已知屏幕与双缝之间的距离为0.600 m，第一级亮条纹与中心亮条纹相距13.2 mm。求紫光的波长。
2. 将从波长为596 nm的钠灯中发出的黄橙光，射入间距为1.90×10^{-5} m的双缝。如果屏幕与双缝的距离为0.600 m。第一级黄色亮条纹与中心亮条纹之间的距离是多少？
3. 某班学生使用波长$\lambda=632.8$ nm的激光进行双缝实验。一名学生把屏幕设置在离开双缝1.000 m处，发现第一级亮条纹离开中心亮条纹的距离为65.5 mm。双缝间距是多少？
4. **挑战题** 波长为596 nm的黄橙光，通过间距为2.25×10^{-5} m的双缝，在屏幕上产生干涉图样。如果第一级黄色亮条纹与中心亮条纹相距2.00×10^{-2} m，屏幕与双缝相隔多远？

杨氏在1803年提出他的发现后，曾受到大多数物理学家的嘲笑，因为他们支持牛顿的光的粒子模型。直到1820年他的结论才开始被科学家接受。那一年，菲涅耳(J.Fresnel)在一次竞赛中提出了光的波动性的数学验证。作为评判者之一的泊松(S.Poisson)表示，如果菲涅耳的计算正确，那么用相干光照射圆形物体，其影子中心必定会出现一个亮斑。这可是大家从来没有看到过的。另一名评判者阿拉果(J.Arago)用实验证实了这一点。“泊松亮斑”的预言与发现，使泊松和阿拉果以及许多其他人对光的波动性深信不疑了。

薄膜干涉

肥皂泡上出现的多色光谱，你在停车场水洼表面的油膜上也能看到，如**图 19–7** 所示。回忆一下，你见过这一现象吗？你已经知道，这种颜色不是白光通过三棱镜分解后的产物，也不是因为其中有颜料产生的，而是因为薄膜反射导致了光波发生相长或相消干涉。科学家将这种现象称为**薄膜干涉（thin–film interference）**。

图 19–7 油膜中看到的多色漩涡，是薄膜干涉的结果。

如**图 19–8** 所示，如果想办法将肥皂膜竖直放置，那么，重力将使它的顶端变薄，而底部增厚，且自上而下的厚度渐渐增加。当光线射入肥皂膜时，部分反射，如图中的光线 1 所示，部分透射。透射波通过薄膜后，在后表面上再次被反射，如图中的光线 2 所示。反射和透射的光波与原来的光波具有相同的频率；如果原来是不相干光，那么经薄膜反射后的光线 1 和光线 2 就成了相干光。

颜色增强 如果有一种颜色增强，那么反射会有什么变化呢？现在考虑一下给定波长的两列反射波同相这种情况。如**图 19–8** 所示，假设肥皂膜的厚度是 $\frac{\lambda}{4}$，那么光波在薄膜中来回的路程为 $\frac{\lambda}{2}$。这样，光线 2 回到前表面时与光线 1 的相位差看起来似乎应该为 $\frac{\lambda}{2}$。由于叠加原理，两者将彼此抵消。然而事实上，当横波以较慢的波速从介质中反射回来时，波会反相。对光波而言，这种情况通常发生在从较大折射率的介质反射的情况下。也就是说，光线 1 在反射后反相。光线 2 由于是在折射率较小的介质（空气）发生反射的，所以不会反相。故此时光线 1 与光线 2 其实是同向的。

迷你实验

肥皂膜

肥皂膜产生的薄膜干涉，看上去像什么？

如果薄膜的厚度 d 满足 $d=\frac{\lambda}{4}$，那么，这种色光将发生相长干涉，即两列反射波离开薄膜时彼此加强，而其他的色光发生相消干涉。请注意，薄膜中的光的波长比空气中的短，因此，用空气中的波长表示，就有 $d=\frac{\lambda_{膜}}{4}=\frac{\lambda_{真空}}{4n_{膜}}$。

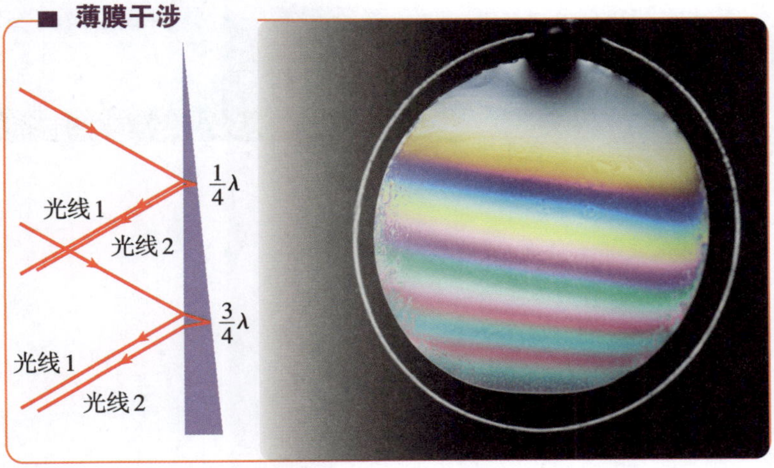

图 19–8 在肥皂膜厚度为 $\frac{\lambda}{4}$、$\frac{3\lambda}{4}$、$\frac{5\lambda}{4}$……处，波长为 λ 的光同位相。在这些厚度处可以看到有色条纹。

生活中的物理学

无反射的眼镜片

在眼镜片上粘贴薄膜，可以挡住刺眼的反射光，避免反射光的闪烁，并让更多的光透过。

你知道，不同的色光具有不同的波长。对于厚度有变化的薄膜而言，不同厚度处满足不同色光加强的条件，于是薄膜上就出现了多色光谱。如果某处薄膜太薄，不能产生相长干涉，那么该处就会呈现黑色。请注意，**图19-8**中的光谱是重复的。这是因为当薄膜的厚度为$\frac{3\lambda}{4}$时，光波来回的距离为$\frac{3\lambda}{2}$，该处也将发生相长干涉。总之，当薄膜厚度等于$\frac{\lambda}{4}$，$\frac{3\lambda}{4}$，$\frac{5\lambda}{4}$……时，都将满足特定波长发生相长干涉的条件。

薄膜干涉的应用　在上面介绍的肥皂膜的例子中，两列光波中有一列在反射时发生了反相，由此两列波发生了相长干涉。而在本章关于泡沫溶液的案例中，当薄膜的厚度变化时，发生相长干涉的光波的波长也随之改变。因此，在白光的照射下，肥皂膜表面产生的色光谱会发生移动。

还有一些薄膜干涉，反射的两列波都不反相。此时情况又会如何呢？波是否反相，要看相关介质的折射率。如果两列波从低折射率到高折射率行进，它们两者都要反相。在此情况中，薄膜厚度在$\frac{\lambda}{2}$，λ，$\frac{3\lambda}{2}$，2λ，$\frac{5\lambda}{2}$……时，发生相长干涉。下列策略可以帮助你解答有关薄膜干涉的问题。

解题　策略

薄膜干涉

在求解有关薄膜干涉的问题时，你可以利用以下策略建立相应的方程。

1. 作出薄膜和两列相干波的示意图。为了简单起见，把光波画成光线。
2. 研究问题，弄清反射光是加强还是减弱。如果加强，两列反射波就发生相长干涉；如果减弱，就发生相消干涉。
3. 反射时，是一列波反相，还是两列波都反相？如果光是从折射率较小的介质入射到折射率较大的介质，那么反射波会反相。反之，波不反相。
4. 确定第二列波通过薄膜到达产生干涉处所必须经过的额外距离。
   a. 如果发生相长干涉，且一列波反相；或发生相消干涉，两列波都反相，或都不反相。在这些情况下，两列波的距离之差是半波长的奇数倍：$(m+\frac{1}{2})\lambda_{膜}$，其中$m=1,2,3,\cdots$。
   b. 如果发生相长干涉，且两列波都反向，或都不反向；或者发生相消干涉，且一列波反向。在这些情况下，两列波的距离之差是波长的整数倍：$m\lambda_{膜}$，其中$m=1,2,3,\cdots$。
5. 设第二列波经过的额外距离为膜厚的2倍：$2d$。
6. 利用之前介绍的公式$\lambda_{膜}=\frac{\lambda_{真空}}{n_{膜}}$进行计算。

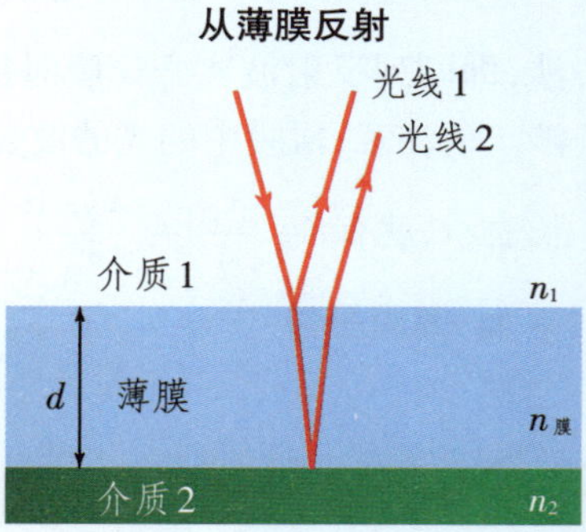

例题2

油和水 如果观察到水洼上有彩色圈环，可得出结论：水上一定有油层。假设从水洼上直接往下观察，可看到黄－绿（$\lambda=555$ nm）条纹。已知油的折射率为1.45，水的折射率为1.33，引起这种色彩的油层的厚度最小是多少？

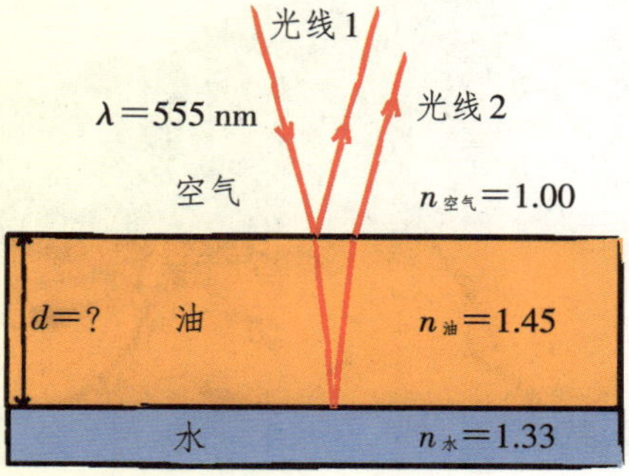

1 分析概括问题

- 作出示意图，标出薄膜和上下膜的交界面。
- 作出光线，表示膜层顶部和底部发生的反射。

已知	未知
$n_{水}=1.33$	$d=?$
$n_{油}=1.45$	
$\lambda=555$ nm	

2 求解未知量

因为$n_{油}>n_{空气}$，所以在第一次反射时光波发生了反相。因为$n_{水}<n_{油}$，所以在第二次反射时光波没有反相。因此，只有一列波反相。油中光的波长小于空气中光的波长。

根据"解题策略"，建立方程。

$$2d=\left(m+\frac{1}{2}\right)\frac{\lambda}{n_{油}}$$

因为要求的是最小厚度，因此$m=0$。

$$d=\frac{\lambda}{4n_{油}}$$ ◀将$m=0$代入。

$$=\frac{555\ \text{nm}}{4\times1.45}=95.7\ \text{nm}$$ ◀将$\lambda=555$ nm，$n_{油}=1.45$代入。

3 验证答案

- **单位是否正确？** 答案用nm为单位，对厚度而言是正确的。
- **数值是否合理？** 最小厚度比一个波长小，应该如此。

练一练

5. 在例题2的情况中，如要产生反射的为红色条纹（$\lambda=635$ nm），那么最小油层厚度应是多少？
6. 如**图19–9**所示的示意图，一块玻璃透镜上原有一无反射涂层。如果在这块$n=1.52$的玻璃上再放一层$n=1.38$的氟化镁膜，为了使黄—绿光（$\lambda=555$ nm）不被反射出来，氟化镁膜层应当有多厚？
7. 把吹气泡的麦秆插入某泡沫溶液，取出后在空气中观察，可看到薄膜干涉现象。如果照射薄膜的光的波长为521 nm，若要看到黑色条纹，那么肥皂膜（$n=1.33$）的厚度至少为多少？
8. 肥皂膜（$n=1.33$）的厚度至少为多少时，波长为521 nm的光将与自己产生相长干涉？
9. **挑战题** 硅太阳能电池涂有无反射涂层。现在这块$n=3.5$的硅片上放一层$n=1.45$的一氧化硅薄膜，为了使黄—绿光（$\lambda=555$ nm）不被反射，膜层要多厚？

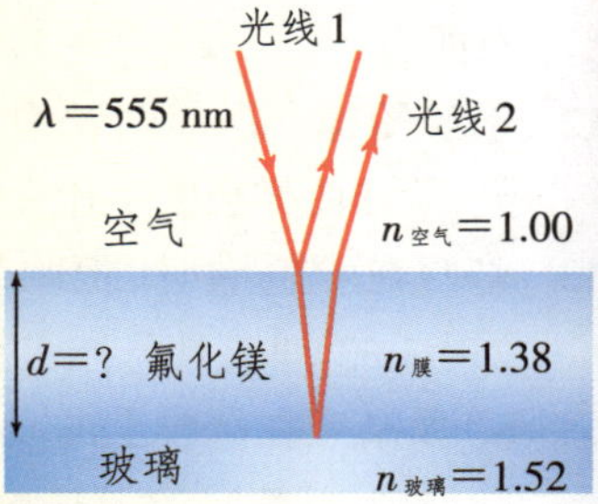

图19–9

用电子显微镜观察虎甲虫表皮的截面。

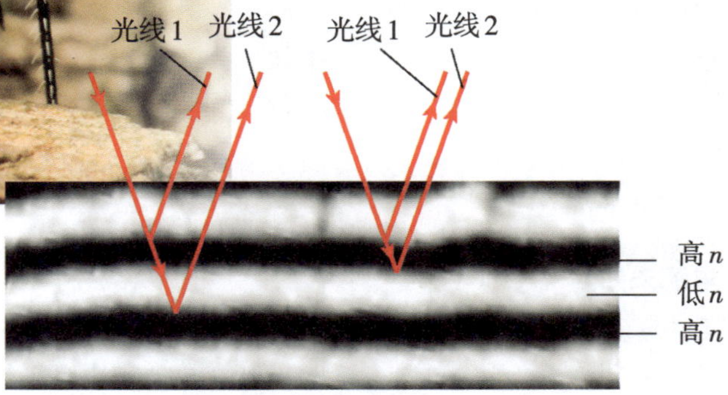

从单一结构和多层结构射来的光线发生干涉。

图19–10 薄膜干涉使虎甲虫看起来是彩绿色的。

在自然界中，有许多薄膜干涉现象，例如甲虫壳的外层，如**图19–10**所示。虎甲虫发出蓝色闪烁是甲壳质或折射率不同的其他物质的薄平行层反射形成的。**图19–10**显示了多层反射膜的工作原理。外骨骼的许多层反射光，形成绿光的相长干涉。许多其他甲虫、蝴蝶或宝石，都因光的干涉而闪烁耀眼。

第1节 复 习

10. 主要概念 在一张大纸板上，割出两条彼此靠近的狭缝。在单色红光照射下，离双缝很远的白纸片上出现了亮条纹和暗条纹。描述光波遇到狭缝时是如何运动的，并解释为什么有些区域是亮的，还有一些区域却是暗的。

11. 干涉图样 画出前一题所描述的图样的示意图。

12. 干涉图样 在前两题中，若用蓝光代替红光，干涉图样会发生什么情况？

13. 路西在吹气泡时，把吹管举高，使肥皂膜(n=1.33)垂直地悬挂在空中。

a. 如果照在薄膜上的光的波长为575 nm，那么肥皂膜的第二个最小厚度是多少时，路西才可看到亮条纹？

b. 在575 nm的光照射下，肥皂膜还有其他什么厚度能产生亮条纹？

14. 用波长为542 nm的光照射在一个双缝上。用如**图19–11**所示的值，求双缝的间距。

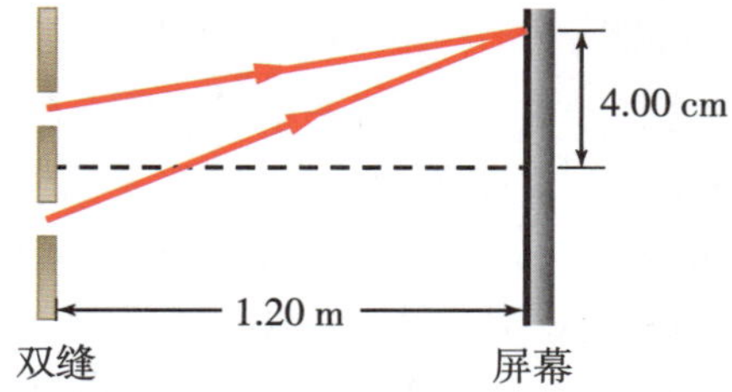

图19–11

15. 批判性思维 双缝实验的波长方程采用了简化条件，即θ很小时，$\sin\theta \approx \tan\theta$。如果你的数据有两位有效数字，那么当角度大到什么程度时，$\sin\theta \approx \tan\theta$还是一种较好的近似？如果增加你的角度测量的精确度，那么有效近似下的最大角度是增大还是减小了？

第2节 衍 射

物理在你身边

光盘和DVD片中的微小的坑会因衍射产生反射光的光谱。科学家用衍射知识研究光的波长和分子结构，如DNA。

主要概念

光波通过单缝时发生衍射，遇到衍射光栅时发生衍射和干涉。

核心问题

- 什么因素影响单缝衍射图样中心亮条纹的宽度？
- 衍射光栅是如何形成衍射图样的？
- 如何在光栅光谱仪中使用衍射光栅？
- 衍射是如何制约透镜区分两个临近物体的能力的？

术语回顾

干涉 两个或更多个波叠加的结果

关键术语

衍射图样
衍射光栅
瑞利判据

单缝衍射

你已经学过，当光在障碍物边缘发生衍射时，波前就会向四周散开。衍射可以用惠更斯原理进行解释。根据惠更斯原理，波前是由许多点源子波组成的。将相干光切割成边缘紧靠着的惠更斯子波，那么子波的相长干涉和相消干涉，就会在屏幕上产生**衍射图样（diffraction pattern）**。

当蓝色相干光通过一个宽度是光的波长的10～100倍的窄缝时，它会在窄缝的边缘发生衍射，于是远处屏幕上就会显现出一连串的明暗条纹，如**图19-12**所示。与杨氏双缝实验中两个相干光源产生的近似等宽的光条纹不同，这个图样的中央为一条较宽的亮条纹，两边为较狭窄的暗条纹。如果用红光代替蓝光，中心亮条纹的宽度会增大。如果使用的是白光，产生的图样则为光谱中各种色光的衍射图样的混合。

图19-12 单缝衍射图样的中央为一条宽的亮条纹，两边为较狭窄的暗条纹。
比较不同色光产生的中央亮条纹的颜色和宽度。

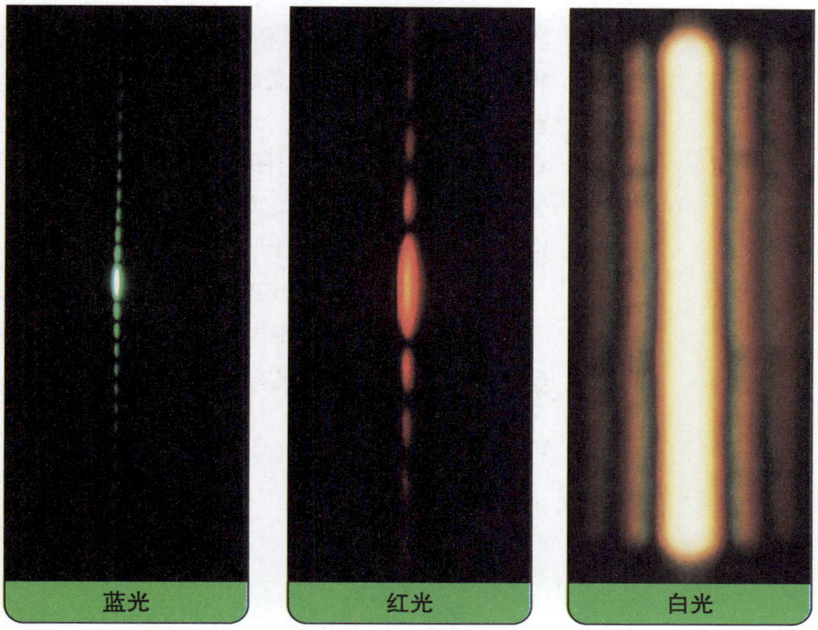

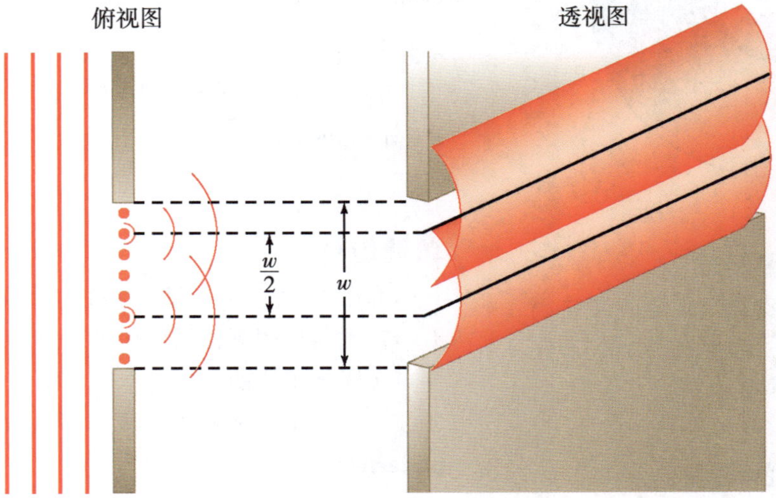

图 19–13 为了用惠更斯子波说明衍射图样，选择相隔 $\frac{w}{2}$ 的两个点。

惠更斯子波 为了更好地说明惠更斯子波产生的衍射图样，想象把一个宽度为 w 的缝分割成偶数个惠更斯点，如**图 19－13** 所示，每个惠更斯点都起惠更斯子波的点源作用。把缝分成相等的两部分，每部分选一个点源，使每一对点源相隔距离 $\frac{w}{2}$。这样的一对点源就会发出圆柱形相干波，然后产生干涉。

上一半缝中的惠更斯子波，与下一半缝中相隔 $\frac{w}{2}$ 的对应的惠更斯子波，将在屏幕上发生相长干涉或相消干涉，形成亮条纹或暗条纹。在亮条纹和暗条纹之间的灰暗区，则发生部分相消干涉。

☑ **阅读检测** **明确**在屏幕上产生暗条纹的惠更斯子波的干涉类型。

衍射图样 当单缝被照亮时，中心亮条纹就出现在屏幕上的 P_0 点，如下页**图 19–14** 所示。第一级暗条纹出现在 P_1 位置，两列惠更斯子波到该点的路程分别为 r_1 和 r_2，两者相差半个波长，由于相消干涉产生暗条纹。这个模型类似于双缝干涉。把单缝衍射图样与同宽度的双缝干涉图样进行比较，你可以看到，后者的全部干涉亮条纹都在前者的中心亮条纹内。双缝干涉是两条缝分别产生的单缝衍射图样相干涉的结果。

与推导双缝干涉公式时的简化条件相同，在假定屏幕的距离远大于缝宽 w 的前提下，可以推导出单缝衍射图样的公式。现在，两个相干波源的间距为 $\frac{w}{2}$，屏幕上第一级暗条纹的位置为 x_1，相消干涉的路程差为 $\frac{\lambda}{2}$，因此可得 $\frac{x_1}{L}=\frac{\lambda}{w}$。

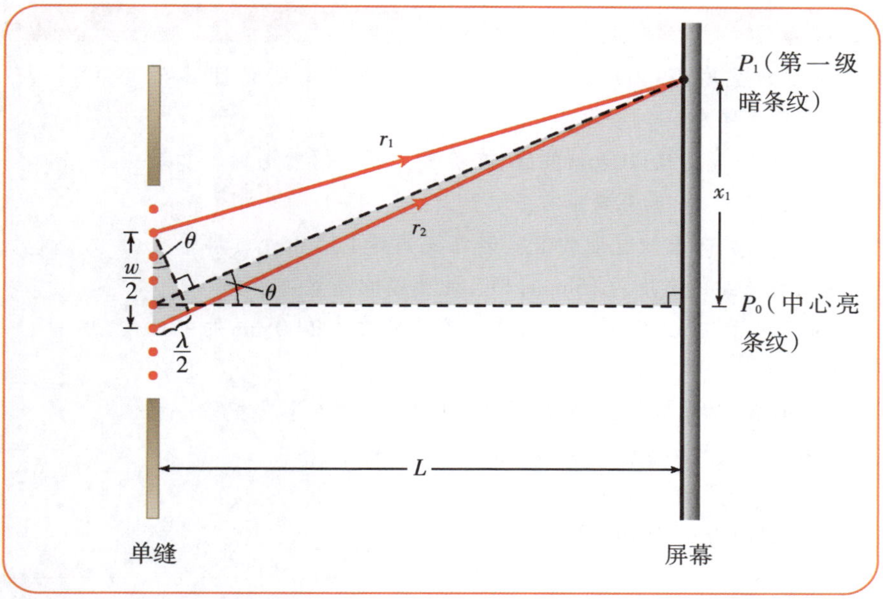

图19–14 单缝衍射中心亮条纹的宽度与光的波长、缝到屏幕的距离以及缝宽有关。

测量第一级暗条纹到中心亮条纹的距离x_1比较困难，较好的方法是测量中心亮条纹的宽度$2x_1$。下面给出了计算单缝衍射中心亮条纹宽度的公式：

单缝衍射中心亮条纹的宽度

中心亮条纹的宽度等于波长乘以缝与屏幕的距离，除以缝宽后再乘以2。

$$2x_1=\frac{2\lambda L}{w}$$

当缝宽为波长的10～100倍时，单缝衍射图样能更好地显现出光的波动性质。如果缝宽进一步加大，就能投射出清晰的影子来，就如牛顿所看到的那样。虽然单缝衍射图样与光的波长有关，但只有将大量的缝放在一起时，衍射才是测量波长的有用的工具。

☑ **阅读检测** **描述**单缝衍射公式中的w和L的假设。

物理挑战题

你有几种未知的物质，你希望通过单缝衍射装置来判别它们分别是什么。于是，你准备把一种未知物质的样品放在缝与屏幕之间，然后通过你获得的数据计算出它的折射率，以此判断该种物质到底是什么。

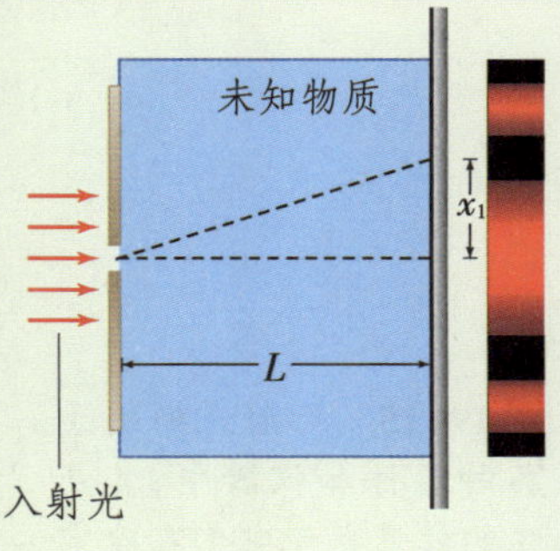

1. 写出求未知物质折射率的一般公式，其中要包含光的波长$\lambda_{真空}$、缝宽w、缝到屏幕的距离L以及中心亮条纹到第一级暗条纹的距离x_1。
2. 如果你采用的光源的波长为634 nm，单缝的缝宽为0.10 mm，缝到屏幕的距离为1.15 m，而且你把实验装置浸在水里($n_水=1.33$)，那么你期望得到的中心亮条纹的宽度是多少？

练一练

16. 波长为 546 nm 的绿光射向宽度为 0.095 mm 的单缝。已知屏幕与缝的距离为 75 cm。中心亮条纹的宽度是多少？

17. 波长为 589 nm 的黄光，通过宽度为 0.110 mm 的缝，在屏幕上产生衍射图样。如果中心亮条纹的宽度为 2.60×10^{-2} m，屏幕离缝有多远？

18. 波长为 632.8 nm 的氦氖激光射向未知宽度的缝。若在距离缝 1.15 m 处的屏幕上产生的衍射图样中，中心亮条纹的宽度为 15 mm，那么此狭缝的缝宽为多少？

19. 黄光射入宽 0.029 5 mm 的单缝，在 60.0 cm 远处屏幕上产生宽度为 24.0 mm 的中心亮条纹。光的波长是多少？

20. **挑战题**　白光射入宽 0.050 mm 的单缝上，屏幕距离单缝 1.00 m。学生首先把蓝—紫（$\lambda=441$ nm）滤光片放在缝上，然后换放红色（$\lambda=622$ nm）滤光片。

a. 哪一片滤光片产生的中心亮条纹更宽？

b. 对应每一片滤光片，计算中心亮条纹的宽度。

迷你实验

衍射光栅*

光的波长对衍射光栅产生的衍射图样有什么影响？

衍射光栅

如**图 19–15** 所示，衍射光栅常用于对光波长作精密测量。**衍射光栅（diffraction grating）**是由许多单缝组成的器件，每条单缝都产生单缝衍射图样，许多单缝衍射图样交叠在一起形成光栅的衍射图样。该图样与双缝干涉的图样很相似，但是条纹更窄、更亮。衍射光栅的缝数多达每厘米 10 000 条缝，即缝与缝的间距小到 10^{-6} m。对研究光和发射与吸收光的物体来说，衍射光栅是一个有用的工具。

有一种称为透射光栅的衍射光栅，它是通过用钻石尖刀在透光的玻璃上刻画出非常细的线条制成的。所刻线条之间的空间起着狭缝的作用。

衍射光栅可用于增强钻石的亮度。把光栅雕刻在钻石的表面，提高光的色散程度，也使钻石更加光彩夺目。

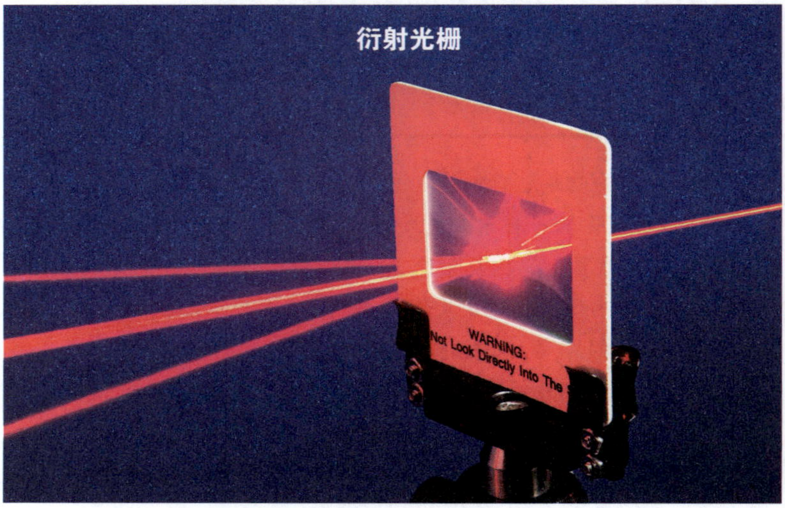

图 19–15　衍射光栅用于各种器件和仪器中，其产生的效果也使它们在珠宝中有吸引力。

全息衍射光栅产生的光谱最亮。用激光和平面镜进行干涉实验，产生平行的亮线和暗线。将这种干涉图样投射到涂有光敏材料的金属片上。光导致金属发生化学反应，金属材料变硬。然后，把金属片投入酸中，金属片中未变硬的部分就会与酸发生反应。结果金属片上就得到与原有的干涉图样相同的一连串峰和谷。这块金属片可当作反射光栅使用，或用它制作复制光栅。因为峰和谷都是正弦形的，所以衍射图样显得特别亮。

反射光栅 你也许看过CD片或DVD片表面反射的光形成的光谱衍射图样，如**图19-16**所示。在金属表面或反射玻璃表面雕刻精密的细线，可以做成反射光栅。白光从CD片或DVD片表面反射，之所以会产生各色光谱，就是反射光栅的作用。如果你用单色光照在DVD片上，反射光可在屏幕上产生衍射图样。透射光栅和反射光栅产生的衍射图样很相似，可用同样的方法加以分析。

CD片、DVD片和蓝光DVD片 为什么CD片或DVD片是衍射光栅呢？它们都是传统的槽形光栅，表面上覆盖着“凹坑”和“平面”，并呈螺旋状排列，如**图19-16**所示。螺旋形锯齿条的功能就是衍射光栅，起到干涉的分色的作用。CD片和DVD片作为衍射光栅不是它们的重要功能，与不同波长的光的相互作用才是最重要的。

图19-16 CD片是反射光栅，产生光谱。CD片表面的放大视图显示出排列整齐的“凹坑”和“平面”。

存储和读取信息 激光可以用来“读”CD片或DVD片上的“凹坑”和“平面”。这有些像盲人阅读布莱叶盲字。从光盘反射回来的激光被聚焦进入光探测器，凡是从“平面”反射的，在光探测器上是亮斑；凡是从“凹坑”反射的，在光探测器上是暗斑。

斑点大小被衍射所限制，所以如果用短波长的激光，斑点会减小，凹坑就离得比较近，信息存储量就会增加。随着激光技术进一步提高，可用更短波长的激光，就可以在光盘上存储更多信息。例如，音乐CD片用波长为780 nm的红外光，一张CD片可以存储700 M的信息。DVD片用波长为650 nm的红色激光，一张DVD片可以存储大于4 G的信息。蓝光光盘用波长为405 nm的紫罗兰色激光。光看起来像蓝色，光盘因此而得名。单面的蓝光光盘可以存储25 G的信息。

☑ **阅读检测** **解释**一张DVD片存储的信息总量如何与读取信息时所用的光的波长有关。

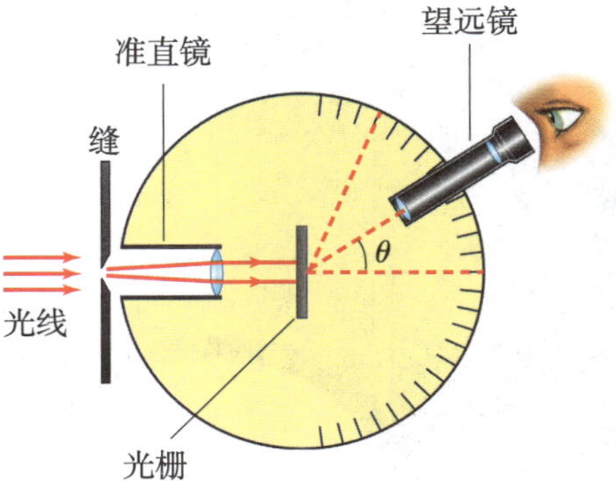

图 19–17 用光栅分光镜精确测量光的波长。

说明双缝波长简化计算法不适用于光栅。

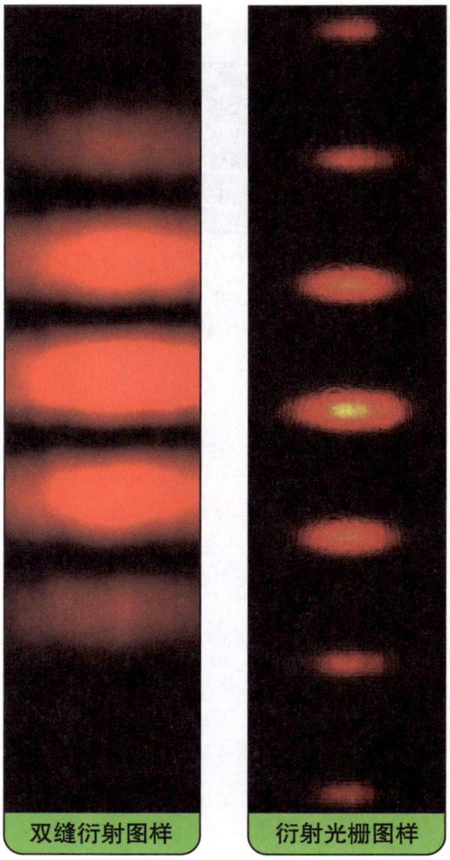

图 19–18 比较两个红光衍射图样。衍射光栅图样提供更精确的测量。

测量波长 用衍射光栅测量光的波长的仪器称为光栅分光镜，如**图 19–17** 所示。它的工作原理是：将待分析的光源发射的光射向狭缝，通过衍射光栅，产生衍射图样，然后通过望远镜来观察这个图样。

如果光源是单色光，衍射光栅产生的衍射图样为狭窄的等间距亮条纹，如**图 19–18** 所示。光栅单位长度的缝数越多，衍射图样中的谱线越窄。所以，光栅分光镜与双缝相比，可以更精确地测量亮条纹之间的距离。

在本章前面部分，你曾经利用双缝产生的干涉图样来计算波长。这里，与双缝的情况相同，你也可以推导出衍射光栅的公式。只是对于衍射光栅而言，θ可能很大，故小角度近似条件将不再适用。通过测量中心亮线与第一级亮条纹之间的角度θ，可求得光的波长：

通过衍射光栅求波长

光的波长等于缝的间距乘以中心亮条纹与第一级亮线夹角的正弦。

$$\lambda = d \sin \theta$$

衍射光栅的相长干涉发生在中心亮条纹的两边，位置由公式$m\lambda = d \sin \theta$($m=0,1,2,\cdots$)给出的角度决定。中心亮条纹发生在$m=0$时。但光谱学家常常用$m=2$或3的谱线，因为测量亮线之间的间距可以更加精确。要注意，衍射光栅图样比双缝衍射图样包含更多的暗区，如**图 19–18** 所示。这是因为衍射光栅中的相消干涉比双缝衍射中更多。这使得衍射光栅的谱线更窄，同时也提高了测量的精确度，

衍射光栅是分析宝石的分光镜的一部分。有经验的宝石专家可以认出白光通过不同宝石后产生的光谱。例如，如果出现绿色、黄色和橙色这三种亮条纹，就意味着有钴存在。也可能是说，这块蓝石头不是像蓝宝石或黄宝石一样贵重的东西，而是被染成蓝色的廉价玻璃。

例题3

DVD片用作衍射光栅　一位学生发现租来的DVD片上会反射出美丽的光谱。她借来老师的绿光激光笔，把光束射到DVD片上，发现有三个亮斑反射到墙上。激光笔的标签上注明，绿光的波长为532 nm。她还发现，墙在1.25 m远处，墙上亮斑之间的距离为1.29 m。DVD片上的缝距是多少？

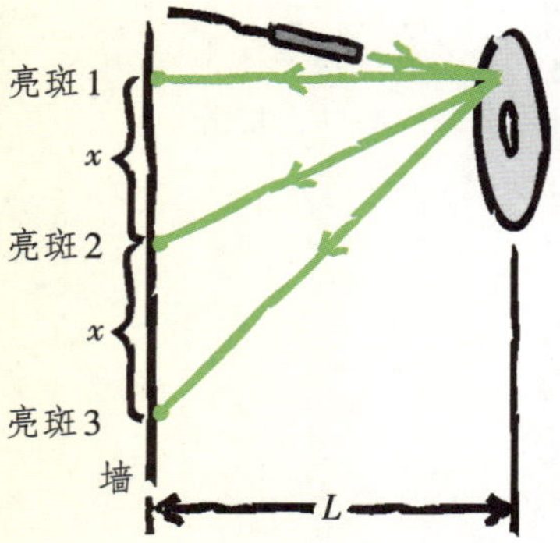

1 分析概括问题

- 作出实验的示意图，用光栅表示DVD片，并画出墙上的亮斑。
- 标出各已知量。

已知	未知
$x=1.29$ m	$d=?$
$L=1.25$ m	
$\lambda=532$ nm	

2 求解未知量

利用 $\tan\theta=\frac{x}{L}$ 求出中心亮斑与近旁亮斑之间的夹角 θ。

$$\theta=\arctan\left(\frac{x}{L}\right)$$

$$=\arctan\left(\frac{1.29\text{ m}}{1.25\text{ m}}\right)=45.9°$$

◀将 $x=1.29$ m，$L=1.25$ m代入。

利用衍射光栅的波长，解出 d。

$$\lambda=d\sin\theta$$

$$d=\frac{\lambda}{\sin\theta}$$

$$=\frac{532\times10^{-9}\text{ m}}{\sin 45.9°}=7.41\times10^{-7}\text{ m}$$

◀将 $\lambda=532\times10^{-9}$ m，$\theta=45.9°$代入。

3 验证答案

- **单位是否正确？** 答案用m为单位，对间距来说是正确的。
- **数值是否合理？** x与L差不多大，故d的大小接近λ是合理的。

练一练

21. 白光通过光栅照在屏幕上，描述产生的图样。

22. 如果波长为434 nm的蓝光照在衍射光栅上，在1.05 m远处的屏幕上产生的条纹的间距为0.55 m。光栅上刻痕之间的距离是多少？

23. 将波长为421 nm的紫光射向缝与缝的间距为 8.67×10^{-7} m的衍射光栅。如果屏幕与光栅相距80.0 cm，衍射图样中条纹之间的距离是多少？

24. 用蓝光照在例题3的DVD片子上。如果墙在0.65 m远处，墙上亮斑的间距为58 cm，蓝光的波长是多少？

25. **挑战题**　波长为632 nm的光通过一个衍射光栅，在距离光栅0.55 m的屏幕上产生图样。如果第一级亮条纹离开中心亮条纹的距离为5.6 cm，光栅上每厘米有多少狭缝？

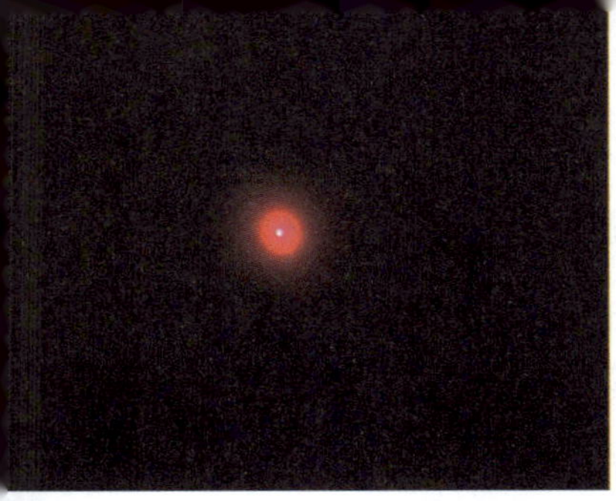

图 19–19 圆孔产生的衍射图样，有一个中心亮点且被周围的暗环和亮环包围着。

透镜的分辨率

望远镜和显微镜中的圆透镜，甚至你的眼睛，都具有孔径的作用，只有通过孔径的光才可进入光学系统。可孔径又和单缝一样，会使通过它的光发生衍射。如**图 19–19** 所示为圆孔径产生的交替排列的亮环和暗环。孔径的衍射公式与单缝的相似，但单缝具有缝宽，而孔径却是圆的大小，所以公式中缝宽 w 要用圆孔的直径 D 代替。同时，还要将一个特殊的几何因子 1.22 代入公式，得到 $x=\dfrac{1.22\lambda L}{D}$。

▶ **与天文学的联系** 通过望远镜的孔径观察来自遥远星球的光时，所产生的像由于衍射而发生扩展。如果两颗星靠得很近，两个像就会混在一起而显得模糊。1879 年，英国物理学家、数学家、诺贝尔奖获得者瑞利(L.Rayleigh)创建了一个标准，用来判断这种模糊的像到底是一颗星还是两颗星。**瑞利判据(Rayleigh criterion)** 认为，如果一颗星的像的亮斑中心，与第二个像的第一级暗环重合，那么这两个像处于可分辨的极限。就是说，在这种情况下，观察者可以认为有两颗星而不是一颗星。

如果两个物处于分辨极限，那么这两个物相距多远呢？根据瑞利判据，这样两个像的亮斑中心相隔的距离为 x_1，可用**图 19–20** 所示的相似三角形关系式 $\dfrac{x_{物}}{L_{物}}=\dfrac{x_1}{L}$ 求得。结合 $\dfrac{x_1}{L}=\dfrac{1.22\lambda}{D}$，可求出物体之间的距离 $x_{物}$。

迷你实验

视网膜投射屏*

你的视网膜可以当作屏幕使用吗？

瑞利判据

处于分辨极限的两物的间距，等于 1.22 倍的光的波长乘以孔径与物之间的距离，再除以孔径的直径。

$$x_{物}=\frac{1.22\lambda L_{物}}{D}$$

■ 望远镜孔径

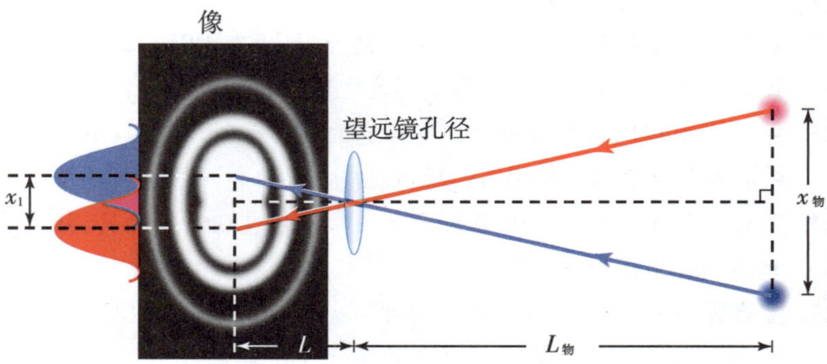

图 19–20 根据相似三角形的几何关系，可计算物体的实际间距。图中的蓝色和红色只是为了图示更为醒目。(不按比例)

眼睛中的衍射 在明亮的光照下，眼睛的瞳孔直径大约为 3 mm，最敏感的黄—绿光的波长为 550 nm，故眼睛的瑞利判据给出$x_{物}=2\times10^{-4}L_{物}$。眼睛瞳孔与视网膜之间的距离（即$L_{物}$）约为 2 cm，于是两个恰能被分辨的点源，在视网膜上的距离约为 4 μm。眼睛中最敏感的部分为中央凹区，其中的光探测器是锥体细胞，两个锥体细胞之间的距离约为 2 μm。在理想情况下，三个相邻的锥体细胞可分别依次记录亮、暗、亮，如**图 19–21** 所示。来自两个点光源的亮斑中心之间的距离，必须至少等于两个锥体细胞可分辨的距离。由此可见眼睛是理想结构。

应用瑞利判据求出眼睛分辨两个光源之间距离的能力，你可以证明眼睛能分清 7 km 外间隔 15 m 的汽车前灯。所以，实际上眼睛并不受衍射的制约，但是眼球的缺陷和眼睛内的液体损害了眼睛的分辨率，降低了瑞利判据设定数据的 5 倍之多。人类大脑中的视觉处理中心也对探测小物体有限制。

许多望远镜制造者声称，他们的产品是具有衍射限制的。这等于说，他们的望远镜可区分瑞利判据下的两个点源。为了达到这一极限，必须碾磨面镜和透镜，使之达到光的波长的 $\frac{1}{10}$，或 55 nm 的准确度。同时，面镜的直径越大，望远镜的分辨率就越大。然而，来自行星或恒星的光必须通过地球大气，而大气会引起星体闪烁，这样就会使望远镜无法达到衍射极限了。哈勃太空望远镜位于地球大气之上，因此，与地面上较大的望远镜相比，前者的像的分辨率就会比后者高得多。

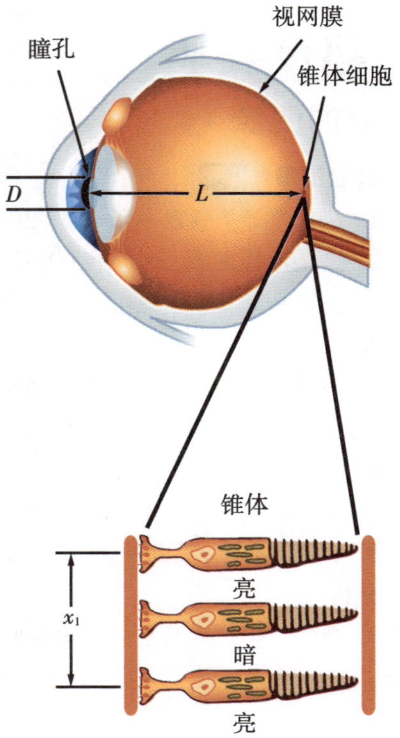

图 19–21 光经过人眼睛的瞳孔会发生衍射。

第2节 复 习

26. 主要概念 一张大纸板上，等距离地镶嵌着许多彼此很靠近的狭缝。用单色红光照射时，在离开狭缝很远处的一张白纸上可以看到明暗条纹组成的图样。描述屏幕上可以看到的图样。

27. 瑞利判据 在北半球的冬季，天空中最亮的是天狼星。实际上，天狼星是一个双星系统，两颗星彼此绕着转。如果将哈勃太空望远镜（直径为 2.4 m）瞄准距地球 8.44 光年的天狼星系统，那么这两颗星的最小间距是多少时，你才能分辨它们？假定来自天狼星的光的平均波长为 550 nm。

28. 线距 将红色激光射向一个衍射光栅，屏幕上形成了红色图样。再用第二个光栅代替第一个，形成不同的图样。若第一次的图样比第二次的扩展得更大，哪一个光栅每毫米的缝数更多？

29. 第一级暗条纹的距离 如**图 19–22** 所示，波长为 546 nm 的绿光射入宽度为 0.080 mm 的单缝，屏幕与单缝的距离为 68.0 cm。中心亮条纹两边的第一级暗条纹之间的距离是多少？

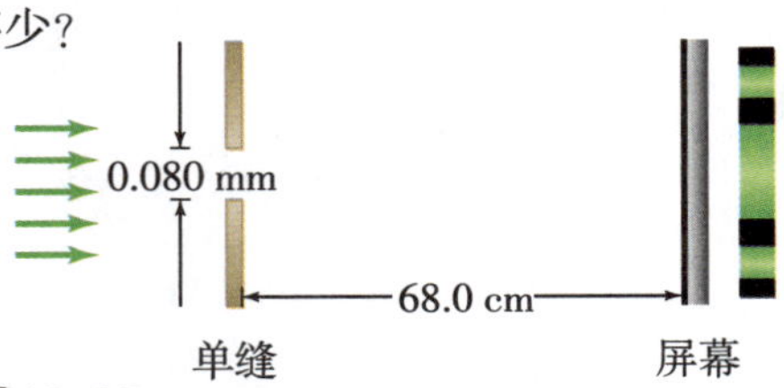

图 19–22

30. 批判性思维 你看到一面分光镜，但不知道它是用棱镜还是光栅来产生光谱的。观察一下白光光谱后，你能知道答案吗？

起步实验

光的图像

实验步骤

1. 从老师那里领取一张光盘(CD或DVD)、一个投影仪以及彩色滤光片。
2. 把光盘放在桌上,反射面朝上。
3. 把滤光片放在投影仪上。
4. 打开灯的开关,使灯光照在光盘上,并使从光盘反射后的灯光经投影仪投射在一个白色屏幕上。
   注意:不要直视投影仪发出的光。
5. 观察屏幕上光的图像,并记录你的观察结果。
6. 关闭灯,换一块不同的滤光片。
7. 用新的滤光片重复步骤3～5。
8. 去掉滤光片,用白光重复步骤4和5。

分析

9. 光的颜色对屏幕上光的图像有影响吗?白光反射产生的图像与单色光的有何不同?

10. **批判性思维** 仔细观察白光在光盘上的反射情况。推测产生各种色彩时所需的不同光源。

迷你实验

肥皂膜

实验步骤

注意:溅在地板上的溶液要擦干净。

1. 把一个线框放入肥皂泡溶液。
2. 竖直向上拿起线框。你看到了什么?
3. 继续向上拿着线框,直到肥皂膜破裂。发生了什么?

分析

4. 用一个圆线框,在空气中做成肥皂泡,在肥皂泡表面找到彩色条纹。你看到了什么?

物理实验

实验器材

- **使用 ANSI(美国国家标准)批准的激光防护目镜**
- **决不能直视激光。**
- **摘下所有的反光首饰。**

激光笔或可以用作试验的激光
双缝板
激光笔或已知波长的激光
缝衣针,用来固定激光笔
米尺

双缝干涉

有时候光具有波的性质。当相干光穿过一对彼此靠近的缝时,会在屏幕上发生相长干涉和相消干涉。在这次研究中,你将设计一种方法,用双缝来计算单色光的波长。

问题

如何通过光的双缝干涉图样测量光的波长?

目标

- **观察**单色光的双缝干涉图样。
- 利用双缝干涉图样**计算**光的波长。

实验步骤

1. 确定适用于双缝干涉的公式。
2. 使用缝的间隔 d 已知的双缝,或想办法确定 d 的大小。
3. 作出示意图,标明光是如何通过双缝的,以帮助你决定如何测量 x 和 L。
4. 通过步骤3中的示意图,以及实验室提供的可能用到的材料,设计实验装置,写出实验步骤。

5. 确定m值，虽然它可能对你的求解并没有帮助。

6. 让老师检查你的实验装置，在操作前需要得到老师的批准。

7. 完成你的实验。***注意：直视激光可能会伤害你的眼睛。***在下列数据表中，记下你的实验数据。

数据表

光源	颜色	公认的λ值(m)	d(m)	m	x(m)	L(m)
				1		
				2		
				3		
				4		
				5		

分析

1. 调节缝与屏幕的距离。是否存在一个距离，可以使你以最佳的精确度收集到最多的数据？

2. 用m以及x、d、L的测量值，计算光波长λ。把这些值记录在你的数据表中。

3. 把你计算的波长值与公认的值进行比较，求出相对误差。

结论与应用

1. 你的步骤可以使你通过双缝干涉的图样测量光的波长吗？请解释。

2. 如果你用缝间距d更小的双缝板按照同样步骤完成实验，估计你可能会得到怎样的结果？

3. 如果你用的是绿光，但双缝板不变，屏幕距离也相同，你的观察结果会改变吗？你会观察到什么现象？

进一步探索

1. 随着离中心条纹的距离的增加，双缝干涉条纹将由暗变亮，再变暗。请说明原因。

2. 为了减小实验的系统误差，你应该怎么做？

3. 检验你所用的测量设备，确定哪一个设备在计算精确度上限制你最多，哪一个设备给你的精确度比你需要的更高。

4. 如果要用普通灯泡产生的白光产生双缝干涉图样，你需要怎样的实验装置。

生活中的物理学

1. 当白光通过屏风的缝隙照射时，为什么在墙上的影子里看不到衍射图样？

2. 如果世界上所有的光都是相干光，万事万物看上去会有所不同吗？请解释。

蝴蝶的翅膀

印度尼西亚有一种蝴蝶，它在飞翔时翅膀会闪闪发光，呈现出蓝绿相间的条纹。这种彩虹蝴蝶不仅很美丽，而且隐藏着检测假币的秘密。

蝴蝶翅膀上覆盖着微小的鳞片。在高倍显微镜下观察这些鳞片，会发现它们具有微小的、重复的空腔图案。

研究人员已经能够在人造纳米材料中重现彩虹蝴蝶鳞片的微观结构。这种材料的光学性能与蝴蝶鳞片相似。它的制造商预计将其运用于纸币防伪领域，因为用现在的方法很难来进行伪造这种材料制作的纸币。

光射入每个空腔的中心时，直接发生反射；而射到空腔的边缘的光通过腔体发生偏振和反射，就像衍射光栅一样。这些腔体使翅膀呈现明亮的绿色或蓝绿色，这与观察的角度有关。

进一步探索

研究自然界中其他因虹彩引发的彩色效应。设计网站记录你们的发现。

第19章 复习指南

大概念 光波能发生衍射和干涉。

关键术语
- 非相干光
- 相干光
- 干涉条纹
- 单色光
- 薄膜干涉

第1节 干 涉

主要概念 光通过狭缝或从薄膜反射时，发生干涉。

- 相干光源发出的光的叠加，才能产生干涉图样。光通过两条距离很近的狭缝后，会在屏幕上产生称为干涉条纹的明暗条纹。
- 干涉条纹可用来测量光的波长：

$$\lambda = \frac{xd}{L}$$

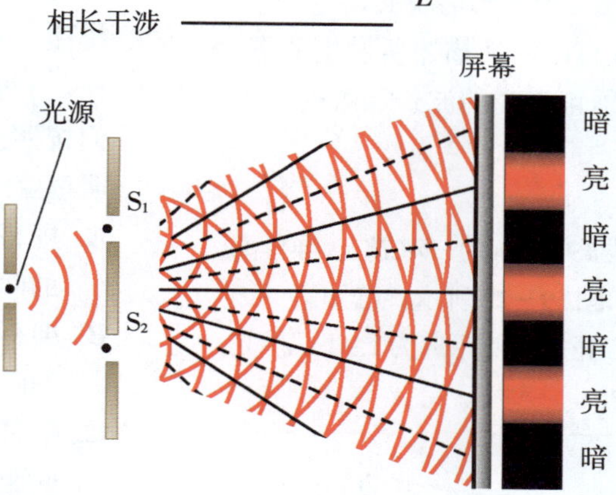

- 干涉图样是光多次通过薄膜的结果。从薄膜的不同表面反射的光形成薄膜干涉。光射入的介质的折射率和薄膜的厚度，决定了哪种波长的光会发生干涉。

关键术语
- 衍射图样
- 衍射光栅
- 瑞利判据

第2节 衍 射

主要概念 光波通过单缝时发生衍射，遇到衍射光栅时发生衍射和干涉。

- 通过狭缝的光将被衍射，或者说沿着直线路径扩展开去，在屏幕上产生衍射图样。单缝衍射图样中心亮条纹的宽度，与所用光的波长有关。
- 衍射光栅由大量靠得很近的缝组成，各单缝的衍射图样叠加起来，产生一条条狭窄的线。
- 衍射光栅可用于精确地测量光的波长，或把不同波长的各色光分开。

$$\lambda = d\sin\theta$$

- 衍射限制了孔径区分两个紧靠物体的能力，因为最后的像中有一个漫散的中心亮斑。如果两个亮斑的距离比分辨极限还要小，那么就是重叠了，无法把这两个物体区分开来。

第1节 干 涉

理解概念

31. 为了得到杨氏干涉实验的干涉图样,为什么必须使用单色光?

32. 解释为什么不能通过双缝干涉图样的中心亮条纹的位置确定光的波长。

33. 描述你如何用已知波长的光求两缝之间的距离。

34. 光照射在悬挂在空中的肥皂膜上,产生了一条暗条纹,用你自己的话描述所发生的事。你的解释中必须包含光的波长和膜的厚度之间的关系。

解决问题

35. 光照射在间距为19.0 μm的一对缝上,屏幕离开缝80.0 cm,如**图19-23**所示。已知第一级亮条纹离开中心亮条纹的距离为1.90 cm。光的波长是多少?

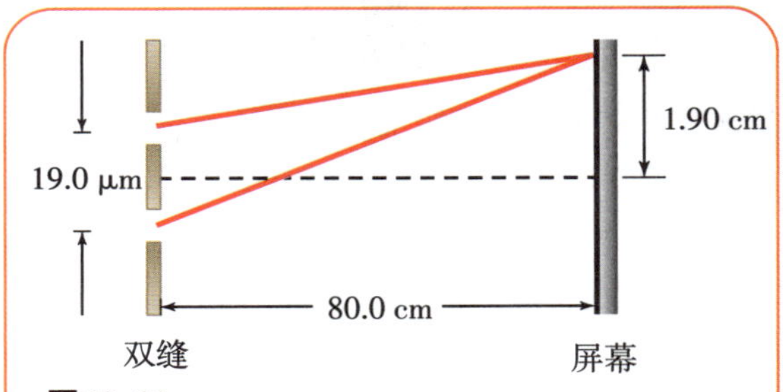

图19-23

36. 油膜 在一次短暂的春季小雨后,汤姆和安带着他们的狗去散步时,发现水洼上的一层薄油膜(n=1.45)上发出各种颜色。对波长为545 nm的光来说,油膜产生相长干涉处的最小厚度是多少?

37. 薄膜厚度 用一张塑料反射膜(n=1.83)贴在汽车的玻璃窗(n=1.52)上。如果要它反射黄—绿光(λ=555nm),膜的厚度最薄是多少?不幸的是,这样薄的膜不能制造。那么能产生同样效果的下一个最薄的薄膜厚度是多少?

38. 绝缘膜 冬天来临,亚历伽得罗忙着将干净的塑料薄膜(n=1.81)贴在家里的窗户上,以抵挡寒风。当塑料薄膜贴住窗子的四周后,他发现两者之间存在着空气。于是,亚历伽得罗拿出了吹风机,对塑料薄膜加热,把它熨平,以包裹住窗面。在这个过程中,塑料薄膜的厚度发生了变化。亚历伽得罗发现塑料薄膜上有一处出现了一条蓝色条纹。他知道这是薄膜干涉造成的。如果光的波长为445 nm,蓝色条纹所在处的塑料薄膜可能有哪三种厚度?

39. 排序 5个不同的激光器产生双缝干涉图样。5种情况中缝宽都是0.035 mm。把它们按照激光波长从小到大进行排序,并说明理由。

A. 屏幕离缝的距离为0.95 m,相邻亮条纹的间距为12 mm。

B. 屏幕离缝的距离为0.95 m,相邻亮条纹的间距为16 mm。

C. 屏幕离缝的距离为1.3 m,相邻亮条纹的间距为20 mm。

D. 屏幕离缝的距离为2.8 m,相邻亮条纹的间距为40 mm。

E. 屏幕离缝的距离为2.8 m,相邻亮条纹的间距为50 mm。

第2节 衍 射

理解概念

40. 大概念 用白光照射到一个衍射光栅上。红色谱线与紫色谱线相比,哪一个的间隔更大?

41. 为什么衍射光栅有大量的狭缝?为什么这些缝必须靠得很近?

42. 望远镜 为什么直径较小的望远镜不能分辨两个在空间上靠得很近的星球的像?

43. 编写问题 用生活中的物体编写一道物理题,在它的解答中会出现下列表达式:

$$x_1=\frac{2.00\text{ m}\times 530\text{ nm}}{0.20\text{ nm}}。$$

44. 补充问题 把问题补充完整,以便可以用瑞丽判据来求解"目前设计的望远镜有一个直径为8.0 m的孔……"

45. 对于一个给定的光栅，可见光中哪一种色光产生的亮条纹最靠近中心亮条纹？

46. 你通过一对“娱乐”玻璃片观看白炽灯，发现有光谱颜色的细条纹向四面八方发射出去，如**图19–24**所示。你认为这些玻璃片有点像衍射光栅，那么这些玻璃片的划痕是什么方向？

图19–24

解决问题

47. 单色光通过宽度为0.010 cm的单缝，照到100 cm远处的屏幕上，如**图19–25**所示。如果中心条纹宽1.20 cm，光的波长是多少？

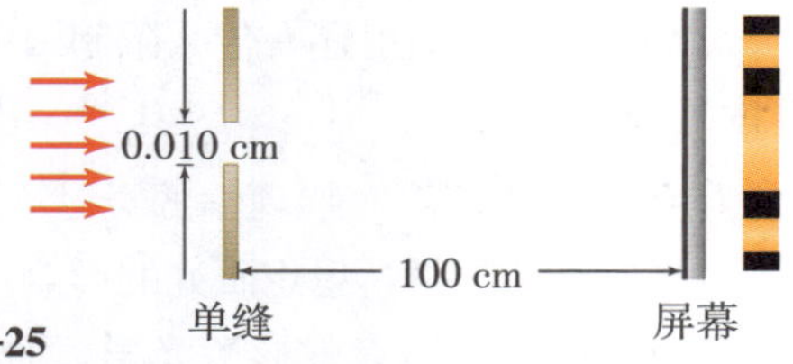

图19–25

48. 一块较好的衍射光栅每厘米缝数为2.5×10^{3}个。光栅中两缝之间的距离是多少？

49. 波长为455 cm的光通过单缝照射在100 cm远处的屏幕上。如果缝宽0.015 cm，图样中心到第一级暗条纹的距离是多少？

50. **万花筒** 一个万花筒的面镜已经被取掉。已知万花筒一端的目镜孔的直径为7.0 mm。如果万花筒另一端上两个相隔40 μm的蓝—紫色斑点勉强可以被区分，那么万花筒的长度是多少？已知所用的波长为$\lambda=650$ nm，并假定分辨率为目镜孔的衍射极限。

51. 波长为425 nm的单色光通过单缝，照在75 cm远处的屏幕上。如果中心亮条纹的宽度为0.60 cm，缝宽是多少？

52. **哈勃太空望远镜** 假定哈勃太空望远镜的直径为2.4 m，位于离地球1.0×10^{5} m的轨道上，向下观察地球，如**图19–26**所示。如果忽略大气的影响，该望远镜能分辨地球上多大的物体？已知所用的波长为$\lambda=515$ nm。

图19–26

53. **分光镜** 一架分光镜使用的是每厘米12 000条线的光栅。在什么角度你可看到波长为632 nm的红光和波长为421 nm的蓝光的第一级亮条纹？

应用概念

54. **科学展览** 科学展览中，有一个等宽的非常大的肥皂膜。在波长为432 nm的光的照射下，肥皂膜几乎整个表面都显示出漂亮的紫色。指出如果发生以下情况，你将会看到什么。

    a. 薄膜的厚度增加1倍。

    b. 薄膜的厚度增大照射光波长的$\frac{1}{2}$。

    c. 薄膜的厚度减小照射光波长的$\frac{1}{4}$。

55. 有两种衍射光栅，分别包含每厘米10^{4}和10^{5}条线，它们的衍射图样有什么差别？

56. **激光笔挑战** 你有两支激光笔，一支是红光，另一支是绿光。你的朋友马克和卡罗斯正在为哪一支笔的波长更长而发生争论。马克坚持红光的波长较长，而卡罗斯确信绿光有更长的波长。你手边有一个CD片。描述你将如何进行实验，以得到正确的结论。

57. 你如何能确定一个图样是由单缝产生的还是由双缝产生的？

58. **光学显微镜** 为什么在光学显微镜中需要用蓝光来进行照明？

59. 指出下列事物中的颜色是如何产生的。是由于干涉、折射还是其本身的色彩显示？
a. 肥皂泡　　b. 玫瑰花瓣
c. 油膜　　d. 虹

60. 描述当缝宽减小时单缝衍射图样的变化。

复习提高

61. **唱片**　玛丽用老式的 $33\frac{1}{3}$ rpm（每分钟转数）唱片作为衍射光栅。她把 $\lambda=632.8$ nm 的激光照在唱片上，如**图 19-27** 所示。在离开唱片 4.0 m 处的屏幕上，可以看到一串相隔 21 mm 的红点。
a. 沿唱片半径每厘米有多少线条？
b. 玛丽要检验所得的结果。她注意到，唱片转动 4.01 min 后一首歌播完，此过程中唱片沿半径方向移动了 16 mm。这种情况下每厘米有多少线条呢？

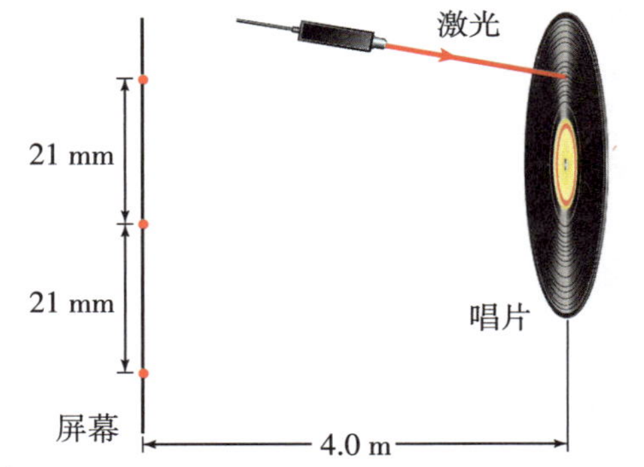

图 19-27

62. **照相机**　一架透镜焦距为 50 mm 的照相机设置在 $\frac{f}{8}$ 挡，孔径的直径为 6.25 mm。
a. 在 50 mm 外有一个 CCD 探测器，能感应到波长为 $\lambda=550$ nm 的光，透镜的分辨率是多少？
b. 照相机的主人知道，这个 CCD 有 630 万像素。制造商说每个像素在一边是 7.6 μm。把像素的大小与 **a** 中算出的中心亮斑的宽度作比较。

63. 把 $n=1.2$ 的消反射膜贴在透镜上。如果膜厚 125 nm，那么此种膜对哪些色光能发生完全相消干涉？

批判性思维

64. **应用概念**　用黄光照射在衍射光栅上，观察光栅后屏幕上的三个区：无衍射的零度区、+30°区和−30°区。然后再用强度和方向都与黄光相同的蓝光照射。你将看到屏幕上这三个区有什么图样产生？

65. **应用概念**　波长为 λ 的蓝光通过缝宽为 w 的单缝，屏幕上出现衍射图样。如果你用波长为 1.5λ 的绿光代替蓝光，你要如何改变缝才能得到原来的图样？

66. **分析与结论**　在夜里，人的瞳孔的直径为 8.0 mm；到了白天，瞳孔就会缩小。汽车头上两个灯的间距为 1.8 m。在夜里，人眼在多远处能分辨车头灯？*提示：假定波长为 525 nm。*除了衍射还有什么限制因素？

科技写作

67. 研究和描述杨氏对物理学的贡献。评价他对光的本性的科学思想研究的影响。

68. 宝石中的蛋白石有虹彩般光彩。研究和描述这种色彩是如何产生的。

69. 许多望远镜都有自适应光学系统，可减小引起星星闪烁的大气效应。研究和描述这种系统。

70. 研究和解释衍射在医学和天文学中的作用。至少在每个领域描述两种应用。

日积月累

71. 把 0.5 m^3 的木块推到深 4 m 的游泳池底，要做多少功？已知木头的密度为 500 kg/m^3。

72. 微波炉中微波的频率为 2.4 GHz，它的波长是多少？

73. 凹面镜的半径为 48.0 cm。将一个高 2.0 cm 的物放在镜前 12.0 cm 处。计算像距和像高。

74. 凸透镜的焦距为 21.0 cm。将高度为 2.00 cm 的蜡烛放在透镜前 7.50 cm 处。用薄透镜公式计算像距和像高。

选择题

1. 肥皂膜或水面的油膜都具有薄膜的色彩。但当你观察时，色彩会不断地运动变化。出现这种现象的原因可能是(　　)

A. 薄膜周围的空气中有对流的热波，影响了光

B. 薄膜各处的厚度会随时间改变

C. 太阳光的波长会随时间变化

D. 你的视觉会随时间稍有变化

2. 波长为410 nm的光通过一条狭缝，落在屏幕上，如下图所示。已知缝宽为3.8×10^{-6} m。中心亮条纹的宽度是(　　)

A. 0.024 m　　**B.** 0.031 m

C. 0.048 m　　**D.** 0.063 m

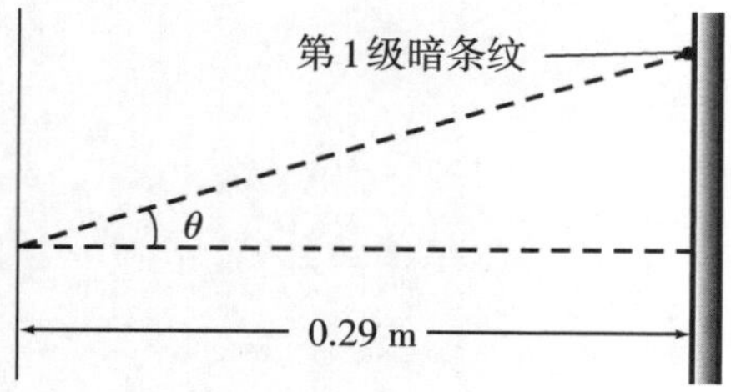

3. 第2题中的第一级暗条纹的角度是(　　)

A. 3.1°　　**B.** 6.2°

C. 12°　　**D.** 17°

4. 两颗星距离地球6.2×10^{4}光年，彼此相隔3.1光年。如果使用波长为610 nm的光，能够分辨它们的望远镜的最小直径为(　　)

A. 5.0×10^{-5} m

B. 6.1×10^{-5} m

C. 1.5×10^{-2} m

D. 1.5×10^{7} m

5. 光栅中的缝相隔0.055 mm。对于波长为650 nm的光，第一级亮条纹的角度是(　　)

A. 0.012°　　**B.** 0.68°

C. 1.0°　　**D.** 11°

6. 波长为638 nm的激光束照射两条狭缝。图样中第三级条纹与中心亮条纹相距7.5 cm，屏幕距离狭缝2.475 m。两缝相隔(　　)

A. 5.8×10^{-8} m　　**B.** 6.3×10^{-7} m

C. 2.1×10^{-5} m　　**D.** 6.3×10^{-5} m

7. 屏幕放置在与一对狭缝相距4.200 m处。用单色光照射缝。屏幕上中心亮条纹与第二级亮条纹相隔0.082 m，两缝的间距为5.3×10^{-5} m。光的波长是(　　)

A. 2.6×10^{-7} m　　**B.** 5.2×10^{-7} m

C. 6.2×10^{-7} m　　**D.** 1.0×10^{-6} m

8. 一个小丑在吹肥皂泡，你注意到一个特大的肥皂泡中有一处的颜色与他的鼻子很像。如果肥皂膜反射的是波长为6.5×10^{-7} m的红光，肥皂膜的折射率为1.41，那么肥皂膜反射红光处的最小厚度是(　　)

A. 1.2×10^{-7} m　　**B.** 3.5×10^{-7} m

C. 9.2×10^{-7} m　　**D.** 1.9×10^{-6} m

拓展题

9. 一个衍射光栅每厘米有6 000个缝。它产生的衍射图样中，第一级亮条纹与中心亮条纹成20°角。光的波长是多少？

考点提示

测试题号	1	2	3	4	5	6	7	8	9
对应小节	1	2	2	2	2	1	1	1	2

第20章
静　电

大概念 正电荷和负电荷之间存在相互作用力。

内容提要

起步实验

静电力：另一种场力

当一根带电的直尺靠近小纸屑时，会发生什么现象？

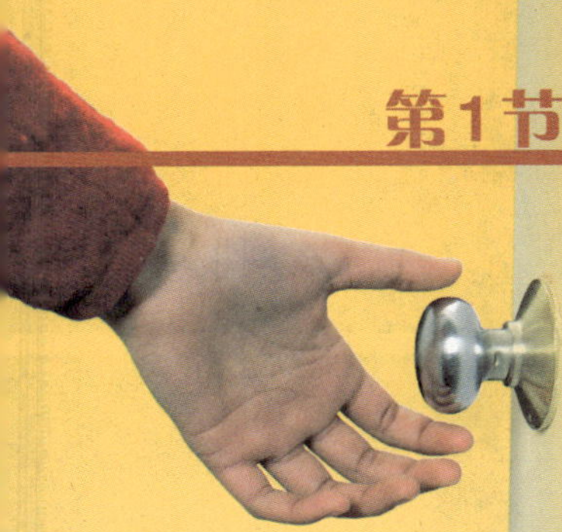

第1节 电 荷

物理在你身边

你曾经在干燥的冬季接触金属门把手时，受到过电击吗？你受到电击，是因为有电子从你的手上转移到门把手。这种电击在一定程度上类似于闪电。

主要概念

同种电荷相互排斥，异种电荷相互吸引。

核心问题

- 你如何证明带电物体之间存在作用力，包括吸引力和排斥力？
- 我们怎样知道，起电是电荷的分离过程，而不是电荷的创生过程？
- 导体和绝缘体之间有什么区别？

术语回顾

等离子体 一种流体物质，类似于气体，由带负电荷的电子以及带正电荷的离子组成，是一种导体

关键术语

静电
电中性
绝缘体
导体

电荷的存在

你是否有过这样的体验：当你走在地毯上，你的鞋子在与地毯充分摩擦后，如果再接触其他某个物体，你的鞋底会有火花产生。1750年，在电学研究方面有着不少贡献的富兰克林（B.Franklin）认为，闪电对在暴风雨中飞行的风筝上的钥匙会产生类似的效果。当电通过绳子传到钥匙上，风筝线上松弛的纤维开始竖起并摆动起来，就像你用梳子梳头发时头发会竖起来一样。如果你用手去摸这串钥匙，就会产生火花，你会感到被电击。用这种方法产生的电即为静电。

本章中，你将重点对**静电（electrostatics）**进行研究。静电的特点之一是能被人们收集并储存起来。从宏观世界的闪电现象，到微观世界的原子分子，都可以观察到静电的作用。在以后的章节中，你将学习电流，它由电荷的定向移动形成。

静电力 不知你是否注意到，在空气干燥的日子里，当你用塑料梳子梳头时，你的头发会被梳子吸引过去。或许你还观察到这样的现象：当你从干衣机中取出衣物，尤其是袜子时，它们有时会粘在一起。如果用气球摩擦你的头发，你就会理解如**图20-1**所示的现象了。这表明，此时一定有一个较强的力作用在毛发上，且这个向上的力比毛发的重力要大。气球对毛发产生的静电力远大于地球对它的引力。

图20-1 在空气干燥的日子里，将摩擦过的气球靠近猫时，猫的毛就会竖起来。

推断 为什么猫的毛在空气干燥的日子里比在空气潮湿的日子里更容易竖起来？

静电力和重力都是力，但它们是有区别的。例如，气球只有经摩擦后，才会对毛发有吸引作用；而过一会儿，气球的这种吸引能力就会消失。与此不同的是，重力既不需要摩擦，也不会消失。通过本章的学习，你还将了解重力和静电力的其他区别。

同种电荷 你可以使用透明胶带来研究电荷。将一条胶带的一端折叠起5 cm作为把手，然后将余下的长约8～12 cm的部分贴在干燥、光滑的书桌上，如**图20-2**上面的图所示。然后，在它的旁边贴上第二条相同的胶带，并快速地将它们从桌面上拉起并使它们彼此靠近。将会发生什么呢？

这时你会看到，这两条胶带相互排斥，如**图20-2**中间的图所示。这两条胶带互相排斥是因为它们带电了。由于使它们带电的方法相同，因此它们带有的必然是同种电荷。这样，你就通过实验证明了带电物体的一条重要特性——带同种电荷的物体相互排斥。

异种电荷 现在，请将一条胶带贴在桌面上，再将另一条胶带贴在第一条的上面。然后，拉住下方胶带，使两条胶带一起离开桌面。用你的手指摩擦它们，直到它们不再被手吸引。这表明，你已经移走了胶带上的所有电荷。

此时，如果用你的双手分别拉这两条胶带，快速地将它们分开，你就会发现，它们又都带电了，都能被你的手所吸引。那么这时它们是否依然相互排斥呢？答案是否定的，它们相互吸引了，如**图20-2**下面的图所示。这表明它们都带了电，但两者所带的不是同种电荷，因为同种电荷是相互排斥的。所以，这个实验表明，还存在第二种电荷，且异种电荷相互吸引。

研究电荷 你还可以利用这两条胶带做进一步研究。例如，你可能会发现，这种胶带吸引和排斥作用的强度是随距离而改变的。此外你还会发现，用不了多久，胶带上的电荷就会消失，尤其是在空气潮湿的日子里。当然，你可以再次采用上述方法使胶带带电。

当你从桌面将这两条胶带迅速拉起时，它们将带有电荷。

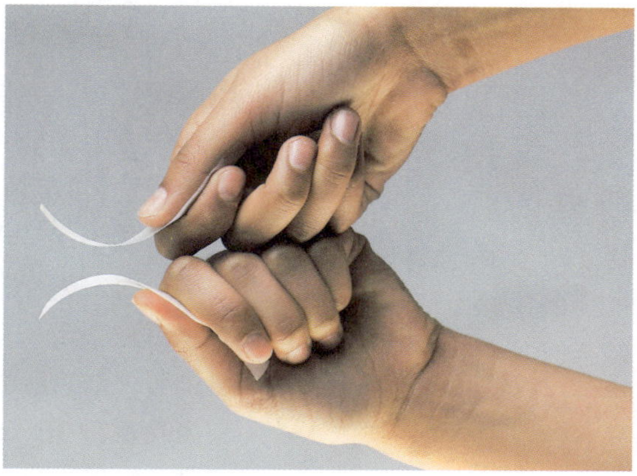

带有同种电荷的胶带相互排斥。

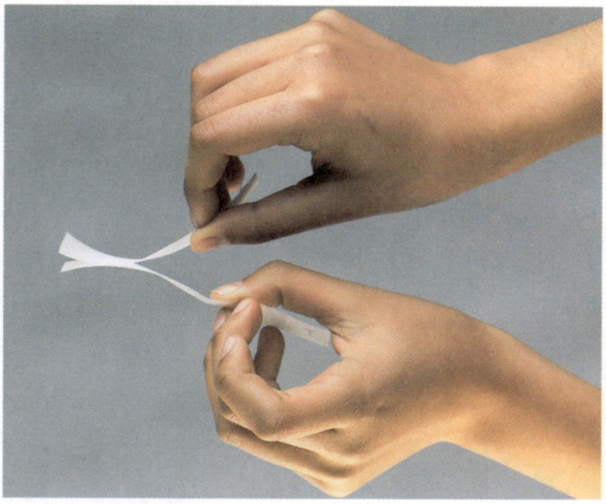

带有异种电荷的胶带相互吸引。

图20-2 可利用两条胶带演示带电物体间的相互作用。

图 20-3 梳子与胶带B带有同种电荷。同种电荷相互排斥，异种电荷相互吸引。

物理实验

静电荷*

带正电荷的物体与带负电荷的物体之间，以及它们与电中性物体之间有怎样的相互作用？

带电物体间的相互作用 你能否用胶带来揭示出另一个物体是否带电？将一把塑料梳子在你的衣服上摩擦，然后将它放置在桌面上。然后再次将两条胶带重叠地贴在桌面上。将下方的胶带标记为B，上方的胶带标记为T。将它们一起从桌面上拉起，使其放电，再将它们分开。然后，用你的双手分别拿着这两条胶带，并分别将它们靠近梳子，如**图20-3**所示。此时你就会发现，其中的一条胶带被梳子吸引，而另一条却被排斥。

☑ **阅读检测** **解释**为什么一条胶带被梳子吸引，而另一条胶带被梳子排斥。

你可以将两条带电胶带黏在桌子的边缘，以揭示它们与其他物体的相互作用。为了使物体带电，只要用丝绸、羊毛、塑料等与它们摩擦即可。如果你想要检验丝绸或毛皮等布料的带电情况，那么你可以在手上套一只塑料袋。在与布料摩擦后，从塑料袋中抽出你的手，然后将塑料袋和布料靠近带电的胶带。

是不是带电物体会吸引一条胶带而排斥另一条胶带？你是否看到过对两条胶带都排斥的物体？或者某些物体对两条胶带都吸引？你很容易发现，你的手指将会对两条胶带都吸引。在本章后面部分，你将要探讨这种情况。

电荷的种类 通过上面两条胶带的实验，你可以列出两张表，其中一张表标记为B，此表中的物体与贴在桌面上的下方标记为B的胶带带有同种电荷；而另一张则表标记为T，此表中的物体与上方标记为T的胶带所带的电荷相同。现在只有两张表，因为自然界中只存在两种类型的电荷——富兰克林分别将它们命名为正电荷和负电荷。

不同的材料获得电荷的能力不同。硬橡胶在与塑料摩擦后，所带的是负电荷；玻璃在与毛皮摩擦后，所带的是正电荷。

正如你已经证明的一样，原本不带电的两条胶带可以带异种电荷。你还可以证明，如果用毛皮摩擦塑料，那么塑料带负电，毛皮带正电。两类电荷不可能单独产生，而只能成对产生。这些实验表明，物体通常只能有两类电荷，即正电荷和负电荷。两个物体互相摩擦时，正、负电荷可以分离。若想进一步了解这一点，你必须考察物质的微观图像。

从微观角度考察电荷

电荷存在于原子中。1897年，汤姆孙(J.J.Thomson)发现，所有物质都包含质量很小且带负电荷的粒子，这种粒子称为电子。在1909～1911年间，汤姆孙的助手，来自新西兰的卢瑟福(E.Rutherford)发现，原子中有一个质量很大的带正电的核，电子则在其周围运动，形成电子云。你将在以后的章节中更详细地学习汤姆孙和卢瑟福的实验。通过他们的实验和其他科学家的工作，我们知道，原子通常是电中性的。一个**电中性(neutral)**物体，所带的负电荷等于正电荷。

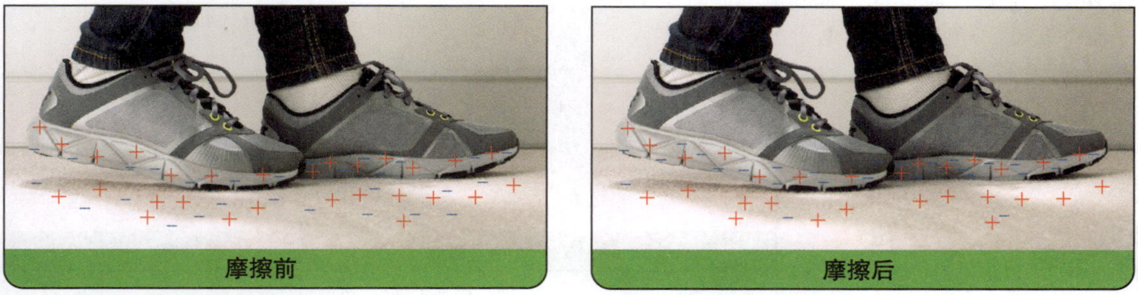

图 20-4 电子从羊毛地毯转移到了与它摩擦的鞋子上。

颜色惯例

正电荷	+	红色
负电荷	—	蓝色

电子的转移 借助外部能量，外层电子可以从原子中脱离。从整体上看，失去电子的原子带正电，因此，任何由这种缺少电子的原子所构成的物体都带正电。从原子中脱离的电子可以保持独立状态，或者附着在另外的原子上，成为带负电的粒子。从微观的角度看，物体获得电荷的过程就是电子的转移过程。

电荷的分离 如果两个电中性物体相互摩擦，那么每个物体都将带电。例如，当橡胶底的鞋子与羊毛毯摩擦时，摩擦的能量就会使毛毯原子中的电子从原子中移出，然后转移到鞋子的橡胶底上，如**图 20-4** 所示。鞋子上多余的电子使它带负电；失去电子的毛毯则带正电。但是，这两个物体的总电荷保持不变，即电荷是守恒的。这也从一个侧面说明，电荷既不能创生，也不能被消灭。凡是出现了正电荷或负电荷，就意味着电子发生了转移。

雷电云内部的活动会使其底部云层带负电，顶部云层带正电。地面上的电荷会向正在道路上行驶的汽车轮胎转移。你衣服口袋里的 MP3 发生摩擦有时会使耳机带电，从而使你感受到电击。在所有这些情况中，电荷都没有创生，而只是被分离了。

导体和绝缘体

从中间握住一根塑料棒或一把梳子，只摩擦它们的一端，此时你会发现，只有被摩擦的一端带电了。换句话说，转移到塑料棒上的电子停留在原处而没有发生移动。在某些物体中，电荷很难发生移动，这些物体称为**绝缘体（insulator）**。本章前面进行的起电实验中的胶带就是绝缘体。此外，玻璃、干燥的木头、大多数塑料、布料以及干燥的空气等，都是很好的绝缘体。

假定用绝缘体架起一根金属棒，那么金属棒就被绝缘了，或者说它完全被绝缘体包围了。此时如果用带电的梳子接触这根金属棒的一端，你就会发现，这些电荷会很快地散布于整根金属棒中。与绝缘体不同，在某些物体中，电荷很容易发生移动，人们将这种物体称为**导体（conductor）**。电荷能迅速地传遍整个金属。

物理实验

带电物体

怎样检测某种物体获取正负电荷的能力

图20-5 导体中的电荷分布于整个表面,而绝缘体中的电荷总是停留在它们原来的地方。

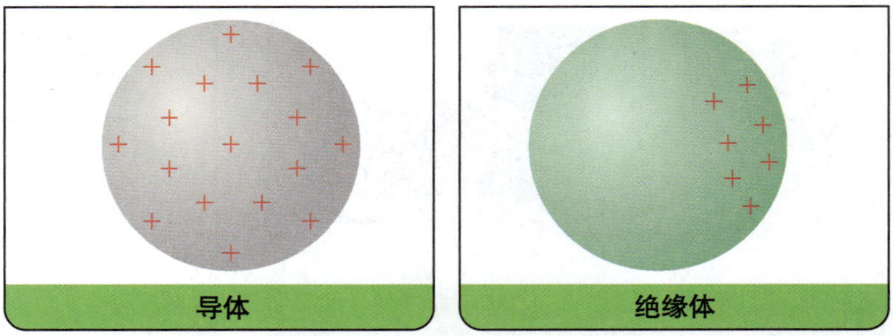

生活中的物理学

导体还是绝缘体?

人们通常喜欢简单地将某种物体归入导体或者绝缘体,但事实上,这种分类可能会随着物体存在形态的改变而改变。例如,当碳以金刚石的形式存在时,它是一种绝缘体;而如果它是以石墨的形式存在,它就是导体。这是因为碳原子不同的键结构所致。石墨中的碳键容许某些电子自由移动。这就导致石墨的导电性比金刚石强得多,虽然它们都是由同样的碳原子构成。

金属 从经验来看,大部分金属都是良导体。组成金属的每个原子中,至少有一个电子是很容易移动的,因此这些电子不是属于某个原子,而是属于整个金属,它们可以在金属中自由穿行。如**图20-5**所示说明了电荷在导体和绝缘体中的区别。铜和铝都是很好的导体,它们被广泛应用于电路中。某些非金属材料,包括由负电子和正离子组成的等离子体以及石墨等,也是良导体。

☑ **阅读检测** **解释**金属为什么对电荷来说是良导体?

空气可变为导体 空气是一种绝缘体,但在一定条件下,它可变为导体,使电荷在其中通过。例如,当你穿着鞋子与地毯摩擦后再去开门时,你的手指与门把手之间会有火花跳跃而使你放电,放电后过量的净电荷离你而去,你又呈现为电中性。同样地,闪电是由于雷电云间的放电而产生的。在上述两种情况中,空气在短时间内变成了导体。

你之前已经学过,导体中必须具有可以自由移动的电荷。所以,在呈电中性的空气中,必然可以形成可自由移动的带电粒子,只有这样才会产生前面提到的电火花与闪电。当闪电发生时,云层和大地中的过量电荷足以使电子从空气分子中脱离。这些电子会与带正电或带负电的原子形成等离子体(导体的一种)。

第1节 复 习

1. **主要概念** 在本节开始所描述的实验中,你如何知道究竟哪条胶带是带正电的?
2. **带电物体** 在与羊毛衣服摩擦之后,塑料梳子就能吸引小纸屑了。为什么几分钟后这把梳子又会失去这种能力?
3. **电荷的种类** 木髓球是由轻质材料,如泡沫塑料制成的小球,其表面常常涂有一层石墨或铝粉。你该如何确定一只用绝缘线悬挂着的木髓球所带的电是正电还是负电?
4. **电荷分离** 硬橡胶棒与毛皮摩擦后带负电。此时毛皮上的电荷发生了什么情况?为什么?
5. **净电荷** 一只苹果包含了大约10^{26}个带电粒子。当把两只苹果放在一起时,为什么它们不会相互排斥?
6. **使导体带电** 用丝线将一根长金属棒悬挂起来,这样就可以认为它是绝缘的。现在用一根带电玻璃棒去接触这根金属棒的一端,描述此时金属棒上电荷的分布情况。
7. **批判性思维** 曾有人提出,电荷是一种流体,它从具有过量的这种流体的物体流向缺少这种流体的物体中。为什么两种电荷流动模型比这种单流体模型要好?

第2节 静电力

物理在你身边 从烘干机中取出的衣服，有时会紧贴在一起。这种现象称为静电吸附。你可利用静电吸附将印花贴在汽车的窗户上，静电力会把印花牢牢地粘在上面。

主要概念

带电粒子间的静电力与它们的电荷量以及它们之间的距离有关。

核心问题

- 电荷间的静电力与它们之间的距离有怎样的关系？
- 怎样通过传导和感应的方法使物体带电？
- 什么是库仑定律？它的应用有哪些？

术语回顾

力 施加在物体上的推或拉的作用

关键术语

验电器
传导起电
感应起电
接地
库仑定律
库仑
元电荷

作用在带电体上的力

从上节的带电气球使毛发竖起的图中你意识到，静电力通常要比重力强。你已经知道，静电力可能是排斥力，也可能是吸引力，而重力肯定是吸引力。

人类对静电力的研究已有几千年的历史，许多科学家曾经花费了许多年的时间，试图对静电力进行测量。因在流体力学领域的出色工作而闻名于世的伯努利(D.Bernoulli)就曾在18世纪50年代对静电力进行过某种粗略的测量。18世纪70年代，卡文迪许(H.Cavendish)证明了静电力服从平方反比关系，但他却一直没有公布他的这一研究成果。在本节后面介绍的静电力的公式，是由法国的物理学家库仑(C.Coulomb)通过实验发现的。

演示静电力 你在胶带实验中所观察到的力，也可以通过一根悬挂着的并能自由转动的带负电的硬橡胶棒来显示，如**图20-6**所示。如果将另一根带负电的硬橡胶棒接近这根悬挂着的硬橡胶棒，那么它就会被弹开。也就是说，两根带负电的棒，即使并不相互接触，也彼此排斥。它们之间的这种力称为静电力，它能超越距离产生作用。如果将一根带负电的硬橡胶棒靠近一根带正电的玻璃棒，它们就会彼此相互吸引，悬挂着的玻璃棒将转向带异种电荷的硬橡胶棒。根据胶带实验以及带电棒实验的结果，可以得出以下结论：

- 电荷有两类：正电荷与负电荷。
- 同种电荷相互排斥，异种电荷相互吸引。
- 电荷可以在相隔一定距离的情况下对其他电荷施加作用力。
- 当电荷彼此靠近时，这种力将会增强。

图20-6 两根带电棒彼此靠近时将相互排斥或相互吸引，这取决于它们所带的电荷的种类。

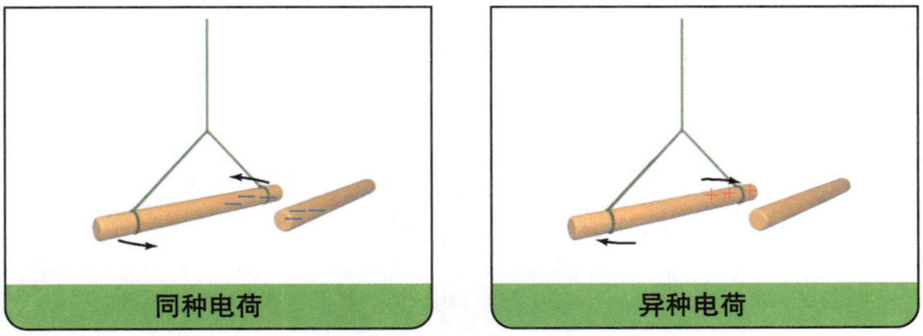

图 20-7 当验电器尚未带电时，两片金属箔自由下垂，几乎靠在一起。

检测电荷 无论是胶带实验还是带电棒实验，都不能非常灵敏且方便地确定物体所带的电荷。为此，科学家发明了一种称为验电器的仪器。**验电器（electroscope）**上有一个金属球，它通过一根金属杆与两片又轻又薄的金属箔片相连。如**图 20-7** 所示为一只尚未带电的验电器，此时金属箔片自由下垂。验电器中的金属箔片被密封在瓶中，以消除空气流动对它的影响。

传导起电 当带负电的棒接触验电器上的金属球时，负电荷就会转移到球上。然后，这些电荷将遍布金属的整个表面，如**图 20-8** 左面的图所示。由于两片金属箔片上都有了负电荷，它们便相互排斥而彼此分开。如果验电器带的是正电，箔片也会张开。在这两种情况下，验电器都获得了净电荷。通过与带电物体接触，使电中性的物体带电的过程称为**传导起电（charging by conduction）**。

验电器不管带的是正电还是负电，金属箔片都会张开，那么怎样才能知道验电器带的究竟是正电还是负电呢？这可以通过将带有已知电荷类型的棒靠近该验电器的金属球，但不接触，然后根据箔片张开的情况来确定。如果验电器与这根棒的电性相同，如**图 20-8** 中间的图所示，那么箔片将分得更开；如果验电器与这根棒的电性相反，如**图 20-8** 右面的图所示，那么箔片将靠拢。

阅读检测 **解释**当你将带正电荷的棒靠近带负电荷的验电器时所发生的情况。

电中性物体上的电荷分离 在本章开头的胶带实验中，当你拿着带电的胶带时，无论它们是带正电还是带负电，胶带都会被你的手指所吸引。但是你的手指是电中性的，有等量的正电荷与负电荷。为什么这些胶带会被它吸引呢？这些胶带所以会被你的手指吸引，这是因为你手指中的电荷已被分离了。

图 20-8 当有电荷在两个相互接触的物体之间转移时，就发生了传导起电。
如右面的图所示，如果带正电的棒与金属球接触，**解释**验电器的金属箔片将会发生的情况。

传导起电

通过传导的方法，让带电金属棒与验电器上的金属球接触，使验电器带电。

将带负电荷的棒靠近带负电荷的验电器时，箔片将分得更开。

将带正电荷的棒靠近带负电荷的验电器时，箔片将靠拢。

图 20-9 聚集在云层底部的负电荷可能引起闪电。

假定你将一根不带电的金属棒或其他任何不带电的物体靠近一个带正电的物体时，该物体的正电荷就会吸引金属棒中的电子，因为导体中的电子是很容易移动的。因此，金属棒中的电子就会向着带正电的物体移动，金属棒最接近带正电荷物体的一端出现了负电荷，而另一端则出现正电荷。电荷被分离了，但是金属棒仍然呈电中性。

电荷量愈多，其间的静电力愈大。因此，棒中电荷的分离使原来不带电的金属棒与带电物体彼此吸引。胶带与你的手指之间的吸引力也是这种电荷分离过程的结果。在你的手指中的电子发生移动，电荷被分离了。

闪电 雷电云层下部的负电荷也能导致大地中的电荷分离，使得云层下方地面上的负电荷被排开。云层中负电荷与地面上的正电荷之间的作用力可将空气分子电离为带正、负电荷的粒子。这些粒子可以自由运动，在大地与云层之间建立了导电通道。

当雷电以大约 14 km/s 的速率通过这种导电通道，使得云层放电时，你就看到了如**图 20-9** 所示的闪电。

感应起电 如**图 20-10** 左面的图所示，有两个完全相同且互相接触的带绝缘支架的金属球，它们各自具有等量的正、负电荷。当一根带负电的棒移近其中一个金属球时，如**图 20-10** 中间的图所示，靠近棒的球上的电子就会被驱赶到离棒较远的那个球上，使其带负电。此时若将两球分开，则每个球上便都带了电。而且，如**图 20-10** 右边的图所示，它们所带的电荷的数量相等而电性相反。这种没有接触而使物体带电的过程称为**感应起电（charging by induction）**。

图 20-10 感应起电使两个球上产生大小相等、符号相反的电荷，但没有任何电荷从棒上转移到球上。

两个不带电的金属球相互接触。

感应起电使两个金属球都带了电。

分开后，这两个球上带等量的异种电荷。

■ 感应起电

不带电的验电器的电荷均匀分布，金属箔片自由下垂，几乎靠在一起。

将带负电的棒移近验电器的金属球时，感应作用使验电器中的电荷分离。

用手指接触验电器时，带负电的棒将验电器上的电子排斥到手指上，而不是金属箔片上。

在撤去带负电的棒之前移开手指，验电器上便只留下了正电荷。

图20-11 通过让验电器接地和利用感应起电，使验电器带电。

物理实验

使物体带电*

你如何演示通过感应起电和传导起电的方法使电荷分离？

迷你实验

研究感应起电和传导起电

怎样利用气球和验电器来研究感应起电和传导起电？

电荷流向大地 如**图20-11**所示，单个物体通过**接地(grounding)**的方法也能感应起电。接地就是将物体与大地连接以消除过量电荷的过程。地球是一个巨大的球体，它能吸收大量的电荷而不会成为明显的带电体。如果将一个带电体与大地接触，那么带电体上的所有电荷都会流向大地。

如**图20-11**中的右上图所示，当一根带负电的棒移近验电器的金属球时，电子被排斥到了箔片上。如果此时将验电器的金属球接地，那么这些电子就会不断地从验电器转移到大地，直到箔片变成电中性为止。如果撤除接地，移走带电棒，此时验电器就因缺少了电子而带正电。

接地也可用来产生负电。例如，将带正电的棒移近一个接地验电器的金属球，那么大地中的电子将被吸引过来，验电器便获得了负电。在这个过程中，验电器上的感应电荷的电性与用来使它起电的物体的电性相反。由于带电棒始终未曾与验电器接触，它的电荷没有被转移，因此它可多次被用来使物体感应起电。

库仑定律

你已经看到,两个或多个带电体之间存在力的作用。在胶带实验中你又发现,这个力与距离有关。带电物体离胶带越近,这个力就越强。你还发现,物体所带的电荷量越多,这个作用力就越大。

那么,在实验中,如何才能控制电荷量的变化呢?1785年,法国物理学家库仑(C.Coulomb)解决了这个问题。库仑使用了如**图20-12**所示的装置:一根绝缘棒的一端有一个导体小球A,绝缘棒用一根金属丝悬挂着,使它可自由转动。将一个同样的小球B固定在与球A相接触的位置上。当A、B两球与一个带电体接触后,电荷便均匀地分布在这两个球上。因为这两个球的大小相同,所以它们所带的电荷的数值相同。如果用q表示电荷量,那么这两个球所带的电荷量可分别表示为q_A和q_B,且$q_A=q_B$。

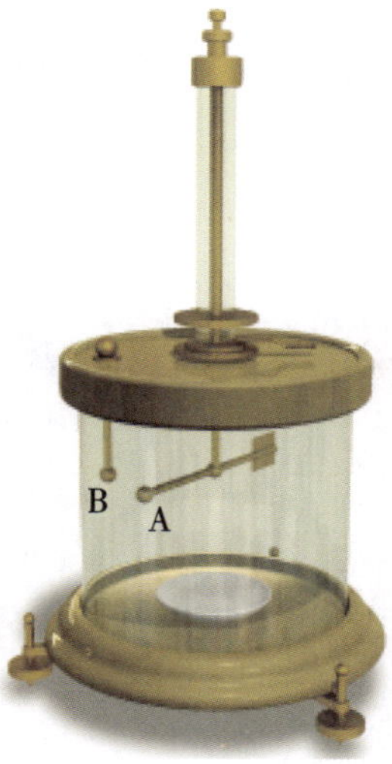

图20-12 库仑利用该装置测量了两个带电小球之间的静电力。同时,他还研究了改变两球之间的距离时球的偏转情况。

静电力与距离的关系 通过实验,库仑发现了两个带电小球之间的作用力与它们之间的距离存在一定的关系。首先,他仔细测量了使金属丝扭转一定角度所需的力的大小。其次,他设法使A球和B球带上等量的电荷,并改变它们之间的距离r。此时,作用在A球上的力使金属丝发生了扭转。通过测量A球的扭转角度,库仑计算出了A球和B球之间的排斥力。他的这一实验表明,带电小球之间的静电力F与两球球心之间距离r的平方成反比,即

$$F\propto \frac{1}{r^2}$$

静电力与电荷量的关系 为了研究静电力与电荷量的关系,必须在测量中改变两球所带的电荷量。这并没有难倒库仑。首先,他像之前所做的那样,使两球带上等量电荷。然后,他取一个不带电的、大小与B球相同的C球,当C球与B球接触时,这两个球便会平均分配原来B球上的电荷。因为两球的大小相同,所以此时B球上的电荷量只有原先的一半。也就是说,此时B球上的电荷量等于A球的一半。接着,库仑将C球移走,调整B球的位置,使得A、B两球的距离r与先前相同。此时他发现,A、B两球间的作用力只有原来的一半大小。也就是说,两个物体之间的静电力与物体所带的电荷量成正比,即

$$F\propto q_Aq_B$$

经过多次类似的测量后,库仑归纳出一条定律,即著名的**库仑定律(Coulomb's law)**。库仑定律指出,两个相距为r的电荷q_A和q_B之间的作用力大小,与它们所带的电荷量成正比,与它们之间距离的平方成反比:

$$F\propto \frac{q_Aq_B}{r^2}$$

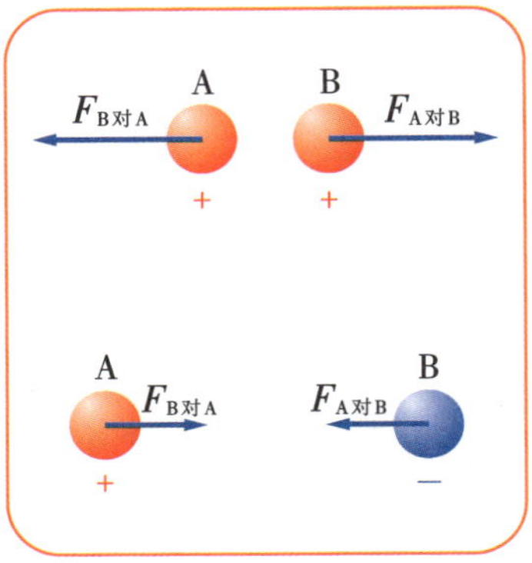

图 20–13 两个带电体之间力的方向取决于电荷的种类，同种电荷相互排斥，异种电荷相互吸引。（力不按比例）

颜色惯例

力 ⟷ **蓝色**

电荷的单位：库仑 直接测量一个物体所带的电荷量是比较困难的。不过，库仑实验表明，电荷量与静电力之间存在一定的关系。因此，你可以通过带电物体之间的静电力来推导电荷量的单位。在SI单位制中，电荷量的单位为**库仑（Coulomb）**，用符号C表示。

1C是指6.24×10^{18}个电子或质子所带的电荷量。一个电子或质子所带的电荷量为1.602×10^{-19} C，人们将这个电荷量称为**元电荷（elementary charge）**。所有物体都包含电荷。电中性的物体所包含的正电荷和负电荷相等，净电荷为零。例如，一本书有-1×10^{6} C的负电荷，那它还有1×10^{6} C的正电荷，因此这本书的净电荷为零。

根据库仑定律，电荷q_B作用在与它相距r处的电荷q_A上的力可通过引入了比例常量k的库仑定律计算。

库仑定律

两个电荷之间的静电力，等于静电力常量与这两个电荷的电荷量的乘积，再除以它们之间距离的平方。

$$F=k\frac{q_Aq_B}{r^2}$$

当电荷的单位为C，距离的单位为m，力的单位为N时，静电力常量$k=9.0\times10^{9}\ \mathrm{N\cdot m^2/C^2}$。

静电力的方向 库仑定律既给出q_A作用于q_B上的力的大小，也给出q_B作用于q_A上的力的大小。这两个力的大小是相等的。当你将两条带有同种电荷的胶带靠近时，你就会观察到一种符合牛顿第三定律的情况：每条胶带都对另一条施加作用力。如果将一把带电的梳子靠近其中任一条胶带，你就会发现，质量较小的胶带更容易发生运动。但是，由于梳子和你的总质量很大，所以你们的加速度非常小，根本无法显现出来。

与其他的力一样，静电力也是矢量，它既有大小又有方向。然而上面的库仑定律仅仅给出了力的大小。为了确定力的方向，可作出如**图 20–13**所示的力矢量图。两个带电体之间静电力的方向取决于电荷的种类。

解题 策略

关于静电力的问题

用以下步骤求解电荷间静电力的大小和方向。

1. 作出系统的示意图，标出所有的距离和角度的大小。
2. 作出系统的矢量图。
3. 利用库仑定律计算力的大小。
4. 根据你所画的图示，利用三角关系找出力的方向。
5. 分别对数值和单位进行代数运算，保证单位与问题中变量的单位一致。
6. 检查你的答案，看一看数值是否合理。

例题 1

二维空间中的库仑定律 已知小球A所带的电荷量为$+6.0\ \mu C$，小球B所带的电荷量为$-3.0\ \mu C$，B球位于A球右方4.0 cm处。

a. 求B球对A球的作用力。

b. 如果所带电荷量为$+1.5\ \mu C$的第三个小球C加入该系统，它位于A球的正下方3.0 cm处，求此时A球受到的静电力。

1 分析概括问题

- 建立坐标轴，标出这些小球的大概位置。
- 画出并标明各球之间的距离。
- 画出并标明各个矢量力。

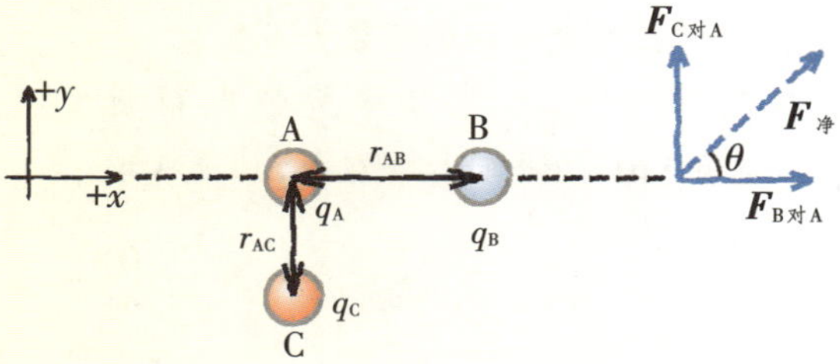

已知		未知
$q_A=+6.0\ \mu C$	$r_{AB}=4.0\ cm$	$F_{B对A}=?$
$q_B=-3.0\ \mu C$	$r_{AC}=3.0\ cm$	$F_{C对A}=?$
$q_C=+1.5\ \mu C$	$k=9.0\times10^9\ N\cdot m^2/C^2$	$F_净=?$

2 求解未知量

a. 计算B球对A球的作用力。

$$F_{B对A}=k\frac{q_Aq_B}{r_{AB}^2}=9.0\times10^9\ N\cdot m^2/C^2\times\frac{6.0\times10^{-6}\ C\times3.0\times10^{-6}\ C}{(4.0\times10^{-2}\ m)^2}$$

$$=1.0\times10^2 N$$

◀将$q_A=6.0\ \mu C$，$q_B=3.0\ \mu C$，$r_{AB}=4.0\ cm$代入。

因为A球与B球所带的是异种电荷，所以B对A的静电力方向向右。

b. 计算C球对A球的作用力。

$$F_{C对A}=k\frac{q_Aq_C}{r_{AC}^2}$$

$$=9.0\times10^9\ N\cdot m^2/C^2\times\frac{6.0\times10^{-6}\ C\times1.5\times10^{-6}\ C}{(3.0\times10^{-2}\ m)^2}$$

◀将$q_A=6.0\ \mu C$，$q_C=1.5\ \mu C$，$r_{AC}=3.0\ cm$代入。

$$=9.0\times10^1 N$$

C球与A球所带的是同种电荷，它们彼此相斥，所以C球对A球的静电力方向向上。

计算$F_{B对A}$及$F_{C对A}$的矢量和，求出作用在A球上的净力$F_净$。

$$F_净=\sqrt{F_{B对A}^2+F_{C对A}^2}$$

$$=\sqrt{(1.0\times10^2\ N)^2+(9.0\times10^1\ N)^2}=130\ N$$

◀将$F_{B对A}=1.0\times10^2\ N$，$F_{C对A}=9.0\times10^1\ N$代入。

$$\tan\theta=\frac{F_{C对A}}{F_{B对A}}$$

$$\theta=\arctan\frac{F_{C对A}}{F_{B对A}}=\arctan\frac{9.0\times10^1\ N}{1.0\times10^2\ N}=42°$$

◀将$F_{C对A}=9.0\times10^1\ N$，$F_{B对A}=1.0\times10^2\ N$代入。

$F_净=130\ N$，方向与x轴成42°角向上。

3 验证答案

- **单位是否正确？** $1N\cdot m^2/C^2\cdot C\cdot C/m^2=1\ N$。答案的单位的确是N。
- **方向是否有意义？** 同种电荷相互排斥，异种电荷相互吸引。
- **数值是否合理？** 净力与分力的大小相差不大。两个大小分别为90 N和100 N的矢量相加后，合矢量的大小为130 N是可信的。

练一练

8. 一个电荷量为 -2.0×10^{-4} C的电荷与另一个电荷量为 8.0×10^{-4} C的电荷相距0.30 m。这两个电荷间的静电力为多大？

9. 一个电荷量为 -6.0×10^{-6} C的电荷对另一个相距0.050 m的电荷施加了65 N的吸引力。第二个电荷的电荷量为多少？

10. 在例题1中，如果B球所带电荷量为 +3.0 μC。试作出示意图，计算A球受到的净力。

11. 当两个电荷之间的距离是原来的三倍时，描述它们之间的静电力的变化情况。

12. A球位于原点，所带的电荷量为 $+2.0\times10^{-6}$ C。B球位于 x 轴上的 +0.60 m处，所带的电荷量是 -3.6×10^{-6} C。C球位于 x 轴上的 +0.80 m处，所带的电荷量是 $+4.0\times10^{-6}$ C。试确定作用在A球上的净力。

13. **挑战题** 确定第12题中作用在B球上的净力。

库仑定律的应用 在应用库仑定律时，要牢记库仑定律只适用于点电荷或电荷均匀分布的带电小球。也就是说，如果电荷均匀地分布在整个球面或球体上，那么就可以将这个球面或球体作为全部电荷位于其球心处的一个点电荷来处理。

但是，如果带电球为一个导体，且附近存在另外的带电体，那么由于球上的电荷会被吸引或排斥，因此它的作用就不能再等同于一个位于球心的点电荷了。所以，在应用库仑定律之前，必须仔细考察两个带电球的大小及其距离远近的情况。

在本书的习题中，除非另有说明，一般总是假定带电球足够小，相距足够远，因此它们都可看成是点电荷。当你应用库仑定律讨论长导线或平板等形状的带电体时，这种非点电荷的情况要另作考虑。为此，你可将分布电荷看作多个点电荷的集合。

迷你实验

飞行的粒子*

范德格拉夫起电机是怎样使粒子带电的？

静电知识的应用

静电知识在实际生产、生活中有很多应用。例如通过静电感应使油漆微粒带电，这样油漆就能被非常均匀地喷涂在汽车或其他物体上了；复印机利用静电将墨粉印到纸上，从而使原文件精确地再现；激光打印机以类似的方式应用了静电，磁鼓上的带电字符吸引调色剂颗粒。

物理挑战题

带电小球 如右图所示，两个质量均为 m 的相同小球带有等量的正电荷 q，已知它们相距 r。

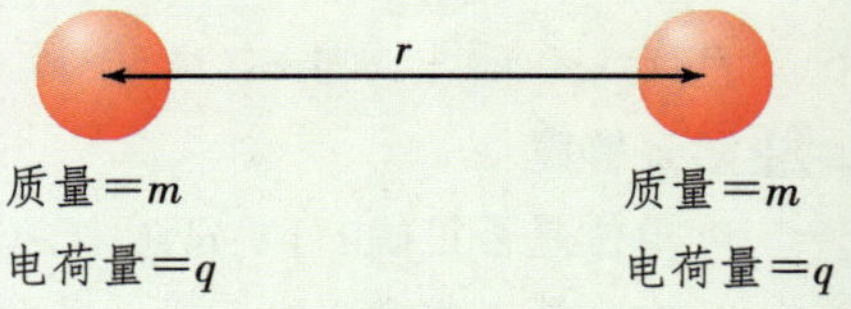

1. 为了使每个球都处于平衡状态，也就是说，为了使两球间的万有引力和静电斥力相等，试推导出球上所带的电荷量 q 所必须满足的关系式。

2. 如果两球的距离增加1倍，这对上一问题中所得到的 q 的表达式会有怎样的影响？

3. 如果两球的质量均为1.50 kg，为了保持平衡，小球所带的电荷量为多少？

没有采用静电除尘器时烟囱的排放情况

采用静电除尘器时烟囱的排放情况

图 20-14 煤烟灰是一种工业污染物。静电除尘器可用来收集煤烟灰，不让它排入大气中。

静电力还可用来收集从烟囱排出的煤烟灰，燃烧中排出的烟灰是带电的，它们可被带有异种电荷的收集器收集。液体喷雾也能有效地收集煤烟灰。如**图 20-14** 所示，静电除尘器可用来大大减少煤烟灰的排放量。

在有些情况下，要避免静电荷的积累。例如，静电荷放电时会损坏电子设备。制造商用导电塑料袋包装敏感电子元器件，以防止静电荷的聚集。计算机技术人员佩戴连接到地面的腕带，以便安全地将静电荷传向大地。

静电力，尤其是闪电，可能是非常危险的。接地的避雷针能避免房屋和其他建筑物遭受雷击，避雷针应安装在建筑物的最高处，以便能安全地将电荷传到大地。

第2节 复 习

14. **主要概念** 两个物体间的静电力与它们所带有的电荷量以及它们之间的距离有怎样的关系？这样的关系可用什么公式来描述？
15. **静电力与电荷量** 静电力与电荷量之间有什么关系？描述一下同种电荷间和异种电荷间的静电力。
16. **静电力与距离** 静电力与距离之间有什么关系？如果两个电荷间的距离增加到原来的3倍，静电力的大小将如何改变？
17. **感应起电** 在用验电器进行感应起电时，如果先移走带电棒，再撤去金属球的接地，这样做可能会发生什么情况？
18. **验电器** 验电器带电时，它的金属箔片将张开一定的角度，并保持这一角度不变。为什么它们不会进一步张开？
19. **吸引电中性物体** 哪两个特性可以说明电中性的物体能被带正电和带负电的物体所吸引的原因？
20. **使验电器带电** 怎样利用带正电的棒或带负电的棒使验电器带正电？
21. **静电力** 如**图 20-15** 所示，两个带电小球相距 r。试比较球 A 对球 B 的静电力与球 B 对球 A 的静电力。

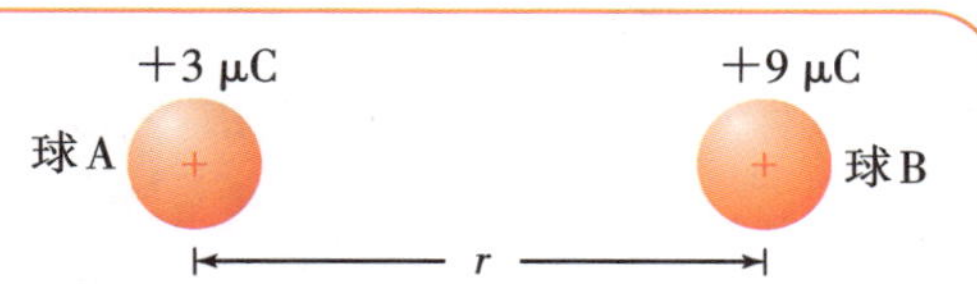

图 20-15

22. **批判性思维** 假定你正在用一个带正电的小塑料球和一个带正电的大金属球验证库仑定律。按照库仑定律，它们之间的静电力与 $\frac{1}{r^2}$ 有关，其中 r 是两球球心间的距离。然而，随着两球间距离的减小，它们之间的静电力比用库仑定律计算所得到的要小。试说明原因。

起步实验

静电力:另一种场力

实验步骤

注意:如果你对乳胶或羊毛过敏,请告诉你的老师。

1. 用打孔机打下15～20片碎圆纸屑,将它们放在桌面上。

2. 取一把塑料尺,将它与一块毛皮摩擦。

3. 将这把尺移近碎圆纸屑,观察这把尺对纸屑的作用。

分析

4. 当尺移近纸屑时,有什么现象发生?当这些纸屑与尺接触后,又有什么现象发生?

5. 当尺移近纸屑时,你是否观察到某些未曾预料到的结果?如果是,请描述这些结果。

6. 当尺移近纸屑之前,有哪些力作用在纸屑上?当尺移近纸屑时,你能否推断出纸屑受到了哪些力的作用?

7. **批判性思维** 根据你对上述问题的思考,提出一种假设,以解释尺对纸屑的作用。

迷你实验

研究感应起电和传导起电

实验步骤

注意:如果您对乳胶或羊毛过敏,请告诉你的老师。

1. 将一只气球与毛皮摩擦,使它带电,然后让它接近一个尚未带电的验电器,预测将会发生的情况。

2. 如果将这只气球与验电器相接触,预测将会发生的情况。

3. 检验你的预测。

分析

4. 描述你的观察结果。

5. 解释每一步骤中金属箔片的状况,并将其用示意图表示出来。

6. 描述用毛皮使验电器起电的结果。

物理实验

实验器材

15 cm的塑料尺
细线
支架
胶带
各种物品，如硬橡胶棒、塑料棒、玻璃棒、PVC管、铜管、钢管、铅笔、钢笔、毛皮、丝绸、塑料纸、塑料袋、蜡纸及铝箔等

带电物体

在本章中，你观察和研究了由于电荷分离所引起的现象。你已经知道，摩擦时，硬橡胶和塑料容易得到电子而带负电，玻璃和毛皮则容易失去电子而带正电。那么，如果两种都容易得到电子而带负电的物体相互摩擦，情况又将如何？此时是否有电子转移？如果有，哪种物体将获得电子？哪种物体将失去电子？在这个实验中，你要设计一种方法，以便加深关于正负电荷的研究。

问题

怎样检测某种物体获取正负电荷的能力？

目标

- **观察**容易得到电子或失去电子的各种物体。
- **对比与比较**各种物体获得电子的能力。
- **解释数据**，按照从得电子能力最强到失电子能力最强的次序将各种物体排序。

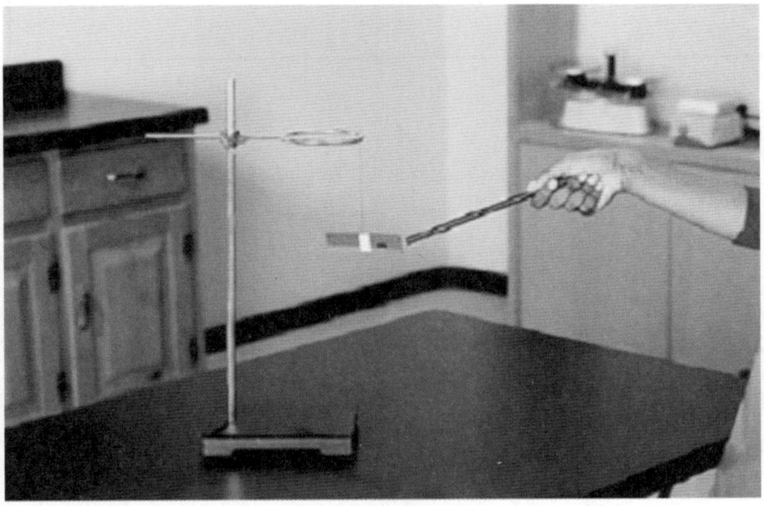

实验步骤

1. 如上页图所示，将长15 cm的塑料尺悬挂在支架上。使用前最好先将这把尺用肥皂水洗涤，然后用清水彻底冲洗干净并晾干，尤其在潮湿的天气更要如此。细线应系在尺子的中点，并用胶带在细线与尺子的系点处环绕2～3圈。
2. 作为参考，你可以采用以下方法使物体带有某种类型的电荷：(1) 将塑料尺与毛皮摩擦，结果塑料尺上有过量的负电荷，而毛皮上有过量的正电荷。(2) 将塑料尺与塑料袋摩擦，结果塑料尺上有过量的正电荷，而塑料袋上有过量的负电荷。
3. 设计一种方案，以检测哪种物体容易获得电子，哪种物体容易失去电子。尝试各种物体的组合，并将你的观察结果记录在数据表中。
4. 设计一种测试方法，以确定某个物体是否呈电中性。注意，带电的尺可吸引电中性物体，只要它引起了电中性物体中的电荷分离。
5. 在进行实验前，与老师一起讨论你的方案，并征得老师的同意。

数据表

物体1	物体2	尺上的电荷(+，−，0)	观察到的尺的运动	物体1上的电荷(+，−，0)	物体2上的电荷(+，−，0)

分析

1. 当你将两种带电物体放在一起时，你能否检测出这两种带电物体间的作用力？描述这个力。

2. 画出这两种物体上的电荷分布情况，其中之一是你所要考察的。利用你所作的示意图，解释在你的实验中为什么这些物体是这样作用的。

3. 哪种物体获得了过量的电子？哪种物体不容易获得电子？

4. 哪种物体容易获得电子？哪种物体容易失去电子？

5. 根据你的数据表，列出一张表格，反映物体获得电子的能力。

结论与应用

1. 解释下列术语在静电学中的含义：过量电荷、电荷不平衡。

2. 过量电荷能保存在物体上吗？过一段时间它会消失吗？

3. 你能否用金属棒代替悬挂的塑料尺完成同样的实验？请说明理由。

4. 盛有食品的塑料盒常常需要用光亮的塑料薄膜封住。为什么将塑料薄膜从盒口上拉开时，它们会粘在一起？

进一步探索

复习本书中关于验电器的知识。设计一个新的实验，要求不用悬挂尺而用验电器来检测物体的带电类型。

生活中的物理学

大型卡车的后端常常拖有一根镶嵌金属丝的橡皮条或铁链，这有什么用？

静电的危害

昆廷在加油站加油时，感觉加油速度很慢，于是他坐在前排座位上等待。当他再次下车，想看看汽油是否加满时，“轰”——油嘴处发生了猛烈的爆炸。

“凶手”：静电放电 大多数人都知道，在加油站加油，汽车发动机继续运转时存在危险，可能会发生如上述所描写的爆炸。这次爆炸，是因为昆廷身上的静电引起的火花点燃了汽油蒸气。

当你下车时，是否有过被电击的感觉？这就是静电放电引起的。当你将带有电荷的手靠近像车门等金属导体时，你的手与车门之间会有电荷迁移，并产生电火花。这种火花可能会点燃汽油蒸气。

产生静电的原因是什么 当驾驶员的衣服与坐垫相互摩擦时，就会产生静电荷。这正是为什么**图1**中的人在完成加油操作前不应进入汽车的一个原因。

避免火花 避免发生爆炸的最好办法是，当你下车加油时，先让你的身体放电。常用的做法是，在你拿起油泵加油前，先用手触摸一下某些金属物品，且在你完成加油操作前，不要回到车里。

图1 在拿起油泵加油前，你应当先让你的身体放电。当你加油时，一定不要上车或下车。

进一步探索 >>>

研究 写一篇关于安全使用油泵的报告，说明怎样防止油泵发生爆炸。

第20章 复习指南

大概念 正电荷和负电荷之间存在相互作用力。

关键术语
- 静电
- 电中性
- 绝缘体
- 导体

第1节 电 荷

主要概念 同种电荷相互排斥,异种电荷相互吸引。

- 电荷有两种:正电荷与负电荷。你在胶带实验中所观察到的相斥和相吸现象,可用这两种电荷的相互作用来解释。
- 电荷既不会被创生,也不会被消灭,它是守恒的。起电是电荷的分离过程,而不是电荷的创生过程。物体能通过电子的转移而带电,得到电子的物体带负电,失去电子的物体带正电。
- 如果将电荷加在绝缘体的某个部分,电荷就会停留在那个部分而不会发生移动。绝缘体包括玻璃、干木头、大多数塑料以及干燥的空气等。加在导体上的电荷会迅速地分布到导体的表面上。常见的导体包括石墨、金属以及处于等离子态的物质等。在某些特定条件下,绝缘体也有可能变为导体。闪电就是空气的导电现象。

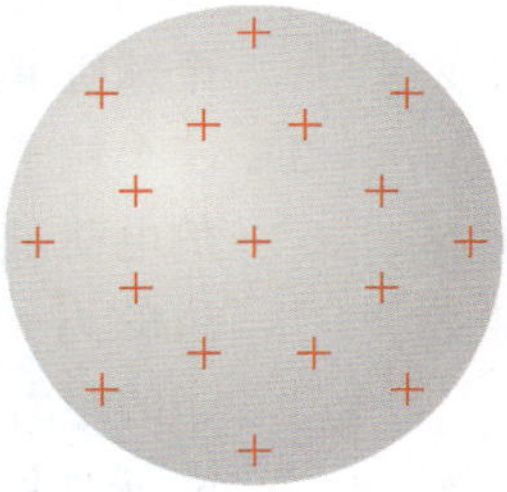

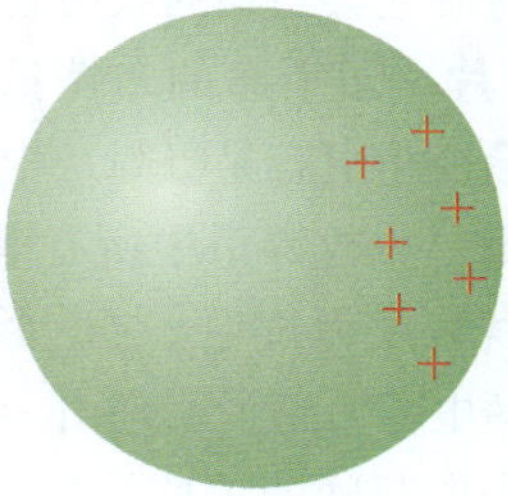

关键术语
- 验电器
- 传导起电
- 感应起电
- 接地
- 库仑定律
- 库仑
- 元电荷

第2节 静电力

主要概念 带电粒子间的静电力与它们的电荷量以及它们之间的距离有关。

- 在相互分开的两个带电体之间存在静电力,其大小随两者之间距离的增加而减小。
- 通过与带电物体接触使电中性的物体带电的过程称为传导起电。传导需要有电子在带电物体和不带电物体之间发生转移。将带电物体靠近电中性物体,但没有接触,而使物体带电的过程称为感应起电。静电感应用于电荷分离,或者再通过接地而使中性物体带电。利用感应起电的方法可多次使物体带电。
- 库仑定律可表述为,两个点电荷之间的静电力与它们所带的电荷量的乘积成正比,与它们之间距离的平方成反比。库仑定律可用来计算两个带电粒子间作用力的大小:

$$F=k\frac{q_A q_B}{r^2}$$

第20章 测 评

第1节 电 荷

理解概念

23. 大概念 在干燥的天气用塑料梳子梳头，梳子带了正电，那时你的头发还保持电中性吗？请说明理由。

24. 如果你将带有电荷的梳子靠近小纸屑，纸屑将先被梳子吸引，然后被弹开。纸屑为什么会被弹开？

25. 列举一些绝缘体和导体。

26. 是什么使得金属为一种良导体，而橡胶为一种良绝缘体？

第2节 静电力

理解概念

27. 干衣机 将尼龙袜从干衣机中取出时，为什么有时它会与别的衣服紧贴在一起？

28. CD片 用干净的布擦拭CD片后，为什么它会变得更容易吸附灰尘？

29. 硬币 一枚镍币中所有电子的电荷量加起来有数十万库仑，这是否意味着它有那么多净电荷？请说明理由。

30. 两个电荷间的距离是怎样影响它们间的作用力的？如果距离减小而电荷量保持不变，那么这种力将如何改变？

31. 如果你只有一根带正电的棒，你怎样可以使得一个导体带负电？

32. 伯努利在测量静电力的实验中，利用直径为3 cm的金属盘。当两个金属盘靠得很近时，他能否发现 $\frac{1}{r^2}$ 的关系？请解释。

解决问题

33. 原子 一个普通原子中的两个电子相距为 1.5×10^{-10} m。它们间的静电力为多大？

34. 一个正电荷与一个负电荷相距15 cm，它们的电荷量均为 2.5×10^{-5} C。试求每个电荷受到的力。

35. 两个相同的正电荷之间的排斥力为 6.4×10^{-9} N，它们相距 3.8×10^{-10} m。试计算每个电荷的电荷量。

36. 闪电 一次强闪电将25 C的电荷从云层输送到大地。此过程共输送了多少个电子？

37. 一个3 μC的正电荷被两个负电荷所吸引，如**图20-16**所示。其中一个−2.0 μC的负电荷位于它的西侧0.050 m处；另一个−4.0 μC的负电荷位于它的东侧0.030 m处。求该正电荷受到的净力。

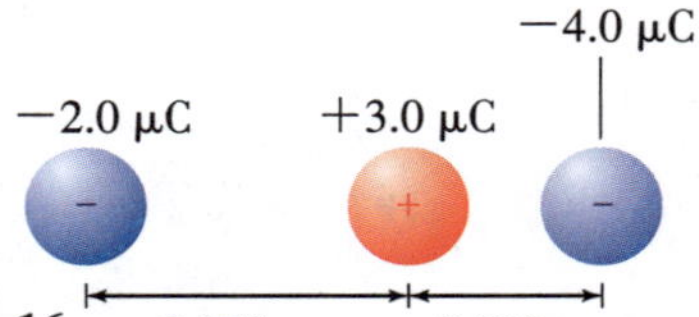

图 20-16

38. 有两个带正电的小球，其中一个球所带的电荷量是另一个球的3倍。已知两球相距16 cm，它们之间的作用力为0.28 N。这两个球所带的电荷量分别是多少？

39. 三个粒子位于一条直线上。左边粒子所带的电荷量为−55 μC，中间的为+45 μC，右边的为−78 μC。已知中间粒子与两边粒子的距离均为72 cm，如**图20-17**所示。

a. 求作用在中间粒子上的净力。

b. 求作用在右边粒子上的净力。

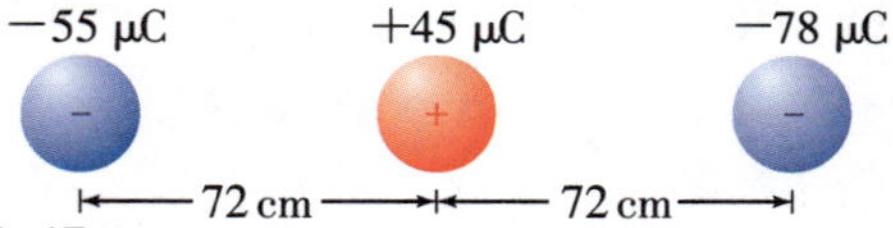

图 20-17

40. 编写问题 编写一道物理题，在它的解答中会出现下列表达式：

$$F=9.0\times10^{9}\ \mathrm{N\cdot m^2/C^2}\times\left[\frac{3.0\times10^{-6}\,\mathrm{C}\times2.0\times10^{-6}\,\mathrm{C}}{(0.25\ \mathrm{m})^2}-\frac{3.0\times10^{-6}\,\mathrm{C}\times5.0\times10^{-6}\,\mathrm{C}}{(0.45\ \mathrm{m})^2}\right]$$

41. 硬币中的电荷 已知一枚镍币的质量大约为5 g，其中75%是铜，25%是镍，所以每摩尔镍币原子的质量大约是62 g。每一个铜原子有29个电子；每一个镍原子有28个电子。那么，一枚镍币中电子的电荷量为多少？

42. **补充问题** 把问题补充完整，以便可以用库仑定律来求解：“一个带有6.25 μC电荷的小球……”

43. **排序** 把下列选项中的点电荷按照它们之间产生的静电力的大小进行排序，并说明理由。

A. 电荷量都是7.0 nC，距离为0.20 m

B. 电荷量都是5.0 nC，距离为0.20 m

C. 电荷量都是2.5 nC，距离为0.10 m

D. 电荷量为2.5 nC 和5.0 nC，距离为0.20 m

E. 电荷量为1.0 μC 和2.5 μC，距离为0.10 m

应用概念

44. 库仑测量了当A、B两球具有等量电荷且相距为r时A球的偏转情况。然后，他使B球所带的电荷量变为A球的$\frac{1}{3}$。此时两球需要相距多远，A球的偏转才会与之前一样？

45. 已知两个带电物体间的相互作用力为0.145 N。如果将它们之间的距离缩小至原来的$\frac{1}{4}$，此时的静电力为多大？

46. 与万有引力相比，电荷间的静电力非常巨大。然而我们通常并没有感受到自己与周围物体间的这种静电力，却时刻感受到地球的引力作用。试说明其中的原因。

47. 电子电荷与质子电荷有什么不同之处？又有什么相同点？

48. 怎样利用一根带电棒与一只验电器，检验某个物体是不是导体？

49. 将一根带电棒靠近一堆小塑料球，其中有一些球会被吸引到棒上。但是一旦它们接触到棒后，便又会向不同的方向飞出。试解释这个现象。

50. 当带有正电荷的棒靠近但不接触验电器时，说明原来带正电的验电器的金属箔片将会发生什么情况？如果这根棒是带负电的呢？

51. **闪电** 当云层中的负电荷向大地转移时，通常会发生闪电。如果地面呈电中性，那么将电子拉向地面的力是怎样产生的？

52. 本书在描述库仑使A、B两球带电的内容中指出，通过某种方法，可以使B球所带的电荷量精确地等于A球的一半。请你为库仑设想一种方法，使得B球所带的电荷量精确地等于A球的$\frac{1}{3}$。

53. 如**图20-18**所示，库仑定律与牛顿万有引力定律在形式上非常相似。那么，静电力与万有引力有哪些方面相似？哪些方面不同？

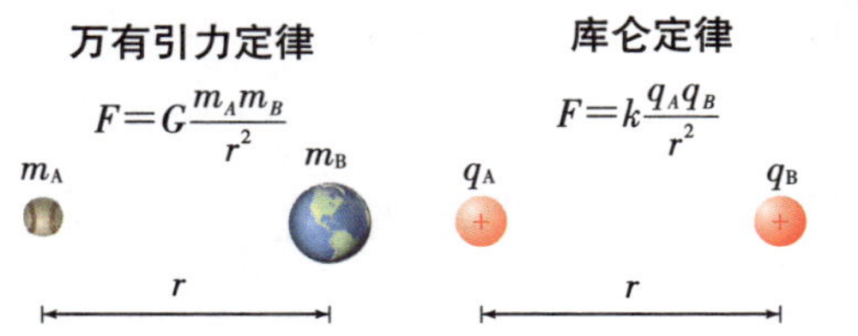

图20-18

复习提高

54. 将一个所带电荷量为1.2×10^{-5} C的金属小球与另一个完全相同的中性球接触，然后将它们分开0.15 m远。此时这两球之间的静电力为多大？

55. **原子** 氢原子的半径大约为5.3×10^{-11} m。相距同为此值的电子和质子间的静电力为多大？

56. 一个球所带的电荷量为2.4 μC。当将另一个电荷量未知的球放在距离它5.5 cm的位置上时，它所受到的静电力为0.36 N。第二个球所带的电荷量是多少？

57. 两个完全相同的带电小球相距12 cm，它们间的静电力为0.28 N。每个球所带的电荷量是多少？

58. 在用库仑扭秤做实验时，所带电荷量为3.6×10^{-8} C的小球与另一个电荷量未知的小球相距为1.4 cm，两球间的相互作用力为2.7×10^{-2} N。另一个球所带电荷量是多少？

批判性思维

59. **应用概念** 计算氢原子中电子与质子间的静电力与万有引力之比。

60. 分析与总结 所带电荷量为+64 μC的A球位于原点，带电荷量为−16 μC的B球位于x轴上的+1.00 m处。

a. 所带电荷量为+12 μC的C球位于何处时，它不受到净静电力的作用？

b. 如果第三个球所带的电荷量为+6 μC，那么应将它放置在何处？

61. 三个带电球的位置如**图20-19**所示。试计算作用在B球上的净力。

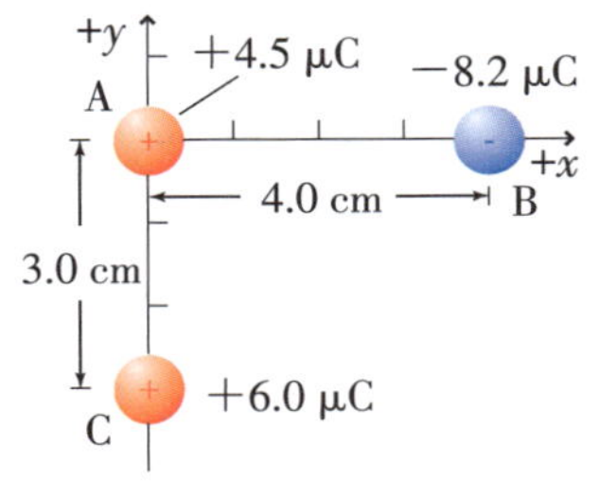

图20-19

62. 如**图20-20**所示，两个木髓球的质量均为1 g，并带有等量电荷。其中一个球用绝缘线悬挂着，另一个距离悬挂球3.0 cm。悬挂球的绝缘线此时与竖直方向成30.0°。在F_E、F_g和F_T的作用下，该球处于平衡状态。试计算下列各物理量。

a. 悬挂小球的重力F_g。

b. F_E。

c. 木髓球所带的电荷量。

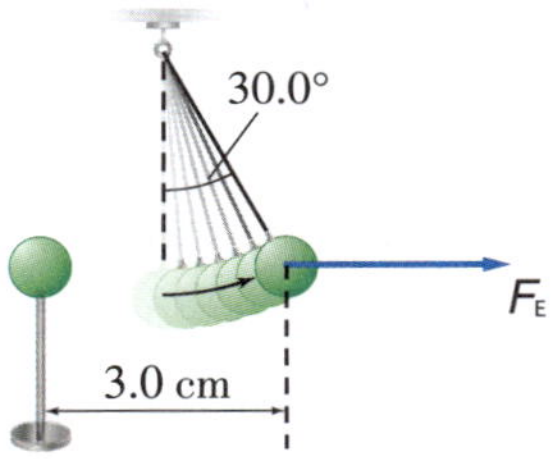

图20-20

63. 一种能收集正离子的装置由四根带电棒组成，且这些棒彼此间距相等。上下两根棒带正电，左右两根棒带负电。请解释，为什么位于棒的中心处的离子不受到力的作用？如果位于中心处的离子上下移动，此时的静电力将使它回到中心处，还是进一步偏离中心处？如果离子左右移动呢？

64. 两个点电荷q_A和q_B静止在一个电荷量为+7.2 μC的正电荷q_T的附近。q_A是电荷量为3.6 μC的正电荷，位于与q_T相距2.5 cm且成35°的位置上；q_B是电荷量为−6.6 μC的负电荷，位于与q_T相距6.8 cm且成125°的位置上。

a. 试确定作用于q_T上的每一个力的大小。

b. 作出受力分析图。

c. 从图中确定q_T受到的净力。

科技写作

65. 科学史 考察几种17、18世纪用于研究静电的仪器，例如莱顿瓶、维姆胡斯起电机等。分析它们的构造，并解释它们是怎样工作的。

66. 当你研究物质的状态时，你学习了存在于水分子之间的力，这种力使0～4℃的液态水的密度大于0℃时固态冰的密度。这种力从本质上说也属于静电力的范畴。考察一下这类具有静电性质的分子力，例如范德瓦耳斯力以及两个电偶极子间的作用力等，描述它们对物质的作用。

日积月累

67. 说明如何用单摆测定重力加速度。

68. 一艘以12.0 m/s的速率航行的潜艇向正前方一座海底山脉发出一束频率为1.50×10^3 Hz的声波，1.800 s后接收到回声。

a. 这艘潜艇与这座海底山脉之间相距多远？

b. 碰到这座海底山脉的声波的频率是多少？

c. 潜艇所接收到的回声的频率又是多少？

69. 安全镜 一面安全镜所产生的像位于镜面后方12.0 cm处，其大小是物的$\frac{3}{4}$。这面安全镜的焦距是多少？

70. 分光镜 一面分光镜含有一片每厘米刻有11 500条狭缝的光栅。试计算波长为527 nm的光经过这面分光镜产生的干涉图样中第一级亮条纹的角度。

选择题

1. 如果验电器上的净电荷为7.5×10^{-11} C，那么从验电器上移出的电子数为(　　)

A. 7.5×10^{-11}　　**B.** 2.1×10^{-9}

C. 1.2×10^{8}　　**D.** 4.7×10^{8}

2. 一个电荷量为5.0×10^{-9} C的粒子受到另一个相距4 cm的粒子的作用力的大小为8.4×10^{-5}N。则另一个粒子的电荷量为(　　)

A. 4.2×10^{-13} C　　**B.** 2.0×10^{-9} C

C. 3.0×10^{-9} C　　**D.** 6.0×10^{-5} C

3. 三个点电荷A、B和C位于一条直线上，如下图所示。作用在B上的净力为(　　)

A. 78 N，方向指向A

B. 78 N，方向指向C

C. 130 N，方向指向A

D. 210 N，方向指向C

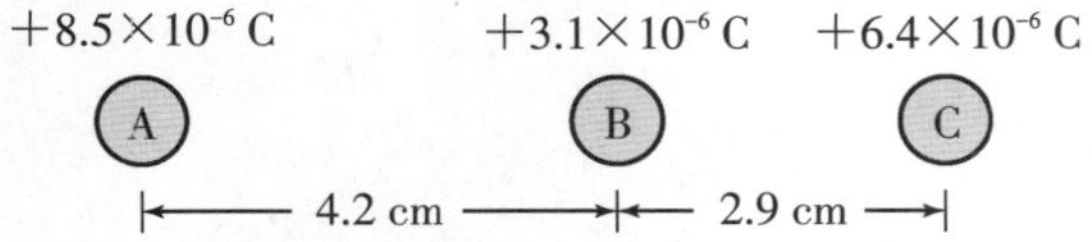

4. 铜是良导体，这是因为(　　)

A. 它的质子和电子很容易移动

B. 它的电子很容易移动

C. 它带负电荷

D. 它可能被绝缘

5. 两个完全相同的带电体之间的相互作用力为90 N。如果用另一个大小相同、所带电荷量为原来3倍的物体替代其中的一个带电体，此时它们之间的相互作用力变为(　　)

A. 10 N　　**B.** 30 N

C. 2.7×10^{2} N　　**D.** 8.1×10^{2} N

6. 当你在干燥天气触碰金属时，有时会感觉受到电击，此时(　　)

A. 有电子从金件转移到你的身上，你带了负电

B. 有电子从你的身上转移到该金属，你带了正电

C. 通过电击放电，你变成了电中性

D. 上述说法都不正确，你只是一种导体

7. 验电器上带有4.8×10^{10}个过量电子，该验电器上的电荷量为(　　)

A. 3.3×10^{-30} C　　**B.** 4.8×10^{-10} C

C. 7.7×10^{-9} C　　**D.** 4.8×10^{10} C

8. 已知α粒子的质量为6.68×10^{-27} kg，所带电荷量为3.2×10^{-19} C。两个α粒子间的静电力与万有引力的比值为(　　)

A. 1　　**B.** 4.8×10^{7}

C. 2.3×10^{15}　　**D.** 3.1×10^{35}

9. 通过与带电体接触而使一个电中性物体带电的过程称为(　　)

A. 传导起电　　**B.** 感应起电

C. 接地　　**D.** 放电起电

10. 麦基用毛皮摩擦一个气球，使它带上-8.9×10^{-14} C的电荷。该气球与相距为2 km、所带电荷量为25 C的一个金属球之间的作用力为(　　)

A. 8.9×10^{-15} N　　**B.** 5.0×10^{-9} N

C. 2.2×10^{-12} N　　**D.** 5.6×10^{4} N

拓展题

11. 如下图所示，点电荷A和B作用在电荷C上的力的矢量和为多大？在图中标出力矢量$F_{A对C}$、$F_{B对C}$以及$F_{净}$。

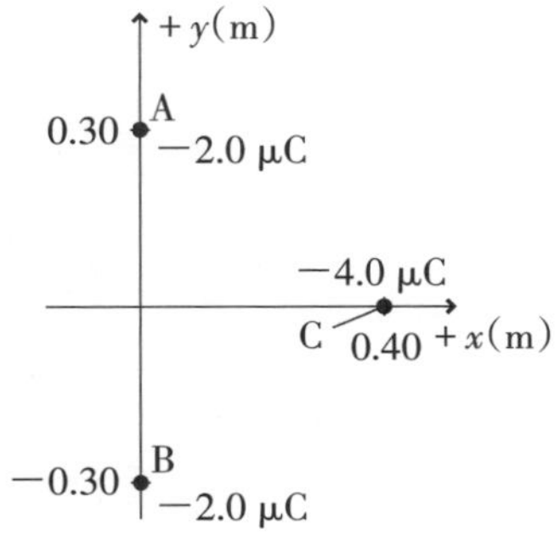

考点提示

测试题号	1	2	3	4	5	6	7	8	9	10	11
对应小节	2	2	2	1	2	1	2	2	2	2	2

图书在版编目（ＣＩＰ）数据

科学发现者. 物理 第二版 2023修订版 中册 / (美)保罗·齐泽维茨 (Paul W. Zitzewitz) 等著 ; 钱振华等译. -- 杭州 : 浙江教育出版社, 2023.8(2025.6重印)
ISBN 978-7-5722-6272-2

Ⅰ. ①科… Ⅱ. ①保… ②钱… Ⅲ. ①中学物理课一高中一教学参考资料 Ⅳ. ①G634

中国国家版本馆CIP数据核字(2023)第157514号

美国高中主流理科教材

科学发现者

第二版 2023修订版

物理

[美] 保罗 · 齐泽维茨 等 著

钱振华 徐在新 黄燕萍 沈珊雄 译

原理与问题

Physics

Principles and Problems

下册

浙江教育出版社 · 杭州

图书在版编目（CIP）数据

科学发现者. 物理 第二版 2023修订版 下册 / (美)保罗·齐泽维茨 (Paul W. Zitzewitz) 等著 ; 钱振华等译. -- 杭州 : 浙江教育出版社, 2023.8（2025.6重印）
ISBN 978-7-5722-6272-2

Ⅰ. ①科… Ⅱ. ①保… ②钱… Ⅲ. ①中学物理课—高中—教学参考资料 Ⅳ. ①G634

中国国家版本馆CIP数据核字(2023)第157516号

目录

近代物理

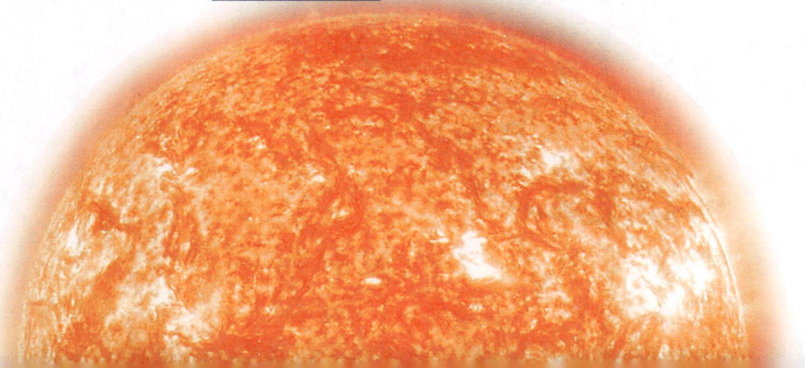

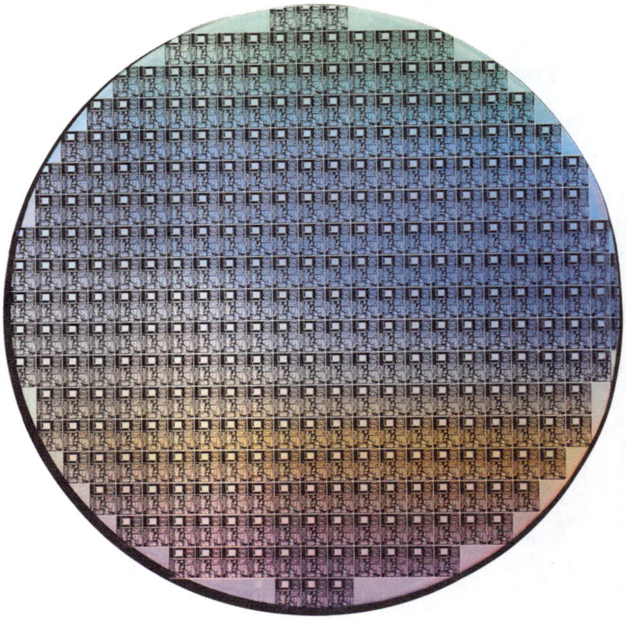

第21章
电　场

大概念 电荷周围存在电场，电场对其中的其他带电物体产生力的作用。

内容提要

起步实验

相隔一定距离的带电物体

相隔一定距离的带电物体之间是怎样发生相互作用的?

第1节 电场的测量

物理在你身边

当你听到电场这个词时，你会想象出什么情景？如果你看到过正在工作的范德格拉夫起电机，你可能会想到某人竖起来的头发。那么，范德格拉夫起电机、头发和电场有什么共同点呢？

主要概念

电场是带电物体周围空间的一种特性，它对其中的其他带电物体产生力的作用。

核心问题

- 电场是什么？
- 电荷、电场以及带电物体受到的力有怎样的关系？
- 怎样用图示和其他模型来表示电场？

术语回顾

库仑定律 两个点电荷之间的作用力与它们所带电荷量的乘积成正比，与它们之间距离的平方成反比

关键术语

电场

电场线

电场的定义

如果你曾经看过科幻电视剧或者科幻电影，或者读过科幻小说，那么你对力场的概念或许就不会陌生了。在一些科幻作品里，人们利用力场构筑一道看不见的壁垒，以阻挡敌人的进攻，或者将犯人囚禁在一间看不见的牢房里。事实证明，力场确实是存在的，但是并不完全像科幻作品中所描写的那样。

根据库仑定律，两个点电荷之间的力与它们之间距离的平方成反比。那么，一个物体又是怎样越过似乎空无一物的空间而对另一个物体施加力的呢？法拉第（M.Faraday）提出了力场的观点，电场是力场的一个例子。**电场（electric field）**是带电物体周围空间的一种特性，它对位于场中的其他带电物体产生力的作用。你看不见电场，但是有许多方法可以检测到电场存在。

例如，如**图 21–1** 所示，等离子体球内的光线便是该球中心处电极周围的电场所产生的一种效应。等离子体球中心处的电极是一个带电体，它的电性是正电和负电交替变化的（每秒变化 120 次）。玻璃球内存在离子，它们是带电粒子。中心处的电极所产生的电场使球内的离子做加速运动，我们所看到的光线就是这些离子运动的路径，从而显示了等离子体球内的电场。

图 21–1 等离子体球显示了电场是怎样与物质发生相互作用的。

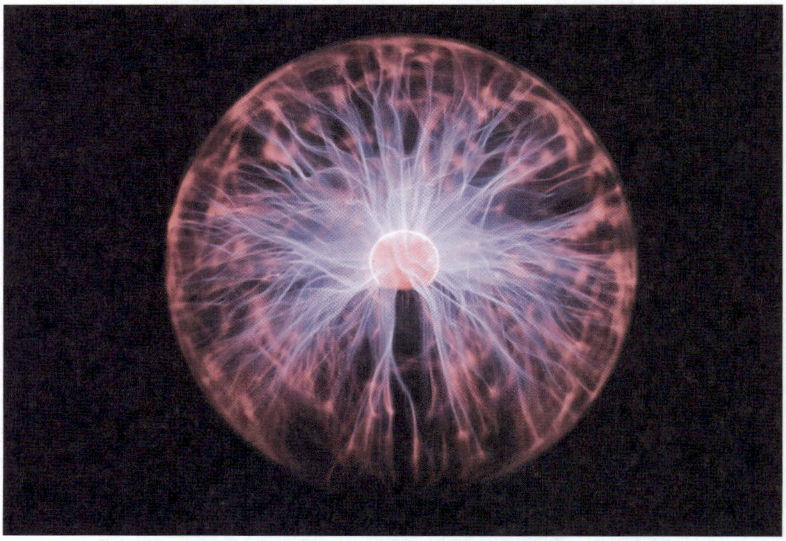

电场强度 你看不见电场，那么怎样来检测电场呢？你可以将一个小的称为试探电荷 q' 的带电物体，放置在某个位置上，如果它受到静电力的作用，那么就说明该点处存在电场。如**图21–2**所示，有一个电荷量为 q 的带电体。假定在某点A处放置一个带正电的试探电荷，并测得它所受到的静电力为 $\boldsymbol{F}_A$。按照库仑定律，这个力与试探电荷的电荷量 q' 成正比。也就是说，若电荷量 q' 增加1倍，那么该静电力也增加1倍。因此，静电力与试探电荷的电荷量的比值是一个常量。如果用静电力 $\boldsymbol{F}$ 除以试探电荷的电荷量 q'，就得到一个矢量 $\dfrac{\boldsymbol{F}}{q'}$。所以，A点（即 q' 所在处）的电场强度可用下式表示。

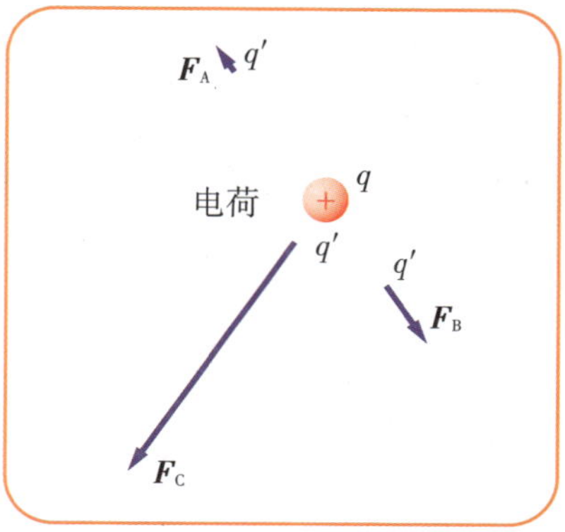

图21–2 电荷 q 周围存在电场，在电场中的A、B、C各点处的电场对正试探电荷 q' 所施加的力用各点处的力矢量表示。力矢量的长度表示电场强度的大小，力矢量的方向表示电场强度的方向。

电场强度

电场强度等于作用在试探电荷上的力除以该试探电荷的电荷量。

$$\boldsymbol{E}=\frac{\boldsymbol{F}_{对q'}}{q'}$$

电场强度的方向就是作用在试探电荷上的力的方向。电场强度的单位为牛每库，符号为N/C。

颜色惯例

- 电场线用靛紫色表示。
- 正电荷用红色表示。
- 负电荷用蓝色表示。

☑ **阅读检测** **解释**在教科书和方程式中，为什么有些变量的字母要用粗体。

电场强度矢量 如**图21–2**所示，用带箭头的线段表示各处的电场强度矢量，这样就可以画出电场的示意图。其中，线段的长度表示电场强度的大小，箭头的方向表示电场强度的方向。若要计算两个电荷所产生的场强，可将每个电荷单独产生的电场的场强作矢量相加。某些典型电场的场强如**表21–1**所示。

必须用非常小的试探电荷来测量电场，因为试探电荷也会对产生场的电荷 q 产生作用力。这里要强调的是，由试探电荷施加的力不会引起产生场的电荷 q 在导体上重新分布，从而改变作用在 q' 上的力以及正在被测量的电场的场强。总之，试探电荷要足够小，这样才可忽略它对 q 的影响。

表21–1 典型电场的场强的近似值

电场	强度(N/C)
带电硬橡胶棒附近的电场	1×10^3
空气中能产生电火花的电场	3×10^6
氢原子中电子轨道上的电场	5×10^{11}

库仑定律和电场 如果电荷 q 是点电荷或者均匀带电球体，那么你可以结合库仑定律来计算它的电场。在上述的电场强度定义式中，用库仑定律求出作用在试探电荷上的力 $F_{对q'}$，所以电荷 q 的电场强度计算如下：

$$E=\frac{F_{对q'}}{q'}=F_{对q'}\times\frac{1}{q'}=\frac{kqq'}{r^2}\times\frac{1}{q'}=\frac{kq}{r^2}$$

例题1

电场强度　用一个电荷量为3.0×10^{-6} C的正试探电荷测量电场。若该试探电荷受到大小为0.12 N的静电力，方向是东偏北15°。求这个试探电荷所在处的电场强度。

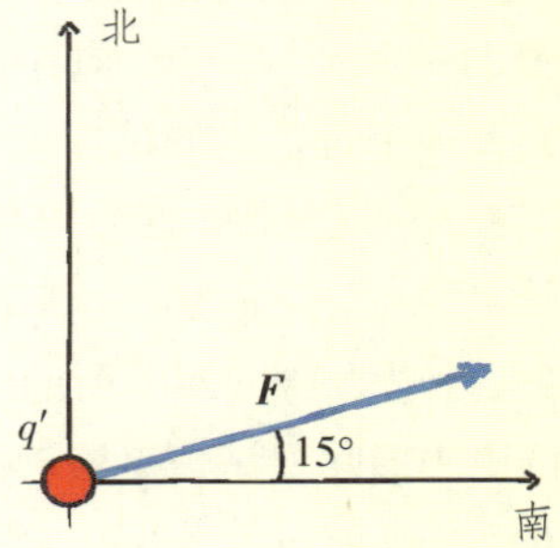

1 分析概括问题

- 画出并标明试探电荷q'。
- 作出坐标系，原点取在试探电荷所在处。
- 画出并标明沿东偏北15°方向的力的矢量。

已知	未知
$q'=3.0\times10^{-6}$ C	$\boldsymbol{E}=?$
$\boldsymbol{F}=0.12$ N，沿东偏北15°方向	

2 求解未知量

$$E=\frac{F}{q'}=\frac{0.12\text{ N}}{3.0\times10^{-6}\text{ C}}=4.0\times10^{4}\text{ N/C}$$

◀将$F=0.12$ N，$q'=3.0\times10^{-6}$ C代入。

作用在试探电荷上的力的方向与电场的方向相同。

$\boldsymbol{E}=4.0\times10^{4}$ N/C，沿东偏北15°方向

3 验证答案

- **单位是否正确？** 电场强度的单位N/C是正确的。
- **符号是否有意义？** 因为试探电荷是正电荷，所以电场的方向就是力的方向。
- **数值是否合理？** 电场强度符合**表21-1**中所列的值。

练一练

1. 一个电荷量为5.0×10^{-6} C的正试探电荷在电场中受到的静电力为2.0×10^{-4} N。试探电荷所在处的电场强度的大小是多少。

2. 一个电荷量为2.0×10^{-8} C的负电荷在电场中受到0.060 N的向右方向的静电力。该点电场的场强的大小和方向如何？

3. 一个重2.1×10^{-3} N的木髓球位于某一电场中，该电场的电场强度的方向向下，大小为6.5×10^{4} N/C。木髓球上要带怎样的电荷(包括数值和符号)，才能使作用于它的静电力能克服重力作用而使其悬浮起来？

4. 根据你对电场的理解，完成**表21-2**。

表21-2　样品数据

试探电荷的电荷量(C)	试探电荷受到的力(N)	电场强度(N/C)
1.0×10^{-6}	0.30	
2.0×10^{-6}		3.3×10^{5}
	0.45	1.5×10^{5}

5. 一个电荷量为3.0×10^{-7} C的正电荷位于某一电场中，该电场的电场强度方向向南，大小为27 N/C。求作用在该电荷上的静电力。

6. 如**图21-3**所示，一个负试探电荷q'位于点电荷q的电场中，试探电荷的电荷量及其所受到的力显示在图中。那么，试探电荷所在处的电场强度多大？

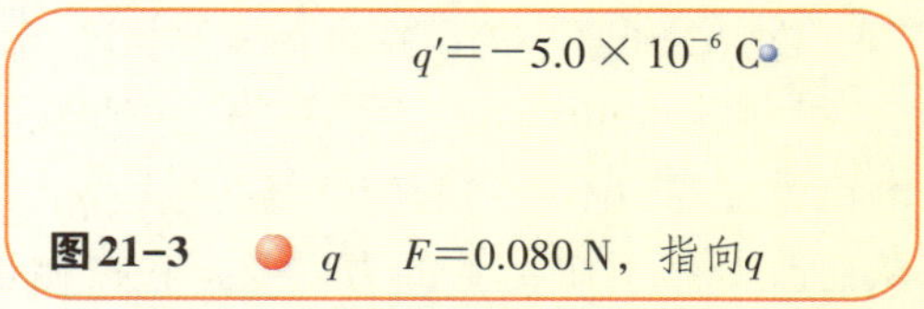

图21-3

7. 挑战题　如果你正在探测由一个电荷量和符号未知的电荷所产生的电场。你先用电荷量为1.0×10^{-6} C的试探电荷进行测量，然后再用2.0×10^{-6} C的试探电荷重复你的测量。

a. 在同一地方用这两个试探电荷测得的静电力相同吗？说明理由。

b. 两次实验得到的电场强度相同吗？说明理由。

例题 2

电场强度 有一个所带电荷量为-4.0×10^{-6} C的小球，求在它右边0.30 m处电场的电场强度。

1 分析概括问题

- 画出并标明这个球和它所带的电荷量q，以及试探电荷的电荷量q'。
- 标出电荷间的距离。
- 画出并标明作用在q'上的力矢量。

试探电荷通常是正电荷。

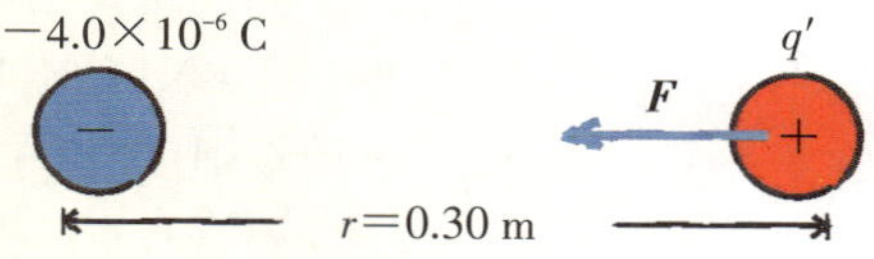

已知	未知
$q=-4.0\times10^{-6}$ C	$E=?$
$d=0.30$ m	

2 求解未知量

试探电荷的电荷量和受到的力未知，所以要通过联立库仑定律和电场强度的定义式来求解。

$$E=\frac{kq}{r^2}$$

$$=\frac{9.0\times10^9\ \text{N}\cdot\text{m}^2/\text{C}^2\times(-4.0\times10^{-6}\ \text{C})}{(0.30\ \text{m})^2}$$

◀将$k=9.0\times10^9\ \text{N}\cdot\text{m}^2/\text{C}^2$，$q=-4.0\times10^{-6}$ C，$d=0.30$ m代入。

$$=-4.0\times10^5\ \text{N/C}$$

$E=4.0\times10^5$ N/C，方向指向小球，或者说方向向左

3 验证答案

- **单位是否正确？** $1\ \text{N}\cdot\text{m}^2/\text{C}^2\cdot\text{C}/\text{m}^2=1\ \text{N/C}$。导出单位N/C是正确的电场强度的单位。
- **符号是否有意义？** 负号表明正试探电荷被带负电的点电荷所吸引。
- **数值是否合理？** 电场强度符合**表 21–1** 中所列数值。

练一练

8. 点电荷的电荷量为4.2×10^{-6} C。距离它1.2 m处的电场的场强大小是多少？

9. 上题中，在与点电荷的距离增加1倍的地方，电场强度的大小又是多少？

10. 点电荷的电荷量为$+7.2\times10^{-6}$ C。求点电荷东面1.6 m处的电场的场强。

11. 距离小球0.25 m处电场的电场强度为450 N/C，其方向指向该小球。小球所带的电荷量是多少？

12. 试探电荷需要放置在距离电荷量为$+2.4\times10^{-6}$ C的点电荷多远处时，所测得的电场强度才是360 N/C？

13. 请解释，为什么用试探电荷q'测量由电荷q所产生的电场的电场强度时，其结果与试探电荷无关。*提示：利用数学来证明你的观点。*

14. 如**图 21–4** 所示，电荷q在q'处所产生的电场的场强大小是多少？

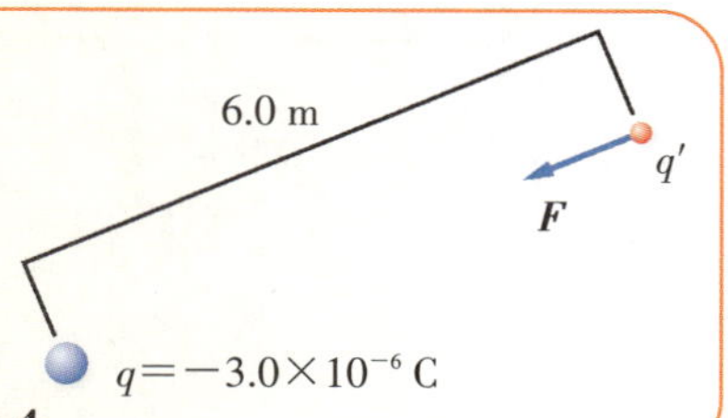

图 21–4

15. 挑战题 将一个电荷量为5.0×10^{-6} C的点电荷放置在一个边长为5 m的正方形的一个角上，其对角上的电场强度多大？

电场的图示

即使没有试探电荷，电场依然存在。试探电荷只用来检测电场是否存在，任何位于电场中的电荷都会受到该处电场对它的作用力。至此，你已经学会了如何测量某个点上的电场强度。现在设想一下，将试探电荷移到另一个位置，测量它所受到的静电力，然后算出电场强度。不断重复这一过程，直到遍及电场中的每个位置，这样你就测量出了某一空间内每一点处的电场强度。试探电荷在电场中所受到的力的大小取决于该处的电场强度 E 以及电荷量 q，即 $\boldsymbol{F}=\boldsymbol{E}q$；而它的方向则取决于电场强度的方向以及电荷的性质。

电场线　你已经知道，等离子体球内的光线表示电场。你也可以用电场线来表示电场，如**图21–5**所示。**电场线（electric field line）**的方向表示正试探电荷在电场中受到的力的方向。电场强度可用电场线的疏密程度来表示。电场线越稠密处，电场强度越大；电场线越稀疏处，电场强度越小。

因为电场线的方向表示正试探电荷在电场中受到的力的方向，所以它们指向负电荷或背离正电荷。任一点电场 $\boldsymbol{E}$ 的方向就是电场线在该点处的切线方向，如下页的**图21–6**所示。

图21–6显示了用图表示电场的两种方法——用电场线表示和用悬浮在油中的草籽显示。但是无论你用何种方法，电荷周围的电场总是存在的，它对位于场中的其他电荷总是会产生力的作用。

悬浮在油中的草籽还可用来显示三维空间中的电场。用草籽显示和用电场线表示都只是一种表示电场的方法，它们都不是电场本身。

图21–5　图示为电场的二维模型，但请记住，电场是存在于三维空间中的。
解释你将如何确定电场线上的箭头方向。

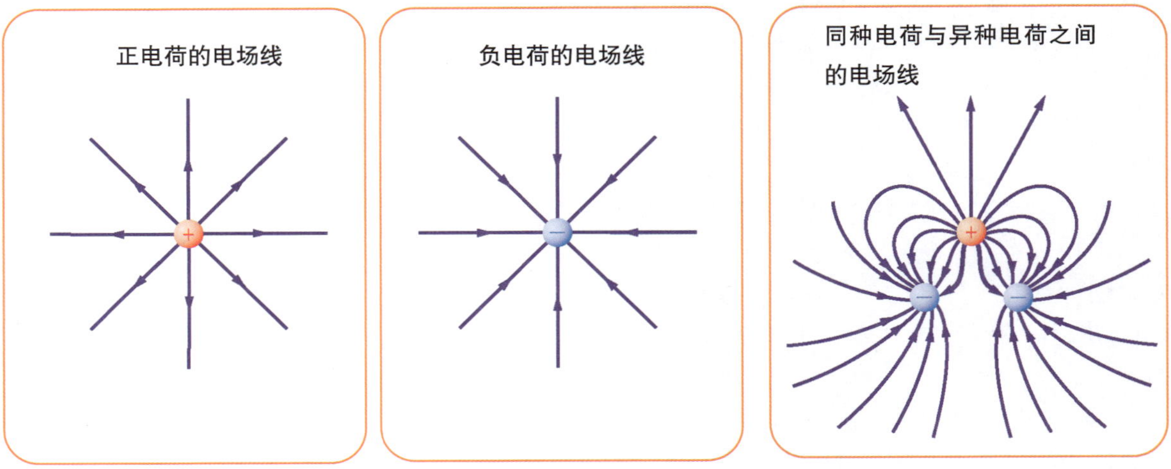

图21-6 图示为电荷周围电场的模型。静电力使细长草籽中的电荷发生分离，于是这些草籽将会转向，并沿着电场线的方向排列。图中绘制的线和矢量代表了用电场线的方法模拟电场。
明确图中的黑色的圆圈。

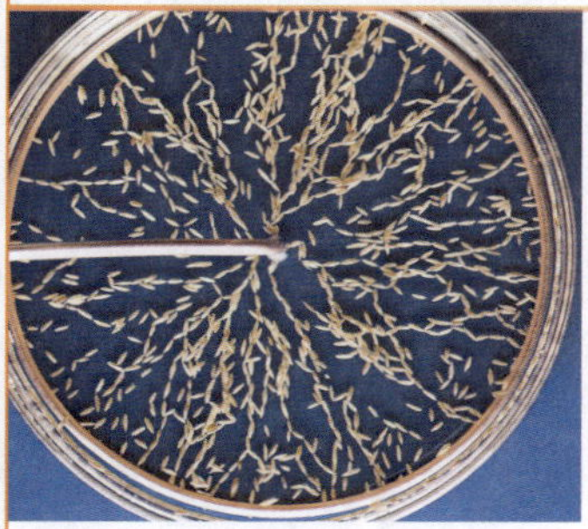

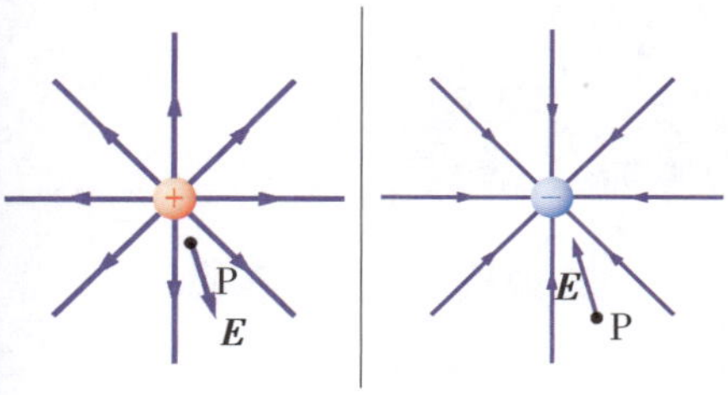

一个电荷 单个电荷的电场线呈辐射状。对于正电荷，其电场线向外辐射；对于负电荷，其电场线向内会聚。任一点处电场强度$\boldsymbol{E}$的方向沿着电场线。

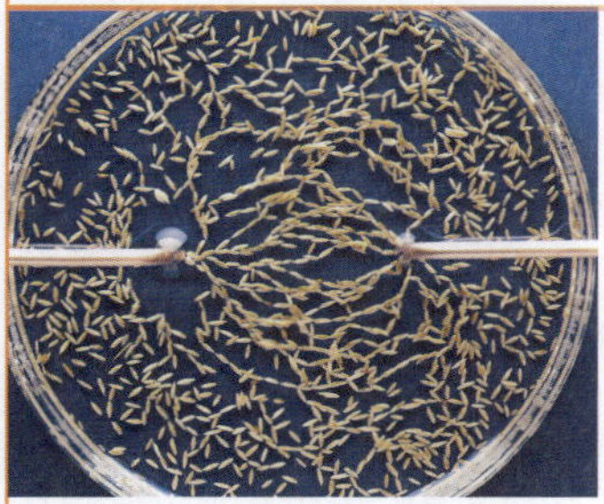

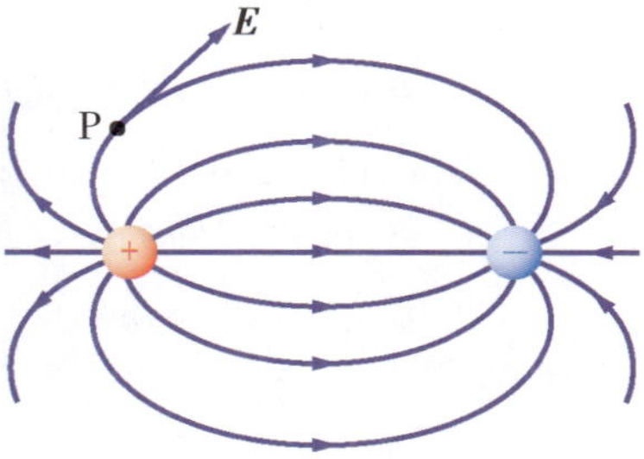

两个等量异种电荷 两个等量异种电荷的电场线从正电荷出发，到负电荷终止。图中还给出了P点的电场强度矢量$\boldsymbol{E}$。该处的电场线较密，在该处的带电粒子将受到较大的力。

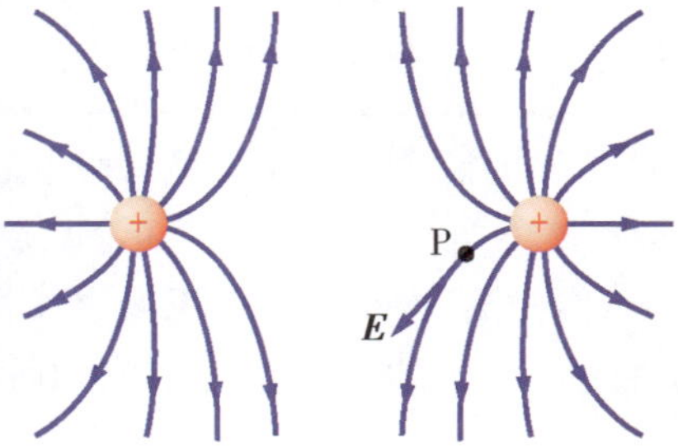

两个等量同种电荷 两个等量同种电荷周围的电场线是相互排开的。图中还给出了P点的电场强度矢量$\boldsymbol{E}$。位于这两个等量同种电荷连线中点处的电荷将不受到静电力的作用，该处没有电场线通过。

图21–7 范德格拉夫在1930年发明的起电机，对研究加速粒子和原子结构有帮助。当人们接触起电机时，头发上的电荷会使头发相互排斥，并按电场线的方向排列。

范德格拉夫起电机

如**图21–7**所示的范德格拉夫起电机能够在它的金属罩上产生大量电荷。在范德格拉夫起电机中，有一条传送带由两个滚轴或滑轮带动，其中一个滚轴固定在图中的A处，另一个则安装在金属罩内的B处。机器启动后，底部的滚轴带动皮带快速转动。于是，滚轴上产生了较密集的负电荷，而皮带上产生了较稀疏的正电荷。

滚轴上的负电荷产生的强电场，把在位于A附近的金属刷尖端处的电子排斥出去，从而使金属刷的尖端产生了正电荷。同时，该强电场会使它附近的空气分子发生电离。电离产生的电子被滚轴上的负电荷排斥，并被金属刷上的正电荷吸引；而正离子向带负电荷的滚轴运动。但是，传送带位于这些正离子和滚轴之间，所以正离子聚集在传送带上，并被传送到金属罩上。

人一旦接触范德格拉夫起电机的金属罩，带正电荷的金属罩就会吸引人体中的电子，从而人的头发就会带正电荷，相互排斥，并按电场线的方向排列。

第1节 复 习

16. 主要概念 如果要你测量空间中的电场，那么你该怎样做才能探测出某点处的电场？你又该如何确定场强的大小？你应该选择怎样的电荷作为试探电荷？然后你将做些什么？

17. 电场强度的大小和方向 一个电荷量为 2.40×10^{-8} C的试探电荷受到大小为 1.50×10^{-3} N、方向向东的静电力的作用。求该试探电荷处的电场强度。

18. 电场线 怎样从电场线中判断出哪些电荷是正的，哪些电荷是负的？

19. 电场强度与静电力 试探电荷所在处的电场强度和作用在该试探电荷上的静电力有何区别？

20. 批判性思维 假定在**图21–5**中，上方的电荷是试探电荷，它用来测量两个负电荷所产生的电场。那么，这个电荷是否小到了足以对电场进行精确测量？请说明理由。

第2节 电场的应用

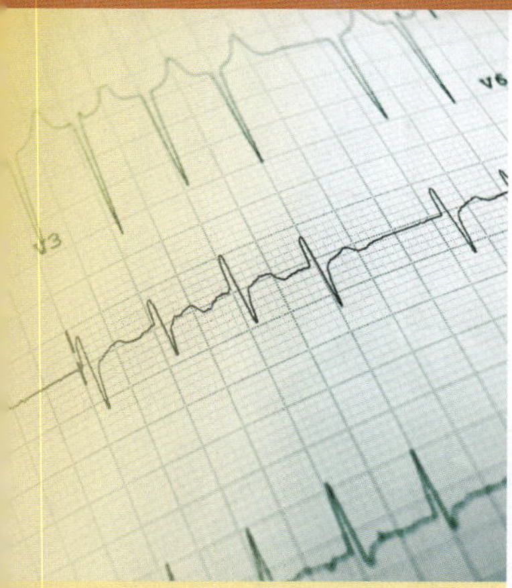

物理在你身边

医生利用某些医疗手段来监测人体中的电活动。例如,心电图记录仪(ECG或EKG)可用来监测心脏电活动,脑电图记录仪(EEG)可用来监测脑电活动。

主要概念

单位电荷的电势能称为电势。

核心问题

- 什么是电势差?
- 电势差与移动一个电荷所需要做的功有怎样的关系?
- 电容器有什么特性?

术语回顾

功 当一个力作用于物体,使物体移动了一段距离时,发生的能量转移,等于物体的位移与施加于物体运动方向上的力的乘积

关键术语

电势差
伏特
等势
电容器
电容

电势能

在力学中,能量这一概念是非常重要的。通过能量守恒定律,你能够在对力的状况并不知道的情况下求解运动问题。例如,如**图21-8**所示,在力学中,当一个小球被举高时,它的重力势能就会发生变化。重力$\boldsymbol{F}_g$以及重力场强$\boldsymbol{g}=\frac{\boldsymbol{F}_g}{m}$都指向地球。为了克服重力使小球升高,你必须对小球做功,这样小球的重力势能就会增加。在研究电荷的相互作用时,这种方法同样适用。在电场中通过移动带电粒子做功,可以使粒子获得势能或动能,或同时获得这两种能。

在电学中,两个异种电荷间的情况与此类似:由于它们彼此吸引,因此,要将一个电荷从另一个电荷附近拉开,你就需要做功。当你做功时,你将能量转移给了电荷,这个能量以电势能的形式储存在电荷中。电荷量越大,电势能的增量ΔE_P就越大。本章中考察的都是静止的电荷,所以你只需考虑势能的变化。

图21-8 当小球被举高时,球—地球系统的重力势能将会增加;当两个异种电荷被分开时,这两个电荷组成的系统的电势能将会增加。
推断怎样使两个同种电荷组成的系统的电势能增加。

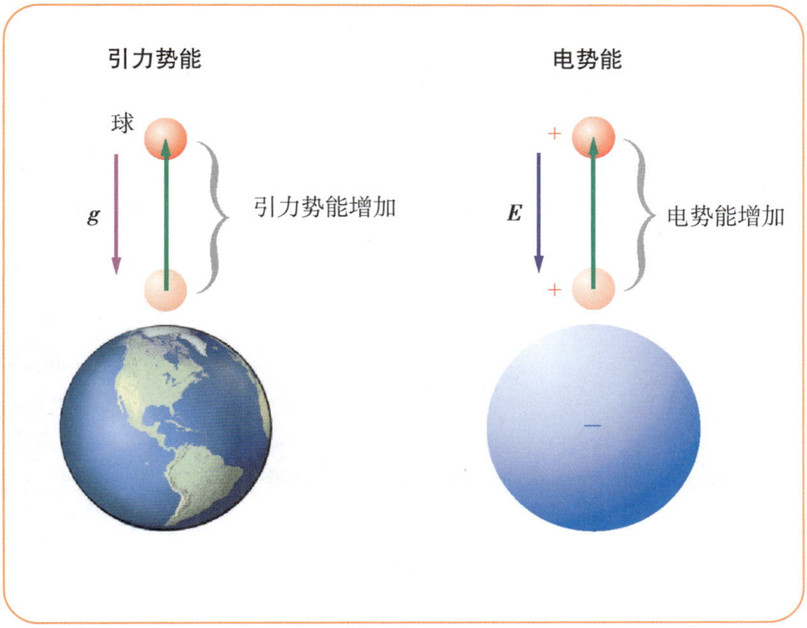

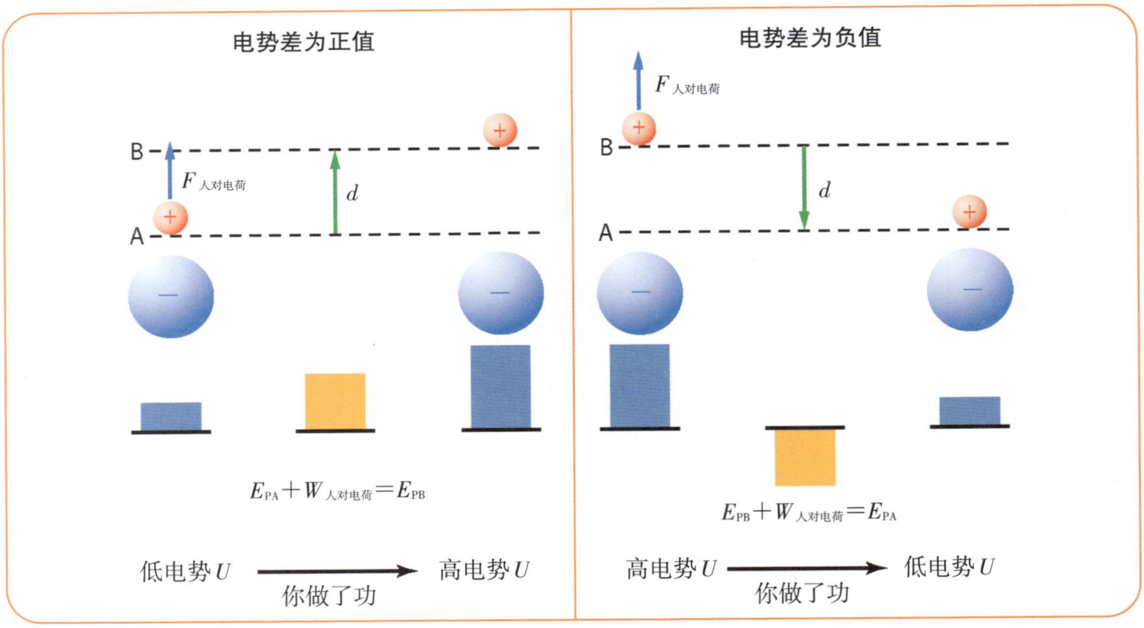

图21–9 将异种电荷分开，电势差为正值；将异种电荷靠近，电势差为负值。
解释对试探电荷做的功和电势差是否与试探电荷有关。

电势差 在力学中，力对物体所做的功可用下式计算：$W=Fd$。同样，它也可以用来计算移动一个电荷所做的功：$W_{对q'}=Fd$。

不过，现在我们需引入对单位电荷做的功这一概念，并将此称为电势差。**电势差(electric potential difference)**ΔU，常称为势差，它等于移动一个正试探电荷从一个位置到另一个位置所做的功除以该试探电荷的电荷量。因此，你也可能想到，电势差也就等于单位电荷电势能的增量ΔE_P。

电势差

电势差等于移动电荷时所做的功与该电荷的电荷量之比。

$$\Delta U=\frac{W_{对q'}}{q'}$$

电势差的单位是焦/库(J/C)，又称为**伏特(volt)**，简称伏，用V表示(1 J/C=1 V)。

阅读检测 用你自己的语言来**定义**电势差，写出计算公式，并对各种典型情况作出说明。

电势差为正值 如**图21–9**中的左图所示，负电荷产生一个指向自身的电场。假定你将一个小的正试探电荷放置在该电场中的A点处，那么它就会在沿场的方向上受到一个力的作用。如果要将此试探电荷移到离负电荷较远的B点处，你就必须对它施加力F。由于你施加在该试探电荷上的这个力与位移的方向相同，你对试探电荷做了正功。因此，从A点到B点的电势差有一个正的变化，正如该图中的柱形图所示。电势差的改变与试探电荷的电荷量无关，它仅取决于电场强度和位移。

电势差为负值 假定现在将试探电荷由B点移回到A点，如**图21–9**中的右图所示。你做的是负功，电势能的变化是负的，正如该图中的柱形图所示。这个电势差实际上与电荷从A点移到B点时的电势差大小相等，只是符号相反。电势差与电荷的具体运动路径无关，它仅仅取决于始末两点的位置。

电势差为零 那么，两点间是否总存在电势差呢？假定将试探电荷绕着负电荷移动一周，此时，电场施加在试探电荷上的力始终与它的运动方向垂直，因此电场力不做功，电势差为零。只要两个点或多个点间的电势差为零，它们即是**等势（equipotential）**的。

同种电荷的电势 你已经看到，当正试探电荷与一个负电荷之间的距离增加时，电势差随之增加。那么，当正试探电荷与一个正电荷之间的距离增加时，情况又会怎样？你知道，这两个电荷间存在排斥力，电势能随着两个正电荷距离的增大而减小。因此，如**图21-10**所示，离开正电荷越远，电势越低。

系统的参考点 回想一下，你可将系统中任一点作为参考点，将该点处的重力势能定义为零。同样，你也可以将任一点处的电势定义为零。不管参考点如何选定，从A点到B点的电势差的数值都是一样的。

电压与伏特 只有重力势能的差值才能被测量，这对于电势来说，同样如此。因此，只有电势差才是重要的。从A点到B点的电势差定义为$\Delta U = U_B - U_A$。电势差可以用电压表测量。有时，它也可简称为电压。不要把电势差ΔU和单位伏特V相混淆。

电势

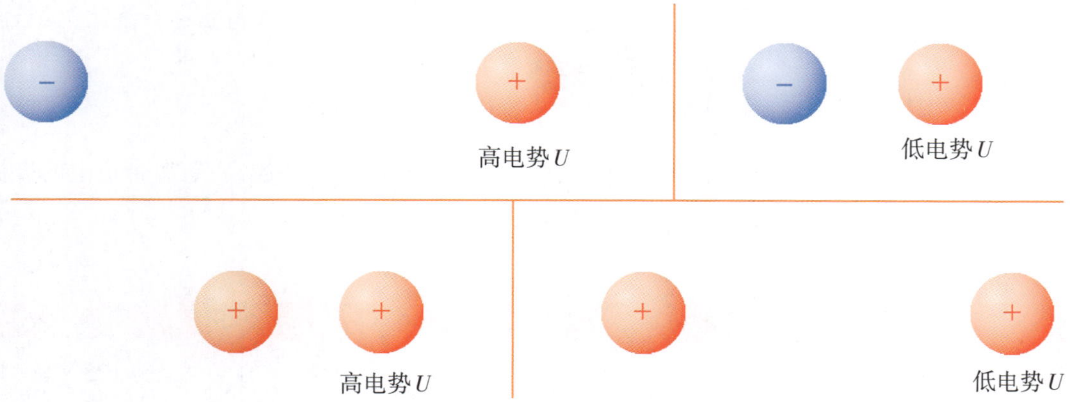

图21-10 异种电荷分开时，电势增加；同种电荷分开时，电势减小。

图21-11 两块带有异种电荷的平行板之间电场的情况。利用草籽显示电场线。

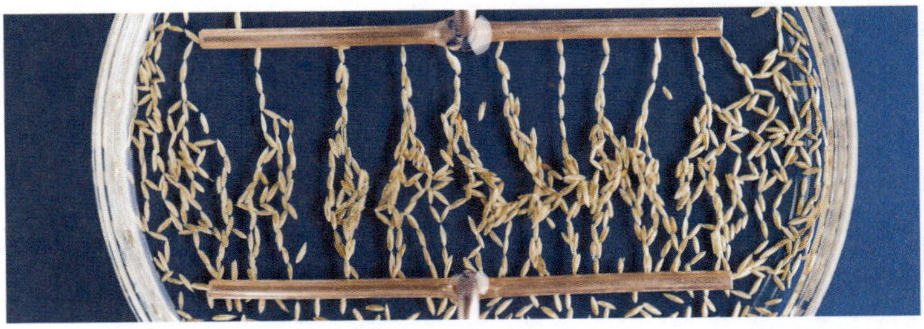

匀强电场中的电势差

将两块大而平的金属板平行放置，可获得匀强电场。如果一块板上带正电，另一块板上带负电，那么此时除板的边缘处外，两板间的电场是恒定的，其方向从正板到负板。如**图21-11**所示的用草籽形成的图像显示了两块平行板间电场的情况。

正试探电荷q'沿着与电场相反的方向移动了距离d时，因为电场是均匀的，该试探电荷所受到的电场力是一个常数，因此电场对它所做的功可用下式计算：$W_{对q'}=Fd$。于是，电势差，即电场对单位电荷所做的功为$\Delta U=\frac{Fd}{q'}=\frac{F}{q'}\times d$，其中单位电荷受到的力就是电场强度，即$E=\frac{F}{q'}$。所以，在匀强电场$E$中，相距为$d$的两点间的电势差可表示如下：

匀强电场中的电势差

匀强电场中任意两点间的电势差等于电场强度和两点间平行于电场方向的距离的乘积。

$$\Delta U=Ed$$

距离带正电的极板越近，电势越高；距离带负电的极板越近，电势越低。

练一练

21. 两块大的带电平行板间的电场强度为6 000 N/C，两板相距0.05 m。两板间的电势差是多少？

22. 接在两块带电平行板间的电压表的示数为400 V，两板相距0.020 cm。两板间的电场强度为多大？

23. 相距为0.200 m的两块平行金属板间的电场强度为2.50×10^3 N/C。两板间的电势差为多大？

24. 当两块平行板间的电势差为125 V时，其间的电场强度为4.25×10^3 N/C。两板的间距是多少？

25. **挑战题** 相距为0.35 cm的两块平行板间的电势差为275 V。两板间的电场强度是多少？

例题3

在两块带电平行板之间移动一个质子所做的功 两块带电平行板相距1.5 cm，两板间的电场强度为1 800 N/C。

a. 两板间的电势差为多大？

b. 要将一个质子从带负电的极板移到带正电的极板，需做多少功？

1 分析概括问题

- 作出相距1.5 cm的两块平行板的示意图。
- 在一块板上标上正电荷，在另一块板上标上负电荷。
- 画出几条间隔均匀的从正板到负板的电场线。
- 标出两板间的电场强度。
- 标出电场中的一个质子。

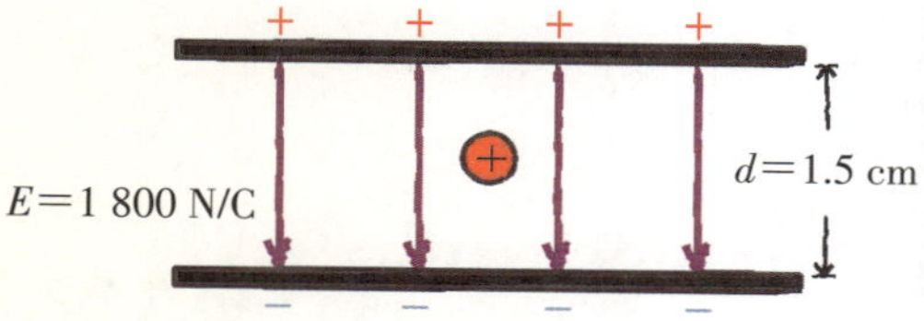

已知	未知
$E=1\ 800\ \text{N/C}$	$\Delta U=?$
$d=1.5\ \text{cm}$	$W=?$
$q=1.602\times10^{-19}\ \text{C}$	

2 求解未知量

a. $\Delta U=Ed$

$=1\ 800\ \text{N/C}\times0.015\ \text{m}=27\ \text{V}$ ◀将$E=1\ 800\ \text{N/C}$，$d=0.015\ \text{m}$代入。

b. $\Delta U=\dfrac{W}{q}$

$W=q\Delta U$

$=1.602\times10^{-19}\ \text{C}\times27\ \text{V}=4.3\times10^{-18}\ \text{J}$ ◀将$q=1.602\times10^{-19}\ \text{C}$，$\Delta U=27\ \text{V}$代入。

3 验证答案

- **单位是否正确？** 1 N/C·m=1 N·m/C=1 J/C=1 V。导出单位为V，而1 C·V=1 C·J/C=1 J则是功的单位。
- **符号是否有意义？** 将正电荷移向正板时，需做正功。
- **数值是否合理？** 将电荷量如此小的电荷移过小于100 V的电势差所做的功是很小的。

练一练

26. 当电荷量为3.0 C的电荷通过1.5 V的电势差时，做了多少功？

27. 如**图21–12**所示，两板间的电场强度为多大？

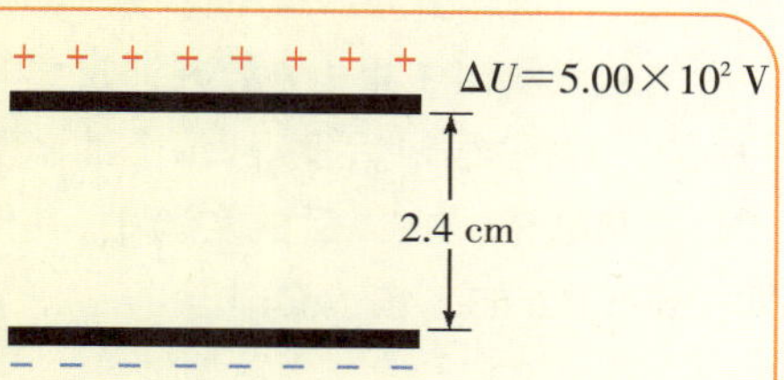

图21–12

28. 显像管中电子通过的电势差为18 000 V。在这个过程中，电场对电子做了多少功？

29. 在一台粒子加速器中，电场强度为4.5×10^5 N/C。将一个质子在该电场中移动25 cm时，需做多少功？

30. **挑战题** 一块12 V的汽车蓄电池可储存1.44×10^6 C的电荷量。当这些电荷量全部放出而需重新充电前，该电池做了多少功？

图 21-13 1909 年，美国物理学家密立根用类似图中的装置测量了单个电子的电荷量。

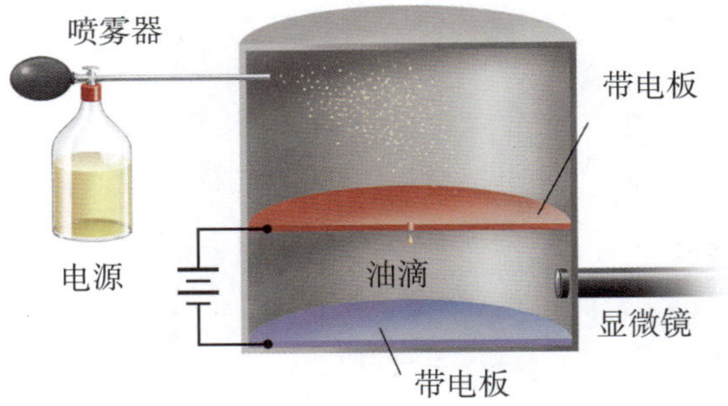

密立根油滴实验

你已经知道，元电荷是 $e=1.602\times10^{-19}$ C。任一物体所带的电荷量必然是这个元电荷的整数倍，换句话说，任一物体所带的电荷量只能是 $2e$、$-5e$、$7e$，或者 $-3\ 157e$，而不可能是像 $0.5e$、$-23.7e$、$6.2e$，或者 $-31.524e$ 这样。我们是如何知道的呢？

1909 年，美国物理学家密立根（R.Millikan）通过实验证明电荷的量值是不是离散的，并用该实验测量了元电荷的数值。如**图 21-13** 所示为密立根所使用的实验装置。在他的实验装置中，用了两块平行板来产生一个匀强电场。那么，他是如何做实验的呢？

首先，他通过喷雾器将细小的油滴喷入某一密闭空间中，这些油滴在喷出时由于与喷雾器产生摩擦而带了电。重力的作用使油滴下落，其中少量油滴通过夹板上的小孔进入了测试设备中。然后，密立根调整两板间的电势差，直到使带负电荷的油滴悬浮在两板间。此时，地球的重力场对油滴施加的向下的力与电场对油滴施加的向上的力的大小相等。

迷你实验

电　场*

你能观察到电场的作用吗？

☑ **阅读检测** **解释** 为什么净电荷不可能是 $0.66e$、$1.554e$ 和 $3.504e$。

计算电荷量 已知两板间的电势差，便可根据 $E=\dfrac{\Delta U}{d}$ 求出电场强度 E。接下来要做的便是求出另一个需要测量的量，即油滴所受的重力 mg。为了解决这一问题，密立根先让油滴在电场中悬浮，然后撤去电场，测出油滴下落的速率。因为与空气分子摩擦，下落的油滴会很快达到收尾速度，而这个速度又与油滴的质量有关。因此，通过测量收尾速度，密立根算出了重力 mg，并通过已知的电场 E，得出了电荷量 q 的大小。密立根最后发现，每个油滴所带的电荷量总是 1.60×10^{-19} C 的整数倍。在以后的实验中，其他人得到了更为精确的结果，即 $1.602\ 176\ 53\times10^{-19}$ C。

例题4

求油滴所带的电荷量 在密立根油滴实验中，测出一油滴重2.4×10^{-14} N，两块平行板的间距为1.2 cm。当两板间的电势差为450 V时，该油滴静止悬浮。

a. 该油滴所带的电荷量是多少？

b. 如果上板带正电，那么油滴上有多少个过量电子？

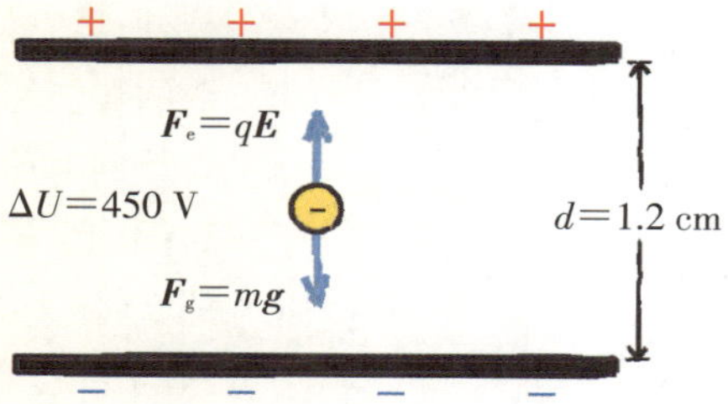

1 分析概括问题

- 画出两块平行板以及两板间悬浮着的油滴。
- 标出力。
- 标出两板间的电势差以及两板间距。

已知	未知
$\Delta U=450$ V	油滴所带的净电荷$q=?$
$F_g=2.4\times10^{-14}$ N	电子数$n=?$
$d=1.2$ cm	

2 求解未知量

为了使油滴悬浮，静电力和重力必须相等。

$F_e=F_g$

$qE=F_g$ ◀将$F_e=qE$代入。

$q\dfrac{\Delta U}{d}=F_g$ ◀将$E=\dfrac{\Delta U}{d}$代入。

求解q。

$q=\dfrac{F_g d}{\Delta U}$

$=\dfrac{2.4\times10^{-14}\ \text{N}\times0.012\ \text{m}}{450\ \text{V}}=6.4\times10^{-19}$ C ◀将$F_g=2.4\times10^{-14}$ N，$d=0.012$ m，$\Delta U=450$ V代入。

求该油滴上过量的电子数。

$n=\dfrac{q}{e}$

$=\dfrac{6.4\times10^{-19}\ \text{C}}{1.602\times10^{-19}\ \text{C}}=4.0$ ◀将$q=6.4\times10^{-19}$ C，$e=1.602\times10^{-19}$ C代入。

3 验证答案

- **单位是否正确？** 1 N·m/V＝1 J/(J/C)＝1 C，这是电荷量的单位。
- **数值是否合理？** 这是一个小油滴，仅包含几个电子电荷量是可以理解的。

练一练

31. 当撤去电场时，一油滴在密立根油滴实验装置中下落，不考虑它的加速度。此时有哪些力作用在油滴上？如果油滴以恒定的速率下落，描述此时它的受力情况。

32. 一滴油重1.9×10^{-15} N，它悬浮在电场强度为6.0×10^{3} N/C的电场中。该油滴所带电荷量是多少？油滴上有多少个过量电子？

33. 一滴油重6.4×10^{-15} N，带有一个过量电子。若要使它悬浮，电场强度需多大？

34. 挑战题 一滴带正电的油滴重1.2×10^{-14} N，它悬浮在间距为0.64 cm的两块平行板之间，两板间的电势差为240 V。该油滴所带的电荷量是多少？它失去了多少个电子？

图 21-14 导体上的电荷总是尽量相互远离，以便使系统的势能尽可能的低。

用你知道的关于负电荷间相互作用的知识，**解释**导体球面上的负电荷为什么均匀分布在它的表面。

导电球

导电球上的电荷均匀分布在它的表面。

空心球

空心球壳上的电荷总是均匀分布在它的外表面上。

不规则形状的导体

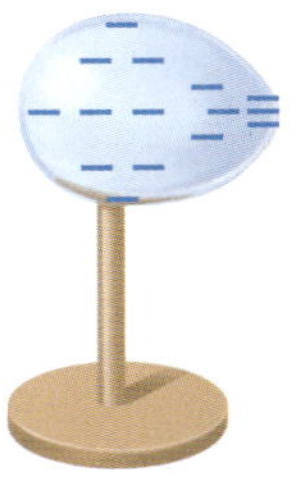

不规则形状导体上的电荷在尖端处较密集。

导体附近的电场

我们知道，导体中有许多可在其中自由运动的电子。现在我们来看如**图 21-14** 所示的导体球上的电荷。因为这些电子都是同种电荷，所以它们互相排斥。导体上的电荷总是尽量相互远离，以便使系统的势能尽可能的低。其结果就是，无论是实心导体还是空心导体，过量的电荷都将移到导体的外表面上。

封闭的金属容器 如果封闭的金属容器带有电荷，例如一只盒子上，那么将会发生什么情况呢？你可以利用电压表去测量容器内任意两点间的电势差。你会发现，在容器内部任意两点间的电势差均为零。那么，在闭合的金属容器内部的电场强度呢？回想一下，电势差等于电场强度与距离的乘积，即$\Delta U=Ed$。因为容器内任何两点间的电势差都为零，此关系式表明，封闭的带电金属容器内部的电场强度也处处为零。

汽车就是这样一个很好的例子。汽车是一个封闭的金属盒子，它使里面的人可免遭雷电产生的电场的伤害。另一方面，导体外面的电场通常不为零，且电场强度总是垂直于导体表面。这就使导体表面形成一个等势面，导体表面上任意两点之间的电势差都为零。

☑ 阅读检测 **简述**为什么汽车里的人可免遭雷击。

不规则形状的导体 导体表面的电场取决于导体的形状以及导体与其他物体间的电势差。导体尖端处的电荷较密集，如**图 21-14** 下面的图所示。因此，此处的电场线也较密，电场强度较大。

导体尖端附近的电场可以变得非常强，使得从原子中激发出来的电子及残留的离子在这种强电场作用下做加速运动，然后去撞击其他原子，从而使更多的原子电离。例如，你在气体放电球内看到的粉红色的亮光便是这种链式反应的结果。

避雷针 如果电场强度足够大，那么当这些粒子撞击其他分子时，将产生离子和电子束流，形成等离子体。等离子体是导体。其结果是导致火花放电，或者更进一步，产生雷电。

为了保护建筑物免遭雷击，就要安装避雷针。避雷针尖端附近的电场很强，从而使云层中的电荷容易通过避雷针，而不是通过烟囱或其他房屋、建筑物的制高点放电。这样，电荷就会沿着导线，从避雷针安全地传入大地。

☑ 阅读检测 **描述**避雷针是如何工作的。

电容器

当你举起一本书时，便增加了这本书和地球系统的重力势能，或者说，你将能量储存在了重力场中。同样，你也可以将能量储存在电场中。1746年，荷兰医学家和物理学家穆森布鲁克(P.Musschenbrok)发明了一种可储存大量电荷的小器件。这种器件以他工作的城市命名，被称为莱顿瓶。今天使用的这些储存电荷的器件，其形式更为新颖，尺寸更小，连名字也改了，称为**电容器(capacitor)**。电容器是由被绝缘材料隔开的两块金属板构成，它们的形状通常呈圆柱体状。电容器有确定的电容。它们是计算机和其他电子设备的重要部件，如**图21-15**所示。

图21-15 计算机电路板在运行时，使用许多电容器。图中灰色柱状和圆盘状物体，以及彩色的泪滴状物体都是电容器。

电容 如果将电动势为1 V的电源的正极与电容器的一块金属板相连，电源的负极与电容器的另一块金属板相连，那么将会出现什么情况？电源将使电容器的两板间产生1 V电势差ΔU，并使一块金属板上产生了正的净电荷q，而另一块金属板上产生了等量的负的净电荷$-q$。

现在假定增加电源的电动势，那么电容器两极板上的电荷量将会有怎样的变化呢？如**图21-16**所示为一次实验的结果，在实验中，电容器两板间的电势差从0 V增加到12 V。注意，$q-\Delta U$图象是一条直线，图线的斜率是常数，被称为电容器的**电容(capacitance)**，用C表示。电容的单位是法拉，符号为F。1F＝1 C/V。电容的计算公式如下：

迷你实验

制作电容器

你能制作一个可以使用的电容器吗？

电容

电容等于一块金属板上的电荷量与两极板间的电势差之比。

$$C=\frac{q}{\Delta U}$$

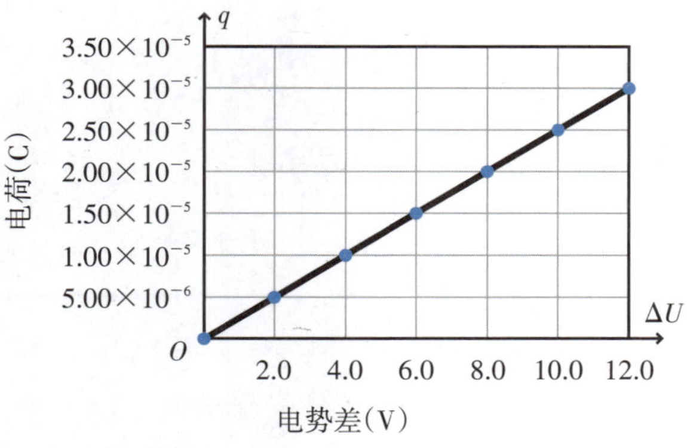

数据表

电势差(V)	一块板上的电荷量(C)
0.0	0.0
2.0	5.2×10^{-6}
4.0	9.7×10^{-6}
6.0	15.0×10^{-6}
8.0	20.3×10^{-6}
10.0	24.7×10^{-6}
12.0	30.1×10^{-6}

图21-16 一次实验中，在不同的电势差下测量了极板上的电荷量。根据实验数据画出的关系图线是一条直线，该直线的斜率就是电容器的电容。

物理实验

存储电荷*

怎样存储大量电荷?

电容的单位:法拉 电容的单位法拉是以法拉第的名字命名的,用符号F表示。1 F=1 C/V。正如1 C的电荷量是一个很大的量一样,1 F的电容也相当大。大多数现代电子设备中的电容器的电容一般在10 pF(10×10^{-12} F)~500 μF(500×10^{-6} F)之间。不过,在某些计算机中使用的为了防止数据丢失的"记忆电容"的值可大到0.5~1.0 F。注意,如果两板间的电势差增加,则每块板上的电荷量也会增加。

例题5

求电容 当一个球与电动势为40 V的电池的正极相连,电池的负极与大地相连。经过一段时间后,导体球所带的电荷量为2.4×10^{-6} C,该球—地球系统的电容是多少?

1 分析概括问题

- 画出位于地面上方的一个球,标出它所带的电荷量及电势差。

已知:

$\Delta U=40.0$ V

$q=2.4\times10^{-6}$ C

未知:

$C=?$

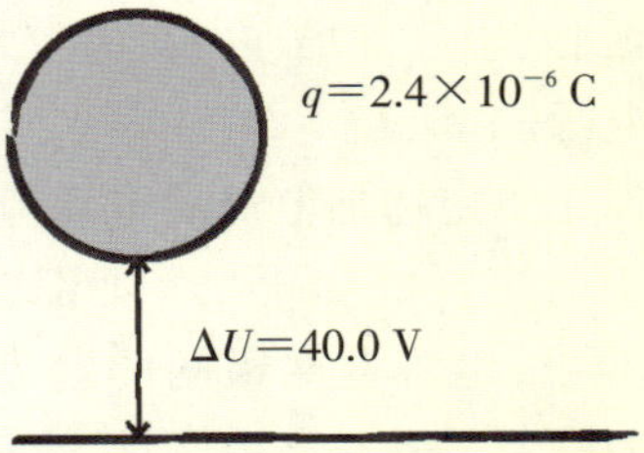

2 求解未知量

$$C=\frac{q}{\Delta U}$$

$$=\frac{2.4\times10^{-6}\ \text{C}}{40.0\ \text{V}}$$

◀将$\Delta U=40.0$ V,$q=2.4\times10^{-6}$ C代入。

$$=6.0\times10^{-8}\ \text{F}=0.060\ \mu\text{F}$$

3 验证答案

- **单位是否正确?** 1C/V=1F。这个单位就是法拉。
- **数值是否合理?** 存储在球上的电荷等于电容乘以40.0 V。

练一练

35. 一只27 μF的电容器,其两板间的电势差为45 V。这个电容器所带的电荷量是多少?

36. 两个电容分别为3.3 μF和6.8 μF的电容器,它们两板间的电势差均为24 V。哪个电容器所带的电荷量更多?具体是多少?

37. 若你发现上题中的两个电容器所带的电荷量都是3.5×10^{-4} C,则哪个电容器的电势差更大?具体是多少?

38. 一个2.2 μF的电容器,充电后它的电势差为6.0 V。为了使它的电势差提高到15.0 V,需增加多少电荷量?

39. 如**图21-17**所示,一个球置于地面上方,球与地面间的电势差为12 V。该球上的所带的电荷量为多少?

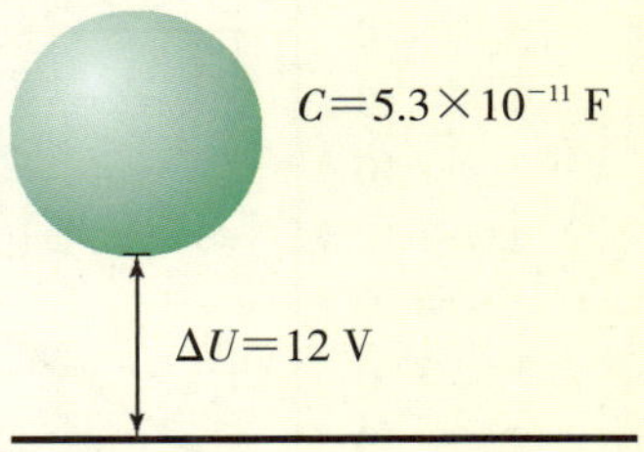

图21-17

40. 挑战题 电容器上的电势差以12.0 V提高到14.5 V,它的电荷量增加了2.5×10^{-5} C。该电容器的电容是多少?

物理挑战题

电容器两极板由于带有等量异种电荷而彼此吸引。假定一个电容器由间距为d的两块平行金属板组成，其电容为C。

1. 如果电容器上极板所带的电荷量为q，试推导出两金属板间作用力的表达式。
2. 如果一只22 μF的电容器两极板的间距为1.5 mm，那么，为了使两板间的作用力为2.0 N，电容器极板上的电荷量应是多少？

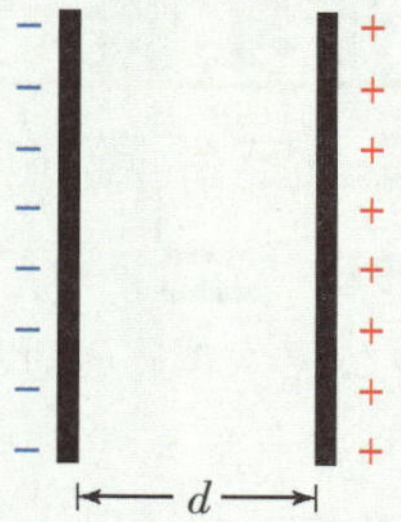

可变电容器 电容器有多种类型和大小。有些电容器大到像房间一样，存储的电荷多得足以产生人造闪电或激光，能在数十亿分之几秒内释放出几千焦的能量。电容器还用于计算机、电视机和数码照相机。这些设备中的电容器所存储的能量较小，但也有一定的危险性。当这些设备的电源被切断后，电容器还能保存充足的电荷量达数小时之久。这就是你不能立即拆开电子设备的原因，即使它们的电源已被切断。

你可以通过改变电容器中两极板的面积、两板间的距离或绝缘材料的类型等办法来改变电容器电容的大小。根据电容大小的决定因素，你可以通过增加两极板的面积和减小两板间距等方法增大电容器的电容。电介质具有部分屏蔽金属板上电荷的能力，所以它能使电容器储存更多的电荷。电容器常常按照隔开两板的绝缘材料的类型来命名，如陶瓷电容器、云母电容器、聚酯电容器以及纸质电容器等。

物理实验

电容器充电

电容器的充电时间与它的电容有怎样的关系？

第2节 复 习

41. **主要概念** 假设你的朋友不理解电势和电势能之间的关系，他想让你给他说明一下，请你写出简要的回答。
42. **电势差** 电势能与电势差有什么区别？
43. **电场与电势差** 证明1 V/m与1 N/C是相同的。
44. **密立根实验** 当悬浮在密立根实验装置中的油滴所带的电荷量发生改变而开始下落时，应怎样改变两板间的电势差，才能使油滴恢复到平衡状态？
45. **电荷与电势差** 在上题中，如果改变电势差对于油滴的下落已不起作用，这说明了什么？
46. **电容** 在一只0.47 μF的电容器上，当施加的电势差为12 V时，它储存了多少电荷？
47. **电荷分配** 如果一个大的带正电的导体球与一个小的带负电的导体球相接触，下列物理量会发生什么变化？

    a. 两球的电势

    b. 两球所带的电荷量
48. **批判性思维** 参考**图21–18**，说明为什么电荷能连续不断地传送到范德格拉夫起电机的金属罩上。特别要说明的是，为什么金属罩上的电荷不会因被排斥而回到B点处的传送带上。

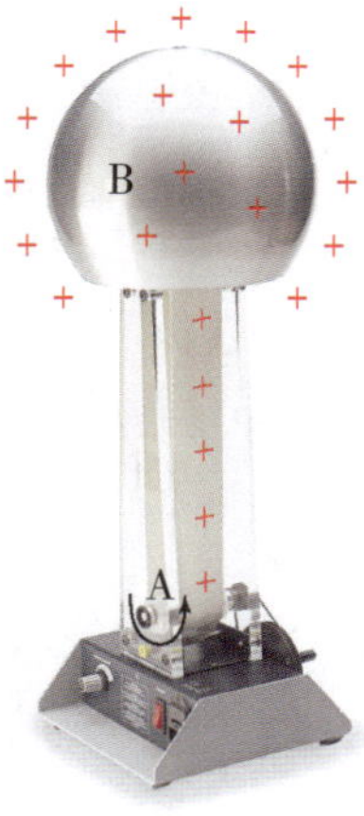

图21–18

起步实验

相隔一定距离的带电物体

实验步骤

注意：如果你对乳胶过敏，请告诉你的老师。

1. 将两只气球充气后用细线扎紧，然后在每只气球上系一根0.5 m长的细线。
2. 用你的衣服来回摩擦其中的一只气球，重复6～8次，使它带电。再用胶带将细线粘贴在壁橱、桌子或其他支撑物上。
3. 用同样的办法摩擦第二只气球，然后用细线将它悬挂起来。
4. **观察**　慢慢地将第二只气球移向第一只气球，观察此时会发生什么情况。用胶带粘住第二只气球的细线，将它悬挂在第一只气球的旁边，但不要使它们相互接触。
5. **观察**　将你的手靠近带电的气球，观察此时会发生什么情况。

分析

6. 当两只气球彼此靠近时，你观察到了什么现象？
7. 当你的手靠近带电的气球时，又有什么现象发生？
8. **批判性思维**　你是否曾经看到过类似的相隔一定距离的两个物体间存在相互作用的现象？

迷你实验

制作电容器

实验步骤

1. 将12片10 cm×10 cm的铝箔方块与11片10 cm×10 cm的塑料膜方块交替分层堆放，制作一只电容器。
2. 将奇数片铝箔方块稍稍向一边伸出些，偶数片铝箔方块稍稍向另一边伸出些。
3. 将方块压紧，用鳄鱼夹分别把铅片固定到左右两侧的铝箔上。
4. 将手摇发电机连接到电容器，然后将电容器与电压表连接起来。
5. 启动发电机，施加的电势差不要高于4 V。
6. 测量电势差。确保电压表的读数是正的且不高于4 V。

分析

7. 如何增加电容器的容量？

物理实验

实验器材

9 V干电池
电压表
9 V电池接线夹
47 kΩ 电阻器
带夹子的导线
停表
开关
1 000 μF、500 μF、240 μF的电容器

电容器充电

电容器是由被绝缘材料隔开的两块导体或金属板构成的一种器件，它通常具有确定的电容。电容器的电容取决于导体和绝缘材料的物理特性与几何特性。在电路系统中，即使开关处在闭合位置，电容器看上去还是处于开路状态的。但是，由于电容器能够储存电荷，所以当开关闭合时，会有电荷从电源移向电容器，在电容器的两极板上产生等量的异种电荷，从而形成一定的电势差。随着电容器上电荷量的增加，两板间的电势差也随之增加。在本实验活动中，你将要检测几种不同电容器的充电情况。

问题

电容器的充电时间是怎样随它们的电容的改变而改变的？

目标

- **收集与整理**不同电容器充电快慢的数据。
- **对比与比较**不同电容的电容器充电的快慢。
- **绘制和运用图象**，显示几种电容器在充电过程中电势差随时间变化的情况。

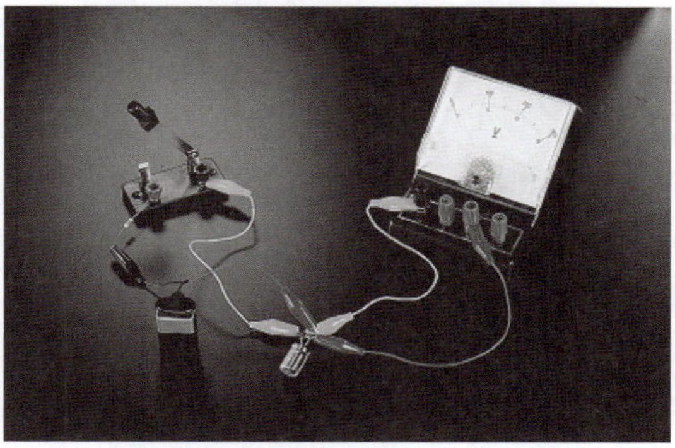

实验步骤

1. 实验开始前，将开关断开，此时不要连接电池。***注意：小心操作以避免短路，特别注意防止连接电池的两个接线夹相碰。***如照片所示，连接电路，将电阻的一端与开关的一端相连。电阻是用来减慢电容器的充电速率，以方便你的测量。将电阻的另一端与9 V干电池的负极接线夹相连。然后检查一下你的1 000 μF电容器哪一端标有负号，或带有负号的箭头，该端要与电池的负极相连；电容器上另一个尚未连接的(正)极则与电池的正极接线夹相连。
2. 将电压表的正极与电容器的正极相连，电压表的负极与电容器的负极相连。将你的电路与照片中的进行比较，以验证你的连接是否正确。经老师检查后再接通电源。
3. 请一位同学计时，另一位同学记录在设定时间内的电势差。闭合开关，每隔5 s测量一次电势差。测得数据后，将开关打开。
4. 完成实验后，用一根短导线触碰电容器的两端，使它放电。
5. 用一只500 μF的电容器代替1 000 μF的电容器，重复步骤3～4，并将数据记录在数据表中。
6. 用一只240 μF的电容器代替500 μF的电容器，重复步骤3～4，并将数据记录在数据表中。

数据表

时间(s)	1000 μF 电容器上的电势差(V)	500 μF 电容器上的电势差(V)	240 μF 电容器上的电势差(V)	时间(s)	1000 μF 电容器上的电势差(V)	500 μF 电容器上的电势差(V)	240 μF 电容器上的电势差(V)
0				55			
5				60			
10				65			
15				70			
20				75			
25				80			
30				85			
35				90			
40				95			
45				100			
50				105			

分析

1. 是否每只电容器都会充电至9 V？对你的观察结果作出解释。

2. 作出图线，其水平轴表示时间，竖直轴表示电势差。对每个电容器，用不同标记的曲线表示。

结论与应用

1. 电容器两端的电势差会立即达到电源电压(9 V)吗？对你的观察结果作出解释。

2. 电容器的电容越大，所需的充电时间是否越长？说明理由。

进一步探索

1. 电容器充电达到电源电压所需的时间取决于它的电容以及电路中阻碍电荷流动的电阻。在这个实验中所采用的电阻的阻值为47 kΩ。由一只电容器和一个电阻器构成的电路充电达到电源电压的63.2%所需的时间(s)等于电容和电阻的乘积，这个值称为时间常数。用公式表示为$T=RC$，这里T的单位是s，R的单位是Ω，C的单位是F。试计算每个电容器与47 kΩ电阻器所构成的电路的时间常数。

2. 将你由计算得到的时间常数与由图线得到的结果进行比较。

生活中的物理学

在用装有闪光灯的便携式小型照相机拍照时，如果要用到闪光，则需要一定的预备时间，以贮存闪光所需要的能量。试说明在你等待拍摄下一张照片的时间间隔内，照相机内发生了什么情况。

自动体外除颤器

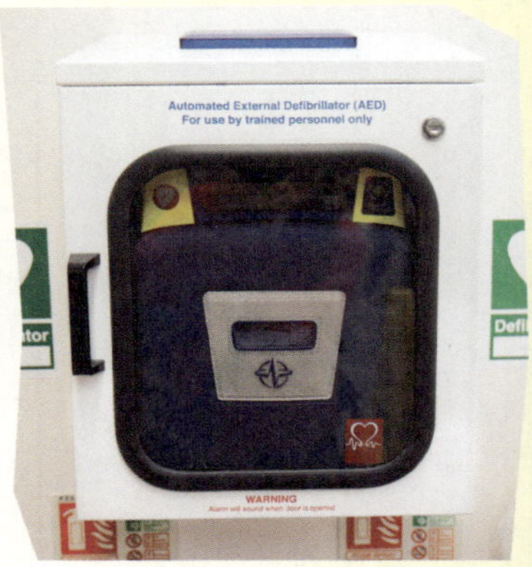

自动体外除颤器(AED) 你知道心脏就像一台需要电流才能工作的抽水机吗？心脏肌肉中的细胞产生电流，促使心肌收缩。如果这个电流中断，心脏就会停止跳动，这就是心脏骤停。为了防止心脏骤停，科学家发明了一种使心脏骤停者的心脏重新跳动的设备，这就是自动体外除颤器(Automated external defibrillator，简称AED)。

1 **拨打120** 在使用AED之前，拨打120，或者请其他人拨打120。

2 **寻找附近的AED** 许多公共场所都有AED，存放处有“AED”或“自动体外除颤器”等标记。

3 **阅读说明书** 在AED上印有图示说明，告诉你应当将除颤器的电极放置在已失去知觉的患者身体上的哪些部位。

4 **正确使用电极** 自粘电极一旦放置好，它就会检测出患者是否还有心跳，并通过人体的皮肤检测出由心脏所产生的电流。

5 **让AED的计算机工作** 通过对电极板中的传感器所感知的信号进行分析，AED对患者的心脏问题是否需要电击作出判断。

6 **注意扬声器或屏幕** AED的扬声器中和显示器的屏幕上发出简单的指令，告知使用者怎样以及何时进行电击。

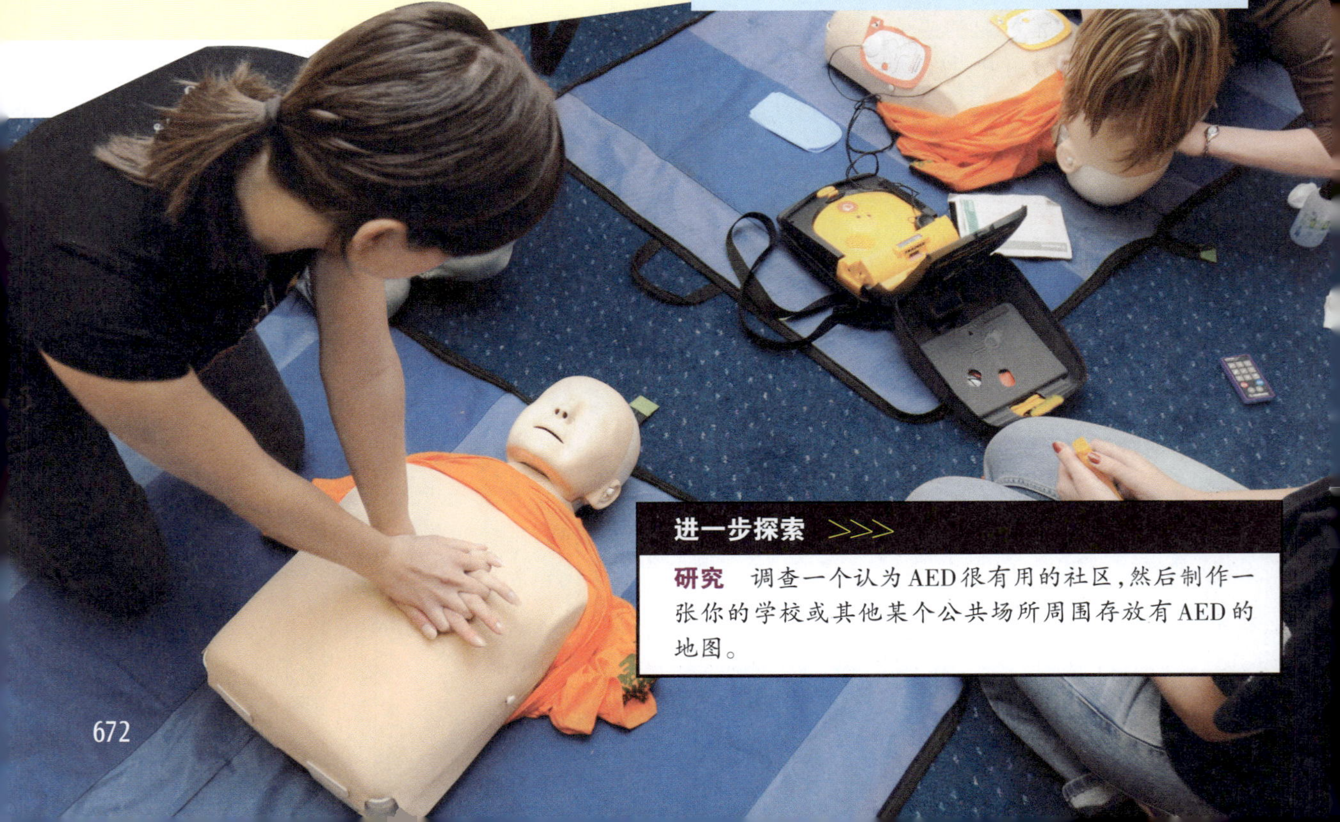

图1 AED是为经过训练的和未经训练的人而设计的。你可以利用AED产生电击，以使使心脏骤停者的心脏重新开始跳动。

进一步探索 >>>

研究 调查一个认为AED很有用的社区，然后制作一张你的学校或其他某个公共场所周围存放有AED的地图。

复习指南

大概念 电荷周围存在电场，电场对其中的其他带电物体产生力的作用。

关键术语

- 电场
- 电场线

第1节 电场的测量

主要概念 电场是带电物体周围存在的一种特殊物质，它对其中的其他带电物体产生力的作用。

- 电荷周围存在电场。电场对其中的其他带电物体产生力的作用。
- 电荷、电场强度以及力存在如下定量关系：

$$E=\frac{F}{q'} \qquad E=\frac{kqq'}{r^2q'}=\frac{kq}{r^2}$$

- 电场线提供了一种电场的图象。它们从正电荷出发，向负电荷会聚，且永远不会相交。它们的疏密程度与电场强度的大小有关。电场强度的方向就是作用在一个小的正试探电荷上受力的方向。

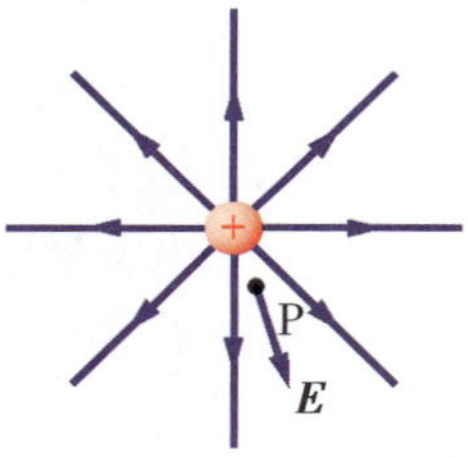

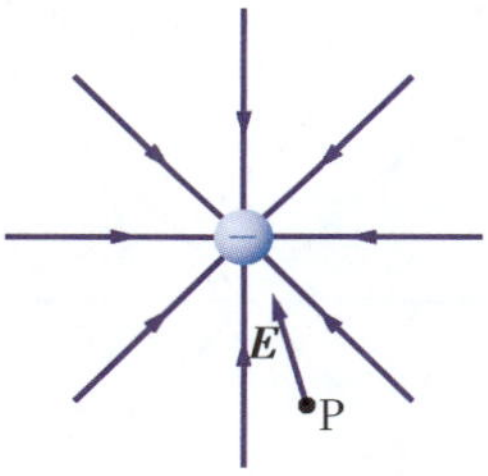

关键术语

- 电势差
- 伏特
- 等势
- 电容器
- 电容

第2节 电场的应用

主要概念 单位电荷的电势能称为电势。

- 电势差就是电场中单位电荷电势能的改变量。电势差的单位是伏特，简称伏，用符号V表示。
- 电势差与移动电荷所需的功有关，且由下式表示：

$$\Delta U=\frac{W}{q'}$$

- 电容器可用来存储电能。电容器是由被绝缘材料隔开的两块金属板构成。电容器的电容C取决于板的几何形状以及绝缘材料的性质，它可用下式表示：

$$C=\frac{q}{\Delta U}$$

第1节 电场的测量

理解概念

49. 试探电荷必须具有的两个特性是什么？

50. 电场的方向是怎样定义的？

51. **大概念** 什么是电场线？

52. 怎样用电场线表示电场的强弱？

53. 在以下两个电荷间画出几条电场线。
   a. 两个等量同种电荷
   b. 两个等量异种电荷
   c. 一个正电荷和一个负电荷，其中负电荷的电荷量是正电荷电荷量的2倍
   d. 两块带异种电荷的平行金属板

54. 如**图21–19**所示，正电荷电场线的终点在哪里？

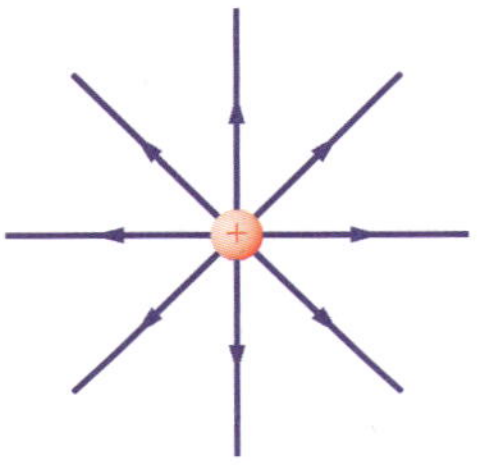

图21–19

55. 如果用于测量电场的试探电荷所带的电荷量减少一半，那么所测得的电场强度将如何变化？

56. 为了使一个电荷量恒定的正电荷在不断增强的电场中移动，需要的能量是越来越多还是越来越少？

解决问题

电子所带的电荷量为-1.602×10^{-19} C。

57. 试探电荷在电场强度为5.0×10^{-4} N/C的电场中某点处所受到的作用力为1.4×10^{-8} N。该试探电荷的电荷量是多少？

58. 一个试探电荷被放置在电场强度为4.5×10^{5} N/C的电场中，所受到的力是0.30 N。该试探电荷的电荷量是多少？

59. 与电荷量为8.0×10^{-7} C的点电荷相距20.0 cm处的电场强度为多大？

60. 将一个电荷量为1.0×10^{-5} C的正电荷放置在空间某点处时，它受到的力为0.30 N，如**图21–20**所示。该点的电场强度为多大？

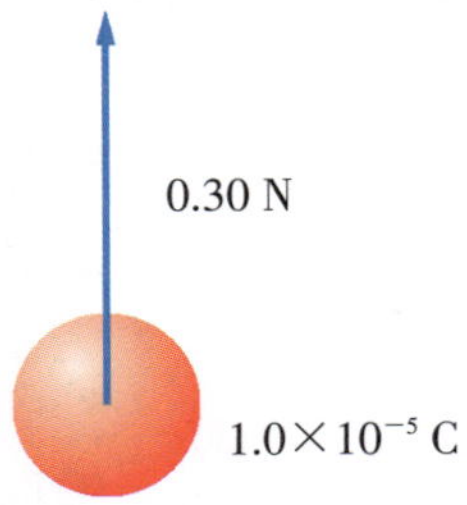

图21–20

61. 大气中的电场强度约为150 N/C，方向向下。
   a. 带负电的粒子在大气中受到的力的方向怎样？
   b. 试求作用在电荷量为-1.602×10^{-19} C的电子上的静电力。
   c. 将b中的结果与电子所受到的重力进行比较。（电子的质量$m=9.1\times10^{-31}$ kg）

62. 仔细作出下列示意图。（使电场线的条数与电荷量成正比）
   a. 由一个+1.0 μC的电荷所产生的电场。
   b. 由一个+2.0 μC的电荷所产生的电场。

63. 一个电荷量为6.0×10^{-6} C的正试探电荷位于电场强度为50.0 N/C的电场中，如**图21–21**所示。该试探电荷将受到多大的力的作用？

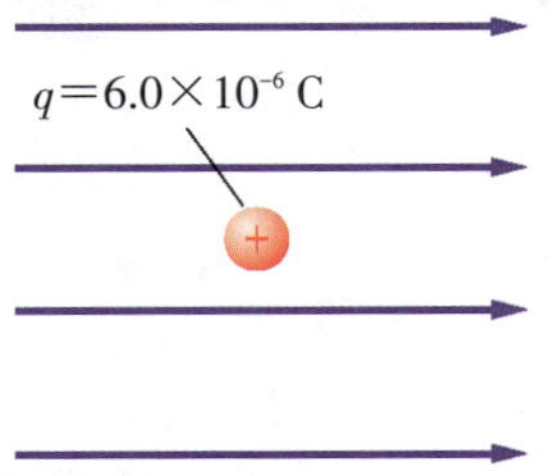

图21–21

64. 一个电荷量为4.005×10^{-19} C的正试探电荷受到电场的力为14.005 N，该试探电荷所在处的电场强度多大？

65. 电荷X、Y和Z两两间的距离相等。已知X所带的电荷量为+1.0 μC，Y所带的电荷量为+2.0 μC，而Z只带很少量的负电。
   a. 作图表示作用在电荷Z上的力。
   b. 如果Z带的是少量的正电荷，再作图表示作用在电荷Z上的力。

66. 在电视机显像管中，电子被电场强度为 1.00×10^{5} N/C的电场加速。

a. 试求电子所受的力。

b. 如果这是一个匀强电场，求电子的加速度。(电子的质量 $m=9.11\times10^{-31}$ kg)

67. 铅原子核带有82个质子的电荷量。

a. 在距离铅原子核 1.0×10^{-10} m处，电场的大小和方向怎样？

b. 在这个距离上，电子所受到的力的大小和方向又是怎样？

第2节 电场的应用

理解概念

68. 电势能是用哪个SI制单位度量的？电势差呢？

69. 用电荷在电场中移动时其电势能的变化量来定义单位“伏特”。

70. 当一个带电体与大地接触时，它为什么会失去电荷？

71. 将一根带电的橡胶棒放在桌子上，为什么在一段时间内它能保持它的带电状态？

72. **计算机** 如**图21-22**所示，塑料箱里电子设备中的精密部分为何必须安装在金属盒内？

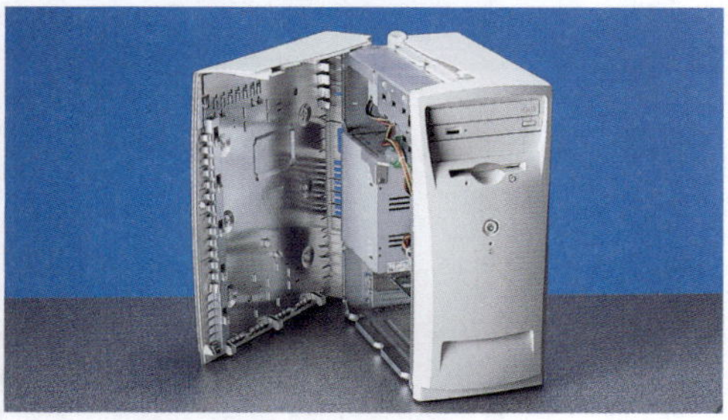

图21-22

解决问题

73. 假定将电荷量为2.4 C的电荷从正极板移至负极板时，所做的功为120 J，如**图21-23**所示。两极板间的电势差是多少？

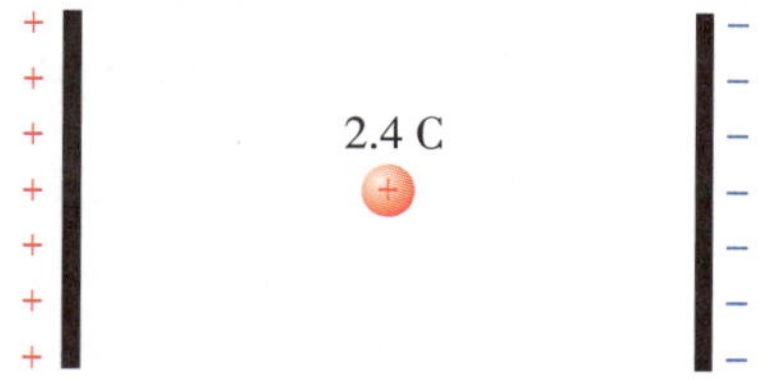

图21-23

74. 将电荷量为0.15 C的电荷移过电势差为9.0 V的两点时，需做多少功？

75. 要使一个电子通过电势差为450 V的两点，需对它做多少功？

76. 一只12 V的电池在移动电荷时做了1 200 J的功，有多少电荷已被移动？

77. 两块带电板之间的电场强度为 1.5×10^{3} N/C，两板相距0.060 m。两板间的电势差是多少？

78. 电压表指示两板间的电势差为70.0 V。已知两板相距0.020 m，存在于两板间的电场强度为多大？

79. 一个电容器与45.0 V的电源相连接，此时电容器带电90.0 μC。该电容器的电容是多少？

80. 如**图21-24**所示，油滴带负电，重 4.5×10^{-15} N，悬浮在场强为 5.6×10^{3} N/C的电场中。

a. 该油滴所带的电荷量是多少？

b. 它带了多少个过量电子？

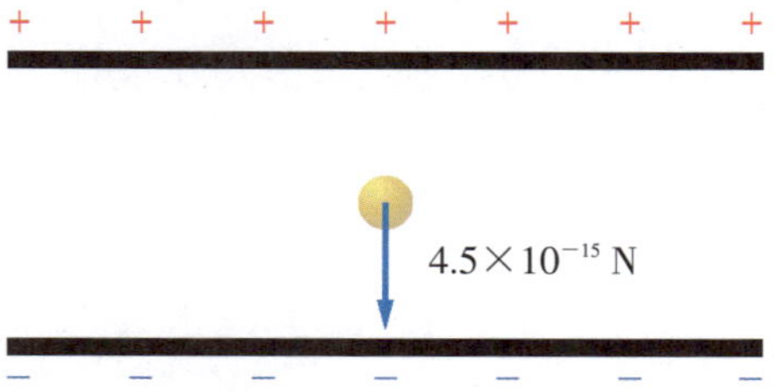

图21-24

81. 一个5.4 μF的电容器带电 8.1×10^{-4} C，此时它的两板间的电势差为多大？

82. 有一个15.0 pF的电容器。当它与45.0 V的电源连接时，储存了多少电荷？

83. 在匀强电场中，一个0.065 N的力将37 μC的电荷移动了25 cm，如**图21-25**所示。这两点间的电势差为多大？

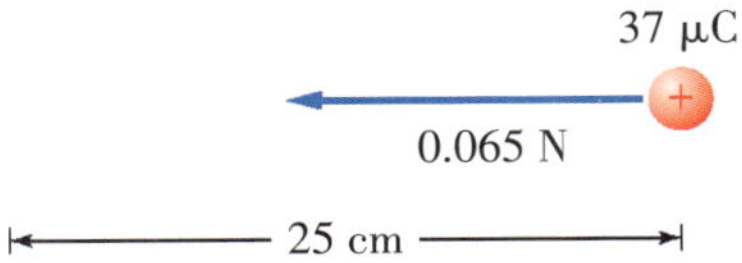

图21-25

84. **闪光灯** 储存在电容为C、电势差为ΔU的电容器中的能量可表示为$W=\frac{1}{2}C\Delta U^2$。此式可应用于如**图21-26**所示的电子闪光灯。假定在某种电子闪光灯单元中，10.0 μF的电容器充电至3.0×10^2 V，求此时它所储存的能量。

图21-26

85. 如果上题中的那个电容器充电用了25 s。
   - a. 求这段时间内对电容器充电的平均功率。
   - b. 假定此电容器通过闪光灯放电，释放出所有能量的时间为1.0×10^{-4} s。求对闪光灯做功的功率。
   - c. 为什么会有如此大的功率？

86. 电容为0.047 μF的电容器，其两板相距0.25 cm。当该电容器充电至电势差为120 V时，它所储存的电荷量是多少？

87. **激光** 激光已可用于产生受控核聚变反应。这种激光需要很短的脉冲式能量，它们可预先储存在一个装有电容器的大房间里，这种房间中的电容器的电容可达6.1×10^{-2} F，可充电至10.0 kV的电势差。
   - a. 利用表达式$W=\frac{1}{2}C\Delta U^2$，求这种电容器所储存的能量。
   - b. 电容器在10 ns内放电，它所产生的功率为多大？
   - c. 如果该电容器用一台功率为1.0 kW的发电机充电，那么充满电需要多长时间？

应用概念

88. 带电粒子在电场中自由运动时，该粒子的电势能将如何变化？

89. 如**图21-27**所示为三个带等量电荷的小球，电荷的符号如图所示。球y和球z固定不动，球x可自由移动。开始时，球x与球y和球z之间的距离相等。假定无其他力的作用，试确定球x的运动路径。

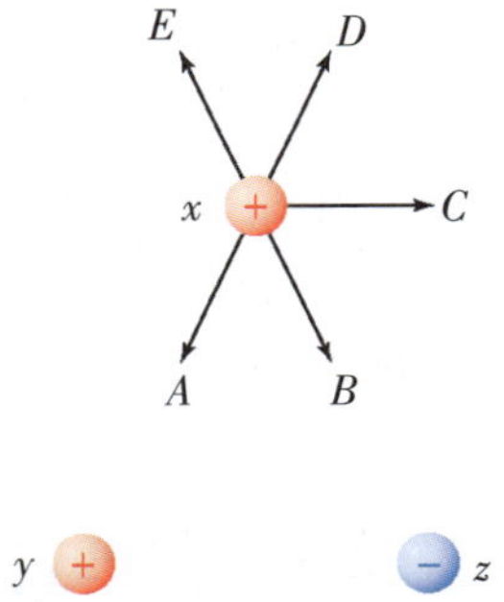

图21-27

90. **排序** 把下列点电荷按照受到的电场力从大到小进行排序，并说明理由。
   - A. 电荷量为3 nC的点电荷，放置在电场强度为70 N/C的某点处时
   - B. 电荷量为5 nC的点电荷，放置在电场强度为600 N/C的某点处时
   - C. 电荷量为3 nC的点电荷，放置在电场强度为20 N/C的某点处时
   - D. 电荷量为6 nC的点电荷，放置在电场强度为35 N/C的某点处时
   - E. 电荷量为8 nC的点电荷，放置在电场强度为10 N/C的某点处时

91. 在密立根油滴实验中，两油滴悬浮。

a. 你能断定它们所带的电荷量相等吗？

b. 这两油滴的荷质比相等吗？

92. 约瑟和苏伊手拉手站在一个绝缘平台上，如**图 21-28** 所示。约瑟的体型较大。当他们带电时，谁身上的电荷量更多？他们所带的电荷量能相等吗？

图 21-28

93. **编写问题** 编写一道物理题，在它的解答中会出现下列表达式：$E=\frac{9\ \text{V}-0\ \text{V}}{0.85\ \text{cm}}$。

94. 同一个电容器怎样储存不同的电荷量？

复习提高

95. 使一个 0.25 μC 的电荷在间隔为 0.40 cm 的两块平行金属板间移动，需做多少功？假定两金属板间的电场强度为 6 400 N/C。

96. 0.22 μF 的平行金属板电容器中储存有多少电荷？假定两金属板间距为 1.2 cm，两金属板间的电场强度为 2 400 N/C。

97. 两个完全相同的小球相距 25 cm，它们带有 0.060 μC 的等量异种电荷，如**图 21-29** 所示。如果它们之间的电势差为 300 V，该系统的电容是多少？

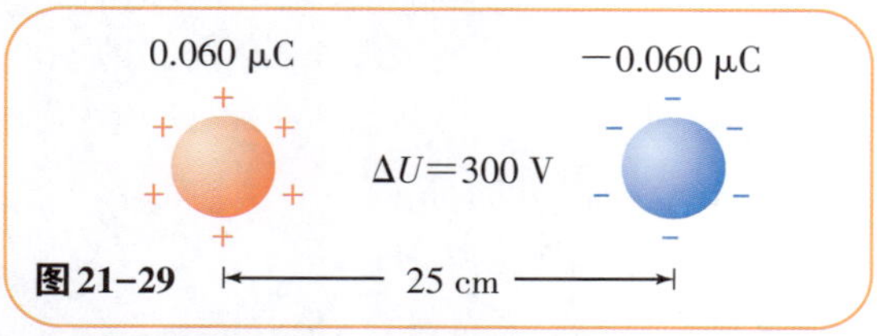

图 21-29

98. **补充问题** 把问题补充完整，以便可以用下列选项中的概念来求解：“一个带电量为 4.0 mC 的静止点电荷……”

a. 电场 b. 电势差

99. 电容器的电容为 0.047 μF，两板间的距离为 0.25 cm，电势差为 120 V。

a. 电容器上的电荷量为多少？

b. 电容器两板间的电场强度为多大？

c. 一个电子位于电容器的两板间，如**图 21-30** 所示。该电子所受到的力为多大？

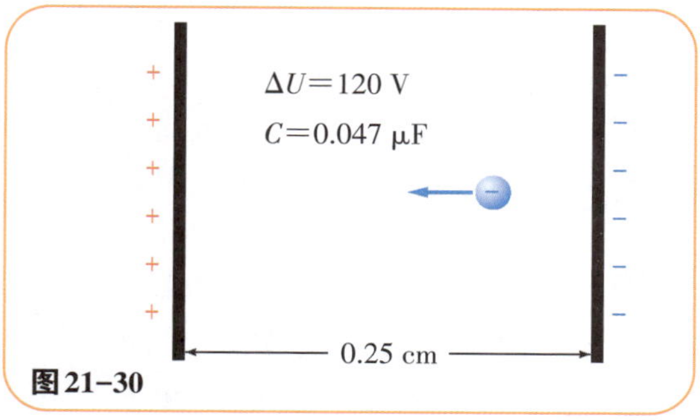

图 21-30

100. 在上题中，当电势差为 120 V 时，如果在两板间再充入 0.010 μC 的电荷，需做多少功？

101. 如**图 21-31** 所示的图线表示电容器上的电荷量随电势差的增大而变化的规律。

a. 这条线的斜率表示什么？

b. 该电容器的电容为多大？

c. 图线下方的面积表示什么？

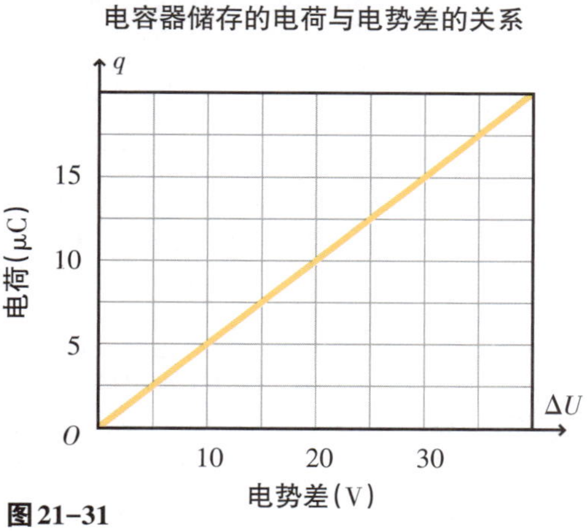

图 21-31

批判性思维

102. **分析与结论** 两个小球 A 和 B 位于 x 轴上，如**图 21-32** 所示。球 A 所带电荷量为 $+3.00\times10^{-6}$ C，B 球位于 A 球右边 0.800 m

处，所带电荷量为-5.00×10^{-6} C。试求x轴上方与A球和B球构成的等边三角形顶端处电场强度的大小和方向。

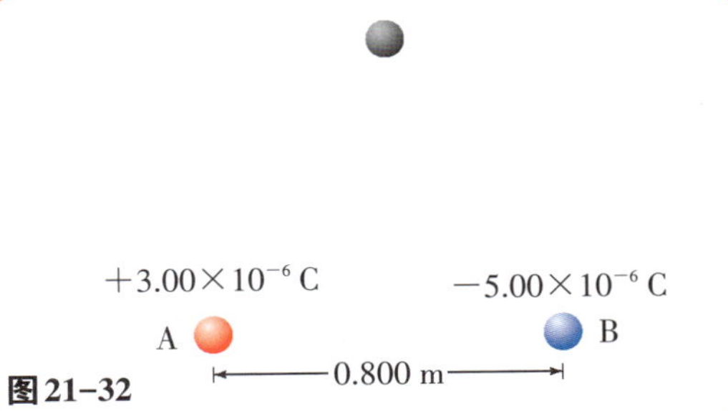

图21–32

103. 分析与结论 在喷墨打印机中，墨滴在进入两块大的平行板间之前，被带上一定量的电荷。两板的作用是使电荷偏转而被一槽沟挡住，不能到达纸上。如**图21–33**所示，长1.5 cm的两板间的电场强度$E=1.2\times10^{6}$ N/C。墨滴的质量$m=0.10$ ng，所带的电荷量$q=1.0\times10^{-16}$ C，且以$v=15$ m/s的速率沿着与板平行的水平方向运动。当它离开板时，它在竖直方向的位移是多少？按下列顺序回答这一问题。

a. 墨滴在竖直方向所受的力为多大？

b. 墨滴在竖直方向的加速度为多大？

c. 墨滴在两板间的运动时间是多少？

d. 墨滴在竖直方向的位移为多大？

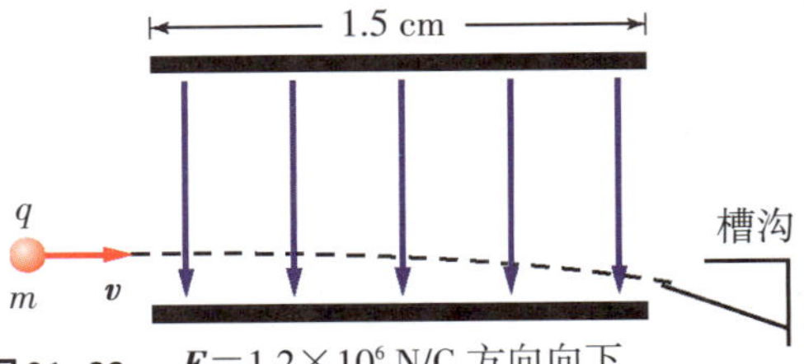

图21–33 $E=1.2\times10^{6}$ N/C 方向向下

科技写作

104. 选择一个电学单位，如库仑、伏特或法拉，研究以其名字命名的科学家的生平和成就。撰写一篇关于这位科学家的短文，包括对以他名字命名的单位的相关工作的讨论。

日积月累

105. 迈克尔孙采用将一束光射到一面镜子上的办法来测量光速。这面镜子安放在35 km远处的山上。

a. 光抵达山上的镜面然后返回需多少时间？

b. 假定迈克尔孙采用一个八面体旋镜，并假定从其中一个镜面上反射的光将射到另一座山上，然后被固定在这座山上的一面镜子反射回八面体旋镜处。如果调整旋镜的转速，使返回的光恰好被转过的下一个镜面反射。旋镜的转速应为多大？

c. 如果每面镜子的质量均为1.0×10^{1} g，在一个圆周上转动的平均半径为1.0×10^{1} cm。为了使镜子转动，需要对它施加多大的向心力？

106. 山景 在平静的湖面上，你可以看到湖边的一位骑自行车的人，同样你也可以看到远处的一座高山，从这两者所发出的光射到湖面的入射角相同，因此它们同时反射到了你的眼中。假定湖面的直径为100 m，山顶的反射大致在湖面的中央，高山离湖50 km，你的身高大约为2 m。那么这座山大致为多高？

107. 凸透镜的焦距为38.0 cm。如果将它放置在离物60.0 cm处，那么像与透镜的距离是多少？

108. 测得相距为r的两个电荷Q和q之间的静电力为F。在下列情况下，它们间的静电力分别变为多大？

a. r变为原来的3倍

b. Q变为原来的3倍

c. r和Q都变为原来的3倍

d. r和Q变为原来的2倍

e. r、Q和q都变为原来的3倍

选择题

1. 只可以用很小的试探电荷来测量电场的原因是(　　)

A. 为了使它不致干扰被测电场

B. 小电荷的动量小

C. 为了不使试探电荷的分布发生改变

D. 总是用电子作为试探电荷，而电子是很小的

2. 电荷量为8.7 μC的正试探电荷所受的力为 8.1×10^{-6} N，方向为东偏北24°。该试探电荷所在处的电场强度的大小和方向为(　　)

A. 7.0×10^{-8} N/C，东偏北24°

B. 1.7×10^{-6} N/C，西偏南24°

C. 1.1×10^{-3} N/C，南偏西24°

D. 9.3×10^{-1} N/C，东偏北24°

3. 两块相距18 cm的平行金属板之间的电场强度为 4.8×10^{3} N/C，两金属板间的电势差是(　　)

A. 27 V

B. 86 V

C. 0.86 kV

D. 27 kV

4. 如图所示，假定两块平行金属板的间距为4.3 cm，两板间的电场强度为125 N/C。将一个质子从负极板移到正极板所需做的功为(　　)

A. 5.5×10^{-23} J　　**B.** 8.6×10^{-19} J

C. 1.1×10^{-16} J　　**D.** 5.4 J

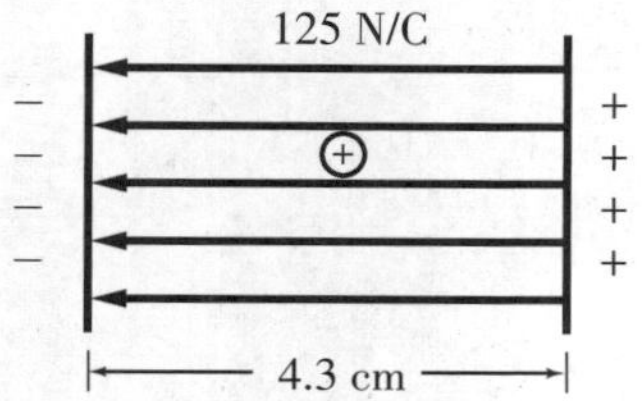

5. 在密立根油滴实验中，电场强度的大小是(　　)

A. 用适当的电磁铁测量得到的

B. 通过两板间的电势差计算得到的

C. 通过电荷的大小计算得到的

D. 用验电器测量得到的

6. 在油滴实验中，重 2.0×10^{-14} N的油滴静止地悬浮在间隔为63 mm、电势差为0.78 kV的两板间。该油滴所带的电荷量为(　　)

A. -1.6×10^{-18} C　　**B.** -4.0×10^{-16} C

C. -1.2×10^{-15} C　　**D.** -9.3×10^{-13} C

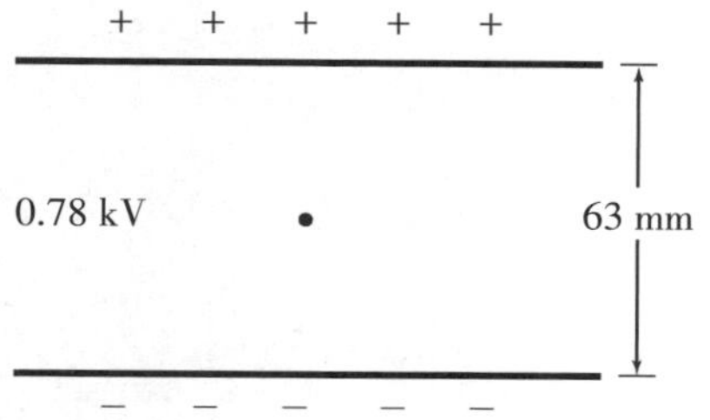

7. 一个电容器的电容为0.093 μF。如果该电容器极板所带的电荷量为58 μC，那么两极板间的电势差为(　　)

A. 5.4×10^{-12} V

B. 1.6×10^{-6} V

C. 6.2×10^{2} V

D. 5.4×10^{3} V

拓展题

8. 假定在一滴油上有18个过量电子，试计算该油滴上的电荷量，以及使它悬浮所需的电势差。假定油滴重 6.12×10^{-14} N，两板间距为14.1 mm。

考点提示

测试题号	1	2	3	4	5	6	7	8
对应小节	1	1	2	2	2	2	2	2

第22章
电　流

大概念 电流携带的电能可以转化为其他形式的能量。

内容提要

起步实验

使灯泡发光

如果给你一些电学器件，你能使一只灯泡发光吗？

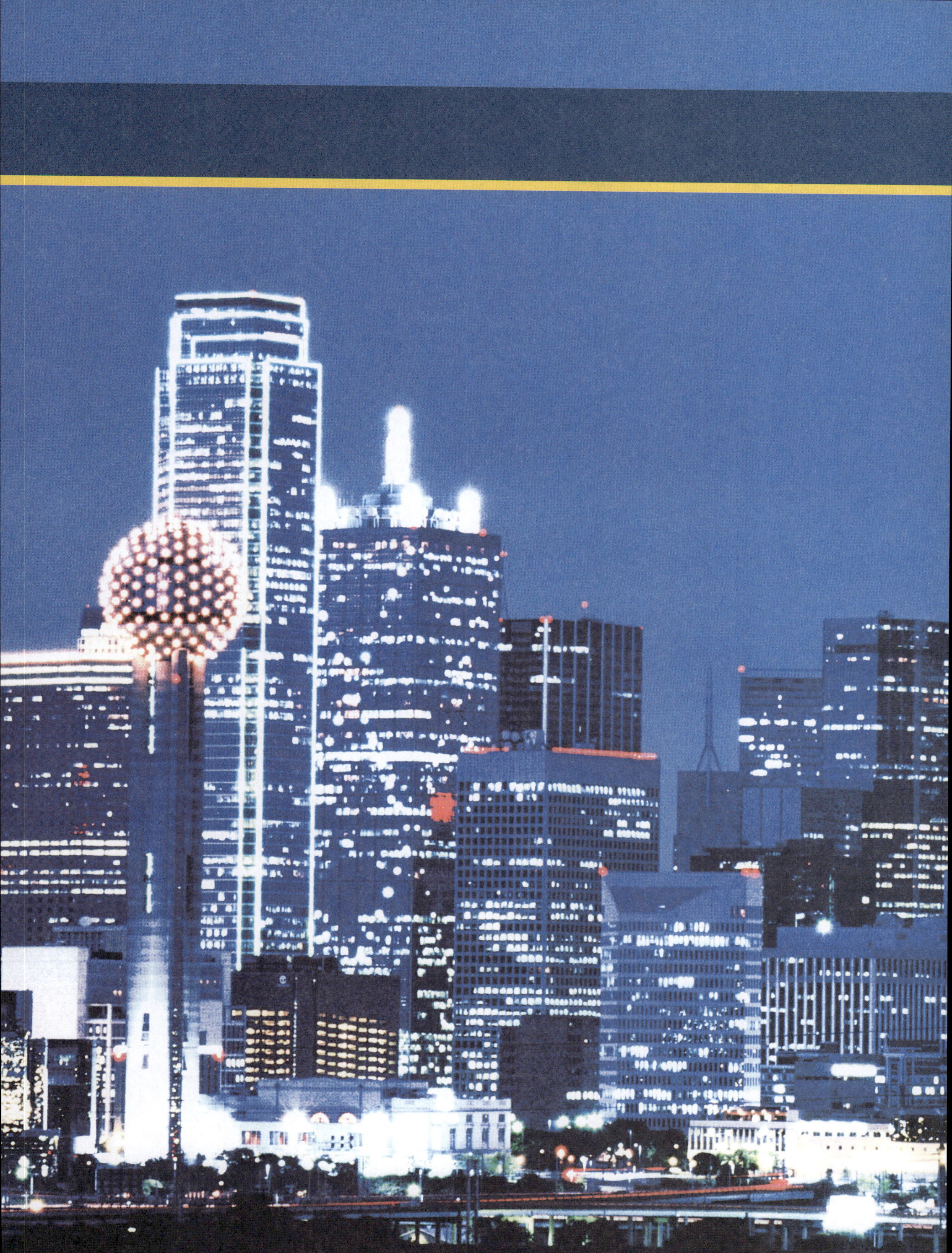

第1节 电流和电路

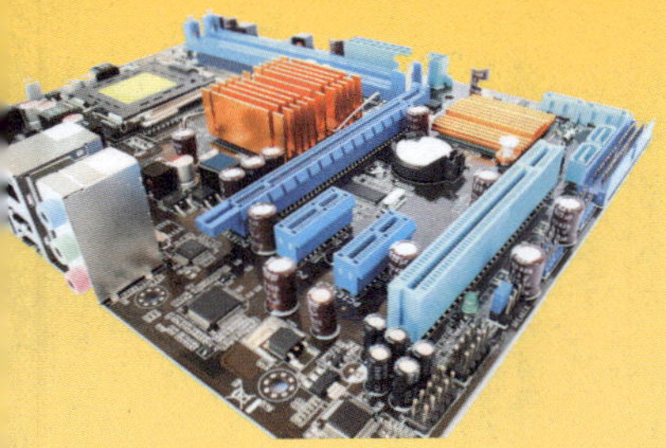

主要概念

电荷的定向移动形成电流。

核心问题

- 电流是什么？
- 电路中能量如何变化？
- 什么是欧姆定律？
- 电功率、电流、电压以及电阻之间有怎样的数学关系？

术语回顾

电势差 将一个正试探电荷在两点间移动的过程中所做的功除以该试探电荷的电荷量

关键术语

电流
常规电流
电池组
电路
安培
电阻
电阻器
并联
串联

物理在你身边

你曾经看过计算机的电路板吗？在它的上面，有相互连接的各种元器件，如半导体芯片、电阻器和电容器。电荷在这些元器件之间流动，使计算机工作。

电流的产生

你知道许多设备都要用电，如电吹风、MP3播放器、电烤箱以及电冰箱等。本章中，你将更多地了解这些设备和电能。

在第21章中你曾经学过，当两个带电导体球相互接触时，电荷会从电势较高的球流向电势较低的球。这种流动将持续到两球的电势相等时为止。电荷的定向移动形成**电流（electric current）**。如**图22-1**所示，电荷通过导体移动。如图中左边的图所示，导体A和导体B通过一根导线C相连。正电荷从电势较高的导体B通过C流向导体A。当A、B及C之间的电势差为零时，这种电荷的移动便停止。正电荷定向移动形成的电流称为**常规电流（conventional current）**。不过，金属中通常都是负电荷（电子）在移动，电子移动的方向与常规电流的方向是相反的。

让我们再来看一下**图22-1**。你可以通过将电荷从A"泵回"B的办法维持B和A之间的电势差，如图中右边的图所示。因为在泵取电荷的过程中，电荷的电势能会增加，所以必须要有外界能量才能做到这一点。这种能量可来自各种电源，例如大家熟悉的电池等，它们能将化学能转换成电能。如果将几节电池连在一起，就组成了**电池组（battery）**。

图22-1 正电荷从电势较高的导体B通过导线C流向电势较低的导体A。当A、B之间的电势差为零时，这种电荷的移动便停止。在右下图中，电荷之所以能一直在流动，是因为电荷被泵取，从而维持了导体A、B间的电势差。

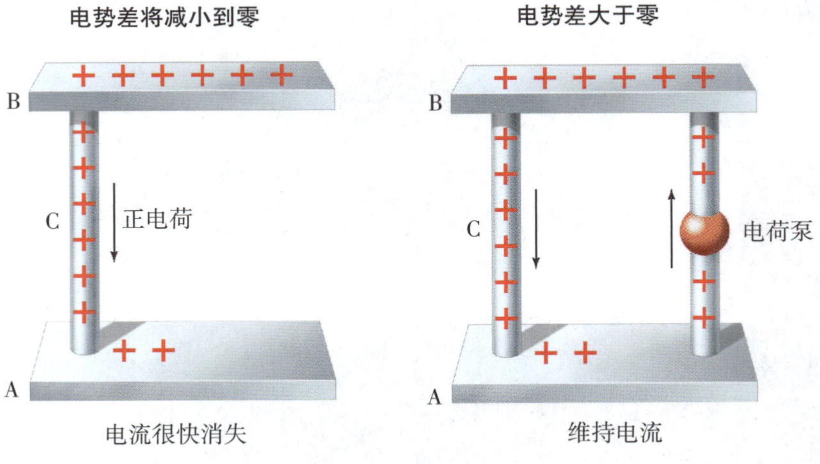

电 路

如**图22-1**所示，电荷在一个闭合的回路中流动，从“电荷泵”将带电粒子泵至B后，通过C到A，再回到电荷泵，不断循环。容许电荷通过的闭合回路或导电通路称为**电路(electric circuit)**。一条电路含有一个将电荷从A移至B以增加其电势能的“电荷泵”，以及一个将电荷从B移至A以减少其电势能的用电器。电荷通过用电器所损失的电势能qU通常将转化为其他形式的能。例如，电动机将电能转化为动能，电灯将电能转化为光能，电热器将电能转化为热能等。

电流与水流的比较 “电荷泵”使电荷定向移动而形成电流。考虑一台如**图22-2**所示的由水轮机驱动的发电机。水下落带动水轮机，继而带动发电机转动，因此，水的动能便转化成了发电机的电能。发电机就是一台“电荷泵”，使电势差增加了U，因此电荷的电势能增加了qU。这个能量来自水的机械能。不过，如**图22-2**中的流程图所示，并非水的所有动能都可以转化为电能。

如果将由水轮机带动的发电机与一台电动机相连，导线中的电荷就会流入电动机，然后继续经电路返回发电机。此时电动机便将电能转化为动能。

图22-2 水的重力势能转化为动能，然后转化为电能和热能。能量转化的效率不可能达到100%。溅起的水花、摩擦和电阻等都会产生热能。

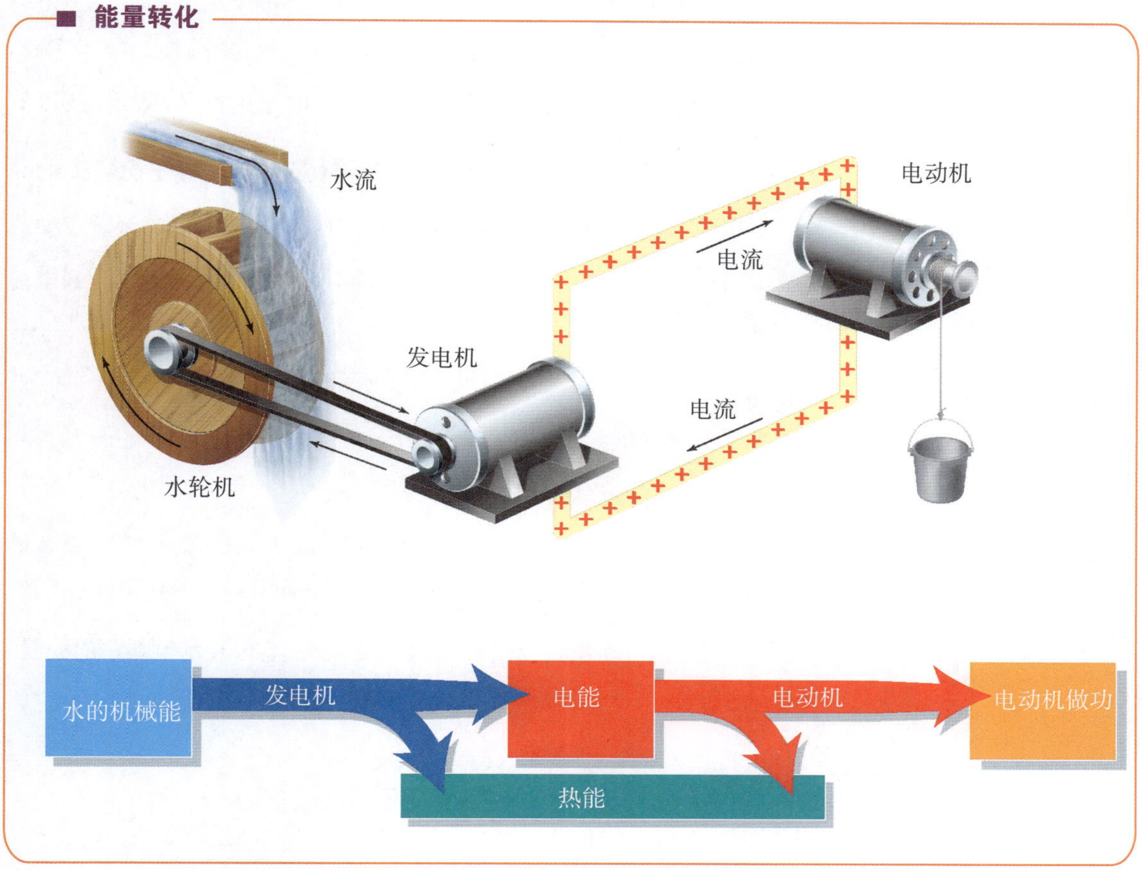

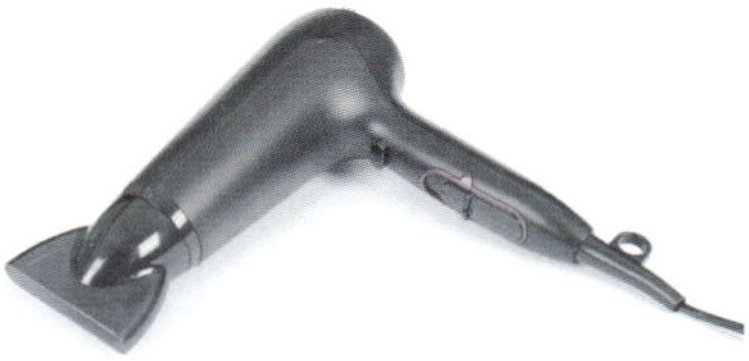

图 22-3 某些用电器，如电吹风机，是用 W 做单位的。1 875 W 表明了电能转化的速率。对于电吹风机来说，电能转化为热能和动能。

电荷守恒 电荷既不会创生，也不会被消灭，但可以被分离。因此，电路中总的电荷量，或者说负电子数与正离子数不会改变。如果每秒有 1 C 的电荷流经发电机，那么每秒也就有 1 C 的电荷流经电动机。因此，电荷是一个守恒量。能量也是一个守恒量。电能的变化量为 $\Delta E=qU$，因为 q 守恒，所以电荷绕电路一周后，其电势能的净改变量必然为零。由发电机产生的电势的增加量等于通过电动机的电势的减小量。

如果两根导线间的电势差为 120 V，那么发电机对被传送的每库仑电荷需做 120 J 的功。而每库仑电荷在经过电动机时便将这 120 J 的功传递给了电动机。

阅读检测 **画出**一个电路图，并说明该电路中能量是如何守恒的。

电荷流动速率与能量的传输

以瓦(W)为单位的电功率量度了电能传输或转化的速率。许多用电器，如**图 22-3** 所示的电吹风机，它们的功率都是以 W 为单位的。

假定一台发电机每秒内将 1 J 的动能转化为电能，那么它转化能量的速率便是 1 J/s，即 1 W。电流携带的能量取决于它所传输的电荷量 q 以及移动这些电荷量所历经的电势差 U，即 $E=qU$。你在第 20 章中已经学过，电荷量的单位是库仑，符号为 C。而电荷流动的速率，即 $\frac{q}{t}$，称为电流，它的单位是库每秒，即 C/s。电流用符号 I 表示，所以有 $I=\frac{q}{t}$。1 C/s 的电荷量流动速率称为**安培(ampere)**，用符号 A 表示。

电流所携带的能量与电压的关系为 $E=qU$，再根据电流的定义式 $I=\frac{q}{t}$，可以推导出用电器的功率 $P=\frac{E}{t}=\frac{qU}{t}=IU$，即为电压和电流的乘积。

电功率

电功率等于电流乘以电压。

$$P=IU$$

假定**图 22-2** 中通过电动机的电流为 3.0 A，电压为 120 V，那么该电动机的功率为：$P=IU=3.0\ \text{C/s}\times 120\ \text{J/C}=360\ \text{J/s}=360\ \text{W}$。

阅读检测 **写出**用能量 E、电荷量 q 以及电流 I 表示电功率的公式。

例题 1

电功率和能量　一节6.0 V的电池向连接在它两极上的电动机提供0.50 A的电流。

a. 提供给这台电动机的功率是多少？

b. 这台电动机运转5.0 min需要多少电能？

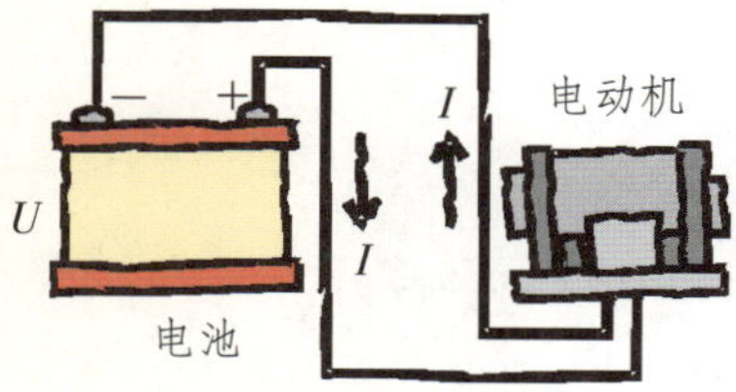

1 分析概括问题

- 作出电路图，标明与电动机相连的电源的正极，以及与电动机返回导线相连的电源的负极。
- 标出电流的方向。

已知	未知
$U=6.0\ \text{V}$	$P=?$
$I=0.50\ \text{A}$	$E=?$
$t=5.0\ \text{min}$	

2 求解未知量

a. 根据$P=IU$计算电功率。

$P=IU=0.50\ \text{A}\times 6.0\ \text{V}=3.0\ \text{W}$　◀将$I=0.50\ \text{A}$，$U=6.0\ \text{V}$代入。

b. 在第10章中你已经知道，$P=\frac{E}{t}$。根据此式求解电能E。

$E=Pt=3.0\ \text{W}\times 5.0\ \text{min}$　◀将$P=3.0\ \text{W}$，$t=5.0\ \text{min}$代入。

$=3.0\ \text{W}\times 5.0\ \text{min}\times \frac{60\ \text{s}}{1\ \text{min}}=9.0\times 10^2\ \text{J}$

3 验证答案

- **单位是否正确？** 功率的单位是W，能量的单位是J。
- **数值是否合理？** 相对较低的电压和较小的电流只能产生数瓦的功率。

练一练

1. 如**图22-4**所示，汽车电池对一个电灯的输出电流为2.0 A，在灯泡两端产生的电压为12 V。这个灯泡消耗的电功率是多少？

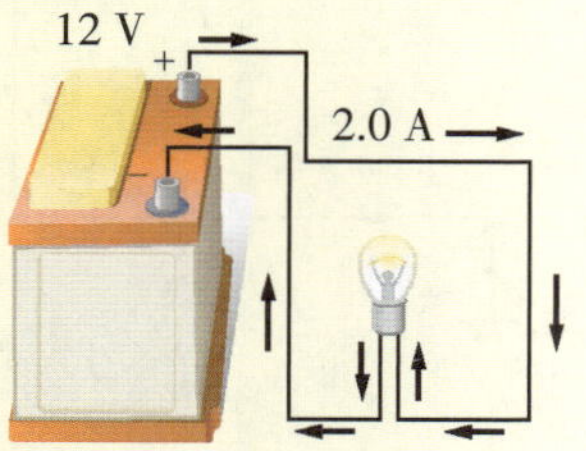

图22-4

2. 一个75 W的灯泡连接到125 V的插座上。流经它的电流是多少？
3. 流经灯泡的电流为0.50 A，它连接在125 V的电源插座上。该灯泡将电能转化为光能的功率为多大？(假定转换效率为100%)
4. 通过一台汽车启动电动机的电流为210 A。如果与电动机相连的电池的电压保持为12 V，那么它在10 s内向这台电动机提供了多少电能？
5. 一台75 V的发电机输出功率为3.0 kW，它输出的电流为多大？
6. 闪光灯的功率为0.90 W。如果闪光灯的电压为3.0 V，通过它的电流为多大？
7. **挑战题**　电路由电源、一台电动机和一个灯泡串联组成。如果由于器件的参数改变，使电动机两端的电压加倍，而通过灯泡的电流为原来的三倍，则电动机的功率将有怎样的变化？

迷你实验

电　流

电流通过电路时是否会减小？

生活中的物理学

电阻　一个正在工作的100 W灯泡的电阻大约为140 Ω。切断电流后，它在室温下的电阻大约只有10 Ω。这是因为灯泡的工作温度与室温相差很大的缘故。钨丝的电阻取决于温度。

电路图

简单的电路可用文字描述，也可用照片或实物图表示。不过，最常见的是用电路元件的标准符号所画成的电路图。

同一电路的实物图和电路图分别如**图22-5**中的左图和右图所示。电路图中的某些符号如下页中的**图22-6**所示。注意，在这两种电路图中，电荷都是从电池的正极流出的。你可以通过下页的解题策略作出电路图。

阅读检测　**解释**怎样比较同一电路的实物图与电路图。

电流表是用来测量电流的，而电压表是用来测量电压的。它们都有两个接线柱，通常标以“＋”和“－”。电压表测量的是某段电路两端的电压，所以将它接入电路时，要将它的“＋”接线柱接到被测电路的靠近电源正极的一端，而将“－”接线柱接到电路的另一端。电流表接入时，应当使电路中的电流通过电流表。

阅读检测　**明确**是用电流表还是电压表进行测量。

图22-5　简单的电路可用实物图和电路图表示。

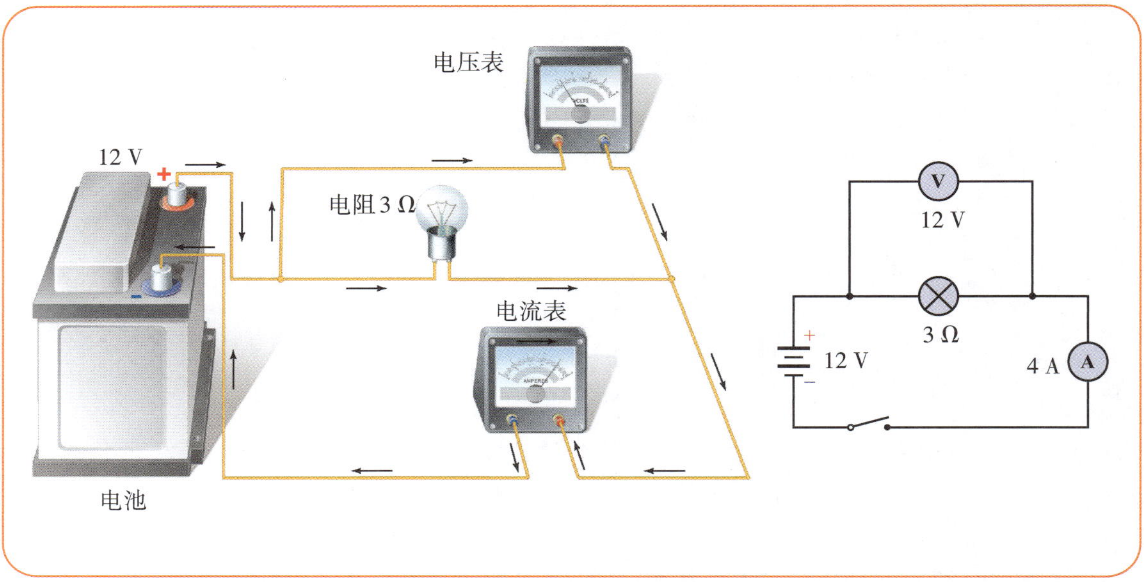

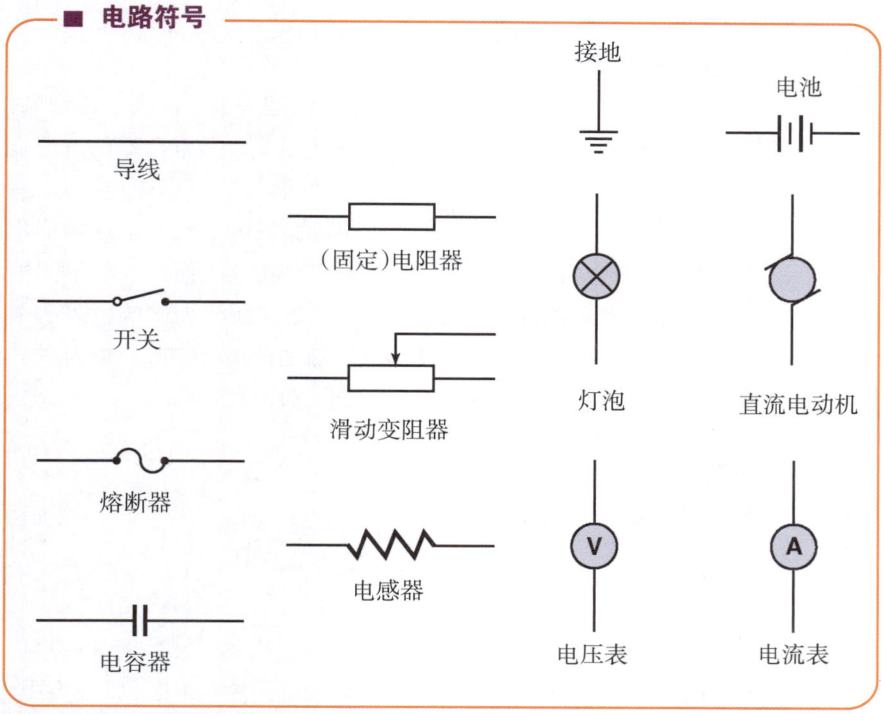

图 22-6 电路图中通常使用的符号。

解题 策略

作出电路图

作电路图时可参照以下步骤。

1. 将代表电池或其他电源(如发电机等)的符号画在纸的左边,正极位于上方。在电源的一侧画上开关。

2. 从电源的正极开始画导线,当到达电阻器或其他器件的位置时,标出它们的符号。

3. 在两条电路的交汇处,如果要将电压表接入,那么在图中画出连接符号 。然后循着一条电流路径继续画下去,直至两条电流路径再次相连为止,那时再画出另一条路径。

4. 循着电流路径直至电源的负极。

5. 检查你所画的电路图,确定没有遗漏,且电流的路径是闭合的。

练一练

8. 作出一幅串联电路图,其中包括一个60.0 V的电源、一只电流表以及一个12.5 Ω的电阻器。指出电流表的示数和电流的方向。

9. 作出一幅串联电路图,其中包括一节4.5 V的电池、一个电阻器,以及一只示数为85 mA的电流表。标出电流的方向,指出电池的正极。

10. 第8题和第9题中,在电阻器的两端再接上电压表,然后回答相应的问题。

11. 作出一幅电路图,其中包括电源、电灯、一个调节灯泡亮度的滑动变阻器,以及一个开关。

12. 挑战题 重复上一个问题,附加接上一只电流表,以及一只跨接在灯泡两端的电压表。

电阻和欧姆定律

欧姆(G.Ohm)研究了电流和电压之间的关系。欧姆定律指出,通过一段导线的电流与它两端的电压成正比。假定两端的电压是由一只电池所产生,那么,当你将这只电池与一根铜棒相连时,就会产生很大的电流。作为比较,如果将这只电池与一根玻璃棒相连,则几乎不会有电流产生。物体由于存在电压而产生的阻碍电流的特性称为**电阻(resistance)**。如**表22-1**所示为影响电阻的一些因素。导体的电阻可通过其两端所施加的电势差除以电流的办法进行测量。电阻R定义为电压U与电流I之比:

电阻

电阻等于电压除以电流。

$$R=\frac{U}{I}$$

电阻R的单位为欧姆,用符号Ω表示。当加在导体两端的电压为1 V,通过的电流为1 A时,该段导体的电阻便是1 Ω。涉及电阻、电流及电压之间的关系的一个简单电路如下页的**图22-7**所示。电路中还接有一只电流表,它是一种测量电流的仪表。

阅读检测 用你自己的话**定义**电阻。

表22-1 影响电阻的因素

因素	电阻怎样改变	例子	
长度	电阻随导线长度的增大而增大	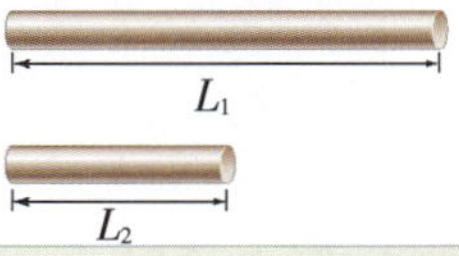	$R_{L1}>R_{L2}$
横截面	电阻随导线横截面积的增大而减小	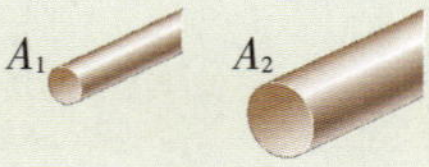	$R_{A1}>R_{A2}$
温度	电阻随导线温度的升高而增大	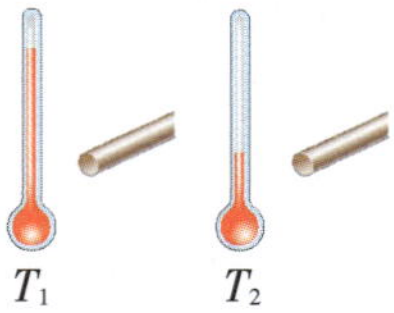	$R_{T1}>R_{T2}$
材料	长度、横截面积以及温度保持不变时,电阻随所用的材料而改变	银 铜 金 铝 铁 铂 → R增加	

欧姆定律的例子

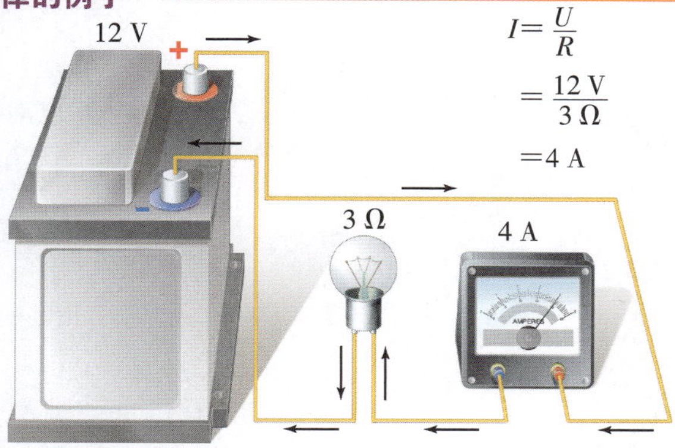

图 22-7 电流表的示数和通过公式计算得到的电路中的电流大小相同。在由3 Ω的电阻和12 V的电池所构成的简单电路中，电流为4 A。电流表的电阻忽略不计。

欧姆 电阻的单位是以德国科学家欧姆的名字命名的。欧姆发现，对于给定的导体，其两端的电压与通过的电流之比是恒定的。大多数导体的电阻不随加在其两端的电压的大小和方向的改变而改变。具有不随电压改变的恒定电阻服从欧姆定律。

阅读检测 **解释**哪些器件服从欧姆定律。

电阻率 大多数金属导体服从欧姆定律，至少在一定的电压范围内是如此。但是许多重要的器件并不服从欧姆定律，例如MP3播放器和计算器中所包含的晶体三极管和二极管等元件。

用于连接电器的导线的电阻很小。物理实验室中常用的导线每米的电阻大约只有0.03 Ω。家庭电路所使用的导线的电阻更小，每米只有0.004 Ω左右。由于导线的电阻很小，在导线上几乎不存在电压。为了产生较大的电压，必须在小范围内有较大的电阻。**电阻器（resistor）**就是一种具有特定电阻的器件，它可由石墨、半导体或细导线等材料制成。

控制电流 有两种方法可以控制电路中的电流。由于$I=\frac{U}{R}$，因此，可通过改变U或R，或两者都改变的方法来改变I。如**图22-8**上面的图所示为一个简单电路。当U=6 V、R=30 Ω时，电流为0.2 A。那么，怎样才能将电流减小到0.1 A呢？按照欧姆定律，电阻器两端的电压越大，通过它的电流就越大。若要使通过电阻器的电流减半，它两端的电压也要减半。如**图22-8**中间的图所示，如果通过电阻器的电压从6 V降低到3 V，那么电流也随之减小到了0.1 A。将电流减小到0.1 A的第二种方法是，如**图22-8**下面的图所示，用60 Ω的电阻器替代那只30 Ω的电阻器即可。

阅读检测 **列举**控制简单电路的电流的两种方法。

简单电路

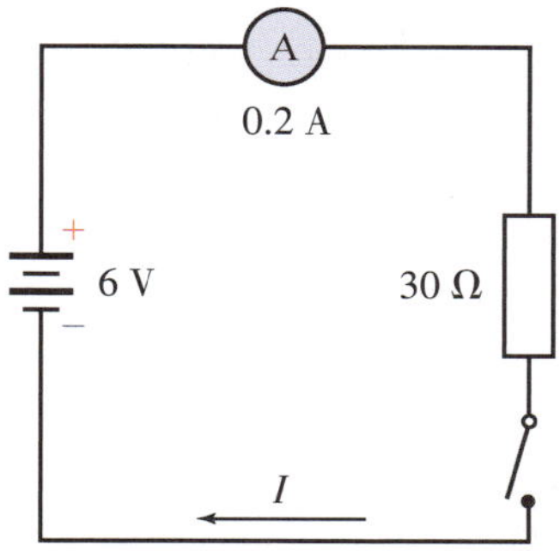

减小电源电压

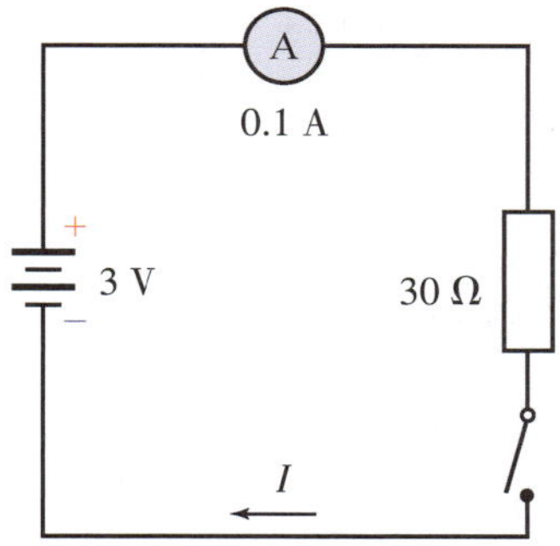

增大电路电阻

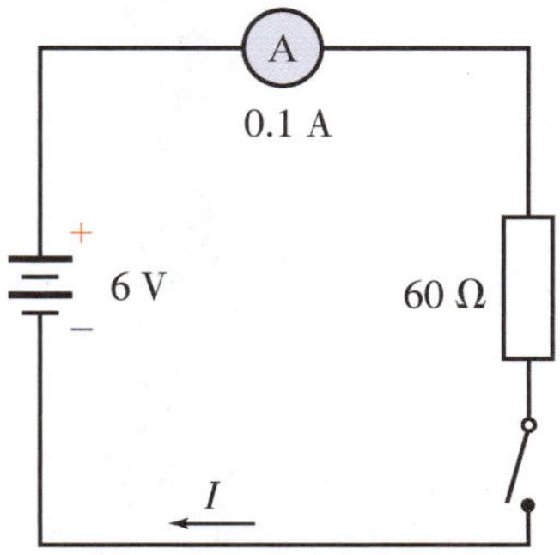

图 22-8 简单电路中的电流可通过减小电源电压或增大电路电阻的方法进行调节。

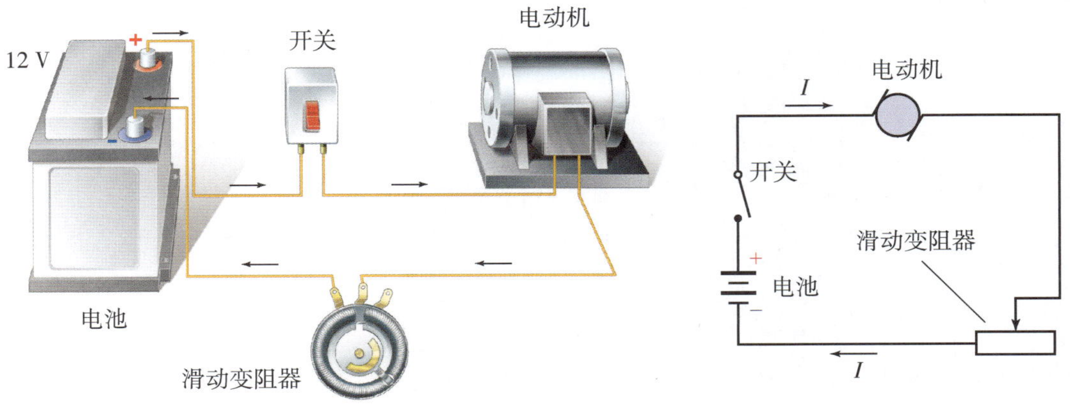

图 22-9 滑动变阻器可用来改变电路中的电流。
解释滑动变阻器对电动机的影响。

迷你实验

制作电源*

能否用电池组储存电能?

图 22-10 对于常规的模拟操纵杆,通过移动操纵杆的位置改变可变电阻器的电阻,从而转化为电信号。你的手做出的动作就是通过这个信号反映出来的。

可变电阻器 电阻器常被用来控制电路或部分电路中的电流。有时你会需要平稳且连续变化的电流。例如,在控制某些电动摩托车的速率时,你需要使转速连续变化,而不是跳跃式变化。为了实现这种控制,就需要应用一种称为滑动变阻器的可变电阻。如**图 22-9** 所示就是一种包含滑动变阻器的电路。常见的可变电阻器由一个用电阻丝绕成的线圈和一个滑动触头构成。移动触点在线圈上的位置,就会改变接入电路的电阻丝的长度。随着接入电路的电阻丝长度的增大,电路中的电阻也增大,电流则按 $I=\frac{U}{R}$ 的规律变化。按照这种方式,就可调节摩托车的速率了:当接入电路的电阻丝比较短时,摩托车行驶得快;当接入电路的电阻丝变长时,摩托车的速度就会很小。如**图 22-10** 所示为使用滑动变阻器的另一个例子。

▶ **与健康的联系** 人体实际上也是一个可变电阻器。当皮肤干燥时,人体的电阻很大,此时由低电压或中等电压所产生的电流很小。但是如果皮肤变得潮湿,它的电阻便很小,此时电流很容易增大到危险的水平。小于 1 mA 的电流会使你感到中度的电击,15 mA 的电流会使你的肌肉失去控制,而 100 mA 的电流则可能造成死亡。为了安全起见,一定要小心电流,即使是电池灯产生的电流。

例题 2

通过电阻器的电流 一个10.0 Ω的电阻器与一个30.0 V的电池相连，电路中的电流为多大？

1 分析概括问题

- 画出包括电池、电流表和电阻器的电路图。
- 标明电流的方向。

已知	未知
$U=30.0\ \text{V}$	$I=?$
$R=10.0\ \Omega$	

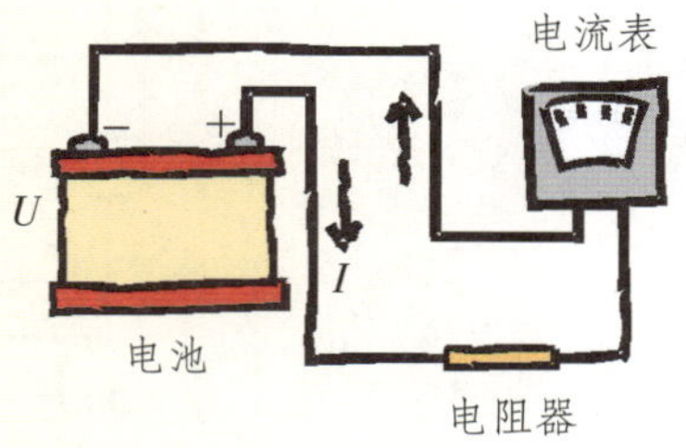

2 求解未知量

根据$I=\dfrac{U}{R}$求解电流。

$$I=\frac{U}{R}$$

$$=\frac{30.0\ \text{V}}{10.0\ \Omega}=3.00\ \text{A}$$ ◀将$U=30.0\ \text{V}$，$R=10.0\ \Omega$代入。

3 验证答案

- **单位是否正确？** 电流的单位是A。
- **数值是否合理？** 电压相当大，而电阻较小，所以电流可达3.00 A。

练一练

对下列所有问题，都认为电源电压及电灯的电阻均保持不变。

13. 如**图22-11**所示，汽车前灯的电阻为33 Ω，与一只电池连接。该电路中的电流为多大？

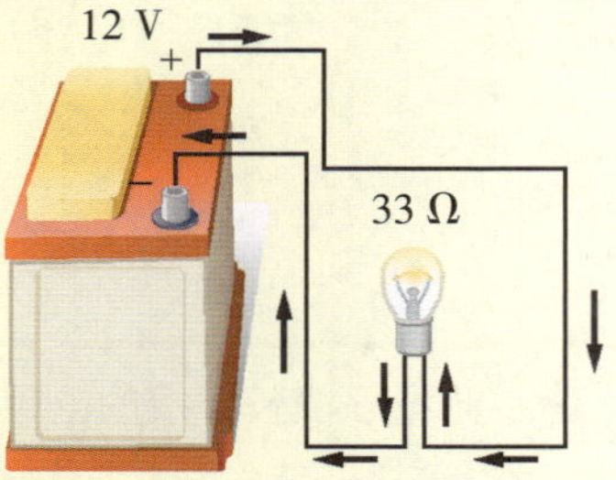

图22-11

14. 如**图22-12**所示，一个传感器工作时的电流为2.0×10^{-4} A。该传感器的电阻为多大？

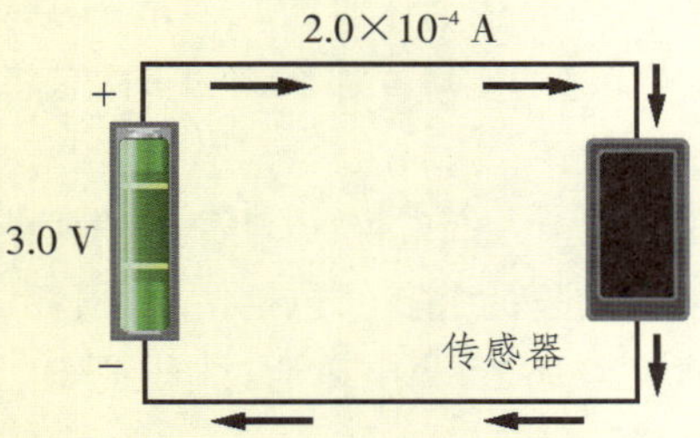

图22-12

15. 如**图22-13**所示，一台电动机与电源相连，工作时的电阻为32 Ω。电源的电压为多大？

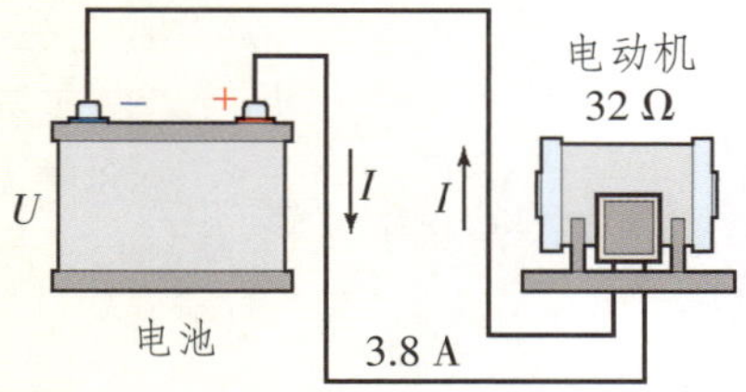

图22-13

16. 有一盏电灯，当它与120 V的电源接通时，流过它的电流是0.50 A。

a. 这盏灯的电阻为多大？

b. 这盏灯消耗的功率为多大？

17. 一盏75 W的电灯接到125 V的电源上。

a. 通过这盏电灯的电流为多大？

b. 这盏灯的电阻为多大？

18. **挑战题** 将一个电阻器串联在上题的电灯电路中，使电流减小到原来的一半。

a. 此时电灯两端的电压是多少？

b. 加入电路中的那个电阻器的阻值为多大？

c. 此时电灯消耗的功率为多大？

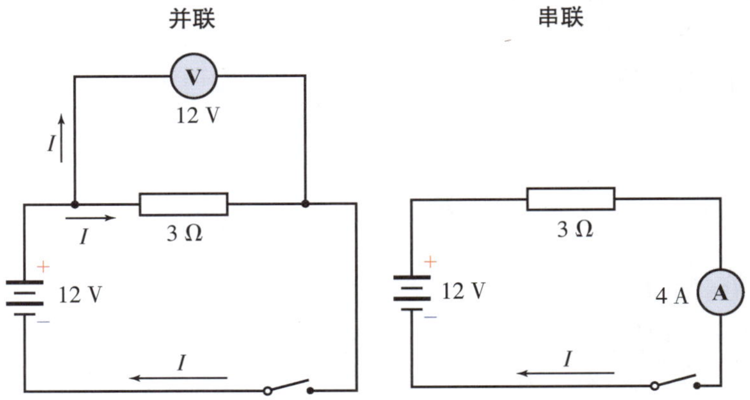

图 22-14 电压表的并联和电流表的串联。

物理实验

电压、电流和电阻

电压、电流和电阻之间存在怎样的数学关系?

电路的基本变量*

电流、电阻和电压之间有怎样的关系?

并联和串联

电压表与所测量的电路是彼此并行连接的,这种连接方式称为并联,如**图 22-14** 中的左图所示。凡是电流可通过两条或多条路径流动的连接方式,都称为**并联(parallel connection)**。通过电压表的电压与它跨接的那段电路两端的电压相等。两端的电压这个说法总是与并联接法相联系的。

电流表测量的是通过电路元件的电流,因此这个电流必须与通过电流表的电流相同,故它们只能是在一条电流路径上。只有一条电流路径的连接方式称为**串联(series connection)**,如**图 22-14** 中的右图所示。为了将电流表接入电路,要将该段电路的连线断开,并在此处接入电流表。在串联电路中,只存在一条通路。电流这个词总是与串联接法联系在一起的。

第1节 复 习

19. 主要概念 说明带电粒子与电流、电路以及电阻有什么关系。

20. 作电路图 作出包括一个电源与一个灯泡的电路图,并确定此电路图中的灯泡会发光。

21. 电阻 乔依说,因为 $R=\frac{U}{I}$,所以当电压增大时,电阻也会增大。他的说法正确吗?说明理由。

22. 功率 某一电路由一个 12 Ω 的电阻和一个 12 V 的电源连接构成。若该电阻减小到 9.0 Ω,试求其消耗功率的变化。

23. 电阻 为了测量一段长导线的电阻,请画出电路图,其中包括一节电池、一只电压表、一只电流表,以及这根待测导线。详细说明你需要测量哪些物理量,以及如何计算电阻。

24. 能量 某一电路工作时,在 3.0 min 内转化了 2.2×10^3 J 的能量。那么,在 1 h 内它将转化多少能量?

25. 批判性思维 人们常说,电功率被消耗在电阻器上。这里的“消耗”包括使用、损耗、浪费等含义。那么,当电荷通过电阻器时,又是怎样“被使用”了呢?

第2节 电能的应用

物理在你身边 列出你家里所有的用电设备，并指出每种设备工作时，是将电能转化为哪种类型的能量。例如，灯泡将电能转化为光能。

主要概念

电能可转化为光能、热能和机械能。

核心问题

- 电能是怎样转化为热能的？
- 电能和电功率有什么关系？
- 电能在传输过程中，如何让尽可能少的电能转化为热能？

术语回顾

热能 组成系统的微粒的动能与势能之和

关键术语

超导体

千瓦时

电能、电阻和电功率

供给电路的能量可按多种不同的方式使用。例如，电灯将电能转化成光能。但是，并非提供给电灯的所有能量最终都转化成了有用的能量形式。电灯（尤其是白炽灯）会发热，所以有部分电能转化成了热能。

加热电阻器 电流通过电阻器时，会使电阻器变热。这是因为运动的电子与电阻器中的原子发生了碰撞，这种碰撞增大了原子的动能，于是电阻器的温度便升高。取暖器、电熨斗以及电吹风等其中的加热元件都是将电能转化为热能的器件。这些器件以及如**图22-15**所示的家用电器在电路中的作用都可等效为电阻器。当电荷q通过电阻器时，将产生电压U。如你所知，此时电荷能量的变化可用qU表示。在实际应用中，能量的转化速率，即功率$P=\frac{E}{t}$，是一个重要的物理量。先前你已学过，电流是电荷的移动速率，即$I=\frac{q}{t}$。所以，电阻器消耗的功率可表示为$P=IU$。对电阻器而言，$U=IR$，因此，如果已知I和R，就可将此式代入电功率的表达式，从而得到下面的公式。所以，电阻器消耗的功率与通过电阻器电流的平方以及电阻器的电阻均成正比。

电功率

电功率等于电流的平方乘以电阻。

$$P=I^2R$$

图22-15 这些电器将电能转化为热能。

解释这些电器为什么只有接通电源时才能发热？

电功率和热能 如果已知U和R，但不知道I，那么可将$I=UR$代入$P=IU$，从而得到下面的公式。

电功率

电功率等于电压的平方除以电阻。

$$P=\frac{U^2}{R}$$

功率描述的是能量从一种形式转化为另一种形式的快慢。能量从电能转化为热能，电阻器的温度就会升高。例如，若这种电阻器是浸没式加热棒，那么热能便会很快进入冷水中，使水在短时间内达到沸点。

如果功率保持不变，那么经时间t后，用电器转化的热能为$E=Pt$。因为$P=I^2R$，$P=\frac{U^2}{R}$，所以转化为热能的总的电能可用下列公式表示：

$$E=Pt, E=I^2Rt, E=\left(\frac{U^2}{R}\right)t$$

例题3

电流产生的热 一台电热器的电阻为10.0 Ω，它的工作电压为120.0 V。

a. 这台电热器消耗的电功率是多少？

b. 在10.0 s内，这台电热器提供了多少热能？

1 分析概括问题

a. 作出电路图。

b. 标出已知的电路元件，它们是一个电压为120.0 V的电源及一个10.0 Ω的电阻。

已知	未知
$R=10.0\ \Omega$	$P=?$
$U=120.0\ \text{V}$	$E=?$
$t=10.0\ \text{s}$	

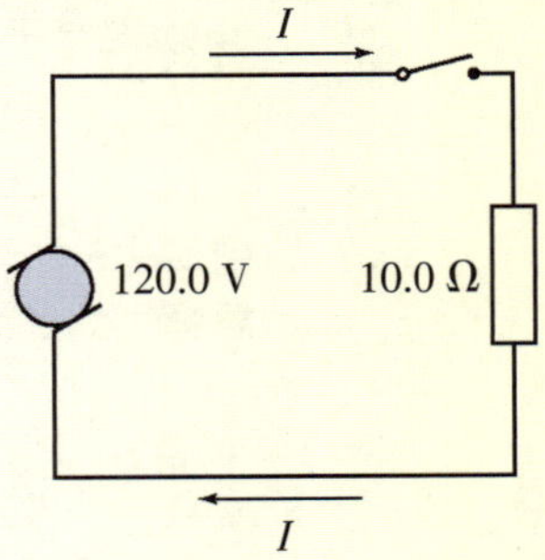

2 求解未知量

a. 因为R和U已知，所以可用$P=\frac{U^2}{R}$计算P。

$P=\frac{(120.0\ \text{V})^2}{10.0\ \Omega}=1440\ \text{W}=1.44\ \text{kW}$ ◀将$U=120.0\ \text{V}$，$R=10.0\ \Omega$代入。

b. 求解能量。

$E=Pt=1.44\ \text{kW}\times10.0\ \text{s}=14.4\ \text{kJ}$ ◀将$P=1.44\ \text{kW}$，$t=10.0\ \text{s}$代入。

3 验证答案

- **单位是否正确？** 功率的单位是W，能量的单位是J。
- **数值是否合理？** 对于电热器的电功率，kW的数量级是合理的。对于能量，10^4 J的数量级也是合理的。

练一练

26. 一台15 Ω的电热器在120 V的电压下工作。

a. 通过这台电热器的电流为多大?

b. 在30.0 s内,这台电热器消耗了多少电能?

c. 这段时间内这台电热器放出了多少热能?

27. 一个39 Ω的电阻器接在一个45 V的电源上。

a. 该电路中的电流为多大?

b. 电阻器在5.0 min内消耗了多少电能?

28. 一个100.0 W灯泡的发光效率为22%,这意味着电能中有22%将转化为光能。

a. 灯泡工作时每分钟有多少能量转化为光能?

b. 灯泡每分钟将产生多少热能?

29. 电炉的加热元件在工作时的电阻为11 Ω。

a. 如果它所接的电源是220 V,那么通过电炉加热元件的电流为多大?

b. 在30.0 s内,该元件将多少电能转化为热能?

c. 如果这电炉用来加热一只盛有1.2 kg水的水壶,并假定有65%的热量被水吸收。那么,在30.0 s时间内,这壶水的温度将升高多少?

30. 挑战题 一只120 V的电水壶在2.2 h内将一定量体积的水加热至某一温度。那么,以同样电流工作的一只240 V的电水壶完成同样的任务将需要多少时间?

超导体 **超导体(superconductor)**是一种电阻为零的材料。电荷在超导体中运动不会受到阻力,所以超导体中不存在电压。因为导体损耗的功率取决于IU,所以超导体传输电能时没有损耗。目前,绝大多数超导体必须保持在低于100 K的温度。超导体已广泛应用于核磁共振体中。不久的将来,远距离输送电能或许可通过超导电缆来进行。

迷你实验

能量守恒*

你能否利用电能和热能的转化过程证明能量是守恒的?

电能的传输

水电设施,例如**图22-16**所示的位于哥伦比亚河上的水电站,能够生产大量电能。然而,这种从水力转化而来的电能需要经过长距离的输送才能到达住户和工厂。那么,怎样才能在热能损失尽可能少的情况下做到这一点呢?

热能产生的速率由$P=I^2R$确定。电气工程师称这种无用的热能为"焦耳热损耗"或"I^2R损耗"。为了减少这种损耗,就必须减小电流I或电阻R。所有导线即使电阻再小,但总还是有一定的电阻。例如,将电流输入家庭的那种粗导线,每1 km长的电阻约为0.20 Ω。但是导线的总电阻是随着导线的长度而增加的。假定家庭的导线直接接到了3.5 km外的发电厂,那么将电流输入家庭再返回电厂的电路中导线的电阻为:$R=2\times3.5\ \text{km}\times0.20\ \Omega/\text{km}=1.4\ \Omega$。如果一只电炉在导线中引起41 A的电流,那么这样的电流在线路中产生的损耗功率为:

$$P=I^2R=(41\ \text{A})^2\times1.4\ \Omega=2\,400\ \text{W}$$

图22-16 在哥伦比亚河上的一座水坝。

图 22-17 电能表测量用户所消耗的电能。

输电线路 所有这些由电能转化成的热能都被浪费了。你可能会想到，为什么不通过减小导线电阻的办法来降低这种损耗呢？但是如果这样，就需采用高导电性、大直径（因此电阻小）的电缆。但这种电缆既昂贵又笨重，并不实用。但另一方面，这种热损耗与导线中电流的平方也成正比，所以也许减小输电线路中的电流才是最好的节能方法。

那么，怎样才能使输电线路中的电流减小呢？在远距离输电线路上每秒输送的电能（即功率）由关系式 $P=IU$ 确定。所以，在不减小功率的前提下，可通过提高电压的办法使电流减小。一些远距离输电线路所采用的电压常高于 500 000 V。减小电流的结果使 I^2 因子变小，从而降低了电路中 I^2R 的损耗。从发电厂输出的电压在到达地区变电站时降至 2 400 V，然后在进入家庭前再次降至 240 V 或 120 V。

☑ **阅读检测** **解释**输电线路中的电流如何变化才能减小热能损耗。

千瓦时 电力公司有时被称为“动力”公司，但它实际上提供的是电能而非功率。功率是指能量的传递速率。当消费者在支付他们家庭的电费账单时，他们所购买的是电能而非功率。

任何设备所使用的电能等于用 J/s（即 W）作单位的能量消耗速率乘以该设备工作时间的秒数，即 J/s·s，也就是焦（J）。焦也可定义为瓦·秒（W·s），这是一种相对较小的能量单位，不适合作为商业上的单位使用。基于这个理由，电力公司在量度出售的电能时采用了一种较大的单位：**千瓦时（kilowatt－hour）**。1 千瓦时等于 3 600 s（1 h）内持续传递 1 000 W 功率的能量，即 3.6×10^6 J。很多家用电器，除了电热水器、电炉、电熨斗、微波炉、电取暖器及电吹风等外，很少有超过 1 000 W 功率的。

☑ **阅读检测** **定义**千瓦时，并描述该词汇的用途。

练一练

31. 一台电暖器接在 120 V 电源上时,通过的电流为 15.0 A。假定它平均每天使用 5.0 h。

a. 电暖器的功率为多大?

b. 使用 30 天,它消耗了多少千瓦时的电能?

c. 如果每千瓦时的电价为 12 美分,30 天要交多少电费?

32. 一台数字钟的电阻为 12 000 Ω,现将它接在 115 V 的电源插座上。

a. 流经它的电流为多大?

b. 它消耗的功率为多大?

c. 如果钟的主人每使用 1 kW·h 的电要支付 12 美分,那么这台钟使用 30 天需支付多少电费?

33. 一只 12 V 的汽车电池在 1 h 内可持续提供 55 A 的电流。由于效率并非 100%,所以充电能量需是放电能量的 1.3 倍。那么,如果用 7.5 A 的电流对这个电池充电,需多长时间?假定充电电压与放电电压相同。

34. **挑战题** 重新解答上面的第 33 题。假定那个电池的充电电压为 14 V。

物理挑战题

利用右图回答下列问题。

1. 开始时,电容器不带电。开关 1 闭合,开关 2 保持断开。此时电容器上的电势差是多少?
2. 断开开关 1,开关 2 保持断开。此时电容器上的电势差又是多少?为什么?
3. 现在,闭合开关 2,开关 1 保持断开。在开关 2 刚闭合时,电容器上的电势差以及通过电阻器上的电流是多少?
4. 随着时间的推移,电容器上的电势差以及通过电阻器上的电流将如何变化?

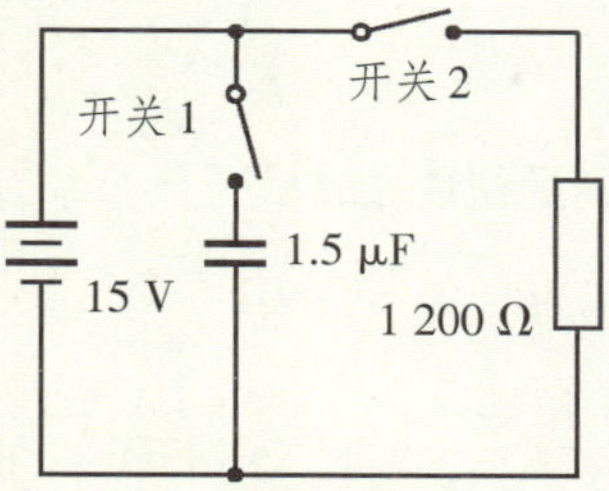

第2节 复 习

35. **主要概念** 汽车发动机驱动发电机向汽车电池充电,使它产生并储存电能,然后汽车电池又将所储存的电能用于车灯照明。写出这三种过程中能量转化的情况。

36. **电阻** 一只电吹风在 120 V 的电压下工作,它有热、温两挡。哪挡的电阻较小?为什么?

37. **效率** 评估动力传输线改进的研究对社会和环境产生的影响。

38. **电压** 为什么家用电炉和电热水器最好连接到 240 V 而不是 120 V 的电源上?

39. **电费** 一个消费者 29 天的用电量为 3 098 kWh。电费为每千瓦时 7.759 2 美分,另加每千瓦时 2.999 8 美分的配电附加费。那么,此人需交的电费是多少?

40. **电阻与功率** 如**图 22–18** 所示为电烤箱的电路。

a. 电烤箱的电阻为多大?

b. 电烤箱的电功率为多大?

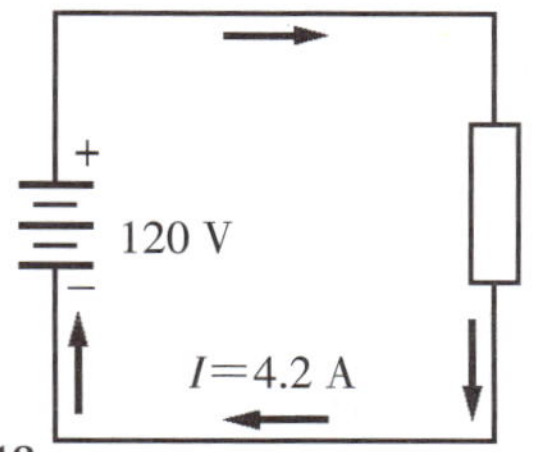

图 22–18

41. **批判性思维** 当电力需求达到高峰时,电力公司有时会采取降低电压的办法,使得灯光变得较为昏暗。这样做节省了什么?

起步实验

使灯泡发光

实验步骤

1. 取一个灯泡、一段导线和一节干电池。尝试各种不同的方法使这个灯泡发光。***注意:导线两端较尖锐,小心割伤皮肤。在将导线与电池相连时,导线会发烫。***
2. 画出两种能使你的小电珠发光的电路图。注意使用正确的符号表示电池、导线和灯泡。
3. 画出至少三种不能使你的灯泡发光的电路图。

分析

4. 你如何知道电路中是否存在电流?能够使灯泡发光的电路图有哪些共性?无法使灯泡发光的电路图又有什么相同之处?

5. 根据你的观察,你认为使小灯泡发光的必要条件是什么?

6. **批判性思维** 是什么原因使电流能够通过灯泡?

迷你实验

电　流

实验步骤

注意:导线两端较尖锐,小心割伤皮肤。

1. 作出一幅包含电源及两个小灯泡的串联电路图。
2. 再作出一幅电路图,其中包含一只电流表,用于测量电源与灯泡间的电流。
3. 作出第三幅电路图,将电流表画在两个灯泡之间,以测量流经该处的电流。

分析

4. 两个灯泡之间的电流是大于、小于还是等于流经两个灯泡之前的电流?请解释。

物理实验

实验器材

- 电阻器和导线可能会发热。
- 导线两端较尖锐，小心割伤皮肤。

四节1.5 V的电池
四个电池盒
一个10 kΩ的电阻器
一个20 kΩ的电阻器
一个30 kΩ的电阻器
一个40 kΩ的电阻器
一只 500 mA 的电流表
五根带有鳄鱼夹的导线

电压、电流和电阻

在本章中，你学习了电压、电流及电阻三者之间的关系。电压就是促使电流通过电路的电势差，而电阻则决定了当电压存在时究竟会产生多大的电流。在本实验中，你将要收集数据，并利用图象来研究电压与电流，以及电阻与电流之间的函数关系。

问题

电压与电流以及电阻与电流之间存在怎样的关系？

目标

- **测量**电流，并用SI制单位表示。
- **描述**电路的电阻与通过电路的总电流之间的关系。
- **描述**电压与通过电路的总电流之间的关系。
- **绘制和运用图象**，显示电压与电流之间，以及电阻与电流之间的关系。

实验步骤

实验A

1. 将电池放入电池盒内。
2. 连接一条电路，其中包括电池、10 kΩ的电阻器以及500 μA的电流表。
3. 将电阻和电流的值记录在数据表1中。电阻即电阻器的阻值，电流可从电流表上读出。
4. 用20 kΩ的电阻器代替10 kΩ电阻器。

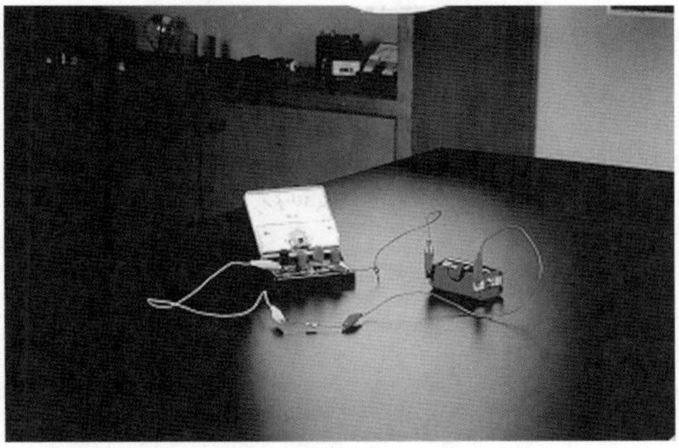

5. 将此时电阻和电流的值记录在数据表1中。

6. 用30 kΩ的电阻器代替20 kΩ的电阻器，重复步骤4～5。

7. 用40 kΩ的电阻器代替30 kΩ的电阻器，重复步骤4～5。

实验B

8. 重新连接步骤2中的电路，核对电路中的电流，并将此时电压和电流的值记录在数据表2中。

9. 增加一节1.5 V的电池，构成电池组。将此时电压和电流的值记录在数据表2中。当你用两节或更多节电池串联时，要将这些电池的电压之和记录在数据表2中。

10. 用三节1.5 V的电池，重复步骤9。

11. 用四节1.5 V的电池，重复步骤9。

数据表1		
电压(V)	电阻(kΩ)	电流(μA)
1.5		
1.5		
1.5		
1.5		

数据表2		
电压(V)	电阻(kΩ)	电流(μA)
	10	
	10	
	10	
	10	

分析

1. 作出电流和电阻关系的图象，其中电阻为x轴，电流为y轴。

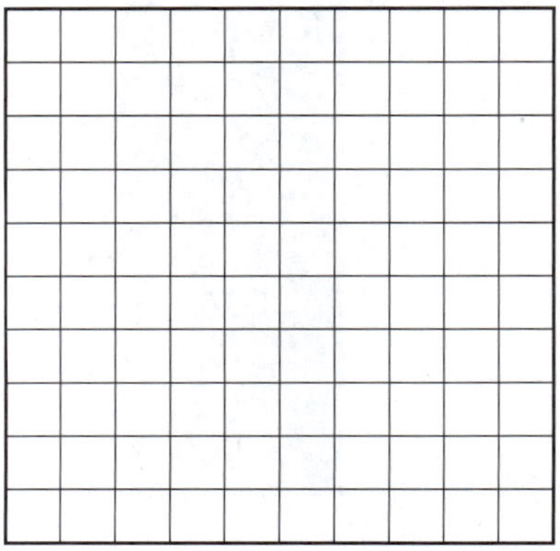

2. 作出电流和电压关系的图象，其中电压为x轴，电流为y轴。

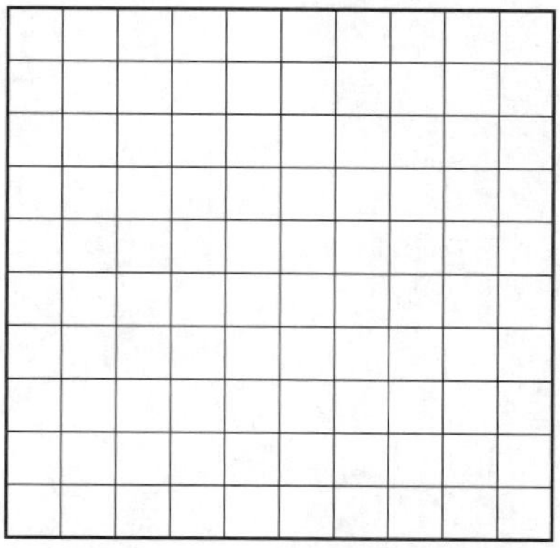

3. 在实验A中，除了电阻外，还有哪些因素会影响电流的值？怎样降低这些因素的影响？

4. 在实验B中，除了增加电池外，还有哪些因素会影响电流的值？怎样降低这些因素的影响？

结论与应用

1. 考察你所作出的第一幅图，描述电阻与电流之间的关系。

2. 为什么你认为电阻与电流之间存在这种关系？

3. 考察你所作出的第二幅图，描述电压与电流之间的关系。

4. 为什么你认为电压与电流之间存在这种关系？

进一步探索

1. 在电压为3.0 V、电阻为20 kΩ的电路中，电流是多少？你是如何确定的？

2. 你能否从你的实验数据中导出一个公式，以解释电压、电流及电阻之间的关系？*提示：假定电流随电压变化的图线是一条过原点的直线。*

3. 你的数据是否符合这个公式？请作出解释。

生活中的物理学

1. 调查哪些日常电器设备使用的是240 V，而不是120 V的电源。

2. 为什么你列举的那些电器设备需用240 V的电源？如果将这些电器设备接在120 V的电源上，会产生怎样的结果？

深入思考

20世纪早期，美国建立了输电线路和发电厂，为家庭和工厂提供电能。最初，这种技术的用途很少。如今，美国已如此依赖于电能，以至于一旦停电，工厂就会停工，商店就要停业。

智能电网

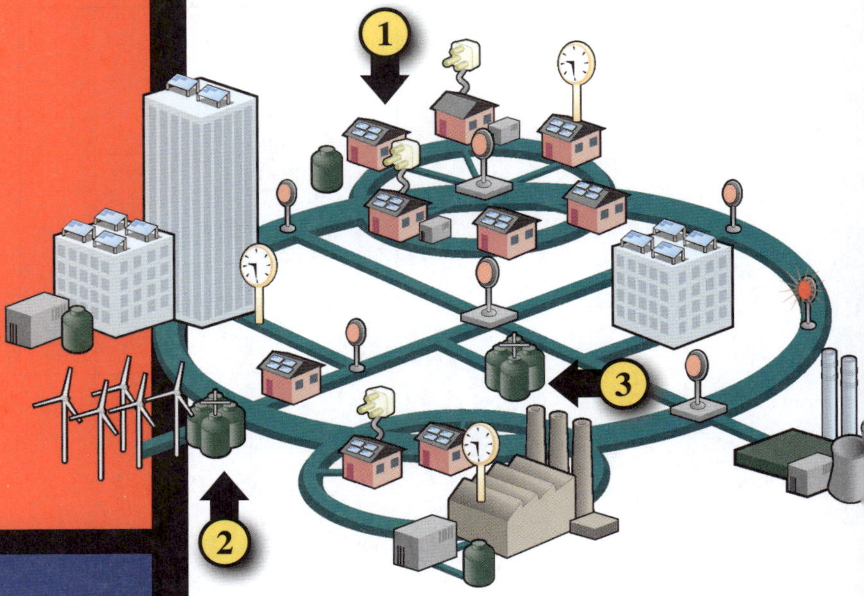

① 智能电网能有效地自动检测出停电事故，然后自动调配电能，稳定需求。

② 像风能和太阳能之类的可再生能源生产的电能，能方便地接入这种电网。

③ 能够对不同地区的用户的用电情况进行控制，以尽量避免自然和人为因素所造成的破坏。

20世纪建造的电网需要更新，这样才能满足未来的能源需求。我们把更新后的电网称为智能电网，它比传统电网更强大、更具交互性。这就类似于，智能手机要比功能手机更强大、更具交互性。智能电网有如下特点：

- **高效性** 智能电网必须是高效的，要成为用户的一种工具，使他们能够减少总的能源消耗。
- **可靠性** 智能电网必须是可靠的，停电时，能进行快速检测和修复。
- **经济性** 电网改进后，要保持电费不涨价，使消费者用得起。
- **安全性** 智能电网必须能抵御人为灾害和自然灾害。
- **绿色性** 像太阳能、风能和地热能所产生的电能必须容易地接入电网，为消费者所使用。

进一步探索 >>>

研究 与一位地区代表谈谈，怎样改进电网才能对消费者和电力公司都有利。

大概念 电流携带的电能可以转化为其他形式的能量。

关键术语

- 电流
- 常规电流
- 电池组
- 电路
- 安培
- 电阻
- 电阻器
- 并联
- 串联

第1节 电流和电路

主要概念 电荷的定向移动形成电流。

- 电荷的定向移动形成电流。按照惯例，电流的方向即为正电荷定向移动的方向。
- 电路将电能转化成热能、光能或其他形式的能。
- 欧姆定律可表述为，对于一个给定的导体来说，电压与电流之比为一个常量。任何电阻器，如果它的电阻不随温度、电压以及电荷移动的方向而改变，它便服从欧姆定律。
- 下面的公式给出了电功率、电流、电压，以及电阻之间的数学关系：

$$P=IU \qquad R=\frac{U}{I}$$

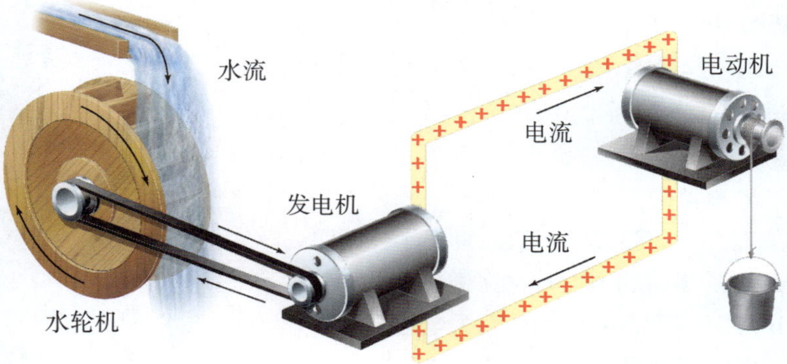

关键术语

- 超导体
- 千瓦时

第2节 电能的应用

主要概念 电能可转化为光能、热能和机械能。

- 当运动电荷将能量传递给其他粒子时，电能就转化为热能。
- 如果能量转化的速率恒定，那么被转化的电能就等于电功率与时间的乘积。电功率也可用以下两个等式中I^2R和$\frac{U^2}{R}$表示：

$$E=Pt$$

$$E=I^2Rt$$

$$E=\frac{U^2}{R}t$$

- 在电能的传输过程中不希望产生的热称为焦耳热损耗，或I^2R损耗。降低焦耳热损耗的最好方法就是减小输电线路中的电流。高压输电可减小电流而不降低功率。

第22章 测　评

第1节　电流和电路

理解概念

42. 用基本单位m、kg、s定义电流的单位。

43. 如**图22-19**所示，你应该如何连接一只电压表，才能测得电动机的电压？

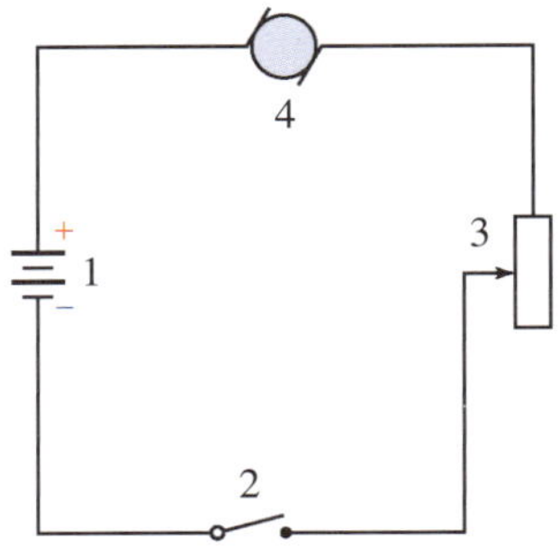

图22-19

44. 如**图22-19**所示，你应该如何连接一只电流表，才能测得通过电动机的电流？

45. 如**图22-19**所示，哪个方向是通过电动机的约定电流的方向？

46. **大概念**　如**图22-19**所示，回答下列问题。

a. 哪个器件将电能转化为机械能？

b. 哪个器件将化学能转化为电能？

c. 哪个器件能使电路接通或切断？

d. 哪个器件能调节电动机的转速？

47. 有两根一样长的导线，一根的横截面的直径较大，另一根的横截面的直径较小。哪一根导线的电阻较小一些？请解释。

48. 有一简单电路，由一个电阻器、一节电池以及若干连接导线组成。

a. 作出此电路的电路图。

b. 为了正确测量电流，在电路中应怎样连接一只电流表？

c. 为了测量电阻器两端的电压，应怎样将电压表与它连接？

49. 描述变阻器是怎样控制下列器件的：

a. 电动机

b. 玩具控制杆

解决问题

50. 试描述下列器件中发生的能量转化过程。

a. 白炽灯

b. 干衣机

c. 数字钟控收音机

d. 手提闪光灯

51. 一台电动机连接在一节12 V的电池上，如**图22-20**所示。

a. 传递给电动机的功率为多大？

b. 如果电动机工作15 min，有多少电能被转化？

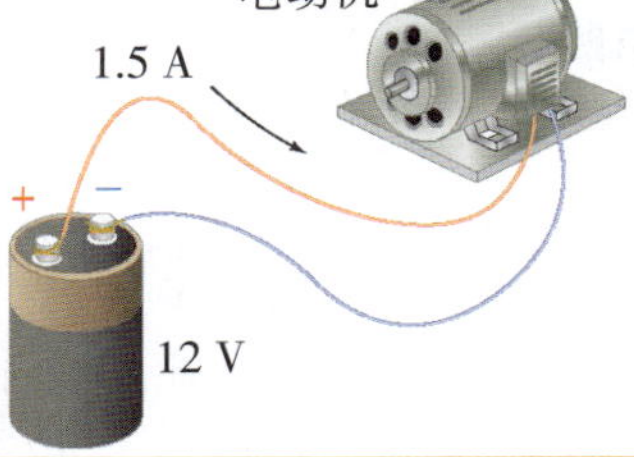

图22-20

52. 如**图22-21**所示，回答如下问题。

a. 电流表的示数是多少？

b. 电压表的示数是多少？

c. 提供给电阻器的电功率是多少？

d. 每小时提供给电阻器的电能是多少？

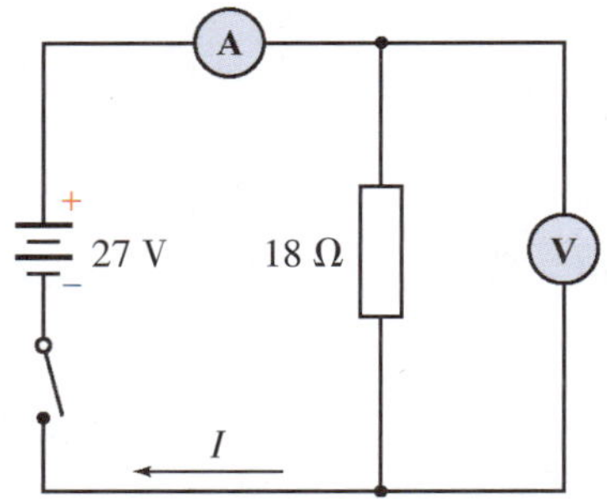

图22-21

53. **电烤箱**　通过电烤箱的电流为8.0 A，它连接在120 V的电源上。这台电烤箱所消耗的电功率是多少？

54. **灯泡**　当一个灯泡接在120 V的电源上时，测得通过它的电流为1.2 A。它所消耗的电功率是多少？

55. 如**图22–22**所示，回答如下问题。

a. 电流表的示数是多少？

b. 电压表的示数是多少？

c. 提供给电阻器的电功率是多少？

d. 每小时提供给电阻器的电能是多少？

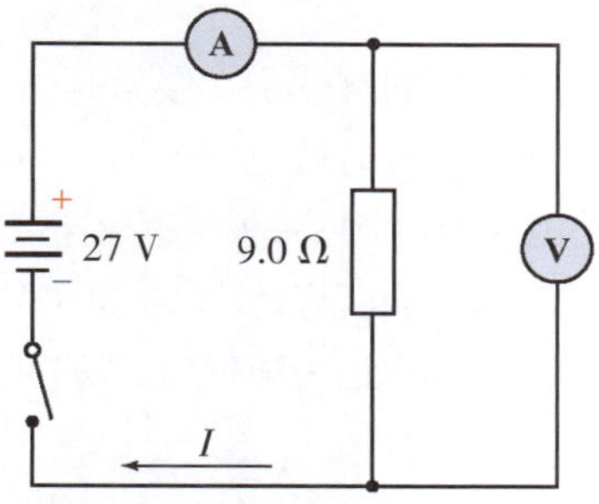

图22–22

56. 如**图22–23**所示，回答如下问题。

a. 电流表的示数是多少？

b. 电压表的示数是多少？

c. 提供给电阻器的功率是多少？

d. 每小时提供给电阻器的电能是多少？

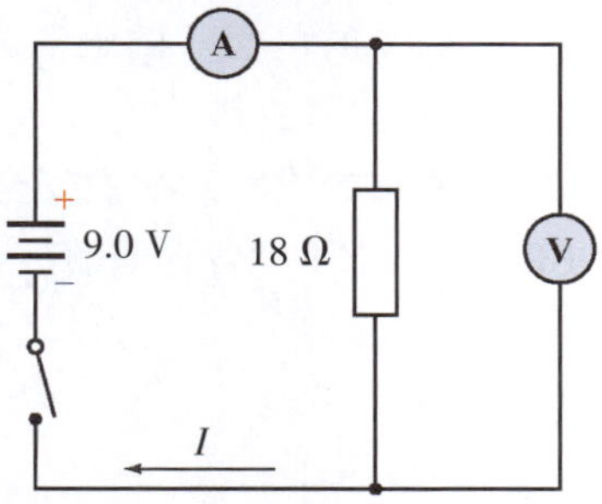

图22–23

57. 一盏电灯接在120 V的电源上，通过它的电流为0.50 A。

a. 它消耗的功率是多少？

b. 在5 min内有多少能量被转化？

58. 一只12 V的汽车电池接到一台启动电动机上，通过启动电动机的电流为210 A。

a. 电池每秒内提供给电动机多少能量？

b. 这台电动机的功率是多少？

59. **干衣机**　将一台4 200 W的干衣机接到220 V的电源上。通过这台干衣机的电流为多大？

60. **闪光灯**　一盏闪光灯接在3.0 V的电源上，通过它的电流是1.5 A。

a. 闪光灯的额定功率是多少？

b. 在11 min内，闪光灯将转化多少电能？

61. **电池**　有一个60.0 Ω的电阻器，当它接到一节电池上后，流过它的电流为0.40 A。该电池的电压是多少？

62. 一个4.0 Ω的电阻器，当通过它的电流为1.5 A时，它两端的电压为多大？

63. 一台工作电阻为15 Ω的电动机，当通过它的电流为8.0 A时，它两端的电压为多大？

64. 一个15 Ω的电阻器两端的电压为75 V，通过它的电流是多少？

65. 几位学生将一段镍铬导线接到一个可变电源上，以便产生从0.00～10.00 V的电压。然后他们测量了在某些电压下通过这根导线的电流，并将所选电压以及测得的相应的电流数据记录在了**表22–2**中。

a. 对应于每一组数据，计算相应的电阻。

b. 作出I随U变化的图线。

c. 镍铬导线是否遵循欧姆定律？如果不是在所有电压值的情况下都服从欧姆定律，试确定遵循欧姆定律的电压范围。

表22–2

电势差 U(V)	电流 I(A)	$R=\frac{U}{I}$ (Ω)
2.00	0.014 0	
4.00	0.027 0	
6.00	0.040 0	
8.00	0.052 0	
10.00	0.063 0	
−2.00	−0.014 0	
−4.00	−0.028 0	
−6.00	−0.039 0	
−8.00	−0.051 0	
−10.00	−0.062 0	

66. 画出一幅串联电路图，其中包括一个16 Ω的电阻器、一节电池及一只读数为1.75 A的电流表。标出电池的正极和电压的值，以及电流表的正极和常规电流的方向。

67. 一盏电灯，当接在6.0 V的电源上时，通过它的电流为66 mA；当接在9.0 V的电源上时，通过它的电流为75 mA。

a. 这盏灯遵循欧姆定律吗？

b. 接在6.0 V的电源上时，它消耗的功率为多大？

c. 接在9.0 V的电源上时，它消耗的电功率又为多大？

68. 灯泡 一盏60.0 W的电灯工作0.5 h使用了多少电能？如果这盏灯将电能转化为光能的效率是12%，那么它在这0.5 h内产生了多少热能？

69. 一盏电灯接到120 V电源上正常发光时，通过它的电流为0.40 A。

a. 当电灯正常发光时，它的电阻为多大？

b. 当灯泡冷却后，它的电阻是炽热时的$\frac{1}{5}$。那么冷却后它的电阻是多少？

c. 它与120 V的电源接通瞬间，通过它的电流为多大？

70. 如**图22-24**所示为通过硅二极管的电流—电压图象。

a. 当二极管两端的电压为+0.70 V时，它的电阻是多少？

b. 当二极管两端的电压为+0.60 V时，它的电阻又是多少？

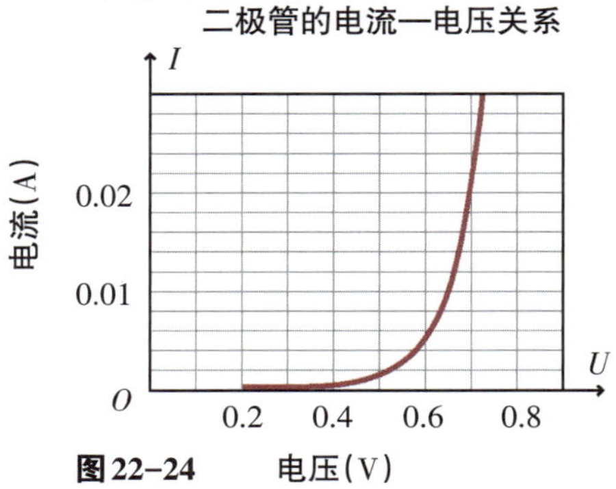

图22-24

71. 画出一幅串联电路图，其中包括90 V的电源、一只电流表，以及一个45 Ω的电阻器。此时电流表的示数是多少？在图中用箭头表示出常规电流的方向。

第2节 电能的应用

理解概念

72. 为什么白炽灯的灯丝是在接通时，而不是在工作过程中更容易被烧断？

73. 如果将电池的两极用一根粗铜丝连接，就会造成短路，铜丝的温度将会升高。这是为什么？

74. 为了经济地实现远距离输电，哪些电学量需保持较小的值？

75. 用基本单位m、kg、s定义电功率的单位。

解决问题

76. 电池 一节9.0 V电池的售价为3.00美元。这种电池能在26.0 h内连续提供0.025 0 A的电流，直至耗尽。试计算每千瓦时的费用。

77. 对于一个5.0 W、220 Ω的电阻器而言，允许通过它的最大电流是多少？

78. 通过一只110 V的电熨斗的电流为3.0 A。在1 h内它将放出多少热量？

79. 如**图22-25**所示的电路的最大安全功率为5.0×10^{1} W。试求下列各物理量。

a. 最大安全电流

b. 最大安全电压

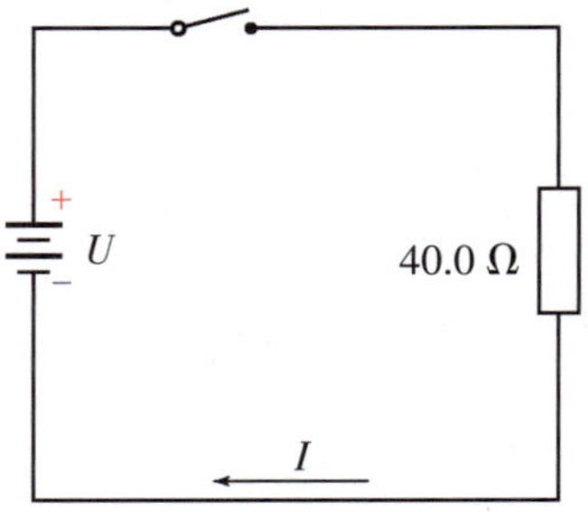

图22-25

80. 应用 假定一台窗式空调一半时间在工作，且每千瓦时的电费为9美分，这台空调工作30天的费用估计为50美元。计算通过接在120 V电源上的这台空调的电流。

81. 用电器 如**图22-26**所示为一只电炉。试计算每月(30天)的电费。假定每千瓦时的电费为10美分,且图中的温度控制开关在$\frac{1}{4}$时间内是接通的。

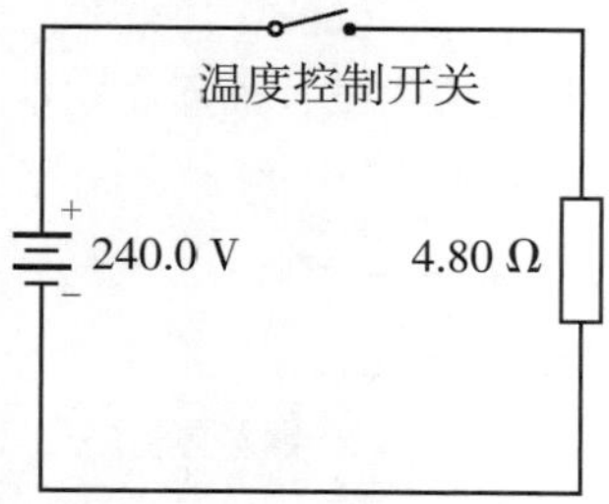

图22-26

82. 收音机 一台晶体管收音机用9.0 V的电池供电,通过它的电流为50.0 mA。

a. 如果电池的售价为2.49美元,可使用300.0 h。那么这台收音机工作时,每千瓦时的电费是多少?

b. 同一台收音机,若用电源转换器接在家庭电路的插座上,其电价为12美分/千瓦时。那么这台收音机工作300.0 h要花多少电费。

应用概念

83. 电池 在电池与外电路接通的瞬间,电路中立即会有电荷的流动。试说明这一现象。

84. 说明为什么奶牛在接触到电篱笆时会感受到适度的电击。

85. 电线 为什么小鸟栖息在高压线上不会受到伤害?

86. 说出两种可增大电路中电流的方法。

87. 灯泡 两个功率分别为50 W和100 W的灯泡均在120 V的电压下工作。哪个灯泡的电阻更大?请说明理由。

88. 如果电路中的电压保持不变而电阻增加1倍,这对该电路中的电流有什么影响?

89. 如果电路中的电压和电阻都增加1倍,这对电路中的电流有什么影响?说明理由。

90. 如果将如**图22-8**所示的那只电流表移到图的下方位置,其示数还会相同吗?说明理由。

91. 欧姆定律 苏珊找到一个看来像电阻器的器件。当将它与一节1.5 V的电池接通时,她测得通过它的电流仅为4.5×10^{-5} A;而当她改用3.0 V的电池时,测得电流为2.5×10^{-2} A。该器件是否服从欧姆定律?

92. 两根导线均跨接在一节6.0 V电池的两极上,一根电阻大,另一根电阻小。哪根导线产生热量的速率更快?为什么?

复习提高

93. 如果你有5美元,你能支付一台200 W的立体声电唱机工作多长时间的电费?假定每千瓦时的电费是15美分。

94. 测得通过50.0 Ω电阻器的电流为1.2 A。在5.0 min时间内,该电阻器将产生多少热量?

95. 一个6.0 Ω的电阻器接在15 V的电池上。

a. 电路中的电流是多少?

b. 它在10.0 min内将产生多少热能?

96. 灯泡 一个白炽灯泡在不发光时的电阻为10.0 Ω,当接上120 V的电源发光时的电阻为40.0 Ω。

a. 灯泡发光时,流经它的电流是多少?

b. 在灯泡接通电源的瞬间,流经它的电流是多少?

c. 何时这个灯泡消耗的功率为最大?

97. 水泵由一台电动机带动,每小时将1.0×10^{4} L的水竖直提升8.0 m。已知电动机工作时的电流为5.0 A,它连接在110 V的电源上。这台电动机的效率是多少?

98. 应用 一台电取暖器的功率为500 W。

a. 在1.5 h内它消耗了多少电能?

b. 如果用这台取暖器为含有50 kg空气的房间加热,设空气的比热容为1.10 kJ/(kg·℃),所发出热量的50%用于加热空气。那么,0.5 h后房间的温度将改变多少?

c. 如果每千瓦时的电费是8美分,在30天中每天使用6 h,那么共需多少电费?

批判性思维

99. 应用概念 如**图22–27**所示，一位艺术家画了一张电路的实物图。利用正确的符号，画出简单的电路图，并标出约定电流的方向。

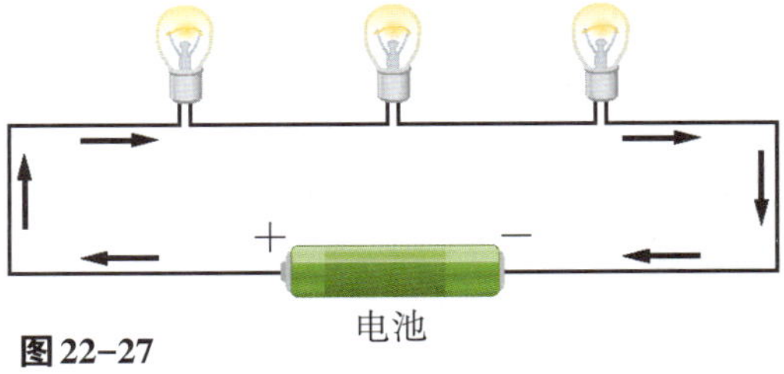

图22–27

100. 建立模型 增加电荷q的电势差所需要的能量可表示为$E=qU$。在电容器中，$U=\frac{C}{q}$。因此，当电荷增加时，电压也增加。但随着更多电荷的增加，再要增加电荷时就需要更大的能量。考虑计算机中作为储能器件的1 F“超级电容器”，作出将5 C的电荷加到电容器上的过程中电压变化的图象。电容器两端的电压怎样变化？曲线下的面积就是储存在电容器中的电能。以焦耳为单位，求这种能量的值。它是否等于总电荷量与最终电压的乘积？请说明理由。

101. 排序 把下列电阻按照通过它们的电流从大到小进行排序，并说明理由。

A. 10 MΩ的电阻器两端的电压为1.5 V

B. 10 MΩ的电阻器两端的电压为3.0 V

C. 15 MΩ的电阻器两端的电压为1.5 V

D. 15 MΩ的电阻器两端的电压为0.75 V

E. 20 kΩ的电阻器两端的电压为9.0 V

102. 编写问题 编写一道物理题，在它的解答中会出现下列表达式：

$$I=\frac{60\ \text{W}}{110\ \text{V}}$$

103. 补充问题 把问题补充完整，以便可以用欧姆定律来求解：“一个电阻器与一只9 V的电池相连……”

104. 应用概念 电阻为10 Ω的电阻器可能小如一个针头，也可能大如一只罐头。请对此作出解释。

105. 绘制和运用图象 如**图22–24**所示的二极管的电流—电压的关系图象要比服从欧姆定律的电阻的电流—电压的关系图象更有用。请对这种说法作出解释。

106. 绘制和运用图象 根据你在本章中学习的内容，找出两个物理量之间存在抛物线关系的图线。

科技写作

107. 科学上通常会遇到三类公式：(1)定义式；(2)定律；(3)导出公式。例如，(1)1 A=1 C/s；(2)$F=ma$；(3) $P=\frac{U^2}{R}$。写一篇短文，说明“电阻等于电压除以电流($R=\frac{U}{I}$)”究竟是属于哪类公式。在撰写说明前，先研究一下上述三种类型的公式。

108. 在第13章中你曾经学过，物体受热时会发生膨胀。研究一下高压传输线与热膨胀的关系。

日积月累

109. 一个人大约每天要消耗8.4×10^6 J的能量。他因此每天使得宇宙中的熵增加了多少？这个熵的增加量与20 kg冰熔化过程中所引起的熵的增加量相比，哪个更大？

110. 当你乘坐高层建筑的电梯上升时，由于气压迅速改变，你的耳膜会感到发胀。乘坐电梯升高30层楼(约150 m)时，气压将改变多少？已知海平面上大气的密度为1.3 kg/m^3。

111. 空气中17 kHz的声波的波长是多少？已知这种声波的频率为人耳能听到的频率范围的上限。

112. 478 nm的光波通过双缝后，第一级亮条纹与中心亮条纹间的距离为3.00 mm，光屏与双缝相距0.91 m。此双缝的间距是多少？

113. 一个$+3.0\times10^{-6}$ C的电荷距离另一个$+6.0\times10^{-5}$ C的电荷2.0 m。它们间的作用力是多少？

第22章 标准化测试

选择题

1. 一个100 W的灯泡接在120 V的电源上，通过这个灯泡的电流是(　　)

A. 0.8 A　　**B.** 1 A

C. 1.2 A　　**D.** 2 A

2. 一个5.0 Ω的电阻器接在一节9.0 V的电池上，在7.5 min时间内产生的热量为(　　)

A. 1.2×10^{2} J　　**B.** 1.3×10^{3} J

C. 3.0×10^{3} J　　**D.** 7.3×10^{3} J

3. 下图所示的手电筒中的电流为0.50 A，电压为三节单电池的电压之和。该手电筒的电珠所消耗的功率为(　　)

A. 0.11 W　　**B.** 1.1 W

C. 2.3W　　**D.** 4.5 W

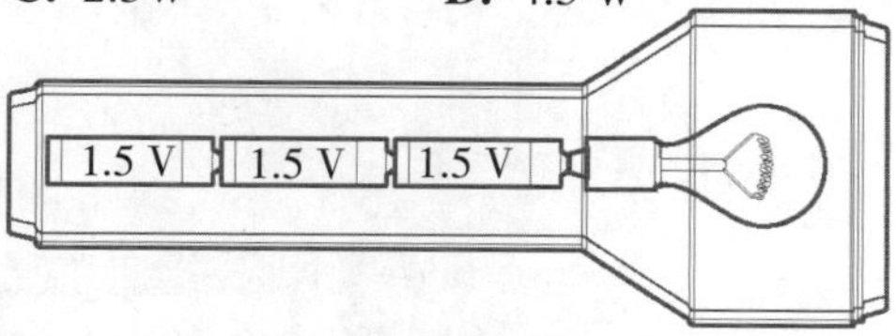

4. 假定上题中的那只手电筒持续点亮3.0 min，它消耗的电能为(　　)

A. 6.9 J　　**B.** 14 J

C. 2.0×10^{2} J　　**D.** 4.1×10^{2} J

5. 通过某电路的电流为2.0 A，该电路中包括一台电阻为12 Ω的电动机。如果这台电动机工作1 min，被转化的电能为(　　)

A. 4.8×10^{1} J　　**B.** 2.0×10^{1} J

C. 2.9×10^{3} J　　**D.** 1.7×10^{5} J

6. 如果简单电路中的电压和电阻都减半，这会使电路中的电流(　　)

A. 减少一半　　**B.** 不变

C. 增加1倍　　**D.** 增加4倍

7. 在一个50.0 Ω的电阻器与一节电池相连接的电路中，电流为5.00 mA。该电路的电功率是(　　)

A. 1.00×10^{-2} W　　**B.** 1.00×10^{-3} W

C. 1.25×10^{-3} W　　**D.** 2.50×10^{-3} W

8. 一个60 W的灯泡持续点亮2.5 h，需消耗的电能为(　　)

A. 4.2×10^{-2} J　　**B.** 2.4×10^{1} J

C. 1.5×10^{2} J　　**D.** 5.4×10^{5} J

拓展题

9. 下图所示为一个包含一台直流发电机和一个电阻器的简单电路。下表给出了几种小电器的电阻。假定图中的电阻器代表的是电吹风，那么电路中的电流为多大？若此电吹风持续工作2.5 min，它需消耗多少电能？

电器	电阻(Ω)
电吹风	8.5
电热器	10.0
小电动机	12.0

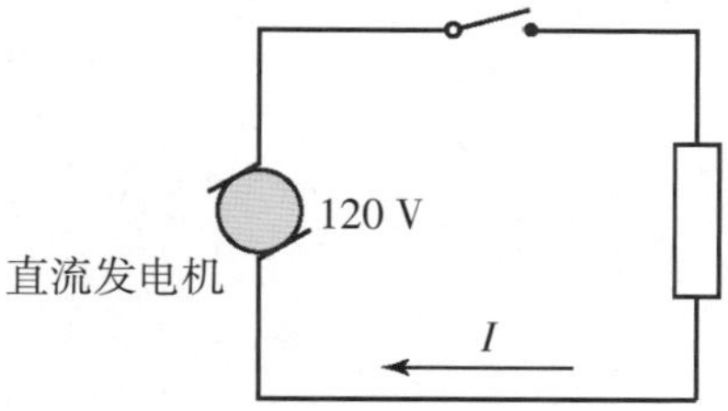

考点提示

测试题号	1	2	3	4	5	6	7	8	9
对应小节	1	2	1	2	2	1	1	1	2

第23章
串联和并联电路

大概念 电路元件的连接方式有串联、并联和混联。

内容提要

起步实验

保险丝和电路

保险丝和断路器是如何工作的？

SPECIAL
SALE

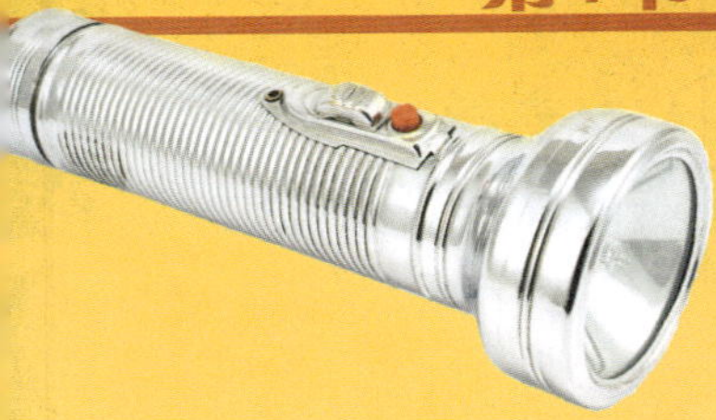

第1节 简单电路

物理在你身边

电路是指允许电荷在其中流动的闭合回路或通路。有些电路非常复杂，如计算机中的电路。但是有些电路却非常简单，如手电筒中的电路。

主要概念

在串联电路中，电流通过一条支路；在并联电路中，电流通过两条或多条支路。

核心问题

- 串联电路和并联电路各有什么特点？
- 在串联电路中，电流、电压以及等效电阻有什么关系？
- 在并联电路中，电流、电压以及等效电阻有什么关系？

术语回顾

电阻 物体由于存在电压而产生的阻碍电流的特性；它等于电压除以电流

关键术语

串联电路
等效电阻
分压器
并联电路

溪流模型

你可以用一条山间溪流来模拟电路，虽然你可能无法立刻明白它们之间的联系。溪水从山上高处的源头流向山下的平原。无论这些溪水沿着哪条路径，它从山上到平原的高度的改变量总是一样的。溪流有时以一涧水流的形式下山，有时则可能分成两股或多股更小的水流。也就是说，在这些情况下，溪水有时通过一条路径，有时则会通过多条不同的路径。但是无论有多少条路径，从山上流下的溪水的总量保持不变。换句话说，从山上流下的溪水的总量与它的路径无关。

那么，怎样用如**图23–1**所示的溪流来模拟电路呢？溪水下落的距离可用来比拟电路中的电压；溪流中每秒流过的水量可用来比拟电路中的电流；巨石和其他障碍物对水流产生阻力，因此可用来比拟电路中的电阻。那么，用什么来比拟电路中的电池或发电机呢？将水提升到山上所需的能量来自太阳。太阳能使湖泊和大海中的水蒸发，形成云彩，然后通过雨和雪的形式降落到山上。所以，当你遇到电路问题时，就可以联想一下这种溪流模型。

图23–1 山间的溪流类似于电流，它们无论沿着什么样的路径流动，其下落的水的总量或电荷的总量都是一样的。

图 23-2 学生把图中的电路接通，来验证两个灯泡的亮度是否会一样。

串联电路

三位学生将两个相同的灯泡接到一节电池上，如**图 23-2** 所示。在最终接上电池前，老师要求他们预测这两个灯泡的亮度。

第一位学生说，只有靠近电池“+”极的灯泡才会亮，因为所有的电流将在那里转化为光能。第二位学生说，第二个灯泡只有部分电流可用，因此它也会亮，但要比第一个灯泡暗些。而第三位学生则说，这两个灯泡会一样亮，因为电流是电荷的流动，因此电荷在离开第一个灯泡后，除了通过第二个灯泡外无路可走。这位学生于是推论说，两个灯泡中的电流相同，所以它们的亮度也相同。那么，你认为哪位学生的说法正确呢？

串联电路中的电流 如果用溪水模型想象电路，你就会发现第三位学生的说法是正确的。你在第 20 章中学过，电荷既不能创生，也不能被消灭。电路中的电荷只能沿着一条路径行走，且不会半途消灭，因此在一段电路上流出的电流必然等于流入的电流。这意味着该电路中各处的电流都相同。如果你将三只电流表接入如**图 23-3** 所示的电路中，它们的示数将完全相同。这样的电路称为**串联电路（series circuit）**。

☑ **阅读检测** **定义**串联电路。

当电流通过灯泡时，不减小，那么灯泡的光能是从哪里来的呢？前两位学生的回答是基于能量的概念，灯泡的光能必然来自某处。他们认为，能量是守恒量，而现在有电能转化为光能，所以电流减小了。

回想一下电功率，即电能转化的速率，它可表示为 $P=IU$。这表明，电能转化为其他形式的能量取决于电流和电压。因为灯泡在将电能转化为光能时，电流不变，因此灯泡两端必须有电压。灯泡的电阻定义为 $R=\frac{U}{I}$，因此灯泡两端的电压为 $U=IR$。

图 23-3 利用接在串联电路中的电流表可以证明，通过电路中的电流处处相等。

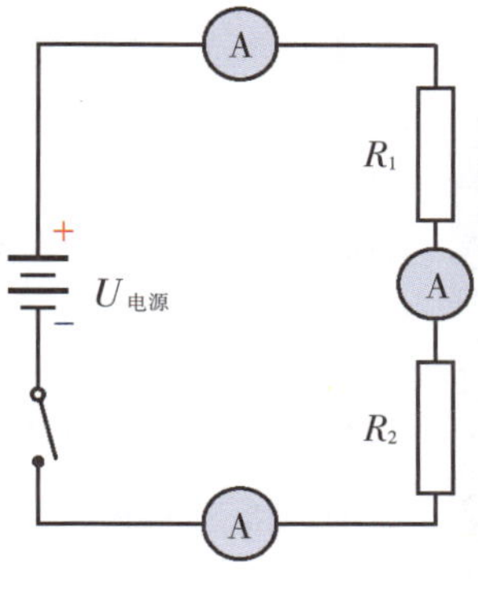

物理实验

串联电路中的电阻*

串联电路中电阻两端的电压有什么特点?

串联电路的等效电阻 从溪流模型你已经知道,各段溪水的落差之和等于从山顶到海平面的总落差。在电路中,由发电机或其他电源提供的电压$U_{电源}$等于灯泡1和灯泡2两端的电压之和,这可用下式表示:

$$U_{电源}=U_1+U_2$$

将电路中的电流与每个电阻器的电阻相乘,便可得到每个电阻器两端的电压。因为通过这两个灯泡的电流相同,所以有$U_1=IR_1$和$U_2=IR_2$,因此有$U_{电源}=IR_1+IR_2$或$U_{电源}=I(R_1+R_2)$。通过电路的电流于是可用下式表示:

$$I=\frac{U_{电源}}{R_1+R_2}$$

同样的观念可拓展到包含任何数目电阻器的串联电路中。如果电路中只有一个电阻器,且其电阻R与这两个灯泡的电阻之和相同,那么这个电阻便称为该电路的**等效电阻(equivalent resistance)**。对于串联电路,其等效电阻等于每个电阻之和。

串联电阻器的等效电阻

串联电阻器的等效电阻等于每个电阻器的电阻之和。

$$R=R_1+R_2+\cdots$$

注意,这里的等效电阻大于其中任一电阻器的电阻。因此,如果电池的电压不变,那么串联的元件越多,电路中的电流就越小。为了计算串联电路中的电流,可先算出等效电阻,然后再利用下式求出电流:

电流

串联电路中的电流等于电源电压除以等效电阻。

$$I=\frac{U_{电源}}{R}$$

练一练

1. 将三个22 Ω的电阻器串联后接到125 V的发电机上。该电路的等效电阻为多大?电路中的电流为多大?
2. 将三个电阻分别为12 Ω、15 Ω和5 Ω的电阻器串联后接到75 V的电源上。该电路的等效电阻为多大?电路中的电流为多大?
3. 一串彩灯由阻值相等的10个小灯泡串联组成。当将它接到117 V的电源插座上时,通过灯泡的电流是0.06 A。这串彩灯每个灯泡的电阻是多少?
4. 将三个电阻器串联后接到一节9 V的电池上。
   a. 如果其中一个电阻器的电阻变大,电路的等效电阻将怎样变化?
   b. 电流将怎样变化?
   c. 电池的电压会发生变化吗?
5. **挑战题** 分别计算第2题中三个电阻器两端的电压,看看它们之和是否等于电源电压。

分压器 如果你有一节9 V的电池，但你的电路中需要的电压为5 V，那么怎样利用这个9 V的电池产生5 V的电压呢？为此，你可以利用所谓的**分压器（votage divider）**，它是一种串联电路，用于从较高电压的电源产生一个较低电压值的电压源。

考虑如**图23-4**所示的电路，两个电阻器R_1和R_2串联后接在一个电压为U的电源上。电路的等效电阻为

$$R=R_1+R_2$$

电路中的电流由下式表示：

$$I=\frac{U}{R}$$

$$=\frac{U}{R_1+R_2}$$

所希望得到的5 V的电压就是电阻器R_2两端的电压U_2，而$U_2=IR_2$。将此式代入上面电流的表达式中，可得：

$$U_2=IR_2$$

$$=\frac{U}{R_1+R_2}\times R_2$$

$$=\frac{UR_2}{R_1+R_2}$$

选择适当的电阻器，你就可在部分电路上获得5 V的电压，即使你只有一个9 V的电源。

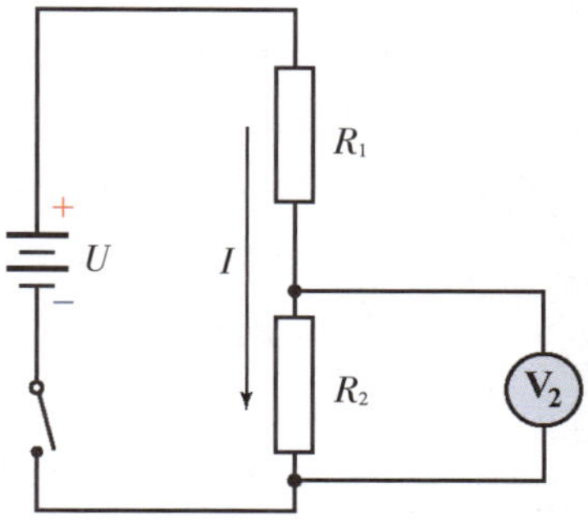

图23-4 在分压器电路中，选取适当的R_1和R_2的值，使得R_2两端的电压等于所需的电压。

光敏电阻器 分压器常常与敏感元件，如光敏电阻器等一起使用。光敏电阻器的电阻取决于照射在它上面的光的强度。一个典型的光敏电阻器在受到光照射时，其电阻为400 Ω，而在无光照射时它的电阻为400 000 Ω。用于光敏电阻电路中的分压器，其输出电压取决于照射在它上面的光的强度。

在如**图23-5**所示的光照测量计中就用到了这种电路。在这种仪器中，由电子电路探测到的电压值被转化成用数字显示的光照度的测量值。

图23-5 光照测量计的电路中应用了分压器。这种分压器的输出电压取决于照射在光敏电阻器上的光的强度。

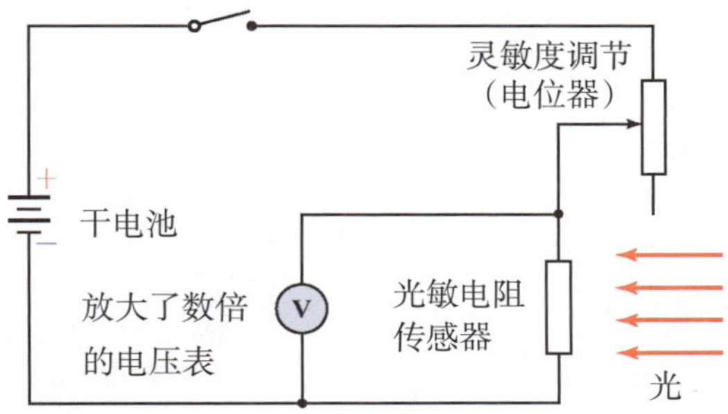

例题1

串联电路中的电压 两个电阻分别为47 Ω和82 Ω的电阻器，串联后接在45 V的电源上。

a. 电路中的电流是多少？

b. 两个电阻器两端的电压分别是多少？

c. 如果将47 Ω的电阻器换成了39 Ω的电阻器，电流将是增大、减小还是保持不变？

d. 此时，82 Ω的电阻器两端的电压是多少？

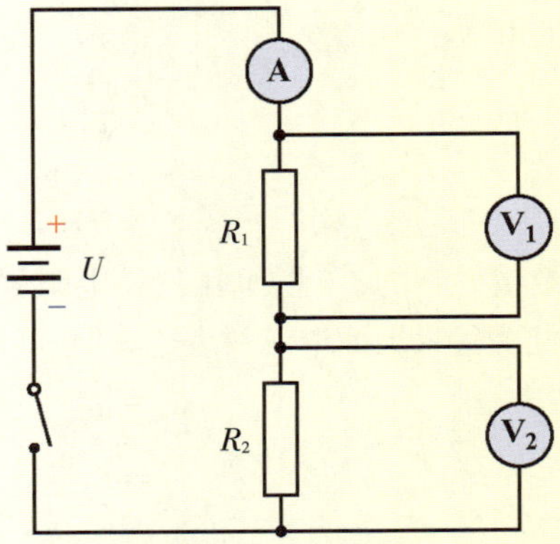

1 分析概括问题

a. 作出电路图。

已知	未知
$U_{电源}=45\ V$	$I=?$
$R_1=47\ \Omega$	$U_1=?$
$R_2=82\ \Omega$	$U_2=?$

2 求解未知量

a. 为了确定电流，先求出等效电阻。

$$I=\frac{U_{电源}}{R}\quad 其中R=R_1+R_2$$

$$=\frac{U_{电源}}{R_1+R_2}$$ ◀将$R=R_1+R_2$代入。

$$=\frac{45\ V}{47\ \Omega+82\ \Omega}=0.35\ A$$ ◀将$U_{电源}=45\ V$，$R_1=47\ \Omega$，$R_2=82\ \Omega$代入。

b. 对每个电阻器，应用$U=IR$。

$$U_1=IR_1$$

$$=0.35\ A\times 47\ \Omega=16\ V$$ ◀将$I=0.35\ A$，$R_1=47\ \Omega$代入。

$$U_2=IR_2$$

$$=0.35\ A\times 82\ \Omega=29\ V$$ ◀将$I=0.35\ A$，$R_2=82\ \Omega$代入。

c. 根据$R_1=39\ \Omega$，再次计算电流。

$$I=\frac{U_{电源}}{R_1+R_2}$$

$$=\frac{45\ V}{39\ \Omega+82\ \Omega}=0.37\ A$$ ◀将$U_{电源}=45\ V$，$R_1=39\ \Omega$，$R_2=82\ \Omega$代入。

电流将增加。

d. 确定此时R_2两端的电压。

$$U_2=IR_2$$

$$=0.37\ A\times 82\ \Omega=30\ V$$ ◀将$I=0.37\ A$，$R_2=82\ \Omega$代入。

3 验证答案

- **单位是否正确？** 电流的单位1 A=1V/Ω；电压的单位1V=1A·Ω。
- **数值是否合理？** 任一电阻器两端的电压一定小于电源两端的电压，所以U_1和U_2的值都小于$U_{电源}$（45 V）。

练一练

6. 假定在例题1的电路中，电流表的示数为0 A，电压表U_1的示数为0 V，U_2的示数为45 V。分析该电路发生了什么情况。

7. 假定例题1中，已知$R_1=255\ \Omega$，$R_2=290\ \Omega$，$U_1=17$ V。

a. 电路中的电流为多大？

b. 电池的电压为多大？

c. 求总功率以及每个电阻器上的功率。

d. 电路中每个电阻器上的功率之和是否等于总功率？请说明理由。

8. 节日彩灯通常用串联方式连接，且用的是一种特殊的灯泡，当某个灯泡上的电压增加时它将会被短路。试说明这种灯泡的原理，并解释为什么当一串灯泡中的多个灯泡烧毁后，可能会导致保险丝熔断。

9. 在例题1的电路中，两个电阻器的电阻不相等。试解释为什么工作时，电阻较小的电阻器的温度也较低。

10. 挑战题 三个电阻器串联后接在一只12 V的电池上，其中一个电阻器两端的电压为1.2 V，另一个电阻器两端的电压为3.3 V。第三个电阻器两端的电压是多少？

例题2

分压器 一个分压器由一节9.0 V的电池以及两个电阻分别为390 Ω和470 Ω的电阻器组成。那么470 Ω的电阻器两端的电压是多少？

1 分析概括问题

- 作出电池和电阻器的串联电路图。

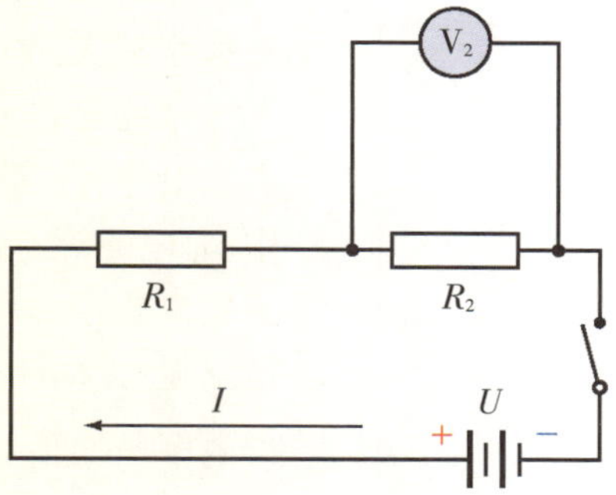

已知	未知
$U_{电源}=9.0$ V	$U_2=?$
$R_1=390\ \Omega$	
$R_2=470\ \Omega$	

2 求解未知量

$$R=R_1+R_2$$

$$I=\frac{U_{电源}}{R}$$

$$=\frac{U_{电源}}{R_1+R_2}$$ ◀将$R=R_1+R_2$代入。

$$U_2=IR_2$$

$$=\frac{U_{电源}R_2}{R_1+R_2}$$ ◀将$I=\frac{U_{电源}}{R_1+R_2}$代入。

$$=\frac{9.0\text{ V}\times 470\ \Omega}{390\ \Omega+470\Omega}=4.9\text{ V}$$ ◀将$U_{电源}=9.0$ V，$R_1=390\ \Omega$，$R_2=470\ \Omega$代入。

3 验证答案

- **单位是否正确？** 电压的单位1V＝1V·Ω/Ω，Ω相消，只剩下V。
- **数值是否合理？** 任一电阻器两端的电压一定小于电源两端的电压。因为470 Ω大于等效电阻的一半，所以此分压器的输出电压大于电源电压的一半。

练一练

11. 一个22 Ω的电阻器和一个33 Ω的电阻器串联后接到120 V的电源上。

a. 电路的等效电阻为多大?

b. 电路中的电流为多大?

c. 每个电阻器两端的电压为多大?

12. 阻值分别为3.3 kΩ、4.7 kΩ和3.9 kΩ的三个电阻器串联后接到12 V的电源上。

a. 它们的等效电阻为多大?

b. 通过这些电阻器的电流为多大?

c. 三个电阻器两端的总电压为多大?

13. 挑战题 选取一个电阻器作为分压器的一部分,分压器的另一个电阻器的电阻为1.2 kΩ。当电源电压为12 V时,在1.2 kΩ电阻器两端的电压为2.2 V。那么,所选取的那个电阻器的电阻为多大?

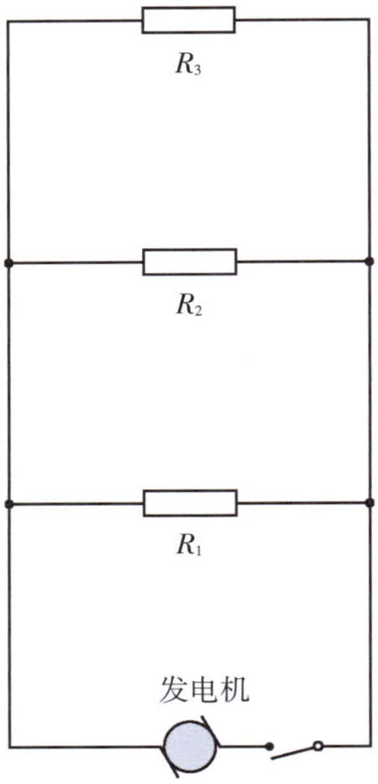

图23–6 图中电流的平行通路可比拟为溪水从山上流下时的多条通路。

并联电路

观察如**图23–6**中所示的电路,其中有多少条电流通路?从发电机流出的电流可通过三个电阻器中的任何一条通路。这种有多条电流通路的电路称为**并联电路(parellel circuit)**。这三个电阻器是并联连接的,三条通路的两端分别相连。在溪流模型中,这种电路可用溪流上的三束水流支路来比拟。有的支路上水的流量大些,而另一些则小些。不过这些支路上的流量之和等于落下溪水的总水量。此外,这些水流无论沿什么支路从山上流下,其落差都是相同的。类似地,在并联电路中,总电流等于各支路电流之和,且每条支路两端的电势差相等。

并联电路中的电流 那么,通过并联电路中各电阻器的电流又是什么情况呢?这取决于它们的电阻值。例如,如**图23–7**所示,每个电阻器两端的电压均是120 V。通过任一电阻器的电流为$I=\frac{U}{R}$,由此你可以算出,通过24 Ω的电阻器的电流为$I=\frac{120\ \text{V}}{24\ \Omega}=5.0\ \text{A}$。同理,你还可以算出通过其他两个电阻器的电流,以及从发电机流出的电流(等于通过这三条支路的电流之和,本例中这个值为38 A)。

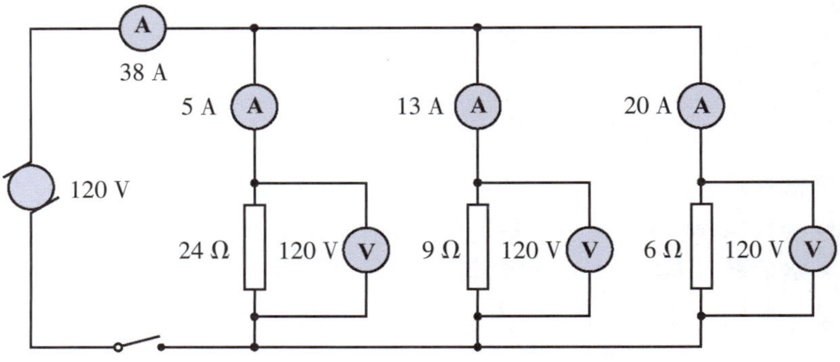

图23–7 在并联电路中,总电流等于各支路电流之和。**说明**电路图中的符号V和A是什么意思。

改变电路 如果在**图23–7**中将6 Ω的电阻器从电路中移去，那么会发生什么变化呢？通过那个24 Ω的电阻器的电流会改变吗？你知道，电流仅取决于电阻器的电阻以及它两端的电压，如果它们都不改变，那么电流也不会变。这同样适用于通过9 Ω的电阻器的电流。并联电路中各支路彼此独立。不过，通过发电机的总电流将会减小。将6 Ω的电阻器从电路中移去时，各支路电流之和为18 A。

阅读检测 **明确**通过电阻器的电流取决于哪两个因素。

并联电路的等效电阻 怎样求并联电路的等效电阻呢？如**图23–7**所示，发电机两端的电压为120 V，通过它的总电流为38 A，由此不难用下式算出电路的等效电阻：

$$R=\frac{U}{I}=\frac{120\ \text{V}}{38\ \text{A}}=3.2\ \Omega$$

注意，此电阻比并联的三个电阻中的任何一个都要小。将两个或多个电阻并联，其等效电阻总是减小的。这种电阻减小的原因是：每一个并联上去的新电阻提供了附加的电流通路，因此当电压不变时总电流将会增大。

为了计算并联电路的等效电阻，首先应注意到总电流等于通过各支路的电流之和。如果用I_1、I_2、I_3分别表示各支路中的电流，用I表示总电流，那么有

$$I=I_1+I_2+I_3$$

各电阻两端的电压相同，而通过各电阻，例如R_1的电流为$I_1=\frac{U}{R_1}$。因此，电流之和的式子可表示为：

$$\frac{U}{R}=\frac{U}{R_1}+\frac{U}{R_2}+\frac{U}{R_3}$$

等式两端同时除以U，便得到并联电阻器的等效电阻：

并联电阻器的等效电阻

并联电阻器的等效电阻的倒数等于各电阻器电阻的倒数之和。

$$\frac{1}{R}=\frac{1}{R_1}+\frac{1}{R_2}+\frac{1}{R_3}+\cdots$$

物理实验

电路连接方式*

不同的电路连接方式怎样影响电路中灯泡（电阻）两端的电压及其所通过的电流？

迷你实验

并联电路的测量*

并联电路各支路两端的电压是否相等？

并联电阻

你能计算并联电路中的电流吗？

例题3

并联电路中的等效电阻和电流 三个电阻分别为60.0 Ω、30.0 Ω和20.0 Ω的电阻器并联后接在90.0 V的电源上。

a. 求通过每条支路的电流。

b. 求电路的等效电阻。

c. 求通过电源的电流。

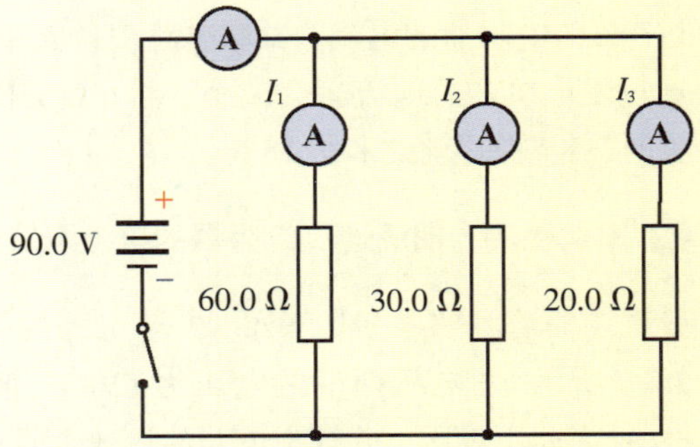

1 分析概括问题

- 作出电路图。
- 标上电流表以显示你要测量电流的地方。

已知	未知	
$R_1=60.0\ \Omega$	$I_1=?$	$I=?$
$R_2=30.0\ \Omega$	$I_2=?$	$R=?$
$R_3=20.0\ \Omega$	$I_3=?$	
$U=90.0\ \text{V}$		

2 求解未知量

a. 利用$I=\frac{U}{R}$计算各支路中的电流，其中各支路电阻器两端的电压U相同。

$$I_1=\frac{U}{R_1}=\frac{90.0\ \text{V}}{60.0\ \Omega}=1.50\ \text{A}$$ ◀将$U=90.0\ \text{V}$，$R_1=60.0\ \Omega$代入。

$$I_2=\frac{U}{R_2}=\frac{90.0\ \text{V}}{30.0\ \Omega}=3.00\ \text{A}$$ ◀将$U=90.0\ \text{V}$，$R_2=30.0\ \Omega$代入。

$$I_3=\frac{U}{R_3}=\frac{90.0\ \text{V}}{20.0\ \Omega}=4.50\ \text{A}$$ ◀将$U=90.0\ \text{V}$，$R_3=20.0\ \Omega$代入。

b. 利用并联电路的等效电阻公式。

$$\frac{1}{R}=\frac{1}{R_1}+\frac{1}{R_2}+\frac{1}{R_3}$$

$$=\frac{1}{60.0\ \Omega}+\frac{1}{30.0\ \Omega}+\frac{1}{20.0\ \Omega}$$ ◀将$R_1=60.0\ \Omega$，$R_2=30.0\ \Omega$，$R_3=20.0\ \Omega$代入。

$$=\frac{1}{10.0\ \Omega}$$

$$R=10.0\ \Omega$$

c. 利用$I=\frac{U}{R}$计算总电流。

$$I=\frac{U}{R}$$

$$=\frac{90.0\ \text{V}}{10.0\ \Omega}=9.00\ \text{A}$$ ◀将$U=90.0\ \text{V}$，$R=10.0\ \Omega$代入。

3 验证答案

- **单位是否正确？** 电流的单位是A，电阻的单位是Ω。
- **数值是否合理？** 并联电路的等效电阻小于任一支路电阻器的电阻。通过支路的电流与它的电阻成反比。电路的总电流I等于通过各支路的电流之和$I_1+I_2+I_3$。

练一练

14. 三个都是15.0 Ω的电阻器并联后接到30.0 V的电源上。

a. 该并联电路的等效电阻是多少？

b. 电路中的总电流是多少？

c. 各支路中的电流分别是多少？

15. 假定第14题中，用一个10.0 Ω的电阻器替代其中一个15.0 Ω的电阻器。

a. 它们的等效电阻有怎样的改变？

b. 电路的总电流有怎样的改变？

c. 通过另外两个15.0 Ω的电阻器的电流有怎样的改变？

16. 电阻分别为120.0 Ω、60.0 Ω和40.0 Ω的三个电阻器，并联后接到12.0 V的电源上。

a. 该并联电路的等效电阻是多少？

b. 电路的总电流是多少？

c. 各支路中的电流分别是多少？

17. **挑战题** 在电路中的某支路上需连上一个电阻器，以便使该支路的电阻从150 Ω减小为93 Ω。这个加上去的电阻器的电阻应是多少？需怎样连接？

基尔霍夫定律

德国物理学家基尔霍夫(G.Kirchhoff)于1845年，在他还是21岁时，就提出了两条电路所遵循的规则，即回路定律和节点定律。你可以用这两条定律求解复杂的电路问题，它们都是以基本的科学规律为基础的。

回路定律 回路定律的基础是能量守恒定律。设想你站在一处山坡上，你要沿着山坡绕着这座山走一圈，如**图23–8**的上图所示。那么，你在山上的高度在行走前后有怎样的变化呢？因为你的起点与终点是在同一地点，所以，你在行走前后的高度是相同的。也就是说，你在行走一圈的过程中，你向上爬时高度的升高量之和等于你向下走时高度的降低量之和。

类似的情况发生在电路中电荷绕任一条回路的移动过程中。不过，对于电荷来说，所涉及的是电势的增加和减小，而不是高度的升高和降低。在电路中，绕任一回路，电势的增加值之和等于电势的减小值之和。

☑ **阅读检测** **解释**基尔霍夫回路定律与能量守恒定律有什么关系。

对于回路定律的应用，可参见**图23–8**的下图。电荷按顺时针方向绕红色回路移动，通过电池时，电势增加9 V，然后如果通过电阻器R_1时，电势降低5 V，那么通过电阻器R_2时，电势将改变多少？因为电势绕回路一周的增加总量必然等于电势的减小总量，所以电阻器R_2两端的电势降落为9 V－5 V＝4 V。

注意，电阻器R_3并不影响我们的答案。为什么？这是因为R_3并不是我们所讨论的回路的一部分，我们所讨论的回路仅包括电池、R_1和R_2。

☑ **阅读检测** 用你自己的话**说明**基尔霍夫回路定律。

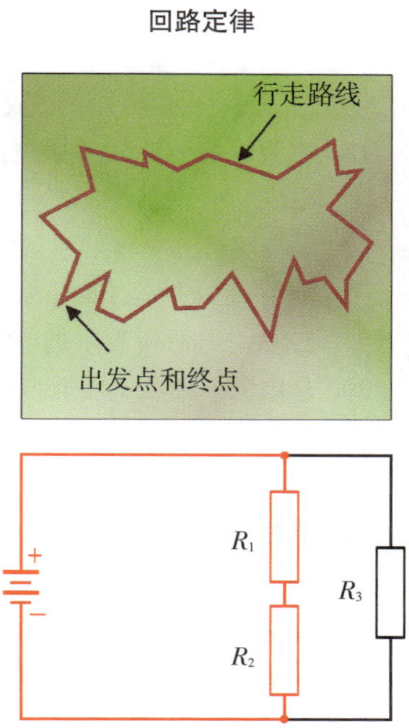

图23–8 电路中，电荷绕一条回路运动一周可用绕一座山行走一圈作类比。

图23–9 基尔霍夫节点定律的应用。流入节点A的总电流I_1等于流出的总电流I_2+I_3。流入节点B的总电流I_2+I_3等于流出的总电流I_1。

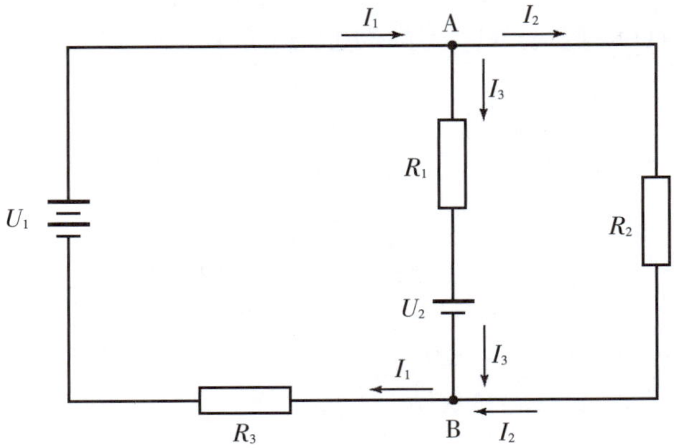

节点定律 建立在能量守恒定律基础上的回路定律，反映了电路中电势的变化规律。节点定律则是建立在电荷守恒定律的基础之上，它反映了电路中流经各支路的电流之间的关系。回想一下，电荷守恒定律是指电荷既不会创生，也不会消灭。这表明，在电路中的任何一处，流入的总电流必然等于流出的总电流。

节点是电路中三条或多条支路的连接点。如**图23–9**所示，有两个这样的节点——一点是A，另一点是B。在这两个节点处，流入的总电流与流出的总电流有怎样的关系呢？按照电荷守恒定律，流入一个节点的总电流应当等于从该节点流出的总电流，否则，在该节点处将有电荷的聚集。这就是基尔霍夫节点定律。在**图23–9**中，在节点A处，$I_1=I_2+I_3$；在节点B处，$I_2+I_3=I_1$。例如，如果$I_2=0.3$ A，且$I_3=0.7$ A，则$I_1=1.0$ A。

第1节 复　习

18. 主要概念 比较并联电路和串联电路中的电压和电流。

19. 总电流 并联电路有四条支路，通过各支路的电流分别是120 mA、250 mA、380 mA及2.1 A。电源所提供的电流是多少？

20. 总电流 串联电路有四个电阻器，通过其中一个电阻器的电流为810 mA。电源所提供的电流是多少？

21. 电路 一只开关与一个75 W的灯泡串联后接在120 V的电源上。

a. 当开关闭合时，其两端的电压是多少？

b. 如果在电路中再串联一只75 W的灯泡，此时开关两端的电压又是多少？

22. 将基尔霍夫回路定律与绕着一座小山的山坡行走一圈作比较。

23. 说明基尔霍夫节点定律与电荷守恒定律的关系。

24. 批判性思维 如**图23–10**所示，有四个相同的电阻器。如果用一段导线将电路中的A、B两点连接起来，试回答如下问题并说明理由。

a. 通过这根导线的电流是多少？

b. 通过各电阻器的电流会发生什么变化？

c. 通过电池的电流会发生什么变化？

d. 各电阻器两端的电压会发生什么变化？

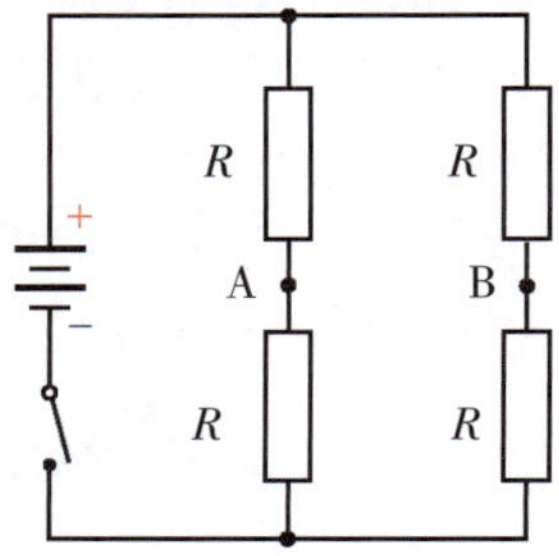

图23–10

第2节 电路的应用

物理在你身边

你家里可能有断路器、保险丝以及触电保护器。所有这些器件都连接在家庭电路中，以预防事故的发生。建筑法规一般要求在浴室里的所有电路输出端须安装有复位开关的触电保护器。

安全设备

在电路中，保险丝和断路器都是为了电路的安全而设置的，它们能防止因过多用电器的同时接入而引起电路过载。当电路的电阻太小时会发生**短路（short circuit）**。当用电器并联时，每接入一台正在工作的电器就会使电路的等效电阻减小，总电流增加。电流过大可能会产生大量的热量，导致导线的绝缘层熔化，从而造成短路，甚至引起火灾。

保险丝（fuse）是一小段的金属丝，当通过它的电流过大时，它就会熔化，从而切断电流，保护用电器。保险丝的粗细由电路中规定的安全电流的大小来确定。而如**图23-11**所示的**断路器（circuit breaker）**则是一种自动开关，当电流达到或超过某个设定值从而可能使电路过载时，它就会自动打开，切断电流。

电流通过单一路径从电源流经用电设备后再返回电源。有时，电器设备不合规格，或者不巧浸到了水，就会形成另外的电流通路。**触电保护器（ground-fault interrupter）**中的电子线路能检测到由于另外的通路而引起的微小的电流变化，自动切断电路，从而防止伤害事故的发生。

断路器

图23-11 当有过大的电流通过双金属片时，它就会发热，从而引起弯曲并与弹簧片脱开，于是，开关手柄跳向断开位置，触点分开，电路切断。

主要概念

大多数电路是混联电路。

核心问题

- 保险丝、断路器、触电保护器是怎样保护家庭电路的？
- 在混联电路中，怎样检测电流和电压？
- 怎样用电压表和电流表测量电路中的电压和电流？

术语回顾

电流 电荷的定向移动

关键术语

短路
保险丝
断路器
触电保护器
混联电路

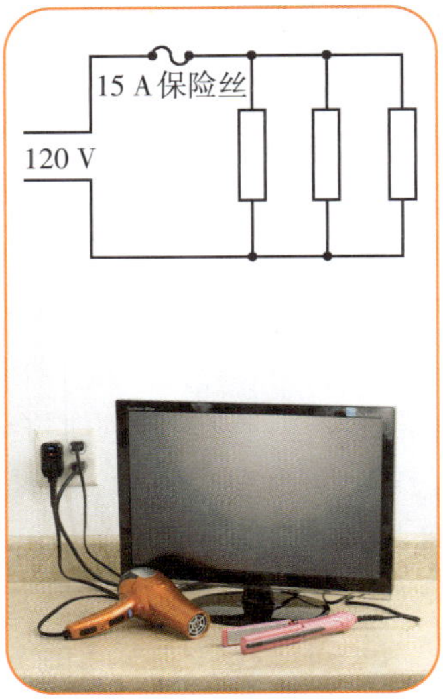

图23–12 这种用于室内的并联电路可使多台电器同时使用。**明确**上述电路中保险丝的额定电流。

家庭电路 保险丝、断路器以及触电保护器通常用于家庭电路。那么，这些器件怎样接入电路中？它们与灯泡和插座是串联连接还是并联连接？设想一下，如果在家庭电路中所有的灯泡和插座串联在一条线路上，那会发生什么情况？显然，此时你家里的所有灯泡和插座要么同时打开，要么同时切断。但这并不符合实际。

如**图23–12**的上图为简化的家庭电路。三条支路并联后与一个15 A的保险丝串联，连接到120 V的电源上。每个电阻器代表一个灯泡或一台用电器。任何一条支路中的电流都不依赖于其他支路中的电流，这就说明，你可以关掉浴室里的电灯，而不关掉电视机。但是，如果保险丝熔断，所有的电灯及用电器都将关闭。

我们来看一个例子。假定**图23–12**中的三个电阻器分别代表的是一台240 W的电视机、一台720 W的直发器以及一台1 440 W的吹风机。现在我们想要了解，如果三台用电器同时启动，保险丝会否熔断。

你可以根据关系式$I=\frac{P}{U}$来确定通过每个用电器的电流。对于电视机，$I_{电视机}=\frac{240\ \text{W}}{120\ \text{V}}=2.0\ \text{A}$；对于直发器，$I_{直发器}=\frac{720\ \text{W}}{120\ \text{V}}=6.0\ \text{A}$；对于吹风机，$I_{吹风机}=\frac{1\,440\ \text{W}}{120\ \text{V}}=12\ \text{A}$。

根据基尔霍夫节点定律可知，通过保险丝的电流是通过电视机、直发器以及吹风机的电流之和。

$$
\begin{aligned}
I_{保险丝}&=I_{电视机}+I_{直发器}+I_{吹风机}\\
&=2.0\ \text{A}+6.0\ \text{A}+12\ \text{A}\\
&=20\ \text{A}
\end{aligned}
$$

这样的电流能否使保险丝熔断？如**图23–12**所示，保险丝的额定电流是15 A，所以20 A的电流可能使保险丝熔断，这将使整个线路被切断。

物理实验

串联和并联电路

如何确定串联电路和并联电路的等效电阻？

物理挑战题

检流计是一种用于测量微小电流的仪器。若如图所示的电路中检流计的示数为零，那么你就可以认为该电路是平衡的。

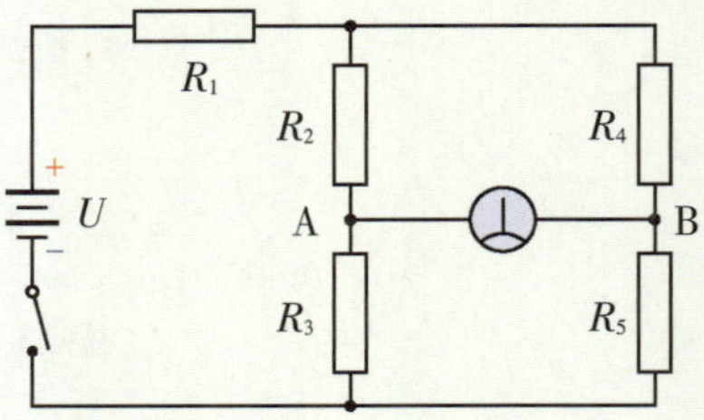

1. 与你一起做实验的同学说，只有一种办法可以使该电路平衡，那就是所有的电阻都相等。这能使该电路平衡吗？是否还有别的办法使该电路平衡？请说明。
2. 用图中的符号推导出满足电路平衡的一般方程。*提示：将这种电路作为分压器处理。*
3. 哪个电阻器可用一只可变电阻器替代，然后用它来调节电路，使电路平衡？
4. 哪个电阻器可用一只可变电阻器替代，然后用它来调节灵敏度？为什么用可变电阻器替代是必要的？在实际中如何应用这种电路？

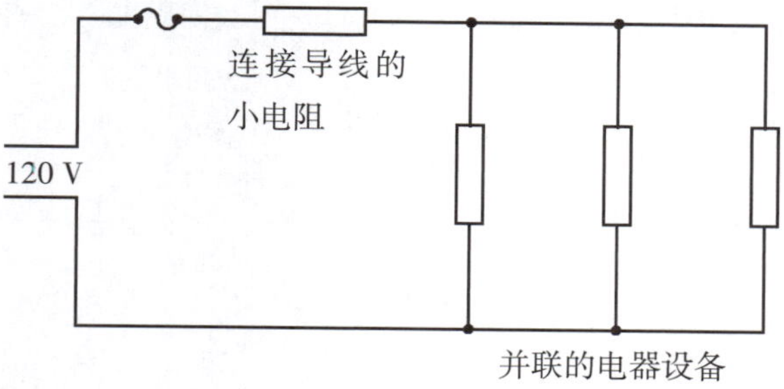

图 23-13 包含串联和并联支路的电路称为混联电路。
解释为什么导线有电阻。

混联电路

你是否注意到，当你打开电吹风时，浴室或卧室中的灯光会突然暗一下？电灯和电吹风是并联在 120 V 的电源上的。因为是并联连接，所以当你打开电吹风时，通过灯泡的电流应当不会改变。然而灯光还是变暗了，这说明电流还是有改变的。之所以灯光会变暗，是因为室内的电线存在一个很小的电阻。如**图 23-13** 所示，这个小电阻与并联电路串联。这种既包含串联电路又包含并联电路的混合电路称为**混联电路（combination series－parallel circuit）**。下面是分析这种电路的基本步骤。

解题 策略

混联电路

可按下列步骤来分析和求解有关混联电路问题。

1. 作出电路图。

2. 找出所有并联电阻。并联电阻具有独立的电流通路，它们两端的电压必须相同。求出替代它们的等效电阻，然后用等效电阻作出新的电路图。

3. 所有电阻（包括等效电阻）现在是否呈串联连接？串联电路只有一条电流通路，它通过所有的电阻。求出可替代它们的新的等效电阻，作出新的电路图。

4. 重复步骤 2 和 3，直至将电路简化为只包含一个电阻的电路。求出总电流，然后再计算通过每个电阻的电流及其两端的电压。

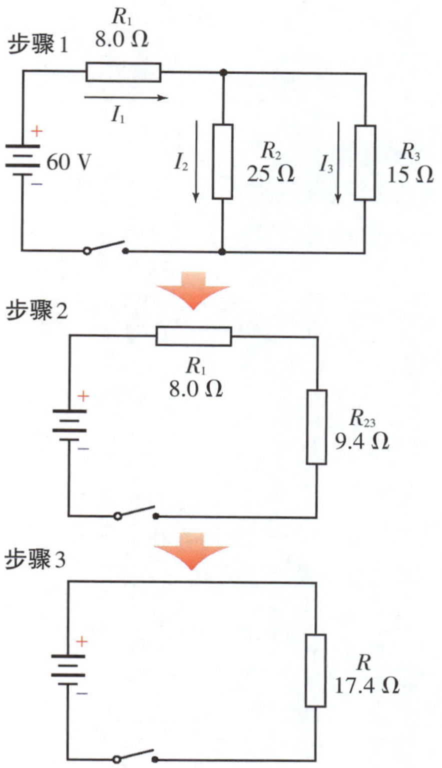

例题 4

混联电路 一只电吹风的电阻为12.0 Ω，它与一盏电阻为125 Ω的电灯并联后，再串联一个1.50 Ω的电阻器，最后接在125 V的电源上。试求吹风机工作时通过灯泡的电流。

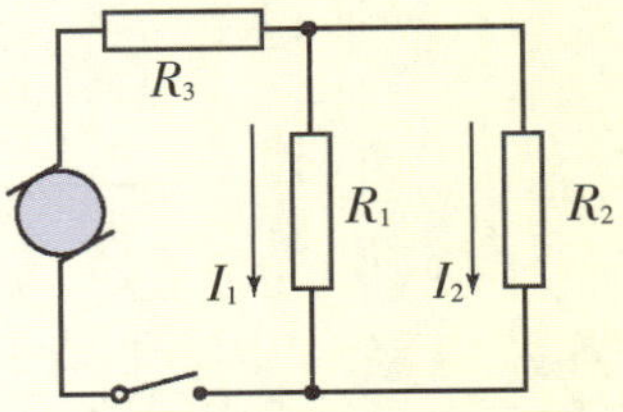

1 分析概括问题

- 作出包括电吹风和灯泡的混联电路图。
- 用R_P表示R_1和R_2的等效电阻。

已知		未知	
$R_1=125\ \Omega$	$R_3=1.50\ \Omega$	$I=?$	$I_1=?$
$R_2=12.0\ \Omega$	$U_{电源}=125\ \text{V}$	$R=?$	$R_P=?$

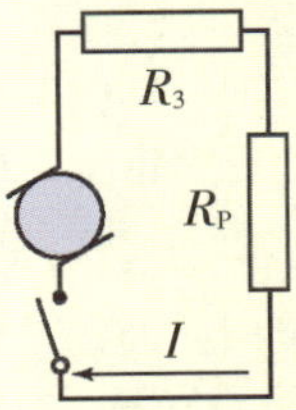

2 求解未知量

先求并联电路的等效电阻，然后求整个电路的等效电阻，最后求电流。

$$\frac{1}{R_P}=\frac{1}{R_1}+\frac{1}{R_2}=\frac{1}{125\ \Omega}+\frac{1}{12.0\ \Omega}$$ ◀将$R_1=125\ \Omega$，$R_2=12.0\ \Omega$代入。

$$R_P=10.9\ \Omega$$

$$R=R_3+R_P=1.50\ \Omega+10.9\ \Omega=12.4\ \Omega$$ ◀将$R_3=1.50\ \Omega$，$R_P=10.9\ \Omega$代入。

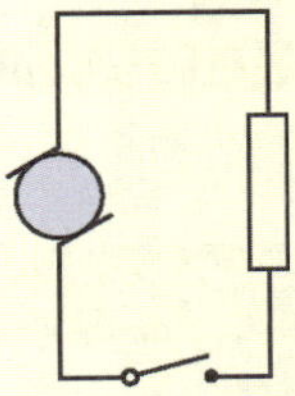

$$I=\frac{U_{电源}}{R}=\frac{125\ \text{V}}{12.4\ \Omega}=10.1\ \text{A}$$ ◀将$U_{电源}=125\ \text{V}$，$R=12.4\ \Omega$代入。

$$U_3=IR_3=10.1\ \text{A}\times 1.50\ \Omega=15.2\ \text{V}$$ ◀将$I=10.1\ \text{A}$，$R_3=1.50\ \Omega$代入。

$$U_1=U_{电源}-U_3=125\ \text{V}-15.2\ \text{V}=1.10\times 10^2\ \text{V}$$ ◀将$U_{电源}=125\ \text{V}$，$U_3=15.2\ \text{V}$代入。

$$I_1=\frac{U_1}{R_1}=\frac{1.10\times 10^2\ \text{V}}{125\ \Omega}=0.880\ \text{A}$$ ◀将$U_1=1.10\times 10^2\ \text{V}$，$R_1=125\ \Omega$代入。

3 验证答案

- **单位是否正确？** 电流的单位是A，电压的单位是V。
- **数值是否合理？** 电阻的数值大于电压的数值，所以电流应小于1 A。

练一练

25. 混联电路有三个电阻，电路连接与例题4相似，它们的功率分别为2.0 W、3.0 W和1.5 W。当该电路接在12 V的电池上时，电路中的电流是多少？

26. 如**图23-14**所示的13个灯泡完全相同，此时它们中哪些会更亮一些？

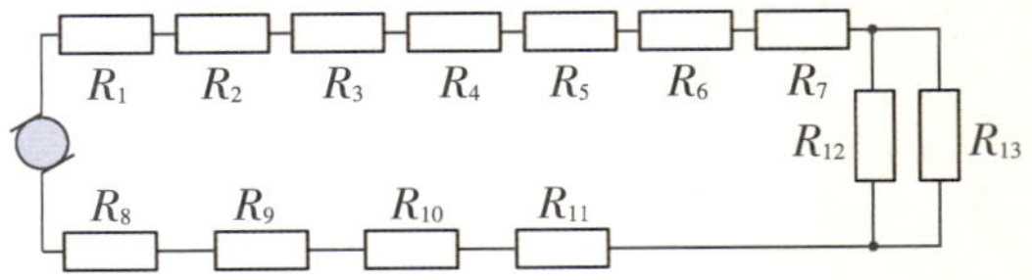

图23-14

27. 挑战题 混联电路中有三个用电器。一台榨汁机和一台立式搅拌器并联后，与一台电烤箱串联，如**图23-15**所示。求通过榨汁机的电流。

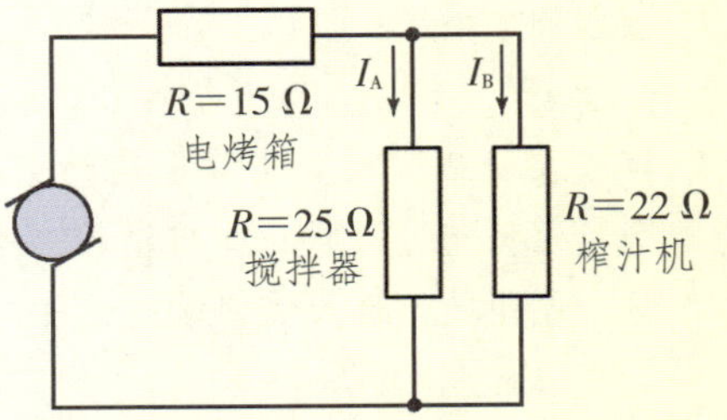

图23-15

电流表和电压表

电流表是一种用于测量电路中电流的仪器。例如，如果你想测量通过某个电阻器中的电流，你就要将电流表与该电阻器串联。这就需要断开电路并将电流表接入。在理想情况下，电流表的接入不应改变电路中的电流。但是，因为电流表的接入总会增加些电路中的电阻，导致电流减小，所以电流表的电阻要设计得尽可能小一些。如**图23-16**中的上图所示为一只电流表，其表头并联了一个0.01 Ω的电阻器。可见，电流表的电阻非常小，所以它所引起的电流的减小可以忽略。

还有一种仪器称为电压表，它用于测量某段电路两端的电压。为了测量某个电阻器两端的电压，要将电压表与该电阻器并联。电压表的电阻要设计得非常大，以便使电路中的电流和电压的改变尽可能小一些。如**图23-16**中的下图所示，电压表中串联了一个10 kΩ的电阻器。当电压表并联在R_2上时，它们的等效电阻小于单独的电阻R_2。因此，电路的总电阻减小，电流增加。由于R_1不变，但通过它的电流增加了，因此它两端的电压会增加。再考虑到电源两端的电压保持不变，因此R_2两端的电压必然减小。可见，电压表的接入会使得被测电阻两端的电压降低。电压表的电阻越大，这种电压的改变越小。实际电压表的电阻可达10 MΩ。

图23-16 电流表与两个电阻串联。电流表内的小电阻会使电路中的电流只有微小的改变。电压表与电阻器并联。电压表内的大电阻使得电路中的电流和电压的改变可被忽略。

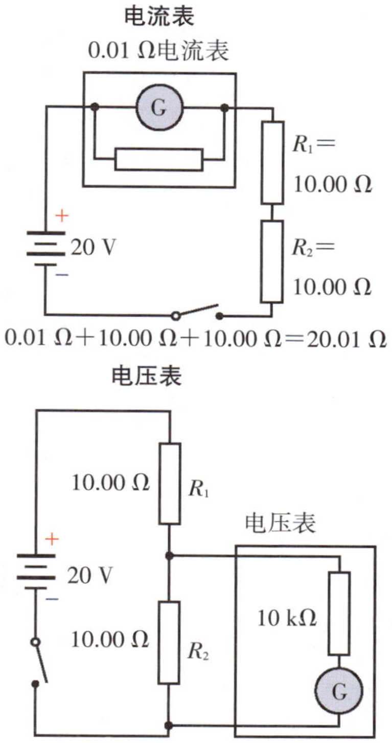

第2节 复 习

28. 主要概念 用你自己的话说明什么是混联电路。

*第29~33题以及第35题请参见**图23-17**。*

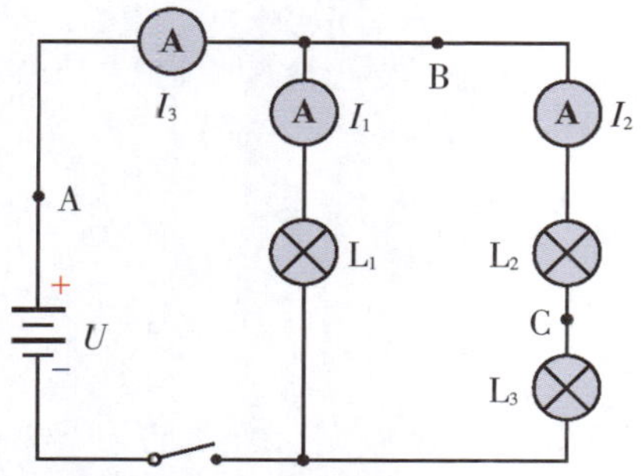

图23-17

29. 亮度 比较这些灯泡的亮度。

30. 电流 如果测得I_3为1.7 A，I_1为1.1 A，那么通过灯泡L_2的电流是多少？

31. 串联电路 将C点处的导线断开，将一个小电阻器串联接入灯泡L_2和L_3之间，此时两灯泡的亮度将发生怎样的变化？试说明理由。

32. 电池的电压 电压表测得灯泡L_2两端的电压为3.8 V，灯泡L_3两端的电压为4.2 V。电池两端的电压为多大？

33. 电路 利用第32题中的信息，确定灯泡L_2和灯泡L_3是否相同。

34. 保护电路 描述三种家庭电路中常用的安全设备。

35. 批判性思维 是否有办法在不增加任何电阻器的情况下，使**图23-17**中的三个灯泡的亮度一样？请说明理由。

起步实验

保险丝和电路

实验步骤

1. 用一根铜导线将一节9 V电池的负极与一个安在灯座中的手电筒灯泡的一端相连。***注意:导线两端较尖锐,小心割伤皮肤。***
2. 用铜导线将安在灯座中的灯泡的另一端与一根极细的金属丝的一头相连。这根细金属丝必须安放在小的玻璃容器中。
3. 用铜导线将这根细金属丝的另一头接到一只开关上。确认开关是断开的。
4. 将开关的另一端连接电池的正极。
5. 预测当开关闭合时将发生什么情况。
6. 闭合开关,观察细金属丝的情况。
7. 取一根较粗些的细金属丝,或将几根细金属丝绞在一起,重复步骤1~6。

分析

8. 说明导线的粗细与它通电后发热的快慢及烧断的关系。

9. 为什么现在家庭的配电箱中,要用断路器替代保险丝?

10. **批判性思维** 在调换你家中或汽车电路中被烧毁的保险丝时,必须使用正确规格的熔丝。为什么说这点非常重要。

迷你实验

并联电阻

实验步骤

1. 将一个电源、一个电阻器以及一只电流表接成串联电路。
2. 预测将第二个相同的电阻器并联在第一个电阻器上时,电路中电流的变化情况。
3. 检验你的预测。
4. 预测当电路中有第三、第四个相同的并联电阻器时,电路中电流的变化情况。
5. 检验你的预测。

分析

6. 作出数据表,证明你的结论。

7. 解释你的结果。

物理实验

实验器材

- 本实验中的电流很小，你不会遭到明显的电击。本实验不使用可能会导致生命危险的高压交流电。
- 导线两端较尖锐，小心割伤皮肤。

低压电源
两个小灯泡
两架小灯座
电流表或多用电表（量程为0～500 mA）
电压表或多用电表（量程为0～30 V）
大约10根带有鳄鱼夹的导线

串联和并联电路

在任何电路中，电流、电压和电阻之间总存在一定的关系。本实验中，你将要对串联电路和并联电路中的这种关系进行研究和比较。

问题

在串联电路和并联电路中，电流、电压和电阻之间存在怎样的关系？

目标

- **描述**串联电路中电流、电压和电阻间的关系。
- **归纳**并联电路中电流、电压和电阻间的关系。
- **收集**数据，利用电表测量电流和电压。
- 利用电流和电压的数据，**计算**灯泡的电阻。

实验步骤

1. 将两架灯座以及一只电流表和一台低压电源连接成串联电路。在连接电流表时要确保正负极的连接正确。
2. 将灯泡旋入灯座，接通电源，调节功率控制旋钮，使灯泡暗淡发光。
3. 把一个灯泡旋下，将此时你的观察结果记录在数据表中。
4. 将那个旋下的灯泡重新旋上，用电压表测出这两个串联灯泡两端的电压，并将你的数据记录在数据表中。用电压表测量时，要将电压表的正极接在电路中被测电阻靠近电源正极的那一端；电压表的负极接在电路中靠近电源负极的那一端。

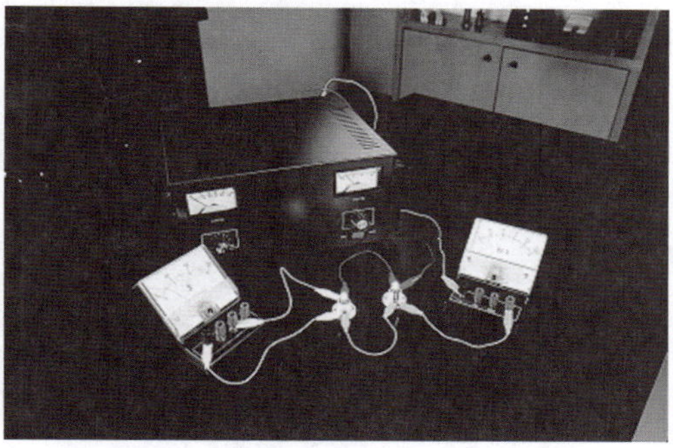

5. 测量每个灯泡两端的电压，并将你的数据记录在数据表中。
6. 将电流表接入串联电路中的不同位置处，并将测得的关于电流的数据记录在数据表中。
7. 将两架灯座并联连接，然后串联一只电流表，再接到低压电源上。
8. 将灯泡旋入灯座，接通电源，调节功率控制旋钮，使灯泡变暗。将电流表测得的数据记录在数据表中。
9. 测出整条电路两端以及每个灯泡两端的电压，并将所测得的值记录在数据表中。
10. 将电压表接在一个灯泡的两端，然后旋下一个灯泡。将你对两个灯泡的观察结果，以及电表显示的电流和电压的读数记录在数据表中。
11. 重新旋上那个灯泡，然后旋下另一个灯泡。将你对两个灯泡的观察结果，以及电表显示的电流和电压的读数记录在数据表中。

数据表

步骤	观察和测量结果
3	
4	
5	
6	
7	
8	
9	
10	
11	

分析

1. 计算串联电路中两个灯泡的总电阻。

2. 计算串联电路中每个灯泡的电阻。

3. 这两个灯泡的总电阻与每个灯泡的电阻相比，有什么特点？

4. 在串联电路中，每个灯泡两端的电压与两个灯泡两端的电压相比，有什么特点？

5. 计算并联电路中每个灯泡的电阻。这个电阻与上面计算得到的串联电路中的电阻相比，有什么特点？

结论与应用

1. 归纳串联电路中电流、电压和电阻间存在的关系。

2. 归纳并联电路中电流、电压和电阻间存在的关系。

进一步探索

采用额定电压不同（例如1.5 V、3.0 V、6.0 V等）的灯泡重复上述实验。

生活中的物理学

1. 大多数家用电路中，无论使用多少个灯泡，它们的额定电压都是120 V。那么，任何数目额定电压相同的灯泡的不同接法（串联或并联）对这些灯泡的发光效果有怎样的影响？

2. 为什么在你的家里，当诸如空调那样的大功率用电器启动时，电灯会突然比平时暗一些？

电 工

想一想看，你每天是多么频繁地用电。每次你按下灯的开关、打开冰箱门或者开启电视机，你都需要利用由电工布设的电路。

在商场、工厂或者住宅的设计中都需要电工。这里我们主要关注电路在住宅中的应用。

断路器 对于大多数家庭来说，电是通过配电箱进入家庭电路的。电从配电箱出发，然后再分配至家庭的各个地方。配电箱内最重要的电子元件就是断路器。断路器实际上是一种自动开关，当电路中的电流过大时，这种开关会立即断开（切断电路）。电流会使导线发热，所以重要的是，在导线过热从而可能引起燃烧、损毁或短路之前，立即切断电路。

导线 当有电流通过时，导线会发热。导线越细，通电时发热量越多，所以导线太细，可能会因为过热而引起火灾。电工必须了解导线所能承受的安全电流的值，从而选择适当粗细（或规格）的导线，以控制负载电流。

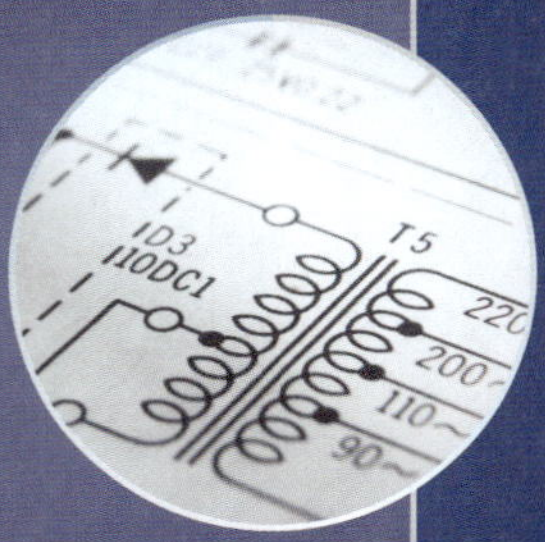

并联和串联 从配电箱出来的每条电路中通常有多个插座，这些插座应当并联连接，这样即使其中某些插座接入了用电器，电路导通，有电流通过，而另一些插座没有接入用电器，就没有电流通过。不过，在某些情况下，串联连接还是需要的。电工在设计家庭电路时，必须了解何处需要串联连接，何处需要并联连接，以及该怎样连接。

进一步探索

研究 你怎样才能成为一名电工？拜访一名电工，请他介绍一下，为了成为一名电工，你需要的教育、经验和技能。

复习指南

大概念 电路元件的连接方式有串联、并联和混联。

关键术语

- 串联电路
- 等效电阻
- 分压器
- 并联电路

第1节 简单电路

主要概念 在串联电路中，电流通过一条支路；在并联电路中，电流通过两条或多条支路。

- 在简单的串联电路中，各处的电流相等。如果并联电路中某一条支路断开，那么该支路中就没有电流，但其他支路中的电流不变。
- 串联电路中的电流等于电源电压除以等效电阻。串联电路中各电阻器两端的电压之和，等于电路两端的电压。串联电路的等效电阻等于其各部分电阻之和。
- 在并联电路中，总电流等于各支路电流之和。并联电路中，各支路两端的电压相等。并联电阻器的等效电阻的倒数等于各支路电阻器电阻的倒数之和。

关键术语

- 短路
- 保险丝
- 断路器
- 触电保护器
- 混联电路

第2节 电路的应用

主要概念 大多数电路是混联电路。

- 保险丝、断路器以及触电保护器的作用是，当电路中出现危险的大电流时，它们能使电路立即断开。

断路器

- 在求解混联电路的电流和电压时，应首先将各个并联支路简化为一个等效电阻，然后再用一个等效电阻来替代所有串联的电阻。
- 电压表用于测量任何电路两端的电压。电压表的电阻很大，且要与被测的那段电路并联连接。电流表用于测量电路中的电流。电流表的电阻很小，且要串联接入。

第23章 测 评

第1节 简单电路

理解概念

36. 某串节日彩灯是串联连接的。为什么其中一个灯泡坏了时，整串灯都不亮了？

37. 为什么并联的电阻越多，其等效电阻就越小？

38. 几个不同电阻的电阻器并联，其等效电阻与各个电阻器的电阻相比如何？

39. **大概念** 为什么家庭电路采用的是并联电路而不是串联电路？

40. 三个60 Ω的电阻器串联时和并联时，它们的等效电阻有什么不同？

41. 比较流入和流出并联电路节点的电流的大小（节点即三个或更多个导线的连接点）。描述一下你所用来回答本题的基尔霍夫定律。

解决问题

42. 如**图23–18**所示，电流表1的示数为0.20 A。

a. 电流表2的示数为多少？

b. 电流表3的示数为多少？

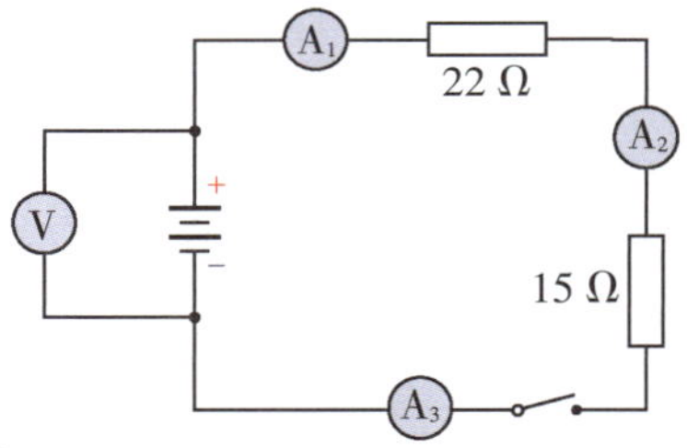

图23–18

43. 将680 Ω、1.1 kΩ和11 kΩ的电阻器串联，计算它们的等效电阻。

44. 将680 Ω、1.1 kΩ和10.2 kΩ的电阻器并联，计算它们的等效电阻。

45. 串联电路中有两次电压降：5.50 V和6.90 V。电源两端的电压是多少？

46. 并联电路中有两条支路电流：3.45 A和1.00 A。通过电源的电流是多少？

47. 手电筒中有一个灯泡和三个电池，但这三个电池中有一个是逆向连接。灯泡的电阻为15 Ω，电池的电压都是1.5 V。利用基尔霍夫回路定律计算通过灯泡的电流。

48. 当电荷q通过电压为U的一段电路时，其电势能的改变量为qU。现在让我们来分析**图23–8**中的电路。

a. 利用基尔霍夫回路定律计算，当电荷q绕回路运动多次时，它的电势能的改变量。此时，能量守恒定律是否成立？

b. 假定基尔霍夫回路定律不正确，电源的电压U大于电阻器两端的电压IR。那么，当电荷q绕回路运动多次时，它的电势能的改变量将会是怎样？

49. 如**图23–18**所示，电流表1的示数为0.20 A。

a. 电路的总电阻是多少？

b. 电源电压是多少？

c. 22 Ω的电阻器的功率是多少？

d. 电池的输出功率是多少？

50. 如**图23–18**所示，电流表2的示数为0.50 A。

a. 求22 Ω的电阻器两端的电压。

b. 求15 Ω的电阻器两端的电压。

c. 电池的电压是多少？

51. 一个22 Ω的灯泡和一个4.5 Ω的灯泡串联后接到45 V的电源上，如**图23–19**所示。

a. 电路的等效电阻是多少？

b. 电路中的电流是多少？

c. 各灯泡两端的电压是多少？

d. 各灯泡的功率是多少？

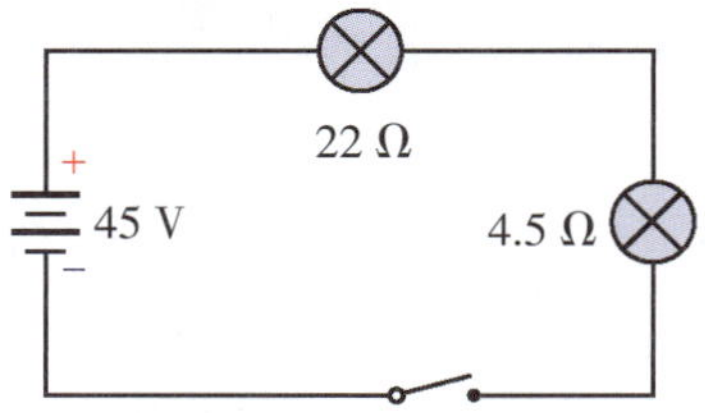

图23–19

52. 串联电路有两次电压降：3.50 V和4.90 V。电源电压是多少？

53. 并联电路有两个支路电流：1.45 A和1.00 A。通过电源的电流是多少？

54. 如**图23–20**所示，回答如下问题。

a. 电流表的示数是多少？

b. 电压表1的示数是多少？

c. 电压表2的示数是多少？

d. 电源每分钟输出的能量为多大？

e. 电路的等效电阻是多少？

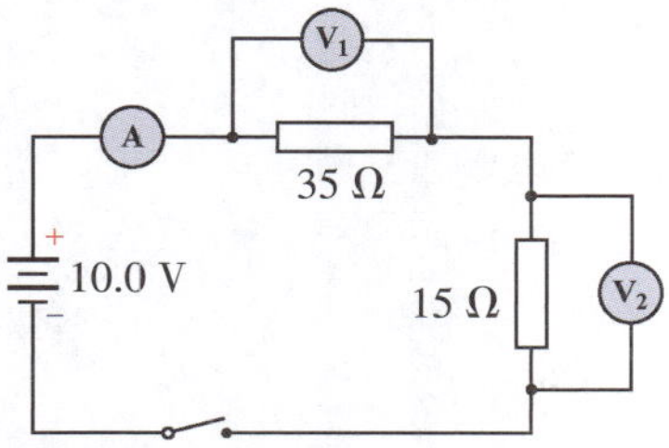

图23–20

55. 如**图23–21**所示，电压表的示数为70.0 V。

a. 哪个电阻器发热量最多？

b. 哪个电阻器发热量最少？

c. 电流表的示数是多少？

d. 电源的输出功率是多少？

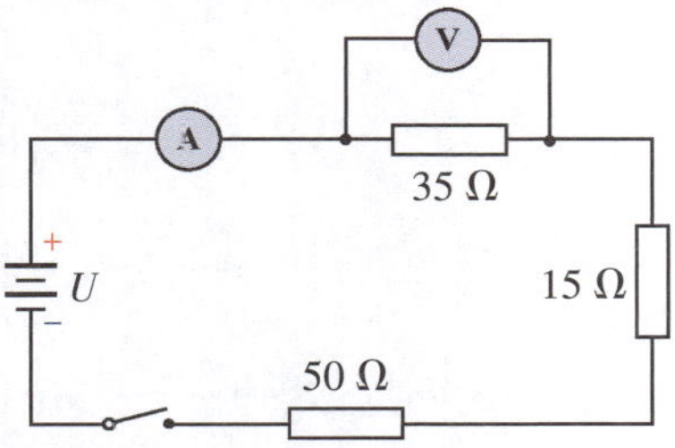

图23–21

56. 电源两端的负载由两个电阻器构成，它们的电阻分别为15 Ω和47 Ω。

a. 该负载的总电阻为多大？

b. 当电流为97 mA时，该电池的电压为多大？

57. 彼得正在设计一只分压器。他准备将一节12 V的电池以及一个82 Ω的电阻器作为R_2。为了使R_2上的电压是4.0 V，另一个电阻器R_1的巳阻应为多大？

58. 混联电路有三个电阻，它们的功率分别为5.50 W、6.90 W和1.05 W。电源提供的功率是多少？

59. 如**图23–22**所示，电源电压为110 V。

a. 哪个电阻器发热量最多？

b. 哪个电阻器发热量最少？

c. 电流表1的示数是多少？

d. 电流表2的示数是多少？

e. 电流表3的示数是多少？

f. 电流表4的示数是多少？

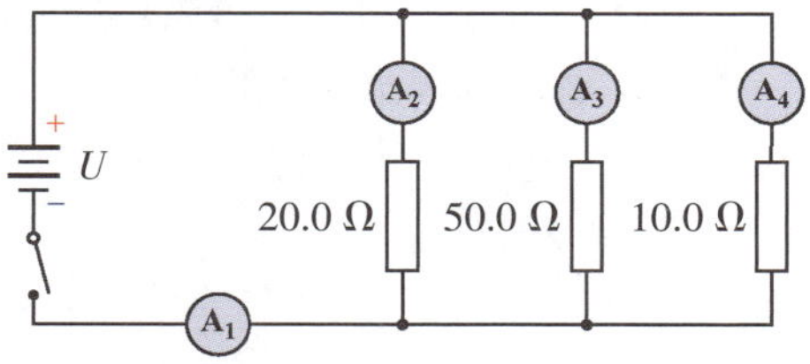

图23–22

60. 如**图23–22**所示，电流表3的示数为0.40 A。

a. 电源电压是多少？

b. 电流表1的示数是多少？

c. 电流表2的示数是多少？

d. 电流表4的示数是多少？

61. 如**图23–22**所示，50.0 Ω的电阻器中的约定电流的方向是什么？

62. 节日灯串 一串挂在树上的由18个完全相同的灯泡串联构成的节日彩灯，接在120 V的电源上，功率为64 W。

a. 这串彩灯的等效电阻为多大？

b. 每个灯泡的电阻为多大？

c. 每个灯泡功率为多大？

63. 若第62题中有一个灯泡烧坏，灯丝被短路，这个灯泡的电阻降低为零。

a. 这串彩灯此时的等效电阻为多大？

b. 求这串彩灯此时的功率。

c. 一个灯泡烧坏后，这串彩灯的功率是增加了还是减小了？

64. 一个16.0 Ω的电阻器与一个20.0 Ω的电阻器并联后接到40.0 V的电源上。

a. 计算并联电路的等效电阻。

b. 电路中的总电流是多少？

c. 通过16.0 Ω的电阻器的电流是多少？

65. 一位学生使用了一个由45 V的电源以及两个电阻分别为475 Ω和235 Ω的电阻器构成的分压器。较小电阻的电阻器的两端作为输出。输出电压为多少?

66. 艾美在一次集成电路实验中需要5 V的电压。她用一节6.0 V的电池和两个电阻器制作了一个分压器,其中一个电阻器的电阻为330 Ω,她决定使另一个电阻器的电阻小一些。那么该电阻器的电阻为多大?

67. 电视机 一台电视机接在120 V的电源上时,其功率为275 W。

a. 求这台电视机的电阻。

b. 电视机与连接插座和保险丝的2.5 Ω的导线串联,相当于一个分压器。试求电视机两端的电压。

c. 一只12 Ω电吹风插在同一个插座上。求这两个用电器的等效电阻。

d. 试求电视机和电吹风两端的电压。

第2节 电路的应用

理解概念

68. 说明保险丝在保护电路中的作用。

69. 短路是什么意思?为什么短路是危险的?

70. 为什么电流表的电阻必须非常小?

71. 为什么电压表的电阻必须非常大?

72. 电流表与电压表接入电路的方式有何不同?

解决问题

73. 假定如**图23-23**所示的所有电阻器的电阻都是30.0 Ω。试求等效电阻。

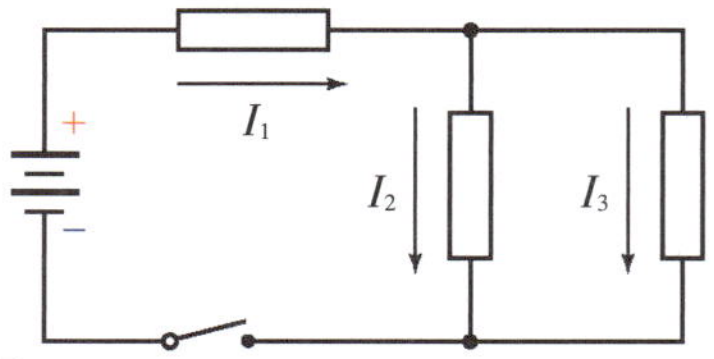

图23-23

74. 假定如**图23-23**所示的各个电阻器的功率均为120 mW,试求总功率。

75. 如**图23-23**所示,若I_1=13 mA,I_2=1.7 mA,试求I_3。

76. 如**图23-23**所示,若I_2=13 mA,I_3=1.7 mA,试求I_1。

77. 某电路包含六盏60 W的电灯,每盏灯的电阻均为240 Ω,此外还有一台10.0 Ω的电暖器,它们并联连接。已知电路两端的电压是120 V,试求下列情况下电路中的电流。

a. 只开启4盏灯。

b. 所有灯都开启。

c. 灯和电暖器全部开启。

d. 如果电路中有一根规格为12 A的保险丝,那么,当灯和电暖器全部开启时,保险丝会熔断吗?

78. 排序 把**图23-24**所示的电路中的电阻器,按照下列选项的要求从小到大进行排序。

a. 通过每个电阻器上的电流。

b. 每个电阻器上的电压。

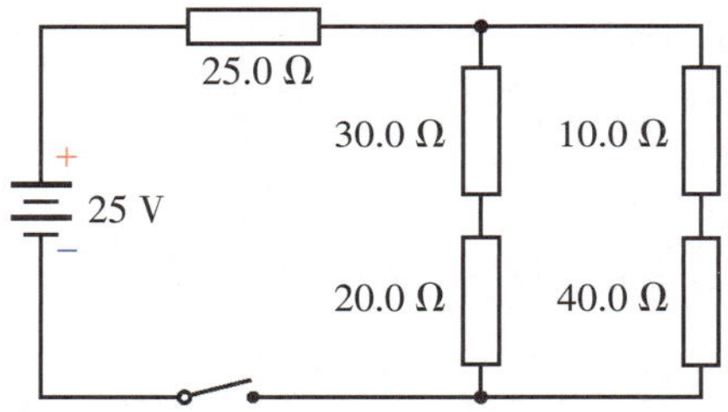

图23-24

79. 在实验室做实验时,你手上有一节电压为U的电池、两个可放在水中的低电阻电热元件、一只电阻很小的电流表、一只电阻非常大的电压表、若干根电阻可忽略的导线、一只绝热且其热容量可被忽略的烧杯,以及0.10 kg的25 ℃的水。试利用标准符号及电路图,说明应怎样连接这些组件,才能最快地使水加热。

80. 若第79题中,电压表的示数稳定在45 V,电流表的示数稳定在5.0 A。试估计需多少时间才能使烧杯中的水全部汽化。已知水的比热容为4.2 kJ/kg·℃,水的汽化热为2.3×10^6 J/kg。

81. 家庭电路 一个典型的家庭电路如**图23-25**所示。引到厨房灯的导线每根的电阻为0.25 Ω,灯泡的电阻为0.24 kΩ。虽然电路是并联的,但导线与各用电器却是串联的。

a. 计算这只灯与接到该灯的来回导线的等效电阻。

b. 求灯泡中的电流。

c. 求灯泡的功率。

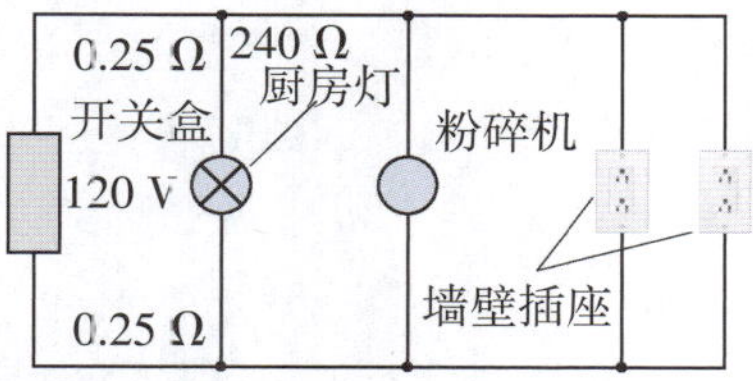

图23-25

应用概念

82. 在三盏电灯串联的电路中,若有一盏灯烧坏了,通过其他两盏灯的电流会怎样?

83. 假定如**图23-4**所示的分压器中,R_1是可变电阻,那么随着R_1电阻的增加,该分压器的输出电压U_2将怎样改变?

84. 电路A由三个60 Ω的电阻器串联构成,电路B由三个60 Ω的电阻器并联构成。如果用开关切断第一个电阻器中的电流,那么通过这两种电路的第二个电阻器中的电流将会怎样变化?

85. 如果三个并联的灯泡中有一个烧坏了,那么另外两个灯泡中的电流将会怎样变化?

86. 一位电工需要一个10 Ω的电阻器和一个15 Ω的电阻器,但是仓库里只有一种30 Ω的电阻器。他一定要买新的电阻器吗?说明理由。

87. 如果你有一节6 V的电池和许多1.5 V的小灯泡,你可以怎样连接它们,从而既使它们发光,又使每个灯泡两端的电压不大于1.5 V?

88. 两盏电灯有不同的电阻,一盏电阻大,另一盏电阻小。

a. 如果将它们并联,哪盏灯较亮一些(即功率较大)?

b. 如果将它们串联,哪盏灯较亮一些?

89. 家庭电路保险丝 为什么说在适用15 A的保险丝的家庭电路中,用30 A规格的保险丝是危险的?

90. 写出下列各种情况中电路的连接方式,是串联还是并联。

a. 电路中的电流处处相同。

b. 总电阻等于各分电阻之和。

c. 电路中各电阻器两端的电压相等。

d. 电路中的总电压与电阻成正比。

e. 电路中加进一个电阻器时,总电阻减小。

f. 电路中加进一个电阻器时,总电阻增加。

复习提高

91. 分压器由两个47 kΩ的电阻器和一节12 V的电池构成。试确定下列情况下测得的输出电压。

a. 用一只理想的电压表。

b. 用电阻为85 kΩ的电压表。

c. 用电阻为10×10^6 Ω的电压表。

92. 如**图23-26**所示的三个电阻器的额定功率均为5.0 W。试求可能施加在这三个串联电阻器两端的最大安全电压。

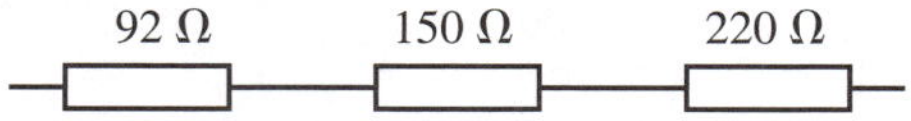

图23-26

93. 试确定第92题中电路的最大安全总功率。

94. 如**图23-27**所示的三个电阻器的额定功率均为5.0 W。试确定可施加在这三个电阻分别为92 Ω、150 Ω和220 Ω的并联电阻器两端的最大安全电压。

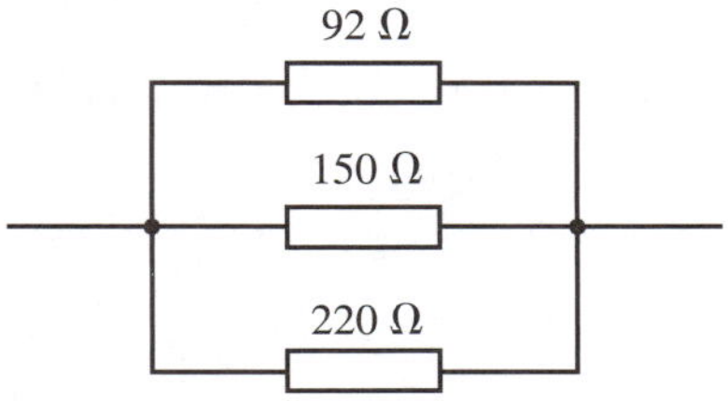

图23-27

批判性思维

95. 应用概念 设计一条电路，用48 V的电源使一打12 V的灯泡同时正常发出同样亮度的光。

a. 方案A：要求当一个灯泡烧坏时，其他灯泡能继续发光。

b. 方案B：要求当一个灯泡烧坏时，其他灯泡能继续正常发光。

c. 方案C：要求当一个灯泡烧坏时，另外有一个灯泡也将被烧坏。

d. 方案D：要求当一个灯泡烧坏时，另外有两个灯泡将被烧坏，或者没有其他灯泡烧坏。

96. 应用概念 电池可视为由一个理想电压源以及一个小电阻串联组成的。电池的电能由其内部发生的化学反应产生。然而，这种反应也会导致产生无法完全消除的小电阻。在手电筒中有两节串联的电池，如**图23–28**所示。每节电池的电压均为1.50 V，内阻为0.200 Ω，灯泡的电阻为22.0 Ω。

a. 通过灯泡的电流是多少？

b. 灯泡的功率是多少？

c. 如果电池没有内阻，那么功率将会增加多少？

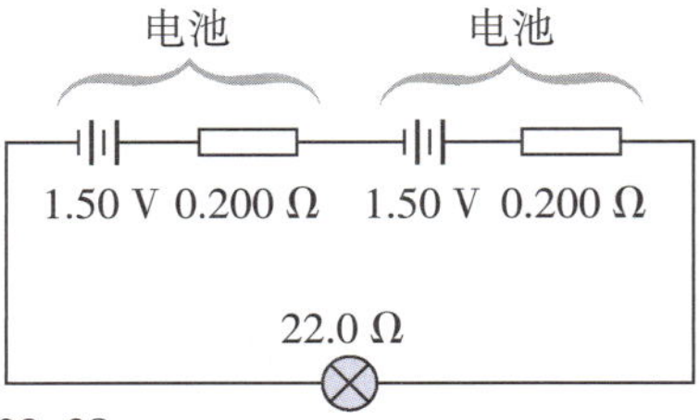

图23–28

97. 编写问题 用生活中的物体编写一道物理题，在它的解答中会出现下列表达式：

$6.0\ \text{V}=I_1\times 500\ \Omega$

$6.0\ \text{V}=I_2\times(100\ \Omega+200\ \Omega)$

98. 补充问题 把问题补充完整，以便可以用欧姆定律来求解："你连接了一条电路，其中有一个4 kΩ的电阻器……"

科技写作

99. 研究基尔霍夫(G.Kirchhoff)和以他名字命名的定律。写一篇短文，说明怎样利用基尔霍夫定律求解本章所出现的三种类型的电路问题。

日积月累

100. 飞机 一架在大气平流中飞行的飞机，它在前方产生的声波波前与它相距0.5 m；在后方产生的声波波前与它相距1.5 m。已知空气中的声速为340 m/s。

a. 相对于这架飞机来说，声波的波长是多少？

b. 这架飞机所产生的声波的频率是多少？

c. 飞机的航行速率为多大？

d. 这架飞机正前方的观察者所测到的声波的频率是多少？

e. 这架飞机正后方的观察者所测到的声波的频率又是多少？

101. 一个物体位于距离凸面镜12.6 cm处，该凸透镜的焦距为−18.0 cm。该物体的像将落在何处？

102. 光在玻璃中的传播速率为1.75×10^8 m/s，此玻璃的折射率是多少？

103. 电荷量分别为2.0×10^{-5} C和8.0×10^{-6} C的两个点电荷之间的相互作用力为9.0 N。它们相距多远？

104. 在距离点电荷Q为d处测得的电场强度为E。说明在下列情况下，E的值将如何变化。

a. d变为原来的3倍

b. Q变为原来的3倍

c. d和Q都变为原来的3倍

d. 试探电荷q'变为原来的3倍

e. d、Q以及q'都变为原来的3倍

第23章 标准化测试

选择题

1. 如下图所示，电路的等效电阻为(　　)

A. $\frac{1}{19}$ Ω　　B. 1.0 Ω

C. 1.5 Ω　　D. 19 Ω

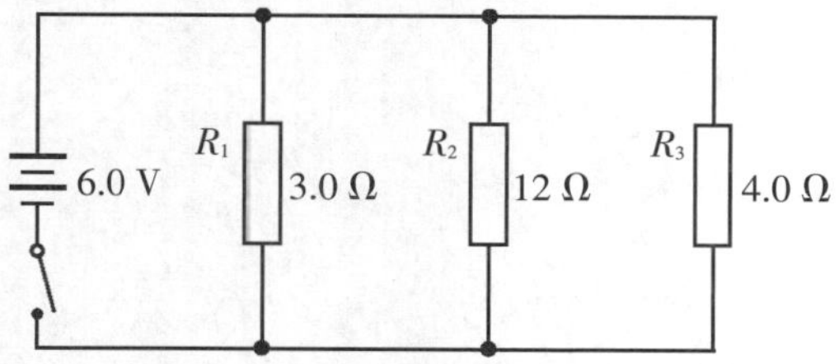

2. 上图中，通过电池的电流为(　　)

A. 0.32 A　　B. 0.80 A

C. 1.2 A　　D. 4.0 A

3. 电阻分别为3.0 Ω、5.0 Ω和4.0 Ω的3个电阻器与电压为9.0 V的电池串联，电路中的电流为(　　)

A. 0.75 A　　B. 1.8 A

C. 3.0 A　　D. 2.3 A

4. 电阻分别为1.0 Ω、3.0 Ω、5.0 Ω和4.0 Ω的4个电阻器与电压为9.0 V的电池串联，电路的等效电阻为(　　)

A. 0.6 Ω　　B. 1.8 Ω

C. 6.0 Ω　　D. 13 Ω

5. 如下图所示，电路中通过电池的电流为(　　)

A. 1.15 A　　B. 2.35 A

C. 2.80 A　　D. 5.61 A

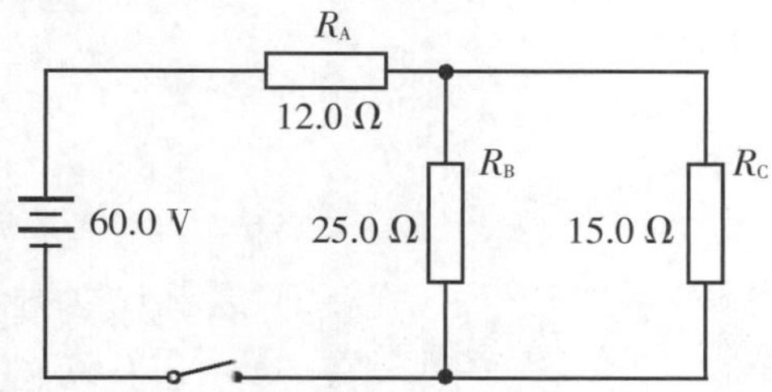

6. 下列说法正确的是(　　)

A. 一般电流表的电阻非常大

B. 一般电压表的电阻非常小

C. 电流表的电阻为零

D. 电压表会使电路中的电流发生较小的变化

7. 尼娜将8个12 Ω的灯泡串联接在一起，该电路的总电阻为(　　)

A. 0.67 Ω　　B. 1.5 Ω

C. 12 Ω　　D. 96 Ω

8. 一种包含电子电路，从而能检测出由于漏电而引起电流微小变化的器件是(　　)

A. 保险丝

B. 断路器

C. 触电保护器

D. 短路

拓展题

9. 查理斯正在筹备一场橄榄球赛前夜的爵士音乐晚会。为此，他将15个灯泡接在他的12.0 V的汽车电池上，然而接好后这些灯泡并不发光。电流表显示，此时通过这些灯泡的电流为0.350 A。假定使灯泡发光的电流为0.500 A，那么查理斯必须从该电路中撤去几个灯泡？

10. 串联电路包括一节8.0 V的电池和4个电阻分别为R_1=4.0 Ω、R_2=8.0 Ω、R_3=13.0 Ω和R_4=15.0 Ω的电阻器。试计算该电路中的电流和电功率。

考点提示

测试题号	1	2	3	4	5	6	7	8	9	10
对应小节	1	1	1	1	2	2	1	2	1	1

第24章

磁　场

大概念 磁铁与运动电荷的周围存在磁场，磁场对磁性材料或运动电荷有力的作用。

内容提要

起步实验

磁场的方向

磁场是否有方向？画出两个磁铁之间的磁场，并进行分析。

第1节 磁 性

物理在你身边

你是否玩过这样一种玩具，它能通过移动一块磁铁使周围的铁屑画出图像？这块磁铁是永久磁铁。但是有一些磁铁，如搬运废铁的磁铁，需要用开关来控制它们的磁性。那么，怎样才能用开关来控制呢？

主要概念

磁铁与电流周围存在磁场。

核心问题

- 磁铁有什么特性？
- 是什么原因使物体具有磁性？
- 磁场有什么特征？
- 磁场与电流之间有什么关系？

术语回顾

常规电流 常规电流的方向是指正电荷运动的方向，而负电荷的运动方向则相反

关键术语

极性
磁畴
磁场
磁通量
螺线管
电磁铁

磁铁的特性

人类发现并利用磁铁至今已有2 000多年了。古时的航海家就利用天然的有磁性的矿石，称为磁石，作为指南针。古代的医生认为，磁石可以治疗疾病。现在，磁铁在人们的日常生活中起到了越来越重要的作用。电动机、耳机、扬声器以及计算机的硬盘等，都应用了磁场与电流的相互作用。

磁极 你小时候肯定对如**图24-1**所示的简单的磁铁感兴趣。你可能注意到，磁铁的两端有些不一样，这是因为磁铁具有**极性（polarized）**，它们通常有两个性质相反的磁极。

图24-1 所有磁铁，无论它们的大小和形状如何，通常都有两个磁极。

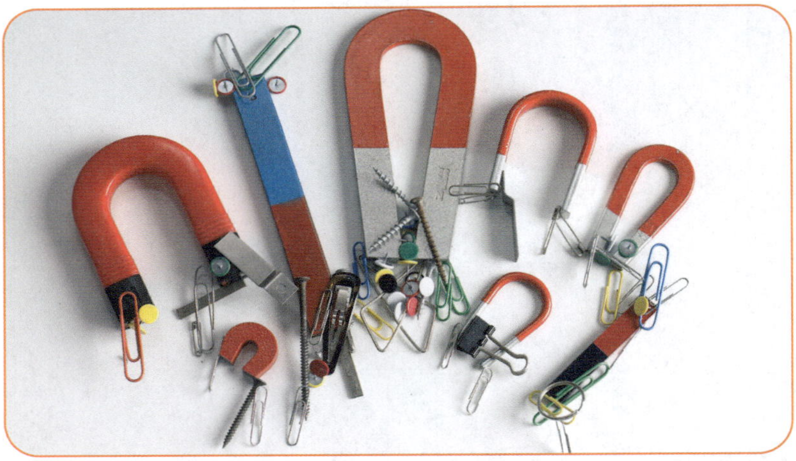

将一根条形磁铁用线悬挂起来，当它静止时，你认为它将会指向什么方向呢？通过实验你会发现，磁铁最后总是转到南北方向。指向北的那个磁极称为“寻找北极”，或简称北极（N极）；指向南的那个相反的磁极称为南极（S极）。指南针实际上就是一个可以自由转动的小磁体。

地球像一个大磁体 指南针之所以会指向南北方向，因为地球本身就是一个巨大的磁体。指南针的N极指向地球的地理北极。不过你已经知道，磁体的N极总是与磁体的S极相吸引，因此地球这个磁体的N极是在它的地理南极附近，而S极则是在它的地理北极附近。

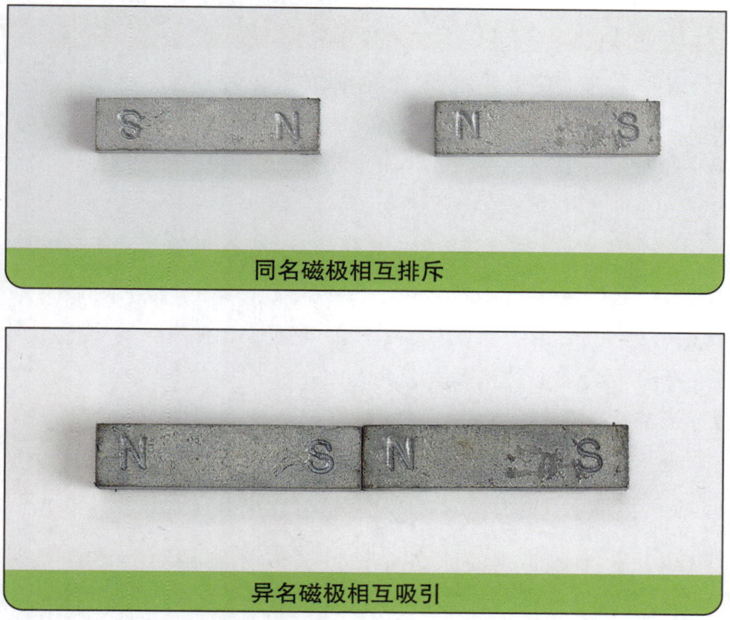

图 24-2 同名磁极相互排斥(上图),异名磁极相互吸引(下图)。

相反的磁极 磁铁内部是什么使它有极性?你已经知道,当你将一根金属棒靠近电荷时,它的一端会有负电荷,而另一端会有正电荷,于是,这根棒便有了极性。你可能会想到,磁铁也有类似的情况,它的一半的磁极为正,而另一半为负。但是,这个想法并不正确。无论你怎样将磁铁断开或打碎,一块磁铁总是有两个磁极。科学家已经作了许多努力,寻找所谓的磁单极,即只有北极或只有南极,但至今为止,他们都没有找到。

磁极相斥或相吸 你很可能已经注意到,两根磁铁间的力与这两根磁铁的放置方式有关。当两根磁铁的N极靠近时,它们彼此相互排斥,如**图 24-2** 中的上图所示。当两根磁铁的S极靠近时,它们同样彼此排斥。但是,当一根磁铁的N极与另一根磁铁的S极靠近时,它们彼此吸引,如**图 24-2** 中的下图所示。同名磁极相互排斥,异名磁极相互吸引。

暂时性磁铁 磁铁能吸引铁钉、回形针、大头针以及许多其他金属物体。这些物体原来没有磁性,但是一块磁铁的任何一极都能吸引它们。你能否对这个现象作出解释?实际上,如**图 24-3** 所示,当磁铁接触某些物体时,这些物体就产生了磁性,变成了暂时性磁铁。这个过程称为磁化。

对于黄铜、铜和铝这些常见的金属,磁铁不能吸引。磁铁只能吸引某些金属,如铁、镍、钴,以及含有这些元素的材料,统称为磁性材料,并使它们变成暂时性磁铁。铁钉能变成暂时性磁铁,就是因为铁中含有许多细微的碳颗粒和其他材料。如果将铁钉从磁铁处移开,它就会逐渐失去它的大部分磁性。

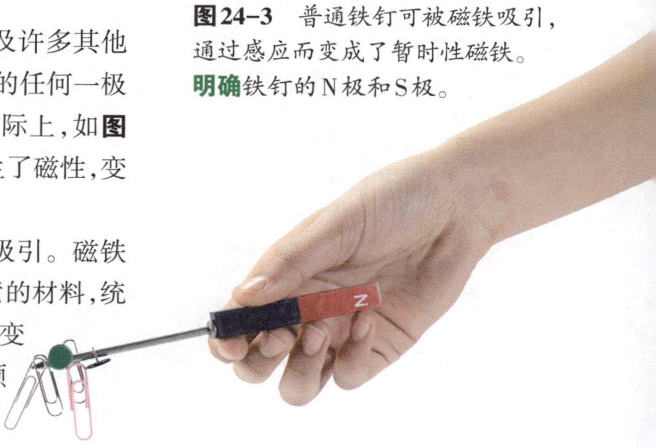

图 24-3 普通铁钉可被磁铁吸引,通过感应而变成了暂时性磁铁。**明确**铁钉的N极和S极。

练一练

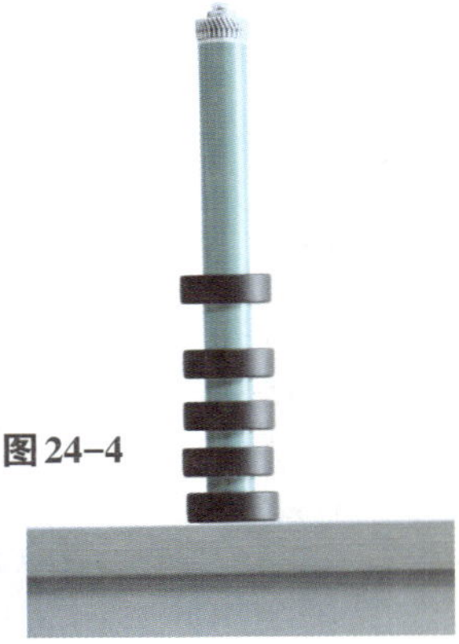

图 24-4

1. 如果你的双手各拿一根条形磁铁，然后将它们相互靠近。指出在下列情况下，它们之间的力是吸引力还是排斥力。
   a. 使两个N极彼此靠近。
   b. 使N极和S极彼此靠近。
2. 如**图24-4**所示为5个环形磁铁逐个浮起的情景，最上面的那个环形磁铁的N极位于它的上表面。其他每个磁铁的上表面分别是什么极？
3. 指南针的两端分别标有N和S。你怎样解释为什么标有N的磁极指向北？答案应当考虑地球的磁极。
4. **挑战题** 当学生拿起磁铁和指南针时，常常会将它们碰在一起。于是他们会发现，该指南针指向南方。说明为什么会出现这种情况。

图 24-5 未被磁化的铁磁性材料中磁畴的方向是杂乱无章的（上图）；在磁场中，铁磁性材料中磁畴的方向将趋向于沿外磁场方向排列（下图）。

没有磁性的铁磁性材料

有磁性的铁磁性材料

磁畴 是什么原因使永久磁铁或暂时性磁铁具有磁性？磁性材料中每个原子都类似于微小的磁铁，都有两个磁极。相邻一群原子中的电子自旋方向会朝着同一方向，形成**磁畴（domain）**。如**图24-5**所示，每个箭头表示一个磁畴。不过，尽管一个磁畴中可能包含多达10^{20}个原子，但它还是非常小，通常只有10～1 000 μm。因此，即使在极小的一块磁性材料中，也包含有大量的磁畴。

当磁性材料尚未被磁化时，磁畴的方向是杂乱无章的，如**图24-5**中的上图所示。但是若将它们置于磁场中时，磁性材料中的大部分磁畴就会趋向于外磁场方向排列，如**图24-5**中的下图所示。当磁性材料中的磁畴方向趋向一致时，它就变成了暂时性磁铁。

当外磁场撤去后，这块暂时性磁铁中的磁畴就会回复到无序排列状态。暂时性磁铁多久失去它们的磁性，这取决于原子间的相互作用，而这种原子间的相互作用又取决于材料的宏观结构。

人造永磁铁 天然磁铁只存在于磁铁矿中，古代船员使用的磁石只是从磁铁矿中得到的小块磁铁。那么，现在大量使用的永磁铁是如何制造的呢？

将一块磁性材料在磁场中加热时，热能使磁畴发生转动，从而趋向于沿外磁场方向排列。冷却后，磁畴方向难以转动，此时再撤去外磁场，磁性材料的磁性便能保留。一块永磁铁就这样形成了。不过，如果永磁铁再度被加热或跌落，受到撞击，它们的磁畴方向又会回到无序的排列状态，从而磁性消失。

地球的磁性历史 含有铁的岩石中的磁畴记录了地球的磁性历史。海底的岩石是岩浆从海底裂缝中喷出时形成的，当它们冷却时，岩石中的磁畴就会趋向于地球磁场的方向排列。这些岩石就变成了弱永磁铁。当更多的岩浆从裂缝中涌出时，较古老的岩石被推离裂缝。结果，远离裂缝的岩石比裂缝附近的岩石更为古老。

科学家在研究了海底的岩石后惊奇地发现，不同时期岩石中的磁畴排列的方向是不同的。根据这些数据他们断言，地球的磁极曾多次发生过交替。

物理实验

磁　畴*

磁铁的磁性是怎样产生的？

三维磁场

怎样显示磁场的三维图像。

磁铁周围的磁场

当你用两根磁铁做实验时，你会发现磁铁间的作用力，不仅当它们彼此接触时存在，而且当它们隔开一定距离时也存在。你已经知道，超越一定距离作用的电场力和万有引力可分别用电场和引力场进行描述，类似地，磁力也可以用磁铁周围的磁场来描述。

磁场（magnetic field）也是一种矢量场，它存在于磁力发生的空间中，用于描述磁场力的大小和方向。

在地磁场中，指南针的指向与地球的磁场方向一致；而在较强的磁场中，指南针的指向将与该磁场的方向一致。

☑ **阅读检测** **比较**磁场与电场有哪些相同点？

显示磁场 磁场看起来像什么？类似于电场和引力场，磁场也可以形象地显示出来。我们可以用不同的方法来显示。一种方法就是将细小的铁屑撒在磁铁的周围，细长的铁屑由于感应而变成一个个小磁体，在磁场中，它们就像小磁针那样转动，直到它们都沿着平行于磁场的方向为止。由此，可显示出磁场的二维图像和三维图像，如**图 24-6**所示。

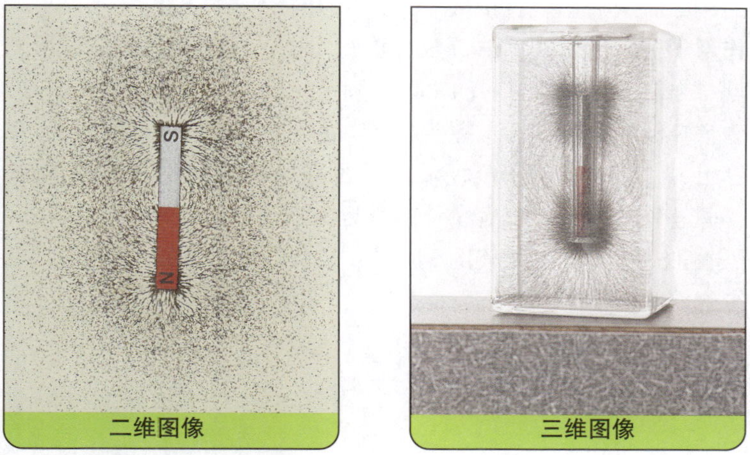

图 24-6 利用铁屑可显示磁场的二维图像（在纸面上，见左图）和三维图像（在液体中，见右图）。

图24-7 磁感线可用闭合曲线形象化地表示出来。它们从N极出发，然后进入S极，形成闭合回路。磁场通常用字母B表示。

颜色惯例

磁感线 ⟷ **绿色**

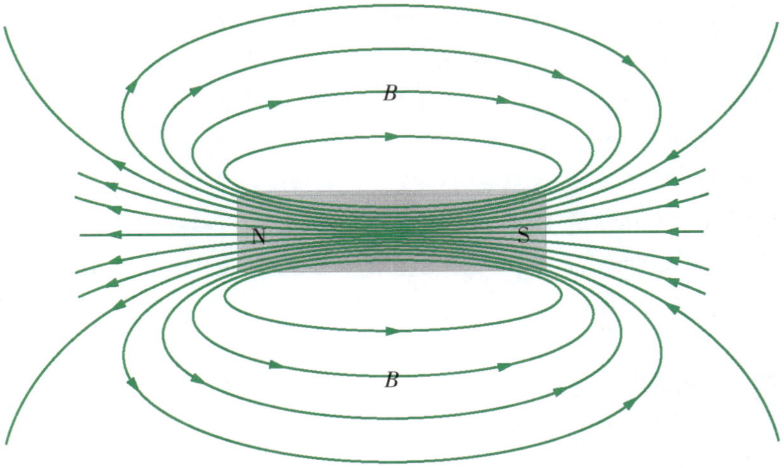

图24-8 纸面上的铁屑所显示的同名磁极周围的磁场(上图)和异名磁极周围的磁场(下图)。利用铁屑显示磁场，有助于我们理解同名磁极相互排斥、异名磁极相互吸引的规律。

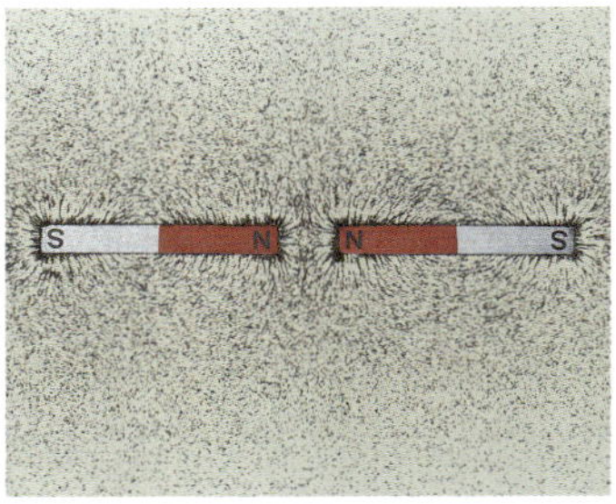

同名磁极相互排斥

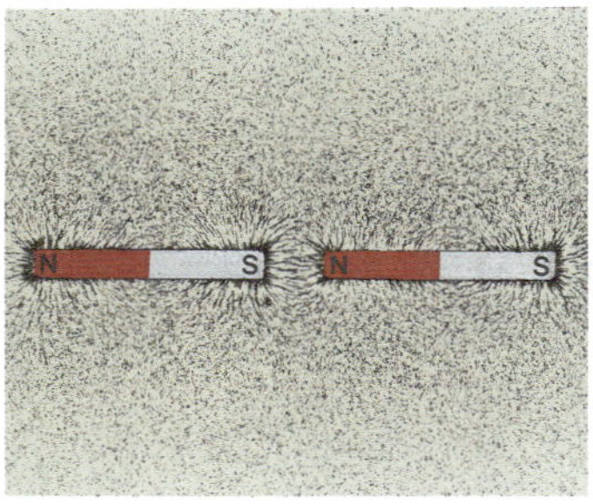

异名磁极相互吸引

磁感线 科学家利用磁感线显示磁场，如**图24-7**所示。与电场线一样，磁感线也是一种假想的线，它可用来显示磁场的大小和方向。垂直通过某一平面上的磁感线的条数称为**磁通量(magnetic flux)**。单位面积的磁通量与磁场的磁感应强度成正比。磁感线在两极附近最为密集，这说明那里的磁通量的密度最大，磁场也最强。

磁感线的方向定义为放置在磁场中小磁针的N极所指的方向。在磁铁外部，磁感线由磁铁的N极穿出，从S极进入，如**图24-7**所示。磁感线形成闭合回路，所以在磁铁内部，磁感线继续从S极到N极。

磁场对磁性物体的作用力 你已经知道，磁铁能够使磁性材料磁化。这个现象怎样用磁场和力作出解释呢?

力作用于永磁铁 磁场对磁铁施加作用力。当两根磁铁的同名磁极相互靠近时，一根磁铁的N极所产生的磁场将沿磁感线的方向排斥另一根磁铁的N极，如**图24-8**中的上图铁屑所示。**图24-8**中的下图则表示一根磁铁的N极沿着磁感线的相反方向吸引另一根磁铁的S极，此时磁感线直接从一个磁极通向另一个磁极。

力作用于暂时性磁铁 磁场不仅可作用于另一根磁铁，还能作用于磁性材料。当含磁性材料的物体被置于一根永久磁铁的磁场中时，从磁铁N极发出的磁感线将进入物体靠近磁铁的一端，然后从另一端穿出，再进入磁铁的S极，形成闭合回路。物体中的磁畴方向将趋向于磁感线的方向，于是，物体在靠近磁铁N极的一端形成了S极，另一端形成了N极。物体的S极将被磁铁的N极吸引，物体的N极将被磁铁的N极排斥。

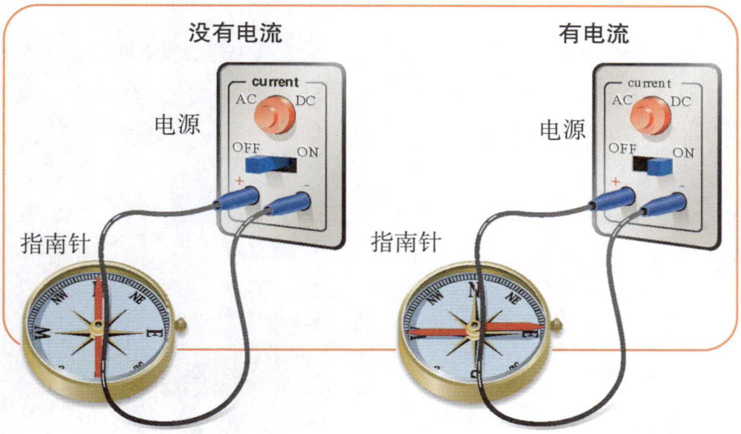

图 24-9 当导线中没有电流时，导线下方的指南针与导线相平行(左图)；而当导线中有电流时，指南针与导线相垂直(右图)。

物理实验

电流与磁场强度*

电流怎样产生强磁场?

电流的磁效应

1820 年，在一次讲座的演示实验中，丹麦物理学家奥斯特(H.Oersted)把一根与电池相连的导线放置在一枚小磁针的上方，此时小磁针与导线平行，如**图 24-9** 中的左图所示。但是令他惊奇的是，当他接通电路时，小磁针居然转了起来，并最终指向了垂直于导线的方向，如**图 24-9** 中的右图所示。

然后，奥斯特将指南针放置在这根导线的上方，他看到小磁针再次转到与这根通电导线相垂直的位置，但指向相反。当导线中的电流反向时，会发生同样的情况，只是指南针相应地指向了相反方向。当切断电路后，小磁针又恢复原来的指向。

奥斯特由此得出结论：电流能够产生磁场。这个发现首次揭示了磁场与电流之间的联系。正如你所知道的，磁场与电流之间的这种联系已经大量应用于许多现代设备的设计和操作中。

通电导线的磁场 通电导线周围的磁场总是垂直于导线。通电导线周围的磁感线呈闭合回路，这和永磁铁的磁感线的分布情况是一样的。只要让一根通电长直导线垂直穿过一块撒有铁屑的水平纸板，纸板上的铁屑将环绕着这根导线形成一个个同心圆，如**图 24-10** 中的上图所示。通电直导线周围磁场的磁感应强度与导线中的电流成正比，而与离开导线的距离成反比。

磁场的方向 怎样确定通电导线周围磁场的方向？实验发现，可以利用右手定则表示导线中的电流方向与磁场方向之间的关系。想象一下，你用右手握住导线，如**图 24-10** 中的下图所示，使拇指指向电流方向，那么环绕导线的其他四指所指的方向就是磁场的方向。

☑ **阅读检测** 当导线中的电流改变方向时，**分析**导线周围的磁场将发生怎样的变化?

图 24-10 电流周围的磁场可通过纸板上的铁屑形象地显示出来(上图)。利用右手定则确定直线电流周围磁场的方向(下图)。

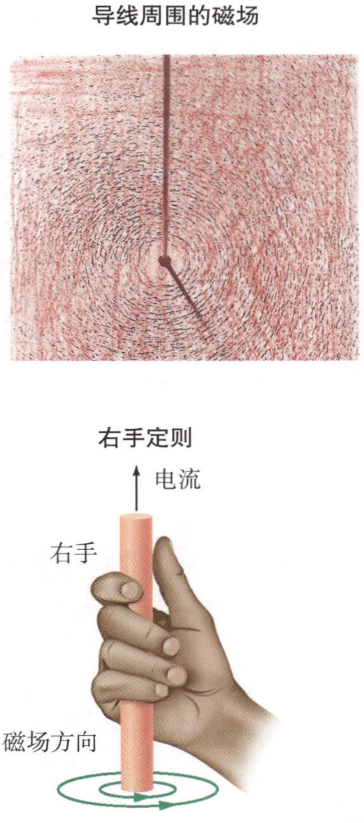

图 24-11 你可用右手定则模拟通电线圈与通电螺线管周围的磁场。

评价 通电螺线管是里面的磁场强，还是外面的磁场强？

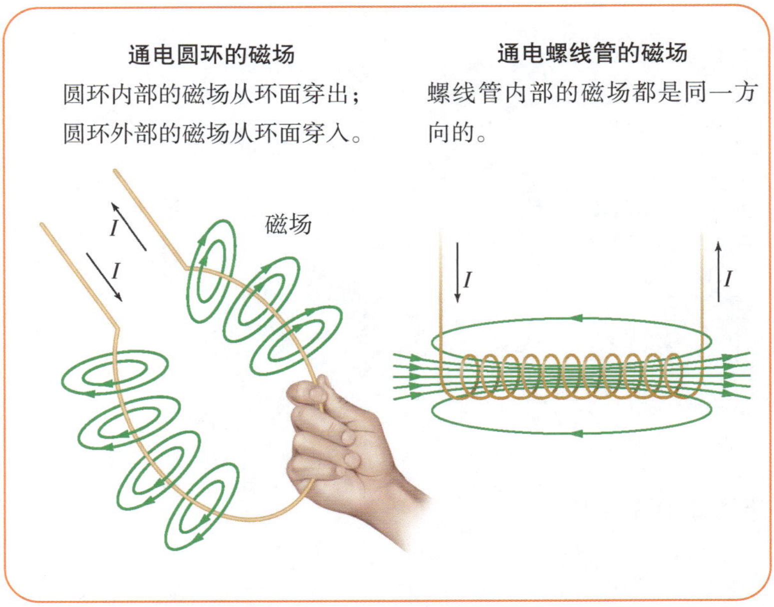

物理实验

制作电磁铁

哪些因素影响电磁铁的磁感应强度？

电磁铁 你已经知道，通电导线周围的磁感线是围绕导线的一个个同心圆，那么通电圆环周围的磁场将会是怎样？单个圆环中的电流所产生的磁场将环绕着该圆环形成闭合回路，如**图 24-11** 中的左图所示。对**图 24-11** 中的通电圆环的任一部分应用右手定则可以发现，圆环内磁场的方向都是一致的。

现在设想将导线环绕许多圈。一个包含有许多圆环的长线圈称为**螺线管(solenoid)**。通电后，环绕各圆环的磁场在线圈内的方向相同，如**图 24-11** 中的右图所示，所以螺线管中各个线圈所产生的磁场是相互相加的。

通电螺线管所产生的磁场与永磁铁的磁场类似，这一类磁铁称为**电磁铁(electromagnet)**。电磁铁的磁场是由电流产生的。

螺线管内磁场的强度 电磁铁可产生比永磁铁强得多的磁场。螺线管内部磁场的磁感应强度与通过螺线管线圈中的电流成正比。此外，也与螺线管线圈的匝数成正比。

在螺线管里放入一根铁芯，也能增加螺线管内磁场的强度。这是因为螺线管中的磁场能使铁芯磁化，从而产生“暂时性”磁场。这种情况与将永磁铁靠近磁性物质会使它磁化的情况类似。

关于螺线管的右手定则 你可以用右手定则来判断螺线管产生的磁场相对于电流的方向。想象你用右手握住螺线管，如**图 24-12** 所示，让四指沿电流方向环绕线圈，则伸直的拇指便指向螺线管的 N 极。

图 24-12 右手握住螺线管，四指沿电流方向环绕线圈，则伸直的拇指便指向螺线管的 N 极。

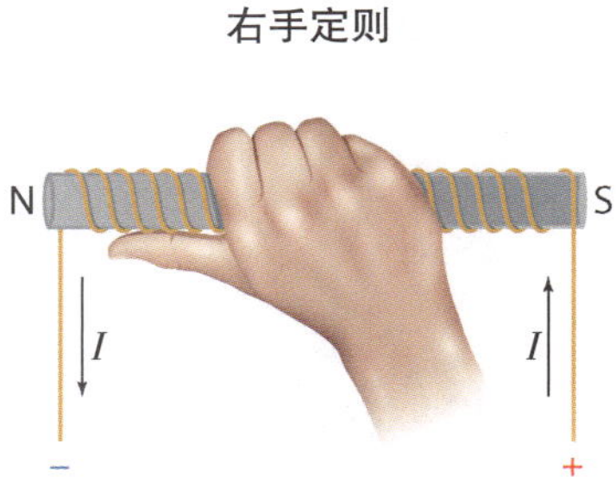

练一练

5. 指出距离通电直导线1 cm处的磁场的磁感应强度与下列各处磁场的磁感应强度相比如何。
   a. 距离导线2 cm处
   b. 距离导线3 cm处
6. 将一根长通电直导线南北放置。
   a. 放在导线上方的一枚小磁针，如果其N极指向东面，那么导线中的电流方向如何？
   b. 如果此时将这枚小磁针放在导线下方，它又将如何指向？
7. 一位同学将导线绕在一根铁钉上，然后将它与电池连接，制成电磁铁，如**图24–13**所示。与电池接通后，铁钉的N极在哪一端？是尖端还是尾端？
8. 假设你有一只电池、一个线圈、一根玻璃棒、一根铁棒以及一根铝棒。你用哪些材料做成的电磁铁可提起钢制物体。说明理由。
9. **挑战题** 如果第8题中的电磁铁已能很好地工作，但是你想利用电位计作为可变电阻器，制作一个可调节强度的电磁铁。这可能吗？试说明理由。

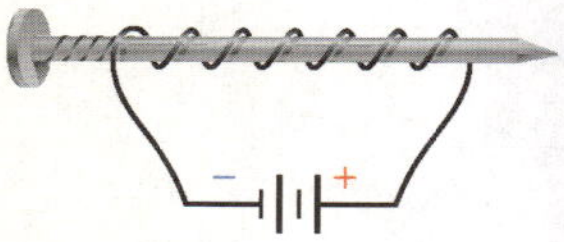

图24–13

计算机硬盘中的电磁铁 计算机利用其硬盘中的微小的螺线管在表面涂有磁性材料的转动盘上录制信息。这是怎样做到的呢？计算机将数据和软件命令转化为比特(bit)，每个比特是1或者是0。当螺线管在涂有磁性材料的转盘上方通过时，螺线管的磁场取向发生变化，这取决于比特是1还是0。每次通过，磁性材料中磁畴的方向作相应的定向排列。

为了读取一连串比特数据，可让转盘在同样的电磁线圈下方转动。线圈感应出代码1和0，并将它们翻译成原先所存储的信息。

第1节 复 习

10. **主要概念** 说明怎样制作电磁铁。
11. **磁场** 用磁感线怎样表示磁场的两方面特性？
12. **磁场力** 辨认一下你的周围所存在的磁作用力。你能否演示这些力的效应？
13. **磁场** 条形磁铁的磁场哪里最强？
14. **磁场** 相互靠近且平行放置的两根直导线中的电流大小相等。如果两根导线中电流的方向也相同，那么其中一根导线的磁场对另一根导线的磁场有怎样的影响？如果它们的电流方向相反，情况又会怎样？
15. **磁场方向** 描述如何用右手定则判定通电直导线周围磁场的方向。
16. **电磁铁** 在电磁铁的上方放一块玻璃板，然后将铁屑撒在上面，你会发现铁屑会形成一定的图样。将线圈的两端与电源的正负极的连接调换，再做一次实验。两次实验的结果有什么不同？请说明理由。
17. **磁畴** 把暂时性磁铁放置在磁场中时，其内部的磁畴方向将发生怎样的变化？
18. **批判性思维** 设想一个玩具中有两根上下平行的水平通电金属棒。
    a. 上面的棒悬浮在下面棒的上方。但是，若将上面的棒反向，它就会落到下面的棒上。试说明如何发生这种情况的。
    b. 假如上面的棒丢失了，换用另一根棒。此时，无论沿着什么方向放置，它总会落到下面这根棒上。这根代用棒是用何种材料制成的？

第2节 磁场力的应用

物理在你身边 在你锻炼或者乘公共汽车时，是否用耳机欣赏你的MP3中的音乐？耳机中有一块很小的磁铁，磁铁的磁场对通电线圈产生作用力，使它做相应的运动，从而产生声波。

主要概念

许多设备都是利用磁场力工作的，如耳机和电动机。

核心问题

- 通电导线受到的力的方向与磁场的方向有怎样的关系？
- 磁场中的通电导线受到怎样的力的作用？
- 电动机的设计和工作有什么特点？
- 磁场中的运动电荷受到怎样的力的作用？

术语回顾

电阻器 具有一定电阻的器件

关键术语

灵敏电流计

电动机

转子

通电导线受到的力

当你将一根磁铁放置在磁场中时，它会动起来。那么，如果你将通电导线放置在磁场中时，将会发生什么情况？19世纪，做过许多电磁学实验的法拉第（M. Faraday）发现，磁场对通电导线有力的作用。这个作用在通电导线上的力与磁场的方向和电流的方向都垂直，如**图24-14**的左图所示。当电流的方向改变时，力的方向也将相应地改变。

力的方向 你可用右手定则来确定磁场中通电导线受力的方向。伸出你的右手，使拇指与其余四个手指垂直，并且都与手掌在一个平面内；让四指指向磁场方向，拇指指向电流方向，那么你手掌的朝向就是作用在通电导线上的力的方向，如**图24-14**的右图所示。

图24-14 当电流I和磁场B已知时，你可用右手定则确定磁场力的方向。如果电流的方向改变，**预测**磁场力的方向将发生什么变化？

右手定则①

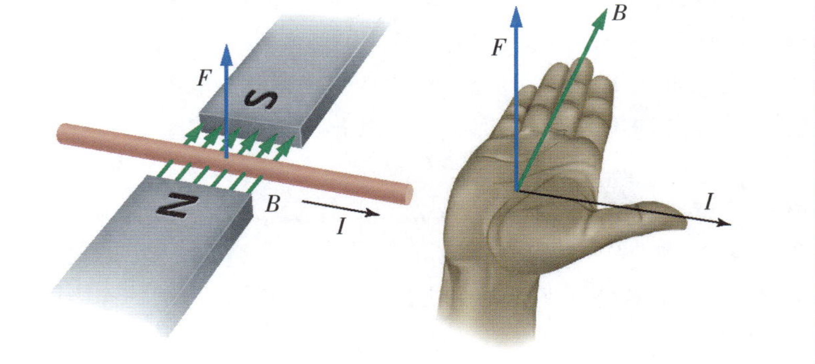

三维空间中的箭头 磁场方向、电流方向以及磁场力方向这三个方向关系需在三维空间中表示，那么怎样在二维纸面上表示三维空间中的方向箭头呢？设想有一张弓，对着你射出一支箭，则从你看来，这支箭就是一个点。如果你从后面去看这支射出去的箭，它则是一个叉。所以，你可以用点表示垂直于纸面向外的磁场；用叉表示垂直于纸面向里的磁场，如下页**图24-15**所示。

①本书用右手定则来确定磁场中通电导线受力的方向，而国内现行教材用左手定则，所用方法不同，但结论相同。

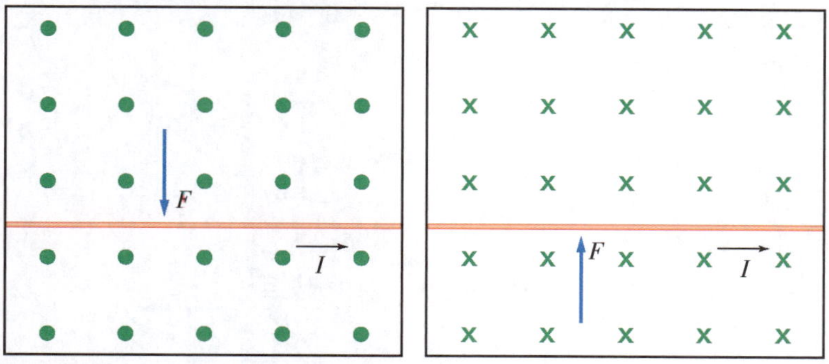

图 24–15 “点”表示磁场垂直于纸面向外（左图）；“叉”表示磁场垂直于纸面向里（右图）。注意，通电导线所受的力与磁场方向和电流方向均垂直。

力的大小 你已经知道，磁场对通电导线的作用力的方向可用右手定则确定。那么，力的大小怎样确定呢？

实验表明，这种作用在导线上的力 F 的大小与导线中的电流 I、导线的长度 L、磁感应强度 B 以及电流方向与磁感应强度方向之间夹角的正弦 $\sin\theta$ 成正比。力的单位是N，电流的单位是A，磁感应强度的单位称为特斯拉，用T表示，1 T=1 N/(A·m)。

磁场中通电导线所受的力

磁场中通电导线所受的力等于电流、导线长度、磁感应强度以及电流方向与磁感应强度方向之间夹角的正弦 $\sin\theta$ 的乘积。

$$F=ILB\sin\theta$$

注意，当电流平行于磁场时，$\theta=0°$，这意味着，此时力 $F=0$；当电流与磁感应强度相互垂直时，$\theta=90°$，此时力最大，且公式简化为 $F=ILB$。

耳机 你可能想知道，在现代的技术中是如何应用磁场、电流和力之间的关系的。有一个例子你可能很熟悉——耳机。

如**图 24–16** 所示，如果你观察一下这种耳机的内部，你会看到有一个小线圈紧贴着一片塑料薄膜。在薄膜的下面，有一块永磁铁。永磁铁的磁场沿径向取向，因此它与导线、线圈运动的方向都垂直。

音乐播放机将音频电流通过导线送入耳机，电流的方向每秒变化40～40 000次，具体取决于声调的高低。由于线圈处于磁场中，因此它将受到磁场力的作用。而随着电流方向的变化，线圈不断被推拉，导致薄膜发生振动，从而产生了声波。每次电流方向改变两次，薄膜就来回振动一次。

大多数扬声器和听筒的工作过程类似。磁场对安装在锥形纸盆上的线圈产生作用力，线圈被推拉，导致纸盆发生振动，从而产生了声波。

图 24–16 耳机的工作过程是：磁场对线圈施加的力，使线圈运动，导致覆盖其上的薄膜发生振动，从而产生声波。

例题1

计算磁感应强度 在匀强磁场中有一根通有5.0 A电流的直导线，导线和磁场的方向垂直。假定这根导线在磁场中的长度为0.10 m，所受的磁场力为0.20 N，试求该磁场的磁感应强度。

1 分析概括问题

- 画出导线，用箭头标出电流和磁感应强度的方向，然后标出磁场作用在导线上的力F。
- 用右手定则确定磁场中通电导线所受的力的方向。磁场、导线和力互成直角。

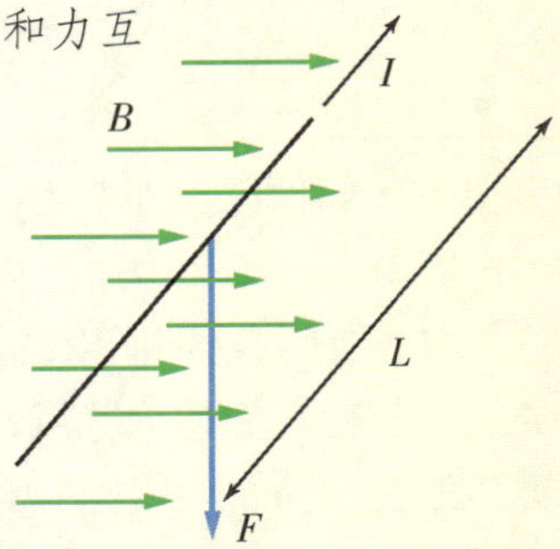

已知	未知
$I=5.0\ \text{A}$	$B=?$
$L=0.10\ \text{m}$	
$F=0.20\ \text{N}$	

2 求解未知量

因为B是一个常量，且B与I相互垂直，所以可用公式$F=ILB$求解B。

$F=ILB$

求解B。

$$B=\frac{F}{IL}=\frac{0.20\ \text{N}}{5.0\ \text{A}\times 0.10\ \text{m}}$$
◀将$F=0.20\ \text{N}$，$I=5.0\ \text{A}$，$L=0.10\ \text{m}$代入。

$$=0.40\ \text{N/(A·m)}=0.40\ \text{T}$$

B的大小为0.40 T，方向自左向右，且与I和F相垂直。

3 验证答案

- **单位是否正确？** 答案中的单位是T，这正是磁感应强度的单位。
- **数值是否合理？** 磁场的磁感应强度在1 T以下是合理的。

练一练

19. 用来判断与磁场相垂直的通电导线所受作用力的方向的法则叫什么？为了应用这一法则，需已知哪些要素？

20. 一根长0.50 m的直导线通过8.0 A的电流，它的方向与磁感应强度为0.40 T的磁场的方向垂直。作用在这根导线上的力为多大？

21. 一根长75 cm的长直导线通过6.0 A的电流。当它与磁场的方向垂直时，所受的力为0.60 N。该磁场的磁感应强度为多大？

22. 一根长40.0 cm直铜导线通过6.0 A的电流，已知它重0.35 N。为了使磁场对它的作用力与重力平衡，其磁感应强度应为多大？

23. 在磁感应强度为0.49 T的磁场中，要使一根与磁场方向垂直的长度为10.0 cm的通电导线上产生0.38 N的力，导线中的电流应多大？

24. **挑战题** 你正在制作一只扬声器。你先用细导线制作了一个直径为1 cm、匝数为20的线圈，然后用热胶将它粘贴在一块凹形薄铝片上。线圈两端连接了一个插头，并将它插在一只MP3播放器的耳机插孔上。你用一根条形磁铁产生磁场。磁场应怎样取向才能使铝片振动，并发出声音？

■ 线圈

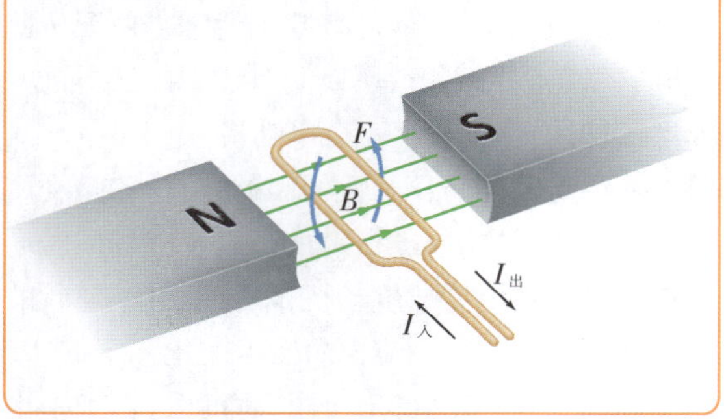

■ 灵敏电流计

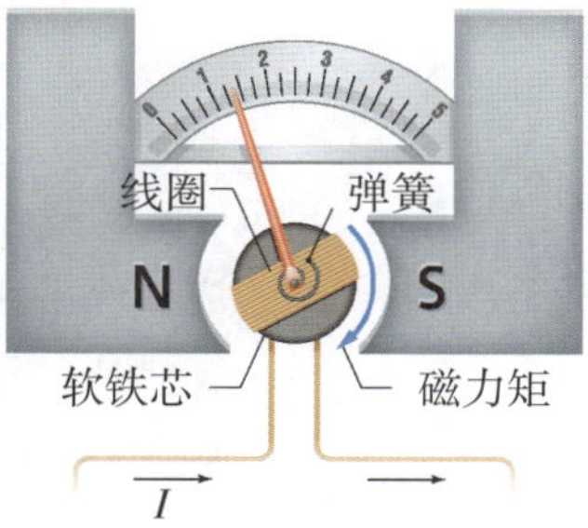

图 24-17 当有电流通过磁场中的线框时，线框会发生转动（左图）。在灵敏电流计中，线圈转过的角度与电流的大小成正比（右图）。

灵敏电流计 根据通电线框在磁场中受到的作用力，可以测量出电流的大小。怎样才能做到这一点呢？如**图 24-17** 中的左图所示，电流从线框的一端流入，从另一端流出。此时，它的一边受到向下的力，另一边就会受到向上的力，这样就会产生一个使线框转动的力矩。这种作用在线框上的力矩的大小与线框中的电流成正比。这就是灵敏电流计的工作原理。

灵敏电流计（galvanometer）是一种用来测量非常微弱的电流的仪器。灵敏电流计中的小弹簧会产生一个与电流作用相反的力矩，此时线圈转过的角度将与电流的大小成正比。因此，只要根据已知的电流通过时线圈转过的角度划分仪器刻度，如**图 24-17** 中的右图所示，就可用这只灵敏电流计来测量未知电流了。

电流表 许多灵敏电流计只要有像 50 μA（50×10^{-6} A）这样的小电流流过，它的刻度就会满偏。灵敏电流计线圈的电阻大约是 1 000 Ω。为了测量较大的电流，需将灵敏电流计改装成电流表。具体做法是：在灵敏电流计上并联一个小电阻，如**图 24-18** 中的上图所示。因为电流与电阻成反比，所以电流中的大部分电流 I_s 将通过那只称为分流器的并联电阻器，此时只有很小的电流 I_m 通过灵敏电流计。分流器的电阻按所需电流表的量程来确定。

电压表 灵敏电流计也可改装成电压表。为此，你需要在灵敏电流计上串联一个称为分压器的电阻器，如**图 24-18** 中的下图所示。此时灵敏电流计测量的是通过分压器的电流，这个电流可表示为 $I=\frac{U}{R}$，其中 U 是电压表两端的电压，R 是灵敏电流计和分压器电阻的等效电阻。

假定你要使电压表在测量 10 V 时指针达到满偏刻度，那么你就要选用一个作为分压器的电阻，使电压在 10 V 时流经灵敏电流计的电流恰好达到满偏。

图 24-18 灵敏电流计可改装成电流表（上图），也可改装成电压表（下图）。

电流表

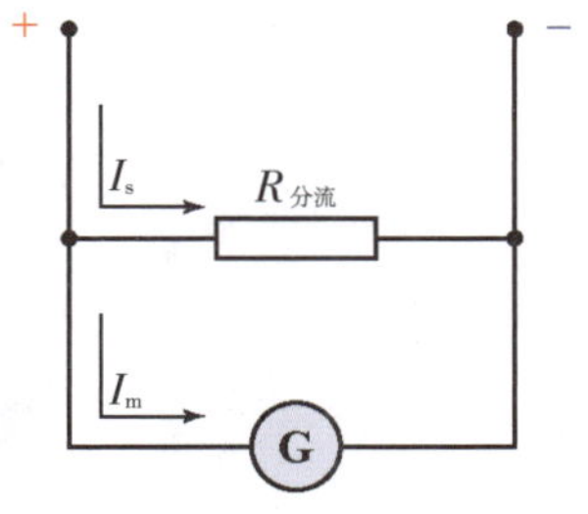

电压表

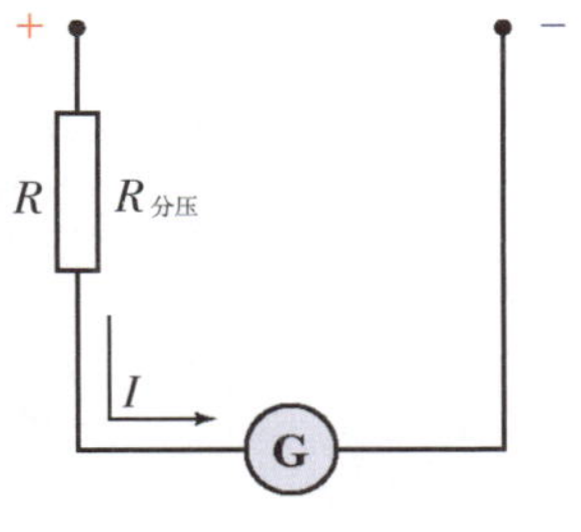

☑ 阅读检测 **比较** 你怎样利用电阻器将一台灵敏电流计改装成电流表，然后改装成电压表？

电动机 你已经看到,灵敏电流计中线圈转过的角度不能大于180°。线圈受到的磁场力若一边向上则另一边就向下推,能使线圈到达竖直位置。此时,线圈所受的力依然向上和向下,与线圈平行,所以此时线圈无法再进一步转动了。如果你能使线圈继续转动,你就有了一台电动机。

电动机(electric motor)是一种将电能转化为机械能的装置,它是利用安装在一根转轴上的多匝线圈,称为**转子(armature)**的部件在磁场中转动达到这一目的的。如下页**图24-19**所示的简单电动机,电流通过半环状的换向器进入线圈,当线圈转动至竖直位置时,电流方向发生变化。

如**图24-19**所示只画出了一匝线圈,但在实际的电动机中,转子是由许多匝线圈绕制在铁芯上构成的。转子受到的净力与$nILB$成正比,其中n是绕制在转子上的线圈的总匝数,I是电流,L是垂直于磁场运动的每匝线圈两边的长度,B是磁感应强度。磁场可由永磁铁产生,也可由称为励磁线圈的电磁铁产生。作用在转子上的力矩以及由此导致的电动机的转速可以通过改变流经电动机中的电流进行控制。作用在转子上的力矩越大,转子的转速越大。

带电粒子受到的力

你已经知道,可用公式$F=ILB\sin\theta$求磁场对通电导线的作用力。电流是带电粒子的定向移动,那么怎样来确定磁场对单个粒子的作用力呢?

力的公式 磁场对带电粒子的作用力取决于粒子的速度、磁场的磁感应强度以及速度和磁场方向间的夹角。考虑一个电子在长度为L的导线中垂直于磁场的运动。电流I等于单位时间内进入导线的电荷量,即$I=\frac{q}{t}$。在现在的情况下,q是电子的电荷量,t是电子通过距离L所需的时间。

为了找出这个时间,需要知道电子通过距离L时的速度v。你可以运用公式$x=vt$,或者,在现在的情况下,$t=\frac{L}{v}$。因此,电流的定义式$I=\frac{q}{t}$可表示为$I=\frac{qv}{L}$。

磁场作用在运动电荷上的力

磁场作用在运动电荷上的力等于粒子的电荷量、它的速度、磁感应强度以及粒子速度和磁场方向之间夹角的正弦的乘积。

$$F=qvB\sin\theta$$

粒子电荷量的单位是C,速度的单位是m/s,磁感应强度的单位是T。当粒子的运动速度垂直于磁场的方向时,$\sin\theta=1$,此时,$F=qvB$。

力的方向既与粒子速度的方向垂直,也与磁场的方向垂直。为了确定力的方向,你可利用在确定磁场中通电导线所受力的方向的右手定则,这里电荷的运动方向就是电流方向。对于电子,因为是负电荷,力的方向相反。

■ 电动机

2. 电流反向 电流通过电刷和两个半环状的换向器，再进入线圈。磁场对线圈两边作用力的方向取决于其中的电流方向。当线圈抵达竖直位置时，换向器的两个半环交换与它们相接触的电刷，使线圈中的电流反向，从而使转子继续转过180°。

3. 连续转动 转子每转动半圈，线圈中的电流反向，其结果使转子继续转动。

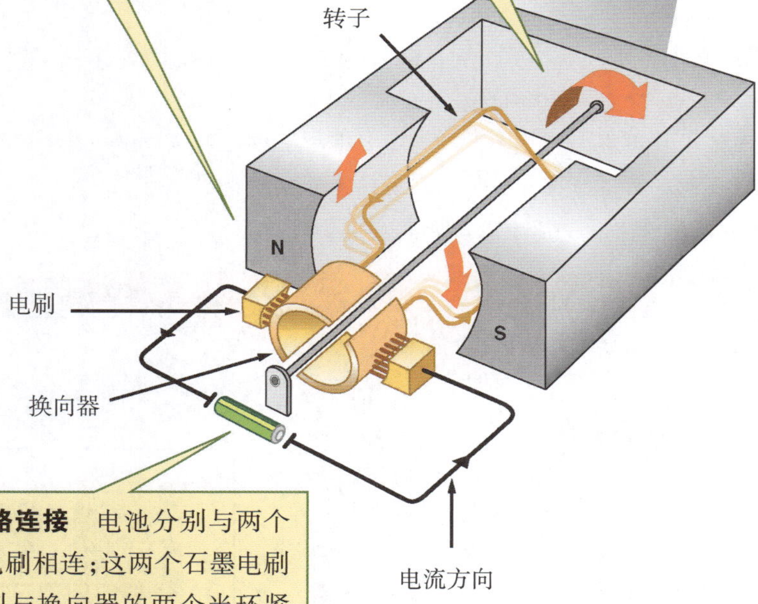

1. 电路连接 电池分别与两个石墨电刷相连；这两个石墨电刷又分别与换向器的两个半环紧密接触；换向器的两个半环则与可在磁场中绕轴转动的转子的两端相连。

图24-19 电动机中的转子在磁场中做360°旋转。换向器的作用是，当转子每转过180°时，使线圈中的电流反向。

例题2

磁场中带电粒子受到的力 一束电子以3.0×10^{6} m/s的速度垂直通过磁感应强度为4.0×10^{-2} T的磁场。每个电子受到的作用力为多大？

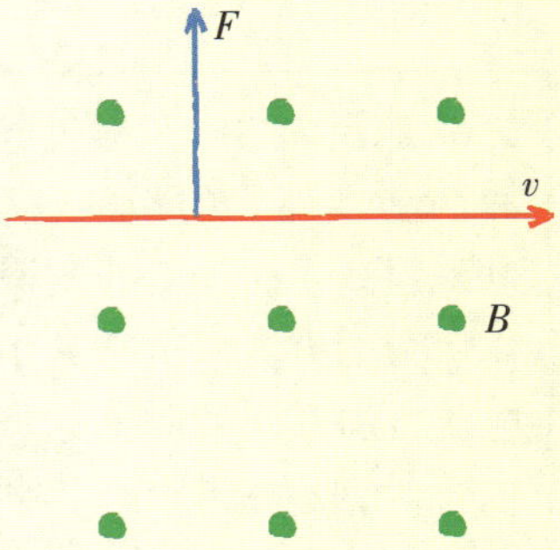

1 分析概括问题

- 画出电子束和它的运动方向；画出磁感线，并标上B；画出电子束受到的力F。记住，因为电子带负电，所以它受到的力的方向与右手定则所确定的方向相反。

已知	未知
$v=3.0\times10^{6}$ m/s	$F=?$
$B=4.0\times10^{-2}$ T	
$q=-1.602\times10^{-19}$ C	

2 求解未知量

$F=qvB$

$=-1.602\times10^{-19}\ \text{C}\times3.0\times10^{6}\ \text{m/s}\times4.0\times10^{-2}\ \text{T}$ ◀将$q=-1.602\times10^{-19}$ C，$v=3.0\times10^{6}$ m/s，$B=4.0\times10^{-2}$ T代入。

$=-1.9\times10^{-14}$ N

3 验证答案

- **单位是否正确？** 1 T=1 N/(A·m)，且1 A=1 C/s，所以1 T=1 N·s/(C·m)，于是1(T·C·m)/s=1 N。这正是力的单位。
- **方向是否有意义？** 利用右手定则可以证实，上述结果中力的方向是正确的。记住，电子受到的力的方向与右手定则所确定的方向相反。
- **数值是否合理？** 作用在电子和质子上的力总是很小的。

练一练

25. 向东运动的电子通过向北的磁场时，受到的力是什么方向？

26. 如**图24–20**所示的质子所受的力是什么方向？大小是多少？

27. 一束二次电离(即失去2个电子，因此带有2个净元电荷)的粒子束以3.0×10^{4}的速度垂直于磁感应强度为9.0×10^{-2} T的磁场运动，此时作用在每个离子上的力为多大？

28. 三次电离的粒子带有3个净元电荷。这种粒子束以9.0×10^{6} m/s的速率垂直地进入磁感应强度为4.0×10^{-2} T的磁场中，此时作用在每个粒子上的力为多大？

29. 一次电离的粒子垂直地进入磁感应强度为0.61 T的磁场中时，受到的作用力为4.1×10^{-13} N。它的速度为多大？

30. 挑战题 二次电离的氦原子(即α粒子)以4.0×10^{4} m/s的速率垂直地进入磁场中，受到的作用力为6.4×10^{-16} N。该磁场的磁感应强度为多大？

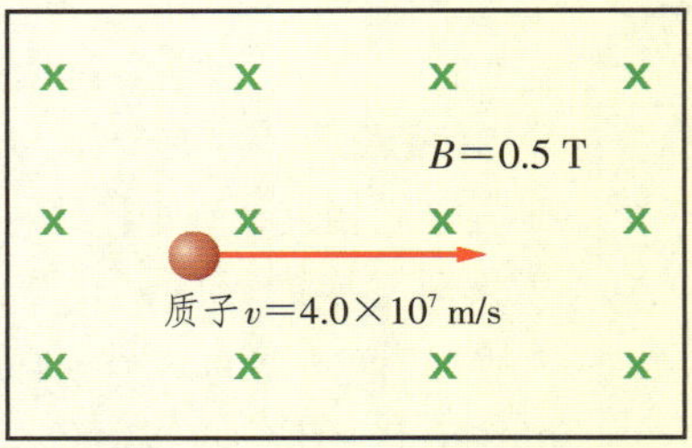

图24–20

图 24-21 LHC 中，超导电磁铁提供强磁场，使带电粒子做圆周运动的半径保持不变。

同步加速器 磁场对运动的带电粒子的作用力总是垂直于它的运动方向，所以我们可利用磁场来控制带电粒子的运动路径。例如，在同步加速器中，如大型强子对撞机(LHC)，高速运动的粒子的速度方向始终与匀强磁场垂直，所以它就一直做圆周运动。如**图 24-21**所示为LHC安置在地下的周长为27 km的加速器管道的几节装置。当粒子的速度增加时，管道中的磁场也要同步增加，以便使粒子做圆周运动的半径保持不变。此外，还要有另外的磁场提供水平方向和竖直方向的力，以聚焦粒子束。

沿着LHC管道加速段，加速粒子的能量也将增加。大型加速器可使粒子达到极高的能量。LHC可使质子的能量高达7.2万亿电子伏(7.2×10^{12} eV)，这相当于使质子通过7.2万亿伏(7.2×10^{12} V)电势差的电场后所获得的能量。为了减少电能损耗，LHC中的电磁铁采用了超导磁铁。

第2节 复 习

31. 主要概念 说明电动机是怎样利用磁铁将电能转化为机械能的。

32. 磁场力 设想有一根通电导线垂直于地球磁场，且沿东西向放置。假定电流自西向东，那么导线所受到的力的方向怎样?

33. 同步加速器 在同步加速器中，磁场使粒子束弯曲，做圆周运动；电场使粒子束加速。

a. 对于沿顺时针方向做圆周运动的质子束而言，磁场是什么方向? 电场又是什么方向?

b. 对于沿逆时针方向做圆周运动的带负电荷的反质子束而言，磁场是什么方向? 电场又是什么方向?

34. 灵敏电流计 比较**图 24-17**中的灵敏电流计和**图 24-19**中的电动机。它们有什么相似之处? 又有什么不同?

35. 电动机 当电动机的线圈平面与磁场方向垂直时，作用在线圈上的力矩为0。这是否意味着线圈不再转动? 说明理由。

36. 电阻 灵敏电流计的满偏电流为180 μA。为了将它改装成量程为5 V的电压表，该电流计和分压电阻器的总电阻应是多少?

37. 批判性思维 两根平行放置的通电导线彼此相互靠近。它们的电流方向是相同，还是相反? 说明理由。

起步实验

磁场的方向

实验步骤

1. 将一根条形磁铁水平放置在你的面前，让北极朝向左侧。
2. 将第二根条形磁铁水平放置在第一根条形磁铁的旁边，两者在同一直线上，间隔5.0 cm。使第二根磁铁的北极也朝向左侧。
3. 将你的实验布置画在一张纸上，不要忘记标明磁铁的极性。
4. 将一枚指南针放置在这两根条形磁铁之间，画出指南针的N极所指的方向。
5. 先后将指南针移至其他地方，画出每次指南针的方向。总共画出15～20个箭头。
6. 将两个北极面对面放置，重复步骤3～5。

分析

7. 指南针的红色端在磁铁的磁极附近指向何处？背离何处？
8. 为什么有些箭头并非指向或背离磁极？
9. **批判性思维** 你所得到的用箭头表示的图就是一个磁场图。回忆一下重力场和电场，然后对磁场作出定义。

迷你实验

三维磁场

实验步骤

1. 在一枚铁钉的中部系一根线，使它水平悬挂。在系线处贴一小条胶带，以防它滑动。
2. 将铁钉放进一只线圈内，并将该线圈连接到1.5 V的电源上。
3. 断开电源并从线圈中取出铁钉，用线将铁钉悬挂起来。
4. 预测将这枚铁钉靠近永磁体时，会发生什么情况。
5. 检验你的预测。

分析

6. 有何证据证明铁钉被磁化了？
7. 作出铁钉周围磁场的三维图像。

物理实验

实验器材

- **注意：铁钉尖端和导线两端可能比较尖锐，拿取这些材料时要小心，不要割破或刺痛手指。**

大号回形针
小号回形针
铁壳电池组
导线
铁钉
6 V灯泡电池
9 V电池
直流电源

制作电磁铁

电磁铁利用电流产生的磁场使磁性物质磁化。在本活动中，你要制作一个电磁铁，然后测试你所想到的各种可能会影响电磁铁磁感应强度的变量。

问题

哪些变量影响了电磁铁的磁感应强度？

目标

- **假设**可能会影响电磁铁磁感强度的变量。
- **观察**这些变量对电磁铁磁感应强度的影响。
- **收集和整理数据**，比较所选变量对电磁铁磁感应强度的影响。
- **绘制和运用图象**，揭示可以控制的变量与受其影响的变量之间的关系。
- **分析和总结**所选变量对电磁铁磁感应强度造成的影响。

实验步骤

1. 列出你准备用来制作电磁铁的材料。
2. 列出你所想到的可能会影响电磁铁磁感应强度的各种变量。
3. 选择一个你能够确定影响电磁铁磁感应强度的变量。
4. 确定一种能检测电磁铁产生的磁感应强度的方法。
5. 在继续你的实验之前，将你前面的这些想法跟老师沟通，征得老师的同意。

6. 简要列出你的实验步骤，其中应包括所有你将选为常量的取值。

7. 作出类似于下面所示的数据表，标出你准备要测量的两个量。

8. 用铁钉和一段导线制作一个电磁铁。将导线绕在铁钉上，不要忘记在线圈的两头各留几厘米，以便与电源连接。

9. 在继续你的实验之前，请你的老师检查一下你所做的电磁铁。

10. 进行实验，记录数据。***注意：实验中如果要用到电池组，要防止它掉落到地板砸伤你的脚。***

数据表

变量 1	变量 2
________的值	________的值

分析

1. 作出图象，以显示你所选取的两个变量之间的关系。

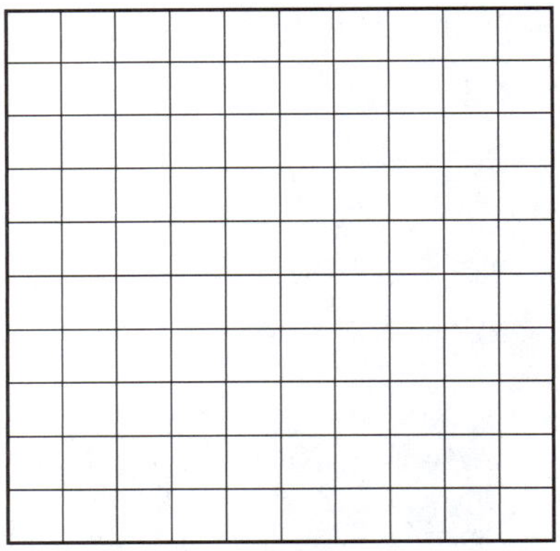

2. 实验中你想要控制的变量有哪些？哪些量是你无法控制的？

3. 如果用能够吸起的物体的数量来衡量电磁铁的磁感应强度大小，那么，在磁铁要吸就只能吸起整数个物体的情况下，你应该如何控制测量的误差？

结论与应用

1. 你所选取的变量和磁铁的磁感应强度之间有怎样的关系?

2. 你班级中其他同学还发现了哪些会影响电磁铁磁感应强度的变量?

3. 是否有哪个小组发现有某些变量对电磁铁的磁感应强度没有影响?

进一步探索

1. 比较同学们发现的各种变量对磁铁磁感应强度有影响的影响。是否存在某个变量,只要它稍微改变,就会使电磁铁的强度大为增加? 如果存在,这个变量是什么?

2. 为了增大电磁铁的磁感应强度,哪种方法最有效? 试说明理由。

3. 怎样做才能方便地调节电磁铁的磁感应强度?

生活中的物理学

1. 如果需要一块安装在笔记本电脑里的体积很小的电磁铁,那么你可以采用怎样的措施来增加这种小体积电磁铁的磁感应强度?

2. 某些建筑物中应用电磁铁来控制防火门的开启。这种磁铁就像门吸那样被安装在门背后的墙壁上。设想一个控制火灾的防火警报系统。这种控制房门开闭的系统有何优点? 在灾害发生时,这种系统又有何优点或缺点?

3. 有些电铃是通过用臂锤击打一个半球型金属盖的边缘工作的。如何应用电磁铁使电铃工作? 怎样才能使臂锤不断地重复击打,以产生持续的铃声,直到电源被切断?

生物磁性检测

只需要叶子

设想你正在路上骑自行车，一辆大卡车突然加速从你旁边通过，从它的排气管里排出了浓浓的烟雾，你因此咳嗽和眼睛不舒服。汽车尾气排放的烟尘微粒不仅会导致这些问题，而且如果长期与它们接触，将导致严重的健康问题。

测量空气质量 与城市空气污染指数有关的详细信息可以帮助城市规划者设计步行道和自行车道，从而让人们尽量避开污染区域。通过位于区域中心的仪器来测量这个区域的空气质量，但这样做无法提供该区域各处的空气质量和污染对人们健康的影响的详细信息。当然，你可在该区域中安装更多这样的仪器，但这会大大增加购置和维护费用。

生物磁性检测 全世界的环境科学家正在研究一种相对简单的收集空气质量数据的方法，即生物磁性检测。这种方法通过测量树叶的磁性，并以此作为空气中的烟尘微粒污染程度的标识。其中一种方法是，将收集到的树叶样品短暂地放置在强磁场中，然后取出样品，测量它们的剩余磁性。剩余磁性较强说明树叶上有铁的成分，而这来源于汽车排出的尾气，如**图1**所示。

磁性树叶显示空气污染情况 有大量汽车通过的地方，路边的树叶的磁性可能比那些远离公路地区的树叶的磁性强10倍。此外，公共汽车和卡车的道路两旁的树叶有很强的磁性，这是因为公共汽车和卡车的柴油机常常排放出大量尾气。在等红灯或者高峰拥堵时，由于汽车要多次从静止开始加速，所以排出的烟尘微粒更多。

图1 机动车尾气中的微粒就像图中所示，这种微粒被人体吸入后会影响人的健康。

放大倍数为8 000，10 cm。

进一步探索 >>>

研究 画一张地图，以显示你的学校、社区或小镇周围的不同种类的树。根据这张地图，你会用哪一种树的树叶对该地区的机动车尾气情况做一次生物磁性检测的研究？

大概念 磁铁与运动电荷的周围存在磁场，磁场对磁性材料或运动电荷有力的作用。

关键术语

- 极性
- 磁畴
- 磁场
- 磁通量
- 螺线管
- 电磁铁

第1节 磁 性

主要概念 磁铁与电流周围存在磁场。

- 所有磁铁都有N极和S极，且它们的周围存在磁场。
- 当磁性材料的磁畴取向一致时，便具有了磁性。
- 要用矢量来描述磁场，因为它既有大小，又有方向。磁场对位于其中的磁性物质有力的作用。磁场可用磁感线描述，它总是从磁铁的N极发出，从S极进入，且形成闭合曲线。

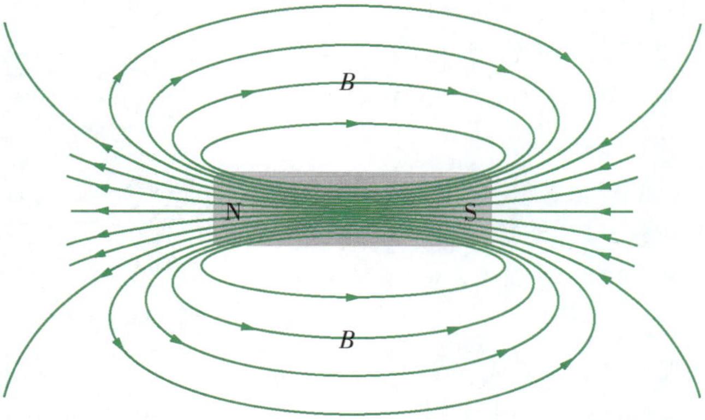

- 通电导线的周围存在磁场。螺线管内部的磁感应强度与它的匝数成正比，因为每匝线圈的磁场具有相同的方向。

关键术语

- 灵敏电流计
- 电动机
- 转子

第2节 磁场力的应用

主要概念 许多设备都是利用磁场力工作的，如耳机和电动机。

- 放置在磁场中的通电导线将受到力的作用，这种作用力的方向既垂直于磁场方向，又垂直于导线方向。
- 磁场中通电导线受到的作用力与电流的强度、导线的长度、磁感应强度，以及电流与磁场方向之间夹角的正弦成正比：

$$F=ILB\sin\theta$$

- 电动机由放置在磁场中的一个线圈构成。线圈中存在电流时，由于磁场中通电导线受到力的作用，因此该线圈将发生转动。当线圈转动时，利用换向器改变电流的方向，就能使它完成360°的转动。
- 磁场作用在运动电荷上的力的大小取决于三个因素：带电粒子的速度、粒子的电荷量、磁感应强度，以及速度方向与磁场方向之间的夹角。作用力的方向既和磁场的方向垂直，又和粒子速度的方向垂直。

$$F=qvB\sin\theta$$

第1节 磁 性

理解概念

38. 陈述磁极相吸和相斥的规律。
39. 描述暂时性磁铁与永久磁铁的不同点。
40. 给出三种通常的磁性物质的名称。
41. **大概念** 画出一根小条形磁铁及其周围的磁感线，并用箭头表示出磁感线的方向。再在磁场中画出一枚小铁钉，标出感应产生的N极和S极。条形磁铁对铁钉的一个磁极相吸引，而对另一个磁极相排斥，那么，为什么磁铁能将铁钉吸引过来？
42. 分别画出两个同名磁极和异名磁极之间的磁感线，并标出磁场的方向。
43. 如果将一块磁铁分成两块，你能否得到孤立的N极和S极？请说明理由。
44. 试描述怎样用右手定则确定通电直导线周围磁场的方向。
45. 如果将一根通电导线弯成一个环，为什么此时环内的磁场比环外的强？
46. 试描述怎样用右手定则确定电磁铁磁极的极性。
47. 在铁块中，每个电子都类似于小磁铁，然而这块铁本身却可能并没有磁性。这是为什么？
48. 为什么摔打或加热会使磁铁的磁性减弱？

解决问题

49. 如**图24-22**所示，回答如下问题。
    a. 何处是磁极？
    b. 何处是N极？
    c. 何处是S极？

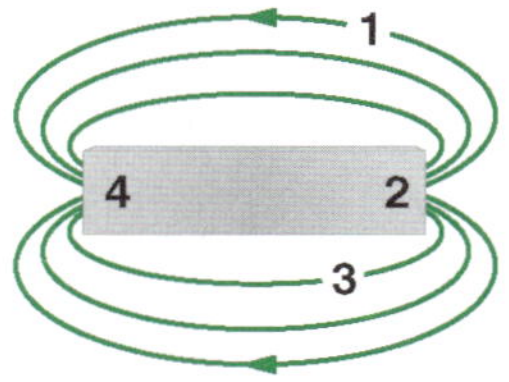

图24-22

50. 如**图24-23**所示，当右边的那根磁铁移向左边悬挂着的磁铁时，这根用绳子悬挂着的磁铁将会怎样？

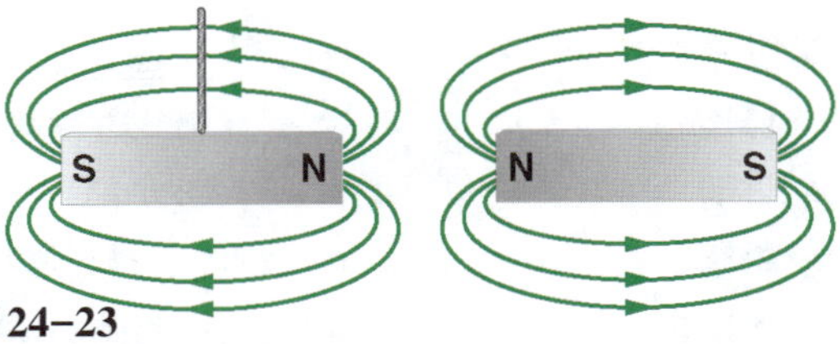

图24-23

51. 如**图24-24**所示，当右边的那根磁铁移向左边悬挂着的磁铁时，这根用绳子悬挂着的磁铁将会怎样？

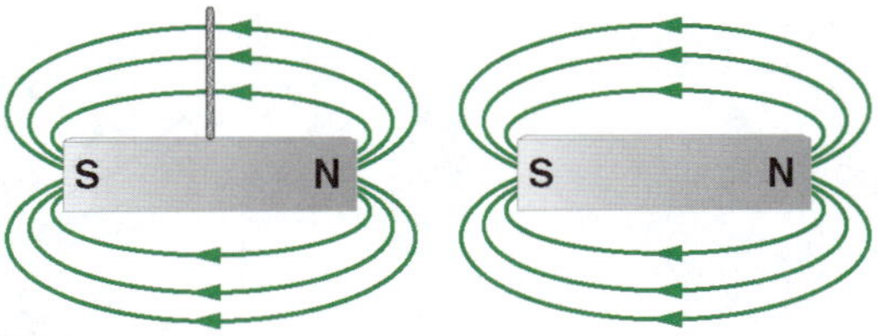

图24-24

52. 如**图24-25**所示为指南针在一根磁铁附近两个不同位置时的情况。这根磁铁的S极位于何处？

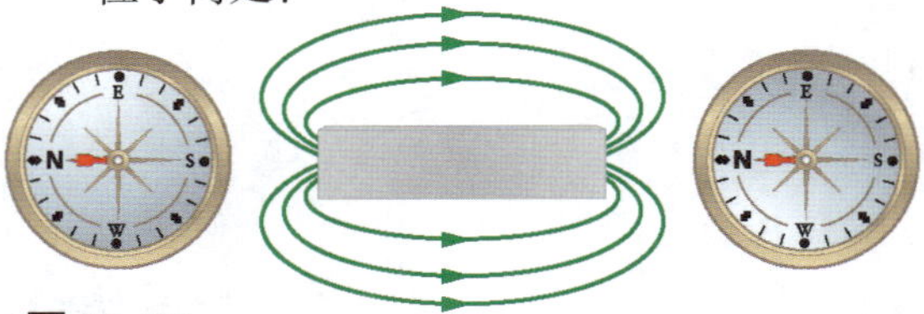
图24-25

53. 一根导线中的电流如**图24-26**所示。画出图中的电流所产生的磁场的示意图。

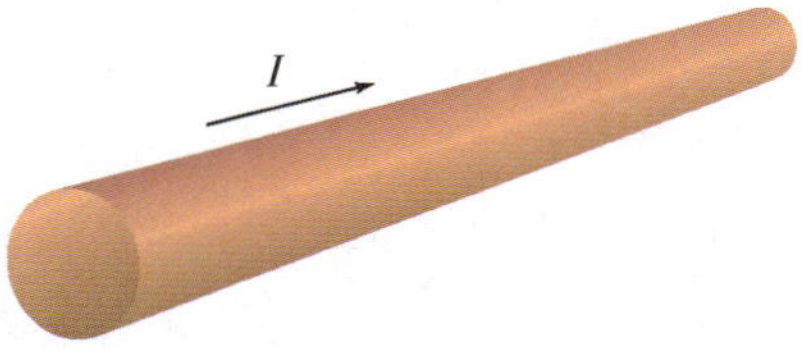

图24-26

54. 如**图24-27**所示，电流垂直流出纸面。复制此图，并作出该电流所产生的磁场的示意图。

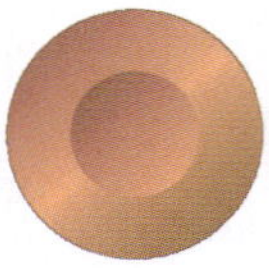
图24-27

55. 如**图24-28**所示为一个有电流通过的电磁铁线圈。

a. 线圈内部磁场的方向如何?

b. 线圈外部磁场的方向如何?

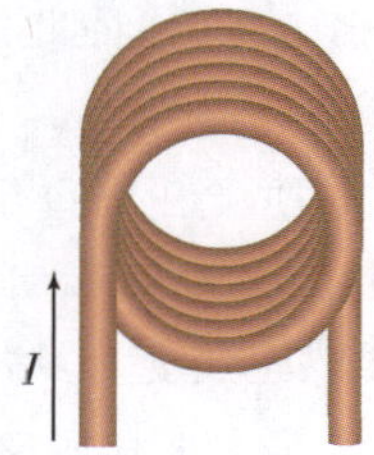

图24-28

56. 某同学测量了两个磁体间的排斥力,得出了如**表24-1**所示的数据,它显示了这个力与两个磁体间的距离的关系。

a. 画出这个力与距离的函数图线。

b. 这种力是否遵循平方反比定律?

表24-1 力与距离的关系

距离 d(cm)	力 F(N)
1.0	3.93
1.2	0.40
1.4	0.13
1.6	0.057
1.8	0.030
2.0	0.018
2.2	0.011
2.4	0.007 6
2.6	0.005 3
2.8	0.003 8
3.0	0.002 8

第2节 磁场力的应用

理解概念

57. 在灵敏电流计上加一个分流电阻,可改装成何种电表?

58. **电动机** 作用在电动机转子上的力矩取决于导线沿转轴的长度。垂直于转轴的导线上是否受到力的作用?为什么?

59. 一根导线中突然通入强电流,但导线却并未受到力的作用。你能否由此得出在导线处没有磁场的结论?请说明理由。

60. **耳机** 因为耳机线圈中的电流不断改变方向,你才能够听到音乐。当线圈中的电流不断改变方向时,它受到怎样的力的作用?

61. **同步加速器** 同步加速器利用磁铁使带电粒子做圆周运动。说明怎样的磁场力才能使带电粒子做圆周运动?

62. 如**图24-29**所示的电路是将灵敏电流计改装为何种电表的接法?

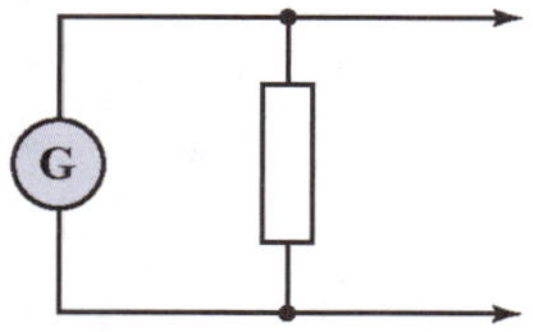

图24-29

63. 如**图24-29**所示的那个电阻叫作什么?

64. 如**图24-30**所示的电路是将灵敏电流计改装为何种电表的接法?

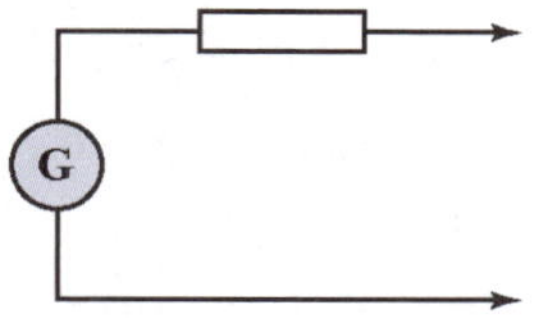

图24-30

65. 如**图24-30**所示的那个电阻叫作什么?

解决问题

66. 一根长0.50 m的垂直于匀强磁场的导线载有8.0 A的电流,作用在导线上的力是0.40 N。该磁场的磁感应强度为多大?

67. 一根长25 cm的导线与磁感应强度为0.30 T的匀强磁场的方向成直角,通过这根导线的电流为6.0 A。此时作用在这根导线上的力为多大?

68. 一根导线长35 cm,与磁感应强度为0.53 T的匀强磁场的方向平行,通过这根导线的电流是4.5 A。此时作用在这根导线上的力为多大?

69. 作用在一根与磁感应强度为0.80 T的磁场相垂直的导线上的力为3.6 N,导线中的电流为7.5 A。这根导线有多长?

70. 如**图24-31**所示，一根通电导线放置在磁铁的两极之间，该导线所受的力的方向如何？

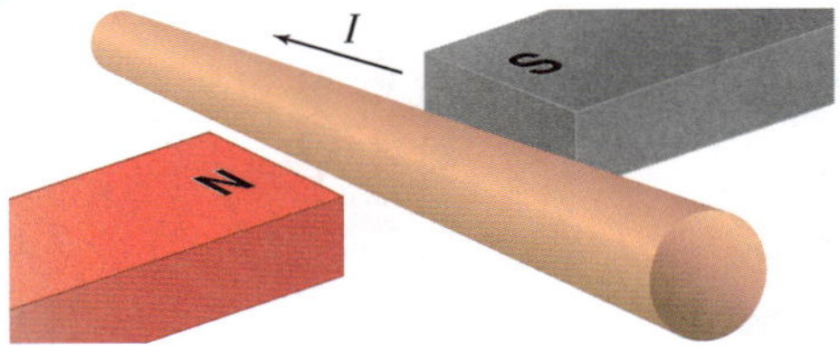

图24-31

71. 作用在长0.80 m且与地磁场相垂直的导线上的力为0.12 N。此时通过这根导线的电流为多大？已知地磁场的磁感应强度为5.0×10^{-5} T。

72. 补充问题 把问题补充完整，以便可以用磁场力的概念来求解："质子的速度为600 m/s……"

73. 一根与地面平行的输电线载流225 A，电流的方向自东向西。

a. 地磁场作用在每米输电线上的力多大？方向怎样？设$B_{地}=5.0\times10^{-5}$ T。

b. 根据你的判断，这个力对于支撑输电线的铁塔的设计重要吗？

74. 灵敏电流计 一只灵敏电流计满偏时的电流为50.0 μA。

a. 为了将它改装成满偏刻度为10 V的电压表，串联电阻器和灵敏电流计的总电阻应为多大？

b. 如果灵敏电流计的电阻为1.0 kΩ，那么串联电阻器的电阻应为多大？

75. 若将第74题中的那只灵敏电流计改装成满偏刻度为10 mA的电流表。

a. 当通过该灵敏电流计（电阻为1.0 kΩ）的电流为50.0 μA时，它两端的电压是多少？

b. 如果在该电压下通过电路的总电流为10 mA，并联电路的等效电阻应为多大？

c. 与灵敏电流计并联的电阻应为多大，才能得到b中计算得到的电阻值？

76. 一束电子沿着与磁感应强度为6.0×10^{-2} T的磁场相垂直的方向运动，速度为2.5×10^{6}m/s。每个电子受到的作用力为多大？

77. 一个房间内有匀强磁场，其中放有一只闭合的通有电流的小线框。如果转动线框，直到磁场不再使它有转动的趋向，此时磁场的方向相对于线框平面怎样？

78. 基本粒子 一个μ子（一种带有与电子相同电荷的粒子，质量为1.88×10^{-28} kg，）以4.21×10^{7} m/s的速度在垂直于磁场的方向上运动，所受到的力为5.00×10^{-12} N。

a. 该磁场的磁感应强度为多大？

b. μ子所获得的加速度是多少

79. 5.78×10^{-16} N的力作用在一个沿着与磁场相垂直的方向运动的未知粒子上。如果粒子的速度为5.65×10^{4} m/s，磁场的磁感应强度为3.20×10^{-2} T，那么该粒子带有多少个元电荷？

80. 排序 把下列选项中的电荷按照受到的磁场力从大到小进行排序，并说明理由。

A. 一个带电量为8.0 nC的静止电荷在3.0 T的磁场中

B. 一个速度为9.0 m/s，带电量为3.0 nC的运动电荷在1.0 T的磁场中

C. 一个速度为4.0 m/s，带电量为1.5 nC的运动电荷在1.0 T的磁场中

D. 一个速度为9.0 m/s，带电量为6.0 nC的运动电荷在0.5 T的磁场中

E. 一个速度为2.0 m/s，带电量为2.0 nC的运动电荷在3.0 T的磁场中

应用概念

81. 一块小的条形磁铁固定隐藏在一个网球内。试描述一种能发现该磁铁的N极和S极位置的实验方法。

82. 指南针 如果你在树林里迷了路，而你正好有一枚指南针，但不幸的是指南针上标记N极的红漆脱落了。好在你还有一支备有电池的手电筒以及一段导线。此时，你该如何确定这个指南针的N极。

83. 两根平行导线通有大小相等的电流。

a. 如果这两根导线中的电流方向相反，那么何处的磁感应强度大于每根导线所产生的磁感应强度？

b. 何处的磁感应强度正好等于每根导线所产生的磁感应强度的2倍？

84. 一枚铁钉被吸引到一块大磁铁的一个极上。怎样说明这枚铁钉是否被磁化。

85. 地磁场施加在指南针上的力是小于、等于还是大于这枚指南针施加在地球上的力？试作出解释。

86. 磁铁可吸引没有磁性的铁块，带电橡胶棒可吸引不带电的绝缘体。试描述产生这两种类似现象的不同的微观过程。

87. 将一根通电导线放在实验桌上。试描述至少两种能确定导线中电流方向的方法。

88. 在磁场中的什么方向上放置通电导线，可使它受到的磁场作用力最小，甚至为零？

89. 磁场对带电粒子会产生力的作用，那么它能否改变带电粒子的动能？为什么？

90. 一束质子从房间的后面运动到前面时，因受到磁场的作用而向上弯曲。引起该质子偏转的磁场朝着哪个方向？

91. 地球的磁感线如**图24-32**所示。在什么地方，是两极处还是赤道处，其磁感应强度最大？说明理由。

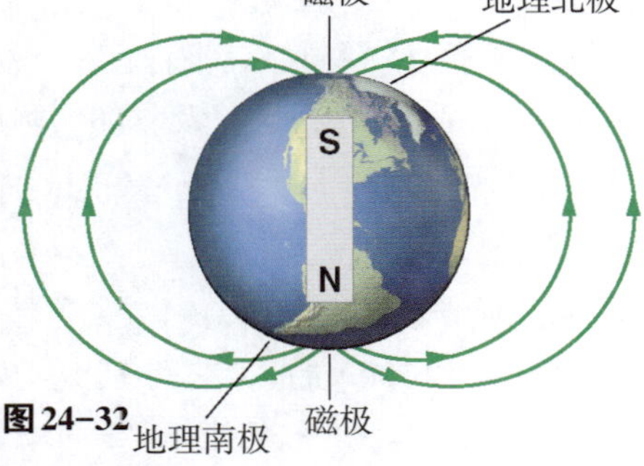

图24-32

复习提高

92. 一个磁感应强度为16 T的磁场指向正西方向，一个电子以8.1×10^5 m/s的速度向正南方向运动。此时作用在该电子上的磁场力的大小和方向如何？

93. 亚原子粒子　一个β粒子（高速运动的电子）以2.5×10^7 m/s的速度在与磁感应强度为0.60 T的磁场相垂直的方向上运动。它所受到的作用力为多大？

94. 一根电阻可忽略的铜导线位于两个磁极间隙的中央部位，如**图24-33**所示。磁场局限在该间隙中，它的磁感应强度为1.9 T。

a. 当开关打开时，求导线所受的力的大小和方向。

b. 当开关闭合时，求导线所受的力的大小和方向。

c. 闭合开关，并使电池反接，求此时导线所受的力的大小和方向。

d. 闭合开关，并用一根电阻为5.5 Ω的导线取代之前的导线。求此时导线所受的力的大小和方向。

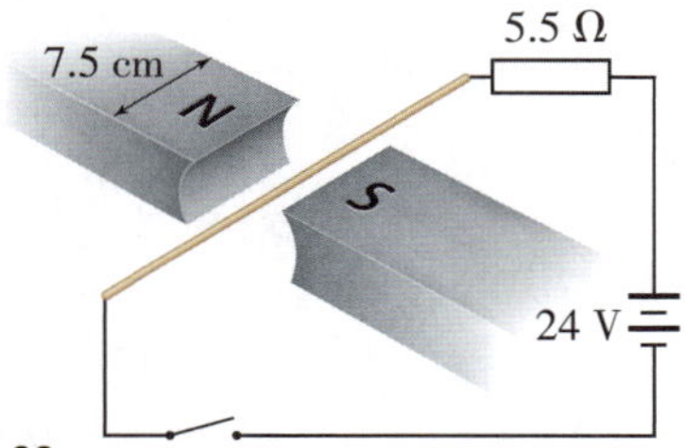

图24-33

95. 有两只灵敏电流计，其中一只的满偏电流是50.0 μA，另一只的满偏电流是500.0 μA，它们的线框的电阻都是855 Ω。你的任务是将它们改装成量程为100.0 mA的电流表。

a. 求50.0 μA的那只表上需连接的分流电阻器的电阻。

b. 求500.0 μA的那只表上需连接的分流电阻器的电阻。

c. 在实际应用时，用这两只表中的哪一只进行改装更好？为什么？

96. 扬声器　扬声器中磁场的磁感应强度为0.15 T，圆柱形线圈共有250匝，直径为2.5 cm，线圈的电阻为8.0 Ω。当线圈两端与15 V的电源接通时，求作用在线圈上的力。

97. 在磁感应强度为0.85 T的磁场中有一根长25 cm的直导线,导线中的电流为15 A。通电导线在匀强磁场中所受的作用力可用公式$F=ILB\sin\theta$确定。试求导线与磁感线呈下列角度时作用在导线上的力。

a. 90°　　**b.** 45°　　**c.** 0°

98. 如**图24–34**所示,一个电子通过电势差为2.0×10^4 V的两极板P_1和P_2之间的电场区后,再通过一个小孔进入磁感应强度为B的匀强磁场区,磁场的方向垂直于纸面向内。

a. 两极板间电场的方向是从P_1指向P_2,还是从P_2指向P_1?

b. 利用所给条件,计算电子到达P_2时的速度。

c. 描述电子通过磁场区时的运动情况。

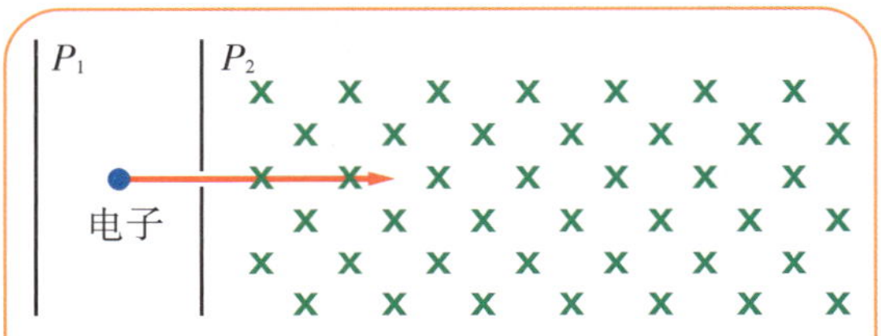

图24–34

批判性思维

99. 同步加速器 大型强子对撞机(LHC)的周长为27 km,有1 232个弯曲的磁铁。质量为1.67×10^{-27} kg、电荷为1.60×10^{-19} C的质子的运动速率接近光速(3.00×10^8 m/s)。为了使它保持做圆周运动,需要多大的磁场?向心力$F=\frac{mv^2}{r}$,其中圆周长C的圆半径$r=\frac{C}{2\pi}$。注意,由于狭义相对性对质子的影响,所需的实际磁场为8.36 T。

100. 应用概念 如**图24–35**所示,弹簧的一端插在盛满汞的杯子中,当电流通过这根竖直弹簧时将发生什么现象?为什么?

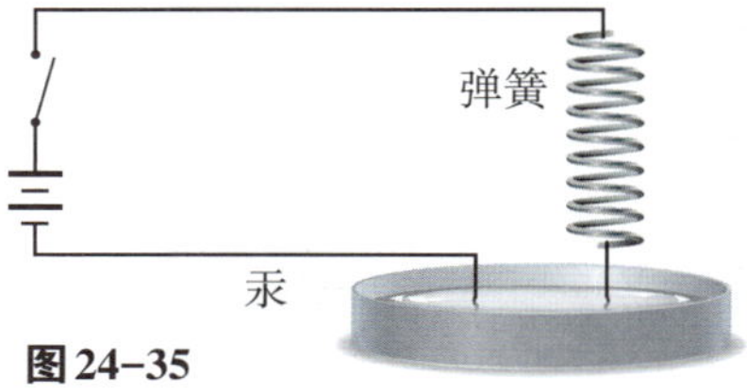

图24–35

101. 编写问题 用生活中的物体编写一道物理题,在它的解答中会出现下列表达式:

$$v=\frac{60\ \text{N}}{1.60\times10^{-19}\ \text{C}\times2.3\ \text{T}}$$

102. 应用概念 通电直导线所产生的磁场可用下式表示:$B=(2\times10^{-7}\ \text{T}\cdot\text{m/A})\frac{I}{d}$,其中$B$是以T为单位的磁感应强度,$I$是以A为单位的电流,$d$是以m为单位的离开导线的距离。利用这个公式,估计如下情况中的磁场的磁感应强度。

a. 家庭导线中的电流很少超过10 A。距离这种导线0.5 m处的磁场与地磁场相比如何?

b. 在765 kV的高压输电线中,电流常常可达200 A。假定这种输电线的高度为20 m,试估计输电线下地面处的磁感应强度。这与你家庭电路的磁场相比如何?

103. 矢量和 在第102题所描述的各种情况中,假设有第二根载有大小相等、方向相反的电流的导线。试求在距离每根通电10 A的导线0.1 m处的磁感应强度。假定这两根导线相距0.01 m,按比例作出示意图。计算每根导线产生的磁感应强度的大小,并用右手定则画出表示每根导线磁场方向的矢量。最后,求出两个磁感应强度的矢量和,确定它的大小和方向。

科技写作

104. 研究超导磁体,写出一篇报告,说一说这种磁体未来的应用前景,以及它在实际应用时可能遇到的障碍。

日积月累

105. 将一个所带电荷量为6.40×10^{-3} C的粒子移过电势差为2 500 V的两点之间,需做多少功?

106. 在120 V的电路中,电流从1.3 A增加到2.3 A。试计算功率的变化。

107. 三个55 Ω的电阻器并联后再与两个55 Ω的串联电阻器串联,试求它们的总电阻。

选择题

1. 一根通电7.2 A的直导线处在磁感应强度为8.9×10^{-3} T的磁场中，导线与磁场的方向相垂直。要使它所受的力为2.1 N，在场中的导线的长度应为(　　)

A. 2.6×10^{-3} m　　**B.** 3.1×10^{-2} m
C. 1.3×10^{-1} m　　**D.** 3.3×10^{1} m

2. 假定一根长19 cm的通电直导线处于磁感应强度为4.1 T的磁场中，导线与磁场的方向相垂直，它受到的作用力为7.6 mN。导线中的电流为(　　)

A. 3.4×10^{-7} A　　**B.** 9.8×10^{-3} A
C. 1.0×10^{-2} A　　**D.** 9.8 A

3. 一个电荷量为7.12 μC的带电粒子以光速在磁感应强度为4.02 mT的磁场中运动，它所受到的力的大小为(　　)

A. 8.59 N　　**B.** 2.90×10^{1} N
C. 8.59×10^{12} N　　**D.** 1.00×10^{16} N

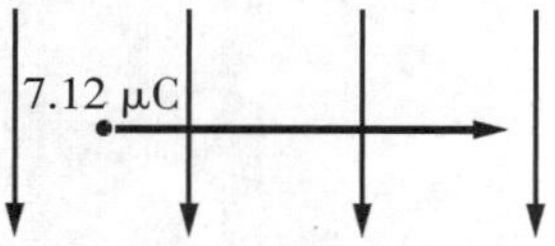

4. 一个电子以7.4×10^{5} m/s的速度垂直于磁场运动，它受到的力为2.0×10^{-13} N。该磁场的磁感应强度为(　　)

A. 8.2×10^{-15} T　　**B.** 1.7×10^{-8} T
C. 0.31 T　　**D.** 1.7 T

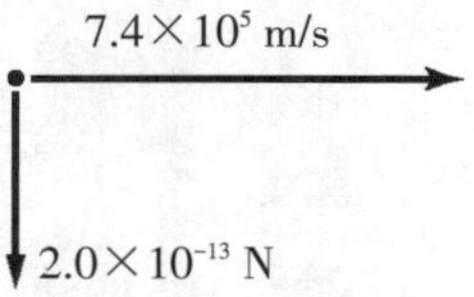

5. 下列因素中，与螺线管中的磁感应强度无关的是(　　)

A. 螺线管的匝数　　**B.** 电流
C. 导线的粗细　　**D.** 芯子的种类

6. 一根长0.80 cm、通过电流为5.0 A的导线置于0.60 T的磁场中，导线与磁场方向相垂直。磁场对导线的作用力为(　　)

A. 2.4×10^{-2} N　　**B.** 2.4×10^{-1} N
C. 2.4 N　　**D.** 24 N

7. 下列关于磁单极的说法中，错误的是(　　)

A. 磁单极是一种假定存在的单个磁极
B. 磁单极是科学家用来做内科检查的
C. 磁单极是一种假定存在的单个S极
D. 磁单极并不存在

8. 一个磁感应强度为0.25 T的匀强磁场，其方向竖直向下。一个质子以4.0×10^{6} m/s的水平速度进入该磁场。在质子刚进入磁场的瞬间，它所受到的力的大小和方向分别为(　　)

A. 1.6×10^{-13} N，方向向左
B. 1.6×10^{-13} N，方向向下
C. 1.0×10^{6} N，方向向上
D. 1.0×10^{6} N，方向向右

9. 暂时性磁铁与永磁铁的区别是(　　)

A. 暂时性磁铁的磁畴取向彼此不同，而永磁铁的磁畴取向彼此相同
B. 暂时性磁铁是由不同的材料构成，而永磁铁是由单一材料构成
C. 暂时性磁铁的磁场较弱，而永磁铁的磁场较强
D. 暂时性磁铁的磁性可随时产生或消去，而永磁铁的磁性能长期保存

拓展题

10. 利用量纲分析以及公式$F=qvB$和$F=ILB$，导出用kg、m、s和C表示的磁感应强度单位T的表达式。

11. 在电路中，一根与5.8 V电池连接的导线处于磁感应强度为0.85 T的磁场中，导线的电阻为18 Ω，长度为14 cm，所受到的力为22 mN。试用公式$F=ILB\sin\theta$确定导线与磁场方向的夹角。

考点提示

测试题号	1	2	3	4	5	6	7	8	9	10	11
对应小节	2	2	2	2	1	2	1	2	1	2	2

第25章
电磁感应

大概念 变化的磁场在导体中产生感应电流。

内容提要

起步实验

变化的磁场

什么是变化的磁场？它对电路中的电流有怎样的影响？

44 J

第1节 感应电流

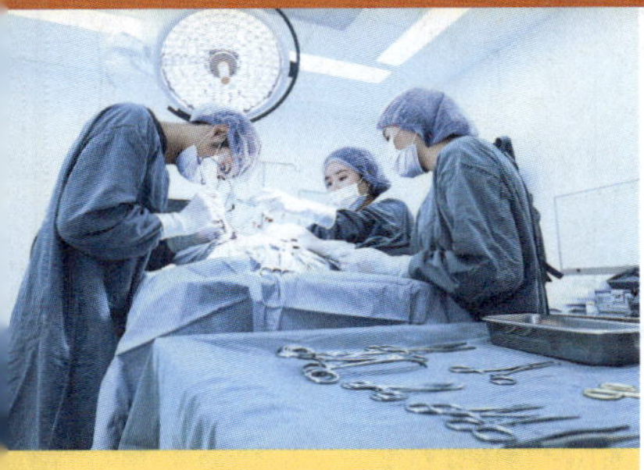

主要概念

变化的磁场在导线中产生电动势，当导线是电路的一部分时，电路中就有电流产生。

核心问题

- 什么是感应电动势？
- 怎样通过变化的磁场产生感应电动势和感应电流？
- 发电机是怎样产生电能的？
- 交流电流和交流电压的有效值与最大值有什么关系？

术语回顾

电势差 把单位正电荷从一点移动到另一点时所做的功

关键术语

电磁感应
感应电动势
发电机

物理在你身边

你是否看过一个关于医院的电视剧，当医生正在做手术时，突然停电，就在瞬间，随着响亮的嗡嗡声，备用发电机开始工作了。医院都配有备用发电机，以便在突然停电时能使手术继续进行，使维持生命的各种设备继续运行。

变化的磁场

奥斯特发现了电流产生磁场后，法拉第认为，既然电流能产生磁场，那么反过来，磁场应该也能产生电流。1822年，法拉第在他的笔记本上写下了他的研究课题：磁生电。在经历了大约10年的失败的实验后，法拉第终于发现，磁场中运动的导线能感应出电流。同年，美国的一位中学教师亨利(J.Henry)也证实，变化的磁场可产生电流，亨利后来成为史密斯学会的首任秘书长。

图25-1显示了法拉第和亨利的一个实验。实验中，作为闭合回路一部分的一段导线处于磁场中。当这段导线固定不动，或者沿平行于磁场的方向运动时，导线中不存在电流。但是，当导线向上垂直通过磁场运动时，导线中就会产生某个方向的电流；当导线向下垂直通过磁场运动时，会产生相反方向的电流。

图25-1 当导线在磁场中运动时，导线中会产生电流。感应电流的方向取决于导线在磁场中的运动方向。静止时不会产生电流。

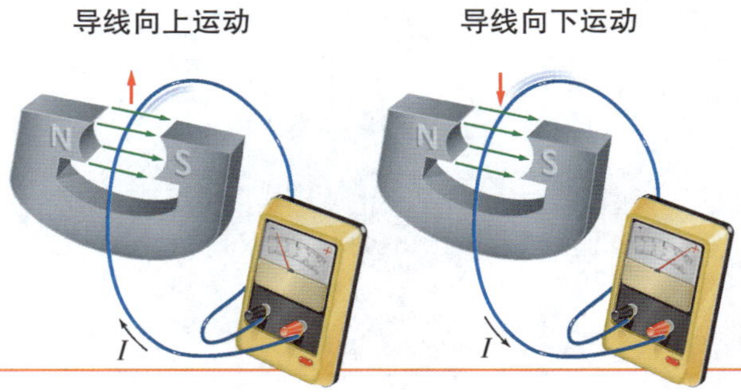

相对运动 只有当导线切割磁感线时，才会产生电流。法拉第发现，无论是导线在磁场中运动，如**图25-1**所示，还是磁场相对于导线运动，导线中都可能产生电流。这表明，这种电流的产生是由于导线和磁场的相对运动所致。以这种方式在电路中产生电流的过程称为**电磁感应(electromagnetic induction)**。

电动势 电流是如何通过电磁感应产生的呢？你知道，为了产生连续的电流，必须要有诸如电池这样的电源。电池使电路中维持着一定的电势差，电荷从高电势流向低电势。电池两端的电势差称为电动势，记为E。电动势不是力，而是一种电势差，单位也是伏。

感应电动势 你不需要利用电池中的化学反应来产生电动势。当你使导线垂直通过磁场时，你就对导线中的电荷施加了力。这个力使负电荷向导线的一端移动，而导线的另一端只有正电荷，导线的两端就存在了电势差。这种电势差就称为**感应电动势（induced electromotive force）**，记为E。

感应电动势的大小取决于磁感应强度B、导线在磁场中的长度L，以及导线在磁场中的运动速度在垂直于磁场方向上的分量$v\sin\theta$。

感应电动势

感应电动势等于磁感应强度、导线的长度、导线在垂直于磁场方向的分速度三者的乘积。

$$E=BLv\sin\theta$$

如果导线在磁场中的运动速度垂直于磁场，则$\sin 90°=1$，因此上式便简化为$E=BLv$。如果导线在磁场中的运动速度与磁场平行，则$\sin 0°=0$，就不会产生感应电动势。

上式中，E的单位是V，为什么？在第24章中，B的单位是T。因为$B=\frac{F}{IL}$，所以B的单位也可记为N/(A·m)。速度的单位是m/s。于是，利用量纲分析可得：

$$\left(\frac{\text{N}}{\text{A}\cdot\text{m}}\right)\cdot(\text{m})\cdot\left(\frac{\text{m}}{\text{s}}\right)=\frac{\text{N}\cdot\text{m}}{\text{A}\cdot\text{s}}=\frac{\text{J}}{\text{C}}=\text{V}。$$

因此，E的单位是V。

感应电流的大小 回想一下，电阻等于电势差除以电流。因此，如果一根导线是电路的一部分，它的电阻为R，导线中的感应电动势为E，那么通过这根导线的电流为

$$I=\frac{E}{R}$$

感应电流的方向 怎样确定感应电流的方向呢？为了找出导线中电荷的受力方向，可用**图25-2**中的下图所示的右手定则：伸出右手，使你的拇指指向导线的运动方向，其他四指指向磁场方向，则手掌指向的便是正电荷的受力方向，也就是感应电流的方向。

图25-2 右手定则可用来确定在磁场中运动的导线的电流方向。注意，电流方向与导线内部的电荷所受到的磁场力的方向相同。

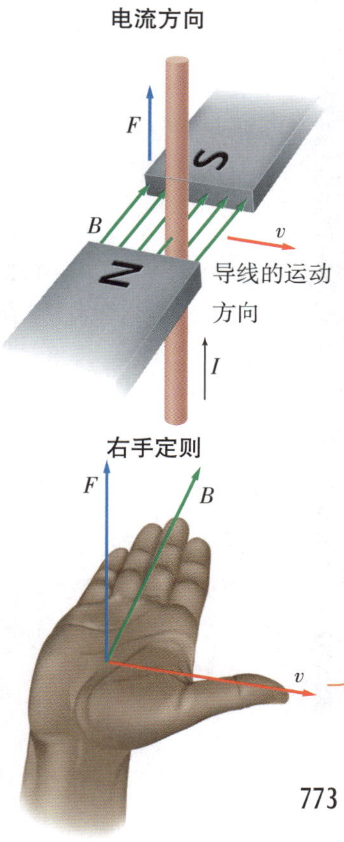

例题 1

感应电动势 一根长 0.20 m 的直导线是电路的一部分，它的电阻为 0.50 Ω，以 7.0 m/s 的速度垂直于磁感应强度为 8.0×10^{-2} T 的磁场运动。

a. 导线中的感应电动势为多大？

b. 导线中的感应电流是多少？

c. 如果采用另一种电阻为 0.78 Ω的金属导线，此时导线中的电流又是多少？

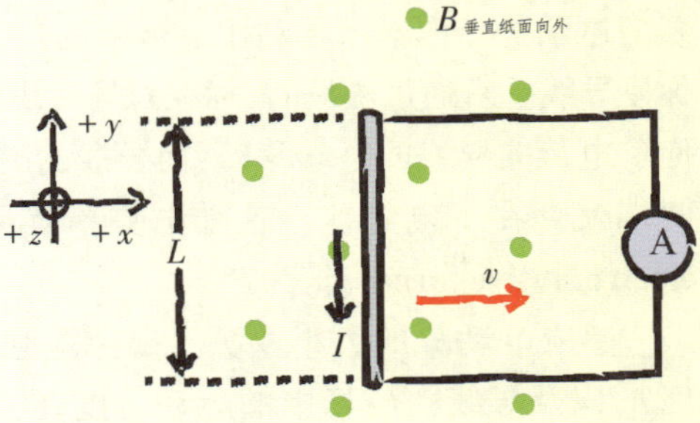

1 分析概括问题

- 画出一根长为 L 的直导线，并将它与一只电流表相连，以便电路中有电流。
- 标出一个与导线垂直的磁场方向。
- 标出一个与导线和磁场均垂直的速度方向。
- 利用右手定则确定感应电流的方向，并标在图上。

已知	未知
$v=7.0$ m/s	$E=?$
$L=0.20$ m	$I=?$
$B=8.0\times10^{-2}$ T	
$R_1=0.50\ \Omega$	
$R_2=0.78\ \Omega$	

2 求解未知量

a. $E=BLv$

$=8.0\times10^{-2}\ \text{T}\times0.20\ \text{m}\times7.0\ \text{m/s}$ ◀将 $B=8.0\times10^{-2}$ T，$L=0.20$ m，$v=7.0$ m/s 代入。

$=0.11\ \text{T}\cdot\text{m}^2/\text{s}=0.11\ \text{V}$

b. $I=\dfrac{E}{R}$

$=\dfrac{0.11\ \text{V}}{0.50\ \Omega}=0.22\ \text{A}$ ◀将 $E=0.11$ V，$R_1=0.50\ \Omega$ 代入。

c. $I=\dfrac{E}{R}$

$=\dfrac{0.11\ \text{V}}{0.78\ \Omega}=0.14\ \text{A}$ ◀将 $E=0.11$ V，$R_2=0.78\ \Omega$ 代入。

电流是逆时针方向。

3 验证答案

- **单位是否正确？** 电动势的单位是 V，电流的单位是 A，这些都是正确的。
- **方向是否有意义？** 导线中电流所受的力的方向遵循右手定则，v 沿拇指方向，B 沿四指方向，F 沿手掌方向，电流的方向与力的方向一致。
- **数值是否合理？** 答案的数量级是 10^{-1}，这对于小的电动势和电阻来说是正确的。

练一练

1. 一根长0.5 m的直导线，以20 m/s的速度沿垂直于磁感应强度为0.4 T的水平方向的磁场向上运动。
   a. 导线中的感应电动势为多大？
   b. 如果该导线是总电阻为6 Ω的电路的一部分，此时电路中的电流是多少？
2. 一根长25 m的直导线安装在一架以125 m/s的速度飞行的飞机上，这根导线的运动方向与地磁场($B=5.0\times10^{-5}$ T)的方向垂直。导线中的感应电动势为多大？
3. 一根长30.0 m的直导线是电路的一部分，以2.0 m/s的速度垂直通过一个磁场运动。
   a. 如果导线中的感应电动势为6.0 V，那么磁场的磁感应强度为多大？
   b. 电路的总电阻为5.0 Ω，电路中的电流是多少？
4. **挑战题**　一块马蹄形磁铁的磁感线呈竖直方向分布。如果你将一根水平方向放置的直导线通过两极间的磁场拉向自己，导线中产生了自右向左的电流，那么哪端是磁铁的N极？为什么？

麦克风里的感应电动势　在前面的章节中，你已经学过耳机是如何利用磁场工作的，麦克风也是利用磁场工作的。麦克风的结构与耳机类似，但工作过程相反。它通过电磁感应，将声音转化为电能。

如**图25-3**所示，在这种麦克风中，有一片与磁场中的线圈连在一起的铝膜。声波使铝膜振动，致使线圈在磁场中运动，从而在线圈的两端产生感应电动势，并产生感应电流。感应电动势和感应电流随声波频率的变化而变化。通过这种方式，声波被转化成了电信号。这样产生的电压很低，一般只有10^{-3} V，但可用电子器件将它放大。

■ 麦克风

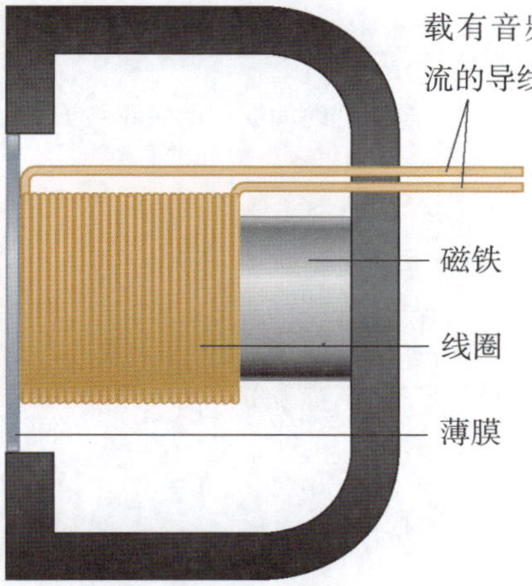

图25-3　麦克风将吉他的声波转化为电信号。铝膜与磁场中的线圈连在一起，当声波使铝膜振动时，线圈就在磁场中运动，从而产生与声波成正比的电流。

发电机

麦克风只是电磁感应的许多技术应用之一。电磁感应也是发电机工作的基本原理。

发电机(electric generator)将机械能转化为电能。发电机由安装在强磁场中的多匝线圈构成，线圈绕在铁芯上，以增强通过线圈的磁通量。这种绕有线圈的铁芯称为电枢，也称为转子。

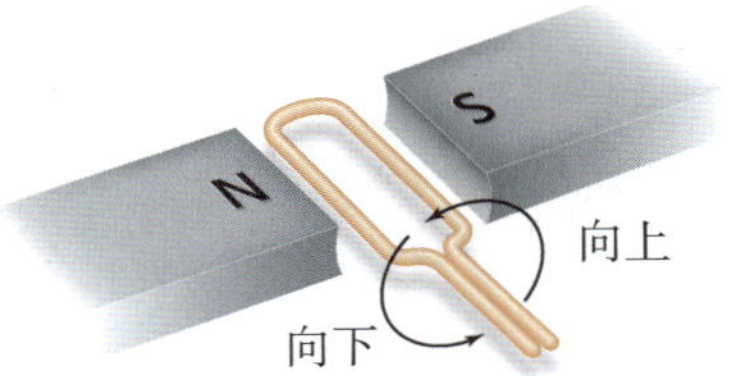

图 25-4 当线圈转动时，线圈中就会产生大小和方向不断改变的感应电流。

确定 当线圈处在如图所示的水平位置时，线圈中感应电流的方向是怎样的？

发电机产生的电流 与电动机中的转子一样，发电机的转子可在磁场中自由转动。随着转子的转动，线圈不断切割磁感线，从而产生感应电动势。发电机产生的感应电动势取决于导线的长度、磁感应强度和转子的转动速度。增加转子线圈的匝数也就增加了导线的长度，从而使感应电动势增大。电动势越大，电流也就越大。

线圈的方向 为了理解发电机中电流的产生，我们来讨论如**图 25-4** 所示的磁场中单只线圈的发电机。电路是闭合的，所以感应电动势在回路中产生了感应电流。当线圈转动时，电流的大小和方向都会改变。

回想一下，只有当线圈的速度分量垂直于磁场时，才能产生电动势。因此，当线圈处在如**图 25-4** 所示的水平位置时，它的运动方向与磁场方向相垂直，此时电流达到最大值。这也相当于**图 25-5** 中的左图所示。

电流反向 随着**图 25-5** 中的线圈从水平位置转到竖直位置，其垂直于磁场方向的速度分量变小，它在单位时间内切割磁感线的条数减少，因此电流减小。当线圈转到竖直位置时，如**图 25-5** 中的中间的图所示，导线的运动方向与磁场方向平行，所以此时电流为零。

线圈继续转动，线圈中产生了相反方向的电流，且按正弦曲线的规律平滑地从零变到某一最大值，然后又变到零。线圈每转过 180°，电流的方向就要改变。电流随时间变化的图线如**图 25-5** 中的右图所示。

图 25-5 当线圈与磁场平行时，感应电流最大(左图)。当线圈与磁场垂直时，感应电流为零(中间的图)。图线表示了电流随时间变化的关系。感应电动势随时间的变化关系可用类似的图线表示。

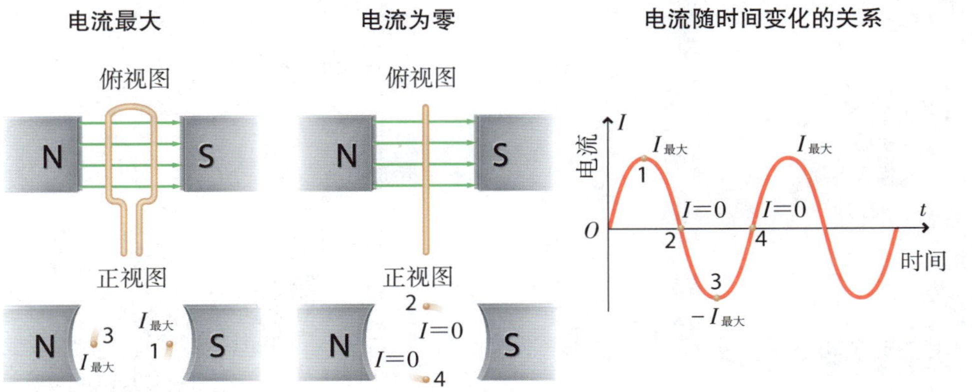

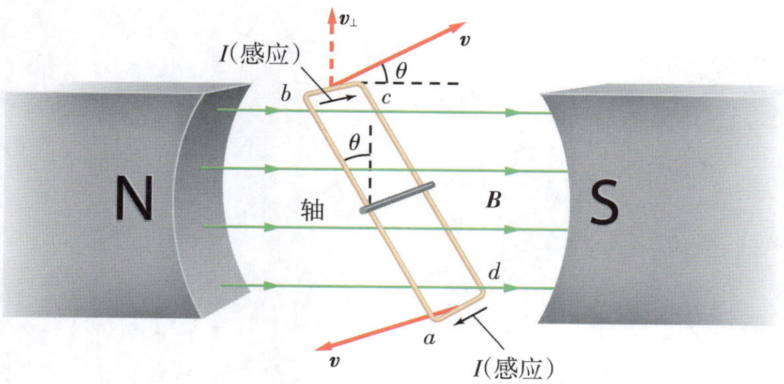

图 25-6 *bc* 和 *ad* 边中产生感应电动势，而 *ab* 和 *cd* 边则没有。如果你将拇指指向 *ab* 或 *cd* 的运动方向，其余四指指向磁场的方向，你会发现你的手掌将指向导线的侧面，因此没有感应电流产生。

何处存在感应电流？ 并不是整个线圈都对感应电动势有所贡献。如**图 25-6** 所示，只有两条边对感应电动势有贡献。对 *ab* 边应用右手定则，便可发现其感应电流的方向指向导线的侧面。*cd* 边的情况相同。因此，在 *ab* 或 *cd* 边，沿着导线方向没有电流。不过，在 *bc* 边，存在从 *b* 到 *c* 方向的感应电流；而在 *ad* 边，存在从 *d* 到 *a* 方向的感应电流。

图 25-6 中的导体线圈在圆周上转动，所以线圈上每一点的运动方向与磁场夹角的变化是恒定的。感应电动势可用前面所给出的公式 $E=BLv\sin\theta$ 计算，只是 L 现在是指 *ad* 边和 *bc* 边的长度之和。当线圈垂直于磁场方向运动时，$\theta=90°$，此时产生的感应电动势最大。

☑ **阅读检测** **应用** 发电机中的线圈在什么位置时，产生的感应电动势最大？

机械能的来源 如本章开头的风力涡轮发电机的照片所示，发电机在它们的转子中有许多匝线圈，在这些线圈中电动势的产生与单个回路中电动势的产生方式相同。风力发电机首先将外界风能转化为动能，使涡轮机转动，再带动发电机磁场中的线圈转动，从而产生感应电动势。当发电机与外电路接通时，感应电动势便产生电流。

感应电动势是由导线与磁场的相对运动产生的，所以电流也可以是由转子不动、而磁铁转动的发电机产生的。

发电机与电动机的结构几乎相同，但能量的转化情况却正好相反。发电机将机械能转化为电能，而电动机则将电能转化为机械能。发电厂里的发电机通常通过燃烧化石燃料或利用核能使水加热，转化为蒸汽来发电。风和流动的水也可以用来提供机械能。对于小型发电机，人也可以提供机械能，如**图 25-7** 所示。

图 25-7 人通过蹬踏板提供机械能，使小型发电机的转子转动。这种发电机所提供的电流足以满足电吉他所需。

图 25–8 交流发电机的结构与电动机类似，但它利用电刷—滑环装置代替换向器，将电流传送到外电路。这样产生的电流随时间成正弦函数变化（右上图），而它的功率恒为正值（右下图）。

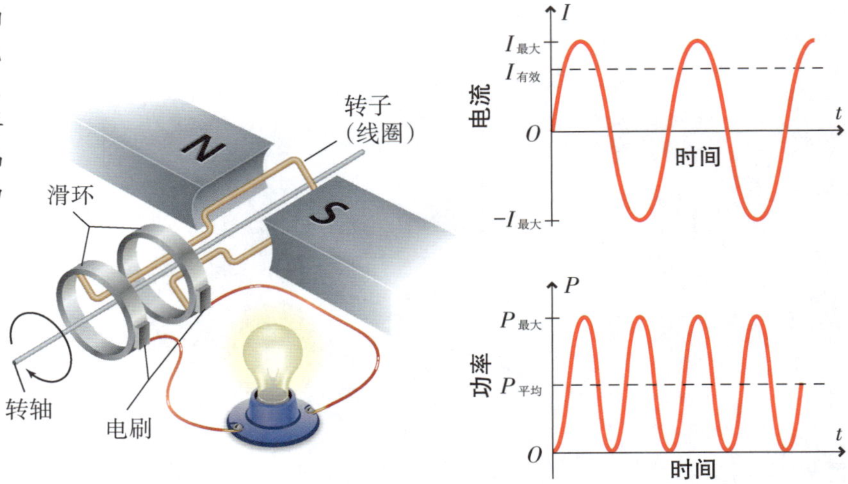

迷你实验

电动机和发电机

制作一台发电机，看看当你转动转子的摇柄时将发生什么情况。

交流发电机 发电机有两种主要类型。一类是直流（DC）发电机，这种发电机所产生的电流为单一方向，就像电池那样。之所以能产生单一方向的电流，是因为发电机的转子与外电路是通过换向器连接的。

另一类是交流（AC）发电机，其转子与外电路通过滑环连接。两只滑环分别与转子的两端相连，如**图 25–8** 中的左图所示。当转子转过 180°时，感应电流将改变方向。电流从正的变成负的，如**图 25–8** 中的右上图所示，交变电流以一定的速率按正弦函数的规律随时间变化。

交流电的频率在不同的国家是不同的。在美国，家庭用电频率是 60 Hz，这意味着电流从一个方向变到另一个方向，然后再变回原样，这样的循环每秒要进行 60 次。其他许多国家的用电频率是 50 Hz。

平均功率 交流发电机的功率等于电流和电压的乘积。因为电流和电压都在变化，所以功率也将随着电流和电压的变化而变化。**图 25–8** 中的右下图显示了交流发电机的功率随时间变化的图象。注意，I 和 U 要么同时为正，要么同时为负，所以功率总是正值。交流电的平均功率 $P_{平均}$ 是最大功率的一半，即 $P_{平均}=\frac{1}{2}P_{最大}$。

电流的有效值 描述交变电流和电压时，通常使用的是有效值而非最大值。回忆第 22 章中的公式 $P=I^2R$，你可以用电流的有效值 $I_{有效}$ 表示交流电的平均功率：$P_{平均}=I_{有效}{}^2R$。为了由电流的最大值 $I_{最大}$ 确定其有效值 $I_{有效}$，可从功率关系 $P_{平均}=\frac{1}{2}P_{最大}$ 出发，代入 I^2R，再解出 $I_{有效}$。

电流的有效值

电流的有效值等于电流的最大值乘以 $\frac{\sqrt{2}}{2}$。

$$I_{有效}=\frac{\sqrt{2}}{2}I_{最大}=0.707I_{最大}$$

电压的有效值 类似地，因为$P=\frac{U^2}{R}$，所以电压的有效值可用下述公式表示：

电压的有效值

电压的有效值等于电压的最大值乘以$\frac{\sqrt{2}}{2}$。

$$U_{有效}=\frac{\sqrt{2}}{2}U_{最大}=0.707U_{最大}$$

在美国，家庭中墙壁上的插座所提供的电压通常为120 V，这里的120 V指的就是电压的有效值，而不是最大值。在许多国家中，民用交流电压的有效值是240 V。

电流战争 在美国，最早的供电系统是爱迪生(T.Edison)于18世纪末建立的，该系统采用的是直流电。但是，不久，特斯拉(N.Tesla)建立了一个与之相竞争的、采用交流电的供电系统。特斯拉与威斯汀豪斯(G.Westinghouse)合作，促进了交流电的发展。爱迪生与特斯拉和威斯汀豪斯之间爆发了"电流战争"。后来，交流电取得了胜利。在下一节中，我们将会理解，为什么供电系统应当采用交流电。

练一练

5. 一台发电机产生的电压的最大值为170 V。

a. 电压的有效值是多少？

b. 一个60 W的灯泡接到这台发电机上，其电流的最大值$I_{最大}=0.70$ A。通过该灯泡的电流的有效值是多少？

c. 灯泡工作时的电阻是多少？

6. 如果家用插座电压的有效值为117 V，那么接在插座上的灯泡两端电压的最大值是多少？如果通过灯泡的电流的有效值为5.5 A，灯泡中电流的最大值是多少？

7. 如果灯泡消耗的平均功率为75 W，其功率的最大值是多少？

8. 挑战题 一台交流发电机产生的电压的最大值为425 V。

a. 发电机两端电压的有效值是多少？

b. 如果电路的电阻为$5.0\times10^2\ \Omega$，电流的有效值是多少？

第1节 复 习

9. 主要概念 用电磁感应的概念来说明发电机的基本工作原理。

10. 发电机 你能否制作一台转子为永磁铁、定子为线圈的发电机？说明理由。

11. 自行车发电机 自行车发电机使车前灯发光。当骑车人沿着平坦的路面骑行时，灯泡的能源来自何方？

12. 麦克风 考虑如**图25-3**所示的麦克风。当铝膜被推入时，将会发生什么情况？

13. 频率 为了增加所产生的交变电流的频率，需怎样改变发电机？

14. 输出电压 说明为什么当发电机中的磁场增强时，输出的电压会增加。除了增强磁场外，还有什么办法可使电压增加？

15. 批判性思维 一位学生问："当电流为正时，能量进入灯泡；当电流为负时，能量流出灯泡。因此净流入为零。那么，交流电为什么还要消耗功率呢？"请说明这种说法为什么是错误的。

第2节 感应电流的应用

物理在你身边

当你乘飞机前，你必须通过金属探测器。金属探测器产生磁场，以探测你所携带的金属物品。这种探测器所依据的物理原理是什么？

主要概念

感应电流产生的磁场对发电机、电动机和变压器的工作来说至关重要。

核心问题

- 什么是楞次定律？它与感应电动势有什么联系？
- 感应电动势是怎样影响电动机和发电机工作的？
- 什么是自感？它对电路有怎样的影响？
- 变压器的匝数比是怎样影响电压和电流的？

术语回顾

能量守恒定律 在一个封闭的孤立系统中，能量既不会创生，也不会消灭

关键术语

楞次定律
涡流
自感
变压器
互感
升压变压器
降压变压器

楞次定律

设想你手握一根导线在磁场中，如**图25-9**所示。当你拉着这根导线向右运动时，导线产生了感应电动势。因为这根导线是一个导体回路的一部分，所以这个电动势就会产生电流。因为磁场垂直于纸面向外，导线速度的方向向右，由右手定则可知，这根导线中感应电流的方向向下，回路中电流的方向为顺时针方向。

阻碍运动 导线中电流的方向向下，磁场垂直于纸面向外，于是导线就会受到一个力的作用。根据右手定则，这个力的方向与导线原来的运动方向相反。也就是说，这个力的作用会使你感到拉动这根导线更困难些。物理学家楞次(H.Lenz)于1834年首先指出了这个力的存在。

阻碍变化 楞次是用力的术语说明上述现象的，但我们现在可用另一种说法来说明上述现象。线圈中产生的感应电流又将产生它自己的磁场，根据右手定则，这样的磁场的方向在线圈内是垂直于纸面向里的，也就是说，感应电流产生的磁场的方向与引起感应电流的原磁场的方向相反。注意，在导线运动的情况下，线圈内垂直纸面向外的磁通量在增加，因此感应电流的磁场的作用是在阻碍原磁通量的增加。类似地，如**图25-9**中，导线向左运动时，此时线圈内原磁场垂直线面向外的磁通量在减小，为了阻碍这种减小，感应电流应取逆时针方向，以便产生与原磁场相同方向的磁场。因此，**楞次定律(Lenz's law)**指出，感应电流的磁场总是阻碍引起感应电流产生的原磁场的变化。

图25-9 一根导线在磁感应强度为B的磁场中运动，便会产生感应电动势，并产生感应电流I。这个电流又会受到磁场力F的作用。感应电流产生的磁场(蓝色的点和叉)与引起感应电流的原磁场方向相反。

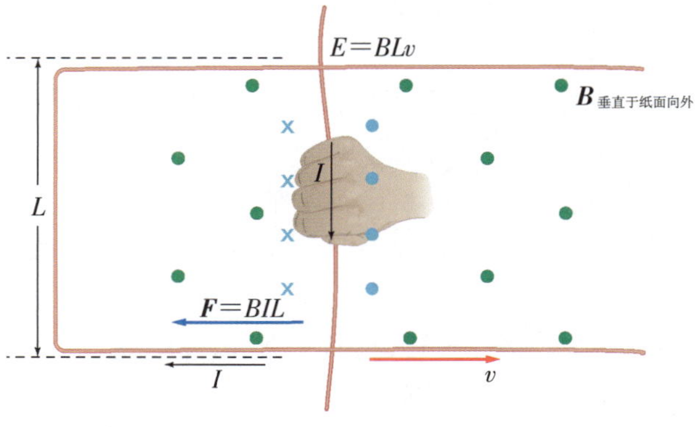

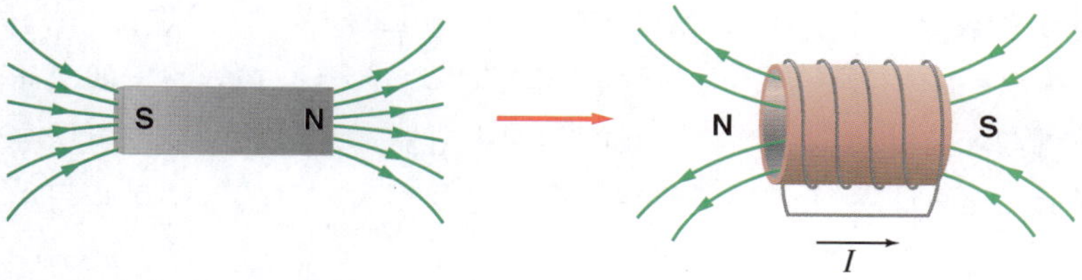

图 25-10 当磁铁靠近线圈时，线圈中就会产生感应电流。用右手定则得出电流为逆时针方向。可用楞次定律预测如图所示的电流方向。

楞次定律可用来确定线圈中感应电流的方向，如**图 25-10** 所示。当磁铁靠近时，线圈中的磁场在增强。所以，线圈中产生的感应电流的方向应如图所示，从而产生的磁场阻碍原磁场的增强；感应电流在线圈中产生的磁场对左边正在接近的永磁铁产生排斥力。根据牛顿第三定律，必然有一个大小相等、方向相反的力作用在线圈上，这个力会将线圈推开。反之，如果你拿着磁铁离开线圈，线圈中的磁场将减弱。根据楞次定律，感应电流的磁场应当阻碍这种磁场的减弱，所以线圈中感应电流所产生的磁场的方向应当与磁铁的磁场方向相同。从线圈的左面看，感应电流的方向为顺时针方向。

也就是说，无论磁铁是接近线圈还是离开线圈，感应电流的磁场总是要阻碍原磁场的变化。原磁场增强时，感应电流的磁场应阻碍原磁场的增强；原磁场减弱时，感应电流的磁场应阻碍原磁场的减弱。

发电机 楞次定律可应用于发电机和电动机中。当发电机没有与外电路接通时，你可以转动转子，但是，此时有感应电动势产生而没有感应电流。因此，没有感应电流产生磁场，也就不会产生阻碍转子转动的力，你可以比较容易地转动它。

不过，当转动的转子与外电路接通时，感应电动势就会产生电流，因此磁场就会对转子产生阻力。如果发电机产生的电流很小，那么转子受到的阻力就很小，转子比较容易转动。如果发电机产生的电流很大，那么转子受到的阻力也很大，转子转起来就困难些。大电流发电机会产生大量的电能。转子受到阻力的作用，意味着必须为发电机提供机械能，才能使它产生电能，这符合能量守恒定律。

电动机 当你刚刚开启电动机时，如吸尘器，电流很大。但是，随着电动机逐渐运转起来，在磁场中运动的导线将产生阻碍电流的电动势，因此通过电动机的电流就会减小。

负载越大，消耗的电能越多 如果电动机有了负载，例如要它做功提起重物，那么它的转速就会变小，阻碍电流的电动势也会变小，这将使得通过电动机的净电流增大。这也符合能量守恒定律：电流增大，电动机消耗的电功率就增大，这些功将转化为机械能，以承受负载。如果机械负载大到使电动机停止了运转，那时电流就会大得使导线过热。

物理实验

转动的线圈*

楞次定律在发电机的工作中起到怎样的作用？

迷你实验

低速电动机*

当你启动电动机时，观察会发生什么情况？

为什么当电动机启动时，灯会暗一下 当电动机启动时，电流很大。因为电路中的导线有一点电阻，当电流很大时，分配在导线上的电压有所增加。此时与电动机并联的其他用电器，如电灯，两端的电压会降低。这就是为什么当诸如空调机或电锯等大功率的电动设备启动时，家中的电灯会突然变暗的原因。

当电动机中的电流突然被切断，如电路中的开关断开或者电动机的电源插头从插座里拔出时，电动机中的磁场突然减小到零。磁场的突然改变将产生感应电动势，这种感应电动势可能非常大，以致在开关或插头和墙壁插座之间产生火花。

制动效应 楞次定律还有许多其他应用。实验室使用的灵敏天平利用楞次定律阻止因物件放置到秤盘上而引起的摆动。如**图25-11**所示，安装在天平臂一端的金属片置于一块马蹄形磁铁的两个磁极之间。当物件放置到秤盘上，天平臂摆动时，金属片便在磁场中运动，于是金属片中就会产生称为涡流的感应电流，从而使得金属片的运动减慢。

涡流(eddy current)是指金属片在磁场中运动时产生的电流，这个电流会受到磁场力的作用，它将阻碍金属片的运动。无论金属片向哪个方向运动，这种磁场力的方向总是与它的运动方向相反，只有当金属片静止时才不存在这种力的作用。因此，这种力并不会改变天平上物体的质量读数。

金属片中的涡流引起阻碍其运动的作用称为涡流阻尼。涡流阻尼常用来减慢金属物件的运动。某些列车和游乐场里的过山车应用了涡流阻尼。通常，我们不希望有涡流阻尼。为了减小电动机金属零件中的涡流，电动机的铁芯都是由多层薄铁片构成，并且薄铁片之间是绝缘的。

图25-11 当天平臂一端的金属片在磁场中运动时，金属片中将产生涡流。这个电流会受到磁场力的作用，它将阻碍金属片的运动，从而阻碍天平臂的摆动。

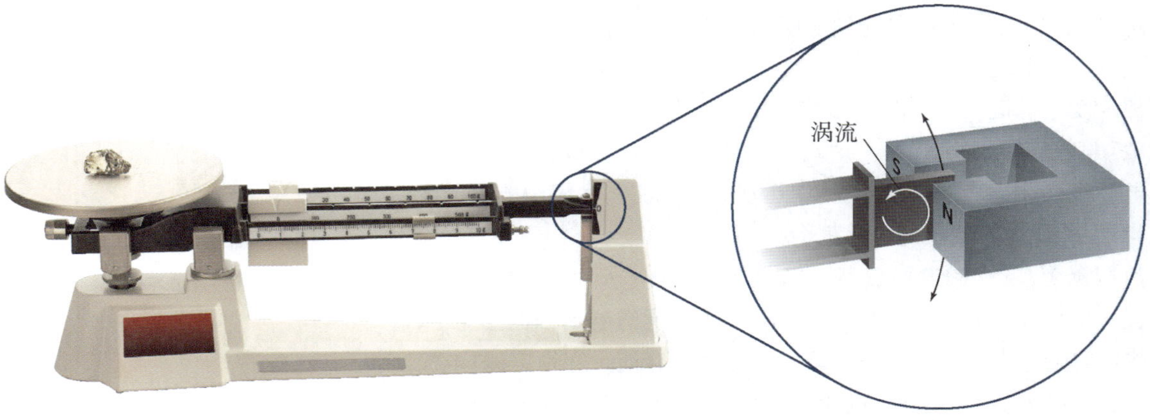

磁悬浮 你已经知道，当线圈中的磁场发生变化时，线圈中会产生感应电流，按照楞次定律，这样的电流产生的磁场将阻碍原来磁场的变化。这个效应还会使金属物体悬浮起来，这是为什么呢？

如**图25-12**所示，线圈中通有交变电流，因而会产生一个变化的磁场，而这个变化的磁场将在它上面的两个铝环内产生感应电动势。其中在上面的闭合金属环中，会产生感应电流，这个电流将产生一个反向磁场，以阻碍原磁场的变化。因为，线圈上面的磁极与闭合金属环下面的磁极的极性相同，互相排斥，所以金属环被推离线圈而悬浮起来。

图25-12中下面的另一个开口的环，它没有浮起来，因为在这个金属环中，尽管有感应电动势，但没有电流。

利用斥力悬浮起来，而且运行得非常快的列车称为磁悬浮列车。列车移动时，与轨道不接触。

图25-12 两个铝环内都会产生感应电动势，但是只有闭合的金属环有电流产生，因为它是一个闭合回路。因此，只有它受到力而悬浮起来。如果这两个环是由诸如尼龙或木材这样的非金属材料构成，那么它们就都不会产生感应电动势了。

自感 导线处在变化的磁场中时，导线中会产生感应电动势，这个变化的磁场可以是外磁场，也可以是导线本身的电流所产生的磁场，如**图25-13**所示。

如**图25-13**所示，设想线圈突然与电池相连，线圈两端的电势差在线圈中产生了从小到大变化的电流，线圈内产生了变化的磁场，这个变化的磁场也会在线圈中产生感应电动势，这个感应电动势与电流的方向相反，以阻碍电流的增加。

于是，与电源接通瞬间，线圈中的电流会由于感应电动势的产生而增加得慢些。当线圈中的电流最后达到恒定值时，感应电动势也减小为零。

当线圈两端的电势差降低时，电流减小，因此线圈产生的感应电动势与电流的方向相同。所以，当线圈与电源切断的瞬间，线圈中产生的感应电动势可能很大，甚至足以在开关处产生火花。无论是直导线还是线圈，当它们两端的电势差发生变化时，都会产生感应电动势，这个现象称为**自感(self-inductance)**。

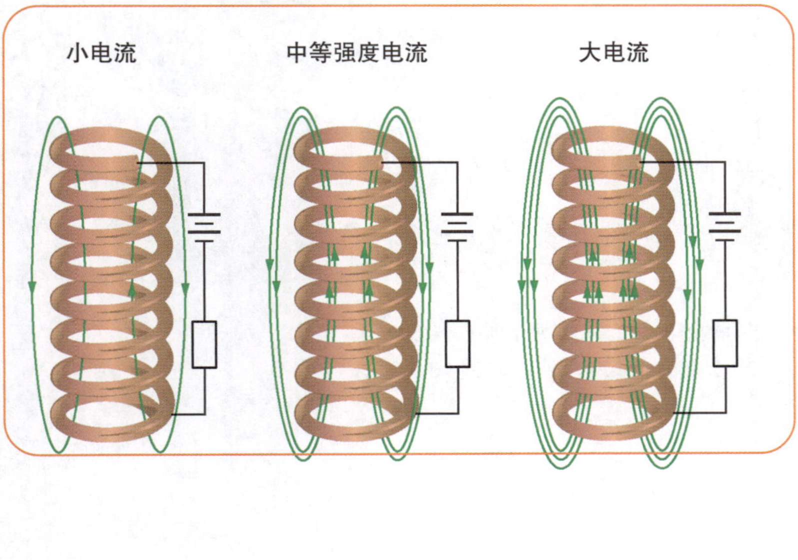

图25-13 随着线圈中的电流逐渐增大(自左图至右图)，电流所产生的磁场也随之增强。这种增强的磁场将会在线圈中产生一个与电流方向相反的感应电动势，要想进一步增大电流就需要更多的能量。

图 25-14 金属圆筒里是变压器。在电能进入用户前，这种变压器将高电压变为民用电压。

变压器

你可能已经注意到了安装在公用电线杆上的圆柱形金属筒，如**图 25-14** 所示，在金属圆筒里安装的就是变压器。**变压器(transformers)**是一种升高或降低电压的装置，且在改变电压时损失的能量相对很小。只有交流电可以通过变压器改变电压，而直流电则不可以。

变压器的工作原理 当单个线圈中的电流发生改变时，由于自感，就会产生感应电动势。而变压器中有两个彼此绝缘的线圈，它们被绕制在同一个铁芯上，如**图 25-15** 所示，其中一个线圈称为初级线圈，另一个线圈称为次级线圈。当初级线圈与交流电源接通后，变化的电流将产生变化的磁场。这个变化的磁场又通过铁芯传至次级线圈，并在次级线圈中感应出变化的电动势。这个现象称为**互感(mutual inductance)**。

次级线圈中的感应电动势又称为次级电压，它与初级电压成正比。次级电压还取决于次级线圈匝数和初级线圈匝数之比：

$$\frac{\text{初级电压}}{\text{次级电压}}=\frac{\text{初级线圈匝数}}{\text{次级线圈匝数}}$$

$$\frac{U_P}{U_S}=\frac{N_P}{N_S}$$

次级电压大于初级电压的变压器称为**升压变压器(step-up transformer)**，如**图 25-15** 中的左图所示；次级电压小于初级电压的变压器称为**降压变压器(step-down transformer)**，如**图 25-15** 中的右图所示。

阅读检测 **比较**升压变压器与降压变压器有什么不同？

■ **变压器**

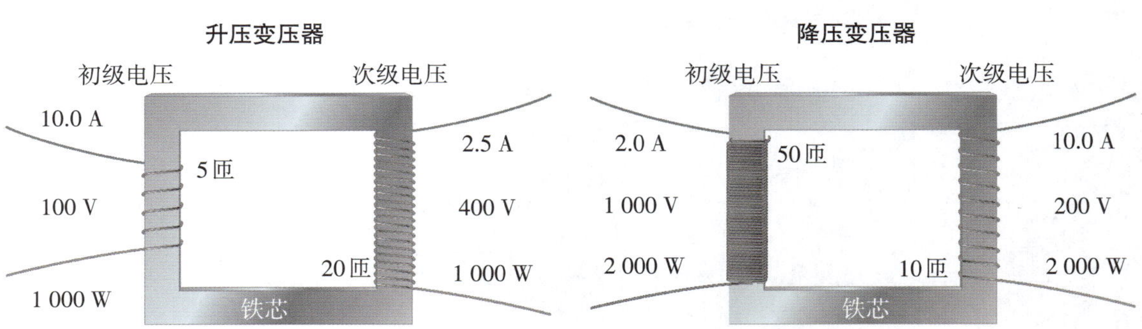

图 25-15 在变压器中，输入电压和输出电压之比取决于初级线圈和次级线圈的匝数比。输出电压可以等于或大于输入电压(左图)，也可以小于输入电压(右图)。

理想变压器 对理想变压器而言，传递到次级线圈上的电功率与提供给初级线圈的电功率相等。理想变压器本身不损耗电功率。因为它的效率是100%，所以下列公式成立：

$$P_p = P_s$$

$$U_pI_p = U_sI_s$$

从上式可以看出，初级电路中的电流取决于次级电路中需要多大的电流。将这个关系与之前关于电压和线圈匝数比的公式联立，可得到如下结果：

变压器公式

次级线圈中的电流与初级线圈中的电流之比等于初级线圈的电压与次级线圈的电压之比，也等于初级线圈的匝数与次级线圈的匝数之比。

$$\frac{I_s}{I_p} = \frac{U_p}{U_s} = \frac{N_p}{N_s}$$

电压的变化 前面说过，升压变压器使电压增加。因为变压器不可能使输出功率增加，因此，次级线圈中的电流必然相应地减小。同理，在降压变压器中，次级线圈中的电流大于初级线圈中的电流。电压的降低对应于电流的增大，这显示了数学与物理学之间的联系。即使在效率不是100%的实际变压器中也是如此，降压变压器次级线圈中的电流大于初级线圈中的电流，升压变压器次级线圈中的电流小于初级线圈中的电流。

隔离变压器 变压器不一定是升压变压器或降压变压器。某些变压器的初级线圈与次级线圈的匝数是相等的，因此输入电压和输出电压也是相等的。这类变压器称为隔离变压器，经常是由于安全的原因而被使用。它可以将电流中的直流成分与灵敏的电子设备隔离开来，以免被干扰和电击。这类电子设备包括计算机、记录仪以及超声波和影像诊断等医疗仪器。隔离变压器也可用于减小电噪声。

实际变压器 理想变压器没有任何热损耗。但是实际上，线圈中的电流总会产生热，使变压器及其周围的空气变热。所以，变压器次级线圈的输出功率，以及反映变压器效率的输出功率与输入功率之比将会减小。典型变压器的效率为95%～98%。虽然热损耗的百分比不大，但是大型变压器的电功率损耗，使变压器变得非常热。

数学 与物理学的链接

不等式 下列式子将有助于你理解升压变压器和降压变压器中的电压、电流和匝数之间的关系。

升压变压器	降压变压器
$U_p < U_s$	$U_p > U_s$
$I_p > I_s$	$I_p < I_s$
$N_p < N_s$	$N_p > N_s$

物理实验

电磁感应和变压器

变压器中两个线圈两端的电压有什么关系？

例题2

升压变压器 一台升压变压器的初级线圈为200匝，次级线圈为3 000匝，提供给初级线圈的交流电压的有效值为90.0 V。

a. 次级电路的电压是多少？

b. 当次级电路中的电流为2.0 A时，初级电路中的电流是多少？

1 分析概括问题

- 画出绕有初级线圈和次级线圈的铁芯。
- 标出各变量I、U和N。

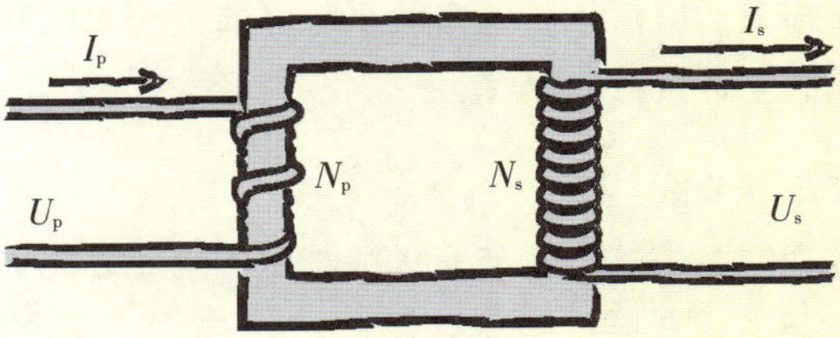

已知		未知
$N_p=200$	$U_p=90.0$ V	$U_s=?$
$N_s=3\,000$	$I_s=2.0$ A	$I_p=?$

2 求解未知量

a. 求解U_s。

$$\frac{U_s}{U_p}=\frac{N_s}{N_p}$$

$$U_s=\frac{N_sU_p}{N_p}$$

$$=\frac{3\,000\times 90.0\text{V}}{200}$$

$$=1\,350\text{ V}$$

◀将$N_s=3\,000$，$U_p=90.0$ V，$N_p=200$代入。

b. 假定变压器的效率是100%，初级电路和次级电路中的功率相等。

$$P_p=P_s$$

$$U_pI_p=U_sI_s$$

◀将$P_p=U_pI_p$，$P_s=U_sI_s$代入。

求解I_p。

$$I_p=\frac{U_sI_s}{U_p}$$

$$=\frac{1\,350\text{ V}\times 2.0\text{ A}}{90.0\text{ V}}$$

$$=3.0\times 10^1\text{ A}$$

◀将$U_s=1\,350$ V，$I_s=2.0$ A，$U_p=90.0$ V代入。

3 验证答案

- **单位是否正确？** 电压的单位是V，电流的单位是A，这些都是正确的。
- **数值是否合理？** 大的匝数比导致大的次级电压和小的次级电流，这与答案一致。

练一练

在下列问题中，电压和电流均指有效值。

16. 一台降压变压器的初级线圈为7 500匝，次级线圈为125匝，初级线圈两端的电压为7.2 kV。次级线圈两端的电压是多少？当次级电路中的电流为36 A时，初级电路中的电流为多大？

17. 挑战题 一台升压变压器的初级线圈为300匝，次级线圈为90 000匝。初级线圈与电压为60.0 V的发电机相连，变压器的效率为95%，此时次级电路中的电压是多少？当次级电路中的电流为0.50 A时，初级电路中的电流为多大？

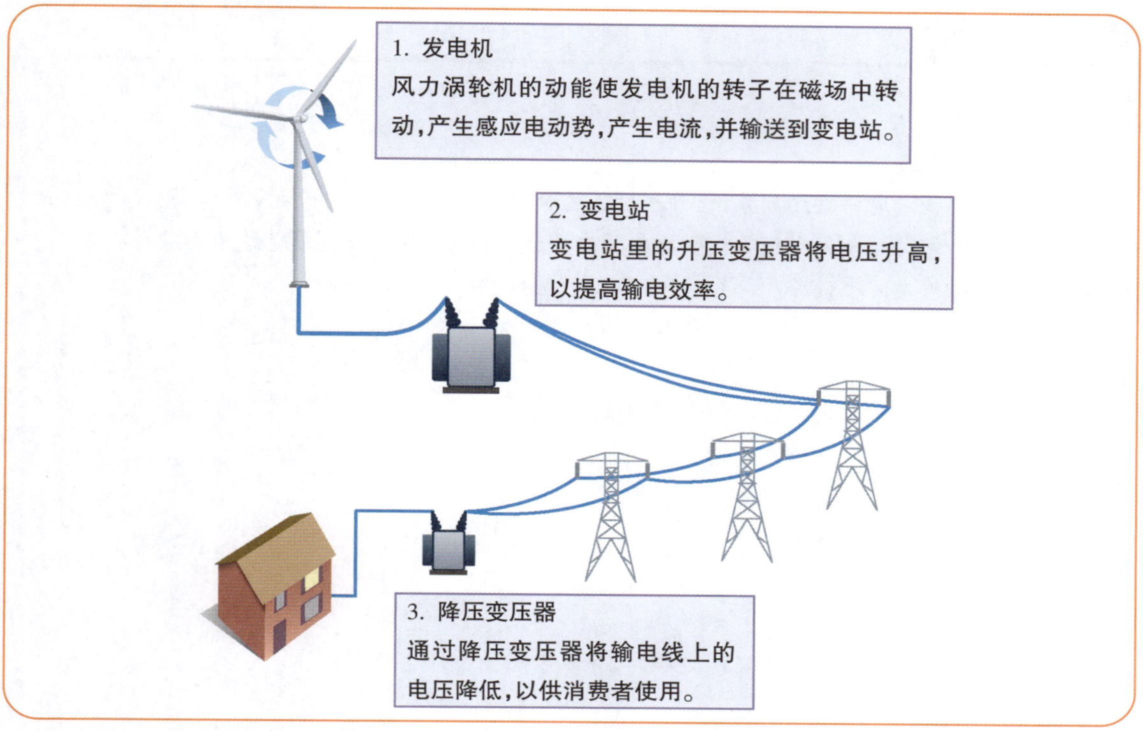

图 25-16 升压变压器为高悬着的输电线升高电压；降压变压器将输电线上的高电压降低到消费者所需要的低电压。

变压器的日常使用 正如你在第22章中学过的那样，在长距离输电过程中，只有采用低电流、高电压输电才是经济的。高电压减小了输电线路中的电流，从而降低了电阻上损失的能量。如**图 25-16** 所示，升压变压器可将电源电压提升至高达480 000 V。当电能输送到消费者所在地时，再用降压变压器将电压降低至120 V。

家用电器以及其他电子设备中也有变压器，它将电压进一步调整到用电器所要求的电压。游戏机、打印机、手提计算机以及可充电的玩具都安装了变压器。这些设备中的小型变压器可将120V的家用电压降低到3～26 V的范围。

第2节 复　习

18. **主要概念** 将一个两端连接的线圈悬挂起来，使它能自由地摆动。此时将一根磁铁插入该线圈，它就会摆起来。线圈相对于磁铁如何摆动？为什么？

19. **电动机** 与将电灯插头从插座中拔出时的情况相比，将一台正在工作的吸尘器的插头从插座上拔出时更容易看到火花，这是为什么？

20. **变压器和电流** 试说明为什么变压器只能应用在交流电路中。

21. **变压器** 在通常情况下，变压器中匝数少的线圈用粗导线（小电阻）绕制，匝数多的线圈用细导线绕制。这是为什么？

22. **升压变压器** 对于如**图 25-15** 所示的升压变压器，试说明当次级线圈短路时，初级线圈中电流的情况。

23. **批判性思维** 能否用永磁铁制作变压器的铁芯？试说明理由。

起步实验

变化的磁场

实验步骤

1. 将两根条形磁铁沿着一直线放置，让一根磁铁的N极与另一根磁铁的S极相对，相距大约8 cm。

2. 将灵敏电流计的两端与一个铜导线线圈的两端相连。***注意：导线末端可能比较尖锐。***

3. 在两根条形磁铁之间慢慢移动导线。观察电流计的读数。

4. 改变导线移动的角度和速度。注意电流计的读数。

分析

5. 是什么原因引起了灵敏电流计的指针发生偏转？

6. 什么情况下指针偏转的角度最大？

7. **批判性思维** 当导线在两磁极之间运动时，导线中发生了什么情况？

迷你实验

电动机和发电机

实验步骤

1. 将一台微型直流电动机、一个小灯泡、一只电流表以及导线连接成串联电路。***注意：导线末端可能比较尖锐。***

2. 转动摇柄或电动机的转轴，使灯泡发光。

分析

3. 当你改变摇柄的转速时，将发生什么情况？

4. 如果将电路中的小灯泡改成另一台微型电动机，那么当转动第一台电动机的摇柄时将会发生什么情况？

物理实验

实验器材

- **用漏电保护器(GFCI)保护电源电路。**

初级线圈和次级线圈
小型交流电源(0～6 V, 0～5 A)
交流电压表
直流电源(0～6 V, 0～5 A)
带有鳄鱼夹的导线若干
带有引线的小灯泡

电磁感应和变压器

变压器是一种没有任何移动组件的电学器件。它由两组通过磁场相互作用的线圈构成。变压器常用于升高或降低交流电的电压。在你的周围,几乎随处都可以发现变压器。接在家庭电路中的每个电子器件的内部都安装有变压器,以便将电路的电压降低,使电子器件能正常运转。

在本实验中,你将使用两个具有可拆卸铁芯的线圈,一个作为初级线圈,另一个作为次级线圈。当交流电压接入初级线圈时,它所产生的变化的磁场就会在次级线圈中感应出电流和电压。这样所产生的感应电压可用下式确定:$\frac{U_s}{U_p}=\frac{N_s}{N_p}$,其中$N$表示线圈的匝数。

问题

变压器两个线圈中的电压存在怎样的关系?

目标

- **描述**变压器是怎样工作的。
- **观察**变压器与直流电压连接时的情况。
- **观察**变压器与交流电压连接时的情况。

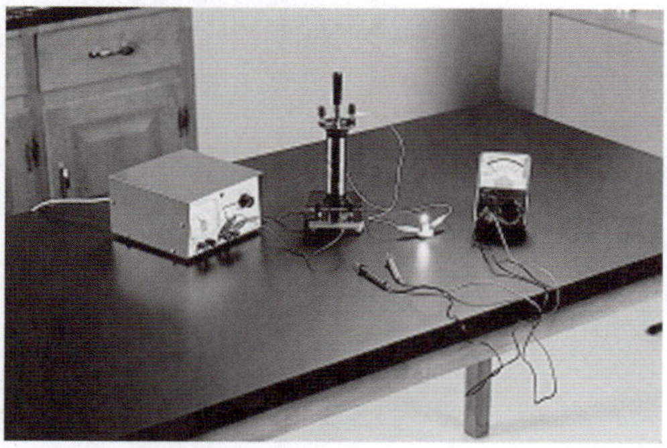

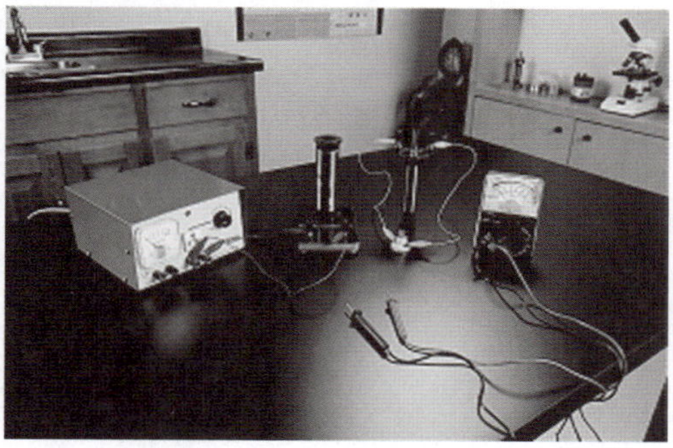

实验步骤

1. 估计初级线圈和次级线圈的匝数。为此,你可以先数出1 cm长的线圈中所包含的匝数,然后乘以cm为单位的线圈的宽度。初级线圈为一层;次级线圈有两层,所以要将结果乘以2。将所得结果记录在数据表中。
2. 将小灯泡跨接在次级线圈的两端。然后,小心地将次级线圈插入初级线圈。接着,将铁芯慢慢地插入次级线圈。
3. 在直流电源输出端接出两根导线。将与电源正极相连的导线接在初级线圈的一端。然后,转动电源输出旋钮,使输出电压达到差不多最大值。拿住与电源负极相连的导线的另一自由端,轻触初级线圈的另一端。观察接触处的情况,并将你的观察结果记录在数据表中。
4. 当你轻触初级线圈使得电路接通时,观察小灯泡的情况。在接通以及之后断开时,有什么情况发生?将你的观察结果记录在数据表中。
5. 拿住与电源负极相连的导线的另一端,使之与初级线圈接触5 s,观察小灯泡的情况。将你的观察结果记录在数据表中。
6. 撤除初级线圈中的直流电源,保留次级线圈中的小灯泡。然后,将初级线圈的两端与交流电源相连。接通交流电,观察小灯泡的情况。将你的观察结果记录在数据表中。
7. 调节交流电压表的量程开关,将两支表笔一端的导线分别与电压表的两端相连。然后,小心地将两支表笔分别接触初级线圈的两端,测出电压。再小心地将表笔分别接触次级线圈的两端,测出电压。将这两次读数记录在数据表中。
8. 慢慢地抽出次级线圈中的铁芯,观察小灯泡的情况。在抽出铁芯后,重复步骤7,测量初级线圈和次级线圈上的电压。将你的观察和测量结果记录在数据表中。
9. 小心地触摸铁芯,你有什么发现?将结果记录在数据表中。

数据表	
初级线圈数	
次级线圈数	
步骤3中的观察结果	
步骤4中的观察结果	
步骤5中的观察结果	
步骤6中的观察结果	
步骤7中的测量结果	
步骤8中的观察和测量结果	
步骤9中的观察结果	

分析

1. 根据你的实验数据，计算比值 $\frac{N_s}{N_p}$。

2. 根据你的实验数据，计算比值 $\frac{U_s}{U_p}$。

3. 比值 $\frac{N_s}{N_p}$ 和比值 $\frac{U_s}{U_p}$ 之间有怎样的关系？

4. 根据步骤7中的结果，你认为这只变压器是升压变压器还是降压变压器？有什么证据支持你的结论？

结论与应用

1. 怎样解释步骤4中对小灯泡的观察结果？

2. 怎样解释步骤3中的观察结果？

3. 怎样解释步骤8中抽出铁芯后，初级线圈和次级线圈电压的测量结果？

4. 对步骤9中铁芯温度升高的现象作出解释。

进一步探索

为什么变压器不能在直流电路中工作，而只能在交流电路中工作？

生活中的物理学

讨论电能从发电厂传送到家庭用户的过程中变压器的使用情况。

磁卡读卡器

你可能曾经在商店、加油站、地铁站或图书馆里的磁卡读卡器上刷过卡。有些磁卡还用于开门或启动电梯。那么，磁卡读卡器是怎样工作的呢？

❶ 磁卡上的磁条是由线性排列的一连串小磁铁构成的。这些磁铁的极化取向由一组二进制码，即一连串的1和0，来确定。

❷ 为什么你必须快速刷卡？要知道法拉第的发现关键在于，只有变化的磁场才能产生电流。如果刷卡速度太慢，那么产生的电流太小而无法读出。

❸ 当你在磁卡读卡器上快速刷卡时，读卡器上的检测头对于移动的磁条上的每一个磁化区产生一个二进制电信号。

❹ 磁卡读卡器检测头的电信号被输送到一台计算机，将二进制码转换为字母和数字等符号。

进一步探索 >>>

研究 生活中有许多不同类型的卡和读卡器，研究其他类型的卡，如条码卡、射频卡和智能卡，写一份报告，描述这些卡的工作原理。

第25章 复习指南

大概念 变化的磁场在导体中产生感应电流。

关键术语

- 电磁感应
- 感应电动势
- 发电机

第1节 感应电流

主要概念 变化的磁场在导线中产生电动势，当导线是电路的一部分时，电路中就有电流产生。

- 当导体在磁场中运动，或者导体所在位置的磁场发生变化时，导体中将产生感应电动势。
- 在磁感应强度为B的匀强磁场中，长度为L、速度沿垂直于磁场方向的分量为$v\sin\theta$的直导线中产生的感应电动势E由下式确定：

$$E=BLv\sin\theta$$

- 发电机中的转子线圈在外力带动下旋转时，每转过180°，在线圈中产生的感应电流的方向将改变一次。
- 交流电的电流和电压的有效值和最大值的关系如下：

$$I_{有效}=0.707I_{最大}$$

$$U_{有效}=0.707U_{最大}$$

关键术语

- 楞次定律
- 涡流
- 自感
- 变压器
- 互感
- 升压变压器
- 降压变压器

第2节 感应电流的应用

主要概念 感应电流产生的磁场对发电机、电动机和变压器的工作来说至关重要。

- 楞次定律表述为，感应电流产生的磁场总是阻碍引起感应电流产生的原磁场的变化。
- 在发电机中，当转子线圈输出的电流越大时，它受到的阻力也就越大。在电动机中，当电动机高速运转时，感应电动势将使通过电动机的电流减小。
- 自感是载有变化电流的导线或线圈的一种特性。电流变化越快，阻碍其变化的自感电动势就越大。
- 变压器由绕制在同一铁芯上的两个线圈构成。通过初级线圈的交变电流在次级线圈中感应出交变电动势。变压器次级线圈中的电流与初级线圈中的电流之比等于初级线圈的电压与次级线圈的电压之比，也等于初级线圈的匝数与次级线圈的匝数之比。

$$\frac{I_s}{I_p}=\frac{U_p}{U_s}=\frac{N_p}{N_s}$$

第1节 感应电流

理解概念

24. **大概念** 有一根与电路相连的导线以及两块磁铁。试描述你怎样利用这些产生电压和电流？
25. 说明交流发电机与直流发电机在与外电路连接时的区别。
26. 为什么转子中要用铁芯？

*第27～29题请参考**图25-17**。*

27. 导线在磁场中运动时将产生电压。导线相对于磁场沿什么方向运动时，所产生的电压最小？
28. 当导线向右做切割磁感线的运动时，导线中感应电动势的方向如何？

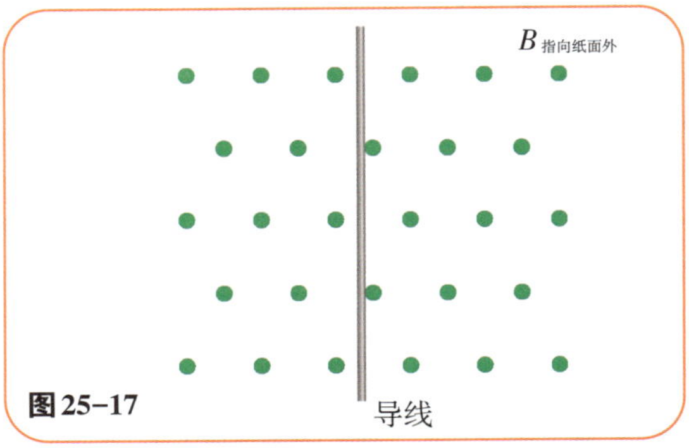

图25-17

29. 在发电机中增加导线的净长度时，会产生怎样的效果？
30. 奥斯特和法拉第的发现有什么相同点？又有什么不同点？
31. 电动势表示什么意思？为什么说这个名词并不确切？
32. 发电机和电动机有什么区别？
33. 列出交流发电机的主要部件。
34. 为什么交变电流的有效值小于它的最大值？
35. **水力发电** 水坝拦住的水推动与发电机相连接的水轮机。试列出参与这一能量转化过程的所有能量形式，包括贮存的水和产生的电。

解决问题

36. 一根长20.0 m的导线，以4.0 m/s的速度沿垂直于磁场的方向运动，在导线中产生40 V的感应电动势。磁场的磁感应强度为多大？
37. **飞机** 一架飞机以9.50×10^2 km/h的速度通过磁感应强度为4.5×10^{-5} T的地磁场区，且速度方向与地磁场方向几乎垂直。在相距75 m的飞机两翼尖端之间的感应电动势为多大？
38. 一根长0.75 m的直导线，以16 m/s的速度向上通过一个磁感应强度为0.30 T的水平方向的磁场，如**图25-18**所示。
    a. 导线中的感应电动势为多大？
    b. 如果这根导线是一个电阻为11 Ω的电路的一部分，导线中的电流为多大？

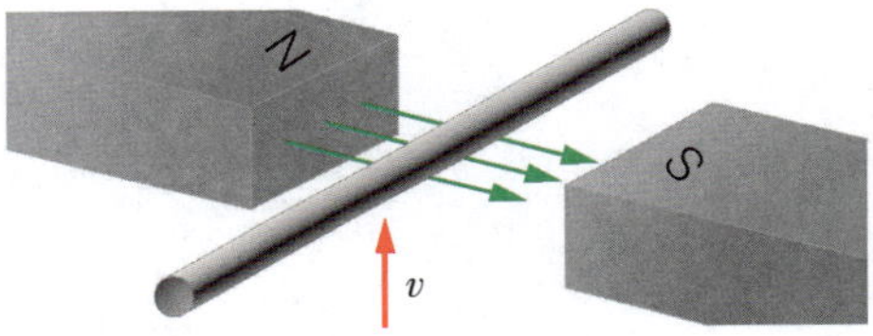

图25-18

39. 一根长0.20 m的导线，以多大的速度在磁感应强度为2.5 T的磁场中运动时，才能产生10 V的感应电动势？
40. 一台交流发电机产生的电压的最大值为565 V，它供给外电路的电压的有效值是多少？
41. 一台交流发电机产生的电压的最大值为150 V，输出电流的最大值为30 A。
    a. 发电机的电压的有效值是多少？
    b. 它供给外电路的电流的有效值是多少？
    c. 电路中消耗的平均功率是多少？
42. **电炉** 一只电炉接在有效电压为240 V的交流电源上。
    a. 电炉使用时，它的发热元件两端的电压的最大值是多少？
    b. 如果发热元件的电阻为11 Ω，通过它的电流的有效值是多少？

43. 一根导线以4.0 m/s的速度在磁感应强度为0.050 T的磁场中运动。为了产生4.5 V的感应电动势，这根导线至少要多长？

44. 将一根总电阻为0.10 Ω的铜导线的两端与电阻为875 Ω的灵敏电流计的两个接线柱相连。然后，将铜导线中长10.0 cm的一段导线以1.0 m/s的速度垂直通过磁感应强度为2.0×10^{-2} T的磁场。灵敏电流计的示数为多大？

45. 参考例题1和**图25-19**，回答如下问题。假定磁感应强度为7.2×10^{-2} T。

 a. 求导体中的感应电压。

 b. 求电流I。

 c. 确定A端相对于B端的极性。

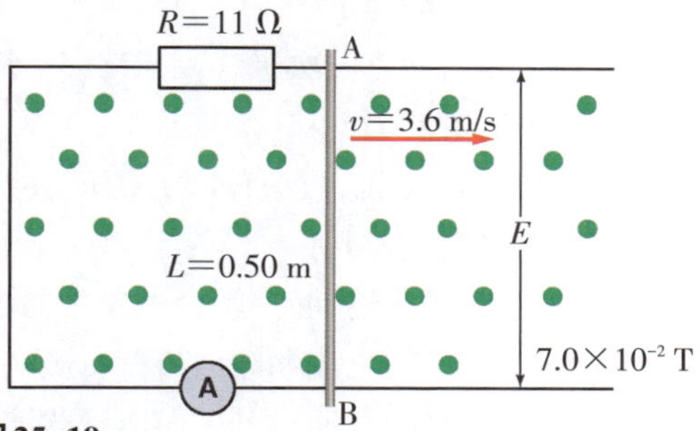

图25-19

46. 有一个磁感应强度为0.045 T的磁场，它的方向与水平面成60.0°。一根长2.5 m的导线以2.4 m/s的速度沿水平方向运动。

 a. 该磁场的磁感应强度在竖直方向上的分量为多大？

 b. 导线中的感应电动势为多大？

47. **水坝** 一台发电机能够提供375 MW(375×10^6 W)的电功率。假定水轮机和发电机的效率是85%。

 a. 求落下的水提供给水轮机的功率。

 b. 已知水的动能来自势能的变化：$E=mgh$。每秒内需要多少这种势能的变化？

 c. 如果水的落差为22 m，每秒内需多少质量的水通过水轮机，才能产生这样的功率？

48. 一根长20 cm的导线在磁感应强度为4.0 T的磁场中运动。求当导线做垂直切割磁感线的运动时，导线中的感应电动势。假定导体以1 m/s的恒定速率运动。

第2节 感应电流的应用

理解概念

49. 描述楞次定律，并说明为什么它是与能量守恒定律相一致的。

50. 当电动机转速增加时，为什么通过电动机的电流会减小？

51. **电锯** 当汽车修理站里的电锯启动瞬间，为什么房间里的电灯会突然暗一下？

52. 一台150 W的变压器，输入电压为9.0 V，输出电流为5.0 A。输出电压$U_{输出}$和输入电压$U_{输入}$之比为多少？

53. 为什么在交流电路中，线圈的自感是一个重要的因素，而在直流电路中它却并不重要？

54. 为什么本章中常常出现“变化”这个词汇？

55. 变压器的初级线圈和次级线圈中的电动势之比与什么因素有关？

56. **磁悬浮列车** 如**图25-20**所示，列车与轨道不接触。列车上安装了电磁铁，而轨道上没有。说明为什么列车能够悬浮在轨道上运行。

图25-20

解决问题

57. **门铃** 门铃的工作电压为18 V，由120 V的市电电压供电。

 a. 如果变压器初级线圈的匝数为475匝，次级线圈的匝数为多少？

 b. 通过门铃的电流为125 mA，初级电路中的电流为多大？

58. 斯科特将一台变压器接到24 V的电源上，测得次级线圈两端的电压为8.0 V。如果将初级和次级线圈对调，那么输出电压为多大？

59. 电吹风 美国使用的电吹风在120 V的电压下工作，电流为10 A。现将它在市用电压为240 V的英国使用。

a. 所需变压器的匝数比是多少？

b. 电吹风工作时的电流为多大？

60. 一台升压变压器的初级线圈为80匝，次级线圈为1 200匝，初级线圈接在120 V的交变电流上。

a. 次级线圈两端的电压为多大？

b. 如果次级电路中的电流是2 A，初级电路中的电流为多大？

c. 这台变压器的输入和输出功率分别为多大？

应用概念

61. 一根导线在磁铁两磁极间做水平方向的运动，如**图25-21**所示。感应电流的方向如何？

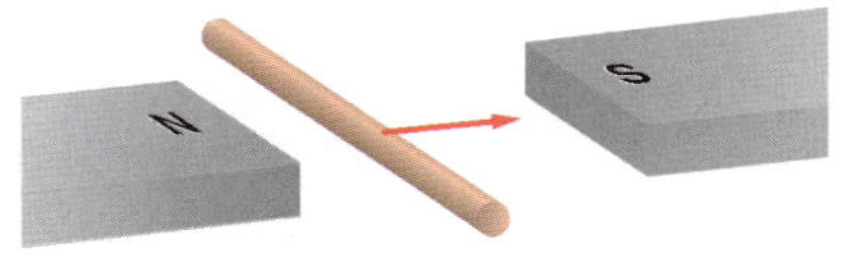

图25-21

62. 如**图25-22**所示，将导线绕在一根铁钉上，并与电池相连制成一个电磁铁。那么，是刚接通时的电流大，还是接通百分之几秒后的电流大，或者电流根本就没有变化？请说明理由。

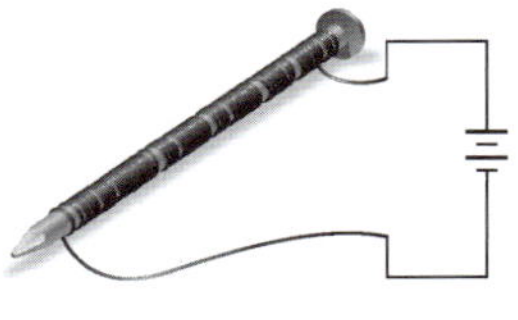
图25-22

63. 回路中的一段导线在一对磁极之间向下运动，如**图25-23**所示。

a. 导线中感应电流的方向怎样？

b. 这段导线所受到什么方向的力的作用？

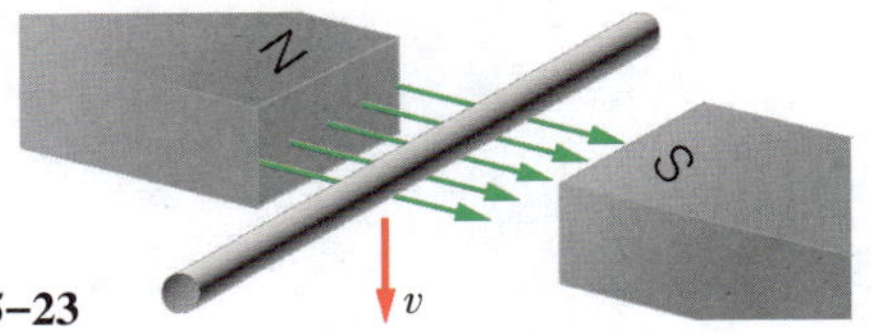

图25-23

64. 试用量纲分析证明BLv的单位是V。

65. 排序 把下列选项中的变压器，按照它们次级线圈中产生的感应电流从小到大进行排序，并说明理由。

A. 初级线圈50匝，次级线圈25匝，初级线圈中的电流为2 A

B. 初级线圈50匝，次级线圈60匝，初级线圈中的电流为2 A

C. 初级线圈20匝，次级线圈10匝，初级线圈中的电流为4 A

D. 初级线圈20匝，次级线圈40匝，初级线圈中的电流为8 A

E. 初级线圈10匝，次级线圈100匝，初级线圈中的电流为1 A

66. 当导线在磁场中运动时，闭合电路中的电阻是否对电路中的电流和电动势有所影响？

67. 变压器的初级线圈通过开关与电池相连，次级电路中有一个灯泡，如**图25-24**所示。你认为只要开关闭合灯泡就会发亮，还是只有在开关闭合或者断开的瞬间灯泡才会发亮？请说明理由。

图25-24

68. 在启动的瞬间，为什么电动机中的起始电流非常大？试利用楞次定律对此现象作出解释。

69. 实际变压器的铁芯是由一片片薄片叠合而成的，以降低它的导电性。但是，涡电流无法完全消除，因此总会存在小的铁芯损耗。这是变压器总损耗中的一个部分。哪个基本定律表明，这种损耗不可能等于零？

70. **地磁场** 地球磁场的方向在北半球向下倾斜并向北指向，如**图25–25**所示。如果一根东西向放置的导线自北向南运动，感应电流的方向怎样？

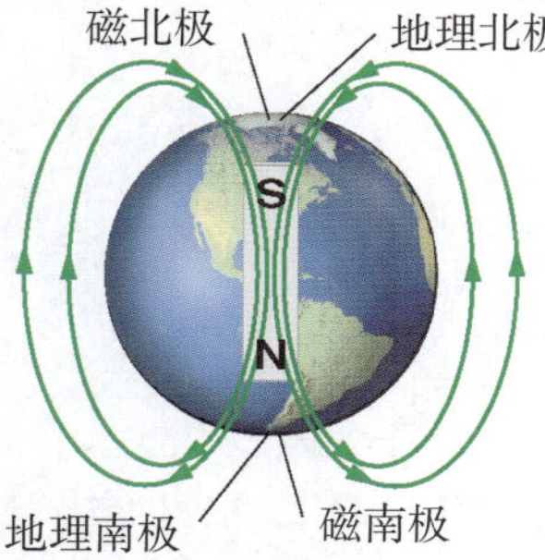

图25–25

71. 在一次物理演示中，一根条形磁铁在一根铜管中落下，如**图25–26**所示。磁铁落下时非常缓慢，由此同学们推断，它一定受到了某种与重力方向相反的力的作用。
   a. 铜管里的磁场在变化，那么铜管会感应出什么？
   b. 铜管感应出的量是怎样影响下落的磁铁的？用能量的观点来解释
   c. 如果把铜管换成塑料管，磁铁下落速度还会变慢吗？

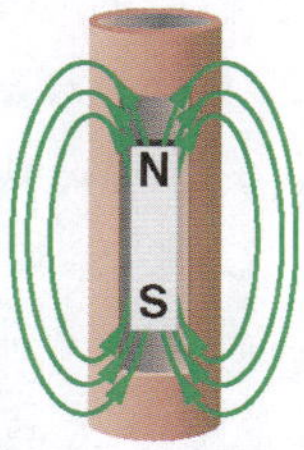

图25–26

72. **编写问题** 用生活中的物体编写一道物理题，在它的解答中会出现下列表达式：

$$v=\frac{6.5\ \text{V}}{0.15\ \text{T}\times 0.80\ \text{m}}$$

复习提高

73. **补充问题** 把问题补充完整，以便可以用电磁感应的概念来求解："一根长度为1.25 m铜导线……"

74. 一台升压变压器的初级线圈为500匝，次级线圈为15 000匝。初级线圈接在120 V的交流电源上。
   a. 试计算次级电路两端的电压。
   b. 如果次级电路中的电流为3.0 A，试求初级电路中的电流。
   c. 初级电路得到了多大的功率？次级电路提供了多大的功率？

75. 一根长0.2 m的导线在磁感应强度为2.5 T的磁场中做垂直切割磁感线的运动。如果导线中的感应电动势为10 V，导线的运动速度必须是多少？

76. 一根长50 cm的导线沿着垂直于磁感应强度为0.20 T的磁场方向运动。如果导线中的感应电动势为1.0 V，导线的运动速度必须是多少？

77. 家庭照明电路的有效电压是120 V，它的电压的最大值是多少？

78. **电烤箱** 如果通过电烤箱的交变电流的有效值是2.5 A，电流的最大值是多少？

79. 如果瞬时电压超过575 V，某个电容器的绝缘层就会被击穿。能够施加在这个电容器上的交流电压的有效值最大是多少？

80. **电路损毁** 如果某电路中的瞬时电流达到21.25 A时，它就会被损毁。那么，该电路可通过的电流的有效值最大是多少？

81. 一所变电站输入的交变电压是240 000 V。为了得到440 V的输出电压，它所使用的降压变压器的匝数比应是多少？

82. 一台交流发电机为一套45 kW的工业电热设备供电。如果该系统的电压的有效值是660 V，它的电流最大值是多少？

83. 混合动力汽车采用了再生制动系统。当驾驶员刹车时，通过电子电路将电动机与电池相连，并对电池充电。这样的连接是怎样使汽车的速度慢下来的？

84. 当实际变压器线圈中的电流较大还是较小时，变压器发热更厉害？说明理由。

85. 一台降压变压器的初级线圈为100匝，次级线圈为10匝。如果它的电阻性负载是2.0 kW，那么初级线圈中电流的有效值为多大？假定次级电路的电压的最大值是60.0 V。

86. 一台变压器的额定功率是100 kW，效率是98%。

a. 如果它与98 kW的用户功率负载相连，它的输入功率是多少？

b. 此时初级线圈中电流的最大值是多少？假定电压的最大值是600 V。

87. 一根长0.40 m的导线，以8.0 m/s的速度在磁感应强度为2.0 T的磁场中做垂直切割磁感线的运动。

a. 导线中的感应电动势为多大？

b. 如果这根导线是一个电阻为6.4 Ω的电路的一部分，导线中的电流为多大？

88. 一根长7.50 m的导线，以5.50 m/s的速度在垂直方向做切割地磁场的运动。如果这根导线是一个电阻为5.0×10^{-2} Ω的电路的一部分，那么导线中的电流为多大？假定地磁场的磁感应强度为5×10^{-5} T。

89. 接在144 Ω电阻器上的交变电压的最大值是1.00×10^{2} V，该电阻器消耗的功率为多大？

90. X射线 一台牙医用的X射线机需利用升压变压器将240 V的电压提高到96 000 V。已知变压器次级线圈有200 000匝，输出电流为1.0 mA。

a. 初级线圈的匝数应是多少？

b. 输入电流为多大？

批判性思维

91. 应用概念 假定存在一条“反楞次定律”，这意味着存在某种力，它能推进磁场的变化。因此，当需要更多的能量时，转动发电机所需要的力反而可以减小。这条“定律”违反了哪条守恒定律？请说明理由。

92. 分析 假定一台将125 V的市电电压降低到28.0 V的降压变压器的效率为92.5%，次级线圈中的电流为25.0 A。

a. 利用功率关系写出变压器效率的表达式。

b. 初级线圈中的电流为多大？

c. 热能产生的速率为多大？

93. 分析与结论 一台效率为95%的变压器为8户家庭供电。所有这8户家庭都开启“240 V、35 A”的电炉。

a. 供给他们的总功率是多少？

b. 有多少功率以热量的形式消耗在变压器中？

科技写作

94. 很多日常工具（如电钻）中，都要用到电动机。查阅资料，说明怎样才能使这类电动机既可使用交流电，也可使用直流电。

日积月累

95. 从某颗远距离星球射来的光的频率为4.56×10^{14} Hz。如果该星球朝向地球运动的速率为2 750 km/s，地球上测得的该光的频率是多少？

96. 从某远距离星云射来的光的频率为7.29×10^{14} Hz，地球上测得此光的频率为6.14×10^{14} Hz。该星云的运动速率为多大？方向又是如何？

97. 将48 V的电压施加在一个22 μF的电容器上，该电容器极板上的电荷量是多少？

98. 一个规格为22 Ω、5.0 W的电阻器工作时，它消耗的功率为2.5 W。此时，加在该电阻器两端的电压为多大？

99. 三个85 Ω的电阻器并联后，再与两个并联的85 Ω电阻器相串联，如**图25-27**所示。求该系统的总电阻。

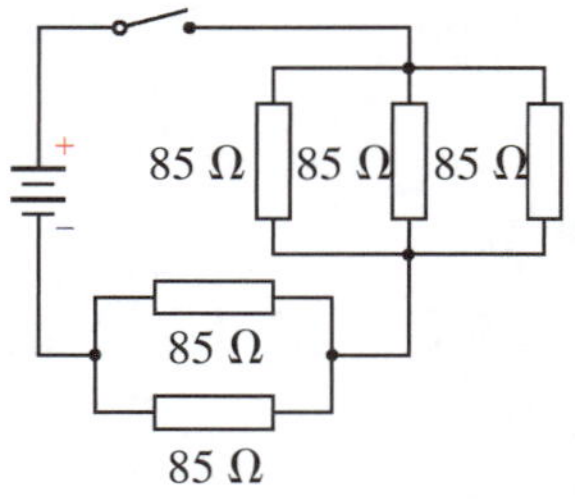

图25-27

100. 速度为2.1×10^{6} m/s的电子垂直进入磁感应强度为0.81 T的匀强磁场区。电子受到的磁场的作用力为多大？它的加速度又是多大？已知电子的质量为9.11×10^{-31} kg。

第25章 标准化测试

选择题

1. 对于电动势，下列量纲分析正确的是(　　)

A. (N·A·m)·J

B. (N/A·m)·m·(m/s)

C. J·C

D. (N·m·A/s)·(1/m)·(m/s)

2. 一台额定功率为150 W的变压器的输入电压为9.0 V，输出电流为5.0 A。该变压器的输出电压$U_{输出}$与输入电压$U_{输入}$之比是(　　)

A. 1∶3　　**B.** 3∶1

C. 3∶10　　**D.** 10∶3

3. 下列实验中，在线圈中不会产生感应电流的是(　　)

A.

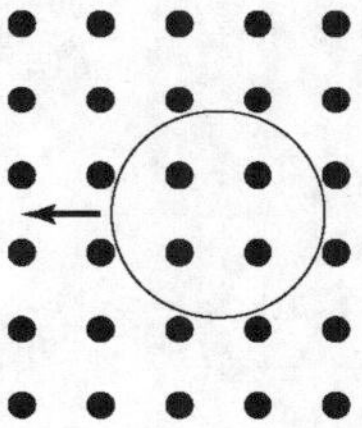

B.

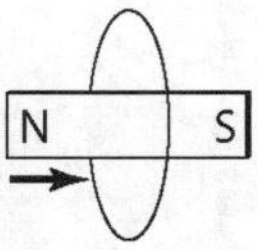

C.

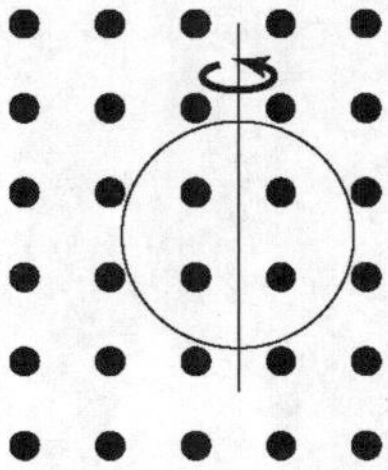

D.

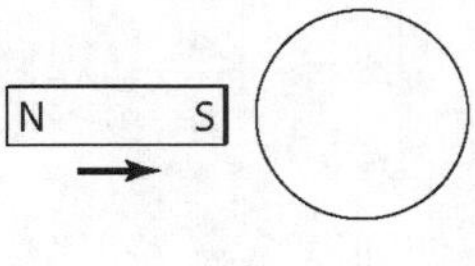

4. 长15 cm的导线在磁场中以0.12 m/s的速度做垂直切割磁感线的运动，磁场的磁感应强度为1.4 T。导线中的感应电动势为(　　)

A. 0 V　　**B.** 0.018 V

C. 0.025 V　　**D.** 2.5 V

5. 一台变压器利用91 V的电源为一个13 V的器件提供能量。如果变压器的初级线圈为130匝，该器件从变压器获得的电流为1.9 A，那么初级线圈中的电流为(　　)

A. 0.27 A　　**B.** 0.70 A

C. 4.8 A　　**D.** 13.3 A

6. 一台能提供202 V最大值电压的交流发电机与一台电阻为480 Ω的电热器相连接。通过这台电热器的电流的有效值是(　　)

A. 0.298 A　　**B.** 1.68 A

C. 2.38 A　　**D.** 3.37 A

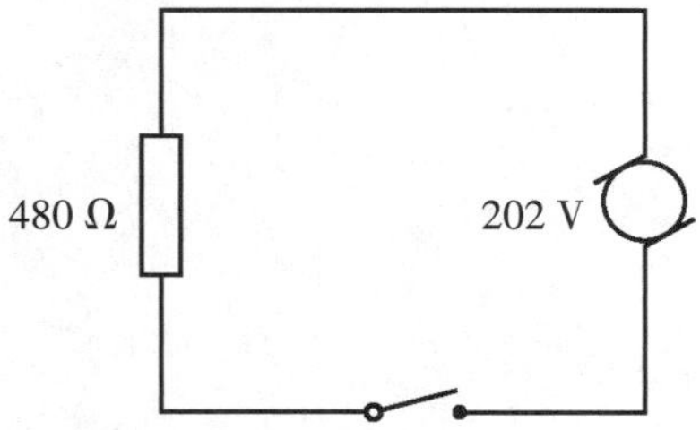

拓展题

7. 一发电厂用440 V的输电线向附近地区提供80 kW的电功率，输电线的电阻为0.2 Ω，它发电的功率需多大？如果采用12 kV的输电线，它发电的功率又需多大？

考点提示

测试题号	1	2	3	4	5	6	7
对应小节	1	2	1	1	2	1	1

第26章

电磁现象

大概念 电磁波是由加速运动的电子产生的互相交替变化的电场和磁场。

内容提要

起步实验

探究无线电广播信号来自何处

无线电广播信号的强度和距离有什么关系?

第1节 作用在带电粒子上的电磁力

物理在你身边

火星上的沟渠似乎表明，火星表面曾经有水。更多的证据来自登上火星的探测器中的质谱仪。当火星上的固态和气态物质通过质谱仪中的电场和磁场时，显示了存在水的迹象。

主要概念

通过运动的带电粒子在电场和磁场中的偏转情况，来找出这些粒子的特性。

核心问题

- 19世纪末，物理学家怎样发现了电子的荷质比以及电子的质量?
- 怎样确定带电粒子在电场和磁场中的速度，以及它们的荷质比?
- 质谱仪是怎样分离不同质量的离子的?

术语回顾

牛顿第二定律 一个物体的加速度与它所受到的净力成正比，与它的质量成反比

关键术语

同位素

质谱仪

汤姆孙实验

电磁波现在成了你每天生活的一部分。电磁波通过手机让你了解各种信息，通过收音机让你欣赏美妙的音乐，通过电视机让你观看电视节目。在你理解电场和磁场怎样组合为电磁波之前，应当先来了解一下电子。为什么？因为，电磁波是由加速运动的电子产生的。

电子的发现 整个19世纪，物理学家认为原子是构成物质的最小单元。但是，原子内包含负电荷粒子的证据越来越确凿，并在1894年，将这种原子中带负电的粒子称为电子。不过，那时对于这种电子的性质仍然一无所知，也不知道这种电子是否能从原子中分离出来。1897年，汤姆孙(J.J.Thomson)利用阴极射线管实验将这种带负电荷的粒子从各种材料的原子中提取出来。那么，他是怎样做到的呢?

汤姆孙首先将如**图26-1**所示的阴极射线管抽成真空，然后接通电源，以便在阴极与阳极间产生高电压，形成强电场。此时，汤姆孙发现，在管子内与阴极相对的另一端的荧光屏上出现了亮点，这种亮点是由一种看不见的射线——阴极射线，打在荧光屏上产生的，而阴极射线则是由带负电荷的粒子在阴极与阳极间强电场的加速作用下形成，并通过阳极上的狭缝射出。汤姆孙意识到，射线是由来自留在管内少量空气中的带负电荷的粒子组成。

图26-1 与汤姆孙射线管相似，在该阴极射线管中，阳极和阴极间的电压使电子加速飞向阳极。

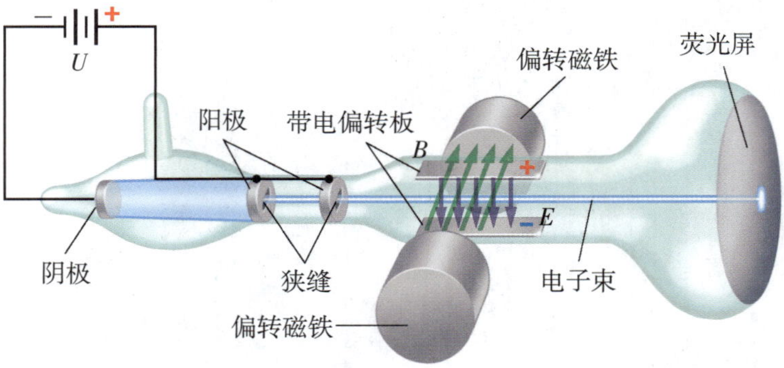

虽然汤姆孙不知道构成阴极射线的带电粒子的电荷 q 和质量 m，但他用实验确定了这种粒子的荷质比 $\frac{q}{m}$；而且他发现，这种粒子的质量非常小，所以这个比值非常大。汤姆孙还发现，无论管内残留的是何种气体，实验测量得的粒子的荷质比都是相同的。于是汤姆孙断定，这种粒子是所有原子都具有的带负电的组成成分，即电子。

荷质比 我们来进一步看看汤姆孙的实验，看他是如何测定电子的荷质比的。如**图 26-1** 所示，在阴极射线管里，两块带有相反电荷的平行金属板产生电场，管外两块电磁铁产生磁场。汤姆孙利用电场和磁场产生的力使电子束发生偏转。

汤姆孙使电场与电子束的方向垂直。场强为 E 的电场作用在电子上的力等于 qE，它使电子束向上朝正极板方向偏转。汤姆孙使磁场方向与电子束以及偏转电场的方向均垂直。磁感应强度为 B 的磁场作用在电子上的力等于 Bqv，其中 v 为电子的速度，它使电子向下偏转。

☑ **阅读检测** **应用** 怎样改变磁场，使电子束向上偏转?

汤姆孙通过调节电场和磁场，可以使电子束不发生偏转，而保持沿直线方向行进。此时，偏转电场和偏转磁场作用在电子上的力的大小相等而方向相反。这可表示如下：

$$Bqv=Eq$$

解出 v，得

$$v=\frac{Eq}{Bq}=\frac{E}{B}$$

此结果表明，只有当电子的速度取某一特定值时，它所受到的偏转电场和偏转磁场的作用力之和才等于零。此时若撤除电场，仅保留磁场，那么由于磁场力垂直于电子的运动方向，导致电子具有向心加速度，并沿着半径为 r 的圆周路径行进。利用牛顿第二运动定律，可以写出此时电子的运动方程：

$$Bqv=\frac{mv^2}{r}$$

由此式解出 $\frac{q}{m}$，便得到如下结果。

在磁场中，电子的荷质比

在磁场中，电子的荷质比等于电子的速度与磁感应强度和电子的圆轨道半径的乘积之比。

$$\frac{q}{m}=\frac{v}{Br}$$

迷你实验

带电粒子的运动

电场和磁场怎样影响带电粒子的运动?

电子的质量　为了得到电子的荷质比，汤姆孙利用测得的E值和B值，计算出了电子在直线轨道上的速度v。然后，他又测量了电子仅受磁场力作用时荧光屏上的光点与无偏转时的光点之间的距离。利用这个距离，他算出了电子的圆轨道半径r。这样，汤姆孙就可得出$\frac{q}{m}=1.759\times10^{11}\ \mathrm{C/kg}$。

计算电子质量之前，要先计算荷质比。当汤姆孙在做实验时，人们从电解实验中已经知道，电荷的转移量总是$q=1.602\times10^{-19}\ \mathrm{C}$的整数倍。汤姆孙于是假定，这就是单个电子所带的电荷量。其后在1909年，密立根(R. Millikan)通过实验证实了这个值，它也是一切电子所具有的电荷量e。由此，可计算出电子的质量m_e：

$$m_e=\frac{e}{\frac{q}{m}}=\frac{1.602\times10^{-19}\ \mathrm{C}}{1.759\times10^{11}\ \mathrm{C/kg}}=9.107\times10^{-31}\ \mathrm{kg}$$

取三位有效数字，$m_e=9.11\times10^{-31}\ \mathrm{kg}$。

物理实验

一个电子的质量*

你怎样确定一个电子的质量?

正离子的实验　汤姆孙还利用同样的装置研究了正离子。如**图26-2**所示，带正电荷的粒子在磁场中的偏转方向与电子的偏转方向相反。

质子的质量　为了得到正离子，汤姆孙将少量氢气充入管中，并且将阳极与阴极间的电场反向，电场将氢原子中的电子“拉”出，使其成为带正电的离子。离子被加速通过阳极中的狭缝，进入偏转电场和磁场区，再向阴极射线管的荧光屏射去。

汤姆孙用来确定带正电荷的氢离子(质子)荷质比的方法与前面确定电子荷质比的方法相同。再根据这个荷质比，测得质子的质量为$1.67\times10^{-27}\ \mathrm{kg}$。汤姆孙还利用这种方法测量了诸如氦、氖、氩等较重的离子的质量。

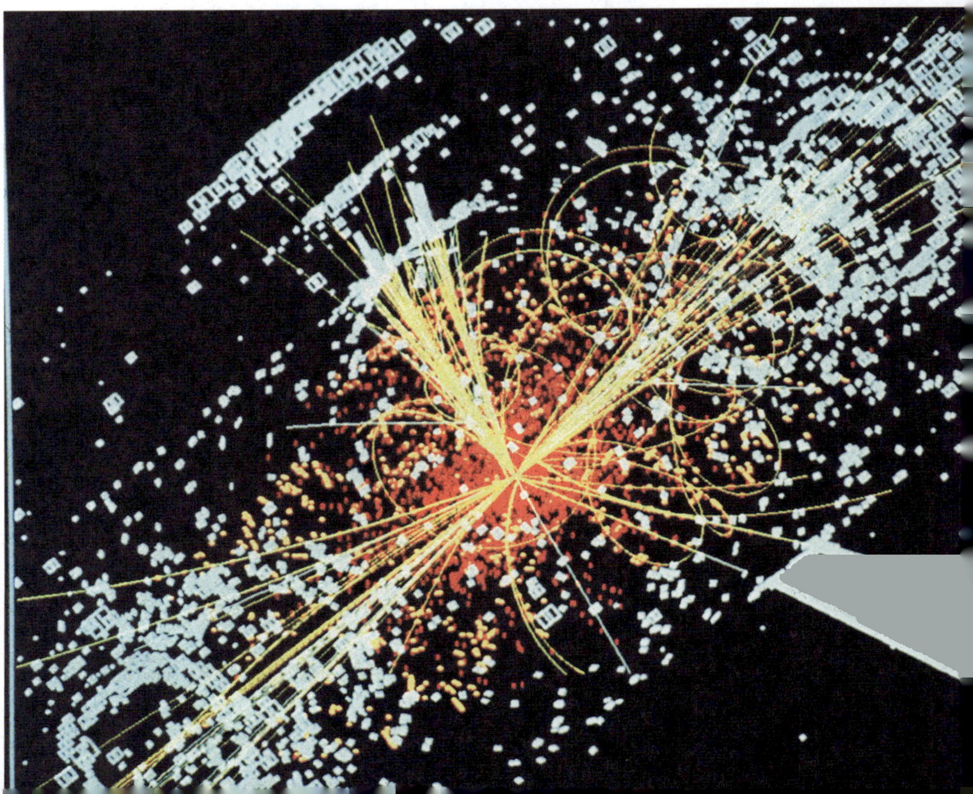

图26-2　带负电荷的粒子与带正电荷的粒子在磁场中的径迹的弯曲方向相反。这是由计算机生成的大型强子对撞机中碰撞事件的模拟图像。

例题 1

轨道半径 电子的质量为 9.11×10^{-31} kg，它以 2.0×10^{7} m/s 的速度通过阴极射线管，其方向与磁感应强度为 3.5×10^{-3} T 的偏转磁场相垂直。求偏转电场关闭后，电子运动的圆轨道半径。

1 分析概括问题

- 画出离子的圆轨道路径，并标出速度 v。
- 标出垂直于速度方向的磁场。
- 标出电子受到的力和电子运动轨道的半径 r。

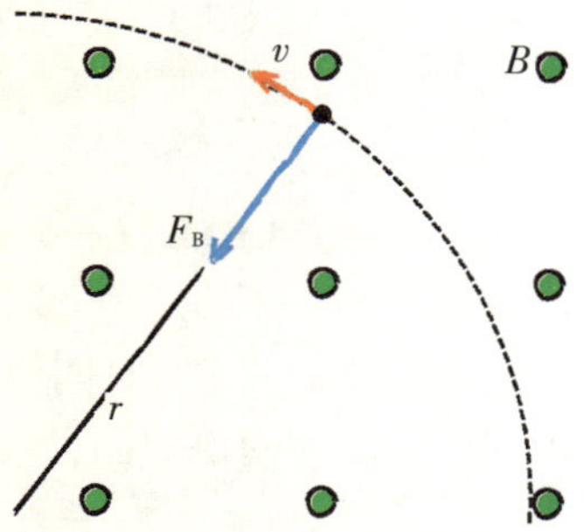

已知	未知
$v=2.0\times10^{7}$ m/s	$r=?$
$B=3.5\times10^{-3}$ T	
$m=9.11\times10^{-31}$ kg	
$q=e=1.602\times10^{-19}$ C	

2 求解未知量

利用牛顿第二运动定律，计算电子在阴极射线管的偏转磁场中做圆轨道运动时的轨道半径。

$$Bqv=\frac{mv^2}{r}$$

$$r=\frac{mv}{Bq}$$

$$=\frac{9.11\times10^{-31}\ \text{kg}\times2.0\times10^{7}\ \text{m/s}}{3.5\times10^{-3}\ \text{T}\times1.602\times10^{-19}\ \text{C}}$$

$$=3.2\times10^{-2}\ \text{m}$$

◀将 $m=9.11\times10^{-31}$ kg，$v=2.0\times10^{7}$ m/s，$B=3.5\times10^{-3}$ T，$q=1.602\times10^{-19}$ C 代入。

3 验证答案

- **单位是否正确？** 圆轨道的半径是长度，所以它的单位是m。
- **数值是否合理？** 几个厘米的半径较容易测量，这个量级的结果也是这类设备的典型结果。

练一练

下列习题中，假定所有带电粒子均垂直于匀强磁场运动。

1. 质子以 7.5×10^{4} m/s 的速度通过一个磁感应强度为 0.080 T 的磁场区，试求它的圆轨道半径。已知质子的电荷量与电子相同，但是带正电。

2. 电子通过磁感应强度为 3.0×10^{-3} T 的磁场时所受到的磁场力被 2.4×10^{4} N/C 的电场所施加的力抵消。

a. 该电子的速率为多大？

b. 如果电场是由相距 0.50 cm 的一对平行金属板产生，则两板间的电势差为多大？

c. 如果撤去电场，电子做圆轨道运动的半径为多大？

3. 质子在通过一个磁感应强度为 0.060 T 的磁场区时，因同时受到一个 9.0×10^{3} V/m 的电场的作用力而不发生偏转。质子的速度为多大？

4. 挑战题 如果一个正离子在随时间线性增加的磁场中运动，那么它的运动轨迹会是怎样？

质谱仪

当汤姆孙将氖充入阴极射线管中时，有趣的情况发生了：此时荧光屏上的亮点不是一点，而是两点。每一点对应于一种荷质比的值，也就是说，他得到了两种不同的 $\frac{q}{m}$ 值。汤姆孙由此断定，同一元素可以有不同的原子，它们的化学性质相同而质量不同。化学性质相同而质量不同的同种原子就称为**同位素（isotope）**。

汤姆孙通过氖的质量分离了它的同位素，是质谱仪的第一个例子。**质谱仪（mass spectrometer）**是一种分析各种元素的同位素的仪器，它的结构类似于汤姆孙的阴极射线管。质谱仪可用来精确测量正离子的荷质比，并由此确定各种同位素的质量。如**图 26-3** 所示为一种质谱仪。

被研究的材料必须或者是气体，或者是能通过加热而形成蒸气的材料，称之为离子源，如**图 26-3** 中的底部所示。在离子源中，当加速电子撞击气体或蒸气中的原子时，就会将其中的电子击出，从而形成正离子。电极间的电势差将产生一个电场，使离子加速，然后进入真空室中的磁场区，使运动的离子束弯曲，最后抵达感光板或探测器。

图 26-3 在质谱仪中，磁场使真空室中的正离子按它们的质量发生不同程度的偏转；于是，每种粒子按照它们的质量分开，并被记录在真空室的检测板上。
明确磁铁的北极。

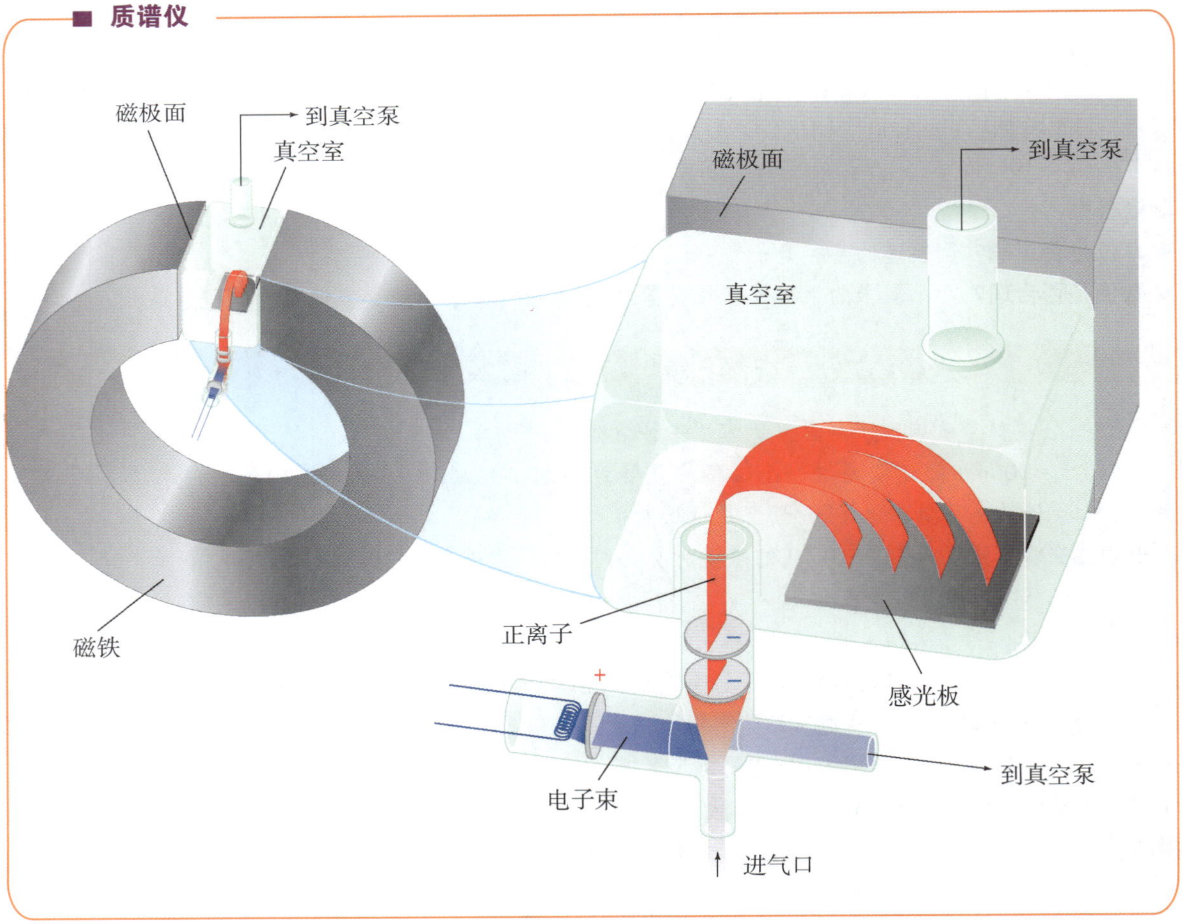

计算荷质比 当质谱仪中的离子进入磁场区后，这些离子将做圆轨道运动，其轨道半径取决于离子的质量，较轻的离子弯曲得厉害些，圆轨道的半径较小。于是可用每个离子的轨道半径来确定它的荷质比。离子的轨道半径r可由牛顿第二运动定律算出。根据牛顿第二运动定律，有

$$Bqv=\frac{mv^2}{r}$$

由此解出r：

$$r=\frac{mv}{qB}$$

离子未偏转时的速度可从它由静止开始经过电压U加速而获得的动能算出：

$$E_k=\frac{1}{2}mv^2=qU$$

$$v=\sqrt{\frac{2qU}{m}}$$

将这个表达式代入$r=\frac{mv}{qB}$，就可得到圆轨道的半径

$$\begin{aligned}r&=\frac{mv}{qB}\\&=\frac{m}{qB}\sqrt{\frac{2qU}{m}}\\&=\frac{1}{B}\sqrt{\frac{2Um}{q}}\end{aligned}$$

等号两边各乘以B，可得

$$Br=\sqrt{\frac{2mU}{q}}$$

此结果可用来确定离子的荷质比。

质谱仪中离子的荷质比

在质谱仪中，离子的电荷与它的质量的比值等于加速电场的电压除以磁感应强度的平方和离子圆轨道半径的平方的乘积，再乘以2。

$$\frac{q}{m}=\frac{2U}{B^2r^2}$$

为了计算离子的质量，要在离子的荷质比中扣除电荷因子。质子的电荷与电子的电荷数值上相等，但符号为正：1.602×10^{-19} C。注意，如果从气体的原子中电离出的电子多于一个，离子的电荷量需乘以电离出的电子数。电离出电子的数目可由质谱仪的操作者控制。

☑ **阅读检测** **计算** 对于电离去3个电子的离子，它的电荷是多少？

例题2

氖原子的质量　质谱仪操作者制备了一束二价电离的氖原子。它们先通过了34 V的加速电场，然后进入磁感应强度为0.050 T的磁场区，此时它们的轨道半径为53 mm。试确定氖原子的质量。这相当于多少个质子的质量数？

1 分析概括问题

- 画出离子的圆轨道路径，并标出半径。
- 画出两个电极，标出电势差。

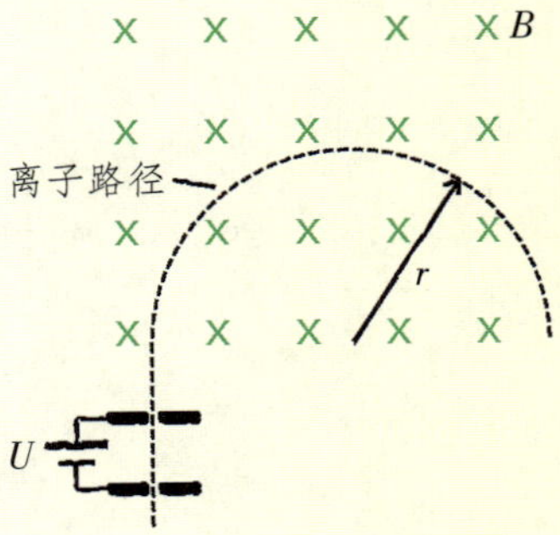

已知		未知
$U=34\ \mathrm{V}$	$m_p=1.67\times10^{-27}\ \mathrm{kg}$	$m_{Ne}=?$
$B=0.050\ \mathrm{T}$	$q=2\times1.602\times10^{-19}\ \mathrm{C}$	$N_p=?$
$r=53\ \mathrm{mm}$	$=3.204\times10^{-19}\ \mathrm{C}$	

2 求解未知量

利用质谱仪中确定离子荷质比的公式求解。

$$\frac{q}{m_{Ne}}=\frac{2U}{B^2r^2}$$

$$m_{Ne}=\frac{qB^2r^2}{2U}$$

$$=\frac{3.204\times10^{-19}\ \mathrm{C}\times(0.050\ \mathrm{T})^2\times(0.053\ \mathrm{m})^2}{2\times34\ \mathrm{V}}$$

◀将$q=3.204\times10^{-19}$ C，$B=0.050$ T，$r=0.053$ m，$U=34$ V代入。

$$=3.3\times10^{-26}\ \mathrm{kg}$$

将氖原子的质量除以质子的质量，就可得到氖原子的质子数。

$$N_p=\frac{m_{Ne}}{m_p}=\frac{3.3\times10^{-26}\ \mathrm{kg}}{1.67\times10^{-27}\ \mathrm{kg/个}}$$

$$\approx 20\text{个质子}$$

3 验证答案

- **单位是否正确？** 质量的单位是g或kg。质子数应无单位。
- **数值是否合理？** 氖有两种同位素，它们的质量分别为20个和22个质子质量。

练一练

5. 使一束一价电离的氧原子进入质谱仪，所测得的数据为：$B=7.2\times10^{-2}$ T，$q=1.602\times10^{-19}$ C，$r=0.085$ m，$U=110$ V。试求氧原子的质量。
6. 从一次质谱仪的实验中得到的关于二价电离的氩原子的数据为：$q=2\times1.602\times10^{-19}$ C，$B=5.0\times10^{-2}$ T，$r=0.106$ m，$U=66.0$ V。试求氩原子的质量。
7. 一束一价电离的锂原子（$m=7m_p$）通过电势差为320 V的电场被加速，然后垂直地进入一个磁感应强度为1.5×10^{-2} T的磁场。此时，磁场中离子束的曲率半径为多少？
8. **挑战题**　汤姆孙发现，无论用多大能量的电子轰击氢原子，都无法从氢原子中击出第二个电子。那么，他对氢原子中的正电荷会给出怎样的结论？

同位素分析 如**图26-3**所示，质谱仪中的离子撞击在检测器上不同位置，具体位置取决于离子的质量。质量越大，弯曲路径的半径越大。这个直径很容易测量，它等于粒子撞击在检测器上的位置和电极上的狭缝之间的距离。半径r等于这个距离的一半。

如**图26-4**所示为铬(Cr)离子样品在胶片上的痕迹。四条不同的红线痕迹表明，自然界中的铬原子是由四种同位素构成的。痕迹线的宽度与同位素的含量相对应。

图26-4中的离子都是一价离子，因为只有一个电子从作为离子源的铬原子中被移出。离子的带电量取决于从作为离子源的中性原子中有多少个电子被电离出。击出一个电子，就产生一价离子。若要击出第二个电子而产生二价离子，就需要更多的能量，这可以让电子经过更强的电场，从而让电子束获得更多的动能。因此，高能加速电子可同时产生一价离子和二价离子。在这种情况下，质谱仪操作者可根据需要选择。

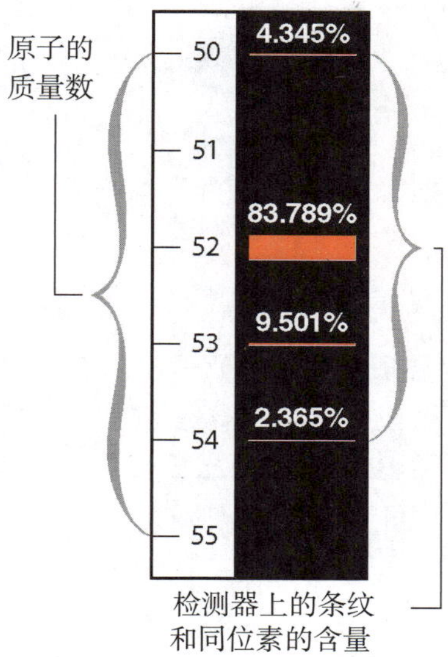

图26-4 电子检测器所显示的铬的四种同位素的含量。注意，质量数为52的铬同位素的含量最大。四种同位素含量的百分比之和等于100%。某种元素的所有稳定同位素的质量的加权平均值就是该种元素在周期表中列出的质量。

计算铬同位素的平均质量。

☑ **阅读检测** **描述**如何产生二价离子。

质谱仪的应用 质谱仪的灵敏度极高，研究者可用它来分离质量差仅为百万分之一的离子，也可用它从包含百亿个分子的样品中辨认出其中的一个分子。

质谱仪被应用于各个领域。正如你从本章开始部分读到的，质谱仪可用来分析火星上的大气和土壤，以及其他太阳系的物质。质谱仪也常用于地质学、药物学、生物学，甚至法医学。例如，机场中用质谱仪可用来检测爆炸后遗留在旅客的行李、手上或鞋子上的痕迹。

第1节 复 习

9. **主要概念** 在质谱仪中，一个离子的圆轨道半径$r=\frac{1}{B}\sqrt{\frac{2Um}{q}}$。根据此式，说明质谱仪可用来分离不同质量的离子。

10. **阴极射线管** 描述阴极射线管中电子束的形成过程。

11. **磁场** 现代质谱仪可用来分析质量是质子质量几百倍的分子。如果这些分子的一价离子是采用相同的加速电压产生的，那么应如何改变偏转磁场的磁感应强度，才能使它们投射到检测器上？

12. **轨道半径** 以8.4×10^4 m/s的速率运动的质子通过磁感应强度为12.0 mT的磁场，试求它的圆轨道半径。

13. **质量** 一束二价电离的氧原子通过电势差为232 V的加速电场，然后进入磁感应强度为75 mT的偏转磁场，做半径为8.3 cm的圆轨道运动。氧原子的质量是多少？

14. **批判性思维** 在本章例题2中，确定了氖的一种同位素的质量。氖的另一种同位素的质量等于22个质子的质量。在检测器上，这两种同位素的位置相距为多少？

第2节 空间中的电磁场

主要概念

电磁波是互相交替变化的电场和磁场，它在空间中传播，并能与物质发生相互作用。

核心问题

- 电磁波是怎样通过空间传播的？
- 电磁波在通过不同的介质中传播时，其速度如何？
- 电磁波是怎样传递信息的？
- 什么因素影响天线接收特定波长电磁波的能力？

术语回顾

电容器 一种电学元件，用于储存电能，它由被绝缘介质隔开的两块金属板构成

关键术语

电磁波
电磁波谱
电磁辐射
发射器
天线
电介质
载波
压电效应
接收器

物理在你身边 你知道，微波既可用来加热食物，又可用来向你的手机传送信息吗？微波带有能量，也可载有信息。那么，微波和其他电磁波是怎样载有信息的呢？

什么是电磁波

你在本章第1节中读到，加速运动的电子能产生电磁波，电磁波是组合的电场和磁场。1820年，奥斯特(H. Oersted)发现电和磁之间存在着联系，即运动的电荷能产生磁场。这个现象表明电与磁之间存在着某种联系。10年后，英国的法拉第和美国的中学教师亨利发现了相反的现象，即变化的磁场能感应出电场。

电磁场在空间中传播 即使空间中没有导线，磁场也能感应出电场。如**图26-5**中的左图所示，变化的磁场能产生电场。相反的过程也是正确的，即变化的电场能产生磁场，如**图26-5**中的右图所示。1873年，苏格兰物理学家麦克斯韦(J. Maxwell)总结了库仑、奥斯特和法拉第的工作，建立了反映电场和磁场之间内在关系的四个方程。这些方程表明，电磁波可通过空间传播。1887年，德国物理学家赫兹(H. Hertz)利用实验证实了电磁波的预言。后来，人们将波的频率的单位称为赫兹，每秒全振动一次称为1 Hz。

现在我们知道，**电磁波(electromagnetic waves)**是互相交替变化的电场和磁场，它能在空间和介质中传播。关于电磁波的技术已经有了大量的应用，并对我们的社会产生了巨大的影响。

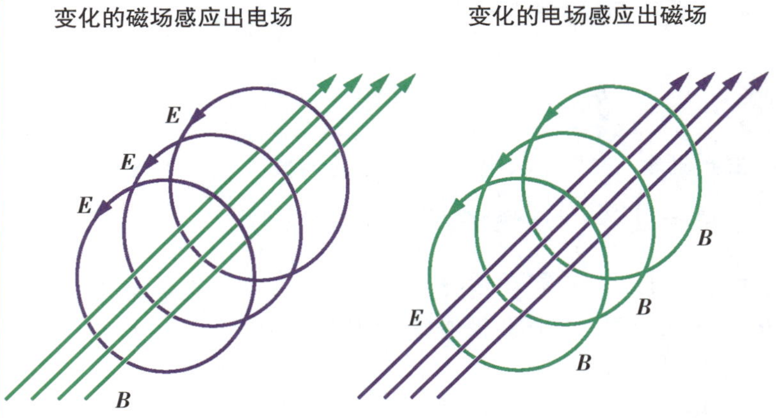

图26-5 电场可由变化的磁场产生(左图)。注意，与静电场的情况不同，这种电场的电场线是闭合的，没有电荷作为电场线的起点和终点。类似地，变化的电场能产生磁场(右图)。

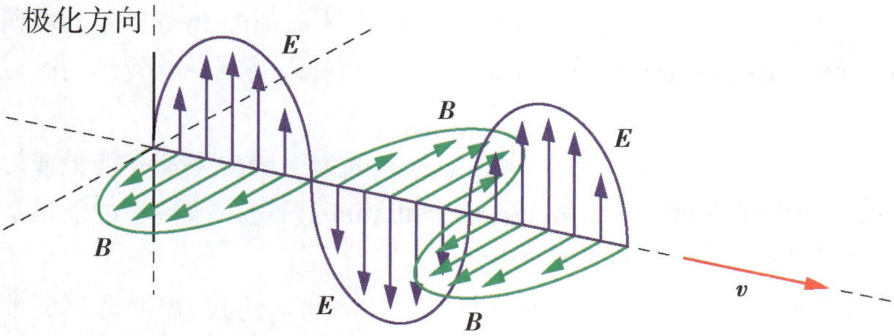

图 26-6 在电磁波中，电场和磁场的振动方向相互垂直，并且与波的传播方向相互垂直。

电磁波的特性 电磁波中的电场和磁场有怎样的关系？加速运动的电子产生电场，而变化的电场产生磁场。电场和磁场的方向如**图 26-6**所示。电磁波在传播时，电场上下振动，磁场在与电场垂直的方向上左右振动，且它们都与波的传播方向垂直。

电磁波在真空中传播 所有电磁波都以同样的方式运动。类似于绳波，电磁波也是横波，它能在介质中传播。但是，与其他的波不同的是，电磁波还能在真空中传播。电磁波在真空中的速度为 299 792 458 m/s，大约就是 3×10^8 m/s，用光速 c 表示。它在空气中传播的速度稍慢些。波的波长、频率和速度之间存在如下关系：

$$\lambda=\frac{v}{f}$$

在这一公式中，波长 λ 的单位是 m，速度 v 的单位是 m/s，频率 f 的单位是 Hz。由于电磁波在真空中的传播速度 v 等于光速 c，因此上式可表示为：

$$\lambda=\frac{c}{f}$$

注意，对于任何种类的电磁波来说，上述波长和频率的关系式都是适用的，即波长和频率的乘积恒等于常量 c。因此，波长增大，频率降低；反之亦然。

☑ **阅读检测** **计算** 如果波的频率增加1.25倍，波长将变化多少？

练一练

15. 频率为 5.70×10^{14} Hz 的绿光的波长是多少？

16. 频率为 8.2×10^{14} Hz 的电磁波的波长是多少？

17. 波长为 2.2×10^{-2} m 的电磁波的频率是多少？

18. **挑战题** 如果电磁波向右传播，在某时刻某点处，它的电场方向垂直于纸面向外。此时，它的磁场方向怎样？

图 26–7 电磁波谱的波长范围从波长很长的无线电波到波长比原子或质子的线度还要短的γ射线。图中左侧一列是辐射源的举例。**观察**哪种电磁波的波长相当于质子的大小？

电磁波的种类 电磁波可按频率划分为多种类型，构成如**图 26–7**所示的**电磁波谱（electromagnetic spectrum）**。注意，光是人类的眼睛唯一能看到的电磁波，它只是电磁波谱中很窄的一段。

电磁波中振动的电场和磁场携带有能量。因为电磁波携带有能量或辐射，所以也称为**电磁辐射（electromagnetic radiation）**。电磁波携带的能量与电场强度的平方和波通过的面积成正比。

某些电磁辐射的能量太大，而对人体的健康有害。不过，电磁辐射的能量是可以控制的，例如用于通信、工业，以及医疗方面的高能波。

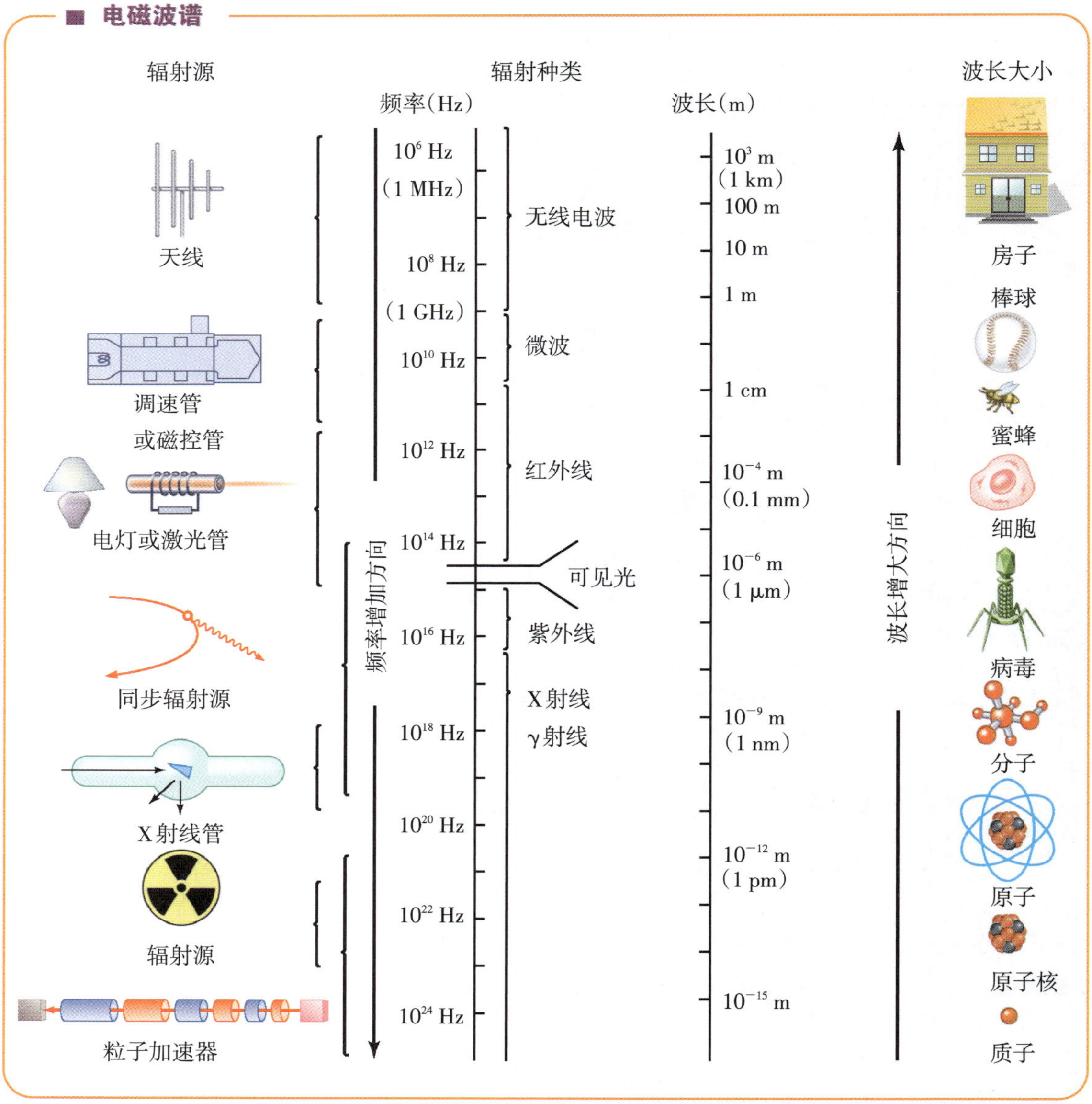

物理挑战题

可见光的波长 如**表26-1**所示列出了部分可见光的波长。

1. 波长最长的可见光是什么颜色？
2. 在真空中，哪种色光传播最快？
3. 波长较长的波在它们的传播路径上遇到物体时所产生的衍射效应比波长较短的波更明显。那么，哪种色光的衍射效应最明显？哪种色光的衍射效应最不明显？
4. 试计算**表26-1**中各种色光的频率范围。

表26-1 可见光的波长

颜色	波长(nm)
靛青	390～455
蓝	455～492
绿	492～577
黄	577～597
橙	597～622
红	622～700

低频电磁波的应用 频率最低的电磁波——无线电波，主要用于无线电广播。其中，波长较长的无线电波通过大气中的电离层的反射可传输很长距离。波长较短的无线电波用于调频广播和电视传播，它们只能沿直线方向传播，所以在较远距离的传播时，需依靠中继站，以通过地球弯曲的表面。手机和全球定位系统则是用称为微波的波长很短的无线电波来传递信息。微波也可用来加热食物，水和食物中的脂肪吸收了微波的能量后，可将它们转化为食物的热能。

红外线的波长比微波的还要短。红外线传感器可检测到红外辐射，所以，安装了红外线传感器的夜视镜和照相机可在夜间使用，因为有温度的物体发射波长较长的远红外线。红外线检测器还可用来测量建筑物以及其他物体的温度。此外，红外辐射可用于取暖。载有信号的近红外辐射(波长较短和频率较高)可通过光纤系统和空气对设备进行远程控制。

紫外线(UV)辐射的频率相对较高。UV辐射可使分子和原子电离，从而发生化学反应。UV辐射在工业上可用来加工聚合物和给器具消毒。在半导体工业中，UV辐射可用来在集成电路的硅晶片上刻蚀图案。

☑ **阅读检测** **比较**波长长的和波长短的无线电波的传输情况。

高频电磁波的应用 当高能电子将原子内紧密束缚的电子击出，原子内的其他电子重新排列时，就会发出X射线。1895年，德国物理学家伦琴(W. Roentgen)利用类似于如**图26-8**所示的真空玻璃管发现了X射线。现代的X射线管中，电子被电势差高于20 000 V的电场加速。你或许对骨骼和牙齿的X影像很熟悉。X射线还广泛地应用于杀死癌细胞。

γ射线是频率非常高的电磁辐射，它来自原子核的放射性辐射。γ射线可用来检测集装箱里的危险物品。在医学上，γ射线也可用于治疗癌症。

图26-8 在伦琴玻璃管内，极高电压产生的高能电子撞击阳极，便能产生X射线。此时，放置在附近的荧光屏会发出辉光。即使将木块放在玻璃管和荧光屏之间，这种辉光依然存在。但是，如果将手放在玻璃管和荧光屏之间，就会发现，骨头能阻挡X射线。

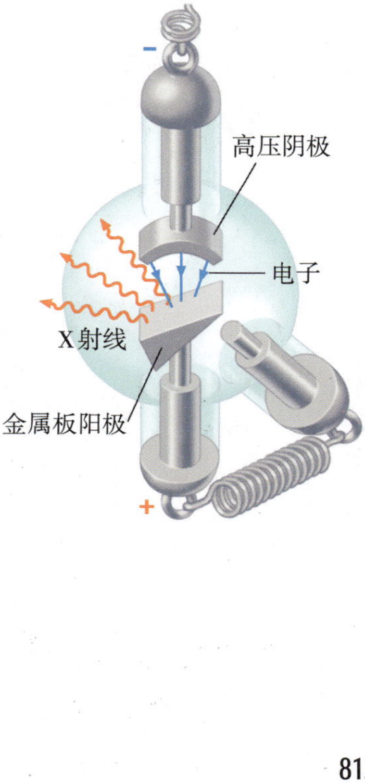

■ 电磁波的传播

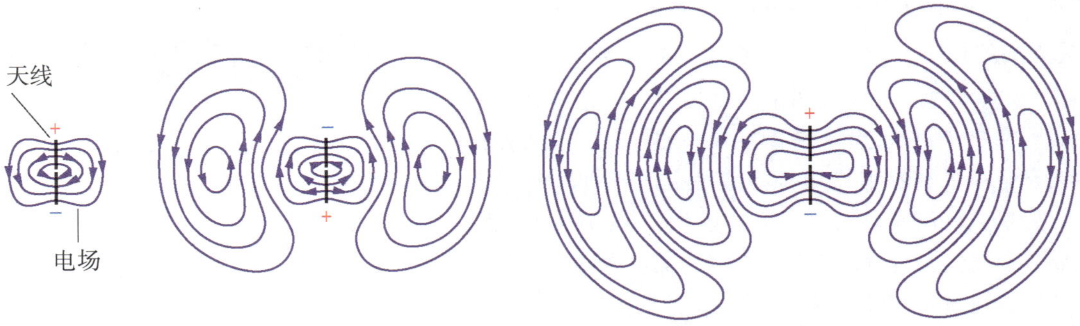

图 26-9 与天线连接的交流电源在天线中产生变化的电势差，电子被加速，从而产生变化的电场。这种变化的电场又产生变化的磁场（图中未显示），而变化的磁场再产生变化的电场。这样的过程不断重复，天线便持续产生了向外传播的电磁波。

电磁波的传播

你已经知道，无线电波和微波可携带信息。那么，这些波是怎样携带信息，并进行传播的呢？

在空间中传播 无线电波和微波是通过与发射器相连接的天线播撒到空间的。**发射器（transmitter）**是一套电子设备，利用这套设备，可将语音、音乐、图像或数据转化为电信号，并将它们放大，然后传送到天线。接着，**天线（antenna）**产生向空间传播的电磁波。那么，天线又是如何做到这一点的呢？

发射器在金属天线中产生的振动的电势差使金属中的电子发生振荡，产生变化的电场。随后，变化的电场又产生变化的磁场，变化的磁场再产生变化的电场。这样的过程不断重复，从而天线便持续地产生了向外传播的电磁波，如**图 26-9** 所示。

在**图 26-9** 中，没有画出由变化的电场产生的变化的磁场。磁场向外传播的速度与电场相同，而方向始终与电场方向以及电磁波的传播方向相垂直。注意，由天线产生的电磁波是带有极性的，它的电场方向与天线平行。

在介质中传播 电磁波也可以在介质中传播。例如，光在通过一杯水的过程中，要经过三种材料：空气、玻璃和水。空气、玻璃和水都不是导体，这些材料也称为**电介质（dielectrics）**。电磁波在介质中的传播速度比在真空中小一些，可利用下式计算：

$$v=\frac{c}{\sqrt{k}}$$

其中，波速 v 的单位是 m/s，光速 $c=3\times10^8$ m/s，而介质的相对介电常数 k 是一个无量纲的量。在真空中，$k=1.000\ 00$，因此真空中的波速为 c。在空气中，$k=1.000\ 54$。因此，电磁波在空气中的速度比在真空中要稍小一些。相对介电常数 k 等于折射率 n 的平方，即 $k=n^2$，所以 $\sqrt{k}=n$。

迷你实验

波信号*

遥控器是怎样工作的？

练一练

19. 电磁波在空气中的传播速度是多少？取 $c=299\ 792\ 458$ m/s。

20. 水的介电常数为1.77。电磁波在水中的传播速度为多大？

21. 光在某种介质中的传播速度是 2.43×10^8 m/s。该介质的介电常数是多少？

22. **挑战题** 向距离地球表面为376 290 km的月球表面，发射无线电信号，收到返回信号的最短时间是多少？

电磁波的产生

如果你正在收听你最爱的电台，那么你是否知道电台是怎样产生你所听到的音乐？

载波 美国联邦通信委员会(FCC)为每个商业广播电台分配了一个特定的、位于电磁波谱无线电波段的频率，称为**载波(carrier wave)**。电台播放的音乐或其他信息都是通过这种载波的变化实现的，调制它的频率或者振幅。这些工作由电台的发射器完成。

发射器包括三部分。振荡器产生特定频率的载波。然后，调制器用音乐、图像、语言或者其他数据的电信号来调制载波的振幅或频率。最后，将载有信号的载波放大。

设定振荡频率 为了产生不高于400MHz的载波，可用线圈和电容器串联构成的振荡电路。用电池对电容器充电后，由于它两端存在电势差，因此就会产生一个电场。撤去电池，原来储存在电容器极板上的电子就会通过线圈流动，产生磁场。当电容器放电时，线圈中的磁场开始减小，因此将产生电动势，从而对电容器重新充电，但充电的方向与先前相反。然后电容器再次放电，重复前面的过程。如**图26-10**所示为一次电磁振荡的全过程。

■ 线圈—电容器电路

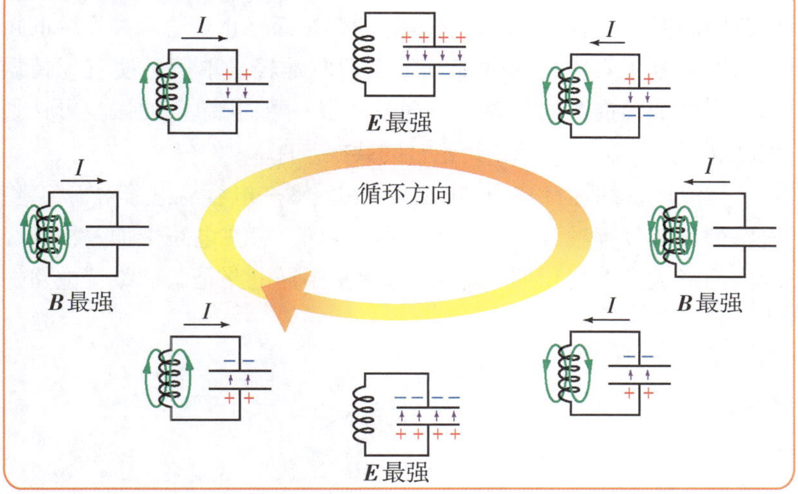

图26-10 在线圈—电容器电路的一次完整的振荡过程中，电场最弱时，磁场最强。每秒完整的振荡过程的次数等于波的频率。电路的振荡频率取决于电容器的电容和线圈的电感。

图 26-11 线圈—电容器电路中的电子就像单摆的小球。小球摆动时，位移在变化。摆球速度为零的位置可模拟电路中电流为零的情况。

确定 当电路中的电流为零时，电容器极板上的电荷量为多少？

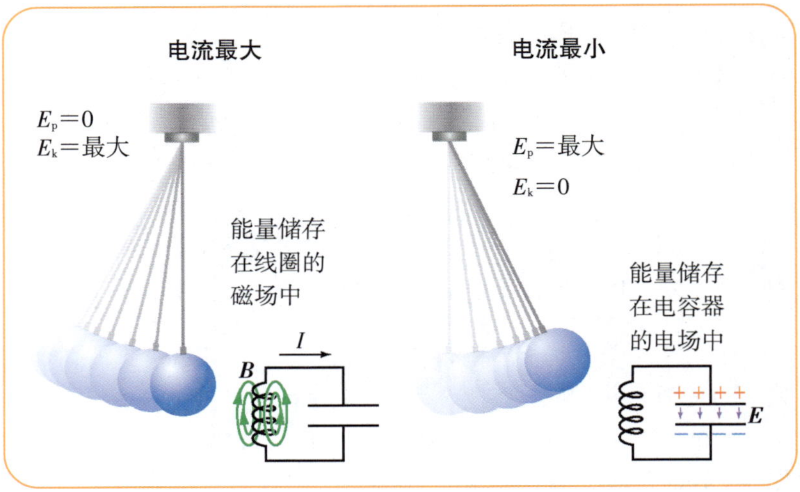

单摆模拟 线圈—电容器电路的放电和充电过程可用单摆的摆动过程来模拟，如**图 26-11** 所示。摆球相对于它的竖直位置的位移可比拟为线圈—电容器电路中的电流。

当小球摆到最低的竖直位置时，它的速度最大。小球在摆动过程中的这个位置，如**图 26-11** 中的左图所示，可与电容器的电荷量为零而通过线圈的电流最大的情况相比拟。当小球摆到最高位置时，它的竖直位移最大，速度为零，如**图 26-11** 中的右图所示。摆球的这个位置相当于电容器中的电荷量最大，而线圈中的电流为零的情况。

对于**图 26-11** 中的摆球来说，由于它的运动而具有动能 E_k；由于它的位移而具有势能 E_p，但在摆球的运动过程中，动能 E_k 与势能 E_p 之和（即总能量）是恒定的。类似地，在线圈—电容器电路中，线圈中的磁场和电容器中的电场都具有能量。当电流最大时，储存在磁场中的能量最大，而当电流为零时，所有能量都储存在电场中。同样地，电路中的总能量（磁场能和电场能的总和）是不变的。

稳步振荡 就像自由摆动的单摆最终会停下来一样，线圈—电容器电路中的振荡也会因电阻以及辐射的存在而终止。这两类系统的振荡只有不断地补充能量才能继续。适时地轻推单摆可使它保持摆动。当施加的推力的频率与单摆的频率一致时，单摆的振幅可达最大。这就是你在第 14 章中讨论过的共振条件。

类似地，将适当频率的电压施加在线圈—电容器电路中，就会使电路的振荡过程继续。为了达到这一目的，可在电路中加一个次级线圈而形成一个变压器。那么，这种变压器电路是怎样维持电路振荡的呢？

如**图26–12**所示，这种变压器振荡电路的次级线圈中感应的交变电流经放大器放大后，再反馈到线圈—电容器电路中，从而使电路中的振荡得以维持。

共振腔中的电磁波 为了使线圈—电容器电路的振荡频率增加，就要减小线圈的电感或电容器的电容。但是，在频率超过400 MHz时，分立的线圈和电容器构成的振荡电路便不再有用。

0.4～100 GHz的电磁波可由共振腔产生。共振腔是方形的金属盒，它可以替代线圈和电容器的共同作用。金属盒的大小决定了振荡频率。注意，微波炉本身的大小对振荡频率没有影响，而微波炉内部的共振腔尺寸对频率有影响。

为了产生频率高于100 GHz的电磁波，共振腔的线度必须减小到分子尺度。例如，红外线就是由分子中原子的振动产生的；而频率更高的可见光、紫外线以及X射线则是由原子中的电子产生的。频率最高的电磁波，即γ射线，则是在尺寸更小的原子核内产生的。

阅读检测 **评价**为什么共振腔不能用于产生红外线?

压电效应 除了变压器外，还有其他方法产生振荡电压。例如，石英晶体有一种称为**压电效应(piezoelectricity)**的特性。如果在石英晶体的两侧施加电压，它就会发生形变。如果施加的是交变电压，那么石英晶体就会产生持续的振荡。石英晶体能按它的固有频率振动，这与金属片被弯曲再释放后会按照它的固有频率振动的情况类似。石英晶体的厚度越小，这种振荡的频率越高。

当晶体发生形变时，也会产生电动势。这种电动势随石英晶体的固有频率而发生改变，因此可通过放大、反馈来维持它的振动。因为石英晶体的振荡频率非常稳定，所以它被广泛应用于手机、电视机、无绳电话、无线网络路由器以及计算机等设备中。

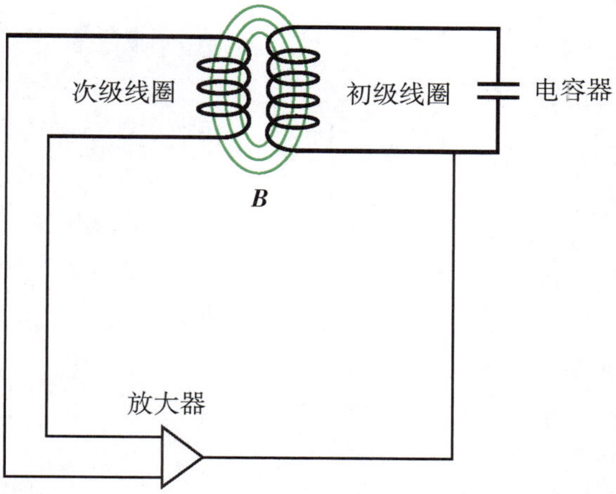

图26–12 变压器次级线圈中放大了的振荡电流与线圈—电容器电路的频率相同，发生共振，使振荡能持续地进行。

电磁波的接收

天线不仅能在空间中传播电磁波，也能接收电磁波，把波的振荡电场转变成电势差。如**图26-13**所示，电磁波中的电场使天线材料中的电子做加速运动。当天线与波的极化方向，即振动的电场方向一致时，电子的加速度最大。天线两端的电势差以电磁波的频率不断振荡。

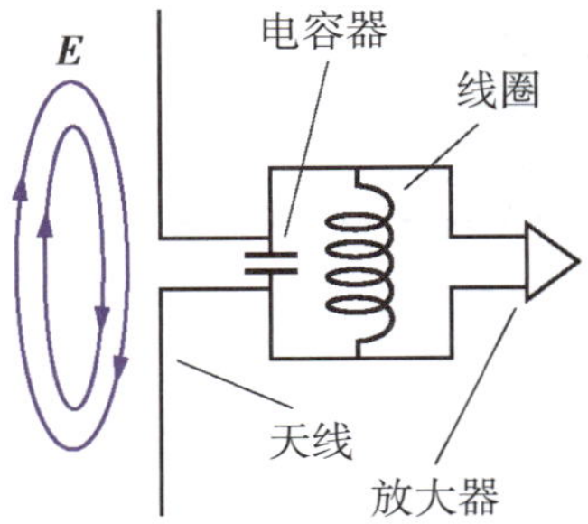

图26-13 来自电台的变化的电场信号使天线中的电子加速运动，然后通过解码、放大后，推动扬声器发出声音。

线形天线 当天线的长度等于被测的电磁波波长的一半时，其两端的电势差最大，天线也更有效。可见，用于接收无线电波的天线比接收微波的天线要长得多。

虽然半波长的天线最有效，但是$\frac{1}{4}$波长的天线也常被使用。不过，此时要将天线的末端，而不是中部，与接收器连接。天线要短一些，并做成螺旋状，或者加入一些介电常数比空气大的材料，如陶瓷。

手机通常有多达7根天线，这些手机典型的通信频率是875 MHz、1 850 MHz和2 050 MHz。此外，它们还要接收频率为1.575 GHz的GPS信号，以及发射和接收频率为2.45 GHz的无线耳机和WiFi信号。这些天线是将导电材料印制在绝缘陶瓷介质板上构成的，长度仅仅几个毫米。笔记本电脑也有多根天线，以便与无线网络和远程设备连接。

物理实验

电磁波的屏蔽

你能屏蔽无线电波吗?

碟形天线 不仅可见光波，其他各种类型的电磁波也都存在反射、折射和衍射现象。如**图26-14**所示的碟形天线，它能反射波长很短的电磁波，这与抛物面镜反射可见光波的情况完全类似。抛物面形天线将它表面所接收到的信号通过反射，聚焦在一个包含有短偶极天线的称为喇叭形天线的器件上，该喇叭形器件用三脚架安装在主抛物面碟形天线的前方焦点处。与望远镜只能观察很窄的空间部分类似，碟形天线也只能接收来自特定方向的信号，但灵敏度却非常高。

■ 碟形天线

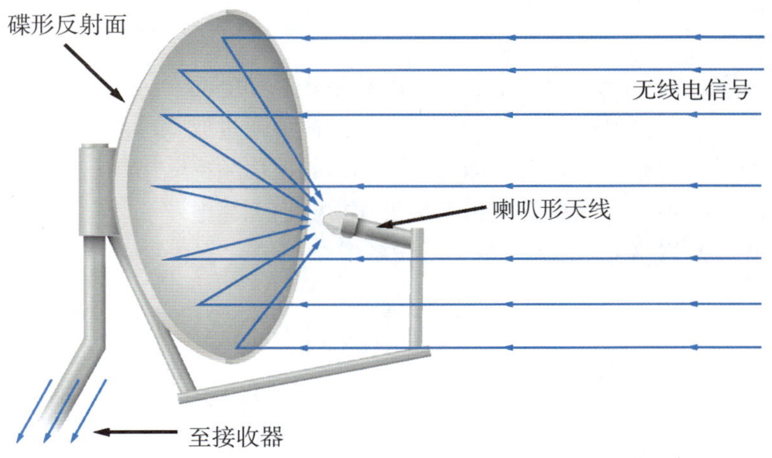

图26-14 碟形天线将表面接收到的信号反射并聚焦在喇叭形天线上。碟形天线大的面积能比线形天线接收到更多的电磁波能量，从而有利于对微弱信号的接收和研究。

电磁波的接收 天线将电磁波的电场转化为电势差，然后将电势差传送到**接收器（receiver）**，它可将电势差转化为声音、图像或者数据。不同频率的波是同时为天线所接收，并同时传送到接收器的。那么，怎样才能从其中选择出载有所需的信息的电磁波呢？

为了选择特定频率的波，同时排除其他频率的波，可利用调谐器。调谐器是一个线圈—电容器电路或者一个共振腔，当你转动收音机上选择电台的旋钮时，通过调节电容器的电容，使电路的振荡频率等于所要接收的电磁波的频率，从而找到所需的电台。然后，只有这种频率的电磁波能在接收器中产生振幅明显的振荡电势差。

FM和AM信号 你已经知道，电磁波之所以能够携带信息，是因为电磁波的某些特性能被这种信息所改变，或者说，所调制。电台的载波能被信息调制的或者是振幅（AM，即调幅），或者是频率（FM，即调频）。调幅台的载波频率范围是550～1650 kHz；调频台的载波频率范围是88～108 MHz。自然界中的大部分干扰源，如闪电，对电磁波振幅的影响较大，而对频率的影响不大。

☑ **阅读检测** **应用** 为何接收调幅波的天线比接收调频波的天线长？

数字信号 还有许多无线电服务，包括商业领域、紧急求助以及双向通话等，还使用其他频率的调频波或调幅波。手机、电视和计算机将声音、图像和数据，转化为一连串脉冲数字信号。这些脉冲被编码为0和1的二进制系统，现在调制的是脉冲的持续时间，不是振幅，也不是频率。与AM和FM相比，数字信号可包含更多的信息，受噪声的影响较小。

生活中的物理学

数字电视 2009年6月13日，所有美国的全功率电视台停止了发送模拟电视信号节目。模拟电视信号，类似于FM和AM无线电信号，是通过调制了的载波发送的。现今的电视台只发送数字信号，它们被编码为用于计算机中的0和1数字码。数字电视的带宽可被压缩，从而在模拟电视中只能用于一个频道的带宽中，同时传送4个、5个，甚至更多个节目频道。数字电视还具有较高的高保真音质，并能携带约5倍的图像信息。

第2节 复 习

23. **主要概念** 说明电磁波是怎样通过空间传播的。
24. **电磁波** 电磁波有哪些最基本的特性？它与其他形式的波（如声波）有何不同？请说明。
25. **频率** 波长为1.5×10^{-5} m的电磁波的频率是多少？
26. **无线电信号** 无线电天线通常包含几根水平的金属杆零件，由此能否推断出无线电信号中电场的方向？
27. **抛物面接收天线** 为什么抛物面碟形接收天线要向着电磁波传来的方向？
28. **天线设计** 接收88 MHz的电台比108 MHz电台的天线需要更长一些还是更短一些？说明理由。
29. **介电常数** 光通过某种介质的速度为1.98×10^{8} m/s。取光在真空中的速度为3.00×10^{8} m/s。该介质的介电常数是多少？
30. **批判性思维** 来自太阳的大部分紫外线被地球大气中的臭氧层所阻挡。科学家已经发现，南极和北冰洋上空的臭氧层都变薄了。运用你所学过的关于电磁波和能量的知识，说明为什么一些科学家非常关注这种臭氧层变薄的效应。

起步实验

探究无线电广播信号来自何处

实验步骤

1. 无线电调幅波段的频率在540～1 690 kHz之间。作一张数据表，使它的各列分别表示频率(kHz)、电台名称、信号强度、电台位置、距离(km)。
2. 将收音机调谐在540 kHz，中等音量。
3. 缓慢地从低到高调节频率，直到你能清晰地听到某个电台的广播内容，弄清这个广播电台的名称。将这个电台的频率、信号强度(分为强、中、弱)、名称记录在你的数据表中。
4. 重复步骤3，确保你的数据已经遍及直到1 690 kHz的所有无线电调幅波段的广播电台。
5. 确定每个电台的位置，将每个电台所在的城市记录在你的数据表中。
6. 从地图上找出每个电台所在的城市的位置，量出无线电波传播的距离，将所得结果记录在你的数据表中。

分析

7. 最远的广播电台距离你有多远？无线电波传播的距离对它的信号强度是否有影响？

8. **批判性思维** 改变天线的方向一般会对所接收到的信号的强度有一定的影响。这显示了无线电波的什么特性？

迷你实验

带电粒子的运动

实验步骤

1. 将阴极射线管(CRT)连接到电源。
2. 将条形磁铁靠近阴极射线管，使磁场方向平行于台面，且垂直于电子束的运动方向。观察磁场对阴极射线管内的电子束的影响。
3. 使磁场反向，再次观察电子束的情况。

分析

4. 总结和解释你的观察结果。

实验器材

- 戴上安全护目镜，穿上实验室工作服。
- 在弯曲或制作金属网屏蔽罩时，要戴好手套。
- 在使用订书机时要小心。

使用电池的小型AM/FM收音机
两只小卡片盒
金属盒或易拉罐
铝箔
静电屏蔽袋（用于保护计算机的那种屏蔽袋）
金属网
胶纸
皮手套
订书机

电磁波的屏蔽

电磁波谱是由按频率或波长区分的各种类型的电磁辐射组成的。γ射线的频率最高，能量最大，它们的波长只有几纳米。从γ射线起，随着波长的增加（频率和能量的减小），其他类型的电磁波依次为X射线、紫外线、可见光、红外线、微波和无线电波。只有可见光波段的电磁辐射才能为人们的肉眼所检测到，其他所有的电磁辐射都是看不见的。

天线可用于检测诸如广播电台和电视台发送的无线电波。每一台通有变化电流的用电器实际上都是一个电磁波的辐射源，它们会干扰无线电波的接收。另一方面，某些材料能阻止或屏蔽无线电波。本实验中，你将研究各种材料对无线电波的屏蔽效应。

问题

哪些材料能屏蔽电磁波？

目标

- 用各种材料进行**实验**，看看它们是否能屏蔽电磁波。
- **观察和推断**何种类型的材料能屏蔽无线电波。
- **收集和整理**数据，了解各种不同的屏蔽方法。

实验步骤

1. 用铝箔制作一只盒子，它的一面能够开启。
2. 用金属网围成一个长方体，它的前后方开口。用订书机将合拢的一条侧边固定。长方体的大小要足以可将收音机放入其中。然后剪两块金属网，固定在长方体的前后两面上，其中一面的金属网要能够开启和关闭。

数据表

波段	频率(Hz)	屏蔽方法	观察结果	波段	频率(Hz)	屏蔽方法	观察结果
AM		人体手臂		FM		人体手臂	
AM		卡片盒		FM		卡片盒	
AM		用铝箔覆盖的卡片盒		FM		用铝箔覆盖的卡片盒	
AM		金属网		FM		金属网	
AM		金属盒		FM		金属盒	
AM		静电屏蔽袋		FM		静电屏蔽袋	

3. 将收音机调谐在某一信号比较强的AM电台，记下这个电台的频率。这个频率可以通过收音机的屏幕指示得到；在你听广播的过程中，播音员也会时不时播报出电台的频率来。
4. 把收音机放在你的身前，用你的手臂围住它。除了喇叭被盖住时音量变小的因素，此时电磁波的信号接收受到了怎样的影响？记下你的观察结果。
5. 将收音机放入卡片盒中，盖好盖子，观察收音机的接收情况，记下你的观察结果。
6. 分别用铝箔、金属网、金属板做的盒子以及静电屏蔽袋，重复步骤5。
7. 将收音机调谐在一个FM电台，重复步骤4～6。

分析

1. 哪些材料能有效地屏蔽无线电波？

2. 已知每个电台无线电波的频率，计算它们的波长。计算时可利用公式$c=f\lambda$，其中$c=3.00\times10^{8}$ m/s。

3. 你在实验中调谐接收的无线电波的波长与屏蔽盒的小孔或缝隙的线度相比如何？

4. 哪些材料常用于有效地屏蔽无线电信号?

结论与应用

1. 对于被屏蔽材料阻挡而无法传到收音机的无线电波中的电场和磁场的情况作出说明。

2. 为什么当用你的双臂围住收音机时,无线电波不能有效地被屏蔽?

3. 海水会吸收电磁波,使它们只能透入海水表面以下大约一个波长的深度,所以要用超低频(40~80 Hz)无线电波来探测潜在水下的潜水艇。那么,为什么用于潜水艇通信的高功率无线电发射基地可以位于远离海洋的区域?(提示:如果使用半波长天线进行探测,试估计它的长度。)

进一步探索

微波炉金属屏蔽门上的小孔的线度与2.4 GHz微波的波长相比如何?

手 机

我们的周围有一个看不见的网络。通过这个网络，你就可以用手机与世界上的其他人联系。

发送和接收 手机既是一个微波信号的发射器，又是一个微波信号的接收器。它能同时发送和接收消息，并能快速地切换频道，以避免相互干扰。

我们都有联系 电信公司将一个城市分成若干区，在每个区中建立一个转播基站，形成一个转播网络，以便使手机信号能覆盖整个地区，还能覆盖固定电话网络。当你打开手机时，你的手机就会收到附近的基站发来的接通信号，此时你就可以通过该基站拨打或接听电话，以及发送或接收短信、图像等信息。当你从一个地方转移到另一个地方时，手机的信号会自动通过附近的基站进行发送和接收。

① **基站** 城区和郊区的基站间距不等，城区大约是 1 000 m，而郊区是 8 000 m。

② **从一地到另一地** 当你从一个地方转移到另一个地方时，你的电话就会“立即”从一个基站转换到另一个基站。

③ **通信** 手机基站彼此之间、每个基站与中央交换终端之间，以及与固定电话网络之间，都可相互通信。

进一步探索 >>>

研究 手机和其他无线设备被禁止在飞机上和医院里使用。研究一下，为什么有这样的规定？在这些地方使用手机有什么危险？

复习指南

大概念 电磁波是由加速运动的电子产生的互相交替变化的电场和磁场。

关键术语
- 同位素
- 质谱仪

第1节 作用在带电粒子上的电磁力

主要概念 通过运动的带电粒子在电场和磁场中的偏转情况，来找出这些粒子的特性。

- 利用阴极射线管中的电子束在电场和磁场中的偏转，汤姆孙测量了电子的荷质比；随后，密立根测量了电子的电荷量；由此可求得电子的质量。
- 电子或正离子的荷质比可通过下列步骤求得：首先利用相互垂直的电场和磁场确定离子的速度；其次，根据粒子在磁场中的偏转情况测量出它的半径。
- 质谱仪利用电场和磁场分离电离了的原子和分子，并测量了它们的质量。其中，电场使离子产生确定的动能，而它们在磁场中做圆周运动的路径则取决于离子的质量和电荷。

关键术语
- 电磁波
- 电磁波谱
- 电磁辐射
- 发射器
- 天线
- 电介质
- 载波
- 压电效应
- 接收器

第2节 空间中的电磁场

主要概念 电磁波是互相交替变化的电场和磁场，它在空间中传播，并能与物质发生相互作用。

- 电磁波中的电场和磁场振动的方向彼此相互垂直，并均与波的速度方向相垂直。

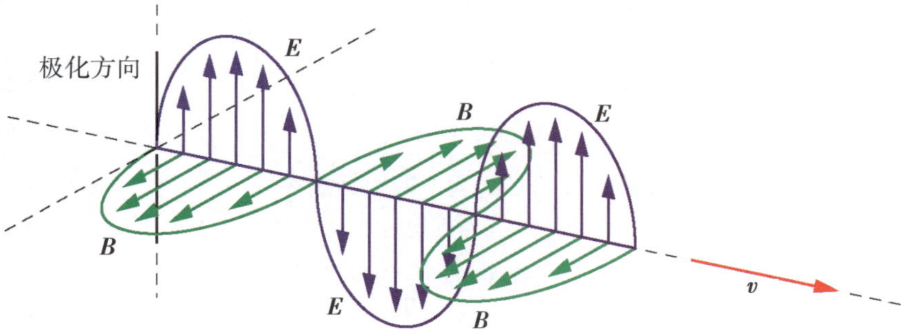

- 波长等于波传播的速度除以频率。对于真空中的电磁波来说，其速度v等于光速c。在介质中，电磁波的速度等于c除以介质的相对介电常数k的平方根。
- 如果电磁波的振幅或频率随数据、声音，或图像等信号而变化的话，它就能搭载着这些信息进行传播。电磁波也可按数字信息加以编码。
- 当天线的长度等于被测电磁波波长的$\frac{1}{2}$或$\frac{1}{4}$时，其灵敏度和效率最高。

第1节 作用在带电粒子上的电磁力

理解概念

31. 电子的质量和电荷量分别是多少？
32. 同位素是什么？
33. 电子要怎样才能产生电磁波？
34. 如果要你确定犯罪现场泥土样品的成分，你如何利用质谱仪来做？

解决问题

35. 电子以3.6×10^6 m/s的速度通过一个电场强度为5.8×10^5 V/m的电场。要使电子不发生偏转，必须同时加上一个磁感应强度为多大的磁场？
36. 一个质子在磁感应强度为0.036 T的磁场中做半径为0.20 m的圆周运动，如**图26-15**所示。它的速度为多大？

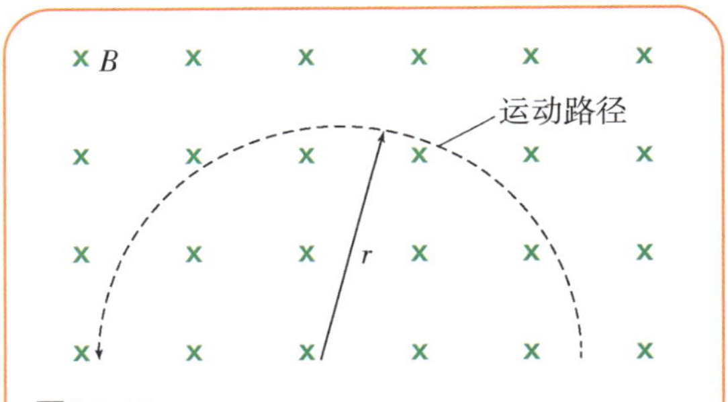

图26-15

37. 二价电离钠原子束的质谱仪实验中的数据如下：$B=8.0\times10^{-2}$ T，$q=2\times1.602\times10^{-19}$ C，$r=0.077$ m，$U=156$ V。试计算钠原子的质量。
38. α粒子的质量约为6.6×10^{-27} kg，带有两个正元电荷，它在磁感应强度为0.20 T的磁场中做半径为0.090 m的圆周运动。
    a. α粒子的速度多大？
    b. 该粒子的动能多大？
    c. 加速电压为多大时才能使该粒子获得如此大的动能？
39. **编写问题** 编写一道包含如下物理量的问题：$q=1.602\times10^{-19}$ C，$m=12\times1.67\times10^{-27}$ kg，$U=515$ V，$B=75$ mT。
40. **排序** 对于如下进入磁场的粒子，按照它们做圆周运动的半径从小到大进行排序，并说明理由。
    A. 质子以4.0×10^3 m/s的速度进入磁感应强度为0.12 T的磁场
    B. 质子以8.0×10^4 m/s的速度进入磁感应强度为0.12 T的磁场
    C. 质子以4.0×10^3 m/s的速度进入磁感应强度为0.24 T的磁场
    D. 电子以4.0×10^3 m/s的速度进入磁感应强度为0.12 T的磁场
    E. 电子以8.0×10^4 m/s的速度进入磁感应强度为0.24 T的磁场
41. 在质谱仪中，硅离子的轨道半径如**图26-16**所示。如果半径较小的轨道对应于28个质子质量的硅的一种同位素，那么另一个硅同位素的质量为多大？

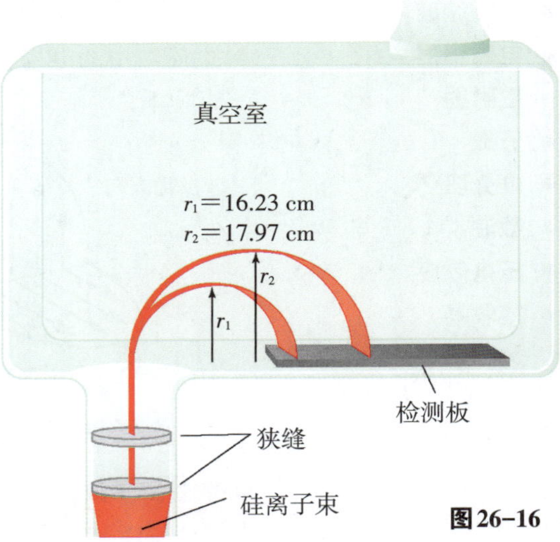

图26-16

42. 一个电子经电压为4.5 kV的电场加速后进入一个磁场区，做半径为5.0 cm的圆周运动。该磁场的磁感应强度为多大？

第2节 空间中的电磁场

理解概念

43. **大概念** 说明天线是怎样用来发射和接收无线电波的。

44. 为什么要用振荡电路才能产生电磁波？用电池或者直流发电机能产生电磁波吗？

45. 一根竖直天线正在发射无线电波。作出天线及其所产生的电场和磁场的示意图。

46. 当一块石英晶体两端加上电压时，将发生什么情况？

解决问题

47. **碟形天线** 如果抛物面天线反射的无线电波的波长为2.0 cm，那么探测该无线电波的天线应多长？

48. **条形码扫描** 扫描条形码设备的激光的波长大约为650 nm，求这种激光的频率。

49. **无线电短波** 接收天线长4.8 m，该天线最有效接收信号的频率为多少？

50. 为了接收101.3 MHz的无线电波，最好选用多长的天线？

51. 频率为100 MHz的电磁波通过介电常数为2.30的同轴电缆传播，波的传播速度为多大？

52. **手机** 如果手机信号的载波频率为8.00×10^8 Hz，接收这种信号的手机天线最好应设计为多长？注意，用于手机的单端天线的长度为它所接收或发送的电磁波波长的$\frac{1}{4}\lambda$时，效果最好。

应用概念

53. **编写问题** 用生活中的物体编写一道物理题，在它的解答中会出现下列表达式：

$$q\times0.065\ \text{T}=\frac{m\times2.8\times10^5\ \text{m/s}}{0.045\ \text{m}}$$

54. 汤姆孙管中的电子从左向右运动，如**图26-17**所示。为了使电子束向上偏转，偏转板的哪个极板应带正电？

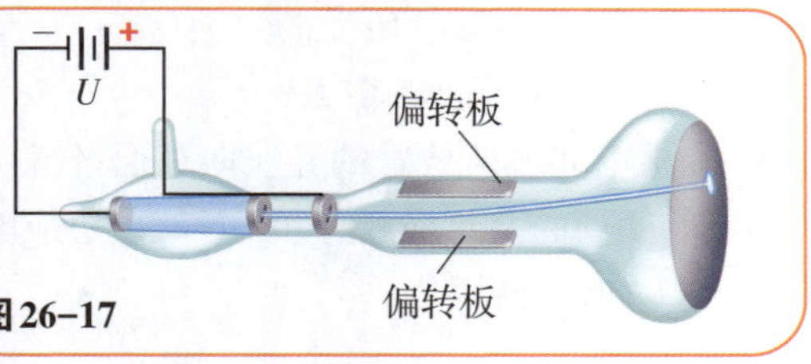

图26-17

55. 证明$\frac{E}{B}$的单位与速度的单位相同。

56. 如**图26-18**所示为质谱仪的真空室。如果它测量的是氖离子样品，那么若要使离子的运动路径为沿顺时针方向弯成半圆，偏转磁场应取怎样的方向？

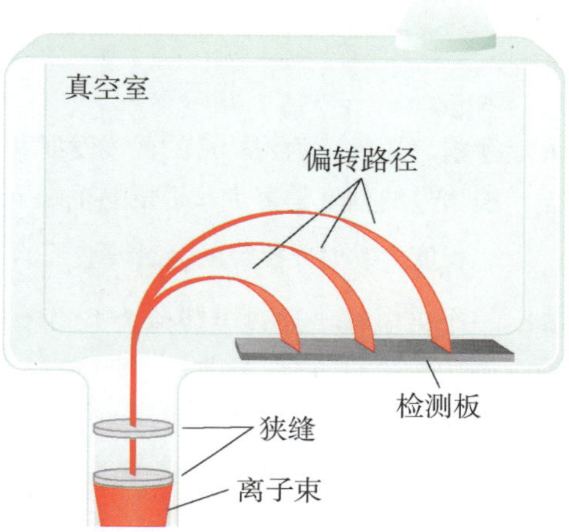

图26-18

57. 如果上题中粒子的电荷由正变为负，那么，该质谱仪中的电场和磁场的方向都要改变，还是只改变一个即可？请作出说明。

58. 对于无线电波、可见光、X射线，下列哪个物理量的值最大？
 a. 波长
 b. 频率
 c. 速度

59. 你正在读一部与外星人有关的小说。外星人的眼睛可感受微波，那么你认为他们的眼睛与你的相比，会较大一些还是较小一些？为什么？

60. **手机** 手机使用频率为2.45 GHz的无线耳机接收1.575 GHz的GPS信号，而接入手机的频率是0.90 GHz、1.90 GHz和2.05 GHz。对于这些频率所需天线的长度从短到长进行排序。

61. **补充问题** 把问题补充完整，以便可以用电场和磁场来求解：“一个质子以大小为3.7×10^6 m/s，方向向东的速度……”

复习提高

62. 收音机 一个调频广播电台的频率为94.5 MHz。需用如**图26-19**所示的天线。天线的长度L为多少时，接收该台节目的效果最好？

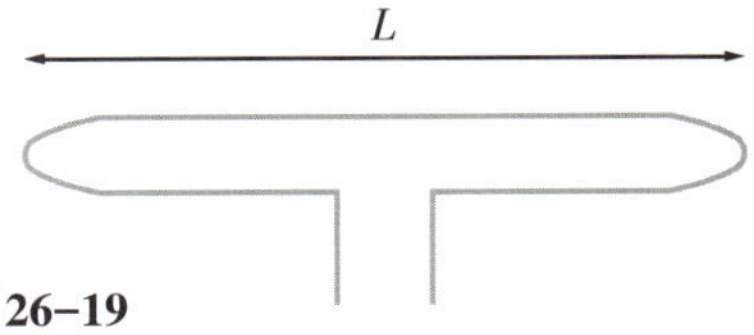

图26-19

63. 手机 用长度为8.3 cm的天线发射和接收手机信号的频率是多少？手机的单端天线的理想长度为发射或接收的电磁波波长的$\frac{1}{4}$。

64. 一个带电粒子通过电势差为1.50×10^2 V的电场加速后，垂直地进入一个磁感应强度为50.0 mT的磁场，做半径为9.80 cm的圆周运动。该粒子的荷质比是多少？

批判性思维

65. 应用概念 许多地方使用雷达测速仪监测汽车的违章超速情况。雷达测速仪是一种利用高频电磁信号测量运动物体速率的器件。测速仪发射的已知频率的信号被运动物体反射回接收系统中。由于物体相对于测速仪运动，返回信号的频率与原来发出信号的频率并不相同。这个现象称为多普勒效应。当物体向着测速仪运动时，返回信号的频率大于原来所发出的信号的频率。如果原来发出信号的频率为10.525 GHz，而返回信号的频率移动了1 850 Hz，那么目标物体的运动速率为多大？如果原来发出信号的频率为f，而返回信号频率的多普勒位移为Δf，目标物体的运动速率v可用下式计算：

$$v=\frac{c\Delta f}{2f}$$

其中，c为光速。

66. 应用概念 威尔士撰写的一部名为《隐形人》的科幻小说中，一位男士喝了一种药水后就可以隐身，别人看不到他，但他却仍然保留了正常人的其他功能。试说明为什么隐形人是不可能看见物体的。

67. 设计实验 请你根据本章介绍的原理设计一台质谱仪，但要用电子探测器取代感光板，将质量为175个质子质量的单价电离分子从176个质子质量的分子中区分开来。电子探测器上相邻的光电元件相距为0.10 mm，分子的加速电压最小为500.0 V。在你的这台质谱仪中，U、B、r分别应取怎样的值？

科技写作

68. 手提式质谱仪在机场中用于检测爆炸物。研究一下这类设备使用情况，简单说明这种仪器所应用的原理与本章中所说的有什么不同。

日积月累

69. 氦—氖激光器($\lambda=633$ nm)用来照亮一条未知宽度的狭缝，在0.95 m远处的一块屏上形成干涉图样。如果干涉图样中的第一级暗条纹与中央亮条纹中线的距离为8.5 mm，狭缝的宽度是多少？

70. 两个完全相同的带电金属球之间的相互作用力为F，如**图26-20**所示。现在如果使两球接触，然后再分开回到各自的原来位置，此时它们之间的作用力为多大？

图26-20

71. 两块间隔1.2 cm、电势差为45 V的平行金属板之间的电场强度为多大？

72. 假定一台空气压缩机每天工作6 h，它的电压是245 V，电流是12.0 A，每千瓦时的电费是9.50美分。试计算这台压缩机每天所需的电费。

73. 与磁场方向相垂直的一根长440 cm、电流为7.7 A的载流导线所受的力为0.55 N。该磁场的磁感应强度为多大？

74. 一根南北方向放置的导线向东通过磁场运动，磁场的方向垂直向下。导线中感应电流的方向怎样？

选择题

1. 对于在圆轨道上运动的带电粒子，下列说法正确的是(　　)

A. 磁场力与速度方向平行，且指向圆心

B. 磁场力与速度方向垂直，且背离圆心

C. 磁场力与速度方向平行，且背离圆心

D. 磁场力与速度方向垂直，且指向圆心

2. 在磁感应强度为0.10 T的匀强磁场中，质子的圆轨道半径是6.6 cm。该质子的速度为(　　)

A. 6.3×10^{5} m/s　　**B.** 2.0×10^{6} m/s

C. 6.3×10^{7} m/s　　**D.** 2.0×10^{12} m/s

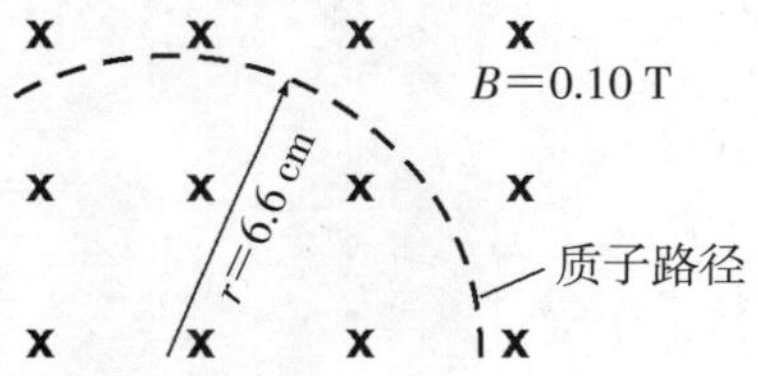

3. 云母的介电常数为5.4，光在这种材料中传播的速度大小为(　　)

A. 3.2×10^{3} m/s

B. 9.4×10^{4} m/s

C. 5.6×10^{7} m/s

D. 1.3×10^{8} m/s

4. 某无线电台发送的电磁波的波长为2.87 m。这种电磁波的频率是(　　)

A. 9.57×10^{-9} Hz

B. 3.48×10^{-1} Hz

C. 1.04×10^{8} Hz

D. 3.00×10^{8} Hz

5. 下列情况中，不可能产生电磁波的是(　　)

A. 恒定电压施加在压电石英晶体上

B. 交流电通过密封在塑料管子内的导线

C. 谐振腔交流电压施加在线圈—电容器电路

D. X射线管中高能电子打在金属板上

6. 一个质子在垂直于磁感应强度为0.45 T的匀强磁场的平面中运动，质子的圆轨道半径为0.52 m，质量为1.67×10^{-27} kg。该质子的速率为(　　)

A. 1.2 m/s

B. 4.7×10^{3} m/s

C. 2.2×10^{7} m/s

D. 5.8×10^{8} m/s

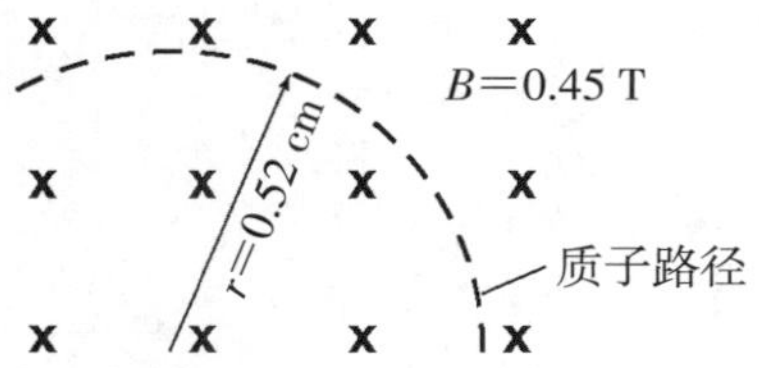

拓展题

7. 氘核的质量为3.34×10^{-27} kg，电荷量为$+e$。它以2.88×10^{5} m/s的速度在磁感应强度为0.150 T的磁场中运动。它做圆周运动的半径为多少？

考点提示

测试题号	1	2	3	4	5	6	7
对应小节	1	1	2	2	2	1	1

第27章 量子理论

大概念 波可以表现得像粒子一样，而粒子也可以表现得像波一样。

内容提要

起步实验

白炽灯泡的发光光谱

是什么影响了一个物体发出的电磁辐射？

第1节 波的粒子模型

物理在你身边 如果你在爬楼梯，你可以站在第1级，或第2级，或第3级，但你不能站在第1.381级或第3.5级。类似地，能量以能量包的形式出现，那么能量只能是最小能量的整数倍。

主要概念

光可以表现为没有质量的粒子，即称为光子。

核心问题

- 物体发出的电磁波谱特征是什么？
- 什么是光电效应？
- 什么是康普顿效应？

术语回顾

电磁波 在空间和介质中传播的互相交替变化的电场和磁场

关键术语

发射光谱

量子化

光电效应

截止频率

光子

逸出功

康普顿效应

一个基于能量包的新模型

赫兹(H. hertz)通过实验牢固地确定了电磁波的真实存在，从而有力地支持了麦克斯韦的电磁波理论。麦克斯韦理论之所以获得巨大成功，是因为它利用电磁波一致地解释了许多光学现象，包括干涉、衍射和偏振。

尽管取得了这些成就，但麦克斯韦把光作为纯粹电磁波的理论，还不能解释某些重要现象。其中一个现象就是，物体发射的电磁波谱。基于电磁波理论计算得出，不论温度如何，任何物体以电磁波形式所发出的能量总量将是无限大。另外还发现，在紫外光照射下带电粒子会从金属表面逃逸，这在光的电磁波理论看来是不可思议的。然而，一旦当我们把电磁波理解为具有粒子一样的属性时，这两种现象就能得到很好的解释。

物体的电磁辐射 如**图27–1**所示的灯泡是连接到由不同电压所控制的调光器上。随着电压的增大，灯泡的发光灯丝温度就增加，导致灯丝颜色从深红色变为橙色，再到黄色，最后变为白色。颜色改变的原因，是由于温度越高的灯丝所发出的辐射频率越高。可见光谱高频端带有蓝色和紫色，其中还混合着红色和橙色，由此灯丝显示出白色。

图27–1 灯泡发光的颜色取决于灯丝的温度。

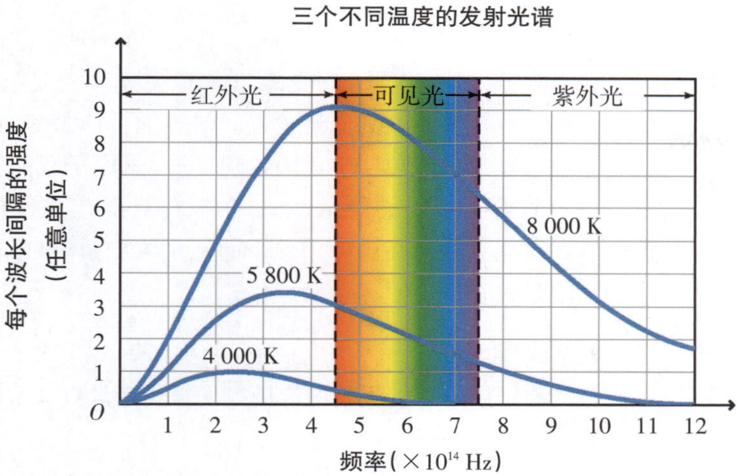

图 27–2 物体发射光谱的最大值对应的频率取决于物体的温度，随着物体温度的升高，频率也增加了。

正如电磁波理论所预言的，每个灯泡灯丝内其振动的带电粒子会发出光和红外辐射。尽管所有的物体，从极冷到极热的物体，都会发射一定频率范围的电磁波。由于灯丝很热，因此它发出的明亮的光是在可见光范围内(这叫作白炽化，因此就把这样的灯泡叫作白炽灯)。你所见到的颜色取决于所发出的各种频率电磁波的相对强度，以及你的眼睛对于这些波的敏感程度。

发射光谱 假如你通过一个衍射光栅观察发光的灯丝，你觉得你看到的会是什么呢？当以这种方式来观察时，你将看到彩虹般的所有颜色。**图27–2**显示了可见光的颜色，这种颜色对应的频率约为6×10^{14} Hz。事实上，你除了能看到彩虹般的所有颜色外，灯泡还发射了你看不到的红外线辐射。物体自身发光时所发出的光的光谱叫作**发射光谱(emission spectrum)**。在温度分别为4 000 K、5 800 K及8 000 K时，炽热物体的发射光谱如**图27–2**所示。注意，在每个温度上，都存在一个辐射能量达到最大值的频率。若比较一下每条曲线最大值的位置，你会发现，当温度升高时，辐射能量最大值所对应的频率也相应提高了。

▶ **与天文学的联系** 热物体辐射的总功率会随着温度的升高而增大。而电磁波的功率(每秒辐射的能量)与热物体的开尔文温度的4次方成正比(T^4)。因此，较热物体比较冷物体的辐射功率要大许多。辐射出巨大功率的一个最常见的例子就是太阳。太阳是一个致密的气体球，其内部的热量使它处于炽热的状态。太阳的表面温度为5 800 K，而它的辐射功率达到了4×10^{26} W。这是一个非常巨大的数字。平均来说，太阳的辐射使得地球表面每平方米接收到的能量约为1 000 J/s(即1 000 W)，这足以让10个100 W的电灯长明不熄。

迷你实验

黑暗中的发光实验*

不同波长的光如何影响荧光物质?

☑ **阅读检测** 若物体的开尔文温度增加一倍，**预测**该物体的辐射功率将如何变化。

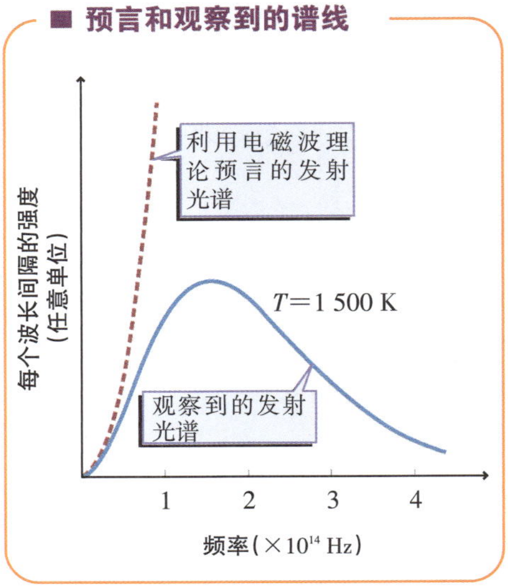

图27-3 红色虚线表示利用电磁波理论预言的发射光谱。该理论预言任何物体都将会辐射出无穷大的能量，而这并不符合实际观察到的发射光谱，如图中蓝色图线所示。

明确图线上的某个区域，对于观察到的发射光谱来说，电磁波理论还是一个好的模型。

迷你实验

模拟量子模型

如何确定一个较大样本的最小单位？

解释发射光谱 在1887～1900年间，许多物理学家试图利用电磁波理论预测发射光谱，但都以失败告终。**图27-3**显示了预言和观察到的谱线之间的差别。1900年，德国物理学家普朗克（M. Planck）发现，若一个原子只能发射或吸收特定数量的能量，那么他就能计算出正确的频谱。普朗克假设在固体中原子的能量改变量，与振动频率的整数倍成正比。

振动能量

振动原子所发射或吸收的能量等于普朗克常量与振动频率乘积的整数倍。

$$E=nhf$$

在上述公式中，f是原子的振动频率；h是一个常量，叫作普朗克常量，其值为6.626×10^{-34} J/Hz，n是一个整数，诸如0，1，2，3，…。

$n=0$：$E=(0)hf=0$

$n=1$：$E=(1)hf=hf$

$n=2$：$E=(2)hf=2hf$

因此，能量E可能具有hf、$2hf$、$3hf$等值，而绝不会有诸如$\frac{2}{3}hf$或$\frac{3}{4}hf$等值。可以这么说，能量是**量子化（quantized）**的。量子化的能量只能是一份一份的特定值。普朗克常量h在计算时的常用值取为6.63×10^{-34} J/Hz。

振动的改变量 电磁波理论允许原子会一直连续地发出辐射。相反，普朗克提出原子仅在特定时刻发出辐射，即当原子的振动能量发生改变时才会发生。例如，若一个原子的能量从$3hf$变为$2hf$，根据波的理论，原子仅在此时，即在能量改变的时候发出辐射，而辐射的能量就等于原子能量的改变量，在本例中即为hf。同样，如果原子吸收了能量hf，那么它的能量就可以从$2hf$改变为$3hf$。

普朗克发现常量h的值极为微小，这意味着能量改变的增量是非常微小的，所以在常见物体的运动中，你不会注意到这些变化。然而，量子化能量的引入，对物理学家而言，是一个非常大的麻烦，这也包括对普朗克本人。因为这个理论首次提示，牛顿和麦克斯韦的经典物理学可能仅在一定的条件下才是适用的。但是，普朗克的这一令人烦恼的理论，对于开发太阳能电池，以及在现代电子学和计算机等的发展道路上，却是关键的第一步。

光电效应

摆在20世纪初物理学家面前的另一个挑战，就是电磁波理论无法解释一个实验结果。当紫外线照射到一块带有负电的锌板时，锌板就会放电，即一连串的电子从板上逸出。即使是一束强度很低的紫外光也可产生以上的放电效应，而当可见光照射到同样带电的锌板上时，甚至当可见光具有较高强度时，锌板都不放电。

这一结果与电磁波理论的结果正好相反。电磁波理论预测当任何频率的电磁波照射到锌板上时，锌板应会发射电子。频率较高的紫外辐射和频率较低的可见光，都是电磁辐射的一种形式，为什么一种辐射能使锌板放电，而另一种就不能呢？电磁辐射照射到物体上并使其发射电子的现象叫作**光电效应(photoelectric effect)**。

光电管 可以用如**图27-4**所示的光电管来研究光电效应。光电管包括密封在真空管中的两个金属电极。抽去管中的空气，可以防止金属电极表面不被氧化，并使得放出的电子不受空气分子影响而减慢速度或停止运动。两个电极中，较大的那个是阴极，通常阴极上涂有一层铯或其他碱金属；较小的是阳极，它由很细的金属丝制成，只能阻挡少量的辐射。紫外线能顺利地通过真空管。在两电极间加有电压，保证电子可以从阴极到阳极。

在没有光照到带有负电的阴极上时，电路中不存在电流。然而，当某些频率的光照到阴极上时，形成了电流，该电流可用电流表来测量，如**图27-4**所示。这个电流之所以会产生，是因为电子从阴极逃逸后，在电势能的作用下移动到了带有正电的阳极，这种光电子流形成了电路中的电流。

物理实验

模拟光电效应

你如何能用钢球去模拟光电效应呢？

图27-4 只有辐射到阴极的能量足够大时，光电管中才有电流。

比较紫外线的波长与可见光的波长。从中告诉你关于两类辐射的相应的能量是多少？

■ **光电管**

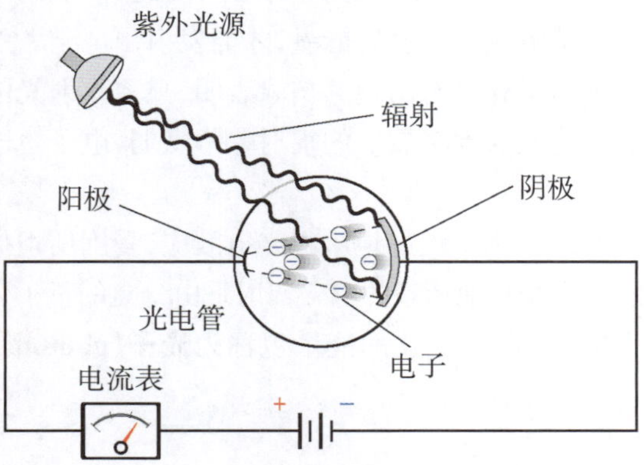

用紫外线照射的光电管演示光电效应。

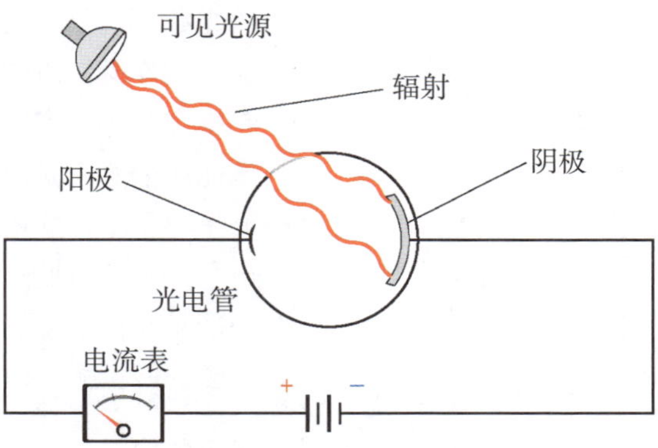

同样的光电管，用可见光照射不能显示光电效应。

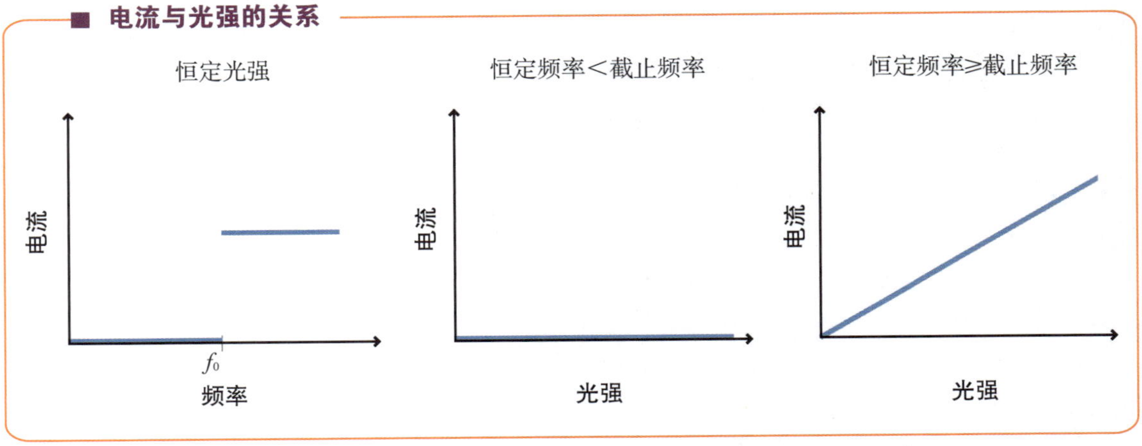

图 27-5 光电子的发射取决于入射光的频率，必须大于截止频率才能产生光电子。

截止频率 并不是所有的辐射照射到光电管上时都能产生电流。只有当入射光频率大于某个最小值时，电子才会从阴极射出，这一最低频率叫作**截止频率（threshold frequency）**，用f_0表示。如**图 27-5** 中的左边图线所示，只有达到截止频率时才有电流。对于不同的金属，截止频率的差异很大。例如，除红光外的所有可见波段的光都能使金属铯发射电子；而所有可见光又都不能使锌发射电子，只有较高频率的紫外光才能使锌发生光电效应。

如**图 27-5** 中间的图线所示，不论光的强度有多大，如果辐射频率低于f_0，阴极就不会发射电子。相反，如右边的图线所示，即使辐射的强度非常小，但只要辐射频率等于或高于f_0，就能从阴极直接发射出电子。当辐射频率，也就是入射光的频率，等于或大于截止频率时，增大辐射强度，那么通过光电管的电流就会增大。

根据电磁波理论，光波中的电场加速并使得金属发射电子，而电场的强弱取决于辐射的强度（与辐射的频率无关）。因此，对于暗淡的光源，金属只有长时间地吸收足够多的能量，才能发射出电子。然而正如你所知道的，这种情况并没有出现。实验表明，只要入射光的频率在截止频率之上，即使照射到金属上的辐射非常微弱，电子也即刻能从金属表面挣脱出来。

光子与量子化能量 1905年，为了更好地解释光电效应，爱因斯坦提出了一个革命性的理论：光和其他形态的电磁辐射是由分立的量子化的能量包组成的。后人将这种量子化的能量包称为**光子（photon）**。光子的能量大小由它的频率决定：

光子的能量

光子的能量等于普朗克常量与光子频率的乘积。

$$E=hf$$

生活中的物理学

太阳能电池板 光电效应是太阳能电池板技术的基础。太阳能电池板是由半导体材料制成的太阳能电池网格所组成。来自太阳具有频率高于截止频率的光子可以使电子从半导体材料的原子中挣脱出来，从而形成了在太阳能电池板中的电流。

电子伏特 在以上公式中，f是频率，单位为Hz；h是普朗克常量。由于$\frac{1}{\text{Hz}}=1/\text{s}$或$\text{s}^{-1}$，所以普朗克常量的单位为J/Hz，它也等于J·s。对原子尺度的系统来说，J是一个非常大的能量单位，所以物理学家一般使用另外一个更为方便的能量单位——电子伏特(eV)——来量度电子的能量。1 eV等于1个电子在1 V的电压下加速所获得的能量。

$$1\ \text{eV}=1.602\times10^{-19}\ \text{C}\times1\ \text{V}$$
$$=1.602\times10^{-19}\ \text{C·V}$$
$$=1.602\times10^{-19}\ \text{J}$$

利用电子伏特的定义，可以把光子的能量公式改写为更加简化的形式，表示如下：

光子的能量

光子的能量等于1 240 eV·nm除以光子的波长。

$$E=\frac{hc}{\lambda}=\frac{1\ 240\ \text{eV·nm}}{\lambda}$$

物理实验

LED的电压降与其发光颜色的关系*

如何利用电压去影响LED发出光的波长？

解题 策略

hc的单位及光子的能量

把hc的单位转换成eV·nm，这样导出的一个简明公式，可用于解答包含光子波长的问题。

1. 频率为f的光子的能量公式为

$$E=hf。$$

2. 由于$f=\frac{c}{\lambda}$，其中c是真空中的光速。以上公式可写为

$$E=\frac{hc}{\lambda}。$$

3. 如果hc的值以eV·nm为单位，而除数λ用nm作单位，那么在应用公式$E=\frac{hc}{\lambda}$时，你就得用eV作单位的能量。不难发现用eV·nm表示hc值的简便之处。

4. hc转换为eV·nm单位的步骤如下：

$$hc=6.626\times10^{-34}\ \text{J/Hz}\times2.998\times10^{8}\ \text{m/s}\ \frac{1\ \text{eV}}{1.602\times10^{-19}\ \text{J}}\times\frac{10^{9}\ \text{nm}}{1\ \text{m}}$$
$$=1\ 240\ \text{eV·nm}$$

5. 把$hc=1\ 240$ eV·nm代入光子的能量公式，公式就转化为如下形式。其中，λ以nm为单位，而E的单位为eV：

$$E=\frac{hc}{\lambda}=\frac{1\ 240\ \text{eV·nm}}{\lambda}$$

6. 当要求以eV作为能量单位时，你可以用以上公式求解有关光子能量的问题。

练一练

利用公式$E=1\ 240\ \mathrm{eV\cdot nm}/\lambda$求解以下问题。

1. 若光子的波长是515 nm，该光子的能量是多少？

2. 光子的能量是2.03 eV，该光子的波长是多少？

3. 把下面的光子按能量从小到大进行排序。

A. 4.0 eV　　**B.** 320 nm

C. 811 nm　　**D.** 2.1 eV

4. 挑战题　如**图27-6**所示的可见光光谱，试问光谱中光子的能量范围是多少？

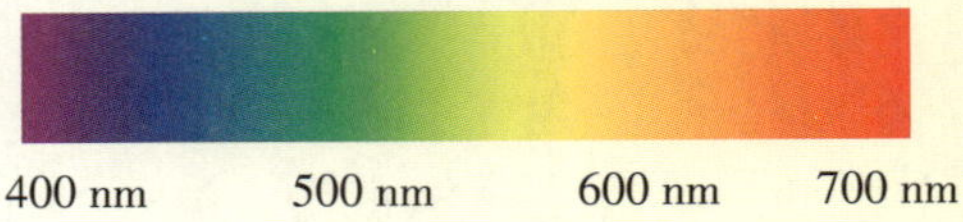

图27-6

普朗克与爱因斯坦

爱因斯坦的光子理论比普朗克的炽热物体的辐射理论又前进了一大步。这一点十分重要，值得引起你的注意。尽管当时普朗克已经提出振动原子发出的电磁辐射的能量等于nhf，但他并没有建议将光及其他电磁辐射当作粒子来处理。爱因斯坦的光子理论对普朗克的炽热物体的辐射理论进行了重新诠释及进一步的扩展。

应用爱因斯坦的光电效应理论，就能够解释截止频率的存在。要使电子从金属中逸出，光子的频率最小为f_0，其能量为hf_0。如果光子的频率低于f_0，那么光子就不具备足以使电子逸出的能量。因为一个光子只与一个电子相互作用，所以电子不可能把低于阈值能量的光子积累起来，直至它们具有足以使其逸出的能量。另一方面，频率大于f_0的光子具有的能量大于使电子逸出的能量。事实上，多出的能量$hf-hf_0$成了逸出电子的动能。

由光电效应发射的电子的动能

发射的电子的动能为入射光子的能量hf与使电子脱离金属束缚所需的能量hf_0之差。

$$E_k=hf-hf_0$$

值得注意的是，hf_0是原子中结合得最为松散的电子脱离原子所需的最小能量。由于原子中的所有电子具有的能量并不相同，为了脱离原子，有些电子需要比这个最小能量更大的能量，这使得发射的电子的动能也各不相同。因此，应当注意，“发射的电子的动能”指的是一个电子可能具有的最大动能，而有一些发射出来的电子具有的动能可能比这个值要小一些。

☑ **阅读检测**　**解释**由光电效应发射出的电子的动能可以小于阈值能量。

光子理论的检验　检验光电效应的一种方法是测量电子的动能，然后与理论的预测进行比较。如**图27-7**所示的装置，可以间接测出电子的动能。在这个装置中，光电管内部的电压是可调节的，当电压调节到使阴极变负时，出射电子受到一个阻止它们运动的力，这力就是阴极与阳极之间的电场力。因此，电子在接近阳极的过程中，它的动能一直在减少，只有从阴极射出的电子仅当具有足够的动能时才能到达阳极。

随着反向电压的逐步增大，电子到达阳极所需的动能越来越大，因此只有越来越少的电子才能到达阳极形成回路。在到达某一确定电压（称为遏止电压）后，再也没有电子具有足够的动能到达阳极。

在到达遏止电压时，在阴极处的电子的动能等于电场阻止它们逃逸所做的功。用公式表示为

$$E_k = -eU_0$$

在这个公式中，U_0为遏止电压，单位是伏特（J/C）；e是电子的电荷量（-1.602×10^{-19} C）。注意公式中的负号，是由于e为负值，为了保证动能为正值而定出的。在这个实验基础上，所作出电子动能的计算完全支持爱因斯坦的光子理论。

光电效应的应用　如果你曾经用过数码相机，那么你已经用过了一种利用光电效应的设备。如**图27-8**中所示的数码相机，采用了一个微小的光电探测元件的网格，这个网格由几百万个元件组成，并集中在一个几个平方厘米的模板上。在一个典型的设计中，光进入相机通过镜头并穿过一个滤光器网格，在网格上安装有光电探测器。滤光器只允许对应着特定颜色的、某些波长的光通过，并传递到每个特定的探测元件上。落到探测元件上的光子，变成光电子存储在探测器中。探测器中存储的电荷量，指示了光的亮度。然后，来自探测器的整个网格的信息，被编译后重新创建为影像。由于光电子使得在探测器上产生了电压，这个过程是光电效应的一种变异，称为光伏效应。

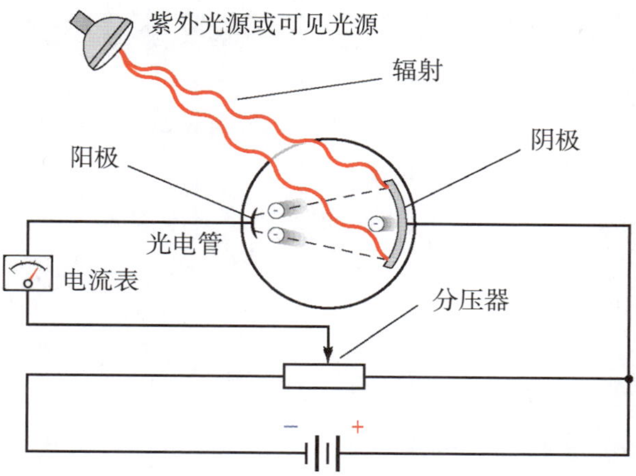

图27-7　分压器控制着光电管内部的电压，通过调节分压器，你就可以确定电流为零时的电压。在零电流这个阈值电压处，所有电子都无法到达阳极。相反，由于阴极和阳极之间的电场力的作用，电子又降落回到阴极上。

图27-8　数码相机的图像探测器依靠光电效应产生电压。

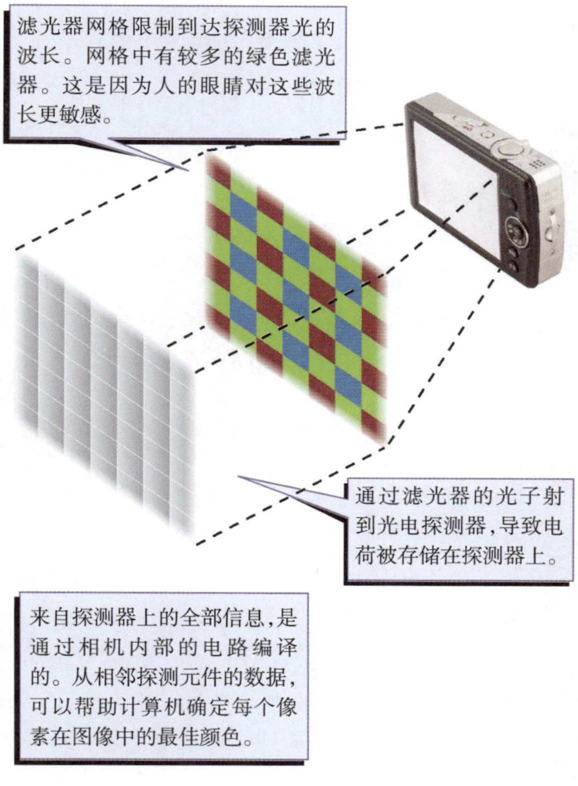

例题 1

光电子的动能　某种光电管的遏止电压为4.0 V，入射光给予电子的动能是多少？请用J和eV两种单位来表示你的答案。

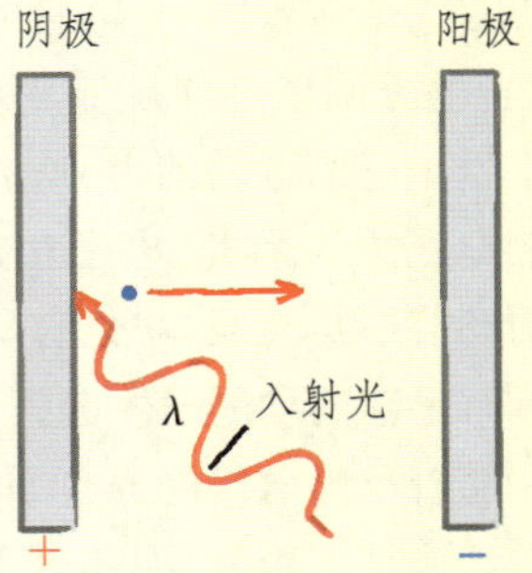

1 分析概括问题

作图表示阴极、阳极、入射光和射出电子的方向。注意遏止电压阻止电子穿越光电管的两极。

已知	未知
$U_0=4.0\ \text{V}$	E_k(用J和eV表示)=？
$e=-1.602\times10^{-19}\ \text{C}$	

2 求解未知量

电场对电子做功，因此，一个电子的末动能等于其初动能加上对电子所做的功。

$$E_{k初}+W_{电场对电子}=E_{k末}$$

$$E_{k初}+W_{电场对电子}=0\ \text{J}$$

◀所用电压是遏止电压，因此$E_{k末}=0$。

求解$E_{k初}$。

$$E_{k初}=-W_{电场对电子}$$

$$=-eU_0$$

◀利用电压的定义($U=\dfrac{W_{对电子}}{e}$)解出$W_{对电子}=eU$。

$$=-(-1.602\times10^{-19}\ \text{C})\times4.0\ \text{V}$$

◀将$e=-1.602\times10^{-19}\ \text{C}$，$U_0=4.0\ \text{V}$代入。

$$=+6.4\times10^{-19}\ \text{J}$$

把E_k的单位由J替换成eV。

$$E_k=6.4\times10^{-19}\ \text{J}\times\frac{1\ \text{eV}}{1.602\times10^{-19}\ \text{J}}$$

$$=4.0\ \text{eV}$$

3 验证答案

- **单位是否正确？** J与eV都是能量的单位。
- **符号是否有意义？** 动能总是正的。
- **数值是否合理？** 一个电子伏特是电子通过加速电压为1 V的电子的能量。电子被4 V电压加速，所以4.0 eV是合理的。

练一练

5. 已知电子的能量为2.3 eV。这个能量等于多少焦耳？
6. 上题中的电子的速度为多少？
7. 以6.2×10^6 m/s的速度运动的电子，其能量为多少电子伏特？
8. 对于遏止电压为5.7 V的光电管，请以eV为单位，计算发射光电子的最大动能。
9. 对于遏止电压为5.1 V的光电管，请以焦耳为单位，计算入射光给电子多少动能？
10. 在一光电管中发射出的最大动能是7.5×10^{-19} J，试问遏止电压是多少？
11. **挑战题**　已知防止电流通过光电管所需的遏止电压是3.2 V。请以J为单位，计算发射光电子的最大动能。

表 27-1　几种金属的截止频率、红限波长和逸出功

金属	截止频率 ($\times 10^{14}$ Hz)	红限波长 (nm)	逸出功 (eV)
铯	4.70	637	1.95
镁	8.84	339	3.66
银	11.1	270	4.6
钠	5.70	526	2.36

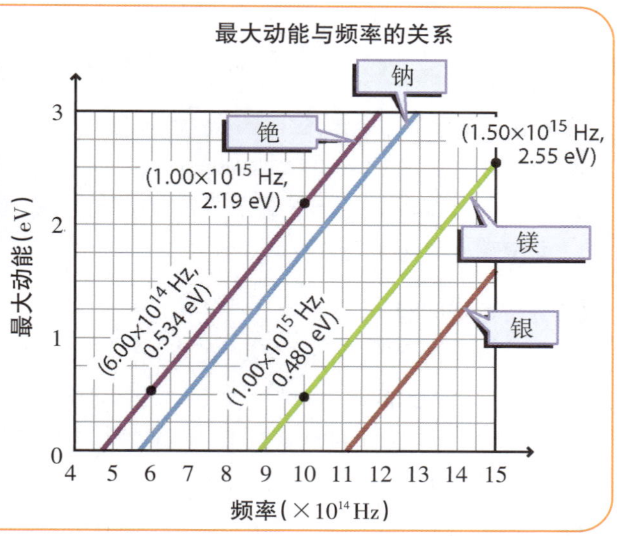

图 27-9　金属的截止频率等于直线与 x 轴的交点，直线的斜率等于普朗克常量。

测量普朗克常量 h　如**图 27-9** 所示，从金属发射出的电子的动能与入射光子的频率呈线性相关。所有金属都有着相似的图线，并具有相同的斜率。这一斜率等于直线的纵坐标增量与横坐标增量的比值，其值正好等于普朗克常量 h。

不同金属发射出的电子的动能与入射光子的频率的关系图线之间的差别，仅仅在于电子从金属逸出所需的截止频率不同。在**图 27-9** 中，截止频率 f_0 处的 $E_k=0$，f_0 位于直线与 x 轴的交点。例如，在 x 轴上的截距即截止频率，对于铯是 4.70×10^{14} Hz。带有这一频率的光子，仅仅具有能从金属中弹出一个电子的能量。这个最小能量叫作金属的**逸出功（work function）**，是金属中受束缚最弱的电子逃逸出金属所需的能量。逸出功的值等于 hf_0。当频率为 f_0 的光子照射到金属上时，光子的能量足以使电子获得释放，但不能够使它带有任何动能。

数学　与物理学的链接

直线的斜率　**图 27-9** 中的这些直线是平行的，那就意味着所有直线具有相同的斜率。以下是对铯和镁的计算。

数学	物理学	
	铯	镁
(x_1, y_1)，(x_2, y_2)	(6.00×10^{14} Hz, 0.534 eV)，(1.00×10^{15} Hz, 2.19 eV)	(1.00×10^{15} Hz, 0.480 eV)，(1.50×10^{15} Hz, 2.55 eV)
$m=\frac{y_2-y_1}{x_2-x_1}$	$m=\frac{2.19\text{ eV}-0.534\text{ eV}}{1.00\times10^{15}\text{ Hz}-6.00\times10^{14}\text{ Hz}}$	$m=\frac{2.55\text{ eV}-0.480\text{ eV}}{1.50\times10^{15}\text{ Hz}-1.00\times10^{15}\text{ Hz}}$
	$m=4.14\times10^{-15}$ eV/Hz	$m=4.14\times10^{-15}$ eV/Hz

▲ 图 27-9 中所有直线的斜率为 4.14×10^{-15} eV/Hz，当转换到 J/Hz 时，这个值就成为熟悉的普朗克常量：

$$4.14\times10^{-15}\text{ eV/Hz}\times\frac{1.602\times10^{-19}\text{ J}}{1\text{ eV}}=6.63\times10^{-34}\text{ J/Hz}$$

例题2

逸出功与能量 一个以钠作为阴极的光电管，其阴极的红限波长为526 nm。

a. 求钠的逸出功，用eV作单位。

b. 若波长为348 nm的紫外线照射到钠阴极上，那么阴极将释放出电子吗？若是，射出的电子最大的能量为多少电子伏特？

1 分析概括问题

作出示意图，标出阴极、阳极、入射光以及发射电子的方向。

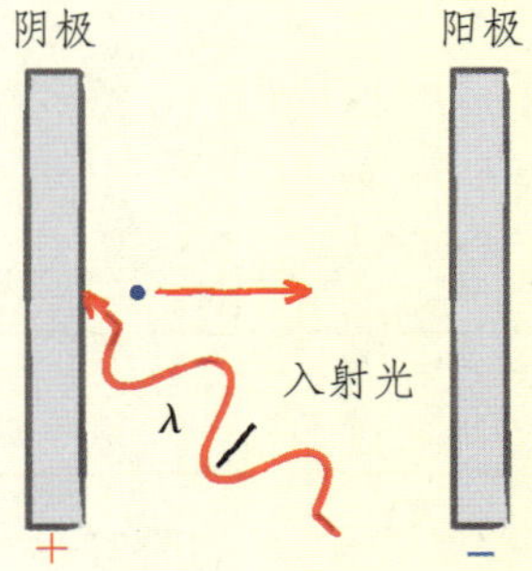

已知	未知
$\lambda_0=526\ \text{nm}$　$\lambda=348\ \text{nm}$	$W=?$　$E_k=?$
$hc=1\,240\ \text{eV·nm}$	

2 求解未知量

a. 利用普朗克常量与红限波长，求解逸出功。

$$W=hf_0=\frac{hc}{\lambda_0}$$

$$=\frac{1\,240\ \text{eV·nm}}{526\ \text{nm}}=2.36\ \text{eV}$$ ◀将 $hc=1\,240\ \text{eV·nm}$，$\lambda_0=526\ \text{nm}$ 代入。

b. 利用光子的能量与波长之间的关系，求光子的能量。

$$E=\frac{1\,240\ \text{eV·nm}}{\lambda}$$

$$=\frac{1\,240\ \text{eV·nm}}{348\ \text{nm}}=3.56\ \text{eV}$$ ◀将 $\lambda=348\ \text{nm}$ 代入。

为了计算发射电子的动能，从入射光能量中减去逸出功，

$$E_k=hf-hf_0=\frac{hc}{\lambda}-\frac{hc}{\lambda_0}$$

$$=E-W$$ ◀将 $\frac{hc}{\lambda}=E$，$\frac{hc}{\lambda_0}=W$ 代入。

$$=3.56\ \text{eV}-2.36\ \text{eV}=1.20\ \text{eV}$$ ◀将 $E=3.56\ \text{eV}$，$W=2.36\ \text{eV}$ 代入。

3 验证答案

- **单位是否正确？** 根据量纲分析，证实eV作为 E_k 的单位是正确的。
- **符号是否有意义？** E_k 总是正的。
- **数值是否合理？** **表27-1** 给出的逸出功是几个电子伏特，所以这个大小是合理的。

练一练

12. 锌的红限波长为310 nm。求锌的截止频率(Hz)及其逸出功(eV)。

13. 铯的逸出功为1.95 eV。当波长为425 nm的紫外光照射到铯上时，射出的光电子的最大动能为多少(eV)？

14. 当波长为193 nm的紫外线照射到某种金属上时，射出电子的能量为3.5 eV。该种金属的逸出功为多大？

15. 挑战题 研究人员用光照射一金属样品，发现使电子射出的光其最长波长为273 nm。利用**表27-1**确定，这最有可能的是什么金属。

康普顿效应

光电效应表明，尽管光子没有质量，但它却具有如粒子那样的动能。1916年，爱因斯坦预言光子应该还具有粒子的另一种性质——动量。他认为光子的动量为 $\frac{E}{c}$ 。又因为 $E=hf$ 及 $\frac{f}{c}=\frac{1}{\lambda}$ ，所以光子的动量可用下式表示：

光子的动量

光子的动量等于普朗克常量除以光子的波长。

$$p=\frac{hf}{c}=\frac{h}{\lambda}$$

1922年，美国物理学家康普顿（A. H. Compton）用实验验证了爱因斯坦的理论，他的实验结果进一步支持了光子的粒子模型。康普顿把已知波长的X射线对准石墨靶照射，如**图27-10**左边所示，并测量由靶散射出的X射线的波长。他发现，一些被散射的X射线的波长没有发生改变，而另一些X射线的波长却变长了，如**图27-10**右边所示。注意，图中未散射的X射线的峰值波长，是与原来入射的X射线的波长一致的。然而，散射后的X射线的峰值波长比原来入射的X射线要大一些。

你已经知道，光子的能量公式 $E=hf$，也可以写成 $E=\frac{hc}{\lambda}$ ，这个公式表明光子的能量与其波长成反比。康普顿观测到散射后的X射线的波长增大，表明X射线的光子的能量与动量都有所减少。散射光子波长的改变称为**康普顿效应（Compton effect）**。这种波长的改变量很小，大约只有 10^{-3} nm，所以，仅当电磁波的波长不大于 10^{-2} nm时，才可能检测到这种波长的改变。

图27-10 散射X射线的峰值波长的变化表明散射光子失去了能量和动量。
解释为什么波长变大意味着能量减小。

■ 康普顿效应

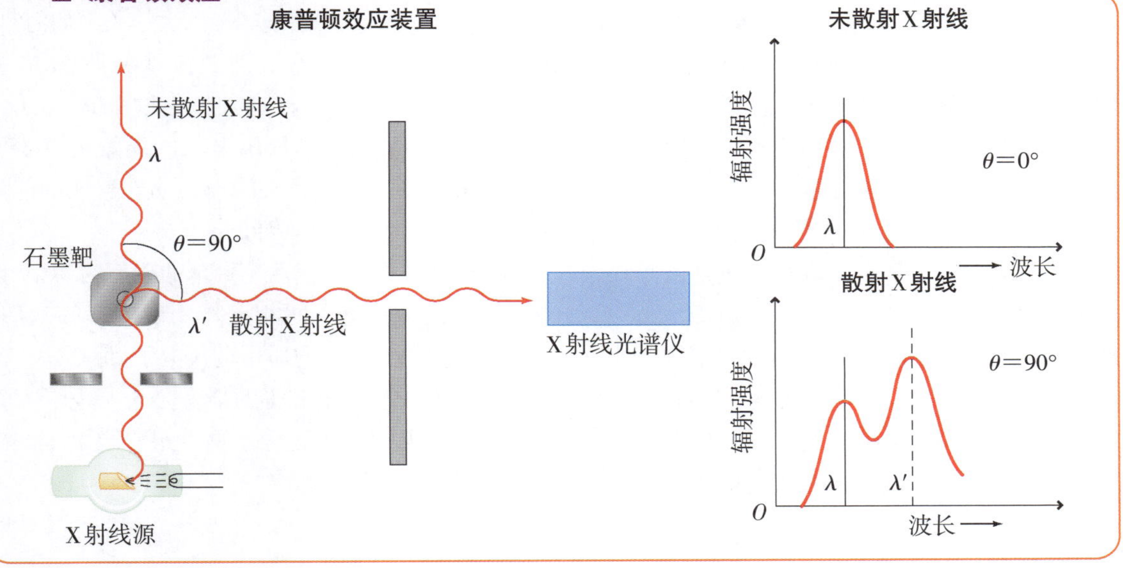

图 27-11 能量和动量守恒定律适用于台球之间碰撞和光子与粒子间的碰撞。

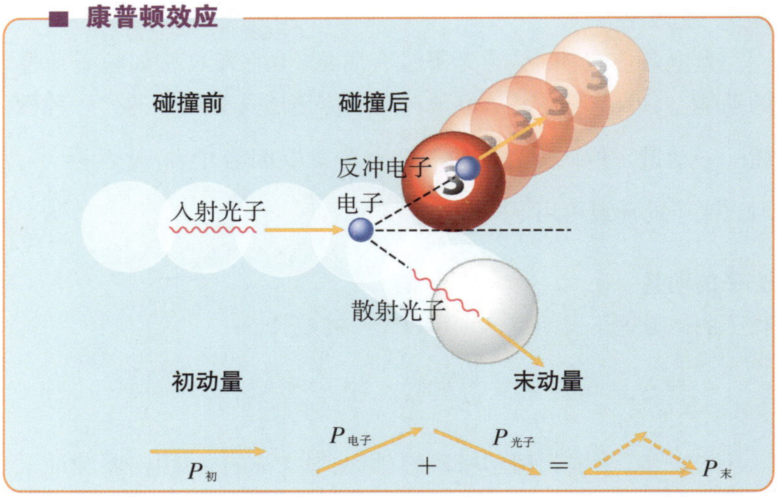

光子及其能量与动量的守恒 在之后的实验中，康普顿发现，有电子从石墨块中发射了出来。他猜想，这些X射线的光子可能与石墨靶中的电子发生了碰撞，并把能量与动量转移给了电子。康普顿认为，这些光子与电子的碰撞，就如同台球间所经历的弹性碰撞，如**图 27-11**所示。通过对出射电子的能量的测量，他验证了这一想法。康普顿还发现，电子获得的能量及动量等于光子失去的能量及动量。因此，在与其他粒子发生碰撞时，光子同样遵循能量及动量的守恒定律。

第1节 复 习

16. 主要概念 为什么高强度、低频率的光辐射不能使电子从金属中发射出来，那么低强度、高频率的光辐射却可能使电子发射？

17. 热物体辐射的能量与频率的关系 随着物体温度的升高，峰值强度的频率将如何改变，辐射能量的总值又会如何变化？

18. 光电效应与康普顿效应 试说明光电效应与康普顿效应的主要不同点。

19. 光电效应与康普顿效应 某实验者向一个靶发射X射线，靶上出现电子但没有其他辐射。这一事件是由光电效应还是由康普顿效应引起的？

20. 光电效应 绿光($\lambda=532$ nm)照射到一块未知金属上，结果有电子从该金属上发射出来。射出的电子可以在一个1.44 V的电压下停止运动。该金属的逸出功为多少电子伏特？

21. 光子的能量 激光笔发出光子的波长为650 nm，该光子的能量(eV)为多大？

22. 康普顿效应 一种X射线照射到骨骼，与电子碰撞并发生散射。被散射的X射线的波长与入射X射线的波长相比，大小关系如何？

23. 光电效应 一种X射线被骨骼吸收，并释放出了电子。若这种X射线的波长约为0.02 nm，试估算放出电子的能量为多少电子伏特。假定骨头的逸出功与射线的能量相比，可以忽略不计。

24. 批判性思维 以两个台球的碰撞为模型，设想光子与电子间相互作用的康普顿效应。假定用大质量的质子替代电子，那么这样的质子从碰撞中获得的能量是否与电子一样多？光子失去的能量是否跟它与电子的碰撞中失去的一样多？

第2节 物质波

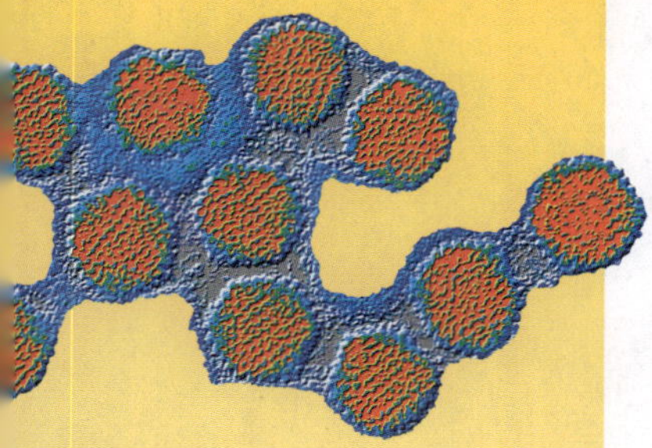

物理在你身边

透射电子显微镜(TEM)通过检测电子穿过样品时发生的衍射,形成了原子尺度大小物体的像。但是,衍射通常是与波有关的。因此,为了使透射电子显微镜工作,电子一定具有一些类似于波的性质。

主要概念
运动粒子具有波动性。

核心问题
- 物质具有波动性的证据是什么?
- 什么是波粒二象性?海森堡不确定性原理的重要性是什么?

术语回顾
X射线　加速电子发射的高频电磁波

关键术语
德布罗意波长
海森堡不确定性原理

德布罗意波

既然电磁波具有和粒子一样的性质,那么实物粒子会不会像波一样出现干涉与衍射现象呢?1923年,法国物理学家德布罗意(L. de Broglie)提出:实物粒子具有波动性。这个提议是爱因斯坦的光子理论的一个大胆的延伸,而爱因斯坦是德布罗意波的最早支持者。我们知道一个物体的动量等于它的质量乘以它的速度,即$p=mv$。如果有质量的物体也是一个波,那么,它的动量应该像一个光子一样,$p=\frac{h}{\lambda}$。因此德布罗意认为粒子的动量可用下式表示:

$$p=mv=\frac{h}{\lambda}$$

在以上的关系式中,表示运动粒子的波长就是著名的**德布罗意波长(de Broglie wavelength)**。通过下式可直接解出德波罗意波长:

德布罗意波长
一个运动粒子的德布罗意波长等于普朗克常量除以粒子的动量。

$$\lambda=\frac{h}{p}=\frac{h}{mv}$$

按照德布罗意的想法,像电子与质子这样的粒子都应该表现出类似波的性质。在1927年,两个独立的实验都证明了电子的衍射,这是电子具有波动性的证据。在你的日常生活中,物体的波动性是不可能被观察到的,因为它们的波长极小,如**图27-12**所示。

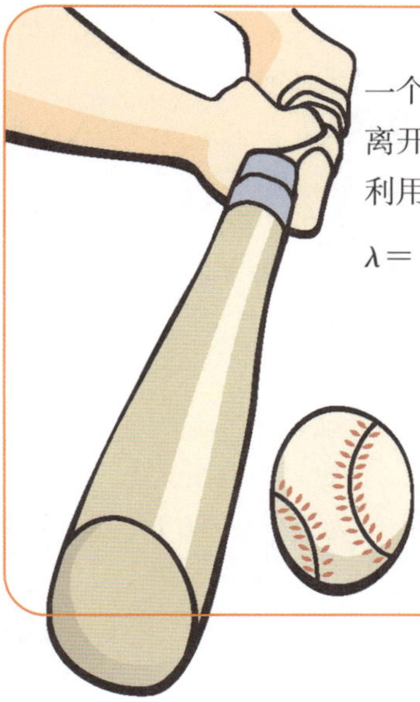

一个质量为0.145 kg的棒球以38 m/s的速度离开球棒。
利用德布罗意波长公式计算棒球的波长:

$$\lambda=\frac{h}{mv}=\frac{6.63\times10^{-34}\ \text{J}\cdot\text{s}}{0.145\ \text{kg}\times38\ \text{m/s}}=1.2\times10^{-34}\ \text{m}$$

图27-12　日常物体的波长太小而无法观察到。
如果棒球运动得更快,**解释**棒球的波长会发生怎样的变化。

例题3

德布罗意波长 一个电子被75 V的电压加速后，其德布罗意波长为多大？

1 分析概括问题

绘制包括正负极板的示意图。

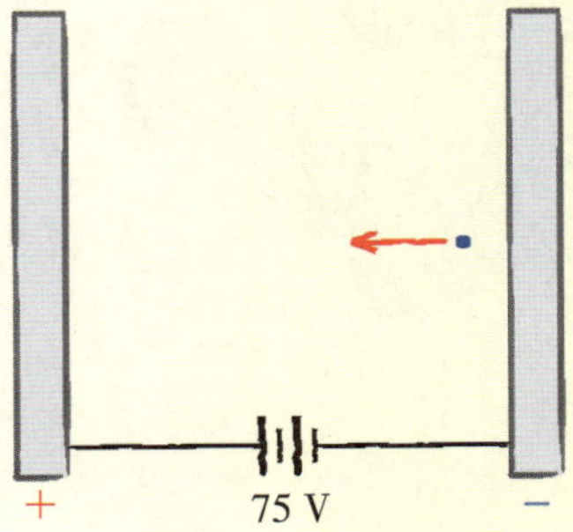

已知		未知
$U=75\ \text{V}$	$m_e=9.11\times10^{-31}\ \text{kg}$	$\lambda=?$
$e=-1.602\times10^{-19}\ \text{C}$	$h=6.63\times10^{-34}\ \text{J·s}$	

2 求解未知量

写出电子的动能与所受电压的关系式，以及电子的动能与其运动的公式，利用它们计算出电子的速度。

$$E_k=-eU, E_k=\frac{1}{2}mv^2$$

$$\frac{1}{2}mv^2=-eU$$

◀动能的两种形式相等。

求解v。

$$v=\sqrt{\frac{-2eU}{m}}$$

$$=\sqrt{\frac{-2\times(-1.602\times10^{-19}\ \text{C})\times75\ \text{V}}{9.11\times10^{-31}\ \text{kg}}}=5.1\times10^{6}\ \text{m/s}$$

◀将$e=-1.602\times10^{-19}$ C，$U=75$ V，$m=9.11\times10^{-31}$ kg代入。

利用质量、速度和动量之间的关系，求解动量p。

$$p=mv$$

$$=9.11\times10^{-31}\ \text{kg}\times5.1\times10^{6}\ \text{m/s}=4.6\times10^{-24}\ \text{kg·m/s}$$

◀将$m=9.11\times10^{-31}$ kg，$v=5.1\times10^{6}$ m/s代入。

利用动量和德布罗意波长之间的关系，求解λ。

$$\lambda=\frac{h}{p}$$

$$=\frac{6.63\times10^{-34}\ \text{J·s}}{4.6\times10^{-24}\ \text{kg·m/s}}$$

◀将$h=6.63\times10^{-34}$ J·s，$p=4.6\times10^{-24}$ kg·m/s代入。

$$=1.4\times10^{-10}\ \text{m}=0.14\ \text{nm}$$

3 验证答案

- **单位是否正确？** 对单位进行量纲分析，确定v的单位为m/s，λ的单位为nm。
- **符号是否有意义？** 对于v及λ的预期都为正值。
- **数值是否合理？** 波长接近0.1 nm，这个波长在电磁波谱的X射线范围内。

练一练

25. 一个电子经250 V的电压加速后，它的速率及德布罗意波长分别为多少？

26. 一个质量为7.0 kg的保龄球以8.5 m/s的速度滚动。

a. 该保龄球的德布罗意波长为多大？

b. 为什么保龄球没有表现出可观察的波动性质？

27. 一个电子的波长为0.125 nm，它需要的加速电压为多大？

28. 挑战题 在例题3中，假设电子的德布罗意波长为0.14 nm。带有相同波长的质子的动能为多少电子伏特？

位置和动量

粒子具有波动性，这一德布罗意理论使我们对原子尺度大小的物体的理解，发生了根本的变化。按照日常经验，符合逻辑的想法应该是，你对一个物体任何属性的测量精度，应设置为任何所需要的等级。例如，假设测量一个正在自由下落的球的位置，你可能首先会尝试使用米尺和秒表进行测量。如果你期望更精确的测量，你可以使用一台摄像机和一个计算器或电脑。你可以想象使用更加先进的测量设备，来实现更高的测量精度。事实上，经典物理学对测量精度设置是没有限制的。德布罗意有关物质波的革命性理论，使物理学家重新定义测量精度的限制。

海森堡不确定性原理 在测量装置中，通过光照射粒子和收集反射回来的光，测量原子或亚原子尺度大小的粒子。由于衍射，用来探测微观粒子的光会散开，使得精确测定微观粒子的位置显得不那么可行。如果需要更精确的测量，你可以使用更短波长的光辐射，从而减少衍射并降低粒子位置测量的不确定性。

事实上，当短波长、高能量的辐射射到微观粒子上时，由于康普顿效应，粒子的动量会发生改变，如**图 27-13**所示。因此，精确测量微观粒子的位置，就会使得微观粒子的动量发生改变。越是精确地测定微观粒子的位置，微观粒子动量的不确定性就越大。同样，如果微观粒子的动量被测定了，那么它的位置的不确定性就会增加。

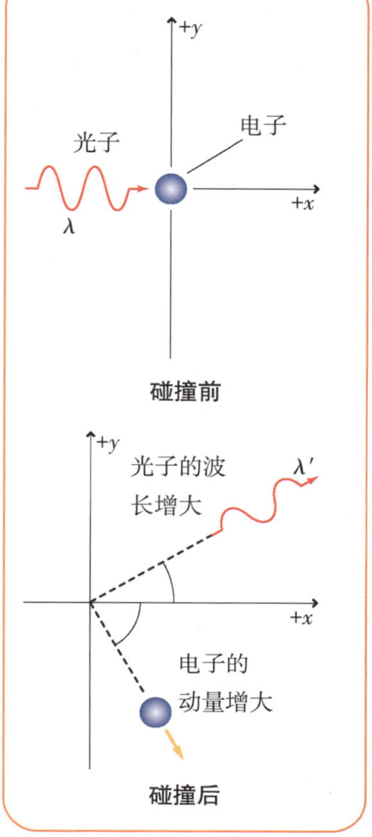

图 27-13 光子和电子之间的碰撞，对于测量电子的位置是必要的。这种碰撞使电子和光子发生散射，改变了它们的动量。**比较**碰撞前后光子的波长。波长的这种变化表明光子的能量是多少？

阅读检测 **解释**为什么利用高能辐射测量一个粒子位置，会增加粒子动量的不确定性。

上述的这种情景，利用**海森堡不确定性原理（Heisenberg uncertainly principle）**可以总结为，测量一个粒子的位置和动量的精确度，是存在着一个极限的。这个以德国物理学家海森堡（W. Heisenberg）的名字命名的原理，是光和物质具有波粒二象性的结果。即使这个极限的影响，仅仅是在测量原子尺度大小的粒子时比较明显，而海森堡的工作导致了我们对整个世界的认识，发生了根本性的变化。虽然牛顿和麦克斯韦的经典理论，是日常物体的成功模型，而要精确描述原子尺度大小的物体，则需要量子理论和光与物质的波粒二象性模型。

第2节 复 习

29. 主要概念 德布罗意的物质波理论，提供了一个计算任何运动粒子波长的方法。说明为什么日常物体的波动性是不明显的。

30. 德布罗意波长 一个 α 粒子（氦核）质量为 6.6×10^{-27} kg，并以 120 m/s 的速率运动，这个 α 粒子的德布罗意波长是多少？

31. 德布罗意波长 一个电子经 125 V 的电压加速后，它的德布罗意波长为多大？

32. 批判性思维 当光或一束原子通过双缝时，都会形成干涉图样。即使每次只有一个粒子通过，原子或光子的干涉也会发生。海森堡不确定性原理是如何解释这种现象的？

起步实验

白炽灯泡的发光光谱

实验步骤

1. 将一个透明的白炽灯泡插入灯座,并拧紧灯泡。
2. 将灯泡与调光开关相连,打开开关。使得灯泡变暗,发出微弱的光。***注意:当灯泡正在发光并且非常热时,切莫接触灯泡。***
3. 把教室内的其他照明灯关掉或调暗。
4. 站在白炽灯泡前约1～2 m处,将一个全息衍射光栅放在你的一只眼睛前,透过光栅观察白炽灯泡。***注意:必须借助衍射光栅来观察炽热的白炽灯泡,否则会伤害你的眼睛。***
5. 用彩色笔绘出你观察到的图像。
6. 调节调光开关,增加白炽灯泡的光亮度,使其达到最大亮度。
7. 用彩色笔绘出你所观察到的图像。

分析

8. 描述由白炽灯泡发出的光谱。它是连续的,还是清晰分立的彩色线条?当灯泡的光亮度增大时,你所观察到的光谱又是如何变化的?

9. **批判性思维**　白炽灯泡中发光的物体是什么?当灯泡炽热发光时,灯泡的灯丝温度发生了什么变化?

迷你实验

模拟量子模型

实验步骤

1. 准备装有不同数量的垫圈的几个小金属罐。不要打开罐子。
2. 称量每个罐子的质量,并根据你对空罐质量与罐内质量的估计,确定罐内垫圈的总质量。
3. 利用你的数据来确定单个垫圈的质量。

分析

4. 讨论罐中的质量是如何量子化?注意到这是一批相同的离散物件(即这个质量是基本单位质量的整数倍)。

物理实验

实验器材

3颗钢球
滑槽（U形凹槽或槽形搁架）
书本若干
红、橙、黄、绿、蓝和紫色的记号笔（或彩色粘纸）
米尺
胶带

模拟光电效应

一个被电磁辐射照射的物体会发射出电子，这就是光电效应。仅当辐射频率大于某一最小值（即截止频率）时，物体才会发射出电子。在本实验中，你将用钢球模拟光电效应，并理解为什么只有某种类型的电磁辐射才能导致光电子的发射。

问题

怎样才能用钢球来模拟光电效应？

目标

- **构建**一个模型，用来研究光电效应。
- **描述**光子的能量与它的频率之间的关系。
- **说明**为什么宏观现象不能解释原子的量子行为。

实验步骤

1. 把滑槽弯成如图所示的形状，再用几本书把滑槽支撑起来。确定书本不会阻挡滑槽的终端。
2. 用记号笔和胶带标记六个颜色标签：V代表紫色、B代表蓝色、G代表绿色、Y代表黄色、O代表橙色以及R代表红色。

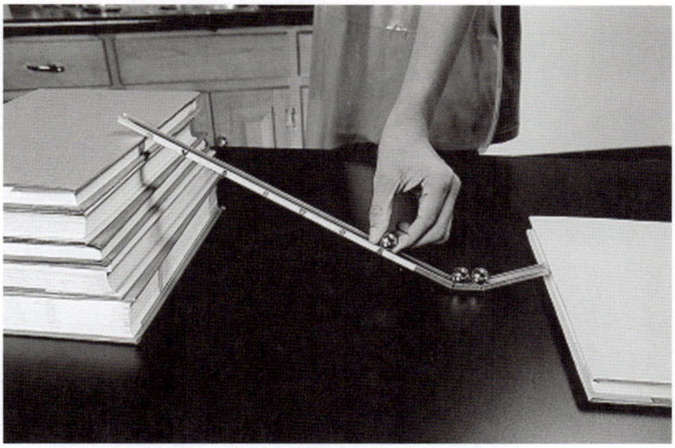

3. 用红色记号笔在桌面之上4 cm处的滑槽上，写一个大写字母R。用紫色记号笔在桌面之上14 cm处的滑槽上，写一个大写字母V。用其他彩色记号笔在滑槽上分别写上B、G、Y和O，使它们在R与V之间均匀分布。如图所示。
4. 将两个钢球放在滑槽的最低点。这些钢球代表原子的价电子。
5. 取一个钢球放在滑槽上R的位置处，这一钢球代表入射红光的光子，注意，红光光子是所模拟的可见光中能量最小的。
6. 释放钢球（光子），若它有足够的能量移开原子中的一个价电子，你会发现两个钢球之一（电子）从滑槽上逃出。把你的观察记录在数据表中。
7. 从滑槽底部移走代表入射光子的钢球。在滑槽底部重新放入两个代表价电子的钢球。
8. 对滑槽上每种颜色的钢球重复步骤5～7。保证开始时总有两个钢球位于滑槽底部。注意，紫色光子是所模拟的可见光中能量最大的。把你的观察记录在数据表中。
9. 重复步骤5～7，这一次把代表入射光子的钢球从比R稍低一些的位置上释放。把你的观察结果记录在数据表中。

数据表

光子的颜色或能量	观察结果
红	
橙	
黄	
绿	
蓝	
紫	
比红更低	
比紫更高	

10. 重复步骤5～7，这一次把代表入射光子的钢球从比V稍高些的位置上释放。把你的观察结果记录在数据表中。
11. 回答“结论与应用”中的问题1，并把你的预测与实验结果进行比较。
12. 在做完实验后，把所有的材料按你的实验指导老师的要求，分类安放到原处。除去滑槽上的彩色粘纸。

分析

1. 哪些颜色的光子有能力移开在你的模型中最低处的那个电子？

2. 实验中是否具有足够大的能量，可移动多于一个电子？如果是这样，请指明光子的颜色。

3. 步骤9中的钢球代表哪一类光子？

4. 步骤10中的钢球代表哪一类光子？

5. 在研究光电效应时，是否只考虑可见光的光子？

6. 根据光子的能量，总结你的观察结果。

结论与应用

1. 如果用两个红光光子同时去碰撞两个价电子，将会发生什么结果？通过实验判断你的预测是否正确。

2. 某些材料对价电子的束缚力比其他材料更大。应该如何修正你的模型，使其体现这种情景？

3. 在本实验的模型中，如果光子与电子碰撞后却不能从原子中逸出电子，那么光子的能量将发生什么转变？

进一步探索

利用公式$E=hf$，其中h是普朗克常数，f是电磁辐射的频率，计算红光光子的能量，并与蓝光光子的能量作对比。

生活中的物理学

摄影爱好者通常在他们的暗室里安装红光灯，为什么他们不选用蓝光灯？

量子触摸屏

如果你撞到一堵墙，你知道你是无法穿墙而过到另一边的。但是，物体若只有原子大小或更小，这一看似无法逾越的障碍，就有可能如隧道一样穿过。物质的这种特性叫作量子隧穿效应。它在低科技和高科技方面都有着实际的应用。

波粒二象性 当一个电工想连接两根铝线时，他只需把铝线绕在一起就行。这样做其实是很奇怪的，因为铝的表面会生成一种绝缘的铝的氧化物膜，若电子总是表现得像粒子一样，那它是不能通过这个绝缘层的。然而电子的行为又像波一样，因此还有很小很小的机会，电子可以出现在铝线的外部。如果存在另一条靠近的导线（就像上面所说绕在一起的导线），电子似乎通过了不可逾越的障碍，就像穿过隧道从一条导线来到另一条导线。由于存在许许多多电子，这些电子一起定向移动就形成了电流。就是说，铝线连接起来能导电，而这与量子隧穿效应有关。

在压力之下 压敏触摸屏和键盘中的新技术是量子隧穿效应的一个更加复杂的应用实例。在这些设备内部，导电的纳米颗粒覆盖在相距较远的不导电涂层上。这相当于关闭状态。当设备被触碰时，在直径为 10 nm 的范围内，颗粒移动并靠近，施加的压力越大，颗粒就彼此越靠近。

如**图1**所示，由于颗粒的表面并不光滑，而有许多峰尖，一个颗粒的峰尖与另一个颗粒的峰尖非常接近。电子沿着这些峰尖移动形成电流。这就是压敏控制，它可以应用在许多不同的地方。

图1 按键或触摸屏上的压力导致颗粒彼此靠近，量子隧穿效应沿峰尖提高了效率。

新的应用 传统触摸屏，要么通（触摸），要么不通（不触摸）；而这项新技术把压力施加到屏幕上，就像长号上的滑动按键那样，当按住它时，长号可以发出连续的音符。这才是量子力学的神奇力量，名副其实地落到了你的指尖上。

进一步探索

研究其他类型的触摸屏技术。这种三维触摸屏在哪些方面超越了传统触摸屏？

第27章 复习指南

大概念 波可以表现得像粒子一样，而粒子也可以表现得像波一样。

关键术语

- 发射光谱
- 量子化
- 光电效应
- 截止频率
- 光子
- 逸出功
- 康普顿效应

第1节 波的粒子模型

主要概念 光可以表现为没有质量的粒子，即称为光子。

- 热物体的光谱覆盖了很大的波长范围，光谱的分布曲线取决于该物体的温度。普朗克为解释物体的光谱，通过假定一个粒子只能吸收或发射特定的能量，这个能量是一个常量的整数倍，这个常量称为普朗克常量。

三个不同温度的发射光谱

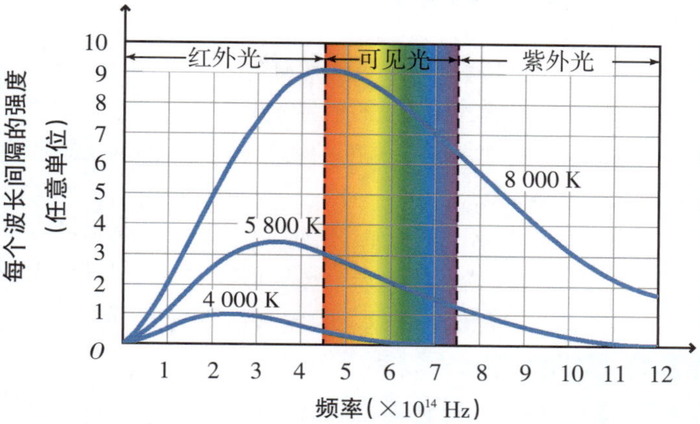

- 光电效应就是某些金属在电磁辐射的照射下发射电子的现象。爱因斯坦通过光存在于称为光子的能量包中这一假设，解释了光电效应。光子的能量、频率和波长的关系如下所示：

$$E=hf=\frac{hc}{\lambda}=\frac{1\,240\ \text{eV}\cdot\text{nm}}{\lambda}$$

- 康普顿效应表明光子具有动量，这与爱因斯坦的预言是一致的。尽管以光速运动的光子的质量为零，但它具有能量和动量。光子的动量、频率和波长的关系如下所示：

$$p=\frac{hf}{c}=\frac{h}{\lambda}$$

关键术语

- 德布罗意波长
- 海森堡不确定性原理

第2节 物质波

主要概念 运动粒子具有波动性。

- 实物粒子的波动性是由德布罗意提出的，并通过电子穿过晶体的衍射实验得以证实。所有运动的实物粒子都具有波长，即众所周知的德布罗意波长。利用下面的公式可计算一个粒子的德布罗意波长：

$$\lambda=\frac{h}{p}=\frac{h}{mv}$$

- 粒子和波这两种形态是互相补充的，它们是实物和光完整本性的两个方面。海森堡不确定性原理表明，要同时测量光或微观粒子的精确位置和动量是不可能的。

第27章 测 评

第1节 波的粒子模型

理解概念

33. **白炽光** 一个白炽灯可通过一个调光器进行调控。随着调光器向下调节(电压调低),灯泡发出的光的颜色将发生什么变化?

34. 说明量子化能量的概念。

35. 在普朗克关于炽热物体辐射的解释中,什么被量子化了?

36. **大概念** 光的量子称为什么?

37. 说明爱因斯坦的光电效应理论是如何解释以下现象的:截止频率之上的光照射到光电管的金属阴极上时,随着光照强度的增加,光电子的电流也随之增大。

38. 在某种金属的截止频率以下的光,不管它的强度如何增强,光电子都不会产生。爱因斯坦的光电效应理论是如何解释这一现象的?

39. **摄影胶卷** 老相机记录在胶片上的图像。由于在红光下不感光,某种黑白胶卷可以在红光照明的暗室中显影。试从光的光子理论的角度分析上述现象。

40. 康普顿效应是如何显示光子不仅具有能量,而且还具有动量的?

解决问题

41. 根据普朗克理论,若一个原子发出 5.44×10^{-19} J的能量,同时它的量子数n改变了1,那么原子振动的频率是多少?

42. 若要使一个具有最大动能为4.8×10^{-19} J的电子停止运动,需要施加多大的电压?

43. 一个紫色光的光子的波长为4.0×10^{2} nm,它的动量为多大?

44. 某种金属的截止频率为3.00×10^{14} Hz。当波长为6.50×10^{2} nm的光照射在这种金属表面上时,它发出的光电子的最大动能是多少?

45. 金属钠的截止频率为4.4×10^{14} Hz。一个电子从金属钠的表面逸出,必须做多大的功?

46. 如果频率为1.00×10^{15} Hz的光照射到金属钠上,在上题中,光电子的最大动能为多少?

47. 某一金属的遏止电压如**图27-14**所示。计算在以下单位中,光电子的最大动能。
   a. 电子伏特　　b. 焦耳

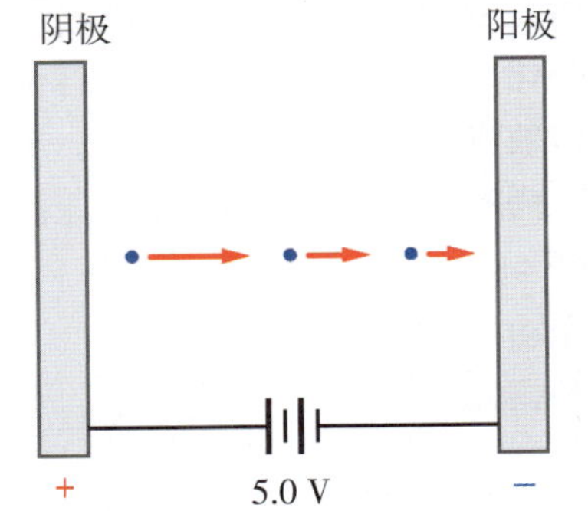

图27-14

48. **测光表** 摄影师的测光表是利用光电管来测量被照相物体上的光强的。如果光电管对于红光($\lambda=680$ nm)的感光性与其他颜色的光一样好,那么光电管阴极材料的逸出功必须是多少?

49. **太阳能** 一个家庭每年所用的能量大约为4×10^{11} J。在美国的许多地方,每年的日照时间大约是3 000 h。地球表面平均每平方米每秒从太阳接收到的能量约为1 000 J(1 000 W)。
   a. 太阳每年照射到地球每平方米面积上的能量为多大?
   b. 如果将太阳能转变为有用能量的效率为20%,多大的面积可以转变生成一个家庭所需的能量?

第2节 物质波

理解概念

50. 物质粒子的动量p可以由$p=mv$求出。你能否利用相同的公式计算一个光子的动量?说明理由。

51. 解释电子的下列特征量的测量过程。
   a. 电荷　　b. 质量　　c. 波长

52. 解释光子的下列特征量的测量过程。
   a. 能量　　b. 动量　　c. 波长

解决问题

53. 一个以 3.0×10^6 m/s 的速度运动的电子，它的德布罗意波长为多大？

54. 德布罗意波长为 3.0×10^{-10} m 的电子，它的运动速度为多大？

55. 一个阴极射线管用 5.0×10^3 V 的电压从静止加速电子。

a. 电子的速度为多大？

b. 与该电子相关的波长为多大？

56. 氢原子的电子具有的动能为 13.65 eV。

a. 求电子的速度。

b. 计算电子的德布罗意波长。

c. 设氢原子的半径为 0.519 nm，计算氢原子的周长，并将其与氢原子上电子的德布罗意波长相比较。

57. **排序** 把下列粒子按照它们的德布罗意波长从大到小进行排序，并说明理由。

A. 一个速度为 300 m/s 的电子

B. 一个速度为 500 m/s 的电子

C. 一个速度为 3 m/s 的质子

D. 一个速度为 500 m/s 的质子

58. 一个电子的德布罗意波长为 0.18 nm。

a. 如果电子从静止开始加速，那么施加在电子上的电压为多大？

b. 如果质子的德布罗意波长为 0.18 nm，它也从静止开始加速，那么施加在质子上的电压为多大？

应用概念

59. 将两根铁棒插入炉火中，一根铁棒呈暗红色，另一根铁棒发出橙色的光。

a. 哪一根棒较烫？

b. 哪一根棒辐射出的能量更多？

60. 高频的光将会比低频的光使光敏物质的表面发射出更多的电子。假如这两种光的频率都在截止频率之上，那么这个结论正确吗？

61. 当蓝光投射到金属钾上时，有光电子放出；当紫外线投射到金属钨上时，也有光电子放出。

a. 哪一种金属的截止频率较高？

b. 哪一种金属的逸出功较大？

62. 试用如**图 27–15** 所示的棒球，比较棒球的德布罗意波长与棒球的直径大小。

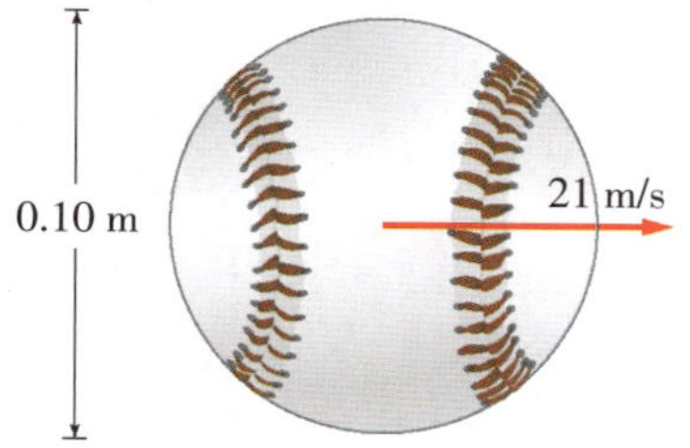

图 27–15

复习提高

63. 从加有遏止电压为 3.8 V 的金属上发射出的光电子的最大动能为多少？

64. 某种金属的截止频率为 8.0×10^{14} Hz。该金属的逸出功是多少？

65. 如果频率为 1.6×10^{15} Hz 的光照射在上题的金属上，那么光电子的最大动能是多少？

66. 已知氘核的质量为 3.3×10^{-27} kg，运动速率为 2.5×10^4 m/s。求氘核（^2H 同位素的核）的德布罗意波长。

67. 铁的逸出功是 4.7 eV。

a. 铁的红限波长是多少？

b. 铁被暴露在波长为 150 nm 的辐射下时，发射出的电子的最大动能是多少电子伏特？

68. 金属钡的逸出功为 2.48 eV。若使电子从金属钡中发射出来，光的最长波长为多少？

69. 一个电子的德布罗意波长为 400.0 nm，这等于可见光的最短波长。

a. 求这个电子的速度。

b. 用 eV 作单位，计算电子的能量。

70. 照射到金属锡上的辐射如**图 27–16** 所示。已知锡的截止频率是 1.2×10^{15} Hz。

a. 锡的红限波长是多少?

b. 锡的逸出功是多少?

c. 入射的电磁辐射的波长为 167 nm,发射电子的动能(eV)为多大?

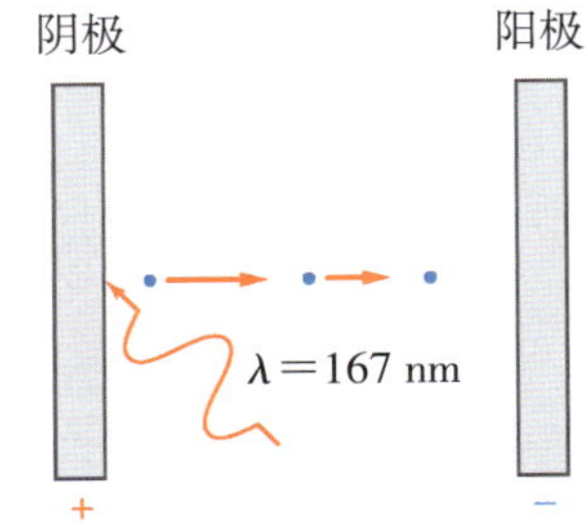

图 27–16

批判性思维

71. **应用概念** 若进入人眼的最低限度的可见光的光强为 1.5×10^{-11} W/m², 如**图 27–17** 所示。

a. 若光线进入人眼并穿过眼睛的瞳孔,求光进入人眼的功率。

b. 利用**图 27–17** 中提供的信息以及设定的入射光的波长,计算每秒钟进入眼睛的光子数。

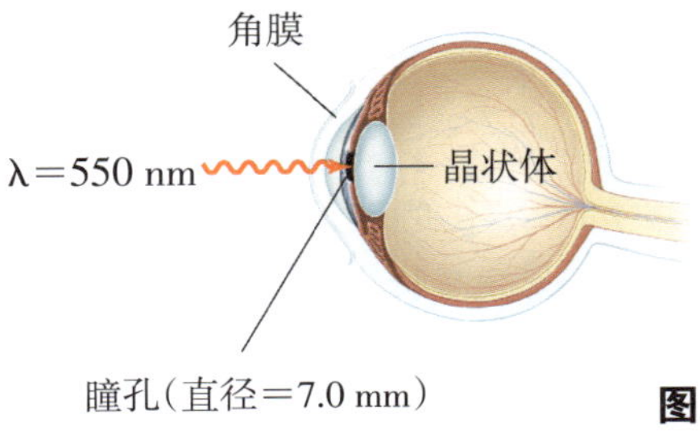

图 27–17

72. **补充问题** 把问题补充完整,以便可利用逸出功来求解:“波长为 443 nm 的光照射到未知金属上……”

73. **绘制和运用图象** 一位学生做完了光电效应实验,并记录了遏止电压随波长变化的相关数据,如**表 27–2** 所示。已知光电管中有一个钠的阴极。利用给出的数据(遏止电压与频率的关系),画出最佳拟合直线。根据直线的截距与斜率,求出本实验中的逸出功、红限波长以及 $\frac{h}{e}$ 的值。把 $\frac{h}{e}$ 值与公认值进行比较。

表 27–2 遏止电压与对应的波长

λ(nm)	U_0(V)
200	4.20
300	2.06
400	1.05
500	0.41
600	0.03

74. **编写问题** 用生活中的物体编写一道物理题,在它的解答中会出现下列表达式:

$$\lambda=\frac{6.63\times10^{-34}\ \text{J}\cdot\text{s}}{1.19\times10^{-27}\ \text{kg}\cdot\text{m}}$$

科技写作

75. 研究迄今所见的最大质量的粒子的干涉效应。描述实验过程,并说明干涉是怎样产生的。

日积月累

76. 当一个重 400.0 N 的儿童站在大弹簧上时,弹簧被压缩了 15 cm。该弹簧的弹性系数是多少?

77. 一个军乐队在非常寒冷的天气演奏时,听起来像降低了半个音阶,这是为什么?

78. 将一个电荷量为 8.0×10^{-7} C 的电荷,放置在距离另一个电荷 0.02 m 处的地方,结果它受到了 9.0 N 的作用力。另一个电荷的电荷量为多大?

79. 一位房主购买了一打(12 个)完全相同的、额定电压为 120 V 的灯光装置。每个灯光装中有 24 个串联的灯泡,每个灯泡的电阻为 6 Ω。假定房主把所有的装置都从单一的外部出线盒接入,计算通过总负载的电流。

80. 作用在长 1.2 m 的金属导线上的力是 1.1×10^{-3} N,这根金属导线与地磁场垂直。这根金属导线中的电流为多大?

选择题

1. 氦—氖激光器发射出的光子波长为632.8 nm，则每个光子具有的能量是(　　)

A. 3.135×10^{-19} J　**B.** 8.231×10^{-17} J
C. 2.546×10^{8} J　**D.** 1.639×10^{34} J

2. 金属的逸出功是(　　)

A. 用来衡量从金属发射出的电子所需做的功的大小
B. 等于截止频率
C. 金属原子最内部的电子获得自由所需的能量
D. 最弱束缚的电子获得自由所需的能量

3. 下列对于光电效应的截止频率的说法中，正确的是(　　)

A. 它是引起光电管阳极原子发射所需入射辐射的最小频率
B. 它是引起光电管阴极原子发射所需入射辐射的最小频率
C. 它是入射辐射的最小频率，低于这个频率时原子将要发射电子
D. 它是引起从原子发射电子所需入射辐射的最小频率

4. 如图所示，照射在光电管阴极上的辐射能量为5.17 eV。若光电管的逸出功是2.31 eV，那么发射出的光电子的能量是(　　)

A. 0.00 eV　**B.** 2.23 eV
C. 2.86 eV　**D.** 7.48 eV

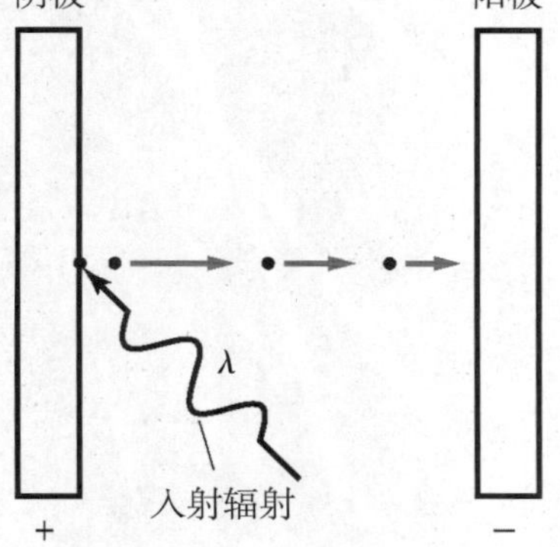

5. 一个光子的频率是1.14×10^{15} Hz，这个光子的能量是(　　)

A. 5.82×10^{-49} J　**B.** 7.55×10^{-19} J
C. 8.77×10^{-19} J　**D.** 1.09×10^{-12} J

6. 一个速度为391 km/s的电子，其质量为9.11×10^{-31} kg。该电子的德布罗意波长是(　　)

A. 3.52×10^{-25} m　**B.** 4.79×10^{-15} m
C. 4.27×10^{-15} m　**D.** 1.86×10^{-9} m

7. 如下图所示，一个电子在95.0 V的电压下被加速。该电子的德布罗意波长是(　　)

A. 5.02×10^{-22} m　**B.** 1.26×10^{-10} m
C. 2.52×10^{-10} m　**D.** 5.10×10^{6} m

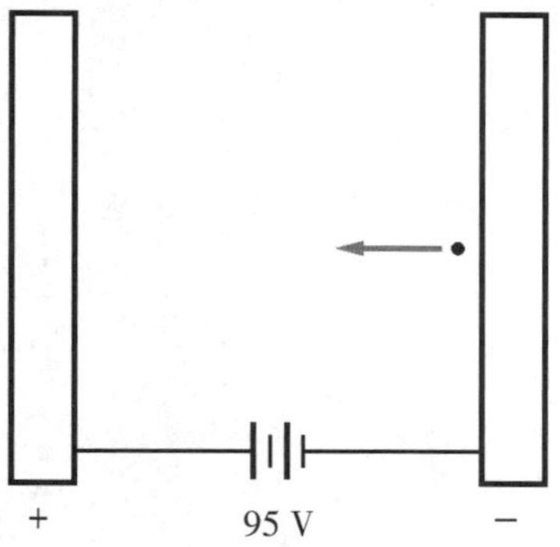

拓展题

8. 一个物体以45 m/s的速度运动时，它的德布罗意波长是2.3×10^{-34} m。该物体的质量是多少？

9. 由于电子的德布罗意波长可以比可见光的波长更短，因此电子显微镜在科学研究中非常有用。为了使电子具有的德布罗意波长为20.0 nm，必须给予它多大的能量(eV)？

考点提示

测试题号	1	2	3	4	5	6	7	8	9
对应小节	1	1	1	1	1	2	2	2	2

第28章
原　子

大概念 原子是由原子核和周围的电子组成，而原子核是由质子和中子组成。

内容提要

起步实验

识别硬币

如何利用物质的特性去鉴别一个未知的样品？

第1节 原子的玻尔模型

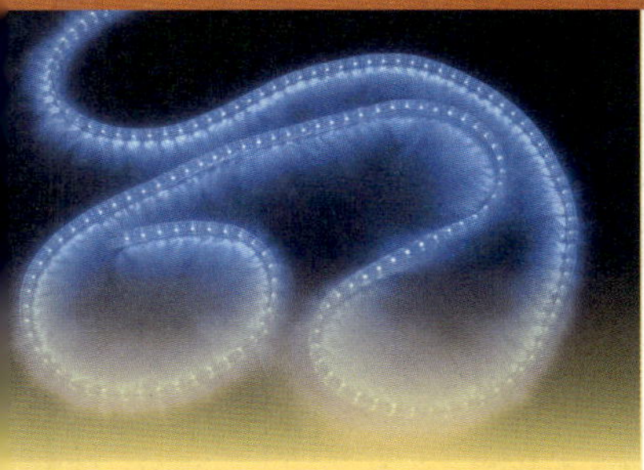

物理在你身边

在商店和餐厅的橱窗里经常看到红色、绿色、蓝色和橙色的灯，提供了每种元素独特的原子结构的证据。通常称作霓虹灯的这种灯是用镀膜的玻璃管、高压电和混合气体组成，以实现多种颜色的光。

主要概念

原子的玻尔模型指出原子内部有一个质量很大的中心核，而核外轨道上的电子具有量子化的能量。

核心问题

- 卢瑟福的实验揭示了原子结构是什么？
- 什么是发射光谱和吸收光谱？
- 电子轨道的半径和能量如何取决于主量子数？

术语回顾

光电效应　某些金属在电磁辐射下发射电子的现象

关键术语

α粒子
原子核
吸收光谱
能级
基态
激发态
主量子数

原子的核式模型

19世纪末，绝大多数科学家已经认同了原子的存在。汤姆孙对电子的发现，提供了原子是由更小的亚原子粒子组成的有力证据。在汤姆孙的测试中，每个原子都包含带负电的电子，但这些电子的质量都非常小。因为原子的质量要比它们所含电子的总质量大很多，科学家们有许多悬而未决的问题。这个质量位于何处？这个“尚待发现的”质量的本质又是什么呢？

另一方面，原子公认为是呈电中性的，但是，在原子内部，只有带负电的电子已得到了科学家的确认，由此引发了一系列的疑问：带负电的电子在原子内是如何排列的？原子如何保持电中性？在原子内部是否存在带正电的粒子？……在人们对原子的了解与认识还远远不够时，科学家踏上了尝试解答这些为数众多、颇具挑战性的难题的征途。

测试汤姆孙模型　在汤姆孙看来，原子内部充满了一些大质量的带正电的物质。他认为带负电的电子在正电物质中的分布，就像蛋糕中的葡萄干一样。然而，卢瑟福(E. Rutherford)与他的同伴盖革(h. Geiger)、马斯登(E. Marsden)一起，通过一系列的实验，显示出原子内部有一个与汤姆孙设想完全不同的原子结构。如**图28–1**所示的设备，是卢瑟福用来研究原子内部电荷与质量分布情况。

■ 卢瑟福的金箔实验

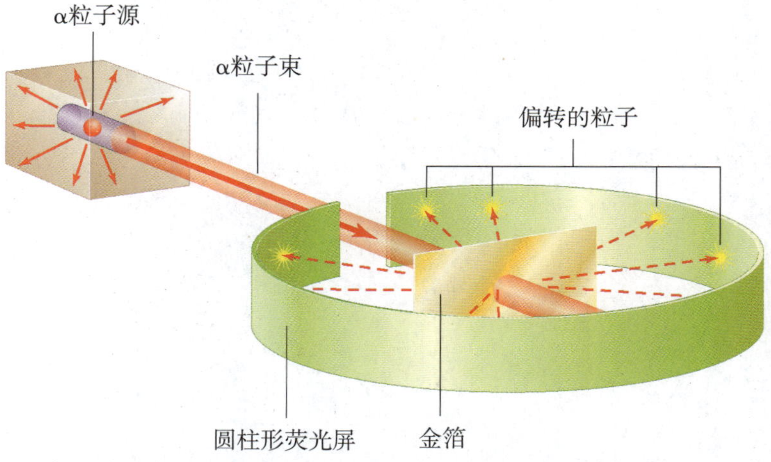

图28–1　通过用α粒子轰击金箔的实验，卢瑟福的研究小组断定，原子的大部分质量都集中在原子核中。

卢瑟福的实验 卢瑟福在实验中采用了一种能发射穿透性射线的物质，这是一种高速、大质量的正电粒子。在随后的研究中，人们称这些粒子为**α粒子(alpha particles)**。在卢瑟福的实验中，当这些α粒子撞击到表面涂有硫化锌的屏幕时，会发射出一些小的闪光，通过这些闪光就能检测出α粒子的位置。

如**图28–1**所示，卢瑟福用一束α粒子轰击一张极薄的金箔片。实验之前，卢瑟福已经听说了汤姆孙的原子模型，因此，他设想，当大质量、高速运动的α粒子穿过正电荷均匀分布的金原子时，它们的路径只会有较小的偏转。但实验的结果却让他大吃一惊。虽然大多数的α粒子穿过金箔时，要么不偏转，要么稍有偏转，但少数的粒子却以十分大的角度发生了散射。某些粒子的偏转角度甚至超过了90°，如**图28–2**所示。事后卢瑟福回忆，他当时的惊愕程度就好比一枚15英寸大小的炸弹朝着一张薄纸发射，竟然有弹片被弹回，并且击中了他。

阅读检测 **解释**为什么卢瑟福对金箔实验结果如此惊讶。

偏转的α粒子

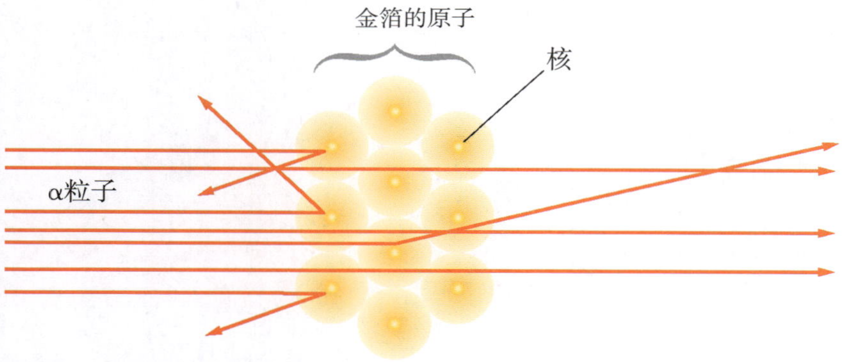

图28–2 瞄准金箔发射的α粒子绝大多数没有发生偏转，而有两万分之一的粒子是以大角度偏转的。

卢瑟福的原子修正模型 根据库仑定律和牛顿运动定律，卢瑟福认为对这个实验结果的唯一解释，就是原子的全部正电荷都集中在一个体积极小但质量很大的中心核里，这个中心核即**原子核(nucleus)**。因此，卢瑟福的原子模型被叫作核式模型。在此之后，研究者测得原子的全部正电荷和99.9%的质量都集中于它的核中。而电子的质量在原子中是微不足道的，且分布在远离原子核的外部区域内。所以说，电子的活动范围决定了原子的大小，或原子的直径。由于原子的直径大约为原子核直径的50 000倍，因此，原子大体上是由空旷的空间组成的。

物理实验

发射光谱*

元素的发射光谱有什么不同?

发射光谱 环绕原子核的电子是如何排列的呢?科学家回答这个问题的线索之一,来自对原子发光的研究。如**图28–3**所示,在气体放电管中,气体样品的原子能够发光。你可能在商场中见过许多彩色的霓虹灯广告,这些霓虹灯的工作原理与气体放电管是一样的。气体放电管中装有低压气体,玻璃管的两端各有一个金属电极。当玻璃管两端加上一个高电压时,气体就会发光。科学家最感兴趣的是不同的气体可以发出不同的独特颜色的光,如**图28–3**所示为几种气体的特征辉光。

当气体发出的光通过衍射光栅或棱镜时,就可以得到原子的发射光谱,这是在气体中的每个元素的"指纹"。利用一种叫作分光镜的仪器,可以对发光光谱进行更为详细的研究。如**图28–3**所示,在衍射分光镜里,光先穿过一条狭缝,然后经过棱镜并散射开来。对应不同的波长,光通过分光镜在不同的位置上形成了狭缝的像。

在前面的章节中,你已经学过,白炽的固体(如灯泡里的灯丝)的光谱是从红到紫的连续的彩色波带,而气体的光谱则是一系列鲜明的、不同颜色的线。如**图28–3**的底部所示分别为汞蒸气和氖蒸气的明线光谱,每一条彩色线都相应于气体原子所发射的一种特定波长的光。

图28–3 一个元素的发射光谱是一个独特的图案,由此可以用来识别未知样品。

■ **发射光谱**

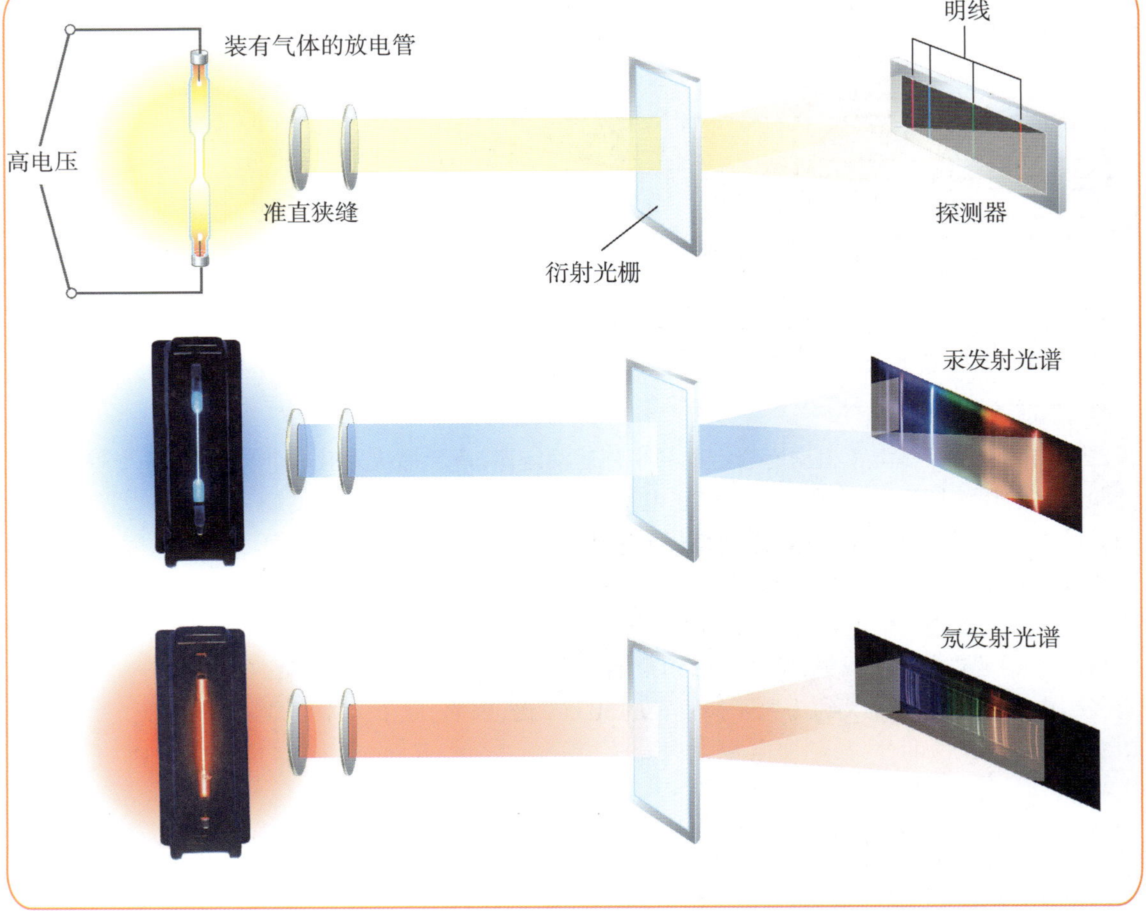

识别未知样品 发射光谱可以作为一种很有用的分析工具。比如,它可以用于识别一种未知的气体样品。当未知气体被放置在气体放电管中时,它能发射出光。发射的光中肯定包含一些该气体原子的特征谱线。因此,只需把未知气体所发射的光的波长与已知气体原子的特征谱线的波长进行对比,就能识别出未知气体是什么元素了。

当混合气体的发射光谱被拍下后,通过分析照片上的谱线,就能判断出混合气体的成分以及各成分的相对含量。如果待测物质中的某种元素含量很高,那么照片上该元素的谱线肯定比其他含量较少的元素的谱线强。通过谱线强度的比较,就能确定待测气体中各种元素所占的百分比了。这种类型的分析常常用来解决化学、工程、医学和环境科学中的问题。

吸收光谱 **图 28-4** 说明用于识别未知样品的另外一种技术。让白光通过一种气体样品,再通过棱镜,结果在白光的连续光谱中出现一些黑线,这是因为气体吸收特定波长的光。被一种气体吸收后产生的光谱,叫作该气体的**吸收光谱(absorption spectrum)**。对于同一种气体,发射光谱中的明线和吸收光谱中的黑线通常出现在同一波长处,如**图 28-4** 的底部所示。由此可以发现,冷的气体原子吸收的光,恰好就是该元素受激时所发射的光。正如你可能想到的那样,气体的组成可以通过气体的吸收光谱的暗线来确定。

图 28-4 白光通过气体样品和棱镜产生一个接近连续的光谱。光谱的黑线为气体所吸收的光的波长。与发射光谱类似,吸收光谱也可以用来识别未知的样品。

■ **吸收光谱**

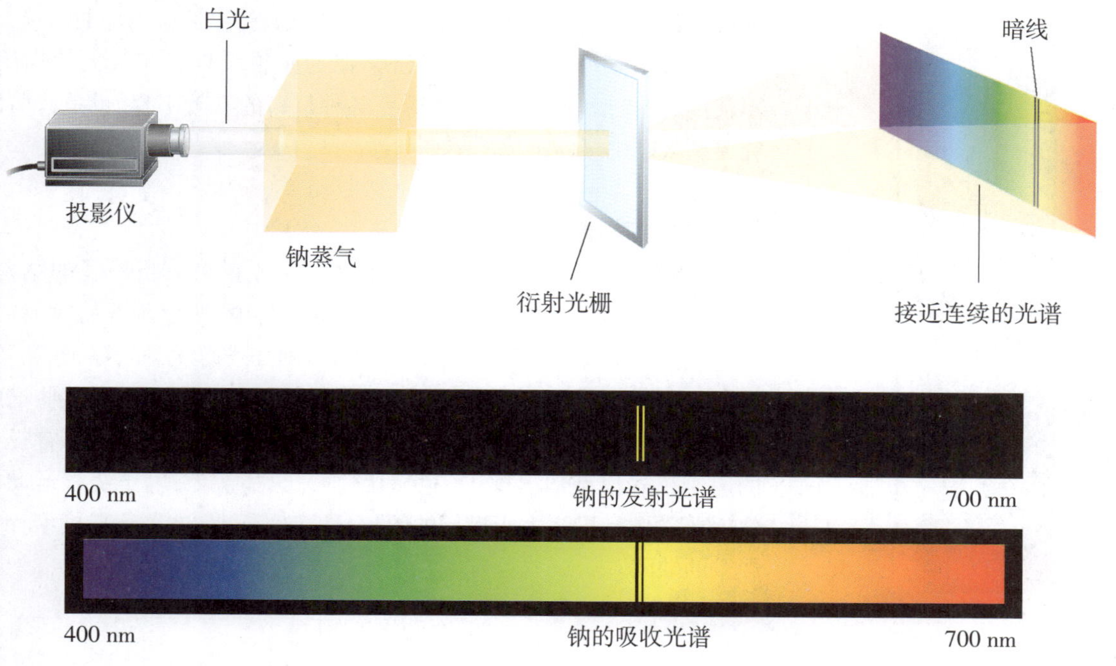

图28-5 夫琅和费谱线存在于太阳光的吸收光谱中。由于太阳中各种元素的含量不一，因此有些线条比较灰暗，有些则非常暗。

▶ **与天文学的联系** 1814年，夫琅和费（J.Fraunhofer）观察到太阳光的光谱中存在几条暗线。现在，人们称这些暗线为夫琅和费谱线，如**图28-5**所示。夫琅和费认为，当太阳光穿过环绕太阳的大气层时，大气层中的气体吸收掉了某些特有的波长，这些被吸收掉的波长在观察到的光谱中就表现为黑线。通过把吸收光谱里缺失的线与已知元素的发射光谱进行对比，就可以确定太阳大气的组成。运用此项技术，科学家还确定了许多其他恒星的组成元素。

☑ **阅读检测** **描述**科学家是如何能够确定恒星的组成成分的。

图28-6 在可见光范围内，氢的发射光谱中有4条谱线。当能量增加时，**比较**相邻光的波长之间有什么不同。

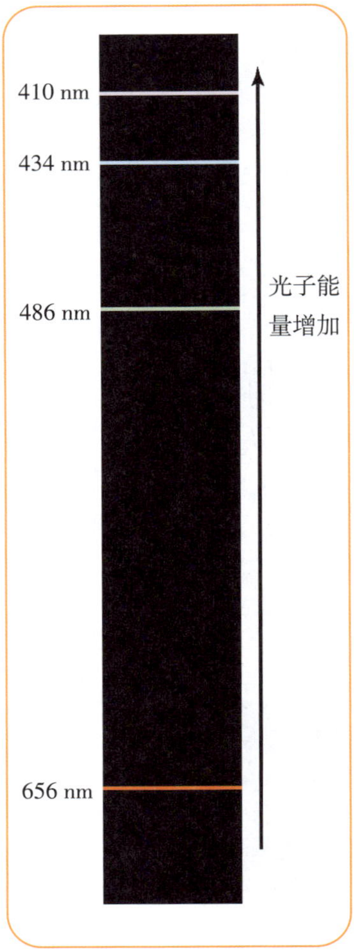

光谱学 正是因为元素具有特征光谱，所以通过对材料的发射光谱和吸收光谱的观察，科学家可以分析、确认和量化未知的材料。除了科学研究之外，元素的发射光谱和吸收光谱在工业上的应用也同样重要。例如，钢铁厂要对大量的成分不同的废铁进行再处理。利用分光镜，研究人员瞬间就能确定废铁样品的精确组成。这样，钢铁厂就可以通过调整钢的组成，开发新规格的钢材，以适应市场的需求。

作为科学的一个分支，光谱学在工业领域具有非常大的作用。不仅如此，光谱学还是分析地球上各种材料的有效工具，也是目前研究遥远太空中星体组成的唯一利器。

修正卢瑟福的核式模型

19世纪，许多物理学家企图通过原子光谱来分析原子的结构。由于氢是最轻的元素，并且它的光谱也最简单，所以刚开始时，科学家对氢的研究最多。氢的可见光谱包含有4条谱线：红、绿、蓝和紫，如**图28-6**所示。任何用来解释原子结构的理论，都必须对这些谱线的波长作出说明，并且支持原子的核式模型。然而此时，卢瑟福提出的原子核式模型却出现了一些问题。卢瑟福认为，电子绕核运动的轨道非常像行星绕太阳运行的轨道；但事实证明，这个行星模型存在严重的缺陷。

行星模型的问题 恒定轨道上的电子，将受到指向原子核的向心力的作用。正如你在第26章里学到的，加速的电子将通过发射电磁波辐射能量。若以旋转电子失去能量的速度进行计算，电子应该在一瞬间(10^{-9} s内)落入核中。然而事实上，这个情况并没有发生，因为原子公认是非常稳定的。因而，行星模型与电磁学定律是矛盾的。另外，行星模型预言，加速电子辐射的能量将覆盖所有波长。然而实际的情况是，正如你刚刚学过的，由原子辐射所发射的光只有几个特定的波长。

1911年，丹麦物理学家玻尔(N. Bohr)来到英国，和卢瑟福研究小组一起探究原子结构的问题。玻尔试图将核式模型与普朗克的量子化能级以及爱因斯坦的光电理论统一起来。这是一个非常大胆的设想，然而在1911年，这些革命性的思想并没有得到广泛的理解与支持。

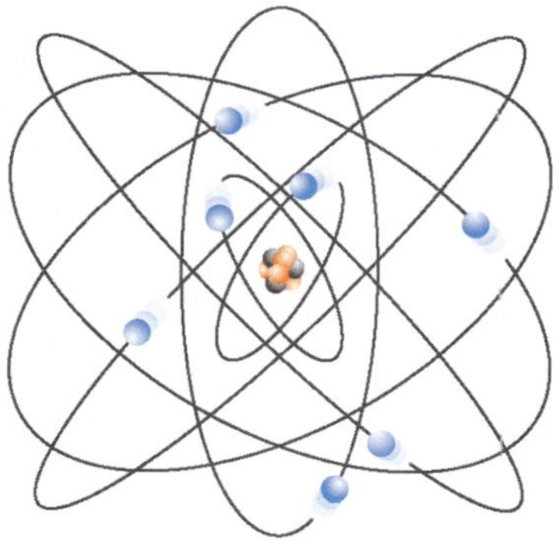

图28-7 原子的行星模型规定电子绕核运动的轨道是固定的。

量子化的能量

玻尔一方面将电子按照行星的运行方式进行排布，如**图28-7**所示；而另一方面，他又大胆地假设电磁学定律在原子内部并不适用。他假定在稳定轨道上的电子，即便它是加速的，也不会辐射能量。玻尔建议把这个稳定的状态作为一种定态。然后，他继续进行假设：定态只允许对应一些特定的能量值。换句话说，玻尔认为，原子内的能量值是量子化的。

如**图28-8**所示，原子里量子化的能量可以比作是楼梯上的台阶。要上楼梯，你必须从一级台阶登上另一级台阶——而不可能停留在两级台阶之间的半空中。与楼梯的台阶相似，原子有量子化的能量，其中的每一个能量值叫作一个**能级(energy level)**。就像你不能停留在两级台阶之间的某一位置一样，一个原子的能量不可能具有处于能级之间的数值。当原子的能量值为最小的可允许值时，称该原子处于**基态(ground state)**。而当原子吸收能量时，核外的电子就会发生移动，或说是跃迁到较高的能级。任何比基态更高的能级都叫作**激发态(excited state)**。

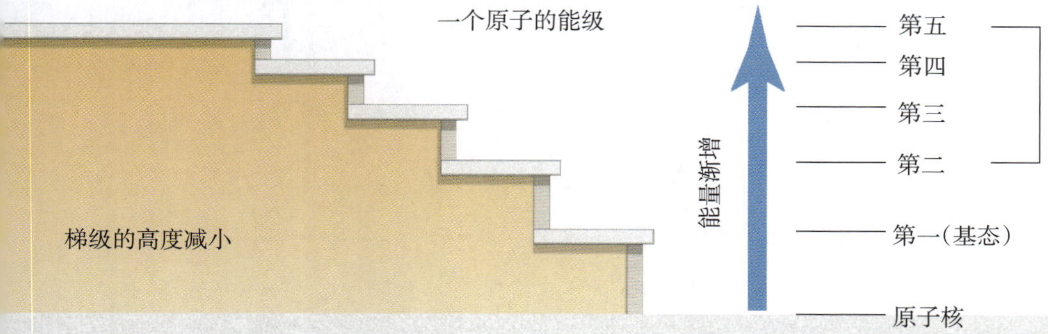

图28-8 原子内部的能级可以用台阶来比拟。注意，当能级不断升高时，邻近能级间的能量差将随之减小。

原子的能量 是什么决定了原子的能量大小呢？一个原子的能量，等于核外电子的动能以及电子与核之间相互吸引所引起的势能的总和。处在近核轨道上的电子的能量，要比处在离核较远的轨道上的电子的能量小，这是因为在电子远离核的过程中需要额外的功。因此，当原子处于激发态，即具有较高的能量时，它的电子是在较大的、离核较远的轨道上运行的。另外，原子的能量是量子化的，而且能量与轨道的大小有关，所以轨道的大小也是量子化的。中心为原子核，核外带有轨道电子、具有特定量子化能级的原子模型，就是著名的玻尔原子模型。

如果玻尔关于稳定的原子不辐射能量的假设是正确的，那么，原子的特征光谱是如何产生的呢？为了回答这个问题，玻尔提出，当原子从一个定态转变为另一个定态时，它就会辐射电磁能。结合爱因斯坦的光电理论，玻尔提出每个光子的能量可用方程式表示为$E_{光子}=hf$。然后，他假设当原子吸收一个光子时，该原子增加的能量就等于光子的能量。这个受激原子随后通过发射一个光子，转换到较低的能级上。

当原子从最初的能级E_i跃迁到最终的能级E_f时，它改变的能量$\Delta E_{原子}$可由下式确定：

$$\Delta E_{原子}=E_f-E_i$$

如**图28–9**所示，原子能量的变化量等于它辐射的光子的能量：

$$E_{光子}=-\Delta E_{原子}$$

或者

$$E_{光子}=E_i-E_f$$

下述方程概述了原子能态的改变与辐射光子的能量之间的关系：

辐射光子的能量

辐射光子的能量，等于普朗克常数和辐射光子的频率的乘积。

辐射光子的能量也等于原子损失的能量。

$$E_{光子}=hf=-\Delta E_{原子}$$

■ 辐射光子

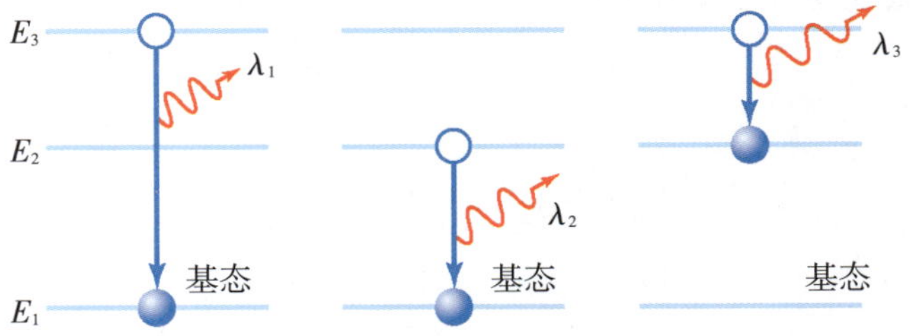

$E_{光子1}=E_3-E_1$　　$E_{光子2}=E_2-E_1$　　$E_{光子3}=E_3-E_2$

$E_{光子1}$ > $E_{光子2}$ > $E_{光子3}$

λ_1 < λ_2 < λ_3

图28–9 辐射光子的能量等于原子减少的能量。**明确**产生较大能量光子的跃迁。

玻尔模型的预言

一个科学理论除了必须提出假设以外，还必须提出能够用实验数据检验的预言。而一个优秀的理论，还需能用于解决许多不同的问题，并最终为物理世界的某些领域提供一个简单、统一的解释。玻尔用他的理论计算了氢原子发射的光的波长，其计算结果正好与其他科学家的测量数据相吻合。因此，玻尔的原子模型得到了广泛的认可。

不幸的是，这个模型只适合于氢元素，却不能预测第二简单的元素氦的光谱。另一方面，它没有很好地说明为什么电磁定律在其他地方都适用，而在原子内部却是例外的原因。

玻尔模型的发展 为了进一步完善他的模型，玻尔尝试把牛顿第二运动定律$F_{净}=ma$应用于电子中。根据库仑定律，可以算出电荷量为$-e$的电子与电荷量为$+e$的质子在相隔距离r时的相互作用力，其计算式为：

$$F=\frac{-ke^2}{r^2}$$

电子在环绕比其质量大得多的质子的圆形轨道运动时，它的加速度为$a=-\frac{v^2}{r}$。这里的负号表示电子的运动方向是朝向原子核的。由此，玻尔得到了下述关系式：

$$\frac{ke^2}{r^2}=\frac{m_e v^2}{r}$$

解此方程，得到r的关系式：

$$r=\frac{ke^2}{m_e v^2}$$

此式中，k是库仑常量，它的值为$9.0\times10^9\text{N}\cdot\text{m}^2/\text{C}^2$。

接下来，玻尔考虑了轨道电子的角动量，它等于电子的动量和电子圆轨道半径的乘积，可由mvr求出。玻尔假设角动量也是量子化的，换言之，电子的角动量只能有某些确定的值。他主张这些允许的值为$\frac{h}{2\pi}$的整数倍，这里的h即为普朗克常量，用n表示一个整数，则有：

$$m_e vr=\frac{nh}{2\pi}$$

重列方程，可得到：

$$v=\frac{nh}{2\pi m_e r}$$

利用这个速度的关系式，以及上面给出的氢原子的半径公式，玻尔得到了氢原子中电子的轨道半径的计算式：

氢原子内部的电子轨道半径

$$r_n=\frac{h^2 n^2}{4\pi^2 k m_e e^2}$$

迷你实验

明线光谱*

元素的发射光谱有何不同?

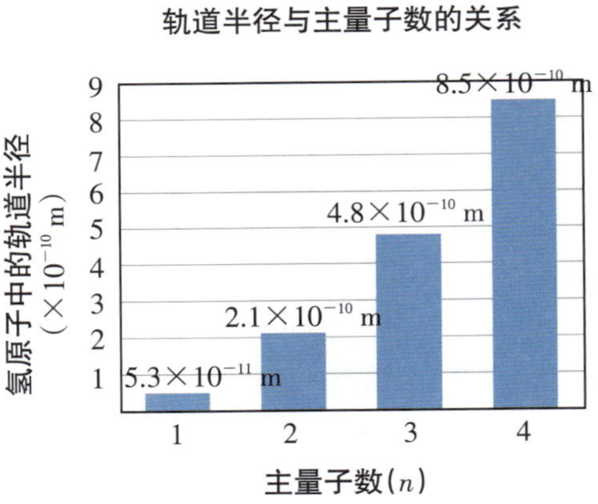

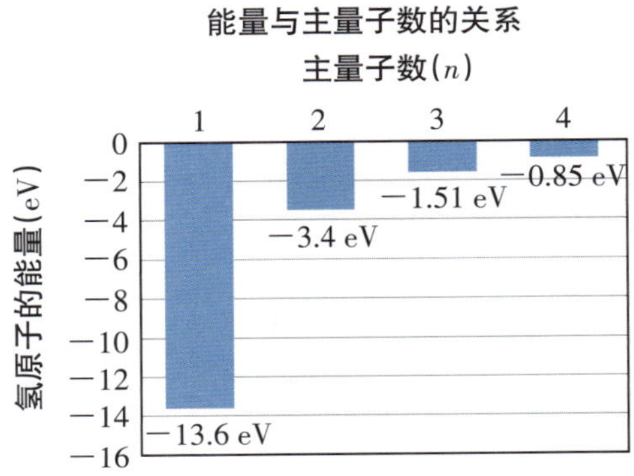

图 28-10 氢原子的半径随n^2的增大而增大，而氢原子的能量随n的增大而增大，从$n=1$（基态）的最小值-13.6 eV到接近0 eV。

计算轨道半径 在上述方程中，代入已知量以及$n=1$，就能计算出氢原子最内层轨道的半径，即玻尔半径的值。

$$r_1=\frac{(6.626\times 10^{-34}\ \mathrm{J\cdot s})^2\times 1^2}{4\pi^2\times 9.0\times 10^9\ \mathrm{N\cdot m^2/C^2}\times 9.11\times 10^{-31}\ \mathrm{kg}\times(1.60\times 10^{-19}\ \mathrm{C})^2}$$

$$=5.3\times 10^{-11}\ \mathrm{J^2\cdot s^2/N\cdot m^2\cdot kg}$$

$$=5.3\times 10^{-11}\ \mathrm{m}，或0.053\ \mathrm{nm}$$

再进行简单的代数运算，就能计算出原子的总能量。它是电子的动能及由$\frac{-ke^2}{2r}$给定的势能之和，可用下述公式表示：

$$E_n=\frac{-2\pi^2k^2m_e e^4}{h^2}\times\frac{1}{n^2}$$

代入常量的数值，就能算出原子的总能量（以J为单位），用下式表示：

$$E_n=-2.17\times 10^{-18}\ \mathrm{J}\times\frac{1}{n^2}$$

将这个关系式的单位转换成电子伏特，就可得到下述方程：

氢原子的能量

主量子数为n的原子总能量，等于-13.6 eV和n^2的倒数的乘积。

$$E_n=-13.6\ \mathrm{ev}\times\frac{1}{n^2}$$

电子的轨道半径和原子的能量是量子化的。出现在这些方程式中的整数n叫作**主量子数（principal quantum number）**。主量子数决定了r和E的量子化值。

图 28-10总结了这些关系中n的前4个值。图中的上部显示出电子的轨道半径r随n^2的增大而增大，而图中的下部显示出氢原子的能量E取决于$\frac{1}{n^2}$。当原子的能量减小时，电子轨道半径则增大。

☑ **阅读检测** **描述**原子的能量与轨道半径是如何取决于主量子数的。

■ 能级跃迁

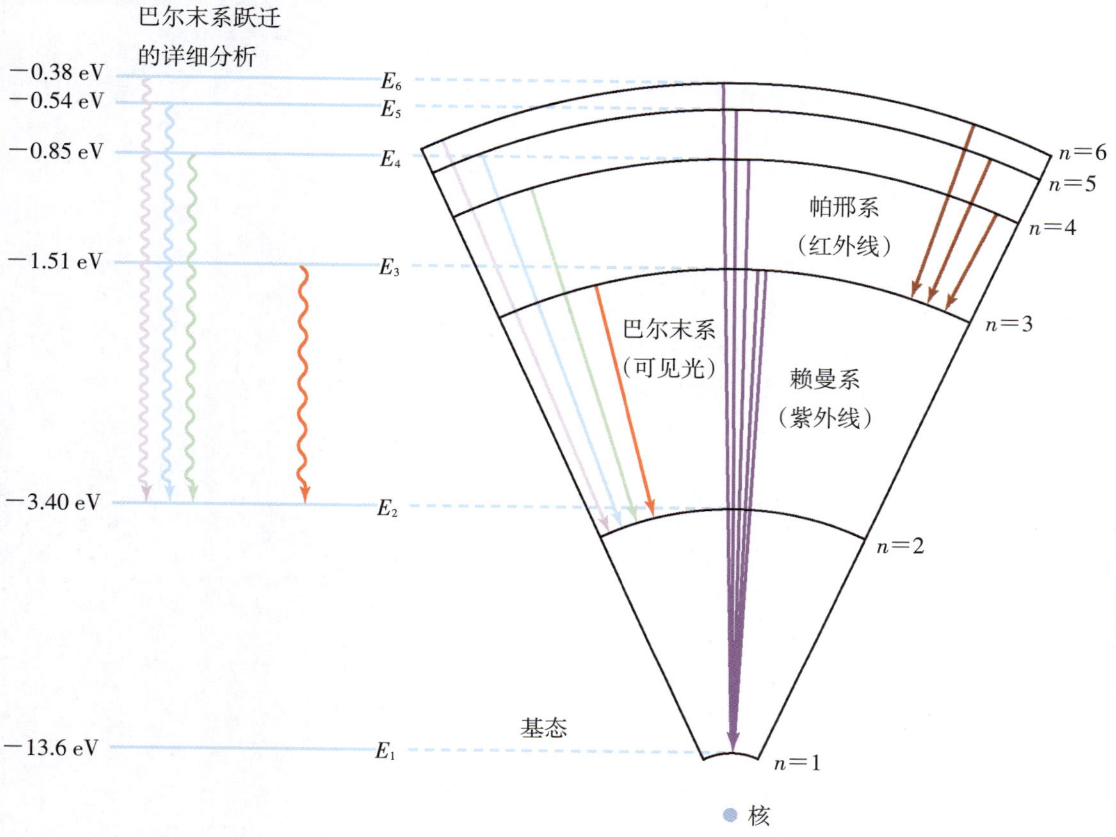

图 28-11 当电子从较高能级跃迁到 $n=2$ 时，氢原子产生可见光，当跃迁到其他能级时，将产生紫外线和红外线等电磁能量。

电子的跃迁和能量 你可能会感到疑惑：为什么在玻尔模型中，原子的能量是一个负值呢？回忆第11章，只有能量的差才是有意义的，零能级可以随意选择。在这种情况下，当电子与原子核的距离无限远，并且没有动能时，原子的能量被定义为零。当原子被电离，也就是电子从原子中移走时，就满足这个条件。因为电离原子的过程需要做功，所以带有核外电子的原子，其能量比零还小，即原子的能量为负值。当原子从较低能级跃迁到较高能级时，总能量将会负得少一些，但能量的变化量却是正的。

如**图28-11**所示为氢的一些能级和氢原子可能经历的能级跃迁。注意，一个受激氢原子发射的电磁波，是否处于红外线、可见光或紫外线的范围内，完全取决于电子发生的跃迁。例如，当原子从任何受激态返回基态时，就会发射紫外光线；当原子从 $n=3$ 或其他较高的能级跃迁回 $n=2$ 的能级时，氢原子的光谱中就会产生4条可见光谱线。

☑ **阅读检测** **描述**产生氢发射光谱中可见光谱线的电子跃迁。

物理实验

电子跃迁

元素的发射光谱有何不同？

例题1

能级 一个氢原子吸收能量，使得它的电子从最内层的能级($n=1$)跃迁到了第二能级($n=2$)。确定第一和第二能级的能量，以及原子吸收的能量。

1 分析概括问题

- 画出能级E_1和E_2。
- 在图中标出能量增加的方向。

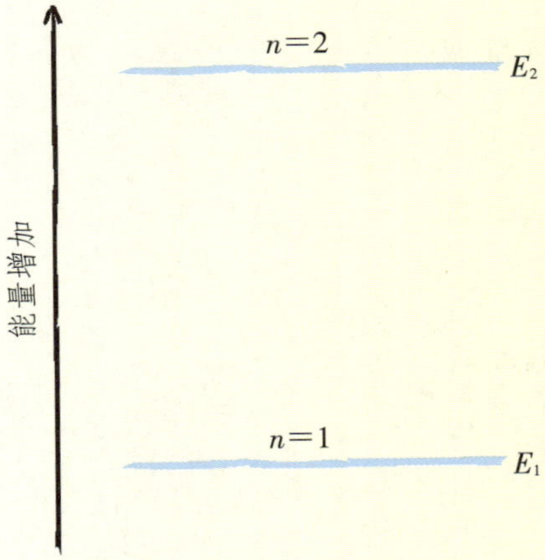

已知	未知
最内层能级的主量子数，$n=1$	E_1能级的能量$E_1=?$
第二层能级的主量子数，$n=2$	E_2能级的能量$E_2=?$
	能量差$\Delta E=?$

2 求解未知量

利用轨道电子的能量公式，计算每一能级的能量。

$$E_n=-13.6\ \text{eV}\times\frac{1}{n^2}$$

$$E_1=-13.6\ \text{eV}\times\frac{1}{1^2}=-13.6\ \text{eV}$$ ◀将$n=1$代入。

$$E_2=-13.6\ \text{eV}\times\frac{1}{2^2}=-3.40\ \text{eV}$$ ◀将$n=2$代入。

原子吸收的能量ΔE等于原子最终的能级E_f和最初的能级E_i的能量差。

$$\Delta E=E_f-E_i$$

$=E_2-E_1$ ◀将$E_f=E_2, E_i=E_1$代入。

$=-3.40\ \text{eV}-(-13.6\ \text{eV})$ ◀将$E_2=-3.40\ \text{eV}, E_1=-13.6\ \text{eV}$代入。

$=10.2\ \text{eV}$ 被吸收的能量

3 验证答案

- **单位是否正确？** 轨道能量值是以eV为单位的。
- **符号是否有意义？** 当电子从较低的能级跃迁到较高的能级时，能量差是正的。
- **数值是否合理？** 电子从第一能级跃迁到第二能级需要的能量接近于10 eV，结果是正确的。

练一练

1. 计算氢原子第二、第三、第四能级的能量。
2. 计算氢原子E_3和E_2之间的能量差。
3. 计算氢原子E_4和E_2之间的能量差。
4. **挑战题** 书中指出，可以通过公式$r_n=\frac{h^2n^2}{4\pi^2 km_e e^2}$，计算氢原子最内层的轨道半径。注意，方程中除了$n^2$外，其他所有的因数都是常量，其中$r_1=5.3\times10^{-11}$ m或0.053 nm。利用这些信息，计算氢原子内第二、第三和第四能级的轨道半径。

例题 2

发射光子的波长和频率 一个受激氢原子从第二能级($n=2$)跃迁到第一能级($n=1$)，计算发射光子的波长和能量。利用例题1中得出的E_2和E_1进行计算。

1 分析概括问题

- 画出能级E_2和E_1。
- 在图上标出能量增加的方向，并画出发射的光子。

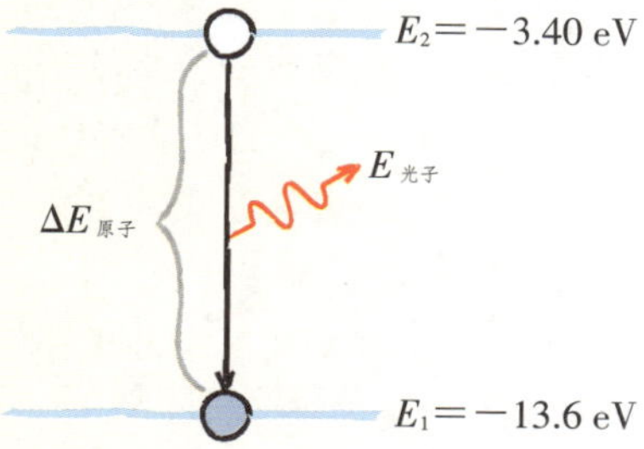

已知	未知
能级$E_1=-13.6\ \text{eV}$	频率$f=?$
能级$E_2=-3.40\ \text{eV}$	波长$\lambda=?$
	能量差$\Delta E=?$

2 求解未知量

发射光子的能量为ΔE，即原子的最终能级与最初能级的能量差。

$\Delta E=E_f-E_i$

$=E_1-E_2$ ◀将$E_f=E_1$，$E_i=E_2$代入。

$=-13.6\ \text{eV}-(-3.40\ \text{eV})$ ◀将$E_1=-13.6\ \text{eV}$，$E_2=-3.40\ \text{eV}$代入。

$=-10.2\ \text{eV}$ 发射的能量

运用以下公式，计算光子的波长。

$\Delta E=hf$，所以$f=\dfrac{\Delta E}{h}$ ◀利用光子能量公式解出频率。

$c=\lambda f$，所以$\lambda=\dfrac{c}{f}$ ◀根据波长与频率的关系，求解波长。

$\lambda=\dfrac{c}{\frac{\Delta E}{h}}$ ◀将$f=\dfrac{\Delta E}{h}$代入。

$=\dfrac{hc}{\Delta E}$

$=\dfrac{1\,240\ \text{eV}\cdot\text{nm}}{10.2\ \text{eV}}=122\ \text{nm}$ ◀将$hc=1\,240\ \text{eV}\cdot\text{nm}$，$\Delta E=10.2\ \text{eV}$代入。

3 验证答案

- **单位是否正确？** 能量的单位是eV。在SI单位制中，基本单位m前加前缀n，叫作纳米，记作nm，它是波长的正确单位。
- **符号是否有意义？** 当从第二能级跃迁到第一能级时，原子发射一个光子，释放能量，因而能量差是负的。
- **数值是否合理？** 跃迁产生的光属于紫外光，波长小于400 nm。

练一练

5. 求出第2题和第3题中发射光的波长。在**图28-6**中，对应于每一次跃迁的分别是哪些线？

6. 对于一个特定的跃迁，汞原子的能量由8.82 eV减少到6.67 eV。

a. 汞原子发射的光子的能量是多少？

b. 汞原子发射的光子的波长是多少？

7. 挑战题 一个氦离子的基态能量为$-54.4\ \text{eV}$，电子跃迁到基态并发射了一个304 nm的光子。受激态的能量是多少？

物理挑战题

虽然玻尔的原子模型正确地解释了氢原子的特性，但它却不能解释其他任何原子的特性。通过对氖原子里电子跃迁的分析，科学家发现玻尔原子模型具有一定的局限性。与氢原子不同，氖原子里有10个电子。其中的一个电子在$n=5$和$n=3$的能级间跃迁，在此过程中发射一个光子。

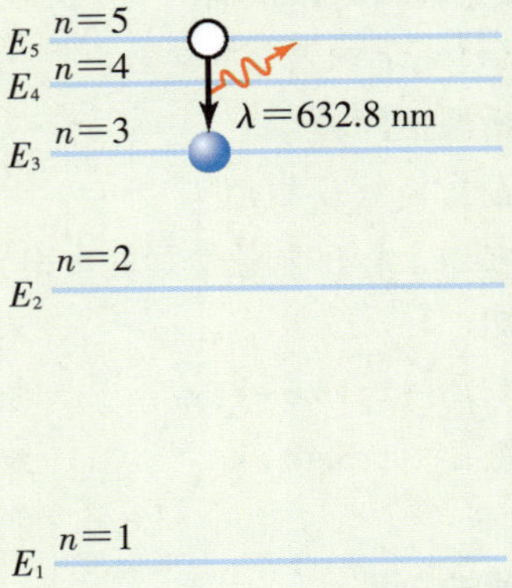

1. 假设氖原子的电子能够像氢原子的电子一样处理，那么玻尔模型预期的光子的能量是多少？

2. 假设氖原子的电子能够像氢原子的电子一样处理，那么玻尔模型预期的光子的波长是多少？

3. 若跃迁过程发射光子的实际波长是632.8 nm，玻尔模型预期的光子波长的百分误差是多少？

尽管玻尔模型无法正确预测带有多个电子的原子中的电子能量，但是它的主要贡献是让科学家了解了原子的结构。另外，通过发射光谱的计算，玻尔和他的学生算出了氢原子的电离能。一个原子的电离能，是指一个电子脱离原子而完全自由所需要的能量。玻尔得出的电离能值与实验数据是一致的。

除了电离能，玻尔模型还进一步提供了对元素的某些化学性质的解释。每种元素的原子具有独特的电子排布情况，这一思想是化学反应和化学键等许多知识的基础。1922年，由于他对原子理论所做出的贡献，玻尔被授予了诺贝尔奖。

第1节 复　习

8. 主要概念 说明当原子吸收一个光子时，能量是如何守恒的。

9. 卢瑟福的核式模型 按照卢瑟福的核式模型，概述原子的结构。

10. 吸收光谱 如**图28-12**所示为氢气样品的吸收光谱。说明如何能够确定气体的吸收光谱。说明光谱的形态特征的产生缘由。

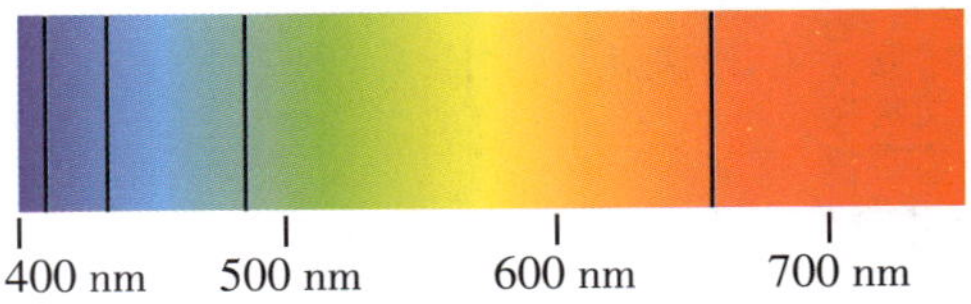

图28-12

11. 光谱 白炽固体与原子气体的发射光谱有什么不同？在哪些方面它们是相似的？

12. 轨道半径 氦离子的许多特性类似于氢原子。已知它的最低能级的半径为0.026 5 nm。按照玻尔模型，它的第二能级的半径是多少？

13. 玻尔模型 科学家已经检测出氢可以从第101能级跃迁到第100能级。在这个跃迁过程中，发射的光子的波长是多少？在电磁波谱里，该辐射属于哪种类型？

14. 批判性思维 氢原子核的半径大约为1.5×10^{-15} m。如果你要建立一个氢原子模型，用$r=5$ cm的垒球代表核，你将$n=1$的玻尔轨道上的电子放在什么地方？这个模型是否能放在你的教室里？

第2节 原子的量子模型

物理在你身边

你是否玩保龄球或对抗外星人入侵这一类游戏，每次在你玩一个视频游戏时，你所用的技术中可能就用到了根据量子力学所研发出的一些应用。例如，用来读取游戏光盘的激光器，就可能是通过物理学家理解的原子的量子模型所制造出来的。

主要概念

原子的量子模型预言了电子在一个特定区域出现的概率。

核心问题

- 原子量子模型的特征是什么?
- 激光器是如何工作的?
- 激光的特性是什么?

术语回顾

海森堡不确定性原理
同时精确测量粒子的位置和动量是不可能的

关键术语

量子模型
电子云
量子力学
受激发射
激光器

从轨道到电子云

玻尔模型的电子轨道量子化，是原子理论向前跨越的重要一步。然而，该模型不能准确预测多电子原子中的电子能量。德布罗意有关粒子具有波动性的研究，有助于引导物理学家从玻尔的轨道模型，到对原子结构的新认识。

在原子中的德布罗意波 回忆第27章中，德布罗意提出，与光具有粒子性相似，粒子也具有波动性。动量为mv的粒子，它的德布罗意波长为$\lambda=\frac{h}{mv}$，角动量为$mvr=\frac{hr}{\lambda}$。因此，玻尔要求的角动量的量子化条件$mvr=\frac{nh}{2\pi}$可以写成下述形式：

$$\frac{hr}{\lambda}=\frac{nh}{2\pi} \text{ 或 } 2\pi r=n\lambda$$

如**图28-13**所示说明了以上的关系，也就是说玻尔轨道的周长$2\pi r$等于德布罗意波长λ的整数倍。

1926年，奥地利物理学家薛定谔利用德布罗意的波动模型，创立了基于波动的粒子的量子理论，如电子。不过电子本身不是波。这个波描述的是在特定的区域找到电子的概率，或电子具有一定的动量或能量的概率。

■ 德布罗意波

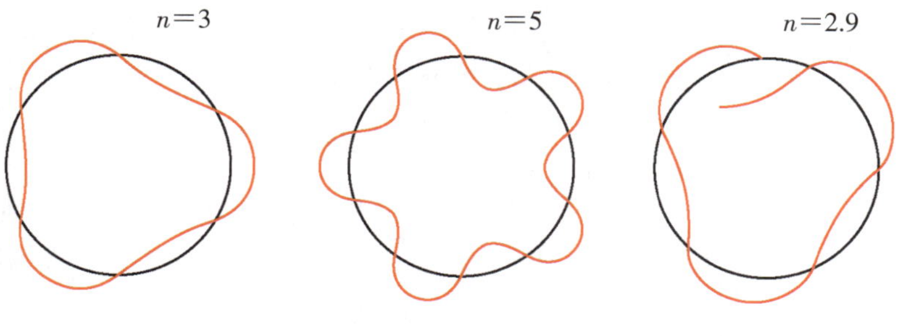

图28-13 在玻尔的原子模型中，为了让电子绕核运动有一个稳定的轨道，轨道的圆周必须是德布罗意波长的整数倍。

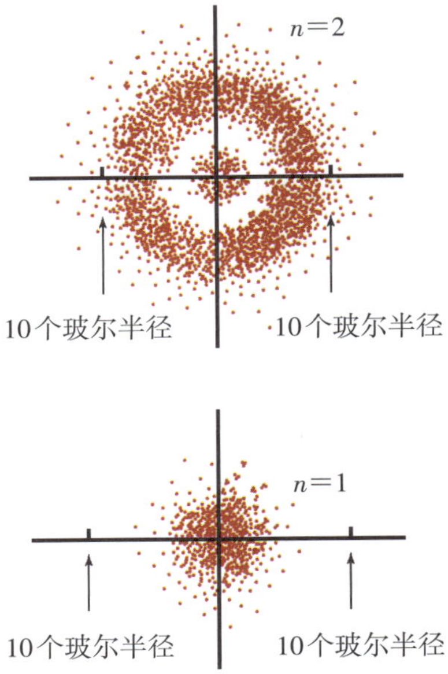

图 28-14 图中小点分布的密度对应于,在氢原子第一和第二能级中电子出现的概率。

图 28-15 在同一时间,当每个波处在周期中的同一点,则相干光是同相的。

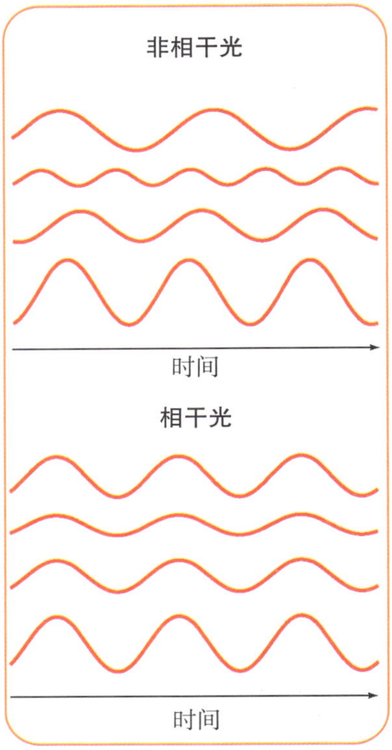

不确定原理在原子理论中的应用 正如你在上一章已经学过的,海森堡指出,同时精确测量一个粒子的位置和动量是不可能的。你只能对它做大概的了解。根据海森堡的观点,原子的现代**量子模型(quantum model)**仅预言了电子在特定区域出现的概率。量子模型预测的氢原子中电子与核之间的最可能的距离,与玻尔模型预测的电子半径相同。

电子在任意特定半径范围内出现的概率,可以通过计算得到,并且显示等概率区的三维图也可以被构建出来。其中电子出现的高概率区域叫作**电子云(electron could)**。如**图 28-14** 所示为氢原子的两个最低能级的电子云的剖面图。

☑ **阅读检测** **解释**电子云的含义。

尽管把原子的量子模型形象化是非常困难的,但利用物质的波动性研究物质的性质,却是在**量子力学(quantum mechanics)**的发展中所取得的早期成功。量子力学对于物理学家、化学家、生物学家和工程师都是有用的工具。它已经被用来发展新的化学制品、新的电脑芯片、新的太阳能电池元件和新的药物。量子力学还用来分析原子发射和吸收光的细节,从而开发出了一种新的光源。

激　光

你所看到的大部分的光,是由许多不同波长的、杂乱而又不协调的波组成。这就像来自每个成员唱着不同歌曲的唱诗班音乐。正如你所知道的,像灯泡的灯丝这样的白炽光源发射的光具有连续的波长,但是由原子的气体产生的光只有少数几个差别明显的波长。这两种光都可以朝着各个方向传播。在同一时间,这些波不一定处在周期中的同一位点上。步调不一致的光称为非相干光。步调一致的波,就说是相干的,而相干的光波就称为相干光。如**图 28-15** 所示即为这两类光。

☑ **阅读检测** **对比**相干光与非相干光。

原子从一个较高能态到一个较低能态,就发射出光。到目前为止,你已经学习了把原子激发到较高能态的两种方法:热激发和电子碰撞。第三种方法为,一个能量正好合适的光子可以与原子发生碰撞,而使原子受到激发。在激光器中,这个过程可以产生强烈的相干光。

自发发射和受激发射 当一个原子处在激发态时,会发生什么现象呢?通常它会在很短时间内回到基态,并发射出一个与它吸收的能量相同的光子,如下页**图 28-16** 所示,这个过程叫作自发发射。

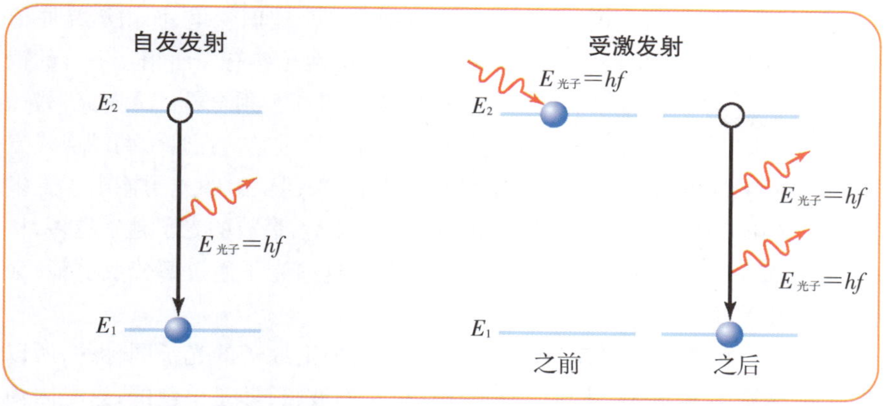

图 28-16 自发发射发生在一个原子中的电子从激发态下降到基态，发射一个光子。在受激发射过程中，一个带有能量 E_2-E_1 的光子撞击一个激发态的原子。该原子从激发态下降到基态，并发射两个光子。这两个光子具有相同的能量值：$E_{光子}=E_2-E_1$。

比较入射光子和辐射光子的波长。

1917年，爱因斯坦考虑，假如用一个光子碰撞一个已经处在激发态的原子，且这个光子的能量等于该原子受激态与基态间的能量之差，此时将会发生什么情况呢？他指出，在这种情况下，原子通过一个称为**受激发射(stimulated emission)**的过程回到基态，并发射一个能量等于两能态能量之差的光子。而激发发射的光子是不受影响的。这两个离开原子的光子，不仅具有相同的频率，而且是完全同步的，或者说是相干的，如**图 28-16** 的右边所示。这两个光子中的任意一个又可以碰撞其他处于激发态的原子，从而产生出与原光子同步的其他的光子。这个过程能够持续进行并产生雪崩般的大量光子，所有光子都有相同的波长和相同的位相，即它们都是相干的。

☑ **阅读检测** **比较**通过受激发射而发射的两个光子。

为了引发这个过程，必须满足一定的条件。第一，必须要有处于激发态的其他原子；第二，原子在被光子撞击之前必须在激发态保持足够长的时间；第三，必须包含有这样一些能够去撞击其他受激原子的光子。1959年，科学家发明了一种称为**激光器(laser)**的装置，它可以满足产生相干光的全部条件。“laser”这个词，在英语中是只取首字母的缩写词，意为“受激辐射的光放大”(light amplification by stimulated emission of radiation)。当原子在激光器里受激发射光时，就称其为放出激光。

原子的激发 激光器中的原子可以被激发或泵浦。波长比激光的波长短一些的强烈闪光，可用于泵浦原子。而由闪光产生的波长较短、能量较高的光子，在与激光原子发生碰撞后，就可将其激发。当受激原子通过发射光子衰变到较低的能态时，光子的雪崩就开始了，从而引起短脉冲激光的发射。除了以上方式，还可以通过其他原子的碰撞来激发激光原子。在氦—氖激光器中，电子的放电激发了氦原子，这些受激的氦原子与氖原子碰撞，泵浦它们到激发态，并使它们发出激光。由这个过程引起的激光是连续的，而不是脉冲式的。

发射激光 激光器把激光原子限制在一个玻璃管里，而由激光原子发射的光子也被收集在该管中。管子的两端各有一面相互平行的镜子：其中一面镜子的反射率超过99.9%，几乎反射全部的入射光；另一面则是部分反射，允许大约1%的入射光透过它。在管子两端连线方向上的发射光子被镜子反射回气体中，来回反射的光子撞击了更多的原子。随着光子在镜子间的每一次穿行，释放的光子越来越多，从而大量高能量的光子被积聚了起来。这些光子通过部分反射镜，穿出管子，形成激光束。

因为所有受激发射的光子都是与撞击原子的光子同步的，所以激光是相干光。同时，激光具有单一的波长，即是单色的，这是因为电子仅在涉及的同类原子的唯一一对能级间跃迁。激光器中的平行反射镜，保证了发射的激光具有高度的方向性。换言之，激光束在传播过程中的发散程度很小。因为典型的激光束是很细的，所以激光的强度非常大。激光可以聚焦到很细的一点，它也可以在很短的时间内控制受激发射，从而产生出短和大功率的光脉冲。激光的这些特征使其特别适合于许多不同领域的应用。

迷你实验

激光的衍射

当激光通过衍射光栅时，产生出怎样的衍射图样？

激光的应用

如果你用过CD或DVD播放器，那么你就已经使用过激光器了。这些激光器以及激光笔，都是用半导体制成的。例如，CD播放器中的激光器就是用砷化镓（GaAs）或镓铝砷（GaAlAs）晶体制成的。发射激光的薄层只有200 nm厚，而且晶体的每一边都只有1～2 mm长。在半导体晶体里，原子是由电流泵浦激发的，并且形成的光子在晶体抛光的两端间来回反射，从而被放大。如**图28–17**所示，用于DVD播放器中的短波长的激光束，光束可以聚焦在很小的点上。这就使得DVD比CD储存更多的数据。

激光束是集束且高方向性的——经过长距离传输也不会发散。基于此，测量员通常用激光束来检测长隧道或管子的准直度。宇航员在探月的时候，把镜子安放在了月球的表面。科学家用这种镜子反射从地球传送出去的激光束，从而精确地测定了地月之间的距离。此外，通过在地球的不同部位对月球的位置进行跟踪，科学家已经测得了地球板块移动的一些数据。

图28–17 这个DVD播放机使用的激光器发出的光，波长大约是650 nm。

阅读检测 **明确**激光的哪些特性，使其较好地适用于长距离的测量。

由于激光器可以发出10^{-15} s的光脉冲，这些激光可以用来研究原子或分子结构的快速变化。其他科学家试图利用功率非常大的，能产生拍瓦（10^{15} W）级的脉冲的激光器，以产生出来自高温等离子体的能量。

表28-1 激光的应用

光纤通信

激光也被用于光纤通信中。由于运用了光的全反射原理，光纤电缆在传导信号的过程中损失的能量极少。因此，通过快速地发射或关闭波长为1 300～1 500 nm的激光，就能使光纤以脉冲的形式传送信息。现在，在全世界范围内，电话、电脑的数据，甚至电视的图像，都已不再使用铜导线，而是以光缆进行传导了。

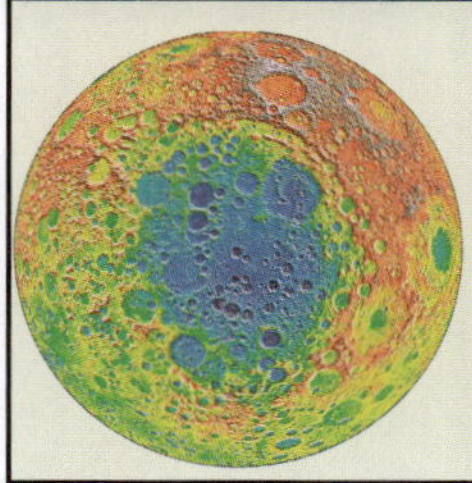

月球的研究

月球勘测轨道飞行器用激光对准月球表面，并记录激光从月球表面反弹回到卫星所需要的时间。在执行这一任务过程中收集到的数据所形成的地形图，可以精确到10 cm以内。这些数据除了提供月球的历史线索之外，这些地图还可以用于为未来机器人与载人登月选择安全的登陆点。

激光打印机

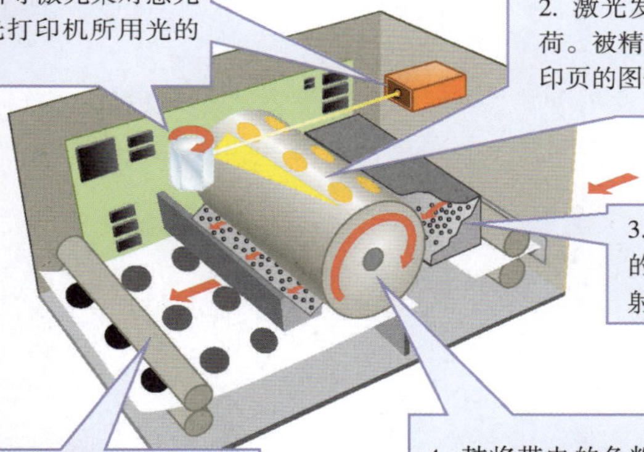

第2节 复 习

15. 主要概念 为什么说玻尔原子模型尽管能准确预言出氢的特性，但它还是存在严重的不足？

16. 量子模型 说明为什么玻尔的原子模型与海森堡不确定性原理相抵触，而量子模型却没有。

17. 泵浦原子 说明是否能用绿光泵浦红色的激光。为什么红光不能用于泵浦绿色的激光？

18. 激光器 说明激光器利用受激发射产生相干光的过程。

19. 激光 激光的重要性主要依赖于它的哪四个特点？

20. 批判性思维 假设原子的电子云可以被压缩，使得原子几乎只有原子核那样大小，利用海森堡不确定性原理，说明为什么这将需要巨大的能量。

起步实验

识别硬币

实验步骤

1. 左手捏住一枚25美分的硬币的边缘,用右手的食指快速弹击硬币,使之旋转。注意观察硬币在旋转过程中的形态和发出的声音,直到它在桌上停止转动为止。
2. 依次取10美分、5美分和1美分的硬币各一枚,重复步骤1的操作3次。
3. 让一位同学随机抽取一枚硬币,并将其旋转起来。然后,请其他同学观察这枚硬币,尝试判断这枚硬币的类型。
4. 重复步骤3,这一次你要闭上眼睛,努力识别每枚旋转的硬币。

分析

5. 如果让你仅凭听力来判断旋转硬币的类型,你是否掌握了一些成功判断的技巧?

6. 可以通过哪些特征来判断硬币的类型?假如可以借助仪器,你认为哪种仪器可以轻而易举地识别出旋转硬币的类型?

7. **批判性思维** 在高压气体放电管中,一种元素的受激原子通过发射光来释放能量。这些发射的光是如何来帮助你判断放电管中原子的种类的?哪些仪器可以帮助你进行判断?

迷你实验

激光的衍射

实验步骤

注意:请勿直视激光束或明亮的反射光束。摘下所有反光首饰。

1. 预测当激光束通过衍射光栅时,你观察到的情况。
2. 将红色激光笔照射到30 cm外的白色屏幕上,然后通过衍射光栅观察屏幕的反射光。

分析

3. 激光是单色光吗?它是否包含除红色以外的任何颜色的波长?

4. 如果你使用一个绿色激光笔,预测一下,你的观察结果与上述结论是差不多,还是很不一样。

物理实验

实验器材

- **实验中使用热光源要小心。**

两把米尺(1m长)
橡皮泥
衍射光栅
狭缝
四个不同光源
米尺

电子跃迁

当你把物质加热到使其汽化时,其中元素就以特征波长发出光。电子从热源吸收能量移动到更高的轨道上。当这些电子返回到较低轨道时,它们以光的形式给出能量。因为能量变化发生在固定的能级之间,并且由于每个元素具有独特的电子结构,使得每个元素从而具有独特的发光光谱。所以通过测量材料被加热时发出的光的波长,你就能识别该材料中的元素。

在本实验中,你将使用衍射光栅观察各种光源的发光光谱。你将看到各种光源在被电流加热时发出的光谱。你将这些光谱与你在教科书中的光谱相比较,以确定这些发光的元素。最后,你将看到光谱线的数量与电子能量跃迁有关。

目标

- **理解**发光光谱与元素之间的关系。
- 把光谱线的数量与原子中电子能量跃迁的数量**联系**起来。
- **区分**实验室光源与商业使用的光源。

实验步骤

1. 使用橡皮泥将一把米尺固定在桌上,如图所示。再用黏土在米尺末端的0.0 m处安装一条狭缝。
2. 安置另一把米尺与第一把米尺相垂直,并正对着狭缝。使用黏土在距离狭缝1.00 m处安装一个衍射光栅。
3. 将一个测试光源放在狭缝的后面。
4. 一个实验团队成员通过衍射光栅观察光谱线,而另一个实验团队成员站在光线和狭缝的后面,握一支铅笔垂直地放置在贴近狭缝左边位置,铅笔尖在米尺上。

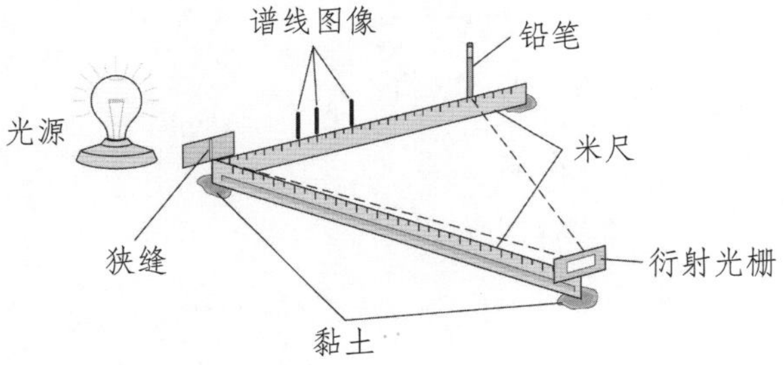

5. 让通过衍射光栅观察的成员，指导另一个成员将铅笔沿着米尺缓慢地移动，离开狭缝直到与第一条明线对齐。记录铅笔所指的米尺上的这个值，记在数据表1的第一行的空格中。将线的颜色也记在同一空格中，继续这个过程，测量来自光源的发射光谱中的每一条明线的位置与颜色。共记录7条线。
6. 用另外三个光源重复步骤3～5。把谱线的位置与颜色记录在数据表1中。

数据与观察

数据表1

光源	谱线1的位置与颜色	谱线2的位置与颜色	谱线3的位置与颜色	谱线4的位置与颜色	谱线5的位置与颜色	谱线6的位置与颜色	谱线7的位置与颜色
1							
2							
3							
4							

分析与结论

1. 解释每个光谱中出现的颜色的顺序。

2. 通过在数据表2中制作每个光谱的比例图，说明通过衍射光栅观察到的每个光源的光谱。

数据表2
光源1的光谱
光源2的光谱
光源3的光谱
光源4的光谱

3. 将你的光谱图与书中的光谱图和老师提供的照片进行比较。识别在光源中发光的元素。

光源1的元素：____________

光源2的元素：____________

光源3的元素：____________

拓展与应用

1. 将光谱线的数量与原子中产生的电子能量跃迁数量联系起来。在图中绘制箭头,显示电子可以在四个所示的能级之间产生的所有跃迁,这将会发射出光子。这个原子可能产生多少谱线?

2. 建立图中的光谱之间的联系。什么证据可以说明铁存在于太阳相对较冷的外层中?

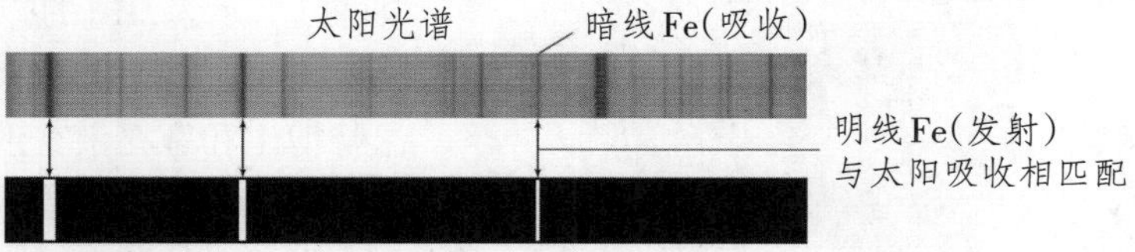

实验室中铁的光谱

3. 区分两种霓虹灯光,一种是出现在眼睛中的橙色霓虹灯光,而另一种是用于通过将彩色发光管弯曲成文字或图片来制作广告牌的霓虹灯光。怎样制作一个除了橙色以外颜色的霓虹灯呢?请给出说明。

发光纳米粒子

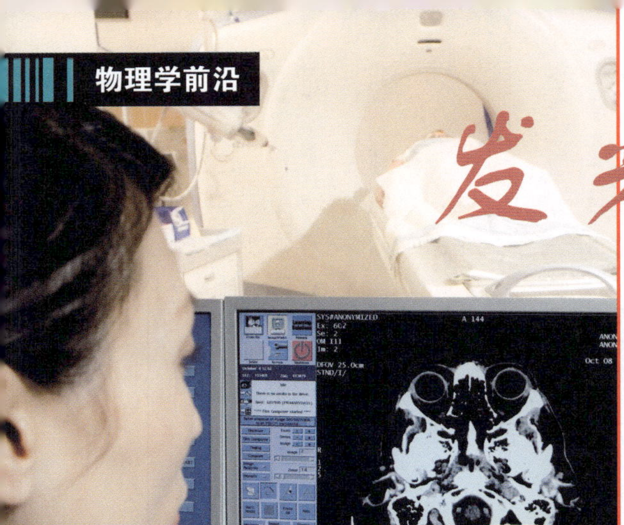

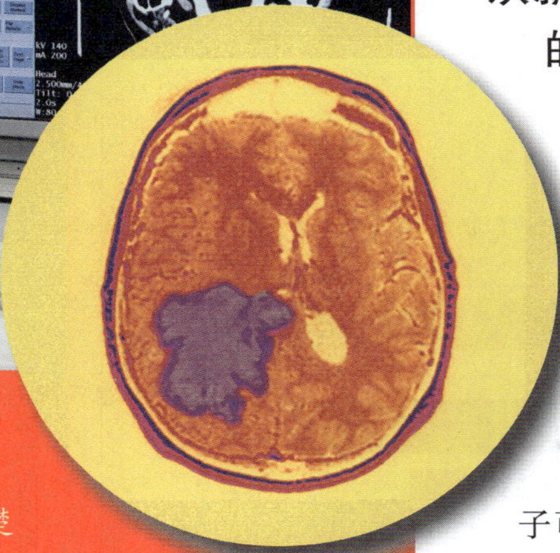

看，穿过我们的头骨，就进入到我们的大脑，由于大脑功能的特殊性，对大脑的研究一直是神经医学的一项巨大挑战。俄亥俄州立大学的温特博士，是这个致力于从新窗口进入大脑中的神秘世界的团队的一员。

观察肿瘤 胶质母细胞瘤是一种致命的脑部肿瘤，这种肿瘤很难通过手术切除。借助核磁共振成像（MRI），可以显示出肿瘤和它的边界，如**图1**所示为MRI的扫描图。虽然，借助MRI可以看到肿瘤，但是外科医生无法进行操作。温特博士和她在俄亥俄州立大学的同事们正在研究如何解决以上问题。他们已经创造了两种粒子：磁性粒子和荧光粒子。通过磁性粒子可以帮助确定在MRI中的肿瘤位置。如**图2**所示，荧光粒子给外科医生一个可见的标识，使医生在手术时可以辨认出大脑的肿瘤组织。

图1 磁性粒子用来帮助医生在MRI扫描中更清楚地看到脑肿瘤。

磁性和荧光粒子 这两种粒子是很特别的，磁性源自金属原子周围自旋排列的电子，荧光则来自对光吸收或再发射的、被紧密绑定的原子内外层电子。

温特博士和同事们利用高温把以上两种不同的粒子捆绑在一起，做成一种称为纳米复合粒子。这种纳米复合粒子保留了磁性和荧光两种性质，粒子直径约20 nm。

障碍 不幸的是，这些磁性和荧光的纳米复合粒子对于病人是有毒的。温特博士和她的团队正在研究如何改变这种纳米复合粒子，使其能安全地作用于生物体。如果他们成功了，外科医生就可以通过清晰发光的大脑进行手术了。

图2 像这样的荧光粒子，可以帮助外科医生看到大脑的哪些部位需要切除。这种方法在用于人类身上之前，正在用老鼠做实验。

进一步探索 >>>

研究 有毒材料往往在医学上是有用的，有毒的钡和钆就是两个例子。写一篇短文简要描述一种方法，如何使医生在病人体内安全使用有毒物质。

复习指南

大概念 原子是由原子核和周围的电子组成，而原子核是由质子和中子组成。

关键术语
- α粒子
- 原子核
- 吸收光谱
- 能级
- 基态
- 激发态
- 主量子数

第1节 原子的玻尔模型

主要概念 原子的玻尔模型指出原子内部有一个质量很大的中心核，而核外轨道上的电子具有量子化的能量。

- 卢瑟福用带正电的、高速的α粒子瞄准薄金箔。通过研究反射粒子的径迹，他得到了如下结论：原子几乎是一个空旷的空间，在它的中心有一个微小的、质量很大的、带正电荷的核。电子在一个很大的空间内绕核运动，但是它对原子质量的贡献不到0.1%。
- 原子在两个可允许的能级间进行跃迁，并以光子(电磁波)的形式吸收或辐射能量。发射光子形成了原子的发射光谱，而吸收光子形成了吸收光谱。光子的能量等于原子在终态和初态之间的能量之差：

$$E_{光子}=-\Delta E$$

- 按照玻尔模型，电子的轨道半径只能有某些确定的(量子化的)值，在氢原子n能级上的电子的半径由下式给出：

$$r_n=\frac{h^2n^2}{4\pi^2 k m_e e^2}$$

原子的玻尔模型指出，原子的能量只能有某些确定的值，因而，它是量子化的。玻尔指出，氢原子在n能级时的能量等于$-13.6\ \text{eV}$和n^2的倒数的乘积：

$$E=-13.6\ \text{eV}\times\frac{1}{n^2}$$

关键术语
- 量子模型
- 电子云
- 量子力学
- 受激发射
- 激光器

第2节 原子的量子模型

主要概念 原子的量子模型预言了电子在一个特定区域出现的概率。

- 在原子的量子力学模型里，原子的能量只能有特定的量子化的值，只能够确定在特定的范围里找到电子的概率。在氢原子里，电子离开核的概率最大的距离与玻尔模型中电子的轨道半径是相同的。
- 通过产生一连串的受激辐射的反应，激光器产生了相干光。当一个入射光子使一个原子中的电子到达激发态，并发射出一个相干光子，再回到较低的能级，这样受激发射就发生了。入射光子和辐射光子还可以由此造成其他原子发射更多的相干光子。激光腔构造出这些相干光子通过激光材料来回反射产生出更多的光子。
- 激光器产生的光是准直的、功率强大的、单色的和相干的。每一特性都使激光具有广泛的应用。

第28章 测 评

第1节 原子的玻尔模型

理解概念

21. **大概念** 描述卢瑟福是如何确定在原子中，正电荷是集中在一个微小的区域里，而不是散布于整个原子的。

22. 解释玻尔模型是如何说明氢的吸收光谱包含与它的发射光谱完全相同的频率的。

23. 复习原子的行星模型。原子的行星模型带来了一些什么问题？

24. 分析与判断原子的玻尔模型。哪三个假设使玻尔发展了他的模型？

25. **气体放电管** 解释明线光谱是如何从气体放电管中产生的。

26. 对于由原子发射的光谱，玻尔模型作了什么解释和估计？

27. 说明为什么由氢气放电管产生的明线光谱和由氦气放电管产生的明线光谱是不同的。

解决问题

28. 钙原子从高于基态4.68 eV处跌到高于基态2.93 eV处时，发射的光子的波长是多少？

29. 钙原子处在激发态E_2，E_2能级比基态高1.88 eV。能量为2.03 eV的光子撞击钙原子，并被它吸收了，钙原子将上升到什么能级？可参考如**图28-18**所示的内容。

钙原子能级图

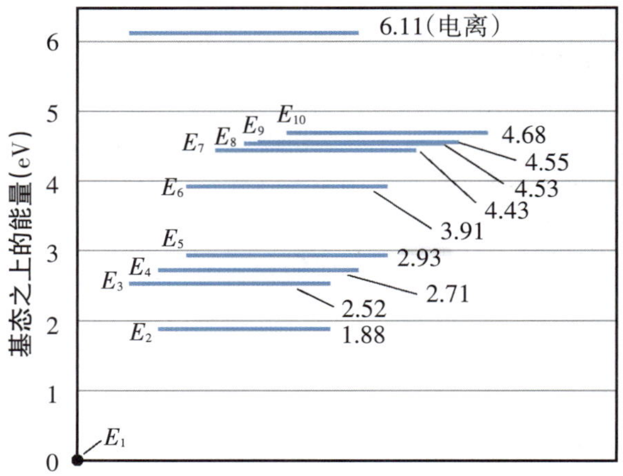

图28-18

30. 一个钙原子处在激发态E_7能级。当该原子跌回到E_2能级时，将释放多少能量？可参考如**图28-18**所示的内容。

31. 橙色光的一个光子具有6.00×10^2 nm的波长。当它进入一个处在激发态E_8能级的钙原子后，可使原子电离。当电子逸出原子时具有多少动能？可参考如**图28-18**所示的内容。

32. 汞原子处在激发态E_6能级。可参考如**图28-19**所示的内容。

a. 电离该原子需要多少能量？

b. 如果该原子下降到E_2能级，它将释放多少能量？

汞原子能级图

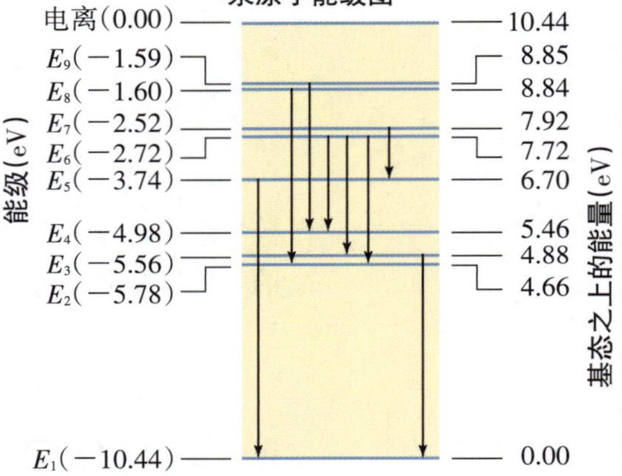

图28-19

33. 一个汞原子处在激发态，具有−4.98 eV的能量。它吸收一个光子便上升到下一个较高的能级。该光子的能量和频率分别为多少？可参考如**图28-19**所示的内容。

34. 与氢原子的E_2、E_3、E_4、E_5及E_6相关联的能量分别是多少？

35. **排序** 把下列氢原子发生能级跃迁时，按照发射光子的能量从小到大排序，并说明理由。

A. 从$n=5$到$n=3$

B. 从$n=5$到$n=4$

C. 从$n=4$到$n=2$

D. 从$n=3$到$n=2$

E. 从$n=2$到$n=1$

36. 编写问题 用生活中的物体编写一道物理题，在它的解答中会出现下列表达式：

$$E=13.6\ \text{eV}\times\left(\frac{1}{1^2}-\frac{1}{3^2}\right)$$

37. 对于处在 $n=3$ 玻尔轨道的氢原子，求出下列各量。

a. 该轨道的半径。

b. 质子与电子间的作用力。

c. 电子的向心加速度。

d. 电子的轨道速度。（把该速度与光的速度进行比较）

第2节 原子的量子模型

理解概念

38. 激光器 实验室的激光器只有 0.8 mW（即 8×10^{-4} W）的功率。为什么看起来它的光比一个 100 W 电灯的光还明亮？

39. 激光的什么特征使得它在灯光表演方面有着重要的应用？

解决问题

40. DVD 播放器 用于 DVD 播放器中的激光器如**图 28–20** 所示。这样一台发射波长为 640 nm 的光的激光器，它的两个受激能态间的能量差是多少电子伏特？

图 28–20

41. 激光束的功率等于每一光子的能量乘以每秒发射的光子数目。

a. 如果你要求 840 nm 的激光器与另一个 427 nm 的激光器具有相同的功率，前者每秒发射的光子需要是后者的多少倍？

b. 求出 840 nm、5.0 mW 的激光器每秒发射的光子数。

42. 氦氖激光器 一种氦—氖激光器可以产生三种波长的激光：632.8 nm、543.4 nm 和 1152.3 nm。

a. 求出产生每一种波长所对应的两能级间的能量差。

b. 确认每一种波长的光的颜色。

应用概念

43. 北极光 北极光是来自太阳的高能粒子撞击地球大气高层原子而产生的。如果你通过分光镜观察那些光，你将看到一幅连续光谱还是明线光谱？试说明理由。

44. 如果让在太空中的某宇航员观察从地球表面发射的白光，它的光谱是连续的吗？试说明理由。

45. 钱币是量子化的一个很好的例子吗？水呢？说明理由。

46. 一个给定的原子有四个能级，用 E_4 表示最高能级，E_1 表示最低能级。如果原子能够在任意两个能级间跃迁，那么该原子能够发射多少条光谱线？哪一种跃迁产生的光子具有最大的能量？

47. 当一个处于激发态的氢原子中的电子向下跃迁到低能级时，发射一个光子。光子具有的最大能量是多少？如果将同等的能量给予基态的原子，将产生什么现象？

48. 把原子的量子力学理论与玻尔模型进行比较。

复习提高

49. 具有 14.0 eV 能量的光子击中处在基态的氢原子，并使它电离。从原子逸出的电子有多少动能？

50. 一个氢原子处在 $n=2$ 能级。

a. 如果一个波长为 332 nm 的光子撞击这个原子，证明原子将被电离。

b. 当原子电离时，假设电子接收了电离后剩余的能量，那么电子的动能是多少焦耳？

51. 将一束电子瞄准原子态的氢气样品。为了使氢原子从 $n=3$ 跃迁到 $n=2$ 的能态时发射出红光，电子需要的最小能量是多少？

52. 最精确的光谱学实验运用的是“双光子”技术。波长相同的两个光子，从相反的方向瞄准目标原子，每一个光子具有把原子从基态激发到设计能态所需的能量的一半。为了精确研究氢原子$n=1$和$n=2$能级间的能量差，需要什么波长的激光。

批判性思维

53. **应用概念** 高压汞蒸气灯的光谱，在暗室墙上投影的结果如**图 28–21** 所示。三条明线中的每一条分别对应什么能级差？

图 28–21

54. **解释科学图示** 汞原子在发射第 53 题中描述的可见光子以后，继续发射光子直到它到达基态。通过对**图 28–21** 的观察，是否可知这些光子中的任何一个都是可见的？说明理由。

55. **分析与结论** 一个电子偶素原子，是由一个电子和与它相对的反物质(即正电子)束缚在一起组成的。虽然这个“原子”的寿命很短——平均为 17 μs，但它的能级可以被测定。只要将它的一半质量代替电子的质量，就可以用玻尔模型计算出能量值。它的轨道半径和每一能级的能量可能受到怎样的影响？从E_2跃迁到E_1，发射的光子的波长是多少？

56. **补充问题** 把问题补充完整，以便利用氢原子的玻尔模型来求解：“一个氢原子处于基态……”

科技写作

57. 研究原子模型的历史，简略描述每种模型，并说出它们的优缺点。

58. 绿激光指示器发射波长为 532 nm 的光。研究这种指示器用的激光器，并描述它的原理。简要说明发射的激光是脉冲的还是连续的。

日积月累

59. 一根长 1.0 m 的导线以 4.0 m/s 的速度垂直于地磁场运动，该处的磁感应强度是 5.0×10^{-5} T，如**图 28–22** 所示。导线中的感应电动势是多少？

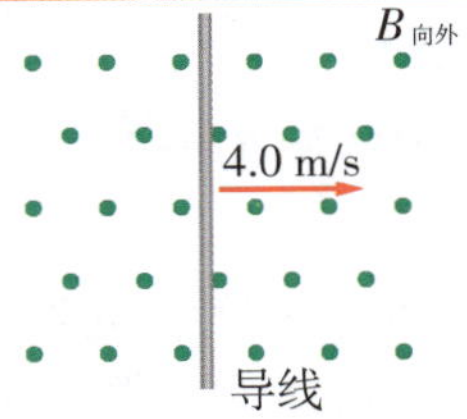

图 28–22

60. 作用在电荷量为 $+3.00\times10^{-7}$ C 的试探电荷上的力是 0.027 N。该试探电荷所在处的电场强度是多少？

61. 一位技师需要 4 Ω 的电阻，但他手头只有若干个 1 Ω 的电阻器。有什么办法可以使他获得所需的电阻？说明理由。

62. 电子束中的电子以 2.8×10^{8} m/s 的速度在场强为 1.4×10^{4} N/C 的电场中运动。如果电子横穿电场而不发生偏斜，磁感应强度应当是多少？

63. 如果汤姆孙要修改他的阴极射线管，以使它能够加速质子(不是电子)。先考虑如何修改，然后回答下列问题。

    a. 要选择相同速度的粒子，比率 $\frac{E}{B}$ 将要改变吗？说明理由。

    b. 为了使磁场引起的偏转一直保持不变，磁感应强度应大一些还是小一些？为什么？

64. 要使由金属发射的电子全部返回，所需要的截止电压是 7.3 V。电子的最大动能是多少电子伏特？

选择题

1. 下列原子模型中，基于卢瑟福的金箔实验结果的是(　　)
   A. 玻尔模型
   B. 核模型
   C. 葡萄干布丁模型
   D. 量子力学模型

2. 一个汞原子发射波长为405 nm的光时，所涉及的两个能级间的能量差是(　　)
   A. 0.22 eV　　B. 2.14 eV
   C. 3.06 eV　　D. 4.05 eV

3. 下图展示了汞原子的能级。当汞原子从E_7跃迁到E_5能级时，发射的光的波长为(　　)
   A. 811 nm　　B. 943 nm
   C. 984 nm　　D. 1020 nm

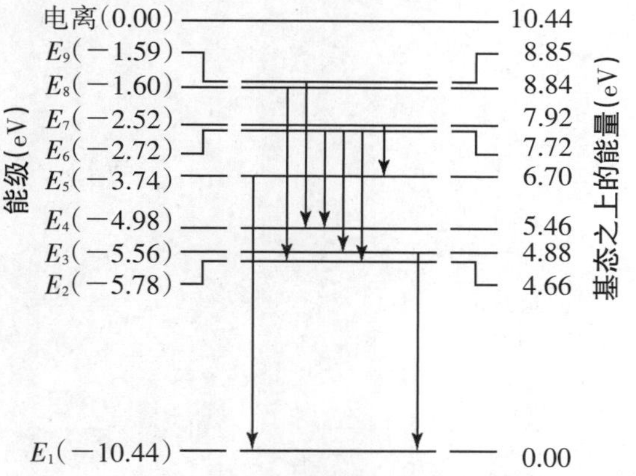

4. 下列关于原子的量子模型的说法中，错误的是(　　)
   A. 原子允许的能级是量子化的
   B. 电子绕核的位置是精确知晓的
   C. 电子云被定义为很可能找到电子的区域
   D. 稳定的电子轨道与德布罗意波长有关

第5～6题涉及氢原子的巴尔末系的电子跃迁图，如下所示。

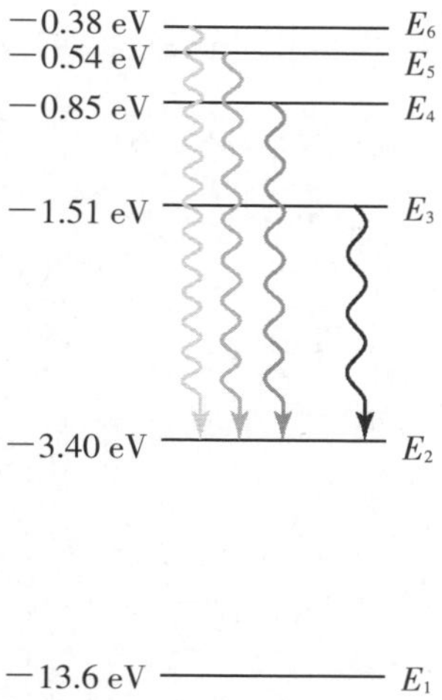

5. 发射最大频率的光相应于哪两个能级间的跃迁(　　)
   A. 从E_2到E_5　　B. 从E_3到E_2
   C. 从E_3到E_6　　D. 从E_6到E_2

6. 与E_4到E_2能级跃迁有关的巴尔末系谱线的频率是(　　)($1\ \text{eV}=1.60\times10^{-19}\ \text{J}$)
   A. 2.55×10^{14} Hz
   B. 4.32×10^{14} Hz
   C. 6.15×10^{14} Hz
   D. 1.08×10^{15} Hz

拓展题

7. 当氢原子从$n=5$能级跃迁到$n=2$能级时，发射的光子的波长为多少？

考点提示

测试题号	1	2	3	4	5	6	7
对应小节	1	1	1	2	1	1	1

第29章

固态电子学

大概念 通过控制材料的电导率，我们可以制造出各种电子元器件。

内容提要

起步实验

探究二极管的导电性

一个类似于标记了“入口”和“出口”门的双色发光二极管(LED)是怎样的呢？

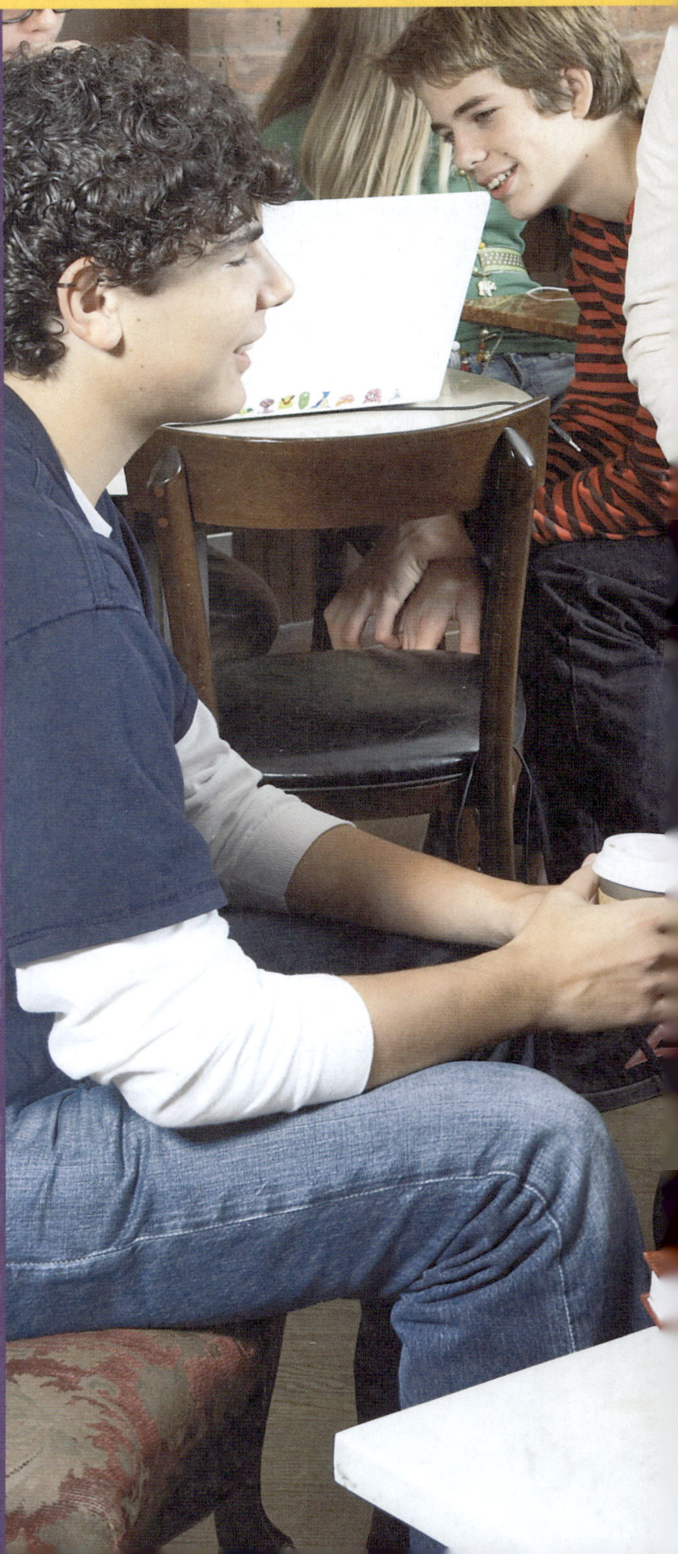

HISTORY People & Nations

第1节 固体导电

主要概念

材料的电导率取决于价带和导带之间的能量差。

核心问题

- 固体的能带理论是如何解释导电性的?
- 导体、绝缘体和半导体的能级是如何变化的?
- 如何提高半导体的电导率?
- N型和P型半导体有何相似之处?又有何不同?

术语回顾

导体　一种电荷比较容易通过的材料,如铜

关键术语

半导体
能带理论
本征半导体
掺杂剂
非本征半导体

物理在你身边

你可能听说过硅谷,一个靠近美国加利福尼亚州圣何塞市的地区。当该地区被命名为硅谷时,它是开发和制造硅芯片的商业中心。今天,它是许多高科技产业的孵化地。

固体的能带理论

你已经学习了什么是电的导体和绝缘体。电荷能够很容易地在导体内移动,但在绝缘体里却不能。第三类材料称为**半导体(semiconductor)**,这类材料在一定条件下,它表现为导体,而在另一些条件下,它又表现为绝缘体。当你从原子的层面来审视这三种材料时,它们在传输电荷方式上的差异就变得十分明显了。

在你学习固体时,你知道固态的晶体是由规则排列且束缚在一起的原子组成的。你又了解到原子是由带负电荷的电子云环绕一个致密的、带正电的核组成的。这些电子只能处于某些允许的能级上。大多数情况下,原子里的电子占据的都是尽可能低的能级。因为电子只能具有某些能量,所以任何的能量变化都是量子化的。也就是说,能量的改变以特定的值出现。

能级　在大多数情况下,原子中的电子占据着最低的可能能级。这种情况下的原子称为处于基态。你能够通过将原子一个接一个地排在一起的方式来构造固体。你的工作将从一个处于基态的原子开始。此时,在原子间的巨大空间里(>0.8 nm),没有非常靠近的原子,原子有两个不连续的能级。当移动一些原子,使它们靠近该原子构成固态的晶体时,这些邻近原子的电场会影响这个原子的电子能级,如**图29-1**所示。

图29-1　邻近原子的电场分裂了原子的能级。因此,在价带和导带之间出现了一个能隙。

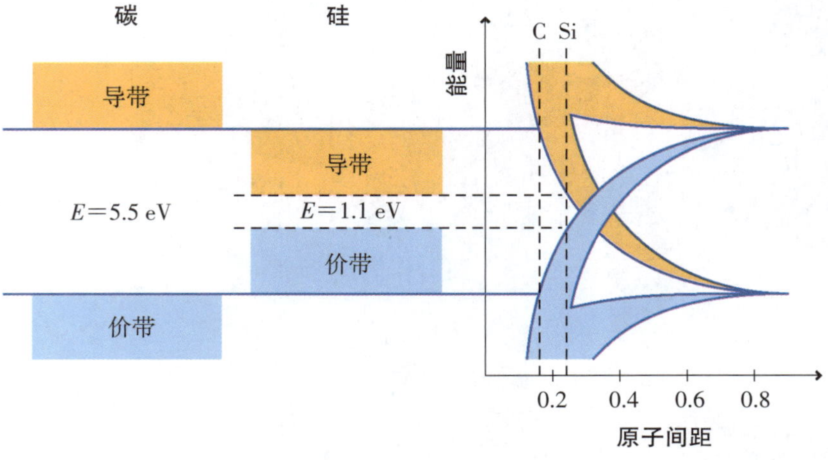

在固态晶体内部，各个原子的基态能级由于受到周围所有邻近原子的电场的作用，而被分裂成多个能级。由于能级的数量非常多，并且紧密相连，因此它们不再呈现清晰的能级，而是显示为如**图 29–1**所示的能带形式。较低的能量(即价带)被晶体中的束缚电子占领，而较高的能量(即导带)可以使电子从一个原子移动到另一个原子。

☑ **阅读检测** **解释**在固体中价带和导带有什么不同?

能隙 注意在**图 29–1**中，晶体硅和晶体碳(金刚石)的原子间隔转化成了被能隙隔开的价带和导带。这些能隙不具有可供电子占有的能级，因此能隙被称为能量禁止区域(也称为禁带)。有关被禁带隔开的价带和导带的描述，称为固体的**能带理论(band theory)**。利用这一理论能很好地理解固体的导电特性。

电导率 考虑一下样品硅。在绝对零度时，硅的价带被全部填满，而导带则是完全空闲的。而在室温时，一定数量的价电子具有的热能足以跳过这个 1.1 eV 的禁带到达导带，并成为载流子。随着温度的升高，越来越多的电子获得了足够跳过禁带的能量，因此硅的导电性逐渐增强。

电导率也取决于禁带的大小。禁带越小，将电子从价带移到导带的能量就越小。因此禁带越小，材料的导电性能越强，如**图 29–2**所示。例如，碳的石墨形态比金刚石有更好的导电性，因为石墨有更小的禁带。它就是一个更好的导体，因为只需要较小的能量就能把电子移到导带。

锗有一个 0.7 eV 的禁带，它比硅的禁带小。这意味着，在任何给定的温度，锗的导电性都比硅强。然而这也意味着，对于许多电子学的应用来说，锗对于热过于敏感。相对小的温度的变化，就会引起锗的导电性发生巨大的改变，这一点对于电路的控制和稳定十分不利。

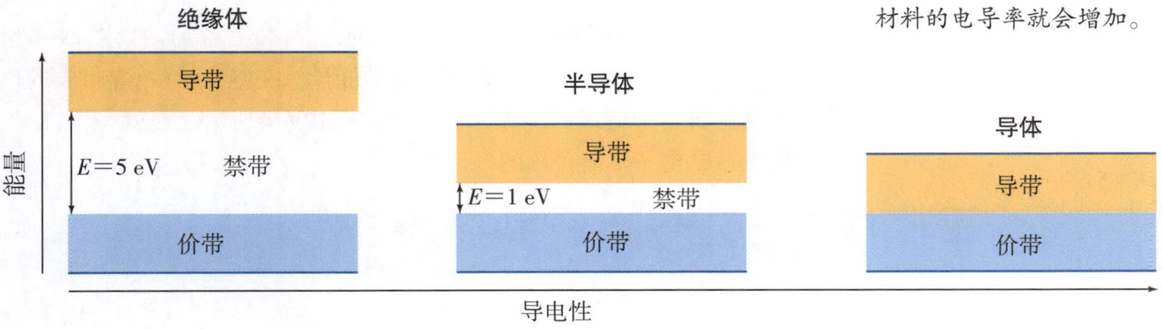

图 29–2 当禁带减小时，材料的电导率就会增加。

图 29–3 在导体中，一些电子是在导带中。这些电子可以自由地在原子间移动。电子在导体中的移动是随机的，但如果在导线两端加上一个电场，那么电子就会向一端漂移。

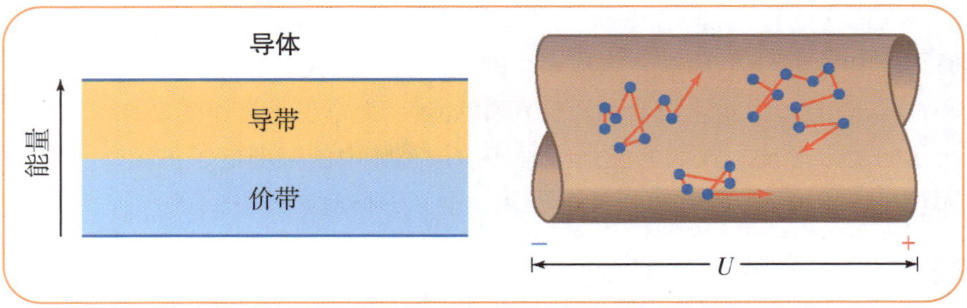

导体与绝缘体

当给物质的两端加上电压时，产生的电场将对电子施加力的作用，同时电场对它们做功。电子加速并获得能量。如果物质中的能带仅部分被填满，那么一定还存在可利用的能级，这些能级只是比电子的基态能级稍微高一些。这样，从电场获得能量的电子就能够从一个原子转移到下一个原子。

这种从一个原子到下一个原子的电子运动就是电流，而这整个过程就是你所熟知的电的传导过程。电荷移动越容易，那么物质的导电性能就越好。电导率为电阻率的倒数。当导电性下降时，金属的电阻增大。

导体 这些带有部分填满能带的材料——如金属铝、铅和铜等——都是很易导电的。铅的原子间隔为0.27 nm。从**图 29–1** 可以看出，这个间隔可以转化为导带与价带的重叠区域。正如人们所预料的那样，铅是一种良导体。具有交叠的、部分被填满的能带的材料就是导体，如**图 29–3** 所示。

导体中的自由电子以随机的方式快速运动。当它们与原子实（即原子核＋内层电子）碰撞时，就会改变运动方向。然而，如果沿着导线的纵向加上一个电场，那么就有一个净力把电子朝着某一方向推动。虽然这个力对单个电子的运动影响不大，但从整体看，所有电子会沿着电场方向缓慢地运动，如**图 29－3** 所示。也就是说，在电子继续以 10^6 m/s 的速度快速地沿随机方向运动的同时，还会以 10^{-3} m/s 或更小的速度缓慢地向着导线的正极端漂移。导体的这个模型叫作电子气模型。如果温度升高，电子的速度就会增大，因此它们与原子实的碰撞就会更为频繁，金属的导电性降低。

绝缘体 在绝缘材料中，价带是填满（电子）的，而导带是空的。如**图 29–4** 所示，电子要进入下一个能级，必须获得大量的能量。在绝缘体中，导带中的最低能级要高出价带中的最高能级 5～10 eV，如**图 29–4** 所示。也就是说，至少有 5 eV 的禁带是电子不能占领的。

图 29–4 在绝缘体中禁带足够大，电子很少，如果有的话，也要有足够的热能才能到达导带。

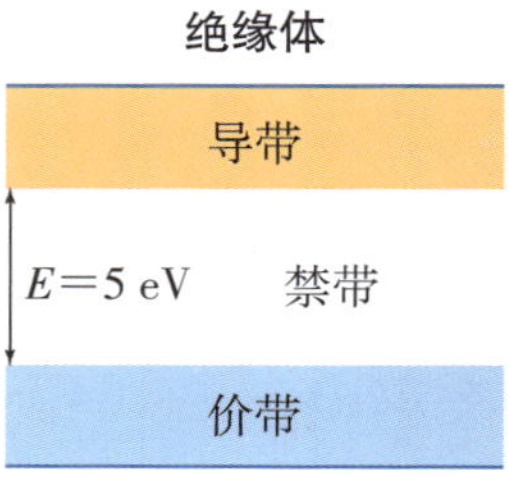

☑ **阅读检测** **解释**为什么绝缘体不能传导电荷。

虽然由于热运动，绝缘体中的电子具有一些动能，但是室温下的电子的平均动能并不足以让电子跳过禁带。如果在某一绝缘体上加上一个小的电场，由于几乎没有电子可以获得到达导带的足够能量，因此也就不存在电流。要将绝缘体中的电子推进导带，必须给予它很大的能量。这样的结果就是，绝缘体中电子具有维持在原地的趋势，因而绝缘材料不导电。绝缘体通常用于导线外的涂层，以防止电路短路。

例题 1

导体的自由电子密度 在 1 cm^3 的铜中存在多少个自由电子？已知每个原子贡献一个自由电子。铜的密度、原子质量和每摩尔的原子数都能够在附录中查到。

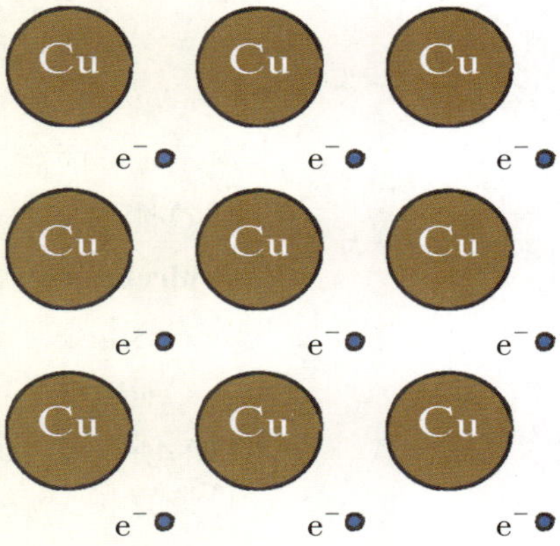

1 分析概括问题

- 利用附录确定已知量。

已知

铜：每个原子提供 1 个自由电子

$\rho = 8.92\ g/cm^3$

$M = 63.55\ g/mol$

$N_A = 6.02 \times 10^{23}\ mol^{-1}$

未知

自由电子/cm^3 = ?

2 求解未知量

$$自由电子/cm^3 = \frac{自由电子}{原子} \times N_A \times \frac{1}{M} \times \rho$$

$$= \frac{1个自由电子}{1个原子} \times \frac{6.02 \times 10^{23}个原子}{1\ mol} \times \frac{1\ mol}{63.55\ g} \times \frac{8.92\ g}{1\ cm^3}$$

$$= 8.45 \times 10^{22}个自由电子/cm^3$$

◀将 $\frac{自由电子}{原子} = \frac{1个自由电子}{1个原子}$，$N_A = 6.02 \times 10^{23}\ mol^{-1}$，$M = 63.55\ g/mol$，$\rho = 8.92\ g/cm^3$ 代入。

3 验证答案

- **单位是否正确？** 根据量纲分析，确定单位为每立方厘米中的自由电子数。
- **数值是否合理？** 根据预期，1 cm^3 铜中的电子数是非常大的。

练一练

1. 锌的密度为 7.14 g/cm^3，原子质量是 65.38 g/mol。已知每个锌原子有 2 个自由电子，那么每立方厘米的锌中有多少个自由电子？
2. 每个银原子有 1 个自由电子。根据附录，求每立方厘米银中有多少自由电子。
3. 每个金原子有 1 个自由电子。根据附录，求每立方厘米金中有多少自由电子。
4. 每个铝原子有 3 个自由电子。根据附录，求每立方厘米铝中有多少自由电子。
5. **挑战题** 已知华盛顿纪念碑的顶部是用 2 835 g 的铝制成的，因为在 19 世纪铝是非常稀有且贵重的金属。利用第 4 题中的数据，确定华盛顿纪念碑的顶部的自由电子数目。

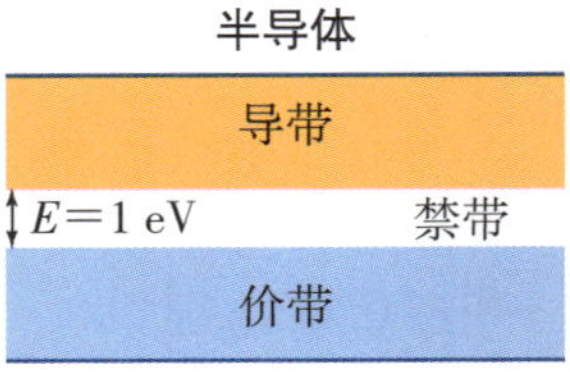

图29-5 在半导体中，禁带很小，一些电子有足够的热能就能进入导带。

半导体

到目前为止，我们把材料分成两类：导体或绝缘体。但还有一类材料叫作半导体，严格来说，它不属于以上任何一类。正如之前讨论的，半导体里的电子的运动活性介于绝缘体与导体之间。如**图29-5**所示，在半导体中，价带与导带间的禁带接近于1 eV。半导体的结构说明了它的导电特征。大多数常见的半导体，如硅(Si)和锗(Ge)等，它们的原子具有4个价电子。这4个价电子用来束缚原子，把它们连接在一起形成固态晶体。就像在绝缘体里一样，这些价电子形成了一个填满的能带，但价带与导带间的禁带宽度要比绝缘体中小得多。

空穴和自由电子 要从硅原子中推出一个电子并把它送入导带，并不需要太多的能量。确实，由于禁带非常小，以致一些电子仅凭它们的热运动能量就可以到达导带了。也就是说，原子和电子的随机运动就能给一些电子足够的能量，使它们摆脱原子家族的束缚，在硅晶体中四处漫游。利用热能引起自由电子进行导电的纯半导体，叫作**本征半导体(intrinsic semiconductors)**。只有很少的电子可以用来作为载流子流动，所以本征半导体的电导率较低。

如果给半导体加一个电场，那么导带里的电子将沿所加电场的方向通过固体。对于金属，温度增加，电导率减低；但对于半导体，温度越高，到达导带的电子就越多，因而电导率也越高。

☑ **阅读检测** **对比** 温度对金属和半导体电导率的影响有何不同?

如果一个电子摆脱了原子的束缚而得到自由，这个原子就有了一个净的正电荷，那么就说这个原子包含了一个空穴。如**图29-6**所示，空穴就是价带里的一个空能级。一个来自导带的电子可以跳进这个空穴，并再次被原子束缚。当一个空穴和一个自由电子重新结合时，它们所带的相反电荷就会彼此中和。然而，一个向前移动的电子，就会在它后面的原先位置上留下一个空穴，这个空穴可以由不同的电子来填充。因而，带负电荷的自由电子朝一个方向运动，而带正电荷的空穴就会朝相反方向运动。

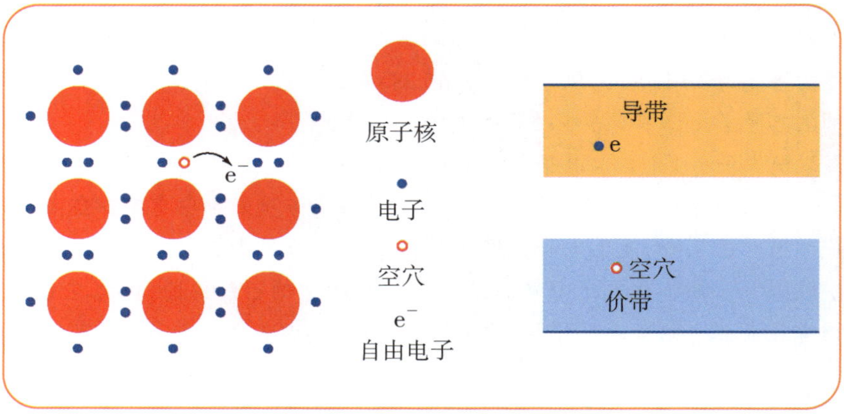

图29-6 在半导体中，一些电子有足够的热能就可挣脱束缚，并在晶体中移动。在导带中有电子，而在价带中有空穴。

例题2

本征半导体中的自由电子密度　已知室温下，固体硅的热运动能量使每立方厘米硅中存在1.45×10^{10}个自由电子。求室温下每个硅原子中的自由电子数。

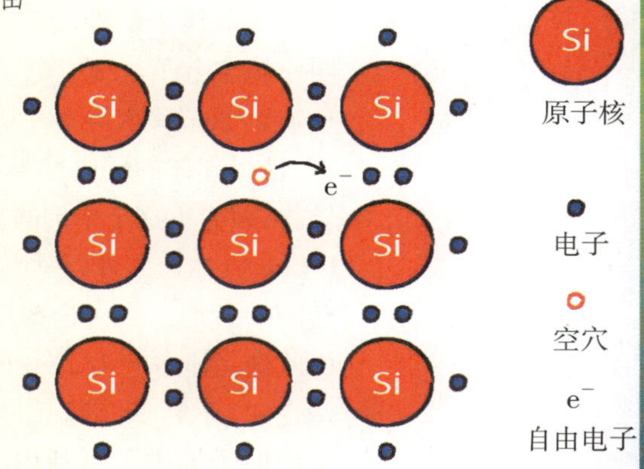

1 分析概括问题

- 确认已知量和未知量。

已知	未知
$\rho=2.33\ g/cm^3$	硅的自由电子/原子=?
$M=28.09\ g/mol$	
$N_A=6.02\times10^{23}\ mol^{-1}$	
硅：1.45×10^{10}个自由电子/cm^3	

2 求解未知量

$$自由电子/原子=\frac{1}{N_A}\times M\times\frac{1}{\rho}\times1.45\times10^{10}个自由电子/cm^3$$

$$=\frac{1\ mol}{6.02\times10^{23}个原子}\times\frac{28.09\ g}{1\ mol}\times\frac{1\ cm^3}{2.33\ g}\times\frac{1.45\times10^{10}个自由电子}{cm^3}$$

$$=2.90\times10^{-13}个自由电子/原子$$

◀将$N_A=6.02\times10^{23}\ mol^{-1}$，$M=28.09\ g/mol$，$\rho=2.33\ g/cm^3$，硅的自由电子/$cm^3$ $=1.45\times10^{10}$个自由电子/cm^3代入。

3 验证答案

- **单位是否正确？** 根据量纲分析，这个单位是正确的。
- **数值是否合理？** 在本征半导体(如室温下的硅)中，非常少的原子具有自由电子。

练一练

6. 已知纯锗的密度为5.32 g/cm³，原子质量为72.6 g/mol。在室温下，每立方厘米锗中有2.25×10^{13}个自由电子。每个锗原子中有多少个自由电子？
7. 在200.0 K时，每立方厘米锗中具有1.16×10^{10}个自由电子。在该温度下，每个锗原子有多少个自由电子？
8. 在100.0 K时，每立方厘米锗中具有3.47个自由电子。在该温度下，每个锗原子有多少个自由电子？
9. 有一样品锗，每立方厘米中有4.8×10^{11}个自由电子，每个锗原子有多少个自由电子？
10. 在200.0 K时，每立方厘米的硅中具有1.89×10^5个自由电子。在该温度下，每个硅原子有多少个自由电子？若用摄氏温标表示此温度，为多少摄氏度？
11. **挑战题**　当温度升高8.00℃时，硅样品中的自由电子密度加倍。若硅样品温度在264 K时，其内部的自由电子密度是多少？*(提示：利用上一题的答案)*

掺杂半导体

要制造实用的元器件，就必须极大地提高本征半导体的导电性。那就必须增加空穴和自由电子的数目。这就要通过向本征半导体中添加其他元素的原子。**掺杂剂(dopants)**是施加或接受电子的原子，它们能以低浓度的方式添加到本征半导体中去。加入掺杂剂的半导体即所谓的**非本征半导体(extrinsic semiconductor)**。有两种掺杂剂，即N型与P型，用来提高半导体的电导率。

N型半导体　在某些情况下，一个带有5个价电子的施主杂质[如砷(As)]可以作为硅的掺杂剂。如**图29–7**所示，硅晶体中的一个硅原子的位置已经由杂质原子取代了。砷的5个价电子中的4个与邻近的硅结合，这第五个电子就叫作施主电子。施主电子的能量与导带非常接近，以致热能可轻易地把电子从掺杂原子移入导带中，如**图29–7**所示。由于这些额外的施主电子到达导带，该半导体的导电性得到了进一步的提高。这种类型的半导体称为N型半导体，因为负这个单词的首字母为*n*。

P型半导体　此外，一个带有3个价电子的受主杂质[如镓(Ga)]也可以作为硅的掺杂剂。当一个镓原子取代了一个硅原子时，缺少了一个结合的电子，由此硅晶体中产生了一个空穴，如**图29–7**所示。导带上的电子很容易落入这些空穴，而更多价带上的电子进入这些空穴，并生成新的空穴。由于掺杂剂受主原子提供了可利用的额外空穴，该半导体的导电性得到了进一步的提高，如**图29–7**所示。这种类型的半导体叫作P型半导体，用P表明为正。

P型和N型两类半导体都是电中性的，添加的两类掺杂原子并不在半导体中附加任何净电荷。这两类半导体是通过电子或空穴来导电的。每100万个硅原子中只要有少数几个杂质原子，就能使半导体的电导率增加1 000倍甚至更多。

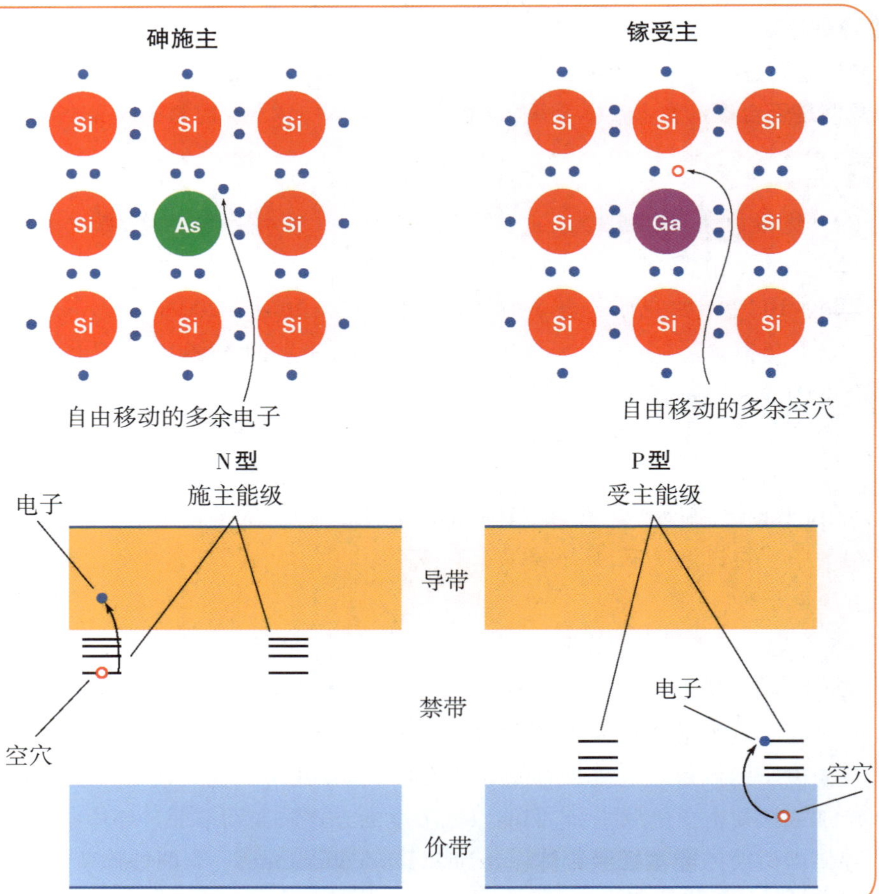

图29–7　带有5个价电子的砷可以替换一个硅原子而创建N型半导体。这样一个施主原子提供一个未被束缚的电子。施主能级位于导带中电子处。带有3个价电子的镓可以替换一个硅原子而创建P型半导体。如此一个施主原子提供一个额外空穴。

推断　锑有5个价电子，它将用于制取N型还是P型半导体？

例题3

掺杂硅的导电性 用砷对硅进行掺杂，使得每100万个硅原子中有1个原子被砷原子取代。已知每个砷原子转移出1个电子到导带中。

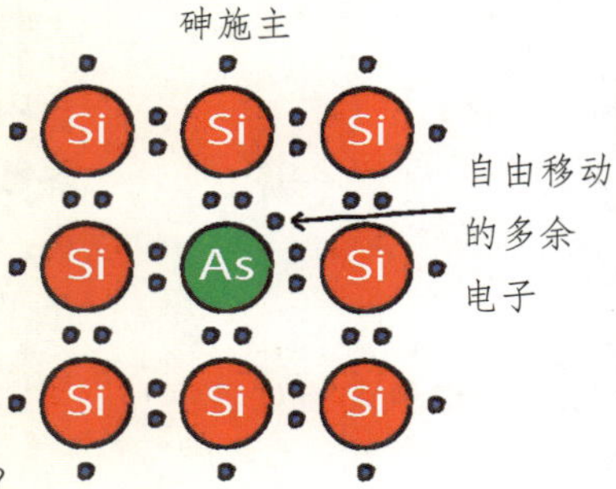

a. 自由电子的密度是多少？

b. 这个密度比本征硅的密度（1.45×10^{10}个自由电子/cm^3）大多少倍？

c. 起主要导电作用的是硅的电子还是砷的电子？

1 分析概括问题

确定已知量和未知量。

已知

1个砷原子/10^6个硅原子

1个自由电子/1个砷原子

4.99×10^{22}个硅原子/cm^3

本征硅：1.45×10^{10}个自由电子/cm^3

未知

由砷转移出的自由电子/cm^3=？

砷转移出的自由电子与本征硅的自由电子的比值=？

2 求解未知量

a. $$砷的自由电子/cm^3 = \frac{自由电子}{砷原子}\times\frac{砷原子数}{硅原子数}\times\frac{硅原子数}{cm^3}$$

$$自由电子/cm^3 = \frac{1个自由电子}{1个砷原子}\times\frac{1个砷原子}{1\times10^6个硅原子}\times\frac{4.99\times10^{22}个硅原子}{cm^3}$$

◀将 $\frac{自由电子}{砷原子}=\frac{1个自由原子}{1个砷原子}$，$\frac{砷原子数}{硅原子数}=\frac{1个砷原子}{1\times10^6个硅原子}$，硅原子/$cm^3$=$4.99\times10^{22}$个硅原子/$cm^3$代入。

$=4.99\times10^{16}$个自由电子/cm^3由砷转入掺杂硅

b. $$比例=\frac{掺杂硅中的自由电子/cm^3}{本征硅中的自由电子/cm^3}$$

$$=\frac{4.99\times10^{16}个自由电子/cm^3}{1.45\times10^{10}个自由电子/cm^3}$$

◀将掺杂硅中4.99×10^{16}个自由电子/cm^3，本征硅中1.45×10^{10}个自由电子/cm^3代入。

$=3.44\times10^6$个砷转移的电子/本征硅电子

c. 因为对每个本征电子有超过300万个砷转移的电子，所以导电主要依靠的是砷转移的电子。

3 验证答案

- **单位是否正确？** 根据量纲分析，确认这个单位是正确的。
- **数值是否合理？** 这个比值大得足以让本征电子对电导率几乎没有贡献。

练一练

12. 在室温条件下，若你希望由砷施主掺入1×10^4个电子作为硅的热自由电子，那么多少个硅原子中有一个砷原子？

13. 在400.0 K时，每立方厘米锗中具有1.13×10^{15}个热释放的载流子。如果每百万个锗原子掺杂1个砷原子，那么掺杂载流子与热载流子的比率是多少？

14. 在400.0 K时，每立方厘米硅中具有4.54×10^{12}个热释放的载流子。如果每百万个硅原子掺杂1个砷原子，那么掺杂载流子与热载流子的比率是多少？

15. 挑战题 在第14题的基础上，在超过水的沸点温度的条件下，对有关锗器件的性能作出一个推断，并与硅器件的性能作一比较。

图 29-8 测光计是用对特定波长敏感的半导体制成的仪器。摄影师在拍摄前，利用测光计评估光线的强弱。

制作和使用半导体 硅的掺杂是通过在真空中往纯硅晶体里放入杂质材料样品实现的。掺杂剂被加热直至汽化，并使原子凝结到冷的硅上。在重新加热之后，掺杂剂扩散进硅晶体中，然后将一薄层铝或金蒸发到掺杂晶体上。最后，将金属线焊接到金属层上，这样就可以让用户在掺杂硅的两端加上电压了。

热敏电阻 本征和非本征半导体的导电性对温度和光都是非常敏感的。你知道，当温度升高时，金属的电导率就会减小。与此不同，对于半导体而言，随着温度的升高，会有更多的电子到达导带，因此电导率就会增大，而电阻减小。

据此，科学家研制了一种叫作热敏电阻的半导体器件，它的电阻强烈地依赖于温度。在实际应用中，热敏电阻被制成了灵敏温度计，并可以用作补偿电路中其他元件受温度变化的影响。此外，热敏电阻还能用于检测无线电波、红外线辐射和其他形式的辐射等。

迷你实验

光敏耦合装置

电信号如何从一个电路传输到另一个电路?

☑ **阅读检测** **描述**热敏电阻的温度和电导率之间的关系。

测光计 半导体的另一个重要应用依赖于它们对光的敏感性。当光照射到半导体上时，能够把电子从价带激发到导带，这与其他能源激发原子的方式相同。因而，随着光的强度的增大，半导体的电阻就会减小。

基于这一特征，非本征半导体可以对光的某些特殊波长特别敏感，这些波长包括光谱中的红外光和可见光区域。因此，它们可以用来制作光敏电阻。比如，在测光计中作为光敏电阻的就是硅和镉的硫化物等材料。测光计经常被灯光师用来进行仓库、办公室和家庭的照明设计；而摄影者则用它们来调节照相机，以寻求最好的影像，如**图 29-8** 所示。

第1节 复 习

16. **主要概念** 氧化镁有一个 8 eV 的禁带，它是导体、半导体还是绝缘体材料?
17. **载流子的迁移率** 导体、半导体或绝缘体，哪一种材料中的电子最有可能逗留在原来的原子里?
18. **绝缘体和导体** 二氧化硅被广泛地应用于固态器件的生产中。能带图显示，它的价带和导带间具有 9 eV 的禁带。它更多地被用作导体还是绝缘体?
19. **本征半导体和非本征半导体** 你要用一块单晶硅设计一条集成电路。如果你希望有一个绝缘性能相当好的区域，那么应该在这个区域进行掺杂还是保持它为本征半导体。
20. **半导体的类型** P型和N型半导体有何不同?
21. **半导体** 如果温度升高，本征半导体里的自由电子的数目就会增加。例如，温度每上升 8 ℃，硅中的自由电子数目就会增加 1 倍。那么，对于本征半导体材料和非本征半导体而言，哪个的导电性对温度的依赖程度更大? 说明理由。
22. **批判性思维** 温度每升高 8 ℃，硅释放的热载流子就会增加 1 倍；而锗需要升高 13 ℃，才会产生比原先增加 1 倍的载流子。由此，你可能会认为高温时，应用锗应该是上好的选择，但实际刚好相反。这是为什么?

电子元器件

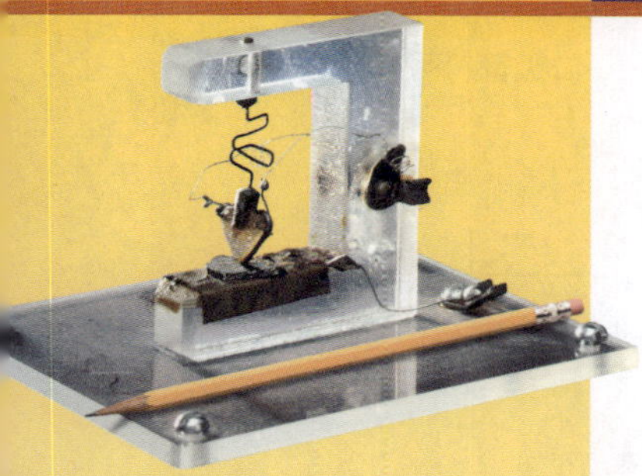

物理在你身边

如果你看到早期计算机的照片，你就知道，它是如此的巨大，大到足以可占几个房间。今天，计算机很小，可以放入口袋之中。尺寸减小这么多，主要是由于小型电子元器件的发明，这种元器件称为三极管，如左图所示。随着技术的进步，三极管已经变得更小了。

主要概念

二极管和三极管都是现在的电子电路的基本元件。

核心问题

- 什么是二极管？
- 二极管的用途是什么？
- 什么是三极管？
- 三极管的主要功能是什么？

术语回顾

激光器 一种可以产生相干、定向、单色光的装置，这种光可以用来激发其他原子

关键术语

二极管
耗尽层
三极管
微型芯片

固态电子学的创建

所有的电子设备大都起源于20世纪早期的真空管。在真空管中，电子束在空间中流动，从而放大和控制微弱的电信号。真空管体积大。需要消耗很多电力，还产生出大量的热能。真空管内具有电加热丝，由于这种加热丝易老化，所以要求5年内更换真空管。

20世纪40年代末，发明了半导体材料制作的固体器件，如以上所说的三极管，它们可以作为真空管来使用。这些器件通过电子在很小的晶体空间运动，来放大和控制微弱的电信号。在半导体器件内，电子流十分微小，而这些器件又没有电加热丝。因此，它们的运作只需要很低的功率输入。它们体积小，发热少，而且制造成本低廉。它们的使用寿命估计在20年以上。

十年之后，这些器件结合了其他的电学元件，造出了第一个集成电路，如**图29–9**所示。今天的电子仪器，如智能手机、电视、光盘播放器以及笔记本电脑，都要依靠集成在几毫米宽的硅芯片上的半导体器件。在这些器件中，电流和电压会以比欧姆定律更复杂的方式发生变化。半导体器件可以将电流从交流电变成直流电，或将电压进行放大。

图29–9 第一个集成电路建于1958年。电路中心的锗带长约1 cm。

二极管的结

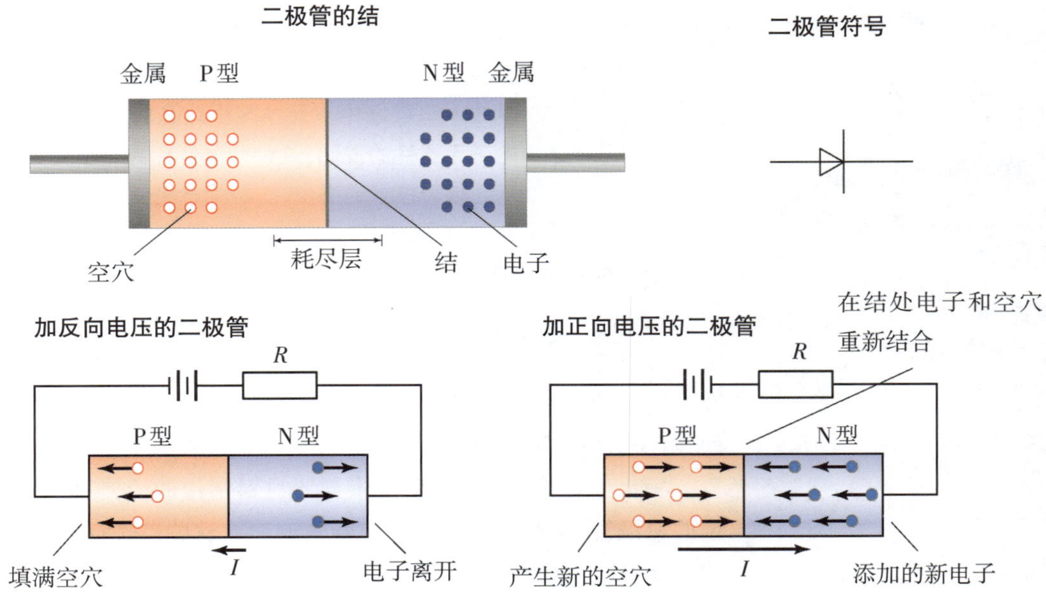

图29–10 一个PN结二极管包括P型层和N型层。一个加反向电压的二极管就如一个高值电阻，而一个加正向电压的二极管就如一个低值电阻。

二极管

二极管(diode)是最简单的半导体元件，它是N型和P型半导体的一个“三明治”组合，如**图29–10**所示。为了制作一个二极管，可取一块硅样品，先用P型掺杂剂处理，然后再用N型掺杂剂处理。P型区域和N型区域的边界叫作结，所以该二极管叫作PN结二极管。最后，将两个金属接头分别接在样品两端，引出金属导线。

结的N型区的自由电子会被吸引到P型区的带正电的空穴处。这样，电子就可以轻松地移入P区，并重新与空穴结合。同样，空穴也会从P区移动进入N区，并在那里重新与电子结合。经过这种流动之后，N区具有净的正电荷，而P区具有净的负电荷。

这些电荷产生的相反方向的力会阻止载流子的进一步运动。同时，在靠近结的区域里，既没有空穴也没有自由电子。这种耗尽了载流子的区域叫作**耗尽层(depletion layer)**。因为没有载流子，所以它是一个不良导体。因此，结型二极管是由两端相对较好的导体包围着一个不良导体组成的。

正向和反向偏置 当一个二极管以**图29–10**底部左边所显示的方式接入电路时，N型半导体中的自由电子和P型半导体中的空穴分别趋向于电池的正极与负极方向。耗尽层的宽度增大，并且没有载流子会彼此相遇。此时，几乎没有电流通过二极管，它的作用就像一只阻值非常高的电阻，它几乎就是一个绝缘体。以这种加上反向电压的方式，即电池的负极与P端，正极与N端连接的二极管，称为反偏置二极管。

如果电池以相反的方向连接，如**图29–10**底部右边所示，载流子就会被推往结的方向。如果电池的电压足够大(对于硅二极管而言为0.6 V)，电子就会到达P端并填充空穴。这样，耗尽层被渐渐消除，同时有一个电流穿过二极管。

电池继续对N端提供电子，并像提供空穴那样从P端移走电子。以这种加上正向电压的方式，即电池的正极与P端、负极与N端连接的二极管，称为正偏置二极管。

二极管符号中的箭头表示二极管实际电流的方向。也就是说，箭头表示允许通过二极管的常规电流的方向。

电流和电压　如**图29-11**所示为通过硅二极管的电流与加在它两端的电压的关系图象。若所加的电压是负的，那么这个反偏置二极管相当于一个电阻很大的电阻器，只有极小的电流通过，对于硅二极管而言大约只有10^{-11} A。如果电压是正的，那么这个二极管就是正偏置的，它相当于一个电阻很小的电阻器。增加电池的电压就增加了二极管的电流。然而这种二极管不遵循欧姆定律。一个典型的二极管正向压降为0.7 V。

二极管的一个重要用途是将把交流电压转变为直流电压。也就是说，它的作用就像一扇单向的门，当二极管在电路中起这种作用时，它被叫作整流器。

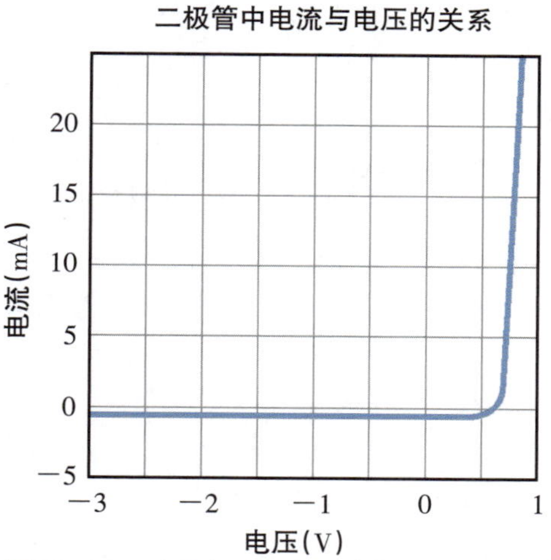

图29-11　对于低于0.6 V的电压，此二极管是反偏置的，故没有电流。在该阈值以上，此二极管是正向偏置的，有电流。

例题4

简单电路中的二极管　一个正向压降为0.70 V的硅二极管的$I-U$特性如**图29-11**所示，二极管通过一个470 Ω的电阻器连接到电源上。已知二极管是正向偏置的，且通过调节电压，使得通过二极管的电流为12 mA。电源提供的电压为多少？

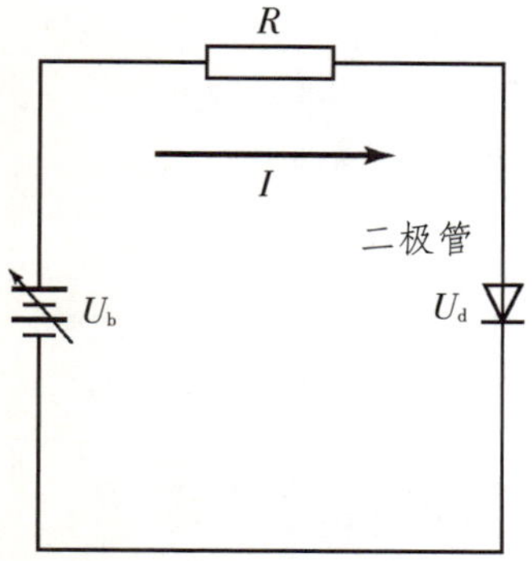

1 分析概括问题

- 作出包括二极管、470 Ω的电阻器和电源的电路图，标示电流的方向。

已知　$I=0.012$ A　$U_d=0.70$ V　$R=470\ \Omega$

未知　$U_b=?$

2 求解未知量

由$U=IR$可知电阻器两端的电压，而电源电压是电阻和二极管两端电压的总和。

$U_b=IR+U_d$

$=0.012\ \text{A}\times470\ \Omega+0.70\ \text{V}=6.3\ \text{V}$　◀将$I=0.012$ A，$R=470\ \Omega$，$U_d=0.70$ V代入。

3 验证答案

- **单位是否正确？** 电源电压是以V为单位的。
- **数值是否合理？** 它与电流和电阻的关系是一致的。

练一练

除非另有说明，$U_{二极管}=0.70$ V。

23. 为了使例题4中的二极管产生2.5 mA的电流，需要在二极管上加多大的电源电压？

24. 当12 mA的电流通过一个锗二极管时，它两端的电压为0.40 V。如果电路中串联的是一个470 Ω的电阻器，那么需要的电源电压为多大？

25. 如果两个完全相同的二极管与一只470 Ω的电阻器串联，那么需要在二极管上加多大的电源电压，才能产生2.5 mA的电流？

26. 在上题中，二极管应该怎样连接？

27. **挑战题**　在上面两题中，如果二极管以不正确的极性串联，将发生什么现象？

物理挑战题

二极管的特性 由于二极管的电阻不是一个常量，所以在求解有关二极管电路的问题时，常常会采用近似法。常见的近似有三种：第一种近似忽略了加在二极管上的正偏置电压；第二种近似考虑了二极管电压降的典型值；第三种近似应用了二极管的附加信息，这个信息通常是以如右图所示的图象形式提供的。图中的曲线为该二极管的伏安特性曲线。图中的直线表示的是在二极管的所有可能电压的条件下，由一个二极管、一个180 Ω的电阻器、一节1.8 V电池串联而成的电路中的电流－电压的关系，直线一端的电压为零，电流为10.0 mA；另一端的电压为1.8 V、电流为0.0 mA。

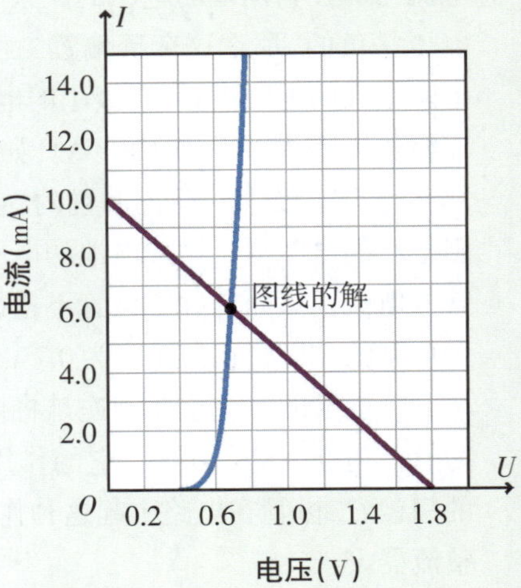

利用例题4的二极管电路，令U_b=1.8 V，R=180 Ω。

1. 利用第一种近似，确定二极管中的电流。
2. 利用第二种近似，并假定二极管两端的电压为0.70 V，确定二极管中的电流。
3. 通过附加的二极管图线，利用第三种近似，确定二极管中的电流。
4. 忽略电池和电阻，估计三种近似的误差，讨论较大的电池电压对误差的影响。

物理实验

二极管的电流和电压

不同的二极管有不同的电流—电压特性吗？

发光二极管 由镓或铝的化合物、砷和磷制成的二极管，当它们正向偏置时就会发射光。这是因为，当电子到达结中的空穴时，它们会重新结合，并以一定波长的光的形式释放过剩的能量。这类二极管叫作发光二极管，即LED。典型的红色LED大约要加1.9 V的电压，而白色LED大约加3.5 V的电压。

基本的LED用在计算机中作指示灯、在交通灯和某些灯具中去显示信号。LED是明亮的，但不产生很多热，而且是非常高效的。二极管在发射光的同时，也可以用来探测光。照射到一个反偏置PN结二极管上的光，可以使结中产生电子和空穴，从而产生一个与光强有关的电流，这样就可以探测到光了。

二极管激光器 某些LED被配置成发射一窄束相干的单色激光。这些二极管激光器是廉价的、紧凑的、高功率的光源，它们被广泛应用于CD播放器、激光指示器以及如**图29-12**所示的超市条形码识别器中。一类典型的二极管激光器发射的光波长接近800 nm，这是近红外的光。光束由镓铝砷芯片上的一个小光斑输出。当输入的电流为80 mA时，二极管的正偏置电压约为2 V。二极管激光器也被用于许多视频游戏的控制器中。

图29-12 条形码扫描器中的二极管激光器发出光，并探测从条形码反射回来的光。

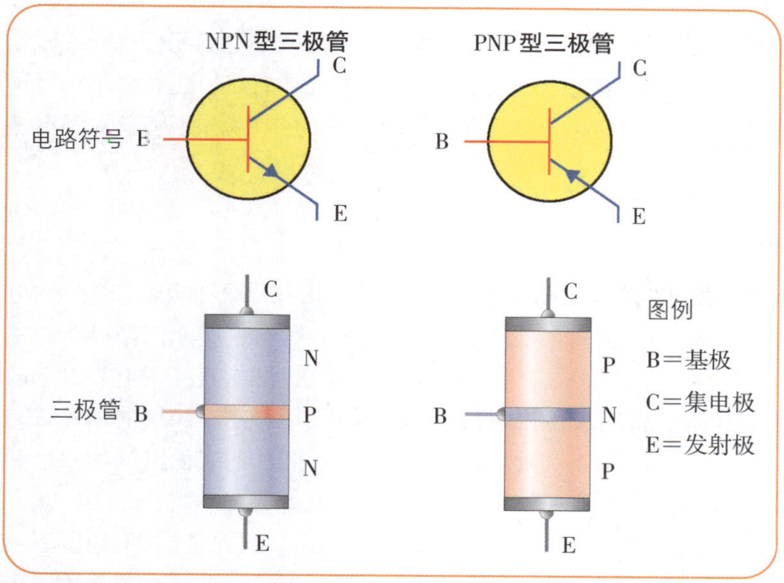

图 29–13 三极管是由三层半导体材料组成。PNP 型和 NPN 型两种三极管，都有一个集电极和一个发射极并把基极层夹在它们中间。
说明发射极上的箭头的含义。

迷你实验

红　光*

LED 的特点是什么？

三极管

三极管（transistor）是由掺杂（非本征）半导体组成的一个简单元件，它能够用来放大电流。一类是 NPN 三极管，它是由一层作为中心的 P 型半导体及上下两层 N 型薄层组成，如**图 29–13** 所示。PNP 三极管类似。这个中心层叫作基极，两边的区域为发射极和集电极。两种三极管的示意图及符号如**图 29–13** 所示。发射极上的箭头显示了常规的电流方向。

放大率　如**图 29–14** 所示，一个 NPN 三极管可以被用来放大电流。在三极管中的这两个 PN 结可以想象为最初由两个背对背的二极管组成的。右边的电池 U_C 保证了集电极比发射极的电位更高。这个基极—集电极二极管是反偏置的，它具有一个宽大的耗尽层，所以不存在从集电极流向基极的电流。当与左边的电池连接后，基极的电位比发射极更高，使得基极—发射极二极管是正偏置的，它允许电流 I_B 从基极流向发射极。

十分薄的基极区域是三极管中的两个二极管的共同部分。由电流 I_B 注入的电荷减小了基极—集电极二极管的反偏置电压，使电荷由集电极流向发射极成为可能。因而，I_B 的一个较小的变化，可以使得 I_C 产生一个较大的变化。集电极电流会造成电阻 R_C 上产生一个电压。如果增大 U_B，基极电流 I_B 就会增大，集电极电流 I_C 也将随之增大，而且将增大许多倍（或许有 100 倍左右）。施于基极的电压 U_B 的一个较小的变化，足以使得集电极的电流中发生一个很大的变化。三极管把小的电压变化放大为大的电压变化。

从基极电路到集电极电路的电流增益 $\frac{I_C}{I_B}$ 是三极管性能的一个重要指标。对于常用的三极管而言，从基极到集电极的电流增益为 50～300 倍。PNP 三极管也可以用同样的方式工作，只不过两个电池的极性都要反向。

图 29–14 三极管可以被用来放大电流。这个电路中采用的是 NPN 型三极管。
画出包含用 PNP 三极管的电路图。

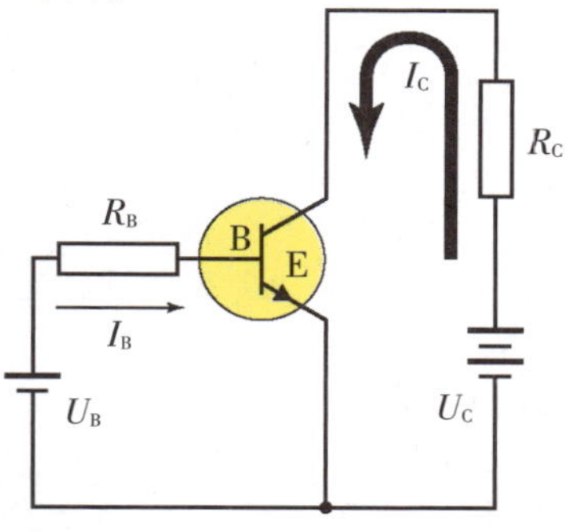

开关晶体管 在计算机中,基极—发射极电路中的微小电流能够打开或截断集电极—发射极电路中的较大电流。另外,一些晶体管可以连在一起执行逻辑运算或数值连加。在这种情况下,它们所起的作用是快速开关而不是放大。

集成电路

一种叫作**微型芯片(microchip)**的集成电路,由几千个三极管、二极管、电阻以及导体组成,各个元件的线度比1 μm还小。所有这些元件都可由施主或受主原子掺杂硅制造而成。开始时,准备一个极纯的、直径为10～30 cm、长1～2 m的柱体单晶硅,如**图29-15**所示。然后,用金刚石涂层的锯片将它切割成厚度不到1 mm的小圆片。最后,在这个小圆片的表面上制作一层又一层的电路,这样就制成了一个微型芯片。

通过照相处理,单晶片的大部表面被覆盖上了一层保护层,但还留下一些精选的模式区域未被覆盖,以使它们能恰当地被掺杂。将这些晶体放置进一真空室中,然后把砷之类的掺杂剂的蒸气充入这个真空室,对晶体的未保护区域进行掺杂,通过控制暴露的时间,工程师能控制芯片上裸露区的电导率。

这种处理可产生出一些电阻,以及一个二极管的两层中的一层或三极管的三层中的一层。接着,去除原先的保护层,选择晶片的另一处作为裸露的模式区域,再进行类似的处理。这次,晶片被暴露于另一种掺杂剂(通常为镓)中,产生PN结。如果再加上第三层,那么就可以形成NPN三极管。晶片也可以暴露于氧气中,以产生二氧化硅的绝缘区域。暴露于铝蒸气的一层模式区域,能够在电阻、二极管和三极管之中产生一个细小的导电通路。如**图29-15**所示为完成以上过程的晶片。

阅读检测 **解释**为什么要用铝代替砷或镓用来在硅晶片上制造导电通路?

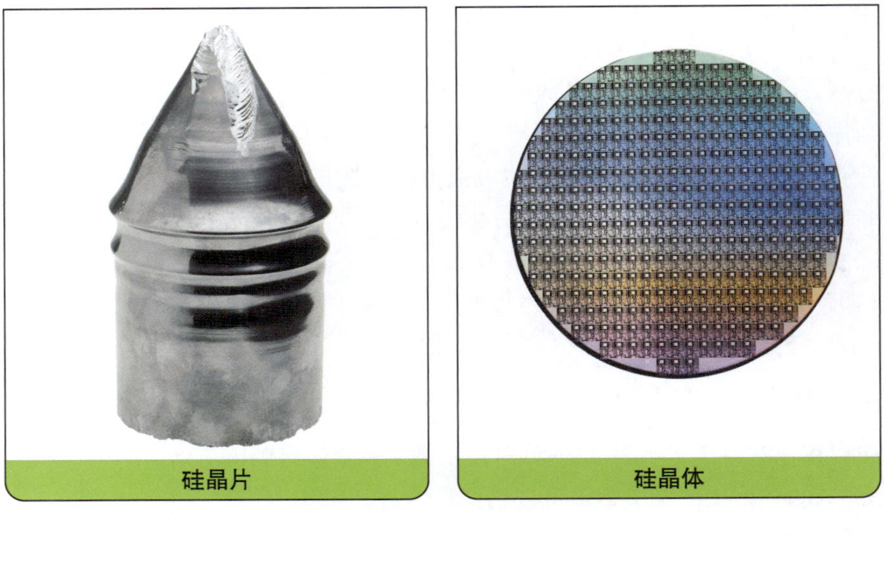

图29-15 把这些很大的硅晶体切割后,就能制成微型芯片的基材。

图 29-16 计算机的中央处理单元是一个微型芯片的集合。

计算和微型芯片 在一块普通的晶片上，可以一次完成制作几千个完全相同的集成电路，通常把它叫作芯片。技术人员先将这些芯片进行检测、切割，然后焊接到托架上；随后，把金属线连接到每个接点上；最后，这些最终的装配会被封装在一个塑料保护壳中。如**图 29-16** 所示，芯片的尺寸虽然微小，但是在这个极小的空间里，却可以装配十分复杂的电路。由于电子信号只需要传输极短的距离，因此这种微型化同时增大了计算机的运行速率和功能的可靠性。就如在计算机里那样，微型芯片已被广泛应用于各种机械装置和汽车中。

半导体电子学的发展，依靠的是物理学家、化学家以及工程师们的共同协作。物理学家揭示了电子和空穴在半导体中的运动原理，并和化学家一起精确地控制加入纯净硅中的掺杂剂的量，以改变硅的电导率；与此同时，工程师研发了大规模生产包含成千上万个微型二极管和三极管芯片的工艺方法。他们的共同努力，使人类成功地迈入了当今的电子时代。

物理实验

计算机逻辑*

计算机是如何做决定的？

第2节 复 习

28. **主要概念** 你有一个低电流的交流信号。描述你如何能用一只二极管和一只三极管去获得一个较大的直流信号。
29. **二极管阻抗** 当一个 PN 结二极管分别正偏置和反偏置时，比较它的阻抗。
30. **二极管极性** 要使发光二极管发光，应将电源的哪一极连接到 P 端？
31. **电流增益** 在三极管电路中，测得基极电流为 55 μA，集电极电流为 6.6 mA。基极相对集电极的电流增益是多少？
32. **三极管电路** 在三极管电路中，发射极电流总是等于基极电流和集电极电流之和：$I_E = I_B + I_C$。如果基极相对集电极的电流增益为 95，那么发射极电流相对基极电流的比值是多少？
33. **二极管电路** 一个 0.70 V 的硅二极管是通过一只 110 Ω 的电阻连接到电源，二极管加正向电压，并且调节电流为 12 mA。那么电源电压是多少？
34. **二极管电压降** 如**图 29-10** 所示的二极管，用一节电池和一个串联电阻器作正向偏置，使得电路中产生大于 10 mA 的电流，且电压保持约为 0.70 V。现将电池电压加大 1 V。
    a. 二极管两端及电阻器两端的电压将各增大多少？
    b. 通过电阻器的电流将增大多少？
35. **批判性思维** 你可以将两个分开的二极管的 P 端连起来，以此取代一个 NPN 三极管吗？说明理由。

起步实验

探究二极管的导电性

实验步骤

1. 取一个双引线、双色(红—绿)发光二极管和一台9～12 V的交流电源或变压器。
2. 用导线把一个100 Ω的电阻器和发光二极管串联,再接到交流电源上。***注意:接入交流电源时小心不要触电。当电阻发热时,别去碰触它。把交流电源插入GFCI插座。***
3. 记录你对发光二极管的观察结果。
4. 将一片频闪观测盘放在发光二极管前,并使观测盘旋转。通过频闪盘观察发光二极管,并记录你的观察结果。

分析

5. 在你接上电源以后,发光二极管是什么颜色?当你通过频闪盘观测时,发光二极管又是什么颜色?

6. **批判性思维** 对于你的观测结果,提出一个合理的解释。

迷你实验

光敏耦合装置

实验步骤

1. 把一个发光二极管贴在硫化镉(CdS)光敏电阻的透光窗口上。
2. 将黑色绝缘胶带贴在窗口上,但保留发光二极管的连接线。
3. 将一个330 Ω的电阻器与发光二极管、开关及9 V的电池串联起来。其中电池的负极应与发光二极管的阴极相连。
4. 当开关闭合时,用欧姆表去测量CdS光敏电阻阻值的减少量。

分析

5. 为什么CdS光敏电阻的阻值减小了?

物理实验

实验器材

- **请谨慎处理电的连接。当电阻可能变热时，请勿与它接触。**
- **将电源插入 GFCI 保护插座，以防止触电。**

可变直流电源，0～12 VDC

100 Ω 电阻器，— W或1 W

1N4002 二极管

红色发光二极管

直流电流表，0～100 mA

直流电压表，0～5 V

带鳄鱼夹的导线若干

二极管的电流和电压

半导体元件，如二极管和三极管等，是由部分P型材料和部分N型材料制成的半导体器件。其中，用施主原子掺杂的半导体叫作N型半导体，而用在晶格结构中留有空穴的元素掺杂的半导体称为P型半导体。二极管是通过在半导体的紧邻区域分别掺杂施主和受主原子，形成PN结而制成的。在本实验中，你将要研究接在直流电路中的二极管的电流和电压特性，并将其与你对电阻的相关知识进行比较。

问题

如何比较二极管、发光二极管以及电阻的电流—电压特性？

目标

- **收集和组织数据**，包括一个二极管和一个发光二极管的电流和电压的值。
- **测量**通过二极管和发光二极管的电流及其对应的电压。
- **对比与比较**电阻与二极管的电流—电压关系。

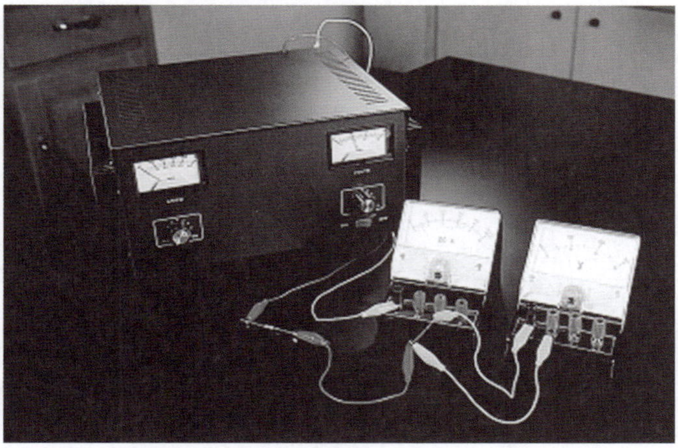

实验步骤

1. 准备一份类似于下页所示的数据表。
2. 按照下页的电路图，用导线将电源负极连接到电流表的负极。

3. 找出二极管上有银色环纹的一端。将这一端接到电流表的正极。

4. 把一个100 Ω的电阻器接到二极管的另一端。

5. 将100 Ω的电阻器的自由端连接到电源的正极。

6. 如电路图所示,将电压表与二极管并联。将电压表的正极连线到二极管接电阻器的一端,将电压表的负极连接到二极管有银色环纹的一端,同时连接电流表。

7. 使二极管的电路如左图所示。接入电源,并使其由零启动。缓慢地增大电源电压,使二极管两端的电压逐步以0.1 V的增量由0增大到0.8 V。记录每一个电压相应的电流。***注意:如果你的电流超过电流表的量程,不要再增大电压,并放弃读数。读数完毕,关闭电源,并拔下电源插头。***

8. 观察发光二极管的引线。其中的一根应该比另一根短一些。用发光二极管取代二极管,电路如右图所示。

9. 将发光二极管的较短的引线接到电流表正极(电压表的负极),也就是之前连接二极管银色环纹的一端。然后将发光二极管的较长的引线连接到电阻器及电压表的正极。

10. 接入电源。打开电源并缓慢增大发光二极管两端的电压,以0.1 V的增量从0增大到2.0 V。记录每个电压对应的电流值。同时,观察发光二极管的情况,并记录你的观察结果。

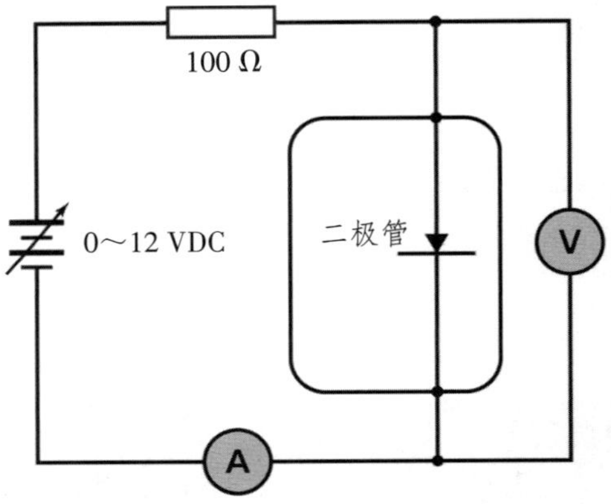

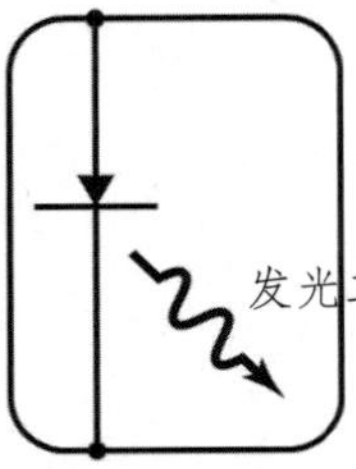

数据表

二极管两端的电压(V)	二极管的电流(mA)	发光二极管的电流(mA)
0		
0.1		
0.2		
0.3		
1.7	——	
1.8	——	
1.9	——	
2.0	——	

分析

1. 在同一张图上，绘制出二极管和发光二极管的电流与电压的关系图线。其中y轴表示电流，x轴表示电压。这些图线的形状是怎样的?

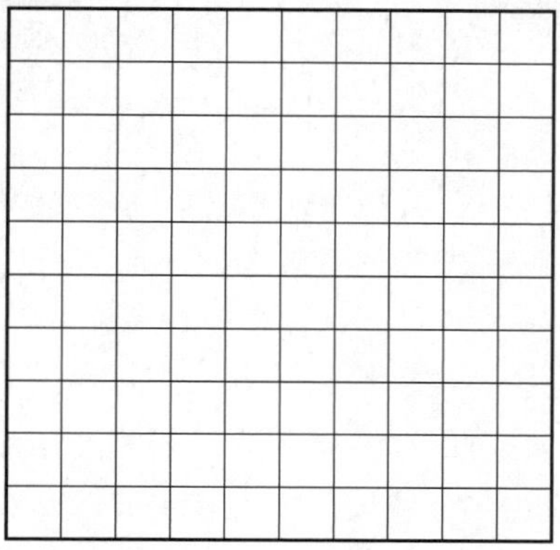

2. 利用欧姆定律，计算并在上一张图中利用划分相同的小块(如每隔0.1 V为一小块)，作出100 Ω电阻器的电压—电流关系图，其中电压的变化范围为0～2 V。这些小块是什么形状的?

结论与应用

1. 如何比较二极管、发光二极管和电阻的电流—电压曲线?

2. 这些曲线中哪一条遵循欧姆定律?

3. 二极管有一个导通的电压。对于硅二极管而言，这个电压是多少? 发光二极管的呢?

4. 为什么发光二极管的说明书中必须明确指出它的输出电流的大小，比如20 mA?

进一步探索

对于一个二极管而言，要获得较正确的电流测量值，你可以做些什么?

生活中的物理学

小型白炽灯的额定电流一般为75～150 mA。为什么在用电池驱动的CD或MP3播放器里，厂商只使用发光二极管作为指示灯?

太空探测器

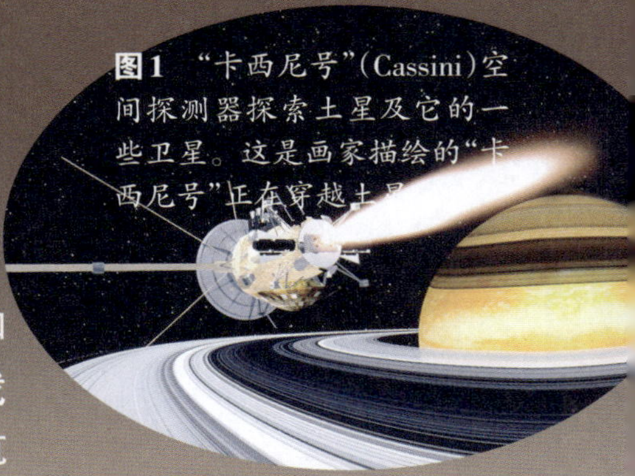

图1 “卡西尼号”(Cassini)空间探测器探索土星及它的一些卫星。这是画家描绘的“卡西尼号”正在穿越土星

在远离地球的地方，太空探测器正对太阳、行星和卫星进行探索。“旅行者1号”和“旅行者2号”是我们至今发射最远的探测器，这是由美国国家航空航天局(NASA)在1997年发射的，它们于2013年进入星际空间。

早期的探测器 20世纪60年代的太空探测器，本质上只是飞行着的照相机。当时由于计算能力有限，这些航天器所具有的性能受到制约。它们对于到达的目的地，如月球，所能做的就是尽可能多地拍摄照片。

新工具 现在的太空探测器可完成更复杂的任务。越来越多的精密的成套仪器，使探测器以新的方式进行探索。无线电、微波、红外和紫外成像开辟了新的前景。轨道式探测器绘制了我们邻近行星的详细地图，如**图1**所示为卡西尼太空探测器。太空机器人在火星表面进行复杂的化学分析，如**图2**所示为火星漫游者。

人工智能 1999年，“深空1号”——运用人工智能技术的探测器，进行了太空试验。它是第一台由电脑来导航并发出指令的探测器。此后，“深空1号”发送了来自一颗小行星和彗星上的数据。

未来 太空探测器要执行越来越复杂的任务，并且探测范围越来越大，它们需要成为自主探测器。例如，在火星的背面，如果它们能够及时调整自己的操作，而不用等待几分钟后接受从地球返回的指令信号，那样就可以探索更多的行星了。

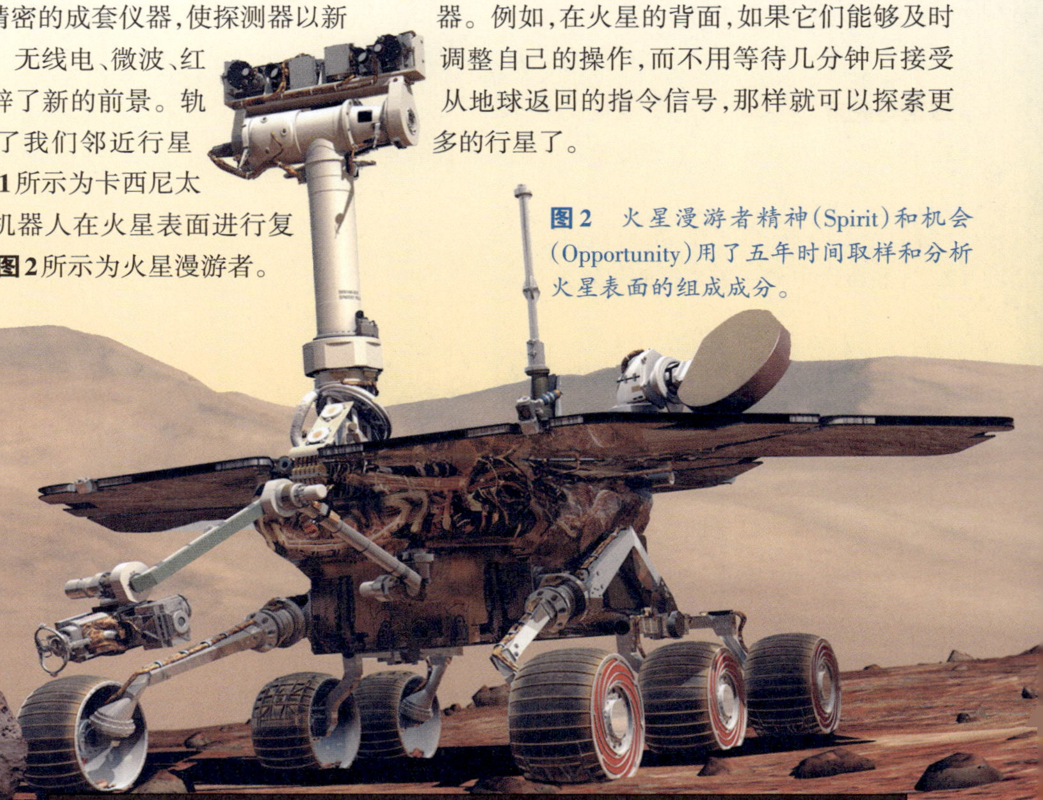

图2 火星漫游者精神(Spirit)和机会(Opportunity)用了五年时间取样和分析火星表面的组成成分。

进一步探索 >>>

设计一个太空探测器，目的是要探索太阳系外的银河系中的其他恒星系统，去寻找那里的行星。你的探测器必须具备什么样的功能？记住，由于距离遥远，所以时间信号滞后，对于这个遥远的太阳系，在探测器到达之前，将一直都是未知的。

第29章 复习指南

大概念 通过控制材料的电导率，我们可以制造出各种电子器件。

关键术语
- 半导体
- 能带理论
- 本征半导体
- 掺杂剂
- 非本征半导体

第1节 固体导电

主要概念 材料的电导率取决于价带和导带之间的能量差。

- 固体的能带理论指出，在固体中，原子外部的电子所允许的能级，由于邻近原子中电子的电场作用，被分裂成宽的能带。价带和导带被禁带分隔开来。禁带越小，材料的导电性越好。
- 在导体中，电子所以能通过固体移动，是因为导带只是部分被填满；在绝缘体中，要将电子移入导带，需要的能量比一般能提供的更多；在半导体中，禁带足够小，使一些电子可以到达能带。
- 半导体的电导率会随着温度或光照度的增加而增大。在半导体中，如果将少量的叫作掺杂剂的另一种原子对纯晶体进行掺杂，可以提高其导电性。
- N型半导体是用施主原子掺杂的，它们通过对施主电子外加适应的电压来导电。P型半导体是用受主原子掺杂的，它们通过形成空穴来导电，与导带中的电子导电效果相同。

关键术语
- 二极管
- 耗尽层
- 三极管
- 微型芯片

第2节 电子元器件

主要概念 二极管和三极管都是现在的电子电路的基本元器件。

- 一个PN结由一层P型半导体与一层N型半导体结合组成。二极管只在一个方向导电。如果在二极管上加上一个极性与二极管相同的电压，就说二极管是正向偏置的且可进行导电。如果在二极管上加上一个极性与二极管相反的电压，就说二极管是反向偏置的且不能导电。
- 二极管能够把交流电转化为直流电。当电压加到一些二极管上时，一些二极管能够发光；这些二极管也可以用来检测光。
- 三极管由“三明治”式的半导体材料构成，它有NPN及PNP两种类型。它的中心层为基极。与其他两层(即集电极和发射极)相比，基极是很薄的。
- 三极管能够把微弱的信号转变成较强的信号。集电极—发射极电流与基极电流之比叫作电流的增益。它是三极管放大性的一个有用的指标。

第29章 测 评

第1节 固体导电

理解概念

36. 某元素组成晶体时的能级与该元素的单一原子中的能级相比，有什么不同？

37. **大概念** 为什么当半导体的温度升高时，它的电导率也会增大？

38. 在P型半导体里，主要的载流子是什么？

解决问题

39. 在1 cm^3的钠中，存在多少个自由电子？已知钠的密度是0.971 g/cm^3，原子质量是22.99 g/mol，每个钠原子中有1个自由电子。

40. 当温度为0 ℃时，热能使得纯硅中释放的电子数密度为1.55×10^9个电子/cm^3。已知硅的密度为2.33 g/cm^3，原子质量是28.09 g/mol。在纯硅中，具有自由电子的原子所占的百分比是多少？

41. **排序** 把下列选项按照每个原子中的自由电子数从少到多进行排序，并说明理由。

A. 铝 **B.** 镓 **C.** 铟 **D.** 铂 **E.** 锌

第2节 电子元器件

理解概念

42. 欧姆表是一种仪器，它通过给测试元件加上一定的电压，然后测量电流的方式来显示电阻。如果你将欧姆表接在一只二极管的两端，你将要测量的电流取决于欧姆表的正极连接到二极管的哪一端。请说明理由。

43. 在三极管电路的符号中，集电极处箭头的含义是什么？

44. 描述正偏置二极管的结构，并说明它是怎样工作的。

解决问题

45. **补充问题** 把问题补充完整，以便使用二极管来解决："一个3.0 V的交流电源连接到一个450 Ω的电阻……"

46. **二极管** 一个正向压降为0.70 V的硅二极管通过一个270 Ω的电阻连接在电池上，电池对二极管正偏置，且通过二极管的电流为15 mA。电池电压是多少？

47. **发光二极管** 一个正在发光的发光二极管两端的电势差约为1.2 V。如**图29-17**所示，电阻两端的电压为电源电压与发光二极管的电压之差。计算通过下列各个元件的电流分别是多少。

a. 发光二极管

b. 电阻

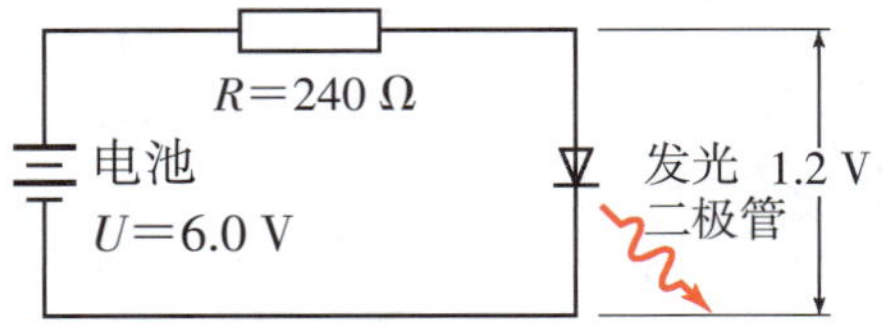

图29-17

48. 乔恩想把**图29-17**中通过发光二极管的电流提高到3.0×10^1 mA，以增强它的亮度。假定发光二极管两端的电压仍是1.2 V，那么应该用多大的电阻器？

49. 假定如**图29-18**所示的电路中的开关是断开的。

a. 确定基极的电流。

b. 确定集电极电流。

c. 确定电压表的读数。

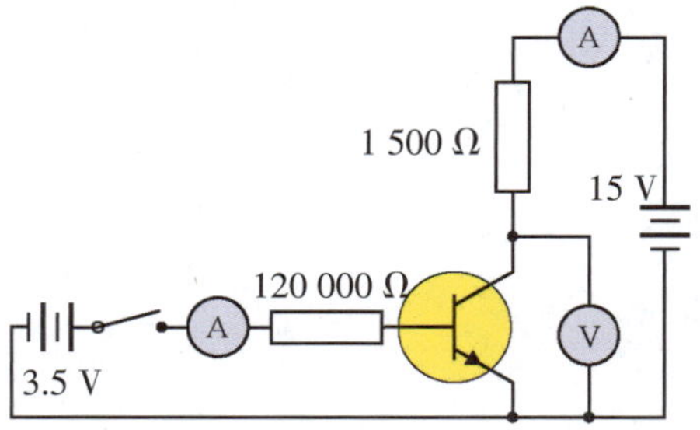

图29-18

50. 假定如**图29-18**中所示的开关是闭合的，并且在基极—发射极结两端有0.70 V的电压，基极相对集电极的电流增益为220。

a. 确定基极的电流。

b. 确定集电极电流。

c. 确定电压表的读数。

应用概念

51. 根据如**图19**所示的能带图，哪一种材料的电阻最大？

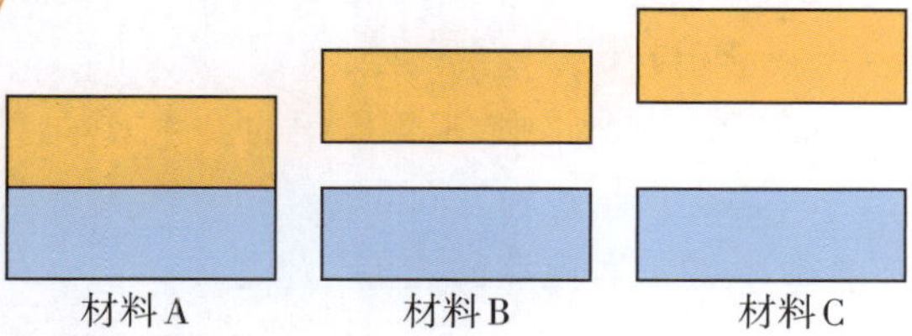

图29-19

52. 根据如**图29-19**所示的能带图，哪一种材料具有半填满的导带？

53. 根据如**图29-19**所示的能带图，哪一种材料表示半导体？

54. 下列材料中，哪一种材料更适合制造绝缘体：具有8 eV宽的禁带；具有3 eV宽的禁带；没有禁带。

55. 对上述问题的三种材料，从原子角度考虑，从哪一种材料中移走电子最困难？

56. 对于**图29-20**所示的电路中的灯泡，分别说出它们是否发光。

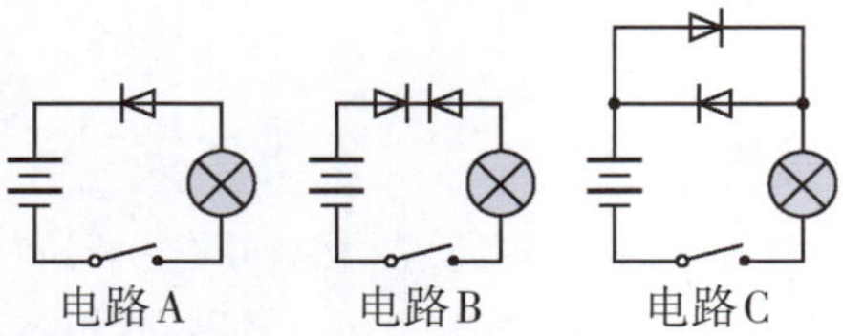

图29-20

57. 在如**图29-21**所示的电路中，究竟是灯L_1还是L_2在发光，还是两者都发光，或者两者都不发光？

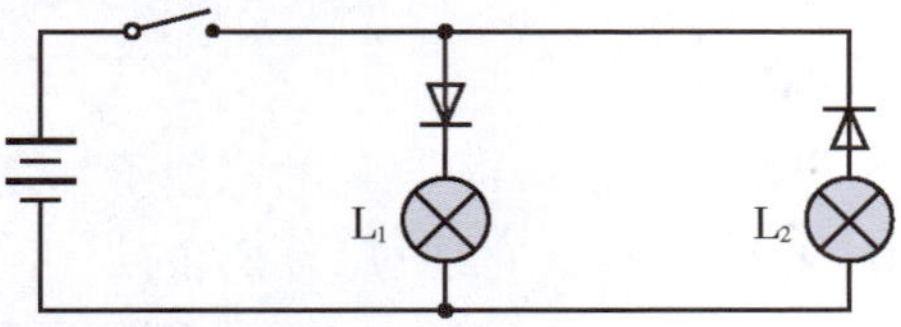

图29-21

58. 如果你单独用镓对纯锗进行掺杂，你制成的是电阻器、二极管还是三极管？

59. 利用元素周期表，确定下列哪一种元素可以加到锗中制成P型半导体：B、C、N、P、Si、Al、Ge、Ga、As、In、Sn或Sb。

60. 当温度升高时，石墨的电阻反而减小。石墨的导电性更类似于铜还是硅？

61. 一个PN结二极管是正偏置还是反偏置时，欧姆表显示的电阻较大？

62. 如果在上题中的欧姆表显示的是较小的电阻，欧姆表接到二极管的箭头一边的电压比接到另一边的电压高还是低？

63. 假定一个输入的交流电压的波形如**图29-22**所示。对于**图29-22**中的A点，画出时间—振幅的波形图。

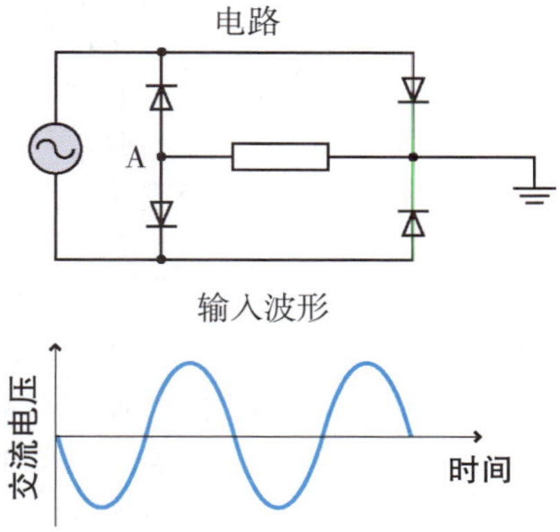

图29-22

复习提高

64. 在硅中，禁带为1.1 eV。电磁波照射到硅上引起电子从价带迁移到导带。能以这种方式激发电子的辐射，其波长最长是多少？记得$E=\frac{1\,240\ \text{eV nm}}{\lambda}$。

65. **硅二极管** 有一个硅二极管，当它反偏置时，在0 ℃时通过它的电流为1.0 nA。假定这个反偏置电压保持不变，而温度升高到104 ℃，那么此时通过它的电流是多少？已知温度每升高8 ℃，硅的热载流子量增加1倍。

66. **发光二极管** 有一个发光二极管，当一个电子从导带移动到价带时，它会发出550 nm的绿光。求二极管中禁带的宽度。

67. 锗二极管 有一个锗二极管，当它反偏置时，在0 ℃时通过它的电流为1.5 μA。假定这个反偏置电压保持不变，而温度升高到104 ℃，那么此时通过它的电流是多少？已知温度每升高13 ℃，锗的热载流子量增加1倍。

68. 如**图29-23**所示，解答下列各题。

a. 确定电压表的读数。

b. 确定电流表A_1的读数。

c. 确定电流表A_2的读数。

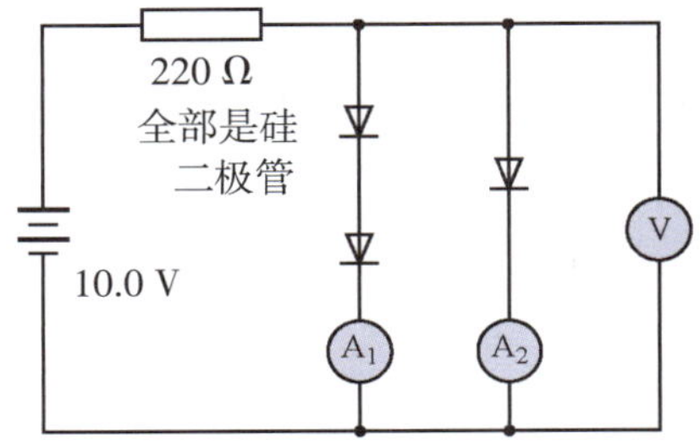

图29-23

批判性思维

69. 应用概念 两只发出不同颜色光的发光二极管，它们的$I-U$特性如**图29-24**所示。将它们通过一个电阻器接到9.0 V的电池上，要求通过它们的电流均为0.040 A。它们应该分别选什么电阻器？

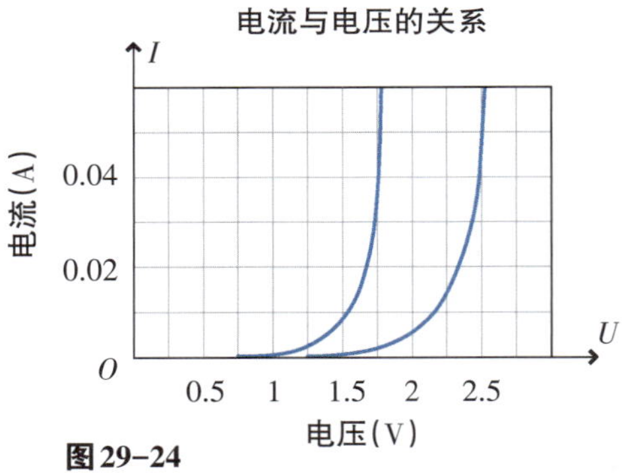

图29-24

70. 应用概念 将上题中的两只发光二极管串联起来。若使用同样的电池，要求通过它们的电流为0.035 A，那么它们各应该用多大的电阻器？

71. 应用概念 如**图29-25**所示，当电动机加上某一给定极性的电压时，它往一个方向运转；而当加上反向的电压时，它往相反的方向运转。

a. 哪一个电路仅允许电动机朝一个方向运转？

b. 如果运用了不正确的极性，哪一个电路会引起保险丝的熔断？

c. 哪一个电路中，不管应用的极性怎样，它总会产生正确方向的转动？

d. 讨论三种电路的优势与不足。

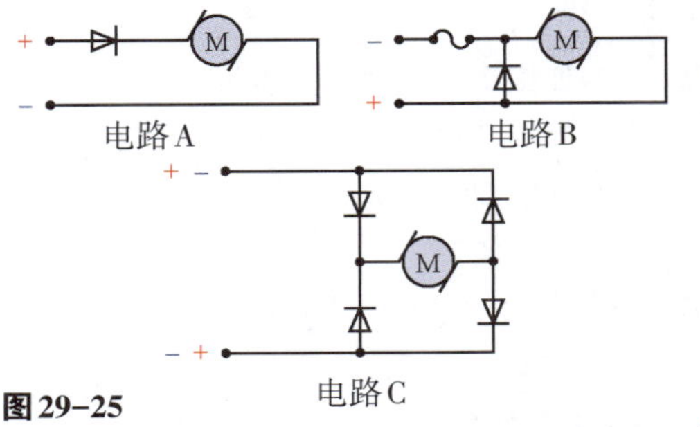

图29-25

72. 编写问题 用生活中的物体编写一道物理题，在它的解答中会出现下列表达式：

$$\frac{2\text{个自由电子}}{1\text{个原子}} \times \frac{6.02\times10^{23}\text{个原子}}{1\ \text{mol}} \times \frac{1\ \text{mol}}{112.411\ \text{g}} \times \frac{8.645\ \text{g}}{\text{cm}^3}$$

科技写作

73. 研究泡利不相容原理和泡利的生平，要求突出他对科学的杰出贡献。讨论不相容原理在能带理论，尤其是在半导体的能带理论中的应用。

74. 写一篇短文，探讨费米能级对半导体能带图的应用。在你的文章中，至少包括一幅图。

日积月累

75. 一个α粒子（即二阶电离的氦原子）的质量6.7×10^{-27} kg。它通过1.0 kV的加速电压后，又受到一个磁感应强度为6.5×10^{-2} T的匀强磁场的持续作用。粒子的曲率半径为多大？

76. 要使最大动能为8.0×10^{-19} J的光电子停止运动，需要加多大的电势差？

选择题

1. 下表中，对N型和P型两种硅半导体最好的描述是(　　)

	N型	P型
A.	镓掺杂的	添加电子的
B.	添加电子的	砷掺杂的
C.	砷掺杂的	添加空穴的
D.	添加空穴的	镓掺杂的

2. 下列有关二极管的描述中，错误的是(　　)

A. 二极管能放大电压

B. 二极管能探测光

C. 二极管能发射光

D. 二极管能整流交流电

3. 在三极管电路中，测得基极电流为45 μA，集电极电流为8.5 mA。基极相对集电极电流的增益为(　　)

A. 110　　B. 190

C. 205　　D. 240

4. 在上题中，如果基极电流增加5 μA，那么集电极电流增加(　　)

A. 5 μA　　B. 1 mA

C. 10 mA　　D. 190 μA

5. 一个三极管电路显示集电极电流为4.75 mA，而基极相对集电极电流的增益是250。基极电流是(　　)

A. 1.19 μA　　B. 19.0 μA

C. 4.75 mA　　D. 1 190 mA

6. 每个钙原子中有2个自由电子。已知钙的密度为8 650 kg/m^3，而它的摩尔质量是112.4 g/mol。每立方厘米钙中的自由电子数为(　　)

A. 1.24×10^{21}个　　B. 9.26×10^{22}个

C. 9.26×10^{24}个　　D. 1.17×10^{27}个

7. 温度每升高8 ℃，硅中的热电子量增加1倍。有一个0 ℃的硅二极管，当其反偏置时，通过它的电流为2.0 μA。如果保持反偏置电压恒定，在112 ℃时，通过它的电流为(　　)

A. 11 μA　　B. 33 μA

C. 44 μA　　D. 66 μA

8. 下列对本征半导体硅温度升高时的习性的描述中，最确切的是(　　)

	提高温度对本征硅半导体的影响	
	导电性	电阻
A.	增大	增大
B.	增大	减小
C.	减小	增大
D.	减小	减小

拓展题

9. 将一个硅二极管通过一个485 Ω的电阻器后，以正偏置方式连到电源上，如下图所示。如果二极管两端的电压是0.70 V，当通过它的电流为14 mA时，电源电压是多少？

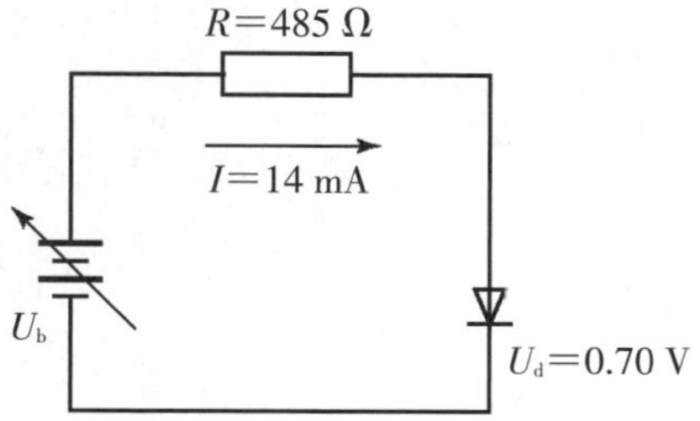

考点提示

测试题号	1	2	3	4	5	6	7	8	9
对应小节	1	2	2	2	2	1	2	1	2

第30章

核物理和粒子物理

大概念 原子核分裂或聚合时，会释放出能量。

内容提要

起步实验

构建原子核模型

如果质子互相排斥，那么由质子与中子组成的原子核，如何保持稳定？

第1节 原子核

物理在你身边

$E=mc^2$可能是物理学中最著名的方程，它表明能量等于质量与光速平方的乘积。然而，这一方程的物理意义是什么呢？

主要概念

自由核子组成原子核时，其质量亏损所对应的能量等于该原子核的结合能。

核心问题

- 原子核有什么特性？
- 同位素的原子核在哪些方面是不同的？
- 什么力维系着原子核？
- 什么是原子核的结合能？什么是原子核的质量亏损？
- 原子核的质量亏损与其结合能是怎样的关系？

术语回顾

原子核 体积极小，是原子的质量与正电荷的核心所在

关键术语

核子
原子序数
质量数
原子质量单位
核力
质量亏损
结合能

原子核的一般描述

在第28章里说过，当α粒子撞击金箔时，卢瑟福的同伴对α粒子路径的偏向进行了仔细的测量。该实验表明，原子有一个极小的致密的正电荷中心，它的周围环绕着几乎没有质量的电子，如**图30-1**所示。然而，以上实验并没有给出有关原子核结构的信息。卢瑟福研究小组的成员莫塞莱(H.Moseley)通过X射线散射实验，得出了原子核中电荷的大小。实验结果显示，带正电的质子的质量大体上只占原子核质量的一半。那么另一半质量是什么呢？

质子和中子 一种假设认为，原子核的另一半质量也是质子引起的，只是核内的电子抵消了观察到的核的电荷值。然而，这种假设存在一些根本问题。第二种假设认为，原子核包含不带电的粒子和质子。1932年，英国物理学家查德威克(J.Chadwick)发现了一种称为中子的中性粒子，其质量与质子接近。中子的发现，既解决了原子核中缺失的质量问题，又没有增加额外的电荷。

为描述原子核，你需要知道它有多少个质子和中子。质子和中子两者统称为**核子(nucleons)**。**原子序数(atomic number)**Z就是原子中的质子数。原子核所带的总电荷就是质子数乘以元电荷e。例如，一个带有5个质子的原子核就具有$+5e$的电荷。原子中核子的总数就是**质量数(mass number)**A。质子与中子质量几乎相同，大约是1.66×10^{-27} kg，或1个**原子质量单位(atomic mass unit)**u。1 u是电子质量的1 800多倍。原子核的近似质量等于质量数乘以原子质量单位u：

$$\text{原子核的质量} \backsimeq A\times \text{u}$$

■ **原子核**

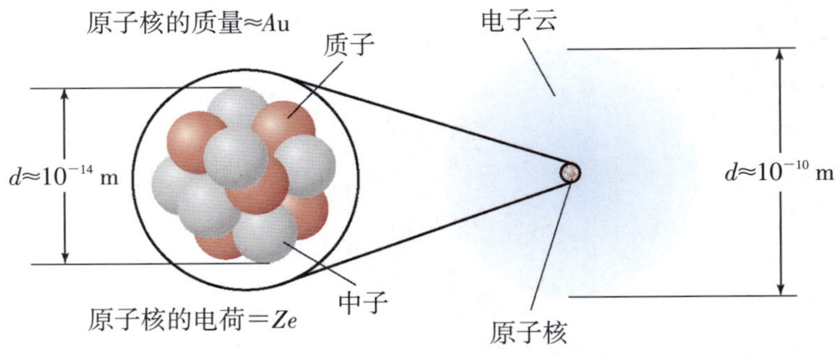

图30-1 原子由一个致密的原子核及其周围的电子云所组成，原子核是由质子和中子组成。

原子核的大小 卢瑟福的实验第一次测量了原子核的大小。他发现原子核的直径约为10^{-14} m。一个普通原子的半径可以大于核的大小的10 000倍。虽然原子核几乎拥有原子的全部质量，但是，按比例来说，核在原子中所占的空间比太阳在太阳系中所占空间还要小。原子核的密度是惊人的——大约为1.4×10^{18} kg/m^3。也就是说，如果有1 cm^{3}的原子核，那么它的质量大约为10^9 t。这大约是最大的远洋客轮质量的9万倍。

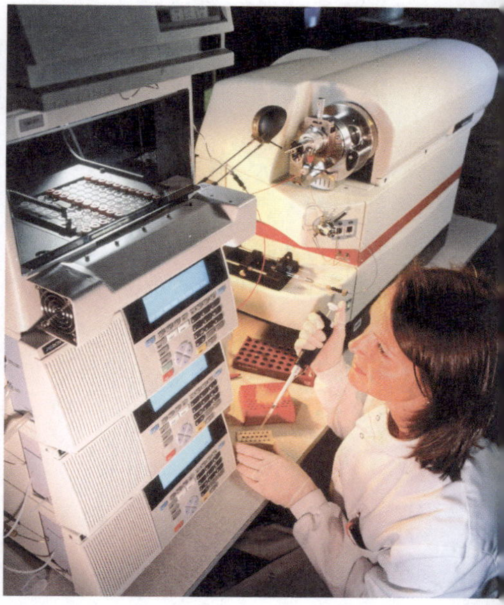

图 30-2 质谱仪用来分析同位素的质量差异。

同位素

查看附录的元素周期表，并找出元素的原子质量。你可以发现，最前面的四个元素的原子质量都接近于原子质量单位的整数倍。因为原子核几乎包含了原子所有的质量，并且每一个核子具有的质量接近于1 u，所以，这似乎是有道理的。但是，第五个元素硼的质量却是10.8 u。怎么会这样呢？

同位素的原子核 原子质量不是整数这一难题，可以应用电磁学来解决。如**图30-2**所示的质谱仪，实验证明了一种元素可以包含不同质量的原子。例如，在分析纯氦样品时，在质谱仪的探测器上显示的斑点不是一个而是两个。这两个斑点是由不同质量的氦原子产生的，其中一种氦原子的质量为3 u，而另一种为4 u。所有不带电的氦原子中，都具有2个质子和2个电子。然而，一种氦原子的核中有1个中子，而另一种有2个中子。这两种原子叫作氦的同位素。

一种元素的所有原子核都具有相同数目的质子和不同数目的中子。如**图30-3**所示为氢和氦的核素的图解。一种中性元素的全部同位素具有相同数目的绕核电子和质子，并且它们的化学性质也相同。

☑ **阅读检测** **比较和对比**同位素碳12和碳14。

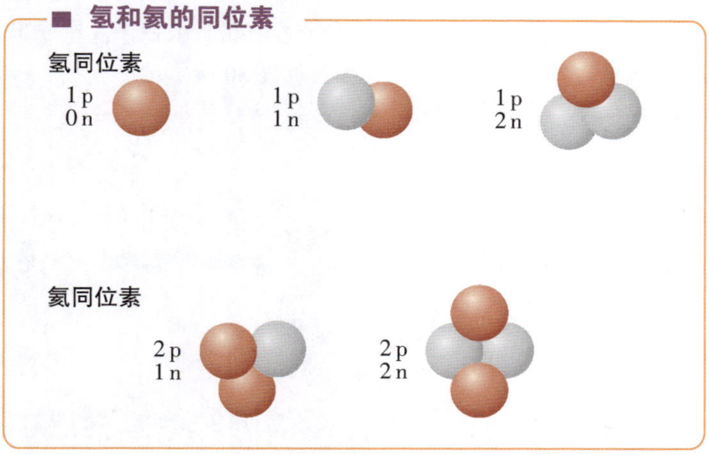

图 30-3 元素的同位素具有相同数目的质子和不同数目的中子。
明确每个原子核的质量数和电荷。

练一练

1. 铀的三种同位素的质量数分别为234、235和238。已知铀的原子序数为92，在铀的这些同位素的每个核中分别有多少个中子？
2. 汞的同位素 $^{200}_{80}Hg$ 中有多少个中子？
3. 氧的一种同位素的质量数是15，这种同位素的核里有多少个中子？
4. **挑战题** 氢的三种同位素的核中分别有0、1、2个中子，分别写出它们的符号。

为了表示同位素，科学家采用了一种专门的标记原子核的方法：

$$^{A}_{Z}X \quad \begin{aligned} X&=\text{元素符号} \\ A&=\text{质量数} \\ Z&=\text{原子序数} \end{aligned}$$

例如，氢2（氘）写成 $^{2}_{1}H$，而氖的三种天然同位素写成 $^{20}_{10}Ne$、$^{21}_{10}Ne$ 和 $^{22}_{10}Ne$。

平均质量 通过实验，科学家测得氯的质量为35.453 u。现在你已经知道，这个数字是氯的天然同位素的平均质量。因此，单个氯原子的质量接近原子质量单位的整数倍，但氯原子样品的平均原子质量却不是一个整数。氯的原子质量35.453 u是其两种同位素，氯35和氯36的加权平均值。大多数元素有几种天然的同位素。科学家采用碳的一种同位素碳12（^{12}C）来定义原子质量单位。一个原子质量单位（即1 u）定义为碳12这种同位素的质量的 $\frac{1}{12}$。

核 力

带负电的电子围绕着带正电的原子核运动，通过适当的电磁引力把它们维系在一起成为原子。由于原子核是由带正电的质子和中性的中子组成的，因此可以预期质子之间的电磁排斥力会使它们彼此分离。然而，这个现象并没有发生，所以原子核的内部必定还存在一个十分强大的吸引力。

在一个原子核里，将质子和中子紧靠在一起的力叫作**核力（strong nuclear force）**，也叫作强相互作用。这种力比电磁力大100多倍。核力的作用范围非常小，大约仅是一个质子的半径范围，即 1.4×10^{-15} m左右。它是一种吸引力，且在质子和质子、质子和中子及中子和中子之间的大小都是相同的，如**图30-4**所示。

图30-4 在所有核子之间，强相互作用都是相同的。

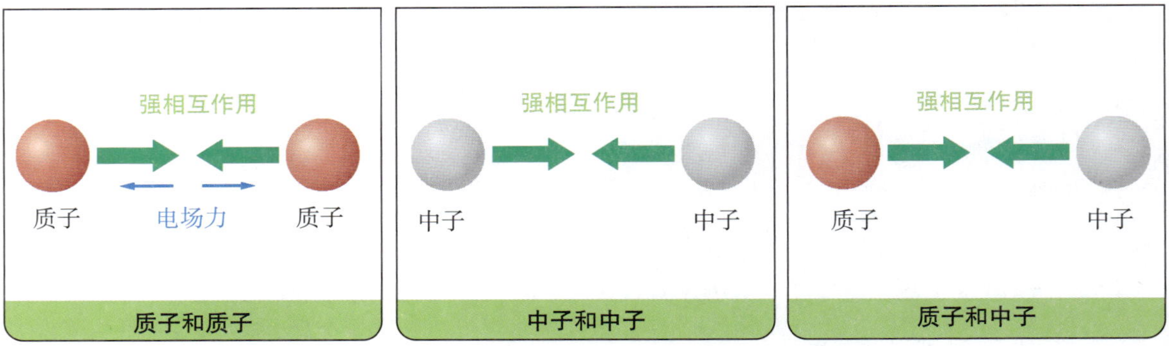

质量亏损和结合能 最初，科学家通过观察惊奇地发现原子核的质量比构成它的质子和中子的质量之和要小。例如，氦核（^4_2He）由两个质子和两个中子组成，其中一个质子的质量是1.007 276 u，一个中子的质量是1.008 665 u。你可能认为氦核的质量是4.031 882 u，但事实上不是这样。经过仔细测量，发现氦核的质量只有4.002 603 u。也就是说，氦核的实际质量比构成它的核子质量小了0.029 279 u。所有核子的质量之和与原子核的实际质量之间的差叫作**质量亏损（mass defect）**。为什么存在质量亏损呢？

答案来自爱因斯坦的研究。爱因斯坦认为，质量和能量是相关的。如果要把一个核子拉出原子核，那就必须对其做功以克服这种吸引力，而做功会使系统的能量增加。因此，结合成核后所具有的能量比构成它的离散的质子和中子的总能量要少。两者的差就是核的**结合能（binding energy）**。由于结合成核后具有的能量较小，所以结合能始终都是负的，如**图30-5**所示。通过爱因斯坦的著名方程，就能将结合能与质量联系起来：

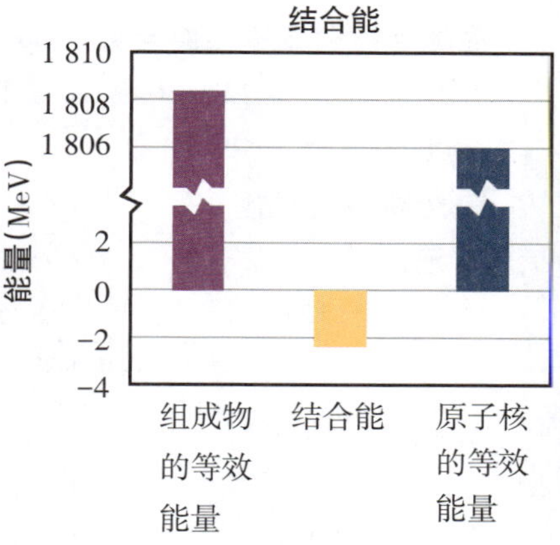

图30-5 单个核子质量的等效能量等于结合成核的质量的等效能量加上其结合能。

质量与能量的关系

一个质量所等效的能量等于质量乘以真空中的光速的平方。

$$E=mc^2$$

确定质量亏损 通常质谱仪测出的同位素的质量，是原子核和电子的质量总和。当计算一个原子核的质量亏损时，必须把电子的质量计算在内。因而，在质量亏损问题中通常给出的是氢（一个质子和一个电子）的质量。此外，原子质量的标准度量单位即原子质量单位。那么，你知道1 u（1.660 5×10^{-27} kg，）的原子包含了多少能量吗？为了确定这一能量，你必须用爱因斯坦方程来计算。这是一个以5位有效数字表示的值：

$$\begin{aligned}E&=mc^2\\&=1.660\,5\times10^{-27}\ \text{kg}\times(2.997\,9\times10^{8}\ \text{m/s})^2\\&=1.492\,4\times10^{-10}\ \text{J}\end{aligned}$$

在这种计算中，能量最方便的单位是电子伏特（1 eV=1.602 18×10^{-19} J），这样又有

$$\begin{aligned}E&=1.492\,4\times10^{-10}\ \text{J}\times\frac{1\ \text{eV}}{1.602\,18\times10^{-19}\ \text{J}}\\&=9.314\,9\times10^{8}\ \text{eV}=931.49\ \text{MeV}\end{aligned}$$

由此可知，1 u的质量相当于931.49 MeV的能量。当确定一个同位素的结合能时，这一比率简化了运算。

☑ **阅读检测** **描述** *E*=931.49 Mev这个式子的意义，并解释这个式子为什么很重要。

例题 1

质量亏损和原子核结合能 试求氚核(^3_1H)的质量亏损和结合能。已知氚的原子质量为3.016 049 u，氢的原子质量为1.007 825 u，中子的质量为1.008 665 u。

1 分析概括问题

已知	未知
一个氢原子的质量＝1.007 825 u	核子与电子的总质量＝？
一个中子的质量＝1.008 665 u	质量亏损＝？
氚核的质量＝3.016 049 u	氚核的结合能＝？
1 u相当的能量＝931.49 MeV	

2 求解未知量

将1个氢原子(1个质子和1个电子)的质量加上2个中子的质量，得到氚的核子的总质量。

1个氢原子的质量：	1.007 825 u
加2个中子的质量：	＋2.017 330 u
核子的总质量：	3.025 155 u

质量亏损等于氚的原子质量减去它的核子的总质量。

氚的原子质量：	3.016 049 u
减去核子的总质量：	－3.025 155 u
质量亏损：	－0.009 106 u

结合能就是与质量亏损等当的能量。

E＝以u为单位的质量亏损×1 u相当的能量

E＝(－0.009 106 u)×931.49 MeV/u

＝－8.482 1 MeV

◀将质量亏损＝0.009 106 u，1 u相当的能量＝931.49 MeV代入。

3 验证答案

- **单位是否正确？** 质量的单位是u，而能量的单位是MeV。
- **符号是否有意义？** 结合能应该是负的。
- **数值是否合理？** 如**图30－6**所示，每个核子的结合能是在－2～－3 MeV之间。所以对于三个核子，上述答案是合理的。

练一练

利用以下数据求解下列问题：

氢原子的质量＝1.007 825 u，中子的质量＝1. 008 665 u，1 u＝931.49 MeV。

5. 碳的一种同位素$^{12}_{6}C$的原子质量为12.000 000 u。

a. 计算它的质量亏损。

b. 它的核的结合能是多少(MeV)？

6. 氘(^2_1H)的原子质量为2.014 102 u。

a. 它的质量亏损是多少？

b. 氘核的结合能是多少(MeV)？

7. 氮的同位素$^{15}_{7}N$的质量亏损为－0.113 986 u。

a. 计算该同位素的质量。

b. 计算它的核的结合能.

8. 挑战题 氧的同位素$^{16}_{8}O$的原子质量为15.994 915 u，另一个氧的同位素$^{18}_{8}O$的原子质量为17.999 160 u。

a. 每一个同位素的质量亏损是多少？

b. 每一个核的结合能是多少？

c. 你认为这两个结合能为什么不同？

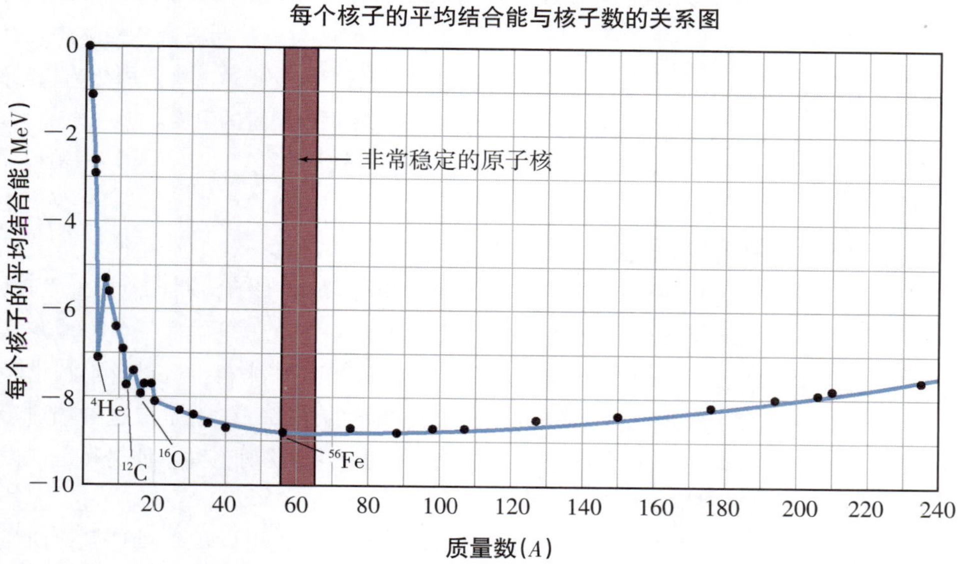

结合能和原子核的质量 如**图30−6**所示的图象显示了每个核子的结合能与原子核的质量之间的关系。除了少数核以外，随着质量数增大到56时，每个核子的结合能变得更负。你知道，质量数A＝56的元素是Fe。更加负的结合能表示其核子结合得更紧密，原子核就更稳定。最稳定的核为$^{56}_{26}\mathrm{Fe}$，因为它的结合能是最大的。在核子数接近56时，小的核变得更加稳定。超过56个核子的核就结合得不够强，因此比较不稳定。

较大的、不稳定的原子核随时会衰变为较小的，稳定的核。例如，原子序数超过92的核，都很容易衰变。在一定条件下，如温度非常高，比$^{56}_{26}\mathrm{Fe}$更小的核会熔合为更大、更稳定的原子核。在太阳和其他恒星上，例如氢转化为氦、碳和其他较重的元素，在反应时释放能量，发生电磁辐射，也就是你所看到的可见太阳光。

图30−6 每个核子的结合能随质量数A的变化而变化。铁56有着最紧密结合的核，是已知最稳定的同位素。

判断 $^{131}_{52}\mathrm{I}$或$^{236}_{94}\mathrm{Pu}$，哪一个核的每个核子的平均结合能更大？

第1节 复 习

9. **主要概念** 碳的放射性同位素$^{14}_{6}\mathrm{C}$的原子质量为14.003 074 u。
   a. 这一同位素的质量亏损是多少？
   b. 它的核的结合能是多少？

10. **核** 考虑以下两对核：$^{12}_{6}\mathrm{C}$和$^{13}_{6}\mathrm{C}$、$^{11}_{5}\mathrm{B}$和$^{11}_{6}\mathrm{C}$。在哪一方面它们是相似的？在哪一方面它们是不同的？

11. **结合能** 当氚核($^{3}_{1}\mathrm{H}$)衰变时，它发射电子。氚同位素变成氦同位素($^{3}_{2}\mathrm{He}$)。在这两种核中，哪一种核具有负的结合能更大？说明理由。

12. **质量亏损** 在第10题中，两个核中的哪一个的质量亏损较大？

13. **核力** 核力的作用距离是如此之短，以至于只有当核子彼此靠近时，核力才会起作用。利用这个事实说明在大的原子核里，电磁斥力为什么能够克服强吸引力而使核不稳定。

14. **批判性思维** 在恒星上，小的原子核熔合形成每个核子的结合能较小的原子核，比如氦和碳。古老的恒星上也能产生氧($Z=8$)和硅($Z=14$)。以这种方式能够产生的最重的核的原子序数是多少？说明理由。

第2节 核衰变和核反应

物理在你身边 太阳是由电离了的氢、氦和一些微量元素组成。在太阳里面发生了什么过程，使得这些物质转化为辐射能，给我们光，并使地球保持适宜的温度。

主要概念

放射性衰变释放粒子和能量，并可把一种元素改变为另一种元素。

核心问题

- 放射性衰变的主要类型及其主要特征是什么?
- 什么是同位素的半衰期?
- 核裂变是如何释放能量的? 它又是如何被应用在核反应堆中的?
- 核聚变是如何释放能量的?

术语回顾

同位素 同一种原子的不同形式，有不同的质量但有相同的化学性质

关键术语

放射性
α衰变
β衰变
γ衰变
核反应
半衰期
活度
裂变
链式反应
聚变

放射性衰变

1896年，贝克勒尔在研究含有元素铀的化合物时，意外地发现，当这些铀的化合物靠近照相底片后，经过避光处理的底片就变成灰雾状了，或者说被部分地曝光了。这些灰雾说明来自铀的某种射线已经穿透了底片的覆盖物。如**图30–7**所示的照相底片就是被这种辐射曝光后的。除了铀和它的化合物之外，科学家发现还有几种材料也能发射这些具有穿透性的射线。

1909年，经过多年的实验研究，卢瑟福可以识别贝克勒尔所发现的这种辐射。这种辐射是由氦-4原子核所组成。大的铀原子核发生衰变时，发射出这些氦核。人们把发射粒子和能量的原子核叫作**放射性(radioactive)**核。发射粒子的物质也称为衰变物质。原子核衰变是为了变得更稳定。放射性衰变是一种自然的过程。

很少有物理学的其他领域像核物理一样，利用基础知识就使其在应用方面快速发展。放射性元素镭的医学应用，在发现镭后不到20年就开始了。质子加速器在它被发明还不到一年，就被用来为医疗服务。至于核裂变(拆分原子核)更是基础理论尚未被完全认识之前，军事应用已经处于发展阶段了。而在随后不足十年的时间里，又进入了能源领域，如发电站。

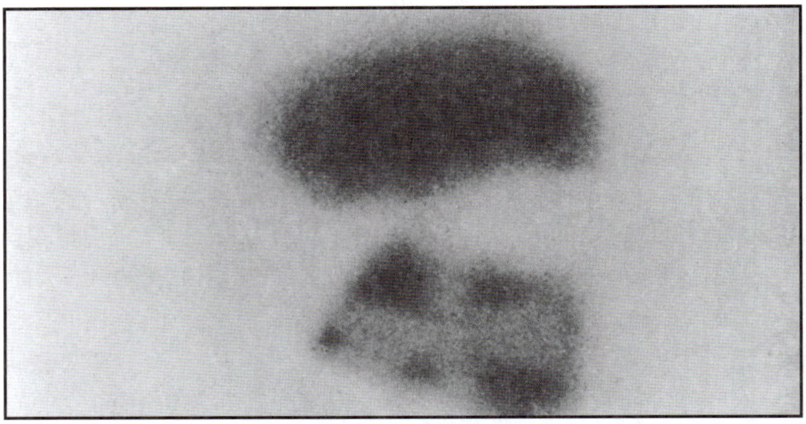

图30–7 贝克勒尔发现照相底片可能由于靠近铀的化合物而曝光。图上黑暗的阴影是底片的曝光部分。

辐射的类型

卢瑟福的团队发现，铀的化合物能产生三种辐射。根据这三种辐射贯穿能力的不同，他将它们分别命名为α(alpha)、β(beta)和γ(gamma)辐射。α辐射用厚一点的纸板就可以挡住；6 mm的铅板能够挡住大部分的β粒子；但要挡住γ射线，就需要用几厘米的铅板了。现在人们知道每一种辐射涉及不同的粒子。

α衰变 α粒子即氦原子核($^{4}_{2}He$)。α粒子的质量数为4，原子序数为2。由原子核放出一个α粒子的过程叫作**α衰变(alpha decay)**。发生α衰变的核至少有106个核子。当一个原子核放出一个α粒子后，它的质量数*A*减少4，而原子序数*Z*减少2。这时该元素衰变为一个不同的新元素。例如，铀核($^{238}_{92}U$)转变为钍核($^{234}_{90}Th$)。

β衰变 β粒子是从原子核中放出的电子。然而，原子核内并不含有电子，那么这些电子是从哪里来的呢？原来，当核内的一个中子变成质子时，原子核就会发生**β衰变(beta decay)**。在所有的核反应过程中，电荷必须是守恒的，也就是说，核反应前的电荷数一定等于反应后的电荷数。因此，在β衰变中，当一个不带电的中子转变为电荷数为+1的质子时，就会出现一个电荷数为−1的电子。同样的，一个原来有*N*个中子和*Z*个质子的核经过β衰变，最终变成了一个具有*N*−1个中子和*Z*+1个质子的新核。β衰变还会产生另一种中性的、质量近似为零的粒子，那就是反中微子。

另一类β衰变是发生在核内的一个质子转变为一个中子时。由于此时发射的是正电子(电荷为正的电子)，所以这类β衰变被叫作正电子发射。

γ衰变 γ射线是由原子核发生γ衰变时发出的高能光子。当原子核内能量重新分配时，就会发生**γ衰变(gamma decay)**，并发射γ射线。在γ衰变中，原子核的质量数与原子序数都不会发生改变。γ辐射通常伴随着α衰变和β衰变。如**表30-1**所示总结了三类辐射的特征。

放射性元素常常通过一系列连续的衰变，最终形成一个稳定的原子核。例如，铀核($^{238}_{92}U$)在变成稳定的铅核($^{206}_{82}Pb$)之前，就经历了14次衰变。

表30-1 三种辐射

α衰变	β衰变	γ衰变
α粒子($^{4}_{2}He$)	β粒子($^{0}_{-1}e$)	γ粒子(光子)
电荷数为+2	电荷数为−1	不带电
穿透力最小	中等穿透力	穿透力最大
核发生转变： $A \to A-4$ $Z \to Z-2$ $N \to N-2$	核发生转变 $A \to A$ $Z \to Z+1$ $N \to N-1$	只改变能量 $A \to A$ $Z \to Z$ $N \to N$

物理实验

常见的辐射源

在家或学校里，你能找到哪些常见的辐射源？

辐射的检测*

辐射水平随着离辐射源的距离如何变化？

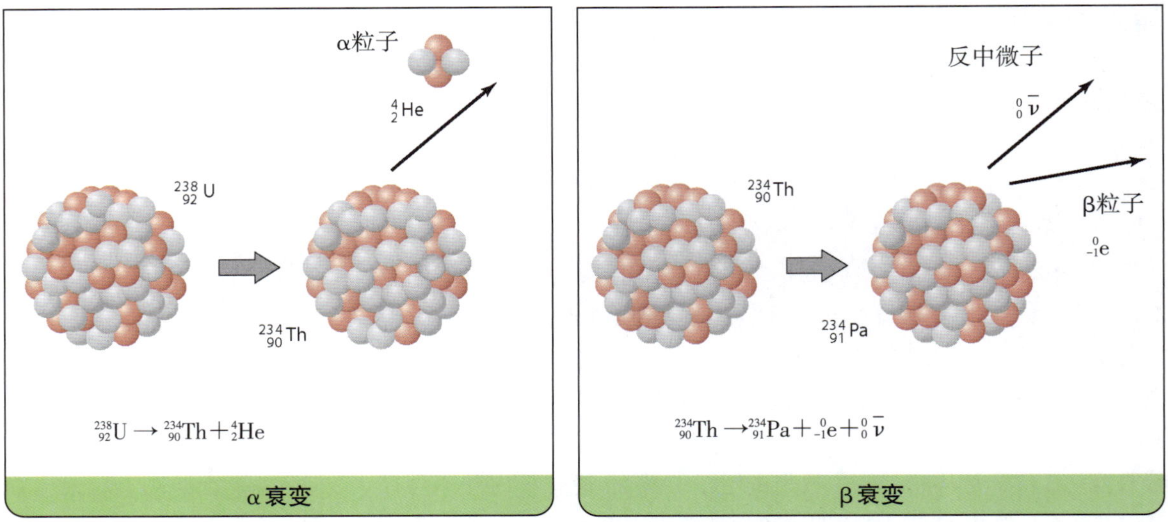

图30-8 铀238发生α衰变，发射了一个α粒子，结果形成了钍234。钍234发生β衰变，发射了一个β粒子，形成了镤234。

核反应和核反应方程

当发生**核反应(nuclear reaction)**时，原子核会出现能量、中子数或质子数的变化。正如在化学反应中那样，某些核反应会放出能量，而另一些核反应只有加入了能量后才会发生。核反应的一种形式是通过放射性核放出粒子。这类反应以射出粒子的动能的方式释放能量。如**图30-8**所示为两例这类反应。

阅读检测 **解释**为什么甲烷燃烧不是一种核反应，而铀的α衰变是核反应。

核反应可以用语言、图解和方程等方式来描述。在核反应方程中采用核的标记法，可以使反应前后元素的原子序数和质量数的计算较为简单。例如，如**图30-8**所示的α衰变可以写成如下形式：

$$^{238}_{92}U \rightarrow ^{234}_{90}Th + ^{4}_{2}He$$

以上方程说明，铀238通过发射α粒子衰变为钍234。

由于在核反应期间核子(质子和中子)总数保持不变，所以方程每一边元素的左上标的总和必须相等：238=234+4。由于电荷总数也是守恒的，所以方程每一边元素的左下标的总和也必须相等：92=90+2。

发生β衰变时，产生一个电子$^{0}_{-1}e$和一个反中微子$^{0}_{0}\bar{\nu}$(反中微子的符号是希腊字母ν带一根上划线，上划线表示反物质粒子)。如**图30-8**所示为钍234放出一个β粒子衰变为镤234。核反应方程可以用下式来表示，方程中电荷数是守恒的：

$$^{234}_{90}Th \rightarrow ^{234}_{91}Pa + ^{0}_{-1}e + ^{0}_{0}\bar{\nu}$$

要注意的是，方程左边元素的左上标的总和等于右边元素的左上标的总和。方程两边元素的左下标之间也存在相等的关系。在α和β衰变中，出现在方程左边的一个核衰变为方程右边的另一个核和一个或多个放射性粒子。而当粒子与原子核碰撞时，将会发生另一种转变，通常会导致其他粒子的射出，如$^{12}_{6}C+^{1}_{1}H\rightarrow^{13}_{7}N$。这类反应将在例题3以及下一节核聚变的讨论中说明。

迷你实验

模拟放射性衰变

放射性衰变的概率是怎样的？

例题2

α和β衰变 写出下列各个放射性过程的核反应方程。

a. 镭核($^{226}_{88}Ra$)放出一个α粒子衰变成氡核($^{222}_{86}Rn$)。

b. 铅核($^{209}_{82}Pb$)通过放出一个β粒子和一个反中微子衰变成铋核($^{209}_{83}Bi$)。

1 分析概括问题

已知	未知
a. $^{226}_{88}Ra\rightarrow$α粒子$+^{222}_{86}Rn$	是否可能衰变？
α粒子$=^{4}_{2}He$	
b. $^{209}_{82}Pb\rightarrow^{209}_{83}Bi+$β粒子+反中微子	是否可能衰变？
β粒子$=^{0}_{-1}e$	
反中微子$=^{0}_{0}\bar{\nu}$	

2 求解未知量

a. $^{226}_{88}Ra\rightarrow^{4}_{2}He+^{222}_{86}Rn$ ◀将α粒子$=^{4}_{2}He$代入。

b. $^{209}_{82}Pb\rightarrow^{209}_{83}Bi+^{0}_{-1}e+^{0}_{0}\bar{\nu}$ ◀将β粒子$=^{0}_{-1}e$，反中微子$=^{0}_{0}\bar{\nu}$代入。

3 验证答案

- 核子数是否守恒？
  - **a.** 226=222+4，故质量数守恒。
  - **b.** 209=209+0+0，故质量数守恒。
- 电荷数是否守恒？
  - **a.** 88=86+2，故电荷数守恒。
  - **b.** 82=83−1+0，故电荷数守恒。

练一练

15. 写出铀核($^{234}_{92}U$)通过放出一个α粒子衰变成钍核($^{230}_{90}Th$)的核反应方程。

16. 写出钍核($^{230}_{90}Th$)通过放出一个α粒子衰变成镭核($^{226}_{88}Ra$)的核反应方程。

17. 写出镅241通过放出一个α粒子衰变成镎237的核反应方程。

18. 写出镭核($^{226}_{88}Ra$)通过α衰变变成氡核($^{222}_{86}Rn$)的核反应方程。

19. 铅核($^{214}_{82}Pb$)可以通过放出一个β粒子和一个反中微子衰变成铋核($^{214}_{83}Bi$)。写出这个核反应方程。

20. **挑战题** 碳核($^{14}_{6}C$)发生β衰变，试确定衰变的产物，并写出核反应方程。

例题3

求解核反应方程　当氮遭到α粒子轰击时，它会放出高能质子。此时还产生出什么新的同位素？

1 分析概括问题

已知	未知
氮 $= {}^{14}_{7}N$	方程的右边是什么元素的同位素？
α粒子 $= {}^{4}_{2}He$	
质子 $= {}^{1}_{1}H$	

2 求解未知量

写出核反应方程。

${}^{4}_{2}He + {}^{14}_{7}N \rightarrow {}^{1}_{1}H + {}^{A}_{Z}X$

解出Z和A。

$Z=2+7-1=8, A=4+14-1=17$

根据元素周期表，电荷数$Z=8$的元素是氧，该同位素是${}^{17}_{8}O$。

3 验证答案

- **方程是否平衡？** 核子数是守恒的：$4+14=1+17$；电荷数也是守恒的：$2+7=1+8$。

练一练

21. 利用元素周期表，完成下列核反应方程。

a. ${}^{33}_{15}P \rightarrow ? + {}^{0}_{-1}e + {}^{0}_{0}\bar{\nu}$

b. ${}^{55}_{24}Cr \rightarrow ? + {}^{0}_{-1}e + {}^{0}_{0}\bar{\nu}$

22. 写出𬭳核(${}^{263}_{106}Sg$)通过放出α粒子转变为𬬻核(${}^{259}_{104}Rf$)的核反应方程。

23. 一个质子与氮核(${}^{15}_{7}N$)碰撞形成一个新的原子核和一个α粒子。这个新的原子核是什么？写出核反应方程。

24. 挑战题　写出下列放射性元素的β衰变的核反应方程。

a. ${}^{210}_{82}Pb$　　**b.** ${}^{210}_{83}Bi$

c. ${}^{234}_{90}Th$　　**d.** ${}^{239}_{93}Np$

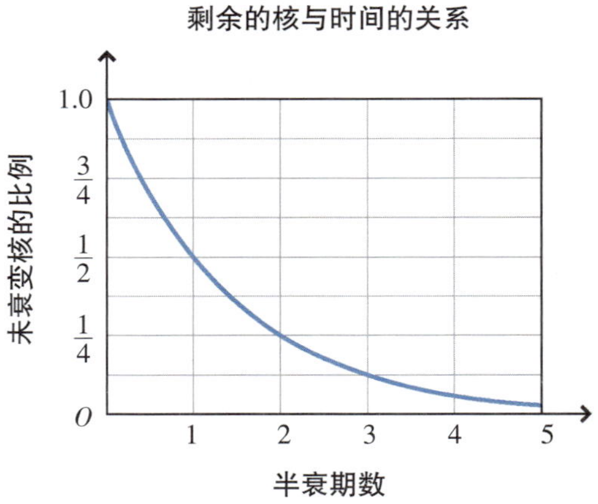

图30-9　每个半衰期内，有一半的放射性核发生衰变。

半衰期

放射性同位素在其稳定性方面相差很大。某些元素在衰变之前只能存在不到一秒钟，而另一些元素可以存在数十亿年。科学家利用半衰期来描述这一性质。一定量的任意放射性同位素，它的一半原子衰变所需要的时间称为该元素的**半衰期（half-life）**。在每一个半衰期之后，未衰变的核的数目缩减为原先的一半，如**图30-9**所示。半衰期是通过观察大量的核的衰变之后所得出的平均值。每一特定的同位素都有它自己的半衰期。

例如，镭核(${}^{226}_{88}Ra$)的半衰期是1600年。也就是说，在1600年内给定量的镭的一半要衰变成另一个元素氡。在第二个1 600年里，镭的剩余样品中的一半还将衰变掉。换句话说，在3 200年后，它将只剩下原有数量的$\frac{1}{4}$了。

表 30-2　几种同位素的半衰期

元素	同位素	半衰期	生成的辐射
氢	$^{3}_{1}H$	12.3年	β
碳	$^{14}_{6}C$	5 730年	β
钴	$^{60}_{27}Co$	30年	β，γ
碘	$^{131}_{53}I$	8.07天	β，γ
铅	$^{212}_{82}Pb$	10.6小时	β
钋	$^{194}_{84}Po$	0.7秒	α
钋	$^{210}_{84}Po$	138天	α，γ
铀	$^{235}_{92}U$	7.1×10^{8}年	α，γ
铀	$^{238}_{92}U$	4.51×10^{9}年	α，γ
钚	$^{236}_{94}Pu$	2.85年	α
钚	$^{242}_{94}Pu$	3.79×10^{5}年	α，γ

如**表 30-2**所示列举了几种放射性同位素的半衰期。如果已知一种放射性物质的最初的量和它的半衰期，那么你就能计算出在给定的半衰期数之后剩余物的总量。

半衰期

在样品中剩余的放射性同位素的总量，等于最初的量乘以 $\frac{1}{2}$ 的 t 次幂，这里的 t 是样品经历的半衰期数。

$$剩余物的量 = 最初的量 \times \left(\frac{1}{2}\right)^{t}$$

放射性同位素的半衰期常被用来确定物质的年代。通过测量碳 14 的剩余物的量，可以得出有机体材料的年代。地球的年龄也可以根据铀衰变成铅的比例算出。

放射性物质的衰变速率，即每秒衰变的原子核数，叫作该放射性物质的**活度（activity）**，也叫放射性强度。放射性活度与现存放射性原子的数目成正比。因此，特定样品的放射性活度在经过一个半衰期后就会减小一半。由于 $^{131}_{53}I$ 的半衰期是 8.07 天，若某碘 131 样品的放射性活度是 8×10^{5} 次衰变/秒，那么 8.07 天之后，它的活度将变为 4×10^{5} 次衰变/秒。再经过 8.07 天，它的活度将是 2×10^{5} 次衰变/秒。一个样品的放射性活度也与它的半衰期有关。半衰期越短，放射性活度越高。重要的是，如果你知道了物质的放射性活度和该物质的量，那么你就能确定它的半衰期。在 SI 单位制中，放射性活度的单位是贝克勒尔（Bq），1 Bq = 1 次核衰变/秒。

练一练

*参照**图 30-9** 和**表 30-2**，求解下列问题。*

25. 现有 1.0 g 氚（$^{3}_{1}H$）样品，24.6 年后剩余氚的质量是多少？

26. 已知镎（$^{238}_{93}Np$）的半衰期是 2.0 天。如果星期一生产出了 4.0 g 的镎，那么到下个星期二剩余镎的质量是多少？

27. 某校在 9 月 1 日购买了钋（$^{210}_{84}Po$）的样品，它的放射性活度为 2×10^{6} Bq。若样品要在下一年 6 月 1 日的实验中使用，那时钋的放射性活度是多少？

28. 挑战题　有很长一段时间，夜光手表利用氚（$^{3}_{1}H$）产生荧光，以便它们能够在黑夜中使用。如果荧光的亮度与氚的放射性活度成正比，那么当表使用 6 年后，与最初的亮度相比，该表的亮度将有什么变化？

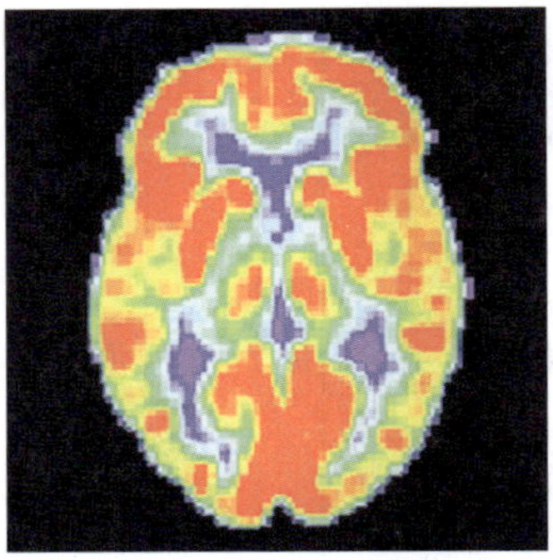

图 30–10　为了进行PET扫描，医生把含有放射性同位素依附的分子的溶液，注射到目标组织中。当同位素衰变时，它产生的正电子与邻近的电子发生湮灭，形成γ射线。PET扫描器在检测到γ射线后，通过计算机作出一幅三维的同位素分布图。

人造放射性同位素

用质子、中子、电子或其他粒子轰击稳定的同位素，就可以形成放射性同位素，这样生成的不稳定的核会发射射线，直到它们转变为稳定的同位素。放射性核不仅可以射出α、β和γ射线，也能射出中微子、反中微子和正电子。正电子即带正电的电子$^{0}_{+1}e$，与电子的质量相同。

人工产生的放射性同位素通常应用于医疗和医学研究领域。在许多医学应用中，给病人注入的放射性同位素元素被身体的某些特定部位所吸收。医生利用辐射计数器来监控有问题部位的放射性强度。放射性同位素还能通过附加于某些物质分子，使其被人们感兴趣的区域吸收。正电子发射断层扫描仪，即一般所说的PET扫描仪，基于的就是这一原理。如**图 30–10**所示为脑部的PET扫描照片。

辐射经常被用来摧毁癌细胞。由于癌细胞比正常细胞分裂得更快，所以它们对于辐射的破坏效应更加敏感。源自同位素$^{60}_{27}Co$的γ射线就常用于癌症的治疗；放射性碘则被注射到甲状腺癌的细胞中；此外，粒子加速器产生的粒子如果被集束地射入组织，它们就会在患癌的组织里发生衰变并消灭癌细胞。

核裂变

19世纪30年代，人们曾经讨论过从核反应中获得可利用形态的能量的可能性。利用中子轰击物质是最有希望成功的方案。1934年，在意大利，费米（E. Fermi）和西格雷（E. Segre）通过用中子轰击铀，得到了许多新的放射性同位素。

1939年，德国化学家哈恩（O. Hahn）和斯特拉斯曼（F. Strassmann）证明，这个实验最终获得的原子的化学性质类似于钡。一周以后，迈特纳（L. Meitner）和弗里希（O. Frisch）提出，中子引起了铀核分裂成两个较小的核，并导致大量能量的释放。这种核反应不仅可能作为一种能量的来源，而且还可能成为一种爆炸性的武器，这一点很快就为许多科学家意识到了。

一个原子核被分裂成两个或多个碎块的现象叫作**裂变（fission）**。例如，当用中子轰击铀的同位素$^{235}_{92}U$，铀就会发生裂变。元素钡（Ba）和氪（Kr）是典型的裂变产物，可以用下述方程说明这一反应：

$$^{1}_{0}n+^{235}_{92}U\rightarrow^{92}_{36}Kr+^{141}_{56}Ba+3^{1}_{0}n+173\ MeV$$

每一个核裂变释放的能量可以通过方程每一边原子的质量计算求出。在铀235反应中，等式右边的总质量比左边的小0.186 u，该质量等当的能量为2.78×10^{-11} J（或173 MeV）。这个能量以裂变产物的动能形式出现，如**图 30–11**所示。

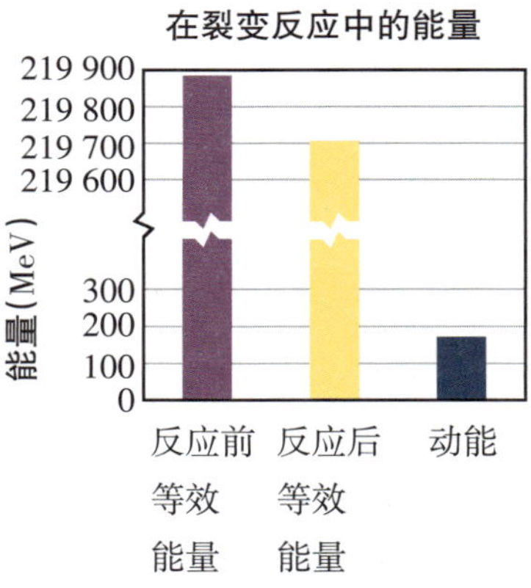

图 30–11　在裂变反应中，反应物的质量等于反应产物质量的总和以及产物动能的等效质量。

阅读检测　**确认**上述裂变反应释放能量为173 Mev。

■ 链式反应

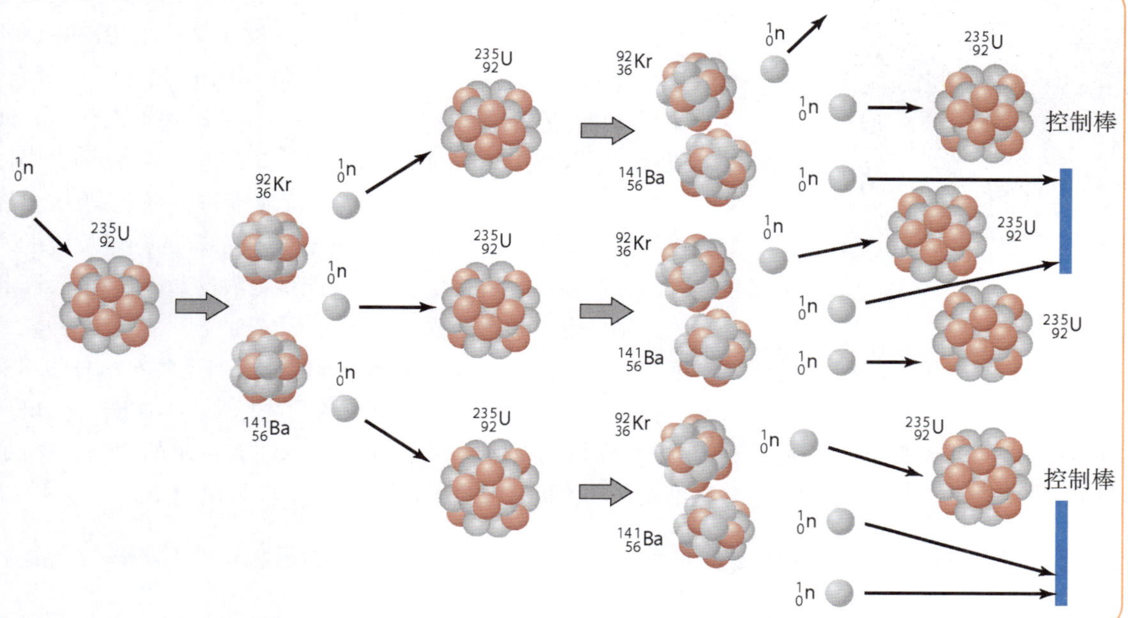

链式反应 注意，每个裂变释放出三个中子。这些中子可以与其他的铀$_{92}^{235}U$核碰撞，引起更多的核裂变。这种由最初的裂变反应所释放的中子而引起新的裂变反应，这种重复而持续的过程叫作**链式反应（chain reaction）**，如**图30-12**所示。

图30-12 铀235核裂变所产生的中子会引起更多的核裂变发生，这就导致了链式反应。要使核电站运转，需要控制链式反应。

推断为什么吸收中子的棒应添加到反应堆中去？

☑ **阅读检测** **解释**为什么裂变所释放的能量是巨大的。

控制链式反应 为了创建一个可控和有用的链式反应，那么中子和与它作用的可裂变铀应保持正确的比例。反应速率取决于中子的速度和可裂变铀的数量。$_{92}^{235}U$裂变释放的大多数中子是高速运动的，它们叫作快中子。而天然存在的铀是由不足1%的$_{92}^{235}U$和99%以上的$_{92}^{238}U$所组成的。当$_{92}^{238}U$吸收一个快中子后，它并不会发生裂变，而是变为一个新的同位素$_{92}^{239}U$。由于$_{92}^{238}U$吸收了大多数的中子，因此，最初的裂变释放的大多数中子不可能引起另一个裂变。

为了补偿这一点，铀被分割成小块并放入减速剂（能使快中子慢下来的物质）中。当中子与减速剂里轻的原子碰撞时，它把动量和能量转移给原子而失去了能量。于是，减速剂使许多快中子的速度减小，致使它们被$_{92}^{235}U$吸收比被$_{92}^{238}U$吸收要容易得多。大量的慢中子极大地增加了由$_{92}^{235}U$裂变释放的中子去引起另一个$_{92}^{235}U$裂变的可能性。如果样品中有足够的$_{92}^{235}U$，那么链式反应就能发生。如果要增加可裂变铀的数量，可以利用增加更多的$_{92}^{235}U$的方法使铀浓缩。

生活中的物理学

辐射治疗 γ射线对于癌细胞和正常细胞都具有杀伤力，因此在进行辐射治疗时，辐射光束必须对准癌细胞。

图30-13 当进入水中的高速粒子的速度超过水中的光速时，会发生切伦科夫效应。辉光是由切伦科夫效应引起的。当燃料棒放到水中时，电子就会发射光子，而光子引起了水的辉光。这个辉光不是放射性的结果。

核反应堆 在美国采用的核反应堆，即压水式反应堆中，大约有200 t的铀密封在几百根金属棒中，而棒浸没在水里，如**图30-13**所示。水不仅是减速剂，而且吸收铀裂变释放出来的热能。

镉金属棒放在铀棒中间，镉吸收中子并起减速剂的作用。通过将镉棒在反应堆中移进移出，可控制链式反应的速度，因而镉棒又叫作控制棒。当把控制棒完全插入反应堆时，它们会吸收足够多的由裂变反应放出的中子，以阻止任何进一步的链式反应的发生。而当控制棒从反应堆中移出时，能量释放的速度增大了，因此会有更多的自由中子维持链式反应。

由裂变释放的能量加热了铀棒周围的水。这些水本身并不沸腾，因为它处于高压之下，而压力提高了它的沸点。如**图30－14**所示，水被泵到热交换器里，在这里它引起了其他水的沸腾，产生的蒸汽推动了汽轮机。汽轮机与发电机相连，输出电能。

☑ **阅读检测** **解释**为什么反应堆要用水和控制棒来控制链式反应。

$^{235}_{92}U$裂变产生Kr，Ba和其他在燃料棒里的原子，这些原子中的多数是具有放射性的。大约每年一次，一些铀燃料棒必须被更换。这些老的棒不能在反应堆中再使用，但是它们仍然有极强的放射性。由于辐射对人和环境都有危害，因而这些棒必须被储藏到能够保证安全的地方。永久储藏这些放射性废物的方法现在还在不断地研发改进中。

生活中的物理学

风险管理 由于放射性材料对人体健康与环境的都有危害，科学家与工程师尝试建造设施来抵御因自然灾害造成的损失，和制订计划来快速遏制有害材料。2011年3月，在日本东海岸不远处的地震引发的海啸，对核电站的破坏给人敲响了警钟，世界各地的专家修订了对核电站的设计，并重新评估核电站的风险与防范。

■ **核电站**

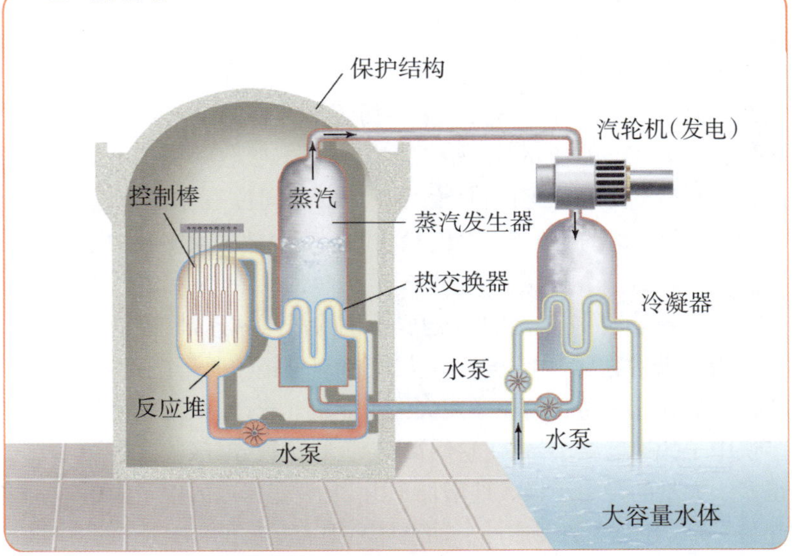

图30-14 发生在核电站中的核反应释放出了热能。这种能量最终用于推动一个汽轮机，从而将机械能转换成电能。

核聚变

在核**聚变(fusion)**时，多个小质量的核会结合为大质量的核。这个过程会释放能量。你通过本章前面的学习已经知道，较大的核束缚得较紧密，所以它的质量比所有组成它的较小的核的质量之和要小。这个损失的质量就等于释放的能量。

太阳内部发生的反应就是聚变反应的一个典型例子。这个过程，被称作质子—质子链，如**图30-15**所示。四个氢核(质子)分几步聚变成一个氦核。质子－质子链可以用以下方程式表示：

$$^1_1H+^1_1H\rightarrow^2_1H+^0_{+1}e+^0_0\nu \text{ 和 } ^1_1H+^1_1H\rightarrow^2_1H+^0_{+1}e+^0_0\nu$$

$$^1_1H+^2_1H\rightarrow^3_2He+\gamma \text{ 和 } ^1_1H+^2_1H\rightarrow^3_2He+\gamma$$

$$^3_2He+^3_2He\rightarrow^4_2He+2^1_1H$$

净结果(即扣除两个在最后一步中生成的质子)是四个质子生成一个^4_2He，两个正电子$^0_{+1}e$和两个中微子$^0_0\nu$。

四个质子的质量比生成的氦核的质量要大一些。这一质量差相当于由此产生的粒子的动能和光子辐射能的总和。聚变生成一个氦核所释放的能量为25 MeV。作为对比，一个炸药分子发生化学反应所释放的能量大约是20 eV，即比聚变能约小100万倍。

带电核之间的排斥力需要聚变核具有较高的能量。因此，聚变反应仅当核具有大量热能时才能发生。质子－质子链需要2×10^7 K的温度，这是出现在太阳中心的温度。对于温度足够高的恒星，核也可以相互融合在一起形成较大的元素，如碳、氧和氮。温度最高的恒星有足够的热能使像硅一样大的核融合成铁。

聚变反应也发生在氢(或热核)弹中。在这个装置中，产生聚变所需要的高温由铀裂变，即原子弹爆发产生。

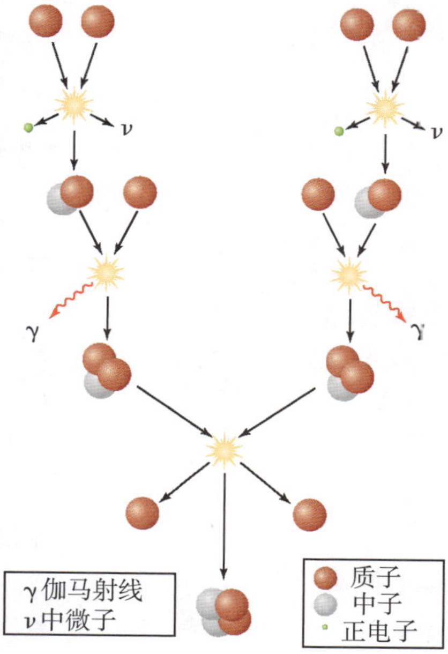

图30-15 太阳内部发生的一系列聚变反应，将氢转变为氦。
确认该反应中电荷是守恒的。

第2节 复 习

29. 主要概念 如果核内没有电子，在β衰变中核内如何能排出电子?

30. 核反应 钋的同位素$^{210}_{84}Po$经历了一次α衰变。写出这一核反应方程。

31. 半衰期 根据**图30-9**和**表30-2**，估计在多少天之内，$^{131}_{53}I$的样品中仍保留有它初始活度的$\frac{3}{8}$。

32. 核反应堆 铅通常用作放射性的防护物。为什么在核反应堆中它不是减速剂的上好选择?

33. 聚变 为什么在气球中的氦不会发生聚变?

34. 能量 计算在太阳上的第一个聚变反应$^1_1H+^1_1H\rightarrow^2_1H+^0_{+1}e+^0_0\nu$中释放出的能量。

35. 批判性思维 应用在烟雾检测器中的α粒子发射体，安装在电容器的一个面板上，α粒子撞击电容器的另一面板。结果，在此两板间有了一个电势差。说明并预测哪一块板的电势较高。

第3节 基本粒子

物理在你身边

你是由分子组成的，分子是由原子组成的，原子是由质子、电子和中子组成的，那么质子、电子和中子是最小的粒子吗？

主要概念

所有物质都是由夸克和轻子组成，而物质之间的相互作用通过媒介子来实现。

核心问题

- 粒子是如何产生和检测的？
- 物质的标准模型的特征是什么？
- 一对粒子在湮灭和产生期间，质量和其他形式的能量是如何转化的？
- 弱相互作用起到什么作用？

术语回顾

强相互作用 一种把核子结合成原子核的吸引力，所有核子对之间力大小相同

关键术语

标准模型
夸克
轻子
媒介子
粒子偶的产生
弱相互作用

粒子加速器

最早利用高速粒子来研究原子核的物理学家，他们所采用的高速粒子即来自放射源的粒子。之后，另一些物理学家开始利用宇宙射线代替粒子进行实验，虽然在当时，人们还并不了解这些来自恒星及星际空间的宇宙射线的形成过程。到了20世纪30年代早期，能够加速质子或α粒子的、能量高到足以穿透原子核的第一批实验设备逐渐开始研制。其中，直线加速器和同步加速器这两种设备一直被沿用至今，用来帮助科学家进一步研究物质的结构。

直线加速器 直线加速器是一种用来加速质子、电子或它们的反粒子（反粒子在本节后面介绍）的设备。它是由一系列内部有着很长真空室的中空管道组成。这些中空管与高频交变电压相连，如**图30-16**所示。质子是由类似于阴极射线管中的离子源所产生的。当向第一根管子的两端施加一个负电压时，质子被加速并进入管中。因为管内不存在电场，所以质子做匀速运动。

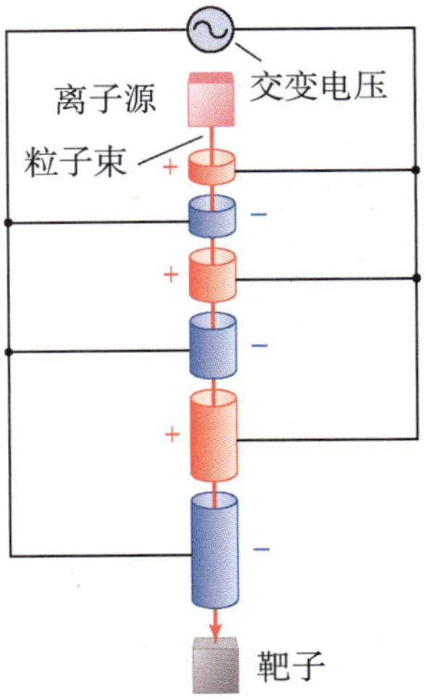

为了加速带电粒子，管子上的电荷与运动粒子的极性是相反的（图不按比例）。

斯坦福大学的直线加速器，它的长度为3.3 km，能使电子的能量加速到50 GeV。

图30-16 一个用来加速带电粒子的直线加速器。

管子的长度和交变电压的频率是调准匹配的，当质子到达每一根管子的远端时，第二根管子的电压相对于前一根管子是负的，两管间隙中形成的电场使质子加速进入第二根管子。

质子在每一对管子间经历一次加速，这一过程是不断持续的。当粒子在连续的管子中出现和所有的电压发生变化时，粒子运动得越来越快，所以它们在相同时间内就移动得更远。因此，每一根管子必须比前一根更长。质子随电场波峰的移动而前进，就像在海洋中的冲浪板一样。每一次加速都会使质子的能量增加 10^5 eV。在加速器的终端，质子可能会具有数十亿电子伏特的能量。用类似的方法也可加速电子。要注意的是，直线加速器只能用来加速带电粒子。

由于质子的质量较大，因此它们在直线加速器上不可能加速到现代实验所需要的极高的能量。因此，直线质子加速器用来作为初始过程，然后让其进入圆形加速器，质子在其中可以达到更高的能量。

☑ **阅读检测** **解释**为什么不能在粒子加速器中加速中子。

同步加速器 利用磁场把粒子的路径弯成圆形，可以使加速器变得较小。这个圆形加速器，称为同步加速器，如**图 30-17** 所示。弯曲的磁体被直线区域隔开，在直线区域中，高频交变电压对粒子进行加速。磁场强度和路径长度都是设定好的，以使粒子到达交变电场的位置时，电场正好对它们进行加速。

大型强子对撞机(LHC)是最大的同步加速器之一，它在靠近瑞士日内瓦的欧洲核子研究中心(CERN)的实验室里，如**图 30-17** 所示。LHC 非常大，因为它需要一段很长的距离来加速粒子以使其达到所需的能量。LHC 有两个运行方向相反的质子束，这些粒子束会在某些相互作用区域发生碰撞，其结果可供科学家进行研究。LHC 的设计旨在对更大的核子进行加速。

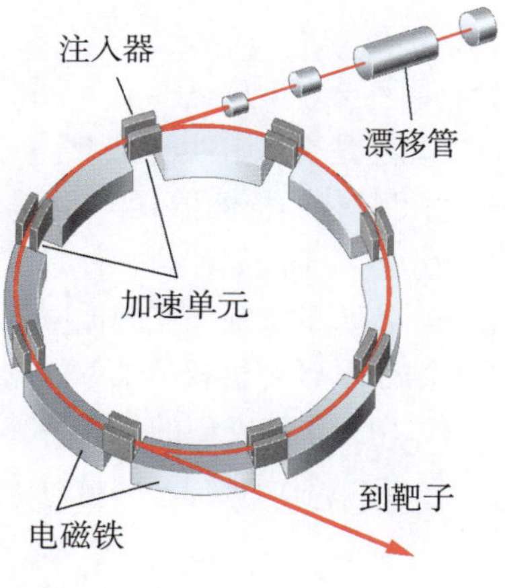

图 30-17 在同步加速器中，路径和粒子的加速度是利用磁体控制的，大型强子对撞机的圆周长为 27 km。

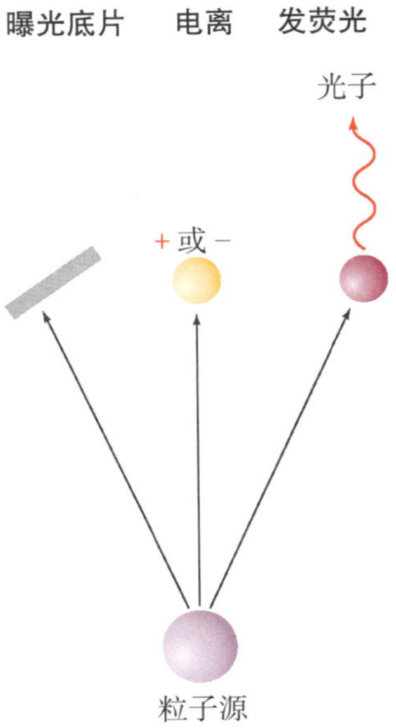

图 30-18 亚原子粒子不能为人类所看到或感受到，但是，当这些粒子与某些类型的物质发生相互作用时，它们就会被检测到。粒子可以使底片曝光，物质电离，或使物质发射出光子。

图 30-19 在气泡室中，带电粒子留下了轨迹。这个假彩色的照片显示出一些粒子的路径。
解释为什么径迹弯向不同方向。

粒子探测器

通过加速器的高速粒子发生碰撞或撞击目标，从而喷射出亚原子粒子。科学家试图检测这些微小的粒子，以识别并研究它们。为了被检测到，必须让这些粒子以某种方式与物质发生相互作用，使人类能够感觉到它们。你的手能够阻挡一个α粒子，而你完全无法感觉到粒子对你的撞击。正当你在阅读这一句子时，几十亿个太阳中微子穿过了你的身体，而你对此毫无感觉一样。为了克服这一局限，在过去的一个世纪里科学家研制出了许多探测和区分核反应产生的各类粒子的工具。

我们知道，来自铀的辐射可以使照相底片曝光。因为α粒子、β粒子和γ射线可以使照相底片曝光，所以这些照相底片可以用来检测放射性。其他粒子检测器，则利用高速粒子可以与原子碰撞，而弹射出电子这一原理。也就是说，高速粒子会使它们撞击的物质电离。此外，当某些物质暴露于一定类型的放射性下时，它们会发出荧光或射出光子，因而荧光物质也能用于辐射的检测。这三种检测放射性的方法在**图 30-18** 中作了说明。

盖革—米勒管 盖革—米勒管包含一个接电源负极的圆柱形铜管，在铜管的中间有一条接正极的硬质金属丝。金属丝与铜管间的电压保持为低于发生自发放电或打火电压的值。

当带电粒子或γ射线进入铜管时，它使铜管和金属丝间的气体原子电离，产生的正离子受到电压加速趋向铜管，而电子加速趋向带正的金属丝。在这些带电粒子在向电极运动时，它们引发带电粒子雪崩般地产生，这样铜管中便有脉冲电流流过。由于这类探测器足够小，易于携带，盖革计数器是常用的探测器。

凝结径迹 威尔逊云室曾经用来探测粒子。这个云室包括一个充满过饱和水蒸气或乙醇蒸气的区域。当带电粒子穿过云室时，蒸气在离子上凝结成小的液滴，于是它们的路径上就会留下离子的径迹。在这种方式中，可见的径迹是由液滴或雾气所形成的。还有一种与此类似的一直沿用至今的探测器，叫作气泡室。在气泡室中，带电粒子通过的液体的温度刚刚控制在沸点以上。在这种情形下，粒子运动导致的小气泡显示了带电粒子的径迹，如**图 30-19** 所示。

中性粒子的运动不会留下径迹，因为它们不会产生放电现象。利用碰撞中的动量和能量守恒定律，人们就可以知道是否有中性粒子产生。

现代探测器 利用现代技术，科学家还发明了复杂的探测器，可以用来记录粒子的路径和分析诸如动量、质量和能量等粒子的属性。一种叫作丝室的探测室，类似于巨大的盖革—米勒管。庞大的极板被充满低压气体的小气隙分割开来。在粒子穿过气室时会放电，计算机就记录下放电的位置。固态探测器同样利用粒子的电离作用来跟踪它们的位置。其他探险测器，当粒子穿过它们时会发光。这些探测器通常用来测量粒子的能量或动量。

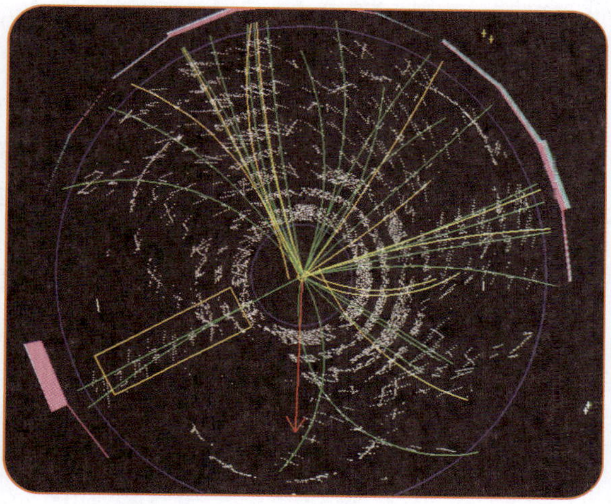

图 30-20 ATLAS（超环面大型强子对撞机装置）监测来自数十亿次碰撞的径迹以及一些最感兴趣事件产生的影像。

用于高能加速器实验的阵列探测器非常大。例如，称为ATLAS的在大型强子对撞机（LHC）上的探测器的高度为25 m，如**图 30-20**所示。ATLAS实际上是为数众多的探测器的协同作用。它旨在监测每秒十亿次的粒子碰撞，以及选择大约100个物理学家可能有兴趣的事件。装置记录的数据可以用来产生碰撞事件的计算机图像，如**图 30-20**所示。

寻找新粒子

原子模型在1930年还相当简单：一些质子和中子，以及围绕着的电子。然而，随着对放射性衰变研究的逐渐深入，人们开始不安于这幅简单的图景了。虽然，利用放射性核发射的α粒子和γ射线所依赖的衰变原子核具有单一能量，但它射出的β粒子却与一个范围很宽的能量相联系，而这个能量并不总是等于原子核的能量改变量。

事实上，由β衰变射出的电子具有范围很宽的能量的现象启发了玻尔：在核反应中，可能还涉及另外的粒子带走了能量。泡利在1931年、费米在1934年分别提出，在β衰变中，伴随β粒子还射出一种看不见的中性粒子。费米将这种粒子命名为中微子（在意大利语中中微子就是一种“小的中性粒子”）。事实上，这种粒子是一种反中微子，它直到1956年才被科学家直接观察到。

☑ **阅读检测** **解释**为什么中微子是一个合适的名称。

越来越多的粒子 通过研究，科学家渐渐发现了更多的粒子。一种称为μ子的重轻子，在1937年被发现，它似乎像是一种更重的电子。1947年，π介子被发现了。在粒子加速器发明之后，科学家发现了越来越多的粒子，其中一些粒子的质量中等，另一些比质子重得多。它们有的带正电，有的带负电，也有的不带电。一些粒子的寿命只有10^{-23} s，而另一些的寿命很长，根本看不到它们的衰变。要跟踪各种不同的粒子是十分困难的。费米曾一度被问及该怎样识别粒子的径迹并将其分类，他的回答是：“如果我能够记住所有这些粒子的名称，那么我就是植物学家了。”

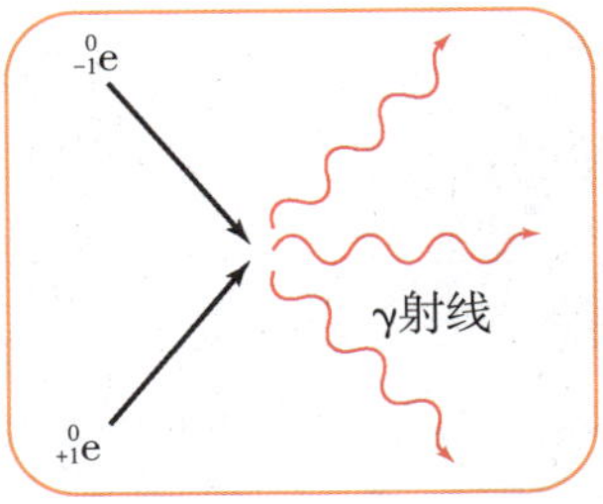

图30-21 当一个粒子与它的反粒子碰撞时，它们就彼此湮灭。这里图上为一个正电子与一个电子碰撞，产生出γ射线。

反物质 20世纪20年代后期，狄拉克(P. Dirac)预言，每一种粒子必定都对应存在一种反粒子。反粒子与粒子具有相同的质量与电荷量，但电荷符号是相反的。这些反粒子集合在一起称为反物质。在某些情况下，反粒子是在其符号上加一根上划线来标明的。1932年，科学家发现了正电子(也称阳电子)，它就是一种反粒子。当一个正电子和一个电子碰撞时，它们可以彼此湮灭，产生以γ射线形式释放的能量，如**图30-21**所示。其他粒子与其反粒子之间的碰撞有类似的结果。

标准模型

20世纪60年代后期，人们弄清楚了基本粒子既不是质子，也不是中子，更不是π介子。物理学把基本粒子分成三个家族：夸克，轻子和媒介子，如**图30-22**所示。把夸克、轻子和媒介子作为基本粒子的模型称为**标准模型(standard model)**。

夸克(quarks)是基本粒子，它可以结合成更大的粒子，如质子和中子。自然界中一共存在六种夸克。夸克的不同组合就构成不同的粒子。例如，质子和中子这样的粒子，是由三个夸克组成，被称为重子。介子，如π介子，是由一个夸克和一个反夸克组成。**轻子(leptons)**，如电子和中微子，也是基本粒子，它们也有质量，但与夸克相比，是属于不同家族的粒子。轻子也有六种。

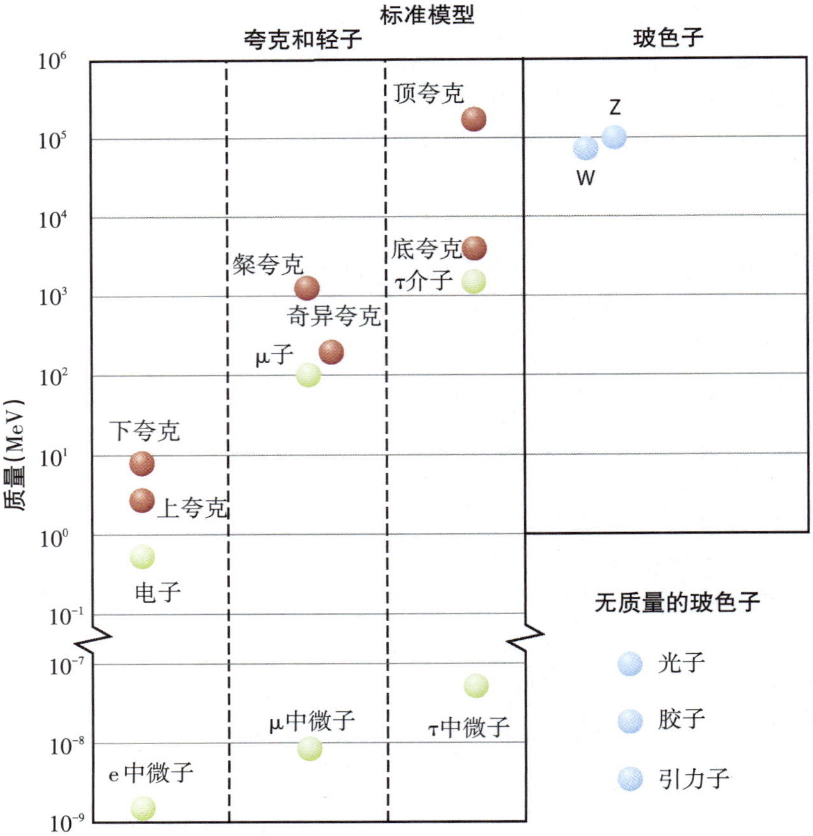

图30-22 标准模型由三个家族粒子组成，六个已知的夸克和六个已知的轻子，分成三代，如图所示。日常的物质世界是由左边一族的粒子(u、d、e)组成的。中间一组的粒子(c、s、μ)是在宇宙射线中发现，且通常是由粒子加速器产生的。右边一族的粒子(b、t、τ)估计在宇宙大爆炸的最早的瞬间就已经存在了，它们是在高能碰撞中产生的。规范玻色子传递弱相互作用、电磁力、强相互作用和重力。爱因斯坦质能方程$E=mc^2$给出了质量与能量之间的关系。

1935年，日本物理学家汤川秀树假设存在着一种新的粒子，它能够携带核力穿过空间。这种想法已经发展成为**媒介子（force carriers）**模型，这种粒子可以在相隔一定距离的发生相互作用的物体之间传递力。媒介子也称为规范玻色子。每一种力有对应的媒介子。光子传递电磁力，胶子传递的则是将夸克结合成重子和介子的核力。弱规范玻色子参与β衰变。引力子是一种尚未发现的引力媒介子。目前正在利用实验来发现这个难以捉摸的粒子。

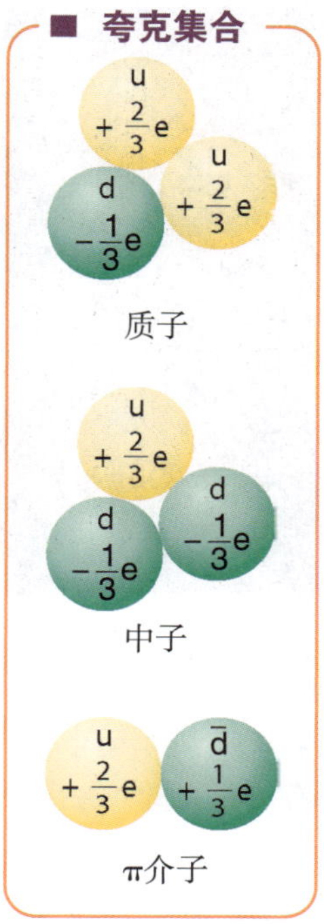

图30-23 由夸克组成的较大的粒子，如质子、中子和π介子。注意夸克有分数电荷，但由夸克组成的粒子只有整数电荷。

质子和中子

核子（质子和中子）都是由三个夸克组成的，如**图30-23**所示。质子具有两个上夸克u（电荷为$+\frac{2}{3}e$）和一个下夸克d（电荷为$-\frac{1}{3}e$）。因此，一个质子可以描述为p=uud。质子所带的电荷即三个夸克所带电荷之和，即$\left[\frac{2}{3}+\frac{2}{3}+\left(-\frac{1}{3}\right)\right]e=+e$。中子则是由一个上夸克和两个下夸克组成的，n=udd。中子不带电，即$\left[\frac{2}{3}+\left(-\frac{1}{3}\right)+\left(-\frac{1}{3}\right)\right]e=0$。

单个的自由夸克不能被人们所观察到，因为当夸克被推斥到刚要分离时，将夸克固定在一起的强相互作用变得很大。在这种情况下，强相互作用的作用就像弹簧的力；它不像电荷间的电磁力那样，随带电粒子的远离而变得很小。

粒子的湮灭和产生

每一个夸克和每一个轻子都有它的反粒子。粒子和它的反粒子有相同的质量，带电粒子和它的反粒子电荷符号相反。例如，一个上夸克u带有$+\frac{2e}{3}$的电荷，而一个反上夸克$\bar{u}$带有$-\frac{2e}{3}$的电荷。

由于重子是三个夸克组合而成，因此重子的反粒子是三个反夸克的组合。例如，一个质子uud带有$+e$的电荷，而一个反质子$\bar{u}\bar{u}\bar{d}$有$\left(-\frac{2}{3}-\frac{2}{3}+\frac{1}{3}\right)e=-1e$的电荷。同样，$\bar{u}\bar{u}\bar{d}$是反中子，其电荷量为0。因为介子是一个夸克—反夸克对，所以它的反粒子也是一个夸克—反夸克对。

☑ **阅读检测** **确定** 一种π介子由$u\bar{d}$夸克组成，那么什么夸克组成其反粒子？

粒子的湮灭

当一个粒子与它的反粒子彼此湮灭时，由此得到的能量可以用公式$E=mc^2$计算。例如，电子和正电子可以碰撞并产生γ射线：$e^-+e^+\rightarrow\gamma+\gamma$。每个电子的质量为$9.11\times10^{-31}$ kg。电子—正电子对的共同能量可以计算如下：

$$\begin{aligned}E&=2\times9.11\times10^{-31}\ \text{kg}\times(3.00\times10^{8}\ \text{m/s})^2\\&=(1.64\times10^{-13}\ \text{J})\times(1\ \text{eV}/1.60\times10^{-19}\ \text{J})\\&=1.02\times10^{6}\ \text{eV}\\&=1.02\ \text{MeV}\end{aligned}$$

因此，当一个正电子与一个静止的电子彼此湮灭时，所发射的γ射线的能量总量为1.02 MeV。

图 30-24 粒子总是成对产生的。如果一个粒子产生过程中没有它的反粒子，就违反了电荷守恒定律。一种可能就是γ射线衰变成电子—正电子对，两个这样的粒子衰变如图所示。

粒子的产生 与湮灭相反的过程，亦可以发生。能量可以直接转化成物质。能量转化成一个正反物质的粒子对，叫作**粒子偶的产生(pair production)**。

当具有不少于1.02 MeV能量的γ射线经过一个核的附近时，就能够产生一个正负电子对：$\gamma \rightarrow e^- + e^+$，这一过程如**图30-24**的气泡室所示。气泡室周围的磁场引起带相反电荷的粒子的径迹向相反的方向弯曲，而不带电的γ射线，从图片顶部进入探测器，不生成径迹。

若γ射线的能量大于1.02 MeV，这个超出的能量将成为电子和正电子的动能。正电子将立即与另一个电子发生碰撞，并且两者湮灭，结果生成总能量不低于1.02 MeV的两个或三个γ光子。

反质子和反中微子也能被生成。我们知道，质子和中子的质量大约是电子质量的1 800倍。因此，产生质子—反质子对或中子—反中子对所需要的能量是非常大的。第一个质子—反质子对是在1955年在加利福尼亚的伯克利产生并被观察到的。

阅读检测 **估计**产生一个中子—反中子对所需要的能量。

粒子的守恒 在宇宙中，夸克的总数和轻子的总数是守恒的。也就是说，夸克与轻子的产生或消灭都只能使粒子—反粒子对成对产生。另一方面，如果有足够的能量，那么引力子、光子、胶子和弱玻色子等媒介子都能被产生或消灭。

然而，单个粒子的反应，如$\gamma \rightarrow e^-$或$\gamma \rightarrow e^+$是不可能发生的，因为这违反了电荷守恒定律。还有如$\gamma \rightarrow e^-$+质子这样的反应亦也不会发生，因为粒子和它相应的反粒子必须成对产生。

练一练

36. 对以下每个粒子，确定成对产生的另一个粒子。

a. 正电子 **b.** 中子 **c.** 反质子 **d.** μ介子

37. 质子的质量为1.67×10^{-27} kg。

a. 与质子质量相当的能量是多少焦？

b. 这一数值相当于多少电子伏特？

c. 求出能够生成质子—反质子对的γ射线所具有的最小总能量。

38. 一个正电子和一个电子能够湮灭并形成三个γ光子。检测两个γ光子，发现其中一个的能量为225 keV，另一个的能量为357 keV。第三个γ光子的能量是多少？

39. 中子的质量为1.008 665 u。

a. 与中子的质量相当的能量(MeV)为多少？

b. 能够生成中子—反中子对的γ射线所具有的最小总能量是多少？

40. **挑战题** μ介子的质量是0.113 5 u，它会衰变成一个电子和两个中微子。在这个衰变过程中，共释放出多少能量？

β衰变和弱相互作用

在一个稳定的原子核中，中子不会衰变，然而，自由中子和在不稳定核中的中子可以发生β衰变。在β衰变过程中，一个中子衰变为一个质子，并发射一个β粒子和一个反中微子 $^{0}_{0}\bar{\nu}$。这个反中微子的质量非常小并且不带电，但是它像光子一样，将带走动量和能量。中子衰变的方程如下：

$$^{1}_{0}n \rightarrow ^{1}_{1}p + ^{0}_{-1}e + ^{0}_{0}\bar{\nu}$$

质子也能以类似方式衰变。虽然还没有人观察到自由质子的衰变，但是，核内的质子可以转变成中子并射出一个正电子 $^{0}_{+1}e$ 和一个中微子 $^{0}_{0}\nu$。这被称为正电子发射。

$$^{1}_{1}p \rightarrow ^{1}_{0}n + ^{0}_{+1}e + ^{0}_{0}\nu$$

中子衰变成质子和质子衰变成中子都不能用强相互作用来解释。β衰变的存在说明肯定有另外的一种相互作用，即在核内β衰变过程中起作用的**弱相互作用（weak nuclear force）**，这个力比强相互作用要弱许多。

β衰变的夸克模型 质子uud和中子udd之间的区别仅仅是一个夸克的不同。在夸克模型中，β衰变分两步进行，如**图30–25**所示。以中子为例，第一步，中子中的一个下夸克d变成上夸克u，同时射出一个 W^- 玻色子。W^- 玻色子是弱相互作用的三个媒介子之一。第二步，W^- 玻色子衰变成一个电子和一个反中微子。类似地，原子核内质子的衰变将放射出一个中子和一个 W^+ 玻色子，而 W^+ 玻色子又衰变成一个正电子和一个中微子。

第三个弱相互作用媒介子——Z^0 玻色子，却不是在一个夸克变成另一个夸克时伴随电子一起射出的。Z^0 玻色子在原子核内的核子和电子间产生一种相互作用，这种相互作用类似于把原子维系在一起的电磁力，但要比它弱得多。1979年，科学家首次检测出这种相互作用，并于1983年第一次直接观察到了 W^+、W^- 和 Z^0 玻色子。

人们在很长一段时间内都认为，中微子和反中微子是没有质量的。但是，近期的一些对来自太阳的中微子的实验检测显示，中微子具有质量，但是这些质量比任何已知的其他粒子的质量都要小得多。质量究竟有多大还没有得到精确的测量。

■ β衰变

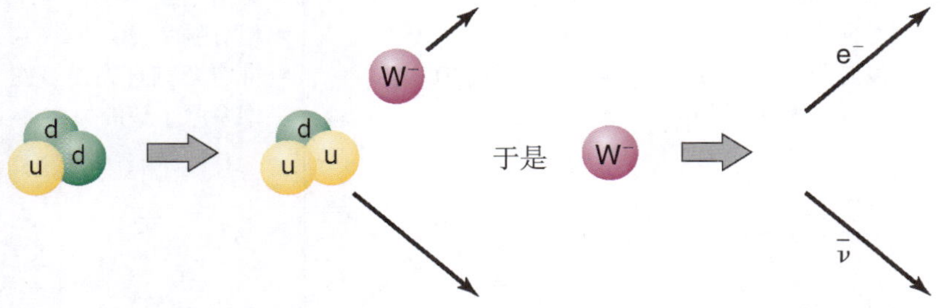

图30–25 根据夸克模型，中子和质子的β衰变通过两个步骤发生。
推断 β衰变中电荷是守恒的，W^- 玻色子必须有什么样的电荷？

物理挑战题

核衰变 铀同位素$^{238}_{92}U$通过放射出α粒子和连续两次放射出β粒子，而再变回到铀。

1. 写出这三个核反应方程。

2. 预测最后形成的铀原子的质量数是多少。

标准模型的检验

从**图30-22**中你可以看出，夸克和轻子可分成三族。我们周围世界的物质是由左边一族的粒子——质子、中子和电子——组成的。中间一组的粒子是在宇宙射线中发现、且通常是在粒子加速器中产生的。对于右边一族中的粒子，科学家估计它们在宇宙大爆炸的最早的瞬间就已经存在了，并且它们是在高能碰撞中产生的。

夸克与轻子的质量是由什么决定的呢？科学家们假定存在一种粒子，是这种粒子决定夸克与轻子的质量，但是这种粒子还没有被观察到（译者注：这种粒子叫希格斯玻色子，2012年7月4日欧洲核子研究中心宣布通过实验找到了这种粒子。该发现已获2013年度诺贝尔物理学奖）。标准模型还不是一个完备的理论，它既没有解释粒子的质量，也没有说明为什么夸克和轻子有三族。

为什么存在四种相互作用 四种基本相互作用是明显不同的：它们可以作用于不同的物理量（例如电荷或质量）；它们所决定的作用距离是不同的；传递这些力的媒介子也是不同的，如**图30-26**所示。然而，这些相互作用之间也存在某些相似点。例如，由光子传递的带电粒子间的力（即电磁相互作用力），与由弱玻色子传递的弱相互作用的传递方式是完全相同的。由于光子的质量等于零，因此电荷作用的范围较广；而弱相互作用的范围则很小，因为W和Z玻色子的质量相对较大。然而，弱相互作用和电磁相互作用力理论的数学结构是相似的。

迷你实验

什么是背景辐射*

背景辐射有多少？

图30-26 四种基本相互作用是引力相互作用、电磁相互作用、强相互作用和弱相互作用。

■ 四种基本相互作用

引力相互作用

- 影响有质量的粒子
- 媒介子：引力子（还没有发现）
- 作用范围：无穷大
- 相对强度：10^{-36}
- 只有引力
- 维系大尺度结构如星系和恒星的力

电磁相互作用

- 影响带电粒子
- 媒介子：光子
- 作用范围：无穷大
- 相对强度：1
- 可以是引力或斥力
- 维系原子和分子的力

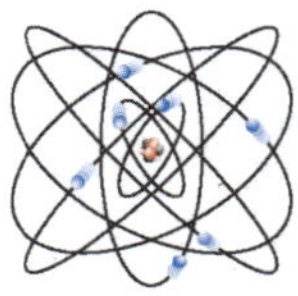

弱相互作用

- 影响夸克和轻子
- 媒介子：W^+、W^-和Z^0玻色子
- 作用范围：$\sim10^{-18}$ m
- 相对强度：10^{-7}
- 用于β衰变

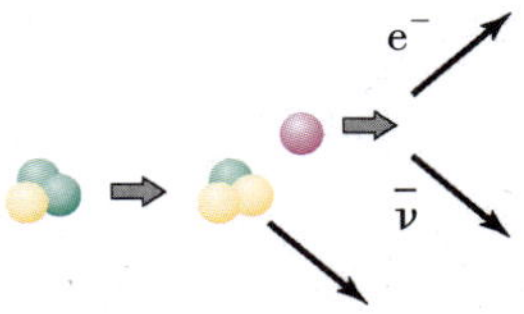

强相互作用

- 影响夸克和强子
- 媒介子：胶子
- 作用范围：$\sim10^{-15}$ m
- 相对强度：20
- 绑定夸克直到强子或维系原子核的力

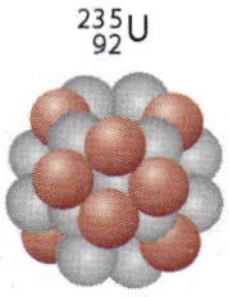

图 30-27 在超新星上，电磁力和弱相互作用是不可区分的，如图所示的超新星 1987A。当超新星爆发时，它发出了一阵的光和中微子。光和中微子同时到达地球，这表明中微子在超新星内产生并以接近光的速度传播。

来自宇宙的证据 看看**图 30-27** 中的超新星。天体物理学的证据表明，在大质量恒星爆发期间，电磁相互作用与弱相互作用是完全相同的。宇宙起源的现代理论同样认为，在早期宇宙的瞬间，这两个力也是同一的。根据这个原因，电磁力和弱相互作用被说成是统一的一个力，叫作电弱力。

在20世纪70年代，电磁力和弱力被统一成电弱力，以同样的方式，物理学家目前正在发展包括强相互作用在内的更大的统一理论，但工作还不完善，理论有待改进，而检验这些理论的实验正在规划中。要得出一个包括重力在内的完全统一理论，尚需作更进一步的研究。

暗物质 然而，对众多星系的研究结果却令人困惑。研究显示，由标准模型描述的物质仅仅是组成宇宙物质的一小部分，宇宙的更大部分是由暗物质组成。所谓暗物质，就是除了通过引力之外，它不与光子或普通物质发生相互作用。另外，宇宙中还显示有暗能量存在，即有一种未知的力使宇宙加速膨胀。

因此，组成核的最微小粒子的研究与最大的系统、组成宇宙的星系的研究是直接相连的。粒子物理学家和天文学家研究的正好是长度标尺相反的两极；现在他们要共同回答的问题是："这世界究竟是由什么组成的？"也许将来你能够回答这个问题。

第3节 复　习

41. 主要概念 研究标准模型的局限性和可能的替代模型。

42. 核爆炸 当利用核子轰击原子核时，为什么质子比中子需要更多的能量？

43. 粒子加速器 在费米实验室的加速器中的质子是沿逆时针方向运动。弧形磁铁的磁场指向的是什么方向？

44. 电子偶的产生 如**图 30-24** 所示为两个电子—正电子偶的产生。为什么在顶部的一对粒子的径迹比在底部的一对粒子弯曲程度更大？

45. 批判性思维 考虑以下方程：

$$u \rightarrow d + W^{+} \text{和} W^{+} \rightarrow e^{+} + \nu$$

如何引用它们来说明核的放射性衰变的结果是发射了正电子和中微子？用核子表示这个方程是否比用夸克更方便？

起步实验

构建原子核模型

实验步骤

1. 用双面胶带把3～6个磁铁圆盘的外部边缘包起来。再做3～6个木制或铝制的大小相同的圆盘。这个磁铁圆盘代表质子,其他圆盘代表中子。
2. 把磁性圆盘全部以北极朝上排列。
3. 描述当一个"质子"移近某一个"质子"时,对其施加力的情况,直到它们最终接触为止。
4. 描述当把"质子"或"中子"放在一起时,另一个"中子"或"质子"施加于这个"中子"的力的情况,直到它们接触为止。

分析

5. 当两个核子的中心之间的距离比它们的直径更大时,强相互作用下降为零。这与胶带作用力的范围相比较如何?
6. 强相互作用对于质子和中子是相同的吗?
7. **批判性思维** 通常,在稳定的原子核内,中子比质子更多。为什么这个模型显示出相同的情况?

迷你实验

模拟放射性衰变

实验步骤

1. 准备50个硬币代表50个放射性同位素原子,用正面向上的硬币表示还没有衰变的核。
2. 记录50个正面硬币,作为起点。
3. 在一个大的杯子里摇晃全部硬币,然后将它们倒出,把所有反面向上的硬币放至一边。清点记录正面向上的硬币的数目。
4. 用上一次倒出的正面向上的硬币重复步骤3,每倒一次模拟一个半衰期。

分析

5. 作图显示硬币数与半衰期之间的关系。
6. 收集其他同学的实验结果,并利用所有数据再作出一幅新图。
7. 比较这两幅图,哪一幅图更接近教科书上的理论图。

物理实验

实验器材

盖革计数器
停表
塑料培养皿
食盐（NaCl）
食盐替代品(KCl)
装在带拉链的塑料袋中的花园肥料
装在带拉链的塑料袋中的催化肥料

常见的辐射源

每一天你都暴露在少量的电离辐射之中。这些辐射来自背景辐射和我们常规接触的材料以及我们所消耗的食物。

在我们所处的环境中差不多处处都有低水平的电离辐射。这种广泛存在的电离辐射称为背景辐射。虽然人类活动也会产生一些辐射，但是大多数背景辐射有两个来源：宇宙辐射和陆地辐射。宇宙辐射来自太阳和其他恒星。宇宙辐射直接轰击地球或与地球大气中的原子相碰撞，产生二次辐射。这种辐射可以由带电离子、电子、质子、中子、α粒子、X射线和γ射线所组成。陆地辐射来自土壤、岩石、水、植被和空气。植被吸收土壤、水和空气中的养分和气体。这些养分中的一些物质含有放射性核素。地球大气中的主要辐射源是从地壳内释放氡气。氡气可渗入地下水，进入建筑物，如房子的地下室。

在许多材料中发现的一个常见元素是钾。天然钾含有三种同位素。最常见的钾同位素中钾-39和钾-41。这两种同位素是稳定的，但是钾-40是具有放射性的；它通过放出β射线而衰变为钙-40。第二个常见元素是磷，这个元素也是植物和动物所常用的。磷最常见于磷矿藏中，这其中也包含有铀、钍和镭的放射性同位素。在肥料中常常可以发现磷和钾这两种元素。

在该实验活动中，你将测量几种常见材料的辐射水平，并减去背景辐射的水平，确定哪一种材料具有放射性。

问题

在家和学校所使用的什么材料是具有放射性的？

目标

- **演示**用盖革计数器来测量辐射水平。
- **测量**各种材料的辐射水平。
- **比较**背景辐射与常见材料的辐射水平。

实验步骤

1. 穿上防护围裙和载上护目镜。根据老师的说明连接盖革计数器。
2. 将要测量的其他材料保持在至少1 m远处，将盖革计数器放在桌上。观察盖革计数器上点击或闪烁的速率是不变的还是处在随机状态。
3. 打开计数器，让它计数背景辐射水平3分钟。在"数据与观察"表格中记录总的背景辐射。计算每分钟计数的平均背景辐射水平。把这个值记录在"数据与观察"表格中。
4. 取一小堆食盐约10 g放在一个培养皿中。放置盖革管，使其传感器在这一小堆的盐上。观察计数速率。测量辐射水平3分钟，并将数据记录在数据表中。通过将这个数除以3来计算出每分钟的平均辐射水平。将该值保留到小数点后一位，然后记录在数据表中。按照老师的要求处理这些食盐。
5. 用食盐的替代品(KCl)，重复步骤3和4。
6. 用花园肥料和催化肥料重复步骤3和4。注意在重复步骤4中，不要将肥料放在培养皿中，只要把盖革管紧靠在塑料袋边上。
7. 将实验材料放回原处，洗净你的双手。

数据与观察

总背景辐射(计数/3min)	
平均背景辐射(计数/min)	

数据表

	食盐(Nacl)	食盐替代物(Kcl)	花园肥料	催化肥料
样品辐射水平(计数/3min)				
样品平均辐射水平(计数/min)				
活性(计数/min)				

分析与结论

1. 整个实验过程的辐射水平变化的百分比为多少？

2. 利用测量的样品辐射水平减去平均的背景辐射来确定测试的每种样品的活性。在数据表中记录实验结果。如果平均辐射水平小于背景辐射，则将活性记录为零。你发现哪些材料是放射性的？

3. 展示你的工作。将每个样品的平均辐射水平除以平均背景辐射水平。这个值是每个样品的背景计数以上的次数。

4. 当观察计数速率时，背景辐射的速率是不变的还是随机的？样品的这个速率是不变的还是随机的？

5. 为什么实验进行的次数是重要的？

拓展与应用

1. 写出钾-40衰变时的核转化方程。

2. 如果钾-40衰变将发出α，β或γ辐射，试描述一个实验来确定这一衰变过程。

3. 典型的花园肥料中氮、磷、钾比例为30∶3∶3(N∶P∶K)，催化肥料为20∶27∶5(N∶P∶K)。在你的材料中什么材料可能是辐射源？

4. 拓展：从家里随手取其他样品进行检验。已知有几种材料的辐射水平是在背景辐射之上的，它们是巴西坚果、香蕉、胡萝卜、白土豆、花岗岩(如台面或地板)、旧的绿玻璃、烟雾探测器以及玫瑰色眼镜。

核聚变

太阳和其他恒星是宇宙中最明显和最主要的能量来源，那么我们可以从中得到什么启示呢？

你可能看过类似这样的电影，电影一开始，有人非法闯入核实验室窃取了绝密的冷核聚变计划。你很想知道，是真的有人在研究冷核聚变，还是这仅仅是虚构的技术。

恒星上的聚变 正如你所知道的，在太阳和其他恒星上发生聚变反应，如图1所示。这些反应产生很高的能量。虽然这些能量只有一小部分（以太阳光的形式）来到地球，但是它每秒所提供的能量，比我们的城市一整年用的能量还要多。

地球上的太阳 由于能源一直在消耗，在地球上重建核聚变反应是有用的。氘和氚用作聚变的燃料，都是现成而易于得到的。反应的产物是氦气，这本身又是一种有用的气体。聚变发电机是无污染的，并且可以解决我们能源方面的许多问题。那么问题又是什么呢？

这里非常热 核聚变需要非常高的温度。为了得到的能量比投入的更多，燃料必须保持在至少 100 000 000 K 的温度。虽然这不是不可能的，但事实证明要实现这样的温度是非常有挑战性的。

冷却它 因为要获得所需要的温度是十分困难的，所以人们就开始寻找一种方法让核聚变在地球的正常温度下进行。因为地球的温度明显低于太阳的内部温度，所以这就称之为冷聚变。科学家已经发现，μ介子（轻子味）可以用来在室温下催化聚变。但是他们一直不能使反应产生的能量比输入的能量更大。现在，冷核聚变作为一种可行的能源，仍然只是出现在电影中。

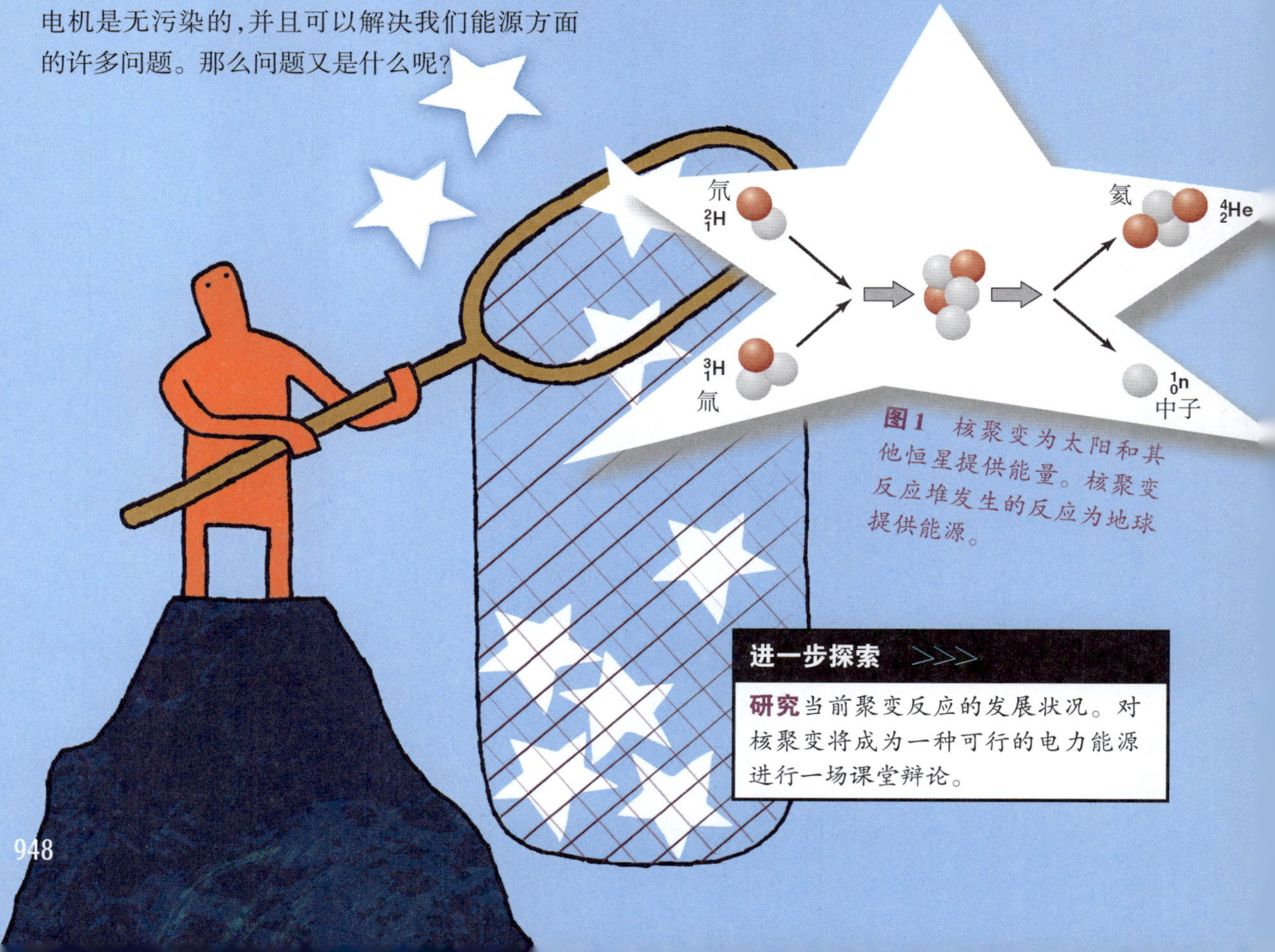

图1 核聚变为太阳和其他恒星提供能量。核聚变反应堆发生的反应为地球提供能源。

进一步探索 >>>

研究当前聚变反应的发展状况。对核聚变将成为一种可行的电力能源进行一场课堂辩论。

第30章 复习指南

大概念 原子核分裂或聚合时，会释放出能量。

关键术语
- 核子
- 原子序数
- 质量数
- 原子质量单位
- 核力
- 质量亏损
- 结合能

第1节 原子核

主要概念 自由核子组成原子核时，其质量亏损所对应的能量等于该原子核的结合能。

- 原子序数Z确定了原子核中的质子数。原子核内的质子和中子总数等于原子的质量数A。
- 原子核内质子数相同而中子数不同的原子叫作同位素。
- 强相互作用把核子束缚在一起。
- 原子核的质量亏损就是它的各部分质量之和与集合成核的质量之差。分离的核子与集合成核之间的能量之差就是结合能。
- 结合能是与质量亏损相等当的能量。

$$E=mc^2$$

关键术语
- 放射性
- α衰变
- β衰变
- γ衰变
- 核反应
- 半衰期
- 活度
- 裂变
- 链式反应
- 聚变

第2节 核衰变和核反应

主要概念 放射性衰变释放粒子和能量，并可把一种原子改变为另一种元素。

- 放射性衰变产生三类粒子。其中，α粒子是氦核，β粒子是高速电子，γ射线是高能光子。在核反应中，总质量数A和总电荷数Z是不变的。
- 放射性同位素的半衰期是该元素核衰变掉一半所需的时间。t个半衰期后：

$$剩余核=最初核的\left(\frac{1}{2}\right)^t$$

放射性活度就是放射性样品每秒衰变的次数。
- 在裂变中，铀核裂变成两个较小的核，同时释放出几个中子及能量。原子核反应堆利用裂变释放的能量产生电能。
- 在聚变中，小质量的核结合形成大质量的核，在这个过程中所亏损的质量对应释放的能量。

关键术语
- 标准模型
- 夸克
- 轻子
- 媒介子
- 粒子偶的产生
- 弱相互作用

第3节 基本粒子

主要概念 所有物质都是由夸克和轻子组成，而物质之间的相互作用通过媒介子来实现。

- 放射性衰变可以产生粒子，在加速器中高能粒子的碰撞过程中以及在恒星上也可产生粒子。如果它们使底片曝光，使物质电离或使物质产生光子，它们就可以被检测到。
- 标准模型包括夸克、轻子和力的媒介子。普通物质是由夸克和轻子组成的。物质与另一个物质的相互作用通过媒介子发生的。
- 当物质与相应的反物质粒子结合时，它们的质量转化成能量或较轻的物质—反物质粒子对。能量则可以通过粒子偶的产生，转化为物质—反物质对。
- 弱相互作用是一种短程力，这种力允许夸克和轻子作味的交换。弱相互作用在β衰变过程中起作用，在这过程中中子转化为质子或质子转化为中子。

第30章 测 评

第1节 原子核

理解概念

46. 在原子核内什么力的作用把核子推开？什么力把核子维系在一起？

47. 定义原子核的质量亏损。它与什么有关？

48. 小的核或大的核，一般来说哪一种更不稳定？

49. 铀235和铀238哪一种同位素的质子数更多？

解决问题

50. 什么粒子、每一种粒子要多少，才能组成一个$^{109}_{47}Ag$原子？

51. 由30个质子和34个中子组成的锌原子，这个同位素的符号（指用在核方程中的一种符号）是什么？

52. $^{32}_{16}S$的质量为31.972 07 u。

a. 它的质量亏损是多少？

b. 它的结合能是多少？

c. 每一个核子的结合能又是多少？

53. 已知$^{12}_{7}N$的质量为12.018 8 u。

a. 每一个核子的结合能是多少？

b. 从$^{14}_{7}N$中分离出一个核子比从$^{12}_{7}N$中分离出一个核子需要的能量更多吗？已知$^{14}_{7}N$的质量为14.003 07 u。

54. 在氦核里，两个带正电的质子被分开约2.0×10^{-15} m。利用库仑定律求出这两个质子间相互排斥的静电力。这一结果会让你大致了解强相互作用的尺度。

55. $^{4}_{2}He$的结合能是28.3 MeV。计算它的质量（以原子质量单位u为单位）。

第2节 核衰变和核反应

理解概念

56. 定义作为核物理学用的术语“衰变”，并给出一个例子。

57. **辐射** α粒子、β粒子和γ射线常见的名称分别是什么？

58. 在任何核反应方程中总是守恒的是哪两个量？

59. **核能** 为了引发链式反应，必须发生怎样的一系列事件？

60. **核能** 在裂变反应堆中减速剂起什么作用？

61. 裂变和聚变是相反的过程。为什么这两种过程都能释放能量？

解决问题

62. 对氡核（$^{222}_{86}Rn$）的α衰变，写出完整的核反应方程。

63. 对于$^{89}_{36}Kr$的β衰变，写出完整的核反应方程。

64. 完成下列每一个核反应方程：

a. $^{225}_{89}Ac\rightarrow{}^{4}_{2}He+$________

b. $^{227}_{88}Ra\rightarrow{}^{0}_{-1}e+$________$+$________

c. $^{65}_{29}Cu+{}^{1}_{0}n\rightarrow$________$\rightarrow{}^{1}_{1}P+$________

d. $^{235}_{92}U+{}^{1}_{0}n\rightarrow{}^{96}_{40}Zr+3{}^{1}_{0}n+$________

e. $^{27}_{13}Al+{}^{1}_{0}n\rightarrow$________$+{}^{4}_{2}He$

65. 一种放射性同位素的半衰期为3.0天。说出它在下列天数以后剩余的质量为最初的百分之几。

a. 6.0天

b. 9.0天

c. 12天

66. 在研究性实验室的一次事故中，半衰期为3天的一种放射性同位素被泄漏了。已知它的放射量是最大允许量的8倍。工人必须等待多长时间才能够进入这个房间？

67. 当硼核（$^{11}_{5}B$）被质子轰击时，它吸收了一个质子并射出了一个中子。

a. 这一过程产生的元素是什么？

b. 写出这个核反应方程。

c. 这一过程产生的同位素是放射性的，并且通过射出一个正电子而发生衰变。写出这个反应的核反应方程。

68. **大概念** 第一颗原子弹释放的能量相当于2.0×10^{4} t的TNT炸药爆炸释放的能量。已知1 000 tTNT爆炸释放的能量相当于5.0×10^{12} J，且铀235每个原子释放的能量为3.21×10^{-11} J。该原子弹中裂变产生能量的铀235的质量是多少？

69. 在聚变反应期间，两个氘核($^{2}_{1}\text{H}$)结合形成一个氦核($^{3}_{2}\text{He}$)，另外还产生什么粒子？

70. 已知钋核($^{209}_{84}\text{Po}$)的半衰期是103年。100 g样品钋209衰变到只剩3.1 g，需要历经多长时间？

71. 同位素$^{211}_{86}\text{Rn}$半衰期为15 h，那么60 h之后，该样品剩余的质量为最初的百分之几？

第3节　基本粒子

理解概念

72. **高能物理**　为什么不能用直线加速器加速中子？

73. **力**　在四种相互作用(强、弱、电磁和引力)中，说明下列粒子分别参与哪一种。

a. 电子　**b.** 质子　**c.** 中微子

74. 一个原子核射出了一个正电子后，它的原子序数和质量数分别发生了什么变化？

75. **反物质**　如果一颗由反质子、反中子和正电子组成的陨星落到了地球上，将会发生什么现象？

解决问题

76. 由三个上夸克组成的粒子的电荷是多少？

77. π介子由一个夸克和一个反夸克组成。求出下列组合成的π介子的电荷。

a. $u\bar{d}$

b. $d\bar{u}$

78. 在费米实验室中的同步加速器的直径为2.0 km。质子在其中以近似于真空中的光速运动。

a. 质子完成一周运动要花多长时间？

b. 质子以8.0 GeV的能量进入圆环，每绕一圈它获得2.5 MeV的能量。在达到400.0 GeV能量以前，质子要绕行多少圈？

c. 质子加速到400.0 GeV要花多少时间？

d. 质子在加速期间飞行了多长距离？

79. 重子是由三个夸克组成的粒子。求出下列每一种重子所带的电荷。

a. 中子 ddu

b. 反质子 $\bar{u}\bar{u}\bar{d}$

80. 如**图30-28**所示为一个气泡室中的一些径迹。一条径迹可能比其他的径迹弯曲程度更大的原因是什么？

图30-28

应用概念

81. **裂变**　一则网页新闻声称科学家已经可以让铁原子核发生裂变了。这一言论有可能是真实的吗？说明理由。

82. 利用**图30-6**中的每一个核子的结合能图线，确定$^{2}_{1}\text{H}+^{1}_{1}\text{H}\rightarrow^{3}_{2}\text{He}$这个反应是否有可能发生。

83. **同位素**　说明自然产生的和人工产生的放射性同位素之间有什么不同。

84. **核反应堆**　在核反应堆中，通过反应堆核心的水流经一个环形回路。当此水变成蒸汽去推动汽轮机时，又会流经第二个环形回路。为什么要有两个回路？

85. 1个铀核裂变和4个氢核聚变产生1个氦核，两者都产生能量。

a. 哪一个反应产生的能量更多？

b. 1 kg的铀核裂变与1 kg的氢聚变相比，哪一种产生的能量更多？

c. 为什么a、b两小题的答案是不同的？

复习提高

86. 下列每一种核都能吸收一个α粒子。假定这些核不再放射出第二个粒子，完成下列核反应方程。

a. $^{14}_{7}\text{N}+^{4}_{2}\text{He}\rightarrow$________

b. $^{27}_{13}\text{Al}+^{4}_{2}\text{He}\rightarrow$________

87. 最简单的聚变反应即由一个质子和一个中子生成氘核($^{2}_{1}\text{H}$)(质量为2.014 102 u)。写出完整的聚变反应方程，并求出释放的总能量。

88. 质量为232.037 2 u的铀核($^{232}_{92}U$),通过发射一个带有5.3 MeV的动能的α粒子(质量为4.002 6 u),衰变成质量为228.028 7 u的钍核($^{228}_{90}Th$)。钍核的反冲动能有多大?

89. **补充问题** 把问题补充完整,以便用质量亏损的概念来求解:"氡有88个质子……"

批判性思维

90. **推断** γ射线带有动量。能量为E的γ射线的动量等于$\frac{E}{c}$,这里的c是真空中的光速。当电子—正电子对衰变成两个γ射线时,动量和能量必定都是守恒的。这些γ射线的能量的总和是1.02 MeV。如果正电子和电子最初是静止的,那么,这两个γ射线的动量的大小和方向是怎样的?

91. **推断** 最初静止的电子—正电子对也能衰变成三条γ射线。如果三条γ射线的能量相同,那么它们相对的方向是怎样的?画一张草图表示。

92. **估计** 在太阳中的一次聚变反应释放约25 MeV的能量。根据太阳的发光度,估算每秒发生这样的反应的次数。已知光照度就是每秒发出的能量值,太阳的光照度是4×10^{26} W。

93. **排序** 把下列放射性样品,按照剩余质量占原始质量的百分比从大到小进行排序,并说明理由。

A. 20 g $^{236}_{94}Pu$样品,2.85年之后

B. 20 g $^{242}_{94}Pu$样品,7.90年之后

C. 5.0 g $^{212}_{82}Pb$样品,2天之后

D. 5.0 g $^{14}_{6}C$样品,100年之后

E. 500 g $^{194}_{84}Po$样品,1天之后

94. **解释数据** 通过一个放射性检测器监察到一个同位素发生了衰变。每隔5 min记录一次计数,结果如**表30-3**所示。移走样品以后,检测器记录到来自宇宙射线的计数是每5分钟20次。求出同位素的半衰期。注意,你应该首先从每一个记录结果中减去20次的背景辐射,然后把计数作为时间的函数作图。通过你的图线求出元素的半衰期。

表30-3 放射性衰变的测量

时间(min)	计数(每5分钟一次)
0	987
5	375
10	150
15	70
20	40
25	25
30	18

95. **编写问题** 用生活中的物体编写一道物理题,在它的解答中会出现下列方程:

$$^{230}_{94}Th\rightarrow ?+^{4}_{2}He$$

科技写作

96. 研究目前理解的宇宙中的暗物质。对于宇宙学家来说,为什么暗物质是必需的?暗物质可能是由什么组成的?

97. 研究顶夸克。为什么物理学家假设它是存在的?

日积月累

98. 当一根长0.10 m的金属线以4.0 m/s的速度垂直于匀强磁场运动时,导线内的感应电动势为2.0 mV。磁感应强度是多少?

99. 一个电子的德布罗意波长为400.0 nm,这是可见光的最短波长。

a. 求出这个电子的速度。

b. 计算电子的能量是多少电子伏特。

100. 具有14.0 eV能量的一个光子进入一个基态的氢原子并使它电离。从原子射出的电子的动能为多大?

101. 一个硅二极管(U=0.70 V)与一个电阻器串联并加有6.67 V的电压,通过它的电流是137 mA。

a. 电阻器上的电压是多少?

b. 电阻器的电阻为多大?

选择题

1. 同位素镍60核($^{60}_{28}Ni$)的质子数、中子数和电子数分别为(　　)

	质子	中子	电子
A.	28	32	28
B.	28	28	32
C.	32	32	28
D.	32	28	28

2. 在下列反应中发生的是(　　)

$^{212}_{82}Pb \rightarrow ^{212}_{83}Bi + e^- + \bar{\nu}$

A. α衰变　　B. β衰变

C. γ衰变　　D. 失去一个质子

3. 当钋210核($^{210}_{84}Po$)经历α衰变后，生成(　　)

A. $^{206}_{82}Pb$　　B. $^{208}_{82}Pb$

C. $^{210}_{85}At$　　D. $^{210}_{80}Hg$

4. 放射性碘131样品以2.5×10^8 Bq的衰变速率发射β粒子，已知它的半衰期是8天。16天以后它的放射性活度变为(　　)

A. 1.6×10^7 Bq　　B. 6.3×10^7 Bq

C. 1.3×10^8 Bq　　D. 2.5×10^8 Bq

5. 下列反应中的未知同位素为(　　)

中子$+^{14}_{7}N \rightarrow ^{14}_{6}C+$?

A. $^{1}_{1}H$　　B. $^{2}_{1}H$

C. $^{3}_{1}H$　　D. $^{4}_{2}He$

6. 下列衰变中，不改变核中质子或中子的数目的是(　　)

A. 正电子　　B. α衰变

C. β衰变　　D. γ衰变

7. 钋210的半衰期是138天。2.34 kg的钋样品在4年以后还保留了(　　)

A. 0.644 mg　　B. 1.50 mg

C. 1.53 g　　D. 10.6 g

8. 一个电子和一个正电子碰撞发生湮灭，且以γ射线的形式释放它们的能量。γ射线的最小能量是(　　)(与一个电子质量等当的能量为0.51 MeV)

A. 0.51 MeV　　B. 1.02 MeV

C. 931.49 MeV　　D. 863 MeV

9. 下图显示当一个γ射线衰变成电子—正电子对时在气泡室中产生的径迹。γ射线不能留下径迹的原因是(　　)

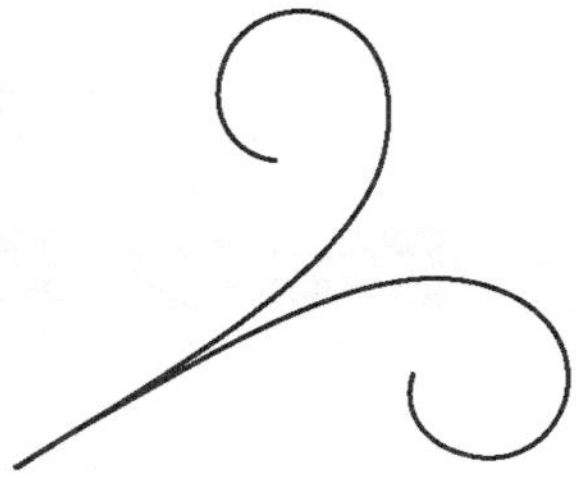

A. γ射线运动得太快，来不及检测它们的径迹

B. 只有粒子对才能够在气泡室中留下径迹

C. 粒子必须有质量去与液体相互作用并留下径迹，而γ射线实际上是无质量的

D. γ射线是电中性的，所以在气泡室中它不能使液体电离

拓展题

10. 一个铀235核裂变释放出约3.2×10^{-11} J的能量，1 t TNT(炸药)约释放4×10^9 J的能量。在核裂变武器中多少铀235核释放的能量相当于20 000 t的TNT?

考点提示

测试题号	1	2	3	4	5	6	7	8	9	10
对应小节	1	2	2	2	2	2	2	3	3	2

颜色惯例

位移矢量（x）		正电荷	+
速度矢量（v）		负电荷	−
加速度矢量（a）		电流方向	
力矢量（F）		电子	
动量矢量（p）		质子	
光线		中子	
物		坐标系	
像			
电场（E）			
磁感线（B）			

电路符号

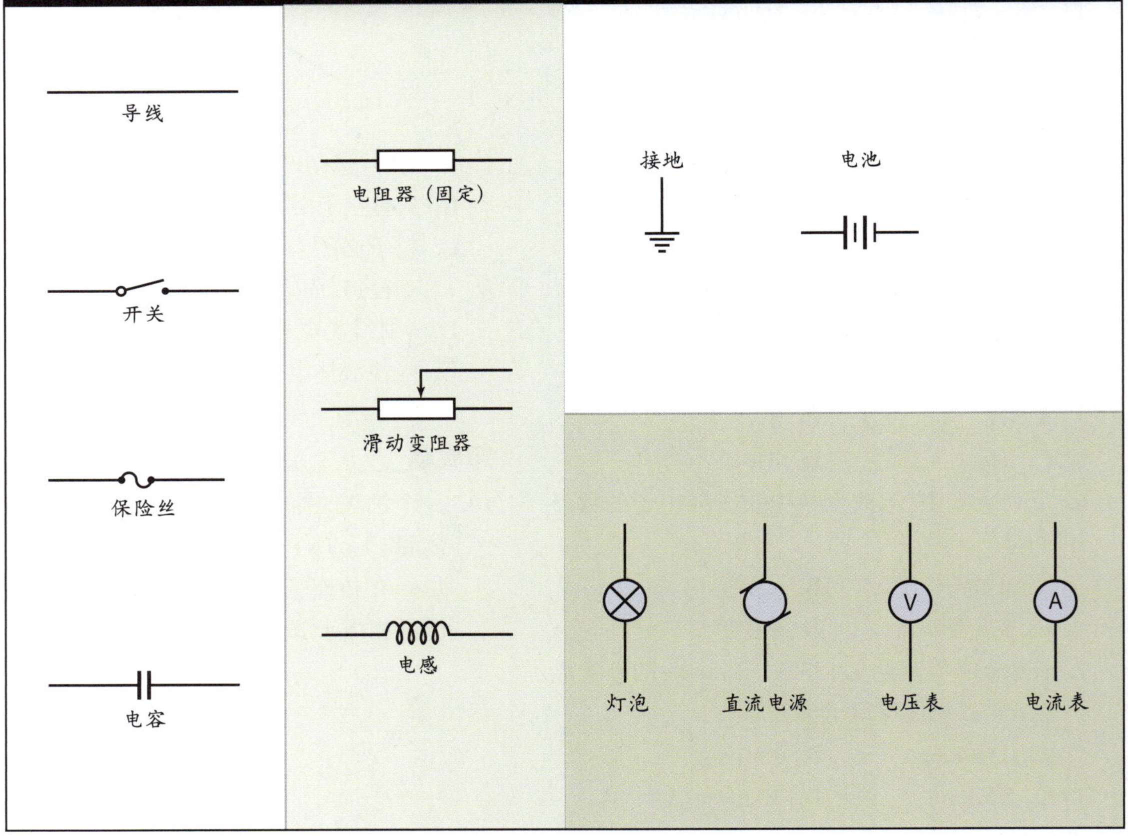

SI 基本单位		
物理量	名称	符号
长度	米	m
质量	千克	kg
时间	秒	s
热力学温度	开尔文	K
物质的量	摩尔	mol
电流	安培	A
发光强度	坎德拉	cd

SI 导出单位				
物理量	单位	符号	用基本单位表示	用其他SI制单位表示
加速度	米每二次方秒	m/s^2	m/s^2	
面积	平方米	m^2	m^2	
电容	法拉	F	$A^2·s^4/(kg·m^2)$	
密度	千克每立方米	kg/m^3	kg/m^3	
电荷量	库仑	C	A·s	
电场强度	牛[顿]每库[仑]	N/C	$kg·m/(C·s^2)$	V/m
电阻	欧姆	Ω	$kg·m^2/(A^2·s^3)$	V/A
电压	伏特	V	$kg·m^2/(A·s^3)$	
功，能	焦耳	J	$kg·m^2/s^2$	N·m
力	牛顿	N	$kg·m/s^2$	
频率	赫兹	Hz	s^{-1}	
光照度	勒克斯	lx	cd/m^2	
磁感应强度	特斯拉	T	$kg/(A·s^2)$	N·s/(C·m)
电势差	伏特	V	$kg·m^2/(A·s^3)$	W/A 或 J/C
功率	瓦特	W	$kg·m^2/s^3$	J/s
压强	帕斯卡	Pa	$kg/(m·s^2)$	N/m^2
速度	米每秒	m/s	m/s	
体积	立方米	m^3	m^3	

有用的转换		
1 in = 2.54 cm	1 kg = 6.02×10^{26} u	1 atm = 101 kPa
1 mi = 1.61 km	1 oz = 28.4 g	1 cal = 4.184 J
1 mi^2 = 640 acres	1 kg = 2.21 lb	1 eV = 1.60×10^{-19} J
1 gal = 3.79 L	1 lb = 4.45 N	1 kWh = 3.60 MJ
1 m^2 = 264 gal	1 atm = 14.7 lb/in^2	1 hp = 746 W
1 knot = 1.15 mi/h	1 atm = 1.01×10^5 N/m^2	1 mol = 6.02×10^{23} 个微粒

物理常量

物理量	符号	数值	大致数值
原子质量单位	u	$1.660\ 538\ 782 \times 10^{-27}$ kg	1.66×10^{-27} kg
阿伏伽德罗常量	N_A	$6.022\ 141\ 79 \times 10^{23}\ \text{mol}^{-1}$	$6.022 \times 10^{23}\ \text{mol}^{-1}$
玻尔兹曼常量	k	$1.380\ 650\ 4 \times 10^{-23}$ Pa·m³/K	1.38×10^{-23} Pa·m³/K
库仑常量	k	$8.987\ 551\ 788 \times 10^{9}$ N·m²/C²	9.0×10^{9} N·m²/C²
元电荷量	e	$1.602\ 176\ 53 \times 10^{-19}$ C	1.602×10^{-19} C
盖斯常量	R	8.314 472 Pa·m³/(mol·K)	8.31 Pa·m³/(mol·K)
引力常量	G	$6.674\ 28 \times 10^{-11}$ N·m²/kg²	6.67×10^{-11} N·m²/kg²
电子的质量	m_e	$9.109\ 382\ 15 \times 10^{-31}$ kg	9.11×10^{-31} kg
质子的质量	m_p	$1.672\ 621\ 637 \times 10^{-27}$ kg	1.67×10^{-27} kg
中子的质量	m_n	$1.674\ 927\ 211 \times 10^{-27}$ kg	1.67×10^{-27} kg
普朗克常量	h	$6.626\ 068\ 96 \times 10^{-34}$ J·s	6.63×10^{-34} J·s
真空中的光速	c	$2.997\ 924\ 58 \times 10^{8}$ m/s	3.00×10^{8} m/s

SI 词头

词头名称	符号	因数
飞	f	10^{-15}
皮	p	10^{-12}
纳	n	10^{-9}
微	μ	10^{-6}
毫	m	10^{-3}
厘	c	10^{-2}
分	d	10^{-1}
十	da	10^{1}
百	h	10^{2}
千	k	10^{3}
兆	M	10^{6}
吉	G	10^{9}
太	T	10^{12}
拍	P	10^{15}

各种物体的转动惯量

物体	轴的位置	图示	转动惯量
半径为 r 的圆环	通过中心直径	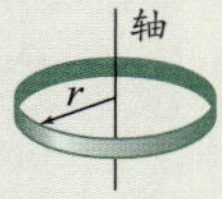	mr^2
半径为 r 的均匀实心圆柱体	通过中心	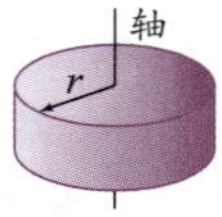	$\frac{1}{2}mr^2$
半径为 r 的均匀球体	通过中心	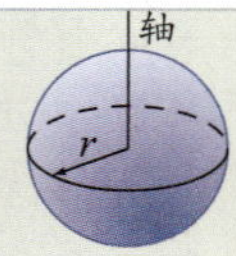	$\frac{2}{5}mr^2$
长度为 l 的均匀杆	通过中心	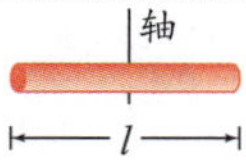	$\frac{1}{12}ml^2$
长度为 l 的均匀杆	通过尾端	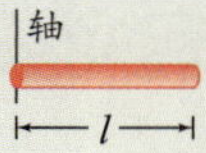	$\frac{1}{3}ml^2$
长 l、宽 w 的长方形薄板	通过中心	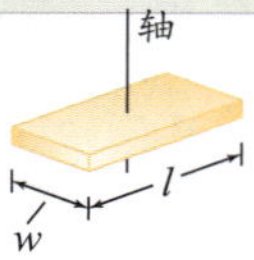	$\frac{1}{12}m(l^2 + w^2)$

一些常见物质的密度	
物 质	密 度 (g/cm³)
铝	2.70
镉	8.65
铜	8.92
锗	5.32
金	19.32
氢	8.99×10^{-5}
铟	7.31
铁	7.87
铅	11.34
汞	13.534
氧	1.429×10^{-3}
硅	2.33
银	10.5
水 (4°C)	1.000
锌	7.14

一些物质的熔点和沸点		
物 质	熔 点 (°C)	沸 点 (°C)
铝	660.32	2 519
铜	1 084.62	2 562
锗	938.25	2 833
金	1 064.18	2 856
铟	156.60	2 072
铁	1 538	2 861
铅	327.5	1 749
硅	1 414	3 265
银	961.78	2 162
水	0.000	100.000
锌	419.53	907

一些常见物质的比热容			
材 料	比热容，c [J/(kg·K)]	材 料	比热容，c [J/(kg·K)]
铝	897	铅	130
黄铜	376	甲醇	2 450
碳	710	银	235
铜	385	水	4 180
玻璃	840	水蒸气	2 020
冰	2 060	锌	388
铁	450		

一些常见物质的熔解热和汽化热		
材 料	熔解热，H_f (J/kg)	汽化热，H_v (J/kg)
铜	2.05×10^5	5.07×10^6
金	6.30×10^4	1.64×10^6
铁	2.66×10^5	6.29×10^6
铅	2.04×10^4	8.64×10^5
汞	1.15×10^4	2.72×10^5
甲醇	1.09×10^5	8.78×10^5
银	1.04×10^5	2.36×10^6
水（冰）	3.34×10^5	2.26×10^6

20°C 时的热膨胀系数		
材料	线膨胀系数 $\alpha\ (°C)^{-1}$	体膨胀系数 $\beta\ (°C)^{-1}$
固体		
铝	23×10^{-6}	69×10^{-6}
黄铜	19×10^{-6}	57×10^{-6}
水泥	12×10^{-6}	36×10^{-6}
铜	17×10^{-6}	51×10^{-6}
软玻璃	9×10^{-6}	27×10^{-6}
耐热玻璃	3×10^{-6}	9×10^{-6}
铁，钢	12×10^{-6}	35×10^{-6}
铂	9×10^{-6}	27×10^{-6}
液体		
汽油		950×10^{-6}
汞		180×10^{-6}
甲醇		$1\,200 \times 10^{-6}$
水		210×10^{-6}
气体		
空气（和其他气体）		$3\,400 \times 10^{-6}$

声音在各种介质中的传播速率	
介质	速率 (m/s)
空气 (0°)	331
空气 (20°)	343
氦 (0°)	972
氢 (27°)	1 310
水 (25°)	1 497
海水 (0°)	1 533
橡胶	1 600
铜 (25°)	3 560
铁 (25°)	5 130
耐热玻璃	5 640
金刚石	12 000

可见光的波长	
颜色	波长，λ (nm)
紫光	380～430
靛光	430～450
蓝光	450～500
蓝绿光	500～520
绿光	520～565
黄光	565～590
橙光	590～625
红光	625～740

介电常数，k (20°C)	
真空	1.000 0
空气 (1 atm)	1.000 59
氖 (1 atm)	1.000 13
玻璃	4～7
石英	4.3
熔凝石英	3.75
水	80

行星	水星	金星	地球	火星	木星	土星	天王星	海王星
质量 ($kg \times 10^{24}$)	0.330	4.87	5.97	0.642	1 899	569	86.8	102
赤道半径 ($m \times 10^{6}$)	2.44	6.05	6.38	3.40	71.5	60.3	25.6	24.8
平均密度 (kg/m^3)	5 427	5 243	5 515	3 933	1 326	687	1 270	1 638
反照率	0.068	0.90	0.306	0.250	0.343	0.342	0.300	0.290
半长轴 ($m \times 10^{9}$)	57.91	108.2	149.6	227.9	778.4	1 433.5	2 872.5	4 498.2
轨道周期 (地球日)	88.0	224.7	365.2	687.0	4 332	10 759	30 685	60 189
轨道倾角 (度)	7.0	3.4	0.0	1.9	1.3	2.5	0.8	1.8
轨道偏心率	0.205	0.007	0.017	0.094	0.049	0.057	0.046	0.011
转动周期 (h)	1 407.6	$5\,832.5^{R}$	23.9	24.6	9.9	10.7	17.2^{R}	16.1
轴面倾角 (度)	0.03	177.4	23.4	25.2	3.1	26.7	97.8	28.3
平均表面温度 (K)	440	737	288	210	163	133	78	73
表面重力场强度 (N/kg)	3.7	8.9	9.8	3.7	20.9	10.4	8.4	10.7

R 指后退运动。

月球	
质量	0.073×10^{24} kg
赤道半径	1 738 km
平均密度	3 340 kg/m^3
反照率	0.11
半长轴	384×10^{3} km
公转周期	27.3 地球日
月相变化周期	29.53 地球日
轨道倾角	5.1°
轨道偏心率	0.055
转动周期	655.7 h
表面重力场强度	1.6 N/kg

太阳	
质量	$1\ 99 \times 10^{30}$ kg
赤道半径	6.96×10^{8} m
平均密度	1 408 kg/m^3
绝对量	+4.83
发光度	384.6×10^{24} J/s
光谱型	G2 V
转动周期	609.12 h
平均能量产生	$0.193\,7 \times 10^{-3}$ J/kg
平均温度	5 778 K

元素周期表

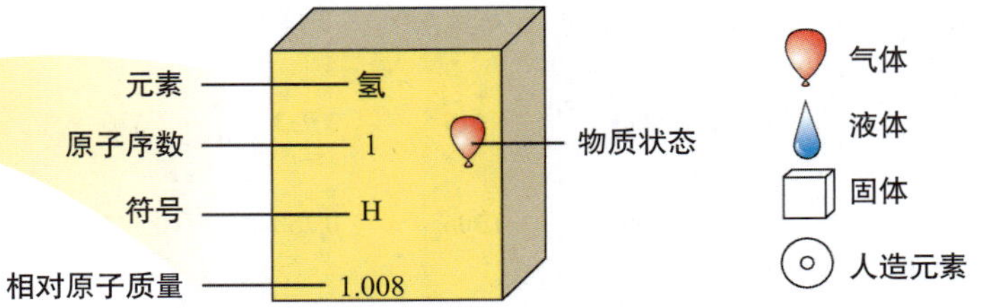

周期	ⅠA 1	ⅡA 2	ⅢB 3	ⅣB 4	ⅤB 5	ⅥB 6	ⅦB 7	Ⅷ 8	9
1	氢 1 **H** 1.008								
2	锂 3 **Li** 6.941	铍 4 **Be** 9.012							
3	钠 11 **Na** 22.990	镁 12 **Mg** 24.305							
4	钾 19 **K** 39.098	钙 20 **Ca** 40.078	钪 21 **Sc** 44.956	钛 22 **Ti** 47.867	钒 23 **V** 50.942	铬 24 **Cr** 51.996	锰 25 **Mn** 54.938	铁 26 **Fe** 55.845	钴 27 **Co** 58.933
5	铷 37 **Rb** 85.468	锶 38 **Sr** 87.62	钇 39 **Y** 88.906	锆 40 **Zr** 91.224	铌 41 **Nb** 92.906	钼 42 **Mo** 95.94	锝 43 **Tc** (98)	钌 44 **Ru** 101.07	铑 45 **Rh** 102.906
6	铯 55 **Cs** 132.905	钡 56 **Ba** 137.327	镧 57 **La** 138.906	铪 72 **Hf** 178.49	钽 73 **Ta** 180.948	钨 74 **W** 183.84	铼 75 **Re** 186.207	锇 76 **Os** 190.23	铱 77 **Ir** 192.217
7	钫 87 **Fr** (223)	镭 88 **Ra** (226)	锕 89 **Ac** (227)	𬬻 104 **Rf** (261)	𬭊 105 **Db** (262)	𬭳 106 **Sg** (266)	𬭛 107 **Bh** (264)	𬭶 108 **Hs** (277)	鿏 109 **Mt** (268)

加括号的相对原子质量为该放射性元素的半衰期最长的同位素的质量数。

镧系	铈 58 **Ce** 140.116	镨 59 **Pr** 140.908	钕 60 **Nd** 144.24	钷 61 **Pm** (145)	钐 62 **Sm** 150.36	铕 63 **Eu** 151.964
锕系	钍 90 **Th** 232.038	镤 91 **Pa** 231.036	铀 92 **U** 238.029	镎 93 **Np** (237)	钚 94 **Pu** (244)	镅 95 **Am** (243)

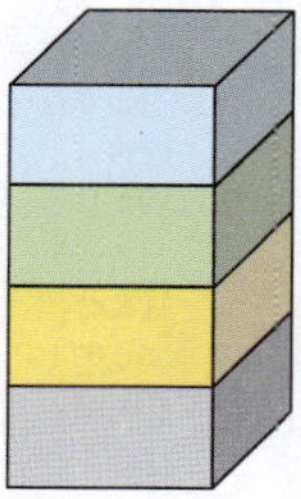

10	ⅠB 11	ⅡB 12	ⅢA 13	ⅣA 14	ⅤA 15	ⅥA 16	ⅦA 17	0 18
								氦 2 He 4.003
			硼 5 B 10.811	碳 6 C 12.011	氮 7 N 14.007	氧 8 O 15.999	氟 9 F 18.998	氖 10 Ne 20.180
			铝 13 Al 26.982	硅 14 Si 28.086	磷 15 P 30.974	硫 16 S 32.065	氯 17 Cl 35.453	氩 18 Ar 39.948
镍 28 Ni 58.693	铜 29 Cu 63.546	锌 30 Zn 65.39	镓 31 Ga 69.723	锗 32 Ge 72.64	砷 33 As 74.922	硒 34 Se 78.96	溴 35 Br 79.904	氪 36 Kr 83.80
钯 46 Pd 106.42	银 47 Ag 107.868	镉 48 Cd 112.411	铟 49 In 114.818	锡 50 Sn 118.710	锑 51 Sb 121.760	碲 52 Te 127.60	碘 53 I 126.904	氙 54 Xe 131.293
铂 78 Pt 195.078	金 79 Au 196.967	汞 80 Hg 200.59	铊 81 Tl 204.383	铅 82 Pb 207.2	铋 83 Bi 208.980	钋 84 Po (209)	砹 85 At (210)	氡 86 Rn (222)
𫟼 110 Ds (281)	轮 111 Rg (272)	鿔 112 Cn (285)	鿭 113 Nh (284)	𫓧 114 Fl (289)	镆 115 Mc (288)	𫟷 116 Lv (293)	鿬 117 Ts (294)	鿫 118 Og (294)

钆 64 Gd 157.25	铽 65 Tb 158.925	镝 66 Dy 162.50	钬 67 Ho 164.930	铒 68 Er 167.259	铥 69 Tm 168.934	镱 70 Yb 173.04	镥 71 Lu 174.967
锔 96 Cm (247)	锫 97 Bk (247)	锎 98 Cf (251)	锿 99 Es (252)	镄 100 Fm (257)	钔 101 Md (258)	锘 102 No (259)	铹 103 Lr (262)

元素							
元素	符号	原子序数	原子质量	元素	符号	原子序数	原子质量
锕	Ac	89	(227)	钼	Mo	42	95.94
铝	Al	13	26.982	钕	Nd	60	144.24
镅	Am	95	(243)	氖	Ne	10	20.180
锑	Sb	51	121.760	镎	Np	93	(237)
氩	Ar	18	39.948	镍	Ni	28	58.693
砷	As	33	74.922	铌	Nb	41	92.906
砹	At	85	(210)	氮	N	7	14. 007
钡	Ba	56	137.327	锘	No	102	(259)
锫	Bk	97	(247)	锇	Os	76	190.23
铍	Be	4	9.012	氧	O	8	15.999
铋	Bi	83	208.980	钯	Pd	46	106.42
𨨏	Bh	107	(264)	磷	P	15	30.974
硼	B	5	10.811	铂	Pt	78	195.078
溴	Br	35	79.904	钚	Pu	94	(244)
镉	Cd	48	112.411	钋	Po	84	(209)
钙	Ca	20	40.078	钾	K	19	39.098
锎	Cf	98	(251)	镨	Pr	59	140.908
碳	C	6	12.011	钷	Pm	61	(145)
铈	Ce	58	140.116	镤	Pa	91	231.036
铯	Cs	55	132.905	镭	Ra	88	(226)
氯	Cl	17	35.453	氡	Rn	86	(222)
铬	Cr	24	51.996	铼	Re	75	186.207
钴	Co	27	58.933	铑	Rh	45	102.906
鿔	Cn	112	(285)	𬬭	Rg	111	(272)
铜	Cu	29	63.546	铷	Rb	37	85.468
锔	Cm	96	(247)	钌	Ru	44	101.07
𫟼	Ds	110	(281)	𬬻	Rf	104	(261)
𨧀	Db	105	(262)	钐	Sm	62	150.36
镝	Dy	66	162.500	钪	Sc	21	44.956
锿	Es	99	(252)	𬭳	Sg	106	(266)
铒	Er	68	167.259	硒	Se	34	78.96
铕	Eu	63	151.964	硅	Si	14	28.086
镄	Fm	100	(257)	银	Ag	47	107.868
氟	F	9	18.998	钠	Na	11	22.990
钫	Fr	87	(223)	锶	Sr	38	87.62
钆	Gd	64	157.25	硫	S	16	32.065
镓	Ga	31	69.723	钽	Ta	73	180.948
锗	Ge	32	72.64	锝	Tc	43	(98)
金	Au	79	196.967	碲	Te	52	127.60
铪	Hf	72	178.49	铽	Tb	65	158.925
𨭆	Hs	108	(277)	铊	Tl	81	204.383
氦	He	2	4.003	钍	Th	90	232.038
钬	Ho	67	164.930	铥	Tm	69	168.934
氢	H	1	1.008	锡	Sn	50	118.710
铟	In	49	114.818	钛	Ti	22	47.867
碘	I	53	126.904	钨	W	74	183.84
铱	Ir	77	192.217	铀	U	92	238.029
铁	Fe	26	55.845	钒	V	23	50.942
氪	Kr	36	83.798	氙	Xe	54	131.293
镧	La	57	138.906	镱	Yb	70	173.04
铹	Lr	103	(262)	钇	Y	39	88.906
铅	Pb	82	207.2	锌	Zn	30	65.39
锂	Li	3	6.941	锆	Zr	40	91.224
镥	Lu	71	174.967	鿭	Nh	113	(284)
镁	Mg	12	24.305	𫓧	Fl	114	(289)
锰	Mn	25	54.938	镆	Mc	115	(288)
鿏	Mt	109	(268)	𫟷	Lv	116	(293)
钔	Md	101	(258)	鿬	Ts	117	(294)
汞	Hg	80	200.59	鿫	Og	118	(294)

安全标志	危害	例子	预防措施	治疗方法
废弃物	需要遵循特殊废弃物的处理原则	某些化合物、活的生物体	不能将这些材料投放到水槽或垃圾箱中	在处理废弃物时，须听从老师的建议
生物材料	有机体或其他可能对人体有害的生物材料	细菌、真菌、血液、暴露的组织、植物材料	避免皮肤直接接触，戴好口罩和手套	如果怀疑已经接触到这些物质，彻底地清洗双手并通知老师
极端温度	物体过热或过冷，容易引起皮肤损伤	沸腾的液体、烫手的平板、干冰、液氮	在处理时要采取恰当的保护 措施	向老师寻求救助
锐　器	一些可刺破或割伤皮肤的工具或玻璃器皿	针、刀片、解剖刀、含有尖端的工具、解剖探针、玻璃碎片	依据常识、经验和工具的使用方法进行操作	向老师寻求救助
烟　雾	可危害呼吸道的烟雾	氨、丙酮、去甲油、加热处理的硫黄、樟脑丸	确保有良好的通气条件，佩戴口罩，决不能直接嗅闻烟雾	离开受污染的区域，并立即报告老师
电	危险可能来自于电击或燃烧	接地不当、液体洒出、电线裸露、短路	请老师检查电器设备的设置，检查电线和器械的工作状况	不要试图自己解决电器故障，应立即报告老师
刺激物	可刺激皮肤或呼吸道黏膜的物质	花粉、樟脑丸、钢丝绒、玻璃纤维、高锰酸钾	戴好防尘口罩和手套，在处理这些物质时须格外小心	向老师寻求救助
化学物质	可作用于并破坏组织或其他材料的化学物质	类似双氧水的漂白剂，硫酸、盐酸等强酸，氨水、氢氧化钠等碱液	穿好围裙，戴好护目镜和手套	立即用清水冲洗接触化学物质的部位，并通知老师
有毒物质	接触、吸入或吞咽将引起毒害作用的一些物质	碘、水银、许多金属化合物、植物的有毒部分	遵从老师的指导	每次使用后都彻底地清洗双手；向老师寻求救助
易燃物	易燃化学物是指接触明火、火星或热源后可燃烧的物质	酒精、煤油、高锰酸钾	杜绝易燃物接触到明火或热源	立即通知老师；如果需要的话，使用灭火设施
明　火	使用明火，容易引起着火事件	头发、衣物、纸张、合成物质	将长发束在背后，系紧宽松的衣物；在点燃或熄火时，遵从老师的指导	立即通知老师；如果需要的话，使用灭火设施

用眼安全	保护衣物	放射性	洗手
任何操作或观察科学活动的人员都必须佩戴护目镜	此标志用于表明一些物质会污染或点燃衣物	此标志用于表明该处有放射性物质	结束实验后，摘下护目镜前，用肥皂彻底清洗双手

版权说明

Paul W. Zitzewitz, David G. Haase, Kathleen A. Harper
Physics Principles and Problems
ISBN: 978-0-07-659252-4

浙江省版权局著作权合同登记号:11-2017-41

图片版权说明

美国高中主流理科教材

科学发现者

第二版 2023修订版

物理

[美] 保罗·齐泽维茨 等 著

钱振华 徐在新 黄燕萍 沈珊雄 译

原理与问题

Physics

Principles and Problems

指导手册

浙江教育出版社·杭州

目　录

第1章

物理学工具箱

P9　第1节复习

1.(1)我会先进行观察,并根据观察提出一个问题;(2)我会研究与这个问题有关的已经知道的知识,并形成一个假设;(3)我会设计并进行实验来测试我的假设,并分析其结果,我将检查这个结果是否支持我的假设;(4)我可能会根据实验的结果或观察到的现象提出另一个问题。(答案合理即可)

2.假设是利用你所知道的知识和观察到的现象提出的对问题的一种可能的解释。假设可以通过观察现象、建立模型或进行实验来验证。

3.偏见会影响调查的结果或结论,偏见会使调查的结果或结论变为无效。

4.科学家使用模型来帮助解释或了解许多由于太大、太小或太远而无法直接观察或不容易观察的事物或现象。如太阳系、细胞、DNA模型或飞机的空气动力学等。

5.科学理论是基于观察和调查的结果对事件的解释。科学定律是关于自然界中发生的事情的陈述,而且似乎总是正确的。因为理论能解释事情发生的原因,而定律解释不了,所以理论就不能变成定律。

6.这个结论不科学。要证明某一观点对每个人来说都正确是不可能的。此外,该实验结果是一小部分人完成的,这部分人可能是一所学校的学生,其结果不能推广到所有人。

7.不能接受新的数值;$9.8\ \mathrm{m/s^2}$ 的值已经被许多其他的实验所证实,而要放弃这一数值,你必须解释为什么它是错误的,可能有一些因素会影响你的测量计算,比如摩擦力,或者你是否很精确地测量了不同的变量。

P13　第2节复习

8.公式简洁,可用于新数据的预测。

9.SI单位能帮助人们交流他们的结果;SI单位是世界上大多数国家使用的测量单位;SI单位很容易换算,因为它们是10的倍数。(答案合理即可)

10.750000 kHz　　11.31622400 s

12.a. 2.5 g　b. 4.60 m　c. $3.2\times10^2\ \mathrm{cm^2}$　d. 1.22 g/mL　e. 26.3 cm

f. 1600 m

13.$v=\dfrac{F}{Bq}$

14.对于大多数汽车来说,这个答案是不合理的,因为290 km/h相当于81 m/s;对赛车来说,这个速度可能是合理的。(答案合理即可)

P17　第3节复习

15.它更精确,但不准确。

16. 随着时间的推移，尺子的边缘会被磨损，如果从边缘开始，那么刻度的前一两毫米也会被磨损，影响尺子的准确性。

17. 没有影响；视差不会改变划分的精细程度。

18. 他的身高在 181.5～182.5 cm 之间。测量的精度是仪器上最小分度的一半，高度 182 cm 的精度范围为±0.5 cm。

19. a. 它的体积是 7.05×10^3 cm^3。

b. 长度的精确度是$\frac{1}{10}$ cm；体积的精确度是 10 cm^3。

c. 12 个盒子叠起来的高度是 243.6 cm。

d. 盒子的高度精确度是$\frac{1}{10}$ cm；12 个盒子叠起来的高度的精确度仍是$\frac{1}{10}$ cm。

20. 这个结论不可信；因为计算得出的平均时间超过了时钟的精确度。

P21 物理挑战题

1.

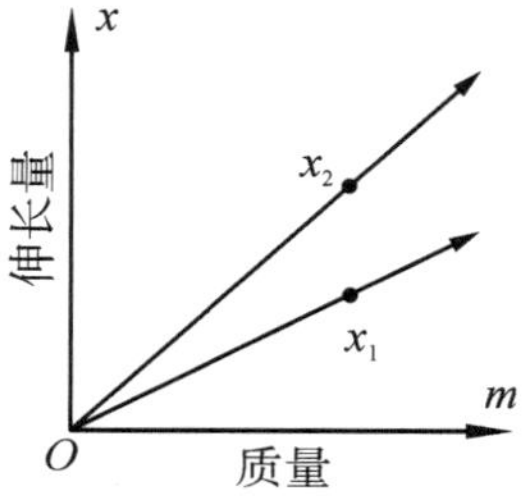

2. 是；当质量为 0 时，弹簧的伸长量为 0，对应坐标原点。

3. 弹簧 2 直线的斜率更大。

4. $x_2=1.6x_1$，5.3 cm$=1.6x_1$，$x_1=3.3$ cm。

P22 练一练

21. a.

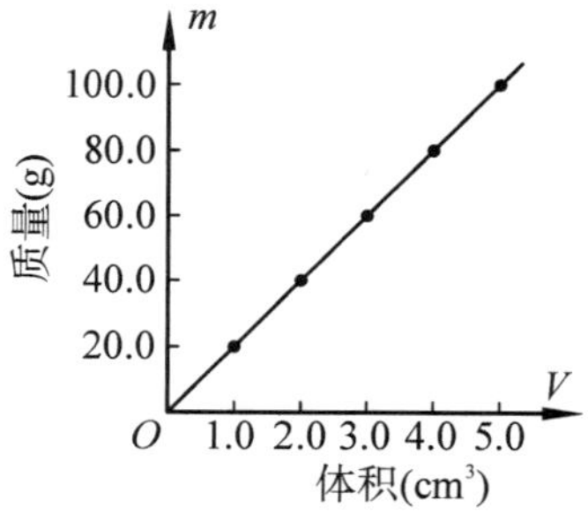

b. 这是一条直线。

c. 纯金块的质量与体积是线性关系。

d. 直线的斜率是 19.0 g/cm^3。

e. 纯金块的质量与体积的关系式是 $m=(19.0\ \text{g/cm}^3)V$。

f. 斜率的含义是每立方厘米纯金的质量是 19.0 g。

P23　第 4 节复习

22.

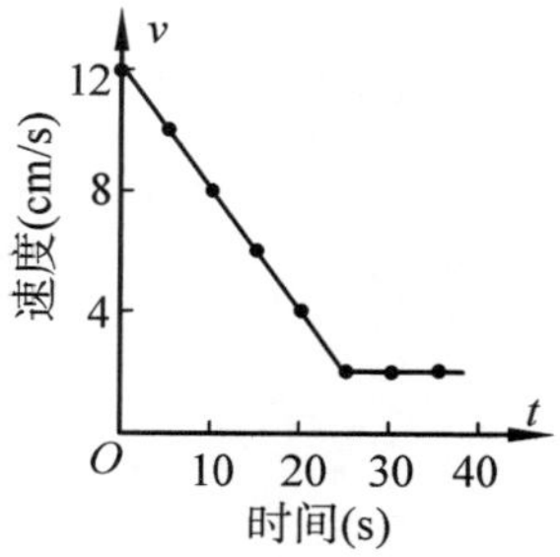

23. 当物体的体积为零时，总质量不为零，因为总质量包括容器的质量。

24. 弹簧的长度为 15 cm 所需物体质量是 17 g。

25. 行驶的时间约 2.6 h。

26. 图象中的直线斜率越小，弹簧的硬度越高，需要悬挂质量更大的物体才能使其伸长 1 cm。

P24　起步实验

质量和下落的物体

目的

探讨物体下落时的运动情况。

实验器材

5 枚硬币、胶带。

教学建议

- 亚里士多德关于“重的物体比轻的物体下落速度大”的观点，在约 1900 年的时间里占据着主导地位，直到有伽利略的发现为止。
- 质量差异较大的实验：用 1 kg 的重物代替 4 枚硬币。将重物放入有衬垫的盒子中。
- 让学生们推测粘在一起的 4 枚硬币和没有粘在一起的 4 枚硬币有什么不同。如果有必要，引导讨论，让他们认识到这是没有区别的。
- 观察到下降时间差不多是比较容易的，测量物体下落的速度相同要困难得多。伽利略利用斜面来减缓竖直运动的速度。经过多年的研究，伽利略测量了物体移动不同距离所需的时间，他发现物体下落的距离与下落时间的平方成正比。

预期结果

一枚硬币和一卷硬币同时落下。问学生如果一卷硬币去掉一枚或几枚硬币，是否会影响下落速度。如果有影响，那么差异应该很小。

分析

6. 一卷硬币下落的时间应该和一枚硬币下落的时间差不多。

7. 质量不影响物体的下落速度。卷在一起的 4 枚硬币和 1 枚硬币下落的时间基本相同，说明它们以同样的速度下落。

8. 实验时有空气阻力。空气阻力影响物体下落的速度：空气阻力与物体形状、空气密度、物体密度、物体运动方向和物体相对于空气的运动速度有关。（学生们可以比较把一张纸平放、竖直放置和纸捏成团的情况。纸团和竖直放置的纸张将以相同的速度下落，但平放的

纸张因为受到的空气阻力更大，下落会变得慢一些）

P24 迷你实验

测量弹簧伸长量

目的

绘图并会用图象分析数据。

实验器材

5 个相同的垫圈，一根弹簧和一根米尺。

预期结果

学生通过测量悬挂 4 个和 5 个垫圈时弹簧的长度，并与自己预测的相比较，然后将数据画在图上。

分析

6. 图线是一条直线。图线有一个斜率(假设弹簧伸长量不会超过弹性限度)。通过把线延长并找到相应的点，从而得到悬挂 4 个和 5 个垫圈时弹簧的长度。

P25—27 物理实验

质量和体积

无论物体的大小或形状如何，由同一种材料制成的物体的密度是恒定的。材料的密度可以通过物体的质量除以物体的体积来确定。由于测量精度有限和材料的不均匀性，密度计算在同种材料的不同物体之间略有不同。进行多次测量，并在密度计算中使用测量值的平均值，可以使测量误差最小。

技能要求

用 SI 制测量，使用变量和常量，收集和记录数据，解释数据，制作和使用表格，制作和使用图表，使用数字。

准备提示

- 在进入实验室之前制作一组物体作为研究对象。确保所有物体都是由相同的木材或金属制成的。为了确保你有相同材料的物体，你可能必须提前查找或计算它们的密度。木制物体的密度更有可能有相对较大的差异。
- 为了便于绘图，任何实验物体对象都应该有不超过两个数量级的大小差异。

实验器材

游标卡尺

天平

实心金属块

实心木块

实心金属圆柱体

实心木圆柱体

实心金属球

实心木球

过程提示

- 实验室人数最多可以有 4 个。每个学生都应该自己测量物体的大小尺寸。每个学生应该在自己的作业表上记录自己或同学的测量值。
- 必须指导学生正确使用游标卡尺。这个实验需要测量精确到毫米，所以不需要使用游标卡尺上的滑动刻度。

数据与观察

数据表 1

木材的类型 橡木				
木块	质量(kg) 0.102	长度(cm) 8.5 8.4 8.5 8.6	宽度(cm) 6.7 6.7 6.5 6.6	高度(cm) 3.1 3.0 3.0 3.0
木圆柱体	质量(kg) 0.042	直径(cm) 3.5 3.3 3.2 3.5	高度(cm) 7.2 7.2 7.2 7.2	
木球	质量(kg) 0.019	直径(cm) 3.4 3.6 3.7 3.4		

数据表 2

金属的类型 铝				
金属块	质量(kg) 0.582	长度(cm) 7.6 7.5 7.6 7.7	宽度(cm) 5.6 5.6 5.4 5.5	高度(cm) 5.2 5.1 5.1 5.1
金属圆柱体	质量(kg) 0.121	直径(cm) 2.7 2.5 2.4 2.7	高度(cm) 8.3 8.3 8.2 8.2	

续表

金属的类型 铝				
金属球	质量(kg) 0.070	直径(cm) 3.5 3.7 3.8 3.6		

分析与结论

1.

数据表 3

物体	平均值(cm)		
木块	长度 8.5	宽度 6.6	高度 3.0
木圆柱体	直径 3.4	高度 7.2	
木球	直径 3.5		
金属块	长度 7.6	宽度 5.5	高度 5.1
金属圆柱体	直径 2.6	高度 8.3	
金属球	直径 3.7		

2.

数据表 4

形状	体积公式	木制物体体积 $V(m^3)$	金属物体体积 $V(m^3)$
长方体	$V=lwh$	1.7×10^{-4}	2.1×10^{-4}
圆柱体	$V=\pi\left(\frac{d}{2}\right)^2h$	6.5×10^{-5}	4.4×10^{-5}
球体	$V=\frac{4}{3}\pi\left(\frac{d}{2}\right)^3$	2.2×10^{-5}	2.6×10^{-5}

3. 在这个例子中，一个图上应该标记为橡木，另一个图上标记为铝。y 轴是质量，x 轴是体积。每个图包含三个物体的三个坐标点。(答案合理即可)
4. 有的，每个图上的点连起来都是直线。质量和体积成正比，是一条过原点的直线。质量增加或减少，体积也一样增加或减少。质量与体积的比值是一个常量。
5. 在每一幅图上应画一条直线。直线必须经过原点，因为体积为零时对应质量也为零。

学生确定的斜率值取决于所画的直线。斜率表示质量如何随体积发生变化，每增加单位体积时增加的质量是一定的。斜率的单位为 kg/m^3。（答案合理即可）

6. 一些点可能在直线上，但另一些点在接近直线的位置。铝的直线比橡木的直线更适合所有的点。铝的密度有一个常数，但橡木的密度不一定有常数。可能的原因是橡木的尺寸有偏差，所以体积计算可能是不准确的，不同的橡木块可能有不同的体积一质量的关系。（答案合理即可）

扩展与应用

1. 橡木的公式：$m=(650\ kg/m^3)V$；铝的公式：$m=(2700\ kg/m^3)V$；每个公式中的常数是材料的密度。（答案合理即可）
2. 测量物体的质量，然后除以已知的物质密度，得到物体的体积。

P30—34　第 1 章　测评

27. 确定一个问题，通过观察和实验收集关于它的信息，创建一个模型或理论来解释这些观察和实验的结果，分析信息来测试模型，并使用模型来预测新的结果。（答案合理即可）

28. a. 太阳系非常大。
    b. 飞机空气动力学是复杂的和动态的。
    c. 数学模型可以量化每个物体所施加的力。

29. 数学可以量化你的结果，比如说“有多快”，而不仅仅是“快”。

30. 国际单位制，或称 SI，是一个以 10 为基础的计量系统，是科学的标准。基本单位是米、千克、秒、开尔文、摩尔、安培和坎德拉。

31. 导出的单位是基本单位的组合。

32. a. 0 是用来表示数值大小的必要数值，但没有办法知道用来测量数值的仪器是否实际测量到了 0。0 只能用来定位 1。
    b. 用科学记数法写出数字，只包含有效数字。

33. a. cm　b. mm　c. km

34. $\frac{60\ min}{1\ h}$

35. a. 3.49×10^5 g　b. 2.87×10^5 J/cm^3

36. a. 0.423 m　b. 6.2×10^{-12} m　c. 2.1×10^4 m　d. 2.3×10^{-5} m
    e. 2.14×10^{-4} m　f. 5.7×10^{-8} m

37. a. 6.12×10^9 s　b. 2.94×10^{-6} m　c. 1.250×10^{-4} kg　d. 7.50×10^7 g

38. 1.234 和 7.603 有 4 个有效数字，0.250 有 3 个有效数字，0.13 有 2 个有效数字，0.08 有 1 个有效数字。

39. a. 1　b. 4　c. 5　d. 1　e. 3

40. a. 34.7 m　b. 25.022 m　c. 46.00 cm^2　d. 3.1 kg

41. a. 2.9×10^9 m^2　b. 2.0×10^5 m/s　c. 1.3×10^{-6} km^2　d. 1.9×10^2 kg/m^3

42. a. 408 N　b. 64.5 kg

43. 不对，表达式的单位是 kg·s。
44. 一种测量装置的精度，其精度受其刻度上最细微的分界的限制。
45. 最后一个数字是估算的。
46. 48.2 kg　　47. 2.4×10^2 m^3　　48. 362.1 m
49. ±0.05 g　　50. 3.5±0.1 A
51. 标准的住宅门框高度大约是 200 cm。精度取决于使用的测量仪器。
52. a. 1.2 ℃/h
    b. 约为 8 ℃
    c. 不能准确预测 24 h 后的温度；温度不太可能持续那么长时间急剧而稳定地下降。
53. 直线的斜率是竖直变化量与水平变化量之比。
54. a. 正的；随着速度的增加，对应的距离也增加。
    b. 大；分心的司机需要更长的反应时间，因此在给定的速度下反应距离更大。
55. 温度是自变量，体积是因变量。
56. 二次方程，$y=ax^2+bx+c$。
57. a. 反比关系　b. 正比关系　c. 二次方关系
58. a. A 为 80 g，B 为 260 g，C 为 400 g。
    b. A 为 36 cm^3，B 为 12 cm^3，C 为 7 cm^3。
    c. 直线的斜率表示该物质体积每增加单位立方厘米所增加的质量。
    d. y 轴截距为(0,0)，这意味着当 $V=0$ cm^3 时，没有任何物质存在($m=0$ g)。
59. a.

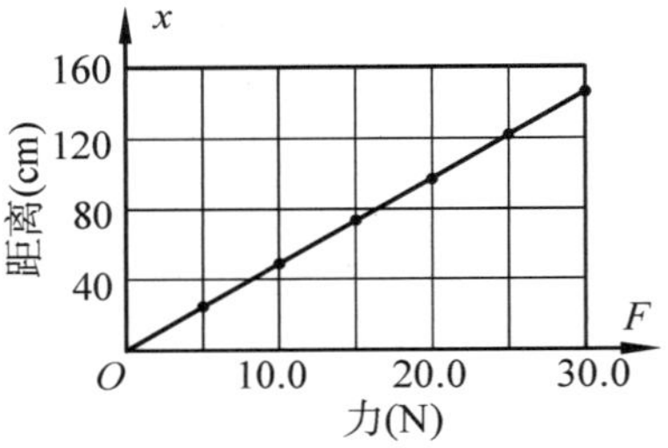

    b. 一条直线　c. $d=4.9F$　d. 方程的常数为 4.9，单位为 cm/N。
    e. 108 cm 或 110 cm
60. a.

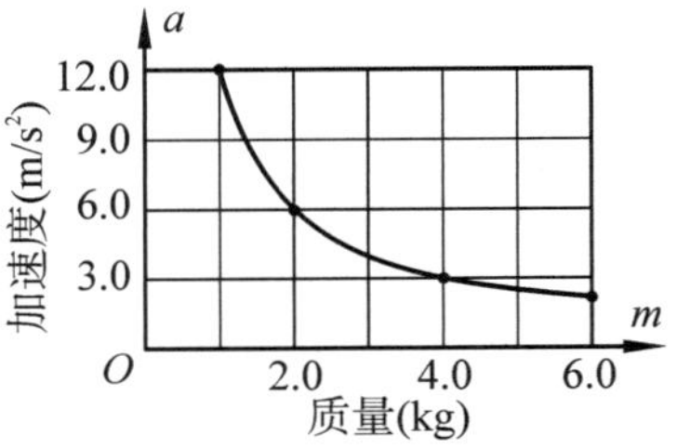

    b. 一个双曲线　c. $a=\dfrac{12}{m}$　d. kg·m/s^2　e. 1.5 m/s^2

61. a.

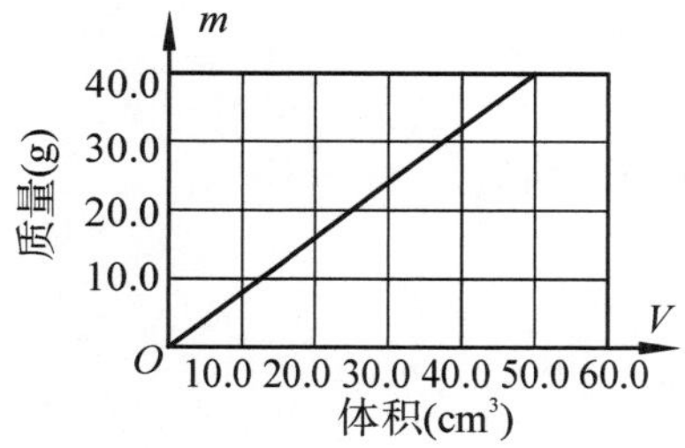

b. 一条直线　　c. $m=0.79V$　　d. g/cm^3；密度　　e. 25.7 g

62. 具体步骤没有确定的顺序。不管用什么方法，它通常包括仔细观察、控制实验变量、总结、检查和再检查。

63. 科学规律是自然规律，科学理论是基于观察对科学规律的解释。一个理论解释了为什么某现象会发生。定律描述了发生的现象或事情。

64. 当 $t=0$ 和 $t=2$ s时，球的高度约为 20 m。当 $t=5$ s时，球已经落在地上，所以高度为 0 m。

65. a. 可能的答案包括 g/cm^3，kg/m^3。　　b. 导出单位

66. a. cm　　b. mm　　c. m　　d. km

67. 图表可能包括：原子半径 5×10^{-11} m，病毒线度 10^{-7} m，纸张厚度 0.1 mm，平装书宽度 10.7 cm，门高 1.8 m，一座小镇宽 7.8 km，地球的半径 6×10^{6} m，地球到月球的距离为 4×10^{8} m 等。

68. 图表可能包括：钋 194 的半衰期 0.7 s，心跳间隔 0.8 s，奥运会的时间间隔 4 年，学校一个学期 180 天等。

69. a. $(3.001\pm0.001)\times10^{8}$ m/s

b. $(2.999\pm0.006)\times10^{8}$ m/s

70. 除了加法和减法，你会问最小不确定性的测量是在什么位置。在这里，精确度是厘米。所以答案是四舍五入到精确度厘米。在乘法和除法中，你在最小不确定性的答案中查看有效数字的位数，在本例中是 2。所以答案被四舍五入到 2 位有效数字。

71. 斜率是负的，因为纵坐标的变化量是负的，而横坐标的变化量是正的。

72. 斜率是零。纵坐标的变化量是零，y 不随 x 的变化而变化。

73. 方程中每一项的单位必须是米，因为距离(d)是以米作为单位来测量的。

$av^2=a(m/s)^2$，所以 a 的单位是 s^2/m；$bv=b(m/s)$，所以 b 的单位是 s^{-1}；c 的单位是 m。

74. 8.3 cm±0.05 cm 或 83 mm±0.5 mm

75. 一种科学理论在被接受之前已经被多次实验检验和支持。假设是关于事物如何运行的想法，它比理论更缺乏实验支持。

76. 可能的答案包括牛顿运动定律、能量守恒定律、电荷守恒定律、反射定律等。

77. 空气阻力影响许多轻的物体。如果没有控制好实验中的空气阻力，日常观察可能会让古希腊人认为，物体越重，下落速度就越大。

78. ±0.5 mL

79. 示例："每分钟，有 3 个人进入一个房间。如果在时间 $t=0$ 时房间是空的，那么 8 min

后有多少人会进入房间里?”(答案合理即可)

80. 0.0034 m,45.6 m,1234 m
81. 80 米是非常大的。5 米会是一个更合理的值。
82. 162 个短码
83. 体积 $=1.87\times10^{-4}\ \text{m}^3$,密度 $=8.87\ \text{g/cm}^3$
84. 5.4×10^7 年
85. $8.00\ \text{g/cm}^3$
86. “正确的”问题是指这个问题可以进行有效研究和通过其他途径可以回答的问题。
87. 286 kg
88. $0.0494\ \text{g/cm}^3$
89. 球的质量,球的尺寸,上抛的次数和上抛的条件等。
90. 示例:“……然后加入 46.3 mL 酒精。你总共有多少毫升液体?”(答案合理即可)
91. 例如,学生可能会描述科学家对自然界基本力的看法是如何随着时间的推移而改变的,或者科学家对辐射的看法是如何改变的。(答案合理即可)
92. 例如,学生们可能会提出,提高精确度可以带来更好的观测结果。

P35 第 1 章 标准化测试

1. C　2. C　3. B　4. A　5. A　6. B

7. a. $a=\dfrac{F}{m}$　b. $\dfrac{1\ \text{kg}}{1000\ \text{g}}$　c. $a=\dfrac{F}{m}=\left(\dfrac{2.7\ \text{kg}\cdot\text{m/s}^2}{350\ \text{g}}\right)\left(\dfrac{1000\ \text{g}}{1\ \text{kg}}\right)=7.7\ \text{m/s}^2$

8. $x=-\dfrac{6}{7}t+11$

第 2 章

运动的描述

P40 第 1 节复习

1. 运动图以相等的时间间隔显示物体运动的位置。

2. ● ● ● ● ●

3. 图略。这个点应该靠近车的中心。

4. 图略。这个点应该靠近鸟的中心。

5.
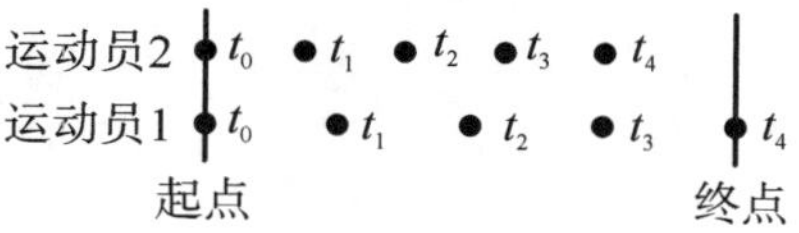

P44 第 2 节复习

6. 位置方向可以是沿着泳池的长度方向。起点可以在泳池的宽度一边。(答案合理即可)

7.

8. 位置矢量从原点指向物体。当原点不同时,位置矢量也不同。另一方面,位移矢量与原点位置无关。

9.

10. 两个人行程的位移、距离和时间间隔是一致的,因为这三个量与坐标系的原点位置无关。两个人对汽车位置的描述是不同的,因为汽车位置是从坐标系原点到汽车所在位置的距离。

P46 练一练

11. 汽车从距离原点 125.0 m 处出发,向原点行驶,移动 5.0 s 后到达原点。汽车继续驶离原点,向原点的负方向行驶。

12.
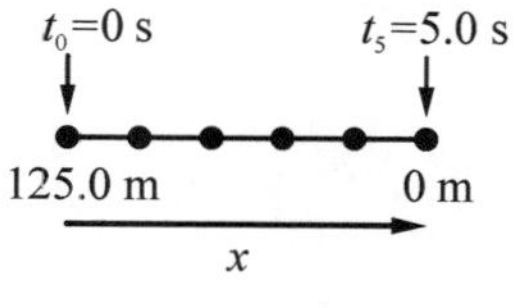

13. a. 4.0 s　b. 100.0 m　c. 50.0 m

14. 在每个时间间隔内,行人走相同的距离,而且他们都向东走。行人 A 从原点的西边出发,向原点走,过原点后继续向东走。行人 B 从原点的东边出发,一直向东走。

15. a. 19 s　b. 58 s

c.

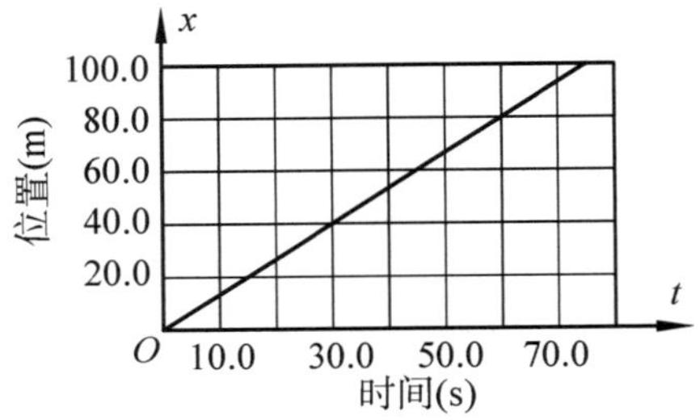

P47 物理挑战题

1.

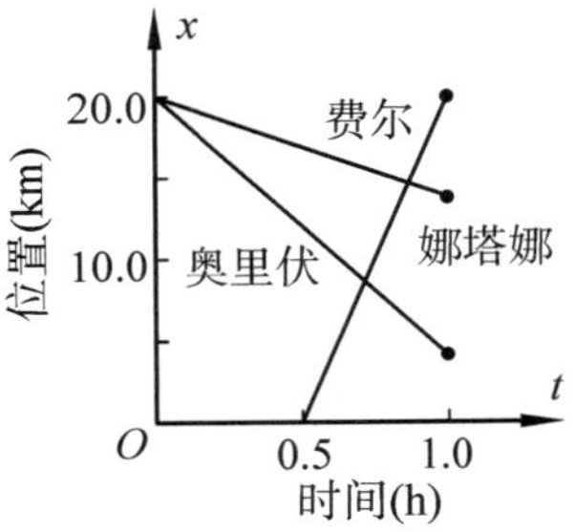

2. 下午 12:13，娜塔娜和奥里伏擦肩而过，费尔在娜塔娜和奥里伏位置以北大约 6.8 km 处，这时他们的距离最短。
3. 这时，娜塔娜和奥里伏相遇，费尔在娜塔娜和奥里伏位置以北大约 6.8 km 处。

P49 练一练

16. 计时开始时，跑步者 A 过原点。
17. 跑步者 B
18. 在 −50.0 m 处
19. 约为 30 m
20. a. 6.0 min
    b. 海淑没有追上裘妮亚；因为随着时间的推移，代表裘妮亚和海淑运动的图线会越来越远，这两条线不会相交，表示位置相距越来越远。
    c. 在 1 km 处
    d. 1.8 h

P49 第 3 节复习

21. 图略。
22. 图略。
23. 0.5 s
24. 100 m
25. 2.0 s
26. 不，它们描述的不是同一个运动。虽然两个物体都朝正方向运动，但其中一个比另一个运动得快。学生可以从位置—时间图象和质点模型中引用一些不同的具体例子来支持这一观点。例如，质点模型显示 2 s 后的位置为 2 m，而位置—时间图象显示 2 s 后的位置为 8 m。

P52　练一练

27. a. 0.3 m/s

b. 平均速度是图线的斜率，包括正负号，所以它是－0.3 m/s 或 0.3 m/s，方向向北。

28. 船正以 0.3 m/s 的速度向北行驶。

29. －1.2 cm/s

30. a. 0.04 km/min

b. 0.04 km/min，方向为正方向。

31. 自行车正以 0.04 km/min 的速度向正方向移动。

32.

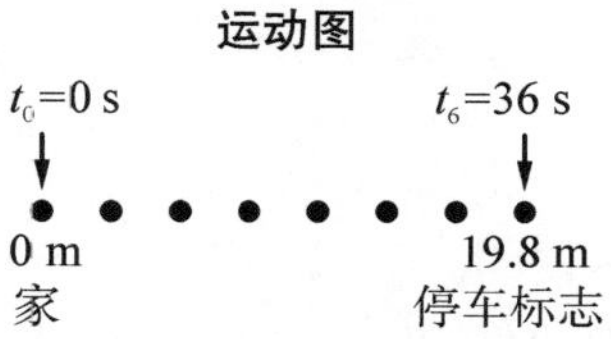

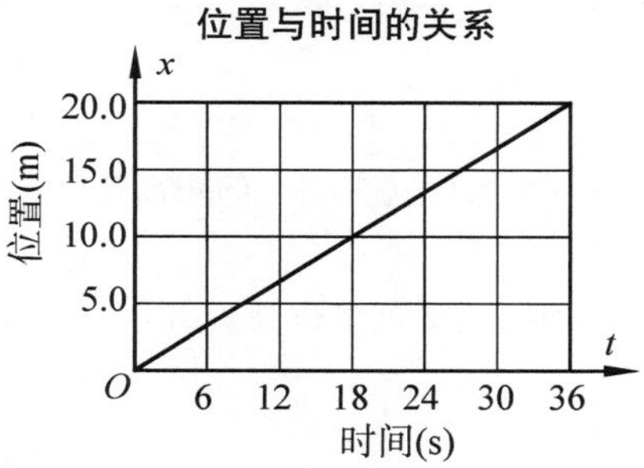

P55　练一练

33. 船距原点 A 向东 88 km。

34. 船距 A 点向东 1.1×10^2 km。

35. 船距 A 点向西 17 km。

36. 它们分别在距 A 点向西 52 km 和距 A 点向西 40 km。

P55　第 4 节复习

37. 物体的速度是其位置对时间的变化率。

38. A＞B＞C＝D

39. A 的平均速度的值大于 B 的平均速度值，但是 A 的平均速度是负的，B 的平均速度是正的。C 和 D 的平均速度大小相等，但是 D 的平均速度是正的，C 的平均速度是负的。

40. 物体的初始位置从最大正位置到最大负位置排序是 A、C、B、D。物体的初始位置到原点的距离从最大到最小的距离是 A、C、D、B。

41. 物体的平均速率是物体匀速运动时平均速度的绝对值。

42. 红色的车从 B 点向东行驶了 8 km，蓝色的车从 B 点向西行驶了 12 km。红色的车从原点向东行驶了 14 km。蓝色汽车的位置从原点向西行驶了 6 km。

43. 23 km

44. 创建模型可以帮助你整合问题情况。如果你对事物的位置或运动没有清晰的了解，就很难写出合适的方程。同样，在这一步中你要选择坐标系，这对于确保你在以后要代入方程的量时，使用正确的正负号是很重要的。（答案合理即可）

P56　起步实验

玩具车比赛

目的

了解距离和时间决定一个物体的平均速率。

实验器材

两辆可以自行推进的玩具车、秒表、米尺。

教学建议

- 确保学生在获取数据时只测量一个量。也就是距离或者时间。
- 当学生完成实验后，开始讨论测量的是哪个量。例如，要找出哪辆车开得更快，是测量距离还是时间？

预期结果

跑得更快的车是在相等的时间内行驶了更长的距离，或是行驶了相同的距离用的时间更少。

样本数据

在 1 s 内，黄色车行驶了 82 cm，而红色车行驶了 76 cm；或黄色车行驶 1 m 用时 1.14 s，红色车行驶相同距离用时 1.33 s。

分析

6. 学生应该收集距离数据或时间数据。一个物体的平均速率等于它移动的距离除以它移动这段距离所花费的时间。如果一个物体在同样的距离中，运动时间更短，或者在相同的时间间隔中，运动距离更大，那么它的速率就更大。
7. 学生可以收集距离数据或时间数据。
8. 平均速率是行驶的距离除以行驶这段距离所花费的时间。

P56　迷你实验

速度矢量

目的

是让学生观察和描述物体的运动。

实验器材

一根 1 m 长的绳子，带有钩子的 100 g 或 200 g 的物体。

预期结果

学生应该展示不同长度的矢量所代表的运动。

6. 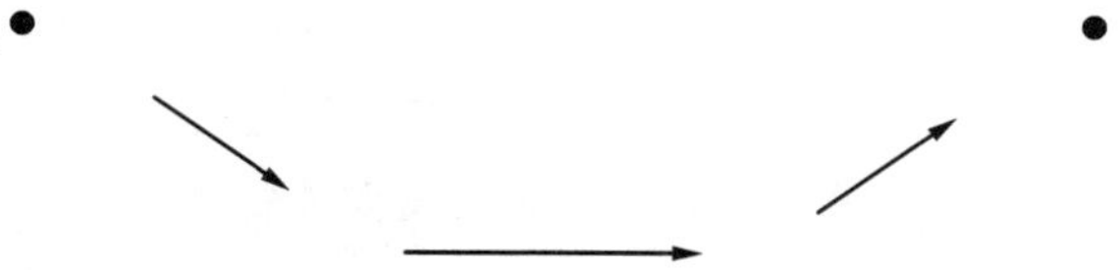

分析

7. 摆动的最低点。
8. 摆动的最高点速率是 0。
9. 平均速率等于最高点和最低点之间的中点的速度矢量的大小。学生们会认为平均速率是最大速率和最小速率之和的一半。

P57—59　物理实验

运动图

实验时间

一节实验课。

技能要求

描述，测量并用 SI 制单位表示，收集和记录数据，识别空间关系，总结和假设。

替代器材

可以使用各种各样的发条玩具。此外，一个学生走路和一个学生跑步的视频也可以起到同样的作用。你可以用软件来记录赛车的位置(0.1 s 的间隔)，也可以用秒表来观察和记录赛车的位置(1 s 的间隔)。

教学建议

- 当你回放视频时，你可以使用激光笔在电视屏幕上每 0.1 s 追踪一次汽车的位置。这可以作为课堂演示，也可以作为你对实验的总结。
- 这个实验是一个很好的机会来回顾精确度和有效数字。由于与汽车相关的运动模糊，它往往只能测量汽车的位置的精确度为厘米，而不是精确度为毫米或十分之一毫米。

样本数据

数据表

时间(s)	速度较小的玩具车的位置(cm)	速度较大的玩具车的位置(cm)	速度较小的玩具车在斜坡上的位置(cm)
0.0	11	16	12
0.1	13	19	13
0.2	14	23	17
0.3	16	26	23
0.4	18	30	32
0.5	19	34	43

分析

1. 
2.

3.

结论与应用

速度较大的玩具车箭头长度较长，而速度较小的玩具车箭头长度较短。

进一步探索

1. 
2. 在一辆做匀速运动的小车的运动图中，点与点之间的距离是相等的。
3. 
4. 在汽车减速的运动图中，随着汽车减速，点之间的距离变得更短，也就是说，点之间的距离更近。
5. 
6. 在汽车加速的运动图中，随着汽车加速，点之间的距离变长，也就是说，点之间的距离变远。

生活中的物理学

当司机踩刹车时，胎面痕迹应该会显得更短。

P62—64　第 2 章　测评

45. 运动图是一幅物体运动的图，可以使物体的位移和速度形象化。
46. 如果一个物体的自身运动可以忽略，并且物体的大小与其移动的距离相比很小，那么这个物体可以被视为一个质点。
47. 位置和位移不同于距离，因为位置和位移包含物体移动方向的信息，而距离不包含移动方向的信息。距离和位移不同于位置，因为它们描述了一个物体在一段时间内位置是如何变化的，而位置准确地指示了一个物体在确定的时间内所处的位置。
48. 在计时开始和结束时用钟记录时间，并用结束的时间减去开始的时间，得到时间间隔。
49. 在同一个坐标系上画两个图线。如果代表短道速滑者的图线相交，表示这时两位短道速滑者相遇。两条线交点的时间坐标就是他们相遇的时间。
50. $\bar{v}=\frac{\Delta x}{\Delta t}=\frac{x_f-x_i}{t_f-t_i}$
51. 图略(两者都是直线，起点相同，但跑步者的直线的斜率更陡)。
52. 得到运动的速度。
53. 根据给定的信息可以计算出平均速度，但不可能求出瞬时速度。
54. 20 m
55. 1.5×10^{11} m
56. 示例：“……如果这只蝴蝶飞了 7 s，它的平均速率是多少？”(答案合理即可)
57. 18 min
58. 1.8 min
59. 莫琳达，多里，比西，爱西。

60. 如果兔子跑的速度是原来的两倍，曲线的斜率就会是原来的两倍。如果兔子朝相反的方向跑，斜率的大小是相同的，但它是负的。

61. 因为速度的单位是米每秒，而它们没有正确的单位。此外，$\Delta x+\Delta t$ 随着其中一项的增加而增加。$\Delta x-\Delta t$ 的符号取决于 Δx 和 Δt 的相对大小。当两者中的任何一个增加时，$\Delta x\times\Delta t$ 也增加。$\frac{\Delta t}{\Delta x}$随着位移的增加而减小，随着时间的增加而增大。

62. 如果足球的旋转忽略不计，并且它移动的距离比足球大得多，那么足球可以被视为一个质点。

63. a. 出发时，跑步者 A 领先跑步者 B 四个单位。

b. 跑步者 B 速度更快，可以看出他的运动图线有更陡的斜率。

c. 跑步者 B 在 P 点超过跑步者 A，在 P 点之后跑步者 B 跑在跑步者 A 的前面。

64. a.

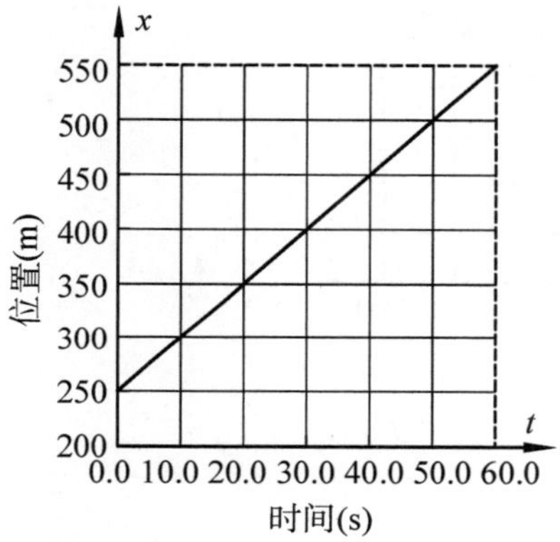

b. 距离 A 点西边 550 m。

c. 3.0×10^2 m

65.

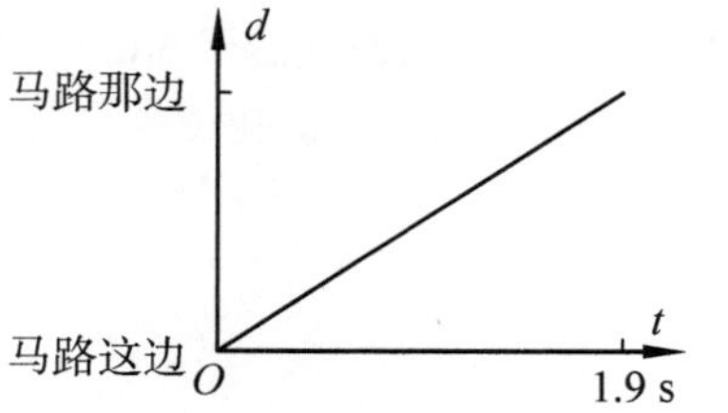

小鸡的运动方程是 $\Delta x=\bar{v}\Delta t$，小鸡做匀速运动。

66. a. 1.0 h　　b. 45 min

c. 距原点 6.0 km 到 9.0 km 位置。

67. a. 在 t=2.0 h 时，A 车：150 km，B 车：170 km。图略。

b. A 车：1.6 h，B 车：1.4 h。图略。

68.

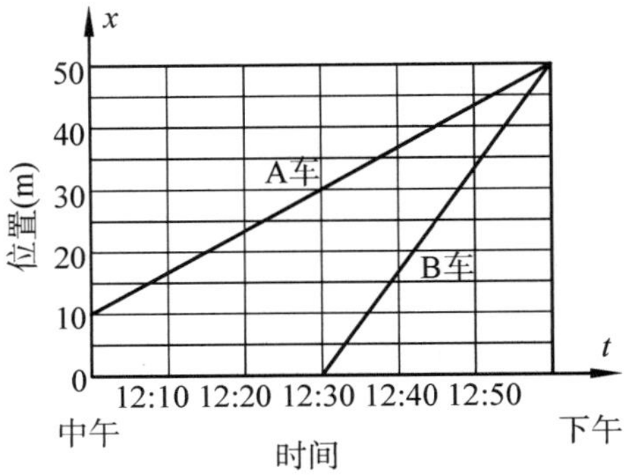

两辆车都在下午 1:00 到达海滩。

69. a.

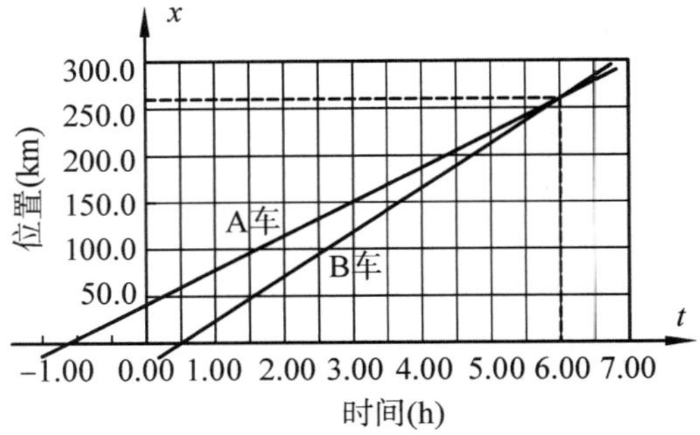

6.0 h

b. 2.6×10^{2} km

c. 7.3 h

70. a. 示例:吉姆从原点出发 7 s 走 6 m。他停了 16 s。接着他 9 s 走了 6 m,停了 5 s。他转身向原点走去。他 9 s 走了 9 m,停了 5 s。然后他又在 1 s 内又向离开原点方向走了 3 m,他又停了 5 s,最后在 6 s 内转身向原点走了 6 m。(答案合理即可)

b. 吉姆距离原点 6.0 m 的时间是: 7.0 ~23.0 s,43.0 s,52.0~57.0 s。

c. 32.0 s　　d. −1.00 m/s

71.

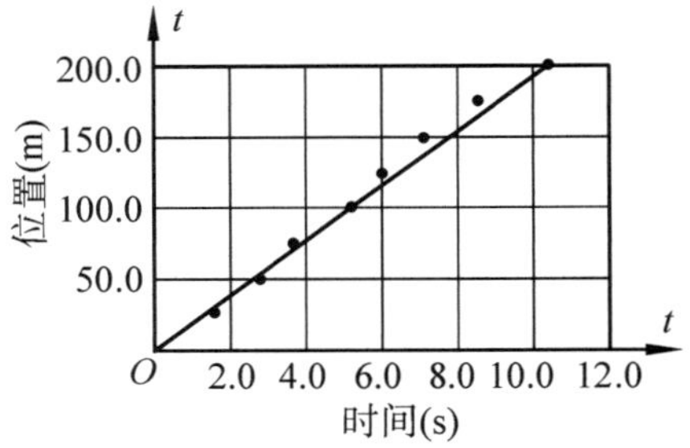

这条线的斜率和车的速度大约是 19.7 m/s。

72. 720 km/h;这个速度很大,不合理。

73. 示例:(1)找几个人,给每个人一块手表。将每个人的手表调到同步,每个人沿着街道相隔相同的距离,10 m 左右站成一排。当摩托车通过时,让每个人记录摩托车从自己面前通过的时间(至少精确到秒)。绘制位置—时间图象,并计算最佳拟合直线的斜率。如果斜率大于 40 km/h,摩托车就超速了。(2)找一个有驾照的人,让他以他以 40 km/h 的速度驾驶一辆汽车，与你要测速的摩托车行驶方向一致。如果摩托车和汽车之间的距离减小，摩托车就是超速的。如果两者之间的距离保持不变，摩托车就是以限速行驶。如果距离增加，摩托车的行驶速度就应该低于限速。(答案合理即可)

74. 位置—时间图象中是一条水平的直线，这表示物体静止。如果是一条垂直的线，意味着物体以无限大的速度运动，这是不可能的。

75. 伽利略试图测定光速，但没有成功。丹麦天文学家奥勒·罗默在 1676 年通过测量木星的一颗卫星被木星遮挡的时间与轨道的关系成功地测量了光速。他测量的光速约是 225308 km/s。从那以后，许多人尝试用旋转的齿轮、旋转的镜子和克尔盒快门更精确地测量光速。(答案合理即可)

76. 比捕食者或猎物更具持久耐力的动物包括骡子、熊和土狼，速度很快能逃离捕食者或捕获猎物的动物包括猎豹、羚羊和鹿。

77. a. 5.8×10^{-8} s　b. 4.6×10^{7} s　c. 9.27 s　d. 1.23×10^{4} s

78. a. 4　b. 5　c. 3　d. 3

79. a. 7.4 mm　b. 49.6 m^2　c. 70.4 kg

P65　第 2 章　标准化测试

1. C　2. A　3. B　4. B　5. A

6. $x=\bar{v}t+x_i=(12.8\ \text{cm/s})\times3.10+0=39.7\ \text{cm}$

老鼠在 $t=3.1$ s 时运动到距出发点以北 39.7 cm 处。

第 3 章

加速运动

P74　练一练

1.

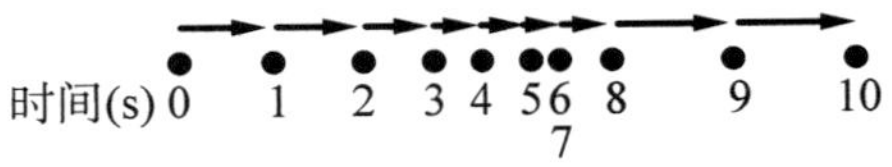

2. a. 5.0～15.0 s　　b. 0～5.0 s　　c. 15.0～20.0 s

3. a. 2.0 m/s^2　　b. -1.2 m/s^2　　c. 0 m/s^2

4.

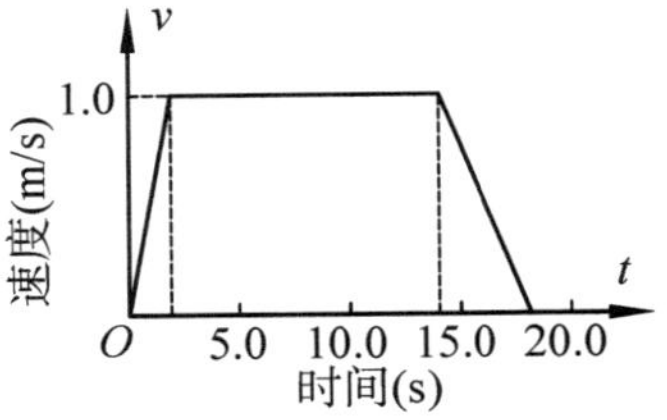

P75　练一练

5. 8.0 m/s^2，方向向前。

6. 7.0 m/s^2，方向向后。

7. a. 8.3 m/s^2，方向向西。

　b. 公交车的平均加速度是最大值的一半（-4.2 m/s^2，方向向西）。

8. 3.0 m/s^2

9. 0.28 m/s^2，方向向西。

10. 0.5 cm/y^2，沿与漂移方向相反的方向。

P75　第 1 节复习

11. 速度增大，速度减小和速度方向改变。

12. a. 两条直线的斜率相同，但它们从 x 轴的不同的点开始上升，一个是在 +15 m 处，另一个是在 −15 m 处。

　b. 它们的速度—时间图象是相同的。

13.

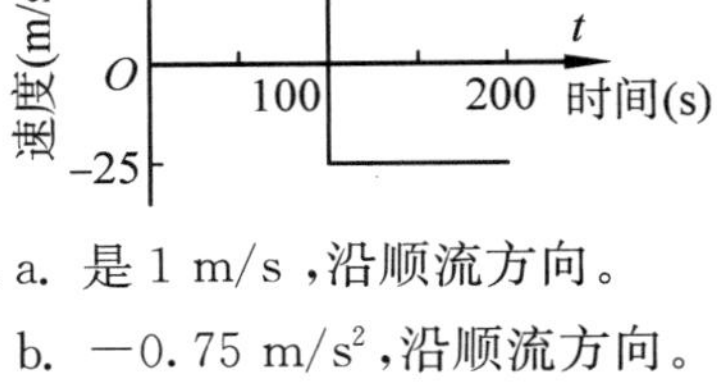

14. a. 是 1 m/s，沿顺流方向。

　b. -0.75 m/s^2，沿顺流方向。

15. 图略。不对，两辆车的位置相同，仅表示该时刻的位置，不能反映它们的位置变化快慢情况。要有相同的速度，它们必须在相同的一段时间内有相同的相对位置。

P77　练一练

16. a. 1.0 m/s　　b. −1.0 m/s

c. 在第一种情况中，球的速度下降；在第二种情况中，球减速停下来，然后开始滚下山。图略。

17. 67 km/h，方向向东。

18. 5.1 s

19. 9.0 s

P78　练一练

20. Δx_A=9.0m，方向向北；Δx_B=8.0 m，方向向北。

21. Δx_C=8.0 m，方向向南；Δx_D=4.0 m，方向向南。

22. a. 图略。

b. 150 m，方向向西。

c. 图略。

d. 两辆车的位移是一样的。对于第二辆车，$v=\frac{\Delta x}{t}=\frac{150\ \text{m}}{12\ \text{s}}\approx 13\ \text{m/s}$，方向向西（四舍五入到正确的有效数字）。

P80　练一练

23. 8.8 s

24. 360 m

25. 6.3 s

26. 0.94 m/s，方向向北。

27. 17 m/s，方向向西。

P82　练一练

28. 32 m，方向向东。

29. 4.3×10^2 m

30. 81.0 m，1.16×10^3 m

31. 0.077 m/s^2，方向沿正方向。

32. 27 m，方向向东。

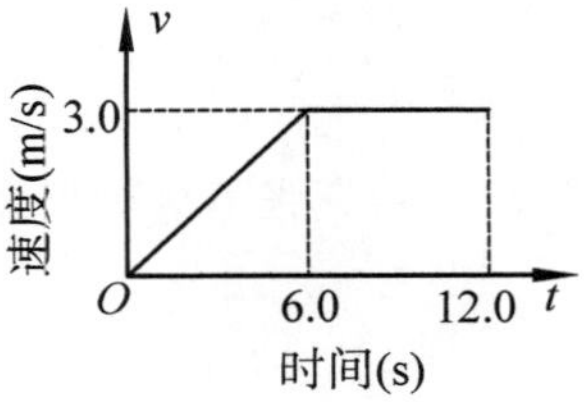

P82 第 2 节复习

33. $v_f^2 = v_i^2 + 2a\Delta x$

34. 1.3 m/s^2,方向向东。

35. a. 1.35×10^3 m ,方向向东。

  b. 90.0 m/s

36. 34 m

37. 71 m/s ,方向向北。

38. 70 m/s,方向向南。

39.

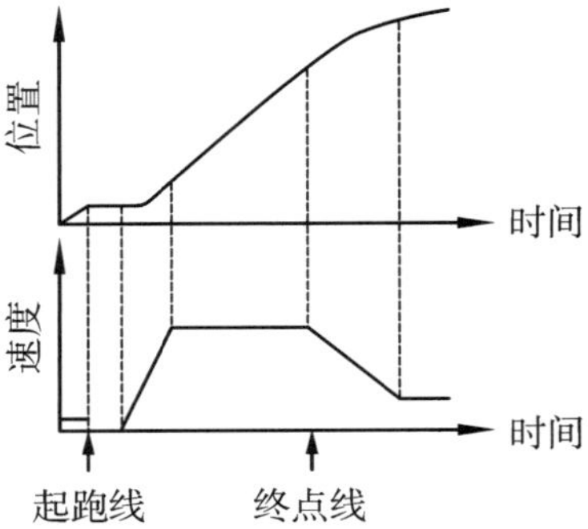

40. 一个人看秒表,然后读出时间间隔。另一个人每次读取速度计上数值,并记录下来。绘制速度与时间的关系图象,求出斜率。

P86 练一练

41. a. 39 m/s ,方向向下。

  b. 砖块下落的距离是 78 m。

42. a. −39 m/s ,方向向上。

  b. 砖块下落的距离仍然是 78 m。

43. 8.3 m/s

44. a. 26 m

  b. 4.6 s

45. a. 0 m/s;9.8 m/s^2,方向向下。

  b. 2.2 m/s

  c. 0.45 s

46. a. 速度—时间图象是从原点开始,然后上升,下降,再上升的直线。

  b. 位置—时间图象将从原点开始,呈倒抛物线形状。

P87 第 3 节复习

47. 自由落体是一个物体只受重力作用时的下落运动。空气阻力对纸张下落有很大影响,但对书本下落没有影响。

48. 9.2 m /s,方向向下。

49. 在 2.3 s 的时间内,游乐车里的人下落 26 m。

50. a. 地球上的最大高度是火星上的 3 倍。
b. 飞行时间要比火星上的长 3 倍。

51. 当球向上抛出时，球以恒定的速率抛出后，速度减小。在球到达最高点时，速度为零。当球开始下落时，速度开始向负方向增加，直到它到达抛出点，速度达到最初的大小。球的速度大小与球被抛出时的速度大小相同。在球的整个飞行过程中，加速度是恒定的。

52. 球在最高点是有加速度的。球有加速度时，它的速度是在变化的。拍一张多次曝光摄影照片来测量它的位置变化。根据照片，计算球的速度。（答案合理即可）

P88 起步实验

绘制运动图

目的

帮助学生区分匀速运动和加速运动。

实验器材

电火花计时器，计时带，1 号车（推土机或匀速行驶的小车），2 号车（动力车），胶带纸，方格纸。

教学建议

注意：请确保实验桌一直处于平稳状态，以免摔倒。

- 推土机（有履带的车辆）经常作匀速行驶。
- 为了防止学生对活动产生先入为主的想法，不要把 1 号车说成是匀速行驶的车。
- 车辆可以在小组之间共享，因为收集数据只需要几分钟。

预期结果

1 号车的计时带上有均匀间隔的点，而 2 号车的计时带上的点间隔越来越大。

分析

8. 学生应该认识到，这些点代表每辆车在某一时刻的位置。这些点的间距将表示哪辆车以恒定的速度（无加速度）运动，哪辆车在加速运动。1 号车以恒定的速度行驶。2 号车速度在增加。1 号车计时带上的点间隔均匀，而 2 号车计时带上的点间隔越来越大。

9. 在位置—时间图象中，匀速运动的图线是一条直线，而加速运动的图线是斜率不断增大的曲线。

P88 迷你实验

钢球赛跑

目的

研究钢球在斜道上滚动时的加速度。

实验器材

U 型导轨、书、米尺、两个钢球。

预期结果

混淆速度和加速度的学生会认为第二个钢球将会比第一个钢球跑得快。但是，钢球之间的距离在步骤 4 中保持不变，在步骤 5 中是增加的。

分析

6. 在步骤 4 中，两个钢球的瞬时速度相等。在步骤 5 中的任意时刻，第一个释放的钢球速度大于第二个释放的钢球速度。
7. 在步骤 4 中，两个钢球之间的距离保持不变，因为在任意时刻，两个钢球的速度相等，并且明显以相同的速度增加。在步骤 5 中，两个钢球之间的距离增大，因为在任意时刻，第一个钢球的速度大于第二个钢球的速度，两个钢球的速度以相同的速度增加。
8. 观察步骤 4，可以推断出两个钢球具有相同的加速度。
9. 在步骤 5 中，40 cm 处的钢球的速度不为 0，虽然加速度相同，第一个释放的钢球速度总大于第二个释放的钢球速度。在步骤 4 中，两个球的初始速度为 0，加速度相同，速度时刻相等。

P89—91 物理实验

自由落体加速度

实验时间

一节实验课。

技能要求

测量，解释数据，分析，比较和对比，交流。

安全措施

提醒学生不要让重物砸到脚或脚趾。要穿不露脚趾的鞋。

替代器材

装有电子计时器的装置，用来测量钢球下落到指定距离所需的时间。

教学建议

- 鼓励学生尽可能准确地测量。
- 在去实验室之前把计时器校准。不过，你要向学生演示如何校准计时器。
- 不要把报纸堆得太高，这样会无法得出需要的数据。有足够多的报纸来缓冲落下的重物。

样本数据

数据表

时间周期：$\frac{1}{60}$ s。

序号	距离(cm)	时间(s)	速率(cm/s)
1	1.6	$\frac{1}{60}$	96
2	3.4	$\frac{2}{60}$	1.0×10^2
3	5.6	$\frac{3}{60}$	1.1×10^2
4	8.0	$\frac{4}{60}$	1.2×10^2

续表

序号	距离(cm)	时间(s)	速率(cm/s)
5	10.6	$\frac{5}{60}$	127
6	13.6	$\frac{6}{60}$	136
7	16.9	$\frac{7}{60}$	145
8	20.3	$\frac{8}{60}$	152
9	24.1	$\frac{9}{60}$	161
10	28.1	$\frac{10}{60}$	169
11	32.5	$\frac{11}{60}$	177
12	37.0	$\frac{12}{60}$	185
13	41.9	$\frac{13}{60}$	193

分析

1. 见样本数据表。

2. 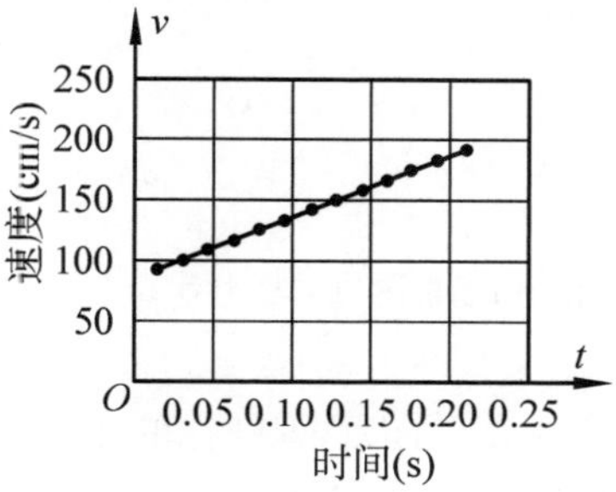

3. 斜率 $k=\dfrac{192.4\ \text{cm/s}-112\ \text{cm/s}}{\frac{13}{60}\ \text{s}-\frac{3}{60}\ \text{s}}=482\ \text{cm/s}^2=4.82\ \text{m/s}^2$。

结论与应用

1. 自由落体加速度 $g=2\times4.82\ \text{m/s}^2=9.64\ \text{m/s}^2$。

2. 相对误差为$\dfrac{9.8\ \text{m/s}^2-9.64\ \text{m/s}^2}{9.8\ \text{m/s}^2}\times100=1.63\%$。

3. 根据图的 y 轴截距，$v_i=0.83\ \text{m/s}$。

进一步探索

不从第一点开始测量，而从距开始端几厘米处开始测量，可以减小误差。因为可能在一开始打点时，纸带发生了抖动；这些点在开始测量时可能非常接近，因此很难准确地计数；或者可能从重物下落到开始打点有时间延迟，造成了一个小误差。

生活中的物理学

出口轨道逐渐弯曲加速度会减小，沿直轨道部分的加速度是负的，从而使得快速移动的游乐车速度减小。这两个部分都可以防止游乐车速度突然下降，从而导致乘客受伤。

P94 第3章 测评

53. 加速度是速度的改变量除以对应的时间间隔，它是速度的变化率。

54. a. 如果向前是正方向，汽车以递减的速度向后移动。

  b. 在同一坐标系中，一辆汽车以越来越大的速度向后移动。

  c. 一辆车以恒定速度在环形轨道上行驶。

55. 汽车从静止出发，然后加速，司机通过换挡增加汽车的速度。

56. 当速度—时间图象是一条平行于水平轴的直线时，加速度为0。

57. 加速度的大小从小到大依次是：C<E<A<D<B。

58. a. 示例："……投篮，她的手与球接触的时间为0.3 s。如果篮球最初以1.3 m/s的速度向篮筐移动，然后以2.0 m/s的速度远离篮筐，她给球的加速度是多少？"(答案合理即可)

  b. 示例："……她站着，在篮筐下运球。一旦有机会投篮，她将在3 s内沿直线移动5.0 m。她移动的平均速度是多少？"(答案合理即可)

59. a. 6.0 m/min^2，方向向东。 b. 0

  c. 2.0 m/min^2，方向向西。 d. 4.0 m/min^2，方向向西。

60. 图略。

  a. 0～4.0 s，物体加速；10.0～12.0 s，物体加速；5.0～10.0 s，物体减速。

  b. 在10.0 s，物体倒转方向。

  c. 它们的加速度大小相同、方向相反。

61. 7.00×10^4 m /s，方向向前。

62. B车的最大加速度为6.4 m/s^2，B车和C车有相同的加速度，为4.5 m/s^2。

63. 位移

64. 示例："一辆汽车以5 m/s^2 的加速度向前开。3 s后，司机意识到他的开车速度已接近他想要的速度，于是开始减慢汽车的加速度至1.5 m/s^2，开了5 s。这时，他看见了一个标志，提示即将开到施工区域，司机以2.0 m/s^2 的加速度减速了2 s。"(答案合理即可)

65. a. 43 m，方向向山上。

  b. 45 m，方向向山上(7.5 s汽车已经停下)。

66. 9.2×10^2 m，方向与速度方向相同。

67. a. 1.4×10^2 m

  b. 550 m，这比停下一辆以一半速度行驶的汽车要远4倍的路程。

68. a. 8 m b. 75 m c. 13 m d. 288 m

69. 所有大小相同的物体都以相同的加速度坠落到地面。

70. 下落时空气阻力可以忽略的有一个钢球、一块石头，还有一个人短距离跳下来，而空气阻力不可以忽略的有纸张、降落伞、树叶和羽毛等。

71. 1.2 s

72. a. 78 m/s，方向向下。　　b. 3.1×10^2 m，方向向下。

73. 20 m/s，方向向下；20 m，方向向下。

74. 7.3 m/s，方向向下。

75. 7.3 m/s，方向向下。

76. a. 5.9 m　　b. 11 m/s，方向向上。

77. 不同，它们的符号相反。

78. (1)匀速向正方向走。

(2)短时间内向正方向加速行走；以中等速度行走前面 2 倍的时间；在短时间内减速并停止；保持静止；然后转身重复上述步骤，直到到达原来的位置。

79. 画一个速度—时间图象，看看这个图线是不是直线，或者使用 $a=\frac{\Delta v}{\Delta t}$式计算加速度，比较这些答案，看看它们是否相同。

80. 开始时速度增加最大，然后速度的增加减小。加速度在开始时最大，但是随着速度增加，加速度减小。最后，驾驶员必须换到二挡。在换挡之前，加速度更小，因为曲线上这一点的斜率更小。一旦司机换挡和齿轮啮合，加速度增加，曲线的斜率增加。

81. 两个物体移动的距离相同。一个物体被竖直向上射出，而另一个物体从同一高度下落。

82.

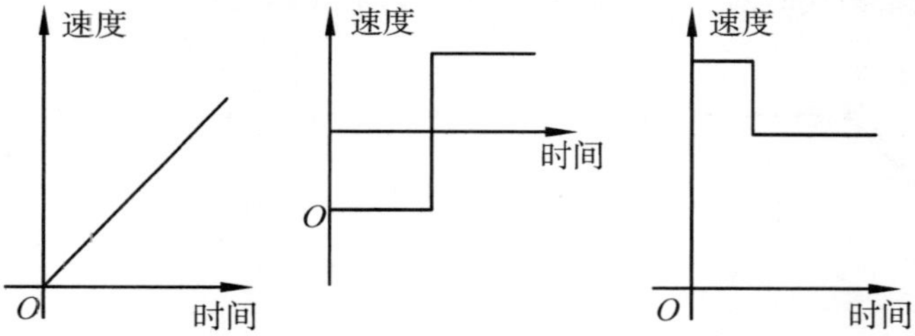

83. a. 球以较小的速度撞击月球，因为月球上重力产生的加速度较小。

b. 球下落的时间会更长。

84. a. 设 J＝木星，E＝地球，a_{grav}＝重力加速度。在最大高度时，$v_f=0$。所以 $x_J=\frac{v_i^2}{2a_{grav,J}}=\frac{v_i^2}{2\times3a_{grav,E}}=\frac{1}{3}x_E$。

b. 当 $v_f=0$ 时，x_f 的值与初始速度的平方成正比。也就是说，$x_f=\frac{v_f^2}{2g}-\frac{(3v_i)^2}{2g}$。

在地球上，一个 3 倍大的初始速度会导致一个球上升 9 倍的距离。然而，在木星上，由于 x_f 与 a_{grav} 的反比关系，木星的重力加速度是地球的 3 倍，所以 9 倍高的高度会降低到原来的 3 倍。

85. a. 石块 B 以更大的速度撞击地面。

b. 它们有相同的加速度，即重力加速度。

c. 石块 A。

86. 1.14×10^3 m

87. 你需要知道频闪照片之间的时间间隔，前两张图片之间的距离以及后两张图片之间的距离。从这些，你得到两个速度。在这两个速度之间，出现了 t s 的时间间隔。两个速度之

差除以 t。

88. 8.0 m

89. a. 2.8×10^2 m，方向向下。 b. 7.5 s

90. a.

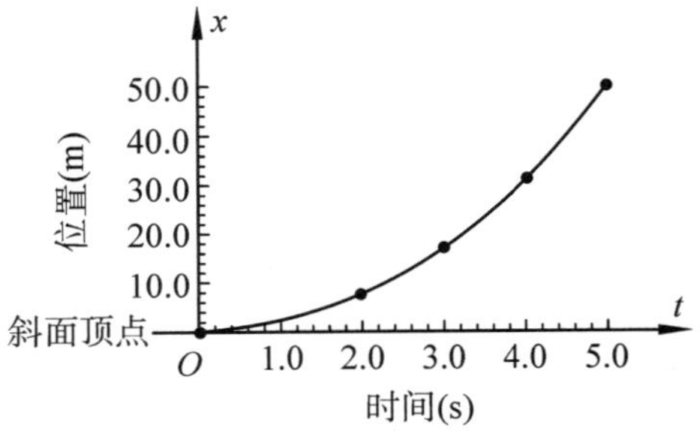

b. 2.2 s后，球滚过约 10 m。

91. a. 3.1×10^8 m/s^2 b. 11 μs

92. 15 m

93. 2.8×10^2 m/s^2，这个加速度是重力加速度的 29 倍。

94. a. 2.47×10^2 m/s^2，雪橇开始时的加速度是重力加速度的 25 倍。

b. 2.07×10^2 m/s^2，雪橇减速时的加速度是重力加速度的 21 倍。

95. a.

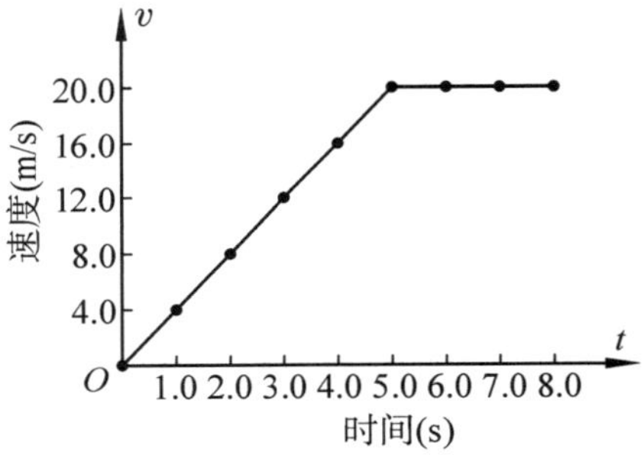

b. 8.0 m，方向向前。

c. 32 m，方向向前。

d. 110 m，方向向前。

e. 这个斜率是 4.0 m/s^2，代表加速度，方向向前。

f. 图线的斜率是 0 m/s^2，表示速度恒定不变。

96. 货车从红绿灯起跑 12 s后在 180 m处赶上轿车。

97. a. 图略。以向上为正方向。拳头先以 13 m/s 的速度移动了大约 4 ms，然后突然停下来再加速。

b. 3.7×10^3 m/s^2，方向向上。

c. 这时的加速度是重力加速度的 380 倍。

d. 拳头在前 6 s移动的距离大约是矩形的面积：(−13 m/s)×(0.006 s)=−8 cm。

这与手从+8 cm移动到 0 cm的位置—时间图象一致，净位移为−8 cm。

98. 学生应该发现，桌边的滑轮上悬挂的物体质量的变化不会改变小车移动的距离，因为物体的加速度始终不变：9.8 m/s^2，方向向下。

99. 两辆车的速度变化量是一样的。

100. a. 特快列车离开原地的距离:216 m;本地列车离开原地的距离:232 m;所以,两辆车不会发生碰撞。

b. 图略。

101. 答案必须包括伽利略的实验,证明物体下落时物体是如何加速的。答案可能包括他使用望远镜发现了木星的卫星和土星的光环等,以及他的结论是依赖于他的实验结果而不是某个权威。(答案合理即可)

102. 因为人类可能会碰到如停电等负面影响,所以娱乐设施如过山车的设计者需要在向下斜坡的结构中确保过山车不会达到因为突然停电而导致的加速度。同样,研究高速列车的工程师需要设计出一种系统,使列车能够快速加速至很大的速度,同时又不会造成乘客眩晕的设备。(答案合理即可)

103. a. 6.3×10^{-3} m　b. 8.4×10^{8} km　c. 1.69×10^{4} cm^2　d. 6.45×10^{-13} m/s

104. 位置—时间图象和运动图表示物体做匀速运动,正方向速度为 35.0 m/s,初始位置为 5.0 m。学生提出的问题可能各不相同。示例问题:物体从原点以西 5.0 m 的位置开始,以 35.0 m/s 的恒定速度向东移动。物体开始移动后 10.0 s 的位置在哪里?对于“产生问题”部分,答案各不相同。

位置与时间的关系

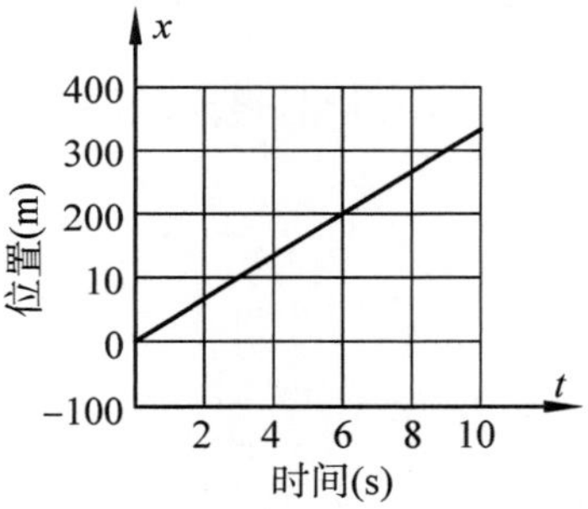

运动图

P99　第 3 章　标准化测试

1. C　2. B　3. A　4. A　5. C　6. C　7. D
8. B　9. D

10. 图略。

斜率 $a=\dfrac{36.9\ \text{m/s}-8.10\ \text{m/s}}{6.00\ \text{s}}=4.80\ \text{m/s}^2$,为加速度

位移=图象面积

图象面积=矩形面积+三角形面积

$$=8.10\ \text{m/s}\times12.00\ \text{s}+\frac{1}{2}\times12.00\ \text{s}\times57.6\ \text{m/s}=442.8\ \text{m}$$

第 4 章

一维力

P105　练一练

1. 略　　2. 略　　3. 略　　4. 略　　5. 略

P108　练一练

6. 3.90×10^2 N，方向与两个力的方向一致。

7. 60 N，方向与较大力的方向一致。

8. 24 N，方向向东。

P109　练一练

9. 4.2 m/s^2　　10. 22 N

11. a. 略　b. 144 N　c. 111 kg

P111　第 1 节复习

12. a. 手的推力，摩擦力，空气阻力，弹力　b. 重力　c. 质量，惯性，加速度

13.

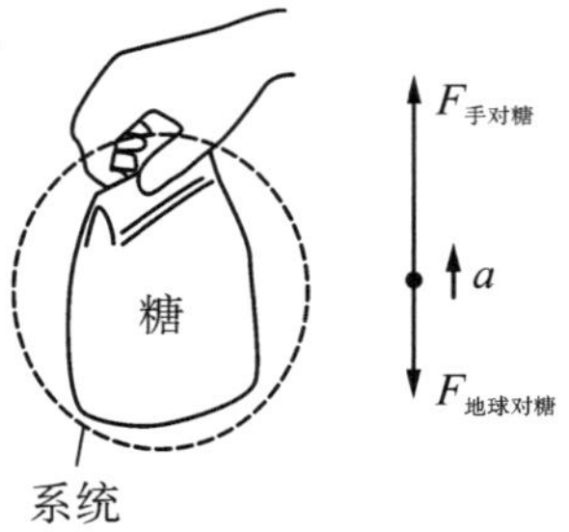

14.

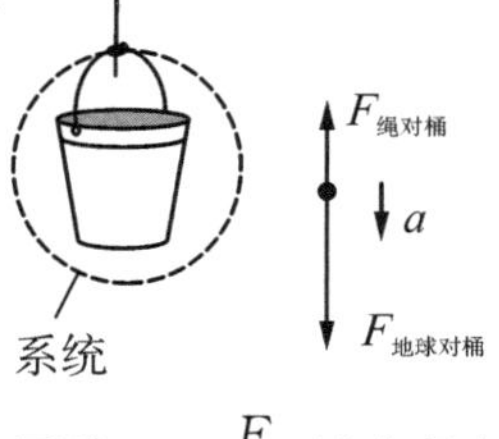

15. 因为 $m=\frac{F}{a}$，且力是相同的，所以第二块木块的质量是第一块木块的$\frac{1}{3}$。

P113　练一练

16. 39.2 N　　17. 10.5 N/kg

18. 4.9 N，它将做匀速运动。

19. 252 N，食品袋不能提起来。

P116 练一练

20. a. 59.7 kg　　b. 95.5 N

21. a. 735 N　　b. 885 N　　c. 585 N　　d. 735 N　　e. 向上

P116 物理挑战题

1. 7.8 s　　2. −76 m/s　　3. 4100 N

P117 第 2 节复习

22. 是的，他会做一段时间向上的加速运动，因为此时空气对降落伞有一个阻力。这个向上的加速度使得跳伞运动员下落的速度减小。牛顿第二定律表明，某个方向上有净力，就会在该方向上产生加速度（$F_{净}=ma$）。

23. 16.2 N

24. $-0.5\ \mathrm{m/s^2}$，即电梯在做向下的加速度为 $0.5\ \mathrm{m/s^2}$ 的运动。

25. 图略。当你无论做向上或向下的匀速运动时，你的视重和实重总是相等；当电梯上升时速度减小或下降时速度增大时，视重小于实重；当电梯上升时速度增大或下降时速度减小时，视重大于实重。

26. $0.14\ \mathrm{m/s^2}$，方向为他的朋友施力的方向。

27. 忽略你在滚动皮带上拖动货物箱时的摩擦力，然后用大约 1 s 拖动 1000 N 的箱子的力作为标准，估计它的速度，并计算它的加速度，再使用大致同样的力拖动未知质量的货物箱 1 s，估计它的速度，计算它的加速度，于是有

$$F_{作用于1000\ \mathrm{N}的货物箱}=F_{作用于未知质量的货物箱}$$

$$\frac{1000\ \mathrm{N}}{9.8\ \mathrm{N/kg}}a_{1000\ \mathrm{N}货物箱}=m_{未知质量的货物箱}a_{未知质量的货物箱}$$

$$m_{未知质量的货物箱}=\frac{\frac{1000\ \mathrm{N}}{9.8\ \mathrm{N/kg}}a_{1000\ \mathrm{N}质量的货物箱}}{a_{未知质量的货物箱}}$$

（答案合理即可）

P120 练一练

28. 你的手和地球对保龄球有力的作用，保龄球对你的手和地球也有力的作用，所有这些力是施加在你的手、保龄球或地球上的。

29. 唯一施加在砖块上的力是地球的重力，砖块对地球施加大小相等、方向相反的力。

30.

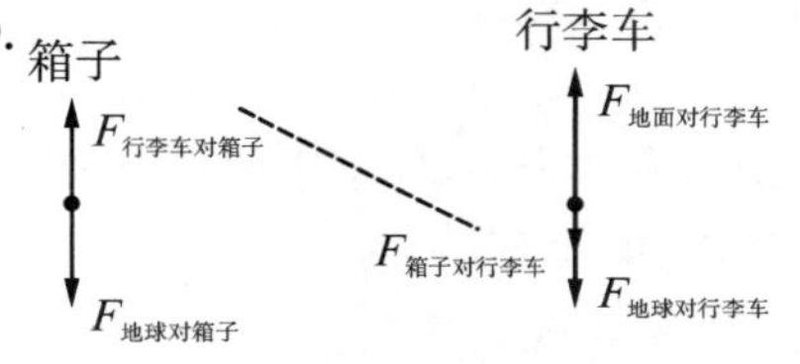

图上唯一的一对相互作用力是 $F_{行李车对箱子}$ 和 $F_{箱子对行李车}$。

31. 

当忽略空气阻力时，唯一作用在球上的力是地球的重力，球对地球施加大小相等、方向相反的力。

P122 练一练

32. 54 N

33. 0.91 m/s^2

P123 第3节复习

34. 作用在球上的力有方向向下的地球的重力和向上的手的支持力。球对地球的力和球对手的力分别与前两个力构成两对相互作用力。

35. 图略。

36. 下面绳子的力 49 N，方向向上；上面绳子的力 98 N，方向向上。

37. 下面绳子的力 29 N，方向向上；上面木块的质量 3.5 kg。

38. 张力是 500 N。绳子不动，所以作用于它的净力为 0，树与另一队施加的力大小相等，方向相反。

P124 起步实验

相反方向的力

目的

引导学生认识作用在物体上的力。

实验器材

书本，粗绳(0.5 m)，细线(2 根)。

教学建议

- 你要告诉学生要用粗绳将书本系牢，不要在用细线将它吊起来时掉下来。
- 选取足够细的细线，以便容易拉断。

预期结果

作用在书本上的力有如下关系：

$F_g + F_{下方拉书} = m_{书} a + F_{上方拉书}$

在实验步骤 2 中，慢慢地拉下方细线时，使 $m_{书} a$ 较小，这意味着作用在这根细线上的力相对较小。如果 $m_{书} a$ 较大，那么作用在下方细线上的力也较大。

分析

4. 在实验步骤 2 中上方细线被拉断。这是因为这时有两个力，即书本的重力和下方细绳的拉力同时作用在书本上，所以上方细线受到了较大的拉力。

5. 在实验步骤 3 中下方细线被拉断。这是因为它受到了较大的力。

6. 所画的图象可能不一样，但是应当确切地反映题目的意思。

P124　迷你实验

降落伞

目的

研究空气阻力。

实验器材

秒表，米尺，几张咖啡滤纸。

分析

3. 学生应当得出如下结论：收尾速度与质量的平方根有关。

P125—127　物理实验

电梯里的力

实验时间

一节实验课。

技能要求

能够使用科学解释，观察和推论，比较和对比，制定模型，收集和组织数据，批判性思考，定性衡量事物，作出结论。

安全措施

学生应该在有成人监护下进出电梯。在电梯门附近时要小心，不要干扰电梯的正常运行。注意弹簧测力计上的重物不要掉落，以免砸到脚。

替代器材

可采用各种体重秤。

教学建议

- 先对大楼做些调查。
- 如果可能，让学生在不同高度建筑物中的电梯里做实验，并对实验及其结果进行比较。

样本数据

数据表

物块的重力(N)	10
最大读数(N)	15
速度恒定时的读数(N)	10
最小读数(N)	5
你的体重(lbm)	130
最大读数(lbf)	137
速度恒定时的读数(lbf)	130
最小读数(lbf)	124

分析

1. 要使物块有向上加速度，需要物块有净力，这导致物块的视重大于 mg。这时下式成立：$F_{磅秤}=mg+ma$。

2. 此时，因为 $F_{磅秤}=mg-ma$，所以视重必然小于 mg。

3. 在样本数据中，130 lbf 可换算为 58.8 kg。（答案合理即可）

4. 在样本数据中，最大读数为 609 N，速度恒定时的读数为 578 N，速度最小时读数为 551 N。（答案合理即可）

5. $a=\frac{F}{m}-g=\frac{609\ \text{N}}{58.8\ \text{kg}}-9.8\ \text{N/kg}=0.557\ \text{N/kg}=0.557\ \text{m/s}^2$。

6. $a=g-\frac{F}{m}=9.8\ \text{N/kg}-\frac{551\ \text{N}}{58.8\ \text{kg}}=0.429\ \text{N/kg}=0.429\ \text{m/s}^2$。

结论与应用

学生可设计如何测量一个人在骑山地车后体重的波动情况。（答案合理即可）

进一步探索

磅秤实际上测量的是它向上作用在人体上的力。令人困惑的是，因为在一些说英语的国家中，磅这个单位同时用于质量和重力，而在国际单位制中，千克(kg)用于质量单位，牛顿(N)则用于重力单位。虽然浴室磅秤的刻度只是标记了测量得到的力，但也可以通过重力加速度来标记测得的质量。

生活中的物理学

mg 的力就是作用在静止物块上的重力。飞行员经受 $6mg$ 拉力，这意味着他受到的力是他在地面上静止时所受到的重力的 6 倍。

P130－134　第 4 章　测评

39. 牛顿不同意这样的解释。你的脚与足球之间有相互作用，你的脚就对球施加了一个力，从而使它产生了加速度。当球在场地上滚动时，它与草地间有相互作用，球就因为受到力的作用而产生(负)加速度，慢了下来。

40. 为了使自行车和骑车人产生加速度，需要较大的力。当车达到一定的恒定速度后，需要克服的是车与地面的摩擦力，所需的力将大大减小。

41. 9.8 N　　42. 0.12 m/s^2　　43. 6.9×10^3 N　　44. 13 m/s^2

45. 不，这仅仅意味着此时作用在该物体上的力是平衡力。一本静止在桌面上的书没有运动，但它仍然受到力的作用：地球对它向下的重力和桌面对它向上的支持力，这两个力是平衡的，所以作用于书的净力为零。

46. 是的，需要力，因为球的速度改变了方向，有了加速度。施力物体是地板。

47. 乔恩是对的。力的方向向右意味着加速度向右。如果手推车原来的运动向右，那么它的速度将增大；如果手推车原来的运动向左，那么它的速度将减小。

48. a. 空气阻力突然变大，跳伞员的速度突然变小。

b. 下降速度逐渐减小，直至达到收尾速度，此时空气阻力与重力相等，其和为零，不再有加速度，跳伞员便以恒定的速度下降。

49. a. 气球，篮球，铅球。

b. 铅球，篮球，气球。

c. 它们的排列顺序相反。

50. 根据你的体重回答，例如，如果某同学的质量是 68 kg，那么他受到的重力是 666.4 N。

51. a. 200 kg　　b. 0.2 m/s^2，图略。　　c. 11 s

52. a. 5.2×10^2 N　　b. 410 N　　c. 410 N　　d. 5.2×10^2 N　　e. 652 N

53. a. 22 N　　b. 2.1 N

54. a. 14.0 m/s　　b. -3.2×10^3 N

55. 石块确实对地球有拉力作用，但是这个拉力对于质量巨大的地球来说实在太小，所以只能产生极其微小、根本无法探测到的加速度。

56. 如果你对一条绳子上的任何一点作受力分析，它将受到两个方向相反的张力的作用，有 $F_{净}=F_{向上}-F_{向下}=ma=0$（因为该点的质量为零），因此 $F_{向上}=F_{向下}$。按照牛顿第三定律，该点邻近小段绳子对该点施加的力与该点对它所施加的力大小相等、方向相反。所以绳子上各处的张力都是相等的。

57.

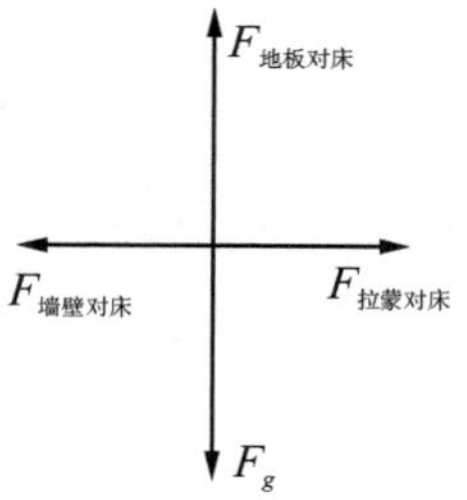

58.

$F_{棒对球}$ 和 $F_{球对棒}$ 是一对相互作用力。

59. 从最大到最小：右边木块＞左边木块＞中间木块。

60. a. 59 N，方向向上。　　b. 59 N，方向向下。

61. 2.40×10^{-5} N

62. 对地面施加的力的差为 9.5×10^2 N，正压力的差为 9.3×10^2 N。

63. 5.3×10^4 N

64. 上方木块的正压力为 45 N；中间木块的正压力为 57 N；下方木块的正压力为 93 N。

65. a. 汽车突然向前加速时，座椅便突然使你的身体向前加速，而你的颈部需带动你的头部加速，这样，你颈部的肌肉就可能受伤。

b. 头枕推动头部，与汽车一起向前加速。

66. 标明货品质量，如“质量 0.85 kg”的标签在月球上依然是正确的，物体的质量在地球表面和月球表面上是一样的。

67. 充满空气的球较轻，将先达到收尾速度。对于同样形状和大小的球来说，该球的质量较轻，向上的空气摩擦阻力很快便会达到重力的大小。充满水的球的质量较大，它的收尾速度较大，因此它将先落到地面。

68. 这意味着 1 kg 质量等于 2.2 lb。比较单位时，应当质量对质量，重力对重力，因此有 9.8 N=2.2 lbf ［lb(磅)是质量单位；lbf (磅力)是力的单位］。

69. a. 图略。　　b. 0 m/s

c. 此时,作用在球上的力只有地球对它的重力,该球的加速度就是自由落体加速度 9.8 m/s^2。

70. 双手接球将使球的速度减为零。双手通过向来球方向移动然后接球缩回,以延长球速减小为零的时间,从而降低加速度。降低加速度也就意味着减小停球所需的力。

71. 31.89 m/s^2

72. 1.80×10^2 N　　73. 139 m

74. a. 45 m/s^2　　b. 3.9×10^4 N　　c. 3.1×10^3 N

75. 如果这是匀加速运动,末速度为 222 m/s ,而 126.6 m/s 小于此值,所以加速度恒定不变的假设不成立。可通过匀加速运动的公式来验证数据信息,以判断是不是匀加速运动。

76. −2.1 m/s^2

77. a. -6.0×10^3 m/s^2

b. -8.7×10^2 N,方向与棒球飞来的方向相反。

c. 与 b 中力的大小相等、方向相反。

78. 8.0×10^3 N　　79. a. 48 m/s^2　　b. 43 m/s

80. a. 2.45 m/s^2,方向向上。

b. 24.5 m/s,方向向上。

c. 就是该仪器所受地球的重力 78.4 N,方向向下。

d. 仪器被释放 2.5 s 后。

81. 0.78 m/s^2

82. a. 2.3 m/s^2　　b. 12 N

c. 按照牛顿第三定律,与 b 中的力大小相等,即 12 N,但方向相反。

83. a. 1.17 m/s^2,方向向上。　　b. −0.633 m/s^2,方向向下。

c. 停下来时速度的改变花费的时间较长,因为加速度较小,$t=\frac{v}{a}$。

84. a. 37 N　　b. 2.45 m/s^2

85. 示例:在冰面上要推动一个质量为 23 kg 的小孩,使他产生 1.8 m/s^2 的加速度,所用的推力需多大?(答案合理即可)

86. a.

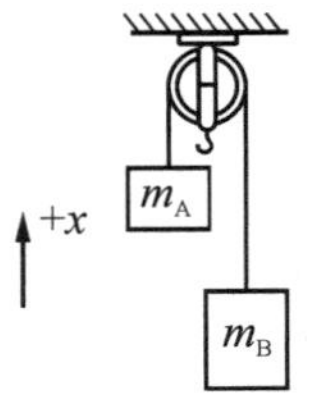

b.

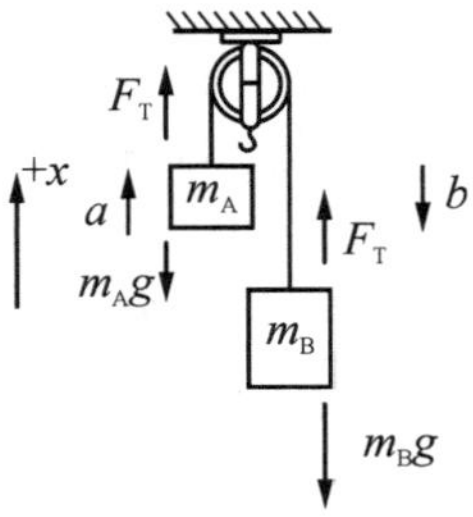

c. 2.0 m/s^2,方向向下。

87. 5.88 m/s^2,方向向下。

88. a. 3.0 m/s^2　　b. 6 N,18 N

89. 略

90. 略

91. 学生实验因仪器和设计的不同而不同。$x-t$ 图和 $v-t$ 图应反映匀加速运动的特征,重力加速度应接近 9.8 m/s^2。

92. a. 示例:"……如果他用 40 N 的力推箱子,这个箱子将产生多大的加速度?"(答案合理即可)

    b. 示例:"……如果他用 40 N 的力推箱子,这个箱子将对他产生多大的力?"(答案合理即可)

93. 牛顿的贡献应当包括他在光、天文学、运动定律、万有引力,以及微积分等方面的工作。一个有意思的争论是,有些人认为,他的最伟大的成就不是作为力学基础的三个牛顿运动定律,而是关于万有引力概念的理解。(答案合理即可)

94. 牛顿第一定律涉及所受净力为零的一个物体。如果该物体是静止的,那么它将保持静止;如果它是运动的,那么它将继续沿同样的方向以恒定的速度运动。静止的物体只有当受到外力作用时,它才能从静止改变为运动。类似地,运动的物体只有当受到外力作用时,它的速度大小或方向才能改变。运动和静止是相对的,上面关于静止和运动物体的两种说法实际上可认为是不同参考系中观察者的看法。牛顿第一定律可以检验其正确性,但不能证明。(答案合理即可)

95. 引力是一种两个或多个有质量物体之间的长程力,电磁力是电荷与磁体之间的长程力。弱力在 β—衰变中起作用。在宇宙起源早期,温度非常高,密度非常大,那时电磁力和弱力是统一的一种力,称为电弱力。弱力和强力的作用力程都很短,它们都是短程力,原子核内使质子和中子结合在一起是强力的一种表现。

96. 汤姆将在上午 9:04,即在经过塔鲁的家 39 min 后,经过你家。

97. a. 3 s,8 s　　b. 小汽车 A　　c. 5 s　　d. 无　　e. 3～10 s

98. a. 0 m/s　　b. 约 0 m/s　　c. 约 1 m/s

P135　第 4 章　标准化测试

1. D　　2. B　　3. B　　4. C　　5. B　　6. B　　7. D

8. B　　9. D

10. 图略。

电梯上升时,小狗的视重增加,$F_{净}=F_g+F_{磅秤对狗}$;

电梯以恒定速度下降时,小狗的视重不变,$F_{磅秤对狗}=F_g$;

电梯自由下落,小狗的视重为零,

$F_{净}=F_g+F_{磅秤对狗}$,但 $F_{净}=F_g$,所以 $F_{磅秤对狗}=F_{净}-F_g=0$。

第 5 章
二维力

P140　练一练

1. $R=141$ km

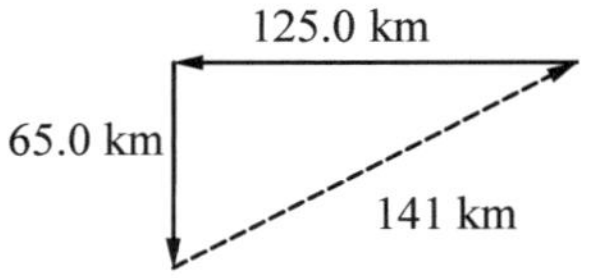

2. $R=257$ m

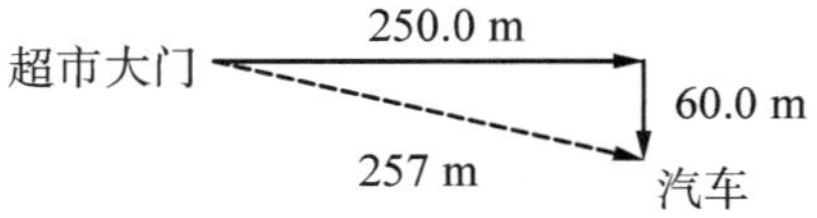

3. 10 km　　　　4. 8.3 cm

P145　练一练

5. 0.87 km，方向北偏西 77°。
6. 6.0 km
7. 小于 90°、大于 270°的矢量的 x 分量为正；大于 90°、小于 270°的矢量的 x 分量为负。
8. 一个矢量不会小于它的分量。当矢量落在 x 轴或 y 轴上时，它在该方向上的分量等于它本身。
9. 合力的大小为 4.4 N，方向竖直向上，因为两根绳子上张力的方向与竖直方向的夹角相等，它们在水平方向的分量大小相等、方向相反，因此相互抵消。
10. 净力为 0.8 N，方向竖直向上。

P145　第 1 节复习

11. $\boldsymbol{M}_x=4.0$，方向向右；$\boldsymbol{M}_y=3.0$，方向向上。
12. 两个矢量都在水平方向，没有 y 方向分量。
    $\boldsymbol{K}_x=-4.0$，$\boldsymbol{K}_y=0$；$\boldsymbol{L}_x=6.0$，$\boldsymbol{L}_y=0$。
13. $\boldsymbol{R}=6.7$，方向与水平方向夹角为 27°。
14. 10.0，方向向右。
15. a. 图略。
    b. 加、减、乘的次序可以交换，除的次序不可交换。如 $3+4=4+3$；$4-3=-3+4$；$3\times4=4\times3$；$3\div4\neq4\div3$。
16. 不一定相等，例如，如果你在呈正方形四条边的道路上走了一圈，每边道路长 1 km，则你的位移为零，但你行走的距离为 4 km。
17. 两个大小或方向不相等的位移的和不可能为零。对于三个矢量，如果它们首尾相连能形成一个三角形，或者其中两个矢量之和与第三个矢量大小相等、方向相反，则这三个矢量之和就等于零。

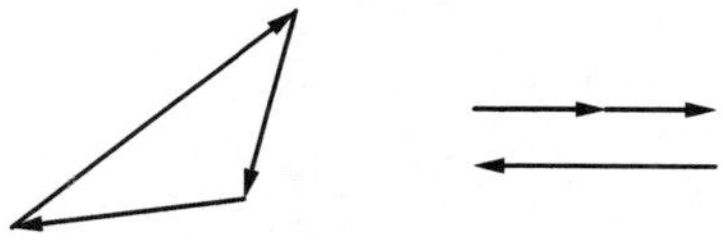

P149 练一练

18.0.69　　19.74 N　　20.78 N　　21.0.39

P151 练一练

22.0.13　　23.0.15　　24.0.50 s

25.此时制动距离为 66 m，所以在树枝前不可能停下。

26.木盘能走 6.7 m，所以它不能击中平台上的 10 点处。

P151 第 2 节复习

27.相似之处：静摩擦力与动摩擦力均起源于两个物体表面之间的摩擦；两者都与两个物体表面之间的正压力有关。

不同之处：静摩擦力产生于两个物体表面之间没有相对运动时，而动摩擦力产生于两个物体表面之间有相对运动时；两个物体表面之间的静摩擦因数大于它们之间的动摩擦因数。

28.37 N　　29.1.3 m/s　　30.1.7×10^2 N

31.根据这些数据，能判断出桌子与地面间的静摩擦因数是 0.16～0.20，动摩擦因数是 0.17。

32.食品柜与货车之间的静摩擦力($\mu_s mg$)使食品柜与货车一起向前运动。如果货车作用于货物箱的力大于静摩擦力，货物箱将向后滑动。

P153 物理挑战题

$F_{1x}=58.3$ N　$F_{1y}=17.8$ N　$F_{2x}=16.7$ N　$F_{2y}=34.2$ N　$F_{3x}=-7.52$ N

$F_{3y}=53.5$ N　$F_{4x}=-74.3$ N　$F_{4y}=56.0$ N　$F_{5x}=-60.7$ N　$F_{5y}=-23.3$ N

$F_{6x}=-26.4$ N　$F_{6y}=-98.5$ N　$F_{7x}=0.0$ N　$F_{7y}=-26.0$ N　$F_{8x}=28.8$ N

$F_{8y}=-71.4$ N　$F_{9x}=27.8$ N　$F_{9y}=-42.8$ N　$F_{10x}=81.7$ N　$F_{10y}=-7.15$ N

$F_x=44.38$ N　$F_y=-107.65$ N　$F_R=\sqrt{(F_x)^2+(F_y)^2}=\sqrt{(44.38\ \text{N})^2+(-107.65\ \text{N})^2}=116$ N　$\theta_R=\tan^{-1}\left(\frac{F_y}{F_x}\right)=\tan^{-1}\left(\frac{-107.65\ \text{N}}{44.38\ \text{N}}\right)=-67.6°$

平衡力的方向必须与上述合力的方向相反，所以应在合力的方向上加 180°，于是 $F_{平衡}=116$ N，方向 112.4°。

P155 练一练

33. 图略。

34. $F_{g平行}=1.1\ N$;$F_{g垂直}=4.2\ N$。

35. 345 N。

36. 与水平方向夹角为 26.6°时。

P157 练一练

37. 4.90 m/s^2; 19.6 m/s

38. 0.75

39. 5.2 m/s^2

40. a. $\theta_{平均}=\frac{21°+17°+21°+18°+19°}{5}=19°$

b. 0.34　　c. 0.20

P157 第 3 节复习

41. 3.2 m/s^2，沿倾角方向。

42. 图略。

受力分析图中的矢量表明，即使在垂直于绳子方向施加较小的力，也能在绳子中产生较大的足以克服泥坑摩擦力的张力(F_T)，因为 $F_{垂直于绳子}=2F_T\sin\theta$(这里的 θ 是绳子原来的方向与拉起后的方向之间的夹角)，因此 $F_T=\frac{F_{人对绳子}}{2\sin\theta}$，由于 θ 很小，F_T 将会很大。

43. 1.31×10^3 kg

44. 它们的和为 0。如果这些矢量表示力，那么这些力作用在一个物体上时，该物体将处于平衡状态，该物体没有加速度。

45. 绳子与水平方向的夹角 θ 愈大，F_T 愈小。因为右边图中的 θ 较大，所以应按右图来挂这幅画。

46. 不存在，因为如果孩子滑上斜坡，此时的摩擦力与孩子的运动方向相反，而孩子重力沿平行于斜面方向的分力也向下，因此没有沿斜面向上的力。

P158 起步实验

矢量相加

目的

建立矢量相加的概念。

实验器材

两只 5 N 的弹簧测力计，一根 35 cm 长的细线，一根 15 cm 长的细线，一个 200 g 的物块，一只量角器。

教学建议

如果学生对他们的结果还不理解，你可作如下尝试：将一根细线的中间系一只保龄球，要求两位学生每人分别拿住这根细线的一头，然后让他们慢慢地向相反方向移动，逐渐增加他们两人之间的距离。最后问他们，什么情况下用力最小？

预期结果

学生应该观察到，当细线的夹角达到120°时，两支弹簧测力计上的读数都是2 N，且随着角度的增加而增加。

分析

6. 两支弹簧测力计的读数之和明显大于悬挂物块的重力。
7. 矢量相加要考虑数值和方向这两个因素，所以作为矢量的两个力相加时，2 N+2 N是可能等于2 N的。如下说法可能帮助学生理解这一点：几个力的作用效果与它们的矢量和这一个力的作用效果是等价的。

P158　迷你实验

平衡力

目的

研究三个力的平衡，分析力矢量。

实验器材

三只5 N弹簧测力计，一根1 m长的细线。

分析

5. 弹簧测力计A所测量的仅仅是弹簧测力计B和C测量的力的垂直分量。

6. 0

P159—161　物理实验

摩擦因数

实验时间

一节实验课。

技能要求

能在国际单位制下进行测量、收集、组织和利用数据，能做出定性估计。

安全措施

确保C型夹子牢固地安装在桌子上。学生在拿取木块时可能有毛刺，应小心。

替代器材

将砂纸贴在纸板面上，就可替代木板。几乎任何具有平面的物体都可以替代木块。

教学建议

为了让木块做匀速运动，要学生小心地调整对木块施加的拉力的大小。这一点很重要，木块一旦开始运动，就不应该有加速度。

样本数据

物块材料—木头

表面材料—木头

数据表 1

F_N(N)	静摩擦力 F_s(N)			
	实验 1	实验 2	实验 3	平均值
2.10	1.50	1.70	1.40	1.50

数据表 2

F_N(N)	动摩擦力 F_f(N)			
	实验 1	实验 2	实验 3	平均值
2.10	0.85	0.65	0.75	0.75

数据表 3

F_N(N)	F_s(N)	F_f(N)	μ_s	μ_k
2.10	1.53	0.75	0.73	0.36

数据表 4

θ	$\tan\theta$
21°	0.38

分析

θ为木块在斜面上开始滑动时斜面的倾角。

1. 在表 1 和 3 中给出回答。
2. 在表 2 和 3 中给出回答。
3. 在表 3 中给出回答。
4. 在表 3 中给出回答。
5. 在表 4 中给出回答。

结论与应用

1. 学生应当能够根据他们的经验作出如下结论：要使一个物体从静止开始运动所需要施加的力比维持该物体运动所需的力大，因此 μ_s 比 μ_k 大，即 $\mu_s>\mu_k$。
2.

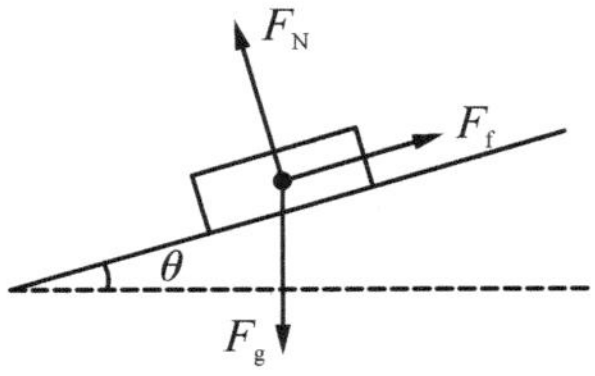

3. 因为 $\tan\theta=\dfrac{F_f}{F_{gy}}=\dfrac{F_f}{F_n}=\mu_k$，所以 $\tan\theta$ 表示摩擦因数。
4. $\tan\theta$ 和 μ_k 的值应该比 μ_s 的值小。

进一步探索

实验结果将会按照所选取材料的不同而不同，不过在通常情况下，摩擦因数的值将是 0～1。

生活中的物理学

因为 $\tan\theta=\mu_k$，所以只要你在山坡上以恒定的速度滑下时，知道山坡的倾角，就能知道滑板与山坡地面间的动摩擦因数。

P164—168　第 5 章　测评

47. 按照适当的长度画出带有箭头的线段，分别表示两个矢量。将第二个矢量的尾部与第一个矢量的头部相连，然后从第一个矢量的尾部到第二个矢量的头部作一条有向线段，再量出线段的长度，找出其方向。

48. 不改变其长度和方向时移动矢量。

49. 两个或多个矢量的总体作用效果与它们的合矢量的作用效果一样。

50. 没有影响。

51. 将第二个矢量的方向改为反方向，然后将它们相加。

52. **A** 是矢量的符号，A 代表矢量的大小(长度)。

53. a 和 b 表示彼此互成直角的两个矢量的长度，c 表示这两个矢量之和。

54. 矢量的方向可用从 x 轴逆时针方向转过的角度表示。

55. 20 km，方向相东。

56. a. $E_x=3.5$，$E_y=3.5$　　b. $F_x=-5.5$，$F_y=-3.5$

　c. $A_x=-3.0$，$A_y=0.0$

57. a.
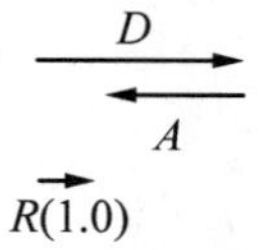

b.
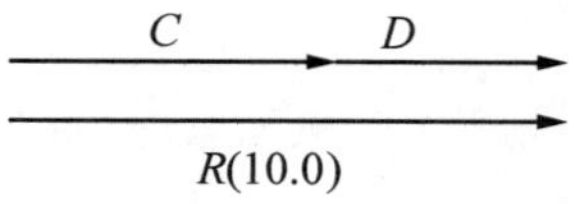

c.
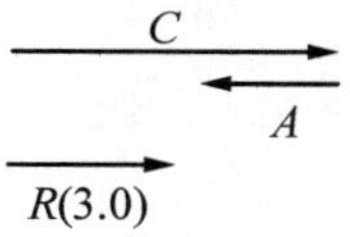

d.
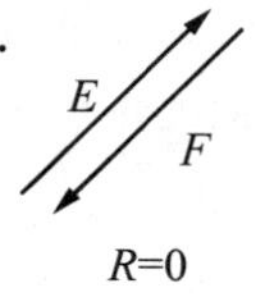

58. a.
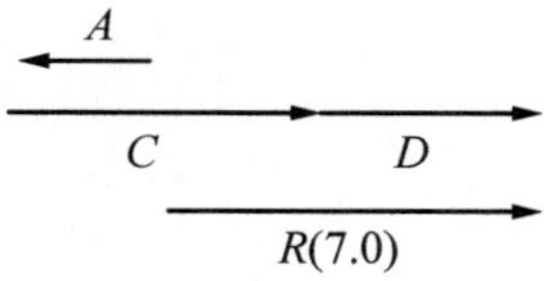

b.
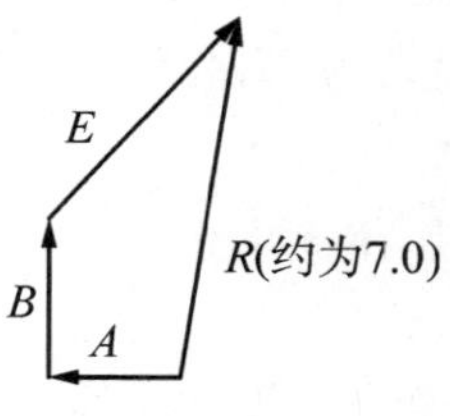

c.
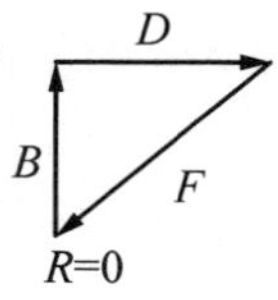

59. A<D<E<B<C

60. 40 m，方向南偏东 45°。

61. a.
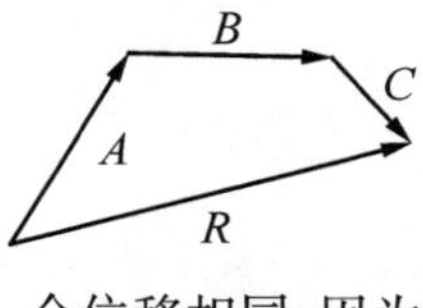

b.
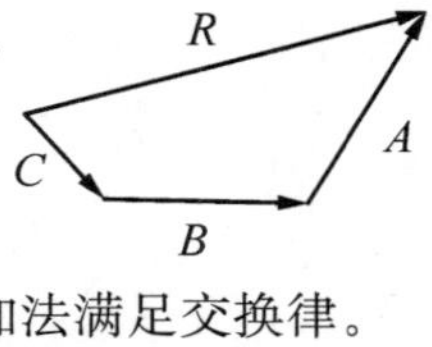

　c. 合位移相同，因为矢量加法满足交换律。

62. 净力为 640 N，方向与 x 轴夹角为 101°。

63. a. 6.5 m/s　　b. 与竖直方向夹角为 32°。　　c. 42 s

P165

64. 净力为 79 N，方向与 x 轴夹角为 54°。
65. 509.9 km，方向西偏南 78.69°。
66. 5 km，方向东偏南 53°。
67. 这意味着摩擦力大于正压力。为了测量摩擦因数，你可以沿着平面拉动一个物体，测量为了使该物体做匀速运动所需的力，并测量该物体的重力。
68. 没有增大，因为摩擦力大小与接触面的面积无关。
69. 0.255
70. 1.2 m/s^2
71. a. 8.0 m/s^2　b. 10 N　c. 0.20
72. 370 N
73. 0.400
74. 一根轴取竖直方向，正方向向上或者向下。
75. 坐标系的两根轴需互成直角，所以正 y 轴的方向与竖直方向夹角为 30°。
76. 为了描述物体在山坡上的运动，竖直轴（y 轴）通常取垂直于山坡面的方向，x 轴则取沿山坡面的方向。
77. 作用在书本上的净力为 0。
78. 是，牛顿第一定律表明，受到的净力为 0 的物体也可能在运动，只是其速度恒定，没有加速度。
79. a. 取 y 轴垂直于桌面；取 x 轴平行于桌面，方向向上。
    b. 书重力的一个分量平行于倾斜的桌面，另一个分量垂直于桌面。
80. a. 桌面的倾角增大时，书的重力沿桌面的分量将增大。
    b. 桌面的倾角增大时，书的重力对桌面的正压力分量将减小，因此书与桌面之间的摩擦力减小。
81. 74.4 N，方向与 x 轴夹角为 253°。
82. 34 N，方向与 x 轴夹角为 223°。
83. 433 N，方向向右。
84. a. 1.5×10^2 N　b. 1.1×10^2 N
85. 123 N
86. a. 传送带的倾角取决于所要传送的配件，以及配件与传送带之间的摩擦因数。
    b. 略
87. a. 4.0 m/s^2　b. 93 N
88. $F=\left(\frac{g}{\mu_s}\right)(m+M)$
89. 15 km　　90. 10 mm
91. 最大为 7 m，最小为 1 m。图略。
92. 合矢量将减小。
93. a. A 较长　b. B 较长　c. A 和 B 同样长

94. 北向，即 y 轴方向分量较长。

95. 勾股定理只能用于两个彼此互成直角的矢量相加。

96. 假设 y 轴方向垂直于山坡向上，则掉落石块速度的一个分量沿负 x 轴方向，另一个分量沿负 y 轴方向。

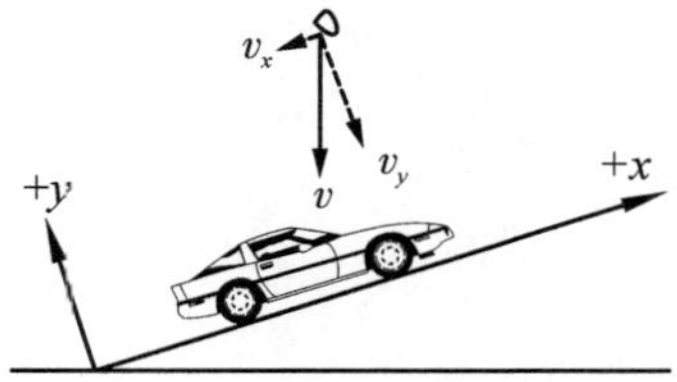

97. 牛顿第三定律所涉及的作用力与反作用力是分别作用在不同物体上的。在马拉车和车拉马的问题中，车子将受到非平衡力的作用，所以将做加速运动。

98. 在两根柱子间拉紧球网时，没有任何力的竖直向上分量来平衡球网的重力，所以施加在网上的力都是水平方向。为了最后使球网张紧，不让它有一点松弛，需要很大的力。

99. a. 45° b. 0°

100. 因为缆绳与水平面的夹角大于 45°，所以垂直于地面的分量较大。

101. 285 N

102. a. 166 N b. 3.6 km

103. a. $-4.9\ m/s^2$ b. 24 m

104. 49 m

105. a. $a=g(\sin\theta-\mu_k\cos\theta)$，可见加速度与质量无关，他们将双双同时落下，卡柯是对的。
b. 他们同时到达底部。

106. 示例："……他将卡片沿朝北方向移过 125 cm，从床底下扫出，然后将它放到离地面 115 cm高的柜子里。问：这张卡片的总位移是多少？"（答案合理即可）

107. 示例："用 10 N 的力在地板上推动一只重 10 N 的纸板箱，施力方向沿水平方向向下夹角为 20°，如果动摩擦因数为 0.13，则纸板箱的加速度多大？"（答案合理即可）

108. 如采用润滑油、减小正压力，以减小摩擦力。（答案合理即可）

109. 可能的论题包括：短跑运动员的运动套装，游泳运动员的全身泳衣、低阻力泳装，滑雪者用的空气动力学头盔、护目镜、滑雪杆，等等。

110. a. 90.0 g b. 1.68 km c. 128.6 kg d. 12 N e. 2 m/s

111. 11.25 km/h

112. $13\ m/s^2$

P169 第 5 章 标准化测试

1. C 2. B 3. B 4. C 5. C 6. B 7. B
8. C 9. 5.5×10^2 m 10. 1.8×10^2 N

第 6 章

二维运动

P176 练一练

1. a. 4.0 s　　b. 20 m　　c. $v_x=5.0$ m/s, $v_y=39$ m/s

2. 1.1 m/s　　3. 0.60 cm

P177 练一练

4. a. 2.8 s　　b. 9.3 m　　c. 65 m

5. 飞行时间为 4.8 s，飞行的水平距离为 65 m，飞行的最大高度为 78 m。

6. 32 m/s，方向与地面夹角为 82°。

P178 第 1 节复习

7. 平抛物体在同一水平高度处，水平距离一定，初速度越大，下落的距离越小。

8.

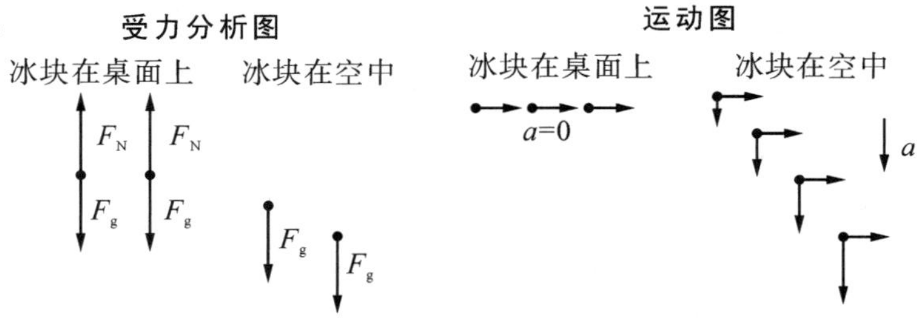

9. 27 m

10. 3.6 m

11. 在月球上，同样高度、同样角度斜抛的物体，它的飞行时间较长，飞行高度较高，飞行的水平距离较长。

P182 练一练

12. 3.1 m/s^2，地面施加的这个力。

13. 8.1 km

14. 1.2×10^2 N

15. 0.24 N

16. 8.6 m/s^2，0.88

P183 第 2 节复习

17. 球的加速度指向圆心，由绳子的张力产生。

18. 朝向转桶中心轴，是转桶壁施加的这个力。

19. 汽车转弯时，速度发生改变，因此就有加速度，这意味着必须有指向圆心的净力，而这个力由道路提供。道路与轮胎之间的摩擦作用使轮胎产生了这个力。座椅对驾驶员施加的力是指向圆心的。还要注意,离心力并不是一种实际存在的力。

20.

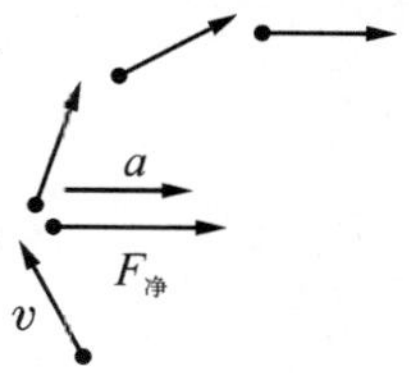

a. 向右　　b. 向右　　c. 车的座椅

21. 4.7 m/s^2　　22. 0.32 N　　23. 55 m/s^2,15 m/s　　24. 61 N

25. 地球对你的重力提供了你做加速运动的力;当你做匀速圆周运动时,磅秤显示你的视重会轻一些。

P185　物理挑战题

$x=\sqrt{\frac{2rhT}{mg}}$;会改变,如果石块飞出的方向与菲利普行走的方向一致,石块飞出的速度将更大些,x 的值也就更大些。

P187　练一练

26. 6.0 m/s
27. 0.73 m/s
28. 2.0 m/s,与船航行的方向相反。
29. a. 4.0 m/s　　b. 东偏南 19°
30. 1.7×10^2 km/h
31. a. 250.0 km/h　　b. 150.0 km/h
32. 260 km/h,方向向西。
33. 相对于河岸的最大速率为 5 m/s,渔船顺流航行;最小速率 1 m/s,渔船逆流航行。
34. 14 m/s,方向北偏西 69°。
35. a. 8.0 m/s,方向向东。　　b. 10 m/s
36. 3.8 m/s,方向东偏北 9.3°。
37. 1.9×10^2 km/h,方向东偏南 64°。
38. 2.9×10^2 km/h,方向东偏北 81°。
39. 船速沿河流的分量与水的流速大小相等、方向相反。

P188　起步实验

抛体运动

目的

揭示抛体在水平方向的运动与竖直方向的运动是相互独立的。

实验器材

网格纸,小球。

教学建议

- 在作为背景的网格纸上制作网格，粗线间隔 10 cm，在两条粗线的中间再画一条细线。
- 为了确保小球做水平运动，让它从桌面上滚出。

预期结果

水平方向的速度恒定，竖直方向的速度随着小球的下落而增加。

分析

4. 竖直方向的速度随着小球的下落而增加。
5. 水平方向的速度恒定。
6. 水平方向抛出物体的运动包括水平方向运动和竖直方向运动，其结果是，小球的路径是向下的一条曲线。

P188 迷你实验

抛体实验

目的

揭示抛体的轨迹与它的质量无关。

实验器材

两个小球，其中一个小球的质量是另一个的 2 倍；桌子。

预期结果

两个小球将同时落到地面，它们的下落点与桌面的竖直距离相同。

分析

6. 小球的质量不会影响它的抛体运动。
7. 小球的质量不会出现在所有关于抛体运动的公式中。

P189—191 物理实验

射中目标

所有的结果都是四舍五入后正确的有效数字。

实验时间

2～3 节实验课。

技能要求

制定和利用模型、归纳和总结、作出预测。

安全措施

告诉学生，在使用尖锐物体和工具时要小心，防止受到伤害。

替代器材

学生可以使用自带的发射弹丸的玩具。如果学生希望测量抛体抛出时的初速度，可以使用摄像机。

教学建议

- 在做实验之前，可说明你对抛体运动的预期结果。
- 给每个实验小组指定一个区域，并在他们的实验计划获得批准时强调安全。
- 要防止学生受到其他干扰，专注于抛体向前和向下的二维问题，还可以鼓励他们制作一台只能在一个平面上发射的设备。
- 改变抛体抛出时的角度，考察其对抛出距离的影响。改变橡皮筋拉伸的长度，考察其对抛出距离的影响。

样本数据

数据表 1

抛射角度(°)	抛体的飞行距离(cm)
0	20
40	40
60	20
70	15
90	0

数据表 2

橡皮筋的拉伸长度(cm)	抛体的飞行距离(cm)
0.5	55
1.0	141
1.5	182
2.0	236

分析

1. 数据图如图所示。

抛射角度与抛体的飞行距离的关系

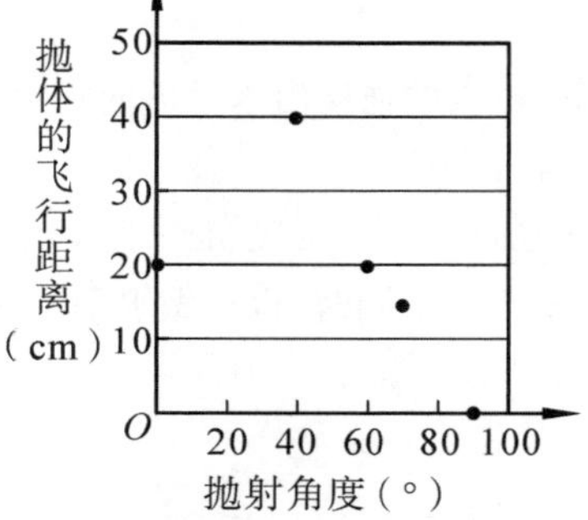

橡皮筋的拉伸长度与抛体的飞行距离的关系

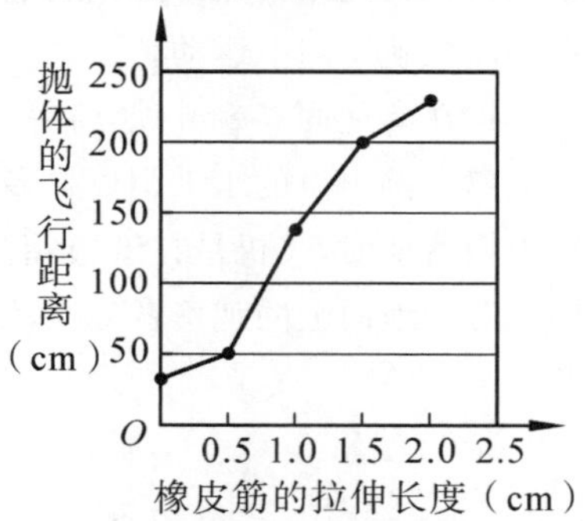

2. 在一定的角度下，橡皮筋拉伸得越长，抛体的飞行距离越长。随着抛射角度变化，抛体的飞行距离也会发生变化。在橡皮筋拉伸长度一定的情况下，最长的飞行距离发生在大约 45°。

结论与应用

1. 抛射速度和抛射角度是影响抛体飞行距离的主要因素。
2. 答案合理即可。
3. 物理学定律并不会因为你的一个实验方案没有很好完成而存在不确定性。你应该考虑使你达不到目标的原因，然后作出改进，再次实验。

进一步探索

1. 如果在室外做这个实验，风可能是影响抛体在飞行中的路径的最重要的因素。其他你的实验产生误差的因素还有：抛射的方式，地面的湿度、温度，等等。
2. 如果将目标物提升到发射器高度的上方，那么为了射中目标物，可能需要有更大的发射角度或更大的发射速度。
3. 如果将目标物降低到发射器高度的下方，那么为了射中目标物，可能需要降低发射角度或减小发射速度。

生活中的物理学

1. 足球运动员在赛场上从来不会有意将球踢得太高，因为踢得太高会使球从球门横梁上方通过，然而他可能用适当的角度将球踢出，以获得所需的距离。
2. 如果忽略空气阻力，为了使球尽可能打得远一点，击球的最佳角度是45°。

P194 第6章 测评

40. 不正确。扔、踢或用其他办法使足球动起来的力都是接触力，不再接触，就没有施力。
41. a. E
    b. 各点处的水平速度都相同。
    c. B 和 C
    d. 加速度处处相同。
42. 对于平抛物体和斜抛物体，都只受到重力的作用，所以被抛出后立即开始做竖直向下的加速运动。但是，斜抛运动是以某一角度向上抛出的，所以有一个向上的初速度，因此斜抛物体将先按一定的曲线轨迹向上运动，然后再向下运动。平抛物体一开始就按一定的曲线轨迹向下运动。
43. 示例："在离地面高8 m处，将一只篮球以1.5 m/s的速度沿水平方向扔出，问：该球的落地处离开扔出点的水平距离是多少？"（答案合理即可）
44. 纸板箱落地时，飞机是在纸板箱落地点竖直方向的上空。飞机与纸板箱的水平速度相同。对于地面上的观察者来说，纸板箱在竖直下落的同时，也在做水平方向的运动。
45. 29 m
46. 3.2 m
47. a. 0.50 s　b. 0.80 m/s
48. 33 m，7.3 m
49. a. 31 m　b. 2.1×10^2 m
50. 31 m，方向与水平面夹角为45°。
51. a. 14 s　b. 5.0×10^2 m

52. 6.5 m/s

53. 12 m/s

54.

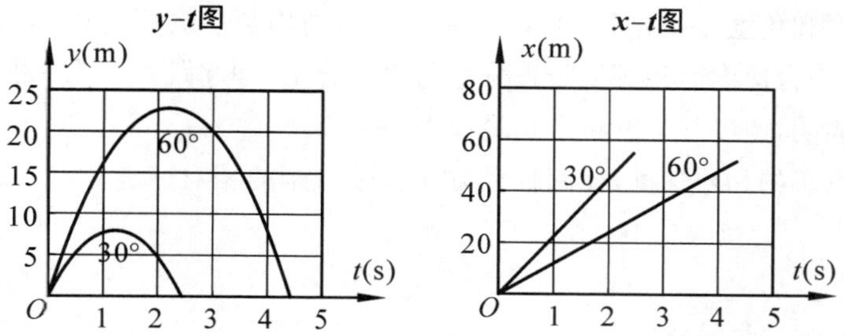

55. a. 不能。绕着一条曲线行走需要改变速度方向，因此加速度不能为零。

b. 不能。加速度的值可以恒定，但其方向需改变。

56. 净力正比于运动物体速度的平方。

57. a. 需沿系住溜溜球的绳子指向圆心的方向，对溜溜球施加力。

b. 绳子。

c. 如果绳子松开，溜溜球的速度不再改变。按照牛顿第一运动定律，它将在绳子松开处沿圆周的切线方向做匀速直线运动。由于存在重力，按照牛顿第二运动定律，它还有向下的加速度，于是溜溜球将做平抛运动。

58. a. $9.65\ m/s^2$　b. 5.94×10^3 N

59. A<C<B=D<E

60. $71\ m/s^2$，5.0×10^2 N

61. a. $2.64\times10^7\ m/s^2$　b. 2.6×10^4 N

62. 13 m/s

63. 1.5×10^3 m

64. 对面驶来的车相对于你的车的速度可通过两车的速度相加得到，因为每辆车的速度可能都接近限速值，所以相对速度就会超过汽车的限速值。

65. 奥丁娜赢。

66. a. 5.0 m/s，方向与河岸夹角为 53°。

b. 3.0 m/s，4.0 m/s

67. 1.6×10^2 km/h，方向南偏西 18°。

68. 示例：“……她想去河东岸下游 75 m 处的营地，如果她划船的速度为 5 m/s，那么为了能直接抵达营地，她应当向什么方向划船？”（答案合理即可）

69. 水平运动是匀速运动，因为在这个方向上抛体不受力的作用（不考虑摩擦力）。在竖直方向，由于有重力，故做加速运动。在本书中，当考虑摩擦力时，抛体运动方程不成立。空气阻力是一种摩擦力，考虑空气阻力后，抛体在两个方向上的运动都会受到影响。

70. 20 m/s

71. 由于重力加速度，棒球在第二个 0.25 s 内下落的距离比第一个 0.25 s 内下落的距离大。

72. a. 没有影响，前后两块石块落到地面的时间一样。

b. 速度增大，抛出点与落地点之间的水平距离也增大。

73. 能。

74. 6.0 s

75. 跳远时起跳的速度和角度是决定性的，速度或角度不同均会使高度有所不同。当起跳速度大小一定时，当合速度有相等的竖直分量与水平分量，即起跳角度为45°时，有最大的水平距离。这表明，速度与角度将影响跳远水平距离。

76. 两辆同方向行驶汽车的相对速度，比两辆反方向行驶汽车的相对速度小，所以相遇的时间较长。

77. a. 在手中。

    b. 球将落在旁边，落在曲线凸向一边。

78. 绳子中的张力是前次的2倍，因为$F_T = ma_c$。

79. 图略。加速度指向弯道的曲率中心。

    a. 赛道拐弯处，为曲率中心方向上提供力的包括倾斜路面支持力的分力和路面摩擦力的分力。

    b. 存在。

80. a. 464 m/s　b. 3.3 N　c. 9.5×10^2 N　d. 9.5×10^2 N

81. 1157 m/s

82. −1.50 km/s

83. 24 N

84. 3.0×10^2 m

85. 35°, 49°

86. a. 15 N　b. 0.69 m/s

87. 53 m 或 40 m

88. 8.5 m/s

89. a. 是，棒球在比墙高2.1 m处越过左场墙。

    b. 41 m/s

    c. 25°～73°

90. 3.0×10^8 m/s，$\frac{4}{5}c$

91. 该球不是做速度恒定的圆周运动。当球向下运动时，其重力将使它的速度增大，当球向上运动时，其重力将使它的速度减小。因此，为了保持圆周运动所需的向心加速度，在圆轨道的底部将大些，在圆轨道的顶部将小些。在顶部，绳子中的张力与重力方向相同，所需的张力也小些；在底部，重力向圆周外，张力向圆周内，所以绳子的张力需大些。

92. 过山车的设计应考虑减小游客所受的向心加速度，以保证他们的安全。（答案合理即可）

93. 摆锤沿着一条圆弧线摆动，在弧线顶部，向心加速度与重力加速度的方向相反；骑在旋转木马上做匀速圆周运动时，方向有改变，所以有向心加速度。（答案合理即可）

94. a. 2×10^{16} m^2　b. 1.4×10^{-7} km^2　c. 2.8 kg/m^3　d. 1.7×10^{-3} m/s

95. 8 m/s

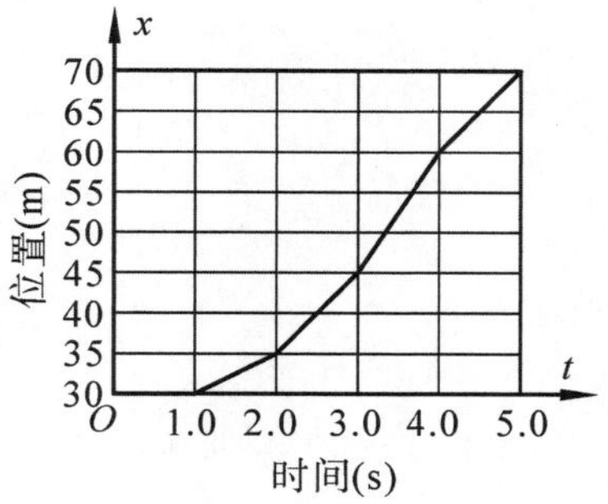

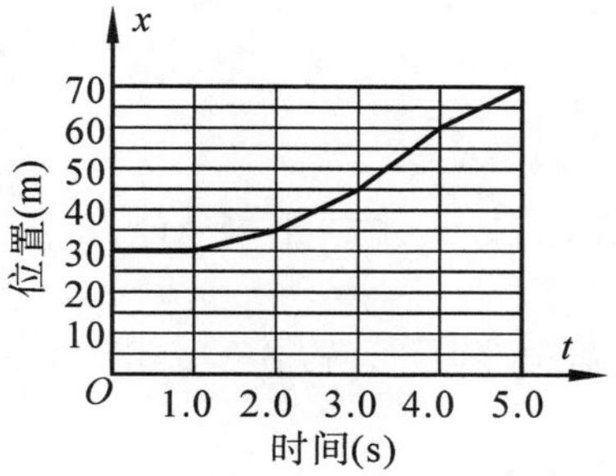

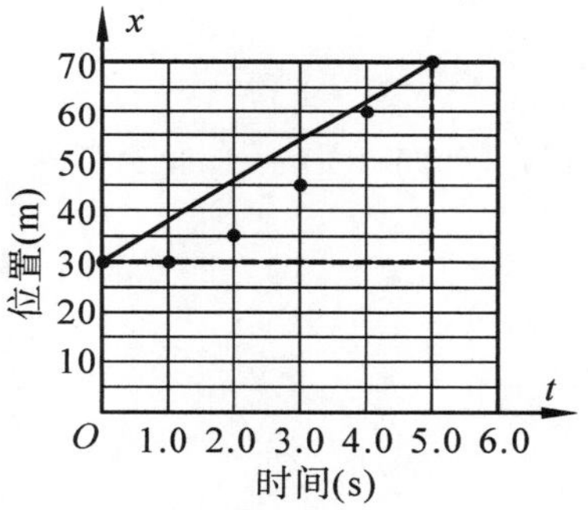

96. a. 5.9 N　　b. 3.4 N

P199　第 6 章　标准化测试

1. C　2. B　3. B　4. C　5. B　6. B　7. D

8. 此时，炮弹做平抛运动的射程为 81.44 m，因此将落在直径为 80 m 的圆圈外，所以要将圆圈的直径调大些。

9. 59 N

第 7 章

万有引力

P205　练一练

1. 11 单位　　2. 2.8 年　　3. 0.724　　4. 19　　5. 684 d

6. a. 89 min　　b. 3.2×10^{2} km　　7. 4.3×10^{4} km

P207　物理挑战题

1. 对于行星 B，$\frac{r_B^3}{T_B^2}=9.6\times10^{-6}\ \text{AU}^3/\text{d}^2$；对于行星 C，$\frac{r_C^3}{T_C^2}=9.77\times10^{-6}\ \text{AU}^3/\text{d}^2$；

   对于行星 D，$\frac{r_D^3}{T_D^2}=9.82\times10^{-6}\ \text{AU}^3/\text{d}^2$；这些行星都遵循开普勒第三定律。

2. 对于地球—太阳系统，$\frac{r^3}{T^2}=\frac{(1.000\ \text{AU})^3}{(1.000\ \text{y})^2}=1.000\ \text{AU}^3/\text{y}^2$，

   对于行星 C—厄普西仑星系统，

   $\frac{r^3}{T^2}=9.77\times10^{-6}\ \text{AU}^3/\text{d}^2=(9.77\times10^{-6}\ \text{AU}^3/\text{d}^2)\times(365\ \text{d/y})^2=1.30\ \text{AU}^3/\text{y}^2$，

   仙女座厄普西仑星的质量为太阳的 1.30 倍。

P209　第 1 节复习

8. 1.2×10^{-7} N，与球的重力之比为 8.2×10^{-10}。

9. 6.02×10^{4} d

10. g 值将增大。

11. 所得到的 G 值相同，因为万有引力常量与物体的成分无关。

12. 不是理论，以后也不可能变成理论。科学定律只是对通过观察和实验所得到的规律的陈述，理论则需要对科学结果给出解释。这些定律并没有解释这些行星为什么如此运动，或者万有引力为什么是这样的。

13. a. 对于水平方向抛出的石块在水平方向的运动，无论在地球上还是在月球上，都是同样的匀速直线运动，没有区别；在考虑了竖直方向的加速度运动后，石块的路径也都是抛物线。但是在月球上，同样高度抛出的石块落到月面的时间较长，所以它的飞行时间和水平距离都较长。

    b. 如果石块在同样高度上落下，在月球上由于 g 值较小，它落到月面时的速度较小，对你脚趾的伤害与在地球上相比，也就较小。

P 212　练一练

14. a. 7.75×10^{3} m/s

    b. 慢了。

c. 该人造卫星离地球中心较远，r 较大，所以运行的速率较小。

15. 6.70 km，1.4 d　　16. a. 7.8×10^3 m/s　b. 5.3×10^3 s，88 min

17. a. 2.86×10^3 m/s　b. 1.65 h

P217　第 2 节复习

18. a. 0.44　b. 8.5×10^{-3} N/kg

19. 椅子失重，但是它的质量并没有失去，仍然具有惯性，当你用脚趾去踢椅子时，仍然有力施加在你的脚趾上。

20. 1.5 N/kg

21. a. 半径大，轨道周期也长，所以第二颗卫星的周期较长。

 b. 第一颗卫星的速率较大，因为轨道半径小，速率大。

22. 牛顿的万有引力定律只是给出了怎样计算两个物体之间的力，爱因斯坦的理论则说明了地球是怎样吸引月球的。

23. 7.35 N/kg

24. 不能。因为卫星的轨道速度、周期与它的质量完全无关。

25. 地球由西向东转动，人造卫星向东发射时，其发射速度与地球的自转速度方向一致。

P218　起步实验

作图描述水星的运动轨迹

目的

在图纸上根据水星轨道数据表中的数据，在极坐标图上作出它的轨迹，以显示它的轨迹是椭圆。

实验器材

量角器、刻度尺。

教学建议

与学生一起讨论如何使用量角器测量角度。距离的标度最好取 3.5 cm＝0.35 AU。

分析

7. 水星的轨道是一个椭圆，太阳位于它的一个焦点上。

8. 哈勒—波普彗星与水星的轨道都是椭圆，太阳位于它们的一个焦点上。但水星椭圆轨道的偏心率很小，而哈勒—波普彗星椭圆轨道的偏心率很大。

P218　迷你实验

失重的水

目的

观察物体在自由下落过程中的失重效应。

预期结果

学生可能预测水会从底部小孔中流出，或者能从底部小孔流出但不会从侧面小孔中流出。在实验前对他们的预测进行讨论。

分析

4. 当杯子自由下落时，水没有从任何小孔中流出。

5. 当杯子自由下落时，水杯和水都做加速运动，加速度的值就是重力加速度，因此它们都处于完全的失重状态，此时水对杯子没有压力。

P219—221　物理实验

建立行星和卫星的轨道模型

实验时间

一节实验课。

技能要求

用科学概念和科学语言进行解释，观察和推论，比较和对比，制定模型，进行批判性思考和估算，收集和组织数据，作出结论。

安全措施

图钉较为尖锐，可能会刺破皮肤，使用时要小心。

教学建议

- 提醒学生，当他们计算 d(焦点之间的距离)时，他们必须取$\frac{d}{2}$来定位焦点与中心的距离。
- 建议可用下图说明开普勒的第二定律。

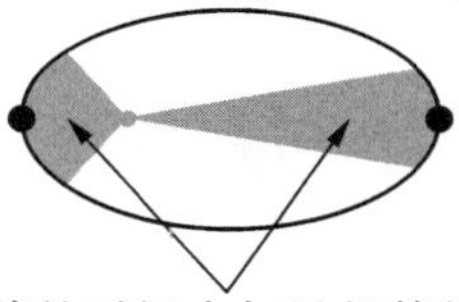

在相等的时间内扫过相等的面积

- 向学生指出，行星在椭圆轨道上运行时，行星与太阳的连线在相等的时间里扫过相等的面积。
- 提醒学生在这个实验中，他们只是比较了轨道的大致形状，且没有按照正确的比例。如果按照正确的比例，冥王星的轨道要比地球的大很多。

样本数据

数据表

物体	偏心率 e	d(cm)	测出的 A 值(cm)	测出的 P 值(cm)	实验得到的 e 值	误差百分比(%)
圆轨道	0	0	10.0	10.1	0.0050	*
地球	0.017	0.33	10.2	9.9	0.015	12
冥王星	0.25	4.0	12.4	7.6	0.24	4.0
彗星	0.70	8.2	17.3	2.7	0.73	4.3

* 圆轨道的误差百分比无法计算，因为此时分母为 0。

分析

1. 见上面的数据表。

2. 见上面的数据表。

3. 见上面的数据表。例如冥王星的偏心率为 $e=\frac{12.4\ \text{cm}-7.6\ \text{cm}}{12.4\ \text{cm}+7.6\ \text{cm}}=0.24$。

4. 见上面数据表。

5. 因为此时两个焦点合二为一,都在中心。

6. 接近于圆。

7. 彗星的偏心率大,它们的轨道看起来相当扁平。

结论与应用

1. 符合,这些行星和彗星运行的轨道也都是椭圆。

2. 由于地球的偏心率非常小,因此他可能得不出行星具有椭圆轨道的结论。

3. 行星在近日点运行得最快。根据开普勒第二定律,在同样时间内扫过同样面积。由于在近日点行星与太阳的距离较短,此时行星必须更快地移动才能使它扫过面积与在远日点处时相同。

4. $\frac{v_P}{v_A}=\frac{A}{P}=\frac{12.4\ \text{cm}}{7.6\ \text{cm}}=1.63$

5. $v_A=3.7\ \text{km/s}$,$v_P=1.7\times v_A=1.7\times 3.7\ \text{km/s}=6.3\ \text{km/s}$

进一步探索

1. 收集某个行星的位置和数据,然后利用扫过的面积与日期数据,较为精确地验证开普勒第二定律。

2. 为了证明开普勒第三定律,可用计算机模拟行星的实际运动,测量它们的周期和轨道半径。

生活中的物理学

学生可以研究人造卫星的椭圆轨道。鼓励学生收集一颗或两颗卫星的轨道数据,画出它们的轨道,验证它们是否遵循开普勒定律。

P224—228　第7章　测评

26. 示例:"……如果卫星的平均轨道半径为 9.50×10^8 km,它的周期是多少?"(答案合理即可)

27. 它的轨道是椭圆,木星位于该椭圆的一个焦点上。

28. 地球的轨道速度在北半球夏季较小,根据开普勒第二定律,它必然离太阳较远,所以地球是在北半球冬季时较靠近太阳。

29. 不相等。对同一颗行星而言,单位时间内扫过的面积相等。对于不同的行星来说,并不相等。

30. 因为牛顿知道,月球的轨道是曲线,因此有加速度。他还知道,为了要有加速度,必须有力。

31. 他仔细测量了两个物体的质量、距离,以及相互之间的吸引力,然后用牛顿定律计算了万有引力常量 G。

32. 按照牛顿的万有引力定律，$F_g \propto \frac{1}{r^2}$，所以距离加倍，则引力将减小为原来的$\frac{1}{4}$。

33. 因为$\frac{T^2}{r^3}=\frac{4\pi^2}{Gm_S}$，所以太阳质量 m_S 加倍，则该比值减小一半。

34. 12 年　　35. 246 年　　36. 4.16×10^{23} N

37. 9.11×10^{-31} kg

38. 6.5×10^{-8} N　　39. 6.1×10^{-9} N

40. a. 489 N　b. 4.90×10^{2} N

41. a. 6.0×10^{24} kg　b. 5.5×10^{3} kg/m^3

42. 5.84×10^{-10} N

43. 8.0×10^{-10} N

44. 太阳质量的 1.91 倍。

45. 23 年

46. 0.43　　47. D<A<E<C<B，理由略。

48. 0.37 kg，0.75 kg　　49. 101 N

50. 5.65×10^{26} kg　　51. 18 AU

52. a. 2.2×10^{15} m/s　b. 2.0×10^{11} m/s

53. 79 d

54. 因为它绕着地球做圆周运动时，所需的向心力与它所受的引力相同。

55. b　c

56. 位于圆心处的星球对卫星的吸引力。

57. 宇航员经受 $5g$ 的力意味着，它所感受到的重力是他在地球上的 5 倍。

58. 爱因斯坦的观点认为，引力是一种由于质量存在而引起空间弯曲的效应；而牛顿认为，引力是直接作用在两个物体之间的力。因此按照爱因斯坦的理论，地球与月球之间的吸引作用，是它们的组合质量导致空间弯曲的结果。

59. $1\ \text{N/kg}=1\ \frac{\text{kg}\cdot\text{m/s}^2}{\text{kg}}=1\ \text{m/s}^2$

60. g 的值将增加 1 倍。

61. a. 3.07×10^{3} m/s 或 3.07 km/s　b. 8.66×10^{4} s 或 24.1 h

62. a. 0.2 m/s^2　b. 20 N

63. a. 1.92×10^{20} N　b. 2.62×10^{-3} N/kg

64. 示例：“一颗绕地球做圆周运动的人造卫星，运动速率为 8.3×10^{3} m/s，它的轨道半径是多少？”（答案合理即可）

65. a. 1.80×10^{3} N　b. 8.00×10^{2} N　c. 2.92×10^{2} N

66. 2.64×10^{3} km

67. a. 1.6×10^{3} kg　b. 1.3×10^{-10} m/s^2

68. 8.3×10^{-9} N

69. 7.3×10^{22} kg　　70. 1.60 N/kg　　71. 3.0×10^{-47} N

72. a. 1.7×10^{-10} N　b. 1.7×10^{-12} N

73. 241 N　　74. a. 29 N/kg　b. 1.1 N/kg　c. 4.9 N/kg

75. 重力加速度与物体的质量无关，因为质量越大的物体所需的力越大。

76. 还需要至少知道木星的一颗卫星的周期和轨道半径。

77. 行星的轨道运动与它的质量无关，所以不能用来得出行星的质量。但是当知道该行星的一颗卫星的轨道运动后，利用万有引力定律，就能计算该行星的质量。

78. $\frac{1}{4}g$

79. G 是常量，与地球的质量无关。

80. 力将加倍。

81. 只有右下方的图才是可能的。上面两图中，太阳没有在轨道椭圆的一个焦点处。左下方图中，行星没有在围绕太阳的轨道上。

82. 不。它们构成一对作用力和反作用力，根据牛顿第三定律，这两个力大小相等、方向相反。

83. 不，相反。人造卫星的轨道半径越小，速度越大。

84. 宇宙飞船的轨道半径增大，其周期也将增大。

85. 木星上的 g 是地球上的 3 倍。

86. 对于相同轨道半径的卫星来说，行星的质量增加，其周期减小。地球的质量比火星大，地球卫星 E 的周期短。

87. a. 质量增大了。

    b. 同一地点你的重力与质量的比值不变，等于该处的重力加速度。

88. 为了向地球"空投"一个物品，宇航员要以与轨道速度大小相同的速度将它向后方抛出，此时从地球上看，该物件在垂直于重力方向的速度为零，然后它将落向地面。不过，在物件落向地面的过程中，很可能由于与地球大气的摩擦而烧毁。

89. 人造卫星的位置尽可能处在赤道上空而不出现明显的南北方向运动，它的高度使它的轨道运动周期为 24 h。如果它的高度降低，其周期就会小于 24 h，它将向东移动；如果它的高度升高，其周期就会大于 24 h，它将向西移动。

90. 2.01×10^{30} kg

91. a. 1.7×10^{3} m/s　b. 6.5×10^{3} s

92. 66 m

93. a. 1.2×10^{2} min　b. 1.6×10^{3} m/s

94. a. 0.707 月

    b. 是月球现在轨道的 1.26 倍。

    c. 没有影响，地球上的一年时间与地球的质量无关。

95. $0.35T_{M}$

96. 84.5 min

97. 在海平面上空 6400 km 处，$c=4.0\times10^{8}$，$y=9.77$ m/s^2；在珠穆朗玛峰上，6410 km 处，$y=9.74$ m/s^2；在一般的卫星轨道上，6500 km 处，$y=9.47$ m/s^2；在更高的卫星轨道上，6600 km 处，$y=9.18$ m/s^2。

98. 大约 8 min

99. a. $F_{Sm}=5.90m\times10^{-3}$ N; $F_{Mm}=3.40m\times10^{-5}$ N

b. 太阳对地球上水体的引力大约是月球的 100 倍。

c. $2.28m\times10^{-6}$ N

d. $1.00m\times10^{-6}$ N

e. 月球

f. 地球上的潮汐起源于月球对地球正、反两面处海水引力之差。

100. 詹姆斯·布拉德莱作为最早研究者之一，于 1732 年粗略地测量了太阳与地球之间的距离。此外，还应当讨论 17 世纪 90 年代关于金星凌日测量方面的工作。

101. 星球与行星构成系统，它们都绕着系统的质心运动。因为遥远的星球向着地球和逆着地球方向的运动，它的光将存在蓝移和红移的交替变化，宇航员于是据此可计算行星的周期，估计行星的距离和质量。

102. 4.0×10^{2} km

P229 第 7 章 标准化测试

1. C 2. D 3. A 4. C 5. D 6. 8×10^{5} km

第 8 章
转动

P235 练一练

1. a. -120π rad 或 -377 rad
   b. -2π rad 或 -6.28 rad
   c. $-\frac{\pi}{6}$ rad 或 -0.524 rad

2. a. 6π rad
   b. 2π rad/min
   c. 转动慢下来直至停下期间，角加速度为负。

3. 0.707 m

4. a. 拖车与货车的车轮线速度的变化一样，所以它们的线加速度一样。
   b. 货车与拖车的车轮半径分别为 35.4 cm 和 24 cm，它们的角加速度分别为 $\alpha_{货车}=5.32\ \text{rad/s}^2$ 和 $\alpha_{拖车}=7.7\ \text{rad/s}^2$，拖车车轮的角加速度大。

5. 因为 $\omega=\frac{v}{r}$，所以如果 r 增大，ω 将减小，转动的圈数也减少。

P235 第 1 节复习

6. a. 2.36×10^{6} s
   b. 2.66×10^{-6} rad/s
   c. 4.63 s
   d. 地球赤道上的速率为 464 m/s，大约是月球赤道上的 100 倍。

7. a. $\Delta\theta=-\frac{\pi}{3}$ rad　　b. $\Delta\theta=-4\pi$ rad　　c. $\Delta\theta=-240\pi$ rad

8. $-8.3\ \text{rad/s}^2$

9. 角位移相同，线位移不同。

10. a. 52 rad/s 或 5.0×10^{2} r/min
    b. 25 rad/s 或 5.0×10^{2} r/min
    c. $-5.9\times10^{-3}\ \text{rad/s}^2$

P238 练一练

11. 1.4×10^{2} N　　12. 0.407 m　　13. a. 36.6°　b. 30.2°

14. 94 N·m　　15. 1.1×10^{2} N·m，0 N·m

P241 练一练

16. 1.5 m　　17. 2.70 N·m　　18. 0.056 kg　　19. 0.042 kg　　20. 789 N

P244 练一练

21. r 加倍，转动惯量增大至 4 倍。

22. 不相等，空心球的转动惯量大。

23. a. 4.0 kg·m^2　b. 2 kg·m^2　c. 1.6 kg·m^2

24. a. 不相等。设两球之间的距离为 r，每个球的质量为 m，则当绕 A 球转动时，$I=mr^2+m(2r)^2=5mr^2$；当绕 C 球转动时，$I=mr^2+mr^2=2mr^2$。所以绕 A 球转动时，转动惯量大。

b. 绕 A 球转动时，0.020 kg·m^2；绕 C 球转动时，0.008 kg·m^2。

P244 物理挑战题

B>C>D>A

P246 练一练

25. 16 r/s

26. 9.0 N

27. 5.5 N

28. 4.3 N

29. 8.99 kg·m^2

30. 7.7 N

P246 第 2 节复习

31. 为了用最小的力推一扇门，应尽可能在门的边缘处沿垂直于门的方向推它。

32. $\frac{F_{朋友}}{F_{你}}=1.8$，即你的朋友所需施加的力大约是你的 2 倍。

33. a. 7.1×10^{-3} N·m　b. 2.6×10^{-2} N

34. 29 N·m

35. 球<实心盘<车轮。物体的转动惯量越小，为了产生同样的角加速度所需的力矩越小。

36. 5.99 kg·m^2

37. 由于摩擦力产生的力矩为 $\tau=Fr$，该力矩使球发生滚动。如果斜面光滑无摩擦，就没有力矩作用于球，球就没有滚动。图略。

P251 练一练

38. $F_B=32$ N，$F_A=80$ N

39. a. 逆时针方向力矩 (0.51 m)F_B，顺时针方向力矩 $-$(0.66 m)F_A

b. (0.51 m)$F_B=-$(0.66 m)F_A

c. $F_A=0.44F_g$

d. F_A 变大，F_B 变小

40. $F_{质心}=2.4\times10^2$ N，$F_{端点}=0$ N

41. $F_{质心}=1.8\times10^3$ N, $F_{端点}=-8.3\times10^2$ N

P253　第 3 节复习

42. a. 一本书无转动地落下。
    b. 跷跷板转动，直到一人的脚着地。
43. 物体的质心可能不在物体上，如球壳、圆环。
44. 车身提高，车子的质心便提高，但底部大小没有增大，因此这辆车小角度倾斜，就可能使它的质心处在底部之外。
45. 在它的中心，不在胶带上。
46. 找一根线，将书的一角悬挂，然后沿着线画一条直线。再拿这根线将书的另一角悬挂，沿着它再画一条直线。这本书的质心就在这两条直线的交点处。(答案合理即可)
47. 这枚硬币受到向下的重力、向上的支持力，以及向里的摩擦力，前两个力互相平衡，后一个力为硬币提供了向心力。根据力的分析，这枚硬币没有受到向外方向的力。如果转台非常光滑，没有摩擦力，硬币将沿圆周切线方向做直线运动而飞出。
48. 在北半球顺时针流动，在南半球逆时针流动。虽然风提供了形成表层洋流的力，但地球的自转明显地对表层洋流的运动有影响。因为地球绕着自身的轴自西向东转，所以在北半球，洋流向右(东)偏转，南半球向左(西)偏转。

P254　起步实验

滚动的物体

目的

研究具有不同转动惯量的物体的加速度。

实验器材

可以转动的物体，如球、装有食品的罐头、空罐头；不可以转动的物体，如米尺、塑料板或木板等。

教学建议

实验中，尝试采用直径相同、材料不同的圆柱形固体，且没有突出的边缘。鼓励学生采用其他任何可在斜面上滚动而没有滑动的物体，以及形状和转动模式相同，但质量或长度不同的物体。

预期结果

球的加速度最大，其次是食品罐，然后是空罐。

分析

8. 球的加速度最大，其次是食品罐，然后是空罐。
9. 斜面上滚动物体的质量分布决定了它的加速度。回想一下，对于物体的平动运动，有 $F=ma$；对于绕轴的转动运动，类似地有 $\tau=I\alpha$。因为力矩 $\tau=Fr\cdot\sin\theta$，可见，力对于物体转动的作用不仅取决于它的大小，还取决于它的作用点和作用方向。转动惯量 I 则不仅取决于物体质量的大小，还取决于质量相对于转轴的分布，质量离转轴越远，转动惯量越大。

P254 迷你实验

平衡力矩

目的

让学生掌握力矩的计算，研究力矩的平衡条件。

实验器材

一根可绕转轴转动的平衡杆；三个物块或钩码，质量分别为 50 g、100 g 和 200 g。

分析

5. 首先，找出作用在杆上的所有的力，包括支架对杆中心处的支持力，然后分析所有这些力的代数和是否为零。其次，计算出各个力相对于转轴的力矩，再分析这些力矩的代数和是否为零。

P255—257 物理实验

平动平衡与转动平衡

实验时间

一节实验课。

技能要求

培养学生的观察、收集组织和解释数据、比较和对比，以及批判性思维的能力。

安全措施

告诉学生做实验时要小心谨慎，不要让器材和物块掉下来，以免砸到脚。

教学建议

- 如果学生遇到如钩码或物块从米尺上滑落这样的问题，可建议他们从米尺背后将它们挂牢。
- 在进行实验之前检查弹簧测力计，将它们调零，并给学生演示如何调零。
- 提醒学生，要在水平的方向上对弹簧测力计进行读数。

样本数据

数据表 1

添加的物体	离左侧弹簧测力计的距离(m)	左侧弹簧测力计的读数(N)	右侧弹簧测力计的读数(N)
米尺	0.40	0.40	0.40
500 g 钩码	0.20	4.1	1.7
200 g 钩码	0.60	4.6	3.1

数据表 2

添加的物体	τ_C	τ_{CC}	力臂(m)	力(N)
米尺	×		0.40	0.80
500 g 钩码	×		0.20	4.9
200 g 钩码	×		0.60	2.0
右侧弹簧测力计		×	0.80	3.1

数据表 3

添加的物体	τ_C(N·m)	τ_{CC}(N·m)
米尺	0.32	
500 g 钩码	0.98	
200 g 钩码	1.2	
右侧弹簧测力计		2.5
$\sum\tau$	2.5	2.5

分析

1. 米尺的质量等于左、右两只弹簧测力计的读数之和。

2. 见数据表 2。

3. 见数据表 2。

4. 见数据表 2。

5. 见数据表 3

结论与应用

1. 该系统处于平动平衡状态，因为该系统没有加速度。

2. 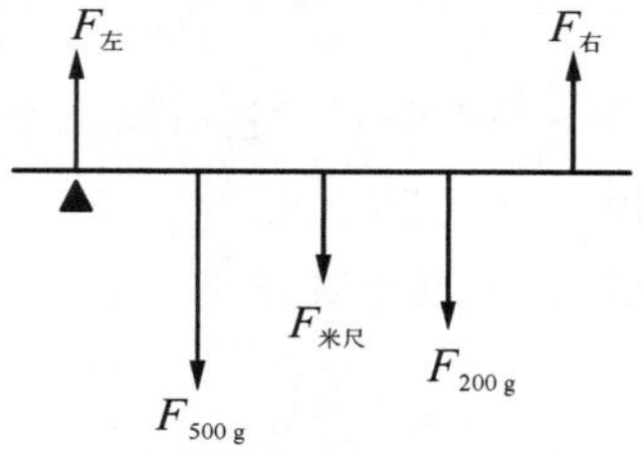

3. 顺时针力矩与逆时针力矩近似相等。

4. 略。

进一步探索

略(结果取决于所选钩码的质量，以及放置钩码的位置)。

生活中的物理学

略(答案合理即可)。

P260－264　第 8 章　测评

49. 保持恒定。

50. 为零。

51. 将地球视为刚体，它各个部分的角速度相同，但线速度不同。

52. 向里(指向圆心)。

53. 0.600 rad　　54. 51 rad/s　　55. 0.49 m

56. a. 197 rad/s　b. 492 rad

57. $-7.54\ rad/s^2$　　58. 17.5 cm/s

59. a. 2.73　b. 1.65　c. 71g

60. 1.1×10^5 r/min
61. 可都不相同。只要相对于三个轴来说，书本质量的分布不相同。
62. 角加速度作用在螺栓上产生力。用不同长度的扳手可产生不同的力矩。
63. 因为 $\tau=Fr\sin\theta$，所以 0=E<D<C<B<A。
64. 23 N
65. 3.8 N·m
66. 0.050 kg·m^2
67. a. 7.5×10^2 rad/s　b. 0.72 N
68. 0.048 kg·m^2
69. 当车轮转在任何方向时都保持平衡而不转动，没有净力矩，这意味着车轮的中心轴就位于质心处。
70. 此时卡车的质心正好在两个轮子与地面接触点连线的上方，没有净力矩作用在卡车上，所以那个瞬间卡车是稳定的。
71. 为了站稳，你的质心必须在你的支撑点的上方，而你的质心大约是在你身体的中心。当你用脚尖站立时，你的一半身体必须在脚尖前面，另一半在后面。如果你将脚尖紧靠墙壁站立，你的身体就没有哪一部分能够位于脚尖前面。
72. 在此过程中，她的质心往上升高。
73. 大直径车轮汽车的质心位置较高，因此在它没有倾斜时就可能翻到。
74. a. 用等于一半木板重力的力施加在木板的另一端。
    b. 最大可用的力等于木板重力，向上施加在木板的质心处。
75. 离汽车前轮胎 1.16 m。
76. $F_{右}=62$ N，$F_{左}=38$ N，方向都向上。
77. 两个接触齿轮的线速度相同；但因为两个齿轮的半径不同，且 $\omega=\frac{v}{r}$，所以较大齿轮的角速度较小。
78. 可用测量已知力矩作用下物体产生的角加速度实验来测量该物体的转动惯量。
79. 质量离转动轴越远，转动惯量越大。如果所施加的力矩相同，那么转动惯量越大，角加速度越小。因此，大部分质量分布在中心处的车轮的转动惯量最小，角加速度最大；大部分质量分布在边缘处的车轮的转动惯量最大，角加速度最小。
80. 物体只有当有力矩作用时，它的转动速率才会增加，球道对保龄球的摩擦力产生了这样的力矩。当保龄球只有滚动而没有滑动时，没有了滑动摩擦力，也就没有了这样的力矩，保龄球的转动速率就不再增大。
81. 用套管套在扳手端部，以增加力臂；在垂直于扳手的方向施力，或施加更大的力；用两个人来推扳手的端部。
82. 作用在转轴上的力的力矩为零，因为力臂为零。
83. 长杆增加了转动惯量，两端下垂使质心向下靠近钢丝，因此减小了作用于走钢丝者的力矩。若走钢丝的人有不平衡，增加转动惯量及减小力矩都能够减小角加速度。走钢丝的人还可方便地利用长杆移动钢丝上方质心的左右位置，以补偿有时的不平衡性。

84. 你有向前的切向速度，你扔出的钥匙也具有这个速度，所以你应该在你的木马转到你朋友站立的位置之前抛出这串钥匙。

85. 作用于该点的力的力矩为零，从而减少了需要计算力矩的数目。

86. 盘状物体的转动惯量比环状物体的小，所以有 D>A>C>B>E。

87. a. $\alpha=\frac{3g}{2l}$

b. 不恒定。此时受到铰链处的摩擦力和空气阻力产生的力矩的作用。

88. 5.0×10^2 rad/s^2

89. $F_{左}=36$ N，$F_{右}=139$ N

90. 苏基可从支架点处走过 0.85 m，或者说，可走到离端点 1.75−0.85=0.90 m处。

91. 1.3×10^3 m/s

92. a. 质心总是在圆柱面与地面接触点的上方，因此质心也移动了 2.50 m。

b. 2.00 m/s

c. 8 rad/s

93. a. 21 rad/s　b. 16 圈　c. 1.0×10^2 rad

94. a. −2.2 rad/s^2

b. -1.3×10^2 N·m

95. 增大轮胎的直径便减小了它的角速度，也就减小了时速表的读数。

96. $F_{绳子}=\frac{(0.86\ \text{m}^2/\text{s}^2)M}{h-0.25\ \text{m}}$。注意，当你在质心处拉绳，分母为零，这意味着用任何的力去拉，都无法将箱子翻倒。

97. a. 质量相同，重力就相同，因此将木料提到肩上所需向上的力相同。

b. 较长的木料较容易防止它来回摆动，因为它的转动惯量较大。

98. a. 86 N

b. 哈里斯应提在离保尔提的那端 2.0 m 处。

99. 4.20×10^2 N

100. a. 21 N·m　b. 绳子中的张力为 64 N。

101. 示例："一只角速度为 20 rad/s 的飞轮以恒定的角加速度 3.5 rad/s^2 减速，问：4 s 内，它转过的角度是多少？"(答案合理即可)

102. 示例："……他一只手拿住梯子中间前方 20 cm 处，另一只手拿住梯子中间后方 40 cm 处，问他的每一只手施加多大的力？"(答案合理即可)

103. a. $\omega=0.0$ 时。

b. $\alpha=0.0$ 时。

c. $\omega=0.0$ 时刚启动的瞬间，此时 α 不等于零。

d. 只要 ω 恒定但不为零。

104. 道路对不再转动的轮胎施力，使汽车停下。汽车的质心在路面上方，此时汽车受到的净力矩作用将导致车的前端向下倾斜的转动。

105. 对于密度相同的行星和卫星来说，罗赫极限是行星的 2.446 倍。地球的罗赫极限是 18470 km。

106. 发动机使轮胎绕轴转动，从而地面对轮胎产生了使汽车向前作加速运动的力。作用在轮胎边缘的力矩等于这个力乘以轮胎半径。齿轮传动装置能引起力的改变，但不会改变力矩。因此力矩是衡量汽车发动机的一个重要指标。

107. a. 24 N

b. 2.0 m/s^2

108. 18.4°

109. 122 km/h，方向为北偏西 14.2°。

110. 972 N

P265　第 8 章　标准化测试

1. C　2. B　3. C　4. D　5. B　6. C　7. 44 N·m

第9章

动量与动量守恒

P271　练一练

1.

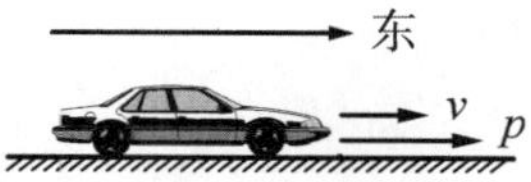

a. 2.32×10^4 kg·m/s,方向向东。

b. 38.4 km/h,方向向东。

2. a. 1.0×10^4 N·s,方向向西。

b.

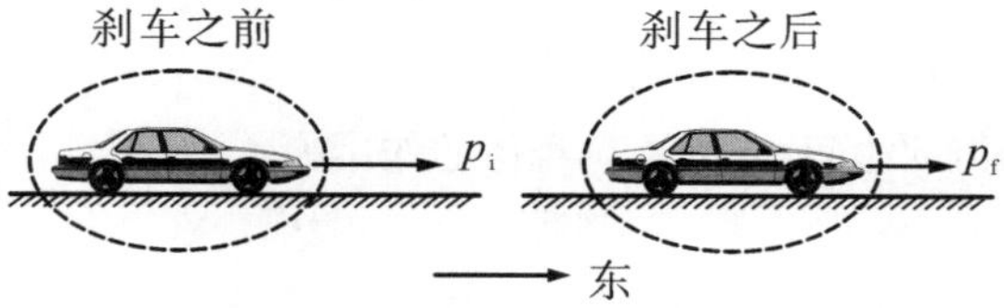

1.3×10^4 kg·m/s,方向向东。

65 km/h,方向向东。

3. a. 2.7 m/s,方向与原方向相同。

b. 1.3 m/s,方向与原方向相同。

4. a.

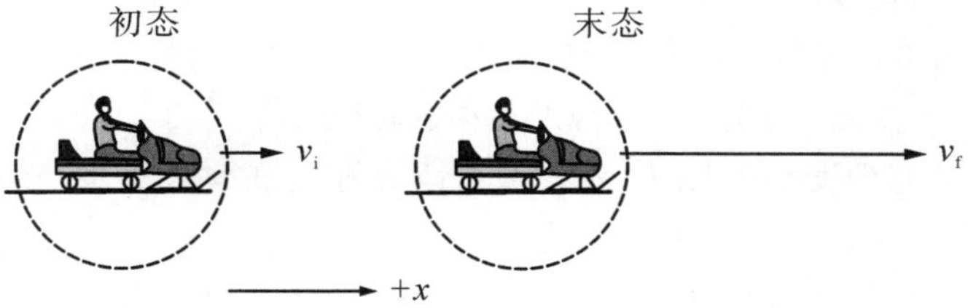

b. 5.28×10^3 kg·m/s

c. 88.0 N

5.

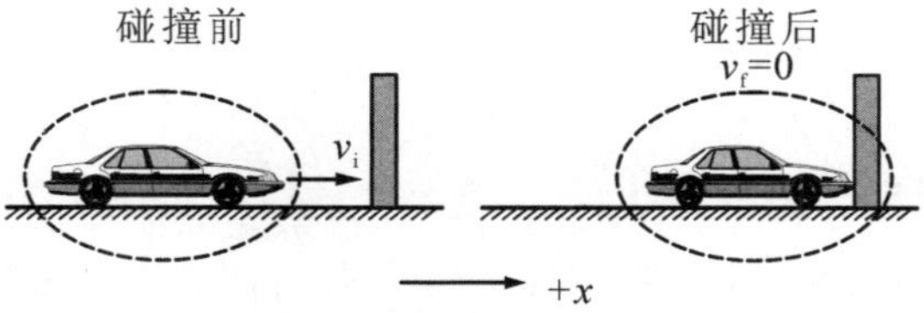

a. 平均力为 9.6×10^3 N,方向与运动方向相反。

b. 质量为 9.8×10^2 kg;这个质量太大了,你不能举起来。你也不能安全地用你的双臂止住你前倾的身体。

P275　练一练

6. 18 s

7. 63 rad/s,0.033 N·m

8. 2.45 N·m·s,1.02 N·m

9. 31 rad/s,1.9 N·m·s

P275 第 1 节复习

10. 下落的雨滴有较大的动量。卡车因为停着,速度为零,所以卡车的动量为零。

11. 动量是一个矢量,由于这两辆汽车的方向相反,因此,他们的动量是不同的。

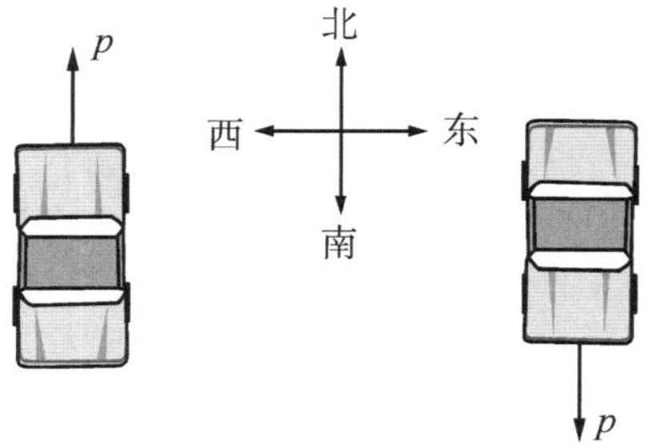

12. 你通过延长停止身体运动所需的时间,来减小对身体的作用力。

13. a.

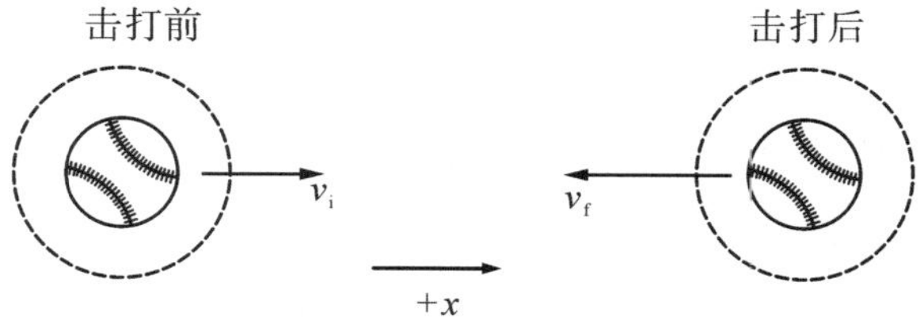

b. −11.1 kg·m/s,负号代表与球原运动方向相反。

c. −11.1 N·S,负号代表与球原运动方向相反。

d. -1.4×10^4 N,负号表示力的方向与球原运动方向相反。

14. 动量改变不为零,动量改变是向上的。在球撞击地面前,它的动量矢量是向下的。在球撞击地面后,它的动量矢量是向上的。

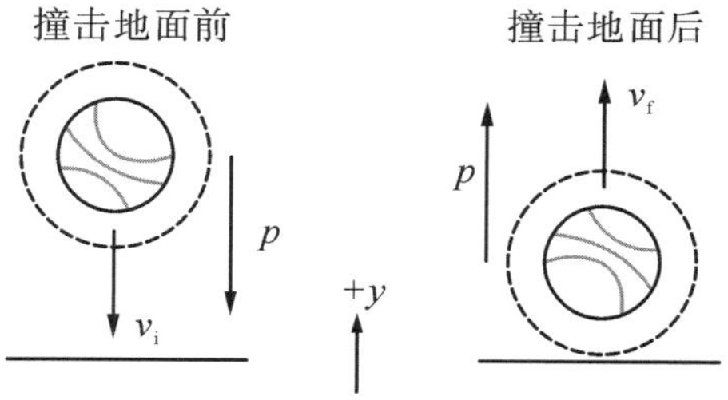

15. 没有力矩作用在他身上。他拉动双臂高举到头顶时,减小了他身体的转动惯量,角动量没有变化。但他的角速度增大了。

16. 那些反弹回来的箭会产生更大的冲量,因为这些反弹的箭最终会在相反的方向上产生一些动量。

P278 练一练

17. 1.1 m/s

18. 1.2×10^3 m/s

19. 2.8 m/s

20. 6.6 m/s

21. 2.0 m/s,方向与它原运动方向相同。

P281 练一练

22. 7.81 m/s

23. 9.0 cm/s,方向向右。

24. 2.8 m/s,方向与卡门离开的方向相反。

P283 练一练

25. 11.2 m/s,方向沿西北 36.6°。

26. 18.1 m/s,方向沿东南 15.9°。

27. 向北行驶的那辆汽车速度为 22.1 m/s,这速度已超过了限速。

28. 一球速度为 3.5 m/s,方向向右成 30°;另一球速度为 2.0 m/s,方向向左成 60°。

P284 物理挑战题

1. 20 m/s

2. 30 m/s;可以,因为她没有超速,而另一辆小型车超速。

P285 第 2 节复习

29. 这个圆盘的大部分质量位于边缘。从而增加了圆盘的转动惯量。因此,当圆盘旋转时,它的角动量比中心附近有大部分质量的圆盘的角动量要大。角动量越大,该圆盘在空中飞行的稳定性就越好。

30. a. 3.13 m/s b. 1.25 m/s

31. 网球被击打时,动量不守恒。因为球拍质量比球的质量大得多,所以只需要球拍的速度有很小变化。此外,球拍被手握着,它与地球接触的人体相连接。因此,球和球拍不应视为一个隔离的孤立系统。

32. 竖直动量来自地球对杆子反向的冲击力,地球则获得了一个大小相等、方向相反的动量。

33. 因为他们的最终动量为零,所以他们的初始动量应该相等而方向相反。

34. a. 在第一种情况下,系统应包括滑板、球和你;在第二种情况下,地球应包含在系统中。
    b. 在第一种情况下,动量为系统所共享;在第二种情况下,因地球的质量包含在系统中,其系统速度的变化可以忽略不计。

P286 起步实验

物体的碰撞

目的

确定质量和速度如何影响正面碰撞后物体的运动方向。

实验器材

一个空心塑料球，一个实心球。

教学建议

鼓励学生改变碰撞的角度，并进行多次实验。

预期结果

实心球的质量较大。由于其质量大，对碰撞后的速度具有决定性的作用。有时，学生可以将空心塑料球快速滚动，从而产生更大的影响。

分析

7. 质量和速度这两者都会影响球在碰撞后移动的速度和方向。动量较大的球对另一个球的影响较大。如果两个球的动量大致相等，那么它们很可能都会向后反弹。然而，如果具有较大质量差或较大速度差，那么具有较大动量的球在碰撞后可能会继续向前，只是以较小速度移动。
8. 两球碰撞，速度将是一个最重要的因素。如果空心塑料球以较大速度移动并迎面撞击实心球，且如果碰撞时的实心球的速度为零，那么实心球将与空心塑料球以相同方向移动。相比之下，空心塑料球的质量要小得多，所以必须以明显更大的速度移动，才能对实心球产生影响。

P286 迷你实验

弹跳高度

目的

学生将观察、测量、比较和对比，单独和一起下落的皮球的反弹高度。

实验器材

一个小皮球，大约如乒乓球大小；一个大皮球，大约如网球大小；米尺。

教学建议

当两个球一起下落时，必须确保学生远离这些反弹的球。

预期结果

反弹高度的不同，决定于所用皮球的类型。然而，对于单个皮球来说，都是75%～80%的反弹高度。但当两球一起下落时，小皮球将反弹得更高，可能高达4倍，而大皮球则将反弹到比较低的高度。

分析

7. 一个球自由下落时，大皮球和小皮球反弹高度大约都是下落高度的80%。（答案合理即可）
8. 大皮球反弹到较低的高度，而小皮球反弹得高得多。大皮球从15 cm下落反弹到3 cm左右，而小皮球则反弹到大约60 cm处。（答案合理即可）
9. 两球一起下落与地面碰撞时，动量从大皮球转移到小皮球，使大皮球反弹的高度较低。小皮球的质量较小，获得大皮球转移来的动量，因此，反弹得比单独下落时高得多。当然在相互作用的过程中，动量是守恒的。

P287—289 物理实验

非弹性碰撞

实验时间

一节实验课。

技能要求

理论计算，定义、测量及数据记录，制作图表。

教学建议

测量小车在碰撞前后 0.1 s 内的运动距离数据对实验十分重要，正确熟练使用摄像机是数据记录准确的关键，应认真地做多次记录。

样本数据

数据表

小车	质量(kg)
1	0.3
2	0.6
3	0.8
4	0.2

碰撞前运动的时间(s)	碰撞前前进的距离(m)	初速度(cm/s)	碰撞前小车的质量(g)	初始动量(g·cm/s)
0.1	0.01	10	300	3000
0.1	0.008	8	300+800	8800
0.1	0.01	10	300	3000
0.1	0.009	9	300+800	9900

碰撞后运动的时间(s)	碰撞后前进的距离(m)	末速度(cm/s)	碰撞后小车的质量(g)	末动量(g·cm/s)
0.1	0.0032	3.2	300+600	2880
0.1	0.0051	5.1	300+800+600	8670
0.1	0.0017	1.7	300+600+800	2890
0.1	0.0052	5.2	300+600+800+200	9880

分析

1. 见数据表。

2. 见数据表。

3. 实验结果比较碰撞前后的初末动量数据。

结论与应用

1. 在非弹性碰撞中，小车系统碰撞前后的初末动量数据应基本一致。因为理论上碰撞前后系统动量是守恒的。
2. 理论上图线斜率应为零。
3. 初始动量一般会比末动量大一些，主要是摩擦的影响，这是外力作用，与运动方向相反，减小了末动量。

进一步探索

1. 这次实验的 4 组数据，碰撞后小车均粘连在一起了，看不出彼此反弹分离。
2. 若摩擦较大，使碰撞后损失动量较大，那么斜率变得更大，曲线向下沉。

生活中的物理学

1. 系统速度变小。
2. 第一辆汽车向前，速度变小，第二辆汽车被撞后则从静止开始与第一辆汽车撞在一起向前运动起来。

P292－296 第 9 章 测评

35. 可能具有相同的动量。但要使子弹具有与卡车相同的动量。它必须具有一个非常大的速度。因为这两个物体的质量是不相同的。$m_{子弹}v_{子弹}=m_{卡车}v_{卡车}$。
36. a. 投手与接球手施加在球上的冲量大小是相同的，但这两个冲量方向是相反的。
    b. 接球手在球上施加的力较大，因为其施加力的时间较短。
37. 系统上没有受到净力作用。那就意味着系统上没有冲量和动量的净变化。然而，虽然系统的动量净变化为零，但是系统的各个部分可以有动量的变化。
38. 汽车装上保险杠，使汽车在碰撞过程中因压缩延长碰撞时间，从而减小冲击力。
39. a. 通过增加外部转动力矩。
    b. 通过改变人体的转动惯量。
40. 0.013 s
41. a. $-14.5\ \text{kg}\cdot\text{m/s}$ b. $-3.2\times10^4\ \text{N}$
42. 25 m/s
43. 74 kg·m/s，10 m/s
44. a. $-7.1\ \text{kg}\cdot\text{m/s}$ b. $-1.4\times10^4\ \text{N}$
45. a. $2.0\times10^4\ \text{kg}\cdot\text{m/s}$ b. $1.3\times10^3\ \text{N}$
46. $-1.2\times10^3\ \text{N}$
47. $-60\ \text{N}$
48. a. $-1.0\times10^2\ \text{kg}\cdot\text{m/s}$ b. $-5.0\times10^2\ \text{kg}\cdot\text{m/s}$
49. a. $-5.1\ \text{kg}\cdot\text{m/s}$ b. $-1.0\times10^2\ \text{N}$ c. $-10\ \text{N}$
50. $D<A<B<C=E$，理由略。
51. 4.8 N·s
52. $3.5\times10^2\ \text{kg}\cdot\text{m/s}$
53. 42 m/s

54. a. $+5.2\times10^{-23}$ N·s　　b. $+7.8$ N
55. 1.3×10^{3} s 或 22 min
56. 8.9×10^{2}。方向与水平方向成 44°。
57. a. -2.00×10^{2} kg·m/s
　b. -4.0×10^{3} N
　c. 4.1×10^{2} kg
　d. 不能
　e. 如果发生碰撞,你将无法保护你膝上的孩子。
58. 示例:"用木槌击打一个 1.3 kg 的球,与球接触时间为 0.55 s。球最初处于静止状态,击打后速度为 20.0 cm/s, 求木槌对球施加的平均作用力。"(答案合理即可)
59. 孤立系统就是没有外力作用的系统。
60. 根据动量守恒定律。一个方向上气体动量的改变量,必须与相反方向上航天器的动量改变相平衡。
61. 你可以把这两个球定义为一个系统,那么这 8 号球的运动速度必须与主球在碰撞前的速度相同。
62. a. 下落的球由于受净力即重力的作用,故它的动量不守恒。
　b. 包括地球与球的系统,其动量是守恒的。
63. a. 地板在系统之外,因此,它对球施加了外力,就对球产生了冲量。
　b. 球与地球组成的系统,其动量是守恒的。
64. 汽车刹车的内力通过使车轮停止转动,从而利用道路与轮胎间的摩擦力,使汽车静止。如果没有摩擦力,例如,如果道路上结了冰,就没有外力,汽车就停不下来。
65. 孩子必须对旋转木马施加扭力矩。他可以站在木马的边上。用双手对其施加与圆周相切的力。他也可以站在一边奔跑,然后跳上木马。
66. 示例:"……当他以 4.3 m/s 的速度与质量为 50.0 kg 的加布迎面相碰撞时,他正以 2.7 m/s 的速度滑向相反的方向。若阿曼多和加布是一个封闭的孤立系统,他们碰撞后粘在了一起,则他们最终的运动速度是多少?"(答案合理即可)
67. 0.35 m/s
68. a. 碰撞前:$m_{后卫}=95$ kg　　$v_{后卫}=8.2$ m/s
　　　$m_{防守}=128$ kg　　$v_{防守}=?$
　碰撞后:$m=m_{甲}+m_{乙}=223$ kg　$v_{碰后}=0$

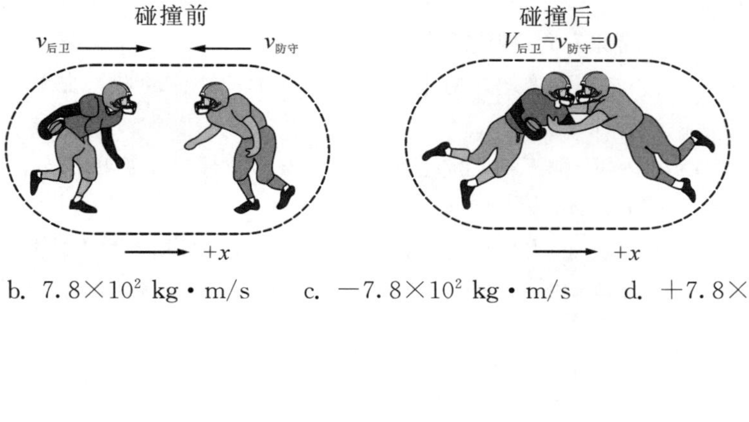

　b. 7.8×10^{2} kg·m/s　　c. -7.8×10^{2} kg·m/s　　d. $+7.8\times10^{2}$ kg·m/s

e. -7.8×10^{2} kg·m/s　　f. -6.1 m/s

69. a. 碰撞前：$m_C=5.0$ g　　$m_D=10.0$ g

$v_{Ci}=20.0$ cm/s　　$v_{Di}=10.0$ cm/s

碰撞后：$m_C=5.0$ g　　$m_D=10.0$ g

$v_{Cf}=8.0$ cm/s　　$v_{Df}=?$

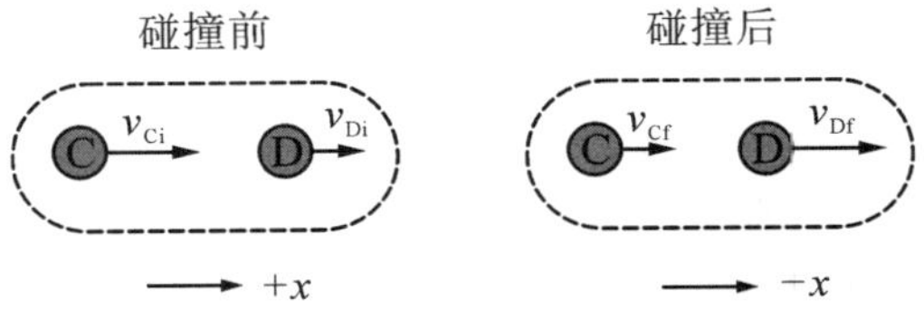

b. 1.0×10^{-3} kg·m/s, 1.0×10^{-3} kg·m/s

c. 4.0×10^{-4} kg·m/s

d. 1.6×10^{-3} kg·m/s

e. 16 cm/s

70. -3.0 m/s

71. -4.94 m/s 或后退速度为 4.94 m/s

72. 科菲沿滑板滑行方向跳离，速度为 1.26 m/s。

73. a. 推动前：$m_{凯希}=60.0$ kg　　$m_{狄哥}=90.0$ kg

推动前两人静止，即 $v_{前}=0$

推动后：$m_{凯希}=60.0$ kg　　$m_{狄哥}=90.0$ kg

$v_{凯希}=?$　　$v_{狄哥}=?$

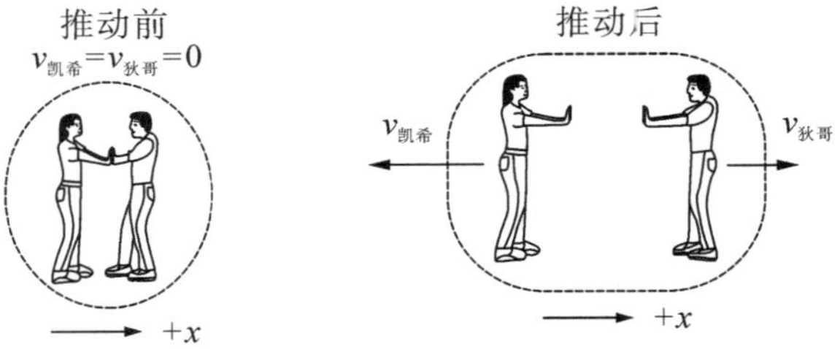

b. -1.50（负号表示两人速度方向相反）

c. 凯希因质量较小，所以她的速度较大。

d. 两名滑冰者的推力大小相等，方向相反。

74. 主球速度为 2.8 m/s，8 号球速度为 2.8 m/s。

75. 11 m/s

76. 第二个球沿原方向，速度为 0.22 m/s。

77. 在一段时间 Δt 内施加在物体上的力 F，从而使物体动量的改变量为 $F\Delta t$。F 与 Δt 的乘积称为冲量。

78. 4～6 s，物体以恒定速度正向运动；8～10 s，物体处于静止状态；11 s 后，物体以恒定速度反向运动。

79. 可以，如果较小的力作用足够长的时间，就可以提供较大的冲量。

80. 你应当向球运动的同一方向上移动你的手，以延长碰撞的时间，从而减小球的冲击力。

81. 子弹在步枪枪膛里的时间较长，所以子弹获得的动量较大。

82. 当气体向相反方向喷出时，它就提供了使宇航员向飞船移动所需的动力。

83. 把网球、墙和地球看作一个系统，这时在碰撞过程中，墙和地球获得了一些动量。图略。

84. 假定两辆卡车是一个孤立系统，如果两辆卡车的质量相等，它们碰撞后将以卡车行驶速度的一半离开。现在离开速度比一半速度大，那么可以肯定移动的卡车必须有较大的负载。

85. 在每一种情形中，将子弹和木块视为一个孤立系统。因为在碰撞过程中动量是守恒的，所以碰撞后的木块和子弹的动量等于碰撞前子弹的动量。橡皮子弹在碰撞后相对于木块具有负动量，因此在这种情形中，木块的动量必定更大，运动得较快。

86. 60.0 kg · m/s，20.0 m/s

87. a. 2.12×10^4 kg · m/s

    b. 313 N

88. a. 这两步都是绕着她身体的重心旋转，首先是抱膝转动，然后是伸直身体转动。

    b. 大回环(A)，直立(C)，抱膝(B)

    c. 抱膝(B)，直立(C)，大回环(A)

89. a. 2.35×10^4 kg · m/s

    b. 2.6×10^4 N

    c. 轨道施加的摩擦力

90. 8.39 m/s

91. a. 跳车前：$m_{女}=50.0$ kg　　$m_{车}=10.0$ kg

    $v_{女前}=5.0$ m/s

    跳车后：$m_{女}=50.0$ kg　　$m_{车}=10.0$ kg

    $v_{女后}=7.0$ m/s　　$v_{车后}=?$

    图略。

    b. -5.0 m/s；或 5.0 m/s，向西。

92. a. 1.5×10^2 kg · m/s，向下。

    b. -1.5×10^2 kg · m/s，向上。

    c. 3.0×10^2 N

    d. 5.88×10^2 N，该力约为体重的 5 倍。

93. 考虑这两个球组成一个孤立系统，没有外力作用，所以系统动量是守恒的。图上的线表示每个球的动量变化是相等而方向相反的，即 $\Delta(m_Av_A)=\Delta(-m_Bv_B)$。由于两球质量比为 3∶2，因此，两球速度变化比应为 2∶3。

94. 学生和椅子会朝着与人相反的方向慢慢旋转。由于没有外部扭力矩，因此，系统的角动量不会改变。学生和椅子的角动量必须与转动轮子的角动量相等，而方向相反。

95. a. 碰撞前：$m_A=92\ kg$　$m_B=75\ kg$　$m_C=75\ kg$

$v_{Ai}=5.0\ m/s$，$v_{Bi}=-2.0\ m/s$，$v_{Ci}=-4.0\ m/s$，

碰撞后：$m_A=92\ kg$　$m_B=75\ kg$　$m_C=75\ kg$

$v_f=?$

图略。

b. 0.041 m/s

c. 是，得分了，因为速度是正方向的，所以球在球门线上触地得分。

96. 汽车动量的变化并不取决于它是如何停止的，冲量也是如此。为了减小碰撞时的冲力，应当增加汽车停下来的时间。使用可以延长汽车停止所需时间的屏障以减小力。通常使用填充有沙子的柔性塑料容器。

97. 安全气囊有两种减小伤害的方法。首先，气囊延长了冲量作用的时间，从而减小了力。第二，气囊在较大的面积上施加力，从而降低了压强。因此减小了来自较小物体的力造成的伤害。安全气囊的危险主要在于安全气囊必须迅速地充气。安全气囊的表面可以高达 322 km/h 的速度接近乘客。当移动的安全气囊与人碰撞时，可能会造成伤害。目前正在开发系统将调整气体填充安全气囊的速度，以匹配人体的形状尺寸大小。

98. −6.0 N

99. 4.3×10^7 m

100. $\alpha=8.33\ rad/s^2$，$\omega=16.7\ rad/s$，$I=1.44\ kg\cdot m^2$

P297　第 9 章　标准化测试

1. B　2. C　3. D　4. D　5. C　6. C　7. A

8. A

9. $F\Delta t=m\Delta v=1.20\ kg\times(2.0\ m/s-0.00\ m/s)$

$=2.40\times10^2\ kg\cdot m/s=2.40\times10^2\ N\cdot s$

石块对地面的冲量为 $2.4\times10^2\ N\cdot s$，因此，地面对石块的冲量为 $-2.4\times10^2\ N\cdot s$。

第10章

功、能量和机械

P304 练一练

1. a. 根据 $W=Fd$，加倍的力将使功加倍到1.35 J。
   b. 根据 $W=Fd$，做功距离减半则功将减半到0.68 J。
2. a. 2.9×10^4 J　　b. 5.8×10^4 J
3. a. 6.0×10^2 J　　b. 5.9×10^3 J
4. 1.7×10^2 J

P305 练一练

5. 4.92×10^3 J
6. 6.5×10^3 J
7. a. 903 J　　b. −903 J
8. 6.54×10^3 J
9. a. 6.9×10^3 J　　b. -1.5×10^4 J

P308 练一练

10. 1.15×10^3 W，1.15 kW
11. a. 348 W　　b. 696 W
12. 0.63 kW　　13. 1.3×10^5 N　　14. 5.7 min

P309 第1节复习

15. 动能与速度的平方成正比，因此，能量加倍，那么是速度的平方加倍，速度则增加到 $\sqrt{2}$ 倍。
16. 8×10^2 J
17. 1.9×10^3 J，图略。
18. 3.46×10^3 J
19. 4.4 J
20. 不对，功不是时间的函数，而功率是时间的函数，所以举起手所做的功率，取决于你举起得有多快，即举起书的速度。
21. 3.4×10^4 W
22. 6.0×10^2 kg
23. 两者做的功是一样的。因为，只有提升的高度和施加的垂直力是用来计算的。
24. 由于功即是动能的变化，因此计算每个力所做的功。根据力和物体位移相对的角度，功可以正的、负的或是零。这三个力所做的功的总和就是系统能量的改变量。

P312 物理挑战题

1. 把水提升到地面所做的功为 $W=F_g d=mgd$，所以

$$P_{提升}=\frac{W}{t}=\frac{F_g d}{t}=\frac{mgd}{t}$$

$$=\frac{0.25\ \text{m}^3\times1.00\times10^3\ \text{kg/m}^3\times9.8\ \text{N/kg}\times25\ \text{m}}{1.0\ \text{s}}$$

$$=6.1\times10^4\ \text{W}$$

$$=61\ \text{kW}$$

2. 水泵所抽水的动能 $E_k=\frac{1}{2}mv^2$，所以

$$P=\frac{W}{t}=\frac{E_k}{t}=\frac{\frac{1}{2}mv^2}{t}=\frac{mv^2}{2t}$$

$$=\frac{0.25\ \text{m}^3\times1.00\times10^3\ \text{kg/m}^3\times(8.5\ \text{m/s})^2}{2\times1.0\ \text{s}}$$

$$=9.0\times10^3\ \text{W}=9.0\ \text{kW}$$

3. $\eta=\frac{W_o}{W_i}\times100\%=\frac{\frac{W_o}{t}}{\frac{W_i}{t}}\times100\%=\frac{P_o}{P_i}\times100\%$

所以 $P_i=\frac{P_o}{\eta}=\frac{9.0\ \text{kW}+61\ \text{kW}}{80\%}=87.5\ \text{kW}$

P316 练一练

25. $IMA=0.225$　　$MA=0.214$　　$F_r=33.2\ \text{N}$　　$d_e=3.15\ \text{cm}$

26. a. 4.0　　b. 1.5　　c. 38%

27. a. 1.82　　b. 91.0%

28. a. 6.0　　b. $1.7\times10^2\ \text{N}$

29. 0.81 m

P317 第2节复习

30. a. 轮轴系统增大了力。
    b. 杠杆增大了力，并改变了力的方向。
    c. 楔子增大了力，并改变了力的方向。
    d. 杠杆增大了力，并改变了力的方向。

31. $5.2\times10^3\ \text{N}$

32. 18

33. *MA* 在 *IMA* 保持不变的情况下增加，或者 *IMA* 在 *MA* 保持不变的情况下减少，或者 *MA* 增加而 *IMA* 减少。

34. a. 大的　　b. 小的　　c. 较小的

P318　起步实验

探究影响自由落体能量的因素

目的

确定影响下落物体的能量与其做功能力的相关因素。

实验器材

馅饼盘或烤盘，细沙，米尺，各种不同质量的金属球或玻璃球。

教学建议

学生在测量高度时，必须小心，注意避免视差。实验所用球的大小不应该有太大的差别。球的质量的变化对实验是重要的。但是质量不同的球，其大小相同，对于实验是最好的。

预期结果

学生们会发现随着质量的增加，球的撞击坑的大小，以及撞击坑的扩散物的范围也会增加。他们还应该发现，随着金属球下降高度的增加，以上撞击坑的尺寸及扩散物分布也会增加。

分析

7. 质量较大的金属球产生较大的撞击坑。撞击坑中沙子散落的范围也扩大了。当同一个球从不同高度下落时，当高度增加时，撞击坑的大小及沙子散落的范围也扩大了。
8. 球的质量越大，当它撞击沙子时的能量就越大，它形成的撞击坑就越大。此外。球撞击得越快，球的能量就越大，它形成的撞击坑就越大。一个球可以通过从更高的地方下落来提高它的速率。

P318　迷你实验

轮子和轮轴

目的

观察轮轴系统的力与距离之间的关系。

实验器材

轮轴系统，长 2.0 m 的绳，坚固的支撑杆，一个 0.5 kg 的物块。

注意事项

穿封闭式的鞋子，小心不要将滑轮或轮轴系统砸到脚上。

预期结果

学生们会惊讶地发现，要保持原轴不转动，需要很大的力。

分析

6. 保持轮轴的力将等于物块的重力(4.9 N)乘以轮轴直径的比值。
7. 将绳子向下拉一小段距离，将会使物块提升更大的距离。同样这距离与力一样，是轮轴直径的比值。

P319—321　物理实验

登楼梯和功率

实验时间

一节实验课。

技能要求

预算,计算,定义的可操作性,解释,制作并使用图表。

安全措施

学生不应该穿宽松的衣服。学生应该穿运动鞋以防跌倒。此外,学生们不应该跑起来。如果学生惯性太大,他可能无法改变方向,跑上楼梯而不是走上楼梯。

教学建议

- 你可以请那些不介意全班知道自己体重的同学。
- 在实验结束后,你可以讨论一下功与时间的关系。但这种关系不是一定存在的。

样本数据

质量(kg)	重力(N)	距离(m)	功(J)	时间(s)	功率(W)
49.0	480	4.08	1959	4.37	448
52.7	516	4.08	2107	4.05	520
68.2	668	4.08	2727	4.75	574
60.9	597	4.08	2435	4.21	578
52.3	513	4.08	2091	4.54	461
48.2	472	4.08	1927	4.82	400
50.5	495	4.08	2020	4.96	407
75.5	740	4.08	3020	4.34	696
57.7	565	4.08	2310	7.85	294
51.8	508	4.08	2070	5.63	368
53.2	521	4.08	2130	6.28	339
52.7	516	4.08	2120	5.13	411

分析

1. 见数据表。
2. 见数据表。
3. 见数据表。
4.

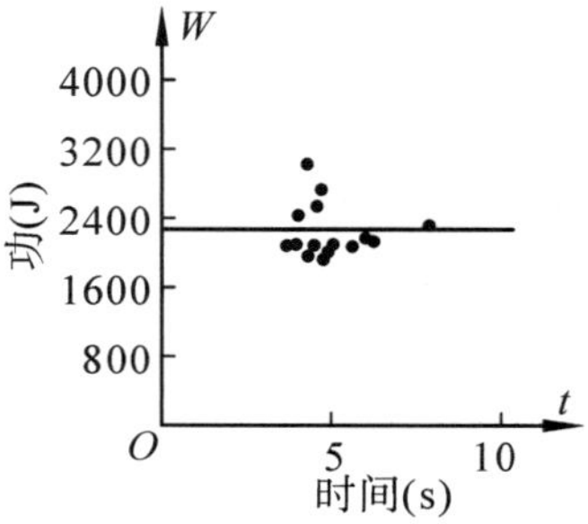

5.

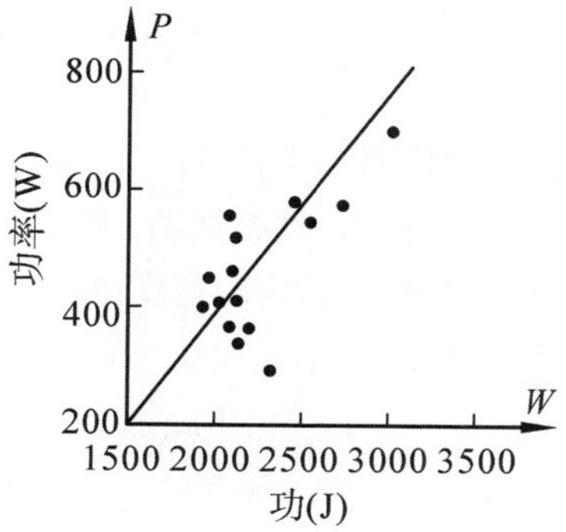

6.

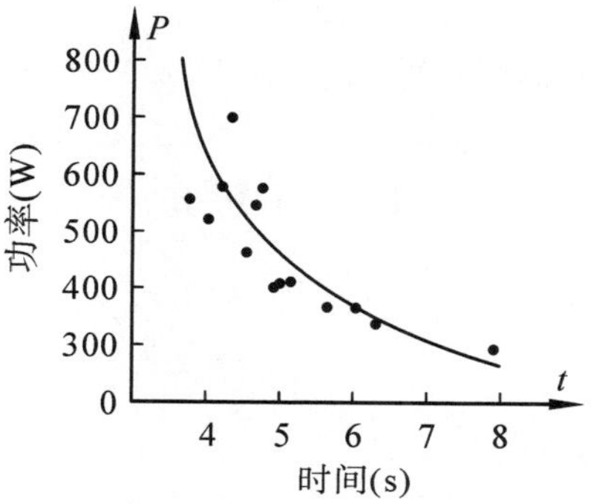

结论与应用

1. 不相同。这是因为每个学生的所具有的功率是不一样的，它们的质量与登楼梯的时间有很大的差别。
2. 上述第 5 题的图。功、功率和时间表现出一种确定的关系，因为功率是由功和时间来定义的。
3. 功率是功与完成这些功所用时间的比值。
4. 示例："功率是单位时间内所做的功。"(答案合理即可)

进一步探索

1. 你可以增加登楼者的质量或登楼梯的距离(在保持时间不变的情况下)，也可以减少登楼梯的时间(在保持质量和距离不变的情况下)。
2. 最快的登楼者，可能其质量非常小。
3. 最大体重的登楼者，可能将是非常慢的。
4. 学生们将发现大部分人的功率在 300～600 W。

生活中的物理学

1. 一些学生会发现他们所具有的功率，大致可为一台额定功率为 120 W 的电视机或一部 60.0 W 的收音机提供电力。
2. 学生们会发现，它们可以产生 0.60 kW·h 的电力，这将使他们获得约 0.04 美元。
3. 必须有一个称重的传感器，或者运动者直接输入他们的体重。这一机器还必须有传感器来测量运动者的距离和时间，以便计算出功率。

P324—328 第 10 章 测评

35. 焦耳(J)

36. 不做功,因为重力是指向地球的,与卫星的位移方向垂直。

37. 作用在物体上的力,只有重力和向上的法向力。没有做功,因为这些力与位移是垂直的。在物体位移方向上没有力,因为物体以恒定的速度滑行。

38. 功是力与在力的方向上物体移动距离的乘积,功率是做功与时间的比值。

39. $kg \cdot m^2/s^3$　　40. 1.176×10^4 J　　41. 59.9 kg

42. 2.75×10^4 N　　43. 8.87×10^7 J　　44. 126 W　　45. 7.5 J

46. a. 8.0 kJ　b. 3.00 kW　　47. 4.43×10^3 J

48. 做了功,因为谢妮所施加的力是在割草机的运动方向上;7.9×10^4 J。

49. 36.2°　　50. 2.0 kW　　51. 518 J　　52. 7.4×10^3 J

53. 1.20×10^4 J　　54. a. 6.0×10^4 J　b. 7.4×10^4 J

55. 54.7 m　　56. 90 kW

57. a. 8.0×10^2 J　b. 5.88×10^2 J

58. a. 3.4×10^2 J　b. -2.8×10^2 J

c. -1.3×10^2 J(克服摩擦力所做的功)

59. a. 25 N/m　b. 0.50J

c. $W=\frac{1}{2}kd^2=\frac{1}{2}\times25\ \text{N/m}\times(0.20\ \text{m})^2=0.50\ \text{J}$

60. 0.80 J

61. a. 总功$=2.6\times10^2$ J　b. 1.3×10^2 W

62. a. 1.10×10^5 J　b. 3.14 kW

63. 3.7×10^2 N　　64. 不可能

65. 自行车踏板通过车轴和车轮,将力从骑手传递到自行车。

66. a. 3.0×10^2 N　b. 40 N　c. 6.0×10^3 J　d. 6.8×10^3 J　e. 3.5

67. 0.24 m

68. 示例:"12.5 N 的恒定力作用在 6.0 kg 的物体上,将其速度从 0.05 m/s 提高到 1.10 m/s,这个力作用的距离有多远?"(答案合理即可)

69. a. 4.00　b. 3.59　c. 89.8%

70. a. 3.5　b. 4.00　c. 88%

71. a. 61 N　b. 4.0　c. 3.3,82%

72. 31.4 cm　　73. 0.5 m/s　　74. 1.64×10^4 J

75. 示例:"……如果他在 14.0 s 内以 20 N 的力推动沙发移动 7.0 m,那么他做功的功率是多少?"(答案合理即可)

76. a. $W_{i1}=W_{o1}=W_{i2}=W_{o2}$

$W_{i1}=W_{o2}$

$f_{e1}d_{e1}=F_{r2}d_{r2}$

对于这台复合机械

$IMA_c = \frac{d_{e1}}{d_{r2}}$

$\frac{d_{e1}}{d_{r1}} = IMA_1, \frac{d_{e2}}{d_{r2}} = IMA_2$

$d_{r1} = d_{e2}$

$\frac{d_{e1}}{IMA_1} = d_{r1} = d_{e2} = IMA_2 \times d_{r2}$

$d_{e1} = IMA_1 \times IMA_2 \times d_{r2}$

$\frac{d_{e1}}{d_{r2}} = IMA_c = IMA_1 \times IMA_2 = 3.0 \times 2.0 = 6.0$

b. 150 N　　c. 2.0 cm

77. 每一种情形所需做的功的大小是相同的，因为这两种情形下，它们力与距离的乘积是一样的。

78. 你对箱子做了正功，因为力与移动的方向是相同的。重力对箱子做了负功，因为重力方向与移动方向是相反的。你所做的功和重力所做的功是相互独立的，而两者是不能相互抵消的。

79. 你对纸箱做的净功为零。因为搬运纸箱上楼需做正功，把纸箱再搬下楼，做的是负功。从这个意义上，物理教师说得没错。在这两种情形下功的数值是相等，而符号是相反的，因为距离是相等的，而移动方向与力是相反的。但学生可以根据搬运纸张所需的时间（无论是向上还是向下）来安排付款，而不是根据做功来安排付款，那就将获得恰当的报酬。

80. 不做功。作用在箱子上的力是向上的，但位移是沿着走廊移动的，它们的方向是相互垂直的，所以没有做功。

81. a. 两个人做功的大小是相等的，因为他们都爬着相同的楼梯，他们又有相同的质量。

    b. 25 s 内登上楼的人花费的功率较多，因为他需要用更短的时间来走完这段距离。

82. $P = \frac{W}{t}$，而 $W = Fd\cos\theta$，所以 $P = \frac{Fd\cos\theta}{t}$，由于 $v = \frac{d}{t}$，则 $P = Fv\cos\theta$。

83. 增加 $\frac{d_e}{d_r}$ 的比率，从而增加机械的 IMA。

84. 假设轨道是圆形的，由于太阳引力垂直于行星的运动方向，这意味着引力所做功为零。因此，行星的动能是不会改变的，即行星不会增加速率或减小速率，这对于圆轨道是完全正确的。

85. 你的手应当离羊角锤头部越远越好，以使 d_e（动力位移）尽可能大。钉子应当尽可能靠近头部，使 d_r（阻力位移）尽可能小。

86. 尽量减少摩擦，增大抵抗力。

87. 任何一个斜面只有竖直高度才是最重要的。如果依斯拉使用较长的斜面，她将只需用较小的力，而所做的功将是相同的。

88. a. 5.5×10^3 J　　b. $d = 0$，即不做功。　　c. -5.5×10^3 J

d. 不做功,他不用力,所以他没有做功。

89. a. 1.04×10^3 J　b. 958 J　c. 92.1%

90. a. 681 N　b. 456 N ,方向与移动方向相反。　c. -1.14×10^4 J

91. a. 57 W　b. 67 W

92. a. 6.1×10^2 W　b. 1.2×10^3 W

93. a. 1.5×10^3 W　b. 3.0×10^3 W

94. $W=1.76\times10^4$ J,从图上看到,在 15 kg 处,最大功率是 25 W,时间大约为 12 min。

95. $W_C=W_E<W_B<W_A=W_D$

96. 总体的效率为 15%~30%,变速器的效率为 90%,车轮胎中滚动摩擦约为 1%(推力与移动重量之比)。发动机是最可能提高机械效率的。

97. 略(答案合理即可)。

98. 82 N

99. 1.02 m

P329 第 10 章 标准化测试

1. A　2. C　3. B　4. C　5. B　6. B　7. D

8. $W_{拉力}=Fd\cos 45^\circ=200.0\ \text{N}\times5.0\ \text{m}\times0.71=7.1\times10^2\ \text{J}$

$$P_{拉力}=\frac{W_{拉力}}{t}=\frac{7.1\times10^2\ \text{J}}{10\ \text{s}}=71\ \text{W}$$

第 11 章

能量与能量守恒

P334 练一练

1. 162.5 J，162.5 J，325 J

2. $E_{k初}=2.12\times10^5$ J，$E_{k末}=8.47\times10^5$ J，$W=6.35\times10^5$ J

3. $E_k=2.45\times10^{20}$ J，5.8×10^4 倍

4. $E_{k平动}=225$ J，$E_{k转动}=225$ J

P338 练一练

5. -44 J

6. -2.4×10^2 J

7. 28 J

8. -1.2×10^2 J

9. 将盒子放到桌子上做的功 $W=1.1\times10^2$ J。
   将盒子在桌子上滑动不做功 $W=0$ J，因为高度没有变化。
   盒子又落回到地面做的功 $W=-1.1\times10^2$ J。
   三个过程盒子能量变化的总和为 0 J。

P340 第 1 节复习

10. 当保龄球放在架子上或放在你肩膀附近时，它的动能为零。因此，你和重力对球所做的总功必须等于零。

11. 图略，其中应有三个柱，分别代表弹性势能、重力势能、动能。
    a. 弹性势能为最大值，另外两个为零。
    b. 动能为最大值，另外两个为零。
    c. 重力势能为最大值，另外两个为零。

12. a. 1.0×10^5 J　　b. -4.9×10^4 J

13. 在顶部 $E_p=4.0\times10^4$ J，在底部 $E_p=-3.5\times10^4$ J，图略。

14. 由于角动量与角速度成正比，因此角动量加倍了；而转动动能与角速度平方成正比，因此转动动能增加为 4 倍。孩子们在跑动中对旋转木马做了功。

15. a. 克尔在一段距离上施加了恒力，对冰球做了 $W=Fd$ 的功。这功改变了冰球的动能，即 $W=E_{k后}-E_{k前}=\frac{1}{2}mv_{后}^2$，图略。
    b. 若冰球质量减半，它受到的功仍然是相同的，并具有相同的动能改变量。然而，较小质量的冰球将运动得较快，速度是原来的 1.414 倍。
    c. 第 2 个冰球所具有的动量比第 1 个冰球要小，因为动量变化等于空气软管提供的冲

量，所以第 2 个冰球所接收的冲量较小。

P345 练一练

16. 3.1×10^3 J，3.7 m

17. 地球、自行车和骑车者组成一个系统，它们的能量是守恒的。骑车者的化学能转化为自行车的机械能。

18. a. 30 m/s b. 9.9 m/s c. 不影响

19. 1.1 m

20. 0.8 m/s

P349 练一练

21. 1.13×10^2 m/s

22. a. 4.4×10^3 J，1.2×10^3 kg·m/s b. 6.8 m/s c. −200 J

23. a. 系统包括靶与飞镖。
    b. 在飞镖与靶的非弹性碰撞中，只有动量是守恒的。当飞镖与靶一起向上摆动时，能量是守恒的。
    c. 46 m/s

P349 物理挑战题

1. 动量守恒：

$$mv_1 = mv_2 + m_B v_B$$

$$m_B v_B = m(v_1 - v_2)$$

$$v_B = \frac{m(v_1 - v_2)}{m_B}$$

2. 对子弹：

$$E_{k1} = \frac{1}{2}m{v_1}^2, E_{k2} = \frac{1}{2}m{v_2}^2$$

$$\Delta E_k = \frac{1}{2}m({v_1}^2 - {v_2}^2)$$

3. 摩擦所损耗的能量：

$$E_{损耗} = E_{k1} - E_{k2} - E_{k木块}$$

$$E_{损耗} = \frac{1}{2}m{v_1}^2 - \frac{1}{2}m{v_2}^2 - \frac{1}{2}m_B{v_B}^2$$

P349 第 2 节复习

24. a. 图表显示系统所有的能量都是重力势能。
    b. 图表显示系统所有的能量都是弹性势能。

25. 简单来说，对于短时间内发生的问题，地球可以被认为是一个封闭系统。然而，它实际上并不是孤立的，因为它受到了来自行星、太阳系和其他星体的引力作用。另外，地球还是连续电磁能量的接收者，这些能量主要来自太阳。

26. 即使橡胶球在反弹过程中能量损失很少，但动能在这种情况下也不会守恒，因为在碰撞过程中，球会变形。

27. 球、球杆或球拍的设计是匹配的，以便将最大的动能传递给球。一个较软的球从一个更软的球杆或球拍中获得能量，损失较少。其他组合，如高尔夫球和球杆（都很硬），以及棒球和球棒（也都很硬）。

28. 第三次反弹后。

29. 720 J

30. 球开始下落时比较慢，因此在它下落的前一半时间里，下落的距离小于一半距离，因此球的势能将多于动能。

P350 起步实验

对正在弹跳的篮球能量的分析

目的

介绍势能、动能与碰撞的概念。

实验器材

篮球、米尺、图纸。

教学建议

你可以要求提供一个运动探测器（声波测距仪）、一台计算机以及一个与绘图计算器相连的探针，用以绘制实验室数据。提醒学生测量篮球底部的起始高度和弹跳高度。

预期结果

数据表

实验次数	下落高度(m)	弹跳高度(m)
1	1.0	0.4
2	0.8	0.3
3	0.5	0.2
4	0.3	0.1

分析

5. 学生可以用图形或数学方法估计从 10 m 高度下落的球的弹跳高度。在图形上，学生可以推断出球的最佳拟合线。在数学上，学生可以创建一个代表球的数据的方程。根据样本数据，方程是 $h=0.4d$，其中 h 是弹跳高度，d 是球下落的距离。在这两种情形下，弹跳高度为 4 m。

6. 影响弹跳能量的因素是球的质量、重力加速度和球被举高的高度，即 mgh。

7. 当球触地时，球会弯曲变形，这个弯曲变形将球的动能转化为热能。使球和地板的温度升高一些。这种能量的转化意味着球的能量会变小，球就不会反弹回原来的高度。随后，每一次反弹，动能被转化为热能。最后，所有的初始势能都消失了，球就停下来。

P350 迷你实验

能量交换

目的

研究机械能的转移。

实验器材

三个不同的钢球、带有弹簧装置的实验室手推车、米尺。

预期结果

球的直径	球的质量
小钢球(16 mm)	0.028 kg
中等大小的钢球(25 mm)	0.066 kg
大钢球(32 mm)	0.130 kg

中等大小的钢球行进的距离取决于弹簧,典型值为 0.8 m。

分析

8. 预测:小球将达到 2 倍的高度,大球将达到一半多一点的高度。实测:小球的高度不是很高,而大球的高度只有一半还要少一点。其中一些能量用于弹簧的运动。

9. 答案与测量准确度有关。学生应当说明它的测量与实际结果接近的程度。

P351—353 物理实验

能量守恒

实验时间

一节实验课。

技能要求

观察、推断、比较、对比、测量和解释数据。

替代器材

可使用斜面和小车来替代有槽轨道和钢球。但是,不管用什么器材,摩擦对最终速度有很大影响。

教学建议

确保学生尽可能在水平表面实验。如果可能,请提供网络和计算机,以帮助学生打印图线,专门的绘图器也可以使用。光电门或运动探测器可以作定时器。

样本数据

数据表

释放高度(m)	距离(m)	时间(s)	速度(m/s)
0.05 (图 1)	0.575	0.92	0.630
0.05 (图 2)	0.575	0.90	0.640
0.05 (图 3)	0.575	0.91	0.630

续表

释放高度(m)	距离(m)	时间(s)	速度(m/s)
0.01	0.575	2.05	0.281
0.02	0.575	1.27	0.453
0.03	0.575	1.09	0.528
0.04	0.575	0.95	0.610
0.05	0.575	0.85	0.680
0.06	0.575	0.71	0.810

分析

1. 球的速度是一样的，因为它的初始高度总是一样的。

2. $y=3.6\sqrt{x}$

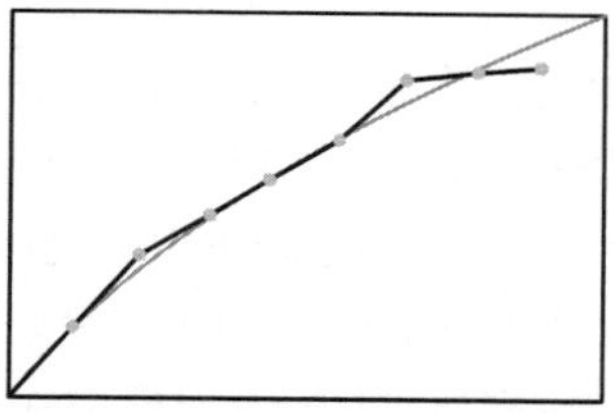

3. $E_p=mgh=5.0\times10^{-3}\ \text{kg}\times9.8\ \text{m/s}^2\times8.0\times10^{-2}\ \text{m}=3.9\times10^{-3}\ \text{J}$

4. $E_k=\frac{1}{2}mv^2=\frac{1}{2}\times5.0\times10^{-3}\text{kg}\times(0.83\ \text{m/s})^2=1.7\times10^{-3}\ \text{J}$

结论与应用

1. $\frac{1}{2}mv^2=mgh$

   $\frac{1}{2}my^2=mgx$

   $y^2=2gx$

   $y=4.4\sqrt{x}$

2. 实验方程 $y=3.4\sqrt{x}$ 小于理论方程 $y=4.4\sqrt{x}$。这可能是由于在测量时间时有误差。

3. 从 8.3 cm 的高度释放小球。

4. 对于物体下落和撞击地面数据的采集是很困难的。可以使用斜面，因为水平轨道上方的高度决定了小球在水平轨道上的速度。一旦球到达水平轨道，由于能量守恒，其速度应保持恒定。

5. 由于能量守恒，E_p 与 E_k 应该是相同的。在实验中，有一些势能将其转换为旋转动能，从而减少了小球的平动动能。（答案合理即可）

6. 即使没有考虑旋转动能，回归分析中的系数也足以证明能量守恒。

进一步探索

最大的问题是旋转能量。根据球的大小和轨道的大小。旋转动能可以等于甚至大于平移的动能。值得指出的是，如果轨道较宽，处在球旋转轴附近与球相接触，那么球

就真正旋转起来。所以，使用较小的球（相对于轨道宽度），就能有助于最大限度地减小球的旋转动能。（答案合理即可）

生活中的物理学

当过山车下滑时，随着车速增加，重力势能不断转换为动能。

P356—360 第11章 测评

31. 对物体做功就引起物体能量的变化。这就是功能定理。

32. 施加一个力通过一段距离就做了功，这会引起能量的变化。

33. 玩具中被上紧的发条具有弹性势能。正在运动的玩具具有动能。当所有能量都用来驱动玩具，最后通过摩擦转变成热能时，玩具就停止运动了。

34. a. 由于选择不同的参考面，势能的大小不同。

 b. 小球下落时，势能的变化量是相等的，因为对于两个参考面来说，高度的改变量是相同的。

 c. 小球在任何一点的动能是相等的，因为速度是相同的。

35. 棒球的动能永远不可能是负的，因为动能与速度的平方有关，而这总是正的。

36. 如果棒球的高度低于参考平面，则棒球的重力势能可以是负的。

37. 短跑运动员的动能增加的倍乘因子为9，因为速度是要平方的。

38. 撑竿跳运动员奔跑（动能）使杆弯曲，从而为杆增加弹性势能。当他抬起身体时，动能和弹性势能被转化为动能和重力势能。当他释放杆时，所有能量就是动能和重力势能。

39. 易弯曲的玻璃纤维杆可以储存更多的弹性势能，因为它更容易弯曲。这种能量可以释放出来，将撑竿跳运动员在竖直方向推得更高。相比之下，木杆基本不储存弹性势能。撑竿跳运动员跳起的最大高度与其动能有关。

40. 1.3×10^5 J　　41. 203 J

42. a. 2.3×10^3 J　b. 5.6×10^2 J

 c. 4∶1；2倍的速度对应4倍的动能，动能与速度的平方成正比。

43. 6.86×10^5 J

44. a. 4.5×10^3 J　b. 2∶1

 c. 2∶1；他们的总动能与卡地亚的动能比与他们的总质量与卡地亚的质量比相同。动能是与质量成正比的。

45. a. 2.54×10^8 J　b. 2.54×10^8 J　c. 2.54×10^8 J　d. 143 m/s

46. 66 m　　47. a. −345 J　b. −345 J　c. 34.5 m

48. 2.1×10^3 J　　49. 1.3×10^2 J　　50. -2.78×10^3 J

51. 3.4×10^3 J　　52. 0.1 kg　　53. 17 J　　54. 1.7×10^2 J

55. a. 8.6×10^4 J　b. 3.9×10^3 N

56. a. -1.44×10^5 J　b. -1.44×10^5 J　c. -2.88×10^5 N

57. a. 黏土球和冰球棍的总动量在碰撞中是守恒的，因为在碰撞过程中，物体相互作用的内力远大于外力。

 b. 动能是不守恒的。它们粘在一起时有能量损失。

58. a. 图略。　　b. 图略。

59. 在坐过山车的过程中，该车的大部分势能位于斜坡的顶端，大部分动能位于斜坡的底面。

60. 橡胶球在每次弹跳时，球的一部分动能被储存为弹性势能，球的变形则耗散了其余能量，如热能和声能。反弹之后储存的弹性势能释放为动能。由于橡胶球变形时有能量损失，下一次的反弹就以较小的动能开始，这就导致球达到的高度更低。最终，球的所有能量都耗散了，球就停了下来。

61. 2.1 m　　62. 26 m

63. a. 4.9×10^3 J　　b. 4.9×10^3 J　　c. 4.9×10^3 J

64. 407 J

65. a. 2×10^4 J　　b. 2×10^4 J　　c. 40 m/s

66. a. 25.8 m/s　　b. 34.2 m

67. a. 4.0×10^6 kg·m/s

b. 4.0×10^6 kg·m/s

c. 碰撞前：1.6×10^7 J；碰撞后：8.0×10^6 J。

d. 碰撞过程中的动量是守恒的，动能是不守恒的，部分动能转化为热能与声能。

68. -1.2×10^3 J　　69. 39 m

70. a. 示例："若悬崖高为 43 m，将铁砧从静止状态释放下落，当它撞击悬崖脚下的地面时，它的速度是多少？"（答案合理即可）

b. 示例："它需要对铁砧施加多大的力，才能使其获得 0.06 m/s^2 的向上加速度？"（答案合理即可）

71. a. 3.4 m/s　　b. -1.7×10^2 J

72. 4.1 m/s

73. a. 图略。机械能发生了变化，势能增加了 3200 J。

b. 这个能量来自人的内能。

74. a. 如果车轮不打滑，制动器表面相互摩擦，使汽车停止工作，那么制动器所做的功等于汽车动能的变化。由于能量转化为热能，制动器表面就变热。

b. 如果刹车失灵，车轮打滑，在路面上摩擦滑动的车轮就做功，使汽车停止。轮胎表面会发热，而不再仅仅是刹车器发热。这不是一种有效的停车方式，因为它会损坏轮胎。

75. 带着拖车的卡车有更大的动能，$E_k=\frac{1}{2}mv^2$，因为它比小型轿车有更大的质量，因此根据功能原理，卡车的发动机必须做出更多的功。

76. 弹性势能储存在对岩石起作用的绑紧的绳子中。岩石在空中飞行时具有动能和势能。当它撞击墙壁时，非弹性碰撞导致机械能转化为热能和声能，并破坏墙壁的结构，还有一些机械能在碰撞中抛出的碎片之中。

77. 首先，汽车上被撞弯曲的金属板中消耗一部分能量。另外，由于汽车和轮胎之间的摩擦力，能量也可以热能和声能形式转移出去。

78. 质量较大的滑冰者将拥有更多的动能，每个滑冰者受到冰上的摩擦力所做的负功

$W=Fd$ 消耗他们的动能。由于摩擦力相等，质量较大的滑冰者在停止前将滑得更远。

79. a. 由于拉动这个物体的张力垂直于该物体的运动方向，因此，绳子上的张力对物体不做功。
    b. 这并不违反功能原理。因为物体的动能是守恒的，物体以恒定不变的速率运动着。
80. 这个斜坡必须比原先高出 4 倍。
81. 即使球向相反方向运动，但它们在投掷时具有相同的动能和势能。它们在撞击地面时具有相同的机械能和速度。
82. a. 将冰球沿水平面推过冰面，系统仅由冰球组成。
    b. 落下一个球，系统由球和地球组成。
    c. 压缩玩具手枪中的弹簧，系统仅由弹簧组成。
    d. 一辆超速行驶在水平小道上的汽车，刹车减速。
83. 8.6 m/s　　84. 1.3 m
85. 假设泡沫碎块施加恒定的力可使其减速下落，做功为 $W=Fd=E=mgh$。如果高度增加了 5 倍，那么泡沫碎块的深度也应增加 5 倍至 5 m。
86. 两名运动员在碰撞之前具有大小相等、方向相反的动量，每个运动员的能量损失是 $\frac{1}{2}mv^2=\frac{1}{2}\left(\frac{m^2v^2}{m}\right)=\frac{p^2}{2m}$。由上式可见，因为中后卫的质量较小，所以损失了较多能量，即 $E_{k中后卫}>E_{k边锋}$。
87. 弹簧施加给小车的能量为 13 J。
88. 6.28 m
89. 摩擦力做功(5.0 J)大于手推车所具有的势能(3.9 J)，所以这辆车不可能下滑到斜面底部。
90. 73 m/s
91. a. 若 $m_1=m_2$，我们知道，在碰撞后，m_1 静止，而 m_2 将以 v_1 速度运动。所有的能量将全部转移给 m_2。
    b. 若 $m_1>m_2$，我们知道，m_1 的运动将不受碰撞影响，而向 m_1 的能量转移是非常少的。
    c. 阻止中子(使它速度慢下来)的最好方法，是让它与氢原子碰撞，因为氢原子的质量与中子质量是差不多的。
92. 示例：“一个在地面上的球被抛向空中。若初始动能为 30 J，当它动能减少到 15 J 时，它离地面有多高？”(答案合理即可)
93. 示例：“一个人在准备投球时，不小心把质量为 6 kg 的球落在了她脚上。如果球在她脚上方 0.9 m 处被释放，那么当球击中脚时球的速度有多大？”(答案合理即可)
94. $v_{A2}=\left(\frac{m_A+m_B}{m_A+m_B}\right)v_{A1}+\left(\frac{2m_B}{m_A+m_B}\right)v_{B1}$

    $v_{B2}=\left(\frac{m_B-m_A}{m_A+m_B}\right)v_{B1}+\left(\frac{2m_A}{m_A+m_B}\right)v_{A1}$
95. $v_A=v_E<v_B=v_C=v_D$

96. 6.7 m/s

97. 太阳通过核聚变将核能转化为热能，并以电磁辐射的形式释放能量。通过太空的真空传递到地球。地球以内能或热的形式吸收其在大气、陆地和海洋中的电磁辐射。其中，部分的可见光辐射也被植物通过光合作用转化为化学能，还有其他受阳光照射下的几种化学反应，例如臭氧的产生。然后能量会以各种形式转化，其中一些形式为化学过程，使我们消化食物，并将其转化为化学能，并构建生物组织，去运动、去思考。最后，在我们已经使用了的能量之后，剩余的能量又以电磁辐射形式被分散，回到宇宙之中。

98. 势能（也可称相互作用能）被储存在原子核内部质子和中子的结合中。当一个重核被分解成更小碎片（裂变），或当很小的（轻核）原子核结合成更大原子核（聚变）时，能量会被释放出来。以同样的方式，当原子结合成分子，或当分子被分解或重新排列时，化学势能被储存起来。电荷的分离则产生出电势能，例如在电池中就是如此。当提供传导路径或电流回路时，在电流中电势能被转换为运动电荷的动能。生物过程都与化学有关，生物能量仅仅是化学能量的一种形式，太阳能是将聚变能量转化而来的电磁辐射。光是一种波动形式的电磁能，它的频率在人眼可检测（看到）的范围之内。

99. 6.0×10^{24} kg

P361　第 11 章　标准化测试

1. D　2. D　3. D　4. C　5. C　6. C　7. C

8. 0.50 m　9. 1520 J

第 12 章

热能

P370 练一练

1. 5.3×10^4 J

2. \$0.36

3. a. 10 K b. 21 J

c. 对于温度在 0℃以上时，水是更好的冷却剂，因为它可以吸收热能，但温度升高比甲醇少。

P372 练一练

4. 9.04×10^2 J/(kg·℃)

5. 2.53×10^2 J/(kg·℃)

6. 45.0 ℃

7. 28.5 ℃

8. 42.1 ℃

P373 第 1 节复习

9. 不是。你对瓷砖地板温度的感觉，实际上是来自你的双脚对于热能的传递，而瓷砖地板通过你双脚对热能的传递，比地毯或房间中的空气更加有效。

10. a. 278 b. −239 c. 485 d. 43

11. 不同。热量以 J 为单位。比热以 J/(kg·K)为单位。

12. 篮球在运动时具有动能，而当它在地面之上时还具有重力势能。当篮球在与地面碰撞时，一些动能就转化为地面的热能和声能。篮球的总热能取决于其内部粒子的总能量。

13. 可能。如果冷水的质量超过热水的质量，那么冷水可以具有与热水相同的热能，因为这碗冷水中的粒子比那碗热水中的粒子更多。

14. 土豆具有较高的比热，并且热能的传导不佳。因此，土豆散发热能比较缓慢。

15. 土豆对热能的传导并不好。把土豆切割成许多小块，就增加了表面积，从而热能转移进入土豆的速率就增大了。

16. 这些金属具有良好的导热性和较低的比热。

17. 塑料勺子的导热系数较低，所以不能很好地把热能传递到你的舌头上。

18. 一些水分子在液体表面被蒸发。当温暖的水分子接触到锅上方的冷空气时，分子就再次凝结成液态水，这些凝结的水就在锅上方形成水雾。

P377　练一练

19. 3.75×10^4 J

20. 502 kJ

21. $H_f=3.34\times10^5$ J/kg，$H_v=2.259\times10^6$ J/kg

22. 9.5×10^7 J

23. 9.4×10^2 kJ

P378　练一练

24. 75 J

25. 1.8×10^3 J

26. 9 次

27. 2.6×10^4 圈

28. 200 kJ

P382　物理挑战题

1. $\Delta S=\dfrac{Q}{T}=\dfrac{mc\Delta T}{T}=\dfrac{1.0\ \text{kg}\times4180\ \text{J/(kg}\cdot\text{K)}\times(274\ \text{K}-273\ \text{K})}{273\ \text{K}}=15\ \text{J/K}$

2. $\Delta S=\dfrac{Q}{T}=\dfrac{mc\Delta T}{T}=\dfrac{1.0\ \text{kg}\times4180\ \text{J/(kg}\cdot\text{K)}\times(354\ \text{K}-353\ \text{K})}{353\ \text{K}}=12\ \text{J/K}$

3. $\Delta S=\dfrac{Q}{T}=\dfrac{mc\Delta T}{T}=\dfrac{1.0\ \text{kg}\times130\ \text{J/(kg}\cdot\text{K)}\times(274\ \text{K}-273\ \text{K})}{273\ \text{K}}=0.48\ \text{J/K}$

4. $\Delta S=\dfrac{Q}{T}=\dfrac{mH_f}{T}=\dfrac{1.0\ \text{kg}\times3.34\times10^5\ \text{J/kg}}{273\ \text{K}}=1.2\times10^3\ \text{J/K}$

一般说来，当起始温度较低时，施加一定量的热量会使熵增加较大的量。这是因为熵测量的是能量的分散程度，而对一个已经处于较高温度的物质，给一定量的热量时不会分散得那么多。此外，通过加热 1 ℃的状态变化，通常会导致熵的更大变化。

P383　第 2 节复习

29. 热机内的一些热能来自热库用来做功(转化为机械能)，另一些被转移到冷库，而升高了它的温度。每当热能从较热物体流向较冷物体，并使其温度升高时，熵就会增加。

30. 冷凝蒸汽将其热量释放到室内，然后循环回锅炉，在那里又重新加热。

31. 20.8 kJ　　32. 3.5×10^5 J

33. 锤子的部分动能被铅块吸收为热能，锤子的能量为 4.0 kJ，而其中 2.0 kJ 变为铅块的热能。锤子的能量约有一半进入了铅块。

34. 顶部的水具有重力势能，当水到达底部飞溅时，就被变为热能而消耗。

35. 0.293 ℃

36. 气体在其燃烧的温度下释放出热能。天然气分子因燃烧与氧分子结合后分解，这时热能以许多新的方式而重新分布，而天然气分子不可能无条件地重新组装起来。

37. 当水蒸发时，它就从空气中吸收了热能。

P384 起步实验

热传递

目的

学生通过实验认识到热能是自发地从温度较高的物体转移到温度较低的物体。

实验器材

一个 250 mL 的烧杯，150 mL 的水。

教学建议

注意：学生应该穿合脚的封闭式鞋子(不穿凉鞋)。

- 在讨论所发生的事情时，一定要提醒学生人的体温大概为 37 ℃。
- 询问学生，为什么教室内的温度，在只有教师与所有学生都在教室内时是不同的？

预期结果

水被加热后至少升高 1 ℃。

分析

5. 温度变化量为 $T_{末}-T_{初}$，大约为 1 ℃。如果杯子中的水比较多，则温度增加值会更小。
6. 热能的传递是由温度差异造成的，最初在房间内的水温是室温(大约 20 ℃)。一个人的体温(包括手)接近 37 ℃，当手接触烧杯时，热能就从手传递到烧杯，然后再传递到水，从而提高了水的温度。

P384 迷你实验

熔化

目的

观察热传导过程中物态的变化。

注意：如果实验中任何水被溅出，请迅速擦拭，以避免地板变滑的危险。

预期结果

与装有冰水的杯子相比，装有冰块的杯子温度降得更低。

分析

6. 许多学生可能会对实验结果感到惊讶，即使冰块和冰水两者温度大约都在 0 ℃左右，然而冰块将比冰水更好地冷却水。这是由于冰块需要吸收热量才能使其从固态变为液态。

P385 物理实验

加热与冷却

实验时间

一节实验课。

技能要求

信息组织(总结、解释)，练习实验技能(测量、假设)，计算。

安全措施

必须使用耐热的玻璃烧杯。确保烧杯中有足够的水，以便在加热时不会破裂。小心使用电热板——表面非常热。电源连线应安全地塞在装置后面，这样它就不会被拉动，并且不会与电热板表面接触。要使用酒精温度计(不用水银温度计)。

替代器材

与计算机相连接的探针,这比使用温度计更好,因为电脑可以记录不稳定的数据流。

教学建议

- 测量时精确度要达到 0.1 ℃。在温度变化不大的情况下(特别是在冷却过程中),如果测量结果不够精确,那么很难画出图线。
- 如果水的表面积(烧杯的大小)等因素发生变化,那么学生的冷却曲线也会不一样。

样本数据

数据表

水的质量	151.2 g
空气的初始温度	21.4 ℃
空气的最终温度	21.8 ℃
空气温度的变化	0.4 ℃

加热		冷却	
时间(min)	温度(℃)	时间(min)	温度(℃)
0	22.5	0	59.2
1	25.7	1	52.0
2	32.4	2	50.3
3	40.8	3	49.2
4	48.9	4	*
5	58.8	5	*
6	59.2	6	*
7	*	7	*
8	*	8	*
9	*	9	*
10	*	10	*

* 没有相关数据

分析

1. 空气温度变化值为 0.4 ℃,使用更高等级的温度计和更好的电热板。

2.

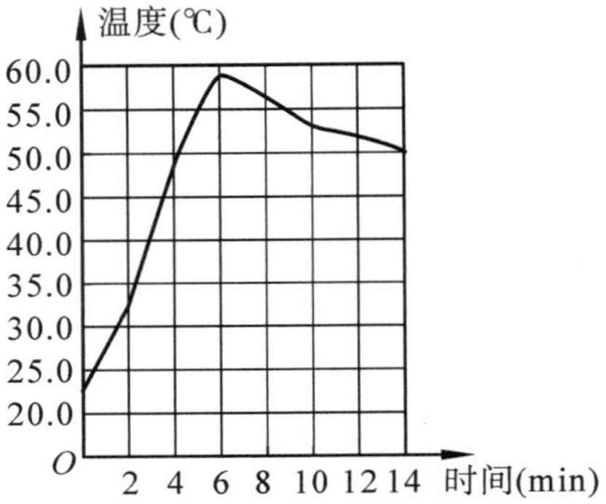

3. 36.7 ℃　　4. 10.0 ℃　　5. 6.1 ℃/min　　6. 3.3 ℃/min

结论与应用

1. 在初始阶段之后，水以恒定的速率加热。
2. 撤走热源后，水温以恒定的速率下降。
3. 水将继续冷却，直到它与房间温度达到了平衡。
4. 水升温的速率比冷却的速率快得多，这一点可从图线起点处的斜率更陡得到证明。加热过程比较快，是由于外部热源所导致的。
5. 热能散到空气中去了，因为没有隔热材料，把热能保持在烧杯中。这可由测量空气温度的增加得到验证。

进一步探索

1. 可能会不同，因为底部的水更靠近热源，顶部的水接近空气。
2. 使用 50 mL 时，温度变化更快，因为加热的水较少。使用 250 mL 时，温度变化会较慢，这就比较难仔细观察。
3. 这将使加热和冷却变慢。

生活中的物理学

1. 一般来说，油加热和冷却的速度要比水快。菜籽油的比热容为 2000 J/(kg·K)，而水的比热容为 4180 J/(kg·K)。
2. 不可能，因为物体在被外部热源加热后，它们冷却的时间比加热的时间会更长。

P390－392　第 12 章　测评

38. 机械能是小球的动能与势能的总和。热能是组成小球的内部粒子的动能与势能的总和。温度是对小球内部的粒子平均动能的量度。
39. 不能，因为真空中不存在具有能量的粒子。
40. 不具有，原子或分子都有不同的速率分布。
41. 你的皮肤会测量流向你或从你自身流出的热能。金属门把手比木门更快从你皮肤吸收热能。所以，即使它们处于相同温度，你会感觉金属门把手更冷。
42. 这两个物体的温度会根据他们各自的质量和比热而变化，最终将达到相同的温度，但每个物体的温度变化量不一定相同。

43. 1.64×10^4 J　　44. 2.02×10^4 J　　45. 127 J/(kg·K)

46. 63 ℃　　47. 1. 00×10^3 J/(kg・K)　　48. 0. 87 L

49. 15 kg　　50. 370 s(6. 2 min)

51. D<E<C<A<B,理由略。

52. 12. 7℃

53. 可以,在熔化固体或加热沸腾液体时,你可以在不改变温度的情况下增加热能。

54. 在蜡凝结过程中,蜡会放出热能。

55. 当水从潮湿帆布上蒸发到干燥空气中时,它必须吸收一定量的热能。所以在这个过程中,它就冷却了水壶。

56. 在室内,冷却剂在空调盘形管中蒸发时,就吸收了来自房间内的热量。

57. 6. 68×10^6 J　　58. 2. 47×10^5 J/kg　　59. 29 ℃

60. 3. 09×10^4 J　　61. 290 ℃　　62. 10 m

63. 从保持沸腾来说,这应该没有区别。无论哪种方式,水的温度都是一样的。

64. 甲醇冷却得更快,因为甲醇具有较低的比热,对给定的质量和热能,它会有一个较大的温度变化 Δt,因为 $Q=cm\Delta t$。

65. 铝的比热比铅大得多,因此铝片周围融化了更多的冰。

66. 由于它们蒸发时,会从皮肤吸收热量。

67. 树叶上的水结冰时会放出热量,这一过程使叶片保持温暖的时间更长。水的比热容减缓了冷却到 0 ℃以下的速度。

68. 不相同。有 A 块的杯子会更热,因为 A 块含有更多的热能。

69. 在北半球,太阳光来自南方,在大多数地方,在室内给房子供暖比在夏天给房子降温更容易。所以朝北的窗户使房子在夏天可保持凉爽,同时在冬天仍然让阳光进入室内,在一定程度上使房子比较温暖。

70. 34%,3500 J/s

71. 0. 016 ℃

72. a. 示例:"……烧杯中有 1. 0 kg 水,把一块 5. 0 g 的锌放入此杯中。锌和水的最终温度是多少?"(答案合理即可)

　b. 示例:"……如果 75 J 的热能被添加到以上烧杯中,那么它的熵增加了多少?"(答案合理即可)

73. 12 ℃

74. 1. 1 kg。你需要添加的冰比茶水还要稍多一点,而这会使茶变得十分稀薄。因此,在加入冰之前,让茶水先冷却到室温会比较恰当。

75. 铜块质量是铝块质量的 2. 33 倍。

76. 12 m/s

77. 2. 2×10^{-5} kg

78. 4. 8×10^{-19} J

79. 示例:"一定量的水从 250 K 加热到 260 K,其熵增加了 75 J/K。水的质量是多少?"(答案合理即可)

80. a. 0. 0313 J/K　　b. 0. 103 J/K

81. 0.0478 kg

82. 答案应反映地球平均温度的变化，不同的气候模式，植物和动物物种的灭绝，等等。

83. 在1799年，人们认为这是一种从一个物体流向另一个物体的流体。然而，汤普森认为热是粒子的运动而引起的。他没有做任何定量的测量，因此他的想法也没有得到广泛的接受。1843年，焦耳做了仔细的测量，测量了增加热量时，对一定量的水做功而引起的温度的变化。他证明了热实际是一种能量形式，并且证明了能量是守恒的。焦耳是值得称道的，因此能量单位以焦耳来命名。

84. 大的比热容、大的熔化热和汽化热，意味着水、冰和水蒸气可以在不改变太多温度的情况下获得大量的热能，其影响是多方面的。海洋和大型湖泊调节了附近地区的温度，是其每一天和季节气温温度变化的基准。湖泊附近地区的昼夜温度变化比沙漠中的昼夜温度变化小得多。冰的巨大的熔化热量控制着遥远的北方和南方的季节变化。秋季结冰释放出的能量和春季水蒸发又对能量的吸收，这就减缓了大气温度的变化。水在蒸发时吸收并储存了大量能量，这种能量又会产生风暴和飓风等气象事件。

85. 0.98 m/s^2，3.9 rad/s^2，35.3 N，12.5 rad/s

P393 第12章 标准化测试

1. C　2. A　3. D　4. A　5. C　6. C　7. A
8. C　9. B

10. 熔化需要152 kJ；沸腾需要1030 kJ；转化为蒸汽需要额外的878 kJ的能量；形成蒸汽需要1.90×10^4 kJ；状态之间的能量差远大于加热水所需要的能量。

第 13 章

物态

P399 练一练

1. 1.2×10^{5} N
2. 1.0×10^{2} kPa
3. 8.9×10^{-2} m^2

P402 练一练

4. 3.4 m^3
5. 5.1×10^{2} g
6. 2.40×10^{2} kPa
7. 0.83 m^3

P403 第 1 节复习

8. 液体和气体是流动的，没有固定的形状。另外，对液体和气体施加力就可以改变它们的体积和温度。气体组合定律表达了各种气体及压强之间的关系。等离子体是由带负电的电子和带正电的离子所组成的一种气态物质。等离子体也是一种流体。
9. a. 对盒子外部的大气压强都是一样的。
   b. 因为 $F=pS$，大气在表面积较大箱体上的压力较大。第二个箱体的表面积是第一个箱体的 2 倍，所以它所受的压力是第一个箱体的 2 倍。
10. 31 m^3
11. 当水从 0 ℃加热时，密度会进一步增加，直到在 4 ℃时密度达到最大值。当进一步加热到 8 ℃时水的密度会降低。
12. 870 K
13. 0.0224 m^3
14. 28.1 mol，8.1×10^{2} g
15. 它们所含分子数相同。在理想气体中，粒子的大小与气体的体积或对气体施加的压强无关。

P406 第 2 节复习

16. 这些短语与物理学中的“附着力”“内聚力”有相似的意义。胶带是把不同的东西粘到一起，一个有凝聚力的团体是一群人在一起工作。
17. 回形针应该小心地平放在水面上，这将减小它对水面的压强。
18. 如果回形针穿过水面，它就会下沉了。
19. 酒精对玻璃的附着力比水银要强得多，而水银的内聚力强到足以克服其对玻璃的附着力，所以水银不会附着在玻璃上。

20. 因为酒精容易蒸发，所以有显著的蒸发冷却效果，这一过程可以降低婴儿的体温。

21. 贝思可以先称一下玻璃杯的重量，然后再把它放进冰箱冷却。接着，她可以再把玻璃杯从冰箱中取出，空气中的水蒸气凝结到杯子外部。最后，她要再称一次杯子的重量。这样，贝思就证明杯子表面的水是空气中的水蒸气遇冷凝结而成的。

P408 练一练

22. 82 N

23. 8.8×10^{3} N

24. 11 ∶ 4

P411 练一练

25. 1.6×10^{3} N

26. 6.2×10^{-2} m^3

27. 1.09×10^{3} N

28. 8.8×10^{2} N

29. 4.9×10^{-2} m^3

P414 第3节复习

30. 大约$\frac{1}{4}$体积的糖溶解在正规的苏打水中，使其密度比日常饮用的苏打水大。

31. 24 N

32. 0.9 m^3

33. 软木的密度大约是水的$\frac{1}{10}$。

34. a. 1.5×10^{5} Pa　　b. 1.3×10^{3} N

35. a. 1.0 kg 的铝块。　　b. 一样多。

36. 快速移动的龙卷风的气压比室内静止的空气低。因此，房子内的空气处于较高的压力下，对房子的窗户、门和墙壁产生巨大的作用力。打开门窗，让空气自由地流到外面来减小这种气压差。

P418 练一练

37. 5.64 mm

38. 11.7 cm

39. 2 mL

40. a. 43987 L

b. 由于当地气温下降，汽油体积变小，而汽油的质量保持不变。

41. 7.28×10^{-4} cm

42. 0.102%

P419 物理挑战题

$L_{铜}=L_{铝}+L_{铁}$

$\alpha_{铜}L_{铜}\Delta T=(\alpha_{铝}L_{铝}+\alpha_{铁}L_{铁})\Delta T$

代入 $L_{铝}=L_{铜}-L_{铁}$，得出 $L_{铁}=\dfrac{(\alpha_{铜}-\alpha_{铝})L_{铜}}{\alpha_{铁}-\alpha_{铝}}$

$$L_{铁}=\frac{1.00\ \text{m}\times(17\times10^{-6}\ ℃^{-1}-23\times10^{-6}\ ℃^{-1})}{12\times10^{-6}\ ℃^{-1}-23\times10^{-6}\ ℃^{-1}}=0.54\ \text{m}$$

$L_{铝}=L_{铜}-L_{铁}=1.00\ \text{m}-0.54\ \text{m}=0.46\ \text{m}$

P419 第 4 节复习

43. 门应该很紧密地安装在门框内。

44. 蜡烛可以被认为是固体，因为它具有一定的体积和形状，但是它也可以被认为是一种黏稠的液体，因为它内部的粒子并不形成固定的晶体结构图案。

45. 为了使其长度增加一倍，温度需要 6.3×10^4 ℃。在这个温度下，铜将被蒸发。

46. 液体的体胀系数比固体的体胀系数大得多。

47. 液体中的粒子相互分开，距离较远；黏合得不太紧密。因为粒子可以自由地互相流动，没有固定的形状，所以液体不可能弯曲。

48. 设 x 是间隙的宽度（沿环的弧线测量），θ 是弧度的量度，L 是环的长度（即圆周长减去间隙的宽度 x）。$\dfrac{\theta}{2\pi}=\dfrac{x}{L+x}$，$x=L\dfrac{\theta}{2\pi-\theta}$。

由于物体在被加热时保持其几何结构和形状，因此，圆环的间隙、宽度和环长度之间的关系有 $x+\Delta x=(L+\Delta L)\left(\dfrac{\theta}{2\pi-\theta}\right)$。

根据热膨胀系数的定义：$\Delta L=\alpha L\Delta T$，代入上述方程解得 $\Delta x=\alpha L\Delta T\left(\dfrac{\theta}{2\pi-\theta}\right)$。

即间隙宽度与环长度成比例地增加，缺口变宽。

P420 起步实验

测量浮力

目的

引出浮力的概念。

实验器材

500 mL 刻度量筒、水、弹簧测力计、带盖小瓶、12 个镍币。

教学建议

注意：提醒学生擦掉洒在地板上的水，以防止滑倒。

许多学生往往很容易混淆体积和质量。你可帮助学生将小瓶浸入水中的体积和排出的水量联系起来，还可以让他们标记初始水位，进行比较。

预期结果

当瓶子是空瓶时，在水下的瓶子只是一小部分。当学生在瓶中添加镍币时，瓶子会在水中下沉，直到最终沉入水中。对于下沉的小瓶，其在空气中的重量将大于其在水中的视重。

分析

5. 浮力等于被物体排开的水的重力。小瓶的重力等于排开水的重力时，小球处于漂浮状态。
6. 学生可以推断出，当小瓶浸入水中时，支撑小瓶的力等于其在空气中的重量减去在水中的重量。

P420 迷你实验

压强

目的

确定单脚站立时所施加的压强，并进行比较，压强与施加在其他物体上的压力。

实验器材

米尺、纸、铅笔、磅秤。

注意：当学生单脚站立时，要注意安全。

预期结果

学生的压强远小于大气压。

分析

由于高跟鞋的鞋跟比较尖，受力面积就比较小，故与穿平底鞋时施加的压强相比，压强会更大。

P421－423 物理实验

蒸发致冷

实验时间

一节实验课。

技能要求

能用科学概念和科学语言进行解释，观察和推论，比较和对比，制定模型，进行批判性思考和测量、收集和组织数据，作出结论。

安全措施

- 本实验应在通风柜下或通风良好的区域进行。
- 实验所用的化学药品都是易燃和有毒的。
- 查看本实验使用的各种化学药品的 MSDS(化学品安全技术说明书)。
- 不要吸入实验产生的烟雾。
- 液体附近不能有明火。
- 避免将这些化学药品与你的皮肤或衣服接触。
- 指导学生在处理酒精和浸泡过的滤纸时，遵守安全标准和当地规定。
- 如果任何酒精接触到学生的皮肤，学生必须洗手，实验结束后也必须洗手。

替代器材

本实验中绝对不能使用水银温度计。

教学建议

在购买本实验使用的酒精之前，请与学校的化学实验室管理老师联系。因为这些酒精易挥发且易燃，所以需要将其存放在一个专业的储藏柜中。

样本数据

数据与环境的湿度和温度有关。

数据表

液体	T_2(℃)	T_1(℃)	ΔT(℃)
甲醇	24.0	12.0	12.0
乙醇	24.1	16.3	7.8
异丙醇	24.2	18.5	5.7

分析

1. 温度降低，因为蒸发是一个致冷过程。
2. 甲醇：12.0 ℃；乙醇：7.8 ℃；异丙醇：5.7 ℃。
3. 甲醇：32 g/mol；乙醇：46 g/mol；异丙醇：60 g/mol。
4. ΔT 越大，则其蒸发速率越大。
5. 醇对滤纸的吸引力比对温度计的吸引力强。含有醇的滤纸放在温度计附近的时间足够长，从而来得到读数。

结论与应用

1. 因为异丙醇蒸发得最慢，所以它具有最强的内聚力。
2. 甲醇蒸发得最快，其内聚力最弱。
3. 对于醇类，随着摩尔质量的增加，其内聚力增加。ΔT 和蒸发速率减小。
4. 电扇吹风将增加蒸发速率，增加温度变化的速率。

进一步探索

异丁醇(C_4H_9OH)的摩尔质量为 74 g/mol，它的 ΔT 将小于实验中观测到的所有醇类的 ΔT。

生活中的物理学

寒风增加了人体皮肤水分蒸发的速度，寒风指数考虑了蒸发和对流的影响。在寒冷的天气里，风会大大增加感冒相关伤害的风险，如冻伤。新的气象图是一种改进，因为它使用的公式是基于人体皮肤暴露的影响，而不是在各种风力条件下对冷冻水的测量。

P426－430　第 13 章　测评

49. 力是对物体的推或拉。压强取决于物体所受的压力和受力面积。
50. 液体的体积将保持不变，并且可能不会充满容器。气体将膨胀充满整个容器，而且可能在压力作用下体积缩小。
51. 两者都没有明确的体积和形状。等离子体运动更剧烈，并且可以导电。
52. 太阳的等离子体非常热(温度非常高)，而且更重要的是，它的密度比地球上大多数固体物质的密度要大得多。

53. a. 8.3 N　　b. 1.7×10^{2} Pa

54. B<A<E<D<C

55. 27.3 cm

56. a. 0.32 mol　　b. 14 g

57. 0.14 m^3

58. a. 3.2×10^{5} Pa　　b. 31.7 Psi

59. 为了熔化冰，冰必须吸收一定的热量，其热量等于它的熔化热。这将会冷却湖面上方的空气。

60. 水蒸发到空气中，就会吸收水壶和壶里面水的能量。

61. 连通管说明管内液体压强与容器形状无关。

62. 根据帕斯卡原理，在封闭容器内部的流体中，任意一点压强的变化将平均分配到容器的所有部分。增大底部压强，那么顶部压强也就增大了。

63. 水体的大小或形状并不重要，重要的是深度。在深度相同的情况下，压强都是相同的。

64. 不适用。由于流体处于自由落体的状态(完全失重状态)，因此排出的流体的表观重量为零，因此不存在浮力。

65. 由于伯努利原理，水的压强降低了。

66. a. 1.7×10^{5} Pa　　b. 3.9×10^{4} Pa

67. 8.4×10^{2} Pa

68. a. 6.33×10^{-5} m^3　　b. 19.0×10^{3} kg/m^3，它是黄金做的。

69. a. 203 N　　b. 197 N

70. 0.70 m　　71. 26.0 N　　72. 24 N

73. −10.0 N　　74. 50 N

75. 晶体物质中的原子以有序图案排列。在非晶体物质中，原子是无序随机排列的。

76. 与长度无关。系数是物体相对于其总长度的膨胀的量度。线胀系数 α 与总长度用什么单位无关。

77. 1.4×10^{-4} $℃^{-1}$　　78. 1.3×10^{-5} m　　79. 0.1 m

80. 1.6×10^{-3} m^3　　81. −116 ℃

82. 0.55 m^3　　83. 7.0×10^{-2} cm^3　　84. 2.44 cm^3

85. a. 3.8×10^{-4} m　　b. 2.3×10^{-3}

86. a. 0.348 m^3　　b. 0.703 m

87. 第 1 条边和第 2 条边的长度比第 3 条边和第 4 条边的长度减少更多。因此，第 1 条边和第 2 条边必须由铝制成，它具有比钢更大的膨胀系数。

88. 压强增大，重量虽保持不变，但每个单位面积的重量增加了。

89. $1\ Pa=1\ N/m^2=1\ (kg\cdot m/s^2)/m^2=1\ kg/m\cdot s^2$

90. 第二艘轮船会沉入水中更深些，因为它的重量更大。

91. 136 cm

92. 内聚力在水银中最高，在丙酮中最弱。内聚力越强，越容易形成球形。
93. 水分子的内聚力大于酒精分子的内聚力。
94. a—1，b—2，c—6，d—6，e—6
95. 耐热玻璃在加热时的膨胀小于软玻璃。因为软玻璃管在加热时体积膨胀得更多，所以水在软玻璃管 A 中不会上升的如 B 那么高。
96. 铂丝的热膨胀系数与玻璃差不多，因此它随着玻璃一起膨胀和收缩，而铜丝的膨胀系数比玻璃大很多。
97. 7.4×10^5 Pa
98. 6.2×10^{-6} m^3
99. 示例："气体样品最初的压强为 77 kPa，体积为 25.0 L。当冷却至室温时，压强降至 61.2 kPa，体积膨胀至 28.0 L。气体的初始温度是多少？"（答案合理即可）
100. 水银的体膨胀系数大于铝的体膨胀系数。因此，当他们被加热时，铝相对于水银变得更致密，并将沉入水银中更深一些。
101. 水膨胀了 0.735 mL，烧杯膨胀了 0.76 mL，水位将略有下降，但是变化很小，很难注意到这一变化。
102. a. 2.5×10^3 N　　b. 75 cm
103. 海拔越高，大气压就越低。因此，在较高海拔的地方，相同体积的气球所排开的气体体积的质量较小。为了在高处获得同样的浮力，气球必须排开更多的气体，这就需要更高的温度。
104. 示例："……如果它被淹没在水箱中并释放，它的加速度是多少？"（答案合理即可）
105. 医生先正常称人的体重，再称完全淹没在水中的人的体重。因为人的密度通常小于水的密度，所以必须将更多的重量添加到称重设备中，还应测量被该人体排开的水量。人体的平均密度可以通过使人在水下保持平衡的力来计算。
106. a. 9.5%的泡沫球将被淹没。

b. 74.5 N

c. 8×10^{-2} m^3
107. 塑料袋里的水、鱼和塑料的密度都接近水族馆里水的密度。因此，袋子漂浮时，袋子中的水位与水缸中的水位高度相同。
108. 橡胶带是由长橡胶分子制成的，称为聚合物，其作用类似于许多长链组合起来的链条。橡胶的特性来自链节的扭转和转动能力。当橡胶变冷时，聚合物链会以直线的形式展开，就像钢链中的链条一样，你可以握住一端，让链条自由悬挂。因为链条是以这种方式排序的，所以聚合物的无序度或熵较小。对聚合物加热，会增加其热运动。链条开始摆动，它们的无序程度就增加。如果你像这样摇动一根链子，你会看到它的平均长度变得比链子静止悬挂时要更短些，这就是橡胶在冷却时反而会膨胀的原因。
109. 盖·吕萨克是一位法国科学家。他也对高空气球上升感兴趣。他发现，当气体处于相同的温度和压强时，它的体积会以很小的整数比率发生反应。盖·吕萨克的工作表明，两份体积的氢气与一份体积的氧气发生反应，从而为水的化学方程式的发明做出了贡献。阿伏伽德罗在盖・吕萨克的工作基础上，发现了一个摩尔体积和体积之间的关系。

110. a. $2.6\ m/s^2$　　b. 22 N

111. a.

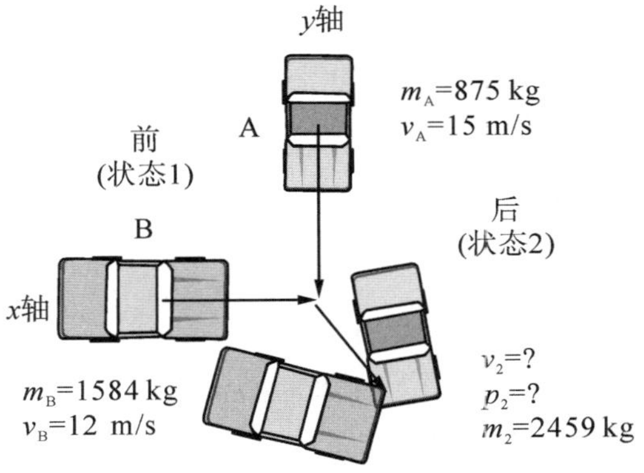

b. 9.4 m/s，55°东南方向。

c. 8.2 m

P431　第 13 章　标准化测试

1. B　2. B　3. D　4. C　5. A　6. B　7. D

8. B

9. $V=\frac{p_1V_1}{p_2}$

$=\frac{p_1V_1}{p+\rho hg}$

$=\frac{101.3\times10^3\ Pa\times125\ mL}{101.3\times10^3\ Pa+1.00\times10^3\ kg/m^3\times1.27\ m\times9.8\ N/kg}=111\ mL$

第 14 章
振动与波

P437 练一练

1. 2.0×10^2 N/m　　2. 1.96 J　　3. 0.32 m　　4. 0.61 m

P437 物理挑战题

1. 能量守恒意味着汽车在山顶的重力势能等于使汽车静止的弹簧弹性势能。利用能量守恒方程可以解出 x：$E_p=E_{sp}$，得 $mgh=\frac{1}{2}kx^2$，$x=\sqrt{\frac{2mgh}{k}}$。
2. 如果汽车从一个高度是原来 2 倍的山上下来，因为弹簧的压缩量 x 与高度 h 的平方根成比例，所以弹簧的压缩量 x 是原来的$\sqrt{2}$倍。
3. 在弹簧的理想状态下，弹簧将推动汽车回到山顶。

P439 练一练

5. 2.0 s　　6. 0.16 m　　7. 9.1 N/kg

P439 第 1 节复习

8. 单摆来回摆动，每一个周期时间内，摆过相同的路径，完成一个来回循环需要相同的时间。
9. 第二个弹簧的能量是第一个弹簧的 4.0 倍。
10. 将同一个物体先后挂在两个弹簧上，拉伸长度越少的，弹簧的劲度系数越大。
11. 图略。如果物体重力与橡皮筋伸长量图形是直线，橡皮筋遵循胡克定律。如果这个图形是弯曲的，就不遵循胡克定律。
12. 要使单摆的周期加倍，摆线长度必须增加 4 倍；为了将单摆的周期减半，摆线长度要减少到原来长度的$\frac{1}{4}$。
13. 汽车达到这个特定速率时，轮胎的转动频率和汽车的振动频率一致，导致汽车发生共振。
14. 匀速圆周运动和简谐运动都是周期性运动。在匀速圆周运动中，加速度与位移不成正比。同时，简谐运动是一维的运动，匀速圆周运动是二维的运动。

P445 练一练

15. a. 343 m/s　　b. 2.29×10^{-3} s　　c. 0.787 m
16. 你应该用更低的频率摇绳子，因为波的波长与频率成反比。
17. 2.45 m/s

18. 这个波的频率要减小到原来大小的$\frac{2}{3}$。

19. 2.50 m 20. 0.600 m/s 21. 12.0 m/s

22. 波的频率为原来大小的$\frac{1}{2}$。

23. 波的波长为原来大小的$\frac{1}{2}$。

24. 波的波长增加到原来大小的 1.5 倍。

25. a. 338 m/s b. 451 Hz c. 2.22×10^{-3} s

P445 第 2 节复习

26. 把一根纱线松散地系在一根绳子中间某处，让你的同学握住绳子的一端，你上下摇动绳子的另一端，形成横波。请注意，当波浪沿着绳子向前移动时，纱线上下移动，但它在绳子上位置保持不变。

27. 这时波的振幅和速度保持不变，但频率增大，周期和波长减小。

28. 在纵波中，介质中的粒子以与波的运动方向平行的方向振动。几乎所有的介质，如固体、液体和气体，都能传播纵波。

29. 对比脉冲在三种介质中的传播情况，每一种情况下波的传播都需要一定的时间从一端传播到另一端。绳子上传播波的速度比弹簧上快，在金属杆上波的传播速度最快。

30. 游泳者跳入池塘产生的波的能量是在短时间内在一个小空间内转移到水里，而雨滴的能量在时间上和空间上都要分散得多，所以不会产生更大的波的能量。

P451 第 3 节复习

31. 当波进入新的介质时，波的频率保持不变。一般来说，当波进入新的介质时，波的振幅、波长和速度都会改变。波的传播方向可能改变，也可能不改变，这取决于波的初始的方向。

32. 两列波要产生干涉，两个波的位移方向应该是相同的。(答案合理即可)

33. 波的方向可以不变。当波通过两种介质的界面时，如果波的传播方向垂直于边界表面传播，或者波在两种介质中传播的速度相同，波通过界面的传播方向可以不变。

34. 在两端固定的弦所形成的驻波中，节点的数目总是比腹点的数目大 1。

35. 图的左侧交界面是一堵坚固的墙，因为反射波是反向的；因为边界是一个波阵面，且反射波不是反向的，所以中心一列平面的波是来自于非刚性边界的反射。

P452 起步实验

在螺旋弹簧中传播的波

目的

研究螺旋弹簧中脉冲的运动。

实验器材

螺旋弹簧。

教学建议

- 学生可以在房间的地板上展开弹簧。
- 提醒学生不要很快松开拉伸的弹簧，它们会缠绕在一起，可能导致受伤。

预期结果

步骤 1 和步骤 2 都产生一个横向脉冲，会从另一端反射。步骤 3 产生压缩波，似乎比横向脉冲传播得更快。步骤 4 产生一个反射的扭转脉冲。

分析

5. 步骤 1 和步骤 2 中的脉冲保持其形状，但幅度减小。所有脉冲似乎都以恒定的速度传播。每个脉冲会反射。在步骤 1 和步骤 2 中，反射的脉冲位相反转。在步骤 4 中，顺时针脉冲反射后成逆时针脉冲，逆时针脉冲反射后成顺时针脉冲。步骤 1 的脉冲振幅小于步骤 2 的振幅，但两者似乎以相同的速度传播。
6. 弹簧的张力、弹簧的质量控制脉冲在弹簧中的运动。

P452 迷你实验

波的反射

目的

强调反射不会改变波的速度。

实验器材

波槽与投影系统、秒表、铅笔、橡皮。

安全措施

- 立即清理所有溢出的水。
- 如果水箱有灯，请使用 GFCI 保护电路。

分析

4. 因为传播四个长度的时间是传播两个长度的时间的 2 倍，数据表明波的速度和反射波的速度是相同的。

P453—455 物理实验

单摆的振动

实验时间

一节实验课。

技能要求

能用科学概念和科学语言进行解释，观察和推论，比较和对比，制定模型，进行批判性思考和测量，收集和组织数据，得出结论。

安全措施

建议学生不要靠近摆锤，防止发生摆锤击中眼睛的情况。

教学建议

- 提醒学生，一个周期是一个来回地运动。
- 让学生为他们设计的每个实验确定自变量和因变量。

- 当摆锤在运动时，支架摇晃或不稳定，可以将绳子夹在桌子边缘。
- 建议摆线长度为 25 cm(短)、75 cm(中)和 1 m(长)。

样本数据

步骤 3～5 的观察结果：

3. 周期 T 和频率 f 取决于摆线长度 l。
4. 周期 T 和频率 f 与摆锤质量 m 无关。
5. 周期 T 和频率 f 与振幅 A 无关(对于摆幅角度$<15°$)。

分析

1. 振幅变化时，周期并不改变。
2. 单摆质量改变时，周期并不改变。
3. 周期与频率成反比。
4. $g=\frac{4\pi^2 l}{T^2}$。样本数据：$g=9.6\ \mathrm{N/kg}$。
5. 相对误差$=\frac{9.8\ \mathrm{N/kg}-9.6\ \mathrm{N/kg}}{9.8\ \mathrm{N/kg}}\times 100\%=2.0\%$，可能的误差来源包括测量精度、摩擦和支架的晃动。

	10 个周期的时间(s)		
	实验 1	实验 2	实验 3
长度 1	25	25	25
	10 个周期的平均时间(s)	周期(s)	摆长(m)
长度 1	25	2.5	1.5

结论与应用

1. 摆线长度影响单摆的周期。
2. 减小测量误差。
3. 单摆做简谐运动，与波的运动类似。
4. 摆动的最低位置。
5. 在振幅最大的位置。

进一步探索

学生可以观察到单摆在它的运动平面内旋转。由于地球的自转，故我们可以观测到单摆的旋转运动。(答案合理即可)

生活中的物理学

由于机械摩擦，单摆的运动将随着时间的推移而停下来。对于振幅较大的单摆来说，精确度可能是个问题。此外，单摆必须校准到一个有意义的周期，例如周期为 1 s 或 0.5 s。

P458－462 第 14 章测评

36. 周期运动是在有规律地重复运动。例如弹簧的振动、单摆的运动和匀速圆周运动。

37. 频率是每秒循环或重复运动的次数，周期是一个循环运动所需要的时间，频率是周期的倒数。

38. 简谐运动是当物体受到的弹力与物体的位移成正比时做的周期性运动。在弹簧一端的物块受到挤压后的运动就是一个例子。

39. 弹簧拉伸的距离与施加在它身上的力成正比。

40. 弹簧的劲度系数是 $F-x$ 图线的斜率。

41. 弹簧的势能是 $F-x$ 图线下的面积。

42. 单摆的周期与摆锤的质量无关。单摆的周期与摆长有关。当摆的振动幅角小于 15°左右时，单摆的周期还与重力加速度 g 有关。

43. 一个周期性变化的力，当它的频率与系统固有频率相同，就会发生共振。

44. 27 N/m　45. 0.12 m　46. 0.35J　47. 0.29 m

48. a. 20 N/m　b. 2.5 J

49. 0.21 m　50. A＝B＜C＝D。

51. 投球时，随着球的移动，球的能量从一处转移到另一处。在机械波中，波的能量在物质中传播，但物质并没有从一处转移到另一处。

52. 横波使介质中的粒子沿垂直于波的传播方向振动。纵波使介质中的粒子沿与纵波传播方向平行的方向振动。表面波具有横波和纵波这两种波的特性。

53. a. 波的速度只取决于介质，所以是不会改变的。

b. 波的频率可以通过改变波传播的速率来改变。

54. 波长是波上两个振动情况完全相同的相邻点之间的距离。

55. 一旦脉冲通过一根绳子的某个点，这个点就完全是脉冲到达这个点之前的样子。

56. 脉冲是介质中的单一扰动产生的，而周期波可以是由几个相邻的扰动产生的波的组合。

57. 波的频率是介质的一部分每秒振动的次数。波的速度描述波通过介质的传播运动的快慢。

58. 手的抖动频率就是波的频率，它们是一样的。

59. 当绳子上的一些点，它们有相同的位移和相同的速度时，它们是同相的。否则，这些点是不同相的。两个波峰是同相的。波峰和波谷彼此反相。

60. 波携带的能量与其振幅的平方成正比。

61. 8.3 s　62. 4.0 m/s　63. a. 0.29 m/s　b. 0.21 s

64. a. 1.9 m/s　b. 2.1 m

65. a. 1.50×10^3 m/s　b. 1.00×10^{-6} s

66. 1350 m　67. a. 550 Hz　b. 280　c. 1.7×10^2 m

68. 3.6 m/s　69. 8.1×10^2 km

70. 波的频率是一个不变量，是因为频率只取决于细绳初始振动速率，而波通过细绳和粗绳的交界面引起粗绳的振动时，波的频率不变。

71. 这时被反射的脉冲将被反相。

72. 在驻波节点处介质中的粒子没有运动。

73. 没有糖的区域是振动最大的波峰区域，有糖的区域是没有振动的节点区域。

74. 这是因为存在驻波，有五个节点，弦可以在它的五个节点中的任何一个点上用手触摸。

75. 波前的波长和波的传播方向改变了，但波的频率不变。

76. 第 1 种情况：振幅增加一倍。

第 2 种情况：振幅相互抵消。

第 3 种情况：如果第一个脉冲的振幅是第二个脉冲振幅的一半，那么合成的脉冲是第二个脉冲振幅的一半。

77. a. 2.4×10^{-3} s

b. 当脉冲从折射率大的光密介质反射时，反射脉冲有位相突变，因此返回的反射脉冲与入射脉冲位相相反。

c. 两个脉冲在距离另一端 15 cm 处相遇，它们传播距离相同。

78. 因为它们的波速是相同的，波长越大频率越小。波长为 A：18 cm，B：15 cm，C：20 cm，D：12 cm，所以频率从大到小的排列顺序为 D > B > A > C。

79. 球运动到底部，弹性势能最大，重力势能最小，动能为零。球运动到平衡位置，动能最大，弹性势能为零。球运动到顶部，动能为零，重力势能最大，弹性势能为一个最大值。总机械能守恒。

80. 不可以；在太空空间站所有物体处于失重状态，因此 g 的表观值为零，单摆不会摆动。

81. 第一种情况下产生的是纵波，第二种情况下产生的是横波。

82. 手指的运动加快，波的频率将增大，而波的速度将保持不变，波长也将减少。

83. 随着波的频率的增大，周期减小。

84. 随着波的频率的增大，波长减小。

85. 脉冲振幅增大 2 倍，能量增大 4 倍。

86. 振动的周期等于水波在浅盘锅中来回移动的时间，所以会产生干涉。

87. 2.4 s　　88. a. 190～550 m　b. 2.8～3.4 m

89. a. $\frac{1}{4}$　b. 0.72 s　c. 1.4 Hz

90. 23 N/m，0.80 m/s

91. a. 表面波。

b. 因为产生的位移是垂直于波的传播方向，在这种情况下波的能量只能使你做向上或向下运动。

c. 1.5 s　d. 0.67 Hz　e. 2 m/s　f. 2.7 m

92. 0.57 N/m　　93. a. 2.4×10^{2} N/m　b. 1.1 kg

94. a. 6.3 s

b. 周期相同，周期大小与质量无关。

c. 在秋千的底部，动能最大。

d. 在秋千的顶端，势能最大。

e. 在秋千的顶端,动能最小。

f. 在秋千的底部,势能最小。

95. a. 22000 N/m　　b. 1.1 J

96. a. 7.5 s　　b. 10 s　　c. 0.10 Hz　　d. 11 m

e. 由于摆线长度与摆动周期的平方成正比,周期加倍,摆线长度需要增加到 4 倍,也就是增加 300%。

97.

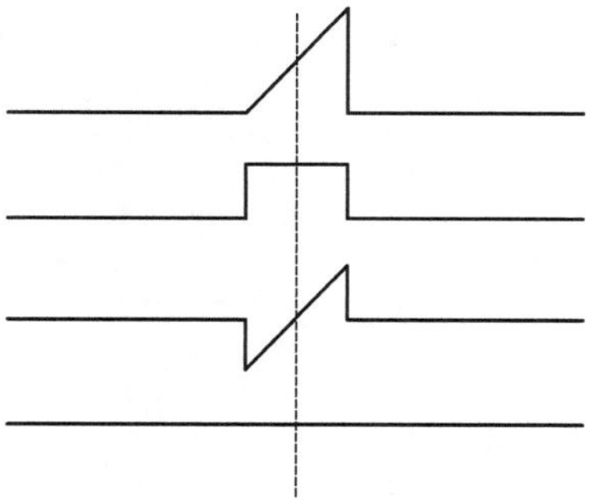

98. a. 必须让钟跑得更快。钟摆的周期要缩短,可以通过缩短钟摆的长度来增加时钟的摆动速度。

b. 摆的长度需要缩短:$l_1-l_2=0.150\ \text{m}-0.135\ \text{m}=0.015\ \text{m}$。

c. 摆的长度需要缩短:$l_1-l_2=0.775\ \text{m}-0.770\ \text{m}=0.005\ \text{m}=5\ \text{mm}$。

99. 63.7 N

100. 示例:"一个 1.65 kg 的西瓜放在超市农产品秤的篮子里。如果天平的弹簧拉长 1.5 cm,那么天平的弹簧的劲度系数是多少?"(答案合理即可)

101. a. "……如果物体最初被拉到平衡位置以下 10 cm 的位置,然后释放,当它通过平衡位置时移动的速度会是多少?"

b. "……如果物体的质量是 0.85 kg,弹簧相对于平衡位置会被拉伸多少?"

c. "……这个物块在 6 s 内振动了 7 个完整的周期。振动的频率是多少?"

102. a. 图表应该显示一个向上的斜率。　　b. 21 N/m　　c. 2.5 J

103. a. 40 N/m　　b. 弹簧储存的势能是 5 J。

c. 当弹簧被拉伸时,力不是恒定的。平均力 10 N,乘以距离可以得到所做的功。

104. 3 Hz

105. 惠更斯提出了光的波动理论,牛顿提出了光的粒子理论。反射定律可以用两种理论来解释。然而,惠更斯原理和牛顿的粒子理论在解释光的折射定律时得出了相反的结论。

106. a. 8.8×10^6 J

b. 发动机所做的最小功等于汽车的动能,也就是 8.8×10^6 J。发动机所做的功比克服摩擦力所消耗的功大很多。

c. 11 m/s^2

107. 2×10^{-3} kg/s

P463 第 14 章 标准化测试

1. D 2. C 3. B 4. B 5. A 6. A 7. C
8. C 9. D 10. C

11. $k(\mathrm{m})=\mathrm{kg}\cdot\mathrm{m/s^2}$, $k=\dfrac{\mathrm{kg}\cdot\mathrm{m/s^2}}{\mathrm{m}}$, $k=\dfrac{\mathrm{N}}{\mathrm{m}}$

第 15 章

声

P472　练一练

1. 488 Hz　　2. 392 Hz　　3. 548 Hz　　4. 3. 52 MHz　　5. 19 m/s

P473　第 1 节复习

6. 改变声音的音调需要改变声音的频率，改变声音的响度需要改变声音的振幅。

7.

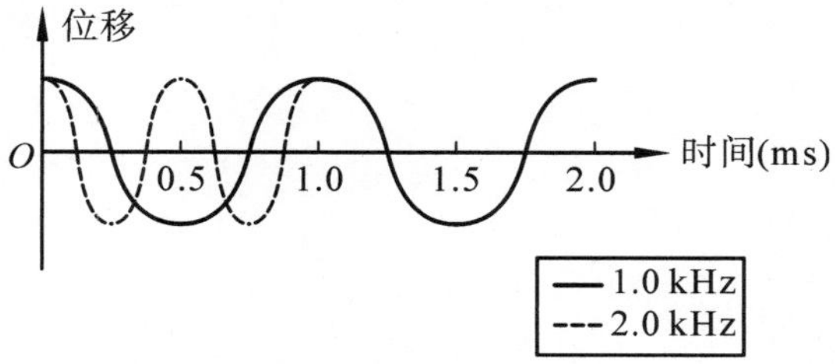

8. 受到介质影响的物理量是波速和波长，不受介质影响的物理量是周期和频率。

9. 声级每增加 20 分贝，声波压强振幅就增加 10 倍。因此，增加 60 分贝对应于声波压强振幅增加 1000 倍。

10. 声速在固体中传播比在气体中传播快，因此，声音在钢轨中传播的速度比在空气中快。钢轨会把声音集中起来，所以它不会像在空气中那样迅速扩散消失。

11. a. 它们的声音强度会有所不同。较大的昆虫会将更多的声音能量反射回蝙蝠。
　b. 一个昆虫飞向蝙蝠会返回一个更高频率的回声。从蝙蝠身边飞走的昆虫会返回较低频率的回声。

12. 不能。汽车必须接近或从探测器返回，由多普勒效应来探测其速度。汽车驶过的瞬间不产生多普勒效应。

P480　练一练

13. 970 m/s　　14. 859 Hz　　15. 0. 39 m

16. a. 64. 7 Hz　　b. 129 Hz，194 Hz

P481　物理挑战题

1. $F_T=\frac{mv^2}{4L}$

2. $F_T=\frac{mv^2}{4L}=\frac{0.001\ \text{kg}\times 343\ \text{m}^2/\text{s}^2}{4\times 0.400\ \text{m}}=74\ \text{N}$

P483 第 2 节复习

17. a. 声带　b. 簧片　c. 人的嘴唇　d. 琴弦
18. 管子越长，产生的谐振频率就越低。
19. 管子的长度应该是波长的一半。
20. 740 Hz，1100 Hz，1500 Hz
21. a. 35.7 Hz　b. 0.10 m
22. 每一种乐器都有自己的基频和谐振频率，所以它们有不同的音色。
23. 389 Hz 或 395 Hz
24. 当音叉被压在其他物体上时，音叉的声音会被放大，因为这些物体会像音箱一样产生共鸣。它们听起来不同，是因为它们与不同的谐波产生共鸣，因此，它们有不同的音色。

P484 起步实验

玻璃杯发声实验

目的

介绍玻璃杯振动产生声波的原理。

实验器材

不同厚度的玻璃杯和不同高度的高脚玻璃杯，玻璃杯，水。

教学建议

- 让学生有时间练习，最初不是每个人都能让玻璃杯振动。
- 一定要让学生测试装有水的玻璃杯，让学生在听到玻璃杯发出的叮当声时观察水面。

注意：玻璃杯易碎，搬运应小心。

预期结果

高脚玻璃杯很容易产生振动，并产生振铃般的声音。平底玻璃杯可能不会产生音调，因为它们被直接放在柜台上，柜台吸收振动能量。学生们会发现，他们的手指沿着杯的边缘摩擦时，在杯中会形成驻波。

分析

7. 学生应指出，在高脚玻璃杯边缘摩擦时会产生铃声。多种因素都会影响音调，包括手指在杯的边缘移动的速度、杯子的直径、杯柄的长度以及杯子里的水量。此外，玻璃杯的质量也会影响所产生的音色。按压玻璃不会发出声音。
8. 略(答案合理即可)。
9. 学生们会发现往杯子里倒一点水，会稍微提高声音的音调，因为这改变了振动物质量的大小。建议改变玻璃杯的厚度，杯口的形状和杯脚的高度。

P484 迷你实验

声音的特性

目的

识别决定硬币掉落时发出声音的物理因素。

实验器材

1 美分、5 美分、10 美分、25 美分的硬币各一枚。

预期结果

10 美分硬币掉落时发出声音音调最高，25 美分硬币掉落时发出声音音调最低。每个硬币掉落时发出的声音都不一样。

分析

4. 影响硬币掉落时发出声音频率的物理因素包括几何形状、材料和硬币大小。例如，学生可能会回答，越大的硬币发出的声音越低。

P485－487 物理实验

分贝

响度是人们对声音的感知问题，它与声波的强度有关。强度增加 10 倍只会被感知是声音响度增加 2 倍。通常测量的不是实际声波绝对强度，而是一个被称为相对强度的量，它更能描述人们的感知。经常被用来衡量声音的相对强度是分贝这个单位。声音的相对强度每增加 10 分贝，声音响度就增加 1 倍。

有很多种方法可以测量电子源发出的声音的分贝级别。在此次实验中，声强计将与收音机或 CD 播放器一起使用。声源可以调节，可以发出各种音量，在每个音量设置下，可以测量声音的分贝水平。这个实验可以检验声音相对强度和人们感知响度之间的关系，以及探索声音的听觉域和痛觉域问题，使探讨听力安全的问题成为可能。

技能要求

使用数据，沟通，解释数据，SI 测量，预测，操作定义，认识因果关系。

准备提示

- 为了提高效果，在 CD 上录制 1 kHz 的音调或使用音频测试 CD 作为声源。
- MP3 播放器可以代替 CD 播放器。
- 与学校医生联系安排学生的听力测试。让学生复制他们的听力记录。他们将寻找自己听力灵敏度的变化和趋势，比如单耳或双耳听力逐渐失去对应的声音相对强度的分贝值。

实验器材

带耳机的收音机或 CD 播放器，CD 盘，胶带，声级计，白色的涂改液，坐标纸。

过程提示

- 如果声级计有响应曲线的设置(例如，“A”和“C”权重)，学生应该在所有测量中使用“A”设置，因为“A”设置对应于人耳的响应特征。一些声级计可能也有调整相应声音速度的设置。慢速设置的平均强度随着时间的推移会慢慢减弱，并给出更好的测量结果，特别是在确定音乐的声波强度变化时更好。
- 让学生检验学校的各个区域，如办公室、复印中心、维修区、自助餐厅等，记录声音的声波强度级别和产生声音的设备类型。让他们将测量到的声强级别与允许的声强级别暴露时间进行比较。

数据与观察

数据表 3

声级 (dB)			
设置	实验 1	实验 2	实验 3
0	—	—	—
1	60	67	55
2	60	79	64
3	66	90	72
4	70	96	78
5	74	101	83
6	77	106	88
7	83	109	93
8	86	111	97
9	90		100
10	94		102

数据表 4

收听音乐的音量设置	8
在该音量设置下估计持续的时间	1 h

分析与结论

1. 答案将根据每个收音机或 CD 播放器的音量控制类型而有所不同。有些是线性的，有些是对数的。

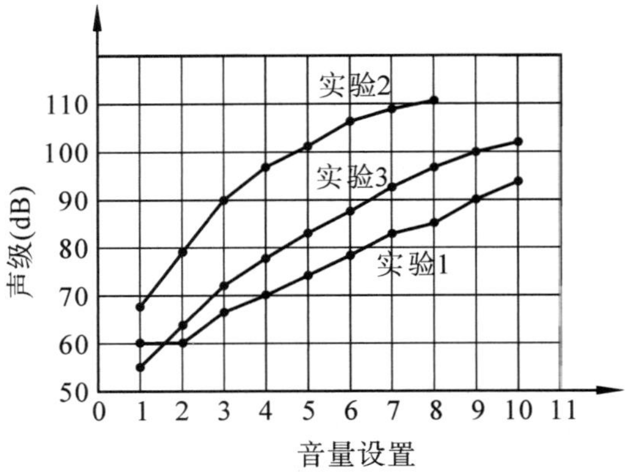

2. 在实验 1 中，音量设置 8 对应于 86 dB 的声音强度级别。
3. 在一个声音的强度级别上。
4. 收音机或 CD 播放器的声强级是 86 dB，每天最大曝光量不应超过 8 h。

拓展与应用

1. 杰克需要比平时的声级高 5 dB 的音量，这是平时声音响度的 3 倍。卡罗丽需要比正常声强级高 25 dB 的声音才能探测到大约 300 倍响度的声音。

2. (110 dB) $\log\frac{I_2}{I_1}=\beta_2-\beta_1$

$\log\frac{I_2}{I_1}=\frac{60\ \text{dB}}{110\ \text{dB}}$

$\frac{I_2}{I_1}=100000$

3. 在封闭的房间里，声音会从天花板、墙壁、地板和家具反射回来。它不会很快被削弱，而且可能会被集中或放大。

4. a. $I=\frac{80.0\ \text{W}}{4\pi(2.25\ \text{m})^2}=1.26\ \text{W/m}^2$

b. $\beta=(10\ \text{dB})\log\frac{1.26\ \text{W/m}^2}{10^{-12}\ \text{W/m}^2}=121\ \text{dB}$

800 W 的扩音器能产生的声级刚好超过听力疼痛的阈值，可能会导致严重的听力损伤。由于该系统将安装在一个小房间里，声音会被墙壁、天花板等反射，而不是放在开放空间中扩散，因此这种危害程度更加严重。为了保护听力，学生可以这样做：买一个功率较小的扩音器，或买这个扩音器，但要确保音量要控制好，不要开得太高，或者坐得离扩音器很远的地方。

5. 当这名学生将声音的响度提高了 1 倍时，声音的声强级别增加了 3 dB。新的声音声级是 103 dB。

P490－494　第 15 章　测评

25. 声波的物理特性可以用频率、波长、振幅和速度来描述。

26. 光的传播速度为 3.00×10^8 m/s，而声音的传播速度为 343 m/s。裁判在听到枪声之前会先看到烟雾。如果裁判在听到枪声开始计时，计时器时间会小于实际比赛时间。

27. 音调高低是人们对声音频率的感知。声音响度是人们对声音压强振幅的感知。

28. 所有类型的波都会有多普勒效应。

29. 因为血液在流动，医生可以从流动的血液反射的超声波中测量与入射的超声波产生的多普勒频移，从而测出血液的流速。测量时，压缩静脉或动脉使血液堆积起来，间隔一段时间后松开。这就改变了超声波的频率。

30. 1.7 km　　31. 5.1×10^2 m　　32. 5200 m/s　　33. 9.8×10^4 Hz

34. 5.707 m　　35. 1.45×10^3 m/s　　36. 350 Hz　　37. 0.0175 s

38. 11.3 m

39. a. 一场典型的摇滚音乐会声级是 110 dB，所以需要减少 40 dB。

b. 几乎听不到的耳语是 10 dB，所以在普通的教室实际听到声级是 50 dB。

40. a. 每增加 20 dB，声强振幅就增加 10 倍。

b. 要增加 100 倍的声强振幅。

41. 2.0 m/s　　42. a. 349 m/s　　b. 0.436 s

43. 3.4×10^2 m　44. 0.353 mm　45. a. 1300 m　b. 580 m

46. 1000 倍　47. a. 335 Hz　b. 356 Hz

48. a. 2.80×10^2 Hz　b. 2.63×10^2 Hz

49. 振动的物体和传播振动的介质。

50. 音符的频率与玻璃的自然频率相同，产生共振，使玻璃分子接收来自声音的能量而增加了振动的振幅。

51. 在以整齐的步伐行进过程中，建立一定的频率，如果这个频率与桥梁的频率一致，会使桥梁产生共振，而产生破坏性振荡。如果以散乱步伐通过桥梁，就不会产生或保持单一频率。

52. 音叉产生简单的单频率声波。乐器产生包含许多不同频率的声波的组合，是复杂波。由此产生了音色。

53. 通过音质或音色来区分。

54. 手指在长号上的滑动，通过改变振动空气的共振柱的长度来改变长号的音调。

55. 442 Hz 和 448 Hz

56. 540 Hz　57. 2.9 kHz　58. 2.7 kHz　59. E $<$ D $<$ C $<$ B $<$ A

60. 1100 Hz，1800 Hz，2600 Hz

61. a. 255 m/s　b. 392 Hz 和 588 Hz

62. a. 10.5 m　b. 8.20 Hz

63. 442.5 Hz 或 437.5 Hz

64. 6.70×10^2 mm　65. 2.0×10^2 Hz　66. 4.0×10^2 Hz

67. a. 1.0×10^{-6} N　b. 1.5×10^{-6} N　c. 0.58 Pa

68. 1.7×10^2 m/s

69. a. 频率没有变化。　b. 比原波长增加了。

70. 大了 100 倍。

71. 声速 $v=343\ \text{m/s}=0.343\ \text{km/s}=\frac{1}{2.92}\ \text{km/s}$；或者说，声音大约在 3 s 内传播 1 km。因此，估计你和雷鸣的距离（以 km 为单位）时，用秒数除以 3。

72. 首先，如果你听到了声音，你会在看到爆炸后听到。因为声波的传播速度比电磁波的传播速度慢得多。其次，在太空中，物质的密度非常小，以至于声波无法传播。因此，应该听不到任何声音。

73. 红光的波长较长，因此频率较低。测得远处星系的光向低频的多普勒频移方向移动，表明遥远的星系正在沿着远离我们的方向运动。

74. 示例："音叉有缺陷，在 442 Hz 而不是 440 Hz 播放 A 音。你必须以多快的速度离开音叉才能听到正确的音调？"（答案合理即可）

75. a. 频率将会增加。　b. 波长会减少。
c. 波速保持不变。　d. 振幅保持不变。

76. $\lambda=4L$，$v=f\lambda$，所以 $v=4fL$。如果 v 增加而 L 保持不变，f 增加，音调提高。

77. 频率分开得越来越远了。

78. 音调升高,开管的频率是闭管的频率的 2 倍。

79. 每单位长度的弦有不同的张力和质量。更细、更绷紧的弦比更粗、更松弛的弦产生更高的音调。

80. 示例:“如果一个站着不动的警察听到声音频率为 525 Hz 的声音,当汽车接近 30 km/h的区域,这辆汽车有没有超速?”(答案合理即可)

81. 5.4 s　　82. 365 m/s,294 m/s

83. 22.3 kHz　　84. 2.3 m/s

85. a. 68.6 m/s

b. 每小时 246 km,汽车会开得很快,很危险。

86. 180 N

87. a. 如图所示,频率和波长的关系是反比关系。

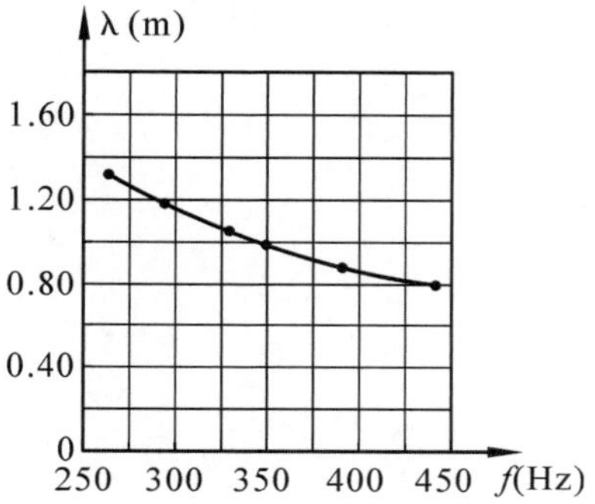

b. 如图所示,周期$\left(\frac{1}{f}\right)$与波长之间是正比关系。声速用斜率来表示,为 343 m/s。

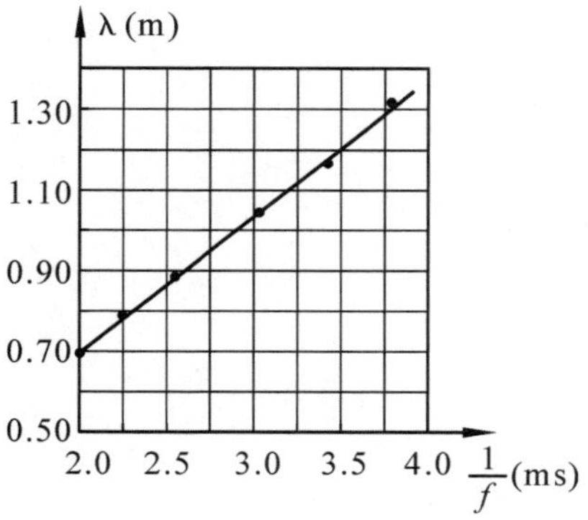

88. 当汽车接近我时,图表应该显示一个稳定的高于 300 Hz 的频率;当汽车远离我时,应该有一个稳定的低于 300 Hz 的频率。

89. 当你看到撞击时,你可以启动秒表,当声音到达你时,你可以停止秒表。速度可以用 200 m 的距离除以测量的时间来计算。测量的时间太长了,因为你可以通过视觉预测撞击,但你不能预测声音。计算的速度会太小。

90. 太阳必须以与地球相同的方式绕轴旋转。多普勒频移表明,太阳的左侧正朝向我们,而右侧正远离我们。

91. 测量绳子的质量和长度来确定。然后将绳子夹在桌子上,一端悬挂在桌子边缘,通过在绳子的一端悬挂重物来拉伸绳子以获得 F_T。用这个公式计算波浪的速度。接下来，拨动琴弦的中间部分，通过将其与频率发生器匹配来确定频率，使用节拍器来调节频率发生器的频率。将频率乘以弦长的两倍，弦长等于波长的一半，就可以根据波动方程得到速度。比较结果。对不同张力和单位长度质量不同的弦重复进行实验。考虑可能的产生实验误差的原因。

92. 一份关于小提琴构造的报告可能包括作为琴弦和琴身之间连接桥梁的信息，以及琴身在引起小提琴周围空气分子振动方面的作用信息。学生还可以讨论制作小提琴时使用的木材和饰面如何影响乐器发出的声音的质量。（答案合理即可）

93. 学生应该讨论埃德温·哈勃的工作，红移和膨胀的宇宙，光谱学，以及探测行星—恒星系统运动中的摆动。

94. a. 图略。

    b. 动量是 3.6 kg·m/s，速度是 1.8 m/s，方向西偏北 34°。

95. 没有做功，因为力和位移是垂直的。

96. a. 11 kJ　　b. 627 N

P495　第 15 章　标准化测试

1. A　　2. D　　3. C　　4. C　　5. B　　6. B　　7. B

8. 328 m/s

第 16 章

光学基础

P504　练一练

1. 灯移动后照度为原来照度的$\frac{1}{9}$。

2.

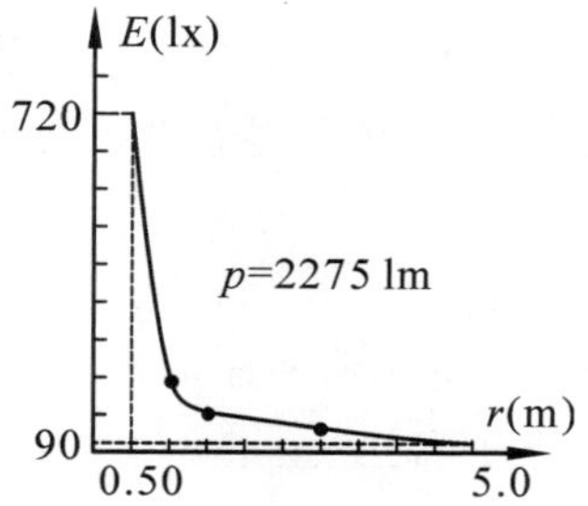

3. 7.1 lx　　4. 3.2 m　　5. 25 lx　　6. 8.0×10^3 lm

7. 灯应该安装在键盘上方 0.9 m 高处；如果灯悬挂在离键盘 1.5 m 处，照度将是61.91 lx，这样比要求的照度低了，就太暗了；要从 1.5 m 获得 175 lx，需要灯的光通量为 4950 lm。

P506　第 1 节复习

8. 阳光透过一扇布满灰尘的窗户，你的身体挡住了光，产生了阴影。（答案合理即可）

9. 选用半透明的材料可以让人看到里面或者外面，同时仍然允许光照进入。用不透光的材料会挡住阳光。

10. 一个灯泡提供的照度比 2 倍距离处两个相同灯泡提供的照度大 2 倍。

11. 0.71 m　　12. 27 cd　　13. 9 km

14. 光速是 3.01×10^8 m/s。这种方法看起来是准确的，因为它得到的结果接近于公认的光速值。

P512　物理挑战题

1. 检偏器可以让一些光通过，因为检偏器的偏振轴与偏振片 1 的偏振轴不垂直。偏振片 2 可以通过来自检偏器的光，因为检偏器的偏振轴与偏振片 2 的偏振轴不垂直。

2. I_1 是经过偏振片 1 的光强，$I_{检偏器}$ 是经过检偏器的光强，I_2 是经过偏振片 2 的光强，则 $I_{检偏器}=I_1\cos^2\theta$，$I_2=I_{检偏器}\cos^2(90°-\theta)$，$I_2=I_1\cos^2\theta\cos^2(90°-\theta)$。

P515　练一练

15. 5.85×10^{14} Hz　　16. 6.03×10^{14} Hz

17. 4.97×10^{-7} m　　18. 7.02×10^6 m/s，离开地球。

P515 第 2 节复习

19. 红移的光是波长被移到波长较长的光；当一个光源和一个观测者彼此远离时，观测到的光发生红移。蓝移的光是波长被移到波长更短的光；当光源和观测者相互靠近时，观测到的光会发生蓝移。这种观察到波长的偏移称为多普勒效应。
20. 黄色（黄色是红色和绿色两种原色的混合色）。
21. a. 黄色 b. 黄色 c. 黑色
22. 合成色用的颜料是红色、绿色和蓝色。物体呈现这些颜色，是因为它们含有的颜料色素在吸收其他颜色的同时反射这些颜色的光。例如，红色颜料色素吸收绿光和蓝光，所以反射红色。
23. 黄色和品红色颜料用于生成红色。黄色颜料吸收蓝色，品红色颜料吸收绿色，两者都不吸收红色，所以混合后反射红色。
24. 查看这种眼镜是否能减少窗户或道路等表面反射的眩光。
25. 太阳眼镜的偏振轴是垂直定向，因为从道路反射的眩光将在水平方向上部分偏振。具有垂直偏振轴的偏振太阳眼镜将过滤掉水平方向上的反射眩光。
26. 改变了；因为 $v=\lambda f, \lambda=\dfrac{v}{f}$，当波速 v 减小时，波长 λ 也减小。
27. 在我们探测到仙女座星系发出的光中，已知原子的光谱线发生了蓝移。由于引力的作用，地球将向仙女座移动。这种引力可能是由于银河系的质量或其他位于银河系附近的星球产生的。

P516 起步实验

研究光在空气中的传播路径

目的

观察光在空气中的传播路径。

实验器材

灯、平面镜、索引卡、推针、黏土。

教学建议

在房间变暗之前，确保每个人都已准备好观察反射的光束。

预期结果

一个光点出现在卡片的背面。

分析

7. 卡片上的图像是一个光点，大约与洞的大小相同。
8. 光看起来是直线传播的，如果光被什么东西挡住就被反射，光的传播方向就会被改变。
9. 光束在干净的空气中是看不见的，因为空气中没有足够的灰尘将光线反射到你的眼睛。如果空气中有很多尘埃，光束就能看见。

P516　迷你实验

光速

目的

测量光速。

实验器材

微波炉、盘子、蜡纸、棉花糖、烤箱手套、米尺。

预期结果

学生应该能得到一个接近 3.0×10^8 m/s 的光速值。

分析

6. 大多数学生应该获得波长在 1.0～1.5 cm 之间的电磁波。
7. 微波炉的电磁波的速度接近 3.0×10^8 m/s。
8. 微波炉的电磁波的速度接近于公认的光速。

P517—579　物理实验

光的偏振

实验时间

一节实验课。

技能要求

能用科学概念和科学语言进行解释，观察和推论，比较和对比，制定模型，进行批判性思考和测量、收集和组织数据，作出结论。

安全措施

- 尽量缩短直视明亮光源的时间。
- 不要用激光光源做这个实验。
- 即使你使用偏振滤光片，也不要直接看太阳。
- 离光源太近会使皮肤发热并灼伤。

替代器材

扁平的塑料物体，可以选择塑料量角器；LCD 手表或笔记本电脑可以代替计算器和显示器。

教学建议

- 告诉学生要小心，不要划到偏振片，要尽量避免在擦拭偏振片时可能发生划到偏振片的情况。
- 当学生评估偏振片的偏振度时，提醒他们用马吕斯定律来计算偏振片的光强。

样本数据

光源	观察
1 白炽灯	不是偏振光
2 日光灯	微偏振光

续表

光源	观察
3 镜面反射光	极化产生部分偏振光
4 白纸光	没有极化
5 黑纸光	极化产生部分偏振光
6 液晶显示器	极化产生部分偏振光
7 过两个偏振片	如果两个偏振轴垂直，消光
8 在两个偏振片之间放透明塑料薄膜	当两个偏振片的偏振轴成直角时，放透明塑料薄膜，有光透过

分析

1. 白炽灯不是偏振光。它在垂直于行进方向的平面上的光振动沿各个方向，大小相同。
2. 日光灯是微偏振光。当检偏器在两偏振片之间旋转时，光强确实会变暗。
3. 光亮的镜面产生偏振光。偏振片如果保持在一定的位置，就可以挡住所有的反射光。
4. 从白纸上反射的光大部分不是偏振光。从黑纸上反射的光大多是偏振光，因为黑色吸收了大部分非偏振光。
5. 液晶显示器产生偏振光。当检偏器在两偏振片之间旋转时，在某一点上，显示器看起来变成全黑。

结论与应用

1. 当偏振片的偏振轴交叉垂直时，没有光透过偏振片。
2. 当塑料量角器放在两偏振片之间时，离开第一个偏振片的偏振光经过塑料量角器后旋转偏振光的偏振轴，所以一部分光可以透过第二个偏振片，正如马吕斯定律所解释的那样。
3. 当光线反射到有光泽的镜面或通过液晶显示器等光学介质时，光线是部分偏振光。

进一步探索

1. 蓝色天空的光是高度偏振的光。
2. 云反射的光不是偏振光。

生活中的物理学

1. 偏光镜片有助于阻挡马路或其他镜面表面反射的眩光。
2. 因为开车时会遇到许多类型的闪亮表面反射的眩光，这些都是偏振光。

P522－524　第16章　测评

28. 在明亮的建筑内或公园里可以实现有用的测量，距离可以通过光的传播时间计算得到。(答案合理即可)
29. 受照光源是光照射在其上并被反射光的物体，而光源是发光的物体。
30. 白炽灯是用来照明的物体，灯丝是发光物体，磨砂玻璃上有光，透过磨砂玻璃，你几乎看不到灯丝。

31. 普通的教学用品是不发光物体，是被反射光照亮而被看到的物体。

32. 透明物体是可以透过光而不改变光线的一种材料。半透明的物体允许光透过，但会使光线扭曲到无法识别图像的物体。不透明的物体不允许光透过。

33. 物体表面上的照度与光源的强度成正比，与从物体表面到光源的距离的平方成反比。

34. 罗迈是第一个测量光在两点之间传播所需时间的人。

35. 2.0 lx　　36. 3.84×10^{8} m

37. 应使用的灯泡最小功率是 100 W（或光通量为 1620 lm）。

38. a. 3.9×10^{9} m　b. 25 km/s

c. 地球的轨道速率是 30 km/s，所以是相当准确的。

39. 1.31×10^{3} lm

40. 示例：你应该在离光通量是 1100 lm 灯泡多远的地方放置一个屏幕，使灯泡的照度为 96 lx?（答案合理即可）

41. 光来回的距离是 3×10^{4} km；镜子放在这个距离的一半处，即 15000 km 以外。地球周长是 40000 km，这个距离是地球周长的$\frac{3}{8}$。

42. 衍射现象在大小与波的波长相差不多的障碍物周围最明显。我们通常看到的障碍物尺寸，它能衍射波长大得多的波，如声波。

43. 紫光的波长最短。

44. 红色，黄色，绿色，蓝色，紫色。

45. 400～700 nm

46. 衍射时波长较长的光弯折最大，所以衍射弯折从大到小的顺序是红＞黄＞绿＞蓝＞紫。

47. 白光是所有颜色的光的组合，或者至少是原色光的组合。

48. 纵波没有偏振现象；因为纵波光振动矢量方向沿传播方向，纵波在垂直于传播方向的平面上，光振动矢量没有垂直分量或水平分量。

49. 因为星系很遥远，它很可能正在远离地球。波长实际上会从绿光的波长向更长的红色波长偏移。如果它向蓝色波长移动，波长就会变短，而不是变长。这将表明该星系正越来越接近地球，而本星系群以外的星系还没有发现正向地球移动的。

50. 7×10^{-7} m

51. 在光的波动模型的假设下，该星系以 3.09×10^{6} m/s 离开地球。

52. 湖面的反射光是部分偏振光，从湖面到你的眼睛的路径上有平行于入射面和垂直于入射面的光振动。

53. 在光的波动模型的假设下，该星系以速度 1.95×10^{7} m/s 离开地球。

54. 示例："……并被安装在一艘飞船上，以光速的 30%离开地球。地球上的观察者测量激光的波长是多少？"（答案合理即可）

55. 一个不切实际的值会使星系看起来正在以接近或大于光速（$v\approx c$）的速度远离我

们。如果是这种情况，使用低速多普勒频移方程将给出波长差 $\lambda_{表观}-\lambda=+\frac{c}{c}\lambda$。当求解时，这将给出一个 $\lambda_{表观}=2\lambda$ 的表观波长。它是实际波长的两倍。所以任何接近或大于实际波长两倍的表观波长都是不现实的。

56. 照度与距离的平方成反比，$E\propto\frac{1}{r^2}$。屏幕 B 的照度是屏幕 A 的照度的$\frac{1}{4}$，因为屏幕 B 离光源的距离是屏幕 A 的 2 倍。

57. 双筒望远镜和照相机内部漆成黑色，因为黑色不反射任何光，因此在观察或拍摄物体时就没有干扰。

58. a. 不相同。

b. 距离加倍，所以书页的照度是原来照度的$\frac{1}{4}$。

59. 消防车和救护车应该被涂成黄绿色，波长 550 nm，因为夜晚只有较少的光反射时也能看到消防车和救护车。

60. 警车的蓝色颜料会吸收红色和黄色的光线。深蓝色的警车不太容易被发现。如果一个社区想让自己的警车被看到，他们应该买黄色的车。

61. 将灯远离书面，照度会降低，因为照度与距离的平方成反比。

62. 将灯远离书面，灯的发光强度没有变化，距离不影响灯的发光强度。

63. 从大气散射的光是偏振的，但从云散射的光是非偏振的。通过旋转偏振片，摄影师可以减少从大气散射的光到达胶片。

64. a. 因为红色玻璃反射红光，吸收蓝光和绿光。

b. 红色玻璃能透红光。

c. 蓝光和绿光被红色玻璃吸收。

65. 青色和品红色颜料可以混合成蓝色。

66. 黄色。

67. 黑色；几乎没有光能通过，因为透过第一个滤光片的光会被第二个滤光片吸收。

68. 汽车的速度为 5.4×10^7 m/s。如果他没有因为闯红灯被开罚单，他就会因为超速被开罚单。

69. 2.3 m

70. 人类的听觉范围大约为 9 或 10 个八度(20 Hz 到 10 240 Hz 或 20 480 Hz)；然而，人类的视觉不到一个“八度”。

71. 光传播 1.6 km 的时间远小于 1 s(5.3 μs)。声音的传播速度约为 340 m/s，相当于每秒传播的距离为 1.6 km 的$\frac{1}{5}$，雷声传播 1.6 km 大约需要 4.7 s。

72. 离开地球的速度和向着地球的速度是 $\pm2.03\times10^3$ m/s，波长都是 487 nm。

73.

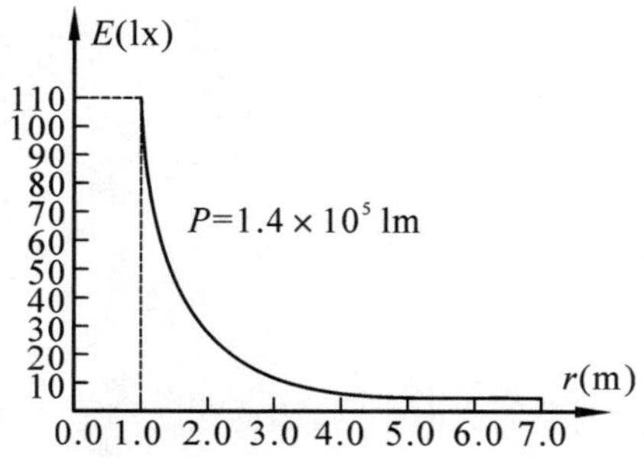

a. 图线形状是双曲线。

b. 照度与距离的平方成反比。

74. 伽利略测量不够精确。因为他无法测量在地面涉及的很小时间间隔。

75. 在这一章中可以找到许多信息。学生应该把这些信息用自己的话表达出来。学生也可以做进一步的研究来补充所提供的信息。(答案合理即可)

76. 从钍元素开始。把它加热到铂的熔点。在这个温度下,钍会发光。用一种可以承受高温的不透明材料包围钍。留下一个$\frac{1}{60}$ cm^2 大小的开口。坎德拉单位被定义为在这些条件下,钍通过开口释放出的稳定流动的光能。(答案合理即可)

77. a. 2.1×10^2 N　　b. 1.7×10^2 N

78. 171 kg

79. 252 mL,249 mL

80. 530 m/s

P525　第 16 章　标准化测试

1. B　2. C　3. D　4. C　5. D　6. D　7. B

8. B

9. 该天体正在靠近地球,速率 $v=2.97\times10^7$ m/s。

10. $I_2=0.25I_0$

第 17 章
反射和面镜

P531　练一练

1. 往毛玻璃上泼水，水会填充粗糙处，使毛玻璃表面平滑，表面法线与原来法线平行。

2. 35°

3. a. 42°　　b. 48°　　c. 84°

4. 51°　　5. 30°　　6. 90°

P534　第 1 节复习

7. 10°

8. $x_i=-3$ m，$h_i=50$ cm，成虚像。

9. 反射定律适用于单独的某一条光线。光入射到粗糙的表面发生漫反射，漫反射使光线向许多不同的方向反射。

10. 镜面反射表面有：抛光的金属，窗玻璃，光滑的水表面；漫反射表面有：纸，粗金属，塑料牛奶罐，毛玻璃。

11.

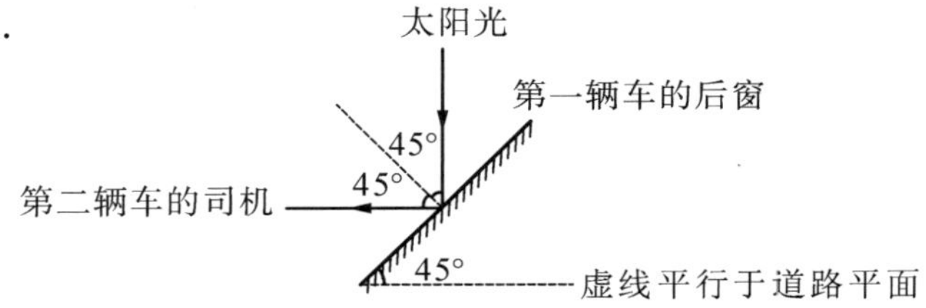

根据反射定律，太阳光入射到第一辆车的后窗，反射到第二辆车司机眼睛里。

12. 入射光从物体的粗糙表面向四面八方反射。这使你能够在任何位置看到物体。

P539　物理挑战题

1.

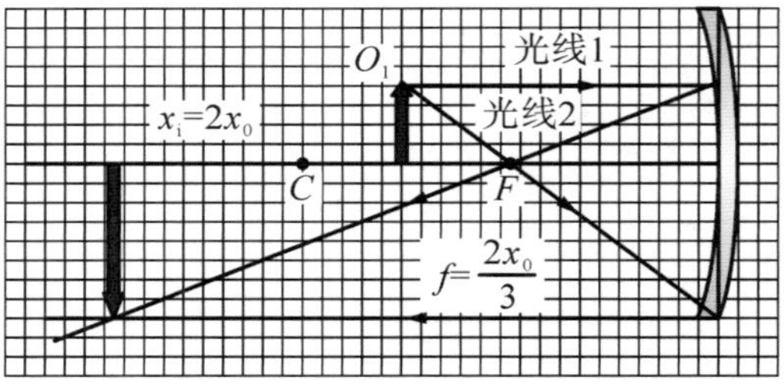

$x_0=6$ cm，$x_i=12$ cm，$f=4$ cm。（答案合理即可）

2. $\frac{1}{f}=\frac{1}{x_0}+\frac{1}{x_i}$

$x_0=\frac{fx_i}{x_i-f}$

$x_0=\frac{f\cdot 2f}{2f-f}$

$x_0=2f$

$m=\frac{h_i}{h_0}=-\frac{x_i}{x_0}$

$h_i=-\frac{x_ih_0}{x_0}$

$h_i=-\frac{2fh_0}{2f}$

$h_i=-h_0$

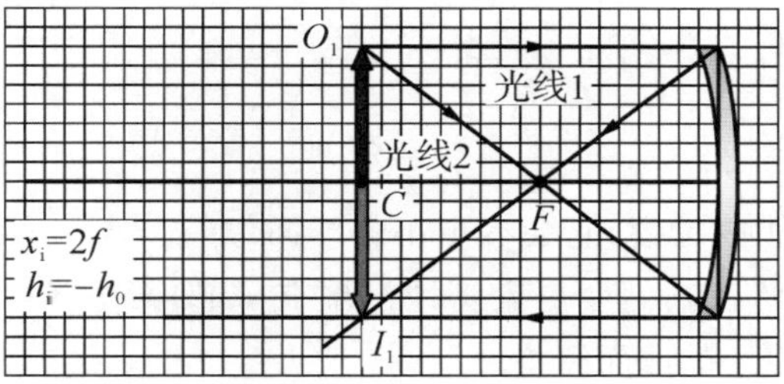

$x_0=10$ cm，$x_i=10$ cm，$f=5$ cm。（答案合理即可）

3. 物体应该放在焦点位置。

P543 练一练

13.

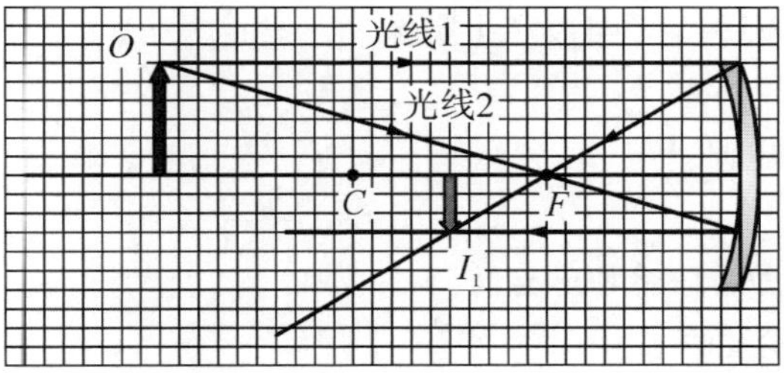

水平方向：1 格＝1.0 cm；竖直方向：3 格＝1.0 cm。

14. 28.8 cm

15. $x_i=13.3$ cm，$h_i=-2.0$ cm

16. -1.9 cm

17. $x_0=26.7$ cm，$h_0=5.0$ cm

P544 练一练

18. $x_i=-8.57$ cm

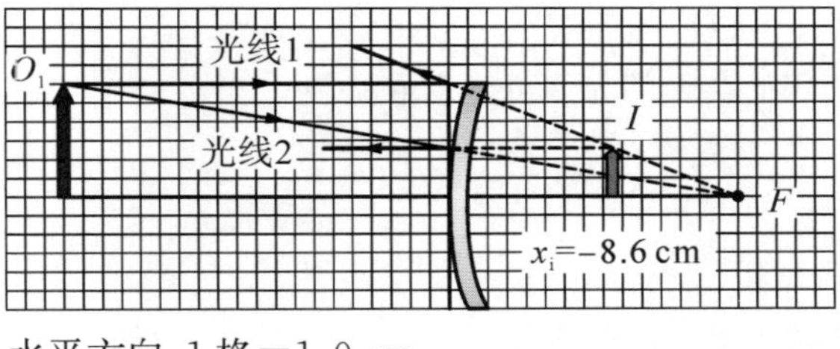

水平方向：1 格＝1.0 cm。

19. $x_i=-10.7$ cm，$h_i=1.1$ cm

20. $x_i=-12.7$ cm，$h_i=4.4$ cm

21. a. $x_i=-0.48$ m　　b. $f=-0.60$ m

22. a. $x_0=32$ cm　　b. $f=-96$ cm

P545　第 2 节复习

23. 把物体放在凹面镜和焦点之间，才能得到放大、正立的像，这时的像是虚像。

24. $m=-0.82$

25. $x_0=26.0$ cm

26. 图略。$x_i=26.4$ cm，$h_i=-3.6$ cm

27. 图略。$x_i=-6.46$ cm，$h_i=1.8$ cm

28. 29 cm

29. −36 cm

30. 对于一个高度相对于曲率半径较小的透镜，它会有更小的球面像差。从一个物体发出的光线入射到透镜是近轴光线，所以它们会更紧密地汇聚在一起，形成清晰的图像。"短"的曲率半径与抛物面会产生更小的球面像差。

P546　起步实验

屏幕上的像

目的

观察实像，解释实像的性质，并描述哪些镜子可以产生实像。

实验器材

索引卡、平面镜、凹面镜、凸面镜、手电筒。

教学建议

注意：提醒学生要小心拿镜子，锋利的边缘会划伤皮肤。

- 这个实验在阳光明媚的日子里做会更好。
- 在黑暗的房间里，一支蜡烛或手电筒可以代替从明亮的窗户射入的光线。

预期结果

凹面镜能产生实像。其他的镜子则不能。

分析

8. 只有凹面镜能产生实像。

9. 物体被投影到屏幕上，会成倒立的像。与物体相比，像被放大或缩小，这取决于物体与镜子的距离。

10. 凹面镜使手电筒的光线会聚，因此会聚的光线可能形成实像。

P546　迷你实验

虚像的位置

注意：提醒学生小心拿镜子，锋利的边缘会划伤皮肤。

目的

估计像到平面镜的距离。

实验器材

带有手动对焦镜头的相机、平面镜。

预期结果

聚焦环上的读数是 2.0 m。

分析

4. 图像在镜子后面 1.0 m 处。

5. 相机捕捉的是从镜子表面发散出来的光线，就好像光线是从镜子后面的一点发出的一样。

P547 物理实验

平面镜成像

在这个实验里，学生们研究由平面反射产生的虚像。学生们将光线与图像对齐，以找到由镀银平面镜和有色亚克力形成的图像的明显位置。学生还使用着色的亚克力和相同的物体来证明一幅图像在镜子后面的距离与相关物体在镜子前面的距离相同，而且大小相同。

技能要求

描述、观察和推断、识别空间关系，用科学语言解释图像，测量、比较和对比、收集和整理数据。

准备提示

- 瓦楞纸板可以代替软木板来固定纸张和大头针。胶带可以代替图钉，把纸贴在软木板或瓦楞纸板上。
- 塑料 T 形管和彩色塑料板可以在五金店以较低的价格买到。彩色塑料板的着色会使图像更玥显。如果你按照一个特殊的实验过程，可以使用不着色的彩色塑料板。请参阅下面的过程提示。

实验器材

夹持器，软木板，两个 3 叉支架，米尺，两个 PVC 塑料 T 形管，橡皮筋，3 个大头针，支撑杆，小薄平面镜，4 个图钉，彩色塑料板，两张白纸，小木块。

过程提示

- 学生可能很难将米尺的边缘与大头针的图像对齐来进行光线追踪。建议他们把尺子的边缘竖立起来贴在板上，从尺子的边缘往下看。要做到这一点，学生的眼睛应该放在米尺的一端，这样他们就看不到米尺上的数字了。如果处理得当，应该只看到大头针的顶部。大头针的底部应该直接在米尺的一端后面。
- 在 B 部分的实验中，如果使用了不着色的塑料板，那么塑料板后面的空间应该像一个盒子一样围起来。这将防止光线从背后透过板，而形成模糊的图像。
- 在实验 B 部分，为了减少将多个图像与多个对象关联的混淆，学生可以一次只插入一个大头针，对其进行光线跟踪，并在移动到下一个大头针之前将其拔出来。

数据与观察

A 部分

O 离开镜面的距离：10.3 cm，I 离开镜面的距离：10.3 cm。

B 部分

透过塑料板从两个方向观察：

第二个塑料 T 形管可以放在塑料板后面，这样它和第二个塑料 T 形管的图像都在同一个位置。从反面看，第一个塑料 T 形管和第二个塑料 T 形管的图像也在同一个位置。这表明该物体所成的像对于平面反射面是可逆的。

O_1 离开平面镜的距离：11.2 cm，I_1 离开平面镜的距离：11.2 cm。

O_2 离开平面镜的距离：17.5 cm，I_2 离开平面镜的距离：17.5 cm。

O_3 离开平面镜的距离：14.4 cm，I_3 离开平面镜的距离：14.4 cm。

分析与结论

1. 镀银镜子反射出的像明亮而清晰。彩色塑料板反射产生的图像是可见的，但很模糊。
2. 物点的距离等于像点的距离。
3. 该像点在第一个塑料 T 形管上的点与第二个塑料 T 形管上的像点是一致的。
4. 就像 O_1 最接近塑料板一样，I_1 也最接近塑料板。就像 O_2 离塑料板最远一样，I_2 离塑料板也最远。如果 O_3 在 O_1 和 O_2 的右边，在塑料板的前面，那么 I_3 在 I_1 和 I_2 的右边。
5. 由平面反射表面产生的像在镜子后面的距离与物体在镜子前面的距离相同。像的大小与物相同。像相对于物是前后颠倒的。像不是从左到右颠倒的。

拓展与应用

你的名字(物体)在左边的镜子中成像是上下颠倒的，在右边的镜子中成像是左右反向的，这说明了你的名字前后颠倒反转。当观察右边镜子中左边镜子的像时，你的名字的上下和左右顺序都是正常的，物和像一样。像的方向是从左到右的。

P552—556 第 17 章 测评

31. 当平行光从光滑的镜面反射时，反射光线也相互平行，成像的结果是出射光线产生的镜面的像。当光从粗糙的表面反射时，出射光线会射向许多不同的方向，反射光线被扩散了，没有物产生的像。
32. 表面的法线是一条垂直于表面的线。
33. 平面镜产生的像在一个垂直于镜面轴的平面上，并且物体离镜面的距离与像离镜面的距离相同。
34. 平面镜是一种有光滑表面的镜子，光通过镜面反射出来。由平面镜产生的像是虚的、直立的，像位置在离镜面的距离和物离镜面的距离相同处。
35. 不会成功，透过照相机的光线并不会聚在虚像上。没有实像，学生就不能用照相底片得到图像。虚像在透镜的后面。
36. 记录实像，只需在像位置放置一张白纸或感光胶片，你就应该能够找到实像。
37. 在平面镜看到的像是三维的。因为你可以从不同的方向看到图像的不同部分。离镜子近的物体，其像也会离镜子近一些。

38. 108°　　　39. 38°

40. a. 60°　　b. 图略。

41. 53°,106°

42. 来自头顶的光线入射到眼睛和头顶之间的镜子上。从脚上入射的光线入射到眼睛和脚之间的镜子上。两条光线照射到镜子上的点的高度是总高度的一半。

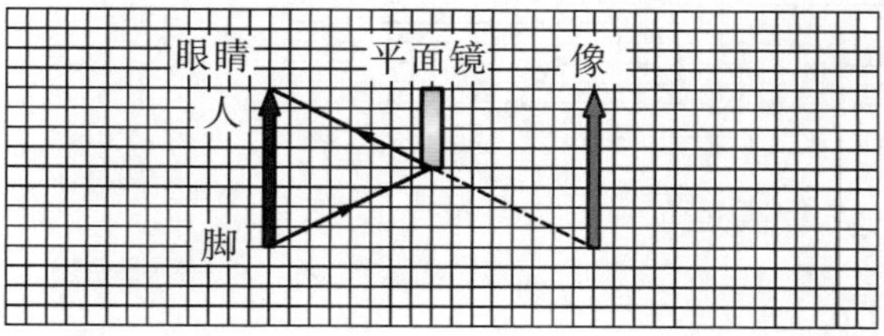

43. 为了看到你的膝盖,镜子需要位于你的膝盖和眼睛之间的一个点位置上。要想看到身体的任何部分,镜子必须位于你的眼睛和那部分之间的位置上。

44. 因为像在镜子后面 1.2 m 处,所以相机镜头应该对准距离为 2.4 m。

45. 48°

46. 第一块平面镜的反射角为 $\theta_{r,1}=\theta_{i,1}=30°$,所以反射光线与镜面的夹角是 $90°-30°=60°$。因为两个镜面成 45°角,从第一块平面镜反射出来的光线与第二块平面镜所成的夹角是 $180°-60°-45°=75°$。反射光线与第二块平面镜所成的夹角是 $\theta_{r,2}=90°-75°=15°$。光线在第二块反射镜上的反射角是 $\theta_{r,2}=\theta_{i,2}=15°$。

47. 要使凹面镜产生虚像,物体必须位于焦点 F 和凹面镜之间。

48. 凹面镜的成像缺点是有球差;与光轴平行的光线入射凹面镜的边缘时,光线不会通过焦点反射,这就是球差。

49. $\frac{1}{f}=\frac{1}{x_0}=\frac{1}{x_i}$

50. $r=2f$

51. 凹面镜的放大率等于负的像距除以物距。

52. 凸面镜被用作后视镜,因为凸面镜的视野很广,可以让驾驶员看到比普通后视镜更大的区域。

53. 因为透过凸面镜的光线总是发散的。

54. 1.8 m　　　55. $x_i=30.0$ cm, $h_i=-1.8$ cm　　　56. 20.0 cm

57. -7.2 cm　　　58. 75 cm

59. $m=0.5$

60. 物体成倒立放大的实像。

61. 示例:"物体成像在焦距为 $f=0.40$ m 的凹面镜后方 0.75 m 处,物距是多少?"(答案合理即可)

62. D>E>C=A>B

63. $m=5$

64. 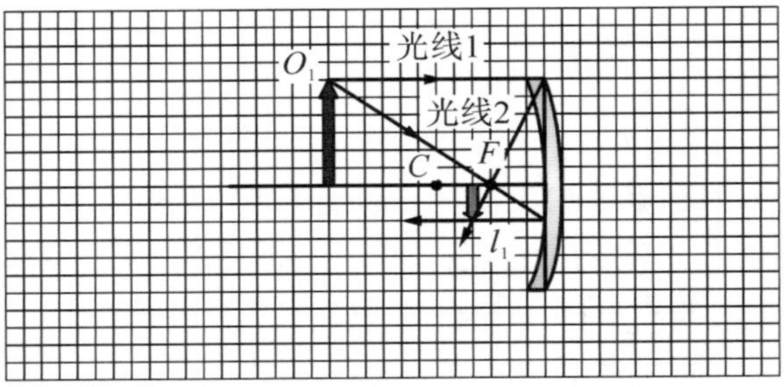

水平方向:1 格=1.0 cm,竖直方向:1 格=4 mm。

像距是 x_i=4.0 cm,像高是 h_i=−8.0 mm。

65. x_i=70.5 cm,h_i=−9.4 cm

66. x_i=−9.4 cm,h_i=0.75 cm

67. x_i=33 cm,h_i=−4.0 cm

68. x_i=−24 cm,h_i=9.0 cm

69. 潮湿的路面反射到汽车上的光线更少。

70. 页面越光滑、越有光泽,漫反射的光就越少,刺眼的眩光就越大。

71. 当物位于凹面镜的曲率中心时,像将在曲率中心 C 处,成倒立的实像,大小和物体的大小相同。

72. 当物位于凹面镜的曲率中心以外时,像将介于曲率中心 C 和焦点 F 之间,并且将成倒立的实像,像的大小比物体小。

73. 你应该选择一个抛物面镜来消除球面像差。

74. 你只能使用凹面镜来处理焦点以外的物体。凸面镜不会形成实像。

75. 用凸面镜,因为凸面镜提供更广阔的视野。

76. 单个凸面镜所成的像总是虚的、直立的、比物体小的像;像的位置比物体更靠近凸面镜。

77. 示例:“……镜面的焦距是+35 cm,像距是多少?”(答案合理即可)

78. −6.9 cm

79. 62°

80. x_i=22.9 cm,h_i=−1.8 cm

81. −72 cm

82. 58 cm

83. 因为焦距是正的,所以是凹面镜。

84. 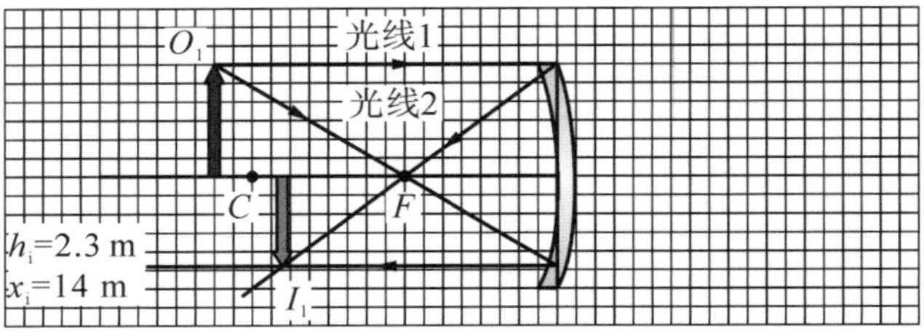

水平方向:1 格=1.0 m,竖直方向:2 格=1.0 m。

像高是−2.3 m,负号表示成倒立的像;像距是 14 m。

85. 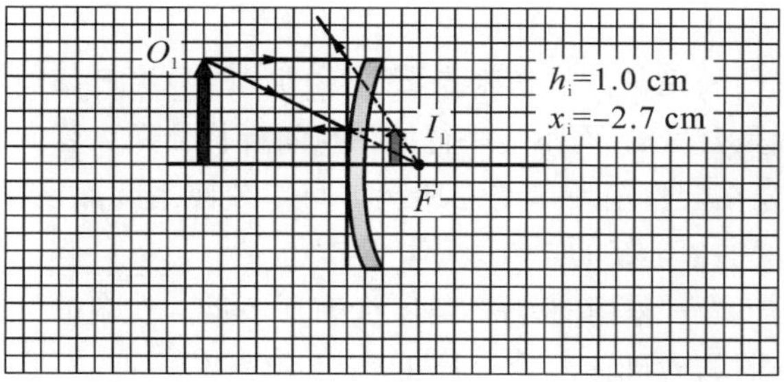

水平方向:1 格=1.0 cm,竖直方向:2 格=1.0 cm。

像高是 1.0 cm,像距是 2.7 cm。

86. $f=-12$ cm

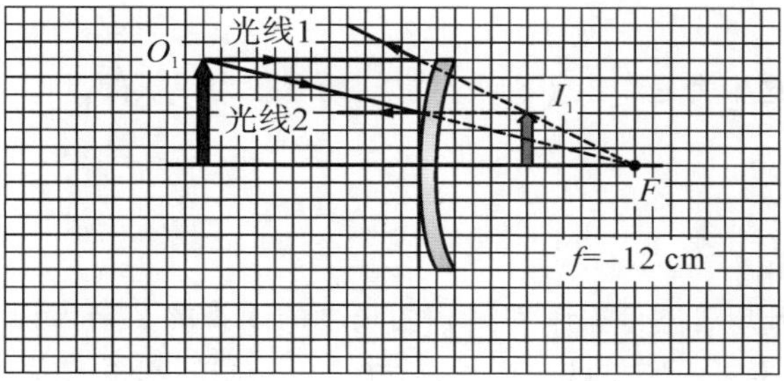

水平方向:1 格=10 cm,竖直方向:3 格=2.0 cm。

87. a. -1.5 m　　b. 0.39 m

88. a. 凹面镜,因为它对放在焦点和镜面之间的物成放大正立的像。

b. 32 mm

89. -0.68 m

90. 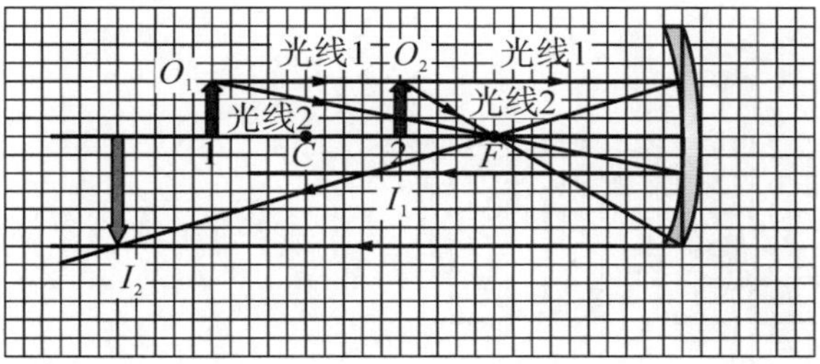

水平方向:1 格=10 cm。

91. 11 cm

92. 球在凹面镜曲率中心 C 之外,球的像比球小。当球滚向镜子时,球的像的尺寸增大。当球在 C 点处时,球的像的大小与球的大小相同。当球在焦点 F 时,球的像的大小继续增大,直到没有球的像为止。当球过焦点 F 接近镜面时,球的像的大小开始减小,直到球碰到镜子时,球的像的大小与球的大小相同。

93. 望远镜选用小一点的凹面镜作为目镜,以便在目镜上形成直立的实像。光线先被第一个凹面镜成像,然后再被第二个凹面镜成像。

94. -1.8 cm

95. 对于第 1 个镜面,物距 $x_0=\infty$。所有光线平行进入。像距等于焦距:$x_i=f=$

1.0 m。

96. 这种望远镜放置凸面镜是为了在来自凹面镜的光线会聚之前截取它们。入射到凸面镜上的光线是会聚的，而不是平行的。凸面镜将会聚点朝向凹面镜的相反方向，从而延长了光在会聚前所走的总距离。与单独使用凹面镜相比，这将有效地增加焦距，从而增加望远镜的总放大率。

97. 根据学生选择的镜面和采用的方法，答案会有所不同。业余的天文爱好者采用的方法通常是用不同的砂砾使两个金属毛坯相互摩擦。专业实验室会使用不同的方法。

98. a. 随着尺寸的增大，镜子会因自身重量而变形。

b. 铝制镜面会比玻璃镜面更轻便更紧凑。（答案合理即可）

99. 0.18

100. 4.6×10^{-7} N，这个力是由虫子和飞盘之间的摩擦力提供的。

101. 9.6 ℃

102. 4.8×10^{-2} N

103. $T_{月球}=7.0$ s，$T_{地球}=2.8$ s

104. a. 闭管；因为开口管的谐振频率是相同长度的闭管的2倍，因此，一个封闭式管风琴的管只需要开口管的一半长，就能产生相同的基频范围。

b. 不一样；虽然两个风琴会有相同的基本音调，但封闭的管道只会产生奇数次谐波，所以它们的音色会与开管道不同。

P557 第17章 标准化测试

1. D　2. D　3. A　4. D　5. C　6. C　7. D　8. C　9. A

10. $h_i=2.1$ cm

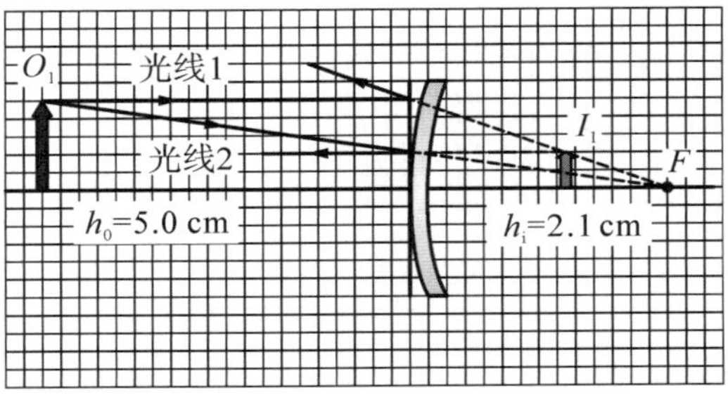

水平方向：1格＝1.0 cm，竖直方向：1格＝1.0 cm。

第 18 章
折射和透镜

P562 练一练

1. 26.3°

2. 34.2°

3. 17.0°

4. 1.5

5. 介质是冕牌玻璃。

P567 第 1 节复习

6. $n_{水} < n_{液体} < n_{冕牌玻璃}$，所以液体的折射率 $n_{液体}$ 一定在 1.33 和 1.52 之间。

7. 1.46

8. 48.4°

9. 1.99×10^8 m/s

10. 光从玻璃入射到水中，存在临界角，因为玻璃的折射率大于水的折射率（$n_{玻璃} > n_{水}$）；光从水入射到玻璃中，不存在临界角，因为水的折射率小于玻璃的折射率（$n_{水} < n_{玻璃}$）。

11. 会选用冕牌玻璃，因为它的折射率较低，容易产生全反射。

12. 因为光线在大气中发生弯折，是折射的像。

13. 折射率不会小于 1，如果介质折射率小于 1，这意味着光在介质中的传播速度要比在真空中的光速大。

14. 在东方，因为太阳从西方落下，阳光必须从你的背后照射，你才能看到彩虹。

P573 练一练

15. 像距是 16 cm，像高是 −4.1 cm。

16. 物距是 19.6 cm，物高是 3.4 cm。

17. 像距等于物距：$x_0 = x_i = 50$ mm。

18. 像距是 6.2 cm，像高是 −0.50 cm，成倒立的像。

19. $x_i = 15$ cm

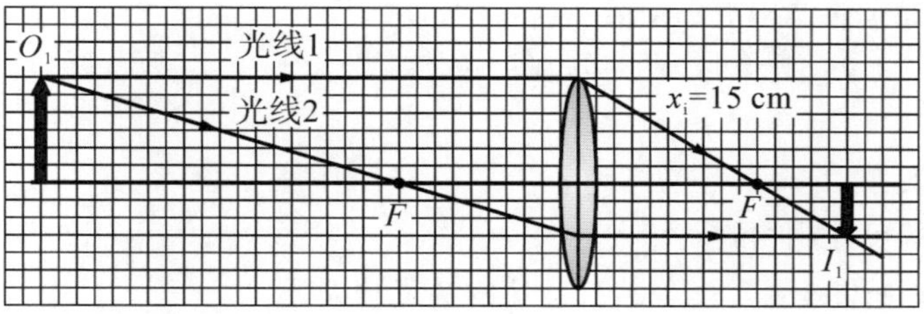

水平方向：1 格＝1.0 cm。

20. 像的位置和物的位置应在镜头同一侧约 15 cm(−15 cm),像是正立的,像高约 1.5 cm。

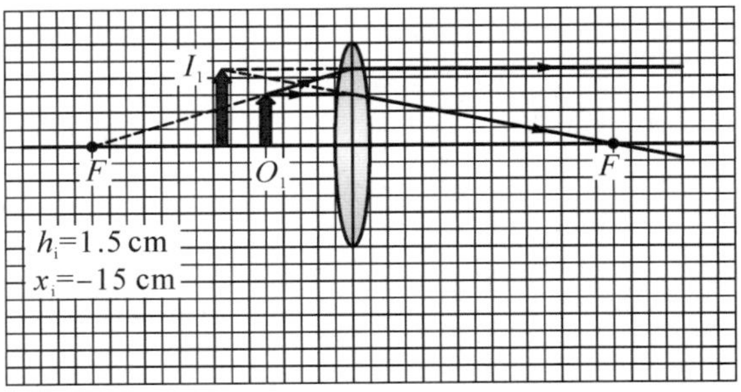

水平方向:1 格=2.0 cm;竖直方向:3 格=1.0 cm。

P575 第 2 节复习

21. 放大镜一般用于放大物体,但如果物距大于透镜的焦距的 2 倍,那么像的大小小于物体的大小。

22. a. 第一个和第三个透镜是凸透镜。

 b. 第二个和第四个透镜是凹透镜。

23. 像距是 3.0 cm,像高是 4.5 cm。

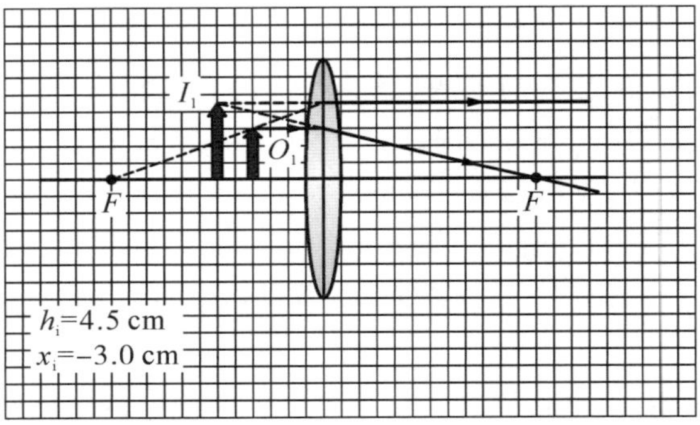

水平方向:2 格=1.0 cm;竖直方向:1 格=1.0 cm。

24. 像高是−4.0 m;像为实像($x_i>0$),是倒立的像($h_i<0$)。

25. 发散透镜是一种将进入透镜的光线发散开来的透镜,发散透镜通常是凹透镜。会聚透镜通常是凸透镜,它是一种将进入透镜的光线会聚起来的透镜。

26. 薄透镜是近似假设所有光线的折射都发生在一个通过透镜中心的平面,这个面被称为主平面。这种近似极大地简化了光路的计算。

27. 单块透镜都存在色差,所有精密光学仪器都使用组合透镜,以减少色差。这种组合透镜称为消色差透镜,显微镜使用消色差透镜,所以没有色差。

28. 单一的凹透镜所成的像是虚像,是直立的、缩小的像。

29. 图略。x_i=20 cm,h_i=−24 cm。

30. a. x_i=30 cm,成实像。

 b. m=−5.0,像的尺寸比物的尺寸大。

 c. x_i=−20 cm,成虚像;m=5.0,像的尺寸比物的尺寸大。

31. 把屏幕向镜面移动。

32. 图略。光线是发散的。

P577 物理挑战题

1. 21°

2. 28°

3. 折射角在水中的更大，即在水中的折射角与入射角更接近，折射更小，因此在水中看到的物比空气中更远。

4. 22°

P579 第 3 节复习

33. 近视眼的人应该使用凹透镜的眼镜。远视眼的人应该使用凸透镜的眼镜。

34. 因为空气和角膜之间的折射率差异比光线在进入视网膜时遇到的其他任何物质的折射率与角膜之间的差异都要大，光线在进入眼睛时，主要是视网膜会聚光线。

35. 镜头会更靠近底片。一般实像总是离镜头比离焦点更远。物体离得越远，图像离焦点越近。

36. 你使用的光只照射物体的一小部分，可以使用更亮的灯。

P580 起步实验

观察不同液体中的吸管的形状

目的

观察当光通过不同密度的液体时，其光的偏折程度不同。

实验器材

400 mL 烧杯 3 个，食用油 150 mL，玉米糖浆 150 mL，水 600 mL，吸管 3 根。

教学建议

- 一种确保两种液体不混合的方法是，把勺子背面朝上放在要混合的液体上方，慢慢地把液体倒在勺子的背面。
- 盛有糖浆和食用油的烧杯倒入下水道时，应确保不会造成下水道堵塞。

预期结果

这三种解决方案在每个边界上都显示出一根吸管被折断了。当转动烧杯，观察者沿着吸管直面地看着烧杯时，吸管上的裂缝排成一行。

分析

7. 吸管似乎在每个烧杯的边界处都发生断裂，但在空气边界处断裂程度更大。当烧杯转动时，裂缝会闭合，直到观察者沿着吸管直视时，就看不见裂缝了。液体像玻璃棱镜一样使光线发生偏折。光线在离开液体时改变方向，在每种情况下光线“偏折”的程度取决于它在烧杯侧面液体内部的角度。这个观测表明折射和材料折射率变化有关。

8. 当一根吸管处于具有不同折射率的两种不同介质中时，它似乎是被折断了。当一根吸管处于一种介质中时，它不会看起来被折断。吸管“折断”的程度取决于折射率的差异有多大。

P580 迷你实验

透镜遮盖效应

目的

探究透镜的遮盖效果。

实验器材

凸透镜、陶土、小灯。

预期结果

遮盖透镜只影响像的亮度,而仍然有完整的像。

分析

3. 接受所有合理的答案。
4. 透镜被遮盖得越多,像就变得越暗。
5. 透镜将形成完整的像。
6. 对透镜的任何部分成像都会形成一个完整的像。

P581—583 物理实验

凸透镜及其焦距

实验时间

一节实验课。

技能要求

制作和使用图表,使用数字,解释数据和掌握实验技能。

安全措施

确保灯已关闭后再插入或拔下插座插头。

教学建议

根据透镜的焦距的不同,透镜会形成实像、虚像或不成像。为了完成实验,应该给学生一个焦距小于 10 cm 的镜头。

样本数据

数据表

实验	x_0 (cm)	x_i (cm)
1	40.0	20.5
2	30.0	25.0
3	20.0	41.7
4	25.0	29.2
5	35.0	22.1

计算表

实验	$\frac{1}{x_0}$(cm^{-1})	$\frac{1}{x_i}$(cm^{-1})	$\frac{1}{x_0}+\frac{1}{x_i}$(cm^{-1})	f(cm)
1	0.025	0.049	0.074	13.5
2	0.033	0.040	0.073	13.6
3	0.050	0.024	0.074	13.5
4	0.040	0.034	0.074	13.5
5	0.029	0.045	0.074	13.5

分析

1. 学生要画 x_0 和 x_i 数据的散点图，像距标在 y 轴，物距标在 x 轴，得到物距—像距图。图略。
2. 计算$\left(\frac{1}{x_0}+\frac{1}{x_i}\right)$(cm^{-1})，填入表格。
3. 由像距和物距数据，用公式计算 5 个透镜的焦距。

结论与应用

1. 从物距—像距图可以看出，物距和像距，一个越大，另一个就越小。
2. 计算值和透镜焦距实际标定值之间大约有 3%的误差，精确度相当好。(答案合理即可)
3. 焦距的计算非常精确，所有的长度测量值误差都在 0.1 cm 以内。(答案合理即可)
4. 如果物体放在镜头焦点附近，你就不能得到图像，因为这时像在无穷远。此外，物体放在靠近镜头焦点后，像距变得几乎不变。

进一步探索

1. 测量中物距 x_0 更精确，因为镜头的位置是固定在米尺上的，而像距 x_i 测量需要寻找图像的聚焦最好的位置。
2. 测量的误差来自于所使用的测量工具的精度和测量人员的能力。为了使测量结果更准确，学生应该理解正确的测量技巧和准确的测量结果之间的关系。精度总是受到球面相差的限制。

生活中的物理学

镜头需要离胶片更远，这样胶片才会在离镜头更远的成像位置上。

P586－590　第 18 章　测评

37. 入射角比折射角大，因为空气的折射率比玻璃的折射率小。
38. 入射角比折射角小，因为玻璃的折射率比空气的折射率大。
39. 临界角是指当光线从一个折射率大的介质入射到一个折射率小的介质时，使折射光线正好沿着物质边界射出。如果光线的入射角超过临界角，将发生全反射。
40. C>D>B>A
41. 不同颜色的光通过空气时的速度是一样的。

42. 在月食期间，地球阻挡了来自太阳的光线。然而，从地球大气层折射出来的太阳光线直接射向月球。因为蓝色波长的光更容易发散，红色波长的光从月球反射到地球，所以呈现红色。

43. 1.24×10^8 m/s　　44. 20.8°　　45. 24.4°

46. a. 25.4°　b. 28.9°

47. 1.33，水

48. 49.7°

49. 53°；1.1 m，深度更浅。

50. 1.96×10^8 m/s，1.99×10^8 m/s

51. 60.8°

52. 12.0°，11.8°

53. 因为 $\sin\theta_2=1.09$，所以会发生全反射，没有折射光线。

54. a. 28°　b. 32°　c. 53°

55. 13.7°

56. 图略。光在玻璃内的折射角是：$\theta_g=28°$；入射到玻璃上表面的入射角是 62°，大于从玻璃入射到空气的临界角 $\theta_c=41.1°$，所以全反射后，从玻璃的另一个端面射出。

57. 凸透镜的中心部分比边缘厚，凹透镜的中心部分比边缘处薄。

58. 除了透镜的表面曲率，制造透镜的材料的折射率也决定了透镜的焦距。

59. 所有单块的透镜都有色差，这意味着不同波长的光在透镜边缘附近以略微不同的角度折射。消色差透镜由两个或多个具有不同折射率的透镜组合而成，以减少色差对成像质量的影响。

60. 物体位于凸透镜 2 倍焦距外，物体的像位于焦点和 2 倍焦距点之间，是实像，与物体相比，像是倒立的，而且比物小。

61. 投影仪的光学系统中还包括另一个透镜，用来将图像倒立过来。因此，我们看到的像与原始物体相比，图像是正立的。

62. $x_i=34$ cm

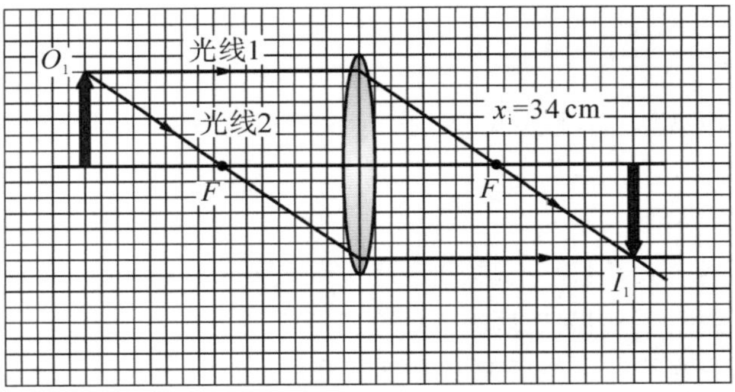

水平方向：1 格＝2.0 cm。

63. 39.3 cm

64. 14 cm

65. a. $x_i=10.5$ cm，$h_i=-1.8$ cm，像是倒立的。

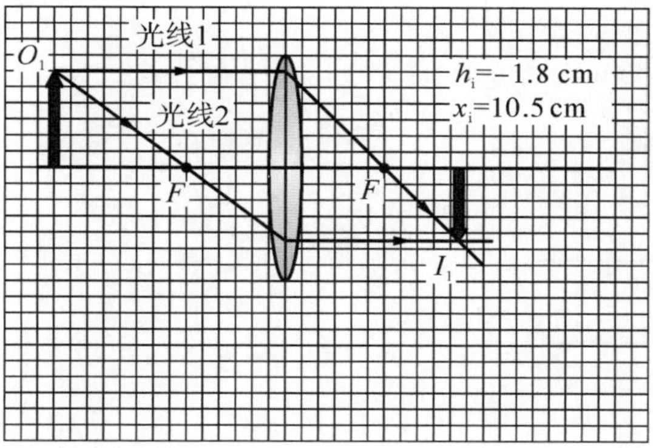

水平方向：1 格＝1.0 cm；竖直方向：1 格＝0.4 cm。

b. $h_i=-1.8$ cm，像是倒立的。

66. a. 6.00 cm

b. 因为 x_i 是负的，所以成虚像，位于物的同一侧；h_i 是正的，成正立的像。

67. a. 物距是 7.5 cm，像高是 3.0 cm。

b. 像距是－15 cm，像高是 6.0 cm，这是个正立的虚像。

68. 示例："一个物体位于焦距为 4 cm 的凸透镜 6 cm 处，物体所成的像在何处？"（答案合理即可）

69. 进入眼睛的光主要由角膜聚焦。当肌肉改变晶状体的形状时，就在改变晶状体的焦距，使眼睛可以对在近处或远处的物体聚焦成像在视网膜上。

70. 眼睛的晶状体焦距太短，是近视眼。

71. 物镜产生倒立的实像。

72. 这样做的目的是改善三维视角。

73. 照相机反光镜将图像转移到棱镜上，以便在拍照前可以看到它。当按下快门打开按钮时，反光镜移开，使光线透过镜头将物成像聚焦到胶片或其他光电探测器上。

74. a. 51 mm　　b. 1008 mm

75. 56 cm

76. 35 mm；因为物距的倒数是 0，根据薄透镜成像公式，像距等于焦距 $x_i=f$。

77. a. 66.7 cm

b. $-1.67h_0$，复印机使物成放大倒立的像。

78. a. 60 mm　　b. －5.0

c. －20.0 mm 或 20.0 mm，在目镜附近。

d. －10

79. a. 像距是 21.0 cm，像高是－0.49 cm，这是个倒立的实像。

b. 像距是 -3.24×10^2 cm，像高是－40.0 cm，这是个倒立的虚像。

c. －4.0

80. 物质 A 的折射角度较小，所以它的折射率较大。

81. 当一种材料的折射率增加时，该材料中的光速就会降低。

82. 由于光线的折射，尽管格陵兰岛在地平线以下，但它像海市蜃楼一样出现在地平线以上。

83. 这说明光以大于临界角的角度反射。

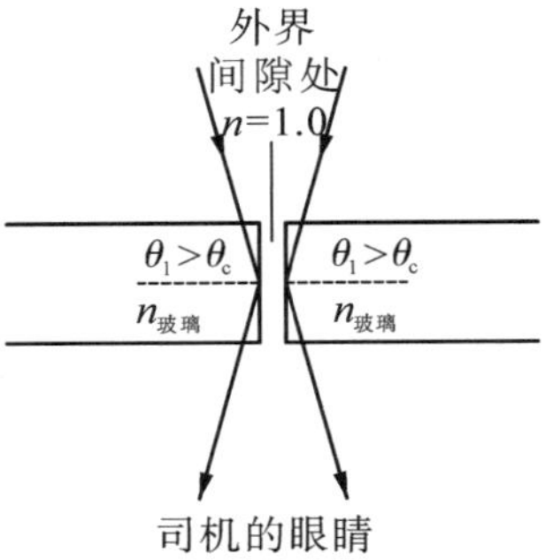

84. 通常，只有当阳光以不大于42°的角度从你身后照射过来时，你才能看到彩虹。在北半球，阳光几乎总是源于地平线，从来不是你后面一个角度，使你总是能看到彩虹。在南半球，傍晚时分，太阳将西沉。你应该向东看才能看到彩虹。

85. 蓝光在棱镜中的传播速度比红光小。

86. n_2 是光线所进入的介质的折射率，临界角随 n_2 增大而增大，直到 $n_2=n_1$。

87. 透镜的色差是由于光的色散(不同波长的光在透镜中有不同的速度，折射角度略有不同)，光射入镜子反射时，反射光的反射角度与波长无关。

88. 空气和玻璃的临界角较小，为41.1°；空气和水的临界角为48.8°。

89. 图像的位置取决于镜头的焦距和物体到镜头的距离，因此，透镜的焦距相同，直径变大，图像的位置不会改变。

90. 因为水和玻璃的折射率之差远小于空气和玻璃的折射率之差。

91. 眼睛在明亮的光线下可以更好地聚焦，由于折射成更大角度的光线被眼角膜阻挡。因此，所有的光线会聚在一个狭窄的角度，有较少的球差。

92. 双筒望远镜的每一个透镜都像一个折射望远镜，因此物镜成像必须在目镜透镜和它的焦点之间，以形成一个放大的像。

93. 7 cm　　94. 1.07　　95. 1.28×10^8 m/s

96. 665 s

97. 图略。两个不同点距离是26.7 mm。

98. 公式成立的条件是入射角在空气中，因为空气的折射率是 $n_1=1.000$。假设 $n_2=n$，所以 $n\sin\theta_1=n_2\sin\theta_2$，$\sin\theta_1=n\sin\theta_2$，$n=\dfrac{\sin\theta_1}{\sin\theta_2}$。

99. 从玻璃入射到空气的临界角是 $\theta_c=42°$，因为入射角 $\theta_1>\theta_c$，入射光线返回玻璃，所以人们在另一面看不到光线，光线发生全反射。

100. 折射光线射出水面的折射角是6.7°，视在深度是8.9 cm，$\dfrac{视在深度}{实际深度}=0.75$。

101. 18 mm

102. 红光的色散角是24.173°，蓝光的色散角是23.543°，两个角度之差是0.630°。

103. 光从冰入射的临界角是49.8°。相比之下，光从玻璃($n=1.54$)入射的临界角为40.5°。因为冰芯有较大的临界角，意味着在冰芯中比在玻璃芯中进行全反射的光线更少，因此冰芯将不能传输那么多的光。用玻璃制成的光缆效果会更好。

104. 示例："……它在空气中传播，直到与钻石接触。如果入射角是 5°，折射角是多少？"（答案合理即可）

105. 像距是－10 cm，像高是 12 cm；图像是正立的，方向没有改变。

106. 透过靠近透镜边缘的光是有轻微发散的，因为透镜的边缘类似于棱镜，用白光照射，会以稍微不同的角度折射不同波长的光，结果是白光被分散到它的光谱中。这种效果叫作色差。

107. 把透镜的一半遮盖住，它成的像会变得更暗，因为汇聚的光线会更少，但你会看到一个完整的图像。

108. 略

109. 略

110. 177 次

111. 当汽车减速时，行人听到的喇叭声频率会减少。

112. a. 是初始值的 1×10^{-6}。

b. 是初始值的 1×10^{-6}。

c. 它们都遵循距离的平方反比定律。

113. a.

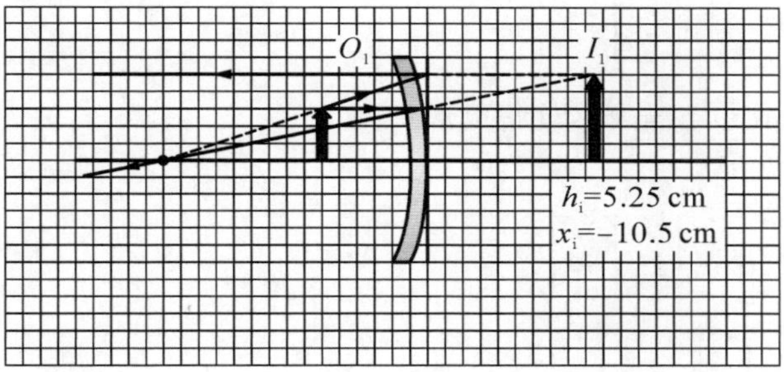

水平方向：1 格＝10.0 cm，竖直方向：1 格＝1.0 cm。

b. 像距是 10.5 cm，像高是 5.25 cm。

P591　第 18 章　标准化测试

1. C　2. D　3. A　4. C　5. B　6. C　7. B

8. D　9. B　10. 55.9°

11. 凹透镜，放大率 $m=-\frac{-2.95\ \text{cm}}{6.98\ \text{cm}}=0.423$。

第 19 章

干涉和衍射

P598 练一练

1. 418 nm　　2. 18.8 mm　　3. 9.66 μm　　4. 0.755 m

P601 练一练

5. 109 nm　　6. 101 nm　　7. 196 nm　　8. 97.9 nm　　9. 95.7 nm

P602 第 1 节复习

10. 光通过狭缝发生衍射，从一条缝发出的光会与从另一条缝发出的光产生干涉。如果某处干涉是相长干涉，就产生亮条纹；如果某处干涉是相消干涉，就产生暗条纹。

11.

12. 与使用红光时相比，蓝光条纹变得更密一些。

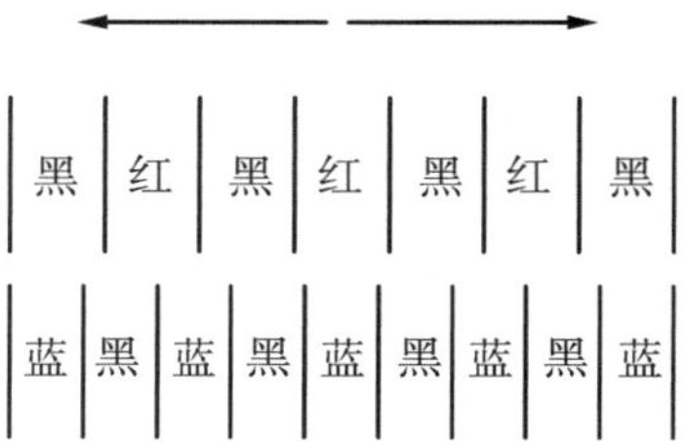

13. a. 324 nm

b. 肥皂膜厚度是 108 nm 的奇数倍时都会产生亮条纹。

14. 16.3 μm

15. 利用近似条件 $\sin\theta \approx \tan\theta$，取两个有效数字，当角度达 9.9°还是满足近似条件。如果提高测量精度，这个角度需降低到 2.99°。

P605 物理挑战题

1. 根据题意得 $\lambda=\frac{x_1\omega}{L}$，$v_{未知物质}=\lambda_{未知物质}f$，$n_{未知物质}=\frac{c}{v}$，联立解得 $n_{未知物质}=\frac{\lambda_{真空}f}{\lambda_{未知物质}f}$，所以

$n_{未知物质}=\frac{\lambda_{真空}}{\lambda_{未知物质}}$。

因为光传播到两种物质的界面时，光的频率不变，得到狭缝到屏幕之间的未知物质 $\lambda_{未知物质}=\frac{x_1\omega}{L}$，解得 $n_{未物物质}=\frac{\lambda_{真空}L}{x_1\omega}$。

2. $x_1=\frac{\lambda_{真空}L}{n_{未知物质}\omega}=\frac{634\times10^{-9}\ \text{m}\times1.15\ \text{m}}{1.33\times0.1\times10^{-3}\ \text{m}}=5.5\times10^{-3}\ \text{m}$

中心亮条纹宽度 $2x_1=1.1\times10^{-2}$ m

P606 练一练

16. 8.62 mm　　17. 2.43 m　　18. 97 μm　　19. 5.90×10^{2} nm

20. a. 红光的中心亮条纹宽度更宽，因为中心亮条纹宽度与波长成正比。

b. 蓝光的中心亮条纹宽度是 18 mm；红光的中心亮条纹宽度是 25 mm。

P609 练一练

21. 白光通过光栅，在屏幕上可以看到全光谱的颜色的条纹。由于白光包含可见光的各种波长，一种波长的暗条纹会被另一种颜色的亮条纹所填满。

22. 9.4×10^{-7} m　　23. 0.449 m　　24. 490 nm　　25. 1.6×10^{3}

P611 第 2 节复习

26. 图样与两个狭缝所产生的干涉图案全相同，但现在亮条纹要窄很多，两条亮纹之间有更宽的暗带。

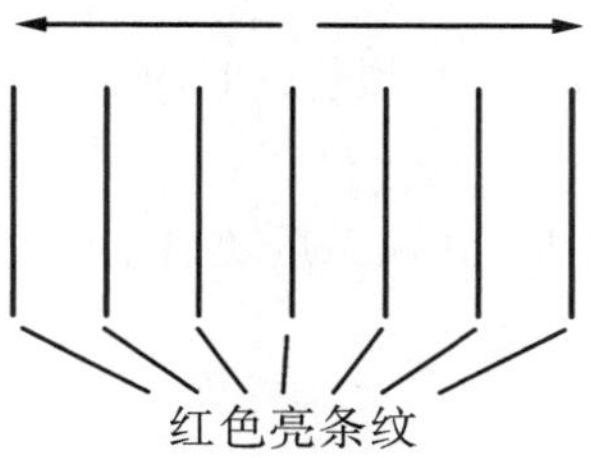

27. 2.2×10^{10} m

28. 第一个光栅每毫米的缝数更多，因为光栅每毫米的缝数(x)越多，狭缝间距(d)就越窄，因此每毫米的缝数越多，产生衍射条纹间距扩展得越大。

29. 9.28 mm

30. 可以；观察射出的紫色光或红色光出射角与白光的入射角的差值是不是最大，棱镜对紫色光偏折最大，而光栅对红色光衍射角最大。

P612 起步实验

光的图像

目的

介绍光的衍射效应。

实验器材

光盘、投影仪、彩色滤光片。

教学建议

光源的光束必须足够宽，才能产生彩色环。如果没有投影仪，可以使用手电筒或者白炽灯。一个小的、高强度的手电筒产生的光束很容易会聚。

预期结果

屏幕上出现一圈一圈的彩色环。

分析

9. 单色光通过光盘反射，在屏幕上观察到一个单一的彩色环。白光产生同心圆的彩色环，蓝色的环在内部，因为蓝光波长较短，红色的环在外部，因为红光波长较长。

10. 学生可能会认为光色散是产生光谱的原因。然而，光盘的厚度很薄，不足以分散如此多波长的白光。实际产生光谱的原因是衍射。圆形反射光栅产生衍射图样。

P612 迷你实验

肥皂膜

目的

观察肥皂膜的薄膜干涉。

实验器材

线框，装有肥皂液的宽浅的碗。

实验步骤

注意：防止滑倒，擦干所有溢出在地板上的液体。

2. 在肥皂膜上可以看到彩色带。

3. 继续上提线框时，彩色带向下移动，就在线框的顶部看起来是黑色的时候，肥皂膜破裂。

分析

4. 每个观察肥皂泡的学生只能看到离自己最近的一个肥皂泡面上的彩色带。

P613—615 物理实验

双缝干涉

实验时间

一节实验课。

技能要求

观察和推断，进行实验，测量、收集和整理数据。

安全措施

学生不能直接看激光；不能用激光笔指向其他学生的眼睛。有些激光笔是非常亮的。应使用 ANSI 标准的防护眼镜。灯泡会很热，提醒学生不要碰热灯泡。

替代器材

25 W 或 40 W 的直长丝灯，上面装有彩色滤光片。

教学建议

- 如果激光不够明亮，无法产生可观察的图案，请使用替代器材。
- 替代器材的使用说明书可以在实验室中找到，或者在互联网上找到。
- 如果双缝间距 d 的值是未知的，那么学生可以用已知波长的激光测量干涉图样的间距数据计算 d。
- 如果用的是激光笔，就用夹子夹住，让它保持开机状态。

■ 双缝板可安装在架子上。

■ 用激光照射双缝板，使光线垂直于板，屏幕放置在几米外。

样本数据

光源	颜色	公认的 λ 值(m)	d(m)	m	x(m)	L(m)
激光笔	红色	670 nm	0.2×10^{-3}	1	5.5×10^{-3}	1.83
				2		
				3		
				4		
				5		

分析

1. 与屏幕的距离越远，图案就会扩散得越开。条纹分离得比较开，使测量条纹间距 x 比较容易，但对比度会随着距离的增加而减少，使一些条纹更难看到。测量的精确度是指条纹间距的精确测量，这就要求既要有清晰的条纹，又要一定的分离。

2. 样本数据答案：$\lambda=\frac{xd}{mL}=\frac{(5.5\times10^{-3}\ \text{m})\times(2.0\times10^{-4}\ \text{m})}{1\times1.83\ \text{m}}\approx6.0\times10^{-7}\ \text{m}$。

3. 样本数据答案：相对误差$=\frac{(670\ \text{nm}-601\ \text{nm})\times100\%}{670\ \text{nm}}\approx10\%$。

结论与应用

1. 双缝干涉实验可以测量波长。通过测量双缝间距、双缝到屏幕的距离和屏幕上条纹的间距，计算出光的波长。

2. 较小的双缝宽度 d 会产生更大的干涉条纹的间距 x。

3. 绿光的波长更小，因此，绿光的条纹间距 x 将比红光的小。

进一步探索

1. 增加屏幕到双缝的距离 L 可以增加条纹的间距 x，使房间较暗，这样屏幕上图案就更清晰。

2. 为了减小实验误差，可以测量多条条纹间距，然后计算条纹间距的平均值。

3. 使用米尺测量条纹宽度 x 的精度最低，而且很难找到条纹的中心。使用已知波长的激光器，可以提高测量结果的精确度。

4. 在灯泡和双缝之间放置一个窄的单缝。

生活中的物理学

1. 通过双缝的日光通常是不相干的，因为它来自许多不相干点光源。如果它是相干的，狭缝分离距离足够大，以至于明亮的条纹太近而看不到。因为这两个原因，所以墙上的影子没有衍射图样。

2. 这样一个世界将会显得更加细微，更加清晰——更像线条画而不是柔和的蜡笔画。非相干光来自各个方向，光更均匀，而相干光导致粗糙的轮廓。

P618－620 第 19 章 测评

31. 当使用单色光做杨氏双缝干涉实验时，你会得到一个清晰的干涉图案；如果你选用白光，你会得到一个彩色的干涉条纹。
32. 所有波长的光产生的中心条纹都在同一个地方。
33. 让光通过双缝，使干涉图案投射在一张纸上，测量条纹之间的间距，用方程 $d=\frac{\lambda L}{x}$ 计算得到狭缝间距。
34. 当光线照射到薄膜的正面时，一些光线会从这个表面反射出去，一些光线会穿过薄膜并从薄膜的第二面反射出去。当光从折射率高的介质入射到折射率低的介质上反射时，光将经历一个半波长的相移，使反射光发生位相突变。为了使彩色条纹产生，两条光线必须是相位一致的。如果薄膜的厚度满足这样的条件，当穿过薄膜时，从背面反射的光线要经过半倍周期的相位，那么到达你的眼睛的光线将是同相的，并产生干涉。薄膜的折射率影响波长，所以薄膜的厚度必须等于半波长的倍数除以薄膜的折射率。
35. 451 nm
36. 94.0 nm
37. 薄膜厚度是 75.8 nm；下一个能产生同样效果的薄膜厚度是 227 nm。
38. 61.5 nm，184 nm，307 nm
39. A<D<C<B<E
40. 条纹间距与波长成正比，因为红光的波长比紫光的波长长，所以红光的条纹间距要比紫光的间距大。
41. 衍射光栅中大量的狭缝增加了衍射图案的强度。这些狭缝靠得很近，可以产生更清晰的衍射图像。
42. 直径较小的望远镜有更大的衍射图案，它限制了望远镜的分辨率。
43. 示例："波长 530 nm 的光通过宽度 0.20 mm 的狭缝照射。如果在距离 2 m 远的屏幕上形成衍射图案，图案中心到第一个光强最小值的距离是多少？"（答案合理即可）
44. 示例："……如果分辨率是受到衍射限制的，那么如果入射光的波长是 550 nm，可以分辨的最小角度是多少？"（答案合理即可）
45. 靠近中心亮条纹最近的是紫光，因为紫光是可见光中波长最小的。
46. 光栅水平划痕产生上下方向的光谱；垂直划痕产生左右方向的光谱。两组与水平方向成 45°角的划痕产生对角线方向的光谱。
47. 600 nm　　48. 4.0×10^{-4} cm　　49. 0.30 cm　　50. 0.4 m
51. 1.1×10^{-2} cm　　52. 2.6 cm　　53. 49.3°，30.4°
54. a. 产生相消干涉　b. 产生相长干涉　c. 产生相消干涉
55. 对于每厘米 10^5 条线的衍射光栅，衍射图中的条纹线宽更窄。
56. 把激光笔对准光栅，反射到附近的墙上。波长较长的光会在墙上产生间距较大的衍射斑点，因为间距与波长成正比。（马克是对的，红光的波长比绿光长，因为红

光的衍射斑点间距较大）

57. 双缝干涉图样由亮度几乎相等的等距线组成。单缝衍射图案有明亮、比较宽的中心条纹和较暗的、比较窄的边缘条纹。

58. 因为蓝光波长比较短，衍射效果较差，这样可以提高显微镜的分辨率。

59. a. 干涉　　b. 本身的色彩　　c. 干涉　　d. 折射

60. 当单缝缝宽减小时，衍射条纹宽度变宽，条纹变暗。

61. a. 83　　b. 84

62. a. 5.4×10^{-3} mm

b. 5.4 μm；像素大于镜头的分辨率。

63. 这种膜对波长 600 nm 的光产生完全相消干涉，这种波长对应的光为红橙色。对于级数 m 为其他值的膜，产生相消干涉的光的波长比可见光的波长短。

64. 屏幕上绿色点在 0°区，黄色点在 +30°区和 −30°区，两个蓝色点稍微靠近中心一些。

65. 衍射的角度取决于狭缝宽度与光波长的比值。因此，当用波长为 1.5λ 的绿光代替蓝光时，要得到原来的图样，你可以将狭缝宽度增加到 $1.5w$。

66. 22 km；衍射极限不会限制你眼睛的感知能力，但会受到几百米远处孔径的衍射限制。限制因素也有大气的折射效应，比如导致星星闪烁的大气折射效应，会限制视网膜和大脑的视觉区域将两个昏暗的光源分开。

67. 答案会有所不同，应该包括杨氏双缝干涉实验，该实验能够精确地测量光的波长。

68. 描述各不相同，但应包括薄膜干涉的描述。

69. 答案会有所不同，可能包括用变形镜校正扭曲的波前，以提高分辨率。

70. 答案会有所不同，可能包括望远镜和显微镜的衍射，以及光谱产生机理等。

71. 9.8×10^{3} J

72. 0.125 m

73. $x_i=-24.0$ cm，$h_i=4.0$ cm

74. $x_i=-11.7$ cm，$h_i=3.11$ cm

P621　第 19 章　标准化测试

1. B　　2. D　　3. B　　4. C　　5. B　　6. D　　7. B

8. A　　9. 光的波长是 570 nm。

第 20 章

静电

P628 第 1 节复习

1. 将带正电荷的玻璃棒分别靠近两条胶带，与玻璃棒相斥的那条带正电荷。
2. 梳子上的负电荷流失到周围，并变成电中性。
3. 用一根带负电荷的硬橡胶棒靠近木髓球。如果木髓球被排斥，那么它带的是与棒同种的电荷；如果木髓球被吸引，那么它带的是与棒异种的电荷，或者是电中性。为了确定木髓球究竟带电还是没有带电，可再次用带正电荷的玻璃棒靠近它，如果被排斥，它便带了正电荷；如果被吸引，它一定没有带电。
4. 毛皮上有了负电荷，因为它的电子转移到了硬橡胶棒。
5. 苹果上包含了等量的正、负电荷，呈电中性，所以它们不会相互排斥。
6. 玻璃棒吸引了金属棒中的电子，因此金属棒带了正电荷。正电荷均匀分布在金属棒上。
7. 正、负电荷模型能较好地解释吸引和排斥现象，还能说明物体相互摩擦时的起电现象。

P636 练一练

8. 1.6×10^{4} N　　　　9. 3.0×10^{-6} C

10. 例题 1 的图中，球 B 对球 A 的作用力反向。所有力的大小相同，球 A 所受到的净力的方向在负 x 轴上方，与负 x 轴夹角 42°，或者说与正 x 轴顺时针夹角 138°。
11. 两电荷之间的静电力减小 9 倍。
12. 0.068 N，方向向右。
13. 3.1 N，方向向右。

P636 物理挑战题

1. $q=\mathrm{m}\sqrt{\dfrac{G}{k}}$
2. 距离的增加不影响 q 的表达式，因为两个物体之间的万有引力和静电力都是与距离的平方成反比，因此彼此相消。
3. $q=8.61\times10^{-11}\ \mathrm{C/kg}\times1.50\ \mathrm{kg}=1.29\times10^{-10}\ \mathrm{C}$

P367 第 2 节复习

14. 两个电荷之间的静电力与它们电荷的乘积成正比，与它们之间的距离平方成反比。这样的关系可用如下定律表示：$F=\dfrac{kq_Aq_B}{r^2}$。
15. 静电力与电荷量成正比，同种电荷相斥，异种电荷相吸。
16. 两个电荷之间的静电力与它们之间的距离平方成反比，所以距离增加 3 倍，静电力减小为原来的$\frac{1}{9}$。

17. 验电器将呈电中性。

18. 因为金属薄片有重力。

19. 异种电荷相吸及同种电荷相斥导致电荷分离，带电物体靠近中性物体时，中性物体里的异种电荷靠近它，同种电荷远离它。静电力与距离的平方反比关系意味着，带电物体靠近电中性物体时，与电中性物体中异种电荷的吸引作用要大于与同种电荷的排斥作用，这就是中性物体能被带电物体吸引的原因。

20. 用带正电荷的棒接触验电器（接触起电）。用带负电荷的棒靠近验电器，用手碰触验电器，使它的负电荷导入大地，然后将手拿开，再移去棒（感应起电）。

21. 这两个力大小相等，方向相反。

22. 金属球上有些电子被吸引到靠近塑料球的一面，或者说，金属球上有些正电荷被排斥到了背面，使两个球之间正电荷的有效距离大于它们球心间的距离。

P638 起步实验

静电力：另一种场力

目的

认识两个静电荷之间的吸引力和排斥力。

实验器材

塑料尺、一块毛皮、一些小纸屑。

教学建议

注意：实验时应佩戴护目镜。此外，确保对羊毛过敏的学生不要接触毛。

- 为了做好实验，应给塑料尺产生足够的静电。
- 在学生有足够时间形成自己的假设之前，不要简单地告诉他们怎么做。

分析

4. 一些纸屑会跳起来粘在尺上，这些纸屑中的一些会获得与尺相同的电荷，并立即被弹开。对于有些纸屑，这种效果并不完全一样。有些可能会被粘住一会儿，然后再掉下来。

5. 当带电尺子靠近纸屑时，纸屑会被吸引，然后与尺子接触后再被排斥开；而有些学生可能没有预料到尺子会吸引纸屑，只是预料纸屑在与尺子接触后会被弹开。

6. 最初，方向向下的重力和桌面向上的推力是作用在纸屑上的两个力。它们是一对平衡力，所以纸屑静止在桌面上。当带电的尺靠近它们时，加入了静电力，作用在纸屑上的力不再平衡。如果静电力大于重力，纸屑就会被尺子所吸引。

7. 将纸屑吸引到尺上的力是暂时的，其作用可能减小或反转。异种电荷相互吸引，因此纸屑向尺子运动。但是，当纸屑接触了带电的尺子时，尺上的部分电荷转移到纸片上，这样，尺和纸屑有了同种电荷，它们便相互排斥，纸片于是被弹开。

P638 迷你实验

研究感应起电和传导起电

目的

考察通过感应起电与接触起电的方法，使原来不带电的中性物体带电。

安全措施

注意：对乳胶或羊毛过敏的学生应该与其他可以处理乳胶或羊毛学生一起进行探究。

预期结果

学生应观察到，当带电气球靠近验电器或者与验电器接触时，验电器的金属箔都会分开。与气球摩擦后的毛皮也会使验电器的金属箔分开。

分析

4. 学生应指出，当带电体靠近验电器时，或者当带电体与验电器相接触时，验电器的金属箔都会分开。
5. 在实验步骤1(将与毛皮摩擦后的气球靠近中性验电器)中，气球上的负电荷将验电器中的电子排斥到金属箔上。此过程中，验电器没有获得或失去电荷，但在它的金属箔中感应出了负电荷。在实验步骤2(将与毛皮摩擦后的气球与中性验电器相接触)中，当气球接触到验电器时，有负电荷从气球转移到验电器，此时验电器有了净负电荷。检查学生的图示是否反映了这些情况。
6. 如果使用摩擦起电后的毛皮靠近验电器，则验电器中的电子会被吸引到验电器金属杆上方的小球上，验电器的金属箔会因为感应了正电荷而分开。如果将毛皮与验电器相接触，毛皮上的一些正电荷就会转移到验电器上，此时验电器有了净正电荷。

P639－641 物理实验

带电物体

实验时间

一节实验课。

技能要求

能用科学概念和科学语言进行解释，观察和推论，比较和对比，制定模型，进行批判性思考和测量、收集和组织数据，作出结论。

安全措施

实验时佩戴护目镜和防护服。对羊毛过敏的学生建议不要用手拿取羊毛。

替代器材

鼓励学生采用各种材料进行试验。棉花和纸是学生可能想不到要测试的常见材料。学生还可能用各种类型的塑料，例如聚氯乙烯(PVC)和聚对苯二甲酸乙二醇酯(PETE)做实验。

教学建议

- 尽量保持房间干燥。如果湿度大，需要加热烘干，尽量减小湿气对摩擦起电的影响。
- 让学生自己选择材料，并系统地测试能产生摩擦起电的可能组合。
- 提醒学生注意，悬挂物体上的电荷会随时间的推移而消散，因此他们需要不时地给它充电。

样本数据

数据表

物体 1	物体 2	尺上的电荷(+,−,0)	观察到的尺的运动	物体 1 上的电荷(+,−,0)	物体 2 上的电荷(+,−,0)
毛皮	橡胶棒	−	被橡胶棒排斥	+	−
塑料棒	橡胶棒	−	被橡胶棒吸引	−	+
PVC	毛皮	−	被 PVC 排斥	−	+

分析

1. 可以,只要它的强度足以移动物体。当两个物体带同种电荷时相互排斥,带异种电荷时相互吸引。
2. 图略;一把悬挂着的带负电荷的塑料尺被一根带负电荷的橡胶棒排斥,因为它们带有同种电荷。
3. 良好的绝缘体,如塑料和橡胶,可以带电。良导体,如大多数金属则不会带电。
4. 羊毛、玻璃、尼龙和丝绸倾向于带正电。聚苯乙烯、橡胶和塑料则倾向于带负电。
5. 获得电子的能力从强到弱的物体可能是 PVC、塑料包装、塑料尺、橡胶、棉花、丝绸、羊毛、玻璃。

结论与应用

1. 在带净负电荷的物体中有带正电荷的粒子,在带净正电荷的物体中有带负电荷的粒子。通常情况下,物体中所带的正电荷与负电荷的电荷量是相等的,此时我们就说该物体呈“电中性”。如果一个物体或物体的某个区域带有净电荷,这意味着它的一种电荷多于另一种电荷,此时“电荷不平衡”了,或者说,该物体带有“过量电荷”。
2. 尽管空气是电荷的良好绝缘体,但空气中的水蒸气使空气导电。因此,物体上的过量电荷不能长期保存,过一段时间便会消失。
3. 不能。像金属棒这样的导体上的过量电荷通常不会停留在一个地方,但中性导体中很容易产生电荷分离,所以金属棒会被任何带电物体吸引,无论是带正电荷还是带负电荷的物体。
4. 当塑料薄膜从一卷中拉出时,会引起电荷不平衡,这类似于将两条胶带拉开时的情况,其结果会使塑料薄膜的不同部分之间互相吸引。

进一步探索

学生应该知道如何给验电器充电。一旦验电器有了已知的电荷,他们应该能够描述具有与验电器相同电荷的物体,以及具有与验电器不同电荷的物体与验电器接触时其金属箔的表现。

生活中的物理学

这种橡皮条或铁链有助于导出轮胎在道路上滚动时可能由于摩擦而积聚的电荷。

P644—646 第 20 章 测评

23. 不会。头发将负电荷转移到了塑料梳子上，所以它必然带了正电荷。头发与梳子上的总电荷是不变的。
24. 纸屑开始时被梳子吸引，是因为带电的梳子使纸屑中的电荷分离。随着纸屑与梳子接触，梳子上的电荷转移到了纸屑上，梳子与纸屑带了同种电荷，纸屑于是就被弹开。
25. 示例：干燥空气、木头、塑料、布，以及去离子水等绝缘体；金属、自来水，以及人体等导体。（答案合理即可）
26. 金属中有许多自由电子，而绝缘体中只有束缚电子，没有自由电子。
27. 尼龙袜与其他衣服接触摩擦而带有了电荷，因此它会与电中性的或带有异种电荷的衣服相互吸引。
28. 擦拭后的 CD 片带电，中性微粒如灰尘就被吸引。
29. 不是。净电荷是正、负电荷之差，镍币的净电荷通常可能为零。
30. 静电力与距离的平方成反比。如果两个电荷之间的距离减小而电荷量保持不变，那么这种力将随距离平方的减小而增加。
31. 将这根带正电的棒靠近导体，但不接触，然后让导体接触一下大地，随后断开，再移去带电棒。
32. $\frac{1}{r^2}$的关系只是对于点电荷来说才是正确的。带电金属盘可视为是许多点电荷的集合，它所产生的静电力是所有点电荷产生的静电力的叠加。这样的考虑只是对于两个金属盘靠得较近时来说的，如果它们分开得很远，仍然可把它们看作点电荷。
33. 1.0×10^{-8} N，方向彼此相背。
34. 2.5×10^{2} N，方向彼此相向。
35. 3.2×10^{-19} C
36. 1.6×10^{20}个电子
37. 98 N，方向向东。
38. $q_A=5.2\times10^{-7}$ C，$q_B=1.5\times10^{-6}$ C
39. a. 18 N，方向向右。 b. 42 N，方向向左。
40. 示例：“一个带有 3.0 μC 的电荷位于一个 2.0 μC 和一个 5.0 μC 的电荷之间，离前者 0.25 m，离后者 0.45 m，三者的位置成一直线。问：3.0 μC 点电荷受到的静电力多大？”（答案合理即可）
41. 2.2×10^{5} C
42. 示例：“……离另一个带有 2.1 μC 的小球 3.5 cm，它们彼此间的静电力多大？”（答案合理即可）
43. A>B=C>D>E
44. 要使距离缩短为原来的$\frac{1}{\sqrt{3}}$，即 0.58。

45. 2.32 N

46. 万有引力只有吸引力；静电力既有吸引力，又有排斥力。我们周围的物体通常呈电中性，人们感受到的是正、负电荷的静电力之和，一般很小。地球的质量很大，它的万有引力也很大，比较容易注意到。

47. 质子的电荷数值上精确地等于电子的电荷量，但符号相反。

48. 用绝缘物将该物体的一端与验电器连接在一起，然后用带电棒接触该物体的另一端。如果验电器显示有电荷，该物体为导体。

49. 小塑料球起初被带电棒吸引，但一旦与带电棒接触，获得与棒同种电荷后，它们便立即被棒排斥。

50. 带正电荷的棒靠近验电器时，原来带正电荷的验电器的两片金属箔将进一步分开；带负电荷的棒靠近验电器时，原来带正电荷的验电器的两片金属箔将相互靠近。

51. 通过静电感应的电荷分离导致云层中的电荷排斥大地中的电子，于是最靠近云层的大地带正电，从而吸引电子。

52. 在A、B球大小相等的条件下，将B球与其他两个相等大小的球相互接触，于是B球上的电荷将均匀地分配在包括B球的三个球上，每个球便带有三分之一的原来B球的电荷。

53. 相似方面：都是与距离的平方成反比，都与两个量（质量或电荷）的乘积成正比；不同方面：质量只有一种，引力总是吸引力，而电荷有两种，所以静电力有吸引力和排斥力。

54. 14 N，方向相背。

55. 8.2×10^{-8} N，方向相向。

56. 5.0×10^{-8} C

57. 6.7×10^{-7} C

58. 1.6×10^{-8} C

59. 2.3×10^{39}

60. a. x 轴的 2.00 m 处　　b. x 轴的 2.00 m 处

61. $F_{净}=3.7\times10^{2}$ N，方向与 x 轴夹角 197°。

62. a. 9.8×10^{-3} N　　b. 5.7×10^{-3} N　　c. 2.4×10^{-8} C

63. 当正离子精确地位于中心处时，上下两根带正电的棒对它的作用力精确平衡，左右两根带负电的棒对它的作用力也精确平衡。如果正离子上、下偏离，那么上下带正电的棒会将它推向中心。如果正离子左右偏离，那么左右带负电的棒会将它拉离中心。

64. a. $F_{A}=3.7\times10^{2}$ N（排斥力），$F_{B}=92$ N（吸引力）

b.

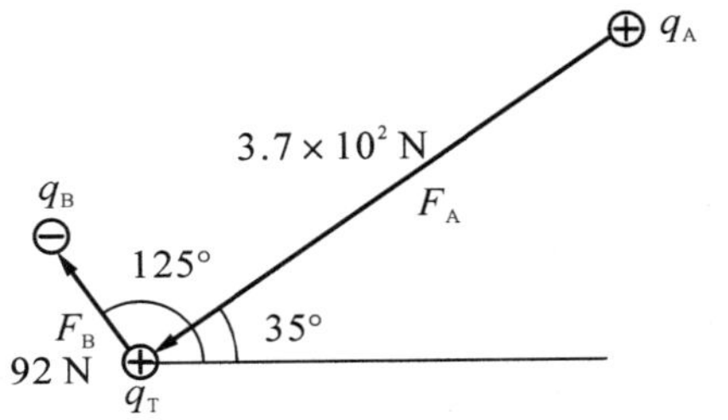

c.

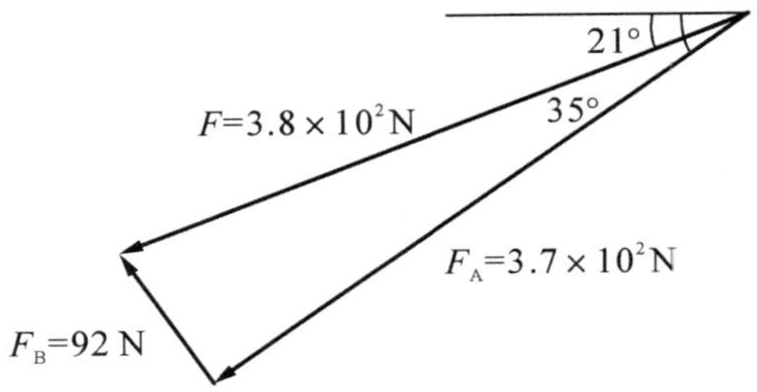

65. 答案中应包括如下内容：莱顿瓶，发明于1745年，是最早的电容器，在18、19世纪，人们在电学实验和演示实验中常用它来储存电荷。摩擦起电机是19世纪与20世纪初常用来产生静电的一种设备，20世纪则为范德格拉夫起电机所取代。（答案合理即可）

66. 答案中学生应当在分子层次上说明正、负电荷的相互作用。应当注意到物质在熔点、沸点时，以及诸如水在0 ℃到4 ℃之间的反常膨胀中，这种相互作用的不同作用。（答案合理即可）

67. 测量出摆的长度和周期，然后用摆的周期公式计算 g。

68. a. 1380 m　　b. 1512 Hz　　c. 1524 Hz

69. −48.0 cm

70. 0.00347°

P647　第20章　标准化测试

1. D　2. C　3. A　4. B　5. C　6. C　7. C
8. D　9. A　10. B

11. $F_{净}=0.46$ N，方向为正 x 轴方向

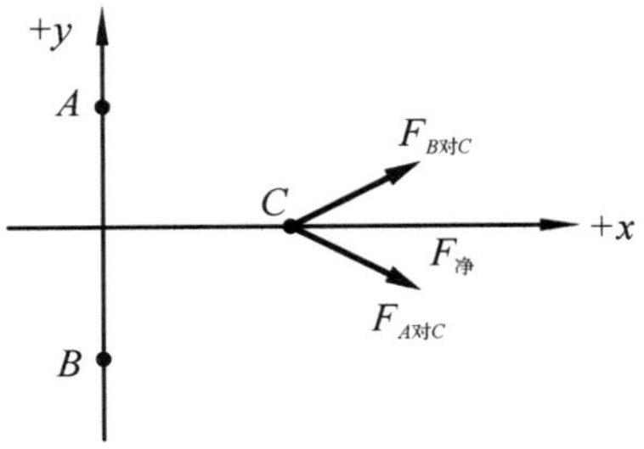

第 21 章

电场

P652　练一练

1. 40 N/C

2. 3.0×10^6 N/C，方向向左。

3. -3.2×10^{-8} C

4. 3.0×10^{-6}　　0.65　　3.0×10^5

5. 8.1×10^{-6} N，方向向南。

6. 1.6×10^4 N/C，指向 q。

7. a. 不相同；作用在 2.0×10^{-6} C 电荷上的力是作用在 1.0×10^{-6} C 电荷上的力的 2 倍。
   b. 相同；因为要将力除以试探电荷的电荷量，所以两次得到的电场强度的结果相同。

P653　练一练

8. 2.6×10^4 N/C

9. 6.5×10^3 N/C

10. 2.5×10^4 N/C，方向向东。

11. -3.1×10^{-9} C

12. 7.7 m

13. 试探电荷的电荷量 q' 与它所受到的力 $F=\frac{kqq'}{r^2}$ 成正比，而电场强度是力与试探电荷电荷量的比值，$E=\frac{F}{q'}=\frac{kq}{r^2}$，所以与 q' 无关。

14. 7.5×10^2 N/C

15. 6.4×10^3 N/C

P656　第 1 节复习

16. 为了检测空间中某点处的电场，应将一个试探电荷放置在该点处，看看它是否受到力的作用。为了测量电场强度，可将试探电荷所受的力除以它的电荷量。所选择的试探电荷的电荷量相对于产生电场的电荷的电荷量，必须非常小。

17. 6.25×10^4 N/C，方向向东。

18. 正电荷周围电场线的箭头背着电荷指向外，负电荷周围电场线的箭头向内指向电荷。

19. 电场强度是表示电场特性的一个物理量，它与对它进行测量的试探电荷无关。作用在试探电荷的力则不仅取决于电场强度，还取决于试探电荷电荷量的大小和符号。

20. 不是；它的电场已使其他电荷的电场发生了变化。

P660 练一练

21. 3×10^{2} V　22. 2×10^{4} N/C　23. 5.00×10^{2} V
24. 2.94×10^{-2} m　25. 7.9×10^{4} N/C

P661 练一练

26. 4.5 J　27. 2.1×10^{4} N/C　28. 2.9×10^{-15} J
29. 1.8×10^{-14} J　30. 1.8×10^{7} J

P663 练一练

31. 有向下的重力以及向上的摩擦力作用在油滴上，它们的大小相等。
32. 3.2×10^{-19} C，有 2 个过量电子。
33. 4.0×10^{4} N/C
34. 3.2×10^{-19} C，有 2 个过量电子。

P666 练一练

35. 1.2×10^{23} C
36. 电容为 6.8 μF 的那只电容器所带的电荷量较多，为 1.6×10^{-4} C。
37. 电容为 3.3 μF 的那只电容器电势差较大，为 1.1×10^{2} V。
38. 1.98×10^{-5} C　39. 6.4×10^{-10} C　40. 1.0×10^{-5} F

P667 物理挑战题

1. $F=\frac{q^2}{Cd}$
2. 2.6×10^{-4} C

P667 第 2 节复习

41. 示例：电势是单位电荷的势能，电场中某点处的电势等于将单位正电荷从零势面移动到电场中该点处的过程中外力所做的功。（答案合理即可）
42. 电势能等于在电场中移动电荷的过程中电场力所做的功。电势差是电场中移动单位电荷的过程中电场力所做的功。
43. 1 V/m=1 J/C·m=1 N·m=1 N/C
44. 电势差应当增加。
45. 液滴上不带静电荷。
46. 5.6×10^{-6} C
47. a. 两球间的电势差为零。
    b. 两球的电荷量不相等，但每个球的表面单位面积上的电荷量是相等的。
48. 金属罩上的电荷不会在金属罩内产生电场，所以电荷会立即从传送带上转移到金属罩的外表面。

P668　起步实验

相隔一定距离的带电物体

目的

探索相隔一定距离的带电物体之间是怎样发生相互作用的。

实验器材

两只气球、两根 0.5 m 的细线、胶带。

教学建议

- 不要在湿度大的实验室里做此类实验。
- 提醒学生，一旦他们给气球充电，他们应该只提着绳子，不要触摸气球。

分析

6. 两只气球相互排斥。
7. 气球被手吸引。
8. 学生应理解，相隔一定距离的两个带电物体间的静电力与两个物体间的万有引力有类似性，它们都是在不接触的情况下存在的“远距作用”。

P668　迷你实验

制作电容器

目的

制作一只电容器。

实验器材

手摇发电机、电压表、两端带有鳄鱼夹的导线、铝箔、塑料包装。

预期结果

当学生们用手摇发电机给电容器充电时，他们应当能够判断电容器是否已充满。

分析

7. 增加箔片面积和减小绝缘层厚度都可增加电容器的电容。

P669－671　物理实验

电容器充电

实验时间

一节实验课。

技能要求

收集和组织数据，进行观察和推论，比较和对比，使用图像。

安全措施

电池引线不要相互碰触或短路，这会使电池的能量消耗在其内部，并使电池变得非常热。

替代器材

一些旧电压表的内阻很低，用它来测量电容器的电势差时会使它的电荷减少，从而测量出的电势差较低。测量电势差还可使用数字电压表、万用表的电压挡或指针式电压表。为了测量电容器的电容，还需要一台小型直流电源。为了便于接线，请使用两端带有鳄鱼夹的导线。

教学建议

- 让学生有足够时间学习和完成根据电路图组装电路。这可能是他们第一次组装电路。只要有耐心，他们就会成功。
- 当使用指针式电压表，并每一到两秒读取一次读数时，他们的实验工作可以说做得不错了。

样本数据

数据表

时间(s)	1000 μF 电容器上的电势差(V)	500 μF 电容器上的电势差(V)	240 μF 电容器上的电势差(V)
0	0	0	0
5	0.8	3.0	0.3
10	1.7	7.5	1.3
15	2.3	8.0	5.0
20	2.9	8.6	8.9
25	3.4	8.6	8.9
30	3.9	8.7	9.0
35	4.3	8.7	9.0
40	4.7	8.8	9.0
45	5.0	8.8	9.0
50	5.3	8.8	9.0
55	5.6	8.8	9.0
60	5.9	8.8	9.0
65	6.2	8.8	9.0
70	6.5	8.8	9.0
75	6.6	8.8	9.0
80	6.7	8.8	9.0
85	6.9	8.9	9.0
90	7.1	8.9	9.0
95	7.3	8.9	9.0
100	7.5	8.9	9.0
105	7.6	9.0	9.0

分析

1. 许多电容器可能充电不到 9.0 V。一些电容器由于漏电，尤其是在湿度较高时因快速漏电或质量不好，充电所能达到的最高电势差常常达不到额定值。（答案合理

即可)

2. 图表因学生的数据而异。

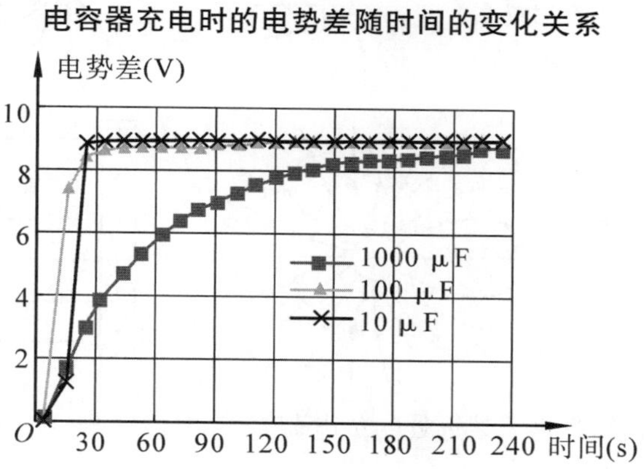

结论与应用

1. 不能。因为根据电容器的特性,电容器两极板上电势差的建立需要时间,其增长是非线性的。电容器的电势差$=\frac{电荷}{电容}$。

2. 电容器的电容越大,充满电的时间就越长。

注:许多电容较大的电容器称为“电解电容器”,它们标注的电容值可能会有100%的误差,因此学生使用同样规格的电容器可能会有不同的结果。

进一步探索

1. 电容不同的电容器的时间常数。

电容器的电容(μF)	时间常数(s)
1000	47
100	4.7
10	0.47

2. 由于实际电容值的误差,结果可能不一样。上述样例数据中的时间常数有些理想化。

生活中的物理学

在闪光灯工作之前,电容器必须充电至设定值。影响闪光灯充电时间的因素包括电容器的电容和电流。请注意,使用新电池比使用旧电池充电较快。

P674—678 第21章 测评

49. 试探电荷相对于产生电场的电荷来说,必须很小,且为正电荷。

50. 电场中某点处电场的方向也就是放置在该点的正电荷所受的电场力的方向。

51. 电场线可用来表示电荷周围实际存在的电场的分布,场中任一点电场的方向就是电场线在该点的切线方向。

52. 电场线越密集的地方,电场强度越大。

53. a.
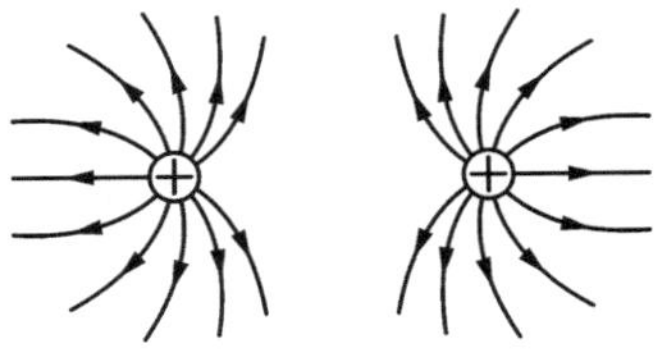

b.
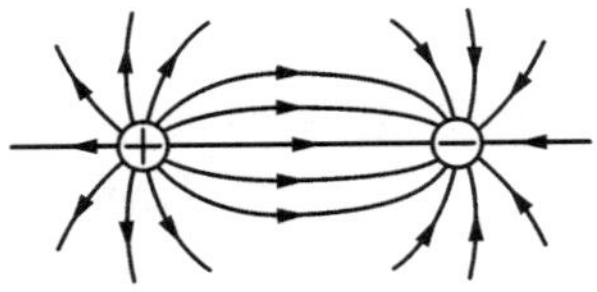

c.
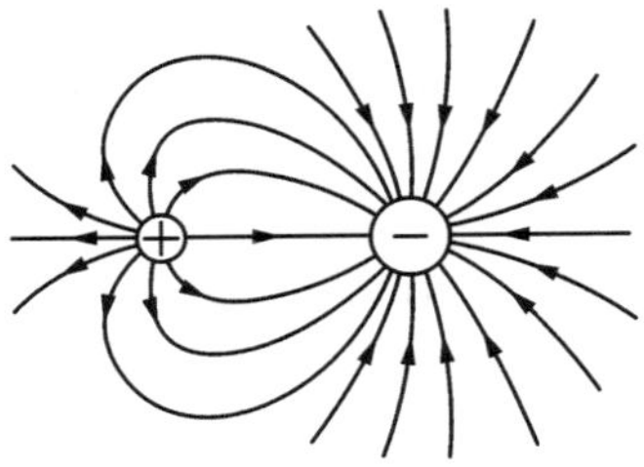

d.
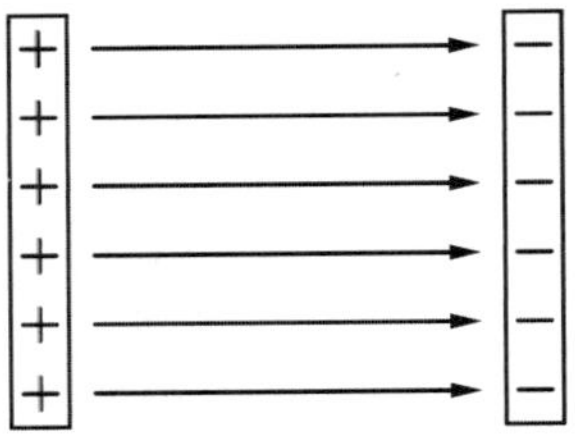

54. 它们终止于某远处的负电荷。

55. 不变

56. 如果逆着电场的方向移动,需要外力提供越来越多的能量;如果顺着电场的方向移动,电场向外界释放越来越多的能量。

57. 2.8×10^{-5} C　　58. 6.7×10^{-7} C

59. 1.8×10^{5} N/C　　60. 3.0×10^{4} N/C

61. a. 方向向上

b. 2.4×10^{-17} N,方向向上。

c. 电子的重力为 8.9×10^{-30} N,b 中的静电力比它的重力大 2.7×10^{12} 倍。

62. a.
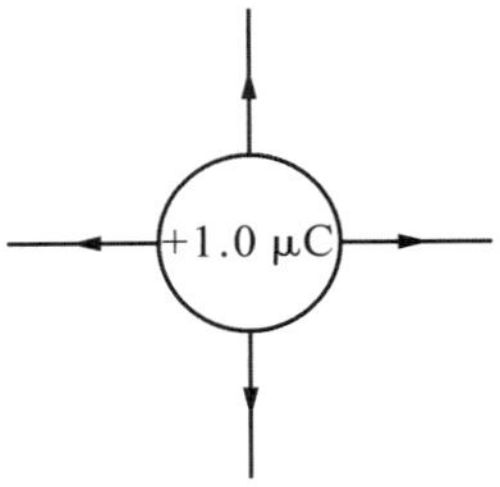

b.
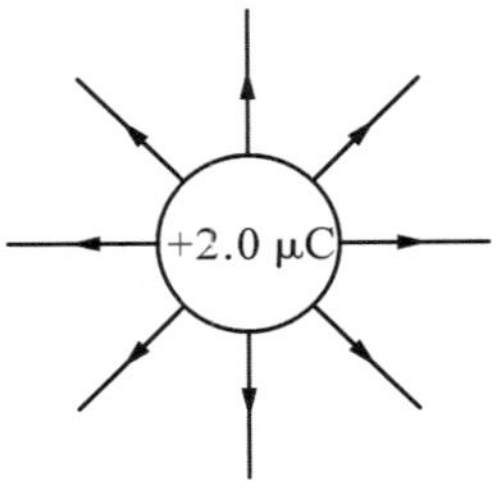

63. 3.0×10^{-4} N　　64. 3.497×10^{19} N/C

65. a.
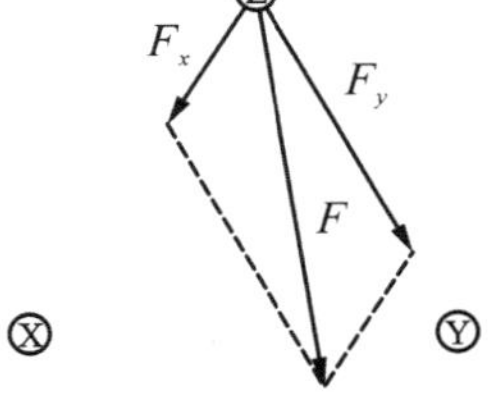

b.
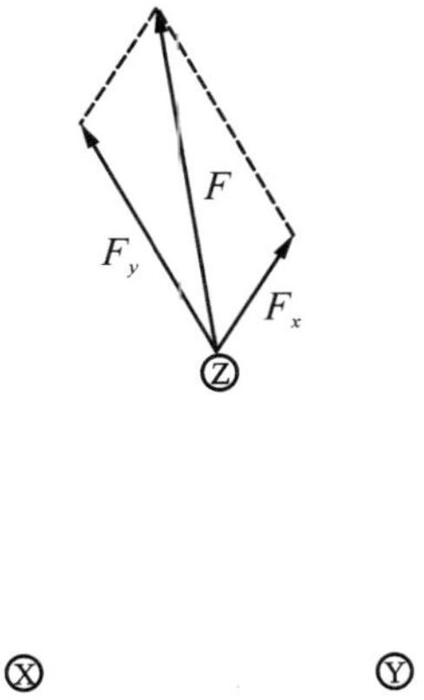

66. a. 1.60×10^{-14} N　　b. 1.76×10^{16} m/s²

67. a. 1.2×10^{-14} N/C,方向向外。　　b. 1.9×10^{-6} N,方向指向原子核。

68. 焦耳(J),伏特(V)

69. 在电场强度为 1 N/C 的匀强电场中,一个单位正试探电荷沿电场方向移动 1 m 的过程中,其电势能差为 1 V。

70. 地球可看作是一个巨大的电容器,它的表面可以容纳大量的电荷。

71. 桌子通常是绝缘体,或者至少不是良好的导体。

72. 电场不能穿透金属,所以金属盒能屏蔽外部的电场。

73. 50 V　　74. 1.4 J　　75. 7.2×10^{-17} J

76. 1.0×10^{2} C　　77. 90 V　　78. 3500 N/C

79. 2.00 μF　　80. a. 8.0×10^{-19} C　b. 5 个电子

81. 1.5×10^{2} V　　82. 6.75×10^{-10} C

83. 4.4×10^{2} V　　84. 0.45 J

85. a. 1.8×10^{-2} W　b. 4.5×10^{3} W

c. 功率与时间成反比。对于一定量的能量消耗来说,时间越短,功率越大。

86. 5.6 μC

87. a. 3.1×10^{6} J　b. 3.1×10^{14} W　c. 3.1×10^{3} s

88. 粒子的电势能将转化为粒子的动能。

89. C

90. B>A=D>E>C

91. a. 不能,因为它们的质量可能不等。

b. 不相等,因为不同油滴的电荷量与质量都可能不同。

92. 约瑟身上的电荷量更多。

93. 示例:"匀强电场中沿着电场方向相距 0.85 cm 的两点之间的电势差为 9 V,那么该电场的电场强度是多少?"(答案合理即可)

94. 改变该电容器两极板之间的电势差。

95. 6.4×10^{-6} J

96. 6.3 μC

97. 2×10^{-10} F

98. a. 示例:"……在电场中某点处受到的力为 0.60 N,该点的电场强度是多少?"(答案合理即可)

b. 示例:"……在电场中由外力将它从该点移动到另一点,在此过程中外力做了 0.35 J 的功,电场中这两点之间的电势差是多少?"(答案合理即可)

99. a. 5.6 μC　b. 4.8×10^{8} V/m　c. 7.7×10^{-15} N,方向与电场强度的方向相反。

100. 1.2×10^{-6} J

101. a. 电容器的电容　b. 0.50 μF

c. 外界为电容器充电的过程中所做的功。

102. 6.14×10^{4} N/C,方向与水平方向夹角为$-23.4°$

103. a. 1.2×10^{-10} N　b. 1.2×10^{3} m/s^{2}　c. 1.0×10^{-3} s　d. 0.60 mm

104. 略。

105. a. 2.3×10^{-4} s　　b. 5.6×10^{2} r/s　　c. 1.1×10^{4} N

106. 2000 m　　107. 104 cm

108. a. $\frac{F}{9}$　　b. $3F$　　c. $\frac{F}{3}$　　d. $\frac{F}{2}$　　e. F

P679　第 21 章　标准化测试

1. A　2. D　3. D　4. B　5. B　6. A　7. C

8. $18\times1.602\times10^{-19}\ \text{C}=2.88\times10^{-18}\ \text{C}$

$$6.12\times10^{-14}\ \text{N}\times\frac{1.41\times10^{-2}\ \text{m}}{2.88\times10^{-18}\ \text{C}}=3.00\times10^{2}\ \text{V}$$

第 22 章

电流

P685 练一练

1. 24 W　　2. 0.60 A　　3. 63 W

4. 2.5×10^4 J　　5. 40 A　　6. 0.30 A

7. 电动机的功率增大 6 倍。

P687 练一练

8. 4.80 A,图略。　　9. 53 Ω,图略。

10. 第 8 题的电流表的示数仍然为 4.80 A,电压表的示数为 60.0 V;第 9 题电流表的示数仍然为 85 mA,电压表的示数为 4.5 V。图略。

11. 电路图上应当正确标记出电源、灯泡、开关以及电压表的符号。图略。

12. 在第 11 题的电路图中增加一只串联在电路中的电流表,以及一只并联在灯泡两端的电压表。图略。

P691 练一练

13. 0.36 A　　14. 1.5×10^4 Ω　　15. 1.2×10^2 Ω

16. a. 2.4×10^2　　b. 60 W

17. a. 0.60 A　　b. 2.1×10^2 Ω

18. a. 63 V　　b. 2.1×10^2 Ω　　c. 19 W

P692 第 1 节复习

19. 带电粒子在电路中的定向移动形成电流。带电粒子在金属导线中运动时,会受到金属中晶格的阻碍作用,这便是产生电阻的原因。

20. 闭合电路图中应包括电源和灯泡。图略。

21. 不正确。电阻的大小取决于电阻器的材料和结构。电压增大,电流按比例增大。

22. 消耗的功率由 12 W 增加到 16 W,即增加了 4 W。

23. 图略。需要测量通过这段导线的电流,以及导线两端的电压,将电压除以电流,便得到电阻的值。

24. 4.4×10^4 J

25. 电流通过电阻器时,它的电势能将减少。减少的电势能转化为热能,热能随后散发到周围环境中。

P695 练一练

26. a. 8.0 A　　b. 2.9×10^4 J　　c. 2.9×10^4 J

27. a. 1.2 A b. 1.6×10^4 J

28. a. 1.3×10^3 J b. 4.7×10^3 J

29. a. 20 A b. 1.3×10^5 J c. 17 ℃

30. 1.1 h

P697 练一练

31. a. 1.8 kW b. 270 kW·h c. ＄32.4

32. a. 9.6×10^{-3} A b. 1.1 W c. ＄0.10

33. 9.5 h 34. 8.2 h

P697 物理挑战题

1. 15 V
2. 保持 15 V,因为没有放电回路。
3. 15 V,13 mA
4. 电容器的电压保持在 15 V,因为没有放电回路;通过电阻器上的电流保持在 13 mA,因为电源电压是恒定的 15 V。但是如果这些器件是实际器件而不是理想器件,那么电容器的电压最后由于漏电将变为零;通过电阻器上的电流最后由于电池耗尽也变为零。

P697 第 2 节复习

35. 汽轮机的机械能转化为发电机的电能;蓄电池将电能转化为化学能而储存在其中;电池中的化学能转化为电路中的电能;电能再转化为灯泡中的光能和热能。

36. 热挡的功率大,且因为 $P=IU$,所以在电压一定的情况下,热挡的电流大。又因为 $I=\frac{U}{R}$,所以电阻小。

37. 一些潜在的利好:如减少电力传输过程中的损耗,减少用煤,开发其他绿色能源,降低电价,这些措施能够改善空气和环境质量。

38. 因为 $P=IU$,所以电压增加一倍,电流就减小一半。又因为 I^2R 的关系,所以电流的减小由于平方关系会极大地减少电路导线上的热损耗。

39. ＄333.31

40. a. 29 Ω b. 500 W

41. 节省的是功率,不是能量,因为电力公司提供的功率不够。

P698 起步实验

使灯泡发光

目的

让学生认识到,只有在完整的回路中才有电流。

实验器材

1.5 V 电池,绝缘导线,小灯泡,防护眼镜。

教学建议

注意：导线的毛刺会刺伤皮肤。

鼓励学生记录他们的所有实验(绘制每幅电路图)。记录“试错”过程，这也是科学研究的一部分。托马斯·爱迪生制造了许许多多灯泡，但在最终确定灯丝材料之前，这些灯泡都不能很好工作。他经过了多次失败，才取得了成功。收集所有试验数据和信息，通过分析，了解失败的原因，这在科学研究中是非常重要的。科学家通常从别人的失败中学到很多东西。如果爱迪生在重复他的努力时没有记录失败，那将是极大的浪费。

预期结果

学生们应该找到点亮小灯泡的方式。让电池的一极通过导线与小灯泡的底部相连，再让电池的另一极通过导线与小灯泡的侧面相连，构成一条完整的闭合电路。

分析

4. 为了使电荷流动，必须有一条带有能源的闭合导体回路。在本例中，电池是能源，它与小灯泡珠及导线构成了一条闭合回路。如果闭合回路中某个接触点没有接好，或者某个元件损坏了，回路中便没有电流。
5. 要使小灯泡发光，必须有包括电源在内的完整的闭合导体回路。如果没有电池，或者电路中没有与小灯泡的底部和侧面连接好，灯泡就不会亮。
6. 电池的两个电极之间有电势差。(正)电荷从电池的电势较高的正极流出，通过导线、灯泡的灯丝，再经过另一根导线到达电池的电势较低的负极，然后进入电池内。

P698　迷你实验

电流

注意：导线两端较尖锐，小心刺伤皮肤。

目的

绘制和构建简单电路，研究串联电路中不同点处的电流(包括流向和数值)。

实验器材

直流电源(0～6 V)、导线、小灯泡和插座各两个、电流表、防护眼镜。

预期结果

学生应当能发现，串联电路中不同点处的电流相同。

分析

4. 串联电路中所有点处的电流都相同，因为此时电流仅仅只有一条通道。

P699－701　物理实验

电压、电流和电阻

实验时间

两节实验课；其中一节课连接电路、进行实验；另一节课分析数据、得出结论。也可安排一节实验课连接电路、进行实验；分析数据、得出结论安排在课外。

技能要求

描述电路，在SI制下进行测量，制作和使用图表。

安全措施

电路可能变热。在实验室中务必佩戴护目镜和穿防护服。导线的毛刺可能会刺伤皮肤。

替代器材

可以使用各种尺寸的电源、电流表和电阻器。使用几个串联的电阻器与使用一个较大的电阻器有相同的效果。这在本书第23章中有介绍。

教学建议

- 如果改变电阻器,那你必须先测试一下电路中的电流是不是太强或是太弱。
- 你可让学生从实验中发现:电压一定时,电流与电阻成反比关系($I=\frac{k}{R}$,其中k为常数);电阻一定时,电压与电流成正比关系($U=kI$)。
  这样,他们便可得到$U=IR$。

样本数据

数据表1

电压(V)	电阻(kΩ)	电流(μA)
1.5	10	94
1.5	20	75
1.5	30	50
1.5	40	38

数据表2

电压(V)	电阻(kΩ)	电流(μA)
1.5	10	160
3.0	10	300
4.5	10	420
6.0	10	510

分析

1. 图略。
2. 图略。
3. 实际电池的终端电压会随着时间的推移而降低。电压的任何变化都会影响电流。使用新电池以尽量减少这种影响。
4. 答案与上述3类似。

结论与应用

1. 电压不变时,电阻和电流之间成反比关系。或者说电流与$\frac{1}{R}$成正比关系。
2. 因为电阻的增大意味着对电子流动的阻碍作用的增加,所以电流减小。
3. 电阻不变时,电压和电流之间存在正比关系。随着电压的增大,电流也随之增加。
4. 因为电压的增大也就是电荷电势能差值的增大,这意味着电荷定向流动的能力增大了。

进一步探索

1. 电流为 150 μA。根据上述样本数据表 1 中的实验结果(U=1.5 V,R=20 kΩ,I=75 μA),因电阻不变时电流与电压成正比,现在电压增加一倍,所以电流也增加一倍。

2. $U=IR$

3. 因为 $I=\frac{U}{R}=\frac{3.0\ \text{V}}{2\times10^4\ \Omega}=150\times10^{-6}$ A,即 150 μA。此结果符合上述 2 中的公式。

生活中的物理学

1. 美国的电炉和烘干机;美国海外的热水器、冰箱和其他电器。(美国的市电电压通常是 120 V,中国的市电电压是 220 V)

2. 因为 $P=IU$,所以在用电器功率不变的条件下,如果市电电压低,电流就大。再考虑到欧姆定律 $U=IR$,因此在输电线路上损耗的功率 $P=I^2R$ 将大大增大。

P704—708 第 22 章 测评

42. 1 A=1 C/s

43. 电压表的正极与电动机左侧相连,电压表的负极与电动机右侧相连。

44. 将电路中的导线与电源正极的接头断开,然后将断开的导线与一只电流表的正极连接,用另一根导线的一端与电源的正极连接,另一端与电流表的负极连接。

45. 从左到右通过电动机

46. a. 4 b. 1 c. 2 d. 3

47. 直径较大的导线横截面积大,可同时通过更多定向移动的电子,所以它的电阻较小。

48. a. 图略。电路图上应包括电源、电阻器以及一个开关。
    b. 电流表应当串联在电路中。
    c. 电压表应当并联在待测器件的两端。

49. a. 可变电阻可用来将阶梯性变速的电动机改装为可连续变速的电动机。
    b. 玩具控制杆里的可变电阻有助于将玩具的手动控制改装为用计算机屏幕上亮点位置的控制。

50. a. 电能转化为光能和热能 b. 电能转化为热能和电能
    c. 电能转化为光能和声能 d. 化学能转化为光能和热能

51. a. 18 W b. 1.6×10^4 J

52. a. 1.5 A b. 27 V c. 41 W d. 1.5×10^5 J

53. 9.6×10^2 W 54. 1.4×10^2 W

55. a. 3.0 A b. 27 V c. 81 W d. 2.9×10^5 J

56. a. 0.50 A b. 9.0 V c. 4.5 W d. 1.6×10^4 J

57. a. 60 W b. 1.8×10^4 J

58. a. 2.5×10^3 J/s b. 2.5×10^3 W

59. 19 A　　60. a. 4.5 W　b. 3.0×10^3 J

61. 24 V　　62. 6.0 V　　63. 1.2×10^2 V　　64. 5.0 A

65. a. 143　148　150　154　159　143　143　154　157　161

b. 图略。图像应当是一条近似的过原点的直线。

c. 镍铬导线的电阻随两端电压的升高有少许的增大，所以它并不严格遵循欧姆定律。

66. 28 V，图略。

67. a. 不遵循欧姆定律，电压的增大比为$\frac{9.6}{6.0}=1.6$，但是电流的增大比为$\frac{75}{66}=1.1$。

b. 0.40 W　　c. 0.675 W

68. 1.08×10^5 J，9.5×10^4 J

69. a. 3.0×10^2 Ω　b. 60 Ω　c. 2.0 A

70. a. 32 Ω　b. 1.2×10^2 Ω

71.

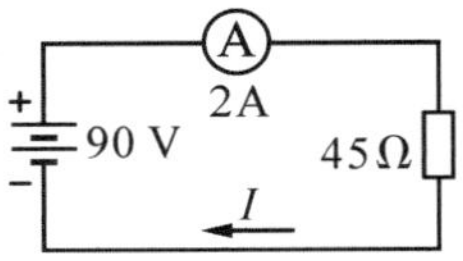

$I=2$ A

72. 温度低时灯丝的电阻小，通过的电流大，温度突然升得较高，灯丝容易熔断。

73. 小电阻电路将产生很大的电流，这意味着有更多定向移动的电子与导体中的晶格发生碰撞，原子动能迅速增加，导线温度极大增加。

74. 输电导线的电阻和电流

75. $1\ \text{W}=1\ \frac{\text{C}}{\text{s}}\cdot\frac{\text{J}}{\text{C}}=1\ \frac{\text{J}}{\text{s}}=1\ \frac{\text{kg}\cdot\text{m}^2/\text{s}^2}{\text{s}}=1\ \frac{\text{kg}\cdot\text{m}^2}{\text{s}^3}$

76. $ 510/kW·h　　77. 0.15 A　　78. 1.2×10^6 J

79. a. 1.1 A　b. 45 V

80. 13 A　　81. $ 220　　82. a. $ 18/kW·h　b. $ 0.02

83. 电池与外电路接通瞬间，电路中各处就会建立起电势差，并引起各处电荷的定向移动。（与电势差的变化相比，电荷流动会慢一些）

84. 站立在地上的奶牛碰触到电篱笆时，它的身体上有了电势差，形成的电流使它感受到电击。

85. 栖息在高压线上的小鸟的两只脚之间可以说没有电势差，所以没有电流。

86. 增大电压或减小电阻。

87. 50 W 灯泡；因为 $P=\frac{U^2}{R}$，可见正是由于电阻 R 大，导致功率 P 小。

88. 如果电压不变，那么电阻加倍，电流减半。

89. 没有影响；因为 $U=IR$，所以 $I=\frac{U}{R}$，可见，如果 U 和 R 都增加一倍，它们的效果相互抵消。

90. 是的，还会相同，因为串联电路中，电流处处相同。

91. 不服从欧姆定律，因为电压为 1.5 V 时，$R=3.3\times10^4\ \Omega$；在 3.0 V 时，$R=120\ \Omega$。服从欧姆定律的器件的电阻与电压无关。

92. 电阻小的导线发热快；因为 $P=\frac{U^2}{R}$，较小电阻的导线消耗较大的功率，并快速转化为热能。

93. 200 h　　94. 2.2×10^4 J

95. a. 2.5 A　b. 2.3×10^4 J

96. a. 3.0 A　b. 12 A　c. 开启瞬间

97. 40%

98. a. 2.7×10^6 J　b. 8℃　c. $ 7

99. 图略。电路图应当是由一个电源、三只电阻或灯泡所构成的串联电路，电流为顺时针方向。

100.

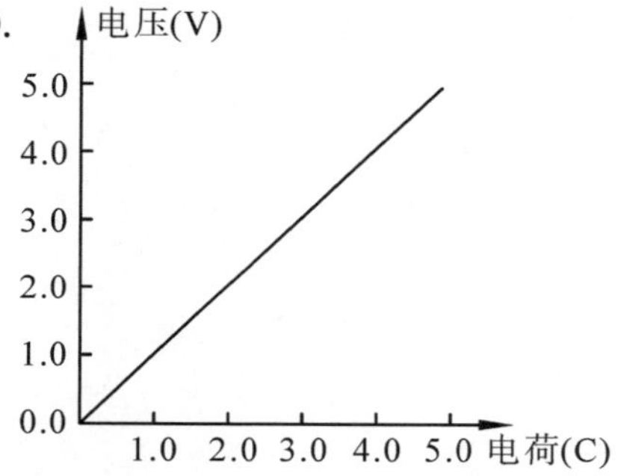

电压 $U=5$ V，能量 $E=13$ J

储存在电容器中的能量并不等于电压与电荷的乘积。从图像上看，电荷与电压的乘积为直线下的面积的 2 倍。从物理上说，这意味着，将单位电荷移送到电容器过程中，外界需要花费与电容器所增加的能量同样的能量。实际上，移送每一个电荷到电容器所需要的能量将随着电容器极板上电荷的累积而增加。

101. B>C>A>D>E

102. 示例："一只 60 W 灯泡与 110 V 的电源相连，当灯泡接通时，通过灯泡的电流多大？"(答案合理即可)

103. 示例："……通过电阻的电流为 250 mA，电阻的阻值多大？"(答案合理即可)

104. 电阻器的大小是由它所能承受的功率确定的，功率为 100 W 的电阻器必然要比 1 W的电阻器大得多。

105. 遵循欧姆定律的电阻器，它的电流—电压关系图像是一条直线，这种器件在实际中并不常见。

106. 物理量之间存在抛物线关系图线的两个例子是：一个电阻器两端的电压与它的热损耗功率之间的关系图线，以及通过一个电阻器的电流与它的热损耗功率之间的关系图线。

107. 解答应当包含如下内容：遵循欧姆定律的器件的电压降正比于通过该器件的电流，因此由欧姆定律导出的公式 $R=\frac{U}{I}$ 也是关于电阻的定义式。

108. 当输电线有大电流通过时，会因发热而膨胀，导致输电线落下来。落下来的输电线如果碰到它下面的物体，如树木或其他导线，那是非常危险的。(答案合理即可)

109. 2.7×10^{4} J/K；熔化冰；2.4×10^{4} J/K

110. 1.9 kPa 或者大约是大气压的 2%

111. 2.0 cm

112. 1.4×10^{-4} m

113. 0.41 N

P709　第 22 章　标准化测试

1. A　2. D　3. C　4. D　5. C　6. B　7. C
8. D　9. 14 A，2.5×10^{5} J

第 23 章

串联和并联电路

P714 练一练

1.66 Ω,2.9 A　　2.32 Ω,2.3 A　　3. 2.0×10^{2} Ω

4.a. 增加　b. 减小　c. 不变

5. $U_1=28$ V,$U_2=35$ V,$U_3=12$ V,$U_1+U_2+U_3=75$ V,即等于电源电压。

P717 练一练

6. R_2 坏了,它有无穷大电阻,所以电源的电压完全施加在它的两端。

7.a. 0.031 A　b. 17 V

c. $P_{总}=0.52$ W,$P_{R1}=0.24$ W,$P_{R2}=0.28$ W

d. 是的。能量守恒定律指出,能量既不能创生,也不会消失,因此单位时间内电源减少的能量,即消耗的功率,必然等于各部分消耗的功率之和。

8.如果没有防短路装置,一串相互串联的灯泡中,如果几个灯泡损坏短路,则整串灯泡的总电阻减小,电流增大,致使其他灯泡也可能烧毁。

9.电阻小的电阻器消耗的功率小,所以相对来说温度低些。

10.7.5 V

P718 练一练

11.a. 55 Ω　b. 2 A　c. 48 V,72 V

12.a. 11.9 kΩ　b. 1.0×10^{-3} A　c. 11.9 V

13.5.3 kΩ

P721 练一练

14.a. 5.00 Ω　b. 6.00 A　c. 2.00 A

15.a. 变小　b. 变大

c. 根据欧姆定律,通过它们的电流不变。

16.a. 20.0 Ω　b. 0.6 A　c. 0.1 A,0.2 A,0.3 A

17.在 150 Ω 的电阻器上并联一个 240 Ω 的电阻器

P722 第 1 节复习

18.(1)串联电路中,通过每个用电器的电流相等,每个用电器两端的电压之和等于电源电压。

(2)并联电路中,每个用电器两端的电压相等,通过每个用电器的电流之和等于通过总电路或电源的电流。

19. 2.9 A
20. 810 mA，串联电路中，通过每个用电器和电源的电流相等。
21. a. 0 V　　b. 0 V
22. 当你围绕一座小山走一圈回到原来位置的过程中，上坡和下坡的高度之和为零。类似的，一个电荷围绕一条导体回路运动一周回到原处的过程中，电势的增大和电势的减小之和也为零。
23. 电路中流入任一节点的总电荷必然与从该节点流出的总电荷相等。这是电荷守恒定律在电路现象中的体现。
24. a. 0 A，因为电路中 A 和 B 两点的电势相等。
    b. 没有变化　　c. 没有变化　　d. 没有变化

P724　物理挑战题

1. 是的，还有别的办法使该电路平衡。如果调整电阻的数值，使它们满足下式：$\frac{R_2}{R_3}=\frac{R_4}{R_5}$，该电路就能达到平衡。
2. $\frac{R_2}{R_3}=\frac{R_4}{R_5}$
3. 除 R_1 以外的其他四个电阻
4. 电阻器 R_1 可以且应该用一个可变电阻器代替。灵敏电流计通过较大电流时会被烧毁，如果 R_1 为可调电阻，那么可在电路通电之前，将它的电阻值调为最大，从而减小通过灵敏电流计的电流。当其他电阻经过调整电路达到平衡，灵敏电流计示数近似为零后，再减小 R_1，以增加灵敏度。

P726　练一练

25. 0.54 A
26. 那些串联的 11 个灯泡会更亮些。并联的两个灯泡中通过每个灯泡的电流是串联灯泡的一半，因为 $P=I^2R$，所以它们的功率只有串联灯泡的$\frac{1}{4}$。
27. 2.5 A

P727　第 2 节复习

28. 混联电路是指既包含串联电路又包含并联电路的混合电路。
29. 灯泡 L_2 和 L_3 的亮度相同，但是要比灯泡 L_1 暗。
30. 0.6 A
31. 这两个灯泡将同样暗些，因为通过每个灯泡的电流都同样减小。
32. 8.0 V
33. 不相同。因为通过它们的电流相同，如果它们是相同的灯泡，它们两端的电压应该相同。
34. 保险丝、断路器、触电保护器。

35. 有办法。可采用三个灯泡彼此串联的电路，或者彼此并联的电路。

P728 起步实验

保险丝和电路

安全措施

电流通过细金属丝时可能会很热，甚至在不发出红光的情况下也会导致皮肤灼伤。

目的

显示如何使用保险丝以防止电路过热。

实验器材

9 V 电池、插座和手电筒小灯泡、4 根绝缘导线（每根长约 20～25 cm）、单根细金属丝、闸刀开关、小玻璃容器。

教学建议

- 告诫学生不要试图在家庭电路中做这个实验。家中墙上插座的电压高得多，会产生很大电流。
- 可采用带有鳄鱼夹的导线，以便于连接。
- 提醒学生将细金属丝安装在小玻璃容器内，以防止它通电时发热燃烧。

预期结果

当电流通过细金属丝时，细金属丝会开始变热、变红，然后烧断。

分析

8. 导线越细，通电时升温和烧断的速度就越快。较粗的导线可允许通过较大的电流。
9. 断路器可重复使用，而保险丝每次烧断后必须更换。两者都能在电流过载时迅速切断电路。
10. 保险丝必须选用与线路相匹配的规格。采用额定电流过高的保险丝可能有危险。例如，在住宅或汽车电路中使用 20 A 规格的保险丝而不是推荐的 10 A 保险丝时，电路中的导线可能由于过热而引发火灾。采用过小规格的保险丝也不行，可能会经常熔断，需要频繁更换。

P728 迷你实验

并联电阻

目的

连接一个简单的并联电路并考察增加并联电阻时的效果。

实验器材

电源，电流计，导线，四个 330Ω、0.5W 的电阻器或四个 470Ω、0.5W 的电阻器，也可采用电阻较小的电阻器。

预期结果

随着并联支路的增加，总电路中的电流也随之增加。三个等值电阻的电阻器并联后，总电路中的电流是原来一个电阻器时的 3 倍。

分析

6. 不同实验小组的数据会有所不同,但应该显示出并联等值的电阻器后,总电流将加倍。

7. 添加更多的并联电阻器,其总电阻将降低。

P729—731 物理实验

串联和并联电路

实验时间

一节实验课。

技能要求

用科学概念和科学语言进行解释,观察和推论,比较和对比,制定模型,进行批判性思考和测量、收集和组织数据,作出结论。

安全措施

由于本实验中使用的电压较低,因此触电的危险性非常小。告诫学生不要试图用家庭中的市电电源进行本实验。家中墙上插座的电压高得多,会产生较大的电流,有可能导致触电伤亡。

替代器材

可使用 6 V 电池代替低压电源。

教学建议

- 在接通电源之前,教师需要检查他们连接的电路。
- 确保学生连接仪表的极性是正确的。极性不当会损坏仪表。

样本数据

数据表

步骤	观察和测量结果
3	两个灯泡都不亮
4	5.20 V
5	2.60 V,2.60 V
6	处处都是 150 mA
8	300 mA
9	2.76 V
10	170 mA,2.76 V,另一个灯泡较亮
11	170 mA,2.76 V,另一个灯泡较亮

分析

1. $R=\frac{U}{I}=\frac{5.20\ \text{V}}{0.150\ \text{A}}=34.7\ \Omega$。

2. $R=\frac{U}{I}=\frac{2.60\ \text{V}}{0.150\ \text{A}}=17.3\ \Omega$。

3. 每个灯泡的电阻加起来就是这两个灯泡串联后的总电阻。

4. 两个串联灯泡两端的电压是单个灯泡两端的电压之和。

5. $R=\frac{U}{I}=\frac{2.75\ \text{V}}{0.170\ \text{A}}=16.2\ \Omega$。

这两个灯泡并联时得到的每个灯泡电阻的实验结果与上述 2 中串联时的实验结果(17.2 Ω)近似相等。

结论与应用

1. 在串联电路中,电流处处相同,电源电压 U 等于各个元件两端的电压之和,总电阻等于各个元件的电阻之和。
2. 在并联电路中,每个支路上的电压相同,总电流等于通过每个支路的电流之和,总电阻 R 与各个支路电阻 R_1、R_2、R_3……存在如下关系:

$$\frac{1}{R}=\frac{1}{R_1}+\frac{1}{R_2}+\frac{1}{R_3}+\cdots\cdots$$

进一步探索

为以后更好地应用,进一步用实验数据证实上述"结论与应用"中的两条陈述。

生活中的物理学

1. 家庭电路应采用并联布线,如上述样例步骤 9 中所示,每个并联支路的电压相同。
2. 家里的电气设备都是并联连接,当诸如空调那样的大功率用电器启动时,需要较大的电流,这会导致流经与它并联的电灯等其他设备的电流瞬间减小,于是会突然暗一下。

P734—738　第 23 章　测评

36. 一个灯泡烧坏,但电路仍然接通时,其他灯泡都可能烧坏。
37. 每并联一个电阻,就为电路提供了一条新的通道。
38. 并联电阻器的等效电阻小于其中任一电阻器的电阻。
39. 电器用具并联连接,可相互独立地使用它们。
40. 在串联电路中,电流相继地受到每个电阻器的阻碍,所以总电阻是每个串联电阻器的电阻之和。在并联电路中,每个电阻器为电流提供了一条附加的通道,从而减小了电阻。
41. 对于电路中的任何一个节点,流入的电流等于流出的电流。
42. a. 0.20 A,因为串联电路中,电流处处相等。

    b. 0.20 A,因为串联电路中,电流处处相等。

43. 13 kΩ　　44. 40 kΩ　　45. 12.4 V　　46. 4.45 A
47. 取电势增加的方向为正,因此三个电池构成的电池组的电压为 1.5 V+1.5 V−1.5 V=1.5 V。通过灯泡的电流于是为 $I=\frac{U}{R}=\frac{1.5\ \text{V}}{15\ \Omega}=0.10\ \text{A}$。
48. a. 通过电池时电荷能量的增加为 qU,它等于通过电阻器时能量的减少量 qIR,因此电荷无论在回路中运动多少次,能量没有改变,能量是守恒的。

    b. 电荷每次通过电池时能量的增加量为 qU,如果它大于通过电阻器时能量的减少量 qIR,能量就是无缘无故地创生了出来,能量不再守恒。

49. a. 37 Ω　b. 7.4 V　c. 0.88 W　d. 1.5 W

50. a. 1.1 V　b. 7.5 V　c. 19 V

51. a. 26 Ω　b. 1.7 A　c. 37 V, 7.6 V　d. 63 W, 13 W

52. 8.40 V　53. 2.45 A

54. a. 0.2 A　b. 7.0 V　c. 3.0 V　d. 120 J

e. $R=R_1+R_2=35\ \Omega+15\ \Omega=50\ \Omega$

55. a. 50 Ω 的电阻器发热最多，因为 $P=I^2R$，而在串联电路中通过各个电阻器的 I 相同，所以电阻最大的电阻器消耗的功率最大。

b. 15 Ω 的电阻器发热最少，因为 $P=I^2R$，而在串联电路中通过各个电阻器的 I 相同，所以电阻最小的电阻器消耗的功率最小。

c. 2.0 A　d. 4×10^2 W

56. a. 62 Ω　b. 6.0 V

57. 1.6×10^2 Ω　58. 13.45 W

59. a. 10.0 Ω 的电阻器发热最多，因为 $P=\frac{U^2}{R}$，而在并联电路中各电阻器两端的 U 相同，所以电阻最小的电阻器消耗的功率最大。

b. 50.0 Ω 的电阻器发热最少，因为 $P=\frac{U^2}{R}$，而在并联电路中各电阻器两端的 U 相同，所以电阻最大的电阻器消耗的功率最小。

c. 19 A　d. 5.5 A　e. 2.2 A　f. 11 A

60. a. 20 V　b. 3.4 A　c. 1.0 A　d. 2.0 A

61. 向下

62. a. 2.3×10^2 Ω　b. 13 Ω　c. 3.6 W

63. a. 2.2×10^2 Ω　b. 65 W　c. 增加了

64. a. 8.89 Ω　b. 4.50 A　c. 2.50 A

65. 15 V　66. 66 Ω

67. a. 52 Ω　b. 110 V　c. 9.8 Ω　d. 96 V

68. 保险丝的作用是防止电路的电流过载，过载会引起过热而导致火灾。保险丝就是一小段熔点不太高的金属丝，当通过它的电流过大时，它就会熔化，从而切断电流，保护用电器。

69. 短路就是电阻极小的电路。短路是危险的，它会产生很大电流，导致过热，引起火灾。

70. 电流表的电阻必须很小，因为测量时它是串联在电路中的，如果它的电阻较大，就会明显地改变电路的总电阻，因而改变电流。这意味着，这样的电流表无法测量所要测量的电流。

71. 电压表测量时，并联在电路中被测电器的两端。电压表需有很大的电阻与电流表需有很小的电阻具有同样的理由。如果电压表的电阻较小，就会明显地改变流过被测电器的电流以及两端的电压。这意味着，这样的电压表无法测量所要测量的电压。

72. 电流表串联接入，电压表并联接入。

73. 45.0 Ω　　74. 360 mW　　75. 11 mA　　76. 15 mA

77. a. 2.0 A　b. 3.0 A　c. 15 A　d. 是的，会熔断。

78. a. $I_{30.0\Omega}=I_{20.0\Omega}=I_{10.0\Omega}=I_{40.0\Omega}<I_{25.0\Omega}$

b. $U_{10.0\Omega}<U_{20.0\Omega}<U_{30.0\Omega}<U_{40.0\Omega}<U_{25.0\Omega}$

79.

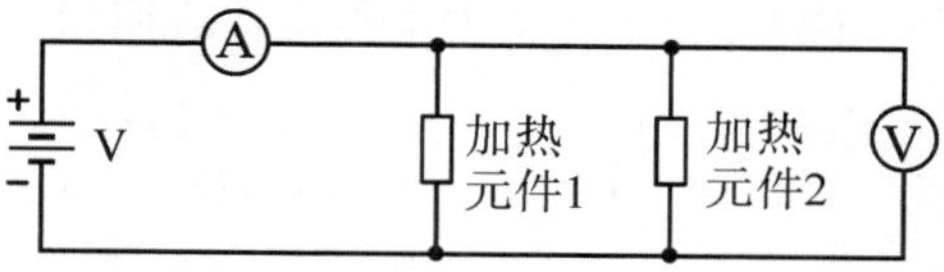

80. 1.1×10^3 s

81. a. 0.24 kΩ　b. 0.50 A　c. 60 W

82. 如果三盏电灯中任一盏灯的灯丝烧坏，电路中将没有了电流，另两盏灯也就熄灭。

83. R_1 增加，U_2 减小

84. 电路 A 中第二个电阻器中没有电流，电路 B 中第二个电阻器中的电流不变。

85. 如果三个灯泡中任一个灯泡的灯丝烧坏，另两个灯泡两端的电压不变，因此流过灯泡的电流也不变。

86. 不用。三个 30 Ω 电阻器并联，就得到 10 Ω 电阻器；两个 30 Ω 电阻器并联，就得到 15 Ω 电阻器。

87. 将 4 个灯泡串联，每个灯泡两端的电压就是$\frac{6.0\ \text{V}}{4}=1.5\ \text{V}$。

88. a. 电阻较小的灯泡较亮，因为 $P=IU$、$I=\frac{U}{R}$，所以 $P=\frac{U^2}{R}$。两个灯泡两端的电压一样，所以电阻小的灯泡功率 P 大，也就较亮。

b. 电阻较大的灯泡较亮，因为 $P=IU$、$U=IR$，所以 $P=I^2R$。通过两个灯泡的电流一样，所以电阻大的灯泡功率 P 大，也就较亮。

89. 30 A 保险丝允许通过更多的电流，因此会产生更多的热量，这是危险的。

90. a. 串联　b. 串联　c. 并联　d. 串联　e. 并联　f. 串联

91. a. 6.0 V　b. 4.7 V　c. 6.0 V

92. 70 V　　93. 11 W　　94. 21 V　　95. 略

96. a. 0.134 A　b. 0.395 W　c. 0.014 W

97. 示例：“一只 6.0 V 电池与一个包含两条支路的并联电路相连，其中一条支路是一个 500 Ω 的电阻器，另一条支路是一个 100 Ω 的电阻器，然后再与一个 200 Ω 的电阻器串联。问：每条支路中的电流是多少？”（答案合理即可）

98. 示例：“与它相连的电池的电压是 12 V，那么流过电阻器的电流是多少？”（答案合理即可）

99. 短文中应包括如下基本观点：

(1)基尔霍夫电压定律是能量守恒定律在电路问题中的体现。

(2)基尔霍夫电流定律是电荷守恒定律在电路问题中的体现。

(3)基尔霍夫电压定律指出，绕一条闭合回路的电压降之和为零。在只有一条回

路的串联回路中，所有电阻器上的电压降之和等于电源电压。在并联电路中，对于每条支路都有闭合回路，当应用基尔霍夫电压定律于不同的回路时，支路上的电压降不变。

(4)基尔霍夫电压定律指出，一个节点上电流的代数和为零。一条串联回路中的每一点处，流入的电流与流出的电流相等，因此电流处处相等。在并联电路中，支路的两端存在公共的节点，基尔霍夫电压定律表明，每个节点上电流的代数和为零。

100. a. 1.00 m　b. 340 Hz　c. 170 m/s　d. 680 Hz　e. 230 Hz

101. −7.41 cm　102. 1.71　103. 0.40 m

104. a. $\frac{E}{9}$　b. $3E$　c. $\frac{E}{3}$　d. E　e. $\frac{E}{3}$

P739　第 23 章　标准化测试

1. C　2. D　3. A　4. D　5. C　6. D　7. D

8. C　9. 查理斯必须撤去 5 个灯泡。

10. 0.20 A，1.6 W

第 24 章

磁场

P744　练一练

1. a. 排斥力　　b. 吸引力
2. S、N、S、N
3. 地球类似一个巨大的磁体，它的磁南极(S)在地理北极，因此指南针的 N 极是指向地球的磁南极的。
4. 指南针磁化后，它的极性翻转了。

P749　第 1 节复习

5. a. 强 1 倍　　b. 强 3 倍
6. a. 从南到北　　b. 指向西
7. 尾端
8. 用铁棒。铁棒可被永磁体磁化而成为磁铁，但铝或玻璃却不能。铁棒的这个特性可用来制作磁性很强的电磁铁。
9. 可以。将可变电阻、电源及线圈构成串联电路，调节可变电阻，就能调节电路中的电流，从而调节电磁铁的强度。
10. 将导线绕制在一根铁棒上，能大大增强电磁铁的强度。
11. 磁感线的疏密程度代表磁场的强弱，磁感线的切线方向代表该点磁场的方向。
12. 电冰箱的磁性和地球的磁场。磁力的效应可通过其他磁体或铁磁性物质靠近它来显示。(答案合理即可)
13. 它们的两端
14. 两根导线中电流的方向相同，则相互吸引；两根导线中电流的方向相反，则相互排斥。
15. 右手握住直导线，拇指指向电流方向，其他四指的环绕方向就是磁场方向。
16. 没有什么不同；两次实验中铁屑形成的图样相同，不过两次实验中电磁铁两端的极性相反。
17. 将趋向于磁场方向。
18. a. 上下两根棒两端的极性相同，彼此相斥，其中的一根棒于是便悬浮在另一根棒的上方。如果上方棒的两端对调，就会被下方棒吸引而落下。
    b. 用铁磁性物质制成。

P752　练一练

19. 右手定则。伸出右手，使拇指与其他四指垂直，如果四指指向磁场方向，拇指指向电流方向，那么手掌的朝向就是磁场作用在通电导线上的力的方向。

20. 1.6 N　　21. 0.13 T　　22. 0.15 T　　23. 7.8 A

24. 条形磁铁的一端尽可能靠近线圈，使其磁场既垂直于线圈，又垂直于铝片。

P756 练一练

25. 方向向下
26. 3.2×10^{-12} N，方向向上。
27. 8.6×10^{-16} N
28. 1.7×10^{-13} N
29. 4.2×10^{6} m/s
30. 0.05 T

P757 第2节复习

31. 利用换向器改变电流的方向，使电动机中的转子可作360°旋转，于是电能转化成了机械能。
32. 垂直于地面向上
33. a. 磁场必须向上，且垂直于质子的运动方向。电场方向应该沿着质子的运动方向。
    b. 磁场和电场的方向都与a中的方向相反。
34. 灵敏电流计及电动机的基本结构都是一个可转动的线圈安装在永久磁体的两个磁极之间，当电流通过线圈时，永久磁体的磁场就会对它产生力矩，使它转动。灵敏电流计中线圈的转动不能超过180°；电动机中的线圈当它转动到180°与磁场方向垂直时，它的换向器结构将使线圈中的电流反向，使它继续转到360°，从而不停地在磁场中转动。
35. 不。那时转动线圈的惯性能使它越过零力矩点，在该点处，线圈的加速度为零，但速度不为零。
36. 28 kΩ
37. 电流的方向相同。考虑第一根导线中的电流在第二根导线处的磁场对其中同方向的电流所产生的作用力，就能发现，它指向第一根导线。与此类似，第二根导线中的电流在第一根导线处的磁场对其中同方向的电流所产生的作用力指向第二根导线。

P758 起步实验

磁场的方向

目的

制作一幅一对同性磁极产生的磁场图和一对异性磁极产生的磁场图。

实验器材

两根条形磁铁、小型指南针。

教学建议

- 两根磁铁应放置在一条线上。学生可以使用笔记本纸将它们对齐。
- 图纸上标注出N极和S极。
- 指南针不要太靠近磁铁、电流或其他金属和磁性物体，这样会干扰磁铁的磁场。

预期结果

当指南针置于N极和S极之间时，指南针的N极将指向磁铁的S极。当指南针置于两个N极(或两个S极)之间时，指南针的N极可能会被较近(或较强)的磁极排斥(或吸引)，但会向两个磁极的垂直平分线倾斜。在磁场的其他各点处，指南针的N极指向该点磁场的方向。

分析

7. 在某个磁极附近，指南针的N极将背离或指向该磁极，这取决于该磁极是N极还是S极。
8. 磁铁棒的两端是一对异性磁极，它的磁场是这对异性磁极所产生的磁场的叠加，所以除了在两个磁极的附近区域外，磁场的方向并不指向或背离该磁极。
9. 磁场是存在于磁铁和电流周围空间中的一类客观物质，它对磁性物质和电流有力的作用。这个定义与电场的定义类似。

P758 迷你实验

三维磁场

目的

磁化铁钉并观察其特性。

实验器材

铁钉或钢钉、线圈、1.5 V电池、线、胶带。

教学建议

- 线圈应紧紧缠绕在钉子上，使钉子位于电流产生的磁场内。
- 导电线圈需要连接到蓄电池的两个接线柱上。
- 电池要接通足够时间，以便使铁钉磁化。
- 将磁铁靠近铁钉不接触它，以确定铁钉是否被吸引或排斥。磁铁的N极吸引磁化铁钉的S极，反之亦然。
- 9 V电池能够较快使铁钉磁化，但这类电池的接线柱靠得很近，可能导致短路或电击。可以选择带有接线的柱帽。

预期结果

在磁场中，铁钉内部磁畴的方向将倾向于磁场的方向，铁钉于是被磁化了，铁钉的一端为N极，另一端为S极。悬挂着的铁钉便像指南针那样在地球磁场中摆动。将磁铁的一个极靠近铁钉的一端时，磁化了的铁钉便会趋向或背离该磁铁移动，这取决于相互靠近的两个磁极是同性磁极还是异性磁极。

分析

6. 用条形磁铁的任何一极分别靠近铁钉的两端，如果有一端背离磁铁移动，那么表明铁钉已被磁化了；如果铁钉的两端都被吸引，那么它没有被磁化。
7. 学生所作的磁场图应与书中的图像类似。

P759－761 物理实验

制作电磁铁

实验时间

一节实验课。

技能要求

进行逻辑思维，确定因变量和自变量，有一定的实验技能，收集和组织数据，使用批判性思维。

安全措施

导线两端的毛刺可能会刺伤皮肤，电池和直流电源可能导致电击或灼伤。

替代器材

不同尺寸的铁钉或垫圈、绝缘导线、螺栓。

教学建议

- 指导学生制作简单的电磁铁。
- 让学生思考，如何使用回形针（或其他物体）测量电磁铁的强度。回形针被绕有通电线圈的铁钉一端所吸附时，是它的整体还只是它的端部。
- 要求学生识别自变量和因变量，以便正确地用坐标轴表示。
- 让学生了解或估测大小回形针的质量之比，并将其作为电磁铁强度的测量单位。
- 提醒学生注意安全防护措施。

分析

1. 如果某个变量确实会改变电磁铁的强度，则图表应显示被吸附的回形针（或其他对象）的数目随该变量的变化关系。
2. 可能包括电流强度、导线的直径、导线绕组的匝数、导线绕在钉子上的紧密程度、钉子尺寸、钉子材料的成分。
3. 可再选一个比原来作为单位的物体（如大回形针）小的物体（如小回形针或垫圈）作为单位。

结论与应用

1. 答案将因所选变量而异。
2. 学生需要询问其他小组的实验和结果。
3. 如导线绕在钉子上的紧密程度对电磁铁的强度就没有影响。

进一步探索

1. 对电磁铁强度影响最大的是线圈中是否插入铁芯，其次是线圈中的电流强度和绕组匝数。当然其他如铁芯的成分等也会产生一定的影响。
2. 增加绕组匝数或增大电流强度，都能很好地增大电磁铁的磁感应强度，哪种更有效还需要讨论。
3. 通过增加或减少绕组的匝数，或者增大或减小电流的强度，都能方便地调节电磁铁的磁感应强度。

生活中的物理学

1. 增大电磁铁的电流不需要很多的空间，但电流过大会产生很大热量，引发事故。

2. 该系统的优点是，当警报响起时，能立即断开电磁铁所在的电路，电流被切断，门关闭。关闭的门会减缓火势的蔓延。缺点是，只要电源被切断，门就会关闭。在地震等自然灾害中，门可能会关上，把人困在里面。

3. 通过使钟罩成为电磁铁，铁锤被吸引而撞到钟罩上并敲响它。另一方面，铁锤的摆动又切断了电流通路，钟罩失去磁性，铁锤便弹回原来位置，并再次接通电路，使钟罩成为电磁铁……铁锤如此往复摆动，以产生不停的铃声，直到电源被切断。

P764－768　第24章　测评

38. 同性磁极相斥，异性磁极相吸。

39. 暂时性磁铁与永磁铁类似，但它只是在有外磁场影响时才具有磁性。当影响它的外磁场撤去后，它内部磁畴的方向将返回指向混乱的状态；而永磁铁内部磁畴的方向在较长时间内倾向于同一方向。

40. 铁、钴、镍。

41.

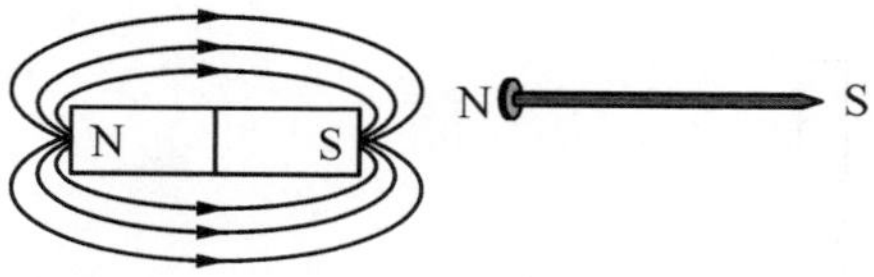

条形磁铁磁极附近的磁场较强，所以离磁极较近的吸引力大于离磁极较远的排斥力。因此磁铁对铁钉的净作用是吸引作用。

42.

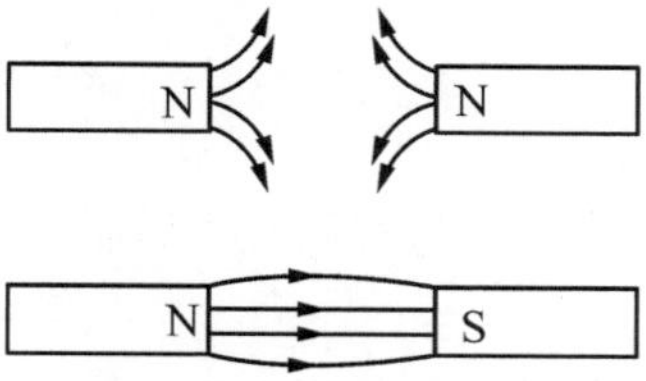

43. 不能，分离后的两块条形铁棒中的每一块仍然具有成对磁极。

44. 用右手握住导线，伸直的拇指指向电流方向，则四指弯曲的方向就是磁场的方向。

45. 因为圆环的每一小段所产生的磁场在环内方向相同，叠加结果使环内的磁场较强。

46. 右手握住螺旋管，四指沿电流方向环绕线圈，则伸直的拇指便指向螺旋管的N极。

47. 在通常情况下，铁块附近没有强磁体时不会被磁化，它内部磁畴的方向是杂乱无章的，所以显示出没有磁性。

48. 磁体内部磁畴的方向会由于摔打或加热而变得杂乱无章，从而使磁铁的磁性减弱。

49. a. 4和2　　b. 2　　c. 4

50. 向左移动或开始转动(如果两根磁铁不在同一平面)。

51. 向右移动。

52. 在右端。

53.

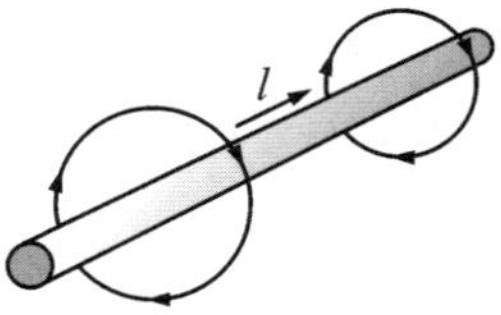

54.

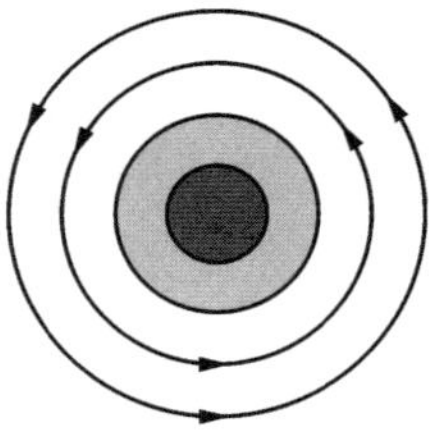

55. a. 垂直于纸面向里。　　b. 垂直于纸面向外。

56. a.

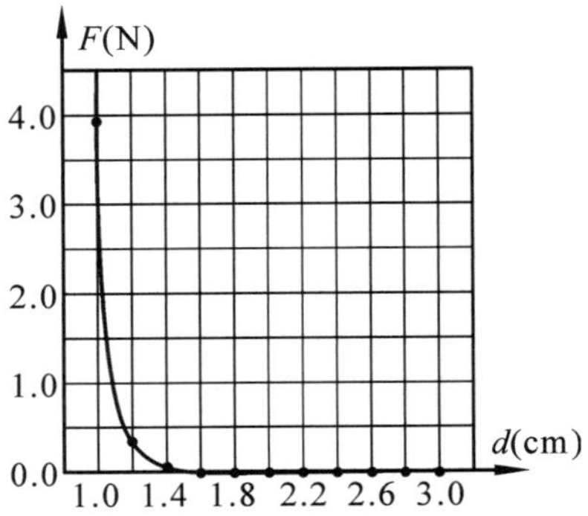

b. 不。

57. 电流表。

58. 是受到磁场力的作用，但这些力平行于转轴，只有垂直于转轴的力才能产生使转子旋转的力矩。

59. 不能。如果磁场与通电导线平行，通电导线也不受到力。

60. 力也相应地不断改变方向。

61. 带电粒子受到的磁场力既垂直于磁场方向，又垂直于粒子的速度方向。如果磁场力作为向心力，粒子就能做圆周运动。

62. 电流表。

63. 分流电阻或分流器。

64. 电压表。

65. 分压电阻或分压器。

66. 0.10 T　　67. 0.45 N

68. 没有力作用在这根通电导线上。

69. 0.60 m　　70. 方向向下。　　71. 3.0 kA

72. 示例："如果它沿垂直方向通过一个磁感应强度为 750 mT 的均匀磁场，它将受到多大的力？"（答案合理即可）

73. a. 0.011 N，方向向下。

b. 不重要，这个力远小于输电线的重力。

74. a. 2.00×10^2 kΩ　　b. 199 kΩ

75. a. 0.05 V　　b. 5 Ω　　c. 5 Ω

76. 2.4×10^{-14} N

77. 磁场的方向垂直于线框平面。

78. a. 0.742 T　　b. 2.66×10^{16} m/s^2

79. 2 个元电荷。　　80. B=D>E>C>A,理由略。

81. 利用一枚指南针,指南针的 N 极将吸引磁铁的 S 极,指南针的 S 极将吸引磁铁的 N 极。

82. 为了确定这枚指南针的 N 极,可将电池与一根导线连成一个回路,将指南针放置在回路的一段直导线的下方,然后利用右手定则确定它的 N 极。

83. a. 两根导线之间。

b. 两根导线中间与两根导线距离相等的地方。

84. 如果铁钉未被磁化,它会被磁铁的两个极吸引。如果已经被磁化,铁钉的一端被磁铁的一个极吸引,而被另一个极排斥。

85. 根据牛顿第三定律,这两个力大小是相等的。

86. 磁铁使铁块内磁畴的方向趋于定向,带电的橡胶棒使绝缘体中的正、负电荷分离。

87. 可以利用小磁针判断它周围磁场的方向,或者发现直线电流在强磁铁磁场中受到的力的方向,然后利用右手定则确定直导线中电流的方向。

88. 平行方向。

89. 不会,因为磁场对运动的带电粒子的作用力始终垂直于它的运动方向。

90. 正对房间看,磁场的方向向左。

91. 地球磁场最强的地方是在它的两极,那里的磁感应线最为密集。

92. 2.1×10^{-12} N,方向向上。　　93. 2.4×10^{-12} N

94. a. 0 N　　b. 0.62 N,方向向上。

c. 0.62 N,方向向下。　　d. 0.31 N,方向向上。

95. a. 0.428 Ω　　b. 4.30 Ω

c. 用 50.0 μA 那只灵敏电流计改装较好,这时所需的分流电阻较小,因此改装后的电流表对需要测量的电路的总电阻影响较小。理想的电流表的内阻需为零。

96. 5.5 N

97. a. 3.2 N　　b. 2.3 N　　c. 0 N

98. a. 从 P_2 到 P_1　　b. 8.4×10^7 m/s　　c. 沿圆周顺时针方向运动

99. 7.3×10^{-4} T

100. 线圈弹簧上下振动。当电流通过线圈弹簧时,线圈各圈之间的作用力使弹簧收缩,触点离开水银,电路断开,线圈各圈之间的作用力消失,弹簧下坠,电路再次接通。如此往复。

101. 示例:“一质子沿垂直于磁场方向进入,磁场的磁感应强度为 2.3 T,此时质子所受到的力为 60 N,此质子的速度多大?”(答案合理即可)

102. a. 地球磁场的磁感应强度是该磁场的 12 倍。

b. 大约是$\frac{1}{2}$。

103. 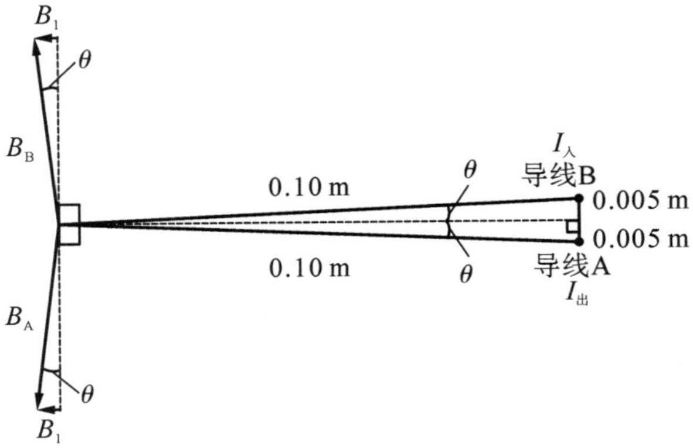

$B_A = B_B = 2\times10^{-5}$ T;它们的矢量和为 2×10^{-6} T,方向向左。

104. 超导磁体已应用于核磁共振仪(MRI)和磁悬浮列车。超导电流的产生需要极低温条件。科学家正试图研制出在较高温度下能成为超导体的材料。(答案合理即可)

105. 16 J　　106. 120 W　　107. 128 Ω

P769　第 24 章　标准化测试

1. D　2. B　3. A　4. D　5. C　6. A　7. B
8. A　9. D

10. $B=\frac{F}{qv}=1\ \frac{\text{N}}{\text{C}\cdot\frac{\text{m}}{\text{s}}}=1\ \frac{\text{kg}\cdot\text{m}\cdot\text{s}}{\text{C}\cdot\text{m}\cdot\text{s}^2}=1\ \frac{\text{kg}}{\text{C}\cdot\text{s}}$

$B=\frac{F}{IL}=1\ \frac{\text{N}}{\text{A}\cdot\text{m}}=1\ \text{kg}\cdot\frac{\text{m}}{\text{s}^2}\cdot\frac{\text{s}}{\text{C}}\cdot\frac{1}{\text{m}}=1\ \frac{\text{kg}}{\text{C}\cdot\text{s}}$

11. 35°

第 25 章
电磁感应

P775　练一练

1. a. 4 V　　b. 0.7 A
2. 0.16 V
3. a. 0.10 T　　b. 1.2 A
4. 根据右手定则，N 极在下面。

P779　练一练

5. a. 120 V　　b. 0.49 A　　c. $2.4\times10^{2}\ \Omega$
6. 165 V，7.8 A
7. a. 3.01×10^{2} A　　b. 0.60 A
8. 1.5×10^{2} W

P779　第 1 节复习

9. 发电机的转子线圈在机械力的带动下在磁场中旋转，产生了感应电动势。发电机转子线圈与外电路接通，便产生感应电流。转子每转过 180°，感应电动势以及感应电流的方向就发生变化。
10. 能；重要的是线圈与磁场的相对运动，当磁铁和线圈的相对速度不大时，发电机产生的电功率很小。
11. 骑车人为发电机中转子的转动提供机械能，然后转化为电能，为灯泡供电。
12. 在线圈中产生了感应电流。
13. 可增加成对磁极或增加转速。
14. 因为 $E=BLv\sin\theta$，可见感应电动势与磁场的强度有关，磁场越强，产生的感应电动势越大。此外，增加导线的有效长度或增加转速也能增加感应电动势。
15. 功率是能量转移的速率。功率 P 是电流 I 与电压 U 的乘积。当 I 为正时，U 为正，P 为正；当 I 为负时，U 也为负，因此 P 仍然为正。能量总是向灯泡转移的。

P786　练一练

16. 1.2×10^{2} V，0.60 A
17. 1.80×10^{4} V，0.16 A

P787　第 2 节复习

18. 离开磁铁；磁场变化在线圈中产生感应电流，从而产生了感应磁场，感应磁场总是要阻碍磁铁的磁场的变化，所以两者会相互排斥。

19. 火花是由于电动机转子线圈产生的感应电动势所致。灯泡的自感作用很小，所以不会产生火花。
20. 变压器是建立在变化电流产生变化磁场的基础上的。直流电无法在另一个线圈中感应出电流。
21. 变压器中线圈匝数越少，电流越大，因此需要用粗导线绕制。此外，为了降低电压，减少热损耗(I^2R)，也需要电阻小。
22. 按照变压器方程，初级线圈和次级线圈的电流之比与次级线圈和初级线圈的匝数之比相等。如果次级线圈中的电流增大，初级线圈中的电流也将增大。
23. 不能；感应电动势依赖于铁芯中变化的磁场，永磁铁的特性将阻碍磁场的变化。

P788 起步实验

变化的磁场

目的

考察在磁场中运动的导线中产生电流。

实验器材

两根条形磁铁(或一块马蹄形磁铁)、导线、灵敏电流计。

教学建议

告诫学生，不要让磁铁掉下来，以免打碎。

预期结果

电流计确定的导线中电流的方向和大小将按照导线运动速度的方向和大小而改变。

分析

5. 电流计偏转是因为导线回路中有了电流。
6. 当导线垂直于磁场快速移动时，灵敏电流计偏转最大。
8. 当导线在磁铁的两极之间移动时，导线切割磁感线，从而在导线中产生了电流。

P788 迷你实验

电动机和发电机

目的

考察电动机和发电机的工作。

实验器材

两台小型直流电动机、一只小灯泡和插座、电流表。

预期结果

转动电动机转子的摇柄，灯泡会发光。

分析

3. 摇柄转动越快，灯泡越亮。
4. 当你转动电动机的转子时，它就像发电机一样将机械能转换为电能。将这台改变为发电机的电动机与另一台电动机连接，就能使另一台电动机转起来。

P789－791　物理实验

电磁感应和变压器

实验时间

一节实验课。

技能要求

用科学概念和科学语言进行解释，观察和推论，比较和对比，制定模型，进行批判性思考和测量、收集组织和解释数据，分析因果关系，作出结论。

安全措施

与交流电源接通时，应注意不要直接触摸线圈和连接处。在实验过程中，学生不应湿手作业。他们应确保次级线圈的匝数比初级线圈的少，以便降低电压。如果相反，就会产生较危险的高电压。鉴于本实验中可能出现电击危险，学生不应偏离所述程序。应采用有触电保护器的电路。

替代器材

可采用各种类型的初级线圈和次级线圈。各实验小组可选择不同线圈匝数比的变压器。下面的样本数据采用的是 9 V、1 A 规格的线圈。任何类似规格的变压器线圈都可用于本实验。

教学建议

- 实验前，与学生一起先回忆一下交流电压表的接法。
- 在步骤 2 和步骤 8 中提醒学生要慢慢插入和抽出铁芯，用恒定的速度产生的效果最佳。

样本数据

数据与所采用的线圈有关。

数据表

初级线圈数	1250
次级线圈数	200
步骤 3 中的观察结果	接触处有火花
步骤 4 中的观察结果	在刚接通和刚断开的瞬间，灯泡亮一下
步骤 5 中的观察结果	刚接通瞬间，灯泡亮一下，然后熄灭
步骤 6 中的观察结果	灯泡发出微弱的光
步骤 7 中的测量结果	初级线圈电压 10.0 V，次级线圈电压 1.1 V
步骤 8 中的观察和测量结果	灯泡逐渐变暗，电压减小
步骤 9 中的观察结果	变热

分析

1. 根据样本中的数据，可得：$\frac{200\text{ 匝}}{1250\text{ 匝}}=0.15$。

2. 根据样本中的数据，可得：$\frac{1.1\text{ V}}{10.0\text{ V}}=0.11$。

3. 实验误差较大，两者应当近似相等。

4. 是降压变压器，因为次级电压比初级电压低。

结论与应用

1. 初级线圈通以脉冲式的直流电时，次级线圈中也会产生感应电流。

2. 出现电火花，表明产生了高电压。

3. 线圈中的铁芯有助于增强磁场，也就有助于增强电磁感应效应。

4. 铁芯变热，是因为变化的磁场会在金属中产生涡流所致。

进一步探索

为了产生感应电流，磁场必须变化。

生活中的物理学

变压器能提高或降低电压。远离城市的发电厂先通过升压变压器将电压升高，然后通过输电线输送到城市附近，再利用降压变压器将电压降低到市电电压，提供给用户。远距离高电压输电可大大减少电流的热损耗。

P794 第25章 测评

24. 先分别将两块磁铁的N极与S极相对，然后让导线在磁场中运动，或者让磁场运动而导线不动，此时在导线中就会产生感应电动势。因为导线与电路相连，感应电动势在电路中就会产生感应电流。

25. 直流发电机利用换向环使输出的电流沿一个方向。交流发电机利用两只滑环将电流引至外电路，其中一只滑环与转子线圈的一头相连，另一只滑环与转子线圈的另一头相连。当转子在磁场中转过180°时，感应电动势就反向。

26. 转子中的铁芯将使磁场大大增强。

27. 当导线的运动方向与磁场平行时，所产生的感应电动势最小(0 V)。

28. 磁场的方向垂直于纸面向外，导线中的电荷随导线向右运动，按照电磁感应的右手定则，导线中感应电动势的方向向上。

29. 因为 $E=BLv\sin\theta$，所以增加导线的长度将增加感应电动势。

30. 他们发现的相似之处是，都涉及电与磁之间的关系。他们发现的不同之处是，奥斯特发现电流产生磁场，法拉第发现磁场的变化可产生电动势和电流。

31. 电动势的原文是“电动力(Electromotive Force)”，而电动势不是一种力，而是电势差。

32. 发电机与电动机的结构类似，但是发电机是利用电磁感应将机械能转化为电能；电动机是利用通电导线在磁场中受力的作用而将电能转化为机械能。

33. 交流发电机的主要部件有：磁铁(永磁铁或电磁铁)、转子(有铁芯的线圈)、一套电刷、一套滑环(用于连接转子线圈和外电路)。

34. 交流电的值随时间在最大值与最小值(0)之间不断变化。它的平均功率是最大功率的一半。交流电的有效值是指某一直流电的值，它们在电阻 R 上同一时间内产生的热量是等效的。由于平均效果，交流电的有效值将比最大值小。

35. 储存在水库里的水具有势能。水落下时，它的势能转化为动能，这个动能推动水轮机以及与它相连的发电机的转子，让它们旋转；转子在磁场中旋转，产生感应电动势，将机械能转化为电能。此外，水轮机和发电机中的摩擦力将小部分动能转化为热能。

36. 0.5 T　　　37. 0.89 V

38. a. 3.6 V　b. 0.33 A

39. 20 m/s　　　40. 4.00×10^2 V

41. a. 110 V　b. 21.2 V　c. 2.3 kW

42. a. 340 V　b. 22 A

43. 23 m；这是当导线的运动方向垂直于磁场时，导线的最短长度($\sin\theta=\sin 90°=1$)。

44. 2.3 μA

45. a. 0.13 V　b. 0.13 A

c. AB 中的感应电流自 A 到 B，如果将导线 AB 看作是一个电源，那么 B 端为正极，A 端为负极。

46. a. 0.039 T　b. 0.23 V

47. a. 4.4×10^8 W　b. 4.4×10^8 J　c. 2.0×10^6 kg

48. 0.8 V

49. 当磁场变化产生感应电流时，感应电流的方向总是要它所产生的感应磁场阻碍原来磁场的变化，这体现了能量守恒定律的要求。否则，会使磁场无限制地变化，电流会增长至无限，能量会凭空地创生。

50. 电动机开始启动时，有较大的电流流过电动机的转子线圈。当电动机的转子线圈转动后，由于楞次定律，转子线圈中将产生感应电动势，它将阻碍电流的增强。

51. 电锯和灯泡是并联的，当电锯启动时，有较大的电流通过，因此瞬间通过灯泡的电流有所减小，电压降低，亮度因此也就降低。

52. 3.3

53. 自感现象仅仅发生在电流及其产生的磁场变化的时候，电流的变化可以是大小和方向的变化。直流电除了开启瞬间，它的大小和方向基本上不变，因此没有变化的磁场。

54. 因为法拉第发现，只有变化的磁场才能产生感应电动势及感应电流。而且，也只有变化的电流才能产生变化的磁场。所以电磁感应现象的发生，"变化"是决定性的。

55. 与它们的匝数之比有关。

56. 变化的磁场在轨道中产生涡流，由此产生的磁场将对列车上的线圈产生推力。当列车停下时，磁场不再改变，就没有了推力。

57. a. 71.25 匝，即 71 匝　b. 18.75 mA

58. 72 V

59. a. 2∶1　b. 5 A

60. a. 1.8 kV　b. 30 A　c. 3.6 kW，3.6 kW

61. 没有感应电流产生，因为导线的运动方向与磁场平行。

62. 接通百分之几秒后的电流大，自感电动势的减小使电流逐渐增大至最大值。

63. a. 根据右手定则，感应电流方向向左。

b. 受到的力方向向上。

64. $B=\dfrac{F}{IL}$ 的单位是 $\dfrac{\mathrm{N}}{\mathrm{A\cdot m}}$，$L$ 的单位是 m，v 的单位是 m/s，因此 BLv 的单位是

$\frac{N}{A \cdot m} \cdot m \cdot \frac{m}{s} = N \cdot m \cdot (A \cdot s) = J/C = V$

65. $E < B < A = D < C$
66. 对电流有影响，但对感应电动势没有影响。
67. 灯泡亮，这是因为次级电路中有电流，而这需要在初级线圈中有电流的变化。所以，只有当初级电路中的开关接通或断开时灯泡才亮。不过，灯泡只能亮一下，因为只有当初级线圈中的电流发生变化时，次级线圈中才会感应出电流。
68. 电动机启动前，转子线圈中没有电流，不转动，没有切割磁感线，也就没有感应出（反）电动势。在电动机启动后，转子线圈切割磁感线，从而产生了（反）电动势，使电动机中的电流减小。这种作用相当于增大了转子线圈中的电阻。
69. 热力学第二定律。
70. 方向向西。
71. a. 变化的磁场在铜管中产生了涡流，无论磁场是增大还是减小，都能产生涡流。
   b. 涡流使铜管变热。当磁铁棒下落时，重力势能减少，但动能不变。此时重力势能转化为电能，继而转化为热能，随后散发到大气中。
   c. 条形磁铁在由绝缘材料或者不良导体制作的管子中下落时，没有涡流，或者涡流很小，此时条形磁铁将自由下落。
72. 示例："一根长 0.8 m 的金属杆在强度为 0.15 T、方向向上的磁场中向左运动，若在杆的两端产生的感应电动势为 6.5 V，则该金属杆的运动速率为多少？"（答案合理即可）
73. 示例："……在强度为 0.06 T 的磁场中以 5.0 m/s 的速率垂直地切割磁感应线，所产生的感应电动势多大？"（答案合理即可）
74. a. 3.6×10^{3} V　b. 90 A　c. 1.1×10^{4} W，1.1×10^{4} W
75. 20 m/s　76. 10 m/s　77. 170 V　78. 3.5 A
79. 407 V　80. 15.03 A
81. 初级线圈与次级线圈的匝数比应该是 545∶1。
82. 96 A
83. 电动机变成发电机，它产生的动能对电池充电。此能量来自汽车的动能，从而使汽车的动能减小，速度慢了下来。
84. 电流较大时发热较厉害。因为变压器的效率不变，如果功率增大，输入功率与输出功率之差也增加，因此单位时间内产生的热量也就增加。
85. 4.7 A
86. a. 1.0×10^{2} kW　b. 200 A
87. a. 6.4 V　b. 1.0 A
88. 41 mA　89. 69.4 W
90. a. 500 匝　b. 0.40 A
91. 这样的定律将推导出违反能量守恒定律的结果。这样的定律允许变化的磁场会无限制地增长，感应电流会无中生有地增大，发电机产生的电能会不需要从其他的能量转化而来。

92. a. 效率$=\frac{P_s}{P_p}\times 100\%$　　b. 6.05 A

c. 热能产生速率为 57 J/s，是输入功率(757 W)与输出功率(700 W)之差。

93. a. 67 kW　　b. 4 kW

94. 交直流电动机与串接式直流电动机类似，当使用交流电时，磁场和转子线圈的极性同时改变，因此转子始终向一个方向旋转。

95. 4.60×10^{14} Hz　　96. 4.73×10^{7} m/s　　97. 1.1×10^{-3} C

98. 7.4 V　　99. 71 Ω

100. 2.7×10^{-13} N，3.0×10^{17} m/s^2

P799　第 25 章　标准化测试

1. B　　2. D　　3. D　　4. C　　5. A　　6. A

7. 因为 $I=\frac{P}{U}$，所以当 $U=440$ V 时，$I=182$ A，此时在输电线上的损耗为 $P=I^2R=(182\ \text{A})^2\times 0.2\ \Omega=6.6$ kW，这表明发电厂需提供的电功率为 86.6 kW。如果 $U=12$ kV，那么 $I=6.7$ A，输电线上的功率损耗为 9.0 W，这表明发电厂需提供的功率为 80.009 kW。

第 26 章

电磁现象

P805　练一练

1. 9.8 mm

2. a. 8.0×10^{6} m/s　　b. 1.2×10^{2} V　　c. 1.5 cm

3. 1.5×10^{5} m/s

4. 半径越来越小的圆周运动。

P808　练一练

5. 2.7×10^{-26} kg　　6. 6.8×10^{-26} kg　　7. 0.46 m

8. 只有一个元电荷。

P809　练一练

9. 假定所有同位素离子有相同的电荷，那么在公式中唯一的变量就是质量 m。当质量增大时，离子的轨道半径也增大，于是同位素中不同质量的成分就被分离了。

10. 从阴极发射出来的电子被阳极与阴极之间的电场加速，然后通过一条狭缝形成电子束。

11. 要使离子束投射到确定的检测器上，需有确定轨道半径 r。因为 $r=\frac{1}{B}\sqrt{\frac{2Um}{q}}$，所以若 m 增大，B 也必须增大。为了保持 r 恒定，如果 m 增大 4 倍，B 需增大 2 倍。

12. 7.3 cm　　13. 2.7×10^{-26} kg　　14. 3 mm

P811　练一练

15. 5.26×10^{-7} m　　16. 3.7×10^{-7} m

17. 1.4×10^{10} Hz　　18. 向上和向下。

P813　物理挑战题

1. 红色。

2. 真空中所有电磁波的速度都相同。

3. 红光的衍射效应最明显，紫光最不明显

4. 靛青：6.59×10^{14} Hz～7.69×10^{14} Hz，
蓝：6.10×10^{14} Hz～6.59×10^{14} Hz，
绿：5.20×10^{14} Hz～6.10×10^{14} Hz，
黄：5.03×10^{14} Hz～5.20×10^{14} Hz，
橙：4.82×10^{14} Hz～5.03×10^{14} Hz，
红：4.29×10^{14} Hz～4.82×10^{14} Hz。

P815　练一练

19. 2.99712×10^{8} m/s　　　20. 2.25×10^{8} m/s

21. 1.52　　　22. 2.51034 s

P819　第 2 节复习

23. 变化的电场产生磁场，变化的磁场产生电场，这种互相产生、互为一体、密不可分、不断向前传播且具有波动特性的客体，就称为电磁波。

24. 电磁波可用它们的频率和波长描述。电磁波具有波动性，包括反射、折射、干涉、衍射等。

25. 2.0×10^{13} Hz

26. 必然也是水平方向。

27. 抛物面碟形接收天线只能接收较小角度范围内的信号。

28. 要长些。频率低、波长长，所以要使用较长的天线。

29. 2.30

30. 如果臭氧层变薄，那么阻挡来自太阳的紫外线的能力将变弱，从而更多的紫外线将抵达地面。紫外线的波长短，能量强，会破坏皮肤的细胞分子，使人类患皮肤癌的可能性大为增加。

P820　起步实验

探究无线电广播信号来自何处

目的

介绍电磁波的概念。

实验器材

调频或调幅无线电波，地方台及附近电台地图。

教学建议

- 有闪电时，让学生将收音机调到没有电台的频带位置。让他们听 5～10 min 类似静电的噪声。学生应能听到闪电时发出的爆裂声。
- 许多互联网站提供无线电呼号及其位置的列表。
- 每个站点的远近及其发射功率都会影响接收结果。

预期结果

学生们的结果会有所不同，因为无线电波传播受到许多因素的影响，例如时间、位置以及太阳与地球电离层的相互作用。一般说来，从距离较近的电台接收到的信号较强。当然，有时从远处电台接收到的信号可能比本地电台强，但它们的信号可能会时强时弱。

分析

7. 在白天，人们可能听到几千米之外电台的声音。在夜间，可以听到更远处的电台。来自附近电台的信号通常最强，而来自远方电台的信号可能会时强时弱。电台发射的无线电波信号向各个方向传输，无线电天线接收来自不同发射机的数千个无线电波。

8. 调整天线的方向以产生更好的接收效果，因为无线电波是极化的，天线必须与电波的电场方向一致，才能对信号作出较好的反应。

P820 迷你实验

带电粒子的运动

目的

考察运动的带电粒子在磁场中受到怎样的影响。

实验器材

阴极射线管及电源、磁铁。

预期结果

阴极射线管产生一束电子，当电子束撞击管内的磷光板表面时会发光，从而可以看到它的路径。当条形磁铁的一端在与工作台平行的方向上靠近阴极射线管时，会导致管内的电子束向上（或向下）偏转。用条形磁铁的另一端靠近时，则会向下（或向上）偏转。

分析

4. 观察结果表明，运动的带电粒子在磁场中受到磁场力的作用，这种作用力的方向与磁场方向、运动带电粒子的速度方向以及其所带电荷的正负号有关。

P821—823 物理实验

电磁波的屏蔽

实验时间

一节实验课。

技能要求

能进行科学观察，收集和解释数据。

安全措施

使用金属丝网时要小心，因为它有毛刺和锋利的边缘，可能会刺伤皮肤。提醒学生在弯曲或拿取金属丝网时戴上手套。

替代器材

可采用小型收音机，但耳机和连接线必须与收音机一起放在屏蔽容器内。防辐射用布或高电压工作服用布可代替金属丝网。

教学建议

- 如果使用小型收音机，那么收音机的耳机和连接线必须与收音机一起放在屏蔽容器内，因为耳机连线通常起到收音机天线的作用。
- 学生可能对测试某些其他材料的屏蔽效果感兴趣，或者他们可能想调查学校周围不同地点无线电波的接收质量。（请注意，新建建筑物的墙壁和地板等构件中通常使用较多的钢材。）

样本数据

数据表

波段	频率(kHz)	屏蔽方法	观察结果
AM	610	人体手臂	收音机仍大声播放
AM	610	卡片盒	收音机仍大声播放
AM	610	用铝箔覆盖的卡片盒	听不到收音机声音
AM	610	金属网	听不到声音,但有一些嘶嘶声
AM	610	金属盒	听不到收音机声音
AM	610	静电屏蔽袋	有很小声音或没有声音
FM	94.7	人体手臂	收音机仍大声播放
FM	94.7	卡片盒	收音机仍大声播放
FM	94.7	用铝箔覆盖的卡片盒	听不到收音机声音
FM	94.7	金属网	听不到声音,但有一些嘶嘶声
FM	94.7	金属盒	听不到收音机声音
FM	94.7	静电屏蔽袋	有很小声音或没有声音

分析

1. 金属能够屏蔽无线电波。
2. 根据样本数据答案为:$f=610$ kHz,$\lambda=498$ m;$f=94.7$ MHz,$\lambda=3.17$ m。
3. 与无线电波的波长相比,屏蔽盒上的孔径非常小。
4. 金属材料。金属是良好的导体,有大量自由电子,电磁波中的能量被这些自由电子所吸收,所以电磁波很难透过它。

结论与应用

1. 电场的能量在金属物体表面被自由电子吸收。
2. 无线电波通过人体和非金属物体时几乎没有被吸收。与金属不同,木头和人体不是良好的导体。
3. 潜艇通信的发射天线很长,因为长波(波长 10^2 m~10^5 m)不易被海水吸收。军用长波台的半波长天线非常长,通常安装在人口稀少的地方,以减少对居民区造成潜在的健康、环境和公众接受度等方面的风险。

进一步探索

对于通常的微波炉,无线电波的波长约为 12.5 cm(2.4 GHz),这比作为屏蔽材料的金属丝网的孔径大得多。因此,微波泄漏的可能性非常小。

P826 第 26 章 测评

31. 电子的质量为 9.11×10^{-31} kg,电荷为-1.602×10^{-19} C。
32. 同位素是同一种元素具有不同质量的原子。
33. 它必须有加速度。

34. 先从泥土样品中制备分离出一些气态物质，利用电子束剥离出电子，形成离子。然后，离子束在电场中加速后在磁场中弯曲，根据它们的曲率半径及离子所带的电荷数，便可确定每种离子的质量，并确定样品中的某些成分。

35. 0.16 T　　36. 6.9×10^{5} m/s　　37. 3.9×10^{-26} kg

38. a. 8.7×10^{5} m/s　b. 2.50×10^{-15} J　c. 7.8 kV

39. 示例："在质谱仪中，单价碳 12 离子经电势差为 12 V 电场加速后，进入磁感应强度为 75 mT的磁场中，离子的曲率半径是多少？"（答案合理即可）

40. D<E<C<A<B　　41. 5.2×10^{-26} kg　　42. 4.5×10^{-3} T

43. 发射器在天线中产生振荡的电势差使电子做加速运动，产生振荡的电场从天线发射出去。振荡的电场产生振荡的磁场，振荡的磁场产生振荡的电场，从而形成了向外传播的电磁波。另一方面，当天线俘获了电磁波后，电磁波中的电场使天线中的电子做加速运动，产生的电势差输入接收器作进一步处理。

44. 振荡电路能提供变化的电场，继而产生变化的磁场。电池或直流电除了接通或断开瞬间，不能产生变化的电场。

45.

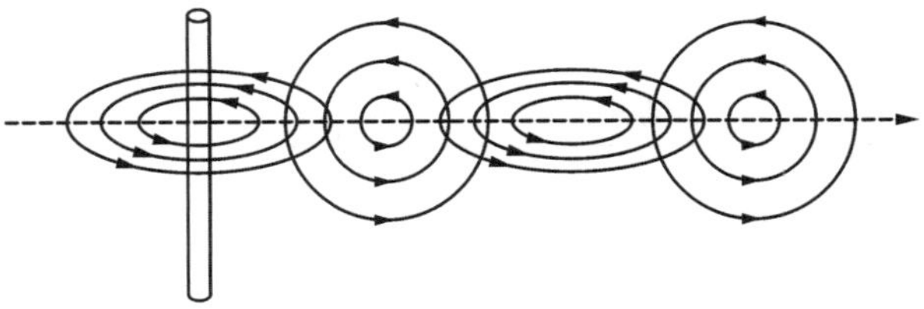

46. 能发生弯曲或形变；如果外加交变电压，石英晶体会按交变电压的频率发生振荡。

47. 1.0 cm　　48. 4.6×10^{14} Hz　　49. 31 MHz　　50. 1.48 m

51. 1.98×10^{8} m/s　　52. 0.0938 m

53. 示例："一个带电粒子以 2.8×10^{5} m/s 的速度垂直射入磁感应强度为 0.065 T 的均匀磁场区，如果它随后作半径为 0.045 m 的圆周运动，它的荷质比是多少？"（答案合理即可）

54. 上极板。

55. $\dfrac{E}{B}=\dfrac{\text{N/C}}{\text{N/A}\cdot\text{m}}=\dfrac{\text{A}\cdot\text{m}}{\text{C}}$，因为 1 A 就是 1 C/s，上式可化为$\dfrac{E}{B}=\dfrac{\text{C}\cdot\text{m}}{\text{s}\cdot\text{C}}=\dfrac{\text{m}}{\text{s}}$。

56. 偏转磁场应取垂直于纸面向外方向。

57. 在电场和磁场的方向中，可都改变，或者都不改变，但不能只改变其中一个场的方向。

58. a. 波长最长的是无线电波。

b. 频率最高的是 X 射线。

c. 所有波段的电磁波在真空中的速度都相同。

59. 外星人的眼睛应当比我们的大许多，因为微波辐射的波长比可见光的长得多。

60. 2.45 GHz、2.05 GHz、1.90 GHz、1.575 GHz、0.90 GHz

61. 示例："……进入强度为 500 N/C、方向向下的电场区，为了使质子的运动方向不偏转，在该区域中应有怎样的磁场？"（答案合理即可）

62. 1.59 m

63. 9.0×10^{8} Hz

64\. 1.25×10^{7} C/kg

65\. 26.4 m/s

66\. 为了能看见物体，必须检测来自该物体的光，这意味着你的眼睛吸收和散射了光。本质上说，隐形人是完全透明的，对他的眼睛来说，也只能让光通过，而没有任何光会被吸收和散射。

67\. 在质谱仪中，同位素的荷质比为$\frac{q}{m}=\frac{2U}{B^2r^2}$，所以同位素的轨道半径为$r=\frac{1}{B}\sqrt{\frac{2Um}{q}}$。两种质量不同的同位素之间的轨道半径之差为

$$
\begin{aligned}
0.10\times10^{-3}\ \text{m}=r_{176}-r_{175}&=\frac{1}{B}\sqrt{\frac{2U}{q}}(\sqrt{m_{176}}-\sqrt{m_{175}})\\
&=\frac{1}{B}\sqrt{\frac{2U}{q}}(\sqrt{176m_{\text{P}}}-\sqrt{175m_{\text{P}}})\\
&=\frac{1}{B}\sqrt{\frac{2Um_{\text{P}}}{q}}(\sqrt{176}-\sqrt{175}),
\end{aligned}
$$

因此，磁场为

$$
\begin{aligned}
B&=\frac{\sqrt{176}-\sqrt{175}}{0.10\times10^{-3}\ \text{m}}\sqrt{\frac{2Um_{\text{P}}}{q}}\\
&=\frac{\sqrt{176}-\sqrt{175}}{0.10\times10^{-3}\ \text{m}}\sqrt{\frac{2\times500.0\ \text{V}\times1.67\times10^{-27}\ \text{kg}}{1.602\times10^{-19}\ \text{C}}}\\
&=1.2\ \text{T}
\end{aligned}
$$

质量为176个质子质量的同位素的轨道半径为

$$
\begin{aligned}
r_{176}&=\frac{1}{B}\sqrt{\frac{2U(176m_{\text{P}})}{\text{q}}}\\
&=\frac{1}{1.2\ \text{T}}\sqrt{\frac{2\times500.0\ \text{V}\times176\times1.67\times10^{-27}\ \text{kg}}{1.602\times10^{-19}\ \text{C}}}\\
&=3.6\times10^{-2}\text{m}
\end{aligned}
$$

设计质谱仪时，可选择U和B，U至少为500 V。因为$\frac{q}{m}$是恒量，设计时需考虑U应正比于B^2r^2。

68\. 应用于机场的质谱仪有多种类型。飞行时间质谱仪利用电场将离子加速到一定的动能，然后对各种离子抵达检测器的时间进行测量，较重离子的飞行时间较长。在四极杆质谱仪中，与交流电源连接的四根金属杆产生振荡电势差，仅允许具有某种荷质比的离子通过。离子井质谱仪有三个电极，一个环形电极和两个端盖电极，两端盖相互连接，环形电极和端盖电极与交流电源相连，俘获具有特定荷质比的离子。

69\. 7.1×10^{-5} m

70\. 两个金属球完全相同，它们接触再分开后，每个球的带电量为$-q$。后来两个球之间的排斥力与原先两个球之间的吸引力的比值为$(q\times q)$ ∶ $(4q\times2q)$或1 ∶ 8，所以后来两个球之间的相互作用力是原先的$\frac{1}{8}$。

71\. 3.8×10^{3} V/m或3.8×10^{3} N/C

72. $ 1.68

73. 0.016 T

74. 方向向北。

P829 第 26 章 标准化测试

1. D　2. A　3. D　4. C　5. A　6. C

7. $r=\frac{mv}{Bq}=\frac{3.34\times10^{-27}\ \text{kg}\times2.88\times10^{5}\ \text{m/s}}{0.150\ \text{T}\times1.602\times10^{-19}\ \text{C}}=4.00\ \text{cm}$

第 27 章
量子理论

P838　练一练

1. 2.41 eV

2. 611 nm

3. $E_C < E_D < E_B < E_A$

4. 1.8～3.1 eV

P840　练一练

5. 3.7×10^{-19} J

6. 9.0×10^{5} m/s

7. 1.1×10^{2} eV

8. 5.7 eV

9. 8.2×10^{-19} J

10. 4.7 V

11. 5.1×10^{-19} J

P842　练一练

12. 9.7×10^{14} Hz ,4.0 eV

13. 0.968 eV

14. 2.9 eV

15. 4.54 eV,银

P844　第 1 节复习

16. 每个入射光子与单个电子相互作用。如果入射光子没有足够的能量,不能弹射出一个电子。因为光的能量是与其频率直接相关的,所以低频光没有足够多的能量来弹射出电子,而高频光则有足够的能量把电子弹射出来。

17. 随着温度升高,峰值强度的频率和总能量均增加,但峰值频率随温度而增加,而总能量与物体的开尔文温度的四次方成正比。

18. 康普顿效应是光子通过对物质的散射,结果产生出较低能量和动量的光子。光电效应是当足够的能量辐射到金属上时,从金属上发射出电子。

19. 这是光电效应的结果。光电效应是物质中的电子通过对光子的俘获,并将光子的能量转移给电子。

20. 0.89 eV　　　　21. 1.9 eV

22. 散射出的 X 射线应具有较长的波长。

23. 6×10^4 eV

24. 这两个问题的答案都是否定的。

P846 练一练

25. 9.4×10^6 m/s, 7.8×10^{-11} m

26. a. 1.1×10^{-35} m　　b. 波长太短,不足以显示可观察的效果。

27. 96.5 V

28. 4.2×10^{-2} eV

P847 第 2 节复习

29. 大多数日常生物的德布罗意波长太短,无法被探测到。

30. 0.84 nm

31. 0.110 nm

32. 海森堡不确定性原理指出,你不能同时知道一个粒子的精确位置和动量。因此,如果你知道光子或原子通过狭缝时的精确位置,你就不能知道它的精确动量。事实上,你所做的任何观测光子或原子通过一个狭缝或另一个狭缝时的位置的实验,都会改变原子或光子的动量,从而就破坏了干涉图样。

P848 起步实验

白炽灯泡的发光光谱

目的

观察白炽灯的发射光谱随功率增加而变化。

实验器材

透明的白炽灯泡、灯座、调光开关、全息衍射光栅。

教学建议

全息衍射光栅比传统分光计更易于用来观察光谱。

预期结果

学生应该观察到整个可见光光谱。

分析

8. 光谱是连续的,光谱的紫色末端的颜色强度增加。

9. 光能量的来源是构造灯丝的金属内部的振动离子。灯泡发光时,灯泡的温度升高。

P848 迷你实验

模拟量子模型

目的

学生使用垫圈的质量来模拟量子模型。

实验器材

为每个小组提供一个带有厘克$\left(\frac{1}{100\ \text{g}}\right)$天平和四个不透明塑料薄膜罐。每罐中包含不同数量的垫圈(最少两个)。至少有一个罐中包含奇数的垫圈,另一个则必须包含偶数个垫圈。每一个空罐的质量必须写在它的盖子上。

教学建议

- 告诉学生不要打开这些塑料罐,让他们称重每一个罐子,并准确算出里面垫圈的总质量。
- 让这些小组用他们的数据来确定单个垫圈的质量。

分析

4. 发现在原子水平上,能量也是量子化的,并且存在一个离散的计量单位,称为量子。

P849—851 物理实验

模拟光电效应

实验时间

一节实验课(若作为可供选择的调查实验,可安排两节实验课)。

技能要求

观察、推断、比较、对比、解释数据预测。

安全措施

学生应该戴护目镜,尤其是使用替代材料时。

替代器材

可以用弹珠代替钢球。

教学建议

- 提醒学生不要把球推下跑道。
- 让学生讨论这个模型的限制条件。例如,一个单一原子的价电子,而不是金属中的传导电子,后者可以在金属内自由移动。

分析

1. 红色、蓝色、紫色和紫外线。
2. 不能。即使紫外线,也只能移动一个电子。
3. 红外线。
4. 紫外线。
5. 可见光只包括电磁辐射波谱中的很小一部分。较高频率的光,如紫外线辐射,可以从材料中喷射出电子,应当予以考虑。
6. 红外光、可见光和紫外光辐射的光子能量与辐射的频率成正比。随着频率的增加,光子的能量也增加了。更高能量的光子就更可能喷射光电子。

样本数据

数据表

光子的颜色或能量	观察结果
红	一个球移动,但不离开轨道
橙	一个球移动,但不离开轨道
黄	一个球移动,但不离开轨道

续表

光子的颜色或能量	观察结果
绿	一个球离开轨道,另一个球保持不动
蓝	一个球离开轨道,另一个球保持不动
紫	一个球离开轨道,另一个球保持不动
比红更低	一个球移动很小,但不会离开轨道
比紫更高	一个球离开轨道,另一个球保持不动

结论与应用

1. 碰撞移动了两个钢珠,但它们都停留在轨道上。

2. 设法将两个钢珠轻轻地贴在轨道的下端或使轨道的末端延长或变陡。

3. 能量被转化为热能,从而使材料变暖。

进一步探索

红光:$f=4.5\times10^{14}$ Hz,$E=hf=3.0\times10^{-19}$ J;

蓝光:$f=7.5\times10^{14}$ Hz,$E=hf=5.0\times10^{-19}$ J。

生活中的物理学

摄影师使用红光是因为红光的光子能量较小,不会在曝光的胶片中引起化学反应。蓝光的光子具有较大的能量,这会引起胶片中的化学反应。

P854 第 27 章 测评

33. 光线变得更红。

34. 量子化能量意味着能量只能以某个最小值(量子)的整倍数存在。

35. 原子的振动能量被量子化。

36. 光的量子称为光子。

37. 每一个光子都会发射出一个光电子。强度更大的光每秒包含更多的光子。因此,它导致每秒释放更多的光电子。

38. 低于阈值频率的光子没有足够的能量来激发出电子。如果光的强度增加,光子的数量就会增加,但每个光子的能量并不增加,这样的光子仍然无法激发出电子。

39. 红光的光子没有足够的能量,来使曝光的胶片引起化学反应。

40. 弹性碰撞传递动量和能量,只有当光子具有动量时,才能使方程得到满足。

41. 8.21×10^{14} Hz

42. 3.0 V

43. 1.7×10^{-27} kg·m/s

44. 1.07×10^{-19} J

45. 2.9×10^{-19} J

46. 3.7×10^{-19} J

47. a. 5.0 eV　　b. 8.0×10^{-19} J

48. 1.8 eV

49. a. 1×10^{10} J　　b. 2×10^{2} m^2

50. 不能。光子是无质量的，利用该方程计算出的光子动量为零，这一结果是不正确的，因为无质量的光子具有非零的动量。

51. a. 利用重力与作用在电荷上的反向的电场力平衡。

b. 利用电场力与相反的磁场力平衡，找到$\frac{m}{q}$的值，然后利用 q 的测量值，即可得到 m 的值。

c. 利用离开晶体的散射电子并测量其衍射角度。

52. a. 测量至少两个不同波长的光照射下，从金属发射出电子的 E_k，或者测量仅在一个波长光照射下，从已知金属发射出的 E_k。

b. 测量通过金属散射的 X 射线波长的变化。

c. 测量光通过两个狭缝或衍射光栅时的衍射角。测量单缝衍射图案的宽度，或测量光通过棱镜时偏折的角度。

53. 0.24 nm　　54. 2.4×10^{6} m/s

55. a. 4.2×10^{7} m/s　　b. 0.017 nm

56. a. 2.19×10^{6} m/s　　b. 0.333 nm

c. 3.26 nm，氢原子的圆周长大约等于 10 个完整的波长。

57. $\lambda_a>\lambda_b>\lambda_c>\lambda_d$

58. a. 46.5 V　　b. 0.025 V

59. a. 发出橙色光的铁棒较烫。

b. 橙色光的铁棒辐射出的能量更多。

60. 不一定正确；发射电子的数量与入射光子的数量或光的亮度成比例，而不是与光的频率成比例。

61. a. 蓝光的频率和能量比紫外线低，因此钨的截止频率更高。

b. 钨具有较高逸出功。

62. 棒球的直径约为 0.1 m，而德布罗意波长为 10^{-34} m，棒球的直径约为波长的 10^{33} 倍。

63. 2.8 eV　　64. 5.3×10^{-19} J

65. 5.3×10^{-19} J　　66. 8.0×10^{-12} J

67. a. 2.6×10^{2} m　　b. 3.6 eV

68. 501 nm

69. a. 1.82×10^{3} m/s　　b. 9.42×10^{-6} eV

70. a. 2.5×10^{-7} m　　b. 8.0×10^{-19} J　　c. 2.4 eV

71. a. 5.8×10^{-16} W　　b. 1600 个

72. 示例："……并以 1.56 eV 的动能喷射出电子。问该金属的逸出功是多少?"(答案合理即可)

73. 逸出功 $W=hf_0=3.31\times10^{-19}$ J，红限波长 $\lambda=601$ nm，$\frac{h}{e}=4.18\times10^{-15}$ J/Hz · C，这接近于公认值$\frac{h}{e}=4.14\times10^{-15}$ J/Hz · C。

74. 示例："光子的动量是 1.19×10^{-27} kg·m/s，光子的波长是多少？"（答案合理即可）

75. 这是一个活跃的研究领域。在本书出版时，表现出干涉效应的最大质量的粒子是由 430 个原子组成的分子。2011 年，一个国际物理学家团队发表了一项研究成果，描述了一项实验，即直径可达 6 nm 的这些分子光束通过激光制成的虚拟衍射光栅时，会产生干涉图像。

76. 3×10^{3} N/m

77. 管乐器的音调取决于其内部空气的声速。空气越冷，声速就越小，使音调越平坦。

78. 5×10^{-7} C

79. 10 A

80. 20 A

P857 第 27 章 标准化测试

1. A 2. D 3. D 4. C 5. B 6. D 7. B

8. $\lambda=\dfrac{h}{mv}$

$$m=\frac{h}{\lambda v}=\frac{6.63\times10^{-34}\ \text{J}\cdot\text{s}}{2.3\times10^{-34}\ \text{m}\times45\ \text{m/s}}=0.064\ \text{kg}$$

9. $\lambda=\dfrac{h}{mv}$，所以 $v=\dfrac{h}{m\lambda}$

$$E=\frac{mv^2}{2}=\frac{h^2}{2m\lambda^2}=\frac{(6.63\times10^{-34}\ \text{J}\cdot\text{s})^2}{2\times(9.11\times10^{-31}\ \text{kg})\times(20\times10^{-9}\ \text{m})^2}$$

$$=6.02\times10^{-22}\ \text{J}=3.76\times10^{-3}\ \text{eV}$$

第 28 章

原子

P870　练一练

1. $E_2=-3.40\ \text{eV}$，$E_3=-1.51\ \text{eV}$，$E_4=-0.850\ \text{eV}$
2. 1.89 eV
3. 2.55 eV
4. $r_2=2.1\times10^{-10}$ m 或 0.21 nm，$r_3=4.8\times10^{-10}$ m 或 0.48 nm，$r_4=8.5\times10^{-10}$ m 或 0.85 nm

P871　练一练

5. $\lambda_{3\to2}=656$ nm(红线)，$\lambda_{4\to2}=486$ nm(绿线)
6. a. 2.15 eV　　b. 577 nm
7. −50.3 eV

P872　物理挑战题

1. $\Delta E=E_f-E_i=(-13.6\ \text{eV})\times\left(\frac{1}{5^2}-\frac{1}{3^2}\right)=-0.967\ \text{eV}$
2. $\lambda=\frac{hc}{\Delta E}=\frac{1240\ \text{eV}\cdot\text{nm}}{0.967\ \text{eV}}=1280\ \text{nm}$
3. 百分比误差$=\frac{1280\ \text{nm}-632.8\ \text{nm}}{632.8\ \text{nm}}\times100\%=102\%$。

P872　第 1 节复习

8. 原子中电子的初始能量加上入射光子的能量，等于原子中电子的最终能量。
9. 在卢瑟福的原子模型中，原子的所有正电荷和大部分质量都集中在一个微小的中心位置的原子核中，带负电荷的电子围绕其周围轨道运行。
10. 为了获得吸收光谱，可以将白光通过气体样品，然后再通过分光镜。因为气体将吸收特定的波长，所以通常会在连续的白光中包含一些暗线。
11. 白炽光固体产生一种由连续色带组成的光谱，而气体产生一组分立的线条。所有光谱都是通过原子内部能级跃迁来实现的。
12. 原子半径取决于 n^2，因此第二层级的半径是第一层的 4 倍，即 0.106 nm。
13. 波长为 4.63×10^7 nm$=4.63$ cm；这一波长表明该辐射为电磁波谱中的微波段。
14. 标尺为 5 cm$=1.5\times10^{-11}$ m 或 1 cm$=3.0\times10^{-15}$ m。玻尔半径是 5.3×10^{-11} m，在我们的模型中是$\frac{5.3\times10^{-11}}{3.0\times10^{-15}}\times1\ \text{cm}=1.8\times10^5$ cm 或 1.8 km。这只能放在教室的外面，也可能放在校区的外面。

P877 第 2 节复习

15. 玻尔模型不能预测除氢之外其他原子的特性。该模型也不能解释为什么电磁定律不适用于原子。
16. 海森堡不确定性原理不允许粒子同时具有已知的精确位置和已知的精确动量。但玻尔轨道需要这两个量。
17. 绿光可以泵浦出红色激光。因为绿色光子具有足够的能量激发原子进入能级,原子可以发出红光。红色光子没有足够的能量来使原子处于足够高的能级,使它们激发出绿色光子。
18. 当光子撞击处于激发态的原子时,它会刺激被激发的原子发射具有相同能量的光子,并与入射光子同步。入射光子保持不变,并且这两个光子依次再撞击其他激发的原子,从而产生越来越多的相干光。这就是激光产生的原理。
19. 光束集中,功率高;定向;单一波长;相干光。
20. 电子云越小,我们对电子位置的了解就越精确,如果粒子的位置确定性很高,它的动量一定是很不确定的,而仅当电子动量本身很大时,它的动量不确定性才会很大。因此,电子的动能也必定很大。所以这样做就需要很大的能量。

P878 起步实验

识别硬币

目的

将旋转硬币发出的声能与激发原子发出的光能进行类比。

实验器材

各类美国硬币。

教学建议

- 你可以设想使用硬币来显示,由其产生出一个宽广声音的谱。
- 应当指出即使原子太小而看不见,也可以去研究它。

预期结果

学生应当能够通过硬币旋转时发出的声音音调来识别硬币。按增加音调的顺序排列:25 美分,5 美分,1 美分和 10 美分。

分析

5. 声音很独特,足以区分硬币。经过几次试验,硬币很容易辨别。
6. 当通过声音识别时,可以通过旋转硬币产生的音调来识别硬币(按音调递增排列:25 美分,5 美分,1 美分和 10 美分)。将声音与已知样本的录音进行比较,将有助于识别过程。
7. 激发光的特定波长可用来帮助识别激发原子的类型。分光计可以用来测量光谱线的波长。

P878　迷你实验

激光的衍射

目的

研究激光的波长。

实验器材

激光笔或其他的功率激光器、衍射光栅、白屏。

安全措施

注意：告诉学生，避免直接看激光束或看明亮的反射光，学生应该取下戒指和手表，因有可能将光束反射到某些人的眼中。

预期结果

学生将通过衍射光栅仅观察到红光(或其他单一颜色，若使用的激光不是红色的)。

分析

3. 是，激光是单色的。它不包含除红色以外的任何颜色的波长。

4. 只有绿光才能被观察到，但位置与红光不同，因为它的波长与红光不同。

P879－881　物理实验

电子跃迁

在本实验中学生将探索元素的发射光谱线与正在发射的电子能量跃迁的数量之间的关系。学生将使用衍射光栅观察各种光源的发射光谱。他们会观察到被电流加热的各种光源发出的光谱。他们将这些光谱与书中光谱进行比对，以确定发出这些光的元素。最后，学生将把你看到的光谱数量与电子数量跃迁联系起来。

技能要求

解释、观察、比较和对比，制定模型，批判性思考，解读科学例证。

准备提示

- 获得各种气体放电管、荧光灯和蒸气灯，供学生用于观察发射光谱。
- 准备一组许多元素的光谱图。这些元素是用于照明光源中的，以便供学生用来比较他们在实验中观察到的光谱。

实验器材

两把米尺、造型黏土、衍射光栅、狭缝、四种不同的光源、米尺。

过程提示

- 让房间变暗，以防止外来光线干扰观察。
- 可能需要某种保护罩来阻挡狭缝周围的光，一块带有孔的大海报板将适合用于此实验。

数据与观察

略

分析与结论

1. 颜色从中心亮线向外进行，按波长由小到大从紫色到红色排列。这是通过衍射光栅的光的衍射和各种波长的干涉所形成的光谱线效应。

2. 略

3. 略

拓展与应用

1.

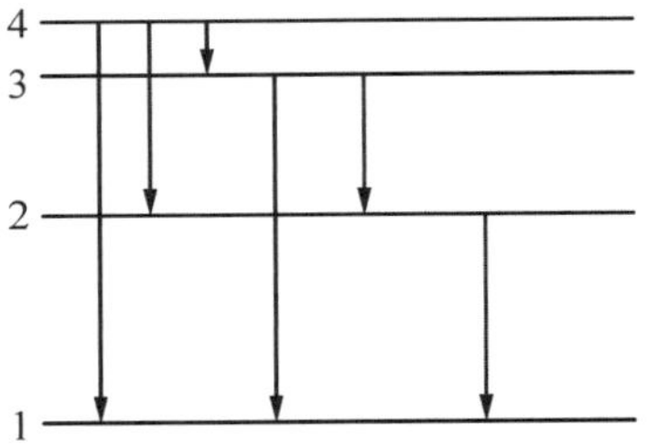

这个元素可以产生 6 条发射光谱线

2. 铁元素的谱线与太阳光谱中的一些(吸收)谱线的排列。

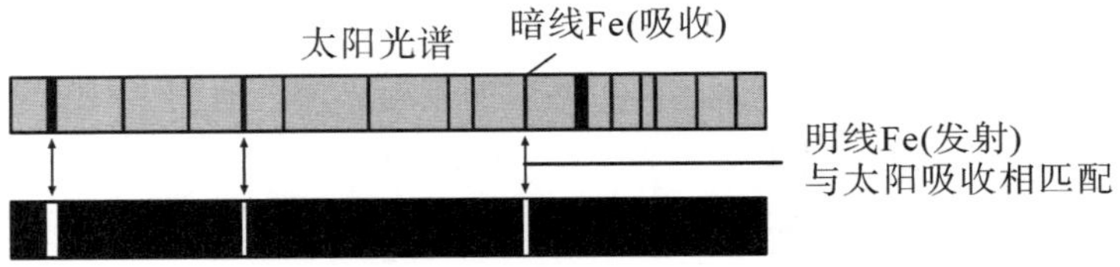

3. 学生应当推断颜色是由气体混合物产生的。这种气体可能含有或不含有氖元素，他们可能还认为玻璃管是彩色的。(答案合理即可)

P884 第 28 章 测评

21. 他将一束粒子射向一块薄金属板，并测量了向不同角度偏转的粒子数。有一定数量的粒子发生大角度偏转，表明了有一个集中的核。

22. 玻尔说，发射光子或吸收光子的能量等于原子能量的变化值，而原子能量只能有特定的几个值。

23. 当电子有向心加速度时，它们将失去能量并螺旋式进入原子核。另外，所有原子都应该以所有波长辐射，而不是以离散的波长辐射。

24. 玻尔的模型正确地预测了氢的光谱值，但无法预测其他元素的光谱。玻尔的假设包括量子化能级，从而原子只有在状态改变时才能发射或吸收光子。假设还包括其角动量，也是被量子化的。

25. 能量被提供给气体，从而导致电子被激发，并跃迁到更高的能级上。然后当电子下降到较低激发态时，它们将释放出能级之间的能量差。能级之间的能量差，就对应于光谱线。

26. 光子波长由电子在原子内部跃迁时所允许能级的能量差决定的。
27. 每个元素具有不同的电子数和能级配置。
28. 709 nm
29. 3.91 eV，该能量对应于 E_6。
30. 1.91 eV　　　31. 0.49 eV
32. a. 2.72 eV　b. 3.06 eV
33. 1.24 eV，2.99×10^{14} Hz
34. $E_2=-3.40$ eV，$E_3=-1.51$ eV，$E_4=-0.850$ eV，$E_5=-0.544$ eV
$E_6=-0.378$ eV
35. B＜A＜D＜C＜E
36. 示例：“当氢原子从 $n=3$ 态跃迁到基态时，发射的光子能量是多少？”（答案合理即可）
37. a. 4.77×10^{-10} m　b. 1.01×10^{-9} N　c. 1.11×10^{21} m/s²
d. 7.28×10^{5} m/s，比光速小了 3 个数量级。
38. 因为激光被集中成一个狭窄的光束，而不是分布在一个广阔的区域内。
39. 激光是定向和单一的纯色光。
40. 1.94 eV
41. a. 1.97 倍　b. 2.1×10^{16}个
42. a. 1.96 eV，2.28 eV 和 1.08 eV
b. 红色、绿色和红外线。
43. 明线光谱；光来自由特定元素组成的气体混合物。
44. 不是连续的；因为白光穿过地球大气层时，一定的能量会被构成大气层的气体吸收，因此它的光谱上会有黑线。
45. 是的；货币只有特定的离散值，水不是，水似乎有任何可能的数量。
46. 可能有 6 条光谱线；$E_4\rightarrow E_1$ 产生的光子能量最高。
47. 光子最大能量为 13.6 eV，这也是氢的电离能。电子将有足够的能量离开原子核。
48. 玻尔模型有固定的轨道半径，量子模型给出了在某个位置找到电子的可能性。玻尔模型只允许计算氢原子，量子模型可用于所有元素。
49. 0.4 eV
50. a. 光子能量为 3.74 eV，$n=2$ 能级上电离需要 3.40 eV 即可，所以足以使氢原子电离。
b. 5.4×10^{-20} J
51. 12.1 eV　　　52. 243 nm
53. 2.84 eV($E_6\rightarrow E_3$)，2.27 eV($E_6\rightarrow E_4$)，2.14 eV($E_8\rightarrow E_5$)
54. 不是。三条最高的能量线，使原子处于离基态至少 4.64 eV 的状态。一个波长为 267 nm的光子所具有的能量处在紫外线波段。从能级跃迁 $E_4\rightarrow E_2$ 的能量变化为 0.79 eV，从而产生波长为 1570 nm 的光，处于红外波段。
55. 电子偶素原子的半径是原来的 2 倍，因为 m 出现在公式的分母上；而能量将是原来的一半，由于 m 出现在公式的分子上，因此波长将是原来的 2 倍。这样，从 $E_2\rightarrow E_1$，发射的光子的波长将是氢的 2 倍，即 $2\times(122\text{ nm})=244$ nm。

56. 示例:“……当它吸收一个光子并进入第 3 激发态时,光子的能量是多少?”(答案合理即可)

57. 学生应该描述“枣糕”模型、经典行星模型、玻尔模型和量子模型。“枣糕”模型解释了原子如何具有电子和质量,但没有描述卢瑟福实验的结论。行星模型解释了电子和卢瑟福的结论,但是这个原子模型是不稳定的,大约会在 1 ns 内坍缩。玻尔模型解释了已知的光谱,并符合卢瑟福的核模型,但存在无法解释的假设,以及无法做到的不确定性原理,它也无法描述具有一个以上电子的原子。量子模型可以解释所有已知的事实,但需要计算机来求解方程。

58. 它使用 1064 nm 的脉冲钕激光器。将其放入“倍频”晶体中,光的波长变为一半(即 532 nm)。

59. 0.20 mV

60. 9.0×10^4 N/C

61. 将 4 个 1 Ω 的电阻串联起来,$R_T=R_1+R_2+R_3+R_4$。

62. 50 μT

63. a. 不改变。$v=\frac{E}{B}$,因此对于给定的 v 是相同的。

b. 对于较大质量,B 必须较大,以保持 r 恒定。

64. 7.3 eV

P887 第 28 章 标准化测试

1. B 2. C 3. D 4. B 5. D 6. C

7. $\Delta E=-13.6\ \text{eV}\times\left(\frac{1}{5^2}-\frac{1}{2^2}\right)=2.86\ \text{eV}$

$$\Delta E=\frac{1240\ \text{eV}\cdot\text{nm}}{\lambda}$$

$$\lambda=\frac{1240\ \text{eV}\cdot\text{nm}}{\Delta E}=\frac{1240\ \text{eV}\cdot\text{nm}}{2.86\ \text{eV}}=434\ \text{nm}$$

第 29 章

固态电子学

P893 练一练

1. 1.31×10^{23}个
2. 5.86×10^{22}个
3. 5.90×10^{22}个
4. 1.81×10^{23}个
5. 1.90×10^{26}个

P895 练一练

6. 5.10×10^{-10}个
7. 2.63×10^{-13}个
8. 7.87×10^{-23}个
9. 1.09×10^{-11}个
10. 3.78×10^{-18}个，−73 ℃
11. 3.02×10^{6} 个/cm^3

P897 练一练

12. 3×10^{-9}个
13. 38.4
14. 5.35×10^{-10}
15. 锗器件在这样的温度下不能很好地工作，因为具有热载流子的掺杂载流子的比例足够小，温度对导电性有很大的影响，硅器件则要好很多。

P898 第 1 节复习

16. 绝缘体
17. 绝缘体
18. 绝缘体
19. 不掺杂，保持其为本征半导体。
20. N 型半导体掺杂有五价电子材料。其中一个电子是可以容易地移动到导带中的施主电子。P 型半导体掺杂有三价电子材料。这导致一个绑定电子的缺失，产生一个空穴，来自导带的电子可以容易掉入其中。
21. 本征半导体的导电性对温度的依赖程度较大，因为它的导电性都来自自由电子，而掺杂半导体的导电性依赖于掺杂的电荷，掺杂剂对温度的依赖很小。
22. 尽管硅的热载流子产量的变化率更大，但是在任何给定温度下，硅显示产出的热载流子比锗少,因此选择硅是正确的。

P901 练一练

23. 1.9 V

24. 6.0 V

25. 2.6 V

26. 一个二极管的阳极连接到另一个阴极,然后未连接的阳极必须连接到电路电压为正的一侧。

27. 在合理的电源电压下,不可能获得 2.5 mA 的电流,因为其中一个二极管是被反向偏置了。

P902 物理挑战题

1. $I=\frac{\Delta U}{R}=\frac{1.8\ \text{V}}{180\ \Omega}=10\ \text{mA}$

2. $I=\frac{\Delta U}{R}=\frac{1.8\ \text{V}-0.7\ \text{V}}{180\ \Omega}=6.1\ \text{mA}$

3. 两根线的交点是问题的解,在 6.3 mA 处。

4. 第一种近似误差为$\frac{10.0\ \text{mA}-6.1\ \text{mA}}{6.1\ \text{mA}}$,即 64%(当实际二极管压降为 0.70 V 时),对于较大的电池电压,此误差会减小。如果是第二种近似误差,那么误差源是任何偏离 0.7 V 的实际二极管电压降,它不能被准确地确定,但它比 64%要小得多;随着电池电压的升高,误差也会减小。第三种近似误差,是由于图形的分辨率造成的,不受电池电压的影响。

P905 第 2 节复习

28. 二极管只允许一个方向上的电流,而三极管将放大电流。

29. 当二极管正向偏置时,它的导电性能非常好,因此,在其正向偏置时的电阻比在反向偏置时的电阻小得多。

30. LED 发光二极管,必须是正向偏置的,因此正极必须与 P 端相联。

31. 120

32. 96∶1

33. 2 V

34. a. 由于二极管两端电压总是 0.7 V,故电阻器两端的电压增大 1 V。

    b. 电阻器的电流将增大 $I=\frac{1\ \text{V}}{R}$。

35. 不可以;NPN 晶体管的 P 区必须足够薄,以允许电子通过基极到达集电极。

P906 起步实验

探究二极管的导电性

目的

让学生熟悉发光二极管(LED),并让他们探究 LED 如何能够产生两种颜色的光。

实验器材

9～12 V 交流电源提供电流(来自小型变压器),100 Ω 电阻,$\frac{1}{2}$ W 或 1 W 双色(红、绿)发光二极管(LED),连接线,手持频闪观测仪。

教学建议

- 学生可以试试伸展自己的手,并在 LED 前面上下摆动,而代替使用频闪观测仪来观察。
- 如果你的二极管足够亮,这可以作课堂演示。
- 电阻器在长期使用后可能会发热,甚至变得非常热,提醒学生不要触摸电阻器。

预期结果

应将 LED 视为黄色的(实际是红色和绿色的混合色)。这个双色发光二极管 LED 封装中,实际上有两个 LED,它们在交流电的每半个周期中交替发光。使用频闪观测仪将会使学生看到一个 LED 或另一个 LED 交替发光。

分析

5. 电源接入后,LED 呈黄色。通过频闪盘观看的 LED 在红色和绿色之间交替。
6. 黄光是通过红光和绿光混合产生的。红光和绿光交替如此迅速,以致我们的眼睛觉察到的是黄光。学生可以正确的假设当电流交替时,光的颜色会切换。学生在学习二极管后的章节中,会更好地理解 LED 的工作情形。(答案合理即可)

P906 迷你实验

光敏偶合装置

目的

证明可将几乎完全被电隔离的电信号,从一个电路转移到另一个电路。

实验器材

LED、硫化镉(CdS)光敏电阻、黑色电工胶带、330 Ω 电阻器、开关、9 V 电池、欧姆表。

分析

5. 照明提供了光子,使 CdS 中的电子自由传导,从而提高器件的导电性。

P907—909 物理实验

二极管的电流与电压

实验时间

一节实验课。

技能要求

制作和使用图表,建立模型,对比,分析和总结,解释。

安全措施

电阻器在电压升高时会发热。

替代器材

可以用数字电压表代替模拟电压表。

教学建议

- 不要漏装限流电阻。过大的电流会损坏二极管和发光二极管。
- 如果可能，请为多个实验组提供不同颜色的发光二极管。当电压变化时，发光二极管的颜色应略有不同。

样本数据

二极管两端电压(V)	二极管的电流(mA)	发光二极管的电流(mA)
0	0	0
0.1	0	0
0.2	0	0
0.3	0	0
0.4	0	0
0.5	0	0
0.6	1	0
0.7	14	0
0.8	140	0
0.9	—	0
1.0	—	0
1.1	—	0
1.2	—	0
1.3	—	0
1.4	—	0
1.5	—	0
1.6	—	1
1.7	—	2
1.8	—	5
1.9	—	10
2.0	—	17

分析

1. 如下图。

2. 如下图，图线是线性的。

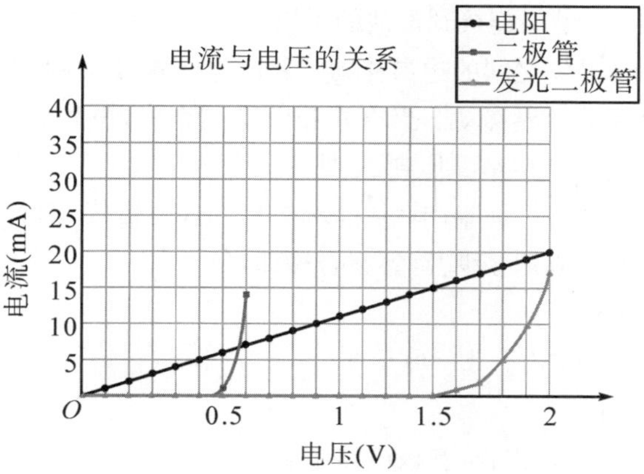

结论与应用

1. 电阻是线性器材，它的电压—电流关系是直线，其斜率为电阻值。二极管与发光二极管从导通点开始随电压增大而电流则呈指数曲线增大。（答案合理即可）

2. 电阻器具有线性 $U-I$ 图，遵循欧姆定律。二极管与发光二极管具有指数曲线，不遵循欧姆定律。

3. 一个导通硅二极管的电位差为 0.7 V，对于所用的发光二极管的导通电位差为 1.8～2.0 V

4. 当只有几毫安电流在其中流动时，发光二极管是非常暗淡的，但在 17～20 mA 范围内时就非常明亮。当电流达到所描述的数值时，将出现指定的输出。

进一步探索

更容易控制的电源可能会给出更精确的结果，特别是无法使电压只增加一点点时。使用更大量程的电流表可以让学生获得更多的二极管读数。（答案合理即可）

生活中的物理学

许多发光二极管使用较小的电流，但与灯泡的工作电压是相同的。因此，发光二极管使用的功率会更小，不会很快耗尽电池。发光二极管也倾向于保持比灯泡更低的温度，这对制造商来说可能是重要的。（答案合理即可）

P912－914　第 29 章　测评

36. 单个原子中的能级具有离散和唯一的值。晶体管中的能级围绕单个原子中的能级值还具有一个很小的范围。

37. 更高的温度给电子附加的能量，就允许更多的电子到达导带，使其电导率增大。

38. P 型半导体里的载流子是带正电的空穴。

39. 2.54×10^{22} 个

40. 3.22×10^{13} 个原子/自由电子

41. D<E<A＝B＝C

42. 是的；一种方法是正向偏置二极管，另一种方法是反向偏置二极管。

43. 箭头显示出了正向偏置二极管的常规电流方向。

44. 一种正向偏置的二极管，具有 P 型和 N 型半导体层，通过金属帽连接到两端的导线。P 型层连接到电池的正极端子。在 P 型层中产生了新的空穴，这些空穴向两个半导体之间的边界移动。新的电子被添加到 N 型层。这些电子向两个半导体之间的边界移动。当空穴和电子结合时，电路就完成了。并且有了电流，电流方向是从 P 型半导体到 N 型。

45. 示例："……如果串联一个 0.7 V 的硅二极管，则当二极管被正向偏置时，通过电阻 R 的电流是多少？"（答案合理即可）

46. 4.8 V

47. a. 20 mA　b. 20 mA

48. 160 Ω

49. a. 0；通过检查，基极电路是断开的。
    b. 0；根据定义，当集电极电流为 0 时，集电极电流也为 0。
    c. 15 V；在没有电流的情况下，集电极电阻上的电压为 0，而在晶体管上的电压是 15 V。

50. a. 2.3×10^{-5} A　b. 5.1×10^{-3} A　c. 7.3 V

51. 材料 C

52. 材料 A

53. 材料 B

54. 具有 8 eV 宽的禁带

55. 具有 8 eV 宽的禁带

56. 电路 A 不发光；电路 B 不发光；电路 C，当开关闭合时发光。

57. 当开关闭合时，L_1 发光，L_2 不发光。

58. 你制成了一个电阻器，因为没有结（PN 结）。

59. 要获得所需的三价电子，掺杂剂必须为三价的硼（B）、铝（AL）、镓（Ga）族元素。

60. 更类似于硅（Si）

61. 当二极管反向偏置时，它将有一较大的电阻值。

62. 电势较高，即正电极。

63. 图略；该图应显示一系列波峰，均位于 x 轴（负值）下方。

64. 1100 nm（正红外区）

65. 8.2 μA

66. 2.3 eV

67. 380 μA

68. a. 0.7 V；通过分析，当二极管被正向偏置时，一个硅二极管其上压降为 0.7 V。
    b. 0 A；通过分析，0.7 V 不足以使串联的两个二极管导通。
    c. 42 mA

69. 181.25 Ω，162.5 Ω

70. 140 Ω

71. a. 电路 A　b. 电路 B　c. 电路 C

    d. 电路 A 具有简单的优点，它具有降低电压 0.7 V 的缺点，这在低电压电路中是很重要的。电路 B 具有不浪费 0.7 V 的优点，它具有必须更换保险丝的缺点。电路 C 具有始终工作的优点，无论极性如何，它都具有浪费 1.4 V 的缺点。

72. 示例："镉元素在 1 cm^3 中有多少个自由电子？"(答案合理即可)

73. 讨论泡利对量子力学的贡献，那就有许多方面，比如，泡利矩阵，他在 β 衰变理论中，建议存在一个中性，无质量粒子(中微子)，以及对自旋统计理论的证明，等等。(答案合理即可)

74. 文章应当指明费米能量是在绝对零度处所占有的最高能量状态。它适用于当在一个系统中存在许多电子时。由于泡利不相容原理，电子是被迫进入更高的能级。(答案合理即可)

75. 0.10 m

76. 5.0 V

P915　第 29 章　标准化测试

1. C　2. A　3. B　4. B　5. B　6. B　7. B

8. B

9. $U_b = IR + U_d = 0.014\ \text{mA} \times 485\ \Omega + 0.70\ \text{V} = 7.5\ \text{V}$

第 30 章

核物理和粒子物理

P920　练一练

1. 142 个、143 个和 146 个
2. 120 个
3. 7 个
4. $^{1}_{1}H$ 、$^{2}_{1}H$、$^{3}_{1}H$

P922　练一练

5. a. $-0.098940u$　　b. -92.161 MeV
6. a. $-0.002388u$　　b. -2.2244 MeV
7. a. $15.010109u$　　b. -106.18 MeV
8. a. $-0.137005u$，$-0.148410u$

   b. -127.62 MeV，-138.24 MeV

   c. $^{18}_{8}O$ 的原子核比$^{16}_{8}O$ 的原子核具有更多核子，它承受更大的强作用力，因此该核束缚得更紧密，具有更大的负结合能。$^{18}_{8}O$ 和$^{16}_{8}O$ 都有 8 个质子，受到的电磁斥力是相同的。

P923　第 1 节复习

9. a. $-0.113196u$　　b. -105.44 MeV
10. 第一对具有相同数量的质子，但具有不同数量的核子；第二对具有相同数量的核子，但具有不同数量的质子。
11. 氚核($^{3}_{1}H$)具有负的结合能更大。因此，氚在其衰变过程中会释放出具有质量和动能的粒子。
12. 氚核的质量亏损较大
13. 电磁斥力是长程力，使所有质子都相互排斥，即使再大的原子核中也是如此。核力是短程力，因此只有相邻的质子才能吸引。随着原子核的尺寸增加，电磁斥力的增长比核力更快。
14. 最重的核原子序数为 26，铁元素，因为它的结合能最大。

P927　练一练

15. $^{234}_{92}U \longrightarrow ^{230}_{90}Th + ^{4}_{2}He$
16. $^{230}_{90}Th \longrightarrow ^{226}_{88}Ra + ^{4}_{2}He$
17. $^{241}_{95}Am \longrightarrow ^{237}_{93}Np + ^{4}_{2}He$
18. $^{226}_{88}Ra \longrightarrow ^{222}_{86}Rn + ^{4}_{2}He$
19. $^{214}_{82}Pb \longrightarrow ^{214}_{83}Bi + ^{0}_{-1}e + ^{0}_{0}\bar{\nu}$

20. ${}^{14}_{6}C \longrightarrow {}^{14}_{7}N + {}^{0}_{-1}e + {}^{0}_{0}\bar{\nu}$

P928　练一练

21. a. ${}^{33}_{16}S$　　b. ${}^{55}_{25}Mn$

22. ${}^{263}_{106}Sg \longrightarrow {}^{259}_{104}Rf + {}^{4}_{2}He$

23. ${}^{15}_{7}N + {}^{1}_{1}H \longrightarrow {}^{12}_{6}C + {}^{4}_{2}He$

24. a. ${}^{210}_{82}Pb \longrightarrow {}^{210}_{83}Bi + {}^{0}_{-1}e + {}^{0}_{0}\bar{\nu}$

　b. ${}^{210}_{83}Bi \longrightarrow {}^{210}_{84}Po + {}^{0}_{-1}e + {}^{0}_{0}\bar{\nu}$

　c. ${}^{234}_{90}Th \longrightarrow {}^{234}_{91}Pa + {}^{0}_{-1}e + {}^{0}_{0}\bar{\nu}$

　d. ${}^{239}_{93}Np \longrightarrow {}^{239}_{94}Pu + {}^{0}_{-1}e + {}^{0}_{0}\bar{\nu}$

P929　练一练

25. 0.25 g

26. 0.25 g

27. 5×10^{5} Bq(1 Bq=1 次核衰变/s)

28. 6 年大约是氚半衰期(12.3 年)的一半,因此 6 年后亮度是原始亮度的$\left(\frac{1}{2}\right)^{\frac{1}{2}}$或大约$\frac{7}{10}$。

P933　第 2 节复习

29. 在原子核中,一个中子变成质子,并发射一个电子和一个反中微子。

30. ${}^{210}_{84}Po \rightarrow {}^{206}_{82}Pb + {}^{4}_{2}He$

31. 从图中可知,$\frac{3}{8}$原始样本大约处于 1.4 的半衰期。从表中可知,半衰期为 8.07 天,因此大约需要 11 天。

32. 铅被用作辐射屏蔽,是因为它吸收了包括中子在内的辐射,而减速剂只能使中子减速,从而使慢中子能被裂变材料吸收。

33. 氦核的热能太低,无法克服阻止核聚变的排斥力,分子中的核必须移动得非常快,才能进行核聚变。

34. 0.931 MeV

35. 被 α 粒子撞击的面板具有更大的正电势,因为带正电的 α 粒子将正电荷从发射极面板移动到被撞击的面板。

P940　练一练

36. a. 电子　　b. 反中子　　c. 质子　　d. 反 μ 介子

37. a. 1.5×10^{-10} J　　b. 9.36×10^{8} eV　　c. 1.87×10^{9} eV

38. 0.428 MeV

39. a. 939.56 MeV　　b. 1879.1 MeV

40. 105.2 MeV

P942 物理挑战题

1. $^{238}_{92}U \longrightarrow ^{234}_{90}Th + ^{4}_{2}He$

$^{234}_{90}Th \longrightarrow ^{234}_{91}Pa + ^{0}_{-1}e + ^{0}_{0}\bar{\nu}$

$^{234}_{91}Pa \longrightarrow ^{234}_{92}U + ^{0}_{-1}e + ^{0}_{0}\bar{\nu}$

2. A=234

P943 第3节复习

41. 标准模型的局限性包括：该模型有几个参数只能从实验获得，其中理论设定能量标度的希格斯粒子还没有发现。它还不是一个真正的解释性理论，因此是不完整的。超对称性和弦理论是两种可能的接替模型。（译者注：本书出版时，希格斯粒子还没发现。但2012年欧洲核子研究中心宣布，希格斯粒子为实验确定发现。2013年，预言该粒子的英国物理学家彼得·希格斯为此获得诺贝尔物理学奖）
42. 质子和原子核都有正电荷，相互排斥。质子必须有足够的动能来克服排斥力所引起的势能，而不带电荷的中子不会受到这种排斥力。
43. 向下，指向地球
44. 底部的电子—正电子偶具有更大的动能，因此具有更大的速度。
45. 因为质子比中子多一个u夸克，所以方程是$^{1}_{1}P \rightarrow ^{1}_{0}n + ^{0}_{+1}e + ^{0}_{0}\nu$。

P944 起步实验

构建原子核模型

目的

模拟原子核内部的强相互作用。

实验器材

3～6个圆形陶瓷磁铁，3～6个木质或铝制的大小尺寸相同的圆盘，双面胶带。

教学建议

确保磁铁的所有北极(N)都是朝上的。

预期结果

磁体的排斥力表示质子的电磁斥力，木盘或铝盘之间没有排斥力，用于表示中子。在质子和中子相互接触之前，核力不会出现，直到质子和中子相互触及。

分析

5. 双面胶带只有在接触时才会施加力，因此它是核力短程作用的良好模型。
6. 双面胶带在所有圆盘上施加相同的力，就像两个质子、两个中子或一个质子一个中子之间的核力一样。
7. 中子通过两种方式增加了该模型的稳定性。首先，它允许质子进一步分开，从而减少它们之间的电磁斥力。其次，它增加了双面胶带可以在核子之间施加吸引力的额外位置。

P944 迷你实验

模拟放射性衰变

目的

对放射性衰变进行建模。

实验器材

50个硬币，大杯一个，能使硬币混合；确保学生明白，不同的硬币并不代表不同的元素。

预期结果

把大杯每掷一次，将正面向上的硬币取出，取出数量大约会是总数的一半，大约需掷七次完成。

分析

5. 该图应类似于书中所示的衰变图，半衰期从50开始逐渐减少到0。样本数据：50、28、19、9、3、2、0。
6. 该图类似于单独的图，但竖直轴的比例将不同。硬币正面的数量仍需大约七个半衰期才能减少到零。
7. 将结果相加会增加每次投掷的硬币数量。数字越大，统计波动就越平缓，因此，组合数据池越大，图表就越接近理论预测。

P945 物理实验

常见的辐射源

在这个实验中，学生将收集关于背景电离辐射和学生在家里或学校可以找到的常见样品材料的放射性数据。利用这些数据，他们将确定哪些材料的辐射水平可以通过背景辐射检测到。由于放射性的随机性质，检测到的辐射事件数量将随时间变化。与使用相当活跃的正常认可的β和γ不同，延长数据收集时间对于确定放射性水平是有作用的，因为这些常见材料与背景没有很大差异。通过使用更长时间段的计数，每分钟的平均计数应更准确，背景上的任何微小增加都会更显著。延长的时间段将使超过背景辐射水平1.5倍的样本脱颖而出。

钾40在天然钾中的含量约为1%。在盐的替代品中，该数量足以使其记录正常背景辐射水平的几倍。肥料中会含有少量的钾40，然而，肥料中更重要的成分是里磷。这种磷含有微量的放射性元素，如铀、镭和钍。

技能要求

观察、收集和组织数据，制作和使用数据，使用数字实验，分析推理，得出结论。

准备提示

- 将肥料放入密封的小塑料袋中，添加一个标签来识别肥料，并在袋子上标出氮、磷和钾的百分比。辐射可通过袋子测量。
- 食盐和食盐替代品可以重复几次使用，而不是扔掉。

过程提示

- 上课前复习如何设置盖革计数器。如果你有多个连线连接，若在科学工具包模块化系统，有一个样本设置供学生查看，将是有益的。

- 可以使用数字辐射监测器来代替盖革计数器。
- 提醒学生小心使用盖革管，因为它们有些脆弱，而且非常昂贵。
- 提醒学生清理干净以后要洗手。

数据与观察

总背景辐射(计数/3 min)	56
平均背景辐射(计数/min)	19

数据表

	食盐(NaCl)	食盐替代物(KCl)	花园肥料	催化肥料
样品辐射水平(计数/3 min)	60	214	55	119
样品平均辐射水平(计数/min)	20	714	18	39.7
活性(计数/min)	1	52	0	21

分析与结论

1. 结果与辐射和设备对样品数据的灵敏度有关，偏差为 $71.4-19=52.4$，$\frac{52.4}{71.4}=73.4\%$。
2. 学生应该发现食盐替代物和催化肥料是有放射性的。你可能会发现肥料的变化取决于磷酸盐的来源。
3. 以下计算基于样本数据。

   食盐：$\frac{20}{19}=1.1$；食盐替代物：$\frac{71.4}{19}=3.8$；

   花园肥料：$\frac{18}{19}=0.95$；催化肥料：$\frac{39.7}{19}=2.1$。
4. 每个样品的背景辐射和活度都是随机的，即计数的数量会随时间的推移而变化。
5. 因为衰减是随机的，延长时间可以消除时间间隔太小时所发生的变化。(答案合理即可)

拓展与应用

1. ${}^{40}_{19}\mathrm{K} \longrightarrow {}^{0}_{-1}\mathrm{e}+{}^{40}_{20}\mathrm{Ca}$
2. 使用铅进行屏蔽实验来阻挡 β 射线，但允许 γ 射线通过。纸张或 2 厘米的空气将阻挡 α 粒子。
3. 磷酸盐可能是辐射源。增加磷酸盐的量会增加辐射水平。
4. 根据设备灵敏度。食物可能与背景辐射水平有很大差别，也可能不会有很大的差异。巴西坚果的种植地点不同，一些地区含有更多的钾 40。胡萝卜在 1.3 倍的背景辐射下显示辐射水平。一个旧的绿色玻璃(可能含有铀作为颜色)显示了大约 60 倍的背景辐射。

P950 第30章 测评

46. 电磁斥力，核力

47. 质量亏损是核内单个粒子的质量之和与原子核的质量之差，它与 $E=mc^2$ 的结合能有关。

48. 大的原子核一般比较不稳定，更多的质子使电磁斥力克服了吸引的核力。

49. 它们两者有相同的质子数。

50. 47 个电子，47 个质子，62 个中子

51. $^{64}_{30}Zn$

52. a. −0.29177u　　b. −271.78 MeV　　c. −8.4931 MeV

53. a. −6.1556 MeV

 b. $^{14}_{7}N$ 每个核子的结合能为−7.4759 MeV，从 $^{14}_{7}N$ 中移出一个核子需要更多能量。

54. 58 N

55. 4.0026 u

56. “衰变”是通过核反应将一种元素转变为另一种元素。例如：U238 衰变为 Th234 和 α 粒子。

57. α 粒子是氦核，β 粒子是电子，γ 射线是高能光子。

58. 原子序数，以使电荷守恒；质量数，以使核子数守恒。

59. 为了发生链式反应，每个原子核的裂变必须产生一个或多个中子，并被相邻的原子核吸收，从而导致进一步的裂变。

60. 减速剂使快中子减速，这就增加了它们被吸收的概率。

61. 当一个大的原子经历裂变时，产物的质量小于原来的原子核的质量，释放出相当于质量差的能量。当小的原子核聚变为一个大的原子核时，束缚更紧密的大原子核的质量较小，额外的质量表现为能量。

62. $^{222}_{86}Rn \longrightarrow ^{218}_{84}Po + ^{4}_{2}He$

63. $^{89}_{36}Kt \longrightarrow ^{89}_{37}Rb + ^{0}_{-1}e + ^{0}_{0}\bar{\nu}$

64. a. $^{225}_{89}Ac \longrightarrow ^{4}_{2}He + ^{221}_{87}Fr$

 b. $^{227}_{88}Ra \longrightarrow ^{0}_{-1}e + ^{227}_{89}Ac + ^{0}_{0}\bar{\nu}$

 c. $^{65}_{29}Cu + ^{1}_{0}n \longrightarrow ^{66}_{29}Cu \rightarrow ^{1}_{1}P + ^{65}_{28}Ni$

 d. $^{235}_{92}U + ^{1}_{0}n \longrightarrow ^{96}_{40}Zr + 3(^{1}_{0}n) + ^{137}_{52}Te$

 e. $^{27}_{13}Al + ^{1}_{0}n \longrightarrow ^{24}_{11}Na + ^{4}_{2}He$

65. a. 25%　　b. 13%　　c. 6.3%

66. 要使放射性活度降至目前的 $\frac{1}{8}$，你必须等待三个半衰期，即 9 天。

67. a. 碳　　b. $^{11}_{5}B + ^{1}_{1}p \longrightarrow ^{11}_{6}C + ^{1}_{0}n$　　c. $^{11}_{6}C \longrightarrow ^{11}_{5}B + ^{0}_{+0}e + ^{0}_{0}\bar{\nu}$

68. 1.2 kg

69. 一个中子

70. 大约 500 年

71. 6.25%

72. 直线加速器利用电场力使粒子加速,而中子不带电。
73. a. 电磁作用,弱作用,引力作用
    b. 强作用,电磁作用,引力作用
    c. 弱作用
74. 原子序数减少 1,质量数没有变化;Z→Z−1;A→A。
75. 它会与等量的物质湮灭,并产生极其巨大的能量。
76. +2 个基本电荷
77. a. +1 个基本电荷　　b. +1 个基本电荷
78. a. 2.1×10^{-5} s　　b. 1.6×10^{5} 圈　　c. 3.4 s　　d. 1.0×10^{9} m
79. a. 0　　b. −1
80. 如果这个电子具有较小的质量、较低的速度或较大的电荷,那么其轨道将越弯曲。
81. 这是不正确的。铁是结合得最紧密的元素,因此也是最稳定的原子核,它不可能通过裂变发生衰变。
82. 初始结合能小于最终结合能,因此,该反应在能量上是可能的。
83. 天然放射性物质是在自然界中发现并正常存在于矿石中的物质,人工放射性同位素是通过用核粒子轰击天然存在的物质而产生的。
84. 通过反应堆核心的水处于高压状态,因此不会沸腾。第二个回路以较低的压力输送水,就可产生蒸汽。
85. a. 1 个铀核裂变
    b. 1 kg 氢核聚变
    c. 尽管 1 个铀原子核的裂变产生的能量比 4 个氢原子核的聚变产生的能量要多,但氢原子核在 1 kg 中的数量是铀原子核的 200 多倍。
86. a. ${}^{14}_{7}\mathrm{N}+{}^{4}_{2}\mathrm{He}\longrightarrow{}^{18}_{9}\mathrm{F}$
    b. ${}^{27}_{13}\mathrm{Al}+{}^{4}_{2}\mathrm{He}\longrightarrow{}^{31}_{15}\mathrm{P}$
87. ${}^{1}_{0}\mathrm{n}+{}^{1}_{1}\mathrm{p}\longrightarrow{}^{2}_{1}\mathrm{H}$;2.224 MeV
88. 0.196 MeV
89. 示例:"……如果一个特定的氡同位素包含 138 个中子,那么这个原子核的质量亏损是多少?"(答案合理即可)
90. 因为初始动量为零,这一定也是最终动量,因此两个 γ 射线必须具有大小相等且方向相反的动量。动量的大小为 2.72×10^{-22} kg·m/s,它们沿相反方向运动。
91. 为了动量守恒,三个 γ 射线必须在同一平面上,它们之间的夹角必为 120°。
92. 10^{38} 次
93. B>D>A>C>E
94. 约为 4 min
95. 示例:"当一个包含 120 个中子的钍核通过 α 衰变而转变时,由此产生的核是什么?"
96. 宇宙中大约有 25%的所谓暗物质,这是解释星系旋转运行和宇宙膨胀所必需的。根据某一理论,暗物质不是由前面所讲的标准模型所构造的普通物质所构成的,它可能仅通过引力和弱核力与普通物质相互作用。

97. 理论物理学家曾预言夸克存在有不同的味(译者注:这是一种特别的内禀量子数,不是平常所理解的食品之味道,而是借用这个文字来表征),他们还认识到夸克是成对存在的。底夸克是1977年在实验中发现的,而顶夸克直到1995年才被发现。

98. 5.0×10^{-3} T=5.0 mT

99. a. 1.82×10^{3} m/s　b. 9.43×10^{-6} eV

100. 0.4 eV

101. a. 5.97 V　b. 43.6Ω

P953　第30章　标准化测试

1. A　2. B　3. A　4. B　5. A　6. D　7. C
8. B　9. D

10. $20\,000\ \text{t}\times4\times10^{9}\ \text{J/t}\times\dfrac{1\text{个铀 }235\text{ 核}}{3.2\times10^{-11}\ \text{J}}=2.5\times10^{24}$个铀235核

图书在版编目（CIP）数据

科学发现者. 物理 第二版 2023修订版 指导手册 / (美) 保罗·齐泽维茨 (Paul W. Zitzewitz) 等著 ; 钱振华等译. -- 杭州 : 浙江教育出版社, 2023.8(2025.6 重印)

ISBN 978-7-5722-6272-2

Ⅰ. ①科… Ⅱ. ①保… ②钱… Ⅲ. ①中学物理课－高中－教学参考资料 Ⅳ. ①G634

中国国家版本馆CIP数据核字(2023)第157505号

科学发现者 **物 理**（第二版2023修订版）

KEXUE FAXIAN ZHE WULI(DI-ER BAN 2023 XIUDING BAN)

出版发行 浙江教育出版社(杭州市环城北路177号 电话:0571-88900081)
原 著 名 Physics Principles and Problems
原 出 版 McGraw-Hill Education
翻　　译 钱振华 徐在新 黄燕萍 沈珊雄
责任编辑 何 理
封面设计 曾国兴
责任校对 赵英梅
责任印务 陆 江

图文制作 杭州天一图文制作有限公司
印　　刷 杭州高腾印务有限公司
开　　本 787 mm × 1092 mm 1/16
印　　张 78
字　　数 2 044 000
版　　次 2023年8月第1版
印　　次 2025年6月第3次印刷
标准书号 ISBN 978-7-5722-6272-2
定　　价 310.00元(全四册)